Langenscheidt
Euro-Wörterbücher

Langenscheidt

Eurodizionario Tedesco

Italiano – Tedesco
Tedesco – Italiano

Edizione riveduta e aggiornata

Realizzato dalla
Redazione Langenscheidt

Langenscheidt

Berlino · Monaco · Vienna · Zurigo · New York

Hut[1] [hu:t] *f* (-; *senza pl*) custodia *f*; ***auf der ~ sein*** stare in guardia

Hut[2] [hu:t] *m* (-*[e]s*; ¨-e) cappello *m*; (*Damen*≈) cappellino *m*; (*steifer* ~) tubino *m*; (*hoher* ~) cilindro *m*, tuba *f*

Hochzahlen (Exponenten) bei Stichwörtern mit gleicher Schreibung.

früh [fry:] **1.** *adj* primo; (*morgendlich*) mattutino; *Tod*: prematuro; **2.** *adv* presto; ***heute ~*** stamane; ***morgen ~*** domattina; ***~ aufstehen*** alzarsi la mattina presto (*od* di buon'ora)

Angabe der Wortart beim Stichwort. Verschiedene Wortarten desselben Stichworts sind durch Ziffern gekennzeichnet,

brennen ['brɛnən] (*brannte, gebrannt, h*) **1.** *v/t* bruciare; *Kaffee*: tostare; *Branntwein*: distillare; *tec Kalk, Töpfe*: cuocere; **2.** *v/i* bruciare; ardere; (*Sonne*) scottare; (*Lampe*) essere acceso; ***es brennt*** c'è un incendio; ***darauf ~ zu*** *inf* non vedere il momento di; '**~d** ardente; *fig* di scottante attualità; ***~er Schmerz*** *m* dolore *m* cocente; ***~e Frage*** *f* questione *f* scottante

ebenso transitives und intransitives Verb.

Andenken ['-dəŋkən] *n* (-*s*; -) ricordo *m*; souvenir *m*; ***zum ~ an*** (*acc*) in memoria di

Die Tilde ersetzt das ganze Stichwort,

Fahr|plan ['fa:rpla:n] *m* orario *m*; '**≈planmäßig** ['-mɛ:siç] in orario; puntuale; '**~preis** *m* prezzo *m* del biglietto; tariffa *f*; '**~prüfung** *f* esame *m* di guida; '**~rad** *n* bicicletta *f*; '**~radverleih** *m* noleggio *m* (di) biciclette; '**~schein** *m* biglietto *m*

einen Teil des Stichworts,

abmach|en (*sep, -ge-, h*) *Geschäfte*: concludere; (*verabreden*) convenire; ***abgemacht!*** d'accordo!; '**≈ung** *f* (-; -*en*) accordo *m*; convenzione *f*; ***e-e ~ treffen*** stipulare un accordo

ein Stichwort, das selbst schon mithilfe der Tilde gebildet worden sein kann.

reser'vier|en [-zɛr'vi:rən] (*senza ge-, h*) riservare; *Zimmer*: prenotare; **≈ung** *f* (-; -*en*) prenotazione *f*

Res'pekt [res'pɛkt] *m* (-*[e]s*; *senza pl*) rispetto *m*; **≈'ieren** (*senza ge-, h*) rispettare

Wechselt die Schreibung gegenüber dem Hauptstichwort von klein zu groß oder umgekehrt, steht die Kreistilde.

Langenscheidt

Euro-Wörterbuch Italienisch

Italienisch – Deutsch
Deutsch – Italienisch

Neubearbeitung

Herausgegeben von der
Langenscheidt-Redaktion

Langenscheidt

Berlin · München · Wien · Zürich · New York

Als Marken geschützte Wörter werden in diesem Wörterbuch in der Regel durch das Zeichen ® kenntlich gemacht. Das Fehlen eines solchen Hinweises begründet jedoch nicht die Annahme, eine nicht gekennzeichnete Ware oder Dienstleistung sei frei.

*Ergänzende Hinweise, für die wir jederzeit dankbar sind, bitten wir zu richten an:
Langenscheidt Verlag, Postfach 40 11 20, 80711 München*

*Druck: Graph. Betriebe Langenscheidt, Berchtesgaden/Obb.
Printed in Germany • ISBN 3-468-12182-2*

5. 6. 7. 07 06 05 04

Inhaltsverzeichnis

Indice

Prefazione

Oggi siamo alle soglie di una nuova Europa, un'Europa senza confini. Con l'introduzione della moneta comune, l'Europa ha compiuto un passo decisivo verso quegli ideali formulati, dopo il 1945, da Jean Monnet e Robert Schuman. Questo significa anche che la conoscenza delle lingue straniere diventerà sempre più importante. Non solo per il turista ma, soprattutto, per l'uomo d'affari e per chi opera nel campo della tecnica, della politica, dello sport e dell'arte.

Perciò la nostra redazione dei dizionari ha concepito un tipo di dizionario che tiene conto dei nuovi bisogni linguistici dell'Europa. Il risultato di questo lavoro è la serie degli "eurodizionari".

Ciò che distingue gli "eurodizionari" dalle precedenti opere è il lessico offerto: nella scelta dei vocaboli e dei modi di dire si è dato grande peso, al di là del vocabolario generale, ai settori dell'economia, del commercio, dei viaggi e dell'ufficio, senza trascurare però campi importanti come la politica, la tecnica e la cultura. Espressioni come *buco d'ozono*, *esternalizzazione*, *eurotassa*, *marmitta catalitica a tre vie*, *difesa dei consumatori*, *effetto serra*, *non inquinante*, *pay-TV*, *pista ciclabile*, *scalata ostile*, *senza piombo*, *telefono cellulare o telefonino* mostrano in modo esemplare il particolare obiettivo degli "eurodizionari": offrire al maggior numero possibile di persone un aiuto pratico per comunicare nella nuova Europa.

LANGENSCHEIDT VERLAG

Vorwort

Wir stehen heute an der Schwelle zu einem Europa ohne Grenzen. Mit der Einführung der gemeinsamen Währung ist Europa den Idealen, wie sie Jean Monnet und Robert Schuman nach 1945 formulierten, ein gutes Stück näher gerückt. Das bedeutet auch, dass Sprachkenntnisse an Bedeutung noch gewinnen werden. Dies gilt nicht nur für den Urlaubsreisenden, sondern insbesondere für den Geschäftsmann wie auch für den Techniker, den Politiker, den Sportler, den Künstler.

Deshalb wurde in der Wörterbuchredaktion von Langenscheidt ein Konzept entwickelt, das den neuen sprachlichen Bedürfnissen Europas Rechnung trägt. Das Ergebnis dieser Arbeiten liegt in der Reihe der Euro-Wörterbücher vor.

Charakteristisches und damit wichtigstes Merkmal der Euro-Wörterbücher ist der dargebotene Wortschatz: Das Schwergewicht bei der Auswahl der über den allgemeinsprachlichen Wortschatz hinausgehenden Wörter und Wendungen lag dabei auf den Sachgebieten Wirtschaft, Handel, Reise und Büro, wobei aber auch so wichtige Gebiete wie Politik, Technik und Kultur gebührende Berücksichtigung fanden. Begriffe wie *Asylantrag*, *Datenschutz*, *Doppelbesteuerung*, *Euronorm*, *Ozonloch*, *Parketthandel*, *schadstofffrei*, *Technologietransfer*, *Treibhauseffekt* und *Vorruhestand* veranschaulichen beispielhaft die besondere Zielsetzung der Euro-Wörterbücher, möglichst vielen Menschen eine praktische und nützliche Hilfe bei der sprachlichen Kommunikation im neu gestalteten Europa zu bieten.

LANGENSCHEIDT VERLAG

Hinweise für die Benutzung des Wörterbuches
Istruzioni per l'uso del dizionario

1. Die alphabetische Reihenfolge ist überall streng eingehalten. Die Umlaute ä, ö, ü wurden hierbei den Buchstaben a, o, u gleichgestellt. An alphabetischer Stelle sind auch die wichtigsten unregelmäßigen Formen der italienischen Verben angegeben.

2. Rechtschreibung. Für die Schreibung der italienischen Wörter diente als Norm die Schreibweise der gebräuchlichsten italienischen Wörterbücher, für die deutschen Wörter die neue Rechtschreibung nach Duden.

3. Phonetische Angaben.

a) **Die Aussprache** der Stichwörter wird in eckigen Klammern durch die Zeichen der A.P.I. angegeben (s. S. 15 und 18).

b) **Die Betonung** der deutschen Wörter wird durch das Tonzeichen (') vor der betonten Silbe angegeben. Bei Gruppenartikeln ist der Tonwechsel zu beachten, z. B.

über...: '2blick; ~'blicken.

4. Tilde und Strich. Abgeleitete und zusammengesetzte Wörter sind zwecks Raumersparnis oft zu Gruppen vereinigt.
Der senkrechte Strich (|) im ersten Stichwort einer solchen Gruppe trennt den Teil ab, der allen folgenden Wörtern dieser Gruppe gemeinsam ist.
Die Tilde (~) vertritt entweder das ganze erste Stichwort einer Gruppe oder den vor dem senkrechten Strich (|) stehenden Teil dieses Stichworts.

1. L'ordine alfabetico è stato osservato rigorosamente. Le vocali raddolcite ä, ö, ü equivalgono alle vocali semplici a, o, u. In ordine alfabetico sono pure indicate le forme irregolari più importanti dei verbi italiani.

2. Ortografia. Per le parole italiane è servita di norma l'ortografia dei dizionari italiani più usati, per le parole tedesche, la nuova ortografia del Duden.

3. Indicazioni fonetiche.

a) **La pronuncia** dei singoli lemmi viene indicata in parentesi quadre per mezzo dei segni dell'alfabeto dell'Associazione fonetica internazionale (v. pag. 15 e 18).

b) **L'accentuazione** delle voci tedesche è indicata mediante il segno (') che precede la sillaba accentuata. Se varie voci sono riunite in un gruppo in seguito ad una voce guida, si ha da tenere presente lo spostamento dell'accento, p.es.

über...: '2blick; ~'blicken.

4. Tilde e sbarra verticale. Per ragioni di spazio sono stati spesso riuniti in gruppo i derivati e le voci composte.

La sbarra verticale (|) nella prima voce del gruppo segna l'elemento iniziale comune a tutte le parole del gruppo.

La tilde (~) può sostituire o tutta intera la voce che apre il gruppo o la parte che precede la sbarra verticale (|).

Die Tilde vertritt außerdem in Wendungen innerhalb des Artikels das ganze, unmittelbar vorhergehende Stichwort, das selbst schon mithilfe der Tilde gebildet sein kann. Die Tilde mit Kreis (≗) steht, wenn sich der Anfangsbuchstabe ändert (klein in groß oder umgekehrt).

Beispiele: **Schuh, ~geschäft** = Schuhgeschäft; **Natur|park, ~schutz** = Naturschutz; **überein..., ≗stimmung,** ***in ~ mit*** = in Übereinstimmung mit; **Sport, ≗lich** = sportlich.

5. Der Bindestrich (-) findet als Abkürzungszeichen vor der Endung *-a* der weiblichen Form von Substantiven Verwendung und bedeutet Ersatz des Endvokals *-o* der Maskulinform durch *-a*. Außerdem wird er verwendet bei Ersatz des Endvokals im Singular durch die Pluralendung.

Beispiele: **tedesco, -a** = tedesca; **italiano, -a** = italiana; **arco** (*pl* **-chi**) = archi.

6. Wörter gleicher Schreibung, aber verschiedener Abstammung sind getrennt aufgeführt und mit [1], [2] usw. bezeichnet worden, z. B. **rombo**[1] *m* Dröhnen *n*; **rombo**[2] *m* Steinbutt *m*; **rombo**[3] *m* Rhombus *m*.

7. Runde Klammern ( ). Wenn in einem Wort einzelne Buchstaben in runden Klammern stehen, so handelt es sich um zwei unterschiedslos gebräuchliche Formen, z. B. **cent(o)uno** = centouno und centuno.

8. Die grammatischen Bezeichnungen (*adj, adv, v/t, v/i, prp* usw.) sind dort, wo beide Sprachen übereinstimmen, weggelassen worden, außer wo eine Unterscheidung notwendig war.

La tilde sostituisce inoltre negli esempi all'interno dell'articolo tutto il lemma a cui si riferisce, anche se questo è già formato a sua volta con l'aiuto della tilde.
La tilde con cerchietto (≗) indica il passaggio dalla lettera iniziale minuscola in maiuscola o viceversa.

Esempi: **Schuh, ~geschäft** = Schuhgeschäft; **Natur|park, ~schutz** = Naturschutz; **überein..., ≗stimmung,** ***in ~ mit*** = in Übereinstimmung mit; **Sport, ≗lich** = sportlich.

5. La lineetta di congiunzione (-) si impiega come segno di abbreviazione davanti alla lettera finale *-a* della forma femminile dei sostantivi ed indica la sostituzione della *-o* finale del maschile attraverso la *-a*. Si usa inoltre per sostituire la desinenza del singolare con quella del plurale.

Esempi: **tedesco, -a** = tedesca; **italiano, -a** = italiana; **arco** (*pl* **-chi**) = archi.

6. Voci con la stessa grafia ma di etimologia diversa vengono trattate come voci distinte e sono contrassegnate con l'esponente (...[1], ...[2] ecc.), per es. **rombo**[1] *m* Dröhnen *n*; **rombo**[2] *m* Steinbutt *m*; **rombo**[3] *m* Rhombus *m*.

7. Parentesi ( ). Quando in un lemma vengono chiuse in parentesi una o più lettere, si tratta di più forme usate senza distinzione di significato, per es. **cent(o)uno** = centouno e centuno.

8. Le indicazioni grammaticali (*adj, adv, v/t, v/i, prp* ecc.) sono state omesse quando non ci sono differenze fra le due lingue, ad eccezione dei casi in cui era necessaria una distinzione.

Das Geschlecht (*m*, *f*, *n*) ist bei allen italienischen und deutschen Substantiven angegeben.

9. Die Rektion der Verben ist nur dort angegeben, wo sie in beiden Sprachen verschieden ist, z. B. **ricordarsi** sich erinnern (***di*** an *acc*).

10. Übersetzung und Bedeutung. Die Bedeutungsunterschiede sind gekennzeichnet: durch Synonyme in runden Klammern; durch vorgesetzte italienische bzw. deutsche Ergänzungen oder Erklärungen und durch vorgesetzte Abkürzungen.
Zwischen verschiedenartigen Begriffen steht ein Semikolon, zwischen verwandten Begriffen ein Komma.
Wesentliche Bedeutungsunterschiede bzw. verschiedene Wortarten werden durch Zahlen oder Buchstaben gekennzeichnet.

11. Grammatische Angaben

A) Italienische Substantive, Adjektive und Verben:

a) Bei italienischen **Substantiven** und **Adjektiven** wird in Klammern die Pluralform angegeben, wenn sie eine orthographische oder eine andere Besonderheit aufweist, z. B.:

uomo *m* (*pl uomini*); **lago** *m* (*pl -ghi*); **fuga** *f* (*pl -ghe*).

Ebenso wird angegeben, wenn ein Wort im Plural unveränderlich (*inv*) ist:

boa *m inv* Boa *f*.

b) Bei jedem italienischen **Verb** weisen die in runden Klammern stehenden Zahlen und Buchstaben – z. B. amare (1a), finire (4d) – auf das entsprechende Konjugationsmuster (s. S. 573–590).

Il genere dei sostantivi (*m*, *f*, *n*) viene indicato per ogni parola tedesca e italiana.

9. La reggenza dei verbi si indica solo quando ci siano differenze fra le due lingue, per es. **ricordarsi** sich erinnern (***di*** an *acc*).

10. Traduzione e significato. Le differenze di significato sono così indicate: mediante sinonimi tra parentesi rotonde; mediante complementi o spiegazioni anteposti alla traduzione e mediante abbreviazioni convenzionali.
I significati diversi sono separati da un punto e virgola, quelli affini dalla sola virgola.

Significati fondamentalmente diversi e le diverse qualifiche grammaticali di un lemma vengono indicati attraverso numeri arabi o lettere.

11. Indicazioni grammaticali

A) Sostantivi, aggettivi e verbi italiani:

a) Dopo i **sostantivi** e gli **aggettivi** italiani vengono riportate tra parentesi le desinenze del plurale se mostrano una irregolarità ortografica o di un altro tipo:

uomo *m* (*pl uomini*); **lago** *m* (*pl -ghi*); **fuga** *f* (*pl -ghe*).

I sostantivi invariabili vengono contrassegnati con l'abbreviazione (*inv*):

boa *m inv* Boa *f*.

b) I numeri e le lettere in parentesi accanto ai singoli **verbi** italiani, per es. amare (1a), finire (4d), si riferiscono ai paradigmi delle coniugazioni (v. pag. 573–590).

B) Deutsche Substantive und Verben:

a) Bei jedem deutschen **Substantiv** wird die Genitiv- und Pluralform angegeben:

Affe *m* (*-n*; *-n*) = des Affen; die Affen

Das „e" in eckigen Klammern bedeutet, dass der Genitiv mit „s" oder mit „es" gebildet werden kann: Das Zeichen „¨-" bedeutet, dass in der Pluralform ein Umlaut auftritt:

Blatt *n* (-[*e*]*s*; *¨-er*) = des Blattes; die Blätter.

Bleibt das Substantiv im Genitiv bzw. im Plural unverändert, so wird dies mit einem Strich angegeben:

Dackel (*-s*; -) = des Dackels; die Dackel.

Diese Angaben stehen bei Grundwörtern. Bei zusammengesetzten Wörtern stehen sie nur, wenn der entsprechende Teil an alphabetischer Stelle in der Form abweicht oder wenn dort mehrere Formen angegeben sind, die für das zusammengesetzte Wort nicht alle zutreffen:

Bank *f* (-; *-en bzw. ¨-e*)
Datenbank *f* (-; *-en*).

b) Bei allen deutschen **Verben** wird das Hilfszeitwort „sn" oder „h" (sein oder haben) angegeben.
Wird das Partizip nicht mit „ge-" gebildet, so ist dies angegeben:

debattieren (*senza ge-*, *h*).

B) Sostantivi e verbi tedeschi:

a) Con i **sostantivi** semplici si indicano tra parentesi tonde il genitivo singolare ed il plurale:

Affe *m* (*-n*; *-n*) = des Affen; die Affen

La "e" in parentesi quadre significa che il genitivo può essere formato con "-s" o con "-es". Il segno "¨-" indica che al plurale la vocale è raddolcita:

Blatt *n* (-[*e*]*s*; *¨-er*) = des Blattes; die Blätter.

Se il sostantivo resta invariato al genitivo od al plurale, la relativa forma è indicata dal semplice trattino:

Dackel (*-s*; -) = des Dackels; die Dackel.

Queste indicazioni si riferiscono alle voci semplici. Con i sostantivi composti la declinazione viene indicata solo se si allontana da quella della voce semplice o quando quest'ultima ha più forme, alcune delle quali non sono valide per la voce composta:

Bank *f* (-; *-en bzw. ¨-e*)
Datenbank *f* (-; *-en*).

b) Con tutti i **verbi** tedeschi viene indicato l'ausiliare "sn" o "h" (essere o avere).
I verbi che formano il participio senza "ge-" vengono registrati come segue:

debattieren (*senza ge-*, *h*).

Bei unregelmäßigen Grundverben stehen in Klammern Imperfekt und Partizip sowie das Hilfszeitwort:

bringen (*brachte, gebracht, h*).

Bei zusammengesetzten Verben ist angegeben, ob im Präsens (und im Imperfekt) die Vorsilbe abgetrennt wird und ob im Partizip ein „-ge-" eingeschoben wird:

abfassen (*sep, -ge-, h*) = fasst(e) ab, hat abgefasst.

Bei unregelmäßigen zusammengesetzten Verben ist zusätzlich „*irr*" (unregelmäßig) sowie der Verweis auf das Grundverb angegeben:

abschreiben (*irr, sep, -ge-, h* → ***schreiben***).

Eine Liste der unregelmäßigen deutschen Grundverben befindet sich im Anhang (s. S. 599).

Con i verbi semplici irregolari vengono indicati in parentesi l'imperfetto, il participio passato e l'ausiliare:

bringen (*brachte, gebracht, h*).

Con i verbi composti viene indicato se al presente e all'imperfetto il prefisso è separabile e se il participio passato si forma aggiungendo la particella "-ge-" tra il prefisso e la forma verbale:

abfassen (*sep, -ge-, h*) = fasst(e) ab, hat abgefasst.

I verbi composti irregolari vengono contrassegnati inoltre con l'abbreviazione "*irr*" (irregolare) e con un rimando alla forma semplice:

abschreiben (*irr, sep, -ge-, h* → ***schreiben***).

Nell'appendice si trova un elenco dei verbi irregolari tedeschi più frequenti (v. pag. 599).

Erklärungen der Abkürzungen
Spiegazione delle abbreviazioni

a	anche, *auch*
abbr	abbreviazione, *Abkürzung*
acc	accusativo, *Akkusativ*
adj	Adjektiv, *aggettivo*
adv	Adverb, *avverbio*
agr	agricoltura e orticoltura, *Landwirtschaft und Gartenbau*
anat	anatomia, *Anatomie*
arch	architettura, *Architektur*
art	articolo, *Artikel*
astr	astronomia, astrologia, *Astronomie, Astrologie*
auto	automobile, *Kraftfahrzeug(wesen)*
avia	aviazione, *Luftfahrt*
biol	biologia, *Biologie*
bot	botanica, *Botanik*
bsd	besonders, *specialmente*
chim	chimica, *Chemie*
cj	Konjunktion, *congiunzione*
cong	congiuntivo, *Konjunktiv*
dat	dativo, *Dativ*
ea	einander, *l'un l'altro*
ecol	ecologia, *Ökologie*
econ	economia e commercio, *Wirtschaft und Handel*
el	elettrotecnica, *Elektrotechnik*
EU	Europäische Union, *Unione europea*
e-e	eine, *una*
e-m	einem, *a un(o)*
e-n	einen, *un(o)*
e-r	einer, *di una, a una*
e-s	eines, *di un(o)*
et	etwas, *qualcosa*
F	familiare, *umgangsprachlich*
f	femminile, *weiblich, Femininum*
fer	ferrovia, *Eisenbahn*
fig	in senso figurato, *bildlich, übertragen*
fil	filosofia, *Philosophie*
fis	fisica, *Physik*
fot	fotografia, *Fotografie*
f/pl	femminile plurale, *Femininum Plural*
gastr	gastronomia, *Gastronomie*
gen	genitivo, *Genitiv*
geogr	geografia, *Geographie*
geol	geologia, *Geologie*
gram	grammatica, *Grammatik*
h	haben, *avere*
hist	historisch, *storico*
inf	infinito, *Infinitiv*
inform	informatica, *Informatik*
int	interiezione, *Interjektion*
interr	interrogativo, *fragend*
inv	invariabile, *unveränderlich*
iro	ironico, *ironisch*
irr	irregolare, *unregelmäßig*
j	jemand, *qualcuno*
j-m	jemandem, *a qualcuno*
j-n	jemanden, *qualcuno*
j-s	jemandes, *di qualcuno*
jur	juristisch, *giurisprudenza*
let	letteratura, *Literatur*
m	maschile, *männlich, Maskulinum*
mar	marineria, *Schifffahrt*
mat	matematica, *Mathematik*
m-e	meine, *la mia, i miei, le mie*
med	medicina, *Medizin*
mil	militare, *Militär*
min	industria mineraria, *Bergbau*
m-m	meinem, *al mio*
m-n	meinen, *il mio*

m/pl maschile plurale, *Maskulinum Plural*
m-r meiner, *della mia, alla mia*
m-s meines, *del mio*
mst meistens, *per lo più*
mus musica, *Musik*

n neutro, *sächlich, Neutrum*
neg! negativo, può essere offensivo, *negativ, kann auf Betroffene beleidigend wirken*
n/pl neutro plurale, *Neutrum Plural*

od oder, *o*
öst österreichisch, *austriaco*
ott ottica, *Optik*

P popolare, *derb, volkssprachlich*
pl plurale, *Mehrzahl, Plural*
pol politica, *Politik*
post posta, *Postwesen*
pron pronome, *Pronomen*
prp preposizione, *Präposition*
psic psicologia, *Psychologie*

qc qualcosa, *etwas*
qu qualcuno, *jemand(en)*

rad radio, *Rundfunk*
refl reflexiv, *riflessivo*
rel religione, *Religion*

s siehe, *vedi*
scherz scherzoso, *scherzhaft*
s-e seine, *la sua, i suoi, le sue*
sep separabile, *trennbar*
sg singolare, *Einzahl, Singular*
s-m seinem, *al suo*
sn sein, *essere*
s-n seinen, *il suo*
spreg spregiativo, *verächtlich*
s-r seiner, *della sua, alla sua*
s-s seines, *del suo*
su Substantiv, *sostantivo*

tea teatro, *Theater*
tec tecnica, *Technik*
tel telefono, *Telefon*
tip tipografia, *Buchdruck*
TV televisione, *Fernsehen*

u und, *e*
usw und so weiter, *eccetera*

v von, vom, *di*
v/i verbo intransitivo, *intransitives Verb*
v/refl verbo riflessivo, *reflexives Verb*
v/t verbo transitivo, *transitives Verb*

z. B. zum Beispiel, *per esempio*
zo zoologia, *Zoologie*
zs zusammen, *insieme*
Zssg(n) Zusammensetzung(en), *parola (-e) composta (-e)*

→ vedi, *siehe*

Die Aussprache des Italienischen

Die Aussprachebezeichnung ist in der Lautschrift der Association Phonétique Internationale wiedergegeben.

A. Allgemeines

1. Der Akzent (') wird vor die betonte Silbe gesetzt: telefono [te'lɛːfono] *Telefon*, pensare [pen'saːre] *denken*, fare ['faːre] *tun*.
2. Doppelkonsonanten werden wie zwei Konsonanten gesprochen: raffreddare [raffred'daːre] *abkühlen*, racchetta [rak'ketta] *Tennisschläger*.

B. Die Lautzeichen

1. Die Vokale

[a] kurzes helles a wie in **La**st: pietà [pie'ta] *Mitleid*, agosto [a'gosto] *August*.

[aː] langes helles a wie in s**a**gen: animo ['aːnimo] *Gemüt*, pensare [pen'saːre] *denken*.

[e] kurzes geschlossenes e wie in B**e**ruf: vendere ['vendere] *verkaufen*, generale [dʒene'raːle] *allgemein*.

[eː] langes geschlossenes e wie in S**ee**: vena ['veːna] *Vene*, seno ['seːno] *Busen*.

[ɛ] kurzes offenes e wie in **ä**ndern: inerte [i'nɛrte] *untätig*, indigesto [indi'dʒesto] *unverdaulich*.

[ɛː] langes offenes e wie in w**ä**hrend: collega [kol'lɛːga] *Kollege*, ebbene [eb'bɛːne] *nun*.

[i] kurzes i wie in **I**dee: invitare [invi'taːre] *einladen*, vigilare [vidʒi'laːre] *wachen*.

[iː] langes i wie in W**ie**ge: fine ['fiːne] *Ende*, sentire [sen'tiːre] *fühlen*.

[o] kurzes geschlossenes o wie in M**o**ral: orario [o'raːrio] *Stundenplan*, intonare [into'naːre] *einstimmen*.

[oː] langes geschlossenes o wie in **O**fen: ora [oːra] *Stunde*, coda ['koːda] *Schwanz*.

[ɔ] kurzes offenes o wie in W**o**lle: costa ['kɔsta] *Rippe*, notte ['nɔtte] *Nacht*.

[ɔː] langes offenes o wie in N**o**rden: rosa ['rɔːza] *Rose*, noto ['nɔːto] *bekannt*.

[u] kurzes u wie in p**u**blizieren: nutrire [nu'triːre] *nähren*, pubblicità [pubblitʃi'ta] *Werbung*.

[uː] langes u wie in Sch**u**le: puro ['puːro] *rein*, nudo ['nuːdo] *nackt*.

Nur in französischen und englischen Fremdwörtern kommen vor:

[ã] nasales a in: coll**an**t, dépli**an**t

[ɛ̃] nasales ɛ in: grat**in**

[ə] kurzer dumpfer ö-Laut in: freez**e**r

[õ] nasales o in: coup**on**

[æ] ähnlich wie ä in Ähre, aber kürzer in: c**a**sual

[œ] offenes ö (wie in k**ö**nnen) in: tail**leur**

2. Die Halbvokale

[j] gleitendes i (wie in **J**ahr) in: tai**ll**eur

[w] kurzes u wie **w** in englisch: **w**are

[ɥ] gleitendes ü wie in: habit**u**é

3. Die Konsonanten

[r] mit der Zungenspitze gerolltes r: rotolare [roto'laːre] *rollen*, ritirare [riti'raːre] *zurückziehen*.

[s] stimmloses s wie in Hast: senso ['sɛnso] *Sinn*, salsa ['salsa] *Soße*.

[z] stimmhaftes s wie in **S**onne: rosa ['rɔːza] *Rose*, tesi ['tɛːzi] *These*.

[ʃ] Zischlaut wie deutsches sch in **sch**ön: sciocco ['ʃɔkko] *dumm*, scena ['ʃɛːna] *Szene*.

[v] wie deutsches w in **W**eg: vaso ['vaːzo] *Gefäß*, valvola ['valvola] *Ventil*.

[ŋ] wie deutsches n vor g oder k in Me**n**ge, A**n**ker: stanco ['staŋko] *müde*, lungo ['luŋgo] *lang*.

[ɲ] mouilliertes n, wie der französische Schmelzlaut gn in Ko**gn**ak: bagno ['baːɲo] *Bad*, maligno [ma'liːɲo] *böse*.

[ʎ] mouilliertes l, wie im deutschen Fremdwort „bri**ll**ant": figlia ['fiːʎa] *Tochter*, famiglia [fa'miːʎa] *Familie*.

4. Konsonantengruppen

[ts] wie deutsches z in **Z**ahn: zitto ['tsitto] *still*, zucca ['tsukka] *Kürbis*.

[dz] wie d mit weichem s: zero ['dzeːro] *null*, zigzag [dzig'dzag] *Zickzack*.

[ʧ] t mit deutschem sch, wie in **Tsch**ako: cima ['ʧiːma] *Gipfel*, cencio ['ʧenʧo] *Lumpen*.

[ʤ] d mit französischem j (wie in **ja**mais): già [ʤa] *schon*, gengiva [ʤen'ʤiːva] *Zahnfleisch*.

Betonung und Akzente

Im Italienischen kann die Betonung auf der letzten, vorletzten, drittletzten oder viertletzten Silbe liegen; am häufigsten wird jedoch die vorletzte Silbe betont.

Das Italienische kennt zwei Tonzeichen: Gravis, *accento grave* (`) und Akut, *accento acuto* (´).

Nach den Regeln der italienischen Rechtschreibung wird der betonte Vokal nur in folgenden Fällen mit Akzent gekennzeichnet:

a) Bei mehrsilbigen endbetonten Wörtern, z. B. virtù, lunedì, perché.

b) Bei einsilbigen, auf zwei Vokale endenden Wörtern, wenn die Betonung auf dem letzten Vokal liegt, z. B. già, ciò, più; aber qui und qua ohne Akzent.

c) Bei folgenden Einsilbern, um sie von gleich lautenden Wörtern mit anderer Bedeutung zu unterscheiden: dì *Tag*, dà *er gibt*, lì *dort*, là *dort*, né *weder*, sì *ja*, è *er ist*, sé *sich*, ché *denn*, tè *Tee*.

Das italienische Alphabet

A, a [a]	B, b [bi]	C, c [tʃi]	D, d [di]	E, e [e]	F, f [ɛffe]	G, g [dʒi]
H, h [akka]	I, i [i]	J, j [i luŋga]	L, l [ɛlle]	M, m [ɛmme]	N, n [ɛnne]	O, o [o]
P, p [pi]	Q, q [ku]	R, r [ɛrre]	S, s [ɛsse]	T, t [ti]	U, u [u]	V, v [vu, vi]
Z, z [dzɛːta]						

Die Konsonanten K, k [kappa], W, w [vu doppia], X, x [iks], und Y, y [ipsilon] kommen nur in Fremdwörtern vor.

La pronuncia delle parole tedesche

Secondo il sistema dell'"Associazione Fonetica Internazionale"

a) Vocali:

(Le vocali seguite da due punti sono lunghe [ɑː], le altre brevi [a]).

ɑː lunga come in m**a**le, m**a**re.

a breve come in p**a**nno.

eː lunga come in v**e**ro.

e chiusa e breve come in d**e**bito, generale.

ɛː aperta e lunga come in t**e**dio.

ɛ aperta e breve come in f**e**sta.

ə (solo in sillabe atone); suona come la **e** francese in sabr**e**.

iː lunga come in f**i**ne.

i breve ed aperta come in b**i**rra.

o chiusa e breve come in **o**rario.

oː chiusa e lunga come in **o**ra, g**o**la.

ɔ aperta e breve come in p**o**rta.

øː più lunga e chiusa della **eu** francese in qu**eu**e.

œ aperta e breve come la **eu** francese in m**eu**rtre o la **u** inglese in h**u**rt.

uː lunga come in n**u**be.

u breve come in b**u**rro.

yː lunga come la **û** francese in s**û**r.

y breve come la **u** francese in s**u**r.

ɑ̃, ɛ̃, ɔ̃, œ̃ː vocali dal suono nasale come nelle parole francesi pl**an**, f**in**, b**on**, br**un**; si incontrano solo in parole straniere di origine francese.

ˀ significa che la vocale che segue viene pronunciata aspirando leggermente, p. es. [bəˈˀamtə(r)].

b) Dittonghi:

aɪ come **ai** in l**ai**co.

aʊ come **au** in **au**la.

ɔʏ come **oi** in n**oi**a.

c) Consonanti:

k, p, t: come in **c**aldo, **p**osta, **t**avola; al principio di una sillaba tonica si pronunciano con una leggera aspirazione.

b, d, g: come in **b**ene, **d**onna, **g**amba.

f, v: come in **f**are, u**v**a.

s come la **s** sorda in ca**s**a.

z come la **s** dolce in chie**s**a.

ts come la **z** in raga**zz**o.

x **ch** aspirata gutturale come la **j** spagnola.

ç suono palatale che non esiste in italiano; molto più stretta della **sc** in **sc**endere.

j come la **i** in a**i**uto.

ʃ come la **sc** in la**sc**iare, **sc**iabola.

ʒ come la **g** francese in **g**êne; non s'incontra che in parole straniere di origine francese.

m, n, l: come in **m**adre, **n**otte, **l**ago.

ŋ suono nasale come la **n** in ta**n**go.

r si pronuncia in alcune regioni come la **r** in mi**r**to; però nella maggior parte della Germania si pronuncia come la **r** francese (**r** moscia).

h come **c**asa con la **c** aspirata in dialetto toscano.

d) Accento:

L'accento viene collocato al principio della sillaba sulla quale deve cadere, p. es. fordern ['fɔrdərn], Forelle [fo'rɛlə].

Due accenti indicano un'accentuazione ambigua, p. es. undefinierbar ['undefi-'ni:rba:r].

e) Avvertenze:

Un trattino sostituisce una sillaba già trascritta nella trascrizione precedente, p. es. Witz... [vits]; ~bold ['-bɔlt]. – vorweg... [fo:r'vɛk...]; ~nahme ['-na:mə].

Per mancanza di spazio si rinuncia alla trascrizione di *parole composte* come *Briefkasten*, *Absicht*, dato che la pronuncia degli elementi componenti viene già indicata al rispettivo luogo alfabetico: *Brief*, *Kasten*, *ab*, *Sicht*.

Lista dei suffissi e delle desinenze

più comuni, alla cui trascrizione è stato rinunciato per mancanza di spazio:

-bar(**keit**) [-ba:r(kaɪt)]
-ei [-'aɪ]
-el, **-eln**(**d**) [-əl, -əln(t)]
-en, **-ens...** [-ən(s...)]
-end, **-ende**(**r**) [-ənt, -əndə(r)]
-er(**in**), **-erisch** [-ər(in), -əriʃ]
-ern [-ərn]
-et [-ət]
-haft(**s...**), **-haftigkeit** [-haft(s...), -haftiçkaɪt]
-heit(**s...**) [-haɪt(s...)]
-ieren [-'i:rən]
-ig [-iç], **-igen** [-igən], **-ige**(**r**) [-igə(r)], **-igkeit** [-içkaɪt]
-igt [-içt], **-igung** [-iguŋ]
-in [-in]
-isch [-iʃ]
-keit(**s...**) [-kaɪt(s...)]
-lich(**keit**) [-liç(kaɪt)]
-los, **-losigkeit** [-lo:s, lo:ziçkaɪt]
-nis [-nis]
-sal [-za:l]
-sam(**keit**) [-za:m(kaɪt)]
-schaft(**s...**) [-ʃaft(s...)]
-ste(**l**), **-stens** [-stə(l), -stəns]
-te(**l**), **-tens** [-tə(l), -təns]
-tum [-tu:m]
-ung(**s...**) [-uŋ(s...)]

L'alfabeto tedesco

A a a:	B b be:	C c tse:	D d de:	E e e:	F f ɛf	G g ge:	H h ha:	I i i:
J j jɔt	K k ka:	L l ɛl	M m ɛm	N n ɛn	O o o:	P p pe:	Q q ku:	R r ɛr
S s ɛs	(ß) (ɛs-'tsɛt)	T t te:	U u u:	V v faʊ	W w ve:	X x iks	Y y 'ypsilɔn	Z z tsɛt

Norme generali per la pronuncia tedesca

A **1.** La lingua tedesca possiede vocali lunghe, brevi e semilunghe.

2. Le vocali brevi sono sempre aperte: [ɛ] [œ] [i] [y] [ɔ] [u]

3. Le vocali lunghe e semilunghe sono sempre chiuse all'eccezione di [ɛ]: [eː] [øː] [iː] [yː] [oː] [uː]
Eccezione: [ɛː]

4. La **a** tedesca è neutrale, il che vuol dire che la sua pronuncia, sia essa breve o lunga, rimane ugualmente distante dalla **o** e dalla **e**. Generalmente la **a** lunga viene però pronunciata di qualche grado più bassa die quella breve e semilunga.
Indichiamo la **a** lunga e bassa (semivelare) come [ɑː]
e la **a** breve e semilunga "chiara" (semipalatale) come [a]

5. Nei prefissi **be-** e **ge-,** nei suffissi davanti a **-l**, **-ln**, **-lst**, **-m**, **-n**, **-nd**, **-nt**, [**-r**, **-rm**, **-rn**, **-rt**, **-rst**]*), **-s** e in fine di parola (**-e**) la **e** viene pronunciata come una cosiddetta "vocale mista" con valore fonetico poco distinto: [ə]

B L'ortografia tedesca segue in parte la tradizione storica, e in parte la pronuncia effettiva.
Si possono però stabilire delle norme per la giusta pronuncia della maggioranza delle parole tedesche:

1. Le vocali sono sempre brevi davanti a doppie consonanti (p.e. **ff**, **mm**, **tt**, **ss**** e **ck** che, nella scrittura, sta al posto di **kk**) e generalmente brevi davanti a due o più consonanti. offen [ˀɔfən] lassen ['lasən] oft [ˀɔft]
Le eccezioni sono segnalate nel vocabolario con l'indicazione della vocale lunga: Jagd [jɑːkt]

2. Le vocali sono lunghe
a) in sillabe aperte e accentuate: Ware ['vɑːrə]
Le vocali che sono lunghe nell'infinitivo dei verbi deboli, rimangono tali anche nelle forme della flessione: sagen ['zɑːgən] sagte ['zɑːktə] gesagt [gə'zɑːkt]
b) quando sono raddoppiate Paar [pɑːr]

*) Vedi E 7c. **) Per ß vedi B 2e.

c) quando sono seguite da una **h** muta: Bahn [baːn]

d) quando sono seguite da una singola consonante: Tag [taːk]

Eccezioni:

ab	[ˀap]	ver-	[fɛr-]	was	[vas]
man	[man]	das	[das]	in	[ˀin]
-nis	[-nis]	wes	[vɛs]	um	[ˀum]
zum	[tsum]	weg	[vɛk]	bin	[bin]
un-	[ˀun-]	hin	[hin]	von	[fɔn]
des	[dɛs]	ob	[ˀɔp]	es	[ˀɛs]
bis	[bis]	zer-	[tsɛr-]		
mit	[mit]	an	[ˀan]		

e in alcune parole composte, p.e.: barfuß ['baːrfuːs]

e) davanti a **ß** tra vocali la vocale è lunga: grüßen ['gryːsən]

Se invece la parola viene scritta con **ss**, la vocale è breve: Fass [a] – Fässer [ɛ]

f) Dato che la **ch** e la **sch** non vengono mai raddoppiate, non si può sapere per regola, se la vocale precedente sia lunga o breve. Prevale però la pronuncia breve: Bach [bax] Wäsche ['vɛʃə]

Le eccezioni sono segnalate nel vocabolario con l'indicazione della vocale lunga: Buch [buːx]

3. Le vocali semilunghe si trovano esclusivamente nelle sillabe àtone (non accentuate), e per la maggior parte nelle parole di origine straniera: vielleicht [fiˑ'laɪçt] monoton [moˑnoˑ'toːn]

C Il tedesco possiede tre dittonghi: au [aʊ] ai, ei, ey [aɪ] äu, eu, oi [ɔʏ]

La prima vocale dei dittonghi è pronunciata più fortemente che non la seconda.

La seconda vocale è assai aperta, cioé la **u** aperta [ʊ] in **au** [aʊ] si avvicina alla **o** chiusa [o], la **i** aperta [ɪ] in **ein, ai** e **ey** [aɪ] alle **e** chiusa [e]; nel caso di **äu, eu, oi** [ɔʏ] si verifica un leggero arrotondamento verso la **ö** [ø]. Per questa ragione, molti non scrivono [aʊ], [aɪ], [ɔʏ], ma invece [ao], [ae], [ɔø].

D Vocali nasali si trovano solo in parole derivanti dal francese; in posizione tonica (accentuata) sono lunghe, a differenza, spesso, del francese; in posizione àtona sono semilunghe.

In parole di uso comune le nasali vengono spesso sostituite dalla stessa vocale pura seguita dalla consonante occlusiva nasale [ŋ]. Indichiamo la pronuncia di queste parole nella maniera in cui vengono pronunciate effettivamente dai tedeschi, senza badare a regole teoriche: Waggon [va'gɔŋ]

E In seguito spieghiamo alcune particolarità che riguardano le singole consonanti tedesche e il loro valore fonetico in dipendenza dalla loro posizione nella parola.

1. Le vocali, che stanno all'inizio delle parole, vengono pronunciate, premettendo una cosiddetta occlusiva gutturale che si può definire anche come "attacco duro" (in inglese: glottal stop, in francese: coup de glotte); il suono è molto simile allo Stød danese e allo Hamza arabo: [ˀ]

Nell'ortografia tedesca questo suono non è indicato. Se si produce all'interno delle parole (dopo prefissi), lo segnaliamo mediante il segno [ˀ]: abändern ['ˀapˀɛndərn]

2. La **h** viene pronunciata in tedesco:

a) all'inizio delle parole: hinein [hi'naın]

b) davanti a vocali accentuate; davanti a vocali facenti parte di una sillaba radicale (in tal caso portano un accento secondario): Halt [halt]; anhalten [ˀanhaltən]

c) in parole di diverso tipo, specialmente in parole straniere: Uhu ['ˀuːhu]; Alkohol ['ˀalkohoːl]

In tutti gli altri casi la **h** è muta: gehen ['geːən]; sehen ['zeːən]; Ehe ['ˀeːə]

3. p – t – k

Queste occlusive "sorde" vengono generalmente aspirate nelle posizioni definite meglio qui sotto. L'aspirazione si produce mediante una specie di soffio, pari ad una debole **h**, che segue la pronuncia della consonante stessa. In tal modo l'aspirazione avviene:

a) all'inizio delle parole davanti a vocali: Pech [pɛç]
oppure davanti a **l**, **n**, **r** e **v** (in **qu-**): Plage ['plɑːgə]; Kreis [kraıs]; Quelle ['kvɛlə]

b) nella sillaba accentuata all'interno delle parole: ertragen [ɛr'trɑːgən]

c) nelle parole straniere davanti a vocali, anche nelle sillabe àtone: Krokodil [kroˑkoˑ'diːl]

d) alla fine delle parole: Rock [rɔk]

In tutti gli altri casi **p**, **t** e **k** sono aspirate poco o affatto.

4. b – d – g

Queste occlusive "sonore" diventano "sorde" alla fine delle parole (v. regola 3d): ab [ˀap]; und [ˀunt]; Weg [veːk]

Lo stesso vale per i gruppi di consonanti **-gd**, **-bt**, **-gt**: Jagd [jɑːkt]; gibt [giːpt]; gesagt [gə'zɑːkt]

In fine di sillaba e davanti ad una consonante della sillaba successiva **b**, **d**, **g** si pronunciano senza vibrazione; le trascriviamo sempre come [p], [t], [k]:

5. Quando s'incontrano due occlusive sorde uguali, ma appartenenti a due sillabe diverse (p.e. **-tt-**), solo una di esse viene pronunciata distintamente, seppure con un leggero prolungamento della sua articolazione in bocca. Così, pronunciando per esempio la parola "Bettuch", si esita per un attimo dopo **-t-**, prima di pronunciare la seguente **-u-**. Si produce quindi una sola occlusiva con successiva aspirazione: Handtuch ['hanttuːx]

La pronuncia delle occlusive doppie come delle doppie consonanti in genere è quindi diversa dall'italiano, ove le consonanti doppie vengono realmente pronunciate come tali: lot-ta, tap-pa, boc-ca.

6. Quando ad una consonante sorda segue una consonante sonora, che sta all'inizio della sillaba successiva, non avviene l'assimilazione né in senso progressivo, né in senso contrario; con altre parole: né la consonante sorda rende tale quella seguente, né quella seguente rende sonora la consonante precedente. Si pronunciano quindi distintamente le due consonanti secondo la loro qualità fonetica: aussetzen ['ˀauszɛtsən] Absicht ['ˀapzɪçt]

7. In tedesco esistono tre pronuncie della **r**, e cioè:

a) una **r** gutturale ben distinta all'inizio delle sillabe e dopo consonanti. Si produce mediante la vibrazione dell'ugola: rollen ['rɔlən] Ware ['vaːrə] schreiben ['ʃraɪbən]

b) una **r** prodotta pure con la vibrazione dell'ugola in fine di parola e davanti a consonanti; è però più breve della prima e quasi smorzata: für [fyːr] stark [ʃtark]

c) una **r** fortemente vocalizzata nella sillaba finale àtona **-er**; si confonde quasi con la **e** precedente, rendendola più cupa: Lehrer ['leːrer] [illegible] consonanti nella [illegible] vengono sempre come [illegible]

6 [illegible] consonanti [illegible] sillaba [illegible] pronunciate [illegible] aspirazione.

La pronuncia delle occlusive [illegible] diverse [illegible]

[illegible] consonante [illegible]

[illegible]

7 [illegible]

[illegible]

Wörterverzeichnis
Italienisch-Deutsch

A

a [a] *prp* **1.** *stato in luogo* ***a Roma*** in Rom; ***a casa*** zu Hause; **2.** *moto a luogo* ***andare a Roma*** nach Rom reisen; ***andare a casa*** nach Hause gehen; **3.** *tempo* ***alle quattro*** um vier (Uhr); ***a Natale*** zu Weihnachten; ***a maggio*** im Mai; ***a venti anni*** mit zwanzig Jahren; ***a giorni*** in wenigen Tagen; ***a domani*** bis morgen; **4.** *modo* ***a piedi*** zu Fuß; ***alla moda*** nach der Mode; ***al burro*** *gastr* mit Butter angerichtet; **5.** *mezzo* ***ricamato a mano*** handgestickt; ***fatto a macchina*** maschinell hergestellt; **6.** *funzione distributiva* ***a due a due*** immer zu zweit; ***a poco a poco*** nach und nach; **7.** *prezzo, misura* ***a che prezzo*** zu welchem Preis; ***al metro*** pro Meter

abate [a'ba:te] *m* Abt *m*

abat-jour [aba'ʒu:r] *m* Lampenschirm *m*; Tischlampe *f*

abbacchiato [abbakki'a:to] niedergeschlagen

abbacchio [ab'bakkio] *m* (*pl -cchi*) *gastr* Lamm(braten *m*) *n*

abbagli|ante [abba'ʎante] **1.** *adj* blendend; **2.** *m mst pl* ***-i*** *auto* Fernlicht *n*; **~are** [-'ʎa:re] (*1g*) blenden

abbaglio [ab'ba:ʎo] *m* (*pl -gli*) Versehen *n*, Fehler *m*; ***prendere un ~*** sich irren

abbaiare [abbai'a:re] (*1i*) bellen

abbaino [abba'i:no] *m* Dachfenster *n*; (*soffitta*) Mansarde *f*

abbandonare [abbando'na:re] (*1a*) verlassen, im Stich lassen; *progetto* aufgeben

abbandono [abban'do:no] *m* Verlassen *n*; *stato* Verlassenheit *f*; (*rinuncia*) Aufgabe *f*; *aus der Kernenergie* Ausstieg *m*

abbass|are [abbas'sa:re] (*1a*) senken; herunterlassen; *prezzo* herabsetzen; ***~ la voce*** leiser reden; **~arsi** [-'sarsi] (*chinarsi*) sich bücken; *prezzo* fallen; *fig* sich erniedrigen

abbasso [ab'basso] **1.** *adv* unten; hinunter; herunter; **2.** *int* ***~ la guerra!*** nieder mit dem Krieg!

abbastanza [abbas'tantsa] **1.** *adj* genügend; **2.** *adv* genug; ziemlich

abbatt|ere [ab'battere] (*3a*) niederwerfen; *casa* niederreißen; *albero* fällen; *avia* abschießen; *fig* niederschlagen; **~ersi** [-si] verzagen

abbattimento [abbatti'mento] *m* Niederreißen *n*; *fig* Niedergeschlagenheit *f*

abbattuto [abbat'tu:to] *adj* niedergeschlagen

abbazia [abba'tsi:a] *f* Abtei *f*

abbellire [abbel'li:re] (*4d*) verschönern

abbeverare [abbeve'ra:re] (*1m*) tränken

abbi ['abbi], **abbia** [-bia] → ***avere***

abbiente [abbi'ɛnte] *adj* wohlhabend

abbigli|amento [abbiʎa'mento] *m* Kleidung *f*; ***~ sportivo*** Freizeitkleidung *f*; ***industria f dell'~*** Bekleidungsindustrie *f*; **~are** [-'ʎa:re] (*1g*) kleiden

abbinare [abbi'na:re] (*1a*) koppeln; (*combinare*) kombinieren

abboc|care [abbok'ka:re] (*1d*) *pesce* anbeißen; **~ato** [-'ka:to] *vino* süffig

abbon|amento [abbona'mento] *m* *giornale, tea* Abonnement *n*; *treno, bus* Dauerkarte *f*; ***~ annuale*** Jahresabonnement; ***~ mensile*** Monatskarte *f*; **~are** [-'na:re] (*1c u o*) abonnieren; (*condonare*) vergüten; **~arsi** [-'narsi] abonnieren (***a un giornale*** e-e Zeitung); **~ato** [-'na:to] *m* Abonnent *m*; ***~ al telefono*** Fernsprechteilnehmer *m*

abbond|ante [abbon'dante] reichlich, reich (***di*** an *dat*); **~anza** [-'dantsa] *f* Überfluss *m*

abbord|abile [abbor'da:bile] *persona* zugänglich; *prezzo* erschwinglich; **~are** [-'da:re] (*1a*) **1.** *v/t persona* anreden; *argomento* erörtern; **2.** *v/i mar* anlegen

abbottonare [abbotto'na:re] (*1a*) zuknöpfen

abbozzare [abbot'tsa:re] (*1c*) entwerfen, skizzieren; ***~ un sorriso*** ein Lächeln andeuten

abbozzo [ab'bɔttso] *m* Entwurf *m*, Skizze *f*
abbracci|are [abbrat'ʧa:re] *(1f)* umarmen; *fig* umfassen; **~arsi** [-'ʧarsi] sich umarmen
abbraccio [ab'bratʧo] *m (pl -cci)* Umarmung *f*
abbrevi|are [abbrevi'a:re] *(1k u b)* ver-, abkürzen; **~azione** [-viatsi'o:ne] *f* Abkürzung *f*
abbronz|ante [abbron'dzante] *m* Bräunungsmittel *n*; **~are** [-'dza:re] *(1a) pelle* bräunen; **~arsi** [-'dzarsi] braun werden; **~ato** [abbron'dzato] braun gebrannt; **~atura** [-dza'tu:ra] *f* Sonnenbräune *f*
abbrustolire [abbrusto'li:re] *(4d)* rösten
abbui|are [abbui'a:re] *(1i)* **1.** *v/t* verdunkeln; **2.** *v/i* dunkel werden; **~arsi** [-'arsi] sich verdunkeln; *fig* sich verfinstern
abbuono [abbu'ɔ:no] *m econ* Preisnachlass *m*
abdic|are [abdi'ka:re] *(1l u d)* abdanken; **~azione** [-katsi'o:ne] *f* Abdankung *f*, Rücktritt *m*
abete [a'be:te] *m* Tanne *f*; **~ *rosso*** Fichte *f*
abile ['a:bile] geschickt, gewandt (***in*** in *dat*); fähig (***a*** zu)
abil|ità [abili'ta] *f* Geschicklichkeit *f*; ***avere l'* ~ *di fare qc*** geeignet sein, et zu tun; **~itazione** [-litatsi'o:ne] *f* Befähigung *f*, Qualifikation *f*
abiotico [abi'ɔ:tico] *(pl -ci)* biologisch tot
abisso [a'bisso] *m* Abgrund *m*
abit|abile [abi'ta:bile] bewohnbar; **~acolo** [-'ta:kolo] *m auto* Innenraum *m*; **~ante** [-'tante] *m/f* Einwohner(in *f*) *m*, Bewohner(in *f*) *m*; **~are** [-'ta:re] *(1l)* **1.** *v/t* bewohnen; **2.** *v/i* wohnen; **~ato** [-'ta:to] **1.** *adj* bewohnt; **2.** *m* Ortschaft *f*; **~azione** [-tatsi'o:ne] *f* Wohnung *f*
abito ['a:bito] *m* Kleid *n*; *da uomo* Anzug *m*; *(abitudine)* Gewohnheit *f*; **~ *da sera*** Abendanzug *m*, Abendkleid *n*
abitu|ale [abitu'a:le] gewöhnlich; **~are** [-tu'a:re] *(1l)* gewöhnen (***a*** an *acc*); **~arsi** [-tu'arsi] sich gewöhnen (***a*** an *acc*); **~dinario** [-tudi'na:rio] *(pl -ri)* **1.** *adj* Gewohnheits…; **2.** *m* Gewohnheitsmensch *m*
abitudine [abi'tu:dine] *f* Gewohnheit *f*
abol|ire [abo'li:re] *(4d)* abschaffen, aufheben; **~izione** [-litsi'o:ne] *f* Abschaffung *f*, Aufhebung *f*
abort|ire [abor'ti:re] *(4d)* e-e Fehlgeburt haben; abtreiben; **~ista** [-'ti:sta] *m/f* Abtreibungsbefürworter(in *f*) *m*
aborto [a'bɔrto] *m spontaneo* Fehlgeburt *f*; *provocato* Abtreibung *f*; *fig* misslungenes Werk *n*
abrog|are [abro'ga:re] *(1e u c od 1l)* aufheben, abschaffen; **~azione** [-gatsi'o:ne] *f* Aufhebung *f*, Abschaffung *f*
abside ['abside] *f* Apsis *f*
abus|are [abu'za:re] *(1a)*: **~ *di qc*** et missbrauchen; *(approfittare)* et ausnützen; **~ *nel bere*** zu viel trinken; **~ivo** [-'zi:vo] rechtswidrig, nicht genehmigt
abuso [a'bu:zo] *m* Missbrauch *m*
acacia [a'ka:ʧa] *f (pl -ce)* Akazie *f*
acca ['akka] *f* H, h *n*; ***non capire un'*~** gar nichts verstehen
accad|emia [akka'dɛ:mia] *f* Akademie *f*; **~ *di belle arti*** Kunstakademie *f*; **~emico** [-'dɛ:miko] *(pl -ci)* akademisch
accad|ere [akka'de:re] *(2c)* geschehen; **~uto** [-'du:to] *m* Vorfall *m*
accald|arsi [akkal'darsi] *(1a)* sich erhitzen; **~ato** [-'da:to] erhitzt
accalorarsi [akkalo'rarsi] *(1a) fig* sich ereifern
accamp|amento [akkampa'mento] *m* Lager *n*; Biwak *n*; **~are** [-'pa:re] *(1a)* **1.** *v/t ragioni* vorbringen; **2.** *v/i u* **~arsi** [-'parsi] sich lagern
accan|imento [akkani'mento] *m (tenacia)* Zähigkeit *f*; *(odio)* Erbitterung *f*; **~irsi** [-'nirsi] *(4d)* *(ostinarsi)* sich versteifen; **~ *contro qu*** j-n schikanieren; *sorte* sich gegen j-n verschwören; **~ito** [-'ni:to] *(ostinato)* hartnäckig; erbittert
accanto [ak'kanto] **1.** *prp* neben (*dat od acc*); **2.** *adv* daneben; *(a fianco)* nebenan
accantonare [akkanto'na:re] *(1a)* beiseite legen, zurücklegen
accappatoio [akkappa'to:io] *m (pl -oi)* Bademantel *m*
accarezzare [akkaret'tsa:re] liebkosen; streicheln; *speranza* hegen
accasciarsi [akkaʃ'ʃarsi] *(1f)* zusammenbrechen
accatastare [akkatas'ta:re] *(1a)* auf-

schichten

accatt|onaggio [akkatto'naddʒo] *m* (*pl -ggi*) Bettelei *f*; **~one** [-'to:ne] *m* Bettler *m*

accavall|are [akkaval'la:re] (*1a*) übereinander legen, kreuzen; **~arsi** [-'larsi] sich auftürmen; *onde* sich überschlagen; *fig* sich überstürzen; (*coincidere*) sich überschneiden

accecare [attʃe'ka:re] (*1b u d*) **1.** *v/t* blind machen; (*abbagliare*) blenden; **2.** *v/i* erblinden

accedere [at'tʃɛ:dere] (*3a*): **~ a** kommen in (*acc*), betreten (*acc*)

acceler|are [attʃele'ra:re] (*1b u m*) beschleunigen; *auto* Gas geben; **~ato** [-'ra:to] **1.** *adj* beschleunigt; **2.** *m* (*od* ***treno*** *m* **~**) Personenzug *m*; **~atore** [-ra'to:re] *m auto* Gaspedal *n*; **~azione** [-ra'tsione] *f* Beschleunigung *f*

accend|ere [at'tʃɛndere] (*3c*) anzünden; *luce* anmachen; *rad*, *TV* einschalten; *econ* eröffnen; **~ersi** [-si] sich entzünden; Feuer fangen; *luce* aufleuchten

accendino [attʃen'di:no] *m* Feuerzeug *n*

accennare [attʃen'na:re] (*1a*) hindeuten auf (*acc*); andeuten; ***~ a fare qc*** Miene machen, et zu tun

accenno [at'tʃenno] *m* (*cenno*) Wink *m*; (*indizio*) Hinweis *m*; (*allusione*) Anspielung *f*

accensione [attʃensi'o:ne] *f* Zündung *f*; *econ* Eröffnung *f*; *auto* ***~ elettronica*** elektronische Zündung *f*

accent|o [at'tʃɛnto] *m* Akzent *m*; Betonung *f*; **~uare** [-tu'a:re] (*1b u m*) betonen, hervorheben

accert|are [attʃer'ta:re] (*1b*) feststellen; ermitteln; **~arsi** [-'tarsi]: ***~ di qc*** sich e-r Sache vergewissern

acceso [at'tʃe:so] *luce* brennend, F an; *motore* laufend; *TV* eingeschaltet, F an

accessibile [attʃes'si:bile] zugänglich; *prezzo* annehmbar

accesso [at'tʃɛsso] *m* Zugang *m*, Zufahrt *f*; *fig u med* Anfall *m*; ***divieto d'~*** Eintritt verboten

accesso|ri [attʃes'so:ri] *m/pl* Zubehör *n*; **~riato** [-ri'a:to] *auto* mit allem Zubehör; *appartamento* mit allem Komfort; **~rio** [-rio] *adj* nebensächlich; Neben…

accetta [at'tʃetta] *f* Axt *f*

accett|abile [attʃet'ta:bile] annehmbar; **~are** [-'ta:re] (*1b*) an-, aufnehmen; *econ* akzeptieren; **~azione** [-tatsi'o:ne] *f* Annahme *f*; Aufnahme *f*; *econ* Akzept *n*; ***~ bagagli*** Gepäckannahme *f*

acchiappare [akkiap'pa:re] (*1a*) fangen, erwischen, ergreifen

acciaio [at'tʃa:io] *m* (*pl -ai*) Stahl *m*

acciden|tale [attʃiden'ta:le] zufällig; nebensächlich, unwesentlich; **~tato** [-'ta:to] *terreno* uneben, holprig

accidente [attʃi'dɛnte] *m* Vorfall *m*; (*disgrazia*) Unglück *n*; *med* Schlaganfall *m*; ***per ~*** zufällig; F ***accidenti!*** F verflixt!

accigliato [attʃi'ʎa:to] finster

accingersi [at'tʃindʒersi] (*3d*): ***~ a fare qc*** sich zu et (*dat*) anschicken

acciottolato [attʃotto'la:to] *m* Steinpflaster *n*

acciuffare [attʃuf'fa:re] (*1a*) packen; aufgreifen

acciuga [at'tʃu:ga] *f* (*pl -ghe*) Sardine *f*

acclamare [akkla'ma:re] (*1a*): ***~ qu*** j-m zujubeln; j-n durch Zuruf wählen

acclimatarsi [akklima'tarsi] (*1m*) sich akklimatisieren

accl|udere [ak'klu:dere] (*3q*) beifügen, beilegen; **~uso** [-'klu:zo] beiliegend; ***qui ~*** anbei, in der Anlage

accogli|ente [akko'ʎɛnte] einladend; gemütlich; **~enza** [-'ʎɛntsa] *f* Aufnahme *f*, Empfang *m*; *econ* Honorierung *f*

accogliere [ak'kɔ:ʎere] (*3ss*) aufnehmen; *richiesta* annehmen; genehmigen; *econ* honorieren

accoll|are [akkol'la:re] (*1c*) aufbürden; **~arsi** [-'larsi] auf sich (*acc*) nehmen; **~ato** [-'la:to] hochgeschlossen

accoltellare [akkoltel'la:re] (*1b*) j-m e-n Messerstich versetzen; erstechen

accolto [ak'kɔlto] → ***accogliere***

accomandita [akko'mandita] *f* Kommanditgesellschaft *f*

accomod|amento [akkomoda'mento] *m* Reparatur *f*, Anordnung *f*, (*accordo*) Vergleich *m*; **~ante** [-'dante] entgegenkommend; **~are** [-'da:re] (*1c u m*) **1.** *v/t* (*riparare*) ausbessern; *lite* beilegen; (*sistemare*) erledigen; *bilancio* frisieren; **2.** *v/i* passen; **~arsi** [-'darsi] es sich bequem machen; ***si accomodi!*** bitte nehmen Sie Platz!

accompagn|amento [akkompaɲa'mento] *m* Begleitung *f*; ***lettera di ~*** Begleitbrief *m*; **~are** [-'ɲaːre] *(1a)* begleiten; **~atore** [-ɲa'toːre] *m* Begleiter *m*
acconciatura [akkontʃa'tuːra] *f* Frisur *f*
acconsentire [akkonsen'tiːre] *(4b)* einwilligen (***a*** in *acc*)
accontent|are [akkonten'taːre] *(1b)* befriedigen, zufrieden stellen; **~arsi** [-'tarsi] sich begnügen (***di*** mit)
acconto [ak'konto] *m* Anzahlung *f*; ***pagare un ~*** anzahlen
accoppi|are [akkoppi'aːre] *(1k u c)* zusammenstellen; koppeln; *animali* paaren; **~arsi** [-pi'arsi] sich zusammentun; sich paaren
accorci|are [akkor'tʃaːre] *(1f)* kürzen; (*abbreviare*) abkürzen; ***~ le distanze*** den Abstand verringern; **~arsi** [-'tʃarsi] kürzer werden
accord|are [akkor'daːre] *(1c)* bewilligen, gewähren; *mus* stimmen; (*armonizzare*) abstimmen; **~arsi** [-'darsi] sich einigen
accordo [ak'kɔrdo] *m* Einklang *m*; Vereinbarung *f*; *pol* Abkommen *n*; *mus* Akkord *m*; ***~ aziendale*** Betriebsvereinbarung *f*; ***~ culturale*** Kulturabkommen *n*; ***essere d'~*** einig sein; ***mettersi d'~*** sich einigen; ***d'~!*** einverstanden!
accorgersi [ak'kɔrdʒersi] *(3d)*: ***~ di qc*** et wahrnehmen, bemerken
accorrere [ak'korrere] *(3o)* herbeilaufen
accortezza [akkor'tettsa] *f* Umsicht *f*; Schlauheit *f*
accorto [ak'kɔrto] **1.** → ***accorgersi***; **2.** *adj* umsichtig; schlau
accost|are [akkos'taːre] *(1c)* heranrücken, näher stellen; *porta* anlehnen; **~arsi** [-'tarsi] sich nähern
accreditare [akkredi'taːre] *(1b u m)* glaubhaft machen; *econ* gutschreiben
accredito [ak'kreːdito] *m* Gutschrift *f*
accresc|ere [ak'kreʃʃere] *(3n)* vermehren; **~ersi** [-ʃersi] zunehmen
accudire [akku'diːre] *(4d)* **1.** *v/t* pflegen, versorgen; **2.** *v/i* ***~ a qc*** et besorgen
accumul|are [akkumu'laːre] *(1m)* anhäufen; **~atore** [-la'toːre] *m el* Akkumulator *m*; **~azione** [-latsi'oːne] *f* Ansammlung *f*, Akkumulation *f*
accuratezza [akkura'tettsa] *f* Sorgfalt *f*
accurato [akku'raːto] sorgfältig
accusa [ak'kuːza] *f* Beschuldigung *f*; *jur* Anklage *f*
accus|are [akku'zaːre] *(1a)* beschuldigen; anklagen; ***~ ricevuta*** den Empfang bestätigen; **~ata** [-'zaːta] *f* Angeklagte *f*; **~ato** [-'zaːto] *m* Angeklagte(r) *m*; **~atore** [-za'toːre] *m* Ankläger *m*, Kläger *m*
acerbo [a'tʃɛrbo] unreif
acero ['atʃero] *m* Ahorn *m*
aceto [a'tʃeːto] *m* Essig *m*; ***~ aromatico*** Kräuteressig *m*; ***mettere sott'~*** in Essig einlegen
acidità [atʃidi'ta] *f* Säure *f*; ***~ di stomaco*** Sodbrennen *n*
acido ['aːtʃido] **1.** *adj* sauer; *fig* beißend; **2.** *m* Säure *f*; ***~ muriatico*** Salzsäure *f*
acqua ['akkua] *f* Wasser *n*; ***~ corrente*** fließendes Wasser; ***~ minerale*** Mineralwasser *n*; ***~ potabile*** Trinkwasser *n*; ***~ di rubinetto*** Leitungswasser *n*; ***~ ossigenata*** Wasserstoffsuperoxyd *n*; ***~ in bocca!*** Mund halten!; ***ha l'~ alla gola*** ihm steht das Wasser bis zum Hals; ***-e*** *pl* Gewässer *n/pl*; Bad *n*; ***-e territoriali*** Hoheitsgewässer *n/pl*; ***in cattive -e*** in Bedrängnis
acquaforte [akkua'fɔrte] *f* Radierung *f*
acquaio [akku'aːio] *m* (*pl -ai*) Ausguss *m*, Spülstein *m*
acquaragia [akkua'raːdʒa] *f* Terpentin *n*
acquario [akku'aːrio] *m* (*pl -ri*) Aquarium *n*; *astr* Wassermann *m*
acquatico [akku'aːtiko] (*pl -ci*) Wasser…; ***uccello*** *m* ***~*** Wasservogel *m*
acquavite [akkua'viːte] *f* Branntwein *m*
acquazzone [akkuat'tsoːne] *m* Platzregen *m*
acquedotto [akkue'dotto] *m* Wasserleitung *f*; *hist* Aquädukt *m*
acqueo ['akkueo] Wasser…
acquerello [akkue'rɛllo] *m* Aquarell *n*
acquirente [akkui'rɛnte] *m/f* Käufer(in *f*) *m*
acqui|sizione [akkuizitsi'oːne] *f* Erwerbung *f*; **~stare** [akkuis'taːre] *(1a)* **1.** *v/t* erwerben, kaufen; *fig tempo* gewinnen; **2.** *v/i* gewinnen (***in*** an *dat*)
acquisto [akku'isto] *m* Erwerbung *f*, Kauf *m*, Abnahme *f*; ***potere m d'~*** Kaufkraft *f*; ***~ a rate*** Ratenkauf *m*; ***-i*** *pl* Einkäufe *m/pl*

acre ['a:kre] herb
acrobata [a'krɔ:bata] *m/f* (*m/pl -i*) Akrobat(in *f*) *m*
acustic|a [a'kustika] *f* Akustik *f*; **~o** [-ko] (*pl -ci*) akustisch
acuto [a'ku:to] **1.** *adj* scharf; spitz; *mus* hoch; *med* akut; **suono** *m* **~** schriller Ton *m*; **dolore** *m* **~** heftiger Schmerz *m*; **2.** *m mus* hoher Ton *m*
ad [ad] = **a** (*vor Vokalen*)
adagi|are [ada'ʤa:re] (*1f*) *persona* legen, betten; **~arsi** [-'ʤarsi] sich hinlegen; *fig* sich überlassen
adagio [a'da:ʤo] **1.** *adv* langsam; (*con cautela*) vorsichtig; **2.** *m* (*pl -gi*) *mus* Adagio *n*
adatt|amento [adatta'mento] *m* Anpassung *f*, Angleichung *f*, (*rielaborazione*) Bearbeitung *f*; **~are** [-'ta:re] (*1a*) anpassen; bearbeiten; **~arsi** [-'tarsi] (*adeguarsi*) sich anpassen (**a** an *acc*); (*addirsi*) passen (**a** zu *od* für)
adattatore [adatta'tore] *m* Adapter *m*
adatto [a'datto] passend, geeignet (**a** zu, für)
ad|debitare [addebi'ta:re] (*1m*) *econ* **~ qc a qu** j-n mit et belasten; *fig* j-m et zur Last legen; **~debito** [-'de:bito] *m econ* Lastschrift *f*, Belastung *f*
addensarsi [adden'sarsi] (*1b*) sich zusammenballen
addestr|amento [addestra'mento] *m persone* Ausbildung *f*, Schulung *f*; *animali* Dressur *f*; **~are** [-'tra:re] (*1b*) ausbilden, schulen; *animali* abrichten
addetto [ad'detto] **1.** *adj* zuständig (**a** für); zugeteilt; **2.** *m* zuständige Person *f*, **~ ai lavori** *fig* Insider *m*; **~ commerciale** Handelsattaché *m*; **vietato l'ingresso ai non -i** Zutritt für Unbefugte verboten
addio [ad'di:o] **1.** *int* lebe (*od* leben Sie) wohl, adieu; *fig* dahin!; aus!; **2.** *m* Abschied *m*
addirittura [addirit'tu:ra] geradezu; (*perfino*) sogar
addizio|nare [additsio'na:re] (*1a*) addieren; **~ne** [-tsi'o:ne] *f* Addition *f*
addobbare [addob'ba:re] (*1c*) ausschmücken, dekorieren
addobbo [ad'dɔbbo] *m* Dekoration *f*
addolcire [addol'ʧi:re] (*4d*) versüßen; *fig* mildern
addolorare [addolo'ra:re] (*1a*) betrüben; mit Schmerz erfüllen
addome [ad'dɔ:me] *m* Unterleib *m*
addomesticare [addomesti'ka:re] (*1b, d u n*) zähmen
addominale [addomi'na:le] Unterleibs…, Bauch…
addorment|are [addormen'ta:re] (*1b*) einschläfern; *med* betäuben; **~arsi** [-'tarsi] einschlafen; **~ato** [-'ta:to] schlafend; verschlafen; *med* betäubt
addoss|are [addos'sa:re] (*1c*) (*appoggiare*) anlehnen (**a** an *acc*); **~ qc a qu** *fig* j-m et aufbürden; **~arsi** [-'sarsi] sich anlehnen (**a** an *acc*); *fig* auf sich (*acc*) nehmen
addosso [ad'dɔsso] **1.** *prp* auf (*dat u acc*); **2.** *adv* **avere ~** bei sich haben; *vestiti* anhaben
addurre [ad'durre] (*3e*) anführen, vorbringen
adegu|are [adegu'a:re] (*1a*) gleichmachen; anpassen; **~arsi** [-gu'arsi] sich anpassen; **~ alle circostanze** sich den Umständen anpassen; **~ato** [-gu'a:to] angemessen
adempiere [a'dempiere] (*4d u g*) *dovere* erfüllen
aderente [ade'rɛnte] **1.** *adj* klebend, haftend (**a** an *dat*); *vestito* anliegend; **socio** *m* **~** außerordentliches Mitglied *n*; **2.** *m/f* Anhänger(in *f*) *m*
aderire [ade'ri:re] (*4d*) kleben (**a** an *dat*); *partito, società* beitreten (**a** *dat*); *richiesta* nachkommen (**a** *dat*)
ades|ione [adezi'o:ne] *f* Beitritt *m*; (*consenso*) Zustimmung *f*; **~ivo** [-'zi:vo] **1.** *adj* klebend, Kleb…; **2.** *m* Klebstoff *m*; Aufkleber *m*
adesso [a'dɛsso] jetzt
adiacente [adia'ʧɛnte] anliegend, angrenzend
adibire [adi'bi:re] (*4d*) verwenden
adir|arsi [adi'rarsi] zornig werden; **~ con qu** auf j-n böse werden; **~ato** [-'ra:to] zornig
adolesc|ente [adoleʃ'ʃɛnte] *m/f* Jugendliche(r *m*) *m/f*; **~enza** [-'ʃɛntsa] *f* Jugend *f*
adoper|are [adope'ra:re] (*1m u c*) (ge)brauchen; **~arsi** [-'rarsi] sich einsetzen (**per qc** für et); sich bemühen
ador|are [ado'ra:re] (*1a*) verehren; lieben; **~azione** [-tsi'o:ne] *f* Verehrung *f*
adornare [ador'na:re] (*1a*) schmücken

adott|are [adot'taːre] (*1c*) adoptieren; (*accogliere*) annehmen; *provvedimento* ergreifen; **~ivo** [-'tiːvo] adoptiert; Adoptiv…
adozione [adotsi'oːne] *f* Adoption *f*; *fig* Wahl *f*
adriatico [adri'aːtiko] (*pl -ci*) *adj* adriatisch; ***costa*** *f* ***-a*** Adriaküste *f*
Adriatico *m* (*a* ***mare*** *m* **~**) Adriatisches Meer *n*, Adria *f*
adul|are [adu'laːre] (*1a*): **~ *qu*** j-m schmeicheln; **~azione** [-latsi'oːne] *f* Schmeichelei *f*
adulterare [adulte'raːre] (*1m*) verfälschen; *vino* panschen
adulterio [adul'tɛːrio] *m* (*pl -ri*) Ehebruch *m*
adulto [a'dulto] **1.** *adj* erwachsen; **2.** *m* Erwachsene(r) *m*
aera|re [ae'raːre] (*1l*) lüften; **~to** [-'raːto] gelüftet, luftig; **~zione** [-ratsi'oːne] *f* Lüftung *f*
aereo[1] [a'ɛːreo] Luft…; *avia* Flug…; ***prospettiva*** *f* ***-a*** Vogelperspektive *f*; ***base*** *f* ***-a*** Luftstützpunkt *m*; ***compagnia*** *f* ***-a*** Fluggesellschaft *f*; ***ponte*** *m* **~** Luftbrücke *f*; ***posta*** *f* ***-a*** Luftpost *f*
aereo[2] [a'ɛːreo] *m* Flugzeug *n*; **~ *di linea*** Linienmaschine *f*
aerobico [aɛ'rɔːbiko] (*pl -ci*) ***ginnastica*** *f* ***-a*** Aerobic *n*
aero|bus [aɛro'bus] *m inv* Airbus *m*; **~dinamico** [-di'naːmiko] aerodynamisch; windschnittig; **~linea** [-'liːnea] *f* Luftverkehrslinie *f*
aero|modellismo [aɛromodel'lizmo] *m* Modellflugzeugsport *m*; **~modello** [-mo'dɛllo] *m* Modellflugzeug *n*; **~nautica** [-'naːutika] *f* Luftfahrt *f*; **~ *militare*** Luftstreitkräfte *f/pl*; **~plano** [-'plaːno] *m* Flugzeug *n*; **~ *da trasporto passeggeri*** Verkehrsflugzeug *n*; **~porto** [-'pɔrto] *m* Flughafen *m*
aerosol [aero'sɔl] *m inv* Aerosol *n*; *contenitore* Sprühdose *f*
aerostato [ae'rɔstato] *m* Luftballon *m*
aero|spaziale [aerospatsi'aːle] Raumfahrt…; **~stazione** [-statsi'oːne] *f* Terminal *m u n*
afa ['aːfa] *f* Schwüle *f*
affabile [af'faːbile] freundlich, umgänglich
affaccend|arsi [affatʧen'darsi] (*1b*) sich zu schaffen machen (***intorno a*** an *dat*); **~ato** [-'daːto] viel beschäftigt
affacciarsi [affat'ʧarsi] (*1f*) sich zeigen; *dubbi* aufkommen
affamato [affa'maːto] *adj* hungrig, ausgehungert
affannato [affan'naːto] atemlos
affanno [af'fanno] *m* Atemnot *f*, *fig* Kummer *m*
affare [af'faːre] *m econ* Geschäft *n*; Angelegenheit *f*; ***uomo*** *m* ***d'-i*** Geschäftsmann *m*; ***ministro*** *m* ***degli Affari Esteri*** Außenminister *m*; ***giro*** *m* (*od* ***cifra*** *f*) ***di -i*** Umsatz *m*
affarista [affa'rista] *m/f* (*m/pl -i*) Geschäftemacher(in *f*) *m*
affascin|ante [affaʃʃi'nante] bezaubernd, faszinierend; **~are** [-'naːre] (*1m*) bezaubern, faszinieren
affatic|are [affati'kaːre] (*1d*) anstrengen, ermüden; **~arsi** [-'karsi] sich anstrengen; müde werden
affatto [af'fatto] durchaus; gänzlich; ***niente*** **~** durchaus nicht
afferm|are [affer'maːre] (*1a*) (*sostenere*) behaupten; (*confermare*) bestätigen; bejahen; **~arsi** [-'marsi] sich behaupten; sich durchsetzen; **~azione** [-matsi'oːne] *f* Bestätigung *f*, Behauptung *f*, Bejahung *f*, (*successo*) Erfolg *m*
afferr|are [affer'raːre] (*1b*) ergreifen; (*comprendere*) begreifen; **~arsi** [-'rarsi] sich festklammern (***a*** an *dat*)
affettare[1] [affet'taːre] (*1a*) in Scheiben schneiden
affettare[2] [affet'taːre] (*1b*) heucheln; zur Schau tragen
affettato[1] [affet'taːto] *m* Aufschnitt *m*
affettato[2] [affet'taːto] *adj* geziert, affektiert; unnatürlich
affett|o [af'fɛtto] *m* Zuneigung *f*, Liebe *f*; **~uoso** [-tu'oːso] herzlich; liebevoll
affezion|arsi [affetsio'narsi] (*1a*): **~ *a qu*** j-n lieb gewinnen; **~ato** [-'naːto]: **~ *a qu*** j-m zugetan
affiancare [affiaŋ'kaːre] (*1d*) Seite an Seite stellen; *fig* unterstützen
affibbiare [affibbi'aːre] (*1k*) zuschnallen
affid|amento [affida'mento] *m* Vertrauen *n*; ***fare*** **~ *su*** sich verlassen auf (*acc*); **~are** [-'daːre] (*1a*) anvertrauen; **~arsi** [-'darsi]: **~ *a*** sich verlassen auf (*acc*)

affil|are [affi'la:re] (*1a*) schärfen; *fig* auszehren; **~ato** [-'la:to] scharf; *naso* schmal
affili|are [affili'a:re] (*1g*) *a una società* aufnehmen; **~ato** [-li'a:to] **1.** *m* Mitglied *n*; **2.** *adj* ***società*** *f* ***-a*** Tochtergesellschaft *f*; **~azione** [-liatsi'o:ne] *f* Aufnahme *f*
affinché [affiŋ'ke] damit
affine [af'fi:ne] ähnlich
affinità [affini'ta] *f* Ähnlichkeit *f*
affiorare [affio'ra:re] (*1a*) auftauchen
affissione [affissi'o:ne] *f* Anschlagen *n*
affisso [af'fisso] **1.** → ***affiggere***; **2.** *m* Anschlag *m*
affitt|acamere [affitta'ka:mere] *m/f* Zimmervermieter(in *f*) *m*; **~are** [-'ta:re] (*1a*) *locali* vermieten; *terre* verpachten; (*prendere in affitto*) mieten; pachten; ***affittasi camere*** Zimmer frei
affitto [af'fitto] *m* Miete *f*, Pacht *f*; ***dare in ~*** vermieten; ***prendere in ~*** mieten
affl|iggere [af'flidʤere] (*3cc*) betrüben; **~itto** [-'flitto] betrübt
afflu|ente [afflu'ɛnte] *m* Nebenfluss *m*; **~enza** [-'ɛntsa] *f* Andrang *m*; **~ire** [-'i:re] (*4d*) zufließen; *persone* zusammenströmen
afflusso [af'flusso] *m* Zufluss *m*; *di persone* Zustrom *m*
affogare [affo'ga:re] (*1c u e*) **1.** *v/t* ertränken; **2.** *v/i* ersticken; ertrinken
affoll|amento [affolla'mento] *m* Gedränge *n*; **~are** [-'la:re] (*1c*) überfüllen; **~arsi** [-'larsi] zusammenströmen; *fig* stürmen (***in*** auf *acc*); **~ato** [-'la:to] überfüllt
affondare [affon'da:re] (*1a*) **1.** *v/t* versenken; **2.** *v/i* versinken
affranc|are [affraŋ'ka:re] (*1d*) befreien; *post* frankieren; **~atura** [-ka'tu:ra] *f* Frankierung *f*; *tassa di spedizione* Porto *n*; ***soggetto ad ~*** gebührenpflichtig
affresco [af'fresko] *m* (*pl -chi*) Fresko *n*
affrett|are [affret'ta:re] (*1a*) beschleunigen; **~arsi** [-'tarsi] sich beeilen
affrontare [affron'ta:re] (*1a*) entgegentreten (***qu***, ***qc*** j-m, e-r Sache); *et* in Angriff nehmen; ***~ un rischio*** ein Risiko eingehen
affum|icare [affumi'ka:re] (*1d u m*) verräuchern; *alimenti* räuchern; **~icato** [-mi'ka:to] geräuchert; Räucher…
affusolato [affuso'la:to] schlank, schmal
afoso [a'fo:so] schwül
africano [afri'ka:no] **1.** *adj* afrikanisch; **2.** *m*, **-a** [-na] *f* Afrikaner(in *f*) *m*
agenda [a'ʤɛnda] *f* Notizbuch *n*; Terminkalender *m*; Tagesordnung *f*
agente [a'ʤɛnte] *m* Agent *m*; Polizeibeamte(r) *m*; ***~ di cambio*** Börsenmakler *m*; ***~ di commercio*** Handelsvertreter *m*; ***~ immobiliare*** Immobilienmakler(in *f*) *m*; ***~ inquinante*** Schadstoff *m*; ***~ di pubblica sicurezza*** Polizeibeamte(r) *m*
agenzia [aʤen'tsi:a] *f* Agentur *f*; ***~ di cambio*** Wechselstube *f*; ***~ immobiliare*** Immobilienbüro *n*; ***~ di pubblicità*** Werbeagentur *f*; ***~ (di) viaggi*** Reisebüro *n*; ***~ pubblicitaria*** Werbeagentur *f*
agevol|are [aʤevo'la:re] (*1m*) erleichtern; **~ato** [-'la:to] erleichtert; *econ* zinsgünstig, zinsverbilligt; **~azione** [-latsi'o:ne] *f* Erleichterung *f*
agevole [a'ʤe:vole] leicht
agganciare [aggan'ʧa:re] (*1f*) anhängen; *cintura* zuschnallen
aggettivo [adʤet'tivo] *m* Adjektiv *n*, Eigenschaftswort *n*
agghiacciare [aggiat'ʧa:re] (*1f*) **1.** *v/t* gefrieren lassen; *fig* erstarren lassen; **2.** *v/i* gefrieren
aggiorn|amento [addʒorna'mento] *m* (*rinvio*) Vertagung *f*; (*riqualificazione*) Fortbildung *f*; ***corso d'~*** Fortbildungskurs *m*; **~are** [-'na:re] (*1a*) (*rinviare*) vertagen; (*mettere al corrente*) auf den heutigen Stand bringen; **~arsi** [-'narsi] sich auf dem Laufenden halten
aggir|are [adʤi'ra:re] (*1a*) umgehen; *fig* betrügen; **~arsi** [-'rarsi] sich herumtreiben; *econ* ungefähr betragen
aggiudicare [addʒudi'ka:re] (*1d u m*) zuerkennen; *all'asta* zuschlagen
aggiun|gere [ad'dʒunʤere] (*3d*) hinzufügen; **~ta** [-ta] *f* Zusatz *m*; Nachtrag *m*
aggiustare [addʒus'ta:re] (*1a*) (*riparare*) reparieren, ausbessern; (*sistemare*) in Ordnung bringen; *conto* ausgleichen
agglomerato [agglome'ra:to] *m* Anhäufung *f*; ***~ urbano*** Ballungszentrum *n*

aggrapparsi [aggrap'parsi] (*1a*) sich (an)klammern (***a*** an *acc*)
aggrav|ante [aggra'vante] **1.** *adj* erschwerend; **2.** *f* erschwerender Umstand *m*; **~are** [-'va:re] (*1a*) erschweren; *punizione* verschärfen; (*peggiorare*) verschlimmern; **~arsi** [-'varsi] sich verschlimmern
aggravio [ag'gra:vio] *m* (*pl -vi*) Belastung *f*, Last *f*; **~ *fiscale*** Steuerbelastung *f*
aggraziato [aggratsi'a:to] anmutig, graziös
aggredire [aggre'di:re] (*4d*) überfallen; *fig* anfahren
aggress|ione [aggressi'o:ne] *f* Überfall *m*; *pol* ***patto** m **di non** ~* Nichtangriffspakt *m*; **~ività** [-sivi'ta] *f* Aggressivität *f*; **~ivo** [-'si:vo] aggressiv; **~ore** [-'so:re] *m* Angreifer *m*; *pol* Aggressor *m*
agguato [aggu'a:to] *m* Hinterhalt *m*, Falle *f*; ***tendere un ~ a qu*** j-m eine Falle stellen
agguerrito [agguer'ri:to] kämpferisch
agiatezza [adʒa'tettsa] *f* Wohlstand *m*
agiato [a'dʒa:to] wohlhabend; (*comodo*) bequem
agibile [a'dʒi:bile] benutzbar
agile ['a:dʒile] flink
agilità [adʒili'ta] *f* Gelenkigkeit *f*; *fig* Wendigkeit *f*
agio ['a:dʒo] *m* (*pl -gi*) Bequemlichkeit *f*; ***sentirsi a proprio ~*** sich wohl fühlen; ***agi*** *pl* Wohlstand *m*
agire [a'dʒi:re] (*4d*) handeln; *medicina* wirken; *jur* gerichtlich vorgehen (***contro*** gegen)
agit|are [adʒi'ta:re] (*1l*) schütteln; *fazzoletto* schwenken; *fig* aufregen; **~ato** [-'ta:to] unruhig; *mare* bewegt; **~azione** [-tatsi'o:ne] *f* Aufregung *f*, Unruhe *f*
agli ['a:ʎi] *prp* ***a*** *mit art* ***gli***
aglio ['a:ʎo] *m* (*pl -gli*) Knoblauch *m*
agnello [a'ɲɛllo] *m* Lamm *n*
agnollotto [aɲol'lɔtto] *m* Teigklößchen *n* mit Fleischfüllung
ago ['a:go] *m* (*pl -ghi*) Nadel *f*; *di bilancia* Zeiger *m*
agon|ismo [ago'nizmo] *m* Kampfgeist *m*; **~istico** [-'nistiko] (*pl -ci*) wettkämpferisch
agopuntura [agopun'tu:ra] *f* Akupunktur *f*
agosto [a'gosto] *m* August *m*; ***in ~*** im August
agr|aria [a'gra:ria] *f* Agrarwissenschaft *f*; **~ario** [-rio] (*pl -ri*) landwirtschaftlich; Agrar…; ***riforma** f **-a*** Agrarreform *f*
agricolo [a'gri:kolo] landwirtschaftlich, Landwirtschafts…
agri|coltore [agrikol'to:re] *m* Bauer *m*; Landwirt *m*; **~coltura** [-kol'tu:ra] *f* Landwirtschaft *f*; **~turismo** [-tu'rizmo] *m* Ferien *pl* auf dem Bauernhof
agro ['a:gro] sauer
agrodolce [agro'doltʃe] süßsauer
agronomo [a'grɔ:nomo] *m* Diplomlandwirt *m*
agrumi [a'gru:mi] *m/pl* Zitrusfrüchte *f/pl*; Zitrusgewächse *n/pl*
aguzzare [agut'tsa:re] (*1a*) (zu)spitzen; *fig appetito* anregen; *vista* schärfen
aguzzo [a'guttso] spitz
ah! [a:] ach!; **ahi!** ['a:i] au!
ai ['ai] *prp* ***a*** *mit art* ***i***
aia ['a:ia] *f* Tenne *f*
Aids ['aidz] *f* Aids *n*; ***malato di ~*** aidskrank
aiuola [aiu'ɔ:la] *f* Beet *n*
aiut|ante [aiu'tante] *m/f* Helfer(in *f*) *m*; (*assistente*) Assistent(in *f*) *m*; Hilfskraft *f*; **~are** [-'ta:re] (*1a*) helfen; ***~ qu*** j-m helfen, j-n unterstützen
aiuto [ai'u:to] *m* Hilfe *f*; *persona* → ***aiutante***; ***~ allo sviluppo*** Entwicklungshilfe *f*
aizzare [ait'tsa:re] (*1a*) aufhetzen
al [al] *prp* ***a*** *mit art* ***il***
ala ['a:la] *f* (*pl -i*) Flügel *m*; *avia* Tragfläche *f*
alabastro [ala'bastro] *m* Alabaster *m*
alba ['alba] *f* Morgendämmerung *f*; ***all'~*** bei Tagesanbruch
albanese [alba'ne:se] **1.** *adj* albanisch; **2.** *m* Albanisch(e) *n*; **3.** *m/f* Albaner(in *f*) *m*
albeggiare [albed'dʒa:re] (*1f*) dämmern, tagen
alberato [albe'ra:to] mit Bäumen bestanden
alberg|are [alber'ga:re] (*1b u e*) beherbergen, aufnehmen; **~atore** [-ga'to:re] *m* Gastwirt *m*; Hotelbesitzer *m*, Hotelier *m*
alberghiero [albergi'ɛ:ro] Hotel…; ***industria** f **-a*** Hotelgewerbe *n*
albergo [al'bɛrgo] *m* (*pl -ghi*) Hotel *n*; ~

di lusso Luxushotel *n*; ***guida*** *f* ***degli -ghi*** Hotelführer *m*
albero ['albero] *m* Baum *m*; *mar* Mast *m*; *avia, auto* Welle *f*; ***~ genealogico*** Stammbaum *m*; ***~ motore*** Antriebswelle *f*; ***~ di Natale*** Weihnachtsbaum *m*
albicocc|a [albi'kɔkka] *f* (*pl -cche*) Aprikose *f*; **~o** [-ko] *m* (*pl -cchi*) Aprikosenbaum *m*
albo ['albo] schwarzes Brett *n*, Anschlagbrett *n*; (*registro*) Register *n*, Liste *f*; ***~ degli avvocati*** Rechtsanwaltsliste *f*
album [al'bum] *m* Album *n*
albume [al'buːme] *m* Eiweiß *n*
alcalino [alka'liːno] alkalisch
alce ['altʃe] *m* Elch *m*
alcol ['alkol] *m inv* Alkohol *m*; ***senz'~*** alkoholfrei
alc|olico [al'kɔːliko] (*pl -ci*) **1.** *adj* alkoholisch; ***gradazione*** *f* ***-a*** Alkoholgehalt *m*; **2.** *m* alkoholisches Getränk *n*; **~olismo** [-ko'lizmo] *m* Alkoholismus *m*; **~olizzato** [-kolid'dzaːto] *m* Alkoholiker *m*
alcuno [al'kuːno] **1.** *adj* irgendein; ***non ... ~*** kein; **2.** *pron* jemand; ***non ... ~*** niemand; *pl* ***-i*** einige
aldilà [aldi'la] jenseits
aletta [a'letta] *f* Flügel *m*; *avia, mar* Klappe *f*, Flosse *f*; *auto* ***~ parasole*** Sonnenblende *f*; *auto* ***~ di raffreddamento*** Kühlrippe *f*
alfab|etico [alfa'bɛːtiko] (*pl -ci*) alphabetisch; ***ordine ~*** alphabetische Reihenfolge *f*; **~eto** [-'bɛːto] *m* Alphabet *n*
alfiere [alfi'ɛːre] *m scacchi* Läufer *m*
alga ['alga] *f* (*pl -ghe*) Alge *f*
algerino [aldʒe'riːno] **1.** *adj* algerisch; **2.** *m* Algerier *m*
aliante [ali'ante] *m* Segelflugzeug *n*
alice [a'liːtʃe] *f* Sardelle *f*
alien|are [alie'naːre] (*1b*) *jur* veräußern; *persone* entfremden; **~arsi** [-'narsi] sich entfremden; sich verscherzen; **~ato** [-'naːto] **1.** *adj* veräußert; geistesgestört; **2.** *m* Geistesgestörte(r) *m*; **~azione** [-natsi'oːne] *f* Veräußerung *f*; ***~ mentale*** Geistesgestörtheit *f*
aliment|are [alimen'taːre] (*1a*) **1.** *v/t* ernähren, *tec* speisen; **2.** *adj* Nahrungs...; ***generi*** *m/pl* ***-i*** Nahrungsmittel *n/pl*, Lebensmittel *n/pl*; **~azione** [-tatsi'oːne] *f* Ernährung *f*; *tec* Beschickung *f*
alimento [ali'mento] *m* Nahrung *f*, Nahrungsmittel *n*; ***~ base*** Grundnahrungsmittel *n*; ***-i*** *pl jur* Alimente *pl*
aliquota [a'liːkuota] *f* Anteil *m*; ***~ d'imposta*** Steuersatz *m*
aliscafo [-'skaːfo] *m* Tragflächenboot *n*
alito ['aːlito] *m* Hauch *m*; Atem *m*; Mundgeruch *m*
all', alla ['all, 'alla] *prp* ***a*** *mit art* ***l', la***
allacci|amento [allattʃa'mento] *m tec* Anschluss *m*; Verbindung *f*; ***~ alla rete elettrica*** Stromanschluss *m*; **~are** [-lat'tʃaːre] (*1f*) zuschnüren; *tec* anschließen; ***~*** *od* ***allacciarsi la cintura di sicurezza*** sich anschnallen
allag|amento [allaga'mento] *m* Überschwemmung *f*; **~are** [-'gaːre] (*1e*) überschwemmen
allarg|are [allar'gaːre] (*1e*) verbreitern; *vestito* weiter machen; *braccia* ausbreiten; **~arsi** [-'garsi] breiter werden
allarm|are [allar'maːre] (*1a*) alarmieren; *fig* beunruhigen; **~arsi** [-'marsi] sich beunruhigen
allarme [al'larme] *m* Alarm *m*; ***dare l'~*** Alarm schlagen; ***~ smog*** Smogalarm *m*; ***segnale d'~*** *fer* Notbremse *f*
allattare [allat'taːre] (*1a*) stillen
alle ['alle] *prp* ***a*** *mit art* ***le***
alle|anza [alle'antsa] *f* Bündnis *n*, Allianz *f*; **~arsi** [-'arsi] (*1b*) sich verbünden
alleato [-'aːto] **1.** *adj* verbündet, alliiert; **2.** *m*, **-a** [-ta] *f* Verbündete(r *m*) *m/f*, Alliierte(r *m*) *m/f*
allegare[1] [alle'gaːre] (*1b u e*) (*addurre*) anführen
alleg|are[2] [alle'gaːre] (*1e*) beifügen, beilegen; **~ato** [-'gaːto] *m* Anlage *f*; ***qui ~*** in der Anlage, anbei
alleggerire [alleddʒe'riːre] (*4d*) leichter machen; *fig* erleichtern
all|egria [alle'griːa] *f* Fröhlichkeit *f*; **~egro** [-'leːgro] **1.** *adj* fröhlich, lustig; **2.** *m mus* Allegro *n*
allen|amento [allena'mento] *m* Training *n*; **~are** [-'naːre] (*1b*), **~arsi** [-'narsi] trainieren (***per***, ***a*** auf *acc*); **~atore** [-na'toːre] *m* Trainer *m*
allent|are [allen'taːre] (*1b*) **1.** *v/t* lockern; **2.** *v/i u* **~arsi** [-'tarsi] locker werden
allergia [aller'dʒiːa] *f* Allergie *f*

allergico [al'lɛrdʒiko] (*pl -ci*) allergisch (***a*** gegen)
allest|imento [allesti'mento] *m* Ausstattung *f*; *tea* Inszenierung *f*; *mar* Ausrüstung *f*; **~ire** [-'tiːre] (*4d*) ausstatten; *cibi* zubereiten; *tea* inszenieren; *mar* ausrüsten
allev|amento [alleva'mento] *m bot u zo* Zucht *f*; ***~ di massa*** Massentierhaltung *f*; **~are** [-'vaːre] (*1b*) *zo* züchten; *bambini* aufziehen; **~atore** [-va'toːre] *m*, **-atrice** [-va'triːtʃe] *f* Züchter(in *f*) *m*
alleviare [allevi'aːre] (*1b u k*) erleichtern
allievo [alli'ɛːvo] *m*, **-a** [-'ɛːva] *f* Schüler(in *f*) *m*
alline|amento [allinea'mento] *m econ* Angleichung *f* (*a fig*); ***~ monetario*** Währungsangleichung *f*; **~are** [-ne'aːre] (*1m*) aufreihen; **~arsi** [-ne'arsi] sich in Reih und Glied stellen; *fig* sich angleichen
allo ['allo] *prp* ***a*** *mit art* ***lo***
allodola [al'lɔːdola] *f* Lerche *f*
alloggiare [allod'dʒaːre] (*1f u c*) **1.** *v/t* beherbergen, unterbringen; einquartieren (*a mil*); **2.** *v/i* wohnen
alloggio [al'lɔddʒo] *m* (*pl -gi*) Unterkunft *f*, Quartier *n*; Wohnung *f*; ***dare ~ a qu*** j-n beherbergen; ***vitto e ~*** Unterkunft und Verpflegung
allontan|are [allonta'naːre] (*1a*) entfernen; ***~ qc da sé*** et von sich fern halten; **~arsi** [-'narsi] sich entfernen; *fig* sich abwenden
allora [al'loːra] **1.** *adv* da, damals; **2.** *cj* dann; also; ***d'~ in poi*** von da an; ***fin d'~*** seit damals
alloro [al'lɔːro] *m* Lorbeer *m*
alluce ['allutʃe] *m* große Zehe *f*
allucin|ante [allutʃi'nante] erschütternd; **~azione** [-natsi'oːne] *f* Halluzination *f*
alludere [al'luːdere] (*3q*) anspielen (***a*** auf *acc*)
alluminio [allu'miːnio] *m* Aluminium *n*
allung|amento [allunga'mento] *m* Verlängerung *f*; **~are** [-'gaːre] (*1e*) verlängern; (*diluire*) verdünnen; *mano* ausstrecken; *passo* beschleunigen; **~arsi** [-'garsi] *giorni* länger werden; *persona* sich ausstrecken
allusione [alluzi'oːne] *f* Anspielung *f*
alluvione [alluvi'oːne] *f* Überschwemmung *f*
almeno [al'meːno] wenigstens
alogena [a'lɔdʒena] *f* Halogenlampe *f*
alp|inismo [alpi'nizmo] *m* Bergsteigen *n*; **~inista** [-pi'nista] *m/f* (*m/pl -i*) Bergsteiger(in *f*) *m*; **~ino** [-'piːno] alpin, Alpen…; ***Club*** *m* **~** Alpenverein *m*
alquanto [alku'anto] etwas; ***-i*** *m/pl* einige
alt ['alt] *int* halt
altalena [alta'leːna] *f* Schaukel *f*
altare [al'taːre] *m* Altar *m*
alter|are [alte'raːre] (*1l*) verändern; (*falsificare*) fälschen; **~arsi** [-'rarsi] sich verändern; (*guastarsi*) schlecht werden; (*irritarsi*) sich erregen; **~azione** [-ratsi'oːne] *f* Veränderung *f*; Fälschung *f*; Erregung *f*
alterco [al'tɛrko] *m* (*pl -chi*) Wortwechsel *m*; Streit *m*
altern|are [alter'naːre] (*1b*) abwechseln; **~arsi** [-'narsi] sich abwechseln; **~ativa** [-na'tiːva] *f* Wechsel *m*; Alternative *f*; **~ativo** [-na'tiːvo] abwechselnd; *pol*, *sociologia* alternativ
alternato [-'naːto] ***corrente*** *f* ***-a*** *el* Wechselstrom *m*
alterno [al'tɛrno] ***a giorni -i*** jeden zweiten Tag
alt|ezza [al'tettsa] *f* Höhe *f*; *titolo* Hoheit *f*; **~iccio** [-'tittʃo] (*pl -cci*) angeheitert
altitudine [alti'tuːdine] *f* Höhe *f*
alto ['alto] **1.** *adj* hoch; *persona* groß; *notte* tief; ***a voce -a*** mit lauter Stimme, laut; ***in ~*** oben; *moto* hinauf; ***l'-a Italia*** *f* Oberitalien *n*; **2.** *m* Höhe *f*
altoatesino [altoate'siːno] **1.** *m* Südtiroler *m*; **2.** *adj* südtirolisch
alto|parlante [altopar'lante] *m* Lautsprecher *m*; **~piano** [-pi'aːno] *m* (*pl altipiani*) Hochebene *f*
altrettanto [altret'tanto] ebenfalls
altrimenti [altri'menti] (*in modo diverso*) anders; (*in caso contrario*) sonst
altro ['altro] anderer; (*nuovo, aggiunto*) noch ein, weiterer; ***l'~ anno*** voriges Jahr; ***l'~ giorno*** neulich; ***l'~ ieri*** vorgestern; ***tutt'~!*** im Gegenteil!; ***senz'~*** ohne weiteres; ***l'un l'~*** einander; ***tra l'~*** unter anderem
altr|onde [al'tronde] ***d'~*** andererseits; **~ove** [al'troːve] anderswo(hin); **~ui** [-'trui] anderer; **~uismo** [-'izmo] *m* Altruismus *m*

altura [al'tu:ra] *f* Anhöhe *f*
alunno [a'lunno] *m* Schüler *m*
alzacristallo [altsakris'tallo] *m inv auto* Fensterheber *m*
alz|are [al'tsa:re] (*1a*) (hoch-, er)heben; *prezzi* anheben, erhöhen; (*costruire*) errichten; ~ ***le spalle*** die Achseln zucken; **~arsi** [-'tsarsi] aufstehen; *sole* aufgehen
amab|ile [a'ma:bile] liebenswürdig; *vino* lieblich; **~ilità** [amabili'ta] *f* Liebenswürdigkeit *f*
amaca [a'ma:ka] *f* (*pl -che*) Hängematte *f*
amalgamare [amalga'ma:re] (*1m*) vermischen
amante [a'mante] *m/f* Liebhaber(in *f*) *m*; Geliebte(r *m*) *m/f*; ~ ***della musica*** Musikliebhaber *m*
amare [a'ma:re] (*1a*) lieben; lieb haben; gern haben
amareggi|are [amared'ʤa:re] (*1f*) verbittern; **~ato** [-'ʤa:to] verbittert
amarena [ama'rɛ:na] *f* Sauerkirsche *f*
amarezza [ama'rettsa] *f fig* Verbitterung *f*
amaro [a'ma:ro] **1.** *adj* bitter; **2.** *m liquore* Bitter *m*
ambasci|ata [ambaʃ'ʃa:ta] *f* Botschaft *f*; **~atore** [-ʃa'to:re] *m*, **-atrice** [-a'triʧe] *f* Botschafter(in *f*) *m*
ambedue [ambe'du:e] beide
ambient|ale [ambien'ta:le] Umwelt…; ***danni*** *m/pl* ***-i*** Umweltschäden *pl*; **~alista** [-ta'lista] **1.** *adj* Umweltschutz …; ***associazione*** *f* ~ Umweltschutzorganisation *f*; **2.** *m/f* (*m/pl -i*) Umweltschützer(in *f*) *m*
ambientarsi [ambien'tarsi] (*1b*) sich eingewöhnen, sich akklimatisieren
ambiente [ambi'ɛnte] *m biol* Umwelt *f*; Milieu *n*; Umgebung *f*; ***protezione*** *f* ***dell'~*** Umweltschutz *m*; ~ ***di lavoro*** Betriebsklima *n*
ambiguità [ambigui'ta] *f* Zweideutigkeit *f*
ambiguo [am'bi:guo] zweideutig
ambito ['ambito] *m* Bereich *m*
ambiz|ione [ambitsi'o:ne] *f* Ehrgeiz *m*; **~ioso** [-tsi'o:so] ehrgeizig
ambul|ante [ambu'lante] **1.** *adj* Wander…; **2.** *m/f* Straßenhändler(in *f*) *m*; **~anza** [-'lantsa] *f* Krankenwagen *m*; **~atorio** *med* [-la'tɔ:rio] *m* (*pl -ri*) Sprechzimmer *n*
americano [ameri'ka:no] **1.** *adj* amerikanisch; **2.** *m*, **-a** [-na] *f* Amerikaner(in *f*) *m*
ametista [ame'tista] *f* Amethyst *m*
amianto [ami'anto] *m* Asbest *m*
ami|ca [a'mi:ka] *f* Freundin *f*; **~chevole** [-'ke:vole] freundschaftlich; **~cizia** [-'ʧi:tsia] *f* Freundschaft *f*; ***in*** ~ im Vertrauen
amico [a'mi:ko] (*pl -ci*) **1.** *adj* befreundet; (*benevolo*) freundlich; **2.** *m* Freund *m*; ~ ***intimo*** Busenfreund *m*
amido ['a:mido] *m* (Mehl)Stärke *f*
ammacc|are [ammak'ka:re] (*1d*) verbeulen; **~atura** [-ka'tu:ra] *f* Beule *f*
ammaestrare [ammaes'tra:re] (*1b*) belehren; *animali* dressieren
ammal|arsi [amma'larsi] (*1a*) krank werden; **~ato** [-'la:to] **1.** *adj* krank; **2.** *m* Kranke(r) *m*
ammanco [am'maŋko] *m* (*pl -chi*) Fehlbetrag *m*, Manko *n*
ammanettare [ammanet'ta:re] (*1a*): ~ ***qu*** j-m Handschellen anlegen
ammarare [amma'ra:re] (*1a*) *avia* wassern
ammass|are [ammas'sa:re] (*1a*) anhäufen; sammeln; **~arsi** [-'sarsi] sich anhäufen; sich zusammendrängen
ammasso [am'masso] *m* Haufen *m*; *geol* Ablagerung *f*
ammazz|are [ammat'tsa:re] (*1a*) töten, umbringen; *animali* schlachten; *fig tempo* totschlagen; **~arsi** [-'tsarsi] sich töten
ammenda [am'mɛnda] *f* Geldstrafe *f*
ammesso [am'messo] → ***ammettere***
ammettere [am'mettere] (*3ee*) zulassen; (*supporre*) annehmen; (*riconoscere*) zugeben; ***ammesso che …*** zugegeben, dass …
amministr|are [amminis'tra:re] (*1a*) verwalten; **~ativo** [-tra'ti:vo] verwaltungsmäßig; Verwaltungs…; ***diritto*** *m* ~ Verwaltungsrecht *n*; **~atore** [-tra'to:re] *m* Verwalter *m*; **~azione** [-tratsi'o:ne] *f* Verwaltung *f*; ~ ***comunale*** Stadtverwaltung *f*; ~ ***centrale*** Hauptverwaltung *f*; ***spese*** *f/pl* ***d'~*** Verwaltungskosten *pl*
ammirabile [ammi'ra:bile] bewundernswert
ammir|aglia [ammi'ra:ʎa] *f mar* Flagg-

schiff *n*; **~aglio** [-'raːʎo] *m* (*pl -gli*) Admiral *m*
ammir|are [ammi'raːre] (*1a*) bewundern; **~atore** [-ra'toːre] *m* Bewunderer *m*; **~azione** [-ratsi'oːne] *f* Bewunderung *f*; **~evole** [-'reːvole] bewundernswürdig
ammis|sibile [ammis'siːbile] annehmbar; zulässig; **~sione** [-si'oːne] *f* Zulassung *f*; Aufnahme *f*; ***esame m d'~*** Aufnahmeprüfung *f*
ammobi|liare [ammobili'aːre] (*1g*) möblieren; einrichten; **~liato** [-li'aːto] möbliert
ammodo [am'mɔːdo] *inv* anständig
ammonimento [ammoni'mento] *m* Ermahnung *f*; Warnung *f*
ammon|ire [ammo'niːre] (*4d*) ermahnen; *jur* verwarnen; **~izione** [-nitsi'oːne] *f* Mahnung *f*; *jur* Verwarnung *f*
ammontare [ammon'taːre] **1.** (*1a*) *v/i* betragen, sich belaufen (***a*** auf *acc*); **2.** *m* Betrag *m*, Summe *f*, Höhe *f*; ***per l'~ di ...*** in Höhe von ...
ammorbidire [ammorbi'diːre] (*4d*) erweichen; *fig* besänftigen
ammort|amento [ammorta'mento] *m* Amortisierung *f*, (*estinzione*) Tilgung *f*, Abschreibung *f*; ***~ dei debiti*** Schuldentilgung *f*; **~izzare** [-tid'dzaːre] (*1a*) *econ* amortisieren; tilgen; *tec* dämpfen; **~izzatore** [-tiddza'toːre] *m auto* Stoßdämpfer *m*
ammucchi|are [ammukki'aːre] (*1g*) aufhäufen; **~arsi** [-ki'arsi] sich ansammeln; sich zusammendrängen
ammuffire [ammuf'fiːre] (*4d*) schimmeln; *fig* verkümmern
ammutolire [ammuto'liːre] (*4d*) verstummen
amnesia [amne'ziːa] *f* Gedächtnisschwäche *f*, -verlust *m*
amnistia [amnis'tiːa] *f* Amnestie *f*
amo ['aːmo] *m* Fischangel *f*
amor|e [a'moːre] *m* Liebe *f*; ***per l'~ di qu*** j-m zuliebe; ***per l'~ di Dio*** um Gottes willen; ***fare l'~*** (*od* ***all'~***) ***con qu*** mit j-m schlafen, j-n lieben; **~eggiare** [-red'dʒaːre] (*1f*) flirten; **~evole** [-'reːvole] liebevoll
amoroso [amo'roːso] liebevoll
amovibile [amo'viːbile] absetzbar; versetzbar; *oggetto* beweglich
amperaggio [ampe'raddʒo] *m* (*pl -gi*) Stromstärke *f*
ampiezza [ampi'ettsa] *f* Weite *f*, Geräumigkeit *f*; *fig* Reichtum *m*
ampio ['ampio] (*pl -pi*) weit; (*spazioso*) geräumig
ampli|amento [amplia'mento] *m* Erweiterung *f*; **~are** [-'aːre] (*1l*) erweitern, vergrößern; ausdehnen; **~ficare** [-fi'kaːre] (*1m u d*) *tec suono* verstärken; **~ficatore** [-fika'toːre] *m* Verstärker *m*
ampolla [am'polla] *f* Fläschchen *n*; *med* Ampulle *f*
amput|are [ampu'taːre] (*1l*) amputieren; **~azione** [-tatsi'oːne] *f* Amputation *f*
amuleto [amu'leːto] *m* Amulett *n*
anabbagliante [anabba'ʎante] **1.** *adj* blendfrei; **2.** *m* Abblendlicht *n*
anacronistico [anakro'nistiko] (*pl -ci*) anachronistisch
anagrafe [a'naːgrafe] ***ufficio m ~*** Einwohnermeldeamt *n*
analcolico [anal'kɔːliko] (*pl -ci*) **1.** *adj* alkoholfrei; **2.** *m* alkoholfreies Getränk *n*
anale [a'naːle] anal
analfab|eta [analfa'bɛːta] *m/f* (*m/pl -i*) Analphabet(in *f*) *m*; **~etismo** [-be'tizmo] *m* Analphabetismus *m*
analgesico [anal'dʒeːziko] (*pl -ci*) **1.** *adj* schmerzstillend; **2.** *m* schmerzstillendes Mittel *n*
analisi [a'naːlizi] *f* Analyse *f*
anal|ista [ana'lista] *m/f* (*m/pl -i*) Analytiker(in *f*) *m*; ***~ programmatore*** Organisationsprogrammierer(in *f*) *m*; **~izzare** [-lid'dzaːre] (*1a*) analysieren
analogia [analo'dʒiːa] *f* Analogie *f*
analogo [a'naːlogo] (*pl -ghi*) analog
ananas ['aːnanas] *m* Ananas *f*
anarchia [anar'kiːa] *f* Anarchie *f*
anarchico [a'narkiko] (*pl -ci*) **1.** *adj* anarchisch; **2.** *m* Anarchist *m*
anat|omia [anato'miːa] *f* Anatomie *f*, **~omico** [ana'tɔːmiko] (*pl -ci*) anatomisch
anatra ['aːnatra] *f* Ente *f*
anca ['aŋka] *f* (*pl -che*) Hüfte *f*
anche ['aŋke] auch; (*perfino*) sogar; ***~ se*** auch wenn, selbst wenn
ancora[1] [aŋ'koːra] noch; ***non ~*** noch nicht; ***~ una volta*** noch einmal
ancora[2] ['aŋkora] *f* Anker *m*; ***gettare l'~*** den Anker auswerfen

ancor|aggio [aŋko'raddʒo] *m* (*pl -ggi*) Ankergeld *n*; *luogo* Ankerplatz *m*; **~are** [-'ra:re] (*1l*) verankern; **~arsi** [-'rarsi] ankern

andamento [anda'mento] *m* Gang *m*; Verlauf *m*; Entwicklung *f*

andare [an'da:re] (*1p*) **1.** *v/i* gehen; *in macchina, treno ecc* fahren; *in aereo* fliegen; (*funzionare*) laufen, funktionieren; *merce* Absatz finden; *vestito* passen; **~ a cavallo** reiten; **~ a passeggio** spazieren gehen; **~ a male** schlecht werden; **~ in bicicletta** Rad fahren; **~ in giro** umherstreifen; **come va?** wie geht es?; **non mi va** es passt mir nicht, es gefällt mir nicht; **2.** *m* Gehen *n*; **con l'~ del tempo** im Laufe der Zeit; **a lungo ~** auf die Dauer; **va sempre a finire così** es läuft immer auf dasselbe hinaus

andarsene [an'darsene] weggehen

andata [an'da:ta] *f* Gehen *n*; *fer* Hinreise *f*; **biglietto** *m* **di ~** einfache Fahrkarte *f*; **~ e ritorno** Hin- und Rückfahrt *f*; **biglietto** *m* **di ~ e ritorno** Rückfahrkarte *f*

andatura [anda'tu:ra] *f* Gang *m*

andirivieni [andirivi'ɛ:ni] *m inv* Hin und Her *n*

androne [an'dro:ne] *m* Hausflur *m*

aneddoto [a'nɛddoto] *m* Anekdote *f*

anello [a'nɛllo] *m* Ring *m*; **~ stradale** Ring(straße *f*) *m*

anemia [ane'mi:a] *f* Blutarmut *f*

anemico [a'nɛ:miko] (*pl -ci*) blutarm

anemone [a'nɛ:mone] *m* Anemone *f*

anest|esia [aneste'zi:a] *f* Anästhesie *f*, Narkose *f*; **~esista** [-te'zista] *m/f* (*m/pl -i*) Anästhesist(in *f*) *m*; **~etico** [-'tɛ:tiko] *m* (*pl -ci*) betäubendes Mittel *n*

anfibio [an'fi:bio] (*pl -bi*) amphibisch, Amphibien…

anfiteatro [anfite'a:tro] *m* Amphitheater *n*

anfora ['anfora] *f* Amphore *f*

angelo ['andʒelo] *m* Engel *m*; **~ custode** Schutzengel *m*

angl|icano [aŋgli'ka:no] **1.** *adj* anglikanisch; **2.** *m* Anglikaner *m*; **~ista** [aŋ'glista] *m* Anglist *m*; **~osassone** [aŋglo'sassone] angelsächsisch

angolare [aŋgo'la:re] eckig

angol|o ['aŋgolo] *m* Winkel *m*; Ecke *f*; **~ cottura** Kochnische *f*; **~oso** [-'lo:so] eckig; kantig

ang|oscia [aŋ'gɔʃʃa] *f* (*pl -sce*) Angst *f*, Beklemmung *f*; **~oscioso** [-goʃ'ʃo:so] quälend, beängstigend

anguilla [aŋgu'illa] *f* Aal *m*; **~ affumicata** Räucheraal *m*

anguria [aŋ'gu:ria] *f* Wassermelone *f*

anice ['a:nitʃe] *m* Anis *m*

anidride [ani'dride] *f* **~ carbonica** Kohlendioxid *n*

anima ['a:nima] *f* Seele *f*; **non c'è ~ viva** es ist keine Menschenseele da; **rompere l'~ a qu** j-m auf die Nerven gehen

anim|ale [ani'ma:le] **1.** *adj* tierisch, Tier…; **2.** *m* Tier *n*; (*essere animato*) Lebewesen *n*; **~ domestico** Haustier *n*; **protezione** *f* **degli -i** Tierschutz *m*; **~are** [-'ma:re] (*1l*) beleben; ermuntern, anregen; **~ato** [-'ma:to] belebt; lebhaft; **~atore** [-ma'to:re] *m di gruppo* Animateur *m*; **~azione** [-matsi'o:ne] *f* Lebhaftigkeit *f*, Leben *n*; (*movimento*) Betrieb *m*

animo ['a:nimo] *m* Gemüt *n*; Seele *f*; (*pensiero*) Sinn *m*; (*coraggio*) Mut *m*; **farsi ~** Mut fassen; **perdersi d'~** den Mut verlieren

anisetta [ani'zetta] *f* Anislikör *m*

anitra ['a:nitra] *f* Ente *f*

annacquare [annakku'a:re] (*1a*) verwässern; *vino* verdünnen; *fig* abschwächen

annaf|fiare [annaffi'a:re] (*1k*) (be-)gießen; **~fiatoio** [-fia'to:io] *m* (*pl -oi*) Gießkanne *f*

annata [an'na:ta] *f* Jahrgang *m*; (*anno*) Jahr *n*; *importo* Jahresbetrag *m*

anneg|are [anne'ga:re] (*1e*) **1.** *v/t* ertränken; **2.** *v/i u* **~arsi** [-'garsi] ertrinken

anner|ire [anne'ri:re] (*4d*) **1.** *v/t* schwärzen; **2.** *v/i u* **~irsi** [-'rirsi] schwarz werden

annessione [annessi'o:ne] *f* Angliederung *f*, *pol* Annexion *f*

annesso [an'nɛsso] **1.** → **annettere**; **2.** *adj* zugehörig; (*allegato*) beiliegend; **3.** *m arch* Anbau *m*

annettere [an'nɛttere] (*3m*) *pol* annektieren; *arch* anbauen; (*allegare*) beifügen

annidarsi [anni'darsi] (*1a*) sich einnisten

anniversario [anniver'sa:rio] *m* (*pl -ri*)

Jahrestag *m*

anno ['anno] *m* Jahr *n*; ~ ***finanziario*** Haushaltsjahr *n*; Etatjahr *n*; ~ ***scolastico*** Schuljahr *n*; ~ ***in corso*** laufendes Jahr *n*; ***quanti -i hai?*** wie alt bist du?; ***ho 33 -i*** ich bin 33 Jahre alt

annodare [anno'da:re] (*1c*) verknoten, verknüpfen; *cravatta* binden; *fig* anknüpfen

annoi|are [annoi'a:re] (*1i*) langweilen; belästigen; **~arsi** [-'arsi] sich langweilen; **~ato** [-'a:to] gelangweilt

annot|are [anno'ta:re] (*1c*) notieren, aufschreiben; mit Anmerkungen versehen; **~azione** [-tatsi'o:ne] *f* Anmerkung *f*

annu|ale [annu'a:le] *adj* jährlich; *di un anno* Jahres…; **~ario** [-'a:rio] *m* (*pl -ri*) Jahrbuch *n*; ~ ***commerciale*** Handelsadressbuch *n*

annuire [annu'i:re] (*4d*) zustimmen

annull|amento [annulla'mento] *m* Annullierung *f*, Aufhebung *f* (*a jur*); **~are** [-'la:re] (*1a*) für ungültig erklären, annullieren; (*eliminare*) aufheben; (*revocare*) widerrufen, rückgängig machen; *francobollo* entwerten

annunci|are [annun'tʃa:re] (*1f*) ankündigen; *matrimonio* bekannt geben; *rad*, *TV* ansagen; ~ ***qu*** j-n melden; **~atore** [-tʃa'to:re] *m rad*, *TV* Ansager *m*; **≈azione** [-tʃatsi'o:ne] *f rel* Maria Verkündigung *f*

annuncio [an'nuntʃo] *m* (*pl -ci*) Ankündigung *f*, Meldung *f*, *giornale* Annonce *f*, Anzeige *f*; ***-i economici*** Kleinanzeigen *f/pl*; ~ ***pubblicitario*** Werbeanzeige *f*

annunziare [annuntsi'a:re] → ***annunciare***

annuo ['annuo] jährlich

annusare [annu'sa:re] (*1a*) riechen an (*dat*); *fig* wittern

annuvolarsi [annuvo'larsi] sich bewölken; *fig in volto* sich verfinstern

anomalo [a'nɔ:malo] anomal; unregelmäßig

anonimo [a'nɔ:nimo] **1.** *adj* anonym; ***società*** *f* ***-a*** Aktiengesellschaft *f*; **2.** *m* Anonymus *m*

anoressia [anores'si:a] *f* Magersucht *f*

anormale [anor'ma:le] anormal

ansa ['ansa] *f* Henkel *m*; *di un fiume* Schleife *f*

ansia ['ansia] *f* angstvolle Unruhe *f*; (*desiderio*) Sehnsucht *f*

ansimare [ansi'ma:re] (*1l*) keuchen

ansioso [ansi'o:so] besorgt, ängstlich

antagon|ismo [antago'nizmo] *m* Antagonismus *m*, Gegensatz *m*; **~ista** [-'nista] *m/f* (*m/pl -i*) Gegner(in *f*) *m*

antartico [an'tartiko] (*pl -ci*) antarktisch

ante|cedente [antetʃe'dɛnte] vorhergehend; **~fatto** [-'fatto] *m* Vorgeschichte *f*; **~guerra** [-gu'ɛrra] *m* Vorkriegszeit *f*; **~nato** [-'na:to] *m* Vorfahr *m*

antenna [an'tenna] *f rad*, *TV* Antenne *f*; *zo* Fühler *m*; *mar* Rahe *f*; ~ ***parabolica*** Parabolantenne *f*

ante|porre [ante'porre] (*3ll*) vorsetzen; *fig* vorziehen; **~posto** [-'pɔsto] → ***anteporre***; **~prima** [-'pri:ma] *f* Voraufführung *f*

anteriore [anteri'o:re] vordere; Vorder…; *precedente* vorhergehend

anti… Gegen…; anti…

anti|atomico [antia'to:miko] (*pl -ci*) Atom…; ***rifugio*** ~ Atombunker *m*; **~biotico** [-bi'ɔ:tiko] (*pl -ci*) **1.** *adj* antibiotisch; **2.** *m* Antibiotikum *n*

anticamente [antika'mente] vor (*od* in) alter Zeit

anticamera [anti'ka:mera] *f* Vorzimmer *n*; ***fare*** ~ warten

antichità [antiki'ta] *f inv* Altertum *n*; Altertümlichkeit *f*, *econ* Antiquität *f*

anticiclone [antitʃi'klo:ne] *m* Hochdruckgebiet *n*

anticipare [antitʃi'pa:re] (*1m*) vorverlegen; *denaro* vorauszahlen; (*fare in anticipo*) vorwegnehmen

anticipo [an'ti:tʃipo] *m* Vorschuss *m*; (*caparra*) Anzahlung *f*, ***in*** ~ im Voraus; (*troppo presto*) zu früh

antico [an'ti:ko] (*pl -chi*) **1.** *adj* alt; **2.** ***gli -chi*** *pl* die Alten *pl*

anti|concezionale [antikontʃetsio'na:le] *m* empfängnisverhütendes Mittel *n*; **~conformista** [-konfor'mista] *m/f* (*m/pl -i*) Nonkonformist(in *f*) *m*; **~congelante** [-kondʒe'lante] *m* Frostschutzmittel *n*; **~corpo** ['kɔrpo] *m* Antikörper *m*; **~costituzionale** [-kostitutsio'na:le] verfassungswidrig

antidoto [an'ti:doto] *m* Gegengift *n*

antifebbrile [an'ti:feb'brile] *m* fieber-

senkendes Mittel *n*
antifurto [anti'furto] *m* Alarmanlage *f*; Diebstahlsicherung *f*
antigas [anti'gas] ***maschera*** *f* ~ Gasmaske *f*
anti|meridiano [antimeridi'a:no] Vormittags…; **~militarista** [-milita'rista] *m/f* (*m/pl* -*i*) Antimilitarist(in *f*) *m*
anti|nebbia [anti'nebbia] *m inv* Nebelscheinwerfer *m*; **~nucleare** [-nukle'a:re] *pol m/f* Kernkraftgegner(in *f*) *m*; **~pasto** [-'pasto] *m* Vorspeise *f*; **~patia** [-pa'ti:a] *f* Abneigung *f*; **~patico** [-'pa:tiko] (*pl* -*ci*) unsympathisch
antiqu|ariato [antikuari'a:to] *m* Antiquitätenhandel *m*; ***negozio m di*** ~ Antiquitätenladen *m*; **~ario** [-ku'a:rio] *m* (*pl* -*ri*) Antiquitätenhändler *m*; **~ato** [-ku'a:to] veraltet
anti|riflesso [antiri'flɛsso] *adj inv* entspiegelt; **~ruggine** [-'ruddʒine] *m* Rostschutzmittel *n*; **~semitismo** [-semi'tizmo] *m* Antisemitismus *m*; **~settico** [-'sɛttiko] (*pl* -*ci*) antiseptisch; **~sismico** [-'sizmiko] (*pl* -*ci*) erdbebensicher
antitesi [an'ti:tezi] *f fil* Antithese *f*; Gegensatz *m*
antitetanica [antite'ta:nika] *f* Tetanusimpfung *f*
antologia [antolo'dʒi:a] *f* Anthologie *f*
antracite [antra'tʃi:te] *f* Anthrazit *m*
antropologia [antropolo'dʒi:a] *f* Anthropologie *f*
anulare [anu'la:re] **1.** *adj* ringförmig; **2.** *m* Ringfinger *m*
anzi ['antsi] im Gegenteil; (*o meglio*) besser noch; sogar
anzianità [antsiani'ta] *f* Dienstalter *n*
anziano [antsi'a:no] **1.** *adj* alt; **2.** *m* alter Mensch *m*
anziché [antsi'ke] *cj* (*piuttosto che*) eher als, lieber als; (*invece di*) anstatt zu
anzitutto [antsi'tutto] vor allem
aorta [a'ɔrta] *f* (große) Schlagader *f*
apatia [apa'ti:a] *f* Apathie *f*; (*indifferenza*) Gleichgültigkeit *f*
apatico [a'pa:tiko] (*pl* -*ci*) apathisch; gleichgültig
ape ['a:pe] *f* Biene *f*
aperitivo [aperi'ti:vo] *m* Aperitif *m*
aperto [a'pɛrto] **1.** → ***aprire***; **2.** *adj* offen, geöffnet; *mentalità* aufgeschlossen; ***all'~*** im Freien
apertura [aper'tu:ra] *f* Öffnung *f*, Eröffnung *f*; ***~ di credito*** Akkreditiv *n*; ***~ delle scuole*** Schulbeginn *m*
apice ['a:pitʃe] *m* Gipfel *m*; *fig* Höhepunkt *m*
apicol|tore [apikol'to:re] *m* Imker *m*; **~tura** [-'tu:ra] *f* Imkerei *f*
apolide [a'pɔ:lide] **1.** *adj* staatenlos; **2.** *m* Staatenlose(r) *m*
apolitico [apo'li:tiko] (*pl* -*ci*) unpolitisch
apopl|essia [apoples'si:a] *f* Schlaganfall *m*; **~ettico** [apo'plɛttiko] (*pl* -*ci*) apoplektisch
apostolico [apos'tɔ:liko] (*pl* -*ci*) apostolisch
apostolo [a'pɔstolo] *m* Apostel *m*
apostrofare [apostro'fa:re] (*1m u c*) anreden; *gram* apostrophieren
apostrofo [a'pɔstrofo] *m* Apostroph *m*
appagare [appa'ga:re] (*1e*) befriedigen
appaiare [appai'a:re] (*1i*) paaren
appallottolare [appallotto'la:re] (*1c u n*) zusammenballen
appalto [ap'palto] *m* Vergabe *f* von Aufträgen; (*contratto*) Pacht *f*; ***dare in ~*** in Auftrag geben; ***prendere in ~*** in Auftrag übernehmen; ***gara di ~*** Ausschreibung *f*
appann|are [appan'na:re] (*1a*) trüben; **~arsi** [-'narsi] sich trüben; *vetro* beschlagen
apparato [appa'ra:to] *m tec*, *anat u fig* Apparat *m*; ***~ digerente*** Verdauungsapparat *m*
apparecchi|are [apparekki'a:re] (*1g*) *tavola* decken; (*preparare*) vorbereiten; **~atura** [-kia'tu:ra] *f* Apparatur *f*, Vorrichtung *f*
apparecchio [appa'rekkio] *m* (*pl* -*chi*) *tec* Apparat *m*; Gerät *n*; *avia* Flugzeug *n*; ***~ telefonico a gettone*** Münzfernsprecher *m*
appar|ente [appa'rɛnte] scheinbar; **~enza** [-'rɛntsa] *f* Schein *m*; (*aspetto*) Aussehen *n*; ***salvare le -e*** den Schein wahren
appar|ire [appa'ri:re] (*4e*) erscheinen; **~iscente** [-riʃ'ʃɛnte] auffällig, auffallend; **~izione** [-ritsi'o:ne] *f* Erscheinung *f*
appartamento [apparta'mento] *m* Wohnung *f*; ***~ ammobiliato*** möblierte Wohnung *f*

appartarsi [appar'tarsi] (*1a*) sich absondern, sich zurückziehen
appartenere [apparte'ne:re] (*2q*) gehören; (*far parte*) an-, zugehören (*dat*)
appassion|are [appassio'na:re] (*1a*) begeistern; (*commuovere*) rühren; **~arsi** [-'narsi] sich begeistern (***a*** für); **~ato** [-'na:to] leidenschaftlich; begeistert
appassire [appas'si:re] (*4d*) verwelken, welk werden
appell|are [appel'la:re] (*1b*) *jur* Berufung einlegen, anfechten; **~arsi** [-'larsi] (*esortare*) appellieren (***a*** an *acc*); sich berufen (***a*** auf *acc*); *jur* Berufung einlegen (***contro*** gegen)
appello [ap'pɛllo] *m* Aufruf *m*; *jur* Berufung *f*; ***fare ~ a qu*** sich an j-n (*acc*) wenden; ***ricorrere in ~*** Berufung einlegen
appena [ap'pe:na] **1.** *adv* kaum; **2.** *cj* (***a ~ che***) sobald
appendere [ap'pɛndere] (*3c*) aufhängen
appen|dice [appen'di:tʃe] *f* Anhang *m*; *med* Blinddarm *m*; *giornale* Feuilleton *n*; *contratto* Nachtrag *m*; **~dicite** [-di'tʃi:te] *f* Blinddarmentzündung *f*
appesantire [appesan'ti:re] (*4d*) schwer machen, belasten
appesi, **appeso** [ap'pe:si, ap'pe:so] → ***appendere***
appet|ito [appe'ti:to] *m* Appetit *m*; Lust *f*; ***stuzzicare l'~*** den Appetit anregen; ***buon ~!*** guten Appetit!; **~itoso** [-ti'to:so] appetitlich
appianare [appia'na:re] (*1a*) ebnen; *lite* schlichten
appiattire [appiat'ti:re] (*4d*) platt drücken
appiccic|are [appittʃi'ka:re] (*1m u d*) *v/t* ankleben; *fig* anhängen; **~arsi** [-'karsi] kleben; **~oso** [-'ko:so] klebrig; *fig* aufdringlich, lästig
app|igliarsi [appi'ʎarsi] (*1g*) sich anklammern (***a*** an *acc u dat*), sich festhalten (***a*** an *dat*); **~iglio** [-'pi:ʎo] *m* (*pl -gli*) Halt *m*; *fig* Vorwand *m*
applaudire [applau'di:re] (*4a od d*) **1.** *v/i* Beifall klatschen; **2.** *v/t* j-m Beifall spenden
applauso [ap'pla:uzo] *m* Beifall *m*
applic|are [appli'ka:re] (*1l u d*) *etichetta* aufkleben; *regolamento* anwenden; **~arsi** [-'karsi]: ***~ a qc*** sich e-r Sache widmen; **~azione** [-katsi'o:ne] *f* Anwendung *f*; *fig* Fleiß *m*; Eifer *m*
appoggi|are [appod'dʒa:re] (*1f u c*) lehnen, anlehnen; (*posare*) legen; *fig* unterstützen; **~arsi** [-'dʒarsi]: ***~ a*** sich anlehnen an (*acc*); *fig* sich stützen auf (*acc*); **~atesta** [-dʒa'tɛsta] *m inv* Kopfstütze *f*
appoggio [ap'pɔddʒo] *m* (*pl -ggi*) Stütze *f*; Halt *m*; *fig* Unterstützung *f*
apporre [ap'porre] (*3ll*) anbringen; ***~ la firma*** unterschreiben
apportare [appor'ta:re] (*1c*) bringen; *fig* (*causare*) verursachen
apposito [ap'pɔ:zito] geeignet; dazu bestimmt, dafür vorgesehen
apposta [ap'pɔsta] *adv* absichtlich, mit Absicht
apprendere [ap'prɛndere] (*3c*) lernen; *notizia* erfahren
apprend|ista [appren'dista] *m/f* (*m/pl -i*) Auszubildende(r *m*) *m/f*, Lehrling *m*; **~istato** [-dis'ta:to] *m* Lehrzeit *f*, Lehre *f*
appren|sione [apprensi'o:ne] *f* Besorgnis *f*; **~sivo** [-'si:vo] ängstlich, furchtsam
appreso [ap'pre:so] → ***apprendere***
appresso [ap'prɛsso] **1.** *prp* neben (*dat od acc*); **2.** *adv* daneben; (*con sé*) bei sich; (*dopo*) darauf
apprezzare [appret'tsa:re] (*1b*) schätzen; *fig* zu würdigen wissen
approccio [ap'prɔttʃo] *m* (*pl -cci*) Annäherung *f*, Annäherungsversuch *m*; *metodo* Ansatz *m*
appr|odare [appro'da:re] (*1c*) landen; *fig* führen (zu); ***non ~ a nulla*** zu nichts führen; **~odo** [-'prɔ:do] *m* Landung *f*, *luogo* Landungsplatz *m*
approfittare [approfit'ta:re] (*1a*): ***~ di qc*** et nutzen; (*sfruttare*) et ausnützen
approfondire [approfon'di:re] (*4d*) vertiefen
appropri|arsi [appropri'arsi] (*1m u c*): ***~ di qc*** sich et aneignen; **~ato** [-'a:to] geeignet; treffend
approv|are [appro'va:re] (*1c*) billigen; genehmigen; *legge* verabschieden; **~azione** [-vatsi'o:ne] *f* Billigung *f*, Zustimmung *f*
approvvigion|amento [approvvidʒona'mento] *m* Versorgung *f*; **~are**

[-'naːre] (*1a*) versorgen
appunt|amento [appunta'mento] *m* Verabredung *f*; *dal medico* Termin *m*; **~are** [-'taːre] (*1a*) notieren; *con spilli* anstecken; anheften; *matita* (an-)spitzen; **~ito** [-'tiːto] spitz
appunto [ap'punto] **1.** *m* Notiz *f*, Vermerk *m*; Bemerkung *f*; ***prendere -i*** sich Notizen machen; **2.** *adv* (*a* ***per l'~***) genau
apribottiglie [apribot'tiːʎe] *m inv* Flaschenöffner *m*
aprile [a'priːle] *m* April *m*
apr|ire [a'priːre] (*4f*) öffnen, aufmachen; *libro* aufschlagen; *conto*, *negozio* eröffnen; **~irsi** [-'prirsi] sich öffnen; ***~ con qu*** sich j-m anvertrauen; **~iscatole** [-'skaːtole] *m inv* Büchsenöffner *m*
aquila ['aːkuila] *f* Adler *m*
aquilone [akui'loːne] *m* Drache *m*
arabesco [ara'besko] *m* (*pl -chi*) Arabeske *f*
arabo ['aːrabo] **1.** *adj* arabisch; **2.** *m*, **-a** [-ba] *f* Araber(in *f*) *m*; **3.** Arabisch(e) *n*
arachide [a'raːkide] *f* Erdnuss *f*
aragosta [ara'gosta] *f* Languste *f*
aran|cia [a'rantʃa] *f* (*pl -ce*) Orange *f*, Apfelsine *f*; **~ciata** [-'tʃaːta] *f* Orangensaft *m*; Orangeade *f*; **~cio** [a'rantʃo] **1.** *m* (*pl -ci*) Orangenbaum *m*; Orange *f*; **2.** *adj inv* = **~cione** [-'tʃoːne] orange(nfarben)
arare [a'raːre] (*1a*) pflügen
aratro [a'raːtro] *m* Pflug *m*
arazzo [a'rattso] *m* Wandteppich *m*
arbitr|aggio [arbi'traddʒo] *m* (*pl -ggi*) Schiedsspruch *m*; **~ale** [-'traːle] schiedsrichterlich; ***tribunale*** *m* **~** Schiedsgericht *n*; **~are** [-'traːre] (*1l*) Schiedsrichter sein; **~ario** [-'traːrio] (*pl -ri*) willkürlich
arbitro ['arbitro] *m* Schiedsrichter *m*
arbusto [ar'busto] *m* Strauch *m*
arca ['arka] *f* (*pl -che*) (*cassa*) Truhe *f*; *rel* Arche *f*
arcaico [ar'kaːiko] (*pl -ci*) archaisch
arcangelo [ar'kandʒelo] *m* Erzengel *m*
arcata [ar'kaːta] *f anat u arch* Bogen *m*; *mus* Bogenstrich *m*
arche|ologia [arkeolo'dʒiːa] *f* Archäologie *f*; **~ologo** [-'ɔːlogo] *m* (*pl -gi*), **-a** [-'ɔːloga] *f* (*pl -ghe*) Archäologe *m*, Archäologin *f*
archetto [ar'ketto] *m mus* Bogen *m*
archi|tetto [arki'tetto] *m* Architekt *m*; **~tettonico** [-tet'tɔːniko] (*pl -ci*) architektonisch; **~tettura** [-tet'tuːra] *f* Architektur *f*
archiviare [arkivi'aːre] (*1k*) zu den Akten legen; archivieren, ablegen; *inform* abspeichern
archivio [ar'kiːvio] *m* (*pl -vi*) Archiv *n*; *inform* **~** (***di dati***) Datei *f*
arci|pelago [artʃi'pɛːlago] *m* (*pl -ghi*) Archipel *m*; **~vescovo** [-'vɛskovo] *m* Erzbischof *m*
arco ['arko] *m* (*pl -chi*) Bogen *m*; ***~ a sesto acuto*** Spitzbogen *m*; ***~ di tempo*** Zeitspanne *f*; ***orchestra*** *f* ***d'archi*** Streichorchester *n*; ***~ di trionfo*** Triumphbogen *m*
arcobaleno [-ba'leːno] *m* Regenbogen *m*
ardente [ar'dɛnte] brennend; glühend
ardere ['ardere] (*3uu*) **1.** *v/t* verbrennen; **2.** *v/i* brennen
area ['aːrea] *f* Fläche *f*, (*zona*) Gebiet *n*, Zone *f*; ***~ fabbricabile*** Bauland *n*; *sport* ***~ di rigore*** Strafraum *m*; ***~ di servizio*** Autobahnraststätte *f*
arena [a'reːna] *f* Sand *m*; Arena *f*
aren|arsi [are'narsi] (*1a*) stranden; *fig* stocken, ins Stocken geraten; **~oso** [-'noːso] sandig
areo... → ***aero...***
argano ['argano] *m* Winde *f*
argentare [ardʒen'taːre] (*1b*) versilbern
argenteria [ardʒente'riːa] *f* Silberzeug *n*
argentino [ardʒen'tiːno] **1.** *adj* argentinisch; **2.** *m* Argentinier *m*
argento [ar'dʒɛnto] *m* Silber *n*; ***~ vivo*** Quecksilber *n*; *fer* ***carta*** *f* ***d'~*** Seniorenpass *m*
arg|illa [ar'dʒilla] *f* Ton *m*; **~illoso** [-dʒil'loːso] lehmig
arginare [ardʒi'naːre] (*1l*) eindämmen
argine ['ardʒine] *m* Damm *m*
argomentare [argomen'taːre] (*1a*) argumentieren
argomento [argo'mento] *m* Argument *n*; Beweisgrund *m*; (*contenuto*) Inhalt *m*; Thema *n*; (*pretesto*) Anlass *m*; ***cambiare ~*** das Thema wechseln
arg|uto [ar'guːto] scharfsinnig; witzig; **~uzia** [-'guːtsia] *f* Scharfsinn *m*; Witz *m*
aria ['aːria] *f* **1.** Luft *f*; ***~ condizionata*** Klimaanlage *f*; ***all'~ aperta*** im Freien; ***corrente*** *f* ***d'~*** Luftzug *m*; ***mandare***

all'~ qc et zunichte machen; **2.** (*aspetto*) Schein *m*, Anschein *m*; (*espressione*) Miene *f*; ***aver l'~ di*** den Anschein haben (*gen*), aussehen wie; ***darsi delle -e*** sich aufspielen; **3.** *mus* Arie *f*

aridità [aridi'ta] *f* Dürre *f*; *fig* Gefühllosigkeit *f*

arido ['a:rido] dürr, trocken; *fig* gefühllos

arieggiare [aried'dʒa:re] (*1f*) *stanza* lüften

ariete [ari'ɛ:te] *m* Widder *m* (*a astr*)

aringa [a'riŋga] *f* (*pl -ghe*) Hering *m*

arista [a:r'rista] *f gastr* Schweinsrücken *m*; *bot* Granne *f*

aristocr|atico [aristo'kra:tiko] (*pl -ci*) **1.** *adj* aristokratisch; **2.** *m* Aristokrat *m*; **~azia** [-kra'tsi:a] *f* Aristokratie *f*

aritmetica [arit'mɛ:tika] *f* Arithmetik *f*

arma ['arma] *f* (*pl -i*) Waffe *f*; ***~ da fuoco*** Schusswaffe *f*; ***-i convenzionali*** konventionelle Waffen; ***-i nucleari*** Kernwaffen *f/pl*; ***-i atomiche, biologiche e chimiche*** ABC-Waffen *f/pl*; ***chiamare alle -i*** einberufen; *fig* ***essere alle prime -i*** Anfänger sein

armadio [ar'ma:dio] *m* (*pl -di*) Schrank *m*; ***~ a muro*** Wandschrank *m*

armamentario [armamen'ta:rio] *m* (*pl -ri*) *mst scherz* Rüstzeug *n*

arm|amento [arma'mento] *m* Bewaffnung *f*, Ausrüstung *f*; ***industria f degli -i*** Rüstungsindustrie *f*; **~are** [-'ma:re] (*1a*) **1.** *v/t* bewaffnen; *arch* stützen; **2.** *v/i u* **~arsi** [-'marsi] sich bewaffnen; **~ata** [-'ma:ta] *f* Armee *f*, Heer *n*; **~ato** [-'ma:to] bewaffnet; **~atore** [-ma'to:re] *m* Reeder *m*; **~atura** [-ma'tu:ra] *f hist* Rüstung *f*, (*struttura*) Gerüst *n*

armeno [ar'mɛ:no] **1.** *adj* armenisch; **2.** *m* Armenier *m*

armistizio [armis'ti:tsio] *m* (*pl -zi*) Waffenstillstand *m*

arm|onia [armo'ni:a] *f* Harmonie *f*; **~onica** [-'mɔ:nika] *f* (*pl -che*) Harmonika *f*; ***~ a bocca*** Mundharmonika *f*; **~onico** [-ko] (*pl -ci*), **~onioso** [-moni'o:so] harmonisch; **~onizzare** [-monid'dza:re] (*1a*) **1.** *v/t* harmonisieren, in Einklang bringen; **2.** *v/i* harmonieren; übereinstimmen

arnese [ar'ne:se] *m* Werkzeug *n*, Gerät *n*; ***-i*** *pl* Handwerkszeug *n*

arnia ['arnia] *f* Bienenstock *m*

arom|a [a'rɔ:ma] *m* (*pl -i*) Aroma *n*; **~atico** [-'ma:tiko] (*pl -ci*) aromatisch; würzig; **~atizzare** [-matid'dza:re] (*1a*) würzen

arpa ['arpa] *f* Harfe *f*

arpione [arpi'o:ne] *m* Haken *m*; *pesca* Harpune *f*

arrabattarsi [arrabat'tarsi] (*1a*) sich abmühen

arrab|biarsi [arrabbi'arsi] (*1k*) sich ärgern; zornig (*od* wütend) werden; **~biato** [-bi'a:to] zornig, wütend; (*idrofobo*) tollwütig

arrampic|arsi [arrampi'karsi] (*1m u d*) klettern; **~ata** [-'ka:ta] *f* Klettern *m*; **~atore** [-ka'to:re] *m* Kletterer *m*; ***~ sociale*** Emporkömmling *m*

arrangi|amento [arrandʒa'mento] *m mus* Arrangement *n*; **~are** [-'dʒa:re] (*1f*) in Ordnung bringen; *fig* organisieren, arrangieren (*a mus*); **~arsi** [-'dʒarsi] (*accordarsi*) sich einigen; (*destreggiarsi*) sich arrangieren, sich zu helfen wissen

arrecare [arre'ka:re] (*1b u d*) bringen; *fig* verursachen

arred|amento [arreda'mento] *m* Einrichtung *f*; **~are** [-'da:re] (*1b*) einrichten; **~atore** [-da'to:re] *m* Innenarchitekt *m*

arrend|ersi [ar'rɛndersi] (*3c*) sich ergeben; *fig* nachgeben; **~evole** [arren'de:vole] nachgiebig

arrest|are [arres'ta:re] (*1b*) anhalten; *jur* verhaften; **~arsi** [-'tarsi] stehen bleiben

arresto [ar'rɛsto] *m* Anhalten *n*; Stillstand *m*; *jur* Verhaftung *f*

arretrato [arre'tra:to] **1.** *adj* rückständig; *giornale* alt; **2.** ***-i*** *m/pl* Rückstände *m/pl*

arricch|ire [arrik'ki:re] (*4d*) bereichern; **~irsi** [-'kirsi] reich werden; **~ito** [-'ki:to] *m* Neureiche(r) *m*

arricciare [arrit'tʃa:re] (*1f*) *capelli* kräuseln, locken; *naso* rümpfen

arringa [ar'riŋga] *f* (*pl -ghe*) Ansprache *f*, Rede *f*; *jur* Plädoyer *n*

arrivare [arri'va:re] (*1a*) ankommen, eintreffen; (*raggiungere un limite*) erreichen (***a qc*** et); *fig* kommen, gelangen; ***~ in orario*** pünktlich sein; ***~ a fare qc*** dazu kommen, et zu tun; ***a che***

punto è arrivato col Suo lavoro? wie weit sind Sie mit Ihrer Arbeit?
arrivederci [arrive'dertʃi], **arrivederLa** [-la] auf Wiedersehen
arrivista [arri'vista] *m/f* (*m/pl -i*) Streber(in *f*) *m*
arrivo [ar'ri:vo] *m* Ankunft *f*, Eintreffen *n*; *sport* Ziel *n*
arrog|ante [arro'gante] arrogant, anmaßend; **~anza** [-'gantsa] *f* Arroganz *f*
arrossire [arros'si:re] (*4d*) erröten, rot werden
arr|ostire [arros'ti:re] (*4d*) rösten; *carne* braten; *ai ferri* grillen; **~osto** [ar'rɔsto] *m* Braten *m*; **~ d'agnello** Lammbraten *m*
arrotolare [arroto'la:re] (*1m u c*) zusammenrollen
arrotondare [arroton'da:re] (*1a*) abrunden; *stipendio* aufbessern
arroventato [arroven'ta:to] glühend
arruff|are [arruf'fa:re] (*1a*) verwirren; *capelli* zerzausen; **~ato** [-'fa:to] wirr; zerzaust
arruggin|ire [arruddʒi'ni:re] (*4d*) **1.** *v/t* rostig machen; **2.** *v/i u* **~irsi** [-'nirsi] rosten; *fig* einrosten
arruol|amento [arruola'mento] *m* Einberufung *f*; **~are** [-'la:re] (*1o*) einziehen, einberufen; **~arsi** [-'larsi] sich freiwillig verpflichten
arsenale [arse'na:le] *m* Arsenal *n*; *mar* Werft *f*; *fig* Rumpelkammer *f*
ars|o ['arso] **1.** → **ardere**; **2.** verbrannt; verdörrt; trocken; **~ura** [-'su:ra] *f* Hitze *f*; (*siccità*) Dürre *f*
arte ['arte] *f* Kunst *f*; *tec* Handwerk *n*; (*abilità*) Kunstfertigkeit *f*; **le -i figurative** die bildenden Künste *f/pl*; **-i grafiche** Grafik *f*; **storia** *f* **dell'~** Kunstgeschichte *f*; **ad ~** absichtlich
artefatto [arte'fatto] künstlich, gefälscht
artefice [ar'te:fitʃe] *m* Schöpfer *m*, Urheber *m*
arteria [ar'tɛ:ria] *f* Schlagader *f*; **~ stradale** Verkehrsader *f*
arterioso [arteri'o:so] Arterien…
artico ['artiko] (*pl -ci*) arktisch
articol|are [artiko'la:re] **1.** *adj* Gelenk…; **2.** *v/t* (*1m*) artikulieren, formulieren; *anat* die Glieder bewegen; (*suddividere*) unterteilen; **~azione** [-latsi'o:ne] *f anat* Gelenk *n*; Gliederung *f*; **~ del polso** Handgelenk *n*
articolo [ar'ti:kolo] *m* Artikel *m*; **~ di consumo** Konsumartikel *m*; **~ di fondo** Leitartikel *m*; **~ di prima necessità** Bedarfsartikel *m*
artif|iciale [artifi'tʃa:le] künstlich; **seta** *f* **~** Kunstseide *f*; **~icio** [-'fi:tʃo] *m* (*pl -ci*) Kunstgriff *m*, Trick *m*; **fuochi** *m/pl* **d'~** Feuerwerk *n*; **~icioso** [-fi'tʃo:so] gekünstelt
artigian|ale [artidʒa'na:le] handwerklich; **~ato** [-'na:to] *m* Handwerk *n*; **~ artistico** Kunsthandwerk *n*
artigiano [arti'dʒa:no] *m*, **-a** [-'dʒa:na] *f* Handwerker(in *f*) *m*
artiglieria [artiʎe'ri:a] *f* Artillerie *f*
artiglio [ar'ti:ʎo] *m* (*pl -gli*) Kralle *f*
art|ista [ar'tista] *m/f* (*m/pl -i*) Künstler(in *f*) *m*; **~istico** [-'tistiko] (*pl -ci*) künstlerisch
arto ['arto] *m* Glied *n*
artr|ite [ar'tri:te] *f* Arthritis *f*; **~osi** [-'trɔzi] *f* Arthrose *f*
ascella [aʃ'ʃɛlla] *f* Achselhöhle *f*
ascendente [aʃʃen'dɛnte] **1.** *adj* aufsteigend, ansteigend; **2.** *m astr* Aszendent *m*; *fig* Einfluss *m*
ascen|sione [aʃʃensi'o:ne] *f* Aufstieg *m*; *montagna* Besteigung *f*; *rel* Himmelfahrt *f*; **~sore** [-'so:re] *m* Fahrstuhl *m*
ascesa [aʃ'ʃe:sa] *f* Aufstieg *m*
ascesso [aʃ'ʃɛsso] *m* Abszess *m*
asceta [aʃ'ʃɛ:ta] *m* (*pl -i*) Asket *m*
ascia ['aʃʃa] *f* (*pl -sce*) Axt *f*
asciugacapelli [aʃʃugaka'pelli] *m* Haartrockner *m*; **~ elettrico** Föhn *m*
asciugamano [aʃʃuga'ma:no] *m* Handtuch *n*; **~ da bagno** Badetuch *n*
asciugare [aʃʃu'ga:re] (1e) (ab)trocknen; *lacrime* abwischen
asciugarsi [aʃʃu'garsi] sich abtrocknen
asciugatrice [aʃʃuga'tritʃe] *f* Trockner *m*
asciutto [aʃ'ʃutto] **1.** *adj* trocken; *vino* herb; **rimanere a bocca -a** das Nachsehen haben; **2.** *m* Trockene(s) *n*; **trovarsi all'~** *fig* auf dem Trockenen sitzen
ascolt|are [askol'ta:re] (*1a*) (an-, zu-) hören; **~atore** [-ta'to:re] *m*, **-atrice** [-ta'tritʃe] *f* Zuhörer(in *f*) *m*
ascolto [as'kolto] *m* Zuhören *n*; **dare** (*od* **prestare**) **~** Gehör schenken; **in-**

dice** m* ***di ~ Einschaltquote *f*
asettico [a'sɛttiko] (*pl -ci*) aseptisch
asfaltare [asfal'ta:re] (*1a*) asphaltieren
asfalto [as'falto] *m* Asphalt *m*
asfis|sia [asfis'si:a] *f* Erstickung *f*; **~siare** [-si'a:re] (*1k*) ersticken
asiatico [azi'a:tiko] (*pl -ci*) **1.** *adj* asiatisch; **2.** *m* Asiat *m*
asilo [a'zi:lo] *m* Asyl *n*; *fig* (*ricovero*) Zuflucht *f*; ***richiesta** f* ***di ~ politico*** Asylantrag *m*; ***~ infantile*** Kindergarten *m*; ***~ nido*** Kinderhort *m*
asimmetrico [asim'mɛ:triko] (*pl -ci*) asymmetrisch
asino ['a:sino] *m* Esel *m*
asma ['azma] *m* Asthma *n*
asmatico [az'ma:tiko] (*pl -ci*) asthmatisch
asociale [aso'tʃa:le] unsozial
asola ['a:zola] *f* Knopfloch *n*, Öse *f*
asparago [as'pa:rago] *m* (*pl -gi*) Spargel *m*
aspett|are [aspet'ta:re] (*1b*) erwarten, warten auf (*acc*); **~arsi** [-'tarsi]: ***~ qc*** et erwarten; auf et (*acc*) gefasst sein; ***dovevo aspettarmelo*** das war vorauszusehen; **~ativa** [-ta'ti:va] *f* Erwartung *f*; *amministrazione* Wartestand *m*
aspetto[1] [as'pɛtto] *m* Aussehen *n*; (*punto di vista*) Aspekt *m*; ***sotto quest'~*** unter diesem Gesichtspunkt
aspetto[2] [as'pɛtto] *m* ***sala** f* ***d'~*** Wartesaal *m*
aspir|ante [aspi'rante] **1.** *adj tec* aufsaugend; ***pompa** f* ***~*** Saugpumpe *f*; **2.** *m/f* Anwärter(in *f*) *m*; **~apolvere** [-ra'polvere] *m* Staubsauger *m*; **~are** [-'ra:re] (*1a*) **1.** *v/t* einatmen; *tec* (auf)saugen; **2.** *v/i* ***~ a qc*** nach et streben
aspirina® [aspi'ri:na] *f* Aspirin® *n*; ***compressa** f* ***d'~*** Aspirintablette *f*
asportare [aspor'ta:re] (*1c*) entfernen
aspro ['aspro] rau; herb; (*duro*) hart
assaggiare [assad'dʒa:re] (*1f*) kosten, probieren
assaggio [as'saddʒo] *m* (*pl -ggi*) Kosten *n*; Probe *f*, Kostprobe *f*
assai [as'sa:i] **1.** *adj* viel; **2.** *adv* sehr; genug; ziemlich
assalire [assa'li:re] (*4m*) überfallen; angreifen
assaltare [assal'ta:re] (*1a*) → ***assalire***
assalto [as'salto] *m* Überfall *m*; Angriff *m*; *fig* ***prendere d'~*** sich stürzen auf (*acc*)
assass|inare [assassi'na:re] (*1a*) ermorden; **~inio** [-'si:nio] *m* Mord *m*; **~ino** [-'si:no] **1.** *adj* mörderisch; **2.** *m*, **-a** [-'si:na] *f* Mörder(in *f*) *m*
asse[1] ['asse] *f* Brett *n*; *sport* ***~ elastica*** Sprungbrett *n*
asse[2] ['asse] *m* Achse *f*
assecondare [assekon'da:re] (*1a*) unterstützen; (*esaudire*) nachkommen (*dat*)
assediare [assedi'a:re] (*1k*) belagern; *fig* bestürmen
assedio [as'sɛ:dio] *m* (*pl -di*) Belagerung *f*
assegnare [asse'ɲa:re] (*1a*) anweisen; (*concedere*) gewähren; (*destinare*) zuteilen
assegno [as'se:ɲo] *m* Scheck *m*; ***~ in bianco*** Blankoscheck *m*; ***~ sbarrato*** Verrechnungsscheck *m*; ***~ pagabile in contanti*** Barscheck *m*; ***~ turistico*** Reisescheck *m*; ***contro ~*** gegen Nachnahme; ***-i familiari*** Kindergeld *n*; ***emettere un ~*** e-n Scheck ausstellen
assemblea [assem'blɛ:a] *f* Versammlung *f*; ***~ generale*** Voll-, Hauptversammlung *f*
assennato [assen'na:to] vernünftig
assentarsi [assen'tarsi] (*1b*) sich entfernen
assente [as'sɛnte] abwesend; ***essere ~*** fehlen
assenza [as'sɛntsa] *f* Abwesenheit *f*; ***~ di qc*** Mangel *m* an et (*dat*)
assessore [asses'so:re] *m* Beisitzer *m*; ***~ comunale*** Stadtrat *m*
assetato [asse'ta:to] durstig
assetto [as'sɛtto] *m* Ordnung *f*; *mar* Trimm *m*; ***in buon ~*** in gutem Zustand
assicur|are [assiku'ra:re] (*1a*) versichern; (*mettere al sicuro*) sichern, sicherstellen; (*legare*) befestigen; **~arsi** [-'rarsi] sich versichern; sich sichern; sich vergewissern; **~ata** [-'ra:ta] *f* Wertbrief *m*; **~ato** [-'ra:to] **1.** *adj* versichert; **2.** *m* Versicherte(r) *m*; **~azione** [-ratsi'o:ne] *f* Versicherung *f*; ***~ contro i danni*** Schadenversicherung *f*; ***~ degli impiegati*** Angestelltenversicherung *f*; ***~ dei bagagli*** Gepäckversicherung *f*; ***~ di responsabilità civile*** Haftpflichtversicherung *f*; ***~ sulla vita*** Lebens-

versicherung *f*; **~ terzi trasportati** Insassenversicherung *f*; **~ contro tutti i rischi** Vollkaskoversicherung *f*; **stipulare un'~** e-e Versicherung abschließen

assideramento [assidera'mento] *m* Erfrieren *n*

assiduo [as'si:duo] ausdauernd; (*diligente*) fleißig; (*regolare*) Stamm…

assieme [assi'ɛ:me] zusammen

ass|illare [assil'la:re] (*1a*) quälen; **un problema assillante** ein brennendes Problem; **~illo** [-'sillo] *m zo* Bremse *f*; *fig* quälende Sorge *f*

assimil|are [assimi'la:re] (*1m*) assimilieren; *fig* sich aneignen (*dat*); **~azione** [-latsi'o:ne] *f* Assimilation *f*

assise [as'si:ze] *f/pl* **Corte** *f* **d'~** Schwurgericht *n*

assist|ente [assis'tɛnte] *m/f* Assistent(in *f*) *m*; **~ sociale** Sozialarbeiter(in *f*) *m*; **~ di volo** Steward *m*, Hostess *f*; **~enza** [-'tɛntsa] *f* Anwesenheit *f*; Betreuung *f*; Hilfe *f*, Beistand *m*; **~ medica** ärztliche Betreuung *f*; **~ sociale** Sozialhilfe *f*; **~ tecnica** Kundendienst *m*, Service *m*

assistere [as'sistere] (*3f*) **1.** *v/t* (j-m) beistehen; (*curare*) pflegen; **2.** *v/i* (*essere presente*) beiwohnen; teilnehmen (**a** an *dat*)

assistito [assi'sti:to] *adj* unterstützt, betreut; **~ al computer** *inform* computerunterstützt

asso ['asso] *m* Ass *n*; **piantare in ~** im Stich lassen

associ|are [asso'tʃa:re] (*1f*) vereinigen; *fig* verknüpfen; **~ qu a qc** j-n an et (*dat*) teilnehmen lassen; **~arsi** [-'tʃarsi] (*unirsi*) sich vereinigen; (*iscriversi*) beitreten (**a** *dat*); (*prendere parte*) teilnehmen

associazione [assotʃatsi'o:ne] *f* Vereinigung *f*, Verein *m*; Gesellschaft *f*; **~ a delinquere** kriminelle Vereinigung *f*; **~ per la difesa dei consumatori** Verbraucherschutzverband *m*

assoggettare [assoddʒet'ta:re] (*1b*) unterwerfen

assolato [asso'la:to] sonnig

assolo [as'so:lo] *m inv mus* Solo *n*

assolto [as'sɔlto] → **assolvere**

assol|utamente [assoluta'mente] (*necessariamente*) absolut, unbedingt; (*completamente*) völlig, ganz; **~uto** [-'lu:to] absolut; unumschränkt; **~uzione** [-tsi'o:ne] *f* Freispruch *m*; *rel* Absolution *f*

assolvere [as'sɔlvere] (*3g*) freisprechen; *un obbligo* absolvieren; (*adempiere*) erfüllen; *rel* j-m die Absolution erteilen

assomigli|are [assomi'ʎa:re] (*1g*): **~ a qu** j-m ähnlich sein; **~arsi** [-'ʎarsi] sich ähneln, sich ähnlich sehen

assonnato [asson'na:to] verschlafen

assorb|ente [assor'bɛnte] **1.** *adj* aufsaugend; **carta** *f* **~** Löschpapier *n*; **2.** *m* **~ igienico** Damenbinde *f*; **~ire** [-'bi:re] (*4c od 4d*) aufsaugen, absorbieren; *fig* (*assimilare*) sich aneignen; *fig* (*impegnare*) in Anspruch nehmen

assord|ante [assor'dante] ohrenbetäubend; **~are** [-'da:re] (*1a*) **1.** *v/t* betäuben; **2.** *v/i* taub werden

assort|imento [assorti'mento] *m* Sortiment *n*, Auswahl *f*; **~ito** [-'ti:to] assortiert; (*adatto*) passend (**con** zu)

assorto [as'sɔrto] versunken, vertieft

assue|fare [assue'fa:re] (*3aa*) gewöhnen (**a** an *acc*); **~farsi** [-'farsi] sich gewöhnen; **~fatto** [-'fatto] → **assuefare**; **~fazione** [-fatsi'o:ne] *f* Gewöhnung *f*

assumere [as'su:mere] (*3h*) *impiegato* anstellen; *incarico* annehmen

assunzione [assuntsi'o:ne] *f impiegato* Einstellung *f*, Übernahme *f*

Assunzione *f* Mariä Himmelfahrt *f*

ass|urdità [assurdi'ta] *f* Absurdität *f*; **~urdo** [-'surdo] absurd, unsinnig

asta ['asta] *f* Stange *f*; (*bastone*) Stock *m*; *econ* Versteigerung *f*, Auktion *f*; **~ giudiziaria** Zwangsversteigerung *f*; **mettere all'~** versteigern

astemio [as'tɛ:mio] (*pl -mi*) **1.** *adj* abstinent; **2.** *m* Abstinenzler *m*

ast|enersi [aste'nersi] (*2q*): **~ da** sich enthalten (*gen*); **~ensione** [-tensi'o:ne] *f* Enthaltung *f*; **~ dal voto** Stimmenthaltung *f*

asterisco [aste'risko] *m* (*pl -chi*) Sternchen *n*

astigm|atico [astig'ma:tiko] (*pl -ci*) astigmatisch; **~atismo** [-ma'tizmo] *m* Astigmatismus *m*

astinenza [asti'nɛntsa] *f* Enthaltsamkeit *f*

astio ['astio] *m* (*pl -ti*) Groll *m*; Missgunst *f*

astratto [as'tratto] abstrakt

astringente [astrin'dʒɛnte] **1.** *adj med* stopfend; **2.** *m* stopfendes Mittel *n*

astr|o ['astro] *m* Stern *m*, Gestirn *n*; **~ologia** [-lo'dʒiːa] *f* Astrologie *f*; **~ologo** [as'trɔːlogo] *m* (*pl -gi*) Astrologe *m*; **~onauta** [-'naːuta] *m/f* (*m/pl -i*) Astronaut(in *f*) *m*; **~onave** [-'naːve] *f* Raumschiff *n*; **~onomia** [-no'miːa] *f* Astronomie *f*; **~onomico** [-'nɔːmiko] (*pl -ci*) astronomisch; **~onomo** [as'trɔːnomo] *m* Astronom *m*

astuccio [as'tuttʃo] *m* (*pl -cci*) Etui *n*, Futteral *n*

astuto [as'tuːto] schlau, listig

ateismo [ate'izmo] *m* Atheismus *m*

ateneo [ate'nɛːo] *m* Universität *f*

ateo ['aːteo] *m* Atheist *m*

atlant|e [at'lante] *m* Atlas *m*; **~ico** [-tiko] (*pl -ci*) atlantisch; ***Oceano** m* ***Atlantico*** Atlantischer Ozean *m*

atleta [at'lɛːta] *m/f* (*m/pl -i*) Athlet(in *f*) *m*

atlet|ica [at'lɛːtika] *f* Athletik *f*; **~ *leggera*** Leichtathletik *f*; **~ico** [-tiko] (*pl -ci*) athletisch

atmosf|era [atmos'fɛːra] *f* Atmosphäre *f*; **~erico** [-'fɛːriko] (*pl -ci*) atmosphärisch

atomico [a'tɔːmiko] (*pl -ci*) atomar, Atom…

atomo ['aːtomo] *m* Atom *n*

atrio ['aːtrio] *m* (*pl -ri*) Vorhalle *f*, Vorraum *m*; **~ *della stazione*** Bahnhofshalle *f*

atr|oce [a'troːtʃe] entsetzlich; grausam; **~ocità** [atrotʃi'ta] *f* Grausamkeit *f*

attacc|abrighe [attakka'briːge] *m inv* F Streithahn *m*; **~amento** [-ka'mento] *m* Anhänglichkeit *f*; **~ante** [-'kante] *m sport* Stürmer *m*; **~apanni** [-ka'panni] *m inv* Kleiderhaken *m*; *a stelo* Kleiderständer *m*

attacc|are [attak'kaːre] (*1d*) **1.** *v/t* befestigen; (*incollare*) ankleben; (*appendere*) aufhängen; (*assalire*) angreifen; (*iniziare*) beginnen; *discorso* anknüpfen; *malattia* anstecken; **2.** *v/i* kleben, haften; **~arsi** [-'karsi] kleben, haften; *gastr* anbrennen; (*aggrapparsi*) sich anklammern (***a*** an *dat u acc*)

attacco [at'takko] *m* (*pl -cchi*) Angriff *m*; (*punto di unione*) Verbindungsstelle *f*; *el* Anschluss *m*; *sci* Bindung *f*; *med* Anfall *m*; (*inizio*) Beginn *m*

attardarsi [attar'darsi] (*1a*) sich verspäten; sich aufhalten

atteggi|amento [atteddʒa'mento] *m* Haltung *f*, Verhalten *n*; (*posizione*) Einstellung *f*, Standpunkt *m*; **~arsi** [-'dʒarsi] (*1f*): **~ *a*** sich gebärden als, sich verhalten als

attendere [at'tɛndere] (*3c*) **1.** *v/t* erwarten; warten auf (*acc*); **2.** *v/i* **~ *a*** sich widmen (*dat*)

attendibile [atten'diːbile] zuverlässig; glaubwürdig

attenersi [atte'nersi] (*2q*) sich halten (***a*** an *acc*)

attent|are [atten'taːre] (*1b*) e-n Anschlag verüben auf (*acc*); **~ato** [-'taːto] *m* Attentat *n*, Anschlag *m*

attento [at'tɛnto] **1.** *adj* aufmerksam; **2.** *int* **~!** Achtung!; ***stare ~ a*** aufpassen auf (*acc*)

attenu|ante [attenu'ante] *f* mildernder Umstand *m*; **~are** [-'aːre] (*1m u b*) abschwächen; mildern; **~arsi** [-'arsi] schwächer werden

attenzione [attentsi'oːne] *f* Aufmerksamkeit *f*; (*considerazione*) Beachtung *f*; **~!** Achtung!; ***far ~ a qc*** auf et (*acc*) Acht geben

atterr|aggio [atter'raddʒo] *m* (*pl -ggi*) Landung *f*; **~ *intermedio*** Zwischenlandung *f*; **~ *di fortuna*** Notlandung *f*; ***effettuare un ~ di fortuna*** notlanden; **~are** [-'raːre] (*1b*) **1.** *v/t* niederwerfen; *edificio* niederreißen; **2.** *v/i* landen

att|esa [at'teːza] *f* Warten *n*; (*tempo d'attesa*) Wartezeit *f*; (*aspettativa*) Erwartung *f*; **~eso** [-'teːzo] → ***attendere***

attest|are [attes'taːre] (*1b*) bezeugen; bescheinigen; **~ato** [-'taːto] *m* Bescheinigung *f*, Zeugnis *n*; **~ *di buona condotta*** Führungszeugnis *n*

attico ['attiko] *m* (*pl -ci*) Dachwohnung *f*

attiguo [at'tiːguo] angrenzend (***a*** an *acc*)

attimo ['attimo] *m* Augenblick *m*; ***in un ~*** im Nu

attinente [atti'nɛnte] betreffend (***a qc*** et)

attirare [atti'raːre] (*1a*) anziehen; (*adescare*) (ver)locken; **~ *l'attenzione***

di qu j-s Aufmerksamkeit auf sich (*acc*) lenken

attitudine [atti'tu:dine] *f* Anlage *f*, Begabung *f*; ***avere ~ per qc*** für et begabt sein

attiv|are [atti'va:re] (*1a*) in Betrieb setzen; **~ità** [-vi'ta] *f* Tätigkeit *f*; Aktivität *f*; (*lavoro*) Beschäftigung *f*; *econ pl* Aktiva *pl*; ***essere in ~*** in Betrieb sein; **~o** [-'ti:vo] **1.** *adj* aktiv, tätig; *econ* aktiv, Aktiv...; **2.** *m econ* Aktiva *pl*, Aktivposten *m*; *gram* Aktiv *n*

atto ['atto] *m* Akt; Tat *f*, Haltung *f*; (*gesto*) Zeichen *n*; (*documento*) Urkunde *f*; *tea* Akt *m*; ***~ di fede*** Glaubensbekenntnis *n*; ***all'~ pratico*** in der Praxis *f*; ***mettere in ~*** in die Tat umsetzen; ***prendere ~ di*** zur Kenntnis nehmen; ***-i*** *pl jur* Akten *f/pl*; ***mettere agli -i*** zu den Akten legen

attorcigli|are [attortʃi'ʎa:re] (*1g*) (auf)wickeln; **~arsi** [-'ʎarsi] sich wickeln

attore [at'to:re] *m* Schauspieler *m*; *jur* Kläger *m*

attorno [at'torno] ringsherum, herum; ***~ a qc*** um et herum; ***darsi d'~*** sich Mühe geben

attraccare [attrak'ka:re] (*1d*) *mar* anlegen

attracco [at'trakko] *m* (*pl -chi*) *mar* Anlegen *n*; Kai *m*

attraente [attra'ɛnte] anziehend, attraktiv; (*affascinante*) reizvoll, verlockend

attr|arre [at'trarre] (*3xx*) anziehen; **~attivo** [-trat'ti:vo] anziehend; **~atto** [-'tratto] → ***attrarre***

attrav|ersare [attraver'sa:re] (*1b*) *strada* überqueren; *confine* überschreiten; *fig* durchmachen; **~erso** [-'vɛrso] **1.** *prp* durch; **2.** *adv* quer, schief

attrazione [attratsi'o:ne] *f* Anziehung *f*, Anziehungskraft *f*

attrezz|are [attret'tsa:re] (*1a*) ausrüsten, ausstatten; **~ato** [-'tsa:to] gut ausgestattet; **~atura** [-tsa'tu:ra] *f* Ausrüstung *f*, Ausstattung *f*

attrezzo [at'trettso] *m* Gerät *n*, Werkzeug *n*; ***-i*** *pl* ***da ginnastica*** Turngeräte *pl*

attrib|uire [attribu'i:re] (*4d*): ***~ qc a qu*** j-m et zuschreiben; **~uto** [-'bu:to] *m* Attribut *n*

attrice [at'tri:tʃe] *f* Schauspielerin *f*; *jur* Klägerin *f*

attrito [at'tri:to] *m* Reibung *f*; *fig* Spannung *f*; ***senza ~*** reibungslos

attu|ale [attu'a:le] gegenwärtig; (*recente*) aktuell; **~alità** [-ali'ta] *f* Aktualität *f*; **~alizzare** [-alid'dza:re] aktualisieren; **~are** [-'a:re] (*1l*) verwirklichen; **~azione** [-atsi'o:ne] *f* Verwirklichung *f*

aud|ace [au'da:tʃe] mutig; (*arrischiato*) kühn, gewagt; (*provocante*) herausfordernd; (*sfacciato*) frech; **~acia** [-'da:tʃa] *f* Mut *m*; Kühnheit *f*; Frechheit *f*

audio|leso [audio'le:zo] **1.** *adj* hörgeschädigt; **2.** *m* Hörgeschädigte(r) *m*; **~visivo** [-vi'zi:vo] audiovisuell

audizione [auditsi'o:ne] *f* Hören *n*; *rad* Empfang *m*

augur|ale [augu'ra:le] Glückwunsch...; **~are** [-'ra:re] (*1l*) wünschen; ***~ buon viaggio*** eine gute Reise wünschen

augurio [au'gu:rio] *m* (*pl -ri*) Glückwunsch *m*; ***fare gli -ri a qu*** j-m Glück wünschen; ***tanti -ri!*** herzliche Glückwünsche!

aula ['a:ula] *f* Saal *m*; *scuola* Klassenzimmer *n*; *università* Hörsaal *m*; Sitzungssaal *m*

aumentare [aumen'ta:re] (*1a*) **1.** *v/t* vermehren, vergrößern; *prezzi* erhöhen; (*intensificare*) steigern; **2.** *v/i* sich vermehren; *prezzi* steigen; *peso* zunehmen

aumento [au'mento] *m* Erhöhung *f*, Steigerung *f*, Zunahme *f*; ***~ salariale*** Lohnerhöhung *f*; ***~ dei prezzi*** Preisanstieg *m*; ***~ del fatturato*** Umsatzsteigerung *f*

aureo ['a:ureo] golden, Gold...

auricolare [ɑuriko'lɑre] *m* Kopfhörer *m*; Ohrknopf *m*

aurora [au'ro:ra] *f* Morgenröte *f*; ***~ boreale*** Nordlicht *n*

ausili|are [auzili'a:re] **1.** *adj* Hilfs...; **2.** *m/f* Helfer(in *f*) *m*; **3.** *gram* Hilfsverb *n*; **~ario** [-'a:rio] (*pl -ri*) **1.** *adj* Hilfs...; ***motore*** *m* ***~*** Hilfsmotor *m*; **2.** *m* Helfer *m*

austerità [austeri'ta] *f* Strenge *f*; *econ* Sparmaßnahmen *f/pl*

australe [aus'tra:le] südlich

australiano [australi'a:no] **1.** *adj* aust-

ralisch; **2.** *m*, **-a** [-na] *f* Australier(in *f*) *m*
austriaco [aus'tri:ako] (*m/pl -ci*) **1.** *adj* österreichisch; **2.** *m*, **-a** [aus'tri:aka] *f* Österreicher(in *f*) *m*
autenticare [autenti'ka:re] (*1m, d u b*) beglaubigen
autenticità [autentitʃi'ta] *f* Echtheit *f*, Glaubwürdigkeit *f*
autentico [au'tɛntiko] (*pl -ci*) authentisch, echt; glaubwürdig
autista [au'tista] *m/f* (*m/pl -i*) Fahrer(in *f*) *m*
auto ['a:uto] *f* Auto *n*; → ***automobile***
auto... ['a:uto] Selbst...; **~accensione** [-attʃensi'o:ne] *f tec* Selbstzündung *f*; **~adesivo** [-ade'zi:vo] **1.** selbstklebend; **2.** *m* Aufkleber *m*; **~ambulanza** [-ambu'lantsa] *f* Krankenwagen *m*; **~biografia** [-biogra'fi:a] *f* Autobiographie *f*; **~bomba** [-'bomba] *f* Autobombe *f*; **~bus** [-'bus] *m* Bus *m*; ***~ di linea*** Linienbus *m*; **~caravan** [-'karavan] *f* Wohnmobil *n*; **~carro** [-'karro] *m* Lastwagen *m*; **~cisterna** [-tʃis'tɛrna] *f* Tankwagen *m*
auto|controllo [autokon'trollo] *m* Selbstbeherrschung *f*; **~critica** [-'kri:tika] *f* Selbstkritik *f*
auto|didatta [autodi'datta] *m/f* (*m/pl -i*) Autodidakt(in *f*) *m*; **~difesa** [-di'fe:sa] *f* Selbstverteidigung *f*
autodromo [au'tɔ:dromo] *m* Autorennbahn *f*
autofinanziamento [autofinantsia'mento] *m* Eigenfinanzierung *f*
auto|gestione [autodʒesti'o:ne] *f* Selbstverwaltung *f*; **~gol** [-'gol] *m inv* Eigentor *n*
autografo [au'tɔ:grafo] **1.** *adj* eigenhändig; **2.** *m* Autogramm *n*
auto|grill [auto'grill] *m inv* Raststätte *f*; **~lavaggio** [-la'vaddʒo] *m* (*pl -ggi*) Autowaschanlage *f*; **~linea** [-'li:nea] *f* Omnibuslinie *f*
automa [au'tɔ:ma] *m* (*pl -i*) Roboter *m*
automatico [auto'ma:tiko] (*pl -ci*) **1.** *adj* automatisch; **2.** *m bottone* Druckknopf *m*
auto|mezzo [auto'mɛddzo] *m* Kraftfahrzeug *n*; **~mobile** [-'mɔ:bile] *f* Auto *n*, Wagen *m*; ***~ da corsa*** Rennwagen *m*; ***~ da noleggio*** Mietwagen *m*; ***~ utilitaria*** Kleinwagen *m*; **~mobilismo** [-mobi'lizmo] *m* Automobilsport *m*; **~mobilista** [-'lista] *m/f* (*m/pl -i*) Autofahrer(in *f*) *m*; **~noleggio** [-no'leddʒo] *m* (*pl -ggi*) Autovermietung *f*, -verleih *m*; **~nomia** [-no'mi:a] *f* Autonomie *f*, Unabhängigkeit *f*; *tec* Reichweite *f*
autonomo [au'tɔ:nomo] autonom, selbstständig
autoradio [auto'ra:dio] *f* Autoradio *n*
autore [au'to:re] *m* Autor *m*; Urheber *m*; *let* Verfasser *m*; *jur* Täter *m*; ***diritto m d'~*** Urheberrecht *n*
autorevole [auto're:vole] angesehen, einflussreich
autorimessa [autori'messa] *f* Garage *f*
autor|ità [autori'ta] *f* Autorität *f*, *jur* Recht *n*, Macht *f*, (*amministrazione*) Behörde *f*, *fig* Ansehen *n*; ***abuso m di ~*** Machtmissbrauch *m*; ***~ portuale*** Hafenbehörde *f*; **~itario** [-ri'ta:rio] (*pl -ri*) autoritär
autor|izzare [autorid'dza:re] (*1a*) genehmigen; berechtigen; **~izzazione** [-riddzatsi'o:ne] *f* Genehmigung *f*, Berechtigung *f*
auto|scatto [autos'katto] *m* Selbstauslöser *m*; **~scuola** [-sku'ɔ:la] *f* Fahrschule *f*; **~silo** [-'si:lo] *m inv* Parkhaus *n*; **~soccorso** [-sok'korso] *m* Pannendienst *m*; **~stop** [-s'tɔp] *m* ***fare l'~*** per Anhalter fahren, trampen; **~stoppista** [-stop'pista] *m/f* (*m/pl -i*) Tramper(in *f*) *m*; **~strada** [auto'strada] *f* Autobahn *f*; ***~ informatica*** *inform* Datenautobahn *f*; **~treno** [-'trɛ:no] *m* Lastzug *m*; **~vettura** [-vet'tu:ra] *f* Personen(kraft)wagen *m*; ***~ di media cilindrata*** Mittelklassewagen *m*
autrice [au'tri:tʃe] *f* Autorin *f*, *let* Verfasserin *f*
autunno [au'tunno] *m* Herbst *m*
avambraccio [avam'brattʃo] *m* (*pl -cci*) Unterarm *m*
avanguardia [avaŋgu'ardia] *f* Avantgarde *f*
avanti [a'vanti] **1.** *adv stato in luogo* vorn; *avvicinamento* nach vorn; *allontanamento* voraus; (*prima*) vorher; ***d'ora in ~*** von jetzt an; **2.** *int* ***~!*** herein!; vorwärts!; *orologio* ***andare ~*** vorgehen; **3.** *m sport* Stürmer *m*
avantieri [avanti'ɛ:ri] vorgestern
avanzare [avan'tsa:re] (*1a*) **1.** *v/i* vor-

rücken; *fig* vorwärts kommen; (*rimanere*) übrig bleiben; **2.** *v/t* vorrücken; **~ un'ipotesi** eine Hypothese aufstellen
avanzo [a'vantso] *m* Rest *m*; *econ* Überschuss *m*; **~ della bilancia commerciale** Handelsüberschuss *m*
avaria [ava'riːa] *f* Schaden *m*
avariato [avari'aːto] beschädigt; verdorben
avarizia [ava'riːtsia] *f* Geiz *m*
avaro [a'vaːro] **1.** *adj* geizig; **2.** *m* Geizhals *m*
avena [a'veːna] *f* Hafer *m*
avere [a'veːre] (*2b*) **1.** *v/t* haben; **~ 20 anni** 20 Jahre alt sein; **~ qc da fare** et zu tun haben; **avercela con qu** auf j-n böse sein; **2.** *m econ* Guthaben *n*; **dare e ~** Soll und Haben *n*; **-i** *m/pl* Vermögen *n*
avi ['aːvi] *m/pl* Ahnen *m/pl*
avia|tore [avia'toːre] *m* Flieger *m*; **~zione** [-tsi'oːne] *f* Flugwesen *n*; Luftfahrt *f*; *mil* Luftwaffe *f*
avidità [avidi'ta] *f* Gier *f*, Habsucht *f*
avido ['aːvido] gierig; habsüchtig
aviogetto [avio'dʒɛtto] *m* Düsenflugzeug *n*
avocado [avo'kaːdo] *m* Avocado *f*
avorio [a'vɔːrio] *m* (*pl -ri*) Elfenbein *n*
avvalersi [avva'lersi] (*2r*): **~ di qc** von et Gebrauch machen
avvallamento [avvalla'mento] *m* Senkung *f*
avvantaggi|are [avvantad'dʒaːre] (*1f*) begünstigen; **~arsi** [-'dʒarsi]: **~ di qc** aus et Nutzen ziehen
avve|dersi [avve'dersi] (*2s*): **~ di qc** et (be)merken, wahrnehmen; **~duto** [-'duːto] umsichtig
avvelen|amento [avvelena'mento] *m* Vergiftung *f*; **~are** [-'naːre] (*1a*) vergiften
avven|imento [avveni'mento] *m* Ereignis *n*; **~ire** [-'niːre] (*4p*) **1.** *v/i* geschehen, sich ereignen; **2.** *m* Zukunft *f*
Avvento [av'vento] *m* Advent *m*
avvent|ore [avven'toːre] *m* Kunde *m*; **-i** *pl* Kundschaft *f*; **~ura** [-'tuːra] *f* Abenteuer *n*; **~urarsi** [-tu'rarsi] sich wagen; **~uriero** [-turi'ɛːro] *m* Abenteurer *m*; **~uroso** [-tu'roːso] abenteuerlich
avvenuto [avve'nuːto] → ***avvenire***
avverarsi [avve'rarsi] (*1a*) eintreffen
avverbio [av'vɛrbio] *m* (*pl -bi*) Adverb *n*, Umstandswort *n*
avver|sario [avver'saːrio] (*pl -ri*) **1.** *adj* gegnerisch; **2.** *m* Gegner *m*; **~sione** [-si'oːne] *f* Abneigung *f* (**per** gegen); Feindseligkeit *f*
avvert|enza [avver'tɛntsa] *f* (*ammonimento*) Warnung *f*; (*precauzione*) Vorsicht *f*; (*premessa*) Vorbemerkung *f*; **-e** *pl* (*istruzioni per l'uso*) Gebrauchsanweisung *f*; **~imento** [-ti'mento] *m* Warnung *f*, Benachrichtigung *f*; **~ire** [-'tiːre] (*4b*) benachrichtigen; warnen; (*percepire*) empfinden
avvi|amento [avvia'mento] *m* Einführung *f*, Einleitung *f*; *tec* Inbetriebsetzung *f*; *auto* Anlassen *n*; **~are** [-'aːre] (*1h*) leiten; einführen (**a** in *acc*); (*iniziare*) einleiten; *motore* anlassen; **~arsi** [-'arsi] sich auf den Weg machen; **~ato** [-'aːto] gut im Gange; blühend; *fig* eingeweiht
avvicend|are [avvitʃen'daːre] (*1b*) abwechseln; **~arsi** [-'darsi] sich ablösen
avvicin|amento [avvitʃina'mento] *m* Annäherung *f*; **~are** [-'naːre] (*1a*) nähern; **~arsi** [-'narsi] sich nähern, nahe kommen (**a** *dat*)
avvil|ire [avvi'liːre] (*4d*) erniedrigen; herabsetzen; **~irsi** [-'lirsi] den Mut verlieren; **~ito** [-'liːto] niedergeschlagen; entmutigt
avvio [av'viːo] *m* **dare l'~ a qc** et in Gang bringen
avvisare [avvi'zaːre] (*1a*) (*informare*) benachrichtigen; (*mettere in guardia*) warnen
avviso [av'viːzo] *m* Meldung *f*, Benachrichtigung *f*, Warnung *f*; *sul giornale* Anzeige *f*, Inserat *n*; (*comunicato*) Bekanntmachung *f*; **a mio ~** meiner Ansicht nach; **mettere qu sull'~** j-n warnen
avvitare [avvi'taːre] (*1a*) anschrauben
avvocat|essa [avvoka'tessa] *f* Rechtsanwältin *f*; **~o** [-'kaːto] *m* Rechtsanwalt *m*
avv|olgere [av'vɔldʒere] (*3d*) (ein)wickeln; einhüllen; **~olgibile** [-vol'dʒiːbile] *m* Rollladen *m*
avvolto [av'vɔlto] → ***avvolgere***
avvoltoio [avvol'toːio] *m* (*pl -oi*) Geier *m*

B

azienda [adzi'ɛnda] *f* Betrieb *m*, Unternehmen *n*; ~ **a conduzione familiare** Familienbetrieb *m*; ~ **autonoma di soggiorno** Verkehrsamt *n*
aziendale [adzien'daːle] Betriebs…, betrieblich; **cogestione** *f* ~ betriebliche Mitbestimmung *f*
azionare [atsio'naːre] (*1a*) in Bewegung setzen
azionario [atsio'naːrio] Aktien…; **capitale** *m* ~ Aktienkapital *n*
azion|e [atsi'oːne] *f* Handlung *f*, Tat *f*, Aktion *f*, (*effetto*) Wirkung *f*, *econ* Aktie *f*, *jur* Klage *f*, **raggio** *m* **d'**~ Wirkungsbereich *m*; *econ* ~ **ordinaria** Stammaktie *f*, **emettere -i** Aktien ausgeben; **~ista** [-o'nista] *m/f* (*m/pl -i*) Aktionär(in *f*) *m*; **maggiore** ~ Hauptaktionär(in *f*) *m*
azoto [a'dzɔːto] *m* Stickstoff *m*
azzannare [attsan'naːre] (*1a*) mit den Zähnen packen
azzard|arsi [addzar'darsi] (*1a*) sich erkühnen, wagen; **~ato** [-'daːto] gewagt
azzardo [ad'dzardo] *m* Wagnis *n*; **gioco** *m* **d'**~ Glücksspiel *n*
azzerare [addze'raːre] (*1b*) *tec* auf Null einstellen
azzuffarsi [attsuf'farsi] (*1a*) aneinander geraten
azz|urino [addzur'riːno] bläulich; **~urro** [-'dzurro] **1.** *adj* blau; **2.** *m colore* Blau *n*; *sport* **gli -i** *pl* die italienische Nationalmannschaft *f*

B

babà [ba'ba] *m Süßspeise aus Mehl, Eiern, Sahne und Marsala*
babbo ['babbo] *m* F Papa *m*; ~ **Natale** Weihnachtsmann *m*
babbuino [babbu'iːno] *m* Pavian *m*
babordo [ba'bordo] *m mar* Backbord *n*
baby-sitter [bebi'sitter] *m/f* Babysitter(in *f*) *m*
bacato [ba'kaːto] wurmstichig
bacca ['bakka] *f* (*pl -cche*) Beere *f*
baccalà [bakka'la] *m* Stockfisch *m*
baccano [bak'kaːno] *m* Heidenlärm *m*
bacchetta [bak'ketta] *f* Stab *m*, Rute *f*, *mus* Taktstock *m*; ~ **magica** Zauberstab *m*
bacello [ba'tʃɛllo] *m* Schote *f*
bacheca [ba'kɛːka] *f* (*pl -che*) schwarzes Brett *n*; *di museo* Schaukasten *m*
baci|are [ba'tʃaːre] (*1f*) küssen; **~arsi** [-'tʃarsi] sich küssen
bacillo [ba'tʃillo] *m* Bazillus *m*
bacinella [batʃi'nɛlla] *f* Waschschüssel *f*
bacino [ba'tʃiːno] *m* Becken *n*; *mar* Dock *n*
bacio ['baːtʃo] *m* (*pl -ci*) Kuss *m*
backup [bɛ'kap] *m inform* Sicherheitskopie *f*
baco ['baːko] *m* (*pl -chi*) Wurm *m*, Made *f*, ~ **da seta** Seidenraupe *f*
bada ['baːda] *f*: **tenere a** ~ **qu** j-n hinhalten
badare [ba'daːre] (*1a*): ~ **a** sich kümmern um; (*fare attenzione*) achten auf (*acc*), Acht geben auf (*acc*); ~ **ai fatti suoi** sich um seine Angelegenheiten kümmern; **non** ~ **a spese** keine Kosten scheuen; ~ **alla casa** das Haus hüten
badile [ba'dile] *m* Schaufel *f*
baffo ['baffo] *m mst* **-i** *pl* Schnurrbart *m*
bagagliaio [baga'ʎaːio] *m* (*pl -ai*) Gepäckwagen *m*; *auto* Kofferraum *m*
bagaglio [ba'gaːʎo] *m* (*pl -gli*) Gepäck *n*; **deposito** *m* **-i** Gepäckaufbewahrung *f*, **fare i -i** die Koffer packen; **spedire come** ~ **appresso** als Gepäckstück aufgeben; **assicurazione** *f* **-i** Reisegepäckversicherung *f*
bagattella [bagat'tɛlla] *f* Lappalie *f*
bagn|ante [ba'ɲante] *m* Badegast *m*; **~are** [-'ɲaːre] (*1a*) nass machen; anfeuchten; *fiume* fließen durch; **~arsi** [-'ɲarsi] nass werden; **~ato** [-'ɲaːto] nass; ~ **fradicio** klatschnass; **~ino** [-'ɲiːno] *m* Bademeister *m*
bagno ['baːɲo] *m* Bad *n*; *stanza* Badezimmer *n*; ~ **di fango** Schlammbad *n*; ~ **di sole** Sonnenbad *n*; ~ **a vapore** Dampfbad *n*; **cura** *f* **di -i** Badekur *f*,

fare il ~ baden; ***i -i*** *pl* Thermalbad *n*
bagnomaria [baɲoma'ri:a] *m inv* Wasserbad *n*
baia ['ba:ia] *f* Bucht *f*
baio ['ba:io] *m* (*pl bai*) ***cavallo ~*** Braune(r) *m*
baita ['ba:ita] *f* (Berg)Hütte *f*
balaustra [bala'ustra] *f* Balustrade *f*
balbett|are [balbet'ta:re] (*1a*) stottern; *per l'emozione* stammeln; *bambino* lallen; **~io** [-'ti:o] *m* Gestotter *n*
balbuzie [bal'bu:tsie] *f* Stottern *n*
balbuziente [balbutsi'ɛnte] stotternd
balcanico [bal'ka:niko] (*pl -ci*) balkanisch, Balkan…; ***paesi*** *m/pl* ***-ci*** Balkanländer *n/pl*
balconata [balko'na:ta] *f tea* Rang *m*
balcone [bal'ko:ne] *m* Balkon *m*
baldoria [bal'dɔ:ria] *f* Rummel *m*; ***fare ~*** feiern; lustig sein
balena [ba'le:na] *f* Wal(fisch) *m*
balenare [bale'na:re] (*1a*) blitzen; *fig* aufblitzen
baleno [ba'le:no] *m* Blitz *m*; ***in un ~*** im Nu
balestra [ba'lɛstra] *f auto* Blattfeder *f*
balia[1] [ba'li:a] *f* ***in ~ di*** in der Gewalt (*gen*)
balia[2] ['ba:lia] *f* Amme *f*
balla ['balla] *f* Warenballen *m*; *fig* Lüge *f*, Märchen *n*; F ***raccontare -e*** Märchen erzählen
ball|are [bal'la:re] (*1a*) tanzen; **~ata** [-'la:ta] *f mus* Ballade *f*; **~erina** [-le'ri:na] *f* Tänzerin *f*; *scarpa* Ballerina (schuh *m*) *f*; *zo* Bachstelze *f*; **~erino** [-le'ri:no] *m* Tänzer *m*; **~etto** [-'letto] *m* Ballett *n*
ballo ['ballo] *m* Tanzen *n*; Tanz *m*; *festa* Ball *m*; ***corpo*** *m* ***di ~*** Ballettgruppe *f*; ***locale*** *m* ***da ~*** Tanzlokal *n*; ***essere in ~*** auf dem Spiel stehen; ***tirare in ~ qc*** et aufs Tapet bringen
balneare [balne'a:re] Bade…; ***stagione*** *f* ***~*** Badesaison *f*; ***stabilimento*** *m* ***~*** Seebad *n*; ***stazione*** *f* ***~*** Badeort *m*
balocco [ba'lɔkko] *m* (*pl -cchi*) Spielzeug *n*
balordo [ba'lordo] **1.** *adj* dumm, blöd; **2.** *m* Tölpel *m*, Dummkopf *m*
balsamico [bal'sa:miko] (*pl -ci*) balsamisch
balsamo ['balsamo] *m* Balsam *m*
baltico ['baltiko] (*pl -ci*) baltisch
balzare [bal'tsa:re] (*1a*) springen (*a fig*); ***~ in piedi*** aufspringen
balzo ['baltso] *m* Sprung *m*; *fig* ***cogliere la palla al ~*** die Gelegenheit beim Schopfe ergreifen
bambagia [bam'ba:dʒa] *f* Watte *f*
bamb|ina [bam'bi:na] *f* Kind *n*, kleines Mädchen *n*; **~inaia** [-bi'na:ia] *f* Kindermädchen *n*; **~ino** [-'bi:no] *m* Kind *n*; Junge *m*; ***~ in provetta*** Retortenbaby *n*
bambola ['bambola] *f* Puppe
bambolotto [bambo'lɔtto] *m* Puppe *f*
bambù [bam'bu] *m* Bambus *m*; ***canna f di ~*** Bambusrohr *n*
ban|ale [ba'na:le] banal; **~alità** [banali'ta] *f* Banalität *f*
banan|a [ba'na:na] *f* Banane *f*; **~o** [-'na:no] *m* Bananenbaum *m*
banca ['baŋka] *f* (*pl -che*) *econ* Bank *f*, *inform* ***~ dati*** Datenbank *f*; ***~ di credito al consumo*** Kundenkreditbank *f*; ***~ popolare cooperativa*** Genossenschaftsbank *f*; ***~ degli organi*** Organbank *f*; ***presidente*** *m* ***della Banca centrale*** Zentralbankpräsident *m*
bancarella [baŋka'rɛlla] *f* Verkaufsstand *m*
ban|cario [baŋ'ka:rio] (*pl -ri*) **1.** *adj* Bank…; **2.** *m* Bankangestellte(r) *m*; **~carotta** [-ka'rotta] *f* Bankrott *m*
banchetto [baŋ'ketto] *m* Festessen *n*, Festmahl *n*
banchiere [baŋki'ɛ:re] *m* Bankier *m*
banchina [baŋ'ki:na] *f mar* Kai *m*; *fer* Bahnsteig *m*; *strada* Seitenstreifen *m*; ***~ spartitraffico*** Mittelstreifen *m*
banchisa [baŋ'ki:za] *f* Packeis *n*
banco ['baŋko] *m* (*pl -chi*) Bank *f* (*a econ*); *di bar* Theke *f*, *di negozio* Ladentisch *m*; *geol* Schicht *f*; ***~ del lotto*** Lottoannahmestelle *f*; ***vendere qc sotto ~*** et unter dem Ladentisch verkaufen; **~giro** [-'dʒi:ro] *m* Giroverkehr *m*; **~mat**® [-'mat] *m inv* Geldautomat *m*; **~ne** [-'ko:ne] *m* (*bar*) Theke *f*, (*banca*) Schalter *m*; (*negozio*) Ladentisch *m*; **~nota** [-'nɔ:ta] *f* Geldschein *m*
banda ['banda] *f* Bande *f*, *mus* (Musik)Kapelle *f*, *inform* Band *n*, Streifen *m*
banderuola [banderu'ɔ:la] *f* Wetterfahne *f* (*a fig*); *piccola bandiera* Wimpel *m*
bandiera [bandi'ɛ:ra] *f* Fahne *f*, *mar*

B

Flagge *f*; ~ ***bianca*** weiße Fahne
bandire [ban'diːre] (*4d*) *concorso* ausschreiben; (*esiliare*) verbannen
bandito [ban'diːto] *m* Bandit *m*
banditore [bandi'toːre] *m all'asta* Versteigerer *m*
bando ['bando] *m* Bekanntmachung *f*; Ausschreibung *f*; (*esilio*) Verbannung *f*
bar ['bar] *m* Bar *f*; (Steh)Café *n*
bara ['baːra] *f* Sarg *m*
barac|ca [ba'rakka] *f* (*pl -cche*) Baracke *f*; F ***mandare avanti la*** ~ sich durchschlagen; **~copoli** [-'kɔpoli] *f inv* Elendsviertel *n*
baraonda [bara'onda] *f* Trubel *m*; Getümmel *n*
barare [ba'raːre] (*1a*) betrügen
baratro ['baːratro] *m* Abgrund *m*
barattare [barat'taːre] (*1a*) tauschen
baratto [ba'ratto] *m* Tausch *m*
barattolo [ba'rattolo] *m* Büchse *f*, Dose *f*; *di vetro* Glas *n*
barba ['barba] *f* Bart *m*; ***farsi la*** ~ sich rasieren; *fig* ***che*** **~!** wie langweilig!
barbabietola [barbabi'ɛːtola] *f* rote Rübe *f*; ~ ***da zucchero*** Zuckerrübe *f*
barb|arico [bar'baːriko] (*pl -ci*) barbarisch; **~arie** [-'baːrie] *f* Barbarei *f*
barbaro ['barbaro] **1.** *adj* barbarisch; **2.** *m* Barbar *m*
barbecue [baːbiki'uː] *m inv* Barbecue *n*; Grill *m*; Grillfest *n*
barbiere [barbi'ɛːre] *m* Herrenfriseur *m*
barbone [bar'boːne] *m cane* Pudel *m*; (*vagabondo*) Landstreicher *m*
barca ['barka] *f* (*pl -che*) Boot *n*; ~ ***a remi*** Ruderboot *n*; ~ ***a vela*** Segelboot *n*; **~iolo** [-kai'ɔːlo] *m* Bootsführer *m*; *noleggiatore* Bootsverleiher *m*
barcollare [barkol'laːre] (*1c*) taumeln, wanken
barcone [bar'koːne] *m* großer Kahn *m*
barella [ba'rɛlla] *f* Tragbahre *f*
baricentro [bari'tʃɛntro] *m* Schwerpunkt *m*
barile [ba'riːle] *m* Fass *n*
barista [ba'rista] *m/f* (*m/pl -i*) Barmann *m*, -dame *f*; *proprietario* Barbesitzer(in *f*) *m*
baritono [ba'riːtono] *m* Bariton *m*
baro ['baːro] *m* Falschspieler *m*
barocco [ba'rɔkko] (*pl -cchi*) **1.** *adj* barock; ***chiesa*** *f* **-*a*** Barockkirche *f*; ***epoca*** *f* **-*a*** Barockzeit *f*; ***stile*** *m* ~ Barockstil *m*; **2.** *m* Barock *m od n*
barometro [ba'rɔːmetro] *m* Barometer *n*
barone [ba'roːne] *m* Baron *m* (*a fig*); ~ ***dell'industria*** Industriemagnat *m*
barr|a ['barra] *f* Stange *f*; *di metallo* Barren *m*; *mar* Ruderpinne *f*; *jur* Schranken *f/pl*; ~ ***spaziatrice*** Leertaste *f*; **~icare** [-ri'kaːre] (*1l u d*) verbarrikadieren; **~icata** [-ri'kaːta] *f* Barrikade *f*; **~iera** [-ri'ɛːra] *f* Barriere *f*, Schranke *f*; *fig* Hindernis *n*; ~ ***doganale*** Zollschranke *f*; ~ ***insonorizzante*** Lärmschutzwall *m*
baruffa [ba'ruffa] *f* Rauferei *f*; ***far*** ~ streiten; sich raufen
barzelletta [bardzel'letta] *f* Witz *m*
bas|are [ba'zaːre] (*1a*) begründen; **~arsi** [-'zarsi] sich stützen (***su*** auf *acc*)
basco ['basko] (*pl -chi*) **1.** *adj* baskisch; **2.** *m* Baske *m*; *berretto* Baskenmütze *f*
base ['baːze] *f* Basis *f*, Grundlage *f* (*a fig*); *mil* Stützpunkt *m*; ***in*** ~ ***a …*** auf Grund von …
basette [ba'zette] *f/pl* Koteletten *pl*
basilare [bazi'laːre] grundsätzlich
basilica [ba'ziːlika] *f* (*pl -che*) Basilika *f*
basilico [ba'ziːliko] *m* Basilikum *n*
bassa ['bassa] *f* Tiefebene *f*
bassezza [bas'settsa] *f* Niedrigkeit *f*; *fig* Gemeinheit *f*
basso ['basso] **1.** *adj* niedrig; *di statura* klein; *mus* tief; *fig* gemein; ***a -a voce*** mit leiser Stimme; ***a capo*** ~ gesenkten Hauptes; ***a occhi -i*** mit niedergeschlagenen Augen; ***la -a Italia*** *f* Süd-, Unteritalien *n*; ***fare man -a di qc*** et an sich (*acc*) raffen; **2.** *adv* ***in*** ~ unten; **3.** *m mus* Bass *m*
basso|piano [bassopi'aːno] *m* (*pl bassipiani*) Tiefebene *f*; **~rilievo** [-rili'ɛːvo] *m* (*pl bassirilievi*) Basrelief *n*
bassotto [bas'sɔtto] *m* Dackel *m*
basta ['basta] → ***bastare***
bastardo [bas'tardo] *animale* nicht reinrassig; *persona* unehelich; *fig* unecht
bastare [bas'taːre] (*1a*) genügen, reichen; ***basta!*** genug!; ***adesso basta!*** jetzt aber Schluss!; ***basta che tu scriva*** du brauchst nur zu schreiben
bastimento [basti'mento] *m* Schiff *n*
bastonare [basto'naːre] (*1a*) (ver-)prügeln

bastone [bas'to:ne] *m* Stock *m*; *fig* Stütze *f*; **~ da passeggio** Spazierstock *m*

battagli|a [bat'ta:ʎa] *f* Schlacht *f*, Kampf *m*; **~ elettorale** Wahlkampf *m*; **~ero** [-ta'ʎɛ:ro] kämpferisch

battello [bat'tɛllo] *m* Boot *n*

battente [bat'tɛnte] *m* Tür-, Fensterflügel *m*; Türklopfer *m*

batt|ere ['battere] (*3a*) **1.** *v/i* schlagen; (*bussare*) klopfen; **2.** *v/t* schlagen; *record* brechen; **senza ~ ciglio** ohne e-e Miene zu verziehen; **~ le mani** in die Hände klatschen; **~ i piedi** mit den Füßen stampfen; **~ i denti** mit den Zähnen klappern; **~ bandiera** die Flagge führen; **~ersela** [-sela] sich aus dem Staube machen; **~ersi** [-si] sich schlagen

batteria [batte'ri:a] *f* Batterie *f*, *mus* Schlagzeug *n*

batterio [bat'tɛ:rio] *m* (*pl* -*ri*) Bakterie *f*

batterista [batte'rista] *m* (*pl* -*i*) Schlagzeuger *m*

bat|tesimo [bat'te:zimo] *m* Taufe *f*; **~tezzare** [-ted'dza:re] (*1a*) taufen

batti|baleno [batti'baleno] *m* **in un ~** blitzschnell; **~becco** [batti'bekko] *m* (*pl* -*cchi*) Wortstreit *m*; **~cuore** [-ku'ɔ:re] *m* Herzklopfen *n*

batti|mano [batti'ma:no] *m* Händeklatschen *n*; **~panni** [-'panni] *m inv* Ausklopfer *m*

battistero [battis'tɛ:ro] *m* Taufkapelle *f*

battistrada [battis'tra:da] *m inv auto* (Reifen)Profil *n*

battito ['battito] *m* Schlag *m*; **~ cardiaco** Herzschlag *m*

battuta [bat'tu:ta] *f* Schlag *m*; *dattilografia* Anschlag *m*; *mus* Takt *m*; *sport* Aufschlag *m*; **~ di caccia** Treibjagd *f*; **non perdere una ~** keine Silbe überhören

baule [ba'u:le] *m* Koffer *m*; *auto* Kofferraum *m*

bavaglio [ba'va:ʎo] *m* (*pl* -*gli*) Knebel *m*

bavarese [bava're:se] **1.** *adj* bay(e)risch; **2.** *m/f* Bayer(in *f*) *m*

bavero ['ba:vero] *m* Kragen *m*

bazar [ba'dza:r] *m inv* Basar *m*; Warenhaus *n*

bazzecola [bad'dzɛ:kola] *f* Kleinigkeit *f*

bazzicare [battsi'ka:re] (*1l u d*) **1.** *v/t u* **2.** *v/i* **~ con** (*od* **da**) verkehren mit (*od* bei)

beat|ificare [beatifi'ka:re] (*1n u d*) selig sprechen; **~itudine** [-ti'tu:dine] *f* Seligkeit *f*

beato [be'a:to] selig; glücklich; **~ te!** du Glücklicher!

beauty-case [biu:ti'keis] *m inv* Kosmetikkoffer *m*

bebè [be'bɛ] *m* Baby *n*

beccaccia [bek'kattʃa] *f* (*pl* -*cce*) Waldschnepfe *f*

becc|are [bek'ka:re] (*1d*) picken; F *fig* erwischen, kriegen; sich zuziehen; **~arsi** [-'karsi] *fig* sich zanken; *malattia* sich zuziehen

beccheggiare [bekked'dʒa:re] (*1f*) *mar* stampfen

becchino [bek'ki:no] *m* Totengräber *m*

becco ['bekko] *m* (*pl* -*cchi*) Schnabel *m*; *chim* Brenner *m*; F **chiudi il ~!** F halt den Schnabel!; **non avere il ~ di un quattrino** keinen Pfennig besitzen

Befana [be'fa:na] *f Sagengestalt, die Kinder in der Dreikönigsnacht beschert*; *fig* alte Hexe *f*; (*a* **festa** *f* **della ~**) Dreikönigsfest *n*

beffa ['bɛffa] *f* Spott *m*; **farsi -e di qu** j-n verspotten

beff|ardo [bef'fardo] höhnisch, spöttisch; **~are** [-'fa:re] (*1b*): **~ qu** *od* **~arsi** [-'farsi] **di qu** j-n verspotten; sich über j-n lustig machen

bega ['bɛ:ga] *f* (*pl* -*ghe*) Unannehmlichkeit *f*, Streit *m*

begli ['bɛ:ʎi] → **bello**

begonia [be'gɔ:nia] *f* Begonie *f*

belare [be'la:re] (*1b*) *pecora* blöken; *capra* meckern

bei ['bɛ:i] → **bello**

belga ['bɛlga] (*pl* -*gi*) **1.** *adj* belgisch; **2.** *m/f* Belgier(in *f*) *m*

belladonna [bella'dɔnna] *f* Tollkirsche *f*

bellezza [bel'lettsa] *f* Schönheit *f*, **istituto** *m* **di ~** Schönheitsfarm *f*; **le -e di una città** die Sehenswürdigkeiten einer Stadt

bellico ['bɛlliko] (*pl* -*ci*) Kriegs…; kriegerisch

bellicoso [belli'ko:so] kriegerisch

bello ['bɛllo] **1.** *adj* schön; gut; **quest'è -a!** das ist ein Ding!; **a -a posta** absichtlich; **hai un bel dire** du hast gut reden; **nel bel mezzo** mittendrin; **farsi**

B

~ sich schönmachen; **2.** *m* Schöne(s) *n*; *tempo* schönes Wetter *n*; ***domani farà ~*** morgen wird schönes Wetter sein; ***sul più ~*** im schönsten Augenblick
belva ['belva] *f* wildes Tier *n*
belvedere [belve'de:re] *m inv* Aussichtspunkt *m*
benarrivato [benarri'va:to] willkommen
benché [bɛŋ'ke] obwohl
benda ['bɛnda] *f* Binde *f*
bendare [ben'da:re] *(1b) med* verbinden
bene ['bɛ:ne] **1.** *adv* gut; wohl; ***~!*** schön!; ***per ~*** ordentlich; ***~ ti sta!*** das geschieht dir recht!; ***va ~!*** gut!, schön!; ***di ~ in meglio*** immer besser; ***sentirsi ~*** sich wohl fühlen; **2.** *m* Gute(s) *n*; Wohl *n*; ***per il tuo ~*** für dein Wohl; ***-i*** *pl* Güter *n/pl*; ***-i*** *pl* ***di consumo*** Konsumgüter *n/pl*; ***-i culturali*** Kulturgut *n*; ***-i*** *pl* ***immobili*** Immobilien *f/pl*; ***voler ~ a qu*** j-n lieb haben; ***~ pubblico*** Allgemeinwohl *n*
benedetto [bene'detto] **1.** → ***benedire***; **2.** *adj* gesegnet; *rel* geweiht
bene|dire [bene'di:re] *(3t)* segnen; (ein)weihen; **~dizione** [-ditsi'o:ne] *f* Segen *m*
beneducato [benedu'ka:to] wohlerzogen
bene|fattore [benefat'to:re] *m* Wohltäter *m*; **~ficenza** [-fi'tʃɛntsa] *f* Wohltätigkeit *f*; ***spettacolo*** *m* ***di ~*** Wohltätigkeitsvorstellung *f*; **~ficio** [-'fi:tʃo] *m (pl -ci)* Wohltat *f*; *(vantaggio)* Nutzen *m*; ***a ~ di*** zugunsten *(gen)*
benefico [be'nɛ:fiko] *(pl -ci)* wohltätig
benemerito [bene'mɛ:rito] wohlverdient (***di*** um *acc*)
benessere [be'nɛssere] *m* Wohlsein *n*, Wohlbefinden *n*; *(agiatezza)* Wohlstand *m*
bene|stante [benes'tante] **1.** *adj* wohlhabend; **2.** *m* wohlhabender Mann *m*; **~stare** [-s'ta:re] *m* Zustimmung *f*, Genehmigung *f*; **~volenza** [-vo'lɛntsa] *f* Wohlwollen *n*
benevolo [be'nɛ:volo] wohlwollend
benigno [be'ni:ɲo] gütig; mild; *med* gutartig
beninteso [benin'te:so] natürlich, selbstverständlich; ***~ che*** vorausgesetzt
benone [be'no:ne] sehr gut
ben|pensante [benpen'sante] *m* Spießer *m*; **~servito** [-ser'vi:to] *m* Arbeitszeugnis *n*; *fig* ***dare il ~ a qu*** j-m den Laufpass geben
bensì [ben'si] sondern
ben|tornato [bentor'na:to] willkommen daheim; **~venuto** [-ve'nu:to] **1.** *adj* willkommen; **2.** *m* Willkommen *n*; ***dare il ~ a qu*** j-n willkommen heißen; **~visto** [-'visto] beliebt; **~volere** [-vo'le:re] **1.** *v/t* ***farsi ~ da qu*** sich bei j-m beliebt machen; **2.** *m* Zuneigung *f*; **~voluto** [-vo'lu:to] beliebt
benzina [ben'dzi:na] *f* Benzin *n*; ***serbatoio*** *m* ***della ~*** Benzintank *m*; ***~ normale*** Normalbenzin *n*; ***~ senza piombo*** bleifreies Benzin *n*; ***fare ~*** tanken
benzinaio [bendzi'na:io] *m* Tankwart *m*
bere ['be:re] **1.** *v/t (3i)* trinken; ***darla a ~ a qu*** j-m et weismachen; **2.** *m* Trinken *n*; *vizio* Trunksucht *f*
berlina [ber'li:na] *f auto* Limousine *f*
berlinese [berli'ne:se] **1.** *adj* berlinisch; Berliner; **2.** *m/f* Berliner(in *f*) *m*
bernoccolo [ber'nɔkkolo] *m* Beule *f*, *fig* Anlage *f*; ***aver il ~ di qc*** die natürliche Anlage zu et haben
berretto [ber'retto] *m* Mütze *f*, Kappe *f*
berrò [ber'rɔ] → ***bere***
bersaglio [ber'sa:ʎo] *m (pl -gli)* Zielscheibe *f*, *mil u fig* Ziel *n*
besciamella [beʃʃa'mɛlla] *f* Béchamelsoße *f*
bestemmia [bes'temmia] *f* Fluch *m*, Gotteslästerung *f*
bestemmiare [bestemmi'a:re] *(1k)* **1.** *v/i* fluchen, Gott lästern; **2.** *v/t* lästern; *(imprecare)* verfluchen
bestia ['bɛstia] *f* Tier *n*; Bestie *f*, *fig* ***andare in ~*** wütend werden
besti|ale [besti'a:le] bestialisch; F *(molto intenso)* tierisch; **~ame** [-'a:me] *m* Vieh *n*
bettola ['bettola] *f spreg* Spelunke *f*
betulla [be'tulla] *f* Birke *f*
bevanda [be'vanda] *f* Getränk *n*
beve ['be:ve] → ***bere***
bev|ibile [be'vi:bile] trinkbar; **~itore** [-vi'to:re] *m* Trinker *m*; **~uta** [-'vu:ta] *f* Trunk *m*; *(sorsata)* Schluck *m*, Zug *m*
biada [bi'a:da] *f* Futter *n*
biancheria [biaŋke'ri:a] *f* Wäsche *f*; ***~ intima*** Unterwäsche *f*

bianco [bi'aŋko] (*pl -chi*) **1.** *adj* weiß; *fig* **foglio** *m* ~ unbeschriebenes Blatt *n*; **dare carta -a a qu** j-m Vollmacht erteilen; **notte** *f* **-a** schlaflose Nacht *f*; **sciopero** *m* ~ Bummelstreik *m*; **2.** *m* Weiße(s) *n*; Weiße(r) *m*; ~ **d'uovo** Eiweiß *n*; **lasciare in** ~ unbeschrieben lassen; **di punto in** ~ unversehens; *gastr* **in** ~ nur mit Butter *od* Öl zubereitet; **film** *m* **in** ~ **e nero** Schwarzweißfilm *m*; *econ* **assegno** *m* **in** ~ Blankoscheck *m*

biancospino [biaŋkos'piːno] *m* Weißdorn *m*

biasim|are [biazi'maːre] (*1l*) tadeln; **~evole** [-'meːvole] tadelnswert

biasimo [bi'aːzimo] *m* Tadel *m*

bibbia ['bibbia] *f* Bibel *f*

biberon [bibe'rɔn] *m* Babyflasche *f*

bibita ['biːbita] *f erfrischendes, nicht alkoholisches* Getränk *n*

bibli|ografia [bibliogra'fiːa] *f* Bibliographie *f*; **~ografico** [-o'graːfiko] (*pl -ci*) bibliographisch; **~oteca** [-o'tɛːka] *f* (*pl -che*) Bibliothek *f*; *mobile* Bücherschrank *m*; ~ **circolante** Leihbibliothek *f*; **~otecario** [-ote'kaːrio] *m* (*pl -ri*) Bibliothekar *m*

bicamera|le [bikame'raːle] *pol* Zweikammer…; **~lismo** [-ra'lizmo] *m* Zweikammersystem *n*

bicamere [bi'kaːmere] *m inv* Zweizimmerwohnung *f*

bicarbonato [bikarbo'naːto] *m* (~ **di sodio**) Natron *n*

bicchiere [bikki'ɛːre] *m* (Trink)Glas *n*; **un ~ di birra** ein Glas *n* Bier; ~ **da birra** Bierglas *n*; ~ **di carta** Pappbecher *m*; **alzare il ~ a** das Glas erheben auf (*acc*)

bicentenario [bitʃente'naːrio] *m* zweihundertster Jahrestag *m*

bici ['bitʃi] *f abbr für* **bicicletta**

bicicletta [bitʃi'kletta] *f* Fahrrad *n*; **andare in** ~ Rad fahren; **in** ~ mit dem Rad; ~ **pieghevole** Klapprad *n*; ~ **da corsa** Rennrad *n*; **gita** *f* **in** ~ Radtour *f*

bidè [bi'dɛ] *m* Bidet *n*

bidone [bi'doːne] *m* Kanister *m*; (*secchio*) Eimer *m*; P (*imbroglio*) Schwindel *m*; ~ **per rifiuti biodegradabili** *ecol* Biotonne *f*

biella [bi'ɛlla] *f tec* Pleuelstange *f*

biennale [bien'naːle] **1.** *adj* zweijährig; zweijährlich

Biennale *f* Biennale *f*

biennio [bi'ɛnnio] *m* (*pl -nni*) Zeitraum *m* von zwei Jahren; zweijähriger Studienkurs *m*

bietola [bi'ɛːtola] *f* Mangold *m*

bifase [bi'faːze] zweiphasig

bifora ['biːfora] *f* zweibogiges Fenster *n*

biforc|arsi [bifor'karsi] (*1d*) sich gabeln; **~azione** [-katsi'oːne] *f* Gabelung *f*, Abzweigung *f*

bigamia [biga'miːa] *f* Bigamie *f*

bigamo ['biːgamo] *m* Bigamist *m*

bigiotteria [bidʒotte'riːa] *f* Modeschmuck *m*; (*negozio*) Modeschmuckladen *m*

bigliettaio [biʎet'taːio] *m* (*pl -ai*) Kartenverkäufer *m*; *fer* Fahrkartenverkäufer *m*; *tram* Schaffner *m*

biglietteria [biʎette'riːa] *f* Fahrkartenschalter *m*; *tea*, *cinema* Kasse *f*

biglietto [bi'ʎetto] *m* Karte *f*, Zettel *m*; *fer*, *tram*, *autobus* Fahrkarte *f*; *tea*, *cinema* Eintrittskarte *f*; ~ **aereo** Flugticket *n*; ~ **per ragazzi** Kinderfahrkarte *f*; ~ **d'andata e ritorno** Rückfahrkarte *f*; ~ **d'auguri** Glückwunschkarte *f*; ~ **da visita** Visitenkarte *f*; ~ **di banca** Banknote *f*; ~ **della lotteria** Lotterielos *n*; **un ~ da 100 marchi** ein Hundertmarkschein *m*; **fare il** ~ die Fahrkarte lösen

bigodino [bigo'diːno] *m* Lockenwickler *m*

bigotto [bi'gɔtto] **1.** *adj* bigott, scheinheilig; **2.** *m* Frömmler *m*

bikini [bi'kiːni] *m inv* Bikini *m*

bilan|cia [bi'lantʃa] *f* (*pl -ce*) Waage *f* (*a astr*); *econ* Bilanz *f*; ~ **commerciale** Handelsbilanz *f*; ~ **dei pagamenti** Zahlungsbilanz *f*; **~ciare** [-'tʃaːre] (*1f*) balancieren; (*pareggiare*) ausgleichen; *fig* abwägen; *econ* ~ **un conto** ein Konto ausgleichen; **~ciarsi** [-'tʃarsi] sich im Gleichgewicht halten

bilancio [bi'lantʃo] *m* (*pl -ci*) Bilanz *f*; (*budget*) Etat *m*, Haushalt *m*; ~ **annuale** Jahresbilanz *f*; ~ **di chiusura** Schlussbilanz *f*; ~ **dello Stato** Staatshaushalt *m*; ~ **preventivo** Haushaltsplan *m*; **fare il** ~ die Bilanz aufstellen; *fig* die Bilanz ziehen (**di qc** aus et)

bilaterale [bilate'raːle] bilateral, zweiseitig

bile ['biːle] *f* Galle *f*, *fig* Wut *f*

biliardo [bili'ardo] *m* Billard *n*

B

bilico ['bi:liko] *m* ***essere in ~*** kein Gleichgewicht haben; *fig* auf der Kippe stehen
bilingue [bi'liŋgue] zweisprachig
bilione [bili'o:ne] *m* Billion *f*; *in Italia* Milliarde *f*
bimb|a ['bimba] *f* Kind *n*, kleines Mädchen *n*; **~o** [-bo] *m* Kind *n*, kleiner Junge *m*
bimensile [bimen'si:le] zweimal im Monat; halbmonatlich
bimestrale [bimes'tra:le] *ogni due mesi* zweimonatlich; *che dura due mesi* zweimonatig
bimotore [bimo'to:re] **1.** *adj* zweimotorig; **2.** *m* zweimotoriges Flugzeug *n*
binario [bi'na:rio] *m* (*pl -ri*) Gleis *n*; (*marciapiede*) Bahnsteig *m*; ***~ morto*** Abstellgleis *n*
binocolo [bi'nɔ:kolo] *m* Fernglas *n*
bio|chimica [bio'ki:mika] *f* Biochemie *f*; **~degradabile** [-degra'da:bile] biologisch abbaubar, umweltfreundlich; **~dinamico** [-di'na:miko] biodynamisch
bio|grafia [biogra'fi:a] *f* Biographie *f*; **~grafico** [-'gra:fiko] (*pl -ci*) biographisch
biografo [bi'ɔ:grafo] *m* Biograph *m*
bio|logia [biolo'dʒi:a] *f* Biologie *f*; **~logico** [-'lɔ:dʒiko] (*pl -ci*) biologisch
biologo [bi'ɔ:logo] *m* (*pl -gi*) Biologe *m*
biondo [bi'ondo] blond
bio|ritmo [bio'ritmo] *m* Biorhythmus *m*; **~ssido** [bi'ɔssido] *m* Dioxid *n*; **~topo** [bi'ɔtopo] *m* Biotop *n*
biplano [bi'pla:no] *m* Doppeldecker *m*
bipolare [bipo'la:re] bipolar
biposto [bi'posto] **1.** *adj* zweisitzig; **2.** *m* Zweisitzer *m*
birbante [bir'bante] *m* Bengel *m*
birichino [biri'ki:no] **1.** *adj* schelmisch; **2.** *m* Schelm *m*, Spitzbub *m*
birillo [bi'rillo] *m gioco* Kegel *m*
biro ['bi:ro] *f inv* Kugelschreiber *m*
birra ['birra] *f* Bier *n*; ***~ chiara*** helles Bier *n*; ***~ scura*** dunkles Bier; ***~ in lattina*** Dosenbier *n*; ***~ alla spina*** Bier *n* vom Fass; ***lievito** m **di ~*** Bierhefe *f*; ***a tutta ~*** mit höchster Geschwindigkeit
birreria [birre'ri:a] *f* Bierstube *f*; *fabbrica* Brauerei *f*
bis [bis] **1.** *m inv* Zugabe *f*; **2.** *int* Zugabe
bisbetico [biz'bɛtiko] (*pl -ci*) launisch
bisb|igliare [bizbi'ʎa:re] (*1g*) flüstern; **~iglio** [biz'bi:ʎo] *m* Geflüster *n*
bisca ['biska] *f* (*pl -che*) Spielkasino *n*
biscia ['biʃʃa] *f* (*pl -sce*) Natter *f*
biscotto [bis'kɔtto] *m* Keks *m*, Plätzchen *n*
bisessuale [bisessu'a:le] bisexuell
bisestile [bises'ti:le] ***anno** m **~*** Schaltjahr *n*
bisettimanale [bisettima'na:le] zweimal wöchentlich
bis|nonna [biz'nɔnna] *f* Urgroßmutter *f*; **~nonno** [-no] *m* Urgroßvater *m*
bisogna [bizo'ɲa] (*1a*) man muss, es ist nötig; man braucht; ***~ farlo*** man muss es machen; ***non ~*** man darf nicht
bisogno [bi'zo:ɲo] *m* Bedürfnis *n*; Not *f*; *econ* Bedarf *m*; ***in caso di ~*** im Notfall; ***avere ~ di qc*** et brauchen
bisognoso [bizo'ɲo:so] bedürftig, hilfsbedürftig
bisonte [bi'zonte] *m zo* Bison *m*
bistecca [bis'tekka] *f* (*pl -cche*) Beefsteak *n*; ***~ ai ferri*** Beefsteak *n* vom Rost; ***~ alla milanese*** (Wiener) Schnitzel *n*
bisticciare [bistit'tʃa:re] (*1f*) zanken, streiten
bisticcio [bis'tittʃo] *m* (*pl -cci*) Gezänk *n*, Streit *m*
bisturi ['bisturi] *m inv med* Skalpell *n*
bit [bit] *m inv inform* Bit *n*
bitter ['bitter] *m* Bitter *m*
bivaccare [bivak'ka:re] (*1d*) biwakieren
bivacco [bi'vakko] *m* (*pl -cchi*) Biwak *n*
bivio ['bi:vio] *m* (*pl -vi*) Gabelung *f*; *fig* Scheideweg *m*
bizantino [bidzan'ti:no] byzantinisch
bizzarro [bid'dzarro] sonderbar, bizarr
bizzeffe [bid'dzɛffe] ***a ~*** in Hülle und Fülle
blatta ['blatta] *f* Schabe *f*
blind|are [blin'da:re] (*1a*) panzern; **~ato** [-'da:to] gepanzert; Panzer…
blitz ['blits] *m inv* Blitzaktion *f*
blocc|are [blok'ka:re] (*1c u d*) blockieren, (ab)sperren; (*fermare*) anhalten; *prezzi* stoppen; *econ conto* sperren; **~asterzo** [-kas'tɛrtso] *m auto* Lenkradschloss *n*
blocco ['blɔkko] *m* (*pl -cchi*) Block *m*; *mil* Blockade *f*; *di strada* Sperre *f*; *dei*

fitti Stopp *m*; *econ* Bindung *f*; ***comprare in ~*** en bloc kaufen; ***~ dei prezzi*** Preisbindung *f*; ***~ delle esportazioni*** Ausfuhrstopp *m*

block-notes [blɔk'nɔtes] *m inv* Notizblock *m*

blu [blu] blau

blusa ['bluːza] *f* Bluse *f*

boa[1] ['bɔːa] *m inv zo* Boa *f*

boa[2] ['bɔːa] *f mar* Boje *f*

boato [bo'aːto] *m del tuono* Rollen *n*; Donnern *n*

bob ['bob] *m inv sport* Bob *m*; **~bista** [bɔb'bista] *m/f* Bobfahrer(in *f*) *m*

bobina [bo'biːna] *f* Spule *f*; *auto* ***~ d'accensione*** Zündspule *f*

bocca ['bokka] *f* (*pl -cche*) Mund *m*; *di animale* Maul *n*; *di fiume* Mündung *f*; (*apertura*) Öffnung *f*; ***igiene f della ~*** Mundpflege *f*; ***in ~ al lupo!*** Hals und Beinbruch!; ***essere sulla ~ di tutti*** in aller Munde sein; ***lasciare la ~ amara*** einen bitteren Nachgeschmack hinterlassen; ***rimanere a ~ aperta*** mit offenem Mund dastehen; ***rimanere a ~ asciutta*** das Nachsehen haben

boccaccia [bok'kattʃa] *f* (*pl -cce*) hässlicher Mund *m*; (*smorfia*) Grimasse *f*

boccaglio [bok'kaːʎo] *m* (*pl -gli*) Mundstück *n*

boccale [bok'kaːle] *m* Krug *m*

boccetta [bot'tʃetta] *f* Fläschchen *n*

bocch|eggiare [bokked'dʒaːre] (*1f*) nach Luft schnappen; **~ino** [-'kiːno] *m* Mundstück *n*; Zigarettenspitze *f*

bocci|a ['bɔttʃa] *f* (*pl -cce*) Karaffe *f*; (*palla*) Kugel *f*; ***gioco delle -cce*** Bocciaspiel *n*; **~are** [bot'tʃaːre] (*1c u f*) ablehnen; *scuola* durchfallen lassen; **~atura** [-tʃa'tura] *f* Durchfallen *n*

bocciolo [bot'tʃɔːlo] *m* Knospe *f*

bocc|oncino [bokkon'tʃiːno] *m* Häppchen *n*; Leckerbissen *m*; **~one** [-'koːne] *m* Bissen *m*; ***~ amaro*** bittere Pille *f*; **~oni** [-'koːni] auf dem Bauch, bäuchlings

boia ['bɔːia] *m inv* Henker *m*; ***fa un freddo ~*** es ist eine Hundekälte

boicott|aggio [boikot'taddʒo] *m* Boykott *m*; **~are** [-'taːre] (*1c*) boykottieren

bolgia ['bɔldʒia] *f fig* Durcheinander *n*

bolide ['bɔːlide] *m astr* Bolid *m*; schneller Wagen *m*, Rennwagen *m*; ***come un ~*** wie ein Blitz

bolla ['bolla] *f* Blase *f*

bollare [bol'laːre] (*1a*) stempeln, abstempeln

bollente [bol'lɛnte] kochend; heiß

bolletta [bol'letta] *f* Rechnung *f*; (*polizza*) Schein *m*; ***~ di consegna*** Lieferschein *m*; ***~ della luce*** Stromrechnung *f*; ***~ del telefono*** Telefonrechnung *f*; F ***essere in ~*** F abgebrannt sein

bollettino [bollet'tiːno] *m* ***~ meteorologico*** Wetterbericht *m*

boll|ire [bol'liːre] (*4c*) kochen, sieden; ***~ di rabbia*** vor Wut kochen; **~ito** [-'liːto] **1.** *adj* gekocht; **2.** *m* gekochtes Rindfleisch *n*; **~itore** [-'liːtore] *m* Kocher *m*

bollo ['bollo] *m* Stempel *m*; ***marca f da ~*** Stempelmarke *f*; ***esente da ~*** stempelfrei

bomba ['bomba] *f* Bombe *f*; ***a prova di ~*** bombensicher; ***~ a mano*** Handgranate *f*; ***~ a orologeria*** Zeitbombe *f*; ***~ atomica*** Atombombe *f*

bombard|amento [bombarda'mento] *m* Bombardierung *f*; (*attacco aereo*) Bombenangriff *m*; **~are** [-bar'daːre] (*1a*) bombardieren; **~iere** [-bardi'ɛːre] *m* Bomber *m*

bombola ['bombola] *f* Flasche *f*; ***~ (di gas)*** Gasflasche *f*

bomboniera [bomboni'ɛːra] *f* Bonbonniere *f*

bon|accia [bo'nattʃa] *f* Windstille *f*; **~accione** [-nat'tʃoːne] *m* gutmütiger Mensch *m*; **~ario** [-'naːrio] (*pl -ri*) gutmütig

bo|nifica [bo'niːfika] *f* (*pl -che*) Urbarmachung *f*, Trockenlegung *f*; ***~ delle scorie di produzione*** *ecol* Altlastensanierung *f*; **~nificare** [-nifi'kaːre] (*1m u d*) *econ* vergüten; *agr* urbarmachen; (*prosciugare*) trockenlegen; **~nifico** [-'niːfiko] *m econ* Vergütung *f*, Überweisung *f*, Gutschrift *f*

bontà [bon'ta] *f* Güte *f*

bonus-malus [bɔnus 'malus] *m inv assicurazione* Schadenfreiheitsrabatt *m*

bora ['boːra] *f* kalter Nordostwind

borbottare [borbot'taːre] (*1a*) murmeln

bordello [bor'dɛllo] *m* Bordell *n*; *fig* Lärm *m*

bordo ['bordo] *m mar* Bord *m*; (*orlo*)

Rand *m*; *mar*, *avia*, *auto* ***a ~*** an Bord; ***salire a ~*** an Bord gehen

borea ['bɔːrea] *m* (kalter) Nordwind *m*

boreale [bore'aːle] Nord…; nordisch; ***aurora*** *f* **~** Nordlicht *n*

bor|gata [bor'gaːta] *f* Weiler *m*; (*rione popolare*) Vorort *m*; **~ghese** [-'geːse] **1.** *adj* bürgerlich; ***in ~*** in Zivil; **2.** *m* Bürger *m*; ***piccolo ~*** Kleinbürger *m*; **~ghesia** [-ge'siːa] *f* Bürgertum *n*

borgo ['borgo] *m* (*pl -ghi*) Dorf *n*; Vorstadt *f*

boria ['bɔːria] *f* Hochmut *m*

borico ['bɔːriko] (*pl -ci*) Bor…; ***acido*** *m* **~** Borsäure *f*

borotalco [boro'talko] *m* Puder *m*

borraccia [bor'rattʃa] *f* (*pl -cce*) Feldflasche *f*

borsa ['borsa] *f* Tasche *f*, Handtasche *f*, Beutel *m*; *econ* Börse *f*; ***~ della spesa*** Einkaufstasche *f*; ***~ da viaggio*** Reisetasche *f*; ***~ di plastica*** Plastiktüte *f*; ***~ termica*** Kühltasche *f*; ***~ di studio*** Stipendium *n*; ***~ nera*** Schwarzmarkt *m*; ***~ merci*** Warenbörse *f*; ***~ valori*** Effekten-, Wertpapierbörse *f*; ***bollettino*** *m* (*od* ***listino*** *m*) ***di ~*** Börsenbericht *m*; ***metter mano alla ~*** in die Tasche greifen

bors|aiolo [borsai'ɔːlo] *m* Taschendieb *m*; **~eggio** [-'seddʒo] *m* (*pl -ggi*) Taschendiebstahl *m*; **~ellino** [-sel'liːno] *m* Geldbeutel *m*; **~etta** [-'setta] *f* Handtasche *f*; **~ista** [-'sista] *m/f* (*m/pl -i*) Stipendiat(in *f*) *m*

bos|caglia [bos'kaːʎa] *f* Gehölz *n*; **~caiolo** [-kai'ɔːlo] *m* Holzhauer *m*

bosco ['bɔsko] *m* (*pl -chi*) Wald *m*; **~so** [bos'koːso] waldig

bossolo ['bɔssolo] *m* Büchse *f*; *di proiettili* Hülse *f*

botan|ica [bo'taːnika] *f* Botanik *f*; **~ico** [-ko] (*pl -ci*) **1.** *adj* botanisch; **2.** *m* Botaniker *m*

botola ['bɔːtola] *f* Falltür *f*

botta ['bɔtta] *f* Schlag *m*, Hieb *m*; ***fare a -e*** sich prügeln

botte ['botte] *f* Fass *n*; *arch* ***volta*** *f* ***a ~*** Tonnengewölbe *n*; ***essere in una ~ di ferro*** von allen Seiten abgesichert sein

bottega [bot'teːga] *f* (*pl -ghe*) Laden *m*; *laboratorio* Werkstatt *f*

botte|gaio [botte'gaːio] *m* (*pl -ai*) Händler *m*; **~ghino** [-'giːno] *m* Kasse *f*; *lotto* Lottoannahmestelle *f*

bot|tiglia [bot'tiːʎa] *f* Flasche *f*; **~tiglieria** [-tiʎe'riːa] *f* Wein- und Spirituosenhandlung *f*

bottino [bot'tiːno] *m* Beute *f*

botto ['bɔtto] *m* Schlag *m*; *rumore* Knall *m*; ***di ~*** plötzlich

bottone [bot'toːne] *m* Knopf *m*; ***~ automatico*** Druckknopf *m*; ***attaccare un ~ (a qu)*** (j-m) einen Knopf annähen; *fig* j-n in ein endloses Gespräch verwickeln

bovino [bo'viːno] **1.** *adj* Rind…; **2.** *m* Rind *n*

box ['bɔks] *m inv* Box *f*; *per bambini* Laufstall *m*

boxe ['bɔks] *f* Boxen *n*

bozz|a ['bɔttsa] *f* Entwurf *m*; *tip* Probeabzug *m*; **~etto** [-'tsetto] *m* Entwurf *m*; Skizze *f*

bozzolo ['bɔttsolo] *m* Kokon *m*

braccetto [brat'tʃetto] *m* ***a ~*** Arm in Arm

bracci|ale [brat'tʃaːle] *m* Armband *n*; **~aletto** [-tʃa'letto] *m* Armband *n*; **~ante** [-'tʃante] *m* Tagelöhner *m*; **~ata** [-'tʃaːta] *f* Arm *m* voll; *nel nuoto* Stoß *m*

braccio ['brattʃo] *m* (*pl le braccia u a i bracci*) Arm *m*; ***a -a aperte*** mit offenen Armen; ***~ di terra*** Landzunge *f*; ***~ di mare*** Meerenge *f*; *fig* ***essere il ~ destro di qu*** j-s rechte Hand sein; ***incrociare le -a*** die Arbeit niederlegen

bracciolo [brat'tʃɔːlo] *m* Armlehne *f*

bracco ['brakko] *m* (*pl -cchi*) Bracke *f*, Jagdhund *m*

bracconiere [brakkoni'ɛːre] *m* Wilddieb *m*

brace ['braːtʃe] *f* Kohlenglut *f*; ***alla ~*** vom Holzkohlengrill

braciola [bra'tʃɔːla] *f gastr* Kotelett *n*

branca ['braŋka] *f* (*pl -che*) Klaue *f*; *fig* Zweig *m*; ***~ d'industria*** Industriezweig *m*

branchia ['braŋkia] *f* Kieme *f*

branco ['braŋko] *m* (*pl -chi*) *zo* Rudel *n*; (*gregge*) Herde *f*; *di uccelli* Schwarm *m*; *fig spreg* Haufen *m*

brancolare [braŋko'laːre] (*1l*) herumtappen

branda ['branda] *f* Feldbett *n*

brandello [bran'dɛllo] *m* Fetzen *m*; ***a -i*** in Fetzen

brano ['bra:no] *m* Stück *n*; Abschnitt *m*
brasato [bra'sa:to] *m* Schmorbraten *m*
brasiliano [brazili'a:no] **1.** *adj* brasilianisch; **2.** *m* Brasilianer *m*
bravata [bra'va:ta] *f* Angeberei *f*
bravo ['bra:vo] gut; (*abile*) fähig, geschickt; (*onesto*) brav, rechtschaffen; (*buono*) brav, lieb; **~!** bravo!
bravura [bra'vu:ra] *f* Tüchtigkeit *f*
break ['brɛk] *m inv* Pause *f*
breccia ['brettʃa] *f* (*pl -cce*) Bresche *f*; Steinschotter *m*
bretella [bre'tɛlla] *f* (*raccordo*) Zubringerstraße *f*; **-e** *pl* Hosenträger *m/pl*
breve ['brɛ:ve] kurz; ***in ~*** kurz
brev|ettare [brevet'ta:re] (*1a*) patentieren; **~etto** [-'vetto] *m* Patent *n*; ***~ di pilota*** Flugzeugführerschein *m*; ***ufficio m dei -i*** Patentamt *n*
brevità [brevi'ta] *f* Kürze *f*
brezza ['breddza] *f* Brise *f*
bricco ['brikko] *m* (*pl -cchi*) Kanne *f*; Kaffeekanne *f*, Teekanne *f*
briciol|a ['bri:tʃola] *f* Krume *f*; **~o** [-lo] *m* Stückchen *n*; *fig* Funke *m*, Spur *f*
bricolage [briko'la:ʒ] *m inv* Heimwerken *n*, Basteln *n*
briga ['bri:ga] *f* (*pl -ghe*) ***darsi la ~ di fare qc*** sich Mühe geben, et zu tun; ***attaccar ~ con qu*** Streit mit j-m suchen
brig|adiere [brigadi'ɛ:re] *m* Unteroffizier *m bei den Karabinieri u bei der Polizei*; **~ante** [-'gante] *m* Bandit *m*
brigata [bri'ga:ta] *f* Gesellschaft *f*, Runde *f*, *mil* Brigade *f*
briglia ['bri:ʎa] *f* Zügel *m*; *fig* ***a ~ sciolta*** zügellos
brill|ante [bril'lante] **1.** *adj* glänzend; *colore* leuchtend; *fig* glänzend, brillant; **2.** *m* Brillant *m*; **~are** [-'la:re] (*1a*) glänzen; strahlen
brillo ['brillo] angeheitert
brina ['bri:na] *f* (Rau)Reif *m*
brindare [brin'da:re] (*1a*) anstoßen (***a*** auf *acc*); ***~ alla salute di qu*** auf j-s (*acc*) Wohl trinken
brindisi ['brindizi] *m inv* Toast *m*, Trinkspruch *m*
brio ['bri:o] *m* Lebhaftigkeit *f*
brioche [bri'ɔʃ] *f* Hefegebäck *n*
brioso [bri'o:so] lebhaft
britannico [bri'tanniko] (*pl -ci*) britisch
brivido ['bri:vido] *m di freddo* Frösteln *n*; *di spavento* Schauer *m*
brizzolato [brittso'la:to] gesprenkelt; *capelli* grau meliert
brocca ['brɔkka] *f* (*pl -cche*) Krug *m*
broccato [brok'ka:to] *m* Brokat *m*
broccoli ['brɔkkoli] *m/pl* Brokkoli *pl*
brod|o ['brɔ:do] *m* Brühe *f*; ***~ ristretto*** Kraftbrühe *f*; **~oso** [bro'do:so] dünn
bron|chiale [broŋki'a:le] Bronchial…; **~chite** [-'ki:te] *f* Bronchitis *f*
broncio ['brontʃo] *m* Schmollmund *m*; ***fare*** (*od* ***tenere***) ***il ~ a qu*** mit j-m schmollen
bronco ['broŋko] *m* (*pl -chi*) *anat* Bronchie *f*; **~polmonite** [-polmo'ni:te] *f* Bronchopneumonie *f*
brontol|are [bronto'la:re] (*1l*) brummen; *stomaco* knurren; **~io** [-'li:o] *m* Murren *n*; *stomaco* Knurren *n*; **~one** [-'lo:ne] **1.** *m* Brummbär *m*; **2.** *adj* mürrisch
bronzo ['brondzo] *m* Bronze *f*
bruci|apelo [brutʃa'pe:lo] ***a ~*** aus nächster Nähe; plötzlich; **~are** [-'tʃa:re] (*1f*) **1.** *v/t* verbrennen; *gastr* anbrennen lassen; *med* ausbrennen; ***~ le tappe*** rasch aufs Ziel lossteuern; **2.** *v/i* brennen; *fig* schmerzen; **~arsi** [-'tʃarsi] sich verbrennen; **~ato** [-'tʃa:to] verbrannt; (*abbronzato*) sonnenverbrannt; **~atura** [-tʃa'tu:ra] *f* Verbrennung *f*, (*scottatura*) Brandwunde *f*; **~ore** [-'tʃo:re] *m* Brennen *n*; ***~ di stomaco*** Sodbrennen *n*
bruco ['bru:ko] *m* (*pl -chi*) Raupe *f*
brufolo ['bru:folo] *m* Pickel *m*
brughiera [brugi'ɛ:ra] *f* Heideland *n*
bruli|care [bruli'ka:re] (*1l u d*) wimmeln; **~chio** [-'ki:o] *m* Gewimmel *n*
brullo ['brullo] kahl
bruno ['bru:no] braun; *di capelli* braunhaarig, brünett
brusco ['brusko] (*pl -chi*) brüsk, schroff; *sapore* herb
brut|ale [bru'ta:le] brutal; **~alità** [-tali'ta] *f* Brutalität *f*
bruto ['bru:to] **1.** *adj* tierisch, roh; **2.** *m* Tier *n*; Unmensch *m*
brutt|a ['brutta] *f* (*a adj* ***~ copia*** *f*) das Konzept *n*; **~ezza** [-'tettsa] *f* Hässlichkeit *f*, **~o** [-to] hässlich; schlecht, schlimm, unerfreulich; ***una -a città*** *f* eine hässliche Stadt *f*, ***una -a notizia*** *f* eine unerfreuliche Nachricht *f*

B

buca ['bu:ka] *f* (*pl -che*) Loch *n*; (*avvallamento*) Vertiefung *f*; ~ ***delle lettere*** Briefkasten *m*
buc|aneve [buka'ne:ve] *m inv* Schneeglöckchen *n*; **~are** [-'ka:re] (*1d*) durchlöchern; *biglietto* lochen, knipsen; ~ ***una gomma*** eine Reifenpanne haben; *fig* ***avere le mani bucate*** das Geld zum Fenster hinauswerfen; **~arsi** [-'karsi] F fixen
bucato [bu'ka:to] *m* Wäsche *f*; ***fare il*** ~ waschen
buccia ['buttʃa] *f* (*pl -cce*) Schale *f*; Haut *f*
bucherellare [bukerel'la:re] (*1b*) durchlöchern
buco ['bu:ko] *m* (*pl buchi*) Loch *n*; ~ ***d'ozono*** Ozonloch *n*
budello [bu'dɛllo] *m* (*pl le budella*) Darm *m*; (*tubo*) Schlauch *m*; (*vicolo*) enge Gasse *f*
budget [by'dʒe:] *m inv* Budget *n*
budino [bu'di:no] *m* Pudding *m*
bue ['bu:e] *m* (*pl buoi*) Ochse *m*
bufalo ['bu:falo] *m* Büffel *m*
bufera [bu'fɛ:ra] *f* Sturm *m*
buffet [buf'fe] *m inv* Büffet *n*; *mobile a* Anrichte *f*
buff|o ['buffo] komisch, witzig; **~one** [-'fo:ne] *m* Hanswurst *m*; *hist* (Hof-) Narr *m*
bugia[1] [bu'dʒi:a] *f* Handleuchter *m*
bugia[2] [bu'dʒi:a] *f* Lüge *f*; ***dire -e*** lügen
bugiardo [bu'dʒardo] **1.** *adj* lügnerisch; **2.** *m* Lügner *m*
bugigattolo [budʒi'gattolo] *m* Loch *n*; (*ripostiglio*) Abstellraum *m*
buio ['bu:io] **1.** *adj* dunkel; *cielo* düster; **2.** *m* Dunkel *n*; ~ ***pesto*** stockfinster; ***essere al*** ~ ***di qc*** im Unklaren sein über et (*acc*)
bulbo ['bulbo] *m bot* (Blumen)Zwiebel *f*
bulgaro ['bulgaro] **1.** *adj* bulgarisch; **2.** *m* Bulgare *m*; Bulgarisch(e) *n*
bulletta [bul'letta] *f* Zwecke *f*
bullone [bul'lo:ne] *m* Bolzen *m*
buoi [bu'ɔ:i] → ***bue***
buon [bu'ɔn] → ***buono***
buonafede [buona'fe:de] *f* ***in*** ~ in gutem Glauben
buona|notte [buona'nɔtte] *f* gute Nacht *f*; ***dare la*** ~ Gute Nacht wünschen; **~sera** [-'se:ra] *f* guten Abend *m*
buon|giorno [buon'dʒorno] *m* guten Tag *m*, guten Morgen *m*; **~gustaio** [-gus'ta:io] *m* (*pl -i*) Feinschmecker *m*; **~gusto** [-'gusto] *m* Geschmack *m*; ***di*** ~ geschmackvoll
buono [bu'ɔ:no] **1.** *adj* gut; (*valido*) gültig; (*adatto*) geeignet; *tempo* schön; ***alla -a*** schlicht, einfach; ***-a fortuna*** viel Glück; ***a buon mercato*** billig; ***di buon'ora*** früh(morgens); ***di buon grado*** gern; ***avere buon naso*** e-e feine Nase haben; ~ ***a nulla*** zu nichts zu gebrauchen; **2.** *m* Gute(s) *n*; *econ* Bon *m*; Gutschein *m*; ~ ***di benzina*** Benzingutschein *m*; ~ ***di cassa*** Kassenschein *m*; ~ ***pasto*** Essensmarke *f*
buon|senso [buon'sɛnso] *m* gesunder Menschenverstand *m*; **~uscita** [-uʃ-'ʃi:ta] *f* Abfindung *f*
burattino [burat'ti:no] *m* Puppe *f*, Marionette *f*; ***teatro*** *m* ***dei -i*** Marionetten-, Kasperletheater *n*
burbero ['burbero] **1.** *adj* mürrisch; **2.** *m* Griesgram *m*
burl|a ['burla] *f* Scherz *m*, Spaß *m*; **~arsi** [-'larsi] (*1a*): ~ ***di qu*** sich über j-n lustig machen; **~one** [-'lo:ne] *m* Spaßvogel *m*, Witzbold *m*
burocrate [bu'rɔkrate] *m* Bürokrat *m*
burocr|atico [buro'kra:tiko] (*pl -ci*) bürokratisch; **~azia** [-kra'tsi:a] *f* Bürokratie *f*
burr|asca [bur'raska] *f* (*pl -che*) Sturm *m*; **~ascoso** [-ras'ko:so] stürmisch
burro ['burro] *m* Butter *f*; *gastr* ***al*** ~ mit Butter angerichtet; ***tenero come il*** ~ butterweich
burrone [bur'ro:ne] *m* Schlucht *f*
bussare [bus'sa:re] (*1a*) klopfen; ~ ***alla porta*** an die Tür klopfen
bussola ['bussola] *f* Kompass *m*; ~ ***magnetica*** Magnetkompass *m*; ***perdere la*** ~ die Fassung verlieren
busta ['busta] *f per lettera* (Brief)Umschlag *m*, Kuvert *n*; *per documenti* (Akten)Mappe *f*; (*astuccio*) Futteral *n*; ~ ***paga*** Lohntüte *f*
bust|arella [busta'rɛlla] *f* Schmiergeld *n*; **~ina** [-'ti:na] *f* ~ ***di tè*** Teebeutel *m*
busto ['busto] *m anat* Oberkörper *m*; *scultura* Büste *f*; (*corsetto*) Korsett *n*
buttafuori [buttafu'ɔ:ri] *m inv* Raußschmeißer *m*
butt|are [but'ta:re] (*1a*) **1.** *v/i bot* aus-

schlagen; ~ ***bene*** gut ansetzen; **2.** *v/t* werfen; ~ ***via*** wegwerfen; *fig* vergeuden; ~ ***giù*** niederreißen (*a fig*); *lettera* hinschmieren; *boccone* hinunterschlingen; **~arsi** [-'tarsi] sich fallen lassen (***su*** auf *acc*); (*scagliarsi*) sich werfen, sich stürzen; ~ ***giù*** *fig* den Kopf hängen lassen
by-pass [bai'pa:s] *m inv* Bypass *m*
byte ['bait] *m inv inform* Byte *n*

C

C

cabaret [kaba'rɛ] *m* Kabarett *n*
cabi|na [ka'bi:na] *f* Kabine *f*; ~ ***di guida*** Führerhaus *n*; ~ ***telefonica*** Telefonzelle *f*; **~nato** [-'na:to] *m* Kajütboot *n*
cabl|aggio [ka'bladdʒo] *m* (*pl -gi*) Verkabelung *f*; **~are** [-'bla:re] (*1a*) verkabeln
cabotaggio [kabo'taddʒo] *m* Küstenschifffahrt *f*
cabrio|lé, -let [kabrio'lɛ] *m inv* Kabriolett *n*
cacao [ka'ka:o] *m* Kakao *m*
caccia ['kattʃa] (*pl -cce*) **1.** *f* Jagd *f*; ***andare a*** ~ auf die Jagd gehen; Jagd machen (***di*** auf *acc*); ***dare la*** ~ ***a qu*** j-n verfolgen; **2.** *m avia* Jagdflugzeug *n*
cacciagione [kattʃa'dʒone] *f gastr* Wildbret *n*
cacci|are [kat'tʃa:re] (*1f*) jagen; (*scacciare*) verjagen; (*ficcare*) stecken; (*allontanare*) vertreiben; ~ ***via*** hinauswerfen; **~arsi** [-'tʃarsi] sich hineindrängen; stecken; ***dove ti sei cacciato?*** wo steckst du denn?; **~atora** [-tʃa'to:ra] *f gastr* ***alla*** ~ auf Jägerart; **~atore** [-tʃa'to:re] *m* Jäger *m*
cacciavite [kattʃa'vi:te] *m inv* Schraubenzieher *m*
cachemire [kaʃ'mi:r] *m inv* Kaschmir(wolle *f*) *m*
cachet [ka'ʃɛ] *m inv med* Kapsel *f*
cacio ['ka:tʃo] *m* (*pl -ci*) Käse *m*; ***arrivare come il*** ~ ***sui maccheroni*** wie gerufen kommen
cadavere [ka'da:vere] *m* Leiche *f*
cad|ente [ka'dɛnte] baufällig; ***stella*** *f* ~ Sternschnuppe *f*; **~ere** [-'de:re] (*2c*) abfallen, einfallen; *edificio* einstürzen; *capelli* ausfallen; *avia* abstürzen; ~ ***dalle nuvole*** aus allen Wolken fallen; ~ ***ammalato*** krank werden; ***lasciar*** ~ fallen lassen; ***lasciarsi*** ~ ***su una poltrona*** in e-n Sessel sinken
caduta [ka'du:ta] *f* Fall *m*; Sturz *m*; Absturz *m*; ~ ***massi*** Steinschlag *m*; ~ ***di tensione*** Spannungsabfall *m*
caffè [kaf'fɛ] *m inv* Kaffee *m*; Café *n*; ~ ***corretto*** Kaffee mit Schuss; ~ ***macchiato*** Kaffee mit wenig Milch
caffeina [kaffe'i:na] *f* Koffein n; ***senza*** ~ koffeinfrei
caffellatte [kaffel'latte] *m inv* Milchkaffee *m*
caffettiera [kaffetti'ɛ:ra] *f* Kaffeekanne *f*; Kaffeemaschine *f*
cafone [ka'fo:ne] *m* Flegel *m*
cagionevole [kadʒo'ne:vole] kränklich
cagna ['kaɲa] *f* Hündin *f*
cala ['ka:la] *f* kleine Bucht *f*
calabrone [kala'bro:ne] *m* Hornisse *f*
calamaro [kala'ma:ro] *m* Tintenfisch *m*
calamità [kalami'ta] *f inv* Unglück *n*, Katastrophe *f*; ~ ***naturale*** Naturkatastrophe *f*
calamita [kala'mi:ta] *f* Magnet *m*
calante [ka'lante] abnehmend; ***luna*** *f* ~ abnehmender Mond *m*
calare [ka'la:re] (*1a*) **1.** *v/t* herablassen, hinunterlassen; *prezzi* herabsetzen; **2.** *v/i* herabsteigen; *peso* abnehmen; *prezzi* fallen, sinken; *sole* untergehen
calca ['kalka] *f* (*pl -che*) Gedränge *n*
calcagno [kal'ka:ɲo] *m* (*pl i calcagni od le calcagna*) Ferse *f*
calcare[1] [kal'ka:re] (*1d*) drücken; *parole* betonen; ~ ***le scene*** sich dem Theater widmen
calc|are[2] [kal'ka:re] **1.** *adj* kalkig; ***pietra*** *f* ~ = **2.** *m* Kalkstein *m*; **~areo** [-'ka:reo] kalkartig; kalkhaltig
calce ['kaltʃe] *f* Kalk *m*; *fig* ***in*** ~ am unteren Rand, unten stehend

C

calcestruzzo [kaltʃes'truttso] *m* Beton *m*
calci|are [kal'tʃa:re] (*1f*) treten; *sport* schießen; **~atore** [-tʃa'to:re] *m* Fußballspieler *m*
calcinaccio [kaltʃi'nattʃo] *m* (*pl -cci*) Kalkbrocken *m*; **-i** *pl* Schutt *m*
calcio ['kaltʃo] *m* (*pl -ci*) Fußtritt *m*; *sport* Fußball *m*; *mil* Kolben *m*; *chim* Kalzium *n*; ***giocare al ~*** Fußball spielen; ***campionato** m **di ~*** Fußballmeisterschaft *f*; ***~ di rigore*** Elfmeter *m*, Strafstoß *m*
calco ['kalko] *m* (*pl -chi*) Abdruck *m*
calcol|are [kalko'la:re] (*1l*) rechnen; berechnen; abwägen; (*valutare*) abschätzen; **~atore** [-la'to:re] *m* Rechner *m*; **~atrice** [-la'tri:tʃe] *f* Rechenmaschine *f*, Rechner *m*; ***~ tascabile*** Taschenrechner *m*; ***~ da tavolo*** Tischrechner *m*
calcolo ['kalkolo] *m* Rechnung *f*, Berechnung *f*; *med* Stein *m*; ***~ preventivo*** Kostenvoranschlag *m*
caldarrosta [kaldar'rɔsta] *f* geröstete Marone *f*
caldo ['kaldo] **1.** *adj* warm; heiß; ***non fare né ~ né freddo*** gleichgültig lassen; **2.** *m* Wärme *f*, Hitze *f*; ***ho ~*** mir ist warm
calendario [kalen'da:rio] *m* (*pl -ri*) Kalender *m*; ***~ delle manifestazioni*** Veranstaltungskalender *m*
calibrare [kali'bra:re] (*1l*) kalibrieren
calibro ['ka:libro] *m* Kaliber *n*; *tec* Lehre *f*
calice ['ka:litʃe] *m* Kelch *m*
calle ['kalle] *m a Venezia* Gasse *f*
calligrafia [kalligra'fi:a] *f* Handschrift *f*
callo ['kallo] *m* Hornhaut *f*, Hühnerauge *n*; Schwiele *f*; ***fare il ~ a qc*** sich an et (*acc*) gewöhnen
calma ['kalma] *f* Stille *f*, Ruhe *f*; *mar* Flaute *f*
calm|ante [kal'mante] *m* Beruhigungsmittel *n*; **~are** [-'ma:re] (*1a*) beruhigen; *dolore* lindern; **~arsi** [-'marsi] sich beruhigen; *dolore* nachlassen
calmo ['kalmo] ruhig
calo ['ka:lo] *m* Abnahme *f*, *prezzi* Rückgang *m*, Sinken *n*
cal|ore [ka'lo:re] Wärme *f*, Hitze *f*; **~oria** [-lo'ri:a] *f* Kalorie *f*; **~oroso** [-lo'ro:so] *fig* herzlich
calpestare [kalpes'ta:re] (*1a*) zerstampfen; *aiuola* betreten; *fig* mit Füßen treten
calunni|a [ka'lunnia] *f* Verleumdung *f*; **~are** [-ni'a:re] (1k) verleumden
calura [ka'lu:ra] *f* Hitze *f*
calvario [kal'va:rio] *m* Kreuzweg *m*
calvizie [kal'vi:tsie] *f inv* Kahlköpfigkeit *f*
calvo ['kalvo] kahl(köpfig); ***essere ~*** eine Glatze haben
calz|a ['kaltsa] *f* Strumpf *m*; ***~ elastica*** Gummistrumpf *m*; ***fare la ~*** stricken; **~amaglia** [-tsa'maʎa] *f* Strumpfhose *f*
calz|are [kal'tsa:re] (*1a*) **1.** *v/t scarpe* anziehen, tragen; **2.** *v/i fig* passen; **~ascarpe** [-'skarpe] *m* Schuhlöffel *m*; **~atoio** [-tsa'to:io] *m* (*pl -oi*) Schuhanzieher *m*; **~atura** [-tsa'tu:ra] *f* Schuhwerk *n*; **-e** *pl* Schuhwaren *f/pl*; **~aturificio** [-tsaturi'fi:tʃo] *m* (*pl -ci*) Schuhfabrik *f*
calz|ettone [kaltset'to:ne] *m* Kniestrumpf *m*; **~ino** [-'tsi:no] *m* (Herren)Socke *f*; **~olaio** [-tso'la:io] *m* (*pl -ai*) Schuhmacher *m*; **~oleria** [-tsole'ri:a] *f* Schuhmacherladen *m*; Schuhgeschäft *n*; **~oncini** [-tson'tʃi:ni] *m/pl* ***~ da bagno*** Badehose *f*; **~oni** [-'tso:ni] *m/pl* Hose *f*
camaleonte [kamale'onte] *m* Chamäleon *n*
cambiale [kambi'a:le] *f* Wechsel *m*; ***~ in bianco*** Blankowechsel *m*; ***girare una ~*** e-n Wechsel übertragen; ***pagare una ~*** e-n Wechsel einlösen; ***~ a vista*** Sichtwechsel *m*; ***~ a scadenza fissa*** Datowechsel *m*
cambiamento [kambia'mento] *m* Änderung *f*, Wechsel *m*; ***~ climatico*** Klimaveränderung
cambi|are [kambi'a:re] (*1k*) **1.** *v/t* wechseln, tauschen; auswechseln; (*trasformare*) ändern; *fer* umsteigen; *auto* ***~ la marcia*** schalten; ***~ casa*** umziehen; ***~ idea*** s-e Meinung ändern; **2.** *v/i* sich (ver)ändern; **~arsi** [-'arsi] sich umziehen
cambiavalute [kambiava'lu:te] *m/f inv* Geldwechsler(in *f*) *m*
cambio ['kambio] *m* (*pl -bi*) Wechsel *m*; Tausch *m*; Geldwechsel *m*; (Wechsel)Kurs *m*; *auto* (Gang)Schaltung *f*; *tec* Getriebe *n*; ***~ automatico*** Auto-

matik-Getriebe *n*; ~ ***dell'olio*** Ölwechsel *m*; ~ ***di un pneumatico*** Reifenwechsel *m*; ~ ***d'indirizzo*** Adresseänderung *f*; ***in*** ~ anstatt, stattdessen; ***meccanismo*** *m* ***dei -i*** *econ* Wechselkursmechanismus *m*; ***rischio*** *m* ***di*** ~ *econ* Wechselkursrisiko *n*; ***fluttuazione*** *f* ***del*** ~ *econ* Wechselkursschwankungen *pl*

camelia [ka'mɛːlia] *f* Kamelie *f*

camera ['kaːmera] *f* Zimmer *n*; ~ ***da letto*** Schlafzimmer *n*; ~ ***singola*** Einzelzimmer *n*; ~ ***doppia*** Doppelzimmer *n*; ~ ***a due letti*** Zweibettzimmer *n*; ~ ***d'albergo*** Hotelzimmer *n*; ~ ***blindata*** Tresorraum *m*; ~ ***dei deputati*** Abgeordnetenhaus *n*; *fot* ~ ***oscura*** Dunkelkammer *f*; ~ ***d'aria*** (Luft)Schlauch *m*; ~ ***dell'industria e del commercio*** Industrie- und Handelskammer *f*

cameraman ['kaːmeramen] *m* Kameramann *m*

camer|ata [kame'raːta] *f* Schlafsaal *m*; *in ospedale* Krankensaal *m*; **~iera** [-ri'ɛːra] *f* Zimmermädchen *n*; Kellnerin *f*; **~iere** [-ri'ɛːre] *m* Kellner *m*, Ober *m*; **~ino** [-'riːno] *m* Umkleideraum *m*

camice ['kaːmitʃe] *m* Kittel *m*

camicetta [kami'tʃetta] *f* Bluse *f*

camicia [ka'miːtʃa] *f* (*pl -cie*) Hemd *n*; ~ ***sportiva*** Sporthemd *n*; ~ ***da notte*** Nachthemd *n*

camiciola [kami'tʃɔːla] *f* Unterhemd *n*; Sommerhemd *n*

cam|inetto [kami'netto] *m* Kamin *m*; **~ino** [-'miːno] *m* Kamin *m*

camion ['kaːmion] *m inv* Lastwagen *m*, Lkw

camion|cino [kamion'tʃiːno] *m* Lieferwagen *m*; **~ista** [-'nista] *m* (*pl -i*) Lastwagenfahrer *m*

cammello [kam'mɛllo] *m* Kamel *n*

cammin|are [kammi'naːre] (*1a*) gehen; laufen; **~ata** [-'naːta] *f* Gang *m*, Spaziergang *m*

cammino [kam'miːno] *m* Weg *m*; ***mettersi in*** ~ sich auf den Weg machen

camomilla [kamo'milla] *f* Kamille *f*

camoscio [ka'mɔʃʃo] *m* (*pl -sci*) Gämse *f*; *pelle* Wildleder *n*

campagna [kam'paːɲa] *f* Land *n*; *fig u pol* Kampagne *f*; ***vivere in*** ~ auf dem Land leben; ~ ***pubblicitaria*** Werbekampagne *f*; ~ ***elettorale*** Wahlkampf *m*

campagnola [kampa'ɲɔːla] *f* Geländewagen *m*

campana [kam'paːna] *f* Glocke *f*; ~ ***del vetro*** *ecol* Altglascontainer *m*

campanello [kampa'nɛllo] *m* Klingel *f*; ~ ***d'allarme*** Alarmsignal *n* (*a fig*); ***suonare il*** ~ klingeln

campanile [kampa'niːle] *m* Glockenturm *m*

campanula [kam'paːnula] *f* Glockenblume *f*

camp|are [kam'paːre] (*1a*) leben; sich durchschlagen; ~ ***alla giornata*** von der Hand in den Mund leben; **~eggiare** [-ped'dʒaːre] (*1f*) campen, zelten; **~eggiatore** [-peddʒa'toːre] *m* Camper *m*; **~eggio** [-'peddʒo] *m* Camping *n*, Zelten *n*; Zelt-, Campingplatz *m*

camper ['kamper] *m inv* Campingbus *m*, Wohnmobil *n*

campestre [kam'pɛstre] ***corsa*** ~ Geländelauf *m*

campi|onario [kampio'naːrio] *m* (*pl -ri*) Musterkatalog *m*; Musterkollektion *f*; **~onato** [-pio'naːto] *m* Meisterschaft *f*; ~ ***mondiale*** Weltmeisterschaft *f*

campione [kampi'oːne] *m sport* Meister *m*; *econ* Muster *n*, Probestück *n*

campo ['kampo] *m* Feld *n*; Lager *n*; *fig* Gebiet *n*; ~ ***giochi*** Spielplatz *m*; ~ ***da golf*** Golfplatz *m*; ~ ***da calcio*** Fußballplatz *m*; ~ ***da tennis*** Tennisplatz *m*; ~ (***di***) ***profughi*** Flüchtlingslager *n*; ~ ***di concentramento*** Konzentrationslager *n*; ~ ***di ricerche*** Forschungsgebiet *n*; ~ ***sportivo*** Sportplatz *m*

camposanto [kampo'santo] *m* (*pl campisanti*) Friedhof *m*

canadese [kana'deːse] **1.** *adj* kanadisch; **2.** *m/f* Kanadier(in *f*) *m*

canal|e [ka'naːle] *m* Kanal *m*; *geogr* Meerenge *f*; ~ ***lavaggio*** Waschstraße *f*; **~izzazione** [-naliddzatsi'oːne] *f* Kanalisation *f*

canapa ['kaːnapa] *f* Hanf *m*

canard [ka'nar] *m inv* Zeitungsente *f*

canarino [kana'riːno] *m* Kanarienvogel *m*

cancellare [kantʃel'laːre] (*1b*) (aus-)löschen; (aus)streichen; (aus)radieren; *debito* tilgen; *appuntamento* absagen

cancell|eria [kantʃelle'riːa] *f* Kanzlei *f*;

C

oggetti (*od* ***articoli***) *m/pl* ***di*** ~ Schreibwaren *f/pl*, Büroartikel *m/pl*; **~iere** [-li'ɛ:re] *m jur* Gerichtsschreiber *m*; *pol* ~ ***federale*** Bundeskanzler *m*
cancello [kan'tʃɛllo] *m* Gittertor *n*
cancerogeno [kantʃe'rɔ:dʒeno] krebserregend
cancro ['kaŋkro] *m med*, *astr* Krebs *m*; ***prevenzione*** *f* ***del*** ~ *med* Krebsvorsorgeuntersuchung *f*
candeggiante [kanded'dʒante] *m* Bleichmittel *n*
cand|ela [kan'de:la] *f* Kerze *f*; ~ ***d'accensione*** Zündkerze *f*; **~elabro** [-de'la:bro] *m* Kandelaber *m*; **~eliere** [-deli'ɛ:re] *m* Kerzenleuchter *m*
candid|ato [kandi'da:to] *m* Kandidat *m*; ***presentarsi*** ~ kandidieren; **~atura** [-da'tu:ra] *f* Kandidatur *f*
candido ['kandido] schneeweiß; rein
canditi [kan'di:ti] *m/pl* kandierte Früchte *f/pl*
cane ['ka:ne] *m* Hund *m*; ~ ***da guardia*** Wachhund *m*; ***freddo*** ~ Hundekälte *f*; ***non c'era un*** ~ es war keine Menschenseele da
canestro [ka'nestro] *m* Korb *m*
canguro [kaŋ'gu:ro] *m* Känguru *n*
can|ile [ka'ni:le] *m* Hundehütte *f*; Hundezwinger *m*; **~ino** [-'ni:no] **1.** *adj* Hunde…; **2.** *m* Eckzahn *m*
canna ['kanna] *f* Rohr *n*; Stock *m*; (Gewehr)Lauf *m*; ~ ***da pesca*** Angelrute *f*; ~ ***da zucchero*** Zuckerrohr *n*
cannella [kan'nɛlla] *f gastr* Zimt *m*
cannibale [kan'ni:bale] *m* Menschenfresser *m*
cann|occhiale [kannokki'a:le] *m* Fernrohr *n*, Fernglas *n*; **~one** [-'no:ne] *m mil* Kanone *f*; **~uccia** [-'nuttʃa] *f* (*pl* *-cce*) Trinkhalm *m*
canoa [ka'nɔ:a] *f* Kanu *n*
canone ['kanone] *m* Norm *f*; *econ* Abgabe *f*; *rad*, *TV* Gebühr *f*; ~ ***d'affitto*** Miete *f*
can|ottaggio [kanot'taddʒo] *m* (*pl* *-ggi*) Rudersport *m*; ***società*** *f* ***di*** ~ Ruderverein *m*; **~ottiera** [-notti'ɛ:ra] *f* Unterhemd *n*; Trikot *n*; **~otto** [-'nɔtto] *m* Boot *n*; ~ ***pneumatico*** Schlauchboot *n*; ~ ***di salvataggio*** Rettungsboot *n*
cant|ante [kan'tante] *m/f* Sänger(in *f*) *m*; **~are** [-'tare] (*1a*) singen; **~autore** [-tau'to:re] *m* Liedermacher *m*; **~autrice** [-tau'tritʃe] *m* Liedermacherin *f*
cantiere [kanti'ɛ:re] *m* Baustelle *f*; *mar* Werft *f*
cantina [kan'ti:na] *f* (Wein)Keller *m*; Weinausschank *m*
canto[1] ['kanto] *m* Gesang *m*; Lied *n*; ~ ***popolare*** Volkslied *n*; ~ ***del cigno*** Schwanengesang *m*
canto[2] ['kanto] *m* Ecke *f*, Kante *f*, Seite *f*; ***dal*** ~ ***mio*** meinerseits; ***dall'altro*** ~ andererseits
cantone [kan'to:ne] *m* Kanton *m*; ***Lago*** *m* ***dei Quattro Cantoni*** Vierwaldstätter See *m*
cantoniera [kantoni'ɛra] *f* ***casa*** *f* ~ Straßenwärterhaus *n*; Bahnwärterhaus *n*
canzonare [kantso'na:re] (*1a*) hänseln, foppen
canz|one [kan'tso:ne] *f* Lied *n*; ***la solita*** ~ die alte Leier; **~oniere** [-tsoni'ɛ:re] *m* Liederbuch *n*; Gedichtsammlung *f*
caos ['kaos] *m* Chaos *n*
caotico [ka'ɔ:tiko] (*pl* *-ci*) chaotisch
cap|ace [ka'pa:tʃe] (*abile*) fähig, tüchtig; (*ampio*) geräumig; ~ ***di fare qc*** imstande, et zu tun; **~acità** [-patʃi'ta] *f* Fähigkeit *f*, Tüchtigkeit *f*; (*capienza*) Fassungsvermögen *n*; *econ* Kraft *f*; ~ ***di acquisto*** Kaufkraft *f*; *inform* ~ ***di memoria*** Speicherkapazität *f*
capanna [ka'panna] *f* Hütte *f*
capannone [kapan'no:ne] *m* Schuppen *m*; Werkhalle *f*
caparra [ka'parra] *f econ* Anzahlung *f*
capello [ka'pello] *m* Haar *n*; ***-i*** *pl* Haar(e *pl*) *n*; *gastr* ***-i d'angelo*** Fadennudeln *f/pl*
cap|iente [kapi'ɛnte] geräumig; **~ienza** [-'ɛntsa] Fassungsvermögen *n*
cap|igliatura [kapiʎa'tu:ra] *f* Haarwuchs *m*; **~illare** [-pil'la:re] haarfein; kapillar; *anat* ***vaso*** *m* ~ Haargefäß *n*
capire [ka'pi:re] (*4d*) verstehen; begreifen, F kapieren; ***si capisce*** natürlich, versteht sich; ***far*** ~ ***qc a qu*** j-m et begreiflich machen; ***farsi*** ~ sich verständlich machen
capit|ale [kapi'ta:le] **1.** *adj* prinzipiell, fundamental; **2.** *f* (*a* ***città*** *f* ~) Hauptstadt *f*; **3.** *m* Kapital *n*; ~ ***disponible*** flüssiges Kapital *n*; ~ ***iniziale*** Grundkapital *n*; ***fuga di -i*** Kapitalflucht *f*; ~ ***proprio*** Eigenkapital *n*; ~ ***sociale***

Stammkapital *n*; **~alismo** [-ta'lizmo] *m* Kapitalismus *m*; **~alista** [-ta'lista] **1.** *m/f* (*m/pl -i*) Kapitalist(in *f*) *m*; **2.** *adj* kapitalistisch
capitaneria [kapitane'ri:a] *f* Hafenamt *n*
capitano [kapi'ta:no] *m* Hauptmann *m*; *mar, avia u sport* Kapitän *m*
capitare [kapi'ta:re] (*1l*) *persona* zufällig kommen; *avvenimento* geschehen, vorkommen; ***se mi capita l'occasione di ...*** (*inf*) wenn sich Gelegenheit bietet, dass ich ...; ***~ in buone mani*** in gute Hände geraten; ***~ a proposito*** wie gerufen kommen; ***sono cose che capitano*** so etwas kommt vor
capitello [kapi'tɛllo] *m* Kapitell n
capitolo [ka'pi:tolo] *m* Kapitel *n*; ***avere voce in ~*** mitzureden haben
capitombolo [kapi'tombolo] *m* Sturz *m*
capo ['ka:po] *m anat* Kopf *m*; *persona* Chef *m*, Oberhaupt *n*; *geogr* Kap *n*; ***~ del governo*** Regierungschef *m*; ***~ dello Stato*** Staatsoberhaupt *n*; ***~ d'anno*** Neujahr *n*; ***~ di vestiario*** Kleidungsstück *n*; ***da ~*** noch einmal; ***da ~ a fondo*** von Anfang bis zu Ende; ***in ~ al mondo*** am Ende der Welt; ***per sommi -i*** in großen Zügen; ***non venire a ~ di nulla*** nichts zustande bekommen; ***non avere né ~ né coda*** weder Hand noch Fuß haben
capo|danno [kapo'danno] *m* Neujahr *n*; **~famiglia** [-fa'mi:ʎa] *m* (*pl capifamiglia*) Familienoberhaupt *n*; **~fitto** [-'fitto] ***a ~*** kopfüber; **~giro** [-'dʒi:ro] *m* Schwindel *m*; **~gruppo** [-'gruppo] *m pol* Fraktionsvorsitzende(r) *m*
capo|lavoro [kapola'vo:ro] *m* Meisterwerk *n*; **~linea** [-'li:nea] *m* (*pl capilinea*) Endstation *f*, Endhaltestelle *f*; **~luogo** [-lu'ɔ:go] *m* (*pl capoluoghi*) Hauptort *m*; **~mastro** [-'mastro] *m* (*pl capimastri*) Bauleiter *m*
capo|reparto [kapore'parto] *m* (*pl capireparto*) Abteilungsleiter *m*; **~sala** [-'sala] *f inv* Stationsschwester *f*, Oberschwester *f*
capo|saldo [kapo'saldo] *m* (*pl capisaldi*) Stützpunkt *m*; **~sezione** [-setsi'o:ne] *m* (*pl capisezione*) Abteilungschef *m*; **~stazione** [-statsi'o:ne] *m* (*pl capistazione*) Bahnhofsvorsteher *m*
capote [ka'pɔt] *f inv auto* Verdeck *n*
capo|treno [kapo'trɛ:no] *m* (*pl capitreno*) Zugführer *m*; **~ufficio** [-uf'fi:tʃo] *m* (*pl capiufficio*) Bürochef *m*; **~verso** [-'vɛrso] *m* (*pl capoversi*) Absatz *m*; **~volgere** [-'vɔldʒere] (*3d*) umkehren; auf den Kopf stellen; **~volgersi** [-'vɔldʒersi] umkippen; *mar* kentern; **~volgimento** [-voldʒi'mento] *m* Umsturz *m*; **~volto** [-'vɔlto] → ***capovolgere***
cappa ['kappa] *f* Mantel *m*; ***~ del camino*** Rauchfang *m*
cappella [kap'pɛlla] *f* Kapelle *f*
cappellano [kappel'la:no] *m* Kaplan *m*
cappelletti [kappel'letti] *m/pl mit Fleisch gefüllter* Nudelteig *m in Hütchenform*
cappello [kap'pɛllo] *m* Hut *m*; ***~ di feltro*** Filzhut *m*; ***~ di paglia*** Strohhut *m*; ***senza ~*** barhäuptig; ***mettersi il ~*** den Hut aufsetzen; ***togliersi il ~*** den Hut abnehmen
cappero ['kappero] *m* Kaper *f*; ***capperi!*** na so was!
cappotto [kap'pɔtto] *m* Mantel *m*
cappuccino [kapput'tʃi:no] *m rel* Kapuziner *m*; *bevanda* Cappuccino *m*
cappuccio [kap'puttʃo] *m* (*pl -cci*) Kapuze *f*; ***~*** *od* ***cavolo*** *m* ***~*** Kohlkopf *m*; ***lattuga*** *f* ***a ~*** Kopfsalat *m*
capra ['ka:pra] *f* Ziege *f*; *tec* Bock *m*
capr|etto [ka'pretto] *m* Böckchen *n*; **~iccio** [-'prittʃo] *m* (*pl -cci*) Laune *f*, Trotz *m*; ***fare i -i*** bocken, unartig sein; **~iccioso** [-prit'tʃo:so] launisch; unartig; **~icorno** [-pri'kɔrno] *m* (*a astr*) Steinbock *m*; **~ino** [-'pri:no] ziegenartig; Ziegen...; **~iola** [-pri'ɔ:la] *f* Luftsprung *m*; **~iolo** [-pri'ɔ:lo] *m* Reh *n*
capro ['ka:pro] *m* Ziegenbock *m*; ***~ espiatorio*** Sündenbock *m*; **~ne** [-'prone] *m* Ziegenbock *m*
capsula ['kapsula] *f* Kapsel *f*; ***~ spaziale*** Raumkapsel *f*
captare [kap'ta:re] (*1a*) *rad* empfangen
carab|ina [kara'bi:na] *f* Karabiner *m*; **~iniere** [-bini'ɛ:re] *m* Karabiniere *m* (*italienischer Gendarm*)
caraffa [ka'raffa] *f* Karaffe *f*
caramella [kara'mɛlla] *f* Bonbon *m*
carattere [ka'rattere] *m* Charakter *m*; (*lettera*) Buchstabe *m*; ***-i*** *pl tip* Lettern *f/pl*
caratter|istico [karatte'ristiko] (*pl -ci*)

charakteristisch, bezeichnend; **~izzare** [-rid'dza:re] (*1a*) charakterisieren, kennzeichnen

C

cara|van [kærə'væn] *m inv* Wohnwagen; **~vanning** [-'væniŋ] *m inv* Caravaning *m*

carboidrato [karboi'drato] *m* Kohlehydrat *n*

carbone [kar'bo:ne] *m* Kohle *f*

carbur|ante [karbu'rante] *m* Brennstoff *m*; Treibstoff *m*; ***consumo*** *m* ***di ~*** Brennstoffverbrauch *m*; **~atore** [-ra'to:re] *m* Vergaser *m*

carcassa [kar'kassa] *f* Gerippe *n*; *tec* Gehäuse *n*; *mar* Wrack *n*; *fig* Klapperkasten *m*

carcer|ato [kartʃe'ra:to] *m* Häftling *m*; **~azione** [-ratsi'o:ne] *f* Inhaftierung *f*; Haft *f*; ***~ preventiva*** Untersuchungshaft *f*

carcere ['kartʃere] *m* (*pl le -i*) Gefängnis *n*

carceriere [kartʃeri'ɛ:re] *m* Gefängniswärter *m*

carciofo [kar'tʃɔ:fo] *m* Artischocke *f*; ***carciofini*** *pl* ***sott'olio*** Artischockenherzen *n/pl* in Öl

cardellino [kardel'li:no] *m* Stieglitz *m*

cardiaco [kar'di:ako] (*pl -ci*) Herz...; ***vizio*** *m* ***~*** Herzfehler *m*

cardinale [kardi'na:le] **1.** *adj* hauptsächlich, Haupt..., Grund...; ***punto*** *m* ***~*** Himmelsrichtung *f*; **2.** *m rel* Kardinal *m*

cardine ['kardine] *m* (Tür)Angel *f*

cardio|logia [kardiolo'dʒi:a] *f* Kardiologie *f*; **~logo** [-di'ɔ:logo] *m* (*pl -gi*) Herzspezialist *m*; **~tonico** [-'tɔ:niko] *m* (*pl -ci*) Herzmittel *n*

cardo ['kardo] *m* Distel *f*

carena [ka'rɛ:na] *f mar* Kiel *m*

carenza [ka'rɛntsa] *f* Mangel *m* (***di*** an *dat*)

carestia [kares'ti:a] *f* Not *f*; Mangel *m*

carezza [ka'rettsa] *f* Liebkosung *f*

carezzare [karet'tsa:re] (*1a*) liebkosen

cariato [kari'a:to]: ***dente*** *m* ***~*** hohler Zahn *m*

carica ['ka:rika] *f* (*pl -che*) Amt *n*; *tec* Ladung *f*; ***in ~*** im Amt, amtierend; ***durata*** *f* ***della ~*** Amtsdauer *f*

caric|are [kari'ka:re] (*1d u l*) (be)laden; *mil* angreifen; *orologio* aufziehen; *fig* aufbürden; **~arsi** [-'karsi] auf sich (*acc*) laden; **~atura** [-ka'tu:ra] *f* Karikatur *f*; **~aturista** [-katu'rista] *m/f* (*m/pl -i*) Karikaturist(in *f*) *m*

carico ['ka:riko] (*pl -chi*) **1.** *adj* beladen; *el* geladen; *caffè* stark; *colore* kräftig; ***~ di lavoro*** mit Arbeit überladen; **2.** *m* Last *f*; *econ* Verladung *f*; Fracht *f*; ***a ~ di qu*** zu j-s Lasten; ***~ utile*** Nutzlast *f*; ***lettera*** *f* (*od* ***polizza*** *f*) ***di ~*** Frachtbrief *m*

carie ['ka:rie] *f inv* Karies *f*

carino [ka'ri:no] hübsch; lieb

carisma [ka'rizma] *m* (*pl -i*) Ausstrahlung *f*, Charisma *n*

carità [kari'ta] *f* Barmherzigkeit *f*; Almosen *n*; ***per ~!*** um Gottes willen!

carn|agione [karna'dʒo:ne] *f* Hautfarbe *f*; **~ale** [-'na:le] fleischlich; ***fratello*** *m* ***~*** leiblicher Bruder *m*

carne ['karne] *f* Fleisch *n*; ***~ in scatola*** Dosenfleisch *n*; ***~ tritata*** Hackfleisch *n*

carnevale [karne'va:le] *m* Karneval *m*, Fasching *m*

carn|ivoro [kar'ni:voro] Fleisch fressend; **~oso** [-'no:so] fleischig

caro ['ka:ro] **1.** *adj* lieb; (*gradito*) beliebt (***a*** bei *dat*); (*costoso*) teuer; **2.** *adv* teuer; ***costare ~*** teuer sein, viel kosten; **3.** *m* Liebe(r) *m*

carota [ka'rɔ:ta] *f* Möhre *f*, Karotte *f*

carotide [ka'rɔ:tide] *f* Halsschlagader *f*

carovana [caro'va:na] *f* Karawane *f*

carovita [karo'vi:ta] *m inv* Teuerung *f*; ***indennità di*** *f* ***~*** Teuerungszuschlag *m*

carpa ['karpa] *f* Karpfen *m*

carpentiere [karpentie'ɛre] *m* Zimmermann *m*

carponi [kar'po:ni] auf allen vieren

carrabile [kar'ra:bile]: ***passo ~*** Einfahrt *f*

carreggiata [karred'dʒa:ta] *f* Fahrbahn *f*, Fahrdamm *m*

carrello [kar'rɛllo] *m* Wagen *m*; Einkaufswagen *m*; *avia auto* Fahrgestell *n*; ***~ portabagagli*** Kofferkuli *m*

carr|etto [kar'retto] *m* Handkarren *m*; **~iera** [-ri'ɛra] *f* Laufbahn *f*, Karriere *f*; ***fare ~*** Karriere machen; **~iola** [-ri'ɔla] *f* Schubkarren *m*

carro ['karro] *m* Fuhrwerk *n*; *fer* Wagen *m*; *tec* Karren *m*; ***~ armato*** Panzer *m*; ***~ attrezzi*** Abschleppwagen *m*

carr|ozza [kar'rɔttsa] *f fer* Wagen *m*; Kutsche *f*; *fer* ***~ cuccette*** Liegewagen *m*; ~ ***diretta*** Kurswagen *m*; ~ ***letti*** Schlafwagen *m*; ~ ***ristorante*** Speisewagen; **~ozzella** [-rot'tsɛlla] *f* Kinderwagen *m*; **~ozzeria** [-rottse'riːa] *f* Karosserie *f*, Karosseriewerkstatt *f*; **~ozzina** [-rot'tsiːna] *f* Kinderwagen *m*; **~ozziere** [-rottsi'ɛːre] *m* Karosseriemechaniker *m*

carta ['karta] *f* Papier *n*; *geogr* (Land)Karte *f*; *gastr* Speisekarte *f*; ~ ***assegni*** Scheckkarte *f*; ~ ***da gioco*** Spielkarte *f*; ~ ***da lettere*** Briefpapier *n*; ~ ***da parati*** Tapete *f*; ~ ***d'argento*** Seniorenpass *m*; ~ ***di credito*** Kreditkarte *f*; ~ ***d'identità*** Personalausweis *m*; *avia* ~ ***d'imbarco*** Bordkarte *f*; ~ ***igienica*** Toilettenpapier *n*; ~ ***stradale*** Straßenkarte *f*; ~ ***telefonica*** Telefonkarte *f*; *auto* ~ ***verde*** grüne Versicherungskarte *f*

cartacarbone [kartakar'boːne] *f* (*pl cartecarbone*) Kohlepapier *n*

carta|moneta [kartamo'neːta] *f inv* Papiergeld *n*; **~pecora** [-'pɛːkora] *f* (*pl cartapecore*) Pergament *n*; **~pesta** [-'pesta] *f* Pappmaschee *n*; **~straccia** [-'strattʃa] *f* (*pl cartestracce*) Altpapier *n*

cart|eggio [kar'teddʒo] *m* (*pl -ggi*) Briefwechsel *m*; **~ella** [-'tɛlla] *f* (Sammel)Mappe *f*, Aktentasche *f*, Schultasche *f*; **~ellino** [-tel'liːno] *m* Etikett *n*; Schild *n*; ~ ***orologio*** Stechkarte *f*

cartello [kar'tɛllo] *m* Plakat *n*; Anschlagzettel *m*; Schild *n*; *econ* Kartell *n*; ~ ***stradale*** Verkehrsschild *n*; ~ ***indicatore*** Wegweiser *m*

cartellone [kartel'loːne] *m* Plakat *n*; *sport* Liste *f*; *tea* Programm *n*

cartiera [karti'ɛːra] *f* Papierfarbrik *f*

cartilagine [karti'laːdʒine] *f* Knorpel *m*

cart|occio [kar'tɔttʃo] *m* (*pl -cci*) Tüte *f*; *gastr* ***al*** ~ in der Folie gebraten; **~ografia** [-togra'fiːa] *f* Kartographie *f*; **~oleria** [-tole'riːa] *f* Schreibwarengeschäft *n*; **~olina** [-to'liːna] *f* Postkarte *f*; ~ ***illustrata*** Ansichtskarte *f*; ~ ***postale*** Postkarte *f*; **~one** [-'toːne] *m* Pappe *f*; Karton *m*; **-*i*** *pl* ***animati*** Zeichentrickfilm *m*; **~uccia** [-'tuttʃa] *f* (*pl -cce*) Patrone *f*

casa ['kaːsa] *f* Haus *n*; ~ ***d'affitto*** Mietshaus *n*; ~ ***di cura*** Heilanstalt *f*; ~ ***editrice*** Verlag *m*; ~ ***dello studente*** Studentenheim *n*; ~ ***a schiera*** Reihenhaus; ~ ***unifamiliare*** Einfamilienhaus *n*; ~ ***per le vacanze*** Ferienhaus *n*; ***seconda*** ~ Zweitwohnung *f*; ***essere di*** ~ zum Familienkreis gehören; ***stare in*** ~ ***di qu*** bei j-m wohnen; ***a*** ~ ***mia*** bei mir (zu Hause); ***cambiar*** ~ umziehen; ***fatto in*** ~ hausgemacht; ***a*** ~ zu *od* nach Hause; ***senza*** ~ obdachlos

cas|alinga [kasa'liŋga] *f* (*pl -ghe*) Hausfrau *f*; *gastr* ***alla*** ~ nach Hausfrauenart; **~alingo** [-sa'liŋgo] (*pl -ghi*) häuslich; ***cucina*** *f* ***-a*** Hausmannskost *f*; ***pane*** *m* ~ selbst gebackenes Brot *n*; ***-ghi*** *m/pl* Haushaltswaren *f/pl*

casc|are [kas'kaːre] (*1d*) fallen; (ein-) stürzen; **~arci** [-'kartʃi] F *fig* hereinfallen; **~ata** [-'kaːta] *f* Wasserfall *m*

cascina [kaʃ'ʃiːna] *f* Bauernhof *m*; Bauernhaus *n*

casco ['kasko] *m* (*pl -chi*) (Sturz)Helm *m*; Trockenhaube *f*; ***caschi blu*** Blauhelme *m/pl*

caseggiato [kased'dʒaːto] *m* Häuserblock *m*; Wohnhaus *n*

caseificio [kazei'fiːtʃo] *m* (*pl -ci*) Käserei *f*

cas|ella [ka'sɛlla] *f* Fach *n*; ~ ***postale*** Postfach *f*; **~ellario** [-sel'laːrio] *m* (*pl -ri*) Aktenschrank *m*; ~ ***giudiziario*** Strafregister *n*; **~ello** [-'sɛllo] *m* Mautstelle *f*; **~ereccio** [-se'rettʃo] (*pl -cci*) hausgemacht; *pane* selbst gebacken

caserma [ka'zɛrma] *f* Kaserne *f*

casino P [ka'siːno] *m* heilloses Durcheinander *n*; Lärm *m*

casinò [kazi'nɔ] *m* Spielkasino *n*

caso ['kaːzo] *m* Fall *m*; Zufall *m*; (*destino*) Schicksal *n*; *gram* Kasus *m*; ~ ***d'emergenza*** Notfall *m*; ***per*** ~ zufällig; ***a*** ~ aufs Geratewohl; (***in***) ~ ***che*** falls; ***in ogni*** ~ auf jeden Fall; ***in nessun*** ~ auf keinen Fall; ***nel peggiore dei -i*** schlimmstenfalls

casolare [kaso'laːre] *m* allein stehendes Landhaus *n*

caspita! ['kaspita] Donnerwetter!

cass|a ['kassa] *f* Kasse *f*; (*cassetta*) Kasten *m*, Kiste *f*; *tec* Gehäuse (Uhrgehäuse) *n*; ~ ***continua*** Tag- und Nachttresor *m*; ~ ***di risparmio*** Sparkasse *f*; ~ ***malati***, ~ ***mutua*** Krankenkasse *f*; ~ ***toracica*** Brustkasten *m*;

C

orario m **di** ~ Kassenzeit *f*; **~aforte** [-sa'fɔrte] *f* (*pl casseforti*) Safe *m*, Geldschrank *m*; **~apanca** [-sa'paŋka] *f* (*pl cassepanche*) Truhe *f mit Rückenlehne*
cassero ['kassero] *m mar* Achterdeck *n*
casseruola [kasseru'ɔ:la] *f* Kasserolle *f*
cass|etta [kas'setta] *f* Kasten *m*; Kassette *f*; ~ **delle lettere** Briefkasten *m*; ~ **del pronto soccorso** Verbandskasten *m*; ~ **di sicurezza** Schließfach *n*; **~etto** [-'setto] *m* Schublade *f*; *auto* ~ **portaoggetti** Handschuhfach *n*; **~ettone** [-set'to:ne] *m* Kommode *f*; **soffitto** *m* **a -i** Kassettendecke *f*
cassier|a [kassi'ɛ:ra] *f* Kassiererin *f*; **~e** [-re] *m* Kassierer *m*
cassonetto [kasso'netto] *m* Müllcontainer *m*
cast|agna [kas'ta:ɲa] *f* Kastanie *f*; **~agno** [-'ta:ɲo] *m* Kastanienbaum *m*
castano [kas'ta:no] kastanienbraun
castello [kas'tɛllo] *m* Schloss *n*; *tec* Gestell *n*
castigare [kasti'ga:re] (*1e*) (be)strafen
castigo [kas'ti:go] *m* (*pl -ghi*) Strafe *f*
castoro [kas'tɔ:ro] *m* Biber *m*
casual ['kæʒuəl] **1.** *adj* salopp; **2.** *m* Freizeitkleidung *f*
casu|ale [kazu'a:le] zufällig; **~alità** [-ali'ta] *f* Zufälligkeit *f*
cata|clisma [kata'klizma] *m* (*pl -i*) Naturkatastrophe *f*; **~comba** [-'komba] *f* Katakombe *f*
catalizzatore [kataliddza'to:re] *m* Katalysator *m*; ~ **a tre vie** Dreiwegekatalysator *m*
catalogare [katalo'ga:re] (*1m u e*) katalogisieren, verzeichnen
catalogo [ka'ta:logo] *m* (*pl -ghi*) Katalog *m*, Verzeichnis *n*; ~ **di vendita per corrispondenza** Versandkatalog *m*; ~ **ragionato** Sachkatalog *m*
cata|pecchia [kata'pekkia] *f* verfallene Hütte *f*; **~pultare** [-pul'ta:re] (*1a*) schleudern; **~rifrangente** [-rifran'dʒɛnte] *m* Rückstrahler *m*
catarro [ka'tarro] *m* Katarr *m*
cat|asta [ka'tasta] *f* Stoß *m*, Stapel *m*; **~asto** [-'tasto] *m* Grundbuch *n*
catastrofe [ka'tastrofe] *f* Katastrophe *f*
catastrofico [katas'trɔ:fiko] (*pl -ci*) katastrophal
categ|oria [katego'ri:a] *f* Kategorie *f*; **~orico** [-'gɔ:riko] (*pl -ci*) kategorisch
cat|ena [ka'te:na] *f* Kette *f*; **-e** *pl* **da neve** Schneeketten *f/pl*; **reazione** *f* **a** ~ Kettenreaktion *f*; ~ **di montaggio** Fließband *n*; **~enaccio** [-te'nattʃo] *m* (*pl -cci*) Riegel *m*
cateratta [kate'ratta] *f* Stromschnelle *f*; *med* grauer Star *m*
catering [kate'riŋ] *m* **servizio** *m* ~ Partyservice *m*, *n*
catrame [ka'tra:me] *m* Teer *m*
cattedra ['kattedra] *f* Katheder *n* (*a m*); ~ **universitaria** Lehrstuhl *m*
cattedrale [katte'dra:le] *f* Kathedrale *f*, Dom *m*
catt|iveria [katti've:ria] *f* Bosheit *f*; **~ività** [-tivi'ta] *f* Gefangenschaft *f*; **~ivo** [-'ti:vo] schlecht; böse
catt|olicesimo [kattoli'tʃe:zimo] *od* **~olicismo** [-toli'tʃizmo] *m* Katholizismus *m*; **~olico** [-'tɔ:liko] (*pl -ci*) **1.** *adj* katholisch; **2.** *m* Katholik *m*
catt|ura [kat'tu:ra] *f* Verhaftung *f*; **~urare** [-tu'ra:re] (*1a*) gefangen nehmen
caucciù [kaut'tʃu] *m* Kautschuk *m*
causa ['ka:uza] *f* Ursache *f*; *jur* Rechtsstreit *m*; *fig* Sache *f*; **far** ~ e-n Prozess anstrengen; **essere** ~ **di un incidente** einen Unfall verursachen; **a** ~ **di** wegen; **per** ~ **tua** deinetwegen
caus|ale [kau'za:le] *f* Beweggrund *m*; **~are** [-'zare] (*1a*) verursachen
cautela [kau'tɛ:la] *f* Vorsicht *f*
cauto ['ka:uto] vorsichtig
cauzione [kautsi'o:ne] *f* Kaution *f*
cava ['ka:va] *f* Grube *f*, Steinbruch *m*
cavalc|are [kaval'ka:re] (*1d*) reiten; **~ata** [-'ka:ta] *f* Ritt *m*; **~atura** [-ka'tu:ra] *f* Reittier *n*; **~avia** [-ka'vi:a] *m inv* Überführung *f*, Bahnüberführung *f*, Straßenüberführung *f*
cavalcioni [kaval'tʃo:ni] **a** ~ rittlings
cavaliere [kavali'ɛ:re] *m* Reiter *m*; Ritter *m*
cavalla [ka'valla] *f* Stute *f*
cavall|etta [kaval'letta] *f* Heuschrecke *f*; **~etto** [-'letto] *m* Gestell *n*; Bock *m*; *fot* Stativ *n*; *da pittore* Staffelei *f*
cavall|o [ka'vallo] *m* Pferd *n*; ~ **baio** Brauner *m*; ~ **bianco** Schimmel *m*; ~ **marino** Seepferd *n*; ~ **da corsa** Rennpferd *n*; *auto* ~ **vapore** Pferdestärke *f*; **andare a** ~ reiten; **vivere a** ~ **di**

due secoli um die Jahrhundertwende leben; *fig* ***essere a ~*** über den Berg sein; **~one** [-'lo:ne] *m große* Welle *f*
cav|are [ka'va:re] (*1a*) herausnehmen; ausreißen; *dente* ziehen; **~arsela** [-'varsela] davonkommen; **~arsi** [-'varsi]: ***~ d'impiccio*** sich aus der Verlegenheit ziehen
cavatappi [kava'tappi] *m inv* Korkenzieher *m*
cav|erna [ka'vɛrna] *f* Höhle *f*; **~ernoso** [-ver'no:so] hohl; tief; ***una voce -a*** eine tiefe Stimme
cavia ['ka:via] *f* Meerschweinchen *n*; *fig* Versuchskaninchen *n*
caviale [kavi'a:le] *m* Kaviar *m*
caviglia [ka'vi:ʎa] *f* (*pl -glie*) *anat* Knöchel *m*
cavillo [ka'villo] *m* Spitzfindigkeit *f*
cavità [kavi'ta] *f* Höhlung *f*, Höhle *f*
cavo ['ka:vo] **1.** *adj* hohl; **2.** *m* Kabel *n*; Seil *n*; ***~ d'accensione*** Zündkabel *n*; ***~ di avviamento*** Starthilfekabel *n*; ***~ di rimorchio*** Abschleppseil *n*; ***~ in fibra ottica*** Glasfaserkabel *n*
cavolfiore [kavolfi'o:re] *m* Blumenkohl *m*
cavolo ['ka:volo] *m* Kohl *m*; ***~ di Bruxelles*** Rosenkohl *m*; ***~ rapa*** Kohlrabi *m*; ***~ verzotto*** Wirsingkohl *m*
cazzo V ['kattso] *m* P Schwanz *m*
ce ['tʃe] = ***ci*** (*vor* ***lo***, ***la***, ***li***, ***le***, ***ne***)
c'è ['tʃɛ] es gibt, da ist
cece ['tʃe:tʃe] *m* Kichererbse *f*
cecità [tʃetʃi'ta] *f* Blindheit *f*
ceco ['tʃɛ:ko] **1.** *adj* tschechisch; **2.** *m* Tscheche *m*
cecoslovacco [tʃekozlo'vakko] (*pl -cchi*) **1.** *adj* tschechoslowakisch; **2.** *m* Tschechoslowake *m*
cedere ['tʃɛ:dere] (*3a*) **1.** *v/t* abtreten; übertragen; überlassen; ***~ il posto*** s-n Platz überlassen; **2.** *v/i* nachgeben; zurückweichen (***a*** vor *dat*); ***non ~*** nicht lockerlassen
ced|evole [tʃe'de:vole] nachgiebig; **~ibile** [-'di:bile] übertragbar
cedola ['tʃɛ:dola] *f* Schein *m*, Zettel *m*; *econ* Kupon *m*; ***~ di consegna*** Lieferschein *m*; ***~ di interessi*** Zinskupon *m*
cedro ['tʃe:dro] *m* Zeder *f*
cefalo ['tʃɛ:falo] *m zo* Meeräsche *f*
ceffone [tʃef'fo:ne] *m* Ohrfeige *f*
celare [tʃe'la:re] (*1b*) verbergen
celebr|are [tʃele'bra:re] (*1l u b*) feiern; *rel* zelebrieren; *jur* vollziehen; **~azione** [-bratsi'o:ne] *f* Feier(lichkeit) *f*
celebre ['tʃɛ:lebre] berühmt
celebrità [tʃelebri'ta] *f* Berühmtheit *f*
celere ['tʃɛ:lere] schnell, rasch
celerità [tʃeleri'ta] *f* Geschwindigkeit *f*
celeste [tʃe'lɛste] hellblau, himmelblau
celibato [tʃeli'ba:to] *m* Ledigsein *n*; *rel* Zölibat *n u m*
celibe ['tʃɛ:libe] **1.** *adj* ledig; **2.** *m* Junggeselle *m*
cella ['tʃɛlla] *f* Zelle *f*
cellula ['tʃɛllula] *f* Zelle *f*; ***~ fotoelettrica*** photoelektrische Zelle *f*
cellulare [tʃɛllu'lare] *m tel* Handy *n*
cellul|ite [tʃellu'li:te] *f* Zellulitis *f*; **~osa** [-'lo:sa] *f* Zellulose *f*
celtico ['tʃɛltiko] (*pl -ci*) keltisch
cemento [tʃe'mento] *m* Zement *m*; ***~ armato*** Eisenbeton *m*
cena ['tʃe:na] *f* Abendessen *n*
cen|acolo [tʃe'na:kolo] *m pittura* Abendmahl *n*; **~are** [-'na:re] (*1a*) zu Abend essen
cencio ['tʃentʃo] *m* (*pl -ci*) Lappen *m*; Lumpen *m*; ***bianco come un ~*** kreideweiß
cenere ['tʃe:nere] *f* Asche *f*; ***le Ceneri*** *f/pl* Aschermittwoch *m*
cenno ['tʃenno] *m* Zeichen *n*; Wink *m*; (*allusione*) Andeutung *f*; ***far ~ a qu*** j-m zuwinken; ***far ~ di voler andare*** Anstalten machen fortzugehen
cenone [tʃe'no:ne] *m* Festessen *n*; ***~ di San Silvestro*** Silvesterabendessen *n*
censimento [tʃensi'mento] *m* (Volks-)Zählung *f*
cens|ura [tʃen'su:ra] *f* Zensur *f*; **~urare** [-su'ra:re] (*1a*) zensieren
cent|enario [tʃente'na:rio] (*pl -ri*) **1.** *adj* hundertjährig; **2.** *m* hundertster Jahrestag *m*; Hundertjahrfeier *f*; **~esimo** [-'tɛ:zimo] **1.** *adj* hundertste; **2.** *m* Hundertstel *n*; **~igrado** [-'ti:grado] *m* Grad Celsius; **~imetro** [-'ti:metro] *m* Zentimeter *m u n*; ***~ quadrato*** Quadratzentimeter *m u n*
centinaio [tʃenti'na:io] *m* (*pl le centinaia*) Hundert *n*; ***un ~ di*** etwa hundert
cento ['tʃɛnto] hundert; ***per ~*** Prozent *n*
centr|ale [tʃen'tra:le] **1.** *adj* zentral; Haupt…; **2.** *f* Zentrale *f*; ***~ atomica*** *od*

C

~ ***nucleare*** Atomkraftwerk *n*, Kernkraftwerk *n*; **~alino** [-tra'li:no] *m* Telefonzentrale *f*; **~alismo** [-tra'lizmo] *m* Zentralismus *m*; **~alizzare** [-tralid'dza:re] (*1a*) zentralisieren; **~are** [-'tra:re] (*1b*) treffen

centr|ifuga [ʧen'tri:fuga] Zentrifuge *f*; Entsafter *m*; ~ ***dei panni*** Wäscheschleuder *m*; **~ifugare** [-trifu'ga:re] (*1e u m*) schleudern

centro ['ʧɛntro] *m* Mittelpunkt *m*; Zentrum *n* (*a pol*); ~ ***commerciale*** Einkaufszentrum *n*; ~ ***della città*** Stadtmitte *f*, Innenstadt *f*; ~ ***di raccolta*** Sammelstelle *f*; ~ ***storico*** Altstadt *f*

cera[1] ['ʧe:ra] *f* Wachs *n*; ~ ***da scarpe*** Schuhcreme *f*

cera[2] ['ʧe:ra] *f* Aussehen *n*; ***avere una buona*** ~ gesund aussehen; ***avere una brutta*** ~ schlecht aussehen

ceralacca [ʧera'lakka] *f* (*pl -cche*) Siegellack *m*

cera|mica [ʧe'ra:mika] *f* (*pl -che*) Keramik *f*; **~ta** [-ta] *f* Ölzeug *n*

cerca ['ʧerka] *f* ***in*** ~ ***di ...*** auf der Suche nach

cercare [ʧer'ka:re] (*1d*) **1.** *v/t* suchen (***qu*** nach j-m); **2.** *v/i* ~ ***di*** versuchen zu

cer|chia ['ʧerkia] *f fig* Kreis *m*; **~chio** [-kio] *m* (*pl -chi*) Kreis *m*; Reifen *m*

cerchione [ʧerki'o:ne] *m tec* Felge *f*

cereale [ʧere'a:le] **1.** *adj* Getreide…; **2.** ***-i*** *m/pl* Getreide *n*

cerealicoltura [ʧerealikol'tu:ra] *f* Getreideanbau *m*

cerebrale [ʧere'bra:le] Gehirn…; ***commozione*** *f* ~ Gehirnerschütterung *f*

cerimonia [ʧeri'mɔ:nia] *f* Zeremonie *f*, Feier *f*; ***-e*** *pl* Umstände *m/pl*; ***senza -e*** zwanglos

cerimoni|ale [ʧerimoni'a:le] **1.** *adj* zeremoniell; **2.** *m* Zeremoniell *n*; **~oso** [-ni'o:so] förmlich

cerino [ʧe'ri:no] *m* Wachszündholz *n*

cernia ['ʧɛrnia] *f* Zackenbarsch *m*

cerniera [ʧerni'ɛ:ra] *f* Scharnier *n*; ~ ***lampo*** Reißverschluss *m*

cernita ['ʧɛrnita] *f* Auswahl *f*

cer|o ['ʧe:ro] *m* Altarkerze *f*; **~otto** [-'rɔtto] *m* Pflaster *n*; ~ ***adesivo*** Heftpflaster *n*

cert|ezza [ʧer'tettsa] *f* Gewissheit *f*; **~ificare** [-tifi'ka:re] (*1m u d*) bestätigen; bescheinigen; **~ificato** [-'ka:to] *m* Zeugnis *n*; Bescheinigung *f*, Schein *n*; ~ ***medico*** ärztliches Attest *n*; ~ ***di buona condotta*** Führungszeugnis *n*; ~ ***di nascita*** Geburtsurkunde *f*; ~ ***di sana e robusta costituzione*** Gesundheitszeugnis *n*

certo ['ʧɛrto] gewiss, sicher; bestimmt; ***un*** ~ ***non so che*** ein gewisses Etwas; ***dopo un*** ~ ***tempo*** nach einiger Zeit

certosa [ʧer'tɔ:za] *f* Kartause *f*

certuni [ʧer'tu:ni] *pl* manche

cervello [ʧer'vɛllo] *m* (*pl i cervelli, fig le cervella*) Gehirn *n*; *inform* Rechner *m*; *gastr* Hirn *n*; *fig* Verstand *m*; ***farsi saltare le -a*** sich e-e Kugel durch den Kopf schießen

cervo ['ʧɛrvo] *m* Hirsch *m*; ~ ***volante*** Hirschkäfer *m*

cesareo [ʧe'za:reo] ***taglio*** *m* ~ Kaiserschnitt *m*

cesellare [ʧezel'la:re] (*1b*) ziselieren

cesello [ʧe'zɛllo] *m* Grabstichel *m*

cesoia [ʧe'zo:ia] *f* Schere *f*

cespuglio [ʧes'pu:ʎo] *m* (*pl -gli*) Strauch *m*

cessare [ʧes'sa:re] (*1b*) aufhören

cessione [ʧessi'o:ne] *f* Abtretung *f*

cesso P ['ʧɛsso] *m* P Abort *m*

cesta ['ʧesta] *f* Korb *m*

cest|inare [ʧesti'na:re] (*1a*) in den Papierkorb werfen; **~ino** [-'ti:no] *m* Papierkorb *m*; ~ ***da viaggio*** Lunchpaket *n*

cesto ['ʧesto] *m* Korb *m*

cetaceo [ʧe'ta:ʧeo] *m* Walfisch *m*

ceto ['ʧɛ:to] *m* Klasse *f*, Stand *m*; ~ ***medio*** Mittelstand *m*

cetra ['ʧɛ:tra] *m* Zither *f*

cetr|iolino [ʧetrio'li:no] *m* Essiggurke *f*; **~iolo** [-tri'ɔ:lo] *m* Gurke *f*

charter ['ʧa:tə] *m inv* Chartermaschine *f*, Charterflug *m*

chassis [ʃas'si] *m* Fahrgestell *n*

che [ke] **1.** *adj* welcher, welche, welches; was für ein; **2.** *pron* der, die, das; welcher, welche, welches; ***~?*** was?; ***ciò*** ~ das, was; **3.** *cj* dass; *dopo il comparativo* als

check-in [ʧek'in] *m inv avia* Abfertigung *f*, ***fare il*** ~ einchecken

chemioterapia [kemiotera'pi:a] *f* Chemotherapie *f*

chetichella [keti'kɛlla] ***alla*** ~ heimlich

chi [ki] wer; (*acc*) wen; ***di ~?*** wessen?; ***a ~?*** wem? ***c'è ~ dice …*** es gibt Leute, die sagen; ***~ … ~*** der eine … der andere …; ***di ~ è il libro?*** wem gehört das Buch?

chiacchiera [ki'akkiera] *f* Geschwätz *n*; ***-e!*** dummes Geschwätz!; ***far due -e con qu*** mit j-m ein wenig plaudern

chiacchier|are [kiakkie'ra:re] (*1l*) plaudern; *spreg* klatschen; **~ata** [-'ra:ta] *f* Plauderei *f*; **~one** [-'ro:ne] **1.** *adj* geschwätzig; **2.** *m* Schwätzer *m*

chiam|are [kia'ma:re] (*1a*) rufen; nennen; *tel* anrufen; ***andare a ~ qu*** j-n holen; ***mandare a ~ qu*** j-n holen lassen; *tel* ***~ in teleselezione*** durchwählen; **~arsi** [-'marsi] heißen; **~ata** [-'ma:ta] *f* Ruf *m*; *tel* Anruf *m*; ***~ interurbana*** Ferngespräch *n*; ***~ d'emergenza*** Notruf *m*

chiar|ezza [-'rettsa] *f* Helligkeit *f*; *fig* Klarheit *f*, Deutlichkeit *f*; **~ificare** [-rifi'ka:re] (*1m u d*) klären; aufklären; **~imento** [-ri'mento] *m* Erklärung *f*, Erläuterung *f*; **~ire** [-'ri:re] (*4d*) klären, klarstellen

chiar|o [ki'a:ro] **1.** *adj* klar; hell; *fig* deutlich; ***~ e tondo*** klipp und klar; **2.** *m* Licht *n*; Helligkeit *f*; ***~ d'uovo*** Eiweiß *n*; ***~ di luna*** Mondschein *m*; ***mettere in ~*** klarstellen; **~oscuro** [-ros'ku:ro] *m* Helldunkel *n*

chiasso [ki'asso] *m* Lärm *m*; ***fare ~*** Lärm machen; *fig* Aufsehen erregen

chiatta [ki'atta] *f* Frachtkahn *m*; Fähre *f*

chiave [ki'a:ve] **1.** *adj inv* Schlüssel…; **2.** *f* Schlüssel *m* (*a mus*); ***~ d'accensione*** Zündschlüssel *m*; ***~ della macchina*** Autoschlüssel *m*; ***~ inglese*** Schraubenschlüssel *m*; ***sotto ~*** unter Verschluss

chiavistello [kiavis'tɛllo] *m* Riegel *m*

chiazza [ki'attsa] *f* Fleck *m*

chic [ʃik] *adj inv* schick, elegant

chicco ['kikko] *m* (*pl -cchi*) Korn *n*; (Kaffee)Bohne *f*; ***~ d'uva*** Weinbeere *f*

chiedere [ki'ɛ:dere] (*3k*) fragen (***di*** nach *dat*); verlangen; bitten; ***~ qc a qu*** j-n et fragen; ***~ notizie di qu*** sich nach j-m erkundigen; ***~ un piacere a qu*** j-n um e-n Gefallen bitten

chiesa [ki'ɛ:za] *f* Kirche *f*

chiesto [ki'ɛsto] → ***chiedere***

chil|o ['ki:lo] *m* Kilo *n*; ***mezzo ~*** halbes Kilo *n*, ein Pfund *n*; **~ogrammo** [-lo'grammo] *m* Kilogramm *n*; **~ometraggio** [-lome'traddʒo] *m auto* Anzahl *f* zurückgelegter Kilometer; **~ometro** [-'lɔ:metro] *m* Kilometer *m*; ***~ all'ora*** Stundenkilometer *m*; ***~ quadrato*** Quadratkilometer *m*; **~owatt** [-lo'vat] *m* Kilowatt *n*

chimic|a ['ki:mika] *f* Chemie *f*; **~o** [-ko] (*pl -ci*) **1.** *adj* chemisch; **2.** *m* Chemiker *m*

chin|are [ki'na:re] (*1a*) neigen; senken; *fig* ***~ il capo*** sich beugen; **~arsi** [-'narsi] sich bücken

chincaglierie [kiŋ'kaʎe'ri:e] *f/pl* Nippsachen *pl*; Kleinkram *m*

chino ['ki:no] gebeugt

chioccia ['kiɔttʃa] *f* Glucke *f*

chiocciola [ki'ɔttʃola] *f* Schnecke *f*; ***scala f a ~*** Wendeltreppe *f*; *inform* Klammeraffe *m*, at-Zeichen *n*

chiodato [kio'da:to] genagelt; *scarpe* Nagel…

chiodo [ki'ɔ:do] *m* Nagel *m*; ***~ di garofano*** Gewürznelke *f*; *fig* ***~ fisso*** fixe Idee *f*

chioma [ki'ɔ:ma] *f* Haar *n*; Mähne *f*; Baumkrone *f*

chiosco [ki'ɔsko] *m* (*pl -chi*) Kiosk *m*

chiostro [ki'ɔstro] *m* Kreuzgang *m*

chip ['tʃip] *m inv* Chip *m*; ***carta f ~*** *inform* Chipkarte *f*

chir|urgia [kirur'dʒi:a] *f* Chirurgie *f*; **~urgico** [-'rurdʒiko] (*pl -ci*) chirurgisch; **~urgo** [-'rurgo] *m* (*pl -ghi*) Chirurg *m*

chissà [kis'sa] wer weiß; vielleicht

chit|arra [ki'tarra] *f* Gitarre *f*; **~arrista** [-tar'rista] *m/f* (*m/pl -i*) Gitarrenspieler(in *f*) *m*

chiudere [ki'u:dere] (*3b*) schließen, zumachen; *a chiave* abschließen; *strada* (ver)sperren; *gas* abdrehen; *fig* ***~ un occhio*** ein Auge zudrücken; *econ* ***~ in perdita*** mit Verlust abschließen

chiunque [ki'uŋkue] wer auch immer

chius|a [ki'u:sa] *f di fiume* Schleuse *f*; *di discorso* Schluss *m*; **~o** [-so] **1.** → ***chiudere***; **2.** *adj* geschlossen, zu; verschlossen; **~ura** [-'su:ra] *f* (Ver)Schluss *f*, Schließung *f*; *auto* ***~ centralizzata*** Zentralverriegelung *f*; ***~ lampo*** Reißverschluss *m*; ***~ dei negozi*** Ladenschluss *m*

choc [ʃɔk] *m* Schock *m*

C

choke [tʃok] *m auto* Choke *m*
ci [tʃi] **1.** *pron* uns; **2.** *adv* hier(her), dort(hin); **~ *penso*** ich denke daran
ciabatta [tʃa'batta] *f* Pantoffel *m*; *scarpa vecchia* F Latsche *f*
cialda ['tʃalda] *f* Waffel *f*
ciambella [tʃam'bɛlla] *f gastr* Kringel *m*; (*salvagente*) Rettungsring *m*
cianfrusaglia [tʃanfru'zaːʎa] *f* Krimskrams *m*, Firlefanz *m*
ciao! [tʃ'aːo] *nell'incontrarsi* hallo!; *nel congedarsi* tschüss!
ciarlatano [tʃarla'taːno] Scharlatan *m*
ciascuno [tʃas'kuːno] jeder(mann)
cibarsi [tʃi'barsi] (*1a*) sich ernähren (***di*** von)
cibernetica [tʃiber'nɛːtika] *f* Kybernetik *f*
cibo ['tʃiːbo] *m* Speise *f*; Nahrung *f* (*a fig*); ***-i*** *pl* Nahrungsmittel *n/pl*; **~ *pronto*** Fertiggericht *n*
cicala [tʃi'kaːla] *f* Zikade *f*
cicatr|ice [tʃika'triːtʃe] *f* Narbe *f*; **~izzare** [-trid'dzaːre] *v/i u* **~izzarsi** [-trid'dzarsi] vernarben
cicca ['tʃikka] *f* (*pl -cche*) *di sigaretta* Kippe *f*; P Kaugummi *m*
cicerone [tʃitʃe'roːne] *m* Fremdenführer *m*
ciclabile [tʃi'klaːbile] ***pista*** *f* **~** Radweg *m*
ciclamino [tʃikla'miːno] *m* Alpenveilchen *n*
ciclico ['tʃiːkliko] zyklisch
cicl|ismo [tʃi'klizmo] *m* Radsport *m*; **~ista** [-'klista] *m/f* (*m/pl -i*) Radfahrer(in *f*) *m*; **~istico** [-'klistiko] Rad…
ciclo ['tʃiːklo] *m* Zyklus *m*; (*serie*) Reihe *f*
ciclomotore [tʃiklomo'toːre] *m* Moped *n*
cicl|one [tʃi'kloːne] *m* Zyklon *m*; **~ostilare** [-klosti'laːre] (*1a*) vervielfältigen; **~ostile** [-klos'tiːle] *m* Vervielfältigungsapparat *m*
cicloturismo [tʃiklotu'rizmo] *m* Radwandern *n*
cicogna [tʃi'koːɲa] *f* Storch *m*
cicoria [tʃi'kɔːria] *f* Chicorée *f*
cieco ['tʃɛːko] (*pl -chi*) **1.** *adj* blind; ***vicolo*** *m* **~** Sackgasse *f*; **2.** *m* Blinde(r) *m*
cielo ['tʃɛːlo] *m* Himmel *m*; ***grazie al*** **~** Gott sei Dank
cifra ['tʃiːfra] *f* Ziffer *f*; Chiffre *f*; **~ *d'affari*** Umsatz *m*
cifrato [tʃi'fraːto] chiffriert, verschlüsselt
ciglio ['tʃiːʎo] *m* (*pl le ciglia*) *anat* Wimper *f*; (*pl i cigli*) Rand *m*
cigno ['tʃiːɲo] *m* Schwan *m*
cigolare [tʃigo'laːre] (*1l*) quietschen, knarren
cilecca [tʃi'lekka] ***far*** **~** versagen
cileno [tʃi'leːno] *m* **1.** *adj* chilenisch; **2.** *m* Chilene *m*
ciliegi|a [tʃili'ɛːdʒa] *f* (*pl -ge*) Kirsche *f*; **~o** [-dʒo] *m* (*pl -gi*) Kirschbaum *m*
cilindrata [tʃilin'draːta] *f tec* Hubraum *m*; ***automobile*** *f* ***di media*** **~** Mittelklassewagen *m*
cil|indrico [tʃi'lindriko] (*pl -ci*) zylindrisch; **~indro** [-'lindro] *m tec* Walze *f*; Zylinder *m*
cima ['tʃiːma] *f* Spitze *f*; Gipfel *m*; ***da ~ a fondo*** von oben bis unten
cimentarsi [tʃimen'tarsi] sich versuchen (***in*** in *dat*)
cimice ['tʃiːmitʃe] *f* Wanze *f*; *tec* Reißzwecke *f*, Heftzwecke *f*
ciminiera [tʃʒimini'ɛːra] *f* Schornstein *m*
cimitero [tʃimi'tɛːro] *m* Friedhof *m*
cinciallegra [tʃintʃal'leːgra] *f* Kohlmeise *f*
cincil|la [tʃin'tʃilla], **~là** [-tʃil'la] *f* Chinchilla *n*
cin cin! [tʃin'tʃin] F prost!
cine ['tʃiːne] *m abbr für* ***cinema***; **~amatore** [-ama'toːre] *m* Filmamateur *m*; **~forum** [-'foːrum] *m inv* Filmklub *m*; Filmdebatte *f*
cinema ['tʃiːnema] *m inv* Film *m*; Kino *n*; **~ *d'essai*** Experimentalfilm *m*; Programmkino *n*
cinemat|ografare [tʃinematogra'faːre] (*1n u c*) filmen; **~ografia** [-gra'fiːa] *f* Filmkunst *f*; **~ografico** [tʃinemato'graːfiko] (*pl -ci*) Kino…; Film…; ***arte*** *f* ***-a*** Filmkunst *f*; ***regista*** *m* **~** Filmregisseur *m*
cine|matografo [tʃinema'tɔːgrafo] *m* → ***cinema***; **~presa** [-'preːsa] *f* Filmkamera *f*
cinese [tʃi'neːse] **1.** *adj* chinesisch; **2.** *m* Chinesisch(e) *n*; **3.** *m/f* Chinese *m*, Chinesin *f*
cingere ['tʃindʒere] (*3d*) umgeben; *la vita* umgürten

cinghia ['tʃiŋgia] *f* Riemen *m*; Gurt *m*; *auto* ~ ***trapezoidale*** Keilriemen *m*
cinghiale [tʃiŋgi'a:le] *m* Wildschwein *n*
cinguett|are [tʃiŋguet'ta:re] (*1a*) zwitschern; **~io** [-'ti:o] *m* Zwitschern *n*
cinico ['tʃi:niko] (*pl -ci*) **1.** *adj* zynisch; **2.** *m* Zyniker *m*
cinquanta [tʃiŋku'anta] fünfzig
cinquant|enne [tʃiŋkuan'tɛnne] fünfzigjährig; **~esimo** [-'tɛ:zimo] fünfzigste; **~ina** [-'ti:na] *f* etwa fünfzig
cinqu|e ['tʃiŋkue] fünf; **~ecento** [-kue'tʃɛnto] fünfhundert
Cinquecento [-kue'tʃɛnto] *m* 16. Jahrhundert *n*
cinto ['tʃinto] → ***cingere***
cin|tura [tʃin'tu:ra] *f* Gürtel *m*; ~ ***di salvataggio*** Rettungsgürtel *m*; ~ ***di sicurezza*** Sicherheitsgurt *m*, Anschnallgurt *m*; ***allacciarsi la ~ di sicurezza*** sich anschnallen; **~turino** [-tu'ri:no] *m* Uhrarmband *n*
ciò [tʃ'ɔ] das, dies; ***con ~*** damit; ~ ***nonostante*** trotzdem; ~ ***che*** was; ***oltre a ~*** außerdem
ciocca ['tʃɔkka] *f* (*pl -cche*) Büschel *n*
cioccol|ata [tʃokko'la:ta] *f* Schokolade *f*; **~atino** [-la'ti:no] *m* Praline *f*; **~ato** [-'la:to] *m* Schokolade *f*
cioè [tʃo'ɛ:] das heißt; und zwar
ciondolare [tʃondo'la:re] (*1l*) baumeln; *fig* bummeln
ciondolo ['tʃondolo] *m* Anhänger *m*
ciotola ['tʃɔ:tola] *f* Schüssel *f*
ciottolo ['tʃɔttolo] *m* Kieselstein *m*
cipolla [tʃi'polla] *f* Zwiebel *f*
cipollina [tʃipol'li:na] *f* Schnittlauch *m*
cipresso [tʃi'presso] *m* Zypresse *f*
cipria ['tʃi:pria] *f* Puder *m*
circa ['tʃirka] **1.** *adv* ungefähr; gegen; **2.** *prp* betreffend
circo ['tʃirko] *m* (*pl -chi*) Zirkus *m*
circol|are [tʃirko'la:re] **1.** *v/i* (*1l*) weitergehen; fahren; umlaufen; **2.** *adj* kreisförmig; ***viaggio*** *m* ~ Rundreise *f*, ***biglietto*** *m* ~ Rundreisekarte *f*; **3.** *f* *lettera* Rundschreiben *n*; *autobus* Ringbus *m*, -linie *f*; **~azione** [-latsi'o:ne] *f* Verkehr *m*; Umlauf *m*; *med* Kreislauf *m*; *jur* ***libera ~*** Freizügigkeit *f*; ~ ***rotatoria*** Kreisverkehr *m*; ~ ***del sangue*** Blutkreislauf *m*; ***mettere in ~*** in Umlauf bringen; ***ritirare dalla ~*** aus dem Verkehr ziehen
circolo ['tʃirkolo] *m* Kreis *m*; Klub *m*
circon|dare [tʃirkon'da:re] (*1a*) umgeben; **~ferenza** [-fe'rɛntsa] *f* Umfang *m*; **~vallazione** [-vallatsi'o:ne] *f* Umgehungsstraße *f*
circo|scrivere [tʃirkos'kri:vere] (*3tt*) begrenzen, **~scrizione** [-skritsi'o:ne] *f* Bezirk *m*; ~ ***elettorale*** Wahlbezirk *m*; **~stante** [-s'tante] umliegend; **~stanza** [-s'tantsa] *f* Umstand *m*; Lage *f*
circuito [tʃir'ku:ito] *m* *sport* Rennstrecke *f*; *el* Stromkreis *m*; *el* ***corto ~*** Kurzschluss *m*
cisterna [tʃis'tɛrna] *f* Zisterne *f*, Tank *m*; ~ ***di benzina*** Bezintank *m*; ***nave*** *f* ~ Tankschiff *n*
cisti ['tʃisti] *f* *anat* Zyste *f*
cistifellea [tʃisti'fɛllea] *f* Gallenblase *f*
cistite [tʃis'ti:te] *f* Blasenentzündung *f*
citare [tʃi'ta:re] (*1a*) zitieren; *jur* vorladen
citazione [tʃitatsi'o:ne] *f* Zitat *n*; *jur* Vorladung *f*
citofono [tʃi'tɔ:fono] *m* Sprechanlage *f*
città [tʃit'ta] *f* Stadt *f*, ~ ***dormitorio*** Schlafstadt *f*, ~ ***giardino*** Gartenstadt *f*, ~ ***universitaria*** Universitätsgelände *n*; ***la ~ vecchia*** die Altstadt; ***Città del Vaticano*** Vatikanstadt *f*, -staat *m*
citta|dina [tʃitta'di:na] *f* Kleinstadt *f*; **~dinanza** [-di'nantsa] *f* Staatsangehörigkeit *f*; **~dino** [-'di:no] **1.** *adj* städtisch; **2.** *m* (Staats)Bürger *m*
civetta [tʃi'vetta] *f* *zo* Käuzchen *n*; *fig* Kokette *f*; ***far la ~*** kokettieren
civico ['tʃi:viko] (*pl -ci*) städtisch; Stadt…; ***numero*** *m* ~ Hausnummer *f*
civile [tʃi'vi:le] bürgerlich; zivil; *società* zivilisiert; *persona* wohlerzogen; ***guerra*** *f* ~ Bürgerkrieg *m*; ***matrimonio*** *m* ~ standesamtliche Trauung *f*, ***stato*** *m* ~ Familienstand *m*
civiltà [tʃivil'ta] *f* Kultur *f*, Zivilisation *f*, Anstand *m*
clacson ['klakson] *m* Autohupe *f*
clamoroso [klamo'ro:so] *fig* Aufsehen erregend
clandestino [klandes'ti:no] **1.** *adj* heimlich; (*illegale*) schwarz; **2.** *m* blinder Passagier *m*
clarinetto [klari'netto] *m* Klarinette *f*
classe ['klasse] *f* Klasse *f*, ~ ***turistica*** Touristenklasse *f*, ***prima ~*** erste Klasse; ***seconda ~*** zweite Klasse

C

classicismo [klassi'tʃizmo] *m* Klassizismus *m*
classico ['klassiko] (*pl -ci*) **1.** *adj* klassisch; ***liceo*** *m* **~** humanistisches Gymnasium *n*; **2.** *m* Klassiker *m*
classifica [klas'si:fika] *f* Rangliste *f*
classif|icare [klassifi'ka:re] (*1m u d*) klassifizieren; **~icatore** [-fika'tore] *m* Aktenschrank *m*
clausola ['klauzola] *f* Klausel *f*
claustrofobia [klaustrofo'bi:a] *f* Klaustrophobie *f*
clavicola [kla'vi:kola] *f* Schlüsselbein *n*
clem|ente [kle'mɛnte] mild(e); gnädig; **~enza** [-'mɛntsa] *f* Milde *f*, Gnade *f*
clericale [kleri'ka:le] klerikal
clero ['klɛ:ro] *m* Geistlichkeit *f*, Klerus *m*
clessidra [kles'si:dra] *f* Sanduhr *f*
clic [klik] *m* Klick *m*; **~ *del mouse*** *inform* Mausklick *m*
cliccare [klik'kare] (*1o*) klicken; **~ *su*** *inform* anklicken
cliché [kli'ʃe] *m inv* Klischee *n*
cliente [kli'ɛnte] *m/f* Kunde *m*, Kundin *f*; *di locale* Gast *m*; *med* Patient(in *f*) *m*; **~ *abituale*** Stammkunde *m*
clientela [klien'tɛ:la] *f* Kundschaft *f*
clima ['kli:ma] *m* (*pl -i*) Klima *n*; *fig* Atmosphäre *f*; **~ *mediterraneo*** Mittelmeerklima *n*
climatico [kli'ma:tiko] (*pl -ci*) klimatisch
clinic|a ['kli:nika] *f* (*pl -che*) Klinik *f*; **~ *privata*** Privatklinik *f*; **~o** [-ko] (*pl -ci*) **1.** *adj* klinisch; **2.** *m* Kliniker *m*
clip [klip] *m inv* Klipp *m*
cloro ['klɔ:ro] *m* Chlor *n*
clor|ofilla [kloro'filla] *f* Chlorophyll *n*; **~ofluorocarburo** ['klɔro'fluɔrokar'buro] *m* Fluorchlorkohlenwasserstoff *m* **~oformio** [-ro'fɔrmio] *m* Chloroform *n*
club ['klub] *m inv* Klub *m*, Verein *m*
coabitare [koabi'ta:re] (*1m*) zusammenwohnen
coagularsi [koagu'larsi] (*1m*) gerinnen
coalizione [koalitsi'o:ne] *f* Koalition *f*; ***governo*** *m* ***di*** **~** Koalitionsregierung *f*
coalizzarsi [koalid'dzarsi] (*1a*) sich verbünden; *pol* koalieren
cobra ['kɔbra] *m inv* Kobra *f*
coc|aina [koka'i:na] *f* Kokain *n*; **~ainomane** [-kai'nɔ:mane] **1.** *adj* kokainsüchtig; **2.** *m* Kokainsüchtige(r) *m*
coccinella [kottʃi'nɛlla] *f* Marienkäfer *m*
coccio ['kɔttʃo] *m* (*pl -cci*) Scherbe *f*
cocciuto [kot'tʃu:to] dickköpfig, starrköpfig
cocco ['kɔkko] *m* (*pl -cchi*) Kokospalme *f*; ***noce di*** **~** Kokosnuss *f*
coccodrillo [kokko'drillo] *m* Krokodil *n*
coccolare [kokko'lare] (*1a*) schmusen
cocktail ['kokteil] *m* Cocktail *m*, (alkoholisches) Mischgetränk *n*
cocomero [ko'ko:mero] *m* Wassermelone *f*
coda ['ko:da] *f* Schwanz *m*; *fila* Schlange *f*; *di abito* Schleppe *f*; *astr* Schweif *m*; ***piano*** *m* ***a*** **~** Flügel *m*; ***in*** **~** am Ende, zuletzt; ***fare la*** **~** Schlange stehen; ***mettersi in*** **~** sich anstellen
codardo [ko'dardo] **1.** *adj* feige; **2.** *m* Feigling *m*
codazzo [ko'dattso] *m* Schwarm *m*
codesto [ko'desto] der da *od* die da *od* das da
codice ['kɔ:ditʃe] *m* Kodex *m*; *jur* Gesetzbuch *n*; Kode *m*; **~ *a barre*** Strichkode *m*; **~ *di avviamento postale*** Postleitzahl *f*; **~ *fiscale*** Steuernummer *f*; **~ *stradale*** Straßenverkehrsordnung *f*
coefficiente [koeffi'tʃɛnte] *m* Koeffizient *m*
coe|rente [koe'rɛnte] zusammenhängend; *fig* konsequent; **~renza** [-'rɛntsa] *f* Zusammenhang *m*; *fig* Konsequenz *f*; **~taneo** [-'ta:neo] **1.** *adj* gleichaltrig; **2.** *m* Altersgenosse *m*
cofanetto [kofa'netto] *m* Schmuckkästchen *n*
cofano ['kɔ:fano] *m auto* Motorhaube *f*
cogestione [kodʒesti'o:ne] *f* Mitbestimmung *f*
cogliere ['kɔ:ʎere] (*3ss*) pflücken; *occasione* benutzen, ergreifen; (*capire*) begreifen; **~ *all'improvviso*** überrumpeln; **~ *sul fatto*** auf frischer Tat ertappen
cognac ['ko:ɲak] *m inv* Kognak *m*
cogn|ata [ko'ɲa:ta] *f* Schwägerin *f*; **~ato** [-'ɲa:to] *m* Schwager *m*
cognizione [koɲitsi'o:ne] *f* Kenntnis *f*; *fil* Erkenntnis *f*; **~ *di causa*** Sachkenntnis *f*

cognome [ko'ɲoːme] *m* Zuname *m*, Familienname *m*; ***nome** m **e** ~* Vor- und Zuname *m*
coi [k'oi] *prp **con** mit art **i***
coin|cidenza [kointʃi'dɛntsa] *f* Zusammenfallen *n*; (*caso*) Zufall *m*; *fer* Anschluss *m*; ***perdere la** ~* den Anschluss verpassen; **~cidere** [-'tʃiːdere] (*3q*) zusammenfallen; **~quilino** [-kui'liːno] *m* Mitbewohner *m*; **~volgere** [-'vɔldʒere] (*3d*) verwickeln (***in*** in *acc*); **~volto** [-'vɔlto] → ***coinvolgere***
coito ['koito] *m* Beischlaf *m*
col [kol] *prp **con** mit art **il***
colapasta [kola'pasta] *m inv* Sieb *n*
colare [ko'laːre] (*1a*) **1.** *v/t* durchseihen; abgießen; **2.** *v/i* tropfen; *mar* ***~ a fondo, a picco*** untergehen
colazione [kolatsi'oːne] *f* (***prima***) *~* Frühstück *n*; ***seconda** ~* Mittagessen *n*; ***~ al sacco*** Picknick *n*; ***far** ~* frühstücken
colei [ko'lɛːi] die da; ***~ che*** diejenige, welche
colera [ko'lɛːra] *m* Cholera *f*
colesterolo [koleste'rɔlo] *m* Cholesterin *f*
colf [kolf] *f inv* Hausangestellte *f*
colica ['kɔːlika] *f* (*pl -che*) Kolik *f*; ***~ renale*** Nierenkolik *f*
colla ['kɔlla] *f* Leim *m*; Klebstoff *m*
collabor|are [kollabo'raːre] (*1m*) mitarbeiten; zusammenarbeiten; unterstützen; **~atore** [-ra'toːre] *m* Mitarbeiter *m*; **~atrice** [-ra'triːtʃe] *f* Mitarbeiterin *f*; ***~ domestica*** Hausangestellte *f*; **~azione** [-ratsi'oːne] *f* Mitarbeit *f*
collana [kol'laːna] *f* Halskette *f*; (*raccolta*) Serie *f*, Reihe *f*
collant [kɔ'lɑ̃] *m inv* Strumpfhose *f*
collare [kol'laːre] *m* Halsband *n*
collasso [kol'lasso] *m* Kollaps *m*; ***~ nervoso*** Nervenzusammenbruch *m*
coll|audare [kollau'daːre] (*1a*) testen, prüfen; *fig* erproben; **~audo** [-'lauːdo] *m* Test *m*, Prüfung *f*
colle ['kɔlle] *m* Hügel *m*
collega [kol'lɛːga] *m/f* (*m/pl -ghi*) Kollege *m*, Kollegin *f*
colleg|amento [kollega'mento] *m* Verbindung *f*; ***~ aereo*** Flugverbindung *f*; ***~ ferroviario*** Zugverbindung *f*; **~are** [-'gaːre] (*1a*) verbinden
collegio [kol'lɛːdʒo] *m* (*pl -gi*) Internat *n*; Kollegium *n*; ***~ elettorale*** Wahlkreis *m*
collera ['kɔllera] *f* Zorn *m*; ***andare in ~*** in Zorn geraten; ***essere in ~ con qu*** auf j-n böse sein
collerico [kol'lɛːriko] (*pl -ci*) jähzornig
colletta [kol'letta] *f* Geld-, Spendensammlung *f*
collett|ività [kollettivi'ta] *f* Gemeinschaft *f*; **~ivo** [-'tiːvo] **1.** *adj* kollektiv; gemeinschaftlich; **2.** *m pol* Kollektiv *n*
colletto [kol'letto] *m* Kragen *n*
colle|zionare [kollettsio'naːre] (*1a*) sammeln; **~zione** [-tsi'oːne] *f* Sammlung *f*; *moda* Kollektion *f*; ***fare ~ di qc*** et sammeln; **~zionista** [-tsio'nista] *m/f* Sammler(in *f*) *m*; ***~ di francobolli*** Briefmarkensammler *m*
coll|ina [kol'liːna] *f* Hügel *m*; **~inoso** [-li'noːso] hügelig
collirio [kol'liːrio] *m* Augentropfen *m/pl*
collisione [kollizi'oːne] *f* Kollision *f*, Zusammenstoß *m*
collo ['kɔllo] *m* Hals *m*; (*colletto*) Kragen *m*; *econ* Ballen *m*, Stück *n*; ***~ del piede*** Spann *m*
colloc|amento [kolloka'mento] *m* Unterbringung *f*; Anordnung *f*; ***agenzia** f **di** ~* Stellenvermittlung *f*; ***ufficio** m **di** ~* Arbeitsamt *n*; **~are** [-'kaːre] (*1l u d*) stellen; legen; unterbringen; ***~ a riposo*** in den Ruhestand versetzen; **~azione** [-katsi'oːne] *f* Stellung *f*, Anordnung *f*
collo|quiale [kollokui'aːle] Umgangs…; **~quio** [-'lɔːkuio] *m* (*pl -qui*) Gespräch *n*, Unterredung *f*; ***~ di presentazione*** Vorstellungsgespräch *n*
colmare [kol'maːre] (*1a*): ***~ di*** füllen mit; *fig* erfüllen mit
colmo ['kolmo] **1.** *adj* voll (***di*** von); *fig* erfüllt (***di*** von); **2.** *m* Gipfel *m*; Höhepunkt *m*
colom|ba [ko'lomba] *f* Taube *f*; **~bo** [-'lombo] *m* Tauber *m*; Taube *f*
colon ['kɔːlon] *m* Dickdarm *m*
Colonia [ko'lɔːnia] *f **acqua** f **di** ~* Kölnischwasser *n*
colonia [ko'lɔːnia] *f* Kolonie *f*; ***~ marina*** Ferienkolonie *f* am Meer
coloniale [koloni'aːle] kolonial; ***generi** m/pl **-i*** Kolonialwaren *f/pl*
colonico [ko'lɔːniko] (*pl -ci*) Bauern…;

C

casa** f **-a Bauernhaus *n*
colonizzare [kolonid'dza:re] (*1a*) kolonisieren
col|onna [ko'lonna] *f* Säule *f*; *di libro* Spalte *f*; *di veicoli* Kolonne *f*; *fig* Stütze *f*; ***~ vertebrale*** Wirbelsäule *f*; **~onnato** [-lon'na:to] *m* Säulengang *m*; **~onnello** [-lon'nɛllo] *m* Oberst *m*
color|ante [kolo'rante] *m* Farbstoff *m*; ***senza -i*** ohne Farbstoff; **~are** [-'ra:re] (*1a*) färben; **~ato** [-'ra:to] farbig; **~azione** [ra'tzione] *f* Färbung *f*
colore [ko'lo:re] *m* Farbe *f*; ***~ di moda*** Modefarbe *f*; ***~ preferito*** Lieblingsfarbe *f*; ***scatola** f **dei -i*** Farbkasten *m*; ***~ a olio*** Ölfarbe *f*; ***a -i*** bunt, farbig, Farb...
colorito [kolo'ri:to] **1.** *adj* farbig; *volto* rosig; **2.** *m* Teint *m*, Gesichtsfarbe *f*, Hautfarbe *f*
coloro [ko'lo:ro] die da; ***~ che*** diejenigen, welche
colossale [kolos'sa:le] kolossal, riesenhaft
colosso [ko'lɔsso] *m* Koloss *m*
colpa ['kolpa] *f* Schuld *f*; ***essere in ~*** schuldig sein, ***per ~ tua*** deinetwegen
colpevole [kol'pe:vole] schuldig
colpire [kol'pi:re] (*4d*) treffen; schlagen; *fig* auffallen; ***~ nel segno*** ins Schwarze treffen
colpo ['kolpo] *m* Schlag *m*; Stich *m*; Schuss *m*; ***~ apoplettico*** Schlaganfall *m*; ***~ di calore*** Hitzschlag *m*; ***~ di sole*** Sonnenstich *m*; ***~ di Stato*** Putsch *m*; ***~ di telefono*** kurzer Anruf *m*; ***sul ~, di ~*** sofort; schlagartig
coltell|ata [koltel'la:ta] *f* Messerstich *m*; **~ino** [-'li:no] *m* Taschenmesser *n*
coltello [kol'tɛllo] *m* Messer *n*
coltiv|are [kolti'va:re] (*1a*) *agr* bestellen, bebauen; anpflanzen; *fig* pflegen; (*educare*) ausbilden; **~atore** [-va'to:re] *m* Landwirt *m*; ***~ diretto*** selbstständiger Landwirt; **~azione** [-vatsi'o:ne] *f* Anbau *m*
colto[1] ['kolto] gebildet, kultiviert
colto[2] ['kɔlto] → ***cogliere***
coltura [kol'tu:ra] *f* Anbau *m*
colui [ko'lu:i] der da; ***~ che*** derjenige, welcher
coma ['kɔ:ma] *m* Koma *n*
comand|amento [komanda'mento] *m* Gebot *n*; **~ante** [-'dante] *m* Befehlshaber *m*; **~are** [-'da:re] (*1a*) befehlen; führen; *econ* (*ordinare*) bestellen; *tec* steuern, bedienen; ***~ a distanza*** fernsteuern
comando [ko'mando] *m* Befehl *m*; (*direzione*) Leitung *f*; *tec* Schaltung *f*; Antrieb *m*; ***leva** f **di ~*** Steuerungshebel *m*; ***~ a distanza*** Fernsteuerung *f*, Fernbedienung *f*
combaciare [komba'tʃa:re] (*1f*) zusammenpassen
comb|attente [kombat'tɛnte] *m* Kämpfer *m*; **~attere** [-'battere] (*3a*) **1.** *v/t* bekämpfen; **2.** *v/i* kämpfen; **~attimento** [-batti'mento] *m* Kampf *m*
combin|are [kombi'na:re] (*1a*) **1.** zusammenstellen, kombinieren; (*organizzare*) arrangieren; ***~ un guaio*** et anstellen; **2.** *v/i* übereinstimmen; zusammenpassen; **~azione** [-natsi'o:ne] *f* Zusammenstellung *f*, Kombination *f*, *fig* Zufall *m*; ***per ~*** zufällig
combust|ibile [kombus'ti:bile] **1.** *adj* brennbar; **2.** *m* Brennstoff *n*; **~ione** [-ti'o:ne] *f* Verbrennung *f*
come ['ko:me] wie; als; ***~ me, te*** wie ich, du; ***~ se*** als ob; ***~ mai?*** wieso?; ***oggi ~ oggi*** wie es heute steht
cometa [ko'mɛ:ta] *f* Komet *m*
comfort [kom'fɔrt] *m inv* Komfort *m*; *auto* ***~ di marcia*** Fahrkomfort *m*; ***dotato di tutti i ~*** mit allem Komfort ausgestattet
comicità [komitʃi'ta] *f* Komik *f*
comico ['kɔ:miko] (*pl -ci*) **1.** *adj* komisch; **2.** *m* Komiker *m*
comignolo [ko'mi:ɲolo] *m* Schornstein *m*
cominciare [komin'tʃa:re] (*1f*) anfangen, beginnen (***a*** zu); ***a ~ da oggi*** von heute an
com|itato [komi'ta:to] *m* Komitee *n*, Ausschuss *m*; ***~ direttivo*** Vorstand *m*; ***~ per la difesa dei consumatori*** Verbraucherschutzverband *m*; **~itiva** [-mi'ti:va] *f* Gesellschaft *f*, (Reise-) Gruppe *f*; **~izio** [-'mi:tsio] *m* Versammlung *f*, ***~ elettorale*** Wahlversammlung *f*
commedia [kom'mɛ:dia] *f* Lustspiel *n*, Komödie *f*
commemor|are [kommemo'ra:re] (*1m u b*) gedenken (*gen*); ***~ qu*** j-s Andenken feiern; **~azione** [-ratsi'o:ne] *f*

Gedächtnisfeier *f*, Gedenkfeier *f*
comment|are [kommen'ta:re] (*1a*) kommentieren, erläutern; **~atore** [-ta'to:re] *m* Kommentator *m*
commento [kom'mento] *m* Kommentar *m*; Erläuterung *f*; *fig* Bemerkung *f*
commerci|ale [kommer'tʃa:le] Handels…, Geschäfts…, kaufmännisch; *fig* kommerziell; ***lettera** f* **~** Handelsbrief *m*; **~alista** [-tʃa'lista] *m/f* Handelsrechtsexperte *m*, -tin *f*, Betriebswirt *m*, -in *f*; **~alizzare** [-tʃalid'dza:re] (*1a*) vermarkten; kommerzialisieren; **~ante** [-'tʃante] *m* Händler, Kaufmann *m*; Geschäftsmann *m*; **~are** [-'tʃa:re] (*1b u f*) handeln (***in*** mit)
commercio [kom'mɛrtʃo] *m* (*pl -ci*) Handel *m*; *spreg* Kommerz *m*; ***~ all'ingrosso*** Großhandel *m*; ***~ al minuto*** Einzelhandel *m*; ***~ estero*** Außenhandel *m*; ***camera** f* ***di ~*** Handelskammer *f*; ***essere in ~*** im Handel sein
commes|sa [kom'messa] *f* **1.** *econ* Auftrag *m*, Bestellung *f*; **2.** *econ* Verkäuferin *f*; **~so** [-'messo] *m* Verkäufer *m*; ***~ viaggiatore*** Handelsvertreter *m*
commestibile [kommes'ti:bile] **1.** *adj* essbar; **2. *-i*** *m/pl* Esswaren *f/pl*, Lebensmittel *n/pl*
commettere [com'mettere] (*3ee*) begehen; *econ* bestellen, in Auftrag geben
commiserare [kommize'ra:re] (*1m*) bemitleiden
commiss|ariato [kommissari'a:to] *m* Kommissariat *n*; ***~ di pubblica sicurezza*** Polizeirevier *n*; **~ario** [-'sa:rio] *m* (*pl -ri*) Kommissar *m*; **~ionare** [-sio'na:re] (*1a*) *econ* bestellen; **~ionario** [-sio'na:rio] *m* (*pl -ri*) Kommissionär *m*; **~ione** [-si'o:ne] *f* *econ* Auftrag *m*, Bestellung *f*; (*comitato*) Kommission *f*, Ausschuss *m*; ***~ della Ue*** Eu-Kommission *f*; ***~ interna*** Betriebsrat *m*; ***fatto su ~*** auf Bestellung angefertigt
committente [kommit'tɛnte] *m/f* Auftraggeber(in *f*) *m*
commosso [kom'mɔsso] **1.** → ***commuovere***; **2.** *a fig* bewegt, ergriffen
comm|ovente [kommo'vɛnte] rührend; **~ozione** [-motsi'o:ne] *f* Rührung *f*; ***~ cerebrale*** Gehirnerschütterung *f*; **~uovere** [-mu'ɔ:vere] (*3ff*) bewegen; rühren; **~uoversi** [-mu'ɔ:versi] gerührt sein, ergriffen sein
comò [ko'mɔ] *m inv* Kommode *f*
comod|ino [komo'di:no] *m* Nachttisch *m*; **~ità** [-di'ta] *f* Bequemlichkeit *f*, Komfort *m*
comodo ['kɔ:modo] **1.** *adj* bequem, komfortabel; gemütlich; ***stia ~!*** lassen Sie sich nicht stören!; ***fa' con ~!*** lass dir Zeit!; **2.** *m* Bequemlichkeit *f*; ***con ~*** in aller Ruhe
compaesano [kompae'za:no] *m* Landsmann *m*
compact disk ['kompakt 'disk] *m* CD *f*, Compact Disc *f*
comp|agna [kom'pa:ɲa] *f* Kameradin *f*, Gefährtin *f*, Freundin *f*; **~agnia** [-pa'ɲi:a] *f* Gesellschaft *f*; *mil* Kompanie *f*; ***~ aerea*** Fluggesellschaft *f*; ***~ di assicurazioni*** Versicherungsgesellschaft *f*; ***far ~ a qu*** j-m Gesellschaft leisten; **~agno** [-'pa:ɲo] *m* Kamerad *m*; Gefährte *m*, Freund *m*; *econ* Partner *m*; ***~ di viaggio*** Reisegefährte *m*; ***~ di scuola*** Schulfreund *m*
compar|ativo [kompara'ti:vo] **1.** *adj* vergleichend; **2.** *m gram* Komparativ *m*; **~azione** [-ratsi'o:ne] *f* Vergleich *m*
compar|ire [kompa'ri:re] (*4e*) erscheinen; auftreten; *fig* hervortreten; **~izione** [-ritsi'o:ne] *f jur* ***mandato** m* ***di ~*** Vorladung *f*
comp|arsa [kom'parsa] *f* Erscheinen *n*; *tea* Statist(in *f*) *m*; *med* Ausbruch *m*; **~arso** [-so] → ***comparire***
compart|imento [komparti'mento] *m* Abteilung *f*; *fer* Abteil *n*; ***~ per (non) fumatori*** (Nicht)Raucherabteil *n*; **~o** [-'parto] *m* Fach *n*
compassione [kompassi'o:ne] *f* Mitleid *n* (***di*** mit)
compasso [kom'passo] *m* Zirkel *m*
compat|ibile [kompa'ti:bile] entschuldbar; vereinbar, kompatibel (*a inform*); **~ire** [-'ti:re] (*4d*): ***~ qu*** mit j-m Mitleid haben
compatriota [kompatri'ɔ:ta] *m/f* (*m/pl -i*) Landsmann *m*, Landsmännin *f*
compatto [kom'patto] kompakt, dicht; *fig* geschlossen
comp|ensare [kompen'sa:re] (*1b*) ausgleichen; bezahlen; ***~ qu di qc*** j-n für et entschädigen; **~enso** [-'pɛnso] *m* Entschädigung *f*, Belohnung *f*; ***in ~ di*** (zum Ausgleich) für; ***dietro ~*** gegen Entgelt

C

compera ['kompera] *f* → ***compra***; ***andare a fare le -e*** einkaufen gehen
comp|etente [kompe'tɛnte] fachkundig; (*responsabile*) kompetent, zuständig; **~etenza** [-pe'tɛntsa] *f* Sachkenntnis *f*; Kompetenz *f*; Zuständigkeit *f*; **~etere** [-'pɛːtere] (*3a*) streiten; wetteifern; **~etitività** [-petitivi'ta] *f* Konkurrenzfähigkeit *f*; *econ* Wettbewerbsfähigkeit *f*
competitivo [-peti'tiːvo] konkurrenzfähig, Konkurrenz…; *econ* ***svantaggio*** *m* **~** Wettbewerbsnachteil *m*; *econ* ***vantaggio*** *m* **~** Wettbewerbsvorteil *m*
competizione [-petitsi'oːne] *f* Wettstreit *m*
compiac|ente [kompia'tʃɛnte] gefällig; **~enza** [-'tʃɛntsa] *f* Gefälligkeit *f*; **~ere** [-'tʃeːre] (*2k*) gefällig sein, entgegenkommen; **~ersi** [-'tʃersi] Freude haben; **~ *di fare …*** die Güte haben, (*et*) zu tun
compiangere [kompi'andʒere] (*3d*) bedauern; ***ti compiango*** du tust mir Leid
compianto [kompi'anto] → ***compiangere***
compier|e ['kompiere] (*4g*) vollenden; (*eseguire*) ausführen; erfüllen; **~ *gli anni*** Geburtstag haben; **~si** [-si] sich vollziehen
compil|are [kompi'laːre] (*1a*) zusammenstellen; verfassen; *formulario* ausfüllen; **~atore** [-la'toːre] *m inform* Compiler *m*; **~azione** [-latsi'oːne] *f* Zusammenstellung *f*; Ausfüllung *f*
comp|imento [kompi'mento] *m* Vollendung *f*; Erfüllung *f*; **~ire** [-'piːre] (*4g*) → ***compiere***
compito ['kɔmpito] *m* Aufgabe *f*; ***essere all'altezza di un ~*** e-r Aufgabe gewachsen sein
compleanno [komple'anno] *m* Geburtstag *m*; ***buon ~!*** alles Gute zum Geburtstag!
complem|entare [komplemen'taːre] Ergänzungs…; ***imposta*** *f* **~** Zusatzsteuer *f*; **~ento** [-'mento] *m* Ergänzung *f*
complessivo [komples'siːvo] Gesamt…; umfassend
complesso [kom'plɛsso] **1.** *adj* kompliziert; komplex; **2.** *m* Komplex *m* (*a med*); Gruppe *f* (*a mus*); ***in ~*** im Ganzen
completare [komple'taːre] (*1b*) vervollständigen
completo [kom'plɛːto] **1.** *adj* vollständig; voll; *fer* besetzt; **2.** *m* Anzug *m*
complic|are [kompli'kaːre] (*1l u d*) komplizieren, erschweren; **~ato** [-'kaːto] kompliziert; **~azione** [-katsi'oːne] *f* Komplikation *f*, Schwierigkeit *f*
complice ['kɔmplitʃe] *m/f jur* Mittäter(in *f*) *m*; Komplize *m*, Komplizin *f*
complim|entarsi [komplimen'tarsi]: **~ *con qu*** j-m gratulieren; **~ento** [-'mento] *m* Kompliment *n*; ***-i!*** gratuliere!; ***senza -i!*** ohne Umstände!
comp|onente [kompo'nɛnte] *m* Bestandteil *m*; Mitglied *n*; **~onimento** [-poni'mento] *m jur* Vergleich *m*; Werk *n*; **~orre** [-'porre] (*3ll*) zusammensetzen; bilden; *mus* komponieren; *tel* **~ *un numero*** eine Nummer wählen; **~orsi** [-'porsi] bestehen (***di*** aus)
comportamento [kompor'ta'mento] *m* Benehmen *n*, Verhalten *n*; **~ *dei consumatori*** Konsumverhalten; **~ *ecologico dei consumatori*** umweltfreundliches Konsumverhalten
comport|are [-'taːre] (*1c*) mit sich bringen; **~arsi** [-'tarsi] sich verhalten
comp|ositore [kompozi'toːre] *m mus* Komponist *m*; **~osizione** [-positsi'oːne] *f* Zusammensetzung *f*; Werk *n*; *mus* Komposition *f*
comp|osta [kom'posta] *f* Kompott *n*; **~osto** [-'posto] **1.** → ***comporre***; **2.** *adj* zusammengesetzt, bestehend; geordnet; **3.** *m* Zusammensetzung *f*
compra ['kompra] *f* (Ein)Kauf *m*
compr|are [kom'praːre] (*1a*) kaufen; **~ *a rate*** auf Abzahlung kaufen; **~atore** [-pra'toːre] *m* Käufer *m*; **~avendita** [-pra'vendita] *f* Kaufvertrag *m*
comprendere [kom'prɛndere] (*3c*) begreifen, verstehen; (*contenere*) umfassen, enthalten
compren|sibile [kompren'siːbile] begreiflich, verständlich; **~sione** [-si'oːne] *f* Verständnis *n*; Verstehen *n*; **~sivo** [-'siːvo] umfassend; (*tollerante*) verständnisvoll
compreso [kom'preːso] **1.** → ***comprendere***; **2.** *adj* inbegriffen; ***tutto ~*** alles inbegriffen

compressa [kom'prɛssa] *f* Tablette *f*; **~ per** (*od* **contro**) **il mal di testa** Kopfschmerztablette *f*
comprimere [kom'pri:mere] (*3r*) (zusammen)drücken
comprom|esso [kompro'messo] **1.** → **compromettere**; **2.** *adj* gefährdet; **3.** *m* Kompromiss *m u n*; *jur* Vorvertrag *m*; **~ettere** [-'mettere] (*3ee*) gefährden; *j-n* bloßstellen; **~ettersi** [-'mettersi] sich bloßstellen
computer [kɔmpi'u:tə] *m inv* Computer *m*; **assistito dal ~** computergestützt; **pilotato dal ~** computergesteuert
computerizzare [komputerid'dza:re] (*1a*) computerisieren
comunale [komu'na:le] Gemeinde…; kommunal; **consiglio** *m* **~** Gemeinderat *m*; **palazzo** *m* **~** Rathaus *n*
comune [ko'mu:ne] **1.** *adj* (*usuale*) gewöhnlich, gemein; (*di più persone*) gemeinsam; (*generale*) allgemein; **in ~** gemeinsam; **non ~** ungewöhnlich; **2.** *m* Gewöhnliche(s) *n*; Gemeinde(amt *n*) *f*; **palazzo** *m* **del ~** Rathaus *n*
comunemente [komune'mente] *adv* gewöhnlich
comunic|are [komuni'ka:re] (*1m u d*) **1.** *v/t* mitteilen; bekannt geben; **2.** *v/i* verbunden sein (**con** mit); *persone* kommunizieren; **~ato** [-'ka:to] *m* Meldung *f*; Bericht *m*; *pol* Kommuniqué *n*; **~azione** [-katsi'o:ne] *f* Mitteilung *f*; *fer*, *tel* Verbindung *f*; **~ internazionale** Auslandsgespräch *n*; **dare ~ di qc a qu** j-m et mitteilen
comun|ione [komuni'o:ne] *f* Gemeinschaft *f*; *rel* Kommunion *f*, Abendmahl *n*; **~ d'interessi** Interessengemeinschaft *f*; **~ismo** [-'nizmo] *m* Kommunismus *m*; **~ista** [-'nista] *m/f* (*m/pl -i*) Kommunist(in *f*) *m*; **~ità** [-ni'ta] *f* Gemeinschaft *f*; **Comunità europea** Europäische Gemeinschaft; **~itario** [-ni'ta:rio] gemeinschaftlich, Gemeinschafts…; Euro…; EU-…
comunque [ko'muŋkue] wie auch immer; jedenfalls
con [kon] mit; durch; bei; trotz; **~ questo** damit; **~ questo tempo** bei diesem Wetter; **~ tutto ciò** trotz alledem; **avere ~ sé** bei sich haben
conc|edere [kon'ʧɛ:dere] (*3l*) gewähren, bewilligen; zugestehen; (*permettere*) erlauben; **~edersi** [-'ʧɛ:dersi]: **~ qc** sich et leisten
concentr|amento [konʧentra'mento] *m* Konzentration *f*; *pol* Zentralisierung *f*; **~are** [-'tra:re] (*1b*) konzentrieren; zusammenziehen; **~arsi** [-'trarsi] sich konzentrieren; **~azione** [-tratsi'o:ne] *f* Konzentration *f*
concentrico [kon'ʧɛntriko] (*pl -ci*) konzentrisch
concep|ibile [konʧe'pi:bile] denkbar, begreiflich; **~imento** [-pi'mento] *m* Empfängnis *f*; *fig* Einfall *m*; **~ire** [-'pi:re] (*4d*) empfangen; schöpfen; entwerfen; (*comprendere*) begreifen
concernere [kon'ʧɛrnere] (*3a*) betreffen
concerto [kon'ʧɛrto] *m* Konzert *n*
concess|ionario [konʧessio'na:rio] *m* (*pl -ri*) Vertragshändler *m*; **~ esclusivo** Alleinvertreter *m*; **~ione** [-si'o:ne] *f* Genehmigung *f*, Konzession *f*; **~ di credito** Kreditgewährung *f*
concesso [kon'ʧɛsso] → **concedere**
conc|etto [kon'ʧɛtto] *m* Konzept *n*, Begriff *m*; Meinung *f*; **~ezione** [-ʧetsi'o:ne] *f* Konzeption *f*; *fig* Auffassung *f*
conchiglia [koŋ'ki:ʎa] *f* Muschel *f*
conciare [kon'ʧa:re] (*1f*) gerben; **~ qu per le feste** j-n übel zurichten
concili|are [konʧili'a:re] *v/t* (*1k*) versöhnen; *multa* sofort bezahlen; **~ l'appetito** den Appetit anregen; **~azione** [-liatsi'o:ne] *f* Versöhnung *f*
concilio [kon'ʧi:lio] *m* (*pl -li*) Konzil *n*
concimare [konʧi'ma:re] (*1a*) düngen
concime [kon'ʧi:me] *m* Dünger *m*
conciso [kon'ʧi:zo] kurz, bündig
concitato [konʧi'ta:to] aufgeregt
concittadino [konʧitta'di:no] *m* Mitbürger *m*
concl|udere [koŋ'klu:dere] (*3q*) **1.** *v/t* (be)schließen; folgern (**di** aus); *affare* abschließen; **non ~ nulla** nichts zustande bringen; **2.** *v/i* schließen, überzeugen; **~udersi** [-'klu:dersi] enden; **~usione** [-kluzi'o:ne] *f* Schluss *m*; Abschluss *m*; Schlussfolgerung *f*; **~ di un affare** Geschäftsabschluss *m*; **in ~** schließlich; **~usivo** [-klu'zi:vo] (ab-)schließend; **~uso** [-'klu:zo] → **concludere**
concord|anza [koŋkor'dantsa] *f* Übereinstimmung *f*; **~are** [-'da:re] (*1c*) **1.** *v/t*

C

vereinbaren; in Einklang bringen; **2.** *v/i* übereinstimmen; **~ato** [-'da:to] **1.** *adj* vereinbart; **2.** *m* Abmachung *f*; *rel* Konkordat *n*; *jur* Vergleich *m*

conc|orde [koŋ'kɔrde] einig; **~ordia** [-'kɔrdia] *f* Eintracht *f*

concorr|ente [koŋkor'rɛnte] *m/f* Kandidat(in *f*) *m*; Mitbewerber(in *f*) *m*; *econ* Konkurrent(in *f*) *m*; ***ditta*** *f* **~** Konkurrenzunternehmen *n*; **~enza** [-'rɛntsa] *f* Konkurrenz(kampf *m*) *f*; **~enziale** [-rentsi'a:le] Konkurrenz…; konkurrenzfähig

conc|orrere [koŋ'korrere] (*3o*) beitragen (***a*** zu); sich bewerben (***a*** um *acc*); *strade* zusammenlaufen; **~orso** [-'korso] **1.** → ***concorrere***; **2.** *m* Wettbewerb *m*; ***bandire un ~*** e-n Wettbewerb ausschreiben

concreto [koŋ'krɛ:to] **1.** *adj* konkret; (*fondato*) begründet

condanna [kon'danna] *f* Verurteilung *f*

condannare [kondan'na:re] (*1a*) verurteilen (***a*** zu)

condens|are [konden'sa:re] (*1b*) kondensieren, verdichten; **~arsi** [-'sarsi] sich kondensieren, sich verdichten; **~azione** [-satsi'o:ne] *f* Verdichtung *f*; Kondensation *f*

cond|imento [kondi'mento] *m* Gewürz *n*; **~ire** [-'di:re] (*4d*) (*a fig*) würzen; *insalata* anmachen

condito [kon'di:to] gewürzt

condiv|idere [kondi'vi:dere] (*3q*) teilen; **~iso** [-'vi:zo] → ***condividere***

condizionale [konditsio'na:le] **1.** *adj* bedingt; **2.** *m gram* Konditional *m*; **3.** *f* Bewährungsfrist *f*

condizionamento [konditsiona'mento] *m* **~ *dell'aria*** Klimaanlage *f*

condizionare [konditsio'na:re] (*1a*) bedingen; *psic* prägen

condizionato [konditsio'na:to] bedingt; geprägt; ***con aria -a*** mit Klimaanlage

condizione [konditsi'o:ne] *f* Bedingung *f*; Lage *f*; *stato fisico* Zustand *m*; *sport* Kondition *f*; ***-i di lavoro*** Arbeitsbedingungen *f/pl*; ***-i generali*** Rahmenbedingungen *f/pl*; ***-i stradali*** Straßenverhältnisse *f/pl*; ***a ~*** unter der Bedingung

condoglianze [kondo'ʎantse] *f/pl* Beileid *n*; ***fare le ~ a qu*** j-m sein Beileid ausdrücken

condominio [kondo'mi:nio] *m* Mitbesitz *m*; Mehrfamilienhaus *n*

condonare [kondo'na:re] (*1a*) erlassen

condono [kon'do:no] *m* Straferlass *m*

cond|otta [don'dotta] *f* Benehmen *n*, Verhalten *n*; **~otto** [-'dotto] **1.** → ***condurre***; **2.** *adj* ***medico*** *m* **~** Gemeindearzt *m*; praktischer Arzt *m*; **3.** *m* Leitungsröhre *f*; *anat* Kanal *m*

cond|ucente [kondu'tʃɛnte] *m* Fahrer *m*; **~ *di autobus*** Busfahrer *m*; **~urre** [-'durre] (*3e*) führen; leiten; *veicolo* fahren, lenken; **~ursi** [-'dursi] sich benehmen; **~uttore** [-dut'to:re] *m* Fahrer *m*; *fer* Zugführer *m*; *rad*, *TV* Moderator *m*; **~uttura** [-dut'tu:ra] *f* Leitung *f*

confeder|ale [konfede'ra:le] Bundes…; **~arsi** [-'rarsi] (*1m u b*) sich verbünden; **~ato** [-'ra:to] **1.** *adj* Bundes…; **2.** *m* Verbündete(r) *m* **~azione** [-ratsi'o:ne] *f* Bund(esstaat) *m*

confer|enza [konfe'rɛntsa] *f* Besprechung *f*; Konferenz *f*; Vortrag *m*; **~ *al vertice*** Gipfelkonferenz *f*; **~ *stampa*** Pressekonferenz *f*; **~enziere** [-rentsi'ɛ:re] *m* Vortragende(r) *m*; **~imento** [-ri'mento] *m* Verleihung *f*; **~ire** [-'ri:re] (*4d*) **1.** *v/t* vergeben; verleihen; **2.** *v/i* **~ *con qu*** mit j-m e-e Besprechung haben

conferma [kon'ferma] *f* Bestätigung *f*

confermare [konfer'ma:re] (*1a*) bekräftigen, bestätigen

confess|are [konfes'sa:re] (*1b*) gestehen; **~arsi** [-'sarsi] beichten; **~ione** [-si'o:ne] *f* Geständnis *n*; *rel* Beichte *f*

confessore [konfes'so:re] *m* Beichtvater *m*

confetto [kon'fɛtto] *m gastr* Mandel *f* mit Zuckerguss; *med* Dragee *n*

confettura [konfet'tu:ra] *f* Konfitüre *f*

confez|ionare [konfetsio'na:re] (*1a*) *merce* einpacken, verpacken; *abiti* anfertigen; **~ione** [-tsi'o:ne] *f* Verpackung *f*; **~ *originale*** Originalverpackung *f*; ***-i*** *pl* Konfektion *f*

confid|are [konfi'da:re] (*1a*) **1.** *v/t* anvertrauen; **2.** *v/i* vertrauen (***in*** auf *acc*); **~arsi** [-'darsi] sich anvertrauen; **~enza** [-'dentsa] *f* Vertrauen *n*; vertrauliche Mitteilung *f*; (*familiarità*) Vertraulichkeit *f*; ***avere ~ con qu*** mit j-m vertraut sein **~enziale** [-dentsi'a:le] vertraulich; ***strettamente ~*** streng vertraulich

confin|ante [konfi'nante] **1.** *adj* angrenzend; ***stato** m* **~** Grenzstaat *m*; **2.** *m* Nachbar *m*; **~are** [-'na:re] (*1a*) angrenzen (**con** an *acc*)
confine [kon'fi:ne] *m* Grenze *f*; ***passaggio** m* **di ~** Grenzübergang *m*; ***zona** f* **di ~** Grenzgebiet *n*
confisca [kon'fiska] *f* (*pl -che*) Beschlagnahme *f*
confiscare [konfis'ka:re] (*1d*) beschlagnahmen
conflitto [kon'flitto] *m* Konflikt *m*
confluire [konflu'i:re] (*4d*) zusammenfließen
confond|ere [kon'fondere] (*3bb*) verwirren, durcheinander bringen; (*scambiare*) verwechseln; **~ersi** [-dersi] (*mescolarsi*) sich mischen; (*sbagliarsi*) sich täuschen; (*turbarsi*) durcheinander geraten
conform|are [konfor'ma:re] (*1a*) anpassen; **~arsi** [-'marsi]: **~ a** sich anpassen (*dat*)
conf|orme [kon'forme] **1.** *adj* gleich lautend; übereinstimmend, entsprechend; **2.** *adv* wie; je nachdem; **~ a** gemäß; **~ormismo** [-for'mizmo] *m* Konformismus *m*; **~ormista** [-for'mista] *m/f* (*m/pl -i*) Konformist(in *f*) *m*; **~ormità** [-formi'ta] *f* **in ~ a** gemäß (*dat*)
confort|are [konfor'ta:re] (*1c*) trösten; **~evole** [-'te:vole] komfortabel, bequem; behaglich
conforto [kon'fɔrto] *m* Trost *m*
confrontare [konfron'ta:re] (*1a*) vergleichen, gegenüberstellen
confronto [kon'fronto] *m* Vergleich *m*; **a ~ di** im Vergleich zu
conf|usione [konfuzi'o:ne] *f* Unordnung *f*, Durcheinander *n*; Verwirrung *f*; Verwechs(e)lung *f*; **~uso** [-'fu:zo] **1.** → ***confondere***; **2.** *adj* konfus; wirr; (*imbarazzato*) verlegen
conged|are [kondʒe'da:re] (*1b*) verabschieden; *mil* entlassen; **~arsi** [-'darsi] sich verabschieden
congedo [kon'dʒɛ:do] *m* Abschied *m*; *mil* Entlassung *f*; Urlaub *m*
congel|are [kondʒe'la:re] (*1b*) **1.** *v/t* zum Gefrieren bringen; *cibi* einfrieren (*a econ*) **2.** *v/i u* **~arsi** [-'larsi] gefrieren; einfrieren; **~ato** [-'la:to] gefroren; tiefgefroren; eingefroren; ***crediti** m/pl* **-i** eingefrorene Kredite *m/pl*; **~atore** [-la'to:re] *m* Tiefkühltruhe *f*; Gefrierfach *n*
congenito [kon'dʒɛ:nito] angeboren
congestion|are [kondʒestio'na:re] verstopfen; **~ato** [-'na:to] gestaut, verstopft; **~e** [-ti'o:ne] *f del traffico* Stau *m*; *med* Blutandrang *m*
con|giungere [kon'dʒundʒere] (*3d*) verbinden; **~giungersi** [-si] sich verbinden; sich vereinigen; **~giuntivite** [-dʒunti'vi:te] *f* Bindehautentzündung *f*; **~giuntivo** [-dʒun'ti:vo] *m gram* Konjunktiv *m*; **~giunto** [-'dʒunto] **1.** → ***congiungere***; **2.** *m* Verwandte(r) *m*; **~giuntura** [-dʒun'tu:ra] *f* Verbindung(sstelle) *f*; Gelegenheit *f*; *anat* Gelenk *n*; *econ* Konjunktur *f*; ***alta* ~** Hochkonjunktur *f*; **~giunzione** [-dʒuntsi'o:ne] *f* Verbindung *f*; *gram* Bindewort *n*
congiura [kon'dʒu:ra] *f* Verschwörung *f*
congratul|arsi [koŋgratu'larsi] (*1m*): **~ con qu** j-m gratulieren; **~azione** [-latsi'o:ne] *f* (*mst pl -i*) Gratulation *f*; Glückwunsch *m*; **-i!** herzlichen Glückwunsch!
congr|essista [koŋgres'sista] *m/f* (*m/pl -i*) Kongressteilnehmer(in *f*) *m*; **~esso** [-'grɛsso] *m* Kongress *m*
conguaglio [koŋgu'a:ʎo] *m* (*pl -gli*) Ausgleich *m*; **~ *annuale*** Jahresausgleich *m*
coniare [koni'a:re] (*1k u c*) prägen; *fig* erfinden
conifere [ko'ni:fere] *f/pl* Nadelhölzer *n/pl*
coniglio [ko'ni:ʎo] *m* (*pl -gli*) Kaninchen *n*; *fig* Angsthase *m*
coniug|are [koniu'ga:re] (*1l, c u e*) konjugieren; **~azione** [-gatsi'o:ne] *f* Konjugation *f*
coniuge ['kɔ:niudʒe] *m/f* Ehepartner(in *f*) *m*; **-i** *pl* Ehepaar *n*, Eheleute *pl*
connazionale [konnatsio'nale] *m/f* Landsmann *m*, -männin *f*
cono ['kɔ:no] *m* Kegel *m*; **~ *gelato*** Eistüte *f*
conosc|ente [konoʃ'ʃɛnte] *m/f* Bekannte(r *m*) *m/f*; **~enza** [-'ʃɛntsa] *f* Kenntnis *f*, Bekanntschaft *f*; ***per* ~** zur Kenntnisnahme; ***fare la* ~ *di qu*** j-n kennen lernen; ***perdere la* ~** das Bewusstsein verlieren
conoscere [ko'noʃʃere] (*3n*) kennen;

kennen lernen; **~ qu di vista** j-n nur vom Sehen kennen
conosc|itore [konoʃi'toːre] *m* Kenner *m*; **~iuto** [-'ʃuːto] bekannt
conquist|a [koŋku'ista] *f* Eroberung *f*; *fig* Errungenschaft *f*; **~are** [-kuis'taːre] (*1a*) erobern; *fig* erwerben
consacr|are [konsa'kraːre] (*1a*) weihen; widmen; **~ato** [-'kraːto] heilig; **~azione** [-kratsi'oːne] *f* Weihe *f*
consanguineo [konsaŋgu'iːneo] blutsverwandt
consap|evole [konsa'peːvole]: **~ di** bewusst (*gen*); **~evolezza** [-pevo'lettsa] *f* Bewusstsein *n*
conscio ['kɔnʃo] bewusst
consecutivo [konseku'tiːvo] aufeinander folgend
consegna [kon'seːɲa] *f* Übergabe *f*; *econ* Lieferung *f*, Ablieferung *f*; **termine** *m* **di ~** Liefertermin *m*; **~ a domicilio** frei Haus; **~ bagagli** Gepäckausgabe *f*
consegnare [konse'ɲaːre] (*1a*) übergeben; aushändigen; *econ* abliefern; *post* aufgeben
consegu|ente [konsegu'ɛnte] folgend; *fig* konsequent; **~enza** [-gu'ɛntsa] *f* Konsequenz *f*, (*conclusione logica*) (Schluss)Folgerung *f*, Folge *f*; **di ~** folglich; **in ~ di qc** infolge von et; **~ire** [-gu'iːre] (*4a*) **1.** *v/t* erreichen, erlangen; **2.** *v/i* folgen
consenso [kon'sɛnso] *m* Zustimmung *f*, Einwilligung *f*
consentire [konsen'tiːre] (*4b*) **1.** *v/i* zustimmen; zugeben; **2.** *v/t* erlauben, gestatten
conserva [kon'sɛrva] *f gastr* Konserve *f*; **~ di frutta** eingemachtes Obst *n*
conserv|ante [konser'vante] *m* Konservierungsmittel *n*; **~are** [-'vaːre] (*1b*) aufbewahren; *gastr* einmachen, konservieren; **~arsi** sich halten; *in salute* gesund bleiben; **~atore** [-va'toːre] **1.** *m* Konservative(r) *m*; **2.** *adj* konservativ; **~atorio** [-va'tɔːrio] *m* (*pl -ri*) Konservatorium *n*; **~azione** [-vatsi'oːne] *f* Erhaltung *f*; *gastr* Konservierung *f*; **istinto** *m* **di ~** Selbsterhaltungstrieb *m*
consider|are [konside'raːre] (*1m*) betrachten; erwägen; (*tener conto*) berücksichtigen; **~azione** [-ratsi'oːne] *f* Betrachtung *f*, Überlegung *f*, (*stima*) Ansehen *n*; **prendere in ~** in Erwägung ziehen; **~evole** [-'reːvole] beträchtlich
consigli|are [-konsi'ʎaːre] (*1g*) *v/t* raten, empfehlen; beraten; **~arsi** [-'ʎarsi] sich beraten; **~ere** [-'ʎɛːre] *m* Berater *m*, Ratgeber *m*; Rat *m*; **~ municipale** Stadtrat *m*
consiglio [kon'siːʎo] *m* (*pl -gli*) Rat *m*; **~ d'amministrazione** Vorstand *m*; **Consiglio d'Europa** Europarat *m*; **~ dei ministri** Ministerrat *m*; **~ di fabbrica** Betriebsrat *m*
consistere [kon'sistere] (*3f*) bestehen (**in**, **di** aus)
consocio [kon'sɔːtʃo] *m* (*pl -ci*) Teilhaber *m*
consol|are[1] [konso'laːre] (*1c*) trösten; **~arsi** [-'larsi] sich trösten
consol|are[2] [konso'laːre] konsularisch; **~ato** [-'laːto] *m* Konsulat *n*; **~ generale** Generalkonsulat *n*
consolazione [konsolatsi'oːne] *f* Trost *m*
console ['kɔnsole] *m* Konsul *m*; **~ generale** Generalkonsul *m*
consolidare [konsoli'daːre] (*1m u c*) befestigen; stärken; *econ* konsolidieren
consonante [konso'nante] *f* Konsonant *m*
con|sorte [kon'sɔrte] *m/f* Gatte *m*, Gattin *f*; **~sorzio** [-'sɔrtsio] *m* (*pl -zi*) Genossenschaft *f*
constat|are [konsta'taːre] (*1l*) feststellen; **~azione** [-tatsi'oːne] *f* Feststellung *f*
consueto [konsu'ɛːto] gewohnt
consuetudine [konsue'tuːdine] *f* Gewohnheit *f*
cons|ulente [konsu'lɛnte] *m* Berater *m*; **~ aziendale** Unternehmensberater *m*; **~ legale** Rechtsberater *m*; **~ fiscale** Steuerberater *m*; **~ulenza** [-'lɛntsa] *f* Beratung *f*; **~ aziendale** Unternehmensberatung *f*; **~ultare** [-sul'taːre] (*1a*) befragen; um Rat fragen; *avvocato* konsultieren; *libro* nachschlagen in (*dat*); **~ultarsi** [-sul'tarsi] sich beraten (**con qu** mit j-m); **~ultazione** [-sultatsi'oːne] *f* Beratung *f*, *med* Untersuchung *f*; **opera** *f* **di ~** Nachschlagewerk *n*; **~ultorio** [-sul'tɔːrio] *m* Beratungsstelle *f*
consumare [konsu'maːre] (*1a*) verbrauchen; konsumieren; *in un locale*

verzehren; (*logorare*) abnutzen; **~arsi** [-'marsi] sich abnutzen; *fig* sich verzehren

consumatore [-ma'to:re] *m*, **-trice** *f* *econ* Verbraucher *m*; **~ *medio*** Normalverbraucher *m*; ***associazione*** *f* ***dei -i*** Verbraucherzentrale *f*

consum|azione [-matsi'o:ne] *f* Verzehr *m*; **~ismo** [-'mizmo] *m* Konsumzwang *m*

consumo [kon'su:mo] *m* Verbrauch *m*; Konsum *m*; **~ *interno*** Inlandsverbrauch *m*; **~ *di energia elettrica*** Stromverbrauch *m*; ***generi*** *m/pl* ***di* ~** Verbrauchsgüter *n/pl*

cont|abile [kon'ta:bile] *m* Buchhalter *m*; **~abilità** [-tabili'ta] *f* *econ* Buchhaltung *f*

contachilometri [kontaki'lɔ:metri] *m* *inv* Kilometerzähler *m*

contad|ina [konta'di:na] *f* Bäuerin *f*; **~ino** [-'di:no] **1.** *adj* bäu(e)risch; **2.** *m* Bauer *m*

cont|agiare [konta'dʒa:re] (*1f*) anstecken; **~agio** [-'ta:dʒo] *m* (*pl -gi*) Ansteckung *f*; **~agioso** [-ta'dʒo:so] ansteckend

contagiri [konta'dʒi:ri] *m* *inv* Drehzahlmesser *m*

container [kon'teinə] *m* *inv* Container *m*

contamin|are [kontami'na:re] (*1m*) verunreinigen; **~azione** [-natsi'o:ne] *f* Verunreinigung *f*

contante [kon'tante] **1.** *adj* bar; **2.** *m* Bargeld *n*; ***in -i*** bar; ***assegno*** *m* ***pagabile in -i*** Barscheck *m*

cont|are [kon'ta:re] (*1a*) **1.** *v/t* zählen; rechnen; **2.** *v/i* rechnen; gelten; **~ascatti** [-ta'skatti] *m* Gebührenzähler *m*; Einheitenzähler *m*; **~atore** [-ta'to:re] *m* Zähler *m*; **~ *dell'elettricità*** Stromzähler *m*

contatto [kon'tatto] *m* Berührung *f*; Kontakt *m* (*a el*)

conte ['konte] *m* Graf *m*

contegno [kon'te:ɲo] *m* Benehmen *n*

contemplare [kontem'pla:re] (*1b*) betrachten; *econ* vorsehen

contemporaneo [kontempo'ra:neo] **1.** *adj* gleichzeitig; zeitgenössisch; **2.** *m* Zeitgenosse *m*

contendere [kon'tɛndere] (*3c*) **1.** *v/t* streitig machen; **2.** *v/i* streiten

conten|ere [konte'ne:re] (*2q*) enthalten; (*trattenere*) zurückhalten; **~ersi** [-'nersi] sich beherrschen; **~itore** [-ni'to:re] *m* Behälter *m*

content|are [konten'ta:re] (*1b*) zufrieden stellen; **~arsi** [-'tarsi] sich begnügen (***di*** mit); **~ezza** [-'tettsa] *f* Zufriedenheit *f*

contento [kon'tɛnto] zufrieden (***di*** mit); (*lieto*) froh

contenuto [konte'nu:to] *m* Inhalt *m*

cont|esa [kon'te:sa] *f* Streit *m*; **~eso** [-so] → ***contendere***

contessa [kon'tessa] *f* Gräfin *f*

contest|are [kontes'ta:re] (*1b*) anfechten; bestreiten; *pol* protestieren; **~atore** [-ta'to:re] *m* *pol* Protestler *m*; **~azione** [-tatsi'o:ne] *f* Anfechtung *f*; *pol* Protest *m*

contesto [kon'tɛsto] *m* Zusammenhang *m*, Kontext *m*

contiene [konti'ɛ:ne] → ***contenere***

contiguo [kon'ti:guo] angrenzend (***a*** an *acc*)

continentale [kontinen'ta:le] kontinental, festländisch; ***blocco*** *m* **~** Kontinentalsperre *f*

continente [konti'nɛnte] *m* Kontinent *m*; Festland *n*

continu|are [kontinu'a:re] (*1m*) **1.** *v/t* fortsetzen; **2.** *v/i* fortfahren; weitergehen; andauern; **~azione** [-atsi'o:ne] *f* Fortsetzung *f*; **~ *del viaggio*** Weiterfahrt *f*; **~ità** [-i'ta] *f* Stetigkeit *f*

continuo [kon'ti:nuo] (an)dauernd; ständig; ***di* ~** fortwährend; *el* ***corrente*** *f* ***-a*** Gleichstrom *m*

conto ['konto] *m* Rechnung *f*; Konto *n*; **~ *corrente*** Girokonto *n*; **~ *corrente postale*** Postscheckkonto *n*; **~ *profitti e perdite*** Gewinn- und Verlustrechnung *f*; **~ *vincolato*** Sperrkonto *n*; ***rendere* ~ *di qc*** über et (*acc*) Rechenschaft ablegen; ***fare* ~ *su qu*** mit j-m rechnen; ***tenere* ~ *di qc*** et berücksichtigen; ***rendersi* ~ *di qc*** sich et klarmachen; ***per* ~ *mio*** was mich anbelangt; ***sul tuo* ~** über dich; ***in fin dei -i*** schließlich; **~ *alla rovescia*** Countdown *m*

contorno [kon'torno] *m* Umriss *m*; *gastr* Beilage *f*

contr|abbandare [kontrabban'da:re] (*1a*) schmuggeln; **~abbandiere** [-bandi'ɛ:re] *m* Schmuggler *m*; **~abbando**

[-'bando] *m* Schmuggel *m*; **~abbasso** [-'basso] *m mus* Kontrabass *m*
contrac|cambiare [kontrakkambi'a:re] (*1k*) sich revanchieren für; *saluti* erwidern; **~cambio** [-'kambio] *m* (*pl -bi*) Vergeltung *f*, Erwiderung *f*
contrac|cettivo [kontrattʃet'ti:vo] *m* Verhütungsmittel *n*; **~cezione** [-tʃetsi'o:ne] *f* Empfängnisverhütung *f*
contraccolpo [kontrak'kolpo] *m* Rückschlag *m*
contrad|dire [kontrad'di:re] (*3t*) widersprechen; **~dizione** [-ditsi'o:ne] *f* Widerspruch *m*
contraf|fare [kontraf'fa:re] (*3aa*) nachmachen; fälschen; **~fatto** [-'fatto] nachgemacht, gefälscht; unecht; **~fazione** [-fatsi'o:ne] *f* Nachahmung *f*, Fälschung *f*
contralto [kon'tralto] *m mus* Alt *m*
contrap|peso [kontrap'pe:so] *m* Gegengewicht *n*; **~porre** [-'porre] (*3ll*) entgegensetzen; entgegenstellen; **~posizione** [-pozitsi'o:ne] *f* Gegenüberstellung *f*; **~posto** [-'posto] → ***contrapporre***
contrari|amente [kontraria'mente]: **~ *a*** im Gegensatz zu; **~are** [-ri'a:re] (*1k*) *piani* durchkreuzen, behindern; *j-n* ärgern; **~ato** [-ri'a:to] verärgert, ärgerlich; **~età** [-rie'ta] *f/pl* Unannehmlichkeiten *f/pl*
contrario [kon'tra:rio] (*pl -ri*) **1.** *adj* gegensätzlich; entgegengesetzt; ungünstig; schädlich; ***essere*** **~** dagegen sein; **2.** *m* Gegenteil *n*; ***al*** **~** im Gegenteil
contrarre [kon'trarre] (*3xx*) zusammenziehen; *amicizia* schließen; *debito* machen; *malattia* sich zuziehen
contrassegno [kontras'se:ɲo] **1.** *m* Kennzeichen *n*; **2.** *adv econ* gegen Nachnahme
contr|astare [kontras'ta:re] (*1a*) **1.** *v/t* (*ostacolare*) entgegenwirken (*dat*); verhindern; **2.** *v/i* nicht übereinstimmen (***con*** mit), widersprechen (*dat*); e-n Gegensatz bilden; **~ *con qu*** mit j-m streiten; **~asto** [-'trasto] *m* Gegensatz *m*; Kontrast *m* (*a fot*)
contrattacco [kontrat'takko] *m* (*pl -cchi*) Gegenangriff *m*
contrattare [kontrat'ta:re] (*1a*) verhandeln
contrattempo [kontrat'tɛmpo] *m* Zwischenfall *m*
contratto[1] [kon'tratto] → ***contrarre***
contr|atto[2] [kon'tratto] *m* Vertrag *m*; **~ *collettivo di lavoro*** Tarifvertrag *m*; **~ *di compravendita*** Kaufvertrag *m*; **~ *d'affitto*** Mietvertrag *m*; **~ *generazionale*** Generationenvertrag *m*; **~attuale** [-trattu'a:le] vertragsmäßig
contrav|venire [kontravve'ni:re] (*4p*) zuwiderhandeln; **~venzione** [-ventsi'o:ne] *f* Übertretung *f*, Geldstrafe *f*
contrazione [kontratsi'o:ne] *f* Zusammenziehung *f*, Kontraktion *f*
contri|buente [kontribu'ɛnte] *m/f* Steuerzahler(in *f*) *m*; **~buire** [-bu'i:re] (*4d*) beitragen (***a*** zu); **~buto** [-'bu:to] *m* Beitrag *m*; (*tassa*) Abgabe *f*; **-*i*** *pl* ***sociali*** Sozialabgaben *pl*
contro ['kontro] gegen; wider; **~ *ricevuta*** gegen Quittung *f*
contro|battere [kontro'battere] (*3a*) zurückschlagen; *fig* widerlegen; **~corrente** [-kor'rɛnte] **1.** *f el* Gegenstrom *m*; **2.** *adv* gegen den Strom; ***andare*** **~** gegen den Strom schwimmen
contro|figura [kontrofi'gu:ra] *f film* Double *n*; **~firmare** [-fir'ma:re] (*1a*) gegenzeichnen; **~indicazione** [-indikatsi'o:ne] *f med* Kontraindikation *f*
contr|ollare [kontrol'la:re] (*1c*) prüfen, kontrollieren; **~oller** [kɔn'trolə] *m* Controller *m*; **~olling** [kɔn'tro:liŋ] *m* Controlling *n*; **~ollo** [-'trɔllo] *m* Kontrolle *f*; **~ *alla frontiera*** Grenzkontrolle *f*; **~ *dei biglietti*** Fahrkartenkontrolle *f*; **~ (*dei*) *passaporti*** Passkontrolle *f*; **~ *valutario*** Devisenkontrolle *f*; **~ollore** [-trol'lo:re] *m* Kontrolleur *m*; *fer u bus* Schaffner *m*; **~ *di volo*** Fluglotse *m*
contro|luce [kontro'lu:tʃe] *f* Gegenlicht *n*; **~mano** [-'ma:no] ***viaggiare*** **~** auf der falschen Straßenseite fahren; **~marca** [-'marka] *f* (*pl -che*) Garderobenmarke *f*; **~parte** [-'parte] *f* Gegenpartei *f*; **~producente** [-produ'tʃɛnte] entgegenwirkend; **~proposta** [-pro'posta] *f* Gegenvorschlag *m*
contrordine [kon'trordine] *m* Gegenbefehl *m*
controsenso [kontro'sɛnso] *m* Widerspruch *m*; Unsinn *m*
contro|versia [kontro'vɛrsia] *f* Meinungsverschiedenheit *f*, *jur* Streitfrage *f*; **~verso** [-'vɛrso] strittig; **~voglia**

[-'vɔːʎa] widerwillig
cont|usione [kontuzi'oːne] *f* Quetschung *f*, Verletzung; **~uso** [-'tuːzo] gequetscht
convalesc|ente [konvaleʃ'ʃɛnte] **1.** *adj* genesend; **2.** *m* Genesende(r) *m*; **~enza** [-'ʃɛntsa] *f* Genesung *f*
convalidare [konvali'daːre] (*1m*) bestätigen
convegno [kon'veːɲo] *m* Zusammenkunft *f*, Treffen *n*; *luogo* Treffpunkt *m*
conven|evoli [konve'neːvoli] *m/pl* Höflichkeiten *f/pl*; **~iente** [-ni'ɛnte] passend; vorteilhaft, günstig; *prezzo* angemessen; **~ienza** [-ni'ɛntsa] *f* Vorzug *m*; **~ire** [-'niːre] (*4p*) zusammenkommen; (*concordare*) übereinstimmen; (*stabilire*) vereinbaren; (*essere opportuno*) passen, günstig sein; (*bisognare*) müssen
convento [kon'vɛnto] *m* Kloster *n*
convenuto [konve'nuːto] → ***convenire***
convenz|ionale [konventsio'naːle] konventionell; **~ione** [-tsi'oːne] *f* Vertrag *m*; (*accordo*) Abkommen *n*, Vereinbarung *f*; **~ doganale** Zollabkommen *n*; **~ tariffale** Tarifvertrag *m*
conver|genza [konver'ʤɛntsa] *f econ* Konvergenz *f*; **~gere** [kon'vɛrʤere] (*3uu*) zusammenlaufen
convers|are [konver'saːre] (*1b*) sich unterhalten; **~azione** [-satsi'oːne] *f* Unterhaltung *f*; Gespräch *n* (*a tel*)
conversione [konversi'oːne] *f* (*trasformazione*) Umwandlung *f*; *rel* Bekehrung *f*, Übertritt *m*; *econ*, *inform* Konvertierung *f*; **~ alla moneta fiduciaria** *EU* Bargeldumstellung *f*
convert|ibile [konver'tiːbile] umwandelbar; *econ* konvertierbar; **~ibilità** [-tibili'ta] *f* Konvertierbarkeit *f* (*a econ*); **~ire** [-'tiːre] (*4b od d*) verwandeln, umstellen; *rel* bekehren; *econ*, *inform* konvertieren; **~irsi** [-'tirsi] sich verwandeln; sich bekehren
convincere [kon'vintʃere] (*3d*) überzeugen
convinto [kon'vinto] → ***convincere***
convinzione [konvintsi'oːne] *f* Überzeugung *f*
conviv|ente [-konvi'vɛnte] *m/f* Lebensgefährte *m*, -gefährtin *f*; **~enza** [-'vɛntsa] *f* Zusammenleben *n*
convivere [kon'viːvere] (*3zz*) zusammenleben; zusammenwohnen
convoc|are [konvo'kaːre] (*1l, c u d*) *conferenza* einberufen; *non ufficialmente* zusammenrufen; **~azione** [-katsi'oːne] *f riunione* Einberufung *f*
convoglio [kon'vɔːʎo] *m* (*pl -gli*) Konvoi *m*, Kolonne *f*; *fer* Zug *m*
convulsione [konvulsi'one] *f* Krampf *m*
cooper|are [koope'raːre] (*1m u c*) mitarbeiten; (*contribuire*) beitragen (**a** zu); *econ* kooperieren; **~ativa** [-ra'tiːva] *f* (*od* ***società f ~***) Genossenschaft *f*; **~ di consumo** Konsumgenossenschaft *f*; **~ativo** [-ra'tiːvo] kooperativ; **~atore** [-ra'toːre] *m* Mitarbeiter *m*; **~azione** [-ratsi'oːne] *f* Mitwirkung *f*, Kooperation *f* (*a econ*)
coordin|amento [koordina'mento] *m* Koordination *f*; **~are** [-'naːre] (*1m*) koordinieren; **~ata** [-'naːta] *f mat* Koordinate *f*; **~atore** [-na'toːre] *m* Koordinator *m*; **~azione** [-natsi'oːne] *f* Koordination *f*
coperchio [ko'pɛrkio] *m* (*pl -chi*) Deckel *m*
cop|erta [ko'pɛrta] *f* (Bett)Decke *f*; *mar* Deck *n*; (*fodera*) Umschlag *m*; **~ertina** [-per'tiːna] *f* Umschlag *m*; **~erto** [-'pɛrto] **1.** → ***coprire***; **2.** *adj* überdacht; *cielo* bedeckt (**di** mit); **3.** *m* Gedeck *n*; ***essere al ~*** in Sicherheit sein; **~ertone** [-per'toːne] *m auto* (Reifen)Mantel *m*; **~ertura** [-per'tuːra] *f* Bedeckung *f*; *econ u fig* Deckung *f*; **~ delle spese** Kostendeckung *f*; **~ di credito** Kreditabdeckung *f*
copia ['kɔːpia] *f* Abschrift *f*, Kopie *f*; *fot* Abzug *m*; ***in duplice ~*** in zweifacher Ausfertigung
copi|are [kopi'aːre] (*1k u c*) kopieren, abschreiben; nachbilden; **~ qu** j-n nachahmen; **~one** [-'oːne] *m tea* Textbuch *n*; *cinema* Drehbuch *n*
copioso [kopi'oːso] reichlich
copisteria [kopiste'riːa] *f* Schreibbüro *n*
coppa ['kɔppa] *f* Becher *m*; (*trofeo*) Pokal *m*; *auto* Radkappe *f*
coppia ['kɔppia] *f* Paar *n*; **in ~** paarweise
copri|capo [kopri'kaːpo] *m inv* Kopfbedeckung *f*; **~costume** [-kos'tuːme] *m inv* Strandkleid *n*; **~fuoco** [-fu'ɔːko] *m* Ausgangssperre *f*; **~letto** [-'lɛtto] *m* Bettdecke *f*, Tagesdecke *f*

C

copr|ire [ko'pri:re] (*4f u c*) bedecken; zudecken; *spese* decken; *carica* bekleiden; **~irsi** [-'prirsi] sich bedecken; sich zudecken; (*vestirsi*) sich anziehen
coproduzione [koprodutsi'o:ne] *f* Gemeinschaftsproduktion *f*
cor|aggio [ko'raddʒo] *m* Mut *m*; Tapferkeit *f*; ***farsi ~*** Mut fassen; ***perdersi di ~*** den Mut verlieren; **~aggioso** [-rad'dʒo:so] mutig
corallo [ko'rallo] *m* Koralle *f*
cor|azza [ko'rattsa] *f* Panzer *m*; **~azzato** [-rat'tsa:to] gepanzert, Panzer…
corda ['kɔrda] *f* Seil *n*, Leine *f*, Schnur *f*; *mus* Saite *f* (*a fig*); ***~ vocale*** Stimmband *n*; *fig* ***tenere sulla ~*** auf die Folter spannen; ***tagliare la ~*** sich aus dem Staub machen
cord|ame [kor'da:me] *m mar* Tauwerk *n*; **~ata** [-'da:ta] *f alpinismo* Seilschaft *f*
cordi|ale [kordi'a:le] **1.** *adj* herzlich; ***-i saluti*** *m/pl* mit herzlichen (*od* freundlichen) Grüßen; **2.** *m* Herz-, Magenstärkung *f*; **~alità** [-ali'ta] *f* Herzlichkeit *f*
cordoglio [kor'dɔ:ʎo] *m* (*pl -gli*) Schmerz *m*
cordone [kor'do:ne] *m* Schnur *f*, Kabel *n*; (*insegna*) Ordensband *n*; (*sbarramento*) Absperrung *f*; ***~ ombelicale*** Nabelschnur *f*
core|ografia [koreogra'fi:a] *f* Choreographie *f*; **~ografo** [-'ɔ:grafo] *m* Choreograph *m*
coriandoli [kori'andoli] *m/pl* Konfetti *pl*
coric|are [kori'ka:re] (*1l, c u d*) hinlegen; **~arsi** [-'karsi] sich hinlegen; zu Bett gehen
cornacchia [kor'nakkia] *f* Krähe *f*
cornamusa [korna'mu:za] *f* Dudelsack *m*
cornea ['kɔrnea] *f* Hornhaut *f*
corneo ['kɔrneo] hornartig
cornetto [kor'netto] *m* Hörnchen *n*, Croissant *n*; Eis *n* in Waffeltüte
cornice [kor'ni:tʃe] *f* Rahmen *m*
cornicione [korni'tʃo:ne] *m arch* Gesims *n*
corno ['kɔrno] *m* (*pl mst le corna*) Horn *n*; Geweih *n*; (*bernoccolo*) Beule *f*; ***~ da scarpe*** Schuhanzieher *m*; *fig* ***fare le -a a qu*** j-m untreu werden; F ***non m'importa un ~*** F ich pfeife darauf
cornuto [kor'nu:to] gehörnt
coro ['kɔ:ro] *m* Chor *m*; ***in ~*** einstimmig
corona [ko'ro:na] *f* Krone *f*, Kranz *m*; ***~ di fiori*** Blumenkranz *m*
coron|are [koro'na:re] (*1a*) krönen; **~aria** [-'na:ria] *f anat* Kranzschlagader *f*; **~ario** [-'na:rio] Kranz…, Koronar…; ***vasi*** *m/pl* ***-i*** Kranzgefäße *n/pl*
corpetto [kor'petto] *m di neonato* Leibchen *n*; *da uomo* Weste *f*; *da donna* Oberteil *m*
corpo ['kɔrpo] *m* Körper *m*, Leib *m*; (*cadavere*) Leiche *f*, Körperschaft *f*, Gruppe *f*; (*parte principale*) Hauptteil *m*; ***~ celeste*** Himmelskörper *m*; ***~ diplomatico*** diplomatisches Korps *n*; ***~ di ballo*** Ballett(truppe *f*) *n*; ***a ~ a ~*** Mann gegen Mann
corp|oratura [korpora'tu:ra] *f* Körperbau *m*; **~orazione** [-ratsi'o:ne] *f* Körperschaft *f*; **~ulento** [-pu'lɛnto] beleibt
Corpus Domini [korpuz'dɔ:mini] *m* Fronleichnamsfest *n*
corredo [kor'rɛ:do] *m* Ausstattung *f*; Aussteuer *f*
corregg|ere [kor'rɛddʒere] (*3cc*) verbessern; **~ersi** [-si] sich bessern
correlazione [korrelatsi'o:ne] *f* (Wechsel)Beziehung *f*
corrente [kor'rɛnte] **1.** *adj acqua* fließend; *mese*, *anno* laufend; *uso* gängig, üblich; ***opinione f ~*** gängige Meinung *f*; **2.** *m* ***essere al ~*** auf dem Laufenden sein; **3.** *f* Strom *m*; *fig* Strömung *f*; ***~ continua*** Gleichstrom *m*; ***~ d'aria*** Durchzug *m*
correre ['korrere] (*3o*) **1.** *v/t* (durch-) laufen; ***~ pericolo*** Gefahr laufen; **2.** *v/i* laufen; rennen; *veicolo* schnell fahren, rasen; *strada* verlaufen; *acqua* fließen; ***~ in aiuto*** zu Hilfe eilen; ***~ dietro a qu*** j-m nachlaufen; ***lasciar ~*** et auf sich (*dat*) beruhen lassen; ***corre voce*** es geht das Gerücht
corr|ettezza [korret'tettsa] *f* Richtigkeit *f*, Korrektheit *f*; **~etto** [-'rɛtto] **1.** → ***correggere***; **2.** *adj* richtig, fehlerfrei, korrekt; ***caffè m ~*** Kaffee *m* mit Schuss; **~ezione** [-retsi'o:ne] *f* Verbesserung *f*; *tip* Korrektur *f*
corrid|oio [korri'do:io] *m* (*pl -oi*) Korridor *m*, Flur *m*, Gang *m*; *mar* Zwischendeck *n*; ***~ aereo*** Luftkorridor *m*; **~ore** [-'do:re] *m a piedi* Läufer *m*; *con*

un veicolo Rennfahrer *m*
corr|iera [korri'ɛːra] *f* Überlandbus *m*; **~iere** [-re] *m* Eilbote *m*; Kurier *m*, Post *f*; ***a volta di ~*** umgehend, postwendend
corrispond|ente [korrispon'dɛnte] **1.** *adj* entsprechend; **2.** *m/f* Korrespondent(in *f*) *m*, Berichterstatter(in *f*) *m*; **~ *estero*** Auslandskorrespondent *m*; **~enza** [-'dɛntsa] *f* Übereinstimmung *f*; (*scambio di lettere*) Korrespondenz *f*, Briefwechsel *m*; Post *f*; ***aprire la ~*** die Post öffnen
corrisp|ondere [korris'pondere] (*3hh*) **1.** *v/t* erwidern; *econ* bezahlen; **2.** *v/i* entsprechen (***a*** *dat*); im Briefwechsel stehen, korrespondieren (***con qu*** mit j-m); **~osto** [-'posto] **1.** → ***corrispondere***; **2.** *adj* erwidert
corrodere [kor'roːdere] (*3b*) zerfressen; *acido* ätzen
corrompere [kor'rompere] (*3rr*) verderben; *con denaro* bestechen
corr|osione [korrozi'oːne] *f* Korrosion *f*, Ätzung *f*; **~osivo** [-ro'ziːvo] *adj* ätzend; **~oso** [-'roːso] → ***corrodere***
corrotto [kor'rotto] **1.** → ***corrompere***; **2.** *adj* verderbt
corrugare [korru'gaːre] (*1e*) runzeln
corruzione [korrutsi'oːne] *f* Bestechung *f*, Korruption *f*
corsa ['korsa] *f* Laufen *n*, Lauf *m*; *di autobus* Fahrt *f*; *sport* Lauf *m*; Rennen *n*; (*gara*) Wettlauf *m*; **~ *agli armamenti*** Wettrüsten *n*; **~ *a ostacoli*** Hindernisrennen *n*; ***di ~*** schnell, rasch; ***vettura f da ~*** Rennwagen *m*; ***-e pl*** Pferderennen *n*
corsia [kor'siːa] *f* Fahrbahn *f*; *di ospedale* Krankensaal *m*; **~ *di emergenza*** Standspur *f*; **~ *di sorpasso*** Überholspur *f*; **~ *per veicoli lenti*** Kriechspur *f*; ***a tre -e*** dreispurig
corsivo [kor'siːvo] *m* Kursivschrift *f*
corso[1] ['korso] **1.** *adj* korsisch; **2.** *m* Korse *m*
corso[2] ['korso] **1.** → ***correre***; **2.** *m* Lauf *m*, Verlauf *m*; Kurs(us) *m*; *econ* Kurs *m*; **~ *di lingue*** Sprachkurs *m*, **~ *di sci*** Skikurs *m*; **~ *delle azioni*** Aktienkurs *m*; **~ *dei cambi*** Devisenkurs *m*; **~ *di chiusura*** Schlusskurs *m*; ***fuori ~*** außer Kurs; *tip* ***in ~ di stampa*** im Druck; ***nel ~ dell'anno*** im Laufe des Jahres
corte ['korte] *f* Hof *m*; Gerichtshof *m*; **~ *costituzionale*** Verfassungsgericht *n*; ***Corte dei conti europea*** Europäischer Rechnungshof *m*; **~ *di giustizia europea*** Europäischer Gerichtshof *m* (EuGH)
corteccia [kor'tettʃa] *f* (*pl -cce*) Rinde *f*
corteggiare [korted'dʒaːre] (*1f*) (j-m) den Hof machen
cort|eo [kor'tɛːo] *m* Zug *m*; **~ese** [-'teːze] höflich; **~esia** [-te'ziːa] *f* Höflichkeit *f*; ***per ~!*** bitte!
cortile [kor'tiːle] *m* Hof *m*
cortina [kor'tiːna] *f* Vorhang *m*
corto ['korto] kurz; *fig* beschränkt; ***tagliar ~*** es kurz machen; ***essere a ~ di quattrini*** knapp bei Kasse sein; **~circuito** [-tʃir'kuːito] *m* Kurzschluss *m*; **~metraggio** [-me'traddʒo] *m* Kurzfilm *m*
corvo ['kɔrvo] *m* Rabe *m*
cosa ['kɔːza] *f* Sache *f*, Ding *n*; **~ *ovvia*** Selbstverständlichkeit *f*; **~** *od* ***che ~*** was; ***qualche ~*** etwas; ***a che ~*** wozu; ***di che ~*** wovon; ***dimmi una ~*** sag mal; ***una ~ da nulla*** e-e Kleinigkeit; ***un'altra ~*** etwas anderes; ***-e pl da vedere*** Sehenswürdigkeiten; ***fra le altre -e*** unter anderem; ***tante belle -e!*** alles Gute!
coscia ['kɔʃʃa] *f* (*pl -sce*) Schenkel *m*, Oberschenkel *m*; **~ *di vitello*** Kalbskeule *f*
cosciente [koʃ'ʃɛnte] bewusst
coscienza [koʃ'ʃɛntsa] *f* Gewissen *n*; (*consapevolezza*) Bewusstsein *n*; **~ *ecologica*** Umweltbewusstsein *n*; ***agire secondo ~*** nach dem Gewissen handeln
coscienzioso [koʃʃentsi'oːso] gewissenhaft
così [ko'si] so; **~ ~** mittelmäßig; ***e ~ via*** und so weiter; ***per ~ dire*** sozusagen
cosicché [kosik'ke] sodass
cosiddetto [kosid'detto] so genannt
cosiffatto [kosif'fatto] derartig
cosm|esi [koz'mɛːzi] *f* Kosmetik *f*; **~etico** [-'mɛːtiko] (*pl -ci*) **1.** *adj* kosmetisch; **2.** *m* Schönheitsmittel *n*; Hautpflegemittel *n*
cosmico ['kɔzmiko] (*pl -ci*) kosmisch
cosmo ['kɔzmo] *m* Weltall *n*; Weltraum *m*
cosmo|nauta [kozmo'naːuta] *m/f* (*pl -i, -e*) Kosmonaut(in *f*) *m*; **~nave** [-'naːve]

C

f Raumschiff *n*; **~polita** [-po'li:ta] **1.** kosmopolitisch; **2.** *m/f* (*m/pl -i*) Weltbürger(-in *f*) *m*, Kosmopolit(in *f*) *m*
coso ['kɔ:zo] *m* Ding *n*; F Dingsda *n*
cospar|gere [kos'pardʒere] (*3uu*) bestreuen; (*coprire*) bedecken; **~so** [-so] → ***cospargere***
cospir|are [kospi'ra:re] (*1a*) sich verschwören; **~atore** [-ra'to:re] *m* Verschwörer *m*; **~azione** [-ratsi'o:ne] *f* Verschwörung *f*
costa ['kɔsta] *f* Küste *f*; *anat* Rippe *f*; *libro* Rücken *m*
costante [kos'tante] **1.** *adj* andauernd; (*stabile*) konstant, beständig; **2.** *f* (*a* ***quantità*** *f* **~**) *mat* Konstante *f*
costanza [kos'tantsa] *f* Beständigkeit *f*, Ausdauer *f*
costare [kos'ta:re] (*1c*) kosten
costata [kos'ta:ta] *f* Rumpsteak *n*
costat|are [kosta'ta:re] (*1a*) feststellen; **~azione** [-tatsi'o:ne] *f* Feststellung *f*
costeggiare [kosted'dʒa:re] (*1f*) entlanggehen an (*dat*), entlangführen an (*dat*); *mar* entlangfahren an (*dat*)
costei [kos'tɛi] die da (*f*)
costellazione [kostellatsi'o:ne] *f* Sternbild *n*
costiero [kosti'ɛ:ro] Küsten…; ***navigazione*** *f* ***-a*** Küstenschifffahrt *f*
costitu|ire [kostitu'i:re] (*4d*) bilden; *società* gründen; **~irsi** [-tu'irsi] sich bilden; sich *der Polizei* stellen
costit|uzionale [kostitutsio'na:le] konstitutionell, verfassungsgemäß; **~uzione** [-tutsi'o:ne] *f* Bildung *f*, Gründung *f*, (*salute*) Konstitution *f*; *pol* Verfassung *f*
costo ['kɔsto] *m* Kosten *pl*; Preis *m*; **~ *della vita*** Lebenshaltungskosten *pl*; ***prezzo*** *m* ***di*** **~** (Selbst)Kostenpreis *m*; ***-i*** *pl* ***di produzione*** Produktionskosten *pl*; ***a*** **~** ***di …*** (*inf*) auf die Gefahr hin zu … (*inf*); ***ad ogni*** **~** um jeden Preis
costola ['kɔstola] *f* Rippe *f*; *dorso* Rücken *m*
costoletta [kosto'letta] *f gastr* Kotelett *n*; **~ *alla milanese*** Wiener Schnitzel *n*
costoro [kos'to:ro] die da, diese (*pl*)
costoso [kos'to:so] kostspielig
costr|etto [kos'tretto] → **~ingere** [-'trindʒere] (*3d*) zwingen (***a*** zu); **~izione** [-tritsi'o:ne] *f* Zwang *m*
costr|uire [kostru'i:re] (*4d*) bauen; konstruieren; **~uttivo** [-trut'ti:vo] Bau…; *fig* konstruktiv; **~uttore** [-trut'to:re] *m* Erbauer *m*; **~uzione** [-trutsi'o:ne] *f* Bau *m*, Konstruktion *f*, *gram* Satzbau *m*; **~ *rustica*** Rohbau *m*
costui [kos'tui] der da, dieser
costume [kos'tu:me] *m* Sitte *f*, Gewohnheit *f*; *indumento* Tracht *f*, Kostüm *n*; **~ *da bagno*** Badeanzug *m*, Badehose *f*; **~ *nazionale*** Nationaltracht *f*
costura [kos'tu:ra] *f* Naht *f*
cotechino [kote'ki:no] *m Art* dicke Schlackwurst *f*
cotenna [ko'tenna] *f* Schwarte *f*
cotogna [ko'to:ɲa] *f* Quitte *f*
cotoletta [koto'letta] *f* Kotelett *n*
cotone [ko'to:ne] *m* Baumwolle *f*, *med* **~ *idrofilo*** Watte *f*
cottimo ['kɔttimo] *m* Akkord *m*; ***lavorare a*** **~** im Akkord arbeiten
cotto ['kɔtto] **1.** → ***cuocere***; **2.** *adj* gekocht, gar; *fritto* gebacken; *arrosto* gebraten; F *fig* verliebt
cottura [kot'tu:ra] *f* Kochen *n*; *in forno* Backen *n*
coupon [ku'põ] *m inv* Abschnitt *m*; **~ *per la benzina*** Benzingutschein *m*
covare [ko'va:re] (*1a*) **1.** *v/t* ausbrüten; *fig odio* nähren; **2.** *v/i* brüten; *fig* nisten
covo ['ko:vo] *m* Höhle *f*, (*nido*) Nest *n*; *fig* Versteck *n*
covone [ko'vo:ne] *m* Garbe *f*
cozza ['kɔttsa] *f* Miesmuschel *f*
cozzare [kot'tsa:re] (*1c*): **~ *contro*** stoßen gegen; *veicolo* fahren gegen; *fig* im Widerspruch stehen zu
crac [krak] *m inv fig* Bankrott *m*
crampo ['krampo] *m* Krampf *m*
cranio ['kra:nio] *m* (*pl -ni*) Schädel *m*
cratere [kra'tɛ:re] *m* Krater *m*
crauti ['kra:uti] *m/pl* Sauerkraut *n*
cravatta [kra'vatta] *f* Krawatte *f*, Schlips *m*
crawl [krɔ:l] *m sport* Kraulen *n*
cre|are [kre'a:re] (*1b*) schaffen, erschaffen; *moda* kreieren; *fig* (*causare*) verursachen; **~atività** [-ativi'ta] *f* Kreativität *f*, **~ativo** [-a'ti:vo] **1.** *adj* kreativ, schöpferisch; **2.** *m* (Werbe-)Texter *m*; **~ato** [-'a:to] **1.** → ***creare***; **2.** *m* Schöpfung *f*, **~atore** [-a'to:re] **1.** *adj* schöpferisch; **2.** *m* Schöpfer *m*; **~atura** [-a'tu:ra] *f* Geschöpf *n*; **~azione** [-a-

tsi'o:ne] *f* Schöpfung *f*; (Er)Schaffung *f*; *moda* Kreation *f*
credente [kre'dɛnte] *m* Gläubige(r) *m*
credenza[1] [kre'dɛntsa] *f* Anrichte *f*
cred|enza[2] [kre'dɛntsa] *f* Glaube *m*; **~enziale** [-dentsi'a:le] ***lettera ~*** Beglaubigungsschreiben *n*; *econ* Kreditbrief *m*
credere ['kre:dere] *(3a)* **1.** *v/t* glauben; halten für; ***lo credo bene!*** das glaube ich wohl!; ***credersi*** sich halten für; **2.** *v/i* glauben (***in*** an *acc*; ***a qu***, ***a qc*** j-m, et); ***credo in Dio*** ich glaube an Gott; ***non ci credo*** ich glaube es nicht; ***non credevo ai miei occhi*** ich traute m-n Augen nicht; **3.** *m* Glauben *n*
cred|ibile [kre'di:bile] glaubhaft; **~ibilità** [-dibili'ta] *f* Glaubwürdigkeit *f*
credito ['kre:dito] *m* Kredit *m*; Guthaben *n*; *fig* Ansehen *n*; (*attendibilità*) Glauben *m*; ***acquistare a ~*** auf Kredit kaufen; ***dare ~ a qc*** e-r Sache Glauben schenken
creditore [kredi'to:re] *m* Gläubiger *m*
credo ['kre:do] *m* Glaubensbekenntnis *n*
crema ['krɛ:ma] *f* Creme *f*; *di latte* Rahm *m*, Sahne *f*; ***~ al cioccolato*** Schokoladencreme *f*; ***~ da barba*** Rasiercreme *f*; ***~ idratante*** Feuchtigkeitscreme *f*; ***~ solare*** Sonnenschutzcreme *f*
cren [krɛn] *m* Meerrettich *m*
crepa ['kre:pa] *f* Riss *m*
crepaccio [kre'pattʃo] *m* (*pl -cci*) Riss *m*; Gletscherspalte *f*
crepare [kre'pa:re] *(1b)* (*spaccarsi*) bersten; springen; (*morire*) krepieren; ***~ dalle risa*** sich totlachen
crepitare [krepi'ta:re] *(1l u b)* *fuoco* knistern; *pioggia* prasseln
crepuscolo [kre'puskolo] *m* Dämmerung *f*, Dämmerlicht *n*
cresc|endo [kreʃ'ʃɛndo] *m mus* Crescendo *n*; **~ente** [-'ʃɛnte] wachsend; zunehmend
crescere ['kreʃʃere] *(3n)* **1.** *v/t* erhöhen; ***~ qu*** j-n großziehen; **2.** *v/i* wachsen; (*aumentare*) zunehmen
crescione [kreʃ'ʃo:ne] *m* Kresse *f*
crescita ['kreʃʃita] *f* Wachstum *n*; Zunahme *f*; ***~ economica*** Wirtschaftswachstum *n*; ***~ zero*** Nullwachstum *n*
cresima ['kre:zima] *f* Firmung *f*
cresimare [krezi'ma:re] *(1l u b)* firmen
cresta ['kresta] *f* Kamm *m*
creta ['kre:ta] *f* Ton *m*; *geol* Kreide *f*
cretino F [kre'ti:no] **1.** *adj* blöd(e); **2.** *m* Idiot *m*
cric [krik] *m inv*, **cricco** ['krikko] *m* (*pl -cchi*) *tec* Winde *f*, *auto* Wagenheber *m*
crimin|ale [krimi'na:le] **1.** *adj* strafrechtlich, kriminell; **2.** *m* Verbrecher *m*; ***~ di guerra*** Kriegsverbrecher *m*; **~alità** [-nali'ta] *f* Kriminalität *f*; **~alizzare** [-nalid'dza:re] *(1a)* kriminalisieren
crimine ['kri:mine] *m* Verbrechen *n*
criniera [krini'ɛ:ra] *f* Mähne *f*
cripta ['kripta] *f* Krypta *f*
crisantemo [krizan'tɛ:mo] *m* Chrysantheme *f*
crisi ['kri:zi] *f* Krise *f*, Notlage *f*; ***~ economica*** Wirtschaftskrise *f*; ***~ energetica*** Energiekrise *f*; ***~ degli alloggi*** Wohnungsnot *f*
cristall|izzare [kristallid'dza:re] *(1a)* kristallisieren; **~izzarsi** [-lid'dzarsi] kristallisieren; *fig* erstarren
cristallo [kris'tallo] *m* Kristall *m u n*; (Glas)Scheibe *f*; ***bicchiere m di ~*** Kristallglas *n*
cristiana [kristi'a:na] *f* Christin *f*
cristianesimo [kristia'ne:zimo] *m* Christentum *n*
crist|ianità [kristiani'ta] *f* Christenheit *f*; **~iano** [-ti'a:no] **1.** *adj* christlich; **2.** *m* Christ *m*
Cristo ['kristo] *m* Christus *m*
criterio [kri'tɛ:rio] *m* (*pl -ri*) Kriterium *n*, Maßstab *m*; (*buon senso*) Verstand *m*; *econ* ***-ri m/pl di convergenza*** Konvergenzkriterien *pl*
critica ['kri:tika] *f* (*pl -che*) Kritik *f*
criticare [kriti'ka:re] *(1l u d)* kritisieren, bemängeln
critico ['kri:tiko] (*pl -ci*) **1.** *adj* kritisch; **2.** *m* Kritiker *m*
croato [kro'a:to] **1.** *adj* kroatisch; **2.** *m* Kroate *m*; Kroatisch(e) *n*
croccante [krok'kante] **1.** *adj* knusprig; **2.** *m* Krokant *m*
crocchette [krok'kette] *f/pl* Kroketten *f/pl*
croce ['kro:tʃe] *f* Kreuz *n*; ***Croce Rossa*** Rotes Kreuz *n*; ***farsi il segno della ~*** sich bekreuz(ig)en; ***a occhio e ~*** ungefähr

C

crocevia [krotʃe'viːa] *m* (Weg-) Kreuzung *f*
croc|iata [kro'tʃaːta] *f* Kreuzzug *m*; *fig* Kampf *m*; **~icchio** [-'tʃikkio] *m* (*pl -cchi*) Kreuzung *f*; *fer* Knotenpunkt *m*; **~iera** [-'tʃɛːra] *f mar* Kreuzfahrt *f*; *avia* Flug *m*; *intersezione di linee* Kreuz *n*; **~ifiggere** [-tʃi'fiddʒere] (*3mm*) kreuzigen; **~ifissione** [-tʃifissi'oːne] *f* Kreuzigung *f*; **~ifisso** [-tʃi'fisso] **1.** → ***crocifiggere***; **2.** *m* Kruzifix *n*
croco ['kroko] *m* Krokus *m*
crogiolo [kro'dʒɔːlo] *m* Schmelztiegel *m*
crollare [krol'laːre] (*1c*) einstürzen; zusammenbrechen; *prezzi* fallen
crollo ['krɔllo] *m* Einsturz *m*; Zusammenbruch *m*; *econ* Sturz *m*; ***~ del cambio*** Kurssturz *m*
cromare [kro'maːre] (*1c*) verchromen
cromatico [kro'maːtiko] (*pl -ci*) Farb…; *mus* chromatisch
cromo ['krɔːmo] *m* Chrom *n*
cron|aca ['krɔːnaka] *f* (*pl -che*) Chronik *f*; *stampa* Bericht *m*, Reportage *f*; ***fatto di ~*** Tagesereignis *n*; **~ico** ['krɔːniko] (*pl -ci*) chronisch
cron|ista [kro'nista] *m/f* (*m/pl -i*) Berichterstatter(in *f*) *m*, Reporter(in *f*) *m*; **~ologia** [-nolo'dʒiːa] *f* Chronologie *f*; **~ologico** [-no'lɔːdʒiko] (*pl -ci*) chronologisch; **~ometrare** [-nome'traːre] abstoppen; **~ometro** [-'nɔːmetro] *m* Chronometer *n*; Stoppuhr *f*
crosta ['krɔsta] *f* Kruste *f*; *med* Schorf *m*; ***~ del pane*** Brotrinde *f*
crost|acei [kros'taːtʃei] *m/pl* Krustentiere *n/pl*; **~ata** [-'taːta] *f* Mürbeteigkuchen *m*; **~ino** [-'tino] *m* gerösteter Brotwürfel *m*
cruciale [kru'tʃaːle] entscheidend
cruciverba [krutʃi'vɛrba] *m inv* Kreuzworträtsel *n*
crud|ele [kru'dɛːle] grausam; **~eltà** [-del'ta] *f* Grausamkeit *f*
crudo ['kruːdo] roh; (*aspro*) rau
crumiro [kru'miːro] *m* Streikbrecher *m*
crusca ['kruska] *f* Kleie *f*
cruscotto [krus'kɔtto] *m* Armaturenbrett *n*
cubano [ku'baːno] **1.** *adj* kubanisch; **2.** *m* Kubaner *m*
cubetto [ku'betto] *m* ***~ di ghiaccio*** Eiswürfel *m*
cubico ['kuːbiko] (*pl -ci*) kubisch, würfelförmig
cubo ['kuːbo] **1.** *adj* Kubik…; **2.** *m* Würfel *m*, Kubus *m*; *mat* dritte Potenz *f*
cuccagna [kuk'kaːɲa] *f* (*a **paese** m **della ~***) Schlaraffenland *n*; ***albero** m **della ~*** Maibaum *m*
cuccetta [kut'tʃetta] *f fer* Liegeplatz *m*; *mar* Koje *f*
cucchi|aiata [kukkiai'aːta] *f* Löffel *m* voll; **~aino** [-a'iːno] *m* Teelöffel *m*; **~aio** [-'aːio] *m* (*pl -ai*) Löffel *m*
cuccia ['kuttʃa] *f* (*pl -cce*) Hundelager *n*; *in casa* Körbchen *n*
cucciolo ['kuttʃolo] *m* Junges *n*; *di cane* Welpe *m*
cucina [ku'tʃiːna] *f* Küche *f*, Herd *m*; *cibi* Kost *f*, ***~ casalinga*** Hausmannskost *f*, ***~ dietetica*** Diätküche *f*, ***~ elettrica*** Elektroherd *m*; ***~ a gas*** Gasherd *m*; ***libro di ~*** Kochbuch *n*
cucin|are [kutʃi'naːre] (*1a*) kochen; **~ino** [-'niːno] *m* Kochnische *f*
cuc|ire [ku'tʃiːre] (*4a*) nähen; *libro* heften; ***macchina** f **da ~*** Nähmaschine *f*, **~ito** [-'tʃiːto] **1.** *adj* genäht; **2.** *m* Näharbeit *f*, **~itura** [-tʃi'tuːra] *f* Naht *f*
cuculo ['kuːkulo] *m* Kuckuck *m*
cuffia ['kuffia] *f* Haube *f*, Kappe *f*; *rad*, *TV* Kopfhörer *m*; ***~ da bagno*** Badekappe *f*, ***~ del radiatore*** Kühlerhaube *f*
cugin|a [ku'dʒiːna] *f* Cousine *f*, **~o** [-no] *m* Vetter *m*, Cousin *m*
cui [k'ui] (*a **a ~***) dem, der, denen; ***il ~*** dessen, deren; ***il ~ nome*** dessen (*od* deren) Name; ***la ~ figlia*** dessen (*od* deren) Tochter; ***per ~*** für den, für die; deshalb
culinari|a [kuli'naːria] Kochkunst *f*, **~o** [-o] Koch…; kulinarisch; ***arte** f **-a*** Kochkunst *f*
culla ['kulla] *f* Wiege *f*
cullare [kul'laːre] (*1a*) wiegen
culmin|ante [kulmi'nante] Haupt…; ***punto** m **~*** Höhepunkt *m*; **~are** [-'naːre] (*1l*) gipfeln
culmine ['kulmine] *m* Gipfel *m* (*a fig*)
culo V ['kuːlo] *m* V Arsch *m*
culto ['kulto] *m* Kult(us) *m*
cult|ura [kul'tuːra] *f* Kultur *f*, Bildung *f*, *agr* Anbau *m*; ***~ generale*** Allgemeinbildung *f*, ***~ di massa*** Massenkultur *f*; **~urale** [-tu'raːle] kulturell; **~urismo** [-tu'rizmo] *m* Bodybuilding *n*

cumulo ['kuːmulo] *m* Haufen *m*; Anhäufung *f*
cuneo ['kuːneo] *m* Keil *m*
cunetta [ku'netta] *f* Querrinne *f*
cuoca [ku'ɔːka] *f* (*pl -che*) Köchin *f*
cuocere [ku'ɔːtʃere] (*3p*) kochen; *pane* backen; *arrosto* braten; *fig* brennen
cuoco [ku'ɔːko] *m* (*pl -chi*) Koch *m*
cuoio [ku'ɔːio] *m* Leder *n* (*fig pl* le cuoia); P ***tirare le -a*** sterben
cuore [ku'ɔːre] *m* Herz *n*; ***-i*** *pl carte* Herz *n*; ***di ~*** herzlich; ***senza ~*** herzlos; *fig* ***nel ~ di*** mitten in (*dat od acc*); ***stare a ~*** am Herzen liegen
cupo ['kuːpo] finster, dunkel (*a colore*)
cupola ['kuːpola] *f* Kuppel *f*
cura ['kuːra] *f* Sorge *f*, Pflege *f*, (*accuratezza*) Sorgfalt; *med* Behandlung *f*, Kur *f*; ***~ del corpo*** Körperpflege *f*; ***~ dimagrante*** Schlankheitskur *f*; ***soggiorno*** *m* ***di ~*** Kuraufenthalt *m*; ***avere ~ di qc*** auf et (*acc*) achten; ***con ~*** sorgfältig
cur|abile [ku'raːbile] heilbar; ***~are*** [-'raːre] (*1a*) pflegen; achten auf (*acc*); *med* behandeln; ***~arsi*** [-'rarsi]: ***~ di qc*** sich um et kümmern; ***~ato*** [-'raːto] *m* Pfarrer *m*; ***~atore*** [-ra'toːre] *m* Verwalter *m*; *libro* Herausgeber *m*; ***~ fallimentare*** Konkursverwalter *m*
curia ['kuːria] *f* Kurie *f*
curios|are [kurio'saːre] (*1a*) herumschnüffeln; ***~ità*** [-si'ta] *f* Neugier *f*, Sehenswürdigkeit *f*
curioso [kuri'oːso] neugierig; (*strano*) sonderbar; ***sarei ~ di sapere*** ich möchte gern wissen
cursore [kur'soːre] *m inform* Cursor *m*
curva ['kurva] *f* Kurve *f*
curv|are [kur'vaːre] (*1a*) **1.** *v/t* biegen, krümmen; (*chinare*) beugen; ***~arsi*** [-'varsi] sich biegen; sich beugen; ***~atura*** [-va'tuːra] *f* Krümmung *f*, Biegung *f*
curvo ['kurvo] krumm, gebogen; *di persona* gebeugt
cuscinetto [kuʃʃi'netto] *m* kleines Kissen *n*; *el* Lager *n*; ***~ a sfere*** Kugellager *n*; *pol* ***stato ~*** Pufferstaat *m*
cuscino [kuʃ'ʃiːno] *m* Kissen *n*
cust|ode [kus'tɔːde] *m* Wärter *m*; Aufseher *m*; ***angelo*** *m* ***~*** Schutzengel *m*; ***~odia*** [-'tɔːdia] *f* Aufsicht *f*, Aufbewahrung *f*, (*astuccio*) Etui *n*, Futteral *n*; ***dare in ~*** in Aufbewahrung geben; ***~odire*** [-to'diːre] (*4d*) (*sorvegliare*) bewachen, hüten; (*conservare*) aufbewahren; ***~odito*** [-to'diːto] bewacht
cute ['kuːte] *f* Haut *f*
Cybercafé [saibɛrka'fɛ] *m* Internet-Café *n*

D

da [da] *prp stato in luogo* bei; *moto da luogo* von; aus; *moto a luogo riferito a persone* zu; *tempo* von; seit; ***viene ~ Roma*** er kommt aus Rom; ***sono ~ mio fratello*** ich bin bei m-m Bruder; ***vado dal medico*** ich gehe zum Arzt; ***~ ieri*** seit gestern; ***~ oggi in poi*** von heute an; ***~ bambino*** als Kind; ***l'ho fatto ~ me*** ich habe es selbst gemacht; ***qc ~ mangiare*** et zu essen
dà [da] → ***dare***
daccapo [dak'kaːpo] noch einmal von vorn; → ***capo***
dacché [dak'ke] seit, seitdem
dado ['daːdo] *m* Würfel *m*; *gastr* Brühwürfel *m*; *tec* Schraubenmutter *f*
dagli ['daːʎi] *prp* ***da*** *mit art* ***gli***
dai[1] [d'ai] *prp* ***da*** *mit art* ***i***
dai[2] [d'ai] → ***dare***
daino ['daːino] *m* Damhirsch *m*
dal [dal] *prp* ***da*** *mit art* ***il***
dalia ['daːlia] *f* Dahlie *f*
dall', dalla, dalle, dallo [dall, 'dalla, 'dalle, 'dallo] *prp* ***da*** *mit art* ***l', la, le, lo***
daltonico [dal'toːniko] (*pl -ci*) farbenblind
dama ['daːma] *f* Dame *f*; *gioco* Dame(spiel *n*) *f*
damasco [da'masko] *m* (*pl -chi*) Damast *m*

D

damigiana [dami'dʒaːna] *f* große Korbflasche *f*
danaro [da'naːro] *m* → ***denaro***
danese [da'neːse] **1.** *adj* dänisch; **2.** *m* Dänisch(e) *n*; **3.** *m/f* Däne *m*, Dänin *f*
danneggiare [danned'dʒaːre] (*1f*) (*rovinare*) beschädigen; (*nuocere*) schaden (*dat*)
danno ['danno] *m* Schaden *m*; **~ *materiale*** Sachschaden *m*; **~ *totale*** Totalschaden *m*; ***risarcire i -i a qu*** j-n entschädigen; ***-i all'ambiente*** Umweltschäden *pl*
dannoso [dan'noːso] schädlich
danz|a ['dantsa] *f* Tanz *m*; **~are** [dan'tsaːre] (*1a*) tanzen
dappertutto [dapper'tutto] *od* ***da per tutto*** überall
dappoco [dap'pɔːko] *adj inv* (*inetto*) nichtsnutzig; (*irrilevante*) unbedeutend
dapprima [dap'priːma] zuerst
dare ['daːre] (*1r*) **1.** *v/t* geben; (*consegnare*) übergeben; **~ *uno sguardo*** einen Blick werfen; **~ *del tu*** duzen; **~ *del lei*** siezen; **~ *peso a qc*** Wert auf et (*acc*) legen; **~ *il via*** beginnen; *sport* das Startzeichen geben; **2.** *v/i finestra, porta* gehen, hinausgehen (***su*** auf *acc*); **~ *sul giardino*** in den Garten hinausgehen; *fig* **~ *nell'occhio*** auffallen; **3.** ***darsi*** ['darsi] (***a qc***) sich widmen (*dat*); ***può*** **~** es kann sein; ***darsela a gambe*** sich aus dem Staub machen; **4.** *m econ* Soll *n*; **~ *ed avere*** Soll und Haben
data ['daːta] *f* Datum *n*; **~ *di nascita*** Geburtsdatum *n*; **~ *di scadenza*** Haltbarkeitsdatum *n*; ***indicazione della*** **~** Datumsangabe *f*
data glove [data'gloːv] *m/pl inform* Datenhandschuh *m*
datare [da'taːre] (*1a*) datieren; ***a*** **~** ***da oggi*** von heute an
dato ['daːto] **1.** → ***dare***; **2.** *adj* (*certo*) bestimmt, gewiss; (*dedito*) ergeben (***a*** *dat*); ***in -i casi*** in bestimmten Fällen; **~ *che*** *cj* in Anbetracht, dass; da; angenommen, dass; **3.** *m* Tatsache *f*; ***-i*** *pl* Daten *n/pl*, Angaben *f/pl*
datore [da'toːre] *m*: **~ *di lavoro*** Arbeitgeber *m*
dattero ['dattero] *m* Dattel *f*
dattil|ografare [dattilogra'faːre] (*1n*) Maschine schreiben; **~ografia** [-logra'fiːa] *f* Maschinenschrift *f*
dattilografo [datti'lɔːgrafo] *m*, **-a** *f* Schreibkraft *f*
davanti [da'vanti] **1.** *prp* vor (*dat od acc*); **2.** *adv* vorn; **3.** *adj inv* Vorder…; **4.** *m* Vorderseite *f*
davanzale [davan'tsaːle] *m* Fensterbrett *n*
davanzo [da'vantso] im Überfluss
davvero [dav'veːro] wirklich
dazio ['daːtsio] *m* (*pl -zi*) Zoll *m*; **~ *d'importazione*** Einfuhrzoll *m*; **~ *d'esportazione*** Ausfuhrzoll *m*; ***esente da*** **~** zollfrei
dea [d'ɛːa] *f* Göttin *f*
debito ['deːbito] *m* Schuld *f*; (*dovere*) Pflicht *f*; *econ* **~ *pubblico*** Staatsschuld *f*; ***avere un*** **~** ***con qu*** j-m et schulden; *fig* ***sentirsi in*** **~** ***verso qu*** sich j-m gegenüber verpflichtet fühlen
debitore [debi'toːre] *m* Schuldner *m*; ***essere*** **~** ***di qc*** et schulden
debole ['deːbole] **1.** *adj* schwach; **2.** *m* Schwäche *f*; ***avere un*** **~** ***per qc*** e-e Schwäche für et haben
debolezza [debo'lettsa] *f* Schwäche *f*
debutt|ante [debut'tante] *m/f* Debütant(in *f*) *m*, Anfänger(in *f*) *m*; **~are** [-'taːre] (*1a*) debütieren
debutto [de'butto] *m* Debüt *n*
decad|ente [deka'dɛnte] dekadent; **~enza** ['dɛntsa] *f* Dekadenz *f*, Verfall *m*
decaffeinato [dekaffei'naːto] koffeinfrei
decano [de'kaːno] *m* Dekan *m*
decappottabile [dekappot'taːbile] **1.** *adj auto* mit Klappverdeck; **2.** *f* Kabriolett *n*
deceduto [detʃe'duːto] verstorben
decelerare [detʃele'raːre] (*1b u m*) die Geschwindigkeit reduzieren
decennio [de'tʃɛnnio] *m* (*pl -ni*) Jahrzehnt *n*
decente [de'tʃɛnte] anständig
decentr|amento [detʃentra'mento] *m* Dezentralisierung *f*, Dezentralisation *f*; **~are** [-'traːre] (*1b*) dezentralisieren
decesso [de'tʃɛsso] *m* Tod *m*
decid|ere [de'tʃiːdere] (*3q*) beschließen; entscheiden; **~ersi** [-si] sich entschließen (***a*** zu)
decifrare [detʃi'fraːre] (*1a*) entziffern
deci|male [detʃi'maːle] Dezimal…; **~metro** [-'tʃiːmetro] *m* Dezimeter *m od n*

decimo ['dɛːtʃimo] **1.** *adj* zehnte; **2.** *m* Zehntel *n*
decina [de'tʃiːna] *f* ***una ~*** etwa zehn
decisamente [detʃiza'mente] *adv* entschlossen; ausgesprochen, absolut
dec|isione [detʃizi'oːne] *f* Entscheidung *f*, Entschluss *m*; (*risolutezza*) Entschlossenheit *f*; ***prendere una ~*** eine Entscheidung treffen; ***~ della maggioranza*** Mehrheitsbeschluss *m*; **~isivo** [-tʃi'ziːvo] entscheidend; **~iso** [-'tʃiːzo] **1.** → ***decidere***; **2.** *adj* entschlossen
declassare [deklas'saːre] (*1a*) deklassieren
declin|are [dekli'naːre] (*1a*) **1.** *v/t* (*rifiutare*) ablehnen; *jur* (*dichiarare*) angeben; *gram* deklinieren; **2.** *v/i* (*tramontare*) untergehen; (*diminuire*) abnehmen; **~azione** [-natsi'oːne] *f* Deklination *f*
declino [de'kliːno] *m* Untergang *m*
declivio [de'kliːvio] *m* (*pl -vi*) Abhang *m*
decodificatore [dekodifika'tore] *m* Decoder *m*
decollare [dekol'laːre] (*1c*) starten
decollo [de'kɔllo] *m avia* Start *m*, Abflug *m*
decomp|orre [dekom'porre] (*3ll*) zerlegen; *chim* auflösen; **~osizione** [-positsi'oːne] *f* Zerlegung *f*, Auflösung *f*
decompressione [dekompressi'oːne] *f* Druckentlastung *f*
decongestionare [dekondʒestio'naːre] (*1a*) *traffico* entlasten; *med* abschwellen lassen
decor|are [deko'raːre] (*1b*) dekorieren, schmücken; **~atore** [-ra'toːre] *m* Dekorateur *m*; **~azione** [-ratsi'oːne] *f* Ausschmückung *f*, Dekoration *f*
decoro [de'kɔːro] *m* Anstand *m*
decoroso [deko'roːso] anständig
decorrenza [dekor'rɛntsa] *f* Frist *f*; Laufzeit *f*; ***con immediata ~*** ab sofort
dec|orrere [de'korrere] (*3o*) vergehen; (*avere effetto*) laufen; ***a ~ da oggi*** ab heute; **~orso** [-'korso] **1.** → ***decorrere***; **2.** *m* Verlauf *m*
decrepito [de'krɛːpito] altersschwach
decrescere [de'kreʃʃere] (*3n*) abnehmen, zurückgehen
decreto [de'kreːto] *m* Erlass *m*, Verordnung *f*; **~*legge*** Verordnung *f* mit Gesetzeskraft, Notverordnung *f*; ***~ dell'Ue*** EU-Verordnung *f*
dedica ['dɛːdika] *f* (*pl -che*) Widmung *f*
dedic|are [dedi'kaːre] (*1b u d*) widmen; *rel* weihen; **~arsi** [-'karsi] sich widmen (*dat*)
dedito ['dɛːdito] ergeben
ded|urre [de'durre] (*3e*) folgern, schließen; *econ* abziehen, absetzen; (*derivare*) ableiten; **~uttivo** [-dut'tiːvo] deduktiv; **~uzione** [-dutsi'oːne] *f* (Schluss)Folgerung *f*; *econ* Abzug *m*; Ableitung *f*
defalcare [defal'kaːre] (*1d*) abziehen
defalco [de'falko] *m* (*pl -chi*) Abzug *m*
defici|ente [defi'tʃɛnte] **1.** (*mancante*) mangelhaft; **2.** *m* Schwachsinnige(r) *m*; **~enza** [-'tʃɛntsa] *f* (*scarsezza*) Mangel *m* (***di*** an *dat*)
deficit ['dɛːfitʃit] *m inv* Defizit *n*, Fehlbetrag *m*; ***~ del bilancio pubblico*** Haushaltsdefizit *n*
defin|ire [defi'niːre] (*4d*) definieren; festlegen; (*risolvere*) lösen; (*concludere*) (ab)schließen; **~itivo** [-ni'tiːvo] endgültig, definitiv; **~izione** [-nitsi'oːne] *f* Definition *f*; *jur* Entscheidung *f*
deflettore [deflet'toːre] *m auto* Ausstellfenster *n*
deflusso [de'flusso] *m* Abfluss *m*
deform|are [defor'maːre] (*1a*) entstellen; **~azione** [-matsi'oːne] *f* Entstellung *f*; *parti del corpo* Missbildung *f*
deforme [de'forme] unförmig; missgestaltet
defunto [de'funto] **1.** *adj* verstorben; **2.** *m* Verstorbene(r) *m*
degenerare [dedʒene'raːre] (*1m u b*) degenerieren, entarten; (*mutare in peggio*) ausarten (***in*** in *acc*)
degen|te [de'dʒɛnte] bettlägerig; **~za** [-tsa] *f in ospedale* Krankenhausaufenthalt *m*
degli ['deːʎi] *prp mit art* ***gli***
degn|are [de'ɲaːre] (*1a*) **1.** *v/t* würdigen; **2.** *v/i u* **~arsi** [-'ɲarsi]: ***~ di*** … (*inf*) sich (dazu) herablassen zu … (*inf*)
degno ['deːɲo] würdig, wert; ***~ di fede*** glaubwürdig
degrado [de'graːdo] *m* Verschmutzung *f*, Zerfall *m*, Verschlechterung *f*
degust|are [degus'taːre] (*1a*) kosten; **~azione** [-tatsi'oːne] *f* Kostprobe *f*; ~

D

del vino Weinprobe *f*
dei[1] [d'ei] *prp* ***di*** *mit art* ***i***
dei[2] [d'ɛːi] (*pl di* ***dio***) ***gli*** ~ die Götter *m/pl*
del [del] *prp* ***di*** *mit art* ***il***
delatore [dela'toːre] *m* Denunziant *m*
delega ['dɛlega] *f* (*pl -ghe*) Vollmacht *f*
deleg|are [dele'gaːre] (*1l u* b *u* e) beauftragen; delegieren; *jur* bevollmächtigen; ~ ***qc a qu*** j-m et übertragen; **~ato** [-'gaːto] **1.** *adj* beauftragt, bevollmächtigt; **2.** *m* Delegierte(r) *m*, Bevollmächtigte(r) *m*; ~ ***sindacale*** Gewerkschaftsvertreter *m*; **~azione** [-gatsi'oːne] *f* Delegation *f*
delfino [del'fiːno] *m* Delfin *m*
deliberare [delibe'raːre] (*1m*) beschließen; beraten (***su*** über *acc*)
delic|atezza [delika'tettsa] *f* Zartheit *f*, Zartgefühl *n*; (*discrezione*) Diskretion *f*; *gastr* Delikatesse *f*; **~ato** [-'kaːto] zart; delikat; (*difficile*) heikel
delimitare [delimi'taːre] (*1m*) begrenzen; abgrenzen
delineare [deline'aːre] (*1m*) (*a fig*) umreißen, beschreiben
delinqu|ente [deliŋku'ɛnte] *m* Verbrecher *m*; **~enza** [-ku'ɛntsa] *f* Kriminalität *f*; ~ ***minorile*** Jugendkriminalität *f*
delirare [deli'raːre] (*1a*) fantasieren; *med* delirieren
delirio [de'liːrio] *m* (*pl -ri*) Delirium *n*; *fig* Rausch *m*
delitto [de'litto] *m* Verbrechen *n*; Straftat *f*, Delikt *n*; ***corpo*** *m* ***del*** ~ Beweisstück *n*
delizia [de'liːtsia] *f* Wonne *f*, Freude *f*
delizioso [delitsi'oːso] entzückend; *cibo* köstlich
dell', della, delle, dello [dell, 'della, 'delle, 'dello] *prp* ***di*** *mit art* ***l'***, ***la***, ***le***, ***lo***
delta ['dɛlta] *m* Delta *n*; **~planista** [-pla'nista] *m/f* (*m/pl -i*) Drachenflieger(in *f*) *m*; **~plano** [-'plaːno] *m* Drachen *m*; *sport* Drachenfliegen *n*
del|udere [de'luːdere] (*3q*) enttäuschen; **~usione** [-luzi'oːne] *f* Enttäuschung *f*; **~uso** [-'luːzo] enttäuscht
demagogo [dema'gɔːgo] *m* (*pl -ghi*) Demagoge *m*
demanio [de'maːnio] *m* Staatseigentum *n*
dem|ente [de'mɛnte] schwachsinnig; **~enza** [-'mɛntsa] *f* Schwachsinn *m*
democr|atico [demo'kraːtiko] (*pl -ci*) demokratisch **~azia** [-kra'tsiːa] *f* Demokratie *f*; **~istiano** [-kristi'aːno] christlich-demokratisch
demol|ire [demo'liːre] (*4d*), abreißen; *macchine* verschrotten; *fig* vernichten; **~izione** [-litsi'oːne] *f* Abriss *m*; Verschrottung *f*
demone ['dɛːmone] *m* Dämon *m*
demonio [de'mɔːnio] *m* (*pl -ni*) Teufel *m*
demoralizzare [demoralid'dzaːre] (*1a*) demoralisieren, entmutigen
demotivare [demoti'vaːre] (*1a*) demotivieren
denaro [de'naːro] *m* Geld *n*; ~ ***contante*** Bargeld *n*
denatalità [denatali'ta] *f* Geburtenrückgang *m*
denaturato [denatu'raːto] ***alcool*** *m* ~ vergällter Alkohol *m*
denigr|are [deni'graːre] (*1a*) verleumden; **~azione** [-gratsi'oːne] *f* Verleumdung *f*
denomin|are [denomi'naːre] (*1m u c*) benennen; **~arsi** [-'narsi] heißen; **~azione** [-natsi'oːne] *f* Benennung *f*, Name *m*
denotare [deno'taːre] (*1l u b od 1c*) bedeuten, zeigen
densità [densi'ta] *f* Dichte *f*, Dicke *f*; ~ ***della popolazione*** Bevölkerungsdichte *f*
denso ['dɛnso] dicht; dickflüssig
dent|ario [den'taːrio] (*pl -ri*) Zahn…; **~atura** [-ta'tuːra] *f* Gebiss *n*; *tec* Verzahnung *f*
dente ['dɛnte] *m* Zahn *m*; *tec* Zacken *m*; ~ ***del giudizio*** Weisheitszahn *m*; ~ ***di leone*** Löwenzahn *m*; ***mal di -i*** Zahnweh *n*; *fig* ***stringere i -i*** die Zähne zusammenbeißen; *gastr* ***al*** ~ mit Biss
dentice ['dɛntiʧe] *m* Zahnbrassen *m*
dent|iera [denti'ɛːra] *f* künstliches Gebiss *n*, Zahnersatz *m*; **~ifricio** [-ti'friːʧo] *m* (*pl -ci*) Zahnpasta *f*; **~ista** [-'tista] *m/f* (*m/pl -i*) Zahnarzt *m*, Zahnärztin *f*
dentro ['dentro] **1.** *prp* in; (*entro*) innerhalb; **2.** *adv stato* drinnen; *moto* hinein; herein; (*nell' intimo*) im Innern; F ***metter*** ~ einsperren
denuclearizzato [denuklearid'dzaːto] atomwaffenfrei

denunci|a [de'nuntʃa] *f* (*pl -ce*) Anzeige *f*; *amministrazione* Anmeldung *f*; (*dichiarazione*) Erklärung *f* ***sporgere ~*** Anzeige erstatten; ***~ dei redditi*** Steuererklärung *f*; **~are** [-nun'tʃa:re] (*1f*) anzeigen; (*notificare*) anmelden; (*dichiarare*) erklären; ***~ la propria partenza*** sich polizeilich abmelden; ***~ il proprio arrivo*** sich polizeilich anmelden

denunzia [de'nuntsia] → ***denuncia***

denutrito [denu'tri:to] unterernährt

deodorante [deodo'rante] *m* Deo(dorant) *n*

depil|are [depi'la:re] (*1a*) enthaaren; **~atorio** [-la'tɔ:rio] (*pl -ri*) **1.** *adj* Enthaarungs…; **2.** *m* Enthaarungsmittel *n*

dépliant [depli'ɑ̃] *m inv* Prospekt *m*

deplor|are [deplo'ra:re] (*1c*) bedauern; (*biasimare*) tadeln; **~evole** [-'re:vole] bedauernswert; tadelnswert

deporre [de'porre] (*3ll*) ablegen; niederlegen; (*destituire*) absetzen; *jur* aussagen

deposit|are [depozi'ta:re] (*1m u c*) zur Aufbewahrung geben; hinterlegen, deponieren; *in banca* einzahlen; **~ato** [-'ta:to] ***marchio*** *m* **~** eingetragenes Warenzeichen *n*

deposito [de'pɔ:zito] *m* Aufbewahrung *f*; Hinterlegung *f*; (*cauzione*) Kaution *f*; *merci* Lagerung *f*; *luogo* Lager *n*; *fer* ***~ bagagli*** Gepäckaufbewahrung *f*; ***~ per il vuoto*** Flaschenpfand *n*; *econ* ***~ vincolato*** Festgeld *n*

deposizione [depozitsi'o:ne] *f* (→ ***deporre***) *jur* Zeugenaussage *f*

depr|essione [depressi'o:ne] *f* Depression *f*, Niedergeschlagenheit *f*; (*avvallamento*) Senkung *f*; ***~ atmosferica*** Tiefdruck *m*; ***zona*** *f* ***di ~ atmosferica*** Tiefdruckgebiet *n*; **~essivo** [-pres'si:vo] depressiv; **~esso** [-'prɛsso] **1.** → ***deprimere***; **2.** *adj* deprimiert, niedergeschlagen; ***aree*** *f/pl* ***-e*** Notstandsgebiete *n/pl*

deprezz|amento [deprettsa'mento] *m* Wertminderung *f*, Entwertung *f*; **~are** [-'tsa:re] (*1b*) abwerten

de|primente [depri'mente] bedrückend; **~primere** [-'pri:mere] (*3r*) deprimieren, niederdrücken

depur|are [depu'ra:re] (*1a*) reinigen; *chim* klären; **~azione** [-ratsi'o:ne] *f* Reinigung *f*, Klärung *f*; ***impianto*** *m* ***di ~*** Kläranlage *f*

deputato [depu'ta:to] *m* Abgeordnete(r) *m*; ***Camera*** *f* ***dei -i*** Abgeordnetenhaus *n*

deragliare [dera'ʎa:re] (*1g*) *fer* entgleisen

der|idere [de'ri:dere] (*3g*) auslachen, verspotten; **~isione** [-rizi'o:ne] *f* Verspottung *f*; **~iso** [-'ri:zo] → ***deridere***

deriva [de'ri:va] *f mar* Abtrift *f*; ***andare alla ~*** abgetrieben werden

deriv|are [deri'va:re] (*1a*) **1.** *v/t* ableiten; **2.** *v/i* ***~ da*** herkommen von; abstammen aus *od* von; **~azione** [-vatsi'o:ne] *f* Ableitung *f*; (*discendenza*) Abstammung *f*; *el* Abzweigung *f*; *tel* Nebenanschluss *m*

derm|atologia [dermatolo'dʒi:a] *f* Dermatologie *f*; **~atologo** [-'tɔ:logo] *m* (*pl -gi*) Hautarzt *m*

derubare [deru'ba:re] (*1a*) bestehlen

descr|itto [des'kritto] → ***descrivere***; **~ivere** [-'kri:vere] (*3tt*) beschreiben, schildern; **~izione** [-kritsi'o:ne] *f* Beschreibung *f*, Schilderung *f*

deserto [de'zɛrto] **1.** *adj* menschenleer; **2.** *m* Wüste *f*

desiderare [deside'ra:re] (*1m*) wünschen; ***che cosa desidera?*** was möchten Sie?

desiderio [desi'dɛ:rio] *m* (*pl -ri*) Wunsch *m*; ***~ di qc*** Verlangen *n* nach et

design [di'zain] *m inv* Design *n*

designare [desi'ɲa:re] (*1a*) bestimmen; (*nominare*) ernennen

designer [di'zainə] *m/f inv* Designer(in *f*) *m*

desistere [de'sistere] (*3f*) absehen (***da*** von)

desol|ante [dezo'lante] trostlos; **~ato** [-'la:to] *adj* trostlos; tief betrübt; ***sono ~!*** es tut mir Leid!; **~azione** [-latsi'o:ne] *f* Verwüstung *f*, Trostlosigkeit *f*; tiefe Betrübnis *f*

dessert [des'sɛr] *m* Nachtisch *m*

dest|are [des'ta:re] (*1a*) wecken; *fig* erwecken; **~arsi** [-'tarsi] aufwachen; erwachen

destin|are [desti'na:re] (*1a*) bestimmen (***a*** für); *lettera* adressieren (***a*** an *acc*); **~atario** [-na'ta:rio] *m* (*pl -ri*) *post* Empfänger *m*; **~azione** [-natsi'o:ne] *f* Bestimmung *f*, (*a* ***luogo*** *m* ***di ~***) Be-

stimmungsort *m*
destino [des'tiːno] *m* Schicksal *n*
destra ['dɛstra] *f* Rechte *f*; ***a ~*** rechts
destr|eggiarsi [destred'dʒarsi] (*1f*) sich durchkämpfen; **~ezza** [-'trettsa] *f* Geschicklichkeit *f*
destro ['dɛstro] recht; (*abile*) geschickt
detenere [dete'neːre] (*2q*) innehaben; *record* halten; *in prigione* gefangen halten
deten|uto [dete'nuːto] *m* Häftling *m*, Gefangene(r) *m*; **~zione** [-tsi'oːne] *f* Haft *f*
detergente [deter'dʒɛnte] *m* Reinigungsmittel *n*
deterior|abile [deterio'raːbile] verderblich; **~arsi** [-'rarsi] (*1a*) verderben, schlecht werden; verfallen
determin|are [determi'naːre] (*1m u b*) bestimmen, festlegen; (*causare*) verursachen; **~ato** [-'naːto] bestimmt; ***in -i giorni*** an bestimmten Tagen; ***una quantità -a*** e-e bestimmte Menge; **~azione** [-natsi'oːne] *f* Bestimmung *f*, Entschluss *m*
detersivo [deter'siːvo] *m* Reinigungs-, Putz-, Waschmittel *n*
detestare [detes'taːre] (*1b*) hassen, verabscheuen
detonare [deto'naːre] (*1c*) detonieren
detr|arre [de'trarre] (*3xx*) abziehen (***da*** von), abrechnen (***da*** von); **~atto** [-'tratto] → ***detrarre***; **~azione** [-tratsi'oːne] *f* Abzug *m*, Abrechnung *f*
detrito [de'triːto] *m* Abfall *m*; *geol* Geröll *n*
detta ['detta] *f* ***a ~ di qu*** nach j-s Aussage
dettaglio [det'taːʎo] *m* (*pl -gli*) Einzelheit *f*, Detail *n*; *econ* ***commercio*** *m* ***al ~*** Einzelhandel *m*
dett|are [det'taːre] (*1a*) diktieren; *leggi* vorschreiben; **~ato** [-'taːto] *m* Diktat *n*; **~atura** [-ta'tuːra] *f* Diktat *n*; ***sotto ~*** nach Diktat
detto ['detto] **1.** → ***dire***; **2.** *adj* oben genannt; **3.** *m* Ausspruch *m*
devast|are [devas'taːre] (*1a*) verwüsten; **~azione** [-tatsi'oːne] *f* Verwüstung *f*
deve ['dɛːve], **devi** ['dɛːvi] → ***dovere***
devi|are [devi'aːre] (*1h*) **1.** *v/t traffico* umleiten; *fig* ablenken; **2.** *v/i* abkommen; abweichen; **~azione** [-viatsi'oːne] *f* Umleitung *f*, Umweg *m*
devo ['dɛːvo] → ***dovere***
devoto [de'vɔːto] ergeben; *rel* fromm, gläubig
devozione [devotsi'oːne] *f* Ergebenheit *f*; *rel* Andacht *f*; Frömmigkeit *f*
di [di] *prp* von, aus; *con il comparativo* als; ***~ ferro*** aus Eisen; ***io sono ~ Roma*** ich bin aus Rom; ***l'auto ~ mio padre*** das Auto meines Vaters; ***un litro ~ vino*** ein Liter Wein; ***~ giorno*** tagsüber; ***parlare ~ politica*** über (*od* von) Politik reden; ***d'estate*** im Sommer; ***~ questo passo*** auf diese Weise; ***~ chi è questo libro?*** wem gehört dieses Buch?; ***più bello ~*** schöner als
di' [di] → ***dire***
dia [d'iːa] → ***dare***
diab|ete [dia'bɛːte] *m* Diabetes *m*; **~etico** [-tiko] (*pl -ci*) **1.** *adj* zuckerkrank; **2.** *m* Diabetiker *m*
diaframma [dia'framma] *m* (*pl -i*) *anat* Zwerchfell *n*; *fot*, *ott* Blende *f*; *med* Diaphragma *n*, Pessar *n*
diagnosi [di'aːɲozi] *f* Diagnose *f*
diagnosticare [diaɲosti'kaːre] (*1n u c u d*) diagnostizieren
diagonale [diago'naːle] **1.** *adj* diagonal; **2.** *f* Diagonale *f*
diagramma [dia'gramma] *m* (*pl -i*) Diagramm *n*
dialetto [dia'lɛtto] *m* Dialekt *m*, Mundart *f*
dialisi [di'aːlizi] *f inv* Dialyse *f*
dialogo [di'aːlogo] *m* (*pl -ghi*) Dialog *m*, Gespräch *n*
diamante [dia'mante] *m* Diamant *m*
diametro [di'aːmetro] *m* Durchmesser *m*
diapason [di'aːpazon] *m inv* Stimmgabel *f*
diapositiva [diapozi'tiːva] *f fot* Dia-(-positiv) *n*
diario [di'aːrio] *m* (*pl -ri*) Tagebuch *n*
diarrea [diar'rɛːa] *f* Durchfall *m*
diavolo [di'aːvolo] *m* Teufel *m*; ***un buon ~*** ein guter Kerl *m*; ***mandare qu al ~*** j-n zum Teufel schicken
dib|attere [di'battere] (*3a*) debattieren, erörtern; **~attersi** [-si] um sich schlagen; (*divincolarsi*) sich winden; *fig* kämpfen (***in*** mit); **~attito** [-'battito] *m* Debatte *f*
dibosc|amento [diboska'mento] *m*

Abholzung *f*; **~are** [-'ka:re] (*1d*) abholzen
dica ['di:ka] bitte (sehr); Sie wünschen?
dicastero [dikas'tɛ:ro] *m* Ministerium *n*
dicembre [di'tʃɛmbre] *m* Dezember *m*
dichiar|are [dikia'ra:re] (*1a*) erklären; angeben; ***ha qualcosa da ~?*** haben Sie etwas zu verzollen?; **~arsi** [-'rarsi] sich erklären; **~azione** [-ratsi'o:ne] *f* Erklärung *f*, ***~ dei redditi*** Einkommensteuererklärung *f*, ***~ doganale*** Zollerklärung *f*
diciottenne [ditʃot'tɛnne] achtzehnjährig
didattica [di'dattika] *f* Didaktik *f*
dieci [di'ɛ:tʃi] zehn; ***alle*** (*od* ***verso le***) ~ um (*od* gegen) zehn Uhr
diecina [die'tʃi:na] *f* ***una ~*** etwa zehn
diesel ['di:zəl] *m* Diesel(motor *m*, -fahrzeug *n*) *m*
dieta [di'ɛ:ta] *f* Diät *f*, ***essere a ~*** Diät halten
dietetic|a [die'tɛ:tika] *f* Diätetik *f*, **~o** [-ko] (*pl -ci*) diätetisch
dietro [di'ɛ:tro] **1.** *prp* hinter (*dat od acc*); nach; ***~ di me*** hinter mir; ***uno ~ l'altro*** einer nach dem anderen; ***~ ricevuta*** gegen Quittung; **2.** *adv* hinten; ***di ~*** Hinter…; **3.** *m inv* Hinterseite *f*
difatti [di'fatti] in der Tat
difendere [di'fɛndere] (*3c*) verteidigen
difen|siva [difen'si:va] *f* Defensive *f*, Verteidigung *f*, ***stare sulla ~*** in der Defensive bleiben; **~sivo** [-'si:vo] defensiv, Verteidungungs…; **~sore** [-'so:re] *m* Verteidiger *m*
dif|esa [di'fe:sa] *f* Verteidigung *f*, Schutz *m*; ***~ dei consumatori*** Verbraucherschutz *m*; ***legittima ~*** Notwehr *f*, **~eso** [-so] → ***difendere***
dif|etto [di'fɛtto] *m* Fehler *m*; ***~ di*** Mangel *m* an (*dat*), Fehlen *n* von; ***far ~*** fehlen; **~ettoso** [-fet'to:so] fehlerhaft; defekt
diffamare [diffa'ma:re] (*1a*) verleumden
differ|ente [diffe'rɛnte] verschieden; **~enza** [-'rɛntsa] *f* Verschiedenheit *f*, (*divario*) Unterschied m; *fig u mat* Differenz *f*, ***~ di prezzo*** Preisunterschied *m*
difficile [dif'fi:tʃile] schwer; schwierig; (*improbabile*) unwahrscheinlich
difficoltà [diffikol'ta] *f* Schwierigkeit *f*, ***senza ~*** reibungslos
diffida [dif'fi:da] *f* Warnung *f*
diffid|are [diffi'da:re] (*1a*) **1.** *v/t* warnen; auffordern; **2.** *v/i* ***~ di qu*** j-m misstrauen; **~ente** [-'dɛnte] misstrauisch; **~enza** [-'dɛntsa] *f* Misstrauen *n*
diffond|ere [dif'fondere] (*3bb*) verbreiten; **~ersi** [-si] sich verbreiten; sich ausbreiten
diff|usione [diffuzi'o:ne] *f* Verbreitung *f*, **~uso** [-'fu:zo] **1.** → ***diffondere***; **2.** *adj* (weit) verbreitet; ausführlich
difterite [difte'ri:te] *f* Diphtherie *f*
diga ['di:ga] *f* (*pl -ghe*) Deich *m*; ***~ di sbarramento*** Staudamm *m*
dige|rire [didʒe'ri:re] (*4d*) verdauen; **~stione** [-sti'o:ne] *f* Verdauung *f*, **~stivo** [-s'ti:vo] **1.** *adj* Verdauungs…; **2.** *m* Magenlikör *m*
digit|ale [didʒi'ta:le] Finger…; digital; ***impronta*** *f* ***~*** Fingerabdruck *m*; ***orologio*** *m* ***~*** Digitaluhr *f*, **~are** [-'ta:re] (*1l*) *inform* eingeben
digiunare [didʒu'na:re] (*1a*) fasten
digiuno [di'dʒu:no] **1.** *adj* nüchtern; *fig* ***essere ~ di qc*** von et nichts verstehen; **2.** *m* Fasten *n*; ***a ~*** nüchtern
dignit|à [diɲi'ta] *f* Würde *f*, **~oso** [-'to:so] würdevoll
dilagare [dila'ga:re] (*1e*) überfluten; *fig* um sich greifen
dilapidare [dilapi'da:re] (*1m*) verschwenden
dilat|are [dila'ta:re] (*1a*) ausdehnen; (*aprire*) aufreißen; **~azione** [-tatsi'o:ne] *f* Ausdehnung *f*
dilaz|ionare [dilatsio'na:re] (*1a*) stunden; aufschieben; **~ione** [-tsi'o:ne] *f* Stundung *f*, Aufschub *m*
dileguarsi [dilegu'arsi] (*1a*) verschwinden
dilemma [di'lɛmma] *m* (*pl -i*) Dilemma *n*
dilett|ante [dilet'tante] *m/f* Dilettant(in *f*) *m*, Laie *m*; **~are** [-'ta:re] (*1b*) erfreuen; **~arsi** [-'tarsi] Freude haben (***di*** an *dat*); ***~ a fare qc*** aus Liebhaberei et tun
diletto [di'lɛtto] **1.** *adj* geliebt; **2.** *m* Vergnügen *n*
dilig|ente [dili'dʒɛnte] fleißig; (*accurato*) sorgfältig; **~enza** [-'dʒɛntsa] *f* Fleiß *m*; Sorgfalt *f*
diluire [dilu'i:re] (*4d*) verdünnen

dilungarsi [diluŋ'garsi] (*1e*) *fig* sich verbreiten (***su*** über *acc*)
diluviare [diluvi'aːre] (*1k*) in Strömen regnen
diluvio [di'luːvio] *m* Wolkenbruch *m*; ~ ***universale*** Sintflut *f*

D

dimagr|ante [dima'grante] ***cura ~*** Schlankheitskur *f*; **~ire** [-'griːre] (*4d*) abnehmen
dimen|are [dime'naːre] (*1a*) schlenkern; **~arsi** [-'narsi] sich hin und her bewegen
dimensione [dimensi'oːne] *f* Umfang *m*; Dimension *f*
dimentic|anza [dimenti'kantsa] *f* Vergessen *n*; **~are** [-'kaːre] (*1m u d*): ***~ qc*** *u* **~arsi** [-'karsi] ***di qc*** et vergessen
dimestichezza [dimesti'kettsa] *f* Vertraulichkeit *f*; (*pratica*) Vertrautheit *f*
dim|ettere [di'mettere] (*3ee*): ***~ qu da*** j-n entlassen aus; **~ettersi** [-si] zurücktreten (***da*** von)
dimezzare [dimed'dzare] (*1b*) halbieren; auf die Hälfte herabsetzen
dimin|uire [diminu'iːre] (*4d*) **1.** *v/t* vermindern; verringern; *prezzi* senken, herabsetzen; **2.** *v/i* abnehmen; **~uzione** [-nutsi'oːne] *f* Verminderung *f*; Abnahme *f*; Rückgang *m*; ***~ del personale*** Personalabbau *m*
dimissione [dimissi'oːne] *f*, *mst* ***-i*** *pl* Rücktritt *m*; Entlassung *f*; ***dare le -i*** kündigen
dimora [di'mɔːra] *f* Wohnung *f*; Wohnsitz *m*; ***senza fissa ~*** ohne festen Wohnsitz
dimostr|are [dimos'traːre] (*1a*) beweisen; zeigen; demonstrieren; **~arsi** [-'trarsi] sich erweisen; **~azione** [-tratsi'oːne] *f* Beweis *m*; Bezeigung *f*; Demonstration *f*
dinami|ca [di'naːmika] *f* Dynamik *f*; **~co** [-'naːmiko] (*pl -ci*) dynamisch
dinamite [dina'miːte] *f* Dynamit *n*
dinamo ['diːnamo] *f inv* Dynamo *m*; Generator *m*; *auto* Lichtmaschine *f*
dinanzi [di'nantsi] **1.** *prp* vor (*dat od acc*); **2.** *adv* vorn(e)
dinastia [dinas'tiːa] *f* Dynastie *f*
dintorno [din'torno] **1.** *adv* ringsherum; **2.** *m*, *mst* ***-i*** *pl* Umgebung *f*
dio [d'iːo] *m* (*pl gli dei*) *idolo* Abgott *m*
Dio [d'iːo] *m* Gott *m*; ***grazie a ~!*** Gott sei Dank!; ***per amor di ~*** um Gottes willen
diossina [dios'siːna] *f* Dioxin *n*
dipartimento [diparti'mento] *m* Verwaltungsbezirk *m*
dipend|ente [dipen'dɛnte] **1.** *adj* abhängig; **2.** *m/f* Angestellte(r *m*) *m/f*; **~enza** [-'dɛntsa] *f* Abhängigkeit *f*
dip|endere [di'pɛndere] (*3c*): ***~ da*** abhängen von; abhängig sein von; ***dipende*** es kommt darauf an; **~eso** [-'peːso] → ***dipendere***
dipin|gere [di'pindʒere] (*3d*) malen; *fig* schildern; **~to 1.** → ***dipingere***; **2.** *m* Gemälde *n*
diploma [di'plɔːma] *m* (*pl -i*) Diplom *n*
diplomarsi [diplo'marsi] (*1c*) sein Diplom erwerben
diplom|atico [diplo'maːtiko] (*pl -ci*) **1.** *adj* diplomatisch; **2.** *m* Diplomat *m*; **~ato** [-'maːto] staatlich geprüft; Diplom...; **~azia** [-ma'tsiːa] *f* Diplomatie *f*
dirad|are [dira'daːre] (*1a*) lichten; seltener machen; **~arsi** [-'darsi] sich lichten; seltener werden; *nebbia* sich auflösen
dire ['diːre] (*3t*) **1.** *v/t* sagen; erzählen; behaupten; ***vale a ~*** das heißt; ***a ~ il vero*** um die Wahrheit zu sagen; ***come si dice in tedesco?*** wie heißt das auf Deutsch?; ***dico sul serio*** ich meine es ernst; **2.** *m* Reden *n*; ***Lei ha un bel ~*** Sie haben gut reden
dir|ettissima [diret'tissima] *f jur* Schnellverfahren *n*; **~ettiva** [-ret'tiːva] *f* Richtlinie *f*; **~ettivo** [-ret'tiːvo] **1.** *adj* leitend; **2.** *m* Vorstand *m*
dir|etto [di'rɛtto] **1.** → ***dirigere***; **2.** *adj* unmittelbar; direkt; *rad*, *TV* ***trasmissione*** *f* ***in -a*** Direktübertragung *f*, Live-Sendung *f*; ***treno*** *m* ***~*** = **3.** *m* Eilzug *m*; **~ettore** [-ret'toːre] *m* Leiter *m*, Direktor *m*; *mus* Dirigent *m*; ***~ d'orchestra*** Dirigent *m*; ***~ generale*** Generaldirektor *m*; ***~ delle vendite*** Verkaufsleiter *m*; **~ettrice** [-ret'triːtʃe] *f* Leiterin *f*, Direktorin *f*; **~ezione** [-retsi'oːne] *f* Leitung *f*, Direktion *f*; Richtung *f*; ***in ~ di Roma*** in Richtung Rom
dir|igente [diri'dʒɛnte] **1.** *adj* leitend; **2.** *m/f* Leiter(in *f*) *m*; Führungskraft *f*; **~igere** [-'riːdʒere] (*3u*) leiten; *mus* dirigieren; **~igersi** [-'riːdʒersi] zugehen (***verso*** auf *acc*); sich wenden (***a***, ***verso*** nach, zu); **~igibile** [-ri'dʒiːbile] *m* Luftschiff *n*

dirimpetto [dirim'pɛtto] gegenüber (*a dat*)
diritto [di'ritto] **1.** *adj* gerade; recht; **2.** *adv* geradeaus, direkt; **3.** *m* rechte Seite *f*; *jur* Recht *n*; *università* Jura; **-i** *pl* Gebühren *f/pl*; **~ commerciale** Handelsrecht *n*; **~ costituzionale** Verfassungsrecht *n*; **~ internazionale** Völkerrecht *n*; **~ di precedenza** Vorfahrtsrecht *n*; **~ di voto** Wahlrecht *n*; **parità** *f* **di -i** Gleichberechtigung *f*; **-i umani** Menschenrechte *n/pl*; **aver ~ a** Anspruch haben auf (*acc*); **di ~** von Rechts wegen
diroccato [dirok'ka:to] verfallen
dir|ottamento [dirotta'mento] *m* Flugzeugentführung *f*; **~ottare** [-rot'ta:re] (*1c*) den Kurs ändern; *traffico* umleiten; *avia* entführen; **~ottatore** [-rotta'to:re] *m* Luftpirat *m*; **~otto** [-'rotto] **piove a ~** es regnet in Strömen
dirupo [di'ru:po] *m* Absturz *m*
disabile [di'za:bile] **1.** *adj* behindert; **2.** *m/f* Behinderte(r *m*) *m/f*
disabitato [dizabi'ta:to] unbewohnt
disabituare [dizabitu'a:re] (*1n*) abgewöhnen (**qu a qc** j-m et)
disaccordo [dizak'kɔrdo] *m* Uneinigkeit *f*
disadatto [diza'datto] ungeeignet
disadorno [diza'dorno] schmucklos
disagiato [diza'dʒa:to] armselig, dürftig
disagio [di'za:dʒo] *m* (*pl -gi*) Unbequemlichkeit *f*; (*imbarazzo*) Verlegenheit *f*; **essere a ~** sich unbehaglich fühlen
disambientato [dizambien'ta:to] fremd
disappetenza [dizappe'tɛntsa] *f* Appetitlosigkeit *f*
disapprov|are [dizappro'va:re] (*1c*) missbilligen; **~azione** [-vatsi'o:ne] *f* Missbilligung *f*
disappunto [dizap'punto] *m* Missmut *m*
disarm|are [dizar'ma:re] (*1a*) entwaffnen; *mil* abrüsten; **~ato** unbewaffnet
disarmo [di'zarmo] *m* Abrüstung *f*
dis|astro [di'zastro] *m* schweres Unglück *n*, Katastrophe *f*; **~astroso** [-zas'tro:so] katastrophal
disatt|ento [dizat'tɛnto] unaufmerksam; **~enzione** [-tentsi'o:ne] *f* Unaufmerksamkeit *f*
disavanzo [diza'vantso] *m* Defizit *n*, Fehlbetrag *m*; **~ della bilancia commerciale** Handelsbilanzdefizit *n*; **~ commerciale con l'estero** Außenhandelsdefizit *n*
disavventura [dizavven'tu:ra] *f* Unglück *n*
disbrigo [diz'bri:go] *m* (*pl -ghi*) Erledigung *f*
discarica [dis'ka:rika] *f* (*pl -che*) Schuttplatz *m*, Mülldeponie *f*
discend|ente [diʃʃen'dɛnte] *m* **1.** absteigend; **2.** *m* Nachkomme *m*; **~enza** [-'dɛntsa] *f* Herkunft *f*, Abstammung *f*
discendere [diʃ'ʃendere] (*3c*) herab-, hinabsteigen; *da veicoli* aussteigen; (*derivare*) abstammen
discepolo [diʃ'ʃe:polo] *m* Schüler *m*
discesa [diʃ'ʃe:sa] *f* Abhang *m*; Abstieg *m*; *avia* Landen *n*; *bus* Aussteigen *n*; *sci* **~ libera** Abfahrt *f*
dischetto [dis'ketto] *m* Diskette *f*; **~ di sicurezza** *inform* Sicherungsdiskette *f*
disciogliere [diʃ'ʃɔ:ʎere] (*3ss*) auflösen
disciplina [diʃʃi'pli:na] *f* Disziplin *f*; (*materia*) Lehrfach *n*
disciplin|are [diʃʃipli'na:re] **1.** *adj* Disziplinar…; **2.** *v/t* (*1a*) disziplinieren; **~ato** [-'na:to] diszipliniert
disco ['disko] *m* (*pl -chi*) Scheibe *f*; Diskus *m*; *mus* Schallplatte *f*; *inform* Platte *f*; **~ rigido** (*od* **fisso**) Festplatte *f*; *auto* **~ orario** Parkscheibe *f*; **~ volante** fliegende Untertasse *f*
discobolo [dis'kɔ:bolo] *m* Diskuswerfer *m*
discografia [diskogra'fi:a] *f* Diskographie *f*
discolo ['diskolo] **1.** *adj* ungezogen; **2.** *m* Bengel *m*
discontinuo [diskon'ti:nuo] diskontinuierlich, unterbrochen
disc|orde [dis'kɔrde] uneinig; **~ordia** [-'kɔrdia] *f* Uneinigkeit *f*
disc|orrere [dis'korrere] (*3o*) reden, sich unterhalten (**di** über *acc*); **~orso** [-'korso] **1.** → ***discorrere***; **2.** *m* Gespräch *n*, Unterhaltung *f*; Rede *f*
discoteca [disko'tɛ:ka] *f* (*pl -che*) Diskothek *f*
discrepanza [diskre'pantsa] *f* Diskrepanz *f*
discr|eto [dis'kre:to] diskret; (*ab-*

bastanza buono) ziemlich gut; **~ezione** [-kretsi'o:ne] *f* Diskretion *f*, Verschwiegenheit *f*; **a ~** nach Belieben
discrimin|are [diskrimi'na:re] (*1m*) diskriminieren; **~azione** [-natsi'o:ne] *f* Diskriminierung *f*; **~ per età** Altersdiskriminierung *f*
disc|ussione [diskussi'o:ne] *f* Diskussion *f*, Auseinandersetzung *f*; **~usso** [-'kusso] → **discutere**
disc|utere [dis'ku:tere] (*3v*) diskutieren; besprechen; **~utibile** [-ku'ti:bile] umstritten, fragwürdig
disd|etta [diz'detta] *f* Kündigung *f*, *fig* Unglück *n*, F Pech *n*; **~etto** [-'detto] → **disdire**
disdire [diz'di:re] (*3t*) abbestellen; *impegno* absagen; *contratto* kündigen
dis|egnare [dise'ɲa:re] (*1a*) zeichnen; entwerfen; **~egnatore** [-seɲa'to:re] *m* Zeichner *m*; **~egno** [-'se:ɲo] *m* Zeichnung *f*, Entwurf *m*; *fig* Plan *m*; **~ di legge** Gesetzentwurf *m*
disered|are [dizere'da:re] (*1b*) enterben; **~ato** [-'da:to] enterbt; entrechtet
diser|tare [dizer'ta:re] (*1b*) **1.** *v/t* (*abbandonare*) verlassen; fern bleiben (von); **2.** *v/i* desertieren; **~tore** [-'to:re] *m* Deserteur *m*; **~zione** [-tsi'o:ne] *f* Fahnenflucht *f*
dis|fare [dis'fa:re] (*3aa*) auflösen; zerstören; auseinander nehmen; **~ la valigia** auspacken; **~farsi** [-'farsi]: **~ di qu** (*od* **qc**) j-n (*od* et) loswerden; **~fatta** [-'fatta] *f* Niederlage *f*; **~fatto** [-'fatto] → **disfare**
disfunzione [disfuntsi'o:ne] *f med* Funktionsstörung *f*
disgelo [diz'dʒɛ:lo] *m* Tauwetter *n*; Auftauen *n*
disgrazia [diz'gra:tsia] *f* Unglück *n*; **per ~** unglücklicherweise
disgraziato [dizgratsi'a:to] unglücklich
disguido [dizgu'i:do] *m* (*errore*) Versehen *n*; *post* falsche Beförderung *f*
disgust|are [dizgus'ta:re] (*1a*) anwidern; **~arsi** [-'tarsi] angeekelt sein (**di** von)
disg|usto [diz'gusto] *m* Widerwille *m*; **~ustoso** [-gus'to:so] ekelhaft, widerlich
disidratato [dizidra'ta:to] ausgetrocknet
disil|ludere [dizil'lu:dere] (*3b*) enttäuschen, ernüchtern; **~lusione** [-lusi'o:ne] *f* Enttäuschung *f*, Ernüchterung *f*; **~luso** [-'lu:so] ernüchtert
disimparare [dizimpa'ra:re] (*1a*) verlernen
disinf|ettante [dizinfet'tante] *m* Desinfektionsmittel *n*; **~ettare** [-'ta:re] (*1b*) desinfizieren; **~ezione** [-fetsi'o:ne] *f* Desinfektion *f*
disingannare [diziŋgan'na:re] (*1a*) ernüchtern; *j-m* die Augen öffnen
disinibito [dizini'bi:to] ungehemmt
disinnescare [dizinnes'ka:re] (*1d*) *bomba* entschärfen; *auto*: *marcia* herausnehmen
disinquinare [diziŋkui'na:re] (*1a*) reinigen; entseuchen
disinserire [dizinse'ri:re] (*4d*) abschalten
disinter|essarsi [dizinteres'sarsi] kein Interesse mehr haben (**di** an *dat*); sich nicht kümmern (**di** um); **~essato** [-'sa:to] desinteressiert; uneigennützig; **~esse** [-'rɛsse] *m* Interesselosigkeit *f*, (*generosità*) Selbstlosigkeit *f*
disintossic|are [dizintossi'ka:re] (*1m*, *c u d*) entgiften; **~azione** [-katsi'o:ne] *f* Entgiftung *f*
disinv|olto [dizin'vɔlto] ungezwungen; unbefangen; **~oltura** [-vol'tu:ra] *f* Ungezwungenheit *f*, Unbefangenheit *f*
dislivello [dizli'vɛllo] *m* Höhenunterschied *m*; *fig* Unterschied *m*
disobbedire [dizobbe'di:re] → **disubbidire**
disoccup|ato [dizokku'pa:to] **1.** *adj* arbeitslos; **~ a lungo termine** langzeitarbeitslos **2.** *m*, **-a** *f* Arbeitslose(r *m*) *m/f*; **~azione** [-patsi'o:ne] *f* Arbeitslosigkeit *f*, Erwerbslosigkeit *f*; **~ a lungo termine** Langzeitarbeitslosigkeit *f*; **~ giovanile** Jugendarbeitslosigkeit *f*
dison|està [dizones'ta] *f* Unehrlichkeit *f*; **~esto** [-'nɛsto] unehrlich
dison|orare [dizono'ra:re] (*1a*) entehren; **~ore** [-'no:re] *m* Schande *f*
disopra [di'so:pra] oben; darüber; **al ~ di** über (*acc od dat*)
disordin|are [dizordi'na:re] (*1m*) in Unordnung bringen; verwirren; **~ato** [-'na:to] unordentlich
disordine [di'zordine] *m* Unordnung *f*; **-i** *pl* Unruhen *f/pl*

disorganizzazione [dizorganiddzatsi'oːne] *f* Desorganisation *f*
disorient|are [dizorien'taːre] (*1b*) verwirren; **~arsi** [-'tarsi] sich verwirren
disotto [di'sotto] unten; ***al ~ di*** unter (*dat od acc*)
dispari ['dispari] ungerade
disparità [dispari'ta] *f* Verschiedenheit *f*
disparte [dis'parte] ***in ~*** beiseite
dispendio [dis'pɛndio] *m* Aufwand *m*; Verschwendung *f*
dispendioso [dispendi'oːso] kostspielig
dispensa [dis'pɛnsa] *f* Anrichte *f*; Speisekammer *f*; *jur* Erlass *m*; ***~ universitaria*** Vorlesungstext *m*
dispensare [dispen'saːre] (*1b*) (*esonerare*) befreien
disper|are [dispe'raːre] (*1b*) verzweifeln (***di*** an *dat*), die Hoffnung aufgeben (***di*** auf *acc*); ***far ~*** zur Verzweiflung bringen; **~arsi** [-'rarsi] in Verzweiflung geraten; verzweifeln; **~ato** [-'raːto] verzweifelt; hoffnungslos; **~azione** [-ratsi'oːne] *f* Verzweiflung *f*
disp|erdere [dis'pɛrdere] (*3uu*) zerstreuen; auseinander treiben; (*consumare*) verschwenden; **~erdersi** [-'pɛrdersi] sich zerstreuen, auseinander laufen; **~ersione** [-persi'oːne] *f chim u fis* Dispersion *f*, *fig* Zerstreuung *f*; **~erso** [-'pɛrso] **1.** → ***disperdere***; **2.** *adj* vermisst
dispetto [dis'pɛtto] *m* Ärger *m*; Bosheit *f*; ***a ~ di qu*** j-m zum Trotz; ***fare -i a qu*** j-n ärgern
dispettoso [dispet'toːso] boshaft
dispiacere [dispia'tʃeːre] **1.** *v/i* (*2k*) missfallen; Leid tun, bedauern; ***mi dispiace*** es tut mir Leid; **2.** *m* Kummer *m*; Bedauern *n*
disp|onibile [dispo'niːbile] verfügbar; vorrätig; **~onibilità** [-ponibili'ta] *f* Verfügbarkeit *f*
disporre [dis'porre] (*3ll*) **1.** *v/t* anordnen; vorbereiten; **2.** *v/i* bestimmen; verfügen (***di*** über *acc*)
disp|ositivo [dispozi'tiːvo] *m tec* Vorrichtung *f*; **~osizione** [-pozitsi'oːne] *f* Anordnung *f*; Anlage *f* (***a*** zu); (*norma*) Bestimmung *f*; ***~ d'animo*** Verfassung *f*; ***stare*** (***mettere***) ***a ~*** zur Verfügung stehen (stellen); **~osto** [-'posto] **1.** → ***disporre***; **2.** *adj* bereit (***a*** zu)
dispotico [dis'pɔtiko] despotisch
disprezzare [dispret'tsaːre] (*1b*) verachten
disprezzo [dis'prɛttso] *m* Verachtung *f*
disputa ['disputa] *f* Streit *m*, Wortstreit *m*; Wortgefecht *n*
disseminare [dissemi'naːre] (*1m*) verstreuen; *fig* verbreiten
dissenso [dis'sɛnso] *m* Meinungsverschiedenheit *f*; (*disapprovazione*) Missbilligung *f*
dissenteria [dissente'riːa] *f* Ruhr *f*
disseppellire [disseppel'liːre] (*4d*) ausgraben
dissertazione [dissertatsi'oːne] *f* Abhandlung *f*
disservizio [disser'viːtsio] *m* (*pl -zi*) Misswirtschaft *f*
dissest|are [disses'taːre] (*1b*) *econ* abwirtschaften; **~ato** [-'taːto] abgewirtschaftet
dissesto [dis'sɛsto] *m* Zerrüttung *f*
disset|ante [disse'tante] durststillend; **~are** [-'taːre] (*1a*): ***~ qu*** j-m den Durst löschen; **~arsi** [-'tarsi] s-n Durst löschen
dissidente [dissi'dɛnte] *m* Dissident *m*
dissimul|are [dissimu'laːre] (*1m*) verheimlichen; vortäuschen; **~azione** [-latsi'oːne] *f* Verstellung *f*, Heuchelei *f*
dissip|are [dissi'paːre] (*1l*) zerstreuen; (*sperperare*) verschwenden; **~azione** [-patsi'oːne] *f* Verschwendung *f*
dissoci|are [disso'tʃaːre] (*1f*) trennen; **~arsi** sich distanzieren (***da*** von)
dissodare [disso'daːre] (*1c*) urbar machen
dissolv|ere [dis'sɔlvere] (*3g*) auflösen; *dubbi* zerstreuen; **~ersi** [-versi] sich auflösen
disson|ante [disso'nante] misstönend; nicht übereinstimmend; **~anza** [-'nantsa] *f mus u fig* Dissonanz *f*; Unstimmigkeit *f*
dissu|adere [dissua'deːre] (*2i*): ***~ qu da qc*** j-m et ausreden; **~aso** [-su'aːzo] → ***dissuadere***
distaccare [distak'kaːre] (*1d*) loslösen, trennen
distacco [dis'takko] *m* (*pl -cchi*) Trennung *f*, *fig* Abstand *m*
dist|ante [dis'tante] weit; entfernt; entlegen; **~anza** [-'tantsa] *f* Entfernung

f, Abstand *m*; *fig* Unterschied *m*; ***comando a ~*** Fernsteuerung *f*; **~are** [-'ta:re] (*1a*) entfernt sein
distend|ere [dis'tɛndere] (*3c*) ausbreiten; ausstrecken; (*adagiare*) hinlegen; **~ersi** [-ersi] sich hinlegen; (*rilassarsi*) sich entspannen
disten|sione [distensi'o:ne] *f* Entspannung *f* (*a pol*); **~sivo** [-'si:vo] entspannend
dist|esa [dis'te:sa] *f* Weite *f*; **~eso** [-so] **1.** → ***distendere***; **2.** *adv* ausgestreckt; (*rilassato*) entspannt
distill|are [distil'la:re] (*1a*) destillieren; **~eria** [-le'ri:a] *f* Brennerei *f*
distinguere [dis'tiŋguere] (*3d*) unterscheiden; kennzeichnen; erkennen
distintivo [distin'ti:vo] **1.** *adj* unterscheidend; **2.** *m* Abzeichen *n*
distinto [dis'tinto] **1.** → ***distinguere***; **2.** *adj* (*diverso*) verschieden; (*chiaro*) deutlich; *fig* vornehm; ***-i saluti*** hochachtungsvoll
distinzione [distintsi'o:ne] *f* Unterscheidung *f*, Unterschied *m*; *fig* Vornehmheit *f*
distorsione [distorsi'o:ne] *f* Verstauchung *f*; *fig* Verzerrung *f*
distr|arre [dis'trarre] (*3xx*) zerstreuen; ablenken; **~atto** [-'tratto] **1.** → ***distrarre***; **2.** *adj* unaufmerksam, zerstreut; **~azione** [-tratsi'o:ne] *f* Unaufmerksamkeit *f*, Zerstreutheit *f*, (*svago*) Zerstreuung *f*
distretto [dis'tretto] *m* Bezirk *m*
distribu|ire [distribu'i:re] (*4d*) verteilen; **~tore** [-'to:re] *m* Verteiler *m*; **~** (***di benzina***) Tankstelle *f*; ***~ automatico di bibite*** Getränkeautomat *m*; ***~ automatico di biglietti*** Fahrkartenautomat *m*; **~zione** [-tsi'o:ne] *f* Verteilung *f*, *post* Ausgabe *f*
distr|uggere [dis'truddʒere] (*3cc*) zerstören, vernichten; **~uttivo** [-trut'tivo] zerstörerisch; **~utto** [-'trutto] → ***distruggere***; **~uzione** [-trutsi'o:ne] *f* Zerstörung *f*, Vernichtung *f*
disturbare [distur'ba:re] (*1a*) stören; ***non si disturbi*** lassen Sie sich nicht stören
disturbo [dis'turbo] *m* Störung *f*, ***~ circolatorio*** Kreislaufstörung *f*
disubbid|iente [dizubbidi'ɛnte] ungehorsam; **~ienza** [-di'ɛntsa] *f* Ungehorsam *m*; **~ire** [-'di:re] (*4d*) nicht gehorchen (*dat*)
disugu|aglianza [dizugua'ʎantsa] *f* Ungleichheit *f*, **~ale** [-gu'a:le] ungleich
disumano [dizu'ma:no] unmenschlich
disuso [di'zu:zo] *m* ***in ~*** veraltet
ditale [di'ta:le] *m* Fingerhut *m*
dito ['di:to] *m* (*pl le dita*) Finger *m*; *del piede* Zehe *f*, *misura* Fingerbreit *m*; ***un ~ di vino*** ein Schluck Wein
ditta ['ditta] *f* Firma *f*, ***~ fornitrice*** Lieferfirma *f*, ***~ di vendite per corrispondenza*** Versandhaus *n*
dittafono [dit'ta:fono] *m* Diktiergerät *n*
dittat|ore [ditta'to:re] *m* Diktator *m*; **~ura** [-'tu:ra] *f* Diktatur *f*
diurno [di'urno] Tages...; ***albergo*** *m* **~** Tageshotel *n*
diva ['di:va] *f* Diva *f*, Star *m*
divano [di'va:no] *m* Couch *f*, Sofa *n*; ***~ letto*** Bettcouch *f*
divaricare [divari'ka:re] (*1m u d*) auseinander spreizen
divario [di'va:rio] *m* (*pl -ri*) Unterschied *m*; Gefälle *n*
divenire [dive'ni:re] (*4p*) werden
diventare [diven'ta:re] (*1b*) werden
diverbio [di'vɛrbio] *m* (*pl -bi*) Wortwechsel *m*
diver|gente [diver'dʒɛnte] auseinander gehend; *mat* divergent; **~genza** [-'dʒɛntsa] *f* (Meinungs)Verschiedenheit *f*, Divergenz *f* (*a mat*)
divergere [di'vɛrdʒere] (*3uu u 3a*) auseinander gehen; *fig* abweichen; *mat* divergieren
divers|amente [diversa'mente] *adv* anders; andernfalls; **~ificare** [-sifi'kare] (*1n u d*) **1.** *v/t* unterscheiden; **2.** *v/i u* **~ificarsi** [-sifi'karsi] sich unterscheiden; **~ità** [-si'ta] *f* Verschiedenheit *f*, Unterschied *m*; **~ivo** [-'si:vo] *m* Abwechslung *f*, Ablenkung *f*
diverso [di'vɛrso] verschieden (***da*** von), anders (***da*** als); ***-i*** mehrere; ***da -i giorni*** seit einigen Tagen
divert|ente [diver'tɛnte] amüsant; **~imento** [-ti'mento] *m* Vergnügen *n*; ***buon ~!*** viel Vergnügen!, viel Spaß!; **~ire** [-'ti:re] (*4b*) unterhalten, amüsieren; **~irsi** [-'tirsi] sich amüsieren
div|idendo [divi'dɛndo] *m mat* Dividend *m*; *econ* Dividende *f*, **~idere** [-'vi:dere] (*3q*) (auf-, ein- ver)teilen;

trennen; *mat* dividieren; **~idersi** [-'viːdersi] sich trennen
divieto [divi'ɛːto] *m* Verbot *n*; **~ *d'importazione*** Einfuhrverbot *n*; *auto* **~ *di segnalazioni acustiche*** Hupverbot *n*; **~ *di sosta*** Halteverbot *n*
divincolarsi [diviŋko'larsi] (*1m*) sich winden; sich befreien
divinità [divini'ta] *f* Göttlichkeit *f*; Gottheit *f*
divino [di'viːno] göttlich
divisa [di'viːza] *f* Wahlspruch *m*; Uniform *f*; *econ* Devisen *pl*
divisione [divizi'oːne] *f* Teilung *f*; Abteilung *f*; Trennung *f*; *mat, mil, mar* Division *f*; **~ *del lavoro*** Arbeitsteilung *f*
divisorio [divi'zɔːrio] (*pl -ri*) **1.** *adj* Scheide…, Trenn…; ***parete*** *f* **-a** = **2.** *m* Trennwand *f*
divo ['diːvo] *m* Star *m*
divorare [divo'raːre] (*1c*) fressen; verschlingen; *fig* verzehren
divorzi|are [divortsi'aːre] (*1c u g*) sich scheiden lassen; **~ato** [-tsi'aːto] geschieden
divorzio [di'vɔrtsio] *m* (*pl -zi*) (Ehe-)Scheidung *f*
divulg|are [divul'gaːre] (*1e*) verbreiten; **~azione** [-gatsi'oːne] *f* Verbreitung *f*
dizionario [ditsio'naːrio] *m* (*pl -ri*) Wörterbuch *n*
do[1] [dɔ] → ***dare***
do[2] [dɔ] *m inv mus* C *n*
dobbiamo [dobbi'aːmo] → ***dovere***
doccia ['dottʃa] *f* (*pl -cce*) Dusche *f*; Dachrinne *f*; ***fare la*** **~** duschen
docente [do'tʃɛnte] **1.** *adj* Lehr(er)…; ***personale*** *m* **~** Lehrkörper *m*; **2.** *m/f* Lehrer(in *f*) *m*; **~ *universitario*** Dozent(in *f*)
docile ['dɔːtʃile] fügsam, gelehrig
docum|entare [dokumen'taːre] (*1a*) dokumentieren; belegen; **~entarsi** [-men'tarsi] sich informieren; **~entario** [-men'taːrio] *m* Dokumentarfilm *m*; **~entazione** [-mentatsi'oːne] *f* Dokumentation *f*, Unterlagen *f/pl*; **~ento** [-'mento] *m* Dokument *n*; Beleg *m*; **-i** *pl* Papiere *n/pl*, Ausweispapiere *n/pl*; **-i *d'accompagnamento*** Begleitpapiere *n/pl*; **-i *dell'autoveicolo*** Wagenpapiere *n/pl*
dogana [do'gaːna] *f* Zoll *m*; Zollamt *n*
dogan|ale [doga'naːle] Zoll…; ***autorità*** *f* **~** Zollbehörde *f*; ***barriera*** *f* **~** Zollschranke *f*; ***dichiarazione*** *f* **~** Zollerklärung *f*; ***formalità*** *f/pl* **-i** Zollabfertigung *f*; ***controllo*** *m* **~** Zollkontrolle *f*; **~iere** [-ni'ɛːre] *m* Zollbeamte(r) *m*
doglia ['dɔːʎa] *f* ***le -e*** *pl* ***del parto*** (Geburts)Wehen *f/pl*
dogma ['dɔgma] *m* (*pl -i*) Dogma *n*
dolce ['doltʃe] **1.** *adj* süß; sanft; mild; **2.** *m* Süßspeise *f*; Kuchen *m*; **-i** *pl* Süßigkeiten *f/pl*
dolc|ezza [dol'tʃettsa] *f* Süße *f*; Sanftheit *f*; Milde *f*; **~iastro** [-'tʃastro] widerlich süß; **~ificante** [-tʃifi'kante] *m* Süßstoff *m*; **~iumi** [-'tʃuːmi] *m/pl* Süßwaren *f/pl*
dol|ente [do'lɛnte] schmerzlich; ***essere*** **~ *per qc*** et bedauern; **~ere** [-'leːre] (*2e*) schmerzen; wehtun; **~ersi** [-'lersi] sich beklagen (***di*** über *acc*); bedauern
dollaro [dɔl'laro] *m* Dollar *m*
dolorante [dolo'rante] *adj* schmerzhaft
dol|ore [do'loːre] *m* Schmerz *m*; **~oroso** [-lo'roːso] schmerzhaft; schmerzlich
domanda [do'manda] *f* Frage *f*; (*richiesta*) Anfrage *f*; Antrag *m*; *econ* Nachfrage *f*; **~ *e offerta*** Angebot und Nachfrage; **~ *di lavoro*** Bewerbung *f*
domandare [doman'daːre] (*1a*) fragen; bitten; **~ *a qu*** j-n fragen; **~ *di qu*** nach j-m fragen; **~ *qc a qu*** j-n um et bitten; **~ *scusa*** um Entschuldigung bitten; **~ *il prezzo*** nach dem Preis fragen
domani [do'maːni] **1.** *adv* morgen; **~ *mattina*** morgen früh; **~ *sera*** morgen Abend; ***a*** **~!** bis morgen!; **2.** *m* der nächste Tag
domare [do'maːre] (*1a*) bändigen
domattina [domat'tiːna] morgen früh
domenica [do'meːnika] *f* (*pl -che*) Sonntag *m*; ***la*** (*od* ***di***) **~** sonntags, am Sonntag
domestica [do'mɛstika] *f* (*pl -che*) Hausangestellte *f*
domestico [do'mɛstiko] (*pl -ci*) **1.** *adj* häuslich; Haus…; ***animale*** *m* **~** Haustier *n*; **2.** *m* Hausangestellte(r) *m*
domiciliato [domitʃili'aːto] wohnhaft
domicilio [domi'tʃiːlio] *m* (*pl -li*) Wohnsitz *m*; Wohnung *f*
domin|ante [domi'nante] beherrschend; **~are** [-'naːre] (*1l u c*) **1.** *v/t*

beherrschen; **2.** *v/i* herrschen
dominio [do'miːnio] *m* (*pl -ni*) Herrschaft *f*; (*controllo*) Beherrschung *f*; *fig* (*campo*) Gebiet *n*, Domäne *f*
domino ['dɔːmino] *m* Domino(spiel) *n*
don|are [do'naːre] (*1a*) schenken; spenden; **~atore** [-na'toːre] Spender *m*; ***~ di sangue*** Blutspender *m*; **~azione** [-natsi'oːne] *f* Schenkung *f*
dondol|are [dondo'laːre] (*1l*) schaukeln; **~arsi** [-'larsi] schaukeln; **~io** [-'liːo] *m* Schaukeln *n*
dondolo ['dondolo] *m* ***cavallo*** *m* ***a ~*** Schaukelpferd *n*; ***sedia*** *f* ***a ~*** Schaukelstuhl *m*
donna ['dɔnna] *f* Frau *f*; *carte da gioco* Dame *f*; ***~ di servizio*** Dienstmädchen *n*; ***da ~*** weiblich; Frauen…
donnola ['dɔnnola] *f* Wiesel *n*
dono ['doːno] *m* Geschenk *n*; *fig* Gabe *f*
dopo ['dɔːpo] **1.** *prp* nach; ***~ tutto*** schließlich; **2.** *adv* nachher; danach; ***il giorno ~*** tags darauf, am Tag danach; ***~ che*** nachdem
dopo|barba [dopo'barba] *m* Aftershavelotion *f*; **~domani** [-do'maːni] *adv* übermorgen; **~guerra** [-gu'ɛrra] *m inv* Nachkriegszeit *f*; **~pranzo** [-'prandzo] *m* Nachmittag *m*; **~sci** [-'ʃi] *m inv* Après-Ski *n*; **~** *pl stivali* Moonboots *m/pl*; **~tutto** [-'tutto] schließlich
doppi|aggio [doppi'addʒo] *m film* Synchronisierung *f*; **~are** [-pi'aːre] (*1k*) synchronisieren
doppio ['doppio] (*pl -pi*) **1.** *adj* doppelt; *fig* zweideutig; **2.** *m* Doppelte(s) *n*; *sport* Doppel *n*; **~ne** [-pi'oːne] *m* Duplikat *n*; **~petto** [-'pɛtto] *m* Zweireiher *m*
dor|are [do'raːre] (*1c*) vergolden; *gastr* anbräunen; **~ato** [-'raːto] **1.** → ***dorare***; **2.** *adj* vergoldet; *gastr* goldbraun gebacken
dorico ['dɔːriko] (*pl -ci*) dorisch
dorm|icchiare [dormikki'aːre] (*1k*) schlummern; **~iglione** [-mi'ʎoːne] *m* Langschläfer *m*; **~ire** [-'miːre] (*4c*) schlafen; **~ita** [-'miːta] *f* Schlaf *m*; **~itorio** [-mi'tɔːrio] *m* (*pl -ri*) Schlafsaal *m*; **~iveglia** [-mi'veːʎa] *f* Halbschlaf *m*
dorso ['dɔrso] *m* Rücken *m*
dos|aggio [do'zaddʒo] *m* (*pl -gi*) Dosierung *f*; **~are** [-'zaːre] (*1c*) dosieren
dose ['dɔːze] *f* Dosis *f*
dot|are [do'taːre] (*1c*) ausstatten (***di*** mit); **~ato** [-'taːto] ausgestattet (***di*** mit); begabt (***per*** für); **~azione** [-tatsi'oːne] *f* Ausstattung *f*, Ausrüstung *f*
dote ['dɔːte] *f* Mitgift *f*, Aussteuer *f*; *fig* Gabe *f*
dotto ['dɔtto] **1.** *adj* gelehrt; **2.** *m* Gelehrte(r) *m*
dottore [dot'toːre] *m* Doktor *m*; Arzt *m*; ***~ in …*** Doktor der …
dottoressa [dotto'ressa] *f* Frau Doktor *f*, Ärztin *f*
dottrina [dot'triːna] *f* Lehre *f*
dove ['doːve] wo; wohin; ***~ sei?*** wo bist du?; ***~ vai?*** wohin gehst du?; ***di*** *od* ***da ~*** woher
dovere [do'veːre] (*2f*) **1.** *v/i* müssen; sollen; ***come si deve*** wie es sich gehört; **2.** *v/t* verdanken; *denaro* schulden; **3.** *m* Pflicht *f*
dovunque [do'vuŋkue] wo auch immer; überall(hin)
dovuto [do'vuːto] **1.** → ***dovere***; **2.** *adj* ***~ a*** verursacht durch (*od* von)
dozzina [dod'dziːna] *f* Dutzend *n*; ***a -e*** dutzendweise
drago ['draːgo] *m* (*pl -ghi*) Drache *m*
dragoncello [dragon'tʃɛllo] *m* Estragon *m*
dramma ['dramma] *m* (*pl -i*) Drama *n*; Schauspiel *n*
dramm|atico [dram'maːtiko] (*pl -ci*) dramatisch; **~atizzare** [-matid'dzaːre] (*1a*) dramatisieren; **~aturgia** [-matur'dʒiːa] *f* Dramaturgie *f*; **~aturgo** [-ma'turgo] *m* (*pl -ghi*) Dramatiker *m*, Bühnenautor *m*
drastico ['drastiko] (*pl -ci*) drastisch
dribblare [drib'blaːre] (*1a*) *sport* dribbeln
drive [dr'aiv] *m inv inform* Laufwerk *n*
drizz|are [drit'tsaːre] (*1a*) gerade machen, gerade biegen; ***~ le orecchie*** die Ohren spitzen; **~arsi** [-'tsarsi] sich aufrichten
droga ['drɔːga] *f* (*pl -ghe*) Gewürz *n*; Droge *f*, Rauschgift *n*
dro|gare [dro'gaːre] (*1c u e*) würzen; Rauschgift geben (***qu*** j-m); *sport* dopen; **~garsi** [-'garsi] Rauschgift nehmen; *sport* sich dopen; **~gato** [-'gaːto] *m*, **-a** [-'gaːta] *f* Drogenabhängige(r *m*) *m/f*; **~gheria** [-ge'riːa] *f* Drogerie *f*
dubbio ['dubbio] (*pl* -bbi) **1.** *adj* dubios,

zweifelhaft; **2.** *m* Zweifel *m*; ***mettere qc in ~*** et bezweifeln; ***senza ~*** zweifellos
dubbioso [dubbi'oːso] zweifelnd; unsicher; dubios
dubitare [dubi'taːre] (*1l*) zweifeln (***di*** an *dat*); bezweifeln (***di qc*** etwas); ***dubito che venga*** ich zweifele, dass er kommt
duca ['duːka] *m* (*pl -chi*) Herzog *m*
duc|ato [du'kaːto] *m* Herzogtum *n*; **~hessa** [-'kessa] *f* Herzogin *f*
due [d'uːe] zwei; ***a ~ a ~*** immer zu zweit, paarweise; ***tutt'e ~*** beide; ***~ parole*** ein paar Worte
duecento [due'tʃɛnto] *adj* zweihundert
Duecento [due'tʃɛnto] *m* dreizehnte(s) Jahrhundert *n*
duello [du'ɛllo] *m* Duell *n*
duepezzi [due'pɛttsi] *m* Zweiteiler *m*
duetto [du'etto] *m* Duett *n*
duna ['duːna] *f* Düne *f*
dunque ['duŋkue] also
duomo [du'ɔːmo] *m* Dom *m*
duplicato [dupli'kaːto] *m* Duplikat *n*
duplice ['duːplitʃe] *adj* zweifach
dur|ante [du'rante] *prp* während; ***vita natural ~*** zeitlebens; **~are** [-'raːre] (*1a*) dauern; aushalten; (*conservarsi*) halten; **~ata** [-'raːta] *f* Dauer *f*; (*conservazione*) Haltbarkeit *f*; ***~ di volo*** Flugzeit *f*; **~aturo** [-ra'tuːro], **~evole** [-'reːvole] dauerhaft; haltbar
durezza [du'rettsa] *f* Härte *f*
duro ['duːro] hart; schwer; ***~ d'orecchi*** schwerhörig
durone [du'roːne] *m* Hornhaut *f*
duttile ['duttile] dehnbar; geschmeidig; *fig* flexibel

E

e [e] *cj* und; ***e ... e ...*** sowohl … als auch …
è [ɛ] → ***essere***
ebanista [eba'nista] *m* (*pl -i*) Kunsttischler *m*
ebano ['ɛːbano] *m* Ebenholz *n*
ebbe ['ɛbbe], **ebbi** ['ɛbbi] → ***avere***
ebbene [eb'bɛːne] also, nun
ebbrezza [eb'brettsa] *f* Trunkenheit *f*
ebraico [e'braːiko] (*pl -ci*) jüdisch; *lingua* hebräisch
ebre|a [e'brɛːa] *f* Jüdin *f*; **~o** [-o] **1.** *m* Jude *m*; **2.** *adj* jüdisch
ecced|ente [ettʃe'dɛnte] überschüssig; **~enza** [-'dɛntsa] *f* Überschuss *m* (***di*** an *dat*); ***~ demografica*** Bevölkerungsüberschuss *m*
eccedere [et'tʃɛːdere] (*3a*) übertreiben; zu weit gehen; ***~ nel bere*** übermäßig trinken
eccellente [ettʃel'lɛnte] hervorragend, vortrefflich; (*squisito*) ausgezeichnet
eccentrico [et'tʃɛntriko] (*pl -ci*) exzentrisch; überspannt
eccessivo [ettʃes'siːvo] übermäßig; übertrieben
eccesso [et'tʃɛsso] *m* Übermaß *n*; ***~ di velocità*** Geschwindigkeitsüberschreitung *f*; ***in ~*** zu viel
eccetera [et'tʃɛːtera] und so weiter
eccetto [et'tʃɛtto] ausgenommen (*acc*); abgesehen von; ***~ te*** außer dir; ***~ che*** es sei denn
eccez|ionale [ettʃetsio'naːle] außergewöhnlich; ***caso m ~*** Ausnahmefall *m*; ***in via ~*** ausnahmsweise; **~ionalmente** [-tsional'mente] ausnahmsweise; **~ione** [-tsi'oːne] *f* Ausnahme *f*
ecchimosi [ek'kiːmozi *od* ekki'mɔːzi] *f* Bluterguss *m*
eccit|ante [ettʃi'tante] **1.** *adj* aufregend; **2.** *m* Aufputschmittel *n*; **~are** [-'taːre] (*1l u b*) erregen; aufregen; (*stimolare*) anregen; **~azione** [-tatsi'oːne] *f* Erregung *f*, Aufregung *f*
ecclesiastico [ekklezi'astiko] (*pl -ci*) **1.** *adj* geistlich; kirchlich; **2.** *m* Geistliche(r) *m*
ecco ['ɛkko] hier (*od* da) ist (sind); da kommt (kommen); **~!** eben!; genau!; ***~ fatto*** fertig; ***~ tutto*** das ist alles; *in Zssgn* ***eccomi*** hier bin ich; ***eccolo*** hier

ist er; ***eccoti il libro*** da hast du das Buch

eclissare [eklis'sa:re] (*1a*) verdunkeln; *fig* in den Schatten stellen; **~arsi** [-'sarsi] *fig* verschwinden

eclissi [e'klissi] *inv* Eklipse *f*; **~ solare** Sonnenfinsternis *f*; **~ lunare** Mondfinsternis *f*

eco ['ɛ:ko] *m/f* (*pl echi*) Echo *n*

ecografia [ekogra'fi:a] *f* Ultraschalluntersuchung *f*

ecologia [ekolo'dʒi:a] *f* Ökologie *f*; **~ogico** [-'lɔdʒiko] (*pl -ci*) ökologisch, umweltfreundlich; umweltverträglich; *tec* schadstoffarm; **~ogista** [-lo'dʒista] **1.** *m/f* Umweltschützer(in *f*) *m*; **2.** *adj* Umwelt…, Ökologie…

ecologo [e'kɔ:logo] *m* (*pl -gi*) Ökologe *m*; Umweltforscher *m*

economia [ekono'mi:a] *f* Wirtschaft *f*; ***fare ~*** sparen; ***~ di mercato*** Marktwirtschaft *f*; *università* ***~ e commercio*** Betriebswirtschaft *f*; ***-e*** *pl* Ersparnisse *f/pl*

economico [eko'nɔ:miko] (*pl -ci*) wirtschaftlich; (*poco costoso*) preiswert; billig; ***politica*** *f* ***-a*** Wirtschaftspolitik *f*

economista [ekono'mista] *m/f* (*m/pl -i*) Volkswirtschaftler(in *f*) *m*; **~izzare** [-mid'dza:re] (*1a*) sparen

economo [e'kɔ:nomo] **1.** *adj* sparsam; **2.** *m* Verwalter *m*

ecosistema [ekosis'tɛ:ma] *m* Ökosystem *n*

eczema [ek'dzɛ:ma] *m* (*pl -i*) Ekzem *n*

ed [ed] = ***e*** (*vor Vokalen*)

edera ['ɛ:dera] *f* Efeu *m*

edicola [e'di:kola] *f* Zeitungskiosk *m*

edificare [edifi'ka:re] (*1m u d*) bauen; erbauen (*a fig*)

edificio [edi'fi:tʃo] *m* (*pl -ci*) Bau *m*; Gebäude *n*; *fig* Aufbau *m*; ***complesso*** *m* ***di -i*** Häuserblock *m*

edile [e'di:le] Bau…; ***industria*** *f* ***~*** Bauindustrie *f*

edilizia [edi'li:tsia] *f* Bauwesen *n*; (*urbanistica*) Städteplanung *f*; ***~ abitativa*** (*od* ***residenziale***) Wohnungsbau *m*

editore [edi'to:re] **1.** *adj* Verlags…; ***casa*** *f* ***editrice*** Verlag *m*; **2.** *m* Verleger *m*; (*curatore*) Herausgeber *m*; **~oria** [-to'ria] *f* Verlagswesen *n*; **~oriale** [-tori'a:le] **1.** *adj* Verlags…; **2.** *m* Leitartikel *m*

edizione [editsi'o:ne] *f* Ausgabe *f*; Auflage *f*; ***~ clandestina*** Raubdruck *m*; ***~ interamente rifatta*** Neubearbeitung *f*; ***~ straordinaria*** Sonderausgabe *f*; ***~ tascabile*** Taschenbuchausgabe *f*; ***quarta ~*** vierte Auflage *f*

educare [edu'ka:re] (*1l, b u d*) erziehen; **~ato** [-'ka:to] (*a* ***ben ~***) wohlerzogen, höflich; **~azione** [-katsi'o:ne] *f* Erziehung *f*

effervescente [effervef'ʃɛnte] aufbrausend, sprudelnd

effettivamente [effettiva'mente] in Wirklichkeit, tatsächlich; **~ivo** [-'ti:vo] **1.** *adj* wirklich; **2.** *m econ* Effektivbestand *m*

effetto [ef'fɛtto] *m* Wirkung *f*; Effekt *m*; *econ* Wechsel *m*; ***~ serra*** Treibhauseffekt *m*; ***fare ~*** wirken; ***fare l'~ di …*** den Eindruck machen zu …; ***-i*** *pl* ***collaterali*** Nebenwirkungen *pl*; ***a tutti gli -i*** in jeder Hinsicht; ***in -i*** in der Tat

effettuare [effettu'a:re] (*1m u b*) ausführen, durchführen; *pagamento* leisten

efficace [effi'ka:tʃe] wirksam; **~acia** [-'ka:tʃa] *f* Wirksamkeit *f*; **~iente** [-'tʃɛnte] wirkend; leistungsfähig, effizient (*a econ*); **~ienza** [-'tʃɛntsa] *f* Leistungsfähigkeit *f*, Effizienz *f*; Wirksamkeit *f*

egiziano [edʒitsi'a:no] **1.** *adj* ägyptisch; **2.** *m* Ägypter *m*

egizio [e'dʒi:tsio] altägyptisch

egli ['e:ʎi] er; es

egocentrico [ego'tʃɛntriko] egozentrisch

egoismo [ego'izmo] *m* Egoismus *m*; **~ista** [-'ista] **1.** *adj* egoistisch; **2.** *m/f* (*m/pl -i*) Egoist(in *f*) *m*

egregio [e'grɛ:dʒo] (*pl -gi*) ausgezeichnet, vortrefflich; *nelle lettere* ***~ signore*** sehr geehrter Herr

eguale → ***uguale***

eh? [e] nun?, na?

eh! [ɛ] ach!, oh!

ehi! ['ei] he!

elaborare [elabo'ra:re] (*1m*) ausarbeiten; **~ato** [-'ra:to] ausgearbeitet; *stile* ausgefeilt

elaboratore [elabora'to:re] *m* ***~ elettronico*** Computer *m*

elaborazione [elaboratsi'o:ne] *f* Aus-

arbeitung *f*; Verarbeitung *f*; **~ elettronica dei dati** elektronische Datenverarbeitung *f*; **~ del testo** Textverarbeitung *f*
elasticità [elastitʃi'ta] *f* Elastizität *f*; *fig* Spannkraft *f*
elastico [e'lastiko] (*pl -ci*) **1.** *adj* elastisch; **2.** *m* Gummiband *n*
elefante [ele'fante] *m* Elefant *m*
eleg|ante [ele'gante] elegant; **~anza** [-'gantsa] *f* Eleganz *f*
eleggere [e'lɛddʒere] (*3cc*) wählen
elem|entare [elemen'taːre] elementar; **scuola** *f* **~** Grundschule *f*; **~ento** [-'mento] *m* Element *n*; Bestandteil *m*; **-i** *pl* Grundlagen *f/pl*
elem|osina [ele'mɔːzina] *f* Almosen *n*; **~osinare** [-mozi'naːre] (*1n u c*) betteln
elencare [eleŋ'kaːre] (*1b u d*) auflisten; (*enumerare*) aufzählen
elenco [e'lɛŋko] *m* (*pl -chi*) Verzeichnis *n*; Liste *f*; **~ telefonico** Telefonbuch *n*; **~ dei participanti** Teilnehmerliste *f*
eletto [e'lɛtto] **1.** → **eleggere**; **2.** *adj* gewählt
elett|orale [eletto'raːle] Wahl…; **campagna** *f* **~** Wahlkampf *m*; **~orato** [-to'raːto] *m* Wählerschaft *f*, Wähler *m/pl*; **~ore** [-'toːre] *m* Wähler *m*
elettrauto [elet'traːuto] *m inv* Kraftfahrzeugelektriker *m*; Werkstatt *f* für Autoelektrik
elettrice [elet'triːtʃe] *f* Wählerin *f*
elettr|icista [elettri'tʃista] *m* (*pl -i*) Elektriker *m*; **~icità** [-tritʃi'ta] *f* Elektrizität *f*
elettrico [e'lɛttriko] (*pl -ci*) elektrisch; **centrale** *f* **-a** Elektrizitätswerk *n*
elettro [e'lɛttro] *m* Bernstein *m*
elettrocardiogramma [elettrokardio'gramma] *m* (*pl -i*) Elektrokardiogramm *m*, EKG *n*
elettrodomestico [elettrodo'mɛstiko] *m* (*pl -ci*) elektrisches Haushaltsgerät *n*, Elektrogerät *n*
elettro|motore [elettromo'toːre] *m* Elektromotor *m*; **~motrice** [-mo'triːtʃe] *f* E-Lok *f*
elettr|one [elet'troːne] *m* Elektron *n*; **~onica** [-'trɔːnika] *f* Elektronik *f*; **~onico** [-'trɔːniko] elektronisch
elettro|tecnica [elettro'tɛknika] *f* Elektrotechnik *f*; **~tecnico** [-'tɛkniko] (*pl -ci*) **1.** *adj* elektrotechnisch; **2.** *m* Elektrotechniker *m*
elev|are [ele'vaːre] (*1b*) erhöhen, erheben; **~ato** [-'vaːto] hoch; *fig* erhaben; **~azione** [-vatsi'oːne] *f* Erhebung *f*
elezione [eletsi'oːne] *f* Wahl *f*; **-i** *pl* **anticipate** vorgezogene Wahlen *pl*; **-i europee** Europawahlen *pl*
eliambulanza [eliambu'lantsa] *f* Rettungshubschrauber *m*
elica ['ɛːlika] *f* (*pl -che*) *mar* (Schiffs-) Schraube *f*; *avia* Propeller *m*
elicottero [eli'kɔttero] *m* Hubschrauber *m*
elimin|are [elimi'naːre] (*1m*) beseitigen, eliminieren; *sport* ausschalten; **~atoria** [-na'tɔːria] *f* *sport* Ausscheidungskampf *m*; **~azione** [-natsi'oːne] *f* Beseitigung *f*, Ausscheidung *f*
eliporto [eli'pɔrto] *m* Hubschrauberlandeplatz *m*
élite [e'lit] *f* Elite *f*
ella ['ella] sie
ellenico [el'lɛːniko] (*pl -ci*) hellenisch
ellenismo [elle'nizmo] *m* Hellenismus *m*
ellepì [elle'pi] *m inv* Langspielplatte *f*, LP *f*
elmetto [el'metto] *m* Stahlhelm *m*
elmo ['elmo] *m* Helm *m*
elogiare [elo'dʒaːre] (*1f u c*) loben
elogio [e'lɔːdʒo] *m* (*pl -gi*) Lobrede *f*, Lob *n*
eloqu|ente [eloku'ɛnte] redegewandt; (*espressivo*) ausdrucksvoll; **~enza** [-ku'ɛntsa] *f* Beredsamkeit *f*
el|udere [e'luːdere] (*3q*) umgehen, ausweichen (*dat*); **~usivo** [-lu'ziːvo] ausweichend
elvetico [el'vɛːtiko] (*pl -ci*) helvetisch, schweizerisch
eman|are [ema'naːre] (*1a*) **1.** *v/t* ausstrahlen; ausströmen; *legge* erlassen; **2.** *v/i* herkommen; **~azione** [-natsi'oːne] *f* Ausstrahlung *f*, Erlass *m*
emancip|are [emantʃi'paːre] (*1m*) emanzipieren; befreien; *jur* mündig sprechen; **~arsi** [-'parsi] sich emanzipieren, sich freimachen; **~azione** [-patsi'oːne] *f* Emanzipation *f*, Befreiung *f*
emargin|are [emardʒi'naːre] (*1m*) ausschließen, ausstoßen; **~ato** [-'naːto] *m* Ausgestoßene(r) *m*

E

ematoma [ema'tɔːma] *m* (*pl -i*) Bluterguss *m*
embargo [em'bargo] *m* Embargo *n*
emblema [em'blɛːma] *m* (*pl -i*) Emblem *n*, Symbol *n*
embolia [embo'liːa] *f* Embolie *f*
embrione [embri'oːne] *m* Embryo *m*; *fig* Keim *m*
emergenza [emer'dʒɛntsa] *f* Notfall *m*; ***freno d'~*** Notbremse *f*; ***in caso di ~*** im Notfall
emergere [e'mɛrdʒere] (*3uu*) auftauchen; (*distinguersi*) hervorragen
emersione [emersi'oːne] *f* Auftauchen *n*
emerso [e'mɛrso] → ***emergere***
emesso [e'messo] → ***emettere***
emettere [e'mettere] (*3ee*) *calore* ausstrahlen; *suono* ausstoßen; *econ u tec* emittieren; *assegno* ausstellen
emicrania [emi'kraːnia] *f* Migräne *f*
emigr|ante [emi'grante] *m* Auswanderer *m*; **~are** [-'graːre] (*1a*) auswandern, emigrieren; **~ato** [-'graːto] *m* Auswanderer *m*; **~azione** [-gratsi'oːne] *f* Auswanderung *f*, Emigration *f*
emisfero [emis'fɛːro] *m* Halbkugel *f*
emissario [emis'saːrio] *m* (*pl -ri*) *geogr* Abfluss *m*; Abgesandter *m*; (*agente segreto*) Geheimagent *m*
emissione [emissi'oːne] *f* Emission *f*, Ausgabe *f*; ***banca f di ~*** Notenbank *f*; ***data di ~*** Ausstellungsdatum *n*; ***-i pl inquinanti*** Schadstoffemissionen *pl*
emittente [emit'tɛnte] **1.** *adj* Emissions…; *rad* ***stazione f ~*** Sender *m*; **2.** *f rad* Sender *m*
emoglobina [emoglo'biːna] *f* Hämoglobin *n*
emorr|agia [emorra'dʒiːa] *f* Blutung *f*; **~oidi** [-'rɔːidi] *f/pl* Hämorrhoiden *f/pl*
emostatico [emos'taːtiko] *m* blutstillendes Mittel *n*
emotivo [emo'tiːvo] emotional, Gefühls…; empfindlich
emoz|ionante [emotsio'nante] aufregend, spannend; **~ionato** [-tsio'naːto] aufgeregt, erregt; **~ione** [-tsi'oːne] *f* Aufregung *f*
empirico [em'piːriko] (*pl -ci*) empirisch
emporio [em'pɔːrio] *m* (*pl -ri*) Kaufhaus *n*
emulsione [emulsi'oːne] *f* Emulsion *f*
enciclop|edia [entʃiklope'diːa] *f* Enzyklopädie *f*, Konversationslexikon *n*; **~edico** [-'pɛːdiko] (*pl -ci*) enzyklopädisch
endovenoso [endove'noːso] intravenös
energia [ener'dʒiːa] *f* Energie *f*; ***~ nucleare*** Kernenergie *f*; ***~ solare*** Sonnenenergie *f*
energico [e'nɛrdʒiko] (*pl -ci*) energisch, kraftvoll
enigm|a [e'nigma] *m* (*pl -i*) Rätsel *n*; **~atico** [-'maːtiko] (*pl -ci*) rätselhaft
ennesimo [en'nɛːzimo] *mat* n-ter; F ***per l'-a volta*** F zum x-ten Mal
enorme [e'nɔrme] ungeheuer, riesig, enorm
enoteca [eno'tɛːka] *f* Weinhandlung *f*, Weinprobierstube *f*
ente ['ɛnte] *m* Einrichtung *f*, Anstalt *f*; *fil* Wesen *n*; ***~ per il turismo*** Fremdenverkehrsamt *n*
entrambi [en'trambi] beide
entrare [en'traːre] (*1a*) hereinkommen; hineingehen; eintreten; *fer* einfahren; *vestiti* passen; ***questa chiave non c'entra*** dieser Schlüssel geht nicht hinein; *fig* ***questo non c'entra*** das hat damit nichts zu tun; ***~ in carica*** ein Amt antreten
entrata [en'traːta] *f* Eingang *m*; *per un veicolo* Einfahrt *f*, *spettacolo* Eintritt *m*; *in un paese* Einreise *f*, *inform* Eingabe *f*, *econ* ***-e*** *pl* Einkommen *n*; Einnahme *f*; ***permesso m d'~*** Einreiseerlaubnis *f*
entro ['entro] binnen; → ***dentro***
entroterra [entro'tɛrra] *m inv* Hinterland *n*
entusi|asmare [entuziaz'maːre] (*1a*) begeistern; **~asmo** [-zi'azmo] *m* Begeisterung *f*, **~astico** [-zi'astiko] (*pl -ci*) begeistert
enumer|are [enume'raːre] (*1m*) aufzählen; **~azione** [-ratsi'oːne] *f* Aufzählung *f*
epatite [ɛpa'tite] *f* Hepatitis *f*
epicentro [epi'tʃɛntro] *m* Epizentrum *n*; *fig* Herd *m*
epidemia [epide'miːa] *f* Epidemie *f*; ***~ di influenza*** Grippewelle *f*
epidermide [epi'dɛrmide] *f* Haut *f*
Epifania [epifa'niːa] *f* Dreikönigsfest *n*
epilessia [epiles'sia] *f* Epilepsie *f*

episodio [epi'zɔːdio] *m (pl -di)* Episode *f*
epistolare [episto'laːre] ***stile*** *m* **~** Briefstil *m*
epoca ['ɛːpoka] *f (pl -che)* Epoche *f*
eppure [ep'puːre] und doch
equ|atore [ekua'toːre] *m* Äquator *m*; **~atoriale** [-tori'aːle] äquatorial; **~azione** [-atsi'oːne] *f* Gleichung *f*
equi|latero [ekui'laːtero] gleichseitig; **~librare** [-li'braːre] *(1a)* ins Gleichgewicht bringen, ausgleichen; **~librato** [-li'braːto] *fig* ruhig; ausgeglichen; **~librio** [-'liːbrio] *m (pl -ri)* Gleichgewicht *n*; *fig* Ausgeglichenheit *f*
equino [eku'iːno] Pferde…
equinozio [ekui'nɔːtsio] *m (pl -zi)* Tagundnachtgleiche *f*
equip|aggiamento [ekuipaddʒa'mento] *m* Ausrüstung *f*; **~aggiare** [-pad'dʒaːre] *(1f)* ausrüsten; *mar u avia* bemannen; **~aggio** [-'paddʒo] *m (pl -ggi)* Besatzung *f*, Mannschaft *f*
equiparare [ekuipa'raːre] *(1m)* gleichstellen
equipe [e'kip] *f* Gruppe *f*, Team *n*; ***lavoro*** *m* ***di*** **~** Teamarbeit *f*
equitazione [ekuitatsi'oːne] *f* Reitsport *m*
equivalente [ekuiva'lɛnte] **1.** *adj* gleichwertig; gleichbedeutend; **2.** *m* Gegenwert *m*
equivoco [eku'iːvoko] *(pl -ci)* **1.** *adj* zweideutig; **2.** *m* Missverständnis *n*
era ['ɛːra] *f* Ära *f*, *(epoca)* Zeitalter *m*; **~ *atomica*** Atomzeitalter *n*
era ['ɛːra], **erano** ['ɛːrano] → ***essere***
erba ['ɛrba] *f* Gras *n*; **-e** *pl gastr* Gemüse *n*; Kräuter *n/pl*; ***-e aromatiche*** Gewürzkräuter; ***alle -e*** mit Kräutern; *fig* ***in*** **~** unerfahren
erb|accia [er'battʃa] *f (pl -cce)* Unkraut *n*; **~ivendolo** [-bi'vendolo] *m* Gemüsehändler *m*
erbor|ista [erbo'rista] *m (pl -i)* Pflanzensammler *m*; **~isteria** [-riste'riːa] *f* Heilpflanzenhandlung *f*
erboso [er'boːso] grasbewachsen, Gras…
erede [e'rɛːde] *m/f* Erbe *m*, Erbin *f*
ered|ità [eredi'ta] *f* Erbschaft *f*; **~itare** [-di'taːre] *(1m u b)* erben; **~itario** [-di'taːrio] *(pl -ri)* Erb…; *biol* erblich, vererblich
eremita [ere'miːta] *m (pl -i)* Einsiedler *m*
eretto [e'rɛtto] **1.** → ***erigere***; **2.** *adj* aufgerichtet
erezione [eretsi'oːne] *f* Errichtung *f*; *fisiologia* Erektion *f*
erg|astolano [ergasto'laːno] *m* Lebenslängliche(r) *m*; **~astolo** [-'gastolo] *m* lebenslängliche Freiheitsstrafe *f*
erica ['ɛːrika] *f* Heidekraut *n*
erig|ere [e'riːdʒere] *(3u)* errichten; gründen; **~ersi** [-dʒersi] sich aufspielen (***a*** als)
ermellino [ermel'liːno] *m* Hermelin *n u m*
ermetico [er'mɛːtiko] *(pl -ci)* hermetisch; luftdicht; *fig* schwer verständlich
ernia ['ɛrnia] *f med* Bruch *m*; **~ *al disco*** Bandscheibenvorfall *m*
ero ['ɛːro] → ***essere***
eroe [e'rɔːe] *m* Held *m*
erog|are [ero'gaːre] *(1l, b u e)* verteilen; *gas* liefern; **~azione** [-gatsi'oːne] *f* Verteilung *f*, Lieferung *f*, Versorgung *f*
eroico [e'rɔːiko] *(pl -ci)* heldenmütig
eroi|na [ero'iːna] *f* *droga* Heroin *n*; **~nomane** [-'nɔːmane] *m/f* Heroinsüchtige(r *m*) *m/f*
erosione [erozi'oːne] *f geol* Erosion *f*
erotico [e'rɔːtiko] *(pl -ci)* erotisch
errare [er'raːre] *(1b)* (sich) irren
errore [er'roːre] *m* Irrtum *m*; Fehler *m*; **~ *di battitura*** Tippfehler *m*; **~ *di stampa*** Druckfehler *m*; ***per*** **~** aus Versehen
erta ['ɛrta] *f* ***stare all'~*** auf der Hut sein
erud|ito [eru'diːto] **1.** *adj* gelehrt; **2.** *m* Gelehrte(r) *m*; **~izione** [-ditsi'oːne] *f* Gelehrsamkeit *f*
eruttare [erut'taːre] *(1a)* *vulcano* ausspeien, herausschleudern
eruzione [erutsi'oːne] *f* Ausbruch *m*; *med* Ausschlag *m*
esager|are [ezadʒe'raːre] *(1m)* übertreiben; **~ato** [-'raːto] übertrieben, übermäßig; *persona* übertreibend; **~azione** [-ratsi'oːne] *f* Übertreibung *f*
es|agonale [ezago'naːle] sechseckig; **~agono** [e'zaːgono] *m* Sechseck *n*
esalt|are [ezal'taːre] *(1a)* verherrlichen; *(entusiasmare)* begeistern; **~arsi** sich begeistern; sich aufregen; **~ato** [-'taːto] **1.** *adj* überspannt; überschwänglich; **2.** *m* Schwärmer *m*; **~azione** [-tatsi'oːne]

f Verherrlichung *f*, Aufregung *f*
esame [e'za:me] *m* Prüfung *f*, Examen *n*; *med* Untersuchung *f*; ~ ***d'idoneità*** Eignungsprüfung *f*; ~ ***finale*** Abschlussprüfung *f*; *econ* ***in*** ~ zur Ansicht
esaminare [ezami'na:re] (*1m*) prüfen; *med* untersuchen
esasper|ante [ezaspe'rante] nervenaufreibend; **~are** [-'ra:re] (*1m*) (*inasprire*) verschärfen; (*irritare*) reizen, zur Verzweiflung bringen; **~arsi** [-'rarsi] wütend werden; **~ato** [-'ra:to] gereizt; **~azione** [-ratsi'o:ne] *f* Verschärfung *f*, Gereiztheit *f*
esattezza [ezat'tettsa] *f* Genauigkeit *f*
esatto [e'zatto] **1.** → ***esigere***; **2.** *adj* genau; **~!** richtig!; stimmt!
esattoria [ezatto'ri:a] *f* Steuerannahmestelle *f*, -amt *n*
esaudire [ezau'di:re] (*4d*) erhören
esaur|iente [ezau'riɛ:nte] ausreichend; **~imento** [-ri'mento] *m* Erschöpfung *f*; *econ* ***svendita*** *f* ***fino ad*** ~ Totalausverkauf *m*; *med* ~ ***nervoso*** Nervenzusammenbruch *m*; **~ire** [-'ri:re] (*4d*) erschöpfen; verbrauchen; *merci* ausverkaufen; **~ito** [-'ri:to] (*esausto*) erschöpft; *econ* ausverkauft; vergriffen
esausto [e'za:usto] erschöpft
esca ['eska] *f* (*pl -che*) Köder *m*; *fig* Lockmittel *n*
esce ['ɛʃʃe] → ***uscire***
eschimese [eski'me:se] *m* Eskimo *m*
esclam|are [eskla'ma:re] (*1a*) ausrufen; **~azione** [-matsi'o:ne] *f* Ausruf *m*
escludere [es'klu:dere] (*3q*) ausschließen
esclus|ione [eskluzi'o:ne] *f* Ausschluss *m*; **~iva** [-'zi:va] *f* Exklusivrecht *n*; *econ* ~ ***di vendita*** Alleinverkaufsrecht *n*; **~ivo** [-'zi:vo] exklusiv; **~o** [-'klu:zo] ausgeschlossen
esco ['ɛsko] → ***uscire***
escogitare [eskodʒi'ta:re] (*1m u c*) ausdenken
escoriazione [eskoriatsi'o:ne] *f* Hautabschürfung *f*
escremento [eskre'mento] *m* Exkrement *n*
escurs|ione [eskursi'o:ne] *f* Ausflug *m*; *a piedi* Wanderung *f*, (*gita didattica*) Exkursion *f*, *meteorologia* Schwankung *f*; ~ ***ciclistica*** Radtour *f*; ~ ***di un giorno*** Tagesausflug *m*; **~ionismo** [-sio'nizmo] *m* Bergwandern *n*
esecut|ivo [ezeku'ti:vo] **1.** *adj* exekutiv; **2.** *m* Exekutive *f*; **~ore** [-'to:re] *m jur* Gerichtsvollzieher *m*; *mus* Vortragende(r) *m*; ~ ***testamentario*** Testamentsvollstrecker *m*
esecuzione [ezekutsi'o:ne] *f* Ausführung *f*, *jur* Vollstreckung *f*
eseguire [ezegu'i:re] (*4b od 4d*) ausführen; *mus* vortragen
esempio [e'zempio] *m* (*pl -pi*) Beispiel *n*; ***per*** ~ zum Beispiel, beispielsweise; ***prendere*** ~ ***da qu*** sich ein Beispiel an j-m nehmen
esemplare [ezem'pla:re] **1.** *adj* beispielhaft; **2.** *m* Muster *n*; (*copia*) Exemplar *n*
esentare [ezen'ta:re] (*1b*) befreien (***da*** von)
esente [e'zɛnte] befreit; frei; ~ ***da tasse*** steuerfrei
esequie [e'zɛ:kuie] *f/pl* Begräbnisfeier *f*
eserc|itare [ezertʃi'ta:re] (*1m u b*) üben, trainieren; *professione* ausüben; **~itazione** [-tʃitatsi'o:ne] *f* Übung *f*
esercito [e'zertʃito] *m* Heer *n*, Armee *f*
esercizio [ezer'tʃi:tsio] *m* (*pl -zi*) Übung *f*, Ausübung *f*, *econ* ~ ***pubblico*** Lokal *n*
esib|ire [ezi'bi:re] (*4d*) vorzeigen, vorweisen; **~irsi** [-'birsi] auftreten
esibizion|e [ezibitsi'o:ne] *f* Vorlegung *f*, Vorzeigen *n*; (*spettacolo*) Vorführung *f*; **~ista** [-bitsio'nista] *m/f* (*m/pl -i*) Angeber(in *f*) *m*; *psic* Exhibitionist (-in *f*) *m*
esig|ente [ezi'dʒɛnte] anspruchsvoll; **~enza** [-'dʒɛntsa] *f* Erfordernis *n*, Anspruch *m*
esigere [e'zi:dʒere] (*3w*) verlangen
esile ['ɛ:zile] dünn; zart
esiliare [ezili'a:re] (*1k*) ins Exil schicken
esilio [e'zi:lio] *m* (*pl -li*) Exil *n*
esist|ente [ezis'tɛnte] bestehend, existent; **~enza** [-'tɛntsa] *f* Existenz *f*, Dasein *n*
esistere [e'zistere] (*3f*) existieren, bestehen, vorhanden sein
esit|are [ezi'ta:re] (*1l u b*) zögern; **~azione** [-tatsi'o:ne] *f* Zögern *n*
esito ['ɛ:zito] *m* Ausgang *m*; Ergebnis *n*; *econ* Absatz *m*; ***senza*** ~ ergebnislos
eskimo ['ɛskimo] *m* Parka *m*

esodo ['ɛːzodo] *m* Auszug *m*, Abwanderung *f*
esofago [e'zɔːfago] *m* (*pl -ghi*) Speiseröhre *f*
esonerare [ezone'raːre] (*1m u c*) befreien (***da*** von)
esonero [e'zɔːnero] *m* Befreiung *f*
esorbitante [ezorbi'tante] übermäßig, enorm
esordiente [ezordi'ɛnte] *m* Anfänger *m*, Debütant *m*
esordio [e'zɔrdio] *m* (*pl -di*) Anfang *m*; (*debutto*) Debüt *n*
esordire [ezor'diːre] anfangen; *tea* debütieren
esort|are [ezor'taːre] (*1c*) ermahnen; *j-m* zureden, *j-n* ermuntern; **~azione** [-tatsi'oːne] *f* Ermahnung *f*, Ermutigung *f*
esot|erico [ezo'tɛːriko] (*pl -ci*) esoterisch; **~erismo** [-te'rizmo] *m* Esoterik *f*
esotico [e'zɔːtiko] (*pl -ci*) exotisch
espand|ere [es'pandere] (*3uu*) ausdehnen; **~ersi** [-dersi] sich ausdehnen
espans|ione [espansi'oːne] *f* Ausdehnung *f*, *pol*, *econ* Expansion *f*, **~ività** [-sivi'ta] *f* Offenherzigkeit *f*; **~ivo** [-'siːvo] expansiv; *fig* offenherzig, überschwänglich
espatriare [espatri'aːre] (*1m u k*) auswandern
espatrio [es'paːtrio] *m* (*pl -i*) Auswanderung *f*
espediente [espedi'ɛnte] *m* Ausweg *m*; Mittel *n*; Notbehelf *m*; ***vivere di -i*** sich (mehr oder weniger ehrlich) durchs Leben schlagen
espellere [es'pɛllere] (*3y*) ausstoßen
esper|ienza [esperi'ɛntsa] *f* Erfahrung *f*, ***per ~*** aus Erfahrung; **~imento** [-ri'mento] *m* Versuch *m*, Experiment *n*
esperto [es'pɛrto] **1.** *adj* erfahren; geschickt, gewandt; **2.** *m* Fachmann *m*, Sachverständige(r) *m*
espir|are [espi'raːre] (*1a*) ausatmen; **~azione** [-ratsi'oːne] *f* Ausatmung *f*
esplicito [es'pliːtʃito] ausdrücklich
esplodere [es'plɔːdere] (*3q*) **1.** *v/t* abfeuern; **2.** *v/i* explodieren
esplor|are [esplo'raːre] (*1c*) erforschen; **~atore** [-ra'toːre] *m* Forscher *m*; ***giovane ~*** Pfadfinder *m*; **~azione** [-ratsi'oːne] *f* Erforschung *f*
espl|osione [esplozi'oːne] *f* Explosion *f*, *fig* Ausbruch *m*; ***~ dei costi*** Kostenexplosion *f*; **~osivo** [-plo'ziːvo] **1.** *adj* explosiv; **2.** *m* Sprengstoff *m*; **~oso** [-'plɔːzo] → ***esplodere***
esponente [espo'nɛnte] *m/f* Vertreter(in *f*) *m*
esporre [es'porre] (*3ll*) ausstellen; (*riferire*) darlegen; *fot* belichten
esport|are [espor'taːre] (*1c*) exportieren, ausführen; **~atore** [-ta'toːre] **1.** *adj* Export…; ***paese*** *m* **~** Exportland *n*; **2.** *m* Exporteur *m*; **~azione** [-tatsi'oːne] *f* Export *m*, Ausfuhr *f*
espos|imetro [espo'ziːmetro] *m fot* Belichtungsmesser *m*; **~itore** [-zi'toːre] *m* Aussteller *m*; **~izione** [-zitsi'oːne] *f* Ausstellung *f*, Darlegung *f*, *fot* Belichtung *f*, ***sala*** *f* ***dell'~*** Ausstellungsraum *m*
esposto [es'posto] **1.** → ***esporre***; **2.** *adj* ausgestellt; (*soggetto*) ausgesetzt; (*orientato*) gelegen; ***~ a mezzogiorno*** nach Süden gelegen; **3.** *m* Denkschrift *f*
espress|ione [espressi'oːne] *f* Ausdruck *m*; **~ivo** [-'siːvo] ausdrucksvoll
espresso [es'prɛsso] **1.** → ***esprimere***; **2.** *adj* ausdrücklich; Express…; **3.** *m post* Eilbrief *m*; *fer* (Fern)Schnellzug *m*, FD-Zug *m*; **~** (*od* ***caffè*** *m* **~**) Espresso *m*; ***macchina*** *f* **~** Espressomaschine *f*, ***per ~*** durch Eilboten
esprimere [es'priːmere] (*3r*) zum Ausdruck bringen, ausdrücken
espropri|are [espropri'aːre] (*1m u c*) enteignen; **~azione** [-priatsi'oːne] *f* Enteignung *f*
espulsione [espulsi'oːne] *f* Ausschluss *m*, Ausweisung *f*
espulso [es'pulso] → ***espellere***
essa ['essa] sie
essenziale [essentsi'aːle] **1.** *adj* wesentlich; **2.** *m* Hauptsache *f*
essere ['ɛssere] (*3z*) **1.** *v/i* sein; sich befinden; ***~ di*** (*provenire*) stammen aus; ***~ di qu*** (*appartenere*) j-m gehören; ***lei è di Roma*** sie ist aus Rom; ***è di mio padre*** es gehört meinem Vater; ***esserci*** vorliegen; ***c'è*** es gibt; ***non c'è di che!*** keine Ursache!; ***chi è?*** wer ist da?; ***ci siamo!*** da haben wirs!; ***se fossi in te*** wenn ich an deiner Stelle wäre; ***sarà*** mag sein; **2.** *m* Sein *n*; Wesen *n*; (*essere vivente*) Lebewesen *n*; ***l'~ umano*** der Mensch

E

esso ['esso] er; es
est [ɛst] *m* Osten *m*; ***all'~ di*** östlich von
estasi ['estazi] *f* Ekstase *f*
estate [es'ta:te] *f* Sommer *m*; ***~ di San Martino*** Altweibersommer *m*; ***in ~, d'~*** im Sommer
estend|ere [es'tɛndere] (*3c*) ausdehnen, erweitern, vergrößern; **~ersi** [-dersi] sich erstrecken; sich aus-, verbreiten

E

estensione [estensi'o:ne] *f* Ausdehnung *f*; (*dimensione*) Umfang *m*, Größe *f*
ester|iore [esteri'o:re] **1.** *adj* äußere(r), äußerlich; **2.** *m* Äußere(s) *n*; **~iorità** [-riori'ta] *f* Äußerlichkeit *f*
esternalizzazione [estɛrnalittza'tzio-ne] *f di produzione* Auslagerung *f*
esterno [es'tɛrno] **1.** *adj* äußere(r), Außen…; *med* ***per uso ~*** zum äußerlichen Gebrauch; **2.** *m* Äußere(s) *n*; Außenseite *f*; ***all'~*** außen
estero ['ɛstero] **1.** *adj* ausländisch; *pol* Außen…, auswärtig; ***politica*** *f* ***-a*** Außenpolitik *f*; ***ministro*** *m* ***degli Affari -i*** Außenminister *m*; ***commercio*** *m* ***~*** Außenhandel *m*; **2.** *m* Ausland *n*; ***all'~*** im (*od* ins) Ausland
esteso [es'te:so] **1.** → ***estendere***; **2.** *adj* ausgedehnt; ***per ~*** ausführlich
estetista [este'tista] *f* Kosmetikerin *f*
est|inguere [es'tiŋguere] (*3d*) löschen; *debito* tilgen; **~inguersi** [-'tiŋguersi] erlöschen; (*morire*) aussterben; **~intore** [-tin'to:re] *m* Feuerlöscher *m*; **~inzione** [-tintsi'o:ne] *f* Löschen *n*; Aussterben *n*; *econ* Tilgung *f*
estirpare [estir'pare] (*1a*) ausrotten
estivo [es'ti:vo] sommerlich; Sommer…; ***vacanze*** *f/pl* ***-e*** Sommerferien *pl*
est|orcere [es'tɔrtʃere] (*3d*) *denaro* erpressen; **~orsione** [-torsi'o:ne] *f* Erpressung *f*; **~orto** [-'tɔrto] → ***estorcere***
estrad|are [estra'da:re] (*1a*) ausliefern; **~izione** [-ditsi'o:ne] *f* Auslieferung *f*
estraneo [es'tra:neo] **1.** *adj* fremd; **2.** *m* Fremde(r) *m*
estr|arre [es'trarre] (*3xx*) herausziehen; *dente* ziehen; *min* fördern; ***~ a sorte*** auslosen; **~atto** [-'tratto] **1.** → ***estrarre***; **2.** *m* Auszug *m*; *chim u gastr* Extrakt *m*; *econ* ***~ conto*** Kontoauszug *m*; **~azione** [-tratsi'o:ne] *f* (Aus)Ziehung *f*; Gewinnung *f*; *min* Förderung *f*
estremista [estre'mista] *m/f* (*m/pl -i*) Radikale(r *m*) *m/f*, Extremist(in *f*) *m*
estr|emità [estremi'ta] *f* äußerste(s) Ende *n*, Extrem *n*; **~emo** [-'trɛ:mo] **1.** *adj* äußerst, extrem; ***l'-a sinistra*** die extreme Linke; **2.** *m* äußerste(s) Ende *n*; Extrem *n*; ***gli -i*** die Hauptdaten *n/pl*; ***l'Estremo Oriente*** der Ferne Osten
estromettere [estro'mettere] (*3ee*) ausschließen, ausstoßen
estroverso [estro'vɛrso] extrovertiert
estuario [estu'a:rio] *m* (*pl -ri*) Mündungstrichter *m*
esuber|ante [ezube'rante] üppig; (*vivace*) überschwänglich; **~anza** [-'rantsa] *f* Überfluss *m*; Überschwänglichkeit *f*
esule ['ɛ:zule] *m/f* Flüchtling *m*
esultare [ezul'ta:re] (*1a*) jubeln
età [e'ta] *f* Alter *n*; Zeitalter *n*; ***che ~ ha?*** wie alt ist er?; ***all'~ di*** im Alter von; ***maggiore ~*** Volljährigkeit *f*; ***secondo l'~*** nach dem Alter; ***limiti*** *m/pl* ***d'~*** Altersgrenze *f*; ***essere della stessa ~*** gleichaltrig sein
eternità [eterni'ta] *f* Ewigkeit *f*
eterno [e'tɛrno] ewig; ***in ~*** ewig
eterogeneo [etero'dʒɛ:neo] verschiedenartig
etica ['ɛ:tika] *f* Ethik *f*
etichetta [eti'ketta] *f* (*cartellino*) Etikett *n*; (*definizione*) Bezeichnung *f*; *cerimoniale* Etikette *f*
etico ['ɛ:tiko] ethisch
etimologia [etimolo'dʒi:a] *f* Etymologie *f*
etiope [e'ti:ope] **1.** *adj* äthiopisch; **2.** *m* Äthiopier *m*
etnico ['ɛtniko] (*pl -ci*) ethnisch
etrusco [e'trusko] (*pl -chi*) **1.** *adj* etruskisch; **2.** *m* Etrusker *m*
ettaro ['ɛtta:ro] *m* Hektar *n*
etto ['ɛtto] *m* hundert Gramm *n/pl*
ett|ogrammo [etto'grammo] *m* (*pl -i*) Hektogramm *n*; **~olitro** [-'tɔ:litro] *m* Hektoliter *m u n*
eucaristia [eukaris'ti:a] *f rel* Abendmahl *n*
euforia [eufo'ri:a] *f* Euphorie *f*
euro ['euro] *m* Euro *m*
euro|cent [euro'tʃɛnt] *m* Eurocent *m*; **~cheque** [-'ʃɛk] *m inv* Euroscheck *m*; **~crate** [eu'rokrate] *m* Eurokrat *m*;

~deputato [-depu'taːto] *m* Europaabgeordnete(r) *m*; **~parlamento** [-parla'mento] *m* Europäisches Parlament *n*; **≈tassa** [-'tassa] *f italienische Eurosteuer*
europeo [euro'pɛːo] **1.** *adj* europäisch, Europa…; ***Banca centrale -a*** Europäische Zentralbank *f*; ***Banca -a per gli investimenti*** Europäische Investitionsbank *f*; ***Commissione -a*** Europäische Kommission *f*; ***Consiglio ~*** Europäischer Rat *m*; ***Istituto monetario ~*** Europäisches Währungsinstitut *n*; ***Sistema monetario ~*** Europäisches Währungssystem *n*; **2.** *m*, **-a** [-'pɛːa] *f* Europäer(in *f*) *m*
evacu|are [evaku'aːre] (*1m*) evakuieren, räumen; *med* entleeren; **~azione** [-kuatsi'oːne] *f* Evakuierung *f*, Räumung *f*, Entleerung *f*
evadere [e'vaːdere] (*3q*) fliehen (***da*** aus); ***~ le tasse*** Steuern hinterziehen
evaporare [evapo'raːre] (*1m*) *v/i* verdunsten
evas|ione [evazi'oːne] *f* Flucht *f*, Ausbruch *m*; ***~ fiscale*** Steuerhinterziehung *f*; **~ivo** [-'ziːvo] ausweichend
evento [e'vɛnto] *m* Ereignis *n*
eventu|ale [eventu'aːle] möglich; eventuell; **~alità** [-tuali'ta] *f* Möglichkeit *f*; ***nell'~ che*** falls; ***per ogni ~*** für alle Fälle; **~almente** [-tual'mente] eventuell
evid|ente [evi'dɛnte] offensichtlich; klar, deutlich; **~enza** [-'dɛntsa] *f* Offensichtlichkeit *f*, Klarheit *f*; ***mettere in ~*** hervorheben; **~enziatore** [-dentsia'toːre] *m* Leuchtstift *m*
evitare [evi'taːre] (*1l u b*) vermeiden; umgehen
evo ['ɛːvo] *m* Zeitalter *n*; ***medio ~*** Mittelalter *n*
evol|uto [evo'luːto] **1.** → ***evolvere***; **2.** *adj* entwickelt; **~uzione** [-lutsi'oːne] *f* Evolution *f*, Entwicklung *f*
evviva [ɛv'viːva] hurra!, er lebe hoch!
ex… (*in Zssgn*) ex…, Ex…, ehemalig
extra 1. *adj inv* extra…, Extra…, besonder(e); ***di qualità ~*** von besonderer Qualität; **2.** *m* Extra *n*
extra|comunitario [ekstrakomuni'taːrio] **1.** *adj* Nicht-EG-…; **2.** *m* Angehörige(r) *m* eines Nicht-EG-Mitgliedsstaats; **~coniugale** [-koniu'gaːle] außerehelich; **~terrestre** [-ter'rɛstre] **1.** *adj* außerirdisch; **2.** *m/f* außerirdisches Wesen *n*; **~vergine** [-'verdʒine] *olio* kaltgepresst

F

fa [fa] **1.** → ***fare***; **2.** *adv **3 anni ~*** vor 3 Jahren; **3.** *m mus* F *n*
fabbisogno [fabbi'zoːɲo] *m* Bedarf *m*
fabbrica ['fabbrika] *f* (*pl -che*) Fabrik *f*, Bauwerk *n*
fabbric|ante [fabbri'kante] *m/f* Fabrikant(in *f*) *m*; **~are** [-'kaːre] (*1l u d*) herstellen; *arch* bauen; *fig* ersinnen; **~ato** [-'kaːto] *m* Bau *m*, Gebäude *n*; **~azione** [-katsi'oːne] *f* Herstellung *f*; ***difetto** m **di ~*** Fabrikationsfehler *m*
fabbro ['fabbro] *m* Schmied *m*; (***~ ferraio***) Schlosser *m*; ***~ meccanico*** Maschinenschlosser *m*
faccenda [fat'tʃɛnda] *f* Angelegenheit *f*; ***una ~ seria*** eine heikle Angelegenheit
facchino [fak'kiːno] *m* Gepäckträger *m*; Hoteldiener *m*
faccia ['fattʃa] *f* (*pl -cce*) Gesicht *n*; (*aspetto*) Aussehen *n*; (*lato*) Seite *f*; ***~ tosta*** Unverschämtheit *f*; ***~ a ~*** unter vier Augen; ***in ~*** ins Gesicht, offen
facciata [fat'tʃaːta] *f* Fassade *f*, Vorderseite *f*
faccio ['fattʃo] → ***fare***
facile ['faːtʃile] leicht; ***è ~ a dirsi*** das ist leicht gesagt; ***è ~ che venga*** es ist leicht möglich, dass er kommt; ***non è mica una cosa ~*** das ist kein Kinderspiel; ***~ da usare*** *inform* benutzerfreundlich
facil|ità [fatʃili'ta] *f* Leichtigkeit *f*; **~itare** [-li'taːre] (*1m*) erleichtern; **~itazione** [-litatsi'oːne] *f* Erleichterung *f*; *di prezzo* Vergünstigung *f*; **~mente**

[-'mente] mühelos
facol|tà [fakol'ta] *f* (*capacità*) Fähigkeit *f*; *università* Fakultät *f*; *econ* Vermögen *n*; *jur* **~ di disporre** Verfügungsrecht *n*; **~tativo** [-ta'tiːvo] fakultativ; **~toso** [-'toːso] vermögend
facsimile [fak'siːmile] *m* Faksimile *n*
faggio ['faddʒo] *m* (*pl -ggi*) Buche *f*
fagiano [fa'dʒaːno] *m* Fasan *m*
fagiolini [fadʒo'liːni] *m/pl* grüne Bohnen *f/pl*
fagiolo [fa'dʒɔːlo] *m* Bohne *f*
fagotto [fa'gɔtto] *m* Bündel *n*; *mus* Fagott *n*; *fig* **far ~** sein Bündel schnüren; fortgehen
fai [f'ai] → **fare**
fai da te [fai da 'te] *m inv* Heimwerken *n*
falce ['faltʃe] *f* Sichel *f*
fal|ciare [fal'tʃaːre] (*1f*) (ab)mähen; **~ciatrice** [-tʃa'triːtʃe] *f* (Gras)Mähmaschine *f*
falco ['falko] *m* (*pl -chi*) Falke *m*
falda ['falda] *f* Schicht *f*; *di vestito* Schoß *m*; (Schnee)Flocke *f*; (Hut)Krempe *f*; **le -e di un monte** der Fuß eines Berges; **~ acquifera** Grundwasser *n*
falegn|ame [fale'ɲaːme] *m* Tischler *m*, Schreiner *m*; **~ameria** [-ɲame'riːa] *f* Tischlerei *f*, Schreinerei *f*
falla ['falla] *f mar* Leck *n*; *fig* **chiudere una ~** ein Loch stopfen
fall|imento [falli'mento] *m* Scheitern *n*; *econ* Konkurs *m*; **~ire** [-'liːre] (*4d*) **1.** *v/t* verfehlen; **2.** *v/i* scheitern, fehlschlagen; *econ* Konkurs machen; **~ito** [-'liːto] gescheitert; *econ* bankrott
fallo ['fallo] *m* Fehler *m*; *sport* Foul *n*; **mettere il piede in ~** e-n Fehltritt tun; **cogliere in ~** auf frischer Tat ertappen
fals|are [fal'saːre] (*1a*) fälschen; **~ario** [-'saːrio] *m* (*pl -ri*) Fälscher *m*
falsific|are [falsifi'kaːre] (*1m u d*) fälschen; **~azione** [-katsi'oːne] *f* Fälschung *f*
falsità [falsi'ta] *f* Falschheit *f*
falso ['falso] **1.** *adj* falsch; **2.** *m* Falsche(s) *n*; (*falsificazione*) Fälschung *f*; **~ in atto pubblico** Urkundenfälschung *f*
fama ['faːma] *f* Ruf *m*; Gerücht *n*
fame ['faːme] *f* Hunger *m*; Hungersnot *f*; **aver ~** hungrig sein
famiglia [fa'miːʎa] *f* Familie *f*; **~ numerosa** kinderreiche Familie
familiare [famili'aːre] **1.** *adj* familiär, Familien…; (*conosciuto*) vertraut, heimisch; (*confidenziale*) vertraulich; **vita** *f* **~** Familienleben *n*; **linguaggio** *m* **~** Umgangssprache *f*; **2.** *m* Familienangehörige(r) *m*; **3.** *f* Kombiwagen *m*
familiarità [familiari'ta] *f* Vertraulichkeit *f*; Vertrautheit *f*
famili|arizzare [familiarid'dzaːre] (*1a*) vertraut machen; **~arizzarsi** [familiarid'dzarsi] vertraut werden
famoso [fa'moːso] berühmt
fanale [fa'naːle] *m* Licht *n*, Scheinwerfer *m*
fanalino [fana'liːno] *m* **~ di coda** Rücklicht *n*; *fig* Schlusslicht *n*
fanatico [fa'naːtiko] (*pl -ci*) **1.** *adj* fanatisch; **2.** *m* Fanatiker *m*
fanciulla [fan'tʃulla] *f* (junges) Mädchen *n*
fanciullezza [fantʃul'lettsa] *f* Kindheit *f*
fanciullo [fan'tʃullo] *m* Kind *n*
fandonia [fan'dɔːnia] *f* Märchen *n*, Lüge *f*
fango ['faŋgo] *m* (*pl -ghi*) Schlamm *m*; *med* Fango *m*; **-ghi** *pl* Moorbäder *n/pl*
fangoso [faŋ'goːso] schlammig; dreckig
fannullone [fannul'loːne] *m* Faulenzer *m*
fantascienza [fantaʃ'ʃɛntsa] *f* Sciencefiction *f*
fant|asia [fanta'ziːa] *f* Fantasie *f*, (*capriccio*) Laune *f*; *mus* Fantasie *f*; **~asma** [-'tazma] *m* (*pl -i*) Gespenst *n*; Phantom *n*; **~asticare** [-tasti'kaːre] (*1m u d*) fantasieren, träumen; (*almanaccare*) grübeln; **~astico** [-'tastiko] (*pl -ci*) fantastisch
fante ['fante] *m carte da gioco* Bube *m*
fantoccio [fan'tɔttʃo] *m* (*pl -cci*) Puppe *f*, Marionette *f*; Hampelmann *m*
farabutto [fara'butto] *m* Gauner *m*
faraona [fara'oːna] *f* (*a* **gallina** *f* **~**) Perlhuhn *n*
farc|ire [far'tʃiːre] (*4d*) *gastr* füllen; **~ito** [-'tʃiːto] gefüllt
fard [fard] *m inv* Rouge *n*
fardello [far'dɛllo] *m* Bündel *n*; *fig* Bürde *f*
fare ['faːre] (*3aa*) **1.** *v/t* machen, tun; *professione* ausüben; *sport* treiben; *biglietto* lösen; **far bene** gut tun; **~ benzina** tanken; **~ il pieno** voll tanken; **~ un bagno** baden; **~ il conto** die Rechnung aufstellen; **~ il medico** Arzt

sein; ***non fa niente*** das macht nichts; **~ *vedere*** zeigen; ***farcela*** es schaffen; **2.** *v/i* (*essere adatto*) geeignet sein; ***questo non fa per me*** das ist nichts für mich; ***faccia pure!*** bitte sehr!; ***oggi fa caldo*** (***freddo***) heute ist es warm (kalt)

farsi ['farsi] werden; **~ *grande*** groß werden; **~ *tardi*** spät werden; **~ *avanti*** vortreten

farfalla [far'falla] *f* Schmetterling *m*; ***cravatta a ~*** Fliege *f*; *nuoto* Schmetterlingsstil *n*

farina [fa'ri:na] *f* Mehl *n*

farinaceo [fari'natʃeo] **1.** *adj* mehlig; **2.** ***-cei*** *m/pl* Mehlprodukte *n/pl*

far|inge [fa'rindʒe] *f* Rachen *m*; **~ingite** [-rin'dʒi:te] *f* Rachenentzündung *f*

farmac|eutico [farma'tʃɛ:utiko] (*pl -ci*) pharmazeutisch; **~ia** [-'tʃi:a] *f* Apotheke *f*; **~ista** [-'tʃista] *m/f* (*m/pl -i*) Apotheker(in *f*) *m*

farmaco ['farmako] *m* (*pl -ci*) Arznei *f*

faro ['faro] *m mar* Leuchtturm *m*; *auto* Licht *n*, Scheinwerfer *m*; ***-i pl abbaglianti*** Fernlicht *n*; ***-i pl anabbaglianti*** Abblendlicht *n*; ***-i pl fendinebbia*** Nebelscheinwerfer *pl*

farsa ['farsa] *f* Posse *f*, Farce *f*

fascia ['faʃʃa] *f* (*pl -sce*) Binde *f*, Windel *f*, *tec* Band *n*; *med* Verband *m*; **~ *elastica*** elastische Binde *f*

fasci|are [faʃ'ʃa:re] (*1f*) *med* verbinden; *neonato* wickeln; **~atura** [-ʃa'tu:ra] *f* Verband *m*

fascicolo [faʃ'ʃi:kolo] *m* (*opuscolo*) Heft *n*; (*incartamento*) Akten *f/pl*; **~ *personale*** Personalakte *f*

fascino ['faʃʃino] *m* Zauber *m*, Reiz *m*

fascio ['faʃʃo] *m* (*pl -sci*) Bündel *n*

fasc|ismo [faʃ'ʃizmo] *m* Faschismus *m*; **~ista** [-'ʃista] **1.** *adj* faschistisch; **2.** *m/f* (*m/pl -i*) Faschist(in *f*) *m*

fase ['fa:ze] *f* Phase *f*, Abschnitt *m*; *motore* Takt *m*; *fig* ***essere fuori ~*** nicht in Form sein; **~ *di lavorazione*** Arbeitsgang *m*

fast|idio [fas'ti:dio] *m* (*pl -di*) Belästigung *f*, Störung *f*; ***dare ~ a qu*** j-n belästigen, stören; **~idioso** [-tidi'o:so] lästig, unangenehm

fasto ['fasto] *m* Prunk *m*

fastoso [fas'to:so] prunkvoll, prächtig

fata ['fa:ta] *f* Fee *f*; **~ *Morgana*** Fata Morgana *f*

fat|ale [fa'ta:le] fatal, verhängnisvoll; **~alità** [-tali'ta] *f* Verhängnis *n*; Unglück *n*; **~ato** [-'ta:to] verzaubert

fatica [fa'ti:ka] *f* (*pl -che*) Mühe *f*, Anstrengung *f*; ***a ~*** mit Mühe

fatic|are [fati'ka:re] (*1d*) hart arbeiten; sich abmühen; Mühe haben; **~oso** [-'ko:so] mühsam, anstrengend

fattibile [fat'ti:bile] ausführbar, möglich

fatto ['fatto] **1.** → ***fare***; **2.** *adj* gemacht, getan; *agr* reif; **~ *a mano*** handgefertigt; **~ *in casa*** hausgemacht; **3.** *m* Tat *f*, Tatsache *f*, (*avvenimento*) Ereignis *n*; (*faccenda*) Angelegenheit *f*, ***il ~ è che ...*** Tatsache ist, dass ...; ***cogliere sul ~*** auf frischer Tat ertappen; ***di -i*** in der Tat

fatt|ore [fat'to:re] *m* Faktor *m*; **~ *di protezione antisolare*** Lichtschutzfaktor *m*; **~oria** [-to'ri:a] *f* Bauernhof *m*; (Land)Gut *n*; Farm *f*, **~orino** [-to'ri:no] *m* Bote *m*; *post* Postbote *m*

fatt|ura [fat'tu:ra] *f di abiti* Fasson *f*, Anfertigung *f*, *econ* Rechnung *f*, ***rilasciare una ~*** eine Rechnung ausstellen; **~urare** [-tu'ra:re] (*1a*) berechnen, in Rechnung stellen; **~urato** [-tu'ra:to] *m econ* Umsatz *m*

fauna ['fa:una] *f* Fauna *f*, Tierwelt *f*

fava ['fa:va] *f* Saubohne *f*

favola ['fa:vola] *f* Fabel *f*, Märchen *n*

favoloso [favo'lo:so] fabelhaft; großartig

favore [fa'vo:re] *m* Gunst *f*, (*piacere*) Gefallen *m*; ***prezzo m di ~*** Vorzugspreis *m*; ***a ~ di qu*** zu j-s Gunsten; ***per ~!*** bitte!; ***fare un ~*** e-n Gefallen tun

favor|evole [favo're:vole] günstig; **~ire** [-'ri:re] (*4d*) **1.** *v/t* begünstigen; (*promuovere*) fördern; **2.** *v/i* ***vuol ~?*** möchten Sie?; ***favorisca!*** bitte!; ***favorisca alla cassa*** wollen Sie sich bitte zur Kasse bemühen; **~ito** [-'ri:to] **1.** *adj* begünstigt; Lieblings...; **2.** *m* Favorit *m*

faxare [fak'sare] (*1a*) faxen

fazzoletto [fattso'letto] *m* Taschentuch *n*; *per la testa* Tuch *n*; ***fazzoletto di carta*** Papiertaschentuch *n*

febbraio [feb'bra:io] *m* Februar *m*

febbre ['fɛbbre] *f* Fieber *n* (*a fig*)

febbr|ifugo [feb'bri:fugo] *m* (*pl -ghi*)

F

fiebersenkendes Mittel *n*; **~ile** [-'bri:le] fieberhaft; Fieber…
fecond|are [fekon'da:re] (*1a*) befruchten; **~azione** [-datsi'o:ne] *f* Befruchtung *f*; **~ità** [-di'ta] *f* Fruchtbarkeit *f*
fecondo [fe'kondo] fruchtbar
fede ['fe:de] *f* Glaube *m*; (*fedeltà*) Treue *f*; *anello* Trauring *m*; ***aver ~ in qc*** an et (*acc*) glauben; ***prestar ~ a qu*** j-m Glauben schenken
fedele [fe'de:le] **1.** *adj* treu; (*esatto*) genau; **2.** *m rel* Gläubige(r) *m*
fedeltà [fedel'ta] *f* Treue *f*, Genauigkeit *f*; *mus* ***alta ~*** Hi-Fi *f*
federa ['fɛ:dera] *f* (Kopfkissen)Bezug *m*
feder|ale [fede'ra:le] Bundes…, föderativ; **~azione** [-ratsi'o:ne] *f* Bund *m*, Föderation *f*; (*associazione*) Verband *m*, Verein *m*; ***Federazione delle Borse valori europee*** Europäischer Börsenverband *m*
fegato ['fe:gato] *m* Leber *f*; *fig* Mut *m*
felce ['feltʃe] *f* Farn *m*
fel|ice [fe'li:tʃe] glücklich; **~icità** [-litʃi'ta] *f* Glück *n*
felicit|arsi [felitʃi'tarsi] (*1m*) sich freuen (***di*** über *acc*); ***~ con qu*** j-n beglückwünschen; **~azione** [-tatsi'o:ne] *f* Glückwunsch *m*
felino [fe'li:no] Katzen…
felpa ['felpa] *f* Sweatshirt *n*
feltro ['feltro] *m* Filz *m*; ***capello*** *m* ***di ~*** Filzhut *m*
femmina ['femmina] *f* Mädchen *n*; *spreg* Weib *n*; *zo* Weibchen *n*
femm|inile [femmi'ni:le] **1.** *adj* weiblich; Frauen…; **2.** *m gram* Femininum *n*; **~inilità** [-minili'ta] *f* Weiblichkeit *f*; **~inismo** [-mi'nizmo] *m* Feminismus *m*; **~inista** [-mi'nista] *m/f* (*m/pl -i*) Feminist(in *f*) *m*
femore ['fɛ:more] *m* Oberschenkel *m*
fendinebbia [fendi'nebbia] *m/pl* Nebelscheinwerfer *pl*
fenomeno [fe'nɔ:meno] *m* Phänomen *n*
feriale [feri'a:le] ***giorno*** *m* ***~*** Werktag *m*
ferie ['fɛ:rie] *f/pl* Ferien *f/pl*, Urlaub *m*
ferimento [feri'mento] *m* Verletzung *f*
fer|ire [fe'ri:re] (*4d*) verwunden, verletzen; ***si è ferito gravemente*** er hat sich schwer verletzt; **~ita** [-'ri:ta] *f* Wunde *f*, Verletzung *f*; **~ito** [-'ri:to] **1.** *adj* verletzt, verwundet; **2.** *m* Verletzte(r) *m*, Verwundete(r) *m*
ferm|acravatte [fermakra'vatte] *m inv* Krawattennadel *f*; **~aglio** [-'ma:ʎo] *m* (*pl -gli*) Schnalle *f*, Spange *f*; *per capelli* Haarklammer *m*; (*gioiello*) Brosche *f*
ferm|are [fer'ma:re] (*1a*) anhalten; befestigen (***a*** an *dat*); *motore* abstellen; **~arsi** [-'marsi] halten; stehenbleiben; (*restare*) sich aufhalten; **~ata** [-'ma:ta] *f* Halt *m*; (*sosta*) Aufenthalt *m*; *luogo* Haltestelle *f*; ***~ dell'autobus*** Bushaltestelle *f*; ***~ facoltativa*** od ***~ a richiesta*** Bedarfshaltestelle *f*; *fer* ***dieci minuti di ~*** zehn Minuten Aufenthalt
ferment|are [fermen'ta:re] (*1a*) gären; **~azione** [-tatsi'o:ne] *f* Gärung *f*
fermento [fer'mento] *m* Gärstoff *m*; *fig* Gärung *f*, Unruhe *f*
fermezza [fer'mettsa] *f* Entschlossenheit *f*, Beständigkeit *f*
fermo ['fermo] **1.** *adj* still(stehend), unbeweglich; (*saldo*) fest; *fig* entschlossen; beständig; ***terra f ferma*** Festland *n*; ***essere ~*** stehen; ***star ~*** ruhig bleiben; ***l'orologio è ~*** die Uhr ist stehen geblieben; **2.** *int* ***~!*** halt!; **3.** *m jur* Festnahme *f*
fermoposta [fermo'pɔsta] postlagernd
fer|oce [fe'ro:tʃe] wild; grausam; **~ocia** [-'rɔ:tʃa] *f* (*pl -ce*) Wildheit *f*, Grausamkeit *f*
ferragosto [ferra'gosto] *m* Mariä-Himmelfahrts-Fest *n*; *periodo* Mitte *f* August
ferr|amenta [ferra'menta] *f* Eisenwaren *f/pl*; *negozio* Eisenwarenhandlung *f*; **~avecchio** [-ra'vɛkkio] *m* (*pl -cchi*) Schrotthändler *m*
ferro ['fɛrro] *m* Eisen *n*; (*arnese*) Werkzeug *n*; ***~ da calza*** Stricknadel *f*; ***~ da stiro a vapore*** Dampfbügeleisen *n*; ***~ di cavallo*** Hufeisen *n*; ***~ battuto*** Schmiedeeisen *n*; *gastr* ***ai -i*** vom Rost (*od* Grill), gegrillt
ferro|via [ferro'vi:a] *f* Eisenbahn *f*; ***~ a cremagliera*** Zahnradbahn *f*; ***~ sotterranea*** Untergrundbahn *f*; ***~ suburbana*** Vorortbahn *f*; ***per ~*** mit der Eisenbahn; **~viario** [-vi'a:rio] (*pl -ri*) Eisenbahn…; ***orario*** *m* ***~*** (Eisenbahn)Fahrplan *m*, Kursbuch *n*; **~viere** [-vi'ɛ:re] *m* Eisenbahner *m*
fertile ['fɛrtile] fruchtbar (***di*** an *dat*), ergiebig
fertil|ità [fertili'ta] *f* Fruchtbarkeit *f*;

~izzanti [-lid'dzanti] *m/pl* Düngemittel *n/pl*
fesso ['fesso] dumm
fessura [fes'su:ra] *f* Riss *m*; Spalt *m*
festa ['fɛsta] *f* Fest *n*, Party *f*, Feiertag *m*; **~ *nazionale*** Nationalfeiertag *m*; **~ *popolare*** Volksfest *n*; ***buone -e!*** schöne Feiertage!
festeggiare [fested'dʒa:re] (*1f*) feiern
festival ['fɛstival] *m inv* Festival *n*
fest|ività [festivi'ta] *f* Fest *n*; Feiertag *m*; **~ivo** [-'ti:vo] festlich; Fest…, Feier…; ***giorno*** *m* **~** Feiertag *m*; **~oso** [-'to:so] freudig
feto ['fɛ:to] *m* Fötus *m*
fetta ['fetta] *f* Scheibe *f*; ***una ~ di pane*** eine Scheibe Brot; ***a -e*** in Scheiben geschnitten
feudale [feu'da:le] feudal; Feudal…
fiaba [fi'a:ba] *f* Märchen *n*
fiabesco [fia'besko] (*pl -chi*) märchenhaft
fiacca [fi'akka] *f* Müdigkeit *f*; (*svogliatezza*) Trägheit *f*; ***battere la ~*** herumtrödeln
fiacco [fi'akko] (*pl -cchi*) schlapp, müde
fiaccola [fi'akkola] *f* Fackel *f*
fiala [fi'a:la] *f* Ampulle *f*
fiamma [fi'amma] *f* Flamme *f*; *mar* Wimpel *m*; *gastr* ***alla ~*** flambiert
fiamm|ante [fiam'mante] ***rosso ~*** knallrot; ***nuovo ~*** brandneu, funkelnagelneu; **~ifero** [-'mi:fero] *m* Streichholz *n*
fiammingo [fiam'miŋgo] *m* (*pl -ghi*) *zo* Flamingo *m*
fiancheggiare [fiaŋked'dʒa:re] (*1f*) säumen; entlanglaufen an (*dat*); *fig* zur Seite stehen (*dat*)
fianco [fi'aŋko] *m* (*pl -chi*) Seite; *anat* Hüfte *f*; ***~ a ~*** Seite an Seite; ***di ~*** seitlich; ***a ~ di*** neben (*dat od acc*)
fiasco [fi'asko] *m* (*pl -chi*) Strohflasche *f*, *fig* Fiasko *n*, Misserfolg *m*
fiato [fi'a:to] *m* Atem *m*; Hauch *m*; *fig* ***senza ~*** sprachlos; *mus* ***strumento*** *m* ***a ~*** Blasinstrument *n*; ***in un ~*** in e-m Atemzug; ***riprendere ~*** wieder zu Atem kommen; sich erholen
fibbia ['fibbia] *f* Schnalle *f*
fibr|a ['fi:bra] *f* Faser *f*, Fiber *f*; *fig* Konstitution *f*; ***~ artificiale*** Kunstfaser *f*; ***~ di vetro*** Glasfaser *f*; **~oso** [-'bro:so] faserig
ficc|anaso [fikka'na:so] *m* Topfgucker *m*; **~are** [-'ka:re] (*1d*) stecken; **~arsi** [-'karsi] sich stecken; ***~ nei guai*** sich in e-e unangenehme Lage bringen; ***~ qc in testa*** sich et in den Kopf setzen; ***dove s'è ficcato?*** wo steckt er (*od* es)?
fico ['fi:ko] *m* (*pl -chi*) Feige *f*, Feigenbaum *m*; ***~ d'India*** *albero* Feigenkaktus *m*; *frutto* Kaktusfeige *f*
fidanz|amento [fidantsa'mento] *m* Verlobung *f*; **~arsi** [-'tsarsi] (*1a*) sich verloben; **~ata** [-'tsa:ta] *f* Braut *f*; **~ato** [-'tsa:to] *m* Bräutigam *m*; ***i -i*** *pl* die Verlobten *pl*
fid|are [fi'da:re] (*1a*) (*confidare*) vertrauen (***in*** auf *acc*); **~arsi** [-'darsi]: ***~ di qu*** sich auf j-n verlassen; j-m trauen; ***~ di fare qc*** sich trauen, et zu tun; **~ato** [-'da:to] zuverlässig
fideiussione [fideiussi'o:ne] *f* Bürgschaft *f*
fido ['fi:do] **1.** *adj* treu; **2.** *m* Kredit *m*
fid|ucia [fi'du:tʃa] *f* Vertrauen *n*; ***di ~*** Vertrauens…; **~uciaria** [-du'tʃa:ria] *f* (*a* ***società*** *f* **~**) *econ* Treuhandgesellschaft *f*; **~uciario** [-du'tʃa:rio] (*pl -ri*) **1.** *adj jur* treuhänderisch; **2.** *m* Treuhänder *m*; **~ucioso** [-du'tʃo:so] vertrauensvoll
fieno [fi'ɛ:no] *m* Heu *n*
fiera[1] [fi'ɛ:ra] *f* wildes Tier *n*
fiera[2] [fi'ɛra] *f* Messe *f*; (Jahr)Markt *m*; ***~ campionaria*** Mustermesse *f*
fierezza [fie'rettsa] *f* Stolz *m*
fiero [fi'ɛ:ro] stolz
fifa F ['fi:fa] *f* F Bammel *m*; ***aver ~*** Bammel haben
figlia ['fi:ʎa] *f* Tochter *f*
figli|astra [fi'ʎastra] *f* Stieftochter *f*; **~astro** [-'ʎastro] *m* Stiefsohn *m*
figlio ['fi:ʎo] *m* (*pl -gli*) Sohn *m*; ***avere -gli*** *pl* Kinder haben
figli|occia [fi'ʎɔttʃa] *f* (*pl -cce*), **~occio** [-'ʎɔttʃo] *m* (*pl -cci*) Patenkind *n*; **~ola** [-'ʎɔ:la] *f* Tochter *f*, **~olo** [-'ʎɔ:lo] *m* Sohn *m*; ***essere un buon ~*** ein guter Kerl sein
figura [fi'gu:ra] *f* Figur *f*, Gestalt *f*; (*illustrazione*) Bild *n*; (*apparenza*) Aussehen *n*; ***far brutta ~*** sich blamieren
figur|are [figu'ra:re] (*1a*) **1.** *v/t* darstellen; bilden; **2.** *v/i* (dabei) sein, sich befinden; **~arsi** [-'rarsi] sich denken;

F

sich vorstellen; ***figurati!*** stell dir vor!; aber bitte!; ***si figuri!*** stellen Sie sich vor!; **~ato** [-'ra:to] bildlich; **~ino** ['ri:no] *m* Modeskizze *f*, (*rivista*) Modezeitschrift *f*

fila ['fi:la] *f* Reihe *f*; ***di ~*** ohne Unterbrechung; ***in ~ indiana*** im Gänsemarsch; ***tre giorni di ~*** drei Tage hintereinander; ***fare la ~*** Schlange stehen

filamento [fila'mento] *m* Faser *f*; *el* Faden *m*; *bot* Staubfaden *m*

filare [fi'la:re] (*1a*) **1.** *v/t* spinnen; **2.** *v/i ragno* spinnen; *formaggio* Fäden ziehen; *veicolo* rasen; F (*andarsene*) sich aus dem Staub machen; **3.** *m* Reihe *f*

filarmonico [filar'mɔ:niko] (*pl -ci*) philharmonisch

filastrocca [filas'trɔkka] *f* (*pl -cche*) Kinderreim *m*

filatelia [filate'li:a] *f* Briefmarkenkunde *f*

file ['fail] *m inv inform* Datei *f*

filetto [fi'letto] *m* Band *n*; *gastr* Filet *n*; *tec* Gewinde *n*

filiale [fili'a:le] *f* Filiale *f*, Zweigstelle *f*, Niederlassung *f*; (*società affiliata*) Tochtergesellschaft *f*

filigrana [fili'gra:na] *f* Filigran *n*; Wasserzeichen *n*

film [film] *m* (*pl inv*) Film *m*; ***~ giallo*** Kriminalfilm *m*; ***~ a colori*** Farbfilm *m*; ***~ in bianco e nero*** Schwarzweißfilm *m*; ***~ d'animazione*** Zeichentrickfilm *m*; ***girare un ~*** e-n Film drehen

film|are [fil'ma:re] (*1a*) filmen; verfilmen; **~ato** [-'ma:to] *m* Filmstreifen *m*

filo ['fi:lo] *m* (*pl a le -a*) Faden *m*; Schnur *f*; *metallico* Draht *m*; ***~ d'erba*** (Gras)Halm *m*; *fig* roter Faden *m*; *el **~ conduttore*** Leitungsdraht *m*; ***~ interdentale*** Zahnseide *f*, ***~ spinato*** Stacheldraht *m*; ***~ di voce*** dünne Stimme *f*; ***per ~ e per segno*** ganz genau; ***dare del ~ da torcere a qu*** j-m zu schaffen machen

filobus ['fi:lobus] *m* O(berleitungs)bus *m*

filodiffusione [filodiffuzi'o:ne] *f* Drahtfunk *m*

filodrammatica [filodram'ma:tika] *f* Laienbühne *f*

fil|ologia [filolo'dʒi:a] *f* Philologie *f*; **~ologo** [-'lɔ:logo] *m* (*pl -gi*) Philologe *m*

filone [fi'lo:ne] *m min* Ader *f*; *pane* Stangenbrot *n*, Baguette *f*; *fig* Richtung *f*

filos|ofia [filozo'fi:a] *f* Philosophie *f*; **~ofico** [-'zɔ:fiko] (*pl -ci*) philosophisch

filosofo [fi'lɔ:zofo] *m* Philosoph *m*

filovia [filo'vi:a] *f* Oberleitungsbuslinie *f*

filtrare [fil'tra:re] (*1a*) **1.** *v/t* filtern; **2.** *v/i* durchsickern

filtro ['filtro] *m* Filter *m u n*; ***~ giallo*** Gelbfilter *m*; ***~ dell'aria*** Luftfilter *m*; ***~ di carta*** Filtertüte *f*

finale [fi'na:le] **1.** *adj* letzte, End…, Schluss…; (*definitivo*) endgültig; ***esito** m **~*** Endergebnis *n*; **2.** *m* Schluss *m*, Ende *n*; **3.** *f sport* Finale *n*, Endspiel *n*

finalmente [final'mente] endlich; schließlich

finanz|a [fi'nantsa] *f* Finanz *f*; ***-e** pl* Finanzen *pl*; ***ministro** m **delle -e*** Finanzminister *m*; ***-e** pl **dello Stato*** Staatsgelder *n/pl*; **~iamento** [-tsia'mento] *m* Finanzierung *f*; **~iare** [-tsi'a:re] (*1g*) finanzieren; **~iario** [-tsi'a:rio] (*pl -ri*) **1.** *adj* finanziell; Finanz…; ***riforma** f **-a*** Finanzreform *f*; **~iere** [-tsi'ɛ:re] *m* Finanzier *m*; (*guardia di finanza*) Zollfahnder *m*

finché [fiŋ'ke] bis; solange

fine ['fi:ne] **1.** *adj* fein; **2.** *m* Zweck m; ***a ~ di …*** um zu …; **3.** *f* (*a m*) Ende *n*; ***alla ~*** schließlich; ***in ~*** zum Schluss

fine settimana [finesetti'ma:na] *m od f inv* Wochenende *n*

finestra [fi'nɛstra] *f* Fenster *n*; *inform* (Bildschirm)Fenster *n*

finestrino [fines'tri:no] *m* Fenster *n*; *auto **~ posteriore*** Heckfenster *n*

finezza [fi'nettsa] *f* Feinheit *f*

fing|ere ['findʒɛre] (*3d*) vortäuschen, heucheln; ***~ di*** so tun, als ob …; **~ersi** [-dʒersi] sich stellen

finire [fi'ni:re] (*4d*) **1.** *v/t* beenden; ***finiscila!*** hör auf!; **2.** *v/i* enden; ausgehen (***in*** auf *acc*); aufhören; ***andrà a ~ male*** das wird ein schlechtes Ende nehmen

finito [fi'ni:to] vollendet, fertig; (*esaurito*) ausverkauft; ***è finita*** es ist aus; ***farla finita con qc*** ein Ende machen mit et

finlandese [finlan'de:se] **1.** *adj* finnisch; **2.** *m* Finne *m*; Finnisch(e) *n*

fino[1] ['fi:no] *adj* dünn; fein
fino[2] ['fi:no] *prp* bis; **~ a domani** bis morgen; **~ a che** solange; **fin da ieri** seit gestern
finocchio [fi'nɔkkio] *m* (*pl -cchi*) Fenchel *m*; *spreg* Schwule(r) *m*
finora [fi'no:ra] bis jetzt
finta ['finta] *f* Verstellung *f*; *sport* Finte *f*; **far ~ di** so tun, als ob
fintantoché [fintanto'ke] bis, solange
finto ['finto] **1.** → **fingere**; **2.** *adj* falsch; künstlich
finzione [fintsi'o:ne] *f* Verstellung *f*
fiocco [fi'ɔkko] *m* (*pl -cchi*) Schleife *f*; (Schnee)Flocke *f*; **-cchi** *pl* **d'avena** Haferflocken *f/pl*; *fig* **coi -cchi** ausgezeichnet
fioco [fi'ɔ:ko] (*pl -chi*) schwach
fioraio [fio'ra:io] *m* (*pl -ai*) Blumenhändler *m*
fiordaliso [fiorda'li:zo] *m* Kornblume *f*
fiordo [fi'ɔrdo] *m* Fjord *m*
fiore [fi'o:re] *m* Blume *f*; *parte migliore* Auslese *f*; **a -i** geblümt, mit Blumenmuster; **a fior d'acqua** an der Wasseroberfläche; **a fior di labbra** leise; **essere in ~** in Blüte sein
fiorente [fio'rɛnte] blühend
fiorentino [fioren'ti:no] **1.** *adj* florentinisch; **2.** *m* Florentiner *m*
fior|etto [fio'retto] *m* Florett *n*; **~icoltura** [-rikol'tu:ra] *f* Blumenzucht *f*
fior|ire [fio'ri:re] (*4d*) blühen; **~itura** [-ri'tu:ra] *f* Blüte *f*
firma ['firma] *f* Unterschrift *f*, Unterzeichnung *f*; *econ* **avere la ~** Prokura haben
firmamento [firma'mento] *m* Firmament *n*
firm|are [fir'ma:re] (*1a*) unterschreiben; unterzeichnen; *dipinto* signieren; **~atario** [-ma'ta:rio] *m* (*pl -ri*) Unterzeichner *m*
fisarmonica [fizar'mɔ:nika] *f* (*pl -che*) Ziehharmonika *f*, Akkordeon *n*
fisc|ale [fis'ka:le] Steuer ...; *fig* hart; **ritenuta** *f* **~** Steuerabzug *m*; **~alità** [-kali'ta] *f* Steuersystem *n*
fischiare [fiski'a:re] (*1k*) **1.** *v/t* pfeifen; **~ qu** j-n auspfeifen; **2.** *v/i* pfeifen; *vento* sausen
fischio ['fiskio] *m* (*pl -chi*) Pfiff *m*; *sport* **~ finale** Abpfiff *m*
fisco ['fisko] *m* (*pl -chi*) Fiskus *m*; Staatskasse *f*
fisica ['fi:zika] *f* Physik *f*; **~ nucleare** Atomphysik *f*
fisico ['fi:ziko] (*pl -ci*) **1.** *adj* physikalisch; physisch, körperlich; **2.** *m* Physiker *m*; *anat* Körperbau *m*
fis|iologia [fiziolo'dʒi:a] *f* Physiologie *f*; **~ionomia** [-ziono'mi:a] *f* Physiognomie *f*, *fig* Charakter *m*
fisioter|apia [fiziotera'pi:a] *f* Krankengymnastik *f*; **~apista** [-ra'pista] *m/f* (*m/pl -i*) Krankengymnast(in *f*) *m*
fiss|are [fis'sa:re] (*1a*) (*fermare*) befestigen, festmachen; (*guardare intensamente*) *j-n* anstarren, fixieren; (*stabilire*) festsetzen; (*prenotare*) buchen; **~atore** [-sa'to:re] *m* Festiger *m*; **~azione** [-satsi'o:ne] *f* Festsetzung *f*; fixe Idee *f*, Einbildung *f*
fisso ['fisso] **1.** *adj* fest; (*fissato*) befestigt; *sguardo* starr; **2.** *m* festes Gehalt *n*
fitta ['fitta] *f* Stich *m*
fitto[1] ['fitto] **1.** *adj* dicht; **2.** *m* Tiefe *f*; **nel ~ della notte** im tiefsten Dunkel der Nacht
fitto[2] ['fitto] *m* Miete *f*
fiume [fi'u:me] *m* Fluss *m*; *fig* Strom *m*; **letto** *m* **del ~** Flussbett *n*
fiutare [fiu'ta:re] (*1a*) beschnuppern; wittern; *tabacco* schnupfen; *fig* aufspüren
fiuto [fi'u:to] *m* Witterung *f*, *fig* Spürsinn *m*; F Nase *f*
flacone [fla'ko:ne] *m* Flakon *m u n*
flanella [fla'nɛlla] *f* Flanell *m*
flash [flɛʃ] *m inv fot* Blitzlicht *n*; *stampa* Kurznachricht *f*
flatulenza [flatu'lɛntsa] *f* Blähung *f*
flauto ['fla:uto] *m* Flöte *f*
flemmatico [flem'ma:tiko] (*pl -ci*) phlegmatisch
fless|ibile [fles'si:bile] biegsam; *fig* flexibel, anpassungsfähig; **~ione** [-si'o:ne] *f* Biegung *f*, Beugung *f*; *gram* Flexion *f*, (*diminuzione*) Rückgang *m*
flipper ['flipper] *m inv* Flipper *m*
flirt [flœrt] *m* Flirt *m*
flirtare [flir'ta:re] (*1a*) flirten
floppy disk [flɔpi 'disk] *m inv* Diskette *f*
flora ['flɔ:ra] *f* Flora *f*
floreale [flore'a:le] **stile** *m* **~** Jugendstil *m*
florido ['flɔ:rido] blühend

F

floscio ['flɔʃʃo] (*pl -sci*) schlaff, weich
flotta ['flɔtta] *f* Flotte *f*; **~ mercantile** Handelsflotte *f*
fluido [fl'uːido] **1.** *adj* flüssig; **2.** *m* Flüssigkeit *f*
fluoro [flu'oro] *m* Fluor *n*
flusso ['flusso] *m* Strom *m*; Flut *f*; **~ e riflusso** Ebbe und Flut
fluttu|are [fluttu'aːre] (*1l*) wogen; *econ u fig* schwanken; **~azione** [-tuatsi'oːne] *f* Wogen *n*; Schwankung *f*; **~ dei prezzi** Preisschwankung *f*
F
fluviale [fluvi'aːle] Fluss…; **navigazione** *f* **~** Flussschifffahrt *f*
foca ['fɔːka] *f* (*pl -che*) Seehund *m*
focaccia [fo'kattʃa] *f* (*pl -cce*) Fladenbrot *n*; *dolce* Kuchen *m*; **rendere pan per ~** Gleiches mit Gleichem vergelten
focalizzare [fokalid'dzare] (*1a*) *f* scharf einstellen
foce ['fɔːtʃe] *f* Mündung *f*
focol|aio [foko'laːio] *m* (*pl -ai*) Herd *m*; **~are** [-laːre] *m* Herd *m* (*a fig*); *tec* Feuerraum *m*
focoso [fo'koːzo] feurig
fodera ['fɔːdera] *f* Bezug *m*; *di libro* Schutzhülle *f*; *di abito* Futter *n*
foderare [fode'raːre] (*1l u c*) *abito* füttern
fodero ['fɔːdero] *m* Futteral *n*; Scheide *f*
foggia ['fɔddʒa] *f* (*pl -gge*) Art *f* und Weise *f*; *abito* Schnitt *m*
foglia ['fɔːʎa] *f* Blatt *n*
fogliame [fo'ʎaːme] *m* Laubwerk *n*
foglio ['fɔːʎo] *m* (*pl -gli*) Blatt *n*; *tip* Bogen *m*; **~ complementare** Fahrzeugbrief *m*; **~ rosa** provisorische Fahrerlaubnis *f*; **~ di via** Ausweisungsbescheid *m*
fogna ['foːɲa] *f* Abzugskanal *m*
fognatura [foɲa'tuːra] *f* Kanalisation(ssystem *n*) *f*
folcl|ore [folk'lɔːre] *m* Folklore *f*; **~oristico** [-lo'ristiko] (*pl -ci*) folkloristisch
folgor|are [folgo'raːre] (*1l*) blitzen; **~ato** [-'raːto] vom elektrischen Schlag getroffen
folklore [folk'lɔːre] *m* → **folclore**
folla ['fɔlla] *f* Menschenmenge *f*; Gedränge *n*; *fig* Unmenge *f*
folle ['fɔlle] verrückt, wahnsinnig, töricht
follia [fol'liːa] *f* Wahnsinn *m*, Torheit *f*
folto ['folto] **1.** *adj* dicht; **2.** *m* Dickicht *n*
fondale [fon'daːle] *m mar* Wassertiefe *f*; *tea* Hintergrund *m*
fondam|entale [fondaːmen'tale] wesentlich; Grund…; **principi** *m/pl* **-i** Hauptgrundsätze *m/pl*; **~ento** [-'mento] *m* (*pl a le -a*) Fundament *n* (*a fig*); Grundlage *f*; **le -a** die Grundmauern *f/pl*; **senza ~** grundlos
fond|are [fon'daːre] (*1a*) (*a fig*) gründen, stiften; **~arsi** [-'darsi] sich stützen (**su** auf *acc*); **~ato** [-'daːto] begründet; **~atore** [-da'toːre] *m* Gründer *m*; Stifter *m*; **~azione** [-datsi'oːne] *f* Gründung *f*, Stiftung *f*
fond|ere ['fondere] (*3bb*) schmelzen; *colori* verschmelzen; *fig* (*riunire*) fusionieren; **~ersi** [-dersi] schmelzen; *fig* fusionieren, sich zusammenschließen
fonderia [fonde'ria] *f* Gießerei *f*
fondiario [fondi'aːrio] (*pl -ri*) Grund…; **imposta** *f* (*od* **tassa** *f*) **-a** Grundsteuer *f*
fondo ['fondo] **1.** *adj* tief; **2.** *m* Grund *m*; Boden *m*; (*sfondo*) Hintergrund *m*; *terreno* Grundstück *n*; *econ* Fonds *m*; *sport* Langstreckenlauf *m*; *sci* Langlauf *m*; **-i** *pl* Geldmittel *pl*; **a ~** gründlich; **in ~** hinten; unten; *fig* im Grunde (genommen); **in ~ alla strada** am Ende der Straße; *econ* **~ d'ammortamento** Tilgungsfonds *m*; **andare a ~** untergehen; **-i** *pl* **di magazzino** Restbestände *m/pl*
fonduta [fon'duːta] *f* Fondue *n*
fonetica [fo'nɛːtika] *f* Phonetik *f*
fontana [fon'taːna] *f* Brunnen *m*
fonte ['fonte] *m/f* Quelle *f* (*a fig*); **~ energetica** Energiequelle *f*; **da ~ attendibile** aus zuverlässiger Quelle
footing ['futiŋ] *m inv* Jogging *n*
foraggio [fo'raddʒo] *m* (*pl -ggi*) (Vieh)Futter *n*
for|are [fo'raːre] (*1a*) durchlöchern; durchbohren; *biglietto* lochen; *pneumatico* eine Reifenpanne haben; **~atura** [-ra'tuːra] Reifenpanne *f*
forbici ['fɔrbitʃi] *f/pl* Schere *f*; **un paio di ~** eine Schere
for|cella [for'tʃɛlla] *f tec* Gabel *f*; **~chetta** [-'ketta] *f* Gabel *f*, Essgabel *f*; **essere una buona ~** ein tüchtiger Esser sein; **~cina** [-'tʃiːna] *f* Haarnadel *f*
foresta [fo'rɛsta] *f* Wald *m*; **~ vergine** Urwald *m*

forestale [fores'taːle] Wald…; Forst…; ***guardia*** *f* ~ Förster *m*

forest|eria [foreste'riːa] *f* Gästehaus *n*; **~iero** [-ti'ɛːro] **1.** *adj* fremd; **2.** *m* Fremde(r) *m*; Ausländer *m*

forfait [for'fɛ] *m* Pauschale *f*, Pauschalpreis *m*; ***a*** ~ Pauschal…

forfettario [forfet'tario] Pauschal…

forfora ['forfora] *f* Schuppen *f/pl*

forma ['forma] *f* Form *f* (*a tec*); Gestalt *f*; ***essere in*** ~ gut in Form sein

formaggiera [formad'dʒɛːra] *f* Käsedose *f*

formaggio [for'maddʒo] *m* (*pl -ggi*) Käse *m*

form|ale [for'maːle] formal; (*convenzionale*) formell, förmlich; **~alità** [-mali'ta] *f* Formalität *f*

form|are [for'maːre] (*1a*) bilden; formen; (*educare*) ausbilden; *tel* ~ ***il numero*** wählen; **~arsi** [-'marsi] sich bilden; sich entwickeln; **~ato** [for'maːto] *m* Format *n*; Größe *f*; **~attare** [format'taːre] (*1a*) *inform* formatieren; **~attazione** [formattatsi'oːne] *f inform* Formatierung *f*; **~azione** [-matsi'oːne] *f* Bildung *f*, Entstehung *f*, *mil*, *geol* Formation *f*, *sport* Mannschaft *f*; ~ ***professionale*** Berufsausbildung *f*

formica [for'miːka] *f* (*pl -che*) Ameise *f*

formi|caio [formi'kaːio] *m* (*pl -ai*) Ameisenhaufen *m* **~colare** [-ko'laːre] (*1m*) wimmeln; *mano*, *gamba* kribbeln; **~colio** [-ko'liːo] *m* Gewimmel *n*; Kribbeln *n*

formidabile [formi'daːbile] außergewöhnlich, großartig

formula ['fɔrmula] *f* Formel *f*

formul|are [formu'laːre] (*1l*) formulieren; **~ario** [-'laːrio] *m* (*pl -ri*) Formular *n*

forn|aio [for'naːio] *m* (*pl -ai*) Bäcker *m*; **~ello** [-'nɛllo] *m* Kochherd *m*, Kocher *m*; ~ ***elettrico*** Elektroplatte *f*

forn|ire [for'niːre] (*4d*) (be)liefern; (*dotare*) versorgen, ausstatten (***qc a qu*** j-n mit et); *informazioni* erteilen; **~irsi** [-'nirsi] sich versehen (***di*** mit); **~itore** [-ni'toːre] *m* Lieferant *m*; **~itura** [-ni'tuːra] *f* Lieferung *f*, Ausstattung *f*

forno ['forno] *m* Ofen *m*, Backofen *m*; (*panetteria*) Bäckerei *f*; ~ ***a microonde*** Mikrowellenherd *m*; *gastr* ***al*** ~ überbacken

foro[1] ['foːro] *m* Loch *n*; Öffnung *f*

foro[2] ['fɔːro] *m* Forum *n*; *jur* Gerichtshof *m*

forse ['forse] vielleicht; ***mettere in*** ~ als zweifelhaft hinstellen

forte ['fɔrte] **1.** *adj* stark; kräftig; *gastr* scharf; **2.** *adv* stark; (*ad alta voce*) laut; (*velocemente*) schnell; ***parlare*** ~ laut sprechen; **3.** *m* Stärke *f*, (*fortezza*) Festung *f*, ***questo è il suo*** ~ dies ist s-e Stärke

fort|ezza [for'tettsa] *f* Stärke *f*, *mil* Festung *f*; **~ificare** [-tifi'kaːre] (*1m u d*) stärken; *mil* befestigen

fort|uito [for'tuːito] zufällig; **~una** [-'tuːna] *f* Glück *n*; Schicksal *n*; (*patrimonio*) Vermögen *n*; ***fare*** ~ sein Glück machen; ***per*** ~ glücklicherweise; ***di*** ~ provisorisch; Not…; ***atterraggio*** *m* ***di*** ~ Notlandung *f*, **~unatamente** [-tunata'mente] glücklicherweise; **~unato** [-tu'naːto] glücklich

foruncolo [fo'ruŋkolo] *m* Furunkel *m*

forza ['fɔrtsa] *f* Kraft *f*, Gewalt *f*, ~ ***di gravità*** Schwerkraft *f*, ~ ***maggiore*** höhere Gewalt *f*, ***a viva*** ~ mit Gewalt, gewaltsam; ***a*** ~ ***di …*** mittels, durch viel(es) …; ***per*** ~ notgedrungen; gewaltsam; ***per ~!*** natürlich!; ***~!*** los!; ***-e*** *pl* (***armate***) *mil* Streitkräfte *pl*

forzare [for'tsaːre] (*1c*) (*costringere*) zwingen; *porta* aufbrechen

foschia [fos'kiːa] *f* Dunst *m*, Nebel *m*

fosco ['fosko] (*pl -chi*) dunkel; *fig* düster

fosfato [fos'faːto] *m* Phosphat *n*

fosforescente [fosforeʃ'ʃɛnte] phosphoreszierend; glänzend

fosforo ['fɔsforo] *m* Phosphor *m*

fossa ['fɔssa] *f* Graben *m*; Grube *f*

fossato [fos'saːto] *m* Wassergraben *m*

fosso ['fɔsso] *m* Graben *m*

foto ['fɔːto] *f inv* Foto *n*

foto|copia [foto'kɔːpia] *f* Fotokopie *f*; **~copiare** [-kopi'aːre] (*1k u c*) fotokopieren; **~copiatrice** [-kopia'triːtʃe] *f* Kopierer *m*; **~genico** [-'dʒɛːniko] (*pl -ci*) fotogen

foto|grafare [fotogra'faːre] (*1m u c*) fotografieren; aufnehmen; **~grafia** [-gra'fiːa] *f* Fotografie *f*, ~ ***formato tessera*** Passbild *n*; ~ ***aerea*** Luftaufnahme *f*, ~ ***a colori*** Farbfoto *n*, Farbaufnahme *f*, **~grafico** [-'graːfiko] (*pl*

F

-*ci*) fotografisch; ***macchina** f* **-a** Fotoapparat *m*; **articoli** *m/pl* **-ci** Fotobedarf *m*

fotografo [fo'tɔːgrafo] *m* Fotograf *m*

foto|montaggio [fotomon'taddʒo] *m* Fotomontage *f*; **~reporter** [-re'pɔrter] *m inv* Pressefotograf *m*; **~romanzo** [-ro'mandzo] *m* Fotoroman *m*

fra [fra] *prp* **1.** zwischen (*dat od acc*); **~ *Roma e Berlino*** zwischen Rom und Berlin, **2.** unter (*dat*); **~ *l'altro*** unter anderem; **~ *questi*** darunter; **~ *di noi*** unter uns; **3.** in (*dat*), binnen (*dat od gen*); **~ *breve*** in kurzem; **~ *tre giorni*** in drei Tagen; **4. ~ *sé e sé*** mit sich selbst

frac [frak] *m inv* Frack *m*

frac|assare [frakas'saːre] (*1a*) zertrümmern; **~asso** [-'kasso] *m* Lärm *m*

fradicio ['fraːditʃo] (*pl* -*ci*) (*marcio*) verdorben, faul (*a fig*); (*bagnato*) nass; ***ubriaco* ~** betrunken

fragile ['fraːdʒile] zerbrechlich; *fig* (*delicato*) zart; schwach

fragola ['fraːgola] *f* Erdbeere *f*

fraintendere [frain'tɛndere] (*3c*) missverstehen

framm|entario [frammen'taːrio] (*pl* -*ri*) fragmentarisch; **~ento** [-'mɛnto] *m* Fragment *n*, Bruchstück *n*

frana ['fraːna] *f* Erdsturz *m*

franare [fra'naːre] (*1a*) einstürzen

francamente [fraŋka'mente] offen

francese [fran'tʃeːze] **1.** *adj* französisch; **2.** *m* Französisch(e) *n*; **3.** *m/f* Franzose *m*, Französin *f*

franch|ezza [fraŋ'kettsa] *f* Offenheit *f*, Ehrlichkeit *f*; **~igia** [-'kiːdʒa] *f* Freiheit *f*; *post, fer* Portofreiheit *f*; **~ *doganale*** Zollfreiheit *f*

franco ['fraŋko] (*pl* -*chi*) **1.** *adj* frei; *fig* offen; ***farla* -a** unbehelligt davonkommen; *post* portofrei; **~ *domicilio*** frei (ins) Haus; **2.** *m econ* Franc *m*, Franken *m*; **~ *svizzero*** Schweizer Franken

francobollo [fraŋko'bollo] *m* Briefmarke *f*; ***due -i da … lire*** zwei Briefmarken zu … Lire

frangia ['frandʒa] *f* (*pl* -*ge*) Franse *f*; *di capelli* Pony *m*; *geol* Küstenstreifen *m*

frant|umare [frantu'maːre] (*1a*) zertrümmern, zersplittern; **~umi** [-'tuːmi] *m/pl* (Bruch)Stücke *n/pl*; ***in* ~** in Stücke; in Trümmern

frappé [frap'pe] *m* Milch- *od* Eismixgetränk *n*

frase ['fraːze] *f* Satz *m*; **~ *fatta*** Gemeinplatz *m*

frassino ['frassino] *m* Esche *f*

frastagliato [frasta'ʎaːto] ***costa** f* **-a** zerklüftete Küste

frastuono [frastu'ɔːno] *m* Getöse *n*, Lärm *n*

frate ['fraːte] *m* Bruder *m*, Mönch *m*

fratello [fra'tɛllo] *m* Bruder *m*; **-i** *pl* Geschwister *pl*; *econ* Gebrüder *pl*

fraterno [fra'tɛrno] brüderlich

frat|tanto [frat'tanto] inzwischen; mittlerweile; **~tempo** [-'tɛmpo] *m* ***nel* ~** unterdessen, inzwischen

frattura [frat'tuːra] *f* Bruch *m*

frazion|are [fratsio'naːre] (*1a*) teilen; **~ario** [-'naːrio] (*pl* -*ri*) ***numero** m* **~** Bruchzahl *f*

frazione [fratsi'oːne] *f* Bruchteil *m*; *pol* Fraktion *f*; (*borgata*) Ortsteil *m*; *mat* Bruch *m*; **~ *decimale*** Dezimalbruch *m*

freccia ['frettʃa] *f* (*pl* -*cce*) Pfeil *m*; *auto* **~ (*di direzione*)** Blinker *m*

freddezza [fred'dettsa] *f* (Gefühls-) Kälte *f*, Kaltblütigkeit *f*

freddo ['freddo] **1.** *adj* kalt; *fig* ***a* ~** kaltblütig; **2.** *m* Kälte *f*; ***aver* ~** frieren; ***far* ~** kalt sein; **~ *umido*** nasskalt; ***non mi fa né caldo né* ~** das lässt mich ganz kalt

fredd|oloso [freddo'loːso] ***essere* ~** leicht frösteln, gegen Kälte empfindlich sein; **~ura** [-'duːra] *f* Kalauer *m*

freezer ['friːzə] *m* Gefrierfach *n*

freg|are [fre'gaːre] (*1e*) reiben, scheuern; F (*imbrogliare*) betrügen; (*rubare*) klauen; **~arsene** P [-'garsene] P pfeifen (***di*** auf *acc*); **~ata** [-'gaːta] *f mar* Fregatte *f*; **~atura** [-ga'tuːra] *f* Betrug *m*; F Reinfall *m*

fregio ['frɛdʒo] *m* Fries *n*

fren|are [fre'naːre] (*1a*) bremsen; zügeln; *sentimenti* im Zaum halten; *lacrime* zurückhalten; **~ata** [-'naːta] *f* Bremsen *n*; *segno* Bremsspur *f*

freno ['freːno] *m* Bremse *f*; **~ *d'allarme*** Notbremse *f*; **~ *a mano*** Handbremse *f*; **~ *a pedale*** Fußbremse *f*; ***porre* ~ *a qc*** e-r Sache Einhalt gebieten; ***senza* ~** zügellos; ***tirare il* ~** die Bremse anziehen; ***regolare i* -i** die Bremsen einstellen

frequent|are [frekuen'taːre] (*1b*) *luogo*

verkehren in (*dat*); *persona* verkehren mit; **~ato** [-'taːto] viel besucht; ***una strada*** *f* ***-a*** e-e belebte Straße *f*
frequ|ente [freku'ɛnte] **1.** *adj* häufig; **2.** *adv* **di ~** oft; **~enza** [-ku'ɛntsa] *f* Häufigkeit *f*; *fis, rad* Frequenz *f*; (*affollamento*) Besucherzahl *f*; ***con ~*** häufig
freschezza [fres'kettsa] *f* Frische *f*
fresco ['fresko] (*pl -chi*) **1.** *adj* frisch; kühl; *fig* ***stare ~*** ganz schön in der Patsche sitzen; **2.** *m* Kühle *f*; ***pigliare il ~*** frische Luft schnappen; ***fa ~*** es ist kühl; ***mettere al ~*** kalt stellen; *fig* ins Gefängnis stecken
frescura [fres'kuːra] *f* Kühle *f*
fretta ['fretta] *f* Eile *f*; ***aver ~*** es eilig haben, in Eile sein; ***non c'è ~*** es eilt nicht; ***in tutta ~, in ~ e furia*** in aller Eile
frettoloso [fretto'loːso] eilig
fricassea [frikas'sɛːa] *f* Frikassee *n*
friggere ['friddʒere] (*3cc*) **1.** *v/t* frittieren, braten; **2.** *v/i* brutzeln
friggitrice [friddʒi'tritʃe] *f* Fritteuse *f*
frigido ['friːdʒido] (gefühls)kalt; *med* frigid
frigo ['friːgo] *m inv* Kühlschrank *m*
frigorifero [frigo'riːfero] **1.** *adj* Kühl…; **2.** *m* Kühlschrank *m*; ***~ per surgelati*** Tiefkühltruhe *f*
fringuello [friŋgu'ɛllo] *m* Fink *m*
frittata [frit'taːta] *f* Eierkuchen *m*, Omelett(e *f*) *n*; ***~ verde*** mit Kraut gefüllte Omelette *f*; *fig* ***fare la ~*** e-e Dummheit machen
frittella [frit'tɛlla] *f* kleiner Pfannkuchen *m*; *fig* Fettfleck *m*
fritto ['fritto] **1.** → ***friggere***; **2.** *adj* frittiert, gebacken; **3.** *m* gebackenes Gericht *n*; ***~ misto*** gemischtes Gebackenes
frittura [frit'tuːra] *f* gebackenes Gericht *n*; ***~ di pesce*** gebackene Fische *m/pl*
friulano [friu'laːno] friaulisch
frivolo ['friːvolo] leichtfertig; nichtig
frizionare [fritsio'naːre] (*1a*) einreiben; massieren
frizione [fritsi'oːne] *f* Einreibung *f*; *tec* Reibung *f*; *auto* Kupplung *f*
frizzante [frid'dzante] sprudelnd; prickelnd
frodare [fro'daːre] (*1c*) j-n betrügen (***di*** um *acc*); ***~ il fisco*** Steuern hinterziehen
frode ['frɔːde] *f* Betrug *m*
front|ale [fron'taːle] Stirn…; frontal; ***scontro ~*** Frontalzusammenstoß *m*; **~aliere** [-tali'ɛːre] *m* Grenzgänger *m*
fronte ['fronte] **1.** *f* Stirn *f*; *arch* Vorderseite *f*; **2.** *m mil* Front *f*; *meteorologia* ***~ caldo*** Warmfront *f*; ***di ~*** gegenüber; ***di ~ alla casa*** dem Haus gegenüber; ***far ~ agli impegni*** den Verpflichtungen nachkommen; ***far ~ alle spese*** für die Kosten aufkommen; ***tener ~ a qu*** j-m die Stirn bieten
front|eggiare [fronted'dʒaːre] (*1f*) widerstehen; *difficoltà* bewältigen; (*stare di fronte*) gegenüberliegen (*dat*); ***~ qu*** j-m die Stirn bieten; **~espizio** [-tes'piːtsio] *m* (*pl -zi*) Titelblatt *n*; *arch* Vordergiebel *m*; **~iera** [-ti'ɛːra] *f* Grenze *f*; ***polizia*** *f* ***di ~*** Grenzpolizei *f*; ***valico*** *m* ***di ~*** Grenzübergang *m*, **~one** [-'toːne] *m arch* Giebel *m*
frottola F ['frɔttola] *f* F Märchen *n*
frugale [fru'gaːle] *di persona* genügsam, anspruchslos; *di cibo* frugal, einfach
frugare [fru'gaːre] (*1e*) (herum)stöbern, kramen; ***~ le tasche a qu*** j-m die Taschen durchsuchen
fruire [fru'iːre] (*4d*): ***~ di qc*** et genießen
frull|are [frul'laːre] (*1a*) **1.** *v/t* quirlen; mixen; **2.** *v/i* schwirren; **~ato** [-'laːto] *m* Mixgetränk *n*
frullatore [frulla'toːre] *m* Mixer *m*
frumento [fru'mento] *m* Korn *n*; Weizen *m*
frusciare [fruʃ'ʃaːre] (*1f*) rauschen
fruscio [fruʃ'ʃiːo] *m* Rauschen *n*
frusta ['frusta] *f* Peitsche *f*; *gastr* Schneebesen *n*
frust|are [frus'taːre] (*1a*) peitschen; **~ino** [-'tiːno] *m* Reitpeitsche *f*
frustr|are [frus'traːre] (*1a*) frustrieren; (*impedire*) vereiteln; **~ato** [-'trato] frustriert; **~azione** [-tratsi'oːne] *f* Frustration *f*, F Frust *m*
frutta ['frutta] *f* Obst *n*; ***~ candita*** kandierte Früchte *f/pl*; ***~ fresca*** Frischobst *n*; ***~ secca*** Trockenobst *n*
frutt|are [frut'taːre] (*1a*) **1.** *v/t* einbringen; **2.** *v/i* Früchte tragen; **~eto** [-'teːto] *m* Obstgarten *m*; **~ifero** [-'tiːfero] fruchtbringend; *econ* zinsbringend; ***albero*** *m* ***~*** Obstbaum *m*; **~ivendolo** [-ti'vendolo] *m* Obsthändler *m*
frutto ['frutto] *m* Frucht *f*; *fig* Ertrag *m*;

-i *pl* **di mare** Meeresfrüchte *f/pl*
fruttuoso [fruttu'oːso] fruchtbar
fu [fu] **1.** → **essere**; **2.** *adj inv* verstorben; **Pietro ~** (*od* **del ~**) **Giovanni** Peter, Sohn des verstorbenen Johannes
fucil|are [futʃi'laːre] (*1a*) erschießen; **~ata** [-'laːta] *f* Gewehrschuss *m*
fucile [fu'tʃiːle] *m* Gewehr *n*
fucina [fu'tʃiːna] *f* Schmiede *f*
fuga ['fuːga] *f* (*pl -ghe*) Flucht *f*; *mus* Fuge *f*; **~ di gas** Gasausströmung *f*; *econ* **~ di capitali** Kapitalflucht *f*

F

fugg|evole [fud'dʒeːvole] flüchtig; **~iasco** [-'dʒasko] *m* (*pl -chi*) Flüchtling *m*; **~ifuggi** [-dʒi'fuddʒi] *m inv* wilde Flucht *f*; **~ire** [-'dʒiːre] (*4a*) fliehen, flüchten; **~itivo** [-dʒi'tiːvo] *m* Flüchtling *m*
fulcro ['fulkro] *m* Stützpunkt *m*
ful|iggine [fu'liddʒine] *f* Ruß *m*; **~igginoso** [-liddʒi'noːso] rußig
fulmin|ante [fulmi'nante] *sguardo* blitzend; *malattia* tödlich; (*esplosivo*) Schieß..., Spreng...; **~are** [-'naːre] (*1l*) **1.** *v/t* treffen, erschlagen; **2.** *v/i* blitzen; **~ato** [-'naːto] vom Blitz (*od* elektrischen Schlag) getroffen; *el lampadina* durchgebrannt; *fig* **rimanere ~** wie vom Blitz getroffen sein
fulmine ['fulmine] *m* Blitz *m*
fulmineo [ful'miːneo] blitzschnell
fum|aiolo [fumai'ɔːlo] *m* Schornstein *m*; **~are** [-'maːre] (*1a*) rauchen; **~atore** [-ma'toːre] *m* Raucher *m*; *fer* **scompartimento** *m* **per** (**non**) **-i** (Nicht-)Raucherabteil *n*; **~etto** [-'metto] *m* Blasentext *m*; **-i** *pl* Comics *pl*
fumo ['fuːmo] *m* Rauch *m*; Rauchen *n*; *fig* **andare in ~** in Rauch aufgehen; **mandare in ~** über den Haufen werfen
fumoso [fu'moːso] rauchig, verräuchert; (*oscuro*) dunkel
fune ['fuːne] *f* Seil *n*; *mar* Tau *n*; **~ metallica** Drahtseil *n*; **~ di rimorchio** Schlepptau *n*
funebre ['fuːnebre] Trauer...; Leichen...; *fig* traurig; **carro** *m* **~** Leichenwagen *m*; **messa** *f* **~** Totenmesse *f*
funerale [fune'raːle] *m* (*a -i pl*) Beerdigung *f*
fungere ['fundʒere] (*3d*) **1.** *v/t* ausüben; **2.** *v/i* fungieren; ein Amt ausüben (**da** als)
fungo ['fuŋgo] *m* (*pl -ghi*) Pilz *m* (*a med*); **~ velenoso** Giftpilz *m*; **~ prataiolo** Champignon *m*
funi|colare [funiko'laːre] *f* Standseilbahn *f*; **~via** [-'viːa] *f* Seil(schwebe)-bahn *f*; Drahtseilbahn *f*
funzion|amento [funtsiona'mento] *m* Funktionieren *n*; **~are** [-'naːre] (*1a*) funktionieren; F klappen; *tec* in Betrieb sein; *orologio* gehen; **~ario** [-'naːrio] *m* (*pl -ri*) Beamte(r) *m*
funzione [funtsi'oːne] *f* Funktion *f*; *rel* Gottesdienst *m*; **mettere in ~** in Betrieb setzen; **in ~ di ...** als ...
fuoco [fu'ɔːko] *m* (*pl -chi*) Feuer *n* (*a fig*); *fis u fot* Brennpunkt *m*; **dar ~ a qc** Feuer an et (*acc*) legen; et anzünden; **~ di campo** Lagerfeuer *n*; **-chi** *pl* **d'artificio** Feuerwerk *n*; **far ~** feuern; *fot* **mettere a ~** scharf einstellen
fuorché [fuor'ke] außer
fuori [fu'ɔːri] **1.** *prp* außer; **~ di** außerhalb; **~ città** außerhalb der Stadt; **~ luogo** nicht am Platze, unangebracht; **~ mano** abgelegen; **~ di sé** außer sich; **~ uso** unbrauchbar; **2.** *adv* draußen; heraus, hinaus; *sport* aus; **di ~** von außen; **~!** heraus!
fuori|bordo [fuori'bordo] *m inv* Außenborder *m*; *motore* Außenbordmotor *m*; **~classe** [-'klasse] **1.** *adj* erstklassig; **2.** *m/f inv* Ass *n*; **~gioco** [-'dʒɔːko] *m inv* Abseits *n*; **~serie** [-'sɛːrie] **1.** *adj* Sonder...; **2.** *f inv* Luxuswagen *m*; **~strada** [-'straːda] *f inv* Geländewagen *m*
fuor|uscita [fuoruʃ'ʃiːta] *f* Austritt *m*, Ausströmung *f*; **~uscito** [-to] *m* Emigrant *m*; **~viare** [-vi'aːre] (*1h*) **1.** *v/i* aus dem Geleise treten; vom rechten Weg abkommen; **2.** *v/t* irreleiten
furbizia [fur'biːtsia] *f* Schlauheit *f*
furbo ['furbo] schlau
furfante [fur'fante] *m* Spitzbube *m*
furg|oncino [furgon'tʃiːno] *m* Lieferwagen *m*; **~one** [-'goːne] *m* Lieferwagen *m*
furia ['fuːria] *f* Wut *f*, Eile *f*; **in fretta e ~** in aller Eile; **a ~ di ...** durch viel(es) ...
furibondo [furi'bondo] wütend
furioso [furi'oːso] wütend; (*violento*) heftig
furore [fu'roːre] *m* Wut *f*, Raserei *f*
furtivo [fur'tiːvo] gestohlen; *fig* verstohlen, heimlich

furto ['furto] *m* Diebstahl *m*; **~ *aggravato*** schwerer Diebstahl *m*; **~ *con scasso*** Einbruch(s)diebstahl *m*
fuscello [fuʃ'ʃɛllo] *m* Halm *m*
fusibile [fu'ziːbile] *m el* Sicherung *f*
fusione [fuzi'oːne] *f* Fusion *f* (*a econ*); *di metalli* Schmelzen *n*; *pol* Zusammenschluss *n*; **~ *nucleare*** Kernfusion *f*
fuso[1] ['fuːzo] → ***fondere***; ***ferro m ~*** Gusseisen *n*
fuso[2] ['fuːso] *m* (*pl a le fusa*) Spindel *f*; **~ *orario*** Zeitzone *f*; ***fare le -a*** schnurren
fusto ['fusto] *m* Fass *n*; (Säulen)Schaft *m*; (Baum)Stamm *m*
futile ['fuːtile] geringfügig
futilità [futili'ta] *f* Geringfügigkeit *f*
futuro [fu'tuːro] **1.** *adj* zukünftig; **2.** *m* Zukunft *f*; *gram* Futur *n*; ***in ~*** zukünftig

G

gabbia ['gabbia] *f* Käfig *m*; **~ *toracica*** Brustkorb *m*
gabbiano [gabbi'aːno] *m* Möwe *f*
gabinetto [gabi'netto] *m* Toilette *f*, F Klo *n*; *med* Praxis *f*; *pol* Kabinett *n*; **~ *fotografico*** Fotolabor *n*; *pol* **~ *ombra*** Schattenkabinett *n*
gaffe [gaf] *f inv* Taktlosigkeit *f*; ***fare una ~*** eine Taktlosigkeit begehen; F ins Fettnäpfchen treten
gaio [g'aːio] (*pl gai*) fröhlich
gala ['gaːla] *f* (*lusso*) Prunk *m*; (*ricevimento*) Fest *n*; ***serata f di ~*** Galaabend *m*
galante [ga'lante] galant
galanteria [galante'riːa] *f* Galanterie *f*
galantuomo [galantu'ɔːmo] (*pl uomini*) *m* Ehrenmann *m*
galassia [ga'lassia] *f* Milchstraße *f*
galateo [gala'tɛːo] *m* gute Manieren *pl*
galera [ga'lɛːra] *f* Gefängnis *n*, F Knast *m*
galla ['galla] *f bot* Galle *f*; Blase *f*; ***a ~*** auf der Oberfläche; ***venire a ~*** auftauchen; ***tenersi a ~*** sich über Wasser halten
galleggi|ante [galled'ʤante] **1.** *adj* schwimmend; **2.** *m* Schwimmer *m*; Schwimmkörper *m*; **~are** [-'ʤaːre] (*1f*) (obenauf) schwimmen
galleria [galle'riːa] *f* Galerie *f*; *passaggio con negozi* Passage *f*; *fer* Tunnel *m*; *tea* Rang *m*; *min* Stollen *m*; **~ *di quadri*** Gemäldegalerie *f*; **~ *degli orrori*** Geisterbahn *f*
gallina [gal'liːna] *f* Henne *f*; Huhn *n*
gallo ['gallo] *m* Hahn *m*; *sport* ***peso m ~*** Bantamgewicht *n*
gallone [gal'loːne] *m* Borte *f*; *unità di misura* Gallone *f*
galoppare [galop'paːre] (*1c*) galoppieren
galoppo [ga'lɔppo] *m* Galopp *m*; ***al ~*** im Galopp
gamba ['gamba] *f* Bein *n*; *fig* ***in ~*** fit; ***darsela a -e*** sich aus dem Staub machen
gamberetto [gambe'retto] *m* Garnele *f*
gambero ['gambero] *m* Krebs *m*; **~ *di mare*** Hummer *m*
gambo ['gambo] *m* Stiel *m*, Stängel *m*
gamma ['gamma] *f* Serie *f*, Reihe *f*; Skala *f*; *mus* Tonleiter *f*
gancio ['ganʧo] *m* (*pl -ci*) Haken *m*; **~ *di traino*** Anhängerkupplung *f*
gara ['gaːra] *f* Wettstreit *m*; *sport* Wettkampf *m*; **~ *automobilistica*** Autorennen *n*; **~ *finale*** End-, Entscheidungsspiel *n*; ***fare a ~*** wetteifern
garage [ga'raːʒ] *m inv* Garage *f*; **~ *sotteraneo*** Tiefgarage *f*
garagista [gara'ʤista] *m* (*pl -i*) (Auto)Mechaniker *m*
garante [ga'rante] *m* Bürge *m*
garan|tire [garan'tiːre] (*4d*) bürgen für; garantieren; **~tito** [-'tiːto] garantiert; **~zia** [-'tsiːa] *f* Garantie *f*; *jur* Bürgschaft *f*; ***biglietto m di ~*** Garantieschein *m*; ***senza ~*** ohne Gewähr
garb|are [gar'baːre] (*1a*) gefallen; passen; **~ato** [-'baːto] höflich
garbo ['garbo] *m schöne* Form *f*; Anmut *f*; (*gentilezza*) Liebenswürdigkeit *f*;

senza ~ plump, ungeschliffen
gardenia [gar'dɛ:nia] *f* Gardenie *f*
gareggiare [gared'dʒa:re] (*1f*) wetteifern
gargarismo [garga'rizmo] *m* (*collutorio*) Gurgelmittel *n*; Gurgeln *n*; ***fare i -i*** gurgeln
garofano [ga'rɔ:fano] *m* Nelke *f*; *gastr* ***chiodi*** *m/pl* ***di ~*** Gewürznelke *f*
garza ['gardza] *f* Gaze *f*, Verbandmull *m*
garzone [gar'dzo:ne] *m* Laufbursche *m*
gas [gas] *m inv* Gas *n*; ***~ lacrimogeno*** Tränengas *n*; ***~ asfissiante*** Giftgas *n*; ***~ naturale*** Erdgas *n*; ***~ di scarico*** Abgase *pl*

G

gasato [ga'za:to] *bibita* kohlensäurehaltig
gasolio [ga'zɔ:lio] *m* Diesel(kraftstoff) *m*
gassosa [gas'so:sa] *f* Brause *f*
gastrico ['gastriko] (*pl -ci*) gastrisch; Magen…; ***succo*** *m* ***~*** Magensaft *m*
gastr|ite [gas'tri:te] *f* Magenschleimhautentzündung *f*, ***~onomia*** [-trono'mi:a] *f* Gastronomie *f*; ***~onomico*** [-tro'nɔ:miko] (*pl -ci*) gastronomisch
gat|ta ['gatta] *f* Katze *f*; ***~to*** [-to] *m* Katze *f*; *maschio* Kater *m*; ***c'erano quattro -i*** es waren nur wenige da
gay [g'ei] **1.** *adj* homosexuell, schwul; **2.** *m* Homosexueller *m*
gazosa [ga'dzo:sa] *f* → ***gassosa***
gazza ['gaddza] *f* Elster *f*
gazzella [gad'dzɛlla] *f* Gazelle *f*
gazzetta [gad'dzetta] *f* Zeitung *f*; ***~ ufficiale*** Amtsblatt *n*
gel [dʒɛl] *m inv* Gel *n*
gel|are [dʒe'la:re] (*1b*) **1.** *v/t* zum Gefrieren bringen; **2.** *v/i u* ***~arsi*** [-'larsi] (ge)frieren; erfrieren; *sangue* erstarren; ***~ata*** [-'la:ta] *f* Glatteis *n*; ***~ateria*** [-late'ri:a] *f* Eisdiele *f*; ***~atina*** [-la'ti:na] *f* Gelee *n*; ***~ di frutta*** Fruchtgelee *n*
gelato [dʒe'la:to] **1.** *adj* eiskalt; **2.** *m* (Speise)Eis *n*; ***~ misto*** gemischtes Eis *n*; ***~ alla vaniglia*** Vanilleeis *n*; ***~ di fragola*** Erdbeereis *n*
gelido ['dʒɛ:lido] eisig, eiskalt
gelo ['dʒɛ:lo] *m* Frost *m*
gel|osia [dʒelo'si:a] *f* Eifersucht *f*, ***~oso*** [-'lo:so] eifersüchtig (***di*** auf *acc*)
gelso ['dʒɛlso] *m* Maulbeerbaum *m*
gelsomino [dʒelso'mi:no] *m* Jasmin *m*
gemellaggio [dʒemel'laddʒo] *m* (*pl -ggi*) Städtepartnerschaft *f*
gemello [dʒe'mɛllo] **1.** *adj* Zwillings…; **2.** *m* Zwilling *m*; ***-i*** *pl* Zwillinge *m/pl* (*a astr*); *di camicia* Manschettenknöpfe *m/pl*
gemere ['dʒɛ:mere] (*3a*) stöhnen
gemito ['dʒɛ:mito] *m* Stöhnen *n*
gemma ['dʒɛmma] *f* Juwel *n*; *bot* Knospe *f*
gene ['dʒɛ:ne] *m biol* Gen *n*
geneal|ogia [dʒenealo'dʒi:a] *f* Genealogie *f*, ***~ogico*** [-'lɔ:dʒiko] (*pl -ci*) genealogisch; ***albero*** *m* ***~*** Stammbaum *m*
gener|ale [dʒene'ra:le] **1.** *adj* allgemein; ***in ~*** im Allgemeinen; **2.** *m mil* General *m*; ***~alità*** [-rali'ta] *f* Personalien *pl*; ***~alizzare*** [-ralid'dza:re] (*1a*) verallgemeinern; ***~almente*** [-ral'mente] im Allgemeinen, gewöhnlich
gener|are [dʒene'ra:re] (*1l u b*) (er-)zeugen; ***~atore*** [-ra'to:re] *m el* Generator *m*; ***~azione*** [-ratsi'o:ne] *f* Generation *f*
genere ['dʒɛ:nere] *m* Geschlecht *n* (*a gram*); Art *f*; ***in ~*** gewöhnlich; meistens; ***-i*** *pl* ***alimentari*** Lebensmittel *n/pl*; ***-i*** *pl* ***di consumo*** Konsumgüter *n/pl*, Gebrauchsgüter *n/pl*
generico [dʒe'nɛ:riko] (*pl -ci*) generell; allgemein; ***medico*** *m* ***~*** praktischer Arzt *m*
genero ['dʒɛ:nero] *m* Schwiegersohn *m*
gener|osità [dʒenerosi'ta] *f* Freigebigkeit *f*, Großzügigkeit *f*; ***~oso*** [-'ro:so] großzügig (***con*** gegen *acc*)
genesi ['dʒɛ:nezi] *f* Entstehung *f*, Genesis *f*
genetico [dʒe'nɛ:tiko] *adj* genetisch; ***manipolazione*** *f* ***-a*** *biol* Genmanipulation *f*
gengi|va [dʒen'dʒi:va] *f* Zahnfleisch *n*; ***~vite*** [-dʒi'vi:te] *f* Zahnfleischentzündung *f*
gen|iale [dʒeni'a:le] genial; ***~ialità*** [-niali'ta] *f* Genialität *f*
genio ['dʒɛ:nio] *m* (*pl -ni*) Geist *m*; Genie *n*; (*talento*) Begabung *f*; (*inclinazione*) Neigung *f*; ***andare a ~*** gefallen
genit|ali [dʒeni'ta:li] *m/pl* Geschlechtsorgane *n/pl*; ***~ivo*** [-'ti:vo] *m* Genitiv *m*
genitori [dʒeni'to:ri] *m/pl* Eltern *pl*
gennaio [dʒen'na:io] *m* Januar *m*

genocidio [dʒeno'tʃi:dio] *m* (*pl -di*) Völkermord *m*
gentaglia [dʒen'ta:ʎa] *f* Pack *n*
gente ['dʒɛnte] *f* Leute *pl*; ***c'è* ~** da ist jemand; ***viene* ~** es kommen Leute; *iro* **~ *bene*** Schickeria *f*
gent|ile [dʒen'ti:le] freundlich; liebenswürdig; nett; *nelle lettere* **~ *signora*** sehr geehrte Frau ...; **~ilezza** [-ti-'lettsa] *f* Freundlichkeit *f*, Liebenswürdigkeit *f*; **~iluomo** [-tilu'ɔ:mo] (*pl uomini*) *m* Gentleman *m*; (*nobile*) Edelmann *m*
genuino [dʒenu'i:no] echt; ***vino m* ~** Naturwein *m*
genziana [dʒentsi'a:na] *f* Enzian *m*
geo|grafia [dʒeogra'fi:a] *f* Geographie *f*, Erdkunde *f*; **~ *economica*** Wirtschaftsgeographie *f*; **~grafico** [-'gra:fiko] (*pl -ci*) geographisch; ***carta f* -a** Landkarte *f*
geol|ogia [dʒeolo'dʒi:a] *f* Geologie *f*; **~ogico** [-'lɔ:dʒiko] (*pl -ci*) geologisch
geologo [dʒe'ɔ:logo] *m* (*pl -gi*) Geologe *m*
geom|etria [dʒeome'tri:a] *f* Geometrie *f*; **~etrico** [-'mɛ:triko] (*pl -ci*) geometrisch
geranio [dʒe'ra:nio] *m* (*pl -ni*) Geranie *f*
ger|archia [dʒerar'ki:a] *f* Hierarchie *f*; **~archico** [-'rarkiko] (*pl -ci*) hierarchisch; ***per via* -a** auf dem Dienstweg
gerente [dʒe'rɛnte] *m* Geschäftsführer *m*
gergo ['dʒɛrgo] *m* (*pl -ghi*) Jargon *m*
geriatrico [dʒeri'a:triko] (*pl -ci*) geriatrisch; ***istituto m* ~** Altenpflegeheim *n*
germ|anico [dʒer'ma:niko] (*pl -ci*) germanisch; **~anista** [-ma'nista] *m/f* (*m/pl -i*) Germanist(in *f*) *m*; **~anistica** [-ma'nistika] *f* Germanistik *f*
germe ['dʒɛrme] *m* Keim *m*
germ|inare [dʒermi'na:re] (*1l u b*) keimen; **~ogliare** [-mo'ʎa:re] (*1g u c*) sprossen, sprießen; **~oglio** [-'mɔ:ʎo] *m* (*pl -gli*) Trieb *m*, Spross *m*
geroglifico [dʒero'gli:fiko] *m* (*pl -ci*) Hieroglyphe *f*
gerundio [dʒe'rundio] *m* (*pl -di*) Gerundium *n*
gesso ['dʒɛsso] *m* Gips *m*; *per scrivere* Kreide *f*; *scultura* Gipsfigur *f*
gesticolare [dʒestiko'la:re] (*1m*) gestikulieren
gest|ione [dʒesti'o:ne] *f* Leitung *f*, Führung *f*, (*amministrazione*) Verwaltung *f*; **~ire** [-'ti:re] (*4d*) leiten, führen; verwalten
gesto ['dʒɛsto] *m* Geste *f*, Gebärde *f*
gestore [dʒes'to:re] *m* Verwalter *m*; Pächter *m*; Inhaber *m*
Gesù [dʒe'zu] *m* Jesus *m*; **~ *bambino*** Christkind *n*
gett|are [dʒet'ta:re] (*1b*) werfen; *fondamenta* legen; *grido* ausstoßen; **~ *fuori*** hinauswerfen; **~ *via*** wegwerfen; **~arsi** ['tarsi] sich stürzen; *fiume* münden
getto ['dʒɛtto] *m* (Wasser)Strahl *m*; ***di* ~** aus e-m Guss; ***a* ~ *continuo*** fortwährend
gettone [dʒet'to:ne] *m* Spielmarke *f*; **~ (*telefonico*)** Telefonmünze *f*; **~ *di presenza*** Sitzungsgeld *n*; ***apparecchio m a* ~** Münzautomat *m*
ghetto ['getto] *m* Getto *n*
ghiac|ciaio [giat'tʃa:io] *m* (*pl -ai*) Gletscher *m*; **~ciare** [-'tʃa:re] (*1f*) **1.** *v/t* erfrieren lassen; **2.** *v/i* gefrieren; **~ciato** [-'tʃa:to] vereist, gefroren; eiskalt
ghiaccio [gi'attʃo] *m* (*pl -cci*) Eis *n*
ghiacciolo [giat'tʃɔ:lo] *m* Eiszapfen *m*; *gelato* Wassereis *n*
ghiaia [gi'a:ia] *f* Kies *m*
ghianda [gi'anda] *f* Eichel *f*
ghiandola [gi'andola] *f* Drüse *f*; **~ *linfatica*** Lymphdrüse *f*
ghignare [gi'ɲa:re] (*1a*) grinsen
ghigno ['gi:ɲo] *m* Grinsen *n*
ghiotto [gi'otto] *persona* naschhaft; *fig* gierig; *cibo* lecker
ghiottoneria [giottone'ri:a] *f* Leckerbissen *m*; Delikatesse *f*
ghirlanda [gir'landa] *f* Girlande *f*, Kranz *m*
ghiro ['gi:ro] *m* Siebenschläfer *m*
ghisa ['gi:za] *f* Gusseisen *n*
già [dʒa] schon; bereits; (*ex*) ehemals; **~** allerdings; schon gut
giacca ['dʒakka] *f* (*pl -cche*) Jacke *f*; *di abito maschile* Jackett *n*; Sakko *m*; **~ *a vento*** Anorak *m*; **~ *di pelle*** Lederjacke *f*
giacché [dʒak'ke] da (*cj*)
giac|enza [dʒa'tʃɛntsa] *f* Rücklagen *f/pl*; *periodo* Lagerzeit *f*; **~ *di magazzino*** Lagerbestand *m*; ***in* ~** lagernd; **~ere** [-'tʃe:re] (*2k*) liegen; *fig* ruhen;

G

~imento [-tʃi'mento] *m mineralogia* Lager *n*
giacinto [dʒa'tʃinto] *m bot* Hyazinthe *f*
giada ['dʒaːda] *f* Jade *m*
giallo ['dʒallo] **1.** *adj* gelb; **2.** *m* Gelb(e) *n*
giammai [dʒam'maːi] niemals
giapponese [dʒappo'neːse] **1.** *adj* japanisch; **2.** *m* Japanisch(e) *n*; **3.** *m/f* Japaner(in *f*) *m*
giardin|aggio [dʒardi'naddʒo] *m* Gartenbau *m*; **~etta** [-'netta] *f* Kombi (-wagen) *m*; **~iera** [-ni'ɛːra] *f* Gärtnerin *f*; *mobile* Blumengestell *n*; *gastr* Mixed Pickles *pl*; ***maestra ~*** Kindergärtnerin *f*; **~iere** [-ni'ɛːre] *m* Gärtner *m*
giardino [dʒar'diːno] *m* Garten *m*; ***~ botanico*** botanischer Garten *m*; ***~ d'infanzia*** Kindergarten *m*; ***~ pensile*** Dachgarten *m*; ***~ pubblico*** öffentlicher Park *m*
gigante [dʒi'gante] **1.** *adj* riesig; **2.** *m* Riese *m*
gigantesco [dʒigan'tesko] (*pl -chi*) riesenhaft, gigantisch
giglio ['dʒiːʎo] *m* (*pl -gli*) Lilie *f*
gilè [dʒi'lɛ] *m* Weste *f*
gin [dʒin] *m* Gin *m*
ginecologo [dʒine'kɔːlogo] *m* (*pl -gi*) Gynäkologe *m*, Frauenarzt *m*
ginepro [dʒi'neːpro] *m* Wacholder *m*
ginestra [dʒi'nɛstra] *f* Ginster *m*
ging|illarsi [dʒindʒil'larsi] (*1a*) die Zeit vertrödeln; **~illo** [-'dʒillo] *m* Nippsache *f*
ginnastica [dʒin'nastika] *f* Gymnastik *f*, Turnen *n*; ***~ presciistica*** Skigymnastik *f*; ***fare ~*** turnen
ginocchio [dʒi'nɔkkio] *m* (*pl i -cchi u le -cchia*) Knie *n*; ***stare in ~*** knien
gioc|are [dʒo'kaːre] (*1o*) **1.** *v/i* spielen; ***~ a tennis*** Tennis spielen; ***~ a flipper*** flippern; **2.** *v/t* spielen; wetten; **~arsi** [-'karsi]: ***~ qc*** et verspielen; **~atore** [-ka'toːre] *m* Spieler *m*; **~attolo** [-'kattolo] *m* Spielzeug *n*
gioco ['dʒɔːko] *m* (*pl -chi*) Spiel *n*; ***~ d'azzardo*** Glücksspiel *n*; ***~ da bambini*** Kinderspiel *n*; ***per ~*** aus Spaß; ***farsi ~ di qu*** sich über j-n lustig machen; ***-chi olimpici*** Olympische Spiele
giocoliere [dʒokoli'ɛːre] *m* Jongleur *m*
gioia [dʒ'ɔːia] *f* Freude *f*; (*gioiello*) Juwel *n*; *fig* ***darsi alla pazza ~*** sich toll amüsieren
gioi|elleria [dʒoielle'riːa] *f* Juweliergeschäft *n*; **~elliere** [-elli'ɛːre] *m* Juwelier *m*; **~ello** [-'ɛllo] *m* Juwel *n*, Schmuckstück *n*
gioire [dʒo'iːre] (*4d*) sich freuen
giorn|alaio [dʒorna'laːio] *m* (*pl -ai*) Zeitungsverkäufer *m*; **~ale** [-'naːle] *m* Zeitung *f*; (*rivista*) Zeitschrift *f*; (*diario*) Tagebuch *n*; ***~ di moda*** Modezeitschrift; ***~ locale*** Lokalblatt *n*; ***~ murale*** Wandzeitung *f*; ***~ radio*** Nachrichten *f/pl*; ***~ scandalistico*** Boulevardblatt *n*; **~aliero** [-nali'ɛːro] **1.** *adj* täglich; **2.** *m* Tagelöhner *m*; **~alino** [-na'liːno] *m* Comicheft *n*
giorn|alismo [dʒorna'lizmo] *m* Journalismus *m*, Zeitungswesen *n*; **~alista** [-na'lista] *m/f* (*m/pl -i*) Journalist(in *f*) *m*; **~alistico** [-na'listiko] (*pl -ci*) journalistisch; **~almente** [-nal'mente] täglich
giornata [dʒor'naːta] *f* Tag *m*; ***la ~ di 8 ore*** der Achtstundentag; ***in ~*** im Laufe des Tages; ***vivere alla ~*** in den Tag hinein leben
giorno ['dʒorno] *m* Tag *m*; ***~ feriale*** Werktag *m*; ***~ festivo*** Feiertag *m*; ***~ di arrivo*** Anreisetag *m*; ***~ di partenza*** Abreisetag *m*; ***avvenimento*** *m* ***del ~*** Tagesereignis *n*; ***ogni ~*** täglich; ***al ~*** täglich; ***l'altro ~*** neulich; ***di ~*** bei Tage; tagsüber; ***al ~ d'oggi*** heutzutage; ***a -i*** in wenigen Tagen
giostra ['dʒɔstra] *f* Karussell *n*
giovane ['dʒoːvane] **1.** *adj* jung; **2.** *m/f* junger Mann *m*; Jugendliche(r) *m*; junges Mädchen *n*; ***i -i*** *pl* die jungen Leute *pl*
giovanile [dʒova'niːle] jugendlich
giovanotto [dʒova'nɔtto] *m* junger Mann *m*
giov|are [dʒo'vaːre] (*1a*) nützen; **~arsi** [-'varsi]: ***~ di qu*** (*od* ***di qc***) sich j-n (*od* et) zunutze machen
giovedì [dʒove'di] *m* Donnerstag *m*; ***di ~*** donnerstags
gioventù [dʒoven'tu] *f* Jugend *f*, die jungen Leute *pl*
giovinezza [dʒovi'nettsa] *f* Jugend *f*, Jugendalter *n*
giradischi [dʒira'diski] *m inv* Plattenspieler *m*
giraffa [dʒi'raffa] *f* Giraffe *f*

gir|amondo [dʒira'mondo] *m/f* Weltenbummler(in *f*) *m*; **~andola** [-'randola] *f* Feuerrad *n*; *giocattolo* Windrad *n*; (*banderuola*) Wetterfahne *f*
girare [dʒi'raːre] (*1a*) **1.** *v/t* drehen (*a film*); wenden; *città* gehen durch; *paese* bereisen, durchreisen; *econ* girieren; **2.** *v/i* sich drehen; (*andare in giro*) umhergehen; *con un veicolo* herumfahren; (*voltare*) abbiegen; ***mi gira la testa*** mir ist schwind(e)lig
gir|asole [dʒira'soːle] *m* Sonnenblume *f*; **~ata** [-'raːta] *f* Drehung *f*; *econ* Giro *n*; Indossament *n*; ***~ in bianco*** Blankogiro *n*; **~avolta** [-ra'vɔlta] *f* Drehung *f* (um sich selbst)
giro ['dʒiːro] *m* Drehung *f*; *auto* Drehzahl *f*; (*percorso*) Rundgang *m*, Runde *f*; (*passeggiata*) Bummel *m*, Spaziergang *m*; (*viaggio*) Rundfahrt *f*, Reise *f*; *econ* Umlauf *m*; ***~ d'affari*** Umsatz *m*; ***~ turistico della città*** Stadtrundfahrt *f*; ***~ dei negozi*** Einkaufsbummel *m*; ***~ di parole*** Umschreibung *f*; ***in ~*** unterwegs; ***andare in ~*** umherbummeln; *fig* ***prendere in ~ qu*** j-n auf den Arm nehmen; ***a ~ di posta*** postwendend
gir|ocollo [dʒiro'kɔllo] *m inv* ***maglione m a ~*** Pullover *m* mit rundem Ausschnitt; **~onzolare** [-rondzo'laːre] (*1m*) umherschweifen, sich herumtreiben; **~ovagare** [-rova'gaːre] (*1m, c u e*) umherziehen; **~ovago** [-'rɔːvago] (*pl -ghi*) **1.** *adj* umherziehend; **2.** *m* Bummler *m*
gita ['dʒiːta] *f* Fahrt *f*, Ausflug *m*; ***andare in ~*** e-n Ausflug machen; ***~ domenicale*** Sonntagsausflug *m*; ***~ in bicicletta*** Radtour *f*
gitano [dʒi'taːno] *m* Zigeuner *m*
gitante [dʒi'tante] *m/f* Ausflügler(in *f*) *m*
giù [dʒu] unten; herunter; hinunter; ***andar ~*** hinuntergehen; *fig* ***essere ~*** niedergeschlagen sein; ***in ~*** nach unten; ***su e ~*** auf und ab
giubbotto [dʒub'bɔtto] *m* Sportjacke *f*; ***~ di salvataggio*** Schwimmweste *f*
giudicare [dʒudi'kaːre] (*1l u d*) **1.** *v/t* beurteilen; halten für; ***~ male qu*** j-n schlecht beurteilen; **2.** *v/i* urteilen; entscheiden
giudice ['dʒuːditʃe] *m* Richter(in *f*) *m*; ***~ istruttore*** Untersuchungsrichter *m*; ***~ di gara*** Schiedsrichter *m*
giud|iziario [dʒuditsi'aːrio] (*pl -ri*) gerichtlich; Gerichts…; ***procedura f -a*** Gerichtsverfahren *n*; **~izio** [-'diːtsio] *m* (*pl -zi*) Urteil *n*; (*senno*) Verstand *m*; *jur* Gericht *n*; ***a mio ~*** meiner Ansicht nach; ***~ civile*** Zivilprozess *m*; ***mettere ~*** vernünftig werden; **~izioso** [-ditsi'oːso] vernünftig
giugno ['dʒuːɲo] *m* Juni *m*
giunco ['dʒuŋko] *m* (*pl -chi*) Binse *f*
giungere ['dʒundʒere] (*3d*) **1.** *v/t* verbinden; *mani* falten; **2.** *v/i* ankommen, eintreffen; *fig* gelangen; ***~ a qc*** et erreichen; zu et kommen
giungla ['dʒuŋgla] *f* Dschungel *m*
giunta ['dʒunta] *f* Zusatz *m*; *di abito* Ansatz *m*; *pol* Kommission *f*, Ausschuss *m*; (*a* ***~ municipale***) Gemeindeausschuss *m*; ***per ~*** obendrein
giunto ['dʒunto] → ***giungere***
giuntura [dʒun'tuːra] *f* Verbindung *f*; *anat* Gelenk *n*
giur|amento [dʒura'mento] *m* Schwur *m*, Eid *m*; ***~ falso*** Meineid *m*; ***fare un ~*** e-n Eid ablegen; **~are** [-'raːre] (*1a*) schwören; **~ato** [-'raːto] **1.** *adj* vereidigt; **2.** *m* Geschworene(r) *m*
giuria [dʒu'riːa] *f jur* Schwurgericht *n*; *in un concorso* Jury *f*
giur|idico [dʒu'riːdiko] (*pl -ci*) rechtlich; juristisch; ***situazione f -a*** Rechtslage *f*; **~isdizione** [-rizditsi'oːne] *f* Gerichtsbarkeit *f*, Rechtsprechung *f*, Verantwortungsbereich *m*; **~isprudenza** [-rispru'dɛntsa] *f* Rechtswissenschaft *f*, Jura *n/pl*; **~ista** [-'rista] *m/f* (*m/pl -i*) Jurist(in *f*) *m*
giust|ezza [dʒus'tettsa] *f* Richtigkeit *f*; **~ificare** [-tifi'kaːre] (*1m u d*) rechtfertigen; (*scusare*) entschuldigen; **~ificazione** [-tifikatsi'oːne] *f* Rechtfertigung *f*, Entschuldigung *f*
giustizia [dʒus'tiːtsia] *f* Gerechtigkeit *f*; *pol* Justiz *f*; ***~ sociale*** soziale Gerechtigkeit *f*; ***fare ~ sommaria*** kurzen Prozess machen
giusto ['dʒusto] **1.** *adj* richtig; gerecht; (*adatto*) passend; **2.** *adv* richtig; (*proprio*) gerade; **3.** *m* Richtige(s) *n*; Gerechte(r) *m*
glaciale [gla'tʃaːle] eisig
gladiolo [gla'diːolo] *m* Gladiole *f*
glassa ['glassa] *f* Zuckerguss *m*

G

gli [ʎi] **1.** *art m/pl* die; **2.** *pron* ihm; ihnen
glicemia [glitʃe'miːa] *f* Blutzucker *m*
glicerina [glitʃe'riːna] *f* Glyzerin *n*
glicine ['gliːtʃine] *m* Glyzinie *f*
glie [ʎe] ***gliela***, ***glielo***, ***glieli***, ***gliele***, ***gliene*** = *pron* **gli** (*od* **le** *od* **loro**) *mit pron* **la**, **lo**, **li**, **le**, **ne**
globale [glo'baːle] Pauschal…, global; ***controllo*** *m* ~ *econ* Globalsteuerung *f*
globalizzazione [globalittza'tzioːne] *f econ* Globalisierung *f*
globo ['glɔːbo] *m* Kugel *f*; *geogr* Globus *m*; (*a* ~ ***terrestre***) Erdkugel *f*; *el* Lampenglocke *f*; ~ ***oculare*** Augapfel *m*

G

globulo ['glɔːbulo] *m* Blutkörperchen *n*
gloria ['glɔːria] *f* Ruhm *m*
glorificare [glorifi'kaːre] (*1m u d*) verherrlichen; *Dio* lobpreisen
glorioso [glori'oːso] glorreich, ruhmreich
glossa ['glɔssa] *f* Glosse *f*, Anmerkung *f*
glossario [glos'saːrio] *m* (*pl -ri*) Glossar *n*
glucosio [glu'kɔːzio] *m* Traubenzucker *m*
gnocco ['ɲɔkko] *m* (*pl -cchi*) Klößchen *n*; ***gnocchi alla romana*** überbackene Grießklößchen
goal [gol] *m inv sport* Tor *n*
gobba ['gɔbba] *f* Buckel *m*; Unebenheit *f*
gobbo ['gɔbbo] **1.** *adj* buck(e)lig; **2.** *m* Bucklige(r) *m*
goccia ['gottʃa] *f* (*pl -cce*) Tropfen *m*; ***a*** ~ ***a*** ~ tropfenweise; ~ ***d'acqua*** Wassertropfen *m*
gocciol|are [gottʃo'laːre] (*1l*) tropfen; **~io** [-'liːo] *m* ständiges Tropfen *n*
godere [go'deːre] (*2a*) **1.** *v/t* genießen; ***godersela*** sich amüsieren; **2.** *v/i* sich freuen (***di*** über *acc*)
godimento [godi'mento] *m* Genuss *m*
goffo ['gɔffo] plump
gola ['goːla] *f* Kehle *f*, Hals *m*; *geogr* Schlucht *f*; ***mal*** *m* ***di*** ~ Halsweh *n*; ***far*** ~ Appetit machen
golf [gɔlf] *m inv* Golf *n*, Golfspiel *n*; *indumento* Strickjacke *f*; (*maglione*) Pullover *m*
golfo ['golfo] *m* Golf *m*, Meerbusen *m*
golfista [gol'fista] *m/f* (*m/pl -i*) Golfspieler(in *f*) *m*
gol|osità [golosi'ta] *f* Gefräßigkeit *f*, (*ghiottoneria*) Naschhaftigkeit *f*, (*leccornia*) Leckerbissen *m*; **~oso** [-'loːso] naschhaft; gefräßig; *fig* gierig
golpe ['golpe] *m inv* Putsch *m*
gomito ['goːmito] *m* Ell(en)bogen *m*; *di tubo* Knie *n*; ***curva*** *f* ***a*** ~ Haarnadelkurve *f*, *fig* ***alzare il*** ~ e-n über den Durst trinken
gomitolo [go'miːtolo] *m* Knäuel *m u n*
gomma ['gomma] *f* Gummi *n u m*; *per cancellare* Radiergummi *m*; (*pneumatico*) Reifen *m*; ~ ***da masticare*** Kaugummi *m*; *auto* ~ ***di scorta*** Ersatzreifen *m*; ***avere una*** ~ ***a terra*** einen Platten (*od* eine Reifenpanne) haben
gommapiuma [gommapi'uːma] *f* Schaumgummi *m*
gomm|ato [gom'maːto] gummiert; **~ista** [-'mista] *m* (*pl -i*) Reifenhändler *m*; *officina* Reifendienst *m*; **~one** [-'moːne] *m* Schlauchboot *n*
gondola ['gondola] *f* Gondel *f*
gonfi|are [gonfi'aːre] (*1k*) **1.** *v/t* aufblasen; mit Gas füllen; *camera d'aria* aufpumpen; **2.** *v/i u* **~arsi** [-fi'arsi] anschwellen; *fig* sich aufblähen
gonfio ['gonfio] (*pl -fi*) geschwollen; *fig* aufgeblasen; *stile* schwülstig; ***a -e vele*** mit vollen Segeln
gonfiore [gonfi'oːre] *m* Schwellung *f*
gonna ['gonna] *f* (Damen)Rock *m*; ~ ***a pieghe*** Faltenrock *m*; ~ ***pantalone*** Hosenrock *m*
gonorrea [gonor'rɛa] *f* Tripper *m*
gorgo ['gorgo] *m* (*pl -ghi*) Strudel *m*
gorgogliare [gorgo'ʎaːre] (*1g*) gurgeln; *stomaco* kollern; *acqua* brodeln
gorilla [go'rilla] *m inv* Gorilla *m*
gota ['gɔːta] *f* Backe *f*
gotico ['gɔːtiko] (*pl -ci*) **1.** *adj* gotisch; **2.** Gotik *f*
gotta ['gɔtta] *f* Gicht *f*
govern|ante [gover'nante] *f* Haushälterin *f*; **~are** [-'naːre] (*1b*) leiten; führen; *pol* regieren; *mar* steuern; **~ativo** [-na'tiːvo] Regierungs…; Staats…; ***forze*** *f/pl* ***-e*** Regierungstruppen *f/pl*; **~atore** [-na'toːre] *m* Gouverneur *m*
governo [go'vɛrno] *m* Regierung *f*, (*amministrazione*) Verwaltung *f*, *mar* Steuerung *f*; ~ ***di coalizione*** Koalitionsregierung *f*; ~ ***di minoranza***

Minderheitsregierung *f*; **~ federale** Bundesregierung *f*; **forma** *f* **di ~** Regierungsform *f*

gozzo ['gottso] *m* Kropf *m*

gracile ['gra:tʃile] zart; (*debole*) schwach

gradasso [gra'dasso] *m* Prahlhans *m*

gradazione [gradatsi'o:ne] *f* Abstufung *f*; **~ alcolica** Alkoholgehalt *m*

grad|evole [gra'de:vole] angenehm; **~imento** [-di'mento] *m* Wohlgefallen *n*

grad|inata [gradi'na:ta] *f* Treppe *f*; *stadio* Sitzreihe *f*; **~ino** [-'di:no] *m* Stufe *f*

grad|ire [gra'di:re] (*4d*) (gern) annehmen; entgegennehmen; (*desiderare*) mögen, wünschen; **gradirei sapere** ich möchte gern wissen; **gradisce un po' di vino?** wünschen Sie ein wenig Wein?; **~ito** [-'di:to] angenehm; willkommen

grado[1] ['gra:do] *m* Wohlgefallen *n*; **di buon ~** gern; **in ~ di lavorare** arbeitsfähig; **mio mal ~** gegen m-n Willen

grado[2] ['gra:do] *m* Grad *m*; *di gerarchia, sociale* Rang *m*; **30 -i all'ombra** 30 Grad im Schatten; **essere in ~ di** imstande sein zu; **per -i** stufenweise, schrittweise

gradu|ale [gradu'a:le] stufenweise; **~atoria** [-dua'tɔ:ria] *f* Rangordnung *f*; *sport* Rangliste *f*; **~azione** [-duatsi'o:ne] *f* Abstufung *f*

graffa ['graffa] *f* Klammer *f*

graffiare [graffi'a:re] (*1k*) kratzen

graffio ['graffio] *m* (*pl -ffi*) Kratzer *m*; Kratzwunde *f*

graffito [graf'fi:to] *m* Graffito *m*

grafia [gra'fi:a] *f* Schrift *f*; Schreibart *f*

grafic|a ['gra:fika] *f* Grafik *f*; **~o** [-ko] (*pl -ci*) **1.** *adj* grafisch; **2.** *m* (*diagramma*) Diagramm *n*; Grafik *f*; (*disegnatore*) Grafiker *m*

graf|ite [gra'fi:te] *f* Graphit *m*; **~ologia** [-folo'dʒi:a] *f* Graphologie *f*

gramm|atica [gram'ma:tika] *f* Grammatik *f*, Sprachlehre *f*; **~aticale** [-mati'ka:le] grammatisch

grammo ['grammo] *m* Gramm *n*

grammofono [gram'mɔ:fono] *m* Grammofon *n*

gran [gran] → **grande**

grana ['gra:na] **1.** *f* Körnung *f*; F (*seccatura*) Ärger *m*, Unannehmlichkeit *f*; F *fig* Geld *n*; **2.** *m inv* Parmesan *m*

gran|aio [gra'na:io] *m* (*pl -ai*) Kornkammer *f*; **~ata** [-'na:ta] *f* Besen *m*; *mil* Granate *f*; *bot* Granatapfel *m*

granchio ['graŋkio] *m* (*pl -chi*) Krebs *m*; *med* Krampf *m*; *fig* Fehler *m*; *fig* **prendere un ~** einen Bock schießen

grandangolare [grandaŋgo'la:re] *m fot* Weitwinkelobjektiv

grande ['grande] groß; **~ città** *f* Großstadt *f*; **gran tempo** *m* lange Zeit *f*; *fer* **~ velocità** *f* Eilgut *n*; **non è un gran che** das ist nichts Besonderes

grandezza [gran'dettsa] *f* Größe *f*

grandin|are [grandi'na:re] (*1l*) hageln; **~ata** [-'na:ta] *f* Hagelschauer *m*

grandine ['grandine] *f* Hagel *m*

grandioso [grandi'o:so] großartig

gran|duca [gran'du:ka] *m* (*pl -chi*) Großherzog *m*; **~ducato** [-du'ka:to] *m* Großherzogtum *n*

granello [gra'nɛllo] *m* Korn *n*

gran|ita [gra'ni:ta] *f körniges Eis aus zerstoßenem gefrorenem Fruchtsaft od Kaffee*; **~ito** [-'ni:to] *m* Granit *m*

grano ['gra:no] *m* Korn *n*; Getreide *n*; *fig* Körnchen *n*

granturco [gran'turko] *m* Mais *m*

grappa ['grappa] *f* Grappa *m u f*, Branntwein *m*

grappolo ['grappolo] *m* Traube *f*

grassetto [gras'setto] *m tip* Halbfettschrift *f*

grasso ['grasso] **1.** *adj* fett; dick; (*unto*) fettig; *fig* schlüpfrig; **2.** *m* Fett *n*; Schmalz *n*; **~ lubrificante** Schmierfett *n*; **privo di -i** fettarm

grassoccio [gras'sɔttʃo] (*pl -cci*) pummelig, rundlich

grata ['gra:ta] *f* Gitter *n*

grat|ella [gra'tɛlla] *f*, **~icola** [-'ti:kola] *f gastr* Grill *m*, Rost *m*

gratifica [gra'ti:fika] *f* Gratifikation *f*; **~ natalizia** Weihnachtsgeld *n*

gratin [gra'tɛ̃] *m* **al ~** gratiniert, überbacken

gratinato [grati'na:to] → **gratin**

gratis ['gratis] umsonst, gratis

gratitudine [grati'tu:dine] *f* Dankbarkeit *f*

grato ['gra:to] dankbar; (*gradito*) angenehm

gratt|acapo [gratta'ka:po] *m* Sorge *f*; **~acielo** [-ta'tʃɛ:lo] *m inv* Wolkenkratzer *m*, Hochhaus *n*; **~are** [-'ta:re]

G

(*1a*) kratzen; abkratzen; P klauen; **~ugia** [-'tu:dʒa] *f* (*pl -ge*) Reibeisen *n*; **~ugiare** [-tu'dʒa:re] (*1f*) reiben
gratuito [gra'tu:ito] unentgeltlich, kostenlos; (*infondato*) unbegründet
gravare [gra'va:re] (*1a*) **1.** *v/t* belasten (*a fig*); **2.** *v/i* lasten
grave ['gra:ve] schwer; (*serio*) ernst; schlimm
gravidanza [gravi'dantsa] *f* Schwangerschaft *f*
gravità [gravi'ta] *f* Ernst *m*; *fis* (***forza di***) ~ Schwere *f*, Schwerkraft *f*
gravoso [gra'vo:so] beschwerlich; hart, schwer

G

grazia ['gra:tsia] *f* Anmut *f*, (*gentilezza*) Freundlichkeit *f*; *rel* Gnade *f*; *jur* Begnadigung *f*; ***in ~ di*** wegen; ***con ~*** anmutig; ***colpo** m **di ~*** Gnadenstoß *m*
graziare [gratsi'a:re] (*1g*) begnadigen
grazie ['gra:tsie] *int* danke; ***tante ~*** besten (*od* vielen) Dank; ***~ a*** dank (*gen*); ***~ a Dio!*** Gott sei Dank!
grazioso [gratsi'o:so] anmutig; liebenswürdig
grecale [gre'ka:le] *m* Nordostwind *m*
greco ['grɛ:ko] (*pl -ci*) **1.** *adj* griechisch; **2.** *m*, **-a** [-ka] *f* Grieche *m*, Griechin *f*; Griechisch(e) *n*
gregge ['greddʒe] *m* Herde *f*
greggio ['greddʒo] (*pl -ggi*) **1.** *adj* roh; **2.** *m* Rohöl *n*
grembiule [grembi'u:le] *m* Schürze *f*
grembo ['grɛmbo] *m* Schoß *m*
gremito [gre'mi:to] voll
gretto ['gretto] kleinlich; engherzig
gridare [gri'da:re] (*1a*) **1.** *v/t* rufen, schreien; ***~ aiuto*** um Hilfe rufen; **2.** *v/i* schreien
grido ['gri:do] *m* (*pl mst le -a*) Schrei *m*
grigio ['gri:dʒo] (*pl -gi*) grau; *fig* düster, finster; ***~ chiaro*** hellgrau; ***~ scuro*** dunkelgrau
grigiore [gri'dʒo:re] *m* Grau *n*; *fig* Eintönigkeit *f*
griglia ['gri:ʎa] *f* Gitter *n*; *gastr* Grill *m*, Rost *m*; ***alla ~*** gegrillt, vom Grill
grilletto [gril'letto] *m* Drücker *m*, Abzug *m*
grillo ['grillo] *m* Grille *f*
grill-room [gril 'rum] *m inv* Grillrestaurant
grimaldello [grimal'dɛllo] *m* Dietrich *m*
grinfia ['grinfia] *f* Kralle *f*
grinta ['grinta] *f* finsteres Gesicht *n*; *fig* Entschlossenheit *f*
grinza ['grintsa] *f* Falte *f*, Runzel *f*
grinzoso [grin'tso:so] faltig, runz(e)lig
grissino [gris'si:no] *m* dünne Weißbrotstange *f*
grond|aia [gron'da:ia] *f* Dachrinne *f*; **~are** [-'da:re] (*1a*) **1.** *v/i* triefen; **2.** *v/t* tropfen
gross|ezza [gros'settsa] *f* Größe *f*, Dicke *f*, Stärke *f*; **~ista** [-'sista] *m/f* (*m/pl -i*) Großhändler(in *f*) *m*
grosso ['grɔsso] **1.** *adj* groß; dick; (*robusto*) kräftig, stark; (*rozzo*) roh; ***mare** m **~*** bewegtes Meer *n*; F ***pezzo** m **~*** hohes Tier *n*; ***questa è -a*** das ist stark; ***sbagliarsi di ~*** sich schwer irren; ***farle -e*** unglaubliche Dummheiten machen; **2.** *m* Hauptteil *m*; Wichtigste(s) *n*
grossolano [grosso'la:no] grob; plump
grotta ['grɔtta] *f* Grotte *f*
grottesco [grot'tesko] (*pl -chi*) grotesk
groviglio [gro'vi:ʎo] *m* (*pl -gli*) Knoten *m*; *fig* Verwirrung *f*, Durcheinander *n*
gru [gru] *f inv* Kranich *m*; *tec* Kran *m*
gruccia ['gruttʃa] *f* (*pl -cce*) Krücke *f*; *per vestiti* Kleiderbügel *m*
gruppo ['gruppo] *m* Gruppe *f*, ***~ industriale*** Konzern *m*; ***~ sanguigno*** Blutgruppe *f*; ***~ di lavoro*** Arbeitsgruppe *f*; ***~ di turisti*** Reisegruppe *f*; ***a -i*** gruppenweise
guad|agnare [guada'ɲa:re] (*1a*) verdienen; (*ottenere*) gewinnen; **~agno** [-'da:ɲo] *m* Verdienst *m*; (*profitto*) Gewinn *m*; ***~ secondario*** Nebenerwerb *m*; ***margine** m **di ~*** Verdienstspanne *f*
guai! [gu'a:i] weh(e)!
guaina [gua'i:na] *f* Scheide *f*, Korsett *n*, Mieder *n*
guaio [gu'a:io] *m* (*pl -ai*) Unglück *n*; (*seccatura*) Unannehmlichkeit *f*; ***guai** pl* Sorgen *f/pl*; ***essere nei guai*** in der Klemme sitzen
gualcire [gual'tʃi:re] (*4d*) zerknittern
guancia [gu'antʃa] *f* (*pl -ce*) Wange *f*
guanciale [guan'tʃa:le] *m* Kopfkissen *n*
guanto [gu'anto] *m* Handschuh *m*
guantone [guan'to:ne] *m* Boxhandschuh *m*
guarda|boschi [guarda'bɔski] *m inv* Förster *m*; **~caccia** [-'kattʃa] *m inv* Jagdaufseher *m*; **~coste** [-'kɔste] *m inv*

mar Küstenwache *f*; **~linee** [-'li:nee] *m inv sport* Linienrichter *m*; **~macchine** [-'makkine] *m inv* Parkwächter *m*

guard|are [guar'da:re] (*1a*) **1.** *v/t* anschauen; ansehen; (*osservare*) zusehen bei; (*esaminare*) nachsehen; (*custodire*) achten auf (*acc*); **2.** *v/i* sehen, schauen; (*badare*) Acht geben; *di finestra, porta* schauen, gehen (***su*** auf *acc*); **~arsi** [-'darsi] sich hüten; ***si guardi!*** Vorsicht!

guarda|roba [guarda'rɔ:ba] *m inv* Garderobe *f*; *armadio* Kleiderschrank *m*; **~robiera** [-robi'ɛ:ra] *f*, **~robiere** [-robi'ɛ:re] *m* Garderobier(e *f*) *m*

guardia [gu'ardia] *f* Wache *f*, Bewachung *f*; (*custode*) Wächter *m*; *mil* Wache *f*; ***~ forestale*** Förster *m*; ***~ di finanza*** Zollbeamte(r) *m*; ***~ di pubblica sicurezza*** Polizist *m*; ***~ del corpo*** Leibwache *f*; ***~ medica*** ärztlicher Notdienst *m*; ***medico m di ~*** Dienst habender Arzt *m*; ***fare la ~*** Wache halten; ***stare in ~*** auf der Hut sein

guardiano [guardi'a:no] *m* Wächter *m*

guardrail [gua:rd'reil] *m inv* Leitplanke *f*

guar|igione [guari'dʒo:ne] *f* Genesung *f*; ***in via di ~*** auf dem Wege der Genesung; **~ire** [-'ri:re] (*4d*) **1.** *v/t* heilen; **2.** *v/i* genesen

guarn|ire [guar'ni:re] (*4d*) garnieren (*a gastr*); verzieren; (*equipaggiare*) versehen (***di*** mit); **~izione** [-nitsi'o:ne] *f* Besatz *m*; *el* Dichtung *f*; ***~ di gomma*** Gummidichtung *f*

guastafeste [guasta'fɛste] *m inv* Spielverderber *m*

guast|are [guas'ta:re] (*1a*) beschädigen, F kaputtmachen; *fig* verderben; **~arsi** [-'tarsi] F kaputtgehen; *tempo, cibi* schlecht werden

guasto [gu'asto] **1.** *adj* beschädigt, defekt; F kaputt; *cibi* verdorben, schlecht; ***un dente ~*** ein kranker Zahn; **2.** *m* Schaden *m*, Defekt *m*; *auto* Panne *f*

guerra [gu'ɛrra] *f* Krieg *m*; ***~ civile*** Bürgerkrieg *m*; ***~ lampo*** Blitzkrieg *m*; ***~ fredda*** kalter Krieg *m*

guerr|afondaio [guerrafon'da:io] *m* (*pl -ai*) Kriegshetzer *m*; **~iglia** [-'ri:ʎa] *f* Guerilla *f*; **~igliero** [-ri'ʎɛ:ro] *m* Guerillakämpfer *m*

gufo ['gu:fo] *m* Uhu *m*

guida [gu'i:da] *f* Leitung *f*; *persona, libro* Führer *m*; (*manuale*) Anleitung *f*; *auto* Fahren *n*, Lenkung *f*; ***~ alpina*** Bergführer *m*; ***~ telefonica*** Telefonbuch *n*; ***~ della città*** Stadtführer *m*; ***~ turistica*** Reiseführer *m*; *auto* ***~ a destra*** Rechtssteuerung *f*; ***~ a sinistra*** Linkssteuerung *f*

guid|are [gui'da:re] (*1a*) führen, leiten; *auto* fahren; ***in grado di ~*** fahrtüchtig; **~atore** [-da'to:re] *m* Fahrer *m*

guinzaglio [guin'tsa:ʎo] *m* (*pl -gli*) (Hunde)Leine *f*

guscio ['guʃʃo] *m* (*pl -sci*) Schale *f*; *bot* Hülse *f*

gustare [gus'ta:re] (*1a*) **1.** *v/t* genießen, kosten; **2.** *v/i* schmecken

gusto ['gusto] *m* Geschmack *m*; *fig* Freude *f*; ***buon ~*** guter Geschmack *m*; ***cattivo ~*** schlechter Geschmack *m*; ***senza ~*** geschmacklos; ***è questione di ~*** das ist Geschmackssache

gustoso [gus'to:so] schmackhaft

H

ha [a], **hai** ['ai], **hanno** ['anno] → ***avere***

habitat ['a:bitat] *m inv biol* Habitat *n*

habitué [abitɥ'e:] *m inv* Stammgast *m*

hacker ['ha:kə] *m* Hacker *m*

hall [hɔ:l] *f inv* Halle *f*, Hotelhalle *f*

handicap ['andikap] *m inv* Handikap *n*

handicappato [andikap'pa:to] **1.** *adj* behindert; **2.** *m* Behinderte(r) *m*

hard disk [ha:'disk] *m inform* Festplatte *f*

hardware ['ha:dwɛə] *m inform* Hardware *f*

herpes ['ɛrpes] *m inv* Herpes *m*

hinterland ['hintərlant] *m inv* Hinterland *n*
ho [ɔ] → ***avere***
hobby ['hɔbi] *m inv* Hobby *n*
hockey [o'kɛːi] *m inv* Hockey *n*; ***~ su ghiaccio*** Eishockey *n*
holding ['houldiŋ] *f inv* Holdinggesellschaft *f*
hostess ['ɔstes] *f inv* Stewardess *f*; (*guida*) Hostess *f*
hotel [o'tɛl] *m inv* Hotel *n*
hurrà! [ur'ra] hurra!

I

i [i] *art m/pl* die
iberico [i'bɛːriko] (*pl -ci*) iberisch; ***penisola*** *f* ***-a*** Iberische Halbinsel *f*
iceberg ['aisberg] *m inv* Eisberg *m*
icona [i'koːna] *f* Ikone *f*
Iddio [id'diːo] *m* Gott *m*
idea [i'dɛːa] *f* Idee *f*, Gedanke *m*; Vorstellung *f*; (*opinione*) Meinung *f*; ***~ fissa*** fixe Idee *f*; ***cambiare ~*** es sich anders überlegen; ***non avere la minima ~ di qc*** nicht die geringste Ahnung von et haben; ***scambio*** *m* ***di -e*** Gedankenaustausch *m*; ***neppur per ~*** nicht einmal im Traum
ide|ale [ide'aːle] **1.** *adj* ideal; **2.** *m* Ideal *n*; **~alizzare** [-alid'dzaːre] (*1a*) idealisieren; **~are** [-'aːre] (*1b*) ersinnen; (*inventare*) erfinden; (*progettare*) planen; **~atore** [-a'toːre] *m* Schöpfer *m*, Erfinder *m*
idem ['iːdem] ebenso
id|entico [i'dɛntiko] (*pl -ci*) identisch; **~entificare** [identifi'kaːre] (*1n u d*) identifizieren; **~entificazione** [-fikatsi'oːne] *f* Identifizierung *f*
ident|ikit [identi'kit] *m inv* Phantombild *n*; **~ità** [-ti'ta] *f* Identität *f*
ide|ologia [ideolo'dʒiːa] *f* Ideologie *f*; **~ologico** [-o'loːdʒiko] (*pl -ci*) ideologisch
idioma [idi'ɔːma] *m* (*pl -i*) Sprache *f*, Idiom *n*
idiomatico [idio'maːtiko] (*pl -ci*) idiomatisch
idiota [idi'ɔːta] *m/f* (*m/pl -i*) Idiot(in *f*) *m*, Schwachsinnige(r *m*) *m/f*
idiozia [idio'tsiːa] *f* Schwachsinn *m*
idolo ['iːdolo] *m* Idol *n*, Abgott *m*
idoneità [idonei'ta] *f* Tauglichkeit *f*, Befähigung *f*
idoneo [i'dɔːneo] tauglich, fähig; (*adatto*) geeignet (***a*** zu)
idrante [i'drante] *m* Hydrant *m*
idraulico [i'draːuliko] *m* (*pl -ci*) Installateur *m*
idr|ofobo [i'drɔːfobo] *zo* tollwütig; (*furioso*) wütend; **~ogeno** [i'drɔːdʒeno] *m* Wasserstoff *m*; **~oplano** [idro'plaːno] *m* Tragflächenboot *n*; **~oscalo** [idros'kaːlo] *m* Wasserflughafen *m*; **~ovolante** [idrovo'lante] *m* Wasserflugzeug *n*
ieri [i'ɛːri] gestern; ***~ l'altro, l'altro ~*** vorgestern; ***~ mattina*** gestern früh
ig|iene [i'dʒɛːne] *f* Hygiene *f*; ***~ del corpo*** Körperpflege *f*; **~ienico** [i'dʒɛːniko] (*pl -ci*) hygienisch; gesund
ignaro [i'ɲaːro] unwissend, ahnungslos; ***essere ~ di qc*** et nicht wissen
ignor|ante [iɲo'rante] **1.** *adj* inkompetent; (*incolto*) ungebildet; (*maleducato*) unerzogen; **2.** *m/f* ungebildeter Mensch *m*; **~anza** [-'rantsa] *f* Unwissenheit *f*, Unbildung *f*; **~are** [-'raːre] (*1a*) (*non sapere*) nicht wissen; (*non conoscere*) nicht kennen; (*trascurare*) ignorieren
ignoto [i'ɲɔːto] unbekannt
il [il] *art* der
illecito [il'leːtʃito] unzulässig, unerlaubt
illeg|ale [ille'gaːle] illegal, ungesetzlich; **~alità** [-gali'ta] *f* Illegalität *f*, Gesetzwidrigkeit *f*
illeggibile [illed'dʒiːbile] unleserlich
illegittimo [ille'dʒittimo] unrechtmäßig; ***figlio*** *m* ***~*** uneheliches Kind *n*
illeso [il'leːzo] unverletzt
illimitato [illimi'taːto] unbeschränkt
illogico [il'lɔːdʒiko] (*pl -ci*) unlogisch
illudere [il'luːdere] (*3q*) täuschen

illumin|are [illumi'naːre] *(1m)* beleuchten; *fig* erleuchten; **~azione** [-natsi'oːne] *f* Beleuchtung *f*; **~ *artificiale*** künstliches Licht *n*; **~ *stradale*** Straßenbeleuchtung *f*
ill|usione [illuzi'oːne] *f* Täuschung *f*, Illusion *f*; **~uso** [-'luːzo] → ***illudere***; **~usorio** [-lu'zɔːrio] *(pl -ri)* illusorisch, trügerisch
illustr|are [illus'traːre] *(1a)* illustrieren; bebildern; *(spiegare)* erläutern; **~atore** [-tra'toːre] *m* Illustrator *m*; **~azione** [-tratsi'one] *f* Illustration *f*, Abbildung *f*, *(spiegazione)* Erläuterung *f*
illustre [il'lustre] berühmt
imball|aggio [imbal'laddʒo] *m (pl -ggi)* Verpackung *f*; **~are** [-'laːre] *(1a)* verpacken
imbarazz|ante [imbarat'tsante] peinlich, heikel; **~are** [-'tsaːre] *(1a)* in Verlegenheit bringen; *(confondere)* verwirren; **~ato** [-'tsaːto] verlegen; verwirrt
imbarazzo [imba'rattso] *m* Verlegenheit *f*; ***mettere in ~*** in Verlegenheit bringen; **~ *di stomaco*** Magenverstimmung *f*; ***l'~ della scelta*** die Qual der Wahl
imbarc|adero [imbarka'dɛːro] *m* Landungssteg *m*; **~are** [-'kaːre] *(1d)* einschiffen; *merci* verladen; **~arsi** [-'karsi] sich einschiffen; **~ *in un'impresa*** sich in ein Unternehmen einlassen; **~azione** [-katsi'oːne] *f* Boot *n*; **~ *da diporto*** Freizeitboot *n*
imbarco [im'barko] *m (pl -chi)* Einschiffung *f*, *merci* Verladung *f*, *(banchina)* Kai *m*
imbattersi [im'battersi] *(3a)*: **~ *in qu*** j-m begegnen, auf j-n stoßen
imbattibile [im'bat'tiːbile] unschlagbar
imbecille [imbe'tʃille] **1.** *adj* dumm; schwachsinnig; **2.** *m* Dummkopf *m*
imbianc|are [imbiaŋ'kaːre] *(1d)* **1.** *v/t* weißen; weiß machen; *bucato* bleichen; weiß waschen; **2.** *v/i u* **~arsi** [-'karsi] weiß werden
imbianchino [imbiaŋ'kiːno] *m* Anstreicher *m*
imbocc|are [imbok'kaːre] *(1d)* füttern; *fig* einflüstern; **~ *una strada*** in e-e Straße einbiegen; **~atura** [-ka'tuːra] *f* *(apertura)* Öffnung *f*, *(ingresso)* Einfahrt *f*; *mus* Mundstück *n*
imbocco [im'bokko] *m* Eingang *m*, Einfahrt *f*
imborghes|ire [imborge'ziːre] *(4d) u* **~irsi** [-'zirsi] bürgerlich werden
imboscata [imbos'kaːta] *f* Hinterhalt *m*
imbottigli|amento [imbottiʎa'mento] *m* Flaschenabfüllung *f*, *traffico* Stau *m*; **~are** [-'ʎaːre] *(1g)* in Flaschen füllen; *strada* verstopfen
imbott|ire [imbot'tiːre] *(4d)* polstern; *fig (riempire)* voll stopfen; **~ita** [-'tiːta] *f* Steppdecke *f*, **~ito** [-'tiːto] gepolstert; *panino* belegt
imbranato [imbra'naːto] ungeschickt
imbratt|are [imbrat'taːre] *(1a)* beschmutzen; beschmieren; **~atele** [-ta'teːle] *m inv* Farbenkleckser *m*
imbr|ogliare [imbro'ʎaːre] *(1g u c)* verwirren; verwickeln; *(ingannare)* betrügen; **~oglio** [-'brɔːʎo] *m (pl -gli)* Verwicklung *f*, *(inganno)* Betrug *m*, Schwindel *m*; **~oglione** [-bro'ʎoːne] *m* Betrüger *m*, Schwindler *m*
imbronciato [imbron'tʃaːto] mürrisch; *cielo* bezogen
imbruttire [imbrut'tiːre] *(4d)* **1.** *v/t* hässlich machen; **2.** *v/i* hässlich werden
imbucare [imbu'kaːre] *(1d)* *post* einwerfen
imburrare [imbur'raːre] *(1a)* mit Butter bestreichen
imbuto [im'buːto] *m* Trichter *m*
imit|are [imi'taːre] *(1a od 1l)* nachahmen, imitieren; **~azione** [-tatsi'oːne] *f* Nachahmung *f*, Imitation *f*
immagazzinare [immagaddzi'naːre] *(1a)* lagern; *inform* speichern
immagin|abile [immadʒi'naːbile] erdenklich; vorstellbar; **~are** [-'naːre] *(1m)* sich vorstellen, sich denken; *(supporre)* vermuten; ***s'immagini!*** keine Ursache!; **~ario** [-'naːrio] *(pl -ri)* unwirklich; **~azione** [-natsi'oːne] *f* Fantasie *f*, Einbildung *f*
immagine [im'maːdʒine] *f* Bild *n*; Ebenbild *n*; *fig* Image *n*; ***cura f della propria ~*** Imagepflege *f*
immangiabile [imman'dʒaːbile] ungenießbar
immatricol|are [immatriko'laːre] *(1n)* eintragen; *all'università* einschreiben, immatrikulieren; *auto* zulassen; **~azione** [-latsi'oːne] *f* Eintragung *f*, Immatrikulation *f*, Zulassung *f*

immaturo [imma'tu:ro] unreif; (*precoce*) vorzeitig
immedesim|are [immedezi'ma:re] (*1n*) identifizieren; **~arsi** [-'marsi] sich in e-e Rolle hineinleben; sich einfühlen; sich in dieselbe Lage versetzen
immedi|atamente [immediata'mente] gleich, sofort; **~ato** [-di'a:to] unmittelbar, direkt; (*pronto*) sofortig, unverzüglich
immenso [im'mɛnso] unermesslich; (*enorme*) unendlich, ungeheuer
immerg|ere [im'mɛrdʒere] (*3uu*) eintauchen; **~ersi** (unter)tauchen; *fig* sich vertiefen (***in*** in *acc*)
immeritato [immeri'ta:to] unverdient
imm|ersione [immersi'o:ne] *f* Tauchen *n*; **~erso** [-'mɛrso] **1.** → ***immergere***; **2.** *adj* getaucht, eingetaucht; *fig* vertieft, versunken
immettere [im'mettere] (*3ee*) einführen
immigr|ante [immi'grante] *m* Einwanderer *m*; **~are** [-'gra:re] (*1a*) einwandern; *capitali* zufließen; **~ato** [-'gra:to] *m* Einwanderer *m*; Zugezogene(r) *m*; **~azione** [-gratsi'o:ne] *f* Einwanderung *f*; *econ* Zufluss *f*; ***paese m d'~*** Einwanderungsland *n*
immin|ente [immi'nɛnte] unmittelbar bevorstehend; (*minaccioso*) drohend; **~enza** [-'nɛntsa] *f* Bevorstehen *n*
immischiarsi [immiski'arsi] (*1k*) sich einmischen
immissione [immissi'o:ne] *f* Zufuhr *f*; Einführung *f*; *inform* Eingabe *f*
immobile [im'mɔ:bile] **1.** *adj* unbeweglich; *fig* unerschütterlich; **2. -*i*** *m/pl* Immobilien *f/pl*
immob|iliare [immobili'a:re] Immobiliar…, Immobilien…; ***società f ~*** Immobiliengesellschaft; **~ilismo** [-bi'lizmo] *m* Unbeweglichkeit *f*; *pol* Immobilismus *m*; **~ilità** [-bili'ta] *f* Unbeweglichkeit *f*; **~ilizzare** [-bilid'dza:re] (*1a*) unbeweglich machen; *fig* lähmen; *econ capitali* fest anlegen
immondizia [immon'di:tsia] *f* (*mst pl*) Müll *m*, Abfälle *pl*
immor|ale [immo'ra:le] unmoralisch, unsittlich; **~alità** [-morali'ta] *f* Unmoral *f*, Unsittlichkeit *f*
immort|ale [immor'ta:le] unsterblich; **~alità** [-tali'ta] *f* Unsterblichkeit *f*
imm|une [im'mu:ne] frei; *med* immun (***a*** gegen); **~unità** [-muni'ta] *f* Immunität *f* (*a pol*); **~unitario** [-muni'ta:rio] ***sistema*** *m* **~** Immunsystem *n*; **~unizzare** [-munid'dza:re] (*1a*) immunisieren
immut|abile [immu'ta:bile] unveränderlich; **~ato** [-'ta:to] unverändert
impacchettare [impakket'ta:re] (*1a*) einpacken, verpacken
impacc|iare [impat'tʃa:re] (*1f*) hindern; stören; **~iato** [-'tʃa:to] verlegen; (*goffo*) unbeholfen
impaccio [im'pattʃo] *m* (*pl -cci*) Hindernis *n*; Verlegenheit *f*
impacco [im'pakko] *m* (*pl -cchi*) *med* Umschlag *m*
impadronirsi [impadro'nirsi] (*4d*): ***~ di qc*** sich e-r Sache bemächtigen; ***~ di una lingua*** sich e-e Sprache aneignen
impagabile [impa'ga:bile] unbezahlbar
impagin|are [impadʒi'na:re] (*1m*) *tip* umbrechen; **~azione** [-natsi'o:ne] *f* Umbruch *m*
impalcatura [impalka'tu:ra] *f* Gerüst *n*
impallidire [impalli'di:re] (*4d*) blass werden, erbleichen
impan|are [impa'na:re] (*1a*) *gastr* panieren; **~ato** [-'na:to] paniert
impantanarsi [impanta'narsi] (*1a*) versumpfen; *fig* in die Patsche geraten
impaperarsi [impape'rarsi] (*1m*) sich verhaspeln
imparare [impa'ra:re] (*1a*) lernen; ***~ a leggere*** lesen lernen; ***~ a scrivere*** schreiben lernen
impari ['impa:ri] ungleich; *mat* ungerade
impar|tire [impar'ti:re] (*4d*) erteilen; **~ziale** [-tsi'a:le] unparteiisch; **~zialità** [-tsiali'ta] *f* Unparteilichkeit *f*
impassibile [impas'si:bile] unerschütterlich; gleichmütig
impastare [impas'ta:re] (*1a*) kneten; *colori* mischen
impasto [im'pasto] *m* Kneten *n*; *fig* Gemisch *n*
impatto [im'patto] *m* Aufprall *m*; (*urto*) Zusammenstoß *m*; ***a basso ~ ambientale*** *ecol* umweltverträglich
impaurire [impau'ri:re] (*4d*) ängstigen; erschrecken
impa|ziente [impatsi'ɛnte] ungeduldig; **~zienza** [-tsi'ɛntsa] *f* Ungeduld *f*
impazz|ata [impat'tsa:ta] ***all'~*** wie

wahnsinnig; **~ire** [-'tsiːre] (*4d*) verrückt werden

impeccabile [impek'kaːbile] tadellos, einwandfrei

imped|imento [impedi'mento] *m* Verhinderung *f*; (*ostacolo*) Hindernis *n*; ***essere d'~*** hinderlich sein; **~ire** [-'diːre] (*4d*) hindern, verhindern

impegn|are [impe'ɲaːre] (*1a*) (*dare in pegno*) verpfänden; (*riservare*) reservieren; (*occupare*) in Anspruch nehmen; (*costringere*) verpflichten; ***~ qu per contratto*** j-n vertraglich binden; **~arsi** [-'ɲarsi] sich verpflichten; (*dedicarsi*) sich widmen (***a*** *dat*); **~ativo** [-ɲa'tiːvo] verbindlich; stark beanspruchend; (*importante*) ernsthaft, gewichtig; **~ato** [-'ɲaːto] bestellt; (*occupato*) beschäftigt; *fig* engagiert; ***essere già ~*** schon besetzt sein

impegno [im'peːɲo] *m* Verpflichtung *f*; (*zelo*) Eifer *m*; *fig* Engagement *n*; ***senza ~*** unverbindlich

impen|sabile [impen'saːbile] undenkbar; **~sato** [-'saːto] ungeahnt; überraschend

imper|ante [impe'rante] herrschend; **~are** [-'raːre] (*1b*) herrschen; **~ativo** [-ra'tiːvo] *m gram* Imperativ *m*; **~atore** [-ra'toːre] *m*, **~atrice** [-ra'triːtʃe] *f* Kaiser(in *f*) *m*

impercettibile [impertʃet'tiːbile] unwahrnehmbar

imperdonabile [imperdo'naːbile] unverzeihlich

imperf|etto [imper'fɛtto] **1.** *adj* unvollkommen; **2.** *m gram* Imperfekt *n*; **~ezione** [-fetsi'oːne] *f* Unvollkommenheit *f*, (*difetto*) Fehler *m*

imperme|abile [imperme'aːbile] **1.** *adj* undurchlässig; wasser-, luftdicht; **2.** *m* Regenmantel *m*; **~abilità** [-abili'ta] *f* Undurchlässigkeit *f*; **~abilizzare** [-abilid'dzaːre] (*1a*) abdichten, isolieren; **~abilizzato** imprägniert

impero [im'pɛːro] *m* (Kaiser)Reich *n*; Herrschaft *f*

imperson|ale [imperso'naːle] unpersönlich; **~are** [-'naːre] (*1a*) verkörpern

impertin|ente [imperti'nɛnte] frech, unverschämt; **~enza** [-'nɛntsa] *f* Frechheit *f*, Unverschämtheit *f*

imperturb|abile [impertur'baːbile] unerschütterlich; gleichgültig; **~abilità** [-babili'ta] *f* Unerschütterlichkeit *f*; Gleichgültigkeit *f*

imperversare [imperver'saːre] (*1b*) toben; *fig* grassieren

impeto ['impeto] *m* Wucht *f*, Schwung (-kraft *f*) *m*; ***con ~*** heftig

impetuoso [impetu'oːso] stürmisch; heftig

impiantare [impian'taːre] (*1a*) anlegen; errichten; (*fondare*) gründen; *fig* in Gang bringen

impianto [impi'anto] *m* Anlage *f*, Einrichtung *f*; ***~ di depurazione*** Kläranlage *f*; ***~ elettrico*** elektrische Anlage *f*; ***~ di riscaldamento*** Heizung *f*; ***~ stereo*** Stereoanlage *f*; **-i** *pl* ***sanitari*** sanitäre Einrichtungen *f/pl*

impiastro [impi'astro] *m* Umschlag *m*; *fig* Plagegeist *m*

impicc|are [impik'kaːre] (*1d*) (auf-) hängen; **~arsi** [-'karsi] sich erhängen

impicci|are [impit'tʃaːre] (*1f*) hindern; stören; **~arsi** [-'tʃarsi]: ***~ di*** (*od* ***in qc***) sich in et (*acc*) einmischen

impiccio [im'pittʃo] *m* (*pl -cci*) (*ostacolo*) Hindernis *n*; (*seccatura*) lästige Angelegenheit *f*; ***essere d'~*** im Wege sein, stören; ***essere in un ~*** in einer Klemme sein

impieg|are [impie'gaːre] (*1b u e*) anwenden; verwenden; (*metterci*) brauchen; (*assumere*) anstellen; ***ho impiegato un'ora*** ich habe eine Stunde gebraucht; **~ata** [-'gaːta] *f* Angestellte *f*; ***~ di ruolo*** Beamtin *f*; **~ato** [-'gaːto] *m* Angestellte(r) *m*; ***~ di ruolo*** Beamte(r) *m*

impiego [impi'ɛːgo] *m* (*pl -ghi*) (*uso*) Verwendung *f*, Gebrauch *m*; (*occupazione*) Beschäftigung *f*; (*posto*) Stelle *f*, Stellung *f*; ***domanda*** *f* ***d'~*** Stellengesuch *n*; ***offerta*** *f* ***d'~*** Stellenangebot *n*

impietos|ire [impieto'siːre] (*4d*) zu Mitleid rühren; **~irsi** [-'sirsi] Mitleid haben

impigrire [impi'griːre] (*4d*) **1.** *v/t* faul werden lassen; **2.** *v/i* faul werden

implacabile [impla'kaːbile] unversöhnlich; unerbittlich

impl|icare [impli'kaːre] (*1l u d*) (*coinvolgere*) verwickeln; (*comportare*) mit sich bringen; **~icito** [-'pliːtʃito] implizit

implor|are [implo'raːre] (*1c*) *j-n* an-

flehen; **~azione** [-ratsi'oːne] *f* flehende Bitte *f*
impolverato [impolve'raːto] verstaubt, staubbedeckt
imp|onente [impo'nɛnte] imponierend, beeindruckend; (*maestoso*) imposant; **~onibile** [-po'niːbile] besteuerbar
impopol|are [impopo'laːre] unpopulär, unbeliebt; **~arità** [-lari'ta] *f* Unbeliebtheit *f*
imp|orre [im'porre] (*3ll*) auferlegen; vorschreiben; (*far valere*) durchsetzen; **~orsi** [-'porsi] sich durchsetzen; (*apparire necessario*) nötig erscheinen
import|ante [impor'tante] wichtig, bedeutend; **~anza** [-'tantsa] *f* Bedeutung *f*, Wichtigkeit *f*; ***darsi ~*** sich wichtig machen; ***senza ~*** belanglos, unwichtig; **~are** [-'taːre] (*1c*) **1.** *v/t* einführen, importieren; **2.** *v/i* am Herzen liegen; (*significare*) bedeuten; (*riguardare*) angehen; (*essere necessario*) nötig sein; ***che t'importa?*** was gehts dich an?; ***non importa*** das macht nichts; **~atore** [-ta'toːre] *m* Importeur *m*; **~azione** [-tatsi'one] *f* Einfuhr *f*, ***permesso*** *m* ***d'~*** Einfuhrerlaubnis *f*
importo [im'pɔrto] *m* Betrag *m*, Summe *f*
import|unare [importu'naːre] (*1a*) belästigen; **~uno** [-'tuːno] aufdringlich; lästig
imposizione [impozitsi'oːne] *f* Auferlegung *f*, (*tassazione*) Besteuerung *f*
impossessarsi [imposses'sarsi] (*1b*) sich bemächtigen (***di*** *gen*)
imposs|ibile [impos'sibile] unmöglich; **~ibilità** [-sibili'ta] *f* Unmöglichkeit *f*
imposta[1] [im'posta] *f* Steuer *f*, ***~ di consumo*** Verbrauchssteuer *f*, ***~ sui salari*** Lohnsteuer *f*, ***~ sul valore aggiunto*** Mehrwertsteuer *f*; ***~ sulla cifra d'affari*** Umsatzsteuer *f*, ***ufficio*** *m* ***delle -e*** Finanzamt *n*
imposta[2] [im'pɔsta] *f* (Fenster)Laden *m*
impostare [impos'taːre] (*1c*) anlegen; *problema* formulieren; *post* aufgeben, einwerfen
imposto [im'posto] → ***imporre***
impostore [impos'toːre] *m* Betrüger *m*; Schwindler *m*
impot|ente [impo'tɛnte] ohnmächtig; unfähig; (*inefficace*) wirkungslos; *med* impotent; **~enza** [-'tɛntsa] *f* Ohnmacht *f*, Unfähigkeit *f*, Wirkungslosigkeit *f*; Impotenz *f*
imprati|cabile [imprati'kaːbile] *strada* nicht befahrbar; *persona* unumgänglich; **~chirsi** [-'kirsi] (*4d*) sich üben
imprec|are [impre'kaːre] (*1d u b*) fluchen (***contro*** auf, über *acc*); **~azione** [-katsi'oːne] *f* Fluch *m*
impreciso [impre'tʃiːzo] ungenau
impregn|are [impre'ɲaːre] (*1a*) durchtränken; (*riempire*) füllen; *tec* imprägnieren; **~arsi** [-'ɲarsi] durchtränkt werden
imprenditore [imprendi'toːre] *m* Unternehmer *m*
impreparato [imprepa'raːto] unvorbereitet
impr|esa [im'preːsa] *f* Unternehmen *n*, Betrieb *m*; ***~ commerciale*** Handelsunternehmen; ***~ familiare*** Familienbetrieb *m*; ***piccola ~*** Kleinbetrieb *m*; ***~ di servizi*** Dienstleistungsunternehmen *n*; **~esario** [-pre'saːrio] *m* (*pl -ri*) Unternehmer *m*; *tea* Impresario *m*
impression|abile [impressio'naːbile] empfindlich (*a fot*); **~ante** [-'nante] eindrucksvoll; beängstigend; **~are** [-'naːre] (*1a*) beeindrucken; *a fot* belichten; **~ato** [-'naːto] beeindruckt; *a fot* belichtet
impressione [im'pressi'oːne] *f* Eindruck *m*
impresso [im'prɛsso] → ***imprimere***
imprev|edibile [impreve'diːbile] unvorhersehbar; **~isto** [-'visto] **1.** *adj* unvorhergesehen, unvermutet; **2.** *m* Unvorhergesehene(s) *n*
imprigionare [impridʒo'naːre] (*1a*) einsperren
imprimere [im'priːmere] (*3r*) aufdrücken; *fig* einprägen; *tip* drucken
improb|abile [impro'baːbile] unwahrscheinlich; **~abilità** [-babili'ta] *f* Unwahrscheinlichkeit *f*
improduttivo [improdut'tiːvo] unproduktiv, unergiebig
impronta [im'pronta] *f* Abdruck *m*; *fig* Spur *f*, ***~ digitale*** Fingerabdruck *m*
improprio [im'prɔːprio] (*pl -ri*) unpassend, unangebracht
improvvis|amente [improvviza'mente] plötzlich, unerwartet; **~are** [-'zaːre] improvisieren; aus dem Stegreif dichten (*od* reden); **~ata** [-'zaːta] *f* Über-

raschung *f*; **~ato** [-'za:to] improvisiert

improvviso [improv'vi:zo] plötzlich; ***all'~*** unversehens

imprud|ente [impru'dɛnte] unklug; unvorsichtig; **~enza** [-'dɛntsa] *f* Leichtsinn *m*; Unvorsichtigkeit *f*

impugn|are [impu'ɲa:re] (*1a*) ergreifen; *jur* anfechten; **~atura** [-ɲa'tu:ra] *f* Griff *m*

impulsivo [impul'si:vo] impulsiv

impulso [im'pulso] *m* Impuls *m*, Antrieb *m*

impun|ità [impuni'ta] *f* Straflosigkeit *f*; **~ito** [-'ni:to] unbestraft

impunt|are [impun'ta:re] (*1a*) stolpern; *fig* stocken; **~arsi** [-'tarsi] sich versteifen, beharren (***in***, ***bei*** auf *dat*)

imput|ato [impu'ta:to] *m* Angeklagte(r) *m*; **~azione** [-tatsi'o:ne] *f* Beschuldigung *f*; Anklage *f*

in [in] *prp* in; nach; ***~ casa*** zu Hause; ***lui è ~ Germania*** er ist in (*dat*) Deutschland; ***va ~ Germania*** er fährt nach Deutschland; ***~ italiano*** auf Italienisch; ***~ campagna*** auf dem Land; ***~ viaggio*** auf Reisen, unterwegs; ***viaggiare ~ macchina*** mit dem Auto fahren; ***se fossi ~ te*** wenn ich an deiner Stelle wäre

inabile [i'na:bile] unfähig; *mil* untauglich

inabit|abile [inabi'ta:bile] unbewohnbar; **~ato** [-'ta:to] unbewohnt

inaccessibile [inattʃes'si:bile] unzugänglich

inaccettabile [inattʃet'ta:bile] unannehmbar, indiskutabel

inadatto [ina'datto] ungeeignet, unpassend

inadeguato [inadegu'a:to] unangemessen

inafferrabile [inaffer'ra:bile] ungreifbar

inal|are [ina'la:re] (*1a*) inhalieren; einatmen; **~atore** [-la'to:re] *m* Inhalationsapparat *m*; ***~ d'ossigeno*** Sauerstoffatemgerät *n*; **~azione** [-latsi'o:ne] *f* Inhalation *f*

inalterato [inalte'ra:to] unverändert

inamidare [inami'da:re] (*1m*) stärken

inammissibile [inammis'si:bile] unzulässig

inappellabile [inappel'la:bile] endgültig, unanfechtbar

inappetenza [inappe'tɛntsa] *f* Appetitlosigkeit *f*

inaridire [inari'di:re] (*4d*) **1.** *v/t* austrocknen; **2.** *v/i* verdorren

inaspettato [inaspet'ta:to] unerwartet

inaspr|imento [inaspri'mento] *m* Verschärfung *f*; **~ire** [-'pri:re] (*4d*) verschärfen; **~irsi** [-'prirsi] schärfer werden; *malattia* sich verschlimmern

inattaccabile [inattak'ka:bile] unangreifbar

inattendibile [inatten'di:bile] unzuverlässig

inatteso [inat'te:so] unerwartet

inatt|ività [inattivi'ta] *f* Untätigkeit *f*; **~ivo** [-'ti:vo] untätig

inattuabile [inattu'a:bile] undurchführbar

inaugur|are [inaugu'ra:re] (*1m*) einweihen; (feierlich) eröffnen; **~azione** [-ratsi'o:ne] *f* Einweihung *f*; (feierliche) Eröffnung *f*

inavvert|enza [inavver'tɛntsa] *f* Unachtsamkeit *f*; **~ito** [-'ti:to] unbemerkt; unvorhergesehen

incagliarsi [iŋka'ʎarsi] (*1g*) *mar* stranden

incalcolabile [iŋkalko'la:bile] unberechenbar; (*enorme*) ungeheuer

incalz|ante [iŋkal'tsante] dringend; *pericolo* drohend; **~are** [-'tsa:re] (*1a*) bedrängen

incammin|are [iŋkammi'na:re] (*1a*) anleiten, einführen; *fig* in Gang bringen; **~arsi** [-'narsi] sich auf den Weg machen

incandescente [iŋkandeʃ'ʃɛnte] weißglühend; Glüh…; *fig* hitzig, erhitzt

incant|are [iŋkan'ta:re] (*1a*) **1.** bezaubern; *fig* entzücken; **2.** *econ* versteigern; **~arsi** [-'tarsi] verzückt sein; *tec* stocken; **~ato** [-'ta:to] verzaubert; (*trasognato*) verträumt; (*affascinato*) entzückt; **~esimo** [-'te:zimo] *m* Zauberei *f*, Zauber *m*; **~evole** [-'te:vole] bezaubernd

incanto[1] [iŋ'kanto] *m* Zauberei *f*, Zauber *m*

incanto[2] [iŋ'kanto] *m* Auktion *f*; ***mettere all'~*** versteigern

incap|ace [iŋka'pa:tʃe] **1.** *adj* unfähig (***di*** zu); außerstande; **2.** *m* unfähiger Mensch *m*; (*fallito*) Versager *m*; **~acità** [-patʃi'ta] *f* Unfähigkeit *f*

incappare [iŋkap'pa:re] (*1a*) geraten

incapricciarsi [iŋkaprit'tʃarsi] (*1f*): **~ di qu** sich in j-n vernarren
incarcerare [iŋkartʃe'ra:re] (*1m*) inhaftieren
incaric|are [iŋkari'ka:re] (*1m u d*) beauftragen; **~ qu di qc** j-n mit et beauftragen; **~arsi** [-'karsi]: **~ di qc** et übernehmen; **~ato** [-'ka:to] *m* Beauftragte(r) *m*
incarico [iŋ'ka:riko] *m* (*pl -chi*) Auftrag *m*; **per ~ di** im Auftrag von
incarn|are [iŋkar'na:re] (*1a*) verkörpern; **~azione** [-natsi'o:ne] *f* Verkörperung *f*
incart|amento [iŋkarta'mento] *m* Aktenheft *n*, Aktenbündel *n*; **~are** [-'ta:re] (*1a*) (in Papier) einwickeln
incarto [iŋ'karto] *m* Verpackung *f*; (*incartamento*) Aktenheft *n*
inc|assare [iŋkas'sa:re] (*1a*) *econ* (*riscuotere*) einnehmen, einkassieren; *colpi* nehmen; *fig* einstecken; **~asso** [-'kasso] *m* Inkasso *n*; Einnahme *f*; **~ lordo** Bruttoeinnahme *f*
incaston|are [iŋkasto'na:re] (*1a*) (ein-)fassen; **~atura** [-na'tura] *f* Einfassung *f*
incastrare [iŋkas'tra:re] (*1a*) einklemmen, einzwängen; F *fig* in die Zange nehmen
incastro [iŋ'kastro] *m* Einschnitt *m*
incatenare [inkate'na:re] (*1a*) mit einer Kette absperren; *j-n u fig* fesseln
incavato [iŋka'va:to] hohl; **occhi** *m/pl* **-i** tief liegende Augen *n/pl*
incendi|are [intʃendi'a:re] (*1b u k*) anzünden, in Brand stecken; **~ario** [-di'a:rio] *m* (*pl -ri*) Brandstifter *m*
incendio [in'tʃɛndio] *m* (*pl -di*) Feuer *n*, Brand *m*; **pericolo** *m* **d'~** Feuergefahr *f*
incener|imento [intʃeneri'mento] *m* Einäscherung *f*; **~ dei rifiuti** Müllverbrennung *f*; **~ire** [-'ri:re] (*4d*) einäschern; **~itore** [-ri'to:re] *m* Müllverbrennungsanlage *f*
incenso [in'tʃɛnso] *m* Weihrauch *m*
incensurato [intʃensu'ra:to] nicht vorbestraft
incent|ivare [intʃenti'va:re] (*1a*) anregen; **~ivo** [-'ti:vo] *m* Anreiz *m*, Antrieb *m*
inc|ertezza [intʃer'tettsa] *f* Unsicherheit *f*, Ungewissheit *f*; **~erto** [-'tʃɛrto] unsicher; ungewiss
incessante [intʃes'sante] unaufhörlich
inchiesta [iŋki'ɛsta] *f* Umfrage *f*, *econ* Untersuchung *f*, **commissione** *f* **d'~** Untersuchungskommission *f*
inchin|are [iŋki'na:re] (*1a*) neigen; **~arsi** [-'narsi] sich beugen
inchino [iŋ'ki:no] *m* Verbeugung *f*
inchiodare [iŋkio'da:re] (*1c*) annageln; *fig* festnageln
inchiostro [iŋki'ɔstro] *m* Tinte *f*, **~ di China** Tusche *f*
inciampare [intʃam'pa:re] (*1a*) stolpern (**in** über *acc*); **~ in qu** j-m begegnen; j-m über den Weg laufen
incid|entale [intʃiden'ta:le] zufällig; (*secondario*) nebensächlich; **~ente** [-'dɛnte] *m* Zwischenfall *m*; (*infortunio*) Unfall *m*, Unglück *n*; **~ stradale** Verkehrsunfall *m*
incidere[1] [in'tʃi:dere] (*3q*) einschneiden; (*scolpire*) gravieren; (*registrare*) aufnehmen; *fig* einprägen
incidere[2] [in'tʃi:dere] (*3q*) (*influire*) sich auswirken (**su** auf *acc*)
incinta [in'tʃinta] schwanger
incirca [in'tʃirka] **all'~** ungefähr; schätzungsweise
inc|isione [intʃizi'o:ne] *f* Einschnitt *m*; Gravur *f*, **~ in legno** Holzschnitt *m*; **~ in rame** Kupferstich *m*; **~ di dischi** Schallplattenaufnahme *f*, **~isivo** [-tʃi-'zi:vo] *m* Schneidezahn *m*
incitare [intʃi'ta:re] (*1l*) anregen; anspornen
incivile [intʃi'vi:le] unkultiviert; (*villano*) ungezogen, unhöflich
inclin|are [iŋkli'na:re] (*1a*) **1.** *v/t* neigen; **2.** *v/i* hinneigen; **~azione** [-natsi'o:ne] *f* Neigung *f*
incline [iŋ'kli:ne] geneigt
incl|udere [iŋ'klu:dere] (*3q*) mit einschließen; (*allegare*) beilegen; **incluso il servizio** Bedienung inbegriffen; **~usivo** [-klu'zi:vo] einschließlich; **~uso** [-'klu:zo] inbegriffen, inklusive
incoer|ente [iŋkoe'rɛnte] inkonsequent; zusammenhanglos; **~enza** [-'rɛntsa] *f* Inkonsequenz *f*, Zusammenhanglosigkeit *f*
incognit|a [iŋ'kɔ:ɲita] *f* *mat* unbekannte Größe *f*, *fig* Rätsel *n*; **~o** [-to] *m* Inkognito *n*; **in ~** inkognito
incollare [iŋkol'la:re] (*1c*) (an)kleben, leimen

incolore [iŋko'loːre] farblos
incolp|are [iŋkol'paːre] (*1a*) beschuldigen; **~arsi** [-'parsi]: **~ *a vicenda*** sich gegenseitig anklagen
incolto [iŋ'kolto] ungebildet; (*trascurato*) ungepflegt; *agr* unbebaut
inc|olume [iŋ'kɔːlume] unversehrt; **~olumità** [-kolumi'ta] *f* Unversehrtheit *f*
incomb|ente [iŋkom'bɛnte] bevorstehend; *pericolo* drohend; **~enza** [-'bɛntsa] *f* Auftrag *m*
incominciare [iŋkomin'tʃaːre] (*1f*) anfangen (***a*** zu); ***a ~ da oggi*** von heute an
incomod|are [iŋkomo'daːre] (*1m u c*) stören, belästigen; **~arsi** [-'darsi] sich bemühen; ***non si incomodi!*** lassen Sie sich nicht stören!; machen Sie keine Umstände!
incomodo [iŋ'kɔːmodo] **1.** *adj* unbequem; **2.** *m* Störung *f*; ***scusi l'~*** verzeihen Sie die Störung
incompat|ibile [iŋkompa'tiːbile] unvereinbar; (*insopportabile*) unverträglich; **~ibilità** [-tibili'ta] *f* Unvereinbarkeit *f*; Unverträglichkeit *f*
incompet|ente [iŋkompe'tɛnte] inkompetent, unfähig; *jur* nicht zuständig; **~enza** [-'tɛntsa] *f* Unkenntnis *f*; Unfähigkeit *f*; Inkompetenz *f*
incom|piuto [iŋkompi'uːto] unvollendet; **~pleto** [-'plɛːto] unvollständig
incomprens|ibile [iŋkompren'siːbile] unverständlich; **~ibilità** [-sibili'ta] *f* Unverständlichkeit *f*; **~ione** [-si'oːne] *f* Unverständnis *n*
incompreso [iŋkom'preːso] unverstanden; verkannt
inconcepibile [iŋkontʃe'piːbile] unbegreiflich
inconciliabile [iŋkontʃili'aːbile] unversöhnlich; unvereinbar
inconcludente [iŋkoŋklu'dɛnte] nichtssagend
incondizionato [iŋkonditsio'naːto] bedingungslos
inconfondibile [inkonfon'diːbile] unverwechselbar
inconsapevol|e [iŋkonsa'peːvole] unbewusst; (*ignaro*) ahnungslos, unwissend; **~ezza** [-pevo'lettsa] *f* Unbewusstheit *f*; Ahnungslosigkeit *f*
inconscio [iŋ'kɔnʃo] **1.** *adj* unbewusst; **2.** *m inv* Unbewusste(s) *n*
inconsist|ente [iŋkonsis'tɛnte] unhaltbar; *fig* haltlos; (*vago*) vage; **~enza** [-'tɛntsa] *f* Unbeständigkeit *f*, Haltlosigkeit *f*
inconsolabile [iŋkonso'laːbile] untröstlich
inconsueto [iŋkonsu'ɛːto] ungewohnt
incontentabile [iŋkonten'taːbile] ungenügsam; nicht zufrieden zu stellen
incontestato [iŋkontes'taːto] unbestritten
incontr|are [iŋkon'traːre] (*1a*) **1.** *v/t* begegnen (*dat*); treffen; (*imbattersi*) stoßen auf (*acc*); (*trovare*) finden; ***~ difficoltà*** auf Schwierigkeiten stoßen; **2.** *v/i* Anklang finden; **~arsi** [-'trarsi]: ***~ con qu*** j-m begegnen, zusammenkommen mit j-m; **~ario** [-'traːrio] ***all'~*** verkehrt, umgekehrt
incontrastato [iŋkontras'taːto] unbestritten; unangefochten
incontro [iŋ'kontro] **1.** *m* Begegnung *f*, Treffen *n*; ***~ di calcio*** Fußballspiel *n*; *pol* ***~ al vertice*** Gipfeltreffen *n*; **2.** *prp u adv* entgegen; ***andare ~ a qu*** j-m entgegengehen
inconveniente [iŋkonveni'ɛnte] *m* Unannehmlichkeit *f*, Schwierigkeit *f*; (*svantaggio*) Nachteil *m*
incoragg|iamento [iŋkoraddʒa'mento] *m* Ermutigung *f*; **~iante** [-'dʒante] ermutigend; **~iare** [-'dʒaːre] (*1f*) ermutigen
incorniciare [iŋkorni'tʃaːre] (*1f*) einrahmen
incoron|are [iŋkoro'naːre] (*1a*) krönen; **~azione** [-natsi'oːne] *f* Krönung *f*
incorporare [iŋkorpo'raːre] (*1m u c*) einverleiben
incorreggibile [iŋkorred'dʒiːbile] unverbesserlich
incorrere [iŋ'korrere] (*3o*) verfallen, geraten (***in*** in *acc*); ***~ in un errore*** e-n Fehler begehen
incorruttibile [iŋkorrut'tiːbile] unbestechlich
incosci|ente [iŋkoʃ'ʃɛnte] bewusstlos; (*irresponsabile*) verantwortungslos, gewissenlos; **~enza** [-'ʃɛntsa] *f* Unbewusstheit *f*, Verantwortungslosigkeit *f*
incost|ante [iŋkos'tante] unbeständig; **~anza** [-'tansa] *f* Unbeständigkeit *f*
incostituzion|ale [iŋkostitutsio'naːle] verfassungswidrig; **~alità** [-nali'ta] *f*

Verfassungswidrigkeit *f*
incr|edibile [iŋkre'di:bile] unglaublich; **~edulo** [-'krɛ:dulo] ungläubig
increm|entare [iŋkremen'ta:re] steigern; (*promuovere*) fördern; **~ento** [-'mento] *m* Steigerung *f*, Zunahme *f*; **~ demografico** Bevölkerungswachstum *n*
incrociare [iŋkro'tʃa:re] (*1f*) kreuzen
incrocio [iŋ'kro:tʃo] *m* (*pl -ci*) Kreuzung *f*
incrollabile [iŋkrol'labile] fest; *fig* unerschütterlich
incub|atrice [iŋkuba'tri:tʃe] *f* Brutapparat *m*; **~azione** [-tsi'o:ne] *f med* Inkubationszeit *f*
incubo ['iŋkubo] *m* Alptraum *m*
incur|abile [iŋku'ra:bile] unheilbar; **~ante** [-'rante] unbekümmert (*di* um)
incuria [iŋ'ku:ria] *f* Nachlässigkeit *f*
incurios|ire [iŋkurio'si:re] (*4d*) neugierig machen; **~irsi** [-'sirsi] neugierig werden
incursione [iŋkursi'o:ne] *f* Einfall *m*; **~ aerea** Luftangriff *m*
incurvare [inkur'va:re] (*1a*) krümmen
incustodito [iŋkusto'di:to] unbewacht
indaffarato [indaffa'ra:to] viel beschäftigt
indagare [inda'ga:re] (*1e*) erforschen, untersuchen
indagine [in'da:dʒine] *f* Nachforschung *f*, Untersuchung *f*; *jur* Ermittlung *f*; **~ demoscopica** Meinungsforschung *f*
indebit|are [indebi'ta:re] (*1m*) mit Schulden belasten; **~arsi** [-'tarsi] sich in Schulden stürzen; **~ato** [-'ta:to] verschuldet
indebol|imento [indeboli'mento] *m* Schwächung *f*; **~ire** [-'li:re] (*4d*) **1.** *v/t* schwächen; **2.** *v/i* schwach werden
indec|ente [inde'tʃɛnte] unanständig; **~enza** [-'tʃɛntsa] *f* Unanständigkeit *f*
indec|isione [indetʃizi'o:ne] *f* Unentschlossenheit *f*; **~iso** [-'tʃi:zo] unentschlossen
indefinito [indefi'ni:to] unbestimmt
indegno [in'de:ɲo] unwürdig
indelebile [inde'lɛ:bile] unauslöschlich; *colore* echt
indenne [in'dɛnne] unverletzt
indenn|ità [indenni'ta] *f* Entschädigung *f*; **~ di trasferta** Reisekostenvergütung *f*; **~ parlamentare** Diäten *pl*; **~izzare** [-nid'dʒa:re] (*1a*) entschädigen; **~izzo** [-'niddzo] *m* Schadenersatz *m*; Abfindung *f*
indescrivibile [indeskri'vi:bile] unbeschreiblich
indesiderato [indeside'ra:to] unerwünscht
indeterminato [indetermi'na:to] unbestimmt
indiano [indi'a:no] **1.** *adj dell'India* indisch; *dell'America* indianisch; **in fila -a** im Gänsemarsch; **2.** *m* Inder *m*; Indianer *m*
indic|are [indi'ka:re] (*1l u d*) zeigen; (*dire*) angeben; (*significare*) bezeichnen; **~ativo** [-ka'ti:vo] *m gram* Indikativ *m*; **~ato** [-'ka:to] gezeigt; (*adatto*) geeignet, angebracht; **~atore** [-ka'to:re] *m* Anzeiger *m*; **~ stradale** Wegweiser *m*; *auto* **~ di direzione** Blinker *m*
indicazione [indikatsi'o:ne] *f* Angabe *f*, Hinweis *m*; (*direttiva*) Anweisung *f*; *med* Indikation *f*
indice ['inditʃe] *m* Inhaltsverzeichnis *n*; *anat* Zeigefinger *m*; *TV* **~ di ascolto** Einschaltquote *f*
indietreggiare [indietred'dʒa:re] (*1f*) zurückweichen
indietro [indi'ɛ:tro] zurück; **essere ~** im Rückstand sein; *orologio* nachgehen; **all'~** rückwärts
indifeso [indi'fe:so] wehrlos
indiffer|ente [indiffe'rɛnte] gleichgültig; **~enza** [-'rɛntsa] *f* Gleichgültigkeit *f*
indigeno [in'di:dʒeno] **1.** *adj* einheimisch; **2.** *m* Einheimische(r) *m*
indig|estione [indidʒesti'o:ne] *f* Verdauungsstörung *f*, Magenverstimmung *f*; **~esto** [-'dʒɛsto] unverdaulich
indign|are [indi'ɲa:re] (*1a*) empören; **~arsi** [-'ɲarsi] sich entrüsten (**per** über *acc*); **~azione** [-ɲatsi'o:ne] *f* Entrüstung *f*
indimenticabile [indimenti'ka:bile] unvergesslich
indipend|ente [indipen'dɛnte] unabhängig; **~enza** [-'dɛntsa] *f* Unabhängigkeit *f*
indire [in'di:re] (*3t*) *conferenza* anberaumen; *concorso* ausschreiben
indir|etto [indi'rɛtto] indirekt; **~izzare** [-rit'tsa:re] (*1a*) adressieren, richten (**a** an *acc*); **~ qu in qc** j-n in et (*dat*)

anleiten; **~izzo** [-'rittso] *m* Richtung *f*; *post* Adresse *f*, Anschrift *f*; ***cambiamento*** *m* ***d'~*** Adressenänderung *f*
indisciplinato [indiʃʃipli'na:to] undiszipliniert
indiscr|eto [indis'kre:to] indiskret, taktlos; zudringlich; **~ezione** [-kretsi'o:ne] *f* Indiskretion *f*, Taktlosigkeit *f*
indisc|usso [indis'kusso] unbestritten; **~utibile** [-ku'ti:bile] unbestreitbar
indispensabile [indispen'sa:bile] **1.** *adj* unentbehrlich; **2.** *m* Allernötigste(s) *n*
indispett|ire [indispet'ti:re] (*4d*) ärgern; **~ito** [-'ti:to] ärgerlich; gereizt
indisp|osizione [indispositsi'o:ne] *f* Unwohlsein *n*; **~osto** [-'posto] unpässlich; ***sono ~*** mir ist unwohl
indistinto [indis'tinto] undeutlich
indistruttibile [indistrut'ti:bile] unzerstörbar
indivia [in'di:via] *f* Endivie *f*
individu|ale [individu'a:le] individuell; **~alismo** [-dua'lizmo] *m* Individualismus *m*; **~alista** [-dua'lista] *m/f* (*m/pl -i*) Individualist(in *f*) *m*; **~alità** [-duali'ta] *f* Persönlichkeit *f*
individuo [indi'vi:duo] *m* Individuum *n*; Mensch *m*
indiv|isibile [indivi'zi:bile] unteilbar; **~iso** [-'vi:zo] ungeteilt
indizio [in'di:tsio] *m* (*pl -zi*) Anzeichen *n*; *jur* Indiz *n*
indole ['indole] *f* Natur *f*
indol|ente [indo'lɛnte] träge; **~enza** [-'lɛntsa] *f* Trägheit *f*
indolore [indo'lo:re] schmerzlos
indomani [indo'ma:ni] *m* ***l'~***, ***all'~*** der folgende Tag; am nächsten Tag, am Tag darauf
indoss|are [indos'sa:re] (*1c*) anziehen; anhaben, tragen; **~atrice** [-sa'tri:tʃe] *f* Mannequin *n*
indovin|are [indovi'na:re] (*1a*) erraten; raten; **~ato** [-'na:to] gelungen; **~ello** [-'nɛllo] *m* Rätsel *n*
indovino [indo'vi:no] *m* Wahrsager *m*
indubbiamente [indubbia'mente] zweifellos
ind|ugiare [indu'dʒa:re] (*1f*) **1.** *v/t* verzögern; **2.** *v/i* zögern; **~ugio** [-'du:dʒo] *m* (*pl -gi*) Verzögerung *f*; ***senza ~*** unverzüglich
indulg|ente [indul'dʒɛnte] nachsichtig; **~enza** [-'dʒɛntsa] *f* Nachsicht *f*
indumento [indu'mento] *m* Kleidungsstück *n*
indur|ire [indu'ri:re] (*4d*) **1.** *v/t* (ver-) härten; *fig* abhärten; **2.** *v/i u* **~irsi** [-'rirsi] hart werden; **~ito** [-'ri:to] verhärtet
industria [in'dustria] *f* Industrie *f*, Gewerbe *n*; ***~ ausiliaria*** Zulieferindustrie *f*; ***~ automobilistica*** Autoindustrie *f*; ***~ del futuro*** Zukunftsindustrie *f*; ***~ pesante*** Schwerindustrie *f*; ***~ tessile*** Textilindustrie *f*
industri|ale [industri'a:le] **1.** *adj* industriell, Industrie…, Gewerbe…; ***città*** *f* ***~*** Industriestadt *f*; **2.** *m* Industrielle(r) *m*; **~alizzare** [-alid'dza:re] (*1a*) industrialisieren; **~alizzazione** [-trialiddzatsi'o:ne] *f* Industrialisierung *f*
ineccepibile [inettʃe'pi:bile] einwandfrei
inedito [i'nɛ:dito] unveröffentlicht
ineducato [inedu'ka:to] unerzogen; ungezogen
ineffic|ace [ineffi'ka:tʃe] unwirksam; **~acia** [-'ka:tʃa] *f* Unwirksamkeit *f*
inefficì|ente [ineffi'tʃɛnte] nicht leistungsfähig, ineffizient; **~enza** [-'tʃɛntsa] *f* Unwirksamkeit *f*, Ineffizienz *f*
inegu|aglianza [inegua'ʎantsa] *f* Ungleichheit *f*; Unebenheit *f*; **~ale** [-gu'a:le] ungleich; uneben
inequivocabile [inekuivo'ka:bile] unmissverständlich
inerte [i'nɛrte] untätig; *fis u fig* träge
inerzia [i'nɛrtsia] *f* Trägheit *f*; ***forza*** *f* ***d'~*** Beharrungsvermögen *n*
ines|attezza [inezat'tettsa] *f* Ungenauigkeit *f*; **~atto** [-'zatto] ungenau
inesauribile [inezau'ri:bile] unerschöpflich
inesorabile [inezo'ra:bile] unerbittlich
inesp|erienza [inesperi'ɛntsa] *f* Unerfahrenheit *f*; **~erto** [-'pɛrto] unerfahren
inesplicabile [inespli'ka:bile] unerklärlich
inesplorato [inesplo'ra:to] unerforscht
inesprimibile [inespri'mi:bile] unaussprechlich
inestimabile [inesti'ma:bile] unschätzbar
inetto [i'nɛtto] unfähig; untauglich
inevaso [ine'va:zo] unerledigt; *lettera* unbeantwortet

inevitabile [inevi'taːbile] unvermeidbar
inezia [i'nɛːtsia] *f* Lappalie *f*
infallibile [infal'liːbile] unfehlbar
infantile [infan'tiːle] Kinder..., kindlich; (*immaturo*) kindisch; ***asilo*** *m* **~** Kindergarten *m*
infanzia [in'fantsia] *f* Kindheit *f*
infarin|are [infari'naːre] (*1a*) mit Mehl bestreuen; F pudern; **~atura** [-na'tuːra] *f fig* oberflächliche Kenntnis *f*
infarto [in'farto] *m* Infarkt *m*; **~ *cardiaco*** Herzinfarkt *m*; **~ *cerebrale*** Gehirnschlag m
infastidire [infasti'diːre] (*4d*) belästigen
infaticabile [infati'kaːbile] unermüdlich
infatti [in'fatti] in der Tat
infed|ele [infe'deːle] (*sleale*) untreu; *traduzione* ungenau; *rel* ungläubig; **~eltà** [-del'ta] *f* Untreue *f*, Ungenauigkeit *f*
infel|ice [infe'liːtʃe] unglücklich; **~icità** [-litʃi'ta] *f* Unglück *n*; Unglücklichsein *n*
infer|iore [inferi'oːre] unterer; geringer; minderwertig; *fig* unterlegen; ***di qualità*** **~** von geringerer Qualität; ***essere*** **~ *a qu*** j-m nachstehen; ***essere*** **~ *al proprio compito*** s-r Aufgabe nicht gewachsen sein; **~iorità** [-riori'ta] *f* Minderwertigkeit *f*, Unterlegenheit *f*; ***complesso m d'*~** Minderwertigkeitsgefühl *n*, -komplex *m*
inferm|eria [inferme'riːa] *f* Krankensaal *m*; **~iera** [-mi'ɛːra] *f* Krankenschwester *f*; **~iere** [-mi'ɛre] *m* Krankenpfleger *m*; **~ità** [-mi'ta] *f* Krankheit *f*
infermo [in'fermo] **1.** *adj* leidend; **2.** *m* Kranke(r) *m*
infernale [infer'naːle] höllisch
inferno [in'fɛrno] *m* Hölle *f*
inferriata [inferri'aːta] *f* Eisengitter *n*
infet|tare [infet'taːre] (*1b*) infizieren, anstecken; verseuchen; **~tivo** [-'tiːvo] ansteckend; Infektions...; ***malattia*** *f* **-a** Infektionskrankheit *f*
infetto [in'fɛtto] infiziert
infezione [infetsi'oːne] *f* Infektion *f*, Ansteckung *f*
infiamm|abile [infiam'maːbile] leicht entzündbar; feuergefährlich; **~are** [-'maːre] (*1a*) anzünden; *med* entzünden; **~arsi** [-'marsi] *med* sich entzünden; **~azione** [-matsi'oːne] *f* Entzündung *f*; **~ *alla gola*** Halsentzündung *f*
infil|are [infi'laːre] (*1a*) *ago* einfädeln; (*introdurre*) (hinein)stecken; (*indossare*) anziehen; schlüpfen in (*acc*); *strada* einschlagen; **~ *la porta*** zur Tür hinausgehen; **~arsi** [-'larsi]: **~ *in qc*** in et (*acc*) schlüpfen
infiltr|arsi [infil'trarsi] (*1a*) durchsickern; *fig* eindringen; **~azione** [-tratsi'oːne] *f* Durchsickern *n*; Eindringen *n*
infimo ['infimo] unterst; geringst
infine [in'fiːne] schließlich, endlich
infin|ità [infini'ta] *f* Unendlichkeit *f*, Unmenge *f*; **~ito** [-'niːto] **1.** *adj* unendlich; **2.** *m* Unendliche(s) *n*; *gram* Infinitiv *m*; ***ripetere all'*~** ohne Ende wiederholen
infittire [infit'tiːre] (*4d*) dicht werden
inflazione [inflatsi'oːne] *f* Inflation *f*; ***tasso*** *m* ***d'*~** Inflationsrate *f*
infless|ibile [infles'siːbile] unbiegsam; *fig* unbeugsam; **~ibilità** [-sibili'ta] *f* Unbiegsamkeit *f*, Unbeugsamkeit *f*; **~ione** [-si'oːne] *f* Tonfall *m*
influ|ente [influ'ɛnte] einflussreich; **~enza** [-flu'ɛntsa] *f* Einfluss *m*; *med* Grippe *f*; **~enzare** [-fluen'tsaːre] (*1b*) beeinflussen; **~ire** [-flu'iːre] (*4d*) einwirken (***su*** auf *acc*); Einfluss haben (***su*** auf *acc*)
influsso [in'flusso] *m* Einfluss *m*
infocato [info'kaːto] glühend
infondato [infon'daːto] unbegründet
infondere [in'fondere] (*3bb*) *fig* einflößen
inforcare [infor'kaːre] (*1d*) aufgabeln; *occhiali* aufsetzen; **~ *la bicicletta*** sich auf das Fahrrad setzen
informale [infor'maːle] informell
inform|are [infor'maːre] (*1a*) benachrichtigen, unterrichten, informieren (***di*** über *acc*); **~arsi** [-'marsi] sich erkundigen (***di***, ***su*** nach *dat*); sich informieren
inform|atica [infor'maːtika] *f* Informatik *f*; **~atico** [-'maːtiko] (*pl -ci*) **1.** *adj* Datenverarbeitungs...; **2.** *m* Informatiker *m*
informazione [informatsi'oːne] *f* Auskunft *f*, Information *f*, Erkundigung *f*; ***ufficio*** *m* **-*i*** Auskunftsbüro *n*
informe [in'forme] unförmig
infortunio [infor'tuːnio] *m* (*pl -ni*) Unfall *m*; **~ *sul lavoro*** Arbeitsunfall *m*;

assicurazione** f **contro gli -i Unfallversicherung *f*
infossato [infos'saːto] tief liegend; eingefallen
infr|angere [in'frandʒere] (*3d*) zerbrechen; (*violare*) verletzen; **~angibile** [-fran'dʒiːbile] unzerbrechlich; ***vetro** m* **~** splitterfreies Glas *n*; **~anto** [-'franto] → ***infrangere***
infrarosso [infra'rosso] infrarot; ***raggi** m/pl* **-i** Infrarotstrahlen *m/pl*
infrasettimanale [infrasettima'naːle] ***festa** f* **~** in die Woche fallender Festtag *m*
infrastruttura [infrastrut'tuːra] *f* Infrastruktur *f*
infrazione [infratsi'oːne] *f* Übertretung *f*, Verstoß *m*; ***~ al codice stradale*** Verstoß *m* gegen die Straßenverkehrsordnung; Verkehrsvergehen *n*
infreddatura [infredda'tuːra] *f* leichte Erkältung *f*
infrutt|ifero [infrut'tiːfero] *econ* unverzinslich; **~uoso** [-tu'oːso] fruchtlos
infuori [infu'ɔːri] ***all'~ di*** außer
infuri|are [infuri'aːre] (*1k*) wüten; **~arsi** [-ri'arsi] in Wut geraten; **~ato** [-ri'aːto] wütend
inf|usione [infuzi'oːne] *f* Aufguss *m*; Kräutertee *m*; **~uso** [-'fuːzo] *m* Aufguss *m*
ingaggiare [iŋgad'dʒaːre] (*1f*) anstellen; (*iniziare*) beginnen
ingaggio [iŋ'gaddʒo] *m* (*pl -ggi*) Einstellung *f*; (*somma*) Gage *f*
ingann|are [iŋgan'naːre] (*1a*) täuschen; betrügen; ***~ il tempo*** die Zeit totschlagen; **~arsi** [-'narsi] sich täuschen
inganno [iŋ'ganno] *m* Betrug *m*; Täuschung *f*
ingegn|arsi [indʒe'ɲarsi] (*1a*) sich bemühen; (*arrangiarsi*) sich durchschlagen; **~ere** [-'ɲeːre] *m* Ingenieur *m*; **~eria** [-ɲe'riːa] *f* Ingenieurwesen *n*; ***~ genetica*** Gentechnik *f*; ***~ meccanica*** Maschinenbau *m*
ingegno [in'dʒeːɲo] *m* Talent *n*; Begabung *f*
ingegnoso [indʒe'ɲoːso] einfallsreich; erfinderisch
ingelosire [indʒelo'siːre] (*4d*) **1.** *v/t* eifersüchtig machen; **2.** *v/i* eifersüchtig werden
ing|enuità [indʒenui'ta] *f* Naivität *f*; **~enuo** [-'dʒɛːnuo] naiv
inger|enza [indʒe'rɛntsa] *f* Einmischung *f*; **~ire** [-'riːre] (*4d*) einnehmen; **~irsi** [-'rirsi] sich einmischen
ingess|are [indʒes'saːre] (*1b*) eingipsen; **~atura** [-sa'tuːra] *f* Gipsverband *m*
inghiottire [iŋgiot'tiːre] (*4d*) schlucken, hinunterschlucken; *fig* verschlingen
ingiall|ire [indʒal'liːre] (*4d*) **1.** *v/t* gelb machen; **2.** *v/i* vergilben; **~ito** [-'liːto] vergilbt
inginocchiarsi [indʒinokki'arsi] (*1k*) niederknien
ingiù [in'dʒu] abwärts; hinunter; nach unten
ingiunzione [indʒuntsi'oːne] *f* Befehl *m*; ***~ di pagamento*** Zahlungsbefehl *m*
ingiuria [in'dʒuːria] *f* Beleidigung *f*, Beschimpfung *f*
ingiuriare [indʒuri'aːre] (*1k*) beschimpfen; beleidigen
ingiust|ificato [indʒustifi'kaːto] ungerechtfertigt; unentschuldigt; **~izia** [-'tiːtsia] *f* Ungerechtigkeit *f*
ingiusto [in'dʒusto] ungerecht
inglese [iŋ'gleːse] **1.** *adj* englisch; **2.** *m* Englisch(e) *n*; **3.** *m/f* Engländer(in *f*) *m*
ingoiare [iŋgoi'aːre] (*1i*) schlucken; (*a fig*) *et* hinunterschlucken
ingolf|are [iŋgol'faːre] (*1a*) *motore* überlaufen lassen; **~arsi** [-'farsi] überlaufen
ing|ombrante [iŋgom'brante] sperrig; **~ombrare** [-'braːre] (*1a*) im Wege sein; versperren; *fig* überfüllen; **~ombro** [-'gombro] versperrt; dicht angefüllt
ingorgo [iŋ'gorgo] *m* (*pl -ghi*) Stau *m*
ingovernabile [iŋgover'naːbile] unregierbar
ingran|aggio [iŋgra'naddʒo] *m* (*pl -ggi*) *tec* Getriebe *n* (*a fig*); ***~ del cambio*** Wechselradgetriebe *n*; **~are** [-'naːre] (*1a*) ineinander greifen; F *fig* klappen; *auto* ***~ la marcia*** den Gang einlegen
ingrand|imento [iŋgrandi'mento] *m* Vergrößerung *f*; **~ire** [-'diːre] (*4d*) **1.** *v/t* vergrößern; **2.** *v/i* größer werden
ingrassare [iŋgras'saːre] (*1a*) **1.** *v/t* dick machen; (*lubrificare*) schmieren; **2.** *v/i* zunehmen
ingr|atitudine [iŋgrati'tuːdine] *f* Undankbarkeit *f*; **~ato** [-'graːto] undankbar; (*spiacevole*) unangenehm

ingr|ediente [iŋgredi'ɛnte] *m* Bestandteil *m*; Zutat *f*; **~esso** [-'grɛsso] *m* Eingang *m*; Eintritt *m*; **~ principale** Haupteingang *m*; **biglietto** *m* **d'~** Eintrittskarte *f*
ingrossare [iŋgros'saːre] (*1c*) **1.** *v/t* dick machen; (*gonfiare*) anschwellen lassen; (*accrescere*) vergrößern; **2.** *v/i* dicker werden, zunehmen; anschwellen
ingrosso *econ* [iŋ'grɔsso] **all'~** en gros, Groß…; **commercio** *m* **all'~** Großhandel *m*
inguaribile [iŋgua'riːbile] unheilbar
inguinale [iŋgui'naːle] Leisten…; **ernia** *f* **~** Leistenbruch *m*
inguine ['iŋguine] *m anat* Leiste *f*
inib|ire [ini'biːre] (*4d*) untersagen; *psic* hemmen; **~ito** [-'biːto] gehemmt; **~izione** [-bitsi'oːne] *f* Verbot *n*; *psic* Hemmung *f*
iniettare [iniet'taːre] (*1b*) einspritzen
iniezione [inietsi'oːne] *f* Einspritzung *f*; *med* Spritze *f*
inimicizia [inimi'tʃiːtsia] *f* Feindschaft *f*
inimitabile [inimi'taːbile] unnachahmlich
inimmaginabile [inimmadʒi'naːbile] undenkbar, unvorstellbar
ininterrotto [ininter'rotto] ununterbrochen
inizi|ale [initsi'aːle] **1.** *adj* Anfangs…; **stipendio** *m* **~** Anfangsgehalt *n*; **2.** *f* Anfangsbuchstabe *m*; **~are** [-tsi'aːre] (*1g*) anfangen, beginnen; *fig* einführen; **~ativa** [-tsia'tiːva] *f* Initiative *f*, Anregung *f*; **~ civica** Bürgerinitiative *f*; **spirito** *m* **d'~** Unternehmungsgeist *m*
inizio [i'niːtsio] *m* (*pl -zi*) Anfang, Beginn *m*; **all'~** anfangs, am Anfang, zu Beginn
innaffi|are [innaffi'aːre] (*1k*) begießen; **~atoio** [-fia'toːio] *m* (*pl -oi*) Gießkanne *f*
innalzare [innal'tsaːre] (*1a*) erheben (*a fig*); *prezzi* erhöhen; (*erigere*) errichten
innamor|arsi [innamo'rarsi] (*1a*): **~ di** sich verlieben in (*acc*); **~ato** [-'raːto] *m* Verliebte(r) *m*
innanzi [in'nantsi] **1.** *prp* vor (*dat od acc*); **~ tutto** vor allem; **2.** *adv* vorher; vorn
innato [in'naːto] angeboren
innaturale [innatu'raːle] unnatürlich
innervos|ire [innervo'siːre] (*4d*) nervös machen; **~irsi** [-'sirsi] nervös werden
innestare [innes'taːre] (*1b*) *agr* veredeln; *med* einimpfen; *el spina* einstecken; *auto* **~ la marcia** den Gang einlegen
inno ['inno] *m* Hymne *f*; **~ nazionale** Nationalhymne *f*
innoc|ente [inno'tʃɛnte] unschuldig; **~enza** [-'tʃɛntsa] *f* Unschuld *f*
innocuo [in'nɔːkuo] unschädlich; harmlos
innov|ativo [innova'tiːvo] innovativ; **~azione** [-vatsi'oːne] *f* Erneuerung *f*
innumerevole [innume'reːvole] unzählig
inoffensivo [inoffen'siːvo] harmlos
inoltr|are [inol'traːre] (*1a*) einreichen; (*trasmettere*) weiterleiten; **~arsi** [-'trarsi] eindringen
inoltre [i'noltre] außerdem; darüber hinaus
inond|are [inon'daːre] (*1a*) überschwemmen; **~azione** [-datsi'oːne] *f* Überschwemmung *f*
inopportuno [inoppor'tuːno] unangebracht; ungelegen
inorrid|ire [inorri'diːre] (*4d*) **1.** *v/t* entsetzen; **2.** *v/i* schaudern; **~ito** [-'diːto] entsetzt
inospitale [inospi'taːle] *persona* ungastlich; *regione* unwirtlich
inosservato [inosser'vaːto] unbeachtet; unbemerkt
inossidabile [inossi'daːbile] rostfrei
inquadr|are [iŋkua'draːre] (*1a*) einrahmen; (*collocare*) einordnen; *fot* aufnehmen; **~atura** [-dra'tuːra] *f fot* Bildausschnitt *m*
inquiet|ante [iŋkuie'tante] Besorgnis erregend; **~are** [-'taːre] (*1b*) beunruhigen; **fare ~ qu** j-n ärgern
inquieto [iŋkui'ɛːto] unruhig; (*preoccupato*) besorgt
inquietudine [iŋkuie'tuːdine] *f* Unruhe *f*, Beunruhigung *f*, Sorge *f*
inquilino [iŋkui'liːno] *m* Mieter *m*; Hausbewohner *m*
inquin|amento [iŋkuina'mento] *m* Verschmutzung *f*; **~ acustico** Lärmbelastung *f*; **~ atmosferico** Luftverschmutzung *f*; **~ dell'ambiente** Umweltverschmutzung *f*; **~ elettromagnetico** Elektrosmog *m*; **~ante** [-'nante] umweltfeindlich; **non ~** um-

weltfreundlich; ***sostanza*** *f* ~ Schadstoff *m*; **~are** [-'na:re] (*1a*) verschmutzen, verunreinigen

insabbi|amento [insabbia'mento] *m* Versandung *f*; **~are** [-bi'a:re] (*1k*) versanden

insala|ta [insa'la:ta] *f* Salat *m*; ~ ***mista*** gemischter Salat *m*; ~ ***verde*** grüner Salat *m*; **~tiera** [-lati'ɛ:ra] *f* Salatschüssel *f*

insanabile [insa'na:bile] unheilbar

insaponare [insapo'na:re] (*1a*) einseifen

insaputa [insa'pu:ta] ***all'~ di qu*** ohne j-s Wissen

insaziabile [insatsi'a:bile] unersättlich

inscatolare [inskato'la:re] (*1m*) in Dosen füllen

insegna [in'se:ɲa] *f* Abzeichen *n*; *econ* (Laden)Schild *n*

insegnamento [inseɲa'mento] *m* Unterricht *m*; Lehre *f*; *professione* Lehrberuf *m*; ~ ***dell'italiano*** Italienischunterricht *m*

insegnante [inseɲa'ɲante] **1.** *adj* lehrend; ***corpo*** *m* ~ Lehrkörper *m*; **2.** *m/f* Lehrer(in *f*) *m*; ***-i*** *m/pl* Lehrkräfte *f/pl*

insegnare [inseɲa'ɲa:re] (*1a*) lehren; unterrichten; ~ ***qc a qu*** j-n et lehren; j-n in et (*dat*) unterrichten

insegu|imento [insegui'mento] *m* Verfolgung *f*; **~ire** [-gu'i:re] (*4b*) verfolgen

insenatura [insena'tu:ra] *f* Bucht *f*

insens|ato [insen'sa:to] unsinnig; **~ibile** [-'si:bile] unempfindlich (***a*** gegen); **~ibilità** [-sibili'ta] *f* Unempfindlichkeit *f*

inseparabile [insepa'ra:bile] untrennbar; unzertrennlich

inser|ire [inse'ri:re] (*4d*) (*infilare*) (hinein)stecken; (*collegare*) anschließen; (*aggiungere*) einfügen; *econ annuncio* inserieren; **~irsi** [-'rirsi] sich einfügen; (*intromettersi*) sich einmischen

inserto [in'sɛrto] *m* Aktenheft *n*; (*pubblicazione*) Beilage *f*

inservibile [inser'vi:bile] unbrauchbar

inserzione [insertsi'o:ne] *f* Inserat *n*, Anzeige *f*; ***mettere un'~*** inserieren

insett|icida [insetti'tʃi:da] *m* (*pl -i*) Insektizid *n*; **~ifugo** [-'ti:fugo] *m* (*pl -ghi*) Insektenschutzmittel *n*

insetto [in'sɛtto] *m* Insekt *n*

insieme [insi'ɛ:me] **1.** *adv* zusammen; **2.** *prp* ~ ***a*** (*od* ***con***) zusammen mit; **3.** *m* Gesamtheit *f*, Ganze(s) *n*

insignificante [insiɲifi'kante] unbedeutend

insinu|are [insinu'a:re] (*1m*) hineinstecken; *fig* unterstellen; *sospetto* erregen; **~arsi** [-nu'arsi] eindringen; *fig* sich einschleichen; **~azione** [-nuatsi'o:ne] *f* Verdächtigung *f*, Unterstellung *f*

insipido [in'si:pido] fade

insist|ente [insis'tɛnte] eindringlich; beharrlich; **~enza** [-'tɛntsa] *f* Eindringlichkeit *f*, Beharrlichkeit *f*

insistere [in'sistere] (*3f*) auf et (*dat*) bestehen, auf et (*dat*) insistieren

insoddisfatto [insoddis'fatto] unbefriedigt

insofferente [insoffe'rɛnte] unduldsam

insolazione [insolatsi'o:ne] *f* Sonnenstich *m*

insol|ente [inso'lɛnte] frech; **~enza** [-'lɛntsa] *f* Frechheit *f*

insolito [in'sɔ:lito] ungewöhnlich; ungewohnt

insol|ubile [inso'lu:bile] unlösbar; **~uto** [-'lu:to] ungelöst; **~vente** [-'vɛnte] **1.** *adj* zahlungsunfähig, insolvent; **2.** *m* Zahlungsunfähige(r) *m*; **~venza** [-'vɛntsa] *f* Zahlungsunfähigkeit *f*, Insolvenz *f*

insomma [in'somma] also; schließlich; (*in breve*) kurz und gut

ins|onne [in'sɔnne] schlaflos; **~onnia** [-'sɔnnia] *f* Schlaflosigkeit *f*

insopportabile [insoppor'ta:bile] unerträglich

insorgere [in'sordʒere] (*3d*) sich erheben (***contro*** gegen); *difficoltà, dubbi* auftreten, entstehen

insorto [in'sorto] **1.** → ***insorgere***; **2.** *m* Aufständische(r) *m*

insosp|ettabile [insospet'ta:bile] über jeden Verdacht erhaben; **~ettato** [-'ta:to] unverdächtig; (*imprevedibile*) unvermutet; **~ettire** [-'ti:re] (*4d*) **1.** *v/t* ~ ***qu*** in j-m Verdacht erregen; **2.** *v/i u* **~ettirsi** [-'tirsi] Verdacht schöpfen

insostenibile [insoste'ni:bile] unhaltbar

insostituibile [insostitu'i:bile] unersetzbar

insperato [inspeˈraːto] unverhofft; (*inatteso*) unerwartet
inspiegabile [inspieˈgaːbile] unerklärlich
inspirare [inspiˈraːre] (*1a*) einatmen
inst|abile [insˈtaːbile] unbeständig; **~abilità** [-tabiliˈta] *f* Unbeständigkeit *f*
install|are [instalˈlaːre] (*1a*) einsetzen; *tec* installieren; **~azione** [-latsiˈoːne] *f* Installation *f*; (*impianto*) Anlage *f*
instancabile [instaŋˈkaːbile] unermüdlich
insù [inˈsu] ***all'~*** hinauf; nach oben
insuccesso [insutˈtʃɛsso] *m* Misserfolg *m*
insuffici|ente [insuffiˈtʃɛnte] ungenügend; unzureichend; **~enza** [-ˈtʃɛntsa] *f* (*scarsità*) Mangel *m*; (*inadeguatezza*) Unzulänglichkeit *f*; ***~ cardiaca*** Herzschwäche *f*
insulare [insuˈlaːre] inselartig; Insel…
insulina [insuˈliːna] *f* Insulin *n*
insultare [insulˈtaːre] (*1a*) beleidigen; beschimpfen
insulto [inˈsulto] *m* Beleidigung *f*, Beschimpfung *f*
insuper|abile [insupeˈraːbile] unübertrefflich; unüberwindlich; **~ato** [-ˈraːto] unübertroffen
insurrezione [insurretsiˈoːne] *f* Aufstand *m*
intanto [inˈtanto] inzwischen; unterdessen; ***~ che*** während
intarsio [inˈtarsio] *m* (*pl -si*) Einlegearbeit *f*
intas|amento [intasaˈmento] *m* Verstopfung *f*, **~are** [-ˈsaːre] (*1a*) verstopfen; **~arsi** [-ˈsarsi] sich verstopfen; **~ato** [-ˈsaːto] verstopft
intascare [intasˈkaːre] (*1d*) einstecken
intatto [inˈtatto] unberührt; unversehrt
integr|ale [inteˈgraːle] **1.** *adj* vollständig, gesamt; *mat* Integral…; ***pane m ~*** Vollkornbrot *n*; **2.** *m mat* Integral *n*; **~are** [-ˈgraːre] (*1l*) ergänzen, vervollständigen; *mat* integrieren; **~azione** [-gratsiˈoːne] *f* Vervollständigung *f*, Integration *f*; ***~ pensonistica privata*** private Altersvorsorge *f*; **~ità** [-griˈta] *f* Unversehrtheit *f*; Integrität *f*
intelaiatura [intelaiaˈtuːra] *f* Struktur *f*; Rahmen *m*; Gerüst *n*
intell|etto [intelˈlɛtto] *m* Verstand *m*; Geist *m*; Intellekt *m*; **~ettuale** [-lettuˈaːle] **1.** *adj* geistig; intellektuell; **2.** *m/f* Intellektuelle(r *m*) *m/f*; **~igente** [-liˈdʒɛnte] klug, intelligent; **~igenza** [-liˈdʒɛntsa] *f* Verstand *m*; Intelligenz *f*; ***~ artificiale*** künstliche Intelligenz *f*
intend|ere [inˈtɛndere] (*3c*) (*comprendere*) verstehen; (*udire*) hören; (*voler dire*) meinen; (*avere intenzione*) beabsichtigen; (*pretendere*) verlangen; ***s'intende!*** selbstverständlich!; **~ersi** [-si] sich verstehen; sich verständigen; ***~ di qc*** sich auf et (*acc*) verstehen; **~ersela** [-sela]: ***~ con qu*** sich mit j-m verstehen; *spreg* mit j-m unter e-r Decke stecken
intenditore [intendiˈtoːre] *m* Kenner *m*
intens|ificare [intensifiˈkaːre] (*1n u d*) intensivieren, verstärken, steigern; **~ità** [-siˈta] *f* Intensität *f*, Heftigkeit *f*; ***el ~ di corrente*** Stromstärke *f*; **~ivo** [-ˈsiːvo] intensiv
intenso [inˈtɛnso] heftig; intensiv
intento [inˈtɛnto] **1.** *adj* bedacht; beschäftigt (***a*** mit); **2.** *m* Absicht *f*; Zweck *m*
intenzione [intentsiˈoːne] *f* Absicht *f*; ***avere l'~ di fare qc*** die Absicht haben, et zu tun; ***con ~*** absichtlich; ***senza ~*** unabsichtlich
interamente [interaˈmente] gänzlich
inter|attivo [interatˈtiːvo] interaktiv; **~azione** [-ratsiˈoːne] *f* Wechselwirkung *f*, Interaktion *f*
intercambiabile [interkambiˈaːbile] auswechselbar
intercett|are [interʃetˈtaːre] (*1b*) auffangen; abhören; **~azione** [-tatsiˈoːne] *f* Auffangen *n*; *tel* Abhören *n*
interconnettersi [interkonˈnettersi] (*3a*) *von Handy in ein Telefonnetz* sich einbuchen
intercorrere [interˈkorrere] (*3o*) bestehen; dazwischenliegen
interd|ire [interˈdiːre] (*3t*) untersagen; *jur* ***~ qu*** j-n entmündigen; **~izione** [-ditsiˈoːne] *f* Verbot *n*
interess|amento [interessaˈmento] *m* Interesse *n*, Anteilnahme *f*, **~ante** [-ˈsante] interessant; ***in stato ~*** in anderen Umständen; **~are** [-ˈsaːre] (*1b*) **1.** *v/t* interessieren; angehen, betreffen; **2.** *v/i* von Wichtigkeit sein; **~arsi** [-ˈsarsi] sich interessieren (***di*** für); sich kümmern (***di*** um *acc*), sich annehmen

(***di*** *gen*); **~ato** [-'sa:to] **1.** *adj* interessiert (***a*** an *dat*); gewinnsüchtig; *econ* beteiligt; **2.** *m* Beteiligte(r) *m*

interesse [inte'rɛsse] *m* Interesse *n*; Anteilnahme *f*; (*tornaconto*) Gewinnsucht *f*; *econ* Zins *m*, Zinsen *m/pl*; ***tasso** m **d'~*** Zinssatz *m*; ***~ composto*** Zinseszins *m*; ***fare gli -i di qu*** für den Vorteil e-s anderen arbeiten; ***per ~*** aus Interesse; ***senza ~*** interesselos

interfaccia [inter'fattʃa] *f* (*pl -cce*) *inform* Schnittstelle *f*

interfer|enza [interfe'rɛntsa] *f* Interferenz *f*; *fig* Einmischung *f*; Überschneidung *f*; **~ire** [-'ri:re] (*4d*) interferieren; *fig* sich einschalten

interfono [inter'fɔ:no] *m* Haustelefon *n*

interiezione [interietsi'o:ne] *f* Interjektion *f*

interiora [interi'o:ra] *f/pl* Innereien *f/pl*

interiore [interi'o:re] **1.** *adj* innere; Innen...; **2.** *m* Innere(s) *n*

interlocutore [interloku'to:re] *m* Gesprächspartner *m*

interm|ediario [intermedi'a:rio] (*pl -ri*) **1.** *adj* dazwischenliegend; **2.** *m* Vermittler *m*; **~edio** [-'mɛ:dio] (*pl -di*) mittlere; **~ezzo** [-'mɛddzo] *m* Intermezzo *n*; Zwischenstück *n*; Zwischenspiel *n*

interminabile [intermi'na:bile] endlos

intermittente [intermit'tɛnte] wechselnd; ***luce** f **~*** Blinklicht *n*

internazionale [internatsio'na:le] international

Internet [inter'nɛt] *m inform* Internet *n*; **~ Café** [internɛtka'fe] *m* Internet-Café *n*

internista [inter'nista] *m* (*pl -i*) Internist *m*, Arzt *m* für innere Krankheiten

interno [in'tɛrno] **1.** *adj* innere; Innen..., Binnen...; *fig* innerlich; **2.** *m* Innere(s) *n*; Innenraum *m*; Inland *n*; *tel* Anschlussnummer *f*; ***via Dante n° 6 ~ 9*** Dantestraße Nr 6 Tür 9; ***commercio** m **~*** Inlandshandel *m*; ***ministro** m **dell'Interno*** (*od* ***degli Interni***) Innenminister *m*

intero [in'te:ro] ganz; vollständig; ***latte** m **~*** Vollmilch *f*; ***un anno ~*** ein ganzes Jahr

interpellare [interpel'la:re] (*1b*) befragen

interp|orre [inter'porre] (*3ll*) dazwischenlegen; **~orsi** [-'porsi] sich dazwischenlegen; vermitteln

interpret|are [interpre'ta:re] (*1m u b*) interpretieren; *sentimenti* Ausdruck geben (*dat*); *tea, film* darstellen, spielen; *fig* auffassen; **~azione** [-tatsi'o:ne] *f* Auslegung, Interpretation *f*; *tea* Darstellung *f*

interprete [in'tɛrprete] *m/f* Dolmetscher(in *f*) *m*; *tea, film* Darsteller(in *f*) *m*; ***~ simultaneo(-a)*** Simultandolmetscher(in *f*) *m*; ***fare da ~*** dolmetschen

interpunzione [interpuntsi'o:ne] *f* Interpunktion *f*

interrog|are [interro'ga:re] (*1m, b u e*) befragen; *jur* verhören; **~ativo** [-ga'ti:vo] fragend; ***punto** m **~*** Fragezeichen *n*; **~atorio** [-ga'tɔ:rio] *m* (*pl -ri*) Verhör *n*; **~azione** [-gatsi'o:ne] *f* Befragung *f*

interr|ompere [inter'rompere] (*3rr*) unterbrechen; **~otto** [-'rotto] → ***interrompere***; **~uttore** [-rut'to:re] *m el* Schalter *m*; Lichtschalter *m*; **~uzione** [-rutsi'o:ne] *f* Unterbrechung *f*; *el* Störung *f*

inter|secare [interse'ka:re] (*1m, b u d*) kreuzen; (durch)schneiden; **~sezione** [-setsi'o:ne] *f* Schnittpunkt *m*; **~urbana** [-ur'ba:na] *f* Ferngespräch *n*; **~urbano** [-ur'ba:no] ***comunicazione** f **-a*** Ferngespräch *n*; **~vallo** [-'vallo] *m* Zwischenraum *m*; Abstand *m*; Pause *f*

interv|enire [interve'ni:re] (*4p*) sich einsetzen, eingreifen; (*partecipare*) teilnehmen; *pol* intervenieren; *med* einen Eingriff vornehmen; **~ento** [-'vɛnto] *m* Eingreifen *n*, Dazwischentreten *n*; (*partecipazione*) Anwesenheit *f*; (*discorso*) Rede *f*; *pol, econ* Intervention *f*; *med* Eingriff *m*

inter|vista [inter'vista] *f* Interview *n*; **~vistare** [-vis'ta:re] (*1a*) interviewen; **~vistatore** [-vista'to:re] *m* Interviewer *m*

intes|a [in'te:sa] *f* Einverständnis *n*; (*patto*) Vereinbarung *f*; **~o** [-so] **1.** → ***intendere***; **2.** *adj* vereinbart, verstanden; ***ben ~ che*** wenn nur; unter der Bedingung, dass

intest|are [intes'ta:re] (*1b*) mit der Überschrift versehen; *econ* auf j-s Namen eintragen; **~atario** [-ta'ta:rio]

I

m (*pl -ri*) (eingetragener) Inhaber *m*
intestazione [intestatsi'o:ne] *f* Überschrift *f*, Titel *m*; *in una lettera* Briefkopf *m*
intestino [intes'ti:no] *m* Darm *m*; **~ cieco** Blinddarm *m*
intim|are [inti'ma:re] (*1l od 1a*) auffordern (*a jur*); befehlen; **~azione** [-matsi'o:ne] *f* Aufforderung *f*, Befehl *m*
intimidire [intimi'di:re] (*4d*) einschüchtern;
intimità [intimi'ta] *f* Vertrautheit *f*
intimo ['intimo] **1.** *adj* intim, vertraut; **2.** *m* Innerste(s) *n*; (*a adj* **amico** *m* **~**) Busenfreund *m*
intimorire [intimo'ri:re] (*4d*) verängstigen
int|ingere [in'tindʒere] (*3d*) eintauchen; *fig* schöpfen; **~ingolo** [-'tiŋgolo] *m* Soße *f*, Tunke *f*
intitolare [intito'la:re] (*1m*) betiteln; benennen (**a** nach *dat*); **~ qc a qu** j-m et widmen
intoller|abile [intolle'ra:bile] unerträglich; **~ante** [-'rante] intolerant, unduldsam; **~anza** [-'rantsa] *f* Intoleranz, Unduldsamkeit *f*
intonacare [intona'ka:re] (*1m, c u d*) verputzen
intonaco [in'tɔ:nako] *m* (*pl -chi*) Verputz *m*
inton|are [into'na:re] (*1c*) einstimmen; *strumento* stimmen; *colori* abstimmen; **~ato** [-'na:to] aufeinander abgestimmt; **essere ~** den Ton halten
intontito [inton'ti:to] betäubt, benommen
intoppo [in'tɔppo] *m* Hindernis *n*
intorno [in'torno] **1.** *prp*, *a* **~ a** um; um … herum; (*circa*) ungefähr; (*riguardo a*) über (*acc*); **2.** *adv* umher, herum; **tutt'~** ringsumher; **guardarsi ~** umherschauen
intossic|are [intossi'ka:re] (*1m, c u d*) vergiften; **~azione** [-katsi'o:ne] *f* Vergiftung *f*; **~ alimentare** Lebensmittelvergiftung *f*
intr|alciare [intral'tʃa:re] (*1f*) behindern; **~alcio** [-'traltʃo] *m* (*pl -ci*) Hindernis *n*
Intranet [intra'nɛt] *m inform* Intranet *n*
intransigente [intransi'dʒɛnte] unnachgiebig
intransitivo [intransi'ti:vo] intransitiv
intrapr|endente [intrapren'dɛnte] unternehmungslustig; **~endenza** [-'dɛntsa] *f* Unternehmungslust *f*; **~endere** [-'prɛndere] (*3c*) unternehmen; (*cominciare*) beginnen
intrattabile [intrat'ta:bile] schwer zu behandeln; unzugänglich
intratten|ere [intratte'ne:re] (*2q*) unterhalten; **~ersi** [-'nersi] sich aufhalten (**su** bei *dat*)
intra|vedere [intrave'de:re] (*2s*) erblicken; *fig* ahnen; **~visto** [-'visto] → **intravedere**
intrecci|are [intret'tʃa:re] (*1f*) verflechten, flechten; *dita* ineinander kreuzen; **~arsi** [-'tʃarsi] sich verschlingen
intreccio [in'trettʃo] *m* (*pl -cci*) Geflecht *n*; *fig* Verwick(e)lung *f*
intricato [intri'ka:to] verwickelt; *fig* verworren
intrigo [in'tri:go] *m* (*pl -ghi*) Intrige *f*
intrinseco [in'trinseko] (*pl -ci*) inner; *fig* vertraut; **valore** *m* **~** Sachwert *m*
introd|urre [intro'durre] (*3e*) einführen; *persone* vorlassen; **~ursi** [-'dursi] sich einschleichen; **~uzione** [-dutsi'o:ne] *f* Einführung *f*, Einleitung *f*, *econ* Einfuhr *f*, *mus* Ouvertüre *f*
introm|ettere [intro'mettere] (*3ee*) einführen; **~ettersi** [-'mettersi] sich einmischen; **~issione** [-missi'o:ne] *f* Einmischung *f*, Vermittlung *f*
introvabile [intro'va:bile] unauffindbar
introverso [intro'vɛrso] **1.** *adj* introvertiert; **2.** *m* Introvertierte(r) *m*
intrufolarsi [intrufo'larsi] (*1m*) sich einschleichen
intruglio [in'tru:ʎo] *m* (*pl -gli*) Gebräu *n*; Mischmasch *m*
intr|usione [intruzi'o:ne] *f* Eindringen *n*; **~uso** [-'tru:zo] *m* Eindringling *m*
intuire [intu'i:re] (*4d*) ahnen; fühlen
intuito [in'tu:ito] *m* Intuition *f*, Scharfsinn *m*
intuizione [intuitsi'o:ne] *f* Intuition *f*, Ahnung *f*
inumano [inu'ma:no] unmenschlich
inumid|ire [inumi'di:re] (*4d*) anfeuchten; **~irsi** [-'dirsi] feucht werden
in|utile [i'nu:tile] unnütz; sinnlos; **~utilità** [inutili'ta] *f* Nutzlosigkeit *f*; **~utilizzabile** [inutilid'dza:bile] unverwendbar; **~utilizzato** [-'dza:to]

ungebraucht, unbenutzt; **~utilmente** [inutil'mente] vergebens, umsonst

inv|adente [inva'dɛnte] aufdringlich; **~adenza** [-va'dɛntsa] *f* Aufdringlichkeit *f*; **~adere** [-'vaːdere] (*3q*) eindringen in (*acc*); einfallen in (*acc*); (*occupare*) besetzen; (*inondare*) überfluten

invalid|are [invali'daːre] (*1m*) entkräften; für ungültig erklären; **~ità** [-di'ta] *f* Ungültigkeit *f*, Arbeitsunfähigkeit *f*

invalido [in'vaːlido] **1.** *adj* invalid; *jur* ungültig; rechtsungültig; **2.** *m* Invalide *m*

invano [in'vaːno] vergebens

invari|abile [invari'aːbile] unveränderlich; **~abilità** [-riabili'ta] *f* Unveränderlichkeit *f*, **~ato** [-ri'aːto] unverändert

inv|asione [invazi'oːne] *f* (feindlicher) Einfall *m* (**di** in *acc*); Eingreifen *n*; **~asore** [-va'zoːre] *m* Eindringling *m*

invecchiare [invekki'aːre] (*1k*) **1.** *v/t* alt machen; **2.** *v/i* alt werden; altern; *fig* veralten

invece [in'veːtʃe] stattdessen; hingegen; **~ di** *inf* anstatt zu *inf*

invenduto [inven'duːto] unverkauft

inventare [inven'taːre] (*1b*) erfinden

inventario [inven'taːrio] *m* (*pl -ri*) Inventar *n*; Inventur *f*

inven|tore [inven'toːre] *m* Erfinder *m*; **~zione** [-tsi'oːne] *f* Erfindung *f*

invernale [inver'naːle] winterlich; Winter…; **sport** *m* **~** Wintersport *m*

inverno [in'vɛrno] *m* Winter *m*; **d'~** im Winter

inverosimile [invero'siːmile] unwahrscheinlich

inversione [inversi'oːne] *f* Umkehrung *f*; *auto* **~ di marcia** Wenden *n*

inverso [in'vɛrso] umgekehrt

invertire [inver'tiːre] (*4b od 4d*) umkehren; umstellen; **~ le parti** die Rollen vertauschen

investig|are [investi'gaːre] (*1m, b u e*) forschen; erforschen; nachforschen; **~azione** [-gatsi'oːne] *f* Nachforschung *f*

invest|imento [investi'mento] *m veicolo* Zusammenstoß *m*; *econ* Investition *f*, Anlage *f*; **~ di capitali** Kapitalanlage *f*; **~ire** [-'tiːre] (*4d od 4b*) *pedone* anfahren, überfahren; *veicolo* zusammenstoßen mit, auffahren auf (*acc*); *econ* anlegen, investieren (*a fig*); *tempo* aufwenden (**in** für)

invi|are [invi'aːre] (*1h*) senden; schicken; **~ato** [-vi'aːto] *m* Berichterstatter *m*; **~ speciale** Sonderberichterstatter *m*

invidia [in'viːdia] *f* Neid *m*

invidi|are [invidi'aːre] (*1k*) beneiden; **~oso** [-di'oːso] neidisch

invincibile [invin'tʃiːbile] unbesiegbar

invio [in'viːo] *m* (*pl -vii*) Sendung *f*

inviolabile [invio'laːbile] unverletzlich; unantastbar

invisibile [invi'ziːbile] unsichtbar

invitante [invi'tante] einladend

invit|are [invi'taːre] (*1a*) einladen; auffordern; **~ato** [-'taːto] *m* Gast *m*

invito [in'viːto] *m* Einladung *f*, Aufforderung *f*; **~ a presentarsi** Vorladung *f*

invoc|are [invo'kaːre] (*1c u d*) anrufen; anflehen; **~azione** [-katsi'oːne] *f* Anrufung *f*

involontario [involon'taːrio] (*pl -ri*) ungewollt, unabsichtlich

inv|oltare [invol'taːre] (*1c*) einwickeln; **~oltini** [-vol'tiːni] *m/pl gastr* Rouladen *f/pl*; **~olto** [-'vɔlto] *m* Bündel *n*; Paket *n*; **~olucro** [-'vɔːlukro] *m* Hülle *f*

inzuccherare [intsukke'raːre] (*1m*) zuckern

inzupp|are [intsup'paːre] (*1a*) einweichen; **~ato** [-'paːto] durchnässt

io ['iːo] **1.** *pron* ich; **2.** *m inv* Ich *n*

iodio [i'ɔːdio] *m* Jod *n*

ionico [i'ɔːniko] (*pl -ci*) ionisch

iosa [i'ɔːza] **a ~** in Hülle und Fülle

iperalimentazione [iperalimentatsi'oːne] *f* Überernährung *f*

iperbole [i'pɛrbole] *f* Hyperbel *f*

iper|mercato [ipermer'kaːto] *m* Verbrauchermarkt *m*; **~sensibile** [-sen'siːbile] überempfindlich; **~tensione** [-tensi'oːne] *f* Hypertension *f*, Hypertonie *f*; **~ sanguigna** erhöhter Blutdruck *m*

ipnosi [ip'nɔːzi] *f* Hypnose *f*

ipnotizzare [ipnotid'dzaːre] (*1a*) hypnotisieren

ipocalorico [ipoka'lɔːriko] (*pl -ci*) kalorienarm

ipocrisia [ipokri'ziːa] *f* Heuchelei *f*

I

ipocrita [i'pɔːkrita] **1.** *adj* heuchlerisch; **2.** *m/f* (*m/pl -i*) Heuchler(in *f*) *m*
ipot|eca [ipo'tɛːka] *f* (*pl -che*) Hypothek *f*; ***accendere un'~*** e-e Hypothek aufnehmen; **~ecare** [-te'kaːre] (*1b u d*) mit Hypotheken belasten
ipotesi [i'pɔːtezi] *f* Annahme *f*, Hypothese *f*
ipotetico [ipo'tɛːtiko] (*pl -ci*) hypothetisch
ipotizzare [ipotid'dzaːre] (*1a*) annehmen, vermuten, schätzen
ippica ['ippika] *f* Reitsport *m*
ippocastano [ippokas'taːno] *m* Rosskastanie(nbaum *m*) *f*
ippodromo [ip'pɔːdromo] *m* Hippodrom *n*; Rennbahn *f*
ippopotamo [ippo'pɔːtamo] *m* Nilpferd *n*
ira ['iːra] *f* Zorn *m*
iracheno [ira'keːno] **1.** *adj* irakisch; **2.** *m* Iraker *m*
iraniano [irani'aːno] **1.** *adj* iranisch; **2.** *m* Iran(i)er *m*
irascibile [iraʃ'ʃiːbile] jähzornig
iride ['iːride] *f anat* Iris *f*, Regenbogenhaut *f*; *bot* Iris *f*, Schwertlilie *f*
irlandese [irlan'deːse] **1.** *adj* irisch; **2.** *m* Irisch(e) *n*; **3.** *m/f* Irländer(in *f*) *m*
ironia [iro'niːa] *f* Ironie *f*
ironico [i'rɔːniko] (*pl -ci*) ironisch
ironizzare [ironid'dzaːre] (*1a*) ironisieren
irradi|are [irradi'aːre] (*1k*) **1.** *v/t* bestrahlen; (*diffondere*) ausstrahlen; **2.** *v/i* strahlen; ausstrahlen; **~azione** [-diatsi'oːne] *f* Bestrahlung *f*, Austrahlung *f*
irraggiungibile [irraddʒun'dʒiːbile] unerreichbar
irragionevole [irradʒo'neːvole] unvernünftig
irrazionale [irratsio'naːle] unvernünftig; (*illogico*) unlogisch
irreale [irre'aːle] unwirklich
irrealizzabile [irrealid'dzaːbile] nicht zu verwirklichen(d), nicht durchführbar
irrefrenabile [irrefre'naːbile] unaufhaltsam
irregol|are [irrego'laːre] unregelmäßig; **~arità** [-lari'ta] *f* Unregelmäßigkeit *f*
irreparabile [irrepa'raːbile] unersetzbar; nicht wieder gutzumachen(d)
irreperibile [irrepe'riːbile] unauffindbar
irreprensibile [irrepren'siːbile] tadellos, einwandfrei
irre|quietezza [irrekuie'tettsa] *f* Unruhe *f*; **~quieto** [-kui'ɛːto] ruhelos; unruhig
irresistibile [irresis'tiːbile] unwiderstehlich
irrespons|abile [irrespon'saːbile] unverantwortlich; **~abilità** [-sabili'ta] *f* Unverantwortlichkeit *f*
irrestringibile [irrestrin'dʒiːbile] nicht einlaufend
irrevocabile [irrevo'kaːbile] unwiderruflich
irriconoscibile [irrikonoʃ'ʃiːbile] nicht wieder zu erkennen(d)
irrig|are [irri'gaːre] (*1e*) bewässern; **~azione** [-gatsi'oːne] *f* Bewässerung *f*
irrigid|ire [irridʒi'diːre] (*4d*) erstarren lassen; *fig* verschärfen; **~irsi** [-'dirsi] sich versteifen; **~ito** [-'diːto] steif, erstarrt; versteift
irrilevante [irrile'vante] unerheblich, unbedeutend
irrimediabile [irrimedi'aːbile] unheilbar; nicht wieder gutzumachen(d)
irripetibile [irripe'tiːbile] unwiederholbar; einmalig
irrisorio [irri'zɔːrio] (*pl -ri*) spöttisch; ***prezzo*** *m* **~** Spottpreis *m*
irrit|abile [irri'taːbile] reizbar; **~abilità** [-tabili'ta] *f* Reizbarkeit *f*; **~are** [-'taːre] (*1l od 1a*) irritieren, reizen, ärgern; *med* entzünden; **~arsi** [-'tarsi] sich ärgern; *med* sich entzünden
irrobustire [irrobus'tiːre] (*4d*) stärken
irrompere [ir'rompere] (*3rr*) einbrechen, eindringen
irruzione [irrutsi'oːne] *f* Einbruch *m*
iscr|itto [is'kritto] **1.** eingeschrieben; eingetragen; **2.** *m* Mitglied *n*; ***per ~*** schriftlich; **~ivere** [-'kriːvere] (*3tt*) einschreiben, eintragen; anmelden; **~iversi** [-'kriːversi] sich einschreiben; sich anmelden; ***~ a un partito*** e-r Partei beitreten
iscrizione [iskritsi'oːne] *f* Einschreibung *f*, Anmeldung *f*
islandese [izlan'deːse] **1.** *adj* isländisch; **2.** *m/f* Isländer(in *f*) *m*
isola ['iːzola] *f* Insel *f*, Verkehrsinsel *f*; ***~ pedonale*** Fußgängerzone *f*; ***~ spartitraffico*** Mittelstreifen *m*
isol|amento [izola'mento] *m* Abson-

derung *f*; *tec* Isolierung *f*; *detenzione* Isolationshaft *f*; **~ acustico** Schallisolierung *f*; **~ano** [-'la:no] *m* Inselbewohner *m*; **~ante** [-'lante] **1.** *adj* Isolier…, isolierend; **2.** *m* Isolierstoff *m*, Isoliermaterial *n*; **~are** [-'la:re] (*1l*) absondern; isolieren; **~arsi** [-'larsi] sich absondern; **~ato** [-'la:to] **1.** *adj* isoliert; (*luogo*) entlegen; ***in casi -i*** vereinzelt; **2.** *m* Häuserblock *m*

isp|ettore [ispet'to:re] *m* Inspektor *m*; **~ezionare** [-petsio'na:re] (*1a*) inspizieren, besichtigen; **~ezione** [-petsi'o:ne] *f* Inspektion *f*, Aufsicht *f*

ispir|are [ispi'ra:re] (*1a*) inspirieren; (*suscitare*) erwecken, einflößen; **~arsi** [-'rarsi] sich inspirieren lassen; folgen (***a*** *dat*); **~azione** [-ratsi'o:ne] *f* Inspiration *f*, Eingebung *f*

israeliano [izraeli'a:no] *m* Israeli *m*

issare [is'sa:re] (*1a*) hissen; aufziehen

istallare [istal'la:re] (*1a*) installieren, aufstellen

istant|anea [instan'ta:nea] *f* Momentaufnahme *f*; **~aneo** [-'ta:neo] augenblicklich

istante [is'tante] *m* Augenblick *m*, Moment *m*; ***all'~*** sofort

istanza [is'tantsa] *f* Antrag *m*, Gesuch *n*; *jur* Instanz *f*

isterico [is'tɛ:riko] (*pl -ci*) hysterisch

istintivo [istin'ti:vo] instinktiv

istinto [is'tinto] *m* Instinkt *m*; Naturtrieb *m*

istit|uire [istitu'i:re] (*4d*) gründen; stiften; **~uto** [-'tu:to] *m* Institut *n*; Anstalt *f*; ***~ di bellezza*** Kosmetiksalon *m*; ***~ di credito*** Kreditinstitut *n*; **~uzione** [-tutsi'o:ne] *f* Institution *f*, Einrichtung *f*

istmo ['istmo] *m* Landenge *f*

istrice ['istritʃe] *m* Stachelschwein *n*

istru|ire [istru'i:re] (*4d*) unterrichten; ausbilden, schulen; **~irsi** [-'irsi] sich bilden; **~ito** [-'i:to] gebildet

istrutt|ivo [istrut'ti:vo] lehrreich; aufschlussreich; **~ore** [-'to:re] *m* Lehrer *m*

istruzione [istrutsi'o:ne] *f* Unterricht *m*; Ausbildung *f*; (*cultura*) Bildung *f*; (*direttiva*) Anweisung *f*; ***-i pl per l'uso*** Gebrauchsanweisung *f*

italiano [itali'a:no] **1.** *adj* italienisch; **2.** *m*, **-a** [-na] *f* Italiener(in *f*) *m*; *lingua* Italienisch(e) *n*; ***in ~*** auf Italienisch; ***parla ~?*** sprechen Sie Italienisch?

itinerario [itine'ra:rio] *m* (*pl -ri*) Reiseroute *f*, Weg *m*

ittico ['ittiko] (*pl -ci*) Fisch…; ***mercato m ~*** Fischmarkt *m*

iugoslavo [iugoz'la:vo] **1.** *adj* jugoslawisch; **2.** *m* Jugoslawe *m*

iuta [i'u:ta] *f* Jute *f*

J

jazz [dʒɛts] *m* Jazz *m*; **~ista** [dʒad'dzista] *m* (*pl -i*) Jazzmusiker *m*

jeans [dʒi:nz] *m/pl* Jeans *pl*

jeep® [dʒi:p] *f* Jeep® *m*

jet [dʒɛt] *m inv* Düsenflugzeug *n*

jet-lag ['dʒɛtlɛg] *m* Jetlag *n*

jet-set [dʒet'set] *m inv* Jetset *m*; *iro* Schickeria *f*

jockey ['dʒɔ:ki] *m inv* Jockey *m*

jogging ['dʒɔgiŋ] *m inv* Jogging *n*; ***fare ~*** joggen

joint-venture [dʒɔint'ventʃə] *f inv* Jointventure *n*

judo [dʒu:do *u* dʒu'do] *m inv* Judo *n*

juke-box [dʒu:k'bɔks] *m inv* Jukebox *f*

jumbo ['dʒumbou] *m inv* Jumbojet *m*

junior [i'u:nior] **1.** *adj* junior; **2.** *m* (*pl juniores*) *sport* Junior *m*

K

karatè [kara'tɛ] *m inv* Karate *n*
kit [kit] *m inv* Bausatz *m*
kitsch [kitʃ] *m* Kitsch *m*
kiwi ['kiwi] *m inv bot* Kiwi *f*
knock-out [nɔ'kaut] knock-out; *fig* erledigt
know-how [nou'hau] *m inv* Know-how *n*
kolossal [ko'lɔssal] *m inv* Monumentalfilm *m*

L

l' = ***lo, la***
la[1] [la] *art f/sg* die
la[2] [la] *pron acc sg* sie; **~ *prenderò*** ich werde sie nehmen
la[3] [la] *m mus* A *n*
La [la] *pron acc sg* Sie; ***quando ~ rivedrò?*** wann werde ich Sie wieder sehen?
là ['la] da, dort; dahin, dorthin; ***di ~*** von dort; ***al di ~*** jenseits; auf der anderen Seite; ***più in ~*** weiter
labbro ['labbro] *m (pl le -a)* Lippe *f*
labile ['la:bile] *(passeggero)* vergänglich; *(debole)* schwach, labil
labirinto [labi'rinto] *m* Labyrinth *n*
labor|atorio [labora'tɔ:rio] *m (pl -ri)* Labor *n*; *(officina)* Werkstatt *f*; **~iosità** [-riosi'ta] *f* Arbeitsamkeit *f*; *fig* Beschwerlichkeit *f*; **~ioso** [-ri'o:so] arbeitsam; *fig* beschwerlich
lacca ['lakka] *f (pl -cche)* Lack *m*; *per capelli* Haarspray *n*
laccare [lak'ka:re] *(1d)* lackieren
laccetto [lat'tʃetto] *m* Schnürband *n*
laccio ['lattʃo] *m (pl -cci)* Schlinge *f*; ***~ per le scarpe*** Schnürsenkel *m*
lacero ['la:tʃero] zerrissen
lacrima ['la:krima] *f* Träne *f*
lacrim|are [lakri'ma:re] *(1l)* tränen; **~ogeno** [-'mɔ:dʒeno] tränenerzeugend; ***gas m ~*** Tränengas *n*
lac|una [la'ku:na] *f* Lücke *f*; **~unoso** [-ku'noso] lückenhaft
laddove [lad'do:ve] dort, wo
ladino [la'di:no] **1.** *adj* ladinisch; **2.** *m* Ladiner *m*
ladro ['la:dro] *m* Dieb *m*
laggiù [lad'dʒu] da unten
laghetto [la'getto] *m* Teich *m*
lagn|anza [la'ɲantsa] *f* Beschwerde *f*; **~arsi** [-'ɲarsi] *(1a)* sich beklagen (***di*** über *acc*)
lago ['la:go] *m (pl -ghi)* See *m*; ***~ artificiale*** Stausee *m*; ***~ di Costanza*** Bodensee *m*; ***~ di Garda*** Gardasee *m*
laguna [la'gu:na] *f* Lagune *f*
laico ['la:iko] *(pl -ci)* **1.** *adj* weltlich; Laien…; **2.** *m* Laie *m*
lama ['la:ma] *f* Klinge *f*; ***~ di coltello*** Messerklinge *f*
lament|are [lamen'ta:re] *(1a)* beklagen; **~arsi** [-'tarsi] sich beklagen (***di*** über *acc*); **~ela** [-'tɛ:la] *f* Klage *f*, Beschwerde *f*
lamento [la'mento] *m* Klage *f*, Gejammer *n*
lamentoso [lamen'to:so] jämmerlich
lametta [la'metta] *f* ***~ da barba*** Rasierklinge *f*
lamiera [lami'ɛ:ra] *f* Blech *n*; ***~ ondulata*** Wellblech *n*
lamina ['la:mina] *f* Folie *f*, Blatt *n*; ***~ d'oro*** Goldfolie *f*
lampada ['lampada] *f* Lampe *f*; ***~ alogena*** Halogenlampe *f*; ***~ a stelo*** Stehlampe *f*; ***~ al neon*** Neonröhre *f*; ***~ spia*** Kontrolllampe *f*
lampad|ario [lampa'da:rio] *m (pl -ri)*

Kronleuchter *m*; **~ina** [-'dina] *f* (Glüh)Birne *f*; **~ *tascabile*** Taschenlampe *f*
lamp|eggiare [lamped'dʒaːre] (*1f*) blitzen; *auto* blinken; **~eggiatore** [-peddʒa'toːre] *m auto* (Warn)Blinker *m*; *fot* Blitzlicht *n*; **~ione** [-pi'oːne] *m* Straßenlaterne *f*
lampo ['lampo] *m* Blitz *m*; ***in un*** ~ im Nu
lampone [lam'poːne] *m* Himbeere *f*
lana ['laːna] *f* Wolle *f*; **~ *vergine*** Schurwolle *f*
lancetta [lan'tʃetta] *f* Zeiger *m*
lancia ['lantʃa] *f* (*pl* -*ce*) Lanze *f*; *mar* Schaluppe *f*; **~ *di salvataggio*** Rettungsboot *n*
lanci|are [lan'tʃaːre] (*1f*) werfen, schleudern; *bomba* abwerfen; *fig* lancieren (*a econ*); **~ *un'occhiata*** einen Blick zuwerfen; **~arsi** [-'tʃarsi] sich stürzen (***contro*** auf *acc*) (*a fig*); *dall'alto* abspringen
lancinante [lantʃi'nante] *dolore* stechend
lancio ['lantʃo] *m* (*pl* -*ci*) Wurf; (Ab-)Sprung *m*; *fig* Lancieren *n*; **~ *del disco*** Diskuswerfen *n*; **~ *del giavellotto*** Speerwerfen *n*; **~ *del peso*** Kugelstoßen *n*; **~ *col paracadute*** Fallschirmabsprung *m*
lanerie [lane'riːe] *f/pl* Wollwaren *f/pl*
langu|ire [laŋgu'iːre] (*4a od 4d*) schmachten; *conversazione* stocken; *fig* sich verzehren; **~ore** [-gu'oːre] *m* Schwäche *f*; Mattigkeit *f*
lanificio [lani'fiːtʃo] *m* (*pl* -*ci*) Wollspinnerei *f*
lanterna [lan'tɛrna] *f* Laterne *f*
lapide ['laːpide] *f* Grabstein *m*; Gedenktafel *f*
lapis ['laːpis] *m inv* Bleistift *m*; **~ *colorato*** Buntstift *m*
lardo ['lardo] *m* Speck *m*
larghezza [lar'gettsa] *f* Breite *f*; (*ampiezza*) Weite *f*; *fig* Freigebigkeit *f*
largo ['largo] (*pl* -*ghi*) **1.** *adj* breit; (*ampio*) weit; *indumento* bequem; *fig* (*abbondante*) reich; (*aperto*) offen; ***alla -a!*** Platz gemacht!; ***stare alla -a da qu*** j-m aus dem Wege gehen; **2.** *m* Breite *f*; (*piazza*) Platz *m*; (*mare aperto*) offene See *f*; **~!** Platz!; ***farsi*** ~ sich Platz machen; ***prendere il*** ~ *mar* das offene Meer gewinnen; *fig* sich davonmachen
larice ['laːritʃe] *m* Lärche *f*
laring|e [la'rindʒe] *f* Kehlkopf *m*; **~ite** [-'dʒiːte] *f* Kehlkopfentzündung *f*
larva ['larva] *f zo* Larve *f*
lasagne [la'zaːɲe] *f/pl* Lasagne *f/pl*
lasciapassare [laʃʃapas'saːre] *m inv* Passierschein *m*
lasci|are [laʃ'ʃaːre] (*1f*) lassen; (*abbandonare*) verlassen; (*a* **~ *andare***) loslassen; (*dimenticare*) liegen lassen; *eredità* hinterlassen; (*affidare*) überlassen; **~ *andare*, ~ *correre*** ein Auge zudrücken; **~ *fare*** machen lassen; **~ *perdere*** sich nicht weiter um et kümmern; ***lasciamo andare!*** lassen wirs gut sein!; **~arsi** [-'ʃarsi] sich trennen; auseinander gehen; **~ *andare*** sich gehen lassen
lascito ['laʃʃito] *m* Vermächtnis *n*
laser ['laːzer] ***raggio*** *m* ~ Laserstrahl *m*
lassativo [lassa'tiːvo] *m* Abführmittel *n*
lasso ['lasso] *m* **~ *di tempo*** Zeitraum *m*
lassù [las'su] da oben; dort hinauf
lastra ['lastra] *f* Platte *f*; Steinplatte *f*; (Fenster)Scheibe *f*; *med* Röntgenaufnahme *f*
lastrico ['lastriko] *m* (*pl* -*chi od* -*ci*) (Straßen)Pflaster *n*; *fig* Elend *n*; ***ridursi sul*** ~ in Not geraten
latente [la'tɛnte] verborgen, versteckt; *med* latent
laterale [late'raːle] seitlich; Seiten…
laterizio [late'riːtsio] *m* (*pl* -*zi*) Ziegelstein *m*
latice ['laːtitʃe] *m bot* Milchsaft *m*
latif|ondista [latifon'dista] *m/f* (*m/pl* -*i*) Großgrundbesitzer(in *f*) *m*; **~ondo** [-'fondo] *m* Großgrundbesitz *m*
latino [la'tiːno] **1.** *adj* lateinisch; ***~-americano*** lateinamerikanisch; **2.** *m* Latein *n*
latitante [lati'tante] *m* Flüchtige(r) *m*
latitudine [lati'tuːdine] *f* Breite *f*
lato ['laːto] *m* Seite *f*; ***dal ~ mio*** meinerseits; ***d'altro*** ~ andererseits
latr|are [la'traːre] (*1a*) bellen; **~ato** [-'traːto] *m* Gebell *n*
latrina [la'triːna] *f* Abort *m*
latta ['latta] *f* Blech *n*; **~ *di benzina*** Benzinkanister *m*
latt|aio [lat'taːio] *m* (*pl* -*ai*) Milchmann; **~ante** [-'tante] *m* Säugling *m*
latte ['latte] *m* Milch *f*; **~ *a lunga con-***

L

servazione H-Milch *f*; ~ ***intero*** Vollmilch *f*; ~ ***scremato*** Magermilch *f*

latt|eo ['latteo] milchig; Milch…; ***via*** *f* **-a** Milchstraße *f*; **~eria** [-te'ri:a] *f* Milchgeschäft *n*; **~icino** [-ti'tʃi:no] *m* (*pl -ni*) Milchprodukt *n*

lattina [lat'ti:na] *f* Büchse *f*, Dose *f*

lattoniere [lattoni'ɛ:re] *m* Klempner *m*

lattuga [lat'tu:ga] *f* (*pl -ghe*) grüner Salat *m*; ~ ***a cappuccio*** Kopfsalat *m*

laurea ['la:urea] *f italienischer Hochschulabschluss*

laure|arsi [laure'arsi] (*1l*) das Hochschulexamen ablegen, den Studienabschluss erwerben; **~ato** [-'a:to] *m* Hochschulabsolvent *m*, Akademiker *m*

lava ['la:va] *f* Lava *f*

lav|abile [la'va:bile] waschbar; abwaschbar; ~ ***in lavatrice*** waschmaschinenfest; **~abo** [-'va:bo] *m* Waschbecken *n*; **~acristallo** [-vakris'tallo] *m auto* Scheibenwaschanlage *f*; **~aggio** [-'vaddʒo] *m* (*pl -ggi*) Waschen *n*; ~ ***del cervello*** Gehirnwäsche *f*; ~ ***a secco*** chemische Reinigung *f*

lavagna [la'va:ɲa] *f* Tafel *f*; *geol* Schiefer *m*; ~ ***luminosa*** Tageslichtprojektor *m*

lav|anda [la'vanda] *f bot* Lavendel *m*; **~anderia** [-vande'ri:a] *f* Wäscherei *f*; ~ ***a gettone*** Waschsalon *m*; **~andino** [-van'di:no] *m* Waschbecken *n*; **~apiatti** [-vapi'atti] *m/f inv* Tellerwäscher(in *f*) *m*

lav|are [la'va:re] (*1a*) waschen; *stoviglie* spülen; *denti* putzen; **~arsi** [-'varsi] sich waschen; **~asecco** [-va'sekko] *m/f inv* chemische Reinigung *f*

lav|astoviglie [lavasto'vi:ʎe] *f inv* Geschirrspülmaschine *f*; **~atoio** [-va'to:io] *m* (*pl -oi*) Waschküche *f*, Waschraum *m*; **~atrice** [-va'tri:tʃe] *f* Waschmaschine *f*; **~ello** [-'vɛllo] *m* Spülbecken *n*

lavina [la'vi:na] *f* Lawine *f*

lavor|are [lavo'ra:re] (*1a*) **1.** *v/i* arbeiten; ~ ***saltuariamente*** F jobben; **2.** *v/t* bearbeiten; **~ativo** [-ra'ti:vo] Arbeits…; ***giornata*** *f* **-a** Arbeitstag *m*; **~ato** [-'ra:to] bearbeitet; ~ ***a mano*** handgearbeitet; **~atore** [-ra'to:re] *m* Arbeiter *m*; ~ ***autonomo*** Selbstständige(r) *m*; ~ ***dipendente*** Arbeitnehmer *m*; ~ ***specializzato*** Facharbeiter *m*; **~atrice** [-ra'tri:tʃe] *f* Arbeiterin *f*; **~azione** [-ratsi'o:ne] *f* Bearbeitung *f*, Verarbeitung *f*

lavoro [la'vo:ro] *m* Arbeit *f*, F Job *m*; ~ ***di gruppo*** Teamarbeit *f*; ~ ***a mano*** Handarbeit *f*; ~ ***malfatto*** Pfuscharbeit *f*; ~ ***nero*** Schwarzarbeit *f*; ***condizioni*** *f/pl* ***di*** ~ Arbeitsbedingungen *f/pl*; ***permesso di*** ~ Arbeitserlaubnis *f*; ***posto di*** ~ Arbeitsplatz *m*; **-i** *pl* ***in corso*** Straßenarbeiten *pl*; Bauarbeiten *pl*; ***senza*** ~ arbeitslos

lay-out [lɛi'aut] *m* Layout *n*

le[1] [le] *art f/pl* die

le[2] [le] *pron* (*dat f/sg*) ihr; (*acc f/pl*) sie

Le [le] *pron* Ihnen

leader ['li:der] *m inv* Führer *m* (*a pol*); *econ* Marktführer *m*; **~ship** [-ʃip] *f inv* Führung *f*

leale [le'a:le] aufrichtig, ehrlich; fair

lealtà [leal'ta] *f* Aufrichtigkeit *f*, Ehrlichkeit *f*

lecca lecca [lekka 'lekka] *m* Lutscher *m*

leccio ['lettʃo] *m* (*pl -cci*) Steineiche *f*

leccornia [lekkor'ni:a] *f* Leckerbissen *m*

lecito ['le:tʃito] erlaubt

lega ['le:ga] *f* (*pl -ghe*) Legierung *f*; *pol* Bund *m*, Liga *f*; (*associazione*) Verband *m*; *misura* Meile *f*

leg|ale [le'ga:le] **1.** *adj* legal, gesetzlich; gesetzmäßig; **2.** *m* Rechtsanwalt *m*; **~alità** [-gali'ta] *f* Gesetzlichkeit *f*; **~alizzare** [-galid'dza:re] (*1a*) beglaubigen; legalisieren

leg|ame [le'ga:me] *m* Bindung *f*; (*nesso*) Zusammenhang *m*; **~amento** [-ga'mento] *m* Band *n*

leg|are [le'ga:re] (*1e*) **1.** *v/t* binden, festbinden, zusammenbinden; (*collegare*) verbinden; **2.** *v/i fig* zusammenpassen; **~arsi** [-'garsi] sich binden

leg|ato [le'ga:to] *m* Gesandte(r) *m*; **~atore** [-ga'to:re] *m* Buchbinder *m*; **~atoria** [-gato'ri:a] *f* Buchbinderei *f*; **~azione** [-gatsi'o:ne] *f* Gesandtschaft *f*

legge ['lɛddʒe] *f* Gesetz *n*; (*diritto*) Recht *n*; *università* Jura *n/pl*; ***studiar*** ~ Jura studieren; ***a norma di*** ~ laut Gesetz; ***fuori*** ~ illegal

legg|enda [led'dʒɛnda] *f* Legende *f*; **~endario** [-dʒen'da:rio] (*pl -ri*) legendenhaft, märchenhaft

leggere ['lɛddʒere] (*3cc*) lesen; ~ ***qc a***

qu j-m et vorlesen

leggerezza [leddʒe'rettsa] *f* Leichtigkeit *f*; *fig* Leichtfertigkeit *f*

leggero [led'dʒɛːro] leicht; *fig* leichtsinnig; ***alla -a*** leichtsinnig, ohne Bedacht

leggibile [led'dʒiːbile] leserlich

leggio [led'dʒiːo] *m* (*pl -ii*) Lesepult *n*; *mus* Notenständer *m*

legisl|ativo [ledʒizla'tiːvo] gesetzgebend; **~atore** [-la'toːre] *m* Gesetzgeber *m*; **~atura** [-la'tuːra] *f* Legislative *f*; *periodo* Legislaturperiode *f*; **~azione** [-latsi'oːne] *f* Gesetzgebung *f*

legittim|are [ledʒitti'maːre] (*1m*) legitimieren; **~azione** [-matsi'oːne] *f* Legitimation *f*, Ausweis *m*

legittimo [le'dʒittimo] legitim; rechtmäßig; *figlio* ehelich

legna ['leːɲa] *f* Brennholz *n*; ***far ~*** Brennholz sammeln

legname [le'ɲaːme] *m* (Nutz)Holz *n*; ***~ da costruzione*** Bauholz *n*

legno ['leːɲo] *m* (*pl i -i*) Holz *n*; ***di ~*** Holz…, aus Holz

legumi [le'guːmi] *m/pl* Hülsenfrüchte *f/pl*

lei [l'ɛːi] *pron f/sg* sie

Lei [l'ɛːi] *pron* Sie; ***dare del ~ a qu*** j-n siezen

lembo ['lembo] *m* Zipfel *m*; (*margine*) Rand *m*

lente ['lɛnte] *f ott* Linse *f*; ***-i*** *pl* Brille *f*; ***~ d'ingrandimento*** Lupe *f*; ***-i a contatto*** Kontaktlinsen *pl*

lentezza [len'tettsa] *f* Langsamkeit *f*

lent|icchia [len'tikkia] *f bot* Linse *f*; **~iggine** [-'tiddʒine] *f* Sommersprosse *f*

lento ['lɛnto] langsam; (*allentato*) locker

lenza ['lentsa] *f* Angelschnur *f*

lenzuolo [lentsu'ɔːlo] *m* (*pl i -i u le -a*) Laken *n*, Betttuch *n*

leone [le'oːne] *m* Löwe *m* (*a astr*)

leonessa [leo'nessa] *f* Löwin *f*

leopardo [leo'pardo] *m* Leopard *m*

lepre ['leːpre] *f* Hase *m*

lesbica ['lɛzbika] *f* Lesbierin *f*

les|ionare [lezio'naːre] beschädigen; **~ione** [-zi'oːne] *f* Beschädigung *f*, *med* Verletzung *f*, Körperverletzung *f*

lessare [les'saːre] (*1a*) *v/t* kochen

lessico ['lɛssiko] *m* (*pl -ci*) Wortschatz *m*; (*dizionario*) Wörterbuch *n*, Lexikon *n*

lesso ['lesso] **1.** *adj* gekocht; **2.** *m* gekochtes Fleisch *n*

lesto ['lɛsto] flink; (*sbrigativo*) rasch

letale [le'taːle] tödlich

letame [le'taːme] *m* Mist *m*

letargo [le'targo] *m* (*pl -ghi*) Winterschlaf *m*

letizia [le'tiːtsia] *f* Freude *f*

lettera ['lɛttera] *f* Brief *m*, Schreiben *n*; (*segno dell'alfabeto*) Buchstabe *m*; ***per ~*** brieflich; ***alla ~*** buchstäblich; ***~ assicurata*** Wertbrief *m*; ***~ commerciale*** Geschäftsbrief *m*; ***~ di accompagnamento*** Begleitschreiben *n*; *econ* ***~ di cambio*** Wechsel *m*, Tratte *f*; ***~ espresso*** Eilbrief *m*; ***~ per l'estero*** Auslandsbrief *m*; ***~ raccomandata*** Einschreibebrief *m*

letter|ale [lette'raːle] buchstäblich; wörtlich; **~ario** [-'raːrio] (*pl -ri*) literarisch; **~ato** [-'raːto] *m* Schriftsteller *m*; (*colto*) gebildeter Mensch *m*; **~atura** [-ra'tuːra] *f* Literatur *f*

lett|iga [let'tiːga] *f* (*pl -ghe*) Tragbahre *f*; **~ino** [-'tiːno] *m* ***~ solare*** Sonnenbank *f*

letto[1] ['lɛtto] *m* Bett *n*; ***~ a una piazza*** Einzelbett *n*; ***~ matrimoniale*** Doppelbett *n*; ***andare a ~*** schlafen gehen; ***essere a ~*** im Bett liegen

letto[2] ['lɛtto] → ***leggere***

lett|ore [let'toːre] *m* Leser *m*; *all'università* Lektor *m*; *tec*, *inform* Lesegerät *n*; ***~ compact disc*** CD-Spieler *m*; **~rice** [-'triːtʃe] *f* Leserin *f*

lettura [let'tuːra] *f* Lektüre *f*, Vortrag *m*; ***dare ~ di qc*** et vorlesen

leucemia [leutʃe'miːa] *f* Leukämie *f*

leva ['lɛːva] *f* Hebel *m* (*a fig*); *auto* ***~ del cambio*** Schalthebel *m*

levante [le'vante] *m* Osten *m*

lev|are [le'vaːre] (*1b*) (*alzare*) heben, aufheben; (*togliere*) fort-, wegnehmen; (*rimuovere*) beseitigen; *dente* ziehen; *ancora* lichten; ***~ qc dal capo a qu*** j-m et ausreden; **~arsi** [-'varsi] aufstehen; *sole* aufgehen; *cappello* abnehmen; *indumento* ausziehen; *vizio* sich abgewöhnen

lev|ata [le'vaːta] *f post* Leerung *f*; **~atrice** [-va'triːtʃe] *f* Hebamme *f*

levig|are [levi'gaːre] (*1l*, *b u e*) glätten; schleifen; **~ato** [-'gaːto] glatt; geschliffen

lezione [letsi'oːne] *f* Lektion *f*, (Unterrichts)Stunde *f*; *all'università* Vorlesung *f*; *fig* Lehre *f*; **~ privata** Privatstunde *f*; **~ di lingua straniera** Sprachunterricht *m*; **dare -i** Stunden geben; *fig* **dare una ~ a qu** j-m eine Lektion erteilen

li [li] *pron m/pl* sie

lì [li] dort, da; **~ per ~** auf der Stelle; im ersten Augenblick; **giù di ~** ungefähr; **di ~ a pochi giorni** wenige Tage darauf

libbra ['libbra] *f* Pfund *n*

libellula [li'bɛllula] *f* Libelle *f*

liber|ale [libe'ra:le] **1.** *adj* freigebig; großzügig; *pol* liberal; **2.** *m* Liberale(r) *m*; **~alità** [-rali'ta] *f* Freigebigkeit *f*; **~alizzare** [-ralid'dza:re] (*1a*) liberalisieren; **~alizzazione** [-raliddzatsi'o:ne] *f* Liberalisierung *f*; **~amente** [-ra'mente] frei; offen; **~are** [-'ra:re] (*1l*) befreien; (*rilasciare*) freilassen; (*sgomberare*) räumen; **~arsi** [-'rarsi] sich befreien (**di** von); **~azione** [-ratsi'o:ne] *f* Befreiung *f*, Freilassung *f*

libero ['li:bero] frei; **~ m (-a f) professionista** Freiberufler(in *f*) *m*

libertà [liber'ta] *f* Freiheit *f*; **mettersi in ~** es sich bequem machen; **~ di stampa** Pressefreiheit *f*; **~ professionale** Gewerbefreiheit *f*; **prendersi la ~ di** sich die Freiheit nehmen zu

liberty ['li:berti] *m* Jugendstil *m*

libraio [li'bra:io] *m* (*pl -ai*) Buchhändler *m*

libr|ario [li'bra:rio] (*pl -ri*) Buch…; Buchhändler…; **mercato** *m* **~** Büchermarkt *m*; **~eria** [-bre'ri:a] *f* Buchhandlung *f*; (*biblioteca*) Bibliothek *f*; *mobile* Bücherschrank *m*

libretto [li'bretto] *m* Bändchen *n*; (*taccuino*) Notizblock *m*; (*documento*) Ausweis *m*; *mus* Operntext *m*; **~ di assegni** Scheckheft *n*; *auto* **~ di circolazione** Kraftfahrzeugschein *m*; **~ di risparmio** Sparbuch *n*

libro ['li:bro] *m* Buch *n*; **~ di testo** Lehrbuch *n*; **~ illustrato** Bilderbuch *n*

licenza [li'tʃɛntsa] *f* Erlaubnis *f*; *econ* Lizenz *f*, Zulassung *f*; *mil* Urlaub *m*; *scuola* Abgangszeugnis *n*; **~ di costruzione** Baugenehmigung *f*; **~ di esercizio** Gewerbeschein *m*

licenzi|amento [litʃentsia'mento] *m* Entlassung *f*, Kündigung *f*; **~ senza preavviso** fristlose Entlassung *f*; **~are** [-tsi'a:re] (*1g*) entlassen; kündigen (**qu** j-m); **~ alle stampe** in Druck geben; **~arsi** [-tsi'arsi] kündigen

liceo [li'tʃɛ:o] *m* Gymnasium *n*; **~ classico** humanistisches Gymnasium *n*; **~ scientifico** naturwissenschaftliches Gymnasium *n*

lido ['li:do] *m* Strand *m*

lieto [li'ɛ:to] froh, erfreut (**di** über *acc*)

lieve [li'ɛ:ve] leicht

lievitare [lievi'ta:re] (*1l u b*) aufgehen; *fig* steigen

lievito [li'ɛ:vito] *m* Hefe *f*, Sauerteig *m*; **~ in polvere** Backpulver *n*

lilla ['lilla] **1.** *adj* lila; **2.** *m* Flieder *m*

lima ['li:ma] *f* Feile *f*

lim|are [li'ma:re] (*1a*) feilen; *fig* ausfeilen; **~etta** [-'metta] *f* Nagelfeile *f*

limit|are [limi'ta:re] *v/t* (*1l*) beschränken (**a** auf *acc*); (*contenere*) einschränken; **~ato** [-'ta:to] beschränkt, begrenzt; *econ* **società** *f* **a responsabilità -a** Gesellschaft *f* mit beschränkter Haftung; **~azione** [-tatsi'o:ne] *f* Beschränkung *f*, Einschränkung *f*

limite ['li:mite] *m* Grenze *f*; **~ di età** Altersgrenze *f*; **~ di velocità** Geschwindigkeitsbeschränkung *f*; **al ~** höchstens; **nei -i del possibile** so weit es möglich ist

limitrofo [li'mi:trofo] angrenzend; Grenz…

limonata [limo'na:ta] *f* Zitronenlimonade *f*

limone [li'mo:ne] *m* Zitrone *f*; Zitronenbaum *m*

limpidezza [limpi'dettsa] *f* Klarheit *f*

limpido ['limpido] klar

lince ['lintʃe] *f* Luchs *m*

linea ['li:nea] *f* Linie *f*; *tip* Zeile *f*; *fer* Strecke *f*; *el*, *tel* Leitung *f*; **~ aerea** Fluglinie *f*; **~ dell'autobus** Autobuslinie *f*; **~ di navigazione** Schifffahrtslinie *f*; **mantenere la ~** schlank bleiben; *tel* **~ occupata** besetzte Leitung *f*; **restare in ~** am Apparat bleiben

line|amenti [linea'menti] *m/pl* (*fisionomia*) Gesichtszüge *m/pl*; (*fondamenti*) Grundzüge *m/pl*; **~are** [-'a:re] linear; **~etta** [-ne'etta] *f* Bindestrich *m*

linfonodo [linfo'nɔdo] *m* Lymphknoten *m*

lingotto [liŋ'gɔtto] *m* (Metall)Barren *m*

lingua ['liŋgua] *f* Zunge *f*; (*linguaggio*)

Sprache *f*; ~ ***materna*** Muttersprache *f*; ~ ***parlata*** Umgangssprache *f*; ~ ***straniera*** Fremdsprache *f*; ~ ***nazionale*** Landessprache *f*; ***conoscenza*** *f* ***delle -e*** Sprachkenntnisse *f/pl*

lingu|aggio [liŋgu'addʒo] *m* (*pl -ggi*) Sprache *f*; ~ ***tecnico*** Fachsprache *f*; *inform* ~ ***di programmazione*** Programmiersprache *f*; **~istica** [-gu'istika] *f* Sprachwissenschaft *f*, Linguistik *f*

lino ['liːno] *m bot* Flachs *m*; *tessuto* Leinen *n*, Leinwand *f*

liofilizzato [liofilid'dzato] gefriergetrocknet

liquid|are [likui'daːre] (*1l*) (*pagare*) bezahlen; auszahlen; (*svendere*) ausverkaufen; *azienda* liquidieren, auflösen; *fig* erledigen; **~atore** [-da'toːre] *m* Liquidator *m*; **~azione** [-datsi'oːne] *f* Zahlung *f*, Ausverkauf *m*; Liquidation *f*; ~ ***di fine stagione*** Schlussverkauf *m*; ~ ***totale*** Räumungsverkauf *m*; **~ità** [-di'ta] *f econ* Liquidität *f*

liquido ['liːkuido] **1.** *adj* flüssig; *econ* bar; **2.** *m* Flüssigkeit *f*

liquirizia [likui'riːtsia] *f* Lakritze *f*

liquore [liku'oːre] *m* Likör *m*

lira ['liːra] *f econ* Lira *f*

liric|a ['liːrika] *f* (*pl -che*) Lyrik *f*; **~o** [-ko] (*pl -ci*) **1.** *adj* lyrisch; ***cantante*** *m* ~ Opernsänger *m*; ***teatro*** *m* ~ Oper *f*; **2.** *m* Lyriker *m*

lisca ['liska] *f* (*pl -che*) (Fisch)Gräte *f*; ***avere la*** ~ lispeln

lisciare [liʃ'ʃaːre] (*1f*) glätten; polieren; (*accarezzare*) streichen; *fig* ~ ***qu*** j-m schmeicheln

liscio ['liʃʃo] (*pl -sci*) glatt; *bevanda* pur, ohne Selterswasser; *fig* ***passarla -a*** gut davonkommen

liso ['liːzo] abgetragen

lista ['lista] *f* (*elenco*) Liste *f*; (*striscia*) Streifen *m*; *avia* ~ ***d'attesa*** Warteliste *f*; ~ ***delle vivande*** Speisekarte *f*; ~ ***dei vini*** Weinkarte *f*

listino [lis'tiːno] *m* Liste *f*; ~ ***di borsa*** Kurszettel *m*; ~ ***prezzi*** Preisliste *f*

lite ['liːte] *f* Streit *m*

litigare [liti'gaːre] (*1l u e*) streiten; sich zanken

lit|igio [li'tiːdʒo] *m* (*pl -gi*) Streit *m*; **~igioso** [-ti'dʒoːso] streitsüchtig

litografia [litogra'fiːa] *f* Lithographie *f*

litografo [li'tɔːgrafo] *m* Lithograph *m*

litor|ale [lito'raːle] **1.** *adj* Küsten…; **2.** *m* Küste(nstreifen *m*) *f*; **~anea** [-'raːnea] *f* Küstenstraße *f*; **~aneo** [-'raːneo] Küsten…

litro ['liːtro] *m* Liter *m u n*; ***un*** ~ ***di vino*** ein Liter Wein

lit|urgia [litur'dʒiːa] *f* Liturgie *f*; **~urgico** [-'turdʒiko] (*pl -ci*) liturgisch

liutaio [liu'taːio] *m* (*pl -ai*) Lautenmacher *m*

liuto [li'uːto] *m* Laute *f*

livella [li'vɛlla] *f* Wasserwaage *f*

livell|amento [livella'mento] *m* Nivellierung *f*; **~are** [-'laːre] (*1b*) nivellieren, ausgleichen

livello [li'vɛllo] *m* Niveau *n*, Stand *m* (*a fig*); *rad*, *TV* Pegel *m*; *auto* ~ ***dell'olio*** Ölstand *m*; *fig* ***ad altissimo*** ~ auf höchster Ebene; ***sopra il*** ~ ***del mare*** über dem Meeresspiegel; ~ ***di vita*** Lebensstandard *m*

livido ['liːvido] **1.** *adj* fahl; bläulich; **2.** *m* blauer Fleck *m*

lo [lo] **1.** *art m/sg* der; **2.** *pron acc m/sg* den, das, es

lobo ['lɔːbo] *m* Ohrläppchen *n*

loc|ale [lo'kaːle] **1.** *adj* örtlich, Lokal…; *med* ***anestesia*** *f* ~ örtliche Betäubung *f*; ***stampa*** *f* ~ Lokalpresse *f*; **2.** *m* Räumlichkeit *f*; *luogo pubblico* Lokal *n*; *fer* Bummelzug *m*; **~alità** [-'kali'ta] *f* Ort *m*, Ortschaft *f*; *zona* Gegend *f*; ~ ***balneare*** Badeort *m*; ~ ***turistica*** Touristenort *m*; **~alizzare** [-kalid'dzaːre] (*1a*) lokalisieren; *avia* orten

loc|anda [lo'kanda] *f* Gasthaus *n*, Gastwirtschaft *f*; **~andina** [-kan'diːna] *f tea* Programmzettel *m*; **~atario** [-ka'taːrio] *m* (*pl -ri*) Mieter *m*; **~atore** [-ka'toːre] *m* Vermieter *m*; **~azione** [-katsi'oːne] *f* Vermietung *f*; *jur* Mietvertrag *m*

locom|otiva [lokomo'tiːva] *f* Lokomotive *f*; **~otore** [-mo'toːre] *m* E-Lok *f*; **~otrice** [-mo'triːtʃe] *f* Triebwagen *m*

locomozione [lokomotsi'oːne] *f* ***mezzo*** *m* ***di*** ~ Transportmittel *n*

locuzione [lokutsi'oːne] *f* Redewendung *f*

lodare [lo'daːre] (*1c*) loben

lode ['lɔːde] *f* Lob *n*

lodevole [lo'deːvole] lobenswert

loggia ['lɔddʒa] *f* (*pl -gge*) Loggia *f*, Säulenhalle *f*

L

loggione [lod'dʒo:ne] *m tea* Galerie *f*
logico ['lɔ:dʒiko] (*pl -ci*) logisch
login [log'in] *m* ***fare il ~*** *inform* sich einloggen
logor|are [logo'ra:re] (*1l*) abnutzen, verbrauchen; **~io** [-'ri:o] *m* Abnutzung *f*
logoro ['lo:goro] abgenutzt; *indumento* abgetragen; *fig* zerrüttet
lombaggine [lom'baddʒine] *f* Hexenschuss *m*
lombata [lom'ba:ta] *f* Lendenstück *n*
lombo ['lombo] *m* Lende *f*
lombrico [lom'bri:ko] *m* (*pl -chi*) Regenwurm *m*
longevo [lon'dʒɛ:vo] langlebig
longitudine [londʒi'tu:dine] *f* *geogr* Länge *f*
lont|ananza [lonta'nantsa] *f* Entfernung *f*; **~ano** [-'ta:no] **1.** *adj* fern, entfernt, weit; **2.** *adv* weit; ***di*** (*od* ***da***) **~** von ferne, aus der Ferne; ***alla -a*** von weitem; **~ *da*** weit entfernt von; ***abita molto ~?*** wohnen Sie sehr weit entfernt?
lontra ['lontra] *f* Fischotter *m*
loquace [loku'a:tʃe] gesprächig
lordo ['lordo] schmutzig; *econ* Brutto…; ***peso*** *m* **~** Bruttogewicht *n*
loro ['lo:ro] *pron* **a)** *nom u acc* sie; **b)** *dat* ihnen; ***ero da ~*** ich war bei ihnen; ***senza di ~*** ohne sie; **c)** *possessivo* ihr; ***il ~ amico*** ihr Freund; ***i ~ genitori*** ihre Eltern
Loro ['lo:ro] *pron* Ihr
lotta ['lɔtta] *f* Kampf *m*; *sport* Ringkampf *m*; **~ *contro gli stupefacenti*** Rauschgiftbekämpfung *f*
lott|are [lot'ta:re] (*1c*) kämpfen; ringen (***per*** um *acc*; ***con*** gegen *acc*); **~atore** [-ta'to:re] *m* Kämpfer *m*; Ringer *m*
lotteria [lotte'ri:a] *f* Lotterie *f*; ***biglietto*** *m* ***della ~*** Lotterieschein *m*
lotto ['lɔtto] *m* Lotto *n*
lozione [lotsi'o:ne] *f* Lotion *f*; **~ *da barba*** Rasierwasser *n*; **~ *per capelli*** Haarwasser *n*
lubrif|icante [lubrifi'kante] *m* Schmieröl *n*; **~icare** [-'ka:re] (*1m u d*) (ab-)schmieren
lucchetto [luk'ketto] *m* Vorhängeschloss *n*
luccicare [luttʃi'ka:re] (*1l u d*) leuchten; funkeln
luccio ['luttʃo] *m* (*pl -cci*) Hecht *m*
lucciola ['luttʃola] *f* Glühwürmchen *n*
luce ['lu:tʃe] *f* Licht *n*; ***dare alla ~*** (*partorire*) zur Welt bringen; *fig* ***far ~ su qc*** et aufklären; *auto* ***-i*** *pl* ***di posizione*** Standlicht *n*; ***-i*** *pl* ***posteriori*** Rücklicht *n*
luc|ente [lu'tʃɛnte] leuchtend; **~entezza** [-tʃen'tettsa] *f* Glanz *m*
lucertola [lu'tʃɛrtola] *f* Eidechse *f*
lucherino [luke'ri:no] *m* Zeisig *m*
lucid|are [lutʃi'da:re] (*1l*) glänzen; *mobili* polieren; *pavimento* bohnern; *scarpe* putzen; *disegno* pausen; **~atrice** [-da'tri:tʃe] *f* Bohnermaschine *f*
lucido ['lu:tʃido] **1.** *adj* blank; glänzend; *fig* klar; **2.** *m* Glanz *m*; (***a ~ da scarpe***) Schuhcreme *f*; *tec* Putzmittel *n*; *disegno* Pause *f*
lucrativo [lukra'ti:vo] Gewinn bringend, rentabel
lucro ['lu:kro] *m* Gewinn *m*; ***a scopo di ~*** zu Gewinnzwecken; gewinnorientiert
luglio ['lu:ʎo] *m* Juli *m*
lugubre ['lu:gubre] düster
lui [l'ui] *pron* er; ihn; ***di ~*** seiner, von ihm; ***a ~*** ihm
lumaca [lu'ma:ka] *f* (*pl -che*) Schnecke *f*
lume ['lu:me] *m* Licht *n*, Lampe *f*; *a fig* Leuchte *f*
luminosità [luminosi'ta] *f* Helligkeit *f*; *fot* Lichtstärke *f*
luminoso [lumi'no:so] leuchtend; hell; ***sorgente*** *f* ***-a*** Lichtquelle *f*
luna ['lu:na] *f* Mond *m*; *fig* schlechte Laune *f*; **~ *crescente*** zunehmender Mond; **~ *calante*** abnehmender Mond; **~ *piena*** Vollmond *m*; **~ *di miele*** Flitterwochen *f/pl*
luna-park [luna'park] *m* *inv* Vergnügungspark *m*
lunario [lu'na:rio] *m* ***sbarcare il ~*** sich durchschlagen
lunatico [lu'na:tiko] (*pl -ci*) launenhaft
lunedì [lune'di] *m* Montag *m*; ***il*** (*od* ***di***) **~** montags; **~ *grasso*** Rosenmontag *m*
lunetta [lu'netta] *f arch* Lünette *f*
lunghezza [luŋ'gettsa] *f* Länge *f*
lungo ['luŋgo] (*pl -ghi*) **1.** *adj* lang; (*lento*) langsam; (*allungato*) dünn; ***a ~*** lange; *fig* ausführlich; ***alla lunga*** auf die Dauer; ***andare per le lunghe*** in die Länge ziehen; ***di gran lunga*** bei wei-

tem; **2.** *prp* entlang; (*durante*) während (*gen*)

lungo|lago [luŋgo'la:go] *m* (*pl -ghi*) Uferpromenade *f* **~mare** [-'mare] *m inv* Strandpromenade *f*

lunotto [lu'nɔtto] *m auto* Heckscheibe *f*

luogo [lu'ɔ:go] *m* (*pl -ghi*) Ort *m*; Platz *m*; ***~ di nascita*** Geburtsort *m*; ***avere ~*** stattfinden; ***fuori ~*** nicht am Platz; ***in primo ~*** erstens; ***in qualche ~*** irgendwo; ***in nessun ~*** nirgends; ***in ~ di qu*** an j-s Stelle; ***in ~ di*** (*inf*) anstatt zu (*inf*)

lupo ['lu:po] *m* Wolf *m*

lurido ['lu:rido] schmutzig

lus|inga [lu'ziŋga] *f* (*pl -ghe*) Schmeichelworte *n/pl*; **~ingare** [-ziŋ'ga:re] (*1e*) schmeicheln (***qu*** j-m); **~inghiero** [-ziŋgi'ɛ:ro] schmeichelhaft

lussazione [lussatsi'o:ne] *f* Verrenkung *f*

lusso ['lusso] *m* Luxus *m*; ***albergo m di ~*** Luxushotel *n*

lussuoso [lussu'o:so] luxuriös, prunkvoll; Luxus…

lustrare [lus'tra:re] (*1a*) putzen; *mobili* polieren

lustrascarpe [lustras'karpe] *m inv* Schuhputzer *m*

lustro ['lustro] *m* Jahrfünft *n*

lutto ['lutto] *m* Trauer *f*

M

ma [ma] aber; sondern; ***~ no!*** (*davvero*) echt!; ***~ va là!*** ach was!

maccheroni [makke'ro:ni] *m/pl* Makkaroni *pl*

macchia ['makkia] *f* Fleck *m*; *bot* Buschwald *m*; ***~ mediterranea*** mittelmeerische Macchia *f*; ***~ d'olio*** Ölfleck *m*

macchi|are [makki'a:re] (*1k*) beflecken; **~ato** [-ki'a:to] gefleckt; ***caffè m ~*** Kaffee *m* mit etwas Milch

macchina ['makkina] *f* Maschine *f*; Auto *n*, Wagen *m*; *fig* Apparat *m*; Maschinerie *f*; ***~ fotografica*** Fotoapparat *m*; ***~ da cucire*** Nähmaschine *f*; ***~ da presa*** Filmkamera *f*; ***~ da scrivere*** Schreibmaschine *f*; ***~ sportiva*** Sportwagen *m*; ***~ a noleggio*** Leihwagen *m*; ***fatto a ~*** maschinell hergestellt

macchin|ario [makki'na:rio] *m* (*pl -ri*) Maschinenwerk *n*; **~ista** [-'nista] *m* (*pl -i*) Mechaniker *m*; *fer* Lokomotivführer *m*

macedonia [matʃe'dɔ:nia] *f* ***~ di frutta*** Obstsalat *m*

macell|aio [matʃel'la:io] *m* (*pl -ai*) Metzger *m*; **~are** [-'la:re] (*1b*) schlachten; **~eria** [-le'ri:a] *f* Metzgerei *f*

macerie [ma'tʃɛ:rie] *f/pl* Schutt *m*, Trümmer *pl*

macigno [ma'tʃi:ɲo] *m* (Bruch)Stein *m*; Fels *m*

macin|acaffè [matʃinakaf'fɛ] *m inv* Kaffeemühle *f*; **~apepe** [-na'pe:pe] *m inv* Pfeffermühle *f*; **~are** [-'na:re] (*1l*) mahlen

macinino [matʃi'ni:no] *m* Kaffeemühle *f*; (*auto*) *scherz* Kiste *f*, Klapperkasten *m*

macro|biotica [makrobi'ɔ:tika] *f* Makrobiotik *f*; **~biotico** [-bi'ɔ:tiko] (*pl -ci*) makrobiotisch; **~scopico** [-'skɔ:piko] (*pl -ci*) makroskopisch; *fig* gewaltig

Mad|onna [ma'dɔnna] *f* Madonna *f*; Heilige Jungfrau *f*; **&onnaro** [-don'na:ro] *m* Pflastermaler *m*

madre ['ma:dre] *f* Mutter *f*; **~lingua** [-'lingua] *f* Muttersprache *f*; **~patria** [-'patria] *f* Vaterland *n*; **~perla** [-'pɛrla] *f* Perlmutt *n*; **~vite** [-'vi:te] *f* Schraubenmutter *f*

madrina [ma'dri:na] *f* Patin *f*

maest|à [maes'ta] *f* Majestät *f*; **~oso** [-'to:so] majestätisch

maestra [ma'ɛstra] *f* Lehrerin *f*, Meisterin *f*

maestr|ale [maes'tra:le] *m* Nordwestwind *m*; **~anza** [-'trantsa] *f* Arbeiterschaft *f*, Belegschaft *f* (*e-r Fabrik*); **~ia** [-'tri:a] *f* Meisterschaft *f*

maestro [ma'ɛstro] **1.** *adj* meisterhaft;

M

Haupt…; *mar* ***albero*** *m* ~ Großmast *m*; **2.** *m* Lehrer *m*; Meister *m*; *mus* Maestro *m*; ~ ***di nuoto*** Schwimmlehrer *m*; ~ ***di sci*** Skilehrer *m*

mafia ['mafia] *f* Mafia *f*

magari [ma'ga:ri] **1.** *adv* sogar; vielleicht; **2.** *int* ~! und wie!; schön wärs!; ~ ***venisse*** wenn er nur kommen wollte

magazz|inaggio [magaddzi'naddʒo] *m* Lagerung *f*; Lagergeld *n*; **~ino** [-'dzi:no] *m* Magazin *n*; Lager *n*; (*assortimento*) Sortiment *n*; (*emporio*) Kaufhaus *n*; ***grandi -i*** *pl* Warenhaus *n*

maggio ['maddʒo] *m* Mai *m*

maggiolino [maddʒo'li:no] *m* Maikäfer *m*

maggiorana [maddʒo'ra:na] *f* Majoran *m*

maggior|anza [maddʒo'rantsa] *f* Mehrheit *f*; ~ ***assoluta*** absolute Mehrheit *f*; ~ ***azionaria*** Aktienmehrheit *f*; **~are** [-'ra:re] (*1a*) erhöhen; ~ ***i prezzi*** die Preise hochtreiben

maggiore [mad'dʒo:re] **1.** *adj* größer; (*più vecchio*) älter; ***il*** ~ der Größte; der Älteste; *mus* Dur…; ***la maggior parte*** die meisten; **2.** *m mil* Major *m*

maggior|enne [maddʒo'rɛnne] volljährig, mündig; **~itario** [-ri'ta:rio] (*pl -ri*) Mehrheits…; ***sistema*** *m* ~ Mehrheitswahlsystem *n*

magia [ma'dʒi:a] *f* Magie *f*, Zauberei *f*

magico ['ma:dʒiko] (*pl -ci*) magisch; *fig* bezaubernd

magist|rale [madʒis'tra:le] Lehrer…; (*eccellente*) meisterhaft; **~rato** [-'tra:to] *m jur* Richter *m*

maglia ['ma:ʎa] *f* Masche *f*, Unterhemd *n*; (*maglione*) Pullover *m*; *sport* Trikot *n*; ***lavorare a*** ~ stricken

magli|eria [maʎe'ri:a] *f* Strickwaren *f/pl*; Strickwarengeschäft *n*; **~etta** [-'ʎetta] *f* T-Shirt *n*; **~one** [-'ʎo:ne] *m* Pullover *m*

magnaccia [ma'ɲattʃa] *m* Zuhälter *m*

magn|esia [ma'ɲɛ:zia] *f* Magnesia *f*; **~esio** [-'ɲɛ:zio] *m* Magnesium *n*; **~ete** [-'ɲɛ:te] *m* Magnet *m*; **~etico** [-'ɲɛ:tiko] (*pl -ci*) magnetisch; **~etofono** [-ɲe'tɔ:fono] *m* Tonbandgerät *n*

magnifico [ma'ɲi:fiko] (*pl -ci*) (*stupendo*) wunderbar, herrlich, fabelhaft; (*sontuoso*) prächtig

magnolia [ma'ɲɔ:lia] *f* Magnolie *f*

mago ['ma:go] *m* **1.** (*pl -ghi*) Zauberer *m*; **2.** (*pl -gi*) ***i tre re -gi*** die Heiligen Drei Könige

magro ['ma:gro] mager

mah [ma:] wer weiß; mag sein

mai [m'ai] nie, niemals; (*qualche volta*) je, jemals; ~ ***più*** nie wieder; nie mehr; ~ ***e poi*** ~ nie und nimmermehr; ***come*** ~? wieso denn?; ***se*** ~ wenn überhaupt; ***meglio tardi che*** ~ besser spät als nie

maiale [mai'a:le] *m* Schwein *n*; (***carne*** *f* ***di***) ~ Schweinefleisch *n*

maiolica [mai'ɔ:lika] *f* (*pl -che*) Majolika *f*; *pl* Majolikawaren *f/pl*

maionese [maio'ne:se] *f* Majonäse *f*

mais ['mais] *m* Mais *m*

maiuscol|a [mai'uskola] *f* großer Buchstabe *m*; **~o** [-lo] groß

mal [mal] *m* → ***male***

malandato [malan'da:to] heruntergekommen; verwahrlost

mal|anno [ma'lanno] *m* Unheil *n*; Krankheit *f*; **~apena** [-la'pe:na] ***a*** ~ kaum, mit Müh und Not; **~aria** [-'la:ria] *f* Malaria *f*

mal|aticcio [mala'tittʃo] (*pl -cci*) kränklich; **~ato** [-'la:to] **1.** *adj* krank (***di*** an *dat*); ~ ***di stomaco*** magenkrank; **2.** *m* Kranke(r) *m*; **~attia** [-lat'ti:a] *f* Krankheit *f*; ~ ***infettiva*** Infektionskrankheit *f*; ~ ***senile*** Alterskrankheit *f*; ***-e della pelle*** Hautkrankheiten *f/pl*

mal|avita [mala'vi:ta] *f* Verbrecherwelt *f*; **~avoglia** [-la'vɔ:ʎa] *f* Unlust *f*; ***di*** ~ ungern; **~concio** [-'kontʃo] (*pl -ci*) übel zugerichtet; **~contento** [-kon'tɛnto] *m* Unzufriedenheit *f*; **~costume** [-kos'tu:me] *m* Sittenlosigkeit *f*; **~destro** [-'dɛstro] ungeschickt

male ['ma:le] **1.** *m* **a)** Böse(s) *n*; Schlechte(s) *n*; Übel *n*; ***fare del*** ~ Böses tun; ***che c'è di*** ~? was ist denn Schlimmes dabei?; ***il*** ~ ***è che*** das Schlimme dabei ist, dass; ***andare a*** ~ verderben, schlecht werden; ***aversela*** (*od* ***prendersela***) ***a*** ~ übel nehmen; **b)** *med* Leiden *n*; Schmerz *m*; ***mal di denti*** Zahnschmerz *m*; ***mal di gola*** Halsschmerzen *m/pl*; ***mal di testa*** Kopfschmerz *m*; ***mal di mare*** Seekrankheit *f*; ***fare*** ~ wehtun; *alla salute* schädlich sein; ***farsi*** ~ sich wehtun; **2.** *adv* schlecht; ***capir*** ~ falsch verstehen; ***di*** ~ ***in peggio*** immer schlimmer, im-

M

mer schlechter; ***meno ~!*** Gott sei Dank!; ***stare ~*** krank sein; sich schlecht fühlen

maledetto [male'detto] **1.** → ***maledire***; **2.** *adj* verdammt

maled|ire [male'di:re] (*3t*) verfluchen; verdammen; **~izione** [-ditsi'o:ne] *f* Fluch *m*; ***~!*** verflucht!

maleducato [maledu'ka:to] ungezogen

mal|essere [ma'lɛssere] *m* Unbehagen *n*; Unwohlsein *n*; **~famato** [malfa'ma:to] verrufen; **~fatto** [-'fatto] **1.** *adj persona* missgestaltet; *cosa* missraten; **2.** *m* Übeltat *f*; **~fattore** [-fat'to:re] *m* Missetäter *m*; **~formazione** [-forma'tzio:ne] *f* Missbildung *f*; **~governo** [-go'vɛrno] *m* Misswirtschaft *f*; *pol* Missregierung *f*

malgrado [mal'gra:do] **1.** *prp* trotz; **2.** *cj* obwohl; ***mio ~*** gegen meinen Willen; ***tuo ~*** gegen deinen Willen

maligno [ma'li:ɲo] boshaft; *med* bösartig

malinc|onia [maliŋko'ni:a] *f* Melancholie *f*, Schwermut *f*; **~onico** [-'kɔ:niko] (*pl -ci*) melancholisch, schwermütig

mal|incuore [maliŋku'ɔ:re] ***a ~*** schweren Herzens; **~intenzionato** [-linten-tsio'na:to] übel gesinnt; **~inteso** [-lin'te:so] **1.** *adj* missverstanden; **2.** *m* Missverständnis *n*; **~izia** [-'li:tsia] *f* (*cattiveria*) Bosheit *f*; (*furbizia*) Verschmitztheit *f*, Pfiffigkeit *f*; (*astuzia*) List *f*; ***senza ~*** arglos; **~izioso** [-litsi'o:so] boshaft; *sorriso* verschmitzt, pfiffig

malleolo [mal'lɛ:olo] *m* Fußknöchel *m*

malloppo [mal'lɔppo] *m* Bündel *n*; (*refurtiva*) Diebesgut *n*

mal|menare [malme'na:re] (*1a*) misshandeln; **~messo** [-'messo] schlecht gekleidet; ungepflegt; **~nutrito** [-nu'tri:to] schlecht ernährt, unterernährt

mal|ore [ma'lo:re] *m* Unwohlsein *n*; plötzliche Übelkeit *f*; **~sano** [-'sa:no] ungesund; **~sicuro** [-si'ku:ro] unsicher

maltempo [mal'tɛmpo] *m* Unwetter *n*

malta ['malta] *f* Mörtel *m*

malto ['malto] *m* Malz *n*

maltrattare [maltrat'ta:re] (*1a*) misshandeln

malumore [malu'mo:re] *m* schlechte Laune *f*

malva ['malva] *f* Malve *f*

malvagio [mal'va:dʒo] (*pl -gi*) böse, niederträchtig; gemein

mal|visto [mal'visto] unbeliebt; **~vivente** [-vi'vɛnte] *m* Verbrecher *m*; **~vivenza** [-vi'vɛntsa] *f* Verbrechertum *n*; **~volentieri** [-volenti'ɛ:ri] ungern; **~volere** [-vo'le:re] **1.** *v/t* ***farsi ~ da qu*** sich bei j-m unbeliebt machen; **2.** *m* Abneigung *f*

mamma ['mamma] *f* Mama *f*, Mutti *f*; ***~ mia!*** du lieber Himmel!

mamm|ella [mam'mɛlla] *f* *weibliche* Brust *f*; **~ifero** [-'mi:fero] *m* Säugetier *n*; **~ografia** [-mogra'fia] *f* Mammographie *f*

manag|ement ['mænidʒmənt] *m inv* Management *n*; **~er** ['manager] *m inv* Manager *m*; **~eriale** [manadʒeri'a:le] Manager…

manc|anza [maŋ'kantsa] *f* Mangel *m* (***di*** an *dat*); (*errore*) Verfehlung *f*, Fehltritt *m*; ***~ di abitazioni*** Wohnungsnot *f*; ***~ di corrente*** Stromausfall *m*; ***~ di personale*** Personalmangel *m*; ***per ~ di tempo*** aus Zeitmangel *m*; **~are** [-'ka:re] (*1d*) fehlen; ausfallen; (*fallire*) verfehlen; ***~ di fare qc*** versäumen, et zu tun; ***~ di parola*** sein Wort nicht halten; ***sentirsi ~*** ohnmächtig werden; **~ato** [-'ka:to] ausgefallen; (*fallito*) missglückt, verfehlt; ***~ pagamento*** *m* Nichtzahlung *f*

manchevole [maŋ'ke:vole] mangelhaft

mancia ['mantʃa] *f* (*pl -ce*) Trinkgeld *n*

manciata [man'tʃa:ta] *f* Hand *f* voll

mancino [man'tʃi:no] **1.** *adj* links; linkshändig; *fig* ***colpo*** *m* ***~*** hinterhältiger Streich *m*; **2.** *m* Linkshänder *m*

mand|ante [man'dante] *m* Auftraggeber *m*; *jur* Mandant *m*; **~are** [man'da:re] (*1a*) schicken, senden; ***~ fuori*** (her)ausschicken; ***~ a prendere*** holen lassen; ***~ a monte*** über den Haufen werfen; *fig* ***~ giù*** herunterschlucken

mandarino *bot* [manda'ri:no] *m* Mandarine *f*

mandato [man'da:to] *m* Auftrag *m*; *pol* Mandat *n*; Vollmacht *f*; *econ* Anweisung *f*; ***~ bancario*** Bankanweisung *f*; ***~ di pagamento*** Zahlungsanweisung *f*; ***~ d'arresto*** Haftbefehl *m*

mandibola [man'di:bola] *f* Unterkiefer *m*

mandolino [mando'liːno] *m* Mandoline *f*
mandorl|a ['mandorla] *f* Mandel *f*; **~o** [-lo] *m* Mandelbaum *m*
maneg|gevole [maned'dʒeːvole] handlich; **~giare** [-'dʒaːre] (*1f*) handhaben; bedienen; umgehen mit; *fig* (*amministrare*) verwalten
maneggio [ma'neddʒo] *m* (*pl -ggi*) Handhabung *f*, Bedienung *f*, Umgang *m*; (*pista per cavalli*) Reitbahn *f*, Manege *f*; **-i** *pl spreg* Intrigen *f/pl*
man|esco [ma'nesko] (*pl -chi*) handgreiflich; **~ette** [-'nette] *f/pl* Handschellen *f/pl*
manganello [maŋga'nɛllo] *m* Knüppel *m*
mangiabile [man'dʒaːbile] essbar
mangia|cassette [mandʒakas'sette] *m inv*, **~nastri** [-'nastri] *m inv* Kassettenrekorder *m*
mangiare [man'dʒaːre] **1.** *v/t* (*1f*) essen; *animale* fressen; (*divorare*) verschlingen; *fig* verzehren; ***mangiarsi le parole*** Wörter verschlucken; **2.** *m* Essen *n*
mangime [man'dʒiːme] *m* Futter *n*
mangiucchiare [mandʒukki'aːre] (*1g*) naschen; mit Unlust essen
mango ['maŋgo] *m* (*pl -ghi*) Mangobaum *m*; Mangofrucht *f*
mania [ma'niːa] *f* Manie *f*, Wahn *m*
manica ['maːnika] *f* (*pl -che*) Ärmel *m*; ***senza -che*** ärmellos; ***è un altro paio di -che!*** das ist et anderes!
manicaretto [manika'retto] *m* Leckerbissen *m*
manichino [mani'kiːno] *m* (Modell-) Puppe *f*; *da vetrina* Schaufensterpuppe *f*
manico ['maːniko] *m* (*pl -chi*) Griff *m*; Henkel *m*; Stiel *m*
manicomio [mani'kɔːmio] *m* (*pl -mi*) Irrenanstalt *f*
manicotto [mani'kɔtto] *m tec* Muffe *f*
manicure [mani'kuːre] *f inv* Maniküre *f*
maniera [mani'ɛːra] *f* Art *f*, Weise *f*; ***di ~ che*** so, dass; **-e** *pl* Manieren *f/pl*
manifattura [manifat'tuːra] *f* Herstellung *f*, (*stabilimento*) Fabrik *f*, **-e** *pl* Manufakturwaren *f/pl*
manifest|ante [manifes'tante] *m/f* Demonstrant(in *f*) *m*; **~are** [-'taːre] (*1b*) **1.** *v/t* (*esprimere*) äußern, kundtun; (*mostrare*) zeigen; **2.** *v/i* demonstrieren; **~arsi** [-'tarsi] sich zeigen; **~azione** [-tatsi'oːne] *f* Kundgebung *f*, Willenskundgebung *f*; ***~ di protesta*** Protestkundgebung *f*; ***~ sportiva*** Sportveranstaltung *f*; **~ino** [-'tiːno] *m* Flugblatt *n*
manifesto [mani'fɛsto] **1.** *adj* klar; offenbar; **2.** *m* Plakat *n*, Bekanntmachung *f*, *pol* Manifest *n*
maniglia [ma'niːʎa] *f* Klinke *f*, Griff *m*
manipolare [manipo'laːre] (*1m*) manipulieren
manipolato [manipo'laːto] *adj* manipuliert; ***~ geneticamente*** *biol* genmanipuliert
manipolazione [-polatsi'oːne] *f* Manipulation *f*
mano ['maːno] *f* (*pl -i*) Hand *f*; ***a portata di ~*** bei der Hand, griffbereit; ***fuori ~*** entlegen, abgelegen; *fig* ***alla ~*** umgänglich; ***di seconda ~*** aus zweiter Hand; ***dare una ~ a qu*** j-m helfen; ***mettere ~ a qc*** et anfangen; ***a ~ a ~*** nach und nach; ***-i in alto!*** Hände hoch!
manodopera [mano'dɔːpera] *f* Arbeitskräfte *f/pl*; Arbeiterschaft *f*
manomettere [mano'mettere] (*3ee*); (*alterare*) verfälschen; (*aprire*) aufbrechen; (*violare*) verletzen
mano|scritto [manos'kritto] *m* Manuskript *n*; **~vale** [-'vaːle] *m* Bauhilfsarbeiter *m*; **~vella** [-'vɛlla] *f* Kurbel *f*
man|ovra [ma'nɔːvra] *f tec* Bedienung *f*, *mar*, *mil u fig* Manöver *n*; **~ovrare** [-no'vraːre] (*1c*) *tec* bedienen, betätigen; *fer* rangieren
mansarda [man'sarda] *f* Mansarde *f*
mansueto [mansu'ɛto] zahm
mantello [man'tɛllo] *m* Mantel *m*; (*strato*) Decke *f*, *zo* Fell *n*
man|tenere [mante'neːre] (*2q*) (*conservare*) halten, erhalten; (*provvedere al sostentamento*) unterhalten; *segreto* bewahren; ***mantenersi in forma*** sich fit halten; **~tenimento** [-teni'mento] *m* Erhaltung *f*, Unterhalt *m*; **~tenuto** [-te'nuto] ausgehalten
manto ['manto] *m* Mantel *m*; *fig* Deckmantel *m*; ***~ di neve*** Schneedecke *f*
man|uale [manu'aːle] **1.** *adj* Hand…; ***lavoro*** *m* **~** Handarbeit *f*; **2.** *m* Handbuch *n*; Lehrbuch *n*; **~ubrio** [-'nuːbrio] *m* (*pl -ri*) Lenkstange *f*, Lenker *m*;

M

~utenzione [-nutentsi'oːne] *f* Instandhaltung *f*, Wartung *f*
manzo ['mandzo] *m* (junges) Rind *n*; ***carne*** *f* ***di ~*** Rindfleisch *n*
mappa ['mappa] *f* Karte *f*, Plan *m*; ***~ pieghevole*** Faltplan *m*; ***~ topografica*** topographische Karte *f*
mappamondo [mappa'mondo] *m* Weltkarte *f*; Globus *m*
mara|tona [mara'toːna] *f* Marathonlauf *m*; **~tonista** [-to'nista] *m/f* (*m/pl -i*) Marathonläufer(in *f*) *m*
marca ['marka] *f* (*pl -che*) Zeichen *n*; *econ* Marke *f*; ***articolo*** *m* ***di ~*** Markenartikel *m*; ***~ da bollo*** Gebührenmarke *f*
marcare [mar'kaːre] (*1d*) (kenn)zeichnen; markieren; *fig* hervorheben; *sport* ***~ un goal*** ein Tor schießen
marchiare [marki'aːre] (*1k*) (kenn-) zeichnen; markieren; *fig* (*bollare*) brandmarken
marchio ['markio] *m* (*pl -chi*) *econ* Markenzeichen *n*; ***~ depositato*** eingetragenes Warenzeichen *n*
marcia ['martʃa] *f* (*pl -ce*) Marsch *m*; *sport* Lauf *m*; *tec auto* Gang *m*; ***~ indietro*** Rückwärtsgang *m*; ***~ in folle*** Leerlauf *m*; ***mettersi in ~*** sich in Bewegung setzen
marci|apiede [martʃapi'ɛːde] *m* Bürgersteig *m*; *fer* Bahnsteig *m*; **~are** [-'tʃaːre] (*1f*) marschieren; gehen; *motore* laufen
marcio ['martʃo] (*pl -ci*) *adj* faul, verfault; morsch; (*corrotto*) verderbt; ***avere torto ~*** ganz und gar Unrecht haben
marcire [mar'tʃiːre] (*4d*) faulen; vermodern; *fig* zugrunde gehen, verkommen
marco ['marko] *m* (*pl -chi*) Mark *f*; ***dieci -chi*** zehn Mark
mare ['maːre] *m* Meer *n*; See *f*; ***in alto ~*** auf hoher See; ***via ~*** auf dem Seeweg
mar|ea [ma'rɛːa] *f* Gezeiten *f/pl*; *fig* Flut *f*, Masse *f*; ***alta ~*** Flut *f*; ***bassa ~*** Ebbe *f*; ***~ nera*** Ölpest *f*; **~eggiata** [-red'dʒaːta] *f* Sturmflut *f*; **~emoto** [-re'mɔːto] *m* Seebeben *n*
margarina [marga'riːna] *f* Margarine *f*
margherita [marge'riːta] *f* Margerite *f*
margine ['mardʒine] *m* Rand *m*, Linie *f*; *econ* Spanne *f*; *sport* Vorsprung *m*; *tip* Steg *m*; ***~ di guadagno*** Gewinnspanne *f*
marina [ma'riːna] *f* Seeküste *f*; *mar* Marine *f*
marinaio [mari'naːio] *m* (*pl -ai*) Matrose *m*, Seemann *m*
marinare [mari'naːre] (*1a*) *gastr* marinieren; *la scuola* blaumachen
marinato [mari'naːto] *gastr* mariniert
marino [ma'riːno] See…; Meer…
marionetta [mario'netta] *f* Marionette *f*
marito [ma'riːto] *m* (Ehe)Mann *m*, Gatte *m*
marittimo [ma'rittimo] See…; *clima* maritim
marketing ['marketiŋ] *m inv* Marketing *n*
marmellata [marmel'laːta] *f* Marmelade *f*
marmitta [mar'mitta] *f auto* Auspufftopf *m*; ***~ catalitica a tre vie*** Dreiwegekatalysator *m*
marmo ['marmo] *m* Marmor *m*
marmotta [mar'mɔtta] *f* Murmeltier *n*; *fig* Faultier *n*
marocchino [marok'kiːno] **1.** *adj* marokkanisch; **2.** *m* Marokkaner *m*
marrone [mar'roːne] **1.** *adj* kastanienbraun; **2.** *m* Marone *f*, Edelkastanie *f*
marsala [mar'saːla] *m* Marsalawein *m*
marsina [mar'siːna] *f* Frack *m*
Marte ['marte] *m* Mars *m*
martedì [marte'di] *m* Dienstag *m*; ***~ grasso*** Faschingsdienstag *m*
martello [mar'tɛllo] *m* Hammer *m*; ***~ pneumatico*** Presslufthammer *m*
martire ['martire] *m/f* Märtyrer(in *f*) *m*
martirio [mar'tiːrio] *m* (*pl -ri*) Martyrium *n*
martora ['martora] *f* Marder *m*
marx|ismo [mar'ksizmo] *m* Marxismus *m*; **~ista** [-'ksista] *m/f* (*m/pl -i*) Marxist(in *f*) *m*
marzapane [martsa'paːne] *m* Marzipan *n*
marziano [martsi'aːno] *m* Marsbewohner *m*
marzo ['martso] *m* März *m*
mascalzone [maskal'tsoːne] *m* Lump *m*, Schurke *m*
mascara [mas'kaːra] *m inv* Wimperntusche *f*
mascarpone [maskar'poːne] *m* sahniger Frischkäse *m*

mascella [maʃ'ʃɛlla] *f* Kiefer *m*; ~ ***inferiore*** Unterkiefer *m*; ~ ***superiore*** Oberkiefer *m*
maschera ['maskera] *f* Maske *f*; *tea, cinema* Platzanweiser(in *f*) *m*; ~ ***antigas*** Gasmaske *f*; ~ ***subacquea*** Taucherbrille *f*; ***ballo*** *m* ***in*** ~ Maskenball *m*
mascher|are [maske'ra:re] (*1l*) maskieren; tarnen; *fig* verbergen; ~**arsi** [-'rarsi] sich verkleiden, sich maskieren
masch|ile [mas'ki:le] männlich (*a gram*); Männer…; ~**ilista** [-ki'lista] (*pl -i*) **1.** *m* Chauvinist *m*, Macho *m*; **2.** *adj* chauvinistisch, machohaft
maschio ['maskio] (*pl -chi*) **1.** *adj* männlich; **2.** *m* (*ragazzo*) Junge *m*; (*uomo*) Mann *m*; *zo* Männchen *n*; *tec* Gewindebohrer *m*
mascolino [masko'li:no] → ***maschile***
mascotte [mas'kɔt] *f inv* Maskottchen *n*
massa ['massa] *f* Masse *f*, Menge *f*; *el* Erde *f*
mass|acrare [massa'kra:re] (*1a*) massakrieren; ~**acro** [-'sa:kro] *m* Massaker *n*, Gemetzel *n*
massaggi|are [massad'dʒa:re] (*1f*) massieren; ~**atore** [-dʒa'to:re] *m*, ~**atrice** [-dʒa'tri:tʃe] *f* Masseur(in *f*) *m*
massaggio [mas'saddʒo] *m* (*pl -ggi*) Massage *f*
massaia [mas'sa:ia] *f* Hausfrau *f*
massiccio [mas'sittʃo] (*pl -cci*) **1.** *adj* massiv; *corporatura* kräftig; **2.** *m* Massiv *n*
massima ['massima] *f* Grundsatz *m*; Regel *f*
massimale [massi'ma:le] *m* Höchstbetrag *m*; Höchstgrenze *f*
massimo ['massimo] **1.** *adj* größte, höchste; maximal; **2.** *m* Maximum *n*; Höchstmaß *n*; ***al*** ~ höchstens
mass media [mas'mɛ:dia] *m/pl* Massenmedien *pl*
masso ['masso] *m* Felsblock *m*
masticare [masti'ka:re] (*1l u d*) kauen
mastice ['mastitʃe] *m* Kitt *m*
mastino [mas'ti:no] *m* Hetzhund *m*
mastodontico [masto'dɔntiko] (*pl -ci*) kolossal
masturb|are [mastur'ba:re] (*1a*), *mst* ~**arsi** [-'barsi] masturbieren; ~**azione** [-batsi'o:ne] *f* Masturbation *f*
matassa [ma'tassa] *f* Strähne *f*
matematic|a [mate'ma:tika] *f* (*pl -che*) Mathematik *f*; ~**o** [-ko] (*pl -ci*) **1.** *adj* mathematisch; **2.** *m* Mathematiker *m*
mater|assino [materas'si:no] *m* Luftmatratze *f*; ~**asso** [-'rasso] *m* Matratze *f*
materia [ma'tɛ:ria] *f* Stoff *m*; Materie *f*; (*disciplina*) Fach *n*; ~ ***facoltativa*** Wahlfach *n*; ~ ***obbligatoria*** Pflichtfach *n*; ~ ***prima*** Rohstoff *m*; ~ ***sintetica*** Kunststoff *m*
materi|ale [materi'a:le] **1.** *adj* materiell; konkret; (*rozzo*) grob, plump; **2.** *m* Material *n*; *tec* Zeug *n*; ~ ***plastico*** Kunststoff *m*; ~**alista** [-ria'lista] (*m/pl -i*) **1.** *adj* materialistisch; **2.** *m/f* Materialist(in *f*) *m*
maternità [materni'ta] *f* Mutterschaft *f*; *reparto ospedaliero* Entbindungsstation *f*; ***protezione*** *f* (*od* ***difesa*** *f*) ***della*** ~ Mutterschutz *m*
materno [ma'tɛrno] mütterlich; Mutter…; ***scuola*** *f* ***-a*** Kindergarten *m*
matita [ma'ti:ta] *f* Bleistift *m*; ~ ***colorata*** Buntstift *m*; ~ ***per gli occhi*** Eyeliner *m*; ~ ***per sopracciglia*** Augenbrauenstift *m*
matr|ice [ma'tri:tʃe] *f tec u tip* Matrize *f*; *mat* Matrix *f*; ~**icola** [-'tri:kola] *f* Matrikel *f*, Register *n*; Registernummer *f*; *all'università* Student(in *f*) *m* des ersten Jahrs; ~**igna** [-'triɲa] *f* Stiefmutter *f*; ~**imoniale** [-trimoni'a:le] ehelich; Ehe…; ~**imonio** [-tri'mɔ:nio] *m* (*pl -ni*) Ehe *f*, Heirat *f*; *rito* Hochzeit *f*
mattina [mat'ti:na] *f* Morgen *m*; ***di*** ~ morgens; ***questa*** ~ heute Morgen; ***domani*** ~ morgen früh
mattin|ata [matti'na:ta] *f* Vormittag *m*; *mus* Matinee *f*; ~**iero** [-ni'ɛ:ro] **1.** *adj* früh aufstehend; **2.** *m* Frühaufsteher *m*
mattino [mat'ti:no] *m* Morgen *m*; ***di buon*** ~ frühmorgens
matto ['matto] **1.** *adj* verrückt; **2.** *m* Verrückte(r) *m*
matt|one [mat'to:ne] *m* Ziegelstein *m*; *fig* Wälzer *m*; ~**onella** [-to'nɛlla] *f* Kachel *f*, Fliese *f*
mattutino [mattu'ti:no] **1.** *adj* morgendlich, Morgen…; **2.** *m rel* Frühmesse *f*
matur|are [matu'ra:re] (*1a*) **1.** *v/t* reifen lassen; **2.** *v/i u* ~**arsi** [-'rarsi] reifen;

M

econ fällig werden; **~ità** [-ri'ta] *f* Reife *f*; (*diploma*) Reifeprüfung *f*, Abitur *n*
maturo [ma'tu:ro] reif
mausoleo [mauzo'lɛ:o] *m* Mausoleum *n*
maxischermo [maksi'skɛrmo] *m inform* Großbildschirm *m*
mazza ['mattsa] *f* Stock *m*; Knüppel *m*; *sport* Schläger *m*; **~ da golf** Golfschläger *m*
mazzo ['mattso] *m* Bündel *n*; **~ di fiori** (Blumen)Strauß *m*; **~ di chiavi** Schlüsselbund *m u n*; **~ di carte** Spiel *n* Karten
me [me] (*acc*) mich; (*dat*) mir (= **mi** *vor* **lo**, **la**, **li**, **le**, **ne**); **povero ~!** ich Armer!; **come ~** wie ich; **per ~** für mich; meinetwegen; **quanto a ~** was mich betrifft; **secondo ~** m-r Meinung nach
mecc|anica [mek'ka:nika] *f* Mechanik *f*; **~anicamente** [-kanika'mente] mechanisch, unwillkürlich; **~anico** [-'ka:niko] (*pl -ci*) **1.** *adj* mechanisch; **ingegnere** *m* **~** Maschineningenieur *m*; **2.** *m* Mechaniker *m*; Autoschlosser *m*; **~anismo** [-ka'nizmo] *m* Mechanismus *m*; Getriebe *n*; Uhrwerk *n*; **~ di chiusura** Verschlussvorrichtung *f*
mecenate [metʃe'nate] *m* Mäzen *m*
medaglia [me'da:ʎa] *f* Medaille *f*
medesimo [me'de:zimo] gleich; selbst; **il ~** derselbe; dasselbe; **la -a** dieselbe; **la -a cosa** ein und dasselbe
media ['mɛ:dia] *f* Durchschnitt *m*; **in ~** durchschnittlich, im Durchschnitt; **~ oraria** Durchschnittsgeschwindigkeit *f*
med|iano [medi'a:no] Mittel…; **~iante** [-di'ante] mittels, durch; **~iatore** [-dia'to:re] *m* Vermittler *m*; **~iazione** [-diatsi'o:ne] *f* Vermittlung *f*
medic|amento [medika'mento] *m* Arznei *f*, Medikament *n*; **~are** [-'ka:re] (*1l*, *b u d*) behandeln; (*disinfettare*) desinfizieren; **~azione** [-katsi'o:ne] *f* Behandlung *f*
medic|ina [medi'tʃi:na] *f* Medizin *f*; (*farmaco*) Medikament *n*, Arznei *f*; **~ interna** innere Medizin *f*; **~inale** [-tʃi'na:le] **1.** *adj* Heil…; **2.** *m* Arznei (-mittel *n*) *f*
medico ['mɛ:diko] (*pl -ci*) **1.** *adj* medizinisch; ärztlich; **visita** *f* **-a** ärztliche Untersuchung *f*; **2.** *m* Arzt *m*; **~ di famiglia** Hausarzt *m*; **~ generico** praktischer Arzt *m*; **~ della mutua** Kassenarzt *m*; **~ di guardia** Notarzt *m*; **~ specialista** Facharzt *m*
medievale [medie'va:le] mittelalterlich
medio ['mɛ:dio] (*pl -di*) mittlere; Mittel…; durchschnittlich; **guadagno** *m* **~** durchschnittlicher Gewinn *m*
med|iocre [medi'o:kre] mittelmäßig; **~iocrità** [-diokri'ta] *f* Mittelmäßigkeit *f*
medioevo [medio'ɛ:vo] *m* Mittelalter *n*
medit|are [medi'ta:re] (*1l u b*) meditieren; (*riflettere*) überlegen, nachdenken; **~ su qc** über et (*acc*) nachdenken; **~azione** [-tatsi'o:ne] *f* Meditation *f*, (*riflessione*) Überlegung *f*
mediterraneo [mediter'ra:neo] **1.** *adj* Mittelmeer…; **paese** *m* **~** Mittelmeerland *n*; **zona** *f* **-a** Mittelmeerraum *m*;
Mediterraneo *m* (*a* **mare** *m* **~**) Mittelmeer *n*
medium ['mɛ:dium] *m inv* Medium *n*
medusa [me'du:za] *f zo* Qualle *f*
meeting ['mi:tiŋ] *m inv* Treffen *n*, Meeting *n*
megalomania [megaloma'ni:a] Größenwahn *m*
meglio ['mɛ:ʎo] **1.** *adv* besser; **~!** *od* **tanto ~!** umso besser!; **~ di no!** besser nicht!; **alla ~** so gut wie möglich; **di bene in ~** immer besser!; *econ* **al ~** bestmöglich; **2.** *m* Bessere(s) *n*; Beste(s) *n*
mela ['me:la] *f* Apfel *m*; **~grana** [-'gra:na] *f* Granatapfel *m*
melanzana [melan'tsa:na] *f* Aubergine *f*
melma ['melma] *f* Schlamm *m*
melo ['me:lo] *m* Apfelbaum *n*
mel|odia [melo'di:a] *f* Melodie *f*; **~odico** [-'lɔ:diko] (*pl -ci*) melodisch
melodramma [melo'dramma] *m* (*pl -i*) Melodram(a) *n*
melograno [melo'gra:no] *m* Granatapfelbaum *n*
melone [me'lo:ne] *m* Melone *f*, Honigmelone *f*
membrana [mem'bra:na] *f* **~ del timpano** Trommelfell *n*
membro ['mɛmbro] *m* (*pl le membra*) *anat* Glied *n*; *fig* (*pl i -i*) Mitglied *n*
memor|abile [memo'ra:bile] denkwürdig; **~andum** [-'randum] *m inv*

M

Denkschrift *f*; (*promemoria*) Merkzettel *m*

memoria [me'mɔːria] *f* Gedächtnis *n*; (*ricordo*) Erinnerung *f*; *inform* Speicher *m*; ***a ~*** auswendig; ***~ centrale*** Hauptspeicher *m*; ***~ RAM*** *f inform* Arbeitsspeicher *m*; ***richiamare alla ~*** ins Gedächtnis rufen; ***-e*** *pl* Memoiren *pl*

memorizzare [memorid'dzaːre] (*1a*) *inform* (ab)speichern

menage [me'naːʒ] *m inv* Haushalt *m*, Eheleben *n*; Alltag *m*

menare [me'naːre] (*1a*) führen; F (*picchiare*) schlagen

mendic|ante [mendi'kante] *m/f* Bettler(in *f*) *m*; **~are** [-'kaːre] (*1l u d od 1d*) **1.** *v/t* erbetteln; **2.** *v/i* betteln

menefreghismo [menefre'gizmo] *m* Interesselosigkeit *f*; P Wurstigkeit *f*

men|inge [me'nindʒe] *f* Hirnhaut *f*; **~ingite** [-nin'dʒiːte] *f* Hirnhautentzündung *f*

menisco [me'nisko] *m* (*pl -chi*) Meniskus *m*

meno ['meːno] **1.** *adv* weniger; ***di ~*** weniger; ***a ~ che*** außer wenn; es sei denn, dass; ***per lo ~*** wenigstens; ***sono le sei ~ un quarto*** es ist Viertel vor sechs; ***fare a ~ di qc*** et entbehren können; ***fare a ~ di*** (*inf*) darauf verzichten zu (*inf*); ***venir ~*** in Ohnmacht fallen; **2.** *prp* außer, bis auf (*acc*)

menom|ato [meno'maːto] geschmälert; (*handicappato*) behindert; **~azione** [-matsi'oːne] *f* Schmälerung *f*, Behinderung *f*

mensa ['mensa] *f* Kantine *f*; ***~ (universitaria)*** Mensa *f*

mens|ile [men'siːle] **1.** *adj* monatlich, Monats…; *trasporti* ***tessera f ~*** Monatskarte *f*; **2.** *m* (*periodico*) Monatsschrift *f*; (*stipendio*) Monatsgehalt *n*; **~ilità** [-sili'ta] *f* Monatsgehalt *n*

mensola ['mɛnsola] *f* Konsole *f*

menta ['menta] *f* Minze *f*; ***~ piperita*** Pfefferminze *f*

ment|ale [men'taːle] geistig; Geistes…; **~alità** [-tali'ta] *f* Mentalität *f*

mente ['mente] *f* Geist *m*, Verstand *m*; Sinn *m*; ***malato di ~*** geisteskrank; ***avere in ~ di*** (*inf*) im Sinn haben, beabsichtigen zu (*inf*); ***tenere a ~ qc*** sich et (*acc*) merken; et behalten; an et (*acc*) denken; ***venire in ~*** einfallen; ***passare*** (*od* ***uscire***) ***di ~*** entfallen

mentire [men'tiːre] (*4d od 4b*) lügen

mento ['mento] *m* Kinn *n*

mentre ['mentre] *cj* (*a* ***~ che***) während

menù [me'nu] *m inv* Speisekarte *f*, Menü *n* (*a inform*)

menzionare [mentsio'naːre] (*1a*) erwähnen

menzogna [men'tsoːɲa] *f* Lüge *f*

meraviglia [mera'viːʎa] *f* Wunder *n*; Verwunderung *f*; ***a ~*** wunderbar

meravigli|are [meravi'ʎaːre] (*1g*) verwundern; **~arsi** [-'ʎarsi] sich wundern (***di*** über *acc*); **~ato** [-'ʎaːto] verwundert; **~oso** [-'ʎoːso] wunderbar, fabelhaft

merc|ante [mer'kante] *m* Händler *m*, Kaufmann *m*; **~anteggiare** [-kanted'dʒaːre] (*1f*) handeln; feilschen; ***~ in qc*** mit et handeln; **~antile** [-kan'tiːle] **1.** *adj* kaufmännisch; Handels…; **2.** *m* Frachtschiff *n*; **~anzia** [-kan'tsiːa] *f* Ware *f*

mercato [mer'kaːto] *m* Markt *m*; Absatzgebiet *n*; (*a* ***~ coperto***) Markthalle *f*; *econ* ***~ dei valori*** Wertpapiermarkt *m*; ***~ estero*** Auslandsmarkt *m*; ***~ mondiale*** Weltmarkt *m*; ***~ nazionale*** Binnenmarkt *m*; ***~ interno*** Binnenmarkt *m*; ***~ unico europeo*** Europäischer Binnenmarkt *m*; ***~ nero*** Schwarzmarkt *m*; ***~ delle pulci*** Flohmarkt *m*; ***a buon ~*** billig

merce ['mɛrtʃe] *f* Ware *f*; ***~ di contrabbando*** Schmuggelware *f*; ***libera circolazione*** *f* ***delle -i*** freier Warenverkehr *m*

merceria [mertʃe'riːa] Kurzwarenhandlung *f*; Kurzwaren *f/pl*

mercoledì [merkole'di] *m* Mittwoch *m*; ***~ delle Ceneri*** Aschermittwoch *m*

mercurio [mer'kuːrio] *m* Quecksilber *n*

merda V ['mɛrda] *f* P Scheiße *f*

merenda [me'rɛnda] *f* Vesperbrot *n*

meridi|ana [meridi'aːna] *f* Sonnenuhr *f*; **~ano** [-di'aːno] **1.** *adj* Mittags…; **2.** *m* Meridian *m*; **~onale** [-dio'naːle] **1.** *adj* südlich; Süd…; ***Italia*** *f* **~** Süditalien *n*; **2.** *m/f* Süditaliener(in *f*) *m*; **~one** [-di'oːne] *m* Süden *m*; Süditalien *n*

meringa [me'ringa] *f* (*pl -ghe*) Baiser *n*

merit|are [meri'taːre] (*1l u b*) **1.** *v/t* verdienen; **2.** *v/i impersonale* sich

M

lohnen; **~evole** [-'teːvole] würdig, wert (**di** *gen*)
merito ['mɛːrito] *m* Verdienst *n*; **in ~ a** in Bezug auf (*acc*); **per ~ suo** durch ihn (sie)
merletto [mer'letto] *m* Spitze *f*
merlo ['mɛrlo] *m arch* Zinne *f*; *zo* Amsel *f*
merluzzo [mer'luttso] *m* Kabeljau *m*
meschino [mes'kiːno] armselig; kleinlich
mescol|anza [mesko'lantsa] *f* Mischung *f*; **~are** [-'laːre] (*1l*) mischen, vermischen; **~arsi** [-'larsi] sich vermischen; sich mischen
mese ['meːze] *m* Monat *m*; **al ~** monatlich, im Monat; **per -i e -i** monatelang; **ai primi del ~** Anfang des Monats
messa[1] ['messa]: **~ in piega** Wasserwelle *f*; **~ in scena** Inszenierung *f*; *auto* **~ in marcia** Ingangsetzen *n*; **~ in moto** Anlassen *n*; *fot* **~ a fuoco** Scharfeinstellung *f*; *tec* **~ a punto** Einstellung *f*, Regulierung *f*
messa[2] ['messa] *f rel* Messe *f*, Gottesdienst *m*; **~ pontificale** Pontifikalamt *n*; **~ solenne** Hochamt *n*
mess|aggeria [messaddʒe'riːa] *f* (*mst -e pl*) Bücher- und Zeitschriftenvertrieb *m*; **~aggero** [-'dʒɛːro] *m* Bote *m*; **~aggio** [mes'saddʒo] *m* (*pl -ggi*) Botschaft *f*, Nachricht *f*
messale [mes'saːle] *m* Messbuch *n*
messicano [messi'kaːno] **1.** *adj* mexikanisch; **2.** *m* Mexikaner *m*
messinscena [messin'ʃɛːna] *f* Inszenierung *f*
messo ['messo] → **mettere**
mestiere [mesti'ɛːre] *m* Handwerk *n*; (*professione*) Beruf *m*; (*attività*) Tätigkeit *f*; **essere del ~** vom Fach sein; ein Fachmann sein
mestolo ['mestolo] *m* Kochlöffel *m*; Schöpflöffel *m*
mestruazione [mestruatsi'oːne] *f* Menstruation *f*, Regel *f*
meta ['mɛːta] *f* Ziel *n*; **arrivare alla ~** das Ziel erreichen
metà [me'ta] *f* Hälfte *f*; **a ~** zur Hälfte; **a ~ prezzo** zum halben Preis; **a ~ strada** auf halbem Wege; **fare a ~** halbe-halbe machen
metabolismo [metabo'lizmo] *m* Stoffwechsel *m*
metafora [me'taːfora] *f* Metapher *f*
metaforico [meta'fɔːriko] (*pl -ci*) metaphorisch, bildlich
metallico [me'talliko] (*pl -ci*) metallisch
metallizato [metallid'dzaːto] metallic
metallo [me'tallo] *m* Metall *n*; **~ prezioso** Edelmetall *n*
metallurgia [metallur'dʒiːa] *f* Metallurgie *f*
metamorfosi [meta'mɔrfozi] *f* Metamorphose *f*, Verwandlung *f*
metan|o [me'taːno] *m* Methangas *n*; **~odotto** [-tano'dotto] *m* Methangasleitung *f*
meteora [me'tɛːora] *f* Meteor *m*
mete|orite [me'tɛːo'rite] *f* Meteorit *m*; **~orologico** [-oro'lɔːdʒiko] (*pl -ci*) meteorologisch; **bolletino** *m* **~** Wetterbericht *m*; **servizio** *m* **~** Wetterdienst *m*
meticoloso [metiko'loːso] peinlich genau
metodico [me'tɔːdiko] (*pl -ci*) methodisch
metodo ['mɛːtodo] *m* Methode *f*, Verfahren *n*
metric|a ['mɛːtrika] *f* Metrik *f*, Verslehre *f*; **~o** [-ko] (*pl -ci*) metrisch
metro[1] ['mɛːtro] *m* Meter *m u n*; **~ quadrato** Quadratmeter *m*; **~ cubo** Kubikmeter *m*
metro[2] ['mɛːtro] *m inv od* **metrò** ['mɛː'tro] *m inv* (*abbr di* **metropolitana**) U-Bahn *f*, Metro *f*
metronotte [metro'nɔtte] *m inv* Nachtwächter *m*
metropoli [me'trɔːpoli] *f* Metropole *f*, Großstadt *f*
metropolitana [metropoli'taːna] *f* Untergrundbahn *f*, U-Bahn *f*, Metro *f*
mett|ere ['mettere] (*3ee*) legen; setzen; stellen; *tec* **~ a punto** einstellen; **~ in conto** in Rechnung stellen; **~ in moto** anlassen; **~ in ordine** aufräumen; **~ al sicuro** sicherstellen; **~ fine** ein Ende machen; **~ su casa** e-n Haushalt gründen; **mettiamo che** nehmen wir an, dass; **metterci** brauchen, benötigen; **~ersi** [-si] sich stellen, sich setzen; **~ a letto** sich zu Bett legen; **~ a sedere** sich hinsetzen; **~ un abito** ein Kleid anziehen; **~ il cappello** den Hut aufsetzen; *avia, auto* **~ la cintura** sich

M

anschnallen; **~ in corsia** sich einordnen; **~a fare qc** anfangen, et zu tun; **~ in cammino** sich auf den Weg machen

mezzaluna [meddza'lu:na] *f* (*pl mezzelune*) Halbmond *m*; *gastr* Wiegemesser *n*

mezzanino [meddza'ni:no] *m* Zwischenstock *m*

mezzanotte [meddza'nɔtte] *f* (*pl mezzenotti*) Mitternacht *f*

mezzo ['mɛddzo] **1.** *adj* halb; **uno e ~** anderthalb; **mezz'ora** eine halbe Stunde; **le sei e ~** halb sieben; **~ chilo** ein Pfund; **a -a strada** auf halbem Weg; **di -a età** mittleren Alters; **~ servizio** *m* Halbtagsarbeit *f*; **2.** *m* (*parte centrale*) Mitte *f*; (*metà*) Hälfte *f*; (*strumento*) Mittel *n*; (*veicolo*) Verkehrsmittel *n*; **~ di trasporto pubblico** öffentliches Verkehrsmittel *n*; **-i** *pl* **di comunicazione di massa** Massenmedien *pl*; **per ~ di** durch; mittels; **in ~ a** inmitten; **nel ~ di** mitten in (*dat*), in der Mitte (*gen*)

mezzo|busto [meddzo'busto] *m* (*pl mezzibusti*) Brustbild *n*; **~fondo** [-'fondo] *m* Mittelstreckenlauf *m*; **~giorno** [-'dʒorno] *m* Mittag *m*; *geogr* Süden *m*

Mezzogiorno [-'dʒorno] *m* Süditalien *n*

mi[1] [mi] *m mus* E *n*; **~ maggiore** E-Dur *n*; **~ bemolle** e-Moll *n*

mi[2] [mi] *pron* mir; mich

mia [m'ia] *f von* **mio**

miagol|are [miago'la:re] (*1l*) miauen; **~io** [-'li:o] *m* fortwährendes Miauen *n*

mica ['mi:ka] *adv* gar nicht, keineswegs, doch nicht; **non è ~ vero** es ist gar nicht wahr; **~ male** gar nicht übel

miccia ['mittʃa] *f* Zündschnur *f*

micidiale [mitʃidi'a:le] tödlich

micro... *in Zssgn* Klein...

microbo ['mikrɔ:bo] *m* Mikrobe *f*

micro|camera [mikro'ka:mera] *f* Kleinbildkamera *f*; **~computer** [-kompi'u:tə] *m inv* Mikrocomputer *m*; **~film** [-'film] *m inv* Mikrofilm *m*

microfono [mi'krɔ:fono] *m* Mikrofon *n*

microonda [mikro'onda] *f* Mikrowelle *f*; **forno** *m* **a -e** Mikrowellenherd *m*

microprocessore [mikroprotʃes'sore] *m* Mikroprozessor *m*

micr|oscopico [mikros'kɔ:piko] (*pl -ci*) mikroskopisch; **~oscopio** [-kros'kɔ:pio] *m* (*pl -pi*) Mikroskop *n*

midollo [mi'dollo] *m* (Knochen)Mark *n*; **~ spinale** Rückenmark *n*

mie ['mie] *f/pl von* **mio**

miei [mi'ɛ:i] *pl von* **mio**

miele [mi'ɛ:le] *m* Honig *m*

mietere [mi'ɛ:tere] (*3a*) mähen

migliaio [mi'ʎa:io] *m* (*pl le migliaia*) Tausend *n*; **un ~** etwa tausend; **migliaia** *pl* (**di**) tausende (von)

miglio[1] ['mi:ʎo] *m* (*pl le miglia*) Meile *f*; **~ marino** Seemeile *f*

miglio[2] ['mi:ʎo] *m* (*pl -gli*) Hirse *f*

miglior|amento [miʎora'mento] *m* Verbesserung *f*, Besserung *f*; **~are** [-'ra:re] (*1a*) **1.** *v/t* verbessern; **2.** *v/i u* **~arsi** [-'rarsi] sich bessern; **lui migliora** es geht ihm besser

migliore [mi'ʎo:re] besser; **il ~** der Beste

mignolo ['mi:ɲolo] *m* (*od a* **dito** *m* **~**) kleiner Finger *m*; *del piede* kleine Zehe *f*

migr|are [mi'gra:re] (*1a*) wandern; **~azione** [-gratsi'o:ne] *f* Wanderung *f*

mila ['mila] *in Zssgn* **due~** zweitausend

miliardario [miliar'da:rio] *m* (*pl -ri*) Milliardär *m*

miliardo [mili'ardo] *m* Milliarde *f*

mili|onario [milio'na:rio] *m* (*pl -ri*) Millionär *m*; **~one** [-li'o:ne] *m* Million *f*

milit|are [mili'ta:re] **1.** *v/i* (*1l*): **~ in un partito** in e-r Partei aktiv sein; **2.** *adj* militärisch; Militär...; **servizio** *m* **~** Wehr-, Militärdienst *m*; **3.** *m* Soldat *m*; **fare il ~** den Militärdienst ableisten; **~arismo** [-ta'rizmo] *m* Militarismus *m*; **~arista** [-ta'rista] *m/f* (*m/pl -i*) Militarist(in *f*) *m*; **~arizzare** [-tarid'dza:re] (*1a*) militarisieren

milite ['mi:lite] *m* Soldat *m*; **il ~ ignoto** der Unbekannte Soldat

militesente [milite'zente] vom Militärdienst befreit

mille ['mille] (*pl mila*) tausend

mill|efoglie [mille'fɔ:ʎe] *m inv* Blätterteigschnitte *f*; **~ennio** [-'lɛnnio] *m* (*pl -nni*) Jahrtausend *n*; **~epiedi** [-lepi'ɛ:di] *m inv* Tausendfüß(l)er *m*; **~esimo** [-'lɛ:zimo] **1.** *adj* tausendste; **2.** *m* Tausendstel *n*

mill|igrammo [milli'grammo] *m* Milligramm *n*; **~imetro** [-'li:metro] *m* Millimeter *m u n*

milza ['miltsa] *f* Milz *f*

M

mimetizz|are [mimetid'dza:re] (*1a*) *mil* tarnen; **~arsi** [-'dzarsi] sich tarnen; *fig* sich anpassen
mimica ['mi:mika] *f* Mimik *f*
mimo ['mi:mo] *m* Pantomime *m*
mimosa [mi'mo:sa] *f* Mimose *f*
mina ['mi:na] *f* Mine *f*
minaccia [mi'nattʃa] *f* (*pl -cce*) Drohung *f*, Bedrohung *f*, (*danno*) Gefährdung *f*
minacci|are ['minattʃa:re] (*1f*) (be-)drohen; (*mettere in pericolo*) gefährden; **~oso** [-'tʃo:so] drohend; bedrohlich
min|are [mi'na:re] (*1a*) verminen; *fig* untergraben; **~ato** [-'na:to] ***campo** m* **~** Minenfeld *n*
minareto [mina're:to] *m* Minarett *n*
min|atore [mina'to:re] *m* Bergmann *m*; **~atorio** [-'tɔ:rio] (*pl -ri*) Droh…; ***lettera** f* **-a** Drohbrief *m*
minerale [mine'ra:le] **1.** *adj* mineralisch; Mineral…; ***acqua** f* **~** Mineralwasser *n*; **2.** *m* Mineral *n*
minestra [mi'nɛstra] *f* Suppe *f*, ***~ del giorno*** Tagessuppe *f*, ***~ di fagioli*** Bohnensuppe *f*, ***~ di verdura*** Gemüsesuppe *f*
minestr|ina [mines'tri:na] *f* leichte Suppe *f*, Brühe *f* mit Einlage; **~one** [-'tro:ne] *m* dicke Gemüsesuppe *f*
miniatura [minia'tu:ra] *f* Miniatur(malerei) *f*
miniera [mini'ɛ:ra] *f* Bergwerk *n*; *fig* Fundgrube *f*
mini|golf [mini'gɔlf] *m inv* Minigolf *n*; **~gonna** [-'gɔnna] *f* Minirock *m*
minimizzare [minimid'dza:re] (*1a*) bagatellisieren
minimo ['mi:nimo] **1.** *adj* kleinste, geringste, wenigste; ***prezzo** m* **~** Mindestpreis *m*; ***offerta** f* **-a** Mindestgebot *n*; ***salario** m* **~** Mindestlohn *m*; **2.** *m* Minimum *n*; *motore* Leerlauf *m*
ministero [minis'tɛ:ro] *m* Ministerium *n*; ***~ d'economia*** Wirtschaftsministerium *n*; ***pubblico*** **~** Staatsanwaltschaft *f*
ministro [mi'nistro] *m* Minister *m*; ***~ degli Esteri*** Außenminister *m*; ***~ degli Interni*** Innenminister *m*; ***primo ~*** Ministerpräsident *m*, Premierminister *m*; ***consiglio** m* ***dei -i*** Ministerrat *m*
minor|anza [mino'rantsa] *f* Minderheit *f*, **~ato** [-'ra:to] **1.** *adj* behindert; **2.** *m* Behinderte(r) *m*
minore [mi'nɔ:re] **1.** *adj* kleiner; (***a ~ d'età***) jünger; (*minorenne*) minderjährig; *mus* Moll…; **2.** *m/f* Minderjährige(r *m*) *m/f*
minorenne [mino'rɛnne] **1.** *adj* minderjährig; **2.** *m/f* Minderjährige(r *m*) *m/f*
minusc|ola [mi'nuskola] *f* kleiner Buchstabe *m*; **~olo** [-kolo] winzig
minuto [mi'nu:to] **1.** *adj* klein; (*sottile*) fein; genau; ***pioggia** f* **-a** feiner Regen *m*; ***spese** f/pl* **-e** kleine Ausgaben *f/pl*; *econ* ***al ~*** im Einzelnen, im Detail; ***commercio** m* ***al ~*** Klein-, Einzelhandel *m* **2.** *m* Minute *f*
minuzioso [minutsi'o:so] kleinlich, minuziös
mio [m'i:o] (*pl miei*) **1.** *adj u pron* mein; ***un ~ amico*** ein Freund von mir; ***i miei amici*** meine Freunde; ***questo libro è ~*** dieses Buch gehört mir; **2.** *m* Meine(s) *n*; Meinige(s) *n*; ***i miei*** m-e Angehörigen *pl*
miope [m'i:ope] kurzsichtig
miopia [mio'pi:a] *f* Kurzsichtigkeit *f*
mira ['mi:ra] *f* Ziel *n*; ***prendere di ~ qc*** auf et (*acc*) zielen; ***prendere di ~ qu*** j-n aufs Korn nehmen
mirabella [mira'bɛlla] *f* Mirabelle *f*
miracolo [mi'ra:kolo] *m* Wunder *n*; ***~ economico*** Wirtschaftswunder *n*; ***per ~*** wie durch ein Wunder
miraggio [mi'raddʒo] *m* (*pl -ggi*) Luftspiegelung *f*
mirare [mi'ra:re] (*1a*) zielen (***a*** auf *acc*); *fig* streben (***a*** nach *dat*)
mirino [mi'ri:no] *m mil* Korn *n*; *fot* Sucher *m*
mirtillo [mir'tillo] *m* Heidel-, Blaubeere *f*
mirto ['mirto] *m* Myrte *f*
miscel|a [mi'ʃɛ:la] *f* Mischung *f*, **~atore** [-la'to:re] *m* Mixer *m*; *auto* Gemisch *n*
mischia ['miskia] *f* Gedränge *n*; (*rissa*) Handgemenge *n*
mischi|are [miski'a:re] (*1k*) mischen; **~arsi** [-ki'arsi] sich einmischen
miscuglio [mis'ku:ʎo] *m* (*pl -gli*) Mischung *f*, Gemisch *n*
miser|abile [mize'ra:bile] elend; armselig; erbärmlich; **~evole** [-'re:vole] bejammernswert
miseria [mi'zɛ:ria] *f* Elend *n*, Armut *f*,

M

Not *f*; ***cadere*** (***vivere***) ***in ~*** in Not geraten (leben); ***costare una ~*** spottbillig sein; F ***porca ~!*** F verdammt!
misericordia [mizeri'kɔrdia] *f* Barmherzigkeit *f* (***di*** mit); ***senza ~*** erbarmungslos
misero ['mi:zero] elend; jämmerlich
misfatto [mis'fatto] *m* Verbrechen *n*; Missetat *f*
miss|aggio [mis'saddʒo] *m* (*pl -ggi*) Mischen *n*; **~are** [-'sa:re] mixen
missile ['missile] *m* Rakete *f*; ***~ a lunga gittata*** Langstreckenrakete *f*
miss|ionario [missio'na:rio] *m* (*pl -ri*) Missionar *m*; **~ione** [-si'o:ne] *f* Mission *f*, Aufgabe *f*; ***compiere una ~*** eine Aufgabe erfüllen
mist|erioso [misteri'o:so] geheimnisvoll; **~ero** [-'tɛ:ro] *m* Geheimnis *n*; (*enigma*) Rätsel *n*
mistico ['mistiko] (*pl -ci*) mystisch
misto ['misto] gemischt
misura [mi'zu:ra] *f* Maß *n*, Ausmaß *n*; (*taglia*) Größe *f*; (*provvedimento*) Maßnahme *f*; *mus* Takt *m*; *fig* Maß *n*, Maßstab *m*; Grenze *f*; ***-e preventive*** Schutzmaßnahmen *f/pl*; ***unità f di ~*** Maßeinheit *f*; ***con ~*** maßvoll; ***su ~*** nach Maß
misur|abile [mizu'ra:bile] messbar; **~are** [-'ra:re] (*1a*) (aus)messen; (*limitare*) einschränken; **~arsi** [-'rarsi] sich messen (***con*** mit); (*limitarsi*) sich zurückhalten; **~ato** [-'ra:to] gemäßigt; maßvoll
misurino [mizu'ri:no] *m* Messbecher *m*
mite ['mi:te] mild, sanft
mitigare [miti'ga:re] (*1l u e*) mildern, lindern
mito ['mi:to] *m* Mythos *m*
mitol|ogia [mitolo'dʒi:a] *f* Mythologie *f*; **~ogico** [-'lɔ:dʒiko] (*pl -ci*) mythologisch
mitra ['mi:tra] *m* Maschinenpistole *f*
mitragliatrice [mitraʎa'tri:tʃe] *f* Maschinengewehr *n*
mittente [mit'tɛnte] *m* Absender *m*
mobbing ['mɔbbiŋ] *m* Mobbing *n*; ***fare ~*** mobben
mobile ['mɔ:bile] **1.** *adj* beweglich; *fig* unbeständig; mobil; ***squadra f ~*** mobiles Einsatzkommando *n* **2.** *m* Möbel(stück) *n*; ***-i*** *pl* Einrichtung *f*, Möbel *pl*; ***~ da giardino*** Gartenmöbel *n*
mobilia [mo'bi:lia] *f* Mobiliar *n*
mobil|ificio [mobili'fi:tʃo] *m* Möbelfabrik *f*; **~io** [-'bi:lio] *m* → ***mobilia***
mobil|ità [mobili'ta] *f* Beweglichkeit *f*, Mobilität *f*; **~itare** [-li'ta:re] (*1m*) mobilisieren
moca ['mɔ:ka] *m* Mokka *m*
mocassino [mokas'si:no] *m* Mokassin *m*
moda ['mɔ:da] *f* Mode *f*; ***alla ~*** modisch; ***di ~*** modern; ***fuori ~*** altmodisch
modalità [modali'ta] *f* Bedingung *f*
modella [mo'dɛlla] *f* Modell *n*; (*indossatrice*) Mannequin *n*, Model *n*
modellare [model'la:re] (*1b*) modellieren; formen
modello [mo'dɛllo] **1.** *adj* Muster…; *fig* musterhaft; **2.** *m* Modell *n*; *fig* Muster *n*
modem ['mɔdɛm] *m* Modem *n*
moder|are [mode'ra:re] (*1l u c*) mäßigen; *rad*, *TV* moderieren; **~ato** [-'ra:to] *adj* mäßig; maßvoll; *pol* gemäßigt; **~atore** [-ra'to:re] *m* Moderator *m*, Diskussionsleiter *m*; **~azione** [-ratsi'o:ne] *f* Mäßigung *f*, Moderation *f*
modernizzare [modernid'dza:re] (*1a*) modernisieren
moderno [mo'dɛrno] modern, neu
mod|estia [mo'dɛstia] *f* Bescheidenheit *f*; **~esto** [-'dɛsto] bescheiden; *prezzo* niedrig
modico ['mɔ:diko] (*pl -ci*) mäßig, gering; *prezzo* niedrig
modifica [mo'di:fika] *f* (Ab)Änderung *f*, Umänderung *f*
modificare [modifi'ka:re] (*1m u d*) abändern, umändern, verändern
modificato [modifi'kato] *adj* verändert; umgeändert; ***~ geneticamente*** *biol* gentechnisch verändert
modo ['mɔ:do] *m* Art *f*, Weise *f*, Art und Weise *f*; *mus* Tonart *f*; *gram* Modus *m*; ***~ di dire*** Redensart *f*; ***~ di pensare*** Denkart *f*; ***per ~ di dire*** sozusagen, gewissermaßen; ***avere ~ di*** Gelegenheit (*od* Möglichkeit) haben zu; ***a ~ mio*** auf meine Art; ***di ~ che*** so, dass; ***ad ogni ~*** jedenfalls
modulo ['mɔ:dulo] *m* Formular *n*, Vordruck *m*, Formblatt *n*; ***~ di domanda*** Antragsformular *n*; ***~ d'iscrizione*** Anmeldeformular *n*; ***~ di ver-***

M

samento *banca* Überweisungsformular *n*; *posta* Zahlkarte *f*; ~ ***per telegrammi*** Telegrammformular *n*
mogano ['mɔːgano] *m* Mahagoni *n*
moglie ['moːʎe] *f* (*pl* -*gli*) (Ehe)Frau *f*, Gattin *f*
mola ['mɔːla] *f* Schleifstein *m*
molare [mo'laːre] **1.** *v/t* (*1c*) schleifen; **2.** *m* Backenzahn *m*
mole ['mɔːle] *f arch* gewaltiges Bauwerk *n*; Umfang *m*
molecola [mo'lɛːkola] *f* Molekül *n*
molestare [moles'taːre] (*1b*) belästigen
mol|estia [mo'lɛstia] *f* Belästigung *f*; **~esto** [-'lɛsto] lästig
molla ['mɔlla] *f* Feder *f*; *fig* Triebfeder *f*; **-e** *pl* Feuerzange *f*
mollare [mol'laːre] (*1c*) loslassen, locker lassen
molle ['mɔlle] weich; (*debole*) schwach; (*bagnato*) nass
moll|eggiare [molled'dʒaːre] (*1f*) federn; **~eggio** [-'leddʒo] *m* Federung *f*
molletta [mol'letta] *f* Klammer *f*, Haarklammer *f*; ~ ***da bucato*** Wäscheklammer *f*
mollica [mol'liːka] *f* (*pl* -*che*) Krume *f*
mollusco [mol'lusko] *m* (*pl* -*chi*) Molluske *f*, Weichtier *n*
molo ['mɔːlo] *m* Mole *f*, Kai *m*
molotov ['mɔːlotov] *f inv* Molotowcocktail *m*
molt|eplice [mol'teːplitʃe] vielfältig; **~eplicità** [-teplitʃi'ta] *f* Vielfalt *f*
moltiplic|are [moltipli'kaːre] (*1m u d*) **1.** *v/t* vermehren, vervielfältigen; *mat* multiplizieren (***per*** mit); **2.** *v/i u* **~arsi** [-'karsi] sich vermehren
moltitudine [molti'tuːdine] *f* Menge *f*
molto ['molto] **1.** *adj* viel; **2.** *adv* viel, sehr; (*a* ~ ***tempo***) lange; ***da*** ~ (***tempo***) seit langem, schon lange; ***fra non*** ~ in absehbarer Zeit **3.** *m* Viele(s) *n*
momentaneo [momen'taːneo] augenblicklich
momento [mo'mento] *m* Moment *m*, Augenblick *m*; Zeitpunkt *m*; ***dal ~ che*** da; ***a -i*** bald, gleich; ***per il*** ~ vorläufig; ***sul*** ~ sofort
monaca ['mɔːnaka] *f* (*pl* -*che*) Nonne *f*; *zo* Bachstelze *f*
monaco ['mɔːnako] *m* (*pl* -*ci*) Mönch *m*
mon|arca [mo'narka] *m* (*pl* -*chi*) Monarch *m*; **~archia** [-nar'kiːa] *f* Monarchie *f*; **~archico** [-'narkiko] (*pl* -*ci*) **1.** *adj* monarchisch; **2.** *m* Monarchist *m*
monastero [monas'tɛːro] *m* Kloster *n*
mondano [mon'daːno] mondän, gesellschaftlich; (*terreno*) weltlich
mondare [mon'daːre] (*1a*) *frutta* schälen
mondiale [mondi'aːle] Welt…; ***campionato*** *m* ~ Weltmeisterschaft *f*; ***economia*** *f* ~ Weltwirtschaft *f*; ***potenza*** *f* ~ Weltmacht *f*; ***esposizione*** *f* ~ Weltausstellung *f*; ***di fama*** ~ weltberühmt
mondo ['mondo] *m* Welt *f*; ***giro*** *m* ***del*** ~ Weltreise *f*; ***l'altro*** ~ das Jenseits
monello [mo'nɛllo] *m* Lausbub *m*, Schlingel *m*; Straßenjunge *m*
moneta [mo'neːta] *f* Münze *f*; (*valuta*) Währung *f*; (*denaro*) Geld *n*; (*spiccioli*) Kleingeld *n*; ~ ***d'oro*** Goldstück *n*; ~ ***europea*** Eurowährung *f*; ***svalutazione*** *f* (*od* ***deprezzamento*** *m*) ***della*** ~ Geldentwertung *f*
monetario [mone'taːrio] (*pl* -*ri*) Geld…, Währungs…, monetär; ***riforma*** *f* **-a** Währungsreform *f*; *EU* Währungsumstellung *f*; ***fondo*** *m* ~ ***europeo*** europäischer Währungsfonds *m*; ***ordine*** *m* ~ *econ* Währungsordnung *f*; ***politica*** *f* **-a** Währungspolitik *f*; ***unione*** *f* **-a** *econ* Währungsunion *f*
mongolfiera [moŋgolfi'ɛːra] *f* Luftballon *m*
monito ['mɔːnito] *m* Mahnung *f*
monitor ['mɔːnitor] *m inv* Monitor *m*
mono|camera [mono'kaːmera] *f* Einzimmerwohnung *f*; **~colore** [-ko'loːre] **1.** *adj* einfarbig; *pol* Einparteien…; **2.** *m* Einparteiensystem *n*
mono|grafia [monogra'fiːa] *f* Monographie *f*; **~gramma** [-'gramma] *m* (*pl* -*i*) Monogramm *n*, Namenszug *m*
monolocale [monolo'kaːle] *m* Einzimmerwohnung *f*
monologo [mo'nɔːlogo] *m* (*pl* -*ghi*) Monolog *m*, Selbstgespräch *n*
mono|pattino [mono'pattino] *m* Roller *m*; **~petto** [-'pɛtto] *m* Einreiher *m*; **~polio** [-'pɔːlio] *m* (*pl* -*li*) Monopol *n*; **~polizzare** [-polid'dzaːre] (*1a*) monopolisieren; **~posto** [-'posto] *m* Einsitzer *m*
monotonia [monoto'niːa] *f* Eintönig-

M

keit *f*, Monotonie *f*
monotono [mo'nɔːtono] eintönig, monoton
monouso [mono'uzo] Einweg…; ***siringa** f* **~** Einwegspritze *f*
montacarichi [monta'kaːriki] *m inv* Lastenaufzug *m*
montaggio [mon'taddʒo] *m (pl -ggi) el* Montage *f*, *film* Schnitt *m*
mont|agna [mon'taːɲa] *f* Gebirge *n*; Berg *m*; *fig* Haufen *m*; ***-e** pl* ***russe*** Achterbahn *f*; **~agnoso** [-ta'ɲoːso] gebirgig; **~anaro** [-ta'naːro] *m* Bergbewohner *m*
mont|are [mon'taːre] *(1a)* **1.** *v/t* besteigen; *tec* montieren, zusammenbauen; *gastr* schlagen; **2.** *v/i* steigen; einsteigen; **~ *in collera*** in Zorn geraten; **~atura** [-ta'tuːra] *f di occhiali* Gestell *n*; *di gioiello* Fassung *f*, *fig* Übertreibung *f*
monte ['monte] *m* Berg *m*; *fig* Haufen *m*; ***a*** **~** stromaufwärts; *fig* ***mandare a*** **~** über den Haufen werfen
montone [mon'toːne] *m* Hammel *m*; Lammfellmantel *m*, -jacke *f*
montuoso [montu'oːso] gebirgig
monumento [monu'mento] *m* Denkmal *n*, Monument *n*; **~ *nazionale*** Nationaldenkmal *n*
moquette [mo'kɛt] *f inv* Teppichboden *m*
mora ['mɔːra] *f bot* Maulbeere *f*, Brombeere *f*
morale [mo'raːle] **1.** *adj* moralisch; Moral…; **2.** *f* Moral *f*; **3.** *m* Moral *f*, Stimmung *f*; ***essere giù di*** **~** niedergeschlagen sein
moralista [mora'lista] *m (pl -i)* Moralist *m*
morbidezza [morbi'dettsa] *f* Weichheit *f*, *(delicatezza)* Zartheit *f*
morbido ['mɔrbido] weich; zart
morbillo [mor'billo] *m* Masern *pl*
morbo ['mɔrbo] *m* Seuche *f*
morboso [mor'boːso] krankhaft
mordace [mor'daːtʃe] bissig
mordere ['mɔrdere] *(3uu)* beißen
morena [mo'reːna] *f* Moräne *f*
morfina [mor'fiːna] *f* Morphium *n*
moria [mo'riːa] *f* große Sterblichkeit *f*, **~ *dei boschi*** Waldsterben *n*
moribondo [mori'bondo] im Sterben liegend
morire [mo'riːre] *(4k)* sterben; *bot* eingehen; *fig* **~ *di*** umkommen vor *(dat)*
mormor|are [mormo'raːre] *(1l)* murmeln; murren; rauschen; **~io** [-'riːo] *m* Gemurmel *n*
morsetto [mor'setto] *m tec* Klammer *f*, *el* Klemme *f*
morsicare [morsi'kaːre] *(1l, c u d)* beißen; *insetti* stechen
morso ['mɔrso] **1.** → ***mordere***; **2.** *m* Biss *m*; *segno* Bisswunde *f*, Stich *m*; *(boccone)* Bissen *m*
mortale [mor'taːle] sterblich; tödlich
mortalità [mortali'ta] *f* Sterblichkeit *f*, **~ *infantile*** Säuglingssterblichkeit *f*
morte ['mɔrte] *f* Tod *m*; ***pericolo** m* ***di*** **~** Lebensgefahr *f*
mort|ificare [mortifi'kaːre] *(1m u d)* kränken, demütigen; **~ificazione** [-tifikatsi'oːne] *f* Kränkung *f*, Demütigung *f*
morto ['mɔrto] **1.** → ***morire***; **2.** *adj* tot; gestorben; ***stanco*** **~** todmüde; **3.** *m* Tote(r) *m*; ***giorno** m* ***dei -i*** Allerseelen *n*
mortuario [mortu'aːrio] *(pl -ri)* Leichen…; Toten…; ***annuncio** m* **~** Todesanzeige *f*
mosaico [mo'zaːiko] *m (pl -ci)* Mosaik *n*
mosca ['moska] *f (pl -che)* Fliege *f*; ***peso** m* **~** Fliegengewicht *n*; **~ *cieca*** Blindekuh *f*, ***restare con un pugno di -e*** mit leeren Händen abziehen
mosc|atello [moska'tɛllo] *m* Muskateller(wein) *m*; **~ato** [-'kaːto] ***noce** f* ***-a*** Muskatnuss *f*
moscerino [moʃe'riːno] *m* kleine Fliege *f*
moschea [mos'kɛːa] *f* Moschee *f*
moscio ['moʃo] *(pl -sci)* schlaff; *fig* niedergeschlagen
moscone [mos'koːne] *m zo* Brummer *m*; *(imbarcazione)* Doppelrumpf(ruder)boot *n*
mossa ['mɔssa] *f* Bewegung *f*, Gebärde *f*, Geste *f*, *fig* Zug *m*
mosso ['mɔsso] **1.** → ***muovere***; **2.** *adj* bewegt
mostarda [mos'tarda] *f* Senfsoße *f*
mosto ['mɔsto] *m* (Trauben)Most *m*
mostra ['mostra] *f* Ausstellung *f*, Messe *f*, **~ *fotografica*** Fotoausstellung *f*, *fig* ***mettere in*** **~** zur Schau tragen

M

mostr|are [mos'tra:re] *(1a)* zeigen; vorzeigen; **~arsi** [-'trarsi] sich zeigen; sich erweisen
mostro ['mostro] *m* Ungeheuer *n*
mostruoso [mostru'o:so] ungeheuerlich; scheußlich
motel [mo'tɛl] *m* Motel *n*
motiv|are [moti'va:re] *(1a)* begründen; motivieren; **~azione** [-vatsi'o:ne] *f* Motivation *f*
motivo [mo'ti:vo] *m* Grund *m*, Motiv *n* (*a mus*); ***per quale ~?*** aus welchem Grund?
moto[1] ['mɔ:to] *m* Bewegung *f*; ***mettere in ~*** in Bewegung setzen; *motore* anlassen
moto[2] ['mɔ:to] *f* Motorrad *n*
moto|cicletta [mototʃi'kletta] *f* Motorrad *n*; **~ciclista** [-tʃi'klista] *m/f (m/pl -i)* Motorradfahrer(in *f*) *m*; **~ciclo** [-'tʃi:klo] *m* Motorrad *n*
motore [mo'to:re] *m* Motor *m*; ***~ Diesel*** Dieselmotor *m*; ***~ a due tempi*** Zweitaktmotor *m*; ***~ a quattro tempi*** Viertaktmotor *m*; ***~ a combustione*** Verbrennungsmotor *m*; ***~ fuoribordo*** Außenbordmotor *m*; ***veicolo m a ~*** Motorfahrzeug *n*; ***accendere il ~*** den Motor anlassen; ***fermare il ~*** den Motor abstellen; ***~ di ricerca*** *inform* Suchmaschine *f*
motor|etta [moto'retta] *f* Motorroller *m*; **~ino** [-'ri:no] *m* Moped *n*, Mofa *n*; ***~ d'avviamento*** Anlasser *m*; **~izzato** [-rid'dza:to] motorisiert
moto|scafo [motos'ka:fo] *m* Motorboot *n*; **~scooter** [-'sku:ter] *m inv* Motorroller *m*
motrice [mo'tri:tʃe] *f fer* Triebwagen *m*
motteggio [mot'teddʒo] *m (pl -ggi)* Spott *m*
motto ['mɔtto] *m* Witz *m*; Leitspruch *m*
mouse [m'aus] *m inv inform* Maus *f*
mov|ente [mo'vɛnte] *m* Beweggrund *m*; **~imento** [-vi'mento] *m* Bewegung *f*; (*vita*) Leben *n*; *mus* Tempo *n*; ***~ ecologista*** Ökobewegung *f*, ***~ pacifista*** Friedensbewegung *f*
mozione [motsi'o:ne] Antrag *m*, Motion *f*; ***~ di fiducia*** Vertrauensfrage *f*
mozzarella [mottsa'rɛlla] *f* Mozzarella *m*
mozzicone [mottsi'ko:ne] *m* Zigarrenstummel *m*
mozzo[1] ['mottso] *m mar* Schiffsjunge *m*
mozzo[2] ['mottso] *m tec* Nabe *f*
mucca ['mukka] *f (pl -cche)* Kuh *f*; ***la ~ pazza*** Rinderwahn(sinn) *m*
mucchio ['mukkio] *m (pl -cchi)* Haufe(n) *m*, Menge *f*
muco ['mu:ko] *m (pl -chi)* Schleim *m*
mucosa [mu'ko:sa] *f* Schleimhaut *f*
muffa ['muffa] *f* Schimmel *m*; ***sapere di ~*** muffig riechen (*od* schmecken); ***fare la ~*** schimmeln
mughetto [mu'getto] *m* Maiglöckchen *n*
mugnaio [mu'ɲa:io] *m (pl -ai)* Müller *m*
mugol|are [mugo'la:re] *(1l) cane* winseln; (*gemere*) heulen; **~io** [-'li:o] *m* Gewinsel *n*; Geheul *n*
mugugnare [mugu'ɲa:re] *(1a)* brummen, murren
mula ['mu:la] *f* Mauleselin *f*
mulattiera [mulatti'ɛ:ra] *f* Saumpfad *m*
mulatto [mu'latto] *m* Mulatte *m*
mulinello [muli'nɛllo] *m* Wirbel *m*; Rolle *f*; *mar* Ankerwinde *f*
mulino [mu'li:no] *m* Mühle *f*; ***~ a vento*** Windmühle *f*
mulo ['mu:lo] *m* Maulesel *m*; Maultier *n*; *fig* starrköpfiger Mensch *m*
multa ['multa] *f* Geldstrafe *f*
multare [mul'ta:re] *(1a)* zu e-r Geldstrafe verurteilen
multi|colore [multiko'lo:re] vielfarbig, bunt; **~culturale** [-kultu'ra:le] multikulturell, F multikulti; **~nazionale** [-natsio'na:le] **1.** *adj* multinational; **2.** *f* Multi *m*, multinationaler Konzern *m*
multiplo ['multiplo] vielfach, mehrfach
multiuso [multi'u:zo] Mehrzweck…
mungere ['mundʒere] *(3d)* melken
municipale [munitʃi'pa:le] städtisch; Stadt…; ***consiglio m ~*** Gemeinderat *m*
municipio [muni'tʃi:pio] *m (pl -pi)* Gemeinde *f*, *edificio* Rathaus *n*
mun|ire [mu'ni:re] *(4d)* versehen (***di*** mit); **~izioni** [-nitsi'o:ni] *f/pl* Munition *f*
muov|ere [mu'ɔ:vere] *(3ff)* **1.** *v/t* bewegen; *tec* antreiben; *fig* treiben; **2.** *v/i* ausgehen (***da*** von); **~ersi** [-si] sich bewegen; (*darsi da fare*) sich rühren
mur|aglia [mu'ra:ʎa] *f* Mauer *f*, **~ale** [-'ra:le] Wand…, Mauer…; **~are** [-'ra:re] *(1a)* mauern; zumauern; **~atore** [-ra'to:re] *m* Maurer *m*; **~atura**

M

[-ra'tu:ra] *f* Maurerarbeit *f*
murena [mu'rɛ:na] *f* Muräne *f*
muro ['mu:ro] *m* (*pl a le mura*) Mauer *f*; **~ del suono** Schallmauer *f*; *fig* **mettere con le spalle al ~** in die Enge treiben; **le -a** *f/pl* (Stadt)Mauer *f*
muschio ['muskio] *m* (*pl -chi*) *bot* Moos *n*
muscol|are [musko'la:re] Muskel…; **strappo** *m* **~** Muskelzerrung *f*; **~atura** [-la'tu:ra] *f* Muskulatur *f*
muscolo ['muskolo] *m* Muskel *m*
muscoloso [musko'lo:so] muskulös
museo [mu'zɛ:o] *m* Museum *n*; **~ archeologico** archäologisches Museum *n*; **~ dell'arte** Kunstmuseum *n*; **~ nazionale** Nationalmuseum *n*
museruola [muzeru'ɔ:la] *f* Maulkorb *m*
musica ['mu:zika] *f* Musik *f*; Kapelle *f*; **~ da camera** Kammermusik *f*; **~ leggera** Unterhaltungsmusik *f*
musicale [muzi'ka:le] musikalisch; Musik…; **serata** *f* **~** Musikabend *m*; **strumento** *m* **~** Musikinstrument *n*
musicassetta [muzikas'setta] *f* Musikkassette *f*
musicista [muzi'tʃista] *m/f* (*m/pl -i*) Musiker(in *f*) *m*
muso ['mu:zo] *m* Maul *n*; Schnauze *f*; **tenere il ~ a qu** mit j-m schmollen
musone [mu'zo:ne] *m* Griesgram *m*
mustacchi [mus'takki] *m/pl* Schnurrbart *m*
musulmano [musul'ma:no] **1.** *adj* muselmanisch; **2.** *m* Moslem *m*
muta ['mu:ta] *f* (Hunde)Meute; *sport* Taucheranzug *m*
mutabile [mu'ta:bile] veränderlich
mut|amento [muta'mento] *m* Wechsel *m*; Veränderung *f*; **~ande** [-'tande] *f/pl* Unterhose *f*; **~andine** [-tan'di:ne] *f/pl* Slip *m*; Unterhöschen *n*; **~** (**da bagno**) Badehose *f*; **~are** [-'ta:re] (*1a*) **1.** *v/t* ändern; wechseln; **~ casa** umziehen; **2.** *v/i* sich ändern; **~evole** [-'te:vole] → **mutabile**
mutil|are [muti'la:re] (*1l*) verstümmeln; **~ato** [-'la:to] *m* Versehrte(r) *m*; **~azione** [-latsi'o:ne] *f* Verstümmelung *f*
muto ['mu:to] **1.** *adj* stumm; **film** *m* **~** Stummfilm *m*; **2.** *m* Stumme(r) *m*
mutua ['mu:tua] *f* Krankenversicherung *f*; Krankenkasse *f*
mutuato [mutu'a:to] *m*, **-a** [-'ata] *f* Kassenpatient(in *f*) *m*
mutuo ['mu:tuo] **1.** *adj* gegenseitig; **2.** *m* Darlehen *n*; **~ bancario** Bankdarlehen *n*; **contrarre un ~** ein Darlehen aufnehmen

N

nacchere ['nakkere] *f/pl* Kastagnetten *f/pl*
nafta ['nafta] *f* Heizöl *n*
nano ['na:no] **1.** *adj* zwergenhaft; **2.** *m* Zwerg *m*
nappa ['nappa] *f* Nappaleder *n*
narciso [nar'tʃi:zo] *m* Narzisse *f*
narc|osi [nar'kɔ:zi] *f inv* Narkose *f*, Betäubung *f*; **~otico** [-'kɔ:tiko] *m* (*pl -ci*) Betäubungsmittel *n*; **~otizzare** [-kotid'dza:re] (*1a*) betäuben
narice [na'ri:tʃe] *f* Nasenloch *n*
narrare [nar'ra:re] (*1a*) erzählen
nascere ['naʃʃere] (*3gg*) geboren werden; zur Welt kommen; *bot* keimen; *fig* entstehen
nascita ['naʃʃita] *f* Geburt *f*; *fig* Anfang *m*, Beginn *m*; **fin dalla ~** von Geburt an
nasc|ondere [nas'kondere] (*3hh*) verstecken, verbergen; (*tacere*) verheimlichen; **~ondersi** [-'kondersi] sich verstecken; **~ondiglio** [-kon'di:ʎo] *m* (*pl -gli*) Versteck *n*
nascosto [nas'kosto] **1.** → **nascondere**; **2.** *adv* **di ~** heimlich; **di ~ a qu** hinter j-s Rücken
nasello [na'sɛllo] *m* Seehecht *m*
naso ['na:so] *m* Nase
nastro ['nastro] *m* Band *n*; **~ adesivo** Klebeband *n*; **~ isolante** Isolierband *n*; **~ magnetico** Magnetband *n*
Natale [na'ta:le] *m* Weihnacht(en *n*) *f*;

***vigilia** f **di** ~* Weihnachtsabend *m*; ***buon** ~!* frohe Weihnachten!
natale [na'ta:le] Heimat…; Geburts…
natalità [natali'ta] Geburtenziffer *f*; ***a bassa** ~* geburtenschwach; ***ad alta** ~* geburtenstark
natalizio [nata'li:tsio] (*pl -zi*) Weihnachts…
natante [na'tante] **1.** *adj* schwimmend; **2.** *m* Boot *n*
nativo [na'ti:vo] **1.** *adj* Geburts…; (*originario*) gebürtig, stammend (***di*** aus) **2.** *m* Eingeborene(r) *m*
nato ['na:to] geboren
natura [na'tu:ra] *f* Natur *f*, Wesen *n*; Charakter *m*; *pittura* ***~ morta*** Stillleben *n*; ***contro** ~* naturwidrig; ***per** ~* von Natur aus; ***secondo** ~* naturgemäß
natur|ale [natu'ra:le] natürlich; Natur…; ***scienze** f/pl* ***-i*** Naturwissenschaften *f/pl*; **~alezza** [-ra'lettsa] *f* Natürlichkeit *f*; **~alizzare** [-ralid-'dza:re] (*1a*) naturalisieren
naturalmente [natural'mente] natürlich, selbstverständlich
naufr|agare [naufra'ga:re] (*1l u e*) Schiffbruch erleiden (*a fig*); *fig* scheitern; **~agio** [-'fra:dʒo] *m* (*pl -gi*) Schiffbruch *m*; *fig* Scheitern *n*
naufrago ['na:ufrago] *m* (*pl -ghi*) Schiffbrüchige(r) *m*
nausea ['na:uzea] *f* Übelkeit *f*, Brechreiz *m*; Ekel *m*
nauseare [nauze'a:re] (*1l*) anekeln
nautic|a ['na:utika] *f* Schifffahrtskunde *f*; **~o** [-ko] (*pl -ci*) See…; Schifffahrts…
nav|ale [na'va:le] See…; Schiffs…; ***cantiere** m ~* Werft *f*; **~ata** [-'va:ta] *f* *arch* Schiff *n*; ***~ centrale*** Mittelschiff *n*; ***~ laterale*** Seitenschiff *n*
nave ['na:ve] *f* Schiff *n*; ***~ da carico*** Frachtschiff *n*; ***~ passeggeri*** Passagierschiff *n*; ***~ traghetto*** Fähre *f*
navetta [na'vetta] *adj inv* ***bus** m ~* Pendelbus *m*
navicella ['navitʃɛlla] *f avia* Gondel *f*
navigabile [navi'ga:bile] schiffbar
navigare [navi'gare] (*1e*) zur See fahren; ***~ in Internet*** im Internet surfen; ***~ in Rete*** im Web surfen
navigazione [-gatsi'o:ne] *f* Schifffahrt *f*; *avia* Luftfahrt *f*, Navigation *f*
nazion|ale [natsio'na:le] **1.** *adj* national; staatlich; einheimisch; Landes…; ***festa** f ~* Nationalfeiertag *m*; **2.** *f* (Fußball-) Nationalmannschaft *f*; **~alismo** [-na-'lizmo] *m* Nationalismus *m*; **~alista** [-na'lista] *m/f* (*m/pl -i*) Nationalist(in *f*) *m*; **~alità** [-nali'ta] *f* Nationalität *f*, Staatsangehörigkeit *f*; **~alizzare** [-na-lid'dza:re] (*1a*) verstaatlichen; **~alsocialismo** [-nalsotʃia'lizmo] *m* Nationalsozialismus *m*
nazione [natsi'o:ne] *f* Nation *f*, Staat *m*
ne [ne] (= ***di lui***) von ihm, von ihr, von ihnen; (= ***di ciò***) davon, darüber, damit; einige, welche
ne' [ne] = ***nei***
né [ne] und nicht; auch nicht; ***~ … ~*** weder … noch
neanche [ne'aŋke] auch nicht; nicht einmal
nebbia ['nebbia] *f* Nebel *m*
nebbioso [nebbi'o:so] neblig
nebul|osa [nebu'lo:sa] *f astr* Nebelfleck *m*; **~oso** [-'lo:so] *fig* verschwommen
necessaire [nesɛ'sɛr] *m inv* Necessaire *n*; ***~ da viaggio*** Kulturbeutel *m*
necess|ario [netʃes'sa:rio] (*pl -ri*) **1.** *adj* nötig, notwendig; **2.** *m* Nötige(s) *n*; **~ità** [-si'ta] *f* Notwendigkeit *f*, Not *f*; ***articolo** m **di prima** ~* Bedarfsartikel *m*; ***in caso di** ~* im Notfall; bei Bedarf; ***per** ~* aus Not
nefrite [ne'fri:te] *f* Nierenentzündung *f*
neg|are [ne'ga:re] (*1e*) verneinen; abstreiten; leugnen; (*rifiutare*) verweigern; **~ativa** [-ga'ti:va] *f* Verneinung *f*; *fot* Negativ *n*; **~ativo** [-ga'ti:vo] **1.** *adj* negativ, verneinend; **2.** *m fot* Negativ *n*; **~ato** [-'ga:to] ***essere ~ per qc*** für et (*acc*) unbegabt sein; **~azione** [-gatsi-'o:ne] *f* Verneinung *f*
negli ['ne:ʎi] *prp* ***in*** *mit dem art* ***gli***
neglig|ente [negli'dʒɛnte] nachlässig; **~enza** [-'dʒɛntsa] *f* Nachlässigkeit *f*
negozi|ante [negotsi'ante] *m* Kaufmann *m*; **~are** [-tsi'a:re] (*1g u c*) **1.** *v/t* verhandeln über (*acc*); **2.** *v/i* verhandeln; *econ* handeln (***in*** mit); **~ato** [-tsi'a:to] *m* Verhandlung *f*; ***-i** pl **di pace*** Friedensverhandlungen *f/pl*; **~azione** [-tsiatsi'o:ne] *f* Verhandlung *f*
negozio [ne'gɔ:tsio] *m* (*pl -zi*) Geschäft *n*, Laden *m*; *borsa* ***~ alle grida*** Parketthandel *m*; ***~ di articoli sportivi*** Sportgeschäft *n*; ***~ di generi alimentari*** Lebensmittelgeschäft *n*; ***~ specializ-***

zato Fachgeschäft *n*, Spezialgeschäft *n*
negro ['ne:gro] **1.** *adj* schwarz; **2.** *m* Neger *m*
nei [n'ei], **nel** [nel], **nell'** [nell], **nella** ['nella], **nelle** ['nelle], **nello** ['nello] *prp* ***in** mit dem art* ***i***, ***il***, ***l'***, ***la***, ***le***, ***lo***
nem|ica [ne'mi:ka] *f* (*pl -che*) Feindin *f*; **~ico** [-'mi:ko] (*pl -ci*) **1.** *adj* feindlich; **2.** *m* Feind *m*
nemmeno [nem'me:no] auch nicht, nicht einmal; *~ **io*** ich auch nicht
neo ['nɛ:o] *m* Leberfleck *m*; Muttermal *n*; *fig* kleiner Fehler *m*
neonato [neo'na:to] *m* Neugeborene(r) *m*
neppure [nep'pu:re] auch nicht; nicht einmal; *~ **per idea*** nicht im Geringsten
nero ['ne:ro] schwarz; *fig* finster
nerofumo [nero'fu:mo] *m* Ruß *m*
nervo ['nɛrvo] *m* Nerv *m*; ***dare ai -i a qu*** j-n nervös machen, j-m auf die Nerven gehen
nerv|osismo [nervo'sizmo] *m* Nervosität *f*; **~oso** [-'vo:so] **1.** *adj* Nerven...; (*irritabile*) nervös, reizbar; (*asciutto*) sehnig; ***esaurimento** m ~* Nervenzusammenbruch *m*; ***malattie** f/pl **-e*** Nervenkrankheiten *f/pl*; **2.** *m* F Nervosität *f*; F ***mi viene il ~*** ich werde nervös
nespol|a ['nɛspola] *f* Mispel *f*; **~o** [-lo] *m* Mispelbaum *m*
nessuno [nes'su:no] **1.** *adj* kein; ***in nessun caso*** keinesfalls; **2.** *pron* niemand
netiquette [neti'kɛt] *f inform* Netikette *f*
nettezza [net'tettsa] *f ~ **urbana*** städtische Müllabfuhr *f*
netto ['netto] rein, sauber; (*chiaro*) klar; *econ* Netto...; ***di ~*** glatt; ***reddito** m ~* Nettoeinkommen *n*
netturbino [nettur'bi:no] *m* Straßenkehrer *m*
neurologo [neu'rɔ:logo] *m* (*pl -gi*) Neurologe *m*
neutr|ale [neu'tra:le] neutral; **~alità** [-trali'ta] *f* Neutralität *f*; **~alizzare** [-tralid'dʒa:re] (*1a*) neutralisieren
neutro ['nɛ:utro] **1.** *adj* neutral; *gram* sächlich; **2.** *m* Neutrum *n*
neve ['ne:ve] *f* Schnee *m*; *~ **fresca*** Neuschnee *m*; ***fiocco** m **di ~*** Schneeflocke *f*
nev|icare [nevi'ka:re] (*1l u d*) schneien; **~icata** [-vi'ka:ta] *f* Schneefall *m*; **~oso** [-'vo:so] schneebedeckt
nevr|algia [nevral'dʒi:a] *f* Neuralgie *f*; **~algico** [-'vraldʒiko] (*pl -ci*) neuralgisch, Nerven...; ***punto** m ~* empfindliche Stelle *f* (*a fig*); **~osi** [-'vrɔ:zi] *f* Neurose *f*; **~otico** [-'vrɔ:tiko] (*pl -ci*) **1.** *adj* neurotisch; **2.** *m* Neurotiker *m*
nicchia ['nikkia] *f* Nische *f*
nichel ['ni:kel] *m* Nickel *n*
nicotina [niko'ti:na] *f* Nikotin *n*
nido ['ni:do] *m* Nest *n*
niente [ni'ɛnte] **1.** *m* Nichts *n*; **2.** *adv* nichts; ***non ho ~*** ich habe nichts; *~ **affatto*** durchaus nicht; ***per ~*** vergebens; umsonst
niente|dimeno [nientedi'me:no] nichtsdestoweniger; **~meno** [-'me:no] nichts weniger; nichts Geringeres
ninfea [nin'fɛ:a] *f* Seerose *f*
nipote [ni'po:te] *m/f* (*di zio*) Neffe *m*, Nichte *f*; (*di nonno*) Enkel(in *f*) *m*, Enkelkind *n*
nitidezza [niti'dettsa] *f* Klarheit *f*; *fot* Schärfe *f*
nitido ['ni:tido] klar; *fot* scharf
no [nɔ] nein; *~ **e poi** ~* nein und nochmals nein; ***come ~!*** natürlich!; ***se ~*** sonst; andernfalls; ***dire di ~*** Nein sagen
nobile ['nɔ:bile] **1.** *adj* ad(e)lig; *fig* nobel, edel, vornehm; **2.** *m* Adlige(r) *m*
nobiltà [nobil'ta] *f* Adel *m*; *fig* Vornehmheit *f*
nocca ['nɔkka] *f* (*pl -cche*) Knöchel *m*
nocci|ola [not'tʃɔ:la] *f* Haselnuss *f*; ***color ~*** haselnussfarben; **~olina** [-tʃo'li:na] *f* (*a ~ **americana***) Erdnuss *f*; **~olo**[1] [-'tʃɔ:lo] *m* Haselnussstrauch *m*
nocciolo[2] ['nɔttʃolo] *m* Kern *m* (*a fig*)
noce ['no:tʃe] **1.** *m* Nussbaum *m*; Nussbaumholz *n*; **2.** *f* (Wal)Nuss *f*; *anat* Fußknöchel *m*; *~ **di cocco*** Kokosnuss *f*; *~ **moscata*** Muskatnuss *f*
nocella [no'tʃɛlla] *f* (Hand)Knöchel *m*
nocepesca [notʃe'pɛska] *f* Nektarine *f*
nocivo [no'tʃi:vo] schädlich, gesundheitsgefährdend
nodo ['nɔ:do] *m* Knoten *m* (*a mar*); *fig* Schwierigkeit *f*, Verwicklung *f*; *fer* Knotenpunkt *m*; *inform* Einwahlknoten *m*
noi [n'oi] wir; ***a ~*** uns; ***con ~*** mit uns; ***senza di ~*** ohne uns; *~ **altri*** wir

noia ['nɔːia] *f* Lang(e)weile *f*; Belästigung *f*; **-e** *pl* Unannehmlichkeiten *f/pl*; ***dar ~ a qu*** j-n belästigen; ***venire a ~*** zum Überdruss werden
noioso [noi'oːso] langweilig; (*molesto*) lästig
nol|eggiare [noled'dʒaːre] (*1f*) mieten; vermieten; verleihen; *mar, avia* chartern; **~eggio** [-'leddʒo] *m* Miete *f*, Verleih *m*; ***~ automobili*** Autovermietung *f*; ***~ (di) biciclette*** Fahrradverleih *m*
nolo ['nɔːlo] *m* Fracht *f*, Miete *f*; ***prendere a ~*** mieten; ***dare a ~*** vermieten
nome ['noːme] *m* Name *m*; Vorname *m*; *gram* Substantiv *n*, Hauptwort *n*; ***~ di battesimo*** Vorname *m*; ***~ di famiglia*** Familienname *m*; ***~ e cognome*** Vor- und Zuname *m*; ***conoscere di ~*** dem Namen nach kennen; ***in ~ di*** in Vertretung von
nomignolo [noː'miɲolo] *m* Spitzname *m*
nomina ['nɔːmina] *f* Ernennung *f*
nominare [nomi'naːre] (*1l u c*) nennen; ernennen (***a*** zu); benennen
non [non] nicht; ***~ ancora*** noch nicht; ***~ che*** nicht, dass; ***~ cedibile*** unabtretbar; ***~ valido*** ungültig
nonché [noŋ'ke] geschweige denn; ebenso wie, so wie
noncur|ante [noŋku'rante] gleichgültig; ***~ di*** unbekümmert um; **~anza** [-'rantsa] *f* Unbekümmertheit *f*, Gleichgültigkeit *f*
nondimeno [nondi'meːno] nichtsdestoweniger
non fumatore [non fuma'toːre] *m* Nichtraucher *m*
nonn|a ['nɔnna] *f* Großmutter *f*, F Oma *f*; **~o** [-no] *m* Großvater *m*, F Opa *m*; **-i** *pl* Großeltern *pl*
nonnulla [non'nulla] *m inv* Kleinigkeit *f*
nono ['nɔːno] **1.** *adj* neunte; **2.** *m* Neuntel *n*
non|ostante [nonos'tante] trotz; obwohl; (***a ~ che***) trotzdem; ***ciò ~*** trotz alledem; **~senso** [-'sɛnso] *m* Unsinn *m*
non stop [non 'stɔp] *adj inv* Nonstop…; *avia* ***volo ~*** Nonstopflug *m*
nontiscordardimé [nontiskor'dardime] *m inv* Vergissmeinnicht *n*
non vedente [non ve'dente] *m/f* Blinde(r *m*) *m/f*
non violenza [non vio'lɛntsa] *f* Gewaltlosigkeit *f*
nord [nɔrd] *m* Nord(en) *m*; ***mare m del ~*** Nordsee *f*; ***al ~ di*** nördlich von
nordest [nɔr'dɛst] *m* Nordosten *m*
nordico ['nɔrdiko] (*pl -ci*) nordisch
nordovest [nɔr'dɔːvest] *m* Nordwesten *m*
norma ['nɔrma] *f* Norm *f*, Richtschnur *f*, Regel *f*; (*disposizione*) Bestimmung *f*; ***-e pl vigenti*** geltende Bestimmungen *f/pl*; ***-e pl per l'uso*** Gebrauchsanweisungen *f/pl*; ***-e pl di circolazione*** Verkehrsvorschriften *f/pl*; ***a ~ di legge*** laut Gesetz
norm|ale [nor'maːle] normal; üblich; **~alità** [-mali'ta] *f* Normalität *f*; **~alizzare** [-malid'dzaːre] normalisieren
norvegese [norve'dʒeːse] **1.** *adj* norwegisch; **2.** *m* Norwegisch(e) *n*; **3.** *m/f* Norweger(in *f*) *m*
nostalgia [nostal'dʒiːa] *f* Sehnsucht *f* (***di*** nach *dat*); Heimweh *n*
nostr|ale [nos'traːle], **~ano** [-'traːno] einheimisch; Landes…
nostro ['nɔstro] **1.** *adj pron* unser; ***i -i genitori*** unsere Eltern; **2.** *m* Unsrige *n*; unsere Habe *f*
nota ['nɔːta] *f* Anmerkung *f*, Notiz *f*; (*postilla*) Fußnote *f*; (*elenco*) Verzeichnis *n*; *econ* Rechnung *f*; *mus u pol* Note *f*; ***degno di ~*** bemerkenswert; ***prendere ~ di qc*** sich (*dat*) eine Notiz über et (*acc*) machen; von et Kenntnis nehmen
notaio [no'taːio] *m* (*pl -ai*) Notar *m*
notare [no'taːre] (*1c*) (*prendere nota*) notieren, aufschreiben; (*osservare*) bemerken; ***Le faccio ~ che*** ich mache Sie darauf aufmerksam, dass
not|ariato [notari'aːto] *m* Notariat *n*; **~arile** [-ta'riːle] notariell; Notariats…; ***diritti*** *m/pl* **-i** Notariatsgebühren *f/pl*; **~evole** [-'teːvole] bemerkenswert; beachtlich; **~ificare** [-tifi'kaːre] (*1m u d*) mitteilen; anmelden
not|izia [no'tiːtsia] *f* Nachricht *f*, Meldung *f*; (*novità*) Neuigkeit *f*; (*informazione*) Auskunft *f*; ***-e pl sportive*** Sportnachrichten *f/pl*; ***le ultime -e*** die letzten Nachrichten; **~iziario** [-titsi'aːrio] *m* (*pl -ri*) *rad*, *TV* Nachrichten *f/pl*
noto ['nɔːto] bekannt; berühmt; ***ren-***

dere ~ bekannt geben, mitteilen

notorio [no'tɔːrio] (*pl -ri*) allgemein bekannt, notorisch; *jur* ***atto m*** ~ Zeugenurkunde *f*

nottata [not'taːta] *f* Nacht *f*; ***fare la*** ~ die Nacht aufbleiben

notte ['nɔtte] *f* Nacht *f*; ***di*** ~ nachts; ***buona*** ~! gute Nacht!; ***nel cuore della*** ~ mitten in der Nacht

notturno [not'turno] nächtlich; Nacht…; ***ore*** *f/pl* ***-e*** Nachtstunden *f/pl*; ***volo*** *m* ~ Nachtflug *m*

novanta [no'vanta] neunzig

nove ['nɔːve] neun

novecento [nove'tʃɛnto] *adj* neunhundert

Novecento [nove'tʃɛnto] *m* zwanzigstes Jahrhundert *n*

novella [no'vɛlla] *f* Novelle *f*, Erzählung *f*

novembre [no'vɛmbre] *m* November *m*

nov|ità [novi'ta] *f* Neuheit *f*, Neuigkeit *f*; ~**izio** [-'viːtsio] (*pl -zi*) **1.** *adj* neu; unerfahren; **2.** *m* Neuling *m*; *rel* Novize *m*

nozze ['nɔttse] *f/pl* Hochzeit *f*; ***seconde*** ~ zweite Ehe *f*

nube ['nuːbe] *f* Wolke *f*

nubifragio [nubi'fraːdʒo] *m* (*pl -gi*) Wolkenbruch *m*

nubile ['nuːbile] *donna* ledig

nuca ['nuːka] *f* (*pl -che*) Nacken *m*

nucleare [nukle'aːre] Kern…, Atom…, nuklear; ***armi*** *f/pl* ***-i*** Atom-, Kernwaffen *f/pl*; ***centrale*** *f* ~ Atomkraftwerk *n*; ***fisica*** *f* ~ Atomphysik *f*; ***energia*** *f* ~ Atomenergie *f*

nucleo ['nuːkleo] *m* Kern *m*; *fis* Atomkern *m*; *pol* Zelle *f*, *fig* Gruppe *f*

nud|ismo [nu'dizmo] *m* Freikörperkultur *f* (FKK); ~**ista** [-'dista] *m/f* (*m/pl -i*) Nudist(in *f*) *m*; FKKler(in *f*) *m*; ~**ità** [-di'ta] *f* Nacktheit *f*, *fig* Kahlheit *f*

nudo ['nuːdo] **1.** *adj* nackt; bloß; (*spoglio*) kahl; ***a occhio*** ~ mit bloßem Auge; **2.** *m arte* Akt *m*

null|a ['nulla] **1.** *adv* nichts; ***cosa*** *f* ***da*** ~ Kleinigkeit *f*, ***per*** ~ durchaus nicht; ***non per*** ~ nicht ohne Grund; **2.** *m* Nichts *n*; ***un bel*** ~ rein gar nichts; ~**aosta** [-la'ɔsta] *m* Genehmigung *f*

nullo ['nullo] *adj* nichtig; ungültig; ***partita*** *f* ***-a*** unentschiedener Kampf *m*; ***dichiarare*** ~ für ungültig erklären

numer|ale [nume'raːle] *m* Zahlwort *n*; ~**are** [-'raːre] (*1l*) aufzählen; nummerieren; ~**ato** [-'raːto] nummeriert; ~**atore** [-ra'toːre] *m* Zähler *m*

numerico [nu'mɛːriko] (*pl -ci*) numerisch

numero ['nuːmero] *m* Zahl *f*, Nummer *f*; (*cifra*) Ziffer *f*; (*quantità*) Anzahl *f*; (Schuh)Größe *f*; *Bus, Tram* Linie *f*; ~ ***di casa*** Hausnummer *f*; ~ ***di codice postale*** Postleitzahl *f*; ~ ***d'ordine*** Bestellnummer *f*; ~ ***di volo*** Flugnummer *f*; ~ ***segreto*** Geheimzahl *f*; ~ ***di targa*** Autonummer *f*; ~ ***di telefono*** Telefonnummer *f*; *tel* ***sbagliare il*** ~ sich (*acc*) verwählen; *tip* ~ ***unico*** Sonderausgabe *f*; ~ ***legale*** Beschlussfähigkeit *f*; ***in gran*** ~ zahlreich; F ***dare i -i*** F spinnen

numeroso [nume'roːso] zahlreich

nuocere [nu'ɔːtʃere] (*3ii*) schaden

nuora [nu'ɔːra] *f* Schwiegertochter *f*

nuot|are [nuo'taːre] (*1c*) schwimmen; ***ho nuotato*** ich bin geschwommen; ~**ata** [-'taːta] *f* Schwimmen *n*; ~**atore** [-ta'toːre] *m* Schwimmer *m*; ***non*** ~ Nichtschwimmer *m*

nuoto [nu'ɔːto] *m* Schwimmen *n*; ***a*** ~ schwimmend

nuovamente [nuova'mente] wieder, nochmals

nuovo [nu'ɔːvo] **1.** *adj* neu; unerfahren; ***di*** ~ wieder, nochmals; ***essere*** ~ ***in una città*** in e-r Stadt fremd sein; ~ ***fiammante*** funkelnagelneu; ***un viso*** ~ ein unbekanntes Gesicht; **2.** *m* Neue(s) *n*; ***che c'è di*** ~? was gibt es Neues?

nutr|iente [nutri'ɛnte] nahrhaft; ~**imento** [-tri'mento] *m* Nahrung *f*; ~**ire** [-'triːre] (*4d od 4a*) (er)nähren (***di*** mit); ~**irsi** [-'trirsi] sich ernähren (***di*** von); ~**itivo** [-tri'tiːvo] nahrhaft

nuvola ['nuːvola] *f* Wolke *f*; ***senza -e*** wolkenlos; *fig* ***cascare dalle -e*** aus allen Wolken fallen

nuvoloso [nuvo'loːso] bewölkt, wolkig

nylon® ['nailon] *m* Nylon® *n*

N

O

o [o] *cj* oder; **~ … ~** entweder … oder; **~ che …, ~ che** sei es, dass … oder
oasi ['ɔːazi] *f* Oase *f*
obbedire → ***ubbidire***
obblig|are [obbli'gaːre] (*1l, c u e*) verpflichten; zwingen; **~atorio** [-ga'tɔːrio] (*pl -ri*) obligatorisch; ***materia f -a*** Pflichtfach *n*; **~azione** [-gatsi'oːne] *f* Verpflichtung *f*; *econ* Obligation *f*; Schuldschein *m*; ***~ bancaria*** Bankschuldverschreibung *f*
obbligo ['ɔbbligo] *m* (*pl -ghi*) Verpflichtung *f*; Pflicht *f*; ***-ghi militari*** Militärdienstpflicht *f*; ***d'~*** vorgeschrieben
obesità [obezi'ta] *f* Fettleibigkeit *f*
obeso [o'bɛːzo] fettleibig
obiett|are [obiet'taːre] (*1b*) einwenden; **~ivo** [-'tiːvo] **1.** *adj* objektiv; sachlich; **2.** *m* Ziel *n*; *fot* Objektiv *n*
obiettore [obiet'toːre] *m* ***~ di coscienza*** Kriegsdienstverweigerer *m*
obiezione [obietsi'oːne] *f* Einwand *m*; ***~ di coscienza*** Kriegsdienstverweigerung *f*; ***senza -i*** stillschweigend
obliquo [o'bliːkuo] schräg; schief
obliter|are [oblite'raːre] (*1m*) *biglietto* entwerten; **~atore** [-ra'toːre] *m* Entwerter *m*
oblò [o'blɔ] *m inv mar* Bullauge *n*
oca ['ɔːka] *f* (*pl -che*) Gans *f*
occasion|ale [okkazio'naːle] gelegentlich; **~almente** [-nal'mente] gelegentlich, bei Gelegenheit
occasione [okkazi'oːne] *f* Gelegenheit *f*; *econ* Gelegenheitskauf *m*; ***automobile f d'~*** Gebrauchtwagen *m*; ***cogliere l'~*** die Gelegenheit ergreifen; ***in ~ di*** anlässlich (*gen*)
occhi|aia [okki'aːia] *f* Augenhöhle *f*; ***-e*** *pl* Augenringe *pl*; **~ali** [-ki'aːli] *m/pl* Brille *f*; ***~ da sole*** Sonnenbrille *f*; **~ata** [-ki'aːta] *f* Blick *m*; ***dare un'~ a qc*** auf et (*acc*) einen Blick werfen; **~ello** [-ki'ɛllo] *m* Knopfloch *n*; Öse *f*
occhio ['ɔkkio] *m* (*pl -cchi*) Auge *n*; Blick *m*; ***a ~ nudo*** mit bloßen Auge; ***a ~ e croce*** schätzungsweise; ***dare nell'~*** auffallen; ***a quattr' -i*** unter vier Augen
occid|entale [ottʃiden'taːle] westlich; West…; ***Europa f ~*** Westeuropa *n*; **~ente** [-'dɛnte] *m* Westen *m*; ***a ~*** westlich
occorr|ente [okkor'rɛnte] **1.** *adj* erforderlich; **2.** *m* Nötige *n*; ***~ per scrivere*** Schreibzeug *n*; **~enza** [-'rɛntsa] *f* Bedarfsfall *m*; Gelegenheit *f*; ***all'~*** bei Bedarf
occorrere [ok'korrere] (*3o*) erforderlich sein, nötig sein; (*accadere*) geschehen; ***mi occorre*** ich brauche; ***Le occorre altro?*** brauchen Sie noch etwas?; ***occorre*** man muss; ***non occorre!*** es ist nicht notwendig!
occup|are [okku'paːre] (*1l u c*) einnehmen; besetzen; *j-n* beschäftigen; **~arsi** [-'parsi] sich beschäftigen (***di*** mit); ***~ di qu*** sich um j-n kümmern; **~ato** [-'paːto] *luogo, tel* besetzt; *persona* beschäftigt; **~azione** [-patsi'oːne] *f* Besetzung *f*; (*attività*) Beschäftigung *f*; (*impiego*) Arbeit *f*
oceano [o'tʃɛːano] *m* Ozean *m*
oculista [oku'lista] *m* (*pl -i*) Augenarzt *m*
od = ***o*** (*vor Vokalen*)
odi|are [odi'aːre] (*1k*) hassen; **~ato** [-di'aːto] verhasst
odierno [odi'ɛːrno] heutig
odio ['ɔːdio] *m* Hass *m*
odioso [odi'oːso] verhasst; widerlich
odontotecnico [odonto'tɛkniko] *m* (*pl -ci*) Zahntechniker *m*
odor|are [odo'raːre] (*1a*) **1.** *v/t* riechen an (*dat*), beriechen; *fig* ahnen; **2.** *v/i* riechen (***di*** nach *dat*); **~ato** [-'raːto] *m* Geruchssinn *m*
odore [o'doːre] *m* Geruch *m*, Duft *m*; *gastr* ***-i*** *pl* Küchenkräuter *n/pl*
odoroso [odo'roːso] (wohl)riechend
offend|ere [of'fɛndere] (*3c*) beleidigen; (*ferire*) verletzen; **~ersi** [-dersi] sich gekränkt fühlen
offen|siva [offen'siːva] *f* Offensive *f*; Angriff *m*; **~sivo** [-'siːvo] beleidigend; verletzend
off|erente [offe'rɛnte] *m* Bieter *m*; ***maggior ~*** Meistbietende(r) *m*; **~erta**

[-'fɛrta] *f* Angebot *n*; (*dono*) Spende *f*; **~ d'impiego** Stellenangebot *n*; **~ di merce** Warenangebot *n*; **~ speciale** Sonderangebot *n*

off|esa [of'fe:sa] *f* Beleidigung *f*, Verletzung *f*; **~eso** [-so] → **offendere**

officina [offi'ʧi:na] *f* Werkstatt *f*; **~ convenzionata** Vertragswerkstatt *f*; **~ di riparazioni** Reparaturwerkstatt *f*

offrire [of'fri:re] (*4f u c*) anbieten; darbieten; *econ* bieten

oggettivo [oddʒet'ti:vo] objektiv, sachlich

oggetto [od'dʒɛtto] *m* Gegenstand *m*; Objekt *n* (*a gram*); **-i** *pl* **di valore** Wertsachen *f/pl*

oggi ['ɔddʒi] heute; **d'~** heutig; **da ~ a domani** von heute auf morgen; **~ stesso** heute noch; **da ~ in poi** von heute an; **~ come ~** heutzutage

oggigiorno [oddʒi'dʒorno] heutzutage

ogni ['o:ɲi] jeder, jede, jedes; **~ giorno** jeden Tag; **~ tanto** ab und zu; **~ sei giorni** alle sechs Tage

Ogn|issanti [oɲis'santi] *m inv* Allerheiligen *n*; **₂uno** [o'ɲu:no] jedermann

oh! [ɔ:] o!; oh!; ach!

olandese [olan'de:se] **1.** *adj* holländisch; **2.** *m* Holländisch(e) *n*; **3.** *m/f* Holländer(in *f*) *m*

oleandro [ole'andro] *m* Oleander *m*

oleoso [ole'o:so] ölig; ölhaltig

olfatto [ol'fatto] *m* Geruchssinn *m*

oliare [oli'a:re] (*1k*) ölen, schmieren

oliera [oli'ɛ:ra] *f* Öl- und Essigständer *m*

olimpiade [olim'pi:ade] *f* Olympiade *f*; **~ invernale** Winterolympiade *f*

olimpionico [olimpi'ɔ:niko] (*pl -ci*) **1.** *adj* olympisch; **2.** *m* Olympiasieger *m*

olio ['ɔ:lio] *m* (*pl -li*) Öl *n*; **~ lubrificante** Motorenöl *n*; **~ per il cambio** Getriebeöl *n*; **~ vergine d'oliva** reines Olivenöl *n*; **~ solare** Sonnenöl *n*

oliv|a [o'li:va] *f* Olive *f*; **~o** [-vo] *m* Olivenbaum *m*

olmo ['olmo] *m* Ulme *f*

oltraggi|are [oltrad'dʒa:re] (*1f*) beschimpfen; beleidigen; **~o** [-'traddʒo] *m* (*pl -ggi*) Beschimpfung *f*, Beleidigung *f*

oltre ['oltre] **1.** *prp* außer (*dat*); jenseits (*gen*); über (*dat od acc*); **2.** *adv* weiter; **andare ~** weitergehen

oltre|mare [oltre'ma:re]: **d'~** aus Übersee; **~passare** [-pas'sa:re] (*1a*) überschreiten

omaggio [o'maddʒo] *m* (*pl -ggi*) Huldigung *f*; (*dono*) Geschenk *n*; **copia** *f* (**in**) **~** Freiexemplar *n*; **~ pubblicitario** Werbegeschenk *n*; **i miei -i …** m-e Empfehlungen *f/pl* …

ombelico [ombe'li:ko] *m* (*pl -chi*) Bauchnabel *m*

ombra ['ombra] *f* Schatten *m*; *fig* Spur *f*; **all'~** im Schatten

ombr|ello [om'brɛllo] *m* Regenschirm *m*; **~ellone** [-brel'lo:ne] *m* Strand-, Garten-, Sonnenschirm *m*; **~etto** [-'bretto] *m* Lidschatten *m*

ombroso [om'bro:so] schattig

omelette [ome'lɛt] *f* Omelett(e *f*) *n*

omeop|atia [omeopa'ti:a] *f* Homöopathie *f*; **~atico** [-'pa:tiko] (*pl -ci*) homöopathisch

omero ['ɔ:mero] *m* Oberarmknochen *m*

omesso [o'messo] → **omettere**

omettere [o'mettere] (*3ee*) auslassen; unterlassen

om|icida [omi'ʧi:da] (*m/pl -di*) **1.** *adj* mörderisch; **2.** *m/f* Mörder(in *f*) *m*; **~icidio** [-mi'ʧi:dio] *m* (*pl -di*) Mord *m*; **~ colposo** fahrlässige Tötung *f*; **tentato ~** Mordversuch *m*

omog|eneizzato [omodʒeneid'dza:to] *m* Kinderfertignahrung *f*; **~eneo** [-'dʒɛ:neo] homogen, gleichartig

omolog|are [omolo'ga:re] (*1m, c u e*) bestätigen; (*veicoli*) zulassen; **~ato** [-'ga:to] zugelassen

omonimo [o'mɔ:nimo] **1.** *adj* gleichnamig; **2.** *m* Namensvetter *m*

omosessuale [omosessu'a:le] **1.** *adj* homosexuell; **2.** *m/f* Homosexuelle(r *m*) *m/f*

onda ['onda] *f* Welle *f*; *fig* Flut *f*; **-e** *pl* **corte** Kurzwellen *f/pl*; **-e** *pl* **ultracorte** Ultrakurzwellen *f/pl*; **~ media** Mittelwelle *f*; **~ verde** grüne Welle *f*; *rad* **andare in ~** gesendet werden

ondata [on'da:ta] *f* Sturzwelle *f*; *fig* Welle *f*; **~ di caldo** Hitzewelle *f*; **~ di freddo** Kältewelle *f*; Kaltwelle *f*

ondeggiare [onded'dʒa:re] (*1f*) wogen; schwanken

ondulato [ondu'la:to] wellig, gewellt

on|està [ones'ta] *f* Ehrlichkeit *f*; **~esto** [o'nɛsto] ehrlich, anständig

onice ['ɔ:niʧe] *m* Onyx *m*

online ['ɔnlaın] online; **servizio** *m* **~**

inform Onlinedienst *m*
onni|potente [onnipo'tɛnte] allmächtig; **~presente** [-pre'zɛnte] allgegenwärtig
onnivoro [on'ni:voro] **1.** *adj* alles fressend; **2.** ***-i*** *m/pl* Allesfresser *m/pl*
onomastico [ono'mastiko] *m* (*pl -ci*) Namenstag *m*
onor|are [ono'ra:re] (*1a*) ehren; beehren (***di*** mit); *econ* honorieren; **~ario** [-'ra:rio] (*pl -ri*) **1.** *adj* Ehren…; ***membro*** *m* **~** Ehrenmitglied *n*; **2.** *m* Honorar *n*; Vergütung *f*; **~ato** [-'ra:to] angesehen, geachtet
onore [o'no:re] *m* Ehre *f*; ***in ~ di*** zu Ehren von
onor|evole [ono're:vole] **1.** *adj* rühmlich; ehrenwert; **2.** ***Onorevole*** *m Titel der Parlamentsmitglieder*; **~ificenza** [-rifi'tʃɛntsa] *f* Auszeichnung *f*, Orden *m*
op|acità [opatʃi'ta] *f* Undurchsichtigkeit *f*; **~aco** [-'pa:ko] (*pl -chi*) matt, undurchsichtig; lichtundurchlässig
opera ['ɔ:pera] *f* Werk *n*, Arbeit *f*; *mus* Oper *f*, Opernhaus *n*; **~ *d'arte*** Kunstwerk *n*
operaio [ope'ra:io] (*pl -ai*) **1.** *adj* Arbeiter…; ***classe*** *f* ***-a*** Arbeiterklasse *f*; **2.** *m*, ***-a*** *f* Arbeiter(in *f*) *m*; Arbeitnehmer(in *f*) *m*; **~ *specializzato*** Facharbeiter *m*
oper|are [ope'ra:re] (*1l u c*) **1.** *v/t* tun, vollbringen; (*produrre*) bewirken; *med* operieren; **2.** *v/i* handeln; wirken; **~ativo** [-ra'ti:vo] operativ; angewandt; (*valido*) gültig, wirksam; **~atore** [-ra'to:re] *m rad*, *TV* Techniker *m*; *inform* Operator *m*; (*a* **~ *cinematografico***) Kameramann *m*; **~ *sociale*** Sozialarbeiter *m*; **~ *turistico*** Reiseveranstalter *m*; **~azione** [-ratsi'o:ne] *f* Operation *f*; **~etta** [-'retta] *f* Operette *f*; **~oso** [-'ro:so] tätig; arbeitsam
opinione [opini'o:ne] *f* Meinung *f*; ***secondo la tua ~*** deiner Meinung nach
oppio ['oppio] *m* Opium *n*
opp|orre [op'porre] (*3ll*) entgegensetzen; **~ *resistenza*** Widerstand leisten; **~orsi** [-'porsi] sich widersetzen; *jur* Einspruch erheben
opport|unità [opportuni'ta] *f* Gelegenheit *f*, ***pari ~ pl*** Chancengleichheit *f*; **~uno** [-'tu:no] angebracht; zweckmäßig; günstig; ***al momento ~*** bei passender Gelegenheit
opp|osizione [oppozitsi'o:ne] *f* Gegenüberstellung *f*, *pol* Opposition *f*; **~osto** [-'posto] **1.** → ***opporre***; **2.** *adj* entgegengesetzt; gegenüberliegend; ***all'~*** im Gegenteil
oppr|essione [oppressi'o:ne] *f* Unterdrückung *f*, *fig* Beklemmung *f*; **~imente** [-pri'mɛnte] drückend, niederdrückend; *fig* beklemmend; **~imere** [-'pri:mere] (*3r*) bedrücken; unterdrücken
oppure [op'pu:re] oder (auch); andernfalls
optare [op'ta:re] (*1c*) sich entscheiden für
opuscolo [o'puskolo] *m* Broschüre *f*, Prospekt *m*
opzione [optsi'o:ne] *f* Option *f*; **~ *zero*** Nulllösung *f*
ora ['o:ra] **1.** *f* Stunde *f*; ***che ~ è?*** (*od* ***che -e sono?***) wie viel Uhr ist es?; **~ *legale*** Sommerzeit *f*; **~ *locale*** Ortszeit *f*; ***-e pl straordinarie*** Überstunden *f/pl*; ***-e pl di punta*** Hauptverkehrszeit *f*, Stoßzeiten *f/pl*; ***di buon'~*** frühzeitig; **2.** *adv* jetzt; nun; ***or ~*** gleich; eben; ***per ~*** vorläufig; **~ *come ~*** unter diesen Umständen; ***d'~ in poi*** von nun an
orafo ['ɔ:rafo] *m* Goldschmied *m*
orale [o'ra:le] mündlich
orario [o'ra:rio] (*pl -ri*) **1.** *adj* stündlich; Stunden…; *rad* ***segnale*** *m* **~** Zeitzeichen *n*; **2.** *m* Zeit-, Stundenplan *m*; *fer*, *bus* Fahrplan *m*; *avia* Flugplan *m*; *fer a* Kursbuch *n*; **~ *di apertura*** Öffnungszeit *f*; **~ *di chiusura dei negozi*** Ladenschlusszeit *f*; **~ *di sportello*** Schalterstunden *f/pl*; **~ *flessibile*** Gleitzeit *f*; ***in ~*** pünktlich; fahrplanmäßig
orata [o'ra:ta] *f* Goldbrasse *f*
orat|ore [ora'to:re] *m* Redner *m*; **~orio** [-'tɔ:rio] *m* (*pl -ri*) Oratorium *n*
orbita ['ɔrbita] *f* Bahn *f*, *astr* Kreisbahn *f*, *anat* Augenhöhle *f*
orchestra [or'kɛstra] *f* Orchester *n*
orchidea [orki'dɛ:a] *f* Orchidee *f*
ordigno [or'di:ɲo] *m* Gerät *n*; Mechanismus *m*; **~ *esplosivo*** Sprengkörper *m*
ordinale [ordi'na:le] *m* (*a* ***numero*** *m* **~**) Ordnungszahl *f*

ordinamento [ordina'mento] *m* Ordnung *f*; ~ ***sociale*** Gesellschaftsordnung *f*
ordinare [ordi'na:re] (*1l*) ordnen, in Ordnung bringen; (*comandare*) befehlen; *merce, cibi* bestellen; *med* verordnen
ordin|ario [ordi'na:rio] (*pl -ri*) alltäglich; normal; ordentlich; (*scadente*) ordinär, gewöhnlich; **~ato** [-'na:to] ordentlich
ordinazione [ordinatsi'o:ne] *f econ* Bestellung *f*; ***lettera f d'~*** Bestellbrief *m*; ***dietro ~*** auf Bestellung
ordine ['ordine] *m* Ordnung *f*; (*successione*) Reihenfolge *f*; (*comando*) Befehl *m*; (*categoria*) Rang *m*; *rel* Orden *m*; *econ* Auftrag *m*, Bestellung *f*; ~ ***alfabetico*** alphabetische Reihenfolge *f*; ***~ dall'estero*** Auslandsauftrag *m*; ***~ di pagamento*** Zahlungsanweisung *f*; ***di prim'~*** erstklassig; ***~ del giorno*** Tagesordnung *f*; ***l'~ dei medici*** die Ärztekammer *f*; ***~ permanente*** Dauerauftrag *m*
orecchino [orek'ki:no] *m* Ohrring *m*
orecchio [o'rekkio] *m* (*pl -cchi*) Ohr *n*; *mus* Gehör *n*; ***a ~*** nach dem Gehör
orecchioni [orekki'o:ni] *m/pl* Mumps *m*, Ziegenpeter *m*
or|efice [o're:fitʃe] *m* Goldschmied *m*; **~eficeria** [-refitʃe'ri:a] *f* Goldschmiedekunst *f*; Goldarbeit *f*; (*gioielleria*) Juweliergeschäft *n*
orfano ['ɔrfano] **1.** *adj* verwaist; **2.** *m* Waisenkind *n*
organico [or'ga:niko] (*pl -ci*) organisch
organ|ismo [orga'nizmo] *m* Organismus *m*; **~ista** [-'nista] *m/f* (*m/pl -i*) Organist(in *f*) *m*; **~izzare** [-nid'dza:re] (*1a*) organisieren; veranstalten; **~izzazione** [-niddzatsi'o:ne] *f* Organisation *f*; Veranstaltung *f*
organo ['ɔrgano] *m* Organ *n*; *mus* Orgel *f*
orgasmo [or'gazmo] *m* Orgasmus *m*
org|oglio [or'gɔ:ʎo] *m* Stolz *m*; **~oglioso** [-go'ʎo:so] stolz
orient|abile [orien'ta:bile] einstellbar; **~ale** [-'ta:le] **1.** *adj* östlich; Ost…; (*dell'Oriente*) orientalisch; **2.** *m* Orientale *m*; **~amento** [-ta'mento] *m* Orientierung *f*; ***~ professionale*** Berufsberatung *f*; **~are** [-'ta:re] (*1b*) *v/t* richten (***a*** nach); **~arsi** [-'tarsi] sich orientieren; *fig* sich zuwenden
oriente [ori'ɛnte] *m* Osten *m*, Orient *m*; ***Medio Oriente*** Mittlerer Osten *m*; ***Vicino Oriente*** Naher Osten *m*; ***a ~ di*** östlich von
origano [o'ri:gano] *m* Origano *m*
origin|ale [oridʒi'na:le] **1.** *adj* ursprünglich; originell, einzigartig; **2.** *m* Original *n* (*a fig*); Vorlage *f*, Urtext *m*; **~ario** [-'na:rio] (*pl -ri*) ursprünglich; *persona* gebürtig (***di, da*** aus); ***essere ~ di*** stammen aus
origine [o'ri:dʒine] *f* Ursprung *m*; Herkunft *f*; ***in ~*** ursprünglich
origliare [ori'ʎa:re] (*1g*) horchen, lauschen
orizzontale [oriddzon'ta:le] horizontal, waagerecht
orizzonte [orid'dzonte] *m* Horizont *m*
orlare [or'la:re] (*1a*) säumen
orlo ['orlo] *m* Rand *m*; *di vestito* Saum *m*
orma ['orma] *f* Spur *f*, Fußstapfe *f*
ormai [or'mai] nunmehr
ormone [or'mo:ne] *m* Hormon *n*
ornamento [orna'mento] *m* Ornament *n*; Verzierung *f*
ornare [or'na:re] (*1a*) schmücken; verzieren
oro ['ɔ:ro] *m* Gold *n*; ***d'~*** golden
orol|ogeria [orolodʒe'ri:a] *f* Uhrengeschäft *n*; **~ogiaio** [-lo'dʒa:io] *m* (*pl -ai*) Uhrmacher *m*; **~ogio** [-'lɔ:dʒo] *m* (*pl -gi*) Uhr *f*; ***~ al quarzo*** Quarzuhr *f*; ***~ da polso*** Armbanduhr *f*; ***~ da tasca*** Taschenuhr *f*; ***~ digitale*** Digitaluhr *f*; ***~ subacqueo*** Taucheruhr *f*
oroscopo [o'rɔskopo] *m* Horoskop *n*
orr|endo [or'rɛndo] fürchterlich; **~ibile** [-'ri:bile] schrecklich; entsetzlich
orrore [or'ro:re] *m* Entsetzen *n*; Abscheu *m* (***di*** vor *dat*); ***avere in ~ qc*** et verabscheuen
Orsa ['orsa] *f* ***~ maggiore*** Großer Bär *m*; ***~ minore*** Kleiner Bär *m*
orsacchiotto [orsakki'ɔtto] *m* junger Bär *m*; ~ (***di stoffa***) Teddybär *m*
orso ['orso] *m* Bär *m*; *fig* ungeschliffener, ungeselliger Mensch *m*; ***~ bianco*** Eisbär *m*
ortaggio [or'taddʒo] *m* (*pl -ggi*) Gemüse *n*
ortica [or'ti:ka] *f* (*pl -che*) Brennnessel *f*; *fig* ***gettare qc alle -che*** et an den Nagel hängen

O

orticaria [orti'kaːria] *f* Nesselfieber *n*
orto ['ɔrto] *m* Gemüsegarten *m*; **~ botanico** botanischer Garten *m*
orto|dosso [orto'dɔsso] orthodox; **~grafia** [-gra'fiːa] *f* Rechtschreibung *f*
ortolano [orto'laːno] *m* Gemüsegärtner *m*; Gemüsehändler *m*
ortop|edia [ortope'diːa] *f* Orthopädie *f*; **~edico** [-'pɛːdiko] (*pl -ci*) **1.** *adj* orthopädisch; **2.** *m* Orthopäde *m*
orzaiolo [ordzai'ɔːlo] *m* Gerstenkorn *n*
orzata [or'dzaːta] *f* Mandelmilch *f*
orzo ['ɔrdzo] *m* Gerste *f*; **~ perlato** Graupe *f*
osare [o'zaːre] (*1c*) wagen
osceno [oʃ'ʃɛːno] obszön
oscill|are [oʃʃil'laːre] (*1a*) schwanken; *fis* schwingen; **~azione** [-latsi'oːne] *f* Schwankung *f*, Schwingung *f*; **~ dei prezzi** Preisschwankung *f*
oscur|are [osku'raːre] (*1a*) verdunkeln; **~ità** [-ri'ta] *f* Dunkelheit *f*, Finsternis *f*; *fig* Unklarheit *f*; **nell'~** im Dunkel
oscuro [os'kuːro] **1.** *adj* dunkel, finster; (*sconosciuto*) unbekannt; **2.** *m* Dunkel *n*; **essere all'~ di qc** von et (*dat*) nicht unterrichtet sein
ospedale [ospe'daːle] *m* Krankenhaus *n*
ospit|ale [ospi'taːle] gastfreundlich; **~alità** [-tali'ta] *f* Gastfreundschaft *f*; **~are** [-'taːre] (*1l u c*) beherbergen
ospite ['ɔspite] *m/f* Gast *m*; *chi ospita* Gastgeber(in *f*) *m*
ospizio [os'piːtsio] *m* (*pl -zi*) Heim *n*
ossatura [ossa'tuːra] *f* Knochengerüst *n*; *fig*, *arch* Gerüst *n*
osseo ['ɔsseo] Knochen…, Bein…
osserv|are [osser'vaːre] (*1b*) (*guardare*) beobachten, betrachten; (*rilevare*) bemerken; (*seguire*) befolgen; **~ una dieta** eine Diät einhalten; **Le faccio ~** ich mache Sie darauf aufmerksam; **~atore** [-va'toːre] *m* Beobachter *m*; **~atorio** [-va'tɔːrio] *m* (*pl -ri*) Observatorium *n*; **~ meteorologico** Wetterwarte *f*; **~azione** [-vatsi'oːne] *f* Beobachtung *f*, Bemerkung *f*; (*obiezione*) Einwand *m*
ossessione [ossessi'oːne] *f* quälender Gedanke *m*; Besessenheit *f*; *psic* Zwangsvorstellung *f*
ossia [os'siːa] oder (auch); das heißt
ossid|abile [ossi'daːbile] oxidierbar; **~are** [-'daːre] (*1l u c*) oxidieren; **~azione** [-datsi'oːne] *f* Oxidation *f*
ossigeno [os'siːdʒeno] *m* Sauerstoff *m*; **tenda** *f* **a ~** Sauerstoffzelt *n*
osso ['ɔsso] *m* (*anat pl le ossa*) Knochen *m*, Bein *n*; (Obst)Stein *m*; **di ~** beinern; **~ sacro** Kreuzbein *n*; **~ del collo** Genick *n*; **in carne e -a** aus Fleisch und Blut, leibhaftig
ossobuco [osso'buːko] *m* *gastr* geschmorte Kalbshaxe *f*
ost|acolare [ostako'laːre] (*1m*) *piani* durchkreuzen; **~ qu** j-m Hindernisse bereiten; **~acolo** [-'taːkolo] *m* Hindernis *n*; *sport* Hürde *f*
ostaggio [os'taddʒo] *m* (*pl -ggi*) Geisel *f*; **in ~** als Geisel
oste ['ɔste] *m* Gastwirt *m*
ostello [os'tɛllo] *m* **~ della gioventù** Jugendherberge *f*
ost|eria [oste'riːa] *f* Kneipe *f*, Gaststätte *f*; **~essa** [-'tessa] *f* Gastwirtin *f*
ostetric|a [os'tɛːtrika] *f* Hebamme *f*; **~o** [-'tɛːtriko] (*pl -ci*) **1.** *adj* Entbindungs…; **2.** *m* Geburtshelfer *m*
ostia ['ɔstia] *f* Hostie *f*; Oblate *f*
ostile [os'tiːle] feindlich; feindselig
ostilità [ostili'ta] *f* Feindschaft *f*
ostin|arsi [osti'narsi] (*1a*) sich versteifen (**in qc** auf et *acc*); hartnäckig bestehen (**a** auf *dat*); **~ato** [-'naːto] hartnäckig; **~azione** [-natsi'oːne] *f* Hartnäckigkeit *f*
ostrica ['ɔstrika] *f* (*pl -che*) Auster *f*
ostr|uire [ostru'iːre] (*4d*) verschließen; verstopfen; **~uito** [-tru'iːto] verstopft; versperrt; **~uzione** [-trutsi'oːne] *f* Verstopfung *f*, Verschließung *f*
ot|ite [o'tiːte] *f* Ohrenentzündung *f*; **~orinolaringoiatra** [-torinolariŋgoi'aːtra] *m* (*pl -i*) Hals-Nasen-Ohren-Arzt *m*
ottano [ot'taːno] *m* Oktan *n*; **numero** *m* **di -i** Oktanzahl *f*
ottanta [ot'tanta] achtzig
ott|ava [ot'taːva] *f* *mus* Oktave *f*; **~avo** [-'taːvo] **1.** *adj* achte; **2.** *m* Achtel *n*
ott|enere [otte'neːre] (*2q*) erlangen, erhalten, erreichen; **~engo** [-'tɛŋgo] → ***ottenere***; **~enibile** [-te'niːbile] erhältlich; erreichbar
ottic|a ['ɔttika] *f* Optik *f*; **~o** [-ko] (*pl -ci*) **1.** *adj* optisch; **nervo** *m* **~** Sehnerv *m*; **2.** *m* Optiker *m*

ottim|ale [otti'maːle] optimal; **~ismo** [-'mizmo] *m* Optimismus *m*; **~ista** [-'mista] *m/f* (*m/pl -i*) Optimist(in *f*) *m*; **~istico** [-'mistiko] (*pl -ci*) optimistisch; **~izzare** [-mid'dzaːre] (*1a*) optimieren
ottimo ['ɔttimo] sehr gut, beste
otto ['ɔtto] **1.** *adj* acht; ***oggi a ~*** heute in acht Tagen; **2.** *m* Acht *f*; ***~ volante*** Achterbahn *f*
ottobre [ot'toːbre] *m* Oktober *m*
ottocento [otto'ʧɛnto] *adj* achthundert
Ottocento [otto'ʧɛnto] *m* 19. Jahrhundert *n*
ottone [ot'toːne] *m* Messing *n*; ***-i pl mus*** Blechinstrumente *n/pl*
ottur|are [-'raːre] (*1a*) zu-, verstopfen; *dente* plombieren; **~atore** [-ra'toːre] *m fot* Verschluss *m*; **~azione** [-ratsi'oːne] *f* Verschließung *f*, Füllung *f*, *dente* Plombierung *f*
ottuso [ot'tuːzo] stumpf; *fig* stumpfsinnig
outsorcing [aut'sorsiŋ] *m inv di produzione* Auslagerung *f*
ov|aia [o'vaːia] *f anat* Eierstock *m*; **~ale** [o'vaːle] **1.** *adj* oval; **2.** *m* Oval *n*
ovatta [o'vatta] *f* Watte *f*
overdose [ouvə'dous] *f inv* Überdosis *f*
ovest ['ɔːvest] *m* Westen *m*
ovi|le [o'viːle] *m* Schafstall *m*; **~ni** [o'viːni] *m/pl* Schafe *n/pl*
ovunque [o'vuŋkue] wo(hin) auch immer
ovvero [ov'veːro] oder, oder auch; das heißt
ovvio ['ɔvvio] (*pl ovvi*) selbstverständlich, klar
oziare [otsi'aːre] (*1g*) faulenzen, müßig gehen
ozio ['ɔːtsio] *m* (*pl -zi*) Muße *f*, Müßiggang *m*
ozioso [ɔːtsi'oːso] müßig
ozono [o'dzɔːno] *m* Ozon *n u m*; ***allarme m ~*** Ozonalarm *m*; ***buco m d'~*** Ozonloch *n*; ***strato m d'~*** Ozonschicht *f*

P

pacato [pa'kaːto] ruhig
pacchetto [pak'ketto] *m* Päckchen *n*; *econ* Paket *n*; ***un ~ di sigarette*** eine Schachtel Zigaretten; ***~ azionario*** Aktienpaket *n*; ***~ risparmio pol*** Sparpaket *n*
pacchiano [pakki'aːno] grob, geschmacklos
pacco ['pakko] *m* (*pl -cchi*) Paket *n*; ***~ assicurato*** Wertpaket *n*; ***~ postale*** Postpaket *n*
pace ['paːʧe] *f* Friede(n) *m*; ***trattato m di ~*** Friedensvertrag *m*; ***lasciare in ~ qu*** j-n in Ruhe lassen
pace-maker [peis'meikə] *m inv* Herzschrittmacher *m*
pacifico [pa'ʧiːfiko] (*pl -ci*) friedlich; Friedens…
Pacifico [pa'ʧiːfiko] *m* (*a **oceano** m **Pacifico***) Pazifischer Ozean *m*; Pazifik *m*
pacif|ismo [paʧi'fizmo] *m* Pazifismus *m*; **~ista** [-'fista] *m/f* (*m/pl -i*) Pazifist(in *f*) *m*
padella [pa'dɛlla] *f* Pfanne *f*
padiglione [padi'ʎoːne] *m* Halle *f*, Pavillon *m*; Zelt *n*; ***~ fieristico*** Messehalle *f*; ***~ auricolare*** Ohrmuschel *f*
padre ['paːdre] *m* Vater *m*; *rel* Pater *m*
padr|igno [pa'driːɲo] *m* Stiefvater *m*; **~ino** [-'driːno] *m* Pate *m*
padr|ona [pa'droːna] *f* Eigentümerin *f*, Chefin *f*; ***~ di casa*** Gastgeberin *f*, Hausfrau *f*; **~onanza** [-dro'nantsa] *f* Herrschaft *f*, (*controllo, conoscenza*) Beherrschung *f*; **~onato** [-dro'naːto] *m* Unternehmertum *n*; **~one** [-'droːne] *m* (*proprietario*) Eigentümer *m*; (*principale*) Chef *m*; (*datore di lavoro*) Arbeitgeber *m*; ***~ di casa*** Hausherr *m*
paes|aggio [pae'zaddʒo] *m* (*pl -ggi*) Landschaft *f*; **~ano** [-'zaːno] **1.** *adj* einheimisch; Landes…; **2.** *m* Dorfbewohner *m*

paese [pa'eːze] *m* Land *n*; (*villaggio*) Dorf *n*; **~ d'origine** Herkunftsland *n*; **~ esportatore** Exportland *n*; **-i** *pl* **in via di sviluppo** Entwicklungsländer *n/pl*; **~ membro** Mitgliedsland *n*; **~ produttore** Erzeugerland *n*

paga ['paːga] *f* (*pl -ghe*) (Arbeits)Lohn *m*

pagabile [pa'gaːbile] zahlbar; **~ a vista** zahlbar bei Sicht

pagamento [paga'mento] *m* Zahlung *f*, Bezahlung *f*; **~ anticipato** Vorauszahlung *f*; **~ in contanti** Barzahlung *f*; **~ a rate** Ratenzahlung *f*; **~ a saldo** Restzahlung *f*; **condizioni** *f/pl* **di ~** Zahlungsbedingungen *f/pl*; **a ~** gebührenpflichtig; **~ elettronico** elektronischer Zahlungsverkehr; **-i** *pl* *econ* Zahlungsverkehr *m*

pag|are [pa'gaːre] (*1e*) zahlen; bezahlen; *fig* belohnen; **~ anticipatamente** im Voraus zahlen; **~ in contanti** bar zahlen; **~ a rate** ratenweise zahlen; **~ un acconto** anzahlen; **~ato** [-'gaːto] bezahlt

pagina ['paːdʒina] *f* Seite *f*; **a ~** auf Seite; **-e** *pl* **gialle** gelbe Seiten *pl*

paglia ['paːʎa] *f* Stroh *n*

paio ['paːio] *m* (*pl le paia*) Paar *n*; **a -a** paarweise; **un ~ di** ein paar

pala ['pala] *f* Schaufel *f*; *mar* Ruderblatt *n*; *arte* Altarbild *n*

palanca [pa'laŋka] *f* (*pl -che*) Planke *f*

palasport [pala'spɔrt] *m inv* Sportpalast *m*

palato [pa'laːto] *m* Gaumen *m*

palazzina [palat'tsiːna] *f* Wohnhaus *n*; große Villa *f*

palazzo [pa'lattso] *m* Palast *m*; (*isolato*) Wohnhaus *n*, *spreg* Mietskaserne *f*; **~ comunale** Rathaus *n*; **~ di giustizia** Justizpalast *m*

palco ['palko] *m* (*pl -chi*) Gerüst *n*; *tea* Loge *f*

palcoscenico [palkoʃ'ʃɛːniko] *m* (*pl -ci*) Bühne *f*

palese [pa'leːze] offenbar

palestra [pa'lɛstra] *f* Turnhalle *f*, Fitnessraum *m*

palett|a [pa'letta] *f* kleine Schaufel *f*; *fer* Signalscheibe *f*; **~o** [-to] *m* Riegel *m*

palla ['palla] *f* Kugel *f*, Ball *m*; **~ di neve** Schneeball *m*; *fig* **cogliere la ~ al balzo** die Gelegenheit beim Schopf ergreifen

palla|canestro [pallaka'nɛstro] *f* Basketball *m*; **~mano** [-'maːno] *f* Handball *m*; **~nuoto** [-nu'ɔːto] *f* Wasserball *m*; **~volo** [-'voːlo] *f* Volleyball *m*

palliativo [pallia'tiːvo] *m* Linderungsmittel *n*

pallidezza [palli'dettsa] *f* Blässe *f*

pallido ['pallido] bleich, blass

pallin|a [pal'liːna] *f* Kügelchen *n*; **~ da golf** Golfball *m*; **~ da tennis** Tennisball *m*; **~o** [-no] *m* kleiner Ball *m*; kleine Kugel *f*, Malkugel *f*, *munizione* Schrot *m u n*; *fig* Manie *f*; **avere il ~ della pesca** begeisterter Angler sein

pall|oncino [pallon'tʃiːno] *m* Luftballon *m*; Lampion *m*; **~one** [-'loːne] *m* großer Spielball *m*; *calcio* Fußball *m*; *avia* Ballon *m*; **~ sonda** Ballonsonde *f*

pallore [pal'loːre] *m* Blässe *f*

pallottola [pal'lɔttola] *f* Kugel *f*

palma ['palma] *f bot* Palme *f*, *anat* Handfläche *f*

palmo ['palmo] *m* Spanne *f*, *anat* Handfläche *f*, **a ~ a ~** Schritt für Schritt

palo ['palo] *m* Pfahl *m*; (Telegrafen-) Mast *m*

palombaro [palom'baːro] *m* Taucher *m*

palp|abile [pal'paːbile] *fig* fühlbar; **~are** [-'paːre] (*1a*) betasten

palpebra ['palpebra] *f* Augenlid *n*

palpit|are [palpi'taːre] (*1l*) klopfen, pochen; **~azione** [-tatsi'oːne] *f* Herzklopfen *n*; *fig* Sorge *f*, Angst *f*

palpito ['palpito] *m* Herzklopfen *n*

paltò [pal'tɔ] *m inv* Wintermantel *m*

pal|ude [pa'luːde] *f* Sumpf *m*; **~udoso** [-lu'doːso] sumpfig; **~ustre** [-'lustre] sumpfig; Sumpf...

panacea [pana'tʃɛːa] *f* Allheilmittel *n*

panca ['paŋka] *f* (*pl -che*) (Sitz)Bank *f*

pancarrè [pankar're] *m inv* Kastenbrot *n*

pancetta [pan'tʃetta] *f* Bauchspeck *m*

panch|etto [paŋ'ketto] *m* Schemel *m*; **~ina** [-'kiːna] *f* (Sitz)Bank *f*, *sport* Reservebank *f*

pancia ['pantʃa] *f* (*pl -ce*) Bauch *m*; Leib *m*; **mal** *m* **di ~** Bauchweh *n*; **mettere su ~** einen Bauch bekommen

panci|otto [pan'tʃɔtto] *m* Weste *f*; **~uto** [-'tʃuːto] dickbäuchig

pancreas ['paŋkreas] *m inv* Bauchspeicheldrüse *f*

pane ['paːne] *m* Brot *n*; **~ bianco**

P

Weißbrot; ~ ***biscottato*** Zwieback *m*; ~ ***nero*** (*od* ***di segala***) Schwarz-, Roggenbrot *n*; ~ ***misto*** Mischbrot *n*; ~ ***integrale*** Vollkornbrot *n*

panett|eria [panette'riːa] *f* Bäckerei *f*; **~iere** [-ti'ɛːre] *m* Bäcker *m*; **~one** [-'toːne] *m* Hefenapfkuchen *m*

panfilo ['panfilo] *m* Jacht *f*; ~ ***a motore*** Motorjacht *f*

pangrattato [paŋgrat'taːto] *m* geriebenes Brot *n*, Semmelbrösel *m/pl*

panico ['paːniko] (*pl -ci*) **1.** *adj* panisch; **2.** *m* Panik *f*

paniere [pani'ɛːre] *m* Korb *m*

pan|ificio [pani'fiːtʃo] *m* (*pl -ci*) Bäckerei *f*; **~ino** [-'niːno] *m* Brötchen *n*; ~ ***imbottito*** belegtes Brötchen *n*

panna ['panna] *f* Sahne *f*, Rahm *m*; ~ ***da cucina*** saure Sahne *f*; ~ ***montata*** Schlagsahne *f*

panne ['panne] *f inv* (Auto)Panne *f*; ***essere in*** ~ eine Panne haben

pannello [pan'nɛllo] *m* Paneel *n*; *el* Schaltbrett *n*, Schalttafel *f*; ~ ***isolante*** Isolierplatte *f*; ~ ***solare*** Sonnenkollektor *m*

panno ['panno] *m* Tuch *n*; Lappen *m*; ***-i*** *pl* Wäsche *f*; Kleider *n/pl*; ***essere nei -i di qu*** in j-s Lage sein

pannocchia [pan'nɔkkia] *f* Maiskolben *m*

pannolino [panno'liːno] *m* Windel *f*

panor|ama [pano'raːma] *m* (*pl -i*) Panorama *n*, Rundblick *m*; ***godere un bel*** ~ e-e schöne Aussicht genießen; **~amica** [-'raːmika] *f* Überblick *m*, Übersicht *f*, Panoramastraße *f*; *fot* Panoramaaufnahme *f*

P

pantal|oncini [pantalon'tʃiːni] *m/pl* kurze Hose *f*; **~oni** [-'loːni] *m/pl* Hose *f*; ~ ***di velluto a coste*** Kordhose *f*

pantera [pan'tɛːra] *f* Panther *m*

pantofola [pan'tɔːfola] *f* Pantoffel *m*

pantom|ima [panto'miːma] *f* Pantomime *f*; **~imico** [-'miːmiko] (*pl -ci*) pantomimisch

paonazzo [pao'nattso] violett

papà [pa'pa] *m* Papa *m*, Vati *m*

papa [paːpa] *m* Papst *m*

papale [pa'paːle] päpstlich

papavero [pa'paːvero] *m* Mohn *m*

paper|a ['paːpera] *f zo* junge Gans *f*, *fig* Versprechen *n*; **~o** [-ro] *m* Gänserich *m*

papiro [pa'piːro] *m* Papyrus *m*

pappa ['pappa] *f* Brei *m*, Mus *n*; *spreg* Pampe *f*

pappagallo [pappa'gallo] *m* Papagei *m*

paprica ['paːprika] *f droga alimentare* Paprika *m*

parabrezza [para'breddza] *m* Windschutzscheibe *f*

paracadut|e [paraka'duːte] *m inv* Fallschirm *m*; **~ista** [-'tista] *m* (*pl -i*) Fallschirmspringer *m*

paracarro [para'karro] *m* Leitplanke *f*

paradentosi [paraden'tɔːzi] *f* Paradontose *f*

paradiso [para'diːzo] *m* Paradies *n*; ~ ***terrestre*** Eden *n*

paradossale [parados'saːle] paradox

parafango [para'faŋgo] *m* (*pl -ghi*) Kotflügel *m*

parafulmine [para'fulmine] *m* Blitzableiter *m*

paraggi [pa'raddʒi] *m/pl* Umgegend *f*, Umgebung *f*, Nähe *f*; ***nei*** ~ ***di*** in der Gegend von

parag|onabile [parago'naːbile] vergleichbar; **~onare** [-go'naːre] (*1a*) vergleichen; **~one** [-'goːne] *m* Vergleich *m*; ***a*** ~ ***di*** im Vergleich zu; ***senza*** ~ unvergleichlich

paragrafo [pa'raːgrafo] *m* Abschnitt *m*; Paragraph *m*

paralisi [pa'raːlizi] *f* Lähmung *f*

paral|itico [para'liːtiko] (*pl -ci*) gelähmt; **~izzare** [paralid'dzaːre] (*1a*) lähmen; *fig* lahm legen

parall|ela [paral'lɛːla] *f* Parallele *f*; ***-e*** *pl* (Turn)Barren *m*; **~elo** [-'lɛːlo] **1.** *adj* parallel; **2.** *m* Parallele *f*

para|luce [para'luːtʃe] *m inv fot* Sonnenblende *f*; **~lume** [-'luːme] *m* Lampenschirm *m*

parametro [pa'raːmetro] *m* Parameter *m*

paran|oia [para'nɔːia] *f* Paranoia *f*; **~oico** [-'nɔːiko] (*pl -ci*) paranoisch

parapetto [para'pɛtto] *m* Geländer *n*; *mar* Reling *f*

paraplegico [para'plɛːdʒiko] (*pl -ci*) **1.** *adj* querschnitt(s)gelähmt; **2.** *m* Querschnitt(s)gelähmte(r) *m*

parare [pa'raːre] (*1a*) **1.** *v/t* (*ornare*) schmücken; (*proteggere*) schützen (***da*** vor *dat*, gegen *acc*); (*scansare*) abwehren; **2.** *v/i* hinzielen

parasole [para'so:le] *m* Sonnenschirm *m*; *fot* Blende *f*
parassita [paras'si:ta] *m* (*m/pl -i*) Parasit *m*; *fig* Schmarotzer *m*
parata [pa'ra:ta] *f* Parade *f*
paraurti [para'urti] *m inv* Stoßstange *f*
parcheggiare [parked'dʒa:re] (*1f*) parken
parch|eggio [par'keddʒo] *m* Parken *n*; Parkplatz *m*; **~ sotteraneo** Tiefgarage *f*; **divieto** *m* **di ~** Parkverbot *n*; **~imetro** [-'ki:metro] *m* Parkuhr *f*
parco[1] ['parko] (*pl -chi*) spärlich, karg (**di** an *dat*)
parco[2] ['parko] *m* (*pl -chi*) Park *m*; **~ naturale** Naturpark *m*; **~ nazionale** Nationalpark *m*
parecchio [pa'rekkio] ziemlich viel; ziemlich lange; **parecchi** *m/pl*, **parecchie** *f/pl* mehrere
pareggiare [pared'dʒa:re] (*1f*) gleichmachen; *conto* ausgleichen; *sport* unentschieden spielen
pareggio [pa'reddʒo] *m* (*pl -ggi*) Ausgleich *m*; *sport* Unentschieden *n*
parente [pa'rɛnte] *m/f* Verwandte(r *m*) *m/f*
parentela [paren'te:la] *f* Verwandtschaft *f*
parentesi [pa'rɛntezi] *f inv* Klammer *f*; (**detto**) **fra ~** beiläufig gesagt; *fig* **aprire una ~** e-e Zwischenbemerkung einschieben
parere [pa're:re] **1.** *v/i* (*2h*) scheinen, erscheinen; den Anschein haben; **pare che** es scheint, dass; **che Le pare?** was meinen Sie?; **a quanto pare** anscheinend; wie es scheint; **non mi par vero** ich kann es kaum glauben; **2.** *m* Ansicht *f*, Meinung *f*; **a mio ~** meiner Meinung nach
parete [pa're:te] *f* Wand *f*; **~ divisoria** Trennwand *f*; **le -i domestiche** die eigenen vier Wände
pari ['pa:ri] **1.** *adj* gleich; *mat* gerade; **al ~ di** ebenso wie; **alla ~** auf derselben Stufe; *sport* unentschieden; **senza ~** ohnegleichen; **2.** *m* Gleichgestellte(r) *m*; **da ~ a ~** wie ein Gleichgestellter
parigino [pari'dʒi:no] *adj u m* Pariser *adj u m*
parità [pari'ta] *f* Gleichheit *f*; **~ di diritti** Gleichberechtigung *f*; **a ~ di condizioni** bei gleichen Bedingungen
parka ['parka] *m inv* Parka *m*
parlam|entare [parlamen'ta:re] **1.** *adj* parlamentarisch; **commissione** *f* **~** parlamentarischer Ausschuss *m*; **2.** *v/i* (*1a*) verhandeln; **3.** *m* (*pl -ri*) Parlamentarier *m*; **~ento** [-'mento] *m* Parlament *n*; **Parlamento europeo** Europäisches Parlament *n*, Europaparlament *n*
parlare [par'la:re] (*1a*) sprechen (**a qu** j-n; **di qc** über et *acc*); reden; **~ del più e del meno** von diesem und jenem sprechen; **parla tedesco?** sprechen Sie Deutsch?
parmigiano [parmi'dʒa:no] *m* Parmesankäse *m*
parodia [paro'di:a] *f* Parodie *f*
parola [pa'rɔ:la] *f* Wort *n*; **~ d'ordine** Kennwort *n*; **-e** *pl* **incrociate** Kreuzworträtsel *n*; **essere di ~** sein Wort halten; **domandare la ~** ums Wort bitten; **~ per ~** wortwörtlich
parolaccia [paro'lattʃa] *f* unanständiges Wort *n*; Schimpfwort *n*
parquet [par'ke] *m inv* Parkettboden *m*
parrocchia [par'rɔkkia] *f* Pfarrei *f*
parroco ['parroko] *m* (*pl -ci*) Pfarrer *m*
parr|ucca [par'rukka] *f* (*pl -cche*) Perücke *f*; **~ucchiere** [-rukki'ɛ:re] *m* Friseur *m*; **~ per signora** Damenfriseur *m*; **~ per uomo** Herrenfriseur *m*
parte ['parte] *f* Teil *m*, Anteil *m*; Seite *f*; *tea* Rolle *f*; *jur* Partei *f*; **~ civile** Privatkläger *m*; **far ~ di una società** e-m Verein angehören; **prendere ~ a** teilnehmen an (*dat*); **a ~** getrennt; extra; **da ~** beiseite; **da nessuna ~** nirgends; **da tutte le -i** überall; **da ~ mia** meinerseits; **in ~** teils, teilweise; **in gran ~** zum großen Teil
partecip|ante [partetʃi'pante] *m/f* Teilnehmer(in *f*) *m*; **~are** [-'pa:re] (*1m*) **1.** *v/t* mitteilen; **2.** *v/i* teilnehmen (**a** an *dat*); Anteil haben (an *dat*); **~azione** [-patsi'o:ne] *f* (*intervento*) Teilnahme *f*, Beteiligung *f*; (*annuncio*) Anzeige *f*; *econ* Anteil *m*; **~ agli utili** Gewinnbeteiligung *f*
parteggiare [parted'dʒa:re] (*1f*) Partei ergreifen
partenza [par'tɛntsa] *f* Abreise *f*; Abfahrt *f*; *sport* Start *m*; **essere di ~** vor der Abreise stehen; **pronto per la ~** fahrbereit; *fig* **punto** *m* **di ~** Aus-

P

gangspunkt *m*
participio [parti'tʃiːpio] *m* (*pl -pi*) Partizip *n*
particol|are [partiko'laːre] **1.** *adj* besondere(r); einzeln; ***in ~*** besonders; **2.** *m* Einzelheit *f*; **~areggiato** [-lared'dʒaːto] ausführlich; **~arità** [-lari'ta] *f* Einzelheit *f*, Eigentümlichkeit *f*
partigiano [parti'dʒaːno] *m* Anhänger *m*; Partisan *m*
partire [par'tiːre] (*4a*) *v/i* abreisen; *fer, auto* abfahren; *avia* abfliegen; *sport u fig* starten; ***~ per*** reisen nach; ***~ per l'estero*** ins Ausland fahren
partita [par'tiːta] *f* Partie *f*; *econ* Posten *m*; *sport* Spiel *n*, Treffen *n*; ***~ amichevole*** Freundschaftsspiel *n*; ***~ di calcio*** Fußballspiel *n*
partito [par'tiːto] *m pol* Partei *f*; *fig* (*decisione*) Entschluss *m*; ***~ d'opposizione*** Oppositionspartei *f*; ***prendere un ~*** e-n Entschluss fassen; ***ridursi a mal ~*** sich in einer schlimmen Lage befinden
partitura [parti'tuːra] *f* Partitur *f*
partner ['partner] *m/f inv* Partner(in *f*) *m*
parto ['parto] *m* Entbindung *f*; *fig* Erzeugnis *n*; ***dolori*** *m/pl* ***di ~*** Geburtswehen *f/pl*
partorire [parto'riːre] (*4d*) gebären; zur Welt bringen; *fig* erzeugen
part time [paːt'taim] **1.** *adj* Teilzeit…; ***lavoro*** *m* ***~*** Teilzeitbeschäftigung *f*; **2.** *adv* auf Teilzeitbasis
party ['parti] *m* Party *f*, Fest *n*
parziale [partsi'aːle] Teil…, teilweise; *fig* parteiisch, voreingenommen
pascolo ['paskolo] *m* Weide *f*
Pasqua ['paskua] *f* Ostern *n*
passaggio [pas'saddʒo] *m* (*pl -ggi*) Durchgang *m*; *veicolo* Durchfahrt *f*; Durchreise *f*; *mar* Passage *f*; *auto* Mitfahrgelegenheit *f*; *fig* (*cambiamento*) Übergang *m*; ***essere di ~*** auf der Durchreise sein; ***~ pedonale*** Fußgängerüberweg *m*; ***~ a livello*** Bahnübergang *m*; ***~ a livello incustodito*** unbeschrankter Bahnübergang *m*; ***dare un ~ a qu*** j-n im Auto mitnehmen
passante [pas'sante] *m/f* Passant(in *f*) *m*; Vorübergehende(r *m*) *f*
passaporto [passa'pɔrto] *m* (Reise-) Pass *m*; ***controllo*** *m* ***dei -i*** Passkontrolle *f*
passare [pas'saːre] (*1a*) **1.** *v/i* vorbeigehen, -kommen, -fahren (an *dat*; ***da qu*** bei j-m); gehen, kommen (***per*** durch *acc*); hinübergehen (zu); *sport* passen; *tempo* vergehen; *fiume* durchfließen; ***~ di mente*** entfallen; ***~ di moda*** aus der Mode kommen; ***con il passar del tempo*** im Laufe der Zeit; ***~ per*** gelten für (*acc*); **2.** *v/t confine* überschreiten; durchfahren; (*sorpassare*) überholen; (*porgere*) reichen; (*trascorrere*) verbringen; *tel* ***mi passi Milano*** verbinden Sie mich mit Mailand
pass|ata [pas'saːta] *f* ***~ di pioggia*** Regenschauer *m*; **~atempo** [-sa'tɛmpo] *m* Freizeitbeschäftigung *f*; **~ato** [-'saːto] **1.** → ***passare***; **2.** *adj* vergangen; *alimento* verdorben; **3.** *m* Vergangenheit *f*; *gastr* Püree *n*; **~atoia** [-sa'toːia] *f* Läufer *m*
passaverdura [passaver'duːra] *m inv* Passiergerät *n*
passeggero [passed'dʒeːro] **1.** *adj* vorübergehend; flüchtig, vergänglich; **2.** *m* Reisende(r) *m*; Passagier *m*; Fahrgast *m*; *avia* Fluggast *m*
passeggi|are [passed'dʒaːre] (*1f*) spazieren gehen; **~ata** [-'dʒaːta] *f* Spaziergang *m*; Spazierweg *m*
passeggio [pas'seddʒo] *m* (*pl -ggi*) Spaziergang *m*; ***andare a ~*** spazieren gehen
passe-partout [paspar'tu] *m inv* Hauptschlüssel *m*; Passepartout *n*
passerella [passe'rɛlla] *f* Laufsteg *m*; *mar* Bootssteg *m*; *avia* Gangway *f*
passero ['passero] *m* Sperling *m*
passionale [passio'naːle] leidenschaftlich; Leidenschafts…
passione [passi'oːne] *f* Leidenschaft *f*; Liebhaberei *f*; *rel* Passion *f*
passivo [pas'siːvo] **1.** *adj* passiv; **2.** *m gram* Passiv *n*; *econ* Passiva *pl*
passo ['passo] *m* Schritt *m* (*a fig*); Durchgang *m*; *veicolo* Durchfahrt *f*; (Text)Stelle *f*; *geogr* Pass *m*; ***~ di lumaca*** Schneckentempo *n*; ***~ falso*** Fehltritt *m*; ***a ogni ~*** auf Schritt und Tritt; ***a ~ d'uomo*** im Schritttempo; ***veicoli al ~!*** im Schritt fahren!; ***~ carrabile*** Einfahrt *f*, Ausfahrt *f*; ***fare due***

P

-i ein paar Schritte machen

password ['pasworːrd] *f inform* Passwort *n*

pasta ['pasta] *f* Teig *m*; Teigwaren *f/pl*; (*pastasciutta*) Nudeln *f/pl*; (*dolce*) Gebäck *n*; ***~ dentifricia*** Zahnpaste *f*

pastasciutta [pastaʃ'ʃutta] *f* Nudeln *f/pl*; Nudelgericht *n*

past|ello [pas'tɛllo] *m* Pastell *n*; Pastellstift *m*; **~icca** [-'tikka] *f* (*pl -cche*) Tablette *f*; **~icceria** [-tittʃe'riːa] *f* Konditorei *f*; ***~ da tè*** Teegebäck *n*; **~icciere** [-tit'tʃɛːre] *m* Konditor *m*; **~iccino** [-tit'tʃiːno] *m* Feingebäck *n*; **~iccio** [-'tittʃo] *m* (*pl -cci*) Pastete *f*, Auflauf *m*; *fig* verwickelte Geschichte *f*, wirres Zeug *n*; ***~ di fegato d'oca*** Gänseleberpastete *f*; ***essere nei -i*** in der Patsche sitzen; **~iglia** [-'tiːʎa] *f* Tablette *f*, Pastille *f*; *auto* Bremsbelag *m*; **~ina** [-'tiːna] *f* Suppennudeln *f/pl*; ***~ in brodo*** Brühe *f* mit Einlage

pasto ['pasto] *m* Mahlzeit *f*, Essen *n*

past|orale [pasto'raːle] **1.** *m* Bischofsstab *m*; **2.** *f rel* Hirtenbrief *m*; **~ore** [-'toːre] *m* Hirt *m*; *rel* Prediger *m*; (*a* ***~ evangelico***) Pastor *m*

pastorizzato [pastorid'dzaːto] pasteurisiert; ***latte*** *m* ***~*** pasteurisierte Milch *f*

patata [pa'taːta] *f* Kartoffel *f*; ***-e*** *pl* ***fritte*** Pommes frites *f/pl*; ***-e*** *pl* ***lesse*** Salzkartoffeln *f/pl*; ***-e*** *pl* ***arroste*** Bratkartoffeln *f/pl*

patente [pa'tɛnte] *f* (*a* ***~ di guida***) Führerschein *m*; ***ritiro*** *m* ***della ~*** Führerscheinentzug *m*

paterno [pa'tɛrno] väterlich

paternostro [pater'nɔstro] *m* Vaterunser *n*

patetico [pa'tɛːtiko] (*pl -ci*) pathetisch

pat|ire [pa'tiːre] (*4d*) **1.** *v/i* leiden (***di*** an *dat*); **2.** *v/t* leiden, erleiden; ***~ la fame*** hungern; **~ito** [-'tiːto] **1.** *adj* leidend; abgemagert; **2.** *m* Fanatiker *m*; ***~ del jazz*** Jazzfan *m*

patria ['patria] *f* Vaterland *n*; Heimat *f*

patr|igno [pa'triːɲo] *m* Stiefvater *m*; **~imonio** [-'mɔːnio] *m* (*pl -ni*) Erbgut *n*; Vermögen *n*; ***~ artistico*** Kunstschätze *m/pl*; ***~ ereditario*** Erbteil *n*; ***~ immobiliare*** Grundbesitz *m*

patriota [patri'ɔːta] *m* (*pl -i*) Patriot *m*

patr|onato [patro'naːto] *m* Schirmherrschaft *f*; (*istituzione benefica*) Hilfswerk *n*; **~ono** [-'trɔːno] *m rel* Schutzheilige(r) *m*, Schutzpatron *m*

patteggiare [patted'dʒaːre] (*1f*) verhandeln

pattin|aggio [patti'naddʒo] *m* (*pl -ggi*) Eislauf *m*; Rollschuhlaufen *n*; ***~ artistico*** Eiskunstlaufen *n*; **~are** [-'naːre] (*1l*) Schlittschuh laufen; Rollschuh laufen; **~atore** [-na'toːre] *m* Schlittschuhläufer *m*; Rollschuhläufer *m*

pattino[1] ['pattino] *m* Schlittschuh *m*; ***~ a rotelle*** Rollschuh *m*

pattino[2] ['pattiːno] *m* Doppelrumpf(ruder)boot *n*

patto ['patto] *m* Abmachung *f*, Vertrag *m*; ***a ~ che*** unter der Bedingung, dass; ***venire a -i*** übereinkommen

pattuglia [pat'tuːʎa] *f* Patrouille *f*, Streife *f*; ***~ di polizia*** Polizeistreife *f*

pattumiera [pattumi'ɛːra] *f* Mülleimer *m*

paura [pa'uːra] *f* Angst *f*, Furcht *f*; ***avere ~ di qu*** sich vor j-m fürchten

pauroso [pau'roːso] furchtsam, ängstlich

pausa ['paːuza] *f* Pause *f*

pavimento [pavi'mento] *m* Fußboden *m*

pavone [pa'voːne] *m* Pfau *m*

pay-TV ['pɛitiːvi] *f TV* Bezahlfernsehen *n*

pazi|entare [patsien'taːre] (*1b*) sich gedulden; **~ente** [-tsi'ɛnte] **1.** *adj* geduldig; **2.** *m/f* Patient(in *f*) *m*; **~enza** [-tsi'ɛntsa] *f* Geduld *f*

pazz|esco [pat'tsesko] (*pl -chi*) verrückt; **~ia** [-'tsiːa] *f* Verrücktheit *f*, Wahnsinn *m*

pazzo ['pattso] **1.** *adj* verrückt, wahnsinnig; ***~ da legare*** total verrückt; ***andar ~ di*** verrückt sein auf (*acc*); **2.** *m* Verrückte(r) *m*, Wahnsinnige(r) *m*

pecca ['pɛkka] *f* (*pl -cche*) Fehler *m*; Mangel *m*

pecc|are [pek'kaːre] (*1b u d*) sündigen; **~ato** [-'kaːto] *m* Sünde *f*; (***che***) **~!** (wie) schade!

pece ['peːtʃe] *f* Pech *n*

pecora ['pɛːkora] *f* Schaf *n*

pecorino [peko'riːno] *m* (*a* ***formaggio*** *m* ***~***) Schaf(s)käse *m*

peculiarità [pekuliari'ta] *f* Eigentümlichkeit *f*

pedaggio [pe'daddʒo] *m* (*pl -ggi*) Maut

f, Straßenbenutzungsgebühr *f*; ~ ***autostradale*** Autobahngebühr *f*
ped|alare [peda'la:re] (*1a*) Rad fahren; F radeln; **~ale** [-'da:le] *m* Pedal *n*; ~ ***dell'acceleratore*** Gaspedal *n*
pedalò [peda'lɔ] *m inv* Tretboot *n*
pedana [pe'da:na] *f* Fußbank *f*; *sport* Sprungbrett *n*
pedante [pe'dante] **1.** *adj* pedantisch; **2.** *m* Pedant *m*
pedata [pe'da:ta] *f* Fußstapfe *f*; Fußtritt *m*
pedi|atra [pedi'a:tra] *m* (*pl -i*) Kinderarzt *m*; **~atria** [-dia'tri:a] *f* Pädiatrie *f*
pedicure [pedi'ku:re] *f* Fußpflege *f*
ped|ina [pe'di:na] *f* Stein *m*; *gioco degli scacchi* Bauer *m*; **~inare** [-di'na:re] (*1a*) heimlich folgen (*dat*); ausspionieren; **~onale** [-do'na:le] Fußgänger…; **~one** [-'do:ne] *m* Fußgänger *m*
peggio ['pɛddʒo] **1.** *adv* schlechter; schlimmer; **2.** *m* Schlechtere(s) *n*; ***c'è di*** ~ es gibt Schlimmeres; ***il*** ~ das Schlimmste; ***il ~ è che*** das Schlimmste dabei ist, dass; ***avere la*** ~ den Kürzeren ziehen; ***di male in*** ~ immer schlimmer
peggi|oramento [peddʒora'mento] *m* Verschlimmerung *f*, Verschlechterung *f*; ~ ***del tempo*** Wettersturz *m*; **~orare** [-'ra:re] (*1a*) **1.** *v/t* verschlechtern; verschlimmern; **2.** *v/i* sich verschlimmern; **~ore** [-'dʒo:re] schlechter, schlimmer; ***il*** ~ der Schlechteste, Schlimmste; ***nel ~ dei casi*** schlimmstenfalls
pegno ['pe:ɲo] *m* Pfand *n*
pelare [pe'la:re] (*1a*) schälen; *pollo* rupfen
pellame [pel'la:me] *m* Leder *n*
pelle ['pɛlle] *f* Haut *f* (*a fig*); (*pellame*) Leder *n*; ~ ***di camoscio*** Wildleder *n*
pellegr|inaggio [pellegri'naddʒo] *m* (*pl -ggi*) Pilgerfahrt *f*; **~inare** [-gri'na:re] (*1a*) pilgern; wandern; **~ino** [-'gri:no] *m* Pilger *m*
pelletteria [pellette'ri:a] *f* Lederwarengeschäft *n*; **-e** *pl* Lederwaren *f/pl*
pellicano [pelli'ka:no] *m* Pelikan *m*
pell|icceria [pellittʃe'ri:a] *f* Pelzgeschäft *n*; **-e** *pl* Pelzwaren *f/pl*; **~iccia** [-'littʃa] *f* (*pl -cce*) Pelz *m*; Pelzmantel *m*
pellicola [pel'li:kola] *f fot* Film *m*; *tec* Schicht *f*; ~ ***a colori*** Farbfilm *m*; ~ ***impressionata*** belichteter Film *m*; ~ ***pubblicitaria*** Werbefilm *m*
pelo ['pe:lo] *m* (Körper)Haar *n*; (*pelliccia*) Fell *n*; ~ ***dell'acqua*** Wasserspiegel *m*; ***contro*** ~ gegen den Strich; *fig* ***per un*** ~ um ein Haar
peluria [pe'lu:ria] *f* Flaum *m*
pena ['pe:na] *f* Strafe *f*; Qual *f*; Sorge *f*; ***stare in ~ per qu*** in Sorge um j-n sein; ***valer la*** ~ der Mühe wert sein, ***a mala*** ~ mit knapper Not, mit Mühe
pen|ale [pe'na:le] **1.** *adj* strafbar; Straf..; ***codice*** *m* ~ Strafgesetzbuch *n*; **2.** *f* Strafe *f*; **~alista** *m/f* (*m/pl -i*) Strafrechtler(in *f*) *m*; Strafverteidiger(in *f*) *m*; **~alità** [-nali'ta] *f sport* Strafpunkt *m*
pendenza [pen'dɛntsa] *f* Neigung *f*
pendere ['pɛndere] (*3a*) hängen; sich neigen; *fig* schweben
pendio [pen'di:o] *m* Abhang *m*; Gefälle *n*
pendolare [pendo'la:re] *m/f* Pendler(in *f*) *m*
pendolo ['pɛndolo] *m* Pendel *n*
pene ['pɛ:ne] *m* Penis *m*
penetr|ante [pene'trante] eindringend; *fig* scharf; **~are** [-'tra:re] (*1l u b*) **1.** *v/t* durchdringen; **2.** *v/i* eindringen
penicillina [penitʃil'li:na] *f* Penizillin *n*
peninsulare [peninsu'la:re] peninsular; Halbinsel…
penisola [pe'ni:zola] *f* Halbinsel *f*
penit|enza [peni'tɛntsa] *f* Buße *f*, Strafe *f*; **~enziario** [-tentsi'a:rio] *m* (*pl -ri*) Strafanstalt *f*
penna ['penna] *f* Feder *f*, Schreibfeder *f*; ~ ***biro*** Kugelschreiber *m*; *inform* ~ ***ottica*** Leuchtstift *m*; ~ ***stilografica*** Füllfederhalter *m*; ~ ***a feltro*** Filzstift *m*; **~rello** [-'rello] *m* Filzstift *m*
pennello [pen'nɛllo] *m* Pinsel *m*
penombra [pe'nombra] *f* Halbschatten *m*
penoso [pe'no:so] schmerzlich; (*faticoso*) mühselig; (*spiacevole*) peinlich
pens|are [pen'sa:re] (*1b*) denken (***a*** an *acc*); überlegen (*acc*); (*occuparsi di*) sorgen (***a*** für); ~ ***di*** (*inf*) gedenken zu (*inf*); ***che ne pensa?*** was meinen Sie?; ***ci penso io*** das lassen Sie nur m-e Sorge sein; ***senza*** ~ aus Versehen, unabsichtlich; **~iero** [-si'ɛ:ro] *m* Gedanke *m*; Sorge *f*, ***sopra*** ~ in Gedanken versunken; ***stare in*** ~ besorgt sein; **~ieroso** [-sie'ro:so] nachdenklich

P

pensile ['pɛnsile] hängend
pensilina [pensi'liːna] *f* Schutzdach *n*
pension|amento [pensiona'mento] *m* Pensionierung *f*; **~are** [-'naːre] (*1a*) pensionieren; **~ato** [-'naːto] *m* Rentner *m*; Ruheständler *m*; (*alloggio*) Heim *n*
pensione [pensi'oːne] *f* Ruhestand *m*; Rente *f*, Pension *f*; **~ completa** Vollpension *f*, **mezza ~** Halbpension *f*, **~ di vecchiaia** Altersversorgung *f*, **andare in ~** in den Ruhestand treten, in Rente gehen
pensoso [pen'soːso] nachdenklich
Pentecoste [pente'kɔste] *f* Pfingsten *n*
pent|imento [penti'mento] *m* Reue *f*, **~irsi** [-'tirsi] (*4b od 4d*) (**di qc** et) bereuen; **mi pento** ich bereue
pentola ['pentola] *f* Kochtopf *m*; **~ a pressione** Schnellkochtopf *m*
penultimo [pe'nultimo] vorletzte
penuria [pe'nuːria] *f* Mangel *m* (**di** an *dat*); **~ di alloggi** Wohnungsmangel *m*; **~ d'acqua** Wassermangel *m*; **~ di denaro** Geldknappheit *f*
penzol|are [pendzo'laːre] *u* **~arsi** [-'larsi] (*1l*) herabhängen, baumeln; **~oni** [-'loːni] baumelnd
peonia [pe'ɔːnia] *f* Pfingstrose *f*
pep|are [pe'paːre] (*1a*) pfeffern; **~ato** [-'paːto] gepfeffert
pepe ['peːpe] *m* Pfeffer *m*
peperone [pepe'roːne] *m* Paprika *m*; Paprikaschote *f*
per [per] *prp* für; durch; nach; aus; **~ mano** an der Hand; **~ ordine** auf Befehl; **~ qualche giorno** auf einige Tage; **~ la qual cosa** wofür; **~ questa ragione** aus diesem Grunde; **~ tutta la strada** auf dem ganzen Wege; **~ tutta la notte** die ganze Nacht hindurch; **~ ferrovia** mit der Bahn; **cinque ~ tre** fünf mal drei; **~ poco** beinahe; **2.** *cj* **~** (*inf*) um zu (*inf*)
pera ['peːra] *f* Birne *f*
per|altro [pe'raltro] übrigens; **~bene** [-'bɛːne] anständig; **~cento** [-'tʃɛnto] *m* Prozent *n*; **~centuale** [-tʃentu'aːle] **1.** *adj* prozentual; **2.** *f* Prozentsatz *m*
perc|epire [pertʃe'piːre] (*4d*) wahrnehmen; *compenso* beziehen; **~ezione** [-tʃetsi'oːne] *f* Wahrnehmung *f*
perché [per'ke] weil; damit; **~?** warum?
perciò [per'tʃɔ] deshalb; darum
perc|orrere [per'korrere] (*3o*) zurücklegen; (*attraversare*) durchlaufen; **~orso** [-'korso] **1.** → **percorrere**; **2.** *m* Fahrt *f*, Strecke *f*, **~ vita** Trimm-dich-Pfad *m*
perc|ossa [per'kɔssa] *f* Schlag *m*; **~osso** ['kɔsso] → **percuotere**; **~uotere** [-ku'ɔːtere] (*3ff*) schlagen; **~ussione** [-kussi'oːne] *f* Stoß *m*, Schlag *m*; *mus* **-i** *pl* Schlaginstrumente *pl*
perd|ere ['pɛrdere] (*3b u 3uu*) verlieren; *treno* verpassen, *occasione* versäumen; *speranza* aufgeben; **~ di vista** aus den Augen verlieren; **a ~** Einweg…, Wegwerf…; **~ersi** [-dersi] sich verlaufen; verloren gehen; **~ d'animo** den Mut verlieren
perdita ['pɛrdita] *f* Verlust *m*; *di gas, di acqua* Leck(stelle *f*) *n*; **~ di produzione** Produktionsausfall *m*; **operazione** *f* **in ~** Verlustgeschäft *n*; **~ di tempo** Zeitverlust *m*; **a ~ d'occhio** so weit das Auge reicht
perditempo [perdi'tɛmpo] *m* Zeitverschwendung *f*, *fig* Trödler *m*
perdonare [perdo'naːre] (*1a*) verzeihen
perdono [per'doːno] *m* Verzeihung *f*, **chiedere ~ a qu** j-n um Verzeihung bitten
perenne [pe'rɛnne] ewig (dauernd)
perequazione [perekua'tzione] *f* Ausgleich *m*; *econ* **~ finanziaria** Finanzausgleich *m*
perf|ettamente [perfetta'mente] völlig; ausgezeichnet; **~etto** [-'fɛtto] **1.** *adj* perfekt; vollkommen; **2.** *m gram* Perfekt *n*; **~ezionamento** [-fetsiona'mento] *m* Vervollkommnung *f*, **corso** *m* **di ~** Fortbildungskurs *m*; **~ezionare** [-fetsio'naːre] (*1a*) vervollkommnen; **~ezione** [-fetsi'oːne] *f* Vollkommenheit *f*, Perfektion *f*
perfido ['pɛrfido] hinterhältig, falsch
perfino [per'fiːno] sogar
perfor|are [perfo'raːre] (*1c*) durchbohren; *inform* lochen; **~atrice** [-ra'triːtʃe] *f* Locher *m*; **~azione** [-ratsi'oːne] *f med* Durchbruch *m*
pergola ['pɛrgola] *f* (Wein)Laube *f*
pergolato [pergo'laːto] *m* Laubengang *m*
per|icolante [periko'lante] einsturzgefährdet; **~icolo** [-'riːkolo] *m* Gefahr *f*, **~ di epidemie** Seuchengefahr *f*, **~ di morte** Lebensgefahr *f*, **~ d'incendio**

Feuergefahr *f*; **~ *di contagio*** Ansteckungsgefahr *f*; ***fuori* ~** außer Gefahr; ***mettere in* ~** gefährden; **~icoloso** [-ko'lo:so] gefährlich

periferia [peri'feri:a] *f* Peripherie *f*, Stadtrand *m*

periodico [peri'ɔ:diko] (*pl -ci*) **1.** *adj* periodisch; **2.** *m* Zeitschrift *f*, Zeitung *f*; **~ *mensile*** Monatsschrift *f*

periodo [pe'ri:odo] *m* Periode *f*, Zeit(raum *m*) *f*; **~ *delle ferie*** Urlaubszeit *f*; **~ *di transizione*** Übergangsperiode *f*

perito [pe'ri:to] **1.** *adj* erfahren; sachverständig; **2.** *m* Sachverständige(r) *m*

peritonite [perito'ni:te] *f* Bauchfellentzündung *f*

perizia [pe'ri:tsia] *f* Gewandtheit *f*; *jur* Gutachten *n*

perla ['pɛrla] *f* Perle *f*; **~ *coltivata*** Zuchtperle *f*; ***collana f di -e*** Perlenschnur *f*

perlo|meno [perlo'me:no] mindestens; **~più** [-pi'u] meistens

perlustrare [perlus'tra:re] (*1a*) auskundschaften; durchsuchen

permaloso [perma'lo:so] übelnehmerisch

perman|ente [perma'nɛnte] **1.** *adj* ständig; **2.** *f* Dauerwelle *f*; **~enza** [-'nɛntsa] *f* Fortdauer *f*, Aufenthalt *m*

perm|esso [per'messo] **1.** → ***permettere***; **2.** *m* Erlaubnis *f*, Genehmigung *f*; (*breve licenza*) Urlaub *m*; **~ *d'atterraggio*** Landeerlaubnis *f*; **~ *d'espatrio*** Ausreiseerlaubnis *f*; **~ *di lavoro*** Arbeitserlaubnis *f*; **~ *di soggiorno*** Aufenthaltsgenehmigung *f*; ***con* ~!** gestatten Sie!; **~ettere** [-'mettere] (*3ee*) erlauben; **~ettersi** [-'mettersi] sich erlauben; sich die Freiheit nehmen; ***non posso permettermelo*** ich kann es mir nicht leisten

pernice [per'ni:tʃe] *f* Rebhuhn *n*

pernott|amento [pernotta'mento] *m* Übernachtung *f*; **~are** [-'ta:re] (*1c*) übernachten

pero ['pe:ro] *m* Birnbaum *m*

però [pe'rɔ] aber

perpendicolare [perpendiko'la:re] **1.** *adj* senkrecht; **2.** *f* Senkrechte *f*

perpetuo [per'pɛ:tuo] fortdauernd

perplesso [per'plɛsso] unschlüssig, hilflos

perquis|ire [perkui'zi:re] (*4d*) durchsuchen; **~izione** [-zitsi'o:ne] *f* Durchsuchung *f*; **~ *personale*** Leibesvisitation *f*; ***mandato m di* ~** Durchsuchungsbefehl *m*

persecuzione [persekutsi'o:ne] *f* Verfolgung *f*; ***mania f di* ~** Verfolgungswahn *m*

perseg|uibile [persegu'i:bile] strafbar; **~uitare** [-i'ta:re] (*1m*) verfolgen; belästigen

persever|ante [perseve'rante] beharrlich; **~anza** [-'rantsa] *f* Ausdauer *f*; **~are** [-'ra:re] (*1m u b*) beharren

persiana [persi'a:na] *f* Fensterladen *m*

persiano [persi'a:no] **1.** *adj* persisch; **2.** *m* Perser *m*

persino [per'si:no] sogar

persistere [per'sistere] (*3f*) beharren, dabei bleiben

perso ['pɛrso] → ***perdere***

persona [per'so:na] *f* Person *f*, Mensch *m*; ***a* ~** pro Person; ***in* ~, *di* ~** persönlich

person|aggio [perso'naddʒo] *m* (*pl -ggi*) Persönlichkeit *f*; *tea* Person *f*; **~ale** [-'na:le] **1.** *adj* persönlich, privat; ***pulizia f* ~** Körperpflege *f*; **2.** *m* Personal *n*; *avia* **~ *a terra*** Bodenpersonal *n*; ***riduzione f del* ~** Personalabbau *m*; **~alità** [-nali'ta] *f* Persönlichkeit *f*; **~almente** [-nal'mente] selbst, persönlich; **~ificare** [-nifi'ka:re] (*1n u d*) verkörpern

persp|icace [perspi'ka:tʃe] scharfsichtig; **~icacia** [-spi'ka:tʃa] *f* Scharfblick *m*

persu|adere [persua'de:re] (*2i*) überzeugen; überreden (***qu di qc*** j-n zu et); **~asione** [-suazi'o:ne] *f* Überzeugung *f*; **~asivo** [-sua'zi:vo] überzeugend; **~aso** [-su'a:zo] → ***persuadere***

pertanto [per'tanto] deswegen

pertin|ente [perti'nɛnte] zugehörig; passend; **~enza** [-'nɛntsa] *f* Zugehörigkeit *f*, Zuständigkeit *f*

perturbazione [perturbatsi'o:ne] *f* Störung *f*; **~ *atmosferica*** atmosphärische Störung *f*

peruviano [peruvi'a:no] **1.** *adj* peruanisch; **2.** *m* Peruaner *m*

pervenire [perve'ni:re] (*4p*) gelangen; ***far* ~ *qc a qu*** j-m et zukommen lassen; ***mi è pervenuta la sua lettera*** ich habe Ihren Brief bekommen

perverso [per'vɛrso] verderbt; pervers

pes|alettere [pesa'lɛttere] *m inv* Briefwaage *f*; **~ante** [-'sante] schwer; *aria* drückend; *fig* schwerfällig, plump; **~antezza** [-san'tettsa] *f* Schwere *f*; Druck *m*; **~ di stomaco** Völlegefühl *n*; **~apersone** [-saper'so:ne] *f inv* Personenwaage *f*; **~are** [-'sa:re] (*1a*) **1.** *v/t* wiegen; *fig* erwägen; **2.** *v/i* wiegen; schwer sein

pesca[1] ['pɛska] *f* (*pl -che*) Pfirsich *m*

pesca[2] ['peska] *f* Fischerei *f*; Fischfang *m*; **~ con la lenza** Angeln *n*; **~ subacquea** Unterwasserfischerei *f*

pesc|are [pes'ka:re] (*1d*) fischen; angeln; *fig* auffischen; **~atore** [-ka'to:re] *m* Fischer *m*; Angler *m*

pesce ['peʃʃe] *m* Fisch *m*; **~ spada** Schwertfisch *m*; **~ d'aprile** Aprilscherz *m*

pescecane [peʃʃe'ka:ne] *m* (*pl pescicani*) Hai *m*

pesch|ereccio [peske'rettʃo] *m* (*pl -cci*) Fischerboot *n*; **~eria** [-ke'ri:a] *f* Fischhandlung *f*

pescivendolo [peʃʃi'vendolo] *m* Fischhändler *m*

pesco ['pɛsko] *m* (*pl -chi*) Pfirsichbaum *m*

pescoso [pes'ko:so] fischreich

peso ['pe:so] *m* Gewicht *n*; *fig* Last *f*; *sport* Gewichtsklasse *f*; **~ netto** Nettogewicht *n*; **~ lordo** Bruttogewicht *n*; **aumento** *m* **di ~** Gewichtszunahme *f*; **perdita** *f* **di ~** Gewichtsverlust *m*; **~ massimo consentito** zulässiges Gesamtgewicht *n*; **di nessun ~** belanglos, unwichtig; **a ~** nach Gewicht

pessim|ista [pessi'mista] *m/f* (*m/pl -i*) Pessimist(in *f*) *m*; **~istico** [-'mistiko] (*pl -ci*) pessimistisch

pessimo ['pɛssimo] sehr schlecht

pest|aggio [pes'taddʒo] *m* (*pl -ggi*) Prügel *pl*; Prügelei *f*; **~are** [-'ta:re] (*1a*) zertreten; (*picchiare*) verprügeln

peste ['pɛste] *f* Seuche *f*; Gestank *m*; *persona* Plage *f*

pesticida [pesti'tʃi:da] *m* (*pl -i*) Pestizid *n*

petalo ['pɛ:talo] *m* Blütenblatt *n*

petardo [pe'tardo] *m* Knallfrosch *m*

petizione [petitsi'o:ne] *f* Petition *f*

petro|liera [petroli'ɛ:ra] *f* Öltanker *m*; **~lifero** [-tro'li:fero] Erdöl…; **industria** *f* **-a** Erdölindustrie *f*; **~lio** [-'trɔ:lio] *m* Petrolium *n*; Erdöl *n*; **~ greggio** Rohöl *n*

pett|egolezzo [pettego'lettso] *m* Klatsch *m*; **~egolo** [-'te:golo] **1.** *adj* geschwätzig; **2.** *m* Klatschmaul *n*

pettin|are [petti'na:re] (*1l u b*) kämmen; frisieren; **~atura** [-na'tu:ra] *f* Frisur *f*

pettine ['pɛttine] *m* Kamm *m*

pettirosso [petti'rosso] *m* Rotkehlchen *n*

petto ['pɛtto] *m* Brust *f*; (*seno*) Busen *m*; **~ di pollo** Hühnerbrust *f*; *abito* **a doppio ~** zweireihig

pezza ['pɛttsa] *f* Lappen *m*; Tuch *n*; (*toppa*) Flicken *m*; **~ giustificativa** *od* **~ d'appoggio** Beleg *m*

pezzo ['pɛttso] *m* Stück *n*; *periodo di tempo* Weile *f*; (Schach)Figur *f*; **da un ~** seit langer Zeit; **per un ~** e-e Zeit lang; **due -i** zweiteiliges Kleid *n*; Bikini *m*; **~ di ricambio** Ersatzstück *n*; *fig* **~ grosso** großes Tier *n*; **andare in -i** zu Bruch gehen

piac|ente [pia'tʃɛnte] gefällig; **~ere** [-'tʃe:re] **1.** *v/i* (*2k*) gefallen; *vivande* schmecken; **Le piace il vino?** trinken Sie gern Wein?; **2.** *m* Gefallen *m*, *n*; Vergnügen *n*; **viaggio** *m* **di ~** Vergnügungsreise *f*; **aver ~ di** sich freuen über (*acc*); **far ~** Freude machen; **mi faccia il ~** tun Sie mir den Gefallen; **con ~** gern; **per ~** bitte; **a ~** nach Belieben; **~evole** [-'tʃe:vole] angenehm; **~imento** [-tʃi'mento] *m* Belieben *n*; **a mio ~** nach m-m Belieben

piaga [pi'a:ga] *f* (*pl -ghe*) Wunde *f*

pialla [pi'alla] *f* Hobel *m*

piallare [pial'la:re] (*1a*) hobeln

piana [pi'a:na] *f* ebenes Gelände *n*

pianerottolo [piane'rɔttolo] *m* Treppenabsatz *m*

pianeta [pia'ne:ta] **1.** *m* Planet *m*; **2.** *f* Messgewand *n*

piangere [pi'andʒere] (*3d*) **1.** *v/i* weinen; **2.** *v/t* beweinen

pianific|are [pianifi'ka:re] (*1m u d*) planen, planmäßig einteilen; **~azione** [-katsi'o:ne] *f* Planung *f*

pianista [pia'nista] *m/f* (*m/pl -i*) Pianist(in *f*) *m*; Klavierspieler(in *f*) *m*

piano [pi'a:no] **1.** *adj* eben, flach; **2.** *adv* (*adagio*) langsam; (*a voce bassa*) leise; **3.** *m* Fläche *f*, Plan *m*; *arch* Stockwerk *n*, Etage *f*; *mus* Klavier *n*; **~ rialzato**

Hochparterre *n*; ~ ***della direzione*** *od* ~ ***nobile*** Vorstandsetage *f*, Chefetage *f*; ***primo*** ~ Vordergrund *m*; *film* Nahaufnahme *f*

pianoforte [piano'fɔrte] *m* Klavier *n*; ~ ***a coda*** Flügel *m*

pianta [pi'anta] *f bot* Pflanze *f*, Plan *m*; ~ ***medicinale*** Heilpflanze *f*; ~ ***della città*** Stadtplan *m*; ~ ***del piede*** Fußsohle *f*; ***di sana*** ~ ganz und gar

piantare [pian'taːre] (*1a*) pflanzen; *chiodo* (hin)einschlagen; *fig* ~ ***qu*** j-n im Stich lassen; ~ ***grane*** Scherereien bereiten; ***piantala!*** hör endlich auf!

pianterreno [pianter'reːno] *m* Parterre *n*, Erdgeschoss *n*

pianto [pi'anto] **1.** → ***piangere***; **2.** *m* Weinen *n*

pianura [pia'nuːra] *f* Ebene *f*; ~ ***padana*** Poebene *f*

piastr|a [pi'astra] *f* Platte *f*; ~ ***riscaldante*** Heizplatte *f*; **~ella** [-'trɛlla] *f* Fliese *f*, Kachel *f*

piatt|aforma [piatta'forma] *f* Plattform *f*; *fer* Drehscheibe *f*; ~ ***di lancio*** Abschussrampe *f*; **~ino** [-'tiːno] *m* Tellerchen *n*; Untertasse *f*

piatto [pi'atto] **1.** *adj* platt; flach; **2.** *m* Teller *m*; *gastr* Gericht, Gang *m*; Speise *f*; *mus* ***-i*** *pl* Becken *n*; ~ ***forte*** Hauptgericht *n*; ~ ***fondo*** Suppenteller *m*; ~ ***nazionale*** Nationalgericht *n*; ***primo*** ~ erster Gang *m*; ~ ***del giorno*** Tagesgericht *n*

piazza [pi'attsa] *f* Platz *m*; *fig* ***fare*** ~ ***pulita*** reinen Tisch machen

piazz|ale [piat'tsaːle] *m* Platz *m*; **~are** [-'tsaːre] (*1a*) aufstellen; *econ* (*vendere*) absetzen; **~ola** [-'tsɔːla] *f* Ausweichstelle *f*; ~ ***di sosta*** Rastplatz *m*

piccante [pik'kante] pikant, scharf, würzig

picchi|are [pikki'aːre] (*1a*) schlagen; **~ata** [-ki'aːta] *f avia* Sturzflug *m*

picchio ['pikkio] *m* (*pl -cchi*) Schlag *m*; *zo* Specht *m*

picci|onaia [pittʃo'naːia] *f* Taubenschlag *m*; *tea* Olymp *m*; **~one** [-'tʃoːne] *m* Taube *f*; ~ ***viaggiatore*** Brieftaube *f*; ***prendere due -i con una fava*** zwei Fliegen mit e-r Klappe schlagen

picco ['pikko] *m* (*pl -cchi*) Bergspitze *f*; ***a*** ~ senkrecht; *mar* ***andare a*** ~ untergehen

piccolezza [pikko'lettsa] *f* Kleinheit *f*; (*inezia*) Kleinigkeit *f*; *fig* Kleinlichkeit *f*

piccolo ['pikkolo] **1.** *adj* klein; gering; ~ ***borghese*** kleinbürgerlich; **2.** *m* Kleine(r) *m*, Kleinkind *n*; *zo* (*cucciolo*) Junge(s) *n*; ***da*** ~ als Kind; ***fin da*** ~ von klein auf

piccozza [pik'kɔttsa] *f* Eispickel *m*

picnic [pik'nik] *m inv* Picknick *n*; ***fare un*** ~ picknicken

pidocchio [pi'dɔkkio] *m* (*pl -cchi*) Laus *f*

piede [pi'ɛːde] *m* Fuß *m*; ~ ***piatto*** Senkfuß *m*; ***a -i*** zu Fuß; ***su due -i*** sogleich; ***stare in -i*** stehen; stehen bleiben; ***a*** ~ ***libero*** auf freiem Fuß; ***a -i nudi*** barfuß

piedistallo [piedis'tallo] *m* Sockel *m*

piega [pi'ɛːga] *f* (*pl -ghe*) Falte *f*; ***a -e*** faltig

pieg|are [pie'gaːre] (*1b u e*) **1.** *v/t* biegen; (*ripiegare*) falten, zusammenlegen; *testa* beugen; **2.** *v/i* abbiegen; sich neigen; **~arsi** [-'garsi] sich biegen; *fig* sich beugen; nachgeben

pieghevole [pie'geːvole] biegsam; zusammenklappbar; *fig* nachgiebig

piena [pi'ɛːna] *f* Hochwasser *n*; Gedränge *n*

pienezza [pie'nettsa] *f* Fülle *f*

pieno [pi'ɛːno] **1.** *adj* voll (***di*** von); reich (***di*** an *dat*); ***in*** ~ ***giorno*** am hellen Tag; ***in -a notte*** mitten in der Nacht; **2.** *m* Fülle *f*, ***nel*** ~ ***dell'inverno*** mitten im Winter; *auto* ***fare il*** ~ voll tanken

pietà [pie'ta] *f* Mitleid *n* (***di*** mit); Barmherzigkeit *f*; *arte* Pietà *f*

pietanza [pie'tantsa] *f* Speise *f*, Gericht *n*

pietoso [pie'toːso] barmherzig; jammervoll

pietra [pi'ɛtra] *f* Stein *m*; ~ ***preziosa*** Edelstein *m*; ~ ***miliare*** Meilenstein *m* (*a fig*)

pietr|ina [pie'triːna] *f* Feuerstein *m*; **~oso** [-'troːso] steinig

pigiama [pi'dʒaːma] *m inv* Schlafanzug *m*

pigione [pi'dʒoːne] *f* Miete *f*

pigli|are [pi'ʎaːre] (*1g*) nehmen; ergreifen; ~ ***fiato*** Atem holen; **~arsi** [-'ʎarsi] sich zuziehen; ~ ***cura di qu*** sich um j-n kümmern

pigna ['piːɲa] *f* Tannenzapfen *m*
pignolo [pi'ɲɔːlo] pingelig, pedantisch
pignor|amento [piɲora'mento] *m* Pfändung *f*; **~are** [-'raːre] (*1a*) pfänden
pigrizia [pi'griːtsia] *f* Faulheit *f*
pigro ['piːgro] faul; träge
pila ['piːla] *f el* Batterie *f*; (*catasta*) Stapel *m*, Stoß *m*; (*vaschetta*) Becken *n*; **-e** *pl* **usate** Altbatterien *f/pl*
pilastro [pi'lastro] *m* Pfeiler *m*
pillola ['pillola] *f* Pille *f*; **~ (anticoncezionale)** Antibabypille *f*
pilone [pi'loːne] *m* Stützpfeiler *m*; *el* Leitungsmast *m*
pil|ota [pi'lɔːta] (*pl -i*) **1.** *m avia* Pilot *m*; *mar* Lotse *m*; *auto, sport* Fahrer *m*; **~ automatico** Autopilot *m*; **2.** *adj* Pilot ...; **~otare** [-lo'taːre] (*1c*) führen; steuern
pinacoteca [pinako'tɛːka] *f* (*pl -che*) Pinakothek *f*, Gemäldesammlung *f*
pineta [pi'neːta] *f* Pinienwald *m*
ping-pong [piŋg'pɔŋg] *m* Tischtennis *n*, Pingpong *n*
pinna ['pinna] *f* Flosse *f*, Schwimmflosse *f*
pino ['piːno] *m* Pinie *f*, Kiefer *f*
pinolo [pi'nɔːlo] *m* Pinienkern *m*
pinz|a ['pintsa] *f* Pinzette *f*; **~etta** [-'tsetta] *f* Pinzette *f*
pio [p'iːo] fromm
pioggerella [pioddʒe'rɛlla] *f* Sprühregen *m*
pioggia [pi'ɔddʒa] *f* (*pl -gge*) Regen *m*; **~ acida** saurer Regen *m*
piomb|are [piom'baːre] (*1a*) **1.** *v/t* verplomben; *dente* plombieren; **2.** *v/i* abfallen; **~atura** [-ba'tuːra] *f* Plombierung *f*, Plombe *f*, Füllung *f*; **~ino** [-'biːno] *m* Senkblei *n*
piombo [pi'ombo] *m* Blei *n*; Plombe *f*; **a ~** senkrecht; **con ~** verbleit; **senza ~** bleifrei, unverbleit
pioppo [pi'ɔppo] *m* Pappel *f*
piovere [pi'ɔːvere] (*3kk*) regnen; **~ a dirotto** in Strömen gießen
piov|igginare [pioviddʒi'naːre] (*1m*) nieseln; **~igginoso** [-viddʒi'noːso] regnerisch; **~oso** [-'voːso] regnerisch; **giornata** *f* **-a** Regentag *m*; **tempo** *m* **~** Regenwetter *n*
piovra [pi'oːvra] *f* Polyp *m*
pipa ['piːpa] *f* Pfeife *f*; **fumare la ~** Pfeife rauchen
pipistrello [pipis'trɛllo] *m* Fledermaus *f*
piramide [pi'raːmide] *f* Pyramide *f*
pirata [pi'raːta] *m* (*pl -i*) Seeräuber *m*; Pirat *m*; **~ dell'aria** Luftpirat *m*; **~ della strada** Verkehrsrowdy *m*
pirofila [pi'rɔːfila] *f* feuerfeste Schüssel *f*
pir|oscafo [pi'rɔskafo] *m* Dampfer *m*; **~osi** [-'rɔːzi] *f* Sodbrennen *n*; **~otecnico** [-ro'tɛkniko] (*pl -ci*) **1.** *adj* Feuerwerks...; **2.** *m* Feuerwerker *m*
piscina [piʃ'ʃiːna] *f* Schwimmbad *n*; Swimmingpool *m*; **~ coperta** Hallenbad *n*
pisello [pi'sɛllo] *m* Erbse *f*
pisolino [pizo'liːno] *m* Nickerchen *n*
pista ['pista] *f* Piste *f*, Bahn *f*; (*traccia*) Spur *f*; *avia* **~ d'atterraggio** Landebahn *f*; **~ di volo** Start- und Landebahn *f*; **~ da ballo** Tanzfläche *f*; **~ da sci** Skipiste *f*; **~ ciclabile** Fahrradweg *m*
pistacchio [pis'takkio] *m* (*pl -cchi*) Pistazie *f*
pist|ola [pis'tɔːla] *f* Pistole *f*; **~ automatica** Maschinenpistole *f*; **~one** [-'toːne] *m* Kolben *m*
pitt|ore [pit'toːre] *m* Maler *m*; **~oresco** [-to'resko] (*pl -chi*) malerisch; **~rice** [-'triːtʃe] *f* Malerin *f*; **~ura** [-'tuːra] *f* Malerei *f*; Gemälde *n*; **~urare** [-tu'raːre] (*1a*) malen; ausmalen
più [pi'u] mehr (**di, che** als); *mat* und, plus; **~ giorni** mehrere Tage; **~ su** weiter oben; **~ grande** größer; **di ~** mehr; **non ~** nicht mehr; **~ o meno** ungefähr; **per di ~** noch dazu; **mai ~** nie wieder; **al ~ tardi** spätestens; **per lo ~** meistens; **i ~, le ~** die meisten
piuma [pi'uːma] *f* Daune *f*, Feder *f*
pium|aggio [piu'maddʒo] *m* Gefieder *n*; **~ino** [-'miːno] *m* Federbett *n*
piuttosto [piut'tɔsto] lieber; eher; (*alquanto*) ziemlich
pizz|a ['pittsa] *f* Pizza *f*; **~aiolo** [-tsai'ɔːlo] *m* Pizzabäcker *m*; **~eria** [-tse'riːa] *f* Pizzeria *f*
pizzicare [pittsi'kaːre] (*1l u d*) **1.** *v/t* kneifen; stechen; **2.** *v/i* jucken
pizzico ['pittsiko] *m* (*pl -chi*) Prise *f*; (Insekten)Stich *m*; **un ~ di sale** e-e Prise Salz
pizzicotto [pittsi'kɔtto] *m* Kneifen *n*
pizzo ['pittso] *m* Spitze *f*; *barba* Spitzbart *m*

placare [pla'kaːre] (*1d*) besänftigen; beruhigen
placca ['plakka] *f* (*pl -cche*) Platte *f*; (*targhetta*) Plakette *f*, Metallschild *n*; **~ dentaria** Zahnbelag *m*
placido ['plaːtʃido] ruhig; gelassen
plan|are [pla'naːre] (*1a*) *avia* gleiten; **~ata** [-'naːta] *f* Gleitflug *m*
plancia ['plantʃa] *f* Kommandobrücke *f*
planetario [plane'taːrio] (*pl -ri*) **1.** *adj* planetarisch; Planeten…; **2.** *m* Planetarium *n*
plasma ['plazma] *m* Plasma *n*; **~ sanguigno** Blutplasma *n*
plasm|abile [plaz'maːbile] gestaltungsfähig; **~are** [-'maːre] (*1a*) formen
plastica ['plastika] *f* Plastik *n*, Kunststoff *m*; *med* Plastik *f*; **posate** *f/pl* **di ~** Plastikbestecke *n/pl*
plastico ['plastiko] (*pl -ci*) **1.** *adj* plastisch; **2.** *m arch* Modell *n*
plastificare [plastifi'kaːre] (*1m u d*) mit Kunststoff beschichten
platano ['plaːtano] *m* Platane *f*
platea [pla'tɛːa] *f tea* Parkett *n*
plateau [pla'to] *m inv* **~ per frutta** Obstkiste *f*
platino ['plaːtino] *m* Platin *n*
plausibile [plau'ziːbile] plausibel; annehmbar
pleni|lunio [pleni'luːnio] *m* (*pl -ni*) Vollmond *m*; **~potenziario** [-poten-tsi'aːrio] (*pl -ri*) **1.** *adj* bevollmächtigt; **2.** *m* Bevollmächtigte(r) *m*
pletora ['plɛːtora] *f fig* Überfluss *m*
pleura ['plɛːura] *f* Rippenfell *n*
pleurite [pleu'riːte] *f* Rippenfellentzündung *f*
plico ['pliːko] *m* (*pl plichi*) Päckchen *n*; **in ~ separato** mit gesonderter Post
plurale [plu'raːle] *m* (*od adj* **numero** *m* **~**) Mehrzahl *f*
pluripartitico [pluripar'tiːtiko] (*pl -ci*) Mehrparteien…
plusvalore [pluzva'loːre] *m* Mehrwert *m*; **tassa** *f* **sul ~** Mehrwertsteuer *f*
plutonio [plu'tɔːnio] *m* Plutonium *n*
pneumatico [pneu'maːtiko] (*pl -ci*) **1.** *adj* pneumatisch; **2.** *m* Reifen *m*; **~ estivo** Sommerreifen *m*; **~ invernale** Winterreifen *m*; **-ci antineve** M-und-S-Reifen *pl*
po' [pɔ] **un ~** (**di**) ein bisschen, etwas; → **poco**
poco ['pɔːko] (*pl pochi*) **1.** *adj* wenig; gering; **2.** *adv* wenig; **senti un po'!** hör mal!; **a ~ a ~** nach und nach; **~ alla volta** allmählich; **~ fa** vor kurzem, vor kurzer Zeit; **da ~** seit kurzer Zeit; *fig* unbedeutend; **fra ~** bald; **~ dopo** kurz darauf; **per ~** auf kurze Zeit
podere [po'deːre] *m* (Land)Gut *n*
podio ['pɔːdio] *m* (*pl -di*) Podium *n*; *mus* Dirigentenpult *n*
poesia [poe'ziːa] *f* Dichtung, Poesie *f*; (*singolo componimento*) Gedicht *n*
poeta [po'ɛːta] *m* (*pl -i*) Dichter *m*
poetessa [poe'tessa] *f* Dichterin *f*
poetico [po'ɛːtiko] (*pl -ci*) poetisch; dichterisch
poggi|are [pod'dʒaːre] (*1f u c*) lehnen, anlehnen; (*posare*) legen; **~arsi** [-'dʒarsi]: **~ a** sich anlehnen an (*acc*); sich stützen auf (*acc*); **~atesta** [-dʒa-'tɛsta] *m inv* Kopfstütze *f*
poggio ['pɔddʒo] *m* (*pl poggi*) Anhöhe *f*
poi [p'ɔi] *adv* dann; nachher; **dalle 6 in ~** von 6 Uhr an; **prima o ~** früher oder später
poiché [poi'ke] da, denn
poker ['pɔːker] *m inv* Poker *n*
polacc|a [po'lakka] *f* (*pl -cche*) Polin *f*; **~o** [po'lakko] (*pl -cchi*) **1.** *adj* polnisch; **2.** *m* Pole *m*; Polnisch *n*
pol|are [po'laːre] Polar…; **circolo** *m* **~** Polarkreis *m*; **~arizzare** [-larid'dzaːre] (*1a*) polarisieren
polemic|a [po'lɛːmika] *f* (*pl -che*) Polemik *f*; **~o** [-ko] (*pl -ci*) polemisch
polemizzare [polemid'dzaːre] (*1a*) polemisieren
polenta [po'lɛnta] *f* Polenta *f*, Maisbrei *m*
policlinico [poli'kliːniko] (*pl -ci*) **1.** *adj* poliklinisch; **2.** *m* Poliklinik *f*
poliedrico [poli'ɛːdriko] (*pl -ci*) vielflächig; *fig* vielfältig, vielseitig
poliglotta [poli'glɔtta] vielsprachig, polyglott
poligono [po'liːgono] *m mat* Vieleck *n*; *mil* Schießplatz *m*
poliomielite [poliomie'liːte] *f* Kinderlähmung *f*
polipo ['pɔːlipo] *m* Polyp *m*
politica [po'liːtika] *f* Politik *f*; **~ estera** Außenpolitik *f*; **~ interna** Innenpolitik *f*; **di ~ interna** innenpolitisch; **~ sanitaria** Gesundheitspolitik *f*; **~ sociale**

Gesellschaftspolitik *f*
politico [po'li:tiko] (*pl -ci*) **1.** *adj* politisch; **2.** *m* Politiker *m*
polizia [poli'tsi:a] *f* Polizei *f*; ~ ***ferroviaria*** Bahnpolizei *f*; ~ ***stradale*** (*od* ***della strada***) Verkehrspolizei *f*; ***agente*** *m* ***di*** ~ Polizeibeamte(r) *m*
poliziesco [politsi'esko] (*pl -chi*) Polizei…; ***romanzo*** *m* ~ Kriminalroman *m*
poliziotto [politsi'ɔtto] *m* Polizist *m*
polizza ['pɔlittsa] *f* Schein *m*, Police *f*; ~ ***di cambio*** Wechselbrief *m*; ~ ***di carico*** Frachtbrief *m*; ~ ***di assicurazione*** Versicherungspolice *f*
pollame [pol'la:me] *m* Geflügel *n*
pollice ['pɔlliʧe] *m* *mano* Daumen *m*; *piede* große Zehe *f*; *unità di misura* Zoll *m*
polline ['pɔlline] *m* Blütenstaub *m*
pollo ['pollo] *m* Huhn *n*; ~ ***arrosto*** Brathuhn *n*; ~ ***novello*** Hähnchen *n*
polluzione [pollutsi'o:ne] *f* Verschmutzung *f*
polm|onare [polmo'na:re] Lungen…; **~one** [-'mo:ne] *m* Lunge *f*; **~onite** [-mo'ni:te] *f* Lungenentzündung *f*
polo[1] ['pɔ:lo] *m* Pol *m*; ~ ***nord*** Nordpol *m*; ~ ***sud*** Südpol *m*
polo[2] ['pɔ:lo] *m* Polospiel *n*
polpa ['polpa] *f* (Frucht)Fleisch *n*
polpaccio [pol'pattʃo] *m* (*pl -cci*) Wade *f*
polpastrello [polpas'trɛllo] *m* Fingerkuppe *f*
polpetta [pol'petta] *f* Klops *m*; Klößchen *n*
polpettone [polpet'to:ne] *m* Hackbraten *m*
polposo [pol'po:so] fleischig
polsino [pol'si:no] *m* Manschette *f*
polso ['polso] *m* Handgelenk *n*; Puls *m*
poltrire [pol'tri:re] (*4d*) faulenzen
poltrona [pol'tro:na] *f* Sessel *m*; Lehnstuhl *m*; *tea* Parkettplatz *m*; ~ ***letto*** Schlafsessel *m*
poltrone [pol'tro:ne] **1.** *adj* faul; **2.** *m* Faulenzer *m*
polvere ['polvere] *f* Staub *m*; Pulver *n*; ***caffè*** *m* ***in*** ~ Pulverkaffee *m*
polver|ina [polve'ri:na] *f med* Pulver *n*; **~izzare** [-rid'dza:re] (*1a*) pulverisieren; *fig* zerstören; **~oso** [-'ro:so] staubig
pomata [po'ma:ta] Creme *f*, Salbe *f*; *per capelli* Pomade *f*
pomeridiano [pomeridi'a:no] Nachmittags…; ***alle tre -e*** um drei Uhr nachmittags
pomeriggio [pome'riddʒo] *m* (*pl -ggi*) Nachmittag *m*; ***di*** ~, ***nel*** ~ nachmittags; ***domani*** ~ morgen Nachmittag
pomo ['po:mo] *m* Knopf *m*, Knauf *m*
pomodoro [pomo'dɔ:ro] *m* Tomate *f*
pompa[1] ['pompa] *f* Pomp *m*, Prunk *m*; ***impresa*** *f* ***di -e funebri*** Bestattungsinstitut *n*
pompa[2] ['pompa] *f tec* Pumpe *f*; (*distributore*) Tankstelle *f*; (*colonnina*) Zapfsäule *f*
pompelmo [pom'pɛlmo] *m* Pampelmuse *f*, Grapefruit *f*
pompiere [pompi'ɛ:re] *m* Feuerwehrmann *m*; ***-i*** *pl* Feuerwehr *f*
pomposo [pom'po:so] prunkvoll, pompös
ponder|are [ponde'ra:re] (*1l u c*) abwägen; **~ato** [-'ra:to] überlegt; bedachtsam
pone ['po:ne] → ***porre***
ponente [po'nɛnte] *m* Westen *m*
pongo ['poŋgo] → ***porre***
ponte ['ponte] *m* Brücke *f*; *arch* Gerüst *n*; *mar* Deck *n*; ~ ***di passeggio*** Promenadendeck *n*; ~ ***girevole*** Drehbrücke *f*; ~ ***sospeso*** Hängebrücke *f*; ~ ***radio*** Funkverbindung *f*; ~ ***aereo*** Luftbrücke *f*; ***fare il*** ~ an e-m Brücken- *od* Fenstertag ebenfalls nicht arbeiten
pontefice [pon'te:fitʃe] *m* (*a* ~ ***massimo*** *od* ***sommo*** ~) Papst *m*
pont|eggio [pon'teddʒo] *m* Baugerüst *n*; **~icello** [-ti'tʃɛllo] *m* Steg *m*
pontificio [ponti'fi:tʃo] (*pl -ci*) päpstlich; ***Stato*** *m* ~ Kirchenstaat *m*
pontile [pon'ti:le] *m* Einsteigesteg *m*
pop [pɔp]: ***musica*** *f* ~ Popmusik *f*
popol|amento [popola'mento] *m* Besiedelung *f*; *zo* Besetzung *f*; **~are** [-'la:re] **1.** *adj* volkstümlich; Volks…; ***ballo*** *m* ~ Volkstanz *m*; **2.** *v/t* besiedeln, bevölkern; **~arità** [-lari'ta] *f* Popularität *f*, Beliebtheit *f*; **~ato** [-'la:to] bevölkert; (*abitato*) bewohnt; (*pieno*) voll von; ***scarsamente*** ~ dünn besiedelt; **~azione** [-latsi'o:ne] *f* Bevölkerung *f*
popolo ['pɔ:polo] *m* Volk *n*
poppa ['poppa] *f mar* Heck *n*
porcellana [portʃel'la:na] *f* Porzellan *n*

porcellino [portʃel'li:no] *m* Ferkel *n*; ~ ***d'India*** Meerschweinchen *n*

porche|ria [porke'ri:a] *f* Schweinerei *f*; **~tta** [-'ketta] *f* im Ofen gebratenes Ferkel *n*

porc|ile [por'tʃi:le] *m* Schweinestall *m*; **~ino** [-'tʃi:no] *m* Steinpilz *m*

porco ['pɔrko] *m* (*pl -ci*) Schwein *n*; P Schweinehund *m*

porcospino [porko'spi:no] *m* Stachelschwein *n*

porgere ['pɔrdʒere] (*3d*) reichen; *aiuto* leisten

pornogr|afia [pornogra'fi:a] *f* Pornographie *f*; **~afico** [-'gra:fiko] (*pl -ci*) pornographisch

porre ['porre] (*3ll*) setzen; stellen; legen

porro ['pɔrro] *m* Porree *m*, Lauch *m*; *med* Warze *f*

porta ['pɔrta] *f* Tor *n*; Tür *f*; ~ ***scorrevole*** Schiebetür *f*; ***a -e chiuse*** unter Ausschluss der Öffentlichkeit

portabagagli [portaba'ga:ʎi] *m inv* Gepäckträger *m*; *auto* Dachgepäckträger *m*

portabile [por'ta:bile] tragbar

porta|cenere [porta'tʃe:nere] *m inv* Asch(en)becher *m*; **~chiavi** [-ki'a:vi] *m inv* Schlüsselring *m*; **~cipria** [-'tʃi:pria] *m inv* Puderdose *f*; **~finestra** [-fi'nɛstra] *f* (*pl portefinestre*) Balkontür *f*; **~foglio** [-'fɔ:ʎo] *m* (*pl -gli*) Brieftasche *f*; **~fortuna** [-for'tu:na] *m inv* Talisman *m*

portale [por'ta:le] *m* Portal *n*

portalettere [porta'lɛttere] *m inv* Briefträger *m*, Postbote *m*

portamento [porta'mento] *m* Haltung *f*, Benehmen *n*

porta|monete [portamo'ne:te] *m inv* Geldbeutel *m*, Portemonnaie, Portmonee *n*; **~ombrelli** [portaom'brɛlli] *m inv* Schirmständer *n*; **~pacchi** [-'pakki] *m inv bicicletta* Gepäckträger *m*; **~penne** [-'penne] *m inv* Federhalter *m*

port|are [por'ta:re] (*1c*) bringen; tragen; ~ ***via*** wegtragen; ~ ***un regalo*** ein Geschenk mitbringen; ~ ***in tavola*** auftragen; ***essere portato a qc*** zu et geneigt sein; **~arsi** [-'tarsi] sich benehmen

porta|sci [porta'ʃi] *m auto* Skiträger *m*; **~sigarette** [-siga'rette] *m inv* Zigarettenetui *n*

port|ata [por'ta:ta] *f gastr* Gang *m*; *tec* Tragfähigkeit *f*; ***alla ~ di*** erschwinglich für (*acc*); ***a ~ di mano*** bei der Hand, griffbereit; **~atessera** [-ta'tɛssera] *m inv* Ausweishülle *f*; **~atile** [-'ta:tile] tragbar; ***farmacia** f* ~ Haus-, Reiseapotheke *f*; **~atore** [-ta'to:re] *m econ* Überbringer *m*; Inhaber *m*

porta|uovo [portau'ɔ:vo] *m inv* Eierbecher *m*; **~voce** [-'vo:tʃe] *m inv* Sprecher *m*

portico ['pɔrtiko] *m* (*pl -ci*) Bogengang *m*

port|iera [porti'ɛ:ra] *f* Wagen-, Autotür *f*; **~iere** [-ti'ɛ:re] *m* Pförtner *m*; Portier *m*; *sport* Torwart *m*; **~inaia** [-ti'na:ia] *f* Pförtnerin *f*; **~inaio** [-ti'na:io] *m* (*pl -ai*) Pförtner *m*; **~ineria** [-tine'ri:a] *f* Pförtnerloge *f*

porto[1] ['pɔrto] → ***portare***

porto[2] ['pɔrto] *m post* Porto *n*; *fer* Fracht *f*; ~ ***d'armi*** Waffenschein *m*

porto[3] ['pɔrto] *m* Hafen *m*; ~ ***mercantile*** Handelshafen *m*; ~ ***d'imbarco*** Einschiffungshafen *m*

portoghese [porto'ge:se] **1.** *adj* portugiesisch; **2.** *m* Portugiesisch(e) *n*; **3.** *m/f* Portugiese *m*, Portugiesin *f*

portone [por'to:ne] *m* Haustor *n*; Einfahrt *f*

porzione [portsi'o:ne] *f* Teil *m*; Anteil *m*; *gastr* Portion *f*; ***mezza*** ~ halbe Portion *f*

posa ['pɔ:sa] *f* Haltung *f*, Pose *f*; *fot* Belichtung *f*

posacenere [posa'tʃe:nere] *m inv* Asch(en)becher *m*

pos|are [po'sa:re] (*1c*) **1.** *v/t* hinlegen; hinstellen; *tel* auflegen; **2.** *v/i* ruhen; *liquidi* sich setzen; (*stare in posa*) Modell stehen; *fig* sich stützen; **~arsi** [-'sarsi] sich legen; sich niederlassen; **~ata** [-'sa:ta] *f* Besteck *n*; **~atezza** [-sa'tettsa] *f* Gesetztheit *f*; **~ato** [-'sa:to] gesetzt

positivo [pozi'ti:vo] positiv

posizione [pozitsi'o:ne] *f* Stellung *f*; Lage *f*; Position *f*; *corpo* Haltung *f*; *sport* Platz *m*; ~ ***chiave*** Schlüsselstellung *f*

possed|ere [posse'de:re] (*2o*) besitzen; **~imento** [-di'mento] *m* Besitz *m*

poss|essivo [posses'si:vo] possessiv, besitzanzeigend; **~esso** [-'sɛsso] *m*

P

Besitz *m*; **~essore** [-ses'so:re] *m* Besitzer *m*; **~ *di assegno*** Scheckinhaber *m*

possiamo [possi'a:mo] → ***potere***

poss|ibile [pos'si:bile] **1.** *adj* möglich; ***il più presto ~*** so schnell wie möglich; **2.** *m* Mögliche(s) *n*; ***fare il ~*** sein Möglichstes tun; **~ibilità** [-sibili'ta] *f* Möglichkeit *f*; **~ *di guadagno*** Verdienstmöglichkeit *f*; **~ibilmente** [-sibil'mente] möglichst; möglicherweise

posso ['pɔsso] → ***potere***

posta ['pɔsta] *f* Post *f*; (*ufficio postale*) Postamt *n*; **~ *aerea*** Luftpost *f*; ***andare alla ~*** auf die (*od* zur) Post gehen; ***per ~*** mit der (*od* durch die) Post; ***a giro di ~*** postwendend; ***fermo (in) ~*** postlagernd

postale [pos'ta:le] Post…; ***servizio*** *m* **~** Postverkehr *m*; ***cartolina*** *f* **~** Postkarte *f*

post|datare [postda'ta:re] (*1a*) nachdatieren; **~eggiare** [-ted'dʒa:re] (*1f*) parken; **~eggio** [-'teddʒo] *m* (*pl -ggi*) Parkplatz *m*; ***divieto*** *m* ***di ~*** Parkverbot *n*; **~ *di tassì*** Taxistand *m*

posteriore [posteri'o:re] Hinter…; (*successivo*) später, nachfolgend; ***ruota*** *f* **~** Hinterrad *n*; ***sedile*** *m* **~** Rücksitz *m*

posticip|are [postitʃi'pa:re] (*1m*) hinausschieben; später ansetzen; **~ato** [-'pa:to] nachträglich; ***pagamento*** *m* **~** Nachzahlung *f*

postino [pos'ti:no] *m* Postbote *m*

posto[1] ['posto] → ***porre***; **~ *che*** gesetzt, dass; da nun

posto[2] ['posto] *m* Platz *m*; Stelle *f*; Stellung *f*; Posten *m*; **~ *macchina*** Stellplatz *m*; **~ *d'angolo*** Eckplatz *m*; **~ *al finestrino*** Fensterplatz *m*; **~ *in piedi*** Stehplatz *m*; **~ *a sedere*** Sitzplatz *m*; **~ *di polizia*** Polizeiwache *f*; **~ *di prevendita*** Vorverkaufsstelle *f*; **~ *di pronto soccorso*** Unfallstation *f*; **~ *di ristoro*** Rasthaus *n*; ***fuori ~*** nicht an s-m Platz; *fig* unangebracht; ***essere a ~*** in Ordnung sein

postoperatorio [postopera'tɔ:rio] (*pl -ri*) postoperativ

postumo ['pɔstumo] nachträglich; *opera* nachgelassen; *jur* nachgeboren

potabile [po'ta:bile] trinkbar; ***acqua*** *f* **~** Trinkwasser *n*

potassio [po'tassio] *m* Kalium *n*

pot|ente [po'tɛnte] mächtig, einflussreich; stark; **~enza** [-'tɛntsa] *f* Macht *f*; *tec* Leistung *f*; **~ *mondiale*** Weltmacht *f*; **~ *del motore*** Motorleistung *f*; ***in ~*** potentiell, möglich; **~enziare** [-tentsi'a:re] (*1a*) verstärken

potere [po'te:re] **1.** *v/i* (*2l*) können, imstande sein; (*avere il permesso*) dürfen; ***non ho potuto farlo*** ich habe es nicht machen können; ***posso fumare?*** darf ich rauchen?; ***può essere*** es kann sein; **2.** *m* Gewalt *f*; Macht *f*; **~ *d'acquisto*** Kaufkraft *f*; ***pieni -i*** *pl* Vollmacht *f*; ***essere al ~*** an der Macht sein

pover|accio [pove'rattʃo] *m* (*pl -cci*) armer Teufel *m*; **~etto** [-'retto] *m*, **~ino** [-'ri:no] *m* Ärmste(r) *m*

povero ['pɔ:vero] **1.** *adj* arm; dürftig; **~ *me!*** ich Armer!; **2.** *m* Arme(r) *m*

povertà [pover'ta] *f* Armut *f*

pozzanghera [pot'tsaŋgera] *f* Pfütze *f*

pozzo ['pottso] *m* Brunnen *m*; *min* Schacht *m*; **~ *d'estrazione*** Förderschacht *m*; **~ *petrolifero*** Erdölquelle *f*

pranzare [pran'dza:re] (*1a*) zu Mittag essen

pranzo ['prandzo] *m* Mittagessen *n*

prassi ['prassi] *f inv* Praxis *f*

prataiolo [pratai'ɔ:lo] *m* Wiesenchampignon *m*

pratica ['pra:tika] *f* (*pl -che*) Praxis *f*; Erfahrung *f*; Übung *f*; (*atto*) Akte *f*; ***mettere in ~*** befolgen; zur Ausführung bringen; ***fare ~*** sich (für e-n Dienst) ausbilden; ***-che*** *f/pl* Unterlagen *pl*; ***fare le -che necessarie*** die nötigen Unterlagen zusammenstellen; ***in ~*** in der Praxis, in Wirklichkeit; ***avere ~ di qc*** in et (*dat*) bewandert sein

pratic|abile [prati'ka:bile] ausführbar; *strada* gangbar, befahrbar; **~are** [-'ka:re] (*1l u d*) (*mettere in atto*) in die Praxis umsetzen; (*esercitare*) ausüben; (*frequentare*) besuchen; **~ *qu*** mit j-m verkehren; **~ *molto sport*** viel Sport treiben

pratico ['pra:tiko] (*pl -ci*) praktisch; erfahren; ***essere ~ della città*** sich in der Stadt auskennen

prato ['pra:to] *m* Wiese *f*

preavviso [preav'vi:zo] *m* Voranmeldung *f*, Vorankündigung *f*; ***licenziamento*** *m* ***senza ~*** fristlose Entlassung *f*

precario [pre'ka:rio] (*pl -ri*) vorläufig; unsicher; *salute* bedenklich
precauzione [prekautsi'o:ne] *f* Vorsicht *f*; **-i** *pl* Vorsichtsmaßregeln *f/pl*
pre|cedente [pretʃe'dɛnte] **1.** *adj* vorhergehend; vorig; **2.** *m* Präzedenzfall *m*; **~cedenza** [-tʃe'dɛntsa] *f* Vorrang *m*; *auto* **diritto** *m* **di ~** Vorfahrtsrecht *n*; **avere la ~** Vorfahrt haben; **~cedere** [-'tʃɛ:dere] (*3a*) vorangehen (*dat*)
precipit|are [pretʃipi'ta:re] (*1m*) **1.** *v/t* hinabstürzen; *fig* überstürzen; **2.** *v/i* hinabstürzen; *chim* niederschlagen; **~arsi** [-'tarsi] (sich) stürzen; **~azione** [-tatsi'o:ne] *f* Überstürzung *f*; **-i** *pl* **atmosferiche** Niederschläge *m/pl*; **ricco di -i** niederschlagsreich; **~oso** [-'to:so] überstürzt; unüberlegt
precipizio [pretʃi'pi:tsio] *m* (*pl -zi*) Abgrund *m*; **a ~** Hals über Kopf
precis|amente [pretʃiza'mente] genau; **e ~** und zwar; **~ perché** gerade weil; **~are** [-'za:re] (*1a*) präzisieren; **~ione** [-zi'o:ne] *f* Präzision *f*, Genauigkeit *f*; **con ~** genau, exakt
preciso [pre'tʃi:zo] genau; bestimmt; **alle tre -e** Punkt drei Uhr
precoce [pre'kɔ:tʃe] frühreif, vorzeitig
precotto [pre'kotto] *m* Fertiggericht *n*
preda ['prɛ:da] *f* Beute *f*; **in ~ a** gepackt von
predecessore [predetʃes'so:re] *m* Vorgänger *m*
predestinare [predesti'na:re] (*1a*) prädestinieren, vorherbestimmen
predica ['prɛ:dika] *f* (*pl -che*) Predigt *f*
predicare [predi'ka:re] (*1l, b u d*) predigen
predil|etto [predi'lɛtto] **1.** → **prediligere**; **2.** *adj* Lieblings…, bevorzugt; **~ezione** [-letsi'o:ne] *f* Vorliebe *f*; **~igere** [-'li:dʒere] (*3u*) am meisten lieben; vorziehen
predire [pre'di:re] (*3t*) voraussagen
predisp|orre [predis'porre] (*3ll*) vorbereiten; **~osto** [-'posto] → **predisporre**
predom|inare [predomi'na:re] (*1m u c*) vorherrschen; **~inio** [-'mi:nio] *m* (*pl -ni*) Vorherrschaft *f*
prefazione [prefatsi'o:ne] *f* Vorwort *n*
prefer|enza [prefe'rɛntsa] *f* Vorliebe *f*; **~ire** [-'ri:re] (*4d*) vorziehen; lieber mögen; **~ito** [-'ri:to] Lieblings…
pref|etto [pre'fɛtto] *m* Präfekt *m*; **~ettura** [-fet'tu:ra] *f* Präfektur *f*
prefisso [pre'fisso] *m tel* Vorwählnummer *f*
pregare [pre'ga:re] (*1b u e*) bitten (**di qc** um et); *divinità* beten; **farsi ~** sich bitten lassen; **prego!** bitte! bitte sehr!
preghiera [pregi'ɛ:ra] *f* Bitte *f*; *rel* Gebet *n*; **rivolgere una ~ a qu** e-e Bitte an j-n richten
pregiato [pre'dʒa:to] (*stimato*) geschätzt; (*prezioso*) wertvoll
pregio ['prɛ:dʒo] *m* Wert *m*; Vorzug *m*
pregiud|icato [predʒudi'ka:to] *jur m* Vorbestrafte(r) *m*; **~izio** [-'di:tsio] *m* (*pl -zi*) Vorurteil *n*
pregustare [pregus'ta:re] (*1a*) im Voraus kosten
preist|oria [preis'tɔ:ria] *f* Vorgeschichte *f*; **~orico** [-'tɔ:riko] (*pl -ci*) vorgeschichtlich
pre|levamento [preleva'mento] *m* Entnahme *f*; *econ* Abhebung *f*; **~ in contanti** Barabhebung *f*; **~levare** [-le'va:re] (*1b*) *denaro* abheben; *ditta* übernehmen; **~libato** [-li'ba:to] köstlich; **~lievo** [-li'ɛ:vo] *m* Entnahme *f*; *econ* Abhebung *f*; **~ del sangue** Blutentnahme *f*
pre-maman [prema'mɑ̃] **1.** *adj* Umstands…; **2.** *m inv* Umstandskleid *n*
pre|matrimoniale [prematrimoni'a:le] vorehelich; **~maturo** [-ma'tu:ro] vorzeitig; frühreif; **~meditato** [-medi'ta:to] absichtlich
premere ['prɛ:mere] (*3a*) **1.** *v/t* drücken; *fig* bedrücken; **2.** *v/i* lasten; am Herzen liegen; drängen; **mi preme che** es liegt mir daran, dass
premess|a [pre'messa] *f* Voraussetzung *f*; **~o** [-so] → **premettere**
premettere [pre'mettere] (*3ee*) voraussetzen
premi|are [premi'a:re] (*1k u b*) prämieren; belohnen; **~azione** [-miatsi'o:ne] *f* Preisverteilung *f*
premio ['prɛ:mio] *m* (*pl -mi*) Preis *m*; *econ* Prämie *f*; **~ Nobel per la pace** Friedensnobelpreis *m*; **assegnare un ~** e-n Preis verleihen
prem|ura [pre'mu:ra] *f* (*fretta*) Eile *f*; (*attenzione*) Aufmerksamkeit *f*; (*cura*) Bemühung *f*; **darsi ~** sich bemühen; **farsi ~** sich beeilen; **non c'è ~** es eilt

nicht; ***con la massima ~*** schnellstens; **~uroso** [-mu'ro:so] aufmerksam, zuvorkommend

prendere ['prɛndere] (*3c*) **1.** *v/t* nehmen; ergreifen; hinnehmen; *farmaco* einnehmen; *fuoco* fangen; *malattia* sich holen; *coraggio* fassen; ***~ qu per un italiano*** j-n für e-n Italiener halten; ***~ alloggio*** absteigen (*in un hotel*); ***andare*** (*od* ***venire***) ***a ~*** holen, abholen; ***~ il sole*** sich sonnen; ***~ il treno*** mit dem Zug fahren; ***~ nota di qc*** et aufschreiben; *avia* ***~ quota*** Höhe gewinnen; ***~ in giro qu*** sich über j-n lustig machen; ***prendersela*** sich ärgern; sich aufregen; ***che ti prende?*** was fällt dir ein?; **2.** *v/i* ***~ a destra*** nach rechts gehen

prendisole [prendi'so:le] *m inv* Strandkleid *n*

prenot|are [preno'ta:re] (*1c*) vorbestellen, reservieren; *viaggio* buchen; **~ato** [-'ta:to] vorbestellt, reserviert; **~azione** [-tatsi'o:ne] *f* Vorbestellung *f*, Reservierung *f*, Buchung *f*

preoccup|are [preokku'pa:re] (*1m u c*) besorgt machen; beunruhigen; **~arsi** [-'parsi] sich Sorgen machen (***di*** über *acc*); **~ato** [-'pa:to] besorgt; **~azione** [-patsi'o:ne] *f* Sorge *f*

prepar|are [prepa'ra:re] (*1a*) vorbereiten; *gastr* zubereiten; **~arsi** [-'rarsi] sich vorbereiten (***a*** auf *acc*); sich fertig machen; **~ativi** [-ra'ti:vi] *m/pl* Vorbereitungen *f/pl*; **~ato** [-'ra:to] **1.** *adj* vorbereitet; bereit, fertig; **2.** *m* Präparat *n*; **~azione** [-ratsi'o:ne] *f* Vorbereitung *f*, Zubereitung *f*; ***senza ~*** unvorbereitet

preposizione [prepozitsi'o:ne] *f* Präposition *f*

prepot|ente [prepo'tɛnte] herrisch; gewalttätig; **~enza** [-po'tɛntsa] *f* Anmaßung *f*, Rechthaberei *f*

presa ['pre:sa] *f* Griff *m*; Halt *m*; *el* ***~ di corrente*** Steckdose *f*, ***macchina*** *f* ***da ~*** Filmkamera *f*, *fig* ***~ di possesso*** Besitzergreifung *f*, ***essere alle -e con qu*** sich mit j-m herumschlagen

presagio [pre'za:dʒo] *m* (*pl -gi*) Vorzeichen *n*

presalario [presa'la:rio] *m* (*pl -ri*) Studienbeihilfe *f*

presbite ['prɛzbite] weitsichtig

prescindere [preʃ'ʃindere] (*3v*) absehen (***da*** von); ***prescindendo da*** abgesehen von

prescr|itto [pres'kritto] → ***prescrivere***; **~ivere** [-'kri:vere] (*3tt*) vorschreiben; *med* verschreiben; **~izione** [-kritsi'o:ne] *f* Vorschrift *f*, *med* Verordnung *f*

present|are [-'ta:re] (*1b*) vorzeigen; vorführen; *j-n* vorstellen; *tea* aufführen; *fig* aufweisen; **~arsi** [-'tarsi] sich vorstellen; (*apparire*) erscheinen; *occasione* sich bieten; ***~ candidato*** kandidieren, als Kandidat auftreten; **~atore** [-ta'to:re] *m rad*, *TV* Ansager *m*; Moderator *m*; Showmaster *m*; **~azione** [-tatsi'o:ne] *f* Vorstellung *f*, ***fare le -i*** vorstellen

presente [pre'zɛnte] **1.** *adj* gegenwärtig; anwesend; ***essere ~*** da sein; **2.** *m* Gegenwart *f*, Anwesende(r) *m*; *gram* Präsens *n*

presentimento [presenti'mento] *m* Vorahnung *f*

presenza [pre'zɛntsa] *f* Anwesenheit *f*, (*aspetto*) Aussehen *n*; ***alla ~*** (*od* ***in ~***) ***di qu*** vor j-m, in Gegenwart von j-m; ***di bella ~*** von schönem Äußeren

presepio [pre'zɛpio] *m* Krippe *f*

preserv|are [preser'va:re] (*1b*) bewahren (***da*** vor *dat*); **~ativo** [-va'ti:vo] *m* Präservativ *n*

presid|ente [presi'dɛnte] *m* Vorsitzende(r) *m*; Präsident *m*; ***Presidente dello Stato*** Staatsoberhaupt *n*; **~entessa** [-den'tessa] *f* Vorsitzende *f*, Präsidentin *f*, **~enza** [-'dɛntsa] *f* Vorstand *m*; Vorsitz *m*; Präsidentenstelle *f*

preso ['pre:so] → ***prendere***

pressappoco [pressap'pɔ:ko] ungefähr, annähernd

pressione [pressi'o:ne] *f* Druck *m*; ***~ atmosferica*** Luftdruck *m*; ***~ delle gomme*** Reifendruck *m*; ***~ sanguigna*** Blutdruck *m*; *fig* ***far ~*** Druck ausüben; ***pentola*** *f* ***a ~*** Schnellkochtopf *m*

presso ['prɛsso] **1.** *prp* bei; neben (*dat od acc*); nahe; ***~ la ditta*** bei der Firma; ***press'a poco*** ungefähr; ***nei -i di*** in der Nähe von

pressoché [presso'ke] fast; beinahe

prest|are [pres'ta:re] (*1b*) (aus)leihen; borgen; *ascolto* schenken; *aiuto* leisten; **~arsi** [-'tarsi] sich eignen; **~atore** [-ta'to:re] *m* ***~ d'opera*** Arbeitnehmer

P

m; **~azione** [-tatsi'o:ne] *f* Leistung *f*
prestigio [pres'ti:dʒo] *m* Prestige *n*, Ansehen *n*
prestito ['prɛstito] *m* Darlehen *n*; Anleihe *f*; Ausleihe *f*; ***in ~*** leihweise; ***dare in ~*** (ver)leihen; ***prendere in ~*** sich (aus)leihen
presto ['prɛsto] (*fra poco*) bald; (*in fretta*) schnell; (*di buon'ora*) früh; ***a ~!*** bis bald!; ***far ~*** sich beeilen
presumere [pre'zu:mere] (*3h*) vermuten
presun|tuoso [prezuntu'o:so] eingebildet; **~zione** [-tsi'o:ne] *f* Einbildung *f*
prete ['prɛ:te] *m* Priester *m*
pret|endente [preten'dɛnte] *m* Bewerber *m*; **~endere** [-'tɛndere] (*3c*) verlangen; beanspruchen; **~ensioso** [-tensi'o:so] anspruchsvoll
pretesa [pre'te:sa] *f* Anspruch *m*; Forderung *f*; ***avanzare -e*** Forderungen stellen; ***senza -e*** anspruchslos
pretesto [pre'tɛsto] *m* Vorwand *m*
pretore [pre'to:re] *m* Amtsrichter *m*
pretura [pre'tu:ra] *f* Amtsgericht *n*
preval|enza [preva'lɛntsa] *f* ***in ~*** überwiegend; **~ere** [-'le:re] (*2r*) überwiegen; die Oberhand behalten
prev|edere [preve'de:re] (*2s*) voraussehen; **~edibile** [-ve'di:bile] vorhersehbar
prevendita [-'vendita] *f* Vorverkauf *m*
prevenire [preve'ni:re] (*4p*) zuvorkommen (*dat*); (*influenzare negativamente*) einnehmen; *malattia* vorbeugen (*dat*)
preventivo [preven'ti:vo] **1.** *adj* vorbeugend; ***vaccinazione*** *f* ***-a*** Schutzimpfung *f*; ***bilancio*** *m* ***~*** = **2.** *m* Voranschlag *m*; Kostenanschlag *m*
prevenzione [preventsi'o:ne] *f* Vorbeugung *f*; ***~ degli infortuni*** Unfallverhütung *f*
previd|ente [previ'dɛnte] vorsorglich; **~enza** [-vi'dɛntsa] *f* Vorsorge *f*; ***~ sociale*** Sozialversicherung *f*
prev|isione [previzi'o:ne] *f* Vorhersage *f*; ***-i*** *pl* ***del tempo*** Wettervorhersage *f*; **~isto** [-'visto] → ***prevedere***
prezioso [pretsi'o:so] **1.** *adj* kostbar; edel; ***pietra*** *f* ***-a*** Edelstein *m*; **2.** *m* (*mst pl -i*) Schmuckgegenstände *m/pl*
prezzemolo [pret'tse:molo] *m* Petersilie *f*
prezzo ['prɛttso] *m* Preis *m*; ***~ globale*** Inklusivpreis *m*; ***~ di fabbrica*** Erzeugerpreis *m*; ***~ di listino*** Katalogpreis *m*; ***~ di promozione*** Einführungspreis *m*; ***aumento*** *m* ***del ~*** Preiserhöhung *f*; ***crollo*** *m* ***dei -i*** Preissturz *m*; ***a buon ~*** billig; ***a caro ~*** teuer; ***a metà ~*** zum halben Preis; ***a qualunque ~*** um jeden Preis; ***~ limite*** Höchstpreis *m*; ***~ netto*** Nettopreis *m*
prigione [pri'dʒo:ne] *f* Gefängnis *n*
prigion|ia [pridʒo'ni:a] *f* Gefangenschaft *f*; **~iero** [-ni'ɛ:ro] *m* Gefangene(r) *m*; ***fare ~*** gefangen nehmen
prima[1] ['pri:ma] *adv* früher; eher; ***~ di*** vor (*dat*); ***~ di*** (*inf*), ***~ che*** bevor; ***~ … poi …*** zuerst … dann …; ***quanto ~*** so bald wie möglich
prima[2] ['pri:ma] *f fer* erste Klasse *f*; *auto* erster Gang *m*; *tea* Premiere *f*
primario [pri'ma:rio] *m* (*pl -ri*) Chefarzt *m*
prima|vera [prima've:ra] *f* Frühling *m*; **~verile** [-ve'ri:le] Frühlings…
prim|itivo [primi'ti:vo] primitiv; (*iniziale*) ursprünglich; **~izia** [-'mi:tsia] *f* Frühgemüse *n*; Frühobst *n*; Neuigkeit *f*
primo ['pri:mo] **1.** *adj* erster; ***~ piano*** *m* Vordergrund *m*; *film* ***-a visione*** *f* Erstaufführung *f*; **2.** *m* Erste(r) *m*; *gastr* erster Gang *m*; ***ai -i del mese*** in den ersten Tagen des Monats; ***sulle -e*** anfangs
primogenito [primo'dʒɛ:nito] **1.** *adj* erstgeboren; **2.** *m* Erstgeborene(r) *m*
princip|ale [printʃi'pa:le] **1.** *adj* hauptsächlich; Haupt…; ***ingresso*** *m* ***~*** Haupteingang *m*; ***via*** *f* ***~*** Hauptstraße *f*; **2.** *m* Chef *m*; **~ato** [-'pa:to] *m* Fürstentum *n*
principe ['printʃipe] *m* Fürst *m*; Prinz *m*
principessa [printʃi'pessa] *f* Fürstin *f*; Prinzessin *f*
principiante [printʃipi'ante] *m* Anfänger *m*; ***corso*** *m* ***per -i*** Anfängerkurs *m*
principio [prin'tʃi:pio] *m* (*pl -pi*) (*inizio*) Anfang *m*; (*norma*) Prinzip *n*, Grundsatz *m*; ***al ~*** anfangs, zu Beginn; ***da ~*** zuerst; ***per ~***, ***in linea di ~*** prinzipiell
priv|are [pri'va:re] (*1a*): ***~ qu di qc*** j-n e-r Sache berauben; *jur* j-m et aberkennen; **~arsi** [-'varsi]: ***~ di qc*** auf et

P

(*acc*) verzichten; **~atizzare** [-vatid'dza:re] (*1a*) privatisieren; **~ato** [-'va:to] **1.** *adj* privat; Privat…; ***strada f -a*** Privatweg *m*; ***in ~*** vertraulich; **2.** *m* Privatperson *f*; **~azione** [-vatsi'o:ne] *f* Entbehrung *f*

privi|legiare [privile'dʒa:re] (*1f*) bevorzugen; **~legiato** [-le'dʒa:to] privilegiert; **~legio** [-'lɛ:dʒo] *m* (*pl -gi*) Vorrecht *n*, Privileg *n*

privo ['pri:vo] ohne; …los; ***~ di sensi*** bewusstlos

pro [prɔ] **1.** *m* Nutzen *m*; ***il ~ e il contro*** das Für und Wider; ***a che ~?*** wozu?; **2.** *prp* für; zugunsten (*gen*); ***~ capite*** pro Kopf

prob|abile [pro'ba:bile] wahrscheinlich; **~abilità** [-babili'ta] *f* Wahrscheinlichkeit *f*

probl|ema [pro'blɛ:ma] *m* (*pl -i*) Problem *n*; Frage *f*; **~ematico** [-ble'ma:tiko] (*pl -ci*) problematisch

procedere [pro'tʃɛ:dere] (*3a*) vorwärts gehen, vorangehen; *fig u jur* verfahren; ***~ oltre*** weitergehen, fortfahren

proced|imento [protʃedi'mento] *m* Vorgehen *n*, Verfahren *n*; ***~ arbitrale*** Schiedsverfahren *n*; **~ura** [-'du:ra] *f* Verfahren *n*, Prozedur *f*, *jur* Gerichtsverfahren *n*, Prozess *m*

processare [protʃes'sa:re] (*1b*) prozessieren gegen; *dati* verarbeiten

processione [protʃessi'o:ne] *f* Prozession *f*, *fig* Schlange *f*

proc|esso [pro'tʃɛsso] *m* Prozess *m*; ***~ civile*** Zivilprozess *m*; ***~ di fabbricazione*** Herstellungsverfahren *n*; ***essere sotto ~*** unter Anklage stehen; ***fare un ~*** e-n Prozess führen; **~essuale** [-tʃessu'a:le] Prozess…; ***atti*** *m/pl* ***-i*** Prozessakten *f/pl*

procinto [pro'tʃinto] *m* ***essere in ~ di*** im Begriff sein zu

proclam|are [prokla'ma:re] (*1a*) verkünden; proklamieren; **~azione** [-matsi'o:ne] *f* Proklamation *f*

procura [pro'ku:ra] *f* Vollmacht *f*; ***Procura di Stato*** *jur* Staatsanwaltschaft *f*, Oberstaatsanwaltschaft *f*; ***per ~*** in Stellvertretung

procur|are [proku'ra:re] (*1a*) verschaffen, besorgen; (*causare*) verursachen; **~arsi** [-'rarsi] sich verschaffen, sich zuziehen; **~atore** [-ra'to:re] *m* Bevollmächtigte(r) *m*; *jur* Staatsanwalt *m*; Prokurist *m*; ***~ generale*** Generalstaatsanwalt *m*

prod|igio [pro'di:dʒo] *m* (*pl -gi*) Wunder *n*; **~igioso** [-di'dʒo:so] wunderbar

prodotto [pro'dotto] **1.** → ***produrre***; **2.** *m* Erzeugnis *n*, Produkt *n*; ***-i*** *pl* ***alimentari*** Nahrungsmittel *n/pl*; ***~ farmaceutico*** Arzneimittel *n*; ***~ finito*** Endprodukt *n*; ***~ nazionale*** Landeserzeugnis *n*; ***~ nazionale lordo*** Bruttosozialprodukt *n*; ***-i*** *pl* ***di bellezza*** Kosmetika *n/pl*; ***~ di massa*** Massenerzeugnis *n*; *ecol* ***~ organico*** Bioprodukt *n*

prod|uco [pro'du:ko] → ***produrre***; **~urre** [-'durre] (*3e*) erzeugen; produzieren; (*fabbricare*) herstellen; *danni* verursachen; **~uttivo** [-dut'ti:vo] produktiv; **~uttore** [-dut'to:re] *m* Hersteller *m*, Erzeuger *m*; **~uzione** [-dutsi'o:ne] *f* Herstellung *f*, Produktion *f*; ***~ giornaliera*** Tagesleistung *f*; ***~ in serie*** Serienabfertigung *f*

profanare [profa'na:re] (*1a*) entweihen

profano [pro'fa:no] **1.** *adj* weltlich; *fig* laienhaft; **2.** *m fig* Laie *m*

profess|ionale [professio'na:le] professionell; Berufs…; ***scuola f ~*** Gewerbeschule *f*; **~ione** [-si'o:ne] *f* Beruf *m*; *rel*, *pol* Bekenntnis *n*; ***~ di fede*** Glaubensbekenntnis *n*; ***di ~*** von Beruf, Berufs…; **~ionista** [-sio'nista] *m/f* (*m/pl -i*) Angehörige(r) *m* freier Berufe; (*laureato*) Akademiker(in *f*) *m*; F Profi *m*; *sport* Berufssportler(in *f*) *m*; ***libero ~*** Freiberufler *m*

profess|orato [professo'ra:to] *m* Professur *f*, Lehramt *n*; **~ore** [-'so:re] *m* Lehrer *m*; *d'università* Professor *m*; ***-i*** *pl* Lehrkräfte *f/pl*; **~oressa** [-so'ressa] *f* Lehrerin *f*, Professorin *f*

prof|eta [pro'fɛ:ta] *m* (*pl -i*) Prophet *m*; **~ezia** [-fe'tsi:a] *f* Prophezeiung *f*

proficuo [pro'fi:kuo] nutzbringend

profil|assi [profi'lassi] *f* Prophylaxe *f*; **~attico** [-'lattiko] (*pl -ci*) prophylaktisch

profilo [pro'fi:lo] *m* Profil *n*; Umriss *m*

profitto [pro'fitto] *m* (*vantaggio*) Nutzen *m*; (*progresso*) Fortschritt *m*; *econ* Profit *m*, Gewinn *m*

prof|ondità [profondi'ta] *f* Tiefe *f*; ***~ dell'acqua*** Wassertiefe *f*; *fot* ***~ di***

P

campo Tiefenschärfe *f*; **~ondo** [-'fondo] **1.** *adj* tief; **2.** *m* Tiefe *f*
profugo ['prɔːfugo] *m* (*pl* *-ghi*) Flüchtling *m*
profum|are [profu'maːre] (*1a*) parfümieren; **~atamente** [-mata'mente]: ***pagare ~*** teuer (be)zahlen; **~eria** [-me'riːa] *f* Parfümerie *f*
profumo [pro'fuːmo] *m* Parfüm *n*, Duft *m*
prog|ettare [prodʒet'taːre] (*1b*) planen; entwerfen; **~ettazione** [-dʒettatsi'oːne] *f* Planung *f*, Entwerfen *n*; **~etto** [-'dʒɛtto] *m* Projekt *n*, Plan *m*; ***~ pilota*** Pilotprojekt *n*; ***~ di legge*** Gesetzentwurf *m*; ***essere in ~*** geplant sein
prognosi ['prɔːɲozi] *f* Prognose *f*
programma [pro'gramma] *m* (*pl* *-i*) Programm *n* (*a inform*); ***~ televisivo*** Fernsehprogramm *n*; ***fuori ~*** außerplanmäßig; ***avere in ~ qc*** et vorhaben; *inform* ***~ di ortografia e grammatica*** Rechtschreibprüfprogramm *n*; *inform* ***~ di traduzione*** Übersetzungsprogramm *n*
programmare [program'maːre] (*1a*) planen, programmieren (*a inform*)
programmatore [-gramma'toːre] *m* Programmierer *m*
programmazione [-grammatsi'oːne] *f* Programmgestaltung *f*; *econ* Planung *f*; *inform* Programmierung *f*; ***linguaggio m di ~*** Programmiersprache *f*
progred|ire [progre'diːre] (*4d*) fortschreiten; Fortschritte machen, **~ito** [-'diːto] fortgeschritten
progress|ione [progressi'oːne] *f* Steigerung *f*, Zunahme *f*; *mat* Progression *f*; **~ivo** [-'siːvo] fortschreitend; *pol* progressiv
progresso [pro'grɛsso] *m* Fortschritt *m*; ***fare -i*** Fortschritte machen
proib|ire [proi'biːre] (*4d*) verbieten; **~izione** [-bitsi'oːne] *f* Verbot *n*
pro|iettare [proiet'taːre] (*1b*) (*lanciare*) hinauswerfen; *ombra* werfen; *film* vorführen, projizieren (*a fig*); **~iettile** [-i'ɛttile] *m* Geschoss *n*; **~iettore** [-iet'toːre] *m* Projektor *m*; Scheinwerfer *m*; ***~ per diapositive*** Diaprojektor *m*; ***~ alogeno*** Halogenscheinwerfer *m*; **~iezione** [-ietsi'oːne] *f* *film, diapositive* Vorführung *f*
proletario [prole'taːrio] (*pl* *-ri*) **1.** *adj* proletarisch; **2.** *m* Proletarier *m*
prologo ['prɔːlogo] *m* (*pl* *-ghi*) Prolog *m*
prolunga [pro'luŋga] *f* *el* Verlängerungsschnur *f*
prolung|amento [proluŋga'mento] *m* Verlängerung *f*; **~are** [-'gaːre] (*1e*) verlängern; (*dilungare*) in die Länge ziehen; **~arsi** [-'garsi] dauern; sich in die Länge ziehen; *strada* sich hinziehen
promemoria [prome'mɔːria] *m* *inv* Notiz *f*
pro|messa [pro'messa] *f* Versprechen *n*; ***-e*** *pl* Versprechungen *f/pl*; **~messo** [-'messo] **1.** → ***promettere***, **2.** *adj* versprochen; **~mettente** [-met'tɛnte] viel versprechend; **~mettere** [-'mettere] (*3ee*) versprechen; ***~ bene*** Gutes versprechen
promontorio [promon'tɔːrio] *m* (*pl* *-ri*) Kap *n*
prom|osso [pro'mɔsso] → ***promuovere***; **~ozione** [-motsi'oːne] *f* Beförderung *f*; *scuola* Versetzung *f*; *econ* Förderung *f*, Promotion *f*; ***~ delle vendite*** Absatzförderung *f*
promuovere [promu'ɔːvere] (*3ff*) (be-)fördern; *scuola* versetzen
pronipote [proni'poːte] *m/f* Urenkel(in *f*) *m*
pronome [pro'noːme] *m* Pronomen *n*
prontezza [pron'tettsa] *f* Schnelligkeit *f*; ***~ di spirito*** Geistesgegenwart *f*
pronto ['pronto] bereit (***a*** zu *inf od* ***a qc*** zu et *dat*); (*preparato*) fertig; (*rapido*) schnell; *tel* ***~!*** hallo!; ***-a cassa*** *f* Barzahlung *f*; ***~ soccorso*** *m* erste Hilfe *f*; ***~ per l'uso*** gebrauchsfertig
pronuncia [pro'nuntʃa] *f* Aussprache *f*
pronunci|are [pronun'tʃaːre] (*1f*) aussprechen; **~arsi** [-'tʃarsi] sich äußern (***su*** über *acc*); **~ato** [-'tʃaːto] *fig* ausgeprägt
propag|anda [propa'ganda] *f* Werbung *f*, *pol* Propaganda *f*; **~are** [-'gaːre] (*1e*) propagieren; verbreiten; **~arsi** [-'garsi] sich ausbreiten; *fig* um sich greifen
propano [pro'paːno] *m* Propan *n*
propenso [pro'pɛnso] geneigt (***a*** zu)
propizio [pro'piːtsio] (*pl* *-zi*) günstig (***a*** *dat*)
prop|ongo [pro'poŋgo] → ***proporre***; **~onimento** [-poni'mento] *m* Vorsatz *m*; ***fare ~*** sich vornehmen; **~orre** [-'porre] (*3ll*) vorschlagen; **~orsi**

P

[-'porsi] sich vornehmen
proporzion|ale [proportsio'na:le] verhältnismäßig; *pol* proportional; **~ato** [-'na:to] im richtigen Verhältnis (***a*** zu); angemessen, entsprechend (***a*** *dat*)
proporzione [proportsi'o:ne] *f* Verhältnis *n* (***a***, ***con*** zu); *fig* Umfang *m*; ***in ~*** im Verhältnis, verhältnismäßig
proposito [pro'pɔ:zito] *m* Absicht *f*, Vorsatz *m*; ***a che ~?*** in Bezug worauf?; ***a ~*** übrigens; ***a ~ di*** was … betrifft; bezüglich (*gen*); ***di ~*** absichtlich; ***venire a ~*** wie gerufen kommen
prop|osta [pro'posta] *f* Vorschlag *m*; **~osto** [-'posto] → ***proporre***
propri|amente [propria'mente] eigentlich; **~età** [-prie'ta] *f* Eigenschaft *f*, Eigentum *n*; Besitz *m*; ***~ privata*** Privateigentum *n*; ***essere di ~ di qu*** j-s Eigentum sein; **~etaria** [-prie'ta:ria] *f* Eigentümerin *f*, Besitzerin *f*; **~etario** [-prie'ta:rio] *m* (*pl -ri*) Eigentümer *m*, Besitzer *m*
proprio ['prɔ:prio] (*pl -ri*) **1.** *adj* eigen; (*caratteristico*) typisch; (*adatto*) geeignet; ***nome*** *m* ***~*** Eigenname *m*; ***amor*** *m* ***~*** Ehrgeiz *m*; ***a -e spese*** auf eigene Kosten; **2.** *adv* gerade; (*davvero*) wirklich; ***è ~ lui*** er ist es selbst; ***è ~ impossibile*** das ist wirklich unmöglich; **3.** *m* Eigene(s) *n*; ***campare del ~*** von s-m Vermögen leben
propuls|ione [propulsi'o:ne] *f* Antrieb *m*; **~ore** [-'so:re] *m* Triebwerk *n*
prora ['prɔ:ra] *f* Bug *m*
proroga ['prɔ:roga] *f* (*pl -ghe*) Aufschub *m*; Verlängerung *f*
prorogare [proro'ga:re] (*1l, e u c*) (*rinviare*) aufschieben, vertagen; (*prolungare*) verlängern
prosa ['prɔ:za] *f* Prosa *f*
prosciogliere [proʃ'ʃɔ:ʎere] (*3ss*) befreien; *jur* freisprechen
prosciugare [proʃʃu'ga:re] (*1e*) austrocknen; *palude* trockenlegen
prosciutto [proʃ'ʃutto] *m* Schinken *m*; ***~ cotto*** gekochter Schinken *m*; ***~ crudo*** roher Schinken *m*
pro|seguimento [prosegui'mento] *m* Fortsetzung *f*; **~seguire** [-segu'i:re] (*4a*) **1.** *v/t* fortsetzen; **2.** *v/i* fortfahren; *fer* weiterfahren (***per*** nach)
prosper|are [prospe'ra:re] (*1l u* c) gedeihen; **~ità** [-ri'ta] *f* Wohlstand *m*
prospero ['prɔspero] blühend; günstig
prosp|ettiva [prospet'ti:va] *f* Aussicht *f*, Perspektive *f*; *fig* Aussicht *f*; **~etto** [-'pɛtto] *m* Prospekt *m*; Anblick *m*; (*facciata*) Fassade *f*
prossim|amente [prossima'mente] demnächst; **~ità** [-mi'ta] *f* (nächste) Nähe *f*; ***in ~ di*** in der Nähe von
prossimo ['prɔssimo] **1.** *adj* nächst; sehr nahe; nahe bevorstehend; ***la -a volta*** das nächste Mal; **2.** *m* Nächste(r) *m*
prostit|uta [prosti'tu:ta] *f* Prostituierte *f*; **~uzione** [-tutsi'o:ne] *f* Prostitution *f*
protagonista [protago'nista] *m/f* (*m/pl -i*) Hauptdarsteller(in *f*) *m*
proteg|gere [pro'tɛddʒere] (*3cc*) (be-)schützen (***da*** vor *dat*); **~gersi** [ðersi] sich schützen (***da*** vor *dat*)
proteico [pro'tɛ:iko] eiweißhaltig
proteina [prote'i:na] *f* Eiweiß *n*
protesi ['prɔ:tezi] *f* Prothese *f*; ***~ dentaria*** Zahnersatz *m*
protesta [pro'tɛsta] *f* Protest *m*
protest|ante [protes'tante] **1.** *adj* protestantisch; **2.** *m/f* Protestant(in *f*) *m*; **~are** [-'ta:re] (*1b*) **1.** *v/t* beteuern; **2.** *v/i* protestieren
protesto [pro'tɛsto] *m* Protest *m*; ***~ cambiario*** Wechselprotest *m*
protettivo [protet'ti:vo] (be)schützend; Schutz…; ***occhiali*** *m/pl* ***-i*** Schutzbrille *f*; ***vernice*** *f* ***-a*** Schutzfarbe *f*
protetto [pro'tɛtto] → ***proteggere***; ***~ dal vento*** im Windschatten
protezione [protetsi'o:ne] *f* Schutz *m*; (*favoreggiamento*) Protektion *f*; ***~ degli animali*** Tierschutz *m*; ***~ dell'ambiente*** Umweltschutz *m*; ***~ del paesaggio*** Naturschutz *m*; ***~ delle acque*** Gewässerschutz *m*; *inform* ***~ dati*** Datenschutz *m*
proto|collare [protokol'la:re] **1.** *adj* protokollarisch; **2.** *v/t* (*1c*) protokollieren; **~collo** [-'kɔllo] *m* Protokoll *n*; ***carta*** *f* ***~*** Kanzleipapier *n*; ***mettere a ~*** zu Protokoll geben
prototipo [pro'tɔ:tipo] *m* Prototyp *m*
prova ['prɔ:va] *f* Probe *f*, (*tentativo*) Versuch *m*; (*testimonianza*) Beweis *m*; ***~ di forza*** Machtprobe *f*; ***~ di laboratorio*** Laborversuch *m*; ***banco*** *m* ***di ~*** Prüfstand *m*; ***a ~ di bomba*** bombensicher; ***salvo ~ contraria*** Gegenbeweis vorbehalten; ***per insufficienza di -e***

P

aus Mangel an Beweisen; ***mettere alla*** **~** auf die Probe stellen

prov|are [pro'va:re] (*1c*) probieren; prüfen; versuchen; (*dimostrare*) beweisen; *vestito* anprobieren; **~ato** [-'va:to] bewährt, erprobt; *fig* heimgesucht

provengo [pro'vɛŋgo] → ***provenire***

prov|enienza [proveni'ɛntsa] *f* Herkunft *f*; **~enire** [-ve'ni:re] (*4p*) (her-) kommen (***da*** aus, von)

prov|erbio [pro'vɛrbio] *m* (*pl -bi*) Sprichwort *n*

provetta [pro'vetta] *f* Reagenzglas *n*; ***bambino*** *m* ***in*** **~** Retortenbaby *n*

prov|incia [pro'vintʃa] *f* (*pl -ce*) Provinz *f*; **~inciale** [-vin'tʃa:le] **1.** *adj* provinziell; kleinstädtisch; Provinzial…; **2.** *m/f* Kleinstädter(in *f*) *m*; **3.** *f* Landstraße *f*

provoc|ante [provo'kante] herausfordernd; **~are** [-'ka:re] (*1l, c u d*) (*causare*) hervorrufen, verursachen; (*sfidare*) provozieren; *invidia* erregen

provv|edere [provve'de:re] (*2s*) **1.** *v/t* beschaffen; **~ *qu di qc*** j-n mit et versorgen; **2.** *v/i* sorgen (***a***, ***per*** für); **~edersi** [-ve'dersi] sich versorgen (***di*** mit); **~edimento** [-vedi'mento] *m* Vorkehrung *f*, Maßnahme *f*; **~ *d'urgenza*** Notstandsmaßnahme *f*; **~idenza** [-vi'dɛntsa] *f* Vorsehung *f*

provvigione [provvi'dʒo:ne] *f* Provision *f*; **~ *sul fatturato*** Umsatzprovision *f*

provvisorio [provvi'zɔ:rio] (*pl -ri*) provisorisch, vorläufig, Übergangs…

provv|ista [prov'vista] *f* Vorrat *m*; ***fare -e*** Einkäufe machen; ***far*** **~ *di qc*** sich mit et (*dat*) eindecken; **~isto** [-'visto] **1.** → ***provvedere***; **2.** *adj* versehen (***di*** mit)

pro|zia [pro'tzi:a] *f* Urtante *f*; **~zio** [-'tzi:o] *m* Uronkel *m*

prua [pr'u:a] *f* Bug *m*

prud|ente [pru'dɛnte] vorsichtig; **~enza** [-'dɛntsa] *f* Vorsicht *f*

prudere ['pru:dere] (*3a*) jucken

prugn|a ['pru:ɲa] *f* Pflaume *f*; **~ *secca*** Backpflaume *f*; **~o** [-ɲo] *m* Pflaumenbaum *m*

prurito [pru'ri:to] *m* Juckreiz *m*; Kitzel *m*

prussiano [prussi'a:no] **1.** *adj* preußisch; **2.** *m* Preuße *m*

pseudo… [ps'eudo] Pseudo…; falsche(r); unecht

pseudonimo [pseu'dɔ:nimo] *m* Pseudonym *n*

psich|iatra [psiki'a:tra] *m* (*pl -i*) Psychiater *m*; **~iatria** [-kia'tri:a] *f* Psychiatrie *f*; **~iatrico** [-ki'a:triko] (*pl -ci*) psychiatrisch

psic|ologia [psikolo'dʒi:a] *f* Psychologie *f*; **~ologico** [-ko'lɔ:dʒiko] (*pl -ci*) psychologisch; **~ologo** [-'kɔ:logo] *m* (*pl -gi*) Psychologe *m*; **~osi** [-'kɔ:zi] *f* Psychose *f*; **~oterapia** [-kotera'pi:a] *f* Psychotherapie *f*

pubblic|are [pubbli'ka:re] (*1l u d*) veröffentlichen; **~azione** [-katsi'o:ne] *f* Veröffentlichung *f*; ***-i*** *pl* ***matrimoniali*** Aufgebot *n*

pubbli|cità [pubblitʃi'ta] *f* Öffentlichkeit *f*; *econ* Werbung *f*, Reklame *f*; **~ *diretta*** Direktwerbung *f*; **~ *televisiva*** Fernsehwerbung *f*; ***piccola*** **~** Kleinanzeigen *f/pl*; ***fare*** **~ *a qc*** für et Werbung machen; **~citario** [-tʃi'ta:rio] **1.** *adj* Werbe…; **2.** *m* Werbefachmann *m*

pubblico ['pubbliko] (*pl -ci*) **1.** *adj* öffentlich; allgemein; Staats…; ***opinione*** *f* ***-a*** öffentliche Meinung *f*; **~ *ministero*** *m* Staatsanwalt *m*; **2.** *m* Öffentlichkeit *f*, Publikum *n*; ***in*** **~** öffentlich

pube ['pu:be] *m* Schamhügel *m*

pubertà [puber'ta] *f* Pubertät *f*

pudore [pu'do:re] *m* Scham(gefühl *n*) *f*; ***senza*** **~** unverschämt

pugilato [pudʒi'la:to] *m* Boxen *n*; ***incontro*** *m* ***di*** **~** Boxkampf *m*

pugile ['pu:dʒile] *m* Boxer *m*

pugnale [pu'ɲa:le] *m* Dolch *m*

pugno ['pu:ɲo] *m* Faust *f*, Faustschlag *m*; ***di proprio*** **~** eigenhändig; ***avere in*** **~ *qc*** (*od* ***qu***) et (*od* j-n) in der Hand haben; ***rimanere con un*** **~ *di mosche*** mit leeren Händen dastehen

pulce ['pultʃe] *f* Floh *m*

pulcino [pul'tʃi:no] *m* Küken *n*

puledro [pu'le:dro] *m* Fohlen *n*, Füllen *n*

pulire [pu'li:re] (*4d*) sauber machen, reinigen, putzen

pul|ito [pu'li:to] **1.** *adj* rein; sauber (*a fig*); **2.** *m* Reine(s) *n*; **~itura** [-li'tu:ra] *f* Reinigung *f*; **~ *a secco*** chemische Reinigung *f*; **~izia** [-li'tsi:a] *f* Sauberkeit *f*; ***donna*** *f* ***delle -e*** Putzfrau *f*; ***fare le -e*** putzen

P

pullman ['pulman] *m inv* Reisebus *m*
pullover [pul'lɔːver] *m inv* Pullover *m*, F Pulli *m*
pullulare [pullu'laːre] *(1l)* wimmeln; voll sein (***di*** von)
pulpito ['pulpito] *m* Kanzel *f*
pulsante [pul'sante] *m* Druckknopf *m*, Knopf *m*
puls|are [pul'saːre] *(1a)* pulsieren; **~azione** [-satsi'oːne] *f* Pulsschlag *m*
pulviscolo [pul'viskolo] *m* feiner Staub *m*
pungente [pun'dʒɛnte] stechend; *freddo* beißend; *parola* bissig; *desiderio* brennend
pungere ['pundʒere] *(3d)* stechen; *fig* sticheln; beißen; ***~ qu sul vivo*** j-n an s-r empfindlichen Stelle treffen
pungiglione [pundʒi'ʎoːne] *m* Stachel *m*
pun|ibile [pu'niːbile] strafbar; **~ire** [-'niːre] *(4d)* (be)strafen; **~izione** [-nitsi'oːne] *f* Bestrafung *f*, Strafe *f*; *sport* ***calcio*** *m* ***di ~*** Freistoß *m*
punta ['punta] *f* Spitze *f*; *geogr* Landzunge *f*
puntare [pun'taːre] *(1a)* **1.** *v/t* stemmen; (*dirigere*) richten; (*scommettere*) setzen; **2.** *v/i* (*dirigersi*) vorstoßen; (*tendere*) streben (***a*** nach *dat*); (*contare*) rechnen (***su*** auf *acc*)
puntata [pun'taːta] *f di serie televisiva* Folge *f*
punteggiatura [puntedʒa'tuːra] *f* Interpunktion *f*
punteggio [pun'teddʒo] *m* Punktezahl *f*
puntina [pun'tiːna] *f* Stift *m*; *giradischi* Nadel *f*; ***~ da disegno*** Reißzwecke *f*
punto ['punto] **1.** → ***pungere***; **2.** *m* Punkt *m*; Stelle *f*, (*momento*) Zeitpunkt *m*; *med* Stich *m*; (*maglia*) Masche *f*; ***~ di vista*** Stand-, Gesichtspunkt *m*; ***~ cardinale*** Himmelsrichtung *f*; ***~ culminante*** Höhepunkt *m*; ***~ di partenza*** Ausgangspunkt *m*; ***~ di fusione*** Schmelzpunkt *m*; ***fino a che ~ sei arrivato?*** bis wohin bist du gekommen?; ***alle dieci in ~*** um Punkt zehn Uhr; ***due -i*** Doppelpunkt *m*; ***~ e virgola*** Semikolon *n*; ***~ esclamativo*** Ausrufungszeichen *n*; ***~ interrogativo*** Fragezeichen *n*; ***di ~ in bianco*** plötzlich; ***essere sul ~ di*** (*inf*) im Begriff sein zu (*inf*)
punt|uale [puntu'aːle] pünktlich; **~ualità** [-tuali'ta] *f* Pünktlichkeit *f*; **~ualizzare** [-tualid'dzaːre] *(1a)* genau umreißen, Punkt für Punkt darlegen; **~ura** [-'tuːra] *f* Stich *m*; *med* Injektion *f*; ***~ d'insetto*** Insektenstich *m*
punzecchiare [puntsekki'aːre] *(1k)* sticheln
può [pu'ɔ], **puoi** [pu'ɔi] → ***potere***
pupazzo [pu'pattso] *m* Puppe *f*, Hampelmann *m*; ***~ di neve*** Schneemann *m*
pupilla [pu'pilla] *f* Pupille *f*
purché [pur'ke] wenn nur
pure ['puːre] doch; auch; dennoch; nur; ***pur di*** nur um zu; ***pur di non vederlo*** nur um ihn nicht zu sehen; ***venga ~ avanti!*** kommen Sie nur herein!; ***sia ~!*** meinetwegen!
purè [pu'rɛ] *m* Püree *n*
purezza [pu'rettsa] *f* Reinheit *f*
purg|a *med* ['purga] *f* (*pl -ghe*) Abführmittel *n*; **~ante** [-'gante] *m* Abführmittel *n*
puro ['puːro] rein; pur
purtroppo [pur'trɔppo] leider
pus [pus] *m inv* Eiter *m*
pustola ['pustola] *f* Pustel *f*
puttana [put'taːna] *f* V Hure *f*, Nutte *f*
puzza ['puttsa] *f* Gestank *m*
puzzare [put'tsaːre] *(1a)* stinken; ***~ di*** riechen nach
puzzo ['puttso] *m* Gestank *m*
puzzola ['puttsola] *f zo* Stinkmarder *m*, Iltis *m*

Q

qua [ku'a] hier; hierher; ***di ~*** von hier; ***al di ~ da*** diesseits (*gen*)
quaderno [kua'dɛrno] *m* Heft *n*, Schreibheft *n*
quadr|angolare [kuadraŋgo'la:re] viereckig; **~angolo** [-'draŋgolo] *m* Viereck *n*; **~ante** [-'drante] *m* Zifferblatt *n*; ***~ luminoso*** Leuchtzifferblatt *n*; **~ato** [-'dra:to] **1.** *adj* viereckig, quadratisch; Quadrat…; **2.** *m* Viereck *n*, Quadrat *n*; **~ifoglio** [-dri'fɔ:ʎo] *m* (*pl -gli*) vierblätt(e)riges Kleeblatt *n*
quadro [ku'a:dro] **1.** *adj* viereckig; **2.** *m* Bild *n*; (*ambito*) Rahmen *m*; *mat* Viereck *n*; (*a* ***~ sinottico***) Übersichtstabelle *f*; ***-i pl direttivi*** Führungskräfte *f/pl*; ***~ luminoso*** Leuchttafel *f*; ***~ di comando*** Schalttafel *f*; ***~ a olio*** Ölbild *n*; ***collezione f di -i*** Bildersammlung *f*; ***a -i*** kariert
quadruplice [kua'dru:plitʃe] vierfach
quadruplo [ku'a:druplo] **1.** *adj* vierfach; **2.** *m* Vierfache(s) *n*
quaggiù [kuad'dʒu] hier unten; hier herunter
quaglia [ku'a:ʎa] *f* Wachtel *f*
qualche [ku'alke] irgendein; einige; ***~ giorno*** einige Tage; ***~ cosa*** etwas; ***~ volta*** manchmal; ***in ~ luogo*** irgendwo; ***~ mese fa*** vor einigen Monaten; ***in ~ modo*** irgendwie
qual|cheduno [kualke'du:no] irgendjemand; **~cosa** [-'kɔ:sa] etwas; ***~ di bello*** etwas Schönes; **~cuno** [-'ku:no] irgendjemand; ***c'è ~?*** ist jemand da?; ***credersi ~*** sich für etwas Besonderes halten
quale [ku'a:le] **1.** *adj u pron* welche(r); ***~?*** welche(r, s)?; ***~ libro vuoi?*** was für ein Buch willst du?; ***il ~*** der, welcher; ***la ~*** die, welche; ***la persona della ~ stai parlando*** die Person, von der du sprichst; **2.** *adv* wie; als; ***è venuto ~ rappresentante*** er ist als Vertreter gekommen
qualifica [kua'li:fika] *f* (*pl -che*) Bezeichnung *f*, Titel *m*; Qualifikation *f*, Eignung *f*, ***note f/pl di ~*** Arbeitszeugnis *n*; ***~ professionale*** Berufsbezeichnung *f*
qualific|are [kualifi'ka:re] (*1m u d*) bezeichnen; **~arsi** [-'karsi] sich qualifizieren; **~ato** [-'ka:to] qualifiziert; geeignet; **~azione** [-katsi'o:ne] *f* Qualifikation *f*
qualità [kuali'ta] *f* Eigenschaft *f*, *econ* Qualität *f*, ***merce f di prima ~*** Qualitätsware *f*, ***di ~ minore*** zweitklassig; ***~ della vita*** Lebensqualität *f*, ***controllo m della ~*** Qualitätskontrolle *f*, ***garanzia f di ~*** Qualitätssicherung *f*, ***gestione f di ~*** Qualitätsmanagement *n*; ***miglioramento m della ~*** Qualitätssteigerung *f*
qual|ora [kua'lo:ra] falls; **~siasi** [-'si:asi] jeder Beliebige; **~unque** [-'luŋkue] wer *od* was auch immer; ***uno ~*** irgendeiner; **~volta** [-'vɔlta]: ***ogni ~*** jedes Mal, wenn
quando [ku'ando] wann; wenn; als; ***per ~?*** für wann?; ***da ~?*** seit wann?; ***~ vengo*** wenn ich komme; ***~ ero bambino*** als ich ein Kind war; ***di ~ in ~*** dann und wann
quantità [kuanti'ta] *f* Menge *f*
quanto [ku'anto] **1.** *adj* wie viel; (*a* ***tutto ~***) alles, was; ***tutto ~ il libro*** das ganze Buch; ***tutti -i*** alle miteinander; ***-i ne abbiamo oggi?*** der Wievielte ist heute?; ***~ sopra*** obiges; **2.** *adv* wie; wie sehr; wie lange; ***~ dura ancora?*** wie lange dauert es noch?; ***~ a me*** was mich betrifft; ***~ costa?*** wie viel kostet es?; ***~ prima*** so bald als möglich; ***in ~ che*** sofern; ***per ~ io sappia*** so viel ich weiß; **3.** *m* ***teoria f dei -i*** Quantentheorie *f*
quaranta [kua'ranta] vierzig
quarant|ena [kuaran'tɛ:na] *f* Quarantäne *f*, **~enne** [-'tɛnne] vierzigjährig
quaresima [kua're:zima] *f* Fastenzeit *f*
quarta [ku'arta] *f auto* vierter Gang *m*
quartiere [kuarti'ɛ:re] *m* (Stadt)Viertel *n*, Stadtteil *m*; *mil* Quartier *n*; ***~ nuovo*** Neubauviertel *n*; ***~ generale*** Hauptquartier *n*
quarto [ku'arto] **1.** *adj* vierte; **2.** *m* Viertel *n*; ***~ d'ora*** Viertelstunde *f*, ***sono le due e un ~*** es ist Viertel nach

Q

zwei; ***un ~ di rosso*** ein Viertel(liter) Rotwein
quarzo [ku'artso] *m* Quarz *m*; ***orologio** f **al ~*** Quarzuhr *f*
quasi [ku'a:zi] fast, beinahe
quassù [kuas'su] hier oben, hier herauf
quattrini [kuat'tri:ni] *m/pl* Geld *n*
quattro [ku'attro] vier; *fig* ein paar; ***al ~ per cento*** vierprozentig; ***~ passi*** ein paar Schritte
quattrocchi [kuat'trɔkki] *m inv* ***a ~*** unter vier Augen
quattrocento [kuattro'ʧɛnto] *adj* vierhundert
Quattrocento [kuattro'ʧɛnto] *m* 15. Jahrhundert *n*
quattromila [-'mi:la] viertausend
quegli [ku'e:ʎi] *pron* jener
quei [ku'ei] **1.** *pron* jener; **2.** *adj u pron* jene *m/pl*
quello [ku'ello] *adj u pron* jener; ***~ che*** der-, dasjenige; welcher, welches; ***tutto ~*** all das; ***tutto ~ che*** alles, was
quercia [ku'ɛrʧa] *f* (*pl -ce*) Eiche *f*
querela [kue'rɛ:la] *f* Klage *f*; ***sporgere ~ contro qu*** j-n verklagen; ***~ per diffamazione*** Verleumdungsklage *f*
quesito [kue'zi:to] *m* Frage *f*, Aufgabe *f*
questi [ku'esti] *adj u pron* diese *m/pl*
questionario [kuestio'na:rio] *m* (*pl -ri*) Fragebogen *m*
questione [kuesti'o:ne] *f* Frage *f*, Problem *n*; ***~ sociale*** soziale Frage *f*; ***~ di fiducia*** Vertrauensfrage *f*; ***qui non è ~ di*** hier handelt es sich nicht um (*acc*); ***è ~ di fortuna*** es ist Glückssache; ***è fuori ~*** das steht außer Frage
questo [ku'esto] dieser, der (da); ***con ~*** und damit; ***per ~*** deshalb; ***quest'oggi*** heute; ***-a poi!*** das ist ja allerhand!; ***ci mancherebbe anche -a!*** das fehlte gerade noch!; ***-a non me l'aspettavo*** das hätte ich nicht erwartet
questore [kues'to:re] *m* Polizeipräsident *m*
questura [kues'tu:ra] *f* Polizeipräsidium *n*
qui [ku'i] hier; hierher; ***di ~*** von hier; ***di ~ a un mese*** in e-m Monat
quietanza [kuie'tantsa] *f* Quittung *f*
quiete [kui'ɛ:te] *f* Ruhe *f*, Stille *f*
quieto [kui'ɛ:to] ruhig; still
quindi [ku'indi] **1.** *adv* dann, danach; **2.** *cj* daher; also, somit
quindici [ku'indiʧi] fünfzehn; ***tra ~ giorni*** in vierzehn Tagen
quindicina [kuindi'ʧi:na] *f* etwa fünfzehn; ***una ~ di giorni*** etwa vierzehn Tage
quinta [ku'inta] *f auto* fünfter Gang *m*; *tea* Kulisse *f*, *fig* ***dietro le -e*** hinter den Kulissen
quintale [kuin'ta:le] *m* Doppelzentner *m*; ***mezzo ~*** Zentner *m*
quinto [ku'into] **1.** *adj* fünfte; **2.** *m* Fünfte(r) *m*; Fünftel *n*
quota [ku'ɔ:ta] *f* Quote *f*, Anteil *m*; Beitrag *m*; *econ* Rate *f*, Teilzahlung *f*; (*altitudine*) Höhe *f*; ***~ sociale*** Mitgliedsbeitrag *m*; *avia* ***a bassa ~*** im Tiefflug; ***perdere ~*** an Höhe verlieren; ***prendere ~*** an Höhe gewinnen
quot|are [kuo'ta:re] (*1c*) schätzen; *econ* quotieren; notieren; **~ato** [-'ta:to] geschätzt, angesehen; *econ* notiert, quotiert; ***non ~*** unnotiert; **~azione** [-tatsi'o:ne] *f* Quotierung *f*, Notierung *f*, *fig* Wertschätzung *f*; ***~ ufficiale*** amtliche Notierung *f*; ***~ di borsa*** Börsenkurs *m*; ***~ di chiusura*** Schlussnotierung *f*
quotidianamente [kuotidiana'mente] täglich, jeden Tag
quotidiano [kuotidi'a:no] **1.** *adj* täglich; ***giornale** m **~*** = **2.** *m* Tageszeitung *f*

Q

R

rabarbaro [ra'barbaro] *m* Rhabarber *m*
rabbia ['rabbia] *f* Wut *f*; *med* Tollwut *f*; ***accesso** m **di** ~* Zornausbruch *m*; ***fare ~ a qu*** j-n ärgern
rabbioso [rabbi'o:so] wütend; tobend
rabbrividire [rabbrivi'di:re] (*4d*) schaudern
rabbuiarsi [rabbui'arsi] (*1i*) sich verfinstern (*a fig*), sich verdunkeln
raccapricciante [rakkaprit'ʧante] schauderhaft, grauenvoll
raccattare [rakkat'ta:re] (*1a*) (*tirar su*) aufheben; aufnehmen; (*mettere insieme*) sammeln
racchetta [rak'ketta] *f* Tennisschläger *m*; ***~ da sci*** Skistock *m*
racchiudere [rakki'u:dere] (*3b*) enthalten; bergen
raccogliere [rak'kɔ:ʎere] (*3ss*) (*tirar su*) aufheben, auflesen; (*radunare*) sammeln; *agr u fig* ernten
raccoglitore [rak'koʎito:re] *m* Schnellhefter *m*; ***~ del vetro*** Glascontainer *m*
racc|olgo [rak'kɔlgo] → ***raccogliere***; **~olta** [-'kɔlta] *f* Sammlung *f*; *agr* Ernte *f*; ***~ di frutta*** Obsternte *f*; ***~ di poesie*** Gedichtsammlung *f*; ***~ vetro*** Altglassammlung *f*; **~olto** [-'kɔlto] **1.** → ***raccogliere***; **2.** *m agr* Ernte *f*
raccomand|abile [rakkoman'da:bile] empfehlenswert; **~are** [-'da:re] (*1a*) empfehlen; *post* einschreiben; **~ata** [-'da:ta] *f* Einschreibebrief *m*, Einschreiben *n*; **~azione** [-datsi'o:ne] *f* Empfehlung *f*
raccontare [rakkon'ta:re] (*1a*) erzählen; ***~ per filo e per segno*** ausführlich erzählen
racconto [rak'konto] *m* Erzählung *f*
raccordo [rak'kɔrdo] *m tec* Verbindung(sstück *n*) *f*, Anschluss(stück *n*) *m*; *strada* Zubringer *m*; *fer* Gleisanschluss *m*; ***~ anulare*** Ringstraße *f*; ***~ autostradale*** Autobahnzubringer *m*; ***~ di entrata*** Autobahnauffahrt *f*; ***~ di uscita*** Autobahnausfahrt *f*
rada ['ra:da] *f mar* Reede *f*
radar ['ra:dar] *m inv* Radar *m u n*; ***impianto** m* ~ Radaranlage *f*
raddolc|ire [raddol'ʧi:re] (*4d*) versüßen; *fig* mildern; *voce* dämpfen; *j-n* besänftigen; **~irsi** [-'ʧirsi] milder werden
raddoppiare [raddoppi'a:re] (*1k*) verdoppeln
raddrizz|are [raddrit'tsa:re] (*1a*) gerade machen; aufrichten; *fig* verbessern; **~arsi** [-'tsarsi] sich aufrichten
rad|ere ['ra:dere] (*3b*) rasieren; (*sfiorare*) streifen; ***~ al suolo*** dem Erdboden gleichmachen; **~ersi** [-dersi] sich rasieren
radi|atore [radia'to:re] *m* Heizkörper *m*; *auto* Kühler *m*; **~azione** [-diatsi'o:ne] *f* Strahlung *f*
radicale [radi'ka:le] radikal; gründlich, Radikal…; *bot u mat* Wurzel…; ***cura** f ~* Radikalkur *f*
radice [ra'di:ʧe] *f* Wurzel *f* (*a mat u fig*); *fig* Ursache *f*; ***~ quadrata*** Quadratwurzel *f*; ***mettere -i*** Wurzel fassen
radio ['ra:dio] **1.** *m anat* Speiche *f*; **2.** *m inv chim* Radium *n*; **3.** *f inv* Radio(-gerät *n*) *n*; (*stazione*) Rundfunk *m*; ***giornale** m ~* Radionachrichten *pl*; ***via*** ~ per Funk; ***ascoltare la*** ~ Radio hören
radio|ascoltatore [radioaskolta'to:re] *m* Radiohörer *m*; **~attività** [-attivi'ta] *f* Radioaktivität *f*; **~attivo** [-at'ti:vo] radioaktiv; **~cronaca** [-'krɔ:naka] *f* Rundfunkreportage *f*; **~cronista** [-kro'nista] *m* (*pl -i*) Rundfunkreporter *m*; **~fonico** [-'fɔ:niko] (*pl -ci*) Rundfunk…, Funk…, Radio…; ***programma** m* ~ Radioprogramm *n*; ***pubblicità** f **-a*** Rundfunkwerbung *f*; **~grafia** [-gra'fi:a] *f* Röntgenaufnahme *f*; **~grafico** [-'gra:fiko] (*pl -ci*) ***esame** m* ~ Röntgenuntersuchung *f*; **~registratore** [-redʒistra'to:re] *m* Radiorekorder *m*
radioso [radi'o:so] glänzend
radio|sveglia [radio'zve:ʎa] *f* Radiowecker *m*; **~tassì** [-tas'si] *m inv* Funktaxi *n*; **~telefono** [-te'lɛ:fono] *m* Funktelefon *n*; **~telegrafista** [-telegra'fista] *m/f* (*m/pl -i*) Funker(in *f*) *m*; **~televisione** [-televizi'o:ne] *f* Rund-

funk- und Fernsehanstalt *f*; **~terapia** [-tera'pi:a] *f* Strahlentherapie *f*; **~trasmittente** [-trazmit'tɛnte] *f* Rundfunksender *m*

rado ['ra:do] spärlich, dünn; ***di ~*** selten

radun|are [radu'na:re] (*1a*) ansammeln; *persone* versammeln; **~arsi** [-'narsi] sich versammeln

raduno [ra'du:no] *m* Zusammenkunft *f*, Treffen *n*

rafano ['ra:fano] *m* Rettich *m*; ***~ tedesco*** Meerrettich *m*

raffermo [raf'fermo] *pane* altbacken

raffica ['raffika] *f* (*pl -che*) Windstoß *m*, Bö *f*

raffigurare [raffigu'ra:re] (*1a*) darstellen

raffin|are [raffi'na:re] (*1a*) verfeinern; *zucchero u fig* raffinieren; **~atezza** [-na'tettsa] *f* (*finezza*) Feinheit *f*; (*cosa raffinata*) Raffinesse *f*; **~ato** [-'na:to] raffiniert; *fig* erlesen; **~eria** [-ne'ri:a] *f* Raffinerie *f*

rafforzare [raffor'tsa:re] (*1c*) verstärken; *fig* stärken

raffredd|amento [raffredda'mento] *m* Abkühlung *f*; *tec* Kühlung *f*; ***~ ad acqua*** Wasserkühlung *f*; **~are** [-'da:re] (*1a*) abkühlen (*a fig*); erkalten lassen; **~arsi** [-'darsi] sich abkühlen (*a fig*); kalt werden; *med* sich erkälten; **~ato** [-'da:to] erkältet; *fig* lau; **~ore** [-'do:re] *m* Erkältung *f*, Schnupfen *m*; ***~ da fieno*** Heuschnupfen *m*

raganella [raga'nɛlla] *f zo* Laubfrosch *m*

ragazz|a [ra'gattsa] *f* Mädchen *n*; ***la mia ~*** meine Freundin *f*; ***~ alla pari*** Au-pairmädchen *n*; ***nome*** *m* ***da ~*** Mädchenname *m*; **~o** [-tso] *m* Junge *m*; ***il mio ~*** mein Freund *m*

raggiante [rad'dʒante] strahlend

raggio ['raddʒo] *m* (*pl -ggi*) Strahl *m*; *mat* Radius *m*; *fig* Umkreis *m*; ***~ d'azione*** Aktionsradius *m*; *fig* Wirkungskreis *m*; ***~ di sole*** Sonnenstrahl *m*; ***-i pl X*** Röntgenstrahlen *m/pl*; ***-i pl infrarossi*** (***ultravioletti***) infrarote (ultraviolette) Strahlen *m/pl*

ragg|irare [raddʒi'ra:re] (*1a*) hintergehen; ***~ qu*** j-n aufs Glatteis führen, j-n reinlegen; **~iro** [-'dʒi:ro] *m* Betrug *m*

raggiungere [rad'dʒundʒere] (*3d*) *j-n* einholen; *scopo* erreichen

raggomitol|are [raggomito'la:re] (*1n*) aufwickeln; **~arsi** [-'larsi] sich zusammenkauern

raggrinzito [raggrin'tsi:to] runzelig

ragion|amento [radʒona'mento] *m* Überlegung *f*; **~are** [-'na:re] (*1a*) überlegen; vernünftig reden; reden (***di*** über *acc*)

ragione [ra'dʒo:ne] *f* (*intelletto*) Vernunft *f*; (*prova*) Argument *n*; (*motivo*) Grund *m*, Ursache *f*; (*diritto*) Recht *n*; *econ* Satz *m*; ***~ sociale*** Firma *f*; ***per -i di salute*** aus Gesundheitsgründen; ***aver ~*** Recht haben; ***dare ~ a qu*** j-m Recht geben; ***a ~, con ~*** mit Recht; ***senza ~*** grundlos

ragion|eria [radʒone'ri:a] *f econ* Buchhaltung *f*; **~evole** [-'ne:vole] vernünftig; **~iera** [-ni'ɛ:ra] *f* Buchhalterin *f*; **~iere** [-ni'ɛ:re] *m* Buchhalter *m*

ragnatela [raɲa'te:la] *f* Spinngewebe *n*

ragno ['ra:ɲo] *m* Spinne *f*

ragù [ra'gu] *m* Ragout *n*

rallegr|amenti [rallegra'menti] *m/pl* Glückwünsche *m/pl*; **~are** [-'gra:re] (*1a*) erfreuen; **~arsi** [-'grarsi] sich freuen; ***~ con qu di qc*** j-n zu et beglückwünschen; ***mi rallegro!*** ich gratuliere!

rallent|are [rallen'ta:re] (*1b*) verlangsamen; langsam fahren; *fig* lockern; **~atore** [-ta'to:re] *m* Zeitlupe *f*

rame ['ra:me] *m* Kupfer *n*

ramific|arsi [ramifi'karsi] (*1m u d*) sich verzweigen; **~azione** [-katsi'o:ne] *f* Verzweigung *f*

rammaric|are [rammari'ka:re] (*1m u d*) betrüben; **~arsi** [-'karsi] bedauern; sich beklagen (***di*** über *acc*)

rammarico [ram'ma:riko] *m* (*pl -chi*) Kummer *m*; Bedauern *n*

rammendare [rammen'da:re] (*1a*) flicken

rammendo [ram'mendo] *m* geflickte Stelle *f*

rammollire [rammol'li:re] (*4d*) **1.** *v/t* erweichen; **2.** *v/i* weich werden

ram|o ['ra:mo] *m bot* Zweig *m*; (*settore*) Branche *f*; (*disciplina*) Fach *n*, Gebiet *n*; **~oscello** [ramoʃ'ʃɛllo] *m* Ästchen *n*, Zweig *m*

rampa ['rampa] *f* Rampe *f*; *avia* Piste *f*; ***~ di carico*** Laderampe *f*

rampicante [rampi'kante] **1.** *adj* Klet-

ter…; **2.** *f* (*od adj* ***pianta*** *f* **~**) Kletterpflanze *f*
rampone [ram'poːne] *m* Harpune *f*
rana ['raːna] *f* Frosch *m*; ***uomo*** *m* **~** Froschmann *m*
rancido ['rantʃido] ranzig; *fig* abgestanden
rancore [raŋ'koːre] *m* Groll *m*; feindselige Gefühle *n/pl*
randagio [ran'daːdʒo] (*pl -gi*) umherirrend; *cane* herrenlos
randello [ran'dɛllo] *m* Knüppel *m*
rango ['raŋgo] *m* (*pl -ghi*) (*ceto*) Rang *m*; (*fila*) Reihe *f*
rannicchiarsi [rannikki'arsi] (*1k*) sich zusammenkauern
rannuvol|amento [rannuvola'mento] *m* Bewölkung *f*; **~are** [-'laːre] *u* **~arsi** [-'larsi] (*1m*) sich bewölken
ranocchio [ra'nɔkkio] *m* (*pl -cchi*) Frosch *m*
rapa ['raːpa] *f* Rübe *f*
rapace [ra'paːtʃe] raubgierig; Raub…
rapida ['raːpida] *f* Stromschnelle *f*
rapidità [rapidi'ta] *f* Schnelligkeit *f*, Schnelle *f*
rapido ['raːpido] **1.** *adj* schnell; **2.** *m* (***treno*** *m* **~**) Fernschnellzug *m*
rap|imento [rapi'mento] *m* Entführung *f*; **~ina** [-'piːna] *f* Raub(überfall *m*) *m*; **~inare** [-pi'naːre] (*1a*) berauben; rauben; **~inatore** [-pina'toːre] *m* Räuber *m*; **~ire** [-'piːre] (*4d*) entführen; **~itore** [-pi'toːre] *m* Entführer *m*
rappac|ificamento [rappatʃifika'mento] *m* Aussöhnung *f*; **~ificare** [-tʃifi'kaːre] (*1n u d*) aussöhnen
rappezzare [rappet'tsaːre] (*1b*) flicken; *fig* zusammenstoppeln
rappezzo [rap'pɛttso] *m* Flicken *n*
rapporto [rap'pɔrto] *m* (*resoconto*) Bericht *m*; (*relazione*) Verhältnis *n*, Beziehung *f* (***con*** zu); (*nesso a*) Zusammenhang *m*; **~ *epistolare*** Briefwechsel *m*; ***-i*** *pl* ***intimi*** Geschlechtsverkehr *m*; ***in*** **~ *a*** in Bezug auf (*acc*); ***aver -i con*** Umgang haben mit
rappresent|ante [rapprezen'tante] *m* Vertreter *m*; **~anza** [-'tantsa] *f* Vertretung *f*; **~ *esclusiva*** Alleinvertretung *f*; **~are** [-'taːre] (*1b*) darstellen; vertreten; *tea* aufführen; **~azione** [-tatsi'oːne] *f tea* Vorstellung *f*; Aufführung *f*; **~ *serale*** Abendvorstellung *f*
rarità [rari'ta] *f inv* Seltenheit *f*; *fig* Sehenswürdigkeit *f*
raro ['raːro] selten; ***-e volte*** selten
ras|are [ra'saːre] (*1a*) rasieren; **~atura** [-sa'tuːra] *f* Rasur *f*
raschiare [raski'aːre] (*1k*) **1.** *v/t* abkratzen; **2.** *v/i* sich räuspern
ras|entare [razen'taːre] (*1b*) (*sfiorare*) streifen; *fig* (*avvicinarsi*) nahe kommen (*dat*) **~ *la cinquantina*** an die Fünfzig sein; **~ente** [-'zɛnte]: **~ *a*** hart an (*dat*)
rasoio [ra'soːio] *m* (*pl -oi*) Rasiermesser *n*; **~ *di sicurezza*** Rasierapparat *m*; **~ *elettrico*** elektrischer Rasierapparat *m*
rassegn|a [ras'seːɲa] *f* Überprüfung *f*, Schau *f*, *mil* Parade *f*; **~ *di moda*** Modenschau *f*; ***passare in*** **~** mustern; besichtigen; **~arsi** [-se'ɲarsi] (*1a*) resignieren; sich abfinden (***a*** mit); **~ato** [-se'ɲaːto] resigniert; **~azione** [-seɲatsi'oːne] *f* Resignation *f*
rasserenare [rassere'naːre] (*1a*) aufheitern; *fig* ermuntern
rassicur|are [rassiku'raːre] (*1a*) beruhigen; **~arsi** [-'rarsi] sich vergewissern
rassomigli|ante [rassomi'ʎante] ähnlich; **~anza** [-'ʎantsa] *f* Ähnlichkeit *f*; **~are** [-'ʎaːre] (*1g*) *u* **~arsi** [-'ʎarsi] sich gleichen, sich ähneln
rastrell|are [rastrel'laːre] (*1b*) harken; *fig* durchkämmen; **~iera** [-li'ɛːra] *f* Ständer *m*; **~ *per biciclette*** Fahrradständer *m*
rastrello [ras'trɛllo] *m* Harke *f*
rata ['raːta] *f* Rate *f*; ***a -e*** ratenweise
rateale [rate'aːle] in Raten
ratto ['ratto] *m* Ratte *f*
rattopp|are [rattop'paːre] (*1c*) flicken; **~o** [-'tɔppo] *m* Flicken *m*
rattrapp|ire [rattrap'piːre] (*4d*) *u* **~irsi** [-'pirsi] verkrümmen; **~ito** [-'piːto] verkrümmt
rattrist|are [rattris'taːre] (*1a*) betrüben; **~arsi** [-'tarsi] traurig werden
raucedine [rau'tʃɛːdine] *f* Heiserkeit *f*
rauco ['raːuko] (*pl -chi*) heiser
ravanello [rava'nɛllo] *m* Radieschen *n*
ravioli [ravi'ɔːli] *m/pl* Ravioli *pl*
ravvicin|amento [ravvitʃina'mento] *m* Annäherung *f*, Aussöhnung *f*; **~are** [-'naːre] (*1a*) annähern; *fig* (*confrontare*) vergleichen; (*riappacificare*)

versöhnen
ravvivare [ravvi'vaːre] (*1a*) wieder beleben
razion|ale [ratsio'naːle] rational, vernunftmäßig; rationell, zweckmäßig; **~alizzare** [-nalid'dzaːre] (*1a*) rationalisieren; **~are** [-'naːre] (*1a*) rationieren
razione [ratsi'oːne] *f* Ration *f*, Portion *f*
razza ['rattsa] *f* Rasse *f*, *fig* Sorte *f*, *zo* Rochen *m*
razziale [rattsi'aːle] rassisch; Rassen…; ***discriminazione** f* ~ Rassendiskriminierung *f*
razzismo [rat'tsizmo] *m* Rassismus *m*
razzista [rat'tsista] (*m/pl -i*) **1.** *adj* rassistisch; **2.** *m/f* Rassist(in *f*) *m*
razzo ['raddzo] *m* Rakete *f*, ***come un ~*** blitzschnell
re [re] *m inv* König *m*; *mus* D *n*
reagire [rea'dʒiːre] (*4d*) reagieren (***a*** auf *acc*)
real|e [re'aːle] (*vero*) wirklich; (*regale*) königlich; **~ismo** [-a'lizmo] *m* Realismus *m*; **~ista** [-a'lista] *m/f* (*m/pl -i*) Realist(in *f*) *m*; **~istico** [-a'listiko] (*pl -ci*) realistisch
realizz|abile [realid'dzaːbile] realisierbar; durchführbar; **~are** [-'dzaːre] (*1a*) realisieren, verwirklichen; **~arsi** [-'dzarsi] sich verwirklichen, in Erfüllung gehen; **~azione** [-dzatsi'oːne] *f* Realisierung *f*, Verwirklichung *f*
real|mente [real'mente] wirklich; **~tà** [-al'ta] *f* Realität *f*, Wirklichkeit *f*, ***in ~*** in Wirklichkeit, tatsächlich
reato [re'aːto] *m* Verbrechen *n*
reattore [reat'toːre] *m* Reaktor *m*; ***~ nucleare*** Kernreaktor *m*
reazi|onario [reatsio'naːrio] (*pl -ri*) **1.** *adj* reaktionär; **2.** *m* Reaktionär *m*; **~one** [-tsi'oːne] *f* Reaktion *f*, Rückwirkung *f*
rec|apitare [rekapi'taːre] (*1m*) abgeben, zustellen; **~apito** [-'kaːpito] *m* Adresse *f*, Anschrift *f*, ***per mancato ~*** wegen Unzustellbarkeit
rec|are [re'kaːre] (*1d*) (*portare*) bringen; (*arrecare*) verursachen; **~arsi** [-'karsi] sich begeben
recens|ione [retʃensi'oːne] *f* Rezension *f*, Besprechung *f*; **~ire** [-'siːre] (*4d*) besprechen, rezensieren
rec|ente [re'tʃɛnte] neu; jüngst; **~entemente** [-tʃente'mente] neulich, kürzlich
rec|intare [retʃin'taːre] (*1a*) einzäunen; **~into** [-'tʃinto] *m* eingeschlossener Raum *m*; *per animali* Gehege *n*; (*steccato*) Zaun *n*; ***~ di filo di ferro*** Drahtzaun *m*
recipiente [retʃipi'ɛnte] *m* Behälter *m*; Gefäß *n*
reciproco [re'tʃiːproko] (*pl -ci*) gegenseitig
recita ['rɛːtʃita] *f* Aufführung *f*
recitare [retʃi'taːre] (*1l u b*) vortragen; *tea* spielen; *preghiera* sprechen
recl|amare [rekla'maːre] (*1a*) **1.** *v/i* reklamieren, sich beschweren; **2.** *v/t* fordern, verlangen; **~ame** [-'klam] *f* Reklame *f*, ***~ luminosa*** Leuchtreklame *f*, **~amizzare** [-klamid'dzaːre] (*1a*) Reklame machen für (*acc*); **~amo** [-'klaːmo] *m* Beschwerde *f*
recl|usione [rekluzi'oːne] *f* Haft *f*, **~uso** [-'kluːzo] *m* Häftling *m*
recluta ['rɛkluta] *f* Rekrut *m*
record ['rɛkord] *m inv* Rekord *m*; ***stabilire il ~*** den Rekord aufstellen; ***a tempo di ~*** im Nu
recuperare [rekupe'raːre] → ***ricuperare***
red|atto [re'datto] → ***redigere***; **~attore** [-dat'toːre] *m* Verfasser *m*; *di giornale* Redakteur *m*; ***~ capo*** Chefredakteur *m*; **~azione** [-datsi'oːne] *f* Redaktion *f*
redditizio [reddi'tiːtsio] (*pl -zi*) einträglich, rentabel
reddito ['rɛddito] *m* Einkommen *n*; ***~ lordo*** Bruttoeinkommen *n*; ***~ medio*** Durchschnittseinkommen; ***a ~ fisso*** festverzinslich; ***~ nazionale lordo*** Bruttosozialprodukt *n*
redentore [reden'toːre] *m rel* Erlöser *m*
redigere [re'diːdʒere] (*3oo*) redigieren; (*stendere*) verfassen
redini ['rɛːdini] *f/pl* Zügel *m*
reduce ['rɛːdutʃe] *m* Heimkehrende(r) *m*
refe ['reːfe] *m* Zwirn *m*
refer|endum [refe'rɛndum] *m inv* Volksentscheid *m*; **~enza** [-'rɛntsa] *f* Referenz *f*
referto [re'fɛrto] *m med* Befund *m*
refettorio [refet'tɔːrio] *m* (*pl -ri*) Refektorium *n*, Speisesaal *m*
refill [ri'fil] *m inv* Patrone *f*

R

refrig|erante [refridʒe'rante] **1.** *adj* kühlend; erfrischend; ***cella*** *f* **~** Gefrierkammer *f*; **2.** *m* Kühlanlage *f*; **~erare** [-dʒe'ra:re] *(1m)* kühlen; **~eratore** [-dʒera'to:re] *m* Kühlmittel *n*; Kühler *m*; **~erio** [-'dʒɛ:rio] *m* *(pl -ri)* Erfrischung *f*; *fig* Erleichterung *f*
refurtiva [refur'ti:va] *f* Diebesgut *n*
regalare [rega'la:re] *(1a)* verschenken; **~ *qc a qu*** j-m et schenken
regale [re'ga:le] königlich
regalino [rega'li:no] *m* Mitbringsel *n*
regalo [re'ga:lo] *m* Geschenk *n*; ***articolo*** *m* ***da*** **~** Geschenkartikel *m*
regata [re'ga:ta] *f* Regatta *f*
regg|ere ['rɛddʒere] *(3cc)* **1.** *v/t* (*sostenere*) halten; (*sopportare*) vertragen; (*guidare*) leiten, führen; **2.** *v/i* (*sopportare*); standhalten (*a dat*); **~ *al fuoco*** feuerfest sein; **~ersi** [-dʒersi] sich aufrecht halten
reggia ['rɛddʒa] *f* *(pl -gge)* Königspalast *m*
reggi|calze [reddʒi'kaltse] *m inv* Hüfthalter; **~petto** [-'pɛtto] *m*, **~seno** [-'se:no] *m* Büstenhalter *m*
regia [re'dʒi:a] *f* Regie *f*
regime [re'dʒi:me] *m* Regime *n*; *med* Diät *f*; ***essere a*** **~** Diät halten; **~ *valutario*** Devisenregelung *f*
regina [re'dʒi:na] *f* Königin *f*; *scacchi* Dame *f*
regionale [redʒo'na:le] regional; ***a livello*** **~** auf Regionalebene
regione [re'dʒo:ne] *f* Region *f*, Gebiet *n*, Gegend *f*; Landschaft *f*
regista [re'dʒista] *m* *(pl -i)* Regisseur *m*
registrare [redʒis'tra:re] *(1a)* eintragen; registrieren; (*incidere*) aufnehmen
registratore [redʒistra'to:re] *m* **~** (***a cassetta***) Kassettenrekorder *m*; **~ *a nastro*** Tonbandgerät *n*
registrazione [redʒistratsi'o:ne] *f* Eintragung *f*, Buchung *f*; **~ *sonora*** Tonaufnahme *f*
registro [re'dʒistro] *m* *(pl -i)* Register *n*; Verzeichnis *n*
regnare [re'ɲa:re] *(1a)* regieren; herrschen (*a fig*)
regno ['re:ɲo] *m* (König)Reich *n*
regola ['rɛ:gola] *f* Regel *f*, Vorschrift *f*; ***in*** **~** in Ordnung; ***di*** **~** normalerweise
regolabile [rego'la:bile] regulierbar; einstellbar
regolamento [regola'mento] *m* Regelung *f*, Vorschriften *f/pl*; *econ* Begleichung *f*; **~ *dei conti*** Begleichung *f* der Rechnungen; **~ *stradale*** Verkehrsregelung *f*
regolare[1] [rego'la:re] *(1l u b)* regeln; ordnen; *tec* einstellen; (*pagare*) begleichen
regol|are[2] [rego'la:re] *adj* regulär; normal; regelmäßig; **~arità** [-lari'ta] *f* Regelmäßigkeit *f*; **~arizzare** [-larid'dza:re] *(1a)* regeln
regr|edire [regre'di:re] *(4d)* Rückschritte machen; **~essione** [-gressi'o:ne] *f* Rückgang *m*; **~essivo** [-gres'si:vo] rückgängig; **~esso** [-'grɛsso] *m* Rückgang *m*
relat|ività [relativi'ta] *f* Relativität *f*; ***teoria*** *f* ***della*** **~** Relativitätstheorie *f*; **~ivo** [-'ti:vo] relativ; bezüglich (***a*** *gen*); (*rispettivo*) dazugehörig; (*corrispondente*) entsprechend
rel|atore [rela'to:re] *m* Referent *m*; **~azione** [-latsi'o:ne] *f* (*legame*) Beziehung *f*, Verhältnis *n*; (*esposizione*) Referat *n*; Bericht *m*; ***in*** **~ *a*** mit Bezug auf (*acc*); **~ *commerciale*** Geschäftsbeziehung *f*; **~ *di un viaggio*** Reisebericht *m*; **~ *d'amicizia*** Freundschaftsverhältnis *n*; ***-i*** *pl* ***pubbliche*** Öffentlichkeit *f*; ***presentare una*** **~** ein Referat halten
relig|ione [reli'dʒo:ne] *f* Religion *f*; **~iosa** [-'dʒo:sa] *f* Ordensschwester *f*; **~iosità** [-dʒosi'ta] *f* Religiosität *f*, Frömmigkeit *f*; **~ioso** [-'dʒo:so] **1.** *adj* religiös, fromm; **2.** *m* Ordensbruder *m*
relitto [re'litto] *m* Wrack *n*; Relikt *n*
rem|are [re'ma:re] *(1b)* rudern; **~atore** [-ma'to:re] *m* Ruderer *m*
remo ['rɛ:mo] *m* Ruder *n*
remoto [re'mɔ:to] weit zurückliegend
remuner|are [remune'ra:re] *(1m)* belohnen; **~ativo** [-ra'ti:vo] lohnend; ***non*** **~** unrentabel; **~azione** [-ratsi'o:ne] *f* Belohnung *f*
rendere ['rɛndere] *(3c)* (*restituire*) zurückgeben; (*fruttare*) einbringen; *un servizio* leisten; *conto* ablegen; **~ *felice*** glücklich machen; ***non rende molto*** es bringt nicht viel ein
rendimento [rendi'mento] *m* Leistung *f*; *econ* Ertrag *m*; **~ *chilometrico*** Kilometerleistung *f*, **~ *giornaliero***

R

Tagesleistung *f*
rendita ['rɛndita] *f* Rente *f*; *econ* Rendite *f*; **~ vitalizia** Lebensrente *f*; **vivere di ~** von den Zinsen leben
rene ['rɛːne] *m* Niere *f*
reparto [re'parto] *m* Abteilung *f*; *ospedale* Station *f*
repentaglio [repen'taːʎo] *m* **mettere a ~** aufs Spiel setzen
rep|eribile [repe'riːbile] auffindbar; **~erire** [-pe'riːre] (*4d*) auffinden; **~erto** [-'pɛrto] *m* Fundstück *n*; Befund *m*; **~ertorio** [-per'tɔːrio] *m* (*pl -ri*) *tea u mus* Repertoire *n*, Spielplan *m*
replica ['rɛːplika] *f* (*pl -che*) Wiederholung *f*, Erwiderung *f*, *tea* Wiederaufführung *f*; **non ammettere -e** keine Widerrede dulden
replicare [repli'kaːre] (*1l, b u d*) (*ripetere*) wiederholen; (*ribattere*) erwidern, entgegnen
reportage [repɔr'taːʒ] *m inv* Reportage *f*, Bericht *m*
reporter [re'pɔːrter] *m inv* Reporter *m*, Berichterstatter *m*
repr|essione [repressi'oːne] *f* Unterdrückung *f*; **~essivo** [-res'siːvo] unterdrückend; **~esso** [-'prɛsso] → **reprimere**; **~imere** [-'priːmere] (*3r*) unterdrücken; **~imersi** [-'priːmersi] sich beherrschen
repubblica [re'pubblika] *f* (*pl -che*) Republik *f*; **~ federale** Bundesrepublik *f*
repubblicano [repubbli'kaːno] republikanisch
repulsione [repulsi'oːne] *f* Abstoßung *f*, Repulsion *f*
reput|are [repu'taːre] (*1l u b*) halten für (*acc*); schätzen; **~arsi** [-'tarsi] sich halten für (*acc*), sich schätzen; **~azione** [-tatsi'oːne] *f* Ruf *m*
requis|ire [rekui'ziːre] (*4d*) beschlagnahmen; **~ito** [-'ziːto] *m* Voraussetzung *f*; (*pregio*) gute Eigenschaften *f/pl*
resa ['reːsa] *f* Übergabe *f*; (*restituzione*) Rückgabe *f*; (*rendimento*) Leistung *f*; *econ* Remittenden *f/pl*
resid|ente [resi'dɛnte] wohnhaft, ansässig; **~enza** [-'dɛntsa] *f* Wohnsitz *m*; *sede* Sitz *m*; **cambiamento** *m* **di ~** Wohnsitzänderung *f*; **~enziale** [-dentsi'aːle] **zona** *f* **~** Wohnviertel *n*
residuo [re'siːduo] *m* Rest *m*; Abfallprodukt *n*; *chim* Rückstand *m*
resina ['rɛːzina] *f* Harz *n*
resist|ente [resis'tɛnte] *persona* robust; *materiale* widerstandsfähig, fest; **~ al fuoco** feuerfest; **~ al freddo** kältebeständig; **~enza** [-'tɛntsa] *f* Widerstand *m*; (*durevolezza*) Haltbarkeit *f*; (*instancabilità*) Ausdauer *f*
resistere [re'sistere] (*3f*) standhalten (*a dat*); aushalten (*a dat*); (*opporsi*) *j-m* Widerstand leisten; *j-m* widerstehen
reso ['reːso] → **rendere**
resoconto [reso'konto] *m* (Rechenschafts)Bericht *m*
resp|ingere [res'pindʒere] (*3d*) zurückweisen; ablehnen; **~into** [-'pinto] → **respingere**
respir|are [respi'raːre] (*1a*) **1.** *v/t* (ein)atmen; **2.** *v/i* atmen; *fig* aufatmen; **~atore** [-ra'toːre] *m* Sauerstoffgerät *n*; *per apnea* Schnorchel *m*; **~azione** [-ratsi'oːne] *f* Atmung *f*
respiro [res'piːro] *m* Atem *m*
respons|abile [respon'saːbile] verantwortlich (**di** für); **~abilità** [-sabili'ta] *f* Verantwortlichkeit *f*, *jur* Haftung *f*; **~ civile** Haftpflicht *f*; **~ limitata** beschränkte Haftung *f*
ressa ['rɛssa] *f* Gedränge *n*; **far ~** sich drängen
restare [res'taːre] (*1b*) bleiben; (*avanzare*) übrig bleiben; **~ indietro** zurückbleiben; **~ di stucco** sprachlos sein; **restarci male** enttäuscht sein
restaur|are [restau'raːre] (*1a*) restaurieren; (*ripristinare*) wiederherstellen; **~atore** [-ra'toːre] *m* Restaurator *m*
restauro [res'taːuro] *m* Renovierung *f*, Restaurierung *f*; **chiuso per -i** wegen Renovierung geschlossen
restitu|ire [restitu'iːre] (*4d*) zurückgeben; *saluto* erwidern; (*rimborsare*) zurückerstatten; **~zione** [-tsi'oːne] *f* Rückgabe *f*, Erwiderung *f*, Rückerstattung *f*
resto ['rɛsto] *m* Rest *m*; **ricevere di ~** herausbekommen; **del ~** übrigens; sonst
restr|ingere [res'trindʒere] (*3d*) enger machen; *fig* beschränken; **~ingersi** [-'trindʒersi] enger werden; zusammenrücken; *stoffa* einlaufen; **~izione** [-tritsi'oːne] *f* Einschränkung *f*

R

rete ['reːte] *f* Netz *n*; *calcio* Tor *n*; **~ metallica** Drahtgitter *n*; **~ autostradale** Autobahnnetz *n*; *tel* **~ fissa** Festnetz *n*; **~ radiomobile** Mobil(funk)netz *n*; **~ telefonica** Telefonnetz *n*

retina ['rɛːtina] *f anat* Netzhaut *f*

retribu|ire [retribu'iːre] (*4d*) belohnen; **~zione** [-tsi'oːne] *f* Belohnung *f*, Entlohnung *f*

retroattivo [retroat'tiːvo] rückwirkend

retro|bottega [retrobot'teːga] *m inv* Hinterraum *m*; **~cedere** [-'ʧɛːdere] (*3l*) zurückweichen; **~datare** [-da'taːre] (*1a*) zurückdatieren

retrogrado [re'trɔːgrado] rückständig

retro|marcia [retro'marʧa] *f* (*pl -ce*) *auto* Rückwärtsgang *m*; **~scena** [-'ʃɛːna] *m inv fig* Hintergründe *pl*; **~spettivo** [-spet'tiːvo] zurückblickend, rückschauend; **~terra** [-'tɛrra] *m inv* Hinterland *n*; **~visivo** [-vi'ziːvo]: **specchio** *m* **~** Rückspiegel *m*

retta[1] ['rɛtta] *f* Preis *m*; Pension *f*

retta[2] ['rɛtta] *f mat* gerade Linie *f*

retta[3] ['rɛtta] *f* **dare ~ a qu** j-m Gehör schenken

rett|angolare [rettaŋgo'laːre] rechtwink(e)lig; **~angolo** [-'taŋgolo] *m* Rechteck *n*

rettifica [ret'tiːfika] *f* (*pl -che*) Berichtigung *f*; *tec* Schleifen *n*

rettificare [rettifi'kaːre] (*1m u d*) berichtigen; *tec* schleifen

rettile ['rɛttile] *m* Reptil *n*

rettilineo [retti'liːneo] **1.** *adj* geradlinig; **2.** gerade Strecke *f*

rett|orato [retto'raːto] *m* Rektorat *n*; **~ore** [-'toːre] *m* Rektor *m*

reuma ['rɛːuma] *m* (*pl -i*) Rheuma *n*

reum|atico [reu'maːtiko] (*pl -ci*) rheumatisch; **~atismo** [-ma'tizmo] *m* Rheumatismus *m*

reverendo [reve'rɛndo] ehrwürdig; **≗!** Euer Hochwürden!

revi|sionare [revizio'naːre] (*1a*) überholen; **~sione** [-zi'oːne] *f* Überprüfung *f*; *tec* Überholung *f*

revoca ['rɛːvoka] *f* (*pl -che*) Widerrufung *f*; **~ dall'impiego** Amtsenthebung *f*

revocare [revo'kaːre] (*1l, b u d*) widerrufen; rückgängig machen

ri... [ri] *prefisso* (*di nuovo*) wieder, von neuem; (*indietro*) wieder..., zurück...

riabilit|are [riabili'taːre] (*1n*) rehabilitieren; **~azione** [-tatsi'oːne] *f* Rehabilitation *f*

riacquistare [riakkuis'taːre] (*1a*) wiedererlangen

riagganciare [riaggan'ʧaːre] (*1f*) *tel* auflegen

riallacciare [riallat'ʧaːre] (*1f*) wieder anknüpfen

rialzare [rial'tsaːre] (*1a*) (*alzare di nuovo*) wieder aufrichten; (*aumentare*) erhöhen

rialzo [ri'altso] *m* Erhöhung *f*, Steigerung *f*

rianim|are [riani'maːre] (*1m*) wieder beleben; **~arsi** [-'marsi] wieder zu sich kommen; wieder Mut fassen; **~azione** [-matsi'oːne] *f* Wiederbelebung *f*; **centro** *m* **di ~** Intensivstation *f*

riapertura [riaper'tuːra] *f* Wiedereröffnung *f*

riaprire [ria'priːre] (*4f*) wieder öffnen

riarm|are [riar'maːre] *v/t* (*1a*) aufrüsten; **~o** [-'armo] *m* Aufrüstung *f*

riass|umere [rias'suːmere] (*3h*) wieder aufnehmen; *testo* zusammenfassen; **~unto** [-'sunto] **1.** → **riassumere**; **2.** *m* Zusammenfassung *f*

riav|ere [ria'veːre] (*2b*) wieder haben; (*ricuperare*) zurückbekommen; **~ersi** [-'versi] sich erholen

riavviare [riavvi'are] (*1h*) *inform* booten

ribalt|abile [ribal'taːbile] Klapp...; **sedile** *m* **~** Klappsitz *m*; **~are** [-'taːre] (*1a*) **1.** *v/t* niederklappen, zurückklappen; umwerfen; **2.** *v/i* umstürzen; umschlagen

ribass|are [ribas'saːre] (*1a*) **1.** *v/t* herabsetzen; **2.** *v/i* sinken

ribasso [ri'basso] *m* Preissenkung *f*; (*sconto*) Rabatt *m*; *econ titoli* Baisse *f*; **essere in ~** im Rückgang sein

ribattere [ri'battere] (*3a*) erwidern; *palla* zurückschlagen; **~ un'accusa** e-e Anklage zurückweisen

rib|ellarsi [ribel'larsi] (*1b*) sich auflehnen (**a** gegen); **~elle** [-'bɛlle] **1.** *adj* rebellisch, aufständisch; *fig* störrisch; **2.** *m/f* Aufrührer(in *f*) *m*; **~ellione** [-belli'oːne] *f* Aufstand *m*

ribes ['riːbes] *m inv* Johannisbeere *f*

ribrezzo [ri'breddzo] *m* Abscheu *m*;

Ekel *m*; ***fare ~*** Abscheu erregen
ricad|ere [rika'deːre] (*2c*) wieder fallen; (*cadere indietro*) zurückfallen (*a fig*); **~uta** [-'duːta] *f* Rückfall *m*
ricamare [rika'maːre] (*1a*) sticken
ric|ambiare [rikambi'aːre] (*1k*) austauschen; ***~ qc a qu*** j-m et erwidern; **~ambio** [-'kambio] *m* Austausch *m*; *med* Stoffwechsel *m*; ***di ~*** Ersatz…
ricamo [ri'kaːmo] *m* Stickerei *f*
ricapitolare [rikapito'laːre] (*1n*) rekapitulieren, zusammenfassen
ricaricare [rikari'kaːre] (*1m u d*) *batteria* wieder aufladen
ric|attare [rikat'taːre] (*1a*) erpressen; **~atto** [-'katto] *m* Erpressung *f*
ricav|are [rika'vaːre] (*1a*) gewinnen; **~ato** [-'vaːto] *m* Ertrag *m*; Gewinn *m*
ricchezza [rik'kettsa] *f* Reichtum *m*; ***-e artistiche*** Kunstschätze *m/pl*; ***-e del sottosuolo*** Bodenschätze *m/pl*
riccio[1] ['rittʃo] *m* (*pl -cci*) *zo* Igel *m*; ***~ di mare*** Seeigel *m*; *bot* Kastanienschale *f*
riccio[2] ['rittʃo] (*pl -cci*) **1.** *adj* kraus; **2.** *m* (Haar)Locke *f*
ricciolo ['rittʃolo] *m* Locke *f*
ricco ['rikko] (*pl -cchi*) **1.** *adj* reich (***di*** an *dat*); **2.** *m* Reiche(r) *m*
ricerca [ri'tʃerka] *f* (*pl -che*) Suche *f* (***di*** nach *dat*); (*studio*) Forschung; ***~ nucleare*** Kernforschung *f*; ***alla ~ di*** auf der Suche nach; *inform* ***~ nel testo completo*** Volltextsuche *f*
ricerc|are [ritʃer'kaːre] (*1d*) wieder suchen; (*cercare con cura*) suchen; (*indagare*) (er)forschen; **~ato** [-'kaːto] gesucht; **~atore** [-ka'toːre] *m* Forscher *m*
ricetta [ri'tʃɛtta] *f* Rezept *n*
ricevere [ri'tʃeːvere] (*3a*) erhalten, bekommen, F kriegen; empfangen (*a rad*); *medico* Sprechstunde haben
ricev|imento [ritʃevi'mento] *m* Empfang *m*; **~itore** [-vi'toːre] *m* Empfänger *m*; *tel* Hörer *m*; **~uta** [-'vuːta] *f* Quittung *f*; ***~ di versamento*** Einzahlungsbeleg *m*; ***accusare ~*** den Empfang bestätigen
richiam|are [rikia'maːre] (*1a*) wieder anrufen; zurückrufen; *attenzione* lenken; *fig* (*rimproverare*) tadeln; ***~ l'attenzione di qu su qc*** j-n auf et (*acc*) aufmerksam machen; **~arsi** [-'marsi]: ***~ a*** sich berufen auf (*acc*)
richiedente [rikie'dɛnte] *m/f* Antragsteller(in *f*) *m*
richiedere [riki'ɛːdere] (*3k*) verlangen; benötigen, erfordern; *documento* beantragen
richi|esta [riki'ɛsta] *f* Forderung *f*, Anfrage *f*, Bitte *f*, Antrag *m*; Nachfrage *f*; ***~ di asilo*** Asylantrag *m*; ***a ~ di*** auf Wunsch von; **~esto** [-ki'ɛsto] → ***richiedere***; ***una merce molto -a*** e-e sehr begehrte Ware
ricicl|abile [ritʃi'klaːbile] wieder verwertbar; **~aggio** [-'klaːddʒo] *m* (*pl -ggi*) Recycling *n*, Wiederverwertung *f*; **~are** [-'klaːre] (*1a*) recyceln, wieder verwerten
ricompens|a [rikom'pɛnsa] *f* Belohnung *f*; **~are** [-'saːre] (*1b*) belohnen (***qu di qc*** j-n für et)
riconcili|are [rikontʃili'aːre] (*1g*) aussöhnen, wieder versöhnen; **~azione** [-atsi'oːne] *f* Aussöhnung *f*, Wiederversöhnung *f*
ricondurre [rikon'durre] (*3e*) zurückführen (***a*** auf *acc*)
ricon|oscente [rikonoʃ'ʃɛnte] dankbar; ***mostrarsi ~*** sich dankbar zeigen; **~oscenza** [-noʃ'ʃɛntsa] *f* Dankbarkeit *f*; ***per ~*** aus Dankbarkeit; **~oscere** [-'noʃʃere] (*3n*) erkennen; wieder erkennen; (*dichiarare legittimo*) anerkennen; (*ammettere*) zugeben; ***riconosco che*** ich gebe zu, dass; ***non si riconosce più*** er ist nicht wieder zu erkennen; **~oscibile** [-noʃ'ʃibile] erkennbar; **~oscimento** [-noʃʃi'mento] *m* Anerkennung *f*; *inform* ***~ vocale*** Spracherkennung *f*
riconquistare [rikoŋkuis'taːre] (*1a*) wieder erlangen
ricord|are [rikor'daːre] (*1c*) sich erinnern an (*acc*); in Erinnerung bringen; (*menzionare*) erwähnen; **~arsi** [-'darsi] sich erinnern (***di*** an *acc*)
ricordo [ri'kɔrdo] *m* Erinnerung *f*; *oggetto* Andenken *n*; ***~ di viaggio*** Reiseandenken *n*
ricorr|ente [rikor'rɛnte] wiederkehrend; **~enza** [-'rɛntsa] *f* Gedenktag *m*
ric|orrere [ri'korrere] (*3o*) *date, festa* fallen ***~ a qu*** sich an j-n wenden; ***~ a qc*** zu et (*dat*) greifen; ***oggi ricorre l'onomastico*** heute ist der Namenstag; **~orso** [-'korso] **1.** → ***ricorrere***;

2. *m jur* Berufung *f*; ***presentare ~*** Berufung einlegen

ricostr|uire [rikostru'i:re] (*4d*) wieder aufbauen; *fig* rekonstruieren; **~uzione** [-trutsi'o:ne] *f* Wiederaufbau *m*

ricotta [ri'kɔtta] *f* Frischkäse *m*

ricov|erare [rikove'ra:re] (*1m u c*) unterbringen; *in ospedale* einliefern; **~erato** [-'ra:to] **1.** *adj* untergebracht; **2.** *m in ospedale* Kranke(r) *m*, Patient *m*

ricovero [ri'kɔ:vero] *m* Heim *n*; Unterbringung *f*; *med* Einlieferung *f*

ricreazione [rikreatsi'o:ne] *f* Erholung *f*; Pause *f*

ricredersi [ri'kre:dersi] (*3a*) s-e Meinung ändern; s-n Irrtum einsehen

ricuperare [rikupe'ra:re] (*1m*) wieder erlangen; *tempo* aufholen, nachholen

ricurvo [ri'kurvo] krumm; gebeugt

ridare [ri'da:re] (*1r*) wiedergeben; (*restituire*) zurückgeben

rid|ere ['ri:dere] (*3b*) lachen (***di*** über *acc*); ***far ~ di sé*** sich lächerlich machen; **~ersi** [-dersi]: ***~ di qu*** sich über j-n lustig machen

ridicolizzare ['ridikolid'dzare] (*1a*) lächerlich machen

ridicolo [ri'di:kolo] **1.** *adj* lächerlich; **2.** *m* Lächerliche(s) *n*; ***mettere qu in ~, gettare il ~ su qu*** j-n lächerlich machen

ridimensionare ['ridimensio'nare] (*1a*) neu strukturieren; *fig* zurechtweisen

rid|otto [ri'dotto] → ***ridurre***; ***a prezzi -i*** zu ermäßigten Preisen; **~uco** [-'du:ko] → ***ridurre***

rid|urre [ri'durre] (*3e*) zurückführen (***a*** auf *acc*); verwandeln (***a*** in *acc*); (*diminuire*) verkürzen, reduzieren; *prezzi a* herabsetzen; *personale* abbauen; (*limitare*) einschränken; ***~ al silenzio*** zum Schweigen bringen; **~ursi** [-'dursi] zusammenschrumpfen; ***~ male*** herunterkommen; ***~ in miseria*** ins Elend geraten; ***come ti sei ridotto!*** wie siehst du aus!; **~uzione** [-dutsi'o:ne] *f* Verminderung *f*, *econ* Ermäßigung *f*, Nachlass *m*; *econ* ***~ dei posti di lavoro*** Stellenabbau *m*; ***~ dell'orario di lavoro*** Arbeitszeitverkürzung *f*; ***~ sul prezzo del biglietto*** Fahrpreisermäßigung *f*; ***~ dei costi*** Kostensenkung *f*; ***~ del personale*** Personalabbau *m*

R

riempire [riem'pi:re] (*4g*) füllen; *formulario* ausfüllen

rientrare [rien'tra:re] (*1a*) zurückkehren; heimkommen

rientro [ri'entro] *m* Rückkehr *f*; Heimkehr *f*

rif|are [ri'fa:re] (*3aa*) wieder machen; (*rinnovare*) erneuern; (*rielaborare*) neu bearbeiten; umarbeiten; *stanza* aufräumen; *letto* machen; **~arsi** [-'farsi] sich schadlos halten; ***~ delle spese*** auf seine Kosten kommen

rifer|imento [riferi'mento] *m* Hinweis *m*; ***punto*** *m* ***di ~*** Ausgangspunkt *m*; Anhaltspunkt *m*; ***con ~ a*** mit Bezug auf (*acc*); **~ire** [-'ri:re] (*4d*) berichten; **~irsi** [-'rirsi] sich beziehen (***a*** auf *acc*); sich berufen (***a*** auf *acc*); ***riferendomi a*** Bezug nehmend auf (*acc*)

rifiut|are [rifiu'ta:re] (*1a*) ablehnen; **~arsi** [-'tarsi] sich weigern

rifiuto [rifi'u:to] *m* Ablehnung *f*, Weigerung *f*, (*risposta negativa*) Absage *f*; ***-i*** *pl* Abfall *m*, Müll *m*; ***-i pericolosi*** Sondermüll *m*; ***-i tossici*** Giftmüll *m*; *ecol* ***gestione*** *f* ***dei ~*** Abfallmanagement *n*; *ecol* ***raccolta*** *f* ***differenziata dei ~*** Mülltrennung *f*, *ecol* ***riciclaggio*** *m* ***dei ~*** Abfallverwertung *f*; *ecol* ***smaltimento*** *m* ***dei ~*** Abfallbeseitigung, Abfallentsorgung *f*; *ecol* ***trattamento*** *m* ***dei ~*** Abfallaufbereitung *f*

rifless|ione [riflessi'o:ne] *f* Überlegung *f*; *fis* Reflexion *f*; **~ivo** [-'si:vo] nachdenklich; *gram* reflexiv

riflesso [ri'flɛsso] **1.** → ***riflettere***; **2.** *m* Reflex *m*; ***di ~*** indirekt

riflett|ere [ri'flɛttere] (*3qq*) **1.** *v/t* widerspiegeln; **2.** *v/i* ***~ su qc*** et überlegen, über et (*acc*) nachdenken; **~ersi** [-si] sich (wider)spiegeln

riflettore [riflet'to:re] *m* Scheinwerfer *m*

riflusso [ri'flusso] *m* Rückfluss *m*; Ebbe *f*

riforma [ri'forma] *f* Reform *f*, *rel* Reformation *f*; ***~ monetaria*** Währungsreform *f*

riform|are [rifor'ma:re] (*1a*) (*rifare*) neu bilden; (*cambiare*) reformieren, umgestalten; *mil* für untauglich erklären; **~ato** [-'ma:to] *mil* untauglich

riforn|imento [riforni'mento] *m* Versorgung *f*; **-i** *pl* Vorräte *m/pl*; ***fare ~ di benzina*** tanken; **~ire** [-'ni:re] (*4d*) versorgen; **~ *il magazzino*** das Lager ergänzen; **~irsi** [-'nirsi] sich versorgen, sich eindecken

rif|ugiarsi [rifu'dʒarsi] (*1f*) sich flüchten; **~ugiato** [-fu'dʒa:to] *m* Flüchtling *m*; **~ugio** [-'fu:dʒo] *m* (*pl -gi*) Zuflucht *f*, Zufluchtsort *m*; **~ *alpino*** Berghütte *f*; **~ *antiaereo*** Luftschutzraum *m*

riga ['ri:ga] *f* (*pl -ghe*) Linie *f*, Zeile *f*; (*fila*) Reihe *f*; (*regolo*) Lineal *n*; *stoffa* Streifen *m*; *capelli* Scheitel *m*; ***stoffa*** *f* ***a -ghe*** gestreifter Stoff *m*; ***carta*** *f* ***a -ghe*** liniiertes Papier *n*

rigatoni [riga'to:ni] *m/pl* kurze Röhrennudeln *f/pl*

rigener|are [ridʒene'ra:re] (*1m u b*) erneuern; *tec* wieder aufbereiten; **~azione** [-ratsi'o:ne] *f* Regeneration *f*, Wiederaufbereitung *f*

rigetto *med* [ri'dʒɛtto] *m* Abstoßung *f*

rigido ['ri:dʒido] (*duro*) steif; *clima* rau; *fig* (*severo*) streng

rigirare [ridʒi'ra:re] (*1a*) **1.** *v/i* herumgehen; **2.** *v/t* umdrehen; **~ *qu*** j-n hinters Licht führen

rigo ['ri:go] *m* (*pl -ghi*) Linie *f*, Zeile *f*; **~ *musicale*** Liniensystem *n*

rigoglioso [rigo'ʎo:so] üppig

rig|ore [ri'go:re] *m di clima* Rauheit *f*; (*severità*) Strenge *f*; *sport* (*a* ***calcio*** *m* ***di ~***) Elfmeter *m*; ***di ~*** unerlässlich; **~oroso** [-go'ro:so] streng

rigovernare [rigover'na:re] (*1b*) in Ordnung bringen; *stoviglie* abwaschen

riguard|ante [riguar'dante] betreffend; **~are** [-'da:re] (*1a*) wieder betrachten; (*rivedere*) durchsehen; (*riferirsi*) betreffen; ***per quanto riguarda …*** was … (*acc*) anbelangt; **~arsi** [-'darsi] sich in Acht nehmen

rigu|ardo [rigu'ardo] *m* Rücksicht *f*; ***mancanza*** *f* ***di ~*** Rücksichtslosigkeit *f*; ***di ~*** angesehen; **~ *a*** in Bezug auf (*acc*), was … (*acc*) betrifft

rilasciare [rilaʃ'ʃa:re] (*1f*) *j-n* freilassen; *documento* ausstellen

rilascio [ri'laʃʃo] *m* Freilassung *f*, Ausstellung *f*

rilass|amento [rilassa'mento] *m* Entspannung *f*; **~are** [-'sare] (*1a*) entspannen; **~arsi** [-'sarsi] sich entspannen; **~ato** [-'sa:to] entspannt

rileg|are [rile'ga:re] (*1e*) *libro* (ein-)binden; **~atore** [-ga'to:re] *m* Buchbinder *m*; **~atura** [-ga'tu:ra] *f* Einband *m*; Einbinden *n*

rilevamento [rileva'mento] *m econ* Übernahme *f*

rilevare [rile'va:re] (*1b*) (*ricavare*) entnehmen; (*osservare*) feststellen; aufnehmen; *ditta* übernehmen

rilievo [rili'ɛ:vo] *m* Erhöhung *f*, *fig* Bedeutung *f*; Relief *n*; ***dare ~ a qc*** et hervorheben; ***di ~*** erheblich, wichtig; ***di nessun ~*** unbedeutend

rima ['ri:ma] *f* Reim *m*; ***far ~*** reimen

rimandare [riman'da:re] (*1a*) nochmals schicken; (*restituire*) zurückschicken; (*rinviare*) verschieben; *palla* zurückschlagen; *riunione* vertagen

riman|ente [rima'nɛnte] *m* Rest *m*; **~enza** [-'nɛntsa] *f* Restbestand *m*; Überbleibsel *n*; **~ere** [-'ne:re] (*2m*) bleiben; (*avanzare*) übrig bleiben

rimango [ri'maŋgo] → ***rimanere***

rimargin|are [rimardʒi'na:re] (*1m*) *u* **~arsi** [-'narsi] vernarben

rimasto [ri'masto] → ***rimanere***

rimb|alzare [rimbal'tsa:re] (*1a*) zurückprallen; **~alzo** [-'baltso] *m* Rückprall *m*, Abprall *m*; *fig* ***di ~*** indirekt

rimboccare [rimbok'ka:re] (*1d*) *coperte* umschlagen; *maniche* aufschlagen

rimborsare [rimbor'sa:re] (*1a*) zurückerstatten

rimborso [rim'borso] *m* Rückzahlung *f*, Rückerstattung *f*; **~ *spese*** Kostenerstattung *f*; ***contro ~*** gegen Nachnahme

rimbosch|imento [rimboski'mento] *m* Aufforstung *f*; **~ire** [-'ki:re] (*4d*) aufforsten

rimediare [rimedi'a:re] (*1k u b*) **1.** *v/i* abhelfen; **~ *a qc*** et wieder gutmachen; **2.** *v/t* besorgen

rimedio [ri'mɛ:dio] *m* (*pl -di*) Abhilfe *f*, *med* (Heil)Mittel *n*; ***senza ~*** hoffnungslos

rimescolare [rimesko'la:re] (*1m*) mischen; *caffè* umrühren

rimessa [ri'messa] *f* Garage *f*, Schuppen *m*; *econ* Überweisung *f*

rimett|ere [ri'mettere] (*3ee*) wieder aufstellen, wieder hinlegen; *econ merce* senden; *med* (*vomitare*) brechen; **~ *a posto*** zurückstellen; **~ *in marcia*** wieder in Gang setzen; **~ *in***

R

ordine wieder in Ordnung bringen; ***ci ho rimesso molto*** ich habe viel Geld dabei verloren; **~ersi** [-si] sich wieder erholen; *tempo* sich aufklären; **~ *a qu*** sich auf j-n verlassen
rimmel ['rimmɛl] *m* Wimperntusche *f*
rimodernare [rimoder'naːre] (*1b*) modernisieren
rimorchi|are [rimorki'aːre] (*1k u c*) *auto* abschleppen; **~atore** [-kia'toːre] *m mar* Schleppdampfer *m*
rimorchio [ri'mɔrkio] *m auto* Anhänger *m*
rimorso [ri'mɔrso] *m* Gewissensbiss *m*
rimozione [rimotsi'oːne] *f* Entfernung *f*, Beseitigung *f*
rimp|atriare [rimpatri'aːre] (*1k u m*) **1.** *v/t* in die Heimat zurückbefördern; **2.** *v/i* heimkehren; **~atrio** [-'paːtrio] *m* (*pl -ri*) Heimkehr *f*
rimpi|angere [rimpi'andʒere] (*3d*) bedauern; *j-n* beweinen; **~anto** [-pi'anto] **1.** → ***rimpiangere***; **2.** *m* Bedauern *n*
rimpiazzare [rimpiat'tsaːre] (*1a*) ersetzen
rimpicciolire [rimpittʃo'liːre] (*4d*) **1.** *v/t* verkleinern; **2.** *v/i* kleiner werden
rimproverare [rimprove'raːre] (*1m u c*) *j-m* Vorwürfe machen; **~ *qc a qu*** j-m et vorwerfen
rimprovero [rim'prɔːvero] *m* Vorwurf *m*
rimuovere [rimu'ɔːvere] (*3ff*) entfernen; *ostacoli* beseitigen; *j-n von et* abbringen
rin|ascere [ri'naʃʃere] (*3gg*) **1.** *v/i* wieder geboren werden; *bot u fig* wieder aufblühen; ***sentirsi* ~** sich wie neugeboren fühlen; **♀ascimento** [-naʃʃi-'mento] *m* Renaissance *f*
R
rincarare [riŋka'raːre] (*1a*) **1.** *v/t* verteuern; **2.** *v/i* teurer werden
rincaro [riŋ'kaːro] *m* Verteuerung *f*, Preissteigerung *f*; ***ondata f di* ~** Teuerungswelle *f*
rincasare [riŋka'saːre] (*1a*) heimkehren
rinchiudere [riŋki'uːdere] (*3b*) einschließen; verschließen
rinc|orrere [riŋ'korrere] (*3o*) *j-m* nachlaufen; *j-n* verfolgen; **~orsa** [-'korsa] *f* Anlauf *m*; **~orso** [-so] → ***rincorrere***
rincr|escere [riŋ'kreʃʃere] (*3n*) Leid tun; ***mi rincresce*** es tut mir Leid; **~escimento** [-kreʃʃi'mento] *m* Bedauern *n*
rinfacciare [rinfat'tʃaːre] (*1f*) vorwerfen
rinforzare [rinfor'tsaːre] (*1c*) **1.** *v/t* (ver)stärken; **2.** *v/i* stärker werden
rinforzo [rin'fɔrtso] *m* Verstärkung *f*
rinfresc|are [rinfres'kaːre] (*1d*) **1.** *v/t* abkühlen; (*ristorare*) erfrischen; (*rinnovare*) auffrischen; **2.** *v/i* sich abkühlen; **~arsi** [-'karsi] sich erfrischen, sich frisch machen
rinfresco [rin'fresko] *m* (*pl -chi*) Erfrischung *f*; ***dare un* ~** e-n Empfang geben
rinfusa [rin'fuːza]: ***alla* ~** durcheinander
ringhiare [riŋgi'aːre] (*1k*) knurren
ringhiera [riŋgi'ɛːra] *f* Geländer *n*
ringiovanire [rindʒova'niːre] (*4d*) **1.** *v/t* verjüngen; **2.** *v/i* sich verjüngen
ringrazi|amento [riŋgratsia'mento] *m* Dank *m*, Danksagung *f*; ***lettera f di* ~** Dankschreiben *n*; **~are** [-tsi'aːre] (*1g*) (***qu di qc*** j-m für et) danken
rinnov|amento [rinnova'mento] *m* Erneuerung *f*; **~are** [-'vaːre] (*1c*) **1.** *v/t* erneuern; *abbonamento* verlängern; (*ripetere*) wiederholen; **2.** *v/i* sich erneuern
rinnovo [rin'nɔːvo] *m* Erneuerung *f*, Verlängerung *f*
rinoceronte [rinotʃe'ronte] *m* Nashorn *n*
rinomato [rino'maːto] berühmt
rinsavire [rinsa'viːre] (*4d*) **1.** *v/t* zur Vernunft bringen; **2.** *v/i* wieder vernünftig werden
rintanarsi [rinta'narsi] (*1a*) sich verkriechen
rintracciare [rintrat'tʃaːre] (*1f*) aufspüren, auffinden
rinuncia [ri'nuntʃa] *f* (*pl -ce*) Verzicht *m*
rinunciare [rinun'tʃaːre] (*1f*) verzichten (***a*** auf *acc*); ***non* ~ *a qc*** sich etwas nicht nehmen lassen
rinunzia [ri'nuntsia] → ***rinuncia***
rinven|imento [rinveni'mento] *m* Entdeckung *f*; **~ire** [-'niːre] (*4p*) **1.** *v/t* entdecken; **2.** *v/i* wieder zu sich kommen
rinviare [rinvi'aːre] (*1h*) (*mandare indietro*) zurückschicken; (*posticipare*) vertagen; *let, jur* verweisen
rinvio [rin'viːo] *m* (*pl -vii*) Rücksendung *f*, Vertagung *f*, *in un testo* Verweis *m*
rione [ri'oːne] *m* Stadtviertel *n*

riordinare [riordi'na:re] (*1m*) neu ordnen, neu regeln; *stanza* aufräumen

riorganizz|are [riorganid'dza:re] (*1a*) reorganisieren; **~azione** [-dzatsi'o:ne] *f* Umgestaltung *f*

ripar|are [ripa'ra:re] (*1a*) **1.** *v/t* (*proteggere*) schützen (**da** vor *dat*); (*aggiustare*) reparieren, ausbessern; *un torto* wieder gutmachen; **2.** *v/i* abhelfen; **~arsi** [-'rarsi] sich schützen; **~ato** [-'ra:to] geschützt; **~azione** [-ra'tsio:ne] *f* Reparatur *f*; *fig* Wiedergutmachen *n*; **officina** *f* **-i** Reparaturwerkstatt *f*; **~ dei danni** Schadenersatz *m*

riparo [ri'pa:ro] *m* Schutz *m*; **mettersi al ~** sich in Sicherheit bringen

ripartire[1] [ripar'ti:re] (*4a*) wieder abreisen

ripart|ire[2] [ripar'ti:re] (*4d*) verteilen; **~izione** [-titsi'o:ne] *f* Verteilung *f*

ripassare [ripas'sa:re] (*1a*) **1.** *v/i* wieder vorbeigehen (→ **passare**); **2.** *v/t* noch einmal durchsehen; *lezione* wiederholen; *tec* überholen

ripens|amento [ripensa'mento] *m* Überlegung *f*, Meinungsänderung *f*; **~are** [-'sa:re] (*1b*) wiederholt denken (**a** an *acc*); (*riflettere*) überlegen (*acc*); (*cambiare parere*) s-e Meinung ändern; (*ricordare*) zurückdenken (**a** an *acc*); **ci ripenserò** ich werde es mir nochmals überlegen; **ci ho ripensato** ich habe es mir anders überlegt

ripetere [ri'pɛ:tere] (*3a*) wiederholen

ripet|izione [ripetitsi'o:ne] *f* Wiederholung *f*; **~uto** [-'tu:to] wiederholt

ripido ['ri:pido] steil

ripiegare [ripie'ga:re] **1.** *v/t* wieder zusammenfalten; **2.** *v/i* zurückweichen

ripiego [ripi'ɛ:go] *m* (*pl -ghi*) Ausweg *m*

ripieno [ripi'ɛ:no] **1.** *adj* voll; *gastr* gefüllt; **2.** *m* Füllung *f*

riporre [ri'porre] (*3ll*) zurücklegen

riportare [ripor'ta:re] (*1c*) wiederbringen; (*restituire*) zurückbringen; (*riferire*) wieder erzählen; (*citare*) zitieren; *fig* (*conseguire*) davontragen; *danno* erleiden; *econ* übertragen

riporto [ri'pɔrto] *m econ* Übertrag *m*

ripos|are [ripo'sa:re] (*1c*) ausruhen, ruhen; **~arsi** [-'sarsi] sich ausruhen; **~ato** [-'sa:to] ausgeruht

riposo [ri'pɔ:so] *m* Ruhe *f*, Pause *f*, Ruhestand *m*; **giorno** *m* **di ~** Ruhetag *m*; **collocare a ~** in den Ruhestand versetzen; **senza ~** ruhelos, rastlos

ripostiglio [ripos'ti:ʎo] *m* (*pl -gli*) Abstellraum *m*, Rumpelkammer *f*

riprend|ere [ri'prendere] (*3c*) wieder nehmen; (*prendere indietro*) zurücknehmen; *lavoro* wieder aufnehmen; *fot* aufnehmen, fotografieren; **~ coscienza** wieder zu sich kommen; **~ a** wieder anfangen zu; **~ersi** [-dersi] sich erholen

ripresa [ri'pre:sa] *f* Wiederaufnahme *f*; *econ* Wiederaufschwung *m*; *film* Aufnahme *f*; *tec* Beschleunigung *f*; *rad*, *TV* **in ~ diretta** in Direktübertragung; **a più -e** zu wiederholten Malen

riprod|uco [ripro'du:ko] → **riprodurre**; **~urre** [-'durre] (*3e*) wieder hervorbringen; *copia* reproduzieren; **~ursi** [-'dursi] sich fortpflanzen, sich vermehren; **~uzione** [-dutsi'o:ne] *f* Wiedergabe *f*, Reproduktion *f*; (*ristampa*) Nachdruck *m*; *biol* Fortpflanzung *f*; **~ vietata** Nachdruck verboten

riprovare [ripro'va:re] (*1c*) noch einmal versuchen

ripugn|ante [ripu'ɲante] abstoßend; widerwärtig; **~anza** [-'ɲantsa] *f* Widerwille *m*; **~are** [-'ɲa:re] (*1a*): **~ a qu** j-n abstoßen, j-n anwidern

ripulire [ripu'li:re] (*4d*) gründlich reinigen, säubern; *scherz* ausrauben, leeren

riqualificarsi [rikualifi'karsi] (*1d*) umschulen; sich weiterbilden

riqualificazione [rikualifika'tzione] *f* Umschulung *f*, Fortbildung *f*; **misure** *f/pl* **di ~** Umschulungsmaßnahme *f*

risaia [ri'za:ia] *f* Reisfeld *n*

risal|ire [risa'li:re] (*4m*) wieder hinaufgehen; wieder steigen; **~ alle origini** auf die Quelle zurückgehen; **~ita** [-'li:ta] *f* Wiederaufstieg *m*

risal|tare [rizal'ta:re] (*1a*) **1.** *v/i* sich abheben; auffallen; **2.** *v/t*: **far ~ qc** et hervorheben; **~to** [ri'za:lto]: **mettere in ~** hervorheben

risan|abile [risa'na:bile] heilbar; **~amento** [-na'mento] *m* Genesung *f*, *fig* Sanierung *f*; **~ del centro storico** Altstadtsanierung *f*; **~are** [-'na:re] (*1a*) **1.** *v/i* genesen; **2.** *v/t* heilen; sanieren; *econ a* gesundschrumpfen

risarc|imento [rizartʃi'mento] *m* Entschädigung *f*; Ersatz *m*; **~ire** [-'tʃiːre] (*4d*) entschädigen; *danno* ersetzen

risata [ri'zaːta] *f* Gelächter *n*

riscald|amento [riskalda'mento] *m* Heizung *f*; **~ centrale** Zentralheizung *f*; **impianto** *m* **di ~** Heizanlage *f*; **~are** [-'daːre] (*1a*) wärmen; erhitzen; *cibo* aufwärmen; *stanza* heizen; **~arsi** [-'darsi] sich erwärmen

rischiararsi [riskia'rarsi] (*1a*) sich aufklären; *cielo* aufhellen; **~ in volto** sich aufheitern

rischiare [riski'aːre] (*1k*) **1.** *v/t* riskieren, aufs Spiel setzen; **2.** *v/i* riskieren; Gefahr laufen (**di** zu)

rischio ['riskio] *m* (*pl -chi*) Gefahr *f*; Risiko *n*; **a ~ di** (*inf*) auf die Gefahr hin zu (*inf*); **mettere a ~** aufs Spiel setzen

rischioso [riski'oːso] gewagt, riskant

risc|ontrare [riskon'traːre] (*1a*) (*confrontare*) vergleichen; (*controllare*) überprüfen; **~ontro** [-'kontro] *m* Vergleich *m*; Überprüfung *f*; **in ~ alla Vostra** in Erwiderung Ihres Schreibens

riscuotere [risku'ɔːtere] (*3ff*) *econ soldi* (ein)kassieren; *vaglia* einlösen; *fig* erzielen, ernten

riserbo [ri'sɛrbo] *m* Zurückhaltung *f*; **senza ~** ohne Rücksicht

riserva [ri'sɛrva] *f* (*scorta*) Vorrat *m*; *econ, sport u mil* Reserve *f*; *fig* Vorbehalt *m*; *caccia* Revier *n*; *auto* Reserve *f*; **fondo** *m* **di ~** Reservefonds *m*; **senza ~** rückhaltlos; **~ naturale** Naturschutzgebiet *n*; **fare ~ di** Vorräte anlegen an (*dat*)

riserv|are [riser'vaːre] (*1b*) aufsparen; *posto* reservieren; *facoltà* vorbehalten; **~arsi** [-'varsi] sich vorbehalten; **~atezza** [-va'tettsa] *f* Zurückhaltung *f*; **~ato** [-'vaːto] (*discreto*) zurückhaltend; (*confidenziale*) vertraulich; *fer* reserviert

risiedere [risi'ɛːdere] (*3a*) s-n Wohnsitz haben, wohnen

riso[1] ['riːso] **1.** → **ridere**; **2.** *m* (*pl le risa*) Lachen *n*

riso[2] ['riːso] *m* Reis *m*; **chicco** *m* **di ~** Reiskorn *n*

risolto [ri'sɔlto] → **risolvere**

risol|utezza [risolu'tettsa] *f* Entschlossenheit *f*; **con ~** entschlossen; **~uto** [-'luːto] entschlossen; **~uzione** [-lutsi'oːne] *f* (*soluzione*) Lösung *f*; (*decisione*) Entschluss *m*; Beschluss *m*; *jur* **~ d'un contratto** Auflösung *f* e-s Vertrages; **prendere una ~** e-n Entschluss fassen

ris|olvere [ri'sɔlvere] (*3g*) lösen; (*decidere*) beschließen; **~olversi** [-'sɔlversi] sich entschließen; **~ in nulla** in nichts zerfließen

risonanza [riso'nantsa] *f mus* Resonanz *f*; *fig* Nachwirkung *f*

ris|orgere [ri'sɔrdʒere] (*3d*) auferstehen; wieder aufblühen; **~orgimento** [risordʒi'mento] *m* Wiederaufblühen *n*;

Risorgimento *hist* [risordʒi'mento] *m* Risorgimento *n*

risorsa [-'sorsa] *f* Ressource *f*; **senza -e** mittellos

risotto [ri'sɔtto] *m* Risotto *m*

risparmi|are [risparmi'aːre] (*1k*) (ein-, er)sparen; *fig* (ver)schonen; **~arsi** [-mi'arsi] sich schonen; **~atore** [-mia'toːre] *m* Sparer *m*

risparmio [ris'parmio] *m* (*pl -mi*) Ersparnis *f*; **cassa** *f* **di ~** Sparkasse *f*

rispecchiare [rispekki'aːre] (*1k*) widerspiegeln

rispett|are [rispet'taːre] (*1b*) achten; *legge* beachten; *contratto* einhalten; **~ivo** [-'tiːvo] betreffend, bezüglich; jeweilig

rispetto [ris'pɛtto] **1.** *m* Respekt *m*, Achtung *f*, Rücksicht *f*; **2.** *prp* **~ a** in Bezug auf (*acc*); **~ a ciò** in dieser Hinsicht

risplendere [ris'plɛndere] (*3a*) glänzen

risp|ondere [ris'pondere] (*3hh*) antworten (**a** auf *acc*); beantworten (*acc*); *saluto* erwidern (*acc*); **~ alle speranze** den Erwartungen entsprechen; **~ di qc** für et (*acc*) bürgen; **~ male** frech antworten; *tel* **non risponde** es meldet sich niemand; **~osta** [-'posta] *f* Antwort *f*; **~ negativa** Absage *f*; *post* **~ pagata** bezahlte Rückantwort *f*

rissa ['rissa] *f* Schlägerei *f*

ristabil|imento [ristabili'mento] *m* Wiederherstellung *f*; (*guarigione*) Erholung *f*; **~ire** [-'liːre] (*4d*) wiederherstellen; **~irsi** [-'lirsi] sich erholen

rist|ampa [ris'tampa] *f* Nachdruck *m*; neue Auflage *f*; **~ampare** [-tam'paːre] (*1a*) nachdrucken; neu auflegen

ristorante [risto'rante] *m* Restaurant *n*, Gaststätte *f*

R

ristr|ettezza [ristret'tettsa] *f* Enge *f*; Beschränktheit *f*; (*mst pl -e*) Notlage *f*; **~etto** [-'tretto] eng; beschränkt; ***caffè*** *m* **~** starker Kaffee *m*
ristruttur|are [ristruttu'ra:re] (*1a*) umstrukturieren; *casa* umbauen; **~azione** [-turatsi'o:ne] *f* Umstrukturierung *f*
risult|are [risul'ta:re] (*1a*) (*derivare*) sich ergeben; (*rivelarsi*) sich erweisen als; ***mi risulta che*** mir ist bekannt geworden, dass; **~ato** [-'ta:to] *m* Ergebnis *n*; ***senza ~*** vergeblich
risurrezione [risurretsi'o:ne] *f rel* Auferstehung *f*
risvegli|are [rizve'ʎa:re] (*1g*) wieder wecken; *fig* wieder erregen; **~arsi** [-'ʎarsi] wieder erwachen
risveglio [ri'zve:ʎo] *m* (*pl -gli*) Erwachen *n*; *fig* Wiederaufleben *n*
ritard|are [ritar'da:re] (*1a*) **1.** *v/t* verzögern; **2.** *v/i* sich verspäten; Verspätung haben; *orologio* nachgehen; **~atario** [-da'ta:rio] *m* (*pl -ri*) Nachzügler *m*; **~ato** [-'dato] *fig* zurückgeblieben
ritardo [ri'tardo] *m* Verspätung *f*, Verzögerung *f*; ***senza ~*** pünktlich; ***essere in ~*** zu spät kommen; *fer* Verspätung haben
riten|ere [rite'ne:re] (*2q*) behalten; zurückhalten; (*credere*) halten für (*acc*); **~ersi** [-'nersi] sich halten für (*acc*); **~uta** [-'nu:ta] *f* Abzug *m*; ***~ sullo stipendio*** Gehaltsabzug *m*
ritir|are [riti'ra:re] (*1a*) *v/t* zurückziehen; *proposta* zurücknehmen; (*riscuotere*) einziehen; abheben; (*andare a prendere*) (ab)holen; **~arsi** [-'rarsi] sich zurückziehen; ***~ a vita privata*** sich ins Privatleben zurückziehen; ***~ dalla gara*** aus dem Wettkampf ausscheiden
ritiro [ri'ti:ro] *m* Zurücknahme *f*, Einzug *m*
ritmo ['ritmo] *m* Rhythmus *m*
rito ['ri:to] *m* Ritual *n*, Ritus *m*; ***essere di ~*** üblich sein
ritoccare [ritok'ka:re] (*1d*) überarbeiten, durchfeilen; *fot* retuschieren
ritorn|are [ritor'na:re] (*1a*) **1.** *v/i* zurückkommen; zurückgehen; ***~ in sé*** wieder zu sich kommen; **2.** *v/t* zurückgeben; zurückschicken; **~ello** [-'nɛllo] *m* Refrain *m*
ritorno [ri'torno] *m* Rückkehr *f*; ***di ~*** zurück; ***far ~*** zurückkehren; ***viaggio*** *m* ***di ~*** Rückreise *f*
ritrarre [ri'trarre] (*3xx*) zurückziehen; (*rappresentare*) schildern
ritratt|are [ritrat'ta:re] (*1a*) widerrufen; **~azione** [-tatsi'o:ne] *f* Widerruf *m*
ritratto [ri'tratto] *m* Porträt *n*, Bildnis *n*; Fotografie *f*; *fig* Schilderung *f*
ritrov|are [ritro'va:re] (*1c*) wieder finden; **~arsi** [-'varsi] sich treffen; (*capitare*) sich befinden; (*orientarsi*) sich zurechtfinden
ritrovo [ri'trɔ:vo] *m* Zusammenkunft *f*, Treffpunkt *m*; ***~ notturno*** Nachtlokal *n*; ***~ pubblico*** öffentliches Lokal *n*
ritto ['ritto] gerade; aufrecht; ***star ~*** aufrecht stehen
riunificazione [riunifikatsi'o:ne] *f* Wiedervereinigung *f*
riun|ione [riuni'o:ne] *f* Vereinigung *f*, Versammlung *f*, Sitzung *f*; ***punto*** *m* ***di ~*** Treffpunkt *m*; **~ire** [-'ni:re] (*4d*) vereinigen; versammeln; **~irsi** [-'nirsi] sich versammeln, zusammenkommen
riusc|ire [riuʃ'ʃi:re] (*4o*) gelingen; Erfolg haben; (*essere capace*) können; ***~ bene*** gut gelingen; ***~ male*** misslingen; ***riesco a fare*** *od* ***mi riesce di fare*** es gelingt mir zu tun; ***~ in qc*** sich in et (*dat*) bewähren; **~ita** [-'ʃi:ta] *f* Erfolg *m*; **~ito** [-'ʃi:to] wohl gelungen
riutilizzare [riutilidz'za:re] (*1a*) wieder verwenden
riva ['ri:va] *f* Ufer *n*
rivale [ri'va:le] **1.** *adj* rivalisierend; **2.** *m/f* Rivale *m*, Rivalin *f*; Konkurrent(in *f*) *m*
rivalità [rivali'ta] *f* Rivalität *f*
rivalut|are [rivalu'ta:re] (*1a*) wieder schätzen; aufwerten; **~azione** [-tatsi'o:ne] *f* Aufwertung *f*
rivedere [rive'de:re] (*2s*) wieder sehen; (*riguardare*) noch einmal durchsehen
rivel|are [rive'la:re] (*1a*) offenbaren, enthüllen; (*tradire*) verraten; (*mostrare*) zeigen; **~azione** [-latsi'o:ne] *f* Offenbarung *f*
rivendere [ri'vendere] (*3a*) wieder verkaufen; weiterverkaufen
rivendic|are [rivendi'ka:re] (*1m u d*) fordern; Anspruch erheben auf (*acc*); **~azione** [-katsi'o:ne] *f* Forderung *f*; ***-i*** *pl* ***salariali*** Lohnforderungen *f/pl*
rivendita [ri'vendita] *f* Verkaufsstelle *f*

rivenditore [rivendi'to:re] *m* Verkäufer *m*; **~ *specializzato*** Fachhändler *m*
rivest|imento [rivesti'mento] *m* Verkleidung *f*; (*involucro*) Bezug *m*; (*~ interno*) Futter *n*; **~ire** [-'ti:re] (*4b*) (*foderare*) verkleiden, beziehen
rivincita [ri'vintʃita] *f* Revanche *f*; ***prendere la ~*** sich revanchieren
rivista [ri'vista] *f* Zeitschrift *f*, Illustrierte *f*; *tea* Revue *f*; *mil* Parade *f*; **~ *di moda*** Modezeitschrift *f*
rivolg|ere [ri'vɔldʒere] (*3d*) wenden; *saluto, domanda* richten (***a qu*** an j-n); **~ *la parola a qu*** j-n ansprechen; **~ *l'attenzione a qc*** die Aufmerksamkeit auf et (*acc*) richten; **~ersi** [-dʒersi] sich wenden (***a qu*** an j-n)
rivolta [ri'vɔlta] *f* Aufstand *m*
rivolt|are [rivol'ta:re] (*1c*) umdrehen; wenden; *fig* empören; **~ella** [-'tɛlla] *f* Revolver *m*
rivoluz|ionario [rivolutsio'na:rio] (*pl -ri*) revolutionär; **~ione** [-tsi'o:ne] *f* Revolution *f*
rizz|are [rit'tsa:re] (*1a*) aufrichten; *bandiera* hissen; *orecchie* spitzen; **~arsi** [-'tsarsi] aufstehen, sich aufrichten
roba ['rɔ:ba] *f* Sachen *f/pl*; F Zeug *n*; **~ *da mangiare*** Esswaren *f/pl*; **~ *da matti*** unglaubliches *od* verrücktes Zeug *n*
robot [rɔ'bo] *m inv* Roboter *m*; **~izzato** [tidz'za:to] automatisiert
rob|ustezza [robus'tettsa] *f* Robustheit *f*, Belastbarkeit *f*; **~usto** [-'busto] robust; belastbar
rocca ['rɔkka] *f* (*pl -cche*) Burg *f*
rocchetto [rok'ketto] *m* Spule *f*, Rolle *f*
rocc|ia ['rɔttʃa] *f* (*pl -cce*) Fels *m*; **~iatore** [-tʃa'to:re] *m* Kletterer *m*
roccioso [rot'tʃo:so] felsig
roco ['rɔ:ko] (*pl -chi*) heiser
rock [rok] *m inv mus* Rock *m*; ***concerto m ~*** Rockkonzert *n*; **~ettaro** [rokket'ta:ro] *m* Rocksänger *m*
rodaggio [ro'daddʒo] *m tec* Einlaufen *n*; *auto* Einfahren *n*; *fig* Eingewöhnung *f*
rod|ere ['ro:dere] (*3b*) ab-, an-, zernagen; **~ersi** [-dersi] sich verzehren
roditore [rodi'to:re] *m* Nagetier *n*
rogn|a ['ro:ɲa] *f* Krätze *f*; **~one** [ro-'ɲo:ne] *m* Niere *f* (*di animale*)
ROM [rɔm] *f inform* Festspeicher *m*, ROM-Speicher *m*
rom|anico [ro'ma:niko] (*pl -ci*) romanisch; **~anista** [-ma'nista] *m/f* (*m/pl -i*) Romanist(in *f*) *m*; **~ano** [-'ma:no] **1.** *adj* römisch; ***fare alla -a*** jeder für sich bezahlen; **2.** *m* Römer *m*
rom|anticismo [romanti'tʃizmo] *m* Romantik *f*; **~antico** [-'mantiko] (*pl -ci*) **1.** *adj* romantisch; **2.** *m* Romantiker *m*
rom|anziere [romandzi'ɛ:re] *m* Romanschriftsteller *m*; **~anzo** [-'mandzo] **1.** *adj* romanisch; ***lingue f/pl -e*** romanische Sprachen *pl*; **2.** *m* Roman *m*; **~ *giallo*** Kriminalroman *m*
rombare [rom'ba:re] (*1a*) dröhnen
rombo[1] ['rombo] *m* Dröhnen *n*
rombo[2] ['rombo] *m zo* Steinbutt *m*
rombo[3] ['rombo] *m mat* Rhombus *m*
romeno [ro'mɛ:no] **1.** *adj* rumänisch; **2.** *m* Rumäne *m*; Rumänisch(e) *n*
romp|ere ['rompere] (*3rr*) **1.** *v/t* (zer-)brechen, F kaputtmachen; (*interrompere*) unterbrechen; *fig* **~ *con qu*** mit j-m brechen; **2.** *v/i* ausbrechen; **~ *in pianto*** in Tränen ausbrechen; **~ersi** [-persi] zerbrechen, F kaputtgehen; **~ *un braccio*** sich e-n Arm brechen
rompi|capo [rompi'ka:po] *m inv* Kopfzerbrechen *n*; Sorge *f*; **~ghiaccio** [-gi'attʃo] *m inv* Eisbrecher *m*; *alpinismo* Eispickel *m*
rondine ['rondine] *f* Schwalbe *f*
ronzare [ron'dza:re] (*1a*) summen
ronzio [ron'dzi:o] *m* Summen *n*
rosa ['rɔ:za] **1.** *f bot* Rose *f*; **~ *selvatica*** Heckenrose *f*; **~ *dei venti*** Windrose *f*; **2.** *m* Rosa *n*; **3.** *adj inv* rosa
ros|aio [ro'za:io] *m* (*pl -ai*) Rosenstrauch *m*; **~ario** [-'za:rio] *m* (*pl -ri*) *rel* Rosenkranz *m*; **~ato** [-'za:to] *m* Rosé(wein *m*) *m*
rosbif ['rɔzbif] *m inv* Roastbeef *n*
roseo ['rɔ:zeo] rosig
ros|eto [ro'ze:to] *m* Rosengarten *m*; **~etta** [-'zetta] *f arch* Rosette *f*
rosmarino [rozma'ri:no] *m* Rosmarin *m*
ros|olare [rozo'la:re] (*1l u c*) braun braten; **~olia** [-zo'li:a] *f* Röteln *pl*
rosone [ro'zo:ne] *m arch* Rosette *f*
rospo ['rospo] *m* Kröte *f*, *fig* ***ingoiare un ~*** e-e bittere Pille schlucken
ross|astro [ros'sastro] rötlich; **~etto** [-'setto] *m* Lippenstift *m*; **~iccio** [-'sittʃo] (*pl -cci*) rötlich
rosso ['rosso] **1.** *adj* rot; **2.** *m* Rot *n*; **~**

R

d'uovo Eigelb *n*; ***fermarsi al ~*** bei Rot halten; ***passare col ~*** bei Rot rübergehen (durchfahren)
rossore [ros'soːre] *m* Röte *f*
rosticceria [rostittʃe'riːa] *f* Schnellimbiss *m*
rot|aia [ro'taːia] *f fer* Schiene *f*; **~are** [-'taːre] (*1o*) sich drehen; **~atoria** [-ta'tɔːria] *f* Kreisverkehr *m*; **~azione** [-tatsi'oːne] *f* Umdrehung *f*; *fig* Wechsel *m*; **~ella** [-'tɛlla] *f* Rädchen *n*; *anat* Kniescheibe *f*
rotocalco [roto'kalko] *m* (*pl -chi*) Illustrierte *f*
rotol|are [roto'laːre] (*1l u c*) **1.** *v/t* zusammenrollen; fortrollen; **2.** *v/i* rollen; **~arsi** [-'larsi] sich wälzen
rotolo ['rɔːtolo] *m* Rolle *f*; ***andare*** (***mandare***) ***a -i*** zugrunde gehen (richten)
rotondo [ro'tondo] rund
rotta ['rotta] *f mar, avia u fig* Kurs *m*; ***cambiare ~*** den Kurs ändern (*a fig*); ***a ~ di collo*** Hals über Kopf
rottame [rot'taːme] *m* Bruchstück *n*; ***-i*** *pl* Schrott *m*
rotto ['rotto] entzwei, kaputt
rottura [rot'tuːra] *f* Bruch *m*
rotula ['rɔːtula] *f* Kniescheibe *f*
roulotte [ru'lɔt] *f inv* Wohnwagen *m*
routine [ru'tin] *f inv* Routine *f*
rovesciare [roveʃ'ʃaːre] (*1f u b*) *liquidi* verschütten; *oggetto* umstoßen, umwerfen; (*capovolgere*) wenden; *di barca* umkippen; *fig* stürzen
rovesciata [roveʃ'ʃiata] *f sport* Fallrückzieher *m*
rovescio [ro'vɛʃʃo] (*pl -sci*) **1.** *adj* verkehrt; **2.** *m* Rückseite *f*; *stoffa* linke Seite *f*; *fig* ***~ d'acqua*** Platzregen *m*; ***il ~ della medaglia*** die Kehrseite der Medaille; ***al ~*** verkehrt
rovina [ro'viːna] *f* Ruin *m*; Verderben *n*; ***andare*** (***mandare***) ***in ~*** zugrunde gehen (richten); ***-e*** *pl* Ruinen *f/pl*; (*macerie*) Trümmer *pl*
rovin|are [rovi'naːre] (*1a*) **1.** *v/t* ruinieren; **2.** *v/i* einstürzen; **~arsi** [-'narsi] zugrunde gehen
rovo ['roːvo] *m* Brombeerstrauch *m*
rozzo ['roddzo] roh; plump
ruba ['ruːba] *f* ***andare a ~*** reißenden Absatz finden
rubare [ru'baːre] (*1a*) stehlen
rubinetto [rubi'netto] *m* Hahn *m*; ***~ dell'acqua*** Wasserhahn *m*
rubino [ru'biːno] *m* Rubin *m*
rubrica [ru'briːka] *f* (*pl -che*) Rubrik *f*
rude ['ruːde] rau
rudere ['ruːdere] *m* Ruine *f*
rudim|entale [rudimen'taːle] rudimentär; Anfangs…; **~enti** [-'menti] *m/pl* Anfangsgründe *m/pl*
ruga ['ruːga] *f* (*pl -ghe*) Runzel *f*, Falte *f*
ruggine ['ruddʒine] *f* Rost *m*
rugg|ire [rud'dʒiːre] (*4d*) brüllen; **~ito** [-'dʒiːto] *m* Gebrüll *n*
rugiada [ru'dʒaːda] *f* Tau *m*
rugoso [ru'goːso] runz(e)lig
rull|aggio [rul'laddʒo] *m* (*pl -ggi*) Rollen *n*; ***pista f di ~*** Rollfeld *n*; **~are** [-'laːre] (*1a*) *v/i* wirbeln; *mar* schlingern; *avia* rollen; **~ino** [-'liːno] *m* Filmrolle *f*; **~io** [-'liːo] *m avia* Rollen *n*
rullo ['rullo] *m* Rolle, Walze *f*
rum [rum] *m* Rum *m*
ruminante [rumi'naːnte] *m* Wiederkäuer *m*
rumore [ru'moːre] *m* Geräusch *n*; Lärm *m*; ***lotta f contro i -i*** Lärmbekämpfung *f*; ***far ~*** Lärm machen
rumor|eggiare [rumored'dʒaːre] (*1f*) lärmen; *tuono* grollen; *folla* murren; **~oso** [-'roːso] laut
ruolo [ru'ɔːlo] *m* Rolle *f*; (*elenco*) (Mitglieds)Liste *f*; ***essere di ~*** verbeamtet sein; ***personale m di ~*** fest angestelltes Personal *n*
ruota [ru'ɔːta] *f* Rad *n*; ***~ anteriore*** Vorderrad *n*; ***~ dentata*** Zahnrad *n*; ***~ posteriore*** Hinterrad *n*; ***~ motrice*** Antriebsrad *n*; ***~ di scorta*** Ersatzrad *n*; *fig* ***mettere i bastoni tra le -e*** Hindernisse in den Weg legen
rupe ['ruːpe] *f* Fels(en) *m*
ruscello [ruʃ'ʃɛllo] *m* Bach *m*
russare [rus'saːre] (*1a*) schnarchen
russo ['russo] **1.** *adj* russisch; ***montagne*** *f/pl* ***-e*** Achterbahn *f*; **2.** *m* Russe *m*; Russisch(e) *n*
rustico ['rustiko] (*pl -ci*) ländlich; rustikal; *fig* derb
ruttare V [rut'taːre] (*1a*) rülpsen
ruvidezza [ruvi'dettsa] *f* Rauheit *f*
ruvido ['ruːvido] rau
ruzzol|are [ruttso'laːre] (*1l*) hinunterrollen, hinstürzen; **~one** [-'loːne] *m* Sturz *m*; ***fare un ~*** hinstürzen

R

S

sa [sa] → ***sapere***
sabato ['sa:bato] *m* Sonnabend *m*, Samstag *m*; ***di ~*** sonnabends
sabbia ['sabbia] *f* Sand *m*
sabbioso [sabbi'o:so] sandig
sabot|aggio [sabo'taddʒo] *m* Sabotage *f*; **~are** [-'ta:re] *(1a)* sabotieren; **~atore** [-ta'to:re] *m* Saboteur *m*
sacca ['sakka] *f* *(pl -cche)* (Reise-) Tasche *f*, *anat*, *biol* Beutel *m*
saccheggi|are [sakked'dʒa:re] *(1f)* plündern; **~atore** [-dʒa'to:re] *m* Plünderer *m*
saccheggio [sak'keddʒo] *m* *(pl -ggi)* Plünderung *f*
sacchetto [sak'ketto] *m* Tüte *f*, Beutel *m*
sacco ['sakko] *m* *(pl -cchi)* Sack *m*; F *fig* Unmenge *f*, Haufen *m*; ***~ a pelo*** Schlafsack *m*; ***~ di montagna*** Rucksack *m*; *fig* ***vuotare il ~*** gehörig auspacken; **~pelista** [-pe'lista] *m/f* *(m/pl -i)* Rucksacktourist(in *f*) *m*
sacerdote [satʃer'dɔ:te] *m* Priester *m*
sacramento [sakra'mento] *m* Sakrament *n*; ***-i*** *pl* Sterbesakramente *n/pl*
sacr|ificare [sakrifi'ka:re] *(1m u d)* opfern; **~ificio** [-kri'fi:tʃo] *m* *(pl -ci)* Opfer *n*
sacro ['sa:kro] heilig; ***musica*** *f* ***-a*** Kirchenmusik *f*, ***osso*** *m* ***~*** Kreuzbein *n*
sadico ['sa:diko] *(pl -ci)* **1.** *adj* sadistisch; **2.** *m* Sadist *m*
sadismo [sa'dizmo] *m* Sadismus *m*
safari [sa'fa:ri] *m inv* Safari *f*, ***~ fotografico*** Fotosafari *f*
saggezza [sad'dʒettsa] *f* Weisheit *f*
saggiare [sad'dʒa:re] *(1f)* prüfen; *fig* probieren
saggio[1] ['saddʒo] *(pl -ggi)* **1.** *adj* weise; **2.** *m* Weise(r) *m*
sagg|io[2] ['saddʒo] *m* *(pl -ggi)* Probe *f*, *(campione)* Muster *n*; *let* Essay *m*; *econ* ***~ d'interesse*** Zinssatz *m*; ***~ di sconto*** Diskontsatz *m*; **~istica** [-'dʒistika] *f* Essayistik *f*
Sagittario [sadʒit'ta:rio] *m astr* Schütze *m*
sahariana [saari'a:na] *f* Safarijacke *f*

sala ['sa:la] *f* Saal *m*; ***~ d'aspetto*** Wartesaal *m*; ***~ da pranzo*** Speisesaal *m*; ***~ di lettura*** Lesesaal *m*; ***~ giochi*** Spielhalle *f*, ***~ operatoria*** Operationssaal *m*
salamandra [sala'mandra] *f* Salamander *m*
salame [sa'la:me] *m* Salami *f*
salamoia [sala'mɔ:ia] *f* ***in ~*** gepökelt
salare [sa'la:re] *(1a)* salzen
salari|ale [salari'a:le] Lohn…; **~ato** [-'a:to] *m* Lohnempfänger *m*
salario [sa'la:rio] *m* *(pl -ri)* Lohn *m*; Entlohnung *f*; ***~ base*** Grundlohn *m*; ***aumento*** *m* ***del ~*** Lohnerhöhung *f*
salatino [sala'ti:no] *m* Salzgebäck *n*
salato [sa'la:to] salzig; gesalzen
saldare [sal'da:re] *(1a)* löten; schweißen; *econ fattura* begleichen
saldo ['saldo] **1.** *adj* fest; steif; **2.** *m* Saldo *m*; *(resto)* Restbetrag *m*; ***-i*** *pl* ***di fine stagione*** Schlussverkauf *m*; ***~ attivo*** Aktivsaldo *m*; ***~ passivo*** Passivsaldo *m*
sale ['sa:le] *m* Salz *n*
salgo ['salgo] → ***salire***
salice ['sa:litʃe] *m* Weide *f*, ***~ piangente*** Trauerweide *f*
sal|iera [sali'ɛ:ra] *f* Salzstreuer *m*; **~ina** [-'li:na] *f* Saline *f*
salire [sa'li:re] *(4m)* **1.** *v/i* steigen; hinaufsteigen; *(scalare)* besteigen (***su*** *acc*); *veicolo* einsteigen; zusteigen; *fig* emporsteigen; **2.** *v/t* besteigen; *scale* hinaufgehen
sal|iscendi [saliʃ'ʃendi] *m inv* Klinke *f*, **~ita** [-'li:ta] *f* Aufstieg *m*; Anstieg *m*; *strada* Steigung *f*, *fer*, *bus* Einstieg *m*; ***strada*** *f* ***in ~*** ansteigender Weg *m*
saliva [sa'li:va] *f* Speichel *m*
salma ['salma] *f* Leichnam *m*
salmarino [salma'ri:no] *m* Meersalz *n*
salmastro [sal'mastro] salzig; salzhaltig
salmì [sal'mi] *m* Wildragout *n*; ***lepre*** *f* ***in ~*** Hasenpfeffer *m*
salmone [sal'mo:ne] *m* Lachs *m*; ***~ affumicato*** Räucherlachs *m*
salmonella [salmo'nɛlla] *f* Salmonelle *f*
sal|one [sa'lo:ne] *m* Salon *m*; ***~ del-***

l'automobile Automobilsalon *m*; **~ *della moda*** Modesalon *m*; **~otto** [-'lɔtto] *m* Wohnzimmer *n*; *hist* Salon *m*
salpare [sal'pa:re] (*1a*) die Anker lichten; abfahren
salsa ['salsa] *f* Soße *f*, Tunke *f*; **~ *di pomodoro*** Tomatensoße *f*
sals|iccia [sal'sittʃa] *f* (*pl -cce*) Wurst *f*; **~iera** [-si'ɛ:ra] *f* Soßenschüssel *f*
salt|are [sal'ta:re] (*1a*) **1.** *v/t* überspringen (*a fig*); **2.** *v/i* springen; (*a* **~ *in piedi***) aufspringen; *mil* explodieren; *el* durchbrennen; ***far* ~ *in aria*** in die Luft sprengen; **~ellare** [-tel'la:re] (*1b*) hüpfen
saltimbocca [saltim'bokka] *f mit Schinken und Salbei gefüllte Kalbsroulade*
salto ['salto] *m* Sprung *m*; **~ *mortale*** Überschlag *m*; **~ *in alto*** Hochsprung *m*; **~ *in lungo*** Weitsprung *m*; ***a -i*** sprungweise; *fig* **~ *nel buio*** Sprung *m* ins Ungewisse
saltu|ariamente [saltuaria'mente] zeitweise; **~ario** [-tu'a:rio] (*pl -ri*) unterbrochen; gelegentlich; ***lavoro m* ~** Gelegenheitsarbeit *f*
salubre [sa'lu:bre] gesund
sal|umi [sa'lu:mi] *m/pl* Wurstwaren *f/pl*; **~umeria** [-lume'ri:a] *f* Wurstwarenhandlung *f*
sal|utare [salu'ta:re] **1.** *adj* heilsam; gesund; **2.** *v/t* (*1a*) (be)grüßen; **~ute** [-'lu:te] *f* Gesundheit *f*; **~!** Gesundheit!; ***stato m di* ~** Gesundheitszustand *m*; ***alla Sua* ~!** auf Ihr Wohl!, F Prosit!; **~utista** [-lu'tista] *m/f* (*m/pl -i*) Gesundheitsapostel *m*
saluto [sa'lu:to] *m* Gruß *m*; ***tanti -i*** viele Grüße
salva|gente [salva'dʒɛnte] *m inv* Rettungsgürtel *m*, -ring *m*; (*isola spartitraffico*) Verkehrsinsel *f*; **~guardare** [-guar'da:re] (*1a*) schützen; **~guardia** [-gu'ardia] *f* Schutz *m*
salv|are [sal'va:re] (*1a*) retten; bewahren; *inform* abspeichern; **~aschermo** [salva'skɛrmo] *m inform* Bildschirmschoner *m*; **~ataggio** [-va'taddʒo] *m* (*pl -ggi*) Rettung *f*; ***azione f di* ~** Rettungsaktion *f*; ***barca f di* ~** Rettungsboot *n*
salve! ['salve] grüß dich!
salvezza [sal'vettsa] *f* Rettung *f*
salvia ['salvia] *f* Salbei *m u f*
salvietta [salvi'etta] *f* Serviette *f*
salvo ['salvo] **1.** *adj* gerettet; heil; unversehrt; **2.** *adv* außer; ausgenommen; **~ *che*** außer wenn; **3.** *m* ***in* ~** in Sicherheit
sambuco [sam'bu:ko] *m* (*pl -chi*) Holunder *m*
San [san] = ***Santo***
san|are [sa'na:re] (*1a*) heilen; *econ, arch u fig* sanieren; **~atorio** [-na'tɔ:rio] *m* (*pl -ri*) Sanatorium *n*
sandalo ['sandalo] *m* Sandale *f*; *bot* Sandelholz *n*
sangue ['saŋgue] *m* Blut *n*; ***a* ~ *freddo*** kaltblütig; ***donare il* ~** Blut spenden; *gastr* ***al* ~** englisch
sangu|igno [saŋgu'i:ɲo]: ***gruppo m* ~** Blutgruppe *f*; ***vaso m* ~** Blutgefäß *n*; **~inare** [-gui'na:re] (*1l*) bluten; **~inoso** [-gui'no:so] blutig; **~isuga** [-gui'su:ga] *f* (*pl -ghe*) Blutegel *m*
san|ità [sani'ta] *f* Gesundheit *f*; *amministrazione* Gesundheitswesen *n*; **~itario** [-ni'ta:rio] (*pl -ri*) **1.** *adj* sanitär; Gesundheits…; ***assistenza f -a*** Gesundheitsfürsorge *f*; ***impianti m/pl -i*** sanitäre Einrichtungen *f/pl*; **2.** *m* Arzt *m*
sanno ['sanno] → ***sapere***
sano ['sa:no] gesund; **~ *e salvo*** wohlbehalten
santo ['santo] *adj* heilig; ***acqua f -a*** Weihwasser *n*; ***tutto il* ~ *giorno*** den lieben langen Tag
Santo ['santo] *m*, **-a** *f* Heilige(r *m*) *m/f*; *davanti al nome* Sankt
santuario [santu'a:rio] *m* (*pl -ri*) Heiligtum *n*; Wallfahrtskapelle *f*, -kirche *f*
sapere [sa'pe:re] (*2n*) **1.** *v/t* wissen; kennen; (*a* ***venire a* ~**) erfahren; (*essere capace*) können; **~ *nuotare*** schwimmen können; **2.** *v/i* (*avere sapore*) schmecken (***di*** nach *dat*); (*avere odore*) riechen (***di*** nach *dat*); ***far* ~** mitteilen, melden; ***saperla lunga*** schlau sein; ***non sa di nulla*** es schmeckt nach nichts; ***non si sa mai*** man kann nie wissen; **3.** *m* Wissen *n*
sap|iente [sapi'ɛnte] **1.** *adj* weise; **2.** *m* Weise(r) *m*; Gelehrte(r) *m*; **~ienza** [-pi'ɛntsa] *f* Weisheit *f*
sapone [sa'po:ne] *m* Seife *f*

saponetta [sapo'netta] *f* (Stück *n*) Toilettenseife *f*
sapore [sa'po:re] *m* Geschmack *m* (**di** nach *dat*); **-i** *pl* Gewürzkräuter *n/pl*; ***avere ~ di qc*** nach et (*dat*) schmecken; ***senza ~*** geschmacklos
saporito [sapo'ri:to] schmackhaft; stark gewürzt
saracinesca [saratʃi'neska] *f* (*pl -sche*) Rollladen *m*
sarc|asmo [sar'kazmo] *m* Sarkasmus *m*; **~astico** [-'kastiko] (*pl -ci*) sarkastisch
sarcofago [sar'kɔ:fago] *m* (*pl -gi u -ghi*) Sarkophag *m*
sard|ella [sar'dɛlla] *f*, **~ina** [-'di:na] *f* Sardelle *f*, Sardine *f*; ***sardine*** *pl* ***sott'olio*** Ölsardinen
sarò [sa'rɔ] → ***essere***
sart|a ['sarta] *f* Schneiderin *f*, **~o** [-to] *m* Schneider *m*
sartoria [sarto'ri:a] *f* Schneiderei *f*
sasso ['sasso] *m* Stein *m*; ***caduta*** *f* **-i** Steinschlag *m*; ***di ~*** steinern; ***restare di ~*** starr bleiben
sas|sofonista [sassofo'nista] *m* (*pl -i*) Saxofonist *m*, Saxofonspieler *m*; **~sofono** [-'sɔ:fono] *m* Saxofon *n*
satellite [sa'tɛllite] **1.** *m* Satellit *m*; ***~ televisivo*** Fernsehsatellit *m*; **2.** *adj* Satelliten…; ***città*** *f* ***~*** Trabantenstadt *f*
satira ['sa:tira] *f* Satire *f*
satirico [sa'ti:riko] (*pl -ci*) satirisch
satur|are [satu'ra:re] (*1l*) sättigen (**di** mit); **~azione** [-ratsi'o:ne] *f* Sättigung *f*
saturo ['sa:turo] gesättigt
sauna ['sa:una] *f* Sauna *f*
sauro ['sa:uro] *m cavallo* Fuchs *m*
sazi|are [satsi'a:re] (*1g*) sättigen; **~arsi** [-tsi'arsi] satt werden; *fig* müde werden; ***non ~ di*** (*inf*) nicht müde werden zu (*inf*); **~età** [-tsie'ta] *f* Sättigung *f*; ***mangiare a ~*** sich satt essen
sazio ['sa:tsio] (*pl -zi*) satt
sbadato [zba'da:to] zerstreut
sbad|igliare [zbadi'ʎa:re] (*1g*) gähnen; **~iglio** [-'di:ʎo] *m* (*pl -gli*) Gähnen *n*
sbagli|are [zba'ʎa:re] (*1g*) **1.** *v/i u* **~arsi** [-'ʎarsi] sich irren; ***~ nel contare*** sich verrechnen; **2.** *v/t* falsch gehen, verfehlen; verwechseln; ***~ strada*** sich verlaufen; **~ato** [-'ʎa:to] falsch
sbaglio ['zba:ʎo] *m* (*pl -gli*) Fehler *m*; (*equivoco*) Missverständnis *n*, Irrtum *m*; ***per ~*** aus Versehen; ***senza -i*** fehlerfrei
sbalord|imento [zbalordi'mento] *m* Verblüffung *f*, **~ire** [-'di:re] (*4d*) verblüffen; **~itivo** [-di'ti:vo] verblüffend
sbalzare [zbal'tsa:re] (*1a*) schleudern
sbalzo ['zbaltso] *m* Sprung *m*; Stoß *m*; *fig* plötzlicher Wechsel *m*; ***~ di temperatura*** plötzlicher Temperaturwechsel *m*
sbandare [zban'da:re] (*1a*) *auto* schleudern, ins Schleudern geraten; *fer u fig* entgleisen
sbarazz|are [zbarat'tsa:re] (*1a*) freimachen; **~arsi** [-'tsarsi] sich entledigen (**di** *gen*)
sbarcare [zbar'ka:re] (*1d*) **1.** *v/t merci* löschen; *persone* an Land bringen; *avia* auschecken; *fig* ***~ il lunario*** sich durchschlagen; **2.** *v/i* an Land gehen
sbarco ['zbarko] *m* (*pl -chi*) Landung *f*, Löschung *f*
sbarra ['zbarra] *f* Stange *f*, *fer* Schranke *f*, *sport* Reck *n*
sbarr|amento [zbarra'mento] *m* Absperrung *f*, Sperre *f*, **~are** [-'ra:re] (*1a*) (ver)sperren; *occhi* aufreißen; **~ato** [-'ra:to] *occhi* starr; ***assegno*** *m* ***~*** Verrechnungsscheck *m*
sbattere ['zbattere] (*3a*) **1.** *v/t* schlagen, klopfen; *porta* zuwerfen; (*urtare*) stoßen; *gastr* schlagen; ***~ la porta in faccia a qu*** j-m die Tür vor der Nase zuschlagen; **2.** *v/i* schlagen
sbattitore [zbatti'to:re] *m* Mixer *m*
sbendare [zben'da:re] (*1b*) *j-m* den Verband abnehmen
sberla F ['zbɛrla] *f* Ohrfeige *f*
sbiad|ire [zbia'di:re] (*4d*) ausbleichen, verschießen; **~ito** [-'di:to] verschossen, ausgeblichen; *bellezza* verblüht; *stile* farblos
sbiancare [zbiaŋ'ka:re] (*1d*) bleichen
sbilanci|are [zbilan'tʃa:re] (*1f*) aus dem Gleichgewicht bringen; **~arsi** [-'tʃarsi] aus dem Gleichgewicht kommen; *fig* zu weit gehen
sbizzarrirsi [zbiddzar'rirsi] (*4d*) sich austoben, seiner Laune freien Lauf lassen
sbloccare [zblok'ka:re] (*1c u d*) freigeben; *tec* lösen
sblocco ['zblɔkko] *m* (*pl -cchi*) Freigabe *f*

sboccare [zbok'ka:re] (*1d*) münden; *strada a* führen; *fig* enden, ausgehen

sbocciare [zbot'tʃa:re] (*1f u c*) aufbrechen

sbocco ['zbokko] *m* (*pl -chi*) Mündung *f*; *econ* Absatzgebiet *n*; ***strada f senza*** ~ Sackgasse *f*

sbornia F ['zbɔrnia] *f* Rausch *m*; ***prendersi una*** ~ e-n über den Durst trinken

sborsare [zbor'sa:re] (*1a*) bezahlen; *für j-n* auslegen

sbotton|are [zbotto'na:re] (*1a*) aufknöpfen (*a fig*); **~arsi** [-'narsi] sich aufknöpfen; ~ ***con qu*** j-m sein Herz ausschütten

sbozzare [zbot'tsa:re] (*1c*) entwerfen, skizzieren

sbozzo ['zbɔttso] *m* Entwurf *m*

sbraitare [zbrai'ta:re] (*1a*) grölen

sbranare [zbra'na:re] (*1a*) zerfleischen

sbriciolare [zbritʃo'la:re] (*1l*) zerkrümeln

sbrig|are [zbri'ga:re] (*1e*) *j-n* abfertigen; *et* erledigen; **~arsi** [-'garsi] sich beeilen; **~ativo** [-ga'ti:vo] (*rapido*) schnell; (*brusco*) kurz angebunden; (*superficiale*) oberflächlich

sbrin|are [zbri'na:re] (*1a*) *frigorifero* abtauen; **~atore** [-na'to:re] *m* Abtauautomatik *f*; *auto* Defroster *m*

sbrogliare [zbro'ʎa:re] (*1g u c*) entwirren; ***sbrogliarsela*** sich aus der Affäre ziehen

sbronza F ['zbrontsa] *f* Rausch *m*

sbronzarsi F [zbron'tsarsi] (*1a*) sich betrinken; F sich besaufen

sbronzo F ['zbrontso] betrunken; F besoffen

sbucare [zbu'ka:re] (*1d*) herauskommen; *fig* auftauchen

sbuccia|re [zbut'tʃa:re] (*1f*) (ab-) schälen; *legumi* enthülsen; **~to** [-to] geschält; **~tura** [-tʃa'tu:ra] *f* Abschürfung *f*

scabroso [ska'bro:so] rau; uneben; *fig* schwierig; heikel

scacchiera [skakki'ɛ:ra] *f* Schachbrett *n*

scacciare [skat'tʃa:re] (*1f*) verjagen; (fort)stoßen

scacco ['skakko] *m* (*pl -cchi*) Schachfigur *f*; Schachfeld *n*; *fig* Niederlage *f*; ~ ***matto*** schachmatt; ***scacchi*** *pl* Schachspiel *n*; ***giocare a scacchi*** Schach spielen; *stoffa* ***a scacchi*** kariert

scad|ente [ska'dɛnte] **1.** → ***scadere***; **2.** *adj* gering; von geringer Qualität; **~enza** [-'dɛntsa] *f* Ablauf *m*; Fälligkeit *f*; Verfallstag *m*; ~ ***di pagamento*** Zahlungstermin *m*; ~ ***del termine*** Fristablauf *m*; ***a breve*** ~ kurzfristig; ***a lunga*** ~ langfristig; **~ere** [-'de:re] (*2c*) *passaporto* ablaufen, ungültig werden; *cambiale* fällig sein; (*perdere valore*) verfallen; **~uto** [-'du:to] verfallen; *passaporto* abgelaufen, ungültig; *alimenti* nicht mehr genießbar

scaffale [skaf'fa:le] *m* Regal *n*

scaglia ['ska:ʎa] *f* Schuppe *f*; Splitter *m*

scagli|are [ska'ʎa:re] (*1g*) schleudern; **~arsi** [-'ʎarsi] sich stürzen (***contro*** auf *acc*)

scala ['ska:la] *f* Treppe *f*; (***a*** ~ ***a pioli***) Leiter *f*; *geogr u fig* Maßstab *m*; ~ ***mobile*** Rolltreppe *f*; *econ* gleitende Lohnskala *f*; *mus* Tonleiter *f*; ***su larga*** ~ in großem Umfang; ***su*** ~ ***nazionale*** auf nationaler Ebene; ***fare le -e*** die Treppe hinaufgehen; ***a*** ~ stufenweise

scal|are [ska'la:re] besteigen; ersteigen; **~ata** [-'la:ta] *f* Besteigung *f*, Ersteigen *n*; ***dare la*** ~ ***a qc*** et ersteigen; ~ ***ostile*** *econ* feindliche Übernahme *f*; **~atore** [-la'to:re] *m* Bergsteiger *m*

scaldabagno [skalda'ba:ɲo] *m* Boiler *m*

scald|are [skal'da:re] (*1a*) wärmen; erwärmen; *stanza* heizen; *fig* erhitzen; **~arsi** [-'darsi] sich wärmen, sich erwärmen; *motore* heißlaufen; *fig* sich erhitzen, in Hitze geraten; **~avivande** [-davi'vande] *m inv* Warmhalteplatte *f*

scal|inata [skali'na:ta] *f* Freitreppe *f*; **~ino** [-'li:no] *m* Stufe *f*

scalo ['ska:lo] *m avia* Zwischenlandung *f*; *mar* Anlegehafen *m*; ***volo senza*** ~ Nonstopflug *m*; ~ ***merci*** Güterbahnhof *m*; ***fare*** ~ zwischenlanden; anlegen

scalogna [ska'lo:ɲa] *f* F Pech *n*; ***portare*** ~ Unglück bringen

scalognato [skalo'ɲa:to] vom Pech verfolgt

scaloppa [ska'lɔppa] *f*, **scaloppina** [-lop'pi:na] *f* Schnitzel *n*

scalpello [skal'pɛllo] *m* Meißel *m*

scaltro ['skaltro] schlau

scalzo ['skaltso] barfuß

scambiare [skambi'a:re] (*1k*) (*confondere*) verwechseln (**per** mit); (*barattare*) tauschen; *fig* austauschen (**con** gegen *acc*); *soldi* wechseln

scambio ['skambio] *m* (*pl -bi*) Verwechslung *f*, Austausch *m*; *fer* Weiche *f*; **-i** *pl* **commerciali** Handelsverkehr *m*; **~ di lettere** Briefwechsel *m*; **~ d'opinioni** Meinungsaustausch *m*; **-i** *pl* **culturali** Kulturaustausch *m*; **valore** *m* **di ~** Tauschwert *m*; **libero ~** Freihandel *m*

scampagnata [skampa'ɲa:ta] *f* Ausflug *m* ins Grüne

scampan|ellare [skampanel'la:re] (*1b*) heftig klingeln; **~ellata** [-nel'la:ta] *f* heftiges Klingeln *n*

scam|pi ['skampi] *m/pl zo* Scampi *pl*; **~po** [-po] *m* Rettung *f*; **non c'è ~** es gibt keinen Ausweg; **senza ~** aussichtslos

scampolo ['skampolo] *m* Rest *m*

scand|agliare [skanda'ʎa:re] (*1g*) loten; *fig* ergründen; **~aglio** [-'da:ʎo] *m* (*pl -gli*) Lot *n*

scandalistico [skanda'listiko] (*pl -ci*) Skandal…

scandalizz|are [skandalid'dza:re] (*1a*) Anstoß erregen (**qu** bei j-m); empören; **~arsi** [-'dzarsi] Anstoß nehmen (**di** an *dat*); sich empören (**di** über *acc*); **~ato** [-'dza:to] skandalisiert, empört

scandalo ['skandalo] *m* Skandal *m*

scandaloso [skanda'lo:so] skandalös

scandinavo [skandi'na:vo] **1.** *adj* skandinavisch; **2.** *m* Skandinave *m*, Skandinavier *m*

scanner ['skɛnə] *m inv* Scanner *m*; **~izzare** [skan-nɛrit-'tzare] (*1a*) *inform* einscannen

scans|afatiche [skansafa'ti:ke] *m/f inv* Faulpelz *m*; **~are** [-'sa:re] (*1a*) (*allontanare*) wegrücken; (*evitare*) ausweichen (*dat*) (ver)meiden; **~ un colpo** einem Schlag ausweichen; **~arsi** [-'sarsi] beiseite treten; ausweichen

scansia [skan'si:a] *f* Regal *n*

scantinato [skanti'na:to] *m* Kellergeschoss *n*

scapito ['ska:pito] *m* **a ~ di** zum Schaden (*gen*)

scapola ['ska:pola] *f* Schulterblatt *n*

scapolo ['ska:polo] **1.** *adj* ledig; **2.** *m* Junggeselle *m*

scapp|amento [skappa'mento] *m tec* Auspuff *m*; **~are** [-'pa:re] (*1a*) weglaufen, F davonlaufen; (*fuggire*) fliehen; (*affrettarsi*) eilen; **lasciarsi ~ l'occasione** sich die Gelegenheit entgehen lassen; **mi è scappato un errore** mir ist ein Fehler unterlaufen; **~ata** [-'pata] *f* Sprung *m*; **~atella** [-pa'tella] *f* Seitensprung *m*; **~atoia** [-pa'to:ia] *f* Ausweg *m*

scarabocchiare [skarabokki'a:re] (*1k u c*) bekritzeln; (*macchiare*) beklecksen; *fig* schmieren

scarabocchio [skara'bɔkkio] *m* (*pl -cchi*) Kritzelei *f*, Klecks *m*; *fig* Schmiererei *f*

scarafaggio [skara'faddʒo] *m* (*pl -ggi*) Schabe *f*

scaravent|are [skaraven'ta:re] (*1b*) schleudern; **~arsi** [-'tarsi] sich stürzen

scarcer|are [skartʃe'ra:re] (*1l*) aus der Haft entlassen; **~azione** [-ratsi'o:ne] *f* Haftentlassung *f*

scardinare [skardi'na:re] (*1l*) aus den Angeln heben

scarica ['ska:rika] *f* (*pl -che*) Entladung *f*; *ecol* **~ a mare** Verklappung *f*

scaric|are [skari'ka:re] (*1l u d*) entladen; ausladen; *rifiuti* abladen; *sostanze nocive* auslassen; *coscienza* erleichtern; *inform* downloaden, herunterladen; F **~ qu** j-n loswerden; *ecol* **~ a mare** verklappen; **~arsi** [-'karsi] sich von einer Last befreien; *batteria* entladen

scarico ['ska:riko] (*pl -chi*) **1.** *adj* leer; *fig* unbelastet; **2.** *m* Ausladen *n*; *auto* Auspuff *m*; *fig u econ* Entlastung *f*; **gas** *m* **di ~** Abgase *n/pl*; **tubo** *m* **di ~** Auspuffrohr *n*; **divieto di ~** Schuttabladen verboten; **-chi** *pl* **industriali** Industrieabfälle *m/pl*

scarlattina [skarlat'ti:na] *f* Scharlach *m*

scarpa ['skarpa] *f* Schuh *m*; **-e** *pl* **da uomo** Herrenschuhe *m/pl*; **-e** *pl* **da donna** Damenschuhe *m/pl*; **-e** *pl* **da ginnastica** Turnschuhe *m/pl*

scarpata [skar'pa:ta] *f* Böschung *f*

scarpetta [skar'petta] *f* Kinder-, Damenschuh *m*; **-e** *pl* **da ginnastica** Turnschuhe *m/pl*

scarpin|are [skarpi'na:re] (*1a*) lange herumlaufen; **~ata** [-'na:ta] *f* langer Fußmarsch *m*

S

scarpone [skar'po:ne] *m* Bergschuh *m*; **~ da sci** Skistiefel *m*
scarseggiare [skarsed'dʒa:re] *(1f)* knapp sein *(od* werden); spärlich vorhanden sein; verknappen; **~ di qc** wenig haben von et *(dat)*
scars|ezza [skar'settsa] *f*, **~ità** [-si'ta] *f* Knappheit *f*, Verknappung *f*; **~ di viveri** Mangel *m* an Lebensmitteln
scarso ['skarso] spärlich; knapp
scartare [skar'ta:re] *(1a)* *(svolgere)* auspacken, auswickeln; *(eliminare)* verwerfen
scarto ['skarto] *m* Wegwerfen *n*; *fig* Abfall *m*, Ramsch *m*; **merce *f* di ~** Ausschussware *f*
scass|are F [skas'sa:re] *(1a)* F kaputtmachen; **~arsi** F [-'sarsi] F kaputtgehen; **~ato** F [-'sa:to] F kaputt; **~inare** [-si'na:re] *(1a)* aufbrechen; **~inatore** [-sina'to:re] *m* Einbrecher *m*
scasso ['skasso] *m* Einbruch *m*
scaten|are [skate'na:re] *(1a)* *fig* entfesseln; **~arsi** [-'narsi] *fig* losbrechen; **~ato** [-'na:to] losgelassen; tobend
scatola ['ska:tola] *f* Schachtel *f*, Büchse *f*, Dose *f*; **una ~ di tonno** eine Büchse *f* Tunfisch; **cibi *m/pl* in ~** Dosengerichte *n/pl*; *avia* **~ nera** Flugschreiber *m*
scattare [skat'ta:re] *(1a)* (hoch-, los-)schnellen; *trappola* zuschnappen; *fot* knipsen; **~ in piedi** aufspringen; **far ~** auslösen
scatto ['skatto] *m* Losgehen *n*; Zuschnappen *n*; *(movimento brusco)* Ruck *m*; *sport* Spurt *m*; *fot* Auslöser *m*; *fig* Ausbruch *m*; *tel* Gebühreneinheit *f*; **~ automatico** Selbstauslöser *m*
scavalcare [skaval'ka:re] *(1d)* *muro* erklettern
scavare [ska'va:re] *(1a)* graben; *et* ausgraben
scavi ['ska:vi] *m/pl* Ausgrabungen *f/pl*
scegliere ['ʃe:ʎere] *(3ss)* (aus)wählen, aussuchen
scelgo ['ʃelgo] → **scegliere**
scellino [ʃel'li:no] *m* Schilling *m*
scelta ['ʃelta] *f* (Aus)Wahl *f*; **fare la ~** seine Wahl treffen
scelto ['ʃelto] **1.** → **scegliere**; **2.** *adj* auserlesen; gewählt
scemo ['ʃe:mo] schwachsinnig, dumm
scena ['ʃɛ:na] *f* Szene *f*, Bühne *f*; *fig* **colpo *m* di ~** Überraschung *f*; **mettere in ~** inszenieren; **messa *f* in ~** Inszenierung *f*; *fig* **fare ~ muta** keinen Ton herausbringen
scen|ario [ʃe'na:rio] *m* *(pl -ri)* Bühnendekoration *f*, Szenario *n*; **~ata** [-'na:ta] *f* Szene *f*; **fare una ~ a qu** j-m e-e Szene machen
scendere ['ʃendere] *(3c)* **1.** *v/i* hinunter-, heruntergehen; herab-, hinabsteigen; *fer* aussteigen; *in hotel* absteigen; *temperatura, prezzi* sinken; **~ a terra** landen; **2.** *v/t scale* hinuntergehen; *serranda* herunterlassen
scendiletto [ʃendi'lɛtto] *m* Bettvorleger *m*
sceneggiatura [ʃenedd͡ʒa'tu:ra] *f* Drehbuch *n*
scen|ografia [ʃenogra'fi:a] *f* Bühnengestaltung *f*; **~ografo** [-'nɔ:grafo] *m* Bühnenbildner *m*
scheda ['skɛ:da] *f* Zettel *m*; Karteikarte *f*; *inform* **~ audio** Soundkarte *f*; *inform* **~ grafica** Grafikkarte *f*; **~ elettorale** Wahlzettel *m*; **~ telefonica** Telefonkarte *f*
sched|ario [ske'da:rio] *m* *(pl -ri)* Kartei(kasten *m*) *f*; **~ina** [-'di:na] *f* Totozettel *m*
scheggia ['skedd͡ʒa] *f* *(pl -gge)* Splitter *m*
scheletro ['skɛ:letro] *m* Skelett *n*
schema ['skɛ:ma] *m* *(pl -i)* Schema *n*; Muster *n*; Grundriss *m*
schem|atico [ske'ma:tiko] *(pl -ci)* schematisch; **~atizzare** [-matid'dza:re] *(1a)* schematisieren
scherma ['skerma] *f* Fechtkunst *f*; **tirare di ~** fechten
schermo ['skermo] *m* *(riparo)* Schirm *m*; Schutz *m*; *inform, TV* Bildschirm *m*; *film* Leinwand *f*; **~ acustico** Schallwand *f*
scherzare [sker'tsa:re] *(1a)* Spaß machen, scherzen
scherzo ['skertso] *m* Scherz *m*, Spaß *m*; **-i a parte!** Spaß beiseite!
scherzoso [sker'tso:so] spaßig; scherzhaft
schiacci|anoci [skiatt͡ʃa'nɔ:t͡ʃi] *m inv* Nussknacker *m*; **~are** [-'t͡ʃa:re] *(1f)* (zer)quetschen; zusammenpressen; *dito* quetschen; *noce* knacken; F **~ un sonnellino** ein Nickerchen machen; **~ato** [-'t͡ʃa:to] platt

S

schiaffeggiare [skiaffed'dʒaːre] (*1f*) ohrfeigen
schiaffo [ski'affo] *m* Ohrfeige *f*
schiam|azzare [skiamat'tsaːre] (*1a*) lärmen; **~azzo** [-'mattso] *m* Lärm *m*
schiant|are [skian'taːre] (*1a*) **1.** *v/t* zerreißen; *piante* entwurzeln; **2.** *v/i u* **~arsi** [-'tarsi] zerschellen
schianto [ski'anto] *m* Krach *m*, Knall *m*
schiar|imento [skiari'mento] *m* Aufhellung *f*; **~ire** [-'riːre] (*4d*) aufhellen, heller machen; **~irsi** [-'rirsi] hell(er) werden; **~ita** [-'riːta] *f* Aufheiterung *f*
schiava [ski'aːva] *f* Sklavin *f*
schiavitù [skiavi'tu] *f* Sklaverei *f*
schiavo [ski'aːvo] **1.** *adj* sklavisch; **2.** *m* Sklave *m*
schiena [ski'ɛːna] *f* Rücken *m*; ***dolore m di ~*** Rückenschmerz *m*
schienale [skie'naːle] *m* Rückenlehne *f*
schiera [ski'ɛːra] *f* Schar *f*; ***a -e*** scharenweise
schier|are [skie'raːre] (*1b*) aufstellen; **~arsi** [-'rarsi]: ***~ in favore di qu*** für j-n Partei ergreifen
schietto [ski'ɛtto] rein; echt; *fig* ehrlich
schifezza [ski'fettsa] *f* ***che ~!*** so was Fürchterliches!; P was für ein Mist!
schifo ['skiːfo] *m* Ekel *m*; ***fare ~ a qu*** j-n (an)ekeln
schifoso [ski'foːso] ekelhaft
schioppo [ski'ɔppo] *m* Flinte *f*
schiuma [ski'uːma] *f* Schaum *m*; ***~ da barba*** Rasierschaum *m*
schium|are [skiu'maːre] (*1a*) abschäumen; **~oso** [-'moːso] schaumig
schivare [ski'vaːre] (*1a*) (ver)meiden
schivo ['skiːvo] scheu
schizzare [skit'tsaːre] (*1a*) **1.** *v/t* (*spruzzare*) bespritzen; (*abbozzare*) skizzieren; **2.** *v/i* spritzen
schizzinoso [skittsi'noːso] zimperlich; wählerisch
schizzo ['skittso] *m* Spritzer *m*; (*abbozzo*) Skizze *f*
sci [ʃi] *m inv* Ski *m*; Skisport *m*; ***~ acquatico*** Wasserski *n*; ***~ di fondo*** Langlauf(ski *m*) *m*; ***gli ~*** die Skier *pl*
sciacqu|are [ʃakku'aːre] (*1a*) (ab-) spülen; **~atura** [-kua'tuːra] *f* Spülwasser *n*
sciag|ura [ʃa'guːra] *f* Unglück *n*; **~urato** [-gu'raːto] unglücklich
scialle ['ʃalle] *m* Schultertuch *n*
scialuppa [ʃa'luppa] *f* Schaluppe *f*
sciame ['ʃaːme] *m* Schwarm *m*
sciare [ʃi'aːre] (*1h*) Ski laufen, Ski fahren
sciarpa ['ʃarpa] *f* Schal *m*
sciatica ['ʃaːtika] *f* Ischias *m*
sciat|ore [ʃia'toːre] *m* Skiläufer *m*; ***rifugio m per -i*** Skihütte *f*; **~rice** [-'triːtʃe] *f* Skiläuferin *f*
sciatteria [ʃatte'riːa] *f* Schlampigkeit *f*, Nachlässigkeit *f*
sciatto ['ʃatto] schlampig; nachlässig
scientifico [ʃen'tiːfiko] (*pl -ci*) wissenschaftlich
scienza ['ʃɛntsa] *f* Wissenschaft *f*; ***-e pl naturali*** Naturwissenschaften *f/pl*
scienziato [ʃentsi'aːto] *m* Wissenschaftler *m*
scimmia ['ʃimmia] *f* Affe *m*
scimmiottare [ʃimmiot'taːre] (*1c*) nachäffen
scimpanzé [ʃimpan'tsɛ] *m inv* Schimpanse *m*
scin|tilla [ʃin'tilla] *f* Funke *m*; **~tillante** [-til'lante] funkelnd; glänzend; **~tillare** [-til'laːre] (*1a*) funkeln; **~tillio** [-til'liːo] *m* Glitzern *n*
sciocchezza [ʃok'kettsa] *f* (*idiozia*) Dummheit *f*, (*cosa da nulla*) Kleinigkeit *f*
sciocco ['ʃɔkko] (*pl -cchi*) **1.** *adj* dumm; **2.** *m* Dummkopf *m*
sciogli|ere ['ʃɔːʎere] (*3ss*) (auf)lösen; (*liberare*) losmachen; **~ersi** [-si] sich (auf)lösen; *burro, neve* schmelzen
scioltezza [ʃol'tettsa] *f* Gewandtheit *f*
sciolto ['ʃolto] **1.** → ***sciogliere***; **2.** *adj* lose; *fig* gewandt
scioper|ante [ʃope'rante] *m/f* Streikende(r *m*) *m/f*; **~are** [-'raːre] (*1l u c*) streiken
sciopero ['ʃɔːpero] *m* Streik *m*; ***fare ~*** streiken; ***~ bianco*** Bummelstreik *m*; ***~ generale*** Generalstreik *m*; ***~ della fame*** Hungerstreik *m*
sciovia [ʃio'viːa] *f* Skilift *m*
sciovin|ismo [ʃovi'nizmo] *m* Chauvinismus *m*; **~ista** [-'nista] *m/f* (*m/pl -i*) Chauvinist(in *f*) *m*
scipito [ʃi'piːto] fade
scippatore [ʃippa'toːre] *m* Handtaschenräuber *m*
scippo ['ʃippo] *m* Handtaschenraub *m*

scirocco [ʃi'rɔkko] *m* Schirokko *m*
sciroppo [ʃi'rɔppo] *m* Sirup *m*; (Husten)Saft *m*; Fruchtsaft *m*
scissione [ʃissi'oːne] *f* Spaltung *f*; **~ *nucleare*** Kernspaltung *f*
sciup|are [ʃu'paːre] (*1a*) (*logorare*) abnutzen; *salute* verderben; *tempo*, *denaro* verschwenden, vergeuden; **~ato** [-'paːto] *persona* verbraucht; abgekämpft; *cosa* abgenutzt; **~io** [-'piːo] *m* Verschwendung *f*
scivolare [ʃivo'laːre] (*1l*) gleiten; rutschen
scivolo ['ʃiːvolo] *m* Rutschbahn *f*; **~ *d'emergenza*** Notrutsche *f*
scivoloso [ʃivo'loːso] glatt, rutschig
sclerosi [skle'rɔːzi] *f* Sklerose *f*
scocci|are F [skot'tʃaːre] (*1f*) F nerven, F auf den Wecker gehen (***a qu*** j-m); **~atore** F [-tʃa'toːre] *m* F Nervensäge *f*; **~atura** F [-tʃa'tuːra] *f* lästige Angelegenheit *f*; Schererei *f*
scodella [sko'dɛlla] *f* Schüssel *f*
scogliera [sko'ʎɛːra] *f* Felsenriff *n*
scoglio ['skɔːʎo] *m* (*pl -gli*) Klippe *f* (*a fig*); Fels *m*
scoiattolo [skoi'attolo] *m* Eichhörnchen *n*
scolapasta [skola'pasta] *m inv* Nudelsieb *n*
scolara [sko'laːra] *f* Schülerin *f*
scolare [sko'laːre] (*1a*) ausgießen; abtropfen lassen
scol|aro [sko'laːro] *m* Schüler *m*; **~astico** [-'lastiko] (*pl -ci*) Schul...; ***vacanze*** *f/pl* **-che** Schulferien *pl*
scoliosi [skoli'ɔːzi] *f* Skoliose *f*
scoll|ato [skol'laːto] dekolletiert, ausgeschnitten; **~atura** [-la'tuːra] *f* Ausschnitt *m*
scolo ['skoːlo] *m* Abfluss *m*
scolor|ire [skolo'riːre] (*4d*) **1.** *v/t* entfärben; **2.** *v/i u* **~irsi** [-'rirsi] die Farbe verlieren; verblassen; **~ito** [-'riːto] ausgebleicht; verblasst
scolpire [skol'piːre] (*4d*) *marmo* behauen; *statua* ausmeißeln; *legno* schnitzen; (*incidere*) einmeißeln; *fig* einprägen
scomm|essa [skom'messa] *f* Wette *f*; **~esso** [-'messo] → ***scommettere***
scommettere [skom'mettere] (*3ee*) wetten
scomod|are [skomo'daːre] (*1l u c*) stören; **~arsi** [-'darsi] sich bemühen
scomodo ['skɔːmodo] unbequem
scomp|arire [skompa'riːre] (*4e*) verschwinden; **~arsa** [-'parsa] *f* Verschwinden *n*; **~arso** [-'parso] → ***scomparire***
scompartimento [skomparti'mento] *m* Abteilung *f*, *fer* Abteil *n*; **~ *per* (*non*) *fumatori*** (Nicht)Raucherabteil *n*
scompenso [skom'pɛnso] *m* Dekompensation *f*; **~ *cardiaco*** Herzdekompensation *f*
scomp|igliare [skompi'ʎaːre] (*1g*) in Unordnung bringen; *capelli* zerzausen; **~iglio** [-'piːʎo] *m* (*pl -gli*) Unordnung *f*
scomponibile [skompo'niːbile] zerlegbar
scomporre [skom'porre] (*3ll*) auseinander nehmen; zerlegen
sconcert|ante [skontʃer'tante] verwirrend, bestürzend; **~are** [-'taːre] (*1b*) verwirren, stören; *fig* aus der Fassung bringen
sconcio ['skontʃo] (*pl -ci*) unanständig
sconclusionato [skoŋkluzio'naːto] zusammenhanglos
sconfiggere [skon'fiddʒere] (*3cc*) schlagen, besiegen
sconfin|are [skonfi'naːre] (*1a*) die Grenzen überschreiten; **~ato** [-'naːto] grenzenlos
sconf|itta [skon'fitta] *f* Niederlage *f*; **~itto** [-'fitto] → ***sconfiggere***
sconf|ortante [skonfor'tante] trostlos; **~ortare** [-for'taːre] (*1c*) entmutigen; **~orto** [-'fɔrto] *m* Trostlosigkeit *f*; Niedergeschlagenheit *f*
scongelare [skondʒe'laːre] (*1b*) auftauen
scongiurare [skondʒu'raːre] (*1a*) beschwören; *pericolo* abwenden
sconosciuto [skonoʃ'ʃuːto] unbekannt
sconsigliare [skonsi'ʎaːre] (*1g*) abraten (***qc a qu*** j-m von et)
sconsolato [skonso'laːto] trostlos
scont|are [skon'taːre] (*1a*) *econ* abziehen, abrechnen; *cambiale* diskontieren; *pena* abbüßen; **~ato** [-'taːto] reduziert; (*previsto*) erwartet
scontento [skon'tɛnto] **1.** *adj* unzufrieden (***di*** mit); **2.** *m* Unzufriedenheit *f*
sconto ['skonto] *m* Rabatt *m*, Skonto *m u n*, Preisnachlass *m*; Diskont *m*; ***au-***

S

mentare (***ridurre***) ***il tasso di ~*** den Diskontsatz heraufsetzen (herabsetzen); ***praticare uno ~*** e-n Rabatt gewähren

scontrarsi [skon'trarsi] (*1a*) *veicoli* zusammenstoßen; *persone* sich begegnen; *fig* nicht übereinstimmen

scontrino [skon'tri:no] *m* Kassenzettel *m*, Kassenbon *m*; **~** (***del bagaglio***) Gepäckschein *m*; ***fare lo ~ alla cassa*** an der Kasse zahlen

scontro ['skontro] *m* Zusammenstoß *m*

scontroso [skon'trozo] mürrisch, ungesellig

sconveniente [skonveni'ɛnte] ungehörig; *prezzo* unangemessen

sconvolgente [skonvɔl'dʒente] überwältigend; erschütternd

sconv|olgere [skon'vɔldʒere] (*3d*) erschüttern; durcheinander bringen; **~olto** [-'vɔlto] **1.** → ***sconvolgere***; **2.** *adj* erschüttert; verwirrt

scooter ['sku:ter] *m inv* Motorroller *m*

scopa ['sko:pa] *f* Besen *m*

scopare [sko'pa:re] (*1a*) kehren; V bumsen

scop|erchiare [skoperki'a:re] (*1k*) abdecken; **~** ***la pentola*** den Deckel vom Topf abheben; **~erta** [-'pɛrta] *f* Entdeckung *f*; ***di recente ~*** neu entdeckt; **~erto** [-'pɛrto] **1.** → ***scoprire***; **2.** *adj* unbedeckt, bloß; offen; *assegno* ungedeckt; **3.** *m* Freie(s) *n*; *econ* Überziehung *f*

scopo ['skɔ:po] *m* Zweck *m*; Ziel *n*; ***allo ~ di*** (*inf*) um zu (*inf*); ***senza ~*** zwecklos

scoppiare [skoppi'a:re] (*1k u c*) explodieren; platzen (*a pneumatico*); *fig* ausbrechen

scoppio ['skɔppio] *m* (*pl -ppi*) Explosion *f*; Platzen *n*; Knall *m*; *fig* Ausbruch *m*

scoprire [sko'pri:re] (*4f*) entdecken; (*denudare*) entblößen; *verità* herausfinden; *fig et* bloßlegen

scoragg|iare [skorad'dʒa:re] (*1f*) entmutigen; **~iarsi** [-'dʒarsi] den Mut verlieren; **~iato** [-'dʒa:to] mutlos

scorciatoia [skortʃa'to:ia] *f* Abkürzung *f*

scord|are [skor'da:re] (*1c*): **~** ***qc*** *u* **~arsi** [-'darsi] ***di qc*** et vergessen; **~ato** [-'da:to] *mus* verstimmt

scorgere ['skɔrdʒere] (*3d*) erblicken, bemerken; sehen; ***non farsi ~*** sich nicht blicken lassen

scoria ['skɔ:ria] *f* Schlacke *f*; **-e** *pl* ***radioattive*** radioaktive Abfälle *m/pl*; *ecol* **-e** *pl* ***di produzione*** Altlasten *f/pl*

scorpione [skorpi'o:ne] *m* (*a astr*) Skorpion *m*

scorrere ['skorrere] (*3o*) **1.** *v/i* fließen; laufen; *tempo* vergehen; **2.** *v/t giornale* überfliegen

scorretto [skor'rɛtto] voller Fehler; fehlerhaft; unkorrekt

scorrevole [skor're:vole] gleitend; fließend; *stile* flüssig

scorso ['skorso] **1.** → ***scorrere***; **2.** *adj* vergangen; vorig

scorta ['skɔrta] *f* Geleit *n*; (*provvista*) Vorrat *m*

scortare [skor'ta:re] (*1c*) geleiten

scort|ese [skor'te:ze] unhöflich; **~esia** [-te'zi:a] *f* Unhöflichkeit *f*

scorto ['skɔrto] → ***scorgere***

scorza ['skɔrdza] *f* Rinde *f*; *frutto* Schale *f*

scorzonera [skordzo'ne:ra] *f* Schwarzwurzel *f*

scossa ['skɔssa] *f* Stoß *m*; Schlag *m*; **~** ***di terremoto*** Erdstoß *m*; **~** ***elettrica*** elektrischer Schlag *m*

scosso ['skɔsso] → ***scuotere***

scost|are [skos'ta:re] (*1c*) wegrücken; entfernen; **~arsi** [-'tarsi] sich entfernen; *fig* abweichen

scott|ante [skot'tante] heiß, brennend; *fig* heikel; **~are** [-'ta:re] (*1c*) **1.** *v/t* verbrennen; **2.** *v/i* brennen; ***scotta!*** zu heiß!; **~ato** [-'ta:to] verbrannt; **~atura** [-ta'tu:ra] *f* Verbrennung *f*, Sonnenbrand *m*

screditare [skredi'ta:re] (*1l*) diskreditieren, in Verruf bringen

scremato [skre'ma:to] entrahmt

screpol|are [skrepo'la:re] (*1l u b*) *u* **~arsi** [-'larsi] rissig werden; aufspringen; **~atura** [-la'tu:ra] *f* Riss *m*

scricchi|olare [skrikkio'la:re] (*1l*) knarren; **~olio** [-kio'li:o] *m* (*pl -ii*) Geknarre *n*

scricciolo ['skrit'tʃolo] *m* Zaunkönig *m*

scritt|a ['skritta] *f* Aufschrift *f*; **~o** [-to] **1.** → ***scrivere***; **2.** *m* Schrift *f*; ***in*** (*od* ***per***) ***iscritto*** schriftlich

scritt|ore [skrit'to:re] *m* Schriftsteller *m*; **~rice** [-'tri:tʃe] *f* Schriftstellerin *f*;

S

~ura [-'tuːra] *f* Schrift *f*; **~urare** [-tu-'raːre] (*1a*) engagieren
scrivania [skriva'niːa] *f* Schreibtisch *m*
scrivere ['skriːvere] (*3tt*) schreiben; (*annotare*) aufschreiben; (*comporre*) verfassen
scroccare F [skrok'kaːre] (1d) schnorren
scrofa ['skrofa] *f* Sau *f*
scrollare [skrol'laːre] (*1c*) schütteln; **~ *le spalle*** mit den Achseln zucken
scrosciare [skroʃ'ʃaːre] (*1f u c*) *pioggia* prasseln; *acqua* rauschen
scrupolo ['skruːpolo] *m* Skrupel *m*; Bedenken *n*; ***senza -i*** skrupellos
scrupol|osità [skrupolosi'ta] *f* Gewissenhaftigkeit *f*; **~oso** [-'loːso] peinlich genau
scrut|are [skru'taːre] (*1a*) erforschen; durchschauen; **~atore** [-ta'toːre] *m pol* Stimm(en)zähler *m*; **~inio** [-'tiːnio] *m* (*pl -ni*) Stimm(en)zählung *f*
scuc|ire [sku'tʃiːre] (*4a*) auftrennen; **~irsi** [-'tʃirsi] aufgehen; **~ito** [-'tʃiːto] aufgegangen
scud|eria [skude'riːa] *f* Rennstall *m*; **~etto** [-'detto] *m sport* Meistertitel *m*; ***vincere lo ~*** den Meistertitel erringen
scudo ['skuːdo] *m mil* Schild *m*; *fig* Schutz *m*
scult|ore [skul'toːre] *m* Bildhauer *m*; **~rice** [-'triːtʃe] *f* Bildhauerin *f*; **~ura** [-'tuːra] *f* Bildhauerei *f*, Skulptur *f*
scuola [sku'ɔːla] *f* Schule *f*; **~ *di lingue*** Sprachenschule *f*; **~ *elementare*** Grundschule *f*; **~ *media*** Mittelschule *f*; **~ *parificata*** staatlich anerkannte Schule *f*; **~ *serale*** Abendschule *f*; **~ *superiore*** Oberschule *f*; **~ *guida*** Fahrschule *f*; ***andare a ~*** zur Schule gehen
scuot|ere [sku'ɔːtere] (*3ff*) schütteln; (*turbare*) erschüttern; **~ersi** [-si] sich rühren
scure ['skuːre] *f* Beil *n*
scurire [sku'riːre] (*4d*) **1.** *v/t* verdunkeln; **2.** *v/i* dunkel werden
scuro ['skuːro] dunkel
scusa ['skuːza] *f* Entschuldigung *f*, (*pretesto*) Ausrede *f*; ***bella ~!*** das ist eine faule Ausrede!; ***chiedo ~!*** Verzeihung!
scus|are [sku'zaːre] (*1a*) entschuldigen; ***mi scusi*** ich bitte Sie um Entschuldigung; **~arsi** [-'zarsi] sich entschuldigen
scuter ['skuːter] *m inv* Motorroller *m*, Roller *m*
sdebitarsi [zdebi'tarsi] (*1l*) seine Schulden bezahlen; sich revanchieren
sdegn|are [zde'ɲaːre] (*1a*) verschmähen; **~arsi** [-'ɲarsi] sich empören (***con qu*** über j-n)
sdegno ['zdeːɲo] *m* Empörung *f*
sdentato [zden'taːto] zahnlos
sdogan|amento [zdogana'mento] *m* Verzollung *f*; **~are** [-'naːre] (*1a*) verzollen
sdolcinato [zdoltʃi'naːto] schmalzig
sdrai|are [zdrai'aːre] (*1i*) ausstrecken; **~arsi** [-'arsi] sich hinlegen; **~ato** [-'aːto] ausgestreckt; liegend
sdraio ['zdraio] *f* ***sedia a ~*** Liegestuhl *m*
se[1] [se] *cj* wenn; ob; **~ *no*** sonst
se[2] [se] *pron* = ***si*** *vor* ***lo***, ***la***, ***li***, ***le***, ***ne***
sé [se] sich; ***da ~*** allein; von selbst; ***se stesso*** sich selbst
sebbene [seb'bɛːne] (*mit cong*) obwohl; **~ *abbia detto la verità*** obwohl er die Wahrheit gesagt hat
secca ['sekka] *f* (*pl -cche*) Trockenheit *f*, *mar* Untiefe *f*
secc|ante [sek'kante] *fig* lästig; unerfreulich; **~are** [-'kaːre] (*1d*) **1.** *v/t* austrocknen; *fig* stören, belästigen; **2.** *v/i u* **~arsi** [-'karsi] austrocknen; vertrocknen; *fig* sich langweilen; **~atore** [-ka'toːre] *m* Nervensäge *f*; **~atura** [-ka'tuːra] *f* Belästigung *f*
secchio ['sekkio] *m* (*pl -cchi*) Eimer *m*
secco ['sekko] (*pl -cchi*) trocken (*a fig*); ***vino*** *m* **~** trockener Wein *m*; ***frutta*** *f* ***-a*** Dörrobst *n*
secolare [seko'laːre] hundertjährig; hundertjährlich; weltlich
secolo ['sɛːkolo] *m* Jahrhundert *n*; *fig* Ewigkeit *f*
seconda [se'konda] *f auto* zweiter Gang *m*; *fer*, *scuola* zweite Klasse *f*
secondario [sekon'daːrio] (*pl -ri*) zweitrangig; sekundär
secondo [se'kondo] **1.** *adj* zweite; ***di -a mano*** aus zweiter Hand; **~ *fine*** *m* Hintergedanke *m*; **2.** *prp* nach, gemäß, entsprechend (*dat*); **~ *me*** meiner Meinung nach; **~ *le istruzioni*** vorschriftsmäßig; **3.** *m* Zweite(r) *m*; Sekunde *f*, *gastr* zweiter Gang *m*
secrétaire [səkre'tɛːr] *m inv mobile*

Sekretär *m*

sedano ['sɛːdano] *m* Sellerie *m u f*

sed|are [se'daːre] (*1b*) lindern; **~ativo** [-da'tiːvo] *m* Beruhigungsmittel *n*

sede ['sɛːde] *f* Sitz *m*; Wohnsitz *m*; *econ* Niederlassung *f*; **la Santa Sede** der Heilige Stuhl

sed|entario [seden'taːrio] (*pl -ri*) **1.** *adj persona* bewegungsfaul; *lavoro* sitzend; **vita** *f* **-a** gesetztes Leben; **2.** *m* Bewegungsmuffel *m*; **~ere** [-'deːre] **1.** *m anat* Gesäß *n*; **2.** *v/i* (*2o*) sitzen; **~ersi** [-'dersi] sich setzen

sedia ['sɛːdia] *f* Stuhl *m*; **~ a sdraio** Liegestuhl *m*; **~ a dondolo** Schaukelstuhl *m*; **~ a rotelle** Rollstuhl *m*

sedici ['seːditʃi] sechzehn

sedile [se'diːle] *m* Sitz *m*; Bank *f*; *auto* **~ posteriore** Rücksitz *m*

sedurre [se'durre] (*3e*) verführen

sedut|a [se'duːta] *f* Sitzung *f*; **~ plenaria** Vollversammlung *f*; **~o** [-to] sitzend

sed|uttore [sedut'toːre] *m* Verführer *m*; **~uzione** [-dutsi'oːne] *f* Verführung *f*

sega ['seːga] *f* (*pl -ghe*) Säge *f*

segale ['seːgale] *f* Roggen *m*; **pane** *m* **di ~** Roggenbrot *n*

segare [se'gaːre] (*1e*) (ab-, zer)sägen

segatura [seːga'tura] *f* Sägemehl *n*

seggio ['sɛddʒo] *m* (*pl -ggi*) Sitz *m*; Thron *m*; (*a* **~ elettorale**) Wahllokal *n*, Wahlraum *m*

seggiola ['sɛddʒola] *f* Stuhl *m*

seggiol|ino [seddʒo'liːno] *m auto, bicicletta* Kindersitz *m*; **~one** [-'loːne] *m* Kinderstuhl *m*

seggiovia [seddʒo'viːa] *f* Sessellift *m*

seggo ['sɛggo] → **sedere**

segnalare [seɲa'laːre] (*1a*) anzeigen, signalisieren; (*annunciare*) melden

segnale [se'ɲaːle] *m* Signal *n*; Zeichen *n*; (*segno*) Anzeichen *n*; **~ d'allarme** Alarmsignal *n*; Notbremse *f*; **~ orario** (**alla radio**) Zeitansage *f*; **~ stradale** Verkehrsschild *n*; **~ di divieto** Verbotsschild *n*; **~ di deviazione** Umleitungsschild *n*

segnaletica [seɲa'lɛːtika] *f* Markierung *f*; **~ stradale** Verkehrszeichen *n/pl*

segna|libro [seɲa'liːbro] *m* Lesezeichen *n*; **~linee** [-'liːnee] *m inv* Linienrichter *m*

segnare [se'ɲaːre] (*1a*) (*marcare*) markieren; (*annotare*) notieren; (*indicare*) zeigen; *sport* ein Tor schießen; **~ a dito qu** mit dem Finger auf j-n zeigen

segno ['seːɲo] *m* Zeichen *n*; Symptom *n*; **-i** *pl* **caratteristici** besondere Kennzeichen *n/pl*; **non dar -i di vita** kein Lebenszeichen von sich geben; **cogliere nel ~** ins Schwarze treffen; **~ zodiacale** Sternzeichen *n*

segret|aria [segre'taːria] *f* Sekretärin *f*; **~ di direzione** Chefsekretärin *f*; **~ariato** [-tari'aːto] *m* Sekretariat *n*; **~ario** [-'taːrio] *m* (*pl -ri*) Sekretär *m*; **~eria** [-te'riːa] *f* Sekretariat *n*; **~ telefonica** automatischer Anrufbeantworter *m*

segreto [se'greːto] **1.** *adj* geheim; **2.** *m* Geheimnis *n*; **~ professionale** Schweigepflicht *f*

segu|ace [segu'aːtʃe] *m/f* Anhänger(in *f*) *m*; **~ente** [-gu'ɛnte] folgend

segu|ire [segu'iːre] (*4a*) **1.** *v/t* folgen (**qu** j-m); *prescrizioni* befolgen; (*tenersi al corrente*) verfolgen; *corso* besuchen; **2.** *v/i* folgen (**a qc** auf et *dat*); **come segue** folgendermaßen; **~itare** [-gui'taːre] (*1l*) fortfahren

seguito ['seːguito] *m* Folge *f*, Fortsetzung *f*; **di ~** hintereinander; **in ~** darauf; künftig; **in ~ a** infolge (*gen*)

sei [s'ɛi] → **essere**

sei [s'ɛi] sechs

seicento [sei'tʃɛnto] *adj* sechshundert

Seicento [sei'tʃɛnto] *m* 17. Jahrhundert *n*

selciato [sel'tʃaːto] *m* Straßenpflaster *n*

selezione [seletsi'oːne] *f* Auswahl *f*; *tel* Wählen *n*

self-service [self'sɜːvis] *m* Selbstbedienung(sladen *m*, -srestaurant *n*) *f*

sella ['sɛlla] *f* Sattel *m*

sellino [sel'liːno] *m* Fahrrad-, Motorradsattel *m*

selva ['selva] *f* Wald *m*

selv|aggina [selvad'dʒiːna] *f* Wild *n*; Wildbret *n*; **~aggio** [sel'vaddʒo] (*pl -ggi*) **1.** *adj* wild; **2.** *m* Wilde(r) *m*; **~atico** [sel'vaːtiko] (*pl -ci*) wild; *fig* widerborstig

selz [sɛlts] *m* **acqua** *f* **di ~** Selterswasser *n*

semaforo [se'maːforo] *m* (Verkehrs-) Ampel *f*

S

sembrare [sem'bra:re] (*1a*) scheinen; aussehen
seme ['se:me] *m* Samen *m*
semestre [se'mɛstre] *m* Semester *n*, Halbjahr *n*
semi|cerchio [semi'ʧɛrkio] *m* (*pl -chi*) Halbkreis *m*; **~circolare** [-ʧirko'la:re] halbkreisförmig; **~conduttore** [-kondut'to:re] *m el* Halbleiter *m*; **~finale** [-fi'na:le] *f* Halbfinale *n*; **~freddo** [-'freddo] *m* Halbgefrorene(s) *n*; **~lavorato** [-lavo'ra:to]: ***articolo** m* **~** Halbfertigfabrikat *n*
semin|a ['se:mina] *f* Aussaat *n*; **~are** [-'na:re] (*1l*) säen; **~ario** [semi'nario] *m* (*pl -ri*) Seminar *n*
semi|nudo [semi'nu:do] halb nackt; **~nuovo** [-nu'ɔ:vo] neuwertig; **~sfera** [-'sfɛ:ra] *f* Halbkugel *f*
semolino [semo'li:no] *m* Grieß *m*
semplice ['sempliʧe] einfach; *fig* schlicht
semplicità [sempliʧi'ta] *f* Einfachheit *f*; *fig* Schlichtheit *f*
semplific|are [semplifi'ka:re] (*1m u d*) vereinfachen; **~azione** [-katsi'o:ne] *f* Vereinfachung *f*
sempre ['sɛmpre] immer, stets; ***da*** **~** seit jeher; ***di*** **~** alt, üblich; ***per*** **~** für immer; **~ *più*** immer mehr; **~ *che*** vorausgesetzt, dass
senape ['sɛ:nape] *f* Senf *m*
senato [se'na:to] *m* Senat *m*
senatore [sena'to:re] *m* Senator *m*
senile [se'ni:le] greisenhaft, senil
senno ['senno] *m* Verstand *m*; ***uscire di*** **~** von Sinnen kommen
seno ['se:no] *m* Busen *m* (*a geogr*); Brust *f*; *mat* Sinus *m*; *fig* Schoß *m*; ***in*** **~ *a*** im Schoß (*gen*)
sens|ato [sen'sa:to] *discorso* sinnvoll; *persona* vernünftig; **~azionale** [-satsio'na:le] sensationell; **~azione** [-satsi'o:ne] *f* Empfindung *f*; (*impressione*) Gefühl *n*, Eindruck *m*; *fig* (*sorpresa*) Sensation *f*, Aufsehen *n*
sens|ibile [sen'si:bile] wahrnehmbar; (*evidente*) deutlich, spürbar; (*delicato*) empfindlich; (*emotivo*) sensibel, feinfühlig; **~ *al calore*** hitzeempfindlich; **~ *al freddo*** kälteempfindlich; **~ibilità** [-sibili'ta] *f* Empfindlichkeit *f* (*a fis*); Sensibilität *f*; **~ *ecologica*** Umweltbewusstsein *n*; **~ibilizzare** [-sibilid'dza:re] (*1a*) sensibilisieren
senso ['sɛnso] *m* Sinn *m*; Gefühl *n*; (*direzione*) Richtung *f*; ***-i*** *pl* Sinnesorgane *n/pl*; **~ *comune*** gesunder Menschenverstand *m*; **~ *unico*** Einbahnstraße *f*; **~ *vietato*** Einfahrverbot *n*; ***in*** **~ *orario*** im Uhrzeigersinn; ***privo di -i*** bewusstlos; ***perdere i -i*** ohnmächtig werden
sensu|ale [sensu'a:le] sinnlich; **~alità** [-suali'ta] *f* Sinnlichkeit *f*
sentenza [sen'tɛntsa] *f jur* Urteil *n*
sentiero [senti'ɛ:ro] *m* Pfad *m*, Weg *m*; Wanderweg *m*
sentimentale [sentimen'ta:le] sentimental
sentimento [senti'mento] *m* Gefühl *n*
sentinella [senti'nɛlla] *f* Wache *f*
sent|ire [sen'ti:re] (*4b*) fühlen; hören; *odore* riechen; *cibo* schmecken; **~irsi** [-'tirsi] sich fühlen; ***sentirsela di*** (*inf*) imstande sein zu (*inf*); den Mut haben zu (*inf*)
senza ['sɛntsa] ohne; …los; ***senz'altro*** ohne weiteres; bestimmt; **~ *colore*** farblos; **~ *impegno*** unverbindlich; **~ *di me*** ohne mich
senzatetto [sentsa'tɛtto] *m/f inv* Obdachlose(r *m*) *m/f*
separ|are [sepa'ra:re] (*1a od 1l u b*) trennen; **~arsi** [-'rarsi] sich trennen; **~azione** [-ratsi'o:ne] *f* Trennung *f*; **~ *dei beni*** Gütertrennung *f*
sep|olto [se'polto] → ***seppellire***; **~oltura** [-pol'tu:ra] *f* Begräbnis *n*
seppellire [seppel'li:re] (*4d*) begraben, beerdigen
seppia ['seppia] *f* Tintenfisch *m*
seppure [sep'pu:re] wenn überhaupt
sequestrare [sekues'tra:re] (*1b*) beschlagnahmen; (*rapire*) entführen
sequestro [seku'ɛstro] *m* Beschlagnahme *f*; Entführung *f*
sera ['se:ra] *f* Abend *m*; ***di*** **~** abends; ***questa*** **~** heute Abend; ***verso*** **~** gegen Abend
ser|ale [se'ra:le] abendlich; Abend…; **~ata** [-'ra:ta] *f* Abend *m*; **~ *danzante*** Tanzabend *m*; **~ *di gala*** Galaabend *m*
serbatoio [serba'to:io] *m* (*pl -oi*) Behälter *m*; Tank *m*; **~ *di riserva*** Reservetank *m*
serbo ['sɛrbo] **1.** *adj* serbisch; **2.** *m* Serbe *m*; Serbisch(e) *n*

seren|ata [sere'na:ta] *f* Serenade *f*; **~ità** [-ni'ta] *f* Heiterkeit *f*; *fig* Ausgeglichenheit *f*
sereno [se're:no] klar; heiter; hell; *fig* ausgeglichen
serie ['sɛ:rie] *f inv* Serie *f*, Folge *f*; *francobolli* Satz *m*; ***articolo** m **di** ~* Serienartikel *m*; ***in** ~* serienmäßig; ***produzione** f **in** ~* Serienanfertigung *f*, -produktion *f*
serietà [serie'ta] *f* Ernst *m*
serigrafia [serigra'fi:a] *f* Siebdruck *m*
serio ['sɛ:rio] (*pl -ri*) **1.** *adj* ernst; ernsthaft; **2.** *m* Ernst *m*; ***sul** ~* im Ernst
sermone [ser'mo:ne] *m* Predigt *f*
serpe ['sɛrpe] *f* Schlange *f*
serp|eggiare [serped'dʒa:re] (*1f*) sich schlängeln; *malattia* um sich greifen; **~ente** [-'pɛnte] *m* Schlange *f*; **~entina** [-pen'ti:na] *f* Serpentine *f*
serra ['sɛrra] *f* Treibhaus *n*
serr|anda [ser'randa] *f* Rollladen *m*; **~are** [-'ra:re] (*1b*) (ver)schließen; **~ata** [-'ra:ta] *f* Arbeiteraussperrung *f*; **~atura** [-ra'tu:ra] *f* Schloss *n*
serv|ire [ser'vi:re] (*4b*) **1.** *v/i* dienen; nützen; ***a che serve quest'arnese?*** wozu dient dieses Gerät?; ***~ da bere a qu*** j-m zu trinken geben; **2.** *v/t* dienen (*dat*); *clienti* bedienen; *vivande* servieren; ***mi serve ...*** ich brauche ...; **~irsi** [-'virsi] (*usare*) benutzen (***di qc*** et); sich bedienen (***di qc*** e-r Sache); *a tavola* ***prego, si serva!*** bitte bedienen Sie sich!
servitù [servi'tu] *f* Dienerschaft *f*; *pol* Knechtschaft *f*
servizio [ser'vi:tsio] *m* (*pl -zi*) Dienst *m*; Bedienung *f*; Service *n*; *stampa* Bericht *m*; ***~ assistenza tecnica*** Kundendienst *m*; ***~ civile*** Zivildienst *m*; ***~ militare*** Militärdienst *m*; ***~ d'emergenza*** Bereitschaftsdienst *m*; ***~ da tavola*** Tafelservice *n*; ***di ~*** Dienst habend; ***fuori ~*** außer Dienst; außer Betrieb; ***in ~*** im Dienst; in Betrieb; ***per ~*** dienstlich; ***-zi** pl* Küche, Bad, WC
servo|freno [servo'fre:no] *m* Servobremse *f*; **~sterzo** [-'stɛrtso] *m* Servolenkung *f*
sesamo ['sɛ:zamo] *m* Sesam(kraut *n*) *m*
sess|anta [ses'santa] sechzig; **~antenne** [-san'tɛnne] sechzigjährig
sesso ['sɛsso] *m* Geschlecht *n*; ***differenza** f **di** ~* Geschlechtsunterschied *m*
ses|suale [sessu'a:le] geschlechtlich; Geschlechts...; **~sualità** [-suali'ta] *f* Sexualität *f*
seta ['se:ta] *f* Seide *f*; ***~ artificiale*** Kunstseide *f*
sete ['se:te] *f* Durst *m*; ***aver ~*** durstig sein
setola ['se:tola] *f* Borste *f*
setta ['sɛtta] *f* Sekte *f*
sett|anta [set'tanta] siebzig; **~antenne** [-tan'tɛnne] siebzigjährig; **~antina** [-tan'ti:na] *f* etwa siebzig; ***sulla ~*** um siebzig herum
sette ['sɛtte] sieben
settecento [sette'tʃɛnto] *adj* siebenhundert
Settecento [sette'tʃɛnto] *m* achtzehntes Jahrhundert *n*
settembre [set'tɛmbre] *m* September *m*
settentri|onale [settentrio'na:le] **1.** *adj* nördlich; Nord...; ***Italia** f ~* Norditalien *n*; ***Europa** f ~* Nordeuropa *n*; **2.** *m* Nordländer *m*; **~one** [-tri'o:ne] *m* Nord(en) *m*
setticemia [settitʃe'mi:a] *f* Blutvergiftung *f*
settim|ana [setti'ma:na] *f* Woche *f*; ***~ corta*** Fünftagewoche *f*; ***~ santa*** Karwoche *f*; **~anale** [-ma'na:le] **1.** *adj* wöchentlich; **2.** *m* Wochenblatt *n*
settore [set'to:re] *m* Sektor *m*
sev|erità [severi'ta] *f* Strenge *f*; **~ero** [-'vɛ:ro] streng; hart
sezione [setsi'o:ne] *f* Schnitt *m*
sfaccendato [sfattʃen'da:to] **1.** *adj* beschäftigungslos; **2.** *m* Müßiggänger *m*
sfacchinare [sfakki'na:re] (*1a*) schuften
sfacciato [sfat'tʃa:to] unverschämt; frech
sfacelo [sfa'tʃɛ:lo] *m* Zusammenbruch *m*
sfamare [sfa'ma:re] (*1a*) sättigen
sfarzo ['sfartso] *m* Prunk *m*
sfarzoso [sfar'tso:so] prunkvoll
sfasci|are [sfaʃ'ʃa:re] (*1f*) zerbrechen, F kaputtmachen; zertrümmern; *med* den Verband abnehmen; **~arsi** [-'ʃarsi] zerbrechen, F kaputtgehen; (*crollare*) zusammenstürzen
sfaticato [sfati'ka:to] *m* Faulpelz *m*
sfav|ore [sfa'vo:re] *m* Ungunst *f*;

S

~orevole [-vo're:vole] ungünstig
sfera ['sfɛ:ra] *f* Kugel *f*; *fig* Sphäre *f*; Kreis *m*; **~ d'azione** Wirkungskreis *m*; **~ di competenza** Kompetenzbereich *m*
sferico ['sfɛ:riko] (*pl -ci*) kugelförmig
sfida ['sfi:da] *f* Herausforderung *f*
sfidare [sfi'da:re] (*1a*) herausfordern
sfid|ucia [sfi'du:tʃa] *f* Misstrauen *n*; **voto** *m* **di ~** Misstrauensvotum *n*; **~uciato** [-du'tʃa:to] entmutigt
sfigur|are [sfigu'ra:re] (*1a*) **1.** *v/t* entstellen; **2.** *v/i* sich blamieren; **~ato** [-'ra:to] verunstaltet
sfil|are [sfi'la:re] (*1a*) **1.** *v/t* ausfädeln; (*togliere*) herausziehen; *indumento* ausziehen; **2.** *v/i* vorbeiziehen; **~ata** [-'la:ta] *f* **~ di moda** Modenschau *f*
sfin|imento [sfini'mento] *m* Erschöpfung *f*; **~ito** [-'ni:to] erschöpft
sfior|are [sfio'ra:re] (*1a*) streifen; *argomento* berühren, andeuten; **~ire** [-'ri:re] (*4d*) welken, verblühen
sfitto ['sfitto] unvermietet, leer
sfocato [sfo'ka:to] *foto* unscharf
sfociare [sfo'tʃa:re] (*1f*) münden
sfogarsi [sfo'garsi] (*1e*) sich Luft machen; sich austoben; **~ con qu** j-m sein Herz ausschütten
sfoglia ['sfɔ:ʎa] *f* **pasta** *f* **~** Blätterteig *m*
sfogliare [sfo'ʎa:re] (*1g u c*) entblättern; *libro* durchblättern
sfogo ['sfo:go] *m* (*pl -ghi*) Gefühlsausbruch *m*; *med* Ausschlag *m*
sfoltire [sfol'ti:re] (*4d*) lichten, weniger dicht machen
sfondare [sfon'da:re] (*1a*) einschlagen; durchbrechen; (*scassinare*) aufbrechen
sfondo ['sfondo] *m* Hintergrund *m*
sform|are [sfor'ma:re] (*1a*) deformieren; **~ato** [-'ma:to] *m gastr* Auflauf *m*
sfornito [sfor'ni:to] schlecht sortiert; **essere ~ di qc** et nicht haben; mit et nicht versorgt sein
sfort|una [sfor'tu:na] *f* Unglück *n*; Pech *n*; **~unatamente** [-tunata'mente] unglücklicherweise; **~unato** [-tu'na:to] unglücklich
sforz|are [sfor'tsa:re] (*1c*) zwingen; **~arsi** [-'tsarsi] sich anstrengen
sforzo ['sfɔrtso] *m* Anstrengung *f*; **fare uno ~** sich Mühe geben; sich anstrengen; **senza ~** mühelos
sfracellare [sfratʃel'la:re] (*1b*) zerschmettern
sfrattare [sfrat'ta:re] (*1a*) *inquilino* kündigen (*dat*)
sfratto ['sfratto] *m* Kündigung *f*
sfregare [sfre'ga:re] (*1e*) reiben
sfrenato [sfre'na:to] zügellos
sfrontato [sfron'ta:to] frech
sfrutt|amento [sfrutta'mento] *m* Ausbeutung *f*, Ausnutzung *f*; **~are** [-'ta:re] (*1a*) ausbeuten; ausnutzen
sfugg|evole [sfud'dʒe:vole] flüchtig; **~ire** [-'dʒi:re] (*4a*) **1.** *v/i* (*scampare*) entgehen; (*uscire di mente*) entfallen; **2.** *v/t* fliehen; meiden; **~ita** [-'dʒi:ta] *f* **di ~** flüchtig
sfumatura [sfuma'tu:ra] *f* Nuance *f*, Schattierung *f*
sfuriata [sfuri'a:ta] *f* Wutausbruch *m*
sfuso ['sfu:zo] lose; *burro* zerlassen
sgabello [zga'bɛllo] *m* Schemel *m*
sgabuzzino [zgabud'dzi:no] *m* Abstellraum *m*
sgambettare [zgambet'ta:re] (*1f*) strampeln
sgambetto [zgam'betto] *m* **fare lo ~ a qu** j-m ein Bein stellen
sganci|are [zgan'tʃa:re] (*1f*) *fer* abkoppeln; **~arsi** [-'tʃarsi] sich abhängen; abgehen; *fig* sich loslösen
sgarbato [zgar'ba:to] unhöflich
sgarbo ['zgarbo] *m* Unhöflichkeit *f*
sgelare [zdʒe'la:re] (*1b*) auftauen
sgelo ['zdʒɛ:lo] *m* Tauen *n*; **tempo** *m* **di ~** Tauwetter *n*
sghembo ['zgembo] schief; schräg; **di ~** schief
sgobbare [zgob'ba:re] (*1c*) schuften
sgobbone [zgob'bo:ne] *m* Arbeitstier *n*
sgocciolare [zgottʃo'la:re] (*1l*) **1.** *v/i* (ab)tropfen; **2.** *v/t* (ab)tropfen lassen
sgomberare [zgombe'ra:re] (*1l*) → ***sgombrare***
sgombero ['zgombero] *m* Räumung *f*; (*trasloco*) Umzug *m*
sgombrare [zgom'bra:re] (*1a*) räumen; ausräumen; *ostacolo* wegräumen, beseitigen; *appartamento* freimachen
sgombro[1] ['zgombro] leer, frei
sgombro[2] ['zgombro] *m* Makrele *f*
sgom|entare [zgomen'ta:re] (*1a*) bestürzen; **~entarsi** [-men'tarsi] bestürzt sein; **~ento** [-'mento] *m* Bestürzung *f*
sgonfi|are [zgonfi'a:re] (*1k*) **1.** *v/t* entleeren; **2.** *v/i u* **~arsi** [-fi'arsi] sich

entleeren; *med* abschwellen
sgonfio ['zgonfio] (*pl -fi*) *pneumatico* ohne Luft; *med* abgeschwollen
sgorgare [zgor'ga:re] (*1e*) hervorquellen; *lacrime* fließen
sgrad|evole [zgra'de:vole] unangenehm; **~ito** [-'di:to] unerwünscht
sgranch|ire [zgraŋ'ki:re] (*4d*), **~irsi** [-'kirsi]: **~ *le gambe*** sich die Beine vertreten
sgraziato [zgratsi'a:to] plump
sgrid|are [zgri'da:re] (*1a*) (aus-)schimpfen; **~ata** [-'da:ta] *f* Schelte *f*
sguaiato [zguai'a:to] ordinär
sgualdrina [zgual'dri:na] *f* Dirne *f*
sguardo [zgu'ardo] *m* Blick *m*; ***al primo* ~** auf den ersten Blick
sguazzare [zguat'tsa:re] (*1a*) plantschen; *fig* schwimmen
sgusciare [zguʃ'ʃa:re] (*1f*) **1.** *v/t* abschälen; aushülsen; **2.** *v/i* (aus)gleiten; **~ *di mano*** aus der Hand gleiten
shampoo ['ʃampo] *m inv* Shampoo(n) *n*
shock [ʃɔk] *m inv* Schock *m*; **~ *culturale*** Kulturschock *m*
shorts [ʃorts] *m/pl* Shorts *pl*
si[1] [si] **1.** *pron* man; sich; **~ *dice*** man sagt; **~ *capisce da sé*** das versteht sich von selbst
si[2] [si] *m mus* H *n*
sì [si] *adv* ja; doch; ***dire di* ~** ja sagen; **~ *e no*** etwa; ungefähr
sia [s'i:a]: **~ *...* ~ *od* ~ *... che*** sowohl ... als auch
siamo [si'a:mo] → ***essere***
sibilare [sibi'la:re] (*1l*) zischen; pfeifen
sibilo ['si:bilo] *m* Zischen *n*; Pfeifen *n*
sicché [sik'ke] sodass
siccità [sittʃi'ta] *f* Dürre *f*
siccome [sik'ko:me] da; weil
siciliano [sitʃili'a:no] **1.** *adj* sizilianisch; **2.** *m* Sizilianer *m*; Sizilianisch(e) *n*
sic|ura [si'ku:ra] *f* Sicherung *f*, Sicherungsvorrichtung *f*; **~urezza** [-ku'rettsa] *f* Sicherheit *f*; ***pubblica* ~** Polizei *f*; ***cintura f di* ~** Sicherheitsgurt *m*; ***misure f/pl di* ~** Sicherheitsmaßnahmen *f/pl*; **~uro** [-'ku:ro] **1.** *adj* sicher; **~ *di sé*** selbstsicher; ***di* ~** sicherlich; **2.** *m* Sicherheit *f*; ***essere al* ~ *da qc*** vor et (*dat*) sicher sein; ***mettere al* ~** in Sicherheit bringen
siderurgia [siderur'dʒi:a] *f* Eisen- und Stahlindustrie *f*
sidro ['si:dro] *m* Apfelwein *m*
siedo [si'ɛ:do] → ***sedere***
siepe [si'ɛ:pe] *f* Hecke *f*
siero [si'ɛ:ro] *m med* Serum *n*; **~positivo** [-pozi'ti:vo] HIV-positiv
siesta [si'ɛsta] *f* Siesta *f*, Mittagsruhe *f*
siete [si'ɛ:te] → ***essere***
sifilide [si'fi:lide] *f* Syphilis *f*
sigaretta [siga'retta] *f* Zigarette *f*; **~ *col filtro*** Filterzigarette *f*
sigaro ['si:garo] *m* Zigarre *f*
sigillare [sidʒil'la:re] (*1a*) versiegeln
sigillo [si'dʒillo] *m* Siegel *n*
sigla ['si:gla] *f* Sigel *n*, Kürzel *n*
signific|are [siɲifi'ka:re] (*1m u d*) bedeuten; **~ativo** [-ka'ti:vo] bezeichnend; bedeutsam; viel sagend; **~ato** [-'ka:to] *m* Bedeutung *f*
sign|ora [si'ɲo:ra] *f* Dame *f*, Frau *f*, Gemahlin *f*; **~!** gnädige Frau!; ***la* ~ *Rossi*** Frau Rossi; **~ore** [-'ɲo:re] *m* Herr *m*; **~!** mein Herr!; ***il signor Rossi*** Herr Rossi; ***signore e signori*** meine Damen und Herren; ***i signori Rossi*** Herr und Frau Rossi; **~orile** [-ɲo'ri:le] herrschaftlich; vornehm; **~orina** [-ɲo'ri:na] *f* Fräulein *n*
sil|enziatore [silentsia'to:re] *m* Schalldämpfer *m*; **~enzio** [-'lɛntsio] *m* Schweigen *n*; Ruhe, Stille *f*; ***fare* ~** schweigen; **~!** Ruhe!; **~enzioso** [-lentsi'o:so] still; ruhig; leise
sillaba ['sillaba] *f* Silbe *f*
sillabare [silla'ba:re] (*1l*) buchstabieren
silo ['si:lo] *m* Silo *m u n*
siluetta [silu'etta] *f* Schattenriss *m*
siluro [si'lu:ro] *m zo* Wels *m*; *mar* Torpedo(geschoss *n*) *m*
simb|oleggiare [simboled'dʒa:re] (*1f*) symbolisieren; **~olico** [-'bɔ:liko] (*pl -ci*) symbolisch
simbolo ['simbolo] *m* Symbol *n*; *inform* Sonderzeichen *n*
simile ['si:mile] **1.** *adj* ähnlich; so ein; ***essere* ~ *a qu*** j-m ähneln; **2.** *m* Nächste(r) *m*
simm|etria [simme'tri:a] *f* Symmetrie *f*; **~etrico** [-'me:triko] (*pl -ci*) symmetrisch
simp|atia [simpa'ti:a] *f* Sympathie *f*; ***avere* ~ *per qu*** j-n gut leiden können; **~atico** [-'pa:tiko] (*pl -ci*) sympathisch; **~atizzare** [-patid'dza:re] (*1a*) sym-

pathisieren, sich verstehen
simposio [sim'pɔːzio] *m* (*pl -si*) Tagung *f* (*von Fachleuten*)
simul|are [simu'laːre] (*1l*) vortäuschen; simulieren (*a tec*); **~azione** [-latsi'oːne] *f* Vortäuschung *f*, Simulation *f*
sinagoga [sina'gɔːga] *f* (*pl -ghe*) Synagoge *f*
sinc|eramente [sintʃera'mente] ehrlich gesagt; **~erarsi** [-tʃe'rarsi] (*1b*) sich vergewissern; **~erità** [-tʃeri'ta] *f* Aufrichtigkeit *f*, **~ero** [-'tʃɛːro] aufrichtig, ehrlich
sincronizzare [siŋkronid'dzaːre] (*1a*) synchronisieren, aufeinander abstimmen
sindac|alista [sindaka'lista] *m/f* (*m/pl -i*) Gewerkschaft(l)er *m*; **~ato** [-'kaːto] *m* Gewerkschaft *f*
sindaco ['sindako] *m* (*pl -ci*) Bürgermeister *m*
sinf|onia [sinfo'niːa] *f* Symphonie *f*, **~onico** [-'fɔːniko] (*pl -ci*) symphonisch
singh|iozzare [siŋgiot'tsaːre] (*1a*) den Schluckauf haben; schluchzen; **~iozzo** [-gi'ottso] *m* Schluckauf *m*; **-zi** *pl* Schluchzen *n*
single [siŋgl] *m/f inv* Single *m*
singol|are [siŋgo'laːre] **1.** *adj* einzeln; (*unico*) einzigartig; (*insolito*) ungewöhnlich; (*strano*) sonderbar; **2.** *m* Einzahl *f*, *sport* Einzel(spiel) *n*; **~arità** [-lari'ta] *f* Eigenartigkeit *f*
singolo ['siŋgolo] **1.** *adj* einzeln; Einzel…; **2.** *m* Einzelne(r) *m*; *tennis* Einzel *n*; *canottaggio* Einer *m*
sinistra [si'nistra] *f* Linke *f*, linke Hand *f*, linke Seite *f*, ***a ~*** links
sinistro [si'nistro] **1.** *adj* link; *fig* unheilvoll; **2.** *m* Schaden *m*; Unfall *m*
sino ['siːno]: ***~ a*** bis zu
sinonimo [si'nɔːnimo] *m* Synonym *n*
sinora [si'noːra] bis jetzt, bisher
sintesi ['sintezi] *f* Synthese *f*
sint|etico [sin'tɛːtiko] (*pl -ci*) synthetisch; ***cuoio m ~*** Kunstleder *n*; **~etizzare** [-tetid'dzaːre] (*1a*) zusammenfassen
sintomo ['sintomo] *m* Symptom *n*
sint|onia [sinto'niːa] *f* *rad* Feinabstimmung *f*, *fig* Einklang *m*; **~onizzare** [-tonid'dzaːre] (*1a*) *rad* abstimmen; *fig* in Einklang bringen
sinusite [sinu'ziːte] *f* Nebenhöhlenentzündung *f*
sipario [si'paːrio] *m* (*pl -ri*) Vorhang *m*
sirena [si'rɛːna] *f* Sirene *f*, Heulsirene *f*, ***~ d'allarme*** Alarmsirene *f*
siringa [si'riŋga] *f* (*pl -ghe*) *med* Spritze *f*, *bot* Flieder *m*; ***~ monouso*** Einwegspritze *f*
sismico ['sizmiko] (*pl -ci*) Erdbeben…
sistema [sis'tɛːma] *m* (*pl -i*) System *n*; ***~ antibloccaggio*** Antiblockiersystem *n*; ***~ elettorale proporzionale*** Verhältniswahlsystem *n*; ***~ immunitario*** Immunsystem *n*; ***~ monetario*** Währungssystem *n*; *inform* ***~ operativo*** Betriebssystem *n*; ***con ~*** systematisch
sistem|are [siste'maːre] (*1b*) regeln, in Ordnung bringen; (*alloggiare*) unterbringen; **~arsi** [-'marsi] unterkommen; e-e Stellung bekommen; **~atico** [-'maːtiko] (*pl -ci*) systematisch; **~azione** [-matsi'oːne] *f* Ordnung *f*, Unterkunft *f*
situ|are [situ'aːre] (*1l*) stellen; setzen; legen; **~ato** [-tu'aːto] gelegen; **~azione** [-tuatsi'oːne] *f* Lage *f*, Situation *f*, ***~ economica*** Wirtschaftslage *f*, ***~ meteorologica*** Wetterlage *f*
slacciare [zlat'tʃaːre] (*1f*) aufbinden; aufknöpfen
slalom ['zlaːlom] *m* Slalom *m*
slanciato [zlan'tʃaːto] schlank
slancio ['zlantʃo] *m* (*pl -ci*) Elan *m*; Schwung *m*
slavo ['zlaːvo] **1.** *adj* slawisch; **2.** *m* Slawe *m*; Slawisch(e) *n*
sle|ale [zle'aːle] unehrlich; **~altà** [-al'ta] *f* Unehrlichkeit *f*
sleg|are [zle'gaːre] (*1e*) losbinden; **~arsi** [-'garsi] aufgehen; **~ato** [-'gaːto] losgebunden, gelöst
slip [zlip] *m* Slip *m*
slitta ['zlitta] *f* Schlitten *m*
slitt|are [zlit'taːre] (*1a*) Schlitten fahren; gleiten; rutschen; **~ino** [-'tiːno] *m* (Rodel)Schlitten *m*
slogan ['zlɔgan] *m inv* Slogan *m*
slog|are [zlo'gaːre] (*1e*) verrenken; verstauchen; **~arsi** [-'garsi]: ***~ un piede*** sich den Fuß verrenken; **~atura** [-ga'tuːra] *f* Verrenkung *f*, Verstauchung *f*
sloggiare [zlod'dʒaːre] (*1f*) ausquartieren; ausziehen
smacchi|are [zmakki'aːre] (*1k*) Flecken entfernen von, reinigen; **~atore**

[-kia'to:re] *m* Fleckentferner *m*
smagliatura [zmaʎa'tu:ra] *f* Laufmasche *f*; *med* Dehnungsstreifen *m*
smalt|are [zmal'ta:re] (*1a*) lackieren; emaillieren; **~ato** [-'ta:to] emailliert; glasiert
smalt|imento [zmalti'mento] *m* *econ* Absatz *m*; *di rifiuti tossici* Entsorgung *f*; **~ire** [-'ti:re] (*4d*) *merce* absetzen; *rifiuti tossici* entsorgen; *fig* verdauen
smalto ['zmalto] *m* Lack *m*; Emaille *f*; **~ per unghie** Nagellack *m*
smantell|amento [zmantella'mento] *m* Abbau *m*; **~are** [-'la:re] (*1b*) abbauen
smarr|imento [zmarri'mento] *m* Verlust *m*; *fig* Verwirrung *f*; **~ire** [-'ri:re] (*4d*) verlieren; **~irsi** [-'rirsi] sich verlaufen
smascherare [zmaske'ra:re] (*1l*) entlarven (*a fig*); *j-m* die Maske abnehmen
smemorato [zmemo'ra:to] vergesslich
sment|ire [zmen'ti:re] (*4d*) *j-n* Lügen strafen; *et* dementieren; ***non smentirsi*** sich selbst treu bleiben; **~ita** [-'ti:ta] *f* Dementi *n*
smeraldo [zme'raldo] **1.** *m* Smaragd *m*; **2.** *adj* smaragdgrün
smerciare [zmer'tʃa:re] (*1f u b*) absetzen
smercio ['zmertʃo] *m* (*pl -ci*) Absatz *m*; Verkauf *m*
smesso ['zmesso] → ***smettere***
smettere ['zmettere] (*3ee*) **1.** *v/t* aufhören (***qc*** mit et; ***di fare qc*** et zu tun); *abiti* ablegen; **2.** *v/i* aufhören
smilitar|izzare [zmilitarid'dza:re] (*1a*) entmilitarisieren; **~izzazione** [-riddzatsi'o:ne] *f* Entmilitarisierung *f*
sminuire [zminu'i:re] (*4d*) vermindern
smist|amento [zmista'mento] *m* Sortierung *f*; *fer* Rangieren *n*; **~are** [-'ta:re] (*1a*) sortieren; *fer* rangieren
smisurato [zmizu'ra:to] maßlos
smodato [smɔ'dato] maßlos; übermäßig
smog [smɔg] *m inv* Smog *m*
smoking ['smɔkiŋ] *m inv* Smoking *m*
smont|aggio [zmon'taddʒo] *m* Demontage *f*; **~are** [-'ta:re] (*1a*) **1.** *v/i* aussteigen; absteigen (*da cavallo*); **2.** *v/t* absetzen; *tec* auseinander nehmen, demontieren
smorfia ['zmɔrfia] *f* Grimasse *f*, Fratze *f*
smorfioso [zmɔrfi'o:zo] zimperlich
smorto ['zmɔrto] blass; verblasst; ausdruckslos
smorz|amento [zmortsa'mento] *m* Dämpfung *f*; **~are** [-'tsa:re] (*1c*) dämpfen; (*spegnere*) löschen; **~ato** [-'tsa:to] gedämpft; ausgelöscht
smottamento [zmotta'mento] *m* Erdrutsch *m*
smuovere [zmu'ɔ:vere] (*3ff*) wegrücken; *fig j-n* abbringen (***da*** von)
snail mail ['znɛil'mɛil] *f* Schneckenpost *f*
snell|ezza [znel'lettsa] *f* Schlankheit *f*; **~ire** [-'li:re] (*4d*) schlanker machen; *fig* beschleunigen; vereinfachen
snello ['znɛllo] schlank
snerva|nte [zner'vante] nervenaufreibend, F stressig; **~re** [zner'va:re] (*1a*) entnerven
snob [znɔb] *m inv* Snob *m*
so [sɔ] → ***sapere***
sobborgo [sob'borgo] *m* (*pl -ghi*) Vorstadt *f*, Vorort *m*
sobrietà [sobrie'ta] *f* Mäßigkeit *f*, *fig* Maß *n*
sobrio ['sɔ:brio] (*pl -ri*) maßvoll; nüchtern; (*semplice*) schlicht
socchi|udere [sokki'u:dere] (*3b*) halb schließen; *porta* anlehnen; **~uso** [-'u:so] **1.** → ***socchiudere***; **2.** *adj* angelehnt
soccombere [sok'kombere] (*3a*) unterliegen; erliegen
socc|orrere [sok'korrere] (*3o*) helfen (***qu*** j-m); **~orritore** [-korri'to:re] *m* Helfer *m*; **~orso** [-'korso] **1.** → ***soccorrere***; **2.** *m* Hilfe *f*, ***pronto ~*** erste Hilfe *f*; ***~ stradale*** Pannendienst *m*; ***gridare ~*** um Hilfe rufen; ***segnale m di ~*** Notzeichen *n*
soci|ale [so'tʃa:le] gesellschaftlich; sozial; ***oneri*** *m/pl* ***-i*** Soziallasten *f/pl*; ***politica*** *f* ***~*** Sozialpolitik *f*; **~alismo** [-tʃa'lizmo] *m* Sozialismus *m*; **~alista** [-tʃa'lista] (*m/pl -i*) **1.** *adj* sozialistisch; **2.** *m/f* Sozialist(in *f*) *m*; **~alizzare** [-tʃalid'dza:re] (*1a*) Kontakte knüpfen
società [sotʃe'ta] *f* Gesellschaft *f*, (*associazione*) Verein *m*; *econ* ***~ a responsabilità limitata*** Gesellschaft *f* mit beschränkter Haftung; ***~ in accomandita*** Kommanditgesellschaft *f*, ***~ per azioni*** Aktiengesellschaft *f*, ***~ del***

S

benessere Wohlstandsgesellschaft *f*; ~ ***dei consumi*** Konsumgesellschaft *f*; ~ ***sportiva*** Sportverein *m*; ~ ***multiculturale*** Multikulti-Gesellschaft *f*
socievole [so'tʃeːvole] gesellig
socio ['sɔːtʃo] *m* (*pl -ci*) Mitglied *n*; *econ* Teilhaber *m*, Gesellschafter *m*
soci|ologia [sotʃolo'dʒiːa] *f* Soziologie *f*; **~ologo** [-'tʃɔːlogo] *m* (*pl -gi*) Soziologe *m*
soddisf|acente [soddisfa'tʃente] zufrieden stellend; befriedigend; **~are** [-'faːre] (*3aa*) befriedigen; zufrieden stellen; erfüllen; **~atto** [-'fatto] **1.** → ***soddisfare***; **2.** *adj* zufrieden; ***essere*** ~ ***di qu*** mit j-m zufrieden sein; **~azione** [-fatsi'oːne] *f* Zufriedenheit *f*; Genugtuung *f*
sodio ['sɔːdio] *m* Natrium *n*
sodo ['sɔːdo] hart; fest; *fig* ***venire al*** ~ zur Sache kommen
sofà [so'fa] *m inv* Sofa *n*
soffer|ente [soffe'rɛnte] leidend; **~enza** [-'rɛntsa] *f* Leiden *n*
sofferm|are [soffer'maːre] (*1a*) kurz anhalten; **~arsi** [-'marsi] sich (einen Augenblick) aufhalten
sofferto [sof'fɛrto] → ***soffrire***
soffi|are [soffi'aːre] (*1k*) blasen; schnauben; ***soffiarsi il naso*** sich die Nase putzen; **~atore** [-fia'toːre] *m* ~ ***di vetro*** Glasbläser *m*
soffice ['sɔffitʃe] weich
soffio ['soffio] *m* Hauch *m*
soffitt|a [sof'fitta] *f* Dachboden *m*; **~o** [-'fitto] *m* (Zimmer)Decke *f*
soffoc|ante [soffo'kante] erstickend; *fig* bedrückend; **~are** [-'kaːre] (*1l, c u d*) ersticken (*a fig*)
soffriggere [sof'friddʒere] (*3cc*) anbraten
soffrire [sof'friːre] (*4f*) **1.** *v/t* ertragen; *persone* ausstehen; **2.** *v/i* leiden (***di*** an *dat*)
sofisticato [sofisti'kaːto] affektiert; raffiniert
software [sɔft'wɛə] *m inv inform* Software *f*; ~ ***di traduzione*** Übersetzungssoftware *f*
softwarista [sɔftwe'rista] *m* (*pl -ti*) Softwareentwickler *m*
soggettivo [soddʒet'tiːvo] subjektiv
sogg|etto [sod'dʒɛtto] **1.** *adj* unterworfen; ~ ***a tassa*** steuerpflichtig; ***andare*** ~ ***a qc*** an et (*dat*) leiden; unter et (*dat*) leiden; **2.** *m* Thema *n*; *gram* Subjekt *n*; **~ezione** [-dʒetsi'oːne] *f* Unterworfenheit *f*; Scheu *f*
soggi|ornare [soddʒor'naːre] (*1a*) sich aufhalten; **~orno** [-'dʒorno] *m* Aufenthalt *m*; (*a* ***stanza*** *f* ***di*** ~) Wohnzimmer *n*; ***permesso*** *m* ***di*** ~ Aufenthaltserlaubnis *f*; ***tassa*** *f* ***di*** ~ Kurtaxe *f*
soglia ['sɔːʎa] *f* Schwelle *f*
sogliola ['sɔːʎola] *f* Seezunge *f*
sogn|are [so'ɲaːre] (*1a*) *u* **~arsi** [-'ɲarsi] träumen (***di*** von); **~atore** [-ɲa'toːre] *m* Träumer *m*
sogno ['soːɲo] *m* Traum *m*; ***neppur per*** **~!** nicht im Traum!
soia ['sɔːia] *f* Soja(bohne) *f*
sol [sɔl] *m mus* G *n*
solaio [so'laːio] *m* (*pl -ai*) Dachboden *m*; Dachkammer *f*
solamente [sola'mente] nur; ~ ***ieri*** erst gestern
sol|are [so'laːre] Sonnen…; ***anno*** *m* ~ Sonnenjahr *n*; **~arium** [-'laːrium] *m inv* Solarium *n*
solco ['solko] *m* (*pl -chi*) Furche *f*; Spur *f*
soldato [sol'daːto] *m* Soldat *m*
soldi ['sɔldi] *m/pl* Geld *n*
sole ['soːle] *m* Sonne *f*; ***c'è il*** ~ die Sonne scheint; ***colpo*** *m* ***di*** ~ Sonnenstich *m*; ***mettersi al*** ~ sich in die Sonne legen; ***prendere il*** (*od* ***stare al***) ~ sich sonnen
soleggi|are [soled'dʒaːre] (*1f*) sonnen; **~ato** [-'dʒaːto] sonnig
solenne [so'lɛnne] feierlich
solennità [solenni'ta] *f* Feierlichkeit *f*
solere [so'leːre] (*2p*) pflegen (***fare qc*** et zu tun)
soletta [so'letta] *f* Einlegesohle *f*
solforico [sol'fɔːriko] (*pl -ci*) Schwefel…; ***acido*** *m* ~ Schwefelsäure *f*
solid|ale [soli'daːle] solidarisch; **~arietà** [-darie'ta] *f* Solidarität *f*; **~arizzare** [-darid'dzaːre] (*1a*) solidarisieren
solidità [solidi'ta] *f* Festigkeit *f*
solido ['sɔːlido] fest, solide; stabil; (*robusto*) kräftig
sol|ista [so'lista] *m/f* (*m/pl -i*) Solist(in *f*) *m*; **~itario** [-li'taːrio] (*pl -ri*) **1.** *adj* einsam; (*deserto*) verlassen; **2.** Einzelgänger *m*; *gioco* Patience *f*
solito ['sɔːlito] gewohnt, üblich; ***al*** (*od* ***di***) ~ gewöhnlich; ***come al*** ~ wie ge-

S

wöhnlich; ***più del ~*** mehr als sonst
solitudine [soli'tu:dine] *f* Einsamkeit *f*
sollecitare [solletʃi'ta:re] (*1m*) drängen auf (*acc*); ersuchen um (*acc*); (*affrettare*) beschleunigen; (*stimolare*) anregen
soll|ecito [sol'le:tʃito] **1.** *adj persona* eifrig; *cosa* prompt; **2.** *m* Aufforderung *f*, Mahnbrief *m*; **~ecitudine** [-letʃi'tu:dine] *f* Eifer *m*; Schnelligkeit *f*
soll|eticare [solleti'ka:re] (*1m u d*) kitzeln; *appetito* reizen; **~etico** [-'le:tiko] *m* Kitzel *m*; Jucken *n*; ***fare il ~ a qu*** j-n kitzeln; ***soffrire il ~*** kitzelig sein
sollevamento [solleva'mento] *m* ***~ pesi*** Gewichtheben *n*
sollev|are [solle'va:re] (*1b*) erheben; (*raccogliere*) aufheben; **~arsi** [-'varsi] sich erheben; *avia* abheben
sollievo [solli'ɛ:vo] *m* Erleichterung *f*, Trost *m*
solo ['so:lo] **1.** *adj* allein; einzig; ***da ~*** allein; **2.** *adv* allein; nur; **3.** *m* Einzige(r) *m*; *mus* Solo *n*
solstizio [sol'sti:tsio] *m* (*pl -zi*) Sonnenwende *f*
soltanto [sol'tanto] nur, allein; erst; ***~ ieri*** erst gestern
sol|ubile [so'lu:bile] löslich; **~uzione** [-lutsi'o:ne] Lösung *f*, ***~ provvisoria*** Zwischenlösung *f*, **~vente** [-'vɛnte] **1.** *adj econ* zahlungsfähig; **2.** *m chim* Lösungsmittel *n*
somigli|ante [somi'ʎante] ähnlich; **~anza** [-'ʎantsa] *f* Ähnlichkeit *f*, **~are** [-'ʎa:re] (*1g*): ***~ qu*** (*od* ***a qu***) j-m ähnlich sein, j-m gleichen
somma ['somma] *f* Summe *f*, ***fare la ~*** zs-zählen; *fig* ***tirare le -e*** abrechnen
somm|are [som'ma:re] (*1a*) addieren, zs-zählen; **~ario** [-'ma:rio] (*pl -ri*) **1.** *adj* summarisch; **2.** *m* Inhaltsangabe *f*, **~ato** [-'ma:to]: ***tutto ~*** alles in allem
somm|ergere [som'mɛrdʒere] (*3uu*) überschwemmen; *fig* versenken; **~ergersi** [-'mɛrdʒersi] versinken; **~ergibile** [-mer'dʒi:bile] *m* U-Boot *n*; **~erso** [-'mɛrso] → ***sommergere***
sommesso [som'messo] unterwürfig; ***voce*** *f* ***-a*** leise Stimme *f*
somministrare [somminis'tra:re] (*1a*) *med* verabreichen
sommo ['sommo] **1.** *adj* höchst; **2.** *m* Gipfel *m* (*a fig*)
sommossa [som'mɔssa] *f* Aufruhr *m*
sond|aggio [son'daddʒo] *m* (*pl -ggi*) Sondierung *f*, **~** (***d'opinione***) Umfrage *f*, Meinungsforschung *f*, **~are** [-'da:re] (*1a*) sondieren
sonn|ambulo [son'nambulo] *m* Schlafwandler *m*; **~ecchiare** [-nekki'a:re] (*1k*) schlummern, F dösen; **~ifero** [-'ni:fero] *m* Schlafmittel *n*
sonno ['sonno] *m* Schlaf *m*; ***aver ~*** müde sein; ***prendere ~*** einschlafen
sonn|olento [sonno'lɛnto] verschlafen; **~olenza** [-no'lɛntsa] *f* Schläfrigkeit *f*
sono ['so:no] → ***essere***
son|orità [sonori'ta] *f* Wohlklang *m*; **~oro** [-'nɔ:ro] klangvoll; schallend; ***onde*** *f/pl* ***-e*** Schallwellen *f/pl*
sontu|osità [sontuosi'ta] *f* Pracht *f*, **~oso** [-tu'o:so] prächtig
soppesare [soppe'sa:re] (*1a*) abwiegen; *fig* abwägen
sopport|abile [soppor'ta:bile] erträglich; **~are** [-'ta:re] (*1c*) ertragen, vertragen, aushalten
soppr|essione [soppressi'o:ne] *f* Abschaffung *f*, Aufhebung *f*, Beseitigung *f*, **~esso** [-'prɛsso] → ***sopprimere***
sopprimere [sop'pri:mere] (*3r*) (*abolire*) abschaffen, aufheben; (*eliminare*) *j-n* beseitigen
sopra ['so:pra] **1.** *prp* auf (*dat od acc*), über (*dat od acc*); ***~ il tavolo*** auf dem Tisch; ***~ la città*** über der Stadt; ***~ tutto*** vor allem; **2.** *adv* oben; ***la parte di ~*** der obere Teil
sopr|abito [so'pra:bito] *m* Überzieher *m*; Mantel *m*; **~acciglio** [-prat'tʃi:ʎo] *m* (*pl le -a*) Augenbraue *f*, **~aggiungere** [-prad'dʒundʒere] (*3d*) plötzlich kommen; *difficoltà* auftauchen; **~alluogo** [-prallu'ɔ:go] *m* (*pl -ghi*) Besichtigung *f*, *jur* Lokaltermin *m*; **~annaturale** [-prannatu'ra:le] übernatürlich; **~annome** [-pran'no:me] *m* Bei-, Spitzname *m*; **~annumero** [-pran'nu:mero] *m* Überzahl *f*, ***in ~*** überzählig
soprano [sop'ra:no] *m* Sopran *m*; ***mezzo ~*** Mezzosopran *m*
sopr|appensiero [soprappensi'ɛ:ro] in Gedanken versunken; **~assalto** [-pras'salto]: ***di ~*** plötzlich; **~attassa** [-prat'tassa] *f* Zuschlag(s)gebühr *f*, *post* Strafporto *n*; **~attutto** [-prat'tutto] vor

S

allem; **~avvalutare** [-pravvalu'ta:re] *(1a)* überschätzen; **~avvalutazione** [-pravvalutatsi'o:ne] *f* Überschätzung *f*; **~avvenire** [-pravve'ni:re] *(4p)* plötzlich kommen *(od* erscheinen); *fatto* eintreten; *(capitare)* passieren; **~avvissuto** [-pravvis'su:to] **1.** *adj* überlebend; **2.** *m* Überlebende(r) *m*; **~avvivenza** [-pravvi'vɛntsa] *f* Überleben *n*; **~avvivere** [-prav'vi:vere] *(3zz)* überleben **(*a qu*** j-n)

soqquadro [sokku'a:dro]: ***mettere a ~*** durcheinander bringen

sorb|etto [sor'betto] *m* Sorbett *m u n*; **~ire** [-'bi:re] *(4d)* schlürfen; **~irsi** [-'birsi] aushalten, ertragen

sorcio ['sortʃo] *m (pl -ci)* Maus *f*

sord|ina [sor'di:na] *f* (Schall)Dämpfer *m*; ***in ~*** leise, heimlich; **~ità** [-di'ta] *f* Taubheit *f*

sordo ['sordo] taub

sordomuto [sordo'mu:to] taubstumm

sor|ella [so'rɛlla] *f* Schwester *f*; **~ellastra** [-rel'lastra] *f* Stiefschwester *f*

sorgente [sor'dʒɛnte] *f* Quelle *f*

sorgere ['sordʒere] *(3d)* sich erheben; *sole* aufgehen; *fig* entstehen

sormontare [sormon'ta:re] *(1a)* übersteigen; *difficoltà* überwinden

sorpass|are [sorpas'sa:re] *(1a)* überschreiten; *auto* überholen; **~ato** [-pas'sa:to] überholt; altmodisch, rückständig; **~o** [-'passo] *m* Überholen *n*; ***divieto*** *m* ***di ~*** Überholverbot *n*

sorpr|endente [sorpren'dɛnte] erstaunlich; verwunderlich; **~endere** [-'prɛndere] *(3c)* überraschen; *(cogliere sul fatto)* ertappen, erwischen; **~esa** [-'pre:sa] *f* Überraschung *f*; **~eso** [-'pre:so] → ***sorprendere***

sorr|idere [sor'ri:dere] *(3b)* lächeln; **~iso** [-'ri:so] **1.** → ***sorridere***; **2.** *m* Lächeln *n*

sorseggiare [sorsed'dʒa:re] *(1f)* schlürfen

sorso ['sorso] *m* Schluck *m*

sorta ['sɔrta] *f* Sorte *f*, Art *f*

sorte ['sɔrte] *f* Los *n*; Schicksal *n*; ***tirare a ~*** losen

sort|eggiare [sorted'dʒa:re] *(1f)* auslosen; **~eggio** [-'teddʒo] *m (pl -ggi)* Auslosung *f*

sorto ['sorto] → ***sorgere***

sorvegli|anza [sorve'ʎantsa] *f* Überwachung *f*, Aufsicht *f*; **~are** [-'ʎa:re] *(1g)* überwachen

sorvolare [sorvo'la:re] *(1a) avia* überfliegen; *fig* übergehen

sosia ['sɔ:zia] *m inv* Doppelgänger *m*

sosp|endere [sos'pɛndere] *(3c) (appendere)* aufhängen; *(interrompere)* unterbrechen; *pagamento* einstellen; *(differire)* aufschieben; *da una carica* *j-n* suspendieren; **~ensione** [-pensi'o:ne] *f* Unterbrechung *f*, Einstellung *f*; *auto* Federung *f*; ***~ dei pagamenti*** Zahlungseinstellung *f*; **~eso** [-'pe:so] **1.** → ***sospendere***; **2.** *adj* hängend; *fig* schwebend; ***tenere in ~*** in der Schwebe lassen

sosp|ettare [sospet'ta:re] *(1b)* verdächtigen; *(supporre)* vermuten; ***~ qu*** *(od* ***di qu****)* j-n in Verdacht haben; **~etto** [-'pɛtto] **1.** *adj* verdächtig; **2.** *m* Verdacht *m*; **~ettoso** [-pet'to:so] misstrauisch

sosp|irare [sospi'ra:re] *(1a)* **1.** *v/i* seufzen; **2.** *v/t* herbeisehnen; **~iro** [-'pi:ro] *m* Seufzer *m*

sosta ['sɔsta] *f* Halt *m*; Anhalten *n*; Pause *f*; ***divieto*** *m* ***di ~*** Halteverbot *n*

sost|antivo [sostan'ti:vo] *m* Substantiv *n*, Hauptwort *n*; **~anza** [-'tantsa] *f* Substanz *f*, Stoff *m*; ***-e*** *pl* ***nocive*** Schadstoffe *m/pl*; ***in ~*** im Wesentlichen; schließlich

sostare [sos'ta:re] *(1c)* (an)halten; Station machen; eine Pause einlegen

sost|egno [sos'te:ɲo] *m* Stütze *f*; ***a ~ di*** zur Stütze *(gen)*; **~enere** [-te'ne:re] *(2q)* halten, tragen; stützen; *fig j-n* unterstützen; *(affermare)* behaupten; *punto di vista* vertreten; **~engo** [-'tɛŋgo] → ***sostenere***; **~enitore** [-teni'to:re] *m* Befürworter *m*; Unterstützer *m*; **~entamento** [-tenta'mento] *m* Unterhalt *m*; **~enuto** [-te'nu:to] zurückhaltend

sostit|uibile [sostitu'i:bile] ersetzbar; austauschbar; **~uire** [-tu'i:re] *(4d)* auswechseln; ersetzen; *(supplire)* vertreten; **~uto** [-'tu:to] *m* Stellvertreter *m*; **~uzione** [-tutsi'o:ne] *f* Auswechselung *f*, Ersetzung *f*, Vertretung *f*

sottaceti [sotta'tʃe:ti] *m/pl* Mixedpickles *pl*

sottana [sot'ta:na] *f* Unterrock *m*; *(gonna)* Rock *m*

S

sotterr|anea [sotter'ra:nea] *f* U-Bahn *f*; **~aneo** [-'ra:neo] **1.** *adj* unterirdisch; **2.** *m* Kellergeschoss *n*; **~are** [-'ra:re] (*1b*) begraben; vergraben

sottile [sot'ti:le] dünn; fein; *fig* scharf; spitzfindig

sottin|tendere [sottin'tɛndere] (*3c*) nicht erwähnen; mit einbeziehen; **~teso** [-'te:so] **1.** → ***sottintendere***; **2.** *m* Hintergedanke *m*

sotto ['sotto] **1.** *prp* unter (*dat od acc*); **2.** *adv* unten; ***c'è qc ~*** da steckt et dahinter

sotto|banco [sotto'baŋko] heimlich, unter der Hand; **~braccio** [-'brattʃo]: ***camminare ~*** Arm in Arm gehen; ***prendere qu ~*** sich bei j-m einhängen

sottocchio [sot'tɔkkio] vor den Augen; ***tenere ~ i bambini*** auf die Kinder achten

sotto|chiave [sottoki'a:ve] unter Verschluss; *fig* hinter Schloss und Riegel; **~costo** [-'kɔsto] unter dem Preis; **~esposto** [-es'posto] *fot* unterbelichtet; **~fondo** [-'fondo] *m* Hintergrund *m*; **~lineare** [-line'a:re] (*1n*) unterstreichen; *fig* hervorheben; **~marino** [-ma'ri:no] *m* U-Boot *n*; **~messo** [-'messo] **1.** → ***sottomettere***; **2.** *adj* unterwürfig; **~mettere** [-'mettere] (*3ee*) unterwerfen; **~missione** [-missi'o:ne] *f* Unterwerfung *f*; **~passaggio** [-pas'saddʒo] *m* (*pl -ggi*) Unterführung *f*; **~porre** [-'porre] (*3ll*) unterziehen; *j-m et* unterbreiten; **~porsi** [-'porsi] sich unterziehen; sich unterwerfen

sotto|scrivere [sotto'skri:vere] (*3tt*) unterzeichnen; **~scrizione** [-skritsi'o:ne] *f* Unterzeichnung *f*; Unterschriftensammlung *f*; *libri* Subskription *f*

sottosopra [sotto'so:pra] verkehrt; durcheinander, drunter und drüber; *fig* ***essere ~*** in großer Unordnung (*od* Aufregung) sein

sottosuolo [sottosu'ɔ:lo] *m* Untergrund *m*; ***ricchezze*** *f/pl* ***del ~*** Bodenschätze *m/pl*

sotto|sviluppato [sottozvilup'pa:to] unterentwickelt; **~valutare** [-valu'ta:re] (*1a*) unterschätzen; **~veste** [-'vɛste] *f* Unterrock *m*; **~voce** [-'vo:tʃe] leise

sottrarre [sot'trarre] (*3xx*) entziehen; *denaro* unterschlagen; *mat* subtrahieren, abziehen

sottrarsi [sot'trarsi]: ***~ a qc*** sich e-r Sache entziehen

sottratto [-'tratto] → ***sottrarre***

sottrazione [-tratsi'o:ne] *f* Unterschlagung *f*; *mat* Subtraktion *f*

sottufficiale [sottuffi'tʃa:le] *m* Unteroffizier *m*

sovietico [sovi'ɛ:tiko] (*pl -ci*) sowjetisch

sovr|abbondante [sovrabbon'dante] überreichlich; **~abbondanza** [-abbon'dantsa] *f* Überfluss *m*; **~abbondare** [-abbon'da:re] (*1a*) im Überfluss vorhanden sein; **~accarico** [-ak'ka:riko] **1.** *adj* überladen; *fig* überlastet (***di*** mit); **2.** *m* Überladung *f*; *fig* Überlastung *f*

sovrano [so'vra:no] **1.** *adj* souverän; **2.** *m* Herrscher *m*

sovrap|peso [sovrap'pe:so] *m* Übergewicht *n*; **~popolato** [-popo'la:to] übervölkert; **~porre** [-'porre] (*3ll*) aufeinander legen; **~posizione** [-pozitsi'o:ne] *f* Überlagerung *f*; **~produzione** [-produtsi'o:ne] *f* Überproduktion *f*

sovrastare [sovra'sta:re] (*1a*) beherrschen, überragen; *fig* bevorstehen, drohen

sovr|intendente [sovrinten'dɛnte] *m* Leiter *m*; **~umano** [-vru'ma:no] übermenschlich

souvenir [suvə'nir] *m inv* Andenken *n*, Souvenir *n*

sovvenzi|onare [sovventsio'na:re] (*1a*) subventionieren; **~one** [-tsi'o:ne] *f* Subvention *f*, Unterstützung *f*

sovversivo [sovver'si:vo] subversiv

spacc|are [spak'ka:re] (*1d*) spalten; *legna* hacken; **~arsi** [-'karsi] platzen; **~atura** [-ka'tu:ra] *f* Spalt *m*

spacci|are [spat'tʃa:re] (*1f*) verkaufen; absetzen; ***~ moneta falsa*** Falschgeld in Umlauf bringen; ***~ droga*** mit Drogen handeln; ***siamo spacciati!*** wir sind verloren!; **~arsi** [-'tʃarsi]: ***~ per*** sich ausgeben als; **~ato** [-'tʃa:to] verloren, geliefert, ruiniert; **~atore** [-tʃa'to:re] *m* Händler *m*; *droga* Dealer *m*

spaccio ['spattʃo] *m* (*pl -cci*) Verkauf *m*; Verkaufsstelle *f*

spacco ['spakko] *m* (*pl -cchi*) Spalt *m*; *gonna* Schlitz *m*

S

spaccone [spak'ko:ne] *m* Prahlhans *m*
spada ['spa:da] *f* Schwert *n*
spadroneggiare [spadroned'dʒa:re] (*1f*) den Herrn spielen
spaesato [spae'za:to] fremd
spaghetti [spa'getti] *m/pl* Spagetti *pl*
spagnolo [spa'ɲɔ:lo] **1.** *adj* spanisch; **2.** *m*, **-a** [-'ɲɔ:la] *f* Spanier(in *f*) *m*; Spanisch(e) *n*
spago ['spa:go] *m* (*pl -ghi*) Bindfaden *m*
spalancare [spalaŋ'ka:re] (*1d*) aufreißen; aufsperren
spalla ['spalla] *f* Schulter *f*; Achsel *f*; ***stringersi nelle -e*** die Achseln zucken; ***vivere alle -e di qu*** auf j-s Kosten leben
spall|eggiare [spalled'dʒa:re] (*1f*) *j-m* beistehen; **~iera** [-li'ɛ:ra] *f* (Rücken)Lehne *f*; **~ina** [-'li:na] *f* Schulterpolster *n*
spalmare [spal'ma:re] (*1a*) bestreichen, auftragen
spam [spɛm] *m* ***fare ~*** *di e-mail* zumüllen
spamming ['spɛmmiŋ] *m* ***fare ~*** *con e-mail* zumüllen
spand|ere ['spandere] (*3a*) ausstreuen; ausgießen; *fig* verbreiten; **~ersi** [-si] sich verbreiten
spar|are [spa'ra:re] (*1a*) schießen; **~atoria** [-ra'tɔ:ria] *f* Schießerei *f*
sparecchiare [sparekki'a:re] (*1k*) abdecken
spargere ['spardʒere] (*3uu*) ausstreuen; *liquido* verschütten; *fig* verbreiten
spar|ire [spa'ri:re] (*4d od 4e*) verschwinden; **~izione** [-ritsi'o:ne] *f* Verschwinden *n*
sparo ['spa:ro] *m* Schuss *m*
sparpagliare [sparpa'ʎa:re] (*1g*) verstreuen; *forze* zersplittern
sparso ['sparso] **1.** → ***spargere***; **2.** *adj* lose
spart|iacque [sparti'akkue] *m inv* Wasserscheide *f*; **~ire** [-'ti:re] (*4d*) (ver)teilen; trennen; **~ito** [-'ti:to] *m mus* Partitur *f*; **~itraffico** [-ti'traffiko] *m* (*pl -ci*) Fahrbahnteiler *m*; Mittelstreifen *m*; **~izione** [-titsi'o:ne] *f* Verteilung *f*; ***~ del tempo*** Zeiteinteilung *f*
spasimo ['spa:zimo] *m* Krampf *m*; *fig* Qual *f*
spasso ['spasso] *m* Vergnügen *n*; ***andare a ~*** spazieren gehen; *fig* ***essere a ~*** arbeitslos sein; ***per ~*** zum Scherz, zum Spaß
spassoso [spas'so:so] unterhaltend, belustigend
spastico ['spastiko] (*pl -ci*) spastisch, krampfhaft
spaurito [spau'ri:to] erschreckt, verängstigt
spavaldo [spa'valdo] dreist
spaventapasseri [spaventa'passeri] *m inv* Vogelscheuche *f* (*a fig*)
spav|entare [spaven'ta:re] (*1b*) *u* **~entarsi** [-ven'tarsi] erschrecken; **~ento** [-'vɛnto] *m* Schrecken *m*; **~entoso** [-ven'to:so] entsetzlich
spaziale [spatsi'a:le] (Welt)Raum…
spazientirsi [spatsien'tirsi] (*4d*) die Geduld verlieren
spazio ['spa:tsio] *m* (*pl -zi*) Raum *m*; (*universo*) Weltraum *m*; *fig* Spielraum *m*; (*a* ***~ di tempo***) Zeitraum *m*; ***~ vitale*** Lebensraum *m*
spazioso [spatsi'o:so] geräumig
spazz|acamino [spattsaka'mi:no] *m* Schornsteinfeger *m*; **~aneve** [-tsa'ne:ve] *m inv* Schneepflug *m*; **~are** [-'tsa:re] (*1a*) fegen, kehren; wegfegen; **~atura** [-tsa'tu:ra] *f* Müll *m*; Abfall *m*; **~ino** [-'tsi:no] *m* Straßenkehrer *m*
spazzola ['spattsola] *f* Bürste *f*
spazzol|are [spattso'la:re] (*1l*) bürsten; **~ino** [-'li:no] *m* ***~ da denti*** Zahnbürste *f*
specchi|arsi [spekki'arsi] (*1k*) sich im Spiegel betrachten; (*riflettersi*) sich spiegeln; **~etto** [-ki'etto] *m* Handspiegel *m*; *let* Übersichtstabelle *f*; *auto* ***~ retrovisore*** (*od* ***retrovisivo***) Rückspiegel *m*
specchio ['spɛkkio] *m* (*pl -cchi*) Spiegel *m*
speci|ale [spe'tʃa:le] speziell, besonder(e); Sonder…; **~alista** [-tʃa'lista] *m/f* (*m/pl -i*) Spezialist(in *f*) *m*; **~alità** [-tʃali'ta] *f* Fachgebiet *n*; (*prodotto od piatto tipico*) Spezialität *f*; **~alizzarsi** [-tʃalid'dzarsi] (*1a*) sich spezialisieren; **~almente** [-tʃal'mente] besonders
specie ['spɛ:tʃe] **1.** *f inv* Art *f*; Sorte *f*; **2.** *adv* insbesondere
spec|ificare [spetʃifi'ka:re] (*1m u d*) genau angeben; **~ifico** [-'tʃi:fiko] (*pl -ci*) spezifisch; bestimmt
specul|are [speku'la:re] (*1l u b*) spe-

S

kulieren (**in** mit, **su** auf *acc*); **~ativo** [-la'tiːvo] spekulativ; **~atore** [-la'toːre] *m* Spekulant *m*; **~azione** [-latsi'oːne] *f* Spekulation *f*

sped|ire [spe'diːre] (*4d*) (ab-, ver)senden; schicken; **~ito** [-'diːto] schnell, rasch; **~itore** [-di'toːre] *m* Absender *m*; **~izione** [-ditsi'oːne] *f* Sendung *f*, Versand *m*; (*viaggio*) Expedition *f*; **~ di un pacco** Paketsendung *f*; **agenzia** *f* **di ~** Speditionsfirma *f*; **spese** *f/pl* **di ~** Versandkosten *pl*; **~izioniere** [-ditsioni'ɛːre] *m* Spediteur *m*

spegn|ere ['spɛːɲere] (*3vv*) (aus-) löschen; *luce*, *rad* ausschalten, ausmachen; *motore* abstellen; **~ersi** [-si] verlöschen, ausgehen

spelling ['spelliŋ] *m* **fare lo ~** buchstabieren

spelonca [spe'loŋka] *f* (*pl -che*) Höhle *f*

spendere ['spɛndere] (*3c*) ausgeben; *fig* aufwenden, verwenden

spennare [spen'naːre] (*1a*) *pollo* rupfen

spensierato [spensie'raːto] sorglos, sorgenfrei

spento ['spɛnto] → **spegnere**

sper|anza [spe'rantsa] *f* Hoffnung *f*; **senza ~** hoffnungslos; **~are** [-'raːre] (*1b*) hoffen (**in** auf *acc*)

sperduto [spɛr'duːto] verirrt, verlaufen; *luogo* abgelegen, verlassen; **sentirsi ~** sich verloren fühlen

spergi|urare [sperdʒu'raːre] (*1a*) falsch schwören; **giurare e ~** hoch und heilig schwören; **~uro** [-'dʒuːro] *m* Meineid *m*

spericolato [speriko'laːto] **1.** *adj* waghalsig; **2.** *m* Wagehals *m*

speriment|ale [sperimen'taːle] experimentell; **~are** [-'taːre] (*1a*) experimentieren; *prodotto* testen; ausprobieren; *fig* auf die Probe stellen

sperma ['spɛrma] *m* Sperma *n*, Samen *m*

S

sperperare [sperpe'raːre] (*1l u b*) vergeuden

sperpero ['spɛrpero] *m* Verschwendung *f*

spesa ['speːsa] *f* Ausgabe *f*; **-e** *pl* Kosten *pl*, Unkosten *pl*, Spesen *pl*; **fare la ~** einkaufen; **-e di produzione** Herstellungskosten *pl*; **-e di pubblicità** Werbungskosten *pl*; **-e di storno** Stornogebühren *pl*; **-e di trasferta** Reisespesen *pl*; **-e di trasporto** Frachtkosten *pl*; **-e d'esercizio** Betriebskosten *pl*; **a proprie -e** auf eigene Kosten

spesso ['spesso] **1.** *adj* dick; dicht; **-e volte** oftmals; **2.** *adv* oft

spessore [spes'soːre] *m* Dicke *f*, Stärke *f*

spettabile [spet'taːbile] geschätzt; *econ nelle lettere* **~ ditta ...** Firma ...

spettacolare [spettako'laːre] großartig, grandios

spettacolo [spet'taːkolo] *m* Veranstaltung *f*, Vorstellung *f*, Anblick *m*; **~ cinematografico** Filmvorstellung *f*; **~ teatrale** Theateraufführung *f*

spettare [spet'taːre] (*1b*) zustehen

spett|atore [spetta'toːre] *m*, **~atrice** [-ta'triːtʃe] *f* Zuschauer(in *f*) *m*

spettinare [spetti'naːre] (*1l u b*): **~ qu** j-m die Haare zerzausen

spettinato [spetti'nato] zerzaust

spettro ['spɛttro] *m* Gespenst *n*; *fis* Spektrum *n*

spezie ['spɛːtsie] *f/pl* Gewürze *n/pl*

spezz|are [spet'tsaːre] (*1b*) brechen, zerbrechen; **~atino** [-tsa'tiːno] *m* Gulasch *n u m*; **~ato** [-'tsaːto] **1.** *adj* gebrochen; **2.** *m* Kombination *f*; **~ettare** [-tset'taːre] (*1a*) zerstückeln

spia [sp'iːa] *f* Spion(in *f*) *m*; *tec* Kontrollleuchte *f*

spiacente [spia'tʃɛnte]: **essere ~** bedauern; **sono molto ~** es tut mir sehr Leid

spieacere [spia'tʃeːre] (*2k*) Leid tun; **mi spiace** es tut mir Leid; ich bedaure

spiacevole [spia'tʃeːvole] unangenehm

spiaggia [spi'addʒa] *f* (*pl -gge*) Strand *m*

spianare [spia'naːre] (*1a*) ebnen; *pasta* (aus)rollen

spiare [spi'aːre] (*1h*) spionieren; **~ qu** j-m nachspionieren

spiazzo [spi'attso] *m* freier Platz *m*

spiccato [spik'kaːto] scharf; deutlich

spicchio ['spikkio] *m* (*pl -cchi*) *frutto* Scheibe *f*; **~ d'aglio** Knoblauchzehe *f*

spicci|are [spit'tʃaːre] (*1f*) erledigen; *cliente* abfertigen; **~arsi** [-'tʃarsi] sich beeilen; **~ativo** [-tʃa'tiːvo] kurz und bündig

spiccioli ['spittʃoli] *m/pl* Kleingeld *n*

spiedo [spi'ɛːdo] *m* (Brat)Spieß *m*; **allo ~** am (*od* vom) Spieß

spieg|abile [spie'gaːbile] erklärbar;

~are [-'ga:re] (*1b u e*) (*stendere*) ausbreiten; (*chiarire*) erklären; **~arsi** [-'garsi] sich erklären, sich klar ausdrücken; ***mi spiego?*** habe ich mich klar genug ausgedrückt?; ***non so se mi spiego*** verstehen Sie mich recht; **~azione** [-gatsi'o:ne] *f* Erklärung *f*; **~azzare** [-gat'tsa:re] (*1a*) zerknittern
spietato [spie'ta:to] erbarmungslos
spiga ['spi:ga] *f* (*pl -ghe*) Ähre *f*
spigliato [spi'ʎa:to] ungezwungen; gewandt
spigol|a ['spi:gola] *f* Seebarsch *m*; **~o** [-lo] *m* Kante *f*
spill|a ['spilla] *f* (Ansteck)Nadel *f*; *gioiello* Brosche *f*; **~o** [-lo] *m* Stecknadel *f*; ***~ di sicurezza*** Sicherheitsnadel *f*
spina ['spi:na] *f bot* Dorn *m*; *zo* Stachel *m*; (Fisch)Gräte *f*; *el* Stecker *m*; ***~ doppia*** Doppelstecker *m*; *anat* ***~ dorsale*** Rückgrat *n*, Wirbelsäule *f*; ***~ di pesce*** Fischgrätmuster *n*; ***birra** f **alla ~*** Bier *n* vom Fass; *fig* ***stare sulle -e*** wie auf glühenden Kohlen sitzen
spinaci [spi'na:tʃi] *m/pl* Spinat *m*
spinale [spi'na:le] Rückgrat…; ***midollo** m **~*** Rückenmark *n*
spinello F [spi'nɛllo] *m* F Joint *m*
sping|ere ['spindʒere] (*3d*) stoßen; schieben, F drängeln; *fig* treiben; **~ersi** [-si] sich (vor)drängen
spino ['spi:no] *m* Schlehdorn *m*
spinoso [spi'no:so] dornig; *fig* heikel
spin|ta ['spinta] *f* Stoß *m*; *fig* Anstoß *m*; **~terogeno** [-te'rɔ:dʒeno] *m auto* Zündverteiler *m*; **~to** [-to] → ***spingere***
spionaggio [spio'naddʒo] *m* (*pl -ggi*) Spionage *f*
spiovere [spi'ɔ:vere] (*3kk*) aufhören zu regnen
spir|aglio [spi'ra:ʎo] *m* (*pl -gli*) Ritze *f*, Spalt *m*; *fig* Ausweg *m*; ***~ di luce*** Lichtstrahl *m*; **~ale** [-'ra:le] *f* Spirale *f*; **~are** [-'ra:re] (*1a*) wehen; *fig* sterben
spirito ['spi:rito] *m* Geist *m*; (*disposizione*) Sinn *m*; (*umorismo*) Witz *m*, Humor *m*; *chim* Spiritus *m*; ***~ d'osservazione*** Beobachtungsgabe *f*; ***fare dello ~*** humorvoll sein
spirit|oso [spiri'to:so] geistreich, humorvoll, witzig; **~uale** [-tu'a:le] geistig
splendere ['splɛndere] (*3a*) glänzen
splendente [splen'dɛnte] glänzend
splendido ['splɛndido] herrlich, wunderschön, fabelhaft; *carriera* glänzend
splendore [splen'do:re] *m* Glanz *m*
spogli|are [spo'ʎa:re] (*1g*) ausziehen; (*rubare*) berauben; **~arsi** [-'ʎarsi] sich ausziehen; ***~ di qc*** sich e-r Sache entledigen; sich von et (*dat*) befreien; **~arello** [-ʎa'rɛllo] *m* Striptease *m u n*; **~atoio** [-ʎa'to:io] *m* (*pl -oi*) Umkleideraum *m*
spoglio ['spɔ:ʎo] (*pl -gli*) entblößt; beraubt; frei (***di*** von)
spola ['spɔ:la] *f* Spule *f*; ***fare la ~ da un luogo all'altro*** zwischen zwei Orten hin- und herpendeln
spolver|are [spolve'ra:re] (*1l*) abstauben; **~izzare** [-rid'dza:re] (*1a*) bestreuen (***di*** mit); pulverisieren
sponda ['sponda] *f* Rand *m*; *geogr* Ufer *n*
sponsor ['spɔnsor] *m inv* Sponsor *m*
sponsorizzare [sponsorid'dza:re] (*1a*) sponsern
spont|aneità [spontanei'ta] *f* Spontaneität *f*, Natürlichkeit *f*; **~aneo** [-'ta:neo] freiwillig; spontan; natürlich
sporadico [spo'ra:diko] (*pl -ci*) sporadisch
sporc|are [spor'ka:re] (*1c u d*) beschmutzen; schmutzig machen; **~izia** [-'tʃi:tsia] *f* Schmutz *m*, F Dreck *m*
sporco ['spɔrko] (*pl -chi*) schmutzig, F dreckig
sporg|ere ['spɔrdʒere] (*3d*) **1.** *v/t* vorstrecken; hinhalten; *denuncia* einreichen; **2.** *v/i* hervorragen; hervortreten; **~ersi** [-dʒersi] sich hinauslehnen
sport [spɔrt] *m inv* Sport *m*; ***~ invernale*** Wintersport *m*; ***~ nautico*** Wassersport *m*; ***fare dello ~*** Sport treiben; ***per ~*** zum Vergnügen, zum Spaß
sporta ['spɔrta] *f* Einkaufstasche *f*
sportello [spor'tɛllo] *m* Schalter *m*; *auto* Tür *f*; ***~ automatico*** Geldautomat; ***~ (dei) biglietti*** Fahrkartenschalter *m*
sportivo [spor'ti:vo] **1.** *adj* Sport…; sportlich; ***attrezzatura** f **-a*** Sportausrüstung *f*, ***campo** m **~*** Sportplatz *m*; **2.** *m* Sportler *m*
sporto ['spɔrto] → ***sporgere***
sposa ['spɔ:za] *f* Braut *f*
spos|are [spo'za:re] (*1c*), **~arsi** [-'zarsi]

S

heiraten; **~ato** [-'za:to] verheiratet
sposo ['spɔ:zo] *m* Bräutigam *m*; **-i** *pl* Brautleute *pl*; ***promessi -i*** Verlobte *pl*
spostare [spos'ta:re] (*1a*) rücken; (*trasferire*) verlegen; *persone* versetzen; (*rimandare*) verschieben
spranga ['spraŋga] *f* (*pl -ghe*) Querstange *f*; Riegel *m*
sprangare [spraŋ'ga:re] (*1e*) verriegeln
spr|ecare [spre'ka:re] (*1b u d*) verschwenden, vergeuden; **~eco** ['sprɛ:ko] *m* (*pl -chi*) Verschwendung *f*
spregevole [spre'dʒe:vole] verächtlich
spregiudicato [spredʒudi'ka:to] vorurteilslos; *spreg* skrupellos
spremere ['sprɛ:mere] (*3a*) auspressen
spremilimoni [spremili'mo:ni] *m inv* Zitronenpresse *f*
spremuta [spre'mu:ta] *f* frisch ausgepresster (Frucht)Saft *m*; ***~ di limone*** Zitronensaft *m*; ***~ d'arancia*** Orangensaft *m*
sprizzare [sprit'tsa:re] (*1a*) spritzen; *fig* versprühen
sprofond|are [sprofon'da:re] (*1a*) versinken; einstürzen; *fig* geraten (***in*** in *acc*); **~arsi** [-'darsi] einsinken; *fig* sich versenken (***in*** in *acc*)
spronare [spro'na:re] (*1a*) anspornen
sprone ['spro:ne] *m* Sporn *m* (*a fig*); Ansporn *m*
sproporzionato [sproportsio'na:to] unproportioniert; (*esagerato*) übertrieben; ***essere ~ a*** in keinem Verhältnis stehen zu
sproposito [spro'pɔ:zito] *m* Dummheit *f*; ***a ~*** unpassend
sprovv|eduto [sprovve'du:to] weltfremd, unbeholfen; **~isto** [-'visto]: ***~ di*** nicht versehen mit, ohne (*acc*); (*sfornito*) nicht versorgt mit; ***sono ~ di*** mir fehlt es an (*dat*); ***alla -a*** unvermutet
spruzz|are [sprut'tsa:re] (*1a*) bespritzen; spritzen; **~atore** [-tsa'to:re] *m* Düse *f*
spruzzo ['spruttso] *m* Strahl *m*; *fango* Spritzer *m*
spudorato [spudo'ra:to] schamlos
spugna ['spu:ɲa] *f* Schwamm *m*
spuma ['spu:ma] *f* Schaum *m*
spum|ante [spu'mante] **1.** *adj* ***vino*** *m* ***~*** = **2.** *m* Sekt *m*; **~are** [-'ma:re] (*1a*), **~eggiare** [-med'dʒa:re] (*1f*) schäumen; **~oso** [-'mo:so] schaumig

spunt|are [spun'ta:re] (*1a*) erscheinen; auftauchen; *bot* sprießen; *sole* aufgehen; *giorno* anbrechen; **~ino** [-'ti:no] *m* Imbiss *m*
spunto ['spunto] *m* Anregung *f*, Anstoß *m*
sputare [spu'ta:re] (*1a*) spucken; speien
sputo ['spu:to] *m* Speichel *m*; Spucke *f*
squadra [sku'a:dra] *f strumento* Winkelmaß *n*; (*gruppo*) Gruppe *f*; *sport* Mannschaft *f*; ***~ femminile*** Damenmannschaft *f*; ***~ nazionale*** Nationalmannschaft *f*; ***~ volante*** Überfallkommando *n*
squal|ifica [skua'li:fika] *f* (*pl -che*) Disqualifizierung *f*; **~ificare** [-lifi'ka:re] (*1m u d*) disqualifizieren
squallido [sku'allido] trostlos, elend, trist; ***nella più -a miseria*** im tiefsten Elend
squallore [skual'lo:re] *m* Trostlosigkeit *f*, Elend *n*
squalo [sku'a:lo] *m* Hai(fisch *m*) *m*
squama [sku'a:ma] *f* Schuppe *f*
squarcio [sku'artʃo] *m* (*pl -ci*) Riss *m*
squil|ibrato [skuili'bra:to] *med* geistesgestört; **~ibrio** [-'li:brio] *m* (*pl -ri*) Störung *f* des Gleichgewichts; ***~ mentale*** Geistesgestörtheit *f*
squillare [skuil'la:re] (*1a*) klingeln; läuten
squillo [sku'illo] *m* Klang *m*; Klingeln *n*; Läuten *n*; ***ragazza*** *f* ***~*** Callgirl *n*
squisito [skui'zi:to] auserlesen; fein; köstlich
sradicare [zradi'ka:re] (*1l u d*) entwurzeln; *fig* ausrotten
stabile ['sta:bile] **1.** *adj* fest, stabil (*a econ*); *tempo* beständig; **2.** *m* Gebäude *n*
stabil|imento [stabili'mento] *m* (*impianto*) Anlage *f*, (*istituto*) Anstalt *f*, (*fabbrica*) Werk *n*, Betrieb *m*; *jur* Niederlassung *f*; ***~ balneare*** Badeanstalt *f*; **~ire** [-'li:re] (*4d*) (*fissare*) festsetzen; (*decidere*) beschließen; bestimmen; *record* aufstellen; **~irsi** [-'lirsi] sich niederlassen; **~ità** [-li'ta] *f* Festigkeit *f*, Stabilität *f* (*a econ*); **~izzare** [-lid'dza:re] (*1a*) stabilisieren
staccare [stak'ka:re] (*1d*) abtrennen, loslösen; abreißen; *el* ausschalten; *tel* ***~ il ricevitore*** den Hörer abnehmen
stadio ['sta:dio] *m* (*pl -di*) Stadium *n*;

S

sport Stadion *n*
staffa ['staffa] *f* Steigbügel *m*; ***perdere le -e*** die Fassung verlieren
staffetta [staf'fetta] *f sport* Staffel *f*; ***corsa*** *f* ***a -e*** Staffellauf *m*
stagionale [staʤo'na:le] Saison…; saisonal; ***lavoro*** *m* ~ Saisonarbeit *f*
stagion|are [staʤo'na:re] (*1a*) lagern; **~ato** [-'na:to] abgelagert
stagione [sta'ʤo:ne] *f* Jahreszeit *f*; *tea* Spielzeit *f*; ***alta*** ~ Hochsaison *f*; ***bassa*** ~ Nach-, Vorsaison *f*; ~ ***morta*** tote Saison *f*; *scherz* Saure-Gurken-Zeit *f*; ~ ***balneare*** Badesaison *f*; ~ ***estiva*** Sommersaison *f*; ~ ***invernale*** Wintersaison *f*; ***frutta*** *f* ***di*** ~ Obst *n* der Jahreszeit
stagnare [sta'ɲa:re] (*1a*) *acqua* sich stauen; *econ* stagnieren
stagno ['sta:ɲo] **1.** *m* Teich *m*, Weiher *m*; *tec* Zinn *n*; **2.** *adj* wasserdicht; luftdicht
stalla ['stalla] *f* Stall *m*
sta|mane [sta'ma:ne], **~mani** [-'ma:ni], **~mattina** [-mat'ti:na] heute Morgen
stambecco [stam'bekko] *m* (*pl -cchi*) Steinbock *m*
stampa ['stampa] *f* Druck *m*; Buchdruck *m*; Presse *f*; *fot* Abzug *m*; *post* ***-e*** *pl* Drucksache *f*; ***in corso di*** ~ im Druck; ~ ***locale*** Lokalpresse *f*; ~ ***scandalistica*** Skandalpresse *f*; ***libertà*** *f* ***di*** ~ Pressefreiheit *f*
stampante [stam'pante] *f inform* Drucker *m*; ~ ***a getto d'inchiostro*** Tintenstrahldrucker *m*; ~ ***laser*** Laserdrucker *m*
stamp|are [stam 'pa:re] (*1a*) drucken; *inform* ausdrucken; *fot* abziehen; **~atello** [-pa'tɛllo] *m* Druckschrift *f*; **~ato** [-'pa:to] *m* Drucksache *f*, Vordruck *m*, Formular *n*; *inform* Ausdruck *m*; ***-i*** *pl* Drucksachen *f/pl*
stampella [stam'pɛlla] *f* Krücke *f*
stampo ['stampo] *m* Form *f*
stanc|are [staŋ'ka:re] (*1d*) ermüden; **~arsi** [-'karsi] müde werden
stanchezza [staŋ'kettsa] *f* Müdigkeit *f*
stanco ['staŋko] (*pl -chi*) müde; (*stufo*) satt, überdrüssig; ~ ***morto*** todmüde
stand [stænd] *m inv* Messestand *m*; Schießstand *m*
standard ['standard] *m* Modell *n*; Standard *m*
standard|izzare [standardid'dza:re] (*1a*) standardisieren; **~izzazione** [-dzatsi'o:ne] *f* Standardisierung *f*
stanga ['staŋga] *f* (*pl -ghe*) Stange *f*
stanghetta [staŋ'getta] *f* Brillenbügel *m*
stanotte [sta'nɔtte] heute Nacht
stantuffo [stan'tuffo] *m tec* Kolben *m*
stanza ['stantsa] *f* Zimmer *n*
stanziare [stantsi'a:re] (*1g*) *somma di denaro* bereitstellen, zur Verfügung stellen
stanzino [stan'tsi:no] *m* Abstellraum *m*
stappare [stap'pa:re] (*1a*) entkorken
star [star] *f inv* Star *m*; Filmdiva *f*
stare ['sta:re] (*1q*) sein; (*restare*) bleiben, sich aufhalten; (*abitare*) wohnen; (*trovarsi*) sich befinden; (*a* ~ ***in piedi***) stehen; (*a* ~ ***seduto***) sitzen; ~ ***bene*** sich wohl fühlen; *vestiti* gut stehen, sitzen, passen; ~ ***per*** (*inf*) im Begriff sein zu (*inf*); ~ ***a vedere*** zusehen; ~ ***a sentire*** zuhören; ***stammi a sentire*** hör(e) mir zu; ***lascialo*** ~ lass ihn in Ruhe; ~ ***telefonando*** gerade telefonieren; ***come sta?*** wie geht es Ihnen?; ***ben ti sta!*** das geschieht dir recht!; ***ci sto!*** ich bin dabei!; ***sta bene*** schon gut
starn|utire [starnu'ti:re] (*4d*) niesen; **~uto** [-'nu:to] *m* Niesen *n*
start [start] *m inv* Start *m*; Abflug *m*
starter ['starter] *m inv sport* Starter *m*; *auto* Anlasser *m*
stasera [sta'se:ra] heute Abend
statale [sta'ta:le] **1.** *adj* Staats…; **2.** *m* (*mst pl -i*) Staatsangestellte(r) *m*; **3.** *f* Staatsstraße *f*, Bundesstraße *f*
stat|istica [sta'tistika] *f* (*pl -che*) Statistik *f*; **~izzare** [-tid'dza:re] (*1a*) verstaatlichen
stato ['sta:to] **1.** → ***essere*** *u* ***stare***; **2.** *m* Stand *m*; Zustand *m*; *pol* Staat *m*; ~ ***assistenziale*** Wohlfahrtsstaat *m*; ~ ***civile*** Familienstand *m*; *ufficio* Standesamt *n*; *mil* ~ ***maggiore*** Stab *m*; ~ ***di salute*** Gesundheitszustand *m*; ***essere in*** ~ ***di*** (*inf*) imstande sein zu (*inf*)
statua ['sta:tua] *f* Statue *f*, Standbild *n*
statunitense [statuni'tɛnse] **1.** *adj* nordamerikanisch; **2.** *m/f* Nordamerikaner(in *f*) *m*
statura [sta'tu:ra] *f* Statur *f*, Größe *f*
statuto [sta'tu:to] *m* Statut *n*, Satzung *f*
stavolta [sta'vɔlta] diesmal
stazion|amento [statsiona'mento] *m*

S

Parken *n*; **~are** [-'na:re] (*1a*) parken; sich aufhalten; **~ario** [-'na:rio] (*pl -ri*) gleich bleibend; stationär

stazione [statsi'o:ne] *f fer* Bahnhof *m*; Station *f*; (*fermata*) Haltestelle *f*; **~ di servizio** Tankstelle *f*; **~ balneare** Badeort *m*; **~ climatica** Luftkurort *m*; **~ centrale** Hauptbahnhof *m*; **~ termale** Kurbad *n*; **~ trasmittente** Sender *m*; **andare alla ~** zum Bahnhof gehen; **accompagnare qu alla ~** j-n zum Bahnhof bringen (*od* begleiten)

stecca ['stekka] *f* (*pl -cche*) Stab *m*; Stange *f*; Billardstock *m*; *med* Schiene *f*; *mus* Kickser *m*, falscher Ton *m*

stecchino [stek'ki:no] *m* Zahnstocher *m*

stella ['stella] *f* Stern *m*; *fig* Star *m*; **~ alpina** Edelweiß *n*; **~ polare** Polarstern *m*; **~ cadente** Sternschnuppe *f*; **~ di mare** Seestern *m*; *fig* **vedere le -e** die Engel im Himmel singen hören

stelo ['ste:lo] *m bot* Stiel *m*

stemma ['stɛmma] *m* (*pl -i*) Wappen *n*

stendere ['stɛndere] (*3c*) ausbreiten; *braccio* ausstrecken; *biancheria* aufhängen

stenditoio [stendi'to:io] *m* (*pl -oi*) Trockenraum *m*; Wäscheständer *m*

stenodattil|ografa [stenodatti'lɔgrafa] *f* Stenotypistin *f*; **~ografia** [-logra'fi:a] *f* Stenografie *f* und Maschineschreiben *n*; **~ografo** [-'lɔgrafo] *m* Stenotypist *m*

sten|ografare [stenogra'fa:re] (*1m u c*) stenografieren; **~ografia** [-nogra'fi:a] *f* Stenografie *f*

stentare [sten'ta:re] (*1b*): **~ a fare qc** Mühe haben, et zu tun

stento ['stɛnto] *m* **a ~** mühsam

stereo ['stɛ:reo] *m* Stereoanlage *f*

stereotipo [stere'ɔ:tipo] **1.** *adj* stereotyp, schablonenhaft; **2.** *m* Stereotyp *n*

sterile ['stɛ:rile] unfruchtbar

steril|ità [sterili'ta] *f* Unfruchtbarkeit *f*; **~izzare** [-lid'dza:re] (*1a*) sterilisieren; **~izzazione** [-liddzatsi'o:ne] *f* Sterilisierung *f*

sterlina [ster'li:na] *f* Pfund *n* Sterling

sterm|inare [stermi'na:re] (*1l u b*) ausrotten; vernichten; **~inato** [-mi'na:to] endlos; **~inio** [-'mi:nio] *m* (*pl -ni*) Ausrottung *f*, Vernichtung *f*

sterno ['stɛrno] *m* Brustbein *n*

sterpi ['stɛrpi] *m/pl* Gestrüpp *n*

sterz|are [ster'tsa:re] (*1b*) lenken; ausweichen; *fig* die Gesinnung wechseln; **~ a sinistra** nach links lenken; **~ata** [-'tsa:ta] *f* Ausweichmanöver *n*; *fig* Kurswechsel *m*

sterzo ['stɛrtso] *m auto* Lenkung *f*

steso ['ste:so] → **stendere**

stesso ['stesso] selbst, selber; **lo ~, la stessa** der-, die-, dasselbe; der, die, das Gleiche; **è lo ~** es ist gleich; es macht nichts aus; **oggi ~** noch heute

stile ['sti:le] *m* Stil *m*; *sport* **~ libero** Freistil *m*

stilografica [stilo'gra:fika] *f* Füllfederhalter *m*, Füller *m*

stima ['sti:ma] *f* (*ammirazione*) Achtung *f*, (*valutazione*) Wertschätzung *f*

stim|are [sti'ma:re] (*1a*) *persona* achten, schätzen; *oggetto* abschätzen; **~arsi** [-'marsi] sich halten für; **~ato** [-'ma:to] geschätzt

stimol|ante [stimo'lante] **1.** *adj* anregend; **2.** *m* Anregungsmittel *n*; **~are** [-'la:re] (*1l*) anregen, stimulieren; aufputschen

stimolo ['sti:molo] *m* Anreiz *m*, Ansporn *m*

stinco ['stiŋko] *m* (*pl -chi*) Schienbein *n*

sting|ere ['stindʒere] (*3d*) **1.** *v/t* bleichen; **2.** *v/i u* **~ersi** [-dʒersi] abfärben

stinto ['stinto] abgefärbt; verblasst

stip|are [sti'pa:re] (*1a*) zusammendrängen, -pferchen; **~ato** [-'pa:to] voll gestopft (**di** mit); zusammengepfercht

stip|endiare [stipendi'a:re] (*1b u k*) besolden; **~endiato** [-pendi'a:to] *m* Gehaltsempfänger *m*; **~endio** [-'pɛndio] *m* (*pl -di*) Gehalt *n*, Vergütung *f*; **aumento** *m* **di ~** Gehaltserhöhung *f*

stipul|are [stipu'la:re] (*1l*) *contratto* abschließen; **~azione** [-latsi'o:ne] *f* Abschluss *m*

stir|amento [stira'mento] *m med* Zerrung *f*; **~are** [-'ra:re] (*1a*) bügeln; (**che**) **non si stira** bügelfrei; **~arsi** [-'rarsi] sich strecken; **~atrice** [-ra'tri:tʃe] *f* **~ automatica** Bügelmaschine *f*; **~atura** [-ra'tu:ra] *f* Bügeln *n*; *med* Muskelzerrung *f*

stiro ['sti:ro] *m* **ferro** *m* **da ~** Bügeleisen *n*; **non ~** bügelfrei

stirpe ['stirpe] *f* Geschlecht *n*

stitichezza [stiti'kettsa] *f* Verstopfung *f*

stivale [sti'va:le] *m* Stiefel *m*; **-i** *pl* **di**

S

gomma Gummistiefel *m/pl*
sto [stɔ] → ***stare***
stoccafisso [stokka'fisso] *m* Stockfisch *m*
stoccaggio [stok'kaddʒo] *m* (*pl -ggi*) *econ* Lagerung *f*
stoffa ['stɔffa] *f* Stoff *m*, Gewebe *n*; F *fig* Zeug *n*; (*capacità*) Begabung *f*, Talent *n*
stomaco ['stɔːmako] *m* (*pl -chi*) Magen *m*; ***dolori*** *m/pl* ***di ~*** Magenschmerzen *m/pl*; *fig* ***avere qc sullo ~*** et schwer im Magen liegen haben
ston|are [sto'naːre] (*1c*) falsch singen (*od* spielen); *fig* stören, nicht passen; **~ato** [-'naːto] *persona* unmusikalisch; *nota* falsch; *strumento* verstimmt
stop [stɔp] *m inv auto* Bremslicht *n*; *cartello* Stoppschild *n*
stoppa ['stoppa] *f* Werg *n*
stoppare [stop'paːre] (*1c*) anhalten, stoppen
storc|ere ['stɔrtʃere] (*3d*) krümmen; biegen; *occhi* verdrehen; *naso* rümpfen; **~ersi** [-tʃersi] sich verbiegen; ***~ un piede*** sich den Fuß verstauchen
stord|imento [stordi'mento] *m* Verwirrung *f*, Benommenheit *f*; **~ire** [-'diːre] (*4d*) verwirren; *fig* verblüffen; **~ito** [-'diːto] verwirrt; benommen
storia ['stɔːria] *f* Geschichte *f*; ***~ dell'arte*** Kunstgeschichte *f*; ***non far -e!*** mach keine Geschichten!
storico ['stɔːriko] (*pl -ci*) **1.** *adj* historisch, geschichtlich; **2.** *m* Historiker *m*
stori|ografia [storiogra'fiːa] *f* Geschichtsschreibung *f*; **~ografo** [-ri'ɔːgrafo] *m* Geschichtsschreiber *m*
storione [stori'oːne] *m* Stör *m*
stormo ['stormo] *m* Schwarm *m*
stornare [stor'naːre] (*1a*) ablenken; *econ* stornieren; umbuchen
storno[1] ['storno] *m zo* Star *m*
storno[2] ['storno] *m econ* Storno *m u n*
storpio ['stɔrpio] (*pl -pi*) **1.** *adj* verkrüppelt; **2.** *m* Krüppel *m*
storta ['stɔrta] *f med* Verrenkung *f*; ***prendere una ~ al piede*** sich den Fuß verrenken
storto ['stɔrto] krumm; schief
stoviglie [sto'viːʎe] *f/pl* Geschirr *n*
strabico ['straːbiko] (*pl -ci*) schielend
strabismo [stra'bizmo] *m* Schielen *n*
stra|carico [stra'kaːriko] (*pl -chi*) überladen; **~caro** [-'kaːro] außerordentlich teuer
stracci|are [strat'tʃaːre] (*1f*) zerreißen; **~atella** [-tʃa'tɛlla] *f* Einlaufsuppe *f*; **~ato** [-'tʃaːto] zerrissen, zerfetzt
straccio ['strattʃo] (*pl -cci*) **1.** *m* Lumpen *m*, Lappen *m*; **2.** *adj* ***carta*** *f* ***-a*** Makulatur *f*, Altpapier *n*
strada ['straːda] *f* Straße *f*, Weg *m*; ***~ a grande circolazione*** Hauptverkehrsstraße *f*; ***~ con diritto di precedenza*** Vorfahrtstraße *f*; ***~ principale*** Hauptstraße *f*; ***~ provinciale*** Landstraße *f*; ***~ a senso unico*** Einbahnstraße *f*; ***~ statale*** Staatsstraße *f*, Bundesstraße *f*; ***~ facendo, per la ~*** unterwegs; ***farsi ~*** vorwärts kommen; ***a mezza ~*** auf halbem Wege
strad|ale [stra'daːle] **1.** *adj* Straßen…; ***incidente*** *m* ***~*** Verkehrsunfall *m*; ***regolamento*** *m* ***~*** Verkehrsregelung *f*; ***rete*** *f* ***~*** Straßennetz *n*; **2.** *f* Verkehrspolizei *f*; **~ario** [-'daːrio] *m* Straßenverzeichnis *n*
strafare [stra'faːre] (*3aa*) mehr als nötig tun; übertreiben
strage ['straːdʒe] *f* Gemetzel *n*; *fig* ***fare ~ di qc*** et vernichten
stragrande [stra'grande] riesig; ***la ~ maggioranza*** die große Mehrheit
stranezza [stra'nettsa] *f* Seltsamkeit *f*
strangolare [straŋgo'laːre] (*1l*) erdrosseln
stran|iero [strani'ɛːro] **1.** *adj* ausländisch; fremd; ***lingue*** *f/pl* ***-e*** Fremdsprachen *f/pl*; **2.** *m*, **-a** [-'ɛːra] *f* Ausländer(in *f*) *m*; Fremde(r *m*) *m/f*
strano ['straːno] seltsam, sonderbar; komisch
straordinario [straordi'naːrio] (*pl -ri*) **1.** *adj* außergewöhnlich; Sonder…; **2.** *m* Überstunden *f/pl*
strap|azzare [strapat'tsaːre] (*1a*) strapazieren; ***uova*** *f/pl* ***strapazzate*** Rühreier *n/pl*; **~azzarsi** [-pat'tsarsi] sich strapazieren; **~azzo** [-'pattso] *m* Strapaze *f*, Überanstrengung *f*; ***da ~*** praktisch; **~azzoso** [-pat'tsoːso] strapaziös
stra|pieno [strapi'ɛːno] überfüllt; **~piombo** [-pi'ombo] *m* Überhang *m*, Felsvorsprung *m*; ***a ~*** überhängend
strappare [strap'paːre] (*1a*) (zer-) reißen; (*staccare*) abreißen; (*togliere*)

entreißen
strappo ['strappo] *m* Riss *m*; *med* Muskelriss *m*; *fig* ***uno ~ alla regola*** e-e Ausnahme von der Regel
straricco [stra'rikko] (*pl -cchi*) steinreich
straripare [strari'pa:re] (*1a*) über die Ufer treten
strascico ['straʃʃiko] *m* (*pl -chi*) Schleppe *f*; *fig* Folge *f*
strascinare [straʃʃi'na:re] (*1a*) schleppen; *gamba* nachschleifen
stratagemma [strata'ʤemma] *m* (*pl -i*) Kniff *m*, List *f*
strat|egia [strate'ʤi:a] *f* Strategie *f*; **~egico** [-'tɛ:ʤiko] (*pl -ci*) strategisch
strato ['stra:to] *m* Schicht *f*; ***~ d'ozono*** Ozonschicht *f*; ***~ protettivo*** Schutzschicht *f*
stravag|ante [strava'gante] extravagant; **~anza** [-'gantsa] *f* Extravaganz *f*
stra|vecchio [stra'vɛkkio] (*pl -cchi*) steinalt; **~vedere** [-ve'de:re] (*2s*): ***~ per qu*** in j-n vernarrt sein; j-n blind lieben; **~vincere** [-'vinʧere] (*3d*) glänzend siegen; **~volgere** [-'vɔlʤere] (*3d*) aufwühlen; (*travisare*) verdrehen; **~volto** [-'vɔlto] **1.** → ***stravolgere***; **2.** *adj* aufgewühlt
strazio ['stra:tsio] *m* (*pl -zi*) Qual *f*
strega ['stre:ga] *f* (*pl -ghe*) Hexe *f*
stregare [stre'ga:re] (*1e*) verhexen
strem|are [stre'ma:re] (*1b*) erschöpfen; **~ato** [-'ma:to] ganz erschöpft
strenna ['strɛnna] *f* Geschenk *n*
stress [stres] *m inv* Stress *m*
stress|ante [stres'sante] stressig; **~are** [-'sa:re] (*1b*) stressen
stretta ['stretta] *f* Druck *m*; ***~ di mano*** Händedruck *m*; ***~ al cuore*** Stich *m* ins Herz; ***mettere alle -e*** in die Enge treiben
strettezza [stret'tettsa] *f* Enge *f*; *fig* (*mst* ***-e*** *pl*) Bedrängnis *f*
stretto ['stretto] **1.** → ***stringere***; **2.** *adj* (zu) eng, schmal; knapp; ***lo ~ necessario*** das Allernotwendigste; **3.** *m* Meerenge *f*
strettoia [stret'to:ia] *f* Verengung *f*; *fig* Engpass *m*
stridere ['stri:dere] (*3a*) kreischen; *porta* quietschen; *colori* sich beißen
stridulo ['stri:dulo] schrill
stril|lare [stril'la:re] (*1a*) schreien, brüllen; **~lo** ['strillo] *m* Schrei *m*; **~lone** [-'lone] *m* Zeitungsverkäufer *m*
striminzito [strimin'tsi:to] kümmerlich, dürftig; mager
strimpellare [strimpel'la:re] (*1b*) klimpern
stringa ['striŋga] *f* (*pl -ghe*) Schnürsenkel *m*
string|ere ['strinʤere] (*3d*) **1.** *v/t* drücken; zusammendrücken; *abito* enger machen; *amicizia* schließen; **2.** *v/i* drücken; *tempo* drängen; **~ersi** [-ʤersi] sich zusammenziehen; *persone* zusammenrücken; ***~ addosso a qu*** sich dicht an j-n herandrängen
striscia ['striʃʃa] *f* (*pl -sce*) Streifen *m*; ***-sce pedonali*** Zebrastreifen *m*; ***a -sce*** gestreift
strisciare [striʃ'ʃa:re] (*1f*) **1.** *v/t piedi* nachschleifen; (*sfiorare*) streifen; **2.** *v/i* kriechen
striscio ['striʃʃo] *m* Streifen *n*
striscione [striʃ'ʃo:ne] *m* Spruchband *n*, Transparent *n*
strizzare [strit'tsa:re] (*1a*) auspressen; auswringen; ***~ l'occhio a qu*** j-m zuzwinkern
strofa ['strɔ:fa] *f* Strophe *f*
strofin|accio [strofi'natʧo] *m* (*pl -cci*) Wischlappen *m*; **~are** [-'na:re] (*1a*) polieren; scheuern
stroncare [stroŋ'ka:re] (*1d*) abbrechen; *fig* niederwerfen
stropicciare [stropit'ʧa:re] (*1f*) reiben
strozz|are [strot'tsa:re] (*1c*) erwürgen; **~atura** [-tsa'tu:ra] *f* Verengung *f*; **~ino** [-'tsi:no] *m* Halsabschneider *m*
struggente [strud'ʤente] quälend
strumentalizzare [strumentalid'dza:re] instrumentalisieren
strumento [stru'mento] *m* Instrument *n*; *tec* Gerät *n*, Werkzeug *n* (*a fig*); ***~ musicale*** Musikinstrument *n*; ***-i** pl **ad arco*** Streichinstrumente *n/pl*; ***-i** pl **a fiato*** Blasinstrumente *n/pl*
strutto ['strutto] *m* Schmalz *n*
struttur|a [strut'tu:ra] *f* Struktur *f*, Bau *m*; Aufbau *m*, Gliederung *f*; **~are** [-tu'ra:re] (*1a*) strukturieren
struzzo ['struttso] *m zo* Strauß *m*
stuccare [stuk'ka:re] (*1d*) verkitten
stucco ['stukko] *m* (*pl -cchi*) Stuck *m*; ***rimanere di ~*** verblüfft sein

S

stud|ente [stu'dɛnte] *m* Schüler *m*; *d'università* Student *m*; **~ di medicina** Medizinstudent *m*; **casa** *f* **dello ~** Studentenheim *n*; **~entessa** [-den'tessa] *f* Schülerin *f*; Studentin *f*; **~iare** [-di'a:re] (*1k*) lernen; studieren
studio ['stu:dio] *m* (*pl -di*) Lernen *n*; Studium *n*; *stanza* Arbeitszimmer *n*; *di artista* Atelier *n*; *di professionista* Büro *n*; *di medico* Praxis *f*; *rad*, *TV* Studio *n*; **borsa** *f* **di ~** Stipendium *n*
studioso [studi'o:so] **1.** *adj* fleißig; **2.** *m* Wissenschaftler *m*, Gelehrte(r) *m*
stufa ['stu:fa] *f* Ofen *m*
stuf|are [stu'fa:re] (*1a*) *gastr* schmoren; *fig* unerträglich langweilen; **~arsi** [-'farsi] überdrüssig werden (**di** *gen*); **~ato** [-'fa:to] **1.** *adj* geschmort; **2.** *m* Schmorbraten *m*; **~ di manzo** geschmortes Rindfleisch *n*
stufo ['stu:fo]: **essere ~ di qc** et satt haben
stuoia [stu'ɔ:ia] *f* Strohmatte *f*
stuolo [stu'ɔ:lo] *m* Schar *f*
stupef|acente [stupefa'tʃɛnte] **1.** *adj* erstaunlich; **2.** *m* Rauschgift *n*; **~atto** [-'fatto] erstaunt
stup|endo [stu'pɛndo] wundervoll; fabelhaft; **~idaggine** [-pi'daddʒine] *f* Dummheit *f*; **~idità** [-pidi'ta] *f* Dummheit *f*
stupido ['stu:pido] **1.** *adj* dumm; **2.** *m* Dummkopf *m*
stup|ire [stu'pi:re] (*4d*) **1.** *v/t* in Erstaunen setzen; **2.** *v/i u* **~irsi** [-'pirsi] sich wundern; **~ore** [-'po:re] *m* Erstaunen *n*
stupro ['stu:pro] *m* Vergewaltigung *f*
sturare [stu'ra:re] (*1a*) entkorken; anstechen; *tubo* (wieder) frei machen
stuzzic|adenti [stuttsika'dɛnti] *m inv* Zahnstocher *m*; **~are** [-'ka:re] (*1l u d*) reizen; necken; **~ l'appetito** den Appetit anregen
su [su] **1.** *prp* auf (*dat od acc*); über (*dat od acc*); *argomento* über (*acc*); (*circa*) um, circa, ungefähr; **sul tavolo** auf dem Tisch; **sul mare** am Meer; **sulle tremila lire** um die dreitausend Lire; **su misura** nach Maß; **nove volte su dieci** neun von zehn Malen; **2.** *adv* oben; hinauf; herauf; **su!** auf!; **su via!** los!; **su e giù** auf und ab; **su per giù** ungefähr
sub [sub] *m/f inv* Taucher(in *f*) *m*
sub|acqueo [su'bakkueo] **1.** *adj* Unterwasser…; **2.** *m* Taucher *m*; **~affittare** [-affit'ta:re] (*1a*) weitervermieten; **~affitto** [-af'fitto] *m* Untermiete *f*
subdolo ['subdolo] hinterhältig
subentrare [suben'tra:re] (*1a*): **~ a qu** an j-s Stelle treten
subire [su'bi:re] (*4d*) erleiden; **~ un esame** sich e-r Prüfung unterziehen
subito ['su:bito] **1.** *adj* plötzlich; **2.** *adv* sofort, sogleich
subordinare [subordi'na:re] (*1m*) unterordnen; **~ qc a qc** et von et (*dat*) abhängig machen
suburbano [subur'ba:no] Vorstadt…
succ|edere [sut'tʃɛ:dere] (*3a od 3l*) (nach)folgen (**a** *dat*); (*accadere*) geschehen, passieren; vorkommen; **che succede?** was ist los?; **~essione** [-tʃessi'o:ne] *f* Nachfolge *f*; **~essivo** [-tʃes'si:vo] (darauf) folgend; **~esso** [-'tʃɛsso] **1.** → **succedere**; **2.** *m* Erfolg *m*; **di ~** erfolgreich; **~essore** [-tʃes'so:re] *m* Nachfolger *m*
succhiare [sukki'a:re] (*1k*) saugen; *dito* lutschen
succo ['sukko] *m* (*pl -cchi*) Saft *m*; **~ d'arancia** Orangensaft *m*; **~ di frutta** Fruchtsaft *m*; **~ di mele** Apfelsaft *m*
succoso [suk'ko:so] saftig
succursale [sukkur'sa:le] *f* Filiale *f*, Zweigniederlassung *f*, Zweigstelle *f*
sud [sud] *m* Süd(en) *m*; **~ ovest** Südwest(en) *m*; **~ est** Südost(en) *m*; **al ~** südlich
sud|are [su'da:re] (*1a*) schwitzen; **~ata** [-'da:ta] *f* Schwitzen *n*; **~ato** [-'da:to] verschwitzt
suddiv|idere [suddi'vi:dere] (*3q*) unterteilen; **~isione** [-vizi'o:ne] *f* Untereinteilung *f*
sudicio ['su:ditʃo] (*pl -ci*) schmutzig, F dreckig
sudiciume [sudi'tʃu:me] *m* Schmutz *m*, F Dreck *m*
sudore [su'do:re] *m* Schweiß *m*
sufficien|te [suffi'tʃɛnte] genügend, ausreichend; **~za** [-'tʃɛntsa] *f* **a ~** zur Genüge
suffragio [suf'fra:dʒo] *m* (*pl -gi*) Wahlrecht *n*; (*voto*) Stimme *f*; **~ universale** allgemeines Wahlrecht *n*
sugger|imento [suddʒeri'mento] *m* Rat

m, Empfehlung *f*; **~ire** [-'ri:re] (*4d*) einflüstern, suggerieren; (*consigliare*) *j-m et* nahe legen, *j-m et* raten; **~ *un' idea a qu*** j-n auf e-n Gedanken bringen; **~itore** [-ri'to:re] *m tea* Souffleur *m*
suggest|ionare [suddʒestio'na:re] (*1a*) beeinflussen; **~ione** [-ti'o:ne] *f* Suggestion *f*; **~ivo** [-'ti:vo] suggestiv; wirkungsvoll
sughero ['su:gero] *m* Kork *m*; Korkeiche *f*
sugli ['su:ʎi] *prp* ***su*** *mit dem art* ***gli***
sugo ['su:go] *m* (*pl -ghi*) Soße *f*, Tunke *f*; *fig* Kern *m*, Wesentliche(s) *n*; ***al ~*** mit Fleisch- und Tomatensoße
sugoso [su'go:so] saftig
sui [s'ui] *prp* ***su*** *mit dem art* ***i***
suic|ida [sui'tʃi:da] *m/f* (*m/pl -i*) Selbstmörder(in *f*) *m*; **~idarsi** [-tʃi'darsi] (*1a*) sich das Leben nehmen; **~idio** [-'tʃi:dio] *m* (*pl -di*) Selbstmord *m*
suino [su'i:no] Schweine…
sul [sul] *prp* ***su*** *mit dem art* ***il***
sull' [sull], **sulla** ['sulla], **sulle** ['sulle], **sullo** ['sullo] *prp* ***su*** *mit dem art* ***l', la, le, lo***
suo [s'u:o] *adj u pron* sein; ihr; ***il ~ maestro*** sein (*od* ihr) Lehrer; ***i suoi amici*** seine (*od* ihre) Freunde; ***questo libro è ~*** dieses Buch gehört ihm (*od* ihr)
Suo [s'u:o] Ihr; *m* Seinige *n*; Ihrige *n*
suocer|a [su'ɔ:tʃera] *f* Schwiegermutter *f*; **~i** [-ri] *m/pl* Schwiegereltern *pl*; **~o** [-ro] *m* Schwiegervater *m*
suola [su'ɔ:la] *f* (Schuh)Sohle *f*
suolo [su'ɔ:lo] *m* Boden *m*
suonare [suo'na:re] (*1o*) **1.** *v/t mus* spielen; ***~ il campanello*** klingeln; **2.** *v/i* klingeln (*a tel*); läuten (*a campane*); *ore* schlagen
suono [su'ɔ:no] *m* Klang *m*; Ton *m*; *fis* Schall *m*; *gram* Laut *m*
suora [su'ɔ:ra] *f rel* Schwester *f*, Nonne *f*
super F ['super] *f inv* Super(benzin *n*) *n*
super|are [supe'ra:re] (*1l*) übertreffen; *fig* überschreiten; übersteigen; *pericolo* überwinden; *esame* bestehen; **~ato** [-'ra:to] überholt, veraltet
sup|erbia [su'pɛrbia] *f* Hochmut *m*; **~erbo** [-'pɛrbo] hochmütig
super|ficiale [superfi'tʃa:le] oberflächlich; **~ficie** [-'fi:tʃe] *f* Fläche *f*, Oberfläche *f*, ***alla ~*** an der Oberfläche
superfluo [su'pɛrfluo] überflüssig
super|iora [superi'o:ra] *f* Oberin *f*; **~iore** [-ri'o:re] **1.** *adj* höher; obere; *qualità* hochwertig; ***~ alla media*** überdurchschnittlich; ***è ~ a tutti*** er ist allen überlegen; **2.** *m* Vorgesetzte(r) *m*; **~iorità** [-riori'ta] *f* Überlegenheit *f*; **~lativo** [-la'ti:vo] **1.** *adj* höchst; **2.** *m* Superlativ *m*; **~market** [-'market] *m inv*, **~mercato** [-mer'ka:to] *m* Supermarkt *m*
superstite [su'pɛrstite] **1.** *adj* überlebend; **2.** *m* Überlebende(r) *m*
superstizi|one [superstitsi'o:ne] *f* Aberglaube *m*; **~oso** [-tsi'o:so] abergläubisch
super|strada [super'stra:da] *f* Schnellstraße *f*; **~uomo** [-u'ɔ:mo] *m* (*pl uomini*) Übermensch *m*; F Supermann *m*
suppergiù F [supper'dʒu] ungefähr
suppl|ementare [supplemen'ta:re] ergänzend; zusätzlich; Ergänzungs…; **~emento** [-ple'mento] *m* Ergänzung *f*, *let* Nachtrag *m*; (Zeitungs)Beilage *f*, *fer* Zuschlag *m*; ***fer ~ rapido*** Intercity-Zuschlag *m*; ***fare il ~*** nachlösen; **~ente** [-'plɛnte] **1.** *adj* stellvertretend; **2.** *m* Stellvertreter *m*; **~enza** [-'plɛntsa] *f* Vertretung *f*
supplì [sup'pli] *m inv* Reiskrokette *f*
supplicare [suppli'ka:re] (*1l u d*) bitten, flehen
supplizio [sup'pli:tsio] *m* (*pl -zi*) Folter *f*, *fig* Qual *f*
supp|ongo [sup'poŋgo] → ***supporre***; **~orre** [-'porre] (*3ll*) vermuten, annehmen; **~orto** [-'pɔrto] *m tec* Träger *m*; Unterlage *f*, *inform* ***~ dati*** Datenträger *m*; **~osizione** [-pozitsi'o:ne] *f* Vermutung *f*, **~osta** [-'posta] *f med* Zäpfchen *n*; **~osto** [-'posto] **1.** → ***supporre***; **2.** *adj* vorausgesetzt
suppur|are [suppu'ra:re] (*1a*) eitern; **~azione** [-ratsi'o:ne] *f* Eiterung *f*
supr|emazia [suprema'tsi:a] *f* Oberhoheit *f*, **~emo** [-'prɛ:mo] höchste
surf [sə:f] *m inv* Surfbrett *n*; **~ing** ['sə:fiŋ] *m inv* Surfen *n*; ***praticare il ~*** surfen
surfista [sur'fista] *m/f* (*m/pl -i*) Surfer(in *f*) *m*
sur|gelare [surdʒe'la:re] (*1b*) einfrieren, tiefkühlen; **~gelato** [-dʒe'la:to] **1.** *adj*

tiefgekühlt; **2.** *m* (*mst -i pl*) tiefgekühlte Lebensmittel *n/pl*
surriscaldare [surriskal'da:re] (*1a*) überhitzen
surrogato [surro'ga:to] *m* Surrogat *n*, Ersatz *m*
suscett|ibile [suʃʃet'ti:bile] empfindlich; **~ *di miglioramento*** verbesserungsfähig; **~ibilità** [-tibili'ta] *f* Empfindlichkeit *f*
suscitare [suʃʃi'ta:re] (*1l*) hervorrufen
susin|a [su'si:na] *f* Pflaume *f*; **~o** [-no] *m* Pflaumenbaum *m*
sussidio [sus'si:dio] *m* (*pl -di*) Unterstützung *f*, *fig* Hilfe *f*; **~ *di disoccupazione*** Arbeitslosenunterstützung *f*
suss|ultare [sussul'ta:re] (*1a*) zusammenzucken; aufspringen; **~ulto** [-'sulto] *m* Zuckung *f*
suss|urrare [sussur'ra:re] (*1a*) **1.** *v/t* zuflüstern; **2.** *v/i* flüstern; **~urro** [-'surro] *m* Flüstern *n*; Gemurmel *n*
sutura [su'tu:ra] *f med* Naht *f*
svag|are [zva'ga:re] (*1e*) ablenken, zerstreuen; **~arsi** [-'garsi] sich zerstreuen; sich erholen
svago ['zva:go] *m* (*pl -ghi*) Erholung *f*, Ablenkung *f*, Vergnügung *f*; ***per* ~** zum Vergnügen
svaligiare [zvali'dʒa:re] (*1f*) ausrauben
svalut|are [zvalu'ta:re] (*1a*) abwerten; entwerten; **~azione** [-tatsi'o:ne] *f* Abwertung *f*, Entwertung *f*
svanire [zva'ni:re] (*4d*) verschwinden
svant|aggio [zvan'taddʒo] *m* (*pl -ggi*) Nachteil *m*; **~aggioso** [-tad'dʒo:so] nachteilig
svariato [zvari'a:to] verschiedenartig
svedese [zve'de:se] **1.** *adj* schwedisch; **2.** *m* Schwedisch(e) *n*; **3.** *m/f* Schwede *m*, Schwedin *f*
sveglia ['zve:ʎa] *f* Wecker *m*
svegli|are [zve'ʎa:re] (*1g*) wecken; **~arsi** [-'ʎarsi] aufwachen
sveglio ['zve:ʎo] wach; *fig* aufgeweckt
svelare [zve'la:re] (*1a*) enthüllen; entschleiern; *segreto* lüften
svelto ['zvelto] rasch, schnell; flink; *fig* aufgeweckt; ***alla -a*** rasch, schnell
svend|ere ['zvendere] (*3a*) ausverkaufen; **~ita** [-dita] *f* Ausverkauf *m*; **~ *di fine stagione*** Schlussverkauf *m*
sven|imento [zveni'mento] *m* Ohnmacht *f*, **~ire** [-'ni:re] (*4p*) ohnmächtig werden
sventolare [zvento'la:re] (*1l u b*) **1.** *v/t* schwenken; **2.** *v/i* wehen, flattern
svent|ura [zven'tu:ra] *f* Unglück *n*; **~urato** [-tu'ra:to] unglücklich
svenuto [zve'nu:to] **1.** → ***svenire***; **2.** *adj* ohnmächtig
svergognato [zvergo'ɲa:to] schamlos
svernare [zver'na:re] (*1b*) überwintern
svest|ire [zves'ti:re] (*4b*) ausziehen; **~irsi** sich ausziehen
svi|are [zvi'a:re] (*1h*) ablenken; ableiten; *fig* irreleiten; **~arsi** [-'arsi] sich verirren; vom richtigen Weg abkommen
svignarsela F [zvi'ɲarsela] (*1a*) F sich aus dem Staub machen
svilupp|are [zvilup'pa:re] (*1a*) entwickeln; **~arsi** [-'parsi] sich entwickeln; wachsen; **~ato** [-'pa:to] entwickelt; ausgewachsen
sviluppo [zvi'luppo] *m* Entwicklung *f*
svincolo ['zviŋkolo] *m econ merci* Auslösung *f*, Freigabe *f*, *strada* Autobahnauffahrt *f*, -ausfahrt *f*
svista ['zvista] *f* Versehen *n*; ***per* ~** aus Versehen
svit|are [zvi'ta:re] (*1a*) abschrauben; **~ato** [-'ta:to] abgeschraubt, lose; *fig* verrückt
svizzero ['zvittsero] **1.** *adj* schweizerisch; **2.** *m*, **-a** [-ra] *f* Schweizer(in *f*) *m*; Schweizerisch(e) *n*
svogli|atezza [zvoʎa'tettsa] *f* Lustlosigkeit *f*, **~ato** [-'ʎa:to] lustlos
svolazzare [zvolat'tsa:re] (*1a*) flattern; umherflattern
svolg|ere ['zvɔldʒere] (*3d*) *pacco* auswickeln; *tema* erörtern, behandeln; *attività* durchführen; **~ersi** [-dʒersi] sich abspielen; *tea*, *film* spielen
svolgimento [zvoldʒi'mento] *m* Ablauf *m*; *tema* Abhandlung *f*
svolta ['zvɔlta] *f* Abbiegen *n*; (*curva*) Kurve *f*, *fig* Wende *f*
svoltare [zvol'ta:re] (*1c*) abbiegen; **~ *a destra*** nach rechts abbiegen; **~ *a sinistra*** nach links abbiegen
svolto ['zvɔlto] → ***svolgere***
svuotare [zvuo'ta:re] (*1c*) entleeren

T

tabac|caio [tabak'ka:io] *m* (*pl* *-ai*) Tabakwarenhändler *m*; **~cheria** [-ke'ri:a] *f* Tabakwarengeschäft *n*
tabacco [ta'bakko] *m* (*pl* *-cchi*) Tabak *m*
tabagismo [taba'dʒizmo] *m* Nikotinvergiftung *f*
tab|ella [ta'bɛlla] *f* Tabelle *f*, Liste *f*; **~ dei prezzi** Preisliste *f*; **~ellare** [-bel'la:re] tabellarisch; **~ellina** *f* [-elli:na] *f* Einmaleins *n*; **~ellone** [-bel'lo:ne] *m* Anschlagtafel *f*
tabernacolo [taber'na:kolo] *m* Tabernakel *n*
tabù [ta'bu] **1.** *adj* tabu; **2.** *m inv* Tabu *n*
tabulato [tabu'la:to] *m* (Computer-) Ausdruck *m*
taccagno [tak'ka:ɲo] knauserig, geizig
taccheggio [tak'keddʒo] *m* Ladendiebstahl *m*
tacchino [tak'ki:no] *m* Truthahn *m*, Puter *m*
tacco ['takko] *m* (*pl* *-cchi*) (Schuh-) Absatz *m*
taccuino [takku'i:no] *m* Notizbuch *n*
tacere [ta'tʃe:re] (*2k*) **1.** *v/t* verschweigen; **2.** *v/i* schweigen
tachicardia [takikar'di:a] *f* Tachykardie *f*
tachimetro [ta'ki:metro] *m* Tachometer *m u n*
taciturno [tatʃi'turno] schweigsam
tafano [ta'fa:no] *m zo* Bremse *f*
tafferuglio [taffe'ru:ʎo] *m* (*pl* *-gli*) Tumult *m*, Krawall *m*
taglia ['ta:ʎa] *f* Größe *f*, *somma di denaro* Kopfgeld *n*; **di ~ media** von mittlerer Größe; **~ forte** Übergröße *f*; **~ unica** Einheitsgröße *f*
tagli|acarte [taʎa'karte] *m inv* Brieföffner *m*; **~ando** [-'ʎando] *m* Abschnitt *m*, Coupon *m*; **~are** [-'ʎa:re] (*1g*) schneiden; abschneiden; (*ridurre*) kürzen; *albero* fällen; **farsi ~ i capelli** sich die Haare schneiden lassen; **~atelle** [-ʎa'tɛlle] *f/pl* Bandnudeln *f/pl*; **~ente** [-'ʎɛnte] scharf; **~ere** [-'ʎɛ:re] *m* Hackbrett *n*; **~erini** [-ʎe'ri:ni] *m/pl* Suppennudeln *f/pl*
taglio ['ta:ʎo] *m* (*pl* *-gli*) Schnitt *m*; Schneide *f*; **~ cesareo** Kaiserschnitt *m*; **~ dei capelli** Haarschnitt *m*
tailleur [ta'jœ:r] *m inv* Kostüm *n*
talco ['talko] *m* (*pl* *-chi*) Talkum *n*
tale ['ta:le] so ein(e); (ein) solcher, -es; (eine) solche; **~ e quale** genauso wie; **un ~** ein gewisser; **il signor tal dei -i** Herr Soundso *m*
talento [ta'lɛnto] *m* Talent *n*, Begabung *f*
tall|onare [tallo'na:re] (*1a*) verfolgen, bedrängen; **~ qu** j-m auf den Fersen bleiben; **~oncino** [-lon'tʃi:no] *m* Abschnitt *m*, Schein *m*; **~one** [-'lo:ne] *m* Ferse *f*
talmente [tal'mente] dermaßen, derart
talora [ta'lo:ra] bisweilen, manchmal
talpa ['talpa] *f* Maulwurf *m*
talvolta [tal'vɔlta] manchmal, mitunter
tamburo [tam'bu:ro] *m* Trommel *f*
tamp|onamento [tampona'mento] *m* Auffahrunfall *m*; **~ a catena** Massenkarambolage *f*; **~onare** [-'na:re] (*1a*) zustopfen; *med* tamponieren; *auto* auffahren auf (*acc*); **~one** [-'po:ne] *m* *med* Tampon *m*; *tec* Puffer *m*
tana ['ta:na] *f* Höhle *f*
tandem ['tandem] *m inv* Tandem *n*
tang|ente [tan'dʒɛnte] *f mat* Tangente *f*; *econ* (*quota*) Anteil *m*; (*denaro estorto*) Schutzgeld *n*; **~enziale** [-dʒentsi'a:le] *f* Umgehungsstraße *f*, Stadtautobahn *f*
tanica ['ta:nika] *f* (Benzin)Kanister *m*
tanto ['tanto] **1.** *adj* viel; so viel; **-i saluti** viele Grüße; **-e grazie** vielen Dank; **2.** *pron* viel; **-i** *pl* viele; **3.** *adv* so sehr; so viel; so; so lange; **di ~ in ~** von Zeit zu Zeit; **~ meglio** umso besser; **~ quanto** so viel wie; **da ~** seit langem
tappa ['tappa] *f* Rast *f*, Station *f*, Etappe *f*
tapp|are [tap'pa:re] (*1a*) zustopfen; *bottiglia* zukorken; **~arella** [-pa'rɛlla] *f* Rollladen *m*
tappeto [tap'pe:to] *m* Teppich *m*
tappezz|are [tappet'tsa:re] (*1a*) tapezieren; **~eria** [-tse'ri:a] *f* Tapeten *f/pl*
tappo ['tappo] *m* (Flaschen)Verschluss

m; *di sughero* Korken *m*; Stöpsel *m*

taratura [tara'tu:ra] *f* Eichung *f*

tarchiato [taraki'a:to] untersetzt

tardare [tar'da:re] (*1a*) **1.** *v/t* verzögern; **2.** *v/i* zögern; sich verspäten

tardi ['tardi] spät; ***più ~*** später; ***al più ~*** spätestens; ***a più ~!*** bis später!; ***far ~*** sich verspäten

tardivo [tar'di:vo] spätreif; verspätet

tardo ['tardo] spät; langsam

targa ['targa] *f* (*pl -ghe*) Schild *n*; Plakette *f*; *auto* Nummernschild *n*

targhetta [tar'getta] *f* Schildchen *n*; Türschild *n*

tariffa [ta'riffa] *f* Tarif *m*, Gebühr *f*; ***~ locale*** Ortstarif *f*; ***~ notturna*** Nachttarif *f*; ***~ urbana a tempo*** Zeittakt *m*

tarlato [tar'la:to] wurmstichig

tarlo ['tarlo] *m* Holzwurm *m*

tarma ['tarma] *f* Motte *f*

tartaro ['tartaro] *m* Zahn-, Kalk-, Weinstein *m*

tartaruga [tarta'ru:ga] *f* (*pl -ghe*) Schildkröte *f*

tartina [tar'ti:na] *f* belegte Brotschnitte *f*

tartufo [tar'tu:fo] *m* Trüffel *f*

tasca ['taska] *f* (*pl -che*) Tasche *f*; F ***ne ho le tasche piene*** F ich habe die Nase voll davon

tascabile [tas'ka:bile] **1.** *adj* Taschen…; ***dizionario*** *m* ***~*** Taschenwörterbuch *n*; **2.** *m* Taschenbuch *n*

tassa ['tassa] *f* Steuer *f*, Gebühr *f*; ***~ di circolazione*** Kraftfahrzeugsteuer *f*; ***~ di soggiorno*** Kurtaxe *f*; ***esente da ~*** gebührenfrei; ***soggetto a ~*** gebührenpflichtig

tass|ametro [tas'sa:metro] *m* Taxameter *n u m*; ***~are*** [-'sa:re] (*1a*) besteuern

tassì [tas'si] *m inv* Taxi *n*

tassista [tas'sista] *m/f* (*m/pl -i*) Taxifahrer(in *f*) *m*

tasso ['tasso] *m econ* Quote *f*, Rate *f*, Satz *m*; ***~ di cambio*** Umrechnungskurs *m*; ***~ d'inflazione*** Inflationsrate *f*; ***~ d'interesse*** Zinssatz *m*; ***~ di sconto*** Diskontsatz *m*

tast|are [tas'ta:re] (*1a*) (be)tasten; *polso* fühlen; *fig* ***~ il terreno*** sondieren; ***~iera*** [-ti'ɛ:ra] *f* Tastatur *f*; ***~ierista*** [-tie'rista] *m/f* (*m/pl -i*) Datentypist(in *f*) *m*

tasto ['tasto] *m* Taste *f*; *tel* ***~ di selezione rapida*** Kurzwahltaste *f*; *inform* ***~ operativo*** Funktionstaste *f*

tattic|a ['tattika] *f* (*pl -che*) Taktik *f*; ***~o*** [-ko] (*pl -ci*) taktisch

tatto ['tatto] *m* (*senso*) Tastsinn *m*; *fig* Takt *m*, Fingerspitzengefühl *n*; ***mancanza*** *f* ***di ~*** Taktlosigkeit *f*

tatuaggio [tatu'addʒo] *m* Tätowierung *f*

taverna [ta'vɛrna] *f* Schenke *f*

tavola ['ta:vola] *f* (*asse*) Brett *n*; *mobile* Tisch *m*; (*tabella*) Tabelle *f*; ***~ calda*** Imbissstube *f*; ***~ rotonda*** Round-Table-Gespräch *n*; *sport* ***~ a vela*** Surfbrett *n*; ***a ~*** bei Tisch, beim Essen

tavoletta [tavo'letta] *f* ***~ di cioccolata*** Tafel *f* Schokolade

tavolo ['ta:volo] *m* Tisch *m*

taxi ['taksi] *m inv* → ***tassì***

tazza ['tattsa] *f* Tasse *f*; ***una ~ di caffè*** e-e Tasse Kaffee

tazzina [tat'tsi:na] *f* Kaffeetasse *f*

te [te] dich; dir; ***come ~*** wie du

tè [tɛ] *m* Tee *m*; ***sala*** *f* ***da ~*** Teeraum *m*; ***tazza*** *f* ***da ~*** Teetasse *f*

teatrale [tea'tra:le] theatralisch; Theater…; ***rappresentazione*** *f* ***~*** Theatervorstellung *f*

teatro [te'a:tro] *m* Theater; *fig* Schauplatz *m*; ***~ all'aperto*** Freilichtbühne *f*; ***~ lirico*** Opernhaus *n*; ***~ dei burattini*** Kasperletheater *n*

tecnic|a ['tɛknika] *f* (*pl -che*) Technik *f*; ***~o*** [-ko] (*pl -ci*) **1.** *adj* technisch; **2.** *m* Techniker *m*

tecnol|ogia [teknolo'dʒi:a] *f* Technologie *f*; ***alta ~*** Hightech *n*; ***~ogico*** [-'lɔ:dʒiko] (*pl -ci*) technologisch

tedesco [te'desko] (*pl -chi*) **1.** *adj* deutsch; **2.** *m*, **-a** [-ka] *f* Deutsche(r *m*) *m/f*; Deutsch(e) *n*; ***in ~*** auf Deutsch

tegame [te'ga:me] *m* Bratpfanne *f*

teglia ['te:ʎa] *f* Backform *f*

tegola ['te:gola] *f* Dachziegel *m*

teiera [tei'ɛ:ra] *f* Teekanne *f*

tela ['te:la] *f* Leinwand *f*; *fig* Gewebe *n*; *arte* Gemälde *n*; ***~ cerata*** Wachstuch *n*

telaio [te'la:io] *m* (*pl -ai*) Webstuhl *m*; Rahmen *m*, Gestell *n*; *auto* Fahrgestell *n*

tele|camera [tele'ka:mera] *f* Fernsehkamera *f*; ***~comando*** [-ko'mando] *m* Fernsteuerung *f*; ***~comunicazioni*** [-komunikatsi'o:ni] *f/pl* Fernmeldewesen *n*; ***~conferenza*** [telekɔnfe-

'rentza] *f* Telefonkonferenz *f*; **~fax** [-'faks] *m* Faxgerät *n*; **~ferica** [-'fɛːrika] *f* (*pl -che*) Drahtseil-, Schwebebahn *f*; **~film** [-'film] *m inv* Fernsehfilm *m*

telefonare [telefo'naːre] (*1m u b*) telefonieren (***a qu*** mit j-m); anrufen (***a qu*** j-n)

telefonata [telefo'naːta] *f* Anruf *m*; **~ *interurbana*** Ferngespräch *n*; **~ *urbana*** Ortsgespräch *n*; ***fare una ~ a qu*** j-n anrufen

tele|fonico [tele'fɔːniko] (*pl -ci*) telefonisch; ***chiamata f* -a** (Telefon)Anruf *m*; **~fonino** [telefo'nino] *m tel* Handy *n*; **~fonista** [-fo'nista] *m/f* (*m/pl -i*) Telefonist(in *f*) *m*

telefono [te'lɛːfono] *m* Telefon *n*; **~ *a gettoni*** Münzfernsprecher *m*; **~ *a scheda*** Kartentelefon *m*; **~ *a tastiera*** Tastentelefon *m*; **~ *cellulare*** Funktelefon *m*; ***dare un colpo di ~ a qu*** j-n kurz anrufen

tele|giornale [teledʒor'naːle] *m* Fernsehnachrichten *f/pl*; **~grafare** [-gra'faːre] (*1m u b*) telegrafieren; **~grafico** [-'graːfiko] (*pl -ci*) telegrafisch

telegrafo [te'lɛːgrafo] *m* Telegraf *m*

tele|gramma [tele'gramma] *m* (*pl -i*) Telegramm *n*; **~guidato** [telegui'daːto] ferngesteuert; **~lavoro** [telela'voro] *m* Bildschirmarbeit *f*; **~obiettivo** [-obiet'tiːvo] *m* Teleobjektiv *n*; **~patia** [-pa'tiːa] *f* Telepathie *f*; **~schermo** [-'skermo] *m* Bildschirm *m*; **~scopio** [-'skɔːpio] *m* (*pl -pi*) Teleskop *n*, Fernrohr *n*; **~selezione** [-seletsi'oːne] *f* Selbstwählferndienst *m*; **~spettatore** [-spetta'toːre] *m* Fernsehzuschauer *m*

telev|isione [televizi'oːne] *f* Fernsehen *n*; **~ *via cavo*** Kabelfernsehen *n*; **~ *via satellite*** Satellitenfernsehen *n*; **~isivo** [-vi'ziːvo] Fernseh…; **~isore** [-vi'zoːre] *m* Fernsehgerät *n*, Fernseher *m*; **~ *a colori*** Farbfernseher *m*

telex ['tɛːleks] *m inv* Telex *n*

telone [te'loːne] *m tea* Vorhang *m*

tema ['tɛːma] *m* Thema *n*; Aufsatz *m*

tem|erario [teme'raːrio] (*pl -ri*) verwegen; **~ere** [-'meːre] (*2a*) (be-)fürchten; **~ *qu*** sich vor j-m fürchten

temperamatite [temperama'tiːte] *m inv* Bleistiftspitzer *m*

temper|amento [tempera'mento] *m* Temperament *n*; **~are** [-'raːre] (*1l u b*) mildern, mäßigen; *matita* spitzen; **~ato** [-'raːto] maßvoll, gemäßigt; *clima* mild; **~atura** [-ra'tuːra] *f* Temperatur *f*; **~ *ambientale*** Raumtemperatur *f*

temperino [tempe'riːno] *m* Taschenmesser *n*; Bleistiftstifter *m*

temp|esta [tem'pɛsta] *f* Sturm *m*; Unwetter *n*; **~estoso** [-pes'toːso] stürmisch

tempia ['tɛmpia] *f* Schläfe *f*

tempio ['tɛmpio] *m* (*pl -pli*) Tempel *m*

tempo ['tɛmpo] *m* Zeit *f*; *meteorologia* Wetter *n*; **~ *libero*** Freizeit *f*; ***a ~ perso*** in der Freizeit; ***a*** (*od* ***in***) **~** rechtzeitig; ***col ~*** mit der Zeit; ***un ~*** einst; ***per ~*** frühzeitig; ***non ho ~*** ich habe keine Zeit; ***da molto ~*** seit langem; ***fa bel ~*** es ist schönes Wetter; ***fa brutto ~*** es ist schlechtes Wetter

tempo|rale [tempo'raːle] *m* Gewitter *n*; **~raneo** [-'raːneo] zeitweilig

ten|ace [te'naːtʃe] zäh; hartnäckig; **~acia** [-'naːtʃa] *f* Zähigkeit *f*, Hartnäckigkeit *f*

tenaglie [te'naːʎe] *f/pl* Zange *f*

tenda ['tɛnda] *f* Vorhang *m*; *da campeggio* Zelt *n*

tendenza [ten'dɛntsa] *f* Neigung *f*, Tendenz *f*, Trend *m*

tendere ['tɛndere] (*3c*) **1.** *v/t* spannen; *mano* reichen; *braccio* ausstrecken; *fig* stellen; **2.** *v/i* streben (***a*** nach *dat*); tendieren, neigen (***a*** zu)

tendina [ten'diːna] *f* Gardine *f*

tendine ['tɛndine] *m* Sehne *f*

tenebre ['tɛːnebre] *f/pl* Finsternis *f*

tenente [te'nɛnte] *m* Oberleutnant *m*

ten|ere [te'neːre] (*2q*) **1.** *v/t* halten; behalten; *riunione* abhalten; **~ *d'occhio*** im Auge behalten; **2.** *v/i* halten; **~ *a qc*** auf et (*acc*) Wert legen; **~ersi** [-'nersi] sich halten; **~ *in piedi*** sich aufrecht halten

tenerezza [tene'rettsa] *f* Zärtlichkeit *f*

tenero ['tɛːnero] weich; zart; *fig* zärtlich

tengo ['tɛŋgo] → ***tenere***

tennis ['tɛnnis] *m* Tennis *n*; **~ *da tavolo*** Tischtennis *n*

tennista [ten'nista] *m/f* (*m/pl -i*) Tennisspieler(in *f*) *m*

tenore [te'noːre] *m* Wortlaut *m*; *mus* Tenor *m*; **~ *di vita*** Lebensstandard *m*

tensione [tensi'oːne] *f* Spannung *f*; *fig*

T

Anspannung *f*

tent|are [ten'ta:re] (*1b*) versuchen; **~ tutto il possibile** nichts unversucht lassen; **~ativo** [-ta'ti:vo] *m* Versuch *m*; **~azione** [-tatsi'o:ne] *f* Versuchung *f*

tenuta [te'nu:ta] *f* Fassungsvermögen *n*; *agr* Landgut *n*; *auto* **~ di strada** Straßenlage *f*

teo|logia [teolo'dʒi:a] *f* Theologie *f*; **~logico** [-'lɔ:dʒiko] (*pl -ci*) theologisch

teologo [te'ɔ:logo] *m* (*pl -gi*) Theologe *m*

teor|ema [teo'rɛ:ma] *m* (*pl -i*) Lehrsatz *m*; **~ia** [-'ri:a] *f* Theorie *f*

teorico [te'ɔ:riko] (*pl -ci*) theoretisch

tepore [te'po:re] *m* milde Wärme *f*

teppista [tep'pista] *m* (*pl -i*) Rowdy *m*, Gangster *m*

terapia [tera'pi:a] *f* Therapie *f*

tergicristallo [terdʒikris'tallo] *m auto* Scheibenwischer *m*

termale [ter'ma:le] Thermal…; **stazione** *f* **~** Kurort *m*; **stabilimento** *m* **~** Thermalbad *n*

terme ['tɛrme] *f/pl* Thermalquellen *f/pl*

terminal ['tə:minl] *m inv avia* Terminal *n*; Endstation *f*

termin|ale [termi'na:le] **1.** *adj* Grenz…; End…; **stazione** *f* **~** Endstation *f*; **2.** *m inform* Terminal *n*, Endgerät *n*; *el* Klemme *f*; **~are** [-'na:re] (*1l u b*) **1.** *v/t* beenden; abschließen; **2.** *v/i* enden, zu Ende gehen

termine ['tɛrmine] *m* Ende *n*; Schluss *m*; (*confine*) Grenze *f*; *econ* (*scadenza*) Frist *f*; Termin *m*; (*parola*) Ausdruck *m*, Wort *n*; **~ di consegna** Liefertermin *m*; **~ di pagamento** Zahlungsfrist *f*; **~ tecnico** Fachausdruck *m*; **a breve ~** kurzfristig; **a lungo ~** langfristig; **in altri -i** mit anderen Worten; **volgere al ~** dem Ende zugehen

term|ocoperta [termoko'pɛrta] *f* Heizdecke *f*; **~oforo** [-'mɔ:foro] *m* Heizkissen *n*; **~ometro** [-'mɔ:metro] *m* Thermometer *n*

termos ['tɛrmos] *m inv* Thermosflasche *f*

term|osifone [termosi'fo:ne] *m* Heizkörper *m*; **~ostato** [-'mɔstato] *m* Thermostat *m*

terra ['tɛrra] *f* Erde *f*; Land *n*; (*suolo*) Boden *m*; **-e** *pl* Ländereien *f/pl*; **a ~, per ~** zu, am Boden; **cadere a ~** zu Boden fallen; **prendere ~** landen

terracotta [terra'kɔtta] *f* Tonerde *f*, Terracotta *f*

terra|ferma [terra'ferma] *f* Festland *n*; **~pieno** [-pi'ɛ:no] *m* Erdwall *m*

terr|azza [ter'rattsa] *f*, **~azzo** [-'rattso] *m* Terrasse *f*; **~emoto** [-re'mɔ:to] *m* Erdbeben *n*; **~eno** [-'re:no] **1.** *adj* irdisch; **2.** *m* Boden *m*; Gelände *n*; Grundstück *n*; *fig* Bereich *m*, Gebiet *n*; **~ fabbricabile** Baugrundstück *n*

terrestre [ter'rɛstre] Erd…; Land…; irdisch; **globo** *m* **~** Erdkugel *f*

terribile [ter'ri:bile] schrecklich, fürchterlich

terrina [ter'ri:na] *f* Terrine *f*

territ|oriale [territori'a:le] Gebiets…; **~orio** [-'tɔ:rio] *m* (*pl -ri*) Gebiet *n*; **~ nazionale** Hoheitsgebiet *n*

terr|ore [ter'ro:re] *m* Schrecken *m*; Terror *m*; **~orismo** [-ro'rizmo] *m* Terrorismus *m*; **~orista** [-ro'rista] *m/f* (*m/pl -i*) Terrorist(in *f*) *m*; **~orizzare** [-rorid'dza:re] (*1a*) terrorisieren

terza ['tɛrtsa] *f* dritte Klasse *f*; *auto* dritter Gang *m*

terz|iario [tertsi'a:rio] *m* (*pl -ri*) Dienstleistungsgewerbe *n*; **settore** *m* **~** Dienstleistungssektor *m*; **~ino** [-'tsi:no] *m sport* Verteidiger *m*

terzo ['tɛrtso] **1.** *adj* dritte(r); **il ~ mondo** die Dritte Welt; **-a pagina** *f* Feuilleton *n*; **2.** *m* Dritte(r) *m*, Drittel *n*

tesi ['tɛ:zi] *f inv* These *f*; (**a ~ di laurea**) Dissertation *f*

teso ['te:so] **1.** → **tendere**; **2.** *adj* gespannt; *fig* angespannt

tesoro [te'zɔ:ro] *m* Schatz *m*

tessera ['tɛssera] *f* Ausweiskarte *f*, Mitgliedskarte *f*; **~ d'abbonamento mensile** Monatskarte *f*

tesserato [tɛsse'ra:to] *m* Mitglied *m*

tesserino [tɛsse'rino] *m* Karte *f*; *inform* **~ elettronico** Chipkarte *f*

tessile ['tɛssile] **1.** *adj* Textil…; **industria** *f* **~** Textilindustrie *f*; **2.** **-i** *m/pl* Textilien *pl*

tessuto [tes'su:to] *m* Gewebe *n*; Stoff *m*; **~ di lana** Wollstoff *m*; **-i** *pl* Textilien *pl*

test [tɛst] *m inv* Test *m*

testa ['tɛsta] *f* Kopf *m*; **a ~** pro Kopf; **alla ~ di** an der Spitze von; **essere in ~** an der Spitze liegen

T

testamento [testa'mento] *m* Testament *n*
test|ardaggine [testar'daddʒine] *f* Starrköpfigkeit *f*; **~ardo** [-'tardo] **1.** *adj* starrköpfig; **2.** *m* Starrkopf *m*
testata [tes'taːta] *f* Kopfende *n*; Kopfteil *m*; *auto* Zylinderkopf *m*; **~ *nucleare*** Atomsprengkopf *m*
teste ['tɛste] *m/f* Zeuge *m*, Zeugin *f*
testicolo [tes'tiːkolo] *m* Hoden *m*
test|imone [testi'mɔːne] *m/f* Zeuge *m*, Zeugin *f*; **~ *oculare*** Augenzeuge *m*; **~ *di nozze*** Trauzeuge *m*; **~imonianza** [-timoni'antsa] *f* Zeugenaussage *f*; (*prova*) Beweis *m*; **~imoniare** [-timoni'aːre] (*1k u c*) bezeugen; aussagen
testo ['tɛsto] *m* Text *m*; *inform* **~ *completo*** Volltext *m*
tetano ['tɛːtano] *m* Tetanus *m*, Wundstarrkrampf *m*
tetro ['tɛːtro] düster
tetto ['tetto] *m* Dach *n*
tettoia [tet'toːia] *f* Vordach *n*; Schutzdach *n*
thermos® ['tɛrmos] → ***termos***
ti [ti] dir; dich
tibia ['tibia] *f* Schienbein *n*
tic [tik] *m* Tick *m*
ticchettare [tikket'taːre] (1a) ticken
ticket [ti'kɛt] *m inv* Arzneimittel-Selbstkostenbeteiligung *f*
tiene [ti'ɛːne] → ***tenere***
tiepido [ti'ɛːpido] lau(warm); *fig* lau
tifo ['tiːfo] *m med* Typhus *m*; sportliche Begeisterung *f*; ***fare il ~ per una squadra*** Anhänger von einer Mannschaft sein
tifoso [ti'foːso] *m* Fan *m*
tiglio ['tiːʎo] *m* (*pl -gli*) Linde *f*
tigre ['tiːgre] *f* Tiger *m*
timballo [tim'ballo] *m* Pauke *f*; *gastr* Pastete *f*
timbrare [tim'braːre] (*1a*) stempeln
timbro ['timbro] *m* Stempel *m*; *mus* Klangfarbe *f*; **~ *postale*** Poststempel
timidezza [timi'dettsa] Schüchternheit *f*
timido ['tiːmido] schüchtern, scheu
timo ['tiːmo] *m* Thymian *m*
tim|one [ti'moːne] *m* Deichsel *f*, *mar* Steuer *n*; *fig* Führung *f*, Leitung *f*; **~oniere** [-moni'ɛːre] *m* Steuermann *m*
tim|ore [ti'moːre] *m* Furcht *f*; **~oroso** [-mo'roːso] ängstlich
timpano ['timpano] *m mus* Pauke *f*; *anat* Trommelfell *n*
tinca ['tiŋka] *f* (*pl -che*) Schlei *m*
tingere ['tindʒere] (*3d*) färben
tint|a ['tinta] *f* Farbe *f*; **~arella** [-ta'rɛlla] *f* Sonnenbräune *f*; **~o** [-to] → ***tingere***
tint|oria [tinto'riːa] *f* (chemische) Reinigung *f*; **~ura** [-'tuːra] *f* Färben *n*; Färbung *f*, (*colorante*) Färbemittel *n*; *med* **~ *di iodio*** Jodtinktur *f*
tipico ['tiːpiko] (*pl -ci*) typisch
tipo ['tiːpo] *m* Typ *m* (*a* F *fig*); Art *f*; ***che ~ di ...?*** was für ein(e) ...?
tip|ografia [tipogra'fiːa] *f* Buchdruckerei *f*; **~ografo** [-'pɔːgrafo] *m* Buchdrucker *m*
tirann|eggiare [tiranned'dʒaːre] (*1f*) tyrannisieren; **~ia** [-'niːa] *f* Tyrannei *f*
tir|annico [ti'ranniko] (*pl -ci*) tyrannisch; **~anno** [-'ranno] **1.** *adj* tyrannisch; **2.** *m* Tyrann *m*
tir|are [ti'raːre] (*1a*) **1.** *v/t* ziehen; (*tendere*) spannen; (*lanciare*) werfen; *colpo* schießen; **~ *fuori*** herausziehen; **~ *su*** aufziehen; **~ *giù*** herunterziehen; **2.** *v/i* ziehen; *abito* zu eng sein; *mil* schießen; *vento* blasen, wehen; **~ *avanti*** sich durchschlagen; **~ *dritto*** s-r Wege gehen; **~ *a sorte*** losen; **~arsi** [-'rarsi]: **~ *indietro*** zurücktreten; **~atore** [-ra'toːre] *m* Schütze *m*; **~atura** [-ra'tuːra] *f tip* Auflage *f*
tirchio ['tirkio] (*pl -chi*) geizig
tiro ['tiːro] *m* (*lancio*) Wurf *m*; (*sparo*) Schuss *m*; **~ *con l'arco*** Bogenschießen *n*; *fig* ***un brutto ~*** ein böser Streich; ***bestia*** *f* ***da ~*** Zugtier *n*; ***essere a ~*** in Schussweite sein
tirocinio [tiro'tʃiːnio] *m* (*pl -ni*) Lehrzeit *f*
tiroide [ti'rɔːide] *f* Schilddrüse *f*
tirolese [tiro'leːse] **1.** *adj* Tiroler; **2.** *m* Tiroler *m*
tisana [ti'zaːna] *f* (Kräuter)Tee *m*
titano [ti'taːno] *m* Titan *m*
titolare [tito'laːre] *m/f* Inhaber(in *f*) *m*; **~ *di una ditta*** Firmeninhaber(in *f*) *m*
titolo ['tiːtolo] *m* Titel *m*; *econ* Wertpapier *n*; **~ *di credito*** Schuldschein *n*; ***a ~ di*** als, in der Eigenschaft als; **~ *di studio*** Studienabschluss *m*
titubare [titu'baːre] (*1l*) zögern
tizio ['tiːtsio] ***un ~*** irgendjemand; ***Tizio,***

T

Caio e Sempronio Hinz und Kunz
toccare [tok'ka:re] (*1d*) **1.** *v/t* berühren (*a fig*); anfassen; (*riguardare*) *j-n* betreffen; *fig* **~ *la cinquantina*** nahe an fünfzig Jahre sein; **2.** *v/i* zustoßen (***a*** *dat*); (*spettare*) zustehen (***a*** *dat*); ***tocca a me*** ich bin an der Reihe; ***mi tocca*** (*inf*) ich muss (*inf*)
tocco ['tokko] *m* (*pl -cchi*) Berührung *f*
togliere ['tɔ:ʎere] (*3ss*) (weg)nehmen; entfernen; **~ *di mezzo*** beseitigen; ***ciò non toglie che*** das hindert nicht, dass
toletta [to'lɛtta] *f* Toilette *f*
tolgo ['tɔlgo] → ***togliere***
toller|ante [tolle'rante] tolerant; **~anza** [-'rantsa] *f* Toleranz *f*; **~are** [-'ra:re] (*1l u c*) tolerieren; (*sopportare*) ertragen; vertragen; (*subire*) dulden
tolto ['tɔlto] → ***togliere***
tomba ['tomba] *f* Grab *n*
tomografia [tomogra'fi:a] *f* **~ *assiale computerizzata*** Computertomographie *f*
tonaca ['tɔ:naka] *f* (*pl -che*) Kutte *f*
tonalità [tonali'ta] *f mus* Tonalität *f*; Farbton *m*
tondeggiante [tonded'ʤante] rundlich
tondo ['tondo] rund; ***chiaro e*** **~** klipp und klar
tonfo ['tonfo] *m* Sturz *m*, dumpfer Schlag *m*
tonico ['tɔ:niko] *m* (*pl -ci*) Stärkungsmittel *n*
tonificare [tonifi'ka:re] (*1m u d*) kräftigen, stärken
tonnellata [tonnel'la:ta] *f* Tonne *f*
tonno ['tonno] *m* Tunfisch *m*
tono ['tɔ:no] *m* Ton *m*; ***rispondere a*** **~** e-e gehörige Antwort geben
tons|ille [ton'sille] *f/pl anat* Mandeln *f/pl*; **~illite** [-sil'li:te] *f* Mandelentzündung *f*
topazio [to'pa:tsio] *m* (*pl -zi*) Topas *m*
topo ['tɔ:po] *m* Maus *f*; *fig* **~ *d'auto*** Autoknacker *m*
topografia [topogra'fi:a] *f* Topographie *f*
topolino [topo'li:no] *m* Mickymaus *f*
toppa ['tɔppa] *f* (*serratura*) (Tür)Schloss *n*; (*rattoppo*) Flicken *m*
torace [to'ra:ʧe] *m* Brustkorb *m*
torbido ['torbido] trüb(e)
torcere ['tɔrʧere] (*3d*) (um-, ver-) drehen; biegen, krümmen; *biancheria* auswringen; *bocca* verziehen; *naso* rümpfen
torchio ['tɔrkio] *m* (*pl -chi*) Presse *f*; (Wein)Kelter *f*; *tip* Druckpresse *f*
torcia ['tɔrʧa] *f* (*pl -ce*) Fackel *f*
torcicollo [torʧi'kɔllo] *m med* steifer Hals *m*
tordo ['tordo] *m* Drossel *f*
torm|enta [tor'menta] *f* Schneesturm *m*; **~entare** [-men'ta:re] (*1a*) quälen; plagen; **~entarsi** [-men'tarsi] sich abplagen; **~ento** [-'mento] *m* Qual *f*; **~entoso** [-men'to:so] quälend
torn|aconto [torna'konto] *m* Vorteil *m*; **~ante** [-'nante] *m* Haarnadelkurve *f*; **~are** [-'na:re] (*1a*) zurückkommen; wiederkommen; (*quadrare*) stimmen; **~ *utile*** nützlich sein (*od* werden); **~ *a fare*** (***dire***) ***qc*** et wieder machen (sagen); ***ben tornato!*** willkommen!; **~ *in sé*** wieder zu sich kommen
torneo [tor'nɛ:o] *m* Turnier *n*
tornio ['tornio] *m* (*pl -ni*) Drehbank *f*
toro ['tɔ:ro] *m* (*a astr*) Stier *m*
torpedine [tor'pɛdine] *m zo* Zitterrochen *m*; *mil* Torpedo *m*
torpore [tor'po:re] *m* Schlaffheit *f*; Trägheit *f*
torre ['torre] *f* Turm *m*
torref|are [torre'fa:re] (*3aa*) rösten; **~azione** [-fatsi'o:ne] *f* Rösten *n*
torreggiare [torred'ʤa:re] (*1f*) turmartig überragen
torrente [tor'rɛnte] *m* Wildbach *m*
torrido ['tɔrrido] glühend heiß
torrone [tor'ro:ne] *m* weißes Nougatkonfekt *n*
torsione [torsi'o:ne] *f* Drehung *f*; *tec* Torsion *f*
torso ['torso] *m* Rumpf *m*; *arte* Torso *m*
torsolo ['torsolo] *m* Strunk *m*; Kerngehäuse *n*
torta ['torta] *f* Torte *f*, Kuchen *m*
tortellino [tortel'li:no] *m* (*mst pl -i*) Tortellini *m/pl*
torto ['tɔrto] *m* Unrecht *n*; ***a*** **~** zu Unrecht
tortora ['tortora] *f* Turteltaube *f*
tort|uoso [tortu'o:so] gewunden; ***vie*** *f/pl* **-*e*** Schleichwege *m/pl*; **~ura** [-'tu:ra] *f* Folter *f*; *fig a* Qual *f*; **~urare** [-tu'ra:re] (*1a*) foltern; *fig* quälen
torvo ['torvo] finster
tosaerba [toza'ɛrba] *m* Rasenmäher *m*

tosare [to'za:re] (*1a*) scheren
tosse ['tosse] *f* Husten *m*; **~ canina** Keuchhusten *m*; **aver la ~** Husten haben
tossico ['tɔssiko] (*pl -ci*) **1.** *adj* giftig; **2.** *m* Gift *n*; **~dipendente** [tossikodipen'dɛnte] *m/f* Drogenabhängige(r *m*) *m/f*; **~dipendenza** [-dipen'dɛntsa] *f* Drogenabhängigkeit *f*
tossicomane [tossi'kɔ:mane] *m/f* Rauschgiftsüchtige(r *m*) *m/f*
tossire [tos'si:re] (*4a u d*) husten
tostapane [tosta'pa:ne] *m* Toaster *m*
tostare [tos'ta:re] (*1c*) rösten; *pane* toasten
tot|ale [to'ta:le] **1.** *adj* gänzlich; völlig; Gesamt…; **2.** *m* Gesamtsumme *f*; **~alità** [-tali'ta] *f* Gesamtheit *f*
totip [to'tip] *m* Pferdelotto *n*
totocalcio [toto'kaltʃo] *m* Fußballtoto *m*
tov|aglia [to'va:ʎa] *f* Tischtuch *n*; **~agliolo** [-va'ʎɔ:lo] *m* Serviette *f*
tozzo ['tɔttso] *m* Stück *n*
tra [tra] → ***fra***
traballare [trabal'la:re] (*1a*) schwanken; *mobile* wackeln
traboccare [trabok'ka:re] (*1d*) überlaufen; *fig* überströmen
traccia ['trattʃa] *f* (*pl -cce*) Spur *f*; (*abbozzo*) Entwurf *m*
tracciare [trat'tʃa:re] (*1f*) entwerfen, zeichnen
trachea [tra'kɛ:a] *f* Luftröhre *f*
trac|olla [tra'kɔlla] *f* **a ~** umgehängt; ***borsa*** *f* **a ~** Umhängetasche *f*; **~ollo** [-'kɔllo] *m* Sturz *m*
trad|imento [tradi'mento] *m* Verrat *m*; **a ~** hinterrücks; heimlich; **~ire** [-'di:re] (*4d*) verraten; *coniuge* betrügen; **~irsi** [-'dirsi] sich verraten; **~itore** [-di'to:re] **1.** *adj* verräterisch; **2.** *m* Verräter *m*; Betrüger *m*; **~izionale** [-ditsio'na:le] traditionell; **~izione** [-ditsi'o:ne] *f* Tradition *f*
trad|otto [tra'dotto] → ***tradurre***; **~urre** [-'durre] (*3e*) übersetzen; ***~ in tedesco*** ins Deutsche übersetzen; **~uttore** [-dut'to:re] *m*, **~uttrice** [-dut'tritʃe] *f* Übersetzer(in *f*) *m*; **~uzione** [-dutsi'o:ne] *f* Übersetzung *f*; ***~ f di -i*** Übersetzungsbüro *n*, Übersetzungsdienst *m*
traffic|ante *spreg* [traffi'kante] *m* Händler *m*; ***~ di droga*** Drogenhändler *m*; **~are** *spreg* [-'ka:re] (*1l u d*) handeln (***in*** mit)
traffico ['traffiko] *m* (*pl -chi u -ci*) Verkehr *m*; *econ* Handel *m*; ***~ aereo*** Luftverkehr *m*; ***~ a grande distanza*** Fernverkehr *m*; ***~ ferroviario*** Schienenverkehr *m*; ***~ postale*** Postverkehr *m*; ***~ stradale*** Straßenverkehr *m*; ***densità*** *f* ***del ~*** Verkehrsaufkommen *n*
traforo [tra'fo:ro] *m* Tunnel *m*
tragedia [tra'dʒɛ:dia] *f* Tragödie *f*
tragh|ettare [traget'ta:re] (*1a*) übersetzen; **~etto** [-'getto] *m* Fähre *f*
tragico ['tradʒiko] (*pl -ci*) tragisch
tragitto [tra'dʒitto] *m* Überfahrt *f*; Weg *m*, Strecke *f*
traguardo [tragu'ardo] *m* Ziel *n*
traiettoria [traiet'tɔ:ria] *f* Flugbahn *f*
trainare [trai'na:re] (*1l*) schleppen; ziehen
traino ['tra:ino] *m* Fuhre *f*
tralasciare [tralaʃ'ʃa:re] (*1f*) unterlassen
traliccio [tra'littʃo] *m* (*pl -cci*) *el* Gittermast *m*; *tec* Eisengerüst *n*
tram [tram] *m* Straßenbahn *f*
trama ['tra:ma] *f fig* Intrige *f*; *film u libro* Handlung *f*
tramandare [traman'da:re] (*1a*) überliefern
tramare [tra'ma:re] (*1a*) *fig* anzetteln
trambusto [tram'busto] *m* Getümmel *n*
tram|ezzino [tramed'dzi:no] *m* Sandwich *n*; **~ezzo** [-'mɛddzo] *m* Zwischenwand *f*
tramite ['tra:mite] *m* Vermittlung *f*; ***per*** (***il***) ***~ di*** durch (*acc*)
tram|ontana [tramon'ta:na] *f* Nordwind *m*; **~ontare** [-mon'ta:re] (*1a*) untergehen; **~onto** [-'monto] *m* (Sonnen-) Untergang *m*
trampolino [trampo'li:no] *m* Sprungbrett *n*; *sci* Sprungschanze *f*
tranello [tra'nɛllo] *m* Falle *f*, Attrappe *f*; ***cadere in un ~*** in e-e Falle geraten
tranne ['tranne] ausgenommen
tranqu|illante [traŋkuil'lante] *m* Beruhigungsmittel *n*; **~illità** [-kuilli'ta] *f* Ruhe *f*, Stille *f*, Gelassenheit *f*; **~illizzare** [-kuillid'dza:re] (*1a*) beruhigen; **~illo** [-ku'illo] ruhig; still; gelassen
trans|atlantico [transat'lantiko] (*pl -ci*) **1.** *adj* überseeisch; **2.** *m* Ozeandampfer *m*; **~azione** [-atsi'o:ne] *f jur* Vergleich

m; *econ* Transaktion *f*
transenna [tran'sɛnna] *f* Absperrung *f*
transgenico [trans'dʒɛniko] *adj* transgen
transistor [tran'sistor] *m* Transistor *m*
transit|abile [transi'ta:bile] begehbar; befahrbar; **~are** [-'ta:re] (*1l*) durchgehen, -fahren; verkehren; **~itivo** [-si'ti:vo] *gram* transitiv
transito ['transito] *m* Durchgang *m*; Durchfahrt *f*; Transit *m*; ***divieto*** *m* ***di ~*** Durchfahrverbot *n*; keine Durchfahrt
trans|itorio [transi'tɔ:rio] (*pl -ri*) vorübergehend; Übergangs…; **~izione** [-sitsi'o:ne] *f* Übergang *m*; **~oceanico** [-sotʃe'a:niko] (*pl -ci*) überseeisch
trantràn [tran'tran] *m* F Trott *m*; ***il solito ~*** der tägliche Trott
tran|vai [tran'vai] *m inv* Straßenbahn *f*; **~viere** [-vi'ɛ:re] *m* Straßenbahner *m*
trapanare [trapa'na:re] (*1l*) durchbohren
trapano ['tra:pano] *m* Bohrer *m*; ***~ a percussione*** Schlagbohrmaschine *f*
trap|ezio [tra'pɛ:tsio] *m* (*pl -zi*) Trapez *n*; **~ezista** [-pe'tsista] *m/f* (*m/pl -i*) Trapezkünstler(in *f*) *m*
trapiantare [trapian'ta:re] (*1a*) umpflanzen; *med* transplantieren
trapianto [trapi'anto] *m* Umpflanzung *f*, *med* Transplantation *f*
trappola ['trappola] *f* Falle *f*
trapunta [tra'punta] *f* Steppdecke *f*
trarre ['trarre] (*3xx*) ziehen; führen
trasalire [trasa'li:re] (*4m*) zusammenfahren
trasandato [trazan'da:to] verwahrlost; schlampig, ungepflegt
trasb|ordare [trazbor'da:re] (*1a*) umladen; **~ordo** [-'bordo] *m* Umladung *f*
trascinare [traʃʃi'na:re] (*1a*) schleppen; *fig* hin-, mitreißen
tras|correre [tras'korrere] (*3o*) **1.** *v/t* verbringen; **2.** *v/i* verstreichen, vergehen; **~corso** [-'korso] → ***trascorrere***
trascr|ivere [tras'kri:vere] (*3tt*) abschreiben; **~izione** [-kritsi'o:ne] *f* Abschreiben *n*; ***~ fonetica*** Lautschrift *f*
trascur|abile [trasku'ra:bile] unbedeutend, unerheblich; belanglos; **~are** [-'ra:re] (*1a*) vernachlässigen; (*tralasciare*) unterlassen; **~atezza** [-ra'tettsa] *f* Nachlässigkeit *f*; **~ato** [-'ra:to] nachlässig; (*non curato*) vernachlässigt
trasfer|ibile [trasfe'ri:bile] übertragbar; **~imento** [-ri'mento] *m* Umzug *m*; Versetzung *f*; *jur* Übertragung *f*; *inform* ***~ di dati*** Datentransfer *m*; **~ire** [-'ri:re] (*4d*) *sede* verlegen; *j-n* versetzen; *jur u fig* übertragen; **~irsi** [-'rirsi] umziehen
trasferta [tras'fɛrta] *f* Dienstreise *f*, *sport* Auswärtsspiel *n*
transform|are [trasfor'ma:re] (*1a*) verwandeln; umgestalten; *tec* verarbeiten; *el* umspannen; **~atore** [-ma'to:re] *m el* Transformator *m*; **~azione** [-matsi'o:ne] *f* Verwandlung *f*; Umgestaltung *f*
trasfusione [trasfuzi'o:ne] *f* Transfusion *f*
trasgr|edire [trazgre'di:re] (*4d*) übertreten; **~essione** [-gressi'o:ne] *f* Übertretung *f*; **~essore** [-gres'so:re] *m* Übertreter *m*
trasl|ocare [trazlo'ka:re] (*1c u d*) **1.** *v/t* versetzen; verlegen; **2.** *v/i* umziehen; **~oco** [-'lɔ:ko] *m* (*pl -chi*) Umzug *m*
trasmettere [traz'mettere] (*3ee*) *rad*, *TV* übertragen; senden; *jur diritti* übertragen (***a*** auf *acc*); übermitteln
trasmissione [trazmissi'o:ne] *f* Übertragung *f*, *rad*, *TV a* Sendung *f*; *tec* Transmission *f*; *rad*, *TV* ***~ in diretta*** Livesendung *f*, Direktübertragung *f*; *inform* ***~ dati*** Datenübertragung *f*
trasognato [traso'ɲa:to] verträumt
trasp|arente [traspa'rɛnte] **1.** *adj* durchsichtig; **2.** *m* Overheadfolie *f*; **~arenza** [-pa'rɛntsa] *f* Durchsichtigkeit *f*
trasp|ortare [traspor'ta:re] (*1c*) fortschaffen; transportieren, befördern; **~orto** [-'pɔrto] *m* Transport *m*, Beförderung *f*; ***~ combinato rotaia-strada*** Huckepack-Verkehr *m*; ***-i*** *pl* ***pubblici*** öffentliche Verkehrsmittel *n/pl*
trasversale [trazver'sa:le] **1.** *adj* quer; Quer…; **2.** *f* Querstraße *f*
trasvol|are [trazvo'la:re] (*1a*) überfliegen; **~ata** [-'la:ta] *f* Überflug *m*
tratta ['tratta] *f econ* Tratte *f*, *gezogener* Wechsel *m*; ***~ delle bianche*** Mädchenhandel *m*; ***pagare una ~*** e-e Tratte einlösen
tratt|amento [tratta'mento] *m* Behandlung *f* (*a med*); *inform* ***~ testi*** Textverarbeitung *f*, **~are** [-'ta:re] (*1a*)

T

1. *v/t* behandeln; *tec* verarbeiten, aufarbeiten; *econ* führen; (*negoziare*) verhandeln; 2. *v/i* ~ ***di*** handeln von; *econ* ~ ***in*** handeln mit; **~arsi** [-'tarsi] sich handeln (***di*** um *acc*); **~ativa** [-ta'tiːva] *f* (*mst pl -e*) Verhandlung *f*; **~ato** [-'taːto] *m* Abhandlung *f*; *jur*, *pol* Vertrag *m*; ~ ***di pace*** Friedensvertrag *m*

tratten|ere [tratte'neːre] (*2q*) aufhalten; zurückhalten; *somma* einbehalten, abziehen; (*intrattenere*) unterhalten; **~ersi** [-'nersi] sich aufhalten, bleiben; ~ ***da*** sich enthalten (*gen*); *fig* sich beherrschen; **~uta** [-'nuːta] *f* Abzug *m*

tratto ['tratto] *m* Strich *m*; Stück *n*; (*percorso*) Strecke *f*; (*periodo*) Weile *f*; ***-i*** *pl* (Gesichts)Züge *pl*; ***ad un*** ~ auf einmal; ***a -i*** streckenweise; zeitweise

tratt|ore [trat'toːre] *m* Traktor *m*; **~oria** [-to'riːa] *f* Gasthaus *n*; Gaststätte *f*

trauma ['trauːma] *m* (*pl -i*) Trauma *n*

traumatico [trau'maːtiko] (*pl -ci*) traumatisch

travasare [trava'zaːre] (*1a*) umfüllen

trave ['traːve] *f* Balken *m*

traversa [tra'versa] *f* Querbalken *m*; Querstraße *f*

travers|are [traver'saːre] (*1b*) überqueren; durchqueren; **~ata** [-'saːta] *f* Überquerung *f*; Durchquerung *f*; *mar* Überfahrt *f*

traverso [tra'verso] quer; ***di*** ~ schief; quer; ***strada*** *f* ***-a*** Querstraße *f*; ***vie*** *f/pl* ***-e*** Schleichwege *m/pl*

travest|imento [travesti'mento] *m* Verkleidung *f*; **~ire** [-'tiːre] (*4b*) verkleiden; **~ito** [-'tiːto] *m* Transvestit *m*

trav|olgere [tra'vɔldʒere] (*3d*) mitreißen (*a fig*); *con un veicolo* überfahren; **~olto** [-'vɔlto] → ***travolgere***

trazione [tratsi'oːne] *f tec* Antrieb *m*; *auto* ~ ***anteriore*** Vorderradantrieb *m*; ~ ***posteriore*** Hinterradantrieb *m*

tre [tre] drei

trebbiare [trebbiaːre] (1a) dreschen

treccia ['trettʃa] *f* (*pl -cce*) Zopf *m*

trecento [tre'tʃɛnto] *adj* dreihundert

Trecento [tre'tʃɛnto] *m* 14. Jahrhundert *n*

tredici ['treːditʃi] dreizehn

tregua ['treːgua] *f* Waffenstillstand *m*; *fig* Atempause *f*

trekking ['trekiŋ] *m inv* Trekking *n*

trem|ante [tre'mante] zitternd, bebend; **~are** [-'maːre] (*1b*) zittern, beben (***di***, ***per*** vor *dat*); **~endo** [-'mɛndo] schrecklich, furchtbar; F riesig, toll

tremila [tre'miːla] dreitausend

treno ['trɛːno] *m* Zug *m*; ~ ***diretto*** Eilzug *m*; ~ ***espresso*** Schnellzug *m*; ~ ***locale*** Nahverkehrszug *m*; ~ ***merci*** Güterzug *m*; ***in*** ~ mit der Bahn

trenta ['trenta] dreißig

trent|enne [tren'tɛnne] 1. *adj* dreißigjährig; 2. *m/f* Dreißigjährige(r *m*) *m/f*; **~ina** [-'tiːna] etwa dreißig; ***essere sulla*** ~ um die Dreißig herum sein

trentino [tren'tiːno] 1. *adj* trientinisch; 2. *m* Trientiner *m*

treppiedi [treppi'ɛːdi] *m inv* Stativ *n*

triangolare [triaŋgo'laːre] dreieckig

triangolo [tri'aŋgolo] *m* Dreieck *n*; *auto* Warndreieck *n*

tribordo [tri'bordo] *m* Steuerbord *n*

tribù [tri'bu] *f inv* (Volks)Stamm *m*

trib|una [tri'buːna] *f* Tribüne *f*; **~unale** [-bu'naːle] *m* Gericht *n*; ~ ***supremo*** Oberster Gerichtshof *m*; ~ ***per i minorenni*** Jugendgericht *n*

tributario [tribu'taːrio] (*pl -ri*) Steuer…; steuerpflichtig; ***sistema*** *m* ~ Steuersystem *n*

tributo [tri'buːto] *m* Steuer *f*, Abgabe *f*; *fig* Tribut *m*

tricheco [tri'kɛːko] *m* (*pl -chi*) Walross *n*

tri|ciclo [tri'tʃiːklo] *m* Dreirad *n*; **~colore** [-ko'loːre] 1. *adj* dreifarbig; 2. *m* Trikolore *f*

tri|ennale [trien'naːle] dreijährlich; **~ennio** [-'ɛnnio] *m* (*pl -nni*) Zeitraum *m* von drei Jahren

trifoglio [tri'fɔːʎo] *m* (*pl -gli*) Klee *m*

triglia ['triːʎa] *f* Seebarbe *f*

trilaterale [trilate'raːle] dreiseitig

trillare [tril'laːre] (*1a*) trillern

trillo ['trillo] *m* Triller *m*

trimestr|ale [trimes'traːle] vierteljährlich; **~e** [-'mɛstre] *m* Vierteljahr *n*

trinc|ea [trin'tʃɛːa] *f* Schützengraben *m*; **~erare** [-tʃe'raːre] (*1b*) verschanzen; **~erarsi** [-tʃe'rarsi] sich verschanzen, sich verbergen

trinchetto [triŋ'ketto] *m* Focksegel *n*; Fockmast *m*

trinciare [trin'tʃaːre] (*1f*) zerschneiden; *gastr* tranchieren

Trinità [trini'ta] *f* Dreieinigkeit *f*
trio [tr'i:o] *m* Trio *m*
trionfare [trion'fa:re] (*1a*) triumphieren (***su*** über *acc*); *sport* siegen
trionfo [tri'onfo] *m* Triumph *m*; *sport* Sieg *m*
triplicare [tripli'ka:re] (*1l u d*) verdreifachen
triplice ['tri:plitʃe] dreifach
triplo ['tri:plo] *m* Dreifache(s) *n*
trippa ['trippa] *f* Kutteln *f/pl*, Kaldaunen *f/pl*
triste ['triste] traurig; betrübt
tristezza [tris'tettsa] *f* Traurigkeit *f*
tritacarne [trita'karne] *m* Fleischwolf *m*
trit|are [tri'ta:re] (*1a*) zerkleinern; hacken; **~ato** [-'ta:to] **1.** *adj* gehackt; **2.** *m* Hackfleisch *n*
trito ['tri:to] zerkleinert; *fig* ***~ e ritrito*** abgedroschen
trittico ['trittiko] *m* (*pl -ci*) Triptychon *n*
triturare [tritu'ra:re] (*1a*) zerkleinern, zermahlen
triv|ellare [trivel'la:re] (*1b*) bohren; **~ello** [-'vɛllo] *m* Bohrer *m*
triviale [trivi'a:le] vulgär, ordinär; trivial, banal
trofeo [tro'fɛ:o] *m* Trophäe *f*
tromba ['tromba] *f mus* Trompete *f*; *auto* Hupe *f*; *zo* Rüssel *m*; ***~ d'aria*** Windhose *f*; ***~ delle scale*** Treppenhaus *n*
tromb|one [trom'bo:ne] *m* Posaune *f*; **~osi** [-'bɔ:zi] *f* Thrombose *f*
troncare [troŋ'ka:re] (*1d*) abschneiden; *fig* abbrechen; zunichte machen
tronco ['troŋko] *m* (*pl -chi*) *anat* Rumpf *m*; *bot* Stamm *m*; *fer* Strecke *f*; ***licenziare in ~*** auf der Stelle entlassen
trono ['trɔ:no] *m* Thron *m*
tropico ['trɔ:piko] (*pl -ci*) **1.** *adj* tropisch; **2.** *m* Wendekreis *m*
troppo ['trɔppo] **1.** *adj* zu viel, zu groß; **2.** *adv* zu; zu viel; zu sehr; ***non ~*** nicht besonders; ***è ~ tardi*** es ist zu spät
trota ['trɔ:ta] *f* Forelle *f*
trottare [trot'ta:re] (*1c*) *cavallo* traben; *persona* herumlaufen
trotto ['trɔtto] *m* Trab *m*
trottola ['trɔttola] *f* Kreisel *m*
trov|are [tro'va:re] (*1c*) finden; treffen; (*inventare*) erfinden; ***andare a ~ qu*** j-n besuchen; **~arsi** [-'varsi] sich (be-) finden; sich treffen; ***~ bene*** sich wohl fühlen; **~ata** [-'va:ta] *f* Einfall *m*
trucc|are [truk'ka:re] (*1d*) verkleiden, maskieren; schminken; *motore* frisieren; (*falsificare*) verfälschen; **~arsi** [-'karsi] sich schminken
trucco ['trukko] *m* (*pl -cchi*) Make-up *n*, Schminke *f*; (*inganno*) Betrug *m*; (*astuzia*) Trick *m*
truffa ['truffa] *f* Betrug *m*
truce ['trutʃe] grimmig
truff|are [truf'fa:re] (*1a*) betrügen (***di*** um *acc*); **~atore** [-fa'to:re] *m* Betrüger *m*, Gauner *m*
truppa ['truppa] *f mil* Truppe *f*; *fig* Trupp *m*
tu [tu] du; ***dare del ~ a qu*** j-n duzen
tuba ['tu:ba] *f mus* Tuba *f*
tuba|tura [tuba'tu:ra] *f*, **~zione** [-tsi'o:ne] *f* Rohrleitung *f*
tubercolosi [tuberko'lɔ:zi] *f* Tuberkulose *f*
tubero ['tu:bero] *m* Knolle *f*
tubetto [tu'betto] *m* (*Pillen*)Röhrchen *n*; Tube *f*
tubo ['tu:bo] *m* Rohr *n*; Röhre *f*; *flessibile* Schlauch *m*; *auto* ***~ di scappamento*** Auspuffrohr *n*; ***~ fluorescente*** Leuchtstoffröhre
tuff|are [tuf'fa:re] (*1a*) (ein)tauchen; **~arsi** [-'farsi] (*immergersi*) (unter-) tauchen; (*buttarsi dentro*) springen; *fig* sich stürzen; ***~ negli studi*** sich in das Studium versenken; **~ista** [-'fista] *m/f* (*m/pl -i*) *sport* Kunstspringer(in *f*) *m*
tuffo ['tuffo] *m* Tauchen *n*; Sprung *m*
tugurio [tu'gu:rio] *m* (*pl -ri*) Bruchbude *f*; Loch *n*
tulipano [tuli'pa:no] *m* Tulpe *f*
tumore [tu'mo:re] *m* Geschwulst *f*, Tumor *m*
tumult|o [tu'multo] *m* Tumult *m*, Aufruhr *m*; **~uoso** [-tu'o:so] stürmisch
tunica ['tu:nika] *f* (*pl -che*) Tunika *f*
tunisino [tuni'zi:no] **1.** *adj* tunesisch; **2.** *m* Tunesier *m*
tunnel ['tunnel] *m inv* Tunnel *m*; ***~ dell'orrore*** Geisterbahn *f*
tuo ['tu:o] (*pl tuoi*) **1.** *adj u pron* dein; ***il ~ amico*** dein Freund; **2.** *m* Deinige *n*
tuoi ['tu:o] *pl von* ***tuo***
tuonare [tuo'na:re] (*1c*) donnern
tuono [tu'ɔ:no] *m* Donner *m*
tuorlo [tu'ɔrlo] *m* Eidotter *m u n*, Eigelb *n*

T

turare [tu'ra:re] (*1a*) zustopfen; *bottiglia* zukorken
turbamento [turba'mento] *m* Störung *f*; Verwirrung *f*
turbante [tur'bante] *m* Turban *m*
turb|are [tur'ba:re] (*1a*) stören; verwirren; beunruhigen; **~arsi** [-'barsi] in Verwirrung geraten; sich beunruhigen
turbina [tur'bi:na] *f* Turbine *f*
turbine ['turbine] *m* Wirbelwind *m*
turbo... *in Zssgn* Turbo...
turboreattore [turboreat'to:re] *m* Turbinenflugzeug *n*
turchese [tur'ke:se] **1.** *adj* türkisgrün; **2.** *m* Türkis *m*
turco ['turko] (*pl -chi*) **1.** *adj* türkisch; **2.** *m* Türke *m*; Türkisch(e) *n*
tur|ismo [tu'rizmo] *m* Tourismus *m*, Fremdenverkehr *m*; **~ di massa** Massentourismus *m*; **~ista** [-'rista] *m/f* (*m/pl -i*) Tourist(in *f*) *m*; Reisende(r) *m*; **~istico** [-'ristiko] (*pl -ci*) touristisch, Touristen..., Fremdenverkehrs...; **assegno** *m* **~** Travellerscheck *m*; **classe** *f* **-a** Touristenklasse *f*; **guida** *f* **-a** Reiseführer *m*
turno ['turno] *m* Reihenfolge *f*; *di lavoro* Schicht *f*; **a ~** abwechselnd; **di ~** Dienst habend, dienstbereit; **è il mio ~** ich bin dran; **~ di riposo** Ruhetag *m*; **darsi il ~** sich abwechseln, sich ablösen
tuta ['tu:ta] *f* Overall *m*; Arbeitsanzug *m*; **~ sportiva** Jogginganzug *m*
tut|ela [tu'tɛ:la] *f* Schutz *m*; *jur* Vormundschaft *f*; **~elare** [-te'la:re] **1.** *adj* schützend; **2.** *v/t* (*1b*) schützen; *interessi* wahrnehmen; **~ore** [-'to:re] *m* Vormund *m*
tuttavia [tutta'vi:a] jedoch, dennoch, trotzdem
tutto ['tutto] **1.** *adj* ganz; all; alles; **-i**, **-e** *pl* alle; **~ il libro** das ganze Buch; **-i i giorni** jeden Tag *m*; **-i e tre** alle drei; **2.** *adv* ganz, völlig; **era ~ solo** er war ganz allein; **del ~** ganz, gänzlich; **in ~** im Ganzen
tuttofare [tutto'fa:re] *m/f inv* F Mädchen *n* für alles
tuttora [tut'to:ra] noch, noch immer

U

ubbid|iente [ubbidi'ɛnte] gehorsam; **~ienza** [-di'ɛntsa] *f* Gehorsam *m*; **~ire** [-'di:re] (*4d*) gehorchen; **~ ai genitori** den Eltern gehorchen
ubri|acare [ubria'ka:re] (*1d*) berauschen; **~acarsi** [-'karsi] sich betrinken; **~achezza** [-'kettsa] *f* Trunkenheit *f*, Rausch *m*; **~aco** [ubri'a:ko] (*pl -chi*) **1.** *adj* betrunken; **2.** *m* Betrunkene(r) *m*
uccello [ut'ʧɛllo] *m* Vogel *m*; **~ rapace** Raubvogel *m*
ucc|idere [ut'ʧi:dere] (*3q*) töten, umbringen; **~idersi** [-'ʧi:dersi] sich umbringen; **~iso** [-'ʧi:zo] → **uccidere**; **~isione** [-ʧizi'o:ne] *f* Tötung *f*
udienza [udi'ɛntsa] *f* Audienz *f*; *jur* Verhandlung *f*
ud|ire [u'di:re] (*4n*) hören; **~ito** [u'di:to] *m* Gehör *n*; **~itore** [udi'to:re] *m* Hörer *m*; Zuhörer *m*; *jur* Referendar *m*; **~itorio** [udi'tɔ:rio] *m* (*pl -ri*) Hörerschaft *f*
ufficiale [uffi'ʧa:le] **1.** *adj* offiziell, amtlich; **non ~** inoffiziell; **2.** *m* Beamte(r) *m*; *mil* Offizier *m*
ufficio [uf'fi:ʧo] *m* (*pl -ci*) Amt *n*; Büro *n*; **~ cambi** Wechselstube *f*; **~ doganale** Zollamt *n*; **~ informazioni** Informationsbüro *n*; **~ oggetti smarriti** Fundbüro *n*; **~ postale** Postamt *n*; **~ spedizioni** Versandstelle *f*; **~ stampa** Presseamt *n*; **~ di collocamento** Arbeitsamt *n*; **~ turistico** Fremdenverkehrsbüro *n*; **orario** *m* **d'~** Bürozeit *f*
ufo ['ufo] *m* UFO *n*
ugu|aglianza [ugua'ʎantsa] *f* Gleichheit *f*; **~agliare** [-'ʎa:re] (*1g*) gleichmachen; *j-m* gleichkommen; **~ale** [ugu'a:le] gleich; identisch
ulcera ['ulʧera] *f* Geschwür *n*; **~ gastrica** Magengeschwür *n*

U

ulteriore [ulteri'o:re] weiter; jenseitig
ultima ['ultima] *f* letzte Nachricht *f*
ultim|amente [ultima'mente] in letzter Zeit, kürzlich; **~are** [-'ma:re] (*1l*) beenden, abschließen; **~atum** [-'ma:tum] *m inv* Ultimatum *n*
ultimo ['ultimo] letzte; neueste; ***all'~*** zuletzt, am Ende; schließlich; ***l'~ prezzo*** der äußerste Preis
ultra|rosso [-'rosso] infrarot; **~suono** [-su'ɔ:no] *m* Ultraschall *m*
ululare [ulu'la:re] (*1l*) heulen
uman|ità [umani'ta] *f* (*genere umano*) Menschheit *f*; (*altruismo*) Menschlichkeit *f*; **~itario**[-ni'tario] (*pl -ri*) humanitär
umano [u'ma:no] menschlich, human; ***natura*** *f* ***-a*** menschliche Natur *f*
umid|ificatore [umidifika'to:re] *m* Luftbefeuchter *m*; **~ità** [-di'ta] *f* Feuchtigkeit *f*
umido ['u:mido] **1.** *adj* feucht; nass; **2.** *m* Feuchtigkeit *f*; *gastr* ***in ~*** geschmort
umile ['u:mile] (*modesto*) bescheiden; (*povero*) ärmlich, dürftig
umil|iante [umili'ante] demütigend, erniedrigend; **~iare** [-'a:re] (*1g*) demütigen; **~iazione** [-atsi'o:ne] *f* Demütigung *f*; **~tà** [umil'ta] *f* Demut *f*; Bescheidenheit *f*
umore [u'mo:re] *m* Laune *f*; ***di cattivo ~*** schlecht gelaunt
umor|ismo [umo'rizmo] *m* Humor *m*; **~ista** [-'rista] *m/f* (*m/pl -i*) Humorist(in *f*) *m*
un ['un] ein; **un'**, **una** ['u:na] eine
un|anime [u'na:nime] einstimmig; **~animità** [unanimi'ta] *f* Einstimmigkeit *f*
uncinetto [untʃi'netto] *m* Häkelnadel *f*; ***lavorare all'~*** häkeln
uncino [un'tʃi:no] *m* Haken *m*
undicesimo [undi'tʃɛ:zimo] elfte
undici ['unditʃi] elf
ungere ['undʒere] (*3d*) einfetten; schmieren
ungherese [uŋge're:se] **1.** *adj* ungarisch; **2.** *m* Ungarisch(e) *n*; **3.** *m/f* Ungar(in *f*) *m*
unghia ['uŋgia] *f* Nagel *m*
unguento [uŋgu'ɛnto] *m* Salbe *f*
unico ['u:niko] (*pl -ci*) einzig; *fig* einmalig; ***moneta -a*** Europäische Einheitswährung *f*
unifamiliare [unifamili'a:re] ***casa*** *f* **~** Einfamilienhaus *n*
unific|are [unifi'ka:re] (*1m u d*) vereinen; einigen; **~azione** [-katsi'o:ne] *f* Vereinigung *f*; Einigung *f*
uni|formare [unifor'ma:re] (*1a*) angleichen; vereinheitlichen; **~formarsi** [-for'marsi]: ***~ a*** sich richten nach; **~forme** [-'forme] **1.** *adj* gleichförmig; **2.** *f* Uniform *f*; **~formità** [-formi'ta] *f* Einheitlichkeit *f*
unione [uni'o:ne] *f* Verbindung *f*; Zusammenschluss *m*; *pol* Union *f*; *fig* Einigkeit *f*; ***Unione economica e monetaria europea*** Europäische Wirtschafts- und Währungsunion *f*; ***Unione europea*** (Ue) Europäische Union *f* (EU); ***Unione monetaria*** (***europea***) Europäische Währungseinheit *f*
unir|e [u'ni:re] (*4d*) vereinigen; zusammenfügen; **~si** [u'nirsi] sich zusammenschließen; ***~ in matrimonio*** die Ehe schließen
unità [uni'ta] *f inv* Einheit *f*; ***~ monetaria*** Währungseinheit *f*; ***~ di misura*** Maßeinheit *f*; *inform* ***~ a dischi flessibili*** Diskettenlaufwerk *n*; ***~*** *pl* ***periferiche*** Peripheriegeräte *pl*
unito [u'ni:to] vereinigt, vereint
univers|ale [univer'sa:le] allgemein; universal; Welt…; **~ità** [-si'ta] *f* Universität *f*; **~itario** [-si'ta:rio] (*pl -ri*) **1.** *adj* Universitäts…; **2.** *m* Student *m*
universo [uni'vɛrso] *m* Weltall *n*
uno ['u:no] **1.** *art* ein; **2.** *adj* ein; einer; einzig; ***a ~ a ~*** einzeln; einer nach dem andern; ***l'~ dopo l'altro*** hintereinander; ***l'un l'altro*** einander; ***~ e mezzo*** anderthalb; **3.** *m* Eins *f*
unto ['unto] **1.** → ***ungere***; **2.** *adj* schmierig; **3.** *m* Fett *n*
unzione [untsi'o:ne] *f* ***estrema ~*** Letzte Ölung *f*
uomo [u'ɔ:mo] *m* (*pl uomini*) Mensch *m*; (*maschio*) Mann *m*; ***~ d'affari*** Geschäftsmann *m*; ***~ di fiducia*** Vertrauensmann *m*; ***~ qualunque*** Mann *m* von der Straße; ***da ~*** Herren…, Männer…
uovo [u'ɔ:vo] *m* (*pl le uova*) Ei *n*; ***~ à la coque*** weiches Ei *n*; ***~ di Pasqua*** Osterei *n*; ***~ sodo*** hart gekochtes Ei *n*; ***~ al tegame*** Spiegelei *n*; ***-a*** *pl* ***strapazzate*** Rührei *n*

uragano [ura'gaːno] *m* Orkan *m*; Sturm *m*
uranio [u'raːnio] *m* Uran *n*
urb|anistica [urba'nistika] *f* Urbanistik *f*; **~ano** [-'baːno] städtisch, Stadt…; *fig* höflich
uretra [u'rɛtra] *f* Harnröhre *f*
urg|ente [ur'dʒɛnte] dringend; *lettera* Eil…; **~enza** [-'dʒɛntsa] *f* Dringlichkeit *f*; ***in caso d'~*** notfalls
urlare [ur'laːre] (*1a*) heulen; schreien
urlo ['urlo] *m* (*pl a le -a*) Schrei *m*
urna ['urna] *f* Urne *f*
urologo [u'rɔːlogo] *m* (*pl -gi*) Urologe *m*
urrà! [ur'ra] hurra!
urtare [ur'taːre] (*1a*) stoßen; *con un veicolo* anfahren; *fig* verletzen
urto ['urto] *m* Stoß *m*; (*scontro*) Zusammenstoß *m*, Aufprall *m*
usa ['uːza]: ***~ e getta*** Wegwerf…
us|anza [u'zantsa] *f* Sitte *f*, Brauch *m*; **~are** [-'zaːre] (*1a*) **1.** *v/t* gebrauchen, verwenden, benutzen; **2.** *v/i* pflegen; (*essere di moda*) Mode sein; **~ato** [-'zaːto] **1.** *adj* gebraucht, benutzt; ***automobile*** *f* ***-a*** Gebrauchtwagen *m*; **2.** *m* Gebrauchte(s) *n*
uscio ['uʃʃo] *m* (*pl -sci*) Tür *f*
usc|ire [uʃ'ʃiːre] (*4o*) (hin)ausgehen; herauskommen; *libro* erscheinen; **~ita** [-'ʃiːta] *f* Ausgang *m*; *per veicoli* Ausfahrt *f*; *econ* Ausgabe *f*; ***~ di sicurezza*** Notausgang *m*; ***buona ~*** Abstandssumme *f*
user [i'uːzə] *m/f inv* Benutzer(in *f*) *m*
usignolo [uzi'ɲɔːlo] *m* Nachtigall *f*
uso ['uːzo] *m* Gebrauch *m*; (*utilizzazione*) Benutzung *f*; ***avere l'~ di*** (*inf*) pflegen zu (*inf*); ***pronto per l'~*** gebrauchsfertig; ***fuori ~*** außer Gebrauch; ***~ indebito*** Missbrauch *m*; ***con ~ di cucina*** mit Kochgelegenheit *f*; *med* ***per ~ interno*** (*od* ***esterno***) innerlich (*od* äußerlich) anzuwenden
ust|ionarsi [ustio'narsi] (*1a*) sich verbrennen; **~ione** [-ti'oːne] *f* Verbrennung *f*
usuale [uzu'aːle] gebräuchlich, üblich
usufr|uire [uzufru'iːre] (*4d*): **~** (***di***) ***qc*** et genießen; et benutzen; die Nutznießung e-r Sache haben; **~utto** [-'frutto] *m* Nutznießung *f*
usura [u'zuːra] *f tec* Verschleiß *m*
usuraio [uzu'raːio] *m* (*pl -ai*) Kredithai *m*
utensile [uten'siːle] **1.** *adj* Werkzeug…; **2.** *m* Gerät *n*; ***-i*** *pl* Handwerkzeug *n*; Utensilien *pl*; ***-i domestici*** Haushaltsgeräte *pl*
utente [u'tɛnte] *m* Benutzer *m*; ***~ della strada*** Verkehrsteilnehmer *m*
utero ['uːtero] *m* Gebärmutter *f*
utile ['uːtile] **1.** *adj* nützlich; nutzbar; ***in tempo ~*** zur rechten Zeit; **2.** *m* Nutzen *m*; *econ* Gewinn *m*; ***~ netto*** Reinertrag *m*; ***~ d'esercizio*** Betriebsgewinn *m*
util|ità [utili'ta] *f* Nützlichkeit *f*; ***di ~ pubblica*** gemeinnützig; **~itaria** [-li'taːria] *f* Kleinwagen *m*; **~izzare** [-lid'dzaːre] (*1a*) benutzen, gebrauchen; verwerten; **~izzazione** [-liddzatsi'oːne] *f* Benutzung *f*, Gebrauch *m*; Verwertung *f*; **~izzo** [-'liddzo] *m* Benutzung *f*, Anwendung *f*, Ausnutzung *f*; ***di facile ~*** benutzerfreundlich
utop|ia [uto'piːa] *f* Utopie *f*; **~ista** [-'pista] *m/f* (*m/pl -i*) Utopist(in *f*) *m*
uva ['uːva] *f* Weintraube *f*; ***~ passa*** Rosinen *f/pl*; ***~ spina*** Stachelbeere *f*

V

va [va] → ***andare***
vac|ante [va'kante] frei; unbesetzt; **~anza** [-'kantsa] *f* Urlaub *m*; Ferien *pl*; ***-e*** *pl* ***estive*** Sommerferien *pl*; ***-e*** *pl* ***natalizie*** Weihnachtsferien *pl*; ***andare in ~*** in Urlaub fahren; **~anziere** [-kantsi'ɛre] *m* Urlauber *m*
vacca ['vakka] *f* (*pl -cche*) Kuh *f*
vacc|inare [vattʃi'naːre] (*1a*) impfen; **~inazione** [-tʃinatsi'oːne] *f* Impfung *f*; **~ino** [-'tʃiːno] *m* Impfstoff *m*
vado ['vaːdo] → ***andare***

vagab|ondare [vagabon'da:re] (*1a*) umherstreichen; **~ondo** [-'bondo] **1.** *adj* umherstreifend; **2.** *m* Landstreicher *m*
vagare [va'ga:re] (*1e*) umherstreifen
vagina *anat* [va'dʒi:na] *f* Scheide *f*
vaglia ['va:ʎa] *m inv* Anweisung *f*; (*a* **~** ***postale***) Postanweisung *f*; **~ *bancario*** Bankanweisung *f*
vago ['va:go] (*pl -ghi*) unbestimmt, vage
vagone [va'go:ne] *m* (Eisenbahn-) Wagen *m*, Waggon *m*; **~ *letto*** Schlafwagen *m*; **~ *merci*** Güterwagen *m*; **~ *ristorante*** Speisewagen *m*
vai [v'ai] → ***andare***
vaiolo [vai'ɔ:lo] *m* Pocken *f/pl*
valanga [va'laŋga] *f* (*pl -ghe*) Lawine *f*
val|ere [va'le:re] (*2r*) wert sein; (*essere valido*) gelten, gültig sein; ***non* ~ *nulla*** nichts wert sein; ***far* ~** geltend machen; **~ *la pena*** die Mühe wert sein; **~ersi** [-'lersi]: **~ *di qc*** sich e-r Sache bedienen; et gebrauchen
valeriana [valeri'a:na] *f* Baldrian *m*
valevole [va'le:vole] gültig
valgo ['valgo] → ***valere***
valico ['va:liko] *m* (*pl -chi*) Pass *m*, Übergang *m*; **~ *di confine*** Grenzübergang *m*
validità [validi'ta] *f* Gültigkeit *f*
valido ['va:lido] gültig; *persona* fähig; ***non* ~** ungültig
valigia [va'li:dʒa] *f* (*pl -ge*) Koffer *m*; ***fare le -e*** die Koffer packen
valle ['valle] *f* Tal *n*
val|ore [va'lo:re] *m* Wert *m*; (*coraggio*) Tapferkeit *f*; **~ *aggiunto*** Mehrwert *m*; **~ *commerciale*** Handelswert *m*; **~ *corrente*** Kurswert *m*; **~ *indicativo*** Eckwert *m*; *econ* ***-i*** *pl* Wertpapiere *n/pl*, Effekten *pl*; ***di* ~** wertvoll; ***senza* ~** wertlos; **~orizzare** [-lorid'dza:re] (*1a*) aufwerten; **~oroso** [-lo'ro:so] tapfer
valuta [va'lu:ta] *f* Währung *f*, Devisen *pl*; **~ *estera*** Fremdwährung *f*; **~ *guida*** Leitwährung *f*; **~ *nazionale*** Landeswährung *f*; ***stabilità* *f* *della* ~** Währungsstabilität *f*
valut|are [valu'ta:re] (*1a*) schätzen; *fig* abwägen; **~ario** [-'ta:rio] Devisen...; **~azione** [-tatsi'o:ne] *f* Schätzung *f*; ***errore*** *m* ***di* ~** Fehleinschätzung *f*
valvola ['valvola] *f* Ventil *n*; *anat* Klappe *f*; *el* Sicherung *f*; *rad* Röhre *f*
valzer ['valtser] *m inv* Walzer *m*
vandalismo [vanda'lizmo] *m* Vandalismus *m*
vandalo ['vandalo] *m* Vandale *m*
vanga ['vaŋga] *f* (*pl -ghe*) Spaten *m*
vangelo [van'dʒɛ:lo] *m* Evangelium *n*
vaniglia [va'ni:ʎa] *f* Vanille *f*
van|ità [vani'ta] *f* Eitelkeit *f*; **~itoso** [-ni'to:so] eitel
vanno ['vanno] → ***andare***
vano ['va:no] **1.** *adj* hohl; *fig* leer; (*inutile*) vergeblich; **2.** *m arch* Raum *m*; Öffnung *f*; *auto* **~ *portaoggetti*** Handschuhfach *n*; ***appartamento*** *m* ***a tre -i*** Dreizimmerwohnung *f*
vant|aggio [van'taddʒo] *m* (*pl -ggi*) Vorteil *m*; *gara* Vorsprung *m*; **~aggioso** [-tad'dʒo:so] vorteilhaft
vant|are [van'ta:re] (*1a*) rühmen, loben; **~arsi** [-'tarsi] sich rühmen (***di*** *gen*)
vanto ['vanto] *m* Ruhm *m*
vap|ore [va'po:re] *m* Dampf *m*; *mar* Dampfer *m*; **~oretto** [-po'retto] *m* Motorschiff *n*; **~orizzare** [-porid'dza:re] (*1a*) verdampfen; zerstäuben; **~oroso** [-po'ro:so] duftig; *fig* unklar
vari|abile [vari'a:bile] veränderlich; *tempo* wechselhaft; **~are** [-ri'a:re] (*1k*) **1.** *v/t* (ab-, ver)ändern; variieren; **2.** *v/i* wechseln; **~azione** [-riatsi'o:ne] *f* Veränderung *f*, Wechsel *m*
var|ice [va'ri:tʃe] *f* Krampfader *f*; **~icella** [-ri'tʃɛlla] *f* Windpocken *f/pl*; **~ietà** [-rie'ta] **1.** *f* Verschiedenartigkeit *f*, Vielfalt *f*; (*tipo*) Art *f*; **2.** *m* (*a* ***teatro*** *m od* ***spettacolo*** *m* ***di* ~**) Varietee *n*
vario ['va:rio] (*pl -ri*) verschieden (-artig); ***vari*** *pl* einige *pl*, mehrere *pl*; **~pinto** [-'pinto] bunt
vasca ['vaska] *f* (*pl -che*) Becken *n*; Bassin *n*; **~ *da bagno*** Badewanne *f*
vaselina [vaze'li:na] *f* Vaselin *n*
vasellame [vazel'la:me] *m* Geschirr *n*
vaso ['va:zo] *m* Gefäß *n* (*a anat*); Topf *m*; Vase *f*; **~ *da fiori*** Blumentopf *m*; Blumenvase *f*
vassoio [vas'so:io] *m* (*pl -oi*) Tablett *n*
vasto ['vasto] weit; ausgedehnt; *fig* umfassend
ve [ve] = ***vi*** (*vor* ***lo***, ***la***, ***li***, ***le***, ***ne***)
vecchia ['vɛkkia] *f* Alte *f*
vecchiaia [vekki'a:ia] *f* Alter *n*
vecchio ['vɛkkio] (*pl -cchi*) **1.** *adj* alt; (*usato*) gebraucht; (*logoro*) abgenutzt;

2. *m* Alte(r) *m*
vece ['veːtʃe] *f* ***in ~*** anstatt; ***in ~ sua*** an s-r Stelle; ***fare le -i di qu*** j-n vertreten
vedere [ve'deːre] (*2s*) sehen; ***far ~*** zeigen; ***stare a ~*** zusehen; ***vedi …*** siehe …
vedov|a ['veːdova] *f* Witwe *f*; **~o** [-vo] **1.** *adj* verwitwet; **2.** *m* Witwer *m*
veduta [ve'duːta] *f* Ansicht *f*, Aussicht *f*, Blick *m* (***su*** auf *acc*); ***~ aerea*** Luftaufnahme *f*; ***~ panoramica*** Panoramaansicht *f*; *fig* ***larghezza*** *f* ***di -e*** Weitblick *m*
veget|ale [vedʒe'taːle] **1.** *adj* pflanzlich; **2.** *m* Pflanze *f*; ***-i*** *pl* Pflanzen *f/pl*; **~are** [-'taːre] (*1l u b*) vegetieren; **~ariano** [-tari'aːno] **1.** *adj* vegetarisch; **2.** *m* Vegetarier *m*; **~azione** [-tatsi'oːne] *f* Vegetation *f*
veggente [ved'dʒente] *f/m* Wahrsager(in *f*) *m*
veglia ['veːʎa] *f* Wachen *n*
vegliare [ve'ʎaːre] (*1g*) **1.** *v/i* wachen; **2.** *v/t* ***~ qu*** bei j-m wachen
veicolo [ve'iːkolo] *m* Fahrzeug *n*; ***~ spaziale*** Raumschiff *n*
vela ['veːla] *f* Segel *n*; ***fare ~*** segeln; ***a gonfie -e*** mit vollen Segeln
veleggi|are [veled'dʒaːre] (*1f*) segeln; **~atore** [-dʒa'toːre] *m* Segelschiff *n*; Segelflugzeug *n*
vel|eno [ve'leːno] *m* Gift *n*; **~enoso** [-le'noːso] giftig
vel|iero [veli'ɛːro] *m* Segelschiff *n*; **~ina** [-'liːna] ***carta*** *f* ***~*** Seidenpapier *n*, Durchschlagpapier *n*; **~ismo** [-'lizmo] *m* Segelsport *m*, Segeln *n*; **~ista** [-'lista] *m/f* (*m/pl -i*) Segelsportler(in *f*) *m*, Segler(in *f*) *m*
velluto [vel'luːto] *m* Samt *m*; ***~ a coste*** Cordsamt *m*
velo ['veːlo] *m* Schleier *m*
veloce [ve'loːtʃe] schnell
velocità [velotʃi'ta] *f inv* Geschwindigkeit *f*, Schnelligkeit *f*; *fer* ***merce*** *f* ***a grande ~*** Eilgut *n*; ***merce*** *f* ***a piccola ~*** Frachtgut *n*; ***~ del suono*** Schallgeschwindigkeit *f*; ***~ della luce*** Lichtgeschwindigkeit *f*; ***~ di crociera*** Reisegeschwindigkeit *f*; ***~ massima*** Höchstgeschwindigkeit *f*
velodromo [ve'lɔːdromo] *m* Radrennbahn *f*
vena ['veːna] *f* Vene *f*, Ader *f*; ***essere in ~*** in Stimmung sein
vend|emmia [ven'demmia] *f* Weinlese *f*; **~emmiare** [-demmi'aːre] (*1k*) **1.** *v/t* lesen; **2.** *v/i* die Weinlese halten
vendere ['vendere] (*3a*) verkaufen; ***~ all'asta*** versteigern; ***~ all'ingrosso*** en gros verkaufen; ***~ al minuto*** im Kleinen (*od* Einzeln) verkaufen
vendetta [ven'detta] *f* Rache *f*
vendic|are [vendi'kaːre] (*1f u d*) rächen; **~arsi** [-'karsi]: ***~ di qu*** sich an j-m rächen
vendita ['vendita] *f* Verkauf *m*; ***~ di fine stagione*** Schlussverkauf *m*; ***~ diretta*** Direktverkauf *m*
vendit|ore [vendi'toːre] *m* Verkäufer *m*; **~rice** [-'triːtʃe] *f* Verkäuferin *f*
vener|are [vene'raːre] (*1l u b*) verehren; **~azione** [-ratsi'oːne] *f* Verehrung *f*
venerdì [vener'di] *m inv* Freitag *m*; ***Venerdì Santo*** Karfreitag *m*
Venere ['vɛːnere] *f* Venus *f*
vengo ['vɛŋgo] → ***venire***
venire [ve'niːre] (*4p*) kommen; herkommen; (*provenire*) herstammen (***da*** aus); *ausiliare* werden; ***~ a costare*** kosten; ***~ a sapere qc*** et erfahren; ***~ a proposito*** wie gerufen kommen
venoso [ve'noːso] ad(e)rig; venös
ventaglio [ven'taːʎo] *m* (*pl -gli*) Fächer *m*
ventenne [ven'tɛnne] zwanzigjährig
venti ['venti] zwanzig
ventil|atore [ventila'toːre] *m* Ventilator *m*; **~azione** [-latsi'oːne] *f* Ventilation *f*
vent|ina [ven'tiːna] *f* etwa zwanzig; **~iquattrore** [-tikuat'troːre] *f inv* Handkoffer *m*
vento ['vɛnto] *m* Wind *m*; ***c'è ~*** es ist windig
ventoso [ven'toːso] windig
ventre ['vɛntre] *m* Bauch *m*; ***basso ~*** Unterleib *m*
venturo [ven'tuːro] künftig; nächst
venut|a [ve'nuːta] *f* Kommen *n*, Ankunft *f*; **~o** [-to] (→ ***venire***): ***ben ~*** willkommen; ***il primo ~*** der erste Beste
veramente [vera'mente] wirklich; tatsächlich; eigentlich
veranda [ve'randa] *f* Veranda *f*
verb|ale [ver'baːle] **1.** *adj* mündlich; **2.** *m* Protokoll *n*; ***~ d'una seduta*** Sitzungsprotokoll *n*; **~alizzare** [-balid'dzaːre] (*1a*) zu Protokoll geben; **~almente** [-bal'mente] mündlich

V

verbo ['vɛrbo] *m* Zeitwort *n*, Verb *n*
verde ['verde] **1.** *adj* grün; *frutta* unreif; ***essere al ~*** auf dem Trocknen sitzen; **2.** *m* Grün *n*; ***~ pubblico*** Grünanlage *f*; ***i -i*** *pl pol* die Grünen *pl*
verdura [ver'du:ra] *f* Gemüse *n*
vergine ['vɛrdʒine] **1.** *adj* jungfräulich; *fig* unberührt; ***foresta*** *f* ***~*** Urwald *m*; **2.** *f* (*a astr*) Jungfrau *f*
verginità [verdʒini'ta] *f* Jungfräulichkeit *f*
verg|ogna [ver'go:ɲa] *f* Scham *f*, Schande *f*; **~ognarsi** [-go'ɲarsi] (*1a*) sich schämen; **~ognoso** [-go'ɲo:so] schamhaft; schändlich
verifica [ve'ri:fika] *f* (*pl -che*) Nachprüfung *f*, Kontrolle *f*
verific|are [verifi'ka:re] (*1m u d*) nachprüfen, überprüfen; feststellen; **~arsi** [-'karsi] geschehen
verità [veri'ta] *f* Wahrheit *f*
verme ['vɛrme] *m* Wurm *m*; ***~ solitario*** Bandwurm *m*
vermut ['vɛrmut] *m* Wermut(wein) *m*
verni|ce [ver'ni:tʃe] *f* Firnis *m*; Lack *m*; ***~ antiruggine*** Rostschutzlack *m*; ***~ protettiva*** Schutzlack *m*; **~ciare** [-ni'tʃa:re] (*1f*) lackieren; streichen; ***verniciato di fresco*** frisch gestrichen; **~ciatura** [-nitʃa'tu:ra] *f* Lackierung *f*
vero ['ve:ro] **1.** *adj* wahr; echt; ***~?*** nicht wahr?; **2.** *m* Wahrheit *f*, *arte* Natur *f*
verosimile [vero'si:mile] wahrscheinlich
verruca [ver'ru:ka] *f* (*pl -che*) Warze *f*
vers|amento [versa'mento] *m econ* Einzahlung *f*; ***ricevuta*** *f* ***di ~*** Einzahlungsbeleg *m*; **~ante** [-'sante] *m* Abhang *m*; **~are** [-'sa:re] (*1b*) **1.** *v/t* (ein)gießen; *vino* einschenken; *denaro* einzahlen; **2.** *v/i* sich befinden
versione [versi'o:ne] *f* Übersetzung *f*, Version *f*, Fassung *f*; ***in ~ originale*** in Originalfassung
verso ['vɛrso] **1.** *prp* nach, in Richtung; gegen; ***andare ~ casa*** nach Hause gehen; ***~ le otto*** gegen 8 Uhr; **2.** *m* Vers *m*
vertebra ['vɛrtebra] *f* Wirbel *m*
vertebrale [verte'bra:le] ***colonna*** *f* ***~*** Wirbelsäule *f*
verticale [verti'ka:le] **1.** *adj* senkrecht; **2.** *f* Handstand *m*
vertice ['vɛrtitʃe] *m* Scheitel *m*; Gipfel *m* (*a pol*); ***incontro*** *m* ***al ~*** Gipfeltreffen *n*
vert|igine [ver'ti:dʒine] *f* Schwindel *m*; ***ho le -i*** mir ist schwindelig; **~iginoso** [-tidʒi'no:so] Schwindel erregend
verza ['verdza] *f* Wirsingkohl *m*
vescica *anat* [veʃ'ʃi:ka] *f* (*pl -che*) Blase *f*
vescovo ['veskovo] *m* Bischof *m*
vespa ['vɛspa] *f zo* Wespe *f*, Motorroller *m*
vespaio [ves'pa:io] *m* (*pl -ai*) Wespennest *n*
vestaglia [ves'ta:ʎa] *f* Morgenrock *m*
veste ['vɛste] *f* Kleid *n*; *fig* Form *f*; ***~ da camera*** Morgenrock *m*
vestiario [vesti'a:rio] *m* (*pl -ri*) Kleidung *f*, Garderobe *f*
vest|ire [ves'ti:re] (*4b*) kleiden, anziehen; **~irsi** [-'tirsi] sich kleiden, sich anziehen; **~ito** [-'ti:to] *m* Anzug *m*; Kleid *n*; ***~ da mezza stagione*** Übergangskleid *n*, -anzug *m*; ***~ su misura*** Maßanfertigung *f*; ***-i pl da uomo*** Herrenkleidung *f*
veterinario [veteri'na:rio] *m* (*pl -ri*) Tierarzt *m*
veto ['vɛ:to] *m* Veto *n*; ***porre il ~*** sein Veto einlegen
vetr|ata [ve'tra:ta] *f* Glastür *f*; **~eria** [-tre'ri:a] *f* Glashütte *f*; ***-e*** *pl* Glaswaren *f/pl*; **~ina** [-'tri:na] *f* Schaufenster *n*; Glasschrank *m*, Vitrine *f*; **~inista** [-tri'nista] *m* (*pl -i*) Schaufensterdekorateur *m*
vetro ['ve:tro] *m* Glas *n*; Fensterscheibe *f*; ***di ~*** aus Glas, gläsern; ***~ isolante*** Isolierglas *n*; ***~ smerigliato*** Mattglas *n*; ***pittura*** *f* ***su ~*** Glasmalerei *f*
vetta ['vetta] *f* Gipfel *m*
vett|ura [vet'tu:ra] *f* Wagen *m*; Auto *n*; ***~ da corsa*** Rennwagen *m*; ***~ di lusso*** Luxusauto *n*; *fer* ***~ diretta*** Kurswagen *m*; ***in ~!*** einsteigen!
vi [vi] **1.** *pron* euch; **2.** *adv* dort; dorthin
via [v'i:a] **1.** *f* Weg *m*; Straße *f*; ***~ Goethe*** Goethestraße *f*; ***per ~ aerea*** auf dem Luftweg *m*; ***~ legale*** Rechtsweg *m*; ***in ~ eccezionale*** ausnahmsweise; ***per ~ di*** wegen (*gen*); ***~ lattea*** Milchstraße *f*; **2.** *m* Startzeichen *n*; ***dare il ~*** das Startzeichen geben; **3.** *adv* fort, weg; ***andar ~*** weggehen; ***~ ~*** nach und nach; ***e così ~*** und so weiter; ***~!*** weg!; ***su ~!*** los!; **4.**

V

prp über (*acc*), via (*acc*); ~ ***Brennero*** über den Brenner
viabilità [viabili'ta] *f* Fahrbarkeit *f*, Straßenzustand *m*
viadotto [via'dotto] *m* Viadukt *m*
viaggi|are [viad'dʒaːre] (*1f*) reisen; fahren; ~ ***per affari*** geschäftlich reisen; ~ ***senza biglietto*** schwarzfahren; **~atore** [-dʒa'toːre] *m* Reisende(r) *m*; ~ ***di commercio*** Handelsreisende(r) *m*
viaggio [vi'addʒo] *m* (*pl -ggi*) Reise *f*; ~ ***aereo*** Flugreise *f*; ~ ***di nozze*** Hochzeitsreise *f*; ~ ***in comitiva*** Gruppenreise *f*; ~ ***in treno*** Bahnfahrt *f*; ~ ***d'affari*** Geschäftsreise *f*; ~ ***di studio*** Studienreise *f*; ***cestino m da*** ~ Lunchpaket *n*; ***mettersi in*** ~ sich auf die Reise machen; ***essere in*** ~ auf der Reise sein
viale [vi'aːle] *m* Allee *f*
viavai [via'vai] *m inv* Hin- und Hergehen *n*
vibr|are [vi'braːre] (*1a*) **1.** *v/i* vibrieren; **2.** *v/t colpo* versetzen; **~azione** [-bratsi'oːne] *f* Schwingung *f*
vice|console [vitʃe'konsole] *m* Vizekonsul *m*; **~direttore** [-diret'toːre] *m* Vizedirektor *m*
vicenda [vi'tʃɛnda] *f* Ereignis *n*; **-e** *pl* Wechselfälle *m/pl*; ***a*** ~ gegenseitig
viceversa [vitʃe'vɛrsa] umgekehrt
vicinanza [vitʃi'nantsa] *f* Nähe *f*; **-e** *pl* Umgegend *f*; ***nelle -e*** in der Gegend
vicinato [vitʃi'naːto] *m* Nachbarschaft *f*
vicino [vi'tʃiːno] **1.** *adj* nahe; ~ ***a*** in der Nähe von; neben (*dat od acc*); ***da*** ~ aus der Nähe; **2.** *m* Nachbar *m*
vicolo ['viːkolo] *m* Gasse *f*; ~ ***cieco*** Sackgasse *f*
video ['video] *m* Video *n*, Videorekorder *m*
videocamera [video'kamera] *f* Videokamera *f*
video|cassetta [videokas'setta] *f* Videokassette *f*; **~gioco** [-'dʒɔko] *m* Videospiel *n*; **~registratore** [-redʒistra'toːre] *m* Videorekorder *m*; **~teca** [-'tɛːka] *f* Videothek *f*; **~tel** [-'tɛl] *m inv* Bildschirmtext *m*; **~telefono** [-te'lɛːfono] *m* Bildtelefon *n*
vietare [vie'taːre] (*1b*) verbieten
vietato [vie'taːto]: ~ ***ai minori di 16 anni*** für Jugendliche unter 16 Jahren verboten
vigil|anza [vidʒi'lantsa] *f* Überwachung *f*; ***sotto*** ~ unter Polizeiaufsicht; **~are** [-'laːre] (*1l*) **1.** *v/t* überwachen; **2.** *v/i* wachen
vigile ['viːdʒile] *m* Polizist *m*; **-*i*** *pl* ***del fuoco*** Feuerwehr *f*
vigilia [vi'dʒiːlia] *f* Vorabend *m*; ~ ***di Natale*** Heiligabend *m*
vigliacco [vi'ʎakko] (*pl -cchi*) **1.** *adj* feige; **2.** *m* Feigling *m*
vigna ['viːɲa] *f* Weinberg *m*
vigneto [vi'ɲeːto] *m* Weinberg *m*
vignetta [vi'ɲetta] *f* Vignette *f*
vig|ore [vi'goːre] *m* Kraft *f*; **~oroso** [-go'roːso] kräftig
vile ['viːle] **1.** *adj* feige; *fig* niedrig; **2.** *m* Feigling *m*
villa ['villa] *f* Villa *f*, Landhaus *n*
villaggio [vil'laddʒo] *m* (*pl -ggi*) Dorf *n*; ~ ***turistico*** Ferienanlage *f*
villeggiatura [villeddʒa'tuːra] *f* Sommeraufenthalt *m*; Sommerfrische *f*
villino [vil'liːno] *m* Einfamilienhaus *n*; kleines Landhaus *n*
vincere ['vintʃere] (*3d*) **1.** *v/t j-n* besiegen; *et* gewinnen; *difficoltà* überwinden; **2.** *v/i* siegen
vincita ['vintʃita] *f* Gewinn *m*; Spielgewinn *m*
vincitore [vintʃi'toːre] *m* Sieger *m*; Gewinner *m*
vincol|are [viŋko'laːre] (*1l*) binden; ~ ***il capitale*** das Kapital festlegen; **~ato** [-'laːto] gebunden; *econ* fest, vinkuliert
vincolo ['viŋkolo] *m* Band *n*
vino ['viːno] *m* Wein *m*; ~ ***brulè*** Glühwein *m*; ~ ***bianco*** Weißwein *m*; ~ ***rosso*** Rotwein *m*; ~ ***da pasto*** Tischwein *m*
vinto ['vinto] → ***vincere***
viola [vi'ɔːla] *f mus* Bratsche *f*; *bot* Veilchen *n*; ~ ***del pensiero*** Stiefmütterchen *n*
viol|are [vio'laːre] (*1l*) verletzen; brechen; **~azione** [-latsi'oːne] *f* Verletzung *f*, Bruch *m*; ~ ***di domicilio*** Hausfriedensbruch *m*; **~entare** [-len'taːre] (*1b*) vergewaltigen; **~entatore** [-lenta'toːre] *m* Vergewaltiger *m*; **~ento** [-'lɛnto] gewaltsam; heftig; **~enza** [-'lɛntsa] *f* Gewalt *f*, Gewalttätigkeit *f*
viol|inista [violi'nista] *m/f* (*m/pl -i*) Geigenspieler(in *f*) *m*; **~ino** [-'liːno] *m*

Geige *f*; **~oncello** [-lon'tʃɛllo] *m* Cello *n*
viottolo [vi'ɔttolo] *m* Pfad *m*
vipera ['viːpera] *f* Viper *f*
virgola ['virgola] *f* Komma *n*
virile [vi'riːle] männlich; mannhaft
vir|tù [vir'tu] *f inv* Tugend *f*; **~tuoso** [-tu'oːso] **1.** *adj* tugendhaft; **2.** *m* Virtuose *m*
virus ['viːrus] *m inv* Virus *n u m*
viscere ['viʃʃere] *f/pl* Eingeweide *n/pl*
vischio ['viskio] *m* (*pl -chi*) Mistel *f*
viscido ['viʃʃido] schlüpfrig; aalglatt; glitschig, rutschig
visc|osa [vis'koːsa] *f* Viskose *f*; **~oso** [-'koːso] klebrig
vis|ibile [vi'ziːbile] sichtbar; **~ibilità** [-zibili'ta] *f* Sicht *f*; **~iera** [-zi'ɛːra] *f* Mützenschirm *m*
visione [vizi'oːne] *f* Vision *f*; *film* Vorführung *f*; ***prima ~*** Erstaufführung *f*; ***prendere ~ di qc*** Einsicht nehmen in et (*acc*); *econ* ***in ~*** zur Ansicht
visita ['viːzita] *f* Besuch *m*; Besichtigung *f*; ***~ medica*** ärztliche Untersuchung *f*; ***far ~ a qu*** j-n besuchen
visit|are [vizi'taːre] (*1l*) besuchen; besichtigen; *med* untersuchen; **~atore** [-ta'toːre] *m* Besucher *m*; **~atrice** [-ta'triːtʃe] *f* Besucherin *f*
viso ['viːzo] *m* Gesicht *n*
visone [vi'zoːne] *m* Nerz(pelz) *m*
vissuto [vis'suːto] → ***vivere***
vista ['vista] *f* Sehvermögen *n*; (*veduta*) Blick *m*; (*prospettiva*) Aussicht *f*; ***a prima ~*** auf den ersten Blick; *mus* vom Blatt; ***in ~ di*** im Hinblick auf (*acc*); ***con ~ sul mare*** mit Meerblick; ***perdere di ~*** aus den Augen verlieren
visto ['visto] **1.** → ***vedere***; ***~ che*** in Anbetracht dessen, dass; **2.** *m* Visum; ***~ d'entrata*** Einreisevisum *n*; ***~ di transito*** Transitvisum *n*; ***~ d'uscita*** Ausreisevisum *n*
vistoso [vis'toːso] auffallend
visuale [vizu'aːle] *f* Aussicht *f*
vita ['viːta] *f* Leben *n*; *anat* Taille *f*; ***a ~*** auf Lebenszeit; *jur* lebenslänglich; ***costo*** *m* ***della ~*** Lebenshaltungskosten *pl*; ***senza ~*** leblos
vit|ale [vi'taːle] Lebens…; *fig* lebenswichtig; **~amina** [-ta'miːna] *f* Vitamin *n*
vite[1] ['viːte] *f tec* Schraube *f*
vite[2] ['viːte] *f agr* Weinrebe *f*
vitello [vi'tɛllo] *m* Kalb *n*; Kalb(s)leder *n*; *gastr* Kalbfleisch *n*
viticolt|ore [vitikol'toːre] *m* Weinbauer *m*, Winzer *m*; **~ura** [-'tuːra] *f* Weinbau *m*
vitreo ['vitreo] glasig
vittima ['vittima] *f* Opfer *n*
vitto ['vitto] *m* Verpflegung *f*; ***~ e alloggio*** Unterkunft und Verpflegung
vittoria [vit'tɔːria] *f* Sieg *m*
vittorioso [vittori'oːso] siegreich
viva ['viːva]: ***~!*** hoch!; er (*od* sie) lebe hoch!; sie leben hoch!
viv|ace [vi'vaːtʃe] lebhaft; **~acità** [-vatʃi'ta] *f* Lebhaftigkeit *f*; **~anda** [-'vanda] *f* Speise *f*; **~ente** [-'vente] lebend
vivere ['viːvere] (*3zz*) **1.** *v/i* leben; **2.** *v/t* erleben; verleben; ***~ una vita tranquilla*** ein ruhiges Leben führen
viveri ['viːveri] *m/pl* Lebensmittel *n/pl*
vivo ['viːvo] lebend, lebendig; ***farsi ~*** von sich hören lassen; ***nel ~ della discussione*** mitten in der Debatte
vizi|are [vitsi'aːre] (*1g*) verwöhnen; verderben; **~ato** [-'aːto] verwöhnt; verdorben; ***aria*** *f* ***-a*** verbrauchte Luft *f*
vizio ['viːtsio] *m* (*pl -zi*) Laster *n*; schlechte Angewohnheit *f*; *anat* Fehler *m*; ***~ cardiaco*** Herzfehler *m*
vizioso [vitsi'oːso] lasterhaft; ***circolo*** *m* ***~*** Zirkelschluss *m*
voc|abolario [vokabo'laːrio] *m* (*pl -ri*) Wörterbuch *n*; **~abolo** [-'kaːbolo] *m* Vokabel *f*, Wort *n*; **~ale** [-'kaːle] *f* Vokal *m*; **~azione** [-katsi'oːne] *f* Berufung *f*, Anlage *f*
voce ['voːtʃe] *f* Stimme *f*, *fig* Gerücht *n*; ***ad alta ~*** laut; ***a bassa ~*** leise; ***spargere -i*** Gerüchte in Umlauf setzen
voglia ['vɔːʎa] *f* Lust *f*; ***avere ~ di fare qc*** Lust haben, et zu tun; ***di buona ~*** gern; ***contro ~***, ***di mala ~*** widerwillig
voglio ['vɔːʎo] → ***volere***
voi [v'oi] ihr; ***a ~*** euch; ***senza di ~*** ohne euch; ***~ altri*** ihr
vol|ano [vo'laːno] *m* Federball *m*; **~ante** [-'lante] **1.** *m* Lenkrad *n*; **2.** *f* Überfallkommando *n*; **~antino** [-lan'tiːno] *m* Flugblatt *n*
volare [vo'laːre] (*1a*) fliegen; *fig* eilen
volent|eroso [volente'roːso] bereitwillig; **~ieri** [-ti'ɛːri] gern(e)
volere [vo'leːre] **1.** *v/t u v/i* (*2t*) wollen; belieben; ***~ dire*** bedeuten; ***~ bene a qu***

V

j-n lieb haben; ***volerci*** nötig sein; ***ci vogliono dieci mesi*** dazu sind zehn Monate nötig; ***senza ~*** unabsichtlich; **2.** *m* Wille *m*

volgare [vol'ga:re] gewöhnlich; gemein; ordinär

volgere ['vɔldʒere] (*3d*) **1.** *v/t* wenden; **2.** *v/i* neigen; ***il tempo volge al brutto*** das Wetter verschlechtert sich; ***~ al peggio*** eine böse Wendung nehmen

volo ['vo:lo] *m* Flug *m*; ***prendere il ~*** davonfliegen; ***~ diretto*** Direktflug *m*; ***~ di linea*** Linienflug *m*; ***~ internazionale*** Auslandsflug *m*; ***~ nazionale*** Inlandflug *m*; ***~ senza scalo*** Nonstopflug *m*; ***al ~*** im Nu

volon|tà [volon'ta] *f* Wille *m*; ***a ~*** nach Belieben; **~tariato** [-tari'a:to] *m* Volontariat *n*, freiwilliger Dienst *m*; **~tario** [-'ta:rio] (*pl -ri*) **1.** *adj* freiwillig; **2.** *m* Freiwillige(r) *m*

volpe ['volpe] *f* Fuchs *m*

volt [vɔlt] *m inv el* Volt *n*

volta ['vɔlta] *f* Drehung *f*, Mal *n*; *arch* Gewölbe *n*; ***qualche ~*** manchmal; ***questa ~*** diesmal; ***ogni ~*** jedes Mal; ***una ~ per sempre*** ein für alle Mal; ***poco per ~*** allmählich; ***un'altra ~*** ein andermal; noch einmal; ***molte -e*** oft, oftmals

voltaggio [vol'taddʒo] *m* (*pl -ggi*) *el* Spannung *f*

volt|are [vol'ta:re] (*1c*) **1.** *v/t* wenden; herumdrehen; *pagina* umblättern; ***~ le spalle a qu*** j-m den Rücken kehren; **2.** *v/i* biegen, abbiegen; **~arsi** [-'tarsi] sich drehen, sich wenden

volto[1] ['volto] *m* Gesicht *n*

volto[2] ['vɔlto] → ***volgere***

voluttà [vɔlut'ta] *f* Wollust *f*

vol|ume [vo'lu:me] *m* Umfang *m*; *tip* Band *m*; *mat* Inhalt *m*; *mus* Lautstärke *f*; **~uminoso** [-lumi'no:so] umfangreich; Platz raubend

vomitare [vomi'ta:re] (*1l u c*) (er-)brechen, sich übergeben

vomito ['vɔ:mito] *m* Erbrechen *n*

vongola ['vɔŋgola] *f gastr* Venusmuschel *f*

voragine [vo'ra:dʒine] *f* Schlund *m*

vortice ['vɔrtitʃe] *m* Wirbel *m*, Strudel *m*

vostro ['vɔstro] **1.** *adj u pron* euer; ***i -i amici*** eure Freunde; ***questi libri sono -i*** diese Bücher gehören euch; ***ho ricevuto la -a (lettera) del cinque marzo*** ich habe euren Brief vom fünften März erhalten; **2.** *m* Eurige(s) *n*

vot|are [vo'ta:re] (*1a*) (ab)stimmen; wählen; **~azione** [-tatsi'o:ne] *f* Abstimmung *f*, Wahl *f*

voto ['vo:to] *m* Gelübde *n*; *pol* Stimme *f*; *scuola* Note *f*; ***maggioranza f di -i*** Stimmenmehrheit *f*; ***mettere qc ai -i*** abstimmen lassen über et (*acc*)

vulc|anico [vul'ka:niko] (*pl -ci*) vulkanisch; **~ano** [-'ka:no] *m* Vulkan *m*

vulnerabile [vulne'ra:bile] *adj* verwundbar

vuole [vu'ɔ:le] → ***volere***

vuot|are [vuo'ta:re] (*1c*) leeren; ausleeren; **~arsi** [-'tarsi] leer werden

vuoto [vu'ɔ:to] **1.** *adj* leer; **2.** *m* Leere *f*; (*recipiente*) leere Flasche *f*, Leergut *n*; ***~ a perdere*** Einwegflasche *f*; ***~ a rendere*** Pfandflasche *f*; ***andare a ~*** fehlschlagen

W

walkman ['wɔ:kmən] *m inv* Walkman *m*

watt [vat] *m inv* Watt *n*

week-end [wi:k'end] *m inv* Wochenende *n*

western ['wɛstern] *m inv* Western *m*; ***~ all'italiana*** Italowestern *m*

whisky ['wiski] *m inv* Whisky *m*

windsurf ['windsə:f] *m inv* Windsurfer *m*; *sport* Windsurfen *n*; ***fare ~*** windsurfen

work-station ['uœ:k'steiʃn] *f* Bildschirmarbeitsplatz *m*

X

X, x [iks] *f u m* X, x *n*; ***raggi** m/pl* ~ X-Strahlen *m/pl*, Röntgenstrahlen *m/pl*
xen|ofobia [ksenofo'biːa] *f* Fremdenfeindlichkeit *f*, Ausländerfeindlichkeit *f*; **~ofobo** [-'nɔːfobo] fremdenfeindlich; ausländerfeindlich
xilofono [ksi'lɔfono] *m* Xylophon *n*

Y

yacht [jɔt] *m inv* Jacht *f*
yoga ['jɔːga] *m inv* Joga *m*
yogurt ['jɔːgurt] *m inv* Jog(h)urt *m u n*

Z

zabaione [dzabai'oːne] *m* Eierschaumcreme *f* mit Marsala
zafferano [dzaffe'raːno] *m* Safran *m*
zaffiro [dzaf'fiːro] *m* Saphir *m*
zagara ['dzaːgara] *f* Orangenblüte *f*
zaino ['dzaːino] *m* Rucksack *m*
zampa ['tsampa] *f* Fuß *m*; (*a fig*) Pfote *f*; *gastr* Haxe *f*
zamp|illare [tsampil'laːre] (*1a*) hervorsprudeln; **~illo** [-'pillo] *m* feiner Strahl *m*
zampone [tsam'poːne] *m gastr* gefüllter Schweinsfuß *m*
zanz|ara [dzan'dzaːra] *f* Mücke *f*; **~ariera** [-dzari'ɛːra] *f* Mückennetz *n*
zappa ['tsappa] *f* Hacke *f*
zappare [tsap'paːre] (*1a*) hacken
zattera ['tsattera] *f* Floß *n*
zavorra [dza'vɔrra] *f* Ballast *m*
zebra ['dzɛːbra] *f* Zebra *n*
zecca[1] ['tsekka] *f* (*pl -cche*) *zo* Zecke *f*
zecca[2] ['tsekka] *f* (*pl -cche*) Münzprägestelle *f*, Münze *f*; ***nuovo di** ~* funkelnagelneu
zelante [dze'lante] eifrig
zelo ['dzɛːlo] *m* Eifer *m*
zenit ['dzɛːnit] *m* Zenit *m*
zenzero ['dzɛndzero] *m* Ingwer *m*
zeppo ['tseppo]: ***pieno** ~* voll gestopft (***di*** mit)
zerbino [dzer'biːno] *m* Fußmatte *f*
zero ['dzɛːro] *m* Null *f*, *fig* nichts; ***2 gradi sotto** ~* 2 Grad unter Null
zia [ts'iːa] *f* Tante *f*
zigomo ['dziːgomo] *m* Jochbein *n*
zigzag [dzig'dzag] *m* Zickzack *m*
zimbello [dzim'bɛllo] *m* Gespött *n*
zincare [dziŋ'kaːre] (*1d*) verzinken
zinco ['dziŋko] *m* Zink *n*; ***lamiera** f **di** ~* Zinkblech *n*
zingaro ['tsiŋgaro] *m*, **-a** [-ra] *f* Zigeuner(in *f*) *m*
zio [ts'iːo] *m* Onkel *m*
zitto ['tsitto] still; ***sta** ~!* sei still!
zoccolo ['tsɔkkolo] *m* Holzschuh *m*; *zo* Huf *m*; *arch* Sockel *m*
zodiacale [dzodia'kaːle] Zodiakal…; ***segni** m/pl **-i*** Tierkreiszeichen *n/pl*
zodiaco [dzo'diːako] *m* Tierkreis *m*
zolfo ['tsolfo] *m* Schwefel *m*
zona ['dzɔːna] *f* Zone *f*, Gebiet *n*, Gegend *f*, Stadtbezirk *m*; ***~ a traffico limitato*** verkehrsberuhigte Zone *f*; ***~ del libero scambio*** Freihandelszone *f*;

~ ***disco*** Kurzparkzone *f*; ~ ***industriale*** Industriegebiet *n*; ~ ***pedonale*** Fußgängerzone *f*; ~ ***residenziale*** Wohngebiet *n*; ~ ***verde*** Grünanlagen *f/pl*

zonzo ['dzondzo]: ***andare a ~*** herumbummeln, schlendern

zoo [dz'ɔːo] *m inv* zoologischer Garten *m*, Zoo *m*

zoppicare [tsoppi'kaːre] (*1l, c u d*) hinken; *mobile* wackeln

zoppo ['tsɔppo] hinkend; wack(e)lig

zucca ['tsukka] *f* (*pl -cche*) Kürbis *m*

zuccher|are [tsukke'raːre] (*1l*) zuckern; *fig* versüßen; **~ato** gezuckert; ***non ~*** ungesüßt; **~iera** [-ri'ɛːra] *f* Zuckerdose *f*

zucchero ['tsukkero] *m* Zucker *m*; ~ ***greggio*** brauner Zucker *m*; ~ ***in zollette*** Würfelzucker *m*

zucchina [tsuk'kiːna] *f* Zucchini *f*

zuffa ['tsuffa] *f* Schlägerei *f*

zumare [tsu'mare] zoomen

zuppa ['tsuppa] *f* Suppe *f*; ~ ***di verdura*** Gemüsesuppe *f*; ~ ***alla marinara*** (*od* ***di pesce***) Fischsuppe *f*; ~ ***inglese*** *Süßspeise aus mit Likör getränktem Biskuitteig und Cremeschichten*

zuppiera [tsuppi'ɛːra] *f* Suppenschüssel *f*

zuppo ['tsuppo] durchgeweicht, durchnässt

Wörterverzeichnis
Deutsch-Italienisch

A

Aal [ɑːl] *m* (*-[e]s*; *-e*) anguilla *f*
ab [ap] **1.** *zeitlich, bei Zahlenangaben*: a partire da; **~ und zu** di quando in quando; **2.** *räumlich*: da; **~ Fabrik** dalla fabbrica; **~!** via!
'**abarbeiten**: **sich ~** (*sep*, *-ge-*, *h*) affaticarsi, logorarsi
'**Abbau** *m* (*-[e]s*; *senza pl*) *von Gebäuden*: demolizione *f*; *Personal, Lohn*: riduzione *f*, diminuzione *f*; *min* estrazione *f*; *tec* smontaggio *m*; '**2en** (*sep*, *-ge-*, *h*) ridurre; *min* estrarre; *Personal, Lohn*: ridurre, diminuire
'**abbeißen** (*irr*, *sep*, *-ge-*, *h*, → **beißen**) staccare con un morso
'**abberuf|en** *v/t* (*irr*, *sep*, *senza -ge-*, *h*, → **berufen**) *pol* richiamare; rimuovere, destituire; '**2ung** *f* (*-*; *-en*) *vorläufige*: sospensione *f*
'**abbestellen** *v/t* (*sep*, *senza -ge-*, *h*) annullare; revocare
'**abbiegen** (*irr*, *sep*, *-ge-*, *sn*, → **biegen**) girare, svoltare; **nach rechts ~** svoltare a destra
'**Abbildung** ['apbɪlduŋ] *f* (*-*; *-en*) ritratto *m*; disegno *m*; illustrazione *f*
'**abbinden** (*irr*, *sep*, *-ge-*, *h*, → **binden**) *med* legare; fasciare
'**abblättern** (*sep*, *-ge-*, *sn*) sfaldarsi
'**abblenden** (*sep*, *-ge-*, *h*) *auto* abbassare i fari (abbaglianti)
'**abbrechen** (*irr*, *sep*, *-ge-*, → **brechen**) **1.** *v/t* (*h*) *Rede*: interrompere; *arch* demolire; *Zelt*: levare; *fig* troncare; **2.** *v/i* (*sn*) rompersi; *fig* finire; fermarsi
'**abbremsen** (*sep*, *-ge-*, *h*) frenare
'**abbrennen** (*irr*, *sep*, *-ge-*, → **brennen**) **1.** *v/t* (*h*) bruciare completamente; **2.** *v/i* (*sn*) bruciare (completamente); ridursi in cenere
'**Abbruch** *m* (*-[e]s*; *senza pl*) rottura *f*; *arch* demolizione *f*
'**abbuchen** (*sep*, *-ge-*, *h*) defalcare
Ab'c [abeː'tse] *n* (*-*; *senza pl*) abbiccì *m*, alfabeto *m*
AB'C-Waffen *f/pl* armi *f/pl* atomiche, biologiche e chimiche
'**abdanken** (*sep*, *-ge-*, *h*) dimettersi; abdicare
'**abdecken** (*sep*, *-ge-*, *h*) scoprire; *Tisch*: sparecchiare; (*verdecken*) coprire
'**abdichten** (*sep*, *-ge-*, *h*) rendere impermeabile (*od* stagno); turare
'**abdrängen** (*sep*, *-ge-*, *h*) far deviare; spingere alle deriva
'**abdrehen** (*sep*, *-ge-*, *h*) staccare girando; torcere; *Hahn*: chiudere; *tec* tornire; svitare
'**Abdruck** *m* (*-[e]s*; *¨-e*) impronta *f*, copia *f*; *tip* bozza *f*; '**2en** (*sep*, *-ge-*, *h*) imprimere; *tip* stampare; riprodurre
'**Abend** ['ɑːbənt] *m* (*-s*; *-e*) sera *f*; **2s**, **am ~** di sera; **gestern ~** ieri sera; **heute ~** questa sera, stasera; **morgen ~** domani sera; **der Heilige ~** la vigilia *f* di Natale; **zu ~ essen** cenare; '**~anzug** *m* abito *m* da sera; '**~brot** *n* cena *f*; '**~dämmerung** *f* crepuscolo *m*; '**~essen** *n* cena *f*; '**~kasse** *f* cassa *f*, botteghino *m*; '**~kleid** *n* abito *m* da sera; '**~kurs** *m* corso *m* serale; '**~land** *n* (*-[e]s*; *senza pl*) Occidente *m*; '**~mahl** *n* (*-[e]s*; *senza pl*) *rel* comunione *f*; *Bild*: cenacolo *m*; '**~zeitung** *f* giornale *m* della sera
'**Abenteu|er** ['ɑːbəntɔʏər] *n* (*-s*; *-*) avventura *f*; '**2erlich** avventuroso
'**aber** ['ɑːbər] ma; però; **oder ~** ovvero
'**Aber|glaube** *m* (*-ns*; *senza pl*) superstizione *f*; '**2gläubisch** ['-glɔʏbiʃ] superstizioso
'**aberkenn|en** ['apˀɛrkɛnən] (*irr*, *sep*, *senza -ge-*, *h*, → **erkennen**): **j-m et ~** negare qc a qu, non riconoscere qc a qu; condannare qu alla perdita di qc; **2ung** *f* (*-*; *-en*) disconoscimento *m*
'**abfahren** ['apfɑːrən] (*irr*, *sep*, *-ge-*, → **fahren**) **1.** *v/t* (*h*) portar via; (*abnutzen*) consumare; **2.** *v/i* (*sn*) partire (**von** da); *Ski*: scendere
'**Abfahrt** *f* (*-*; *-en*) partenza *f*; *Sport*: discesa *f*; '**~(s)zeit** *f* orario *m* di partenza
'**Abfall** *m* (*-[e]s*; *¨-e*) (*Müll*) spazzatura *f*; immondizie *f/pl*; *tec* rifiuti *m/pl*

'**Abfall|aufbereitung** [-be'raɪtuŋ] *f* (-; *senza pl*) *ecol* trattamento *m* dei rifiuti; '**~beseitigung** [-be'zaɪtiguŋ] *f* (-; *senza pl*) *ecol* smaltimento *m* dei rifiuti; **~eimer** *m* pattumiera *f*

'**abfallen** (*irr, sep, -ge-, sn,* → **fallen**) *rel, pol* rinnegare (**von et** qc); **von e-r Partei ~** abbandonare un partito

'**Abfallentsorgung** ['-ɛntzɔrguŋ] *f* (-; *senza pl*) *ecol* smaltimento *m* dei rifiuti

'**abfällig** *fig* sfavorevole

'**Abfallmanagement** *n* (*-s; senza pl*) *ecol* gestione *f* dei rifiuti

'**Abfall|produkt** *n* sottoprodotto *m*; '**~ver'wertung** [-fɛr'vertuŋ] *f* (-; *senza pl*) *ecol* riciclaggio *m* dei rifiuti

'**abfärben** (*sep, -ge-, h*) stingere; *fig* **~ auf** (*acc*) influenzare

'**abfass|en** (*sep, -ge-, h*) *Werke*: redigere; *Akte*: stendere; '**≗ung** *f* (-; *-en*) redazione *f*

'**abfertig|en** ['apfɛrtigən] (*sep, -ge-, h*) *econ, post* spedire; preparare per la partenza; *an Grenze, avia* ispezionare, sottoporre a visita doganale; *j-n, ein Geschäft*: sbrigare; *Kunden*: servire; '**≗ung** *f* (-; *-en*) spedizione *f*; *an Grenze, avia* visita *f* doganale

'**abfind|en** (*irr, sep, -ge-, h,* → **finden**) soddisfare; indennizzare; **sich ~ mit** accordarsi con; rassegnarsi a; '**≗ung** *f* (-; *-en*) liquidazione *f*; indennizzo *m*

'**abflauen** ['apflaʊən] (*sep, -ge-, sn*) *Wind*: calmarsi

'**abfliegen** (*irr, sep, -ge-, sn,* → **fliegen**) *avia* decollare

'**abfließen** (*irr, sep, -ge-, sn,* → **fließen**) scolare

'**Abflug** *m* (*-[e]s; ¨e*) *avia* decollo *m*; partenza *f*; '**~halle** *f* sala *f* partenze; '**~(s)zeit** *f* orario *m* di partenza

'**Abfluss** *m* (*-es; ¨e*) scolo *m*; *econ von Geld*: fuga *f*

'**abführ|en** (*sep, -ge-, h*) portare via; *econ* versare; pagare; '**≗mittel** *n* purga *f*, purgante *m*

'**abfüllen** (*sep, -ge-, h*) travasare; *in Flaschen*: imbottigliare

'**Abgabe** *f* (-; *-n*) consegna *f*; vendita *f*; (*Steuer*) imposta *f*; *Pass*: rilascio *m*; '**≗nfrei** esente da tasse; '**≗npflichtig** soggetto a tasse

'**Abgang** *m* (*-[e]s; ¨e*) *econ* smercio *m*; (*Verlust*) perdita *f*; '**~szeugnis** *n* (certificato *m* di) licenza *f*; congedo *m*

'**Abgas** *n* (*-es; -e*) gas *m* di scarico; '**≗arm** a bassa emissione di gas inquinanti; ecologico

'**abgeben** (*irr, sep, -ge-, h* → **geben**) consegnare; *Stimme, Urteil*: dare; *Waren*: lasciare; *econ* trarre

'**abgebrannt** ['apgəbrant] bruciato; **~ sein** *fig* essere al verde

'**abgegriffen** ['apgəgrifən] logoro, consumato; *fig* trito e ritrito

'**abgehen** (*irr, sep, -ge-, sn* → **gehen**) partire; *von der Schule*: lasciare (*acc*); *econ* smerciarsi; (*sich lösen*) staccarsi

'**abgekämpft** ['apgəkɛmpft] esausto

'**abgelaufen** *Pass, Fahrschein, Zeit*: scaduto

'**abgelegen** isolato, fuori mano

'**abgemacht** convenuto; **~!** d'accordo!

'**abgeneigt** avverso (**j-m, et** *dat* a qu, a qc)

'**abgenutzt** logoro; consumato

'**Abgeordnet|e** ['apgəɔrdnətə] *m/f* delegato *m*, -a *f*; *pol* deputato *m*, -a *f*; '**~enhaus** [apgəɔrdnə'tənhaʊs] *n* Camera *f* dei deputati

'**abgerissen** lacero; strappato

'**abgeschlossen** ['apgəʃlɔsən] isolato; chiuso a chiave; *Werk*: concluso

'**abgesehen** ['apgəzeːən]: **~ von** prescindendo (*od* eccezione fatta) da

'**abgespannt** spossato; estenuato

'**abgestanden** ['apgəʃtandən] stantio; guasto

'**abgestumpft** ['apgəʃtumpft] ottuso; *fig* indifferente (**gegen** verso)

'**abgetragen** logoro

'**abgewöhnen** (*sep, senza -ge-, h*) disabituare (**j-m et** qu a qc); **sich** (*dat*) **et ~** togliersi il vizio di qc

'**Abgott** *m* (*-[e]s; ¨er*) idolo *m*

'**abgrenzen** (*sep, -ge-, h*) delimitare; tracciare i limiti di; porre un limite a

'**Abgrund** *m* (*-[e]s; ¨e*) abisso *m*; precipizio *m*

'**abhaken** (*sep, -ge-, h*) togliere dal gancio; *econ* spuntare

'**abhalten** (*irr, sep, -ge-, h,* → **halten**) trattenere; (*hindern*) impedire; *Sitzung*: tenere; *rel* celebrare

'**abhandeln** (*sep, -ge-, h*) *econ* (*j-m et*) ottenere qc da qu contrattando; *vom Preis*: tirare sul prezzo

ab'handen [ap'handən]: **~ kommen**

smarrirsi, perdersi

'Abhandlung *f* (-; *-en*) trattato *m*, dissertazione *f*, discussione *f*

'Abhang *m* (*-[e]s*; *¨e*) pendio *m*, declivio *m*

'abhäng|en (*irr*, *sep*, *-ge-*, *h*, → ***hängen***) dipendere; ***es hängt davon ab*** dipende; ***es hängt nicht von mir ab*** non dipende da me; **'~ig** dipendente; **'℞igkeit** *f* (-; *senza pl*) dipendenza *f*

'abhärt|en (*sep*, *-ge-*, *h*) indurire; temprare; **'℞ung** *f* (-; *senza pl*) indurimento *m*

'abheben (*irr*, *sep*, *-ge-*, *h*, → ***heben***) **1.** *v/t* togliere; levare; *Karten*: alzare; *Geld*: prelevare, ritirare; *tel* alzare il ricevitore; **2.** *v/i avia* ***vom Boden ~*** decollare; ***sich ~ von*** distinguersi da

'abheilen *v/i* (*sep*, *-ge-*, *sn*) cicatrizzarsi

'Abhilfe *f* (-; *senza pl*) rimedio *m*; ***~ schaffen*** porre rimedio a qc, rimediare a qc

'abholen (*sep*, *-ge-*, *h*) andare (*od* venire) a prendere; ritirare; *post* prendere, levare; ***~ lassen*** mandare a prendere

'abhorchen (*sep*, *-ge-*, *h*) *med* auscultare

Abi'tur [abi'tu:r] *n* (*-s*; *senza pl*) esame *m* di maturità

'abkaufen (*sep*, *-ge-*, *h*) comprare

'abklären (*sep*, *-ge-*, *h*) chiarire

'abklingen (*irr*, *sep*, *-ge-*, *sn*, → ***klingen***) (*Ton*) smorzarsi, affievolirsi; (*Schmerz*) farsi meno acuto, diminuire

'abklopfen (*sep*, *-ge-*, *h*) battere; *med* ascoltare

'abkochen (*sep*, *-ge-*, *h*) far bollire

'abkommandieren (*sep*, *senza -ge-*, *h*) distaccare

'abkommen *v/i* (*irr*, *sep*, *-ge-*, *sn*, → ***kommen***) allontanarsi; ***vom Weg ~*** perdere la strada

'Abkommen *n* (*-s*; -) accordo *m*; convenzione *f*; ***ein ~ treffen*** concludere un accordo

'abkömmlich ['apkœmliç] libero, disponibile

'abkühl|en (*sep*, *-ge-*, *h*) raffreddare; **'℞ung** *f* (-; *senza pl*) raffreddamento *m*

'abkuppeln (*sep*, *-ge-*, *h*) sganciare

'abkürz|en (*sep*, *-ge-*, *h*) accorciare; abbreviare; **'℞ung** *f* (-; *-en*) abbreviazione *f*; *Weg*: scorciatoia *f*

'abladen (*irr*, *sep*, *-ge-*, *h*, → ***laden***) scaricare

'Ablage *f* (-; *-n*) deposito *m*; (*Kleider℞*) guardaroba *m*; (*Akten℞*) archivio *m*

'ablager|n (*sep*, *-ge-*) **1.** *v/t* (*h*) depositare; **2.** *v/i* (*sn*) stagionare; riposare; **'℞ung** *f* (-; *-en*) *geol* sedimento *m*; deposizione *f*

'ablassen (*irr*, *sep*, *-ge-*, *h*, → ***lassen***) **1.** *v/t* far scolare; *Dampf*, *Gas*: scaricare; *econ* vendere; cedere; *vom Preis*: ridurre; fare lo sconto su; **2.** *v/i* smettere

'Ablauf *m* (*-[e]s*; *¨e*) scolo *m*; *econ* scadenza *f*; ***nach ~ von*** in capo a, alla fine di; ***vor ~*** prima della scadenza

'ablaufen (*irr*, *sep*, *-ge-*, → ***laufen***) **1.** *v/t* (*h*) *Schuhe*: consumare; **2.** *v/i* (*sn*) scorrere; *Frist*, *Pass*, *econ Wechsel*: scadere; ***gut*** (***schlecht***) ***~*** andare a finire bene (male)

'ablegen (*sep*, *-ge-*, *h*) deporre; *Kleider*: togliersi; *Akten*, *Dokumente*: passare agli atti; ***Rechenschaft ~*** rendere conto

'ablehn|en (*sep*, *-ge-*, *h*) rifiutare; respingere; declinare; **'~end 1.** *adj* negativo; **2.** *adv* ***sich ~ verhalten*** mostrarsi contrario; **'℞ung** *f* (-; *-en*) rifiuto *m*

'ableit|en (*sep*, *-ge-*, *h*) sviare; *Strom*: deviare; *fig* derivare; *fil* dedurre; **'℞ung** *f* (-; *-en*) sviamento *m*; deviazione *f*; derivazione *f*; deduzione *f*

'ablenk|en (*sep*, *-ge-*, *h*) **1.** *v/t* deviare; *fig* distogliere; distrarre; **2.** *v/i* divagare, cambiare discorso; **'℞ung** *f* (-; *-en*) deviazione *f*; distrazione *f*

'ablesen (*irr*, *sep*, *-ge-*, *h*, → ***lesen***) leggere

'abliefer|n (*sep*, *-ge-*, *h*) rimettere, consegnare; **'℞ung** *f* (-; *-en*) consegna *f*

'ablös|en (*sep*, *-ge-*, *h*) staccare; *j-n*: rilevare; sostituire; *econ* estinguere; **'℞ung** *f* (-; *-en*) separazione *f*; cambio *m*

'abmach|en (*sep*, *-ge-*, *h*) *Geschäfte*: concludere; (*verabreden*) convenire; ***abgemacht!*** d'accordo!; **'℞ung** *f* (-; *-en*) accordo *m*; convenzione *f*; ***e-e ~ treffen*** stipulare un accordo

'abmager|n ['apma:gərn] (*sep*, *-ge-*, *sn*) dimagrire; **'℞ungskur** *f* cura *f* dimagrante

'abmelden (*sep*, *-ge-*, *h*) (*Besuch*) disdire; **sich ~** congedarsi; **sich polizeilich ~** denunciare il cambiamento di residenza

'**abmess|en** (*irr, sep, -ge-, h,* → **messen**) misurare; prendere le misure di; '**2ungen** *f/pl* misure *f/pl*, dimensioni *f/pl*

'**abmontieren** (*sep, senza -ge-, h*) smontare

'**abmühen**: **sich ~** (*sep, -ge-, h*) affaticarsi; arrabattarsi; **sich ~ mit** darsi pena con

'**Abnahme** ['apnɑːmə] *f* (-; *senza pl*) *e-s Verbandes*: asportazione *f*; *e-s Gliedes*: amputazione *f*; *von Waren*: acquisto *m*; *tec* collaudo *m*; *der Kräfte*: diminuzione *f*; *econ* **~ finden** trovare smercio

'**abnehm|en** (*irr, sep, -ge-, h,* → **nehmen**) **1.** *v/t* levare, togliere; *Waren*: acquistare; *tec* collaudare; *an Gewicht*: dimagrire; *tel* alzare il ricevitore; **2.** *v/i* calare, diminuire; '**2er** ['apneːmər] *m* (-*s*; -) compratore *m*, acquirente *m*

'**Abneigung** *f* (-; -*en*) avversione *f*, antipatia *f* (**gegen** verso)

ab'norm [ap'nɔrm] anormale; **2i'tät** [apnɔrmi'tɛːt] *f* (-; -*en*) anormalità *f*

'**abnutz|en** (*sep, -ge-, h*) logorare; '**2ung** *f* (-; *senza pl*) logoramento *m*

Abon'n|ent [abɔ'nɛnt] *m* (-*en*; -*en*), **~'entin** *f* (-; -*nen*) abbonato *m*, -a *f*; **2'ieren** [abɔ'niːrən] (*senza ge-, h*) abbonarsi (**et** *acc* a qc)

'**abprallen** (*sep, -ge-, sn*) rimbalzare

'**abraten** (*irr, sep, -ge-, h,* → **raten**) sconsigliare; dissuadere (**j-m von et** qu da qc)

'**abräumen** (*sep, -ge-, h*) sgombrare; *Tisch*: sparecchiare

'**abrechn|en** (*sep, -ge-, h*) fare i conti; *fig* **mit j-m ~** regolare i conti con qu; '**2ung** *f* (-; -*en*) conto *m*; liquidazione *f*, *fig* resa *f* dei conti

'**Abreise** *f* (-; -*n*) partenza *f*, '**2n** (*sep, -ge-, sn*) partire (**nach** per); '**~tag** *m* giorno *m* della partenza

'**abreißen** (*irr, sep, -ge-,* → **reißen**) **1.** *v/t* (*h*) strappare; *Gebäude*: demolire; **2.** *v/i* (*sn*) strapparsi

'**abriegeln** ['-riːgəln] *v/t* (*sep, -ge-, h*) serrare col catenaccio; *Straße*: bloccare; *mil* sbarrare

'**Abriss** *m* (-*es*; -*e*) pianta *f*, *let* abbozzo *m*; *Gebäude*: demolizione *f*

'**Abruf** *m* (-*[e]s*; *senza pl*) *econ*: **auf ~** a richiesta; '**2en** (*irr, sep, -ge-, h,* → **rufen**) *econ* richiamare

'**abrunden** (*sep, -ge-, h*) arrotondare

'**abrüst|en** (*sep, -ge-, h*) disarmare; '**2ung** *f* (-; *senza pl*) disarmo *m*

'**abrutschen** (*sep, -ge-, sn*) scivolare

'**Absage** ['-zɑːgə] *f* (-; -*n*) risposta *f* negativa; rifiuto *m*; '**2n** (*sep, -ge-, h*) *Einladung*: rifiutare; *Termin, Veranstaltung*: disdire

'**absägen** (*sep, -ge-, h*) segare; F *fig j-n*: silurare

'**Absatz** *m* (-*es*; ⸚*e*) pausa *f*, (*Schuh2*) tacco *m*; *tip* capoverso *m*; paragrafo *m*; *econ* smercio *m*, vendita *f*, '**2fähig** smerciabile; '**~gebiet** *n* mercato *m*; sbocco *m* commerciale

'**abschaff|en** (*sep, -ge-, h*) abolire; '**2ung** *f* (-; *senza pl*) abolizione *f*

'**abschalten** (*sep, -ge-, h*) *el* spegnere; *Maschine*: fermare

'**abschätz|en** (*sep, -ge-, h*) stimare; (*berechnen*) valutare; '**~ig** sprezzante

'**Abscheu** *m* (-*s*; *senza pl*) avversione *f*, ribrezzo *m*, orrore *m*; **2lich** [-'ʃɔʏliç] abominevole, orribile

'**abschicken** (*sep, -ge-, h*) spedire

'**abschieben** (*irr, sep, -ge-,* → **schieben**) **1.** *v/t* (*h*) rimuovere; **in die Heimat ~** rimpatriare; **et von sich ~** respingere qc da sé; **2.** *v/i* (*sn*) *fig* F andarsene

'**Abschied** ['-ʃiːt] *m* (-*[e]s*; *senza pl*) partenza *f*, (*Lebewohl*) addio *m*, commiato *m*, congedo *m*; **~ nehmen von** congedarsi da; '**~sfeier** *f* festa *f* d'addio

'**abschießen** (*irr, sep, -ge-, h,* → **schießen**) *avia* abbattere; *Rakete*: lanciare

'**abschirmen** (*sep, -ge-, h*) schermare; coprire; proteggere (*alle*: **vor** *dat* da)

'**abschlagen** (*irr, sep, -ge-, h,* → **schlagen**) staccare; *Bitte, Angriff*: respingere; (*verweigern*) rifiutare

'**abschlägig** ['-ʃlɛːgiç] negativo; **~e Antwort** risposta *f* negativa; rifiuto *m*

'**Abschlagszahlung** *f* acconto *m*; pagamento *m* parziale

'**Abschlepp|dienst** *m* servizio *m* rimorchio; '**2en** (*sep, -ge-, h*) rimorchiare; '**~seil** *n* cavo *m* da rimorchio; **~wagen** *m* carro *m* attrezzi

'abschließen (*irr, sep, -ge-, h,* → **schließen**) chiudere a chiave; *Vertrag*: concludere; *Versicherung*: stipulare; **'~d** definitivo

'Abschluss *m* (*-es;* ⸚*e*) chiusura *f*; fine *f*; *Vertrag*: conclusione *f*, *Rechnung*: bilancio *m*; *pl econ* (*Käufe*) transazioni *f/pl*; **'~zeugnis** *n* diploma *m*; licenza *f*

'abschmecken (*sep, -ge-, h*) assaggiare

'abschmieren (*sep, -ge-, h*) *Auto*: ingrassare, lubrificare

'abschneiden (*irr, sep, -ge-, h,* → **schneiden**) **1.** *v/t* tagliare; *Wort*: troncare; **2.** *v/i* **gut** (**schlecht**) **~** riuscire bene (male)

'Abschnitt *m* (*-[e]s; -e*) ritaglio *m*; sezione *f*; *mil* settore *m*; *mat* segmento *m*; *econ* cedola *f*, tagliando *m*; *let* capoverso *m*; (*Zeit*≗) periodo *m*

'abschrauben (*sep, -ge-, h*) svitare

'abschreck|en (*sep, -ge-, h*) intimidire; **'~end** scoraggiante; **~es Beispiel** esempio *m* ammonitore

'abschreib|en (*irr, sep, -ge-, h,* → **schreiben**) copiare; ricopiare; *econ* ammortizzare; **'≗ung** *f* (*-; -en*) *econ* detrazione *f*, deprezzamento *m*

'Abschrift *f* (*-; -en*) copia *f*

'abschürf|en (*sep, -ge-, h*) scalfire, escoriare; **'≗ung** *f* (*-; -en*) *med* escoriazione *f*

'Abschuss *m* (*-es;* ⸚*e*) scarica *f*, *Rakete*: lancio *m*; **'~rampe** *f* rampa *f* di lancio

'abschüssig ['-ʃysiç] ripido; scosceso

'abschütteln (*sep, -ge-, h*) scuotere; **j-n ~** levarsi qu dai piedi

'abschwächen (*sep, -ge-, h*) affievolire; *fig* attenuare; *Töne*: smorzare

'abschweifen (*sep, -ge-, sn*) divagare

'absehbar ['-ze:ba:r] visibile; prevedibile; **in ~er Zeit** in un prossimo futuro

'absehen (*irr, sep, -ge-, h,* → **sehen**) **1.** *v/t fig* prevedere; vedere, scorgere; **2.** *v/i* **abgesehen von …** a prescindere da …, a parte …

'abseits ['-zaɪts] in disparte; da parte

'absend|en (*irr, sep, -ge-, h,* → **senden**) spedire; **'≗er** *m* (*-s; -*), **'≗erin** *f* (*-; -nen*) mittente *m/f*

'absetzbar ['-zɛtsba:r] amovibile; *econ* smerciabile, vendibile; *von der Steuer*: deducibile (*od* detraibile) dal reddito

'absetzen (*sep, -ge-, h*) **1.** *v/t* deporre, posare; *Hut*: togliersi; *Beamte*: destituire; *Waren*: smerciare; *Passagier*: far scendere; *von der Steuer*: detrarre dal reddito; **2. sich ~** depositarsi

'Absicht *f* (*-; -en*) intenzione *f*; **'≗lich 1.** *adj* premeditato; deliberato; **2.** *adv* di proposito

abso'lut [-zo'lu:t] **1.** *adj* assoluto; **2.** *adv* assolutamente; **≗'ismus** *m* (*-; senza pl*) assolutismo *m*

absol'vieren [-zɔl'vi:rən] (*senza -ge-, h*) portare a termine, finire

'absonder|n ['-zɔndərn] (*sep, -ge-, h*) separare; *med* secernere; **'≗ung** *f* (*-; -en*) separazione *f*, isolamento *m*; secrezione *f*

'abspeichern (*sep, -ge-, h*) *inform* salvare, registrare

'absperr|en (*sep, -ge-, h*) sbarrare; *Straße*: chiudere; **'≗ung** *f* (*-; -en*) sbarramento *m*; blocco *m*; chiusura *f*; (*Polizei*) cordone *m* di polizia

'abspielen (*sep, -ge-, h*) **1.** *v/t* suonare; rovinare a forza di suonare; **2. sich ~** avvenire, svolgersi

'Absprache *f* (*-; -n*) accordo *m*

'absprechen (*irr, sep, -ge-, h,* → **sprechen**) *Recht, Verdienst*: negare; (*besprechen*) discutere; (*verabreden*) mettersi d'accordo per; concertare

'abspringen (*irr, sep, -ge-, sn,* → **springen**) saltare giù; scendere (**von** da); *avia* lanciarsi col paracadute

'Absprung *m* (*-[e]s;* ⸚*e*) salto *m*; *avia* lancio *m* col paracadute

'abspülen (*sep, -ge-, h*) sciacquare; lavare

'abstammen (*sep, -ge-, h*) discendere

'Abstand *m* (*-[e]s;* ⸚*e*) distanza *f*, distacco *m*; *fig* differenza *f*; **~ nehmen** desistere

'abstatten ['-ʃtatən] (*sep, -ge-, h*) rendere; *Besuch*: fare; **Dank ~** ringraziare

'Abstecher *m* (*-s; -*) scappatina *f*, salto *m*

'absteigen (*irr, sep, -ge-, sn,* → **steigen**) scendere; *in e-m Hotel*: prendere alloggio, pernottare; *Sport*: retrocedere; **'~d** discendente

'abstell|en (*sep, -ge-, h*) deporre; *Radio, Motor*: spegnere; *fig* abolire; **'≗gleis** *n* binario *m* di servizio (*od* morto)

'abstempeln (*sep, -ge-, h*) bollare, timbrare

'abstimm|en (*sep, -ge-, h*) **1.** *v/t* accor-

dare; (*aufeinander*) armonizzare; **2.** *v/i* votare; **~ lassen** mettere ai voti; **'2ung** *f* (-; -*en*) votazione *f*; *pol* plebiscito *m*
absti'nent [-sti'nɛnt] astemio
'abstoß|en (*irr*, *sep*, -*ge*-, → **stoßen**) **1.** *v/t* (*h*) staccare, rompere con un urto; *fig* disgustare; *Waren*: smerciare, liquidare; **2.** *v/i* (*sn*) scostarsi; **'~end** ripugnante
abs'trakt [aps'trakt] astratto
'abstreiten (*irr*, *sep*, -*ge*-, *h* → **streiten**) contestare
'Abstrich *m* (-*[e]s*; -*e*) (*Abzug*) deduzione *f*; defalco *m*; *med* raschiatura *f*
'abstuf|en ['-ʃtuːfən] (*sep*, -*ge*-, *h*) graduare; digradare; **'2ung** *f* (-; -*en*) graduazione *f*, digradazione *f*
'Absturz *m* (-*es*; ⸚*e*) caduta *f*; *Computer*: crash *m*, crollo *m*
'abstürzen (*sep*, -*ge*-, *sn*) precipitare
'absuchen (*sep*, -*ge*-, *h*) cercare; *Gegend*: perlustrare
ab'surd assurdo
Ab'szess [aps'tsɛs] *m* (-*sses*; -*sse*) *med* ascesso *m*
'abtasten (*sep*, -*ge*-, *h*) tastare; *fig* sondare
Ab'tei [-'taɪ] *f* (-; -*en*) abbazia *f*
Ab'teil [-'taɪl] *n* (-*[e]s*; -*e*) scompartimento *m*
Ab'teilung [-'taɪluŋ] *f* (-; -*en*) sezione *f*, reparto *m*; *Behörde*: dipartimento *m*; *mil* distaccamento *m*; **~sleiter** *m* caposezione *m*; caporeparto *m*
'abtippen (*sep*, -*ge*-, *h*) copiare a macchina
'abtragen (*irr*, *sep*, -*ge*-, *h*, → **tragen**) portar via; *Schulden*: pagare; *Kleider*: logorare
'abtreib|en (*irr*, *sep*, -*ge*-, → **treiben**) **1.** *v/t* (*h*) far deviare; cacciare, espellere; *med* (far) abortire; **2.** *v/i* (*sn*) *mar* andare alla deriva; **'2ung** *f* (-; -*en*) *med* aborto *m*
'abtrennen (*sep*, -*ge*-, *h*) separare, staccare; *Genähtes*: scucire
'abtret|en (*irr*, *sep*, -*ge*-, → **treten**) **1.** *v/t* (*h*) **j-m et ~** cedere qc a qu; **2.** *v/i* (*sn*) ritirarsi; *pol* dimettersi; **'2ung** *f* (-; -*en*) cessione *f*
'abtrocknen (*sep*, -*ge*-, *h*) asciugare
'abtun (*irr*, *sep*, -*ge*-, *h*, → **tun**) (*von sich weisen*) respingere
'abwägen (*wog ab*, *abgewogen*, *h*) pesare; *fig* ponderare; considerare
'abwandern (*sep*, -*ge*-, *sn*) emigrare
'abwarten (*sep*, -*ge*-, *h*) aspettare
'abwärts ['-vɛrts] in giù; *fig* **~ gehen** peggiorare, andar male
'abwasch|bar lavabile; **'~en** (*irr*, *sep*, -*ge*-, *h*, → **waschen**) lavare (via)
'Abwasser *n* (-*s*; ⸚) acque *f/pl* di scarico; ***industrielle Abwässer*** scarichi industriali
'abwech|seln (*sep*, -*ge*-, *h*) cambiare; *mit j-m*: alternare; avvicendare; **'~selnd** **1.** *adj* vario; alternante; **2.** *adv* alternativamente; a turno; **'2slung** *f* (-; -*en*) varietà *f*, variazione *f*, alternativa *f*
'Abwehr *f* (-; *senza pl*) difesa *f*, controspionaggio *m*; **'2en** (*sep*, -*ge*-, *h*) difendersi da; **'~stoff** *med m* anticorpo *m*
'abweich|en (*irr*, *sep*, -*ge*-, *sn* → **weichen**) scostarsi; (*verschieden sein*) differire; **'~end** differente; **'2ung** *f* (-; -*en*) deviazione *f*, differenza *f*
'abweis|en (*irr*, *sep*, -*ge*-, *h*, → **weisen**) respingere; **'~end** negativo; brusco
'abwenden (*sep*, -*ge*-, *h*) *fig* evitare, prevenire
'abwerfen (*irr*, *sep*, -*ge*-, *h*, → **werfen**) *Karten*: scartare; *Gewinn*: fruttare, rendere; *Bomben*: lanciare
'abwert|en (*sep*, -*ge*-, *h*) svalutare; **'2ung** *f* (-; -*en*) svalutazione *f*
'abwesen|d ['-veːzənt] assente; *fig* distratto; **'2heit** *f* (-; *senza pl*) assenza *f*
'abwick|eln (*sep*, -*ge*-, *h*) dipanare; *Geschäft*: sbrigare; **'2lung** *f* (-; -*en*) disbrigo *m*; svolgimento *m*
'abwiegen (*irr*, *sep*, -*ge*-, *h*, → **wiegen**) pesare
'abwischen (*sep*, -*ge*-, *h*) pulire; *Feuchtes*: asciugare
'abzahlen (*sep*, -*ge*-, *h*) dare un acconto; pagare a rate; rimborsare
'abzählen (*sep*, -*ge*-, *h*) contare
'abzeichnen (*sep*, -*ge*-, *h*) ritrarre; **sich ~** risaltare (**von et** da qc); *fig* delinearsi, profilarsi
'abziehen (*irr*, *sep*, -*ge*-, → **ziehen**) **1.** *v/t* (*h*) sfilare, togliere; *mat* sottrarre; *Betrag*: detrarre; *mil* ritirare; *fot* stampare; *chim* distillare; **2.** *v/i* (*sn*) *Rauch*: uscire; *mil* ripiegare
'Abzug ['-tsuːk] *m* (-*[e]s*; ⸚*e*) *tip* (*Korrektur*2) bozza *f* di stampa; *fot* copia *f*; *econ* sconto *m*; detrazione *f*; *vom Preis*:

ribasso *m*; (*senza pl*) partenza *f*; *mil* ritiro *m*
'abzüglich ['-tsy:kliç] dedotto, previa deduzione di
'abzweig|en ['-tsvaɪgən] (*sep*, *-ge-*) **1.** *v/t* (*h*) diramare; *fig* separare; **2.** *v/i* (*sn*) *u* ***sich*** ~ diramarsi; staccarsi; **'˜ung** *f* (-; *-en*) diramazione *f*, deviazione *f*, separazione *f*
ach! [ax] ahimé!; ~ ***so!*** ah, capisco; ~ ***was!*** macché!
'Achse ['aksə] *f* (-; *-n*) (*a pol*) asse *m*; *tec* albero *m*
'Achsel ['aksəl] *f* (-; *-n*) spalla *f*; **'˜höhle** *f* ascella *f*
acht [axt] *adj* otto; ***morgen in ~ Tagen*** domani a otto
Acht[1] [axt] *f* (-; *-en*) otto *m*
Acht[2] *f* (-; *senza pl*) (*Obacht*) attenzione *f*; ***sich in ~ nehmen*** guardarsi; ***außer ~ lassen*** trascurare
'achte ottavo; *Datum*: ***heute ist der ~*** oggi ne abbiamo otto; ***am ~n*** l'otto
'Achtel ['axtəl] *n* (*-s*; -) ottavo *m*
'achten ['axtən] (*h*) **1.** *v/t* stimare; rispettare; considerare; **2.** *v/i* badare (***auf*** *acc* a)
'Achterbahn *f* ottovolante *m*
'acht|'hundert [axt'hundərt] ottocento; **'˜jährig** di otto anni; **'˜mal** otto volte
Acht|'stundentag [-'ʃtundəntaːk] *m* giornata *f* di otto ore; **'˜stündig** di otto ore; **'˜tägig** di otto giorni; **'˜'tausend** ottomila
'Achtung ['axtuŋ] *f* (-; *senza pl*) (*Aufmerksamkeit*) attenzione *f*; (*Hochachtung*) stima *f*; ~ ***haben vor*** (*dat*) avere stima di; ***~!*** attenti!; **'˜svoll** rispettoso; *im Brief*: con (molta) stima
'acht|zehn ['axtseːn] diciotto; **'˜zehnte** diciottesimo
'achtzig ['axtsiç] ottanta; **'˜ste** ottantesimo
ad 'acta: ~ ***legen*** mettere agli atti
ad'dier|en [a'diːrən] (*senza -ge-*, *h*) addizionare; **˜maschine** *f* addizionatrice *f*
Addi'tion [adits'joːn] *f* (-; *-en*) addizione *f*
'Adel ['aːdəl] *m* (*-s*; *senza pl*) nobiltà *f*, aristocrazia *f*; **'˜ig** nobile
'Ader ['aːdər] *f* (-; *-n*) vena *f*; (*Schlag˜*) arteria *f*; *min* filone *m*
'Adler ['aːdlər] *m* (*-s*; -) aquila *f*
administra'tiv [atministra'tiːf] amministrativo
Admi'ral [atmiː'raːl] *m* (*-s*; *¨-e*) ammiraglio *m*
adop't|ieren [adɔp'tiːrən] (*senza ge-*, *h*) adottare; **˜'ion** [-ts'joːn] *f* (-; *-en*) adozione *f*
Adres'sat [adrɛ'saːt] *m* (*-en*; *-en*), **˜in** *f* (-; *-nen*) destinatario *m*, -a *f*
A'dressbuch [a'drɛsbuːx] *n* elenco *m* degli indirizzi; agenda *f*
A'dresse [a'drɛsə] *f* (-; *-n*) indirizzo *m*
adres'sieren (*senza ge-*, *h*): ~ ***an*** (*acc*) indirizzare a
Adres'siermaschine *f* macchina *f* stampaindirizzi
Ad'vent [at'vɛnt] *m* (*-[e]s*; *senza pl*) avvento *m*
Af'färe [a'fɛːrə] *f* (-; *-n*) affare *m*, faccenda *f*
'Affe [afə] *m* (*-n*; *-n*) scimmia *f*
Af'fekt [a'fɛkt] *m* (*-[e]s*; *-e*) agitazione *f*
Afri'ka|ner [afri'kaːnər] *m* (*-s*; -), **˜nerin** *f* (-; *-nen*), **˜nisch** africano *m*, -a *f*
'After ['aftər] *m* (*-s*; -) ano *m*
A'gent [a'gɛnt] *m* (*-en*; *-en*), **˜in** *f* (-; *-nen*) agente *m/f*; *pol* agente *m/f* segreto, -a; *econ* rappresentante *m/f*; **˜'ur** [-'tuːr] *f* (-; *-en*) agenzia *f*
Aggre'gat [agre'gaːt] *n* (*-[e]s*; *-e*) aggregato *m*
Aggres's|ion [agrɛs'joːn] *f* (-; *-en*) aggressione *f*, **˜'iv** [-'siːf] aggressivo
A'grar|land [a'graːrlant] *n* paese *m* agricolo; **˜markt** *m* mercato *m* agricolo; **˜politik** *f* politica *f* agraria (*od* agricola)
Ä'gypt|er [ɛ'gyptər] *m* (*-s*; -), **˜erin** *f* (-; *-nen*), **˜isch** egiziano *m*, -a *f*
'ahnen ['aːnən] (*h*) presentire; prevedere; sospettare
'ähnlich ['ɛːnliç] somigliante, simile; ~ ***sehen*** somigliare (*dat* a); ***das sieht ihm ~*** questa è proprio una delle sue; **˜keit** *f* (-; *-en*) somiglianza *f*
'Ahnung ['aːnuŋ] *f* (-; *-en*) presentimento *m*; (*Vorstellung*) idea *f*, ***ich habe keine ~*** non ho la minima idea; **'˜slos** senza sospetto
Aids [eɪdz] *n* (-; *senza pl*) Aids *f*, sindrome *f* da immunodeficienza acquisita; **'˜krank** malato di Aids; **'˜test** *m* test *m* per l'Aids
'Airbag ['ɛːəbɛk] *m* (*-s*; *-s*) airbag *m*

Akad|emie [akade'mi:] *f* (-; *-n*) accademia *f*; **~'emiker** [-'de:mikər] *m* (*-s*; -), **~'emikerin** *f* (-; *-nen*) laureato *m*, -a *f*; membro *m* di un'accademia; **2'emisch** [-'de:miʃ] accademico

akklimati'sieren [aklimati'zi:rən] (*senza ge-*, *h*): ***sich ~*** acclimatarsi

Ak'kord [a'kɔrt] *m* (*-[e]s*; *-e*) accordo *m*; *econ* cottimo *m*; **~arbeit** *f* lavoro *m* a cottimo; **~lohn** *m* salario *m* a cottimo

akkredit|ieren [akredi'ti:rən] (*senza ge-*, *h*) accreditare; **2iv** [-'ti:f] *n* (*-s*; *-e*) credenziali *f/pl*; (*Kreditbrief*) lettera *f* di credito

'Akku F ['aku] *m* (*-s*; *-s*) *abbr für* **Akkumu'lator** [akumu'la:tɔr] *m* (*-s*; *-en* [-la'to:rən]) accumulatore *m*

Akro'bat [akro'ba:t] *m* (*-en*; *-en*), **~in** *f* (-; *-nen*) acrobata *m/f*

Akt [akt] *m* (*-[e]s*; *-e*) *tea* atto *m*; *Malerei*: nudo *m*

'Akte ['aktə] *f* (-; *-n*) pratica *f*; **~n** *pl* atti *m/pl*; documenti *m/pl*; ***zu den ~n legen*** archiviare; **'~nkoffer** *m* borsa *f* portadocumenti, ventiquattrore *f*; **'~nmappe** *f* cartella *f*; **'~nnotiz** *f* nota *f*; promemoria *m*; **'~nordner** ['-ˀɔrdnər] *m* raccoglitore *m*, classificatore *m*; **'~nschrank** *m* classificatore *m*

'Aktie ['aktsjə] *econ* *f* (-; *-n*) azione *f*; **'~ngesellschaft** *f* società *f* per azioni; **'~nkurs** *m* corso *m* delle azioni; **'~nmarkt** *m* mercato *m* azionario; **'~nmehrheit** *f* maggioranza *f* azionaria

Ak'tion [akts'jo:n] *f* (-; *-en*) azione *f*; *mil* operazione *f*; **~'är** [-jo'nɛ:r] *m* (*-s*; *-e*) azionista *m*

ak'tiv [ak'ti:f] attivo; **2i'tät** [-tivi'tɛ:t] *f* (-; *-en*) attività *f*

Aktu|ali'tät [aktuali'tɛ:t] *f* (-; *-en*) attualità *f*; **2'ell** [-tu'ɛl] attuale

A'kust|ik [a'kustik] *f* (-; *senza pl*) acustica *f*; **2isch** acustico

a'kut [a'ku:t] acuto

Ak'zent [ak'tsɛnt] *m* (*-[e]s*; *-e*) accento *m*

akzep'tieren [aktsɛp'ti:rən] (*senza ge-*, *h*) accettare

A'larm [a'larm] *m* (*-[e]s*; *-e*) allarme *m*; **~anlage** *f* impianto *m* (*od* sistema *m*) d'allarme; **2'ieren** (*senza ge-*, *h*) allarmare

'albern ['albərn] sciocco

'Albtraum ['alp-] *m* (*-[e]s*; *¨-e*) incubo *m*

'Album ['album] *n* (*-s*; *Alben*) album *m*

'Alge ['algə] *f* (-; *-n*) alga *f*

Al'ger|ier [al'ge:rjər] *m* (*-s*; -), **~ierin** *f* (-; *-nen*), **2isch** algerino *m*, -a *f*

'Alibi ['a:libi] *n* (*-s*; *-s*) alibi *m*

Ali'mente [ali'mɛntə] *pl* alimenti *m/pl*

al'kalisch [al'ka:liʃ] alcalino

'Alko|hol ['alkoho:l] *m* (*-[e]s*; *-e*) alcol *m*; **'2holfrei** analcolico; **'~holgehalt** *m* *Wein*: gradazione *f*; **2'holisch** alcolico; **'~holtest** *m* prova *f* del tasso alcolico

all [al] *adj* tutto; (*jeder*) ogni; ***~e 14 Tage*** ogni quindici giorni; → ***alles***

All *n* (*-s*; *senza pl*) universo *m*

Al'lee [a'le:] *f* (-; *-n*) viale *m*; corso *m*

al'lein [a'laɪn] **1.** *adj* solo; da solo; ***~ der Gedanke*** solo l'idea; **2.** *adv* solo, soltanto; **3.** *cj* ma, però; ***~ stehend*** solo, senza famiglia; *Haus*: isolato; **2herrschaft** *f* autocrazia *f*; **2vertretung** *f* rappresentanza *f* esclusiva; **2vertrieb** *m* vendita *f* esclusiva

'aller'dings ['alərdiŋs] **1.** però; (*gewiss*) ma certo; **2.** *int* veramente

Aller|'gie [alɛr'gi:] *f* (-; *-n*) allergia *f*; **2gisch** [a'lɛrgiʃ] allergico (***gegen*** a)

'aller|'hand ['alər'hant] ogni sorta di …; ***das ist ~!*** questo è il colmo; **2'heiligen** [-'haɪligən] *n* (-; *senza pl*) Ognissanti *m*; **'~'lei** ['-'laɪ] d'ogni genere; **'~'letzt** ultimissimo; **'~'liebst** ['-'li:pst] graziosissimo; adorabile; incantevole; **2'seelen** [-'ze:lən] *n* (-; *senza pl*) giorno *m* dei morti; **'~'seits** ['-'zaɪts] (a, da) tutti quanti; da tutte le parti

'alles ['aləs] tutto; ***das ist ~*** ecco tutto; ***~ in allem*** tutto sommato

allge'mein [algə'maɪn] generale; ***im 2en*** in generale; ***~ verständlich*** comprensibile a tutti; **2befinden** *n* stato *m* generale; **2bildung** *f* cultura *f* generale; **2heit** *f* (-; *senza pl*) comunità *f*; ***für die ~*** per tutti; per il grosso pubblico

Al'lianz [al'jants] *f* (-; *-en*) alleanza *f*

Alli'ierte [alii:rtə] *m* (*-n*; *-n*) alleato *m*

all|'jährlich **1.** *adj* annuale; **2.** *adv* ogni anno; **~'mählich** a poco a poco; **'~seitig** ['alzaɪtiç] **1.** *adj* universale; **2.** *adv* da tutte le parti; sotto ogni aspetto; **'2tag** *m* (*-[e]s*; *-e*) vita *f* quotidiana; **~'täglich** **1.** *adj* giornaliero; *fig* banale; **2.** *adv* ogni giorno; **'~zu** troppo; ***'~zu viel*** troppo

Alm [alm] *f* (-; *-en*) pascolo *m* alpestre

'Almosen ['almoːzən] *n* (-*s*; -) elemosina *f*
'Alpen ['alpən] *f/pl* Alpi *f/pl*; **'~veilchen** *n* ciclamino *m*
Alpha'bet [alfa'beːt] *n* (-*[e]s*; -*e*) alfabeto *m*; **≗isch** alfabetico
al'pin [al'piːn] alpino; **≗'ist** [-i'nist] *m* (-*en*; -*en*) alpinista *m*
als [als] come; *zeitlich*: quando; ***~ ob*** come se; ***~ wenn*** come se; ***~ Kind*** da bambino; ***~ Freund*** da amico; ***nichts ~*** nient'altro che; ***~ dass*** per
'also ['alzoː] dunque; quindi; (*so*) così
alt [alt] vecchio; *Ggs zu modern*: antico; ***wie ~ ist er?*** quanti anni ha?; ***er ist 2 Jahre ~*** ha 2 anni; ***er wird 2 Jahre ~*** compie 2 anni; ***gleich ~ sein*** avere la stessa età
Alt *mus m* (-*s*; *senza pl*) contralto *m*
Al'tar [al'taːr] *m* (-*[e]s*; ¨-*e*) altare *m*
'altbacken ['altbakən] vecchio; *Brot* raffermo
'Alte *m/f* (-*n*; -*n*) vecchio *m*, -a *f*
'Alter ['altər] *n* (-*s*; *senza pl*) età *f*
'altern ['altərn] (*sn*) invecchiare
Alterna'tiv|e [alterna'tiːvə] *f* (-; -*n*) alternativa *f*; **~energie** [-'tiːfˀenərgiː] *f* energia *f* alternativa
'Alters|diskriminierung *f* (-; -*en*) discriminazione *f* per età; **'~heim** *n* casa *f* di riposo; **'~rente** *f*, **'~versorgung** *f* pensione *f* di vecchiaia; **'~vorsorge** *f* (-; -*n*) pensione *f* di vecchiaia; ***private ~*** *f* integrazione *f* pensionistica privata
'Alter|tum ['-tuːm] *n* (-*[e]s*; *senza pl*) antichità *f*; **'≗tümlich** ['-tyːmliç] antico, arcaico
'Alt|glascontainer *m* (-*s*; -) *ecol* campana *f* (*od* contenitore *m*) del vetro; **'~lasten** *pl ecol* scorie *f/pl* di produzione; **'~lastensanierung** *f* (-; *senza pl*) *ecol* bonifica *f* delle scorie di produzione; **'~metall** *n* metallo *m* vecchio; **'≗modisch** antiquato, fuori moda; **'~papier** *n* carta *f* straccia; **'~stadt** *f* città *f* vecchia; centro *m* storico; **'~stadtsanierung** *f* risanamento *m* del centro storico
Alu'minium [alu'miːnjum] *n* (-*s*; *senza pl*) alluminio *m*
am = ***an dem***
Ama'teur [ama'tøːr] *m* (-*s*; -*e*), **~in** *f* (-; -*nen*) dilettante *m/f*
ambul|'ant [ambu'lant] ambulante; **≗'anz** [-'lants] *f* (-; -*en*) ambulanza *f*
'Ameise ['aːmaɪzə] *f* (-; -*n*) formica *f*
Ameri'ka|ner [ameri'kaːnər] *m* (-*s*; -), **~nerin** *f* (-; -*nen*), **~nisch** americano *m*, -a *f*
Amnes'tie [amnes'tiː] *f* (-; -*n*) amnistia *f*; **≗ren** (*senza ge-*, *h*) amnistiare
Amortis|a'tion [amɔrtizats'joːn] *f* (-; -*en*) ammortizzazione *f*; **≗'ieren** (*senza ge-*, *h*) ammortizzare
'Ampel ['ampəl] *f* (-; -*n*) lampada *f* sospesa; (*Verkehrs≗*) semaforo *m*
Am'pere [am'peːr] *n* (-*[e]s*; -) ampère *m*
Am'phithe'ater [am'fiːte'aːtər] *n* (-*s*; -) anfiteatro *m*
Am'pulle [am'pulə] *f* (-; -*n*) ampolla *f*
Amput|a'tion [-putats'joːn] *f* (-; -*en*) amputazione *f*; **≗'ieren** (*senza ge-*, *h*) amputare
'Amsel ['amzəl] *f* (-; -*n*) merlo *m*
Amt [amt] *n* (-*[e]s*; ¨-*er*) carica *f*; impiego *m*; posto *m*; ufficio *m*; (*Tätigkeit*) funzione *f*; ***das Auswärtige ~*** ministero *m* degli Esteri; **≗'ieren** (*senza ge-*, *h*) essere in carica; **'≗lich** ufficiale
'Amts|arzt *m* medico *m* fiscale, ufficiale *m* sanitario; **'~bezirk** *m* distretto *m*; giurisdizione *f*; **'~gericht** *n* pretura *f*; **'~missbrauch** *m* abuso *m* di potere; **'~zeit** *f* durata *f* del mandato, periodo *m* della carica; ***während seiner ~*** durante la sua carica
amü's|ant [amy'zant] divertente; **~'ieren** (*senza ge-*, *h*) divertire; ***sich ~*** divertirsi
an [an] **1.** *prp* (*dat*, *acc*) a; (*~ e-r Krankheit*) di; ***~ der Oder*** sull'Oder; ***~ die See*** al mare; ***~ e-m Sonntag*** una domenica; ***am Abend*** la sera *od* di sera; ***es fehlt mir ~ Zeit*** mi manca il tempo; **2.** *adv* ***von heute ~*** da oggi in poi; ***von drei Mark ~*** da tre marchi in su; *auf Fahrplänen*: arrivo (*abbr* a)
ana'log [ana'loːk] analogo
Ana'l|yse [ana'lyːzə] *f* (-; -*n*) analisi *f*; **≗'ytisch** [-'lyːtiʃ] analitico
'Ananas ['aːnanas] *f* (-; - *u* -*se*) ananas *m*
Anato'm|ie [anato'miː] *f* (-; -*n*) anatomia *f*; **≗isch** [-'toːmiʃ] anatomico
'anbahnen ['anbaːnən] (*sep*, -*ge*-, *h*) avviare; ***sich ~*** profilarsi, delinearsi
'Anbau ['-bau] *m* (-*[e]s*; *senza pl*) *agr* coltivazione *f*; **'≗en** (*sep*, -*ge*-, *h*) *agr* coltivare; **'~möbel** *n/pl* mobili *m/pl*

componibili
an'bei ['-'baɪ] accluso *od* qui accluso
'anbelangen (*sep, senza -ge-, h*) riguardare; ***was mich anbelangt*** per quanto mi riguarda
anberaumen ['-bəraʊmən] (*sep, senza -ge-, h*) indire, fissare
'Anbetracht *m*: ***in ~*** (*gen*) quanto a; concernente (qc); visto *od* considerato
'anbiet|en (*irr, sep, -ge-, h,* → ***bieten***) offrire; **'2er** *m* (*-s; -*) *econ* datore *m*, offerente *m*
'Anblick *m* (*-[e]s; -e*) aspetto *m*; vista *f*; **'2en** (*sep, -ge-, h*) guardare
'Anbruch *m* (*-[e]s; senza pl*) inizio *m*, principio *m*; ***bei ~ der Nacht*** al cadere (*od* sul fare) della notte
Anchovis → ***Anschovis***
'andächtig ['andɛçtiç] devoto
'andauern ['-dauərn] (*sep, -ge-, h*) continuare, persistere; **'~d** continuo, permanente
'Andenken ['-dɔŋkən] *n* (*-s; -*) ricordo *m*; souvenir *m*; ***zum ~ an*** (*acc*) in memoria di
'ander ['andər] altro; ***am ~n Tag*** il giorno dopo; ***das ist etwas ~es*** è un altro paio di maniche; **'~erseits** d'altra parte; **'~mal** ['-ma:l]: ***ein ~*** un'altra volta
'ändern ['ɛndərn] (*h*) cambiare; modificare; ***seine Meinung ~*** cambiare parere; ***sich ~*** cambiare
'andernfalls ['andərnfals] in caso contrario
'anders ['-dərs] altrimenti; ***~ denkend*** dissidente; ***~ sein als*** esser diverso da; ***~ werden*** cambiare; **'~wo**, **'~wohin** altrove
'andert'halb ['-dərt'halp] uno e mezzo; ***~ Meter*** un metro e mezzo
'Änderung ['ɛndəruŋ] *f* (*-; -en*) cambiamento *m*; modifica *f*
'andeut|en ['andɔʏtən] (*sep, -ge-, h*) accennare; **'2ung** *f* insinuazione *f*, allusione *f*, accenno *m*
'Andrang *m* (*-[e]s; senza pl*) ressa *f*, affollamento *m*
'andrehen ['andre:ən] *v/t* (*sep, -ge-, h*) *Heizung*: aprire; *el* accendere
'androhen (*sep, -ge-, h*): ***j-m et ~*** minacciare qu di qc
'aneignen ['-ʔaɪgnən] (*sep, -ge-, h*): ***sich*** (*dat*) ***~*** appropriarsi
anei'nander [-ʔaɪ'nandər] l'uno presso l'altro; l'uno all'altro; reciprocamente; ***~ geraten*** venire alle mani; ***~ grenzen*** confinare
'anerkannt ['-kant] riconosciuto; *fig a* rinomato
'anerkenn|en (*irr, sep, senza -ge-, h,* → ***erkennen***) riconoscere; approvare; (*würdigen*) apprezzare; **'~end** favorevolmente; **'2ung** *f* (*-; senza pl*) riconoscimento *m*; apprezzamento *m*
'anfahren (*irr, sep; -ge-,* → ***fahren***) **1.** *v/t* (*h*) trasportare; *Auto*: avviare; **2.** *v/i* (*sn*) urtare
'Anfahrt *f* (*-; -en*) arrivo *m*; (*Weg*) strada *f* d'accesso
'Anfall *m* (*-[e]s; ¨-e*) attacco *m*; *fig* accesso *m*; **'2en** *v/t* (*irr, sep, -ge-, sn, h,* → ***fallen***) assalire; colpire; investire; *v/i* risultare
'anfällig incline (***für*** a); *med* predisposto
'Anfang *m* (*-[e]s; ¨-e*) principio *m*; inizio *m*; ***am ~*** in principio; ***zu ~*** dapprima; ***~ Januar*** ai primi di gennaio; ***~ 1990*** all'inizio del 1990
'anfangen (*irr, sep, -ge-, h,* → ***fangen***) (in)cominciare, iniziare; ***mit der Arbeit ~*** cominciare un lavoro; ***bei einer Firma*** cominciare a lavorare presso una ditta
'Anfäng|er ['-fɛŋər] *m* (*-s; -*), **'~erin** *f* (*-, -nen*) principiante *m/f*; **'2lich** *adj* iniziale; *adv* = **'anfangs** ['-faŋs] in principio, sulle prime
'Anfangs|gehalt *n* stipendio *m* iniziale; **'~stadium** *n* fase *f* iniziale; principi *m/pl*
'anfassen (*sep, -ge-, h*) toccare; prendere; ***mit ~*** dare una mano
'anfechten ['-fɛçtən] (*irr, sep, -ge-, h,* → ***fechten***) contestare; *jur* impugnare
'anfertig|en ['-fertigən] (*sep, -ge-, h*) fare, fabbricare, confezionare; **'2ung** *f* (*-; -en*) confezione *f*, fabbricazione *f*
'anfliegen (*irr, sep, -ge-, h,* → ***fliegen***) *avia* puntare su, far scalo a; ***angeflogen kommen*** venire (in aereo)
'Anflug *m* (*-[e]s; ¨-e*) *avia* atterraggio *m*; *fig* traccia *f*
'anforder|n (*sep, -ge-, h*) esigere; **'2ung** *f* (*-; -en*) esigenza *f*, ***hohe ~en stellen*** pretendere molto; essere molto esigente

'Anfrage *f* (-; -*n*) domanda *f*, richiesta *f*; *pol* interpellanza *f*; **2n** (*sep*, -*ge*-, *h*) domandare; interrogare; informarsi
'anfreunden ['-frɔʏndən]: ***sich ~*** (*sep*, -*ge*-, *h*) fare amicizia; ***sich mit et ~*** *fig* abituarsi a qc
'anfühlen (*sep*, -*ge*-, *h*) toccare; ***sich weich ~*** essere morbido al tatto
'anführen (*sep*, -*ge*-, *h*) *Gründe*: addurre; *Zeugen*: produrre
'Angabe *f* (-; -*n*) indicazione *f*, (*Aussage*) dichiarazione *f*, (*Prahlerei*) vanteria *f*, (*Sport*) battuta *f*; **'~n** *f/pl* dati *m/pl*; ***nach amtlichen ~*** secondo fonti ufficiali
'angeben (*irr*, *sep*, -*ge*-, *h*, → ***geben***) **1.** *v/t* dare; (*erklären*) indicare, dichiarare; fissare; *Gründe*: addurre; **2.** *v/i fig* F darsi delle arie
'angeblich ['-ge:pliç] **1.** *adj* presunto; sedicente; **2.** *adv* secondo quel che si dice
'angeboren innato; congenito
'Angebot *n* (-*[e]s*; -*e*) offerta *f*
'angebracht ['-gəbraxt] opportuno; consigliabile
'angebunden: ***kurz ~*** brusco
'angehen (*irr*, *sep*, -*ge*-, → ***gehen***) **1.** *v/t* (*betreffen*) riguardare; ***was geht Sie das an?*** che c'entra Lei?, che cosa La riguarda?; **2.** *v/i* (*sn*) cominciare; **'~d** principiante; (*künftig*) futuro
'angehör|en (*sep*, *senza* -*ge*-, *h*) appartenere; *Partei*: essere membro di; **'2ige** ['-rigə] *m/f* (-*n*; -*n*) congiunto *m*; ***meine Angehörigen*** *pl* i miei (parenti)
'Angeklagte ['-gəkla:ktə] *m/f* (-*n*; -*n*) accusato *m*, -a *f*
'Angel ['aŋl] *f* (-; -*n*) canna *f* da pesca; (*Tür*) cardine *m*
'Angelegenheit *f* (-; -*en*) faccenda *f*, affare *m*
'angelernt qualificato; **'~er *Arbeiter*** operaio qualificato
'Angel|haken [aŋəlha:kən] *m* amo; **'2n** (*h*) pescare all'amo; **'~schnur** *f* lenza *f*
'angemessen ['angəmɛsən] conveniente; adeguato; (*Preis*) ragionevole
'angenehm gradevole, piacevole; ***sehr ~!*** piacere!
'angenommen ['angənɔmən] ipotetico, fittizio; **~, *dass*** supposto che
'angeregt animato
'angeschlossen affiliato
'angesehen ['-gəzə:en] rispettato
'angesichts (*gen*) in vista di, in considerazione di
'angespannt intenso; ***~ arbeiten*** lavorare intensamente
Angestellt|e ['-gəʃtɛltə] *m/f* (-*n*; -*n*) impiegato *m*, -a *f*; **'~enversicherung** *f* assicurazione *f* per gli impiegati
'angetrunken ['-gətruŋkən] brillo
'angewöhnen (*sep*, *senza* -*ge*-, *h*) avvezzare; ***sich ~*** abituarsi (***et*** a qc)
'Angewohnheit *f* (-; -*en*) abitudine *f*
An'gina [aŋ'gi:na] *med* (-; -*nen*) angina *f*
'angleich|en (*irr*, *sep*, -*ge*-, *h*, → ***gleichen***) assimilare; **'2ung** *f* (-; -*en*) assimilazione *f*
'Angler ['aŋlər] *m* (-*s*; -) pescatore *m* (con la lenza)
'anglieder|n (*sep*, -*ge*-, *h*) aggregare; associare; annettere; **'2ung** *f* (-; -*en*) aggregazione *f*, annessione *f*
'angreif|en (*irr*, *sep*, -*ge*-, *h*, → ***greifen***) toccare; *feindlich*: assalire, attaccare, investire; *die Ehre*: intaccare; *den Körper*: spossare, indebolire; **'2er** *m* (-*s*; -) aggressore *m*
'angrenzen (*sep*, -*ge*-, *h*): ***~ an*** (*acc*) confinare con; **'~d** adiacente; contiguo; *Land*: limitrofo
'Angriff *m* (-*[e]s*; -*e*) attacco *m*; *pol* aggressione *f*, *mil* carica *f*, ***zum ~ übergehen*** passare all'offensiva; ***in ~ nehmen*** cominciare
Angst [aŋst] *f* (-; ¨-*e*) ansia *f*, (*Furcht*) paura *f* (***vor et*** *dat*, ***j-m*** di qc, qu; ***um et, j-n*** per qc, qu)
'anhaben (*sep*, -*ge*-, *h*, → ***haben***) *Kleidung*: avere indosso; ***j-m nichts ~ können*** non poterla fare a qu
'anhalt|en (*irr*, *sep*, -*ge*-, *h*, → ***halten***) **1.** *v/t* fermare, arrestare; sospendere; **2.** *v/i* fermarsi; (*fortdauern*) continuare; **'~end** continuo; persistente; **'2er** *m* (-*s*; -), **'2erin** *f* (-; -*nen*) autostoppista *m/f*, ***per ~ fahren*** fare l'autostop; **'2spunkt** *m* punto *m* d'appoggio; indizio *m*
'Anhang *m* (-*[e]s*; ¨-*e*) appendice *f*, allegato *m*; *von Personen*: seguito *m*; famiglia *f*, ***ohne ~*** senza congiunti
'anhäng|en (*irr*, *sep*, -*ge*-, *h*, → ***hängen***) attaccare; (*hinzufügen*) aggiungere; *fig* appiccicare; **'2er** *m* (-*s*; -) *pol* so-

stenitore *m*, seguace *m*; *auto* rimorchio *m*; (*Schmuck*) ciondolo *m*; '**≈erkupplung** *f* gancio *m* per rimorchio
'**anhäufen** (*sep*, *-ge-*, *h*) accumulare; ammucchiare; ammassare
'**anheften** (*sep*, *-ge-*, *h*) attaccare
'**anheizen** (*sep*, *-ge-*, *h*) cominciare a riscaldare
'**Anhieb** *m*: F ***auf ~*** di colpo
'**Anhöhe** *f* (-; *-n*) altura *f*
'**anhören** (*sep*, *-ge-*, *h*) ascoltare
ani'mieren [ani'mi:rən] (*h*) animare
'**Ankauf** *m* (*-[e]s*; ⸚*e*) acquisto *m*; '**≈en** (*sep*, *-ge-*, *h*) comprare; ***sich ~*** comprarsi una casa (*od* un pezzo di terreno)
'**Anker** ['aŋkər] *m* (*-s*; -) *mar*, *tec* ancora *f*, *el* indotto *m*; '**≈n** (*h*) ancorare; '**~platz** *m* ancoraggio *m*
'**anklagen** (*sep*, *-ge-*, *h*) accusare; incolpare (***wegen*** di)
'**Ankläger** *m* (*-s*; -) accusatore *m*
'**ankleben** (*sep*, *-ge-*, *h*) **1.** *v/t* attaccare; *mit Leim*: incollare; **2.** *v/i* appiccicarsi
'**ankleiden** (*sep*, *-ge-*, *h*) vestire; ***sich ~*** vestirsi
'**anklicken** ['-klikən] *v/t* (*sep*, *-ge-*, *h*) *inform* cliccare su *v/i*
'**anklopfen** (*sep*, *-ge-*, *h*) bussare, picchiare; *fig* tastare (*od* sondare) il terreno
'**anknüpfen** (*sep*, *-ge-*, *h*) annodare; *Gespräch*: attaccare; *Bekanntschaft*: fare; *Verbindungen*: stringere; stabilire; '**~d**: ***~ an*** (*acc*) riguardo a
'**ankommen** *v/i* (*irr*, *sep*, *-ge-*, *sn*, → ***kommen***) arrivare; ***gut*** (***beim Publikum***) *~ Buch usw.*: riscontrare molto successo (nel pubblico); ***auf et*** (***j-n***) *~* dipendere da qc (qu), essere importante; ***es kommt darauf an*** dipende
'**ankündigen** (*sep*, *-ge-*, *h*) annunciare; dichiarare; avvisare; *jur* notificare
'**Ankunft** ['-kunft] *f* (-; *senza pl*) arrivo *m*; '**~szeit** *f* ora *f* d'arrivo
'**ankurbeln** (*sep*, *-ge-*, *h*) *fig* ravvivare, dare nuovi impulsi
'**anlachen** (*sep*, *-ge-*, *h*) guardare ridendo
'**Anlage** *f* (-; *-en*) predisposizione *f* (***zu*** a); talento *m* (***zu*** per); *arch* costruzione *f*; *el*, *tec* impianto *m*; *econ* investimento *m*; (*Brief*) allegato *m*; ***in der ~*** nell'allegato; '**~n** *pl* (*öffentliche*) giardini *m/pl* pubblici; '**~kapital** *n* capitale *m* d'investimento
'**Anlass** ['-las] *m* (*-es*; ⸚*e*) motivo *m*; (*Vorwand*) pretesto *m*; (*Gelegenheit*) occasione *f*; ***~ geben zu*** dar luogo a
'**anlassen** (*irr*, *sep*, *-ge-*, *h* → ***lassen***) *Kleider*: tenere addosso; *Maschine*: mettere in moto, azionare
'**Anlasser** ['anlasər] *m* (*-s*; -) starter *m*
'**anlässlich** ['-lɛsliç] (*gen*) in occasione di
'**Anlauf** *m* (*-[e]s*; ⸚*e*) slancio *m*; ***~ nehmen*** (*h*) prender la rincorsa; '**≈en** (*irr*, *sep*, *-ge-*, → ***laufen***) **1.** *v/t* (*h*) *e-n Hafen*: toccare; **2.** *v/i* (*sn*) *Maschine*: mettersi in moto; *Glas*: appannarsi
'**anleg|en** (*sep*, *-ge- h*) **1.** *v/t* mettere; *Geld*: collocare; investire; **2.** *v/i mar* approdare; '**≈eplatz** *m* approdo *m*
'**Anleihe** ['-laɪə] *f* (-; *-n*) prestito *m*
'**anleit|en** (*sep*, *-ge-*, *h*) avviare; istruire; '**≈ung** *f* (-; *-en*) istruzione *f*, guida *f*; ***unter ~ von*** sotto la guida di
'**anliegen** *v/i* (*irr*, *sep*, *-ge-*, *h*, → ***liegen***) essere vicino; *Kleidung*: (*gut*) andar bene; (*eng*) essere attillato
'**Anliegen** *n* (*-s*; -) domanda *f*, preghiera *f*, desiderio *m*
'**anliegend** vicino; attiguo, adiacente
'**Anlieger** *m* (*-s*; -) confinante *m*
'**anmachen** (*sep*, *-ge-*, *h*) attaccare; *Feuer*: accendere; *gastr* condire
'**anmaß|en** ['-ma:sən]: ***sich*** (*dat*) ***et ~*** (*sep*, *-ge-*, *h*) arrogarsi qc; '**~end** presuntuoso; arrogante; insolente; '**≈ung** *f* (-; *-en*) presunzione *f*, arroganza *f*
'**Anmelde|formular** *n* modulo *m* di denuncia; '**≈n** (*sep*, *-ge-*, *h*) annunciare; *amtlich*: denunciare, notificare; *beim Zoll*: dichiarare alla dogana; ***sich polizeilich ~*** denunciare il cambio di residenza
'**Anmeldung** *f* (-; *-en*) annuncio *m*; notifica *f*, iscrizione *f*, dichiarazione *f*
'**anmerk|en** (*sep*, *-ge-*, *h*) annotare; prender nota di; '**≈ung** *f* (-; *-en*) nota *f*, annotazione *f*
'**annähen** (*sep*, *-ge-*, *h*) attaccare (cucendo)
'**annäher|nd** approssimativo; *adv* approssimativamente; '**≈ung** *f* (-; *-en*) avvicinamento *m*
'**Annahme** ['anɑ:mə] (-; *senza pl*) accettazione *f*, *fig* supposizione *f*, ipotesi *f*

'annehm|bar ['aneːmbaːr] accettabile; *Preis*: ragionevole; *Grund*: plausibile; **'~en** *v/t* (*irr, sep, -ge-, h,* → **nehmen**) accettare; *fig* supporre; **sich e-r Sache ~** interessarsi di qc; **angenommen, dass** supposto che; **'2lichkeit** *f* (-; *-en*) piacere *m*; vantaggio *m*; comodità *f*

annek'tieren [anɛk'tiːrən] (*senza ge-, h*) annettere

An'nonce [a'nɔ̃sə] *f* (-; *-n*) annuncio *m*, inserzione *f*

annon'cieren [-'siːrən] (*senza ge-, h*) mettere (*od* fare) un annuncio (*od* un'inserzione) sul giornale; annunciare

annul'lieren [anu'liːrən] (*senza ge-, h*) annullare

ano'nym [ano'nyːm] anonimo

'Anorak ['anorak] *m* (*-s*; *-s*) giacca *f* a vento

'anordn|en ['-ˀɔrdnən] (*sep, -ge-, h*) disporre; (*verfügen*) ordinare; **'2ung** *f* (-; *-en*) disposizione *f*

'anpass|en (*sep, -ge-, h*) adattare, adeguare; **'2ung** *f* (-; *-en*) adattamento *m*; **'~ungsfähig** ['-suŋsfɛːiç] adattabile

'Anpfiff *m* (*-[e]s*; *-e*) *Sport*: fischio *m* iniziale; *fig* sgridata *f*

'anpflanzen (*sep, -ge-, h*) piantare

'anprangern ['-praŋərn] (*sep, -ge-, h*) denunciare pubblicamente; mettere alla gogna

'anprobieren (*sep, senza -ge-, h*) provare

'Anraten *n*: **auf ~** dietro consiglio

'anrechnen (*sep, -ge-, h*) mettere in conto; *fig* attribuire, ascrivere (**zu** a); **hoch ~** apprezzare molto

'Anrede *f* (-; *-n*) modo *m* di rivolgersi; *im Brief*: intestazione *f*; **'2n** *v/t* (*sep, -ge-, h*) rivolgere la parola a

'anreg|en (*sep, -ge-, h*) stimolare; **j-n zu et ~** suggerire qc a qu; **'~end** interessante; *med* stimolante; **'2ung** *f* (-; *-en*) stimolo *m*; suggerimento *m*; iniziativa *f*

'Anreiz *m* (*-es*; *-e*) stimolo *m*, incentivo *m*

'Anruf *m* (*-[e]s*; *-e*) chiamata *f* (telefonica); telefonata *f*; **'~beantworter** *m* segreteria *f* telefonica; **'2en** (*irr, sep, -ge-, h,* → **rufen**) chiamare (al telefono); telefonare; **'~er** *m* (*-s*; -) **'~erin** *f* (-; *-nen*) chi telefona *m/f*

'Ansage ['-zaːgə] *f* (-; *-n*) annuncio *m*; **'2n** (*sep, -ge-, h*) (*ankündigen*) annunciare; *Kartenspiel*: accusare

'ansamm|eln (*sep, -ge-, h*) ammassare; *Menschen*: radunare; *Kapital*: accumulare; **'2lung** *f* (-; *-en*) assembramento *m*; accumulo *m*

'ansässig ['-zɛsiç] domiciliato; **sich ~ machen** stabilirsi

'anschaff|en (*sep, -ge-, h*) procurare; comprare; acquistare; **'2ung** *f* (-; *-en*) provvista *f*; acquisto *m*; **'2ungspreis** *m* prezzo *m* d'acquisto

'anschalten (*sep, -ge-, h*) *el* inserire; *Radio, Motor*: accendere

'anschau|en (*sep, -ge-, h*) guardare; contemplare; **'~lich** chiaro, evidente; **'2ung** *f* (-; *-en*) veduta *f*, opinione *f*; *fil* concezione *f*

'Anschein *m* (*-[e]s*; *senza pl*) apparenza *f*; **'2end** apparente; *adv* apparentemente

'Anschlag *m* (*-[e]*; *¨-e*) manifesto *m*; (*Angriff*) attentato *m*; *Sport*: battuta *f*; *econ* (*Vor2*) preventivo *m*; **'~brett** *n* bacheca *f*, albo *m* degli avvisi; **'2en** *v/t* (*irr, sep, -ge-, h,* → **schlagen**) *Plakat*: affiggere; *fig* **e-n anderen Ton ~** cambiare tono

'anschließen *v/t* (*irr, sep, -ge-, h,* → **schließen**) attaccare; (*beifügen*) accludere; *el* **~** (**an** *acc*) innestare (su); *tel* collegare alla rete telefonica; **sich ~** unirsi; seguire; *e-m Vorschlag*: aderire a; **'~d** seguente; *adv* subito dopo

'Anschluss *m* (*-es*; *¨-e*) *tel* collegamento *m* alla rete; comunicazione *f*, *el* contatto *m*; *avia, fer* coincidenza *f*, *pol* unione *f*, incorporazione *f*, annessione *f*; **den ~ verpassen** perdere la coincidenza (*od fig* il treno); **im ~ an** (*acc*) facendo seguito a; in seguito a

'anschnall|en (*sep, -ge-, h*) allacciare; **sich ~** *avia* allacciare la cintura *f* (di sicurezza); **'2gurt** *avia m* cintura *f* di sicurezza

'anschneiden (*irr, sep, -ge-, h,* → **schneiden**) intaccare; cominciare a tagliare; *Frage*: intavolare

An'schovis [an'ʃoːvis] *f inv* acciuga *f*

'anschreiben (*irr, sep, -ge-, h* → **schreiben**) notare; *econ* mettere in conto

'Anschrift *f* (-; *-en*) indirizzo *m*

'ansehen *v/t* (*irr, sep, -ge-, h,* → **sehen**)

guardare; *j-m et*: riconoscere, vedere
'Ansehen *n* (*-s*; *senza pl*) autorità *f*, considerazione *f*, credito *m*
'ansetzen (*sep*, *-ge-*, *h*) **1.** *v/t* mettere; applicare; *Frist*: fissare; **2.** *v/i* cominciare; *bot* germogliare; allegare
'Ansicht *f* (*-*; *-en*) veduta *f*, (*Meinung*) opinione *f*, parere *m*; *econ* ***zur ~*** in esame, in visione; ***meiner ~ nach*** secondo me, secondo la mia opinione; **'~skarte** *f* cartolina *f* illustrata
'anspann|en (*sep*, *-ge-*, *h*) tendere; *Kräfte*: impegnare; applicare; **'2ung** *f* (*-*; *-en*) impegno *m*; sforzo *m*
'anspiel|en (*sep*, *-ge-*, *h*) ***auf et*** *acc* **~** alludere a qc; **'2ung** *f* (*-*; *-en*) allusione *f*
'Ansporn *m* (*-[e]s*; *senza pl*) sprone *m*
'Ansprache *f* (*-*; *-n*) discorso *m*
'ansprechen (*irr*, *sep*, *-ge-*, *h*, → ***sprechen***) *v/t* rivolgere la parola a; chiedere; ritenere; (*gefallen*) piacere; *v/i* rispondere; reagire a; **'~d** piacevole
'anspringen (*irr*, *sep*, *-ge-*, → ***springen***) **1.** *v/t* (*h*) saltare addosso a; **2.** *v/i* (*sn*) *Motor*: accendersi, mettersi in moto
'Anspruch *m* (*-[e]s*; *¨e*) pretesa *f*, *jur* diritto *m*; *a bsd pol* rivendicazione *f*, ***~ geltend machen*** far valere un proprio diritto; ***et in ~ nehmen*** servirsi di qc; ***j-n in ~ nehmen*** ricorrere a qu; ***ich bin sehr in ~ genommen*** sono molto occupato; **'2slos** senza pretese; **'2svoll** esigente
'Anstalt ['-ʃtalt] *f* (*-*; *-en*) ente *m*; istituzione *f*, istituto *m*
'anständig ammodo (*inv*), decoroso, decente; (*ehrlich*) onesto
'anstandslos senza esitazione, senza difficoltà
an'statt [-'ʃtat] (*gen*, ***zu*** *inf*) invece (di)
'anstechen (*irr*, *sep*, *-ge-*, *h*, → ***stechen***) pungere; *Fass*: spillare
'ansteck|en (*sep*, *-ge-*, *h*) **1.** *v/t med* contaminare; *j-n*: contagiare; **2.** *v/i* essere contagioso; **'~end** contagioso, infettivo
'anstehen (*irr*, *sep*, *-ge-*, *sn*, → ***stehen***) fare la coda
'ansteigen (*irr*, *sep*, *-ge-*, *sn*, → ***steigen***) salire; **'~d** in salita; ***steil ~*** ripido
'anstell|en (*sep*, *-ge-*, *h*) *Gerät*: avviare, mettere in moto; *rad* accendere; *Arbeitskräfte*: impiegare; ***sich ~*** fare la coda; comportarsi; **'2ung** *f* (*-*; *-en*) impiego *m*; posto *m*
'Anstieg ['-ʃti:k] *m* (*-[e]s*; *-e*) salita *f*
'Anstoß *m* (*-es*; *¨e*) urto *m*; *zu et*: impulso *m*; *Sport*: primo colpo *m*; *fig* scandalo *m*; ***~ erregen*** dare scandalo; ***~ nehmen*** scandalizzarsi
'anstoßen (*irr*, *sep*, *-ge-*, → ***stoßen***) (*sn*), **1.** *v/t* urtare; **2.** *v/i* (*h*) *fig* scandalizzare; *mit Gläsern*: brindare
'anstößig ['-ʃtø:siç] indecente; scandaloso
'anstreng|en ['-ʃtrɛŋən] (*sep*, *-ge-*, *h*) *Kräfte*: adoperare; *jur* intentare; ***sich ~*** sforzarsi; **'~end** faticoso; **'2ung** *f* (*-*; *-en*) sforzo *m*; fatica *f*
'Anstrich *m* (*-[e]s*; *-e*) tinta *f*
'Ansturm *m* (*-[e]s*; *¨e*) assalto *m*
'Anteil *m* (*-[e]s*; *-e*) parte *f*, porzione *f*, quota *f*, ***~ haben an*** (*dat*) partecipare a, aver parte in; **'2mäßig** *econ* ['-taılmɛ:siç] proporzionale; **'~nahme** ['-na:mə] *f* (*-*; *senza pl*) partecipazione *f*, compassione *f*, simpatia *f*
An'tenne [-'tɛnə] *f* (*-*; *-n*) antenna *f*
Anti|'babypille [anti'be:bipilə] *f* pillola *f* anticoncezionale; **~bi'otikum** *n* antibiotico *m*
an'tik [an'ti:k] antico; **2e** [-kə] *f* (*-*; *senza pl*) antico *m*; arte *f* (*od* civiltà *f*) antica; (*Altertum*) antichità *f*
Antipa'thie [-pa'ti:] *f* (*-*; *-n*) antipatia *f*
Antiqui'tät [antikvi'tɛ:t] *f* (*-*; *-en*) antichità *f*, oggetto *m* antico; **~engeschäft** *n* negozio *m* di antiquariato
Antise'mit [antize'mi:t] *m* (*-en*; *-en*) antisemita *m/f*
'Antrag ['-tra:k] *m* (*-[e]s*; *¨e*) domanda *f*, istanza *f*, *Parlament*: mozione *f*, (*Heirats2*) proposta *f*, di matrimonio; **'~sformular** *n* modulo *m* di domanda; **'~steller(in** *f*) ['-tra:kʃtɛlər(in)] *m* richiedente *m/f*
'antreffen (*irr*, *sep*, *-ge-*, *h*, → ***treffen***) trovare; incontrare
'antreten (*irr*, *sep*, *-ge-*, *h*, → ***treten***) *Reise*: cominciare; *Erbschaft*: accettare; *Amt*: entrare in
'Antrieb *m* (*-[e]s*; *-e*) impulso *m*; motivo *m*; *tec* comando *m*; propulsione *f*, forza *f* motrice
'Antritt *m* (*-[e]s*; *senza pl*) principio *m*; ***vor ~ der Reise*** prima di mettersi in viaggio (*od* di partire)

'Antwort ['antvɔrt] *f* (-; *-en*) risposta *f*; **'2en** (*h*) rispondere; (*erwidern*) replicare
'anvertrauen (*sep, senza -ge-, h*) affidare; *Geheimnis*: confidare
'Anwalt ['-valt] *m* (*-[e]s*; *⸚e*) avvocato *m*
'Anwältin ['-vɛltin] *f* (-; *-nen*) avvocatessa *f*
'anweis|en (*irr, sep, -ge-, h,* → ***weisen***) *j-m et*: assegnare; (*befehlen*) ordinare; (*beauftragen*) incaricare; *Geld*: dare ordine di pagare; ***auf j-n od et angewiesen sein*** dipendere da qc *od* qu; **'2ung** *f* (-; *-en*) assegnazione *f*, direttiva *f*, ordine *m*; *econ* assegno *m*; *post* vaglia *m*
'anwend|en (*sep, -ge-, h*) applicare; **'2ersoftware** ['anvɛndərsɔftwɛːr] *f* software *m* applicativo; **'2ung** *f* (-; *-en*) uso *m*; applicazione *f*
'anwesen|d ['-veːzənt] presente; ***~ sein bei*** assistere a; ***die 2en*** *pl* i presenti *m/pl*; **'2heit** *f* (-; *senza pl*) presenza *f*
'Anzahl *f* (-; *senza pl*) numero *m*; (*Menge*) quantità *f*; **'2en** (*sep, -ge-, h*) pagare in acconto; **'~ung** *f* (-; *-en*) acconto *m*
'Anzeichen *n* (*-s*; -) indizio *m*; segnale *m*; (*Vorzeichen*) presagio *m*; *bsd* sintomo *m*
'Anzeig|e ['-tsaɪgə] *f* (-; *-n*) annuncio *m*; avviso *m*; ***~ erstatten*** *jur* denunciare qu; **'2en** (*sep, -ge-, h*) indicare; annunciare; *jur* denunciare
'anzieh|en (*irr, sep, -ge-, h,* → ***ziehen***) **1.** *v/t* tirare; *fig* attirare; *Kleider*: mettersi; ***sich ~*** vestirsi; **2.** *v/i Preise*: essere in rialzo, aumentare; **'2end** attraente; **'2ungskraft** *f* attrattiva *f*, *fis* forza *f* d'attrazione
'Anzug *m* (*-[e]s*; *⸚e*) vestito *m*, abito *m*
'anzüglich ['-tsyːkliç] allusivo; personale; offensivo
'anzünden (*sep, -ge-, h*) accendere
A'partment [a'partmənt] *n* (*-s*; *-s*) piccolo appartamento *m*
a'pathisch apatico
'Apfel ['apfəl] *m* (*-s*; *⸚*) mela *f*; **'~kuchen** *m* torta *f* di mele; **'~mus** *n* passata *f* di mele
'Apfel'sine [-'ziːne] *f* (-; *-n*) arancia *f*
'Apfelwein *m* sidro *m*
A'postel [a'pɔstəl] *m* (*-s*; -) apostolo *m*
Apo'theke [-'teːkə] *f* (-; *-n*) farmacia *f*
Appa'rat [apa'raːt] *m* (*-[e]s*; *-e*) apparecchio *m*; apparato *m*; (*Foto2*) macchina *f*, *tel* telefono *m*; ***wer ist am ~?*** con chi parlo?; ***bleiben Sie am ~!*** resti in linea!
Ap'pell [a'pɛl] *m* (*-s*; *-e*) appello *m*; **2'ieren** (*senza ge-, h*) appellarsi (***an*** *acc* a); ricorrere (***an*** *acc* a)
Appe'tit [apə'tiːt] *m* (*-[e]s*; *senza pl*) appetito *m*; ***guten ~!*** buon appetito!; **2lich** appetitoso
Ap'plaus [a'plaʊs] *m* (*-es*; *senza pl*) applauso *m*
Apri'kose [apri'koːzə] *f* (-; *-n*) albicocca *f*
A'pril [a'pril] *m* (*-s*; *senza pl*) aprile *m*; **~scherz** *m* pesce *m* d'aprile
Aqua|'planing [akva'plɑniŋ] *n* (-; -) aquaplaning *m*; **~'rell** [-'rɛl] *n* (*-s*; *-e*) acquerello *m*
A'quarium [a'kvaːrjum] *n* (*-s*; *-rien* [-rjən]) acquario *m*
Ä'quator [ɛ'kvaːtɔr] *m* (*-s*; *senza pl*) equatore *m*
Ära [ɛːra] *f* (-; *Ären*) era *f*
'Arab|er ['aːrabər] *m* (*-s*; -), **'~erin** *f* (-; *-nen*), **2isch** [a'raːbiʃ] arabo *m*, -a *f*
'Arbeit ['arbaɪt] *f* (-; *-en*) lavoro *m*; impiego *m*; *Mühe*: fatica *f*; **'2en** (*h*) lavorare; **'~er** *m* (*-s*; -) lavoratore *m*, operaio *m*; **'~erin** *f* (-; *-nen*) operaia *f*; **'~erklasse** *f* classe *f* operaia
'Arbeit'|geber ['-'geːbər] *m* (*-s*; -) datore *m* di lavoro; imprenditore *m*; **'~'nehmer** ['-'neːmər] *m* (*-s*; -) prestatore *m* d'opera, lavoratore *m* dipendente
'Arbeits|amt ['arbaɪts?amt] *n* ufficio *m* del lavoro (*od* di collocamento); **'~bedingungen** *f/pl* condizioni *f/pl* di lavoro; **'~beschaffungsmaßnahme** ['-bəʃafuŋs-] *f* misure *f/pl* per la creazione di posti lavoro; **'~erlaubnis** *f* permesso *m* di lavoro; **'~essen** *n* (*-s*; -) pranzo *m* (*oder* cena *f*) di lavoro; **'2fähig** in grado di lavorare; **'~gebiet** *n* campo *m* d'attività; **'~gruppe** *f* gruppo *m* di lavoro; **'~kampf** *m* lotta *f* operaia, conflitto *m* sindacale; **'~kräfte** ['krɛftə] *f/pl* manodopera *f*; **'~leistung** *f* prestazione *f* d'opera; *tec* rendimento *m*; **'~lohn** *m* paga *f*, salario *m*; **'2los** disoccupato; **'~lose** *m/f* (*-n*; *-n*) disoccupato *m*, -a *f*; **'~losengeld** *n*

indennità *f* (*od* sussidio *m*) di disoccupazione; **'~losenversicherung** *f* assicurazione *f* contro la disoccupazione; **'~losigkeit** *f* disoccupazione *f*; **'~markt** *m* mercato *m* del lavoro; **'~platz** *m Stelle*: posto *m*, impiego *m*; *Ort*: posto *m* di lavoro; **'~speicher** *m* (*-s*; -) *inform* memoria *f* RAM; **'~tag** *m* giornata *f* lavorativa; **'~teilung** *f* divisione *f* del lavoro; **'2unfähig** inabile al lavoro, invalido; **'~unfall** *m* infortunio *m* sul lavoro; **'~zeit** *f* orario *m* di lavoro

Archi'tekt [-'tɛkt] *m* (*-en*; *-en*), **~in** *f* (-; *-nen*) architetto *m*, -a *f*; **'~ur** [-'tuːr] *f* (-; *-en*) architettura *f*

Ar'chiv [ar'çiːf] *n* (*-s*; *-e*) archivio *m*

A'rena [a'reːna] *f* (-; *-nen*) arena *f*

'Ärger ['ɛrgɛr] *m* (*-s*; *senza pl*) indignazione *f*, sdegno *m*; stizza *f*; (*Wut*) rabbia *f*; collera *f*; **'2lich** spiacevole; **'2n** (*h*) indispettire; far arrabbiare; ***sich*** **~** adirarsi

Arie ['ɑːrjə] *f* (-; *-n*) aria *f*

'arktisch ['arktiʃ] artico

'Arktis ['arktis] *f inv* Artide *f*

arm [arm] povero (***an*** *dat* di); **~ *werden*** impoverire

Arm [arm] *m* (*-[e]s*; *-e*) braccio *m*; *fig* ***j-m unter die ~e greifen*** dare una mano a qu, aiutare qu

'Arm|band ['armbant] *n* braccialetto *m*; **'~banduhr** *f* orologio *m* da polso; **'~binde** *f* bracciale *m*; *med* fasciatura *f* al braccio

Ar'mee [ar'meː] *f* (-; *-n*) armata *f*, esercito *m*

'Ärmel ['ɛrməl] *m* (*-s*; -) manica *f*

'ärmlich ['ɛrmliç] povero, misero

'Armut ['armuːt] *f* (-; *senza pl*) povertà *f*

aro'matisch [aroː'mɑːtiʃ] aromatico

Arrang|e'ment [arɑ̃ʒə'mɑ̃] *n* (*-s*; *-s*) accordo *m*; **2'ieren** (*senza ge-*, *h*) disporre; organizzare; ***sich ~ mit*** mettersi d'accordo con

arro'gant [aro'gant] arrogante; presuntuoso

Arsch [arʃ] *m* V culo *m*

Arse'nal [arze'nɑːl] *n* (*-s*; *-e*) arsenale *m*

Art [ɑːrt] *f* (-; *-en*) genere *m*; (*Natur*) natura *f*, (*Weise*) modo *m*; *zo*, *bot* specie *f*

Ar'terie [ar'teːrjə] *f* (-; *-n*) arteria *f*

Ar'tikel [ar'tiːkəl] *m* (*-s*; -) articolo *m*

Artille'rie [artilə'riː] *f* (-; *-n*) artiglieria *f*

(***schwere*** pesante)

Ar'tist [ar'tist] *m* (*-en*; *-en*), **~in** *f* (-; *-nen*) artista *m/f* (di circo, di varietà)

Arz'nei [arts'naɪ] *f* (-; *-en*) medicina *f*; **~mittel** *n* farmaco *m*, medicinale *m*

Arzt [artst] *m* (*-es*; *⸚e*) medico *m*, dottore *m*; ***praktischer*** **~** medico *m* generico

'Ärzt|in ['ɛrtstin] *f* (-; *-nen*) medico *m*, dottoressa *f*; **'2lich** ['ɛrtstliç] medico

As'best [as'bɛst] *m* (*-[e]s*; *-e*) asbesto *m*, amianto *m*

'Asche ['aʃə] *f* (-; *senza pl*) cenere *f*; **'~nbecher** *m* posacenere *m*, portacenere *m*; **'~nbrödel** ['-brøːdəl] *n* Cenerentola *f*

Ascher'mittwoch [aʃər'mitvɔx] *m* (*-s*; *senza pl*) mercoledì *m* delle Ceneri

A'siat [az'jɑːt] *m* (*-en*; *-en*), **~in** *f* (-; *-nen*), **2isch** asiatico *m*, -a *f*

'asozial ['ɑːzoːtsjɑːl] asociale

'Asphalt ['asfalt] *m* (*-s*; *senza pl*) asfalto *m*; **2'ieren** (*senza ge-*, *h*) asfaltare

Assis'tent [asis'tɛnt] *m* (*-en*; *-en*), **~in** *f* (-; *-nen*) assistente *m/f*

Ast [ast] *m* (*-[e]s*; *⸚e*) ramo *m*

'Aster *bot* ['astər] *f* (-; *-n*) aster *m*

äs'thetisch [ɛs'teːtiʃ] estetico

'Asthma ['astmɑ] *n* (*-s*; *senza pl*) asma *f*

Astro'l|oge [astro'loːgə] *m* (*-n*; *-n*) astrologo *m*; **~o'gie** *f* (-; *senza pl*) astrologia *f*

Astro|'naut [-'naʊt] *m* (*-en*; *-en*) astronauta *m*; **~no'mie** [-no'miː] *f* (-; *senza pl*) astronomia *f*, **2'nomisch** astronomico

A'syl [a'zyːl] *n* (*-s*; *senza pl*) asilo *m*; (*Zufluchtsort*) rifugio *m*; **~'ant** [azy'lant] *m* (*-en*; *-en*), **~'antin** *f* (-; *-nen*) richiedente *m/f* asilo politico; rifugiato *m*, -a *f* politico, -a; **~antrag** *m* richiesta *f* di asilo politico

'Atem ['ɑːtem] *m* (*-s*; *senza pl*) fiato *m*; ***außer*** **~** senza respiro, sfiatato; **'~beschwerden** *f/pl* difficoltà *f* di respirazione; **'2los** ansante; trafelato

Athe|'ist [ate'ist] *m* (*-en*; *-en*), **~'istin** *f* (-; *-nen*) ateo *m*, -a *f*, **2'istisch** ateistico

Ath'let [at'leːt] *m* (*-en*; *-en*) atleta *m*

at'lantisch: ***2er Ozean*** *m* (Oceano) Atlantico *m*

'Atlas ['atlas] *m* (*-ses*; *-se u Atlanten*) atlante *m*

'atmen ['ɑːtmən] (*h*) respirare

Atmo'sphäre [atmɔs'fɛːre] *f* (-; *-n*) at-

mosfera *f*
'Atmung ['aːtmʊŋ] *f* (-; *senza pl*) respirazione *f*
A'tom [a'toːm] *n* (*-s*; *-e*) atomo *m*; **ꭥ'ar** atomico; nucleare; **~bombe** *f* bomba *f* atomica *f*; **~energie** *f* energia *f* nucleare; **~kraftgegner** *m* antinuclearista *m*; **~kraftwerk** *n* centrale *f* nucleare; **~krieg** *m* guerra *f* atomica; **~müll** *m* residui *m/pl* radioattivi; **~waffen** *f/pl* armi *f/pl* atomiche
Atten'|tat [atɛn'taːt] *n* (*-[e]s*; *-e*) attentato *m*; **~'täter** [-'tɛːtər] *m* (*-s*; -), **~'täterin** *f* (-; *-nen*) attentatore *m*, -trice *f*
'ätzend ['ɛtsənt] corrosivo; *med u fig* caustico
auch [aʊx] anche; **~ *nicht*** non … neppure, non … neanche, non … nemmeno; ***sowohl … als ~ …*** sia … che …
Au'dienz [aʊd'jɛnts] *f* (-; *-en*) udienza *f*
auf [aʊf] **1.** *prp* (*acc od dat*) su, sopra; **~ *den Tisch*** sulla (*od* sopra la) tavola; **~** *die Jagd, Post, Ball*: a; **~** *dem Lande, Reise, Art*: in; **~** *Befehl, Rat*: per; **2.** *adv* **~ *sein*** F (*Tür, Kleider*) essere aperto; *Personen*: essere alzato; **~ *und ab*** su e giù; **3.** *cj* **~ *dass*** affinché; **4.** *int* **~*!*** su!
aufarbeiten ['-ʔarbaɪtən] (*sep*, *-ge-*, *h*) finire
'aufatmen (*sep*, *-ge-*, *h*) respirare liberamente; tirare un sospiro
'Aufbau *m* (*-[e]s*; *senza pl*) costruzione *f*; (*Gliederung*) struttura *f*; *fig* organizzazione *f*; *auto* carrozzeria *f*; **'ꭥen** (*sep*, *-ge-*, *h*) costruire; organizzare
'aufbewahr|en (*sep*, *senza -ge-*, *h*) conservare; *für später*: riservare; ***zum Aufbewahren geben*** dare in deposito; **'ꭥung** *f* (-; *senza pl*) custodia *f*; deposito *m*
'aufbleiben (*irr*, *sep*, *-ge-*, *sn*, → ***bleiben***) *wach*: restare alzato; vegliare; *offen*: restare aperto
'aufblühen (*sep*, *-ge-*, *sn*) sbocciare; *fig* fiorire
'aufbrausen (*sep*, *-ge-*, *sn*) ribollire; *fig* andare in collera; **'~d** *fig* collerico
'aufbrechen (*irr*, *sep*, *-ge-*, → ***brechen***) **1.** *v/t* (*h*) aprire, forzare; **2.** *v/i* (*sn*) aprirsi; *fig* andarsene; *zur Reise*: partire
'aufbringen (*irr*, *sep*, *-ge-*, *h*, → ***bringen***) riuscire ad aprire; (*einführen*) introdurre; *Geld*: procacciare, procurare, trovare
'Aufbruch *m* (*-[e]s*; *⸚e*) partenza *f*; mossa *f*
'aufbrühen (*sep*, *-ge-*, *h*) bollire leggermente; ***Tee* ~** fare del tè
'aufdecken (*sep*, *-ge-*, *h*) scoprire; *fig* svelare
'aufdrehen (*sep*, *-ge-*, *h*) svitare; avvitare; *Hahn*: aprire
'aufdringlich importuno, invadente
'Aufdruck *m* (*-[e]s*; *-e*) stampa *f*; **'ꭥen** (*sep*, *-ge-*, *h*) imprimere
aufei'nander [-ʔaɪ'nandər] l'uno sopra (*od* dopo) l'altro; **~ *folgend*** successivo; consecutivo
'Aufenthalt ['aʊfənthalt] *m* (*-[e]s*; *-e*) soggiorno *m*, permanenza *f*; *fer* fermata *f*; **'~sgenehmigung** permesso *m* di soggiorno
'Auferstehung ['-ʔɛrʃteːʊŋ] *f* (-; *senza pl*) risurrezione *f*
'auffahr|en (*irr*, *sep*, *-ge-*, → ***fahren***) **1.** *v/t* (*h*) trasportare; **2.** *v/i* (*sn*) scattare; (*zusammenstoßen*) cozzare, urtare; **'ꭥunfall** *m* tamponamento *m*
'auffallen (*irr*, *sep*, *-ge-*, *sn*, → ***fallen***); *fig* dare nell'occhio; (*sich bemerkbar machen*) farsi notare; ***es ist mir nicht aufgefallen*** non me ne sono accorto
'auffällig ['aʊfɛlɪç] che dà nell'occhio; *Kleidung*: vistoso; (*seltsam*) stravagante
'auffass|en (*sep*, *-ge-*, *h*) intendere, prenderla; **~ *als*** considerare come; **'ꭥung** *f* (-; *-en*) concezione *f*, modo *m* di vedere; (*Meinung*) opinione *f*
'aufforder|n (*sep*, *-ge-*, *h*) invitare; intimare; (*ermahnen*) esortare; **'ꭥung** *f* (-; *-en*) invito *m*; intimazione *f*
'aufführ|en (*sep*, *-ge-*, *h*) *tea* rappresentare; *Zeugen*: produrre; **'ꭥung** *f* (-; *-en*) rappresentazione *f*, produzione *f*, condotta *f*
'auffüllen (*sep*, *-ge-*, *h*) riempire
'Aufgabe *f* (-; *-n*) compito *m*; impegno *m*; scopo *m*; missione *f*, problema *m*; (*senza pl*) *post* consegna *f*; (*Verzicht*) rinuncia *f*, *Sport*: abbandono *m*
'Aufgang *m* (*-[e]s*; *⸚e*) ingresso *m*; *nach oben*: salita *f*, *Treppe*: scala *f*, *der Sonne*: levare *m*, spuntare *m*
'aufgeben (*irr*, *sep*, *-ge-*, *h*, → ***geben***) spedire; *Brief*: impostare; *Gepäck*: consegnare; *Bestellung*: fare; *Annonce*: pubblicare; (*verzichten*) rinunciare a,

rassegnarsi; (*schließen*) cessare
aufgebracht ['-gəbraxt] furioso, arrabbiato (**über** *acc* di)
'**aufgehen** (*irr*, *sep*, *-ge-*, *sn*, → **gehen**) alzarsi; (*sich öffnen*) aprirsi; *Naht*: scucirsi; *Sonne*, *Saat*: spuntare; *Rechnung*: tornare
'**aufgeklärt** ['-gəklɛːrt] illuminato; *Wetter*: schiarito
'**aufgeregt** ['-gəreːkt] eccitato
'**aufgeschlossen** aperto
'**aufgreifen** (*irr*, *sep*, *-ge-*, *h*, → **greifen**) acchiappare; *Gedanken*: riprendere, far proprio
auf'grund (*gen od* von) a causa di; (*dank*) in base a
'**aufhalten** (*irr*, *sep*, *-ge-*, *h*, → **halten**) tenere aperto; (*zurückhalten*) trattenere; **sich ~** trattenersi, fermarsi
'**aufhäng|en** (*sep*, *-ge-*, *h*) appendere; '**2ung** *f* (-; *-en*) sospensioni *f/pl*
'**aufheb|en** *v/t* (*irr*, *sep*, *-ge-*, *h*, → **heben**) sollevare, alzare; (*aufbewahren*) custodire; *vom Boden*: raccogliere; *Tafel*, *Lager*: levare; *Vertrag*: annullare; *Sitzung*: sciogliere; stroncare; *jur* revocare; **sich ~** compensarsi; **gut aufgehoben** in buona custodia, in buone mani; '**2ung** *f* (-; *-en*) abolizione *f*; annullamento *m*; scioglimento *m*
'**aufheiter|n** ['-haɪtərn] (*sep*, *-ge-*, *h*) rasserenare; (*fröhlich stimmen*) rianimare; '**2ung** *f* (-; *-en*) ricreazione *f*; divertimento *m*; rasserenamento *m*
'**aufhören** (*sep*, *-ge-*, *h*) finire; **~ zu …** smettere di …
'**aufkaufen** (*sep*, *-ge-*, *h*) incettare
'**Aufkäufer** *m* (*-s*; -) incettatore *m*
'**aufklappen** (*sep*, *-ge-*, *h*) aprire; ribaltare
'**aufklär|en** (*sep*, *-ge-*, *h*) schiarire; spiegare; rischiarare; *j-n*: illuminare; **sich ~** *Wetter*: rischiararsi; '**2ung** *f* (-; *senza pl*) schiarimento *m*; spiegazione *f*; **sexuelle ~** educazione *f* sessuale
'**aufkleben** (*sep*, *-ge-*, *h*) appiccicare; *Marken*: mettere
'**aufkommen** *v/i* (*irr*, *sep*, *-ge-*, *sn*, → **kommen**) *Wind*: rialzarsi; *fig* prosperare, venire in voga; *Zweifel*: sorgere; *für et*: garantire qc
'**Aufkommen** *n* (*-s*; -) *Steuer*: entrate *f/pl* effettive
'**Auflage** *f* (-; *-n*) *tip* edizione *f*; tiratura *f*; (*Bedingung*) condizione *f*
'**auflassen** (*irr*, *sep*, *-ge-*, *h*, → **lassen**) *Tür*: lasciare aperto; *Hut*: tenere
'**Auflauf** *m* (*-[e]s*; *¨e*) assembramento *m*; *mit Lärm*: tumulto *m*; (*Aufruhr*) sommossa *f*; *gastr* sformato *m*
'**auflegen** (*sep*, *-ge-*, *h*) mettere; *tel* riattaccare il ricevitore; *Karten*: mettere in tavola; **neu ~** *tip* ristampare
'**auflehn|en** (*sep*, *-ge-*, *h*) appoggiare; **sich gegen et ~** ribellarsi contro qc; '**2ung** *f* (-; *-en*) ribellione *f*
'**auflös|en** (*sep*, *-ge-*, *h*) sciogliere; *Bestandteile*: scomporre; *mat* risolvere; *chim* decomporre; '**2ung** *f* (-; *-en*) scioglimento *m*; decomposizione *f*; *chim* soluzione *f*, risoluzione *f*
'**aufmach|en** (*sep*, *-ge-*, *h*) aprire; **gut** (**schlecht**) **aufgemacht** presentato bene (male); '**2ung** *f* (-; *-en*) *von Waren*: presentazione *f*; **in großer ~** in grande
'**aufmerksam** attento; **j-n ~ machen** richiamare l'attenzione di qu (**auf et** *acc* su qc); '**2keit** *f* (-; *-en*) attenzione *f*
aufmuntern ['-muntərn] (*sep*, *-ge-*, *h*) animare
'**Aufnahme** ['-naːmə] *f* (-; *-n*) accoglienza *f*, (*Eintritt*) ingresso *m*; *Kredit*: contrazione *f* di un credito; *fot* foto *f*; *Schallplatte*: incisione *f*, *Film*: ripresa *f*; '**2fähig** ricettivo
'**aufnehmen** (*irr*, *sep*, *-ge-*, *h*, → **nehmen**) alzare; prendere; accogliere; *in e-n Verein*: ammettere; accettare; *fot* fotografare; *Kredit*: contrarre; *Inventar*, *Protokoll*: fare; registrare; *Flüssigkeit*: assorbire
'**aufopfernd** **1.** *adj* pieno d'abnegazione; **2.** *adv* con spirito di sacrificio
'**aufpassen** (*sep*, *-ge-*, *h*) stare attento
'**Aufprall** ['-pral] *m* (*-[e]s*; *-e*) rimbalzo *m*; urto *m*; '**2en** (*sep*, *-ge-*, *sn*) rimbalzare; urtare
'**Aufpreis** *m* (*-es*; *-e*) sovrapprezzo *m*
'**aufpumpen** (*sep*, *-ge-*, *h*) *Reifen*: gonfiare
'**aufräumen** (*sep*, *-ge-*, *h*) mettere in ordine; fare ordine; (*wegräumen*) sgombrare; **mit et ~** farla finita con qc
'**aufrecht** diritto; '**~erhalten** (*irr*, *sep*, *senza -ge-*, *h*, → **erhalten**) mantenere
'**aufreg|en** (*sep*, *-ge-*, *h*) agitare; *Leidenschaft*: eccitare; **sich ~** arrabbiarsi;

'**~end** eccitante; emozionante; '**≈ung** *f* (-; *-en*) agitazione *f*; eccitazione *f*

'**aufreiben** (*irr*, *sep*, *-ge-*, *h*, → ***reiben***) scalfire; escoriare; scorticare; *fig* estenuare; '**~d** estenuante

'**aufreizend** provocante

'**aufrichtig** sincero; '**≈keit** *f* (-; *senza pl*) sincerità *f*

'**Aufruf** *m* (*-[e]s*; *-e*) proclama *m*; appello *m*; '**≈en** (*irr*, *sep*, *-ge-*, *h*, → ***rufen***) chiamare

'**Aufruhr** *m* (*-[e]s*; *-e*) tumulto *m*; (*Aufstand*) rivolta *f*

'**aufrühr|en** (*sep*, *-ge-*, *h*) rimestare; rivoltare; '**≈er** *m* (*-s*; *-*) '**~erisch** *adj* sedizioso; rivoltoso; ribelle

'**aufrunden** (*sep*, *-ge-*, *h*) arrotondare

'**aufrüst|en** (*sep*, *-ge-*, *h*) riarmare; '**≈ung** *f* (-; *-en*) *mil* riarmo *m*

'**Aufsatz** *m* (*-[e]s*; *¨-e*) tema *m*; saggio *m*

'**aufschieben** (*irr*, *sep*, *-ge-*, *h*, → ***schieben***) *fig* rimandare

'**Aufschlag** *m* (*-[e]s*; *¨-e*) colpo *m*; *econ* rialzo *m*; *mus*, *Sport*: battuta *f*; '**≈en** (*irr*, *sep*, *-ge-*, → ***schlagen***) **1.** *v/t* (*h*) *Bücher*, *Tür*: aprire; *econ Preise*: rincarare; **2.** *v/i* (*sn*) sbattere (***auf*** *acc* contro), cadere; (*h*) *econ* rincarare; *Sport*: servire, battere

'**aufschließen** (*irr*, *sep*, *-ge-*, *h*, → ***schließen***) aprire

'**Aufschluss** *m* (*-es*; *¨-e*) chiarimento *m*; informazione *f*; '**≈reich** istruttivo

'**aufschneiden** (*irr*, *sep*, *-ge-*, *h*, → ***schneiden***) tagliare; affettare

'**Aufschnitt** *m* (*-[e]s*; *senza pl*) *gastr* affettato *m*

'**aufschnüren** (*sep*, *-ge-*, *h*) slacciare

'**aufschrauben** (*sep*, *-ge-*, *h*) svitare

'**Aufschrei** *m* (*-[e]s*; *-e*) urlo *m*, grido *m*

'**aufschreiben** (*irr*, *sep*, *-ge-*, *h*, → ***schreiben***) scrivere; ***sich et*** (*dat*) **~** annotarsi qc

'**Aufschrift** *f* (-; *-en*) iscrizione *f*; *auf e-m Schild*: scritta *f*

'**Aufschub** *m* (*-[e]s*; *¨-e*) proroga *f*

'**aufschütten** (*sep*, *-ge-*, *h*) versare sopra; *Straße*: selciare; *Damm*: erigere

'**Aufschwung** *m* (*-[e]s*; *¨-e*) sviluppo *m*, progresso *m*; ***neuen ~ verleihen*** dare nuovi impulsi

'**Aufsehen** *n* (*-s*; *senza pl*) sensazione *f*; ***~ erregen*** fare scalpore; ***~ erregend*** sensazionale

'**aufsetzen** *v/t* (*sep*, *-ge-*, *h*) mettere; *Schriftstück*: redigere, stendere

'**Aufsetzen** *n* (*e-s Schriftstückes*) stesura *f*

'**Aufsicht** *f* (-; *senza pl*) sorveglianza *f*; '**~srat** *m* consiglio *m* di sorveglianza

'**aufspannen** (*sep*, *-ge-*, *h*) *Schirm*: aprire; *Segel*: spiegare

'**aufspielen** (*sep*, *-ge-*, *h*) suonare; ***sich ~*** darsi delle arie

'**Aufstand** *m* (*-[e]s*; *¨-e*) insurrezione *f*; rivolta *f*; sedizione *f*

'**Aufständische** ['-ʃtɛndiʃə] *m/f* (*-n*; *-n*) insorto *m*, -a *f*

'**aufstehen** (*irr*, *sep*, *-ge-*, *sn*, → ***stehen***) alzarsi; (*offen stehen*, *h*) star aperto

'**aufsteigen** (*irr*, *sep*, *-ge-*, *sn*, → ***steigen***) salire; ascendere; *avia* prendere quota; *fig* venire

'**aufstell|en** (*sep*, *-ge-*, *h*) collocare; *Truppen*: schierare; *Kandidaten*: presentare; *Rechnung*: fare, stendere; '**≈ung** *f* (-; *-en*) collocamento *m*; innalzamento *m*; schieramento *m*; formazione *f*, disposizione *f*, presentazione *f*; (*Liste*) tabella *f* riassuntiva

'**Aufstieg** ['-ʃtiːk] *m* (*-[e]s*; *-e*) ascensione *f*, salita *f*, *Berg*: scalata *f*, *fig* ascesa *f*; ***sozialer ~*** ascesa *f* sociale

'**aufsuchen** (*sep*, *-ge-*, *h*) ricercare; ***j-n ~*** far visita a qu; *regelmäßig*: frequentare; *Arzt*: consultare

'**Auftakt** *m* (*-[e]s*; *-e*) *mus* arsi *f*, *fig* preludio *m*; fase *f* iniziale; ***den ~ geben zu*** dare il via a

'**auftanken** (*sep*, *-ge-*, *h*) **1.** *v/i* fare il pieno; **2.** *v/t* rifornire di carburante

'**aufteil|en** (*sep*, *-ge-*, *h*) spartire, ripartire, dividere; '**≈ung** *f* (-; *-en*) spartizione *f*, divisione *f*

'**Auftrag** ['-trɑːk] *m* (*-[e]*; *¨-e*) incarico *m*; *econ* ordinazione *f*, commissione *f*, ordine *m*; ***im ~*** per incarico; '**≈en** ['-gən] (*irr*, *sep*, *-ge-*, *h*, → ***tragen***) servire; ***j-m et ~*** incaricare qu di qc; '**~geber** *m* committente *m*; cliente *m*; *jur* mandante *m*; '**~sbestätigung** *f* conferma *f* d'incarico; '**≈sgemäß** ['-gəmɛːs] secondo gli ordini

'**auftreten** (*irr*, *sep*, *-ge-*, *sn*, → ***treten***) camminare; (*erscheinen*) presentarsi; *fig* procedere; *tea* prodursi, esibirsi

'**Auftreten** *n* (*-s*; *senza pl*) apparizione *f*, (*Benehmen*) condotta *f*

'Auftrieb *m* (*-[e]s*; *senza pl*) *fig* impulso *m*
'Auftritt *m* (*-[e]s*; *-e*) *tea* scena *f*
'auftun: ***sich ~*** (*irr*, *sep*, *-ge-*, *h*, → ***tun***) aprirsi
'aufwachen (*sep*, *-ge-*, *sn*) svegliarsi
'aufwachsen (*irr*, *sep*, *-ge-*, *sn*, → ***wachsen***) crescere
'Aufwand *m* (*-[e]s*; *senza pl*) lusso *m*; spreco *m*; (*Kosten*) spese *f/pl*
'aufwärts insù (*od* in su); *mar* (*strom~*) contro corrente
'aufweisen (*irr*, *sep*, *-ge-*, *h*, → ***weisen***) presentare; (di)mostrare
'aufwend|en (*sep*, *-ge-*, *h*) impiegare; *nutzlos*: sprecare; **'~ig** lussuoso; **'≳ungen** *f/pl* (*Ausgaben*) spese *f/pl*
'aufwerfen (*irr*, *sep*, *-ge-*, *h*, → ***werfen***) *Frage*: sollevare
'aufwert|en (*sep*, *-ge-*, *h*) rivalutare; **'≳ung** *f* (*-*; *-en*) rivalutazione *f*
'aufwiegen (*irr*, *sep*, *-ge-*, *h*, → ***wiegen***) *fig* compensare; controbilanciare
'aufwirbeln *v/t* (*sep*, *-ge-*, *h*) *Staub*: sollevare; alzare
'aufwischen (*sep*, *-ge-*, *h*) asciugare
'aufzähl|en (*sep*, *-ge-*, *h*) enumerare; **'≳ung** *f* (*-*; *-en*) enumerazione *f*
'aufzeichn|en (*sep*, *-ge-*, *h*) notare; (*notieren*) appuntare; **'≳ungen** *f/pl* appunti *m/pl*, annotazioni *f/pl*
'aufziehen (*irr*, *sep*, *-ge-*, → ***ziehen***) **1.** *v/t* (*h*) tirare su; *Segel*: spiegare; *Anker*: levare; issare; *Uhr*: caricare; **2.** *v/i* (*sn*) *Gewitter*: levarsi
'Aufzucht *f* (*-*; *-en*) allevamento *m*
'Aufzug *m* (*-[e]s*; *⸚e*) ascensore *m*; *für Lasten*: montacarichi *m*
'Auge ['aʊgə] *n* (*-s*; *-n*) occhio *m* (*a bot*); *Spiel*: punto *m*; ***aus den ~n lassen*** perdere di vista; ***ins ~ sehen*** guardare in faccia; ***et im ~ haben*** mirare a qc; ***unter vier ~n*** a quattr'occhi
'Augen|arzt ['aʊgənˀartst] *m*; **'~ärztin** *f* oculista *m/f*; **'~blick** *m* momento *m*; istante *m*; ***jeden ~*** da un momento all'altro; **'≳blicklich** **1.** *adj* momentaneo; **2.** *adv* subito; **'≳fällig** evidente; **'~lid** ['-li:t] *n* palpebra *f*; **'~maß** *n*: ***nach ~*** a occhio nudo; **'~merk** ['-mɛrk] *n* mira *f*; **'~schein** *m*: ***in ~ nehmen*** esaminare; **'≳'scheinlich** ['-'ʃaɪnlɪç] evidente; **'~zeuge** *m* testimone *m* oculare
Au'gust [aʊ'gʊst] *m* (*-[e]s*; *senza pl*) (*Monat*) agosto *m*
Auk'tion [aʊkts'jo:n] *f* (*-*; *-en*) asta *f*
Au'pairmädchen [o'pɛ:rmɛ:tçən] *n* ragazza *f* alla pari
aus [aʊs] **1.** *prp* da; ***ich komme ~ Bonn*** vengo da Bonn; ***ich bin ~ Bonn*** sono di Bonn; *Stoff*: ***~ Leder*** di cuoio; *Grund*: ***~ Furcht*** per timore; *Art und Weise*: con; ***~ Leibeskräften*** con tutte le forze; ***~ Erfahrung*** per esperienza; ***was ist ~ ihm geworden?*** che ne è stato di lui?; **2.** *adv* **~ sein** esser terminato (*od* finito)
'ausarbeit|en ['-ˀarbaɪtən] (*sep*, *-ge-*, *h*) elaborare; **'≳ung** *f* (*-*; *-en*) elaborazione *f*, composizione *f*
'Ausbau *m* (*-[e]s*; *senza pl*) completamento *m* (d'un edificio); (*Erweiterung*) ampliamento *m*; potenziamento *m*; *fig* intensificazione *f*
'ausbauen (*sep*, *-ge-*, *h*) completare; (*erweitern*) ampliare; ingrandire; potenziare; (*entwickeln*) sviluppare; *Motor*: smontare; *fig* intensificare, allargare
'Ausbeute *f* (*-*; *senza pl*) provento *m*; *econ*, *min* frutto *m*, guadagno *m*, profitto *m*; *fig* risultato *m*
'ausbeut|en ['-bɔʏtən] (*sep*, *-ge-*, *h*) sfruttare; **'≳er** *m* (*-s*; *-*) sfruttatore *m*; **'≳ung** *f* (*-*; *senza pl*) sfruttamento *m*
'ausbild|en (*sep*, *-ge-*, *h*) formare; *mil* istruire; *fig* educare; ***sich ~*** perfezionarsi (***zu*** per diventare); **'≳er** *m* (*-s*; *-*) istruttore *m*; **'≳ung** *f* (*-*; *-en*) formazione *f* (professionale); *Schule*: istruzione *f*
'Ausblick *m* (*-[e]s*; *-e*) vista *f*, *fig* prospettiva *f*
'ausbrechen (*irr*, *sep*, *-ge-*, *sn*, → ***brechen***) evadere; *Krieg*: scoppiare; ***in Tränen ~*** prorompere in lacrime
'ausbreit|en ['-braɪtən] (*sep*, *-ge-*, *h*) (e)stendere; **'≳ung** *f* (*-*; *senza pl*) spargimento *m*; diffusione *f*, allargamento *m*
'Ausbruch *m* (*-[e]s*; *⸚e*) scoppio *m*; *e-s Vulkans*: eruzione *f*, *med* comparsa *f*, *aus dem Gefängnis*: evasione *f*
'ausbürgern ['-byrgərn] (*sep*, *-ge-*, *h*) togliere la cittadinanza
'ausbürsten (*sep*, *-ge-*, *h*) spazzolare
'auschecken ['aʊsʃɛkən] (*sep*, *-ge-*, *h*) *avia* sbarcare; passare dall'accetta-

zione; *Hotel*: liberare la camera
'Ausdauer *f* (-; *senza pl*) perseveranza *f*; costanza *f*; **'&nd** perseverante; tenace
'ausdehn|en (*sep, -ge-, h*) estendere; *zeitlich*: prolungare; **'&ung** *f* (-; *-en*) estensione *f*; prolungamento *m*
'ausdrehen (*sep, -ge-, h*) *Licht*: spegnere
'Ausdruck *m* (*-[e]s*; *¨e*) espressione *f*; (*Wort*) termine *m*; *Computer*: stampato *m*, tabulato *m*; ***technischer ~*** termine *m* tecnico; ***zum ~ bringen*** (*acc*) esprimere (*acc*), dare espressione a
'ausdrück|en (*sep, -ge-, h*) spremere; *fig* (*durch Worte*) esprimere, formulare; **'~lich** ['-dryklıç] **1.** *adj* espresso, esplicito; **2.** *adv* espressamente
'ausei'nander [-ʔaı'nandər] *adv* l'uno dall'altro; a parte; separatamente; ***~ gehen*** lasciarsi, separarsi; *Menge*: disperdersi; *Meinung*: divergere; ***~ halten*** *fig* distinguere; ***~ setzen*** esporre, spiegare; ***sich ~ setzen mit*** riflettere su, considerare a fondo; **&setzung** *f* (-; *-en*) spiegazione *f*; ***heftige ~*** alterco *m*; *fig* disputa *f*
'Ausfahrt *f* (-; *-en*) gita *f* in macchina; *Autobahn, Garage*: uscita *f*
'Ausfall *m* (*-[e]s*; *¨e*) *Haare*: caduta *f*; (*Verlust*) perdita *f*; *econ* ammanco *m*; deficit *m*; **'&en** (*irr, sep, -ge-, sn,* → ***fallen***) cadere; (*gelingen*) riuscire; **'&end** aggressivo; offensivo; **'~straße** *f* strada *f* di sbocco
'ausfertig|en ['-fɛrtigən] (*sep, -ge-, h*) redigere; rilasciare; *Urkunde*: stendere; **'&ung** *f* (-; *-en*) stesura *f*
'ausfindig: ***~ machen*** riuscir a trovare
'Ausflucht *f* (-; *¨e*) scappatoia *f*, sotterfugio *m*; scusa *f*, pretesto *m*; ***Ausflüchte machen*** tergiversare
'Ausflug *m* (*-[e]s*; *¨e*) gita *f*, escursione *f*
'Ausfuhr ['-fu:r] *f* (-; *-en*) esportazione *f*; **'~genehmigung** *f* licenza *f* d'esportazione
'ausführen (*sep, -ge-, h*) *econ* esportare; (*ins Werk setzen*) eseguire; *arch* costruire; *Verbrechen*: perpetrare; *Plan*: realizzare; *Redner*: dichiarare; esporre
aus'führlich [-'fy:rlıç] **1.** *adj* dettagliato, particolareggiato; **2.** *adv* per esteso, ampiamente
'Ausführung *f* (-; *-en*) esecuzione *f*, realizzazione *f*; **~en** *pl* argomenti *m/pl*; dichiarazioni *f/pl*
'Ausfuhr|verbot *n* divieto *m* d'esportazione; **'~zoll** *m* dazio *m* d'esportazione
'ausfüllen (*sep, -ge-, h*) *a Formular*: riempire, compilare; *Platz, Zeit*: occupare
'Ausgabe *f* (-; *-n*) spesa *f*; *post* distribuzione *f*; *econ* emissione *f*; *tip* edizione *f*; ***Einnahmen und Ausgaben*** entrate ed uscite
'Ausgang *m* (*-[e]s*; *¨e*) uscita *f*; (*Ende*) fine *f*; (*Ergebnis*) esito *m*; risultato *m*
'ausgeben (*irr, sep, -ge-, h,* → ***geben***) distribuire; *Geld*: spendere; *Aktien*: emettere
'ausgebucht al completo
'ausgefallen stravagante
'ausgeglichen ['-gliçən] equilibrato, sereno
'ausgehen (*irr, sep, -ge-, sn,* → ***gehen***) uscire; *Farben*: andar via; *Licht*: spegnersi; *Haar*: cadere; (*zu Ende*) finire
'ausgenommen ['-nɔmən] eccetto, eccettuato, eccezion fatta per
'ausgeprägt ['-prɛkt] marcato
'ausgerechnet ['-rɛçnət] *adv* proprio
'ausgeschlossen escluso; **~!** impossibile!
'ausgesprochen spiccato; *adv* proprio
'ausgesucht scelto; ricercato
'ausge'zeichnet ['-'tsaıçnət] eccellente; distinto; *adv* benissimo
'ausgiebig ['-gi:biç] abbondante; (*ergiebig*) ricco
'ausgießen (*irr, sep, -ge-, h,* → ***gießen***) versare; *Gefäß* vuotare
'Ausgleich *m* (*-[e]s*; *selten -e*) compensazione *f*; accomodamento *m*; *Sport*: pareggio *m*; *jur* compromesso *m*; **'&en** (*irr, sep, -ge-, h,* → ***gleichen***) appianare; *gegenseitig*: compensare; *econ* regolare, saldare; *Streit*: accomodare
'ausgrab|en (*irr, sep, -ge-, h,* → ***graben***) dissotterrare; scavare; **'&ungen** *f/pl* scavi *m/pl*
'aushalten (*irr, sep, -ge-, h,* → ***halten***) **1.** *v/t* sostenere; (*ertragen*) sopportare, resistere a; **2.** *v/i* durare, resistere; ***nicht zum Aushalten*** insopportabile
'aushändigen ['-hɛndigən] (*sep, -ge-, h*) consegnare

'Aushang *m* (*-[e]s*; *⸚e*) avviso *m* pubblico
'aushängen **1.** *v/t* (*sep*, *-ge-*, *h*) esporre in pubblico; *fer* staccare; **2.** *v/i* (*irr*, *sep*, *-ge-*, *h* → ***hängen***) essere esposto
'aushelfen (*irr*, *sep*, *-ge-*, *h*, → ***helfen***) (*dat*) aiutare
'Aushilfe *f* (*-*; *-n*) aiuto *m*; sostituto *m*
'aushorchen (*sep*, *-ge-*, *h*) spiare, tastare, cercare di sapere
'auskennen: ***sich ~*** (*irr*, *sep*, *-ge-*, *h*, → ***kennen***) ***in et*** (*dat*) intendersi di qc; conoscere bene (*od* a fondo) qc; ***sich nicht mehr ~*** non raccapezzarsi più
'auskleiden (*sep*, *-ge-*, *h*) svestire
'ausklingen (*irr*, *sep*, *-ge-*, *sn*, → ***klingen***) smorzarsi; spegnersi
'auskommen (*irr*, *sep*, *-ge-*, *sn*, → ***kommen***): ***mit j-m ~*** andare d'accordo con qu; ***mit et ~*** cavarsela con qc; arrivarci con qc, farcela con qc; ***~ ohne*** fare a meno di
'Auskommen *n* (*-s*; *senza pl*) necessario *m*
'auskosten (*sep*, *-ge-*, *h*) gustare; *fig* provare
'Auskunft ['-kunft] *f* (*-*; *⸚e*) informazione *f*; ***~ erteilen*** (***einholen***) dare (assumere) informazioni; **'~sschalter** *m* sportello *m* informazioni
'Auslage *f* (*-*; *-n*) *für Waren*: vetrina *f*; *Geld*: **~n** *pl* spese *f/pl*
'aus|lagern (*sep*, *-ge-*, *h*) *Produktion*: mettere in vendita (merce immagazzinata); **'2lagerung** *f* (*-*; *-en*) *Produktion*: outsorcing *m*, esternalizzazione *f*
'Aus|land *n* (*-[e]s*; *senza pl*) estero *m*; **'~länder** *m* (*-s*; *-*), **'~länderin** *f* (*-*; *-nen*) straniero *m*, -a *f*; **'2ländisch** straniero; *pol* estero
'Auslands|auftrag *m* ordine *m* proveniente dall'estero; **'~gespräch** *n* comunicazione *f* (*od* telefonata *f*) internazionale; **'~krankenschein** *m* formulario *m* per prestazioni sanitarie all'estero
'auslassen (*irr*, *sep*, *-ge-*, *h*, → ***lassen***) lasciar uscire; *fig Zorn*: sfogare; ***sich ~*** dire la propria opinione
'auslaufen (*irr*, *sep*, *-ge-*, *sn*, → ***laufen***) uscire; *mar* salpare; *Flüssigkeit*: scolare, fuoriuscire; (*enden*) finire; esaurirsi
'ausleg|en (*sep*, *-ge-*, *h*) esporre; *Geld*: sborsare; *Buch*: spiegare; *Worte*: interpretare; *mit et*: rivestire di; **'2ung** *f* (*-*; *-en*) esposizione *f*; interpretazione *f*
'ausleihen (*irr*, *sep*, *-ge-*, *h*, → ***leihen***) prestare, dare in prestito
'auslernen (*sep*, *-ge-*, *h*) terminare il tirocinio; finir d'imparare
'ausliefer|n (*sep*, *-ge-*, *h*) rimettere; consegnare; *pol* estradare; **'2ung** *f* (*-*; *-en*) consegna *f*, estradizione *f*
'auslosen (*sep*, *-ge-*, *h*) sorteggiare, estrarre a sorte
'auslös|en (*sep*, *-ge-*, *h*) svincolare; *Gefangene*: riscattare; *fig* causare; provocare; **'2er** *m* (*-s*; *-*) *fot* scatto *m*
'Auslosung *f* (*-*; *-en*) sorteggio *m*; estrazione *f*
'Auslösung *f* (*-*; *-en*) *Gefangene*: riscatto *m*; *fig* causa *f*
'ausmachen (*sep*, *-ge-*, *h*) fare; (*verabreden*) fissare, combinare; *Licht*: spegnere; *Betrag*: ammontare a; ***das macht nicht viel aus*** non importa molto
'Ausmaß *n* (*-es*; *-e*) misura *f*, proporzione *f*; dimensione *f*; ***in großem ~*** su larga (*od* vasta) scala
'ausmerzen ['-mɛrtsən] (*sep*, *-ge-*, *h*) scartare, eliminare, escludere; (*streichen*) cancellare
'ausmessen (*irr*, *sep*, *-ge-*, *h*, → ***messen***) misurare
'Ausnahme ['-nɑːmə] *f* (*-*; *-en*) eccezione *f*; ***mit ~*** ad eccezione di; **'~fall** *m* caso *m* eccezionale; **'~zustand** *m* stato *m* eccezionale; *mil* stato *m* d'assedio
'ausnahms|los ['-nɑːmsloːs] senza eccezione; **'~weise** ['-vaɪzə] in via eccezionale, eccezionalmente
'ausnehmen (*irr*, *sep*, *-ge-*, *h*, → ***nehmen***) eccettuare; sventrare; ***sich gut*** (***schlecht***) ***~*** fare bella (brutta) figura; **'~d** straordinario; molto
'ausnutz|en ['-nutsən] (*sep*, *-ge-*, *h*) approfittarsi di; sfruttare; *Zeit*: impiegare; **'2ung** *f* sfruttamento *m*
'auspacken (*sep*, *-ge-*, *h*) **1.** *v/t* sballare; *Koffer*: disfare; **2.** F *v/i* (*alles sagen*) vuotare il sacco
'ausprägen (*sep*, *-ge-*, *h*) coniare; *fig* imprimere; ***sich ~*** *fig* pronunciarsi
'auspressen (*sep*, *-ge-*, *h*) spremere; *fig* estorcere
'Auspuff *m* (*-[e]s*; *-e*) scarico *m*; scap-

pamento *m*; '**~gas** *n* gas *m* di scarico
'**auspumpen** (*sep*, *-ge-*, *h*) vuotare con la pompa
'**ausquartieren** ['-kvartiːrən] (*sep*, *senza -ge-*, *h*) sloggiare
'**ausradieren** (*sep*, *senza -ge-*, *h*) raschiare, radiare; *mit Gummi*: cancellare con la gomma
'**ausrauben** (*sep*, *-ge-*, *h*) saccheggiare, rapinare; *Person*: derubare
'**ausrechnen** (*sep*, *-ge-*, *h*) calcolare; computare; → ***ausgerechnet***
'**ausreden** (*sep*, *-ge-*, *h*) finire di parlare; ***j-m et ~*** dissuadere qu da qc
'**ausreichen** (*sep*, *-ge-*, *h*) bastare; '**~d** abbastanza, sufficiente
'**Ausreise** *f* (*-*; *-n*) uscita *f*; ***bei der ~*** al passaggio del confine; '**~erlaubnis** *f* permesso *m* d'espatrio; '**2n** (*sep*, *-ge-*, *sn*) andare all'estero; espatriare; partire, uscire; emigrare; '**~visum** *n* visto *m* di uscita
'**ausrichten** (*sep*, *-ge-*, *h*) allestire, effettuare; *pol* orientare; *tec*, *mil* allineare; *Grüße*: portare, fare
'**Ausruf** *m* (*-[e]s*; *-e*) esclamazione *f*; grido *m*; proclamazione *f*; '**2en** (*irr*, *sep*, *-ge-*, *h*, → ***rufen***) esclamare; **~ezeichen** *n* (*-s*; *-*) punto *m* esclamativo
'**ausruhen** (*sep*, *-ge-*, *h*) riposare; ***sich ~*** riposarsi
'**ausrüst|en** (*sep*, *-ge-*, *h*) fornire, provvedere (***mit*** di); *mil*, *mar* armare; equipaggiare; '**2ung** *f* (*-*; *-en*) *mil*, *mar* armamento *m*; equipaggiamento *m*
'**Aussage** ['-zaːgə] *f* (*-*; *-n*) dichiarazione *f*; *jur* deposizione *f*; ***nach ~*** a detta; '**2n** (*sep*, *-ge-*, *h*) riferire; *jur* deporre
'**ausschalten** (*sep*, *-ge-*, *h*) *j-n*: eliminare; *el* interrompere; aprire il circuito; *rad* spegnere
'**ausscheid|en** (*irr*, *sep*, *-ge-*, → ***scheiden***) **1.** *v/t* (*h*) separare; *med* secernere; *Sport*, *mat* eliminare; **2.** *v/i* (*sn*) uscire; ritirarsi; ***das scheidet für uns aus*** di ciò non teniamo conto; '**2ung** *f* (*-*; *-en*) ritiro *m*; eliminazione *f*; *med* secrezione *f*
'**ausschiffen** (*sep*, *-ge-*, *h*) sbarcare; *Waren*: scaricare; ***sich ~*** sbarcare
'**ausschlafen** (*irr*, *sep*, *-ge-*, *h*, → ***schlafen***) **1.** *v/t Rausch*: smaltire; **2.** *v/i* far una bella dormita, dormire a sufficienza
'**Ausschlag** *m* (*-[e]s*; *⸚e*) tracollo *m*; *med* eruzione *f* cutanea; ***den ~ geben*** essere decisivo; dare il colpo decisivo; '**2en** (*irr*, *sep*, *-ge-*, *h*, → ***schlagen***) **1.** *v/t* rompere; *Angebot*: respingere; **2.** *v/i Pferd*: tirar calci; *Zeiger*: oscillare; '**2gebend** ['-geːbənt] decisivo; *Person*: molto influente
'**ausschließ|en** (*irr*, *sep*, *-ge-*, *h*, → ***schließen***) chiuder fuori; *fig* escludere; *Sport*: squalificare; '**~lich** esclusivo
'**Ausschluss** *m* (*-es*; *⸚e*) esclusione *f*; squalifica *f*; ***unter ~ der Öffentlichkeit*** a porte chiuse
'**ausschneiden** (*irr*, *sep*, *-ge-*, *h*, → ***schneiden***) ritagliare
'**Ausschnitt** *m* (*-[e]s*; *-e*) *Kleidung*: scollatura *f*; (*Zeitungs2*) ritaglio *m*; *mat*, *fig* settore *m*
'**ausschreib|en** (*irr*, *sep*, *-ge-*, *h*, → ***schreiben***) scrivere per intero; *Sitzung*: indire; *Wettbewerb*: bandire; *Preis*, *Stelle*: mettere a concorso; '**2ung** *f* (*-*; *-en*) messa *f* a concorso; bando *m*; indizione *f*; invito *m* alla partecipazione
'**Ausschreitungen** *f/pl* eccessi *m/pl*
'**Ausschuss** *m* (*-es*; *⸚e*) scarto *m*; (*Komitee*) comitato *m*, commissione *f*
'**ausschweif|end** ['-ʃvaɪfənt] licenzioso, dissoluto, libertino; *Fantasie*: esuberante; '**2ungen** *f/pl* eccessi *m/pl*; libertinaggio *m*; dissolutezza *f*, stravizio *m*
'**aussehen** (*irr*, *sep*, *-ge-*, *h*, → ***sehen***) aver l'aria; sembrare; ***gut ~*** (*von Personen*) avere una buona cera
'**Aussehen** *n* (*-s*; *senza pl*) aria *f*; aspetto *m*; apparenza *f*
'**außen** ['aʊsən] fuori
'**Außen|bordmotor** ['aʊsənbɔrt'moːtɔr] *m* (motore) fuoribordo *m*; '**~dienst** *m* servizio *m* esterno; '**~handel** *m* commercio *m* estero; '**~handelsdefizit** *n* disavanzo *m* commerciale con l'estero; disavanzo *m* della bilancia commerciale; '**~handelsüberschuss** *m* saldo *m* attivo della bilancia commerciale; '**~minister** *m* ministro *m* degli Esteri; '**~politik** *f* politica *f* estera; '**~seiter** *m* (*-s*; *-*) emarginato *m*; *Sport*: outsider *m*;

'⁓stände ['ausənʃtɛndə] *m/pl* crediti *m/pl*; **'⁓stelle** *f* agenzia *f*
'außer ['ausər] **1.** *prp* (*dat*) fuori (di); (*ausgenommen*) eccettuato, tranne, eccetto, salvo; **2.** *cj* **⁓ dass** fuorché; **⁓ wenn** a meno che
'außerdem ['ausərde:m] inoltre
'äußere ['ɔʏsərə] *adj* esterno, esteriore
'Äußere *n* (*-n; senza pl*) esteriore *m*; *fig* apparenza *f*
'außer|gewöhnlich ['ɔʏsərgəvø:nliç] straordinario; **'⁓halb** ['ausərhalp] (al di) fuori di
'äußerlich ['ɔʏsərliç] esteriore; *fig* superficiale; *med* per uso esterno
'äußern ['ɔʏsərn] (*h*) esternare; manifestare; *Wunsch*: esprimere
'äußerst ['ɔʏsərst] *adj* estremo; *Preis*: ultimo; *adv* estremamente; assai
'Äußerste *n* (*-n; senza pl*) estremo *m*; **das ⁓ tun** fare il possibile
außer'stande [ausər'ʃtandə] incapace; **⁓ sein zu ...** non essere in grado di ...
'Äußerung ['ɔʏsəruŋ] *f* (*-; -en*) dichiarazione *f*; manifestazione *f*; espressione *f*
'ausrutschen (*sep, -ge-, h*) scivolare
'aussetzen (*sep, -ge-, h*) **1.** *v/t* esporre; *Preis*: mettere in palio; *Summe*: stanziare; *fig* **et an et** (*od* **j-m**) **auszusetzen haben** trovar da ridire su qc (*od* qu); **2.** *v/i* interrompersi; *Puls*: essere intermittente
'Aussicht *f* (*-; -en*) vista *f*, panorama *m*; *fig* speranza *f*, prospettiva *f*; **in ⁓ stellen** promettere
'aussichts|los ['ausziçtslo:s] disperato; **'⁓punkt** *m* belvedere *m*
'aussperr|en (*sep, -ge-, h*) chiuder fuori; *Arbeiter*: effettuare la serrata; **'⁓ung** *f* (*-; -en*) serrata *f*
'Aussprache *f* (*-; -en*) pronuncia *f*; (*Gespräch*) scambio *m* di vedute
'aussprechen (*irr, sep, -ge-, h* → **sprechen**) pronunciare, esprimere; **sich ⁓ für** dichiararsi per, pronunciarsi a favore di
'ausspülen (*sep, -ge-, h*) sciacquare
'Ausstand *m* (*-[e]s; ⸚e*) (*Streik*) sciopero *m*; **in den ⁓ treten** entrare in sciopero
'ausstatt|en ['-ʃtatən] (*sep, -ge-, h*) corredare; *Haus*: arredare; *tec* attrezzare; *fig* dotare; **'⁓ung** ['-ʃtatuŋ] *f* (*-; -en*) equipaggiamento *m*; corredo *m*; arredamento *m*; dotazione *f*
'ausstehen (*irr, sep, -ge-, h,* → **stehen**) **1.** *v/t* sopportare, soffrire; **2.** *v/i* essere esposto; **⁓de Gelder** *n/pl* crediti *m/pl*
'aussteig|en (*irr, sep, -ge-, sn,* → **steigen**) scendere; *aus e-m Geschäft*: uscire, abbandonare; **'⁓er** *m* (*-s; -*), **'⁓erin** *f* (*-; -nen*) persona *f* che ha rotto i ponti con la società; drop-out *m/f*
'ausstell|en (*sep, -ge-, h*) esporre; *Scheck*: emettere; **'⁓er** *m* (*-s; -*) espositore *m*; *von Scheck*: emittente *m*; *econ* estensore *m*; **'⁓ung** *f* (*-; -en*) esposizione *f*, mostra *f*, rilascio *m*; **'⁓ungsgelände** *n* area *f* dell'esposizione
'Ausstieg ['ausʃti:k] *m* (*-s; -e*) *ecol aus der Kernenergie*: abbandono *m* dell'energia nucleare
'Ausstoß ['-ʃto:s] *m* (*-es; senza pl*) (volume *m* di) produzione *f*, *tec* espulsione *f*, **'⁓en** (*irr, sep, -ge-, h,* → **stoßen**) cacciare; *j-n*: espellere
'ausstrahl|en (*sep, -ge-, h*) emanare; irradiare; *Licht, Wärme*: diffondere; **'⁓ung** *f* (*-; -en*) irradiazione *f*, diffusione *f*, *fig* emanazione *f*
'aussuchen (*sep, -ge-, h*) scegliere
'Austausch *m* (*-[e]s; senza pl*) cambio *m* (**im ... für** in ... di); *Waren, Gedanken, Gefangene*: scambio *m*; **'⁓bar** (s)cambiabile; sostituibile; **'⁓en** (*sep, -ge-, h*) (s)cambiare
'austrag|en ['-tra:gən] (*irr, sep, -ge-, h,* → **tragen**) portare ai clienti; *Post*: consegnare, distribuire; *Sport*: disputare; **'⁓ung** *f* (*-; -en*) consegna *f*, *Sport*: disputa *f*
Aus'tr|alier *m* (*-s; -*), **⁓'alierin** *f* (*-; -nen*), **⁓'alisch** australiano *m*, -a *f*
'austreten *v/i* (*irr, sep, -ge-, sn,* → **treten**) uscire; *aus e-m Amt*: ritirarsi; (*Toilette*) andare al gabinetto
'austrinken (*irr, sep, -ge-, h,* → **trinken**) bere tutto; vuotare (il bicchiere, la bottiglia *usw*)
'Austritt *m* (*-[e]s; -e*) uscita *f*, ritiro *m*
'ausüb|en (*sep, -ge-, h*) esercitare; praticare; **'⁓ung** *f* (*-; senza pl*) esercizio *m*
'Ausverkauf *m* (*-[e]s; ⸚e*) saldi *m/pl* di fine stagione; liquidazione *f*, vendita *f* totale; vendita *f* eccezionale; **'⁓en** (*sep,*

senza -ge-, h) vendere tutto, liquidare; ***ausverkauft sein*** essere esaurito

'Auswahl *f* (-; *senza pl*) scelta *f*; *econ* assortimento *m*; **'~spiel** *n* gara *f* di selezione

'auswählen (*sep, -ge-, h*) scegliere; selezionare

'auswärts ['-vɛrts] fuori; (*nach außen*) in fuori; (*im Ausland*) all'estero

'auswechseln (*sep, -ge-, h*) cambiare; sostituire; *tec* ricambiare

'Ausweg *m* (*-[e]s; -e*) uscita *f*; *fig* scappatoia *f*; **'2los** *fig* senza speranza

'ausweichen (*irr, sep, -ge-, sn,* → ***weichen***): ***j-m*** ~ scansare qu; *Auto*: sterzare; **'~d** evasivo

'Ausweis ['-vaɪs] *m* (*-es; -e*) carta *f* d'identità, tessera *f* di riconoscimento; legittimazione *f*

'ausweis|en (*irr, sep, -ge-, h* → ***weisen***) *aus e-m Ort*: espellere; ***sich*** ~ legittimarsi; **'2papiere** *n/pl* documenti *m/pl*

'ausweiten (*sep, -ge-, h*) allargare

'auswendig a memoria

'auswert|en (*sep, -ge-, h*) valorizzare; *Daten*: analizzare; **'2ung** *f* (*-; -en*) valorizzazione *f*; analisi *f*

'auswirk|en: ***sich*** ~ (*sep, -ge-, h*) ripercuotersi, produrre i suoi effetti; **'2ung** *f* (*-; -en*) effetto *m*; ripercussione *f*

'auszahl|en (*sep, -ge-, h*) pagare; liquidare; **'2ung** *f* (*-; -en*) pagamento *m*

'auszeichn|en (*sep, -ge-, h*) contrassegnare; *j-n*: distinguere; trattare con speciale attenzione; ***sich*** ~ distinguersi; **'2ung** *f* (*-; -en*) contrassegno *m*; distinzione *f*; (*Orden*) onorificenza *f*

'ausziehen (*irr, sep, -ge-,* → ***ziehen***) **1.** *v/t* (*h*) estrarre; *Kleidung*: togliere; ***sich*** ~ spogliarsi; **2.** *v/i* andar via; (*umziehen*) traslocare; sgomberare

'Auszubildende ['-tsuːbɪldəndə] *m/f* (*-n; -n*) apprendista *m/f*

'Auszug *m* (*-[e]s; ¨-e*) (*Umzug*) trasloco *m*; sgombero *m*; *chim* estratto *m*

au'thentisch [aʊ'tɛntɪʃ] autentico

'Auto ['aʊto] *n* (*-s; -s*) auto *f*, automobile *f*, macchina *f*; ~ ***fahren*** andare in macchina

'Autobahn *f* (*-; -en*) autostrada *f*; **'~auffahrt** *f* (raccordo *m* di) entrata *f*; **'~ausfahrt** *f* (raccordo *m* di) uscita *f*; **'~dreieck** *n* svincolo *m* autostradale; **'~gebühr** *f* pedaggio *m* (autostradale)

'Auto|fähre *f* nave *f* traghetto; **'~fahrer(in** *f*) *m* automobilista *m/f*; **'~karte** *f* carta *f* per automobilisti

Auto'mat [-'maːt] *m* (*-en; -en*) distributore *m* automatico; **~ik** [-'maːtɪk] *f* (*-; tec -en*) automatismo *m*; (*Steuerung*) comando *m* automatico; **'~ion** [-mats'joːn] *f* automazione *f*; **2isch** automatico; *adv* automaticamente

Automo'bilklub [-mo'biːlklup] *m* automobil club *m*

auto'nom [-'noːm] autonomo

'Autor ['aʊtɔr] *m* (*-s; -en*) autore *m*

'Auto|radio *n* autoradio *f*; **'~reifen** *m* pneumatico *m*; **'~reisezug** *m* treno *m* con auto al seguito; **'~rennen** *n* corsa *f* automobilistica; **'~reparaturwerkstatt** *f* officina *f* di riparazioni

Au'tor|in [aʊ'toːrɪn] *f* (*-; -nen*) autrice *f*; **2i'sieren** (*senza ge-, h*) autorizzare; **2i'tär** autoritario; **~i'tät** *f* (*-; -en*) autorità *f*

'Auto|schlüssel *m* chiave *f* della macchina; **'~vermietung** *f* noleggio *m* automobili; **'~waschanlage** *f* impianto *m* di lavaggio; **'~werkstatt** *f* (*-; ¨-e*) autofficina *f*

A'vis [a'viː(s)] *n* (*-es; -e*) avviso *m*; **2'ieren** [-'ziːrən] (*senza ge-, h*) avvisare

Axt [akst] *f* (*-; Äxte*) accetta *f*, ascia *f*

Aza'lee [atsa'leːə] *f* (*-; -n*) azalea *f*

A'zubi [a'tsuːbi] *m* (*-s; -s*), *f* (*-; -s*) (= ***Auszubildende***) apprendista *m/f*

B

B

'Baby ['bebi] *n* (*-s*; *-s*) bebè *m*; **~'nahrung** *f* alimenti *mpl* per neonati; **~'sitter** [-'sitər] *m*, **-in** *f* baby-sitter *m/f*

Bach [bax] *m* (*-[e]s*; *¨e*) ruscello *m*

'Backbord *mar* ['bakbɔrt] *n* (*-[e]s*; *senza pl*) babordo *m*

'Backe ['bakə] *f* (*-*; *-n*) guancia *f*

'backen ['bakən] (*bäckt*, *backte/buk*, *gebacken*, *h*) cuocere al forno; *in Öl*: friggere

'Bäcker ['bɛkər] *m* (*-s*; *-*) fornaio *m*; panettiere *m*; **~'ei** [-'raɪ] *f* (*-*; *-en*) panetteria *f*, panificio *m*, forno *m*

'Backstein ['bakʃtaɪn] *m* mattone *m*

Bad [baːt] *n* (*-[e]s*; *¨er*) bagno *m* (*a fot*); *Ort*: stazione *f* balneare (*od* termale)

'Bade... ['baːdə...] *in Zssgn oft* da bagno; **'~anstalt** *f* stabilimento *m* balneare; piscina *f*; **'~anzug** *m* costume *m* da bagno; **'~gast** *m* bagnante *m*; **'~hose** *f* calzoncini *m/pl* da bagno; **'~kappe** *f* cuffia *f* da bagno; **'~mantel** *m* accappatoio *m*; **'~meister** *m* bagnino *m*

'baden ['baːdən] (*h*) **1.** *v/t* fare il bagno (***j-n*** a qu) **2.** *v/i u v/refl* fare il bagno

'Bade|ort ['baːdəˀɔrt] *m* località *f* balneare; stazione *f* termale; **'~sachen** *pl* cose *f/pl* per la spiaggia (*od* per il bagno); **'~tuch** *n* asciugamano *m* da bagno; **'~urlaub** *m* vacanza *f* al mare; **'~wanne** *f* vasca *f* da bagno; **'~zimmer** *n* bagno *m*

Bahn [baːn] *f* (*-*; *-en*) (*Straße*) strada *f*, via *f*; (*Fahr≈*) carreggiata *f*, corsia *f*; *fer* ferrovia *f*, (*Straßen≈*) tram *m*; *Sport*: pista *f*; *econ* ***frei ~*** franco stazione; ***mit der ~*** in treno

'Bahn|anschluss *m* collegamento *m* ferroviario; coincidenza *f*; **'~beamte** *m* impiegato *m* delle ferrovie; ferroviere *m*; **'≈brechend** ['-brɛçənt] precursore; decisivo; d'avanguardia; **'~damm** *m* terrapieno *m* della ferrovia

'bahnen (*h*) (*Wege*) spianare; aprire; ***sich e-n Weg ~*** farsi strada

'Bahn|fahrt *f* viaggio *m* in treno; **'~hof** *m* stazione *f*; **'≈lagernd** fermo in stazione; **'~linie** *f* linea *f* ferroviaria; **'~polizei** *f* polizia *f* ferroviaria; **'~steig** *m* banchina *f*, marciapiede *m*; **'~übergang** *m* passaggio *m* a livello (***beschrankter*** custodito; ***unbeschrankter*** incustodito)

'Bahre ['baːrə] *f* (*-*; *-n*) barella *f*, bara *f*

Bak'terie [bak'teːrjə] *f* (*-*; *-n*) batterio *m*

bald [balt] presto; fra poco (*od* breve); ***~ darauf*** subito dopo; ***so ~ wie möglich*** il (*od* al) più presto possibile

'bald|ig ['baldiç] pronto, sollecito, prossimo; **~igst** ['-diçst], **'~'möglichst** il (*od* al) più presto possibile

'Balken ['balkən] *m* (*-s*; *-*) trave *f*

Bal'kon [bal'kõ; -'koːn] *m* (*-s*; *-e*) balcone *m*

Ball [bal] *m* (*-[e]s*; *¨e*) palla *f*, (*Fuß≈*) pallone *m*; (*Tanz*) ballo *m*

Bal'last [-'last] *m* (*-[e]s*; *senza pl*) zavorra *f*

'Ballen ['-lən] *m* (*-s*; *-*) balla *f*; *anat* eminenza *f*

'ballen ['-lən] (*h*) appallottolare; ***sich ~*** addensarsi; ammassarsi

Bal'lett [ba'lɛt] *n* (*-[e]s*; *-e*) balletto *m*

Bal'lon [ba'lõ; -'loːn] *m* (*-s*; *-e*) pallone *m*; (*Glas≈*) damigiana *f*

'Ballspiel *n* gioco *m* con la palla (*od* con il pallone)

'Ballungsräume ['baluŋsrɔʏmə] *m/pl* agglomerati *m/pl* urbani

ba'nal [ba'naːl] banale; **≈i'tät** *f* (*-*; *-en*) banalità *f*

Ba'nane [ba'naːnə] *f* (*-*; *-n*) banana *f*

Band[1] [bant] *n* (*-[e]s*; *¨er*) nastro *m*; (*Schnür≈*) laccio *m*; ***laufendes ~*** nastro *m* trasportatore; ***am laufenden ~*** *fig* ininterrottamente

Band[2] [bant] *m* (*-[e]s*; *¨e*) volume *m*; (*Einband*) rilegatura *f*

Ban'dag|e [ban'daːʒə] *f* (*-*; *-n*) fasciatura *f*; **≈'ieren** (*senza ge-*, *h*) bendare

'bändigen ['bɛndigən] (*h*) domare

Ban'dit [ban'diːt] *m* (*-en*; *-en*) bandito *m*

'Bandmaß ['bantmaːs] *n* metro *m* a nastro

Bank[1] [baŋk] *f* (*-*; *¨e*) panca *f*, (*Garten≈*) panchina *f*, ***auf die lange ~ schieben*** tirar in lungo

Bank² (*pl -en*) *econ* banca *f*; (*Spiel*≗) casa *f* da gioco; '**~anweisung** *f* assegno *m* bancario; '**~beamte** *m* bancario *m*; impiegato *m* di banca
Ban'kett [baŋ'kɛt] *n* (*-[e]s*; *-e*) banchetto *m*
'**bank|fähig** ['baŋkfɛːiç] negoziabile, bancabile; '**≗filiale** *f* succursale *f* di banca; '**≗geschäft** *n* operazione *f* bancaria; '**≗ier** ['-jeː] *m* (*-s*; *-s*) banchiere *m*; '**≗konto** *n* conto *m* bancario; '**≗leitzahl** *f* (*od* BLZ) codice *m* di avviamento bancario; '**≗note** *f* banconota *f*; **~'rott** fallito; **≗'rott** *m* (*-[e]s*; *-e*) bancarotta *f*; fallimento *m*; '**≗safe** ['-seːf] *m* cassaforte *f*; cassetta *f* di sicurezza; '**≗verbindung** *f* conto *m* bancario
'**Banner** ['banər] *n* (*-s*; *-*) vessillo *m*
bar [baːr] *adj* privo; *econ* in contanti, a pronta cassa; ***~es Geld*** (denaro) contante; *fig* ***für ~e Münze nehmen*** prendere per oro colato
Bar [baːr] *f* (*-*; *-s*) bar *m*
Bär [bɛːr] *m* (*-en*; *-en*) orso *m*; *astr* ***der Große*** (***Kleine***) ~ l'orsa maggiore (minore)
Ba'racke [ba'rakə] *f* (*-*; *-n*) baracca *f*; catapecchia *f*
Bar'bar [bar'baːr] *m* (*-en*; *-en*) barbaro *m*; **≗isch** [-riʃ] barbaro
'**barfuß** ['baːrfuːs] scalzo
'**Bargeld** ['baːrgɛlt] *n* denaro *m* contante (*od* in contanti); '**~automat** *m* cassa *f* automatica prelievi; '**≗los** per assegno; scritturale; '**~umstellung** *f* (*-*; *-en*) *EU* conversione *f* alla moneta (fiduciaria)
'**Bariton** *mus* ['baːritɔn] *m* (*-s*; *-e*) baritono *m*
Bar'kasse *mar* [-'kasə] *f* (*-*; *-n*) barcone *m*
ba'rock [ba'rɔk], **Ba'rock** *n*, *m* (*-s*; *senza pl*) barocco *m*
Ba'rockstil *m* stile *m* barocco
Baro'meter [baro'meːtər] *n* (*-s*; *-*) barometro *m*
Ba'ron [ba'roːn] *m* (*-s*; *-e*) barone *m*; **~in** *f* (*-*; *-nen*) baronessa *f*
'**Barren** ['barən] *m* (*-s*; *-*) sbarra *f*; (*Metall*≗) lingotto *m*; *Gold, Silber*: verga *f*
Bar'riere [-r'jɛːrə] *f* (*-*; *-n*) barriera *f*
Barri'kade [-ri'kaːdə] *f* (*-*; *-n*) barricata *f*
'**Barscheck** *m* assegno *m* circolare
Bart [baːrt] *m* (*-[e]s*; *¨-e*) barba *f*
'**bärtig** ['bɛːrtiç] barbuto
'**bartlos** ['baːrtloːs] imberbe
'**Barzahlung** ['baːrtsaːluŋ] *f* pagamento *m* in contanti; '**~spreis** *m* prezzo *m* in contanti
ba'sieren [ba'ziːrən] (*v/i*) (*senza -ge-, h*) basare, basarsi (***auf*** *dat* su)
'**Basis** ['baːzis] *f* (*-*; *Basen*) base *f*
'**Baskenmütze** ['baskənmytsə] *f* berretto *m* basco
Bass *mus* [bas] *m* (*-es*; *¨-e*) basso *m*
Bas'sin [ba'sɛ̃] *n* (*-s*; *-s*) bacino *m*; (*Schwimm*≗) piscina *f*
Batte'rie [batə'riː] *f* (*-*; *-n*) batteria *f*, *el a* pila *f*
Bau [bau] *m* (*-[e]s*; *-ten*) costruzione *f*; • *das Gebäude*: edificio *m*
'**Bau|arbeiten** *f/pl* lavori *m/pl* edili; ***Achtung*** ~ attenzione, lavori in corso; '**~arbeiter** *m* operaio *m* edile
Bauch [baux] *m* (*-[e]s*; *¨-e*) ventre *m*; F pancia *f*; *anat* addome *m*; ***e-n ~ bekommen*** mettere su pancia; '**~binde** *f* panciera *f*
'**bauchig** ['bauxiç] panciuto
'**Bauchschmerzen** *m/pl* dolori *m/pl* al ventre, mal *m* di pancia
'**Baudenkmal** ['baudeŋkmaːl] *n* monumento *m*
'**bauen** ['bauən] (*h*) **1.** *v/t* costruire; *agr* coltivare; **2.** *v/i*: ***auf j-n ~*** contare su qu
'**Bauer** ['bauər] *m* (*-n*; *-n*) contadino *m*; agricoltore *m*, coltivatore *m* diretto; *Schach*: pedone *m*
'**Bäuer|in** ['bɔyərin] *f* (*-*; *-nen*) contadina *f*; '**≗lich** contadinesco; rustico
'**Bauern|hof** *m* fattoria *f*, masseria *f*; '**≗schlau** furbo, scaltro
'**bau|fällig** cadente; ***~ sein*** essere pericolante; '**≗gelände** *n* terreno *m* fabbricabile; '**≗genehmigung** *f* permesso *m* di costruzione; '**≗gewerbe** *n* edilizia *f*; '**≗herr** *m* committente *m* della costruzione; '**≗industrie** *f* industria *f* edile; '**≗jahr** *n* anno *m* di costruzione; '**≗kosten** *pl* spese *f/pl* di costruzione
'**baulich** ['-liç] edilizio
Baum [baum] *m* (*-[e]s*; *¨-e*) albero *m*
'**Bau|material** ['-matərjaːl] *n* materiale *m* da costruzione; '**~meister** ['-maɪstər] *m* architetto *m*, costruttore *m* edile

B

'Baum|kuchen *m* dolce *m* a forma di piramide; **'2los** senza alberi; **'~stumpf** *m* ceppo *m*

'Baumwoll... ['-vɔl]: ... di cotone; **'~e** *f* cotone *m*; **'2en** *adj* di cotone

'Bau|platz *m* terreno *m* per costruzioni; **'~polizei** *f* genio *m* civile; **'~sparkasse** *f* istituto *m* di credito per la costruzione di alloggi; **'~stelle** *f* cantiere *m* edile; **'~stil** *m* stile *m* architettonico

'Bauten ['baʊtən] *m/pl* edifici *m/pl* (pubblici)

'Bau|unternehmer *m* imprenditore *m* edile; **'~werk** *n* edificio *m*; **'~wesen** *n* edilizia *f*

'Bay|er ['baɪər] *m* (*-n*; *-n*), **'~erin** *f* (-; *-nen*), **2(e)risch** bavarese *m/f*

be'absich|tigen [bə'ʔapzɪçtɪgən] (*senza -ge-, h*) intendere; avere l'intenzione; **~tigt** progettato; *Zweck*: prefisso

be'acht|en (*senza -ge-, h*) osservare; tener conto di; ***nicht ~*** ignorare; **2ung** *f* (-; *senza pl*) attenzione *f*, considerazione *f*; ***zur ~!*** da osservare!

Be'amt|e [-'ʔamtə] *m* (*-n*; *-n*), **~in** *f* (-; *-nen*) impiegato *m*, -a *f* statale; funzionario *m*, -a *f*; pubblico ufficiale *m*

be'anspruch|en [-'ʔanʃpruxən] (*senza -ge-, h*) pretendere; reclamare, esigere; *Zeit*: richiedere; **~t** impegnato; **2ung** *f* (-; *-en*) sollecitazione *f*, (*Abnutzung*) logorio *m*

be'anstand|en [-'ʔanʃtandən] (*senza -ge-, h*) fare delle critiche a; opporsi a; *Wahlen*: contestare; **2ung** *f* (-; *-en*) obiezione *f*, protesta *f*, reclamo *m*

be'antragen [-'ʔantraːgən] (*senza -ge-, h*) fare domanda per; proporre

be'antwort|en (*senza -ge-, h*) rispondere (a); **2ung** *f* (-; *senza pl*) risposta *f*; ***in ~*** (*gen*) in risposta a

be'arbeit|en lavorare; (*erledigen*) evadere; sbrigare; ***e-n Antrag ~*** evadere una domanda; *let* elaborare; **2ung** *f* (-; *-en*) lavorazione *f*; **2ungsgebühr** *f* diritti *m/pl* amministrativi (*od* fissi)

be'aufsichtigen [-'ʔaʊfzɪçtɪgən] (*senza -ge-, h*) sorvegliare

be'auftrag|en [-'ʔaʊftraːgən] (*senza -ge-, h*): ***j-n mit et ~*** incaricare qu di qc; **2te** [-traːktə] *m/f* (*-n*; *-n*) incaricato *m*, -a *f*; *jur* mandatario *m*, -a *f*

be'bauen *v/t* (*senza -ge-, h*) *arch* costruire; (*erschließen*) urbanizzare; *agr* coltivare

'Becher ['bɛçər] *n* (*-s*; -) ciotola *f*; (*Würfel2*) bossolo *m*

'Becken ['bɛkən] *n* (*-s*; -) bacino *m*; (*Wasch2*) catinella *f*

be'danken (*senza -ge-, h*): ***sich bei j-m für et ~*** ringraziare qu di qc

Be'darf [-'darf] *m* (*-[e]s*; *senza pl*) fabbisogno *m*; *econ* richiesta *f*, **~sfall** *m* occorrenza *f*, ***im ~*** all'occorrenza, in caso di bisogno; **~shaltestelle** *f* fermata *f* a richiesta, fermata *f* facoltativa

be'dauerlich [-'daʊərlɪç] spiacevole

be'dauern *v/t* (*senza -ge-, h*) deplorare; *j-n*: compiangere; ***ich bedaure, dass ...*** mi rincresce che ...

be'decken (*senza ge-, h*) coprire

be'denk|en **1.** *v/t* (*irr, senza -ge-, h*, → ***denken***) riflettere (su); considerare; **2.** **2en** *n* (*-s*; -) riflessione *f*, (*Zweifel*) dubbio *m*; scrupolo *m*; **~enlos** senza scrupoli; **~lich** serio; critico, grave; (*gewagt*) arrischiato; (*heikel*) delicato

be'deut|en (*senza -ge-, h*) significare; ***das hat nicht viel zu ~*** non è cosa di grande importanza; **~end** importante; significante; (*umfangreich*) considerevole; **~sam** significativo; **2ung** *f* (-; *-en*) significato *m*; importanza *f*, **~ungslos** insignificante; **~ungsvoll** significativo

be'dien|en (*senza -ge-, h*) servire; *Kartenspiel*: rispondere; *Maschine*: manovrare; ***sich ~*** servirsi (*gen* di); *fig* avvalersi (*gen* di); **2ung** *f* (-; *-en*) servizio *m*; personale *m* di servizio; (*senza pl*) *tec* manovra *f*, uso *m*, impiego *m*; **2ungsanleitung** *f* istruzioni *f/pl* per l'uso

be'ding|en [-'dɪŋən] (*senza -ge-, h*) comportare, avere come conseguenza; (*erfordern*) richiedere; **~t** condizionato; ***~ sein durch*** dipendere da; **2ung** *f* (-; *-en*) condizione *f* (***stellen*** porre); ***unter der ~, dass*** alla condizione che; **~slos** incondizionato

be'droh|en (*senza -ge-, h*) minacciare; **~lich** minaccioso; **2ung** *f* (-; *-en*) minaccia *f*

be'drücken (*senza -ge-, h*) opprimere; **~d** opprimente, oppressivo

Be'dürfnis [-'dyrfnis] *n* (*-sses*; *-sse*) bisogno *m*; **~anstalt** *f* gabinetto *m* pubblico

be'dürftig bisognoso

'Beefsteak ['bi:fste:k] *n* (*-s*; *-s*) bistecca *f*
be'eilen: ***sich*** ~ (*senza -ge-*, *h*) affrettarsi
be'eindrucken [-'ʔaɪndrukən] (*senza -ge-*, *h*) impressionare
be'einflussen [-flusən] *v/t* (*senza -ge-*, *h*) influire su, influenzare
be'einträchtig|en [-trɛçtigən] (*senza -ge-*, *h*) pregiudicare; **2ung** *f* (*-*; *-en*) pregiudizio *m*, danno *m*
be'enden (*senza -ge-*, *h*) finire, terminare, ultimare, compiere, concludere
be'erben (*senza -ge-*, *h*): ***j-n*** ~ ereditare da qu
be'erdig|en [-'ʔe:rdigən] (*senza -ge-*, *h*) seppellire; **2ung** *f* (*-*; *-en*) sepoltura *f*, funerali *m/pl*
'Beere ['be:rə] *f* (*-*; *-n*) bacca *f*, *von Trauben*: chicco *m*
be'fähig|en [bə'fɛ:igən] (*senza -ge-*, *h*) abilitare; **~t** [-içt] *adj* capace; **2ung** *f* (*-*; *-en*) abilitazione *f*, qualifica *f*, (*Fähigkeit*) capacità *f*
be'fahrbar [-'fa:rba:r] praticabile; *mit Wagen*: carrozzabile; transitabile; *mar* navigabile
be'fassen (*senza -ge-*, *h*): ***sich ~ mit*** occuparsi di
Be'fehl [-'fe:l] *m* (*-[e]s*; *-e*) ordine *m*; *über j-n*: comando *m*; **2en** (*befahl*, *befohlen*, *h*) comandare
be'festigen (*senza -ge-*, *h*) fissare, attaccare (***an et*** *dat* a qc); *fig* consolidare
be'finden (*befand*, *befunden*, *h*) **1.** *v/t*: ***für gut*** ~ approvare; **2.** *v/refl* ***sich*** ~ essere; (*sich fühlen*) stare, sentirsi
Be'finden *n* (*-s*; *senza pl*) (*Gesundheit*) salute *f*, stato *m*
be'förder|n (*senza -ge-*, *h*) promuovere; *im Rang a*: avanzare; *post* spedire; trasportare; *fer* trasportare; *fig* favorire; **2ung** *f* (*-*; *-en*) promozione *f*, *post* spedizione *f*, trasporto *m*
be'frei|en [-'fraɪən] (*senza -ge-*, *h*) liberare; *von Abgaben*: esentare; **2ung** *f* (*-*; *senza pl*) liberazione *f*, esonero *m*
be'freund|en [-'frɔʏndən] (*senza -ge-*, *h*): ***sich mit j-m*** ~ fare amicizia con qu; **~et**: ***~ mit*** amico di
be'friedig|en [-digən] (*senza -ge-*, *h*) soddisfare; **~end** soddisfacente; **~t** [-diçt] soddisfatto; contento; **2ung** *f* (*-*; *senza pl*) soddisfacimento *m*; soddisfazione *f*
be'fristet [-'fristət]: ***lang*** (***kurz***) ~ a lunga (breve) scadenza
Be'fug|nis [-'fu:knis] *f* (*-*; *-se*) autorizzazione *f*, diritto *m*; **2t** autorizzato; competente
Be'fund [-'funt] *m* (*-[e]s*; *-e*) (*Zustand*) stato *m*; *med* reperto *m*
be'fürcht|en (*senza -ge-*, *h*) temere; **2ung** *f* (*-*; *-en*) timore *m*
be'fürwort|en [-'fy:rvɔrtən] *v/t* (*senza -ge-*, *h*) appoggiare, parlare in favore di; (*empfehlen*) raccomandare; **2ung** *f* (*-*; *-en*) appoggio *m*; raccomandazione *f*
be'gab|t [-'ga:pt] ingegnoso, intelligente; ***~ mit*** dotato di; **2ung** *f* (*-*; *-en*) talento *m*, ingegno *m*
be'geben (*begab*, *begeben*, *h*): ***sich*** ~ recarsi
be'gegn|en [-'ge:gnən] (*senza -ge-*, *sn*) *dat*: ***j-m*** ~ incontrare qu; **2ung** *f* (*-*; *-en*) incontro *m*
be'gehen (*beging*, *begangen*, *h*) percorrere; *Feste*: celebrare; *Verbrechen*, *Fehler*: commettere; *Unrecht*: fare
be'gehren [-'ge:rən] (*senza -ge-*, *h*) desiderare; agognare; (*verlangen*) chiedere; *econ* ***sehr begehrt sein*** esserci gran richiesta (di)
be'geister|n [-'gaɪstərn] (*senza -ge-*, *h*) entusiasmare; *zu et*: animare; ***sich*** ~ appassionarsi; **~t** entusiasta; appassionato; fanatico; **2ung** *f* (*-*; *senza pl*) entusiasmo *m*
Be'ginn [-'gin] *m* (*-[e]s*; *senza pl*) principio *m*; **2en** (*begann*, *begonnen*, *h*) (in)cominciare
beglaubig|en [-'glaʊbigən] (*senza -ge-*, *h*) *v/t* autenticare; vidimare; **2ung** *f* (*-*; *-en*) autenticazione *f*, vidimazione *f*
be'gleich|en (*beglich*, *beglichen*, *h*) saldare, regolare; **2ung** *f* (*-*; *senza pl*) saldo *m*, pagamento *m*
be'gleit|en [-'glaɪtən] (*senza -ge-*, *h*) accompagnare; **2er** *m* (*-s*; *-*), **2erin** *f* (*-*; *-nen*) accompagnatore *m*; accompagnatrice *f*, **2papiere** *n/pl* documenti *m/pl* d'accompagnamento; **2schreiben** *n* bollettino *m* (*od* lettera *f*) d'accompagnamento; **2ung** *f* (*-*; *-en*) compagnia *f*, accompagnamento *m*; ***in ~ von*** in compagnia di
be'glückwünschen [-'glykvynʃən] *v/t* (*senza -ge-*, *h*) congratularsi con, feli-

B

citarsi con
be'gnadig|en [-digən] (*senza -ge-, h*) graziare; **2ung** *f* (-; *-en*) grazia *f*; perdono *m*; indulto *m*
Be'gräbnis [-'grɛːpnis] *n* (*-ses*; *-se*) sepoltura *f*; **~stätte** *f* tomba *f*
be'greif|en (*begriff, begriffen, h*) comprendere; capire; ***nicht zu ~*** inconcepibile, incomprensibile; **~licher'weise** naturalmente
be'grenz|en (*senza -ge-, h*) limitare; **~t** limitato; *fig* ristretto; **2ung** *f* (-; *-en*) limitazione *f*
Be'griff *m* (*-[e]s*; *-e*) idea *f*; *fil* concetto *m*; ***im ~ sein zu …*** essere in procinto di …
be'gründ|en (*senza -ge-, h*) fondare; *Behauptung*: motivare; *Rechtsanspruch*: documentare; **2ung** *f* (-; *-en*) fondazione *f*; motivazione *f*
be'grüß|en [-'gryːsən] (*senza -ge-, h*) salutare; **2ung** *f* (-; *-en*) saluto *m*
be'günstigen [-'gynstigən] (*senza -ge-, h*) favorire; favoreggiare
be'gutachten [-'guːtˀaxtən] (*senza -ge-, h*) fare una perizia; (*prüfen*) esaminare
be'gütert [-'gyːtərt] benestante, danaroso
be'halten *v/t* (*behielt, behalten, h*) (trat)tenere; (*bewahren*) serbare; ***Recht ~*** aver ragione; ***im Auge ~*** tenere d'occhio
Be'hälter [-'hɛltər] *m* (*-s*; -) recipiente *m*; serbatoio *m*
be'hand|eln (*senza -ge-, h*) trattare; *med* curare; **2lung** *f* (-; *-en*) trattamento *m*; *med* cura *f*
be'harr|en (*senza -ge-, h*) perseverare; insistere (***auf*** *dat* su); **~lich** perseverante; insistente; (*zäh*) tenace
be'haupt|en [-'hauptən] (*senza -ge-, h*) asserire, sostenere; *Stellung*: mantenere, tenere; *Meinung*: sostenere; ***sich ~*** affermarsi; **2ung** *f* (-; *-en*) asserzione *f*; affermazione *f*
be'heben (*behob, behoben, h*) togliere, levare; *Schwierigkeiten*: rimediare a, eliminare
be'helfen: ***sich ~*** (*behalf, beholfen, h*) accontentarsi (***mit*** di); cavarsela
be'herbergen [-'hɛrbɛrgən] (*senza -ge-, h*) alloggiare; accogliere
be'herrsch|en (*senza -ge-, h*) dominare; *fig* essere padrone di; **~t** padrone di sé; **2ung** *f* (-; *senza pl*) dominio *m*; padronanza *f*
be'hilflich [-'hilfliç]: ***~ sein*** aiutare (***j-m*** qu)
be'hinder|n (*senza -ge-, h*) impedire; *von Sachen*: ingombrare; ostacolare; **2te** *m/f* (*-n*; *-n*) handicappato *m*; -a *f*, disabile *m/f*; **2ung** *f* (-; *-en*) impedimento *m*; ostacolo *m*; *Verkehr*: intralcio *m*
Be'hörd|e [-'høːrdə] *f* (-; *-n*) autorità *f/pl*; **2lich** [-'høːrtliç] ufficiale; da parte delle autorità; concernente le autorità
bei [bai] (*dat*) presso; ***~ mir*** (*in der Tasche*) con me; ***~ j-m*** (*zu Hause*) da qu; (*~ Tisch*) a; (*~ Tag*) di; (*~ dem Wetter*) con; (*~ Strafe*) sotto; (*~ Gelegenheit*) all'occasione
'beibehalt|en ['-bəhaltən] (*irr, sep, senza -ge-, h,* → ***behalten***) conservare; **'2ung** *f* (-; *senza pl*): ***unter ~ von*** conservando (*acc*)
'beibringen (*irr, sep, -ge-, h,* → ***bringen***): ***j-m et ~*** (*j-n lehren*) insegnare qc a qu; (*verständlich machen*) spiegare qc a qu
'Beichte ['baiçtə] *f* (-; *-n*) confessione *f*; **'2n** (*h*) **1.** *v/t* confessare; **2.** *v/i* confessarsi
'Beicht|stuhl *m* confessionale *m*; **'~vater** *m* confessore *m*
'beide ['baidə] ambedue; ***alle ~*** tutt'e due; ***e-r von den ~n*** uno dei due; ***keiner von ~n*** nessuno dei due
'beider|lei ['baidərlai] l'uno e l'altro; ***~ Geschlechts*** di ambo i sessi; **'~seitig** ['-zaitiç] di (*od* da) ambedue le parti; (*gegenseitig*) reciproco; mutuo
beiei'nander [baiˀai'nandər] l'uno accanto all'altro; insieme
'Beifahrer ['baifaːrər] *m* (*-s*; -), **'~in** *f* (-; *-nen*) passeggero *m*; secondo autista *m*
'Beifall ['-fal] *m* (*-[e]s*; *senza pl*) applauso *m*; *mit Worten*: approvazione *f*; (*Händeklatschen*) applausi *m/pl*; ***~ klatschen*** applaudire
'beifällig ['-fɛliç] favorevole, consenziente; d'approvazione
'beifügen (*sep, -ge-, h*) aggiungere; *e-m Brief*: allegare; accludere
'Beigeschmack *m* (*-[e]s*; *senza pl*) sapore *m* strano; ***e-n ~ haben von*** sapere di

B

'Beihilfe *f* (*-; -n*) assistenza *f*; *finanziell*: sovvenzione *f*; (*senza pl*) aiuto *m*; *jur* complicità *f*
Beil [baɪl] *n* (*-[e]s; -e*) scure *f*
'Beilage *f* (*-; -n*) aggiunta *f*; (*Schriftstück*) allegato *m*; *Zeitung*: supplemento *m*; *gastr* contorno *m*
'beiläufig ['-lɔʏfɪç] **1.** *adj* incidentale; **2.** *adv* di passaggio, incidentalmente
'beileg|en (*sep, -ge-, h*) accludere; *Streit*: comporre; **'&ung** *f* (*-; -en*) *Streit*: accomodamento *m*
'Beileid *n* (*-[e]s; senza pl*) condoglianza *f*; ***sein ~ bezeigen*** fare le proprie condoglianze
'beiliegend (qui) accluso
beim [baɪm] = ***bei dem***
'beimessen (*irr, sep, -ge-, h,* → ***messen***) attribuire; ascrivere; ***Wert ~*** dare importanza
Bein [baɪn] *n* (*-[e]s; -e*) gamba *f*; (*Knochen*) osso *m*; ***auf die ~e bringen*** mettere in piedi; *fig* organizzare; ***wieder auf die ~e kommen*** rimettersi, ristabilirsi
bei'nah(e) [baɪ'nɑː(ə)] quasi
'Beinbruch ['baɪnbrux] *m* frattura *f* d'una gamba
'beipflichten ['-pflɪçtən] (*sep, -ge-, h*) aderire; dar ragione
bei'sammen [baɪ'zamən] insieme; **&sein** *n* (*-s; senza pl*) ritrovo *m*; riunione *f*
bei'seite [-'zaɪtə] da parte; ***~ lassen*** lasciare da parte
'beisetz|en *v/t* (*sep, -ge-, h*) seppellire; *Segel*: spiegare; **'&ung** *f* (*-; -en*) funerali *m/pl*
'Beispiel ['-ʃpiːl] *n* (*-[e]s; -e*) esempio *m*; ***zum ~*** per esempio; **'&los** inaudito, senza precedenti; **'&sweise** a mo' d'esempio
'beiß|en ['baɪsən] (*biss, gebissen, h*) mordere; *Pfeffer*: pizzicare; **'~end** pungente; *fig* mordace
'Beistand *m* (*-[e]s; senza pl*) aiuto *m*; *von Personen*: assistente *m*; *jur* avvocato *m*, consulente *m* legale
'beistehen (*irr, sep, -ge-, h,* → ***stehen***) (*dat*) assistere; ***j-m ~*** soccorrere qu
'beisteuern (*sep, -ge-, h*) contribuire
'Beitrag ['-trɑːk] *m* (*-[e]s; ¨-e*) contributo *m*; (*Mitglieds&*) quota *f*; *Zeitung*: articolo *m*; **'&en** (*irr, sep, -ge-, h,* → ***tragen***) contribuire
'beitreten (*irr, sep, -ge-, sn,* → ***treten***) aderire a; *pol* affiliarsi a
'Beitritt *m* (*-[e]s; -e*) entrata *f*; adesione *f*
bei'zeiten [baɪ'tsaɪtən] per tempo
be'jahen [bə'jɑːən] (*senza -ge-, h*) rispondere affermativamente a; confermare; **~d** affermativo
be'jahrt [bə'jɑːrt] attempato
be'kämpf|en (*senza -ge-, h*) combattere; lottare contro; **&ung** *f* (*-; senza pl*) lotta *f* (*gen* contro)
be'kannt [-'kant] conosciuto; noto; ***das ist mir nicht ~*** non ne so nulla; ***mit j-m ~ sein*** conoscere qu; ***~ werden*** farsi un nome; ***~ geben*** rendere noto, pubblicare; ***j-n mit j-m ~ machen*** presentare qu a qu; **&e** *m/f* (*-n; -n*) conoscente *m u f*; **~lich** notoriamente, come tutti sanno; **&machung** [-maxuŋ] *f* (*-; -en*) comunicato *m*, avviso *m*, notificazione *f*, pubblicazione *f*; **&schaft** *f* (*-; -en*) conoscenza *f*; (*Personen*) conoscenti *m/pl*
be'kennen (*bekannte, bekannt, h*) confessare; ***Farbe ~*** *Kartenspiel*: rispondere, *fig* mettere le carte in tavola; ***sich ~*** professarsi
be'kleid|en (*senza -ge-, h*) vestire; *tec* rivestire; *fig u ein Amt*: ricoprire; **&ung** *f* (*-; -en*) abbigliamento *m*, vestiti *m/pl*
Be'klemmung [-'klɛmuŋ] *f* (*-; -en*) oppressione *f*, affanno *m*
be'kommen (*bekam, bekommen*) **1.** *v/t* (*h*) avere, ricevere; (*erlangen*) ottenere; *Kinder*: avere; *Krankheit, Hunger*: venire a (*z.B.* ***ich bekomme Hunger*** mi viene fame); ***ich bekomme dreitausend Lire von ihm*** mi deve tremila lire; ***wie viel ~ Sie?*** quanto Le devo?; ***e-n Rückfall ~*** avere una ricaduta; **2.** *v/i* (*sn*): ***gut ~*** giovare; *Speisen, Wein*: far bene; ***schlecht ~*** far male; ***wohl bekomm's!*** buon pro!; ***diese Luft bekommt mir nicht*** quest'aria non mi fa bene
be'kömmlich [-'kœmlɪç] sano; buono per la salute; *Speise* (*leicht*): leggero; ***~ sein*** far bene (alla salute)
be'kräftigen (*senza -ge-, h*) confermare
be'kunden [-'kundən] (*senza -ge-, h*) manifestare, dimostrare, rivelare
be'laden *v/t* (*belud, beladen, h*) caricare
be'lag|ern (*senza -ge-, h*) assediare;

B

≈erungszustand *m* stato *m* d'assedio
Be'lang [-'laŋ] *m* (*-[e]s*; *-e*) importanza *f*; **~e** *pl* interessi *m/pl*; **≈en** (*senza -ge-*, *h*) citare; ***j-n* ~** far causa a qu; **≈los** senza importanza
be'lasten (*senza -ge-*, *h*) caricare; *fig* aggravare; *Konto*: addebitare, gravare; *jur* deporre a carico di; *Umwelt*: inquinare
be'lästigen [-'lɛstigən] (*senza -ge-*, *h*) importunare, molestare
Be'lastung [-'lastuŋ] *f* (*-*; *-en*) carico *m*; addebito *m*; *Umwelt*: inquinamento *m*; *tec* sollecitazione *f*; *Person*: sforzo *m*; *fig* peso *m*
be'laufen: ***sich* ~** (*belief*, *belaufen*, *h*) ammontare (***auf*** *acc* a)
be'lebt animato; *fig* frequentato
Be'leg [-'le:k] *m* (*-[e]s*; *-e*) documento *m* (giustificativo); (*Beweis*) prova *f*; (*Rechnungs≈*) quietanza *f*; **≈en** [-'le:gən] (*senza -ge-*, *h*) coprire; *e-n Platz*: occupare, riservare
Be'leg|schaft [-'le:kʃaft] *f* (*-*; *-en*) personale *m*; maestranze *f/pl*; **≈t** *adj* (*besetzt*) occupato; (*reserviert*) riservato; (*bestätigt*) documentato
be'leidig|en [-'laɪdigən] (*senza -ge-*, *h*) offendere; **~end** offensivo; **≈ung** *f* (*-*; *-en*) offesa *f*
be'lesen istruito; ben informato; erudito
be'leucht|en (*senza -ge-*, *h*) illuminare; *fig* esaminare; **≈ung** *f* (*-*; *-en*) illuminazione *f*; luce *f*
'Belg|ier *m* (*-s*; *-*), **'~ierin** *f* (*-*; *-nen*) belga *m*, *f*; **'≈isch** belga
be'licht|en [-'liçtən] *v/t* (*senza -ge-*, *h*) *fot* impressionare, esporre alla luce; **≈ung** *f* (*-*; *-en*) esposizione *f*; posa *f*; **≈ungsmesser** *m* esposimetro *m*
Be'lieben [-'li:bən] *n* (*-s*; *senza pl*) piacere *m*; ***nach* ~** a piacere
be'liebt [-'li:pt] benvoluto; popolare; *Sachen*: in voga; **≈heit** *f* (*-*; *senza pl*) favore *m*; popolarità *f*; ***sich e-r großen ~ erfreuen*** essere molto popolare
be'liefer|n (*senza -ge-*, *h*) fornire a; rifornire; *Markt*: approvvigionare; **≈ung** *f* (*-*; *-en*) fornitura *f*
'bellen ['bɛlən] (*h*) abbaiare
be'lohn|en (*senza -ge-*, *h*) ricompensare; **≈ung** *f* (*-*; *-en*) ricompensa *f*
be'lügen *v/t* (*belog*, *belogen*, *h*) dire delle bugie a
be'merk|bar percettibile; ***sich* ~ *machen*** farsi notare; **~en** *v/t* (*senza -ge-*, *h*) osservare; notare; **~enswert** notevole; **≈ung** *f* (*-*; *-en*) osservazione *f*
be'müh|en *v/t* (*senza -ge-*, *h*) incomodare; ***sich*** (*eifrig*) **~** adoprarsi; sforzarsi; ***sich um et* ~** cercare di ottenere qc; **~ *Sie sich nicht*** non si disturbi; **≈ungen** *f/pl* sforzi *m/pl*
be'nachbart [-'naxba:rt] vicino
be'nachrichtig|en [-'na:xriçtigən] (*senza -ge-*, *h*) avvertire; avvisare; **≈ung** *f* (*-*; *-en*) avviso *m*
be'nachteiligen [-taɪligən] (*senza -ge-*, *h*) pregiudicare, danneggiare
be'nehmen: ***sich* ~** (*benahm*, *benommen*, *h*) comportarsi
Be'nehmen *n* (*-s*; *senza pl*) contegno *m*, condotta *f*; (*Manieren*) maniere *f/pl*, modi *m/pl*; ***sich ins ~ setzen*** mettersi in contatto
be'neiden [-'naɪdən] (*senza -ge-*, *h*) invidiare; ***j-n um et* ~** invidiare qc a qu; **~swert** invidiabile
be'nommen [-'nɔmən] intontito; stordito
be'nötigen *v/t* (*senza -ge-*, *h*) aver bisogno di
be'nutzen (*senza -ge-*, *h*) approfittare di; (*anwenden*) adoperare, servirsi di
Be'nutzer *m* (*-s*; *-*) *inform* user *m*, utente *m*; **≈freundlich** *inform* facile da usare
Be'nutzung *f* (*-*; *senza pl*) uso *m*; impiego *m*; ***unter* ~ *von*** (*od gen*) approfittando di; servendosi di
Ben'zin [bɛn'tsi:n] *n* (*-s*; *-e*) benzina *f*; **~gutschein** *m* buono *m* per la benzina; **~kanister** *m* latta *f* di benzina
be'obacht|en [bə'ʔo:baxtən] (*senza -ge-*, *h*) osservare; **≈er** *m* (*-s*; *-*) osservatore *m*; **≈ung** *f* (*-*; *-en*) osservazione *f*
be'quem [-'kve:m] comodo; ***es sich* ~ *machen*** accomodarsi
be'rat|en (*beriet*, *beraten*, *h*) *j-n*: consigliare, *et*: discutere; ***über et*** (*acc*) **~** consigliarsi su qc, discutere qc; **~end** consultivo; **~e *Stimme*** voto *m* consultivo; **≈er** *m* (*-s*; *-*) consigliere *m*; (*Fach≈*) perito *m*, consulente *m*; **≈ung** *f* (*-*; *-en*) consiglio *m*; discussione *f*; *Ärzte*: consulenza *f*
be'rechn|en (*senza -ge-*, *h*) calcolare;

conteggiare; **2ung** *f* (-; *-en*) calcolo *m*, conteggio *m*

be'rechtig|en [-'rɛçtigən] (*senza -ge-, h*) autorizzare; **~t** autorizzato; *fig* giustificato; **2ung** *f* (-; *senza pl*) autorizzazione *f*, diritto *m*

be'reden (*senza -ge-, h*) *et*: parlare di

be'redt [-'re:t] eloquente

Be'reich *m* (*-[e]s*; *-e*) ambito *m*, sfera *f*

be'reinigen (*senza -ge-, h*) *fig* chiarire, regolare

be'reisen (*senza -ge-, h*) percorrere, viaggiare; *Märkte*: frequentare

be'reit [-'raɪt] pronto, disposto (***zu*** a)

be'reiten [-'raɪtən] (*senza -ge-, h*) preparare; *Empfang*: fare; *Freude*: procurare

be'reits [-'raɪts] già

Be'reit|schaft [-'raɪtʃaft] *f* (-; *senza pl*) essere *m* pronto; disponibilità *f*; **~schaftsdienst** *m* servizio *m* di guardia; **2stellen** (*sep, -ge-, h*) mettere a disposizione, preparare; **2willig** pronto, volonteroso

Berg [bɛrk] *m* (*-[e]s*; *-e*) monte *m*, montagna *f*; ***über den ~ sein*** aver superato il peggio

berg'ab [bɛrk'ʔap] in discesa; *fig* a rotoli

'Berg|arbeiter *m* minatore *m*; **2'auf** [-'ʔaʊf] in salita; *fig* bene; **'~bahn** *f* funicolare *m*; **'~bau** *m* industria *f* mineraria; **'~führer** *m* guida *f* alpina; **'~hütte** *f* rifugio *m*

'bergig ['bɛrgiç] montuoso

'Berg|kette *f* catena *f* montuosa; **'~predigt** *f rel* Sermone *m* della Montagna; **'~rutsch** *m* frana *f*; **'~steigen** *n* (*-s*; *senza pl*) alpinismo *m*; **'~steiger** *m* (*-s*; *-*), **'~steigerin** *f* (-; *-nen*) alpinista *m/f*; **'~wandern** *n* (*-s*; *senza pl*) escursionismo *m*; **'~werk** *n* miniera *f*

Be'richt [bə'riçt] *m* (*-[e]s*; *-e*) relazione *f*, rapporto *m*; *rad, Zeitungen*: servizio *m*; *econ* ***laut ~*** secondo avviso; ***j-m über et*** (*acc*) ***~ erstatten*** informare qu di qc; **2en** (*senza -ge-, h*) riferire

be'richtig|en [bə'riçtigən] (*senza -ge-, h*) rettificare; *Rechnung*: saldare; **2ung** *f* (-; *-en*) rettifica *f*, saldo *m*

Ber'lin|er [bɛr'li:nər] *m* (*-s*; *-*), **~erin** *f* (-; *-nen*) berlinese *m/f*; **2erisch** berlinese

be'rücksichtig|en [-ziçtigən] (*senza -ge-, h*): ***et ~*** tener conto di qc; considerare qc; **2ung** *f* (-; *senza pl*) considerazione *f*

Be'ruf [-'ru:f] *m* (*-[e]s*; *-e*) professione *f*, mestiere *m*

be'rufen *v/t* (*berief, berufen, h*) chiamare; (*ernennen*) nominare, designare; ***sich ~*** appellarsi (***auf*** *acc* a); richiamarsi (***auf*** *acc* a)

be'ruflich [-'ru:fliç] professionale

Be'rufs|anfänger *m* principiante *m*; **~ausbildung** *f* formazione *f* professionale; **~beratung** *f* avviamento *m* (*od* orientamento *m*) professionale; **2tätig** che esercita una professione

Be'rufung *f* (-; *-en*) nomina *f*, convocazione *f*, *jur* appello *m*; ***~ einlegen*** interporre appello

be'ruhen (*senza -ge-, h*) fondarsi (***auf et*** *dat* su qc), essere fondato (***auf et*** *dat* su qc)

be'ruhig|en [-'ru:igən] (*senza -ge-, h*) calmare; quietare; **~end** calmante; **2ungsmittel** *n* calmante *m*, sedativo *m*

be'rühmt [-'ry:mt] celebre; famoso

be'|rühren (*senza -ge-, h*) toccare; *im Gespräch*: accennare a; ***j-n*** (***un***)***angenehm ~*** essere (s)gradevole a qu; **2'rührung** [-'ryruŋ] *f* (-; *-en*) contatto *m*

Be'satzung [bə'zatsuŋ] *f* (-; *-en*) guarnigione *f*, *Sport, mar* equipaggio *m*; **~struppen** *f/pl* truppe *f/pl* d'occupazione

be'schädig|en (*senza -ge-, h*) danneggiare; guastare; (*verletzen*) ferire; **2ung** *f* (-; *-en*) danneggiamento *m*; (*Schaden*) danno *m*

be'schaffen 1. *v/t* (*senza -ge-, h*) procurare; **2.** fatto; ***gut ~*** in buono stato; **2heit** *f* (-; *senza pl*) natura *f*, (*Zustand*) stato *m*

be'schäftig|en [-'ʃɛftigən] (*senza -ge-, h*) occupare; **2te** *m/f* (*-n*; *-n*) occupato *m*, -a *f*, impiegato *m*; **2ung** *f* (-; *-en*) occupazione *f*, impiego *m*; **~ungslos** disoccupato

be'schämend [-'ʃɛ:mənt] umiliante

Be'scheid [-'ʃaɪt] *m* (*-[e]s*; *-e*) ordinanza *f*, (*Antwort*) risposta *f*, (*Auskunft*) informazioni *f/pl*; ***~ wissen*** essere pratico (***über*** *acc* di), essere al corrente (***über*** *acc* di)

be'scheiden [-'ʃaɪdən] *adj* modesto

be'scheinig|en [-'ʃaɪnigən] (*senza -ge-,*

B

h) attestare, certificare; *Empfang*: accusare ricevuta; **≈ung** *f* (-; -*en*) attestazione *f*; (*Schriftstück*) certificato *m*
be'schenken (*senza -ge-, h*) fare regali a; ***j-n mit et*** **~** regalare qc a qu
be'schießen (*beschoss, beschossen, h*) bombardare; cannoneggiare
be'schimpf|en (*senza -ge-, h*) ingiuriare; insultare; **≈ung** *f* (-; -*en*) insulto *m*, ingiuria *f*
Be'schlag [-'ʃlaːk] *m* (-*[e]s*; ⸚*e*) ferratura *f*; ***in ~ nehmen, mit ~ belegen*** sequestrare; **≈en** [-gən] (*beschlug, beschlagen*) **1.** *v/t* (*h*) ferrare; **2.** *v/i* (*sn*) coprirsi (di); appannarsi; **3.** *adj* ben istruito, ben informato; **≈nahmen** [-'ʃlaːknaːmən] (*senza -ge-, h*) sequestrare; confiscare
be'schleunig|en [-'ʃlɔʏnigən] (*senza -ge-, h*) affrettare; accelerare; *Geschäft*: sollecitare; **≈ung** *f* (-; -*en*) acceleramento *m*; sollecitamento *m*; *fis* accelerazione *f*
be'schließen (*beschloss, beschlossen, h*) chiudere; (*entscheiden*) decidere; *pol* votare
Be'schluss *m* (-*es*; ⸚*e*) fine *f*; decisione *f*; risoluzione *f*; *pol* voto *m*; **≈fähig** in numero legale
be'schmutzen (*senza -ge-, h*) insudiciare; sporcare
be'schönigen [-'ʃøːnigən] (*senza -ge-, h*) trovare delle scuse per; abbellire
be'schränk|en [-'ʃrɛŋkən] (*senza -ge-, h*) limitare; ***sich ~ auf et*** (*acc*) limitarsi a qc; **~t** limitato; *geistig*: corto di mente; **≈ung** *f* (-; -*en*) limitazione *f*
be'schreib|en (*beschrieb, beschrieben, h*) descrivere; **≈ung** *f* (-; -*en*) descrizione *f*
be'schriften [-'ʃriftən] *v/t* (*senza -ge-, h*) etichettare, munire di dicitura
be'schuldig|en [-'ʃuldigən] (*senza -ge-, h*) incolpare, accusare; **≈ung** *f* (-; -*en*) imputazione *f*, incriminazione *f*; accusa *f*
be'schütz|en (*senza -ge-, h*) proteggere; **≈er** *m* protettore *m*
Be'schwerde [-'ʃveːrdə] *f* (-; -*n*) lagnanza *f*, reclamo *m*; *jur* ricorso *m*; *med* disturbo *m*
be'schwer|en [-'ʃveːrən] (*senza -ge-, h*) gravare; tener fermo con un peso; ***sich ~*** lagnarsi, reclamare; **~lich** gravoso, faticoso, difficile
be'schwipst [-'ʃvipst] F brillo
be'schwören (*senza -ge-, h*) *et*: giurare
be'seitig|en [-'zaɪtigən] *v/t* (*senza -ge-, h*) rimuovere, togliere; *j-n*: eliminare, sopprimere; **≈ung** *f* (-; *senza pl*) eliminazione *f*, soppressione *f*
'Besen ['beːzən] *m* (-*s*; -) scopa *f*
be'sessen [-'zɛsən] ossessionato
be'setz|en (*senza -ge-, h*) occupare; fornire; *Spiel*: ***e-e Karte ~*** mettere su una carta; **~t** guarnito; (*Platz, tel*) occupato; ***alles ~!*** completo!; **≈ung** *f* (-; -*en*) occupazione *f*, *tea* distribuzione *f* (delle parti)
be'sichtig|en [-'ziçtigən] *v/t* (*senza -ge-, h*) visitare; ispezionare; **≈ung** *f* (-; -*en*) ispezione *f*, visita *f*
be'siedeln (*senza -ge-, h*) colonizzare; ***dicht besiedelt*** molto popolato
be'siegeln (*senza -ge-, h*) suggellare
be'siegen (*senza -ge-, h*) vincere
be'sinn|en [-'zɪnən]: ***sich ~*** (*besann, besonnen, h*) riflettere; (*sich erinnern*) rammentarsi (***auf*** *acc* di); **≈ung** *f* (-; *senza pl*) sensi *m/pl*; (*Nachdenken*) riflessione *f*, ***zur ~ kommen*** ricuperare i sensi, ritornare in sé; **~ungslos** privo di sensi
Be'sitz [-'zits] *m* (-*es*; *senza pl*) possesso *m*; **≈en** (*besaß, besessen, h*) possedere; **~er** *m* (-*s*; -) proprietario *m*, -a *f*
be'sonder|e [-'zɔndərə] particolare, speciale; ***im ≈n*** anzitutto; ***im ~n Maße*** particolarmente; **≈heit** *f* (-; -*en*) particolarità *f*, singolarità *f*
be'sonders [bə'zɔndərs] particolarmente, specialmente
be'sonnen [-'zɔnən] giudizioso; **≈heit** *f* (-; *senza pl*) giudizio *m*
be'sorg|en [-'zɔrgən] (*senza -ge-, h*) provvedere a; *j-m et*: procurare; *Geschäfte*: sbrigare; *Einkäufe*: fare acquisti; ***et zu ~ haben*** aver da fare una commissione; **~t** preoccupato; allarmato; agitato; ***~ sein*** stare in pensiero; **≈ung** *f* (-; -*en*) commissione *f*
be'spielen *Schallplatte*: incidere
be'sprech|en (*besprach, besprochen, h*): ***et ~*** parlare di qc; discutere (di) qc; commentare qc; *Buch*: recensire; ***sich ~*** conferire; **≈ung** *f* (-; -*en*) discussione *f*, recensione *f*, conferenza *f*, colloquio *m*

B

'besser ['bɛsər] **1.** *adj* migliore, più buono; **2.** *adv* meglio; **~ werden** migliorare; **es wäre ~** sarebbe meglio

best [bɛst] **1.** *adj* **der** (**die**) **~e** il (la) migliore; **mein ~er Freund** il mio migliore amico; **2.** **'2e** *m* (*-n*; *-n*) il migliore; **3.** *adv* **am ~en** nel miglior modo possibile; **am ~en gehen Sie ...** la cosa migliore è che vada ...; **am ~en gefällt mir ...** a me piace di più ...; → **Beste**

Be'stand *m* (*-[e]s*; *⸚e*) effettivo *m*; (*Fortbestehen*) stabilità *f*; *Kasse*: fondo *m* di cassa

be'ständig costante; (*dauerhaft*) stabile; (*andauernd*) continuo

Be'standteil [-'ʃtantaɪl] *m* elemento *m*; parte *f* integrante; componente *f*; **e-n ~ bilden von** fare parte di

be'stärken (*senza -ge-, h*) confermare; *j-n*: incoraggiare; *Meinung*: corroborare

be'stätig|en [-'ʃtɛːtigən] (*senza -ge-, h*) confermare; *Gesetze*: sanzionare; *Empfang*: accusare; **2ung** *f* (*-*; *-en*) conferma *f*, legalizzazione *f*, sanzione *f*

be'statt|en [-'ʃtatən] *v/t* (*senza -ge-, h*) seppellire; **2ung** *f* (*-*; *-en*) sepoltura *f*

'Beste ['bɛstə] *n* (*-n*; *senza pl*) meglio *m*; **sein ~s tun** fare del proprio meglio; **das ~ wäre ...** la cosa migliore sarebbe ...; → **best**

be'stech|en (*bestach*, *bestochen*, *h*) corrompere; subornare; *fig* sedurre; **2ung** *f* (*-*; *-en*) corruzione *f*, subornazione *f*; **2ungsgeld** *n* bustarella *f*, tangente *f*

Be'steck [bə'ʃtɛk] *n* (*-[e]s*; *-e*) posate *f/pl*

be'stehen (*bestand*, *bestanden*, *h*) **1.** *v/t* *Prüfung*: superare; **2.** *v/i* esistere; (*in Kraft sein*) vigere; **aus et ~, in et ~** consistere di qc, in qc; insistere (**auf et** *dat* su qc)

Be'stehen *n* (*-s*; *senza pl*): **seit ~** da quando esiste

be'stehend composto (**aus** di)

be'stehlen (*bestahl*, *bestohlen*, *h*) derubare

be'stell|en (*senza -ge-, h*) *econ* ordinare; *Zimmer*: riservare; *j-n*: far venire qu; *j-m et*: far sapere; *agr* coltivare; *Auftrag*: eseguire; *Grüße*: trasmettere; **2er** *m* (*-s*; *-*) committente *m*; cliente *m*; **2formular** *n* modulo *m* per ordinazioni; **2ung** *f* (*-*; *-en*) ordinazione *f*, consegna *f*, *agr* coltivazione *f*

be'steuer|n (*senza -ge-, h*) tassare; **2ung** *f* (*-*; *senza pl*) tassazione *f*

bestimm|en (*senza -ge-, h*) (*entscheiden*) decidere; (*festsetzen*) fissare, stabilire; (*ausersehen*) destinare; *wissenschaftlich*: determinare; **~t** determinato; stabilito; deciso; certo; *adv* di sicuro

Be'stimmung|en *f/pl* disposizioni *f/pl*, norme *f/pl*; prescrizioni *f/pl*; regolamento *m*; **~sort** [-ˀɔrt] *m* luogo *m* di destinazione

'bestmöglich ['bɛst'møːkliç] meglio possibile

be'straf|en [bə'ʃtraːfən] (*senza -ge-, h*) punire; castigare; **2ung** *f* (*-*; *-en*) punizione *f*, castigo *m*

be'strahl|en (*senza -ge-, h*) irradiare; *med* trattare con i raggi X; **2ung** *f* (*-*; *-en*) irradiazione *f*, *med* raggi *m/pl*

be'streb|t [bə'ʃtreːpt]: **~ sein zu** studiarsi di, sforzarsi di, cercare di; **2ungen** *f/pl* sforzi *m/pl*

be'streiken (*senza -ge-, h*) colpire con lo sciopero

be'streiten (*bestritt*, *bestritten*, *h*) contestare; *Kosten*: fronteggiare; sostenere

be'stücken [-'ʃtykən] (*senza -ge-, h*) armare (di cannoni)

be'stürzt [-'ʃtyrtst] costernato

Be'such [bə'zuːx] *m* (*-[e]s*; *-e*) visita *f*, *häufiger*: frequenza *f*; **2en** (*senza -ge-, h*) visitare; *j-n*: andare (*od* venire) a trovare; *Lokal*, *Schule*: frequentare; **~er** *m* (*-s*; *-*), **~erin** *f* (*-*; *-nen*) visitatore *m*, -trice *f*, *Gast*: ospite *m/f*; frequentatore *m*, -trice *f*; **~szeit** *f* orario *m* delle visite

be'tätig|en (*senza -ge-, h*); *tec* azionare, mettere in funzione; **sich bei et ~** prender parte a qc; **2ung** *f* (*-*; *-en*) azionamento *m*

be'täub|end [-'tɔʏbənt] *Lärm*: assordante; **2ung** *f* (*-*; *-en*) assordamento *m*; stordimento *m*; narcosi *f*

be'teilig|en [bə'taɪligən] (*senza -ge-, h*): **sich ~** partecipare (**an** *dat* a); **j-n an et** (*dat*) **~** interessare qu in qc; **2ung** *f* (*-*; *-en*) partecipazione *f*, collaborazione *f*

'beten ['beːtn] (*h*) pregare

Be'ton [be'tɔ̃; -'toːn] *m* (*-s*; *-s u -e* [be'toːnə]) cemento *m* armato, calce-

B

struzzo *m*

be'tonen [bə'to:nən] (*senza -ge-, h*) *fig* rilevare, affermare, sottolineare, insistere su

Be'tracht [-'traxt] *m* (*-[e]s; senza pl*): ***in ~ kommen*** essere in questione; ***et in ~ ziehen*** tener conto di qc; **2en** (*senza -ge-, h*) guardare; *geistig*: considerare; **~ung** *f* (*-; -en*) contemplazione *f*; considerazione *f*

be'trächtlich [-'trɛçtliç] considerevole

Be'trag [-'tra:k] *m* (*-[e]s; ¨-e*) importo *m*; ***~ erhalten*** ricevuto; ***im ~ von*** per l'importo di

be'tragen *v/i* (*betrug, betragen, h*) ammontare (a); ***sich ~*** comportarsi

Be'treff [-'trɛf] *m* (*-[e]s; -e*) *im Brief*: oggetto; **2en** *v/t* (*betraf, betroffen, h*) (*angehen*) riguardare, concernere; ***es betrifft ...*** si tratta di ...; **2end** concernente; rispettivo

be'treffs riguardo a, concernente

be'treiben azionare; (*Hobby*) praticare; (*Geschäft*) gestire, condurre

be'treten **1.** *v/t* (*betrat, betreten, h*) *Haus, Laufbahn*: entrare in; **2.** *adj fig* sorpreso, confuso

Be'treten *n* (*-s; senza pl*): ***~ verboten*** accesso *m* vietato

be'treuen [-'trɔʏən] *v/t* (*senza -ge-, h*) aver cura di; assistere

Be'trieb [-'tri:p] *m* (*-[e]s; -e*) azienda *f*; impresa *f*; (*Fabrik*) fabbrica *f*; stabilimento *m*; *tec* funzionamento *m*; *fig* movimento *m*; ***in ~ sein*** funzionare, essere in funzione; **2lich** aziendale; ***~e Mitbestimmung*** cogestione aziendale

Be'triebs|ausgaben *f/pl* spese *f/pl* d'esercizio; **2fähig** pronto a funzionare; **~gewinn** *m* utile *m* d'esercizio; **~kapital** *n* capitale *m* d'esercizio, fondi *m/pl* di gestione; **~kosten** *pl* costi *f/pl* d'esercizio; **~leitung** *f* direzione *f*; **~rat** *m* consiglio *m* di fabbrica; **~system** *n inform* sistema *m* operativo; **~vereinbarung** *f* accordo *m* aziendale; **~wirtschaft** *f* amministrazione *f* aziendale; scienze *f/pl* economiche

Be'trug [-'tru:k] *m* (*-[e]s; senza pl*) inganno *m*; *econ* frode *f*

be'trüg|en (*betrog, betrogen, h*) ingannare; *econ* truffare; frodare; **2er** *m* (*-s; -*) imbroglione *m*; truffatore *m*; **~erisch** imbroglione; doloso

be'trunken [-'truŋkən] ubriaco

Bett [bɛt] *n* (*-[e]s; -en*) letto *m*; ***zu ~ gehen*** andare a letto; **'~decke** *f* coperta *f*; copriletto *m*

'Bettlaken *n* lenzuolo *m*

'Bettler ['bɛtlər] *m* (*-s; -*), **'~in** *f* (*-; -nen*) mendicante *m/f*, accattone *m*, -a *f*

'Bettwäsche *f* lenzuola *f/pl*

'Beule ['bɔilə] *f* (*-; -n*) bernoccolo *m*; *auto* ammaccatura *f*

be'unruhig|en [bə'ʔunru:igən] (*senza -ge-, h*) inquietare; preoccupare; allarmare; **~end** inquietante, allarmante

be'urkunden [-'ʔu:rkundən] (*senza -ge-, h*) documentare; legalizzare

be'urlaub|en [-'ʔu:rlaubən] *v/t* (*senza -ge-, h*) mandare in congedo; **~t** in congedo

be'urteilen [-'ʔu:rtaɪlən] (*senza -ge-, h*) giudicare; criticare

'Beute ['bɔitə] *f* (*-; -*) bottino *m*; *fig* preda *f*, vittima *f*

'Beutel ['bɔʏtəl] *m* (*-s; -*) borsa *f*; sacchetto *m*

be'völker|n [bə'fœlkərn] (*senza -ge-, h*) popolare; **2ung** *f* (*-; -en*) popolazione *f*

be'vollmächtig|en [-'fɔlmɛçtigən] (*senza -ge-, h*) dare pieni poteri a; autorizzare; delegare; **~t** autorizzato; **2te** [-tiçtə] *m/f* (*-n; -n*) delegato *m*, -a *f*; *jur* mandatario *m*

be'vor [-'fo:r] prima che (*mit cj*), prima di (*mit inf*)

be'vorstehen [-ʃte:ən] (*irr, sep, -ge-, h*, → ***stehen***) essere imminente

be'vorzugen [-tsu:gən] (*senza -ge-, h*) preferire; (*begünstigen*) favorire

be'währen: ***sich ~*** (*senza -ge-, h*) dare buoni risultati; affermarsi

be'wahrheiten [-'va:rhaɪtən] (*senza -ge-, h*): ***sich ~*** avverarsi

bewährt [-'vɛ:rt] provato

be'waldet [-'valdət] boscoso

be'wältigen [-'vɛltigən] (*senza -ge-, h*) *Schwierigkeiten*: superare; *e-e Arbeit*: venire a capo di

be'wandert [-'vandərt] versato

be'wässer|n [-'vɛsərn] (*senza -ge-, h*) irrigare; **2ung** *f* (*-; -en*) irrigazione *f*

be'weg|en [-'ve:gən] (*senza -ge-, h*) muovere; *fig* agitare; (*rühren*) commuovere; *j-n zu*: indurre; **~lich** [-'ve:kliç] mobile; *Personen*: agile, vivace; *Charakter*: volubile; ***~e Güter***

n/pl beni *m/pl* mobili
be'wegt [-'veːkt] agitato; commosso
Be'wegung *f* (-; *-en*) movimento *m*; *fis* moto *m*; *fig* commozione *f*; ***sich in ~ setzen*** mettersi in cammino; **~sfreiheit** *f* libertà *f* di azione; **≗slos** immobile
Be'weis [-'vaɪs] *m* (*-[e]s*; *-e*) prova *f*; dimostrazione *f*; ***unter ~ stellen*** provare; **≗en** *v/t* (*bewies, bewiesen, h*) provare; dimostrare; **~führung** *f* dimostrazione *f*; **~stück** *n* documento *m* di prova, pezzo *m* giustificativo; *jur* corpo *m* del reato
be'werb|en (*bewarb, beworben, h*): ***sich um et ~*** chiedere qc; *um ein Amt*: fare una domanda di lavoro; concorrere a un posto; **≗er** *m* (*-s*; -), **≗erin** *f* (-; *-nen*) aspirante *m*; candidato *m*; **≗ung** *f* (-; *-en*) domanda *f* d'assunzione; **≗ungsgespräch** *n* colloquio *m* di presentazione; **≗ungsschreiben** *n* domanda *f* d'impiego
be'werten (*senza -ge-, h*) valutare
be'willigen [-'viligən] (*senza -ge-, h*) concedere; *et*: accordare
be'wirtschaften (*senza -ge-, h*) amministrare; (*rationieren*) razionare
be'wohn|en (*senza -ge-, h*) abitare; **≗er** *m* (*-s*; -), **≗erin** *f* (-; *-nen*) abitante *m/f*; *e-s Hauses*: inquilino *m*
be'wölk|en [-'vœlkən]: ***sich ~*** (*senza -ge-, h*) rannuvolarsi; **~t** nuvoloso
be'wundern (*senza -ge-, h*) ammirare; **~swert** ammirabile
be'wusst [-'vust] cosciente; *e-r Sache*: consapevole; conscio; (*bekannt*) in questione; ***sich et*** (*gen*) ***~ werden*** rendersi conto di qc; ***sich et*** (*gen*) ***~ sein*** essere consapevole di qc; **~los** svenuto, privo di sensi; **≗sein** *n* (*-s*; *senza pl*) coscienza *f*
be'zahl|en (*senza -ge-, h*) pagare; retribuire; saldare; **'≗fernsehen** *n* (*-s*; -) pay-TV *f*; **≗ung** *f* (-; *senza pl*) pagamento *m*; retribuzione *f*; saldo *m*
be'zeichn|en (*senza -ge-, h*) marcare, contrassegnare; (*zeigen*) indicare; **~end** caratteristico; significativo; **≗ung** *f* (-; *-en*) segno *m*; indicazione *f*; designazione *f*
be'zeugen (*senza -ge-, h*) attestare
bezichtigen [-'tsiçtigən] (*senza -ge-, h*) incolpare
be'zieh|en (*bezog, bezogen, h*) **1.** *v/t econ* ricevere; *Geld*: riscuotere; *Ware*: acquistare; *Zeitschrift*: essere abbonato a; ***ein Haus ~*** andare ad abitare in una casa; **2. *sich ~*** riferirsi; *Himmel*: annuvolarsi; **≗ung** *f* (-; *-en*) rapporto *m*; relazione *f*; ***in dieser ~*** da questo punto di vista; **~ungsweise** oppure; rispettivamente
Be'zirk [-'tsirk] *m* (*-[e]s*; *-e*) distretto *m*; (*Stadt≗*) quartiere *m*
Be'zug [-'tsuːk] *m* (*-[e]s*; *⸚e*) copertura *f*; *Geld*: riscossione *f*; *Waren*: acquisto *m*; *Zeitungen*: abbonamento *m*; ***Bezüge*** *pl* (*Gehalt*) introiti *m/pl*; *econ* ***bei ~ von*** acquistando; ***mit ~*** *oder* ***in ~ auf*** riguardo a; ***~ nehmen*** riferirsi (***auf*** *acc* a)
be'zwecken [-'tsvɛkən] (*senza -ge-, h*) mirare a, tendere a
be'zweifeln *v/t* (*senza -ge-, h*) mettere in dubbio; dubitare (***et*** di qc)
'Bibel ['biːbəl] *f* (-; *-n*) Bibbia *f*
Biblio'thek [biːblio'teːk] *f* (-; *-en*) biblioteca *f*
'biblisch ['biːbliʃ] biblico; ***≗e Geschichte*** *f* Storia *f* Sacra
'bieg|en ['biːgən] *v/t* (*bog, gebogen, h*) piegare; (in)curvare; **'~sam** ['biːkzaːm] pieghevole; flessibile
'Biene ['biːnə] *f* (-; *-n*) ape *f*; **'~nstock** *m* alveare *m*
Bier [biːr] *n* (*-[e]s*; *-e*) birra *f*; ***helles ~*** birra *f* chiara; ***dunkles ~*** birra *f* scura; **'~garten** *m* birreria *f* all'aperto; **'~glas** *n* bicchiere *m* da birra
'bieten ['biːtən] (*bot, geboten, h*) offrire; *Hand*: tendere; ***sich ~*** presentarsi; ***das lasse ich mir nicht ~!*** questa non me la faccio fare!
Bi'lanz [-'lants] *f* (-; *-en*) bilancio *m*; ***die ~ ziehen*** fare il bilancio
'bilateral ['biːlateraːl] bilaterale
Bild [bilt] *n* (*-[e]s*; *-er*) immagine *f*; *Malerei*: quadro *m*; (*Porträt*) ritratto *m*; *Buch*: illustrazione *f*; ***im ~e sein*** essere al corrente; ***sich ein ~ machen*** farsi un'idea; **'~berichterstatter** *m* fotocronista *m*
'bilden ['bildən] (*h*) formare; *geistig*: istruire; (*schaffen*) creare; (*ausmachen*) costituire; ***~de Künste*** arti *f/pl* figurative; ***gebildet*** istruito, colto; **~d** istruttivo

'Bilder|buch *n* libro *m* illustrato; **'~galerie** *f* galleria *f* (di quadri); **'~rätsel** *n* rebus *m*; **'~sammlung** *f* collezione *f* di quadri; **'~schrift** *f* scrittura *f* ideografica

'Bild|fläche ['biltflɛçə] *f* piano *m*, fondo *m*; ***auf der ~ erscheinen*** farsi vedere; ***von der ~ verschwinden*** scomparire; **'~hauer** ['-haʊər(in)] *m* scultore *m*; **~hauerin** *f* scultrice *f*

'bild|lich figurato, metaforico; **'2nis** *n* (*-ses*; *-se*) *Malerei*: ritratto *m*; effigie *f*

'Bildschirm *m* schermo *m*; ***am ~ arbeiten*** lavorare al computer; **'~arbeit** *f* (-; *senza pl*) lavoro *m* al computer, telelavoro *m*; **'~arbeitsplatz** *m* (*-es*; *¨-e*) work-station *f*; **'~fenster** *n* (*-s*; -) *inform* finestra *f*; **'~schoner** *m* (*-s*; -) *inform* salvaschermo *m*, screen saver *m*; **'~text** *m* (*od* Btx) Videotex *m*, Videotel *m*

'Bildung ['bilduŋ] *f* (-; *-en*) formazione *f*; *e-r Gesellschaft*: costituzione *f*; (*Aus2*) educazione *f*; (*senza pl*) *wissenschaftliche*: cultura *f*; (*Schul2*) istruzione *f*; **'~sweg** *m* corso *m* di studi; ***zweiter ~*** scuole *f/pl* superiori serali

'Billard ['biljart] *n* (*-s*; *-e*) biliardo *m*

'billig ['biliç] **1.** *adj* giusto, equo; *Preis*: economico; basso; **2.** *adv* a buon prezzo, a buon mercato; **'~en** ['-gən] (*h*) approvare; **'2flug** *m* volo *m* a tariffa ridotta; **'2lohnland** *n* paese *m* a basso costo di manodopera; **'2ung** *f* (-; *-en*) approvazione *f*

'Billion ['biljoːn] *f* (-; *-en*) bilione *m*

'Binde ['bində] *f* (-; *-n*) fascia *f*, fasciatura *f*; **'~glied** *n* anello *m* di congiunzione; vincolo *m*

'bind|en ['bindən] *v/t* (*band*, *gebunden*, *h*) legare (*a fig*); *Strauß*: fare; **~end** vincolante, obbligatorio

'Bindfaden ['bintfaːdən] *m* spago *m*

'Bindung ['-duŋ] *f* (-; *-en*) legame *m*, unione *f*, (*Verpflichtung*) obbligo *m*, impegno *m*; *Skisport*: attacco *m*

'binnen ['binən] entro; ***~ 24 Stunden*** entro 24 ore; **'2markt** *m* mercato *m* interno; (***europäischer***) ~ mercato unico (europeo); **'~-*Richtlinien*** *pl* direttive *f/pl* del mercato unico; **'2verkehr** *m* traffico *m* interno

Bioche'mie [bioːçeː'miː] *f* biochimica *f*

Biogra'ph|ie [-gra'fiː] *f* (-; *-n*) biografia *f*; **2isch** [-'graːfiʃ] biografico

Biolo'g|ie [-lo'giː] *f* (-; *senza pl*) biologia *f*; **2isch** [-'loːgiʃ] biologico

'Bio|produkt *n* (*-s*; *-e*) *ecol* prodotto *m* organico (*od* biodegradabile); **'~tonne** *f* (-; *-n*) *ecol* bidone *m* per rifuti biodegradabili; **'~top** [-'toːp] *n* (*-s*; *-e*) biotopo *m*

'Birke ['birkə] *f* (-; *-n*) betulla *f*

'Birne ['birnə] *f* (-; *-n*) pera *f*; (*Glüh2*) lampadina *f*

bis [bis] **1.** *prp* sino a, fino a; ***von 3 bis 4 Uhr*** dalle 3 alle 4; ***neun ~ zehn Jahre*** da nove a dieci anni; ***~ auf*** (*acc*) (*ausgenommen*) eccetto; ***~ auf weiteres*** fino a nuovo ordine; **2.** *cj* finché, sinché

'Bischof ['biʃɔf] *m* (*-s*; *¨-e*) vescovo *m*

bis'her [bis'heːr] finora, sinora; **~ig** che è stato (*od* è durato) finora

Biss [bis] *m* (*-es*; *-e*) morso *m*; **'2chen** ['-çən] poco, pochino

'bissig ['bisiç] mordace

'bitte *adv* per favore; *nach Dank*: prego; ***wie ~?*** come?

'Bitte ['bitə] *f* (-; *-n*) preghiera *f*; ***ich habe e-e ~ an Sie*** vorrei chiederle un favore

'bitten ['bitən] (*bat*, *gebeten*, *h*) pregare; ***j-n um et ~*** domandare qc a qu; ***ich bitte Sie*** La prego

'bitter ['bitər] amaro

'Bittschrift *f* supplica *f*

bi'zarr [bi'tsar] bizzarro

'Blähung ['blɛːuŋ] *f* (-; *-en*) *med* flatulenza *f*

Bla'm|age [bla'maːʒə] *f* (-; *-n*) figuraccia *f*; **2'ieren**: ***sich ~*** (*senza ge-*, *h*) far brutta figura; ***j-n ~*** compromettere qu; mettere in ridicolo qu

'blanko *econ* ['blaŋko] in bianco; **'2scheck** *m* assegno *m* in bianco; **2unterschrift** *f* firma *f* in bianco

'Bläschen ['blɛːsçən] *n* (*-s*; -) bollicina *f*; *med* pustola *f*

'Blase ['blaːzə] *f* (-; *-n*) bolla *f*, *anat* vescica *f*, *chim* lambicco *m*

'blasen ['blaːzən] (*blies*, *geblasen*, *h*) soffiare

'Blasenentzündung ['blaːzənˀɛnt-tsynduŋ] *f* cistite *f*

'Blasinstrument ['blaːsˀinstrumɛnt] *n* strumento *m* a fiato

blass [blas] pallido

Blatt [blat] *n* (*-[e]s*; *¨-er*; *als Maß im pl*

inv) foglia *f*; *Papier*: foglio *m*; (*Zeitung*) giornale *m*; *Säge*: lama

'Blätterteig ['blɛtərtaɪk] *m* pasta *f* sfoglia

blau [blaʊ] *adj* blu; azzurro; *med* livido; F (*betrunken*) brillo; F **~ machen** non presentarsi al lavoro

Blau *n* (*-s*; *senza pl*) azzurro *m*; ***ins ~e hinein reden*** parlare a vanvera; ***Fahrt ins ~e*** gita *f* senza meta; **~helm** *m* casco *m* blu

Blech [blɛç] *n* (*-[e]s*; *-e*) lamiera *f*; (*Weiß*≈) latta *f*; **'~büchse** *f*, **'~dose** *f* scatola *f* di latta, lattina *f*; **'~instrumente** *n/pl mus* ottoni *m/pl*; **'~schaden** *m* danni *m/pl* alla carrozzeria

Blei [blai] *n* (*-[e]s*; *-e*) piombo *m*

'bleiben ['blaɪbən] (*blieb*, *geblieben*, *sn*) restare, rimanere; ***es ~ lassen*** lasciar stare; ***lass das ~!*** finiscila!; ***dabei ~*** persistere; ***bei et ~*** non allontanarsi da qc, perseverare in qc; ***es bleibt dabei*** resta inteso; **'~d** *adj* permanente

bleich [blaɪç] pallido; **'~en** (*blich*, *geblichen*) *v/t* (*h*) imbiancare; *Haare*: ossigenare

'blei|frei ['blaɪfraɪ] *adj* (*Benzin*) senza piombo; **'~haltig** ['-haltiç] piombifero; **'≈stift** *m* lapis *m*, matita *f*

'Blend|e ['blɛndə] *f* (*-*; *-n*) *fis*, *fot* diaframma *m*; **'≈en** (*h*) abbagliare; **'≈end** *fig* fantastico

Blick [blik] *m* (*-[e]s*; *-e*) sguardo *m*; *flüchtiger*: occhiata *f*; (*Aussicht*) vista *f*, panorama *m*; ***e-n ~ werfen auf*** (*acc*) dare un'occhiata a; **≈en** (*h*) guardare; ***sich ~ lassen*** farsi vivo; **'~fang** ['-faŋ] *m* (*-[e]s*; *¨e*) attrazione *f*; **'~feld** *n* campo *m* visivo

blind [blint] cieco; ***~er Passagier*** viaggiatore *m* clandestino; **'≈bewerbung** *f* (*-*; *-en*) domanda *f* di lavoro mandata alla cieca; **'≈darm** *m* intestino *m* cieco; **'≈darmentzündung** *f* appendicite *f*

'Blind|e ['blində] *m/f* (*-n*; *-n*) cieco *m*, -a *f*; **'~enschrift** *f* scrittura *f* Braille

'Blind|flug ['blintflu:k] *m* volo *m* strumentale; **≈heit** *f* (*-*; *senza pl*) cecità *f*

'blink|en ['bliŋkən] (*h*) brillare; *Zeichen geben*: segnalare; **'≈licht** *n* luce *f* ad intermittenza; *auto*: lampeggiatore *m*

Blitz [blits] *m* (*-es*; *-e*) lampo *m*; baleno *m*; *Wetterstrahl*: fulmine *m*; **'≈en** (*h*) lampeggiare; **'~gespräch** *n* telefonata *f* urgentissima; **'~krieg** *m* guerra *f* lampo; **'~licht** *n fot* flash *m*, lampo *m*; **'~schlag** *m* fulmine *m*; **'~telegramm** *n* telegramma *m* lampo

Block [blɔk] *m* (*-[e]s*; *¨e*) blocco *m*; (*pl -s*) (*Häuser*≈) isolato *m*; (*Notiz*≈) taccuino *m*, agenda *f*

Blo'ckade [blɔ'ka:də] *f* (*-*; *-n*) blocco *m*

blo'ckieren [blɔ'ki:rən] (*senza ge-*, *h*) bloccare

'Blockschrift *f* stampatello *m*

'blöd|e ['blø:də] scemo; stupido; tonto; **'~sinnig** ['blø:tziniç] cretino

blond [blɔnt] biondo; **≈'ine** [-'di:nə] *f* (*-*; *-n*) biondina *f*

bloß [blo:s] **1.** *adj* nudo; *Kopf*: scoperto; *Fuß*: scalzo; ***mit ~em Auge*** ad occhio nudo; **2.** *adv* solamente

'Blöße ['blø:sə] *f* (*-*; *-n*) nudità *f*; *fig* ***sich e-e ~ geben*** scoprirsi (*fig*)

'bloßstellen ['blo:sʃtelən] (*sep*, *-ge-*, *h*) compromettere

Bluff [bløf] *m* (*-s*; *-s*) bluff *m*; **'≈en** (*h*) bleffare

'blühen ['bly:ən] (*h*) fiorire; **'~d** fiorente; *Fantasie*: esuberante

'Blume ['blu:mə] *f* (*-*; *-n*) fiore *m*; *vom Wein*: aroma *m*

'Blumen|händler *m* fioraio *m*; **'~kohl** *m* cavolfiore *m*; **'~strauß** *m* mazzo *m* di fiori; **'~topf** *m* vaso *m* da fiori

'Bluse ['blu:zə] *f* (*-*; *-n*) camicetta *f*, blusa *f*

Blut [blu:t] *n* (*-[e]s*; *senza pl*) sangue *m*

'Blut|ader *f* vena *f*; **'~armut** *f* anemia *f*; **'~bad** *n* strage *f*; **'~bild** *med n* quadro *m* ematologico; **'~druck** *m* pressione *f* sanguigna

'Blüte ['bly:tə] *f* (*-*; *-n*) fiore *m*

'bluten ['blu:tən] (*h*) sanguinare; *fig* versare il sangue; *iro* dover pagare

'Blut|entnahme ['-ʔɛntna:mə] *f* prelievo *m* del sangue; **'~erkrankheit** ['blu:tərkraŋkhaɪt] *f* emofilia *f*; **'~gefäß** *n* vaso *m* sanguigno; **'~gruppe** *f* gruppo *m* sanguigno; **'≈ig** insanguinato; pieno di sangue; **'~körperchen** ['-kœrpərçən] *n* (*-s*; *-*) globulo *m* del sangue; ***weiße ~*** *n/pl* leucociti *m/pl*; **'~kreislauf** *m* circolazione *f* del sangue; **'~probe** *f* emoscopia *f*; **'~spender** *m* donatore *m* di sangue; **'≈stillend** ['blu:tʃtilənt] emostatico; **'~sturz** *m* sbocco *m* di sangue; '**~sverwandtschaft** *f* consanguineità *f*; '**~übertragung** *f* trasfusione *f* di sangue; '**~ung** *f* (-; *-en*) perdita *f* di sangue; '**~vergießen** *n* (*-s*; *senza pl*) spargimento *m* di sangue; '**~vergiftung** *f* setticemia *f*; infezione *f* purulenta; '**~wurst** *f* sanguinaccio *m*

Bö [bøː] *f* (-; *-en*) raffica *f*

Bob [bɔp] *m* (*-s*; *-s*) bob *m*

Bock [bɔk] *m* (*-[e]s*; *⸚e*) maschio *m*; (*Ziegen*≗) becco *m*; (*Kutsch*≗) cassetta *f*; '**≗ig** caparbio; capriccioso

'**Boden** ['boːdən] *m* (*-s*; *⸚*) suolo *m*; *zum Bauen*: terreno *m*; *e-s Gefäßes*: fondo *m*; (*Dach*≗) solaio *m*; (*Fuß*≗) pavimento *m*; *fig* base *f*; ***~ gewinnen*** guadagnar terreno; ***zu ~*** a terra; '**~abwehr** *avia f* difesa *f* antiaerea; '**≗los** sfondato; *fig* immenso; incredibile; '**~nebel** *m* foschia *f*; '**~personal** *avia n* personale *m* a terra; '**~reform** *f* riforma *f* agraria; '**~schätze** *m/pl* ricchezze *f/pl* del sottosuolo; '**≗ständig** nativo, autoctono; '**~station** ['-ʃtatsjoːn] *f* stazione *f* a terra

'**Bogen** ['boːgən] *m* (*-s*; -) arco *m*; *Papier*: foglio *m*; '**~gang** *m* portico *m*; '**~gewölbe** *n* volta *f* a centina; '**~lampe** *f* lampada *f* ad arco

'**Bohne** ['boːnə] *f* (-; *-n*) fagiolo *m*; (*Sau*≗) fava *f*; (*Kaffee*≗) chicco *m*; ***grüne ~n*** fagiolini *m/pl*

'**bohr|en** ['boːrən] (*h*) forare; *ein Loch*: fare; *tec* trivellare, alesare; *med* trapanare; '**≗er** *m* (*-s*; -) trivello *m*, succhiello *m*; *med* trapano *m*; '**≗loch** *n* foro *m*; '**≗maschine** *f* perforatrice *f*, trapano *m*; '**≗turm** *m* torre *f* di trivellazione; '**≗ung** *f* (-; *-en*) trivellazione *f*, perforazione *f*, *med* trapanazione *f*; *Auto*: alesaggio *m*

'**Boiler** ['bɔʏlər] *m* (*-s*; -) scaldabagno *m*

'**Boje** ['boːjə] *f* (-; *-n*) boa *f*, gavitello *m*

bombar'dieren [bɔmbar'diːrən] (*senza ge-*, *h*) bombardare

'**Bombe** ['bɔmbə] *f* (-; *-n*) bomba *f*, ***~n werfen*** lanciare bombe

Bon [bɔ̃] *m* (*-s*; *-s*) buono *m*; scontrino *m*

Bon'bon [bɔ̃'bɔ̃] *m u n* (*-s*; *-s*) caramella *f*, confetto *m*

'**Bonus** ['boːnus] *m* (*-[ses]*; *-se u Boni*) premio *m*; extradividendo *m*

Boot [boːt] *n* (*-[e]s*; *-e*) barca *f*, imbarcazione *f*, natante *m*; '**≗en** ['butən] *inform* riavviare; '**~sfahrt** *f* giro *m* (*od* gita *f*) in barca; '**~smann** *m* barcaiolo *m*; '**~sverleih** *m* noleggio *m* di barche

Bord' [bɔrt] *m* (*-[e]s*; *senza pl*) bordo *m*; ***an ~ gehen*** andare a bordo; ***über ~ werfen*** buttare a mare; **~²** *n* (*pl -e*) (*Wand*≗, *Bücher*≗) scaffale *m*; '**~karte** *f avia*carta *f* d'imbarco

'**borgen** ['bɔrgən] (*h*) ***j-m et ~*** prestare qc a qu

bor'niert [bɔr'niːrt] ottuso

'**Börse** ['bœrzə] *f* (-; *-n*) borsellino *m*; Borsa *f*

'**Börsen...** ['bœrzən...]: *in Zssgn oft* di borsa; '**~bericht** *m* listino *m* (*od* bollettino *m*) di borsa; '**~kurs** *m* corso *m* (*od* quotazione *f*) della borsa; '**~makler** *m* agente *m* di borsa (*od* di cambio); '**~notierung** *f* quotazione *f* di borsa; '**~spekulation** *f* aggiotaggio *m*; '**~verband** *m* (*-s*; *⸚e*): ***Europäischer ~*** *EU* Federazione *f* delle Borse valori europee

'**bösartig** ['bøːsʔaːrtiç] maligno (*a med*)

'**Böschung** ['bœʃuŋ] *f* (-; *-en*) scarpata *f*, pendio *m*

'**böse** ['bøːzə] *adj* cattivo; (*zornig*) adirato; ***e-e ~ Sache*** una faccenda seria; ***j-m ~ sein*** essere in collera con qu

'**boshaft** ['boːshaft] maligno

'**böswillig** ['bøːsviliç] malevolo; malintenzionato; *jur* doloso; *adv* intenzionalmente

Bo'tan|ik [bo'taːnik] *f* (-; *senza pl*) botanica *f*; **≗isch** *adj* botanico

'**Bote** ['boːtə] *m* (*-n*; *-n*) messaggero *m*; *post* postino *m*; (*Laufbursche*) fattorino *m*

'**Botschaft** ['boːtʃaft] *f* (-; *-en*) messaggio *m*; *pol* ambasciata *f*; '**~er** *m* (*-s*; -), '**~erin** *f* (-; *-nen*) ambasciatore *m*, -trice *f*

Bouil'lon [bul'jɔ̃] *f* (-; *-s*) brodo *m*

Boule'vard [bulə'vaːr] *m* boulevard *m*, viale *m*; **~presse** *f* stampa *f* scandalistica

Bourgeoi'sie [burʒwa'ziː] *f* (-; *senza pl*) borghesia *f*

'**box|en** ['bɔksən] *v/i* (*h*) fare il pugilato; '**≗er** *m* (*-s*; -) pugile *m*; '**≗kampf** *m* incontro *m* di pugilato

Boy'kott [bɔʏ'kɔt] *m* (*-[e]s*; *-s u -e*) boicottaggio *m*; **≗'ieren** (*senza ge-*, *h*)

boicottare

'Branche ['brɑ̃ʃə] *f* (-; *-n*) ramo *m*, settore *m*; **'~nverzeichnis** *n* catalogo *m* per categorie; *tel* pagine *f/pl* gialle

Brand [brant] *m* (*-[e]s*; *⸚e*) incendio *m*; *fig* ardore *m*; *tec* cottura *f*; **'~bombe** *f* bomba *f* incendiaria; **'~fleck** *m* bruciatura *f*; **'≗marken** ['-markən] (*h*) *fig* bollare, stigmatizzare; **'~opfer** *n* olocausto *m*; **'~schaden** *m* danno *m* causato da incendio; **'~stätte** *f* luogo *m* dell'incendio; **'~stifter** *m* incendiario *m*; **'~stiftung** *f* incendio *m* doloso

'Brandung ['brandʊŋ] *f* (-; *senza pl*) frangente *m*, risacca *f*

'Brandwunde *f* scottatura *f*

'Branntwein ['brantvaɪn] *m* acquavite *f*

Brasi'lian|er [brazil'jɑːnər] *m* (*-s*; -), **~erin** *f* (-; *-nen*), **≗isch** brasiliano *m*, -a *f*

'braten ['brɑːtən] *v/t* (*briet*, *gebraten*, *h*) arrostire; (*backen*) friggere; *Beefsteak*: fare; ***braun ~*** rosolare

'Braten *m* (*-s*; -) arrosto *m*

'Brat|fisch ['brɑːtfiʃ] *m* pesce *m* arrosto, pesce *m* fritto; **'~huhn** *n* pollo *m* arrosto; **'~kartoffeln** *f/pl* patate *f/pl* al forno; **'~wurst** *f* salsiccia *f* arrostita

Brauch [braʊx] *m* (*-[e]s*; *⸚e*) costume *m*, uso *m*; **'≗bar** utilizzabile; abile; (*tauglich*) idoneo; (*nützlich*) utile; **'≗en** (*h*) aver bisogno di; volerci; (*anwenden*) adoperare; usare; ***Sie ~ nur zu …*** non ha che da …

'brau|en ['braʊən] (*h*) fare (la birra, il ponce, il caffè *usw*); **≗e'rei** *f* (-; *-en*), **'≗haus** *n* birreria *f*

braun [braʊn] (*dunkel~*) bruno; (*kastanien~*) marrone; (*Haar*) castano; (*Auge*) scuro; (*hell~*) color avana; ***braun gebrannt*** abbronzato

'Bräune ['brɔʏnə] *f* (-; *senza pl*) (*Sonnen≗*) abbronzatura *f*; **'≗n** (*h*) abbrunire; brunire; ***sich ~*** abbronzarsi

'Braunkohle *f* lignite *f*

Braut [braʊt] *f* (-; *⸚e*) fidanzata *f*, sposa *f*

'Bräutigam ['brɔʏtigam] *m* (*-s*; *-e*) fidanzato *m*, sposo *m*

'Braut|kleid *n* abito *m* da sposa; **'~paar** *n* (coppia *f* di) sposi *m/pl*

brav [brɑːf] bravo; (*Kind*) buono; (*ehrenhaft*) perbene, onorato

'brechen[1] ['brɛçən] (*brach*, *gebrochen*) **1.** *v/t* (*h*) rompere; *med* fratturare; *Wort*: mancare a; *Gesetz*: violare; **2.** *v/i* (*sn*) *u* ***sich ~*** rompersi; ***mit j-m ~*** (*h*) romperla con qu; (*Wellen*) frangersi; (*Licht*) rifrangersi

'brechen[2] ['brɛçən] (*brach*, *gebrochen*) (*h*) *med* vomitare

'Brech|reiz ['brɛçraɪts] *m* nausea *f*; **'~stange** *f* leva *f* di ferro; **'~ung** *f* (-; *-en*) *fis* rifrazione *f*

Brei [braɪ] *m* (*-[e]s*; *-e*) poltiglia *f*; *gastr u fig* pappa *f*; von *Kartoffeln*, *Erbsen*: purè *m*

breit [braɪt] largo; ***weit und ~*** da ogni parte; **'≗e** *f* (-; *-n*) larghezza *f*; **'≗engrad** *m* (grado *m* di) latitudine *f*; ***sich ~ machen*** occupare tutto il posto disponibile; **'~schlagen** (*irr*, *sep*, *-ge-*, *h*, → ***schlagen***) F persuadere (a forza di chiacchiere); **'≗seite** *f* *mar* fianco *m*; **'~treten** (*irr*, *sep*, *-ge-*, *h*, → ***treten***) dilungarsi su, propalare; **'≗wand** *f* schermo *m* panoramico

'Brems|e ['brɛmzə] *f* (-; *-n*) freno *m*; *zo* tafano *m*; assillo *m*; ***die ~ einstellen*** regolare il freno; **≗en** (*h*) frenare; **'~pedal** *n* pedale *m* del freno

'brennbar ['brɛnbɑːr] combustibile

'brennen ['brɛnən] (*brannte*, *gebrannt*, *h*) **1.** *v/t* bruciare; *Kaffee*: tostare; *Branntwein*: distillare; *tec Kalk*, *Töpfe*: cuocere; **2.** *v/i* bruciare; ardere; (*Sonne*) scottare; (*Lampe*) essere acceso; ***es brennt*** c'è un incendio; ***darauf ~ zu inf*** non vedere il momento di; **'~d** ardente; *fig* di scottante attualità; ***~er Schmerz*** *m* dolore *m* cocente; ***~e Frage*** *f* questione *f* scottante

Brenne'rei [brɛnə'raɪ] *f* (-; *-en*) distilleria *f*

'Brenn|holz *n* legna *f*; **'~nessel** *f* ortica *f*; **'~punkt** *m* fuoco *m*; *fig* centro *m*; punto *m* nevralgico; **'~spiritus** *m* alcol *m* denaturato; **'~stoff** *m* combustibile *m*; *Auto*: carburante *m*

'brenzlig ['brɛntsliç] bruciaticcio; *fig* critico; precario

Brett [brɛt] *n* (*-[e]s*; *-er*) asse *f*, tavola *f*; (*Spiel≗*) scacchiera *f*; ***schwarzes ~*** tavola *f* degli avvisi; **'~er** *pl tea* scena *f*; *Skisport*: sci *m/pl*

Brief [briːf] *m* (*-[e]s*; *-e*) lettera *f*; ***gewöhnlicher ~*** lettera *f* semplice; ***eingeschriebener ~*** lettera *f* raccomandata; **'~bogen** *m* foglio *m* di carta da lettere; **'~geheimnis** *n* segreto *m*

B

epistolare; '**~kasten** *m* cassetta *f* postale, buca *f* delle lettere; '**~kastenfirma** *f* società *f* bucalettere; '**~kopf** *m* intestazione *f*
'brieflich ['bri:fliç] per lettera
'Brief|marke *f* francobollo *m*; '**~markenautomat** *m* distributore *m* automatico di francobolli; '**~öffner** ['-ˀœfnər] *m* (*-s*; -) tagliacarte *m*; '**~papier** *n* carta *f* da lettere; '**~porto** *n* affrancatura *f*; '**~post** *f* corrispondenza *f*; '**~tasche** *f* portafoglio *m*; '**~telegramm** *n* telegramma *m* lettera; '**~träger(in** *f*) *m* portalettere *m/f*, postino *m*, -a *f*; '**~umschlag** *m* busta *f*; '**~waage** *f* pesalettere *m*
Bril'lant [bril'jant] *m* (*-en*; *-en*), **brillant** *adj* brillante *m*
'Brille ['brilə] *f* (-; *-n*) occhiali *m/pl*; (*Schutz*≈) occhiali *m/pl* da protezione; '**~netui** *n* astuccio *m* per occhiali
'bringen ['briŋən] (*brachte, gebracht, h*) **1.** portare; (*begleiten*) accompagnare; (*ein~*) rendere; (*hervor~*) produrre; *Opfer*: fare; **2.** *mit prp*: ***an sich*** (*acc*) ~ appropriarsi di; ***j-n auf et*** (*acc*) ~ suggerire qc a qu; ***mit sich*** ~ *fig* portare con sé, comportare, implicare; ***j-n um et*** ~ togliere qc a qu; ***j-n zu et*** ~ indurre qu a fare qc; ***j-n zum Lachen*** ~ far ridere qu; ***es zu et*** ~ far carriera; ***in Gefahr*** ~ mettere in pericolo; ***unter die Leute*** ~ mettere in giro
'Brise ['bri:zə] *f* (-; *-n*) brezza *f*
'britisch ['brɪtiʃ] britannico
'Brocken ['brɔkən] *m* (*-s*; -) pezzo *m*
Brombeere ['brɔmbe:rə] *f* mora *f* (di rovo)
'Bronze ['brɔ̃sə, '-zə] *f* (-; *-n*) bronzo *m*
'Brosch|e ['brɔʃə] *f* (-; *-n*) spilla *f*; ≈**'iert** [-'ʃi:rt] in brossura; ≈**'üre** [-'ʃy:rə] *f* (-; *-n*) opuscolo *m*, dépliant *m*
Brot [bro:t] *n* (*-[e]s*; *-e*) pane *m*
'Brötchen ['brø:tçən] *n* (*-s*; -) panino *m*; ***belegtes*** ~ panino *m* imbottito
'Brot|röster *m* tostapane *m*; '**~schnitte** *f* fetta *f* di pane
Bruch [brux] *m* (*-[e]s*; *⸚e*) rottura *f*; *med* frattura *f*; *am Unterleib*: ernia *f*; *mat* frazione *f*; (*Stein*≈) cava *f*; ***zu ~ gehen*** rompersi; ***in die Brüche gehen*** fallire, andare in fumo
'bruchfest ['-fəst] infrangibile
'brüchig ['bryçiç] fragile; friabile
'Bruch|landung *f avia* atterraggio *m* con avaria; '**~stück** *n* frammento *m*; '**~teil** *m* frazione *f*; *fig* minima parte *f*
'Brücke ['brykə] *f* (-; *-n*) ponte *m*
'Brücken|bau *m* costruzione *f* di ponti; '**~kopf** *m* testa *f* di ponte
'Bruder ['bru:dər] *m* (*-s*; ⸚) fratello *m*; *rel* frate *m*
'brüderlich ['bry:dərliç] fraterno
'Brüderschaft ['bry:dərʃaft] *f* (-; *senza pl*) fratellanza *f*; ~ ***trinken*** brindare in segno di fratellanza (dandosi del tu)
'Brühe ['bry:ə] *f* (-; *-n*) brodo *m*; *fig* broda *f*
'brühen ['bry:ən] (*h*) bollire
'brummen ['brumən] *v/i* (*h*) brontolare; *Kopf*: ronzare
brü'nett [bry'nɛt] castano; moro
'Brunnen ['brunən] *m* (*-s*; -) fonte *f*; (*Zier*≈) fontana *f*, pozzo *m*; (*Gesund*≈) acque *f/pl* minerali
brüsk [brysk] brusco; **~'ieren** (*senza ge-, h*) offendere; ≈**'ierung** *f* (-; *-en*) offesa *f*
Brust [brust] *f* (-; *⸚e*) petto *m*; (*Busen*) seno *m*
'brüsten ['brystən]: ***sich*** ~ (*h*) vantarsi
'Brust|korb *m* torace *m*; '**~krebs** *m* cancro *m* alla mammella; '**~schwimmen** *n* nuoto *m* a rana; '**~umfang** *m* circonferenza *f* toracica
'Brüstung ['brystuŋ] *f* (-; *-en*) parapetto *m*
'Brustwarze ['brustvartsə] *f* capezzolo *m*
Brut [bru:t] *f* (-; *-en*) (*Brüten*) cova *f*; *die Jungen*: covata *f*; *Vögel*: nidiata *f*; *Fische*: avannotti *m/pl*
bru'tal [bru'ta:l] brutale; ≈**i'tät** *f* (-; *-en*) brutalità *f*
'brüten ['bry:tən] *v/i* (*h*) covare; *fig* meditare (***über*** *dat* su)
'Brutkasten *m* incubatrice *f*
'brutto ['bruto] lordo; '**≈einkommen** *n* reddito *m* lordo; '**≈sozialprodukt** *n econ* prodotto *m* nazionale lordo
'Bube ['bu:bə] *m* (*-n*; *-n*) ragazzo *m*; *Spiel*: fante *m*
Buch [bu:x] *n* (*-[e]s*; *⸚er*) libro *m*; ~ ***führen*** tenere la contabilità; '**~druck** *m* (*-[e]s*; *senza pl*) stampa *f*; '**~drucker** *m* (*-s*; -) tipografo *m*
'Buche ['bu:xə] *f* (-; *-n*) faggio *m*
'buchen ['bu:xən] *v/t* (*h*) *econ* registrare; (*Platz*) riservare

'Bücher|brett ['byːçərbrɛt] *n* scaffale *m*; **~'ei** [-'raɪ] *f* (-; *-en*) biblioteca *f*; **'~sammlung** *f* raccolta *f* di libri; **'~schrank** *m* biblioteca *f*

'Buch|führung ['-fyːruŋ] *f* (-; *senza pl*) contabilità *f*; ***einfache*** (***doppelte***) **~** contabilità *f* a partita semplice (doppia); **'~haltung** *f* (-; *senza pl*) contabilità *f*; **'~handel** *m* commercio *m* librario; **'~handlung** *f* libreria *f*; **'~macher** *m* (*-s*; -) allibratore *m*; **'~markt** *m* mercato *m* librario; **'~messe** *f* fiera *f* del libro

'Büchse ['byksə] *f* (-; *-n*) bossolo *m*; *aus Glas, Stein*: barattolo *m*; *für Fleisch, Gemüse*: scatola *f*

'Büchsen|fleisch ['byksənflaɪʃ] *n* carne *f* in scatola; **'~öffner** *m* apriscatole *m*

'Buch|stabe ['buːxʃtaːbə] *m* (*-n*; *-n*) lettera *f*; carattere *m*; ***großer*** **~** maiuscola *f*; ***kleiner*** **~** minuscola *f*; **Ձsta'bieren** (*senza ge-*, *h*) sillabare, compitare

Bucht [buxt] *f* (-; *-en*) baia *f*, insenatura *f*

'Buchung ['buːxuŋ] *f* (-; *-en*) allibramento *m*; registrazione *f*; prenotazione *f*; **'~sbestätigung** *f* conferma *f* della registrazione

'Bude ['buːdə] *f* (-; *-n*) (*Markt*Ձ) chiosco *m*, bancarella *f*; F baracca *f*

Bud'get [byd'ʒeː] *n* (*-s*; *-s*) bilancio *m*; budget *m* (*od* stanziamento *m* previsto)

Büfett [by'fɛt] *n* (*-s*; *-s*) buffet *m*; ***kaltes*** **~** tavola *f* fredda

Bug [buːk] *m* (*-[e]s*; *-e*) *mar* prua *f*, prora *f*

'Bügel ['byːgəl] *m* (*-s*; -) (*Kleider*Ձ) attaccapanni *m*; *am Korb*: manico *m*; **'~brett** *n* asse *f* da stiro; **'~eisen** *n* ferro *m* da stiro; **'~falte** *f* piega *f*

'bügeln ['byːgəln] (*h*) stirare

'Bühne ['byːnə] *f* (-; *-n*) palcoscenico *m*; scena *f*, *fig* teatro *m*; *tec* piattaforma *f*; *fig* ***über die*** **~** ***gehen*** svolgersi; **'~nbild** *n* scenario *m*; **'~nstück** *n* dramma *m*, commedia *f*, lavoro *m* drammatico, produzione *f*

Bul'gar|e [bul'gaːrə] *m* (*-n*; *-n*), **~in** *f* (-; *-nen*), **Ձisch** bulgaro *m*, -a *f*

'Bull|auge ['bulʔaʊgə] *n* oblò *m*; **'~dogge** *f* (-; *-n*) bulldog *m*; **'~e** ['-lə] *m* (*-n*; *-n*) *zo* toro *m*

'Bummel ['buməl] *m* (*-s*; -) passeggiata *f*, giretto *m*; **~'ei** [-'laɪ] *f* (-; *senza pl*) lentezza *f*; **'Ձn** (*h*) gironzolare, andare a zonzo; **'~streik** *m* sciopero *m* bianco

Bund[1] [bunt] *m* (*-[e]s*; *¨-e*) legame *m*; *pol* lega *f*, (*Bündnis*) alleanza *f*

Bund[2] [bunt] *n* (*pl -e*; *nach Zahlen im pl inv*) fascio *m*; *Schlüssel, Spargel*: mazzo *m*

'Bündel ['byndəl] *n* (*-s*; -) fascio *m*; *Kleider*: fagotto *m*; **'Ձn** *v/t* (*h*) affastellare, fare un fagotto di

'Bundes... ['bundəs...]: *in Zssgn oft* federale; **'~bahnen** *f/pl* ferrovie *f/pl* federali; **'~bank** *f* Bundesbank *f* (*od* banca *f* centrale tedesca); **'~genosse** *m* alleato *m*; **'~kanzler** *m* cancelliere *m* federale; **'~land** *n* stato *m* federato; **'~liga** *f* la serie A *f* della RFT; **'~regierung** *f* governo *m* federale; **'~republik** *f* repubblica *f* federale; **'~staat** *m* stato *m* federale; **'~tag** *m*: ***Deutscher*** **~** Parlamento *m* della Repubblica federale tedesca; **'~wehr** *f* forze *f/pl* armate (della Repubblica federale tedesca)

'Bündnis ['byntnis] *n* (*-ses*; *-se*) alleanza *f*

'Bunker ['buŋkər] *m* (*-s*; -) fortino *m*; (*Luftschutz*Ձ) rifugio *m*

bunt [bunt] variopinto; (*farbig*) colorato; (*Stoff*) a colori; **~** ***gemustert*** (*Stoff*) a fantasia; **~*er*** ***Abend*** serata *f* di varietà; **'Ձmetall** *n* metallo *m* non ferroso; **'Ձstift** *m* matita *f* colorata

Burg [burk] *f* (-; *-en*) castello *m*; (*Bergfeste u rel*) rocca *f*

'Bürge ['byrgə] *m* (*-n*; *-n*) garante *m*, mallevadore *m*; **'Ձn** (*h*) garantire; avallare

'Bürger ['byrgər] *m* (*-s*; -), **'~in** *f* (-; *-nen*) cittadino *m*, -a *f*, (*Einwohner*) abitante *m/f*; **'~krieg** *m* guerra *f* civile; **'Ձlich** civile; **'~meister** *m* sindaco *m*; borgomastro *m*; **'~tum** *n* (*-s*; *senza pl*) classe *f* media, borghesia *f*

'Bürgschaft ['byrkʃaft] *f* (-; *-en*) garanzia *f*; *Geld*: fideiussione *f*

Bü'ro [by'roː] *n* (*-s*; *-s*) ufficio *m*; agenzia *f*; **~angestellte** *m/f* impiegato *m*, -a *f*; **~arbeit** *f* lavoro *m* d'ufficio; **~bedarf** *m* articoli *m/pl* di cancelleria; **~kauffrau** *f*, **~kaufmann** *m* impiegata *f*, -o *m* di commercio; **~kommunikation** [-kɔmunikatsjo:n] *f* comunicazione *f* aziendale; **~'krat** *m* (*-en*; *-en*) burocrate *m*, F pignolo *m*; **~kra'tie** *f* (*-*; *senza pl*) burocrazia *f*; **2'kratisch** burocratico; **~maschinen** *f/pl* macchine *f/pl* per ufficio; **~möbel** *n/pl* mobili *m/pl* per ufficio

burschi'kos [-ʃi'ko:s] disinvolto, libero

'Bürst|e ['byrstə] *f* (*-*; *-n*) spazzola *f*; **'2en** (*h*) spazzolare

Bus [bus] *m* (*-ses*; *-se*) autobus *m*; **'~bahnhof** *m* stazione *f* autocorriere; **'~fahrer** *m* conducente *m* di autobus; **'~haltestelle** *f* fermata *f* dell'autobus

Busch [buʃ] *m* (*-[e]s*; *⸚e*) cespuglio *m*; (*Gebüsch*) boscaglia *f*

'Busen ['bu:zən] *m* (*-s*; *-*) seno *m*; *fig* cuore *m*; **'~freund** *m* amico *m* intimo; **'~nadel** *f* spilla *f*

'Bussard ['busart] *m* (*-s*; *-e*) poiana *f*

'Buße ['bu:sə] *f* (*-*; *-n*) ammenda *f*; *rel* penitenza *f*

'büßen ['by:sən] (*h*) espiare; ***et mit dem Leben ~*** pagare qc con la vita

'Buß|geld ['bu:sgɛlt] *n* ammenda *f*; **'~tag** *m* giorno *m* di penitenza

'Büste ['bystə] *f* (*-*; *-n*) busto *m*; **'~nhalter** *m* reggipetto *m*, reggiseno *m*

'Busverbindung *f* collegamento *m* via autobus

'Butter ['butər] *f* (*-*; *senza pl*) burro *m*; **'~brot** *n* panino *m* imburrato; *fig* ***für ein ~*** per un tozzo di pane; **'~dose** *f* burriera *f*; **'~milch** *f* latticello *m*

Button [bʌtn] *m* (*-s*; *-s*) distintivo *m*; *inform* pulsante *m*

'Butzenscheiben ['butsənʃaɪbən] *f/pl* tondi *m/pl* di vetro

C

Ca'fé [ka'fe:] *n* (*-s*; *-s*) caffè *m*; bar *m*

'campen ['kɛmpən] (*h*) campeggiare

'Camping ['kɛmpiŋ] *n* (*-s*; *senza pl*) campeggio *m*; **~platz** *m* campeggio *m*

'Cello ['tʃɛlo] *n* (*-s*; *-s*) violoncello *m*

'Celsius ['tsɛlsjus] *m* (*inv*): ***Grad m ~*** gradi centigradi

'Champignon ['ʃampinjɔ̃] *bot m* (*-s*; *-s*) (fungo) prataiolo *m*

'Chance [ʃɑ̃:sə] *f* (*-*; *-n*) occasione *f* fortunata; possibilità *f*; **'~ngleichheit** *f* pari opportunità *f/pl*

'Chaos ['kɑ:ɔs] *n* (*-*; *senza pl*) caos *m*

Cha'rakter [ka'raktər] *m* (*-s*; *-e* [-'te:rə]) carattere *m*; natura *f*; **2i'sieren** (*senza ge-*, *h*) caratterizzare; **2'istisch** caratteristico; **2los** senza carattere; **~zug** *m* tratto *m* caratteristico

'Charter|flug ['(t)ʃartərflu:k] *m* volo *m* charter; **'2n** (*h*) *avia* noleggiare

Chau'ffeur [ʃɔ'fø:r] *m* (*-s*; *-e*) autista *m*, conducente *m*, conduttore *m*

Check-in [tʃɛk'in] *m* (*-s*; *senza pl*) accettazione *f*

Chef [ʃɛf] *m* (*-s*; *-s*) capo *m*, direttore *m*; *econ* principale *m*; **'~arzt** *m* medico *m* primario; **'~in** *f* (*-*; *-nen*) direttrice *f*; **~redakteur** *m* redattore *m* capo; **'~sekretärin** *f* segretaria *f* di direzione

Che'm|ie [çe:'mi:] *f* (*-*; *senza pl*) chimica *f*; **~iefasern** *f/pl* fibre *f/pl* sintetiche; **~i'kalien** [-'kɑ:ljən] *f/pl* prodotti *m/pl* chimici; **~iker** ['-kər] *m* (*-s*; *-*), **'2isch** chimico (*m*)

Chi'nes|e [çi'ne:zə] *m* (*-n*; *-n*), **~in** *f* (*-*; *-nen*), **2isch** cinese

Chi'nin *med* [çi'ni:n] *n* (*-s*; *senza pl*) chinino *m*

Chip [tʃip] *m* (*-s*; *-s*) *Spielmarke* gettone *m*; *el*, *inform* chip *m*; **~s** *pl gastr* patatine *f/pl* fritte; **'~karte** *f* (*-*; *-n*) *inform* tesserino *m* elettronico, carta *f* chip

Chi'rurg [çi'rurk] *m* (*-en*; *-en*) chirurgo *m*; **~ie** [-'gi:] *f* (*-*; *-n*) chirurgia *f*; **2isch** [-giʃ] chirurgico

Chlor *chim* [klo:r] *n* (*-s*; *senza pl*) cloro *m*

Chor [ko:r] *m* (*-[e]s*; *⸚e*) coro *m*; **'~gestühl** *n* (*-s*; *senza pl*) stallo *m* del coro

Christ [krist] *m* (*-en*; *-en*) cristiano *m*; **'~baum** *m* albero *m* di Natale; **'~enheit** *f* (*-*; *senza pl*) cristianità *f*; **'~entum** *n* (*-s*; *senza pl*) cristianesimo *m*; **'~in** *f* (*-*; *-nen*) cristiana *f*; **'~kind** ['-kint] *n* (*-[e]s*;

senza pl) Gesù *m* bambino; **'♀lich** cristiano
'Christus *m* (Christi; *senza pl*) Cristo *m*
Chrom [kro:m] *n* (*-s*; *senza pl*) cromo *m*
'Chron|ik ['kro:nik] *f* (*-*; *-en*) cronaca *f*; **'♀isch** cronico
'Clearing ['kli:riŋ] *n* (*-s*; *-s*) clearing *m*, compensazione *f*
'Clique ['klikə] *f* (*-*; *-n*) cricca *f*
Clou F [klu:] *m* (*-s*; *-s*) apice *m*
Clown [klaʊn] *m* (*-s*; *-s*) pagliaccio *m*
'Cocktail ['kɔkte:l] *m* (*-s*; *-s*) cocktail *m*
Code [ko:d] *m* (*-s*; *-s*) codice *m*; (*Geheim♀*) cifrario *m*
Com'puter [kɔm'pju:tər] *m* (*-s*; *-*) computer *m*; **~ausdruck** *m* stampato *m*; tabulato *m*; **♀gesteuert** pilotato da computer; **♀gestützt** assistito da computer; **~kriminalität** *f* pirateria *f* informatica; **~technik** *f* (*-*; *-en*) *inform* (tecnologia *f*) informatica *f*; **♀unterstützt** *inform* assistito da computer
Con'tainer [kɔn'te:nər] *m* (*-s*; *-*) container *m*, contenitore *m*; **~schiff** *n* nave *f* portacontainers
'Copyright ['kopiraɪt] *n* (*-s*; *-s*) copyright *m*
Couch [kaʊtʃ] *f* (*-*; *-es*) divano-letto *m*
Cou'pon [ku'pɔ̃] *m* (*-s*; *-s*) cedola *f*, tagliando *m*; (*Stoff*) taglio *m*
Cou'sin [ku'zɛ̃] *m* (*-s*; *-s*) cugino *m*; **~e** [-'zi:nə] *f* (*-*; *-n*) cugina *f*
Creme [krɛ:m] *f* (*-*; *-s*) crema *f*
'cremig ['kremiç] cremoso
'Cursor ['kɜ:sə] *m* (*-s*; *-s*) *inform* cursore *m*

D

da [da:] **1.** *cj* (*Grund*) siccome, poiché, visto che; *zeitlich*: quando; (*nachdem*) dal momento che; **2.** *adv* (*zeitlich*) allora; ***von ~ an*** d'allora in poi; **3.** (*hier*) qui, qua; (*dort*) lì, là; ***~ oben*** lassù, ***~ unten*** laggiù; ***da sein*** esser presente; esistere; ***wer ist ~?*** chi è?; chi c'è; ***ist er ~?*** è lì?; ***nein, er ist nicht ~*** no, non c'è; ***~ ist er*** (*od* ***es***) eccolo; ***da bin ich*** eccomi
da'bei [da'baɪ] accanto, vicino; (*außerdem*) inoltre; (*obwohl*) tuttavia; *gleichzeitig*: intanto; con questo, in ciò; ***~ sein*** essere presente, esserci; ***ich bin ~*** io ci sto; ***~ sein et zu tun*** star facendo qc; ***es bleibt ~, dass …*** rimane inteso che …
'dableiben ['da:blaɪbən] (*irr*, *sep*, *-ge-*, *sn*, → ***bleiben***) rimanere *od* restare qui
Dach [dax] *n* (*-[e]s*; *⸚er*) tetto *m*; *fig* ricovero *m*; ***unter ~ und Fach*** al sicuro; **'~fenster** *n* abbaino *m*; **'~gepäckträger** *m* portabagagli *m*; **'~rinne** *f* grondaia *f*, gronda *f*; **'~verband** *m* federazione *f*; **'~wohnung** *f* mansarda *f*; **'~ziegel** *m* tegola *f*
'Dackel ['dakəl] *m* (*-s*; *-*) bassotto *m*
'da'durch ['da:'durç] *räumlich*: attraverso il quale, per il quale, per di là; (*deshalb*) con questo, per ciò, con ciò; (*auf diese Weise*) così; ***~, dass er die Ware nicht lieferte …*** non avendo consegnato le merci …
da'für [da'fy:r] per questo, per ciò; in cambio; pro, a favore; (*als Gegenleistung*) in cambio; (*stattdessen*) invece; ***~ und dagegen*** pro e contro; ***~ sein*** esser favorevole; ***ich kann nichts ~*** non è colpa mia; non posso farci niente
da'gegen [da'ge:gən] lì (*od* qui) contro; a sfavore; (*als Gegenleistung*) in cambio; (*Gegensatz*) al contrario, invece, mentre; ***~ sein*** esser contrario; ***et ~ haben*** avere qc in contrario
'da'her ['da:'he:r] **1.** *adv* di là, da lì; di qua, da qui; **2.** *cj* perciò, quindi; ***~ kommt es, dass*** da ciò deriva che
da'hin [da:'hin] là, lì; in quella direzione; (*vergangen*) passato, andato; ***bis ~*** da qui a lì; (*zeitlich*) fino a quel momento; ***ist es noch weit bis ~?*** c'è ancora molta strada?; **~gestellt** [-gəʃtɛlt]: ***~ sein lassen*** lasciare indeciso
da'hinten [da'hintən] là dietro
da'hinter [da'hintər] là dietro; ***~ kom-***

D

men scoprire (il segreto)

'daliegen ['da:li:gən] (*irr, sep, -ge-, h,* → ***liegen***) stare; essere (steso) per terra

'damalig ['da:ma:liç] d'allora

'damals ['da:ma:ls] allora, a quei tempi

'Dame ['da:mə] *f (-; -n)* signora *f*; *Spiel*: dama *f*

'Damen|bekleidung *f* abbigliamento *m* femminile; **'~binde** *f* assorbente *m* (igienico); **'~friseur** *m* parrucchiere *m* per signora; **'~handtasche** *f* borsetta *f*; **'~toilette** *f* gabinetto *m* per donne

da'mit [da'mit] **1.** *adv* con ciò; con questo; (somit) quindi, perciò; ***wie steht es ~?*** a che punto siamo?; **2.** *cj* affinché, perché (*mit cong*); di modo che

Damm [dam] *m (-[e]s; ⸚e)* terrapieno *m*; *Wasserbau u fig*: argine *m*; diga *f*; (*Hafen*≈) molo *m*; *fig* ***auf dem ~ sein*** *fig* sentirsi bene

'dämmer|n ['dɛmərn] (*h*) *morgens*: albeggiare; *abends*: imbrunire; **'≈ung** *f (-; -en)* crepuscolo *m*; (*Morgendämmerung*) alba *f*

dä'monisch [dɛ'mo:niʃ] demoniaco, diabolico

Dampf [dampf] *m (-[e]s; ⸚e)* vapore *m*; **'≈en** (*h*) fumare, esalare vapori

'dämpfen ['dɛmpfən] (*h*) smorzare; *Stimme*: abbassare; *gastr* stufare

'Dampfer ['dampfər] *m (-s; -s)* (battello *m* a) vapore *m*; vaporetto *m*; piroscafo *m*; **'~fahrt** *f* viaggio *m* in piroscafo

'Dampf|heizung *f* riscaldamento *m* a vapore; **'~kochtopf** *m* pentola *f* a pressione; **'~maschine** *f* macchina *f* a vapore

da'nach [da'na:x] *zeitlich*: dopo, poi; (*gemäß*) conforme a ciò (ad essi *usw*); di ciò, ne, lo; ***sich ~ erkundigen*** informarsene; ***er*** (***es***) ***sieht nicht ~ aus*** non ne ha l'aria; ***sich ~ richten*** conformarvisi

'Däne ['dɛ:nə] *m (-n; -n)* danese *m*

da'neben [da'ne:bən] accanto; a confronto di; (*außerdem*) inoltre; F fuori; **~gehen** (*irr, sep, -ge-, sn,* → ***gehen***) andare di traverso; fallire

'Dän|in ['dɛ:nin] *f (-; -nen)*, **'≈isch** danese *f*

Dank [daŋk] *m (-[e]s; senza pl)* ringraziamento *m*; ***vielen ~!*** tante (*od* molte) grazie *f/pl*

dank *prp* (*dat*) grazie a; **'~bar** grato, riconoscente; **'~en** (*h*) ringraziare (***j-m*** qu); ***danke*** (***bestens***)***!*** grazie (mille)!; **'≈schreiben** *n* lettera *f* di ringraziamento

dann [dan] allora; (*nachher*) poi

'da'ran ['da:'ran] *denken, glauben*: a ciò, a questo; ci, vi; ne; ***denkst du daran?*** ci pensi?; ***ich glaube daran*** ci credo; ***ich war nahe ~ ...*** poco mancò che io ...; ***gut*** (***übel***) ***~ sein*** trovarsi bene (male); ***ich bin daran!*** tocca a me!; **~gehen** (*irr, sep, -ge-, sn,* → ***gehen***) mettersi a, cominciare a; **~setzen** (*sep, -ge-, h*) metterci; ***alles ~ um zu ...*** fare tutti gli sforzi per..., mettercela tutta per ...

'da'rauf ['da:'rauf] a ciò, vi; *örtlich*: lì sopra; sopra; *zeitlich*: dopo; ci; ***ich komme ~*** mi viene in mente

'darauf'hin ['-'hin] in conseguenza, in seguito a ciò

'da'raus ['da:'raus] da ciò; di là; ne; ***sich et ~ machen*** farci caso

'darbiet|en ['da:rbi:tən] (*irr, sep, -ge-, h,* → ***bieten***) offrire; (*zeigen*) presentare; **'≈ungen** *f/pl tea* esibizioni *f/pl*

'da'rin ['da:'rin] dentro; in ciò; ci, vi

'darleg|en ['da:rle:gən] (*sep, -ge-, h*) esporre; (*erklären*) spiegare; *fig* mostrare; **'≈ung** *f (-; -en)* esposizione *f*, spiegazione *f*

'Darlehen ['-le:(ə)n] *n (-s; -)* prestito *m*, mutuo *m*

Darm [darm] *m (-[e]s; ⸚e)* intestino *m*; budello *m*

'darstell|en ['da:rʃtɛlən] (*sep, -ge-, h*) esporre, presentare; *Künste*: rappresentare; *tea* recitare, fare la parte di; **'≈er** *m (-s; -)*, **'≈erin** *f (-; -nen)* attore *m*, attrice *f*, interprete *m/f*; **'≈ung** *f (-; -en)* rappresentazione *f*, (*Auslegung*) interpretazione *f*, (*Beschreibung*) descrizione *f*

'da'rüber ['da:'ry:bər] di ciò, ne; a ciò, ci; (*mehr*) più; ***ich spreche ~*** ne parlo; ***ich denke ~ nach*** ci penso; *örtlich*: sopra, di sopra

'darum ['da:rum] perciò; per questo; di questo, ne; ***es ist mir sehr ~ zu tun, dass ...*** per me sarebbe molto importante (che) ...

darunter ['da:'runtər] sotto; *econ* a (*od* per) meno; ***was verstehen Sie ~?*** che

vuole dire con questo?
das [das] **1.** *art n* il *m*, la *f*; **2.** *pron* questo; ciò; che; **~ heißt** vale a dire
dass [das] *cj* che; *final*: affinché, così; **so … ~** così … che; **das liegt daran, ~ …** dipende dal fatto che …
'dastehen ['dɑːʃteːən] (*irr, sep, -ge-, h,* → **stehen**) star lì; **gut ~** *fig* fare bella figura
'Daten ['dɑːtən] *pl* dati *m/pl*; **'~autobahn** *f* (-; *-en*) *inform* autostrada *f* informatica; **'~bank** *f* (-; *-en*) banca *f* (dei) dati; **'~handschuh** *m* (*-s*; *-e*) *inform* data glove *m/pl*, guanti *m/pl*; **'~schutz** *m* protezione *f* dati; **'~transfer** *m* (*-s*; -) *inform* trasferimento *m* di dati; **'~verarbeitung** *f* elaborazione *f* dei dati
da'tieren [da'tiːrən] (*senza ge-, h*) datare
'Datum ['dɑːtum] *n* (*-s*; *Daten*) data *f*
'Dauer ['daʊər] *f* (-; *senza pl*) durata *f*; **auf die ~** alla lunga, a lungo andare; **für die ~ von 2 Jahren** per due anni; (*ständig*) permanente; **'~auftrag** *m* ordine *m* permanente; **'♀haft** durevole; *Stoffe*: resistente; **'~karte** *f* abbonamento *m*; tessera *f* permanente
'dauern (*h*) durare; **wie lange wird es ~?** quanto durerà? *od* quanto ci vorrà?; **'~d** continuo, costante; permanente
'Dauerwelle *f* permanente *f*
'Daumen ['daʊmən] *m* (*-s*; -) pollice *m*; **j-m den ~ halten** augurare il successo a qu
'da'von ['dɑː'fon] da ciò; da questo; di ciò; per ciò; di qua; di là; (*Teil einer Menge*) ne; **er hat nichts ~** non ci ricava niente; **ich hätte gerne drei ~** ne vorrei tre; **~kommen** (*irr, sep, -ge-, sn,* → **kommen**) cavarsela; **~laufen** (*irr, sep, -ge-, sn,* → **laufen**) darsela a gambe
'da'vor ['dɑː'foːr] davanti; *zeitlich*: prima; *fig* da ciò, di ciò, ne
'da'zu ['dɑː'tsuː] a ciò; a questo; vi, ci; ne; (*außerdem*) oltre a ciò, in più; per questo; **wie kommst du ~, zu …?** cosa ti viene in mente di …?; **~ habe ich keine Lust** non ne ho voglia; **was sagst du ~?** cosa ne dici?; **~ gehört …** ci vuole …; **~gehören** [-gəhøːrən] (*sep, senza -ge-, h*) farne parte; appartenervi; **~gehörig** rispettivo; corrispondente; **~kommen** (*irr, sep, -ge-, sn,* → **kommen**) sopravvenire; aggiungersi
da'zwischen [dɑː'tsviʃən] in mezzo a, tra gli altri; fra le altre cose; **~kommen** (*irr, sep, -ge-, sn,* → **kommen**) sopraggiungere; **~reden** (*sep, -ge-, h*) interrompere
De'batt|e [de'batə] *f* (-; *-n*) discussione *f*; **zur ~ stellen** intavolare; **♀'ieren** [-'tiːrən] (*senza -ge-, h*) discutere
dechif'frieren [-ʃi'friːrən] (*senza -ge-, h*) decifrare
Deck *mar* [dɛk] *n* (*-[e]s*; *-s*) coperta *f*; **'~bett** *n* piumino *m*
'Decke ['dɛkə] *f* (-; *-n*) coperta *f*; *arch* soffitto *m*; *fig* manto *m*
'Deckel ['-kəl] *m* (*-s*; -) coperchio *m*
'decken ['-kən] (*h*) coprire (*a econ Bedarf, Kosten*); *Tisch*: apparecchiare; **sich ~** (*übereinstimmen*) corrispondere; coincidere
'Deckung ['dɛkuŋ] *f* (-; *senza pl*) *econ* copertura *f*; garanzia *f*
de'fekt [de'fɛkt] *adj* difettoso; *tec* guasto
De'fekt *m* (*-[e]s*; *-e*) difetto *m*
defen'siv [defɛn'ziːf] difensivo; **♀e** [-'ziːvə] *f* (-; *-n*) difensiva *f*
defi'n|ieren [-fi'niːrən] (*senza -ge-, h*) definire; **♀i'tion** *f* (-; *-en*) definizione *f*; **~i'tiv** definitivo
'Defizit ['deːfitsit] *n* (*-s*; *-e*) deficit *m*, disavanzo *m*
degene'rieren [-gene'riːrən] (*senza -ge-, sn*) degenerare
'dehn|en ['deːnən] (*h*) stendere; *fis* dilatare; **'♀ung** *f* (-; *-en*) espansione *f*, estensione *f*; dilatazione *f*
dein [daɪn] (il) tuo; (la) tua; (*deiner*) di te; **'~etwegen** ['-nətveːgən] per causa tua
De'kade [de'kɑːdə] *f* (-; *-n*) decade *f*
deka'dent [-ka'dɛnt] decadente
De'kan [-'kɑːn] *m* (*-s*; *-e*) decano *m*; (*Fakultäts♀*) preside *m*
Deklar|a'tion [-klarats'joːn] *f* (-; *-en*) dichiarazione *f*; **♀'ieren** (*senza ge-, h*) dichiarare
Dekor|a'tion [-korats'joːn] *f* (-; *-en*) decorazione *f*; **♀'ieren** [-ko'riːrən] (*senza -ge-, h*) decorare
Deleg|a'tion [-legats'joːn] *f* (-; *-en*) delegazione *f*; **~'ierte** *m/f* (*-n*; *-n*) delegato *m*, -a *f*
Delfin → **Delphin**
deli'kat [-li'kɑːt] delicato; *gastr* squisito

D

Delika'tesse [-'tɛsə] *f* (-; *-n*) (*Leckerbissen*) leccornia *f*; **~n** *f/pl* specialità *f/pl* gastronomiche; **~ngeschäft** *n* negozio *m* di specialità gastronomiche
Delphin [dɛl'fiːn] *m* (*-s*; *-e*) delfino *m*
demen'tieren [-mɛn'tiːrən] (*senza -ge-*, *h*) smentire
'dem|ent'sprechend ['deːmˀent'ʃprɛçənt], **'~gemäß** conforme
'dem'nach ['deːm'nɑːx] dunque; di conseguenza
'dem'nächst ['deːm'nɛːçst] poi; fra breve, in breve
Demo'krat [demo'krɑːt] *m* (*-en*; *-en*) democratico *m*; **~'ie** [-kra'tiː] *f* (-; *-n*) democrazia *f*; **ℒisch** [-'kratiʃ] democratico
demo'lieren [-'liːrən] (*senza -ge-*, *h*) demolire
Demons'tr|ant [-mɔns'trant] *m* (*-en*; *-en*), **~antin** *f* (-; *-nen*) dimostrante *m/f*, manifestante *m/f*; **~a'tion** [-strats'joːn] *f* (-; *-en*) dimostrazione *f*; manifestazione *f* di protesta; **ℒ'ieren** (*senza ge-*, *h*) **1.** *v/t* dimostrare; **2.** *v/i* fare dimostrazioni
Demon't|age [-mɔn'tɑːʒə] *f* (-; *-n*) smontaggio *m*; **ℒ'ieren** (*senza ge-*, *h*) smontare
'demzu'folge ['deːmtsu'fɔlgə] perciò, in seguito a ciò
'denk|bar ['dɛŋkbɑːr] immaginabile; **'~en** ['dɛŋkən] (*dachte*, *gedacht*, *h*) pensare; ***sich ~*** immaginarsi; ***ich denke nicht daran!*** non ci penso nemmeno!; **'ℒmal** *n* (*-[e]s*; *¨er*) monumento *m*; **'ℒmalschutz** *m* tutela *f* dei monumenti; **'ℒschrift** *f* memoriale *m*; memoria *f*; **~würdig** memorabile; **ℒzettel** *m* appunto *m*; *fig* lezione *f*
denn [dɛn] poiché, giacché; ***wo ist er ~?*** ma dov'è?; ***wer ~?*** chi mai?; ***mehr ~ je*** più che mai
'dennoch ['dɛnɔx] tuttavia
'Deo, **Deodo'rant** ['deːo, deodo'rant] *n* (*-s*; *-s*) deodorante *m*
depo'nieren *econ* [dɛpo'niːrən] (*senza -ge-*, *h*) depositare
Depo'siten|bank [-po'ziːtənbaŋk] *f*, **~kasse** *f* banca *f* di deposito
De'pot [-'poː] *n* (*-s*; *-s*) deposito *m*
der (**die**, **das**) [deːr, diː, das] **1.** *art m* il, lo; (la); **2.** *pron* che; il quale; quello; ***~ ..., ~ ...*** l'uno … l'altro …; ***~ da*** colui; ***~ hier*** costui
'der'art ['deːrˀɑːrt] talmente; **'~ig** siffatto, tale
derb [dɛrp] rozzo; (*kräftig*) robusto; (*grob*) grossolano
'der'gleichen ['deːr'glaɪçən] simile; e simili
'der-, **'die-**, **'dasjenige** ['deːr, 'diː, 'dasjeːnigə] colui *m*, colei *f*; quello *m*, quella *f*
'der'maßen ['-'mɑːsən] talmente
der-, **die-**, **das'selbe** [deːr, diː, das'zɛlbə] lo stesso, la stessa; il medesimo, la medesima
'derzeit ['deːrtsaɪt] attualmente; **'~ig** attuale
'deshalb ['dɛshalp] perciò, per questa ragione; quindi
De'sign [di'zaɪn] *n* (*-s*; *-s*) design *m*; **~er** *m* (*-s*; -), **~erin** *f* (-; *-nen*) designer *m/f*, disegnatore *m*, -trice *f* di prodotti industriali
Desinf|ek'tion [-ˀinfɛkts'joːn] *f* (-; *-en*) disinfezione *f*; **~ek'tionsmittel** *n* disinfettante *m*; **ℒi'zieren** (*senza -ge-*, *h*) disinfettare
De'spot [-'spoːt] *m* (*-en*; *-en*) despota *m*; **ℒisch** dispotico
'dessen ['dɛsən]: ***~ unge'achtet*** nonostante ciò
Des'sert [dɛ'sɛːr] *n* (*-s*; *-s*) dessert *m*; frutta *f*; **~wein** *m* vino *m* dolce, vino *m* da dessert
Destill|a'tion *chim* [dɛstilats'joːn] *f* (-; *-en*) distillazione *f*; **ℒ'ieren** (*senza ge-*, *h*) distillare
'desto ['dɛsto] tanto …; ***~ mehr*** tanto più; ***~ besser*** tanto meglio
'des'wegen ['dɛs'veːgən] perciò, quindi
De'tail [deː'tɑːj] *n* (*-s*; *-s*) dettaglio *m*, particolare *m*; *econ* ***im ~*** al minuto; **ℒ'liert** [-'jiːrt] dettagliato
Detek'tiv [detɛk'tiːf] *m* (*-s*; *-e*) investigatore *m* privato
'deut|en ['dɔʏtən] (*h*) **1.** *v/t* interpretare; **2.** *v/i* ***~ auf*** (*acc*) accennare a; ***alles deutet darauf hin, dass ...*** tutto fa credere che …; **'ℒlich** chiaro
deutsch [dɔʏtʃ] tedesco; ***~ sprechen*** parlare tedesco; ***auf gut Deutsch*** in parole povere
'Deutsch|e **1.** **~e** *m/f* (*-n*; *-n*) tedesco *m*, -a *f*; **2.** **~(e)** *n* tedesco *m*, germanico *m*;

'2-itali'enisch italo-tedesco
'Deutung ['dɔʏtuŋ] *f* (-; *-en*) interpretazione *f*
De'visen [de'vi:zən] *econ f/pl* divisa *f* (*od* valuta *f*) estera; **~kontrolle** *f* controllo *m* dei cambi; **~kurs** *m* corso *m* delle divise (*od* del cambio); **~makler** *m* agente *m* di cambio
De'zember [de'tsɛmbər] *m* (*-[s]*; *senza pl*) dicembre *m*
de'zent [-'tsɛnt] decente
Dezer'nat [-tsɛr'nɑ:t] *n* (*-[e]s*; *-e*) reparto *m*, divisione *f*, giurisdizione *f*
dezi'mier|en [-'mi:rən] (*senza -ge-*, *h*) decimare; **2ung** *f* (-; *-en*) decimazione *f*
Diag'nose [diag'no:zə] *f* (-; *-n*) diagnosi *f*
diago'nal [-go'nɑ:l], **2e** (-; *-n*) *f* diagonale *f*
Dia'gramm [-'gram] *n* (*-s*; *-e*) diagramma *m*
Dia'log [-'lo:g] *m* (*-[e]s*; *-e*) dialogo *m*
Dia'mant [-'mant] *m* (*-en*; *-en*) diamante *m*; **2en** *adj* di diamante
'Diapositiv ['-poziti:f] *n* (*-s*; *-e*) diapositiva *f*
Di'ät [di'ɛ:t] *f* (-; *-en*) *med* regime *m*, dieta *f*; **~ halten** stare a dieta; **~en** *pl pol* indennità *f* parlamentare
dich [diç] ti; te; **für ~** per te
dicht [diçt] fitto; *Haare*, *Wald*: folto; *Rauch*: denso; (*kompakt*) compatto; (*luftdicht*) ermetico; (*wasserdicht*) impermeabile; **~ dabei** proprio vicino; **~ hinter mir** subito dietro di me; **'2e** *f* (-; *senza pl*) densità *f*
'Dichter ['diçtər] *m* (*-s*; -) poeta *m*; **'~in** *f* (-; *-nen*) poetessa *f*; **'2isch** poetico
'Dichtung[1] ['diçtuŋ] *f* (-; *senza pl*) poesia *f*; (*pl -en*) (*Gedicht*) poema *m*
'Dichtung[2] *f* (-; *-en*) *tec* guarnizione *f*
dick [dik] spesso; (*groß*) grosso; *Flüssigkeit*: denso; *Person*: grasso; **~e Freunde** amici *m/pl* per la pelle; **~ werden** *Person*: ingrassare
'Dicke ['dikə] *f* (-; *senza pl*) spessore *m*; grossezza *f*, densità *f*, fittezza *f*, *Person*: obesità *f*, grassezza *f*
'dick|flüssig denso, consistente; **'~köpfig** ['-kœpfiç] testardo, ostinato
die [di:] **1.** *art* la; i, gli, le; **2.** *pron* che; quella, la quale; → **der**
Dieb [di:p] *m* (*-[e]s*; *-e*) ladro *m*
'Diebstahl ['di:pʃtɑ:l] *m* (*-[e]s*; *¨-e*) furto *m*; **'~versicherung** *f* assicurazione *f* contro i furti
'Diele ['di:lə] *f* (-; *-n*) asse *f*, (*Hausflur*) vestibolo *m*, ingresso *m*
'dienen ['di:nən] (*h*) servire; *mil* fare il servizio militare; **zu et ~** servire a qc; **womit kann ich Ihnen ~?** in che posso servirLa? *od* in che posso servirvi?
Dienst [di:nst] *m* (*-es*; *-e*) servizio *m*; impiego *m*; (*Gefälligkeit*) favore *m*; **außer ~** (*abbr* **a.D.**) a riposo, in ritiro; fuori servizio; **~ haben** essere di servizio
'Dienstag ['di:nstɑ:k] *m* (*-[e]s*; *-e*) martedì *m*
'Dienst|alter ['di:nstˀaltər] *n* anzianità *f* di servizio; **'2bereit** servizievole; **'~boten** *m/pl* personale *m* di servizio; **'2eifrig** zelante; attivo; servizievole; **'2frei** libero; **'~grad** *mil m* grado *m* di servizio; **'~leistung** *f* prestazione *f* di servizio *m*; **'~leistungssektor** *m* (*-s*; *-en*) *econ* settore *m* terziario; **'~leistungsunternehmen** *n* impresa *f* di servizi
'dienstlich ['di:nstliç] **1.** *adj* di servizio; **2.** *adv* per ragioni di servizio
'Dienst|mädchen ['di:nstmɛ:tçən] *n* donna *f* di servizio; **'~reise** *f* viaggio *m* per (ragioni di) servizio; **'~stelle** *f* posto *m* di servizio; (*Büro*) ufficio *m*; (*Polizei2*) commissariato *m*; **'~stunden** *f/pl* ore *f/pl* di servizio; orario *m* d'ufficio; **'~wagen** *m* vettura *f* di servizio; **'~weg** *m* via *f* gerarchica
'Diesel ['dizəl] *n* (*-s*; -) diesel *m*; gasolio *m*; **'~motor** *m* motore *m* Diesel; **'~öl** *n* nafta *f*
'dieser, **'diese**, **'die(se)s** ['di:zər, 'di:zə, 'di:(zə)s] questo, questa; **am 5. dieses Monats** il cinque del mese corrente
'diesig *mar* ['di:ziç] caliginoso
'dies|jährig ['di:sjɛ:riç] di quest'anno; **'~mal** questa volta; **'~seits** ['-zaɪts] *adv* di qua
'Dietrich ['di:triç] *m* (*-s*; *-e*) grimaldello *m*
Diffe'renz [difə'rɛnts] *f* (-; *-en*) differenza *f*, (*Meinungsverschiedenheit*) dissenso *m*; divergenza *f*; **~'ial...** [-rɛnts'jɑ:l]: *in Zssgn* differenziale; **~'ieren** (*senza ge-*, *h*) differenziare
diffe'rieren [-'ri:rən] (*senza ge-*, *h*) differire

digi'tal [digi'tɑːl] digitale; **&anzeige** *f* indicazione *f* digitale; **&uhr** *f* orologio *m* digitale
Dik'tat [dikˈtɑːt] *n* (*-s*; *-e*) dettato *m*; *fig* diktat *m*; **~or** [-'tɑːtɔr] *m* (*-s*; *-en* [-ta'toːrən]) dittatore *m*; **&'orisch** dittatoriale; **~'ur** [-'tuːr] *f* (*-*; *-en*) dittatura *f*
dik'tier|en [-'tiːrən] (*senza ge-*, *h*) dettare; **&gerät** *n* dittafono *m*
Dimen'sion [dimenz'joːn] *f* (*-*; *-en*) dimensione *f*
'DIN-Norm ['diːn-] *f* normativa *f* DIN
Ding [diŋ] *n* (*-[e]s*; *-e*) cosa *f*; oggetto *m*; ***vor allen ~en*** innanzitutto
Diö'zese [diø'tseːzə] *f* (*-*; *-n*) diocesi *f*
Diphthe'rie [diftə'riː] *f* (*-*; *-n*) difterite *f*
Di'plom [di'ploːm] *n* (*-[e]s*; *-e*) diploma *m*
Diplo'mat [-'mɑːt] *m* (*-en*; *-en*), **&isch** diplomatico (*m*); **'~ie** [-'tiː] *f* diplomazia *f*
dir [diər] a te; ti; → ***du***
di'rekt [di'rɛkt] diretto; **&flug** *m* volo *m* diretto
Di'rekt|or [-'rɛktɔr] *m* (*-s*; *-en* [-'toːrən]) direttore *m*; **~'orin** *f* (*-*; *-nen*) direttrice *f*
Di'rekt|übertragung [-ˀyːbərtrɑːguŋ] *f* trasmissione *f* in diretta, ripresa *f* diretta; **~verkauf** *m* vendita *f* diretta
Diri'g|ent [-ri'gɛnt] *m* (*-en*; *-en*) direttore *m* d'orchestra; **&'ieren** (*senza ge-*, *h*) dirigere
'Dirne ['dirnə] *f* (*-*; *-n*) prostituta *f*
Dis'kette [dis'kɛtə] *f* (*-*; *-n*) *inform* dischetto *m*, floppy disk *m*
Disko ['disko] *f* (*-*; *-s*) discoteca *f*
Dis'kont [-'kɔnt] *m* (*-s*; *-e*) sconto *m*; **~satz** *m* tasso *m* di sconto
dis'kret [-'kreːt] discreto; **&'ion** [-ts'joːn] *f* (*-*; *senza pl*) discrezione *f*
diskrimi'nier|en [-krimi'niːrən] (*senza -ge-*, *h*) screditare; discriminare; **&ung** *f* (*-*; *-en*) discriminazione *f*
Diskus'sion [diskus'joːn] *f* (*-*; *-en*) discussione *f*
disku't|abel [disku'tɑːbəl] discutibile; **~'ieren** (*senza ge-*, *h*) discutere
dispo'n|ibel [dispo'niːbəl] disponibile; **~'ieren** (*senza ge-*, *h*) disporre
Disposi'tion [-zits'joːn] *f* (*-*; *-en*) disposizione *f*
Dis'tanz [dis'tants] *f* (*-*; *senza pl*) distanza *f*
Dis'trikt [dis'trikt] *m* (*-[e]s*; *-e*) distretto *m*
Diszi'plin [-tsi'pliːn] *f* (*-*; *-en*) disciplina *f*; **&'iert** [-pli'niːrt] disciplinato
diszipli'n|arisch [-tsipli'nɑːriʃ] disciplinare; **&arverfahren** *n* processo *m* disciplinare
Divi'dende [divi'dɛndə] *f* (*-*; *-n*) dividendo *m*
divi'dieren [-'diːrən] (*senza ge-*, *h*) dividere
'D-Mark ['deːmark] *f* (*-*; *-*) marco *m* tedesco
doch [dɔx] pure; **~!** sì, certo!; ***du kommst ~ mit?*** tu vieni, vero?; ***du hast ihm ~ nichts gesagt?*** non gli hai mica detto nulla, eh?
Dock *mar* [dɔk] *n* (*-s*; *-s*) (*Werft*) cantiere *m*
'Doge ['doːʒə] *m* (*-n*; *-n*) doge *m*
'Dogma ['dɔgma] *n* (*-s*; *-men*) dogma *m*
'Doktor ['dɔktɔr] *m* (*-s*; *-en* [-'toːrən]) (*Arzt*) medico *m*, dottore *m*; **~in** [-'toːrin] *f* (*-*; *-nen*) medico *m*, dottoressa *f*
Doku'ment [doku'mɛnt] *n* (*-[e]s*; *-e*) documento *m*; **~'arfilm** *m* documentario *m*
'Dollar ['dɔlar] *m* (*-s*; *-s*) dollaro *m*
'dolmetsch|en ['dɔlmɛtʃən] (*h*) fare da interprete; **'&er** *m* (*-s*; *-*), **'&erin** *f* (*-*; *-nen*) interprete *m/f*
Dom [doːm] *m* duomo *m*; cattedrale *f*
'Donner ['dɔnər] *m* (*-s*; *senza pl*) tuono *m*; **'&n** ['dɔnərn] (*h*) tuonare; **'~stag** ['-stɑːk] *m* giovedì *m*
'Doppel ['dɔpəl] *n* (*-s*; *-*) doppio (*a Sport*) *m*; duplicato *m*; *in Zssgn mst*: doppio; ***gemischtes ~*** doppio *m* misto; **'~besteuerung** *f* doppia tassazione *f*; **'~bett** *n* letto *m* a due piazze (*od* matrimoniale); **'&deutig** ['-dɔʏtiç] a doppio senso; **'~fenster** *n* controfinestra *f*; **'~punkt** *m* doppio punto *m*, due punti *m/pl*; **'~stecker** *el m* spina *f* doppia
'doppelt ['dɔpəlt] doppio; ***das &e*** il doppio; ***~e Buchführung*** *f* contabilità *f* a partita doppia
'Doppel|verdiener *m* (*-s*; *-*) *Person*: persona *f* con doppio reddito; **~** *m/pl Paar*: coppia *f* con doppio reddito; **'~währungsphase** *f* (*-*; *-n*) *EU* fase *f*

con contabilità in lire e in euro; **'~zentner** *m* quintale *m*; **'~zimmer** *n* *mit zwei Betten*: camera *f* doppia; *mit einem Doppelbett*: camera *f* matrimoniale

Dorf [dɔrf] *n* (*-[e]s*; *⸚er*) paese *m*, villaggio *m*; **'~bewohner(in** *f*) *m* paesano *m*, -a *f*

Dorn [dɔrn] *m* (*-[e]s*; *-en*) spina *f*; (*pl -e*) *tec* perno *m*; punta *f*; **'²ig** spinoso

'Dörrobst *n* frutta *f* secca

Dorsch [dɔrʃ] *m* (*-es*; *-e*) merluzzo *m*

dort [dɔrt] lì, là; ci, vi; *~ **ist*** ecco; *~ **oben*** lassù; *~ **unten*** laggiù; **~hin** di là

'Dose ['doːzə] *f* (-; *-n*) scatola *f*; (*Büchse*) barattolo *m*; lattina *f*; **'~nöffner** *m* apriscatole *m*

do's|ieren [do'ziːrən] (*senza ge-*, *h*) dosare; **'²is** ['doːzis] *f* (-; *Dosen*) dose *f*

'Dotter ['dɔtər] *m u n* (*-s*; -) tuorlo *m* (d'uovo)

'downloaden ['daʊnlodən] (*h*) *inform* scaricare (dall'Internet)

Do'zent [do'tsɛnt] *m* (*-en*; *-en*), **~in** *f* (-; *-nen*) docente *m/f*

'Drachen ['draxən] *m* (*-s*; -) (*Papier²*) aquilone *m*, cervo *m* volante; (*Flug²*) deltaplano *m*; **'~fliegen** *n* volo *m* a delta; **'~flieger(in** *f*) *m* deltaplanista *m/f*

Dra'gee [dra'ʒeː] *n* (*-s*; *-s*) confetto *m*

Draht [draːt] *m* (*-[e]s*; *⸚e*) filo *m* (metallico); ***auf ~ sein*** *fig* essere molto in gamba; **'~seilbahn** *f* funicolare *f*, funivia *f*; **'~zieher** ['-tsiːər] *m* (*-s*; -) *fig* orditore *m*, istigatore *m*

dra'konisch [dra'koːniʃ] draconiano

'Drama ['draːma] *n* (*-s*; *-men*) dramma *m*

Dra'm|atik [dra'maːtik] *f* (-; *senza pl*) drammatica *f*; **~'atiker** [-'maːtikər] *m* (*-s*; -) drammaturgo *m*, autore *m* drammatico; **²'atisch** drammatico

Drang [draŋ] *m* (*-[e]s*; *senza pl*) stretta *f*; (*Antrieb*) impulso *m*; istinto *m*; (*Wunsch*) brama *f*

'drängeln F ['drɛŋəln] (*h*) spingere; insistere

'drängen ['drɛŋən] (*h*) **1.** *v/t* spingere; *fig* far pressione su; incitare, sollecitare; ***sich ~ durch*** farsi largo in mezzo a; **2.** *v/i* urgere; ***die Zeit drängt*** il tempo stringe; ***auf et*** (*acc*) **~** insistere su qc

'drastisch ['drastiʃ] drastico; ***~e Maßnahme*** misura *f* drastica

'draußen ['draʊsən] fuori

Dreck F [drɛk] *m* (*-[e]s*; *senza pl*) sporcizia *f*, sudiciume *m*; (*Schlamm*) fango *m*; *fig* porcheria *f*, robaccia *f*; **'²ig** sudicio; sporco; *fig* ***es geht ihm ~*** gli va proprio male

'Dreh|bank ['dreːbaŋk] *f* tornio *m*; **'~bleistift** *m* matita *f* automatica; lapis *m* girevole (*od* automatico); **'~buch** *n* *Film*: copione *m*; sceneggiatura *f*; **'~bühne** *f* palcoscenico *m* girevole

'drehen ['dreːən] *v/t* (*h*) girare (*a Film*); ***sich ~*** girare *u* girarsi; rotare

'Dreh|kreuz *n* tornello *m*; **'~orgel** *f* organetto *m*; **'~strom** *m* corrente *f* trifase; **'~stuhl** *m* sedia *f* girevole; **'~tür** *f* porta *f* girevole; **'~ung** *f* (-; *-en*) giro *m*; rotazione *f*; **'~zahl** *f* numero *m* dei giri; **'~zahlmesser** *m* contagiri *m*

drei [draɪ] *adj* tre

Drei *f* (-; *-en*) tre *m*

'Drei|bettzimmer *n* camera *f* a tre letti; **'~eck** ['-ˀɛk] *n* (*-[e]s*; *-e*) triangolo *m*; **'²eckig** triangolare

'drei|er'lei ['-ər'laɪ] di tre specie; **'~fach** ['-fax] triplo, triplice; **'~hundert** trecento; **'~jährig** triennale; di tre anni; **²'königstag** *m* Epifania *f*; **'~mal** tre volte; **'~malig** triplice; **'²rad** *n* triciclo *m*; **'~sprachig** ['-ʃpraːxiç] trilingue

'dreißig ['-siç] trenta

dreist [draɪst] ardito; sfacciato

'drei|stellig ['-ʃtɛliç] a tre cifre; **'~stündig** ['-ʃtyndiç] di tre ore; **'~tägig** ['-tɛgiç] di tre giorni; **'~tausend** tremila; **'~teilig** tripartito; **~'viertel** tre quarti; **'~zehn** tredici

dres's|ieren [drɛ'siːrən] (*senza -ge-*, *h*) ammaestrare; addestrare; **²'ur** [-'suːr] *f* (-; *-en*) addestramento *m*

'Drillinge [driliŋə] *pl* fratelli *m/pl* trigemini

'dring|en ['driŋən] (*drang*, *gedrungen*) **1.** (*sn*): *~ **aus*** uscire da; *~ **durch*** penetrare attraverso (*od* in); **2.** (*h*): *~ **auf*** (*acc*) insistere su; *~ **in j-n*** sollecitare qu; **'~end**, **'~lich** urgente; **'²lichkeit** *f* (-; *senza pl*) urgenza *f*

drinnen ['drinən] là dentro

dritt [drit]: ***zu ~*** in tre

'dritt|e(r) terzo; **'²el** *n* (*-s*; -) terzo *m*; terza parte *f*; **'~ens** in terzo luogo

D

'Drog|e ['dro:gə] *f* (-; -*n*) droga *f*; **'~enberatungsstelle** *f* centro *m* di accoglienza per tossicodipendenti; servizio *m* accertamento e trattamento tossicodipendenze; **'~enhandel** *m* traffico *m* della droga; narcotraffico *m*; **'~enproblem** *n* problema *m* della droga; **~e'rie** [-gə'ri:] *f* (-; -*n*) drogheria *f*
'drohen ['dro:ən] (*h*) minacciare; *Gefahr*: sovrastare; **'~d** minaccioso; *Gefahr*: imminente, sovrastante
'drosseln ['drɔsəln] (*h*) *tec* strozzare; ridurre
'drüben ['dry:bən] dall'altra parte
'drüber F ['dry:bər] → ***darüber***
Druck [druk] *m* (-*[e]s*; *senza pl*) pressione *f*; *tip* (*pl* -*e*) stampa *f*; ***in ~ geben*** dare alle stampe; **'~buchstabe** *m* carattere *m* di stampa; ***in ~n schreiben*** scrivere in stampatello
'drucken ['drukən] (*h*) stampare
'drücken ['drykən] (*h*) premere; stringere; *Schuhe*: esser stretto; *econ* deprimere; *Preise*: far abbassare; *Rekord*: battere; ***j-m et in die Hand ~*** mettere qc in mano a qu; ***sich ~ von*** sottrarsi a; **'~d** opprimente; *fig a* oneroso, gravoso
'Drucker ['drukər] *m* (-*s*; -) tipografo *m*; *inform* stampante *f*; **~'ei** [-'raɪ] *f* (-; -*en*) stamperia *f*, tipografia *f*
'Druck|fehler ['drukfe:lər] *m* errore *m* di stampa; **'≈fertig** pronto per la stampa; **'~knopf** *m* bottone *m* automatico (*od* a molla); *el* pulsante *m*; **'~luft** *f* aria *f* compressa; **'~mittel** *fig n* mezzo *m* per fare pressione; **'~posten** F *m* posto *m* di tutto riposo, sinecura *f*; **'~sache** *post f* stampe *f/pl*; **'~schrift** *f* stampato *m*; *tip* stampatello *m*
drum [drum] → ***darum***; ***das ganze Drum und Dran*** tutti gli annessi e connessi; tutti gli accessori
'drunter ['druntər] → ***darunter***, ***~ und drüber gehen*** essere sottosopra
'Drüse ['dry:zə] *f* (-; -*n*) ghiandola *f*
'Dschungel ['dʒuŋəl] *m* (-*s*; -) giungla *f*
du [du] tu; ***mit j-m auf Du und Du stehen*** essere in buonissimi rapporti con qu
'Dübel ['dy:bəl] *m* (-*s*; -) tassello *m*
Duft [duft] *m* (-*[e]s*; ⸚*e*) odore *m*; (*Wohlgeruch*) profumo *m*; fragranza *f*; **'≈en** (*h*): ***~ nach*** avere l'odore di, mandare un odore di; **'≈end** fragrante; odoroso; profumato
'dulden ['duldən] (*h*) sopportare, soffrire; (*gestatten*) tollerare
dumm [dum] stupido; sciocco; ***~es Zeug!*** sciocchezze!; **'≈heit** *f* (-; -*en*) sciocchezza *f*, stupidaggine *f*; (*senza pl*) (*Dummsein*) stupidità *f*; **'≈kopf** *m* imbecille *m*
dumpf [dumpf] cupo; (*muffig*) ammuffito
'Dumping ['dampiŋ] *n* (-*s*; *senza pl*) dumping *m*; **'~preis** *m* prezzo *m* di dumping
'Düne ['dy:nə] *f* (-; -*n*) duna *f*
'Düngemittel ['dyŋəmitəl] *n* fertilizzante *m*
düng|en ['dyŋən] (*h*) concimare; **'≈er** *m* (-*s*; -) concime *m*
'dunkel ['duŋkəl] *adj* oscuro; (*lichtlos*) buio; *fig* (*düster*) tetro; ***~ werden*** farsi buio; **'~blau** (**'~braun**) blu (marrone) scuro
'Dunkel|heit ['duŋkəlhaɪt] *f* oscurità *f*; ***bei einbrechender ~*** sull'imbrunire; **'~kammer** *f* camera *f* oscura
dünn [dyn] sottile; *Haar*: rado; *Kaffee*: lungo; ***~ besiedelt*** scarsamente popolato
Dunst [dunst] *m* (-*[e]s*; ⸚*e*) vapore *m*; *fig* ***keinen blassen ~ haben*** non avere la minima idea
'dünsten ['dynstən] (*h*) stufare
'Dunstglocke *f* cappa *f* di smog
'dunstig ['dunstiç] nebbioso; fumoso; umido
Dupli'kat [dupli'ka:t] *n* (-*[e]s*; -*e*) duplicato *m*; copia *f*
Dur *mus* [du:r] *n* (-; *senza pl*) maggiore *m*
durch [durç] **1.** *prp* per; con; (*quer*, *mitten*) attraverso; (~ *Personen*) per mezzo di; (*beim Passiv*) da; **2.** *adv* ***der Zug ist schon ~*** il treno è già passato; ***~ und ~*** da parte a parte; (*ganz*) completamente; ***die ganze Nacht ~*** per tutta la notte
'durcharbeiten (*sep*, -*ge*-, *h*) **1.** *v/t* lavorare (*od* studiare) con cura; **2.** *v/i* lavorare senza sosta
durch'aus [-'ʔaus] interamente; assolutamente; ***~ nicht*** niente affatto
'durch|blättern (*sep*, -*ge*-, *h*) sfogliare; **'~blicken** *v/i* (*sep*, -*ge*-, *h*) guardare (attraverso qc); ***~ lassen*** *fig* dare a

intendere; **'~brechen** (*irr, sep, -ge-,* → ***brechen***) **1.** *v/t* (*h*) spezzare; **2.** *v/i* (*sn*) rompersi; **3.** [durç'blɛtərn] *v/t* (*durchbrach, durchbrochen, h*) rompere; forzare; **'~brennen** *v/i* (*irr, sep, -ge-, sn,* → ***brennen***) (*a el*) bruciare; *el* fondersi, saltare; *fig* prendere il volo; **'~bringen** (*irr, sep, -ge-, h,* → ***bringen***) far passare; *Geld*: scialacquare; *e-n Kranken*: salvare, guarire; **'2bruch** *m* (*-[e]s; ¨-e*) apertura *f*; *mil* rottura *f*; ***zum ~ kommen*** venir fuori; affermarsi; **~'dacht** ponderato; **~'denken** (*irr, senza -ge-, h,* → ***denken***) esaminare a fondo, considerare con attenzione; ponderare bene; **'~dringen** ['durçdriŋən] **1.** *v/i* (*irr, sep, -ge-, sn,* → ***dringen***) penetrare (***durch*** in); aprirsi un varco (attraverso); *fig* imporsi; **2.** *v/t* [durç'driŋən] (*irr, senza -ge-, h*) penetrare attraverso; trapassare; **'~dringend** *Geruch*: penetrante; *Blick*: pungente

durchei'nander [-ˀaɪ'nandər] *adv* sottosopra, confusamente; indistintamente

Durchei'nander *n* (*-s; senza pl*) confusione *f*

'durch|fahren (*irr, sep, -ge-, sn* → ***fahren***) passare (***in*** per); (*nicht halten*) non fermarsi; **'2fahrt** *f* (*-; senza pl*) passaggio *m*; ***auf der ~ sein*** essere di passaggio; **'2fall** *m* (*-[e]s; ¨-e*) *med* diarrea *f*; **'~fallen** (*irr, sep, -ge-, sn,* → ***fallen***) cadere; fare fiasco; *Schule*: essere bocciato; **'~fragen**: ***sich ~*** (*sep, -ge-, h*) trovare la strada (*od* il luogo) a forza di domandare

durch|'froren [-'froːrən] ghiacciato; **'2fuhr** ['-fuːr] *f* (*-; -en*) transito *m*; **'~führbar** realizzabile, eseguibile; **'~führen** *v/t* (*sep, -ge-, h*) *fig* eseguire, realizzare; **'2führung** *f* (*-; -en*) esecuzione *f*; **'2gang** *m* (*-[e]s; ¨-e*) passaggio *m*; ***~ verboten!*** passaggio vietato!; **'~gängig** ['-gɛŋɪç] generale; *adv* senza eccezione

'Durchgangs|land ['-gaŋslant] *n* paese *m* di transito; **'~verkehr** *m* movimento *m* di transito

'durch|gehen (*irr, sep, -ge-, sn,* → ***gehen***) **1.** *v/t* percorrere; **2.** *v/i* passare; (*fliehen*) scappare; *Pferd*: sfuggire di mano; **'~gehend** continuato; *fer* diretto; ***~ geöffnet*** ad orario continuato; **'~greifen** (*irr, sep, -ge-, h,* → ***greifen***) *fig* agire energicamente; usare mezzi efficaci; **'~greifend** radicale; energico; **'~halten** (*irr, sep, -ge-, h,* → ***halten***) resistere sino alla fine; andare sino in fondo; **'~kommen** (*irr, sep, -ge-, sn,* → ***kommen***) passare; *fig* scamparla; **~'kreuzen** (*senza -ge-, h*) *Pläne*: buttare all'aria; intralciare; contrariare; **'~lassen** (*irr, sep, -ge-, h,* → ***lassen***) lasciar passare; **'~lässig** permeabile; poroso

durch|'laufen (*irr, sep, senza -ge-, h,* → ***laufen***) percorrere; **'2lauferhitzer** ['-ˀɛrhitsər] *m* (*-s; -*) scaldacqua *m* istantaneo; **'~lesen** (*irr, sep, -ge-, h,* → ***lesen***) leggere per intero; (*flüchtig*) scorrere; **~'leuchten** (*senza -ge-, h*) *med* fare una radioscopia (*od* i raggi); **2'leuchtung** *med f* (*-; -en*) radioscopia *f*; **'~machen** (*sep, -ge-, h*) subire, passare; (*dulden*) soffrire; **'2messer** *m* (*-s; -*) diametro *m*; **~'nässt** [-'nɛst] bagnato come un pulcino; **~'queren** (*senza -ge-, h*) attraversare; **'~rechnen** (*sep, -ge-, h*) calcolare; *Rechnung*: verificare; **'2reise** *f* (*-; -n*) passaggio *m*, transito *m*; ***auf der ~ sein*** essere di passaggio; **'2reisevisum** *n* visto *m* di transito; **'~reißen** (*irr, sep, -ge-, h,* → ***reißen***) **1.** *v/t* (*h*) strappare; **2.** *v/i* (*sn*) rompersi; **'2sage** *f* (*-; -n*) comunicato *m*; annuncio *m*; **~'schauen** (*senza -ge-, h*) *fig* indovinare; capire; **'~scheinend** trasparente; diafano; **'2schlag** *m* (*-[e]s; ¨-e*) *Schrift*: copia *f*; **'~schlagen**: ***sich ~*** (*irr, sep, -ge-, h,* → ***schlagen***) aprirsi un varco; *fig* tirare avanti; F sbarcare il lunario; **'~schlagend** *Erfolg*: strepitoso; **'2schlagpapier** *n* carta *f* velina (*od* vergatina); **'~schneiden** (*irr, sep, -ge-, h,* → ***schneiden***) tagliare; fendere

'Durchschnitt ['-ʃnit] *m* (*-[e]s; -e*) media *f*; valore *m* medio; ***im ~*** in media; **'2lich** *adj* medio; (*mittelmäßig*) mediocre; *adv* in media

'Durchschnitts|einkommen *n* reddito *m* medio; **'~ertrag** *m* rendita *f* media; **'~geschwindigkeit** *f* velocità *f* media; media *f* oraria; **'~temperatur** *f* temperatura *f* media

'durch|sehen (*irr, sep, -ge-, h,* → ***sehen***) **1.** *v/t* rivedere, ripassare; esaminare; *flüchtig*: dare une scorsa a; **2.** *v/i*

D

guardare; **'~setzen** (*sep*, *-ge-*, *h*) conseguire, ottenere; raggiungere; *Meinung*: far prevalere; *Willen*: imporre; **sich ~** affermarsi; imporsi; **'2sicht** *f* (-; *senza pl*) revisione *f*, scorsa *f*, esame *m*; **'~sichtig** trasparente; **'~sprechen** (*irr*, *sep*, *-ge-*, *h*, → **sprechen**) discutere punto per punto; **'~stehen** (*irr*, *sep*, *-ge-*, *h*, → **stehen**) passare, sopportare; riuscire a resistere; **'~streichen** (*irr*, *sep*, *-ge-*, *h*, → **streichen**) cancellare; **~'suchen** (*senza -ge-*, *h*) frugare (in); (*ein Haus*) perquisire; **2'suchung** *f* (-; *-en*) perquisizione *f*; **'2wahl** *post f* (-; *senza pl*) teleselezione *f* automatica; **'~wählen** (*sep*, *-ge-*, *h*) comporre un numero telefonico in teleselezione

'durchweg ['durçvɛk] in genere, interamente; sempre

durch|'wühlen (*senza -ge-*, *h*) rovistare; **'~zählen** (*sep*, *-ge-*, *h*) contare; **'~ziehen 1.** *v/i* (*irr*, *sep*, *-ge-*, *sn*, → **ziehen**) passare (**durch** per); **2.** [durç'vylən] *v/t* (*irr*, *senza -ge-*, *h*, → **ziehen**) percorrere, attraversare; **'2zug** *m* (*-[e]s*; *¨e*) passaggio *m*; (*senza pl*) *Luft*: corrente *f* d'aria

'dürfen ['dyrfən] (*durfte*, *gedurft*, *h*) potere; ***darf ich?*** posso?; ***man darf nicht*** non è permesso, non si deve; ***ich habe es nicht machen ~*** non ho potuto farlo

'dürftig ['dyrftiç] meschino

dürr [dyr] secco; *Land*: arido; **'2e** *f* (-; *-n*) siccità *f*, aridità *f*

Durst [durst] *m* (*-es*; *senza pl*) sete *f*; **'2ig** assetato; ***~ sein*** aver sete

'Dusche ['du:ʃə] *f* (-; *-n*) doccia *f*; **'2n** (*h*) fare la doccia

'Düse *tec* ['dy:zə] *f* (-; *-n*) getto *m*, ugello *m*; **'~nflugzeug** *n* apparecchio *m* a reazione

'düster ['dy:stər] fosco; tetro

'Dutzend ['dutsənt] *n* (*-s*; *-e*) dozzina *f*

'duzen ['du:tsən] *v/t* (*h*) dare del tu (***j-n*** a qu)

Dy'nam|ik [dy'nɑ:mik] *f* (-; *senza pl*) dinamica *f*; **2isch** [-'nɑ:miʃ] dinamico

Dy'namo [dy'nɑ:mo] *m* (*-s*; *-s*) dinamo *f*

'D-Zug ['de:tsu:k] *m* espresso *m*

E

'Ebbe ['ɛbə] *f* (-; *-n*) riflusso *m*

'eben ['e:bən] **1.** *adj* piano; (*gleichmäßig*) uguale; ***zu ~er Erde*** a pianterreno; **2.** *adv* (*genau*) precisamente, proprio; (*gerade*) appunto; (*zeitlich*) or ora, in questo momento

'Ebene ['e:bənə] *f* (-; *-n*) pianura *f*

'eben|falls ['e:bənfals] parimenti, altrettanto; **~so** altrettanto; ***~ … wie*** così … come; ***~ sehr*** altrettanto; ***~ viel*** altrettanto; ***~ viel … wie*** tanto … quanto; ***~ wenig*** altrettanto poco

'ebnen ['e:bnən] (*h*) appianare

'Echo ['ɛço] *n* (*-s*; *-s*) eco *f* (*im pl m*)

echt [ɛçt] **1.** *adj* genuino; *Farben*: indelebile, durevole; *Urkunden*: autentico; *Gold*: puro; *jur* legittimo; **2.** *adv* schiettamente; **'2heit** *f* (-; *senza pl*) genuinità *f*, autenticità *f*, purezza *f*, legittimità *f*

'Eck|ball ['ɛkbal] *m* calcio *m* d'angolo; **'~daten** *pl* valori *m/pl* di riferimento (*od* indicativi); **'~lohn** *m* paga *f* sindacale

'Eck|e ['ɛkə] *f* (-; *-n*) angolo *m*; (*Kante*) canto *m*, cantone *m*; **'2ig** angolare; (*mit vielen Ecken*) angoloso

E'conomyklasse [i'kɔnəmiklasə] *f* classe *f* economica

'edel ['e:dəl] nobile; *Metall*: prezioso; **'2gas** *n* gas *m* nobile; **'2metall** *n* metallo *m* prezioso; **'2stahl** *m* acciaio *m* affinato; **'2stein** *m* pietra *f* preziosa; **'2weiß** *n* (*-[e]s*; *-e*) edelweiss *m*, stella *f* alpina

Ef'fekt [ɛ'fɛkt] *m* (*-[e]s*; *-e*) effetto *m*; **~en** *econ pl* effetti *m/pl* bancari; **2'iv** [-'ti:f] *adj* effettivo; **2voll** [-fɔl] di grande effetto

effi|'zient [ɛfits'jɛnt] *adj* efficiente; **2'zienz** *f* (-; *-en*) efficienza *f*

e'gal [e'gɑ:l] F uguale, indifferente; ***das***

ist mir ganz ~ me ne importa un cavolo

EG|-... Cee, della Cee, comunitario; **~-Kommission** *f* commissione *f* Cee

Ego'ist [ego'ʔist] *m* (*-en*; *-en*); **~in** *f* (*-*; *-nen*) egoista *m/f*; **≈isch** egoistico

'ehe ['eːə] prima che

'Ehe ['eːə] *f* (*-*; *-n*) matrimonio *m*; ***die ~ schließen*** contrarre matrimonio

'Ehe... *in Zssgn*: matrimoniale; **'~bett** *n* letto *m* matrimoniale; **'~bruch** *m* adulterio *m*; **'~frau** *f* moglie *f*; **'~leute** *pl* coniugi *m/pl*; **'≈lich** coniugale; *Kinder*: legittimo; **'~losigkeit** *f* celibato *m*

'ehemal|ig ['eːəmaːliç] antico; ex…; ***~er Minister*** ex-ministro *m*; **'~s** altre volte, in passato

'Ehe|mann ['eːəman] *m* marito *m*; **'~paar** *n* coppia *f*, coniugi *m/pl*

'eher ['eːər] prima; (*vielmehr*) piuttosto

'Ehe|ring *m* fede *f*; **'~scheidung** ['eːəʃaɪduŋ] *f* divorzio *m*; **'~schließung** *f* matrimonio

'Ehre ['eːrə] *f* (*-*; *-n [nur in Wendungen]*) onore *m*; (*Ruf*) reputazione *f*; ***zu ~n von*** in onore di; ***der Wahrheit die ~ geben*** rendere omaggio alla verità; ***die letzte ~ erweisen*** rendere gli estremi onori

'ehren ['eːrən] (*h*) onorare; rispettare; ***sehr geehrter Herr!*** (*Brief*) egregio signore

'ehren|amtlich ['eːrənʔamtliç] a titolo onorario; **'≈bürger** *m* cittadino *m* onorario; **'≈doktor** *m* dottore *m* honoris causa; **'≈mal** *n* monumento *m*; **'≈mann** *m* galantuomo *m*, uomo *m* d'onore; **'≈mitglied** *n* membro *m* onorario; **'≈rechte** *jur n/pl* diritti *m/pl* civili; **'≈runde** *f Sport*: giro *m* d'onore; **'≈tag** *m* giornata *f* d'onore; anniversario *m*; **'~voll** onorato; onorevole; **'≈wort** *n* parola *f* d'onore

'ehr|fürchtig ['eːrfyrçtiç] rispettoso; **'≈geiz** *m* (*-es*; *senza pl*) ambizione *f*; **'~geizig** ambizioso; **'~lich** onesto; (*aufrichtig*) sincero; **'≈lichkeit** *f* (*-*; *senza pl*) onestà *f*; sincerità *f*; **'~los** disonesto; **'≈würden**: ***Euer ~*** Reverendo; **'~würdig** venerando

Ei [aɪ] *n* (*-[e]s*; *-er*) uovo *m*; ***die ~er*** *pl* le uova *f/pl*

'Eibe *bot* ['aɪbə] *f* (*-*; *-n*) tasso *m*

'Eiche ['aɪçə] *f* (*-*; *-n*) quercia *f*

'eichen ['aɪçən] *v/t* (*h*) tarare; *jur* stazzare; *Radio*: tarare

Eid [aɪt] *m* (*-[e]s*; *-e*) giuramento *m*; ***e-n ~ leisten*** prestare giuramento

'eidbrüchig spergiuro

'eidesstattlich ['aɪdəsʃtatliç] in luogo di giuramento; ***~e Erklärung*** *f* dichiarazione *f* giurata

'Eier|becher ['aɪərbɛçər] *m* portauovo *m*; **'~kuchen** *m* frittata *f*; **'~schale** guscio *m* d'uovo; **'~stock** *m anat* ovaia *f*

'Eifer ['aɪfər] *m* (*-s*; *senza pl*) fervore *m*; **'~sucht** *f* (*-*; *senza pl*) gelosia *f*; **'≈süchtig** ['-zyçtiç] geloso (***auf*** *acc* di)

'eifrig ['aɪfriç] fervente; zelante; *beim Arbeiten*: assiduo

'Eigelb [aɪgɛlp] *n* (*-s*; *-e*; *nach Zahlen inv*) rosso *m* (*od* tuorlo *m*) d'uovo

'eigen ['aɪgən] proprio; (*besonderer*) speciale, particolare; (*seltsam*) singolare

'eigen|artig ['-ʔaːrtiç] singolare; **'≈bedarf** *m* proprio fabbisogno *m*; **'≈finanzierung** *f* autofinanziamento *m*; **'~händig** ['-hɛndiç] **1.** *adj* autografo; **2.** *adv* di proprio pugno; **'≈heim** *n* casa *f* propria; **'≈heit** *f* (*-*; *-en*) particolarità *f*; **'≈kapital** *n* capitale *m* proprio (*od* di diretta pertinenza); **'~mächtig** arbitrario; **'~nützig** ['-nytsiç] interessato; egoistico

'eigens ['aɪgəns] espressamente

'Eigen|schaft ['aɪgənʃaft] *f* (*-*; *-en*) qualità *f*; **'≈sinnig** ['-ziniç] ostinato

'eigentlich ['aɪgəntliç] **1.** *adj* proprio; vero; **2.** *adv* veramente, in realtà

'Eigen|tum ['aɪgəntuːm] *n* (*-s*; *senza pl*) proprietà *f*; **'~tümer** *m* (*-s*; *-*), **'~tümerin** *f* (*-*; *-nen*) proprietario *m*, -a *f*; **'≈tümlich** ['-tyːmliç] particolare; (*sonderbar*) strano; **'~tumswohnung** *f* appartamento *m* in condominio; **'≈willig** ostinato; stravagante, bizzarro

'eign|en ['aɪgnən]: ***sich ~*** (*h*) adattarsi; essere adatto (*od* atto, adeguato) (***für, zu*** a); **'≈er** *m* (*-s*; *-*) proprietario *m*; **'≈ung** *f* (*-*; *-en*) qualificazione *f*, idoneità *f*; **'≈ungstest** *m* test *m* attitudinale

'Eilbrief ['aɪlbriːf] *m* (lettera *f*) espresso *m*

'Eil|e ['aɪlə] *f* (*-*; *senza pl*) fretta *f*; **'≈ig** frettoloso; (*dringlich*) urgente; *adv* in fretta; ***es ~ haben*** avere fretta

E

Eilzug *m* treno *m* diretto
'**Eimer** ['aɪmər] *m* (*-s*; *-*) secchio *m*; secchia *f*
ein[1] [aɪn] **1.** *adj Zahlwort*: **~er**, **~es**, **~e** uno, una; **~ für alle Mal** una volta per tutte; **2.** *art* **~**, **~e**, **~** un, uno, una; **3.** *pron* **~e**(**r**) uno; **~**(**e**)**s** una cosa
ein[2] *adv* (*hinein*) **er weiß weder ~ noch aus** non sa dove sbattere la testa
ei'nander [aɪ'nandər] l'un l'altro; reciprocamente
'**einarbeit|en** *v/t* (*sep*, *-ge-*, *h*) introdurre, iniziare; **sich ~** impratichirsi; '**Ձung** *f* (*-*; *senza pl*) l'impratichirsi
'**einatmen** (*sep*, *-ge-*, *h*) aspirare, respirare; inalare
'**Einbahnstraße** ['-baːnʃtraːsə] *f* (strada *f* a) senso *m* unico
'**Einband** *m* (*-[e]s*; *¨e*) (ri)legatura *f*
'**Einbau** *m* (*-[e]s*; *-ten*) montaggio *m*; installazione *f*; '**Ձen** (*sep*, *-ge-*, *h*) installare, montare
'**einberufen** (*irr*, *sep*, *senza -ge-*, *h*, → **berufen**) convocare; *mil* richiamare
'**Einbettzimmer** *n* camera *f* singola
'**einbeziehen** (*irr*, *sep*, *senza -ge-*, *h*, → **beziehen**) includere
'**einbiegen** (*irr*, *sep*, *-ge-*, *sn*, → **biegen**) piegare; voltare; **in e-e Straße ~** svoltare, girare
'**einbild|en**: **sich** (*dat*) **~** (*sep*, *-ge-*, *h*) figurarsi, immaginarsi; '**Ձung** *f* (*-*; *senza pl*) immaginazione *f*
'**Einblick** *m* (*-[e]s*; *-e*) occhiata *f*; **e-n ~ gewinnen** farsi un'idea; **~ gewähren** permettere di dare un'occhiata; *fig* far guardare, far conoscere
'**einbrechen** (*irr*, *sep*, *-ge-*, *sn*, → **brechen**) *Diebe*: (*a h*) fare un furto; *Dach*: crollare; (*durchbrechen*) sprofondare; *fig* calare; **es ist eingebrochen worden** ci sono stati i ladri
'**einbringen** (*irr*, *sep*, *-ge-*, *h*, → **bringen**) introdurre; *Gesetz*: presentare; *Getreide*: riporre nel granaio; *Gewinn*: fruttare
'**Einbruch** *m* (*-[e]s*; *¨e*) rottura *f*, effrazione *f*, irruzione *f*; *von Dieben*: (furto *m* con) scasso *m*; '**~sdiebstahl** *m* furto *m* con scasso
'**einbuchen**: **sich ~** *v/r tel von Handy in ein Telefonnetz*: interconnettersi
'**einbürger|n** ['-byrgərn] (*sep*, *-ge-*, *h*) naturalizzare; *fig* **sich ~** venire in voga, prender piede; '**Ձung** *f* (*-*; *-en*) naturalizzazione *f*
'**Einbuße** *f* (*-*; *-n*) perdita *f*
'**einbüßen** (*sep*, *-ge-*, *h*) perderci
'**einchecken** ['-tʃɛkən] (*sep*, *-ge-*, *h*) *avia* fare il check in
'**eincremen** ['-kreːmən] (*sep*, *-ge-*, *h*) spalmare la crema su
'**eindecken**: **sich ~** (*sep*, *-ge-*, *h*) rifornirsi; approvvigionarsi
'**eindeutig** ['-dɔʏtiç] evidente
'**eindringen** (*irr*, *sep*, *-ge-*, *sn* → **dringen**) penetrare; introdursi; *mil* invadere; **auf j-n ~** far pressione su qu
'**Eindruck** *m* (*-[e]s*; *¨e*) impressione *f*; **einen guten** (**schlechten**) **~ machen** far bella (brutta) figura
'**eindrucksvoll** ['-druksfɔl] suggestivo; efficace
'**einem** ['aɪnəm], '**einer** ['aɪnər] → **ein**[1]
Einer ['aɪnər] *m* (*-s*; *-*) *mat* unità *f*; '**Ձlei** (*gleichgültig*) lo stesso; (*gleich*) medesimo; '**Ձseits** da una parte
'**einfach** ['-fax] semplice; *fig a* modesto; **~e Fahrt** *fer* sola andata *f*; '**Ձheit** *f* (*-*; *senza pl*) semplicità *f*
'**Einfahrt** *f* (*-*; *senza pl*) entrata *f*, (*Ankunft*) arrivo *m*; (*pl -en*) (*Tor*) ingresso *m*; entrata *f*, portone *m*
'**Einfall** *m* (*-[e]s*; *¨e*) caduta *f*, *mil* irruzione *f*, invasione *f*, *fig* idea *f*
'**einfallen** (*irr*, *sep*, *-ge-*, *sn*, → **fallen**) cadere; *mil* irrompere, invadere; *fig* venir in mente
'**einfältig** ['-fɛltiç] semplice; candido, ingenuo
'**einfarbig** d'un solo colore; *Stoff*: in tinta unita
'**einfass|en** (*sep*, *-ge-*, *h*) *Edelsteine*: incastonare; '**Ձung** *f* (*-*; *-en*) incastonatura *f*, *der Brille*: montatura *f*
'**Einflugschneise** ['-fluːkʃnaɪzə] *f* sentiero *m* di discesa
'**Einfluss** *m* (*-es*; *¨e*) imboccatura *f*, *fig* influenza *f*, influsso *m*
'**einförmig** ['-fœrmiç] uniforme; monotono
'**einfrieren** (*irr*, *sep*, *-ge-*, → **frieren**) **1.** *v/t* (*h*) *econ* bloccare; congelare (*a Fleisch*); **2.** *v/i* (*sn*) gelarsi
'**einfügen** (*sep*, *-ge-*, *h*) incastrare; inserire; *Wörter*: interpolare; **sich ~** adattarsi
'**Einfühlungsvermögen** ['-fyːluŋsfɛr-

møːgən] *n* intuito *m*, capacità *f* di immedesimazione
'**Einfuhr** ['-fuːr] *f* (-; *-en*) importazione *f*; '**~beschränkung** *f* restrizione *f* delle importazioni; '**~bestimmungen** *f/pl* norme *f/pl* per l'importazione
'**einführ|en** (*sep*, *-ge-*, *h*) introdurre; *econ* importare; *in ein Amt*: insediare; '**2ung** *f* (-; *-en*) introduzione *f*, insediamento *m*; installazione *f*, *econ* lancio *m*; '**2ungspreis** *m* prezzo *m* di promozione
'**Einfuhr|genehmigung** *f* licenza *f* d'importazione; '**~land** *n* paese *m* importatore; '**~verbot** *n* divieto *m* d'importazione; '**~zoll** *m* dazio *m* d'importazione
'**Eingabe** *f* (-; *-n*) domanda *f*, petizione *f*; *inform* entrata *f*, ingresso *m*; '**~gerät** *n* *inform* unità *f* di ingresso
'**Eingang** *m* (*-[e]s*; *⸚e*) ingresso *m*; entrata *f*; *der Waren*: arrivo *m*; '**2s** in principio; '**~sbestätigung** ['-gaŋsbəʃtɛːtiguŋ] *f* accusa *f* di ricevuta; '**~sdatum** *n* data *f* d'arrivo
'**eingearbeitet** ['-gəˀarbaɪtət] pratico del lavoro, impratichito
'**eingeben** (*irr*, *sep*, *-ge-*, *h*, → ***geben***) somministrare; *inform* digitare, introdurre; *fig* suggerire
'**eingebildet** ['-gəbildət] presuntuoso; (*Krankheit*) immaginario
'**eingehen** (*irr*, *sep*, *-ge-*, *sn*, → ***gehen***) **1.** *v/t* concludere; *Wette*: fare; *Ehe*, *Verpflichtung*: contrarre; **2.** *v/i* entrare; *Briefe*, *Waren*: arrivare; *Stoffe*: restringersi; **~** ***auf*** (*acc*) interessarsi di; accettare; *Zeitungen*: sospendere le pubblicazioni; '**~d** minuzioso, esauriente, a fondo
'**eingenommen** ['-nɔmən] infatuato; (*vor~*) prevenuto; ***von sich*** **~** presuntuoso, borioso
'**eingeschränkt** ristretto, limitato
'**eingeschrieben** iscritto; *post* raccomandato
'**eingetragen**: **~*e Schutzmarke*** marchio *m* depositato
'**eingewöhnen** (*sep*, *-ge-*, *h*) avvezzare
'**eingießen** (*irr*, *sep*, *-ge-*, *h*, → ***gießen***) versare
'**eingleisig** *fer* ['-glaɪziç] a un binario
'**einglieder|n** (*sep*, *-ge-*, *h*) incorporare; '**2ung** *f* (-; *senza pl*) incorporazione *f*, annessione *f*, inserimento *m*
'**eingreifen** *v/i* (*irr*, *sep*, *-ge-*, *h*, → ***greifen***) intervenire; *tec* ingranare; *fig* immischiarsi
'**Eingriff** *m* (*-[e]s*; *-e*) intervento *m*; ingerenza *f*; *tec* presa *f*
'**Einhalt** *m*: **~** ***gebieten*** (*dat*) porre termine a; arrestare (qc); porre freno a
'**einhängen** (*sep*, *-ge-*, *h*) *tel* attaccare
'**einheimisch** nativo; nostrano, locale; '**2e** *m/f* (*-n*; *-n*) nativo *m*, -a *f*
'**Einheit** ['-haɪt] *f* (-; *-en*) unità *f*; '**2lich** unito, unitario; '**~lichkeit** *f* (-; *senza pl*) uniformità *f*; '**~spreis** ['-praɪs] *m* prezzo *m* unico
'**einhellig** ['-hɛliç] unanime
ein'hergehen [-'heːrgeːən] (*irr*, *sep*, *-ge-*, *sn*, → ***gehen***) *fig* andare di pari passo
'**einholen** (*sep*, *-ge-*, *h*) andare a prendere; *Versäumtes*: riguadagnare; *Genehmigung*, *Rat*: chiedere; (*einkaufen*) andare a fare la spesa
'**einig** ['aɪniç] d'accordo
'**einige** ['aɪnigə] alcuni, alcune; qualche
'**einig|en** ['aɪnigən] (*h*) unificare; unire; ***sich*** **~** mettersi d'accordo; **~er'maßen** [-gər'maːsən] in certo qual modo; (*nicht schlecht*) così così; '**~es** qualche cosa; '**2keit** *f* (-; *senza pl*) unione *f*, concordia *f*; '**2ung** *f* (-; *-en*) unificazione *f*, accordo *m*
'**einjährig** ['-jɛːriç] di un anno
'**einkalkulieren** ['-kalkuliːrən] (*sep*, *senza -ge-*, *h*) includere nei calcoli; *fig a* considerare, mettere in conto
'**Einkauf** *m* (*-[e]s*; *⸚e*) compra *f*, acquisto *m*; '**2en** (*sep*, *-ge-*, *h*) comprare; fare la spesa; fare acquisti
'**Einkäufer(in** *f*) *m* compratore *m*, -trice *f*
'**Einkaufs|bummel** *m* giro *m* dei negozi; '**~preis** *m* prezzo *m* d'acquisto; '**~zentrum** *n* centro *m* commerciale
'**einkehren** ['-keːrən] (*sep*, *-ge-*, *sn*) prendere alloggio; fare sosta in un ristorante; F andare a bere
'**einklagen** (*sep*, *-ge-*, *h*) reclamare per via giudiziaria
'**Einklang** *m* (*-[e]s*; *senza pl*) accordo *m*; *mus* unisono *m*; ***in*** **~** ***bringen*** mettere d'accordo, armonizzare
'**einkleiden** (*sep*, *-ge-*, *h*) vestire
'**Einkommen** *n* (*-s*; -) introito *m*; (*festes*

E

~) reddito *m*; entrata *f*; '**~steuer** *f* imposta *f* sul reddito

'**Einkünfte** ['-kynftə] *pl* entrate *f/pl*

'**einlad|en** (*irr*, *sep*, *-ge-*, *h*, → **laden**) *Waren*: caricare; *j-n*: invitare; '**~end** accogliente; '**≈ung** *f* (-; *-en*) invito *m*

'**Einlage** *f* (-; *-n*) *im Brief*: allegato *m*; inclusa *f*, *Spiel*: posta *f*, *tea* intermezzo *m*; *econ* deposito *m*; quota *f* di capitale

'**einlagern** (*sep*, *-ge-*, *h*) *Waren*: immagazzinare

E

'**Einlass** ['-las] *m* (*-es*; ⸚*e*) ingresso *m*; *zu j-m*: adito *m*

'**einlassen** (*irr*, *sep*, *-ge-*, *h*, → **lassen**) lasciar passare; *tec* introdurre; *fig* **sich ~ auf** (*acc*) avventurarsi in, mettersi in; accettare

'**einleben**: **sich ~** (*sep*, *-ge-*, *h*) acclimatarsi; *fig* familiarizzarsi

'**einlegen** (*sep*, *-ge-*, *h*) mettere; (*einfügen*) inserire; *Berufung*: interporre; **ein gutes Wort ~ für j-n** intercedere (*od* adoperarsi) per qu

'**einleit|en** (*sep*, *-ge-*, *h*) introdurre; (*vorbereiten*) avviare; (*einführen*) iniziare; *jur* istruire; '**~end** introduttivo; '**≈ung** *f* (-; *-en*) introduzione *f*, prefazione *f*, *jur* istruzione *f*

'**einleuchten** (*sep*, *-ge-*, *h*) parer chiaro; **es will mir nicht ~** non posso crederci; '**~d** evidente, plausibile

'**einliefer|n** (*sep*, *-ge-*, *h*) consegnare; *Kranke*: ricoverare; '**≈ung** *f* (-; *-en*) consegna *f*

'**einloggen** ['aɪnlɔgən] *inform* fare il login

'**einlösen** *v/t* (*sep*, *-ge-*, *h*) riscattare; *Wort*: mantenere; *Versprechen*: adempiere; *Scheck*: pagare

'**einmal** ['-maːl] una volta; **nicht ~** nemmeno, neanche; **auf ~** ad un tratto; **noch ~** ancora una volta; '**~ig** unico; di una sola volta

'**Einmarsch** *m* (*-[e]s*; ⸚*e*) entrata *f*, '**≈ieren** (*sep*, *senza -ge-*, *sn*) entrare

'**einmieten**: **sich ~** (*sep*, *-ge-*, *h*) prendere alloggio

'**einmisch|en**: **sich ~** (*sep*, *-ge-*, *h*) immischiarsi; '**≈ung** *f* (-; *-en*) ingerenza *f*

'**einmünd|en** (*sep*, *-ge-*, *sn*) sboccare; '**≈ung** *f* (-; *-en*) sbocco *m*

'**einmütig** ['-myːtiç] unanime

'**Einnahme** ['-naːmə] *f* (-; *-n*) presa *f*, occupazione *f*, (*Geld*) introiti *m/pl*; entrate *f/pl*; '**~quelle** *f* fonte *f* di guadagno

'**einnehmen** (*irr*, *sep*, *-ge-*, *h*, → **nehmen**) prendere; *econ* riscuotere; *e-e Stellung u mil*: occupare

'**einordnen** (*sep*, *-ge-*, *h*) classificare; *auto* **sich ~** mettersi in corsia

'**einpacken** (*sep*, *-ge-*, *h*) impacchettare; *in Ballen*: imballare

'**einparken** (*sep*, *-ge-*, *h*) parcheggiare

'**einprägen** (*sep*, *-ge-*, *h*) imprimere; *fig* inculcare; **sich** (*dat*) **et ~** imprimersi qc nella memoria

'**einräumen** (*sep*, *-ge-*, *h*) mettere in ordine; *Wohnung*: ammobiliare; *Recht*: riconoscere; (*abtreten*) cedere; *fig* concedere

'**einreiben** (*irr*, *sep*, *-ge-*, *h*, → **reiben**) frizionare

'**einreichen** (*sep*, *-ge-*, *h*) presentare

'**Einreise** *f* (-; *-n*) entrata *f* (in territorio straniero); '**≈n** (*sep*, *-ge-*, *sn*) entrare; '**~visum** *n* visto *m* d'entrata

'**einreißen** (*irr*, *sep*, *-ge-*, → **reißen**) **1.** *v/t* (*h*) stracciare; (*niederreißen*) demolire; **2.** *v/i* (*sn*) strapparsi; *fig* radicarsi

'**einricht|en** (*sep*, *-ge-*, *h*) rimettere; *Zimmer*: arredare, ammobiliare; *tec* attrezzare; **sich ~** metter su casa; '**≈ung** *f* (-; *-en*) disposizione *f*, arredamento *m*; mobili *m/pl*; *tec* dispositivo *m*

eins [aɪns] uno; **um ~** all'una

Eins *f* (-; *-en*) uno *m*

'**einsam** ['-zaːm] solo, solitario

'**Einsatz** ['-zats] *m* (*-[e]s*; ⸚*e*) aggiunta *f*, *Spiel*: posta *f*, *Kleidung*: applicazione *f*, *mus* attacco *m*; (*senza pl*) *des Lebens*: rischio *m*; *der Kräfte*: impiego *m*; '**≈bereit** pronto a funzionare

'**einscannen** ['aɪnskɛnən] *inform* scannerizzare

'**einschalt|en** (*sep*, *-ge-*, *h*) *el* innestare, inserire; *Lampe*, *Radio*: accendere; *el Maschinen*: mettere in circuito; mettere in contatto; chiudere il circuito; *Motor*: mettere in moto; *tec* azionare, avviare; **sich ~** intervenire; *in ein Gespräch*: intromettersi; '**≈quote** *f* indice *m* d'ascolto

'**einschätz|en** (*sep*, *-ge-*, *h*) valutare; *Steuer*: tassare; '**≈ung** *f* (-; *-en*) valutazione *f*

'**einschenken** (*sep*, *-ge-*, *h*) versare

'einschicken (*sep*, *-ge-*, *h*) inviare
'einschiff|en (*sep*, *-ge-*, *h*) imbarcare; **'2ung** *f* (-; *senza pl*) imbarco *m*
'einschlafen (*irr*, *sep*, *-ge-*, *sn*, → **schlafen**) addormentarsi, prendere sonno
'einschlagen (*irr*, *sep*, *-ge-*, *h*, → **schlagen**) **1.** *v/t* (con)ficcare; *Tür*: sfondare; *e-n Weg*: prendere; (*einwickeln*) incartare; involtare; **2.** *v/i* dare la mano; *Blitz*: cadere; **es hat eingeschlagen** è caduto un fulmine; *fig* è riuscito bene
'einschlägig ['-ʃlɛːgiç] relativo, corrispondente
'einschließ|en (*irr*, *sep*, *-ge-*, *h*, → **schließen**) (rin)chiudere; *mil* accerchiare; *fig* comprendere; **'~lich** incluso; compreso; **bis ~ Montag** lunedì compreso
'einschneidend *fig* incisivo, radicale
'Einschnitt *m* (*-[e]s*; *-e*) incisione *f*; taglio *m*; *fig* cesura *f*; *Geschichte*: svolta *f*
'einschränk|en ['-ʃrɛŋkən] (*sep*, *-ge-*, *h*) limitare, restringere, ridurre; **'~end** restrittivo; **'2ung** *f* (-; *-en*) limitazione *f*, riduzione *f*; **ohne ~** senza restrizione
'Einschreibebrief ['-ʃraɪbəbriːf] *m* (lettera *f*) raccomandata *f*
'einschreiben *v/t* (*irr*, *sep*, *-ge-*, *h*, → **schreiben**) iscrivere; *post* spedire qc per raccomandata; **sich ~** iscriversi (**an** *dat*, **für**, **bei** a)
'Einschreiben *n* (*-s*; -) *post* raccomandata *f*
'einschüchter|n ['-ʃyçtərn] (*sep*, *-ge-*, *h*) intimidire; **'2ung** *f* (-; *-en*) intimidazione *f*
'einsehen *v/t* (*irr*, *sep*, *-ge-*, *h*, → **sehen**) esaminare; (*begreifen*) comprendere; (*erkennen*) riconoscere
'einseitig ['-zaɪtiç] **1.** *adj* unilaterale; *fig* parziale; **2.** *adv* da una parte
'einsend|en (*sep*, *-ge-*, *h*) inviare; *econ* rimettere; **'2ung** *f* (-; *-en*) spedizione *f*, invio *m*
'einsetz|en (*sep*, *-ge-*, *h*) mettere (*fig* in gioco); *j-n in ein Amt*: insediare; installare; *j-n zu …* nominare; *sein Leben*: rischiare, mettere a repentaglio; *mil* mobilitare, impegnare; **'2ung** *f* (-; *senza pl*) istituzione *f*, insediamento *m*; inserzione *f*, nomina *f*, impiego *m*
'Einsicht *f* (-; *senza pl*) esame *m*; (*pl -en*) (*Verständnis*) comprensione *f*; (*Erkenntnis*) conoscenza *f*; **~ nehmen in** (*acc*) esaminare, prendere visione di; **zur ~ kommen, dass** capire che; **'2ig** comprensivo; (*überlegt*) giudizioso; ragionevole
'einsparen (*sep*, *-ge-*, *h*) risparmiare
'einspielen: **sich ~** (*sep*, *-ge-*, *h*) esercitarsi; far pratica; *fig* affiatarsi
'einspringen (*irr*, *sep*, *-ge-*, *sn*, → **springen**) *für j-n*: supplire qu
'Einspruch *m* (*-[e]s*; *⸚e*) protesta *f*; **~ erheben** protestare
'einspurig *fer* ['-ʃpuːriç] a un solo binario
'einstecken (*sep*, *-ge-*, *h*) introdurre; *Briefe*: impostare, imbucare; *fig* mandar giù; *in die Tasche*: intascare
'einsteigen (*irr*, *sep*, *-ge-*, *sn*, → **steigen**) salire; *fer* **~!** in vettura!
'einstell|en (*sep*, *-ge-*, *h*) mettere; *rad*, *tec* regolare; *fot* mettere a fuoco; *Arbeiter*: assumere; (*beenden*) sospendere; **sich ~** prepararsi a qc; **sich auf et** (*acc*) **~** adattarsi a qc, aspettare qc; **'~ig** ['-ʃtɛliç] di una cifra sola; **'2ung** *f* (-; *-en*) *Arbeiter*: assunzione *f*, *tec* regolazione *f*, (*Haltung*) atteggiamento *m*; **'2ungsgespräch** *n* colloquio *m* (per l'assunzione)
'Einstieg ['aɪnʃtiːk] *m* (*-[e]s*; *-e*) entrata *f*
'einstimmig ['-ʃtimiç] **1.** *adj* unanime; **2.** *adv* all'unanimità
'einstöckig ['-ʃtœkiç] a un solo piano
'einstuf|en (*sep*, *-ge-*, *h*) inquadrare, classificare; **'2ung** *f* (-; *-en*) inquadramento *m*, classificazione *f*
'einstündig ['-ʃtyndiç] di un'ora
'einstürzen (*sep*, *-ge-*, *sn*) *Häuser*: crollare, andare in rovina; *Erdreich*: franare
einst'weilig ['aɪnst'vaɪliç] provvisorio
'eintägig ['aɪntɛːgiç] d'un solo giorno; effimero
'einteilen (*sep*, *-ge-*, *h*) dividere; (*verteilen*) distribuire
'eintönig ['-tøːniç] monotono
'Eintopf *m* (*-[e]s*; *⸚e*) *gastr* minestrone *m*
'eintrag|en (*irr*, *sep*, *-ge-*, *h*, → **tragen**) registrare; **sich ~** iscriversi; (*einbringen*) fruttare; **'2ung** *f* (-; *-en*) re-

gistrazione *f*, iscrizione *f*
'einträglich ['-trɛːkliç] lucrativo, vantaggioso
'eintreffen *v/i* (*irr, sep, -ge-, sn,* → ***treffen***) arrivare; *Ereignis*: avverarsi
'Eintreffen *n* (*-s; senza pl*) arrivo *m*; avveramento *m*
'eintreten *v/i* (*irr, sep, -ge-, sn,* → ***treten***) entrare; avvenire; sopravvenire; *Besserung*: manifestarsi; (*anfangen*) cominciare; ***für j-n ~*** intercedere in favore di qu, difendere la causa di qu
'Eintritt ['-trit] *m* (*-[e]s; -e*) entrata *f*, ingresso *m*; *fig* ***vor ~ in*** (*acc*) prima d'entrare in; **'~skarte** *f* biglietto *m* d'ingresso; **'~spreis** *m* prezzo *m* d'ingresso
'eintrüben: ***sich ~*** (*sep, -ge-, h*) rannuvolarsi
'Einvernehmen ['-fɛrneːmən] *n* (*-s; senza pl*) accordo *m*; ***im ~ mit*** d'accordo con
'einverstanden ['-ʃtandən] d'accordo
'Einverständnis *n* (*-ses; senza pl*) accordo *m*, consenso *m*
'Einwahlknoten *m* (*-s; -*) nodo *m*
'Einwand ['-vant] *m* (*-[e]s; ⸚e*) obiezione *f*, *jur* eccezione *f*
'Einwander|er ['-dərər] *m* (*-s; -*), **'~in** *f* (*-; -nen*) immigrante *m/f*; **'2n** (*sep, -ge-, sn*) immigrare
'einwandfrei ['-vantfraɪ] (*Ware*) senza difetti
'Einwegflasche *f* vuoto *m* a perdere
'einweih|en (*sep, -ge-, h*) consacrare; (*eröffnen*) inaugurare; ***in et ~*** iniziare a qc; **'2ung** *f* (*-; -en*) consacrazione *f*, inaugurazione *f*, iniziazione *f*
'einweisen (*irr, sep, -ge-, h,* → ***weisen***) insediare, installare; (*Krankenhaus*) far ricoverare
'einwenden (*sep, -ge-, h*) obiettare
'einwerfen (*irr, sep, -ge-, h,* → ***werfen***) gettare; *fig* obiettare
'einwickeln *v/t* (*sep, -ge-, h*) avvolgere; *fig* imbrogliare
'einwillig|en ['-viligən] (*sep, -ge-, h*) consentire; **'2ung** *f* (*-; -en*) consenso *m*
'einwirken (*sep, -ge-, h*) influire; agire (***auf*** su)
'einwöchig ['-vœçiç] di una settimana
'Einwohner ['-voːnər] *m* (*-s; -*), **'~in** *f* (*-; -nen*) abitante *m/f*, **'~meldeamt** *n* anagrafe *f*
'Einwurf *m* (*-[e]s; ⸚e*) obiezione *f*, *post* buca *f* (delle lettere); *Fußball*: rimessa *f* in gioco
'einzahl|en (*sep, -ge-, h*) pagare, versare; **'2ung** *f* (*-; -en*) pagamento *m*, versamento *m*; **'2ungsbeleg** *m* ricevuta *f* di versamento
'Einzel|fall ['aɪntsəlfal] *m* caso *m* unico; **'~händler** *m* commerciante *m* al minuto; **'~handel** *m* commercio *m* al minuto; **'~heit** *f* (*-; -en*) dettaglio *m*
'einzeln ['-tsəln] singolo; (*allein*) solo; (*gesondert*) *tec* isolato; *econ* al minuto; ***im 2en*** in particolare, *econ* al minuto
'Einzel|teil *n* elemento *m* singolo; **'~verkauf** *m* vendita *f* al minuto; **'~zimmer** *n* camera *f* singola; **'~zimmerzuschlag** *m* differenza *f* camera singola
'einziehen (*irr, sep, -ge-,* → ***ziehen***) **1.** *v/t* (*h*) ritirare; *Geld*: riscuotere; *Segel*: ammainare; *Auskunft*: prendere; *jur* confiscare; **2.** *v/i* (*sn*) entrare; *Flüssigkeit*: penetrare
'einzig ['-tsiç] unico, solo; ***kein 2er*** nessuno, neanche uno; **'~artig** ['-ʔɑːrtiç] unico; incomparabile
'Einzug ['-tsuːk] *m* (*-[e]s; ⸚e*) ingresso *m*; *econ* incasso *m*; **'~sbereich** *m* area *f* metropolitana; *geogr* bacino *m* idrografico
Eis [aɪs] *n* (*-es; senza pl*) ghiaccio *m*; (*Speise2*) gelato *m*; **'~bahn** *f* pista *f* di ghiaccio; **'~bär** *m* orso *m* bianco; **'~becher** *m* coppa *f* di gelato; **'~bein** *n* zampetto *m* di maiale; **'~berg** *m* iceberg ['aɪsbɛrk] *m*; **'~café** *m* bar-gelateria *f*, **'~creme** *f* gelato *m* di crema
'Eisen ['aɪzən] *n* (*-s; senza pl*) ferro *m*
'Eisenbahn ['aɪzənbaːn] *f* ferrovia *f*, (*Zug*) treno *m*; **~...**: *in Zssgn* ferroviario; **'~fähre** *f* traghetto *m* ferroviario; **'~fahrplan** *m* orario *m* ferroviario; **'~netz** *n* rete *f* ferroviaria; **'~wagen** *m* vagone *m*; carrozza *f*, vettura *f*
'Eisen|erz *n* minerale *m* di ferro; **'2haltig** ['-haltiç] ferruginoso; **'~waren** ['-vaːrən] *f/pl* ferramenta *f/pl*
'eisern ['aɪzərn] di ferro; *fig* ferreo; duro
'Eis|fläche *f* campo *m* di ghiaccio; **'2frei** libero dal ghiaccio; **'2gekühlt** ['-gəkyːlt] ghiacciato; **'~hockey** ['-hɔki] *n* hockey *m* su ghiaccio
'eisig ['aɪziç] glaciale, gelido

'Eis|kaffee ['aɪskafeː] *m* caffè *m* freddo con panna e gelato; **'2'kalt** ['aɪs'kalt] gelido; **'~kunstlauf** *m* pattinaggio *m* artistico; **'~pickel** *m* piccozza *f*; **'~revue** *f* rivista *f* su ghiaccio; **'~scholle** *f* lastra *f* di ghiaccio; **'~zapfen** *m* ghiacciolo *m*; **'~zeit** *f* epoca *f* glaciale

'eitel ['aɪtəl] (*stolz*) vanitoso; borioso

'eitern ['-tərn] (*h*) suppurare

'Eiweiß ['aɪvaɪs] *n* (*-es*; *-e*) chiara *f* (*od* bianco *m*) d'uovo, albume *m*; *chim* proteina *f*

'ekeln ['eːkəln] (*h*) nauseare; ***es ekelt mich*** mi fa schifo

E'lan [e'laːn] *m* (*-s*; *senza pl*) slancio *m*

e'lastisch [e'lastiʃ] elastico

Ele'fant [ele'fant] *m* (*-en*; *-en*) elefante *m*

ele'gant elegante

e'lektri|sch [e'lɛktriʃ] elettrico; **2izi'tät** [-tsi'tɛːt] *f* (*-*; *senza pl*) elettricità *f*

E'lektroakustik *f* elettroacustica *f*

Elek'trode [-'troːdə] *f* (*-*; *-n*) elettrodo *m*

E'lektro|geschäft *n* negozio *m* di elettrodomestici; **~industrie** *f* industria *f* elettrotecnica; **~nen** [-'troːnən] *n/pl* elettroni *m/pl*; **~nik** [-'troːnik] *f* (*-*; *senza pl*) elettronica *f*; **2nisch** elettronico; ***~e Datenverarbeitung*** elaborazione elettronica dei dati; **~'technik** [-tro'tɛçnik] *f* elettrotecnica *f*

Ele'ment [ele'mɛnt] *n* (*-[e]s*; *-e*) elemento *m*; *el* pila *f*; **2'ar** [-'taːr] elementare

'elend *adj* misero; miserabile; *fig* meschino; *med* malato

'Elend ['eːlɛnt] *n* (*-s*; *senza pl*) miseria *f*, povertà *f*

elf [ɛlf] *adj* undici

Elf *f* (*-*; *-en*) undici *m*

'Elfenbein ['ɛlfənbaɪn] *n* (*-s*; *senza pl*) avorio *m*

Elf'meter *m Fußball*: calcio *m* di rigore

E'lite [e'liːtə] *f* (*-*; *-n*) fior fiore *m*, élite *f*

'Ellbogen ['ɛlboːgən] *m* (*-s*; *-*) gomito *m*

'Eltern ['ɛltərn] *pl inv* genitori *m/pl*; **'~haus** *n* casa *f* paterna; **'2los** orfano

Emanzipa'tion [emantsipats'joːn] *f* (*-*; *senza pl*) emancipazione *f*

emanzi'pieren [emantsi'piːrən] (*senza ge-*, *h*) emancipare

Em'bargo [ɛm'bargo] *n* (*-s*; *-s*) embargo *m*

Emis'sion [-s'joːn] *f* (*-*; *-en*) emissione *f*; **~sbelastung** *f tec* inquinamento *m* provocato da emissioni di sostanze nocive; **~swerte** *pl* valori *m/pl* d'emissione

E'moticon [ɪ'motikon] *n* (*-s*; *-s*) *inform* faccina *f*

Em'pfang [ɛm'pfaŋ] *m* (*-[e]s*; *¨-e*) ricevimento *m*; accoglienza *f*; *e-r Sache*: ricevuta *f*; *rad* ricezione *f*; ***bei ~*** alla consegna; ***nach ~ von et*** ricevuto qc; **2en** (*empfing*, *empfangen*, *h*) accogliere; (*erhalten*) ricevere; *med* concepire

Em'pfänger [-'pfɛŋər] *m* (*-s*; *-*) ricevente *m*; *von Sendungen*: destinatario *m*

Em'pfängnis [-'pfɛŋnis] *f* (*-*; *senza pl*) *biol* concepimento *m*; **~verhütung** *f* contraccezione

em'pfangs|berechtigt [-sbərɛçtiçt] autorizzato a ricevere …; **2bestätigung** *f* ricevuta *f*; quietanza *f*

em'pfehl|en [-'pfeːlən] (*empfahl*, *empfohlen*, *h*) raccomandare; **~enswert** [-sveːrt] raccomandabile; **2ung** *f* (*-*; *-en*) raccomandazione *f*; **2ungsschreiben** *n* lettera *f* di raccomandazione; lettera *f* di presentazione

em'pfind|en [-'pfindən] *v/t* (*empfand*, *empfunden*, *h*) sentire; **2en** *n* (*-s*; *senza pl*) (*Gefühl*) sentimento *m*; **~lich** sensibile; suscettibile; **~ungslos** [-duŋsloːs] insensibile

Em'pirestil [ɑ̃'piːrʃtiːl] *m* (*-s*; *senza pl*) stile *m* impero

em'por [ɛm'poːr] su, in su, in alto; **~arbeiten**: ***sich ~*** (*sep*, *-ge-*, *h*) farsi una posizione col proprio lavoro; **~bringen** (*irr*, *sep*, *-ge-*, *h*, → ***bringen***) sollevare; *Unternehmen*: far fiorire

Em'pore [-'poːrə] *f* (*-*; *-n*) galleria *f*

em'pör|en [-'pøːrən] (*senza -ge-*, *h*) ribellare; *fig* indignare; ***sich ~*** ribellarsi; **~end** scandaloso

em'por|kommen [-'poːrkomən] (*irr*, *sep*, *-ge-*, *sn*, → ***kommen***) avere successo; venire su bene; fiorire; *Person*: far carriera (*od* molta strada); **2kömmling** [-'poːrkœmliŋ] *m* (*-s*; *-e*) arrivista *m*; **~ragen** (*sep*, *-ge-*, *h*) sovrastare

Em'pörung [-'pøːruŋ] *f* (*-*; *senza pl*) ribellione *f*, indignazione *f*

'Ende ['ɛndə] *n* (*-s*; *senza pl*) fine *f*,

termine *m*; **am ~** alla fine; **am ~ des Monats** alla fine del mese; **letzten ~s** in ultima analisi; alla fin fine; **am ~ der Straße** in fondo alla strada; **am ~ des Zuges, der Schlange** in coda; **zu ~ gehen** stare per finire; **zu ~ sein** essere finito; **~ Juli** agli ultimi di luglio

'enden ['ɛndən] *v/i* (*h*) finire; terminare; *Frist*: cessare

'end|gültig ['ɛntgyltiç] definitivo; **'&lagerung** *f* stoccaggio *m* finale; deposito *m* definitivo; **'~lich 1.** *adj* (*schließlich*) finale; limitato; **2.** *adv* finalmente; **'~los** sterminato; senza fine; **'&produkt** *n* prodotto *m* finito; **'&punkt** *m* termine *m*; **'&spiel** *n* finale *f*; **'&station** *f* capolinea *m*, stazione *f* terminale; **'&verbraucher** *m* consumatore *m* (finale)

Ener'gie [enɛr'giː] *f* (-; *-n*) energia *f*; **&bewusst** cosciente dei problemi energetici; **~quelle** *f* fonte *f* energetica; **~versorgung** *f* erogazione *f* d'energia; approvigionamento *m* d'energia

e'nergisch [-giʃ] energico

eng [ɛŋ] stretto; (*dicht*) fitto

Engag|e'ment [ãgaʒə'mã] *n* (*-s*; *-s*) *fig* impegno *m*; **&'ieren** (*senza ge-, h*) impegnare; ingaggiare

'Enge ['ɛŋə] *f* (-; *senza pl*) strettezza *f*; (*pl -n*) (*Meer&*) stretto *m*

'Engel ['ɛŋəl] *m* (*-s*; -) angelo *m*

'Engländer ['-lɛndər] *m* (*-s*; -), **'~in** *f* (-; *-nen*) inglese *m/f*

'englisch ['ɛŋliʃ] inglese

'Engpass *m* strettoia *f*, passo *m* stretto; *fig* difficoltà *f*

'Enkel ['ɛŋkəl] *m* (*-s*; -), **'~in** *f* (-; *-nen*) nipote *m/f*

e'norm [e'nɔrm] enorme

En'semble [ã'sãblə] *n* (*-s*; *-s*) complesso *m*; compagnia *f*, gruppo *m*

ent'behr|en [-'beːrən] (*senza -ge-, h*) mancare di; fare a meno di; **~lich** superfluo; secondario; **&ung** *f* (-; *-en*) privazione *f*

ent'bind|en *v/t* (*entband, entbunden, h*) sciogliere (da); dispensare; *med* assistere nel parto; **&ung** *f* (-; *-en*) scioglimento *m*; *med* parto *m*

ent'brennen (*entbrannte, entbrannt, sn*) accendersi; *Krieg*: scoppiare

ent'deck|en (*senza -ge-, h*) scoprire; (*enthüllen*) rivelare; **&er** *m* (*-s*; -) scopritore *m*; **&ung** *f* (-; *-en*) scoperta *f*, *fig* rivelazione *f*

'Ente ['ɛntə] *f* (-; *-n*) anitra *f*, *fig* fandonia *f*; (*Zeitungs&*) canard *m*, falsa notizia *f*

ent'eign|en (*senza -ge-, h*) espropriare; **&ung** *f* (-; *-en*) espropriazione *f*

ent'fachen [ɛnt'faxən] (*senza -ge-, h*) accendere; *Streit*: provocare, scatenare

ent'fallen (*entfiel, entfallen, sn*) sfuggire; scappare; toccare (**auf j-n** a qu)

ent'falt|en (*senza -ge-, h*) *fig* sviluppare; *Tätigkeit*: svolgere; **&ung** *f* (-; *senza pl*) *fig* sviluppo *m*; dimostrazione *f*, spiegamento *m*

ent'fern|en [-'fɛrnən] (*senza -ge-, h*) allontanare; *fig* eliminare; **~t** lontano; distante; **&ung** *f* (-; *-en*) distanza *f*, allontanamento *m*; lontananza *f*

ent'flechten (*entflocht, entflochten, h*) *econ* decentrare; districare

ent'führ|en (*senza -ge-, h*) rapire; **&er** *m* (*-s*; -) rapitore *m*; **&ung** *f* (-; *-en*) rapimento *m*; *jur* sequestro *m* di persona

ent'gegen [-'geːgən] *prp* contro; *adv* contrariamente; contrario; **~gesetzt** opposto; *fig* contrario; **~kommen**[1] (*irr, sep, -ge-, sn,* → **kommen**) venire incontro; *fig* mostrarsi conciliante; far un piacere; **&kommen**[2] *n* (*-s*; *senza pl*) compiacenza *f*, gentilezza *f*, **~kommend** compiacente, cortese; **~nehmen** (*irr, sep, -ge-, h,* → **nehmen**) accettare; gradire

ent'gehen (*entging, entgangen, sn*) sfuggire

Ent'gelt [-'gɛlt] *n* (*-[e]s*; *-e*) ricompensa *f*, (*Entlohnung*) rimunerazione *f*

ent'gleisen [-'glaɪzən] (*senza -ge-, sn*) deviare; *fer* deragliare

ent'halt|en (*enthielt, enthalten, h*) contenere; comprendere; **sich ~** astenersi (*gen* da); **~sam** sobrio; *Alkohol*: astemio; **&ung** *f* (-; *-en*) *pol* astensione *f*

ent'heben (*enthob, enthoben, h*) esonerare (*gen* da)

ent'hüll|en (*senza -ge-, h*) scoprire; *Geheimnisse*: rivelare; **&ung** *f* (-; *-en*) rivelazione *f*

ent'kommen (*entkam, entkommen, sn*) scappare; *e-r Gefahr*: scampare

ent'kräften [-'krɛftən] (*senza -ge-, h*) *fig* infirmare; invalidare

ent'lad|en (*entlud, entladen, h*) scari-

care; **ᘐung** *f* (-; *-en*) scarico *m*; *el* scarica *f*
ent'lang [-'laŋ] lungo
ent'lass|en (*entließ*, *entlassen*, *h*) licenziare; **ᘐung** *f* (-; *-en*) licenziamento *m*; dimissione *f*
ent'laufen (*entlief*, *entlaufen*, *sn*) fuggire
ent'ledigen [-'leːdigən]: ***sich*** ~ (*senza -ge-*, *h*) disfarsi, sbarazzarsi, liberarsi (*gen* di); *e-s Auftrages*: disimpegnarsi
ent'legen [-'leːgən] distante; fuori mano
ent'lohn|en (*senza -ge-*, *h*) retribuire; pagare; **ᘐung** *f* (-; *senza pl*) retribuzione *f*
entmilitari'sier|en [-militari'ziːrən] (*senza -ge-*, *h*) smilitarizzare; **ᘐung** *f* (-; *-en*) smilitarizzazione *f*
ent'mündigen [-'myndigən] (*senza -ge-*, *h*) interdire
ent'nehmen (*entnahm*, *entnommen*, *h*) prendere; levare; *Betrag*: prelevare; *fig* desumere
ent'richten (*senza -ge-*, *h*) pagare
ent'schädig|en (*senza -ge-*, *h*) risarcire; indennizzare; **ᘐung** *f* (-; *-en*) risarcimento *m*; indennità *f*
ent'schärfen [-'ʃɛrfən] (*senza -ge-*, *h*) *fig* appianare, sdrammatizzare
ent'scheid|en [-'ʃaɪdən] (*entschied*, *entschieden*, *h*) decidere (***über*** *acc* su); ***sich ~ für*** decidersi per; **~end** decisivo; **ᘐung** *f* (-; *-en*) decisione *f*; *jur* sentenza *f*; *Sport*: finale *f*
ent'schieden [-'ʃiːdən] fermo; risoluto
ent'schließ|en: ***sich*** ~ (*entschloss*, *entschlossen*, *h*) risolversi, decidersi; **ᘐung** *f* (-; *-en*) risoluzione *f*, decisione *f*
ent'schlossen [-'ʃlɔsən] risoluto
Ent'schluss [-'ʃlus] *m* (*-es*; *¨e*) risoluzione *f*, decisione *f*
ent'schuldig|en [-'ʃuldigən] (*senza -ge-*, *h*) scusare; perdonare; giustificare; ***~ Sie!*** scusi!; **ᘐung** *f* (-; *-en*) scusa *f*
ent'setzlich [-'zɛtsliç] terribile, orribile
ent'sorg|en (*senza -ge-*, *h*) smaltire e trattare (rifiuti tossici); **ᘐung** *f* smaltimento *m* e trattamento *m* (di rifiuti tossici)
ent'spann|en (*senza -ge-*, *h*) distendere; *fig a* rilassare; *pol* normalizzare; **ᘐung** *f* (-; *-en*) *körperlich*: rilassamento *m*; *pol* distensione *f*
ent'sprech|en (*entsprach*, *entsprochen*, *h*) corrispondere a; *e-r Erwartung*: rispondere a; *e-m Wunsch*: soddisfare (*acc*); **~end** corrispondente; (*angemessen*) adeguato; ***Ihrem Wunsch ~*** conforme al Suo desiderio
ent'steh|en (*entstand*, *entstanden*, *sn*) nascere; risultare (***aus*** da); **ᘐung** *f* (-; *-en*) formazione *f*, genesi *f*, origine *f*
ent'stellen (*senza -ge-*, *h*) sfigurare; *Wahrheit*: svisare
ent'täusch|en (*senza -ge-*, *h*) disingannare; *Hoffnungen*: deludere; **ᘐung** *f* (-; *-en*) disinganno *m*; delusione *f*
Ent'warnung [-'varnuŋ] *f* (-; *-en*) segnale *m* di cessato allarme
'entweder ['-veːdər]: ***~ … oder …*** o … o …
ent'wenden (*senza -ge-*, *h*) sottrarre
ent'werfen (*entwarf*, *entworfen*, *h*) abbozzare; *Plan*: elaborare; *arch* tracciare
ent'wert|en (*senza -ge-*, *h*) deprezzare; svalutare; *Marken*: annullare; **ᘐung** *f* (-; *-en*) deprezzamento *m*, svalutazione *f*, annullamento *m*
ent'wick|eln (*senza -ge-*, *h*) sviluppare; **ᘐlung** *f* (-; *-en*) sviluppo *m*; evoluzione *f*; **ᘐlungshelfer** *m* cooperante *m*, volontario *m*; **ᘐlungshilfe** *f* aiuto *m* ai paesi in via di sviluppo; **ᘐlungsland** *n* paese *m* in via di sviluppo; **ᘐlungspolitik** *f* politica *f* di aiuti allo sviluppo
ent'würdig|end [-'vyrdigənt] degradante, umiliante; **ᘐung** *f* (-; *-en*) degradazione *f*
Ent'wurf *m* (*-[e]s*; *¨e*) abbozzo *m*, schizzo *m*; *fig* piano *m*; progetto *m* (*a Gesetz*); (*Brief*ᘐ) minuta *f*; (*Gestaltung*) progettazione *f*
ent'ziehen (*entzog*, *entzogen*, *h*) togliere; *Führerschein*: ritirare; ***sich e-r Sache ~*** sottrarsi a qc
ent'zünd|en [-'tsyndən] (*senza -ge-*, *h*) accendere; infiammare; **ᘐung** *f* (-; *-en*) *med* infiammazione *f*
Epi|de'mie [epide'miː] *f* (-; *-n*) epidemia *f*; **ᘐ'demisch** epidemico
Epi|lep'sie [epilɛp'siː] *f* (-; *-n*) epilessia *f*; **~'eptiker** *m* (*-s*; -) epilettico *m*
Epi'sode [-'zoːdə] *f* (-; *-n*) episodio *m*
E'poche [e'pɔxə] *f* (-; *-n*) epoca *f*
er [eːr] *pron* egli, lui; esso; ***~ selbst*** lui stesso

E

er'achten [ɛr'ʔaxtən] *v/t* (*senza -ge-, h*) giudicare, considerare
Er'achten *n* (*-s; senza pl*): ***m-s ~s*** a mio parere
er'arbeiten (*senza -ge-, h*) elaborare; guadagnarsi con il lavoro
er'bärmlich [-'bɛrmliç] compassionevole; miserabile; meschino
er'bau|en (*senza -ge-, h*) edificare; costruire, erigere; **2er** *m* (*-s; -*) costruttore *m*; *e-r Stadt*: fondatore *m*
'Erb|e ['ɛrbə] **1.** *m* (*-n; -n*) erede *m*; **2.** *n* (*-s; senza pl*) eredità *f*; **'2en** *v/t* (*h*) ereditare; **'~in** *f* (*-; -nen*) erede *f*
er'bitten [-'bitən] (*erbat, erbeten, h*) sollecitare; (*erlangen*) supplicare
er'bitter|t [-'bitərt] esperato; esacerbato; **2ung** *f* esasperazione *f*
'Erbkrankheit ['ɛrpkraŋkhaɪt] *f* malattia *f* ereditaria
'erblich ['ɛrpliç] ereditario
er'brechen (*erbrach, erbrochen, h*): ***sich ~*** vomitare
er'bringen [ɛr'briŋən] (*erbrachte, erbracht, h*) produrre; fruttare
'Erbschaft ['ɛrpʃaft] *f* (*-; -en*) eredità *f*; **'~ssteuer** *f* tassa *f* di successione
'Erbse ['ɛrpsə] *f* (*-; -n*) *grüne*: pisello *m*; **'~nsuppe** *f* zuppa *f* di piselli
'Erb|stück ['ɛrpʃtyk] *n* oggetto *m* di famiglia; **'~sünde** *f* peccato *m* originale
'Erd|arbeiten ['eːrtʔarbaɪtən] *f/pl* lavori *m/pl* di sterro; **'~bahn** *f* orbita *f* terrestre; **'~beben** *n* terremoto *m*; **'~beere** *f* fragola *f*; **'~boden** *m* suolo *m*; terra *f*; ***dem ~ gleichmachen*** radere al suolo
'Erde ['eːrdə] *f* (*-; senza pl*) terra *f*; ***zu ebener ~*** al pianterreno
'erden ['eːrdən] (*h*) *rad* mettere a (*od* la) terra, collegare a terra
er'denklich [ɛr'dɛŋkliç] immaginabile
'Erd|gas ['eːrtgas] *n* gas *m* naturale, metano *m*; **'~geschichte** *f* geologia *f*; **'~geschoss** *n* pianterreno *m*; **'~halbkugel** *f* emisfero *m* terrestre
'Erd|karte *f* mappamondo *m*; **'~kugel** *f* globo *m* terrestre; **'~kunde** *f* geografia *f*; **'~nuss** *f* nocciolina *f* americana; **'~öl** *n* petrolio *m*; **'~ölindustrie** *f* industria *f* petrolifera; **'~ölvorkommen** *n* giacimento *m* petrolifero
er'drückend [ɛr'drykənt] schiacciante
'Erd|rutsch ['eːrtrutʃ] *m* frana *f*, smottamento *m*; **'~stoß** *m* scossa *f* (di terremoto); **'~teil** *m* continente *m*
er'eig|nen [ɛr'ʔaɪgnən]: ***sich ~*** (*senza -ge-, h*) avvenire, accadere; **2nis** *n* (*-ses; -se*) avvenimento *m*, evento *m*
er'fahr|en [-'faːrən] **1.** *v/t* (*erfuhr, erfahren, h*) (venire a) sapere; (*empfinden*) provare; **2.** *adj* esperto; **2ung** *f* (*-; -en*) esperienza *f*; ***in ~ bringen*** venir a sapere; **~ungsgemäß** [-ruŋsgəmɛːs] *adv* secondo (*od* come insegna) l'esperienza
er'fassen (*senza -ge-, h*) afferrare; *geistig*: comprendere; *statistisch*: registrare; *Daten*: raccogliere; immettere
er'find|en (*erfand, erfunden, h*) inventare; **2er** *m* (*-s; -*) inventore *m*; **2ung** *f* (*-; -en*) invenzione *f*
Er'folg [ɛr'fɔlk] *m* (*-[e]s; -e*) successo *m*; esito *m*, risultato *m*; **2en** (*senza -ge-, sn*) seguire; (*stattfinden*) succedere, verificarsi, aver luogo; **2los** senza successo, infruttuoso; **2reich** fruttuoso, coronato da successo; *Maßnahme*: efficace
er'ford|erlich [-'fɔrdərliç] necessario; occorrente; (*verlangt*) richiesto; ***~ sein*** occorrere, necessitare; **~ern** (*senza -ge-, h*) esigere; occorrere; *fig* richiedere; **2ernis** *n* (*-ses; -se*) esigenza *f*; (*Notwendigkeit*) necessità *f*
er'forschen (*senza -ge-, h*) indagare; *Land*: esplorare
er'fragen (*senza -ge-, h*): ***et bei j-m ~*** apprendere qc da qu a forza di domande
er'freu|en (*senza -ge-, h*) rallegrare; ***erfreut sein*** aver piacere; **~lich** lieto, piacevole
er'frieren (*erfror, erfroren, sn*) gelare; morire di freddo
er'frisch|en [-'friʃən] (*senza -ge-, h*) rinfrescare; **2ung** *f* (*-; -en*) rinfresco *m*
erfüll|en (*senza -ge-, h*) riempire (***mit*** di); *Bitte*: accondiscendere a; *Wunsch*: appagare; *Zweck*: raggiungere; ***sich ~*** avverarsi; **2ung** *f* (*-; -en*) adempimento *m*; attuazione *f*; ***in ~ gehen*** realizzarsi
er'gänz|en [-'gɛntsən] (*senza -ge-, h*) completare; **2ung** *f* (*-; -en*) completamento *m*; complemento *m*; supplemento *m*
er'geb|en **1.** *v/t* (*ergab, ergeben, h*) fruttare; ***die Untersuchung ergab*** dall'inchiesta risulta; ***sich ~*** darsi; *mil*

arrendersi; *aus et*: risultare; **2.** *adj* devoto; **Ꝛnis** [-'geːpnis] *n* (*-ses*; *-se*) risultato *m*; **~nislos** infruttuoso, senza risultato

er'gehen *v/i* (*erging, ergangen, sn*) *Urteil*: essere mandato; ***über sich ~ lassen*** subire; ***wie wird es ihm ~?*** che ne sarà di lui?; ***wie ist es dir ergangen?*** come te la sei passata?

er'giebig [-'giːbiç] produttivo; (*reichlich vorhanden*) abbondante; *Geschäft*: redditizio; lucrativo

er'greif|en (*ergriff, ergriffen, h*) afferrare, prendere; (*rühren*) commuovere; *Gelegenheit*: cogliere; *Beruf*: intraprendere; ***die Flucht ~*** darsi alla fuga, fuggire; **~end** commovente; **Ꝛung** *f* (*-; senza pl*) *Maßnahmen*: adozione *f*; *des Täters*: cattura *f*, arresto *m*

er'griffen [-'grifən] *adj* commosso

er'haben [-'haːbən] elevato; *Kunst*: di rilievo; *fig* sublime; ***über*** (*acc*) ***et ~*** superiore a qc; ***über jeden Zweifel ~*** fuori di ogni dubbio

Er'halt [-'halt] *m* (*-[e]s; senza pl*) ricevuta *f*; **Ꝛen** (*erhielt, erhalten, h*) mantenere; *gesund, gut, schlecht*: conservare; (*bekommen*) ricevere; *e-e Stelle*: ottenere

er'hältlich [-'hɛltliç] in vendita

er'härten (*senza -ge-, h*) indurire; *fig* corroborare

er'heb|en (*erhob, erhoben, h*) alzare; *fig* sollevare; *Ansprüche*: avanzare; **~lich** [-'heːpliç] *adj* rilevante; *adv* molto; considerevolmente; **Ꝛung** *f* (*-; -en*) elevazione *f*; *pol* insurrezione *f*; (*Umfrage*) inchiesta *f*

er'höh|en [-'høːən] (*senza -ge-, h*) rialzare; *Honorar*: aumentare; *Produktion*: incrementare; **Ꝛung** *f* (*-; -en*) innalzamento *m*; aumento *m*; (*Höhe*) altura *f*

er'hol|en: ***sich ~*** (*senza -ge-, h*) rimettersi; *Preise*: essere in ripresa; **~sam** riposante; **Ꝛung** *f* (*-; senza pl*) riposo *m*; *econ* ripresa *f*

er'inner|n [-'ʔinərn] (*senza -ge-, h*): ***j-n an et*** (*acc*) **~** ricordare qc a qu; ***sich ~*** ricordarsi (***an*** *acc* di); **Ꝛung** *f* (*-; -en*) ricordo *m*; (*Gedächtnis*) memoria *f*

er'kält|en [-'kɛltən]: ***sich ~*** (*senza -ge-, h*) raffreddarsi; **Ꝛung** *f* (*-; -en*) raffreddore *m*

er'kenn|en (*erkannte, erkannt, h*) **1.** *v/t* riconoscere; **2.** *v/i jur* emettere la sentenza (***auf*** *acc* di); **~tlich** [-'kɛntliç] riconoscente; **Ꝛtnis** *f* (*-; -se*) conoscenza *f*; (*Einsicht*) cognizione *f*

'Erker ['ɛrkər] *m* (*-s; -*) *arch* bovindo *m*

er'klär|en (*senza -ge-, h*) dichiarare; (*erläutern*) spiegare; **~lich** spiegabile; **Ꝛung** *f* (*-; -en*) dichiarazione *f*; spiegazione *f*

er'krank|en (*senza -ge-, sn*) ammalarsi; **Ꝛung** *f* (*-; -en*) malattia *f*

er'kunden [ɛr'kundən] (*senza -ge-, h*) esplorare; *mil* perlustrare

er'kundig|en [-'kundigən]: ***sich ~*** (*senza -ge-, h*) informarsi (***nach*** di); **Ꝛung** *f* (*-; -en*) informazione *f*

erlangen [-'laŋən] (*h*) ottenere, conseguire

er'lassen (*erließ, erlassen, h*) emanare; *Schuld, Strafe*: condonare (***j-m et*** qc a qu); *Steuer*: esentare; *Arbeit*: dispensare (***j-m et*** qu da qc)

er'lauben [-'laubən] (*senza -ge-, h*) permettere

Er'laubnis [-'laupnis] *f* (*-; senza pl*) permesso *m*

er'läuter|n (*senza -ge-, h*) spiegare; *Text*: commentare; **Ꝛung** *f* (*-; -en*) spiegazione *f*, commento *m*

er'leb|en [-'leːbən] (*senza -ge-, h*) vivere; vedere; sperimentare; (*erfahren*) sperimentare; (*kennen lernen*) conoscere; **Ꝛnis** [-'leːpnis] *n* (*-ses; -se*) avvenimento *m*; evento *m*; esperienza *f*

er'ledig|en [-'leːdigən] (*senza -ge-, h*) sbrigare; **~t** [-diçt] *adj* bell'e fatto, a posto; **Ꝛung** *f* (*-; -en*) disbrigo *m*; esecuzione *f*

er'leichter|n [-'laiçtərn] (*senza -ge-, h*) alleggerire; *fig* facilitare; *Kranken*: alleviare; **Ꝛung** *f* (*-; -en*) alleggerimento *m*; (*senza pl*) *fig* facilitazione *f*, alleviamento *m*

er'lernen (*senza -ge-, h*) imparare

Er'lös [-'løːs] *m* (*-es; -e*) ricavo *m*

er'mächtigen [-'mɛçtigən] (*senza -ge-, h*) autorizzare

er'mäßig|en (*senza -ge-, h*) ridurre, ribassare; **Ꝛung** *f* (*-; -en*) riduzione *f*, ribasso *m*

er'messen *v/t* (*ermaß, ermessen, h*) misurare; *fig* giudicare

Er'messen *n* (*-s; senza pl*) giudizio *m*;

nach meinem ~ a mio avviso
er'mitt|eln [-'mitəln] (*senza -ge-*, *h*) accertare; (*ausfindig machen*) scoprire; **2lung** *f* (-; *-en*) accertamento *m*; indagine *f*
er'möglichen [-'møːgliçən] (*senza -ge-*, *h*) rendere possibile
er'mord|en (*senza -ge-*, *h*) assassinare; **2ung** *f* (-; *-en*) assassinio *m*
er'müden [ɛr'myːdən] (*senza -ge-*, *sn*) stancarsi, affaticarsi
er'mutig|en [-'muːtigən] (*senza -ge-*, *h*) incoraggiare; **~end** incoraggiante
er'nähr|en (*senza -ge-*, *h*) nutrire; (*erhalten*) mantenere; *ein Kind*: allattare; **2er** *m* (*-s*; -) sostentatore *m*; **2ung** *f* (-; *senza pl*) nutrizione *f*, alimentazione *f*, mantenimento *m*
er'nenn|en (*ernannte*, *ernannt*, *h*) nominare; **2ung** *f* (-; *-en*) nomina *f*
er'neuer|n [-'nɔʏərn] (*senza -ge-*, *h*) rinnovare; **2ung** *f* (-; *-en*) rinnovamento *m*; rinnovo *m*
er'neut [-'nɔʏt] di nuovo, un'altra volta
er'niedrigend [-'niːdrigənt] umiliante
Ernst [ɛrnst] **1.** *m* (*-es*; *senza pl*) serietà *f*; (*Strenge*) severità *f*; ***im ~*** sul serio; ***~ machen*** far sul serio; ***ist es Ihnen ~ damit?*** dice (*od* dite) sul serio?; **2.** **2**, **'2haft**, **'2lich** serio; (*Krankheit*) grave; *adv* sul serio
'Ernt|e ['ɛrntə] *f* (-; *-n*) raccolta *f*; **'2en** (*h*) raccogliere; *Beifall*: riscuotere
Er'nüchterung [ɛr'nyçtəruŋ] *f* (-; *-en*) disinganno *m*
er'obern [ɛr'obərn] (*senza -ge-*, *h*) conquistare
er'öffn|en (*senza -ge-*, *h*) aprire; (*mitteilen*) comunicare; (*Ausstellung*) inaugurare; **2ung** *f* (-; *-en*) apertura *f*, comunicazione *f*, inaugurazione *f*
er'örtern [-'ʔœrtərn] (*senza -ge-*, *h*) discutere; dibattere su
e'rotisch [e'roːtiʃ] erotico
er'press|en (*senza -ge-*, *h*) ricattare; *Geld*: estorcere; **2ung** *f* (-; *-en*) estorsione *f*, ricatto *m*
er'prob|en (*senza -ge-*, *h*) provare; mettere alla prova; **2ung** *f* (-; *-en*) prova *f*, collaudo *m*
er'raten (*senza -ge-*, *h*) indovinare
er'reg|en [ɛr'reːgən] (*senza -ge-*, *h*) eccitare; *fig* destare; causare; provocare; **2er** *m* (*-s*; -) *med* agente *m* patogeno; **'~t** agitato, eccitato; **2ung** *f* (-; *-en*) eccitazione *f*, agitazione *f*
er'reich|bar [-'raiçbaːr] raggiungibile; **~en** (*senza -ge-*, *h*) raggiungere; *fig* ottenere; conseguire
er'richt|en [-'riçtən] (*senza -ge-*, *h*) erigere; (*gründen*) fondare; **2ung** *f* (-; *senza pl*) erezione *f*, fondazione *f*
er'ringen [-'riŋən] (*errang*, *errungen*, *h*) riportare
Er'rungenschaft [-'ruŋənʃaft] *f* (-; *-en*) conquista *f*, progresso *m*
Er'satz [-'zats] *m* (*-es*; *senza pl*) surrogato *m*; (*Vergütung*) compenso *m*; (*Schaden2*) indennizzo *m*; *von Personen*: sostituzione *f*; **~mann** *m* sostituto *m*; **~reifen** *m* ruota *f* di scorta; **~teil** *n* pezzo *m* di ricambio
er'scheinen *v/i* (*erschien*, *erschienen*, *sn*) apparire; *vor Gericht*: comparire; *Bücher*: uscire
Er'scheinen *n* (*-s*; *senza pl*) comparsa *f*, intervento *m*; *vor Gericht*: comparizione *f*, *tip* pubblicazione *f*
Er'scheinung *f* (-; *-en*) apparizione *f*, (*Aussehen*) aspetto *m*; *fis* fenomeno *m*
er'schieß|en (*erschoss*, *erschossen*, *h*) fucilare; **2ung** *f* (-; *-en*) fucilazione *f*
er'schließ|en (*erschloss*, *erschlossen*, *h*) aprire, rendere accessibile; (*nutzbar machen*) sfruttare; *econ* mettere a profitto; **2ung** *f* (-; *senza pl*) apertura *f* (*a Markt*); sfruttamento *m*; **2ungskosten** *pl* spese *f/pl* di valorizzazione
er'schöpf|t [-'ʃœpft] sfinito; **2ung** *f* (-; *senza pl*) esaurimento *m*
er'schrecken [-'ʃrɛkən] **1.** *v/i* (*erschrak*, *erschrocken*, *sn*) spaventarsi, prendere paura; **2.** *v/t* (*senza -ge-*, *h*) spaventare
er'schütter|n [-'ʃytərn] (*senza -ge-*, *h*) scuotere; *fig* sconvolgere; **2ung** *f* (-; *-en*) scossa *f*, (*Gefühl*) forte commozione *f*
er'schweren [-'ʃveːrən] (*senza -ge-*, *h*) aggravare; rendere (più) difficile
er'schwinglich alla portata (***für j-n*** di qu); ***zu ~en Preisen*** a prezzi modici
er'setzen (*senza -ge-*, *h*) sostituire; rimpiazzare; *Schaden*: risarcire
er'sichtlich visibile; evidente
er'spar|en (*senza -ge-*, *h*) risparmiare; *fig* evitare; **2nis** *f* (-; *-se*) risparmio *m*
erst [eːrst] **1.** *adj* primo; ***am ~en Mai*** il primo maggio; ***fürs 2e*** per il mo-

mento; **~e Hilfe** *med* pronto soccorso; **~e Klasse** prima classe; **2.** *adv* prima, dapprima; non prima che; **er ist ~ 10 Jahre alt** ha soltanto dieci anni
er'statt|en [-'ʃtatən] (*senza -ge-, h*) rendere; restituire; *Kosten*: rimborsare; *Anzeige, Bericht*: fare; **≗ung** *f* (-; -*en*) rimborso *m*; risarcimento *m*
er'staunlich [-'ʃtaunliç] sorprendente
er'staunt [-'ʃtaunt] sorpreso
'erstens ['eːrstəns] in primo luogo; prima
er'sticken [ɛr'ʃtikən] *v/i* (*senza -ge-, sn*) soffocare
'erst|klassig ['eːrstklasiç] di prima categoria, di prim'ordine; **'~malig** ['-maː-liç] *adj* primo; *adv* per la prima volta
er'strecken: **sich ~** (*senza -ge-, h*) estendersi (**auf** *acc* a)
er'suchen *v/t* (*senza -ge-, h*) pregare (**um** di); **j-n um et ~** chiedere qc a qu
er'teilen (*senza -ge-, h*) dare; impartire
Er'trag [-'traːk] *m* (-*[e]s*; ⸚*e*) provento *m*; *agr, tec* rendimento *m*; (*Geld*) rendita *f*; (*Nutzen*) profitto *m*; **≗en** (*ertrug, ertragen, h*) sopportare
er'träglich [-'trɛːkliç] sopportabile
Er'tragslage *f* situazione *f* dei redditi
er'trinken *v/i* (*ertrank, ertrunken, sn*) annegare
er'übrigen [-'ʔyːbrigən] (*senza -ge-*) **1.** *v/t* (*h*) *Geld*: spendere; **2.** *v/refl* (*h*) **sich ~**: **es erübrigt sich ...** è superfluo
er'wachen (*senza -ge-, sn*) svegliarsi
er'wachsen **1.** *v/i* (*erwuchs, erwachsen, sn*) crescere; *fig* risultare; **2.** *adj* adulto; **≗e** *m/f* (-*n*; -*n*) adulto *m*, -a *f*
er'wäg|en (*erwog, erwogen, h*) ponderare; considerare; **≗ung** *f* (-; -*en*) considerazione *f*; **in ~ ziehen** prendere in considerazione
er'wähnen (*senza -ge-, h*) menzionare
er'wärmen (*senza -ge-, h*) riscaldare; **sich ~ für et** entusiasmarsi per qc
er'wart|en (*senza -ge-, h*) aspettare; (*hoffen*) aspettarsi; **wider alles Erwarten** contro ogni aspettativa; **das war zu ~** c'era da aspettarsela; **≗ung** *f* (-; -*en*) attesa *f*; *fig* aspettativa *f*
er'weisen [-'vaɪsən] (*erwies, erwiesen, h*) dimostrare; *Dienst*: rendere; *Gefälligkeit*: usare; **sich ~** mostrarsi
er'weiter|n [-'vaɪtərn] (*senza -ge-, h*) allargare; ingrandire; **≗ung** *f* (-; -*en*) allargamento *m*; ingrandimento *m*
Er'werb [-'vɛrp] *m* (-*[e]s*; -*e*) acquisto *m*; (*Gewinn*) guadagno *m*; **≗en** [-bən] (*erwarb, erworben, h*) acquistare; **sich et ~** guadagnarsi; **≗slos** senza lavoro, disoccupato; **≗stätig** che esercita una professione; lavoratore
er'widern [-'viːdərn] *v/t* (*senza -ge-, h*) rendere; *Liebe*: corrispondere; (*antworten*) replicare
er'wischen (*senza -ge-, h*) F acchiappare
er'wünscht [-'vynʃt] desiderato; propizio; **es wäre mir sehr ~, wenn ...** sarei molto contento se ...
Erz [eːrts] *n* (-*es*; -*e*) minerale *m*
er'zähl|en [ɛr'tsɛːlən] (*senza -ge-, h*) raccontare; narrare; **≗ung** *f* (-; -*en*) racconto *m*; narrazione *f*
'Erz|bischof ['ɛrtsbiʃof] *m* arcivescovo *m*; **'~engel** *m* arcangelo *m*
er'zeug|en (*senza -ge-, h*) generare; (*hervorbringen*) produrre; fabbricare; (*hervorrufen*) provocare; **≗er** *m* (-*s*; -) genitore *m*; *econ* produttore *m*; **≗erland** *n* paese *m* produttore; **≗erpreis** *m* prezzo *m* di fabbrica; **≗nis** [-'tsɔyknis] *n* (-*ses*; -*se*) prodotto *m*; **≗ung** *f* (-; *senza pl*) produzione *f*, fabbricazione *f*
er'zieh|en [-'tsiːən] (*erzog, erzogen, h*) educare; **≗ung** *f* (-; *senza pl*) educazione *f*, istruzione *f*
er'zielen (*senza -ge-, h*) ottenere; conseguire; *Gewinn*: realizzare
er'zwingen [-'tsviŋən] (*erzwang, erzwungen, h*) ottenere con la forza
es [ɛs] *n pron* esso *m*, essa *f*; lo *m*, la *f*
'Esel ['eːzəl] *m* (-*s*; -) asino *m*
'essbar ['ɛsbaːr] commestibile
'essen ['ɛsən] *v/t, v/i* (*aß, gegessen, h*) mangiare; **zu Abend ~** cenare; **zu Mittag ~** desinare, pranzare
'Essen *n* (-*s*; *senza pl*) mangiare *m*; (*pl* -) (*Mahlzeit*) pranzo *m*; pasto *m*; (*Speise*) cibo *m*; **'~(s)marke** *f* buono *m* pasto; **~szeit** *f* ora *f* dei pasti
'Essig ['ɛsiç] *m* (-*s*; -*e*) aceto *m*
'Esszimmer *n* sala *f* da pranzo
eta'blieren [eta'bliːrən] (*senza -ge-, h*) stabilire
E'tage [e'taːʒə] *f* (-; -*n*) piano *m*
E'tappe [e'tapə] *f* (-; -*n*) tappa *f*; **≗nweise** a tappe; *fig* per gradi

E'tat [e'taː] *m* (*-s*; *-s*) bilancio *m*, budget *m*
Eti'kett [eti'kɛt] *n* (*-[e]s*; *-e[n]*) etichetta *f*
'etliche ['ɛtliçə] diversi; certi; parecchi
Et'ui [et'viː] *n* (*-s*; *-s*) astuccio *m*
'etwa ['ɛtva] circa, pressappoco, su per giù; forse; **'~ig** eventuale
'etwas ['ɛtvas] qualcosa, qualche cosa; (*ein wenig*) un po' (di); *~ **anderes*** un'altra cosa
EU *f* (-; -) ***Europäische Union*** Unione europea (*abbr* Ue)
euch [ɔʏç] voi; a voi; vi
'euer ['ɔʏər] di voi, vostro
'Eule ['ɔʏlə] *f* (-; *-n*) civetta *f*
'eurer'seits da parte vostra
'euret|'halben, **'~'wegen** per voi; a causa vostra; per amor vostro
'Euro ['ɔʏro] **1.** *nelle parole composte* euro…; … comunitario (*adj*); **2.** *m* (***EUR***) euro *m*; ***die Einführung des ~*** adottazione *f* (*od* introduzione *f*) dell'euro; **~cent** *m* eurocent *m*; **~krat** *m* eurocrate *m*; **~norm** *f* norma *f* Ue (*od* comunitaria)
Euro'p|äer [ɔʏro'pɛːər] *m* (*-s*; -), **~'äerin** *f* (-; *-nen*) europeo *m*, -a *f*
europäisch europeo; ***≈er Gerichtshof*** *m* (***EuGH***) Corte *f* di Giustizia (europea); ***≈e Investitionsbank*** *f* (***EIB***) Banca *f* europea per gli investimenti (Bei); ***≈e Kommission*** *f* Commissione *f* europea; ***≈es Parlament*** *n* Parlamento *m* europeo, europarlamento *m*; ***≈er Rat*** *m* Consiglio *m* d'Europa, Consiglio europeo; ***≈er Rechnungshof*** *m* Corte *f* dei conti (europea); ***≈e Union*** *f* (***EU***) Unione *f* europea (Ue); ***≈e Währungseinheit*** *f* Unione *f* monetaria (europea) (Ume); ***≈es Währungsinstitut*** *n* (***EWI***) Istituto *m* monetario europeo (Ime); ***≈es Währungssystem*** *n* (***EWS***) Sistema *m* monetario europeo (Sme); ***≈e*** (***Wirtschafts- und***) ***Währungsunion*** *f* (***EWU, EWWU***) Unione *f* (*od* Comunità *f*) economica e monetaria europea (Uem); ***≈e Zentralbank*** *f* (***EZB***) Banca *f* centrale europea (Bce)
Eu'ropa|meisterschaft [ɔʏ'roːpamaɪstərʃaft] *f* campionato *m* europeo; **~parlament** *n* Parlamento *m* europeo; **~pokal** *m* Coppa *f* Europa; **~rat** *m* Consiglio *m* d'Europa; **~wahlen** *pl EU* elezioni *f/pl* europee
'Euroscheck ['ɔʏroʃɛk] *m* eurocheque *m*; **'~karte** *f* carta *f* eurocheque
'Eurowährung *f* (-; *-en*) moneta *f* europea
E'U-Verordnung *f* (-; *-en*) decreto *m* dell'Ue
evaku'ieren [evaku'iːrən] (*senza ge-, h*) sfollare; *mil* sgombrare
evan'g|elisch [evaŋ'geːliʃ] evangelico; **≈'elium** [evaŋ'geːljum] *n* (*-s*; *-lien*) Vangelo *m*
eventu'ell [evɛntu'ɛl] eventuale; *adv* eventualmente
'ewig ['eːviç] eterno; **'≈keit** *f* (-; *senza pl*) eternità *f*
e'xakt [ɛ'ksakt] esatto
E'xamen [ɛk'saːmən] *n* (*-s*; -) esame *m*
Exem'plar [ɛksɛm'plaːr] *n* (*-s*; *-e*) esemplare *m*; (*Buch*) copia *f*
E'xil [ɛk'siːl] *n* (*-s*; *-e*) esilio *m*
Exis'tenz [-sis'tɛnts] *f* (-; *-en*) esistenza *f*; ***e-e ~ gründen*** farsi una posizione, sistemarsi; **~minimum** *n* minimo *m* di sussistenza
exis'tieren [-s'tiːrən] (*senza ge-, h*) esistere
exklu'siv [ɛksklu'ziːf] esclusivo
Expan'sion [-panz'joːn] *f* (-; *-en*) espansione *f*
Expe'd|ient [-ped'jɛnt] *m* (*-en*; *-en*) spedizioniere *m*; **≈'ieren** (*senza ge-, h*) spedire; **~i'tion** *f* (-; *-en*) spedizione *f*
Experi'ment [-peri'mɛnt] *n* (*-[e]s*; *-e*) esperimento *m*
Ex'perte [-'pɛrtə] *m* (*-n*; *-n*) esperto *m*
expl|o'dieren [-plo'diːrən] (*senza -ge-, sn*) esplodere; **≈o'sion** [-z'joːn] *f* (-; *-en*) esplosione *f*
Ex'port [-'pɔrt] *m* (*-[e]s*; *-e*) esportazione *f*; **~'eur** [-'tøːr] *m* (*-s*; *-e*) esportatore *m*; **≈'ieren** (*senza ge-, h*) esportare; **~land** *n* paese *m* esportatore; **~überschuss** *m* eccedenza *f* delle esportazioni
ex'press [-'prɛs] espresso
'extra ['ɛkstra] extra; a parte; **'≈blatt** *n* edizione *f* straordinaria
ex'trem [-'treːm], **Extrem** *n* (*-s*; *-e*) estremo (*m*); **~'ist** [-'mist] *m* (*-en*; *-en*), **~'istin** [-'mistin] *f* (-; *-nen*) estremista *m/f*

F

'fabelhaft ['fa:bəlhaft] F (*wunderbar*) fantastico, favoloso
Fa'brik [fa'bri:k] *f* (-; *-en*) fabbrica *f*; **~'ant** [-'kant] *m* (*-en*; *-en*) fabbricante *m*; **~arbeiter(in** *f*) *m* operaio *m*, -a *f*; **~'at** [-'ka:t] *n* (*-[e]s*; *-e*) fabbricato *m*, manufatto *m*, prodotto *m*; **~a'tion** [-kats'jo:n] *f* (-; *-en*) fabbricazione *f*
Fach [fax] *n* (*-[e]s*; *¨-er*) compartimento *m*; (*Schublade*) cassetto *m*; *e-s Schrankes*: casella *f*; *fig* materia *f*; (*Spezial*2) specialità *f*; **'~arbeiter(in** *f*) *m* operaio *m*, -a *f* specializzato, -a (*od* qualificato, -a); **'~arzt** *m* (medico *m*) specialista *m*; **'~frau** *f* esperta *f*, specialista *f*; **'~gebiet** *n* specialità *f*; **'~händler** *m* rivenditore *m* specializzato; **'~kenntnis** *f* conoscenza *f* speciale; **'~mann** *m* (*pl -leute*) esperto *m*; specialista *m*; **'~messe** *f* fiera *f* di settore; **'~schule** *f* scuola *f* professionale
'Fackel ['fakəl] *f* (-; *-n*) torcia *f*
'Faden ['fa:dən] *m* (*-s*; *¨-*) filo *m*
'fähig ['fɛ:iç] capace; **'2keit** *f* (-; *-en*) capacità *f*, idoneità *f*
'fahnd|en ['fa:ndən] (*h*) ricercare (***nach j-m*** qu); **'2ung** *f* (-; *-en*) ricerca *f*
'Fahne ['fa:nə] *f* (-; *-n*) bandiera *f*
'Fahr|ausweis ['fa:rˀausvaɪs] *m* biglietto *m*; **'~bahn** *f* carreggiata *f*
'Fähre ['fɛ:rə] *f* (-; *-n*) traghetto *m*
'fahren ['fa:rən] (*fuhr, gefahren*) **1.** *v/t* (*h*) condurre, guidare; *Last*: trasportare; **2.** *v/i* (*sn*) andare; *auto a* circolare, girare; *durch et*: passare; ***wann fährt der Zug?*** quando parte il treno?; ***wie lange fährt der Zug bis ...?*** quanto tempo ci mette il treno da qui a ...?; ***Auto ~*** andare in macchina
'Fahrer ['fa:rər] *m* (*-s*; *-*) conducente *m*; *auto* automobilista *m*; *Beruf*: autista *m*; **'~flucht** *f* fuga *f* del conducente
'Fahr|gast ['fa:rgast] *m* passeggero *m*; **'~geld** *n* prezzo *m* della corsa (*od* del biglietto); **'~gestell** *n avia* carrello *m*; *auto* telaio *m*
'Fahrkarte ['fa:rkartə] *f* biglietto *m*; **'~nautomat** *m* distributore *m* automatico di biglietti; **'~nschalter** *m* sportello *m* dei biglietti; biglietteria *f*
'Fahr|plan ['fa:rpla:n] *m* orario *m*; **'2planmäßig** ['-mɛ:siç] in orario; puntuale; **'~preis** *m* prezzo *m* del biglietto; tariffa *f*; **'~prüfung** *f* esame *m* di guida; **'~rad** *n* bicicletta *f*; **'~radverleih** *m* noleggio *m* (di) biciclette; **'~schein** *m* biglietto *m*; **'~schule** *f auto* scuola *f* guida; **'~stuhl** *m* ascensore *m*
Fahrt [fa:rt] *f* (-; *-en*) viaggio *m*; corsa *f*; (*Ausflug*) gita *f*; ***gute Fahrt!*** buon viaggio!
'Fahr|trichtung ['fa:rtriçtuŋ] *f* direzione *f*; **'2tüchtig** *adj* in grado di guidare
'Fahrzeug ['fa:rtsɔyk] *n* (*-[e]s*; *-e*) veicolo *m*; **'~halter** *m* proprietario *m* di un veicolo
fair [fɛ:r] leale, corretto
'faktisch ['faktiʃ] effettivo; *adv* effettivamente
'Faktor ['faktɔr] *m* (*-s*; *-en* [-'to:rən]) fattore *m*
Fakul'tät [fakul'tɛ:t] *f* (-; *-en*) facoltà *f*
fakulta'tiv [fakulta'ti:f] facoltativo
Fall [fal] *m* (*-[e]s*; *¨-e*) caduta *f*, (*Vorfall*) caso *m*; ***von ~ zu ~*** secondo il caso; ***in jedem ~*** ad ogni caso
'Falle ['falə] *f* (-; *-n*) trappola *f*, *fig* tranello *m*
'fallen ['falən] (*fiel, gefallen, sn*) cadere; (*sinken*) scendere; ***in die Augen ~*** saltare agli occhi; ***~ lassen*** (*j-n*) abbandonare; (*Anspruch*) rinunciare a
'fällen ['fɛlən] (*h*) abbattere; *Urteil*: pronunciare
'fällig ['fɛliç] in scadenza; che scade; *Zinsen*: maturato; ***~ sein*** scadere; **'2keit** *f* (-; *senza pl*) scadenza *f*
falls [fals] qualora, nel caso che, caso mai; ***~ nicht*** a meno che non
'Fall|schirm ['falʃirm] *m* paracadute *m*; **'~schirmspringer(in** *f*) *m* paracadutista *m/f*
falsch [falʃ] **1.** *adj* falso; *Haar, Zahn*: finto; (*fehlerhaft*) sbagliato; **2.** *adv* male; falsamente; **'2geld** *n* moneta *f* falsa
'fälschlich, **'~erweise** ['fɛlʃliç, -ər'vaɪ-

F

zə] per errore, erroneamente
'Fälschung ['fɛlʃuŋ] *f* (-; *-en*) falsificazione *f*; contraffazione *f*
'Falte ['faltə] *f* (-; *-n*) piega *f*; *auf der Haut*: ruga *f*
'falten ['faltən] (*h*) piegare; *Hände*: giungere
Fa'milie [fa'mi:ljə] *f* (-; *-n*) famiglia *f*; **~nbetrieb** *m* azienda *f* a conduzione familiare; **2nfreundlich** *pol* che favorisce la famiglia; *Hotel*: a misura di famiglia; che accetta volentieri famiglie; **~nmitglied** *n* membro *m* di famiglia; **~nname** *m* nome *m* di famiglia; **~nstand** *m* stato *m* civile
fa'natisch [fa'na:tiʃ] *adj* fanatico
'fangen ['faŋən] (*fing*, *gefangen*, *h*) prendere; (*ergreifen*) acchiappare
Fan|ta'sie [fanta'zi:] *f* (-; *-n*) fantasia *f*; **2ta'sieren** (*senza ge-*, *h*) fantasticare; *Kranke*: delirare; farneticare
'Farbband ['farpbant] *n* nastro *m* per macchina da scrivere
'Farb|e ['farbə] *f* (-; *-n*) colore *m*; *Kartenspiel*: seme *m*; **'2echt** ['farpˀɛçt] di colore indelebile
'färben ['fɛrbən] (*h*) colorire, tingere (***blau*** di blu)
'Farb|fernsehen ['farpfɛrnze:ən] *n* televisione *f* a colori; **'~film** *m* film *m* a colori; **'2ig** ['-biç] colorato; **'~ige** *m/f* (*-n*; *-n*) uomo *m* (*od* donna *f*) di colore; mulatto *m*, -a *f*; **'2los** senza colore, incolore; **'~stift** *m* matita *f* colorata; **'~ton** *m* tinta *f*
Fa'san [fa'za:n] *m* (*-[e]s*; *-e*) fagiano *m*
'Fasching ['faʃiŋ] *m* (*-s*; *-e u -s*) carnevale *m*
Fa'sch|ismus [fa'ʃismus] *m* (-; *senza pl*) fascismo *m*; **~'ist** *m* (*-en*; *-en*), **2'istisch** fascista *m u adj*
'Faser ['fa:zər] *f* (-; *-n*) fibra *f*
Fass [fas] *n* (*-es*; *¨er*) botte *f*, *kleineres*: barile *m*
Fas'sade [fa'sa:də] *f* (-; *-n*) facciata *f*
'fassen ['fasən] (*h*) prendere; (*begreifen*) comprendere; (*enthalten*) contenere; ***sich kurz ~*** esser breve
'Fassung ['fasuŋ] *f* (-; *senza pl*) (*Ruhe*) calma *f*, autocontrollo *m*; (*pl -en*) *Text*: stesura *f*; *Brille*: montatura *f*; *von Steinen*: incastonatura *f*; **'2slos** sconcertato; disperato; **'~svermögen** *n* capacità *f*, capienza *f*

fast [fast] quasi; a momenti
'fasten ['fastən] (*h*) digiunare
'Fastnacht ['fastnaxt] *f* (-; *senza pl*) martedì *m* grasso; carnevale *m*
faul [faʊl] putrido; *Personen*: pigro; *Ei*, *Obst*: marcio
'faulenzen ['faʊlɛntsən] (*h*) oziare
'Fauna ['faʊna] *f* (-; *-nen*) fauna *f*
Faust [faʊst] *f* (-; *¨e*) pugno *m*; ***auf eigene ~*** per proprio conto; di propria iniziativa
Favo'rit [favo'ri:t] *m* (*-en*; *-en*), **~in** *f* (-; *-nen*) favorito *m*, -a *f*
Fa'yence [fa'jɑ̃:s] *f* (-; *-n*) maiolica *f*, terraglia *f* (di Faenza)
'Fazit ['fa:tsit] *n* (*-s*; *-s*) risultato *m*
'Februar ['fe:brua:r] *m* (*-[s]*; *-e*) febbraio *m*
FCK'W *m* (***Fluorchlorkohlenwasserstoff***) clorofluorocarburo *m* (CFC)
FCK'W-frei senza CFC
'Feder ['fe:dər] *f* (-; *-n*) penna *f*; *tec* molla *f*; (*Uhr2*) spirale *f*; **'~ball** *m* volano *m*; **'~bett** *n* piumino *m*
'feder|n ['fe:dərn] *v/i* (*h*) essere elastico; *tec* molleggiare; **'2ung** *f* (-; *-en*) *tec f* sospensione *f*, molleggio *m*; molleggiamento *m*
'Fegefeuer ['fe:gəfɔʏər] *n* (*-s*; *senza pl*) purgatorio *m*
'fegen ['fe:gn] (*h*) scopare
fehl [fe:l]: ***~ am Platz*** fuori luogo; inadatto; **'2betrag** *m* ammanco *m*
'fehlen ['fe:lən] *v/i* (*h*) mancare; essere assente; ***es fehlt an et*** (*dat*) manca qc; ***was fehlt Ihnen?*** che cosa ha (*od* avete)?; ***du hast mir gefehlt*** mi sei mancato (*od* mancata)
'Fehler ['fe:lər] *m* (*-s*; -) difetto *m*; (*Versehen*) sbaglio *m*; (*Irrtum*, *a beim Sport*) errore *m*; **'2frei** (*Person*) impeccabile, senza difetti; (*Sache*) corretto, senza errori, senza sbagli; **'2haft** difettoso; scorretto
'Fehl|griff *m* sbaglio *m*; **'2leiten** (*sep*, *-ge-*, *h*) sviare; **'~schlag** *m* colpo *m* mancato (*od* a vuoto); *fig*: insuccesso *m*; **'2schlagen** (*irr*, *sep*, *-ge-*, *sn*, → ***schlagen***) fallire, andare a vuoto; **'~zündung** *f* accensione *f* difettosa
'Feier ['faɪər] *f* (-; *-n*) (*das Feiern*) celebrazione *f*; (*Fest*) festa *f*, festività *f*; **'~abend** *m* tempo *m* libero (dopo il lavoro); fine *f* della giornata lavorativa

'feierlich ['faɪərlɪç] solenne; **'&keit** *f* (-; -*en*) (*Veranstaltung*) celebrazione *f*, festeggiamento *m*
'feier|n ['faɪərn] (*h*) **1.** *v/t* festeggiare; celebrare; **2.** *v/i* non lavorare; riposare; **'&tag** *m* giorno *m* festivo, festa *f*
'feig(e) [faɪk, -gə] vile
'Feige *bot* ['faɪgə] *f* (-; -*n*) fico *m*
'Feile ['faɪlə] *f* (-; -*n*) lima *f*; **'&n** (*h*) limare
'feilschen ['faɪlʃən] (*h*) mercanteggiare; tirare sul prezzo
fein [faɪn] fine, fino; *Person*: distinto; *Kleid*: elegante; (*dünn*) sottile
Feind [faɪnt] *m* (-[*e*]*s*; -*e*), **'~in** *f* (-; -*nen*) nemico *m*, -a *f*; **'&lich** ostile
'fein|fühlig ['-fyːlɪç] sensibile, delicato; **'&heit** *f* (-; -*en*) finezza *f*; **'&kostgeschäft** *n* negozio *m* di specialità gastronomiche
Feld [fɛlt] *n* (-[*e*]*s*; -*er*) campo *m* (*a fig*); *Spiel*: casella *f*, scacco *m*; **'~bett** *n* branda *f*; **'~flasche** *f* borraccia *f*; **'~herr** *m* stratega *m*, comandante *m*; **'~marschall** *m* feldmaresciallo *m*; **'~weg** *m* sentiero *m* campestre; **'~zug** *m* campagna *f* (militare)
'Felge ['fɛlgə] *f* (-; -*n*) cerchione *m*
Fell [fɛl] *n* (-[*e*]*s*; -*e*) pelo *m*; pelle *f*
'Fels|en ['fɛlzən] *m* (-*s*; -) roccia *f*; (*Meeres&*) scoglio *m*; **'&ig** roccioso; scoglioso
femi'nin [femi'niːn] effiminato, femmineo
'Fenster ['fɛnstər] *n* (-*s*; -) finestra *f*; **'~brett** *n* davanzale *m*; **'~laden** *m* persiana *f*; **'~platz** *m* posto *m* accanto al finestrino; **'~scheibe** *f* vetro *m*
'Ferien ['feːrjən] *pl inv* vacanze *f/pl*, ferie *f/pl*; **'~arbeit** *f* lavoro *m* svolto durante le vacanze; **'~dorf** *n* villaggio *m* turistico; **'~ort** *m* località *f* di villeggiatura; **'~wohnung** *f* casa *f* per le vacanze
fern [fɛrn] lontano; *fig* lungi; **~ *halten*** tenere lontano; **~ *liegen*** essere lungi da; ***es liegt mir*** **~** non ci penso neppure
'Fern|amt *n* centralino *m* interurbano; **'&bleiben** (*irr, sep, -ge-, sn,* → ***bleiben***) (*dat*) non prendere parte a, rimanere assente da
'Ferne ['fɛrnə] *f* (-; *senza pl*) lontananza *f*; ***aus der*** **~** da (*od* di) lontano
'ferner ['fɛrnər] **1.** *adj* ulteriore; **2.** *adv* inoltre; poi
'Fern|fahrer ['fɛrnfaːrər] *m* camionista *m*; **'~gespräch** *n* telefonata *f* interurbana; **'&gesteuert** *adj* teleguidato, telecomandato; **'~glas** *n* cannocchiale *m*; binocolo *m*; **'~heizung** *f* riscaldamento *m* a distanza; **'~licht** *n* *auto*: fari *m/pl* abbaglianti; **'&mündlich** telefonico; *adv* per telefono; **'~schreiben** *n* telex *m*; **'~schreiber** *m* telescrivente *m*; **'~sehapparat** *m* televisore *m*
'fernsehen (*irr, sep, -ge-, h,* → ***sehen***) vedere la televisione
'Fernsehen (-*s*; -) *n* televisione *f*; **~ *gucken*** F guardare la televisione
'Fernseh|er (-*s*; -) *m* televisore *m*; **'~programm** *n* programma *m* televisivo; **'~sendung** *f* trasmissione *f* televisiva; **'~überwachung** *f* (-; -*en*) televisione *f* a circuito chiuso; **'~zuschauer(in** *f*) *m* telespettatore *m*, -trice *f*
'Fernsprech|amt ['-ʃprɛçˀamt] *n post* centralino *m* interurbano; **'~auskunft** *f* *tel* servizio *m* informazioni abbonati; **'~teilnehmer** *m* abbonato *m* al telefono
'Fern|steuerung *f* (-; -*en*) telecomando *m*; **'~verkehr** *m* traffico *m* a grande distanza
'Ferse ['fɛrzə] *f* (-; -*n*) calcagno *m*
'fertig ['fɛrtɪç] pronto; finito; ***~!*** ecco fatto!; **~ *machen*** preparare; ***sich ~ machen*** prepararsi; ***mit et ~ sein*** aver finito qc; **~ *stellen*** ultimare, completare
'Fertig|gericht *n gastr* precotto *m*; **'~keit** *f* (-; -*en*) prontezza *f*; **'~produkt** *n* prodotto *m* finito
'fesseln ['-səln] (*h*) incatenare; *Gefangene*: legare; *fig* affascinare, incantare; *Aufmerksamkeit*: attirare; *ans Bett*: inchiodare
Fest [fɛst] *n* (-[*e*]*s*; -*e*) festa *f*
fest [fɛst] *adj* fermo; solido; *Gewebe*: compatto; *Börse*: sostenuto; *Schlaf*: profondo; *adv* fermamente; **~ *angestellt*** impiegato fisso
'Fest|akt ['fɛstˀakt] *m* atto *m* solenne; cerimonia *f*; **'&halten** (*irr, sep, -ge-, h,* → ***halten***) **1.** *v/t* tenere fermo; ***sich ~ an*** (*dat*) tenersi saldo, aggrapparsi a; **2.** *v/i* perseverare (***an*** *dat* in)

'festig|en ['-stigən] (*h*) consolidare; '**≈keit** ['-içkaıt] *f* (-; *senza pl*) fermezza *f*; solidità *f*; fissità *f*; compattezza *f*; resistenza *f*; '**≈ung** *f* (-; *senza pl*) consolidamento *m*, stabilizzazione *f*

'Fest|land *n* terra *f* ferma; continente *m*; '**~legen** (*sep*, *-ge-*, *h*) stabilire, fissare; *Geld*: vincolare; ***sich ~ auf*** (*acc*) impegnarsi in

'festlich ['-liç] festivo; *fig* solenne; '**≈keit** *f* (-; *-en*) festività *f*, festa *f*

'fest|machen ['-maxən] (*sep*, *-ge-*, *h*) fissare; assicurare; '**≈nahme** ['-nɑːmə] *f* (-; *-n*) arresto *m*; '**~nehmen** (*irr*, *sep*, *-ge-*, *h*, → ***nehmen***) arrestare; '**≈netz** *n* (-*s*; *-e*) *tel* rete *f* fissa; '**≈platte** *f* (-; *-n*) *inform* hard disk *m*, disco *m* rigido (*od* fisso); '**≈preis** *m* prezzo *m* fisso; prezzo *m* di calmiere; '**≈rede** *f* discorso *m* (ufficiale); '**~setzen** (*sep*, *-ge-*, *h*) stabilire; fissare; *j-n*: arrestare; '**≈speicher** *m* (-*s*; -) *inform* read-only-memory *f*, ROM *f*; '**≈spiele** *n/pl* festival *m*; '**~stehen** (*irr*, *sep*, *-ge-*, *h*, → ***stehen***) essere fissato; *fig* constare, essere certo; '**~stellen** (*sep*, *-ge-*, *h*) constatare; stabilire; *Person*: identificare; '**≈stellung** *f* (-; *-en*) constatazione *f*; *Polizei*: accertamento *m*; '**≈tag** *m* (giorno *m* di) festa *f*

'Festung ['fɛstuŋ] *f* (-; *-en*) fortezza *f*

'festverzinslich ['fɛstfɛrtsinsliç] a tasso fisso

fett [fɛt] *adj*, **Fett** *n* (-*[e]s*; *-e*) grasso *m*

'fettig ['fɛtiç] grasso, unto

feucht [fɔyçt] umido; '**~kalt** *adj* freddo umido

feu'dal [fɔʏ'dɑːl] feudale; **≈'ismus** *m* (-; *senza pl*) feudalismo *m*

'Feuer ['fɔʏər] *n* (-*s*; -) fuoco *m*; '**~alarm** *m* allarme *m* d'incendio; '**~bestattung** *f* cremazione *f*; '**≈fest** refrattario, a prova di fuoco, incombustibile; '**≈gefährlich** infiammabile; '**~leiter** *f* scala *f* incendi; '**~löscher** *m* estintore *m*; '**~melder** *m* avvisatore *m* d'incendio; '**≈sicher** a prova di fuoco; '**~stein** *m* pietra *f* focaia; *Feuerzeug*: pietrina *f*; '**~waffe** *f* arma *f* da fuoco; '**~wehr** *f* (-; *-en*) (corpo *m* dei) pompieri *m/pl*; '**~werk** *n* (-*[e]s*; *-e*) fuochi *m/pl* d'artificio (*od* artificiali); '**~zeug** *n* (-*[e]s*; *-e*) accendisigaro *m*, accendino *m*

'Fiasko ['fjasko] *n* (-*s*; -*s*) fiasco *m*

'Fichte ['fiçtə] *f* (-; *-n*) *bot* abete *m* rosso; pino *m*

'Fieber ['fiːbər] *n* (-*s*; *senza pl*) febbre *f*; '**≈haft**, '**≈ig** febbrile; '**~mittel** *n* antipiretico *m*; '**~thermometer** *n* termometro *m* clinico

Fi'gur [fi'guːr] *f* (-; *-en*) figura *f*; (*Gestalt*) aspetto *m*

Fi'let [fi'leː] *n* (-*s*; -*s*) filetto *m*; **~steak** [-steːk] *n* bistecca *f* di filetto

Fi'liale [fil'jɑːlə] *f* (-; *-n*) filiale *f*, succursale *f*

Film [film] *m* (-*[e]s*; *-e*) film *m*; *fot* pellicola *f*; '**≈en** (*h*) cinematografare, filmare, girare; '**~festspiele** *n/pl* festival *m* cinematografico; '**~kamera** *f* macchina *f* da presa; '**~schauspieler(in** *f*) *m* attore *m*, (attrice *f*) del cinema; '**~star** *m* stella *f* del cinema

'Filt|er ['filtər] *m u n* (-*s*; -) filtro *m*; '**≈ern** (*h*) filtrare; '**~erzigarette** *f* sigaretta *f* col filtro

'Filzstift ['filtsʃtift] *m* pennarello *m*

Fi'nale [fi'nɑːlə] *n* (-*s*; -) finale *m*; *Sport*: finale *f*

Fi'nanz|amt [fi'nants?amt] *n* ufficio *m* imposte; **~ausgleich** *m* (-*s*; *-e*) *econ* perequazione *f* finanziaria; **~en** *f/pl* finanze *f/pl*; **≈'iell** [-ts'jɛl] finanziario; **≈'ieren** (*senza ge-*, *h*) finanziare; **~'ierung** *f* (-; *-en*) finanziamento *m*; **~minister** *m* ministro *m* delle finanze; **~wirtschaft** *f* sistema *m* finanziario; gestione *f* finanziaria; finanze *f/pl*

'finden ['findən] (*fand*, *gefunden*, *h*) trovare; ***~ Sie nicht?*** non trova?, non Le pare?

'Finger ['fiŋər] *m* (-*s*; -) dito *m*; '**~abdruck** *m* impronta *f* digitale; '**~fertigkeit** *f* destrezza *f*; '**~nagel** *m* unghia *f*; '**~spitzen** *f/pl* punta *f* delle dita; '**~spitzengefühl** ['-ʃpitsəngəfyːl] *n* tatto *m*, delicatezza *f*

fin'gier|en [fiŋ'giːrən] (*senza ge-*, *h*) fingere; simulare; **~t** fittizio, finto, simulato

'Finn|e *m* (-*n*; *-n*), '**~in** *f* (-; *-nen*), '**≈isch** finlandese *m/f*

'finster ['finstər] oscuro; *fig* tetro; '**≈nis** *f* (-; *-se*) oscurità *f*, tenebre *f/pl*; *astr* eclissi *f*

'Firma ['firma] *f* (-; *-en*) ditta *f*, azienda *f*; *Bezeichnung*: ragione *f* sociale

'Firmung *f* (-; *-en*) cresima *f*

First [first] *m* (*-[e]s*; *-e*) cima *f*; (*Dach*2) comignolo *m*
Fisch [fiʃ] *m* (*-[e]s*; *-e*) pesce *m*; *astr* Pesci *m/pl*; **'2en** (*h*) pescare; **'~er** *m* (*-s*; *-*) pescatore *m*; **'~erboot** *n* barca *f* da pesca; **'~erdorf** *n* villaggio *m* di pescatori; **~e'rei** [fiʃə'raɪ] *f* (*-*; *senza pl*) pesca *f*; **~e'reihafen** *m* porto *m* di pesca; **'~händler** *m* pescivendolo *m*; **'~markt** *m* mercato *m* del pesce, pescheria *f*; **'~suppe** *f* zuppa *f* di pesce; **'~vergiftung** *f* ittismo *m*
'Fiskus ['fiskus] *m* (*-*; *senza pl*) fisco *m*
'Fitness|center ['fitnɛssɛntər] *n* fitness club *m*; **'~raum** *m* palestra *f*
FK'K [ɛfkaː'kaː] → ***Freikörperkultur***; **~-Camp** *n* campo *m* nudisti; **~-Strand** *m* spiaggia *f* riservata ai nudisti
flach [flax] piatto; (*eben*) piano
'Fläche ['flɛçə] *f* (*-*; *-n*) piano *m*; (*ebenes Land*) pianura *f*; (*Ober*2) superficie *f*
'Flächenstilllegung *f* (*-*; *-en*) *econ* riduzione *f* delle aree coltivate
'Flachland ['flaxlant] *n* pianura *f*
'flackern ['flakərn] (*h*) vacillare
'Flagge ['flagə] *f* (*-*; *-n*) bandiera *f*
'flämisch ['flɛːmiʃ] fiammingo
'Flamme ['flamə] *f* (*-*; *-n*) fiamma *f*
Fla'nell [fla'nɛl] *m* (*-s*; *-e*) flanella *f*
'Flank|e ['flaŋkə] *f* (*-*; *-n*) fianco *m*; **2'ieren** (*senza ge-*, *h*) fiancheggiare
'Flasche ['flaʃə] *f* (*-*; *-n*) bottiglia *f*; (*Gas*2) bombola *f*; **'~nbier** *n* birra *f* in bottiglia; **'~nöffner** *m* apribottiglie *m*; **'~npfand** *n* deposito *m* per il vuoto
'Flaute ['flautə] *f* (*-*; *-n*) *mar* calma *f*; *econ* periodo *m* di ristagno
'Flecht|e ['flɛçtə] *f* (*-*; *-n*) *med* eczema *m*; *bot* lichene *m*; **'2en** (*flocht*, *geflochten*, *h*) intrecciare
Fleck [flɛk] *m* (*-[e]s*; *-e*) macchia *f*; (*Stelle*) posto *m*; *med* ***blauer ~*** livido *m*; **'2enlos** senza macchie; **'~enwasser** *n* smacchiatore *m*; **'2ig** macchiato
'Fledermaus ['fleːdərmaus] *f* pipistrello *m*
Fleisch [flaɪʃ] *n* (*-[e]s*; *senza pl*) carne *f*; *des Obstes*: polpa *f*; **'~brühe** *f* brodo *m*; **'~er** *m* (*-s*; *-*) macellaio *m*; **~e'rei** *f* (*-*; *-en*), **'~erladen** *m* macelleria *f*; **'2ig** carnoso; *Obst*: polposo; **'~klößchen** ['-kløːsçən] *n* polpetta *f*; **'~konserve** *f* carne *f* in scatola; **'2lich** carnale; **'~vergiftung** *f* intossicazione *f* da carne
Fleiß [flaɪs] *m* (*-es*; *senza pl*) diligenza *f*; assiduità *f*; *fig* ***mit ~*** apposta; **'2ig** diligente, assiduo
'Flieder ['fliːdər] *m* (*-s*; *-*) *bot* (fiori *m/pl* di) lillà *f*
'Fliege ['fliːgə] *f* (*-*; *-n*) mosca *f*; *Krawatte*: farfalla *f*
'fliegen ['fliːgən] *v/i* (*flog*, *geflogen*, *sn*) volare; andare in aereo
'Fliegen *n* (*-s*; *senza pl*) aviazione *f*
'Flieger ['fliːgər] *m* (*-s*; *-*) aviatore *m*; **'~alarm** *m* allarme *m* aereo
'fliehen ['fliːən] (*floh*, *geflohen*) *v/i* (*sn*) fuggire
'Fliese ['fliːzə] *f* (*-*; *-n*) mattonella *f*, quadrello *m*
'Fließ|band ['fliːsbant] *n* catena *f* di montaggio; **'~bandarbeit** *f* lavoro *m* alla catena di montaggio; **'2en** (*floss*, *geflossen*, *sn*) scorrere; *ins Meer*: sboccare; **'2end** corrente; *fig Stil*: fluido; ***~ sprechen*** parlare perfettamente
'flimmern ['flimərn] (*h*) scintillare
'Flinte ['flintə] *f* (*-*; *-n*) fucile *m*
'Flipper ['flipər] *m* (*-s*; *-*) flipper *m*; **'2n** (*h*) giocare a flipper
Flirt [flœrt] *m* (*-s*; *-s*) flirt *m*; **'2en** (*h*) flirtare
'Flitter ['flitər] *m* (*-s*; *senza pl*) lustrino *m*; **'~wochen** *f/pl* luna *f* di miele
'Flock|e ['flɔkə] *f* (*-*; *-n*) fiocco *m*; **'2ig** in forma di fiocchi, a fiocchi
Floh [floː] *m* (*-[e]s*; *¨-e*) *zo* pulce *f*; **'~markt** *m* mercato *m* delle pulci
'Flora *bot* ['floːra] *f* (*-*; *-ren*) flora *f*
flo'rieren [flo'riːrən] (*senza ge-*, *h*) prosperare, fiorire
'Floskel ['flɔskəl] *f* (*-*; *-n*) frase *f* fatta
Floß [floːs] *n* (*-es*; *¨-e*) zattera *f*
'Flosse ['flɔsə] *f* (*-*; *-n*) pinna *f*; *avia* stabilizzatore *m*
'Flöte ['fløːtə] *f* (*-*; *-n*) flauto *m*
'Flott|e ['flɔtə] *f* (*-*; *-n*) flotta *f*; **'~enstützpunkt** *m* base *f* navale
Fluch [fluːx] *m* (*-[e]s*; *¨-e*) maledizione *f*; (*Lästerung*) bestemmia *f*; **'2en** (*h*) bestemmiare
Flucht [fluxt] *f* (*-*; *senza pl*) fuga *f*; (*pl -en*) (*Reihe*) fila *f*
'flücht|en ['flyçtən] (*sn*) fuggire; **'~ig** **1.** *adj* fugace; *Personen*: fuggitivo; *Verbrecher*: latitante; (*schnell*) rapido; **2.** *adv* in fretta; di sfuggita; **'2ling** ['-liŋ] *m*

(*-s*; *-e*) fuggitivo *m*; *pol* profugo *m*; *mil* disertore *m*; **'ꜫlingslager** *n* campo *m* (di) profughi

'Fluchtversuch *m* tentativo *m* di fuga

Flug [fluːk] *m* (*-[e]s*; *¨e*) volo *m*; **'~dauer** *f* durata *f* di volo

'Flügel ['flyːgəl] *m* (*-s*; -) ala *f*; *mus* piano *m* a coda; (*Tür*ꜫ) battente *m*; (*Fenster*ꜫ) imposta *f*

'Flug|gast *m* passeggiero *m*; **'~gesellschaft** *f* compagnia *f* aerea; **'~hafen** *m* aeroporto *m*; **'~linie** *f* aviolinea *f*; **'~lotse** *m* controllore *m* di volo; **'~reise** *f* viaggio *m* aereo; **'~ticket** *n* biglietto *m* aereo; **'~verkehr** *m* traffico *m* aereo; **'~zeit** *f* durata *f* di volo; **'~zeug** ['-tsɔyk] *n* (*-[e]s*; *-e*) aeroplano *m*, aereo *m*, velivolo *m*; **'~zeugentführer** *m* dirottatore *m*; pirata *m* dell'aria; **'~zeugunglück** *n* incidente *m* aereo

'Flunder ['flundər] *f* (-; *-n*) *zo* pesce *m* passera

Flur [fluːr] *m* (*-s*; *-e*) corridoio *m*; andito *m*

Fluss [flus] *m* (*-es*; *¨e*) fiume *m*; *med u fis* flusso *m*; **ꜫ'abwärts** a valle; **ꜫ'aufwärts** a monte

'flüssig ['flysiç] liquido; *Gase*: fluido; *econ* disponibile; ~ ***machen*** *econ* realizzare; mobilitare; **'ꜫkeit** *f* (-; *-en*) liquido *m*; fluido *m*; (*das Flüssigsein*) liquidità *f*, fluidità *f*

'flüstern ['flystərn] *v/i* (*h*) sus(s)urrare

Flut [fluːt] *f* (-; *-en*) (*Welle*) flutto *m*; alta marea *f*; (*Überschwemmung*) inondazione *f*; *fig* diluvio *m*

Födera|'lismus [fœdera'lismus] *m* (-; *senza pl*) *pol* federalismo *m*; **ꜫ'listisch** [-'listiʃ] federativo; **~'tion** [-ts'joːn] *f* (-; *-en*) federazione *f*, confederazione *f*

Föhn [føːn] *m* (*-[e]s*; *-e*) (*Wind*) föhn *m*, (*Haartrockner*) asciugacapelli *m*

'Folge ['fɔlgə] *f* (-; *-n*) seguito *m*; (*Reihe*) serie *f*; (*Wirkung*) conseguenza *f*; ***zur ~ haben*** avere per conseguenza

'folgen ['fɔlgən] (*sn*) (*dat*) seguire; *an j-s Stelle*: succedere; **'~d** seguente; (*aufeinander~*) successivo; **'~der'maßen** ['-dər'maːsen] nel modo seguente

'folgerichtig conseguente, logico

'folger|n ['fɔlgərn] (*h*) arguire; concludere (***aus*** da); **'ꜫung** *f* (-; *-en*) conclusione *f*

'Folie ['foːljə] *f* (-; *-n*) pellicola *f* (trasparente); (*Alu~*) foglio *m* (di alluminio)

Folk'lore [fɔlk'loːrə] *f* (-; *senza pl*) folclore *m*; **~abend** *m* serata *f* folcloristica

'foltern ['fɔltərn] (*h*) torturare

Fön® → ***Föhn***

Fonds [fɔ̃ː] *m* (- [fɔ̃ː(s)]; - [fɔ̃ːs]) fondi *m/pl*

Fon'täne [fɔn'tɛːnə] *f* (-; *-n*) fontana *f*

for'cieren [fɔr'siːrən] (*senza ge-, h*) accelerare; precipitare

'fordern ['fɔrdərn] (*h*) pretendere (***et von j-m*** qc da qu); esigere; reclamare; *Recht*: rivendicare

'fördern ['fœrdərn] (*h*) promuovere, favorire, incoraggiare, incrementare; *min* estrarre

'Forderung ['fɔrdəruŋ] *f* (-; *-en*) domanda *f*, pretesa *f*, rivendicazione *f*; *econ* credito *m*

'Förderung ['fœrdəruŋ] *f* (-; *-en*) promozione *f*, incoraggiamento *m*, incremento *m*; *min* estrazione *f*

Fo'relle [fo'rɛlə] *f* (-; *-n*) trota *f*

Form [fɔrm] *f* (-; *-en*) forma *f*, (*Machart*) fattura *f*; **ꜫ'al** [-'maːl] formale; **~ali'tät** ['-malitɛːt] *f* (-; *-en*) formalità *f*

Forma|t [-'maːt] *n* (*-[e]s*; *-e*) formato *m*; **ꜫ'tieren** (*h*) *inform* formattare; **~'tierung** *f* (-; *-en*) *inform* formattazione *f*

'Formblatt *n* formulario *m*

'Form|el ['fɔrməl] *f* (-; *-n*) formula *f*, **ꜫ'ell** [-'mɛl] formale; **'ꜫen** ['-mən] (*h*) formare, foggiare; **'~fehler** *m* vizio *m* di forma; **ꜫ'ieren** (*senza ge-, h*) formare

'förmlich ['fœrmliç] formale; **'ꜫkeiten** *pl* cerimonie *f/pl*

'form|los ['fɔrmloːs] informe; disinvolto, informale; *fig* alla buona; **'ꜫsache** *f* formalità *f*, **'~schön** formoso

Formu'l|ar [-mu'laːr] *n* (*-s*; *-e*) modulo *m*; **ꜫ'ieren** (*senza ge-, h*) formulare

'forsch|en ['fɔrʃən] (*h*) investigare; ricercare; indagare; **'ꜫer** *m* (*-s*; -) ricercatore *m*; **'ꜫung** *f* (-; *-en*) ricerca *f* (scientifica); studi *m/pl*; **'ꜫungsauftrag** *m* incario *m* di ricerca; **'ꜫungsgebiet** *n* campo *m* di ricerche; **'ꜫungszentrum** *n* centro *m* di ricerche

Forst [fɔrst] *m* (*-[e]s*; *-e[n]*) foresta *f*

'Förster ['fœrstər] *m* (*-s*; -) guardia *f* forestale; guardaboschi *m*

fort [fɔrt] avanti; (*weg*) via; ***und so ~*** e

così via; '**~bestehen** (*irr*, *sep*, *senza -ge-*, *h*, → ***bestehen***) continuare ad esistere, perdurare; '**~bewegen**: ***sich ~*** (*sep*, *senza -ge-*, *h*) muoversi; '**~dauern** (*sep*, *-ge-*, *h*) continuare; '**~fahren** *v/i* (*irr*, *sep*, *-ge-*, *sn*, → ***fahren***) partire; continuare; '**~führen** (*sep*, *-ge-*, *h*) portare via; continuare; '**≗führung** *f* (-; *senza pl*) rimozione *f*, continuazione *f*; '**≗gang** *m* (*-[e]s*; *senza pl*) continuazione *f*, progresso *m*; '**~geschritten** progredito; *Kurs*: superiore; '**~laufend** continuo; progressivo; '**~pflanzen** (*sep*, *-ge-*, *h*) propagare; *fig* trasmettere; ***sich ~*** riprodursi; '**≗pflanzung** *f* (-; *senza pl*) propagazione *f*, riproduzione *f*; *med* procreazione *f*; '**~schreiten** (*irr*, *sep*, *-ge-*, *sn*, → ***schreiten***) avanzare; progredire; '**~schreitend** progressivo; '**≗schritt** *m* (*-[e]s*; *-e*) progresso *m*; '**~schrittlich** *adj* progressista *m*; '**~setzen** (*sep*, *-ge-*, *h*) continuare; '**≗setzung** *f* (-; *-en*) continuazione *f*; '**~während** ['-vɛːrənt] continuo; *adv* di continuo, continuamente

'**Foto** ['foːto] *n* (*-s*; *-s*) foto *f*; '**~apparat** *m* macchina *f* fotografica; **≗'gen** [foto'geːn] fotogenico; **~'graf** [foto'grɑːf] *m* (*-en*; *-en*) fotografo *m*; **~gra'fie** [-'fiː] *f* (-; *-n*) (*Lichtbild*) fotografia *f*; **≗gra'fieren** (*senza -ge-*, *h*) fotografare; **~'grafin** *f* (-; *-nen*) fotografa *f*; **~ko'pie** [-ko'piː] *f* (-; *-n*) fotocopia *f*; **≗ko'pieren** (*senza -ge-*, *h*) fotocopiare; **foto-** → ***photo-***

Fo'yer [foa'jeː] *n* (*-s*; *-s*) *tea* ridotto *m*, atrio *m*

Fracht [fraxt] *f* (-; *-en*) carico *m*; trasporto *m*; *mar* nolo *m*; '**~brief** *m* lettera *f* di vettura, *mar* polizza *f* di carico; '**~gut** *n* (merci *f/pl* a) piccola velocità *f*; '**~kosten** *pl* spese *f/pl* di trasporto; '**~schiff** *n* nave *f* da carico, mercantile *m*

Frack [frak] *m* (*-[e]s*; *⸚e*) frac *m inv*, marsina *f*

'**Frag|e** ['frɑːgə] *f* (-; *-n*) domanda *f*, (*Streit≗*) questione *f*, problema *m*; '**~ebogen** *m* questionario *m*; '**≗en** (*h*) domandare (***j-n*** a qu; ***nach j-m*** di qu; ***j-n et*** qc a qu); ***es fragt sich ...*** la questione è ...; '**~ezeichen** *n* punto *m* interrogativo

'**fragwürdig** ['frɑːkvyrdɪç] problematico, equivoco

Frak'tion [frakts'joːn] *f* (-; *-en*) frazione *f*, *pol* gruppo *m* parlamentare; **≗slos** indipendente; **~svorsitzende** *m/f* capogruppo *m*; **~szwang** *m* obbligo *m* dei membri di un gruppo di votare uniformemente

fran'kier|en [fraŋ'kiːrən] (*senza ge-*, *h*) affrancare; **≗maschine** *f* affrancatrice *f*

'**Franse** ['franzə] *f* (-; *-n*) frangia *f*

Fran'zose [fran'tsoːzə] *m* (*-n*; *-n*) francese *m*

Fran'zös|in [-'tsøːzɪn] *f* (-; *-nen*), francese *f*; **≗isch** francese *m/f*

Frau [frau] *f* (-; *-en*) donna *f*, (*Gattin*) moglie *f*, (*Haus≗*) padrona *f*, *Anrede*: signora *f* ...; ***gnädige ~*** Signora

'**Frauenarzt** *m*, **-ärztin** *f* ginecologo *m*, -a *f*; '**~bewegung** *f* movimento *m* di liberazione della donna

'**Fräulein** ['frɔylaɪn] *n* (*-s*; -) signorina *f*

frech [frɛç] sfacciato, insolente

frei [fraɪ] libero; a scelta; *von Abgaben*: esente; (*kostenlos*) gratuito; (*unbesetzt*) vacante; *Kunst*: liberale; ***et ~ lassen*** (*nicht beschreiben*) lasciare in bianco; *econ* ***~ Haus*** franco domicilio; ***~e Stelle*** posto vacante

'**Frei|bad** *n* piscina *f* all'aperto; '**≗bekommen** (*irr*, *sep*, *senza -ge-*, *h*, → ***bekommen***) liberare; *Schule*: aver vacanza; '**≗beruflich** *adj*, *adv* di libera professione; ***~ tätig sein*** fare il libero professionista

'**Freie** ['fraɪə] *n*: ***im ~n***, ***ins ~*** all'aperto

'**Frei|exemplar** *n* esemplare *m* gratuito, (copia *f* in) omaggio *m*; '**~gabe** *f* (-; *senza pl*) liberazione *f*, restituzione *f*, svincolamento *m*, sblocco *m*; '**≗geben** (*irr*, *sep*, *-ge-*, *h*, → ***geben***) liberare; *e-n Tag*: dare vacanza; '**≗gebig** ['-geːbɪç] generoso; munifico; '**≗halten** (*irr*, *sep*, *-ge-*, *h*, → ***halten***) *Platz*: riservare; *Person*: pagar da bere (*od* da mangiare); spesare; '**~handelszone** *f* zona *f* di libero scambio

'**Freiheit** *f* (-; *-en*) libertà *f*, '**≗lich** liberale; '**~sstrafe** *f* pena *f* detentiva

'**Frei|karte** *f* biglietto *m* gratuito; '**≗kommen** (*irr*, *sep*, *-ge-*, *sn*, → ***kommen***) liberarsi; *jur* essere assolto; '**~körperkultur** *f* (-; *senza pl*) nudismo *m*; → ***FKK***; '**≗lassen** (*irr*, *sep*, *-ge-*, *h*, →

F

lassen) rilasciare; rimettere in libertà; **'~lassung** *f* (-; -*en*) liberazione *f*; *jur* scarcerazione *f*

'Frei|lichtbühne *f* teatro *m* (*od* scena *f*) all'aperto; **'2machen** (*sep*, -*ge*-, *h*) *post* affrancare; ***sich ~*** rendersi libero; **'2mütig** ['-myːtiç] franco; **'2sprechen** (*irr*, *sep*, -*ge*-, *h*, → ***sprechen***) assolvere; **'~spruch** *m* (-*[e]s*; ⸚*e*) *jur* assoluzione *f*; **'2stehen** (*irr*, *sep*, -*ge*-, *h*, → ***stehen***): ***es steht Ihnen frei zu …*** è libero di … *od* siete liberi di …; **'2stellen** (*sep*, -*ge*-, *h*): ***j-m et ~*** rimettere qc a qu; lasciare la scelta di qc a qu; ***~ von*** dispensare da; **'~stil** *m* (-*[e]s*; *senza pl*) *Sport*: stile *m* libero; **'~stoß** *m* *Fußball*: calcio *m* di punizione; **'~tag** *m* (-*[e]s*; -*e*) venerdì *m*; **'~tod** *m* suicidio *m*; **'~umschlag** *m* busta *f* affrancata; **'2willig** ['-viliç] volontario

'Freizeit *f* (-; *senza pl*) tempo *m* libero; **'~angebot** *n* offerta *f* di attività per il tempo libero; **'~gestaltung** *f* impiego *m* del tempo libero; **'~kleidung** *f* abbigliamento *m* sportivo

'Freizügigkeit ['-tsyːgiçkaɪt] *f* (-; *senza pl*) *jur* libera circolazione *f*

fremd [frɛmt] forestiero; (*ausländisch*) straniero; (*nicht zugehörig*) estraneo; (*anderen gehörig*) altrui; **'~artig** ['-ʔɑːrtiç] estraneo; *fig* strano

'Fremde ['frɛmdə] *m*/*f* (-*n*; -*n*) straniero *m*, -a *f*

'Fremden|führer(**in** *f*) *m* guida *f* turistica; **'~legion** ['-legjoːn] *f* legione *f* straniera; **'~verkehr** *m* movimento *m* turistico, turismo *m*; **'~verkehrsbüro** *n* ente *m* per il turismo; ufficio *m* turistico; **'~zimmer** *n* camera *f* per turisti

'Fremd|finanzierung *f* finanziamento *m* esterno; **'~herrschaft** *f* dominio *m* straniero; **'~kapital** *n* capitale *m* di credito (*od* di terzi); **'~körper** *m* corpo *m* estraneo; **'~sprache** *f* lingua *f* straniera; **'2sprachlich** ['-ʃprɑːxliç] di (*od* in) lingua straniera; **'~währung** *f* valuta *f* estera; **'~wort** *n* parola *f* straniera

Fre'quenz [fre'kvɛnts] *f* (-; -*en*) frequenza *f*

'Fresko ['frɛsko] *n* (-*s*; -*en*) affresco *m*

'fressen ['-sən] *v/t* (*fraß*, *gefressen*, *h*) *Tiere*: mangiare; P *Menschen*: divorare

'Freude ['frɔʏdə] *f* (-; -*n*) gioia *f*, (*Vergnügen*) piacere *m*; compiacimento *m*; **'~ntag** *m* giorno *m* di festa

'freud|ig ['-diç] lieto; *Empfang*: festoso; **'~los** ['frɔʏtloːs] privo di gioia, triste

'freuen ['frɔʏən]: ***sich ~*** (*h*) rallegrarsi; ***es freut mich …*** mi fa piacere…, sono lieto (*od* contento) …; (***es***) ***freut mich!*** tanto piacere!; ***sich über et ~*** essere contento di qc; ***sich auf et ~*** aspettare qc con gioia (ed impazienza)

Freund [frɔʏnt] *m* (-*[e]s*; -*e*), **'~in** ['frɔʏndin] *f* (-; -*nen*) amico *m*, -a *f*; **'2lich** ['-liç] amichevole; (*liebevoll*) amorevole; (*höflich*) gentile; cortese; (*heiter*) ridente; **'~schaft** ['-ʃaft] *f* (-; -*en*) amicizia *f*; **'2schaftlich** amichevole, da amico; **'~schaftsvertrag** *m* patto *m* d'amicizia

'Frieden ['friːdən] *m* (-*s*; *senza pl*) pace *f*; *fig a* tranquillità *f*; ***im ~*** in tempo di pace

'Friedens|bewegung *f* movimento *m* pacifista; **'~nobelpreis** *m* premio *m* Nobel per la pace; **'~politik** *f* politica *f* della pace; **'~verhandlungen** *f/pl* trattative *f/pl* di pace; **'~vertrag** *m* trattato *m* di pace

'Fried|hof *m* cimitero *m*; **'2lich** pacifico; *Landschaft*: placido

'frieren ['friːrən] (*fror*, *gefroren*, *h*) aver freddo; gelare; (*sn*) (con)gelarsi

frisch [friʃ] fresco; (*gesund*) sano; (*neu*) nuovo; (*kürzlich*) recente; ***~ gestrichen!*** vernice fresca!

Fri's|eur [fri'zøːr] *m* (-*s*; -*e*) parrucchiere *m*; **~'eursalon** [-zalõː] *m* salone *m* da parrucchiere; **~'euse** [-'zøːzə] *f* (-; -*n*) parrucchiera *f*; **2'ieren** (*senza ge*-, *h*) pettinare

Frist [frist] *f* (-; -*en*) termine *m*; (*Aufschub*) proroga *f*, (spazio *m* di) tempo *m*; **'2los** senza preavviso; su due piedi

Frisör → ***Friseur***

Fri'sur [fri'zuːr] *f* (-; -*en*) pettinatura *f*

froh [froː] lieto; (*vergnügt*) allegro; ***ich wäre ~ zu…*** sarei contento (*od* felice) di …

'fröhlich ['frøːliç] allegro

Fron'leichnam [froːn'laɪçnɑːm] *m* (-*[e]s*; *senza pl*) Corpus Domini *m*

Front [frɔnt] *f* (-; -*en*) *arch* facciata *f*, *mil* fronte *m*; **2'al** frontale

Frosch [frɔʃ] *m* (-*[e]s*; ⸚*e*) rana *f*

Frost [frɔst] *m* (-*[e]s*; ⸚*e*) gelo *m*; freddo

F

m; '**≗ig** freddo, gelido; glaciale; '**~schäden** *m/pl* danni *m/pl* causati dal gelo; '**~schutzmittel** ['-ʃutsmitəl] *n* anticongelante *m*

Frucht [fruxt] *f* (-; ⸚*e*) frutto *m*; (*Leibes≗*) feto *m*; '**≗bar** fertile; fecondo; '**~saft** *m* succo *m* di frutta

früh [fry:] **1.** *adj* primo; (*morgendlich*) mattutino; *Tod*: prematuro; **2.** *adv* presto; ***heute ~*** stamane; ***morgen ~*** domattina; ***~ aufstehen*** alzarsi la mattina presto (*od* di buon'ora)

'**früh|er** ['fry:ər] **1.** *adj* precedente; (*ehemalig*) vecchio, antico; ex ...; **2.** *adv* prima; (*damals*) allora; '**~est** ['-əst]: ***der ~e Zug*** il primo treno; '**~estens** al più presto possibile

'**Früh|geburt** ['fry:gəbu:rt] *f* parto *m* prematuro; '**~jahr** *n* (-*s*; -*e*), '**~ling** *m* (-*s*; -*e*) primavera *f*; '**~messe** *f* prima messa *f*; **≗'morgens** di buon mattino; '**~stück** *n* (-*s*; -*e*) colazione *f*; '**≗stücken** (*h*) far colazione; '**~stücksbüfett** *n* buffet *m* della prima colazione; '**~stücksfernsehen** *n* breakfast television *f*, programmi *m/pl* del mattino

Fuchs [fuks] *m* (-*es*; ⸚*e*) volpe *f*; *fig* volpone *m*; (*Pferd*) sauro *m*

'**Fuge** ['fu:gə] *f* (-; -*n*) *mus* fuga *f*; *tec* commessura *f*; *anat* giuntura *f*

'**fühlen** ['fy:lən] (*h*) sentire; (*befühlen*) tastare; *Freude*: provare

'**führen** ['fy:rən] (*h*) condurre, dirigere; *auto* guidare; *avia* pilotare; *pol* governare; *Waren, Prozess, Krieg*: fare; *Geschäft*: gestire; *Beweise*: produrre; '**~d** in testa; ***~ sein*** primeggiare

'**Führer** ['fy:rər] *m* (-*s*; -), '**~in** *f* (-; -*nen*) guida *f* (*a Fremden≗, Reise≗*); capo *m*, direttore *m*, -trice *f*; *avia* pilota *m*; *Straßenbahn*: conduttore *m*, -trice *f*; *auto* conducente *m/f*; '**~schein** *m* patente *f* (di guida)

'**Fuhrpark** ['fu:rpark] *m* autoparco *m*

'**Führung** ['fy:ruŋ] *f* (-; -*en*) guida *f*, direzione *f*, (*Besichtigung*) visita *f* guidata; (*Benehmen*) condotta *f*, (*der Bücher*) tenuta *f*, (*der Geschäfte*) gestione *f*; '**~szeugnis** *n* certificato *m* di buona condotta; *econ* benservito *m*

'**Fülle** ['fylə] *f* (-; *senza pl*) pienezza *f*

'**füll|en** ['fylən] (*h*) riempire; *Zahn*: otturare; *in Flaschen*: infiascare, imbottigliare; '**≗er** ['fylər] *m* (-*s*; -) penna *f* stilografica; '**≗ung** *f* (-; -*en*) empimento *m*; gonfiamento *m*; (*Zahn≗*) otturazione *f*, *gastr* ripieno *m*

Fund [funt] *m* (-[*e*]*s*; -*e*) scoperta *f*

Funda'ment [funda'mɛnt] *n* (-[*e*]*s*; -*e*) *arch* fondamenta *f/pl*

'**Fund|büro** ['funtbyro:] *n* ufficio *m* oggetti smarriti; '**~gegenstand** *m* oggetto *m* trovato; '**~grube** *fig f* miniera *f*

fun'diert [fun'di:rt] consolidato; solido

'**Fundort** ['funtˀɔrt] *m* luogo *m* del ritrovamento

fünf ['fynf] *adj* cinque

Fünf *f* (-; -*en*) cinque *m*

'**fünf|hundert** cinquecento; '**~jährig** ['-jɛ:riç] di cinque anni; '**≗kampf** *m* *Sport*: pentatlon *m*; **≗'sternehotel** *n* albergo *m* cinque stelle; '**~tägig** ['-tɛ:giç] di cinque giorni; '**~tausend** cinquemila; '**~tens** ['-təns] in quinto luogo; '**~te** quinto; '**~zehn** quindici; '**~zig** ['-tsiç] cinquanta

fun'gieren [fuŋ'gi:rən] (*senza ge-, h*) fungere

Funk [fuŋk] *m* (-*s*; *senza pl*) radio *f*

funken ['fuŋkən] (*h*) trasmettere via radio; radiotelegrafare

'**Funken** *m* (-*s*; -) scintilla *f*; '**~er** *m* (-*s*; -) radiotelegrafista *m*; marconista *m*

'**Funk|sprechgerät** *n* apparecchio *m* radiotrasmittente; '**~spruch** *m* radiogramma *m*; marconigramma *m*

'**Funktion** [funkts'jo:n] *f* (-; -*en*) funzione *f*; **~'är** [-'nɛ:r] *m* (-*s*; -*e*) funzionario *m*; **≗'ieren** (*senza ge-, h*) funzionare

für [fy:r] *prp* per; ***~ sich*** tra sé; ***~ sich leben*** vivere ritirato; ***~s Erste*** (*vorläufig*) per ora; in primo luogo; ***Wort ~ Wort*** parola per parola; **Für** *n inv*: ***das ~ und Wider*** il pro ed il contro

Furcht [furçt] *f* (-; -) paura *f*

'**furchtbar** ['furçtba:r] terribile

'**fürchten** ['fyrçtən] (*h*) *v/t* temere (***j-n*** qu); ***sich ~*** aver paura (***vor*** *dat* di)

'**furcht|los** ['furçtlo:s] intrepido; '**~sam** timido, pauroso

'**Für|sorge** ['fy:rzɔrgə] *f* (-; *senza pl*) previdenza *f*, cura *f*; ***soziale ~*** previdenza *f* sociale; '**≗sorglich** ['-zɔrkliç] premuroso; '**~sprache** *f* (-; *senza pl*) intercessione *f*

Fürst [fyrst] *m* (-*en*; -*en*) principe *m*; '**~entum** *n* (-*s*; ⸚*er*) principato *m*; '**~in** *f*

F

(-; -*nen*) principessa *f*; '**˜lich** principesco
Fu'runkel [fu'ruŋkəl] *m* (-*s*; -) *med* furuncolo *m*
Fu'sion [fuz'jo:n] *f* (-; -*en*) fusione *f*; **˜'ieren** (*senza ge-*, *h*) fondersi
Fuß [fu:s] *m* (-*es*; ¨-*e*) piede *m*; (*Tier˜*) zampa *f*; ***zu ~*** a piedi; ***am ~e des Berges*** ai piedi del monte
'**Fuß|bad** *n* pediluvio *m*; '**~ball** *m* (-*[e]s*; ¨-*e*) pallone *m*; (*senza pl*) *Spiel*: calcio *m*; '**~ballplatz** *m* campo *m* di calcio; '**~ballspiel** *n* gioco *m* del calcio; '**~ballspieler** *m* calciatore *m*; '**~balltoto** *n* totocalcio *m*; '**~boden** *m* pavimento *m*; '**~bremse** *f* freno *m* a pedale; '**~gänger** ['-gɛŋər] *m* (-*s*; -) pedone *m*; '**~gängerübergang** *m* passaggio *m* pedonale; '**~gängerzone** *f* isola *f* (*od* zona *f*) pedonale; '**~marsch** *m* marcia *f*, camminata *f*; '**~note** *f* nota *f* a piè di pagina; '**~pflege** *f* pedicure *f*; '**~sohle** *f* pianta *f* del piede; '**~wanderung** *f* gita *f* a piedi; camminata *f*; '**~weg** *m* sentiero *m*
'**Futter** ['futər] *n* (-*s*; *senza pl*) mangime *m*; foraggio *m*; *für Vögel*: becchime *m*; *Kleidung*: fodera *f*; **~'al** [futə'ra:l] *n* (-*s*; -*e*) custodia *f*, astuccio *m*
'**füttern** ['fytərn] *v/t* (*h*) dar da mangiare a; *Vögel*: imbeccare; *Kleidung*: foderare; *tec* rivestire

G

'**Gabe** ['ga:bə] *f* (-; -*n*) dono *m*; *fig* dote *f*; (*Almosen*) elemosina *f*; (*Opfer˜*) offerta *f*; *med* dose *f*
'**Gabel** ['ga:bəl] *f* (-; -*n*) forca *f*; (*Ess˜*) forchetta *f*
'**gabel|n** ['ga:bəln]: ***sich ~*** (*h*) biforcarsi; '**˜ung** *f* (-; -*en*) biforcazione *f*
'**Gage** ['ga:ʒə] *f* (-; -*n*) paga *f*
'**gähnen** ['gɛ:nən] (*h*) sbadigliare
'**Gala** ['ga:la] *f* (-; *senza pl*) gala *f*, serata *f* di gala
Galante'rie [galantə'ri:] *f* (-; -*n*) galanteria *f*; **~waren** *f/pl* chincaglierie *f/pl*; articoli *m/pl* di fantasia
Gale'rie [-le'ri:] *f* (-; -*n*) galleria *f*; balconata *f*, loggione *m*
'**Galle** ['galə] *f* (-; -*n*) fiele *m*; bile *f* (*a fig*); '**~nstein** *med m* calcolo *m* biliare
Ga'lopp [-'lɔp] *m* (-*s*; -*s u* -*e*) galoppo *m*; **˜'ieren** (*senza* ge-, *sn*) galoppare
'**Gammler** ['gamlər] *m* (-*s*; -) capellone *m*
Gang [gaŋ] *m* (-*[e]s*; ¨-*e*) corso *m*; camminata *f*, (*~art*) andatura *f*, corridoio *m*; *bei Tisch*: portata *f*, *Auto*: marcia *f*, *Sport*: ripresa *f*, *Bewegung*: andamento *m*; ***erster, zweiter ~*** prima, seconda (marcia) *f*; ***in ~ setzen*** mettere in moto; ***im ~ sein*** essere in moto, funzionare; ***es ist etwas im ~e*** si sta preparando qc
gang: ***~ und gäbe*** comunissimo
'**gängig** ['gɛŋiç] corrente; *econ* di facile smercio; ordinario
'**Gangschaltung** ['gaŋʃaltuŋ] *f* cambio *m* delle marce
Gans [gans] *f* (-; ¨-*e*) oca *f*
'**Gänse|braten** ['gɛnzəbra:tən] *m* arrosto *m* d'oca; '**~haut** *f*: ***ich kriege eine ~*** mi viene la pelle d'oca; '**~marsch** *m*: F ***im ~ gehen*** andar in fila indiana
ganz [gants] **1.** *adj* tutto; (*vollständig, von Zahlen*) intero; ***das ~e Buch*** tutto il libro; ***~e zwei Wochen*** due settimane intere; **2.** *adv* tutto; del tutto; interamente; proprio; ***~ nass*** tutto bagnato; ***es ist ~ falsch*** è completamente sbagliato; ***~ schön*** abbastanza bello; ***~ und gar*** affatto, assolutamente; **3.** '**˜e** *n* (-*n*; *senza pl*) tutto *m*; '**˜tagsschule** *f* scuola *f* a tempo pieno
gar [ga:r] **1.** pronto; *Speise*: cotto; **2.** *adv* del tutto; magari; ***~ nicht*** (*od* ***nichts***) non (*od* niente) … affatto; ***~ keiner*** proprio nessuno
Ga'rage [ga'ra:ʒə] *f* (-; -*n*) (auto-)rimessa *f*, garage *m*
Garan'tie [garan'ti:] *f* (-; -*n*) garanzia *f*; **˜ren** (*senza ge-*, *h*) garantire; **~schein**

m certificato *m* di garanzia
Garde'rob|e [gardə'roːbə] *f* (-; *-n*) guardaroba *m*; vestiario *m*; **~enmarke** *f* contromarca *f*; scontrino *m* (per il guardaroba)
Gar'dine [gar'diːnə] *f* (-; *-n*) cortina *f*, tenda *f*
'gären ['gɛːrən] (*gärte/gor, gegärt/gegoren, h*) fermentare; *Teig*: lievitare
Garn [garn] *n* (*-[e]s*; *-e*) filo *m*
gar'nier|en [gar'niːrən] (*senza ge-, h*) guarnire; **&ung** *f* (-; *-en*) guarnizione *f*
Garni'tur [-ni'tuːr] *f* (-; *-en*) *Kleidung*: guarnizione *f*; (*zusammenpassende Stücke*) combinazione *f*, completo *m*
'Garten ['gartən] *m* (*-s*; *⸚*) giardino *m*; (*Obst- u Gemüse&*) orto *m*; **'~anlage** *f* giardini *m/pl* pubblici; **'~fest** *n* festa *f* ingiardino; **'~lokal** *n* ristorante *m* con giardino
'Gärtner ['gɛrtnər] *m* (*-s*; -), **'~in** *f* (-; *-nen*) giardiniere *m*, -a *f*; **~'ei** [-'raɪ] *f* (-; *-en*) giardinaggio *m*; orticultura *f*
Gas [gaːs] *n* (*-es*; *-e*) gas *m*; ~ ***geben*** (***wegnehmen***) *auto* accelerare (decelerare); **'~flasche** *f* bombola *f*; **'&förmig** ['-fœrmiç] gassoso; **'~hahn** *m* rubinetto *m* del gas; **'~heizung** *f* riscaldamento *m* a gas; **'~herd** *m* cucina *f* economica a gas; **'~leitung** *f* conduttura *f* del gas; **'~maske** *f* maschera *f* antigas; **'~pedal** *n auto* (pedale *m* dell') acceleratore *m*
'Gasse ['gasə] *f* (-; *-n*) via *f*, *kleine*: vicolo *m*
Gast [gast] *m* (*-[e]s*; *⸚e*) ospite *m*; cliente *m*; (*Eingeladener*) invitato *m*; (*Fremder*) forestiero *m*; ***zu ~ sein bei j-m*** essere ospite da qu; **'~arbeiter(in** *f*) *m* lavoratore *m* straniero
'Gäste|buch ['gɛstəbuːx] *n* libro *m* degli ospiti; **'~zimmer** *n* camera *f* degli ospiti
'gast|freundlich ospitale; **'&freundschaft** *f* (-; *senza pl*) ospitalità *f*; **'&geber(in** *f*) *m* ospite *m/f*, padrone *m*, -a *f* di casa; **'&haus** *n* albergo *f*; **'&hof** *m* locanda *f*
gas'tieren [gas'tiːrən] (*senza ge-, h*) recitare *od* cantare (in un teatro, in una compagnia di cui non si fa parte)
'Gast|land *n* paese *m* ospitante; **'~spiel** *n* recita *f* straordinaria; **'~stätte** *f* ristorante *m*, trattoria *f*, esercizio *m* pubblico; **'~stube** *f* sala *f* (in trattorie)
Gastrono'mie [gastrono'miː] *f* (-; *senza pl*) gastronomia *f*
'Gasvergiftung *f* intossicazione *f* da gas
'Gatt|e ['gatə] *m* (*-n*; *-n*) marito *m*; **'~en** *m/pl* coniugi *m/pl*; **'~in** *f* (-; *-nen*) consorte *f*; moglie *f*
'Gaumen ['gaʊmən] *m* (*-s*; -) palato *m*
'Gauner ['gaʊnər] *m* (*-s*; -) (*Schwindler*) imbroglione *m*
'Gaze ['gaːzə] *f* (-; *-n*) garza *f*
Ge'bäck [gə'bɛk] *n* (*-[e]s*; *-e*) pastine *f/pl*; pasticcini *m/pl*; *trockenes*: biscotti *m/pl*
Ge'bälk [-'bɛlk] *n* (*-[e]s*; *-e*) travatura *f*
ge'bärden [-'bɛːrdən] (*senza -ge-, h*): ***sich ~*** comportarsi; atteggiarsi
ge'bär|en [-'bɛːrən] (*gebar, geboren, h*) partorire; dare alla luce; **&mutter** [-mutər] *f anat* utero *m*
Ge'bäude [-'bɔʏdə] *n* (*-s*; -) edificio *m*; costruzione *f*, stabilimento *m*, fabbricato *m*
'geben ['geːbən] (*gab, gegeben, h*) dare; (*übergeben*) consegnare; (*gewähren*) concedere; ***j-m et ~*** dare qc a qu; ***viel auf et*** (*acc*) ~ far molto conto di qc; *mil* ***Feuer ~*** far fuoco; ***was gibt es?*** che c'è?; ***es gibt*** c'è, ci sono; ***es wird ein Gewitter ~*** avremo un temporale; ***es wird „Othello" gegeben*** si rappresenta (*od* si dà) l'Otello
Ge'bet [gə'beːt] *n* (*-[e]s*; *-e*) orazione *f*, preghiera *f*
Ge'biet [-'biːt] *n* (*-[e]s*; *-e*) regione *f*, zona *f*, territorio *m*; *fig* campo *m*, settore *m*; **'~sanspruch** *m* rivendicazione *f* territoriale
Ge'bilde [-'bildə] *n* (*-s*; -) creazione *f*, *geol* formazione *f*
ge'bildet [-'bildət] colto; (*wohlerzogen*) educato
Ge'birg|e [-'birgə] *n* (*-s*; -) montagna *f*; **&ig** montuoso, montagnoso
Ge'biss [-'bis] *n* (*-es*; *-e*) dentatura *f*; *künstliches*: dentiera *f*
ge'blümt [-'blyːmt] a fiori; (*Stoff*) a fantasia
ge'bogen [-'boːgən] curvo, arcuato; *Nase*: aquilino
ge'boren [-'boːrən] nato; ***~ werden*** nascere; ***~er Deutscher*** tedesco di nascita
ge'borgen [-'bɔrgən] al sicuro, sano e

salvo; **≈heit** *f* (-; *senza pl*) sicurezza *f*
Ge'bot [-'bo:t] *n* (*-[e]s*; *-e*) ordine *m*; *econ* offerta *f*; *rel* comandamento *m*
ge'braten [-'brɑ:tən] arrosto
Ge'brauch [-'braʊx] *m* (*-[e]s*; *⸚e*) uso *m*; (*senza pl*) (*Anwendung*) impiego *m*; ***außer ~*** fuori servizio; ***~ machen von*** servirsi di; **≈en** *v/t* (*senza -ge-*, *h*) adoperare, servirsi di; usare; *Zeit, Tag*: impiegare
ge'bräuchlich [-'brɔʏçlıç] usato; in uso
Ge'brauchs|anweisung *f* istruzioni *f/pl* per l'uso; **≈fertig** pronto per l'uso; **~gegenstand** *m* oggetto *m* d'uso
ge'braucht [-'braʊxt] usato; **≈wagen** *m* auto *f* usata
Ge'bühr [-'by:r] *f* (-; *-en*) tassa *f*, diritto *m*; *tel* tariffa *f*, *TV* canone *m*
Ge'bühren|einheit *f tel* scatto *m*; **~erhöhung** *f* aumento *m* delle tasse; **≈frei** esente da tasse; in franchigia; **~ordnung** *f* tariffa *f* dei diritti; **≈pflichtig** soggetto a tassa; a pagamento
ge'bunden [-'bʊndən] *Buch*: rilegato; *Preis*: fisso; *fig* legato
Ge'burt [-'bu:rt] *f* (-; *-en*) nascita *f*, ***nach Christi ~*** dopo Cristo; **~enregelung** *f* (-; *senza pl*) controllo *m* delle nascite; **~enrückgang** *m* denatalità *f*, **≈enschwach** a basso tasso di natalità; **≈enstark** ad alto tasso di natalità
ge'bürtig [-'byrtıç] nativo (***aus*** di)
Ge'burts|datum *n* data *f* di nascita; **~helfer** *m* ostetrico *m*; **~helferin** *f* ostetrica *f*, **~jahr** *n* anno *m* di nascita; **~ort** *m* luogo *m* di nascita; luogo *m* nativo; **~stadt** *f* città *f* natale; **~tag** *m* compleanno *m*; data *f* di nascita; **~urkunde** *f* certificato *m* di nascita
Ge'büsch [-'byʃ] *n* (*-[e]s*; *-e*) boscaglia *f*
Ge'dächtnis [-'dɛçtnis] *n* (*-ses*; *-se*) memoria *f*, (*Andenken*) ricordo *m*; (*Ehrung*) commemorazione *f*
Ge'danke [-'daŋkə] *m* (*-n*; *-n*) pensiero *m*; idea *f*, ***in ~n sein*** essere soprappensiero; ***sich ~n machen über et*** (*acc*) preoccuparsi di qc
Ge'danken|austausch *m* scambio *m* d'idee; **≈los** distratto, inconsiderato; **~strich** *m* lineetta *f* di sospensione
Ge'deck [-'dɛk] *n* (*-[e]s*; *-e*) coperto *m*
ge'denken [-'dɛŋkən] (*gedachte, gedacht, h*) (*gen*) pensare a, ricordarsi di; *feierlich*: commemorare (*acc*); ***~ zu*** (*beabsichtigen*) pensare di, avere l'intenzione di; far conto di
Ge'denk|stein *m* lapide *f* commemorativa; **~tag** *m* anniversario *m*
Ge'dicht [-'dıçt] *n* (*-[e]s*; *-e*) poesia *f*
ge'diegen [-'di:gən] solido; (*rein*) puro; (*sorgfältig*) accurato
Ge'dränge [-'drɛŋə] *n* (*-s*; *senza pl*) ressa *f*
ge'drungen [-'drʊŋən] *Figur*: tarchiato; (*gedrängt*) conciso
Ge'duld [-'dʊlt] *f* (-; *senza pl*) pazienza *f*, **≈en** [-dən]: ***sich ~*** (*senza -ge-, h*) avere pazienza, pazientare; **≈ig** paziente
ge'ehrt [-'ʔe:rt]: ***Sehr ~er Herr ...*** Egregio signor ...; ***Sehr ~e Frau ...***; Egregia signora ...; ***Sehr ~e Damen und Herren*** Egregi signori
ge'eignet [-'aıgnət] adatto; appropriato
Ge'fahr [-'fɑ:r] *f* (-; *-en*) pericolo *m*; rischio *m*; ***~ laufen*** correre rischio, rischiare
ge'fähr|den [-'fɛ:rdən] (*senza -ge-, h*) mettere in pericolo, compromettere; **~lich** pericoloso
ge'fahr|los [-'fɑ:rlo:s] senza pericolo; **~voll** pericoloso
Ge'fälle [-'fɛlə] *n* (*-s*; -) *pol* divario *m*; dislivello *m*; pendenza *f*
ge'fallen [-'falən] (*gefiel, gefallen, h*) piacere; ***sich ~*** compiacersi; ***das lasse ich mir nicht ~!*** questa non me la faccio fare!
Ge'fallen *m* (*-s*; -) piacere *m*; (*Gefälligkeit a*) favore *m*
ge'fangen [-'faŋən] *adj*, **≈e** *m/f* (*-n*; *-n*) prigioniero *m*, -a *f*, **≈enlager** *n* campo *m* di prigionia; **~nehmen** (*irr, sep, -ge-, h*, → ***nehmen***) catturare, far prigioniero; **≈schaft** *f* (-; *senza pl*) prigionia *f*
Ge'fängnis [-'fɛŋnis] *n* (*-ses*; *-se*) carcere *m*; prigione *f*, **~strafe** *f* (pena *f* di) carcere *m*
Ge'fäß [-'fɛ:s] *n* (*-es*; *-e*) vaso *m*; (*Behälter*) recipiente *m*
ge'fasst [-'fast] contenuto; preparato; ***auf alles ~*** pronto a tutto
Ge'fecht [-'fɛçt] *n* (*-[e]s*; *-e*) combattimento *m*; **≈sbereit** in armamento
ge'feit [-'faıt]: ***~ gegen*** a prova di, protetto da, immune contro
ge'fleckt [-'flɛkt] macchiettato
Ge'flügel [-'fly:gəl] *n* (*-s*; *senza pl*) volatili *m/pl*; *gastr* pollame *m*; **~hand-**

lung *f* polleria *f*

Ge'folge [-'fɔlgə] *n* (*-s*; *-*) seguito *m*; corteo *m*

ge'fragt [-'frɑːkt] richiesto

Ge'freite [-'fraɪtə] *m* (*-n*; *-n*) *mil* caporale *m*; *Karabinieri*: appuntato *m*

ge'frier|en [-'friːrən] (*gefror, gefroren, sn*) congelarsi; **ˆpunkt** *m* punto *m* di congelazione; **ˆtruhe** *f* congelatore *m*

Ge'füge [-'fyːgə] *n* (*-s*; *-*) struttura *f*, compagine *f*

Ge'fühl [-'fyːl] *n* (*-[e]s*; *-e*) sentimento *m*; (*~ssinn*) tatto *m*; (*Empfindungsfähigkeit*) sensibilità *f*; (*Ahnung*) presentimento *m*; **ˆlos** insensibile; **ˆvoll** sensibile

ge'füllt [-'fylt] ripieno (***mit*** di)

ge'gebenenfalls [-'geːbənənfals] se si dà il caso; casomai

'gegen ['geːgən] **1.** *Richtung*: verso; *feindlich*: contro; ***~ et stoßen*** urtare contro qc; ***Mittel ~ et*** rimedio contro qc; ***~ den Willen*** contro la volontà; **2.** (*ungefähr*) circa; verso; ***ich komme ~ drei Uhr*** vengo verso le tre; ***~ Abend*** verso sera; ***~ Ende des Monats*** verso la fine del mese; **3.** *Vergleich*: ***~ ihn ist er zu jung*** in confronto a lui è troppo giovane; **4.** *Austausch*: in cambio di, per; contro, dietro; ***~ eine Provision von 10%*** contro (*od* dietro) una provvigione del 10%

'Gegen|angriff *m* contrattacco *m*; **'~beweis** *m* controprova *f*, prova *f* del contrario; **'~buchung** *f* contropartita *f*

'Gegend ['geːgənt] *f* (*-*; *-en*) paraggi *m/pl*, parti *f/pl*; zona *f*, regione *f*, (*Landschaft*) paesaggio *m*

gegen|ei'nander l'uno verso (*od* contro) l'altro; reciprocamente; **'ˆfrage** *f* controdomanda *f*, **'ˆleistung** *f* prestazione *f* equivalente (*od* in cambio); **'ˆmittel** *n* rimedio *m*; **'ˆrichtung** *f* direzione *f* contraria; **'ˆsatz** *m* (*-[e]s*; *¨e*) contrasto *m*; contrario *m*; antagonismo *m*; **'~sätzlich** ['-zɛtsliç] contrario, opposto, contrastante; **'ˆseite** *f* lato *m* opposto; *jur* parte *f* avversaria; **'~seitig** ['-zaɪtiç] reciproco; **'ˆstand** *m* (*-[e]s*; *¨e*) oggetto *m*; *fig* argomento *m*, soggetto *m*; **'~standslos** ['-ʃtantsloːs] senza motivazione; **'ˆstück** *n* riscontro *m*, compagno *m*; **'ˆteil** *n* contrario *m*; opposto *m*; ***im ~*** al contrario

gegen'über [-'ʔyːbər] **1.** *adv* di fronte; **2.** *prp* (*dat*) di fronte a, dirimpetto a; *fig* davanti a; (*verglichen mit*) in confronto a; *persönlich*: verso; **~liegend** [-liːgənt] di fronte; **~stehen** (*irr, sep, -ge-, h,* → ***stehen***) (*dat*) stare di fronte a; **~stellen** (*sep, -ge-, h*) mettere a confronto, confrontare; **ˆstellung** *f* (*-*; *-en*) confrontazione *f*

'Gegen|verkehr ['geːgənfɛrkeːr] *m* traffico *m* in senso opposto; doppia circolazione *f*, **'~vorschlag** *m* controproposta *f*, **'~wart** ['-vart] *f* (*-*; *senza pl*) presenza *f*, (tempo *m*) presente *m*; **'ˆwärtig** ['-vɛrtiç] presente, attuale; **'~wert** *m* equivalente *m*; controvalore *m*; **'~wind** *m* vento *m* contrario; **'ˆzeichnen** (*sep, -ge-, h*) controfirmare

'Gegner ['geːgnər] *m* (*-s*; *-*) avversario *m*; **'ˆisch** avverso

Ge'hackte [gə'haktə] *n* (*-n*; *senza pl*) carne *f* tritata

Ge'halt [-'halt] **1.** *m* (*-[e]s*; *-e*) contenuto *m*; (*Wert*) valore *m*; *chim* percentuale *f* (***an*** *dat* di); *fig* sostanza *f*, **2.** *n* (*pl* *¨er*) stipendio *m*; paga *f*, **ˆvoll** sostanzioso

Ge'halts|abrechnung *f* conteggio *m* dello stipendio; **~erhöhung** *f* aumento *m* di stipendio; **~gruppe** *f* categoria *f* di stipendio; **~konto** *n* conto *m* stipendi; **~streifen** *m* scheda *f* delle retribuzioni

ge'hässig [-'hɛsiç] ostile; odioso; (*Hass hegend*) astioso

ge'heim [-'haɪm] segreto; (*heimlich*) clandestino; ***~ halten*** tenere segreto; **ˆdienst** *m* servizio *m* segreto; **ˆfach** *n* cassetto *m* segreto; celare; **ˆnis** *n* (*-ses*; *-se*) segreto *m*; **ˆnummer** *f* numero *m* di codice segreto

'gehen ['geːən] *v/i* (*ging, gegangen, sn*) andare (*a fig*); *Fortbewegung*: camminare; *Maschine*: funzionare; *Weg*: prendere; ***der Zug geht um drei Uhr*** il treno parte alle tre; ***so gut es geht*** alla meglio; ***an die Arbeit ~*** mettersi al lavoro; ***die Fenster ~ auf*** (*acc*) ***…*** le finestre danno sul …; ***es wird schon ~*** andrà bene; ***danke, es geht*** grazie, non c'è male

Ge'hilf|e [gə'hilfə] *m* (*-n*; *-n*), **~in** *f* (*-*; *-nen*) aiutante *m/f*, assistente *m/f*

Ge'hirn [-'hirn] *n* (*-[e]s*; *-e*) cervello *m*; **~erschütterung** *f* commozione *f* ce-

G

rebrale; **~schlag** *m* colpo *m* d'apoplessia cerebrale
ge'hoben [-'hoːbən]: **~e Stellung** posizione elevata
Ge'hör [-'høːr] *n* (*-[e]s*; *senza pl*) udito *m*
ge'horchen [-'hɔrçən] (*senza -ge-*, *h*) (*dat*) ubbidire
ge'hör|en [-'høːrən] (*senza -ge-*, *h*) appartenere; ***das gehört mir*** è mio; ***zu et ~*** far parte di qc; ***das gehört nicht hierher*** questo non c'entra; ***sich ~*** convenirsi; **~ig** **1.** *adj* appartenente; conveniente; necessario; come si deve; **2.** *adv* debitamente; bene; a dovere
'Geh|steig ['geːʃtaɪk] *m* (*-[e]s*; *-e*), **'~weg** *m* marciapiede *m*
'Geier ['gaɪər] *m* (*-s*; *-*) avvoltoio *m*
'Geige ['gaɪgə] *f* (*-*; *-n*) violino *m*
'Geiger ['gaɪgər] *m* (*-s*; *-*), **'~in** *f* (*-*; *-nen*) violinista *m/f*
geil [gaɪl] lussureggiante; (*wollüstig*) libidinoso
'Geisel ['gaɪzəl] *f* (*-*; *-n*) ostaggio *m*
Geist [gaɪst] *m* (*-[e]s*; *senza pl*) spirito *m*; mente *f*; intelletto *m*; (*~eshaltung*) mentalità *f*; (*kluger ~*) ingegno *m*; ***der Heilige ~*** lo Spirito Santo; ***im ~e*** mentalmente; (*pl -er*) (*Gespenst*) spettro *m*, fantasma *m*
'Geister|bahn ['gaɪstərbaːn] *f* tunnel *m* dell'orrore; **'~fahrer** *m* automobilista *m* chi guida contromano
'geistes|abwesend ['gaɪstəsʔapveːzənt] distratto, trasognato; **'Ձarbeiter** *m* (lavoratore *m*) intellettuale *m*; **'Ձblitz** *m* lampo *m* di genio; **'~gegenwärtig** pronto; *adv* con presenza di spirito; **'~gestört** ['-gəʃtøːrt] malato di mente; **'~krank** alienato; **'Ձwissenschaften** *f/pl* scienze *f/pl* umanistiche; **'Ձzustand** *m* (*-[e]s*; *senza pl*) stato *m* mentale
'geistig ['gaɪstɪç] spirituale; intellettuale; *Getränke*: alcolico
'geistlich ['-lɪç] spirituale; (*kirchlich*) clericale, ecclesiastico; **'Ձe** *m* (*-n*; *-n*) ecclesiastico *m*; *katholisch*: prete *m*; *protestantisch*: pastore *m*; **'Ձkeit** *f* (*-*; *senza pl*) clero *m*
'geist|los ['-loːs] senza spirito; stupido; **'~reich** spiritoso, ingegnoso
'geizig ['gaɪtsɪç] avaro
ge'konnt [-'kɔnt] *fig* ben fatto; perfetto
ge'künstelt [-'kʏnstəlt] artificioso; affettato, manierato
Ge'lächter [-'lɛçtər] *n* (*-s*; *-*) risata *f*
ge'lähmt [-'lɛːmt] paralizzato
Ge'lände [-'lɛndə] *n* (*-s*; *-*) terreno *m*; area *f*; **~fahrzeug** *n* fuoristrada *m*; **Ձgängig** [-gɛŋɪç] adatto ad ogni terreno; **~wagen** *m* fuoristrada *m*; campagnola *f*
Ge'länder [-'lɛndər] *n* (*-s*; *-*) ringhiera *f*, parapetto *m*, balaustrata *f*
ge'langen [-'laŋən] (*senza -ge-*, *sn*) arrivare, giungere
ge'lassen [-'lasən] **1.** *adj* calmo, sereno, placido; **2.** *adv* con calma; **Ձheit** *f* (*-*; *senza pl*) calma *f*, serenità *f*, placidezza *f*
ge'läufig [-'lɔʏfɪç] corrente; (*vertraut*) familiare
ge'launt [-'laʊnt] disposto; ***gut ~*** di buon umore
gelb [gɛlp] giallo; **'Ձsucht** *f* (*-*; *senza pl*) *med* itterizia *f*
Geld [gɛlt] *n* (*-[e]s*; *-er*) denaro *m*; ***kleines ~*** spiccioli *m/pl*; **'~anlage** *f* investimento *m* di capitale; **'~automat** *m* bancomat *m*, sportello *m* automatico; **'~beutel** *m* borsellino *m*; **'~buße** *f* multa *f*; **'~entwertung** *f* svalutazione *f*; **'~geber** *m* (*-s*; *-*) fornitore *m* di fondi; finanziatore *m*; **'~geschäft** *n* operazione *f* finanziaria; **'Ձgierig** avido di danaro; **'~institut** *n* istituto *m* bancario (*od* di credito); **'~mangel** *m* mancanza *f* di danaro; **'~mittel** *n/pl* mezzi *m/pl* finanziari; **'~schein** *m* banconota *f*; **'~sendung** *f* rimessa *f* di danaro; **'~strafe** *f* multa *f*; **'~stück** *n* moneta *f*; **'~umtausch** *m* cambio *m*; **'~wechsel** *m* cambio *m*
Ge'lee [ʒe'leː] *n* (*-s*; *-s*) gelatina *f*
ge'legen [gə'leːgən] *örtlich*: situato; *fig* conveniente, a proposito, opportuno; ***es kommt mir ~*** mi viene proprio a proposito; ***mir ist daran ~, dass*** mi importa che
Ge'legenheit *f* (*-*; *-en*) occasione *f*; *günstige*: opportunità *f*; ***zu dieser ~*** in questa occasione; **~sarbeiter** *m* lavoratore *m* occasionale; **~skauf** *m* acquisto *m* d'occasione
ge'legentlich [-tlɪç] **1.** *adj* occasionale, d'occasione; **2.** *adv* all'occasione, ogni tanto

Ge'lehrte [-'le:rtə] *m/f* studioso *m*, -a *f*; scienziato *m*, -a *f*
Ge'leit [-'laɪt] *n* (*-[e]s*; *-e*) accompagnamento *m*; ***freies ~*** salvacondotto *m*; ***j-m das letzte ~ geben*** accompagnare qu all'ultima dimora
Ge'lenk [-'lɛŋk] *n* (*-[e]s*; *-e*) *med* articolazione *f*; *tec* giuntura *f*, snodo *m*, giunto *m*; **2ig** articolato
ge'lernt [-'lɛrnt] *Arbeiter*: qualificato
Ge'liebte [-'li:ptə] *m/f* (*-n*; *-n*) amante *m/f*; ***mein ~r*** amore mio
ge'lingen [-'liŋən] (*gelang*, *gelungen*, *sn*) riuscire; ***es gelingt mir*** riesco (a), mi riesce (di)
Ge'lingen *n* (*-s*; *senza pl*) riuscita *f*
'gelt|en ['gɛltən] (*galt*, *gegolten*, *h*) valere; *Gesetz*: essere in vigore; ***~ lassen*** accettare; ***für et ~*** passare per qc; ***das Gleiche gilt für ...*** così pure per ..., lo stesso dicasi per ...; ***hier gilt es ...*** (*mit inf*) qui bisogna ...; **'~end** vigente; ***~ machen*** far valere; **'2ung** *f* (*-*; *senza pl*) *fig* importanza *f*, peso *m*; autorità *f*; ***zur ~ kommen*** risaltare; ***sich ~ verschaffen*** farsi valere; **'2ungsbereich** *m* ambito *m* di validità
ge'lungen [-'luŋən] ben riuscito
Ge'mälde [-'mɛ:ldə] *n* (*-s*; *-*) quadro *m*, pittura *f*; **~galerie** *f* galleria *f* di pittura
ge'mäß [-'mɛ:s] secondo, conforme a; **~igt** [-'mɛ:siçt] moderato
ge'mein [-'maɪn] comune; (*bösartig*) maligno; (*niederträchtig*) meschino
Ge'meinde [-də] *f* (*-*; *-n*) comune *m*; municipio *m*; *rel* comunità *f*; (*Pfarr2*) parrocchia *f*; **~amt** *n* ufficio *m* comunale; **~rat** *m* consiglio *m* comunale; **~verwaltung** *f* amministrazione *f* comunale; **~vertreter** *m* rappresentante *m* del comune (*od* della comunità); **~vorsteher** *m* sindaco *m*; presidente *m* della comunità; **~wahlen** *f/pl* elezioni *f/pl* comunali
Ge'mein|gut [-'maɪngu:t] *n* (*-[e]s*; *senza pl*) bene *m* comune; **~heit** *f* (*-*; *-en*) bassezza *f*, infamia *f*; **2nützig** [-'maɪnytsiç] di utilità pubblica; **2sam** collettivo, comune; **~schaft** *f* (*-*; *-en*) (*Gesamtheit*) collettività *f*; (*Gemeinde*) comunità *f*; **2schaftlich 1.** *adj* comune; **2.** *adv* in comune; **~wesen** *n* comunità *f*; **~wohl** *n* bene *m* pubblico
Ge'metzel [-'mɛtsəl] *n* (*-s*; *-*) macello *m*, carneficina *f*
Ge'misch [-'miʃ] *n* (*-[e]s*; *-e*) miscela *f*; **2t** misto; **~es Doppel** *n* doppio *m* misto
Ge'müse ['-my:zə] *n* (*-s*; *-*) verdura *f*, ortaggi *m/pl*; (*Hülsenfrüchte*) legumi *m/pl*; **~händler(in** *f*) *m* erbivendolo *m*, -a *f*
Ge'müt [-'my:t] *n* (*-[e]s*; *-er*) animo *m*; sentimento *m*; **2lich** comodo, *Zimmer*: accogliente; (*angenehm*) piacevole; *Personen*: alla buona, gioviale; ***machen Sie es sich ~!*** si accomodi!; **2skrank** nevrotico; isterico; **~szustand** *m* stato *m* (*od* disposizione *f*) d'animo; umore *m*
Gen [ge:n] *n* (*-s*; *-e*) *biol* gene *m*
ge'nau [gə'naʊ] **1.** *adj* esatto; preciso; ***~ um drei Uhr*** alle tre precise; ***~ genommen*** a rigor di termini; **2.** *adv* ***~ nehmen*** prendere rigorosamente; guardare per il sottile; ***~ angeben*** precisare; **2igkeit** *f* (*-*; *senza pl*) esattezza *f*, precisione *f*; **~so** altrettanto
ge'nehm [gə'ne:m] gradito; **~igen** [gə'ne:migən] *v/t* (*senza -ge-*, *h*) autorizzare, permettere; *Gesetz*: approvare; **2igung** *f* (*-*; *-en*) autorizzazione *f*, approvazione *f*, (*Erlaubnis*) permesso *m*; concessione *f*; **~igungspflichtig** [gə'ne:miguŋspfliçtiç] *adj* soggetto ad autorizzazione
Gene'ral [gene'rɑ:l] *m* (*-s*; *-e u* *¨-e*) generale *m*; **~direktor** *m* direttore *m* generale; **~probe** *f* prova *f* generale; **~streik** *m* sciopero *m* generale; **~versammlung** *f* assemblea *f* generale
Genera'tion [generats'jo:n] *f* (*-*; *-en*) generazione *f*
Genera'tionenvertrag *m* (*-s*; *¨-e*) contratto *m* generazionale
Gene'rator *el* [gene'rɑ:tor] *m* (*-s*; *-en* [-ra'to:rən]) generatore *m*
gene'rell [gene'rɛl] generico
ge'nes|en [gə'ne:zən] (*genas*, *genesen*, *sn*) guarire; **2ung** *f* (*-*; *senza pl*) guarigione *f*
'Genforschung *f* ricerca *f* genetica
ge'nial [gen'jɑ:l] geniale
Ge'nick [gə'nik] *n* (*-[e]s*; *-e*) nuca *f*
Ge'nie [ʒe'ni:] *n* (*-s*; *-s*) genio *m*
ge'nieren [ʒe'ni:rən]: ***sich ~*** (*senza ge-*, *h*) (***et zu tun***) aver soggezione (a fare

G

qc); **~ Sie sich nicht!** non faccia complimenti!
ge'nießen [gə'niːsən] *v/t* (*genoss*, *genossen*, *h*) godere; (*kosten*) gustare
Geni'talien [geni'tɑːljən] *pl* parti *f/pl* genitali
'Gen|manipulation *f* (-; *-en*) *biol* manipolazione *f* genetica; **'2manipuliert** *biol* manipolato geneticamente
Ge'nossenschaft [gə'nɔsənʃaft] *f* (-; *-en*) società *f* cooperativa; **2lich** cooperativo; **~sbank** *f* banca *f* popolare cooperativa
'Gen|technik *f* ingegneria *f* genetica; **'2technisch** geneticamente; **~ verändert** *biol* modificato geneticamente
ge'nug [gə'nuːk] abbastanza; **~!** basta!; **~ haben von** *fig* averne abbastanza di; **nicht ~, dass** non solo che
ge'nügen [-'nyːgən] (*senza -ge-*, *h*) bastare; **~d** sufficiente
Ge'nugtuung [-'nuːktuːuŋ] *f* (-; *senza pl*) soddisfazione *f*
Ge'nuss [-'nus] *m* (*-es*; *"e*) godimento *m*; il mangiare *m*; il bere *m*; (*Nutznießung*) usufrutto *m*; **~mittel** *n/pl* merci *f/pl* voluttuarie
ge'öffnet [-'ʔœfnət] aperto
Geo|gra'phie [geogra'fiː] *f* (-; *senza pl*) geografia *f*; **2'graphisch** geografico
Ge'päck [gə'pɛk] *n* (*-[e]s*; *senza pl*) bagaglio *m*; **~abfertigung** *f* spedizione *f* bagagli; **~annahme** *f* accettazione *f* bagagli; **~aufbewahrung** *f* deposito *m* bagagli; **~ausgabe** *f* consegna *f* bagagli; **~kontrolle** *f* controllo *m* dei bagagli; **~netz** *n* rete *f* portabagagli; **~schalter** *m* sportello *m* di accettazione bagagli; **~schein** *m* scontrino *m* dei bagagli; **~stück** *n* collo *m*; **~träger** *m* facchino *m*, portabagagli *m*; **~wagen** *m* carrello *m*
ge'pflegt [-'pflɛːkt] curato; distinto
ge'plant [-'plɑːnt] *adj* progettato, pianificato
ge'rade [-'rɑːdə] **1.** *adj* diritto; *Charakter*: retto; *Linie*: retta; *Zahl*: pari; **2.** *adv* diritto; (*genau*) proprio, giusto; *zeitlich*: proprio ora, proprio allora; **nun ~!** ora sì!; **ich wollte ~ kommen** stavo per venire; **~'aus** [-'ʔaus] sempre diritto; **~stehen** (*irr*, *sep*, *-ge-*, *h*, → **stehen**): **~ für** rispondere di
Ge'rät [-'rɛːt] *n* (*-[e]s*; *-e*) attrezzo *m*; *Radio*: apparecchio *m*; (*Haus2*) suppellettili *f/pl*; (*Werkzeug*) utensile *m*
ge'raten (*geriet*, *geraten*, *sn*) cadere; (*gelingen*) riuscire; **in Brand ~** infiammarsi, incendiarsi; **in Streit ~** mettersi a litigare
Gerate'wohl [-rɑːtə'voːl] *n inv*: **aufs ~** a casaccio
ge'räuchert [-'rɔʏçərt] affumicato
ge'räumig [-'rɔʏmiç] spazioso; ampio
Ge'räusch [-'rɔʏʃ] *n* (*-[e]s*; *-e*) rumore *m*; **2los** *adj* silenzioso; *adv* senza rumore; **2voll** rumoroso
ge'recht [-'rɛçt] giusto; **~ werden** *j-m*: riconoscere la qualità di qu; *e-r Sache*: soddisfare qc; **~fertigt** giustificato; **2igkeit** *f* (-; *senza pl*) giustizia *f*
ge'reizt [-'raɪtst] irritato
Ge'richt [-'riçt] *n* (*-[e]s*; *-e*) *jur* tribunale *m*; corte *f*; *gastr* piatto *m*; **das Jüngste ~** il giudizio universale; **2lich 1.** *adj* giudiziario; legale; **2.** *adv* in giudizio
Ge'richts|beschluss *m* decisione *f* del tribunale; **~gebäude** *n* tribunale *m*; palazzo *m* di giustizia; **~hof** *m* (**der Europäischen Union**) Corte *f* di giustizia (delle Comunità Europee); **~kosten** *pl* spese *f/pl* processuali; **~saal** *m* sala *f* delle udienze; **~verhandlung** *f* dibattimento *m*; **~vollzieher** [-fɔltsiːər] *m* (*-s*; *-*) ufficiale *m* giudiziario; **~weg** *m* via *f* legale
ge'ring [-'riŋ] **1.** *adj* piccolo; poco; (*niedrig*) basso; *Waren*: scadente; **2.** *adv* poco; **~fügig** [-fyːgiç] insignificante, di poca importanza, meschino; **~schätzig** [-ʃɛtsiç] sprezzante; **2schätzung** *f* (-; *senza pl*) disprezzo *m*
ge'rinn|en [-'rinən] (*gerann*, *geronnen*, *sn*) rapprendersi; coagularsi; **2sel** [-zəl] *n* (*-s*; *-*) coagulo *m*
ge'rissen [-'risən] *fig* furbacchione
Ger'man|e [gɛr'mɑːnə] *m* (*-n*; *-n*), **~in** *f* (-; *-nen*) germano *m*, -a *f*; **2isch** germanico; **~'istik** *f* (-; -), germanistica *f*
gern [gɛrn] volentieri; con piacere; **nicht ~** malvolentieri; **j-n ~ haben** voler bene a qu; **ich sehe es ~, wenn ...** ho piacere se ...
Ge'röll [-'rœl] *n* (*-[e]s*; *-e*) ciottoli *m/pl*
'Gerste ['gɛrstə] *f* (-; *-n*) *bot* orzo *m*
Ge'ruch [gə'rux] *m* (*-[e]s*; *"e*) odore *m*; (*Sinn*) odorato *m*; **2los** inodore
Ge'rücht [-'ryçt] *n* (*-[e]s*; *-e*) voce *f*,

diceria *f*; **≈weise**: **~ *verlautet* ...** corre voce ...
Ge'rümpel [-'rympəl] *n* (*-s*; *senza pl*) anticaglie *f/pl*, ciarpame *m*
Ge'rüst [-'ryst] *n* (*-[e]s*; *-e*) palco *m*; armatura *f*, impalcatura *f*
ge'samt [-'zamt] totale, intero, tutto; **≈ausgabe** *f* edizione *f* completa; **≈betrag** *m* importo *m* (*od* somma *f*, quota *f*) totale; **≈bild** *n* prospetto *m* generale, quadro *m* complessivo; **≈heit** *f* (*-*; *senza pl*) totalità *f*, collettività *f*; **≈schule** *f modello di scuola media inferiore e superiore che integra la Haupt-, la Realschule e il Gymnasium*
Ge'säß [-'zɛːs] *n* (*-es*; *-e*) sedere *m*
Ge'schäft [-'ʃɛft] *n* (*-[e]s*; *-e*) affare *m*; (*Laden*) negozio *m*; (*Büro*) ufficio *m*; (*Unternehmen*) azienda *f*; (*Firma*) ditta *f*; ***gutes*** **~** affarone *m*; **≈ehalber** [-əhalbər] *adv* per affari; **≈ig** affaccendato; **≈lich** **1.** *adj* commerciale; d'affari; **2.** *adv* per affari
Ge'schäfts... [-'ʃɛfts]: *in Zssgn* d'affari, commerciale; **~abschluss** *m* conclusione *f* di un affare; **~anteil** *m* (quota *f* di) partecipazione *f*; **~aufgabe** *f* cessazione *f* di commercio; **~bericht** *m* rendiconto *m*; **~beziehung** *f* relazione *f* commerciale; **~essen** *n* (*-s*; *-*) pranzo *m* (*oder* cena *f*) di lavoro; **~frau** *f* donna *f* d'affari; **~freund** *m* corrispondente *m*; **~führer** *m* amministratore *m*, gerente *m*; **~jahr** *n* anno *m* d'esercizio; **~kosten** *pl* spese *f/pl* d'ufficio; **~leitung** *f* amministrazione *f*, **~mann** *m* (*-[e]s*; *-leute*) uomo *m* d'affari; **~reise** *f* viaggio *m* d'affari; **~schluss** *m* chiusura *f* dei negozi (*od* dell'ufficio); **~stelle** *f* ufficio *m*; **~zeiten** *f/pl Läden*: orario *m* d'apertura; *Büro*: orario *m* d'ufficio
ge'schehen [-'ʃeːən] (*geschah*, *geschehen*, *sn*) accadere, succedere; esser fatto; ***es geschieht dir recht*** ben ti sta
Ge'schenk [-'ʃɛŋk] *n* (*-[e]s*; *-e*) regalo *m*
Ge'schicht|e [-'ʃiçtə] *f* (*-*; *-n*) storia *f*, passato *m*; **≈lich** storico
ge'schickt [-'ʃikt] abile; agile, destro
ge'schieden [-'ʃiːdən] divorziato
Ge'schirr [-'ʃir] *n* (*-[e]s*; *-e*) (*Tisch≈*) vasellame *m*; (*Ess≈*) servizio *m*; (*irdenes*) stoviglie *f/pl*; **~tuch** *n* strofinaccio *m* asciugapiatti
Ge'schlecht [-'ʃlɛçt] *n* (*-[e]s*; *-er*) genere *m* (*a gram*); *männliches, weibliches*: sesso *m*; (*Stamm*) stirpe *f*
Ge'schlechts... [-'ʃlɛçts...]: *in Zssgn oft* sessuale; **~krankheit** *f* malattia *f* venerea; **~organe** *n/pl*, **~teile** *m/pl* organi *m/pl* genitali; **~verkehr** *m* rapporti *m/pl* intimi (*od* sessuali)
ge'schlossen [-'ʃlɔsən] chiuso; unito, compatto
Ge'schmack [-'ʃmak] *m* (*-[e]s*; *¨-e*) gusto *m*; *Speise*: sapore *m*; ***nach meinem*** **~** a mio gusto; **≈lich** *adj* del gusto; **≈los** senza gusto; (*fade*) insipido; **~losigkeit** *f* (*-*; *senza pl*) *fig* mancanza *f* di gusto (*od* di tatto); **~(s)sache** *f* questione *f* di gusto; **≈voll** di buon gusto
ge'schmort [-'ʃmoːrt] stufato
Ge'schoss [gə'ʃɔs] *n* (*-es*; *-e*) (*Stockwerk*) piano *m*; *mil* proiettile *m*
Ge'schrei [-'ʃraɪ] *n* (*-[e]s*; *senza pl*) grida *f/pl*; *fig* rumore *m*
Ge'schwätz [-'ʃvɛts] *n* (*-es*; *senza pl*) chiacchiere *f/pl*; **≈ig** chiacchierone
ge'schweige [-'ʃvaɪgə]: **~ *denn*** senza parlare di, tanto meno; e ancora meno
Ge'schwindigkeit [-'ʃvindiçkaɪt] *f* (*-*; *-en*) velocità *f*, **~sbeschränkung** *f* limite *m* di velocità; **~süberschreitung** *f* eccesso *m* di velocità
Ge'schwister [-'ʃvistər] *pl* fratelli *m/pl*
ge'schwollen [-'ʃvɔlən] gonfio
Ge'schworene [-'ʃvoːrənə] *m/f* (*-n*; *-n*) *jur* giurato *m*, -a *f*
Ge'schwulst [-'ʃvulst] *f* (*-*; *¨-e*) *med* tumore *m*
Ge'schwür [-'ʃvyːr] *n* (*-[e]s*; *-e*) *med* ulcera *f*
Ge'sell|e [-'zɛlə] *m* (*-n*; *-n*) apprendista *m* artigiano; lavorante *m*; operaio *m* qualificato; **~enbrief** *m* attestato *m* di esame artigianale; **~enprüfung** *f* esame *m* d'idoneità professionale; **≈ig** socievole
Ge'sellschaft [-'zɛlʃaft] *f* (*-*; *-en*) società *f*, compagnia *f*, **~ *leisten*** tenere compagnia; **~ *mit beschränkter Haftung*** società *f* a responsabilità limitata
Ge'sellschaft|er [-'zɛlʃaftər] *m* (*-s*; *-*) socio *m*; ***stiller*** **~** associato *m*; **≈lich** sociale; della società
Ge'sellschafts|ordnung *f* ordinamento *m* sociale; **~politik** *f* politica *f* sociale; **~schicht** *f* classe *f* sociale;

~system *n* sistema *m* sociale
Ge'setz [-'zɛts] *n* (*-es*; *-e*) legge *f*; **~buch** *n* codice *m*; **~geber** *m* (*-s*; *-*) legislatore *m*; **~gebung** *f* (*-*; *senza pl*) legislazione *f*; **≈lich** legale; **≈los** senza legge; **~mäßigkeit** *f* (*-*; *senza pl*) legalità *f*; regolarità *f*; **≈widrig** [-viːdrɪç] illegale
Ge'sicht [-'zɪçt] *n* (*-[e]s*; *-er*) faccia *f*, viso *m*
Ge'sichts... [-'zɪçts...]: *in Zssgn oft anat* facciale; *optisch*: visivo; **~ausdruck** *m* espressione *f*; **~farbe** *f* carnagione *f*; **~kreis** *m* orizzonte *m*; **~punkt** *m* punto *m* di vista; **~züge** *m/pl* lineamenti *m/pl*
Ge'sindel [-'zɪndəl] *n* (*-s*; *senza pl*) plebaglia *f*
Ge'sinnung [-'zɪnuŋ] *f* (*-*; *-en*) sentimenti *m/pl*; *politische*: principi *m/pl*
ge'sondert [-'zɔndərt] separato; a parte
ge'spannt [-'ʃpant] teso; *fig* curioso; ansioso
Ge'spenst [-'ʃpɛnst] *n* (*-[e]s*; *-er*) fantasma *m*, spettro *m*; **≈isch** spettrale
Ge'spött [-'ʃpœt] *n* (*-[e]s*; *senza pl*) dileggio *m*; ***zum ~ machen*** mettere in ridicolo
Ge'spräch [-'ʃprɛːç] *n* (*-[e]s*; *-e*) conversazione *f*, colloquio *m*; dialogo *m*; *tel* comunicazione *f*, chiamata *f*; **≈ig** loquace; **~spartner** *m* interlocutore *m*; **~sstoff** *m* argomento *m*
Ge'stalt [-'ʃtalt] *f* (*-*; *-en*) forma *f*; (*Menschen≈*) figura *f*; *tea* personaggio *m*; **≈en** (*senza -ge-*, *h*) formare, dare la forma a; rappresentare; ***sich ~*** diventare; *fig* prendere una piega; **~ung** *f* (*-*; *senza pl*) (con)formazione *f*, configurazione *f*, rappresentazione *f*, assetto *m*
Ge'ständnis [-'ʃtɛntnɪs] *n* (*-ses*; *-se*) confessione *f*
Ge'stank [-'ʃtaŋk] *m* (*-[e]s*; *senza pl*) puzza *f*, puzzo *m*
ge'statten [-'ʃtatən] (*senza -ge-*, *h*) permettere; ***~ Sie!*** con permesso!
'Geste ['gɛstə] *f* (*-*; *-n*) gesto *m*
ge'stehen [-'ʃteːən] (*gestand*, *gestanden*, *h*) confessare; ***offen gestanden*** a dire il vero, francamente
Ge'stein [-'ʃtaɪn] *n* (*-[e]s*; *-e*) pietrame *m*; *Mineralogie*: roccia *f*
'gestern ['gɛstərn] ieri; ***~ Morgen*** ieri mattina; ***~ Abend*** ieri sera
Ge'stöber [-'ʃtøːbər] *n* (*-s*; *-*) turbine *m*; (*Schnee≈*) bufera *f* di neve
ge'streift [-'ʃtraɪft] rigato, a righe
Ge'stüt [-'ʃtyːt] *n* (*-[e]s*; *-e*) scuderia *f*
Ge'such [-'zuːx] *n* (*-[e]s*; *-e*) domanda *f*, petizione *f*, istanza *f*; **≈t** ricercato
ge'sund [-'zunt] sano; di buona salute; ***~ sein*** star bene; ***~ werden*** guarire; ***~er Menschenverstand*** *m* buon senso *m* comune; **~en** [-dən] (*senza -ge-*, *sn*) guarire
Ge'sundheit [-'zunthaɪt] *f* (*-*; *senza pl*) salute *f*; **≈lich 1.** *adj* sanitario; **2.** *adv* di salute; **~s'amt** *n* ufficio *m* d'igiene (*od* di sanità pubblica); **≈sgefährdend** *adj* dannoso, nocivo alla salute; **~spolitik** *f* politica *f* sanitaria; **≈sschädlich** nocivo alla salute; **~swesen** *n* sistema *m* sanitario, sanità *f*; **~szeugnis** *n* certificato *m* di sana e robusta costituzione; **~szustand** *m* stato *m* di salute
ge'sundschrumpfen [-ʃrumpfən] (*sep*, *-ge-*, *h*) risanare (riducendo)
Ge'töse [-'tøːzə] *n* (*-s*; *senza pl*) fragore *m*; detonazione *f*
Ge'tränk [-'trɛŋk] *n* (*-[e]s*; *-e*) bevanda *f*; (*alkoholfrei*) bibita *f*; **~eautomat** *m* distributore *m* automatico di bibite; **~ekarte** *f* *gastr* lista *f* delle bevande
Ge'treide [-'traɪdə] *n* (*-s*; *-*) cereali *m/pl*; grano *m*; **~anbau** *m* cerealicoltura *f*; **~ernte** *f* raccolto *m* del grano; **~wirtschaft** *f* economia *f* cerealicola
ge'trennt [-'trɛnt] *adj* separato; *adv* separatamente; ***~ zahlen*** pagare alla romana
Ge'triebe [-'triːbə] *n* (*-s*; *-*) ingranaggio *m*; *auto* cambio *m* delle marce; *fig* movimento *m*; **~öl** *n* olio *m* per cambi; **~schaden** *m* danno *m* all'ingranaggio (*od* al cambio)
ge'übt [-'ʔyːpt] abile, esperto
ge'wachsen [-'vaksən]: ***einer Sache ~ sein*** essere all'altezza di qc, potersi misurare con qc
ge'wählt [-'vɛːlt] distinto; scelto
Ge'währ [-'vɛːr] *f* (*-*; *senza pl*) garanzia *f*; **≈en** *v/t* (*senza -ge-*, *h*) concedere; accordare; *Vergnügen*: procurare
Ge'walt [-'valt] *f* (*-*; *-en*) (*Macht*) potere *m*; violenza *f*; (*Kraft*) forza *f*; ***höhere ~*** forza *f* maggiore; ***mit ~*** con la forza; ***~ anwenden*** usare la forza; ***in seiner ~ haben*** dominare; **~herrschaft** *f* de-

spotismo *m*; **ℒig** **1.** *adj* potente; violento; *fig* enorme; **2.** *adv* ***Sie irren sich ~*** Lei sbaglia di grosso; **~maßnahme** *f* misura *f* coercitiva; **ℒsam** violento; *adv* con la violenza; **~tat** *f* atto *m* di violenza; **ℒtätig** *adj* violento

gewandt [-'vant] (*flink*) lesto, agile; (*geschickt*) abile; destro

Ge'wässer [-'vɛsər] *n* (*-s*; -) acque *f/pl*; **~schutz** *m* protezione *f* delle acque

Ge'webe [-'ve:bə] *n* (*-s*; -) tessuto *m*

Ge'wehr [-'ve:r] *n* (*-s*; *-e*) fucile *m*; (*Jagd*ℒ) fucile *m* da caccia; schioppo *m*

Ge'werbe [-'vɛrbə] *n* (*-s*; -) attività *f* (economica); commercio *m*; professione *f*; **~freiheit** *f* libertà *f* professionale; **~genehmigung** *f* licenza *f* d'esercizio; **ℒtreibend** [-traɪbənt] industriale; esercente

ge'werb|lich [-'vɛrpliç] commerciale; industriale; **~smäßig** [-smɛ:siç] **1.** *adj* professionale; di professione; **2.** *adv* per professione

Ge'werk|schaft [-'vɛrkʃaft] *f* (-; *-en*) sindacato *m*; **~schaft(l)er** *m* (*-s*; -), **~schaft(l)erin** *f* (-; *-nen*) sindacalista *m/f*; **ℒschaftlich** sindacale; **~schaftsbund** *m* confederazione *f* sindacale; **~schaftsvertreter** *m* delegato *m* sindacale

Ge'wicht [-'viçt] *n* (*-[e]s*; *-e*) peso *m*; *fig* importanza *f*; ***nach ~*** a peso; ***ins ~ fallen*** contare

ge'willt [-'vilt]: ***~ sein*** avere l'intenzione; (*geneigt*) essere disposto (***zu*** a)

Ge'winde [-'vində] *n* (*-s*; -) (*Schrauben*ℒ) filetto *m*, pane *m* della vite

Ge'winn [-'vin] *m* (*-[e]s*; *-e*) guadagno *m*; profitto *m*; (*Vorteil*) vantaggio *m*; (*Spiel*ℒ) vincita *f*; ***~ bringend*** lucrativo; **~anteil** *m* partecipazione *f* agli utili; dividendo *m*; **~ausschüttung** [-ˀausʃytuŋ] *f* ripartizione *f* degli utili; **~beteiligung** *f* partecipazione *f* agli utili

ge'winn|en [-'vinən] (*gewann*, *gewonnen*, *h*) guadagnare; *Spiel*, *mil* vincere; *min* estrarre; *fig* ***an et*** (*dat*) ***~*** acquistare in qc; **ℒer** *m* (*-s*; -), **ℒerin** *f* (-; *-nen*) vincitore *m*, -trice *f*; **ℒspanne** *f* margine *m* di guadagno

ge'wiss [-'vis] **1.** *adj* certo; (*sicher*) sicuro; **2.** *adv* (di) certo

Ge'wissen [-'visən] *n* (*-s*; -) coscienza *f*; **ℒhaft** coscienzioso; **ℒlos** senza coscienza; **~sfrage** *f* caso *m* di coscienza

gewisser'maßen [-visər'ma:sən] in certo qual modo

Ge'wissheit [-'vishaɪt] *f* (-; *senza pl*) certezza *f*; ***sich ~ verschaffen über*** (*acc*) accertarsi di

Ge'witter [-'vitər] *n* (*-s*; -) temporale *m*

ge'wittrig [-'vitriç] *adj* temporalesco

ge'wöhnen [-'vø:nən]: ***sich ~*** abituarsi, avvezzarsi (***an*** *acc* a)

Ge'wohnheit [-'vo:nhaɪt] *f* (-; *-en*) abitudine *f*; **ℒsmäßig** [-smɛ:siç] abituale; **~srecht** *n* diritto *m* consuetudinario

ge'wöhnlich [-'vø:nliç] **1.** *adj* solito; (*allgemein*) comune; (*gemein*) ordinario; volgare; **2.** *adv* normalmente, di solito, comunemente

ge'wohnt [-'vo:nt] abituato, avvezzo

Ge'wölb|e [-'vœlbə] *n* (*-s*; -) volta *f*; (*Grab*ℒ) cripta *f*; **ℒt** a volta

Ge'wühl [-'vy:l] *n* (*-[e]s*; *senza pl*) mischia *f*; calca *f*; ressa *f*

Ge'würz [-'vyrts] *n* (*-es*; *-e*) droga *f*; (*Würze*, *a fig*) condimento *m*

Ge'zeiten [-'tsaɪtən] *pl* maree *f/pl*

Gicht [giçt] *f* (-; *senza pl*) *med* artrite *f*, gotta *f*, podagra *f*

'Giebel ['gi:bəl] *m* (*-s*; -) frontone *m*; *des Daches*: comignolo *m*

Gier [gi:r] *f* (-; *senza pl*) avidità *f*; (*Ess*ℒ) golosaggine *f*; **'ℒig** avido

'gieß|en ['gi:sən] (*goss*, *gegossen*, *h*) versare; *tec* fondere; *in Formen*: gettare; *agr* irrigare, annaffiare; ***es gießt*** piove a dirotto; **'ℒkanne** *f* innaffiatoio *m*

Gift [gift] *n* (*-[e]s*; *-e*) veleno *m*; **'~gas** *n* gas *m* tossico; **'ℒig** velenoso; tossico; *fig* inviperito, virulento, maligno; **'~stoff** *m* materia *f* tossica

Gi'gant [gi'gant] *m* (*-en*; *-en*) gigante *m*; **ℒisch** gigantesco

'Gipfel ['gipfəl] *m* (*-s*; -) cima *f*; *pol* vertice *m*; *fig* culmine *m*; **'ℒn** (*h*) culminare; toccare l'apice; **'~konferenz** *f* *pol* conferenza *f* al vertice; **'~treffen** *n* *pol* incontro *m* al vertice, summit *m*

Gips [gips] *m* (*-es*; *-e*) gesso *m*

Gi'raffe [gi'rafə] *f* (-; *-n*) *zo* giraffa *f*

Gir'lande [gir'landə] *f* (-; *-n*) ghirlanda *f*

'Giro ['ʒi:ro] *n* (*-s*; *-s*) girata *f*; **'~konto** *n*

conto *m* corrente; '**~verkehr** *econ m* bancogiro *m*, clearing *m*
Gi'tarre [gi'tarə] *f* (-; -*n*) chitarra *f*
'**Gitter** ['gitər] *n* (-*s*; -) grata *f*; (*Fenster*≗) inferriata *f*; (*Zaun*) cancello *m*
Gla'diator [glad'jɑ:to:r] *m* (-*s*; -*en* [-ja'to:rən]) gladiatore *m*
Glanz [glants] *m* (-*es*; *senza pl*) splendore *m*; *der Stoffe*: lucido *m*
'**glänzen** ['glɛntsən] (*h*) splendere; rilucere; *fig* brillare; '**~d** splendido; brillante
Glanz|leistung *f* capolavoro *m*; '**≗los** senza lustro, smorto; *fig* oscuro
Glas [glɑ:s] *n* (-*es*; ¨-*er*) vetro *m*; (*Trink*≗) bicchiere *m*; (*Brillen*~) lente *f*; ***ein ~ Bier*** un bicchiere di birra
'**gläsern** ['glɛ:zərn] di vetro; vitreo
'**Glas|malerei** *f* pittura *f* su vetro; '**~scheibe** *f* (lastra *f* di) vetro *m*
Gla'sur [gla'zu:r] *f* (-; -*en*) smalto *m* (vitreo)
'**Glas|waren** ['glɑ:svɑ:rən] *f/pl* cristalleria *f*; '**~wolle** *f* lana *f* di vetro
glatt [glat] **1.** *adj* liscio (*a fig*); *Weg*: sdrucciolevole; (*Zahl*) tondo; ***hier ist es ~*** qui si scivola; **2.** *adv fig* prontamente, senza difficoltà; (*völlig*) assolutamente
'**Glätte** ['glɛtə] *f* (-; *senza pl*) l'essere *m* liscio; scivolosità *f*
'**Glatteis** ['glatˀaɪs] *n* gelicidio *m*, gelata *f*, strade *f/pl* ghiacciate
'**glätten** ['glɛtən] (*h*) lisciare; (*ebnen*) appianare
'**Glatze** ['glatsə] *f* (-; -*n*) testa *f* calva
'**Glaube** ['glaʊbə] *m* (-*ns*; *senza pl*) fede *f*; ***in gutem ~n*** in buona fede
'**glauben** (*h*) credere (***an*** *acc* in); ***an j-n ~*** credere in qu; '**≗sfreiheit** *f* libertà *f* religiosa
'**glaubhaft** ['glaʊphaft] credibile
'**gläubig** ['glɔʏbiç] credente; '**≗e** ['-bigə] *m/f* (-*n*; -*n*) credente *m/f*; **~*e*(*n*)** *pl* fedeli *m/pl*; '**≗er** *m* (-*s*; -) creditore *m*
'**glaubwürdig** ['glaʊpvyrdiç] degno di fede, attendibile
gleich [glaɪç] **1.** *adj* uguale; identico; *Zahl*: pari; (*einerlei*) lo stesso; ***das ist mir ~*** per me fa lo stesso; **2.** *adv* (*ebenso*) ***~ groß*** della stessa grandezza; (*sofort*) subito; ***~ darauf*** subito dopo; ***~ bleibend*** invariabile; ***~ gesinnt*** di sentimenti uguali; ***~ lautend*** consono
'**gleich|altrig** ['glaɪçˀaltriç] coetaneo, della stessa età; '**~artig** ['-ˀɑ:rtiç] simile; omogeneo; '**~bedeutend** equivalente; sinonimo; '**~berechtigt** con gli stessi diritti; '**≗berechtigung** *f* (-; *senza pl*) uguaglianza *f* (*od* parità *f*) di diritti; '**~er'maßen**, '**~falls** parimenti, altrettanto; '**≗gewicht** *n* (-[*e*]*s*; *senza pl*) equilibrio *m*; '**~gültig** indifferente; '**≗heit** *f* (-; *senza pl*) uguaglianza *f*; '**≗heitsgrundsatz** *m* principio *m* d'uguaglianza; dello stesso tenore; '**~machen** (*sep*, -*ge*-, *h*) uguagliare; *Boden*: livellare; ***dem Boden ~*** radere al suolo; '**~mäßig** ['-mɛ:siç] proporzionato, regolare; simmetrico; (*unverändert*) uniforme, continuo; '**~namig** ['-nɑ:miç] omonimo; '**≗nis** *n* (-*ses*; -*se*) confronto *m*; *let* similitudine *f*; *rel* parabola *f*; '**≗strom** *el m* corrente *f* continua; '**≗ung** *f* (-; -*en*) *mat* equazione *f*; '**~wertig** ['-ve:rtiç] equivalente; '**~zeitig** ['-tsaɪtiç] simultaneo; contemporaneo; *adv* nel contempo, di pari passo, al tempo stesso, nello stesso tempo
Gleis [glaɪs] *n* (-*es*; -*e*) *fer* rotaie *f/pl*, binario *m*
'**gleit|en** ['glaɪtən] (*glitt*, *geglitten*, *sn*) sdrucciolare, scivolare; *avia* planare; ***~de Arbeitszeit*** *f* orario *m* flessibile; ***~de Lohnskala*** *f* scala *f* mobile; '**≗flug** *m* volo *m* planato
'**Gletscher** ['glɛtʃər] *m* (-*s*; -) ghiacciaio *m*
Glied [gli:t] *n* (-[*e*]*s*; -*er*) *anat* membro *m*; *an e-r Kette*: anello *m*
'**glieder|n** ['-dərn] (*h*) articolare; *fig* suddividere; disporre; ***gegliedert*** articolato; '**≗ung** *f* (-; -*en*) articolazione *f*, disposizione *f*, struttura *f*
'**glitzern** ['glitsərn] (*h*) scintillare; '**~d** scintillante
glo'bal [glo'bal] globale
Globali'sierung [globali'zi:ruŋ] *f* (-; -*en*) *econ* globalizzazione *f*
Glo'balsteuerung *f* (-; -*en*) *econ* controllo *m* globale
'**Globus** ['glo:bus] *m* (-[*ses*]; -*se u* -*ben*) globo *m* (terrestre)
'**Glocke** ['glɔkə] *f* (-; -*n*) campana *f*; ***et an die große ~ hängen*** strombazzare qc ai quattro venti; '**~nspiel** *n* carillon *m*; '**~nturm** *m* campanile *m*

Glück [glyk] *n* (*-[e]s*; *senza pl*) fortuna *f*; (*~seligkeit*) felicità *f*; ***zum ~*** per fortuna; ***auf gut ~*** a caso; ***j-m ~ wünschen*** augurare buona fortuna a qu; *zu Festtagen*: fare gli auguri a qu; **'&lich** ['glykliç] **1.** *adj* felice; *vom Glück begünstigt*: fortunato; **2.** *adv* felicemente; **'&licher'weise** ['-liçər'vaɪzə] fortunatamente
'Glücks|fall ['glyksfal] *m* caso *m* fortunato; **'~kind** *n*, **'~pilz** *m* nato *m* con la camicia; **'~spiel** *n* gioco *m* d'azzardo; **'~tag** *m* giorno *m* fortunato
'Glückwunsch *m* augurio *m*, felicitazione *f*; ***s-n ~ aussprechen*** fare gli auguri
'Glühbirne → ***Glühlampe***
'glühen ['gly:ən] (*h*) essere infocato, essere rovente; **'~d** infocato; ardente
'Glüh|lampe *f* lampadina *f*; **'~wein** *m* vino *m* brûlé
Glut [glu:t] *f* (*-*; *-en*) calore *m*; *fig* fervore *m*; ardore *m*; (*Kohle*) brace *f*
'Gnade ['gnɑ:də] *f* (*-*; *senza pl*) grazia *f*; (*Barmherzigkeit*) misericordia *f*; **'~nfrist** *f* dilazione *f*; **'~ngesuch** *n jur* domanda *f* di grazia
Gobe'lin [gobə'lɛ̃:] *m* (*-s*; *-s*) arazzo *m*
Gold [gɔlt] *n* (*-[e]s*; *senza pl*) oro *m*; **'~barren** *m* lingotto *m* d'oro; **'&en** ['-dən] *adj* d'oro; *fig* aureo; **'~fisch** *m* pesce *m* rosso; **'~grube** *f* (*a fig*) miniera *f* d'oro; **'~medaille** *f* medaglia *f* d'oro; **'~münze** *f* moneta *f* d'oro; **'~preis** *m* prezzo *m* dell'oro; **'~schmied** [-ʃmi:t] *m* (*-[e]s*; *-e*) orefice *m*; **'~wert** *m* valore *m* dell'oro
Golf [gɔlf] *m* (*-[e]s*; *-e*) *geogr* golfo *m*; *n* (*-s*; *senza pl*) (*Spiel*) golf *m*; **'~ball** *m* pallina *f* da golf; **'~platz** *m* campo *m* da golf; **'~schläger** *m* mazza *f* da golf; **'~strom** *m geogr* corrente *f* del Golfo
'Gondel ['gɔndəl] *f* (*-*; *-n*) (*a Boot*) gondola *f*, navicella *f*; **'~führer** *m* gondoliere *m*
'gönn|en ['gœnən] (*h*) concedere; permettere; ***j-m et ~*** rallegrarsi che qu abbia ottenuto qc; ***j-m et nicht ~*** invidiare qu per qc; **'&er** *m* (*-s*; *-*) protettore *m*; mecenate *m*
Go'rilla [go'rila] *m* (*-s*; *-s*) *zo* gorilla *m*
'Gosse ['gɔsə] *f* (*-*; *-n*) cunetta *f*, tombino *m*; *auf der Straße*: rigagnolo *m*
'Got|ik ['go:tik] *f* (*-*; *senza pl*) *arch* arte *f* gotica, stile *m* gotico; **'&isch** gotico
Gott [gɔt] *m* (*-es*; *senza pl*) Dio *m*; (*pl ¨er*) *heidnisch*: dio *m* (*pl* dei); ***~ sei Dank!*** meno male!, fortunatamente!; ***um ~es willen!*** per amor di Dio!
'Gottes|dienst ['gɔtəsdi:nst] *m* funzione *f* religiosa; messa *f*; culto *m*; **'~lästerung** *f* bestemmia *f*
'Gottheit ['gɔthaɪt] *f* (*-*; *-en*) divinità *f*
'Göttin ['gœtin] *f* (*-*; *-nen*) dea *f*
'göttlich ['gœtliç] divino
Grab [grɑ:p] *n* (*-[e]s*; *¨er*) tomba *f*, sepolcro *m*
'Graben ['grɑ:bən] *m* (*-s*; *¨*) fosso *m*; fossa *f*
'graben (*grub*, *gegraben*, *h*) scavare
'Grab|gewölbe *n* cripta *f*; **'~inschrift** *f* epitaffio *m*; **'~mal** *n* monumento *m* sepolcrale; **'~rede** *f* orazione *f* (*od* elogio *m*) funebre; **'~stätte** *f* sepolcro *m*; **'~stein** *m* lapide *f*
Grad [grɑ:t] *m* (*-[e]s*; *-e*; *als Maß im pl inv*) grado *m*
Graf [grɑ:f] *m* (*-en*; *-en*) conte *m*
'Graf|ik ['grafik] *f* (*-*; *-en*) grafico *m*; grafica *f*; **'~ikkarte** *f* (*-*; *-n*) *inform* scheda *f* grafica; **'&isch** grafico
Graf'fito [gra'fi:to] *m* (*-[s]*; *-ti*) graffito *m*
Gräfin ['grɛ:fin] *f* (*-*; *-nen*) contessa *f*
'Grafschaft ['grɑ:fʃaft] *f* (*-*; *-en*) contea *f*
Gramm [gram] *n* (*-s*; *-e*; *im pl nach Zahlen inv*) grammo *m*
Gram'm|atik [gra'matik] *f* (*-*; *-en*) grammatica *f*; **&'atisch** grammaticale
Gra'natapfel *m* (*-s*; *¨*) melagrana *f*
Gra'nate [gra'nɑ:tə] *f* (*-*; *-en*) *mil* granata *f*; (*Hand&*) bomba *f* a mano
Gra'nit [gra'ni:t] *m* (*-s*; *-[e]*) granito *m*
'Graphik → ***Grafik***
Gras [grɑ:s] *n* (*-es*; *¨er*) erba *f*
'Gräser ['grɛ:zər] *pl* graminacei *m/pl*
gras'sieren [gra'si:rən] (*senza ge-*, *h*) infierire
Grat [grɑ:t] *m* (*-[e]s*; *-e*) cresta *f*, spigolo *m*; *arch* nervatura *f*
'Gräte ['grɛ:tə] *f* (*-*; *-n*) lisca *f*, spina *f*
'gratis ['grɑ:tis] gratuitamente, gratis
Gratu'l|ant [gratu'lant] (*-en*; *-en*), **~'antin** *f* (*-*; *-nen*) persona *f* che si congratula; **~a'tion** [-ts'jo:n] *f* (*-*; *-en*) congratulazione *f*; **&'ieren** (*senza ge-*, *h*): ***j-m zu et ~*** congratularsi di qc con

qu; ***ich gratuliere zum Geburtstag*** tanti auguri per il compleanno
grau [graʊ] grigio, bigio
'Gräuel ['grɔʏəl] *m* (*-s*; -) orrore *m*; ***j-m ein ~ sein*** far orrore a qu; **'~tat** *f* atrocità *f*
'graugrün grigioverde
'grauhaarig ['graʊhaːrɪç] canuto
'graupeln ['graʊpəln] (*h*) grandinare minutamente; nevicare a granelli
'grausam ['graʊzaːm] crudele; **'≗keit** *f* (*-*; *-en*) crudeltà *f*
gra'v|ieren [gra'viːrən] (*senza ge-*, *h*) incidere; **~'ierend** *jur* aggravante
gra'ziös [grats'jøːs] grazioso
'greif|bar ['graɪfbaːr] palpabile; *econ* disponibile; *fig* evidente; **'~en** *v/i* (*griff*, *gegriffen*, *h*) afferrare *v/t*; ***nach et ~*** stendere la mano verso qc; ***um sich ~*** propagarsi; ***zu et ~*** ricorrere a qc; *fig* darsi a qc; *fig* ***j-m unter die Arme ~*** porgere aiuto a qu; ***zu hoch gegriffen*** esagerato
Greis [graɪs] *m* (*-es*; *-e*), **'~in** *f* (*-*; *-nen*) vecchio *m*, -a *f*
grell [grɛl] *Töne*: acuto; *Licht*: sfacciato; *Farben*: stridente; sgargiante
'Gremium ['greːmjum] *n* (*-s*; *-ien*) organo *m*, commissione *f*
'Grenz|e ['grɛntsə] *f* (*-*; *-n*) limite *m*; *geogr*, *pol*, *mil* frontiera *f*, confine *m*; **'≗en** (*h*) confinare; **'≗enlos** ['-loːs] sconfinato; smisurato; **'~formalitäten** *f/pl* formalità *f/pl* di frontiera; **'~gebiet** *n* zona *f* di confine; **'~kontrolle** *f* controllo *m* alla frontiera; **'~polizei** *f* polizia *f* confinaria; **'~übergang** *m* valico *m* di confine; passaggio *m* di frontiera; **'≗überschreitend** internazionale; **'~verkehr** *m* traffico *m* di frontiera
Greuel → ***Gräuel***
'Griech|e ['griːçə] *m* (*-n*; *-n*), **'~in** *f* (*-*; *-nen*) greco *m*, -a *f*, **'≗isch** greco
Griff [grɪf] *m* (*-[e]s*; *-e*) *Stiel*: manico *m*; (*Tür≗*) maniglia *f*, *tec* manovella *f*, manetta *f*; ***er hat e-n glücklichen ~ getan*** *fig* ha avuto la mano felice; **'≗bereit** a portata di mano
Grill [grɪl] *m* (*-s*; *-s*) *gastr* griglia *f*, **~e** ['grɪlə] *f* (*-*; *-n*) *zo* grillo *m*; **'≗en** (*h*) cuocere sulla griglia, fare ai ferri; **'~party** ['-paːrti] *f* (*-*; *-s u -ties*) grigliata *f*, **'~restaurant** *n* grill-room *m*
Grind [grɪnt] *m* (*-[e]s*; *-e*) *med* tigna *f*; (*Schorf*) crosta *f*
'Grippe ['grɪpə] *f* (*-*; *-n*) *med* influenza *f*; **'~welle** *f* epidemia *f* d'influenza
grob ['groːp] grosso; ruvido; grezzo; (*plump*) grossolano; *Ton*: brusco; *Fehler*: madornale; ***~ werden*** ricorrere a maniere grosse
Grog [grɔk] *m* (*-s*; *-s*) ponce *m*
'grölen ['grøːlən] (*h*) gridare, fare chiasso
'Groschen ['grɔʃən] *m* (*-s*; -) grosso *m*; (*10 Pfennig*) diecino *m*; F soldo *m*; ***der ~ ist gefallen*** *fig* ho capito
groß [groːs] grande; (*hoch gewachsen*) alto; ***im ≗en und Ganzen*** in complesso; ***~es Los*** *n* gran premio *m*
'Großaktionär *m* grande azionista *m*
großartig ['-ˀaːrtɪç] grandioso
'Großbank *f* (*-*; *-en*) grande banca *f*
'Groß|betrieb *m* grande azienda *f* (*od* impresa *f*); **'~bildschirm** *m* (*-s*; *-e*) *inform* maxischermo *m*; **'~buchstabe** *m* maiuscola *f*
'Größe ['grøːsə] *f* (*-*; *-n*) grandezza *f*, *e-r Person*: statura *f*, *mat* quantità *f*
'Großeltern ['groːsˀɛltərn] *pl* nonni *m/pl*
'Größenordnung ['grøːsənˀɔrdnuŋ] *f* ordine *m* di grandezza
'größer ['grøːsər] più grande; più alto; maggiore
'Groß|grundbesitz *m* latifondo *m*; **'~grundbesitzer(in** *f*) *m* latifondista *m/f*, **'~handel** *m* commercio *m* all'ingrosso; **'~handelspreis** *m* prezzo *m* all'ingrosso; **'~händler** *m* grossista *m*; **'~herzog** *m* granduca *m*; **'~herzogin** *f* granduchessa *f*, **'~herzogtum** *n* granducato *m*; **'~industrie** *f* grande industria *f*, **'~industrielle** *m* grande industriale *m*; **'~macht** *f* grande potenza *f*, **'~mutter** *f* nonna *f*, **'~raum** *m* grande area *f*, **'≗spurig** ['-ʃpuːrɪç] spaccone; **'~stadt** *f* grande città *f*, metropoli *f*, **'≗städtisch** da metropoli; **'~stadtverkehr** *m* traffico *m* della grande città; **'~tankstelle** *f* stazione *f* di servizio; **'~unternehmen** *n* grande impresa *f*, **'~wetterlage** *f* situazione *f* metereologica generale
'größten'teils ['grøːstən'taɪls] per la maggior parte
'Groß|vater *m* nonno *m*; **'≗zügig**

['-tsy:giç] (*freigebig*) generoso; liberale; (*tolerant*) di larghe vedute; *adv* in grande stile
gro'tesk [gro'tɛsk] grottesco
'Grotte ['grɔtə] *f* (-; *-n*) grotta *f*
'Grubenunglück ['gru:bən?unglyk] *n* incidente *m* di miniera
Gruft [gruft] *f* (-; *¨e*) tomba *f*; (*Kirchen*2) cripta *f*; catacomba *f*
grün [gry:n] *adj* verde; *pol* verde, ecologico; *Obst*: acerbo; inesperto; *auto* **~e Versicherungskarte** carta *f* verde; **'2anlage** *f* verde *m* pubblico; **~n** *f/pl* giardini *m/pl* pubblici
Grund [grunt] *m* (*-[e]s*; *¨e*) (*Beweg*2) motivo *m*; (*Ursache*) causa *f*; (*Denk*2) ragione *f*; (*Beweis*2) argomento *m*; (*senza pl*) (*Boden*) terreno *m*; *arch u fig* fondamenta *f/pl*; **~ und Boden** proprietà *f* immobile; terre *f/pl*; **auf ~ geraten** *mar* arenare, incagliarsi; **auf ~ von** in base a, (*kraft*) in virtù di; **von ~ auf** radicalmente; **e-r Sache auf den ~ gehen** esaminare qc a fondo; **im ~e genommen** in fondo; → **zugrunde**
'Grund|bedingung *f* condizione *f* essenziale; **'~begriffe** *m/pl* elementi *m/pl*; **'~besitz** *m* proprietà *f* fondiaria; **'~buch** *n* catasto *m*
'gründ|en ['gryndən] (*h*) fondare; **sich ~ auf** (*dat od acc*) basare, fondarsi su; **'2er** *m* (*-s*; -), **'~erin** *f* (-; *-nen*) fondatore *m*, -trice *f*
'Grund|farbe *f fis* colore *m* fondamentale; **'~fläche** *f* base *f*; **'~gebühr** *f* tariffa *f* base; **'~gesetz** *n* statuto *m* (*od* legge *f*) fondamentale; **'~haltung** *f* posizione *f* fondamentale; **'~kapital** *n* capitale *m* sociale; **'~lage** *f* base *f*; **'2legend** ['-le:gənt] fondamentale
'gründlich ['gryntliç] **1.** *adj Person*: ordinato e preciso; *Handlung*: radicale, esatto; profondo; **2.** *adv* a fondo
'grund|los senza fondo; *fig* infondato; **'2nahrungsmittel** *n* alimento *m* base
Grün'donnerstag [gry:n'dɔnərsta:k] *m* giovedì *m* santo
'Grund|recht *n pol* diritto *m* costituzionale; **'~riss** *m arch* pianta *f*; **'~satz** *m* principio *m*; **'2sätzlich** ['-zɛtsliç] **1.** *adj* basilare; **2.** *adv* per principio; **'~schule** *f* scuola *f* elementare; **'~stein** *m fig* fondamento *m*, base *f*; **'~steuer** *f* imposta *f* fondiaria; **'~stoff** *m* materia *f* prima; *chim* elemento *m*; **'~stoffindustrie** *f* industria *f* di base; **'~stück** *n* terreno *m*
'Gründung ['gryndʊŋ] *f* (-; *-en*) fondazione *f*
'Grund|wasser *n* acqua *f* freatica (*od* del sottosuolo); **'2zug** *m* tratto *m* principale; caratteristica *f*
'Grüne ['gry:nə] *m/f* verde *m*; *pol* ecologista *m/f*; **die ~n** i verdi
'Grün|fläche *f* terreno *m* erboso; **~n** *pl* zone *f/pl* verdi; **'~gürtel** *m* cinta *f* di giardini
'Grupp|e ['grupə] *f* (-; *-n*) gruppo *m*; **'~enarbeit** *f* lavoro *m* di gruppo; **'~enbild** *n* (ritratto *m* di) gruppo *m*; **'~enreise** *f* viaggio *m* in comitiva; **2'ieren** (*senza ge-*, *h*) raggruppare; **~'ierung** *f* (-; *-en*) raggruppamento *m*
Gruß [gru:s] *m* (*-es*; *¨e*) saluto *m*; **viele Grüße** tanti saluti; **herzliche Grüße** cordiali saluti; **mit freundlichen Grüßen** distinti saluti
'grüßen ['gry:sən] *v/t* (*h*) salutare
'gucken ['gukən] F (*h*) guardare
'Gulasch ['gu:laʃ] *n u m* (*-[e]s*; *-e u -s*) gulasch *m*, spezzatino *m* di carne all'ungherese
'gültig ['gyltiç] valido (**vom**, **bis zum** dal, al); valevole; *Gesetz*: vigente; **'2keit** *f* (-; *senza pl*) validità *f*
'Gummi ['gumi] *n u m* (*-s*; *-s*) gomma *f*, caucciù *m*; **'2artig** gommoso; **'~band** *n* elastico *m*; **'~baum** *m* albero *m* della gomma; **'~knüppel** *m* sfollagente *m*; **'~reifen** *m* pneumatico *m*; **'~stiefel** *m/pl* stivali *m/pl* di gomma
Gunst [gunst] *f* (-; *senza pl*) favore *m*; **zu m-n ~en** in mio favore; → **zugunsten**
'günstig ['gynstiç] favorevole, propizio; opportuno
'gurgeln ['gurgəln] (*h*) gargarizzare
'Gurke ['gurkə] *f* (-; *-n*) cetriolo *m*; **'~nsalat** *m* insalata *f* di cetrioli
Gurt ['gurt] *m* (*-[e]s*; *-e*) cinghia *f*; cintura *f*; **'~pflicht** *f* obbligo *m* di allacciare la cintura di sicurezza
'Gürtel ['gyrtəl] *m* (*-s*; -) cintura *f*; *fig* cinta *f*; **'~reifen** *m* (pneumatico *m*) cinturato *m*; **'~rose** *med f* herpes *m*
Gut [gu:t] *n* (*-[e]s*; *¨er*) bene *m*; *pl* beni *m/pl*; *fer*, *econ* merci *f/pl*; (*Land*2) podere *m*; fattoria *f*

gut [guːt] (*besser, best*) **1.** *adj* buono; ***-en Abend*** buona sera; ***-en Morgen, -en Tag*** buon giorno; ***-e Nacht*** buona notte; **2.** *adv* bene; ***~ gelaunt*** di buon umore; ***~ gemeint*** fatto con buone intenzioni; ***~ tun*** far bene; **3.** **'2e** *n* (*-n; senza pl*) bene *m*; ***alles ~e!*** auguri!

'Gut|achten ['guːtˀaxtən] *n* (*-s; -*) perizia *f*; **'~achter** *m* (*-s; -*) perito *m*; **'2artig** d'indole buona; *med* benigno

'Güte ['gyːtə] *f* (*-; senza pl*) bontà *f*; *econ* qualità *f*; F ***du meine ~!*** Dio mio!; ***haben Sie die ~*** abbia la bontà

'Güter ['-tər] *n/pl* beni *m/pl*; *econ* merci *f/pl*; **'~bahnhof** *m* scalo *m* merci; **'~gemeinschaft** *f jur* comunione *f* dei beni; **'~trennung** *f jur* separazione *f* dei beni; **'~verkehr** *m* trasporto *m* merci; **'~zug** *m* treno *m* merci

'Gut|haben *n* (*-s; -*) credito *m*; **'~heißen** (*irr, sep, -ge-, h,* → ***heißen***) approvare

'gütlich ['gyːtliç] amichevole

'gut|machen (*sep, -ge-, h*) riparare a; **'~mütig** ['-myːtiç] bonario; **'2schein** *m* buono *m*; tagliando *m*; **'~schreiben** (*irr, sep, -ge-, h,* → ***schreiben***) accreditare; **'2schrift** *f* accredito *m*

Gym'n|asium [gym'nɑːzjum] *n* (*-s; -ien*) *Unterstufe*: ginnasio *m*; *Oberstufe*: liceo *m* (classico); **~'astik** [-'nastik] *f* (*-; senza pl*) ginnastica *f*

H

Haar [hɑːr] *n* (*-[e]s; -e*) pelo *m*; (*Kopf2*) capello *m*; *gesamt*: capelli *m/pl*; ***um ein ~*** per un pelo; c'è mancato poco che; ***kein gutes ~ lassen an*** (*dat*) non dire altro che male di; **'~ausfall** *m* alopecia *f*; caduta *f* dei capelli

'Haar|bürste *f* spazzola *f* per i capelli; **'~esbreite** ['-rəsbraɪtə] *f*: ***um ~*** per un pelo, per poco; **'2genau** esattamente; proprio; **'~nadel** *f* forcina *f*; **'~nadelkurve** *f* tornante *m*; **'2scharf** taglientissimo; *adv* con la massima precisione; **'~schneiden** *n* (*-s; senza pl*) taglio *m* dei capelli; **'~schneider** *m* parrucchiere *m*; **'~schnitt** *m* taglio *m* dei capelli; **'~spange** *f* fermaglio *m* per capelli; **'~trockner** ['-trɔknər] *m* (*-s; -*) asciugacapelli *m*; **'~wasser** *n* lozione *f* per i capelli; **'~wuchs** *m* crescita *f* dei capelli; capigliatura *f*

Hab [hɑːp]: ***~ und Gut*** *n* averi *m/pl*

'Habe ['hɑːbə] *f* (*-; senza pl*) averi *m/pl*

'haben ['hɑːbən] (*hatte, gehabt, h*) avere; (*besitzen*) possedere; tenere; ***~ zu*** *inf* (*müssen*) dovere, avere da; ***es gut ~*** passarsela bene; ***nicht mehr zu ~*** esaurito

'Haben ['hɑːbən] *n* (*-s; -*) avere *m* credito *m*; **'~saldo** *n* saldo *m* a credito; **'~seite** *f econ* avere *m*; **'~zinsen** *m/pl* interessi *m/pl* attivi

'habgierig ['hɑːpgiːriç] avido

'Hacke ['hakə] *f* (*-; -n*) zappa *f*; *des Fußes*: tallone *m*; tacco *m*

'hacken ['hakən] (*h*) *Vogel*: beccare; *Fleisch*: tritare; *Erde*: zappare; *Holz*: spaccare; ***auf j-n ~*** dare addosso a qu

Hacker ['hakə] *m* pirata *m* dell'informatica

'Hackfleisch ['hakflaɪʃ] *n* carne *f* tritata

'Hafen ['hɑːfən] *m* (*-s; ¨*) porto *m*; **'~anlagen** *f/pl* istallazioni *f/pl* portuarie, impianti *m/pl* del porto; **'~arbeiter** *m* portuale *m*; **'~behörde** *f* autorità *f* portuale; **'~einfahrt** *f* entrata *f* del porto; **'~gebühr** *f* diritti *m/pl* portuari; **'~polizei** *f* polizia *f* portuaria; **'~stadt** *f* città *f* portuale; **'~viertel** *n* (quartiere *m* del) porto *m*

'Hafer ['hɑːfər] *m* (*-s; -*) avena *f*; **'~flocken** *f/pl* fiocchi *m/pl* d'avena

Haft [haft] *f* (*-; senza pl*) arresto *m*; **'~antritt** *m* entrata *f* in carcere; **'2bar** responsabile (***für*** di); **'2en** (*h*) essere attaccato; *fig* ***für et ~*** garantire per qc, rispondere di qc, essere responsabile di qc

'Häftling ['hɛftliŋ] *m* (*-s; -e*) arrestato *m*; detenuto *m*

'Haft|pflicht ['haftpfliçt] *f* responsa-

bilità *f* civile; '**~pflichtversicherung** *f* assicurazione *f* di responsabilità civile; '**~ung** *f* (-; *senza pl*) responsabilità *f*
'**Hagel** ['haːgəl] *m* (-*s*; *senza pl*) grandine *f*; '**2n** (*h*) grandinare
Hahn [haːn] *m* (-*[e]s*; ¨-*e*) gallo *m*; *Vögel*: maschio *m*; *tec* rubinetto *m*
Hai *m* (-*[e]s*; -*e*), '**~fisch** ['haɪfiʃ] *m* pescecane *m*
'**häkeln** ['hɛːkəln] (*h*) lavorare all'uncinetto
'**Haken** ['haːkən] *m* (-*s*; -) gancio *m*; uncino *m*; *Kleidung*: fibbia *f*; '**~kreuz** *n* svastica *f*, croce *f* uncinata
halb [halp] **1.** *adj* mezzo; ***~ vier*** le tre e mezzo; ***eine ~e Stunde*** mezz'ora; **2.** *adv* a metà; *vor Adjektiven*: mezzo; ***~ leer*** mezzo vuoto; ***~ so groß*** la metà; ***~ voll*** pieno a metà; ***~ wach*** mezzo sveglio; '**~automatisch** semiautomatico
'**Halbe** ['halbə] *f* (-*n*; -*n*) mezzolitro *m* di birra
'**Halb|fabrikat** ['halpfabrikaːt] *n* prodotto *m* semilavorato; '**2fertig** semifinito; '**~gott** *m* semidio *m*; '**~göttin** *f* semidea *f*; **2'ieren** [-'biːrən] (*senza -ge-*, *h*) dimezzare; *mat* dividere in due parti, bisecare; '**~insel** *f* penisola *f*; '**~jahr** *n* sei mesi; semestre *m*; '**2jährig** ['-jɛːriç] semestrale, di sei mesi; '**2jährlich** semestrale; '**~kreis** *m* semicerchio *m*; '**~kugel** *f mat* semisfera *f*; *geogr* emisfero *m*; '**~pension** *f* mezza pensione *f*; '**~schuh** *m* scarpa *f* bassa; scarpetta *f*; '**2stündig** ['-ʃtyndiç] di (una) mezz'ora; '**2stündlich** ['-ʃtyntliç] ogni mezz'ora; '**2tägig** ['-tɛgiç] di mezza giornata; '**2tags** *adv* a mezza giornata; '**~tagsarbeit** *f* lavoro *m* a mezza giornata (*od* part time); '**~tagskraft** *m* lavoratore *m* a mezza giornata; '**2trocken** *adj Wein*: semisecco; '**~waise** *f* orfano *m* di padre (*od* di madre); '**2wegs** a mezza strada; abbastanza; quasi; '**~welt** *f* società *f* equivoca; '**2wüchsig** ['-vyːksiç] adolescente
'**Halde** ['haldə] *f* (-; -*n*) versante *m* d'una collina; *min* mucchio *m* di scorie
'**Hälfte** ['hɛlftə] *f* (-; -*n*) metà *f*; ***zur ~*** a metà
'**Halle** ['halə] *f* (-; -*n*) atrio *m*; *fer* tettoia *f*; *avia* aviorimessa *f*, hangar *m*; (*Vor2*) vestibolo *m*; (*Säulen2*) loggia *f*; (*Kauf2*) mercato *m* (coperto)
'**Hallenbad** ['halənbaːt] *n* piscina *f* coperta
hal'lo [ha'loː] ***~!*** ehi! (*Gruß*) ciao!, salve!; *tel* pronto!
Halm [halm] *m* (-*[e]s*; -*e*) gambo *m*; (*Stroh2*) fuscello *m*; cannuccia *f*
Halo'gen|lampe [halo'geːnlampə] *f* lampada *f* alogena; **~scheinwerfer** *m* proiettore *m* alogeno
Hals [hals] *m* (-*es*; ¨-*e*) collo *m*; (*Kehle*) gola *f*; '**~band** *n* collana *f*; *für Tiere*: collare *m*; '**~entzündung** *f* infiammazione *f* della gola; angina *f*; '**~kette** *f* collana *f*; '**~schmerzen** *m/pl* mal *m* di gola; '**~tuch** *n* sciarpa *f*, foulard *m*
Halt [halt] *m* (-*[e]s*; *senza pl*) sostegno *m*; arresto *m*, fermata *f*
halt: ***~!*** ferma!; *mil* alt!
'**haltbar** ['-baːr] sostenibile; *Stoff*: durevole, resistente, di durata
'**halten** ['haltən] (*hielt*, *gehalten*, *h*) **1.** *v/t* tenere; *Wort*: mantenere; ***nicht Wort ~*** mancare di parola; *für et*: ritenere; ***von j-m ~*** pensare di qu; ***von et ~*** pensare di qc; ***viel*** (***wenig***) ***von j-m ~*** avere molta (poca) stima di qu; ***was hältst du davon?*** che ne pensi?; ***sich ~*** conservarsi; ***auf et*** (*acc*) ***~*** tenere a qc; **2.** *v/i* tenere; (*nicht entzweigehen*) reggere; (*haltbar sein*) durare; (*anhalten*) fermarsi
'**Halter** ['haltər] *m* (-*s*; -) sostegno *m*; appoggio *m*; (*Feder2*) portapenne *m*
'**Halte|signal** *n* segnale *m* di fermata; '**~stelle** *f* fermata *f*; *fer* stazione *f*; '**~verbot** *auto n* divieto *m* di sosta; '**~verbotsschild** *n* segnale *m* di divieto di sosta
'**halt|los** ['haltloːs] inconsistente; *fig* infondato
'**Haltung** ['haltuŋ] *f* (-; -*en*) portamento *m*; *moralische*: contegno *m*, condotta *f* morale
'**Hammel** ['haməl] *m* (-*s*; -) montone *m*; '**~braten** *m* arrosto *m* di montone
'**Hammer** ['hamər] *m* (-*s*; ¨-) martello *m*
'**hämmern** ['hɛmərn] (*h*) martellare
Hämorrho'iden, **Hämor'ride** [hɛːmɔro'iːdən] *f/pl* emorroidi *f/pl*
'**Hampelmann** ['hampəlman] *m* (-*s*; ¨-*er*) burattino *m*
'**Hamster** ['hamstər] *m* (-*s*; -) *zo* criceto

H

m; '**2n** (*h*) raccogliere, ammassare; far incetta, accaparrare

Hand [hant] *f* (-; ⸚*e*) mano *f*; ***zu Händen von*** alla cortese attenzione di; ***unter der ~*** *fig* sottomano, sottobanco; di nascosto; ~ ***voll*** manciata *f*

'**Hand|arbeit** ['hantˀarbaɪt] *f* lavoro *m* manuale; lavoro *m* a mano; '**~ballspiel** *n* pallamano *f*; '**2breit** largo quanto una mano; '**~bremse** *f* freno *m* a mano

'**Händedruck** ['hɛndədruk] *m* (-*[e]s*; ⸚*e*) stretta *f* di mano

'**Handel** ['handəl] *m* (-*s*; *senza pl*) commercio *m*; (*Geschäft*) affare *m*; ~ ***treiben mit et*** commerciare in qc

'**handeln** (*h*) agire; trattare (***von et*** di qc); (*feilschen*) contrattare; *econ* commerciare, negoziare; ***es handelt sich um ...*** si tratta di ...

'**Handels|abkommen** ['handəlsˀapkɔmən] *n* accordo *m* commerciale; '**~bank** *f* banca *f* commerciale; '**~beziehungen** *f/pl* rapporti *m/pl* commerciali; '**~bilanz** *f* bilancia *f* commerciale; '**~bilanzdefizit** *n* disavanzo *m* della bilancia commerciale; '**~bilanzüberschuss** *m* avanzo *m* della bilancia commerciale; '**2einig** d'accordo; '**~firma** *f* ditta *f* commerciale; '**~flotte** *f* flotta *f* mercantile; '**~gesellschaft** *f* società *f* commerciale; '**~kammer** *f* camera *f* di commercio; '**~korrespondenz** *f* corrispondenza *f* commerciale; '**~marine** *f* marina *f* mercantile; '**~platz** *m* emporio *m*, piazza *f* commerciale; '**~politik** *f* politica *f* commerciale; '**~register** *n* registro *m* delle imprese; '**~schiff** *n* nave *f* mercantile; '**~schranke** *f* barriera *f* agli scambi; '**~schule** *f* scuola *f* commerciale; '**~spanne** *f* margine *m* di utile del commercio; '**~stadt** *f* città *f* commerciale; '**2üblich** d'uso commerciale; '**~unternehmen** *n* impresa *f* commerciale; '**~vertrag** *m* trattato *m* di commercio; '**~vertreter** *m* rappresentante *m* di commercio; '**~vertretung** *f* rappresentanza *f* commerciale; '**~zweig** *m* ramo *m* commerciale (*od* di commercio)

'**Hand|fläche** ['hantflɛçə] *f* palma *f*; '**~gelenk** *n* (articolazione *f* del) polso *m*; '**~gemenge** *n* (-*s*; -) zuffa *f*; '**~gepäck** *n* bagaglio *m* a mano; '**2greiflich** ['-graɪfliç] chiaro, evidente; '**~griff** *m* maneggio *m*; maniglia *f*, manico *m*; '**2haben** (*handhabte*, *gehandhabt*, *h*) maneggiare; *fig* adoperare; *Gesetz*: applicare; '**~karren** *m* carriola *f*; '**~koffer** *m* valigia *f*; '**~kuss** *m* baciamano *m*

'**Händler** ['hɛndlər] *m* (-*s*; -), '**~in** *f* (-; -*nen*) commerciante *m/f*

'**hand|lich** ['hantliç] maneggevole; '**2lung** ['handluŋ] *f* (-; -*en*) azione *f*; (*Laden*) negozio *m*; *tea*, *let* trama *f*; '**2lungsweise** *f* modo *m* d'agire; comportamento *m*

'**Hand|rücken** ['hantrykən] *m* dorso *m* della mano; '**~schrift** *f* scrittura *f*, calligrafia *f*; *let* manoscritto *m*; '**2schriftlich** manoscritto; *adv* per iscritto (a mano); '**~schuh** *m* guanto *m*; '**~tasche** *f* borsa *f*, valigetta *f*; '**~tuch** *n* asciugamano *m*

'**Hand|wagen** *m* carrettino *m*; '**~werk** ['-vɛrk] *n* (-*[e]s*; -*e*) mestiere *m*; artigianato *m*; '**~werker** *m* (-*s*; -), '**~werkerin** *f* (-; -*nen*) artigiano *m*, -a *f*; operaio *m*, -a *f*; (*Kunst~*) artigiano *m*, -a *f*; '**~werksmeister** *m* maestro *m* artigiano, mastro *m*; '**~werkszeug** *n* (-*[e]s*; *senza pl*) ferri *m/pl*, utensili *m/pl*, strumenti *m/pl*, arnesi *m/pl*; '**~wörterbuch** *n* piccolo dizionario *m*

'**Handy** ['hɛndi] *n* (-*s*; -*s*) *tel* cellulare *m*, telefonino *m*

Hanf [hanf] *m* (-*[e]s*; *senza pl*) canapa *f*

Hang [haŋ] *m* (-*[e]s*; ⸚*e*) pendio *m*; *fig* inclinazione *f*, tendenza *f*, disposizione *f*

'**Hänge|brücke** ['hɛŋəbrykə] *f* ponte *m* sospeso; '**~lampe** *f* lampada *f* sospesa, lampadario *m*; '**~matte** *f* amaca *f*

'**hängen** ['hɛŋən] **1.** *v/i* (*hing*, *gehangen*, *h*) pendere; essere sospeso (*od* attaccato); *fig* ***an et*** (*dat*), ***an j-m*** ~ essere affezionato a, essere attaccato a; ~ ***bleiben*** restare attaccato; ~ ***lassen*** abbassare; **2.** *v/t* (*h*) appendere; *an den Galgen*: impiccare

'**Hantel** ['hantəl] *f* (-; -*n*) manubrio *m*

han'tieren [han'tiːrən] (*senza ge-*, *h*) maneggiare; manipolare; *geschäftig sein*: darsi da fare

'**Harem** ['haːrɛm] *m* (-*s*; -*s*) arem *m*

'**Harfe** ['harfə] *f* (-; -*n*) arpa *f*

'**Harke** ['harkə] *f* (-; -*n*) rastrello *m*; '**2n**

(*h*) rastrellare

'harmlos ['harmlo:s] ingenuo; innocente; *Sache*: innocuo

Harm|o'nie [harmo'ni:] *f* (-; *-n*) armonia *f*; **₂o'nieren** (*senza ge-*, *h*) andar d'accordo; armonizzare; **₂'onisch** [-'mo:niʃ] armonico; **₋oni'sierung** [harmoni'zi:ruŋ] *f* (-; *-en*) armonizzazione *f*; **₋'onium** [-'mo:njum] *n* (*-s*; *-ien*) armonio *m*

Harn [harn] *m* (*-[e]s*; *-e*) urina *f*; **'₋blase** *f* vescica *f* (urinaria)

Har'pune [har'pu:nə] *f* (-; *-n*) rampone *m*; fiocina *f*

hart [hart] duro; *Ei*: sodo; *Verlust*: grave; *Zeit*: difficile; *Winter*: rigido; ***₋e Währung*** valuta forte; ***₋ werden*** indurirsi

'Härte ['hɛrtə] *f* (-; *-n*) durezza *f*; *des Winters*: rigore *m*; **'₂n** (*h*) indurire

'Hart|faserplatte ['hartfa:zərplatə] *f* lastra *f* di fibra dura; compensato *m*; **'₋geld** *n* (*-es*; *senza pl*) moneta *f* metallica; spiccioli *m/pl*; **'₂näckig** ['-nɛkiç] ostinato

Harz [ha:rts] *n* (*-es*; *-e*) resina *f*

'haschen ['haʃən] (*h*) **1.** *v/t* acchiappare; **2.** *v/i* ***nach et ₋*** cercare di acchiappare qc

'Hase ['ha:zə] *m* (*-n*; *-n*) lepre *f*

'Haselnuss ['ha:zəlnus] *f* nocciola *f*

'Hasenbraten ['ha:zənbra:tən] *m* arrosto *m* di lepre

Hass [has] *m* (*-sses*; *senza pl*) odio *m*

'hassen ['hasən] (*h*) odiare

'hässlich ['hɛsliç] brutto

Hast [hast] *f* (-; *senza pl*) fretta *f*; furia *f*; **'₂en** (*sn*) affrettarsi; **'₂ig** precipitoso

'Haube ['haubə] *f* (-; *-n*) cuffia *f*; *Motor*: cofano *m*

Hauch [haux] *m* (*-[e]s*; *senza pl*) alito *m*; **'₂en 1.** *v/t* soffiare; *Geruch*: esalare; *fig* spirare; **2.** *v/i* alitare; *fig* sussurrare; *Wind*: soffiare

'hauen ['hauən] (*h*) **1.** *v/i* picchiare; **2.** *v/t* picchiare; *Holz*, *Stein*: spaccare; *Loch*: scavare; *Nagel*: piantare

'Haufen ['haufən] *m* (*-s*; -) mucchio *m*; (*Schar*) folla *f*

'häufig ['hɔyfiç] frequente; *adv* spesso

Haupt ['haupt] *n* (*-[e]s*; *⸚er*) capo *m* (*a fig Führer*); **'₋aktionär** *m* maggiore azionista *m*; **'₂amtlich** in servizio attivo; **'₋bahnhof** *m* stazione *f* centrale; **'₋bestandteil** *m* parte *f* principale; **'₋darsteller** *m*, **'₋darstellerin** *f* protagonista *m/f*; **'₋eingang** *m* entrata *f* (*od* ingresso *m*) principale; **'₋gericht** *n* piatto *m* forte; **'₋geschäft** *n* centrale *f*; **'₋geschäftsstraße** *f* principale via *f* commerciale; **'₋gewinn** *m* primo premio *m*

'Haupt|linie ['hauptli:njə] *f fer* linea *f* principale (*od* diretta); **'₋mahlzeit** *f* pasto *m* principale; **'₋mann** *m* capitano *m*; **'₋person** *f* personaggio *m* principale; protagonista *m/f*; **'₋post** *f*, **'₋postamt** *n* posta *f* centrale; ufficio *m* centrale delle poste; **'₋reisezeit** *f* stagione *f* turistica; **'₋rolle** *f* parte *f* principale; **'₋sache** *f* essenziale *m*; **'₂sächlich** ['-zɛçliç] principale; **'₋saison** *f* alta stagione *f*; **'₋schulabschluss** *m* diploma *m* finale della Hauptschule; **'₋schule** *f tipo di scuola secondaria inferiore*; **'₋speicher** *m* memoria *f* principale; **'₋stadt** *f* capitale *f*; **'₋straße** *f* strada *f* principale; **'₋verkehrsstraße** *f* arteria *f* principale; **'₋verkehrszeit** *f* ora *f* di punta; **'₋versammlung** *f* assemblea *f* generale; **'₋wohnsitz** *m* domicilio *m* principale

Haus [haus] *n* (*-es*; *⸚er*) casa *f*; *econ* casa *f*, ditta *f*; ***nach ₋e*** a casa; ***wo ist er zu ₋e?*** di dov'è?; ***bei uns zu ₋e*** da noi; **'₋apotheke** *f* armadio *m* farmaceutico; **'₋arbeit** *f* lavoro *m* casalingo; **'₋arzt** *m* medico *m* di famiglia; **'₋aufgabe** *f* compiti *m/pl*; **'₋besetzer** ['-bəzɛtsər] *m* (*-s*; -) occupante *m* abusivo di un edificio; **'₋besetzung** *f* occupazione *f* abusiva di un edificio; **'₋besitzer** *m*, **'₋besitzerin** *f* proprietario *m*, -a *f* di casa; **'₋flur** *m* ingresso *m*; corridoio *m*; **'₋frau** *f* casalinga *f*; padrona *f* di casa; madre *f* di famiglia; **'₋gast** *m* cliente *m*; ospite *m*; **'₋gebrauch** *m* uso *m* domestico; **'₋halt** *m* (*-[e]s*; *-e*) governo *m* della casa; casa *f*; *pol* bilancio *m*; **'₋hälterin** ['-hɛltərin] *f* (-; *-nen*) massaia *f*; governante *f*; **'₋haltsdefizit** *n* deficit *m* del bilancio pubblico; **'₋haltsplan** *m* bilancio *m* preventivo; **'₋herr** *m* padrone *m* di casa; **'₂hoch** enorme

hau'sieren [hau'zi:rən] (*senza ge-*, *h*): ***mit et ₋*** vendere qc di casa in casa

'Haus|lehrer *m* precettore *m*; **'₋lehre-**

rin *f* istitutrice *f*
'**häuslich** ['hɔʏsliç] casalingo
'**Haus|marke** *f* marchio *m*; '**~meister** *m* amministratore *m* di una casa; (*Portier*) portinaio *m*; *Schule*: bidello *m*; '**~nummer** *f* numero *m* civico; '**~schlüssel** *m* chiave *f* di casa; '**~schuh** *m* ciabatta *f*; pantofola *f*
'**Hausse** ['hoːsə] *econ f* (-; -*n*) rialzo *m*
'**Haus|tier** *n* animale *m* domestico; '**~tür** *f* porta *f* di casa; '**~wirt** *m*, '**~wirtin** *f* padrone *m*, -a *f* di casa; '**~wirtschaft** *f* economia *f* domestica; '**~zelt** *n* tenda *f* a casetta
Haut [haʊt] *f* (-; ¨*e*) pelle *f*; epidermide *f*; *dünne*: membrana *f*; '**~abschürfung** *f* escoriazione *f*; '**~arzt** *m* dermatologo *m*; '**~ausschlag** *m* eruzione *f* cutanea
'**Häutchen** ['hɔʏtçən] *n* (-*s*; -) pellicola *f*
'**Haut|creme** ['haʊtkreːm] *f* crema *f* per la pelle; '**~farbe** *f* colorito *m*, carnagione *f*; '**~krankheit** *f* malattia *f* cutanea; '**~pflege** *f* igiene *f* della pelle, cosmetica *f*
Hava'rie [hava'riː] *f* (-; -*n*) avaria *f*
'**Hebamme** ['heːpʔamə] *f* (-; -*n*) levatrice *f*, ostetrica *f*
'**Hebel** ['heːbəl] *m* (-*s*; -) leva *f*
'**heben** ['heːbən] (*hob*, *gehoben*, *h*) alzare; (*weg~*) levare; *Wrack*: ricuperare
He'bräler [he'brɛːər] *m* (-*s*; -), **~in** *f* (-; -*nen*) ebreo *m*, -a *f*; **2isch** ebraico
Hecht [hɛçt] *m* (-[*e*]*s*; -) luccio *m*
Heck *mar* [hɛk] *n* (-[*e*]*s*; -*e u* -*s*) poppa *f*
'**Hecke** ['hɛkə] *f* (-; -*n*) siepe *f*
'**Heck|fenster** *n* finestrino *m* posteriore; '**~motor** *m* motore *m* posteriore; '**~scheibe** *f* lunotto *m*; '**~scheibenwischer** *m* tergilunotto *m*
Heer [heːr] *n* (-[*e*]*s*; -*e*) esercito *m*
'**Hefe** ['heːfə] *f* (-; -*n*) (*Sauerteig*) fermento *m*, lievito *m*; *spreg* feccia *f*
Heft [hɛft] *n* (-[*e*]*s*; -*e*) manico *m*; *Papier*: quaderno *m*; *Zeitschrift*: fascicolo *m*
'**heft|en** ['hɛftən] (*h*) attaccare; *mit Naht*: imbastire; *Buch*: legare alla rustica; **~ig** violento; impetuoso; '**2klammer** *f* punto *m* metallico, graffetta *f*; '**2pflaster** *n* cerotto *m*
'**Heide**[1] ['haɪdə] *m* (-*n*; -*n*) pagano *m*
'**Heide**[2] ['haɪdə] *f* (-; -*n*) brughiera *f*; '**~kraut** *n* erica *f*
'**Heidelbeere** ['haɪdəlbeːrə] *f* (*Pflanze*) mirtillo *m*, (*Beere*) bacca *f*
'**heidnisch** ['haɪdniʃ] pagano
heil [haɪl] sano; (*geheilt*) guarito; (*ganz*) intero
Heil [haɪl] *n* (-*s*; *senza pl*) salute *f*; (*Rettung*) salvezza *f*; (*Glück*) fortuna *f*
'**Heil|bad** *n* bagno *m* termale; '**2bar** guaribile; '**2en** (*h*) guarire; curare, risanare; '**~gymnastik** *f* ginnastica *f* terapeutica
'**heilig** ['haɪliç] santo; ***2er Abend*** *m* vigilia *f* di Natale
'**Heiligtum** ['haɪliçtum] *n* (-*s*; ¨*er*) santuario *m*
'**Heil|kraft** ['haɪlkraft] *f* virtù *f* salutare (*od* medicinale); '**~mittel** *n* rimedio *m*, farmaco *m*; '**~quelle** *f* sorgente *f* d'acqua minerale; '**~ung** *f* (-; -*en*) cura *f*, guarigione *f*; '**~wirkung** *f* effetto *m* curativo
heim [haɪm] *adv* a casa
Heim [haɪm] *n* (-[*e*]*s*; -*e*) casa *f*; (*Wohn2*) pensionato *m*; '**~arbeit** *f* lavoro *m* a domicilio; '**~arbeiter** *m* lavoratore *m* a domicilio
'**Heimat** ['haɪmaːt] *f* (-; *senza pl*) patria *f*, paese *m*; casa *f* paterna; '**~adresse** *f* recapito *m* nel paese di provenienza; '**~hafen** *mar m* porto *m* d'immatricolazione; '**2los** senza patria; '**2vertrieben** ['-fɛrtriːbən] profugo
'**heim|bringen** (*irr*, *sep*, *-ge-*, *h*, → ***bringen***) portare (*od* accompagnare) a casa; '**2fahrt** *f* viaggio *m* di ritorno; '**~gehen** (*irr*, *sep*, *-ge-*, *sn*, → ***gehen***) ritornare a casa; *fig* morire; '**2kehr** ['-keːr] *f* (-; *senza pl*) ritorno *m* a casa; rimpatrio *m*; '**~kehren** (*sep*, *-ge-*, *sn*) ritornare a casa
'**heimlich** ['haɪmliç] (*geheim*) segreto; *adv* di nascosto, in segreto, furtivamente; '**2keit** *f* segretezza *f*
'**Heim|reise** ['haɪmraɪzə] *f* (viaggio *m* di) ritorno *m*; '**2wärts** ['-vɛrts] verso casa; '**~weg** ['-veːk] *m* ritorno *m* (a casa); '**~weh** ['-veː] *n* (-[*e*]*s*; *senza pl*) nostalgia *f*
'**Heirat** ['haɪraːt] *f* (-; -*en*) matrimonio *m*; '**2en** **1.** *v/t* sposare; **2.** *v/i* sposarsi; '**~svermittlung** *f* agenzia *f* matrimoniale
'**heiser** ['haɪzər] rauco; fioco
heiß [haɪs] caldo; *Flüssigkeit*: bollente; *fig* ardente
'**heißen** ['haɪsən] (*hieß*, *geheißen*, *h*) *v/i*

chiamarsi; (*bedeuten*) voler dire, significare; ***ich heiße ...*** mi chiamo ...; ***das heißt*** cioè; vuol dire; ***es heißt, dass*** si dice che; vuol dire che
'heißlaufen (*irr, sep, -ge-, sn,* → ***laufen***) *Motor*: (sur)riscaldarsi
'heiter ['haɪtər] sereno; (*froh*) allegro; *Stimmung*: festoso
'heiz|en ['haɪtsən] (*h*) *Zimmer*: riscaldare; *Ofen*: accendere; **'≗er** *m* (*-s; -*) fochista *m*; **'≗kessel** *m* caldaia *f* per riscaldamento; **'≗kissen** *n el* cuscino *m* (termo)elettrico; termoforo *m*; **'≗körper** *m* radiatore *m*; *e-r Zentralheizung*: elemento *m*; calorifero *m*; **'≗ung** *f* (*-; -en*) riscaldamento *m*; (*Zentral≗*) termosifone *m*, calorifero *m*
'Hektar ['hɛktar] *n* (*-s; -*) ettaro *m*
Held [hɛlt] *m* (*-en; -en*), **'∼in** *f* (*-; -nen*) eroe *m*, eroina *f*
'helfen ['hɛlfən] (*half, geholfen, h*) aiutare; soccorrere, assistere; (*nützen*) servire; giovare a; ***sich zu ∼ wissen*** saper arrangiarsi
hell [hɛl] chiaro; ***am ∼en Tage*** in pieno giorno; ***es wird spät ∼*** si fa giorno tardi; **'∼blau** azzurro; **'∼hörig** ['-høːrɪç] di udito fine; *fig* sveglio, attento
Helm [hɛlm] *m* (*-[e]s; -e*) elmo *m*; (*Schutz≗*) casco *m*
Hemd [hɛmt] *n* (*-[e]s; -en*) camicia *f*
Hemi'sphäre [hemi'sfɛːrə] *f* (*-; -n*) emisfero *m*
'hemm|en ['hɛmən] (*h*) fermare; contrastare, ostacolare; (*verhindern*) impedire; **'≗ung** *f* (*-; -en*) impedimento *m*; *psic* inibizione *f*; (*Bedenken*) scrupolo *m*
Hengst [hɛŋst] *m* (*-[e]s; -e*) stallone *m*
'Henkel ['hɛŋkəl] *m* (*-s; -*) manico *m*
'Henker ['hɛŋkər] *m* (*-s; -*) carnefice *m*, boia *m*
'Henne ['hɛnə] *f* (*-; -n*) gallina *f*
her [heːr] qui, qua; (*in Verbindung mit „von" wird ∼ mst nicht übersetzt*): ***von dort ∼*** di là; ***von oben ∼*** dall'alto; ***wo ist er ∼?*** da dove viene?; ***es ist drei Jahre ∼*** sono ormai tre anni; ***es ist lange ∼*** è molto tempo ormai, è da molto (***dass*** che ...)
he'rab [hɛ'rap] giù, in basso; ***von oben ∼*** da sopra in giù, *fig* dall'alto in basso; **∼hängen** (*irr, sep, -ge-, h,* → ***hängen***) pendere; **∼setzen** (*sep, -ge-, h*) abbassare; *Preis*: ridurre, diminuire; **≗setzung** *f* (*-; -en*) abbassamento *m*; riduzione *f*, diminuzione *f*; **∼steigen** (*irr, sep, -ge-, sn,* → ***steigen***) scendere; *vom Pferd*: smontare
he'ran [hɛ'ran] accanto, vicino; **∼gehen**: ***∼ an*** (*acc*) (*irr, sep, -ge-, sn,* → ***gehen***) avvicinarsi a; **∼kommen** (*irr, sep, -ge-, sn,* → ***kommen***) avvicinarsi; **∼wachsen** (*irr, sep, -ge-, sn,* → ***wachsen***) crescere
he'rauf [hɛ'raʊf] su; quassù; in alto; **∼kommen** (*irr, sep, -ge-, sn,* → ***kommen***), **∼steigen** (*irr, sep, -ge-, sn,* → ***steigen***) salire; **'∼setzen** (*sep, -ge-, h*) *Preis*: aumentare
he'raus [hɛ'raʊs] fuori; **∼bekommen** (*irr, sep, senza -ge-, h,* → ***bekommen***) togliere; riuscire a scoprire; *Wechselgeld*: ricevere di resto; **∼bringen** (*irr, sep, -ge-, h,* → ***bringen***) portar fuori; *fig* riuscir a cavare; *Buch*: pubblicare; *Ware*: lanciare; **≗gabe** *f* (*-; senza pl*) restituzione *f*; *econ* emissione *f*; *let* pubblicazione *f*; **∼geben** (*irr, sep, -ge-, h,* → ***geben***) dare; restituire; *Wechselgeld*: dare di resto; *let* pubblicare; *Buch*: curare l'edizione; *econ* emettere; **≗geber** *m* (*-s; -*), **≗geberin** *f* (*-; -nen*) editore *m*, -trice *f*; *vom Buch*: curatore *m*, -trice *f*; **∼holen** (*sep, -ge-, h*) cavar fuori; *fig* ricavare; **∼kommen** (*irr, sep, -ge-, sn,* → ***kommen***) uscire (*a tip*); *fig* cavarsela; ***die Wahrheit wird ∼*** la verità verrà a galla; **∼lassen** (*irr, sep, -ge-, h,* → ***lassen***) lasciar uscire; **∼nehmen**: *fig* ***sich ∼*** (*irr, sep, -ge-, h,* → ***nehmen***) permettersi; **∼platzen** (*sep, -ge-, sn*): ***mit et ∼*** lasciarsi scappar di bocca qc; **∼reden**: ***sich ∼*** (*sep, -ge-, h*) scolparsi; **∼schneiden** (*irr, sep, -ge-, h,* → ***schneiden***) estirpare; estrarre; **∼stellen** (*sep, -ge-, h*) mettere in risalto; ***sich ∼*** risultare; **∼strecken** (*sep, -ge-, h*) stendere; sporgere; **∼suchen** (*sep, -ge-, h*) scegliere
herb [hɛrp] acerbo
her'bei [hɛr'baɪ] qua, qui; da questa parte; **∼eilen** (*sep, -ge-, sn*) accorrere; **∼führen** (*sep, -ge-, h*) recare; *fig* causare; procurare; provvedere a; **∼laufen** (*irr, sep, -ge-, sn,* → ***laufen***) accorrere; **∼schaffen** (*sep, -ge-, h*) far venire; procurare
'Herberge ['hɛrbɛrgə] *f* (*-; -n*) locanda *f*,

H

ricovero *m*; (*Jugend*≈) ostello *m*
'herbringen ['heːrbrɪŋən] (*irr, sep, -ge-, h,* → ***bringen***) portare qui
Herbst [hɛrpst] *m* (*-[e]s*; *-e*) autunno *m*; **'≈lich** d'autunno; autunnale
Herd [heːrt] *m* (*-[e]s*; *-e*) focolare *m* (*a fig Heim*); (*Küchen*≈) cucina *f* (elettrica, a gas)
'Herde ['heːrdə] *f* (-; *-n*) gregge *m*
he'rein [hɛ'raɪn] qui, qua dentro; **~!** avanti!; **~bitten** (*irr, sep, -ge-, h,* → ***bitten***) pregare d'***entrare***; **~brechen** (*irr, sep, -ge-, sn,* → ***brechen***) irrompere; sopravvenire; *Nacht*: cadere; **~fallen** (*irr, sep, -ge-, sn,* → ***fallen***) *fig* cascarci, cadere in trappola, **~holen** (*sep, -ge-, h*) far entrare; **~kommen** (*irr, sep, -ge-, sn,* → ***kommen***) entrare; **~lassen** (*irr, sep, -ge-, h,* → ***lassen***) lasciare (*od* fare) entrare; **~legen** *fig* imbrogliare
'her|fallen ['heːrfalən] (*irr, sep, -ge-, sn,* → ***fallen***) precipitarsi (***über*** *acc* su); *fig* dare addosso; **'~finden** (*irr, sep, -ge-, h,* → ***finden***) trovare la strada; **'~geben** (*irr, sep, -ge-, h,* → ***geben***) dare; ***sich ~*** prestarsi; **'~gehen** (*irr, sep, -ge-, sn,* → ***gehen***): ***hinter j-m ~*** seguire qu; ***neben j-m ~*** camminare accanto a qu; ***vor j-m ~*** precedere qu; ***es geht hoch ~*** si fa gran festa; **~holen** (*sep, -ge-, h*) far venire
'Hering ['heːrɪŋ] *m* (*-s*; *-e*) aringa *f*
'herkommen ['heːrkɔmən] (*irr, sep, -ge-, sn,* → ***kommen***) venire; avvicinarsi; *fig* provenire
'Herkunft ['heːrkunft] *f* (-; *senza pl*) (*Abstammung*) origine *f*; *Waren*: provenienza *f*; **'~sland** *n* paese *m* di provenienza
'herlaufen (*irr, sep, -ge-, sn,* → ***laufen***) correre (***hinter*** *dat* dietro); ***hergelaufen*** venuto da chissà dove
her'metisch [hɛr'meːtɪʃ] ermetico
Hero'in [hero'iːn] *n* (*-s*; *senza pl*) eroina *f*
he'ro|isch [he'roːɪʃ] eroico; **≈'ismus** [-ro'ɪsmus] *m* (-; *senza pl*) eroismo *m*
Herr [hɛr] *m* (*-[e]n*; *-en*) signore *m*; (*Haus*≈, *Besitzer*, *Arbeitgeber*) padrone *m*; (*Tanz*≈) cavaliere *m*
'Herren|anzug *m* vestito *m* da uomo; **'~bekleidung** *f* abbigliamento *m* maschile; **'~friseur** *m* parrucchiere *m* per uomo; **'~mode** *f* moda *f* maschile; **'~toilette** *f* gabinetto *m* per uomini
'herrichten ['heːrɪçtən] (*sep, -ge-, h*) preparare
'Herr|in ['hɛrɪn] *f* (-; *-nen*) signora *f*; padrona *f*; **'≈isch** imperioso; **'≈lich** magnifico
'Herrschaft ['hɛrʃaft] *f* (-; *-en*) governo *m*; (*senza pl*) dominio *m*; (*senza pl*) potere *m*; *fig* (*senza pl*) controllo *m*, padronanza *f*
'herrsch|en ['hɛrʃən] (*h*) regnare; governare; **'≈er** *m* (*-s*; -), **'≈erin** *f* (-; *-nen*) sovrano *m*, -a *f*; **'≈erhaus** *n* casa *f* regnante, dinastia *f*
'her|stellen ['heːrʃtɛlən] (*sep, -ge-, h*) fare; fabbricare; produrre; (*wieder~*) ristabilire; **'≈steller** ['-ʃtɛlər] *m* (*-s*; -) produttore *m*; **'≈stellung** *f* (-; *senza pl*) fabbricazione *f*, produzione *f*, ristabilimento *m*; **'≈stellungskosten** *pl* spese *f/pl* di produzione; **'≈stellungspreis** *m* prezzo *m* di produzione
he'rüber [hɛ'ryːbər] di qua; da questa parte (*verso chi parla*)
he'rum [hɛ'rum] intorno, all'intorno; **~drehen** (*sep, -ge-, h*) girare; voltare; **~führen** (*sep, -ge-, h*) condurre in giro; **~kommen** (*irr, sep, -ge-, sn,* → ***kommen***) girare il mondo; **~reichen** (*sep, -ge-, h*) far circolare; *bei Tisch*: servire; **~reiten** (*irr, sep, -ge-, sn*) andare in giro a cavallo; *fig* ***auf et ~*** parlar sempre della stessa cosa; insistere su qc; **~treiben**: ***sich ~*** (*irr, sep, -ge-, h,* → ***treiben***) vagabondare
he'runter [hɛ'runtər] giù, in giù; abbasso, in basso; **~fallen** (*irr, sep, -ge-, sn,* → ***fallen***) cadere giù; **~gehen** (*irr, sep, -ge-, sn,* → ***gehen***) andare giù; **~handeln** (*sep, -ge-, h*) trattare sul prezzo; **~holen** (*sep, -ge-, h*) portare giù; **~kommen** (*irr, sep, -ge-, sn,* → ***kommen***) scendere; *fig* decadere; **~laden** *inform* (*h*) scaricare
her'vor [hɛr'foːr] fuori; **~bringen** (*irr, sep, -ge-, h,* → ***bringen***) produrre; *Worte*: proferire; **~gehen** (*irr, sep, -ge-, sn,* → ***gehen***) uscire; *fig* risultare; **~heben** (*irr, sep, -ge-, h,* → ***heben***) mettere in rilievo; **~kommen** (*irr, sep, -ge-, sn,* → ***kommen***) uscire; **~ragen** [-rɑːgən] (*sep, -ge-, h*) sporgere; *fig* spiccare; **~ragend** sporgente; *fig* emi-

nente; **~rufen** (*irr, sep, -ge-, h,* → ***rufen***) chiamar fuori; *fig* provocare; **~treten** (*irr, sep, -ge-, sn,* → ***treten***) farsi avanti; *fig* spiccare; **~tun**: ***sich ~*** (*irr, sep, -ge-, h,* → ***tun***) distinguersi; mettersi in evidenza

Herz [hɛrts] *n* (*-ens; -en*) cuore *m*; ***von ganzem ~en*** di tutto cuore; **'~anfall** *m* attacco *m* di cuore; **'~beschwerden** *f/pl* disturbi *m/pl* al cuore, affezione *f* cardiaca; **'~enslust** ['hɛrtsənslust] *f*: ***nach ~*** a piacimento; **'~enswunsch** *m* grande desiderio *m*; **'2ergreifend** commovente; **'~fehler** *m* vizio *m* cardiaco; **'2haft** forte; *adv* coraggiosamente, vigorosamente; **~infarkt** *m* infarto *m* cardiaco; **'~klopfen** *n* (*-s; senza pl*) palpitazione *f* (del cuore); *fig* batticuore *m*; **'2krank** malato di cuore; **'2lich** *adj* cordiale; *adv* di cuore; **'2los** spietato, crudele, freddo, senza cuore

'Herzog ['hɛrtsoːk] *m* (*-s; ⸚e*) duca *m*; **'~in** *f* (*-; -nen*) duchessa *f*; **'~tum** *n* (*-s; ⸚er*) ducato *m*

'Herz|schlag ['hɛrtsʃlaːk] *m* battito *m* del cuore; (*Schlaganfall*) colpo *m* apoplettico; **'~spezialist** *m*, **'~spezialistin** *f* cardiologo *m*, -a *f*; **'~verpflanzung** *f* (*-; -en*) trapianto *m* del cuore

'Hetz|e ['hɛtsə] *f* (*-; senza pl*) caccia *f*; (*Eile*) fretta *f*, furia *f*; *fig* campagna *f* diffamatoria; provocazione *f*; *pol* sobillazione *f*; **'2en** (*h*) dar la caccia a; *fig* aizzare, provocare; sobillare

Heu [hɔʏ] *n* (*-[e]s; senza pl*) fieno *m*

Heuch|e'lei [hɔʏçə'laɪ] *f* (*-; -en*) ipocrisia *f*; **'2eln** ['-çəln] (*h*) fingere

'Heuer *mar* ['hɔʏər] *f* (*-; -n*) paga *f*

'heulen ['hɔʏlən] (*h*) urlare; frignare

'Heuschnupfen ['hɔʏʃnupfən] *m* raffreddore *m* da fieno

'heut|e ['hɔʏtə] oggi; ***~ Abend*** stasera; ***~ Nacht*** stanotte; ***~ Morgen*** stamattina; ***~ vor acht Tagen*** otto giorni fa; **'~ig...** ['hɔʏtɪç] di oggi, odierno; **'~zutage** al giorno d'oggi

'Hexe ['hɛksə] *f* (*-; -n*) strega *f*

hier [hiːr] qui, qua; ***~ ist, ~ sind*** ecco; ***~ bin ich*** eccomi; ***~ ist er*** eccolo; *beim Appell*: ***~!*** presente!; ***~ und da*** qua e là; *zeitlich*: di quando in quando; ***~ unten*** quaggiù

Hierar'chie [hiːerar'çiː] *f* (*-; -n*) gerarchia *f*

'hier|auf *örtlich* qua sopra; *zeitlich* dopo ciò; poi; **'~aus** di qui; *fig* da ciò; **'~bei** (*beiliegend*) qui unito; *fig* in quest'occasione; **'~durch** per di qui; *Brief*: con la presente; **'~für** per ciò; **'~her** qua, qui; **'~hin** di qua, qui, qua; ***~ und dorthin*** qua e là; **'~in** qui; in ciò; **'~mit** con ciò; *Brief*: con questa mia; **'~nach** da questo; dopo questo; secondo questo

hie'r|über [hiː'ryːbər] qua sopra; su questo; di questo; **~'unter** [-'runtər] qua sotto; fra questi; **'~von** di questo; ne; **'~zu** ['-tsuː] a ciò; inoltre; **'~zulande** ['-tsulandə] qui, in questo paese

'hiesig ['hiːzɪç] di qui, locale; *Produkte*: nostrano

'Hilfe ['hilfə] *f* (*-; -n*) aiuto *m*; assistenza *f*; soccorso *m*; ***erste ~*** pronto soccorso *m*; ***mit ~ von*** con l'aiuto di; ***~ leisten*** prestare aiuto; **'~ruf** *m* grido *m* d'aiuto

'hilflos ['hilfloːs] privo d'aiuto; abbandonato

'Hilfs|arbeiter ['hilfsʔarbaɪtər] *m* manovale *m*; **'2bedürftig** bisognoso; **'2bereit** servizievole; soccorrevole; **'~bereitschaft** *f* (*-; senza pl*) premura *f*; **'~kraft** *f* aiuto *m*, assistente *m/f*; **'~lehrer** *m* maestro *m* (*od* professore *m*) supplente; **'~mittel** *n* rimedio *m*; espediente *m*

'Himbeere ['himbeːrə] *f* (*-; -n*) lampone *m*

'Himmel ['himəl] *m* (*-s; -*) cielo *m*; ***unter freiem ~*** all'aria aperta; **'~bett** *n* letto *m* a baldacchino; **'2blau** celeste; **'~fahrt** *f* (*-; senza pl*) *Christi*: Ascensione *f*, *Mariä*: Assunzione *f*; **'~skörper** *m* corpo *m* celeste; **'~srichtung** *f* punto *m* cardinale

hin [hin] là; ci; vi; *fig* F perduto, P in malora; ***~ und her*** qua e là; ***~ und zurück*** *fer* andata e ritorno

hi'nab [hi'nap] giù, in giù, abbasso; **~fahren** (*irr, sep, -ge-, sn,* → ***fahren***), **~gehen** (*irr, sep, -ge-, sn,* → ***gehen***), **~steigen** (*irr, sep, -ge-, sn,* → ***steigen***), scendere; → ***herab...***

'hinarbeiten ['hinʔarbaɪtən]: ***auf et*** (*acc*) ***~*** (*sep, -ge-, h*): mirare a qc

hi'nauf [hi'nauf] in su, in alto; **~gehen** (*irr, sep, -ge-, sn,* → ***gehen***), **~steigen** (*irr, sep, -ge-, sn,* → ***steigen***) salire; **~tragen** (*irr, sep, -ge-, h,* → ***tragen***) portare su

hi'naus [hi'naus] fuori, in fuori; **~ mit euch!** fuori di qua!; **darüber ~** in più; **~gehen** (*irr, sep, -ge-, sn,* → **gehen**) uscire; **~laufen** (*irr, sep, -ge-, sn,* → **laufen**) uscire di corsa; *fig* andare a finire, andare a parare; **auf dasselbe** (*od* **auf eins**) **~** essere lo stesso, non fare differenza; **~lehnen** [-le:nən]: **sich zum Fenster ~** (*sep, -ge-, h*) sporgersi dalla finestra; **~schieben** (*irr, sep, -ge-, h,* → **schieben**) *fig* differire; rimandare; **~werfen** (*irr, sep, -ge-, h,* → **werfen**) buttare fuori, gettare fuori; *fig* cacciare via; **zur Tür ~** mettere alla porta

'Hinblick ['hinblik] *m*: **im ~ auf** (*acc*) (in) riguardo a; considerato …; tenuto conto di

'hinder|n ['hindərn] (*h*) impedire; **'≈nis** *n* (*-ses; -se*) impedimento *m*, ostacolo *m*

hin'durch [hin'durç] per; attraverso; *zeitlich*: durante

hi'nein [hi'naın] dentro; **bis tief in die Nacht ~** fino a notte inoltrata; **~denken**: **sich in et** (*acc*) **~** (*irr, sep, -ge-, h,* → **denken**) immedesimarsi in qc; prendere confidenza con qc; **~finden**: **sich in et** (*acc*) **~** (*irr, sep, -ge-, h,* → **finden**) adattarsi a qc; **sich in j-s** (*acc*) **Lage ~** mettersi nei panni di qu; **~gehen** (*irr, sep, -ge-, sn,* → **gehen**) entrare; **~geraten** (*irr, sep, senza -ge-, sn,* → **geraten**) cascarci; **~greifen** (*irr, sep, -ge-, h,* → **greifen**) mettere le mani in

'hin|fahren ['hinfa:rən] (*irr, sep, -ge-,* → **fahren**) **1.** *v/t* (*h*) condurvi; **2.** *v/i* (*sn*) andarci; **ich fahre hin** ci vado; **'≈fahrt** *f* andata *f*; **auf der ~ nach …** andando a …; **'~fallen** (*irr, sep, -ge-, sn,* → **fallen**) cadere; **'~fällig** ['-fɛliç] cascante; (*schwach*) debole; (*vergänglich*) caduco; *fig* illusorio

'Hin|gabe ['hinga:bə] *f* (*-; senza pl*) dedizione *f*, abbandono *m*; **'≈geben** (*irr, sep, -ge-, h,* → **geben**) dare; *fig* **sich ~** darsi, dedicarsi (a qc); abbandonarsi; **≈'gegen** al contario; **'≈gehen** (*irr, sep, -ge-, sn,* → **gehen**) andarci; **ich gehe hin** ci vado; **'≈halten** *v/t* (*irr, sep, -ge-, h,* → **halten**) porgere; *fig j-n*: trattenere, tenere a bada

'hinken ['hiŋkən] (*h*) zoppicare

'hin|kommen ['hinkɔmən] arrivarci; **wo wird es hingekommen sein?** dove sarà andato a finire?; **'~legen** (*sep, -ge-, h*) posare; **sich ~** coricarsi; sdraiarsi; *ins Bett*: mettersi a letto; **'~nehmen** (*irr, sep, -ge-, h,* → **nehmen**) accettare; *fig* tollerare, sopportare; **'~reichen** (*sep, -ge-, h*) **1.** *v/t* porgere; *Hand*: tendere; **2.** *v/i* bastare; **'≈reise** *f* (viaggio *m* d')andata *f*; **'~richten** (*sep, -ge-, h*) *jur j-n*: giustiziare; **'≈richtung** *f* (*-; -en*) esecuzione *f* (capitale); **'~setzen** (*sep, -ge-, h*) porre, **sich ~** sedersi, mettersi a sedere; **'≈sicht** *f* (*-; senza pl*) riguardo *m*; aspetto *m*; **in dieser ~** a questo riguardo; **'~sichtlich** ['-ziçtliç] (*gen*) riguardo a; **'~stellen** (*sep, -ge-, h*) porre, *fig* (rap)presentare

'hinten ['hintən] dietro; all'indietro; di dietro; in fondo; **weiter ~** più in fondo; **ganz ~** tutt'in fondo; **nach ~ heraus** sul di dietro

hinter ['hintər] **1.** *prp* dietro; *fig* **~ et** (*acc*) **kommen** scoprire qc; **2.** *adj* posteriore, di dietro, **der ~e, ~ste** l'ultimo; **'≈achse** *f* asse *f* posteriore; **'≈bein** *n*: **sich auf die ~e stellen** *fig* impegnarsi; **≈'bliebene** *pl*: **die ~n** i superstiti *m/pl*, i sopravvissuti *m/pl*; *am Grab*: i parenti *m/pl*

hinterei'nander [-ʔaɪ'nandər] di seguito; uno dopo l'altro; in fila indiana; **drei Tage ~** tre giorni di seguito

'Hinter|gedanke *m* secondo fine *m*; **≈'gehen** (*irr, senza -ge-, h,* → **gehen**) ingannare; **'~grund** *m* (*-[e]s; senza pl*) fondo *m*, retroscena *m*; *Malerei*: sfondo *m*; *fig* **in den ~ treten** perdere di importanza; **'~halt** *m* (*-[e]s; -e*) imboscata *f*, **'≈hältig** ['-hɛltiç] insidioso; **≈'her** *zeitlich* dopo; *örtlich* dietro; **'~kopf** *m* occipite *m*; **'~land** *n* (*-es; senza pl*) retroterra *m*; **≈'lassen** (*irr, senza -ge-, h,* → **lassen**) lasciare; *Botschaft*: lasciar detto; **~'lassenschaft** [-'lasənʃaft] *f* (*-; -en*) eredità *f*, **≈'legen** (*senza -ge-, h*) depositare; **'~list** *f* (*-; senza pl*) astuzia *f*, insidia *f*, **'≈listig** astuto; perfido; insidioso; **'~n** *m* (*-s; -*) F sedere *m*; **'~rad** *n* ruota *f* posteriore; **'~teil** *n* parte *f* posteriore; **'~treppe** *f* scala *f* di servizio; **'~tür** *f* porta *f* di dietro; *fig* scappatoia *f*, **≈'ziehen** (*irr, senza -ge-, h,* → **ziehen**) sottrarre; defraudare; **~'ziehung** *f* (*-;*

H

-en) defraudazione *f*
hi'nüber [hi'nyːbər] di là; dall'altra parte; **~gehen** (*irr, sep, -ge-, sn,* → ***gehen***) passare dall'altra parte
'hin und 'her ['hinˀunt'heːr] di qua e di là
Hin- und Rückfahr|t [-'rykfaːrt] *f* (**-karte** *f*) (biglietto *m* di) andata *f* e ritorno
hi'nunter [hi'nuntər] giù; ***die Treppe ~*** giù per le scale; → ***herunter ..., hinab ...***
'Hinweg ['hinveːk] *m* andata *f*
hin'weg! [hin'vɛk] via (di qua)!; **~gehen**: ***über et*** (*acc*) **~** (*irr, sep, -ge-, sn,* → ***gehen***) passar sopra a qc; **~kommen**: ***über et*** (*acc*) **~** (*irr, sep, -ge-, sn,* → ***kommen***) superare qc; **~sehen** (*irr, sep, -ge-, h,* → ***sehen***) *fig* passarci sopra; **~setzen**: ***sich ~ über*** (*acc*) (*sep, -ge-, h*): non curarsi di, sorvolare su; → ***weg...***
'Hin|weis ['hinvaɪs] *m* (*-es; -e*) indicazione *f*; cenno *m*; **'≗weisen** ['-vaɪzən] (*irr, sep, -ge-, h,* → ***weisen***) indicare (***auf et*** *acc* qc); accennare (***auf*** *acc* a); rimandare (***auf*** *acc* a); **'~weisschild** *n* segnale *m* d'indicazione; **'≗werfen** (*irr, sep, -ge-, h,* → ***werfen***) buttar via; *fig* buttar giù
'hin|zeigen: **~ *auf*** (*acc*) (*sep, -ge-, h*) indicare, mostrare, additare; **'~ziehen** (*irr, sep, -ge-,* → ***ziehen***) **1.** *v/t* (*h*) attirare; *fig* tirare in lungo; **2.** *v/i* (*sn*) andare a stabilirsi
hin'zu [hin'tsuː] ivi, vi; oltre a ciò; per giunta; **~fügen** (*sep, -ge-, h*) aggiungere; *sprechend*: soggiungere; **~kommen** (*irr, sep, -ge-, sn,* → ***kommen***) sopravvenire; ***es kommt noch hinzu*** si aggiunge; **~legen** (*sep, -ge-, h*), **~rechnen** (*sep, -ge-, h*), **~setzen** (*sep, -ge-, h*), **~tun** (*irr, sep, -ge-, h,* → ***tun***) aggiungere; **~ziehen** (*irr, sep, -ge-, h,* → ***ziehen***) consultare
Hirn [hirn] *n* (*-[e]s; -e*) cervello *m*; **'~gespinst** *n* chimera *f*; **'~hautentzündung** ['-hautˀɛnttsyndun] *f* meningite *f*
Hirsch [hirʃ] *m* (*-es; -e*) cervo *m*
'Hirse *bot* ['hirzə] *f* (*-; -n*) miglio *m*
'Hirt|e ['hirtə] *m* (*-n; -n*); **'~in** *f* (*-; -nen*) pastore *m*, -ella *f*
'hissen ['hisən] (*h*) issare
His'tor|iker [his'toːrikər] *m* (*-s; -*), **≗isch** *adj* storico *m*
'Hitz|e ['hitsə] *f* (*-; senza pl*) *Wetter*: (gran) caldo *m*; calore *m*; afa *f*; *Sommer*: calura *f*; **'≗ebeständig** resistente al calore; **'~ewelle** *f* ondata *f* di caldo; **'~schlag** *m* colpo *m* di calore
HIV-|'negativ [haːˀiːfau'negatiːf] sieronegativo; **~'positiv** sieropositivo
'Hobby ['hɔbi] *n* (*-s; -s*) hobby *m*, svago *m* preferito
Hobel ['hoːbəl] *m* (*-s; -*) pialla *f*
'hobeln ['hoːbəln] (*h*) piallare
Hoch [hoːx] *n* (*-s; -s*) *Ruf*: evviva *m*; *Wetterkunde*: zona *f* di alta pressione
hoch [hoːx] **1. *ch*** *vor* ***e*** = ***h***: ***hohe*(*r*, *-s*)** ['hoːər, '-əs], ***höher*** ['høːər], ***höchst*** [høːçst] *adj* alto; **2.** *adv* in su; in alto; ***~!*** evviva!; ***~ begabt*** di molto talento; **'≗achtung** *f* stima *f*; **'~achtungsvoll** *adv* distinti saluti; **'≗antenne** *f* antenna *f* aerea; **'≗bau** *m* costruzione *f* insoprassuolo; **'≗betrieb** *m* (*-[e]s; senza pl*) attività *f* intensa; **'≗deutsch** *n* tedesco *m* puro; *let* alto tedesco *m*; **'≗druck** *m* (*-[e]s; senza pl*) alta pressione *f*; ***mit ~ arbeiten*** *fig* lavorare a tutto spiano; **'≗druckgebiet** *n* zona *f* di alta pressione; **'≗ebene** *f* altipiano *m*; **'~erfreut** felicissimo; **'≗frequenz** *f* *Radio*: alta frequenza *f*; **'≗gebirge** *n* alta montagna *f*; **'≗haus** *n* palazzo *m*, palazzone *m*; (*Wolkenkratzer*) grattacielo *m*; **'~heben** (*irr, sep, -ge-, h,* → ***heben***) sollevare, alzare; **'≗konjunktur** *f* alta congiuntura *f*; **'≗land** *n* altipiano *m*; **'~leben**: ***er lebe ~!*** evviva!; ***j-n ~leben lassen*** fare un brindisi (*od* portare un evviva) a qu; **'~prozentig** ['-protsɛntiç] a percentuale elevata; **'≗saison** *f* alta stagione *f*; **'≗schätzung** *f* stima *f*; **'≗schulabschluss** *m* diploma *m* universitario; **'≗schule** *f* accademia *f*; scuola *f* (*od* istituto *m*) superiore; università *f*, politecnico *m*; **'≗schulreife** *f* (*-; senza pl*) maturità *f*; **'≗sommer** *m* cuore *m* dell'estate; **'≗spannung** *f* alta tensione *f*; **'≗sprung** *m* (*-[e]s; senza pl*) salto *m* in alto
höchst [høːçst] (→ ***hoch***) il più alto; *fig* massimo; supremo; sommo; *adv* estremamente
'höchstens ['høːçstəns] al massimo,

tutt'al più
'**Höchst|geschwindigkeit** *f* velocità *f* massima; '**~leistung** *f Sport*: record *m*, primato *m*; *tec* potenza *f* massima; massimo rendimento *m*; '**~preis** *m* prezzo *m* limite; '**~stand** *m* livello *m* massimo
'**Hoch|verrat** ['ho:xfɛra:t] *m* alto tradimento *m*; '**~wasser** *n* (*-s*; -) piena *f*; inondazione *f*
'**Hochzeit** ['hɔxtsaɪt] *f* (-; *-en*) nozze *f/pl*, sposalizio *m*; '**~sreise** *f* viaggio *m* di nozze
'**hock|en** ['hɔkən] (*h*) stare accovacciato; *fig* stare seduto; *zu Hause*: stare rintanato; **2er** *m* (*-s*; -) *Möbel*: sgabello *m*
'**Hockey** ['hɔki] *n* (*-s*; *senza pl*) hockey *m*
'**Hode** ['ho:də] *f* (-; *-n*), '**Hoden** *m* (*-s*; -) testicolo *m*
Hof [ho:f] *m* (*-[e]s*; *⸚e*) (*Fürsten2*) corte *f* (*a fig*); (*Haus2*) cortile *m*; (*Hotel*) albergo *m*; *agr* masseria *f*
'**hoff|en** ['hɔfən] *v/t u v/i* (*h*) sperare (***auf*** *acc* in); '**~entlich** ['-tliç]: **~ ...** speriamo che ..., magari ...
'**Hoffnung** ['hɔfnuŋ] *f* (-; *-en*) speranza *f*; '**2slos** ['-slo:s] senza speranza; disperato
'**höf|isch** ['hø:fiʃ] cortigiano; cortigianesco; '**~lich** cortese; '**2lichkeit** *f* (-; *-en*) cortesia *f*
'**Höhe** ['hø:ə] *f* (-; *-n*) altezza *f*; *astr* altitudine *f*; *econ* ***in ~ von ...*** per l'ammontare di ...
'**Hoheit|sgebiet** [ho:haɪtsgəbi:t] *n* territorio *m* nazionale; '**~sgewässer** ['-gəvɛsər] *n/pl* acque *f/pl* territoriali; '**~szeichen** *n* emblema *m* di nazionalità
'**Höhen|luft** ['hø:ənluft] *f* (-; *senza pl*) aria *f* di montagna; '**~sonne** *f* sole *m* alpino; *med* sole *m* artificiale; lampada *f* a raggi ultravioletti; '**~unterschied** *m* dislivello *m*; '**~zug** *m* catena *f* di montagne
'**Höhepunkt** ['hø:əpuŋkt] *m* punto *m* culminante, colmo *m*; *fig a* apice *m*, sommo *m*, sommità *f*
'**höher** ['hø:ər] → ***hoch***; più alto, superiore
hohl [ho:l] incavato; *Glas*: concavo
'**Höhle** ['hø:lə] *f* (-; *-n*) caverna *f*, grotta *f*; *für Tiere*: tana *f*
'**Hohl|maß** ['ho:lma:s] *n* misura *f* di capacità; '**~raum** *m* cavità *f*, vuoto *m*; '**~spiegel** *m* specchio *m* concavo
Hohn [ho:n] *m* (*-[e]s*; *senza pl*) scherno *m*; ***j-m zum ~ und Trotz*** a dispetto marcio di qu
'**höhnisch** ['hø:niʃ] beffardo
'**Holdinggesellschaft** ['ho:ldiŋgəzɛlʃaft] *f* (società *f*) holding *f*
'**holen** ['ho:lən] *v/t* (*h*) andare (*od* venire) a prendere; *Atem*: pigliare; ***~ lassen*** mandare a prendere; ***sich*** (*dat*) ***et ~*** pigliarsi, F buscarsi qc
'**Holländ|er** ['hɔlɛndər] *m* (*-s*; -), '**~erin** *f* (-; *-nen*), '**2isch** olandese *m/f*
'**Hölle** ['hœlə] *f* (-; *senza pl*) inferno *m*
'**höllisch** ['hœliʃ] infernale; *fig* maledetto
'**holp(e)rig** ['hɔlp(ə)riç] ineguale; *Weg*: scabroso; *fig* zoppicante
Ho'lunder *bot* [ho'lundər] *m* (*-s*; -) sambuco *m*
Holz [hɔlts] *n* (*-es*; *⸚er*) legno *m*; (*Brenn2*) legna *f*; (*Bau2*, *Nutz2*) legname *m*
'**hölzern** ['hœltsərn] di legno; *fig* goffo
'**Holz|fäller** ['hɔltsfɛlər] *m* (*-s*; -) boscaiolo *m*; taglialegna *m*; '**~hammer** *m* mazzuola *f*; '**2ig** legnoso; '**~kohle** *f* carbone *m* di legno; '**~schnitzer** *m* intagliatore *m*; '**~schuh** *m* zoccolo *m*; '**~wolle** *f* trucioli *m/pl* di legno
Homöo'p|ath [homø:o'pa:t] *m* (*-en*; *-en*) omeopatico *m*; **2'athisch** omeopatico
homosexu'ell [homozɛksu'ɛl] omosessuale
'**Honig** ['ho:niç] *m* (*-s*; *-e*) miele *m*
Hono'r|ar [hono'ra:r] *n* (*-s*; *-e*) onorario *m*; **2'ieren** (*senza ge-*, *h*) pagare; *Wechsel*: onorare, far onore a; *j-n*: retribuire
'**Hopfen** *bot* ['hɔpfən] *m* (*-s*; *senza pl*) luppolo *m*
'**hopsen** ['hɔpsən] (*sn*) saltellare
'**hörbar** ['hø:rba:r] udibile
'**horchen** ['hɔrçən] (*h*) stare a sentire; (*zuhören*) ascoltare; *an der Tür*: origliare
'**Horde** ['hɔrdə] *f* (-; *-n*) orda *f*
'**hör|en** ['hø:rən] (*h*) udire; (*zu~*) sentire; (*an~*) ascoltare; *Vorlesung*: frequentare; ***von sich ~ lassen*** dare nuove di sé;

nichts mehr von sich ~ lassen non farsi più vivo; ***schwer ~*** sentirci poco; **'2er** *m* (*-s*; -), **'2erin** *f* (-; *-nen*) uditore *m*, -trice *f*; (*a Radio*) ascoltatore *m*, -trice *f*; *Telefon*: ricevitore *m*; (*Kopf2*) cuffia *f*; **'2fehler** *m med* difetto *m* d'udito; **'2gerät** *n* apparecchio *m* acustico; **'~ig** servo; soggetto a

Hori'zont [ho:ri'tsɔnt] *m* (*-[e]s*; *-e*) orizzonte *m*; **2'al** [-'tɑ:l] orizzontale

Hor'mon [hɔr'mo:n] *n* (*-s*; *-e*) ormone *m*

Horn [hɔrn] *n* (*-[e]s*; *¨er*) corno *m* (*a mus*); (*Berg*) punta *f*

'Hörnchen ['hœrnçən] *n* (*-s*; -) cornetto *m*

'Hornhaut ['hɔrnhaʊt] *f* callosità *f*; *des Auges*: cornea *f*

Hor'nisse [hɔr'nisə] *f* (-; *-n*) calabrone *m*

Hor'nist [hɔr'nist] *m* (*-en*; *-en*) cornista *m*

Horo'skop [horo'sko:p] *n* (*-s*; *-e*) oroscopo *m*

'Hör|saal ['hørzɑ:l] *m* aula *f*; uditorio *m*, auditorio *m*; **'~spiel** *n* radiocommedia *f*; rappresentazione *f* radiofonica

Hort [hɔrt] *m* (*-[e]s*; *-e*) tesoro *m*; (*Kinder2*) asilo *m* infantile

'Hörweite ['hø:rvaɪtə] *f* (-; *senza pl*) portata *f* della voce, portata *f* dell'udito

'Hose ['ho:zə] *f* (-; *-n*) calzoni *m/pl*, pantaloni *m/pl*; *kurze*: calzoni *m/pl* corti, calzoncini *m/pl*; **'~nrock** *m* gonna *f* pantalone; **'~ntasche** *f* tasca *f* dei calzoni; **'~nträger** *m/pl* bretelle *f/pl*

Hospi'tal [hɔspi'tɑ:l] *n* (*-s*; *-e u ¨er*) ospedale *m*

'Hostess ['hɔstɛs] *f* (-; *-en*) hostess *f*

Ho'tel [ho'tɛl] *n* (*-s*; *-s*) albergo *m*; **~besitzer** *m* albergatore *m*; **~halle** *f* hall *f* dell'albergo; **~verzeichnis** *n* elenco *m* degli alberghi; **~zimmer** *n* camera *f* d'albergo

'hüben ['hy:bən] di qua

'Hubraum ['hu:praʊm] *m* cilindrata *f*

hübsch [hypʃ] bello; *Person*: carino; *adv fig* bene, per benino

'Hubschrauber *avia* ['hu:pʃraʊbər] *m* (*-s*; -) elicottero *m*; **'~landeplatz** *m* eliporto *m*

'Huckepackverkehr ['hukəpakfɛrke:r] *m* trasporto *m* combinato rotaia-strada

Huf [hu:f] *m* (*-[e]s*; *-e*) zoccolo *m*

'Hüfte ['hyftə] *f* (-; *-n*) anca *f*

'Hügel ['hy:gəl] *m* (*-s*; -) colle *m*, collina *f*; (*Grab2*) tumulo *m*; **'2ig** collinoso

Huge'nott|e [hu:gə'nɔtə] *m* (*-n*; *-n*), **~in** *f* (-, *-nen*) ugonotto *m*, -a *f*

Huhn [hun] *n* (*-[e]s*; *¨er*) gallina *f*; *gastr* pollo *m*

'Hühnchen ['hy:nçən] *n* (*-s*; -) pollastro *m*; ***ein ~ mit j-m zu rupfen haben*** aver da far i conti con qu

'Hühner|auge ['hy:nər'ʔaʊgə] *n* callo *m*; **'~brühe** *f* brodo *m* di pollo; **'~ei** ['-ʔai] *n* uovo *m* di gallina; **'~hof** *m* bassacorte *f*; **'~stall** *m* pollaio *m*; **'~zucht** *f* pollicoltura *f*

'huldigen ['huldigən] (*h*) rendere omaggio a; fare la corte a; *e-r Sache*: seguire; professare; coltivare, darsi a

'Hülle ['hylə] *f* (-; *-n*) involucro *m*; (*Umschlag*) copertina *f*; ***sterbliche ~*** salma *f*; ***in ~ und Fülle*** a bizzeffe; **'2n** (*h*) avvolgere; ***sich in Schweigen ~*** rinchiudersi nel silenzio

'Hülse ['hylzə] *f* (-; *-n*) guscio *m*, buccia *f*; **'~nfrucht** *f* (-; *¨e*) legume *m*

hu'man [hu'mɑ:n] umano; **~i'tär** umanitario; **2i'tät** [-mani'tɛt] *f* (-; *senza pl*) umanità *f*, umanitarismo *m*

'Hummel ['huməl] *f* (-; *-n*) calabrone *m*; bombo *m*

'Hummer ['humər] *m* (*-s*; -) aragosta *f*

Hu'mor [hu'mo:r] *m* (*-s*; *senza pl*) buon umore *m*; umorismo *m*; vena *f* comica; **~'ist** [-mo'rist] *m* (*-en*; *-en*), **~'istin** *f* (-; *-nen*) umorista *m/f*; **2'istisch** umoristico; **'2voll** spiritoso

'Humus ['hu:mus] *m* (-; *senza pl*), **'~boden** *m* humus *m*

Hund [hunt] *m* (*-[e]s*; *-e*) cane *m*

'Hunde|hütte ['hundəhytə] *f* canile *m*; **'~leine** *f* guinzaglio *m*

'hundert ['hundərt] *adj* cento; ***etwa ~*** un centinaio; ***~ Gramm*** un etto *m*

'Hundert *n* (*-s*; *-e*) cento *m*; centinaio *m*; ***~e von Jahren*** centinaia di anni; ***10 vom Hundert*** (*abbr* ***v.H.***) dieci per cento; **'~er** *m* (*-s*; -) biglietto da cento, F centone *m*; **'2fach**, **'2fältig** ['-fax, '-fɛltiç] centuplo; **~'jahrfeier** [-'jɑ:rfaɪər] *f* centenario; **'2jährig** ['-jɛ:riç] centenario; **'2jährlich** ['-jɛ:rliç] secolare; **'2prozentig** ['-protsɛntiç] al cento per cento; **'~stel** ['-stəl] *n* (*-s*; -) centesimo *m*, centesima parte *f*

'Hundesteuer ['hundəʃtɔʏər] *f* imposta

H

f sui cani
'Hündin ['hyndin] *f* (-; *-nen*) cagna *f*
'Hunger ['huŋər] *m* (*-s; senza pl*) fame *f* (***nach*** di); **'~lohn** *m* salario *m* da fame; **'2n** (*h*) aver fame; patire la fame; ~ ***lassen*** lasciar patir la fame; **'~snot** *f* fame *f*, carestia *f*; **'~streik** *m* sciopero *m* della fame; **'~tod** *m* (*-[e]s; senza pl*) morte *f* per fame
'hungrig ['huŋriç] affamato; ~ ***sein*** aver fame
'Hupe ['hu:pə] *f* (-; *-n*) clacson *m*, tromba *f*; **'2n** (*h*) sonare il clacson
'Hupverbot ['hu:pfɛrbo:t] *n* divieto *m* di segnalazioni acustiche
'Hure P ['hu:rə] *f* (-; *-n*) prostituta *f*; sgualdrina *f*
'husten ['hu:stən] (*h*) tossire; aver la tosse
'Husten *m* (*-s;* -) tosse *f*; **'~mittel** *n* rimedio *m* contro la tosse
Hut[1] [hu:t] *f* (-; *senza pl*) custodia *f*; ***auf der ~ sein*** stare in guardia
Hut[2] [hu:t] *m* (*-[e]s;* ⸚*e*) cappello *m*; (*Damen2*) cappellino *m*; (*steifer* ~) tubino *m*; (*hoher* ~) cilindro *m*, tuba *f*
'hüten ['hy:tən] (*h*) guardare; ***sich*** ~ guardarsi (***vor*** *dat* da)
'Hütte ['hytə] *f* (-; *-n*) **1.** capanna *f*, rifugio *m*; **2.** *min* miniera *f*; **'~nindustrie** *f* industria *f* metallurgica; **'~nwesen** *n* (*-s; senza pl*) metallurgia *f*
Hy'äne [hy'ɛ:nə] *f* (-; *-n*) iena *f*
Hya'zinthe *bot* [hya'tsintə] *f* (-; *-n*) giacinto *m*
Hy'dr|ant [hy'drant] *m* (*-en; -en*) idrante *m*; **~'at** [-'drɑ:t] *n* (*-[e]s; -e*) idrato *m*
Hy'gien|e [hy'gje:nə] *f* (-; *senza pl*) igiene *f*; **2isch** igienico
'Hymne ['hymnə] *f* (-; *-n*) inno *m*
Hyp'n|ose [hyp'no:zə] *f* (-; *-n*) ipnosi *f*; **2oti'sieren** [-noti'zi:rən] (*senza ge-, h*) ipnotizzare
Hypo'thek [hypo'te:k] *f* (-; *-en*) ipoteca *f*; ***eine ~ aufnehmen*** mettere (*od* accendere) un'ipoteca; **~enbank** [-'te:kənbaŋk] *f* banca *f* di credito ipotecario; **~enbrief** *m* ipoteca *f*; **~enzinsen** *pl* interessi *m/pl* ipotecari
Hypothese [-'te:zə] *f* (-; *-n*) ipotesi *f*

I

ich [iç] *pron* io; ~ ***auch*** anch'io
ide'al [ide'ɑ:l] *adj*, **Ideal** *n* (*-s; -e*) ideale (*m*)
I'dee [i'de:] *f* (-; *-n*) idea *f*
ident|ifi'zieren [idɛntifi'tsi:rən] (*senza ge-, h*) identificare; **~isch** [-tiʃ] identico; **2i'tät** *f* (-; *senza pl*) identità *f*
Ideol|o'gie [ideolo'gi:] *f* ideologia *f*; **2'ogisch** ideologico
i'dyllisch [i'dyliʃ] idillico
'Igel ['i:gəl] *m* (*-s;* -) *zo* riccio *m*
igno'rieren [igno'ri:rən] (*senza ge-, h*) ignorare, fingere di non conoscere
ihm [i:m] gli; *betont*: a lui
ihn [i:n] lo; *betont*: lui
'ihnen ['i:nən] loro, a loro; F gli
'Ihnen Le, a Lei; *pl*: Loro, a Loro; voi, a voi
ihr [i:r] **1.** le, *betont*: a lei; **2.** voi; **3.** (il) suo; il loro
Ihr il Suo, il Loro
'ihrer ['i:rər] di lei, di loro
'Ihrer di Lei, di Loro
'ihret'wegen ['i:rət've:gən] per lei (*od* loro); per causa sua (*od* loro)
'illegal ['ilegɑ:l] illegale
illegi'tim [ile:gi'ti:m] illegittimo
illo'yal [iloa'jɑ:l] sleale
Illu's|ion [iluz'jo:n] *f* (-; *-en*) illusione *f*; **2'orisch** [-'zo:riʃ] illusorio
Illustr|a'tion [ilustrats'jo:n] *f* (-; *-en*) illustrazione *f*; **2'ieren** (*senza ge-, h*) illustrare; **~'ierte** *f* (*-n; -n*) rivista *f* illustrata
im = ***in dem***
'Image ['imitʃ] *n* (*-[s]; -s*) immagine *f*; **'~pflege** *f* cura *f* della propria immagine
'Imbiss ['imbis] *m* (*-es; -e*) spuntino *m*; **'~bude** *f* chiosco *m* (di generi alimentari); **'~stube** *f* tavola *f* calda
Imita'tion [imitats'jo:n] *f* (-; *-en*) imi-

tazione *f*
'immer ['imər] sempre; **~ wenn** ogni volta che; **~ besser** di bene in meglio; **~ schlechter** di male in peggio; **~ noch** sempre, tuttora; **~ noch nicht** non ancora; **~'hin** comunque; meno male
Immo'bilien [imo'bi:ljən] *pl inv* (beni *m/pl*) immobili *m/pl*; **~makler** *m* agente *m* immobiliare
im'mun [i'mu:n] immune; **~i'sieren** (*senza ge-, h*) immunizzare; **≈i'tät** *f* (-; *senza pl*) immunità *f*
Imperia'l|ismus [imperja'lismus] *m* (-; *senza pl*) imperialismo *m*; **≈'istisch** imperialistico
'impf|en ['impfən] (*h*) vaccinare; **'≈schein** *m* certificato *m* di vaccinazione; **'≈stoff** *m* vaccino *m*; **'≈ung** *f* (-; *-en*) vaccinazione *f*
Im'port [-'pɔrt] *m* (*-[e]s*; *-e*) importazione *f*; **~beschränkung** *f* restrizione *f* delle importazioni; **~'eur** [-'tø:r] *m* (*-s*; *-e*) importatore *m*; **≈'ieren** (*senza ge-, h*) importare
'impotent *med* ['-potɛnt] impotente
improvi'sieren [-provi'zi:rən] (*senza ge-, h*) improvvisare
Im'pul|s [-'puls] *m* (*-es*; *-e*) impulso *m*; **≈'siv** [-'zi:f] impulsivo
im'stande [im'ʃtandə]: **~ sein** essere in grado
in [in] (*dat u acc*) in; **~ dem** (**den**) nel, nello; **~ der** (**die**) nella; **~ den** (**die**) nei, negli, nelle; *Theater, Café*: al; *Auftrag*: per; *Ernst*: sul; *Zeitung*: sul; *zeitlich*: fra; **~** (*od* **über**) **drei Wochen** fra tre settimane; **~ der Nacht** durante la notte
'inbegriffen compreso, incluso
Inbe'triebnahme [-bə'tri:pna:mə] *f* (-; *-n*) messa *f* in servizio
in'dem [in'de:m] mentre; (*da*) poiché; **~ ich sagte** dicendo
'Inder ['indər] *m* (*-s*; -), **'~in** *f* (-; *-nen*) indiano *m*, -a *f*
'Index ['indɛks] *m* (*-es*; *-e u -dizes* ['-ditse:s]) indice *m*
In'dian|er [ind'ja:nər] *m* (*-s*; -), **~erin** *f* (-; *-nen*), **≈isch** indiano *m*, -a *f*
'indirekt ['-dirɛkt] indiretto
'indisch ['-diʃ] indiano
'indiskret ['-diskre:t] indiscreto
individu'ell [-dividu'ɛl] individuale
Indi'viduum [-di'vi:duum] *n* (*-s*; *-duen* [-duən]) individuo *m*
industr|iali'sieren [-dustriali'zi:rən] (*senza ge-, h*) industrializzare; **≈'ie** [-'stri:] *f* (-; *-n*) industria *f*; **~- und Handelskammer** camera *f* dell'industria e del commercio; **≈'iegebiet** *n* zona *f* industriale; **≈'iekauffrau** *f*, **≈'iekaufmann** *m* perito *m/f* aziendale; **~'iell** [-stri'ɛl], **≈'ielle** *m* (*-n*; *-n*) industriale *m*; **≈'iestaat** *m* stato *m* industriale
inei'nander [inˀaɪ'nandər] l'uno nell'altro
In'farkt [-'farkt] *m* (*-[e]s*; *-e*) *med* infarto *m*
Infek'tion [-fɛkts'jo:n] *f* (-; *-en*) *med* infezione *f*
infi'zieren [-fi'tsi:rən] (*senza ge-, h*) *med* contagiare, infettare
Infla'tion *econ* [-flats'jo:n] *f* (-; *-en*) inflazione *f*; **~srate** *f* tasso *m* d'inflazione
in'folge [-'fɔlgə] in seguito a
Infor'matik [infor'matik] *f* (-; -) informatica *f*
Informa'tion [-fɔrmats'jo:n] *f* (-; *-en*) informazione *f*; **~sbüro** *n* ufficio *m* informazioni; **~smaterial** *n* materiale *m* informativo; **~sschalter** *m* sportello *m* informazioni
infor'mieren [-'mi:rən] (*senza ge-, h*) informare
'Infrastruktur ['infraʃtruktu:r] *f* infrastruttura *f*
Inge'nieur [inʒen'jø:r] *m* (*-s*; *-e*) ingegnere *m*
'Inhaber ['-ha:bər] *m* (*-s*; -), **'~in** *f* (-; *-nen*) (*Besitzer*) proprietario *m*, -a *f*
inhaf'tier|en [-haf'ti:rən] (*senza -ge-, h*) arrestare; **≈ung** *f* (-; *-en*) arresto *m*
'Inhalt ['-halt] *m* (*-[e]s*; *-e*) contenuto *m*; *mat* volume *m*; (*Wortlaut*) testo *m*; **'≈lich** in riguardo al contenuto; **'~sverzeichnis** *n* indice *m*
Initia'tive [initsja'ti:və] *f* (-; *-n*) iniziativa *f*
Injek'tion [injɛkts'jo:n] *f* (-; *-en*) iniezione *f*
inklu'siv|e [-klu'zi:və] *prp* incluso, compreso; **≈preis** *m* prezzo *m* globale
In'-Kraft-Treten [-'krafttre:tən] *n* (*-s*; *senza pl*) entrata *f* in vigore
Inland ['-lant] *n* (*-[e]s*; *senza pl*) paese *m* (interno); interno *m*; **'~sflug** *m* volo *m* nazionale; **'~sgeschäft** *n* commercio

m interno; **'~sgespräch** *n* chiamata *f* interurbana; **'~smarkt** *m* mercato *m* interno
'innen ['ɪnən] dentro
'Innen|minister ['inənministər] *m* ministro *m* degli Interni; **'~ministerium** *n* ministero *m* degli Interni; **'~politik** *f* politica *f* interna; **'2politisch** di politica interna; **'~raum** *m* interno *m*; **'~stadt** *f* centro *m* della città
'inner|betrieblich ['inərbətri:pliç] interno all'azienda; **'~halb** entro; **'~lich** interiore
Innova'tion [inovats'jo:n] *f* (-; *-en*) innovazione *f*
'Innung ['inuŋ] *f* (-; *-en*) corporazione *f*
'inoffiziell ['inˀɔfitsjɛl] ufficioso
ins [ins] = ***in das***
'Insass|e ['inzasə] *m* (*-n*; *-n*), **'~in** *f* (-; *-nen*) abitante *m/f*; *e-s Wagens*: passeggero *m*, -a *f*; **'~enversicherung** *f auto* assicurazione *f* terzi trasportati
insbe'sondere [insbə'zɔndərə] particolarmente
In'sekt [in'zɛkt] *n* (*-[e]s*; *-en*) insetto *m*; **~enschutzmittel** *n* insettifugo *m*; **~enstich** *m* puntura *f* d'insetto
'Insel ['inzəl] *f* (-; *-n*) isola *f*
Inse'r|at [inzə'ra:t] *n* (*-[e]s*; *-e*) inserzione *f*; **~'ent** [inzə'rɛnt] *m* (*-en*; *-en*) inserzionista *m*; **2'ieren** (*senza ge-*, *h*) fare un'inserzione (sul giornale)
insge'samt complessivamente
inso'fern per questo
insol|'vent [inzɔl'vɛnt] insolvente; **2'venz** *f* (-; *-en*) insolvenza *f*
Insp|ek'tion [inspɛkts'jo:n] *f* (-; *-en*) ispezione *f*; **2i'zieren** (*senza ge-*, *h*) ispezionare
instal'lieren [insta'li:rən] (*senza ge-*, *h*) installare; montare
in'stand: **~ *setzen*** (*sep*, *-ge-*, *h*) assestare; restaurare; riattivare; riparare
'Instantgetränk ['instəntgətrɛŋk] *n* bevanda *f* istantanea
In'stanz [in'stants] *f* (-; *-en*) *jur* istanza *f*; **~enweg** [in'-stantsənve:k] *m* via *f* gerarchica
Institut [insti'tu:t] *n* (*-[e]s*; *-e*) instituto *m*; **~'ion** [instituts'jo:n] *f* (-; *-en*) istituzione *f*
Instru'ment [instru'mɛnt] *n* (*-[e]s*; *-e*) strumento *m*
Insze'nierung [instse'ni:ruŋ] *f* (-; *-en*) messa *f* in scena, sceneggiatura *f*
intell|ektu'ell [-tɛlɛk'tuɛl] intellettuale; **~i'gent** [intɛli'gɛnt] intelligente; **~i'genz** *f* (-; *senza pl*) intelligenza *f*; (*geistig Schaffende*) intellettuali *m/pl*
inten's|iv [intɛn'zi:f] intensivo; **~i'vieren** [intɛnzi'vi:rən] (*senza -ge-*, *h*) intensificare
'interaktiv [intɛrak'tif] interattivo
Inter'city|netz [intər'sitinɛts] *n fer* rete *f* intercity; **~(zug)** *m* (treno *m*) intercity *m*; **~zuschlag** *m* supplemento *m* intercity
inter|es'sant [int(ə)rɛ'sant] interessante; **2'esse** [int(ə)'rɛsə] *n* (*-s*; *-n*) interesse *m* (***an*** *dat* per) **2es'sent** *m* (*-en*; *-en*) interessato *m*; **~es'sieren** (*senza ge-*, *h*) interessare; ***sich ~ für*** interessarsi di
in'tern [in'tɛrn] interno; **2'at** [int(ə)r-'na:t] *n* (*-[e]s*; *-e*) collegio *m*
internatio'nal [intɛrnatsjo'na:l] internazionale
'Internet ['intərnɛt] *n* (*-s*; *senza pl*) *inform* Internet *m*; **'~ca'fé** *n* (*-s*; *-s*) Cybercafé *m*, Internet Café *m*
interpre'tieren [int(ə)rpreti:rən] (*senza ge-*, *h*) interpretare
Interpunk'tion [int(ə)rpuŋkts'jo:n] *f* (-; *senza pl*) interpunzione *f*
'Interrailkarte ['intəreilkartə] *f fer* biglietto *m* Interrail
'Interview ['-tɛrvju:] *n* (*-s*; *-s*) intervista *f*; **2en** [-'vju:ən] (*senza -ge-*, *h*) intervistare
in'tim [-'ti:m] intimo
'intolerant ['intɔlərant] intollerante
'Intranet ['intranɛt] *n* (*-s*; *senza pl*) *inform* Intranet *m*
Invalidi'tät [-validi'tɛ:t] *f* (-; *senza pl*) invalidità *f*
Inven'tar [-vɛn'ta:r] *n* (*-s*; *-e*) inventario *m* (***aufnehmen*** fare)
Inven'tur [-'tu:r] *f* (-; *-en*) inventario *m*
inves't|ieren [-vɛs'ti:rən] (*senza ge-*, *h*) investire; **2i'tion** *f* (-; *-en*) investimento *m*; **2i'tionshilfe** *f* sovvenzionamento *m* per gli investimenti; **2i'tionsprogramm** *n* programma *m* d'investimenti
in'zwischen [-'tsviʃən] frattanto; intanto
'Ire ['i:rə] *m* (*-n*; *-n*) irlandese *m*
'irgend ['irgənt] in qualche modo; **'~ein** (*pl* ***irgendwelche***) qualche (*mit sg*);

uno … qualsiasi; ***ohne ~*** senza alcun; **'~jemand** qualcuno; **'~etwas** qualche cosa; **'~wann** prima o poi; **'~wie** in qualche modo; **'~wo** in qualche luogo; da qualche parte

'Ir|in ['iːrin] *f* (-; *-nen*), **'≈isch** ['iːriʃ] irlandese *f*

Iro'n|ie [iro'niː] *f* (-; *-n*) ironia *f*; **≈isch** [i'roːniʃ] ironico

'irreführen ['-fyːrən] (*sep*, *-ge-*, *h*) *fig* ingannare, trarre in inganno

'irren ['irən] *v/i* (*h*) errare; ***sich ~*** sbagliare, sbagliarsi

'Irr|sinn ['irzin] *m* (*-[e]s*; *senza pl*) pazzia *f*; **'≈sinnig** pazzo; **'~tum** *m* (*-s*; *¨-er*) errore *m*; equivoco *m*; ***im ~*** in errore; **'≈tümlich** ['-tyːmliç] erroneo; **'~weg** *m* strada *f* sbagliata; falsa strada *f*

'Ischias ['iʃjas, 'isçias] *m* (*a n*, *f*) (-; *senza pl*) *med* sciatica *f*

Is'lam [is'lɑːm] *m* (*-s*; *senza pl*) *rel* islam *m*

'Isländ|er ['iːslɛndər] *m* (*-s*; -), **'~erin** *f* (-; *-nen*), **'≈isch** islandese *m/f*

Iso'lier|band [izo'liːrbant] *n* nastro *m* isolante; **≈en** (*senza ge-*, *h*) isolare; **~ung** *f* (-; *-en*) isolamento *m*

Ita'lien|er [ital'jeːnər] *m* (*-s*; -), **~erin** *f* (-; *-nen*), **≈isch** italiano *m*, -a *f*

J

ja [jɑː] *adv* sì; già; (*sogar*) anzi

Jacht [jaxt] *f* (-; *-en*) panfilo *m*

'Jacke ['jakə] *f* (-; *-n*) giacca *f*

Ja'ckett [ʒa'kɛt] *n* (*-s*; *-s*) giacca *f*

Jagd [jɑːkt] *f* (-; *-en*) caccia *f*; ***auf die ~ gehen*** andare a caccia; **'~flugzeug** *n* (apparecchio *m* da) caccia *m*; **'~hund** *m* cane *m* da caccia; **'~schein** *m* licenza *f* di caccia

'jagen ['jɑːgən] *v/t* (*h*) cacciare; *in die Flucht*: mettere in fuga; ***j-n aus … ~*** scacciare qu da …

'Jäger ['jɛːgər] *m* (*-s*; -) cacciatore *m*

'Jaguar ['jɑːguɑːr] *m* (*-s*; *-e*) *zo* giaguaro *m*

Jahr [jɑːr] *n* (*-[e]s*; *-e*) anno *m*; *Dauer*: annata *f*; ***vor zwei ~en*** due anni fa; **'~buch** *n* annuario *m*; **'≈elang** ['-rəlaŋ] *adv* per anni ed anni

'Jahres|abonnement ['jɑːrəsˀabɔnəmɑ̃] *n* abbonamento *m* annuale; **'~abschluss** *econ m* bilancio *m* di fine anno; **'~ausgleich** *m* conguaglio *m* annuale; **'~bericht** *m* rapporto *m* annuo; **'~bilanz** *f* bilancio *m* annuale; **'~einkommen** *n* reddito *m* annuo; **~'hauptversammlung** *f* assemblea *f* generale annua; **'~tag** *m* anniversario *m*; **'~umsatz** *m* giro *m* d'affari annuo; **'~wechsel** *m* *Fest*: Capodanno *m*; **'~zahl** *f* anno *m*; **'~zeit** *f* stagione *f*

Jahr'hundert *n* (*-s*; *-e*) secolo *m*; **~wende** *f*: ***um die ~*** a cavallo fra due secoli

'jährlich ['jɛːrliç] annuo, annuale

'Jahr|markt ['jɑːrmarkt] *m* fiera *f*; **~'tausend** *n* (*-s*; *-e*) millennio *m*; **~'tausendwende** *f* passaggio *m* da un millennio all'altro; **~'zehnt** [-'tseːnt] *n* (*-[e]s*; *-e*) decennio *m*

'jähzornig ['jɛːtsɔrniç] collerico

Jalou'sie [ʒalu'ziː] *f* (-; *-n*) persiana *f*

'jammern ['jamərn] *v/i* (*h*) lamentarsi

'Januar ['januɑːr] *m* (*-[s]*; *-e*) gennaio *m*

Ja'pan|er [-'pɑːnər] *m* (*-s*; -), **~erin** *f* (-; *-nen*), **≈isch** giapponese *m/f*

Jazz [dʒɛs] *m* (-; *senza pl*) jazz *m*

je [jeː] (*jemals*) mai; (*pro*) ogni, ognuno; ***~ nachdem*** a seconda che; ***~ mehr … desto mehr*** quanto più … tanto più

jeden'falls [jedn'fals] in ogni caso

'jeder *m*, **'jede** *f*, **'jedes** *n* ['jeːdə(r, -s)] ogni; ***jeden Augenblick*** da un momento all'altro; **'~mann** (*gen -s*, *sonst inv*) ognuno; **'~'zeit** a tutte le ore, in ogni momento

jedesmal → (*jedes*) ***Mal***

je'doch [jeː'dɔx] però, tuttavia

'jemals ['jeːmɑːls] mai

'jemand ['jeːmant] qualcuno

'jener, **'jene**, **'jenes** ['jeːnə(r, -s)] quello, quella; *pl* quei

'jenseits ['je:nzaɪts] *prp* (al) di là, oltre
'Jenseits *n* (-; *senza pl*) altro mondo *m*, aldilà *m*
'Jesus ['je:zus] *m* (Jesu; *senza pl*) Gesù *m*
jetzt [jɛtst] ora, adesso; ***für ~*** per il momento; ***bis ~*** finora; ***von ~ an*** d'ora in poi
'jeweil|ig ['je:vaɪlɪç] relativo, rispettivo; **'~s** rispettivamente
Job F [dʒɔb] *m* (-*s*; -*s*) lavoro *m*; **'2ben** F ['dʒɔbən] (*h*) lavorare saltuariamente; **'~sharing** ['-ʃɛərɪŋ] *n* (-*[s]*; *senza pl*) job sharing *m*; **'~vermittlung** *f* mediazione *f* di lavoro
'Jockei ['dʒɔke; '-ki] *m* (-*s*; -*s*) fantino *m*
Jod [jo:t] *n* (-*[e]s*; *senza pl*) *chim* iodio *m*
Jo'hannisbeere [jo'hanisbe:rə] *f bot* ribes *m*
'Joint-'venture ['dʒɔint'vɛntʃə] *n* (-*[s]*; -*s*) joint-venture *f*
Journa'l|ismus [ʒurna'lismus] *m* (-; *senza pl*) giornalismo *m*; **~'ist** [-na'list] *m* (-*en*; -*en*), **~'istin** *f* (-; -*nen*) giornalista *m/f*
Jubi'läum [jubi'lɛ:um] *n* (-*s*; -*läen*) giubileo *m*
'juck|en ['jukən] (*h*) prudere; pizzicare; **'2reiz** *m* prurito *m*
'Jude ['ju:də] *m* (-*n*; -*n*) ebreo *m*
'Jüd|in ['jy:din] *f* (-; -*nen*) ebrea *f*; **'2isch** ebreo, ebraico; israelitico
'Jugend ['ju:gənt] *f* (-; *senza pl*) gioventù *f*; (*Kindesalter*) infanzia *f*; **'~arbeitslosigkeit** *f* disoccupazione *f* giovanile; **'~freund** *m* amico *m* di gioventù; **'~herberge** *f* ostello *m* della gioventù; **'~kriminalität** *f* delinquenza *f* minorile; **'2lich** giovanile; **'~liche** *m/f* (-*n*; -*n*) minore *m*, minorenne *m*; giovane *m/f*; **'~stil** *m* (-*s*; *senza pl*) liberty *m*; **'~zentrum** *n* centro *m* per la gioventù
Jugos'law|e [jugos'la:və] *m* (-*n*; -*n*), **~in** [-vin] *f* (-; -*nen*), **2isch** iugoslavo *m*, -a *f*
'Juli ['ju:li] *m* (-*[s]*; -*s*) luglio *m*
'Jumbojet ['jumbodʒɛt] *m* (-*s*; -*s*) *avia* jumbo *m*
jung [juŋ] giovane; *Wein*: nuovo
'Junge ['juŋə]: **1.** *m* (-*n*; -*n*) ragazzo *m*; **2.** *n* (-*n*; -*n*) *zo* piccolo *m*; *Hunde*: cucciolo *m*; *Katzen*: gattino *m*
'jünger ['jyŋər] più giovane
'Jünger *m* (-*s*; -) *rel* discepolo *m*
'Jung|frau ['juŋfrau] *f* (-; -*en*) vergine *f* (*a astr*); *rel* Vergine *f*, Madonna *f*; **'~geselle** *m* scapolo *m*; celibe *m*
jüngst [jyŋst] *adj*: ***das 2e Gericht*** il giudizio universale; ***der ~e*** il più giovane
'Jungunternehmer *m* giovane imprenditore *m*
'Juni ['ju:ni] *m* (-*[s]*; -*s*) giugno *m*
'Junior|chef ['ju:njɔrʃɛf] *m* figlio *m* del principale; **'~partner** *m* socio *m* giovane
Jura *jur* ['ju:ra] *pl*: ***~ studieren*** studiare giurisprudenza
Ju'rist [ju'rist] *m* (-*en*; -*en*) giurista *m*; studente *m* di giurisprudenza; **2isch** giuridico
'Jury ['ʒy:ri] *f* (-; -*s*) giuria *f*
Justi'tiar [justits'ja:r] *m* (-*s*; -*e*) consulente *m* legale
Jus'tiz [jus'ti:ts] *f* (-; *senza pl*) giustizia *f*; **~irrtum** *m* errore *m* giudiziario; **~minister** *m* ministro *m* di Grazia e Giustizia
Juwe'lier [-ve'li:r] *m* (-*s*; -*e*) gioielliere *m*

J

K

Kaba'rett [kaba'rɛt] *n* (*-s*; *-s u -e*) cabaret *m*
'Kabel ['kɑːbəl] *n* (*-s*; *-*) cavo *m*; **'⁓fernsehen** *n* televisione *f* via cavo
Ka'bine [ka'biːnə] *f* (*-*; *-n*) cabina *f*
Kabi'nett [kabi'nɛt] *n* (*-s*; *-e*) gabinetto *m* (*a pol*)
'Kabrio ['kɑːbrio] *n* (*-s*; *-s*), **Kabrio'lett** [kabrio'lɛt] *n* (*-s*; *-s*) decappottabile *f*, cabriolet *m*, cabriolè *m*; convertibile *f*
'Käfer ['kɛːfər] *m* (*-s*; *-*) coleottero *m*
'Kaffee ['kafeː] *m* (*-s*; *-s*) caffè *m*; **'⁓bohne** *f* chicco *m* di caffè; **'⁓ersatz** *m* surrogato *m* di caffè; **'⁓kanne** *f* caffettiera *f*; **'⁓maschine** *f* macchina *f* da caffè; (*Heißdampf≈*) macchina *f* espresso
'Käfig ['kɛːfiç] *m* (*-s*; *-e*) gabbia *f*
kahl [kɑːl] nudo; *Kopf*: calvo; *Gegend*: raso; (*unbelaubt*) spoglio
Kahn [kɑːn] *m* (*-[e]s*; *¨e*) barca *f*, barcone *m*, chiatta *f*; **'⁓fahrt** *f* gita *f* in barca
Kai [kaɪ] *m* (*-s*; *-s*) banchina *f*, molo *m*
'Kaiser ['kaɪzər] *m* (*-s*; *-*) imperatore *m*; **'⁓in** *f* (*-*; *-nen*) imperatrice *f*; **'⁓reich** *n* impero *m*; **'⁓schnitt** *m med* taglio *m* cesareo
Ka'jüt|boot [ka'jyːtboːt] *n* cabinato *m*; **⁓e** *f* (*-*; *-n*) cabina *f*
Ka'kao [ka'kaʊ] *m* (*-s*; *-s*) cacao *m*; *Getränk*: cioccolata *f*
'Kaktus ['kaktus] *m* (*-*; *-teen* [-'teːən]) *bot* cactus *m*
Kalb [kalp] *n* (*-[e]s*; *¨er*) vitello *m*; **'⁓fleisch** *n* (carne *f* di) vitello *m*
'Kalbs|braten ['kalpsbrɑːtən] *m* vitello *m* arrosto, arrosto *m* di vitello; **'⁓hachse** ['-haksə] *f gastr* ossobuco *m*; **'⁓schnitzel** *n* scaloppina *f* di vitello
Ka'lender [ka'lɛndər] *m* (*-s*; *-*) calendario *m*; **⁓jahr** *n* anno *m* civile
Ka'liber [ka'liːbər] *n* (*-s*; *-*) calibro *m*
Kalk [kalk] *m* (*-[e]s*; *-e*) *chim* calce *f*; **'≈haltig** calcinoso; **'⁓stein** *m* calcare *m*
Kalkul|a'tion [kalkulats'joːn] *f* (*-*; *-en*) calcolo *m*; **≈'ieren** (*senza ge-*, *h*) calcolare
kalt [kalt] freddo; ***es ist* ⁓** fa freddo; ***mir ist* ⁓** ho freddo; **⁓ *werden*** raffreddarsi; **⁓*e Küche*** piatti *m/pl* freddi; **⁓ *stellen*** mettere in fresco; **'⁓blütig** ['-blyːtiç] a sangue freddo
'Kälte ['kɛltə] *f* (*-*; *senza pl*) freddo *m*; **'⁓einbruch** *m* abbassamento *m* improvviso della temperatura; **'⁓grad** *m* grado *m* sotto zero; **'⁓welle** *f* ondata *f* di freddo
'Kalt|front *f* fronte *m* freddo; **'⁓miete** *f* canone *m* di affitto escluse le spese di riscaldamento
Ka'mel [ka'meːl] *n* (*-[e]s*; *-e*) *zo* cammello *m*
'Kamera ['kamərа] *f* (*-*; *-s*) macchina *f* fotografica; (*Film≈*) cinepresa *f*
Ka'mille [-'milə] *f* (*-*; *-n*) *bot* camomilla *f*
Ka'min [-'miːn] *m* (*-s*; *-e*) camino *m*
Kamm [kam] *m* (*-[e]s*; *¨e*) pettine *m*; (*Gebirgs≈*) cresta *f* montuosa
'kämmen ['kɛmən] (*h*) pettinare
'Kammer|musik ['kamərmuzik] *f* musica *f* da camera; **'⁓sänger(in** *f*) *m* cantante *m/f* da camera
Kampf [kampf] *m* (*-[e]s*; *¨e*) lotta *f*, battaglia *f*, conflitto *m*; *mil* combattimento *m*; (*Wett≈*) gara *f*, competizione *f*; **'⁓bahn** *f* stadio *m*; lizza *f*; arena *f*; **'≈bereit** pronto a combattere
'kämpf|en ['kɛmpfən] (*h*) lottare; combattere (***um*** per, ***gegen*** contro); **'≈er** *m* (*-s*; *-*) lottatore *m*; combattente *m*
'Kampf|flugzeug *n* aereo *m* da combattimento; **'⁓handlung** *f* operazione *f* militare; **'≈los** senza opporre resistenza; **'⁓richter** *m* arbitro *m*; **'≈unfähig** incapace di battersi
kam'pieren [kam'piːrən] (*senza ge-*, *h*) accamparsi; essere accampato
Ka'nad|ier [ka'nɑːdjər] *m* (*-s*; *-*), **⁓ierin** *f* (*-*; *-nen*), **≈isch** canadese *m/f*
Kanal [ka'nɑːl] *m* (*-s*; *¨e*) canale *m*; (*Graben*) fosso *m*, fossato *m*; (*Abfluss≈*) fogna *f*; **⁓isa'tion** [-lizats'joːn] *f* (*-*; *-en*) canalizzazione *f*; *städtische*: fognatura *f*
Ka'narienvogel [ka'nɑːrjənfoːgəl] *m* canarino *m*
Kandi'd|at [kandi'dɑːt] *m* (*-en*; *-en*)

K

candidato *m*; **~a'tur** *f* (-; *-en*) candidatura *f*; **2'ieren** (*senza ge-*, *h*) presentarsi (come) candidato

'Känguru, Känguruh ['kɛŋguruː] *n* (*-s*; *-s*) *zo* canguro *m*

Ka'ninchen [ka'niːnçən] *n* (*-s*; -) *zo* coniglio *m*

Ka'nister [-'nistər] *m* (*-s*; -) recipiente *m*; *Benzin*: bidone *m*

'Kanne ['kanə] *f* (-; *-n*) brocca *f*; *Kaffee*: bricco *m*; *Wein, Bier*: boccale *m*

Ka'none [ka'noːnə] *f* (-; *-n*) cannone *m*; *fig a* asso *m*; **~nkugel** *f* palla *f* di cannone

'Kant|e ['kantə] *f* (-; *-n*) spigolo *m*; (*Saum*) orlo *m*; (*Rand*) bordo *m*; canto *m*; **'~en** *m* (*-s*; -) (*Brot*) cantuccio *m*

Kan'tine [-'tiːnə] *f* (-; *-n*) mensa *f*

Ka'nüle [ka'nyːlə] *f* (-; *-n*) *med* cannula *f*

'Kanzel ['kantsəl] *f* (-; *-n*) pulpito *m*

Kanz'lei [kants'lai] *f* (-; *-en*) cancelleria *f*; ufficio *m*

K

'Kanzler ['kantslər] *m* (*-s*; -) cancelliere *m*

Kap [kap] *n* (*-s*; *-s*) *geogr* capo *m*; promontorio *m*

Kapazi'tät [kapatsi'tɛːt] *f* (-; *-en*) capacità *f*; **~s'auslastung** *f* sfruttamento *m* della capacità produttiva; **~serweiterung** *f* [-ˀɛrvai-] ampliamento *m* della capacità

Ka'pelle [ka'pɛlə] *f* (-; *-n*) cappella *f*; (*Musik2*) orchestra *f*, banda *f*

'Kaper ['kaːpər] *f* (-; *-n*) *bot* cappero *m*

Kapi'tal [kapi'taːl] *n* (*-s*; *-e u -ien*) capitale *m*; **~anlage** *f* investimento *m* di capitale; **~ertrag** *m* reddito *m* di capitale; **~ertragssteuer** *f* imposta *f* sul reddito dei capitali; **~flucht** *f* fuga *f* di capitali; **~hilfe** *f* aiuto *m* finanziario; **2i'sieren** [-tali'ziːrən] (*senza ge-*, *h*) capitalizzare; **~'ismus** [-'lismus] *m* (-; *senza pl*) capitalismo *m*; **2'istisch** capitalista; **~markt** *m* mercato *m* finanziario

Kapi'tän [-pi'tɛːn] *m* capitano *m*

Ka'pitel [-'pitəl] *n* (*-s*; -) capitolo *m*

Kapi'tell [-pi'tɛl] *n* (*-s*; *-e*) capitello *m*

Kapitul|a'tion [-pitulats'joːn] *f* (-; *-en*) capitolazione *f*; **2'ieren** (*senza ge-*, *h*) capitolare

'Kappe ['kapə] *f* (-; *-n*) berretto *m*

ka'putt F [ka'put] rovinato, rotto, guasto; (*müde*) stanco morto, sfinito; **~gehen** rompersi

Ka'puze [-'puːtsə] *f* (-; *-n*) cappuccio *m*

Ka'raffe [-'rafə] *f* (-; *-n*) caraffa *f*

Ka'rat [-'raːt] *n* (*-[e]s*; *-e*; *als Maß im pl inv*) carato *m*

Kardi'nal [kardi'naːl] *m* (*-s*; *¨-e*) cardinale *m*

Kar'freitag [kar'fraitaːk] *m rel* venerdì *m* santo

ka'riert [ka'riːrt] a quadri; *klein*: a quadretti

'Karies ['kaːriɛs] *f* (-; *senza pl*) *med* carie *f*

Karika'tur [-rika'tuːr] *f* (-; *-en*) caricatura *f*

'Karneval ['karnəval] *m* (*-s*; *-e*) carnevale *m*

'Karo ['kaːro] *n* (*-s*; *-s*) quadro *m*; *Kartenspiel*: quadri *m/pl*

Karosse'rie [karɔsə'riː] *f* (-; *-n*) carrozzeria *f*

Ka'rotte [ka'rɔtə] *f* (-; *-n*) carota *f*

'Karpfen ['karpfən] *m* (*-s*; -) *zo* carpa *f*

Kar'riere [kar'jɛːrə] *f* (-; *-n*) carriera *f*

'Karte ['kartə] *f* (-; *-n*) biglietto *m*; (*Post2*, *Ansichts2*) cartolina *f*; (*Speise2*) menu *m*; (*Visiten2*) biglietto *m* da visita; (*Land2*) carta *f* geografica; ***~n spielen*** giocare a carte; ***nach der ~ essen*** mangiare alla carta

Kar'tei [kar'tai] *f* (-; *-en*) schedario *m*; **~karte** *f* scheda *f*

Kar'tell [kar'tɛl] *n* (*-s*; *-e*) *econ* cartello *m*; lega *f*; **~amt** *n* ufficio *m* preposto al controllo sui cartelli economici; **~gesetz** *n* legge *f* sui cartelli

'Karten|spiel ['kartənʃpiːl] *n* gioco *m* delle carte; (*Spielkarten*) mazzo *m* di carte; **'~telefon** *n* telefono *m* a scheda; **'~verkauf** *m* vendita *f* dei biglietti

Kar'toffel [-'tɔfəl] *f* (-; *-n*) patata *f*; **~brei** *m* purè *m* di patate; **~chips** *pl* patatine *f/pl* fritte; chips *f/pl*; **~salat** *m* patate *f/pl* in insalata; insalata *f* di patate; **~suppe** *f* minestra *f* di patate

Kar'ton [-'tõ] *m* (*-s*; *-s*) cartone *m*; (*Schachtel*) scatola *f*

Karus'sell [karu'sɛl] *n* (*-s*; *-s u -e*) giostra *f*, carosello *m*

'Käse ['kɛːzə] *m* (*-s*; *-e*) formaggio *m*; cacio *m*; **'~kuchen** *m* torta *f* alla ricotta

Ka'serne [ka'zɛrnə] *f* (-; *-n*) caserma *f*

Ka'sino [-'ziːno] *n* (*-s*; *-s*) casinò *m*, circolo *m*

'Kaskoversicherung ['kaskofɛrziçəruŋ] *f* assicurazione *f* contro tutti i rischi

'Kasse ['kasə] *f* (-; *-n*) cassa *f*

'Kassen|arzt *m* medico *m* della mutua; **'~bestand** *m* effettivo *m* di cassa; **'~patient** *m* mutuato; **'~stunden** *f/pl* orario *m* di cassa; **'~verwalter** *m* cassiere *m*; **'~zettel** *m* scontrino *m*

Kas'sette [ka'sɛtə] *f* (-; *-n*) cassetta *f*; **~nrecorder** [-tənrekɔrdər] *m* (*-s*; -) registratore *m* a cassetta

kassier|en [-'siːrən] (*senza ge-*, *h*) incassare; **2er** *m* (*-s*; -) cassiere *m*; **2erin** *f* (-; *-nen*) cassiera *f*

Kas'tanie [kas'tɑːnjə] *f* (-; *-n*) *Frucht*: marrone *m*, castagna *f*; *Baum*: castagno *m*

Kas'tell [kas'tɛl] *n* (*-s*; *-e*) castello *m*, roccaforte *f*

'Kasten ['kastən] *m* (*-s*; ¨) cassa *f*; *mit Schubläden*: cassettone *m*

kas'trieren [kas'triːrən] (*senza ge-*, *h*) castrare

Kat [kat] *m* (*-s*; *-s*) *abbr zu* ***Katalysator***

Kata'log [kata'loːk] *m* (*-s*; *-e*) catalogo *m*; **~preis** *m* prezzo *m* di listino

Kataly'sator [kataly'zɑːtɔr] *m* (*-s*; *-en* [-za'toːrən]) *auto* marmitta *f* catalitica, catalizzatore *m*; **~auto** *n* veicolo *m* catalizzato; → ***Kat***

Ka'tarr, **Ka'tarrh** [-'tar] *m* (*-s*; *-e*) *med* catarro *m*

katastr|o'phal [-tastro'fɑːl] catastrofico; **2'ophe** [-s'troːfə] *f* (-; *-n*) catastrofe *f*

Kateg|o'rie [-tego'riː] *f* (-; *-n*) categoria *f*; **2'orisch** categorico

'Kater ['kɑːtər] *m* (*-s*; -) gatto *m*; (*Katzenjammer*) mal *m* di testa, malessere *m* (dopo una sbornia)

Kathe'drale [kate'drɑːlə] *f* (-; *-n*) cattedrale *f*

Kath|o'lik [-to'liːk] *m* (*-en*; *-en*), **~o'likin** *f* (-; *-nen*), **2'olisch** [-'toːliʃ] *adj* cattolico *m*, -a *f*

'Katze ['katsə] *f* (-; *-n*) gatto *m*; gatta *f*; **'~nsprung** *m*: ***es ist nur ein ~ bis*** sono solo quattro passi fino a

'kauen ['kauən] (*h*) **1.** *v/t* masticare; **2.** *v/i*: ***an et*** (*dat*) **~** rosicchiare qc

Kauf [kauf] *m* (*-[e]s*; ¨*e*) comp(e)ra *f*, acquisto *m*; *fig* ***mit in ~ nehmen*** chiudere un occhio su; accettare; **'~anreiz** *m* incentivo *m* all'acquisto; **'2en** (*h*) comp(e)rare

'Käufer ['kɔʏfər] *m* (*-s*; -), **'~in** *f* (-; *-nen*) compratore *m*, -trice *f*

'Kauf|frau *f* commerciante *f*; **'~haus** *n* grande magazzino *m*, magazzini *m/pl*; **'~kraft** *f* potere *m* d'acquisto

'käuflich ['kɔʏfliç] vendibile; *Personen*: venale; ***~ erwerben*** comp(e)rare

'Kauf|mann *m* (*pl -leute*) (*Ladenbesitzer*) negoziante *m*; (*Händler*) commerciante *m*; bottegaio *m*; (*Fabrikant*) industriale *m*; **'2männisch** ['-mɛniʃ] commerciale; **'~vertrag** *m* contratto *m* di compravendita

'Kaugummi ['kaugumi] *m* (*-s*; *-s*) gomma *f* da masticare

kaum [kaum] appena; (*schwerlich*) difficilmente

Kau'tion [kauts'joːn] *f* (-; *-en*) cauzione *f*

'Kaviar ['kɑːvjɑːr] *m* (*-s*; *-e*) caviale *m*

'Kegel ['keːgəl] *m* (*-s*; -) *Spiel*: birillo *m*; **'~bahn** *f* pista *f* dei birilli; **'2n** (*h*) giocare ai birilli

'Kehl|e ['keːlə] *f* (-; *-n*) *anat* gola *f*; **'~kopf** *m* laringe *f*

'kehr|en ['keːrən] (*h*) **1.** *v/t* spazzare, scopare; (*wenden*) voltare; **2.** *v/i* (*sn*) tornare; ***in sich gekehrt*** raccolto, assorto; **'2maschine** *f* spazzatrice *f*; **'2seite** *f* rovescio *m*

Keil [kaıl] *m* (*-[e]s*; *-e*) cuneo *m*; **'~riemen** *m auto* cinghia *f* trapezoidale

Keim [kaım] *m* (*-[e]s*; *-e*) *bot*, *med* germe *m*; **'2frei** sterilizzato

kein [kaın] nessuno; ***ich habe ~ ...*** non ho ...; ***es gibt ~e ...*** non ci sono ...; **'~er** ['kaınər] nessuno; **~er'lei** di nessun tipo; **~es'falls** in nessun caso; **'~es'wegs** ['-'veːks] niente affatto

Keks [keːks] *m* (*-es*; *-e*) biscotto *m*

'Keller ['kɛlər] *m* (*-s*; -) cantina *f*, sotterraneo *m*; **~'ei** [-'raı] *f* (-; *-en*) bottiglieria *f*

'Kellner ['kɛlnər] *m* (*-s*; -), **'~in** *f* (-; *-nen*) cameriere *m*, -a *f*

'keltern ['kɛltərn] (*h*) pigiare

'kenn|en ['kɛnən] (*kannte*, *gekannt*, *h*) conoscere; (*wissen*) sapere; ***~ lernen*** conoscere; **'2er** *m* (*-s*; -) conoscitore *m*

'Kenntnis ['kɛntnis] *f* (-; *senza pl*) conoscenza *f*; *-se pl* (*Wissen*) nozioni *f/pl*; ***zur ~ nehmen*** prender atto di; ***~ er-***

K

halten von venire informato di; **'~nahme** *f* (-; *senza pl*) il prender atto; ***zu Ihrer*** ~ per Sua informazione
'Kenn|wort ['kɛnvɔrt] *n* sigla *f*; **'~zeichen** *n* segno *m* caratteristico; *auto* targa *f*
'kentern ['kɛntərn] (*sn*) *mar* capovolgersi
Ke'ram|ik [ke'ra:mik] *f* (-; *-en*) ceramica *f*; **≗isch** ceramico
Kerl [kɛrl] *m* (*-s*; *-e*) P tipo *m*; soggetto *m*; ***armer*** ~ povero diavolo *m*; ***komischer*** ~ bel tipo
Kern [kɛrn] *m* (*-[e]s*; *-e*) nocciolo (*a fig*); (*Samen≗*, *Apfel≗*) seme *m*; (*Nuss≗*) gheriglio *m*; (*Trauben≗*) acino *m*; (*Atom≗*) nucleo *m*; **'~energie** *f* energia *f* nucleare; **'~forschung** *f* ricerca *f* nucleare; **'~fusion** *f* fusione *f* nucleare; **'~kraftgegner** *m* antinuclearista *m*; **'~kraftwerk** *n* centrale *f* nucleare; **'≗los** senza semi; **'~punkt** *m* punto *m* essenziale; **'~reaktor** *m* reattore *m* nucleare; **'~spaltung** *f* fissione *f* nucleare; **'~technik** *f* tecnica *f* nucleare; **'~waffen** *f/pl* armi *f/pl* nucleari (*od* atomiche); **'≗waffenfrei** denuclearizzato
'Kerze ['kɛrtsə] *f* (-; *-n*) candela *f*; (*Kirchen≗*) cero *m*
'Kessel ['kɛsəl] *m* (*-s*; -) caldaia *f*; *gastr* paiolo *m*; *geogr* vallata *f*, conca *f*
'Kette ['kɛtə] *f* (-; *-n*) catena *f*; (*Hals≗*) collana *f*; *fig* serie *f*
'keuch|en ['kɔyçən] (*h*) ansare; **'≗husten** *m med* pertosse *f*
Kf'z [ka:ˀɛf'tsɛt] *n* (*-[s]*; *-[s]*) *abbr zu* ***Kraftfahrzeug***; **~-Brief** *m* foglio *m* complementare; **~-Schein** *m* libretto *m* di circolazione; **~-Steuer** *f* tassa *f* di circolazione degli autoveicoli; **~-Versicherung** *f* assicurazione *f* automobilistica; **~-Werkstatt** *f* officina *f*
'Kiefer[1] ['ki:fər] *m* (*-s*; -) *anat* mascella *f*, mandibola *f*
'Kiefer[2] *f* (-; *-n*) *bot* pino *m* silvestre
Kiel [ki:l] *m* (*-[e]s*; *-e*) penna *f* d'oca (per scrivere); *mar* chiglia *f*; **'~raum** *m* sentina *f*
'Kieme ['ki:mə] *f* (-; *-n*) *zo* branchia *f*
Kies [ki:s] *m* (*-es*; *-e*) ghiaia *f*
'Kieselstein ['ki:zəlʃtaɪn] *m* ciottolo *m*
'Kilo ['ki:lo] *n* (*-s*; *-[s]*) chilo *m*; **~'gramm** *n* chilogrammo *m*; **~'meter** *m* chilometro *m*; **~'watt** *el n* chilowatt *m*; **~'wattstunde** *f* chilowatt-ora *f*
Kind [kint] *n* (*-[e]s*; *-er*) bambino *m*; fanciullo *m*, -a *f*; *männliches*: maschio *m*; *weibliches*: femmina *f*; ***von*** ~ ***auf*** fin da bambino; **~er** *pl* figli *m/pl*
'Kinder|arzt *m* pediatra *m*; **'~betreuung** *f* (-; *senza pl*) assistenza *f* pediatrica; **'~fahrkarte** *f* biglietto *m* per ragazzi; **'~freibetrag** *m* detrazione *f* per figli a carico; **'≗freundlich** *Hotel*: che accetta volentieri bambini; a misura di bambino; **'~garten** *m* asilo *m* infantile; **'~geld** *n* assegni *m/pl* familiari; **'~krankheiten** *f/pl* malattie *f/pl* infantili; **'~lähmung** *f med* poliomielite *f*, paralisi *f* infantile; **'≗los** senza prole; **'~mädchen** *n* bambinaia *f*; **'≗reich** con molti figli; prolifico; **'~spiel** *n*: F *fig* ***das ist kein*** ~ non è mica una cosa facile; **'~spielplatz** *m* campo *m* giochi; **'~wagen** *m* carrozzella *f*, carrozzina *f* (da bambini); **'~zimmer** *n* stanza *f* dei bambini
'Kindes|alter ['kindəsˀaltər] *n* infanzia *f*; **'~entführung** *f* ratto *m* di minorenne
'Kind|heit ['kinthaɪt] *f* (-; *senza pl*) infanzia *f*, fanciullezza *f*; **'≗isch** ['-diʃ] bambinesco, puerile; **'≗lich** infantile; *Liebe*: filiale
Kinn [kin] *n* (*-[e]s*; *-e*) mento *m*
'Kino ['ki:no] *n* (*-s*; *-s*) cinema *m*
'Kiosk ['ki:ɔsk, kjɔsk] *m* (*-[e]s*; *-e*) chiosco *m*; (*Zeitungs≗*) edicola *f*
'Kippe ['kipə] *f* (-; *-n*) (*Zigarette*) cicca *f*; *fig* ***auf der*** ~ ***stehen*** star per cadere
'kippen ['kipən] **1.** (*h*) *v/t* rovesciare; **2.** (*sn*) *v/i* perdere l'equilibrio
'Kirche ['kirçə] *f* (-; *-n*) chiesa *f*; (*Gottesdienst*) messa *f*
'Kirchen|lied *n* canto *m* sacro; **'~musik** *f* musica *f* sacra; **'~schiff** *n* navata *f*; **'~steuer** *f* imposta *f* ecclesiastica; **'~tag** *m* sinodo *m*
'kirch|lich ecclesiastico; ~ ***gesinnt*** clericale; **'≗turm** *m* campanile *m*; **'≗weihfest** *n* sagra *f*
'Kirsch|baum ['kirʃbaum] *m* ciliegio *m*; **'~e** ['kirʃə] *f* (-; *-n*) ciliegia *f*; **'~kuchen** *m* torta *f* di ciliege; **'~likör** *m* maraschino *m*; **'~saft** *m* succo *m* di ciliege
'Kissen ['kisən] *n* (*-s*; -) cuscino *m*
'Kiste ['kistə] *f* (-; *-n*) cassa *f*
Kitsch [kitʃ] *m* (*-es*; *senza pl*) kitsch *m*;

robaccia *f*, oggetti *m/pl* di pessimo gusto; **'≗ig** di cattivo gusto; sdolcinato

'Kittel ['kitəl] *m* (-*s*; -) camice *m*

'klaffen ['klafən] (*h*) essere spalancato; **~de Wunde** *f* ferita *f* aperta

'Klag|e ['klɑːgə] *f* (-; -*n*) lagnanza *f*, (*Weh*≗) lamento *m*; *jur* querela *f*, causa *f*, processo *m*; **~ erheben gegen j-n** querelare qu; **'≗en** (*h*) **1.** *v/t* **j-m sein Leid ~** confidare i suoi affanni a qu; **2.** *v/i* lagnarsi (**über** *acc* di); (*weh~*) lamentarsi; *jur* sporgere querela

'Kläger ['klɛːgər] *m* (-*s*; -); **'~in** *f* (-; -*nen*) querelante *m/f*

'kläglich ['klɛːkliç] lamentevole; (*beklagenswert*) deplorevole; miserabile

klamm[1] [klam] stretto; scarso; *vor Kälte*: intirizzito

Klamm[2] [klam] *f* (-; -*en*) *geol* gola *f*

'Klammer ['klamər] *f* (-; -*n*) graffa *f*, morsetto *m*; (*Wäsche*≗) molletta *f*; **'~affe** *m* (-*s*; -*n*) *inform* chiocciola *f*, at *m*; **'≗n**: **sich ~ an** (*acc*) (*h*) aggrapparsi a

Klang [klaŋ] *m* (-[*e*]*s*; ⁻*e*) suono *m*; risonanza *f*, melodia *f*, armonia *f*; **'≗voll** sonoro; armonioso

'Klappbett ['klapbɛt] *n* letto *m* ribaltabile; (*Feldbett*) branda *f*

'Klappe ['klapə] *f* (-; -*n*) *tec u anat* valvola *f*, *an Ledersachen*: linguetta *f*, *Kleidung*: ri(s)volta *f*

'klappen ['klapən] (*h*) **1.** *v/t*: ribaltare; aprire; **nach oben ~** sollevare; **nach unten ~** abbassare; **2.** *v/i* sbattere; *fig* andare bene (*od* liscio); funzionare

'klappern ['klapərn] (*h*) sbattere, battere; **mit et ~** far suonare qc; **mit den Zähnen ~** battere i denti

'Klapp|fenster ['klapfɛnstər] *n* finestra *f* ribaltabile; **'~messer** *n* coltello *m* a serramanico; **'~sitz** *m Auto*: strapuntino *m*; **'~rad** *n* bicicletta *f* pieghevole; **'~stuhl** *m* sedia *f* pieghevole; **'~tisch** *m* tavola *f* a ribalta

klar [klɑːr] chiaro; *Wasser*: limpido; **sich über et** (*acc*) **~ werden** cominciare a capire qc; **~!** ma certo!

'Kläranlage ['klɛːrˀanlɑːgə] *f* impianto *m* di depurazione

'klären ['klɛːrən] (*h*) chiarire; filtrare, depurare; **sich ~** rischiararsi

'Klarheit ['klɑːrhaɪt] *f* (-; *senza pl*) chiarezza *f*, limpidezza *f*

'klarstellen (*sep*, -*ge*-, *h*) dichiarare, spiegare, chiarire

'Klärung ['klɛːruŋ] *f* (-; -*en*) chiarificazione *f*, depurazione *f*, *fig* chiarimento *m*

'Klasse ['klasə] *f* (-; -*n*) classe *f*, **erste/zweite ~** *fer*, *avia* prima/seconda classe

klassifi'zieren [klasifi'tsiːrən] (*senza ge-*, *h*) classificare

'Klass|ik ['klasik] *f* (-; *senza pl*) periodo *m* classico; **'~iker** *m* (-*s*; -) (autore *m*) classico *m*; **'≗isch** *adj classico*; **~i'zismus** [-si'tsismus] *m* (-; *senza pl*) classicismo *m*

Klatsch [klatʃ] *m* (-*es*; *senza pl*) tonfo *m*; (*Geschwätz*) pettegolezzo *m*

'klatschen ['klatʃən] (*h*): battere; **Beifall ~** applaudire; **mit den Händen ~** battere le mani; *fig* chiacchierare, far pettegolezzi

'Klausel ['klaʊzəl] *f* (-; -*n*) clausola *f*

Kla'vier [kla'viːr] *n* (-*s*; -*e*) *mus* pianoforte *m*; **~stück** *n* pezzo *m* per pianoforte

'kleb|en ['kleːbən] (*h*) **1.** *v/t* attaccare; appiccicare; *mit Leim*: incollare; **2.** *v/i* attaccarsi, attaccare; appiccicarsi; **'~rig** viscoso; attaccaticcio; **'≗stoff** ['kleːpʃtɔf] *m* adesivo *m*; colla *f*; **'≗streifen** *m* nastro *m* adesivo

'kleckern ['klɛkərn] (*h*) macchiare

Klee [kleː] *m* (-*s*; *senza pl*) trifoglio *m*

Kleid [klaɪt] *n* (-[*e*]*s*; -*er*) vestito *m*, abito *m*; **'≗en** ['-dən] (*h*) *v/t u v/i* vestire; **j-n gut ~** star bene a qu

'Kleider|bügel ['klaɪdərbyːgəl] *m* gruccia *f*, **'~bürste** *f* spazzola *f* per vestiti; **'~haken** *m* attaccapanni *m*; **'~schrank** *m* armadio *m* dei (*od* per i) vestiti, guardaroba *f*

'Kleidung ['klaɪduŋ] *f* abito *m*; vestiario *m*, abbigliamento *m*; **'~sstück** *n* capo *m* di vestiario; **~e** *pl* indumenti *m/pl*; vestiario *m*

klein [klaɪn] piccolo; *Buchstabe*: minuscolo; **von ~ an** fin dall'infanzia; **bis ins ≗ste** con tutti i particolari; *oft durch Verkleinerungsform*: **~er Bruder** *m* fratellino *m*; **'≗anzeige** *f* piccola pubblicità *f*, **'≗arbeit** *f* lavoro *m* minuzioso; **'≗bildkamera** *f* microcamera *f*, **'~bürgerlich** da borghesuccio; **'≗gedruckte** ['-gədruktə] *n* (-*n*; *senza*

K

pl) clausole *f/pl* di un contratto stampate a caratteri più piccoli; '**2geld** *n* spiccioli *m/pl*, moneta *f*; '**2igkeit** *f* (-; *-en*) piccolezza *f*, inezia *f*; '**2kind** *n* bambino *m* piccolo; '**2kram** *m* cianfrusaglie *f/pl*; *fig* dettagli *m/pl*; '**~lich** gretto; '**2stadt** *f* cittadina *f*; '**~städtisch** *adj* provinciale; '**2wagen** *m* (vettura *f*) utilitaria *f*

'**klemmen** ['klɛmən] (*h*) serrare; incastrare

'**Klempner** ['klɛmpnər] *m* (*-s*; -) stagnino *m*, lattoniere *m*

'**Klerus** ['kle:rus] *m* (-; *senza pl*) clero *m*

'**klettern** ['klɛtɛrn] (*sn*) arrampicarsi (***auf*** *acc* su); scalare

'**Klettverschluss** ['klɛtfɛrʃlus] *m* chiusura *f* a strappo

Kli'ent [kli'ɛnt] *m* (*-en*; *-en*), **~in** *f* (-; *-nen*) *jur* cliente *m/f*

'**Klim|a** ['kli:ma] *n* (*-s*; *-s*) clima *m*; '**~aanlage** ['-ʔanlagə]; *f* (impianto *m* di) aria *f* condizionata; ***mit ~*** climatizzato; **2'atisch** [-'ma:tiʃ] climatico; '**~averänderung** *f* cambiamento *m* climatico

'**Klinge** ['kliŋə] *f* (-; *-n*) lama *f*

'**Klingel** ['kliŋəl] *f* (-; *-n*) campanello *m*; '**2n** (*h*) suonare; *tel* squillare

'**klingen** ['kliŋən] (*klang*, *geklungen*, *h*) suonare; avere un suono

'**Klin|ik** ['kli:nik] *f* (-; *-en*) clinica *f*; '**2isch** clinico

'**Klinke** ['kliŋkə] *f* (-; *-n*) saliscendi *m*; (*Griff*) maniglia *f*, nottolino *m*

klipp [klip]: ***~ und klar*** chiaro e tondo

'**Klippe** ['klipə] *f* (-; *-n*) *geol* scoglio *m*; *fig* difficoltà *f*, ostacolo *m*

'**klirren** ['klirən] (*h*) tintinnare

Kli'schee [kli'ʃe:] *n* (*-s*; *-s*) cliché *m*; **~vorstellung** *f* cliché *m*, stereotipo *m*

Klo F [klo:] *n* (*-s*; *-s*) gabinetto *m*

'**klopfen** ['klɔpfən] (*h*) battere, picchiare; *an die Tür*: bussare; *Herz*: palpitare; *Puls*: pulsare

Klops [klɔps] *m* (*-es*; *-e*) polpetta *f*

Klo'sett [klo'zɛt] *n* (*-s*; *-s*) gabinetto *m*; **~papier** *n* carta *f* igienica

Kloß [klo:s] *m* (*-es*; *⸚e*) gnocco *m*

'**Kloster** ['klo:stər] *n* (*-s*; *⸚*) convento *m*; monastero *m*; '**~kirche** *f* chiesa *f* conventuale

Klub [klup] *m* (*-s*; *-s*) circolo *m*, club *m*

klug [klu:k] intelligente; (*vorsichtig*) prudente; (*schlau*) astuto; (*weise*) assennato; ***nicht ~ werden aus et*** non riuscire a capire qc; '**2heit** *f* (-; *senza pl*) intelligenza *f*, prudenza *f*, saggezza *f*

'**Klumpen** ['klumpən] *m* (*-s*; -) massa *f* (compatta); ammasso *m*; *Erde*: zolla *f*; *Mehl*: gnocco *m*; *Blut*: grumo *m*

'**knabbern** ['knabərn] (*h*) sgranocchiare, morsicchiare

'**knack|en** ['knakən] (*h*) **1.** *v/i* scricchiolare; **2.** *v/t* schiacciare; '**2wurst** *f* salsicciotto *m*

Knall [knal] *m* (*-[e]s*; *-e*) detonazione *f*; '**~bonbon** *m* confetto *m* fulminante; '**2en** (*h*) detonare, esplodere, scoppiare; '**~körper** *m* petardo *m*

knapp [knap] (*eng*) stretto; *fig* scarso; *Stil*: conciso; '**2heit** *f* (-; *senza pl*) strettezza *f*, scarsità *f*, concisione *f*

'**knarren** ['knarən] (*h*) scricchiolare

'**knattern** ['knatərn] (*h*) scoppiettare, crepitare

'**Knäuel** ['knɔʏəl] *m u n* (*-s*; -) gomitolo *m*

'**Knebel** ['kne:bəl] *m* (*-s*; -) nottola *f*; (*Mund2*) bavaglio *m*; '**2n** (*h*) legare; *den Mund*: imbavagliare

'**kneifen** ['knaɪfən] (*kniff*, *gekniffen*, *h*) **1.** *v/t* pizzicare, pizzicottare, dare un pizzicotto; **2.** *v/i fig* svignarsela

'**Kneipe** ['knaɪpə] *f* (-; *-n*) birreria *f*, osteria *f*, bettola *f*

'**kneten** ['kne:tən] (*h*) modellare; *Teig*: rimenare, impastare

Knick [knik] *m* (*-[e]s*; *-e*) piega *f*; (*Sprung*) fessura *f*; '**2en** (*h*) piegare

Knie [kni:] *n* (*-s*; -) ginocchio *m*; *tec* gomito *m*; ***et übers ~ brechen*** precipitare qc; '**~hosen** *f/pl* calzoni *m/pl* corti; '**~kehle** *f* poplite *m*; '**2n** [kni:n, 'kni:ən] (*h*) inginocchiarsi; stare in ginocchio; '**~strumpf** *m* calzettone *m*

Kniff [knif] *m* (*-[e]s*; *-e*) pizzicotto *m*; (*List*) trucco *m*, strat(t)agemma *m*

'**knipsen** ['knipsən] (*h*) (per)forare; bucare; F fotografare, fare una fotografia

'**knirschen** ['knirʃən] (*h*) scricchiolare, crepitare

'**knistern** ['knistərn] (*h*) crepitare: *Papier*, *Seide*: frusciare, cantare

'**knitter|frei** ['knitərfraɪ] ingualcibile; '**~n** ['knitərn] (*h*) sgualcire

'**Knoblauch** ['kno:blaux, 'knɔblaux] *m*

(*-[e]s; senza pl*) *bot* aglio *m*
'Knöchel ['knœçəl] *m* (*-s; -*) (*Finger*≗) nocca *f*; (*Fuß*≗) malleolo *m*, noce *f*
'Knochen ['knɔxən] *m* (*-s; -*) osso *m*; **'~bau** *m* ossatura *f*; **'~bruch** *m* frattura *f* ossea; **'~hautentzündung** *f* periostite *f*; **'~mark** *n* midollo *m*; **'~splitter** *m* scheggia *f* di osso
'knochig ['knɔxiç] ossuto
'Knödel ['knøːdəl] *m* (*-s; -*) *gastr* gnocco *m*; (*Fleisch*≗) polpetta *f*
'Knolle ['knɔlə] *f* (*-; -n*) tubero *m*; bitorzolo *m*; *bot* bulbo *m*
Knopf [knɔpf] *m* (*-[e]s; ¨e*) bottone *m*; **'~loch** *n* occhiello *m*
'Knorpel ['knɔrpəl] *m* (*-s; -*) *anat* cartilagine *f*
'Knospe ['knɔspə] *f* (*-; -n*) *bot* (*Blüten*≗) bocciolo *m*; bottone *m*; (*Blatt*≗) gemma *f*
'Knoten ['knoːtən] *m* (*-s; -*) nodo *m*; *med* tubercolo *m*; **'~punkt** *m* crocicchio *m*; *fer* nodo *m* ferroviario
'Knüppel ['knypəl] *m* (*-s; -*) manganello *m*, randello *m*; (*Gummi*≗) sfollagente *m*
'knurren ['knurən] (*h*) ringhiare; ruggire; *fig Magen*: brontolare
'knusprig ['knuspriç] croccante
'knutschen F ['knuːtʃən] (*h*) F pomiciare
k.'o. [kaː'ʔoː]: ***j-n ~ schlagen*** mandare qu a tappeto
koa'l|ieren [koʔa'liːrən] (*senza ge-, h*) *pol* coalizzarsi; **≗i'tion** [-lits'joːn] *f* (*-; -en*) *pol* coalizione *f*, **≗i'tionsregierung** *f* governo *m* di coalizione
Koch [kɔx] *m* (*-[e]s; ¨e*) cuoco *m*; **'~buch** *n* libro *m* di cucina
'kochen (*h*) **1.** *v/i* bollire; **2.** *v/t* cuocere; (*zubereiten*) cucinare; *Fleisch*: lessare; *Kaffee*: fare; *Milch*: far bollire
'Kocher *m* (*-s; -*) fornello *m*
'Kochgelegenheit *f* uso *m* di cucina
'Köchin ['kœçin] *f* (*-; -nen*) cuoca *f*
'Koch|nische *f* angolo *m* cottura; **'~topf** *m* pentola *f*
'Kode [koːd] *m* (*-s; -s*) cifrario *m*
'Köder ['køːdər] *m* (*-s; -*) esca *f*; **≗n** (*h*) *fig* adescare
Koffe'in [kɔfe'iːn] *n* (*-s; senza pl*) caffeina *f*; **≗frei** *adj* decaffeinato
'Koffer ['kɔfər] *m* (*-s; -*) baule *m*; (*Hand*≗) valigia *f*; **'~kuli** *m* carrello *m* portabagagli; **'~radio** *n* radio *f* portatile; **'~raum** *m* (*im Auto*) baule *m*, portabagagli *m*
'Kognak ['kɔnjak] *m* (*-s; -s*) cognac *m*
Kohl [koːl] *m* (*-[e]s; -e*) *bot* cavolo *m*
'Kohle ['koːlə] *f* (*-; -n*) carbone *m*; *el* spazzola *f*; **'~hydrat** ['-hydraːt] *n* idrato *m* di carbonio
'Kohlen|bergwerk *n* miniera *f* carbonifera; **'~händler** *m* carbonaio *m*; **'~oxyd** ['-ʔɔk'syːt] *n* ossido *m* di carbonio; **'~revier** *n* distretto *m* carbonifero; **'≗sauer** carbonico; **'~säure** *f* acido *m* carbonico; **'~staub** *m* polvere *f* di carbone; **'~stoff** *m* carbonio *m*; **'~wasserstoff** *m* idrogeno *m* carbonato, idrocarburo *m*
'Kohle|papier *n* carta *f* carbone; **≗vorkommen** *n* giacimento *m* di carbone
Kohl|'rabi [koːl'raːbi] *m* (*-[s]; -[s]*) *bot* rapa *f* cavolo; **'~rübe** *f* navone *f*
'Koje ['koːjə] *f* (*-; -n*) cabina *f*, cuccetta *f*
Koka'in [koka'iːn] *n* (*-s; senza pl*) cocaina *f*
ko'kett [ko'kɛt] civettuolo
'Kokos|nuss ['koːkɔsnus] *f* (noce *f* di) cocco *m*; **'~palme** *f* cocco *m*
Koks [koːks] *m* (*-es; senza pl*) coke *m*; *Droge*: cocaina *f*
'Kolben ['kɔlbən] *m* (*-s; -*) (*Gewehr*≗) calcio *m*; *tec* pistone *m*, stantuffo *m*; (*Mais*≗) pannocchia *f*
'Kolik ['koːlik] *f* (*-; -en*) *med* colica *f*
Kol'laps [kɔ'laps] *m* (*-es; -e*) *med* collasso *m*
Kol'leg [kɔ'leːk] *n* (*-s; -s u -ien* [-'gɪən]) corso *m*, lezione *f*, ***ein ~ belegen*** iscriversi a un corso
Kol'leg|e [-'leːgə] *m* (*-n; -n*) collega *m*; **≗'ial** [-leg'jaːl] collegiale; da buon collega; **~in** *f* (*-; -nen*) collega *f*, **~ium** [-'leːgjum] *n* (*-s; -ien*) collegio *m*; (*Lehrer*≗) corpo *m* degli insegnanti
Kol'lek|te [kɔ'lɛktə] *f* (*-; -n*) colletta *f*; **~'tion** [-ts'joːn] *f* collezione *f*, **~'tiv** [-'tiːf] *n* (*-s; -e*) *pol* collettivo *m*; (*Gemeinschaft*) comunità *f*; **≗'tiv** *adj* collettivo
koll|i'dieren [kɔli'diːrən] *v/i* (*senza* ge-, *sn*) entrare in collisione, scontrarsi; *gleichzeitig stattfinden*: coincidere; **≗i'sion** [-z'joːn] *f* (*-; -en*) collisione *f*
Kolo'nie [kolo'niː] *f* (*-; -n*) colonia *f*

K

Ko'lonne [-'lɔnə] *f* (-; *-n*) colonna *f*
'Kombi ['kɔmbi] *m* (*-[s]*; *-s*), **'~wagen** *m* combi *f*, vettura *f* familiare; giardinetta *f*; **~na'tion** [-nats'jo:n] *f* (-; *-en*) combinazione *f*
Kom'fort [kɔm'fo:r] *m* (*-s*; *senza pl*) comfort *m*; comodità *f/pl*; **≈'abel** [-fɔr'tɑ:bəl] comodo; confortevole
'Kom|iker ['ko:mikər] *m* (*-s*; -) comico *m*; **'≈isch** strano; comico, buffo
Komi'tee [kɔmi'te:] *n* (*-s*; *-s*) comitato *m*
'Komma ['kɔma] *n* (*-s*; *-s u -ta*) virgola *f*
Komman'd|ant [kɔman'dant] *m* (*-en*; *-en*), **~'eur** [kɔman'dø:r] *m* (*-s*; *-e*) comandante *m*; **≈'ieren** (*senza ge-*, *h*) comandare; **~'itgesellschaft** *f* (-, *-en*) *econ* società *f* in accomandita
Kom'mando [kɔ'mando] *n* (*-s*; *-s*) comando *m*
'kommen ['kɔmən] (*kam*, *gekommen*, *sn*) venire; ***aus et ~*** uscire; ***hinter et*** (*acc*) **~** scoprire qc; ***zu et ~*** arrivare a qc; ***wie kommt das?*** come mai?; ***woher kommst du?*** da dove vieni?; **~ *aus*** venire da; *Zug usw.*: provenire da
'kommend venturo; *Woche*, *Monat*: entrante, prossimo
Kommen't|ar [kɔmɛn'tɑ:r] *m* (*-s*; *-e*) commento *m*; **~'ator** [-'tɑ:tɔr] *m* (*-s*; *-en* [-ta'to:rən]) commentatore *m*; **≈'ieren** (*senza ge-*, *h*) commentare
kommerz|iali'sieren [kɔmɛrtsjali'zi:rən] (*senza ge-*, *h*) commercializzare; **~'iell** [-ts'jɛl] commerciale
Kommili'ton|e [-mili'to:nə] *m* (*-n*; *-n*), **~in** *f* (-; *-nen*) compagno *m*, -a *f* di studi (all'università)
Kommis'sar [-mi'sɑ:r] *m* (*-s*; *-e*) commissario *m*; **≈isch** commissariale; provvisorio
Kommis'sion [-mis'jo:n] *f* (-; *-en*) commissione *f*
Kom'mode [-'mo:də] *f* (-; *-n*) cassettone *m*
komm|u'nal [-mu'nɑ:l] comunale; **≈u'nalpolitik** *f* politica *f* comunale; **≈u'nalwahl** *f* elezione *f* comunale; **≈'une** [-'mu:nə] *f* (-; *-n*) (*Gemeinde*) comune *m*; **≈unika'tion** [-nikats'jo:n] *f* (-; *-en*) comunicazione *f*; **≈uni'qué** [-myni'ke:] *n* (*-s*; *-s*) comunicato *m*; **≈u'nismus** [-mu'nismus] *m* (-; *senza pl*) comunismo *m*; **≈u'nist** [-'nist] *m* (*-en*; *-en*), **~u'nistisch** comunista *m*; **≈u'nion** [-n'jo:n] *f* (-; *-en*) comunione *f*; **~uni'zieren** (*senza ge-*, *h*) comunicare
Ko'mödie [-'mø:djə] *f* (-; *-n*) *tea* commedia *f*
'Kompagnon ['kɔmpanjɔ̃] *m* (*-s*; *-s*) compagno *m*; *econ* socio *m*
kom'pakt [kɔm'pakt] compatto
Kompa'nie [kɔmpa'ni:] (-; *-n*) compagnia *f*
'Kompass ['kɔmpas] (*-es*; *-e*) bussola *f*, *mar* compasso *m*
kompa'tib|el [kɔmpa'ti:bəl] *adj* compatibile; **≈ili'tät** [-tibili'tɛ:t] *f* (-; *-en*) compatibilità *f*
Kompens|a'tion [kɔmpɛnzats'jo:n] *f* (-; *-en*) compensazione; **~a'tionsgeschäft** *n* operazione *f* di compensazione; **'≈ieren** (*senza ge-*, *h*) compensare
kompe't|ent [-pe'tɛnt] competente; **≈'enz** [-'tɛnts] *f* (-; *-en*) competenza *f*; **≈'enzbereich** *m* sfera *f* di competenza
kom'plett [-'plɛt] completo
Kom'plex [-'plɛks] *m* (*-es*; *-e*), **komplex** *adj* complesso *m*
Komplika'tion [kɔmplikats'jo:n] *f* (-; *-en*) complicazione *f*
Kompli'ment [-pli'mɛnt] *n* (*-[e]s*; *-e*) complimento *m*
kompli'zieren [-pli'tsi:rən] (*senza ge-*, *h*) complicare
kompli'ziert [-pli'tsi:rt] complicato
Kom'plott [-'plɔt] *n* (*-[e]s*; *-e*) cospirazione *f*, complotto *m*
kompo|'nieren [-po'ni:rən] (*senza ge-*, *h*) comporre; **≈'nist** *m* (*-en*; *-en*) compositore *m*
Kom'pott [-'pɔt] *n* (*-[e]s*; *-e*) frutta *f* cotta; composta *f*
Kom'presse [-'prɛsə] *f* (-; *-n*) *med* compressa *f*
Kompro'm|iss [-pro'mis] *m* (*-es*; *-e*) compromesso *m*; **≈itt'ieren** (*senza ge-*, *h*) compromettere
Kon'densmilch [kɔn'dɛnsmilç] *f* latte *m* condensato
Kondi'tion [-dits'jo:n] *f* (-; *-en*) condizione *f*; (*senza pl*) *Sport*: forma *f*
Kondito'rei [-dito'raı] *f* (-; *-en*) pasticceria *f*
kondo'lieren [-do'li:rən] (*senza ge-*, *h*) fare le condoglianze
Kon'dom [kɔn'do:m] *n u m* (*-s*; *-e*)

K

preservativo *m*
Konfek'tion [-fɛkts'joːn] *f* (-; *senza pl*) confezione *f*
Konfe'renz [-fe'rɛnts] *f* (-; *-en*) conferenza *f*
Konfes'sion [-fɛs'joːn] *f* (-; *-en*) confessione *f*; **𝔖slos** senza confessione
Konfirma'tion [-firmats'joːn] *f* (-; *-en*) cresima *f* (dei protestanti)
konfis'zieren [-fis'tsiːrən] *f* (*senza ge-*, *h*) confiscare
Konfi'türe [-fi'tyːrə] *f* (-; *-n*) marmellata *f*, confettura *f*
Kon'flikt [-'flikt] *m* (*-[e]s*; *-e*) conflitto *m*
konfron'tieren [-frɔn'tiːrən] (*senza ge-*, *h*) confrontare, mettere a confronto
Kon'gress [-'grɛs] *m* (*-es*; *-e*) congresso *m*; **~teilnehmer(in** *f*) *m* congressista *m/f*
'König ['køːniç] *m* (*-s*; *-e* ['-gə]) re *m*; **'~in** ['-nigin] *f* (-; *-nen*) regina *f*; **'~reich** *n* regno *m*; **'~shaus** *n* casa *f* reale
Konjug|a'tion [kɔnjugats'joːn] *f* (-; *-en*) *gram* coniugazione *f*; **𝔖'ieren** (*senza ge-*, *h*) coniugare
Konjunk'tur [-juŋk'tuːr] *f* (-; *-en*) *econ* congiuntura *f*
kon'kret [-'kreːt] concreto
Konkur'r|ent [-ku'rɛnt] *m* (*-en*; *-en*), **~in** *f* (-; *-nen*) concorrente *m/f*; **~'enz** *f* (-; *senza pl*) *econ* concorrenza *f*; **𝔖'enzfähig** capace di competere (*od* di sostenere la concorrenza); **~'enzkampf** *m* concorrenza *f*; **𝔖'ieren** (*senza ge-*, *h*) concorrere
Kon'kurs [-'kurs] *m* (*-es*; *-e*) fallimento *m*; **~masse** *f* massa *f* fallimentare; **~verwalter** *m* curatore *m* del fallimento
'können ['kœnən] (*konnte*, *gekonnt*, *h*) potere; (*wissen*) sapere; ***wie kannst du ...?*** come fai a ...?; ***ich kann es Ihnen nicht sagen*** non saprei dirLe; ***nicht anders ~ als*** non poter far a meno di; ***nichts dafür ~*** non averne la colpa; ***es kann sein*** può darsi; ***ich habe es nicht machen können*** non l'ho potuto fare
konse'|quent [kɔnze'kvɛnt] conseguente, coerente; **𝔖'quenz** [-'kvɛnts] *f* (-; *-en*) conseguenza *f*
konserv|a'tiv [-zɛrva'tiːf] *adj*, **𝔖a'tive** [-'tiːvə] *m* (*-n*; *-n*) conservatore *m*
Kon'serv|e [-'zɛrvə] *f* (-; *-n*) conserva *f*; **𝔖'ieren** (*senza ge-*, *h*) conservare; **~'ierungsmittel** *n* conservante *m*
Konso'nant [-zo'nant] *m* (*-en*; *-en*) *gram* consonante *f*
konstitu'ieren [-stitu'iːrən] (*senza ge-*, *h*) costituire
konstru'ieren [-stru'iːrən] (*senza ge-*, *h*) *tec*, *mat* costruire
Konstruk'tion [-strukts'joːn] *f* (-; *-en*) *tec*, *mat* costruzione *f*
'Konsul ['kɔnzul] *m* (*-s*; *-n*) console *m*; **~'at** [-'laːt] *n* (*-[e]s*; *-e*) consolato *m*
Konsult|a'tion [kɔnzultats'joːn] *f* (-; *-en*) consulto *m*; **𝔖'ieren** (*senza ge-*, *h*) consultare
Kon'sum [kɔn'zuːm] *m* (*-s*; *senza pl*) (*Verbrauch*) consumo *m*; **~artikel** *m* articolo *m* di consumo; **~'ent** [kɔnzu'mɛnt] *m* (*-en*; *-en*) consumatore *m*; **~genossenschaft** ['kɔnzuːmgənɔsənʃaft] *f* cooperativa *f* di consumo; **~güter** [kɔn'zuːmgyːtər] *n/pl* generi *m/pl* di consumo
Kon'sumverhalten *n* (*-s*; -) comportamento *m* dei consumatori; ***umweltfreundliches ~*** comportamento *m* ecologico dei consumatori
Kon'takt [kɔn'takt] *m* (*-[e]s*; *-e*) contatto *m*
'Kontinent ['kɔntinɛnt] *m* (*-[e]s*; *-e*) continente *m*; **~'aleuropa** *n* Europa *f* continentale; **~'alklima** *n* clima *m* continentale
Kontin'gent [kɔntiŋ'gɛnt] *n* (*-[e]s*; *-e*) *econ* contingente *m*; quota *f*
'Konto ['kɔnto] *n* (*-s*; *-ten*) *econ* conto *m*; **'~auszug** *m* estratto *m* conto; **'~inhaber** *m* titolare *m* d'un conto; **'~nummer** *f* numero *m* del conto; **'~stand** *m* situazione *f* del conto
Kon'trast [kɔn'trast] *m* (*-[e]s*; *-e*) contrasto *m*
Kon'troll|e [kɔn'trɔlə] *f* (-; *-n*) controllo *m*; **𝔖'ieren** (*senza ge-*, *h*) controllare
Konventio'nalstrafe [kɔnvɛntsjo'naːlʃtraːfə] *f* penale *f*
Konver'genz [kɔnfɛr'gɛnts] *f* (-; *-en*) *econ* convergenza *f*; **~kriterien** *pl* *econ* criteri *m/pl* di convergenza
konver't|ierbar [kɔnvɛr'tiːrbaːr] convertibile; **𝔖'ierbarkeit** *f* (-; *senza pl*) *econ* convertibilità *f*; **~'ieren** (*senza ge-*, *h*) convertire; **𝔖'ierung** *f* (-; *-en*) *inform* conversione *f*

K

Konzentr|a'tion [-tsɛntrats'jo:n] *f* (-; *senza pl*) concentrazione *f*; **~ationslager** *n* campo *m* di concentramento; **≗'ieren** (*senza ge-, h*) concentrare

Kon'zept [-'tsɛpt] *n* (-*[e]s*; -*e*) minuta *f*; piano *m*

Kon'zern [-'tsɛrn] *m* (-*s*; -*e*) gruppo *m* di imprese

Kon'zert [-'tsɛrt] *n* (-*[e]s*; -*e*) concerto *m*; **≗'iert** [-'ti:rt] *adj* concertato

Kooper|a'tion [koʔoperats'jo:n] *f* (-; -*en*) cooperazione *f*; **≗a'tiv** [-ʔ-ra'ti:f] *adj* cooperativo; **≗'ieren** (*senza ge-, h*) cooperare

Koordin|a'tion [-ʔɔrdinats'jo:n] *f* (-; -*en*) coordinazione *f*; **~'ieren** (*senza ge-, h*) coordinare

Kopf [kɔpf] *m* (-*[e]s*; ⸚*e*) testa *f*, capo *m*; (*Brief≗*) intestazione *f*; ***aus dem ~*** a memoria; ***Hals über ~*** a rotta di collo; ***den ~ hängen lassen*** scoraggiarsi; ***j-m über den ~ wachsen*** *fig* oltrepassare le capacità di qu; ***j-n vor den ~ stoßen*** *fig* offendere qu; **'~bahnhof** *m* stazione *f* di testa; **'~hörer** *m rad* cuffia *f*; **'~kissen** *n* guanciale *m*; **'~salat** *m* lattuga *f* (cappuccina); insalata *f* di lattuga; **'~schmerzen** *m/pl* mal *m* di testa; **'~schmerztablette** *f* compressa *f* per il mal di testa; **'~tuch** *n* foulard *m*; **'~zerbrechen** *n* rompicapo *m*

Ko'pie [ko'pi:] *f* (-; -*n*) copia *f*

ko'pier|en (*senza ge-, h*) copiare, fotocopiare; **≗er** *m* (-*s*; -) fotocopiatrice *f*

'Kopilot ['ko:pilo:t] *m* copilota *m*

Ko'ralle [ko'ralə] *f* (-; -*n*) corallo *m*

Ko'ran [ko'ra:n] *m* (-*s*; *senza pl*) Corano *m*

Korb [kɔrp] *m* (-*[e]s*; ⸚*e*) cesto *m*; *kleiner*: canestro *m*; (*Markt≗*) sporta *f*; (*Papier≗*) cestino *m*; F *fig* rifiuto *m*; ***j-n einen ~ geben*** tirare un bidone a qu

'Korken ['kɔrkən] *m* (-*s*; -) tappo *m*, turacciolo *m*; **'~zieher** *m* cavatappi *m*

Korn [kɔrn] *n* (-*[e]s*; ⸚*er u* -*e* [= ~*arten*]) grano *m*; (*pl* -*e*) (*Visier*) mirino *m*

'körnig ['kœrniç] granuloso

'Körper ['kœrpər] *m* (-*s*; -) corpo *m*; (*Heiz≗*) elemento *m*; **'~bau** *m* corporatura *f*, statura *f*; **≗behindert** invalido; **'~größe** *f* statura *f*; **'~haltung** *f* portamento *m*; **'≗lich** corporale, fisico; **'~pflege** *f* cura *f* personale, igiene *f* del corpo; **'~schaft** *f* (-; -*en*) corporazione *f*; **'~schaftssteuer** *f* imposta *f* sugli enti collettivi; **'~verletzung** *f* lesione *f*

korpu'lent [kɔrpu'lɛnt] corpulento

kor'rekt [kɔ'rɛkt] corretto; **≗'ur** [-'tu:r] *f* (-; -*en*) correzione *f*; **≗'urband** *n* nastro *m* correttore

Korrespon'd|ent [kɔrɛspɔn'dɛnt] *m* (-*en*; -*en*); **~entin** *f* (-; -*nen*) corrispondente *m/f*; **~'enz** [-'dɛnts] *f* (-; -*en*) corrispondenza *f*; **≗'ieren** (*senza ge-, h*) corrispondere

'Korridor ['-rido:r] *m* (-*s*; -*e*) corridoio *m*

korri'gieren [-'gi:rən] (*senza ge-, h*) correggere

korr|um'pieren [kɔrum'pi:rən] (*senza ge-, h*) corrompere; **~'upt** [-'rupt] corrotto; **≗up'tion** [-rupts'jo:n] *f* (-; -*en*) corruzione *f*

Kos'metik [kɔs'me:tik] *f* (-; *senza pl*) cosmesi *f*; **~artikel** *m/pl* prodotti *m/pl* cosmetici (*od* di bellezza); **~koffer** *m* beauty-case *m*; **~salon** *m* istituto *m* di bellezza

Kosm|o'naut [-mo'naut] *m* (-*en*; -*en*) cosmonauta *m*; **'~os** ['-mɔs] *m* (-*s*; *senza pl*) cosmo *m*

Kost [kɔst] *f* (-; *senza pl*) alimentazione *f*; cibo *m*; dieta *f*; vitto *m*; ***~ und Logis*** vitto e alloggio

'kostbar ['-ba:r] prezioso; (*teuer*) costoso; **'≗keit** *f* (-; -*en*) preziosità *f*

'kosten ['kɔstən] (*h*) **1.** *v/i* costare; valere; ***was kostet es?*** quanto costa; **2.** *v/t* (*Speisen*) provare, assaggiare

'Kosten ['kɔstən] *pl inv* spese *f/pl*; **'~dämpfung** ['-dɛmpfuŋ] *f* (-; -*en*) contenimento *m* dei costi; **'~deckung** *f* copertura *f* delle spese; **'~erstattung** *f* rimborso *m* spese; **~explosion** *f* esplosione *f* dei costi; **'~faktor** *m* fattore *m* costi; **'~frage** *f* questione *f* di costo; **'≗günstig** conveniente; **'≗los** gratuito; *adv* gratis; **'≗pflichtig** soggetto a spese; **'~voranschlag** *m* preventivo *m*

'köstlich ['kœstliç] delizioso

'Kostprobe ['kɔstpro:bə] *f* degustazione *f*, assaggio *m*

Kos'tüm [kɔs'ty:m] *n* (-*s*; -*e*) costume *m*; tailleur *m*

Kot [ko:t] *m* (-*[e]s*; *raro* -*e u* -*s*) fango *m*; escrementi *m/pl*

Kote'lett [kɔt(ə)'lɛt] *n* (-*s*; -*s*) co(s)toletta *f*; **~en** *pl* (*Bart≗*) basette *f/pl*

K

'Kotflügel ['ko:tfly:gəl] *m* parafango *m*

'Krabbe ['krabə] *f* (-; -*n*) *zo* granchio *m*; F *fig* marmocchio *m*

Krach [krax] *m* (-*[e]s*; *senza pl*) fragore *m*; scoppio; (*Streit*) F scenata *f*; *econ* crac *m*; crisi *f*

kraft [kraft] *prp* in forza (*gen* di); in virtù (*gen* di)

Kraft [kraft] *f* (-; ⸚*e*) forza *f*, potenza *f*, energia *f*; (*Rechts*⁀) vigore *m*; (*Mitarbeiter*) collaboratore *m*, assistente *m*; ***außer ~ setzen*** abolire; **'~fahrer(in** *f*) *m* autista *m/f*, automobilista *m/f*; **'~fahrzeug** *n* automezzo *m*, autoveicolo *m*; → ***Kfz***

'kräftig ['krɛftiç] forte, vigoroso, robusto; (*Speise*) sostanzioso

'kraft|los spossato; **'⁀probe** *f* dimostrazione *f* di forza; **'⁀stoff** *m* combustibile *m*, carburante *m*; **'⁀stoffgemisch** *n* miscela *f*; **'~voll** vigoroso; **'⁀werk** *n* centrale *f* elettrica

'Kragen ['krɑ:gən] *m* (-*s*; -) collare *m*; colletto *m*; (*Mantel*⁀) bavero *m*

'Krähe ['krɛ:ə] *f* (-; -*n*) *zo* cornacchia *f*; **'⁀n** (*h*) cantare

'kramen ['krɑ:mən] (*h*) frugare (***in*** *dat* in), rovistare (in)

Krampf [krampf] *m* (-*[e]s*; ⸚*e*) *med* crampo *m*; convulsioni *f/pl*; **'⁀haft** convulsivo

Kran [krɑ:n] *m* (-*[e]s*; ⸚*e*) *tec* gru *f*

krank [kraŋk] (am)malato; infermo; ***~ werden*** ammalarsi; **'⁀e(r)** *m/f* (-*n*; -*n*) malato *m*, -a *f*

'kränken ['krɛŋkən] (*h*) mortificare; (*beleidigen*) offendere

'Kranken|geld *n* indennità *f* per malattia; **'~haus** *n* ospedale *m*; **'~kasse** *f* cassa *f* malattia; mutua *f*; **'~pfleger** *m* infermiere *m*; **'~schein** *m* certificato *m* d'assistenza della cassa malattia; **'~schwester** *f* infermiera *f*; **'~versicherung** *f* assicurazione *f* contro le malattie; **'~wagen** *m* ambulanza *f*

'krank|haft *med* morboso; patologico; **'⁀heit** *f* (-; -*en*) malattia *f*

'Kränkung ['krɛŋkuŋ] *f* (-; -*en*) offesa *f*, umiliazione *f*

Kranz [krants] *m* (-*es*; ⸚*e*) corona *f*, ghirlanda *f*

krass [kras] forte, esagerato, spinto, grossolano

'Krater ['krɑ:tər] *m* (-*s*; -) cratere *m*

'kratz|en ['kratsən] (*h*) grattare; *Wolle*: cardare; (*schaben*) raspare; (*jucken*) prudere; **'⁀er** *m* (-*s*; -) graffio *m*

Kraut [kraʊt] *n* (-*[e]s*; ⸚*er*) erba *f*; (*Weiß*⁀) cavolo *m*; F tabacco *m*

'Kräutertee ['krɔʏtərte:] *m* infuso *m* d'erbe

Kra'wall [kra'val] *m* (-*s*; -*e*) putiferio *m*; (*Aufruhr*) sommossa *f*, tumulto *m*

Kra'watte [kra'vatə] *f* (-; -*n*) cravatta *f*

Krebs [kre:ps] *m* (-*es*; -*e*) gambero *m* granchio *m*; *astr*, *med* cancro *m*; **'~geschwür** *n* carcinoma *m*; **'~vorsorgeunter'suchung** *f* (-; -*en*) *med* prevenzione *f* del cancro

Kre'dit [kre'di:t] *m* (-*[e]s*; -*e*) *econ* credito *m*; *fig* prestigio *m*, rispetto *m*; **⁀'ieren** [kredi'ti:rən] (*senza ge-*, *h*) dare a credito; **~institut** [kre'dit'in-stitu:t] *n* (-*[e]s*; -*e*) istituto *m* di credito; **~karte** *f* carta *f* di credito; **~rahmen** *m* plafond *m* creditizio; **⁀würdig** solvente; solido

kre'ieren [kre'i:rən] (*senza ge-*, *h*) creare; *Mode*: lanciare

Kreis [kraɪs] *m* (-*es*; -*e*) cerchio *m*; *el* circuito *m*; *fig* circolo *m*; (*Land*⁀, *Stadt*⁀) distretto *m*; circondario *m*; ***weite ~e ziehen*** *fig* aver larghe ripercussioni

'kreisen ['kraɪzən] (*sn*) girare, roteare; (*Blut*) circolare

'Kreislauf *m* giro *m*; *tec* circuito *m*; *Blut*: circolazione *f*; **'~mittel** *n* farmaco *m* contro disturbi circolatori; **'~störung** *f* disturbo *m* circolatorio

'Kreis|stadt ['kraɪsʃtat] *f* capoluogo *m* distrettuale; **'~verkehr** *m* circolazione *f* rotatoria

Krema'torium [krema'to:rjum] *n* (-*s*; -*rien*) crematorio *m*

Kreuz [krɔʏts] *n* (-*es*; -*e*) croce *f*; *anat* schiena *f*; *Kartenspiel*: fiori *m/pl*; *fig* pena *f*, afflizione *f*; ***kreuz und quer*** in tutti i sensi, in tutte le direzioni; **'⁀en** (*h*) incrociare; *Scheck*: sbarrare; **'~er** *m* (-*s*; -) *mar* incrociatore *m*; **'~fahrt** *f* *mar* crociera *f*; **'~feuer** *n* fuoco *m* incrociato; **'~gang** *m* *arch* chiostro *m*; **'⁀igen** ['-tsigən] (*h*) crocifiggere; **'~igung** *f* (-; -*en*) crocifissione *f*; **'~ung** *f* (-; -*en*) (*Straßen*⁀), *bot*, *zo* incrocio *m*; **'~worträtsel** ['-vɔrtrɛ:tsəl] *n* parole *f/pl* incrociate

K

'kriech|en ['kri:çən] (*kroch, gekrochen, sn*) strisciare; serpeggiare; *aus dem Ei*: sgusciare; *fig* prostrarsi; '**2spur** *f Verkehr*: corsia *f* per veicoli lenti
Krieg [kri:k] *m* (*-[e]s*; *-e*) guerra *f*; **~ führen** fare la guerra; **~ führend** belligerante; '**2en** ['-gən] F (*h*) ottenere, ricevere; F buscare, prendersi; '**2erisch** bellicoso; **~e Handlung** azione *f* bellica
'Kriegs|beschädigte ['kri:ksbəʃɛ:diçtə] *m* (*-n*; *-n*) mutilato *m*, invalido *m* di guerra; '**~dienst** *m* servizio *m* militare; '**~dienstverweigerer** *m* obiettore *m* di coscienza; '**~dienstverweigerung** *f* obiezione *f* di coscienza; '**~entschädigung** *f* indennità *f* di guerra; '**~erklärung** *f* dichiarazione *f* di guerra; '**~gebiet** *n* zona *f* di guerra; '**~gefangene** *m* prigioniero *m* di guerra; '**~gericht** *n* tribunale *m* militare; corte *f* marziale; '**~kamerad** ['-kaməra:t] *m* (*-en*; *-en*) compagno *m* d'armi; '**~kosten** *pl* spese *f/pl* di guerra; '**~marine** *f* marina *f* militare; '**~opfer** *n* vittima *f* della guerra; '**~schauplatz** *m* teatro *m* della guerra; '**~schiff** *n* nave *f* da guerra; '**~schulden** *f/pl* debiti *m/pl* di guerra; '**~teilnehmer** *m* combattente *m*; '**~verbrecher** *m* criminale *m* di guerra; '**~zustand** *m* stato *m* di guerra
Krimi'nal|film [krimi'na:lfilm] *m* film *m* giallo (*od* poliziesco); **~i'tät** [kriminali'tɛ:t] *f* (*-*; *senza pl*) delinquenza *f*, criminalità *f*; **~polizei** *f* polizia *f* criminale; **~roman** *m* romanzo *m* giallo
krimi'nell [krimi'nɛl] criminale
'Krippe ['kripə] *f* (*-*; *-n*) mangiatoia *f*, greppia *f*; *rel* presepio *m* (*Kinder2*) asilo *m* infantile
Kris|e ['kri:zə] *f* (*-*; *-n*) crisi *f*; '**~ensituation** *f* situazione *f* di crisi; '**~enstab** *m* commissione *f* d'emergenza; staff *m* d'emergenza
Kri'stallwaren [kri'stalva:rən] *f/pl* cristalleria *f*, cristalli *m/pl*
Kri'terium [kri'tɛrium] *n* (*-s*; *-ien*) criterio *m*
Kri't|ik [kri'ti:k] *f* (*-*; *-en*) critica *f*; (*Rezension*) recensione *f*; **vernichtende ~** stroncatura *f*; '**~iker** ['kri:tikər] *m* (*-s*; *-*) critico *m*; '**2isch** critico; (*entscheidend*) cruciale; **2i'sieren** [kriti'zi:rən] (*senza ge-, h*) criticare

Kroko'dil [kroko'di:l] *n* (*-s*; *-e*) coccodrillo *m*
'Kron|e ['kro:nə] *f* (*-*; *-n*) corona *f*; *bot* corolla *f*; (*Baum2*) chioma *f*; '**~leuchter** *m* lampadario *m*; candelabro *m*; '**~prinz** *m* principe *m* ereditario
'Krönung ['krø:nuŋ] *f* (*-*; *-en*) incoronazione *f*; *fig* coronamento *m*
'Kröte ['krø:tə] *f* (*-*; *-n*) *zo* rospo *m*
'Krücke ['krykə] *f* (*-*; *-n*) gruccia *f*
Krug [kru:k] *m* (*-[e]s*; *⸚e*) brocca *f*; (*Trink2*) boccale *m*
'Krümel ['kry:məl] *m* (*-s*; *-*) briciola *f*
krumm [krum] curvo; *Bein*: storto; *Nase*: adunco; *fig* losco
'krümm|en ['krymən] (*h*) curvare; ***sich vor Schmerz ~*** torcersi; '**2ung** *f* (*-*; *-en*) curva *f*, curvatura *f*
'Krüppel ['krypəl] *m* (*-s*; *-*) storpio *m*, mutilato *m*
'Kruste ['krustə] *f* (*-*; *-n*) crosta *f*
'Kruzifix ['kru:tsifiks] *n* (*-es*; *-e*) crocifisso *m*
'Kübel ['ky:bəl] *m* (*-s*; *-*) tinozza *f*; (*Eimer*) secchio *m*
Ku'bik|inhalt [ku'bi:kʔinhalt] *m* volume *m*; **~meter** *m* metro *m* cubico
'Küche ['kyçə] *f* (*-*; *-n*) cucina *f*
'Kuchen ['ku:xən] *m* (*-s*; *-*) dolce *m*; (*Torte*) torta *f*; *kleiner*: pasta *f*
'Küchen|messer *n* coltello *m* da cucina; '**~schrank** *m* dispensa *f*; '**~zettel** *m* lista *f* delle vivande
'Kuckuck ['kukuk] *m* (*-s*; *-e*) *zo* cuculo *m*
'Kufe ['ku:fə] (*-*; *-n*) pattino *m* (della slitta)
'Kugel ['ku:gəl] *f* (*-*; *-n*) palla *f*; (*Gewehr2*) pallottola *f*; *geogr* globo *m*; *mat* sfera *f*; *Spiel*: boccia *f*; '**~kopf** *m von Schreibmaschine*: testina *f* rotante; '**~kopfmaschine** *f* macchina *f* da scrivere a testina rotante; '**~lager** *n* cuscinetto *m* a sfere; '**~schreiber** *m* penna *f* a sfera; '**~stoßen** *n* (*-s*; *senza pl*) lancio *m* del peso
Kuh [ku:] *f* (*-*; *⸚e*) vacca *f*; (*Milch2*) mucca *f*
kühl [ky:l] fresco; *fig* freddo; '**~en** (*h*) rinfrescare; refrigerare; *tec* raffreddare; '**2er** *m* (*-s*; *-*) *auto* radiatore *m*; '**2erhaube** *f* cofano *m* del radiatore; '**2flüssigkeit** *f* liquido *m* refrigerante; '**2schrank** *m* frigorifero *m*; '**2tasche** *f*

borsa *f* termica; '**⁓wasser** *n* acqua *f* di raffreddamento; acqua *f* del radiatore
kühn [ky:n] ardito
'**Küken** ['ky:kən] *n* (*-s*; *-*) *zo* pulcino *m*
ku'lant [ku'lant] *econ* compiacente; *Preis*: modico; *Bedingung*: conveniente
'**Kuli** ['ku:li] *m* (*-s*; *-s*) coolie *m*; *Kugelschreiber*: penna *f*
Ku'lisse [-'lisə] *f* (*-*; *-n*) *tea* quinta *f*; *fig* ***hinter den ⁓n*** dietro le quinte
Kult [kult] *m* (*-[e]s*; *-e*) culto *m*; **⁓i'viert** [-ti'vi:rt] distinto, colto
Kul'tur [-'tu:r] *f* (*-*; *-en*) (*Bildung*) cultura *f*; *fig* civiltà *f*; (*e-s Volkes*) civilizzazione *f*; **⁓abkommen** *n* accordo *m* culturale; **⁓austausch** *m* scambi *m/pl* culturali; **⁓beutel** *m* nécessaire *m* da viaggio; **⁓'ell** [-'rɛl] culturale; **⁓programm** *n* programma *m* culturale
'**Kultusminister** ['kultusministər] *m* ministro *m* dell'educazione
'**Kümmel** ['kyməl] *m* (*-s*; *-*) *bot* cumino *m*; liquore *m* al cumino
'**Kummer** ['kumər] *m* (*-s*; *senza pl*) preoccupazione *f*; dolore *m*; dispiaceri *m/pl*
'**kümmern** ['kymərn] (*h*) interessare; ***sich um et ⁓*** occuparsi di qc; ***sich um j-n ⁓*** curarsi di qu
'**Kumpel** F ['kumpəl] *m* (*-s*; *-*) compagno *m* di lavoro; *min* minatore *m*
'**kündbar** ['kyntba:r] che si può disdire; licenziabile; revocabile
'**Kund|e** ['kundə] *m* (*-n*; *-n*) cliente *m*; '**⁓endienst** *m* servizio *m* di assistenza (tecnica); '**⁓gebung** *f* manifestazione *f*, dimostrazione *f*; '**⁓ig** ['-diç] esperto, pratico
'**kündig|en** ['kyndigən] (*h*) **1.** *v/i* *j-m*: licenziare; *selbst*: licenziarsi; **2.** *v/t* *Kapital*, *Wohnung*: disdire; *Vertrag*: sciogliere; '**⁓ungsfrist** *f* termine *m* di disdetta; '**⁓ungsschutz** *m* protezione *f* contro il licenziamento
'**Kund|in** ['kundin] *f* (*-*; *-nen*) cliente *f*; '**⁓schaft** ['kuntʃaft] *f* (*-*; *senza pl*) clientela *f*, clienti *m/pl*
'**künftig** ['kynftiç] *adj* futuro; *adv* in (*od* nell')avvenire
Kunst [kunst] *f* (*-*; *⸚e*) arte *f*; ***die bildende ⁓*** le arti figurative; '**⁓ausstellung** *f* mostra *f* (*od* esposizione *f*) d'arte; '**⁓faser** *f* fibra *f* sintetica; '**⁓gegenstand** *m* oggetto *m* d'arte; '**⁓geschichte** *f* storia *f* dell'arte; '**⁓gewerbe** *n* arte *f* industriale, arte *f* applicata; '**⁓kenner** *m* intenditore *m* d'arte; '**⁓leder** *n* fintapelle *f*
'**Künst|ler** ['kynstlər] *m* (*-s*; *-*), '**⁓lerin** *f* (*-*; *-nen*) artista *m* u *f*; '**⁓lerisch** artistico; '**⁓lich** artificiale; *Haar*, *Gebiss*: finto; posticcio; *tec* sintetico
'**Kunst|richtung** *f* stile *m* (artistico); '**⁓sammlung** *f* collezione *f* di opere d'arte; '**⁓schätze** *f/pl* patrimonio *m* artistico; '**⁓seide** *f* seta *f* artificiale; '**⁓stoff** *m* materia *f* sintetica; plastica *f*; '**⁓stück** *n* gioco *m* di destrezza; *fig* abilità *f*; '**⁓werk** *n* opera *f* d'arte
'**Kupfer** ['kupfər] *n* (*-s*; *senza pl*) rame *m*; '**⁓draht** *m* filo *m* di rame; '**⁓n** *adj* di rame; '**⁓stich** *m* incisione *f* (in rame)
'**Kuppe** ['kupə] *f* (*-*; *-n*) cima *f*; (*Nadel⁓*) capocchia *f*
'**Kuppel** ['kupəl] *f* (*-*; *-n*) cupola *f*
'**kupp|eln** ['kupəln] (*h*) **1.** *v/t* accoppiare; *tec* abbinare; *Auto*: innestare; *fer* agganciare; **2.** *v/i* (*zusammen⁓*) combinare un matrimonio; ruffianeggiare; '**⁓lung** *f* (*-*; *-en*) agganciamento *m*; *Auto*: frizione *f*
Kur [ku:r] *f* (*-*; *-en*) cura *f*, trattamento *m*; '**⁓aufenthalt** *m* soggiorno *m* di cura; '**⁓bad** *n* stazione *f* termale
'**Kurbelwelle** ['kurbəlvɛlə] *f* albero *m* a gomiti; *auto* biella *f*
'**Kürbis** ['kyrbis] *m* (*-ses*; *-se*) *bot* zucca *f*
'**Kur|fürst** ['ku:rfyrst] *m* principe *m* elettore; '**⁓gast** *m* ospite *m* di un luogo di cura; *im Badeort*: bagnante *m*; '**⁓haus** *n* stabilimento *m* di cura
Ku'rier [ku'ri:r] *m* (*-s*; *-e*) corriere *m*
ku'rieren [ku'ri:rən] (*senza ge-*, *h*) curare
'**Kurort** ['kurˀɔrt] *m* luogo *m* di cura; stazione *f* balneare; (*Luft⁓*) luogo *m* climatico
Kurs [kurs] *m* (*-es*; *-e*) (*Lehrgang*) corso *m*; *mar* rotta *f*; *econ* cambio *m*; ***zum ⁓ von*** al cambio di; '**⁓abfall** *m* *econ* cedimento *m* delle quotazioni; '**⁓anstieg** *m* *econ* rialzo *m* dei corsi; '**⁓buch** *n* orario *m* ferroviario
'**Kurs|gewinn** *m* *econ* profitto *m* sui cambi; '**⁓schwankungen** *f/pl* fluttuazioni *f/pl* del cambio; '**⁓wagen** *m* *fer* vagone *m* diretto; '**⁓wechsel** *m* *pol* inversione *f* di rotta

K

'Kurtaxe ['ku:rtaksə] *f* tassa *f* di soggiorno
'Kurve ['kurvə] *f* (-; *-n*) curva *f*, svolta *f*
'Kurverwaltung *f* azienda *f* di cura e soggiorno
kurz [kurts] *räumlich*: corto; *zeitlich*: breve; **~ *und gut*** insomma, per dirla breve, alle corte; **~ *darauf*** poco dopo; ***vor ~em*** poco fa, (*neulich*) recentemente; ***seit ~em*** da poco; ***sich ~ fassen*** farla breve; **'2arbeit** *f* lavoro *m* a orario ridotto; **'~atmig** ['-ʔa:tmiç] asmatico; *Pferde*: bolso
'Kürz|e ['kyrtsə] *f* (-; *senza pl*): ***in ~*** fra poco; **'2en** (*h*) accorciare; (*mindern*) ridurre; (*Text*) abbreviare
'kurzer'hand ['kurtsər'hant] subito; senz'altro
'kurz|fristig ['-fristiç] a breve scadenza; **'~lebig** effimero
'kürzlich ['kyrtsliç] recentemente
'Kurz|parkzone ['kurtsparktso:nə] *f* zona *f* disco; **'~schluss** *el m* corto circuito *m*; **'~schrift** *f* stenografia *f*; **'2sichtig** ['-ziçtiç] *med*, *fig* miope
'Kürzung ['kyrtsuŋ] *f* (-; *-en*) accorciamento *m*; riduzione *f*; abbreviamento *m*
'Kurzwahltaste *f* (-; *-n*) *tel* tasto *m* di selezione rapida
'Kurz|waren ['kurtsva:rən] *f/pl* merceria *f*, minuterie *f/pl*; **'2weilig** divertente; **'~welle** *f rad* onda *f* corta
Ku'sine [ku'zi:nə] *f* (-; *-n*) cugina *f*
Kuss [kus] *m* (*-es*; *⸚e*) bacio *m*
'küssen ['kysən] (*h*) baciare
'Küste ['kystə] *f* (-; *-n*) costa *f*, lit(t)orale *m*; **'~nschutz** *m* opere *f/pl* di protezione costiera
'Kutsche ['kutʃə] *f* (-; *-n*) carrozza *f*
'Kutte ['kutə] *f* (-; *-n*) tonaca *f*
'Kutter ['-tər] *m* (*-s*; -) *mar* cutter *m*
Ku'vert [ku'ver, -'vɛrt] *n* (*-s*; *-s*) (*Brief2*) busta *f* (per le lettere)

L

la'bil [la'bi:l] instabile, labile
La'bor [la'bo:r] *n* (*-s*; *-s u -e*) laboratorio *m*; **~'ant** [-bo'rant] *m* (*-en*; *-en*), **~'antin** *f* (-; *-nen*) assistente *m/f* di laboratorio; **~versuch** *m* prova *f* di laboratorio
Laby'rinth [laby'rint] *n* (*-[e]s*; *-e*) labirinto *m*
'Lache ['la:xə] *f* (-; *-n*) (*Pfütze*) pozza *f*, pantano *m*
'lächeln ['lɛçəln] (*h*) sorridere
'lachen ['laxən] (*h*) ridere (***über*** *acc* di)
'lächerlich ['lɛçərliç] ridicolo; ***sich ~ machen*** rendersi ridicolo
'lachhaft ridicolo
Lachs [laks] *m* (*-es*; *-e*) salmone *m*
Lack [lak] *m* (*-[e]s*; *-e*) vernice *f*, lacca *f*; **2'ieren** (*senza ge-*, *h*) verniciare
'Lade|fläche ['la:dəflɛçə] *f* superficie *f* di carico; **'~gewicht** *n* carico *m* utile
'laden ['la:dən] (*lud*, *geladen*, *h*) caricare
'Laden *m* (*-s*; *⸚*) (*Kauf2*) negozio *m*, bottega *f*; **'~dieb** *m* taccheggiatore *m*; **'~diebstahl** *m* taccheggio *m*; **'~preis** *m* prezzo *m* di vendita; **'~schluss** *m* chiusura *f* dei negozi; **'~tisch** *m* banco *m*
'Laderaum *mar m* stiva *f*
'Ladung ['la:duŋ] *f* (-; *-en*) carico *m*; caricamento *m*
'Lage ['la:gə] *f* (-; *-n*) posizione *f*, situazione *f*; *fig a* condizioni *f/pl*; (*senza pl*) (*Zustand*) stato *m*; *geogr* sito *m*, ubicazione *f*; *Papier*: quinterno *m*; (*Schicht*) strato *m*; ***in der ~ sein zu …*** essere in grado di …
'Lager ['la:gər] *n* (*-s*; -) *Tier*: covo *m*; *mil* campo *m*; *pol* blocco *m*, partito *m*; *min* giacimento *m*; *econ* deposito *m*; **'~bestand** *m* giacenze *f/pl* in magazzino; **'~bestände** *m/pl* scorte *f/pl*, stock *m*; **'~feuer** *n* fuoco *m* di campo; **'~haltung** *f* magazzinaggio *m*; **'~haltungskosten** *pl* costi *m/pl* di stoccaggio; **'~haus** *n* magazzino *m*
'lagern ['la:gərn] (*h*) **1.** *v/i* giacere; *econ*

essere in magazzino; **2.** *v/t* posare; *econ* immagazzinare

'Lagerraum *m* deposito *m*, magazzino *m*

La'gune [la'gu:nə] *f* (-; *-n*) laguna *f*

lahm: ~ ***legen*** *fig* paralizzare

'lähmen ['lɛ:mən] (*h*) paralizzare

'Lähmung ['lɛ:muŋ] *f* (-; *-en*) paralisi *f*

Laib [laɪp] *m* (*-[e]s*; -) (*Brot*) pagnotta *f*

'Laie ['laɪə] *m* (*-n*; *-n*) laico *m*; *fig* profano *m*; **'⁓nhaft** profano, dilettantesco; **'~nspiel** *n* filodrammatica *f*

'Laken ['lɑ:kən] *n* (*-s*; -) lenzuolo *m*

la'konisch [la'ko:niʃ] laconico

'Lama ['lɑ:ma] *n* (*-s*; *-s*) *zo* lama *m*

Lamm [lam] *n* (*-[e]s*; *⸚er*) agnello *m*

'Lampe ['lampə] *f* (-; *-n*) lampada *f*

'Lampen|fieber *n* febbre *f* della ribalta; **'~schirm** *m* paralume *m*

Lam'pion [lam'pjɔ̃] *m* (*-s*; *-s*) lampioncino *m*

Land [lant] *n* (*-[e]s*; *⸚er*) terra *f*, (*senza pl*) campagna *f*, (*Acker*) terreno *m*; *geogr* paese *m*; ***aufs ~, auf dem ~*** in campagna; **'~arbeiter** *m* lavoratore *m* agricolo; **'~arzt** *m* medico *m* di campagna (*od* condotto); **'~aufenthalt** *m* soggiorno *m* in campagna; villeggiatura *f*; **'~besitz** *m* proprietà *f* fondiaria; **'~bewohner** *m* campagnolo *m*; **'~ebahn** ['landəbɑ:n] *f* pista *f* di atterraggio; **'~eerlaubnis** [-ˀɛrlaubnis] *f* permesso *m* di atterraggio; **⁓'einwärts** verso l'interno del paese; **'⁓en** (*sn*) *avia* atterrare; **'~enge** *f* istmo *m*; → ***hierzulande***

'Länderkampf ['lɛndərkampf] *m Sport*: incontro *m* internazionale

'Landes|farben ['landəsfarbən] *f/pl* colori *m/pl* nazionali; **'~hoheit** *f* sovranità *f*, **'~sprache** *f* lingua *f* nazionale; **'⁓üblich** locale

'Land|gericht *n* tribunale *m* provinciale; **'~haus** *n* villa *f*, villino *m*; **'~karte** *f* carta *f* geografica; **'~kreis** *m* distretto *m*

'ländlich ['lɛntliç] campestre; rurale, rustico

'Land|luft ['lantluft] *f* aria *f* di campagna; **'~partie** *f* scampagnata *f*, **'~schaft** *f* (-; *-en*) paesaggio *m*; *pol* regione *f*, **'⁓schaftlich** regionale; paesistico

'Lands|mann ['lantsman] *m*, **'~männin** ['-mɛnin] *f* connazionale *m/f*, ***was ist er für ein ~?*** di che paese è?, che nazionalità ha?

'Land|spitze ['lantʃpitsə] *f* lingua *f* di terra; **'~straße** *f* strada *f* provinciale; strada *f* maestra

'Landung ['landuŋ] *f* (-; *-en*) sbarco *m*; *avia* atterraggio *m*; (*Mond⁓*) allunaggio *m*; **'~sbrücke** *f* ponte *m* d'approdo; **'~ssteg** *m* passerella *f*

'Land|weg *m*: ***auf dem ~*** via terra; **'~wirt** *m* agricoltore *m*; **'~wirtschaft** *f* (*senza pl*) agricoltura *f*, **'⁓wirtschaftlich** agricolo, agrario; **'~zunge** *f* lingua *f* di terra

lang [laŋ] **1.** *adj* lungo; ***~e Zeit*** molto tempo *m*; **2.** *adv* ***drei Jahre ~*** per tre anni

'lange ['laŋə] *adv* a lungo, lungamente; molto tempo; ***wie ~?*** quanto tempo?

'Länge ['lɛŋə] *f* (-; *-n*) lunghezza *f*, *zeitlich*: durata *f*, *geogr* longitudine *f*

'langen ['laŋən] (*h*) (*ausreichen*) bastare; ***nach et ~*** allungare la mano verso qc

'Längengrad ['lɛŋəngrɑ:t] *m* grado *m* di longitudine

'länger ['lɛŋər] più lungo; *zeitlich*: più tempo, più a lungo

'Langeweile ['laŋəvaɪlə] *f* (-; *senza pl*) noia *f*, ***~ haben*** annoiarsi

'lang|fristig ['laŋfristiç] a lungo termine; ***~e Planung*** pianificazione *f* a lungo termine; ***~er Wechsel*** cambiale *f* a lunga scadenza; **'⁓lauf** *m* sci *m* di fondo; **'⁓laufski** *m* sci *m* di fondo

'länglich ['lɛŋliç] bislungo; piuttosto lungo

längs [lɛŋs] (*gen od dat*) lungo (*acc*)

'langsam ['laŋzɑ:m] **1.** *adj* lento, tardo; **2.** *adv* lentamente, adagio

'Langspielplatte *f* disco *m* (microsolco *m*), ellepì *m*

längst [lɛŋst] **1.** *adj* il più lungo; **2.** *adv* da gran tempo; **'~ens** al più tardi

'Langstrecken|flugzeug *n* aereo *m* a grande autonomia; **'~lauf** *m* corsa *f* di fondo; **'~läufer** *m* fondista *m*

'lang|weilen ['-vaɪlən]: ***sich ~*** (*h*) annoiarsi; **'~weilig** ['-vaɪliç] noioso; **'⁓wellen** *f/pl* onde *f/pl* lunghe; **'~wierig** ['-vi:riç] lungo, faticoso

'langzeit|arbeitslos disoccupato a lungo termine; **'⁓arbeitslosigkeit** *f* (-; *-en*) disoccupazione *f* a lungo termine

L

'Lappen ['lapən] *m* (*-s*; *-*) straccio *m*
'Lappländer ['laplɛndər] *m* (*-s*; *-*), **'~in** *f* (*-*; *-nen*) lappone *m/f*
'Lärche *bot* ['lɛrçə] *f* (*-*; *-n*) larice *m*
Lärm [lɛrm] *m* (*-[e]s*; *senza pl*) rumore *m*, chiasso *m*; **'≈en** (*h*) strepitare, far chiasso; **'≈end** rumoroso; **'~schutz** *m* protezione *f* contro l'inquinamento acustico
'lassen ['lasən] *v/t* (*ließ*, *gelassen*, *h*) lasciare; (*veranlassen*) fare; ***holen ~*** mandare a prendere; ***den Vortritt ~*** cedere il passo; ***er lässt sich nichts sagen*** non intende ragione; ***lass das!*** smettila!
'lässig ['lɛsiç] indolente; noncurante; **'≈keit** *f* (*-*; *senza pl*) indolenza *f*, noncuranza *f*
Last [last] *f* (*-*; *-en*) carico *m*; (*Gewicht*) peso *m*; ***j-m zur ~ fallen*** incomodare qu, importunare qu; ***zu Ihren ~en*** a Vostro debito; **'~enaufzug** ['-ən'auf-] *m* montacarichi *m*; **'~enausgleich** ['-ən'aus-] *m* compensazione *f* generale dei danni di guerra; risarcimento *m* per danni di guerra
'Laster ['lastər] *n* (*-s*; *-*) vizio *m*; **'≈haft** vizioso
'lästern ['lɛstərn] (*h*) dir male di; calunniare, diffamare
'lästig ['lɛstiç] noioso, fastidioso; ***~e Sache** od **Geschichte*** seccatura *f*
'Last|kahn ['lastkaːn] *m* barcone *m*, chiatta *f*; **'~kraftwagen** *m* autocarro *m*, camion *m*; **'~schiff** *n* nave *f* da carico; **'~schrift** *f* addebito *m*; **'~wagen** *m* camion *m*; **'~zug** *m* autotreno *m*
La'tein [la'taɪn] *n* (*-s*; *senza pl*) latino *m*; **≈isch** latino
La'terne [la'tɛrnə] *f* (*-*; *-n*) lanterna *f*, (*Straßen≈*) lampione *m*
'Latte ['latə] *f* (*-*; *-n*) stanga *f*, assicella *f*
lau [laʊ] tiepido
Laub [laʊp] *n* (*-[e]s*; *senza pl*) fogliame *m*, foglie *f/pl*; **'~e** *f* (*-*; *-n*) pergola *f*; *arch* arcata *f*; **'~engang** *m*, pergolato *m*; **'~frosch** *m* raganella *f*; **'~wald** *m* bosco *m* di latifoglie
Lauf [laʊf] *m* (*-[e]s*; *¨e*) corsa *f*; *Verlauf*: corso *m*; ***in vollem ~*** in piena corsa; ***den Dingen ihren ~ lassen*** lasciar correre; ***freien ~ lassen*** dar libero corso; ***der ~ der Dinge*** l'andamento *m* delle cose; **'~bahn** *f* (*-*; *-en*) carriera *f*
'laufen ['laʊfən] (*lief*, *gelaufen*, *sn*) correre; *Räder*: girare; **'~d** corrente, in corso; ***~es Jahr*** *n* anno *m* corrente; ***auf dem ≈en sein*** essere al corrente
'Läufer ['lɔʏfər] *m* (*-s*; *-*) corridore *m*; (*Teppich*) guida *f*, passatoia *f*, pedana *f*
'Lauf|feuer ['laʊf-fɔʏər] *n* fuoco *m* di fila; ***sich wie ein ~ verbreiten*** diffondersi in un baleno; **'~masche** *f* smagliatura *f*; **'~pass** *m* congedo *m*; ***j-m den ~ geben*** mandare qu a spasso; **'~steg** *m* passerella *f*; **'~werk** *n* *tec* organo *m* motore; *inform* drive *m*; **'~zeit** *f* durata *f* di validità
'Lauge ['laʊgə] *f* (*-*; *-n*) liscivia *f*; *chim* soluzione *f* solina
'Laun|e ['laʊnə] *f* (*-*; *-n*) umore *m*; (*Grille*) capriccio *m*; **'≈enhaft** capriccioso; **'≈isch** lunatico; capriccioso
Laus [laʊs] *f* (*-*; *¨e*) pidocchio *m*
'lauschen ['laʊʃən] (*h*) ascoltare; *heimlich*: origliare
laut [laʊt] **1.** *adj* alto; *Stimme*: *a* forte; sonoro; (*lärmend*) chiassoso, rumoroso; **2.** *adv* forte; ***~ sprechen*** parlare a voce alta; **3.** *prp* (*gen*) secondo; conformemente a
Laut *m* (*-[e]s*; *-e*) suono *m*; ***keinen ~ von sich geben*** non fiatare
'Laute ['laʊtə] *f* (*-*; *-n*) liuto *m*
'lauten ['laʊtən] (*h*) *Text*: dire, essere; ***wie lautet der Brief?*** che dice la lettera?
'läuten ['lɔʏtən] *v/t u v/i* (*h*) suonare
'laut|los ['laʊtloːs] silenzioso; **'≈schrift** *f* trascrizione *f* fonetica; **'≈sprecher** *m* altoparlante *m*; megafono *m*; **'≈stärke** *f* intensità *f* del suono; (*Radio*) volume *m*
'Lava ['laːva] *f* (*-*; *Laven*) lava *f*
La'wine [la'viːnə] *f* (*-*; *-n*) valanga *f*
Laza'rett [latsa'rɛt] *n* (*-[e]s*; *-e*) *mil* ospedale *m* militare
'Lebe|dame ['leːbədaːmə] *f* mondana *f*; **'~mann** *m* gaudente *m*, buontempone *m*
'leben ['leːbən] (*h*) vivere; esistere; ***lebe wohl!*** addio!
'Leben *n* (*-s*; *-*) vita *f*, esistenza *f*; ***am ~ sein*** essere in vita; ***ums ~ kommen*** perdere la vita; ***sein ~ lang*** per tutta la vita
'lebend vivo
le'bendig [le'bɛndiç] vivo; *Tempera-*

ment: vivace
'Lebens|abend ['le:bəns?a:bənt] *m* (*-s*; *senza pl*) vecchiaia *f*; **'~alter** *n* età *f*; **'~bedingungen** *f/pl* condizioni *f/pl* di vita; **'~dauer** *f* (-; *senza pl*) durata *f* della vita; **'~ende** *n* (-; *senza pl*) fine *f* della vita; morte *f*; **'~erfahrung** *f* esperienza *f*; **'~erwartung** *f* vita *f* media; **'≗fähig** vitale; **'~gefahr** *f* pericolo *m* di morte; **'≗gefährlich** pericolosissimo; **'~haltungskosten** *pl* costo *m* della vita; **'~lage** *f* situazione *f*; **'≗länglich** *Rente*: vitalizio; *jur* a vita; **'~lauf** *m* curriculum *m* (vitae), corso *m* della vita; **'≗lustig** allegro, amante della vita
'Lebensmittel *n/pl* viveri *m/pl*; *econ* generi *m/pl* alimentari; **'~abteilung** *f* reparto *m* alimentare; **'~geschäft** *n* negozio *m* di generi alimentari; **'~preis** *m* prezzo *m* dei generi alimentari; **'~vergiftung** *f* intossicazione *f* alimentare
'lebens|notwendig vitale; di prima necessità; **'≗standard** *m* tenore *m* (*od* livello *m od* standard *m*) di vita; **'≗stellung** *f* posto *m* permanente; posizione *f* sociale; **'≗unterhalt** *m* sostentamento *m*; sussistenza *f*; **'≗versicherung** *f* assicurazione *f* sulla vita; **'~wichtig** di importanza vitale; **'≗zeit** *f*: ***auf ~*** a vita
'Leber [le:bər] *f* (-; *-n*) fegato *m*
'Lebewesen ['le:bəve:zən] *n* essere *m* vivente
'lebhaft ['le:phaft] vivace
'Leb|kuchen ['le:pku:xən] *m* panpepato *m*; **'≗los** esanime
Leck [lɛk] *n* (*-[e]s*; *-e*) fessura *f*; *mar* falla *f*
'lecken ['lɛkən] *v/t u v/i* (*h*) leccare
'lecker ['lɛkər] ghiotto; (*wohlschmeckend*) squisito, delizioso
'Leder ['le:dər] *n* (*-s*; -) cuoio *m*; *feines*: pelle *f*; **'~waren** *f/pl* corami *m/pl*, pellami *m/pl*; **'~warengeschäft** *n*, **'~warenhandlung** *f* pelletteria *f*, valigeria *f*
'ledig ['le:diç] libero; (*unverheiratet*) *Mann*: celibe; *Frau*: nubile; **'~lich** ['-dikliç] unicamente; soltanto
leer [le:r] vuoto; *Stelle*: vacante; (*Platz*) libero; **'≗e** *f* (-; *senza pl*) vuoto *m*; ***~ stehend*** *Haus*: non affittato; **'~en** (*h*) vuotare; **'≗gut** *n* (*-[e]s*; *senza pl*) (recipiente *m*) vuoto *m*; **'≗lauf** *m tec* funzionamento *m* a vuoto; *auto* marcia *f* in folle; **'≗ung** *f* (-; *-en*) svuotamento *m*; *post* levata *f*
le'gal [le'ga:l] legale; **~i'sieren** (*senza ge-*, *h*) legalizzare
'legen ['le:gən] (*h*) mettere, posare; porre, collocare; *Eier*: fare
Le'gende [le'gɛndə] *f* (-; *-n*) leggenda *f*
Legisla'tive [legisla'ti:və] *f* (-; *-n*) potere *m* legislativo
Legisla'turperiode [legisla'tu:rperjo:də] *f* legislatura *f*
legi'tim [legi'ti:m] legittimo; **≗a'tion** [-timats'jo:n] *f* (-; *-en*) legittimazione *f*; **~'ieren** (*senza ge-*, *h*) legittimare; ***sich ~*** provare (*od* dimostrare) la propria identità
Lehm [le:m] *m* (*-[e]s*; *-e*) argilla *f*; fango *m*; **'≗ig** argilloso
'Lehne ['le:nə] *f* (-; *-n*) spalliera *f*; (*Arm≗*) bracciolo *m*
'Lehnwort ['le:n-] *n* (*-[e]s*; *¨er*) parola *f* straniera adottata
'Lehr|auftrag ['le:r?auftra:k] *m* incarico *m* d'insegnamento; **'~befähigung** *f* abilitazione *f* all'insegnamento; **'~brief** *m* certificato *m* di assolto apprendistato; **'~buch** *n* libro *m* di testo
'Lehr|e ['le:rə] *f* (-; *-n*) (*Unterricht*) insegnamento *m*; lezione *f*; (*Lehrzeit*) tirocinio *m*; (*Rat*) consiglio *m*; **'≗en** (*h*) insegnare (***j-n et*** qc a qu); **'~er** *m* (*-s*; -) insegnante *m*; (*Schul≗*) maestro *m*; (*Gymnasial≗*) professore *m*; **'~erin** *f* (-; *-nen*) insegnante *f*; maestra *f*; professoressa *f*; **'~fach** *n* materia *f* d'insegnamento; **'~gang** *m* corso *m*; **'~körper** *m* corpo *m* insegnante; **'~ling** ['-liŋ] *m* (*-s*; *-e*) apprendista *m*; **'~meister** *m* principale *m*; *fig* maestro *m*; **'≗reich** istruttivo; **'~stelle** *f* posto *m* d'apprendistato; **'~stuhl** *m* cattedra *f*; **'~zeit** *f* noviziato *m*; tirocinio *m*
Leib [laɪp] *m* (*-[e]s*; *-er*) corpo *m*; (*Bauch*) ventre *m*; pancia *f*; ***mit ~ und Seele*** anima e corpo
'Leibes|kräfte ['laɪbəskrɛftə] *f/pl*: ***aus ~n*** a più non posso; **'~visitation** ['-vizitatsjo:n] *f* (-; *-en*) perquisizione *f* personale
'Leib|gericht ['laɪp-] *n gastr* piatto *m* favorito; **≗'haftig** [-'haftiç] in carne ed ossa; **'≗lich** corporale; *Verwandte*: carnale; **'~rente** *f* vitalizio *m*;

L

'~schmerzen *m/pl* dolore *m* di ventre
'Leiche ['laɪçə] *f* (-; *-n*) morto *m*; (*Leichnam*) cadavere *m*
leichen|'blass [laɪçən'blas] pallido come un morto; **'2feier** *f* funerali *m/pl*, esequie *f/pl*; **'2halle** *f* cappella *f* mortuaria; **'2wagen** *m* carro *m* funebre; **'2zug** *m* corteo *m* funebre
'Leichnam ['laɪçnɑːm] *m* (*-s*; *-e*) cadavere *m*
leicht [laɪçt] leggero (*a fig*); (*einfach*) facile; ***et ~ nehmen*** prendere qc alla leggera; **'2athletik** *f* atletica *f* leggera; **'~fertig** sconsiderato, frivolo; **'2gewicht** *n* peso *m* leggero; **'~gläubig** credulo; **'2igkeit** *f* (-; *senza pl*) facilità *f*, leggerezza *f*; **'2metall** *n* metallo *m* leggero; **'2sinn** *m* leggerezza *f*, noncuranza *f*, sconsideratezza *f*; **'~sinnig** sconsiderato; imprudente; frivolo
Leid [laɪt] *n* (*-[e]s*; *senza pl*) dolore *m*, pena *f*; (*Unrecht*) torto *m*, (*Trauer*) lutto *m*; ***~ tun*** dispiacere, rincrescere
'leiden ['laɪdən] *v/i u v/t* (*litt*, *gelitten*, *h*) soffrire (*a fig*); ***ich kann ihn nicht ~*** non posso soffrirlo
'Leiden *n* (*-s*; -) sofferenza *f*; *med* male *m*
'leidend sofferente
'Leidenschaft ['laɪdənʃaft] *f* (-; *-en*) passione *f*; **'2lich** appassionato
'leider ['laɪdər] purtroppo, disgraziatamente
'Leidtragende ['laɪttrɑːgəndə] *m/f* (*-n*; *-n*) (*Trauernder*) familiare *m/f* (del defunto); (*Geschädigter*) colpito *m*, -a *f*, danneggiato *m*, -a *f*; ***der ~ sein*** essere quello che ci rimette
'Leierkasten ['laɪərkastən] *m* organetto *m*
'Leih|bibliothek ['laɪ-] *f* biblioteca *f* circolante; **'2en** ['laiən] (*lieh*, *geliehen*, *h*) prestare; (*entlehnen*) farsi prestare, prendere in prestito, prendere a noleggio; **'~gebühr** *f* tariffa *f* di noleggio; **'~haus** *n* monte *m* di pietà; **'~wagen** *m* *auto* macchina *f* a noleggio; **'2weise** a prestito
Leim [laɪm] *m* (*-[e]s*; *-e*) colla *f*; **'2en** (*h*) incollare
'Leine ['laɪnə] *f* (-; *-n*) corda *f*
'leinen *adj* di lino; di tela
'Leinen ['laɪnən] *n* (*-s*; -) tela *f*
'Leinwand ['laɪnvant] *f* tela *f*, *Film*: schermo *m*
'leise ['laɪzə] **1.** *adj* basso; *fig* lieve; **2.** *adv* piano; a bassa voce
'Leiste ['laɪstə] *f* (-; *-n*) listello *m*; *anat* inguine *m*
'leisten ['laɪstən] (*h*) fare; *Hilfe*, *Eid*: prestare; *Gesellschaft*: tenere; *Widerstand*: opporre; *Dienst*: rendere; ***er leistet etwas*** lavora bene
'Leistung ['laɪstuŋ] *f* (-; *-en*) prestazione *f*, rendimento *m*; (*Arbeit*) lavoro *m*; **'~sbilanz** *f* bilancia *f* delle partite correnti; **'2sfähig** *adj* capace; efficiente; *econ* solvente; **'~sfähigkeit** *f* capacità *f*, *econ* solvibilità *f*, **'~sgesellschaft** *f* società *f* dell'efficienza; **'~sprinzip** *n* principo *m* di rendimento
'Leitartikel ['laɪtˀartiːkəl] *m* articolo *m* di fondo
'leiten ['laɪtən] (*h*) dirigere; guidare; ***~de(r) Angestellte(r)*** impiegato *m*, -a *f* con funzioni direttive
'Leiter ['laɪtər] **1.** *m* (*-s*; -) direttore *m*; **2.** *f* (-; *-n*) scala *f* a pioli
'Leitfaden ['laɪtfɑːdən] *m* *fig* guida *f*, manuale *m*; compendio *m*
'Leitung ['laɪtuŋ] *f* (-; *senza pl*) direzione *f*, (-; *-en*) *tec* conduttura *f*, *el* filo *m*, linea *f*, **'~smast** *m* *el* palo *m* di conduttura; **'~snetz** *n* rete *f* di distribuzione (telefonica *od* elettrica); **'~swasser** *n* acqua *f* di rubinetto
'Leit|währung ['laitvɛːruŋ] *f* valuta *f* guida; **'~zins** *m* saggio *m* di sconto; interesse *m* di riferimento
Lek'tion [lɛkts'joːn] *f* (-; *-en*) lezione *f*
'Lektor ['-tɔr] *m* (*-s*; *-en* [-'toːrən]), **~in** *f* (-; *-nen*) lettore *m*, -trice *f*
Lek'türe [-'tyːrə] *f* (-; *-n*) lettura *f*
'Lende ['lɛndə] *f* (-; *-n*) lombo *m*
'lenkbar ['lɛŋkbɑːr] manovrabile; *Mensch*: docile
'lenken ['lɛnkən] (*h*) dirigere; *avia*, *mar* pilotare; *auto*: guidare, condurre; (*regieren*) reggere
'Lenk|er ['lɛŋkər] *m* (*-s*; -) guidatore *m*; conduttore *m*; *avia* pilota *m*; *tec* guida *f*, **'~rad** *n* volante *m*; **'~stange** *f* manubrio *m*; **'~ung** *f* (-; *senza pl*) guida *f*, direzione *f*
Leo'pard [leːo'part] *m* (*-en*; *-en*) leopardo *m*
'Lerche ['lɛrçə] *f* (-; *-n*) allodola *f*
'lernen ['lɛrnən] (*h*) imparare; studiare

'lesbar ['le:sbər] leggibile
'Lesebuch *n* libro *m* di lettura
'lesen ['le:zən] (*las, gelesen, h*) leggere
'Leser ['le:zər] *m* (*-s; -*), **'~in** *f* (*-; -nen*) lettore *m*, -trice *f*
'Lese|saal ['le:zəza:l] *m* sala *f* di lettura; **'~zeichen** *n* segnalibro *m*
'Lesung ['le:zuŋ] *f* (*-; -en*) lettura *f*
'Lett|e ['lɛte] *m* (*-n; -n*), **'~in** *f* (*-; -nen*), **'2isch** lettone *m/f*
letzt [lɛtst] ultimo; *Jahr, Woche*: scorso, passato; **'~'hin, '~lich** ultimamente
'Leucht|e ['lɔʏçtə] *f* (*-; -n*) lume *m*; lampada *f*; **'2en** (*h*) risplendere; *j-m*: far luce (a qu); **'2end** luminoso
'Leuchter ['lɔʏçtər] *m* (*-s; -*) candeliere *m*
'Leucht|feuer ['lɔʏçtfɔʏər] *n* fanale *m*; *mar* faro *m*; **'~reklame** *f* pubblicità *f* luminosa; **'~röhre** *f* tubo *m* fluorescente; **'~turm** *m* faro *m*; **'~zifferblatt** *n der Uhr*: quadrante *m* luminoso
'leugnen ['lɔʏgnən] (*h*) negare
'Leumund ['lɔʏmunt] *m* (*-[e]s; senza pl*) reputazione *f*
'Leute ['lɔʏtə] *pl* gente *f*; ***die alten ~*** i vecchi; ***junge ~*** i giovani
'Leutnant ['lɔʏtnant] *m* (*-s; -s*) sottotenente *m*
'Lexikon ['lɛksikɔn] *n* (*-s; -ka*) enciclopedia *f*; (*Wörterbuch*) dizionario *m*
libe'ral [libə'ra:l] liberale; **2e** *m/f* (*-n; -n*) *pol* liberale *m/f*; **2'ismus** [-'lismus] *m* (*-; senza pl*) liberalismo *m*
licht chiaro, luminoso; *Haar*: rado
Licht [liçt] *n* (*-[e]s; senza pl*) luce *f*; lume *m*; (*pl -er*) (*Beleuchtung*) illuminazione *f*; ***ans ~ bringen (kommen)*** portare (venire) alla luce; **'~bild** *n* fotografia *f*; **'~bildervortrag** ['-bildərfo:rtra:k] *m* conferenza *f* con (proiezioni di) diapositive; **'~blick** *m* filo *m* (*od* raggio *m*) di speranza; **'2empfindlich** sensibile alla luce; *fot* sensitivo
'lichten ['liçtən] (*h*) *mar* levare; ***sich ~*** diradarsi, sfoltirsi
'lichter'loh ['liçtər'lo:]: ***~ brennen*** bruciare in un mare di fiamme
'Licht|geschwindigkeit *f* velocità *f* della luce; **'~pause** *f* copia *f* cianografica; **'~reklame** *f* pubblicità *f* luminosa; **'~schein** *m* chiarore *m*; splendore *m*; bagliore *m*; **'2scheu** *adj* che teme la luce; **'~schutzfaktor** *m* fattore *m* (*od* indice *m*) di protezione antisolare; **'~stärke** *f* luminosità *f*; **'~strahl** *m* raggio *m* di luce
'Lichtung ['liçtuŋ] *f* (*-; -en*) *Wald*: radura *f*; *des Ankers*: il salpare
Lid [li:t] *n* (*-[e]s; -er*) palpebra *f*; **'~schatten** *m* ombretto *m*
lieb [li:p] caro; (*angenehm*) gradevole, piacevole; ***j-n ~ haben*** voler bene a qu; ***~ gewinnen*** affezionarsi a
'Liebe ['li:bə] *f* (*-; senza pl*) amore *m*; ***aus ~*** per amore; ***~ machen*** fare (al)l'amore
'lieb|en ['li:bən] (*h*) amare; **'~enswürdig** amabile; gentile
'lieber ['li:bər] *adv* piuttosto; ***~ mögen*** *od* ***~ wollen*** preferire
'Liebes|abenteuer ['li:bəsʔa:bəntɔʏər] *n* avventura *f* amorosa; **'~brief** *m* lettera *f* d'amore; **'~erklärung** *f* dichiarazione *f* d'amore; **'~kummer** *m* pene *f/pl* d'amore; **'~lied** *n* canzone *f* d'amore; **'~paar** *n* coppietta *f*, coppia *f* d'amanti
'liebevoll ['li:bəfɔl] affettuoso, amoroso
Lieb|'kosung [-'ko:zuŋ] *f* (*-; -en*) carezza *f*; **'~ling** ['-liŋ] *m* (*-s; -e*) favorito *m*; beniamino *m*; *Anrede*: amore *m*; **'~lings...** *in Zssgn* ... favorito, ... prediletto; **'2los** freddo, duro
liebst [li:pst] preferito, favorito; il più caro
Lied [li:t] *n* (*-[e]s; -er*) canzone *f*, *ernst*: canto *m*
'Liederabend ['li:dərʔa:bənt] *m* serata *f* liederistica
Liefe'rant [li:fə'rant] *m* (*-en; -en*) fornitore *m*
'liefer|bar ['li:fər-] consegnabile; disponibile; **'2frist** *f* termine *m* di consegna; **'~n** (*h*) fornire; (*ab~*) consegnare; **'2schein** *m* bolletta *f* di consegna
'Liefer|ung ['li:fəruŋ] *f* (*-; -en*) fornitura *f*, consegna *f*; **'~ungsbedingungen** *f/pl* condizioni *f/pl* di consegna; **'~wagen** *m* furgone *m*
'Liege ['li:gə] *f* (*-; -n*) divano *m*; **'~wiese** *f* prato *m*
'liegen ['li:gən] (*lag, gelegen, h*) giacere; (*sein, sich befinden*) essere, stare; *Städte*: essere situato (*od* posto); ***~ bleiben*** restare a letto (*od* sdraiato, coricato); *Arbeit*: rimanere fermo; ***~***

L

lassen (*vergessen*) dimenticare
'Liege|stuhl *m* sedia *f* a sdraio; **'~wagen** *fer m* carrozza *f* con cuccette
Lift [lift] *m* (*-[e]s*; *-e u -s*) ascensore *m*
Li'kör [li'kø:r] *m* (*-s*; *-e*) liquore *m*
'lila *inv*, **'~farben** ['li:la:(farbən)] (color) lilla
Limo'nade [limo'na:də] *f* (*-*; *-n*) gassosa *f*, (*Zitronen*2) limonata *f*
'Linde ['lində] *f* (*-*; *-n*) tiglio *m*
'lindern ['lindərn] (*h*) lenire; mitigare, alleviare
Lineal [line'a:l] *n* (*-s*; *-e*) riga *f*
'Linie ['li:njə] *f* (*-*; *-n*) linea *f*; **'~nbus** *m* autobus *m* di linea; **'~nflug** *m* volo *m* di linea; **'~nmaschine** *f* aero *m* di linea; **'~nrichter** *m* *Sport*: guardalinee *m*; **'~nschiff** *n* nave *f* di linea
link [liŋk] sinistro; **'2e** *f* (*-n*; *-n*) sinistra *f*
links a sinistra; **'2abbieger** *m* (*-s*; *-*) chi svolta a sinistra; **'~radikal** *adj* radicale di sinistra; **'2steuerung** *f auto*: guida *f* a sinistra; **'2verkehr** *m* circolazione *f* a sinistra
Li'noleum [li'no:leˀum] *n* (*-s*; *senza pl*) linoleum *m*
'Linse ['linzə] *f* (*-*; *-n*) *bot* lenticchia *f*; *fis* lente *f*
'Lippe ['lipə] *f* (*-*; *-n*) labbro *m*; **'~nstift** *m* rossetto *m*
li'quid *econ* [li'kvi:t] liquido, solvente; **~'ieren** (*senza ge-*, *h*) liquidare
'Lira ['li:ra] *f* (*-*; *Lire*) lira *f*
List [list] *f* (*-*; *-en*) astuzia *f*, trucco *m*
'Liste ['listə] *f* (*-*; *-n*) elenco *m*; lista *f*
'listig ['listiç] astuto
'Liter ['li:tər] *m* (*n*) (*-s*; *-*) litro *m*
Litera'tur [li:təra'tu:r] *f* (*-*; *-en*) letteratura *f*
'Litfasssäule ['litfaszɔylə] *f* (*-*; *-n*) colonna *f* per affissioni
'Livesendung ['laɪfzɛnduŋ] *f* trasmissione *f* in diretta
Li'zenz [li'tsɛnts] *f* (*-*; *-en*) licenza *f*
'Lkw ['ɛlkave] *m* (*-[s]*; *-s*) → ***Lastkraftwagen***; **'~-*Fahrer*** *m* autista *m*
Lob [lo:p] *n* (*-[e]s*; *senza pl*) lode *f*, elogio *m*; **'2en** ['-bən] (*h*) lodare; **'2enswert** ['-bənsve:rt] lodevole
Loch [lɔx] *n* (*-[e]s*; *¨er*) buco *m*; (*Öffnung*) apertura *f*, orifizio *m*; **'2en** (*h*) forare; bucare; **'~karte** *f* scheda *f* perforata
'Locke ['lɔkə] *f* (*-*; *-n*) riccio(lo) *m*
'locken ['lɔkən] (*h*) allettare; (*reizen*) tentare
'locker ['lɔkər] non fermo, malfermo; *Schraube*: lento; (*licht*) rado; *Teig*: morbido; *fig* rilassato, sciolto; *Beziehung*: non fisso
'lockern *v/t* (*h*) allentare; *Boden*: dissodare
'lockig ['lɔkiç] ricciuto
'lodern ['lo:dərn] (*h*) divampare
'Löffel ['lœfəl] *m* (*-s*; *-*) cucchiaio *m*; **'2n** (*h*) prendere col cucchiaio
'Loggia ['lɔdʒa] *f* (*-*; *-ien*) loggia *f*
'Logik ['lo:gik] *f* (*-*; *senza pl*) logica *f*
'logisch ['lo:giʃ] logico
Lohn [lo:n] *m* (*-[e]s*; *¨e*) ricompensa *f*, (*Arbeits*2) paga *f*, salario *m*; **'~ausfall** *m* perdita *f* del salario; **'~empfänger** *m* salariato *m*
'lohnen ['lo:nən] (*h*): ***es lohnt sich nicht*** non vale la pena
'Lohn|erhöhung ['lo:nˀɛrhø:uŋ] *f* aumento *m* salariale; **'~forderung** *f* richiesta *f* salariale; **'~gruppe** *f* categoria *f* salariale; **'~steuer** *f* imposta *f* sul salario; **'~steuerkarte** *f* cartella *f* dell'imposta sul salario; **'~stopp** *m* blocco *m* dei salari; **'~streik** *m* sciopero *m* per l'aumento dei salari
lo'kal *adj* locale; del luogo
Lo'kal [lo'ka:l] *n* (*-s*; *-e*) locale *m* pubblico; **'2i'sieren** (*senza ge-*, *h*) localizzare; **~presse** *f* stampa *f* locale; **~verbot** *n* divieto *m* di accesso a un locale
Lokomo|'tive [lokomo'ti:və] *f* (*-*; *-n*) locomotiva *f*, locomotore *m*; **~'tivführer** [-'ti:ffy:rər] *m* macchinista *m*
'Lorbeer ['lɔrbe:r] *m* (*-s*; *-en*) alloro *m*
Los [lo:s] *n* (*-es*; *-e*) sorte *f*, (*Lotterie*2) biglietto *m* della lotteria
los [lo:s] **1.** *adj* sciolto; (*frei*) libero; *Knopf*: staccato; **2.** *adv* ***was ist ~?*** che c'è?, che è successo?
'losbinden (*irr*, *sep*, *-ge-*, *h*, → ***binden***) slegare
'Lösch|arbeit ['lœʃˀarbaɪt] *f* lavoro *m* di estinzione; **'2en** (*h*) spegnere (*a fig*); *Schuld*, *Hypothek*: estinguere; *Schiff*: scaricare; *Durst*: togliersi; **'~gerät** *n* estintore *m*; **'~mannschaft** *f* squadra *f* antincendi
'lose ['lo:zə] *Zahn*, *Knopf*: malfermo; (*gelöst*, *unverpackt*) sciolto

'Lösegeld ['lø:zəgɛlt] *n* riscatto *m*
'losen ['lo:zən] *v/i* (*h*) tirare a sorte, sorteggiare
'lösen ['lø:zən] (*h*) sciogliere; liberare; *Aufgabe, Zweifel*: risolvere; *Fahrkarte*: fare; *Vertrag*: annullare
'los|fahren ['lo:sfɑ:rən] (*irr, sep, -ge-, sn,* → ***fahren***) partire; **'~gehen** (*irr, sep, -ge-, sn,* → ***gehen***) staccarsi; cominciare; *auf j-n*: avventarsi; **'~kaufen** (*sep, -ge-, h*) riscattare; **'~ketten** (*sep, -ge-, h*) sciogliere (dalla catena); **'~kommen** (*irr, sep, -ge-, sn,* → ***kommen***) sbarazzarsi, disfarsi (***von*** di); riuscire a staccarsi; **'~lassen** (*irr, sep, -ge-, h,* → ***lassen***) lasciar andare
'löslich ['lø:sliç] solubile
'los|machen (*sep, -ge-, h*) staccare; ***sich ~*** liberarsi; **'~reißen** (*irr, sep, -ge-, h,* → ***reißen***) strappare; **'~sagen**: ***sich ~ von*** (*sep, -ge-, h*) romperla con; *von et*: desistere; liberarsi da
'Losung ['lo:zuŋ] *f* (-; *-en*) sorteggio *m*; parola *f* d'ordine
'Lösung ['lø:zuŋ] *f* (-; *-en*) soluzione *f*; (*Abbruch*) distacco *m*; **'~smittel** *n* solvente *m*
'loswerden ['lo:sve:rdən] (*irr, sep, -ge-, sn,* → ***werden***) disfarsi, liberarsi di; ***et ~*** riuscire a vendere qc
'löten ['lø:tən] (*h*) saldare
'Lotion [lots'jo:n *a* 'louʃən] *f* (-; *-en*) lozione *f*
'Lötkolben ['lø:tkɔlbən] *m* saldatore *m*
'Lotse ['lo:tsə] *m* (*-n*; *-n*) *mar* pilota *m* di porto
Lotte'rie [lɔtə'ri:] *f* (-; *-n*) lotteria *f*; **~gewinn** *m* vincita *f* alla lotteria; **~los** *n* biglietto *m* di lotteria
'Lotto ['lɔto] *n* (*-s*; *-s*) lotto *m*
'Löw|e ['lø:və] *m* (*-n*; *-n*) leone *m* (*a astr*); **'~enmaul** *bot n* bocca *f* di leone; **'~enzahn** *bot m* (*senza pl*) dente *m* di leone; **'~in** ['-vin] *f* (-; *-nen*) leonessa *f*
Luchs [luks] *m* (*-es*; *-e*) lince *f*
'Lücke ['lykə] *f* (-; *-n*) lacuna *f*; **'2nhaft** incompleto, difettoso; pieno di lacune; **'2nlos** completo
Luft [luft] *f* (-; *¨e*) aria *f*; ***an die frische ~*** all'aria fresca; ***keine ~ bekommen*** soffocare; ***in die ~ sprengen*** far saltare in aria; **'~angriff** *m* attacco *m* aereo; **'~ballon** *m* palloncino *m*; **'2dicht** ermetico; **'~druck** *m* (*-[e]s*; *senza pl*) pressione *f* atmosferica
'lüften ['lyftən] (*h*) arieggiare; *Geheimnis*: rivelare
'Luft|fahrt *f* (-; *senza pl*) aeronautica *f*, aviazione *f*; **'~fahrtgesellschaft** *f* compagnia *f* (di navigazione) aerea; **'~feuchtigkeit** *f* umidità *f* atmosferica; **'~fracht** *f* trasporto *m* merci (per) via aerea; **'~gewehr** *n* fucile *m* ad aria compressa; **'2ig** arioso; **'~kampf** *m* combattimento *m* aereo; **'~kissenboot** *n* hovercraft *m*; **'~krankheit** *f* mal *m* d'aria; **'~kurort** *m* stazione *f* climatica; **'~linie** *f* linea *f* d'aria (*od* diretta); *avia* linea *f* aerea; **'~loch** *n tec* foro *m* d'aerazione; *avia* vuoto *m* d'aria; **'~matratze** *f* materassino *m*; **'~post** *f* posta *f* aerea; **'~pumpe** *f* pompa *f* pneumatica; **'~raum** *m* spazio *m* aereo; **'~röhre** *f anat* trachea *f*; **'~schacht** *m* tubo *m* di ventilazione; **'~schicht** *f* strato *m* atmosferico; **'~schloss** *n* castello *m* in aria; **'~schutz** *m* protezione *f* antiaerea; **'~schutzraum** *m* ricovero *m* antiaereo; **'~sprung** *m* salto *m* in aria; capriola *f*; **'~strömung** *f* corrente *f* aerea; **'~taxi** *n* aerotaxi *m*; **'~temperatur** *f* temperatura *f* atmosferica
'Lüftung ['lyftuŋ] *f* (-; *-en*) aereazione *f*, ventilazione *f*
'Luft|veränderung ['luftfɛrˀɛndəruŋ] *f* cambiamento *m* d'aria; **'~verkehr** *m* traffico *m* aereo; **'~verschmutzung** *f* inquinamento *m* atmosferico; **'~verseuchung** *f* contaminazione *f* atmosferica; **'~waffe** *f* (-; *senza pl*) aeronautica *f od* aviazione *f* militare; **'~weg** ['-ve:k] *m* via *f* aerea; **'~zug** *m* (*-[e]s*; *senza pl*) corrente *f* (*od* riscontro *m*) d'aria
'Lüge ['ly:gə] *f* (-; *-n*) bugia *f*; ***~n strafen*** dare una smentita
'lügen ['ly:gən] (*log, gelogen, h*) mentire
'Lügner ['ly:gnər] *m* (*-s*; -), **'~in** *f* (-; *-nen*) **'2isch** *adj* bugiardo *m*, -a *f*
'Luke ['lu:kə] *f* (-; *-en*) abbaino *m*; *mar* boccaporto *m*
lukra'tiv [lukra'ti:f] lucrativo
'Lumpen ['lumpən] *m* (*-s*; -) straccio *m*
Lunch [lanʃ] *m* (*-[e]s u -*; *-[e]s u -e*) lunch *m*; **'~paket** *n* cestino *m* da viaggio

'Lunge ['luŋə] *f* (-; *-n*) polmone *m*
'Lungen|entzündung *f* polmonite *f*; **'≈krank**, **'≈leidend** malato di polmoni, tisico; **'~tuberkulose** *f* tubercolosi *f* polmonare
'Lupe ['lu:pə] *f* (-; *-n*) lente *f* (d'ingrandimento)
Lust [lust] *f* (-; *⸚e*) voglia *f*; (*senza pl*) (*Vergnügen*) piacere *m*; *fleischliche*: desiderio *m*; libidine *f*; ***keine ~ haben*** non aver voglia
'lüstern ['lystərn] voluttuoso; lascivo
'Lust|garten ['lustgartən] *m* parco *m*; **'≈ig** divertente; allegro; ***sich über j-n ~ machen*** prendere in giro qu
'lust|los ['lustlo:s] svogliato; **'≈spiel** *n* commedia *f*; **'≈spieldichter** *m* commediografo *m*
'lutsch|en ['lutʃn] succhiare; **≈er** ['lutʃər] *m* lecca-lecca *m*
luxur'iös [luksur'jø:s] lussuoso
'Luxus ['luksus] *m* (-; *senza pl*) lusso *m*; **'~artikel** *m* articolo *m* di lusso; **'~hotel** *n* albergo *m* di lusso
'lynchen ['lynçən] (*h*) linciare
'Lyr|ik ['ly:rik] *f* (-; *senza pl*) lirica *f*; **'~iker** *m* (*-s*; -) poeta *m* lirico; **'≈isch** lirico

M

'Machart ['max'ʔa:rt] *f* (-; *-en*) fattura *f*
'machen ['maxən] (*h*) fare; *Durst*, *Appetit*, *Ende*: mettere; *Mühe*: recare; *mit e-m Adjektiv*: rendere, *z.B.* ***glücklich ~*** rendere felice; ***sich an die Arbeit ~*** mettersi al lavoro; ***j-n auf et*** (*acc*) ***aufmerksam ~*** far notare qc a qu; ***ich mache mir nichts daraus*** non mi fa né caldo né freddo
Macht [maxt] *f* (-; *⸚e*) potenza *f*; (*Gewalt*) (*senza pl*) potere *m*; (*Kraft*) forza *f*; (*Einfluss*) influenza *f*, ascendente *m*; ***aus eigener ~*** di propria autorità; **'~apparat** *m* apparato *m* di potere; **'~befugnis** *f* pieni poteri *m/pl*; autorità *f*; **'~haber** ['-ha:bər] *m* (*-s*; -) potente *m*; dittatore *m*
'mächtig ['mɛçtiç] potente; (*stark*) poderoso; (*groß*) immenso
'macht|los ['maxtlo:s] impotente; **'≈probe** *f* prova *f* di forza; **'≈wort** *n* parola *f* decisiva
'Mädchen ['mɛ:tçən] *n* (*-s*; -) ragazza *f*; fanciulla *f*; F figliola *f*; (*kleines ~*) bambina *f*; bimba *f*; femmina *f*; **'~name** *m* nome *m* di (*od* da) ragazza
'Made ['ma:də] *f* (-; *-n*) tarma *f*; verme *m*
'made in ... ['meɪd in] prodotto in ..., made in ...
Ma'donna [ma'dɔna] *f* (-; *-nen*) Madonna *f*
Maga'zin [maga'tsi:n] *n* (*-s*; *-e*) magazzino *m*; deposito *m*; (*Zeitschrift*) rivista *f* illustrata
Magd [ma:kt] *f* (-; *⸚e*) serva *f*
'Magen ['ma:gən] *m* (*-s*; *⸚*) stomaco *m*; *Vögel*: ventriglio *m*; **'~beschwerden** *f/pl* disturbi *m/pl* di stomaco; indigestione *f*; **'~geschwür** *n* ulcera *f* gastrica; **'~schmerzen** *m/pl* dolori *m/pl* di stomaco
'mager ['ma:gər] magro; **'≈milch** *f* latte *m* scremato (*od* magro)
Ma'g|ie [ma'gi:] *f* (-; *senza pl*) magia *f*; **'~ier** ['ma:gjər] *m* (*-s*; -) mago *m*; **'≈isch** magico
Magis'trat [-s'tra:t] *m* (*-[e]s*; *-e*) giunta *f* municipale; consiglio *m* comunale
Mag'net [mag'ne:t] *m* (*-en*; *-e*) magnete *m*; calamita *f*; **~band** *n* nastro *m* magnetico; **~feld** *n* campo *m* magnetico; **≈isch** magnetico; **≈i'sieren** (*senza ge-*, *h*) magnetizzare; **~'ismus** *m* magnetismo *m*; **~nadel** *f* ago *m* calamitato (*od* magnetico); **~platte** *f* disco *m* magnetico
'Mähdrescher ['mɛdrɛʃər] *m* (*-s*; -) trebbiatrice *f*
'mähen ['mɛ:ən] *agr v/t* (*h*) *Getreide*: mietere; *Gras*: falciare
Mahl [ma:l] *n* (*-[e]s*; *-e*) pasto *m*; pranzo *m*; (*Fest≈*) banchetto *m*; **'≈en** ['ma:lən]

v/t (*h*) macinare; '**~zeit** *f* pasto *m*; F **~!** *saluto tra colleghi*
'Mahn|bescheid ['ma:nbəʃaɪt] *m* ingiunzione *f* di pagamento;'**~brief** *m* (*-[e]s*; *-e*) sollecito *m* di pagamento
'Mähne ['mɛ:nə] *f* (-; *-n*) criniera *f*
'mahn|en ['ma:nən] (*h*) avvisare; esortare, avvertire, ammonire; ***j-n an et*** (*acc*) **~** ricordare qc a qu; *wegen Zahlung*: sollecitare (qc a qu); '**2gebühr** *f* tassa *f* d'ingiunzione; '**2mal** ['-ma:l] *n* monumento *m* commemorativo; '**2ung** *f* (-; *-en*) *econ* sollecito *m*; *dir* ingiunzione *f*, avviso *m*; ammonimento *m*, ammonizione *f*
Mai [maɪ] *m* (*-[e]s*; *senza pl*) maggio *m*; '**~glöckchen** *n* mughetto *m*; '**~käfer** *m* maggiolino *m*
Mais [maɪs] *m* (*-es*; *-e*) mais *m*, gran(o)turco *m*
Majonäse → ***Mayonnaise***
Ma'jor [ma'jo:r] *m* (*-s*; *-e*) maggiore *m*
'Majoran *bot* ['ma:jora:n] *m* (*-s*; *-e*) maggiorana *f*
'mäkeln ['mɛ:kəln] *v/i* (*h*) cercare il pelo nell'uovo; ***an et*** (*dat*) **~** criticare qc
'Make-'up ['meik'ʔap] *n* (*-s*; *-s*) trucco *m* (del viso)
Makka'roni [maka'ro:ni] *pl* maccheroni *m/pl*
'Makler ['ma:klər] *m* (*-s*; *-*) mediatore *m*; agente *m*; '**~gebühr** *f* diritti *m/pl* di mediazione
Ma'krele [ma'kre:lə] *f* (-; *-n*) sgombro *m*
Ma'krone [-'kro:nə] *f* amaretto *m*
Mal [ma:l] *n* (*-[e]s*; *-e*) **1.** (*a -[e]s*; *¨er*) segno *m*; macchia *f*, (*Mutter2*) voglia *f*, **2.** volta *f*, ***nächstes*** **~** la prossima volta; ***drei mal drei*** tre per tre; ***jedes*** **~** tutte le volte; ogni volta; ***jedes ~ wenn*** ogni qualvolta
Ma'laria [ma'la:rja] *f* (-; *senza pl*) malaria *f*
'mal|en ['ma:lən] (*h*) dipingere; '**2er** *m* (*-s*; *-*) pittore *m*; **2e'rei** *f* (-; *-en*) pittura *f*, '**2erin** *f* (-; *-nen*) pittrice *f*, '**~erisch** pittoresco
Malz [malts] *n* (*-es*; *senza pl*) malto *m*; '**~kaffee** *m* caffè *m* d'orzo
Ma'ma [ma'ma:, F 'mama] *f* (-; *-s*) mamma *f*
man [man] si; **~ *muss*** si deve (*od* devono); **~ *sagt*** si dice *od* dicono
'Manag|ement ['mɛnidʒmənt] *n* (*-s*; *-s*) management *m*; '**2en** (*h*) organizzare, gestire; '**~er** *m* (*-s*; *-*) impresario *m*; dirigente *m* d'azienda, manager *m*; '**~erkrankheit** *f* surmenage *m*
manch [manç] *pron* più d'uno, qualcuno; *adj* qualche; '**~e** *pl* alcuni; parecchi; **~ *Menschen*** *m/pl* certi uomini *m/pl*; '**~er** taluno; '**~mal** talvolta, qualche volta
Man'dant [man'dant] *m* (*-en*; *-en*); '**~in** *f* (-; *-nen*) mandante *m/f*, cliente *m/f* (di avvocato)
Manda'rine *bot* [-da'ri:nə] *f* (-; *-n*) mandarino *m*
Man'dat [-'da:t] *n* (*-[e]s*; *-e*) mandato *m*
'Mandel ['mandəl] *f* (-; *-n*) mandorla *f*, *anat* tonsilla *f*
'Mangel ['maŋəl] *m* (*-s*; *¨*) mancanza *f* (***an*** *dat* di); insufficienza *f*, assenza *f*, **~ *haben an*** (*dat*) mancare (*od* difettare) di; '**~beruf** *m* professione *f* scelta da pochi; '**2haft** manchevole; difettoso; insufficiente
'mangeln ['maŋəln] (*h*) (*fehlen*) mancare; ***es mangelt mir an et*** (*dat*) mi manca qc
'Mangelware *f* merce *f* rara
Mani'fest [mani'fɛst] *n* (*-[e]s*; *-e*) manifesto *m*
Mani'küre [-'ky:rə] *f* (-; *-n*) manicure *m/f*
Manip|ula'tion [-pulats'jo:n] *f* (-; *-en*) manipolazione *f*, **2u'lieren** (*senza ge-*, *h*) manipolare
Mann [man] *m* (*-[e]s*; *¨er*; *mil u mar nach Zahlen pl inv*, *in Zssgn pl oft -leute*) uomo *m*; (*Ehe2*) marito *m*; ***ein alter*** (***junger***, ***armer***) **~** un vecchio (giovane, povero); ***mit 20*** **~** con venti uomini; **~ *für*** **~** uno a uno
'Mannequin ['manəkɛ̃] *n* (*-s*; *-s*) manichino *m*; indossatrice *f*
'Mannesalter ['manəsʔaltər] *n* età *f* virile; ***im besten*** **~** nel vigore degli anni
'mannig|fach, '**~faltig** ['maniçfax, '-faltiç] molteplice, vario
'männlich ['mɛnliç] maschile; virile
'Mannschaft ['manʃaft] *f* (-; *-en*) uomini *m/pl*; *mil* truppa *f*, *mar* equipaggio *m*; *Sport*: squadra *f*
Man'sarde [man'zardə] *f* (-; *-n*) mansarda *f*
Man'schette [man'ʃɛtə] *f* (-; *-n*) polsino *m*; **~nknopf** *m* gemello *m*

M

'Mantel ['mantəl] *m* (-*s*; ⸚) cappotto *m*; mantello *m*; *fig nur*: manto *m*; *Fahrrad, Auto*: copertone *m*; **'~tarif** *m* tariffa *f* tipo; **'~tarifvertrag** *m* contratto *m* collettivo di lavoro

manu'ell [manu'ɛl] *adj* manuale; *adv* a mano

Manufak'tur [manufak'tu:r] *f* (-; -*en*) manifattura *f*; **~arbeit** *f* manufatto *m*

Manu'skript [-'skript] *n* (-[*e*]*s*; -*e*) manoscritto *m*

'Mappe ['mapə] *f* (-; -*n*) cartella *f*

'Märchen ['mɛ:rçən] *n* (-*s*; -) fiaba *f*; storiella *f*, racconto *m*

Marga'rine [marga'ri:nə] *f* (-; -*n*) margarina *f*

Ma'rine [ma'ri:nə] *f* (-; -*n*) marina *f*

mari'tim [mari'ti:m] *adj* marittimo

Mark[1] [mark] *n* (-[*e*]*s*; *senza pl*) midollo *m*; (*Frucht*2) polpa *f*; (*Tomaten*2) estratto *m*

Mark[2] *econ f inv* marco *m*; ***100 ~*** 100 marchi; ***deutsche ~*** marco *m* tedesco

mar'kant [mar'kant] marcato, pronunciato; spiccato

'Marke ['markə] *f* (-; -*n*) marca *f*; (*Brief*2) francobollo *m*

'Marken|artikel ['markən?artikəl] *m* articolo *m* di marca; **'~erzeugnis** *n* prodotto *m* di marca; **'~image** ['-?imidʒ] *f* immagine *f* del marchio; **'~schutz** *m* protezione *f* del marchio di fabbrica; **'~treue** *f* fedeltà *f* alla marca; **'~zeichen** *n* marchio *m* (di fabbrica)

'Marketing ['markətiŋ] *n* (-[*s*]; *senza pl*) marketing *m*; **'~abteilung** *f* reparto *m* marketing

mar'kier|en [mar'ki:rən] (*senza ge-*, *h*) segnare; marcare, contrassegnare; *inform* selezionare; **2ung** *f* (-; -*en*) marcatura *f*; (*Straßen*2) segnaletica *f*

Mar'kise [-'ki:zə] *f* (-; -*n*) tenda *f* per finestra

Markt [markt] *m* (-[*e*]*s*; ⸚*e*) mercato *m*; ***Gemeinsamer ~*** Mercato *m* Comune; ***auf den ~ bringen*** lanciare sul mercato; **'~analyse** *f* analisi *f* di mercato; **'~anteil** *m* quota *f* di mercato; **~beherrschung** *f* controllo *m* del mercato; **'2fähig** negoziabile; **'~forschung** *f* indagine *f* (*od* ricerca *f*) di mercato; **'~führer** *m* leader *m* sul mercato; azienda *f* leader; **'~lücke** *f* vuoto *m* di mercato; **'~platz** *m* (piazza *f* del) mercato *m*; **'~preis** *m* prezzo *m* corrente (*od* di mercato); **'~wert** *m* valore *m* di mercato; **'~wirtschaft** *f* (-; *senza pl*) economia *f* di mercato; **'2wirtschaftlich** *adj* dell'economia di mercato

Marme'lade [marmə'la:də] *f* (-; -*n*) marmellata *f*

'Marmor ['marmɔr] *m* (-*s*; -*e*) marmo *m*

Marokkaner [marɔ'ka:nər] *m* (-*s*; -), **~in** *f* (-; -*nen*)

marok'kanisch marocchino *m* -a *f*

Marsch[1] [marʃ] *f* (-; -*en*) polder *m*

Marsch[2] [marʃ] *m* (-[*e*]*s*; ⸚*e*) marcia *f* (*a mus*); **'2ieren** (*senza ge-*, *sn*) marciare

Mar'x|ismus [mark'sismus] *m* (-; *senza pl*) marxismo *m*; **~'ist** *m* (-*en*; -*en*), **~'istin** *f* (-; -*nen*) marxista *m*/*f*

März [mɛrts] *m* (-[*es*]; *senza pl*) marzo *m*

Marzi'pan [martsi'pa:n] *n* (*m*) (-*s*; -*e*) marzapane *m*

'Masche ['maʃə] *f* (-; -*n*) maglia *f*

Ma'schin|e [ma'ʃi:nə] *f* (-; -*n*) macchina *f*; apparecchio *m*; ***~ schreiben*** dattilografare, scrivere a macchina; **2'ell** [-ʃi'nɛl] *adj* meccanico; *adv* a macchina

Ma'schinen|bau [-'ʃi:nənbaʊ] *m* costruzione *f* di macchine; *Fach*: ingegneria *f* meccanica; **~bauer** *m* costruttore *m* di macchine; **~bauingenieur** *m* ingegnere *m* meccanico; **~fabrik** *f* fabbrica *f* di macchinari; **~pistole** *f* mitra *m*; **~schaden** *m* guasto *m* di macchina; **~schlosser** *m* meccanico *m*

Ma'schine(n)schreib|er [-'ʃi:nə(n-)ʃraɪbər] *m* (-*s*; -), **~erin** *f* (-; -*nen*) dattilografo *m*, -a *f*

Maschi'nist [maʃi'nist] *m* (-*en*; -*en*) macchinista *m*

'Masern *med* ['ma:zərn] *pl* morbillo *m*

Maß [ma:s] *n* (-*s*; -*e*) misura *f*; ***in vollem ~e*** pienamente; ***~ halten*** moderarsi

Mass'age [ma'sa:ʒə] *f* (-; -*n*) massaggio *m*

'Masse ['masə] *f* (-; -*n*) *a jur* massa *f*; (*Menge*) gran quantità *f*

'Maßeinheit ['ma:s?aɪnhaɪt] *f* unità *f* di misura

'Massen|'abfertigung ['masən?apfɛrtiguŋ] *f* produzione *f* di massa; **'~absatz** *m* vendita *f* in massa (*od* su vasta scala); **'~andrang** *m* affluenza *f* in massa; **'~arbeitslosigkeit** *f* disoccupazione *f* di massa (generale); **'~artikel** *m* articolo *m* di gran consumo (*od* di serie); **'~entlassung** *f* licenziamenti *m/pl* in massa; **'~medien** *n/pl* mezzi *m/pl* di comunicazione di massa, mass-media *m/pl*; **'~mord** *m* strage *f*; **'~tierhaltung** *f* (-; -*en*) allevamento *m* di massa; **'~tourismus** *m* turismo *m* di massa; **'~verkehrsmittel** *n* mezzo *m* di trasporto pubblico; **'♀weise** in gran quantità

Mas'seur [ma'sø:r] *m* (-*s*; -*e*) massaggiatore *m*; **~in** *f* (-; -*nen*) massaggiatrice *f*

'maß|gebend ['ma:sge:bənt] *Person*: competente; *Sachen*: normativo, decisivo

mas'sieren [ma'si:rən] (*senza ge-*, *h*) *med* fare massaggi, massaggiare

'mäßig ['mɛ:siç] moderato; (*mittel~*) mediocre; *im Essen*: sobrio; *Preis*: modico; **'~en** ['-gən] (*h*) moderare; ***gemäßigte Zone*** *f* zona *f* temperata

'Maß|nahme ['ma:sna:mə] *f* (-; -*n*) misura *f*; provvedimento *m*; **'~nahmenkatalog** *m* serie *f* di provvedimenti; **'~nahmeregel** *f* misura *f*; provvedimento *m*; **'~stab** *m* misura *f*; *geogr* scala *f* (topografica); *fig* proporzione *f*, criterio *m*

Mast[1] [mast] *f* (-; -*en*) *agr* ingrasso *m*

Mast[2] *m* (-[*e*]*s*; -*e*[*n*]) *mar* (*a* **'~baum** *m*) albero *m*; (*Leitungs♀*) palo *m*

'mästen ['mɛstən] (*h*) *agr* ingrassare

Match [mɛtʃ] *n* (-[*e*]*s*; -*s*) partita *f*, incontro *m*

Mate'rial [mater'ja:l] *n* (-*s*; -*ien*) materiale *m*, **~fehler** *m* difetto *m* del materiale; **~'ismus** *m* (-; *senza pl*) materialismo *m*; **~'ist** *m* (-*en*, -*en*) *fil* materialista *m*; **♀'istisch** materialistico

Ma't|erie [-'te:rjə] *f* (-; -*n*) materia *f*; **♀eri'ell** [-ter'jɛl] materiale

Mathem|a'tik [matema'ti:k] *f* (-; *senza pl*) matematica *f*; **~'atiker** [-te'ma:tikər] *m* (-*s*; -), **~'atikerin** *f* (-; -*nen*), **♀'atisch** *adj* matematico *m*, -a *f*

Mati'nee [mati'ne:] *f* (-; -*n*) mattinata *f*

Ma'tratze [ma'tratsə] *f* (-; -*n*) materasso *m*

Ma'trize [ma'tri:tsə] *f* (-; -*n*) matrice *f*

Ma'trose [-'tro:zə] *m* (-*n*; -*n*) marinaio *m*

matt [mat] opaco; *Auge*: smorto; (*erschöpft*) stanco

'Matte ['matə] *f* (-; -*n*) stuoia *f*

'Mauer ['mauər] *f* (-; -*n*) muro *m*; (*Wand*) parete *f*

Maul [maul] *n* (-[*e*]*s*; ¨*er*) bocca *f*; (*Schnauze*) muso *m*

'Maul|esel ['maulˀe:zəl] *m* mulo *m*; **'~korb** *m* museruola *f*; **'~tier** *n* mulo *m*; **'~wurf** *m* talpa *f*

'Maurer ['maurər] *m* (-*s*; -) muratore *m*

Maus [maus] *f* (-; ¨*e*) topo *m*; *inform* mouse *m*

'Mausefalle ['mauzəfalə] *f* trappola *f* per i topi

'Mausklick [-klɪk] *m* (-*s*; -*s*) *inform* clic *m* del mouse; **per ~** *inform* cliccando col mouse

Maut [maut] *f* (-; -*en*) pedaggio *m*; **'~gebühr** *f* pedaggio *m*; **'~stelle** *f* dazio *m*; **'~straße** *f* strada *f* a pedaggio

maxi'mal [maksi'ma:l] massimo

Maxi'mal|geschwindigkeit [-gəʃvindiçkaɪt] *f* velocità *f* massima; **~lohn** *m* salario *m* massimale; **~tarif** *m* tariffa *f* massima

maxi'mieren [-'mi:rən] (*senza ge-*, *h*) massimizzare

'Maximum ['maksimum] *n* (-*s*; -*xima*) massimo *m*

Mayon'naise [majo'nɛ:zə] *f* (-; -*n*) maionese *f*

Me'chan|ik [me'ça:nik] *f* (-; -*en*) meccanica *f*; **~iker** *m* (-*s*; -), **♀isch** *adj* meccanico *m u adj*; **♀i'sieren** (*senza ge-*, *h*) meccanizzare; **~i'sierung** *f* (-; -*en*) meccanizzazione *f*

Me'daille [me'daljə] *f* (-; -*n*) medaglia *f*

'Mediaabteilung ['mediaˀaptailuŋ] *f* ufficio *m* pubblicità

'Medien ['me:djən] *pl* mass media *m/pl*; **'~landschaft** *f* panorama *m* dei mass media

Medika'ment [medika'mɛnt] *n* (-[*e*]*s*; -*e*) farmaco *m*

'Medium ['me:djum] *n* (-*s*; -*ien*) mezzo *m*; medium *m*

Medi'zin [medi'tsi:n] *f* (-; -*en*) medicina *f*; **♀isch** medico; (*arzneilich*) medicinale

Meer [me:r] *n* (-[*e*]*s*; -*e*) mare *m*; **'~busen** *m* golfo *m*; **'~enge** *f* stretto *m*

'Meeres|früchte ['me:rəsfryçtə] *f/pl* frutti *m/pl* di mare; **'~spiegel** *m* livello *m* del mare

M

'Meerwasser *n* acqua *f* di mare

Mehl [meːl] *n* (-*[e]s*; -*e*) farina *f*; **'≗ig** farinoso

mehr [meːr] più; **'≗arbeit** *f* (-; *senza pl*) lavoro *m* straordinario; **'≗aufwand** *m*; **'≗ausgabe** *f* eccedenza *f* di spese; **'~deutig** ['-dɔʏtiç] ambiguo; **'≗einnahme** *f* maggiore entrata *f*; **'~ere** ['-rərə] parecchi(e); più; **'~fach** ['-fax] **1.** *adj* molteplice; **2.** *adv* ripetutamente; più volte; **'~farbig** a più colori; **'≗heit** *f* (-; -*en*) maggioranza *f*; **'≗heitsbeschluss** *m* decisione *f* presa a maggioranza; **'≗heitswahlrecht** *n* sistema *m* elettorale maggioritario; **'~malig** ['-maːliç] ripetuto; **'~mals** ['-maːls] più volte; **'≗parteiensystem** *n* sistema *m* a più partiti; **'~silbig** ['-zilbiç] polisillabo; **'~sprachig** ['-ʃpraːxiç] poliglotta; plurilingue; **'~tägig** di più giorni; **'≗wert** *m* (-*[e]s*; *senza pl*) plusvalore *m*; *econ* valore *m* aggiunto; **'≗wertsteuer** *f* imposta *f* sul valore aggiunto; **'≗zahl** *f* (-; *senza pl*) maggior parte *f*

'Meile ['maɪlə] *f* (-; -*n*) miglio *m*

mein [maɪn] (il) mio, (la) mia

'Meineid ['-ʔaɪt] *m* (-*[e]s*; -*e*) giuramento *m* falso; spergiuro *m*; ***e-n ~ leisten*** giurare il falso

'meinen ['-nən] *v/t u v/i* (*h*) intendere; (*denken*) pensare; (*glauben*) credere

'meinet'wegen ['mainət'veːgən] per causa mia; per conto mio; per me; per amor mio

'Meinung ['-nuŋ] *f* (-; -*en*) opinione *f*, parere *m*; avviso *m*; ***meiner ~ nach*** secondo me; ***j-m seine ~ sagen*** dire a qu il fatto suo

'Meinungs|forschung *f* indagine *f* demoscopica; **'~forschungsinstitut** *n* istituto *m* demoscopico; **'~umfrage** *f* sondaggio *m* dell'opinione pubblica

'Meise ['maɪzə] *f* (-; -*n*) cinciallegra *f*

'Meißel ['maɪsəl] *m* (-*s*; -) scalpello *m*

meist [maɪst] la maggior parte (di, del); ***die ≗en*** i più; ***am ~en*** di più, il più, più di tutto, più di ogni altra cosa; **'≗bietend** *adj* che offre di più; **'~ens** per lo più, per la maggior parte

'Meister ['maɪstər] *m* (-*s*; -) maestro *m*; (*Herr*) padrone *m*; *sport* campione *m*; **'~werk** *n* capolavoro *m*

melan'cholisch [melaŋ'koːliʃ] malinconico

'Melde|behörde ['mɛldəbəhørdə] *f* ufficio *m* anagrafe; **'~bogen** *m* formulario *m* di denuncia (*od* di notifica); **'~frist** *f* termine *m* di denuncia

'melden ['mɛldən] (*h*) annunciare; *den Behörden*: notificare; denunciare; ***sich ~*** presentarsi; ***sich krank ~*** darsi malato

'Melde|pflicht ['mɛldəpfliçt] *f* obbligo *m* di notifica; **'~zettel** *m* modulo *m* di registrazione

'Meldung ['mɛlduŋ] *f* (-; -*en*) annuncio *m*; *pol* notifica *f*, denuncia *f*, avviso *m*; *Zeitung*: notizia *f*

'melken ['mɛlkən] (*molk*, *gemolken*, *h*; *a melkte*, *gemelkt*) mungere

Melo'die [melo'diː] *f* (-; -*n*) melodia *f*

Me'lone [me'loːnə] *f* (-; -*n*) melone *m*; popone *m*; (*Wasser≗*) cocomero *m*

Me'moiren [me'moaːrən] *pl inv* memorie *f/pl*

Memo'randum [-'randum] *n* (-*s*; -*den od* -*da*) promemoria *f*

'Meng|e ['mɛŋə] *f* (-; -*n*) quantità *f*; *Personen*: moltitudine *f*; (*Menschen≗*) folla *f*; **'~enrabatt** *m* sconto *m* per quantità

'Mensa ['mɛnza] *f* (-; -*s od* -*sen*) mensa *f* (universitaria)

Mensch [mɛnʃ] *m* (-*en*; -*en*) uomo *m*; essere *m* umano; persona *f*, individuo *m*

'Menschen|alter ['mɛnʃənaltər] generazione *f*; **'≗feindlich** misantropico; **'~fresser** *m* (-*s*; -) antropofago *m*, cannibale *m*; **'~geschlecht** *n* genere *m* umano; **'~hass** *m* misantropia *f*; **'~kenntnis** *f* conoscenza *f* del genere umano; esperienza *f* del mondo; **'~leben** *n* vita *f* umana; **'≗leer** spopolato; deserto; **'~liebe** *f* filantropia *f*; **'~menge** *f* folla *f*; **'~raub** *m* sequestro *m* di persona; **'~recht** *n* diritto *m* dell'uomo; **'≗scheu** *adj* timido; asociale; **'~würde** *f* dignità *f* umana

'Mensch|heit ['mɛnʃhaɪt] *f* (-; *senza pl*) umanità *f*; **'≗lich** umano

Menstrua'tion [mɛnstruats'joːn] *f* (-; -*en*) mestruazioni *f/pl*

Mentali'tät [mɛntali'tɛːt] *f* (-; -*en*) mentalità *f*

Me'nü [me'nyː] *n* (-*s*; -*s*) *gastr* menu *m*, *inform* menu *m*

Meri'dian [merid'jɑːn] *m* (*-s*; *-e*) meridiano *m*

'Merk|blatt ['mɛrkblat] *n* foglio *m* esplicativo; **'~buch** *n* taccuino *m*; **'&en** *v/t* (*h*) (*bemerken*) accorgersi di; notare; ***sich*** (*dat*) ***et ~*** tener a mente qc, prender nota di qc; ***merk dir das!*** ricordatelo!; **'~mal** ['-mɑːl] *n* (*-[e]s*; *-e*) segno *m*, caratteristica *f*, tratto *m* distintivo; sintomo *m*; **'&würdig** ['-vyrdiç] notevole; (*seltsam*) strano

'Messe ['mɛsə] *f* (*-*; *-n*) messa *f*; *econ* fiera *f*; **'~aussteller** *m* espositore *m* alla fiera; **'~ausweis** *m* tessera *f* di riconoscimento; **'~besucher** *m* visitatore *m* della fiera; **'~gelände** *n* area *f* della fiera

'messen ['mɛsən] (*maß*, *gemessen*, *h*) misurare; ***sich ~ mit*** competere con

'Messeneuheit *f* novità *f* della fiera

'Messer ['mɛsər] *n* (*-s*; *-*) coltello *m*; **'~spitze** *f* punta *f* del coltello

'Messestadt *f* città *f* sede della fiera

'Messgerät ['mɛsgərɛːt] *n* strumento *m* di misurazione

'Messing ['mɛsiŋ] *n* (*-s*; *senza pl*) ottone *m*

'Messung ['mɛsuŋ] *f* (*-*; *-en*) misurazione *f*

Me'tall [me'tal] *n* (*-s*; *-e*) metallo *m*; ***~verarbeitend*** metallurgico, **~arbeiter** *m* (operaio *m*) metallurgico *m*; **~industrie** *f* industria *f* metallurgica; **&isch** metallico

Mete'or [-te'oːr] *m* (*-s*; *-e*) meteora *f*; **~o'loge** [-oro'loːgə] *m* (*-n*; *-n*) meteorologo *m*; **~olo'gie** [-orolo'giː] *f* (*-*; *senza pl*) meteorologia *f*

'Meter ['meːtər] *m u n* (*-s*; *-*) metro *m*; **'~maß** *n* metro *m* a nastro; (*Stab*) metro *m*

Me'thod|e [me'toːdə] *f* (*-*; *-n*) metodo *m*; **&isch** *adj* metodico *adj*

'Metr|ik ['meːtrik] *f* (*-*; *-en*) metrica *f*; **&isch** metrico

'Metro ['meːtro] *f* (*-*; *-s*) metropolitana *f*, metró *m*

Metro'pole [metro'poːlə] *f* (*-*; *-n*) metropoli *f*

'Metzger ['mɛtsgər] *m* (*-s*; *-*) macellaio *m*; **~'ei** *f* (*-*; *-en*) macelleria *f*

Mexi'kan|er [mɛksi'kɑːnər] *m* (*-s*; *-*), **~erin** (*-*; *-nen*), **&isch** messicano *m*, -a *f*

MEZ [ɛmʔeː'tsɛt] (***mitteleuropäische Zeit***) TMEC (Tempo Medio dell'Europa Centrale)

mich [miç] mi; *betont*: me

'Miet|auto ['miːt'auto] *n* auto *f* a noleggio; **'~bedingung** *f* condizione *f* di affitto; **'~dauer** *f* durata *f* dell'affitto; **'~e** ['miːtə] *f* (*-*; *-n*) affitto *m*, locazione *f*; noleggio *m*; ***zur ~ wohnen*** abitare in affitto; *agr* silo *m*; **'&en** (*h*) prendere in affitto; noleggiare; **'~er** *m* (*-s*; *-*), **'~erin** *f* (*-*; *-nen*) inquilino *m*, -a *f*; **'~erschutz** *m* tutela *f* degli inquilini; **'~kauf** *m* locazione-vendita *f*; **'~vertrag** *m* contratto *m* d'affitto; **'~wagen** *m* automobile *f* da noleggio; **'~wohnung** *f* appartamento *m* in affitto

Mi'gräne [mi'grɛːnə] *f* (*-*; *-n*) emicrania *f*

'Mikro|chip ['mikrotʃip] *m* (*-s*; *-s*) microchip *m*; **'~fiche** ['-fiːʃ] *m* (*-s*; *-s*) microfiche *f*; **'~film** *m* (*-[e]s*; *-e*) microfilm *m*; **'~fon**, **'~phon** [-'foːn] *n* (*-s*; *-e*) microfono *m*; **~'skop** [-'skoːp] *n* (*-s*; *-e*) microscopio *m*; **'~welle** *f* (*-*; *-n*) microonda *f*; **'~wellenherd** *m* forno *m* a microonde

Milch [milç] *f* (*-*; *senza pl*) latte *m*; **'~bar** *f* bar-latteria *m*; **'~brötchen** *n* panino *m* al latte; **'~kaffee** *m* caffelatte *m*; **'~kanne** *f* lattiera *f*; **'~mixgetränk** latte *m* frappé; frullato *m*; **'~produkt** *n* latticinio *m*; **'~pulver** *n* latte *m* in polvere; **'~schokolade** *f* cioccolata *f* al latte; **'~straße** *f* via *f* lattea

mild [milt] mite; (*gnädig*) clemente; *Wein*: amabile; **'~ern** ['-dərn] (*h*) mitigare

Mi'lieu [mil'jøː] *n* (*-s*; *-s*) ambiente *m*

Mili'tär [mili'tɛːr] *n* (*-s*; *senza pl*) esercito *m*; truppe *f/pl*; soldati *m/pl*; forze *f/pl* armate; ***beim ~ sein*** essere sotto le armi; **~dienst** *m* servizio *m* militare; **~dienstverweigerer** *m* (*-s*; *-*) obiettore *m* di coscienza; **&isch** militare

Milita'rismus [milita'rismus] *m* (*-*; *senza pl*) militarismo *m*

Mil'l|iarde [mil'jardə] *f* (*-*; *-n*) miliardo *m*; **~i'meter** [mili'meːtər] *m u n* millimetro *m*; **~'ion** [mil'joːn] *f* (*-*; *-en*) milione *m*; **~io'när** [-jo'nɛːr] *m* (*-s*; *-e*) milionario *m*

Milz [milts] *f* (*-*; *-en*) milza *f*

'Mimik ['miːmik] *f* (*-*; *senza pl*) mimica *f*

Mina'rett [mina'rɛt] *n* (*-s*; *-e*) minareto *m*

M

'minder ['mindər] minore; (*geringer*) inferiore; *adv* meno; **~einnahme** *f* minore entrata *f*; **'~heit** *f* (-; *-en*) minoranza *f*; **'~heitsregierung** *f* governo *m* di minoranza; **'~jährig** ['-jɛːriç] minorenne; **~n** (*h*) diminuire; **'~wertig** ['-veːrtiç] inferiore; scadente
'mindest ['-dəst] minimo; ***zum ~en*** almeno; ***nicht im ~en*** in nessun modo; **'~betrag** *m* importo *m* minimo; **'~ens** almeno; **'~gebot** *n* offerta *f* minima; **'~lohn** *m* salario *m* minimo; **'~preis** *m* prezzo *m* minimo; **'~umtausch** *m* cambio *m* minimo; **'~zeit** *f Sport*: tempo *m* minimo
'Mine ['miːnə] *f* (-; *-n*) mina *f*; *min* miniera *f*
Mine'ral [mine'raːl] *n* (-*s*; *-e u -ien*) minerale *m*; **~isch** minerale; **~o'gie** *f* (-; *senza pl*) mineralogia *f*; **'~öl** *n* olio *m* minerale; petrolio *m*; **~ölsteuer** *f* imposta *f* sulla fabbricazione degli oli minerali; **~wasser** *n* acqua *f* minerale
'Minigolf ['minigɔlf] *n* (-*s*; *senza pl*) minigolf *m*; **'~anlage** *f* (-; *-n*) pista *f* di minigolf
mini'mal [mini'maːl] minimo
'Minimum ['miːnimum] *n* (-*s*; *-ma*) minimo *m*
'Minirock ['minirɔk] *m* (-*[e]s*; *⸚e*) minigonna *f*
Mi'nister [mi'nistər] *m* (-*s*; -) ministro *m*; **~ium** [-'teːrjum] *n* (-*s*; *-rien*) ministero *m*; **~präsident** [mi'nisterprezident] *m*, **~präsidentin** *f* primo ministro *m*; *in Italien*: presidente *m*, -essa *f* del consiglio dei ministri; **~rat** *m* consiglio *m* dei ministri
'minus ['miːnus] meno; **'~betrag** *m* ammanco *m*; **'~pol** *el m* polo *m* negativo
Mi'nute [mi'nuːtə] *f* (-; *-n*) minuto *m*
mir [miːr] mi, *betont*: a me
'Mischbrot *n* pane *m* misto
'misch|en ['miʃən] mischiare, mescolare; ***sich in et*** (*acc*) **~** immischiarsi in qc; ***gemischt*** misto; **'~gemüse** *n* verdura *f* mista; **'~ling** *m* (-*s*; *-e*) meticcio *m*; **'~ung** *f* (-; *-en*) miscuglio *m*, mescolanza *f*, miscela *f*, mistura *f*; **'~wald** *m* bosco *m* misto
Mi'sere [mi'zeːrə] *f* (-; *-n*) miseria *f*
miss|'achten [mis'ˀaxtən] (*senza -ge-*, *h*) (di)sprezzare; **~'achtung** *f* (-; *-en*) disprezzo *m*; **'~brauch** *m* (-*s*; *senza pl*) abuso *m*; **~'brauchen** (*senza ge-*, *h*) abusare di; **'~erfolg** *m* (-*[e]s*; *-e*) insuccesso *m*; **'~ernte** *f* cattivo raccolto *m*
miss|'fallen [mis'falən] (*missfiel*, *missfallen*, *h*) non piacere; **'~geschick** *n* (-*[e]s*; *-e*) sfortuna *f*; **~'handeln** (*senza ge-*, *h*) maltrattare; **~'handlung** *f* (-; *-en*) maltrattamento *m*
Mis'sion [mis'joːn] *f* (-; *-en*) missione *f*
'Miss|klang ['misklaŋ] *m* (-*[e]s*; *⸚e*) dissonanza *f*, cacofonia *f*; **~'lingen** [-'liŋən] (*misslang*, *misslungen*, *sn*) fallire, non avere successo; far fiasco; **'~stand** *m* (-*es*; *⸚e*) inconveniente *m*; situazione *f* precaria; **~'trauen** [-'trauən] (*senza ge-*, *h*) non fidarsi di; diffidare di; **'~trauen** *n* (-*s*, *senza pl*) sfiducia *f*; **'~trauensvotum** ['-svoːtum] *n* voto *m* di sfiducia; **'~trauisch** diffidente; **'~verhältnis** *n* (-*ses*; *-se*) sproporzione *f*; **'~verständnis** *n* (-*ses*; *-se*) malinteso *m*; **'~verstehen** (*missverstand*, *missverstanden*, *h*) fraintendere; **'~wirtschaft** *f* (-; *-en*) cattiva amministrazione *f*; malgoverno *m*
Mist [mist] *m* (-*es*; *senza pl*) sterco *m*; *Dünger*: concime *m*
mit [mit] **1.** *prp* con; (*bedecken*, *füllen*, *schmücken*, *zufrieden* **~**) di; ***~ 10 Jahren*** a dieci anni; ***~ leiser Stimme*** a bassa voce; ***~ Recht*** a ragione; ***was ist ~ ihm?*** che cosa ha?; **2.** *adv* anche; ***ich bin ~ dabei*** ci sto anch'io
'Mit|arbeit ['mitˀarbait] *f* (-; *senza pl*) collaborazione *f*, cooperazione *f*; **'~arbeiter** *m* (-*s*; -), **'~arbeiterin** *f* (-; *-nen*) collaboratore *m*, -trice *f*; **'~bestimmung** *f* (-; *senza pl*) cogestione *f*; **'~bringen** (*irr*, *sep*, *-ge-*, *h*, → ***bringen***) portare con sé; (*von der Reise*) ***et ~*** portare un regalo; **'~bringsel** ['-briŋzəl] *n* (-*s*; -) regalino *m*; **'~bürger** *m* (-*s*; -), **'~bürgerin** *f* (-; *-nen*) concittadino *m*, -a *f*; **'~eigentümer** ['-ˀaigəntyːmər] *m* (-*s*; -), **'~eigentümerin** *f* (-; *-nen*) comproprietario *m*, -a *f*; **~ei'nander** l'uno con l'altro; insieme; **'~fahren** (*irr*, *sep*, *-ge-*, *sn*, → ***fahren***) venire (*od* andare) insieme (in macchina) **'~fahrerzentrale** *f* agenzia *f* di autostop; **'~gehen** (*irr*, *sep*, *-ge-*, *sn*, → ***gehen***) andare con qu; accompa-

gnare qu; '**~gift** *f* (-; *-en*) dote *f*; '**~glied** *n* (*-[e]s*; *-er*) membro *m*
'**Mitglieds|ausweis** *m* tessera *f* di socio; '**~beitrag** *m* quota *f* sociale
'**Mit|gliedschaft** *f* (-; *-en*) qualità *f* di membro; '**~gliedskarte** *f* tessera *f*; '**~gliedsland** *n* paese *m* membro; '**~gliedstaat** *m* Stato *m* membro; '**~hilfe** *f* (-; *senza pl*) aiuto *m*; cooperazione *f*; '**2hören** (*sep*, *-ge-*, *h*) ascoltare; '**2kommen** (*irr*, *sep*, *-ge-*, *sn*, → ***kommen***) venire con me (*od* te, lui *usw*); (*folgen*) tener dietro; *fig* riuscire a seguire (*od* capire); '**~leid** *n* (*-[e]s*; *senza pl*) compassione *f* (***mit*** di); '**2machen** (*sep*, *-ge-*, *h*) fare come gli altri; partecipare; ***machst du mit?*** ci stai?; '**~mensch** *m* (*-en*; *-en*) simile *m*, prossimo *m*; '**2nehmen** (*irr*, *sep*, *-ge-*, *h*, → ***nehmen***) portare (con sé); (*fortnehmen*) portar via; '**2reden** (*sep*, *-ge-*, *h*) prender parte alla conversazione; *fig* metterci bocca, F metterci il becco; '**~reisende** *m/f* (*-n*; *-n*) compagno *m*, -a *f* di viaggio; '**~schuld** *f* (-; *senza pl*) complicità *f*; '**2schuldig** complice; '**~schüler** *m* (*-s*; -), '**~schülerin** *f* (-; *-nen*) compagno *m*, -a *f* di scuola; '**2spielen** (*sep*, *-ge-*, *h*) giocare (*mus* suonare, *tea* recitare) con altri
'**Mittag** ['mitɑːk] *m* (*-[e]s*; *-e*) mezzogiorno *m*; mezzodì *m*; ***zu ~ essen*** pranzare; '**~essen** *n* pranzo *m*
'**mittags** ['mitɑːks] a mezzogiorno; '**2hitze** *f* calura *f* meridiana; '**2pause** *f* pausa *f* di mezzogiorno; '**2schlaf** *m* pisolino *m* pomeridiano
'**Mitte** ['mitə] (-; *-n*) mezzo *m*; centro *m*, *des Monats*: metà *f*; (*Durchschnitt*) media *f*; ***~ Januar*** metà gennaio
'**mit|teilen** ['mitaɪlən] (*sep*, *-ge-*, *h*) comunicare, avvisare, informare, far sapere; '**2teilung** *f* (-; *-en*) comunicazione *f*, notizia *f*, avviso *m*
'**Mittel** ['mitəl] *n* (*-s*; -) mezzo *m*; modo *m*; (*Geld*2) *pl* risorse *f/pl*, fondi *m/pl*; mezzi *m/pl*; '**~alter** *n* (*-s*; *senza pl*) medioevo *m*; '**2alterlich** ['-ˀaltərliç] medioevale; '**2europäisch** centroeuropeo; '**2groß** di grandezza (*od* statura) media; '**~klasse** *f* media categoria *f*, *auto* media cilindrata *f*; '**~klassewagen** *m* autovettura *f* di media cilindrata; '**2los** senza mezzi, privo di mezzi; '**2mäßig** mediocre; '**~meer** *n* (Mare *m*) Mediterraneo *m*; '**~meerklima** *n* clima *m* mediterraneo; '**~ohrentzündung** *f* otite *f* media; '**~punkt** *m* centro *m*; '**2s** ['-təls] (*gen*) mediante, per mezzo di; '**~schule** *f* scuola *f* media; '**~streifen** *m* banchina *f* spartitraffico;'**~welle** *f rad* onda *f* media
'**mitten** ['mitən]: ***~ in*** (***auf***, ***an***) in mezzo a; nel mezzo di; ***~ in der Stadt*** nel centro della città
'**Mitternacht** ['-tərnaxt] *f* mezzanotte *f*
'**mittler** ['-tlər] *adj* medio; mezzo; centrale
'**Mittwoch** ['-vɔx] *m* (*-[e]s*; *-e*) mercoledì *m*
mit'unter [mit'ˀuntər] talvolta
'**mit|verantwortlich** ['mitfɛrˀantvɔrtliç] corresponsabile; '**~wirken** (*sep*, *-ge-*, *h*) collaborare, cooperare; '**2wisser** ['-visər] *m* (*-s*; -), '**2wisserin** (-;*-nen*) confidente *m/f*, complice *m/f*
'**mix|en** ['miksən] (*h*) mescolare; '**2er** *m* (*-s*; -) *Gerät*: frullatore *m*
'**mobben** ['mɔpən] (*h*) fare mobbing
'**Mobbing** ['mɔpiŋ] *n* (*-s*; *-s*) mobbing *m*
'**Möbel** ['møːbəl] *n* (*-s*; -) mobile *m*; '**~wagen** *m* furgone *m* per traslochi
mo'bil [mo'biːl] mobile; **2funknetz** *n* (*-s*; *-e*) *tel* rete *f* radiomobile
mobili'sieren [mobili'ziːrən] (*senza ge-*, *h*) mobilizzare, mobilitare
Mobiltelefon *n* cellulare *m*
möchte → ***mögen***
mö'blier|en [mø'bliːrən] (*senza ge-*, *h*) mobiliare; **~t** [-'iːrt] ammobiliato
'**Mode** ['moːdə] (-; *-n*) moda *f*; ***nach der ~*** alla moda; '**~farbe** *f* colore *m* di moda; '**~geschäft** *n* negozio *m* di mode
Mo'dell [mo'dɛl] (*-s*; *-e*) modello *m*; (*weibliche Person*) modella *f*; *in Modezeitschriften*: figurino *m*
'**Modenschau** ['moːdənʃaʊ] *f* sfilata *f* di moda
mo'dern [mo'dɛrn] moderno; *Kleidung*: alla moda, di moda
'**Mode|salon** ['moːdəzalɔ̃] *m* casa *f* di mode; '**~schmuck** *m* bigiotteria *f*; '**~schöpfer** ['-ʃœpfər] *m* (*-s*; -), '**~schöpferin** *f* (-; *-nen*) creatore *m*, -trice *f* di moda; '**~zeitschrift** *f* rivista *f* di moda
'**modisch** ['moːdiʃ] alla moda

M

'Mofa ['mo:fa] *n* (*-s*; *-s*) ciclomotore *m*
'mögen ['mø:gən] (*mochte*, *gemocht*, *h*) **1.** volere, aver voglia, desiderare; ***ich möchte ...*** vorrei ...; **2.** *v/i* potere; ***es mag sein*** può darsi; **3.** *v/t* ***ich mag es nicht*** non mi piace; ***ich mag ihn nicht*** (*Personen*) non lo posso sopportare; ***ich mag ihn sehr gern*** mi piace molto, gli voglio bene; **4.** ***lieber ~*** preferire
'möglich ['mø:kliç] possibile; ***alles ≗e*** tutto quello che è possibile; **~er'weise** ['-çər'vaɪzə] è possibile che ...; forse; **'≗keit** *f* (*-*; *-en*) possibilità *f*; **'~st**: ***~ bald*** il più presto possibile, quanto prima; ***sein ≗es tun*** fare il possibile, fare del proprio meglio
Mohamme'dan|er [mohame'dɑ:nər] *m* (*-s*; *-*) *neg!*, **~erin** *f* (*-*; *-nen*) *neg!*, **≗isch** maomettano *m*, -a *f*
Mohn *bot* [mo:n] *m* (*-[e]s*; *-e*) papavero *m*
'Möhre ['mø:rə] *f* (*-*; *-n*) carota *f*
'Mokka ['mɔka] *m* (*-s*; *-s*) moca *m*
'Mole *mar* ['mo:lə] *f* (*-*; *-n*) molo *m*
Molke'rei [mɔlkə'raɪ] *f* (*-*; *-en*) latteria *f*; caseificio *m*
'mollig ['mɔliç] (*weich*) molle; morbido; (*warm*) bello caldo; (*rundlich*) grassottello
Mo'ment [mo'mɛnt] *m* (*-[e]s*; *-e*) momento *m*; istante *m*; **≗'an** momentaneo
Mo'narch [mo'narç] *m* (*-en*; *-en*) monarca *m*; **~'ie** [-'çi:] *f* (*-*; *-n*) monarchia *f*
'Monat ['mo:nat] *m* (*-[e]s*; *-e*) mese *m*; **'≗elang** ['-təlaŋ] per mesi e mesi; **'≗lich** mensile; ***100 Mark ~*** cento marchi al mese
'Monats|abschluss ['mo:nats^ʔapʃlus] *m* bilancio *m* mensile; **'~bericht** *m* rapporto *m* mensile; **'~einkommen** *n* stipendio *m* mensile; **'~gehalt** *n*, **'~geld** *n* stipendio *m* (mensile); mensilità *f*, paga *f*; **'~karte** *f* tessera *f* mensile; abbonamento *m* mensile; **'~rate** *f* rata *f* mensile
Mönch [mœnç] *m* (*-[e]s*; *-e*) monaco *m*
Mond [mo:nt] *m* (*-[e]s*; *-e*) luna *f*; **'~fähre** *f* modulo *m* lunare; **'~finsternis** *f* eclisse *f* lunare (*od* di luna); **'~landung** *f* allunaggio *m*; **'~schein** *m* chiaro *m* di luna; **'~sonde** *f* sonda *f* lunare; **'≗süchtig** sonnambulo
Mon'g|ole [mɔŋgo:lə] *m* (*-n*; *-n*), **~'olin** *f* (*-*; *-nen*) mongolo *m*, -a *f*; **≗'olisch** [-'go:liʃ] mongolico, mongolo
'Monitor ['mo:nitɔr] *m* (*-s*; *-en* [mo:ni'to:rən]) monitor *m*
Mono'pol [mono'po:l] *n* (*-s*; *-e*) monopolio *m*; **≗i'sieren** [-poli'zi:rən] (*senza ge-*, *h*) monopolizzare; **~kapital** *n* capitale *m* monopolistico
Mon'sun [mɔn'zu:n] *m* (*-s*; *-e*) monsone *m*
'Montag ['mo:ntɑ:k] *m* (*-[e]s*; *-e*) lunedì *m*
Mon'tage [mɔn'tɑ:ʒə] *f* (*-*; *-n*) montaggio *m*
Mon'tan|industrie [mɔn'tɑ:n^ʔindustri:] *f* industria *f* mineraria e siderurgica; **~union** [-^ʔunjo:n] *f* Comunità *f* Europea del Carbone e dell'Acciaio
Mon|'teur [-'tø:r] *m* (*-s*; *-e*) meccanico *m*; operaio *m* addetto al montaggio; **≗'tieren** (*senza ge-*, *h*) *tec* montare
Moor [mo:r] *n* (*-[e]s*; *-e*) palude *f*; (*Torf*) torba *f*; **'~bad** *n* bagno *m* di fango, fanghi *m/pl*
Moos *bot* [mo:s] *n* (*-es*; *-e*) muschio *m*
'Moped ['mo:pe:t] *n* (*-s*; *-s*) ciclomotore *m*, motociclo *m*
Mo'ral [mo'rɑ:l] *f* (*-*; *senza pl*) morale *f*; *der Truppe*: morale *m*; **≗isch** morale
Mord ['mɔrt] *m* (*-[e]s*; *-e*) omicidio *m*; **'~anschlag** *m* tentato omicidio *m*
'Mörder ['mœrdər] *m* (*-s*; *-*), **'~in** *f* (*-*; *-nen*) omicida *m/f*
'Mord|versuch ['mɔrtfɛrzu:x] *m* tentato omicidio *m*; **'~waffe** *f* arma *f* del delitto; arma *f* micidiale
'morgen ['mɔrgən] *adv* domani; ***~ früh*** domattina
'Morgen *m* (*-s*; *-*) mattina *f*, mattino *m*; (*Osten*) oriente *f*; *Maß*: iugero *m*; ***guten ~!*** buon giorno!; **'~land** *n* (*-es*; *senza pl*) oriente *m*; **'≗s** di mattina; ***früh~*** di buon mattino; **'~zeitung** *f* giornale *m* del mattino
'morgig ['mɔrgiç] di domani
'Morphium ['mɔrfjum] *n* (*-s*; *senza pl*) morfina *f*
morsch [mɔrʃ] marcio; guasto
'Morse|alphabet ['mɔrzə^ʔalfabe:t] *n* alfabeto *m* Morse; **'~zeichen** ['-tsaɪçən] *n* segnale *m* Morse
Mo'schee [mɔ'ʃe:] *f* (*-*; *-n*) moschea *f*
Mos'kito [mɔs'ki:to] *m* (*-s*; *-s*) zanzara *f*; **~netz** *n* zanzariera *f*
'Moslem ['-lɛm] *m* (*-s*; *-s*) mus(s)ulmano

m; **≈isch** [-z'lemiʃ] mus(s)ulmano
Most [mɔst] *m* (*-[e]s*; *-e*) mosto *m*; (*Obst≈*) sidro *m*; ***zu ~ keltern*** ammostare
'Mostrich ['mɔstriç] *m* mostarda *f*
'Motel ['mo:tɛl] *n* (*-s*; *-s*) motel *m*
Mo'tiv [mo'ti:f] *n* (*-s*; *-e*) motivo *m* (*a mus*)
'Motor ['mo:tɔr] *m* (*-s*; *-en*) motore *m*; **'~boot** *n* motoscafo *m*; **'~haube** *f* cofano *m*; **≈i'sieren** [-tori'zi:rən] (*senza ge-*, *h*) motorizzare; **'~leistung** *f* rendimento *m* del motore; **'~öl** *n* olio *m* lubrificante; **'~panne** *f* panna *f* al motore; **'~rad** *n* motocicletta *f*; **'~roller** *m* motoretta *f*, (moto)scooter *m*; **'~schaden** *m* guasto *m* al motore
'Motte ['mɔtə] *f* (*-*; *-n*) tarma *f*, tignola *f*
'Möwe ['mø:və] *f* (*-*; *-n*) gabbiano *m*
'Mücke ['mykə] *f* (*-*; *-n*) moscerino *m*
'müd|e ['my:də] stanco; ***~ machen*** stancare: ***~ werden*** stancarsi; **'≈igkeit** *f* (*-*; *senza pl*) stanchezza *f*
'Mühe ['my:ə] *f* (*-*; *-n*) fatica *f*, sforzo *m*; *fig* pena *f*; ***sich*** (*dat*) ***~ geben*** darsi la pena (***zu*** di)
'Mühle ['my:lə] *f* (*-*; *-n*) (*Gebäude*) mulino *m*; (*Gerät*) macinino *m*
'mühsam ['myzam], **'mühselig** ['myze:liç] faticoso
Mu'latt|e [mu'latə] *m* (*-n*; *-n*), **~in** *f* (*-*; *-nen*) mulatto *m*, -a *f*
Mull [mul] *m* (*-[e]s*; *-e*) garza *f*
Müll [myl] *m* (*-s*; *senza pl*) immondizie *f/pl*; rifiuti *m/pl*; **'~abfuhr** *f* (*-*; *-en*) trasporto *m* delle immondizie; *städtische*: nettezza *f* urbana; **'~container** *m* cassonetto *m*; **'~deponie** ['-deponi:] *f* (*-*; *-n*) discarica *f* pubblica; **'~eimer** *m* secchio *m* delle immondizie; cestino *m*
'Müller ['mylər] *m* (*-s*; *-*) mugnaio *m*
'Müll|schlucker ['mylʃlukər] *m* (*-s*; *-*) tromba *f* delle immondizie; **'~tonne** *f* bidone *m* della spazzatura; **'~trennung** *f* (*-*; *-en*) *ecol* raccolta *f* differenziata dei rifiuti; **'~verbrennung** *f* incenerimento *m* dei rifiuti; **'~wagen** *m* camion *m* della nettezza urbana
'Multi F ['multi] *m* (*-s*; *-s*) multinazionale *f*
'multi... multi...; **~'kulti** F ['multi'kulti] multiculturale; **≈'kulti-Gesellschaft** *f* (*-*; *-en*) società *f* multiculturale; **~kultu'rell** multiculturale; **~late'ral** [multilate'ra:l] multilaterale; **~natio'nal** multinazionale; **~pli'zieren** [multipli'tsi:rən] (*senza ge-*, *h*) moltiplicare (***mit*** per)
'Mumie ['mu:mjə] *f* (*-*; *-n*) mummia *f*
Mumps *med* [mumps] *m inv* parotite *f*, F orecchioni *m/pl*
Mund [munt] *m* (*-[e]s*; *¨er*) bocca *f*; ***den ~ halten*** tenere la bocca chiusa; **'~art** *f* dialetto *m*
'münden ['myndən] (*h*) sboccare
'Mund|harmonika ['muntharmo:nika] *f* (*-*; *-s*) armonica *f* a bocca; **'~höhle** *anat f* cavità *f* orale
'mündig ['myndiç] maggiorenne
'mündlich ['myntliç] orale
M-und-'S-Reifen [ɛmˀuntˈˀɛsraɪfən] *f/pl* pneumatici *m/pl* antineve
'Mündung ['mynduŋ] *f* (*-*; *-en*) sbocco *m*; *e-s Flusses*: foce *f*
'Mundwasser *n* (*-s*; *¨*) collutorio *m*
Muni'tion [munits'jo:n] *f* (*-*; *senza pl*) munizione *f*
'Münster ['mynstər] *n* (*m*) (*-s*; *-*) cattedrale *f*
'munter ['muntər] vispo; (*wach*) sveglio; (*fröhlich*) allegro; arzillo
'Münz|automat ['myntsˀaʊtoma:t] *m* distributore *m* automatico di monete; **'~e** *f* (*-*; *-n*) moneta *f*, (*Münzstätte*) zecca *f*, (*Gedenk≈*) medaglia *f*; ***für bare ~ nehmen*** prendere sul serio; **'≈en** (*h*) coniare; monetare; *fig* ***auf j-n gemünzt sein*** valere per qu; **'~ensammler** *m* (*-s*; *-*), **'~ensammlerin** *f* (*-*; *-nen*) numismatico *m*, -a *f*; **'~fernsprecher** *m* telefono *m* a gettoni e monete; **'~tankstelle** *f* distributore *m* di benzina a gettoni
'mürbe ['myrbə] frollo; (*Fleisch*) tenero; (*gekocht*) ben cotto; (*reif*) maturo
'mürrisch ['myriʃ] burbero; brontolone; *Gesicht*: arcigno
Mus [mu:s] *n* (*-es*; *-e*) passato *m*; marmellata *f*, (*Brei*) pappa *f*
'Muschel ['muʃəl] *f* (*-*; *-n*) conchiglia *f*, *essbare*: tellina *f*, mollusco *m*; (*Ohr≈*) padiglione *m*
Mu'seum [mu'ze:um] *n* (*-s*; *Museen*) museo *m*
Mu'sik [-'zi:k] *f* (*-*; *senza pl*) musica *f*, **≈'alisch** [muzi'ka:liʃ] musicale; **~box** [mu'zi:kbɔks] *f* juke-box *m*; **'~er** ['mu:zikər] *m* (*-s*; *-*) musicista *m* (*pl -i*);

M

~instrument *n* strumento *m* musicale; **~lehrer** *m* maestro *m* di musica; **~unterricht** *m* lezioni *f/pl* di musica

musi'zieren [muzi'tsi:rən] (*senza ge-*, *h*) far della musica

'Muskel ['muskəl] *m* (*-s*; *-n*) muscolo *m*; **'~kater** *m* dolori *m/pl* muscolari; **'~krampf** *m* spasmo *m*, crampo *m* muscolare; **'~zerrung** *f* (*-*; *-en*) strappo *m* muscolare

Musk|ula'tur [muskula'tu:r] *f* (*-*; *-en*) muscolatura *f*; **2u'lös** [-'lø:s] muscoloso

'Muße ['mu:sə] *f* (*-*; *senza pl*) agio *m*; ozio *m*

'müssen ['mysən] (*musste*, *gemusst*, *h*) dovere; ***man muss*** bisogna, si deve; ***ich habe es machen ~*** l'ho dovuto fare

'müßig ['my:siç] ozioso

'Muster ['mustər] *n* (*-s*; *-*) modello *m*; (*Schnitt2*) stampo *m*; (*Probe2*) campione *m*; *auf Stoffen*: disegno *m*; **'~beispiel** *n* esempio *m* tipico; **'2gültig**, **'2haft** esemplare; **'~kollektion** *f* campionario *m*; **'~messe** *f* fiera *f* campionaria; **'2n** *v/t* (*h*) esaminare; *scharf*: squadrare; *econ* prelevare un campione; **'~ung** *f* (*-*; *-en*) esame *m*; *mil* rassegna *f*, rivista *f*

Mut [mu:t] *m* (*-[e]s*; *senza pl*) coraggio *m*; animo *m*; ***den ~ verlieren*** perdersi d'animo

'mut|ig ['mu:tiç] coraggioso; **'~los** scoraggiato

'Mutter[1] ['mutər] *f* (*-*; *¨*) madre *f*, mamma *f*

'Mutter[2] *f tec* (*-*; *-n*) madrevite *f*

'mütterlich ['mytərliç] materno

'Mutter|liebe ['mutərli:bə] *f* amore *m* materno; **'~milch** *f* latte *m* materno; **'~schaft** *f* (*-*; *senza pl*) maternità *f*; **'~schutz** *m* protezione *f* della maternità; **'~sprache** *f* lingua *f* materna; lingua *f* madre; **'~tag** *m* giornata *f* della mamma

'Mutti F ['muti] *f* mamma *f*

'mutwillig ['mu:tviliç] malizioso; petulante; *adv* di proposito

'Mütze ['mytsə] *f* (*-*; *-n*) berretto *m*; *ohne Schirm*: berretta *f*

myste'riös [myster'jø:s] misterioso

'Myst|ik ['mystik] *f* (*-*; *senza pl*) mistica *f*; **'2isch** *adj* mistico

N

na! [na] be'!; ***~ so was!*** che roba!; ma guarda un po'!

'Nabel ['nabəl] *m* (*-s*; *-*) ombelico *m*

nach [nɑ:x] **1.** *prp zeitlich*: dopo; *örtlich*: a; in; (*gemäß*) secondo; (*hinter*) dietro; ***~ mir*** dopo di me; ***~ Hause*** a casa; ***~ Berlin fahren*** andare a Berlino; ***~ Süden liegen*** essere esposto a mezzogiorno; ***reisen ~*** partire per; ***die Reise ~ Frankreich*** il viaggio in Francia; ***meiner Meinung ~*** secondo me, a parer mio; ***~ Gewicht*** a peso; ***~ Bedarf*** a richiesta; ***~ dieser Seite*** da questa parte; ***~ et schmecken*** sapere di qc; ***~ dem Gesetz*** secondo la legge; ***~ e-m Muster*** secondo un modello; ***zehn ~ drei*** le tre e dieci; **2.** *adv* dopo; dietro; ***~ und ~*** a poco a poco; ***~ wie vor*** come prima

'nachahmen ['nɑ:xˀɑ:mən] (*sep*, *-ge-*, *h*) imitare

'Nachbar ['naxbɑ:r] (*-n*; *-n*), **'~in** *f* (*-*; *-nen*) vicino *m*, -a *f*; **'~land** *n* paese *m* limitrofo; **'~ort** *m* luogo *m* vicino; **'~schaft** *f* (*-*; *senza pl*) vicinato *m*; (*Nähe*) vicinanza *f*

'nach|bessern ['nɑ:xbɛsərn] (*sep*, *-ge-*, *h*) ritoccare; **'~bestellen** (*sep*, *senza ge-*, *h*) fare un'ordinazione supplementare di; ordinare dopo; **'2bildung** *f* (*-*; *-en*) copia *f*, imitazione *f*, riproduzione *f*

nach'dem [nɑ:x'de:m] **1.** *adv* dopo; **2.** *cj* dopo che; secondo che; *meist mit inf übersetzt*: ***~ er die Arbeit beendet hatte*** dopo aver finito il lavoro; ***je ~*** secondo, a seconda di

'nachdenken ['nɑ:xdɛŋkən] *v/i* (*irr*, *sep*,

-ge-, h, → **denken**) riflettere; meditare (**über** acc su)

'**Nach|druck** m (-[e]s; senza pl) energia f, vigore m; (pl -e) tip ristampa f, riproduzione f; **~ auf et** (acc) **legen** insistere su qc; '**2drücklich** ['na:xdrykliç] energico, insistente; **2ei'nander** l'uno dopo l'altro

'**Nachfolg|e** ['na:xfɔlgə] f (-; senza pl) successione f; '**2en** (sep, -ge-, sn) seguire; im Amt: succedere; '**2end** seguente, successivo; '**~er** m (-s; -) successore m

'**nach|forschen** (sep, -ge-, h) indagare; investigare; '**2forschung** f (-; -en) indagine f; jur inquisizione f; '**2frage** f (-; -n) domanda f; richiesta f; '**~fragen** (sep, -ge-, h) domandare; informarsi (**nach** di); '**~fühlen** (sep, -ge-, h) condividere (un sentimento), sentire; **ich fühle es Ihnen nach** posso benissimo comprenderla; '**~füllen** (sep, -ge-, h) riempire ancora; '**~geben** (irr, sep, -ge-, h, → **geben**) cedere; '**2gebühr** f (-; -en) tassa f supplementare; '**~gehen** (irr, sep, -ge-, sn, → **gehen**) seguire; Geschäften: attendere a; Uhr: ritardare (**um** di); '**2geschmack** m (-[e]s; senza pl) sapore m (che rimane in bocca); gusto m amaro (od cattivo); **e-n unangenehmen ~ haben** lasciare la bocca cattiva; '**~giebig** ['na:xgi:biç] cedevole; fig arrendevole; '**~haltig** ['na:xhaltiç] Wachstum: persistente; Nutzung von Rohstoffen: durevole; '**~'her** dopo, poi; '**~holen** (sep, -ge-, h) riguadagnare; ricuperare

'**Nachkomm|e** ['na:xkɔmə] m (-n; -n) discendente m; '**2en** (irr, sep, -ge-, sn, → **kommen**) (dat) venir dopo; (einholen) raggiungere (acc); Bitte: esaudire (acc); Wunsch: soddisfare; Verpflichtung: adempiere (acc), far fronte a

'**Nach|lass** ['na:xlas] m (-es; -e u ¨e) (Erbschaft) eredità f; (Preissenkung) riduzione f, sconto m; (Straf2) condono m; '**~lassen** (irr, sep, -ge-, h, → **lassen**) **1.** v/t allentare; Preis: ribassare, ridurre; **2.** v/i Geschäfte: diminuire; Wind: calmarsi; Regen: cessare

'**nachlässig** ['na:xlɛsiç] trascurato, negligente; '**2keit** f (-; senza pl) trascuratezza f, negligenza f

'**Nachlassverwalter** m jur amministratore m dell'eredità

'**nach|lesen** (irr, sep, -ge-, h, → **lesen**) spigolare; racimolare; Buch: rileggere; '**~liefern** (sep, -ge-, h) fornire più tardi; completare la fornitura; '**~lösen** (sep, -ge-, h) **e-e Fahrkarte ~** fare il supplemento; '**~machen** (sep, -ge-, h) rifare; (fälschen) contraffare; **j-m et ~** imitare qu in qc

'**Nachmit|tag** ['na:xmita:k] m (-s; -e) pomeriggio m; '**2tags** ['na:xmita:ks] nel (od di) pomeriggio

'**Nach|nahme** post ['na:xna:mə] f (-; -n) porto m assegnato; **gegen ~** contrassegno; '**~name** m (-ns; -n) cognome m; '**2rechnen** (sep, -ge-, h) verificare un conto; '**2reisen** (sep, -ge-, h) seguire (qu) in viaggio

'**Nach|richt** ['na:xriçt] f (-; -en) notizia f; **~en** pl Radio: giornale m radio, notiziario m; TV: telegiornale m; '**~richtenagentur** f agenzia f di informazioni (od di stampa); '**~ruf** m (-[e]s; -e) necrologio m; '**~saison** f (-; -s) bassa stagione f; '**2schicken** (sep, -ge-, h) mandare dopo; Briefe: inoltrare; far seguire; '**~schlagewerk** n opera f di consultazione; '**~schub** m (-[e]s; senza pl) rifornimento m; '**2sehen** (irr, sep, -ge-, h, → **sehen**) (suchen) guardare; (prüfen) controllare, esaminare; (j-m et ~) chiudere un occhio, perdonare; **~, ob** andare a vedere se; '**~sendeantrag** m post domanda f di inoltro della corrispondenza al nuovo indirizzo; '**2senden** (sep, -ge-, h → **senden**) mandare successivamente; inoltrare al nuovo recapito; **bitte ~!** prego inoltrare!; '**2sichtig** ['na:xziçtiç] indulgente; '**~speise** f (-; -n) dessert m, dolce; '**~spiel** n (-[e]s; -e) fig conseguenze f/pl

nächst [nɛ:çst] **1.** adj (il) più vicino; Weg: più breve; (folgend) prossimo; dopo; **am ~en Tag** il giorno dopo; **am ~en Morgen** l'indomani mattina; **in ~er Zeit** prossimamente; **2.** prp (qui) appresso, qui di seguito

'**Nächste** ['nɛ:çstə] m/f (-n; -n) prossimo m

Nacht [naxt] (-; ¨e) notte f; **bei ~** di notte; **über ~** durante la notte; fig da un

N

momento all'altro; ***heute ~*** stanotte; ***gute ~!*** buona notte! '**~dienst** *m* servizio *m* notturno

Nachteil ['naːxtaɪl] *m* (*-[e]s*; *-e*) svantaggio *m*; (*Schaden*) danno; ***j-m gegenüber im ~ sein*** essere in posizione svantaggiosa rispetto a qu; '**≗ig** svantaggioso; dannoso

'**Nacht|flug** *m* volo *m* notturno; '**~frost** *m* gelo *m* notturno; '**~hemd** *n* camicia *f* da notte

'**Nachtigall** ['naxtigal] *f* (*-*; *-en*) *zo* usignolo *m*

'**Nachtisch** ['naːxtiʃ] *f* (*-[e]s*; *-e*) *gastr* dolce *m*; dessert *m*

'**nächtlich** ['nɛçtliç] *adj* notturno

'**Nacht|leben** *n* vita *f* notturna; '**~lokal** *n* locale *m* notturno; '**~portier** *m* portiere *m* di notte; '**~quartier** ['-kvartiːr] *n* alloggio *m* per la notte

'**Nachtrag** ['naːxtraːk] *m* (*-[e]s*; *⸚e*) supplemento *m*; (*Brief≗*) poscritto *m*; '**≗en** (*irr*, *sep*, *-ge-*, *h*, → ***tragen***) portar dietro; (*hinzufügen*) aggiungere; ***j-m et ~*** serbare rancore a qu; '**≗end** permaloso, che serba rancore

'**nachträglich** ['-trɛːkliç] **1.** *adj* supplementare; successivo; **2.** *adv* in seguito; in ritardo

nachts [naxts] di notte, durante la notte

'**Nacht|schicht** *f* turno *m* di notte; '**~tarif** *m* tariffa *f* notturna; '**~tisch** *m* comodino *m*; '**~zug** *m* treno *m* della notte

'**nachwachsen** (*irr*, *sep*, *-ge-*, *sn*, → ***wachsen***) ricrescere

'**Nachweis** ['naːxvaɪs] *m* (*-es*; *-e*) prova *f*, dimostrazione *f*; ***den ~ erbringen*** fornire la prova; '**≗en** ['-zən] (*irr*, *sep*, *-ge-*, *h*, → ***weisen***) indicare; *Arbeit*: procurare; (*beweisen*) provare; dimostrare

'**Nach|welt** ['naːxvɛlt] *f* (*-*; *senza pl*) posteri *m/pl*; '**~wirkung** *f* (*-*; *-en*) effetto *m*, conseguenze *f/pl*, reazione *f*, ripercussione *f*; '**~wuchs** *m* (*-es*; *senza pl*) *fig* nuova generazione *f*, F (*Kinder*) prole *f*; '**≗zahlen** (*sep*, *-ge-*, *h*) pagare la differenza; '**~zahlung** *f* (*-*; *-en*) pagamento *m* suppletivo; '**≗zählen** (*sep*, *-ge-*, *h*) (ri)contare

'**Nacken** ['nakən] *m* (*-s*; *-*) nuca *f*, *fig* collo *m*

nackt [nakt] nudo; '**≗baden** *n* (*-s*; *senza pl*) il fare il bagno nudi; '**≗badestrand** *m* spiaggia *f* per nudisti

'**Nadel** ['naːdəl] *f* (*-*; *-n*) ago *m*; (*Steck≗*) spillo *m*; '**~baum** *m* conifera *f*; '**≗öhr** *n* cruna *f*; '**~wald** *m* foresta *f* di conifere

'**Nagel** ['naːgəl] *m* (*-s*; *⸚*) chiodo *m*; (*Finger≗*) unghia *f*; '**~feile** *f* lima *f* per le unghie; '**~lack** *m* smalto *m* per le unghie; '**~schere** *f* forbici *f/pl* per le unghie

nah, '**nahe** ['naː(ə)] vicino; *Verwandte*: stretto; *Freund*: intimo; ***j-m zu ~ treten*** offendere qu; ***von ~ und fern*** da vicino e lontano, da tutte le parti; ***~ gehen*** toccare da vicino, addolorare; fare impressione; ***~ legen*** far capire; raccomandare; ***~ liegend*** *fig* ovvio; ***j-m ~ stehen*** essere in stretti rapporti con qu; ***~ stehend*** *Freund*: intimo

'**Nah|aufnahme** *f fot* (fotografia *f* di) primo piano *m*; '**~bereich** *m* *S-*, *U-Bahn*: brevi distanze *f/pl*, zona *f* urbana

'**Nähe** ['nɛːɛ] *f* (*-*; *senza pl*) vicinanza *f*; ***ganz in der ~*** qui vicino; ***aus der ~*** da vicino

'**nähen** ['nɛːən] (*h*) cucire; *med* suturare

'**näher** ['nɛːər] più vicino; ***~e Auskünfte*** *f/pl* informazioni *f/pl* più particolareggiate; ***sich*** (*dat*) ***~ kommen*** *fig* conoscersi meglio; familiarizzarsi; ***~ liegend*** più ovvio

'**Naherholungsgebiet** *n* luogo *m* di villeggiatura vicino al centro urbano

'**nähern** ['nɛːərn]: ***sich ~*** (*h*) avvicinarsi; approssimarsi

'**Näh|garn** *n* filo *m* da cucire; cucirini *m/pl*; '**~maschine** *f* macchina *f* da cucire; '**~nadel** *f* ago *m* (da cucire)

'**nahrhaft** ['naːrhaft] nutritivo

'**Nahrung** ['naːruŋ] *f* (*-*; *senza pl*) nutrimento *m*; '**~smittel** *n* alimento *m*; *pl* viveri *m/pl*

'**Nährwert** ['nɛːrveːrt] *m* valore *m* nutritivo

Naht [naːt] *f* (*-*; *⸚e*) cucitura *f*, *med* sutura *f*, '**≗los** senza cucitura

'**Nah|verkehr** ['naːfɛrkeːr] *m* traffico *m* a breve distanza; servizio *m* locale; '**~verkehrszug** *m* treno *m* locale

'**Nähzeug** *n* occorrente *m* per cucire

na'iv [na'iːf] ingenuo

'**Name** ['naːmə] *m* (*-ns*; *-n*) nome *m*; ***dem ~n nach*** di nome; ***auf den ~n***

N

lautend nominativo; ***im ~n von*** a nome di
'Namenliste *f* lista *f* (*od* elenco *m*) dei nomi
'Namenstag *m* onomastico *m*
'namentlich ['-məntliç] nominale; ***~e Abstimmung*** *f* votazione *f* per appello nominale; *adv* per nome
'namhaft ['nɑːmhaft] considerevole, notevole, ragguardevole
'nämlich ['nɛːmliç] **1.** *adj* stesso; **2.** *adv* cioè, vale a dire
'Narbe ['narbə] *f* (-; -*n*) cicatrice *f*
Nar'kose *med* [nar'koːzə] *f* (-; -*n*) narcosi *f*, anestesia *f*
Narr [nar] *m* (-*en*; -*en*) pazzo *m*, matto *m*; (*Possenreißer*) buffone *m*
'Närr|in ['nɛrin] *f* (-; -*nen*) pazza *f*, matta *f*; **'≗isch** pazzo, matto, folle
Nar'zisse *bot* [nar'tsisə] *f* (-; -*n*) narciso *m*
'naschen ['naʃən] (*h*) spilluzzicare, sbocconcellare
'Nase ['nɑːzə] *f* (-; -*n*) naso *m*; **'~nbluten** *n* (-*s*; *senza pl*): ***~ haben*** sanguinare dal naso; **'~nloch** *n* narice *f*; **'~nspitze** *f* punta *f* del naso
'Nashorn ['nɑːshɔrn] *n* rinoceronte *m*
nass [nas] bagnato; *Wetter*: umido; ***~ machen*** bagnare; ***~ werden*** bagnarsi
'Nässe ['nɛsə] *f* (-; *senza pl*) umidità *f*
'nasskalt ['naskalt] freddo umido
Na'tion [nats'joːn] *f* (-; -*en*) nazione *f*; ***Vereinte ~en*** Nazioni *f/pl* Unite
natio'nal [-tsjo'nɑːl] nazionale; **≗feiertag** *m* festa *f* nazionale; **≗gericht** *n gastr* piatto *m* nazionale; **≗getränk** *n* bevanda *f* nazionale; **~'istisch** nazionalistico; **≗i'tät** *f* (-; -*en*) nazionalità *f*; **≗mannschaft** *f Sport*: (squadra *f*) nazionale *f*; **≗park** *m* parco *m* nazionale; **≗tracht** *f* costume *m* nazionale
'Natter ['natər] *f* (-; -*n*) biscia *f*, *giftige*: vipera *f*
Na'tur [na'tuːr] *f* (-; *senza pl*) natura *f*, *Anlage*: indole *f*, *Körperbeschaffenheit*: costituzione *f*; ***in der freien ~*** all'aria aperta; **≗ali'sieren** (*senza ge-*, *h*) naturalizzare; **~a'lismus** *m* (-; *senza pl*) naturalismo *m*; verismo *m*; **≗a'listisch** naturalista; verista; **~forscher** *m* naturalista *m*; **~geschichte** *f* storia *f* naturale
na'türlich [na'tyːrliç] **1.** *adj* naturale; (*einfach*) semplice; (*selbstverständlich*) ovvio; **2.** *adv* naturalmente; **~!** ma certo!
Na'tur|park *m* parco *m* naturale; **~produkt** *n* prodotto *m* naturale, **~schätze** ['-'ʃɛtsə] *pl* ricchezze *f/pl* naturali *od min* del sottosuolo; **~schutz** *m* protezione *f* della natura; **~schützer** [-ʃytsər] *m* (-*s*; -), **~schützerin** *f* (-; -*nen*) ecologista *m/f*; **~schutzgebiet** *n* zona *f* protetta, parco *m* nazionale; **~wissenschaft** *f* scienze *f/pl* naturali; **~zustand** *m* (-*[e]s*; *senza pl*) stato *m* naturale
'Nebel ['neːbəl] *m* (-*s*; -) nebbia *f*, (*Dunst*) foschia *f*; **'~scheinwerfer** *m auto* (faro *m*) fendinebbia *m*; **'~schlussleuchte** *f auto* (faro *m*) fendinebbia *m* posteriore
'neben ['neːbən] (*wo? dat*; *wohin? acc*) accanto a; (*außer*) oltre a; **~'an** lì (*od* qui) accanto; **'≗anschluss** *m tel* secondo apparecchio *m*; **~'bei** lì (*od* qui) accanto; (*außerdem*) inoltre; (*beiläufig*) di passaggio; **'≗beschäftigung** *f* secondo lavoro *m*; occupazione *f* secondaria; **~ei'nander** uno accanto all'altro; **'≗eingang** *m* entrata *f* laterale; **'≗einkünfte** *pl*, **≗einnahme** *f* entrate *f/pl* occasionali (*od* addizionali); **'≗erwerb** *m* guadagno *m* secondario; **'≗fluss** *m* affluente *m*; **'≗gebäude** *n* fabbricato *m* annesso; **'≗kosten** *pl* spese *f/pl* accessorie; **'≗produkt** *n* sottoprodotto *m*; prodotto *m* secondario; **'≗raum** *m* stanza *f* attigua; vano *m* accessorio; **'≗sache** *f* cosa *f* di poca importanza; bagatella *f*, ***das ist ~*** questo non importa; **'~sächlich** secondario; **'≗straße** *f* strada *f* laterale (*od* secondaria); **'≗strecke** *fer f* linea *f* secondaria; **'≗tisch** *m* tavolino *m* accanto; **'≗wirkung** *f* effetto *m* collaterale; **'≗zimmer** *n* stanza *f* attigua
'neblig ['neːbliç] nebbioso
'Neffe ['nɛfə] *m* (-*n*; -*n*) nipote *m*
'negativ ['neːgatiːf] negativo
'Negativ ['neːgatiːf] *n* (-*s*; -*e*) *fot* negativa *f*
'Neger ['neːgər] *m* (-*s*; -) *neg!*, **'~in** *f* (-; -*nen*) *neg!* negro *m*, -a *f*
'nehmen ['neːmən] (*nahm*, *genommen*, *h*) prendere; ***es genau ~*** andare per il sottile; ***sich*** (*dat*) ***et nicht ~ lassen*** non rinunciare a qc; ***gefangen ~*** far pri-

N

gioniero; ***ein Ende ~*** avare fine; ***Rücksicht ~*** aver riguardo; ***wie man es nimmt*** secondo, dipende
Neid [naɪt] (*-[e]s*; *senza pl*) invidia *f*; **'2isch** invidioso (***auf*** *acc* di)
'Neigung ['naɪgʊŋ] *f* (-; *-en*) inclinazione *f*, attitudine *f*
nein [naɪn] no; ***~ doch!*** ma no!; ***~ sagen*** dire di no
'Nelke ['nɛlkə] *f* (-; *-n*) *bot* garofano *m*; (*Gewürz2*) chiodi *m/pl* di garofano
'nenn|en ['nɛnən] (*nannte, genannt, h*) chiamare; nominare; ***sich ~*** chiamarsi; (*mitteilen*) dire; **'~enswert** ['nɛnənsveːrt] degno di nota; ragguardevole; **'2er** *m* (*-s*; -) *mat* denominatore *m*; **'2wert** *econ m* valore *m* nominale
'Neon ['neːɔn] *n* (*-s*; *senza pl*) neon *m*; **'~beleuchtung** *f* illuminazione *f* al neon; **'~reklame** *f* réclame *f* luminosa; **'~röhre** *f* tubo *m* al neon
Nepp [nɛp] *m* (*-s*; *senza pl*) F buggeratura *f*, furto *m*; **'2en** (*h*) F pelare
Nerv [nɛrf] *m* (*-s*; *-en*) nervo *m*; F ***auf die ~en gehen*** dare ai nervi
'Nerven|arzt *m* neurologo *m*, specialista *m* per malattie nervose; **'2aufreibend** snervante; **'~heilanstalt** *f* casa *f* di cura per malattie nervose; **'2krank** malato di nervi, nevrotico; **'~schmerz** *m* nevralgia *f*; **'~system** *n* sistema *m* nervoso; **'~zusammenbruch** *m* esaurimento *m* nervoso
nervös [nɛr'vøːs] nervoso; ***j-n ~ machen*** dare sui nervi a qu; irritare qu
Nerz [nɛrts] *m* (*-es*; *-e*) *zo* visone *m*
Nest [nɛst] *n* (*-[e]s*; *-er*) nido *m*; *fig* covo *m*
Neti'kette [nɛti'kɛt] *f* (-; *senza pl*) *inform* netiquette *f*
nett [nɛt] simpatico; carino; (*liebenswürdig*) gentile; ***das ist ~ von Ihnen!*** molto gentile da parte Sua
'netto ['nɛto] *adv* al netto; *in Zssgn*: … netto; **'2einnahme** *f* introito *m* netto; **'2gewicht** *n* peso *m* netto; **'2preis** *m* prezzo *m* netto
Netz [nɛts] *n* (*-es*; *-e*) *a inform* rete *f*; **'~haut** *f* retina *f*; **'~karte** *f* (*Verkehrsmittel*) biglietto *m* (*od* abbonamento *m*) per l'intera rete
neu [nɔʏ] nuovo; *Sprachen, Geschichte*: moderno; *vor kurzer Zeit geschehen*: recente; ***~este Mode*** *f* ultima moda *f*; ***von ~em*** di nuovo; ***was gibt's 2es?*** che c'è di nuovo?; ***das ist mir ~*** questa mi giunge nuova; **'~artig** nuovo, moderno; **'2bau** *m* nuova costruzione *f*; **'2bauviertel** *n* quartiere *n* nuovo; **'2bauwohnung** *f* appartamento *m* di recente costruzione; **~er'dings** ['-ər'dɪŋs] recentemente; (*wieder*) di nuovo; **'2erscheinung** *f* pubblicazione *f* recente, novità *f* editoriale; **'2erung** *f* (-; *-en*) innovazione *f*, **2gier** ['-giːr] *f* (-; *senza pl*) curiosità *f*; **'~gierig** curioso; **'2heit** *f* (-; *-en*) novità *f*; **'2igkeit** *f* (-; *-en*) novità *f*; (*Nachricht*) nuova *f*; notizia *f*; **'2jahr** *n inv* anno *m* nuovo; capodanno *m*; **'~lich** ['-lɪç] recente; *adv* recentemente, poco fa; **'2ling** ['-lɪŋ] *m* (*-s*; *-e*) novizio *m*; **'2mond** *m* (*-[e]s*; *senza pl*) novilunio *m*
neun [nɔʏn] *adj* nove
Neun *f* (-; *-en*) nove *m*
'neun|'hundert novecento; **'~'tausend** novemila; **'2tel** ['-təl] *n* (*-s*; -) nona parte *f*; **'~te** ['-tə] nono; **'~zehn** diciannove; **'~zehnte** diciannovesimo; **'~zig** ['-tsɪç] novanta; **'~zigste** *adj* novantesimo
'Neuregelung ['nɔʏreːgəlʊŋ] *f* nuovo regolamento *m*; riorganizzazione *f*
Neu'rose [nɔʏ'roːzə] *f* (-; *-n*) *med* nevrosi *f*
neu'tral [nɔʏ'trɑːl] neutrale; **2i'tät** [-trali'tɛːt] *f* (-; *senza pl*) neutralità *f*
'Neutron ['-trɔn] *n* (*-s*; *-en* [-'troːnən]) neutrone *m*
'Neu|wahl ['nɔʏvaːl] *f* nuove elezioni *f/pl*; **'2wertig** come nuovo; **'~zeit** *f* (-; *senza pl*) età *f* moderna; tempi *m/pl* d'oggi; tempi *m/pl* moderni
nicht [nɪçt] non; ***ich ~*** io no; ***ich auch ~*** nemmeno (*od* neppure) io; ***heute ~*** oggi no; ***noch ~*** non ancora; ***~ einmal, auch ~*** nemmeno; ***~ doch!*** ma no!; **'2achtung** *f* noncuranza *f*, mancanza *f* di rispetto; disprezzo *m*; **2'angriffspakt** *pol* [-'ʔangrifspakt] *m* patto *m* di non aggressione; **'2beachtung** [bəʔax-] *f* inosservanza *f*
'Nichte ['nɪçtə] *f* (-; *-n*) nipote *f*
'Nicht|einmischung *f* non intervento *m*; **'~erfüllung** *f* inadempimento *m*
'nichtig ['nɪçtɪç] nullo; (*unbedeutend*) futile; ***~er Vertrag*** contratto nullo;

N

'&keit *f* (-; *-en*) nullità *f*, futilità *f*
'Nicht|lieferung *f* mancata consegna *f*; **'~raucher** *m* non fumatore *m*; (**für**) ~ vietato fumare; **'~raucherabteil** ['-ʔap-tail] *n* (s)compartimento *m* per non fumatori; **'~raucherzone** *f* zona *f* riservata ai non fumatori; **'~schwimmer** *m* non nuotatore *m*; **'~schwimmerbecken** *n* piscina *f* per non nuotatori
nichts [niçts] niente, nulla; ***sonst*** ~ nient'altro; ~ ***als*** nient'altro che; ***das ist*** ~ ***für dich*** questo non fa per te; ~ ***sagend*** insignificante
'Nichtzutreffendes ['niçttsu:trɛfəndəs] *n*: ~ ***streichen!*** cancellare ciò che non interessa!
'nicken ['nikən] (*h*) far cenno (con la testa); annuire
nie [ni:] mai; non … mai; ~ ***mehr*** mai più
'nieder ['ni:dər] basso; *fig* inferiore, subordinato; *adv* abasso; **'~brennen** (*irr, sep, -ge-,* → ***brennen***) **1.** *v/t* (*h*) incenerire; **2.** *v/i* (*sn*) bruciare; **'~gedrückt** abbattuto, avvilito; depresso; **'~geschlagen** ['-gəʃla:gən] accasciato; → ***niedergedrückt***; **'~knien** (*sep, -ge-, sn*) inginocchiarsi; **'&lage** *f* (-; *-n*) deposito *m*; succursale *f*; *mil u fig* sconfitta *f*; **'&länder** ['-lɛndər] *m* (*-s*; -); **'&länderin** *f* (-; *-nen*); **'~ländisch** olandese *m/f*; **'~lassen** (*irr, sep, -ge-, h,* → ***lassen***) abbassare; ***sich*** ~ mettersi a sedere; (*häuslich*) stabilirsi; **'&lassung** *f* (-; *-en*) stabilimento *m*; *econ* sede *f*, filiale *f*; **'~legen** (*sep, -ge-, h*) deporre; *Arbeit*: interrompere (per sciopero); *Amt*: dimettersi da; ***sich*** ~ coricarsi, *aufs Sofa*: buttarsi; **'&schlag** *m atmosphärisch*: precipitazioni *f/pl*; *fig* ripercussioni *f/pl*; **'~schlagen** *v/t* (*irr, sep, -ge-, h,* → ***schlagen***) abbattere; atterrare; *Verfahren, Aufruhr*: reprimere; *med* calmare; *fig* ***sich*** ~ ***in*** (*dat*) riflettersi su, ripercuotersi su; **'~schlagsarm** ['-ʔarm] scarso di precipitazioni; **'~schlagsreich** ricco di precipitazioni; **'~trächtig** abietto; infame
'niedlich ['ni:tliç] grazioso
'niedrig ['ni:driç] basso; *Preis*: a modico
'nie|mals ['ni:ma:ls] mai; non … mai; **'~mand** ['-mant] nessuno, non … nessuno
'Niere ['ni:rə] *f* (-; *-n*) rene *m*; *gastr* rognone *m*
'Nieren|entzündung *f* nefrite *f*; **'~stein** *med m* calcolo *m* renale
'niesel|n ['ni:zəln] (*h*) piovigginare; **'&regen** *m* pioggerellina *f*
'niesen ['ni:zən] (*h*) starnutire
'Niete ['ni:tə] *f* (-; *-n*) biglietto *m* non vincente della lotteria; *fig* buono *m* a nulla
Niko'tin [niko'ti:n] *n* (*-s*; *senza pl*) nicotina *f*; **&frei** senza nicotina
'Nilpferd ['ni:lpfe:rt] *n zo* ippopotamo *m*
'nirgend|s ['nirgənts], **'~wo** *adv* da nessuna parte, in nessun luogo
'Nische ['ni:ʃə] *f* (-; *-n*) nicchia *f*
'nisten ['nistən] (*h*) nidificare; (*sein Nest haben*) annidare
Ni'veau [ni'vo:] *n* (*-s*; *-s*) livello *m*
'nobel ['no:bəl] nobile; (*freigebig*) generoso; **'&hotel** *n* albergo *m* di lusso
No'belpreis [no'bɛlprais] *m*, **~träger** *m* premio *m* Nobel
noch [nɔx] ancora; ~ ***nicht*** non ancora; ~ ***einmal*** ancora una volta; ***wer*** **~?** chi altro?; ***was*** **~?** che altro?; ***wo*** **~?** dove ancora?; ~ ***heute*** oggi stesso; ~ ***so …*** per quanto; **'~malig** ['-ma:liç] reiterato; ripetuto; **'~mals** ancora
nomi'nal [nomi'nɑ:l] nominale; **&'einkommen** *n* reddito *m* nominale; **&'wert** *m* valore *m* nominale
'Nonne ['nɔnə] *f* (-; *-n*) monaca *f*, suora *f*
Non'stopflug [nɔn'ʃtɔpflu:k] *m* volo *m* senza scalo intermedio
'Nord|en ['nɔrdən] *m* (*-s*; *senza pl*) nord *m*; ***im*** ~ ***von*** a nord di; **'&isch** nordico, settentrionale
'nördlich ['nœrtliç] **1.** *adj* del nord, settentrionale; boreale; artico; **2.** *adv* al nord; a settentrione
'Nord|licht ['nɔrtliçt] *n* aurora *f* boreale; **~'osten** *m* nord-est *m*; **'~pol** *m* polo *m* artico, polo *m* nord; **'~see** *f geogr* mare *m* del Nord; **'~seite** *f* lato *m* nord; **'~stern** *m* stella *f* polare; **~'westen** *m* nord-ovest *m*; **'~wind** *m* vento *m* del nord
'nörgeln ['nœrgəln] (*h*) cavillare, criticare
Norm [nɔrm] *f* (-; *-en*) norma *f*
nor'mal [-'mɑ:l] normale; **&benzin** *m* benzina *f* normale; **~i'sieren** (*senza ge-, h*) normalizzare; **&verbraucher** *m*

consumatore *m* medio

'Norweg|er ['nɔrveːgər] *m* (*-s*; -), **'~erin** *f* (-; *-nen*), **'²isch** norvegese *m/f*

Not [noːt] (-; *¨e*) bisogno *m* (***an*** *dat* di); (*Elend*) miseria *f*; calamità *f*; (*Gefahr*) pericolo *m*; ***zur ~*** in mancanza di meglio; ***~ leiden*** vivere in miseria; ***~ leidend*** bisognoso

No'tar [no'tɑːr] *m* (*-s*; *-e*) notaio *m*; **~i'at** [-tar'jɑːt] *n* (*-[e]s*; *-e*) notariato *m*; **²'iell** [-'jɛl] notarile

'Not|arzt *m* medico *m* di guardia; **'~ausgang** *m* uscita *f* di sicurezza; **'~ausstieg** [-ˀausʃtiːk] *m* (*-[e]s*; *-e*) uscita *f* d'emergenza; **'~behelf** *m* (*-[e]s*; *-e*) espediente *m*, ripiego *m*, ultima risorsa *f*; **'~bremse** *f* segnale *m* d'allarme; **'~dienst** *m* servizio *m* d'emergenza; **'²dürftig** bisognoso; (*knapp*) appena sufficiente

'Note ['noːtə] *f* (-; *-n*) nota *f*; (*Bank²*) banconota *f*, biglietto *m* di banca; *scuola* voto *m*

'Noten|bank *f* banca *f* d'emissione; **'~ständer** *m* leggio *m*

'Not|fall ['noːtfal] *m* (caso *m* di) bisogno *m*; ***im ~*** in caso di bisogno; **'²gedrungen** costretto dalla necessità; forzato; *adv* per forza

no'tier|en [no'tiːrən] (*senza ge-, h*) annotare; *econ* quotare; **²ung** *f* (-; *-en*) *econ* annotazione *f*; quotazione *f*

'nötig ['nøːtiç] necessario; ***das ²e*** l'occorrente *m*; ***~ sein*** occorrere; ***~ haben*** aver bisogno di; **'~en'falls** ['-gən'fals] all'occorrenza

No'tiz [no'tiːts] *f* (-; *-en*) appunto *m*; ***~ nehmen*** prendere nota, (*beachten*) farci caso; ***sich*** (*dat*) ***~en machen*** prendere degli appunti; **~block** *m*, **~buch** *n* taccuino *m*

'Not|lage *f* caso *m* d'emergenza; condizione *f* disperata; tristi condizioni *f/pl*; miseria *f*; **'²landen** (*-ge-, sn*) effettuare un atterraggio di fortuna; **'~landung** *f* (-; *-en*) *mar* sbarco *m*, *avia* atterraggio *m* di fortuna (*od* forzato)

no'torisch [no'toːriʃ] notorio

'Not|quartier *n* alloggio *m* di fortuna; **'~ruf** *m* chiamata *f* d'emergenza; **'~rufnummer** *f tel* numero *m* per chiamate d'emergenza; **'~rufsäule** *f* colonnina *f* per chiamate di soccorso; **'~stand** *m* stato *m* d'emergenza; **'~standsgebiet** *n* zona *f* sinistrata; **'~verband** *med m* fasciatura *f* provvisoria (*od* d'urgenza); **'~wehr** *f* (-; *senza pl*) legittima difesa *f*; **'²wendig** necessario; **'~wendigkeit** *f* (-; *senza pl*) necessità *f*

No'vember [no'vɛmbər] *m* (*-s*; -) novembre *m*

Nu'ance [ny'ɑ̃sə] *f* (-; *-n*) sfumatura *f*

'nüchtern ['nyçtərn] digiuno; sobrio; *Magen*: vuoto; (*leidenschaftslos*) spassionato; (*prosaisch*) prosaico

'Nudel|n ['nuːdəln] *f/pl* pasta *f*; farinacei *m/pl*; spaghetti *m/pl*, maccheroni *m/pl*; **'~suppe** *f* pastina *f* in brodo

null [nul] zero; ***für ~ und nichtig erklären*** dichiarare nullo

Null *f* (-; *-en*) zero *m*; **'~punkt** *m* (punto *m*) zero *m*; **'~tarif** *m*: ***zum ~*** gratis; **'~wachstum** *n* crescita *f* zero

'Nummer ['-mər] *f* (-; *-n*) numero *m*; **'~nkonto** *n* conto *m* cifrato; **'~schild** *n* *auto* targa *f*

numme'rieren [numə'riːrən] (*senza ge-, h*) numerare

nun [nuːn] ora, adesso; ***~?*** ebbene?; ***was ~?*** e ora?; **'~mehr** oramai

nur [nuːr] solo, soltanto, solamente; pure; ***gehen Sie ~*** vada pure

Nuss [nus] *f* (-; *¨e*) noce *f*; (*Hasel²*) nocciola *f*; *fig* ***harte ~*** osso *m* duro; **'~knacker** *m* (*-s*; -) schiaccianoci *m*

'Nutte P ['nutə] *f* (-; *-n*) puttana *f*

'nutzbringend ['nutsbriŋənt] vantaggioso; fruttuoso; ***~ anlegen*** mettere a frutto

'Nutzen ['nutsən] *m* (*-s*; *senza pl*) utile *m*, utilità *f*, profitto *m*; ***von ~ sein*** giovare

'nutzen, 'nützen ['nutsən, 'nytsən] (*h*) **1.** *v/i* giovare; ***zu et ~*** servire a qc; **2.** *v/t* utilizzare; approfittare di

'Nutzlast *f* carico *m* utile

'nützlich ['nytsliç] utile

'nutz|los ['nutsloːs] inutile; **'²ung** *f* (-; *-en*) uso *m*; utilizzazione *f*, messa *f* a frutto

'Nymphe ['nymfə] *f* (-; *-n*) ninfa *f*

O

O'ase [o'aːzə] *f* (-; *-n*) oasi *f*
ob [ɔp] **1.** *cj* se; ***und ~!*** e come!; ***als ~*** come se; **2.** *prp* (*wegen*) per, a causa di
'Obdach ['ɔpdax] *n* (*-[e]s*; *senza pl*) rifugio *m*, ricovero *m*; asilo *m*; **'2los** senza tetto, senza casa; **'~lose** *m/f* (*-n*; *-n*) senzatetto *m/f*
Obduk'tion *med* [ɔpdukts'joːn] *f* (-; *-en*) autopsia *f*
'oben ['oːbən] sopra, su, in cima; (*an der Spitze*) in cima a; ***dort ~*** lassù; ***hier ~*** quassù; ***nach ~*** in alto, all'insù; ***von ~*** dall'alto; ***von ~ herab***, ***von ~ nach unten*** dall'alto in basso; ***von ~ bis unten*** da cima a fondo; ***~ erwähnt*** (*od* ***genannt***) suddetto, summenzionato
'oben... ['oːbən...] *in Zssgn mit Partizipien* su ..., sopra ...; **~'an** in testa, in alto, in cima; ***~ sitzen*** sedere a capotavola; **~'auf** in cima; di buon umore; **'~drein** inoltre, per giunta, per di più; **~'hin** all'insù; *fig* superficialmente
'ober ['oːbər] superiore
'Ober *m* (*-s*; -) cameriere *m*
'Ober|bürgermeister ['oːbərbyrgərmaɪstər] *m* borgomastro *m*, sindaco *m*; **'~deck** *n* ponte *m* di coperta; **'~fläche** *f* superficie *f*; **'2flächlich** ['oːbərflɛçliç] superficiale; **'~geschoss** *n* (*-sses*; *-sse*) piano *m* superiore; **'2halb** (*gen*) al di sopra di; in capo a; **'~haus** *n pol* Camera *f* Alta; **'~hemd** *n* camicia *f*; **'~herrschaft** *f* sovranità *f*; **'~kellner** *m* primo cameriere *m*, capocameriere *m*; **'~kiefer** *m* mascella *f* superiore; **'~körper** *m* busto *m*; **'~schenkel** *m* femore *m*; coscia *f*; **'~schule** *f* scuola *f* superiore; **'~schwester** *f* capoinfermiera *f*; **'~seite** *f* parte *f* superiore; **'2st** ['-st] supremo; sommo; **'~teil** *m u n* disopra *m*; parte *f* superiore
ob'gleich [ɔp'glaɪç] sebbene, benché
Ob'jekt [ɔp'jɛkt] *n* (*-[e]s*; *-e*) oggetto *m*
objektiv [ɔpjək'tiːf] oggettivo
Objektiv [ɔpjək'tiːf] *n* (*-s*; *-e*) *fot* ob(b)iettivo *m*
O'blate [o'blaːte] *f* (-; *-n*) (*Gebäck*) cialda *f*; *rel* ostia *f*
Obliga't|ion [obligats'joːn] *f* (-; *-en*) obbligazione *f*; **~'orisch** obbligatorio
O'boe [o'boːə] *f* (-; *-n*) oboe *m*
Observa'torium [ɔpzɛrva'toːrjum] *n* (*-s*; *-rien*) osservatorio *m*
Obst [oːpst] *n* (*-[e]s*; *senza pl*) frutta *f u f/pl*; **'~baum** *m* albero *m* da frutta, albero *m* fruttifero; **'~ernte** *f* raccolta *f* della frutta; **'~garten** *m* frutteto *m*; **'~kuchen** *m* dolce *m* di frutta; **'~plantage** *f* frutteto *m*; **'~saft** *m* succo *m* di frutta; **'~torte** *f* torta *f* di frutta
ob'wohl, **ob'zwar** [ɔp'voːl, ɔp'tsvaːr] sebbene
'Ochse ['ɔksə] *m* (*-n*; *-n*) bue *m*; ***junger ~*** manzo *m*
'öde ['øːdə] deserto; *fig* desolato; (*langweilig*) noioso
'oder ['oːdər] o, *vor Vokal* od; ***~ auch***, ***~ aber*** ovvero, oppure, ossia
'Ofen ['oːfən] *m* (*-s*; ¨) stufa *f*; (*Back2*) forno *m*; *tec* fornace *f*
'offen ['ɔfən] aperto; (*unbedeckt*) scoperto; *See*: alto; *Giro*: in bianco; *Stelle*: vacante; (*freimütig*) franco; sincero; ***~er Wagen*** *m* vettura *f* scoperta; ***auf ~er Straße*** in mezzo alla strada; ***~ stehen*** stare aperto
'offenbar ['ɔfənbaːr] palese; (*augenscheinlich*) manifesto, evidente
offen'baren (*senza -ge-*, *h*) manifestare; rivelare; ***sich j-m ~*** confidarsi con qu
'offen'sichtlich evidente
offen'siv [ɔfən'ziːf] offensivo
'öffentlich ['œfəntliç] pubblico; *adv* in pubblico; **'2keit** *f* (-; *senza pl*) pubblico *m*; pubblicità *f*; **'2keitsarbeit** *f* (-; *senza pl*) relazioni *f/pl* pubbliche
offi'z|iell [ɔfits'jɛl] ufficiale; **2'zier** [-'tsiːr] *m* (*-s*; *-e*) ufficiale *m*
'öffn|en ['œfnən] (*h*) aprire; *Flaschen*: stappare; ***weit ~*** spalancare; **'2er** *m* (*-s*; -) apriscatole *m*; apribottiglie *m*; **'2ung** *f* (-; *-en*) apertura *f*, (*Loch*) foro *m*; orifizio *m*; **'2ungszeit** *f* orario *m* di apertura, orario *m*
oft [ɔft] spesso; sovente; molte volte; ***wie ~?*** quante volte?
'ohne ['oːnə] **1.** *prp* senza; *vor Personalpronomen*: senza di; ***~ dass*** senza

O

che; ~ ***weiteres*** senz'altro; **2.** *cj* ~ ***zu sehen*** senza vedere; ~'**hin** comunque
'**Ohn|macht** ['o:nmaxt] *f* (-; *-en*) debolezza *f*; *med* svenimento *m*; ***in ~ fallen*** svenire; '**≗mächtig** impotente; *med* svenuto; ~ ***werden*** svenire
Ohr [o:r] *n* (*-[e]s*; *-en*) orecchio *m*; (*Gehör*) udito *m*
'**Ohren|arzt** ['o:rən'ɑ:rtst] *m* otoiatra *m*; '~**entzündung** *f* otite *f*
'**Ohr|feige** *f* (-; *-n*) schiaffo *m*; ceffone *m*; '~**ring** *m* orecchino *m*
'**Öko|bewegung** ['økobəve:guŋ] *f* (-; *-en*) movimento *m* ecologista; ~**lo'gie** [økolo'gɪ:] *f* (-; *senza pl*) ecologia *f*; **≗'logisch** [øko'lo:gɪʃ] *adj* ecologico; ~**no'mie** [økono'mɪ:] *f* (-; *-n*) economia *f*; **≗'nomisch** [øko'no:miʃ] economico; '~**system** *n* ecosistema *m*
Ok'tober [ɔk'to:bər] *m* (*-[s]*; -) ottobre *m*
Öl [ø:l] *n* (*-[e]s*; *-e*) olio *m*; (*Erd≗*) petrolio *m*; '**≗en** ['ø:lən] (*h*) oliare; *tec* ingrassare, inoliare, lubrificare
'**Öl|fleck** ['ø:lflɛk] *m* macchia *f* d'olio; '~**gemälde** *n* quadro *m* ad olio
O'live [o'li:və] *f* (-; *-n*) oliva *f*
'**Öl|kanister** ['ø:lkanistər] *m* bidone *m* dell'olio; '~**leitung** *f* oleodotto *m*; '~**pest** *f* marea *f* nera; '~**sardinen** *f/pl* sardine *f/pl* sott'olio; '~**stand** *m* livello *m* dell'olio; '~**teppich** *m* marea *f* nera, chiazza *f* di petrolio; '~**wechsel** *m* cambio *m* dell'olio
O'lymp [o'lymp] *m* (*-s*; *senza pl*) Olimpo *m*; ~'**iade** [-p'jɑ:də] *f* (-; *-n*) *hist* olimpiade *f*; *Sport*: olimpiadi *f/pl*; **≗isch** [o'lympiʃ] olimpico; ~***e Spiele*** giochi olimpici
'**Oma** ['o:mɑ] F *f* (-; *-s*) nonna *f*
Ome'lett [ɔm(ə)'lɛt] *n* (*-[e]s*; *-e u -s*) omelette *f*
'**Omnibus** ['ɔmnibus] *m* (*-ses*; *-se*) autobus *m*
Ona'n|ie [ona'ni:] *f* (-; *senza pl*) onanismo *m*; **≗'ieren** (*senza ge-*, *h*) masturbarsi
'**Onkel** ['ɔŋkəl] *m* (*-s*; -) zio *m*
'**online** ['ɔnlaɪn] *inform* in linea, on-line
'**Onlinedienst** ['ɔnlaɪndi:nst] *m* (*-s*; *-e*) *inform* servizio *m* online
'**Opa** ['o:pɑ] *m* (*-s*; *-s*) nonno *m*
'**Oper** ['o:pər] *f* (-; *-n*) opera *f*
Oper|a'tion [opərats'jo:n] *f* (-; *-en*) operazione *f*; ~**a'tionssaal** *m* sala *f* operatoria; ~'**ette** [-'rɛtə] *f* (-; *-n*) operetta *f*; **≗'ieren** *v/t u v/i* (*h*) operare; ***sich ~ lassen*** farsi operare
'**Opern|sänger** ['o:pərnzɛŋər] *m*, '~**sängerin** *f* cantante *m/f* d'opera; '~**vorstellung** *f* rappresentazione *f* di un'opera lirica
'**Opfer** ['ɔpfər] *n* (*-s*; -) sacrificio *m*; *das Geopferte*: vittima *f*; ***ein ~ bringen*** sacrificarsi; '**≗n** (*h*) sacrificare
'**Opium** ['o:pjum] *n* (*-s*; *senza pl*) oppio *m*
Opportu'nismus [ɔpɔrtu'nismus] *m* (-; *senza pl*) opportunismo *m*
Opposi'tion [ɔpozits'jo:n] *f* (-; *-en*) opposizione *f*
'**Optik** ['ɔptik] *f* (-; *senza pl*) ottica *f*; '~**er** *m* (*-s*; -), '~**erin** *f* (-; *-nen*) ottico *m/f*
Opti'm|ismus [ɔpti'mismus] *m* (-; *senza pl*) ottimismo *m*; ~'**ist** *m* (*-en*; *-en*), ~'**istin** (-; *-nen*) *f*, **≗'istisch** ottimista *m/f*
'**optisch** ['ɔptiʃ] ottico
O'range [o'rɑ̃ʒə] *f* (-; *-n*) arancia *f*, arancio *m*; ~**nsaft** *m* succo *m* d'arancia; *frisch gepresst*: spremuta *f* d'arancia
Or'chester [ɔr'kɛstər] *n* (*-s*; -) orchestra *f*; ~**dirigent** *m* (*-s*; *-en*) direttore *m* d'orchestra; ~**konzert** *n* concerto *m* orchestrale
Orchi'dee [ɔrçi'de:] *f* (-; *-n*) orchidea *f*
'**Orden** ['ɔrdən] *m* (*-s*; -) ordine *m*; (*Auszeichnung*) decorazione *f*
'**ordentlich** ['ɔrdəntliç] **1.** *adj* ordinato; (*regelmäßig*) regolare; (*gut, tüchtig*) buono; **2.** *adv* debitamente; *fig* per bene
'**Order** ['-dər] *f* (-; *-n u -s*) ordine *m*; '**≗n** (*h*) ordinare
ordin'är [-di'nɛ:r] ordinario
'**ord|nen** ['ɔrdnən] (*h*) ordinare, mettere in ordine; sistemare; classificare; '**≗ner** *m* (*-s*; -) ordinatore *m*; (*Heft≗*) raccoglitore *m*; '**≗nung** ['ɔrdnuŋ] *f* (-; *-en*) ordine *m*; *pol* regolamento *m*; ***in ~*** in regola; a posto; ***ist in ~!*** va bene!; ***in ~ bringen*** sistemare, mettere in ordine
'**ordnungs|gemäß** ['ɔrdnuŋsgəmɛ:s] debitamente, conforme all'ordine; come d'ordine; '**≗strafe** *f* punizione *f* disciplinare; '**≗zahl** *f* numero *m* ordinale

O

Or'gan [ɔr'gɑːn] *n* (*-s; -e*) organo *m*; **~bank** *f* banca *f* degli organi; **~isa'tion** [-ganizats'joːn] *f* (*-; -en*) organizzazione *f*, **~isa'tionsstruktur** *f* struttura *f* organizzativa; **2isa'torisch** [-ganiza'toːriʃ] organizzatore; **2isch** organico; **2i'sieren** [-gani'ziːrən] (*senza ge-, h*) organizzare, sistemare; **~'ismus** [-'nismus] *m* (*-; -men*) organismo *m*; **~spender** *m* donatore *m* di organi; **~transplantation** *f* trapianto *m* di organo

'Orgel ['ɔrgəl] *f* (*-; -n*) organo *m*

'Orgie ['ɔrgjə] *f* (*-; -n*) orgia *f*

'Orient ['oːrjɛnt] *m* (*-s; senza pl*) oriente *m*; **2'alisch** [-'taːliʃ] *adj* orientale; **2'ieren** (*senza ge-, h*) orientare; *fig* ***sich ~*** informarsi; **~'ierung** *f* (*-; -en*) orientamento *m*; *fig* informazione *f*

Origi'nal [origi'nɑːl] *n* (*-s; -e*), **original** *adj* originale *m u adj*; **~verpackung** *f* confezione *f* originale

origi'nell [-gi'nɛl] originale

Or'kan [ɔr'kɑːn] *m* (*-[e]s; -e*) uragano *m*

Ort [ɔrt] *m* (*-[e]s; -e*) luogo *m*; posto *m*; località *f*, sito *m*; punto *m*; ***an ~ und Stelle*** sul luogo, sul posto; ***am rechten ~*** al posto giusto

ortho|'dox [ɔrto'dɔks] ortodosso; **2grafie** [-gra'fiː] *f* (*-; -n*) ortografia *f*; **~'grafisch** [-'graːfiʃ] ortografico; **2pä'die** [-pɛː'diː] *f* (*-; senza pl*) ortopedia *f*

'örtlich ['œrtliç] locale

'Orts|angabe ['ɔrtsˀangɑːbə] *f* indicazione *f* del luogo; **'2ansässig** *adj* residente nel luogo; **'~beschreibung** *f* topografia *f*

'Ortschaft ['ɔrtʃaft] *f* (*-; -en*) villaggio *m*, abitato *m*, borgata *f*, località *f*

'Orts|gespräch ['ɔrtsgəʃprɛːç] *n* telefonata *f* urbana; **'~tarif** *m* tariffa *f* locale; **'~verkehr** *m* servizio *m* locale; **'~zeit** *f* (*-; -en*) ora *f* locale

'Öse ['øzə] *f* (*-; -n*) maglietta *f*, occhiello *m*

Ost [ɔst] *m inv geogr* est *m*; **'~en** *m* (*-s; senza pl*) est *m*, oriente *m*; levante *m*; ***der Nahe ~*** il Medio Oriente; ***der Ferne ~*** l'Estremo Oriente

'Oster|ei ['oːstərˀaɪ] *n* uovo *m* pasquale (*od* di Pasqua); **'~hase** *m* coniglietto *m* pasquale di cioccolata

'Ostern ['oːstərn] *n* Pasqua *f*

'Österreich|er ['østəraɪçər] *m* (*-s; -*); **'~erin** *f* (*-; -nen*), **'2isch** austriaco *m*, -a *f*

'östlich ['œstliç] orientale; *adv* ***~ von*** a est di

'Ostsee ['ɔstzeː] *f* (*-; senza pl*) Mare *m* Baltico; **'~wind** *m* vento *m* di levante

'Otter ['ɔtər] **1.** *m* (*-s; -*) lontra *f*, **2.** *f* (*-; -n*) (*Kreuz2*) vipera *f*

'outen [aʊtən] (*h*): ***j-n ~*** rendere pubblica l'omosessualità di qu; ***sich ~*** *v/r* rivelare la propria omosessualità

Ouver'türe [uvɛr'tyːre] *f* (*-; -n*) ouverture *f*, preludio *m*

o'val [o'vɑːl] ovale

Ova'tion [ovats'joːn] *f* (*-; -en*) ovazione *f*

O'xid, O'xyd [ɔ'ksyːt] *n* (*-[e]s; -e*) ossido *m*

'Ozean ['oːtseɑːn] *m* (*-s; -e*) oceano *m*; ***Atlantischer ~*** Atlantico *m*, Oceano *m* atlantico; **2isch** [otse'ɑːniʃ] *adj* oceanico

O'zon [o'tsoːn] *n* (*-s; senza pl*) ozono *m*; **~alarm** *m* (*-s; senza pl*) *ecol* allarme *m* ozono; **2haltig** ozonico; **~loch** *n* buco *m* d'ozono; **~schicht** *f* strato *m* d'ozono

P

paar [pɑːr] *adj*: ***ein ~*** *(einige)* qualche *(mit sg)*; alcuni *m/pl* (-e *f/pl*), due, pochi *m/pl*, poche *f/pl*; ***ein ~ Mal*** un paio di volte
Paar [pɑːr] *n* (*-[e]s*; *-e*) **1.** *für zusammengehörende Personen*: coppia *f*; ***ein glückliches ~*** una coppia felice; ***das junge ~*** gli sposi novelli; **2.** *für Sachen*: paio *m*; *z.B.* ***ein ~ Schuhe*** un paio di scarpe; **'2en** (*h*) appaiare; *zur Begattung*: accoppiare; ***sich ~*** appaiarsi; accoppiarsi; **'~ung** *f* (*-*; *-en*) appaiamento *m*; accoppiamento *m*
Pacht [paxt] *f* (*-*; *-en*) affitto *m*; *öffentliche Einkünfte*: appalto *m*; **'2en** (*h*) prendere in affitto; *Geschäft*: prendere in gestione
'Pächter ['pɛçtər] *m* (*-s*; *-*), **'~in** *f* (*-*; *-nen*) affittuario *m*, -ia *f*; appaltatore *m*, -trice *f*; *Geschäft*: gerente *m/f*
'Pachtvertrag ['paxtfɛrtrɑːk] *m* contratto *m* d'affitto (*od* d'appalto)
'Päckchen ['pɛkçən] *n* (*-s*; *-*) pacchetto *m*, pacchettino *m*
'pack|en ['pakən] (*h*) *j-n*: afferrare; *(zusammen)* imballare; *(einwickeln)* involtare; *in Papier*: incartare; *Koffer*: fare; *fig* *(Eindruck machen)* impressionare, colpire; **'2ung** *f* (*-*; *-en*) *(Paket)* pacchetto *m*
Päda'gog|e [pɛda'goːgə] *m* (*-n*; *-n*), **~in** *f* (*-*; *-nen*) pedagogo *m*, -a *f*
'Paddel ['padəl] *n* (*-s*; *-*) pagaia *f*; **'~boot** *n* canoa *f*; canotto *m*; sandolino *m*; **'2n** (*h*) andare in canotto (*od* sandolino); remare a pagaia
'Page ['pɑːʒə] *m* (*-n*; *-n*) paggio *m*
Pa'ket [pa'keːt] *n* (*-[e]s*; *-e*) pacco *m*; *kleines*: pacchettino *m*; **~annahme** *f* (**~ausgabe** *f*) accettazione *f* (distribuzione *f*) pacchi postali; **~karte** *f* bollettino *m* di spedizione (dei pacchi postali)
Pakt [pakt] *m* (*-[e]s*; *-e*) patto *m*
Pa'last [pa'last] *m* (*-[e]s*; *⸚e*) palazzo *m*
'Palme ['palmə] *f* (*-*; *-n*), **'~nbaum** *m* palma *f*
'Pampelmuse ['pampəlmuːzə] *f* (*-*; *-n*) pompelmo *m*
'Panik ['pɑːnik] *f* (*-*; *-en*), **'panisch** *adj* panico *m u adj*
'Panne ['panə] *f* (*-*; *-n*) panne *f*, guasto *m*; **'~ndienst** *m* servizio *m* di assistenza stradale; **'~hilfe** *f* soccorso *f* stradale
'Panther ['pantər] *m* (*-s*; *-*) pantera *f*
Pan'toffel [-'tɔfəl] *m* (*-s*; *-n*) pantofola *f*; ***unter dem ~ stehen*** lasciar portare i calzoni alla moglie; **~held** *m* marito *m* in gonnella
Panto'mime [-to'miːme] *f* (*-*; *-n*) pantomima *f*
'Panzer ['pantsər] *m* (*-s*; *-*) *(Rüstung)* corazza *f*, armatura *f*; *mil* carro *m* armato
Pa'pa [pa'pɑː; 'papa] *m* (*-s*; *-s*) papà *m*, babbo *m*
Papa'gei [-'gaɪ] *m* (*-en u -s*; *-e[n]*) pappagallo *m*
Pa'pier [-'piːr] *m* (*-s*; *-e*) carta *f*; *(Urkunde)* documento *m*; ***Stück ~*** pezzo *m* di carta; **~e** *pl* carte *f/pl*; *econ* valori *m/pl*, titoli *m/pl*; **~geld** *n* carta *f* moneta; **~korb** *m* cestino *m*; **~taschentuch** *n* fazzoletto *m* di carta
'Pappe ['papə] *f* (*-*; *-n*) cartone *m*
'Pappel *bot* ['papəl] *f* (*-*; *-n*) pioppo *m*
'Paprika ['paprika] *m* (*-s*; *-[s]*) peperone *m*; paprica *f*
Papst [pɑːpst] *m* (*-[e]s*; *⸚e*) papa *m*
'päpstlich ['pɛːpstliç] papale
Pa'rade [pa'rɑːdə] *f* (*-*; *-n*) *mil* sfilata *f*, rivista *f*; ***~ abhalten*** passare in rivista
Para|'dies [para'diːs] *n* (*-es*; *-e*) paradiso *m*; **2'dox** [-'dɔks] paradossale; **~'graph** [-'grɑːf] *m* (*-en*; *-en*) paragrafo *m*; *jur* articolo *m*
paral'lel [para'leːl] parallelo; **2e** *f* (*-*; *-n*) parallela *f*; *fig* parallelo *m*
para'phieren [para'fiːrən] (*senza ge-*, *h*) paraf(f)are, siglare
Para'sit [para'ziːt] *m* (*-en*; *-en*) parassita *m*
Par'don [par'dõ] *m* (*-s*; *senza pl*) perdono *m*; ***~ geben*** *mil* dar quartiere; F **~!** scusi!
Par'füm [par'fyːm] *n* (*-s*; *-e u -s*) profumo *m*; **~e'rie** [-fymə'riː] *f* (*-*; *-n*) profumeria *f*

P

Pari'tät [pari'tɛːt] *f* (-; *senza pl*) parità *f*; **⁓isch** paritetico
Park [park] *m* (-*s*; -*s*) parco *m*
'parken ['parkən] (*h*) *auto* parcheggiare, posteggiare
'Parken *n* (-*s*; *senza pl*) posteggio *m*, parcheggio *m*
Par'kett [par'kɛt] *n* (-*s*; -*e*) parquet *m*; *tea* platea *f*; **⁓handel** *m* (-*s*; -) *Börse*: negozio *m* alle grida
'Park|haus ['parkhaʊs] *n* autosilo *m*; **'⁓lücke** *f* posto *m* per parcheggiare, parcheggio *m*; **'⁓möglichkeit** *f* possibilità *f* di posteggio; **'⁓platz** *m* parcheggio *m*, posteggio *m*; **'⁓scheibe** *f* disco *m* orario; **'⁓uhr** *f* parchimetro *m*; **'⁓verbot** *n* divieto *m* di parcheggio
Parla'ment [parla'mɛnt] *n* (-[*e*]*s*; -*e*) parlamento *m*; **⁓'arier** [parlamɛnt'taːrjər] *m* (-*s*; -) parlamentare *m*; **⁓'arisch** parlamentare
Pa'role [pa'roːlə] *f* (-; -*n*) parola *f* d'ordine; motto *m*
Par'tei [par'taɪ] *f* (-; -*en*) parte *f*; *pol* partito *m*; **⁓ *ergreifen*** prendere partito, parteggiare (***für*** per); **⁓isch**, **⁓lich** parziale; **⁓los** indipendente; neutro; **⁓tag** *m* congresso *m* del partito; **⁓zugehörigkeit** *f* appartenenza *f* ad un partito
Par'terre [par'tɛr] *n* (-*s*; -*s*) pianterreno *m*; *tea* platea *f*
'Partner ['partnər] *m* (-*s*; -), **⁓in** *f* (-; -*nen*) compagno *m*, -a *f*; socio *m*, -a *f*; *Gespräch*: interlocutore *m*, -trice *f*; **'⁓schaft** *f* (-; -*en*) collaborazione *f*, cooperazione *f*; *von Städten*: gemellaggio *m*; **'⁓stadt** *f* città *f* gemellata
'Party ['paːrti] *f* (-; -*s*) party *m*, festa *f*; **⁓service** *m*, *n* (-; -) servizio *m* catering
Pass [pas] *m* (*Passes*; *Pässe*) passaporto *m*; *geogr* passo *m*
Pas'sage [pas'saːʒə] *f* (-; -*n*) galleria *f*, *mar*, *avia*, *mus* passaggio *m*
Passa'gier [passa'ʒiːr] *m* (-*s*; -*e*) viaggiatore *m*; *mar*, *avia* passeggiero *m*; **⁓flugzeug** *n* aereo *m* passeggieri (*od* da turismo); **⁓schiff** *n* nave *f* passeggieri
Pas'sant [pa'sant] *m* (-*en*; -*en*) passante *m*
Pas'sat(wind) [pa'saːt] *m* (-[*e*]*s*; -*e*) (vento *m*) aliseo *m*
'Passbild ['pasbilt] *n* fotografia *f* formato tessera, fototessera *f*
'passen ['pasən] (*h*) andar (*od* star) bene; (*angemessen sein*) addirsi (***zu*** a); ***zueinander* ⁓** star bene insieme; *Kleidung*, *Farben*: intonarsi, accordarsi; **'⁓d** (*geeignet*) adatto; (*schicklich*) conveniente; *Gelegenheit*: opportuno; *Farben*: intonato
pas'sier|bar [pa'siːrbaːr] transitabile; praticabile; **⁓en** (*senza ge-*) **1.** *v/t* (*h*) passare; **2.** *v/i* (*sn*) accadere; succedere; **⁓schein** *m* lasciapassare *m*
Pas'sion [-s'joːn] *f* (-; -*en*) passione *f*
'passiv ['-siːf] *adj*, **'Passiv** *n* (-*s*; -*e*) passivo *adj u m*; **⁓i'tät** [-sivi'tɛːt] *f* (-; *senza pl*) passività *f*, indifferenza *f*
'Pass|kontrolle ['paskɔntrɔlə] *f* controllo *m* dei passaporti; **'⁓straße** *f* strada *f* di un passo; **'⁓wort** *n* (-[*e*]*s*; ¨-*er*) *inform* password *f*
'Paste ['pastə] *f* (-; -*n*) pasta *f*
'Pastor ['pastɔr] *m* (-*s*; -*en*) pastore *m*, ministro *m* protestante
'Pate ['paːtə] *m* (-*n*; -*n*) padrino *m*; **'⁓nschaft** *f* comparatico *m*; *von Städten*: gemellaggio *m*
Pa'tent [pa'tɛnt] *n* (-[*e*]*s*; -*e*) brevetto *m*; ***zum* ⁓ *anmelden*** far brevettare; **⁓amt** *n* ufficio *m* brevetti; **⁓'ieren** (*senza ge-*, *h*) brevettare; **⁓schutz** *m* protezione *f* mediante brevetto
Pa'tient [pats'jɛnt] *m* (-*en*; -*en*), **⁓in** *f* (-; -*nen*) paziente *m/f*, infermo *m*, -a *f*
Patri'arch [patri'arç] *m* (-*en*; -*en*) patriarca *m*
Patri'ot [-'oːt] *m* (-*en*; -*en*), **⁓in** *f* (-; -*nen*) patriot(t)a *m/f*; **⁓isch** patriot(t)ico
Pa'trone [pa'troːnə] *f* (-; -*n*) cartuccia *f*
'Pauk|e ['paʊkə] *f* (-; -*n*) *mus* timpano *m*; **'⁓en** (*h*) suonare il timpano; (*büffeln*) sgobbare, studiare
pau'schal [paʊ'ʃaːl] *adj* globale, forfettario; *adv* a forfait; **⁓e** *f* (-; -*n*) somma *f* globale; forfait *m*; **⁓preis** *m* prezzo *m* globale, prezzo *m* a forfait; **⁓reise** *f* viaggio *m* tutto compreso; **⁓summe** *f* somma *f* globale
'Paus|e ['paʊzə] *f* (-; -*n*) pausa *f*, intervallo *m*; *Schule*: ricreazione *f*; (*Ruhezeit*) riposo *m*; **'⁓enzeichen** *n* *Radio*: segnale *m* d'intervallo
'Pavillon ['paviljɔ̃] *m* (-*s*; -*s*) padiglione *m*
Pazi'fismus [patsi'fismus] *m* (-; *senza*

P

pl) pacifismo *m*
Pech [pɛç] *n* (*-s*; *-e*) pece *f*; *fig* disgrazia *f*, disdetta *f*, sfortuna *f*; ~ ***haben*** essere sfortunato; **~strähne** *f* sequela *f* di guai; **'~vogel** *m* sfortunato *m*
Pe'dal [pe'daːl] *n* (*-s*; *-e*) pedale *m*
Pedi'küre [-di'kyːrə] *f* (*-*; *-n*) pedicure *f*
'pein|igen ['paɪnigən] (*h*) tormentare; **'~lich** ['-liç] penoso; imbarazzante; *Frage*: delicato; *Lage*: precario; *Überraschung*: spiacevole; ***j-m ~ sein*** dispiacere a qu
'Peitsche ['paɪtʃə] *f* (*-*; *-n*) frusta *f*
'Pell|e ['pɛlə] *f* (*-*; *-n*) pelle *f*, buccia *f*; **'Ωen** (*h*) sbucciare; **'~kartoffeln** *f/pl* patate *f/pl* lesse
Pelz [pɛlts] *m* (*-es*; *-e*) pelo *m*; *Kleidung*: pelliccia *f*; **'~geschäft** *m* pellicceria *f*; **'~mantel** *m* (cappotto *m* di) pelliccia *f*; **'~mütze** *f* berretto *m* di pelo
'Pendel ['pɛndəl] *n* (*-s*; *-*) pendolo *m*; **'Ωn** (*h*) oscillare; *Zug*, *Person*: (*sn*) fare la spola; **'~verkehr** *m* traffico *m* pendolare
Penizil'lin [penitsi'liːn] *n* (*-s*; *-e*) penicillina *f*
'pennen F ['pɛnən] (*h*) dormire
Pen'sion [pɑ̃z'joːn] *f* (*-*; *-en*) pensione *f*; **~'är** [-'nɛːr] *m* (*-s*; *-e*) pensionato *m*; pensionante *m*; **Ω'ieren** (*senza ge-*, *h*) pensionare; ***sich ~ lassen*** andare in pensione
Pen'sionspreis *m* prezzo *m* per la pensione
per [pɛr] per; ~ ***Post*** con la posta
per'fekt [-'fɛkt] perfetto; compiuto; ~ ***machen*** (*Vertrag*) concludere
Perga'ment [pɛrga'mɛnt] *n* (*-[e]s*; *-e*) pergamena *f*
Per'iod|e [per'joːdə] *f* (*-*; *-n*) periodo *m*; *med* mestruazione *f*; **Ωisch** periodico
Periphe'rie [perifə'riː] *f* (*-*; *-n*) periferia *f*; **~geräte** *n/pl inform* unità *f/pl* periferiche
'Perl|e ['pɛrlə] *f* (*-*; *-n*) perla *f*; **'~mutter** *f* (*-*; *senza pl*) madreperla *f*
'Pers|er ['pɛrzər] *m* (*-s*; *-*), **'~in** *f* (*-*; *-nen*), **'Ωisch** persiano *m*, -a *f*
Per'son [pɛr'zoːn] *f* (*-*; *-en*) persona *f*; ***pro ~*** a testa
Perso'nal [-zo'naːl] *n* (*-s*; *senza pl*) personale *m*; **~abbau** *m* riduzione *f* del personale; **~abteilung** *f* ufficio *m* del personale; **~akten** *f/pl* atti *m/pl* personali; **~ausweis** *m* carta *f* d'identità; **~büro** *n* ufficio *m* personale; **~ien** *pl* generalità *f/pl*; **~mangel** *m* (*-s*; *senza pl*) mancanza *f* di personale; **~vertretung** *f* rappresentanza *f* del personale
Per'sonen|verkehr [pɛr'zoːnənfɛrkeːr] *m* traffico *m* viaggiatori; servizio *m* passeggieri; **~zug** *m* treno *m* viaggiatori; accelerato *m*
personifi'zieren [pɛrzoːnifi'tsiːrən] (*senza ge-*, *h*) personificare
per'sönlich [-'zøːnliç] personale; individuale; ~ ***kennen*** conoscere di persona; *~! auf Briefen*: riservata!; **Ωkeit** *f* (*-*; *-en*) personalità *f*
Perspek'tiv|e [-spɛk'tiːvə] *f* (*-*; *-n*) prospettiva *f*; **Ωisch** prospettico
Pe'rücke [pe'rykə] *f* (*-*; *-n*) parrucca *f*
Pessi'm|ismus [pɛsi'mismus] *m* (*-*; *senza pl*) pessimismo *m*; **Ω'istisch** pessimistico, pessimista
Pest *med* [pɛst] *f* (*-*; *senza pl*) peste *f*
Peter'silie [petər'ziːljə] *f* (*-*; *-n*) prezzemolo *m*
Pe'troleum [-'troːleum] *n* (*-s*, *senza pl*) petrolio *m*; **~lampe** *f* lampada *f* a petrolio
Pfad [pfaːt] *m* (*-[e]s*; *-e*) sentiero *m*; **'~finder** *m* (*-s*; *-*), **'~finderin** *f* (*-*; *-nen*) giovane esploratore *m*, -trice *f*
Pfahl [pfaːl] *m* (*-[e]s*; *¨-e*) palo *m*
Pfand [pfant] *n* (*-[e]s*; *¨-er*) pegno *m*; deposito *m*
'pfänden ['pfɛndən] (*h*) sequestrare; pignorare
'Pfand|flasche ['pfantflaʃə] *f* vuoto *m* a rendere; **'~schein** *m* polizza *f* di pegno
'Pfändung ['pfɛndʊŋ] *f* (*-*; *-en*) sequestro *m*; pignoramento *m*
'Pfann|e ['pfanə] *f* (*-*; *-n*) padella *f*; **'~kuchen** *m* omelette *f*, frittella *f*
'Pfarr|er ['pfarər] *m* (*-s*; *-*) parroco *m*; *evangelischer*: pastore *m*; **'~haus** *n* canonica *f*
Pfau [pfaʊ] *m* (*-[e]s*; *-en*) pavone *m*
'Pfeffer ['pfɛfər] *m* (*-s*; *-*) pepe *m*; **'~kuchen** *m* panpepato *m*; panforte *m*; **'~minze** *bot f* (*-*; *senza pl*) menta *f* (piperita)
'pfeffern ['pfɛfərn] (*h*) pepare
'Pfeif|e ['pfaɪfə] *f* (*-*; *-n*) fischio *m*; fischietto *m*; (*Tabaks*Ω) pipa *f*; **'Ωen** (*pfiff*, *gepfiffen*, *h*) fischiare
Pfeil [pfaɪl] *m* (*-[e]s*; *-e*) freccia *f*

P

'Pfennig ['pfɛnɪç] *m* (*-s*; *-e*) pfennig *m*; centesimo *m* d'un marco; *fig* obolo *m*
Pferd [pfeːrt] *n* (*-[e]s*; *-e*) cavallo *m*
'Pferde|apfel ['pfeːrdə'apfəl] *m* sterco *m* di cavallo; **'~rennen** *n* corsa *f* di cavalli; **'~sport** *m* ippica *f*; **'~stall** *m* scuderia *f*
'pfiffig ['pfɪfɪç] scaltro; furbo
'Pfingst|en ['pfɪŋstən] *n* (*-*; *-*) Pentecoste *f*; **'~rose** *f* peonia *f*
'Pfirsich ['pfɪrzɪç] *m* (*-s*; *-e*) pesca *f*
'Pflanz|e ['pflantsə] *f* (*-*; *-n*) pianta *f*; **'2en** (*h*) piantare; **'2lich** vegetale
'Pflaster ['pflastər] *n* (*-s*; *-*) cerotto *m*; (*Straßen2*) selciato *m*, *mit Platten*: lastricato *m*; ***Paris ist ein teures ~*** a Parigi la vita è molto cara; **'~maler** *m* madonnaro *m*; **'2n** (*h*) selciare, *mit Platten*: lastricare; **'~stein** *m* lastra *f*
'Pflaume ['pflaʊmə] *f* (*-*; *-n*) susina *f*, prugna *f*; **'~nbaum** *m* susino *m*; **'~nkuchen** *m* torta *f* di prugne; **'~nmus** *n* marmellata *f* di prugne
'Pflege ['pfleːgə] (*-*; *senza pl*) cura *f*; (*Fürsorge*) assistenza *f*; *fig* coltivazione *f*; **'~eltern** *pl* genitori *m/pl* adottivi; **'~kind** *n* figlio *m* adottivo; (*Mündel*) pupillo *m*; **'~mutter** *f* madre *f* adottiva
'pfleg|en ['-gən] *v/t* (*h*) curare; *Kranke*: assistere; *Umgang*, *Künste*: coltivare; ***~ zu*** *inf* solere, essere solito (*inf*); **'2er** *m* (*-s*; *-*) *med* infermiere *m*
Pflicht [pflɪçt] *f* (*-*; *-en*) dovere *m*; **'2bewusst** cosciente (del proprio dovere); **'~bewusstsein** *n* coscienza *f* del dovere; **'~gefühl** *n* senso *m* del dovere; **'2gemäß** conforme al dovere; *adv* debitamente; **'~versicherung** *f* assicurazione *f* obbligatoria
'pflücken ['pflʏkən] (*h*) cogliere
Pflug [pfluːk] *m* (*-[e]s*; *⸚e*) aratro *m*
'pflügen ['pflyːgən] (*h*) arare
'Pforte ['pfɔrtə] *f* (*-*; *-n*) porta *f*
'Pförtner ['pfœrtnər] *m* (*-s*; *-*) portinaio *m*
'Pfote ['pfoːtə] *f* (*-*; *-n*) zampa *f*
Pfropf *med* [pfrɔpf] *m* (*-[e]s*; *-e*) coagulo *m*; **'~en** *m* (*-s*; *-*) turacciolo *m*; **'2en** (*h*) stipare; *Flaschen*: turare; *Pflanzen*: innestare; **'~enzieher** *m* (*-s*; *-*) cavatappi *m*
pfui! [pfui] puh!, vergogna!
Pfund [pfunt] *n* (*-[e]s*; *-e*) mezzo chilo *m*; ***~ Sterling*** lira *f* sterlina

'pfusch|en F ['pfuʃən] (*h*) acciabattare; ***j-m ins Handwerk ~*** guastare il mestiere a qu; **'2er** F *m* (*-s*; *-*) acciarpone *m*; *ärztlicher*: ciarlatano *m*
'Pfütze ['pfʏtsə] *f* (*-*; *-n*) pozzanghera *f*
Phäno'men [fɛːno'meːn] *n* (*-s*; *-e*) fenomeno *m*
Phantasie → ***Fantasie***
pharma'zeutisch [farma'tsɔʏtɪʃ] farmaceutico
'Phase ['fɑːzə] *f* (*-*; *-n*) fase *f*
Philo'soph [filo'soːf] *m* (*-en*; *-en*) filosofo *m*; **~'ie** [-zo'fiː] *f* (*-*; *-n*) filosofia *f*; **2'ieren** [-zo'fiːrən] (*senza ge-*, *h*) filosofare; **2isch** [-'zoːfɪʃ] filosofico
phleg'matisch [flɛg'mɑːtɪʃ] flemmatico
'Phosphor ['fɔsfɔr] *m* (*-s*; *senza pl*) fosforo *m*
'Photo → ***Foto***
'Phrase ['frɑːzə] *f* (*-*; *-n*) frase *f*
Phy'sik [fy'ziːk] *f* (*-*; *senza pl*) fisica *f*; **2'alisch** [fyzi'kɑːlɪʃ], **'~er** ['fyːzikər] *m* (*-s*; *-*), **'~erin** *f* (*-*; *-nen*) fisico *m u adj*, -a *f*
'physisch ['fyːzɪʃ] fisico
Pia'nist [pia'nɪst] *m* (*-en*; *-en*); **~in** *f* (*-*; *-nen*) pianista *m/f*
'Pickel ['pɪkəl] *m* (*-s*; *-*) pustoletta *f*
'picken ['pɪkən] (*h*) beccare
'Picknick ['pɪknɪk] *n* (*-s*; *-s*) picnic *m*, colazione *f* all'aperto; **'2en** (*h*) fare un picnic
Pie'tät [pie'tɛːt] *f* (*-*; *senza pl*) pietà *f*, devozione *f*, rispetto *m*
Pik [piːk] *n* (*-s*; *-s*) *Kartenspiel*: picche *f/pl*
pi'kant [pi'kant] piccante
pi'kiert [pi'kiːrt] offeso, risentito
'Pilger ['pɪlgər] *m* (*-s*; *-*) pellegrino *m*; **'~fahrt** *f* pellegrinaggio *m*; **'2n** (*sn*) pellegrinare, andare in pellegrinaggio
'Pille ['pɪlə] *f* (*-*; *-n*) pillola *f*
Pi'lot [pi'loːt] *m* (*-en*; *-en*) pilota *m*; **~projekt** *n* progetto *m* pilota
Pilz [pɪlts] *m* (*-es*; *-e*) fungo *m*
'Pinguin ['pɪŋgviːn] *m* (*-s*; *-e*) pinguino *m*
'Pinie ['piːnjə] *f* (*-*; *-n*) *bot* pino *m*
'Pinsel ['pɪnzəl] *m* (*-s*; *-*) pennello *m*; **'2n** (*h*) pennellare (*a med*)
Pin'zette [pɪn'tsɛtə] *f* (*-*; *-n*) pinza *f*, pinzette *f/pl*
Pio'nier [pio'niːr] *m* (*-s*; *-e*) pioniere *m*

Pi'rat [pi'ra:t] *m* (*-en*; *-en*) pirata *m*
'piss|en P ['pisən] (*h*) pisciare; **2'oir** [piso'a:r] *n* (*-s*; *-e u -s*) orinatoio *m*
'Piste ['pistə] *f* (*-*; *-n*) pista *f*
Pis'tole [-s'to:lə] *f* (*-*; *-n*) pistola *f*
'Pkw ['pe:ka:ve:] (***Personenkraftwagen***) *m* (*-[s]*; *-s*) autovettura *f*
plä'dieren [plɛ'di:rən] (*senza ge-*, *h*) difendere una causa; *~* ***für*** parlare in favore di
'Plage ['pla:gə] *f* (*-*; *-n*) tormento *m*; **'2n** (*h*) tormentare; tribolare
Pla'kat [pla'ka:t] *n* (*-[e]s*; *-e*) cartello *m*, manifesto *m*; cartellone *m*
Plan [pla:n] *m* (*-[e]s*; *¨-e*) piano *m*; (*Entwurf*) progetto *m*; *e-r Stadt*: pianta *f*
'Plane ['pla:nə] *f* (*-*; *-n*) copertone *m*, tendone *m*, telone *m*
'plan|en ['pla:nən] (*h*) progettare; programmare; *econ* pianificare; **'2er** *m* (*-s*; *-*) progettista *m*, pianificatore *m*
Pla'net [pla'ne:t] *m* (*-en*; *-en*) pianeta *m*; **~'arium** [-ne'ta:rjum] *m* (*-s*; *-rien*) planetario *m*
pla'nieren [pla'ni:rən] (*senza ge-*, *h*) livellare, appianare
'plan|los ['pla:nlo:s] senza metodo, senza sistema, senza piano; a casaccio; **'~mäßig** metodico; sistematico; conforme al progetto; *Beamter*: ordinario, di ruolo
Planschbecken → ***Plantschbecken***
Plan'tage [plan'ta:ʒə] *f* (*-*; *-n*) piantagione *f*
'Plantsch|becken ['planʃbɛkən] *n* piscina *f* per bambini; **'2en** ['-ʃən] (*h*) diguazzare
'Plan|ung ['pla:nuŋ] *f* (*-*; *-en*) progettazione *f*; **'~wirtschaft** *f* economia *f* pianificata
'Plastik[1] ['plastik] *f* (*-*; *-en*) (*Kunstwerk*) scultura *f*; (*Kunst*) arti *f/pl* plastiche
'Plastik[2] *n* (*-s*; *senza pl*) (*Kunststoff*) plastica *f*
'plastisch plastico
Platin ['pla:ti:n, pla'ti:n] *n* (*-s*; *senza pl*) platino *m*
platt [plat] piatto; *Nase*: camuso; *fig* insulso; (*erstaunt*) perplesso; F ***e-n 2en haben*** F avere una gomma a terra
'Plattdeutsch ['platdɔʏtʃ] *n* (*-[s]*; *senza pl*) basso tedesco *m*
'Platte ['platə] *f* (*-*; *-n*) lastra *f*; *Gericht*: piatto *m*; (*Kopf*) F pelata *f*; (*Schall2*) disco *m*; ***kalte*** *~* affettato *m* misto
'Plattenspieler ['platənʃpi:lər] *m* giradischi *m*
'Plattform ['platfɔrm] *f* piattaforma *f*
Platz [plats] *m* (*-es*; *¨-e*) piazza *f* (*a econ*); (*Raum*, *Sitz*, *Stelle*) posto *m*; *Sport*: campo *m*; (*Raum*) capienza *f*, capacità *f*; *~* ***nehmen*** prendere posto, sedersi; *~* ***finden*** starci; *~* ***machen*** fare posto (*od* largo); **'~anweiserin** ['-ʔanvaɪzərin] *f* (*-*; *-nen*) *im Kino*: maschera *f*
'Plätzchen ['plɛtsçən] *n* (*-s*; *-*) piazzetta *f*; posticino *m*; (*Gebäck*) biscotto *m*
'platz|en ['platsən] (*sn*) scoppiare; spaccarsi; *Naht*: scucirsi; **'2karte** *fer f* biglietto *m* di prenotazione; **'2regen** *m* acquazzone *m*; **'2wunde** *f* lacerazione *f*
plat'zieren [pla'tsi:rən] (*h*) collocare; *Sport*: piazzare
'plaudern ['plaudərn] (*h*) chiacchierare
plazieren → ***platzieren***
'pleite ['plaɪtə] *adj* fallito; F al verde; *~* ***gehen*** far bancarotta; *~* ***sein*** essere al verde (*od* in bolletta)
'Pleite F *f* (*-*; *-n*) bancarotta *f*; F fiasco *m*
'Plenum ['ple:num] *n* (*-s*; *senza pl*) adunanza *f* plenaria
plis'sieren [pli'si:rən] (*senza ge-*, *h*) pieghettare, increspare
'Plomb|e ['plɔmbə] *f* (*-*; *-n*) piombo *m*; *med* otturazione *f*; **2'ieren** (*senza ge-*, *h*) piombare; *med* otturare
'plötzlich ['plœtsliç] improvviso; *adv* improvvisamente, ad un tratto
plump [plump] goffo
'Plunder ['plundər] *m* (*-s*; *senza pl*) robaccia *f*, anticaglie *f/pl*
'plündern ['plyndərn] (*h*) saccheggiare; *j-n*: derubare
plus [plus] *adv* più
Plus *n inv* eccedenza *f*, sopravanzo *m*
'Pöbel ['pø:bəl] *m* (*-s*; *senza pl*) plebaglia *f*
'pochen ['pɔxən] *v/i u v/t* (*h*) battere; *an die Tür*: bussare; *fig* ***auf et*** (*acc*) *~* insistere su qc
'Pocke *med* ['pɔkə] *f* (*-*; *-n*) bolla *f*, pustola *f*; **~n** *pl med* vaiolo *m*; **'~nimpfung** ['-ʔim-] *f* vaccinazione *f* antivaiolosa
'Podium ['po:djum] *n* (*-s*; *-dien*) podio *m*
Poe'sie [poe'zi:] *f* (*-*; *-n*) poesia *f*

P

Po'inte [po'ɛ̃tə] *f* (-; *-n*) punta *f*; effetto *m* finale
Po'kal [po'ka:l] *m* (*-s*; *-e*) coppa *f*
'Poker ['po:kər] *n* (*-s*; *senza pl*) poker *m*
'pokern (*h*) giocare a poker
Pol [po:l] *m* (*-s*; *-e*) polo *m*
'Pole ['po:lə] *m* (*-n*; *-n*) polacco *m*
Po'lemik [po'le:mik] *f* (-; *-en*) polemica *f*
po'lieren [po'li:rən] (*senza ge-*, *h*) brunire; *Möbel*: lustrare, lucidare
'Poliklinik ['pɔlikli:nik] *f* (-; *-en*) policlinico *m*
'Polin ['po:lin] *f* (-; *-nen*) polacca *f*
Poli'tesse [poli'tɛsə] *f* (-; *-n*) donna *f* poliziotto ausiliaria; *Verkehr*: vigilessa *f*
Pol|i'tik [poli'ti:k] *f* (-; *senza pl*) politica *f*; **~'itiker** [-'li:tikər] *m* (*-s*; -), **~'itikerin** *f* (-; *-nen*) politico *m*; **2'itisch** politico
Poli'tur [-'tu:r] *f* (-; *-en*) brunitura *f*; (*Glanz*) lustro *m*
Poli'zei [poli'tsaɪ] *f* (-; -) polizia *f*; **2lich** [poli'tsaɪliç] poliziesco, della (*od* di) polizia; **~ *verboten*** proibito dalla polizia; **~staat** *m* stato *m* di polizia; **~streife** *f* pattuglia *f* di polizia; **~stunde** *f* ora *f* di chiusura degli esercizi pubblici; **~wache** *f* posto *m* di polizia
Poli'zist [-'tsist] *m* (*-en*; *-en*) (*Polizeibeamter*) agente *m* di polizia; F poliziotto *m*; **~in** *f* (-; *-nen*) agente *f* della polizia femminile
'polnisch ['pɔlniʃ] polacco
'Polster ['pɔlstər] *n* (*-s*; -) cuscino *m*; (*Kopf* 2) guanciale *m*; **'~möbel** *n* mobile *m* imbottito; **'2n** (*h*) imbottire
'Polter|abend ['pɔltərˀa:bənt] *m* vigilia *f* delle nozze; **'2n** (*h*) far fracasso, strepitare; (*brummen*) brontolare
Po'made [po'ma:də] *f* (-; *-n*) pomata *f*
Pommes 'frites [pɔm'frit] *pl* patatine *pl* fritte
Pomp [pɔmp] *m* (*-es*; *senza pl*) pompa *f*; sfarzo *m*; **2'ös** [-'pø:s] sfarzoso
'Pony ['pɔni] *n* (*-s*; *-s*) pony *m*
Pool [pu:l] *m* (*-s*; *-s*) *econ* pool *m*
popu'lär [popu'lɛ:r] popolare
'Por|e ['po:rə] *f* (-; *-n*) poro *m*; **2'ös** [po'rø:s] poroso
'Porree *bot* ['pɔre:] *m* (*-s*; *-s*) porro *m*
Por'tal [pɔr'ta:l] *n* (*-s*; *-e*) portone *m*, porta *f* maggiore
Portemon'naie [pɔrtmɔ'ne:] *n* (*-s*; *-s*) portamonete *m*, borsellino *m*
Por'tier [pɔrt'je:] *m* (*-s*; *-s*) portinaio *m*, portiere *m*
Por'tion [pɔrts'jo:n] *f* (-; *-en*) porzione *f*; razione *f*
Portmonee → ***Portemonnaie***
'Porto ['pɔrto] *n* (*-s*; *-s*, *a Porti*) porto *m*; **'2frei** franco (di porto)
Por'trät [pɔr'trɛ:] *n* (*-s*; *-s*) ritratto *m*
Portu'gies|e [pɔrtu'gi:zə] *m* (*-n*; *-n*), **~in** *f* (-; *-nen*), **2isch** portoghese
'Portwein ['pɔrtvaɪn] *m* (*-[e]s*; *-e*) vino *m* d'Oporto
Porzel'lan [pɔrtsə'la:n] *n* (*-s*; *-e*) porcellana *f*
Po'saune *mus* [po'zaʊnə] *f* (-; *-n*) trombone *m*
Posi|'tion [pozits'jo:n] *f* (-; *-en*) posizione *f*; **'2tiv** ['-ti:f] positivo
'Posse ['pɔsə] *f* (-; *-n*) buffoneria *f*; *tea* farsa *f*
Post [pɔst] *f* (-; *senza pl*) posta *f*; ***zur ~ bringen*** portare in posta; ***mit der ~*** per posta; ***mit getrennter ~*** in busta separata; **'~amt** *n* ufficio *m* postale; **'~anweisung** *f* vaglia *m* (postale); **'~bote** *m*, **'~botin** *f* postino *m*, -a *f*; portalettere *m/f*
'Posten ['pɔstən] *m* (*-s*; -) posto *m*; *econ* partita *f*; ***seinen ~ antreten*** entrare in servizio; ***auf ~ stehen*** montare la guardia; *fig* stare all'erta
'Post|fach ['pɔstfax] *n* casella *f* (postale); **'~gebühr** *f* tassa *f* postale; porto *m*; **~en** *pl* tariffe *f/pl* postali
pos'tieren [pɔs'ti:rən] (*senza ge-*, *h*) collocare
'Post|karte ['pɔstkartə] *f* cartolina *f* postale; **'2lagernd** ['-la:gərnt] *adv* fermo posta; **'~leitzahl** *f* codice *m* di avviamento postale (*od* CAP); **'~schalter** *m* sportello *m* dell'ufficio postale; **'~scheck** *m* assegno *m* postale; **'~scheckamt** ['-ˀamt] *n* ufficio *m* conti correnti postali; **'~scheckkonto** *n* conto *m* corrente postale; **'~schließfach** *n* casella *f* postale; **'~sendung** *f* spedizione *f* postale; **'~sparbuch** *n* libretto *m* di risparmio postale; **'~sparkasse** *f* cassa *f* di risparmio postale; **'~stempel** *m* timbro *m* postale; **'2wendend** ['-vɛndənt] a volta di corriere, a giro di posta; **'~wertzeichen** ['-ve:rttsaɪçən] *n/pl* valori *m/pl* postali;

'**~wurfsendung** *f* spedizione *f* postale cumulativa di stampati; '**~zustellung** *f* recapito *m* della posta
Po'tenz [po'tɛnts] *f* (-; *-en*) potenza *f*
Pracht [praxt] *f* (-; *senza pl*) pompa *f*; lusso *m*; (*Glanz*) splendore *m*, magnificenza *f*
'**prächtig** ['prɛçtiç] magnifico; splendido
Prädi'kat [prɛdi'ka:t] *n* (*-[e]s*; *-e*) titolo *m*; *gram* predicato *m*; (*Schule*) voto *m*
'**prägen** ['prɛ:gən] (*h*) imprimere, stampare; *Münzen*: coniare; *fig* improntare, formare
präg'nant [prɛg'nant] espressivo; (*genau*) esatto
'**prahlen** ['pra:lən] (*h*): ***mit et ~*** vantarsi di qc
Prakt|i'kant [prakti'kant] *m* (*-en*; *-en*), **~i'kantin** *f* (-; *-nen*) praticante *m/f*; '**~iker** *m* (*-s*; -) uomo *m* pratico; '**²isch** *adj* pratico; ***²er Arzt*** *m* medico *m* generico; **²i'zieren** [-'tsi:rən] (*senza ge-*, *h*) praticare, esercitare
Pra'line [pra'li:nə] *f* (-; *-n*) cioccolatino *m* (ripieno), pralina *f*
prall [pral] teso; *fig* sodo, turgido; *Kleidung*: attillato; ***in der ~en Sonne*** in pieno sole; '**~en** (*sn*) rimbalzare; urtare (***gegen*** contro); *aufeinander*: cozzare
Prä'ludium [prɛ'lu:djum] *n* (*-s*; *-dien*) preludio *m*
'**Prämie** ['prɛ:mjə] *f* (-; *-n*) premio *m*; ricompensa *f*
präm(i)'ieren [-'i:rən] (*senza ge-*, *h*) premiare
'**Pranke** ['praŋkə] *f* (-; *-n*) branca *f*, zampa *f*
Präpa'r|at [prɛpa'ra:t] *n* (*-[e]s*; *-e*) preparato *m*; **²'ieren** (*senza ge-*, *h*) preparare
präsen'tieren [prɛzɛn'ti:rən] (*senza ge-*, *h*) presentare; *mil* presentare le armi
Präserva'tiv [prɛzɛrva'ti:f] *n* (*-s*; *-e*) preservativo *m*
Präsi'd|ent [-zi'dɛnt] *m* (*-en*; *-en*), **~'entin** *f* (-; *-nen*) presidente *m*, -essa *f*
Prä'sidium [-'zi:dium] *n* (*-s*; *-dien*) presidenza *f*
'**Praxis** ['praksis] *f* (-; *Praxen*) pratica *f*, prassi *f*; (*Anwalts²*) studio *m* (legale); (*Arzt²*) studio *m* (medico), ambulatorio *m*
Präze'denzfall [prɛtse'dɛntsfal] *m* (*-es*; *⸚e*) precedente *m*
prä'z|is [-'tsi:s] preciso; **~i'sieren** [-tsi'zi:rən] (*senza ge-*, *h*) precisare; ***präzisierter Wechsel*** *m* cambiale *f* pagabile a data fissa; **²i'sion** [-tsiz'jo:n] *f* (-; *senza pl*) precisione *f*
'**predigen** ['pre:digən] (*h*) predicare
'**Predigt** ['pre:diçt] *f* (-; *-en*) predica *f*
Preis [prais] *m* (*-es*; *-e*) prezzo *m*; (*Wert*) valore *m*; ***um jeden ~*** ad ogni costo; ***um keinen ~*** a nessun costo; ***unter ~ verkaufen*** vendere sotto costo, ***im ~ steigen*** aumentare di prezzo; '**~angabe** *f* indicazione *f* del prezzo; '**~anstieg** *m* aumento *m* dei prezzi; '**~aufschlag** *m* aumento *m* di prezzo; '**~ausschreiben** *n* concorso *m* a premi
'**Preiselbeere** ['praizəlbe:rə] *f* (-; *-n*) mirtillo *m* rosso
'**preisen** ['praizən] (*pries*; *gepriesen*, *h*) lodare, esaltare, celebrare
'**Preis|erhöhung** ['prais?ɛrhø:uŋ] *f* aumento *m* dei prezzi; '**~ermäßigung** *f* riduzione *f* di prezzo; '**~lage** *f* livello *m* di prezzo; ***in dieser ~*** su per giù di questo prezzo; '**~liste** *f* listino *m* dei prezzi; '**~nachlass** *m* sconto *m*; '**~niveau** *n* livello *m* dei prezzi; '**~regulierung** *f* azione *f* calmieratrice; '**~schwankung** *f* fluttuazione *f* dei prezzi; '**~senkung** *f* ribasso *m* dei prezzi; '**~stabilität** *f* *econ* stabilità *f* dei prezzi; '**~steigerung** *f* aumento *m* dei prezzi; '**~stopp** *m* blocco *m* dei prezzi; '**~sturz** *m* crollo *m* dei prezzi; '**~verzeichnis** *n* listino *m* dei prezzi; '**²wert** *adj* conveniente; *adv* a buon prezzo
'**prell|en** ['prɛlən] (*h*) urtare; *fig* (*betrügen*) imbrogliare; truffare; '**²ung** *f* (-; *-en*) contusione *f*
Pre'mier [prəm'je:] *m* (*-s*; *-s*) primo ministro *m*; **~e** [-'jɛ:rə] *f* (-; *-n*) prima *f* (rappresentazione *f*); **~minister** *m*, **~ministerin** *f* primo ministro *m*
'**Presse** ['prɛsə] *f* (-; *-n*) torchio *m*, pressa *f*; (*senza pl*) *Zeitungen*: stampa *f*; '**~büro** *n* ufficio *m* stampa; '**~freiheit** (-; *senza pl*) libertà *f* di stampa; '**~konferenz** *f* conferenza *f* stampa
'**pressen** ['prɛsən] (*h*) premere, stringere; (*zusammendrücken*) comprimere; *Wein*: pigiare; *Zitronen*: spremere

'Pressenotiz ['prɛsənoti:ts] *f* notizia *f* di stampa
Pres'tige [prɛs'ti:ʒə] *n* (*-s; senza pl*) prestigio *m*
'Preuß|e ['prɔʏsə] *m* (*-n; -n*), **'~in** *f* (*-; -nen*), **'≈isch** prussiano *m*, -a *f*
'prickeln ['prikəln] *v/i* (*h*) pizzicare; *Wein*: frizzare
'Priester ['pri:stər] *m* (*-s; -*) prete *m*
'prima ['pri:ma] *econ* di prima qualità; F stupendo; grandioso
pri'mär [pri'mɛ:r] primario
'Primel *bot* ['pri:məl] *f* (*-; -n*) primula *f*
primi'tiv [primi'ti:f] primitivo
Prinz [prints] *m* (*-en; -en*), **~'essin** [-'tsɛsin] *f* (*-; -nen*) principe *m*, -essa *f*
Prin'zip [prin'tsi:p] *n* (*-s; -ien*) principio *m*; **≈'iell** [-tsip'jɛl] (fatto) per principio
Priori'tät [pri:ɔri'tɛ:t] *f* (*-; -en*) priorità *f*
'Prise ['pri:zə] *f* (*-; -n*) presa *f*; *mar* a preda *f*
'Prisma ['prisma] *n* (*-s; -men*) prisma *m*
pri'vat [pri'vɑ:t] privato; **≈besitz** *m* proprietà *f* privata; **≈eigentum** *n* proprietà *f* privata; **≈fernsehen** *n* televisione *f* privata; **≈leben** *n* vita *f* privata; **≈patient** *m*, **≈patientin** *f* paziente *m/f* privato *u* -a; **≈quartier** *n*, **≈unterkunft** *f* alloggio *m* privato; **~versichert** *adj* assicurato privatamente; **≈wirtschaft** *f* economia *f* privata
Privi'leg [privi'le:k] *n* (*-[e]s; -ien*) privilegio *m*
pro [pro:] per; **~ *Kopf*** a testa; **~ *Meter*** al metro; **~ *Tag*** al giorno
'Probe ['pro:bə] *f* (*-; -n*) prova *f*; ***auf die ~ stellen*** mettere alla prova; **~ *fahren*** fare un giro di prova; collaudare; **'~fahrt** *f* corsa *f* di prova; **'≈n** (*h*) assaggiare; *tea* provare; **'≈weise** in via d'esperimento; a titolo di prova; **'~zeit** *f* periodo *m* di prova; tirocinio *m*
pro'bieren [pro'bi:rən] (*senza ge-, h*) provare; (*kosten*) assaggiare
Pro'blem [pro'ble:m] *n* (*-s; -e*) problema *m*; **≈'atisch** [-ble'ma:tiʃ] problematico
Pro'dukt [-'dukt] *n* (*-[e]s; -e*) prodotto *m*
Prod|uk'tion [-dukts'jo:n] *f* (*-; -en*) produzione *f*, fabbricazione *f*; **~uk'tionskosten** *pl* costi *m/pl* di produzione; **~uk'tionsmenge** *f* quantità *f* prodotta; **≈uk'tiv** [-'ti:f] produttivo; **~uktivi'tät** [-tivi'tɛ:t] *f* (*-; senza pl*) produttività *f*; **~u'zent** [-'tsent] *m* (*-en; -en*) produttore *m*; **≈u'zieren** (*senza ge-, h*) produrre; ***sich* ~** esibirsi
profess|io'nell [profɛsjo'nɛl] *adj* di professione, professionale; **≈or** [-'fɛsɔr] *m* (*-s; -en*), **≈'orin** [-'so:rin] *f* (*-; -nen*) professore *m*, -essa *f*
Profi F ['pro:fi] *m* (*-s; -s*) professionista *m/f*
Pro'fil [pro'fi:l] *n* (*-s; -e*) profilo *m*, sagoma *f*
Pro'fit [-'fi:t] *m* (*-[e]s; -e*) profitto *m*; **≈'ieren** [-fi'ti:rən] (*senza ge-, h*) approfittare, trarre guadagno
Prog'nose [-g'no:zə] *f* (*-; -n*) prognosi *f*
Pro'gramm [-'gram] *n* (*-s; -e*) programma *m*; **≈'ieren** (*senza ge-, h*) programmare; **~'ierer** *m* (*-s; -*) programmatore *m*; **≈'iersprache** *f* linguaggio *m* di programmazione; **~'ierung** *f* (*-; -en*) programmazione *f*
Pro'jekt [-'jɛkt] *n* (*-[e]s; -e*) progetto *m*; **≈'ieren** (*senza ge-, h*) progettare; **~'ion** [-ts'jo:n] *f* (*-; -en*) proiezione *f*
Proletar'iat [proletar'jɑ:t] *n* (*-[e]s; raro -e*) proletariato *m*
Prome'nade [-mə'nɑ:də] *f* (*-; -n*) passeggio *m*; (*Weg*) passeggiata *f*
Pro'mille [pro'milə] *n* (*-[s]; -*) quantità *f* per mille
promi'nent [-mi'nɛnt] prominente
Promi'nenz [-mi'nɛnts] *f* (*-; -en*) notabili *m/pl*
prompt [prɔmpt] pronto
Propa'ganda [propa'ganda] *f* (*-; senza pl*) propaganda *f*; (*Reklame*) pubblicità *f*
Pro'peller *avia* [-'pɛlər] *m* (*-s; -*) elica *f*
prophy'laktisch [-fy'laktiʃ] profilattico
Propor'tion [-pɔrts'jo:n] *f* (*-; -en*) proporzione *f*; **≈'al** [-jo'nɑ:l] proporzionale
'Prosa ['pro:za] *f* (*-; senza pl*) prosa *f*
'prosit! ['pro:zit] *beim Trinken*: (alla) salute!, cin cin!; **~ *Neujahr!*** buon anno!
Pros'pekt [pros'pɛkt] *m* (*-[e]s; -e*) prospetto *m*
Prosti|tu'ierte [prostitu'i:rtə] *f* (*-n; -n*) prostituta *f*; **~tu'tion** [-tuts'jo:n] *f* (*-; senza pl*) prostituzione *f*
Pro'test [-'tɛst] *m* (*-[e]s; -e*) protesta *f*; *econ* protesto *m*; **≈'ieren** (*senza ge-, h*) protestare

Pro'these [-'te:zə] *f* (-; *-n*) protesi *f*
Proto'koll [-to'kɔl] *n* (*-s*; *-e*) *jur* verbale *m*; *pol*, *diplomatisch*: protocollo *m*; ***zu ~ nehmen*** protocollare
Pro'viant [prov'jant] *m* (*-s*; *-e*) provviste *f/pl*, vettovaglie *f/pl*
Pro'vinz [-'vints] *f* (-; *-en*) provincia *f*
Prov|i'sion [-viz'jo:n] *f* (-; *-en*) provvigione *f*, provvisione *f*; **≈i'sorisch** [-'zo:riʃ] provvisorio
Provo|ka'tion [-vokats'jo:n] *f* (-; *-en*) provocazione *f*; **≈'zieren** [-'tsi:rən] (*senza ge-*, *h*) provocare
Pro'zent [-'tsɛnt] *n* (*-[e]s*; *-e*) percento *m*; **~satz** *m* percentuale *f*, tasso *m* d'interesse
Pro'zess [-'tsɛs] *m* (*-es*; *-e*) processo *m*; ***e-n ~ führen*** fare un processo
prozes'sieren [-'si:rən] (*senza ge-*, *h*) processare, fare un processo
Prozes'sion [-'jo:n] *f* (-; *-en*) processione *f*
Pro'zesskosten [-kɔstən] *pl* spese *f/pl* processuali
'prüf|en ['pry:fən] (*h*) provare; (*untersuchen*) esaminare; (*inspizieren*) ispezionare; controllare; *tec* collaudare; **'≈ling** ['-liŋ] *m* (*-s*; *-e*) esaminando *m*; **'≈ung** *f* (-; *-en*) prova *f*, esame *m*; **'≈ungsarbeit** *f* compito *m* d'esame; **'≈ungszeugnis** *n* diploma *m*
'Prügel ['pry:gəl] *m* (*-s*; -) randello; *pl* bastonate *f/pl*; **'~ei** [-'laı] *f* (-; *-en*) zuffa *f*; **'≈n** (*h*) bastonare; **'~strafe** *f* pena *f* corporale
Prunk [pruŋk] *m* (*-[e]s*; *senza pl*) fasto *m*, sfarzo *m*; **'≈voll** sfarzoso
P'S [pe'ɛs] *n abbr zu* ***Pferdestärke*** CV (*od* Cavallo Vapore); *abbr zu* ***Post--skriptum*** PS (*od* poscritto)
'Psych|e ['psy:çə] *f* (-; *-n*) psiche *f*, anima *f*; **~i'ater** [psyçi'ɑ:tər] *m* (*-s*; -) psichiatra *m*; **'≈isch** ['psy:çiʃ] psichico; **~olo'gie** [psyçolo'gi:] *f* (-; *senza pl*) psicologia *f*
Puber'tät [pubɐr'tɛ:t] *f* (-; *senza pl*) pubertà *f*
Publika'tion [publi:kats'jo:n] *f* (-; *-en*) pubblicazione *f*
'Publikum ['pu:blikum] *n* (*-s*; *senza pl*) pubblico *m*
publi'zieren [publi'tsi:rən] (*senza ge-*, *h*) pubblicare
'Pudding ['pudiŋ] *m* (*-s*; *-e*) budino *m*
'Pudel ['pu:dəl] *m* (*-s*; -) barboncino *m*, barbone *m*
'Puder ['pu:dər] *m* (*-s*; -) cipria *f*; **'≈n** (*h*) incipriare
Puff [puf] *m* (*-[e]s*; *⸚e*) spinta *f*, spintone *m*; colpo *m*; pugno *m*; ***Püffe austeilen*** dare dei cazzotti; (*-s*; *-s*) P (*Bordell*) casa *f* di tolleranza, P casino *m*
Pul'lover [pul'o:vər] *m* (*-s*; -) maglia *f*
Puls [puls] *m* (*-es*; *-e*) polso *m* (***fühlen*** sentire); **'~ader** *f* arteria *f* radiale
Pult [pult] *n* (*-[e]s*; *-e*) leggio *m*; *Schule*: cattedra *f*
'Pulver ['pulfər] *n* (*-s*; -) polvere *f*, *med* polverina *f*; **'~fass** *n* barile *m* di polvere; **'~kaffee** *m* caffè *m* in polvere; **'~schnee** *m* neve *f* farinosa
'Pumpe ['pumpə] *f* (-; *-n*) pompa *f*; **'≈n** (*h*) pompare; F (*leihen*) prestare; F (*entleihen*) prendere a prestito
'Pumpernickel ['-pərnikəl] *m* (*-s*; -) pane *m* nero della Vestfalia
Punkt [puŋkt] *m* (*-[e]s*; *-e*) punto *m*; ***~ 10 Uhr*** alle dieci in punto; ***der tote ~*** il punto morto
'pünktlich ['pyŋktliç] puntuale; **'≈keit** *f* puntualità *f*
Punsch [punʃ] *m* (*-[e]s*; *-e*) ponce *m*
Pu'pille [pu'pilə] *f* (-; *-n*) pupilla *f*
'Puppe ['pupə] *f* (-; *-n*) bambola *f*; (*Drahtpuppe u fig*) marionetta *f*
pur [pu:r] puro; *Getränke*: liscio
Pü'ree [py're:] *n* (*-s*; *-s*) purè *m*, passata *f* di patate
'Purpur ['purpur] *m* (*-s*; *senza pl*) porpora *f*
'Pustel ['pustəl] *f* (-; *-n*) pustola *f*
'pusten ['pu:stən] (*h*) soffiare; (*keuchen*) ansimare
'Pute ['pu:tə] *f* (-; *-n*) tacchina *f*; F (*dumme ~*) oca *f*
Putsch [putʃ] *m* (*-[e]s*; *-e*) tentativo *m* di rivolta; putsch *m*
Putz [puts] *m* (*-es*; *senza pl*) abbigliamento *m*; articoli *m/pl* di moda; *arch* intonaco *m*; **'≈en** (*h*) **1.** *v/t* pulire; *blank*: lustrare; *Haus*: far pulizia; *Nase*: soffiare; *arch* intonacare; **2.** ***sich ~*** abbigliarsi; **'~frau** *f* donna *f* delle pulizie; **'~lappen** *m* strofinaccio *m*
Py'jama [py'ja:ma] *m* (*-s*; *-s*) pigiama *m*
Pyra'mide [-ra'mi:də] *f* (-; *-n*) piramide *f*

P

Q

Qua'drat [kva'dra:t] *n* (*-[e]s*; *-e*) quadrato *m*; **≗isch** quadrato; **~meter** *m u n* metro *m* quadrato; **~meterpreis** *m* prezzo *m* al metro quadrato

'quaken ['kva:kən] *v/i* (*h*) gracidare; *Enten*: schiamazzare

Qual [kva:l] *f* (-; *-en*) tormento *m*, pena *f*, martirio *m*

'quälen ['kvɛ:lən] (*h*) tormentare

Quali|fika'tion [kvalifikats'jo:n] *f* (-; *-en*) qualificazione *f*, qualifica *f*; (*senza pl*) (*Fähigkeit*) attitudine *f*; **≗fi'zieren** (*senza ge-*, *h*) qualificare; **≗fi'ziert** qualificato, adatto, atto (***zu*** per)

Quali|'tät [-'tɛ:t] *f* (-; *-en*) qualità *f*; **≗ta'tiv** qualitativo; **~'tätskontrolle** *f* controllo *m* della qualità; **~'tätsmanagement** *n* gestione *f* di qualità

Quali'täts|sicherung *f* garanzia *f* di qualità; **~steigerung** *f* miglioramento *m* della qualità; **~ware** *f* merce *f* di prima qualità

'Qualle ['kvalə] *f* (-; *-n*) *zo* medusa *f*

Qualm [kvalm] *m* (*-[e]s*; *senza pl*) fumo *m* denso, caligine *f*; **'≗en** (*h*) mandar un fumo denso

Quanti't|ät [kvanti'tɛ:t] *f* (-; *senza pl*) quantità *f*; **≗a'tiv** quantitativo

Quaran'täne [karan'tɛ:nə] *f* (-; *-n*) quarantena *f*

Quark [kvark] *m* (*-s*; *senza pl*) ricotta *f*

Quar'tal [kvar'ta:l] *n* (*-s*; *-e*) trimestre *m*; **≗weise** a trimestri

Quar'tett [-'tɛt] *n* (*-[e]s*; *-e*) quartetto *m*

Quar'tier [-'ti:r] *n* (*-s*; *-e*) alloggio *m*

Quarz [kvarts] *m* (*-es*; *-e*) quarzo *m*

'quasseln F ['kvasəln] (*h*) cianciare

'Quaste ['kvastə] *f* (-; *-n*) nappa *f*

Quatsch F [kvatʃ] *m* (*-es*; *senza pl*) sciocchezze *f/pl*; **'≗en** (*h*) ciarlare; dire sciocchezze

'Quecksilber ['kvɛkzilbər] *n* (*-s*; *senza pl*) mercurio *m*

'Quelle ['kvɛlə] *f* (-; *-n*) sorgente *f*; *fig* fonte *f*; ***aus guter ~ haben*** sapere da buona fonte; **'~nnachweis** *m* bibliografia *f*; **'~nsteuer** *f* imposta *f* alla fonte, ritenuta *f* alla base

'quengeln ['kvɛŋəln] (*h*) F piagnucolare

quer [kve:r] **1.** *adj* trasversale; **2.** *adv* di traverso; attraverso; ***~ durchgehen*** attraversare; *fig* ***~ gehen*** andar male; **'≗balken** *m* traversa *f*

'Quere ['kve:rə] *f* (-; *senza pl*) traverso *m*; ***j-m in die ~ kommen*** contrariare qu; ***es ist ihm et in die ~ gekommen*** ha avuto un contrattempo

quer|feld'ein [-fɛlt'ʔaɪn] attraverso i campi; **'≗schiff** *n arch* navata *f* trasversale; **'≗schnitt** *m* sezione *f* trasversale; *arch* profilo *m*; **'≗straße** *f* traversa *f*; **'≗summe** *f mat* somma *f* delle cifre componenti un numero; **'≗treiber** *m* intrigante *m*; **'≗verbindung** *f* comunicazione *f* trasversale; filo *m* diretto

'quetsch|en ['kvɛtʃən] (*h*) schiacciare; ammaccare; (*aus~*) spremere; **'≗wunde** *f* contusione *f*

'quieken ['kvi:kən] (*h*) strillare; *Tiere*: stridere

'quietschen ['kvi:tʃən] (*h*) *Tür*: stridere, cigolare; *Tiere*: squittire

Quirl [kvirl] *m* (*-[e]s*; *-e*) frullino *m* (*a fig*)

quitt [kvit] libero; ***wir sind ~*** siamo pari

'Quitte *bot* ['kvitə] *f* (-; *-n*) cotogna *f*

quit't|ieren [kvi'ti:rən] (*senza ge-*, *h*) quietanzare; rilasciare una ricevuta per; accusare la ricevuta; **'≗ung** ['-tuŋ] *f* (-; *-en*) ricevuta *f*, quietanza *f*

Quiz [kvis] *n* (-; -) quiz *m* radiofonico (*od* televisivo); **'~master** ['-ma:stər] *m* (*-s*; -) radiopresentatore *m*, telepresentatore *m* (di un gioco a quiz)

'Quote ['kvo:tə] *f* (-; *-n*) quota *f*; **'~nregelung** *f* quota *f* garantita

R

Ra'batt *econ* [ra'bat] *m* (*-[e]s*; *-e*) ribasso *m*; sconto *m*
'Rabe ['ra:bə] *m* (*-n*; *-n*) *zo* corvo
rabi'at [rab'ja:t] arrabbiato, furioso
'Rache ['raxə] *f* (*-*; *senza pl*) vendetta *f*
'Rachen ['raxən] *m* (*-s*; *-*) *anat* gola *f*, faringe *f*
'rächen ['rɛçən] (*h*) vendicare; ***sich ~*** vendicarsi (***an*** *dat* su)
Rad [ra:t] *n* (*-[e]s*; *¨-er*) ruota *f*; (*Fahr≈*) bicicletta *f*; ***~ fahren*** andare in bicicletta; **~achse** *f* asse *m* della ruota; sala *f*
Ra'dar [ra'da:r] *m od n* (*-s*; *senza pl*) radar *m*; **~falle** *f* F radar *m*; **~kontrolle** *f* controllo *m* radar
Ra'dau F [-'dau] *m* (*-s*; *senza pl*) baccano *m*; **~bruder** *m* F chiassone *m*
'radeln F ['-dəln] (*sn*) andare in bicicletta, pedalare
'Rädelsführer ['rɛ:dəlsfy:rər] *m* caporione *m*
radfahren → ***Rad***
'Rad|fahrer(in *f*) *m* ciclista *m/f*; **'~fahrt** *f* gita *f* in bicicletta; **'~fahrweg** *m* pista *f* ciclabile
ra'dier|en [ra'di:rən] (*senza ge-*, *h*) raschiare; cancellare; **≈gummi** *m* gomma *f* per cancellare
Ra'dieschen *bot* [-'di:sçən] *n* (*-s*; *-*) ravanello *m*
radi'kal [-di'ka:l] radicale; *pol* estremista
'Radio ['ra:djo] *n* (*-s*; *-s*) radio *f*; → ***Rundfunk...***; **≈ak'tiv** radioattivo; **~aktivi'tät** *f* (*-*; *senza pl*) radioattività *f*; **'~apparat** *m* radio *f*, apparecchio *m* radio(fonico); **'~sendung** *f* radiotrasmissione *f*
'Radius ['-djus] *m* (*-*; *-dien*) raggio *m*
'Rad|rennen *n* gara *f* ciclistica; (*Rundfahrt*) Giro *m*, Tour *f*; **'~sport** *m* ciclismo *m*; **'~tour** *f*, **'~wanderung** *f* gita *f* in bicicletta; **'~weg** *m* pista *f* ciclabile
Raffin|e'rie [rafinə'ri:] *f* (*-*; *-n*) raffineria *f*; **~'esse** [-'nɛsə] *f* (*-*; *-n*) *fig* astuzia *f*; **≈'iert** *fig* astuto; furbo; scaltro
Ra'gout [ra'gu:] *n* (*-s*; *-s*) *gastr* ragù *m*
Rahm [ra:m] *m* (*-[e]s*; *senza pl*) crema *f* (del latte), panna *f*
'Rahmen ['ra:mən] *m* (*-s*; *-*) cornice *f*; *fig* quadro *m*; ambito *m*; ***im ~ von*** *fig* nell'ambito di; ***aus dem ~ fallen*** essere fuori dell'ordinario; **'~bedingungen** *pl* condizioni *f/pl* generali; **≈gesetz** *n* legge *f* quadro
Ra'kete [ra'ke:tə] *f* (*-*; *-n*) razzo *m*; *mil* missile *m*; **~nantrieb** ['-ˀan-] *m* propulsione *f* a razzo
'rammen ['ramən] (*h*) conficcare; *mar* speronare; *auto* tamponare
'Rampe ['rampə] *f* (*-*; *-n*) rampa *f*; **'~nlicht** *n* luce *f* della ribalta
Ramsch [ramʃ] *m* (*-es*; *-e*) robaccia *f*
Rand [rant] *m* (*-[e]s*; *¨-er*) orlo *m*; bordi *m/pl*; (*Wasser≈*) sponda *f*; (*Papier≈*, *Wund≈*) margine *m*; (*Stadt≈*) periferia *f*; ***außer ~ und Band*** *fig* fuori di sé; → ***zurande***
randa'lieren [randa'li:rən] (*senza ge-*, *h*) *Betrunkene etc*: far baccano, strepitare
'Rand|bemerkung ['rantbəmɛrkuŋ] *f* nota *f* marginale; *fig* osservazione *f*; **'~löser** *m* (*-s*; *-*) *Schreibmaschine*: liberamargine *m*; **'~streifen** *m* *Autobahn*: corsia *f* d'emergenza
Rang [raŋ] *m* (*-[e]s*; *¨-e*) grado *m*; categoria *f*, classe *f*; *tea* galleria *f*; *mil* rango *m*
Ran'gier|... [rɑ̃'ʒi:r...]: *in Zssgn fer* di manovra; **~bahnhof** *m* stazione *f* di smistamento; **≈en** (*senza ge-*, *h*) *fer* manovrare; *Platz*: occupare
'ranzig ['rantsiç] rancido
'Rappe ['rapə] *m* (*-n*; *-n*) morello *m*
Raps *bot* [raps] *m* (*-es*; *-e*) colza *f*
rar [ra:r] raro; ***~ werden*** scarseggiare; **≈i'tät** [rari'tɛ:t] *f* (*-*; *-en*) rarità *f*
ra'sant [ra'zant] radente; velocissimo
rasch [raʃ] **1.** *adj* pronto; veloce, rapido; **2.** *adv* presto
'rascheln ['raʃəln] *v/i* (*h*) frusciare
'rasen ['ra:zən] *v/i* (*h*) (*toben*) smaniare, essere furioso; (*sn*) *Auto*: andare di gran carriera; sfrecciare; ***rase nicht so!*** non andare così in fretta!; **'~d** *adj*

R

furioso; *Schmerz*: acutissimo

'Rasen ['ra:zən] *m* (*-s*; *-*) tappeto *m* verde; prato *m*, erba *f*; **'~mäher** *m* tosatrice *f*; **'~platz** *m* prato *m*

Ra'sier|apparat [ra'zi:rʔaparα:t] *m* rasoio *m*; *elektrisch*: rasoio *m* elettrico; **~creme** *f* crema *f* da barba; **2en** (*senza ge-, h*) fare la barba a; radere; ***sich*** (*dat*) **~ *lassen*** farsi fare la barba; **~klinge** *f* lametta *f* da rasoio; **~messer** *n* rasoio *m*; **~pinsel** *m* pennello *m* da barba; **~seife** *f* sapone *m* da barba; **~zeug** *n* utensili *m/pl* da barba

'Rasse ['rasə] *f* (*-*; *-n*) razza *f*; **'~nunruhen** ['-ʔun-] *f/pl* disordini *m/pl* razziali

'rass|ig ['rasiç] di razza; **'~isch** razziale

Rast [rast] *f* (*-*; *senza pl*) sosta *f*; (*Ruhe*) riposo *m*; ***ohne* ~** senza posa

'rast|en ['rastən] (*h*) sostare; *ausruhen*: riposare; **'2haus** *n* posto *m* di ristoro; area *f* di servizio; **'~los** instancabile; (*unruhig*) irrequieto; **'2stätte** *f* autogrill *m*

Rat [rα:t] *m* (*-[e]s*; *⸚e*) consiglio *m*; *Person*: consigliere *m*; ***auf j-s* ~** per consiglio di qu; ***um* ~ *fragen*** chiedere consiglio (***j-n*** da qu) → ***zurate***

'Rate ['rα:tə] *f* (*-*; *-n*) rata *f*

'raten ['rα:tən] (*riet*, *geraten*, *h*) consigliare; (*er~*) indovinare

'Raten|kauf *m* acquisto *m* a rate; **'~zahlung** *f* pagamento *m* a rate

'Rathaus *n* palazzo *m* municipale, municipio *m*

Ratif|ika'tion [ratifikats'jo:n] *f* (*-*; *-en*) ratifica *f*; **2i'zieren** (*senza ge-, h*) ratificare

ration|ali'sieren [ratsjonali'zi:rən] (*senza ge-, h*) razionalizzare; **2ali'sierung** *f* (*-*; *-en*) razionalizzazione *f*; **~'ell** [-'nɛl] razionale; **~'ieren** (*senza ge-, h*) razionare; **2'ierung** *f* (*-*; *-en*) razionamento *m*

'rat|los perplesso; **'~sam** consigliabile; indicato; raccomandabile; prudente

'Rätsel ['rɛ:tsəl] *n* (*-s*; *-*) enigma *m*; *Spiel*: indovinello *m*; *fig* mistero *m*

'Ratte ['ratə] *f* (*-*; *-n*) ratto *m*; topo *m*

'rattern ['ratərn] (*h*) crepitare

rau [raʊ] ruvido; (*heiser*) rauco; *Wetter*: rigido; *Gegend*: selvaggio; **'2reif** *m* brina *f*

Raub [raʊp] *m* (*-[e]s*; *senza pl*) rapina *f*; (*Beute*) preda *f*; (*Entführung*) ratto *m*; (*Überfall*) assalto *m*; **'~bau** *m* sfruttamento *m* predace; **'2en** ['-bən] (*h*) rubare; *j-n*: rapire

'Räuber ['rɔʏbər] *m* (*-s*; *-*) ladro *m*; (*Straßen2*) brigante *m*; (*Entführer*) rapitore *m*

'Raub|mord *m* assassinio *m* per rapina; **'~tier** *n* animale *m* rapace, bestia *f* feroce; **'~überfall** *m* aggressione *f* a scopo di rapina; assalto *m* a mano armata; **'~vogel** *m* uccello *m* rapace

Rauch [raʊx] *m* (*-[e]s*; *senza pl*) fumo *m*; **'2en** (*h*) fumare; **'~er** *m* (*-s*; *-*), **'~erin** *f* (*-*; *-nen*) fumatore *m*, -trice *f*; **'~erabteil** ['-ʔaptail] *n* (s)compartimento *m* per fumatori

'Räucher|aal ['rɔʏçərʔα:l] *m* anguilla *f* affumicata; **'~lachs** *m* salmone *m* affumicato; **'2n** (*h*) *gastr* affumicare

'rauch|ig fumoso; **'2verbot** *n* divieto *m* di fumare; **'2waren** *f/pl*, **'2werk** *n* articoli *m/pl* di pellicceria; **'2wolke** *f* nuvola *f* di fumo

rauh → ***rau***

Raum [raʊm] *m* (*-[e]s*; *⸚e*) spazio *m*; (*Gebiet*) zona *f*; (*Räumlichkeit*) locale *m*; (*Zimmer*) vano *m*, ambiente *m*

'räumen ['rɔʏmən] (*h*) sgomb(e)rare; *Hindernisse*: togliere di mezzo; *Gebiet*: evacuare; ***aus dem Weg* ~** sbarazzarsi di

'Raum|fahrt *f* astronautica *f*; **'~forschung** *f* esplorazione *f* spaziale

'räumlich ['rɔʏmliç] dello (*od* nello) spazio; spaziale; tridimensionale; **'2keit** *f* (*-*; *-en*) vano *m*; luogo *m*; locale *m*

'Raum|schiff *n* astronave *f*; **'~station** *f* stazione *f* spaziale

'Räumung ['rɔʏmuŋ] *f* (*-*; *-en*) abbandono *m*; sgomb(e)ro *m*; *e-s Ortes*: evacuazione *f*; **'~sverkauf** *m* liquidazione *f* totale

'Raupe ['raʊpə] *f* (*-*; *-n*) *zo* bruco *m*

raus! [raʊs] fuori!; → ***heraus***

Rausch [raʊʃ] *m* (*-[e]s*; *⸚e*) sbornia *f*; *fig* ebbrezza *f*; **'2en** ['-ʃən] (*h*) mormorare; *Regen*: scrosciare

'Rauschgift *n* stupefacente *m*; **~bekämpfung** *f* lotta *f* contro gli stupefacenti; **'~handel** *m* traffico *m* di stupefacenti; narcotraffico *m*; **'~kriminalität** *f* criminalità *f* connessa con la

droga; '**~süchtig** tossicomane
'**räuspern** ['rɔʏspərn]: ***sich ~*** (*h*) schiarirsi la gola; F tossire
'**Razzia** ['ratsja] *f* (-; *-ien*) razzia *f*
rea'gieren [rea'gi:rən] (*senza ge-*, *h*) reagire (***auf*** *acc* a)
Reak'tion [reakts'jo:n] *f* (-; *-en*) reazione *f*; **~'är** *adj* reazionario
Re'aktor [re'aktɔr] *m* (*-s*; *-en* [-'to:rən]) reattore *m*
re'al [re'ɑ:l] reale; **~einkommen** *n* reddito *m* reale; **~i'sieren** [-ali'zi:rən] (*senza ge-*, *h*) realizzare; **~i'sierung** *f* (-; *raro -en*) realizzazione *f*; **~ist** [rea'list] *m* (*-en*; *-en*) realista *m/f*; **~'istisch** realistico; **~i'tät** *f* (-; *-en*) realtà *f*; **~schule** *f* scuola *f* tecnica
'**Rebe** ['re:bə] *f* (-; *-n*) vite *f*
Re'bell [re'bɛl] *m* (*-en*; *-en*) ribelle *m*; **~'ieren** (*senza ge-*, *h*) ribellarsi
'**Rebhuhn** ['rɛphu:n] *n zo* pernice *f*
'**Rechen|fehler** ['rɛçənfe:lər] *m* errore *m* di calcolo; '**~maschine** *f* calcolatrice *f*; '**~schaft** *f* (-; *senza pl*) rendiconto *m*; ***~ ablegen*** rendere conto; ***j-n zur ~ ziehen*** domandar conto a qu; '**~schaftsbericht** *m* rendiconto *m*, bilancio *m* consuntivo; '**~zentrum** *n* centro *m* di calcolo elettronico
'**rechn|en** ['rɛçnən] (*h*) calcolare; ***mit et ~*** contare su qc; aspettarsi qc; ***mit j-m ~*** contare su qu; '**~er** *m* (*-s*; -) calcolatore *m*; *econ* computista *m*; computer *m*; '**~erisch** aritmetico; calcolatore; '**~ung** ['-nuŋ] *f* (-; *-en*) conto *m*; fattura *f*; ***in ~ stellen*** mettere in conto
'**Rechnungs|ablage** *f* rendiconto *m*; '**~betrag** *econ m* importo *m* della fattura; '**~führung** *f* contabilità *f*; '**~jahr** *n* esercizio *m*; '**~legung** *f* resa *f* dei conti; '**~wesen** *n* (*-s*; *senza pl*) contabilità *f*
recht [rɛçt] **1.** *fig adj* giusto; (*wirklich*) vero; *mat* retto; destro; **2.** *adv* assai; (*genau*) precisamente; ***zur ~en Zeit*** in tempo; ***ich weiß nicht ~*** non so proprio; ***es j-m ~ machen*** accontentare qu; ***ist es Ihnen ~?*** Le va bene?, Le torna comodo?
Recht [rɛçt] *n* (*-[e]s*; *-e*) diritto *m*; ragione *f*; legge *f*; ***mit ~*** a ragione; ***~ haben*** aver ragione; ***im ~ sein*** aver ragione; ***von ~s wegen*** di diritto; ***zu ~ bestehen*** essere sanzionato dalle leggi
'**Recht|eck** ['rɛçtˀɛk] *n* (*-[e]s*; *-e*) rettangolo *m*; '**~eckig** rettangolare; '**~fertigen** ['rɛçtfɛrtigən] (*h*) giustificare; '**~fertigung** *f* (-; *-en*) giustificazione *f*; '**~haberisch** ['rɛçthɑ:bəriʃ] prepotente; '**~lich** retto; *jur* legale; '**~los** senza diritto; (*rechtswidrig*) illegale; (*unrechtmäßig*) illegittimo; '**~mäßig** legittimo
rechts [rɛçts] a destra; ***~ gehen*** tenere la destra
'**Rechts|abbieger** *m* (*-s*; -) *Verkehr*: chi svolta a destra; '**~anspruch** *m* diritto *m* (giuridico) (***auf*** *acc* a); '**~anwalt** *m* avvocato *m*; '**~anwältin** *f* avvocatessa *f*; '**~außen** *m* (-; -) *Sport*: ala *f* destra
'**Rechtschreib|prüfpro'gramm** *n inform* programma *m* di ortografia e grammatica; '**~re'form** *f* riforma *f* ortografica; '**~ung** *f* ortografia *f*
'**rechts|extrem** *adj* estremista di destra; '**~fall** *m* caso *m* giuridico; '**~frage** *f* questione *f* giuridica; '**~kräftig** valido; ***~ werden*** passare in giudicato; '**~mittel** *n* mezzo *m* legale; ricorso *m* (***einlegen*** interporre)
'**Rechtsprechung** ['rɛçtʃprɛçuŋ] *f* (-; *senza pl*) giurisprudenza *f*, giurisdizione *f*
'**rechts|radikal** *adj* radicale di destra; '**~schutz** *m* protezione *f* della legge; '**~schutzversicherung** *f* assicurazione *f* per la copertura delle spese giudiziarie; '**~staat** *m* Stato *m* di diritto; '**~streit** *m* causa *f*; '**~verkehr** *m* circolazione *f* a destra; '**~weg** *m jur* via *f* legale; '**~widrig** illegale; '**~wissenschaft** *f* giurisprudenza *f*
'**recht|wink(e)lig** ['rɛçtviŋk(ə)liç] rettangolare; '**~zeitig** ['-tsaɪtiç] opportuno; *adv* a proposito; in tempo; *fer* in orario
Redak|'teur [redak'tø:r] *m* (*-s*; *-e*), **~'teurin** *f* (-; *-nen*) redattore *m*, -trice *f*; **~'tion** [-ts'jo:n] *f* (-; *-en*) redazione *f*
'**Rede** ['re:də] *f* (-; *-n*) discorso *m*; (*Sprache*) parole *f/pl*; (*Vortrag*) conferenza *f*; (*Gerücht*) voce *f*; ***eine ~ halten*** tenere un discorso; ***es ist nicht der ~ wert*** non vale la pena di parlarne; ***j-n zur ~ stellen*** chieder ragione a qu
'**Rede|freiheit** *f* libertà *f* di parola; '**~gewandt** eloquente; '**~kunst** *f* retorica *f*; '**~wendung** *f* locuzione *f*
'**reden** ['re:dən] (*h*) parlare; ***von sich ~***

R

machen far parlare di sé; ***mit sich ~ lassen*** intender ragione
'Redner ['reːtnər] *m* (*-s*; -) oratore *m*
redu'zieren [redu'tsiːrən] (*senza ge-*, *h*) ridurre
'Reeder ['reːdər] (*-s*; -) armatore *m*; **~'rei** [-'raɪ] *f* (*-*; *-en*) società *f* di navigazione; società *f* d'armatori
re'ell [re'ɛl] reale; (*ehrlich*) onesto; *Waren*: solido; *Preis*: modesto
Refe'r|ent [refe'rɛnt] *m* (*-en*; *-en*) relatore *m*, **~'enz** [-'rɛnts] *f* (*-*; *-en*) referenza *f*
refl|ek'tieren [-flɛktiːrən] (*senza ge-*, *h*) riflettere; ***auf et*** (*acc*) **~** avere qc in vista; aspirare a qc; **2'ex** [-'flɛks] *m* (*-es*; *-e*) riflesso *m*
Re'form [-'fɔrm] *f* (*-*; *-en*) riforma *f*; **~a'tion** [-mats'joːn] *f* (*-*; *senza pl*) *hist* Riforma *f*; **~'ator** [-'mɑːtɔr] *m* (*-s*; *-en* [-ma'toːrən]) riformatore *m*; **~er** *m* (*-s*; -) riformista *m*; **2'ieren** (*senza ge-*, *h*) riformare; **~politik** *f* politica *f* delle riforme
Re'gal [re'gɑːl] *n* (*-s*; *-e*) scaffale *m*
Re'gatta [-'gata] *f* (*-*; *-ten*) *mar* regata *f*
'rege ['reːgə] (*tätig*) attivo; vivo
'Regel ['reːgəl] *f* (*-*; *-n*): ***in der ~*** di regola, normalmente, ordinariamente; **'2mäßig** regolare; **'2n** (*h*) regolare, sistemare, assestare; *Verkehr*: dirigere; **'~ung** *f* (*-*; *-en*) regolazione *f*, sistemazione *f*, assestamento *m*, coordinamento *m*, disciplina *f*; **'2widrig** irregolare
'Regen ['reːgən] *m* (*-s*; -) pioggia *f*; **'~bogen** *m* arcobaleno *m*; **'~mantel** *m* impermeabile *m*; **'~schauer** *m* (*-s*; -) acquazzone *m*; **'~schirm** *m* ombrello *m*; **'~tag** *m* giornata *f* di pioggia; **'~tropfen** *m* goccia *f* di pioggia; **'~wetter** *n* tempo *m* piovoso; **'~wurm** *m* lombrico *m*; **'~zeit** *f* stagione *f* delle piogge
Re'gie [re'ʒiː] *f* (*-*; *senza pl*) regia *f*; *tea* direzione *f* artistica
re'gier|en [re'giːrən] (*senza ge-*, *h*) **1.** *v/i* regnare; **2.** *v/t* governare; **2ung** *f* (*-*; *-en*) governo *m*; *e-s Königs*: regno *m*
re'gierungs|feindlich antigovernativo; **2chef** *m* capo *m* del governo; **2krise** *f* crisi *f* governativa; **2partei** *f* partito *m* del governo; **2programm** *n* programma *m* governativo; **2truppen** *f/pl* forze *f/pl* governative; **2wechsel** *m* cambiamento *m* di governo; **2zeit** *f* governo *m*; *e-s Königs*: regno *m*
Re'gime [re'ʒiːm] *n* (*-s*; - [-mɛ]) regime *m*
Re'gion [reg'joːn] *f* (*-*; *-en*) regione *f*; **2'al** [-gjo'nɑːl] *adj* regionale; *adv* regionalmente
Regis'seur [reʒi'søːr] *m* (*-s*; *-e*) regista *m*
Re'gist|er [-'gistər] *n* (*-s*; -) registro *m*; *Buch*: indice *m*; **2'rieren** (*senza ge-*, *h*) registrare
'regn|en ['reːgnən] (*h*) piovere; **'~erisch** ['-nəriʃ] piovoso
Re'gress [re'grɛs] *m* (*-es*; *-e*) *jur* regresso *m*
regu'l|är [regu'lɛːr] regolare; **~'ieren** (*senza ge-*, *h*) regolare
Reh [reː] *n* (*-[e]s*; *-e*) *zo* capriolo *m*
rehabili'tier|en [rehabili'tiːrən] (*senza ge-*, *h*) riabilitare; **2ung** *f* riabilitazione *f*
'reib|en (*rieb*, *gerieben*, *h*) (s)fregare; (*scheuern*) strofinare; **'~ungslos** *fig* liscio; senza difficoltà
reich [raɪç] ricco; **~ *werden*** arricchire; **~lich** abbondante
Reich [raɪç] *n* (*-[e]s*; *-e*) regno *m*; (*Kaiser2*) impero *m*
'reichen ['raɪçən] (*h*) **1.** *v/i* giungere, arrivare a; stender la mano (***nach*** verso); (*genügen*) bastare; **2.** *v/t* porgere; (*herüber~*) passare
'reichhaltig ['raɪçhaltiç] abbondante
'reichlich ['raɪçliç] abbondante; ricco
'Reichtum ['raɪçtuːm] *m* (*-s*; *¨er*) ricchezza *f*; abbondanza *f*
reif [raɪf] maturo
Reif [raɪf] *m* (*-[e]s*; *senza pl*) (*Frost*) brina *f*
'Reife ['raɪfə] *f* (*-*; *senza pl*) maturità *f*
'reifen (*sn*) *zu* ***reif***: maturare
'Reifen ['-fən] *m* (*-s*; -) *Auto*, *Fahrrad*: pneumatico *m*, gomma *f*; **'~druck** *m* pressione *f* delle gomme; **'~panne** *f* foratura *f*, **'~wechsel** *m* cambio *m* di pneumatico
'Reifezeugnis *n* certificato *m* di maturità
'reiflich ['-liç] maturo; **~ *überlegen*** ponderare bene, riflettere profondamente
'Reihe ['raɪə] *f* (*-*; *-n*) fila *f*, (*Serie*) *mat*

serie *f*; ***ich bin an der ~*** tocca a me; ***der ~ nach*** per ordine; ***außer der ~*** fuori turno; **'~nfolge** *f* ordine *m*; turno *m*
rein[1] [raın] F = ***herein, hinein***
rein[2] [raın] **1.** *adj* puro; limpido; nitido; chiaro; (*sauber*) pulito; **2.** *adv* proprio
'Rein|fall *m* fiasco *m*; **'2fallen** (*irr, sep, -ge-, sn,* → ***fallen***) cascarci; **'~gewinn** *m* guadagno *m* netto; **'~heit** *f* (-; *senza pl*) purezza *f*
'reinig|en ['raınigən] (*h*) pulire; (*entflecken*) smacchiare; (*chemisch*) lavare a secco; **'2ung** *f* (-; *-en*) pulizia *f*, smacchiatura *f*, *chim* lavaggio *m* a secco; tintoria *f*; **'2ungsmittel** *n* detersivo *m*
Reis [raıs] *m* (*-es*; *senza pl*) riso *m*
'Reise ['raızə] *f* (-; *-n*) viaggio *m*; **'~andenken** *n* ricordo *m* (di viaggio), souvenir *m*; **'~bekanntschaft** *f* conoscenza *f* fatta in viaggio; **'~apotheke** *f* farmacia *f* portatile; **'~bericht** *m* relazione *f* (*od* descrizione *f*) di un viaggio; **'~büro** *n* agenzia *f* (di) viaggi; **'~bus** *m* pullman *m*; **'2fertig** pronto a (*od* per) partire; **'~fieber** *n* febbre *f* della partenza; **'~führer** *m* guida *f* turistica (*Buch u Person*); **'~gepäck** *n* bagaglio *m*; **'~gepäckversicherung** *f* assicurazione *f* dei bagagli; **'~gesellschaft** *f* comitiva *f*, compagnia *f* (*od* società *f*) di viaggi; **'~leiter(in** *f*) *m* guida *f* di una comitiva; accompagnatore *m* turistico, accompagnatrice *f* turistica
'reisen ['raızən] (*sn*) viaggiare; (*ab~*) partire; **'2de** *m/f* (*-n*; *-n*) viaggiatore *m*, -trice *f*, turista *m/f*
'Reise|pass ['raızəpas] *m* passaportom; **'~prospekt** *m* dépliant *m* turistico; **'~route** ['raızəru:tə] *f* itinerario *m*; **'~scheck** *m* assegno *m* turistico; **'~spesen** *pl* spese *f/pl* di viaggio; **'~tasche** *f* borsa *f* da viaggio; **'~verkehr** *m* traffico *m* turistico; turismo *m*; **'~versicherung** *f* assicurazione *f* a viaggio; **'~ziel** *n* meta *f* del viaggio
'reiß|en ['raısən] **1.** *v/t* (*riss, gerissen, h*) strappare; (*ziehen*) tirare; (*zerfleischen*) sbranare; *Witze*: dire; ***et an sich*** (*acc*) *~ fig* impossessarsi di qc; **2.** *v/i* (*sn*) strapparsi; stracciarsi; *Geduld*: scappare; **'2verschluss** *m* chiusura *f* lampo; **'2zwecke** ['raistsvεkə] *f* (-; *-n*) puntina *f* da disegno
'reit|en ['raitən] (*ritt, geritten*) **1.** *v/t* (*h*) cavalcare; **2.** *v/i* andare a cavallo; ***gut*** (***schlecht***) *~* star bene (male) a cavallo; **'2er** *m* (*-s*; -) cavaliere *m*; cavallerizzo *m*; fantino *m*; **'2erin** *f* (-; *-nen*) amazzone *f*; **'2lehrer** *m* maestro *m* d'equitazione; **'2sport** *m* equitazione *f*, ippica *f*; **'2unterricht** *m* lezione *f* d'equitazione
Reiz [raıts] *m* (*-es*; *-e*) stimolo *m*; *fig* attrattiva *f*, (*Zauber*) fascino *m*; incanto *m*; **'2en** (*h*) stimolare; *Appetit, Neugierde*: stuzzicare; *med Gemüt*: irritare; (*anziehen*) attirare; *Kartenspiel*: chiamare; **'2end** attraente, stimolante; incantevole; **'~gas** *n* gas *m* irritante; **'~klima** *n* clima *m* stimolante; **'~ung** *f* (-; *-en*) eccitazione *f*, irritazione *f* (*a med*); **'2voll** pieno d'attrattive, affascinante
Reklama'tion [reklamats'jo:n] *f* (-; *-en*) reclamo *m*
Re'klame [re'kla:mə] *f* (-; *-n*) reclame *f*, pubblicità *f*, propaganda *f*
rekla'mieren [rekla'mi:rən] (*senza ge-, h*) reclamare
rekonstru'|ieren [-kɔnstru'i:rən] (*senza ge-, h*) ricostruire; **2k'tion** [-struk-'tsjo:n] *f* (-; *-en*) ricostruzione *f*
Re'kord [-'kɔrt] *m* (*-[e]s*; *-e*) record *m*, primato *m*; ***den ~ aufstellen*** (***drücken, halten***) stabilire (battere, detenere) il record (*od* primato)
'Rektor ['rεktɔr] *m* (*-s*; *-en* [-'to:rən]) (*Universität*) rettore *m*
rela'tiv [rela'ti:f] relativo
Re'lief [rel'jεf] *n* (*-s*; *-s u -e*) rilievo *m*
Reli'gion [relig'jo:n] *f* (-; *-en*) religione *f*, fede *f*, **~sunterricht** ['-ˀun-] *m* insegnamento *m* religioso
reli'giös [-'jø:s] religioso; (*fromm*) pio
'Reling *mar* ['re:liŋ] *f* (-; *-s*) parapetto *m*, guardacorpo *m*
Re'liquie [re'li:kvjə] *f* (-; *-n*) reliquia *f*
Renais'sance [rənε'sɑ̃s] *f* (-; *senza pl*) Rinascimento *m*
Rendez'vous [rɑ̃de'vu:] *n* (-; - [-'vu:s]) appuntamento *m*
Ren'dite [rεn'di:tə] *f* (-; *-n*) *econ* rendita *f* annua
'Renn|bahn *f* pista *f*, (*Pferde2*) ippodromo *m*, (*Rad2*) velodromo *m*; **'~boot** *n* barca *f* da corsa; **'2en** (*rannte, gerannt, sn*) *v/i* correre; **'~en** *n* (*-s*; -)

R

corsa *f*; (*Wett*≈) corse *f/pl*; gara *f* di corsa; **'~fahrer** *m* corridore *m*; pilota *m* da corsa; **'~pferd** *n* cavallo *m* da corsa; **'~sport** *m* corse *f/pl*; gare *f/pl* di corsa; **'~strecke** *f* percorso *m*; pista *f*; **'~wagen** *m* macchina *f* da corsa

renom'miert [renɔ'miːrt] rinomato; famoso

reno'vier|en [-no'viːrən] (*senza ge-, h*) rinnovare; **≈ung** *f* (-; *-en*) rinnovamento *m*; restauro *m*

ren'tab|el [rɛn'tɑːbəl] redditizio; lucrativo; **≈ili'tät** [-tabili'tɛːt] *f* (-; *senza pl*) redditività *f*

'Rent|e ['rɛntə] *f* (-; *-n*) pensione *f*; *econ* rendita *f*; **'~enversicherung** *f* assicurazione *f* per la pensione; **≈'ieren**: ***sich*** *~* (*senza ge-, h*) fruttare; valere la pena; **'~ner** *m* (*-s*; -) pensionato *m*

Repar|a'tur [repara'tuːr] *f* (-; *-en*) riparazione *f*; **~a'turwerkstatt** *f* officina *f* di riparazioni; **≈'ieren** (*senza ge-, h*) accomodare, riparare, aggiustare

Repor't|age [-pɔr'tɑːʒə] *f* (-; *-n*) cronaca *f*, inchiesta *f*; **~er** [-'pɔrtər] *m* (*-s*; -) reporter *m*; cronista *m*; giornalista *m*, corrispondente *m*

Repräsen't|ant [-prɛzɛn'tant] *m* (*-en*; *-en*) rappresentante *m*; **≈'ieren** (*senza ge-, h*) rappresentare

reprivati'sier|en [-privati'ziːrən] (*senza ge-, h*) *econ* riprivatizzare; **≈ung** *f* (-; *-en*) *econ* riprivatizzazione *f*

Reproduk'tion [reprodukts'joːn] *f* (-; *-en*) riproduzione *f*

Rep'til [rɛp'tiːl] *n* (*-[e]s*; *-ien*) rettile *m*

Repu'blik [repu'bliːk] *f* (-; *-en*) repubblica *f*; **~'aner** [-bli'kɑːnər] *m* (*-s*; -), **≈'anisch** *adj* repubblicano *m u adj*

Re'serve [-'zɛrvə] *f* (-; *-n*) riserva *f*; **~rad** *n* ruota *f* di scorta; **~tank** *m* tanica *f* di riserva

reser'vier|en [-zɛr'viːrən] (*senza ge-, h*) riservare; *Zimmer*: prenotare; **≈ung** *f* (-; *-en*) prenotazione *f*

Resi'denz [-zi'dɛnts] *f* (-; *-en*) residenza *f*

resig'nieren [-zig'niːrən] (*senza ge-, h*) rinunciare; rassegnarsi

reso'lut [-zo'luːt] risoluto, energico; **≈'ion** [-luts'joːn] *f* (-; *-en*) risoluzione *f*

Res'pekt [res'pɛkt] *m* (*-[e]s*; *senza pl*) rispetto *m*; **≈'ieren** (*senza ge-, h*) rispettare

Res'sort [rɛ'soːr] *n* (*-s*; *-s*) spettanza *f*, incombenza *f*; (*Abteilung*) dicastero *m*; sezione *f*, reparto *m*

Rest [rɛst] *m* (*-[e]s*; *-e*) resto *m*; *von Stoffen*: scampolo *m*; (*Speise*≈) avanzo *m*

Restau'r|ant [rɛsto'rɑ̃] *n* (*-s*; *-s*) ristorante *m*; **≈'ieren** (*senza ge-, h*) restaurare

'Rest|bestand *m* rimanenza *f*; **'≈los** totalmente, completamente, definitivamente; **'~summe** *f* somma *f* restante; **'~urlaub** *m* ferie *f/pl* residue

Resul'tat [rezul'tɑːt] *n* (*-[e]s*; *-e*) risultato *m*

'rett|en ['rɛtən] (*h*) salvare; **'≈er** *m* (*-s*; -) salvatore *m*

'Rettich *bot* ['rɛtiç] *m* (*-s*; *-e*) rafano *m*

'Rettung ['rɛtuŋ] *f* (-; *-en*) salvamento *m*, salvataggio *m*; **'~sboot** *n* battello *m* (*od* barca *f*) di salvataggio; **'≈slos** *adj* senza scampo; *adv* irrimediabilmente; **'~sring** *m* salvagente *m*; **'~sstation** *f* guardia *f* medica

Re'vanch|e [rə'vɑ̃ːʃə] *f* (-; *-n*) rivincita *f*; **≈'ieren**: ***sich*** *~* (*senza ge-, h*) prendersi la rivincita; (*sich für et erkenntlich zeigen*) sdebitarsi

revi'dieren [revi'diːrən] (*senza ge-, h*) rivedere

Re'vier [-'viːr] *n* (*-s*; *-e*) reparto *m*; (*Bezirk*) distretto *m*; (*Polizei*≈) commissariato *m*

Revi'sion [-viz'joːn] *f* (-; *-en*) *econ* revisione *f*; *jur* ricorso *m* in appello (***einlegen*** interporre)

Re'volt|e [-'vɔltə] *f* (-; *-n*) rivolta *f*; **≈'ieren** (*senza ge-, h*) rivoltarsi

Revolu'tion [-voluts'joːn] *f* (-; *-en*) rivoluzione *f*; **≈'är** [-jo'nɛːr] *m* rivoluzionario

Re'volver [-'vɔlvər] *m* (*-s*; -) rivoltella *f*

Re'vue [-'vyː] *f* (-; *-n*) rivista *f*

Rezension [-tsɛnz'joːn] *f* (-; *-en*) recensione *f*

Re'zept [-'tsɛpt] *n* (*-[e]s*; *-e*) *med* ricetta *f*; **≈frei** acquistabile senza ricetta medica; **~'ion** [-tsɛpts'joːn] *f* (-; *-en*) *Hotel*: réception *f*; **≈pflichtig** [-pfliçtiç] da vendersi solo dietro prescrizione medica

Rezes'sion [retsɛs'joːn] *f* (-; *-en*) *econ* recessione *f*

'R-Gespräch ['ɛrgəʃprɛːç] *n tel* telefo-

R

nata *f* a carico del destinatario
'Rheuma ['rɔyma] *n* (*-s; senza pl*) F *med* reumatismo *m*
'Rhythmus ['rytmus] *m* (*-; -men*) ritmo *m*
'richten ['riçtən] (*h*) dirigere (***auf*** *acc* su), orientare (***auf*** *acc*, ***nach*** verso, su); (*instand setzen*) aggiustare; (*gerade* ~) raddrizzare; (*her*~) preparare; (*hin*~) giustiziare; *Bitten*: rivolgere; *Briefe*: indirizzare, ***sich nach et*** ~ regolarsi secondo qc
'Richter ['riçtər] *m* (*-s; -*) giudice *m*; **≗lich** del giudice, giudiziario; **'~spruch** *m* sentenza *f*
'richtig ['riçtiç] **1.** *adj* giusto; corretto, esatto; (*echt*) autentico, vero; **2.** *adv* bene; ***ganz ~!*** benissimo!; ***~!*** ah già!; ***meine Uhr geht*** ~ il mio orologio segna l'ora giusta; ***für ~ halten*** ritenere giusto; ***~ stellen*** rettificare; *Uhr*: regolare; **≗keit** *f* (*-; senza pl*) giustezza *f*, correttezza *f*, autenticità *f*, ***seine ~ haben*** essere giusto; **'≗stellung** *f* (*-; -en*) rettifica *f*
'Richt|linie *f* direttiva *f*; **'~preis** *m econ* prezzo *m* indicativo
'Richtung ['riçtuŋ] *f* (*-; -en*) direzione *f*, *fig* tendenza *f*, *Kunst*: scuola *f*, *pol* gruppo *m*; ***aus*** (***nach***) ***allen ~en*** da (in) tutte le direzioni; **'≗weisend** normativo; determinante
'riech|en ['ri:çən] (*roch, gerochen, h*) **1.** *v/t* sentire; (*wittern*) fiutare, **2.** *v/i* aver odore, odorare; ***gut*** ~ aver un buon odore, profumare; ***nach et*** ~ sapere di qc; ***übel*** ~ puzzare; ***es riecht nach*** c'è odore di
'Riegel ['-gəl] *m* (*-s; -*) chiavistello *m*; ***e-r Sache e-n ~ vorschieben*** porre rimedio a qc
'Riemen ['ri:mən] *m* (*-s; -*) cinghia *f*, *mar* remo *m*; ***sich in die ~ legen*** vogare
'Riese ['ri:zə] *m* (*-n; -n*) gigante *m*
'rieseln ['ri:zəln] (*h*) scorrere; piovigginare
'Riesenschlange *f* boa *m*
'riesig ['ri:ziç] gigantesco; ***sich ~ amüsieren*** divertirsi un mondo
Riff [rif] *n* (*-[e]s; -e*) scogliera *f*
rigo'ros [rigo'ro:s] rigoroso
'Rille ['rilə] *f* (*-; -n*) scanalatura *f*, (*Schallplatten*≗) solco *m*
Rind [rint] *n* (*-[e]s; -er*) *zo* bovino *m*
Rinde ['rində] *f* (*-; -n*) corteccia *f*, scorza *f*, (*Brot*≗) crosta *f*
'Rind|erbraten *m* arrosto *m* di manzo; **'~erwahnsinn** *m* la mucca *f* pazza, BSE *m*; **'~fleisch** *n* (carne *f* di) manzo *m*
Ring [riŋ] *m* (*-[e]s; -e*) anello *m*; (*Ehe*≗) fede *f*, (*Reif u fig*) cerchio *m*; *pol u econ* cartello *m*, lega *f*, *Boxsport*: ring *m*; ***~e um die Augen*** occhiaie *f/pl*
'ringel|n ['riŋəln] (*h*) arricciare; ***sich*** ~ attorcigliarsi; **'≗natter** *f* biscia *f* d'acqua
'ring|en ['riŋən] (*rang, gerungen, h*) lottare (*a fig* ***um*** per); ***nach Atem ~*** respirare affannosamente; **'≗er** *m* (*-s; -*) *Sport*: lottatore *m*; **'≗kampf** *m* lotta *f*, **'≗richter** *m Sport*: arbitro *m*
rings ['riŋs], **'~he'rum**, **'~'um** (tutt')intorno
'Ring(straße *f*) *m* circonvallazione *f*
'Rinn|e ['rinə] *f* (*-; -n*) canaletto *m*; (*Dach*≗) grondaia *f*, **'≗en** (*rann, geronnen, sn*) scorrere; **'~stein** *m* tombino *m*; scolo *m*
'Rippe ['ripə] *f* (*-; -n*) costola *f*
'Rippenfellentzündung *f med* pleurite *f*
'Risiko ['ri:ziko] *n* (*-s; -s u -ken*) rischio *m*
ris'k|ant [ris'kant] arrischiato; **'~ieren** (*senza ge-, h*) arrischiare
Riss [ris] *m* (*-es; -e*) strappo *m*; (*Haut*≗) scalfittura *f*, (*Spalt*) screpolatura *f*
'rissig ['risiç] screpolato, pieno di crepe
'Ritter ['ritər] *m* (*-s; -*) cavaliere *m*
'Ritus ['ri:tus] *m* (*-; -ten*) rito *m*
Ri'val|e [ri'va:lə] *m* (*-n; -n*), **~in** *f* (*-; -nen*) rivale *m/f*, **~i'tät** [-vali'tɛ:t] *f* (*-; -en*) rivalità *f*
'Robbe ['rɔbə] *f* (*-; -n*) *zo* foca *f*
'Roboter ['rɔbɔtər] *m* (*-s; -*) robot *m*
ro'bust [ro'bust] robusto
'röcheln ['rœçəln] *v/i* (*h*) rantolare
Rock [rɔk] (*-[e]s; ¨e*) (*Frauen*≗) gonna *f*
'Rodel|bahn ['ro:dəlba:n] *f* pista *f* per slittini; **'≗n** (*h*) andare in slitta; **'~schlitten** *m* slittino *m*
'Rogen ['ro:gən] *m* (*-s; -*) uova *f/pl* di pesce
'Roggen ['rɔgən] *m* (*-s; -*) segale *f*, **'~brot** *n* pan(e) *m* nero (*od* di segale)
roh [ro:] crudo; *Metalle, Stoffe*: greggio; *fig* rozzo; brutale; **'≗bau** *m* costruzione

f rustica (*od* grezza)
'Rohheit ['-haɪt] *f* (-; *senza pl*) rozzezza *f*; brutalità *f*
'Roh|kost *f* vegetali *pl* crudi; alimentazione *f* a base di vegetali crudi; **'~material** *n* materiale *m* greggio; **'~öl** *n* petrolio *m* greggio
Rohr [roːr] *n* (*-[e]s*; *-e*) *tec* tubo *m*; *bot* canna *f*
'Röhre ['røːrə] *f* (-; *-n*) tubo *m*; *rad* valvola *f*
'Rohr|leitung *f* tubazione *f*; **'~post** *f* posta *f* pneumatica
'Rohstoff *m* materia *f* prima; **'≈arm** povero di materie prime; **'≈reich** ricco di materie prime
'Rohzustand *m* stato *m* greggio
'Rokoko ['rɔkoko] *n* (*-s*; *senza pl*) rococò *m*; **'~stil** *m* stile *m* rococò
Rolladen → ***Rollladen***
'Roll|bahn ['rɔlbaːn] *f* pista *f* (d'atterraggio); **'~bett** *n* letto *m* a rotelle
'Rolle ['rɔlə] *f* (-; *-n*) rotolo *m*; (*Rädchen*) rotella *f*; (*Garn≈*) rocchetto *m*; *tea* parte *f*, ruolo *m*; ***aus der ~ fallen*** comportarsi male; ***e-e große ~ spielen*** avere (*od* rivestire) una parte importante, contare molto
'rollen ['rɔlən] (*h*) **1.** *v/t* (*zusammen~*) arrotolare; (*weg~*, *hinunter~*) far rotolare; **2.** *v/i* (*a sn*) rotolare; *Donner*: rintronare
'Roller ['rɔlər] *m* (*-s*; -) (*Kinder≈*) monopattino *m*
'Roll|feld ['rɔlfɛlt] *n* *avia* terreno *m* d'atterraggio; **'~film** *m* pellicola *f* a rotolo (*od* a bobina); **'~laden** *m* tapparella *f*; **'~mops** *m* aringa *f* arrotolata; **'~schuh** *m* pattino *m* a rotelle; **'~stuhl** *m* sedia *f* a rotelle; **'~stuhlfahrer** *m* persona che usa la sedia a rotelle per spostarsi; **'~treppe** *f* scala *f* mobile
'Roman [ro'maːn] *m* (*-s*; *-e*) romanzo *m*; **~ik** [-'maːnik] *f* (-; *senza pl*) romanico *m*; **≈isch** romano *m*, -a *f*
Ro'man|tik [-'mantik] *f* (-; *senza pl*) romanticismo *m*; **'≈tisch** romantico
'Röm|er ['røːmər] *m* (*-s*; -); **'~erin** *f* (-; *-nen*); **'≈isch** romano *m*, -a *f*
'röntgen ['rœntgən] (*h*) fare una radiografia a; **'≈aufnahme** *f* radiografia *f*; **'≈strahlen** *m/pl* raggi *m/pl* X
'rosa ['roːza] (color) rosa
'Rose ['roːzə] *f* (-; *-n*) *bot* rosa *f*; *med* erisipela *f*; ***wilde ~*** rosa *f* canina
'Rosen|kohl *m* cavolo *m* di Bruxelles; **'~kranz** *m* corona *f* di rose; *rel* rosario *m*; **'~montag** *m* lunedì *m* grasso; **'~öl** *n* essenza *f* di rose
Ro'sette [ro'zɛtə] *f* (-; *-n*) rosetta *f*; *arch* rosone *m*
Ro'sine [ro'ziːnə] *f* (-; *-n*) uva *f* passa; zibibbo *m*
Rost [rɔst] *m* (*-[e]s*; *senza pl*) ruggine *f*; (*Brat≈*) griglia *f*; **'≈en** (*sn od h*) arrugginire
'rösten ['røːstən] *v/t* (*h*) *Brot*: tostare; *Fleisch*: arrostire sulla graticola
'rost|frei inossidabile; **'~ig** arrugginito; **'≈schutzmittel** *n* antiruggine *m*
rot [roːt] rosso; ***der ~e Faden*** il filo conduttore; ***~e Zahlen schreiben*** essere in rosso
Rota'tion [rotats'joːn] *f* (-; *-en*) rotazione *f*
'Röteln ['røːtəln] *med pl* rosolia *f*
'rothaarig dai capelli rossi
ro'tieren [ro'tiːrən] (*h*) rotare
'Rot|käppchen ['roːtkɛpçən] *n* Cappuccetto *m* rosso; **'~kohl** *m* cavolo *m* rosso
'rötlich ['røːtliç] rossiccio
'Rot|stift *m* matita *f* rossa; **'~wein** *m* vino *m* rosso (*od* nero); **'~wild** *n* selvaggina *f* cervina
Rou'lade [ru'laːdə] *f* (-; *-n*) involtino *m*
Rou'lett [ru'lɛt] *n* (*-[e]s*; *-e*) roulette *f*
'Route ['ruːtə] *f* (-; *-n*) rotta *f*, strada *f*, itinerario *m*
Rou'tin|e [ru'tiːnə] *f* (-; *senza pl*) routine *f*, pratica *f*; **≈emäßig** abituale; **≈'iert** [-ti'niːrt] pratico
'Rowdy ['raʊdi] *m* (*-s*; *-s*) teppista *m*
'Rübe ['ryːbə] *f* (-; *-n*) rapa *f*; ***gelbe ~*** carota *f*; ***rote ~*** barbabietola *f*, ***weiße ~*** navone *m*
'Rubel ['ruːbəl] *m* (*-s*; -) rublo *m*
Ru'bin [ru'biːn] *m* (*-s*; *-e*) rubino *m*
Ru'brik [ru'briːk] *f* (-; *-en*) rubrica *f*; (*Spalte*) colonna *f*
Ruck [ruk] *m* (*-[e]s*; *-e*) scossa *f*; **≈artig** di colpo (*od* scatto)
'Rück|ansicht ['rykʔanziçt] *f* vista *f* di dietro; **'~antwort** *f* risposta *f*; ***mit ~*** con risposta pagata; **'~blick** *m* sguardo *m* retrospettivo; **'≈datieren** (*senza ge-*, *h*) postdatare
'rücken ['rykən] **1.** *v/t* (*h*) muovere;

(*schieben*) spingere; **2.** *v/i* (*sn*) muoversi; (*Platz machen*) scostarsi; (*näher* ~) avvicinarsi; ***an j-s Stelle*** ~ prendere il posto di qu

'Rücken ['rykən] *m* (-*s*; -) dorso *m*; *anat a* schiena *f*, ***j-m in den ~ fallen*** assalire qu alle spalle; ***hinter j-s*** ~ alle spalle di qu; **'~lage** *f* posizione *f* supina; **'~mark** *n* midollo *m* spinale; **'~schmerz** *m* mal *m* di schiena; **'~schwimmen** *n* nuoto *m* sul dorso; **'~wind** *m* vento *m* in poppa

'Rück|erstattung *f* restituzione *f*, rimborso *m*; **'~fahrkarte** *f* biglietto *m* d'andata e ritorno; **'~fahrscheinwerfer** *m auto* luce *f* di retromarcia; **'~fahrt** *f* ritorno *m*; **'~fall** *m* ricaduta *f*, *jur* recidiva *f*; **'~flug** *m* volo *m* di ritorno; **'~frage** *f* ulteriore richiesta *f* di informazioni; **'~gabe** *f* restituzione *f*, **'~gang** *m* diminuzione *f*, *econ* recessione *f*, *fig* decadenza *f*, **'2gängig** retrogrado; ~ ***machen*** F mandare all'aria; *Vertrag*: annullare; **'~gewinnung** *f a tec* ricupero *m*; **'~grat** *n anat* spina *f* dorsale; *fig* forza *f*, carattere *m*; **'~kauf** *m* riacquisto *m*; **~kehr** [-'ke:r] *f* (-; *senza pl*) ritorno *m*; **'~kopplung** *f* accoppiamento *m* reattivo; **'~lagen** ['-la:gən] *f/pl* riserve *f/pl*; **'2läufig** ['-lɔʏfiç] retrogrado; **'~licht** *n auto* luci *f/pl* posteriori; **'~porto** *n* francobollo *m* per la risposta; **'~reise** *f* viaggio *m* di ritorno; **'~reiseverkehr** *m* traffico *m* del rientro

'Rucksack ['rukzak] *m* zaino *m*, sacco *m* da montagna; **'~tourist(in** *f*) *m* saccopelista *m/f*

'Rück|schritt *m* regresso *m*; **'2schrittlich** retrogrado; reazionario; **'~seite** *f* rovescio *m*; *der Hand*: dorso *m*; *Schriften*: tergo *m*; ***auf der*** ~ a tergo, a retro; **'~sendung** *f* rinvio *m*; **'~sicht** *f* (-; *senza pl*) riguardo *m*; ***mit ~ auf*** (*acc*) con riguardo a; **'2sichtslos** ['-ziçtslo:s] senza nessun riguardo; indelicato; **'2sichtsvoll** riguardoso; **'~sitz** *m auto* sedile *m* posteriore; **'~spiegel** *m* specchietto *m* retrovisore; **'~spiel** *n Sport*: incontro *m* di ritorno; **'~sprache** *f* colloquio *m*; ~ ***nehmen*** conferire; **'~stand** *m* resto *m*; *chim* residuo *m*; ***im ~ sein*** essere in arretrato; **'2ständig** ['-ʃtɛndiç] arretrato; retrivo; **'~stau** *m tec* ristagno *m*; **'~tritt** *m* ritiro *m*; *pol* dimissioni *f/pl*; **'~vergütung** *f* rimborso *m*; **'2wärts** ['-vɛrts] (all')indietro; **'~wärtsgang** *m auto* retromarcia *f*, **'2wirkend** retroattivo; **'2zahlbar** rimborsabile; **'~zahlung** *f* rimborso *m*; **'~zieher** *m fig* ritrattazione *f*, smentita *f*, **'~zug** *m* (-*[e]s*; *senza pl*) ritirata *f*

'Rudel ['ru:dəl] *n* (-*s*; -) branco *m*, stuolo *m*

'Ruder ['ru:dər] *n* (-*s*; -) remo *m*; *a fig* (*Steuer*) timone *m*; *fig* ***ans ~ kommen*** salire al potere; **'~boot** *n* barca *f* a remi; **'~er** *m* (-*s*; -) rematore *m*; **'2n** (*h*) remare; **'~sport** *m* canottaggio *m*

Ruf [ru:f] *m* (-*[e]s*; -*e*) grido *m*; (*Anruf*) chiamata *f*, (*Berühmtheit*) fama *f*, **2en 1.** *v/i* gridare; ***um Hilfe*** ~ gridare aiuto; **2.** *v/t* chiamare; ***et ins Gedächtnis*** ~ richiamare qc alla memoria, ricordare qc; ***ins Leben*** ~ dar vita a, fondare, creare; ***Sie kommen wie gerufen*** viene proprio a proposito

'Ruf|name *m* prenome *m*; **'~nummer** *f* numero *m* di telefono

'Ruhe ['ru:ə] *f* (-; *senza pl*) calma *f*, (*Stille*) quiete *f*, **~!** silenzio!; ***zur ~ setzen*** ritirarsi; ***in ~ lassen*** lasciar tranquillo (*od* in pace); ***angenehme ~!*** buon riposo!; **'2los** senza pace; irrequieto

'ruhen ['ru:ən] (*h*) riposare, *fig* poggiare; ~ ***lassen*** lasciar stare; lasciare in pace; ***die Arbeit ruht*** non si lavora; ***hier ruht ...*** qui giace ...

'Ruhe|pause *f* pausa *f*, **'~stand** *m* (-*[e]s*; *senza pl*) riposo *m*; pensione *f*, **'~stätte** *f* luogo *m* di riposo; (*Grab*) sepolcro *m*; **'~störung** *f jur* perturbamento *m* della quiete pubblica; **'~tag** *m* giorno *m* di riposo; *Geschäft*: riposo *m* settimanale

'ruhig ['ru:iç] tranquillo; (*still*) quieto; *Fluss*: placido

Ruhm [ru:m] *m* (-*[e]s*; *senza pl*) gloria *f*

Ruhr *med* [ru:r] *f* (-; -*en*) dissenteria *f*

'Rührei ['ry:rˀaɪ] *n gastr* uova *f/pl* strapazzate

'rühr|en ['ry:rən] (*h*) **1.** *v/t* muovere; (*um~*) rimestare; *fig* commuovere; **2.** *v/i* toccare (***an et*** *acc* qc); provenire (***von et*** da qc); **'2end** commovente; **'2ung** *f* (-; *senza pl*) commozione *f*

Ruin [ru'i:n] *m* (-*s*; *senza pl*) rovina *f*, **~e** *f* (-; -*n*) rovine *f/pl*; **2'ieren** [rui'ni:rən] (*senza ge-*, *h*) rovinare

Rum [rum] *m* (-*s*; -*s*) rum *m*

Ru'män|e [ru'mɛːnə] *m* (*-n*; *-n*) **'~in** *f* (*-*; *-nen*), **꞉isch** romeno *m*, -a *f*
'Rummel ['ruməl] *m* (*-s*; *senza pl*) baccano *m*; (*Jahrmarkt*) parco *m* dei divertimenti
Rumpf [rumpf] *m* (*-es*; *¨-e*) *anat* tronco *m*; *Kunst*: torso *m*; *mar* scafo *m*; *avia* fusoliera *f*
rund [runt] **1.** *adj* rotondo, tondo; **2.** *adv* (*ungefähr*) all'incirca; **'꞉blick** *m* (*Aussicht*) panorama *m*; **'꞉bogen** *m* arco *m* a tutto sesto; **'꞉e** ['-də] *f* (*-*; *-n*) giro *m*; cerchia *f*, circolo *m*; **'꞉fahrt** *f* giro *m*; *fer* viaggio *m* circolare; **'꞉flug** *m* volo *m* circolare; escursione *f* in aereo
'Rundfunk ['runtfuŋk] *m* (*-s*; *senza pl*) radio *f*, radiodiffusione *f*, radiotrasmissione *f*; **'~gerät** *n* radio *f*; **'~hörer(in** *f*) *m* radioascoltatore *m*, -trice *f*; **'~meldung** *f* comunicato *m* radiofonico; **'~programm** *n* radioprogramma *m*; **'~sender** *m* stazione *f* radio; **'~sendung** *f* trasmissione *f* radiofonica; **'~übertragung** *f* radiotrasmissione *f*, radiodiffusione *f*; **'~zeitung** *f* radiocorriere *m*
'Rund|gang ['runtgaŋ] *m* giro *m*; passeggiata *f*; **'꞉he'rum** *adv* intorno; **'~reise** *f* viaggio *m* circolare; **'~schreiben** *n* circolare *f*; **'~ung** *f* (*-*; *-en*) rotondità *f*; **'~wanderweg** *m* sentiero *m* circolare
'runzeln ['runtsəln] (*h*) corrugare; *Brauen*: aggrottare
'rüpelhaft [ryːpəlhaft] villano
'Rüsche ['ryːʃə] *f* (*-*; *-n*) *Kleidung*: gala *f*
Ruß [ruːs] *m* (*-es*; *senza pl*) fuliggine *f*
'Russ|e ['rusə] *m* (*-n*; *-n*), **'~in** *f* (*-*; *-nen*) russo *m*, -a *f*
'Rüssel ['rysəl] *m* (*-s*; *-*) proboscide *f*, ruche *f*
'russisch ['rusiʃ] russo
'rüst|en ['rystən] (*h*) preparare; *mil*, *mar* armare; **'~ig** arzillo; robusto; **'꞉ung** *f* (*-*; *-en*) allestimento *m*; *mil*, *mar* armamento *m*; (*Harnisch*) armatura *f*; **'꞉ungsindustrie** *f* industria *f* degli armamenti; **'꞉ungsprogramm** *n* programma *m* degli armamenti
'Rutsch|bahn ['rutʃbaːn] *f* scivolo *m*; **'~e** *tec f* (*-*; *-n*) piano *m* inclinato; **'꞉en** (*sn*) scivolare; sdrucciolare; slittare
'rütteln ['rytəln] (*h*) scuotere

S

Saal [zaːl] *m* (*-[e]s*; *¨-e*) sala *f*
Saat [zaːt] *f* (*-*; *-en*) (*das Gesäte*) semenza *f*, seme *m*; semina *f*
'Säbel ['zɛːbəl] *m* (*-s*; *-*) sciabola *f*
Sabot|age [zabo'taːʒə] *f* (*-*; *-n*) sabotaggio *m*; **꞉ieren** (*senza ge-*, *h*) sabotare
'Sach|bearbeiter(in *f*) ['zaxbəˀarbaɪtər(in)] *m* impiegato *m*, -a *f*, addetto ad un campo specifico, incaricato *m*, -a *f*; **꞉dienlich** opportuno
'Sache ['zaxə] (*-*; *-n*) cosa *f*; (*Angelegenheit*) faccenda *f*; *jur u j-s* ~: causa *f*; *let u Gegenstand*: argomento *m*; ***zur ~ kommen*** entrare in materia, F venire al sodo; ***das gehört nicht zur ~*** questo non c'entra; ***das ist deine ~*** è affar tuo
'sach|gemäß ['zaxgəmɛːs] conforme; appropriato; **'꞉kenntnis** *f* (*-*; *senza pl*) cognizioni *f/pl* in materia; **'~kundig** competente; esperto; **꞉lage** *f* (*-*; *senza pl*) stato *m* delle cose; **'~lich** ob(b)iettivo; oggettivo; positivo; (*zweckmäßig*) pratico; *Stil*: razionale
'sächlich ['zɛçliç] *gram* neutro
'Sach|lichkeit ['zaxliçkaɪt] *f* (*-*; *senza pl*) oggettività *f*, ob(b)iettività *f*, imparzialità *f*; **'~schaden** *m* danno *m* materiale
'Sachse ['zaksə] *m* (*-n*; *-n*) sassone *m*
'Sächs|in ['zɛksin] *f* (*-*; *-nen*), **'꞉isch** sassone *f*
'sacht(e) ['zaxt(ə)] **1.** *adj* piano; delicato; **2.** *adv* piano piano; poco a poco
'Sach|verhalt ['zaxfɛrhalt] *m* (*-[e]s*; *-e*) stato *m* di cose; **'~verständige** *m* (*-n*; *-n*) perito *m*; **'~wert** *m* valore *m* reale
Sack [zak] *m* (*-[e]s*; *¨-e*) sacco *m*;

'~gasse *f* vicolo *m* cieco; **'~hüpfen** *n* corsa *f* nei sacchi

Sa'di|st [za'dist] *m* (*-en*; *-en*) sadico *m*; **⁀stisch** sadico

'säen ['zɛːən] (*h*) seminare

Safe [seːf] *m u n* (*-s*; *-s*) cassaforte *f*; cassetta *f* di sicurezza

Saft [zaft] *m* (*-[e]s*; *⁼e*) sugo *m*; (*Obst⁀*) succo *m*; *pl med* umori *m/pl*; **'⁀ig** succoso

'Sage ['zɑːgə] *f* (*-*; *-n*) leggenda *f*, saga *f*

'Säge ['zɛːgə] *f* (*-*; *-n*) sega *f*

'sagen ['zɑːgən] (*h*) dire; ***et zu ~ haben*** aver voce in capitolo; ***das hat nichts zu ~*** ciò non vuol dir niente; ***wenn man so ~ darf*** se così si può dire

'sägen ['zɛːgən] (*h*) segare

'Sahn|e ['zɑːnə] *f* (*-*; *senza pl*) panna *f* (*Schlag⁀*) panna *f* montata; **⁀ig** cremoso

Sai'son [zɛ'zɔ̃ː] *f* (*-*; *-s*) stagione *f*; **⁀abhängig** stagionale; **~arbeiter** *m* operaio *m* stagionale; **~schlussverkauf** *m* svendita *f* di fine stagione

'Saite *mus* ['zaɪtə] *f* (*-*; *-n*) corda *f*; **'~ninstrument** ['zaitənˀin-] *n* strumento *m* a corda

'Sakko ['zako] *m* (*n*) (*-s*; *-s*) giacca *f*

Sakris'tei [zakris'taɪ] *f* (*-*; *-en*) sagrestia *f*

Sala'mander [zala'mandər] *m* (*-s*; *-*) *zo* salamandra *f*

Sa'lami [sa'lɑːmi] *f* (*-*; *-[s]*) salame *m*

Sa'lat [za'lɑːt] *m* (*-[e]s*; *-e*) insalata *f*

'Salbe ['zalbə] *f* (*-*; *-n*) unguento *m*, pomata *f*

'Saldo *econ* ['zaldo] *m* (*-s*; *Salden u Saldi*) saldo *m*; **'~übertrag** *m* saldo *m* a nuovo

Sa'line [za'liːnə] *f* (*-*; *-n*) salina *f*

Salmiak [zalm'jak] *m* (*-s*; *senza pl*) *chim* sale *m* ammoniaco

Salmo'nellen [zalmo'nɛlən] *f/pl* salmonelle *f/pl*

Salon [za'lɔ̃] *m* (*-s*; *-s*) salotto *m*; *großer*: salone *m*

sa'lopp [za'lɔp] trascurato, trasandato; alla buona (*od* leggera)

Sal'peter [zal'peːtər] *m* (*-s*; *senza pl*) *chim* salnitro *m*

Sa'lut *mil* [za'luːt] *m* (*-[e]s*; *-e*) saluto *m*; **⁀'ieren** (*senza ge-*, *h*) salutare

Salz [zalts] *n* (*-es*; *-e*) sale *m*; **'⁀en** (*salzte*, *gesalzen*, *h*) salare; **'~gurke** *f* cetriolo *m* in salamoia; **⁀ig** salato; *Gehalt*: salso; **'~säure** *f* acido *m* muriatico; **'~stange** *f* grissino *m* salato; **'~streuer** ['-ʃtrɔʏər] *m* (*-s*; *-*) saliera *f*; **'~wasser** *n* acqua *f* salata

'Samen ['zaːmən] *m* (*-s*; *-*) *bot* seme *m*; grano *m*; *männlicher*: sperma *m*; *fig* germe *m*; **'~zelle** *f* spermatozoo *m*

'Sammel|band ['zaməlbant] *m let* raccolta *f*; miscellanea *f*; **~mappe** *f* cartella *f*; **⁀n** (*h*) raccogliere; *Briefmarken*: collezionare; (*anhäufen*) accumulare; (*vereinigen*) radunare, concentrare; ***sich ~*** *fig* concentrarsi; raccogliersi; **'~punkt** *m* luogo *m* (*od* punto *m*) di raccolta (*od* di raduno); **'~stelle** *f* deposito *m* centrale; posto *m* di raccolta; **~'surium** [-'zuːrjum] *n* (*-s*; *-rien*) guazzabuglio *m*, miscuglio *m*; **'~transport** *m* trasporto *m* collettivo

Samml|er ['-lər] *m* (*-s*; *-*), **'~erin** *f* (*-*; *-nen*) *von Marken*: collezionista *m/f*; **'~ung** *f* raccolta *f*, collezione *f*, (*Geld⁀*) colletta *f*

Samstag ['-stɑːk] *m* (*-[e]s*; *-e*) sabato *m*

samt [zamt] (*dat*) con; insieme

Samt [zamt] *m* (*-[e]s*; *-e*) velluto *m*

'sämtlich ['zɛmtliç] intero; tutto; ***~e Werke*** *n/pl* opere *f/pl* complete

Sana'torium [zana'toːrjum] *n* (*-s*; *-rien*) sanatorio *m*

Sand [zant] *m* (*-[e]s*; *-e*) sabbia *f*; ***im ~e verlaufen*** insabbiarsi, non aver esito

San'dale [-'dɑːlə] *f* (*-*; *-n*) sandalo *m*

'Sand|bank *f* banco *m* di sabbia; **⁀ig** ['-diç] sabbioso; **'~papier** *n* carta *f* vetrata; **~sack** *m* sacco *m* di sabbia; **'~stein** *m* pietra *f* arenaria; **'~strand** *m* spiaggia *f* sabbiosa; **~'uhr** *f* clessidra *f*

sanft [zanft] morbido; *fig* dolce; gentile; *adv* piano, adagio

'Sänger ['zɛŋər] *m* (*-s*; *-*), **'~in** *f* (*-*; *-nen*) *Beruf*: cantante *m/f*

sa'nier|en [za'niːrən] (*senza ge-*, *h*) risanare; **⁀ung** *f* (*-*; *-en*) risanamento *m*

sanitär [zani'tɛːr] sanitario; **⁀anlage** *f* impianto *m* sanitario

Sani'täter [zani'tɛːtər] *m* (*-s*; *-*) infermiere *m*

Sani'tätsauto *m* autoambulanza *f*

Sankt [zaŋkt] San, Santo; Santa

Sank'tion [zaŋkts'joːn] *f* (*-*; *-en*) sanzione *f*, **⁀'ieren** [-'joniːrən] (*senza ge-*, *h*) sanzionare

S

Saphir ['zɑːfir, za'fiːr] *m* (*-s*; *-e*) zaffiro *m*
'Sard|e ['zardə] *m* (*-n*; *-n*), **'~in** *f* (*-*; *-nen*), **&isch** sardo *m*, -a *f*
Sar'dine [zar'diːnə] *f* (*-*; *-n*) sardina *f*
Sarg [zark] *m* (*-[e]s*; *¨-e*) cassa *f* (da morto); bara *f*; feretro *m*
sar'kastisch [zar'kastiʃ] sarcastico
Sarko'phag [-ko'fɑːk] *m* (*-s*; *-e*) sarcofago *m*
'Sat|an ['zɑːtan] *m* (*-s*; *senza pl*) Satana *m*; **&'anisch** [za'tɑːniʃ] satanico
Satel'lit [zatɛ'liːt] *m* (*-en*; *-en*) satellite *m*; **~enfernsehen** *n* televisione *f* via satellite; **~enstadt** *f* città *f* (*od* quartiere *m*) satellite
Sa'tir|e [za'tiːrə] *f* (*-*; *-n*) satira *f*, **&isch** satirico
satt [zat] sazio; ***et ~ haben*** essere stufo di qc
'Sattel ['zatəl] *m* (*-s*; *¨-*) sella *f*, (*Berg&*) cresta *f*, (*Fahrrad&*) sellino *m*; **&fest** *fig* esperto; **'&n** (*h*) sellare; **'~schlepper** *m* motrice *f* con semirimorchio; autosnodata *f*
'Sattler ['zatlər] *m* (*-s*; *-*) sellaio *m*
Satz [zats] *m* (*-es*; *¨-e*) (*Sprung*) salto *m*; (*Boden&*) fondo *m*; *gram* frase *f*, proposizione *f*, (*Lehr&*) assioma *m*; teorema *m*; *tip* composizione *f*, *econ* tasso *m*; (*Tarif*) tariffa *f*, *mus* movimento *m*; tempo *m*; *Briefmarken usw.*: serie *f*, *Tennis*: set *m*
'Satzung ['zatsuŋ] *f* (*-*; *-en*) statuto *m*; **&sgemäß** conforme agli statuti
'Satzzeichen ['zatstsaɪçən] *n* segno *m* d'interpunzione
'sauber ['zaubər] pulito; accurato; **&keit** *f* (*-*; *senza pl*) pulizia *f*, lindezza *f*
'säubern ['zɔʏbərn] (*h*) pulire; *fig* epurare; *Straße*: sgombrare
'sauer ['zauər] (*saurer*, *~st*) agro; *chim*, *Wein*: aspro; *Milch*: inacidito; (*dick*) rappreso; *fig* duro; *Hering*: marinato; ***~ werden*** inacidire; ***saure Gurken*** *f/pl* cetrioli *m/pl* sott'aceto; ***saure Milch*** *f* latte *m* inacidito; ***saurer Regen*** pioggia *f* acida; **'&braten** *m* arrosto *m* in agro
'Sauer|kirsche ['zauərkirʃə] *f* marasca *f*, **'~kraut** *n* crauti *m/pl*
'Sauerstoff ['zauərʃtɔf] *m* (*-[e]s*; *senza pl*) ossigeno *m*; **'~gerät** *n* ossigenatore *m*
'saufen ['zaufən] (*soff*, *gesoffen*, *h*) *Tiere*: bere; P *Menschen*: sbevazzare
'Säufer ['zɔʏfər] *m* (*-s*; *-*), **'~in** *f* (*-*; *-nen*) P beone *m*, -a *f*
'saugen ['zaugən] (*h*, *a irr*) succhiare; *Kinder*: poppare; *tec* aspirare, assorbire; ***sich*** (*dat*) ***et aus den Fingern ~*** inventare qc di sana pianta
'säug|en ['zɔʏgən] (*h*) allattare; **'&etier** *n* mammifero *m*
'Säugling ['zɔʏkliŋ] *m* (*-s*; *-e*) lattante *m*; **'~spflege** *f* cura *f* dei neonati; **'~ssterblichkeit** *f* mortalità *f* infantile
'Säule ['zɔʏlə] *f* (*-*; *-n*) colonna *f*, (*Pfeiler*) pilone *m*, pilastro *m*; **'~ngang** *m* colonnato *m*, portico *m*; **'~halle** *f* loggia *f*
Saum [zaum] *m* (*-[e]s*; *¨-e*) orlo *m*
'säum|en ['zɔʏmən] *v/t* (*h*) orlare; **'~ig** tardo; *Zahler*: moroso
'Sauna ['zauna] *f* (*-*; *-nen*) sauna *f*
'Säure ['zɔʏrə] *f* (*-*; *-n*) acidità *f*, *chim* acido *m*; **'&beständig** resistente agli acidi
'sausen ['zauzən] (*sn*) sibilare; rombare; F rombare; correre; ***es saust mir in den Ohren*** mi fischiano gli orecchi
'Sau|wetter P *n* tempo *m* infame, tempaccio *m*; **'~wirtschaft** P *f* malgoverno *m*; caos *m* completo
Saxo'fon, Saxo'phon [zakso'foːn] *n* (*-s*; *-e*) sassofono *m*
'S|-Bahn ['ɛsbaːn] *f* ferrovia *f* urbana; **'~-Bahnhof** *m* stazione *f* della S-Bahn; **'~-Bahnnetz** *n* rete *f* della S-Bahn
'Schabe ['ʃɑːbə] *f* (*-*; *-n*) *zo* blatta *f*, scarafaggio *m*
'Schabernack ['ʃɑːbərnak] *m* (*-[e]s*; *-e*) dispetto *m*, brutto tiro *m*
'schäbig ['ʃɛːbiç] logoro; *fig* sordido, misero
Scha'blone [ʃa'bloːnə] *f* (*-*; *-n*) modello *m*; sagoma *f*, stampo *m*; *fig* schema *m*
Schach [ʃax] *n* (*-s*; *-s*) scacchi *m/pl*; ***~ spielen*** giocare a scacchi; *fig* ***in ~ halten*** tenere a bada; **'~brett** *n* scacchiera *f*, **'~figur** *f* pezzo *m*; **&'matt** scaccomatto; **'~spiel** *n* (gioco *m* degli) scacchi *m/pl*
Schacht [ʃaxt] *m* (*-[e]s*; *¨-e*) pozzo *m* (*min* di miniera)
'Schachtel ['ʃaxtəl] *f* (*-*; *-n*) scatola *f*
'Schachzug *m* mossa *f*, *fig a* stratagemma *m*

S

'schade ['ʃaːdə] peccato (***um*** per); ***es ist ~*** è peccato; ***schade!*** (che) peccato! ***sehr ~*** gran peccato

'Schädel ['ʃɛːdəl] *m* (*-s*; *-*) *anat* cranio *m*; F zucca *f*; (*Toten*≈) teschio *m*

'schaden ['ʃaːdən] (*h*) nuocere; pregiudicare; causare danno; (*beschädigen*) danneggiare (*acc*); ***das schadet nicht*** non fa male

'Schaden ['ʃaːdən] *m* (*-s*; *-*) danno *m*; pregiudizio *m*, detrimento *m*; (*Einbuße*) perdita *f*; (*Beschädigung*) guasto *m*; *körperlicher*: lesione *f*, deformazione *f*; **'~ersatz** *m* indennizzo *m*; risarcimento *m* dei danni; **'~freiheitsrabatt** *m Versicherung*: bonus-malus *m*; **'~freude** *f* (*-*; *senza pl*) gioia *f* maligna; **'≈froh** contento del danno altrui; maligno; **'~sfall** *m* (caso *m* di) sinistro *m*; **'~sregulierung** *f* liquidazione *f* del danno; **'~versicherung** *f* assicurazione *f* contro i danni

'schadhaft ['ʃaːthaft] difettoso; sciupato; *Kleidung*: logoro

'schäd|igen ['ʃɛːdigən] *v/t* (*h*) pregiudicare, danneggiare; ledere; **'~lich** ['-tliç] dannoso; **'≈ling** [-liŋ] *m* (*-s*; *-e*) *zo* insetto *m* nocivo; pianta *f* nociva; **'≈lingsbekämpfung** *f* disinfestazione *f*

'Schadstoff ['ʃaːtʃtɔf] *m* agente *m* inquinante, sostanza *f* nociva; **'≈arm** a scarsa emissione di sostanze inquinanti; **'≈frei** non inquinante

Schaf [ʃaːf] *n* (*-[e]s*; *-e*) *zo* pecora *f*; *fig* pecorone *m*; **'~bock** *m* montone *m*

'Schäfer ['ʃɛːfər] *m* (*-s*; *-*) pecoraio *m*, pastore *m*; **'~in** *f* (*-*; *-nen*) pecoraia *f*; **'~hund** *m* cane *m* pastore

'schaffen ['ʃafən] **1.** (*h*) (*bewältigen*) fare; (*ver~*) procurare; *an e-n Ort*: portare; *Ordnung*: fare; ***aus der Welt ~*** eliminare, far scomparire; **2.** (*schuf, geschaffen, h*) (*er~*) creare

'Schaffner ['ʃafnər] *m* (*-s*; *-*); **'~in** *f* (*-*; *-nen*) bigliettaio *m*, *-a f*

Scha'fott [ʃa'fɔt] *n* (*-[e]s*; *-e*) patibolo *m*

'Schafskäse *m* pecorino *m*

Schaft [ʃaft] *m* (*-[e]s*; *⸚e*) fusto *m*; (*Gewehr*≈) cassa *f*; (*Stiefel*≈) gambale *m*

'Schaf|wolle ['ʃaːfvɔlə] *f* lana *f* di pecora; **'~zucht** *f* allevamento *m* di pecore

schal [ʃaːl] insipido; *fig a* insulso; (*abgestanden*) stantio

Schal [ʃaːl] *m* (*-s*; *-s u -e*) scialle *m*

'Schale ['ʃaːlə] *f* (*-*; *-n*) *Obst*: buccia *f*; *grüne Nüsse*: mallo *m*; *Nüsse, Kastanien, Eier, Tiere*: guscio *m*; (*Gefäß*) scodella *f*

'schälen ['ʃɛːlən] (*h*) sbucciare; sgusciare

Schall [ʃal] *m* (*-[e]s*; *-e*) suono *m*; (*Widerhall*) risonanza *f*; **'~dämpfer** *m tec* silenziatore *m*; **'≈dicht** a isolamento acustico; **'≈en** (*h*) risonare; rimbombare; **'≈end** sonoro; **'~geschwindigkeit** *f* velocità *f* del suono: **'~mauer** *f* muro *m* del suono; **'~platte** *f* disco *m*; **'~welle** *f* onda *f* sonora

'schalt|en ['ʃaltən] (*h*) regolare; *el* inserire; *auto* cambiare marcia; F capire; **'≈er** *m* (*-s*; *-*) sportello *m*; *el* interruttore *m*; **'≈erbeamte** *m fer, post, Bank*: impiegato *m* allo sportello; **'≈erschluss** *m* chiusura *f* degli sportelli; **'≈erstunden** *f/pl* orario *m* di sportello; **'≈hebel** *m* leva *f* del cambio; **'≈jahr** *n* anno *m* bisestile; **'≈tafel** *f el* quadro *m* di distribuzione (*od* di comando)

Schalttag *m* giorno *m* intercalare

Schaltung *f* (*-*; *-en*) cambio *m*; *el* collegamento *m*; connessione *f*; *auto* cambio *m* di velocità

Scham [ʃaːm] *f* (*-*; *senza pl*) vergogna *f*; (*Gefühl*) pudore *m*; *anat* genitali *m/pl*; pube *m*

'schämen ['ʃɛːmən]: ***sich ~*** (*h*) vergognarsi

'Scham|gefühl ['ʃaːmgəfyːl] *n* pudore *m*; **'~gegend** *f* regione *f* del pube; **'≈haft** pudibondo, pudico; **'≈los** spudorato; impudico, indecente; (*frech*) svergognato

'Schande ['ʃandə] *f* (*-*; *senza pl*) vergogna *f*, disonore *m*

'schänden ['ʃɛndən] (*h*) disonorare; (*entheiligen*) profanare

'schändlich ['ʃɛntliç] vergognoso

'Schandtat ['ʃanttaːt] *f* infamia *f*

'Schanze ['ʃantsə] *f* (*-*; *-n*) trincea *f*; (*Sprung*≈) trampolino *m* (di salto)

Schar [ʃaːr] *f* (*-*; *-en*) schiera *f*; (*Menge*) folla *f*; ***in ~en*** a frotte

'scharen ['ʃaːrən] (*h*) schierare; ***sich ~*** schierarsi

S

'scharenweise ['ʃɑːrənvaɪzə] a frotte; a schiere

scharf [ʃarf] **1.** *adj* acuto; *Worte*: aspro, brusco, pungente; *Klinge*: affilato; *Brille*, *Geschmack*: forte; piccante; *Wind*: tagliente; *Gehör*: fine; *Trab*: serrato; *fot* nitido; (*bissig*) mordace; (*streng*) severo; (*genau hervortretend*) spiccato; F *~ auf et acc sein* avere voglia di qc; **2.** *adv* (*deutlich*) nettamente; *~ bewachen* guardare a vista; *~ geladen* (*schießen*) caricato (tirare) a palla; *~ machen* affilare; '**2blick** *m* (*-[e]s*; *senza pl*) perspicacia *f*

'Schärfe ['ʃɛrfə] *f* (*-*; *senza pl*) acutezza *f*; nitidezza *f*; asprezza *f*; acredine *f*; mordacità *f*; finezza *f*; → ***scharf***

'schärfen ['ʃɛrfən] (*h*) affilare; aguzzare (*a fig*)

'scharf|kantig a spigoli vivi; '**2sinn** *m* (*-[e]s*; *senza pl*) acume *m*; '**~sinnig** sagace

'Scharlach ['ʃarlax] *m* (*-s*; *senza pl*) *med* scarlattina *f*

Schar'nier [-'niːr] *n* (*-s*; *-e*) cerniera *f*

'Scharte ['ʃartə] *f* (*-*; *-n*) tacca *f*, dente *m*; ***die ~ auswetzen*** *fig* rimediare al danno

'Schatten ['ʃatən] *m* (*-s*; *-*) ombra *f*; ***im ~*** all'ombra; ***in den ~ stellen*** *fig* eclissare; '**~kabinett** *n pol* gabinetto *m* ombra; '**~seite** *f fig* rovescio *m*

Schat'tierung [ʃa'tiːruŋ] *f* (*-*; *-en*) ombreggiatura *f*, *fig* sfumatura *f*

'schattig ['ʃatiç] ombroso

Schatz [ʃats] *m* (*-es*; *¨e*) tesoro *m* (*a fig*)

'schätz|en ['ʃɛtsən] (*h*) stimare; valutare; (*achten*) apprezzare; ***ich schätze Sie auf 20 Jahre*** Le do venti anni

'Schätz|preis *m* prezzo *m* di stima; '**~ung** *f* (*-*; *-en*) *econ* stima *f*, valutazione *f*; '**2ungsweise** all'incirca, approssimativamente; '**~wert** *m* valore *m* di stima

Schau [ʃaʊ] *f* (*-*; *-en*) vista *f*; (*Ausstellung*) mostra *f*, esposizione *f*; (*Vorführung*) esibizione *f*, *tea* spettacolo *m*; rivista *f*, *fig* punto *m* di vista; panorama *m*

'schauderhaft [-dərhaft] orribile

'schauen ['ʃaʊən] (*h*) guardare

'Schauer ['ʃaʊər] *m* (*-s*; *-*) orrore *m*; *med* brivido *m*; (*Gewitter*) acquazzone *m*, rovescio *m*; (*Hagel2*) grandinata *f*; '**2lich** orrendo, spaventoso

'Schaufel ['-fəl] *f* (*-*; *-n*) pala *f*; '**2n** (*h*) *v/t u v/i* spalare, lavorare con la pala (*od* col badile)

'Schaufenster ['ʃaʊfɛnstər] *n* vetrina *f*; '**~bummel** *m* passeggiata *f* per guardare le vetrine

'Schaukel ['-kəl] *f* (*-*; *-n*) altalena *f*; '**2n** (*h*) fare l'altalena; '**~stuhl** *m* sedia *f* a dondolo

'Schaulustige *m/f* curioso *m*, -a *f*

Schaum [ʃaʊm] *m* (*-[e]s*; *¨e*) schiuma *f*; *Wein*, *Meer*: spuma *f*

'schäumen ['ʃɔʏmən] (*h*) spumeggiare; *fig* avere la schiuma alla bocca

'Schaum|bad *n* bagnoschiuma *m*; '**~gummi** *n u m* gommapiuma *f*; '**2ig** spumoso; '**~wein** *m* (vino *m*) spumante *m*

'Schau|platz *m* luogo *m*; *fig* scenario *m*; '**~spiel** *n* spettacolo *m*; *tea* dramma *m*, lavoro *m* drammatico, commedia *f*; '**~spieler** *m* attore *m*; '**~spielerin** *f* attrice *f*; '**~spielhaus** *n* teatro *m* drammatico; '**~steller** *m* (*-s*; *-*) espositore *m*

Scheck *econ* [ʃɛk] *m* (*-s*; *-s*) assegno *m*; '**~gebühr** *f* spese *f/pl* per assegno; '**~heft** *n* libretto *m* degli assegni; '**~karte** *f* carta *f* assegni

'Scheibe ['ʃaɪbə] *f* (*-*; *-n*) disco *m*; (*Brot2*) fetta *f*; (*Orangen2*, *Zitronen2*) spicchio *m*; (*Fenster2*) (lastra *f* di) vetro *m*, cristallo *m*

'Scheiben|bremse *f* freno *m* a disco; '**~waschanlage** ['-ˀan-] *f* lavacristallo *m*; '**~wischer** *m auto* tergicristallo *m*

'Scheide ['ʃaɪdə] *f* (*-*; *-n*) guaina *f*; *anat* vagina *f*

'scheid|en ['ʃaɪdən] (*schied*, *geschieden*) **1.** *v/t* (*h*) separare; dividere; *Ehe*: divorziare; ***sich ~ lassen*** divorziare; chiedere il divorzio; **2.** *v/i* (*sn*) separarsi; (*weggehen*) andarsene; ***aus dem Leben ~*** morire; '**2ung** *f* (*-*; *-en*) separazione *f*; (*Ehe2*) divorzio *m*; '**2ungsklage** *f* domanda *f* di divorzio

Schein [ʃaɪn] *m* (*-[e]s*; *senza pl*) luce *f*; (*Mond2*) chiaro *m*; chiarore *m*; (*An2*) apparenza *f*; (*pl -e*) (*Fahr2*, *Geld2*) biglietto *m*; (*Heiligen2*) aureola *f*; (*Gepäck2*) scontrino *m*; (*Schuld2*) obbligazione *f*; (*Bescheinigung*) certificato *m*; (*Formular*) modulo *m*; ***den ~***

wahren *fig* salvare le apparenze; **'2bar** apparente; **'2en** (*schien, geschienen, h*) sembrare, parere; (*glänzen*) risplendere; ***die Sonne scheint*** c'è il sole, splende il sole; **'2heilig** ipocrita; **'~werfer** ['-vɛrfər] *m* (-*s*; -) riflettore *m*, faro *m*, fanale *m*

'Scheiß|e P ['ʃaɪsə] *f* (-; *senza pl*) merda *f*; **'2en** (*schiss, geschissen, h*) P cacare; **'~kerl** P *m* carogna *f*, fetente *m*

Scheit [ʃaɪt] *n* (-*[e]s*; -*e*) ceppo *m*

'Scheitel ['ʃaɪtəl] *m* (-*s*; -) vertice *m*; (*Haar2*) riga *f*, scriminatura *f*

'scheitern['ʃaɪtərn] (*sn*) naufragare; (*fig a*) andare a monte, fare fiasco

'Schema ['ʃeːma] *n* (-*s*; -*s u* -*ata*) schema *m*; **2tisch** [ʃe'maːtiʃ] schematico

'Schenke ['ʃɛnkə] *f* (-; -*n*) osteria *f*, taverna *f*, bettola *f*

'Schenkel ['ʃɛnkəl] *m* (-*s*; -) coscia *f*; *mat* lato *m*; *Zirkel*: asta *f*; **'~bruch** *m* *med* frattura *f* del femore

'schenk|en ['-kən] (*h*) regalare; (*stiften*) donare; *Glauben*; prestare; *Gehör*: dare; ***ich habe es geschenkt bekommen*** l'ho ricevuto in regalo; **'2ung** *f* (-; -*en*) donazione *f*; **'2ungssteuer** *f* imposta *f* sulle donazioni; **'2ungsurkunde** *f* atto *m* di donazione

'Scherbe ['ʃɛrbə] *f* (-; -*n*) coccio *m*; frantume *m*; **~n** *pl fig* resti *m/pl*

'Schere ['ʃeːrə] *f* (-; -*n*) forbici *f/pl*

Schere'rei [ʃeːrə'raɪ] *f* (-; -*en*) F seccatura *f*

Scherz [ʃɛrts] *m* (-*es*; -*e*) scherzo *m*; *schlechter*: burla *f*, tiro *m*; ***~ beiseite!*** scherzi a parte!; ***im ~*** per scherzo; **'~artikel** *m/pl* articoli *m/pl* da carnevale; **'2en** (*h*) scherzare; **'2haft** scherzoso

scheu [ʃɔʏ] timido; pauroso; (*menschen~*) poco socievole; *fig Pferde*: ombroso; ***~ werden*** adombrarsi

'scheuen ['ʃɔʏən] (*h*) **1.** *v/i* adombrarsi; **2.** *v/t* temere; *keine Kosten, Mühe*: non badare a; ***sich ~*** schivare; ***sich ~ vor*** (*dat*) aver paura di

'Scheuer|lappen ['ʃɔʏərlapən] *m*, **'~tuch** *f* strofinaccio *m*; **'2n** (*h*) fregare; strofinare; pulire (*od* togliere) strofinando

'Scheune ['ʃɔʏnə] *f* (-; -*n*) granaio *m*; *für Heu*: fienile *m*

'Scheusal ['-zaːl] *n* (-*s*; -*e*) mostro *m*

'scheußlich ['ʃɔʏsliç] mostruoso, orribile

Schi → ***Ski***

Schicht [ʃiçt] *f* (-; -*en*) strato *m*; (*Arbeits2*) turno *m* (di lavoro); **'~arbeit** *f* (-; *senza pl*) lavoro *m* a turni; **'2en** (*h*) disporre a strati; *Holz*: accatastare; **'~wechsel** *m* cambio *m* di turno, muta *f*

schick [ʃik] *adj* chic, elegante

Schick *m* (-*[e]s*; *senza pl*) eleganza *f*

'schicken ['ʃikən] (*h*) mandare; inviare; *post, econ* spedire

Schicke'ria [ʃikə'riːa] *f* (-; *senza pl*) F jet-society *f*, gente *f* bene

'Schicksal ['ʃikzaːl] *n* (-*s*; -*e*) destino *m*; (*Los*) sorte *f*; **~e** *pl* vicende *f/pl*

'Schiebe|dach ['ʃiːbədax] *n auto* tettuccio *m* apribile; **'~fenster** *n* finestra *f* scorrevole

'schieb|en ['ʃiːbən] (*schob, geschoben, h*) **1.** *v/t* spingere; *tec* far scorrere; *Schuld*: dare, gettare; ***Kegel ~*** giocare ai birilli; **2.** F fare loschi affari; vendere di nascosto; **'2ung** *f* (-; -*en*) *fig* corruzione *f*, truffa *f*

'Schieds|gericht ['ʃiːtsgəriçt] *n* tribunale *m* (*od* collegio *m*) arbitrale; **'~richter** *m* arbitro *m*; **'~spruch** *m* arbitrato *m*; **'~verfahren** *n* procedimento *m* arbitrale

schief [ʃiːf] **1.** *adj* obliquo; (*geneigt*) inclinato; *fig* ***~e Lage*** *f* posizione *f* falsa; ***~er Turm*** *m* torre *f* pendente; **2.** *adv* ***~ 'gehen*** camminare storto; F andar male (*od* di traverso)

'schielen ['ʃiːlən] *v/i* (*h*) essere guercio, avere gli occhi storti

'Schienbein ['ʃiːnbaɪn] *n* stinco *m*

'Schiene ['ʃiːnə] *f* (-; -*n*) *fer* rotaia *f*; **~n** *pl* binari *m/pl*; *med* stecca *f*; (*Führungs2*) guida *f*; **'2n** *med* (*h*) steccare; riassestare; **'~nfahrzeug** *n* veicolo *m* su binari; **'~nnetz** *n* rete *f* ferroviaria; **'~nverkehr** *m* traffico *m* ferroviario; **'~nweg** *m* tratto *m* di rotaie; strada *f* ferrata

'Schieß|bude ['ʃiːsbuːdə] *f* baracca *f* di tiro a segno; **2en** (*schoss, geschossen*) **1.** *v/t* (*h*) sparare; tirare; *Jagd*: cacciare; ***e-n Bock ~*** *fig* pigliare un granchio; fare una papera; ***~ lassen*** (*Zügel*) *fig* abbandonare, rinunciare a; **2.** *v/i* (*h*)

sparare, tirare; ***gut*** ~ essere un buon tiratore; ***daneben*** ~ sbagliare il colpo; (*sn*) (*wachsen*) crescere; *Blut*: salire; **~e'rei** [-'raɪ] *f* (-; -*en*) sparatoria *f*; **'~platz** *m* poligono *m*, campo *m* di tiro; **'~scheibe** *f* bersaglio *m*; **'~stand** *m* tiro *m* a segno; **'~übung** *f* esercitazione *f* di tiro

Schiff [ʃif] *n* (-*[e]s*; -*e*) nave *f*; *arch* navata *f*; *tec* navetta *f*

Schiffahrt → ***Schifffahrt***

'schiff|bar ['ʃifbaːr] navigabile; **'2bau** *m* (-*[e]s*; *senza pl*) costruzioni *f/pl* navali; **'2bruch** *m* (-*[e]s*; *senza pl*) (*a fig*) naufragio *m*; ~ ***erleiden*** *fig* naufragare; **'2brüchige** *m/f* (-*n*; -*n*) naufrago *m*; -a *f*; **'2er** *m* (-*s*; -) navigante *m*; armatore *m*; marinaio *m*; (*Fährmann*) barcaiolo *m*

'Schifffahrt ['ʃifaːrt] *f* (-; *senza pl*) navigazione *f*; **'~sgesellschaft** *f* società *f* di navigazione; **'~slinie** *f* linea *f* di navigazione

'Schiffs|arzt *m* medico *m* di bordo; **'~besatzung** *f* equipaggio *m*; **'~junge** *m* mozzo *m*; **~koch** *m* cuoco *m* di bordo; **'~ladung** *f* carico *m*; **'~raum** *m* stazza *f*, stiva *f*, (*Tonnengehalt*) tonnellaggio *m*; **'~reise** *f* viaggio *m* in nave; **'~schraube** *f* elica *f*; **'~tagebuch** *n* giornale *m* di bordo; **'~verkehr** *m* traffico *m* marittimo; **'~werft** *f* cantiere *m* navale

Schi'kan|e [ʃi'kaːnə] *f* (-; -*n*) angheria *f*, vessazione *f*; **2'ieren** [-ka'niːrən] (*senza ge-*, *h*) angariare, vessare

Schild [ʃilt] *n* (-*[e]s*; -*er*) (*Laden2*) insegna *f*; (*Tür2*) targa *f*, cartellino *m*; scudo *m*; **'~drüse** *anat f* ghiandola *f* tiroidea; **'2ern** (*h*) dipingere, descrivere; **'~erung** ['-dəruŋ] *f* (-; -*en*) descrizione *f*; **'~kröte** *f* tartaruga *f*

Schilf [ʃilf] *n* (-*[e]s*; -*e*) *bot* canna *f*

'Schilling ['ʃiliŋ] *m* (-*s*; -*e*) scellino *m*

'Schimmel ['ʃiməl] *m* (-*s*; -) *zo* cavallo *m* bianco; (*senza pl*) *bot* muffa *f*; **'2ig** ammuffito; **'2n** (*h u sn*) ammuffire

'Schimmer ['ʃimər] *m* (-*s*; -) bagliore *m*; *fig* barlume *m*; **'2n** (*h*) scintillare

Schim'panse [ʃim'panzə] *m* (-*n*; -*n*) *zo* scimpanzè *m*

'schimpf|en ['ʃimpfən] *v/i* (*h*) imprecare; F dire le parolacce; ***mit j-m*** ~ sgridare qu; ***auf j-n*** ~ inveire contro qu; ***über et*** (*acc*) ~ lagnarsi di qc; **'2wort** *n* ingiuria *f*, parolaccia *f*

'Schinken ['ʃiŋkən] *m* (-*s*; -) prosciutto *m*; **'~brot** *n* panino *m* al prosciutto

'Schippe ['ʃipə] *f* (-; -*n*) pala *f*

Schirm [ʃirm] *m* (-*[e]s*; -*e*) riparo *m*; (*Regen2*) ombrello *m*; (*Sonnen2*) ombrellone *m*; (*Lampen2*) paralume *m*; **'~hülle** *f* fodero *m* dell'ombrello; **'~mütze** *f* berretto *m* con visiera; **'~ständer** *m* portaombrelli *m*

Schlacht [ʃlaxt] *f* (-; -*en*) battaglia *f*; **'2en** *v/t* (*h*) *Tiere*: macellare; **'~enbummler** *m* (-*s*; -) *Sport*: tifoso *m*; **'~feld** *n* campo *m* di battaglia; **'~hof** *m* macello *m*; **'~plan** *m* piano *m* di battaglia; **'~schiff** *n* nave *f* da battaglia

Schlaf [ʃlaːf] *m* (-*[e]s*; *senza pl*) sonno *m*; **'~anzug** *m* pigiama *m*

'Schläfe ['ʃlɛːfə] *f* (-; -*n*) *anat* tempia *f*

'schlafen ['ʃlaːfən] (*schlief*, *geschlafen*, *h*) dormire; ~ ***gehen*** andare a letto

schlaff [ʃlaf] rallentato; (*schlapp*) floscio; flaccido; *Personen*: fiacco

'Schlaf|losigkeit *f* (-; *senza pl*) insonnia *f*; **'~mittel** *n* sonnifero *m*; **'~mütze** *f fig* dormiglione *m*

'schläfrig ['ʃlɛːfriç] sonnolento; *fig* addormentato; ~ ***sein*** aver sonno

'Schlaf|sack *m* sacco *m* a pelo; **'~stadt** *f* città *f* dormitorio; **'2trunken** sonnacchioso; *Augen*: imbambolato; **'~wagen** *m fer* vagone *m* letto; **'~zimmer** *n* camera *f* da letto

Schlag [ʃlaːk] *m* (-*[e]s*; ⸚*e*) colpo *m* (*a med*); *Herz*: battito *m*; *Uhr*: tocco *m*; ~ ***zehn Uhr*** alle dieci in punto; (*Blitz2*) fulmine *m*; *el* scarica *f*, scossa *f*; *fig* (*Art*) stampo *m*, stampa *f*; ***ein schwerer*** ~ *fig* un colpo duro; **'~ader** *f* arteria *f*; **'~anfall** *m med* colpo *m* apoplettico; **'2artig** *adv* di colpo, repentinamente; **'~baum** *m* barriera *f*

'schlagen ['ʃlaːgən] (*schlug*, *geschlagen*) **1.** *v/t* (*h*) battere; (*prügeln*) picchiare; (*besiegen*) sconfiggere, vincere; *Alarm*: dare; *Eier*: sbattere; *in die Flucht*: mettere; ***sich mit j-m*** ~ battersi con qu; **2.** *v/i* (*a sn*) battere; *Uhr*: sonare; ***aus der Art*** ~ degenerare; ***nach dem Vater*** (***nach der Mutter***) ~ somigliare al padre (alla madre)

'Schlager ['ʃlaːgər] *m* (-*s*; -) pezzo *m* di gran successo; *mus* canzonetta *f* (po-

polare); (*Tanz*≗) ballabile *m*
'Schläger ['ʃlɛːgər] *m* (-*s*; -) (*Raufbold*) accattabrighe *m*; *Tennis*: racchetta *f*; *Golf*: mazza *f*; *Hockey*: bastone *m*; **~'ei** *f* (-; -*en*) zuffa *f*, rissa *f*
'schlag|fertig ['ʃlaːkfɛrtiç] pronto, dalla risposta pronta; **'≗instrument** *n* *mus* strumento *m* a percussione; **'≗loch** *n* buca *f*; ***Straße f voller Schlaglöcher*** strada *f* dissestata; **'≗sahne** *f* panna *f* montata; **'≗seite** *mar f* (-; *senza pl*) inclinazione *f*; **'≗zeile** *f* titolo *m* a caratteri cubitali; **'≗zeug** *n* (-*[e]s*; -*e*) *mus* batteria *f*
Schlamm [ʃlam] *m* (-*[e]s*; -*e*) fango *m*, melma *f*; **'≗ig** fangoso
Schlamp|e'rei [-pə'raɪ] *f* (-; -*en*) F negligenza, *f* trascuratezza *f*, disordine *m*; **'≗ig** negligente, sciatto, trascurato, disordinato
'Schlange ['ʃlaŋə] *f* (-; -*n*) serpente *m*; *fig* **~ *stehen*** fare la coda
'schlängeln ['ʃlɛŋəln]: ***sich ~*** (*h*) serpeggiare
'Schlangenbiss *m* morso *m* di serpente
schlank [ʃlaŋk] svelto; snello; *Figur*: slanciato; *Finger*: affusolato; **'≗heitskur** *f* cura *f* dimagrante
schlapp [ʃlap] fiacco, debole
'Schlappe ['ʃlapə] *f* (-; -*n*) batosta *f*, sconfitta *f*
schlau [ʃlaʊ] furbo
Schlauch [ʃlaʊx] *m* (-*[e]s*; ⸚*e*) tubo *m*; otre *m*; (*Rad*≗) pneumatico *m*, gomma *f*; (*Luft*≗) camera *f* d'aria; **'~boot** *n* canotto *m* pneumatico; **'≗los** senza camera d'aria
schlecht [ʃlɛçt] **1.** *adj* cattivo; *Zahn*: guasto; **2.** *adv* male; ***mir ist ~*** mi sento male; ***nicht ~!*** non c'è male!; ***es steht sehr ~ mit ihm*** le sue cose vanno molto male; **~ *gelaunt*** di cattivo umore; **~ *machen*** parlar male di; **'≗igkeit** *f* (-; *senza pl*) cattiveria *f*; **≗'wetterperiode** *f* periodo *m* di maltempo
'schleich|en ['ʃlaɪçən] (*schlich*, *geschlichen*, *sn*) andare (*od* scorrere) lentamente, andare di soppiatto, strisciare; **'~end** lento; furtivo; *med* latente; **'≗werbung** *f* pubblicità *f* occulta
'Schleier ['ʃlaɪər] *m* (-*s*; -) velo *m*; **'≗haft** oscuro, misterioso; incomprensibile
'Schleife ['ʃlaɪfə] *f* (-; -*n*) cappio *m*; laccio *m*; (*Band*≗) fiocco *m*
'schleif|en ['ʃlaɪfən] (*h*) **1.** *v/t* (*schliff*, *geschliffen*) *Messer*: arrotare, affilare; *Diamant*: sfaccettare; *Steine*: pulire; **2.** (*schleifte*, *geschleift*) *v/t* trascinare; *v/i* strisciare; **'≗maschine** *f* arrotatrice *f*
Schleim [ʃlaɪm] *m* (-*[e]s*; -*e*) *med* muco *m*; **'~auswurf** *m* (-*[e]s*; ⸚*e*) espettorazione *f*; **'~haut** *f* mucosa *f*; **'≗ig** viscoso; *med* mucoso; viscido
'schlemm|en ['ʃlɛmən] (*h*) gozzovigliare; **'≗erlokal** *n* locale *m* di specialità culinarie
'schlend|ern ['ʃlɛndərn] (*sn*) andare a zonzo, girellare; **'≗rian** ['-driaːn] *m* (-*[e]s*; *senza pl*) F andazzo *m*
'schlepp|en ['ʃlɛpən] (*h*) trascinare; *mar*, *auto* rimorchiare; **'~end** strascicante; *Tempo*: strascicato; *Stil*: pesante; **'≗er** *m* (-*s*; -) trattore *m*; *mar* rimorchiatore *m*; **'≗lift** *m* sciovia *f*; **'≗tau** *n* cavo *m* da rimorchio; *fig* ***ins ~ nehmen*** rimorchiare; *fig* ***im ~ von*** sulla scia di
'Schleuder ['ʃlɔʏdər] *f* (-; -*n*) fionda *f*; (*Wäsche*≗) centrifuga *f* (della lavatrice); **'≗n** **1.** (*h*) *v/t* scagliare; *avia* catapultare; **2.** *v/i* (*a sn*) *Auto*: slittare, sbandare; ***ins Schleudern geraten*** cominciare a sbandare; **'~preis** *m* prezzo *m* irrisorio (*od* di svendita)
'schleunig ['ʃlɔʏniç] **1.** *adj* pronto; **2.** *adv* subito; **'~st** al più presto
'Schleuse ['ʃlɔʏzə] *f* (-; -*n*) chiusa *f*, cateratta *f*
schlicht [ʃliçt] schietto; semplice; *Kleidung*: dimesso; **'~en** (*h*) lisciare; *fig* accomodare; appianare; **'≗er** *m* (-*s*; -) levigatore *m*; conciliatore *m*; **'≗ung** *f* (-; *senza pl*) accomodamento *m*
schließ|en ['ʃliːsən] (*schloss*, *geschlossen*, *h*) chiudere, serrare; *in seine Arme*: abbracciare; stringere; *Vertrag*: concludere; *Ehe*: contrarre; *Frieden*, *Freundschaft*: fare; *Sitzung*: levare, togliere; (*beenden*) terminare; sospendere; (*folgern*) dedurre, concludere, inferire; **'≗fach** *n post* casella *f* postale; (*Bank*≗) cassetta *f* di sicurezza; *fer* deposito *m* bagagli a cassette; **'~lich** alla fine; in fin dei conti
Schliff [ʃlif] *m* (-*[e]s*; *senza pl*) taglio *m*; *Klingen*: affilatura *f*, *fig* educazione *f*

S

schlimm [ʃlim] **1.** *adj* brutto; (*böse*) cattivo; (*krank*) malato; ***es ist nicht so ~ wie …*** non è poi tanto male come …; **2.** *adv* male; **'~er 1.** *adj* peggiore; **2.** *adv* peggio; ***~ werden*** peggiorare; ***immer ~ werden*** andare di male in peggio; **'2ste** peggiore; ***das Schlimmste ist, dass …*** il peggio è che …; ***im ~n Falle*** = **'~stenfalls** ['-stən'fals] nel peggiore dei casi

'Schlinge ['ʃliŋə] *f* (-; *-n*) cappio *m*

'schlingern *mar* ['ʃliŋərn] (*h*) rullare

'Schlingpflanze ['ʃliŋpflantsə] *f* pianta *f* rampicante

Schlips [ʃlips] *m* (*-es*; *-e*) cravatta *f*

'Schlitt|en ['ʃlitən] *m* (*-s*; -) (*Rodel2*) slitta *f*, slittino *m*; ***~ fahren*** andare in slitta; **'~enfahrt** *f* corsa *f* in slitta; **'2ern** (*sn*) scivolare, sdrucciolare (sul ghiaccio)

'Schlittschuh ['-ʃuː] *m* pattino *m*; ***~ laufen*** pattinare; **'~läufer(in** *f*) *m* pattinatore *m*, -trice *f*

Schlitz [ʃlits] *m* (*-es*; *-e*) fessura *f*, *Kleidung*: spacco *m*

Schloss[1] [ʃlɔs] *n* (*-es*; *¨er*) *arch* palazzo *m*; (*Burg*) castello *m*

Schloss[2] *n* (*-es*; *¨er*) *tec* serratura *f*, (*Vorlege2*) lucchetto *m*; ***hinter ~ und Riegel*** in gattabuia

'Schlosser ['ʃlɔsər] *m* (*-s*; -) magnano *m*, fabbro *m*

'Schloss|park *m* parco *m* del castello; **'~ruine** *f* rovine *f/pl* di un castello

'schlottern ['ʃlɔtərn] (*h*) tremare; vacillare, ciondolare

Schlucht [ʃluxt] *f* (-; *-en*) gola *f*, ***tiefe ~*** burrone *m*

'schluchzen ['ʃluxtsən] (*h*) singhiozzare

Schluck [ʃluk] *m* (*-[e]s*; *-e*) sorso *m*; **'~auf** *m* (*-s*; *senza pl*) singhiozzo *m*; **'2en** (*h*) inghiottire; F mandare giù; *tec* assorbire; **'~impfung** *f* vaccinazione *f* per via orale

'schlüpf|en ['ʃlypfən] (*sn*) guizzare; **'2er** *m* (*-s*; -) mutandine *f/pl*; slip *m*

'schlüpfrig ['ʃlypfriç] lubrico; scivoloso

'Schlupfwinkel ['ʃlupfviŋkəl] *m* nascondiglio *m*

'schlürfen ['ʃlyrfən] (*h*) sorseggiare, centellinare

Schluss [ʃlus] *m* (*-es*; *senza pl*) (*Ende*) fine *f*, *e-r Rede*, *e-s Briefes*: chiusa *f*, (*pl ¨e*) (*Folgerung*) conclusione *f*, ***~ machen*** farla finita; ***~ für heute*** basta per oggi; ***zum ~ kommen*** volgere alla fine; **'~bemerkung** *f* osservazione *f* finale; **'~bilanz** *f* bilancio *m* di chiusura

'Schlüssel ['ʃlysəl] *m* (*-s*; -) chiave *f* (*a fig*); *Chiffre*: codice *m*; **'~bein** *n* clavicola *f*, **'~bund** *n* mazzo *m* di chiavi; **'2fertig** *Haus*: pronto per la consegna; **'~industrie** *f* industria *f* chiave; **'~loch** *n* buco *m* della chiave, toppa *f*; **'~stellung** *f* posizione *f* chiave

'Schlussfolgerung *f* conclusione *f*, argomentazione *f*, conseguenza *f*

'schlüssig ['ʃlysiç] concludente; risoluto; ***sich ~ werden*** decidersi

'Schluss|kurs *m econ* corso *m* di chiusura; **'~licht** *n auto* fanale *m* posteriore; *fer u fig* fanalino *m* di coda; **'~notierung** *f* quotazione *f* di chiusura; **'~runde** *f Sport*: giro *m* finale; *Boxsport*: ultima ripresa *f*, **'~strich** *m* tratto *m* conclusivo; **'~verkauf** *m* liquidazione *f* di fine stagione; **'~wort** *n* (*-[e]s*; *-e*) ultima parola *f*, *let* epilogo *m*

'schmackhaft ['ʃmakhaft] saporito; gustoso

schmal [ʃmaːl] stretto; *fig* magro, esiguo

'schmäler|n ['ʃmɛːlərn] (*h*) ristringere; (*verringern*) diminuire; *fig* sminuire; **'2ung** *f* (-; *-en*) diminuzione *f*, riduzione *f*

'Schmal|film ['ʃmaːlfilm] *m* film *m* a passo ridotto; **'~filmkamera** *f* macchina *f* da presa a passo ridotto; **'~spurbahn** *f* ferrovia *f* a scartamento ridotto; **'2spurig** ['-ʃpuːriç] a scartamento ridotto

Schmalz [ʃmalts] *n* (*-es*; *senza pl*) strutto *m*; grasso *m*; sentimentalismo *m*; qualcosa *m* di sdolcinato; **'2ig** grasso; *fig* unto, sentimentale

schma'rotzen [ʃma'rɔtsən] (*senza ge-, h*) *fig* vivere a scrocco

'schmatzen ['ʃmatsən] (*h*) *essend*: mangiare rumorosamente

'schmecken ['ʃmɛkən] (*h*) **1.** *v/t* assaggiare; **2.** *v/i* piacere; ***gut ~*** essere buono; ***nach et ~*** sapere di qc; ***schmeckt's?*** Le piace?; ***wie schmeckt Ihnen dieses …?*** come trova questo …?; ***das schmeckt mir sehr gut*** mi piace molto

'schmeich|elhaft ['ʃmaɪçəlhaft] lusinghiero; **'~eln** (*h*) (*dat*) lusingare (*acc*); adulare (*acc*); fare moine; **'≗ler** *m* (*-s*; -) adulatore *m*; **'~lerisch** lusinghiero; adulatorio
'schmeißen ['ʃmaɪsən] (*schmiss, geschmissen, h*) gettare, buttare
'schmelz|en (*schmolz, geschmolzen*) **1.** *v/i* (*sn*) fondersi; *Eis*: sciogliersi; **2.** *v/t* (*h*) fondere; **'≗punkt** *m* punto *m* di fusione; **'≗tiegel** *m fig* crogiolo *m*
Schmerz [ʃmɛrts] *m* (*-es*; *-en*) dolore *m*; (*Kummer*) pena *f*; **'≗en** (*h*) **1.** *v/i* dolere; **2.** *v/t* addolorare, far soffrire; **'~ensgeld** *n* indennità *f*; **'≗haft** doloroso; **'≗lich** doloroso; **'≗lindernd** calmante; **'≗los** senza dolore; *med* indolore; **'≗stillend** calmante
'Schmetterling ['ʃmɛtərlɪŋ] *m* (*-s*; *-e*) *zo* farfalla *f*
'schmettern ['ʃmɛtərn] (*h*) **1.** *v/t* scaraventare; **2.** *v/i Vögel*: cantare; *Trompeten*: squillare
Schmied [ʃmi:t] *m* (*-[e]s*; *-e*) fabbro *m*; (*Huf≗*) maniscalco *m*; **'~eeisen** ['-dəʔai-] *n* ferro *m* battuto; **'≗en** (*h*) battere (il ferro); forgiare; *fig* ordire
'schmier|en ['ʃmi:rən] (*h*) spalmare (***mit*** di); *mit Butter*: imburrare; *mit Öl*: ungere; *tec* lubrificare; ingrassare; (*schreiben*) F scarabocchiare; *fig* ***j-n ~*** ungere le mani (*od* le ruote) a qu; corrompere qu; ***es geht wie geschmiert*** va liscio come l'olio; **'≗geld** *n* F bustarella *f*; **'~ig** unto; sporco; *fig* sordido; **'≗käse** *m* formaggio *m* da spalmare; **'≗mittel** *n* lubrificante *m*
'Schmink|e ['ʃmiŋkə] *f* (-; *-n*) belletto *m*; *weiße*: biacca *f*; *rote*: rossetto *m*; **'≗en**: ***sich ~*** (*h*) truccarsi
'schmirgel|n ['ʃmirgəln] (*h*) smerigliare; **'≗papier** *n* carta *f* smeriglio
'Schmor|braten ['ʃmo:rbra:tən] *m* stufato *m*; **'≗en** (*h*) **1.** *v/t* stufare; **2.** *v/i* cuocere; *fig* bruciare
Schmuck [ʃmuk] *m* (*-[e]s*; *senza pl*) ornamento *m*; (*Juwelen*) gioie *f/pl*, gioielli *m/pl*
'schmücken ['ʃmykən] (*h*) ornare, adornare; *mit Orden*: fregiare; *Kirchen*: addobbare
'Schmuck|kästchen ['ʃmukkɛstçən] *n* (*-s*; -) cofanetto *m*; portagioie *m*; **'≗los** disadorno; **'~stück** *n* gioiello *m*, gioia *f*
'Schmugg|el ['ʃmugəl] *m* (*-s*; *senza pl*) contrabbando *m*; **'≗eln** (*h*) contrabbandare
'schmunzeln ['ʃmuntsəln] (*h*) sorridere soddisfatto
'schmusen ['ʃmu:sən] (*h*) F pomiciare
Schmutz [ʃmuts] *m* (*-es*; *senza pl*) sporcizia *f*; (*Schlamm*) fango *m*; sudiciume *m*; **'~fleck** *m* macchia *f*; **'≗ig** sporco; sudicio
'Schnabel ['ʃna:bəl] *m* (*-s*; ¨) becco *m*
'Schnake ['ʃna:kə] *f* (-; *-n*) *zo* tipula *f*
'Schnalle ['ʃnalə] *f* (-; *-n*) fibbia *f*
'schnapp|en ['ʃnapən] (*h*) scattare; ***nach Luft ~*** boccheggiare; F ***frische Luft ~*** prendere una boccata d'aria; **'≗schloss** *n* serratura *f* a scatto; **'≗schuss** *m fot* istantanea *f*
Schnaps [ʃnaps] *m* (*-es*; ¨*e*) acquavite *f*; grappa *f*; **'~flasche** *f* fiaschetta *f* d'acquavite; **'~glas** *n* bicchierino *m* da liquore; **'~idee** *f* F idea *f* assurda
'schnarch|en ['ʃnarçən] (*h*) russare; **'≗er** *m* (*-s*; -) chi russa
'schnattern ['ʃnatərn] (*h*) strepitare; *Ente*: schiamazzare
'schnauben ['ʃnaubən] (*h*) sbuffare; soffiare
'schnaufen ['ʃnaufən] (*h*) respirare; (*keuchen*) ansimare
'Schnauz|e ['ʃnautsə] *f* (-; *-n*) muso *m*; P ***halt die ~!*** chiudi il becco!; **'≗en** (*h*) vociare
'schnäuzen ['ʃnɔʏtsən]: ***sich ~*** (*h*) soffiarsi il naso
'Schnauzer *m* (*-s*; -) *zo* schnauzer *m*
'Schnecke ['ʃnɛkə] *f* (-; *-n*) *zo* chiocciola *f*; *a fig* lumaca *f*; **'~npost** *f* snail mail *f*; **'~ntempo** *n*: ***im ~*** a passo di lumaca
Schnee [ʃne:] *m* (*-s*; *senza pl*) neve *f*; **'≗bedeckt** coperto di neve, innevato; **'~ball** *m* palla *f* di neve; **'~brille** *f* occhiali *m/pl* da sci (*od* da alpinista); **'~fall** *m* nevicata *f*, precipitazione *f* nevosa; **'~flocke** *f* fiocco *m* di neve; **'~gestöber** *n* nevischio *m*; **'~glöckchen** *bot n* (*-s*; -) bucaneve *m*; **'~grenze** *f* (-; *senza pl*) limite *m* delle nevi perpetue; **'~höhe** *f* altezza *f* della neve; **'~kette** *f* catena *f* da neve; **'~mann** *m* pupazzo *m* di neve; **'~pflug** *m* spazzaneve *m*; **'~schmelze** ['-ʃmɛltsə] *f* (-; *senza pl*) scioglimento *m* della neve,

S

disgelo *m*; **'\~sturm** *m* bufera *f* di neve; **'\~treiben** *n* nevischio *m*; **'\~wehe** *f* neve *f* ammucchiata

'Schneide ['ʃnaɪdə] *f* (-; *-n*) filo *m*, taglio *m*; **'2n** (*schnitt*, *geschnitten*, *h*) tagliare; ***sich \~*** tagliarsi; **'2nd** tagliente; *Kälte*: pungente

'Schneider ['ʃnaɪder] *m* (*-s*; -), **'\~in** *f* (-; *-nen*) sarto *m*, -a *f*

'Schneidezahn *m* dente *m* incisivo

'schneien ['ʃnaɪən] (*h*) nevicare

'Schneise ['ʃnaɪzə] *f* (-; *-n*) sentiero *m* (in un bosco)

schnell [ʃnɛl] rapido; veloce; pronto; *adv* presto

'Schnell|boot *mil* ['ʃnɛlboːt] *n* motosilurante *f*; **'2en** (*sn*) **1.** *v/i* (*sn*) scattare; *Preise*: salire rapidamente; **2.** *v/t* (*h*) scoccare; (*werfen*) lanciare; **'\~gaststätte** *f* tavola *f* calda, snack-bar *m*; **'\~gericht** *n* *gastr* piatto *m* rapido; **'\~hefter** ['-hɛftər] *m* (*-s*; -) raccoglitore *m*; **\~igkeit** *f* (-; *senza pl*) rapidità *f*, velocità *f*; **\~straße** *f* superstrada *f*; **'\~verfahren** *jur n* direttissima *f*, procedura *f* d'urgenza; **'\~zug** *m* (treno *m*) espresso *m*

schneuzen → ***schnäuzen***

'Schnippchen ['ʃnipçən] *n*: ***j-m ein \~ schlagen*** fare un brutto tiro a qu

'Schnipsel ['-səl] *m u n* (*-s*; -) ritaglio *m*, pezzettino *m*

'Schnitt [ʃnit] *m* (*-[e]s*; *-e*) taglio *m*; *med Kunst*: incisione *f*; *Kleidung*: foggia *f*; ***im \~*** in media; **\~'blumen** *f/pl* fiori *m/pl* (da taglio); **'\~e** *f* (-; *-n*) fetta *f*; **'\~fläche** *f* sezione *f*; **'\~lauch** *bot m* erba *f*, cipollina; **'\~stelle** *f* *inform* interfaccia *f*; **'\~wunde** *f* ferita *f* da taglio

'Schnitz|el ['ʃnitsəl] *n* (*-s*; -) *gastr* bistecca *f*, fettina *f*; ***Wiener \~*** *gastr* cotoletta *f* alla milanese; **'2en** (*h*) intagliare, scolpire (nel legno)

Schnorchel ['ʃnɔrçəl] *m* (*-s*; -) *U-Boot*: Schnorchel *m*; *Taucher*: respiratore *m*

'Schnörkel ['ʃnœrkəl] *m* (*-s*; -) *Schrift*: svolazzo *m*; ghirigoro *m*; *arch* voluta *f*

'Schnuller ['ʃnulər] *m* (*-s*; -) F succhietto *m*; ciuccio *m*

'Schnupf|en ['ʃnupfən] *m* (*-s*; -) costipazione *f*, raffreddore *m*; ***\~ haben*** essere raffreddato, avere il raffreddore; **'2tabak** *m* tabacco *m* da fiuto

'schnuppern ['ʃnupərn] (*h*) fiutare

Schnur [ʃnuːr] *f* (-, *¨e*) spago *m*, cordicella *f*, *von Perlen*: filo *m*; (*pl -en*) *el* cavo *m*, cordone *m*

'Schnür|chen ['ʃnyːrçən] *n*: ***wie am \~ laufen*** andare liscio come l'olio; **'2en** (*h*) allacciare

Schnurrbart ['ʃnurbaːrt] *m* baffi *m/pl*

'schnurren ['ʃnurən] (*h*) ronzare; *Katze*: fare le fusa

'Schnür|schuh ['ʃnyːrʃuː] *m* scarpa *f* da allacciare; **'\~senkel** *m* (*-s*; -) stringa *f*, laccio *m*

'schnurstracks ['ʃnuːrʃtraks] direttamente, difilato

'Schober ['ʃoːbər] *m* (*-s*; -) bica *f*; pagliaio *m*; fienile *m*

Schock [ʃɔk] *med m* (*-[e]s*; *-s*) choc *m*; collasso *m*; **2'ieren** (*senza ge-*, *h*) scandalizzare

'Schöffe ['ʃœfə] *m* (*-n*; *-n*) giurato *m*

Schokolade [ʃoko'laːdə] *f* (-; *-n*) cioccolata *f*

'Scholle ['ʃɔlə] *f* (-; *-n*) **1.** zolla *f*, (*Eis2*) lastra *f* di ghiaccio; **2.** *zo* sogliola *f*

schon [ʃoːn] già; ***\~ gut*** va bene; ***\~ lange*** già da tempo; ***\~ wieder*** di nuovo; ***\~ wegen ...*** non foss'altro per ...; ***\~ der Gedanke*** il solo pensiero; ***er wird \~ kommen*** vedrai che verrà; ***das \~, aber*** va bene, ma

schön [ʃøːn] **1.** *adj* bello; ***das ist \~ von dir!*** è gentile da parte tua; ***das wäre noch \~er*** ci mancherebbe altro; ***das ist \~er*** questo è più bello; ***die \~en Künste*** le belle arti; **2.** *adv* bene; ***\~!*** va bene!; ***bitte \~!*** per favore!; faccia pure!

'schonen ['ʃoːnən] (*h*) aver cura di; *j-n*: risparmiare; ***sich \~*** riguardarsi; **'\~d** delicato; indulgente; ***in \~er Weise*** con tutti i riguardi

'Schönheit ['ʃøːnhaɪt] *f* (-; *-en*) bellezza *f*; **'\~skönigin** *f* reginetta *f*; **'\~smittel** *n* cosmetico *m*; **\~spflege** *f* cura *f* della bellezza; cosmesi *f*; **'\~ssalon** *m* istituto *m* di bellezza

'schönmachen ['ʃøːnmaxən]: ***sich \~*** (*sep*, *-ge-*, *h*) farsi bello

'Schonung ['ʃoːnuŋ] *f* (-; *senza pl*) riguardi *m/pl*; attenzione *f*, (*pl -en*) *Bäume*: bosco *m* di riserva; **'2slos** spietato

'Schön'wetterlage *f* bel tempo *m*

'Schonzeit ['ʃoːntsaɪt] *f* chiusura *f* della caccia

S

'schöpf|en ['ʃœpfən] (*h*) attingere (*a fig*); *Atem*, *Mut*, *Verdacht*: prendere; *Hoffnung*: concepire; **'2er** *m* (*-s*; *-*) creatore *m*; **'~erisch** creativo; **'2kelle** *f*, mestolo *m*; ramaiolo *m*

'Schoppen ['ʃɔpən] *m* (*-s*; *-*) mezzetta *f*; *Wein*: quartino *m*; *Bier*: pinta *f*

Schorf [ʃɔrf] *m* (*-[e]s*; *-e*) *med* crosta *f*

'Schornstein ['ʃɔrnʃtaɪn] *m* camino *m*; *tec* ciminiera *f*; **'~feger** *m* spazzacamino *m*

Schoß [ʃoːs] *m* (*-[e]s*; *⸚e*) grembo *m* (*a fig*); ***die Hände in den ~ legen*** starsene con le mani in mano

'Schote *bot* ['ʃoːtə] *f* (*-*; *-n*) baccello *m*; ***~n*** *pl* piselli *m/pl* verdi (*od* freschi)

'Schott|e ['ʃɔtə] *m* (*-n*; *-n*), **'~in** *f* (*-*; *-nen*) scozzese *m/f*

'Schotter ['ʃɔtər] *m* (*-s*; *-*) ghiaia *f*, pietrisco *m*; *fer* massicciata *f*

schraffieren [ʃra'fiːrən] (*senza ge-*, *h*) tratteggiare

schräg [ʃrɛːk] obliquo; *mat* diagonale

'Schramme ['ʃramə] *f* (*-*; *-n*) scalfittura *f*, sfregio *m*; graffio *m*

Schrank [ʃraŋk] *m* (*-[e]s*; *⸚e*) armadio *m*; (*Bücher2*) biblioteca *f*

'Schranke ['ʃraŋkə] *f* (*-*; *-n*) barriera *f*

'schranken|los ['ʃraŋkənloːs] illimitato; (*zügellos*) sfrenato; **'2wärter** *m fer* casellante *m*, cantoniere *m*

'Schraube ['ʃraubə] *f* (*-*; *-n*) vite *f*, *mar* elica *f*; **'2n** (*h*) avvitare; ***hoch~*** alzare; ***herunter~*** abbassare; *fig* ***geschraubt*** contorto; **'~nmutter** *f* (*-*; *-n*) madrevite *f*; **'~nschlüssel** *m* chiave *f* per viti, chiave *f* inglese; **'~nzieher** ['-tsiːər] *m* (*-s*; *-*) cacciavite *m*

Schreck [ʃrɛk] *m* (*-[e]s*; *-e*) spavento *m*; ***einen ~ bekommen*** prendersi uno spavento, prendere paura; **'2en** ['ʃrɛkən] **1.** *v/t* spaventare, far prendere paura a; **2.** *v/r* ***sich ~*** prendere paura, spaventarsi; **'~en** *m* (*-s*; *-*) terrore *m* (***einjagen*** incutere); paura *f*, spavento *m*

'Schreckensherrschaft *f* regime *m* di terrore

'Schreck|gespenst ['ʃrɛkgəʃpɛnst] *n* spauracchio *m*; **'2haft** pauroso; **'2lich** terribile, tremendo, spaventoso; orribile; **'~schuss** *m* sparo *m* (*od* tiro *m*) in aria

Schrei [ʃraɪ] *m* (*-[e]s*; *-e*) grido *m* (***ausstoßen*** lanciare); *stärker*: urlo *m*

'Schreib|arbeit ['ʃraɪpʔarbaɪt] *f* lavoro *m* di scrittura; **'~büro** *n* copisteria *f*; **'2en** ['-bən] **1.** (*schrieb*, *geschrieben*, *h*) scrivere; (*ab~*) copiare; (*Maschine ~*) dattilografare; **2. '~en** *n* (*-s*; *-*) lettera *f*; **'~er** *m* (*-s*; *-*), **'~erin** *f* (*-*; *-nen*) scrivente *m/f*, *tec* registratore *m*; (*Roman2*) scrittore *m*; **'2faul** ['ʃraɪpfaʊl] pigro nello scrivere; **'~fehler** *m* errore *m* di scrittura; **'~heft** *n* quaderno *m*; **'~kraft** *f* stenodattilografo *m*, -a *f*; **'~maschine** *f* macchina *f* da scrivere; ***mit der ~ schreiben*** scrivere a macchina; **'~materialien** *n/pl* occorrente *m* per scrivere; **'~papier** *n* carta *f* da scrivere; **'~tisch** *m* scrivania *f*; **'~ung** ['-buŋ] *f* (*-*; *-en*) grafia *f*; **'~unterlage** *f* sottomano *m*; **'~warengeschäft** *n* cartoleria *f*; **'~zeug** *n* (*-[e]s*; *senza pl*) occorrente *m* per scrivere

'schrei|en ['ʃraɪən] (*schrie*, *geschrien*, *h*) gridare; ***um Hilfe ~*** gridare aiuto; **'~end** stridente; *Farbe*: vistoso; *Unrecht*: ingiustizia *f* che grida vendetta

Schreiner ['ʃrainər] *m* (*-s*; *-*) falegname *m*

'schreiten ['ʃraɪtən] (*schritt*, *geschritten*, *sn*) camminare; ***zu et ~*** passare a qc *od* procedere a qc

Schrift [ʃrift] *f* (*-*; *-en*) scrittura *f*, *tip* caratteri *m/pl*; (*Werk*) scritto *m*; (*Abhandlung*) trattato *m*; ***die Heilige ~*** la Sacra Scrittura; **'~bild** *n* caratteri *m/pl*; scrittura *f*; **'~deutsch** *n* tedesco *m* letterario; **'~führer** *m* segretario *m*; **'2lich 1.** *adj* scritto; **2.** *adv* per iscritto; **'~probe** *f* prova *f* di scrittura; **'~sachverständige** *m* grafologo *m*; **'~sprache** *f* (*-*; *senza pl*) lingua *f* scritta; **'~steller** *m* (*-s*; *-*), **'~stellerin** *f* (*-*; *-nen*) scrittore *m*, -trice *f*, autore *m*; **'~stück** *n* documento *m*; **'~verkehr** *m*, **'~wechsel** *m* corrispondenza *f*; **'~zeichen** *n* segno *m* grafico; carattere *m*

schrill [ʃril] stridente

Schritt [ʃrit] *m* (*-[e]s*; *-e*; *als Maß im pl inv*) passo *m*; *Kleidung*: cavallo *m*; ***~ für ~*** a passo a passo; ***~ halten mit*** *fig* tenere dietro a; ***im ~*** al passo; **'~macher** *m* (*-s*; *-*) *fig* battistrada *m*; *med* (*Herz~*) pacemaker *m*; **'2weise** a passo a passo, progressivamente

schroff [ʃrɔf] scabroso; *Berg*: scosceso;

S

fig brusco, secco
'schröpfen ['ʃrœpfən] (*h*) salassare (*a fig*)
Schrot [ʃroːt] *m u n* (*-[e]s*; *-e*) pallini *m/pl*; *agr* farricello *m*; **'~brot** *n* pane *m* integrale; **'~flinte** *f* fucile *m* a pallini
Schrott [ʃrɔt] *f* (*-[e]s*; *-e*) *tec* rottami *m/pl* di metallo; *fig* robaccia *f*
'schrubben ['ʃrubən] (*h*) strofinare; *mar* frettare
'schrumpfen ['ʃrumpfən] (*sn*) restringersi; contrarsi; *med* atrofizzarsi; *fig* diminuire
Schub [ʃuːp] *m* (*-[e]s*; *⸚e*) spinta *f*; gruppo *m*; **'~fach** *n*, **~lade** *f* cassetto *m*; **'2weise** a spinte; a gruppi
'schüchtern ['ʃyçtərn] timido
Schuft [ʃuft] *m* (*-[e]s*; *-e*) canaglia *f*, furfante *m*; **'2en** F (*h*) sgobbare
Schuh [ʃuː] (*-[e]s*; *-e*) scarpa *f*; ***j-m et in die ~e schieben*** dare la colpa di qc a qu; **'~anzieher** ['-antsiːər] *m* (*-s*; *-*) calzatoio *m*; **'~bürste** *f* spazzola *f* per scarpe; **'~creme** *f* crema *f* (*od* lucido *m*, lustro *m*) da scarpe; **'~geschäft** *n* negozio *m* di scarpe; calzoleria *f*; **'~macher** *m* (*-s*; *-*) calzolaio *m*; **'~putzer** *m* (*-s*; *-*) lustrascarpe *m*; **'~sohle** *f* suola *f*
'Schul|abschluss ['ʃuːlˀapʃlus] *m* titolo *m* di studio; **'~amt** *n* ufficio *m* scolastico; **'~beginn** *m*: ***vor ~*** prima che incomincino le scuole; **'~besuch** *m* frequenza *f* scolastica; **'~bildung** *f* (*-*; *senza pl*) istruzione *f* scolastica
Schuld [ʃult] *f* (*-*; *senza pl*) colpa *f*; (*pl -en*) *Geld*: debito *m*; ***ich bin schuld daran*** è colpa mia; ***es ist meine ~*** è colpa mia; ***in j-s ~ stehen*** essere in debito con qu; ***j-m die ~ an et*** (*dat*) ***geben*** dare la colpa a qu per qc
'schulden ['ʃuldən] (*h*) dovere
'Schulden|berg *m* F montagna *f* di debiti; **'2frei** esente da debiti; **'~tilgung** *f* ammortamento *m* dei debiti
'Schuldienst ['ʃuːldiːnst] *m* insegnamento *m*; scuola *f*; ***im ~ tätig sein*** fare l'insegnante
'schuldig ['ʃuldiç] **1.** *adj* colpevole; (*gebührend*) debito; dovuto; ***j-m et ~ sein*** dovere qc a qu; ***wie viel bin ich Ihnen ~?*** quanto Le devo?; ***die Antwort ~ bleiben*** non fornire una risposta; ***~ sprechen*** dichiarare colpevole; **2.** *adv* dovuto
'Schuldige *m/f* colpevole *m/f*
'schuld|los ['ʃultloːs] innocente; **'2ner** ['-nər] *m* (*-s*; *-*), **'2nerin** *f* (*-*; *-nen*) debitore *m*, -trice *f*; **'2schein** *m* titolo *m* di credito; **'2verschreibung** ['-fɛrʃraɪbuŋ] *f* (*-*; *-en*) *econ* obbligazione *f*
'Schule ['ʃuːlə] *f* (*-*; *-n*) scuola *f*; ***höhere ~*** scuola superiore; ***zur ~ gehen*** andare a scuola
'schulen ['ʃuːlən] (*h*) ammaestrare; (*ausbilden*) istruire
'Schul|englisch *n* (*-s*; *senza pl*) inglese *m* scolastico; **'~französisch** *n* (*-s*; *senza pl*) francese *m* scolastico
'Schüler ['ʃyːlər] *m* (*-s*; *-*) allievo *m*; *der Grundschule*: scolaro *m*, alunno *m*; *des Gymnasiums*: studente *m*; **'~austausch** *m* scambio *m* di studenti; **'~in** *f* (*-*; *-nen*) allieva *f*, *der Grundschule*: scolara *f*, alunna *f*; *des Gymnasiums*: studentessa *f*
'Schul|ferien *pl* vacanze *f/pl* (scolastiche); **'2frei** di vacanza, libero; **'~geld** *n* tassa *f* scolastica; **'~jahr** *n* anno *m* scolastico; **'~kamerad** *m* compagno *m* di scuola; **'~kind** *n* scolaretto *m*; alunno *m*; **'~pflicht** *f* istruzione *f* obbligatoria; **'2pflichtig** soggetto all'istruzione obbligatoria; **'~schiff** *n* nave-scuola *f*; **'~schluss** *m* (*-es*; *senza pl*) fine *f* dell'anno scolastico
'Schulter ['ʃultər] *f* (*-*; *-n*) spalla *f*; **'2n** (*h*) mettere in spalla
'Schul|ung ['ʃuːluŋ] *f* (*-*; *-en*) istruzione *f*, addestramento *m*, educazione *f*; **'~wesen** *n* (*-s*; *senza pl*) sistema *m* scolastico; istruzione *f* pubblica; **'~zeit** *f* (*-*; *senza pl*) ore *f/pl* di lezione; periodo *m* scolastico; anni *m/pl* di scuola; **'~zeugnis** *n* pagella *f*
Schund [ʃunt] *m* (*-[e]s*; *senza pl*) robaccia *f*, scarto *m*
'Schuppe ['ʃupə] *f* (*-*; *-n*) scaglia *f*; **~n** *pl* forfora *f*
'Schuppen ['ʃupən] *m* (*-s*; *-*) rimessa *f*; *avia* capannone *m*
'schuppig ['ʃupiç] squamoso
'schüren ['ʃyːrən] (*h*) attizzare; *fig* aizzare
'Schurke ['ʃurkə] *m* (*-n*; *-n*) briccone *m*
'Schürze ['ʃyrtsə] *f* (*-*; *-n*) grembiule *m*; **'~njäger** *m* F donnaiolo *m*
Schuss [ʃus] *m* (*-es*; *⸚e*) colpo *m*; tiro *m*,

sparo *m*; *Fußball*: tiro *m*; cannonata *f*; *Flüssigkeit*: goccio *m*; ***weit vom ~*** fuori tiro; ***in ~ sein*** essere a posto

'Schüssel ['ʃysəl] *f* (-; *-n*) piatto *m*; scodella *f*

'Schuss|linie *f* linea *f* di tiro *m*; **'~waffe** *f* arma *f* da fuoco; **'~wunde** *f* ferita *f* d'arma da fuoco

Schuster ['ʃuːstər] *m* (*-s*; -) calzolaio *m*

Schutt [ʃut] *m* (*-[e]s*; *senza pl*) macerie *f/pl*; detriti *m/pl*

'Schüttel|frost ['ʃytəlfrɔst] *m* (*-[e]s*; *senza pl*) brividi *m/pl*; **'2n** (*h*) scuotere; *Flüssigkeiten*: agitare; *Hand*: stringere; *Kopf*: scrollare

schütten ['ʃytən] (*h*) versare; *fig* ***es schüttet*** diluvia

Schutz [ʃuts] *m* (*-es*; *senza pl*) protezione *f*; riparo *m*; (*Verteidigung*) difesa *f*; (*Zuflucht*) rifugio *m*, asilo *m*; (*Obhut*) salvaguardia *f*; **'~blech** *n* parafango *m*; *Fahrrad*: copricatena *m*; **'~brief** *m auto* ACI-Passport *m*; **'~brille** *f* occhiali *m/pl* di protezione

'Schütze ['ʃytsə] *m* (*-n*; *-n*) tiratore *m*; *astr* sagittario *m*

'schützen ['ʃytsən] (*h*) proteggere (***vor*** *dat* da); *vor Wind*: riparare; *vor Gefahren*: difendere, salvaguardare (***vor*** *dat* da)

'Schutz|gebiet *n* zona *f* protetta; *hist* protettorato *m*; **'~haft** *f* arresto *m* per misura di sicurezza; **'~heilige** *m* (*-n*; *-n*) *rel* patrono *m*; **'~hülle** *f* custodia *f*; **'~hütte** *f* rifugio *m* alpino; **'2impfen** (*h*) vaccinare (per profilassi); **'~impfung** *f* vaccinazione *f* preventiva

'schutz|los ['ʃutsloːs] senza protezione; **'2marke** *f econ* marchio *m* di fabbrica; **'2maßnahmen** *pl* misure *f/pl* di salvaguardia; **'2umschlag** *m Buch*: sopraccoperta *f*; **'2vorrichtung** *f* dispositivo *m* di sicurezza

schwach [ʃvax] debole; fioco; ***~ werden*** indebolirsi, *fig* cadere in tentazione

'Schwäche ['ʃvɛçə] *f* (-; *senza pl*) debolezza *f*; (*Müdigkeit*) spossatezza *f*; (*pl -en*) *fig* debole *m*

'schwäch|en ['ʃvɛçən] (*h*) indebolire; *fig* infirmare; **'2ling** ['-liŋ] *m* (*-s*; *-e*) debole *m*

'schwach|sichtig ['ʃvaxziçtiç] *med* di vista debole; miope; **'2sinn** *m* (*-[e]s*; *senza pl*) *med* idiozia *f*; **'~sinnig** idiota; imbecille; **'2strom** *m el* corrente *f* a bassa tensione

'Schwächung ['ʃvɛçuŋ] *f* (-; *-en*) indebolimento *m*; estenuazione *f*

'Schwager ['ʃvaːgər] *m* (*-s*; *¨*) cognato *m*

'Schwägerin ['ʃvɛːgərin] *f* (-; *-nen*) cognata *f*

'Schwalbe ['ʃvalbə] *f* (-; *-n*) rondine *f*

Schwall [ʃval] *m* (*-[e]s*; *-e*) *Wasser*: ondata *f*, getto *m*; *Worte*: fiumana *f*

Schwamm [ʃvam] *m* (*-[e]s*; *¨e*) spugna *f*; *bot* fungo *m*

Schwan [ʃvaːn] *m* (*-[e]s*; *¨e*) cigno *m*

'schwanger ['ʃvaŋər] incinta; gravida; **'2schaft** *f* (-; *-en*) gravidanza *f*

Schwank [ʃvaŋk] *m* (*-[e]s*; *¨e*) burla *f*; *tea* farsa *f*

'schwank|en ['ʃvaŋkən] (*h*) barcollare, traballare, (*auch fig*) vacillare; (*unschlüssig*) tentennare; *Preise*: fluttuare; **'~end** (*unentschieden*) titubante; irresoluto; **'2ung** *f* (-; *-en*) barcollamento *m*; tentennamento *m*, incertezza *f*, fluttuazione *f*

Schwanz [ʃvants] *m* (*-es*; *¨e*) coda *f*, *fig* codazzo *m*; **'~flosse** *f* pinna *f* caudale

Schwarm [ʃvarm] *m* (*-[e]s*; *¨e*) sciame *m*; *avia*, *Vögel*: stormo *m*; *Menschen*: frotta *f*; (*senza pl*) *fig* ideale *m*, idolo *m*, passione *f*

'schwärmen ['ʃvɛrmən] (*h*) sciamare; (*herum~*) gironzolare, vagabondare; *Vögel*: svolazzare; (*träumen*) fantasticare; (*verliebt sein*) spasimare (***für*** per); ***für et ~*** essere fanatico di (*od* per) qc

schwarz [ʃvarts] nero; ***~ auf weiß*** per iscritto; ***~e Kunst*** *f* negromanzia *f*, ***~ tauschen*** cambiare clandestinamente; ***ins 2e treffen*** cogliere nel segno; ***~e Zahlen schreiben*** essere in nero (*od* in attivo); **'2arbeit** *f* (-; *senza pl*) lavoro *m* nero; **'~arbeiten** (*sep*, *-ge-*, *h*) lavorare clandestinamente; **'2arbeiter** *m* lavoratore *m* abusivo (*od* clandestino); **'2brot** *n* pane *m* nero

'Schwarze ['ʃvartsə] *m/f* (*-n*; *-n*) moro *m*, -a *f*, ne(g)ro *m*, -a *f*

'schwarz|fahren (*irr*, *sep*, *-ge-*, *sn*, → ***fahren***) viaggiare senza biglietto; **'2fahrer** *m* viaggiatore *m* clandestino; **'2fahrt** *f Auto*: corsa *f* senza biglietto (*od* patente); **'~haarig** dai capelli neri; **'2handel** *m* commercio *m* clandestino; **'2händler** *m* borsanerista *m/f*; **'2markt** *m* mercato *m* nero, borsa *f* nera; **'2marktpreis** *m* prezzo *m* di mercato nero; **2weißfilm** *m* film *m* in bianco e nero; **2wurzel** *bot f* scorzonera *f*

'schwatz|en ['ʃvatsən] *v/i* (*h*) chiacchierare; ciarlare; **'~haft** ciarliero

'Schwebe ['ʃveːbə] *f* (-; *senza pl*): ***in der ~*** in sospeso; **'~bahn** *f* funivia *f*; (*Seil2*) teleferica *f*

'schweben ['ʃveːbən] (*sn u h*) essere sospeso; *Verhandlungen*: pendere; ***in Gefahr ~*** versare in pericolo; **'~d** pendente; *Garten*: pensile; *Brücke*: sospeso

'Schwed|e ['ʃveːdə] *m* (-*n*; -*n*), **'~in** *f* (-; -*nen*), **'2isch** svedese *m/f*

'Schwefel ['ʃveːfəl] *m* (-*s*; *senza pl*) zolfo *m*; **'2haltig** ['-haltiç] solforoso; **'~quellen** *f/pl* acque *f/pl* solfuree; **'~säure** *f* acido *m* solforico

'schweifen ['ʃvaɪfən] (*sn*) vagare; ***geschweift*** caudato; (*gerundet*) centinato; ***~ lassen*** (*h*) *Blick*: lasciar scorrere (lo sguardo), passare in rivista

'schweig|en ['ʃvaɪgən] (*schwieg*, *geschwiegen*, *h*) tacere; **'~end** taciturno; muto; silenzioso; **'2epflicht** *f* (-; *senza pl*) segreto *m* professionale; **'~sam** *adj* taciturno

Schwein [ʃvaɪn] *n* (-*[e]s*; -*e*) porco *m*, maiale *m*; P ***~ haben*** avere fortuna

'Schweine|braten ['ʃvaɪnəbraːtən] *m* arrosto *m* di maiale; **'~fleisch** *n* carne *f* suina (*od* di maiale); **~'rei** [-'raɪ] *f* (-; -*en*) porcheria *f*

Schweiß [ʃvaɪs] *m* (-*es*; -*e*) sudore *m*; **'~apparat** *m* saldatoio *m* autogeno; **'~brenner** *m* (-*s*; -) becco *m* per saldare; **'2en** *v/t* (*h*) *tec* saldare; **'2gebadet** in un lago di sudore; **'2ig** sudato; **'~stelle** *f* punto *m* di saldatura; **'2triefend** grondante di sudore

'Schweiz|er ['ʃvaɪtsər] *m* (-*s*; -), **'~erin** *f* (-; -*nen*) svizzero *m*, -a *f*; ***~ Käse*** *m* groviera *f*; **'2erisch** svizzero

'schwelen ['ʃveːlən] (*h*) bruciare senza fiamma

'schwelgen ['ʃvɛlgən] (*h*) gozzovigliare; *fig in et*: nuotare

'Schwelle ['ʃvɛlə] *f* (-; -*n*) soglia *f*; *fer* traversa *f*; *fig* limite *m*

'schwell|en ['ʃvɛlən] *v/i* (*schwoll*, *geschwollen*, *sn*) gonfiarsi; ingrossare; **'2ung** *f* (-; -*en*) rigonfiamento *m*; *med* gonfiore *m*

'schwenken ['ʃvɛŋkən] **1.** *v/t* (*h*) *Hut*: agitare; *Tuch*, *Fahne*: sventolare; *Glas*: sciacquare; **2.** *v/i* (*sn*) voltarsi; *mil* fare una conversione

schwer [ʃveːr] pesante; (*ernst*; *~ zu ertragen*) grave; (*schwierig*) difficile; (*hart*) duro; *Herz*: gonfio; *Wein*, *Zigarre*: forte; *Gewitter*: violento; ***es fällt mir ~*** mi costa molto; ***~ beladen*** sopraccarico; ***~ beschädigt*** gravemente danneggiato; invalido; ***~ fallen*** riuscire difficile; ***~ verdaulich*** indigesto; ***~ verwundet*** gravemente ferito; ***~ wiegend*** molto grave; **'2arbeit** *f* (-; *senza pl*) lavoro *m* pesante

'Schwere ['ʃveːrə] *f* (-; *senza pl*) pesantezza *f*; (*Gewicht*) peso *m*; (*Schwierigkeit*) difficoltà *f*; *fig u fis* gravità *f*; **'~losigkeit** *f* (-; *senza pl*) assenza *f* di gravità

'schwer|fällig pesante; *geistig*: tardo; **'~hörig** duro d'orecchio; **'2industrie** *f* industria *f* pesante; **'~krank** gravemente malato; **'~mütig** malinconico; **'~punkt** *m fis* centro *m* di gravità; baricentro *m*; *fig* punto *m* essenziale

Schwert [ʃveːrt] *n* (-*[e]s*; -*er*) spada *f*

'Schwester ['ʃvɛstər] *f* (-; -*n*) sorella *f*, *rel* suora *f*, *med* infermiera *f*

'Schwieger|eltern ['ʃviːgərˀɛltərn] *pl* suoceri *m/pl*; **'~mutter** *f* suocera *f*; **'~sohn** *m* genero *m*; **'~tochter** *f* nuora *f*; **'~vater** *m* suocero *m*

'schwierig ['-riç] difficile; *Weg*: arduo; **'2keit** *f* (-; -*en*) difficoltà *f*

'Schwimm|bad ['ʃvimbaːt] *n*, **'~becken** *n* piscina *f*; **'2en** **1.** (*schwamm*, *geschwommen*, *h u sn*) nuotare; *im Wasser treiben*: galleggiare; ***obenauf ~*** stare a galla; **2.** **'~en** *n* (-*s*; *senza pl*) nuoto *m*; **'~er** *m* (-*s*; -), **'~erin** *f* (-; -*nen*) nuotatore *m*, -trice *f*; *tec*, *mar* galleggiante *m*; **'~flosse** *f* pinna *f*; **'~halle** *f* piscina *f* coperta; **'~sport** *m* nuoto *m*; **'~weste** *f* giubbotto *m* di salvataggio

'Schwindel ['ʃvindəl] *m* (-*s*; *senza pl*) *med* capogiro *m*; *fig* vertigine *f*; F (*Betrug*) inganno *m*; imbroglio *m*; ***~ erregend*** vertiginoso; **'2frei**: ***~ sein***

S

non soffrire di vertigini; '**℃n** (*h*) ingannare; raccontare fandonie
'schwinden ['ʃvɪndən] (*schwand, geschwunden, sn*) svanire
'Schwindl|er *m* (*-s; -*), '**~erin** *f* (*-; -nen*) imbroglione *m*, -a *f*; '**℃ig** che dà le vertigini; ***mir wird ~*** mi vengono le vertigini
'Schwingung ['ʃvɪŋʊŋ] *f* (*-; -en*) oscillazione *f*, vibrazione *f*
Schwips F [ʃvɪps] *m* (*-es; -e*) sbornia *f*; F ***e-n ~ haben*** essere un po' alticcio
'schwitzen ['ʃvɪtsən] (*h*) sudare
'schwören ['ʃvøːrən] (*schwor, geschworen, h*) giurare; *Eid*: prestare; *fig* ***~ auf*** (*acc*) avere fede assoluta in, confidare ciecamente in
schwül [ʃvyːl] afoso; '**℃e** *f* (*-; senza pl*) afa *f*
Schwund [ʃvʊnt] *m* (*-es; senza pl*) deperimento *m*; (*Verminderung*) diminuzione *f*; *med* atrofia *f*
Schwung [ʃvʊŋ] *m* (*-[e]s; ¨-e*) balzo *m*, slancio *m*; (*Antrieb*) impulso *m*; *fig* brio *m*, estro *m*; ***in ~ bringen*** avviare; '**℃haft** pieno di slancio; *Handel*: fiorente
Schwur [ʃvuːr] *m* (*-[e]s; ¨-e*) giuramento *m*; '**~gericht** *n* corte *f* d'assise
sechs [zɛks] *adj* sei
Sechs *f* (*-; -en*) sei *m*; '**~eck** ['-ʔɛk] *n* (*-[e]s; -e*) esagono *m*
'sechs|fach **1.** *adj* sestuplo; **2.** *adv* sei volte; '**~'hundert** seicento; '**~jährig** di sei anni; '**~stündig** di sei ore; '**~stündlich** ogni sei ore; **℃'tagerennen** [-'taːgərɛnən] *n Sport*: la sei giorni; '**~tägig** di sei giorni; '**~'tausend** seimila; '**℃tel** ['-təl] *n* (*-s; -*) sesto *m*; **~te** sesto; '**~tens** in sesto luogo
'sechzehn ['zɛçtseːn] sedici; '**~jährig** sedicenne; '**~te** sedicesimo; ***am 16. Januar*** il sedici gennaio
'sechzig ['zɛçtsɪç] *adj* sessanta
'Sechzig *f* sessanta *m*; '**~er** *m* (*-s; -*) sessantenne *m*; ***in den ~n*** tra i 60 e i 70; ***in den ~n sein*** essere sulla sessantina
'sechzigste sessantesimo
See[1] [zeː] *f* (*-; senza pl*) mare *m*; *in Zssgn*: di (*od* del) mare; *geogr* marittimo; (*Kriegsmarine*) di (*od* della) marina; navale; *zo* marino; ***auf offener ~*** in alto mare; ***in ~ gehen*** (*od* ***stechen***) salpare, prendere il largo
See[2] [zeː] *m* (*-s; -n*) lago *m*; *in Zssgn*: del lago; lacustre, lacuale
'See|bad *n* (*Ort*) stabilimento *m* balneare; '**~beben** *n* maremoto *m*; '**~blick** *m* (*-[e]s; senza pl*) vista *f* sul lago (*od* sul mare); '**~fahrer** *m* navigante *m*; '**~gang** *m* (*-[e]s; senza pl*) moto *m* ondoso; '**~hafen** *m* porto *m* di mare (*od* marittimo); '**~hund** *m* foca *f*; '**~igel** *m* riccio *m* di mare; '**~jungfrau** *f* sirena *f*; '**~karte** *f* carta *f* nautica; '**~klima** *n* clima *m* marittimo; '**℃krank** che ha il mal di mare; ***~ sein*** avere il mal di mare; '**~krankheit** *f* (*-; senza pl*) mal *m* di mare
'Seele ['zeːlə] *f* (*-; -n*) anima *f*; ***e-e treue ~*** un cuor d'oro; ***Sie haben mir aus der ~ gesprochen*** mi ha letto nel pensiero
'Seelen|heil *n* salute *f* dell'anima; '**~leben** *n* (*-s; senza pl*) vita *f* interiore; '**℃ruhig** sereno; *adv* pacificamente; '**℃verwandt** affine; '**~zustand** *m* stato *m* d'animo
'seelisch ['zeːlɪʃ] spirituale; psichico
'Seelöwe ['-løːvə] *m* leone *m* marino
'Seelsorg|e ['zeːlzɔrgə] *f* (*-; senza pl*) cura *f* delle anime; '**~er** *m* (*-s; -*) pastore *m* d'anime
'See|luft *f* (*-; senza pl*) aria *f* di mare; '**~macht** ['zeːmaxt] *f* potenza *f* navale (*od* marittima); '**~mann** *m* (*-[e]s; -leute*) marinaio *m*; '**~meile** *f* miglio *m* marino; '**~not** *f* (*-; senza pl*) pericolo *m* di naufragio; '**~pferdchen** *n* (*-s; -*) *zo* cavalluccio *m* marino, ippocampo *m*; '**~räuber** *m* pirata *m*; '**~reise** *f* viaggio *m* per mare, crociera *f*; '**~rose** *bot f* ninfea *f*; '**~stern** *m zo* stella *f* marina; '**~streitkräfte** *f/pl* forze *f/pl* navali; '**~tang** *bot m* alga *f*; '**℃tüchtig** atto al mare; '**~wasser** *n* acqua *f* di mare; '**~weg** ['-veːk] *m* strada *f* marittima; ***auf dem ~*** per mare
'Segel ['zeːgəl] *n* (*-s; -*) vela *f*; '**~boot** *n* barca *f* a vela; '**~flieger** *m* pilota *m* di aliante; '**~flugzeug** *n* aliante *m*, velivolo *m* (a vela); '**℃n** (*h u sn*) andare a vela; veleggiare; guidare un veliero; '**~regatta** *f* regata *f* velica; '**~schiff** *n* nave *f* a vela, veliero *m*; '**~sport** *m* sport *m* velico; '**~tuch** *n* (*-[e]s; -e*) tela *f* da vela
Segen ['zeːgən] *m* (*-s; senza pl*) benedizione *f*, *fig* bene *m*, beneficio *m*;

S

(*Glück*) fortuna *f*

'Segler ['ze:glər] *m* (*-s*; *-*) veleggiatore *m*; (*Schiff*) veliero *m*

'segnen ['ze:gnən] (*h*) benedire

'sehen ['ze:ən] **1.** *v/t* (*sah*, *gesehen*, *h*) vedere; (*zu~*, *nach et ~*) guardare; **2.** *v/i fig* ***auf et*** (*acc*) ~ badare a qc; ***gut ~*** vederci bene; avere buona vista; ***das sieht ihm ähnlich*** questa è una delle sue

'Sehen *n* (*-s*; *senza pl*) vista *f*; ***vom ~ kennen*** conoscere di vista

'sehenswert da vedere

'Sehenswürdigkeit *f* (*-*; *-en*) cosa *f* da vedere, bellezza *f*; ***die ~en*** *f/pl* ***e-r Stadt*** i monumenti *m/pl* (*od* le curiosità *f/pl*) di una città

'Sehne *anat* ['ze:nə] *f* (*-*; *-n*) tendine *m*

'sehnen ['ze:nən] (*h*): ***sich nach et ~*** (*h*) anelare qc, desiderare qc; avere nostalgia di qc

'Sehnenscheidenentzündung *med* ['-ʃaɪdənˀɛntsyndʊŋ] *f* tendinite *f*

'Sehnerv ['-nɛrf] *m* nervo *m* ottico

'Sehn|sucht ['ze:nzuxt] *f* (*-*; *¨e*) nostalgia *f*; bramosia *f*; anelito *m*; ardente desiderio *m*; **'&süchtig** ['-zyçtiç] nostalgico, appassionato; ansioso; ***~ erwarten*** attendere con ansia

sehr [ze:r] molto; ***~ groß*** grandissimo; ***~ schön*** bellissimo

'Seh|rohr ['ze:ro:r] *n e-s Unterseeboots*: periscopio *m*; **'~störung** *f* disturbo *m* della visita; **'~vermögen** *n* (*-s*; *senza pl*) facoltà *f* visiva

seicht [zaɪçt] basso; *fig* poco serio

'Seide ['zaɪdə] *f* (*-*; *-n*) seta *f*; ***aus reiner ~*** di pura seta

'seiden, **'Seiden...** ['-dən] di seta; **&papier** *n* carta *f* velina

'seidig ['-diç] serico; fine come la seta

'Seife ['zaɪfə] *f* (*-*; *-n*) sapone *m*; ***Stück ~*** saponetta *f*; **'&n** (*h*) insaponare

'Seifen|blase *f* bolla *f* di sapone (*a fig*); **'~schaum** *m* schiuma *f* di sapone, saponata *f*

Seil [zaɪl] *n* (*-[e]s*; *-e*) corda *f*; (*Tau*) fune *f*; (*Kabel*) cavo *m*; **'~bahn** *f* funicolare *f*, funivia *f*, teleferica *f*; **'~schaft** *f* (*-*; *-en*) cordata *f*; **'~tänzer(in** *f*) *m* funambolo *m*, -a *f*, acrobata *m/f*

Sein *n* (*-s*; *senza pl*) essere *m*; esistenza *f*

sein[1] [zaɪn] **1.** (*war*, *gewesen*, *sn*) essere; (*vorhanden ~*) esistere; *vorübergehend*: stare; ***Rechtsanwalt ~*** fare l'avvocato; ***lass das ~!*** smettila!; ***das ist zu tun*** è da fare

sein[2] [zaɪn] *pron* suo; ***die Seinen*** i suoi; **'~er'seits** ['-nər'zaɪts] da parte sua, dal canto suo; **'~erzeit** tempo fa, allora; **'~es'gleichen** un par suo, suo pari; **'~et'wegen** per causa sua, per lui

seit [zaɪt] **1.** *prp* da, fin da, a partire da; ***~ drei Jahren*** da tre anni; **2.** *cj* dopo che, da quando; dacché; **~'dem 1.** *adv* d'allora in poi; **2.** *cj* da quando

'Seite ['zaɪtə] *f* (*-*; *-n*) parte *f*, *anat*, *mil* fianco *m*; *mat fig* lato *m*; (*Buch&*) pagina *f*, ***schwache ~*** lato *m* debole; ***starke ~*** forte *m*; ***von &n*** (*gen*) da parte di; ***von allen ~n*** da tutte le parti; ***auf beiden ~n*** su ambo i lati

'Seiten|ansicht *f* vista *f* laterale; profilo *m*; *inform* anteprima *f* di stampa; **'~flügel** *m*, **'~gebäude** *n* ala *f*, edificio *m* laterale

'seitens ['zaɪtəns] da parte di

'Seiten|schiff ['zaɪtənʃif] *arch n* navata *f* laterale; **'~sprung** *m fig* scappatella *f*, avventura *f* extraconiugale; **'~straße** *f* strada *f* laterale; **'~streifen** *m Straße*: banchina *f*; **'~zahl** *f* numero *m* delle pagine

'seit|lich ['-liç] laterale; **'~wärts** ['-vɛrts] lateralmente

Sekre't|är [zekre'tɛ:r] *m* (*-s*; *-e*) segretario *m*; (*Schreibtisch*) secrétaire *m*; **~a'riat** [-tar'jɑ:t] *n* (*-[e]s*; *-e*) segretariato *m*; segreteria *f*; **~'ärin** *f* (*-*; *-nen*) segretaria *f*

Sekt [zɛkt] *m* (*-[e]s*; *-e*) spumante *m*

'Sekte ['-tə] *f* (*-*; *-n*) setta *f*

Sek't|ion [-ts'jo:n] *f* (*-*; *-en*) sezione *f*; *med* dissezione *f*, autopsia *f*; **'~or** ['-tɔr] *m* (*-s*; *-en* [-'to:rən]) settore *m*

sekun'där [zekun'dɛ:r] secondario

Se'kunde [-'kundə] *f* (*-*; *-n*) secondo *m*

'selber ['zɛlbər] stesso, medesimo

selbst [zɛlpst] **1.** *pron* stesso; ***von ~*** da sé; di propria iniziativa, spontaneamente; **2.** *adv* persino; ***~ wenn*** anche se; ***~ gemacht*** fatto in casa

selbständig → ***selbstständig***

'Selbst|auslöser ['zɛlpstˀauslø:zər] *m fot* autoscatto *m*; scatto *m* automatico; **'~bedienung** *f* (*-*; *senza pl*) self-service *m*; **'~bedienungsladen** *m* supermercato *m*; self-service *m*; **'~bedienungs-**

S

restaurant *n* self-service *m*; **'~beherrschung** *f* padronanza *f* di sé stesso; **'~bestimmungsrecht** *n* (*-[e]s*; *senza pl*) diritto *m* di autodeterminazione; **'Ƨbewusst** conscio del proprio valore; (*anmaßend*) presuntuoso; **'~bewusstsein** *n* coscienza *f* del proprio valore; presunzione *f*; **'~bildnis** *n* autoritratto *m*; **'~erhaltungstrieb** *m* (*-[e]s*; *senza pl*) istinto *m* di conservazione; **'~gespräch** *n* soliloquio *m*; *let* monologo *m*; **'~kosten** *pl* costi *m/pl* effettivi; **'~kostenpreis** *m* (*-es*; *senza pl*) *econ* prezzo *m* di costo (*od* di fabbrica); **'~kritik** *f* (-; *senza pl*) autocritica *f*; **'Ƨlos** disinteressato; altruistico; **'~mord** *m* suicidio *m*; **'Ƨsicher** sicuro di sé; **'Ƨständig** indipendente; *econ* in proprio; ***sich ~ machen*** farsi indipendente; lavorare per proprio conto; metter su bottega; **'~ständige** *m/f* (*-n*; *-n*) lavoratore *m*, -trice *f* autonomo *m*, -a *f* (*od* in proprio); **'~ständigkeit** *f* (-; *senza pl*) indipendenza *f*; **'Ƨsüchtig** ['-zyçtiç] egoistico, egoista; **'Ƨtätig** automatico; **'~täuschung** *f* illusione *f*; **'~unterricht** *m* autodidattica *f*; **'~verpflegung** *f* (-; *senza pl*) vitto *m* a proprie spese; **'~versorger** ['-fɛrzɔrgər] *m* (*-s*; -) produttore-consumatore *m*; **'Ƨverständlich** ovvio; naturale; ***das ist ~*** s'intende; va da sé; **'~vertrauen** *n* fiducia *f* in se stesso; **'~verwaltung** *f* amministrazione *f* autonoma; autogestione *f*; **~wählverkehr** *tel m* teleselezione *f*; **'~zweck** *m* ultimo fine *m*, fine *m* a se stesso

'Sellerie ['zɛləri:] *m* (*-s*; *-[s]*) *bot* sedano *m*

'selten ['zɛltən] **1.** *adj* raro; (*sonderbar*) singolare; **2.** *adv* di rado; **'Ƨheit** *f* (-; *-en*) *Gegenstand*: rarità *f*; *Fall*: rarità *f*

'Selters ['-tərs] *f* (-; -), **'~wasser** *n* acqua *f* di seltz

'seltsam ['zɛltza:m] strano

Se'mester [ze'mɛstər] *n* (*-s*; -) semestre *m*; **~ferien** *pl* vacanze *f/pl* semestrali

Semi'nar [-mi'na:r] *n* (*-s*; *-e*) *rel u Universität*: seminario *m*

'Semmel ['zɛməl] *f* (-; *-n*) panino *m*

Se'nat [ze'na:t] *m* (*-[e]s*; *-e*) senato *m*; **~or** [-tɔr] *m* (*-s*; *-en* [-na'to:rən]) senatore *m*

'Send|egebiet *n* portata *f* del trasmettitore; **'Ƨen** (*sandte, gesandt, h*) inviare; mandare; spedire; (*sendete, gesendet, h*) *rad* trasmettere, mandare in onda; **'~er** *m* (*-s*; -) *rad* stazione *f* trasmittente; trasmettitore *m*; **'~eschluss** *m* (*-es*; *senza pl*) fine *f* della trasmissione; **'~ezeit** *f* (-; *-en*) orario *m* delle trasmissioni; **'~ung** *f* (-; *-en*) spedizione *f*; (*Mission*) missione *f*, apostolato *m*; *rad* trasmissione *f*, emissione *f*

Senf [zɛnf] *m* (*-[e]s*; *-e*) senape *f*; mostarda *f*; ***s-n ~ dazugeben*** F metterci bocca

'Senior ['ze:njɔr] *m* (*-s*; *-en* [zen'jo:rən]) anziano *m*, senior *m*; **~enpass** *m* carta *f* d'argento

'senk|en ['zɛŋkən] (*h*) abbassare; *Preise*: ridurre; ***sich ~*** *Boden*: abbassarsi; affondare; **'~recht** verticale; *mat* perpendicolare; *adv* a piombo; **'Ƨung** *f* (-; *-en*) *Preise*: ribasso *m*, calo *m*; abbassamento *m*, cedimento *m*

Sensa'tion [zɛnzats'jo:n] (-; *-en*) sensazione *f*; **Ƨ'ell** [-jo'nɛl] sensazionale

sen'sib|el [zɛn'zi:bəl] sensibile; **Ƨili'tät** [-zibili'tɛ:t] *f* (-; *senza pl*) sensibilità *f*

sentimen'tal [-timɛn'ta:l] sentimentale

sepa'rat [zepa'ra:t] separato; **Ƨ'ismus** [-ra'tismus] *m* (-; *senza pl*) separatismo *m*; **~'istisch** separatista

Sep'tember [zɛp'tɛmbər] *m* (*-[s]*; -) settembre *m*

'Serie ['ze:rjə] *f* (-; *-n*) serie *f*; **'~nanfertigung** ['ze:rjənˀan-] *f* produzione *f* in serie; **'~nartikel** ['ze:rjənˀar-] *m* articolo *m* di serie; **'Ƨnmäßig** *adj u adv* in serie; **'~nproduktion** *f* produzione *f* in serie; **'Ƨnreif** pronto per la costruzione in serie

se'riös [zer'jø:s] serio

Serpen'tine [zɛrpɛn'ti:nə] *f* (-; *-n*) serpentina *f*

'Serum ['ze:rum] *n* (*-s*; *-en*) *med* siero *m*

Ser'vice[1] [zɛr'vi:s] *n* (-; -) servizio *m*

'Service[2] ['sœrvis] *m* (-; *senza pl*) *tec* assistenza *f* tecnica; **'~netz** *n* rete *f* di assistenza tecnica

ser'v|ieren [zer'vi:rən] (*senza ge-, h*) servire; **Ƨ'iette** [-v'jɛtə] *f* (-; *-n*) tovagliolo *m*

'Sessel ['zɛsəl] *m* (*-s*; -) poltrona *f*; **'~lift** *m* seggiovia *f*

S

'setzen ['zɛtsən] (*h*) collocare, porre, mettere; *Hoffnung*: riporre; *Denkmal*: erigere; *mus tip* comporre; *Spiel*: puntare; *Frist*: fissare, stabilire; *bot* piantare; *fig* ***alles daran~*** fare di tutto; ***in Kenntnis ~*** informare; ***sich ~*** sedersi; mettersi a sedere; ***sich zur Ruhe ~*** ritirarsi

'Setzer ['-tsər] *m* (*-s*; -) *tip* compositore *m*; **~'ei** [-'raɪ] *f* (-; *-en*) officina *f* di composizione

'Seuche ['zɔʏçə] *f* (-; *-n*) epidemia *f*; **'~ngefahr** *f* pericolo *m* di epidemie

'Seufzer ['zɔʏftsər] *m* (*-s*; -) sospiro *m*

Sex [sɛks] *m* (*-[es]*; *senza pl*) sesso *m*; *fig* erotismo *m*

Sexu|ali'tät [zɛksuali'tɛːt] *f* (-; *senza pl*) sessualità *f*; **≈'ell** [-ksu'ɛl] sessuale

Sham'poo [ʃam'pu] *n* (*-s*; *-s*) shampoo *m*

si'birisch [zi'biːriʃ] siberiano

sich [ziç] si; sé (*acc*), a sé (*dat*); ***für ~*** per sé; ***an und für ~*** di per sé

'sicher ['ziçər] sicuro; (*gewiss*) certo; ***~ vor*** (*dat*) al sicuro da; (*fraglos*) indubbio; (*fest*) fermo; (*als Antwort*) certamente; ***seiner Sache ~ sein*** essere sicuro del fatto proprio; **'~gehen** (*irr*, *sep*, *-ge-*, *sn*, → ***gehen***) essere (*od* stare) certo; **'≈heit** *f* (-; *-en*) sicurezza *f*, *econ* garanzia *f*; ***in ~ bringen*** mettere al sicuro (*od* in salvo); **'≈heitsdienst** *m* servizio *m* di pubblica sicurezza; **'≈heitsgurt** *m* cintura *f* di sicurezza; **'~heitshalber** per maggiore sicurezza; **'≈heitskopie** *f inform* back up *m*, copia *f* di sicurezza; **'≈heitsleistung** *f* garanzia *f*; **'≈heitsmaßnahme** *f* misura *f* di sicurezza; **'≈heitsnadel** *f* spillo *m* di sicurezza; **'≈heitsschloss** *n* serratura *f* di sicurezza; lucchetto *m*; **'≈heitsschlüssel** *m* chiave *f* di sicurezza; **'~lich** sicuramente; **'~n** (*h*) assicurare; (*schützen*) proteggere contro; ***~ vor*** (*dat*) salvaguardare da; **'~stellen** (*sep*, *-ge-*, *h*) assicurare; mettere al sicuro

'Sicherung *f* (-; *-en*) sicurezza *f*, *el* fusibile *m*; valvola *f* di sicurezza; assicurazione *f*, *am Gewehr*: sicura *f*; **'~sdiskette** *f inform* dischetto *m* di sicurezza

Sicht [ziçt] *f* (-; *senza pl*) vista *f*, *Wetter*: visibilità *f*, *econ* ***auf ~*** a vista; ***auf kurze*** (***lange***) ***~*** a breve (lunga) scadenza; **'≈bar** visibile; (*offenbar*) evidente; **'≈en** (*h*) avvistare, scorgere; (*ordnen*) ordinare; (*prüfen*) esaminare, vagliare; **'≈lich** ['ziçtliç] visibile; *adv* visibilmente; **'~weite** *f* portata *f* di vista (*od* d'occhio)

sie [ziː] ella, lei; essa; *pl* essi, esse; *acc* la; *pl* li; le; **Sie** *sg* Lei; *acc* La; *pl* Loro

Sieb [ziːp] *n* (*-[e]s*; *-e*) *Tee*, *Kaffee*: colino *m*

'Sieben ['ziːbən] *f* (-; -) sette *m*

'sieben *adj* sette; ***böse ~*** megera *f*; **'~hundert** settecento; **'~tägig** di sette giorni; **'~'tausend** settemila

'sieb(en)te ['ziːbəntə] settimo; ***den*** (***am***) ***~n Juni*** il sette giugno; **'~ns** in settimo luogo

'sieb|zehn ['ziːptseːn] diciassette; **'~zehnte** diciassettesimo; **'~zig** ['-tsiç] *adj* settanta; **'≈zig** *f* (-; *-en*) settanta *m*; **'≈zigerjahre** ['-tsigər] *n/pl* ***in den ~n*** negli anni settanta; **'~zigjährig** settantenne; **'~zigste** settantesimo

'sieden ['ziːdən] (*h*) **1.** *v/i* bollire; **2.** *v/t* (far) bollire; **'~d** bollente

'Siedepunkt *m* punto *m* d'ebollizione

'Siedlung ['ziːdluŋ] *f* (-; *-en*) colonia *f*; centro *m* abitato; ***ländliche ~*** colonia *f* rurale; (*Arbeiter≈*) quartiere *m* operaio

Sieg [ziːk] *m* (*-[e]s*; *-e*) vittoria *f*; *fig* trionfo *m*

'Siegel ['ziːgəl] *n* (*-s*; -) sigillo *m*; **'~lack** *m* ceralacca *f*; **'≈n** (*h*) sigillare; **'~ring** *m* anello *m* col sigillo

'sieg|en ['ziːgən] (*h*) vincere (***über j-n*** qu); *fig* trionfare; **'≈er** *m* (*-s*; -) vincitore *m*

'Sieg|esgöttin *f* (dea *f* della) Vittoria *f*; **'≈reich** vittorioso

'siehe ['ziːə]: ***~ Seite …*** vedi (*od* vedere *od* vedasi) pagina …

Sig'nal [zig'nɑːl] *n* (*-[e]s*; *-e*) segnale *m*; **~feuer** *n* fuoco *m* di segnalazione; **≈i'sieren** [-nali'ziːrən] (*senza ge-*, *h*) segnalare; **~rakete** *f* razzo *m* di segnalazione

Sig'n|et [zin'jeː] *n* (*-s*; *-s*) sigla *f* dell'editore; **≈'ieren** [zi'gniːrən] (*senza ge-*, *h*) segnare; (*unterzeichnen*) firmare

'Silbe ['zilbə] *f* (-; *-n*) sillaba *f*; **'~nrätsel** *n* sciarada *f*; **'~ntrennung** *f* divisione *f*

S

in sillabe, sillabazione *f*, spelling *m*
'Silber ['zilbər] *n* (*-s*; *senza pl*) argento *m*; (*Tafel*≗) argenteria *f*; **'~hochzeit** *f* nozze *f/pl* d'argento; **'≗n** d'argento; **'~papier** *n* (*-s*; *senza pl*) carta *f* argentata; **'~tanne** *bot f* abete *m* bianco; **'~waren** *f/pl* argenteria *f*; **'≗weiß** argenteo
Silhou'ette [zilu'ɛtə] *f* (*-*; *-n*) siluetta *f*
Sil'vester [zil'vɛstər] *n* (*-s*; *-*) san Silvestro; **~abend** *m* notte *f* di capo d'anno
Simul|a'tion [zimulats'jo:n] *f* (*-*; *-en*) simulazione *f*; **≗'ieren** (*senza ge-*, *h*) simulare
simul'tan [zimul'tɑ:n] simultaneo; **≗dolmetscher(in** *f*) *m* interprete *m/f* simultaneo, -a
Sinfo'nie [zinfo'ni:] *f* (*-*; *-n*) sinfonia *f*; **~orchester** *n* orchestra *f* sinfonica
'singen ['ziŋən] (*sang*, *gesungen*, *h*) cantare
'sinken ['ziŋkən] (*sank*, *gesunken*, *sn*) (*fallen*) cadere; *Preise*, *Sonne*: calare; *Schiff*: affondare; *zu Boden*: accasciarsi; *Boden*: sprofondarsi; abbassarsi; *moralisch*: cadere in basso
Sinn [zin] *m* (*-[e]s*; *-e*) senso *m*; (*Besinnung*) sensi *m/pl*; (*senza pl*) (*Bedeutung*) significato *m*; (*Gefühl*) senso *m*; ***im ~ haben*** avere in mente; avere l'intenzione; ***in j-s*** (*gen*, *dat*) ***~e handeln*** agire secondo le intenzioni di qu; ***das hat keinen ~*** è inutile; non ha senso; **'≗entstellend** che svisa il senso
'Sinnes|änderung *f* cambiamento *m* d'idea; **'~täuschung** *f* allucinazione *f*
'sinn|gemäß conforme al senso; **'~lich** sensuale; voluttuoso; (*wahrnehmbar*) sensibile; **'~los** senza senso; (*zwecklos*) inutile; **'≗losigkeit** *f* (*-*; *senza pl*) assurdità *f*; **'~voll** sensato
'Sintflut ['zintflu:t] *f* (*-*; *senza pl*) diluvio *m* universale
Si'rene [zi're:nə] *f* (*-*; *-n*) sirena *f*
'Sitte ['zitə] *f* (*-*; *-n*) costume *m*; (*Brauch*) uso *m*; ***es ist bei uns ~*** si usa da noi; **'~nbild** *n* quadro *m* di costumi; **'~nlosigkeit** *f* (*-*; *senza pl*) scostumatezza *f*; **'~npolizei** *f* polizia *f* del buon costume; **'~nverfall** *m* depravazione *f*
'Sittich ['zitiç] *m* (*-s*; *-e*) *zo* pappagallo *m*
'sittlich ['zitliç] morale; **'≗keitsverbrechen** *n* delitto *m* sessuale
Situa'tion [zituats'jo:n] *f* (*-*; *-en*) situazione *f*, condizione *f*
situ'iert [-tu'i:rt]: ***gut ~*** agiato
Sitz [zits] *m* (*-es*; *-e*) sede *f*; *pol* seggio *m*; (*~platz*) posto *m*; *Auto*, *Bus*: sedile *m*; (*Wohn*≗) domicilio *m*; *des Kleides*: taglio *m*; **'≗en** (*saß*, *gesessen*, *h*) sedere, essere seduto; (*sein*, *sich befinden*) stare, trovarsi; *Kleidung*: stare; (*gefangen*) F essere al fresco; ***eine Beleidigung auf sich ~ lassen*** mandar giù un'offesa; **'≗end** seduto; **'~platz** *m* posto *m* (a sedere); **'~streik** *m* sciopero *m* bianco
'Sitzung *f* (*-*; *-en*) seduta *f*; **'~sprotokoll** *n* verbale *m* della seduta; **'~ssaal** *m* sala *f* delle sedute; aula *f* delle adunanze
Sizi'lian|er [zitsil'jɑ:nər] *m* (*-s*; *-*), **~erin** *f* (*-*; *-nen*), **≗isch** siciliano *m*, -a *f*
'Skala ['skɑ:la] *f* (*-*; *-en u -s*) scala *f*
Skan'dal [skan'dɑ:l] *m* (*-s*; *-e*) scandalo *m*; (*Lärm*) chiasso *m*, baccano *m*; **~presse** *f* stampa *f* scandalistica; **≗ös** [-da'lø:s] scandaloso
Skandi'nav|ier [skandi'navjər] *m* (*-s*; *-*), **~ierin** *f* (*-*; *-nen*), **≗isch** scandinavo *m*, -a *f*
Ske'lett [ske'lɛt] *n* (*-[e]s*; *-e*) scheletro *m*
'skeptisch ['skɛptiʃ] scettico
Ski [ʃi:] *m* (*-s*; *-er u -*) sci *m*; ***~ laufen*** sciare; **'~anzug** *m* tuta *f* da sci; **'~ausrüstung** *f* equipaggiamento *m* da sci; **'~gebiet** *n* zona *f* sciistica; **'~kurs** *m* corso *m* di sci; **'~läufer(in** *f*) *m* sciatore *m*, -trice *f*; **'~lehrer(in** *f*) *m* maestro *m*, -a *f* di sci; **'~lift** *m* sciovia *f*; **'~springen** *n* salto *m* con gli sci; **'~stiefel** *m/pl* scarponi *m/pl* da sci; **'~stock** *m* bastone *m*, racchetta *f* da sci; **'~urlaub** *m* vacanze *f/pl* sciistiche (*od* sulla neve)
'Skizz|e ['skitsə] *f* (*-*; *-n*) schizzo *m*; abbozzo *m*; **≗'ieren** (*senza ge-*, *h*) schizzarre, abbozzare
'Sklav|e ['sklɑ:və] *m* (*-n*; *-n*), **'~in** *f* (*-*; *-nen*) schiavo *m*, -a *f*; **'≗isch** da schiavo
Skle'rose *med* [skle'ro:zə] *f* (*-*; *-n*) sclerosi *f*
skon'|tieren [skɔn'ti:rən] (*senza ge-*, *h*) *econ* scontare; **'≗to** ['-to] *m u n* (*-s*; *-s*) *econ* sconto *m*
Skor'pion [skɔrp'jo:n] *m* (*-s*; *-e*) *zo*, *astr*

S

scorpione *m*
'Skrupel ['skru:pəl] *m* (*-s*; *-*) scrupolo *m*; **'2los** senza scrupoli
Skulp'tur [skulp'tu:r] *f* (*-*; *-en*) scultura *f*
'Slalom ['sla:lɔm] *m* (*-s*; *-s*) slalom *m*
'Slaw|e ['sla:və] *m* (*-n*; *-n*), **'~in** *f* (*-*; *-nen*), **'2isch** slavo *m*, -a *f*
'Slogan ['slo:gən] *m* (*-s*; *-s*) slogan *m*
Smog [smɔk] *m* (*-[s]*; *-s*) smog *m*; **'~alarm** *m* allarme *m* smog; **'~warnstufe** *f* livello *m* d'attenzione
'Smoking ['smo:kiŋ] *m* (*-s*; *-s*) smoking *m*
so [zo:] così; *betont*: tanto; ***so bald wie möglich*** al più presto (possibile); ***~ genannt*** cosiddetto; ***~ sehr***, ***~ viel*** tanto; ***~ lange*** tanto tempo; ***~?*** ah sì? proprio?; ***ach ~!*** ho capito!; ***~ gut wie*** praticamente, quasi, poco meno che; ***so daß*** → ***sodass***
so'bald [-'balt] appena
'Socke ['zɔkə] *f* (*-*; *-n*) calzino *m*; ***dicke ~*** calzettone *m*
'Sockel ['-kəl] *m* (*-s*; *-*) piedestallo *m*, zoccolo *m*
'Sodbrennen *med* ['zo:tbrɛnən] *n* (*-s*; *senza pl*) pirosi *f*, bruciore *m* di stomaco
sodass così, cosicché, dimodoché
so'eben [zo'ʔe:bən] in questo momento, or ora
'Sofa ['zo:fa] *n* (*-s*; *-s*) sofà *m*
so'fern [zo'fɛrn] per quanto; in quanto che; → ***insofern***
so'fort [zo'fɔrt] subito; **~ig** immediato
'Software ['sɔftuɛə] *f* (*-*; *-s*) software *m*
so'|gar [zo'ga:r] persino; **~'gleich** subito; **'~genannt** → ***so***
'Sohle ['zo:lə] *f* (*-*; *-n*) (*Fuß2*) pianta *f*; *Schuh*: suola *f*
Sohn [zo:n] *m* (*-[e]s*; *¨-e*) figlio *m*, figliuolo *m*
so'lange [zo'laŋə] finché
solch [zɔlç] tale
Sol'dat [zɔl'da:t] *m* (*-en*; *-en*) soldato *m*
so'lid(e) [zo'li:t (zo'li:də)] solido; *fig* regolato; *econ* solvente
soli'd|arisch [zoli'da:riʃ] solidale; **2ari'tät** [zolidari'tɛ:t] *f* (*-*; *senza pl*) solidarietà *f*
So'list [zo'list] (*-en*; *-en*), **~in** *f* (*-*; *-nen*) solista *m/f*
Soll *econ* [zɔl] *n* (*-[s]*; *-[s]*) debito *m*; ***~ und Haben*** *n* dare ed avere *m*
'sollen ['zɔlən] (*sollte*, *gesollt/sollen*, *h*) dovere; ***sollte jemand kommen*** se venisse qu; ***was soll das?*** che significa?
'Soll|seite *f econ* pagina *f* del dare; **'~zinsen** *m/pl econ* interessi *m/pl* a debito
so'mit [zo'mit] quindi, perciò
'Sommer ['zɔmər] *m* (*-s*; *-*) estate *f*; ***im ~*** d'estate; **'~anfang** *m* inizio *m* dell'estate; **'~fahrplan** *m* orario *m* estivo; **'~ferien** *pl* vacanze *f/pl* estive; **'~gast** *m* villeggiante *m*; *im Badeort*: bagnante *m*; **'2lich** estivo; di (*od* da) estate; **'~reifen** *m* pneumatico *m* estivo; **'~schlussverkauf** *m* liquidazione *f* di fine stagione (estiva); **'~sprosse** *f* (*-*; *-n*) lentiggine *f*; **'~urlaub** *m* vacanze *f/pl* estive; **'~zeit** *f* (*-*; *senza pl*) ora *f* estiva, ora *f* legale
'Sonde ['zɔndə] *f* (*-*; *-n*) *med*, *fis* sonda *f*
'Sonder|angebot ['zɔndərʔangəbo:t] *n* offerta *f* speciale; **'~ausgabe** *f* edizione *f* speciale; *e-r Zeitung*: edizione *f* straordinaria; **'2bar** strano; **'~berichterstatter** ['-ʔɛr-] *m* inviato *m* speciale; **'~fahrt** *f fer* viaggio *m* speciale; gita *f* turistica; **'~fall** *m* caso *m* speciale; **'2lich** straordinario; speciale, singolare, particolare; *adv* ***nicht ~*** non molto; **'~marke** *f post* francobollo *m* commemorativo; **'~maschine** *f avia* volo *m* straordinario
sondern ['zɔndərn] *cj* ma, invece
'Sonder|preis *m* prezzo *m* speciale; **'~stellung** *f* (*-*; *senza pl*) posizione *f* privilegiata; **'~zeichen** *n inform* simbolo *m*; **'~zug** *m fer* treno *m* straordinario
'Sonnabend ['zɔnʔa:bənt] *m* (*-s*; *-e*) sabato *m*
'Sonn|e ['zɔnə] *f* (*-*; *-n*) sole *m*; **'2en** (*h*) soleggiare; ***sich ~*** prendere il sole, mettersi al sole
'Sonnen|aufgang *m* il levar *m* del sole; **'~bad** *n* bagno *m* di sole; *med* elioterapia *f*; **'~blume** *f* girasole *m*; **'~brand** *m* (*-[e]s*; *senza pl*) scottatura *f*; **'~brille** *f* occhiali *m/pl* da sole; **'~creme** *f* crema *f* solare (*od* abbronzante); **'~dach** *n* tenda *f*; **'~deck** *n mar* ponte *m* di passeggio; **'~finsternis** *f* eclisse *f* solare; **'~öl** *n* olio *m* abbronzante; **'~schein** *m* (*-[e]s*; *senza pl*) luce *f* del

S

sole; **'~schirm** *m* ombrellone *m*; **'~seite** *f* lato *m* esposto al sole (*od* soleggiato); **'~stich** *m* (*-[e]s; senza pl*) insolazione *f*; **'~strahl** *m* raggio *m* di sole; **'~system** *n* sistema *m* solare; **'~untergang** *m* tramonto *m*; **'~wende** *f* *astr* solstizio *m*

'sonnig ['-niç] soleggiato; *fig* raggiante

'Sonn|tag ['zɔntaːk] *m* (*-s; -e*) domenica *f*; **'Ꝯtags** di domenica; **'~tagsdienst** *m* servizio *m* festivo

sonst [zɔnst] altrimenti; (*zeitlich*) altre volte; di solito; *mit pron, cj od adv*: altro; ***~ nichts*** nient'altro; ***wer ~?*** chi altro?; ***mehr als ~*** più dell'ordinario; ***~ wo*** altrove; **'~ig** altro

so'oft [zo'ʔɔft] ogniqualvolta

So'pran [zo'praːn] *m* (*-s; -e*) soprano *m*

'Sorg|e ['zɔrgə] *f* (*-; senza pl*) (*Fürsorge*) cura *f*; (*pl -n*) (*Unruhe*) pensiero *m*; preoccupazione *f*; ***sich*** (*dat*) ***~n machen*** darsi pensiero; ***keine ~!*** stai (*od* stia) tranquillo!; **'Ꝯen** (*h*) *für et*: provvedere; pensarci; ***ich werde dafür ~*** ci penserò io; ***sich ~*** preoccuparsi (***um*** per); essere in pensiero; **'Ꝯenfrei** senza pensieri; spensierato; **'Ꝯfältig** accurato; **'Ꝯlos** noncurante; (*ruhig*) spensierato

'Sort|e ['zɔrtə] *f* (*-; -n*) tipo *m*, specie *f*, sorta *f*; (*Qualität*) qualità *f*; **Ꝯ'ieren** (*senza ge-, h*) assortire; classificare; selezionare; **~i'ment** [-ti'mɛnt] *n* (*-[e]s; -e*) assortimento *m*

so'sehr [zo'zeːr] per quanto

'Soße ['zoːsə] *f* (*-; -n*) salsa *f*; (*Fleisch*Ꝯ) sugo *m*

'Soundkarte ['saʊntkartə] *f* *inform* scheda *f* audio

Souve'nir [zuvə'niːr] *n* (*-s; -s*) souvenir *m*, ricordo *m*

souve'rän [zuvə'rɛːn] *adj* sovrano; *adv* sovranamente; **Ꝯi'tät** [-rɛni'tɛːt] *f* (*-; senza pl*) sovranità *f*

so'|viel [zo'fiːl]: ***~ ich weiß*** per quanto io sappia; **~'weit** per quanto; **~'wenig** tanto poco; **~'wie** nonché; non appena; **~wie'so** lo stesso; in ogni caso

So'wjet *hist* [sɔ'vjɛt] *m* (*-s; -s*) soviet *m*; **~regierung** *hist f* governo *m* sovietico

so'wohl [zo'voːl]: ***~ … als auch*** tanto … quanto; sia … che

so'zial [zots'jaːl] sociale; **Ꝯabgaben** *f/pl* contributi *m/pl* sociali; **Ꝯdemokrat** *m*, **~demokratisch** socialdemocratico (*m*); **Ꝯhilfe** *f* (*-; senza pl*) assistenza *f* sociale; **~i'sieren** [-tsjali'siːrən] (*senza ge-, h*) socializzare; **Ꝯ'ismus** [-'lismus] *m* (*-; senza pl*) socialismo *m*; **~'istisch** socialista; **Ꝯpolitik** *f* politica *f* sociale; **Ꝯprodukt** *n* (*-[e]s; senza pl*) prodotto *m* nazionale; **Ꝯversicherung** *f* previdenza *f* sociale; **Ꝯwohnung** *f* casa *f* popolare

Sozio'log|e [zotsjo'loːgə] *m* (*-n; -n*) sociologo *m* -a *f*; **~'ie** *f* sociologia

'Sozius ['zoːtsjus] *m* (*-s; -sse*) *econ* socio *m*; (*Sitz*) F sellino *m* posteriore

sozu'sagen [zotsu'zaːgən] per così dire

Spalt [ʃpalt] *m* (*-[e]s; -e*) fessura *f*; **'~e** *f* (*-; -n*) fessura *f*; (*Gletscher*Ꝯ) crepaccio *m*; *tip* colonna *f*; **'Ꝯen** (*spaltete, gespaltet/gespalten, h*) spaccare; dividere; *fig* scindere; **'~ung** *f* (*-; -en*) *fis* fissione *f*, disintegrazione *f*; *fig* divisione *f*, scissione *f*

'Spange ['ʃpaŋə] *f* (*-; -n*) fermaglio *m*

'Span|ier ['ʃpaːnjər] *m* (*-s; -*), **'~ierin** *f* (*-; -nen*), **'Ꝯisch** spagnolo *m*, -a *f*

'Spanne ['ʃpanə] *f* (*-; -n*) spanna *f*; *econ* margine *m*; (*Zeit*) lasso *m* di tempo

'spann|en ['ʃpanən] (*h*) tendere; (*strecken*) stirare; *Hahn*: alzare; *fig* ***auf die Folter ~*** lasciare in sospeso; ***gespannt*** (*auch fig*) teso, *Aufmerksamkeit*: intenso; ***gespannt sein zu …*** essere curioso di (vedere, sapere) …; **'~end** interessante; avvincente; **'Ꝯung** *f* (*-; -en*) tensione *f*; *el* voltaggio *m*; (*senza pl*) (*Ungeduld*) impazienza *f*, attenzione *f*

'Spar|buch ['ʃpaːrbuːx] *n* libretto *m* di risparmio; **'~büchse** *f* salvadanaio *m*; **'Ꝯen** (*h*) risparmiare; far economia

'Spargel ['ʃpargəl] *m* (*-s; -*) asparago *m*

'Spar|guthaben *n* deposito *m* a risparmio; **'~kasse** *f* cassa *f* di risparmio; **'~konto** *n* conto *m* di risparmio

'spärlich ['ʃpɛːrliç] scarso; *Mahlzeiten*: frugale; (*dünn*) rado

'Spar|maßnahme ['ʃpaːrmaːsnaːmə] *f* misura *f* economica; **'~paket** *n* *pol* pacchetto *m* risparmio; **'Ꝯsam** economo; *Verbrauch*: economico; ***mit et ~ umgehen*** economizzare qc; **'~samkeit** *f* (*-; senza pl*) economia *f*

Spaß [ʃpaːs] *m* (*-es; ⸚e*) scherzo *m*, burla

S

f, celia *f*; (*Freude*) piacere *m*; (*Vergnügen*) divertimento *m*; ***das macht mir ~*** mi diverte; ***keinen ~ verstehen*** non saper stare allo scherzo; **'⁀en** (*h*) scherzare; **'~vogel** *m* burlone *m*

spät [ʃpɛːt] **1.** *adj* tardo; **2.** *adv* tardi; ***wie ~ ist es?*** che ora è?; ***bis ~ in die Nacht*** fino a notte inoltrata

'Spaten ['ʃpɑːtən] *m* (*-s*; -) vanga *f*

'spät|er ['ʃpɛːtər] **1.** *adj* posteriore; **2.** *adv* più tardi; ***bis ~*** a più tardi; **'~estens** ['-təstəns] al più tardi

Spatz [ʃpatz] *m* (*-en*; *-en*) passero *m*

spa'zieren [ʃpa'tsiːrən] (*senza ge-*, *sn*) passeggiare; ***~ fahren*** fare un giro (in automobile, carrozza, barca *usw*); ***~ gehen*** fare una passeggiata (*od* gita), andare a spasso (*od* a passeggio)

Spa'zier|gang *m* passeggiata *f*, passeggio *m*, gita *f*, scappata *f*; **'~stock** *m* bastone *m* da passeggio

Specht [ʃpɛçt] *m* (*-[e]s*; *-e*) *zo* picchio *m*

Speck [ʃpɛk] *m* (*-[e]s*; *-e*) lardo *m*

Spedi't|eur [ʃpedi'tøːr] *m* (*-s*; *-e*) spedizioniere *m*; **~'ion** [-ts'joːn] *f* (-; *-en*) spedizione *f*

Speer [ʃpeːr] *m* (*-[e]s*; *-e*) giavellotto *m*; **'~werfen** *n* (*-s*; *senza pl*) *Sport*: lancio *m* del giavellotto

'Speiche ['ʃpaɪçə] *f* (-; *-n*) *tec* raggio *m*; *anat* radio *m*

'Speichel ['-çəl] *m* (*-s*; *senza pl*) saliva *f*; (*Auswurf*) sputo *m*

'Speicher ['-çər] *m* (*-s*; -) magazzino *m*; (*Boden*) soffitta *f*; *inform* memoria *f*; **'~kapazität** *f* (-; *senza pl*) *inform* capacità *f* di memoria; **'⁀n** (*h*) immagazzinare; accumulare; depositare; *inform* memorizzare

'Speise ['ʃpaɪzə] *f* (-; *-n*) cibo *m*; (*Gericht*) pietanza *f*, piatto *m*; *süße*: dolce *m*; **~n** *pl* vivande *f/pl*; **'~eis** *n* gelato *m*; **'~karte** *f* menu *m*, lista *f* delle vivande; **'~lokal** *n* ristorante *m*

'speisen ['ʃpaɪzən] (*h*) **1.** *v/i* mangiare; *zu Mittag*: desinare; pranzare; *zu Abend*: cenare; **2.** *v/t* cibare; *tec* alimentare

'Speise|röhre *f* esofago *m*; **'~saal** *m* sala *f* da pranzo; **'~wagen** *fer m* carrozza *f* (*od* vagone *m*) ristorante

Spek'takel [ʃpɛk'tɑːkəl] *m* (*-s*; *senza pl*) chiasso *m*

Speku'l|ant [ʃpeku'lant] *m* (*-en*; *-en*) speculatore *m*; giocatore *m* di borsa; **~a'tion** [-lats'joːn] *f* speculazione *f*; **⁀'ieren** (*senza ge-*, *h*) speculare; giocare in borsa; *fig* ***auf et acc ~*** mettere gli occhi su qc

'Spend|e ['ʃpɛndə] *f* (-; *-n*) offerta *f*; contributo *m*; **'⁀en** (*h*) elargire; distribuire; donare; **⁀'ieren** (*senza ge-*, *h*) offrire

'Sperling ['ʃpɛrlɪŋ] *m* (*-s*; *-e*) passero *m*

'Sperre ['ʃpɛrə] *f* (-; *-n*) sbarramento *m*; chiusura *f*; *mar*, *mil* blocco *m*; (*Verbot*) proibizione *f*; **'⁀n** (*h*) chiudere; (*ver~*) sbarrare; *Stadt*, *Hafen*: bloccare; *Handel*: interdire; *Verkehr*: impedire

'Sperr|gebiet *n* zona *f* vietata; **'~gut** *n* merci *f/pl* ingombranti; **'⁀ig** ingombrante; voluminoso; **'~konto** *n* conto *m* vincolato

'Spesen ['ʃpeːzən] *pl* spese *f/pl*

Spe'zial|gebiet [ʃpets'jɑːlgəbiːt] *n* campo *m* di specializzazione; specialità *f*; **~geschäft** *n* negozio *m* specializzato; **⁀i'sieren** [-li'ziːrən] (*senza ge-*, *h*): ***sich ~*** specializzarsi; **~'ist** *m* (*-en*; *-en*), **~'istin** *f* (-; *-nen*) specialista *m/f*; **~i'tät** *f* (-; *-en*) specialità *f*; **~i'tätenrestaurant** *n* ristorante *m* di specialità

spe'zifisch [ʃpe'tsiːfiʃ] specifico

'Spiegel ['ʃpiːgəl] *m* (*-s*; -) specchio *m*; **'~bild** *n* immagine *f* riflessa dallo specchio; **'~eier** *n/pl* uova *f/pl* al tegame (*od* a occhio di bue); **'⁀'glatt** liscio come uno specchio; **'⁀n** (*h*) **1.** *v/i* brillare; **2.** *v/t* riflettere; **3.** ***sich ~*** specchiarsi

Spiel [ʃpiːl] *n* (*-[e]s*; *-e*) gioco *m*; (*~ Karten*) mazzo *m*; *tea* interpretazione *f*, rappresentazione *f*, *Sport*: partita *f*, *mus* esecuzione *f*, ***aufs ~ setzen*** porre a repentaglio; ***die Hand im ~ haben*** aver le mani in pasta; **'~automat** *m* macchina *f* da gioco; **'~bank** *f* (-; *-en*) casinò *m*

'spiel|en ['ʃpiːlən] (*h*) **1.** *v/i* giocare (**um** di); *tea* recitare; *mus* suonare; *Handlung*: svolgersi; **2.** *v/t Karten*, *Schach*: giocare a; *mus* suonare; *Rolle*, *Partie*: fare; rappresentare, interpretare; (*vorgeben*) simulare, fingere; **'~end** *adv fig* con la massima facilità; **'⁀er** *m* (*-s*; -) giocatore *m*; *tea* attore *m*; *mus* suonatore *m*

'Spiel|feld ['ʃpiːlfɛlt] *n* campo *m* (di

S

gioco); '**~film** *m* lungometraggio *m*; '**~halle** *f* sala *f* giochi; '**~karte** *f* carta *f* da gioco; '**~kasino** *n* casinò *m*; '**~marke** *f* gettone *m*; '**~platz** *m* campo *m* di (*od* da) gioco; luogo *m* di ricreazione per bambini; '**~raum** *m fig* libertà *f* di movimento; '**~regel** *f* regola *f* di gioco; '**~sachen** *pl* giocattoli *m/pl*; '**~schuld** *f* debito *m* di gioco; '**~uhr** *f* orologio *m* a soneria; '**~verderber** *m* guastafeste *m*; '**~waren** *f/pl* giocattoli *m/pl*; '**~zeit** *f tea* stagione *f*, *Sport*: durata *f* della partita; '**~zeug** *n* (*-[e]s*; *senza pl*) giocattolo *m*; *fig* trastullo *m*

Spieß [ʃpiːs] *m* (*-es*; *-e*) spiedo *m*

Spi'nat [ʃpi'nɑːt] *m* (*-[e]s*; *-e*) spinaci *m/pl*

Spind [ʃpint] *n u m* (*-[e]s*; *-e*) armadio *m*

'Spinn|e ['ʃpinə] *f* (*-*; *-n*) *zo* ragno *m*; '**2en** (*spann*, *gesponnen*, *h*) filare; *fig* tramare; F fantasticare

Spi'on [ʃpi'oːn] *m* (*-s*; *-e*), **~in** *f* (*-*; *-nen*) spia *f*; **~'age** [-o'nɑːʒə] *f* (*-*; *senza pl*) spionaggio *m*

Spi'rale [ʃpi'rɑːlə] *f* (*-*; *-n*) spirale *f*

Spiri'tuosen [ʃpiritu'oːzən] *f/pl* bevande *f/pl* alcooliche

spitz [ʃpits] appuntito, a punta; *Zunge*: tagliente; *mat* acuto; *fig* pungente; '**2bogen** *m* arco *m* a sesto acuto

'Spitze ['ʃpitsə] *f* (*-*; *-n*) punta *f*, (*Ende*) estremità *f*, *e-s Berges*: cima *f*, *Stoff*: pizzo *m*, merletto *m*; (*Rang*) vertice *m*; (*Person*) autorità *f*; ***an der ~*** in testa; ***auf die ~ treiben*** spingere agli estremi

'Spitzel ['ʃpitsəl] *m* (*-s*; *-*) spia *f*, delatore *m*; (*Polizei2*) confidente *m*

'spitzen ['ʃpitsən] (*h*) appuntare; *Ohren*: aguzzare

'Spitzen... ['ʃpitsən...]: *in Zssgn* (*Höchst...*) massimo; (*Haupt...*) principale; '**~gruppe** *f* (*-*; *-n*) *Sport*: gruppo *m* in testa; '**~klasse** *f* (*-*; *senza pl*) prima qualità *f*; '**~leistung** *f Sport*: primato *m*; *Fabrikat*: prodotto *m* di prim'ordine; rendimento *m* massimo; '**~mannschaft** *f Sport*: squadra *f* di prim'ordine; '**~reiter** *m* successo *m*; il numero uno

'Splitter ['ʃplitər] *m* (*-s*; *-*) scheggia *f*, (*Bruchstück*) frammento *m*; '**2frei**: ***~es Glas*** *n* vetro *m* infrangibile; '**2n** (*h u sn*) scheggiarsi

'spon|sern ['ʃpɔnzərn] (*h*) sponsorizzare; '**2sor** ['-zɔr] *m* sponsor *m*

spon'tan [ʃpɔn'tɑːn] spontaneo

Sport [ʃpɔrt] *m* (*-[e]s*; *senza pl*) sport *m* (*Berg2*) alpinismo *m*; (*Pferde2*) ippica *f*, (*Rad2*) ciclismo *m*; (*Wasser2*) sport *m* nautico; '**~anzug** *m* abito *m* sportivo; '**~art** *f* tipo *m* di sport; '**~artikel** *m* articolo *m* sportivo; '**~geschäft** *n* negozio *m* di articoli sportivi; '**~hotel** *n* hotel *m* con attrezzature sportive; '**~ler** ['-lər] *m* (*-s*; *-*), '**~lerin** *f* (*-*; *-nen*) sportivo *m*, -a *f*; '**2lich** sportivo; '**~möglichkeit** *f* opportunità *f* di attività sportive; '**~nachrichten** *f/pl Radio*: notiziario *m* sportivo; '**~platz** *m* campo *m* sportivo; '**~verein** *m* società *f* sportiva; '**~wagen** *m* vettura *f* sportiva; '**~zeitung** *f* rivista *f* sportiva; gazzetta *f* dello sport

Spott [ʃpɔt] *m* (*-[e]s*; *senza pl*) beffa *f*, '**2en** (*h*) beffarsi, farsi beffe (***über j-n*** di qu)

'spöttisch ['ʃpœtiʃ] beffardo

'Sprache ['ʃprɑːxə] *f* (*-*; *-n*) lingua *f*, *das Sprechen*: parola *f*, linguaggio *m*; ***zur ~ bringen*** mettersi a parlare di; '**~nschule** *f* scuola *f* di lingue

'Sprach|erkennung *f inform* riconoscimento *m* vocale; '**~führer** *m* manuale *m* di conversazione; '**2gewandt** eloquente, facondo; '**~kenntnis** *f* conoscenza *f* delle lingue; '**2kundig** esperto nelle lingue straniere; poliglotta; '**~kurs** *m* corso *m* di lingua; **~lehrer(in** *f*) *m* insegnante *m/f*; '**2lich** linguistico; concernente la lingua; '**2los** senza parola; ***~ sein*** rimanere a bocca aperta; '**~reise** *f* viaggio *m* studio (a scopo linguistico); '**~studium** *n* studio *m* delle lingue; '**~unterricht** *m* lezione *f* di lingua straniera; '**~wissenschaft** *f* filologia *f*, linguistica *f*

'Sprech|anlage ['ʃprɛçˀanlɑːgə] *f* citofono *m*; '**2en** (*sprach*, *gesprochen*, *h*) *v/t u v/i* parlare (***j-n*** a qu *od* con qu; ***über*** *acc*, ***von*** di; ***über ein Thema*** a su); *Worte*: dire; *Urteil*: pronunciare; '**~er** *m* (*-s*; *-*), '**~erin** *f* (*-*; *-nen*) oratore *m*, -trice *f*, *pol* portavoce *m*; (*Ansager*) presentatore *m*, annunciatore *m*; '**~funk** *m* radiotelefono *m*; '**~stunde** *f* orario *m* (per le visite); ora *f* d'ufficio; ***~ haben*** ricevere; '**~stundenhilfe** *f med* assistente *f* di studio medico; '**~zimmer**

S

n studio *m*; *med* ambulatorio *m*

'spreizen ['ʃpraɪtsən] (*h*) (*öffnen*) aprire, spalancare; *Beine*: allargare

'sprengen ['ʃprɛŋən] (*h*) far saltare; far scoppiare; *mit Wasser*: innaffiare, annaffiare

'Spreng|körper ['ʃprɛŋkœrpər] *m* ordigno *m* esplosivo; **'~stoff** *m* esplosivo *m*; **'~ung** *f* (-; *-en*) il far saltare in aria

Spreu [ʃprɔʏ] *f* (-; *senza pl*) lolla *f*

'Sprich|wort ['ʃpriçvɔrt] *n* (*-[e]s*; *-wörter*) proverbio *m*; **'2wörtlich** proverbiale

'sprießen ['ʃpriːsən] (*spross, gesprossen, sn*) spuntare, germogliare

'Spring|brunnen ['ʃpriŋbrunən] *m* fontana *f*; **'2en** (*sprang, gesprungen, sn*) saltare; *Ball*: balzare; *Glas*: rompersi; *Haut*: screpolarsi; spaccarsi; *Fontäne*: zampillare; ***~der Punkt*** *m* punto *m* saliente; **'~flut** *f* alta marea *f*

'Spritz|e ['ʃpritsə] *f* (-; *-n*) *med* siringa *f*; (*Einspritzung*) iniezione *f*; (*Feuer2*) pompa *f*; **'2en** (*h*) **1.** *v/i* (*a sn*) schizzare; **2.** *v/t* spruzzare; *med* iniettare; **'~tour** *f* F piccola gita *f*

'spröde ['ʃprøːdə] (*zerbrechlich*) fragile; (*rau*) ruvido; *fig von Personen*: ritroso, schifiltoso

Spross [ʃprɔs] *m* (*-es*; *-e*) germoglio *m*; rampollo *m*; *fig* discendente *m*

Spruch [ʃprux] *m* (*-[e]s*; *⸚e*) detto *m*; *jur* sentenza *f*

'Sprudel ['ʃpruːdəl] *m* (*-s*; *-*) (*Quelle*) sorgente *f* di acque minerali; *Getränk*: gassosa *f*; **'2n** (*sn u h*) scaturire (gorgogliando); (*sieden*) bollire; *Sekt*: spumeggiare; frizzare

'sprühen ['ʃpryːən] (*h*) **1.** *v/t* schizzare; *Funken*: mandare; **2.** *v/i* (*a sn*) sprizzare, sfavillare; (*regnen*) piovigginare; **'~d** brillante

'Sprühregen ['ʃpryːreːgən] *m* pioggerella *f*

Sprung [ʃpruŋ] *m* (*-[e]s*; *⸚e*) salto *m*; (*Riss*) crepa *f*; **'~brett** ['-brɛt] *n* trampolino *m*; **'~schanze** *f* trampolino *m* da salto

'Spuck|e ['ʃpukə] *f* (-; *senza pl*) sputo *m*; **'2en** (*h*) sputare

Spuk [ʃpuːk] *m* (*-[e]s*; *senza pl*) apparizione *f*, fantasmi *m/pl*, spiriti *m/pl*; F strepito *m*; **'2en** (*h*): ***es spukt*** ci sono gli spiriti

'spülen ['ʃpyːlən] (*h*) risciacquare; *Teller*: lavare; *med* irrigare; *Mund*: sciacquare; *an Land*: rigettare

Spur [ʃpuːr] *f* (-; *-en*) traccia *f*; (*Fuß2*) orma *f*; (*Rad2*) rotaia *f*; *fer* scartamento *m*; (*Fährte*) pesta *f*; *fig* indizio *m*

'spür|bar ['ʃpyːrbaːr] percettibile, palpabile; **'~en** (*h*) **1.** *v/i* seguire le tracce di; **2.** *v/t* sentire, provare, avvertire

'Spurweite *fer* ['ʃpuːrvaɪtə] *f* scartamento *m*, interasse *m*

Staat [ʃtaːt] *m* (*-[e]s*; *-en*) Stato *m*; **'~enbund** *m* confederazione *f*; **'2enlos** apolide; **'2lich** statale; dello (*od* dallo) Stato; nazionale

'Staats|akt ['ʃtaːts'akt] *m* cerimonia *f* ufficiale; **'~angehörige** *m* cittadino *m*; **'~angehörigkeit** *f* cittadinanza *f*, nazionalità *f*; **'~anleihe** *f* prestito *m* dello Stato; **'~anwalt** *m* procuratore *m* della Repubblica; *jur* pubblico ministero *m*; **'~archiv** *n* archivio *m* di Stato; **'~beamte** *m* impiegato *m* statale (*od* dello Stato); **'~bürger** *m*, **'~bürgerin** *f* cittadino *m*, -a *f*; **'~bürgerschaft** *f* cittadinanza *f*; **'~dienst** *m* servizio *m* dello Stato (*od* pubblico); **'~eigentum** *n* proprietà *f* dello Stato *od* erariale; **'~examen** *n* esame *m* di Stato; **'~feind** *m* nemico *m* dello Stato; **'~geheimnis** *n* segreto *m* di Stato; **'~haushalt** *m* bilancio *m* pubblico (*od* dello Stato); **'~kasse** *f* erario *m*; fisco *m*; **'~kosten** *pl*: ***auf ~*** a spese pubbliche; **'~mann** *m* uomo *m* di Stato; statista *m*; **'~oberhaupt** *n* capo *m* dello Stato; **'~sekretär** *m* segretario *m* di Stato; **'~streich** *m* colpo *m* di Stato; **'~zugehörigkeit** *f* cittadinanza *f*

Stab [ʃtaːp] *m* (*-[e]s*; *⸚e*) bastone *m*; (*Stange*) stecca *f*, asta *f*; *dünner*: bacchetta *f*; *am Gitter*: sbarra *f*; **'~hochsprung** ['-hoːxʃpruŋ] *m* salto *m* con l'asta

sta'bil [ʃta'biːl] solido, stabile; **~i'sieren** [-bili'ziːrən] (*senza ge-, h*) stabilizzare; **2i'sierung** *f* (-; *-en*) stabilizzazione *f*; **2i'tät** [-'tɛːt] *f* (-; *senza pl*) stabilità *f*; **2i'tätspolitik** [-politik] *f* politica *f* della stabilità

'Stachel ['ʃtaxəl] (*-s*; *-n*) pungiglione *m*; *bot* spina *f*; *fig* pungolo *m*; **'~beere** *f* uva *f* spina; **'~draht** *m* filo *m* spinato; **'2ig** spinoso; *Tiere*: irto; *fig* pungente

S

'Stad|ion ['ʃtaːdjɔn] *n* (-*s*; -*dien*) stadio *m*; **'~ium** ['-djum] *n* (-*s*; -*dien*) fase *f*
Stadt [ʃtat] *f* (-; ¨*e*) città *f*; (*Groß*≈) metropoli *f*; **'~autobahn** *f* autostrada *f* urbana; **'~bahn** *f* metropolitana *f*; ferrovia *f* metropolitana *f* (*od* urbana); **'≈bekannt** notorio; **'~bezirk** *m* rione *m*; **'~bild** *n* fisionomia *f* della città; **'~bummel** *m* giro *m* in città
'Städte|bau ['ʃtɛːtəbau] *m* urbanistica *f*; **'~partnerschaft** *f* gemellaggio *m*; **'~planung** *f* urbanistica *f*
'Stadtgebiet ['ʃtatgəbiːt] *n* territorio *m* comunale
'städtisch ['ʃtɛtiʃ] comunale; municipale; cittadino
'Stadt|mauer ['ʃtatmauər] *f* mura *f/pl* cittadine; **'~mitte** *f* centro *m* (della città); **'~plan** *m* pianta *f* (della città); **'~rand** *m* periferia *f* (della città); **'~rat** *m* consiglio *m* comunale; consigliere *m* municipale; *Person a*: assessore *m* comunale; **'~rundfahrt** *f* giro *m* turistico della città; **'~teil** *m* quartiere *m*, rione *m*; **'~viertel** *n* quartiere *m*; **'~zentrum** *n* centro *m* della città
'Staffel ['ʃtafəl] *f* (-; -*n*) scalino *m*; *Sport*: staffetta *f*; *avia* squadriglia *f*
Stagn|a'tion [ʃtagnats'joːn] *f* (-; -*en*) ristagno *m*; **≈'ieren** (*senza ge*-, *h*) stagnare; *fig* languire
Stahl [ʃtaːl] *m* (-[*e*]*s*; ¨*e*) acciaio *m*; **'~werk** *n* acciaieria *f*
Stall [ʃtal] *m* (-[*e*]*s*; ¨*e*) stalla *f*; (*Renn*≈) scuderia *f*
Stamm [ʃtam] *m* (-[*e*]*s*; ¨*e*) tronco *m*; (*Familie*) stirpe *f*; (*Volks*≈) tribù *f*; (*Wurzel*) radice *f*; **'~aktie** *f* azione *f* ordinaria; **'~aktionär** *m* azionista *m* ordinario; **'~baum** *m* albero *m* genealogico
'stammeln ['ʃtaməln] (*h*) balbettare
'stammen ['ʃtamən] (*h*, *a sn*) discendere; *Dinge*: provenire; *aus e-m Lande*: essere originario di
'Stamm|gast ['ʃtamgast] *m* avventore *m* abituale; **'~kapital** *n* capitale *m* sociale; **'~kneipe** *f* birreria *f* (*od* osteria *f*) abituale; **'~kunde** *m* cliente *m* abituale; **'~lokal** *n* solita birreria *f* (*od* trattoria *f*, solito caffè *m usw*); **'~tisch** *m* tavolo *m* riservato ai clienti abituali
'stampfen ['ʃtampfən] (*h*) **1.** *v/t* pestare; ***aus dem Boden ~*** far sbucare dal nulla; **2.** *v/i* scalpitare; ***mit den Füßen ~*** pestare i piedi
Stand [ʃ'tant] *m* (-[*e*]*s*; ¨*e*) stato *m*; (*Lage, Rang*) situazione *f*; condizione *f*; (*Beruf*) professione *f*; (*Klasse*) ceto *m*, classe *f*; *des Wassers, der Sonne*: altezza *f*; (*auf e-r Ausstellung*) padiglione *m*; reparto *m*; (*~ort*) posto *m*; sito *m*; posizione *f*; → ***außerstande***; ***imstande***; ***instand***; ***zustande***
'Standard ['ʃtandart] *m* (-*s*; -*s*) standard *m*; (*Lebens*≈) livello *m* di vita; **≈i'sieren** [-di'ziːrən] (*senza ge*-, *h*) standardizzare; **~i'sierung** *f* (-; -*en*) standardizzazione *f*
'Ständchen ['ʃtɛntçən] *n* (-*s*; -*n*) serenata *f*
'Ständer ['ʃtɛndər] *m* (-*s*; -) pilastro *m*; *e-r Säule*: piedistallo *m*; *tec* supporto *m*; montante *m*
'Standes|amt ['ʃtandəsˀamt] *n* (ufficio *m* di) stato *m* civile; anagrafe *f*; **'≈gemäß** conforme alla propria condizione (*od* posizione sociale)
'stand|haft ['ʃtanthaft] costante; stabile; **'≈haftigkeit** *f* (-; *senza pl*) costanza *f*, stabilità *f*; **'~halten** (*irr*, *sep*, -*ge*-, *h*, → ***halten***) resistere; (*dat* a); tener testa, tener duro
'ständig ['ʃtɛndiç] fisso; permanente; continuo; *adv* continuamente
'Stand|licht ['ʃtandliçt] *n Auto*: fanalino *m* di posizione; **'~ort** *m* posto *m*; luogo *m*, sito *m*; *fig* posizione *f*; **'~punkt** *m* punto *m* di vista; **'~seilbahn** *f* funicolare *f*; **'~spur** *f* corsia *f* d'emergenza
'Stange ['ʃtaŋə] *f* (-; -*n*) pertica *f*; polo *m*; bastone *m*; *dünne*: bacchetta *f*; ***j-m die ~ halten*** *fig* mettersi dalla parte di qu; dare man forte a qu; ***von der ~ kaufen*** comprare bell'e fatto (*Anzug*: già confezionato)
'Stängel ['ʃtɛŋəl] *m* (-*s*; -) gambo *m*
'Stapel ['ʃtaːpəl] *m* (-*s*; -) catasta *f*, mucchio *m*; *mar* varo *m*; ***vom ~ lassen*** varare; **~lauf** *m* varo *m*; **'≈n** (*h*) accatastare
Star[1] [ʃtaːr] *m zo* (-[*e*]*s*; -*e*) stornello *m*
Star[2] *m med* (-[*e*]*s*; -*e*): ***grauer ~*** cateratta *f*; ***grüner ~*** glaucoma *m*
Star[3] *m* (-[*e*]*s*; -*e*) star *f*, stella *f*
stark [ʃtark] **1.** *adj* forte; robusto, vigoroso; *tec* potente, possente; *Material*:

solido; (*dick*) grosso; *Familie*: numeroso; ~ ***werden*** ingrossare; **2.** *adv* forte, fortemente; (*sehr, viel*) molto
'Stärke ['ʃtɛrkə] *f* (-; *-n*) (*Kraft*) forza *f*; robustezza *f*, vigore *m*; *tec* potenza *f*; *Material*: solidità *f*; (*Anzahl*) quantità *f*; (*Dicke*) grossezza *f*; **'2n** (*h*) fortificare; *mit Gründen*: corroborare; *Wäsche*: inamidare; *med* tonificare
'Starkstrom ['ʃtarkʃtroːm] *m* corrente *f* ad alta tensione
'Stärkung ['ʃtɛrkuŋ] *f* (-; *-en*) rinforzamento *m*; corroboramento *m*
starr [ʃtar] rigido; *Blick*: fisso; ~ ***vor Kälte*** intirizzito; **'~en**: ~ ***auf*** (*acc*) *od* ***nach*** (*h*) guardare fisso, fissare (con gli occhi)
Start [ʃtart] *m* (*-[e]s*; *-s*) partenza *f*; inizio *m*; start *m*; *avia* decollo *m*; **'~automatik** *f* starter *m* automatico; **'~bahn** *f* pista *f* di decollo; **'2en** *v/i* (*sn*) partire; *avia* decollare; *Motor*: avviare; **'~ordnung** *f* ordine *m* di partenza; **'~- und Lande-Bahn** *f* pista *f* di volo; **'~zeichen** *n* segnale *m* di partenza; ***das ~ geben*** dare il via
Sta'tion [ʃtats'joːn] *f* (-; *-en*) stazione *f*; *med* reparto *m*; (*Aufenthalt*) fermata *f*; **2'är** [-tsjo'nɛr] stazionario; **~svorsteher** *m* capostazione *m*
'statisch ['ʃtaːtiʃ] statico
Sta'tist|ik [ʃta'tistik] *f* (-; *-en*) statistica *f*; **'2isch** *adj* statistico
statt [ʃtat] *prp* invece
Statt *f* (-; *senza pl*) luogo *m*; ***an Kindes ~ annehmen*** adottare
'stattfinden ['-findən] (*irr, sep, -ge-, h*, → ***finden***) aver luogo; realizzarsi
'stattlich ['ʃtatliç] imponente; *Summe*: considerevole; *Person*: prestante
'Statue ['ʃtaːtuə] *f* (-; *-n*) statua *f*
'Status ['ʃtatus] *m* (-; *senza pl*) stato *m*; posizione *f*
'Sta'tut [ʃta'tuːt] *n* (*-[e]s*; *-en*) statuto *m*
Stau [ʃtau] *m* (*-[e]s*; *-s*; *-e*) ristagno *m*; *auto* coda *f*, ingorgo *m*
Staub [ʃtaup] *m* (*-[e]s*; *tec -e u* ¨*e*) polvere *f*; ***sich aus dem ~ machen*** svignarsela
'Staubecken ['ʃtaubɛkən] *n* bacino *m* di raccolta
'stauben ['-bən] (*h*) alzar polvere; ***es staubt*** c'è polvere
'staub|ig ['ʃtaubiç] polveroso; **'2sauger** *m* (*-s*; -) aspirapolvere *m*; **'2tuch** *n* straccio *m* per spolverare
'Staudamm ['ʃtaudam] *m* argine *m*
'Staude ['-də] *f* (-; *-n*) arbusto *m*; (*Salat2*) cesto *m*
'stauen ['-ən] (*h*) arrestare; *mar* stivare; *Wasser*: arginare; ***sich ~*** (*Verkehr*) congestionarsi
'staunen ['ʃtaunən] (*h*) stupirsi, meravigliarsi (***über*** *acc* di)
'Stausee ['ʃtauzeː] *m* lago *m* artificiale
'stech|en ['ʃtɛçən] (*stach, gestochen, h*) **1.** *v/t* pungere; *Loch*: fare; **2.** *v/i* pungere; *Sonne*: scottare; *med* ***es sticht*** ho delle fitte; ***nach j-m ~*** dare una pugnalata a qu; *mar* ***in See ~*** (*sn*) mettersi in mare, salpare; **'2mücke** *f* zanzara *f*; **'2uhr** *f* orologio *m* segnatempo
'Steckdose ['ʃtɛkdoːzə] *f el* presa *f* di corrente
'stecken ['ʃtɛkən] (*h*) **1.** *v/t* mettere; infilare; *mit Nadeln*: appuntare; *Ziel*: prefiggere; ***et in Brand ~*** incendiare qc; **2.** *v/i allg* essere; ***dahinter steckt et*** c'è qualcosa sotto, gatta ci cova; ***~ bleiben*** rimanere preso (*od* bloccato); impigliarsi; *fig* arenarsi, incagliarsi; ***~ lassen*** *Schlüssel*: lasciare nella toppa
'Stecker *el* ['ʃtɛkər] *m* (*-s*; -) spina *f*
'Steck|kontakt *el* ['ʃtɛkkɔntakt] *m* innesto *m*, presa *f* di corrente; **'~nadel** *f* spillo *m*
Steg [ʃteːk] *m* (*-[e]s*; *-e*) sentiero *m*; (*Brücke*) passerella *f*; **'~reif** ['ʃteːkraɪf] *m*: ***aus dem ~ sprechen*** improvvisare
'stehen ['ʃteːən] (*stand, gestanden, h*) stare; stare in piedi; (*sein, sich befinden*) essere; *Uhr*: esser fermo; *Modell usw*: fare da; ***~ bleiben*** fermarsi; rimanere; ***~ lassen*** lasciare; lasciar stare; *j-n*: piantare; *Speise*: non toccare; **'~d** ritto, in piedi; (*fest*) fisso; (*senkrecht*) verticale; *Wasser*: stagnante
'Steh|kragen ['-kraːgən] *m* colletto *m* alto; **'~lampe** *f* lampada *f* a stelo
'stehlen ['ʃteːlən] (*stahl, gestohlen, h*) rubare
'Stehplatz ['-plats] *m* posto *m* in piedi
steif [ʃtaɪf] rigido; *Wäsche*: inamidato, saldo; *Haltung*: impettito; *Hut*: duro; ***~ dastehen*** stare impalato; ***~er Hals*** *m* torcicollo *m*
Steig [ʃtaɪk] *m* (*-[e]s*; *-e*) sentiero *m*

S

'steigen ['-gən] (*stieg, gestiegen, sn*) salire; montare; ascendere; scendere (**von, aus** da); scavalcare (**über et** *acc* qc); *Pferd*: inalberarsi; (*zunehmen*) aumentare, crescere
'steig|ern ['ʃtaɪgərn] *v/t* (*h*) aumentare; alzare; *Miete*: rincarare; **sich ~** crescere; **'2erung** *f* (-; *-en*) aumento *m*; rincaro *m*; **2erungsrate** *f* tasso *m* d'incremento
'Steigung ['ʃtaɪguŋ] *f* (-; *-en*) salita *f*
steil [ʃtaɪl] erto; **'2hang** *m* pendio *m* ripido; **'2küste** *f* costa *f* ripida
Stein [ʃtaɪn] *m* (*-[e]s*; *-e*) pietra *f*, sasso *m*; *im Obst*: nocciolo *m*; **'~bock** *m* (*-s*, *̈-e*) stambecco *m*; *astr* capricorno; **'~bruch** *m* cava *f* (di pietra); **'2ern** di pietra; **'~gut** *n* (*-es*; *senza pl*) maiolica *f*; **'2ig** pietroso, sassoso; **'~kohle** *f* carbon *m* fossile; **'~metz** ['-mɛts] *m* (*-en*; *-en*) scalpellino *m*; **'~obst** *n* frutta *f/pl* col nocciolo; **'~pilz** *m* boleto *m* giallo, F porcino *m*; **'~zeit** *f* età *f* della pietra
Steiß [ʃtaɪs] *m* (*-es*; *-e*) sedere *m*
'Stelle ['ʃtɛlə] *f* (-; *-n*) posto *m*; luogo *m*; *Beruf*: impiego *m*; *e-s Buches*: passo *m*, passaggio *m*; (*Behörde*) ufficio *m*; (*Verwaltung*) organo *m*; (*Amt*) carica *f*, funzione *f*; ***auf der ~*** immediatamente; ***an deiner ~*** al tuo posto
'stellen ['ʃtɛlən] (*h*) **1.** *v/t* mettere, porre, collocare; *Preis, Frage*: fare; *Kaution*: presentare; *Aufgabe*: assegnare; *Frist*: fissare; *Uhr*: regolare; *Fallen*: tendere; (*anhalten*) fermare; ***in Rechnung ~*** mettere in conto; ***zur Rede ~*** chiedere spiegazioni a; **2.** ***sich ~*** presentarsi; *der Polizei*: costituirsi; *fig* ***sich*** (*krank usw*) **~** fingersi
'Stellen|abbau *m econ* riduzione *f* dei posti di lavoro; **'~angebot** ['ʃtɛlənˀangəboːt] *n* offerta *f* d'impiego; **'~gesuch** *n* domanda *f* d'impiego; **'~vermittlung** *f* collocamento *m*; **'2weise** qua e là; parzialmente; in diversi punti
'Stellplatz ['ʃtɛlplats] *m* posto-auto *m*
'Stellung ['-luŋ] *f* (-; *-en*) posizione *f*; (*An2*) impiego *m*; posto *m*; (*Stellen*) collacamento *m*; **'~nahme** ['-naːme] *f* (-; *-n*) presa *f* di posizione; **'2slos** senza impiego; **'~ssuche** *f* ricerca *f* di un impiego
'Stell|vertreter ['ʃtɛlfɛrtreːtər] *m* (*-s*; *-*), **'~vertreterin** *f* (-; *-nen*) rappresentante *m/f*; im Amt: sostituto *m*, -a *f*; *in der Schule*: supplente *m/f*; **'~vertretung** *f* rappresentanza *f*, *in der Schule*: supplenza *f*
'Stempel ['ʃtɛmpəl] *m* (*-s*; -) timbro *m*; bollo *m*
'stempeln ['ʃtɛmpəln] (*h*) bollare (*a fig*), timbrare
Stengel → ***Stängel***
'Steno ['ʃteno] *f* (-; *senza pl*); stenografia *f*; **'~gramm** [-'gram] *n* (*-s*; *-e*) stenogramma *m*; **~'graph** [-'graːf] *m* (*-en*; *-en*), **~'graphin** *f* (-; *-nen*) stenografo *m*, -a *f*; **~gra'phie** [-gra'fiː] *f* (-; *-n*) stenografia *f*, **2gra'phieren** [-gra'fiːrən] (*senza ge-*, *h*) stenografare; **2'graphisch** stenografico; **~ty'pist** [-ty'pist] *m* (*-en*; *-en*), **~ty'pistin** *f* (-; *-nen*) stenodattilografo *m*, -a *f*
'Steppdecke ['ʃtɛpdɛkə] *f* coltrone *m*
'Steppe ['ʃtɛpə] *f* (-; *-n*) steppa *f*
'Sterbe|bett ['ʃtɛrbəbɛt] *n* letto *m* di morte; **'~fall** *m* decesso *m*
'sterben ['ʃtɛrbən] (*starb, gestorben, sn*) morire (**an** *dat*, **vor** *dat* di)
'sterblich ['ʃtɛrpliç] mortale
Stereoanlage [ʃtereo'ˀan-] *f* impianto *m* stereofonico, stereo *m*
steril [ʃte'riːl] sterile; **~i'sieren** [-rili'ziːrən] (*senza ge-*, *h*) sterilizzare
Stern [ʃtɛrn] *m* (*-[e]s*; *-e*) stella *f*, **'~bild** *n* costellazione *f*, **'~chen** ['-çən] *n* (*-s*; *-*) stellina *f*, **~enhimmel** ['ʃtɛrnənhiməl] *m* firmamento *m*; cielo *m* stellato
'Stern|fahrt ['ʃtɛrnfaːrt] *f* rally *m*; **'~schnuppe** ['-ʃnupə] *f* (-; *-n*) stella *f* cadente; **'~warte** *f* (-; *-n*) osservatorio *m* (astronomico)
'stet|ig [ʃteːtiç] costante, assiduo; **~s** [ʃteːts] sempre
'Steuer[1] ['ʃtɔʏər] *f* (-; *-n*) tassa *f*, imposta *f*, contributo *m*
'Steuer[2] *n* (*-s*; -) *mar u avia* timone *m*; *Auto*: volante *m*; sterzo *m*; *Fahrrad*: manubrio *m*
'Steuer|abzug ['ʃtɔʏərˀaptsuːk] *m* ritenuta *f* fiscale; **'~aufkommen** *n* gettito *m* delle tasse; **'~befreiung** *f* esenzione *f* dalle imposte; **'~berater** *m* consulente *m* fiscale; **'~bord** *mar n* (*-[e]s*; *-e*) tribordo *m*; **'~erklärung** *f* dichiarazione *f* dei redditi; **'~ermäßigung** *f* riduzione *f* delle imposte; **'2frei** esentasse; **'~freibetrag** *m* quota *f*

S

esente da tasse; **'~hinterziehung** *f* evasione *f* fiscale; **'~jahr** *n* esercizio *m* finanziario; **'~klasse** *f* categoria *f* (*od* classe *f*) fiscale

'steuern ['ʃtɔʏərn] (*h*) *v/t Auto*: guidare, condurre (*a mar*), pilotare (*a avia*); *nur mar*: governare

'Steuer|nachlass ['ʃtɔʏərnaːxlas] *m* sgravio *m* fiscale; **'2pflichtig** ['-pfliçtiç] soggetto a tasse; **'~rad** *n* ruota *f* del timone; *Auto, avia*: volante *m*; **'~rückvergütung** *f* rimborso *m* di imposte; **'~senkung** *f* ribasso *m* delle imposte; **'~ung** *f* (-; *-en*) timone *m*; *tec* dispositivo *m* di comando; *Steuerrad*: volante *m*, sterzo *m*; *das Steuern*: *mar, avia* pilotaggio *m*; *mar* governo *m*; *Auto*: guida *f*; **'~vergünstigung** *f* agevolazione *f* fiscale; **'~vorauszahlung** *f* imposta *f* d'acconto; **'~zahler** *m* contribuente *m*

'Steward ['stjuːərt] *m* (*-s*; *-s*) steward *m*, assistente *m* di bordo (*od* di volo); **'~ess** ['-dɛs] *f* (-; *-dessen*) hostess *f*

Stich [ʃtiç] *m* (*-es*; *-e*) puntura *f*, fitta *f*; ***im ~ lassen*** piantare in asso, abbandonare; **'2haltig** valido, plausibile; ***die Gründe sind nicht ~*** le ragioni non reggono; **'~probe** *f* prova *f* (a caso); **'~tag** *m* giorno *m* fissato; *zur Einführung des Euro*: €-day *m*; **'~wort** *n* spunto *m*; (*im Wörterbuch*) voce *f*, lemma *m*

'stick|en ['ʃtikən] (*h*) ricamare; **'~ig** soffocante; **'2stoff** *m* (*-[e]s*; *senza pl*) azoto *m*

'Stiefbruder ['ʃtiːfbrudər] *m* fratellastro *m*

'Stiefel ['ʃtiːfəl] *m* (*-s*; -) stivale *m*

'Stief|mutter ['ʃtiːfmutər] *f* matrigna *f*; **'~mütterchen** *bot n* (*-s*; -) viola *f* del pensiero; **'~schwester** *f* sorellastra *f*; **'~sohn** *m* figliastro *m*; **'~tochter** *f* figliastra *f*; **'~vater** *m* patrigno *m*

'Stiege ['ʃtiːgə] *f* (-; *-n*) scala *f*, *große*: scalinata *f*

Stiel [ʃtiːl] *m* (*-[e]s*; *-e*) manico *m*; *bot* gambo *m*

Stier [ʃtiːr] *m* (*-[e]s*; *-e*) toro *m* (*a astr*); **'2en** (*h*) guardare con occhi stralunati; fissare; **'~kampf** *m* corrida *f*

Stift[1] [ʃtift] *m* (*-[e]s*; *-e*) perno *m*; (*Blei2*) matita *f*, lapis *m inv*

Stift[2] *n* (*-[e]s*; *-e*) convento *m*; casa *f* pia; opera *f* pia

'stiften (*h*) fondare; (*schenken*) donare

'Stiftung ['ʃtiftuŋ] *f* (-; *-en*) fondazione *f*; (*Schenkung*) donazione *f*

Stil [ʃtiːl] *m* (*-[e]s*; *-e*) stile *m*; ***in großem ~*** su vasta scala; **2'istisch** stilistico

still [ʃtil] fermo; silenzioso; (*ruhig*) calmo, quieto; ***~!*** silenzio!; ***sei ~!*** sta zitto!; ***im ~en*** in segreto; ***~er Teilhaber*** socio *m* occulto

'Stille ['ʃtilə] *f* (-; *senza pl*) calma *f*, silenzio *m*

'still|en ['ʃtilən] (*h*) calmare; *Durst*: spegnere; *Blut*: arrestare; *Kind*: allattare; **'~halten** (*irr, sep, -ge-, h,* → ***halten***) star fermo; non muoversi; (*anhalten*) fermarsi; *fig* rassegnarsi; **'~legen** (*sep, -ge-, h*) chiudere; *zeitweilig*: sospendere; *Verkehr*: paralizzare; **~ung** *f* (-; *-en*) chiusura *f*; **'~schweigen** (*irr, sep, -ge-, h,* → ***schweigen***) tacere; **'~schweigend** tacito; *adv* senza obiezioni; **'2stand** *m* (*-[e]s*; *senza pl*) interruzione *f*, arresto *m*; *econ* ristagno *m*; **'~stehen** (*irr, sep, -ge-, h,* → ***stehen***) star fermo; non muoversi; *Betrieb*: essere fermo; avere sospeso il lavoro; *mil* ***stillgestanden!*** attenti!

'Stimm|band ['ʃtimbant] *n* corda *f* vocale; **'2berechtigt** che ha diritto di voto, elettore

'Stimme ['ʃtimə] *f* (-; *-n*) voce *f*; (*Wahl2*) voto *m*

'stimmen ['-mən] (*h*) **1.** *v/i* accordarsi; *Rechnung*: combinare; *pol* votare; ***das stimmt*** è giusto, è vero; **2.** *v/t mus* accordare

'Stimmen|mehrheit ['ʃtimənmeːrhaɪt] *f* (**'~minderheit** *f*) maggioranza *f* (minoranza *f*) di voti

'Stimm|enthaltung ['ʃtimˀɛnthaltuŋ] *f* astensione *f* dal voto; **'~enzähler** *m* scrutatore *m*; **'~recht** *n* diritto *m* di voto (*od* di votare)

'Stimmung ['ʃtimuŋ] *f* (-; *-en*) intonazione *f*; *des Gemüts*: disposizione *f*, stato *m* d'animo; (*Laune*) umore *m*; (*Milieu*) ambiente *m*; atmosfera *f*; *fröhliche*: allegria *f*, baldoria *f*; **'2svoll** pieno di sentimento; espressivo, animato

'Stimmzettel ['ʃtim'tsɛtəl] *m* scheda *f* elettorale

'stink|en ['ʃtiŋkən] (*stank, gestunken, h*) puzzare (**nach** di); **'~end**, **'~ig** puzzolente

Stipen'di|at [ʃtipɛnd'jɑːt] *m* (*-en; -en*), **~'atin** *f* (*-; -nen*) borsista *m/f*; **~um** ['-pɛndjum] *n* (*-s; -dien*) borsa *f* di studio

Stirn [ʃtirn] *f* (*-; -en*) fronte *f*; ***die ~ bieten*** *fig* tener testa

Stock[1] [ʃtɔk] *m* (*-[e]s; ¨e*) bastone *m*; (*Stumpf*) tronco *m*; (*Wein*2) vite *f*

Stock[2] *arch* (*-[e]s; - u ~werke*) piano *m*; ***im ersten ~*** al primo piano

'stocken ['ʃtɔkən] (*h u sn*) fermarsi; *fig* languire; *im Gespräch*: impuntarsi; (*schimmeln*) ammuffire; *Verkehr*: congestionarsi; arrestarsi; *fig Blut*: gelarsi; ***ins Stocken geraten*** languire; incepparsi

'Stockung ['ʃtɔkuŋ] *f* (*-; -en*) arresto *m*; interruzione *f*; *Verkehr*: congestionamento *m*; intasamento *m*; *Handel*: ristagno *m*

'Stockwerk ['ʃtɔkvɛrk] *n* (*-[e]s; -e*) piano *m*

Stoff [ʃtɔf] *m* (*-[e]s; -e*) stoffa *f*, tessuto *m*; (*Material*) materia *f*, materiale *m*; (*Inhalt*) argomento *m*; *chim* elemento *m*; **'2lich 1.** *adj fig* materiale; **2.** *adv* quanto al contenuto; **'~wechsel** *m med* ricambio *m*, metabolismo *m*

'stöhnen ['ʃtøːnən] (*h*) gemere; ***~ über*** (*acc*) *fig* lamentarsi di

'Stollen ['ʃtɔlən] *m* (*-s; -*) *min* galleria *f*; (*Gebäck*) panettone *m*

'stolpern ['ʃtɔlpərn] (*sn*) inciampare (***über*** *acc* in)

stolz [ʃtɔlts] *adj* superbo, fiero; orgoglioso (***auf*** *acc* di)

Stolz *m* (*-es; senza pl*) superbia *f*, fierezza *f*, orgoglio *m*

stolz'ieren (*senza ge-, sn*) pavoneggiarsi

Stop → ***Stopp***

'stopfen ['ʃtɔpfən] (*h*) riempire; *Magen*: rimpinzare; *schließen*: turare; *Mund*: tappare; (*et hineinstecken*) cacciare in

Stopp [ʃtɔp] *m* (*-s; -s*) fermata *f*

'stopp|en ['ʃtɔpən] (*h*) *v/t* fermare; *v/i* fermarsi; **'2schild** *n* (segnale *m* di) stop *m*; **'2uhr** *f* cronometro *m*

'Stöpsel ['ʃtœpsəl] *m* (*-s; -*) tappo *m*; *el* spina *f*

Storch [ʃtɔrç] *m* (*-[e]s; ¨e*) cicogna *f*

'stören ['ʃtøːrən] (*h*) disturbare; molestare, incomodare; *Ordnung, Ruhe*: turbare; ***lassen Sie sich nicht ~*** non si incomodi

stor'n|ieren [ʃtɔr'niːrən] (*senza ge-, h*) annullare, stornare

'Storno ['ʃtɔrno] *m* (*-s; Storni*) storno *m*; **~gebühr** *f* spese *f/pl* di storno

'störrisch ['ʃtœriʃ] caparbio

'Störung ['ʃtøːruŋ] *f* (*-; -en*) disturbo *m*; F seccatura *f*, molestia *f*; *Wetter*: perturbazione *f*; *seelisch*: turbamento *m*; *tec* guasto *m*; *Radio*: interferenza *f*; **'~sstelle** *f* servizio *m* riparazioni, ufficio *m* guasti

Stoß [ʃtoːs] *m* (*-es; ¨e*) colpo *m*; *Zusammenstoß zweier Körper*: urto *m*; (*Schub*) spinta *f*; (*Erschütterung*) scossa *f*; **'~dämpfer** ['-dɛmpfər] *m* (*-s; -*) ammortizzatore *m*

'stoßen ['ʃtoːsən] (*stieß, gestoßen, h*) **1.** *v/t* urtare; (*schlagen*) colpire; (*fort~*) (s)cacciare; *Messer*: piantare; **2.** *v/i* (*a sn*) urtare (***gegen*** contro); (*begegnen*) imbattersi (***j-n*** in qu); confinare (***an et*** *acc* con); cercare di colpire (***nach j-m*** qu); *Wagen*: urtare, cozzare; **3. *sich an et ~*** (*dat*) urtare contro qc; *fig* formalizzarsi (***an et*** *dat* per qc)

'Stoß|stange ['ʃtoːsʃtaŋə] *f Auto*: paraurti *m*; **'~verkehr** *m* traffico *m* delle ore di punta; **'~zeit** *f* ora *f* di punta

'stottern ['ʃtɔtərn] (*h*) balbettare, tartagliare; F ***auf Stottern*** a rate

'Straf|anstalt ['ʃtraːfʔanʃtalt] *f* penitenziario *m*; **'~arbeit** *f Schule*: esercizio *m* assegnato per castigo; **'2bar** punibile; ***sich ~ machen*** rendersi colpevole, incorrere in un reato

'Strafe ['ʃtrɑːfə] *f* (*-; -n*) castigo *m*; *jur nur*: pena *f*; (*Geld*2) multa *f*; ***zur ~*** per castigo

'strafen ['ʃtrɑːfən] (*h*) punire; *Kinder*: castigare

straff [ʃtraf] **1.** *adj* teso; *fig* rigido; severo; energico; ***~ anziehen*** stringere; **2.** *adv* forte

'straffällig ['ʃtraːffɛliç] punibile

'straffen ['ʃrafən] (*h*) tendere

'straf|frei ['ʃrɑːffraɪ] esente da pena; **'2freiheit** *f* (*-; senza pl*) impunità *f*; **'2gefangene** *m/f* (*-n; -n*) detenuto *m* -a *f*; **'2gesetzbuch** *n* codice *m* penale

S

'sträf|lich ['ʃtrɛːfliç] punibile; *fig* imperdonabile; **'2ling** ['-liŋ] *m* (*-s*; *-e*) detenuto *m*

'Straf|mandat ['ʃtraːfmandaːt] *n* avviso *m* di contravvenzione; **'~porto** *n* soprattassa *f*; **'~prozess** *m* processo *m* penale; **'~recht** *n* diritto *m* penale; **'~stoß** *m* calcio *m* di rigore, rigore *m*; **'~tat** *f* delitto *m*; **'~verfahren** *n* procedimento *m* penale; **'~vollzug** *m* esecuzione *f* della pena; ***sich dem ~ entziehen*** sottrarsi alla giustizia; **'~zettel** *m* contravvenzione *f*, multa *f*

Strahl [ʃtraːl] *m* (*-[e]s*; *-en*) raggio *m*; (*Wasser2*) getto *m*; **'2en** (*h*) raggiare; *fig* essere raggiante

'Strahlen|behandlung ['ʃtraːlənbehandluŋ] *f* radioterapia *f*; **'~therapie** *f* radioterapia *f*

'Strahlung ['-luŋ] *f* (*-*; *-en*) radiazione *f*

'Strähne ['ʃtrɛːnə] *f* (*-*; *-n*) matassa *f*; *Haare*: ciocca *f*

stramm [ʃtram] teso; *fig* energico, robusto

'strampeln ['ʃtrampəln] (*h*) sgambettare

Strand [ʃtrant] *m* (*-[e]s*; *⸚e*) spiaggia *f*; **'~bad** *n* stabilimento *m* balneare; bagno *m*; **'2en** ['-dən] (*sn*) arenarsi (*a fig*); **'~korb** *m* poltrona *f* da spiaggia; **'~nähe** *f* vicinanza *f* alla spiaggia; **'~promenade** *f* lungomare *m*

Strang [ʃtraŋ] *m* (*-[e]s*; *⸚e*) corda *f*; (*Bahn2*) binari *m/pl*; *Wolle*: matassa *f*; ***an e-m ~ ziehen*** *fig* mirare allo stesso scopo

Stra'p|aze [ʃtra'paːtsə] *f* (*-*; *-n*) strapazzo *m*; **2a'zieren** [-pa'tsiːrən] (*senza ge-*, *h*) strapazzare

'Straße ['ʃtraːsə] *f* (*-*; *-n*) strada *f*, *vor Namen*: via *f*

'Straßen|arbeiten *f/pl* ['ʃtraːsənarbaɪtən] *pl* lavori *pl* in corso; **'~bahn** *f* tram *m*, tranvai *m*; **'~bahnhaltestelle** *f* fermata *f* del tram; **'~bau** *m* costruzione *f* di strade; lavori *m/pl* stradali; **'~beleuchtung** *f* illuminazione *f* stradale; **'~benutzungsgebühr** *f* pedaggio *m*; **'~café** *n* bar *m* con tavolini all'aperto; **'~händler** *m* venditore *m* ambulante; **'~karte** *f* carta *f* stradale; **'~kreuzung** *f* bivio *m*, crocevia *m*, crocicchio *m*; **'~lage** *f auto* tenuta *f* di strada; **'~reinigung** *f* nettezza *f* urbana; **'~schild** *n* cartello *m* stradale; **'~sperre** *f* blocco *m* stradale; **'~verhältnisse** *n/pl* percorribilità *f* delle strade; **'~verkehr** *m* circolazione *f* stradale, traffico *m* stradale; **'~verkehrsordnung** *f* codice *m* della strada; **'~zustand** *m* stato *m* delle strade

Strat|e'gie [ʃtrate'giː] *f* (*-*; *-n*) strategia *f*; **2'egisch** [-'teːgiʃ] strategico

sträuben ['ʃtrɔʏbən] (*h*) (far) rizzare; ***sich ~*** rizzarsi; *fig* opporsi (***gegen*** a); rifiutarsi (***et zu tun*** di fare qc)

Strauch [ʃtraʊx] *m* (*-[e]s*; *⸚er*) arbusto *m*; cespuglio *m*

Strauß [ʃtraʊs] *m* (*-es*; *⸚e*) (*Blumen2*) mazzo *m* (di fiori)

'streb|en ['ʃtreːbən] **1.** (*h*) aspirare (***nach*** a); ambire; *von Dingen*: tendere; **2. '2en** *n* (*-s*; *senza pl*) aspirazione *f*; **'~sam** ['ʃtreːpzaːm] zelante; (*ehrgeizig*) ambizioso

'Strecke ['ʃtrɛkə] *f* (*-*; *-n*) tratto *m*; *zurückgelegte*: percorso *m*; tragitto *m*; (*Entfernung*) distanza *f*; (*Bahn2*) linea *f*

'strecken ['ʃtrɛkən] (*h*) stendere; *Vorräte*: allungare, razionare; *Zunge*: mostrare; (*heraus~*) sporgere

Streich [ʃtraɪç] *m* (*-[e]s*; *-e*) colpo *m*; ***böser ~*** tiro *m*; (*Jungen2*) ragazzata *f*; ***lustiger ~*** burla *f*; ***toller ~*** pazzia *f*; ***~e machen*** farne di tutti i colori

'streicheln ['ʃtraɪçəln] (*h*) accarezzare, passare (lievemente) la mano su

'streichen ['ʃtraɪçən] (*strich*, *gestrichen*, *h*) verniciare; (*auftragen*) spalmare; (*durch~*) cancellare; *Auftrag*: annullare; *mit Hand*: passare la mano, accarezzare

'Streich|holz ['ʃtraɪçhɔlts] *n* fiammifero *m*; **'~ung** *f* (*-*; *-en*) soppressione *f*, cancellazione *f*, annullamento *m*

'Streife ['ʃtraɪfə] *f* (*-*; *-n*) ronda *f*, pattuglia *f*

'streifen ['ʃtraɪfən] **1.** *v/t* (*h*) sfiorare; (*ab~*) levare; *Stoffe*: rigare; *Ärmel*: rimboccare; **2.** *v/i* (*sn*) vagare; ***auf et*** (*acc*) ***~*** rasentare qc

'Streifen *m* (*-s*; *-*) striscia *f*, *in Kleiderstoffen*: riga *f*, (*an den Hosen*) gallone *m*

'Streifenwagen *m* (*Polizei*) radiomobile *f*, macchina *f* della polizia

'Streifzug ['ʃtraɪftsuːk] *m* rassegna *f*;

mil incursione *f*; escursione *f*

Streik [ʃtraɪk] *m* (*-[e]s*; *-s*) sciopero *m*; ***in den ~ treten*** entrare in sciopero; **'~brecher** *m* crumiro *m*; **'2en** (*h*) scioperare; **'~posten** *m* picchetto *m*; **'~recht** *n* diritto *m* di sciopero

Streit [ʃtraɪt] *m* (*-[e]s*; *-e*) lite *f*; (*Wort2*) disputa *f*; (*Tätlichkeit*) rissa *f*; (*Kampf*) lotta *f*; *pol* conflitto *m*; ***~ stiften*** mettere zizzania

'streit|en ['ʃtraɪtən] (*stritt*, *gestritten*, *h*) litigare (***mit j-m um et*** con qc per qc); (*kämpfen*) combattere, lottare; discutere, dibattere (***über et*** *acc* qc); ***darüber lässt sich ~*** su ciò si può essere di pareri diversi; **'2frage** *f* punto *m* controverso; **'~kräfte** *f/pl* forze *f/pl* armate

streng [ʃtrɛŋ] rigoroso, severo; *auf Briefen*: ***~ vertraulich!*** personale, riservato!; *Sitten*: austero; ***~, ~stens, aufs 2ste*** strettamente; rigorosamente; ***~ genommen*** rigorosamente parlando; **'2e** *f* (*-*; *senza pl*) rigore *m*; austerità *f*, rigidità *f*, asprezza *f*

Stress [ʃtrɛs] *m* (*-es*; *-e*) stress *m*

'stress|en (*h*) stressare; **'~ig** *adj* stressante

'streuen ['ʃtrɔʏən] (*h*) spargere; (*ver~*) sparpagliare; *Sand in die Augen*: gettare

Strich [ʃtrɪç] *m* (*-[e]s*; *-e*) tratto *m*; riga *f*, linea *f*; (*Pinsel2*) pennellata *f*; (*Feder2*) tratto *m* di penna; ***j-m e-n ~ durch die Rechnung machen*** scompigliare i progetti di qu

'Strichkode ['ʃtrɪçko:d] *m* codice *m* a barre

'strichweise ['ʃtrɪçvaɪzə] a tratti

Strick [ʃtrɪk] *m* (*-[e]s*; *-e*) corda *f*; **'2en** (*h*) **1.** *v/i* lavorare a maglia; **2.** *v/t* fare a maglia; *Strümpfe*: fare; **'~nadel** *f* ferro *m* da calza; **~waren** *f/pl* (articoli *m/pl* di) maglieria *f*

'Strieme ['ʃtri:mə] *f* (*-*; *-n*) livido *m*

strikt [ʃtrɪkt] **1.** *adj* rigoroso; preciso; **2.** *adv* strettamente

'strittig ['ʃtrɪtɪç] controverso

Stroh [ʃtro:] *n* (*-[e]s*; *senza pl*) paglia *f*; **'~dach** *n* tetto *m* di paglia; **'~halm** *m* festuca *f*; **'~hut** *m* cappello *m* di paglia; **'~sack** *m* pagliericcio *m*

Strom [ʃtro:m] *m* (*-[e]s*; *⸚e*) corrente *f* (*a el*); *nur el* energia *f*; (*Fluss*) fiume *m*; *Lava*: colata *f*; *fig nur*: torrente *m*; ***es regnet in Strömen*** piove a catinelle; **2'ab**, **2'abwärts** a valle; **'~abnehmer** *el m* collettore *m*; pantografo *m*; utente *m* (di energia elettrica); **'~anschluss** *m* allacciamento *m* alla rete elettrica; **2'auf**, **2'aufwärts** a monte; **'~ausfall** *m* mancanza *f* di corrente

'strömen ['ʃtrø:mən] (*sn*) scorrere; (*stark regnen*) diluviare; *Menge*: affluire; (*aus~*) sgorgare, scaturire; *Regen*: venir giù a catinelle

'Strom|erzeuger *el* ['ʃtro:mˀɛrtsɔʏgər] *m* generatore *m*; **'~kreis** *m* circuito *m* elettrico; **'2linienförmig** aerodinamico; **'~netz** *n* rete *f* elettrica; **'~stärke** *f* intensità *f* di corrente, amperaggio *m*

'Strömung ['ʃtrø:mʊŋ] *f* (*-*; *-en*) corrente *f* (*a fig*)

'Strom|verbrauch ['ʃtro:mfɛrbraʊx] *m* consumo *m* di energia elettrica; **'~versorgung** *f* distribuzione *f* di energia elettrica; **'~zähler** *m* contatore *m*

'Strophe ['ʃtro:fə] *f* (*-*; *-n*) strofa *f*

Struk'tur [ʃtrʊk'tu:r] *f* (*-*; *-en*) struttura *f*

Strumpf [ʃtrʊmpf] *m* (*-[e]s*; *⸚e*) calza *f*

'Stube ['ʃtu:bə] *f* (*-*; *-n*) camera *f*; ***gute ~*** salotto *m*

Stück [ʃtʏk] *n* (*-[e]s*; *-e*; *als Maß im pl inv*) pezzo *m*; brano *m*; ***pro ~*** al pezzo; ***drei Mark das ~*** tre marchi l'uno; *Vieh*: capo *m*; (*Bruch2*) frammento *m*

'Stück|lohn ['ʃtʏklo:n] *m* salario *m* a cottimo; **'2weise** pezzo per pezzo; brano per brano; al minuto

Stu'dent [ʃtu'dɛnt] *m* (*-en*; *-en*), **~in** *f* (*-*; *-nen*) studente *m*, -essa *f*; **~enaustausch** [-ˀaʊs-] *m* scambio *m* di studenti; **~enausweis** *m* tessera *f* di studente; **~enheim** *n* casa *f* dello studente

'Studie ['ʃtu:djə] *f* (*-*; *-n*) studio *m*

'Studien|abbrecher *m* (*-s*; *-*) chi interrompe gli studi; **'~abschluss** *m* diploma *f* di studi universitari; **'~aufenthalt** *f* soggiorno *m* di studio; **'~rat** *m*, **'~rätin** *f* professore *m*, -oressa *f* di scuola media; **'~reise** *f* viaggio *m* di studio

stu'dieren [ʃtu'di:rən] (*senza ge-*, *h*) studiare (all'università)

'Stud|io ['ʃtu:djo] *n* (*-s*; *-s*) studio *m*; laboratorio *m*; **'~ium** ['djʊm] *n* (*-s*; *-dien*) studio *m*

'Stufe ['ʃtu:fə] *f* (-; *-n*) scalino *m*, gradino *m*
'stufenweise ['ʃtu:fənvaɪzə] grad(u)atamente
Stuhl [ʃtu:l] *m* (*-[e]s*; *ⸯe*) sedia *f*, seggiola *f*, cattedra *f*, **'~gang** *m* defecazione *f*; ***keinen ~ haben*** non andar di corpo
'stülpen ['ʃtylpən] (*h*) (*um~*) rovesciare; (*auf~*, *über~*) mettere
stumm [ʃtum] muto; *fig* silenzioso; ***~ werden*** ammutolire
stumpf *adj* ottuso (*a fig*); *Bleistift*: spuntato; (*gefühllos*) apatico
Stumpf [ʃtumpf] *m* (*-[e]s*; *ⸯe*) mozzicone *m*; *e-s Baumes*, *e-s Gliedes*: troncone *m*; tronco *m*; (*Arm*≗) moncherino *m*
'Stumpfsinn *m* (*-[e]s*; *senza pl*) stupidità *f*, stupidaggine *f*
'stumpfsinnig stupido, ebete
'Stunde ['ʃtundə] *f* (-; *-n*) ora *f*; (*Lehr*≗) lezione *f*
'Stunden|geschwindigkeit ['ʃtundəngəʃvindiçkaɪt] *f* velocità *f* oraria; **'~kilometer** *m* chilometro *m* orario; **'≗lang 1.** *adj* che dura ore ed ore; **2.** *adv* per ore intere; **'~lohn** *m* salario *m* orario; **'~plan** *m* orario *m* (delle lezioni); **'≗weise** ad ore
'stündlich ['ʃtyntliç] **1.** *adj* orario; **2.** *adv* ogni ora; ora per ora
'Stundung ['ʃtunduŋ] *f* (-; *-en*) proroga *f*, dilazione *f*, moratoria *f*
Sturm [ʃturm] *m* (*-[e]s*; *ⸯe*) tempesta *f*, burrasca *f*; *der Leidenschaften*: tumulto *m*; *des Beifalls*: uragano *m*
'stürmen ['ʃtyrmən] (*h*) **1.** *v/i* (*a sn*) infuriare; ***es stürmt*** c'è burrasca; *fig* precipitarsi; **2.** *v/t* dare l'assalto a; (*er~*) prendere d'assalto; *e-e Tür*: forzare
'Sturmflut ['ʃturmflu:t] *f* mareggiata *f*, alta marea *f*
'stürmisch ['ʃtyrmiʃ] tempestoso; *Beifall*: vibrante, frenetico
'Sturmwarnung *f* avviso *m* di tempesta
Sturz [ʃturts] *m* (*-es*; *ⸯe*) caduta *f*; *arch* crollo *m*
'stürzen ['ʃtyrtsən] (*h*) **1.** *v/t* far cadere; (*um~*) rovesciare (*a fig*), ribaltare; ***die Regierung ~*** rivesciare il governo; **2.** *v/refl*: ***sich ~*** gettarsi (***aus dem Fenster*** dalla finestra); **3.** *v/i* (*sn*) cadere; (*eilen*) precipitarsi
'Sturzhelm ['ʃturtshɛlm] *m* casco *m*
'Stute ['ʃtu:tə] *f* (-; *-n*) cavalla *f*
'Stütze ['ʃtytsə] *f* (-; *-n*) sostegno *m*; supporto *m*; *fig* appoggio *m*, aiuto *m*
'stutzen[1] ['ʃtutsən] (*h*) *v/t* accorciare; *Flügel*: tarpare; *Bäume*: svettare; *Haare*: spuntare
'stutzen[2] *v/i* restare sorpreso, rimanere perplesso
'stützen ['ʃtytsən] (*h*) sostenere; *Mauer*: puntellare; *auf et*: appoggiare; ***sich auf et*** (*acc*) ***~*** *fig* basarsi su qc, fondarsi su qc
'Stützpunkt ['ʃtytspuŋkt] *m* punto *m* d'appoggio; *mil* caposaldo *m*; base *f*
Sub'jekt [zup'jɛkt] *n* (*-[e]s*; *-e*) soggetto *m*; **≗'iv** [-'ti:f] soggettivo
Sub'stanz [zup'stants] *f* (-; *-en*) sostanza *f*
sub|tra'hieren [zuptra'hi:rən] (*senza ge-*, *h*) sottrarre; **≗ven'tion** [-vɛn'tsjo:n] *f* (-; *-en*) sovvenzione *f*; **~ventio'nieren** [-jo'ni:rən] (*senza ge-*, *h*) sovvenzionare
'Such|e ['zu:xe] *f* (-; *senza pl*) ricerca *f*; ***auf der ~ nach*** in cerca di; **'≗en** (*h*) cercare (***nach j-m*** qu); **'~maschine** *f* *inform* motore *m* di ricerca
Sucht [zuxt] *f* (-; *ⸯe*) mania *f*, passione *f* (***nach*** per); avidità *f* (***nach*** di)
'süchtig ['zyçtiç] tossicomane
'Süd|en ['zy:dən] *m* (*-s*; *senza pl*) sud *m*; meridione *m*; **'~früchte** *f/pl* frutta *f/pl* del mezzogiorno; *Apfelsinen*, *Zitronen*: agrumi *m/pl*
'südlich ['zy:tliç] **1.** *adj* del sud; meridionale; **2.** *adv* a sud
Süd|'osten *m* sud-est *m*; **'~pol** *m* polo *m* sud (*od* antartico); **'~westen** *m* sud-ovest *m*; **'~wind** *m* vento *m* dal sud
sugge'rieren [zugə'ri:rən] (*senza ge-*, *h*) suggerire
'Sühn|e ['zy:nə] *f* (-; *-n*) espiazione *f*, **'≗en** (*h*) espiare
'Sülze ['zyltsə] *f* (-; *-n*) gelatina *f* (di carne); aspic *m*
'Summ|e ['zumə] *f* (-; *-n*) somma *f*, **'≗en** (*h*) ronzare; canticchiare (a bocca chiusa); ***es summt*** c'è un ronzio
sum'mieren [zu'mi:rən] (*senza ge-*, *h*) addizionare; ***sich ~*** accumularsi
Sumpf [zumpf] *m* (*-[e]s*; *ⸯe*) palude *f*, *kleinerer ~ u fig*: pantano *m*; **'≗ig** paludoso

S

'Sünde ['zyndə] *f* (-; *-n*) peccato *m*
'Sünder ['zyndər] *m* (*-s*; -), **'~in** *f* (-; *-nen*) peccatore *m*, -trice *f*
'sündigen ['zyndigən] (*h*) peccare
'super ['zu:pər] fantastico, grande, grandioso
'Super(benzin) *n* (*-s*; *senza pl*) (benzina *f*) super *f*; **'~intendent** ['-ʔintɛndɛnt] *m* (*-en*; *-en*) soprintendente *m*; **'~lativ** ['-lati:f] *m* (*-s*; *-e*) superlativo *m*; **'~markt** *m* supermercato *m*
'Suppe ['zupə] *f* (-; *-n*) minestra *f*, zuppa *f*
'Suppen|löffel ['zupənlœfəl] *m* mestolo *m*; **'~schüssel** *f* zuppiera *f*; **'~teller** *m* piatto *m* fondo
'Surf|brett ['sœrfbrɛt] *n* tavola *f* da surfing, surf *m*; **'2en** (*h*, *sn*) praticare il surf; ***im Internet* ~** navigare su Internet; **'~er** *m* (*-s*; -), **'~erin** *f* (-; *-nen*) surfista *m/f*
'surren ['zurən] (*h*) sussurrare; *Insekten*: ronzare
süß [zy:s] dolce; *fig a* soave; *Wein*: abboccato; **'~en** (*h*) indolcire, dolcificare; *mit Zucker*: zuccherare; **'2igkeit** *f* (-; *-en*) dolcezza *f*; ***~en** pl* dolciumi *m/pl*, dolci *m/pl*; **'~lich** dolciastro; *fig* sdolcinato; **'~'sauer** agrodolce; **'2speise** *f* dolce *m*; **'2stoff** *m* (*-[e]s*; *senza pl*) dolcificante *m*; saccarina *f*; **'2wasser** *n* (*-s*; -) acqua *f* dolce
'Swimmingpool ['sviminpu:l] *m* (*-s*; *-s*) piscina *f*
Sym'bol [zym'bo:l] *n* (*-s*; *-e*) simbolo *m*; **2isch** [-'bo:liʃ] simbolico; **2i'sieren** [-li'zi:rən] (*senza ge-*, *h*) simboleggiare
Symm|e'trie [-me'tri:] *f* (-; *-n*) simmetria *f*; **2etrisch** [-'me:triʃ] simmetrico
Symp|a'thie [-pa'ti:] *f* (-; *-n*) simpatia *f*; **2'athisch** [-'pa:tiʃ] simpatico; **2athi'sieren** [-pati'zi:rən] (*senza ge-*, *h*) simpatizzare
Sympho'nie [-fo'ni:] → ***Sinfonie***
Symp'tom [-p'to:m] *n* (*-s*; *-e*) sintomo *m*
Syna'goge [zyna'go:gə] *f* (-; *-n*) sinagoga *f*
synchroni'sier|en [zynkroni'zi:rən] (*senza ge-*, *h*) sincronizzare; *Film a*: doppiare; **2ung** *f* (-; *-en*) sincronizzazione *f*, *Film a*: doppiaggio *m*
Sy'node [zy'no:də] *f* (-; *-n*) sinodo *m*
Syno'nym [-'ny:m] *n* (*-s*; *-e*) sinonimo *m*
Syn'th|ese [-'te:zə] *f* (-; *-n*) sintesi *f*; **2'etisch** sintetico
Sys'tem [zys'te:m] *n* (*-s*; *-e*) sistema *m*; **2atisch** [-'ma:tiʃ] sistematico
'Szene ['stse:nə] *f* (-; *-n*) scena *f*, (*Streit*) scenata *f*

T

'Tabak ['ta:bak] *m* (*-s*; *-e*) tabacco *m*; **'~laden** *m* tabaccheria *f*
tabel'l|arisch [tabɛ'la:riʃ] *adj* tabellare, in forma di tabella; sinottico; **2e** [ta'bɛlə] *f* (-; *-n*) tabella *f*
Ta'blett [-'blɛt] *n* (*-[e]s*; *-s u -e*) vassoio *m*; **~e** *f* (-; *-n*) *med* compressa *f*
Tacho'meter [-xo'me:tər] *n* (*-s*; -) tachimetro *m*
'Tadel ['ta:dəl] *m* (*-s*; -) biasimo *m*; (*Fehler*) difetto *m*; **'2los** inappuntabile, irreprensibile, impeccabile; *Ware*: senza difetto; *allg* eccellente; **'2n** (*h*) biasimare; criticare (**wegen** per); (*rügen*) riprendere, rimproverare
'Tafel ['ta:fəl] *f* (-; *-n*) (*Holz2*) tavola *f*, (*Stein2*) lastra *f*, (*Schiefer2*) lavagna *f*, *Schokolade*: tavoletta *f*, (*langer Tisch*) mensa *f*; **'2n** (*h*) banchettare, pranzare; **'2wein** *m* vino *m* da pasto
Taft [taft] *m* (*-[e]s*; *-e*) taffetà *m*
Tag [ta:k] *m* (*-[e]s*; *-e*) giorno *m*; *Dauer*, *Vorkommnisse*: giornata *f*; ***bei* ~** di giorno; ***am hellen* ~** in pieno giorno; *min* ***unter* ~e** sottoterra, nel sottosuolo; ***über* ~** in superficie; a cielo aperto; ***am* ~ *vor*** la vigilia di; ***am* ~e *nach*** l'indomani di; ***eines* ~es** un giorno; ***~ für* ~** giorno per giorno
'Tage|bau *min* ['-gəbau] *m* (*-[e]s*; *senza pl*) lavoro *m* a cielo aperto; **'~blatt** *n* giornale *m*; **'~buch** *n* diario *m*; **'~geld** *n*

diaria *f*; '**2lang** per giornate intere; per diversi giorni

'**tagen** ['tɑːgən] (*h*) tener una seduta; riunirsi

'**Tages|anbruch** ['tɑːgəs'anbrux] *m*: ***bei ~*** sul fare (*od* sullo spuntare) del giorno; '**~angabe** *f* data *f*; '**~fahrt** *f* gita *f* organizzata di un giorno; '**~gericht** *n* piatto *m* del giorno; '**~karte** *f* biglietto *m* valido per un giorno; (*Speisekarte*) lista *f* del giorno; '**~kasse** *f tea* cassa *f* diurna; '**~kurs** *m* cambio *m* della giornata; '**~licht** *n* luce *f* del giorno; '**~ordnung** *f* ordine *m* del giorno; programma *m* di lavoro; '**~rückfahrkarte** *f* biglietto *m* di andata e ritorno (a tariffa speciale e con validità di un giorno); '**~schau** *f TV*: telegiornale *m*; '**~suppe** *f* minestra *f* del giorno; '**~zeit** *f* ora *f* del giorno; '**~zeitung** *f* (giornale *m*) quotidiano *m*

'**tageweise** ['-gəvaɪzə] a giornate

'**täglich** ['tɛːkliç] **1.** *adj* giornaliero; diurno; (*all~*) quotidiano; **2.** *adv* giornalmente; ogni giorno

'**tagsüber** ['tɑːks'yːbər] durante la giornata, di giorno

'**Tagung** ['tɑːguŋ] *f* (-; *-en*) congresso *m*, riunione *f*, sessione *f*

Tai'fun [taɪ'fuːn] *m* (*-s*; *-e*) tifone *m*

'**Taille** ['taljə] *f* (-; *-n*) vita *f*

Takt [takt] *m* (*-[e]s*; *-e*) battuta *f*; (*Rhythmus*) tempo *m*; *fig* tatto *m*; '**~ik** *f* (-; *-en*) tattica *f*; '**2isch** tattico *m u adj*; '**2los** senza tatto; '**~stock** *m* bacchetta *f*; '**2voll** delicato, discreto, pieno di tatto

Tal [tɑːl] *n* (*-[e]s*; *¨er*) valle *f*

Ta'lent [ta'lɛnt] *n* (*-[e]s*; *-e*) talento *m*

Talg [talk] *m* (*-[e]s*; *-e*) sego *m*

'**Tal|sperre** ['tɑːlʃpɛrə] *f* diga *f* (di sbarramento); '**~station** *f* stazione *f* a valle

Tam'pon [tam'põ] *m* (*-s*; *-s*) tampone *m*; **2'ieren** [-po'niːrən] (*senza ge-*, *h*) tamponare

'**Tandem** ['tandɛm] *n* (*-s*; *-s*) tandem *m*

Tang *bot* [taŋ] *m* (*-[e]s*; *-e*) fuco *m*

Tank [taŋk] *m* (*-[e]s*; *-s*) (*Behälter*) serbatoio *m*; tanica *f*; *mil* carro *m* armato; '**~anzeige** *f* indicatore *m* del livello del carburante; '**2en** (*h*) fare benzina; ***voll ~*** fare il pieno; '**~er** *m* (*-s*; -) petroliera *f*; '**~schiff** *n* nave *f* cisterna; '**~stelle** *f* distributore *m* (di benzina), stazione *f* di servizio; '**~wagen** *m fer* vagone *m* cisterna; *Auto*: autocisterna *f*, autobotte *f*; '**~wart** *m* benzinaio *m*

'**Tann|e** ['tanə] *f* (-; *-n*), '**~enbaum** *m* abete *m*; '**~enzapfen** *m* pi(g)na *f*

'**Tante** ['tantə] *f* (-; *-n*) zia *f*; **~-'Emma-Laden** [-'ɛmalɑːdən] *m* (*-s*; *¨*) piccolo negozio *m* di merce varia

Tanz [tants] *m* (*-es*; *¨e*) ballo *m*, danza *f*; '**~bar** *f* locale *m* da ballo

'**tanzen** ['tantsən] (*h*, *a sn*) ballare; *Ballett*: danzare

'**Tänzer** ['tɛntsər] *m* (*-s*; -), '**~in** *f* (-; *-nen*) ballerino *m*, -a *f*; *nicht professionell*: danzatore *m*, -trice *f*

'**Tanz|lokal** ['tantslo'kɑːl] *n* locale *m* da ballo; '**~musik** *f* musica *f* da ballo; '**~saal** *m* sala *f* da ballo; '**~veranstaltung** *f* festa *f* danzante

Ta'pete [ta'peːtə] *f* (-; *-n*) tappezzeria *f*

tape'zieren [-'petsiːrən] (*senza ge-*, *h*) tappezzare

'**tapfer** ['tapfər] valoroso, coraggioso

Ta'rif [ta'riːf] *m* (*-s*; *-e*) tariffa *f*; **~autonomie** [-ˀautonomiː] *f* (-; *-n*) autonomia *f* tariffaria; **~erhöhung** *f* aumento *m* della tariffa; **~konflikt** *m* conflitto *m* tariffario; **2lich** tariffario, tariffale; conforme alla tariffa; **~lohn** *m* paga *f* sindacale; **~partner** *m* firmatario *m* di un accordo tariffario; **~verhandlung** *f* negoziato *m* tariffario; **~vertrag** *m* convenzione *f* tariffale; contratto *m* collettivo di lavoro

'**tarnen** ['tarnən] (*h*) *mil* mimetizzare, mascherare

'**Tasche** ['taʃə] *f* (-; *-n*) tasca *f*; (*Reise2*) borsa *f*; (*Geld2*) borsellino *m*; (*Akten2*) cartella *f*

'**Taschen|buch** ['taʃənbuːx] *n* libro *m* tascabile; '**~dieb** *m* borsaiolo *m*; '**~geld** *n* denaro *m* per le piccole spese; '**~kalender** *m* agenda *f*, taccuino *m*; '**~lampe** *f* lampadina *f* tascabile; '**~messer** *n* temperino *m*; '**~tuch** *n* fazzoletto *m*

'**Tasse** ['tasə] *f* (-; *-n*) tazza *f*; *klein*: chicchera *f*; F *fig* ***nicht alle ~n im Schrank haben*** non avere il cervello a posto

Tast|a'tur [tasta'tuːr] *f* (-; *-en*) tastiera *f*; '**~e** *f* (-; *-n*) tasto *m*; '**2en** (*h*) tastare; ***nach et ~*** stendere la mano per toccare qc; '**~entelefon** *n* telefono *m* a tastiera

T

Tastsinn *m* (senso *m* del) tatto *m*
Tat [taːt] *f* (-; *-en*) fatto *m*; (*Handlung*) azione *f*; atto *m*; (*Straf*≗) delitto *m*; ***auf frischer*** ~ sul fatto
'Täter [tɛːtər] *m* (*-s*; -) autore *m*; colpevole *m*
'Tätigkeit ['tɛːtiçkaɪt] *f* (-; *-en*) attività *f*; (*Beschäftigung*) occupazione *f*; (*Beruf*) professione *f*
'tätlich ['tɛːtliç] con i fatti; violento; ~ ***werden*** passare a vie di fatto; *miteinander*: venire alle mani; **'≗keit** *f* (-; *-en*) violenza *f*, vie *f/pl* di fatto
täto'wier|en [tɛto'viːrən] (*senza ge-*, *h*) tatuare; **≗ung** *f* (-; *-en*) tatuaggio *m*
'Tat|sache ['taːtzaxə] *f* fatto *m*; **≗'sächlich** *adj* effettivo; reale, positivo; *adv* realmente, veramente
'Tatze ['tatsə] *f* (-; *-n*) branca *f*, zampa *f*
Tau¹ [tau] *n* (*-[e]s*; *-e*) cavo *m*, fune *f*, *mar* canapo *m*, gomena *f*
Tau² *m* (*-[e]s*; *senza pl*) rugiada *f*
taub [taup] sordo; (*leer*) vuoto; (*starr*) intormentito; ***sich*** ~ ***stellen*** fingersi (*od* fare il) sordo; **'≗e** ['taubə] *f* (-; *-n*) piccione *m*, colomba *f*; **'≗enschlag** *m* piccionaia *f*; **'≗heit** ['tauphart] *f* (-; *senza pl*) sordità *f*; **'≗stumm** sordomuto
'tauch|en ['tauxən] (*h*) **1.** *v/i* tuffarsi; *U-Boot*: immergersi; **2.** *v/t* tuffare; *in die Schüssel usw*: intingere; **'≗er** *m* (*-s*; -) palombaro *m*; **'≗sieder** ['-ziːdər] *m* (*-s*; -) *el* bollitore *m*, scaldaacqua *m* ad immersione
'tauen ['tauən] (*h u sn*) *Schnee*: sgelare, sciogliersi; *Tau*: formarsi
'Tauf|e ['taufə] *f* (-; *-n*) battesimo *m*; **'≗en** (*h*) battezzare
'taug|en ['taugən] (*h*) essere buono, servire; (*wert sein*) valere; **'~lich** ['-kliç] buono; idoneo; *mil* abile; **'≗lichkeit** *f* (-; *senza pl*) idoneità *f*
Tausch [tauʃ] *m* (*-[e]s*; *-e*) (s)cambio *m*; **'≗en** (*h*) (s)cambiare; barattare
'täuschen ['tɔʏʃən] (*h*) ingannare; *Erwartungen*: deludere; ***sich*** ~ illudersi
'Tausch|geschäft ['tauʃgəʃɛft] *n* baratto *m*; **'~handel** *m* baratto *m*; traffico *m* di cambio
'Täuschung ['tɔʏʃuŋ] *f* (-; *-en*) illusione *f*; (*Betrug*) inganno *m*; (*Irrtum*) equivoco *m*
'tausend ['tauzənt] **1.** *adj* mille; ***etwa*** ~ un migliaio; ~ ***und aber*** ~ migliaia e migliaia di, molte migliaia di
'Tausend *n* (*-s*; *-e*) mille *m*
'tausend|erlei ['-dərlaɪ] di mille specie; **'~fach**, **'~fältig** ['-fɛltiç] mille volte tanto; **'~jährig** ['-jɛriç] millenario; **'~mal** mille volte
'Tauwetter ['tauvɛtər] *n* (tempo *m* di) sgelo *m*
Taxa'meter [taksa'meːtər] *m* (*-s*; -) tassametro *m*
'Taxe ['taksə] *f* (-; *-n*) tassa *f*, (*Mietauto*) tassì *m*
'Taxi ['taksi] *n* (*-s*; *-s*) tassì *m*; **≗'ieren** [ta'ksiːrən] (*senza ge-*, *h*) (*veranschlagen*) valutare, stimare
'Taxi|fahrer *m*, **'~fahrerin** *f* tassista *m/f*; **'~parkplatz** *m* stazionamento *m* tassì; **'~stand** *m* posteggio *m* di tassì
'Techn|ik ['tɛçnik] *f* (-; *-en*) tecnica *f*; (*Wissenschaft*) tecnologia *f*; (*Verfahren*) metodo *m*, procedimento *m*; **'~iker** *m* (*-s*; -) tecnico *m*; **'≗isch** tecnico; **~olo'gie** [-nolo'giː] *f* tecnologia *f*; **~olo'gietransfer** *m* trasferimento *m* di tecnologia; **≗o'logisch** tecnologico
Tee [teː] *m* (*-s*; *-s*) tè *m*; **'~beutel** *m* bustina *f* di tè; **'~kanne** *f* teiera *f*; **'~kessel** *m* bollitore *m* per il tè; **'~löffel** *m* cucchiaino *m*
Teer [teːr] *m* (*-[e]s*; *-e*) catrame *m*
'Tee|sieb ['teːziːp] *n* colino *m* da tè; **'~tasse** *f* tazza *f* da tè
Teich [taɪç] *m* (*-[e]s*; *-e*) stagno *m*; (*Fisch*≗) vivaio *m*
Teig [taɪk] *m* (*-[e]s*; *-e*) pasta *f*; **'≗ig** ['-giç] pastoso; **'~waren** *f/pl* farinacei *m/pl*
Teil [taɪl] *m u n* (*-[e]s*; *-e*) parte *f*, porzione *f*; ***zum*** ~ in parte; **'≗bar** divisibile; **'≗en** (*h*) dividere; (*ver~*) spartire; **'≗haben** (*irr*, *sep*, *-ge-*, *h*, → ***haben***) avere (*od* prendere) parte; esservi interessato; **'~haber** ['-haːbər] *m* (*-s*; -), **'~haberin** *f* (-; *-nen*) socio *m*, -a *f*; **'~kaskoversicherung** *f* polizza *f* casco parziale; **'~nahme** ['-naːmə] *f* (-; *senza pl*) partecipazione *f*, *fig* simpatia *f*, (*Mitgefühl*) compassione *f*, interessamento *m*; *an Arbeit*: cooperazione *f*, *an Verbrechen*: complicità *f*; **'≗nahmslos** indifferente; apatico; **'≗nehmen** (*irr*, *sep*, *-ge-*, *h*, → ***nehmen***) partecipare, prendere parte (***an***

dat a); (*anwesend sein*) assistere a; (*mitwirken*) collaborare a; **'~nehmer** *m* (*-s*; -) partecipante *m*; *econ* associato *m*; *tel* abbonato *m*

teils [taɪls] in parte

'Teil|sendung ['taɪlzɛnduŋ] *f* consegna *f* parziale; **'~strecke** *f* sezione *f* di linea; tratto *m*; **'~ung** ['-luŋ] *f* (-; *-en*) divisione *f*, spartizione *f*; **'2weise** ['taɪlvaɪzə] parziale; (*zum Teil*) in parte; **'~zahlung** *f* acconto *m*; rata *f*, rateazione *f*, pagamento *m* rateale (*od* a rate)

Tele'fon [tele'fo:n] *n* (*-s*; *-e*) telefono *m*; **~anruf** *m* chiamata *f* telefonica; **~anschluss** *m* collegamento *m* alla rete telefonica, **~buch** *n* elenco *m* telefonico; **~gespräch** *n* telefonata *f*, conversazione *f* telefonica; **2'ieren** [-fo'ni:rən] (*senza ge-*, *h*) telefonare, essere al telefono; **2isch** [-'fo:nɪʃ] telefonico; *adv* per telefono; **~karte** *f* carta *f* (*od* scheda *f*) telefonica; **'~konferenz** *f* teleconferenza *f*, **~leitung** *f* linea *f* telefonica; **~marke** *f* gettone *m*; **~netz** *n* rete *f* telefonica; **~nummer** *f* numero *m* telefonico; **~zelle** *f* cabina *f* telefonica; **~zentrale** *f* centralino *m*

Tele'graf [-'gra:f] *m* (*-en*; *-en*) telegrafo *m*; **~enamt** ['-ˀamt] *n* ufficio *m* telegrafico; **2'ieren** [-gra'fi:rən] (*senza ge-*, *h*) telegrafare; **2isch** [-'gra:fɪʃ] telegrafico; *adv* per telegrafo

Tele'gramm [tele'gram] *n* (*-s*; *-e*) telegramma *m*; ***ein ~ aufgeben*** fare un telegramma; **~adresse** *f* indirizzo *m* telegrafico

Tele'graph → ***Telegraf***

'Telekommunikation *f* telecomunicazione *f*

'Teleobjektiv ['te:leˀɔpjɛkti:f] *n* teleobiettivo *m*

Tele'phon → ***Telefon***

Teles'kop [teles'ko:p] *n* (*-s*; *-e*) telescopio *m*

'Teller ['tɛlər] *m* (*-s*; -) piatto *m*

'Tempel ['tɛmpəl] *m* (*-s*; -) tempio *m*

Tempera'ment [tɛmpəra'mɛnt] *n* (*-[e]s*; *-e*) temperamento *m*; **2voll** pieno di temperamento; brioso, vivace

Tempera'tur [-ra'tu:r] *f* (-; *-en*) temperatura *f*

'Tempo ['-po] *n* (*-s*; *-s u -pi*) *mus* tempo *m*; (*Schnelligkeit*) velocità *f*; **'~limit** ['-limit] *n* (*-s*; *-s u -e*) limite *m* di velocità

Ten'denz [tɛn'dɛnts] *f* (-; *-en*) tendenza *f*

ten'dieren [tɛn'di:rən] (*senza ge-*, *h*) tendere (***nach*** a)

'Tennis ['tɛnis] *n* (-; *senza pl*) tennis *m*; **'~platz** *m* campo *m* di tennis; **'~spieler** *m*, **'~spielerin** *f* tennista *m/f*

Te'nor *mus* [te'no:r] *m* (*-s*; *¨-e*) tenore *m*

'Teppich ['tɛpɪç] *m* (*-s*; *-e*) tappeto *m*

Ter'min [tɛr'mi:n] *m* (*-s*; *-e*) appuntamento *m*; *jur* udienza *f*, **~kalender** *m* agenda *f*

Terpen'tin [-pɛn'ti:n] *n* (*-s*; *senza pl*) trementina *f*

Ter'rasse [tɛ'rasə] *f* (-; *-n*) terrazza *f*

Ter'rine [-'ri:nə] *f* (-; *-n*) terrina *f*

Terri'torium [tɛrito:rjum] *n* (*-s*; *-rien*) territorio *m*

'Terror ['tɛrɔr] *m* (*-s*; *senza pl*) terrore *m*, terrorismo *m*; **~'ist** *m* (*-en*; *-en*), **~'istin** *f* (-; *-nen*) terrorista *m/f*

Test [tɛst] *m* (*-[e]s*; *-s u -e*) test *m*; prova *f*, esame *m*

Testa'ment [tɛsta'mɛnt] *n* (*-[e]s*; *-e*) testamento *m*; **~seröffnung** [-ˀɛr-] *f* apertura *f* del testamento

'testen ['tɛstən] (*h*) sottoporre ad un test, esaminare

'teuer ['tɔyər] caro; ***wie ~ ist …?*** quanto costa …?; ***teurer werden*** rincarare; **'2ung** *f* (-; *-en*) carovita *m*; rincaro *m*; **'2ungsrate** *f* tasso *m* di rincaro

'Teufel ['tɔyfəl] *m* (*-s*; -) diavolo *m*; ***mal den ~ nicht an die Wand!*** non chiamare le disgrazie!

Text [tɛkst] *m* (*-[e]s*; *-e*) testo *m*

Tex'til|ien [tɛks'ti:ljən] *pl* tessuti *m/pl*; **~industrie** *f* industria *f* tessile

'Text|verarbeitung *f* elaborazione *f* testi, word-processing *m*; **'~verarbeitungssystem** *m* programma *m* di elaborazione testi

The'ater [te'a:tər] *n* (*-s*; -) teatro *m*; *fig* commedia *f*, **~aufführung** *f* spettacolo *m* teatrale; **~karte** *f* biglietto *m* per il teatro; **~kasse** *f* botteghino *m*; **'~stück** *n* lavoro *m* teatrale; **~vorstellung** *f* rappresentazione *f* teatrale

'Theke ['te:kə] *f* (-; *-n*) banco *m*

'Thema ['te:ma] *n* (*-s*; *-men*) argomento *m*; *mus* tema *m*

Theo|'loge [teo'lo:gə] *m* (*-n*; *-n*) teo-

logo *m*; **~lo'gie** [teolo'gi:] *f* (-; *-n*) teologia *f*; **~'retiker** [-'re:tikər] *m* (*-s*; -), **≈retisch** *adj* teorico *m u adj*
Theo'rie [-'ri:] *f* (-; *-n*) teoria *f*
Thera'p|eut [tera'pɔʏt] *m* (*-en*; *-en*), **~'eutin** *f* (-; *-nen*) terapeuta *m/f*; **~'ie** *f* (-; *-n*) terapia *f*
Ther'malbad [tɛr'mɑ:lbɑ:t] *n* stabilimento *m* termale
Thermo|'meter [tɛrmo'me:tər] *n* (*-s*; -) termometro *m*; **'~sflasche®** *f* termos *m*; **~s'tat** [-'stɑ:t] *m* (*-[e]s*; *-en*) termostato *m*
'These ['te:zə] *f* (-; *-n*) tesi *f*
Throm'bose *med* [trɔm'bo:zə] *f* (-; *-n*) trombosi *f*
Thron [tro:n] *m* (*-[e]s*; *-e*) trono *m*; **'~folger** *m* (*-s*; -) erede *m* al trono
'Thunfisch ['tu:nfiʃ] *m* tonno *m*
'ticken ['tikən] (*h*) fare tic tac
'Ticket ['-kət] *n* (*-s*; *-s*) biglietto *m*
tief [ti:f] **1.** *adj* profondo; (*niedrig u mus*) basso; *Wasser*, *Schnee*: alto; *Farbe*: cupo; *Dunkel*: fitto; ***zwei Meter ~ liegen*** giacere a due metri di profondità; ***im ~sten Winter*** nel cuore dell'inverno; **2.** *adv* profondamente; *kränken*: gravemente; **'≈druckgebiet** *n* zona *f* di bassa pressione
'Tief|e ['ti:fə] *f* (-; *-n*) profondità *f*, bassezza *f*, (*Grund*) fondo *m*; (*Abgrund*) abisso *m*; **'~ebene** *f* bassopiano *m*; **'~flug** *m avia* volo *m* a bassa quota; **~land** *n* bassopiano *m*; **'~stand** *m* (*-[e]s*; *senza pl*) livello *m* basso; depressione *f*
'Tiegel ['ti:gəl] *m* (*-s*; -) tegame *m*
Tier [ti:r] *n* (*-[e]s*; *-e*) animale *m*; bestia *f*; ***wildes ~*** belva *f*; (*Raub≈*) fiera *f*; **'~arzt** *m* veterinario *m*; **'≈isch** animale; (*viehisch*) bestiale; **~quäle'rei** *f* maltrattamento *m* degli animali
'Tiger ['ti:gər] *m* (*-s*; -) tigre *f*; **'~in** *f* (-; *-nen*) tigre *f* (femmina)
'tilg|en [til'gən] (*h*) annullare; cancellare; *econ* estinguere; (*amortisieren*) ammortizzare; *fig* espiare; **'≈ung** *f* (-; *-en*) annullamento *m*; cancellazione *f*; *econ* estinzione *f*, ammortizzazione *f*; **'≈ungsfonds** *m* fondo *m* d'ammortamento
'Tinte ['tintə] *f* (-; *-n*) inchiostro *m*
Tipp [tip] (*-s*; *-s*) F *Sport*: pronostico *m*; (*Ratschlag*) consiglio *m*
'tippen ['tipən] (*h*) toccare leggermente; *Schreibmaschine*: scrivere a macchina; ***~ auf*** (*acc*) puntare su
'Tippfehler ['tipfe:lər] *m* errore *m* di battuta
Tisch [tiʃ] *m* (*-[e]s*; *-e*) tavola *f*; ***vor*** (***nach***) ***~*** prima di (dopo) pranzo; ***den ~ decken*** apparecchiare la tavola; **'~decke** *f* tovaglia *f*; **'~gast** *m* convitato *m*; **'~gebet** *n* benedicite *m*
'Tischler ['tiʃlər] *m* (*-s*; -) falegname *m*; **~'ei** [-'raɪ] *f* (-; *-en*) falegnameria *f*
'Tisch|tennis ['tiʃtenis] *n* tennis *m* da tavolo, pingpong *m*; **'~tuch** *n* tovaglia *f*; **'~wein** *m* vino *m* da pasto
'Titel ['ti:təl] *m* (*-s*; -) titolo *m*; **'~bild** *n* vignetta *f* del frontespizio; **'~blatt** *n* frontespizio *m*; **'~geschichte** *f* articolo *m* (*od* inchiesta *f*) di copertina
Toast [to:st] *m* (*-[e]s*; *-e u -s*) (*Trinkspruch*) brindisi *m*; ***einen ~ ausbringen*** fare un brindisi (***auf j-n*** a qu); **'~brot** *n* pane *m* da toast; *getoastet*: pane *m* tostato
'toben ['to:bən] (*h*) infuriare; (*lärmen*) strepitare
'Tochter ['tɔxtər] *f* (-; ⸚) figlia *f*; **'~gesellschaft** *f* società *f* affiliata
Tod [to:t] *m* (*-es*; *senza pl*) morte *f*
'Todes|anzeige ['to:dəsˀantsaɪgə] *f* necrologio *m*; partecipazione *f* di morte; **'~fall** *m med* caso *m* letale; decesso *m*; ***im ~*** in caso di morte; **'~kampf** *m* agonia *f*; **'~opfer** *n* vittima *f*; **'~strafe** *f* pena *f* di morte, pena *f* capitale; **'~stunde** *f* ora *f* della morte; **'~urteil** *n* condanna *f* a morte
tod'krank [to:t'kraŋk] in fin di vita
'tödlich ['tø:tliç] mortale; letale
'tod|'müde ['to:t'my:də] stanco morto; **'~'sicher** assolutamente sicuro
Toi'lette [toa'lɛtə] *f* (-; *-n*) toletta *f*; (*Abtritt*) gabinetto *m*; **~npapier** *n* carta *f* igienica
tole'r|ant [tole'rant] tollerante; **≈'anz** *f* tolleranza *f*
toll [tɔl] pazzo; sfrenato; (*rasend*) frenetico; *Hund*: rabbioso, *fig* magnifico, stupendo, grandioso; **'~en** (*h*) scorazzare; fare un baccano infernale; **'~kühn** temerario; **'≈wut** *f* idrofobia *f*; **'~wütig** rabbioso; idrofobo
To'mate [to'mɑ:tə] *f* (-; *-n*) pomodoro *m*; **~nmark** *n* concentrato *m* di po-

T

modoro; **~saft** *m* succo *m* di pomodoro
'Tombola ['tɔmbola] *f* (-; -*s*) tombola *f*
Ton[1] [toːn] *m* (-*[e]s*; ⸚*e*) tono *m*; (*Schall*) suono *m*; (*Tonart*) tonalità *f*; ***den ~ angeben*** dare il tono
Ton[2] (-*[e]s*; -*e*) *Mineralogie*: argilla *f*
'Ton|abnehmer *m* pick-up *m*; **'~band** *n* nastro *m* magnetico; **'~bandgerät** *n* registratore *m* a nastro, magnetofono *m*
'tönen ['tøːnən] (*h*) **1.** *v/i mus* risonare, suonare; **2.** *v/t* (*schattieren*) sfumare
'tönern ['tøːnərn] d'argilla
'Ton|fall ['toːnfal] *m* accento *m*; *mus* cadenza *f*; **'~film** *m* film *m* sonoro; **'~höhe** *f* altezza *f* del tono; **'~ingenieur** *m* ingegnere *m* del suono; **'~leiter** *mus f* scala *f* musicale, gamma *f*
'Tonne [tɔnə] *f* (-; -*n*) botte *f*; *mar u tec* tonnellata *f*
'Ton|techniker ['toːntɛçnikər] *m* tecnico *m* del suono; **'~verstärker** *m* *Radio*: amplificatore *m* (del suono)
Topf [tɔpf] *m* (-*[e]s*; ⸚*e*) vaso *m*; (*Koch*≗) pentola *f*
'Töpfer ['tœpfər] *m* (-*s*; -) vasaio *m*; (*Ofensetzer*) fumista *m*; **~'ei** [-'raɪ] *f* (-; -*en*) fabbrica *f* di stoviglie; mestiere *m* del vasaio (*od* del ceramista); *Kunst*: ceramica *f*; **'~ware** *f* ceramiche *f/pl*
Tor [toːr] *n* (-*[e]s*; -*e*) portone *m*; *Stadt*, *Fußball*: porta *f*; *Sport*: rete *f*; ***ein ~ schießen*** fare un gol
Torf [tɔrf] *m* (*[e]s*; *senza pl*) torba *f*
'Torheit ['toːrhaɪt] *f* (-; -*en*) stoltezza *f*, follia *f*
'töricht ['tøːriçt] stolto, folle
Tor'pedo [tɔr'peːdo] *n* (-*s*; -*s*) torpedine *f*; **~boot** *n* torpediniera *f*
'Torte ['tɔrtə] *f* (-; -*n*) torta *f*
'tosen ['toːsən] (*h*) mugghiare; strepitare
tot [toːt] morto; (*untätig*) inerte; *Kapital*: infruttifero; ***wir sind an einem ~en Punkt*** siamo al punto morto
to'tal [to'taːl] totale; intero, completo; **≗ausverkauf** *m* liquidazione *f* totale; **≗schaden** *m* danno *m* totale
'Tote ['toːtə] *m/f* (-*n*; -*n*) morto *m*, -a *f* defunto *m*, -a *f*
'töten [tøːtən] (*h*) uccidere; ammazzare
toten|'blass [toːtən'blas], **~'bleich** [-'blaɪç] bianco come un morto, pallido come la morte; **'≗gräber** ['-grɛːbər] *m* (-*s*; -) becchino *m*; **'≗kopf** *m* testa *f* di morto, teschio *m*; **'≗messe** *f* messa *f* funebre, messa *f* di requie; **'≗schein** *m* certificato *m* di morte; **'≗stille** *f* silenzio *m* di morte
'Toto [toːto] *m* (-*s*; -*s*) totocalcio *m*; **'~schein** *m* schedina *f* (del totocalcio)
'tot|schießen ['toːtʃiːsən] (*irr*, *sep*, -*ge*-, *h*) uccidere (con un colpo d'arma da fuoco); **'≗schlag** *m* (-*[e]s*; *senza pl*) omicidio *m*; **'~schlagen** (*irr*, *sep*, -*ge*-, *h*) ammazzare; **'~stechen** (*irr*, *sep*, -*ge*-, *h*) ammazzare (con una coltellata)
'Tötung ['tøːtuŋ] *f* (-; -*en*) uccisione *f*
Tour [tuːr] *f* (-; -*en*) (*Ausflug*) gita *f*; **~'ismus** [tu'rismus] *m* (-; *senza pl*) turismo *m*
Tou'rist [tu'rist] *m* (-*en*; -*en*), **~in** *f* (-; -*nen*) turista *m/f*; **~enklasse** *f* classe *f* turistica; **~enort** *m* località *f* turistica; **~enverkehr** *m* movimento *m* turistico; turismo *m*; **≗isch** turistico
Tour'nee [tur'neː] *f* (-; -*s u* -*n*) tournée *f*
Tra'bant [tra'bant] *m* (-*en*; -*en*) satellite *m*; **~enstadt** *f* città *f* satellite
'trab|en ['traːbən] (*sn*) trottare; **'≗rennen** ['traːprɛnən] *n* corse *f/pl* al trotto
Tracht [traxt] *f* (-; -*en*) costume *m*
'trachten ['traxtən] (*h*) cercare (***zu*** di); ***nach et ~*** mirare a qc; aspirare a qc; **'≗fest** *n* festa *f* in costume regionale; **'≗gruppe** *f* gruppo *m* folcloristico
Tradi'tion [tradits'joːn] *f* (-; -*en*) tradizione *f*; **≗'ell** [-jo'nɛl] tradizionale
'Trag|bahre ['traːkbaːrə] *f* barella *f*; **'≗bar** portatile; *Kleidung*: portabile; *fig* tollerabile
'Trage ['traːgə] *f* (-; -*n*) barella *f*
'träge ['trɛːgə] indolente; (*faul*) pigro
'tragen ['traːgən] (*trug*, *getragen*, *h*) **1.** *v/t* portare; (*stützen*) reggere; (*einbringen*) rendere; *Kosten*: sopportare; *Früchte*: dare; *Schuld*: addossarsi; **2.** *v/i* *Eis*: reggere; *Baum*: dare frutti; *Tier*: essere pregno
'Träger ['trɛːgər] *m* (-*s*; -) portatore *m*; *arch* architrave *m*; (*Last*≗, *Gepäck*≗) facchino *m*, portabagagli *m*; *tec* supporto *m*, sostegno *m*; *für die Hose*: bretella *f*; *am Kleid*: bretellina *f*; **'~rakete** *f* missile *m* vettore
'Trag|etasche ['traːgətaʃə] *f* sporta *f*, borsa *f*; **'~fähigkeit** ['traːkfɛːiçkaɪt] *f* capacità *f* di carico; (*Nutzlast*) carico *m*

utile; '**~fläche** *avia f* ala *f*; '**~flügelboot** *n* aliscafo *m*

'**Trägheit** ['trɛːkhaɪt] *f* (-; *senza pl*) indolenza *f*, *Faulheit*: pigrizia *f*

'**Trag|ik** ['trɑːgik] *f* (-; *senza pl*) tragicità *f*; '**2isch** tragico

Tra'gödie [tra'gøːdjə] *f* (-; *-n*) tragedia *f*

'**Train|er** ['trɛːnər] *m* (*-s*; -) allenatore *m*; **2'ieren** [trɛ'niːrən] (*senza ge-*, *h*) allenare; '**~ing** ['trɛːniŋ] *n* (*-s*; *-s*) allenamento *m*; '**~ingsanzug** ['trɛːniŋs-'antsuːk] *m* tuta *f* sportiva

'**Traktor** ['traktɔr] *m* (*-s*; *-en* [-'toːrən]) trattore *m*

'**Trambahn** ['trambɑːn] *f* tranvai *m*

'**trampen** ['trɛmpən] (*sn*) fare l'autostop

Tramper ['trɛmpər] *m* (*-s*; -), '**~in** *f* (-; *-nen*) autostoppista *m/f*

'**Träne** ['trɛːnə] *f* (-; *-n*) lagrima *f*, lacrima *f*; '**2n** (*h*) lacrimare

'**Tränengas** ['trɛːnəngas] *n* gas *m* lacrimogeno

'**Tränke** ['trɛŋkə] *f* (-; *-n*) abbeveratoio *m*; '**2n** (*h*) dar da bere a; *Vieh*: abbeverare; *Stoff, Papier*: imbevere

Trans|ak'tion [trans'akts'joːn] *f* (-; *-en*) transazione *f*, **~'fer** [-'feːr] *m* (*-s*; *-s*) *econ* trasferimento *m*; **2fe'rieren** [-fe'riːrən] (*senza ge-*, *h*) trasferire; **2'gen** [trans'geːn] transgenico

Tran'sit [tran'ziːt] *m* (*-s*; *-s u -e*) transito *m*; **~strecke** *f* tratto *m* di solo transito; **~verkehr** *m* traffico *m* di transito; **~visum** *n* visto *m* di transito; **~zoll** *m* diritti *m/pl* di transito

Transpa'rent [transpa'rɛnt] *n* (*-[e]s*; *-e*) (*Spruchband*) striscione *m*

Trans'port [trans'pɔrt] *m* (*-[e]s*; *-e*) trasporto *m*; **2'ieren** (*senza ge-*, *h*) trasportare; **~kosten** *pl* spese *f/pl* di trasporto; **~unternehmen** *n* impresa *f* di trasporti; **~unternehmer** *m* spedizioniere *m*; **~wesen** *n* (sistema *m* di) trasporti *m/pl*

Tra'pez [tra'peːts] *n* (*-es*; *-e*) trapezio *m*

'**Trasse** *fer* ['trasə] *f* (-; *-n*) traccia *f*

'**Tratte** *econ* ['tratə] *f* (-; *-n*) tratta *f*

'**Traube** ['traʊbə] *f* (-; *-n*) grappolo *m*; (*Wein2*) grappolo *m* d'uva; **~n** *pl* uva *f*

'**Trauben|saft** ['traʊbənzaft] *m* succo *m* d'uva; '**~zucker** *m* glucosio *m*

'**trauen** ['traʊən] (*h*) **1.** *v/i* fidarsi (***j-m*** di qu); **2.** *v/t* sposare; **3.** ***sich ~ zu*** osare, azzardarsi a

'**Trauer** ['traʊər] *f* (-; *senza pl*) lutto *m*; *fig* afflizione *f*, (*Traurigkeit*) tristezza *f*; ***~ haben*** essere in lutto; **~fall** *m* triste evento *m*; decesso *m*; '**2n** (*h*) essere afflitto; *um j-n*: piangere (*acc*), *äußerlich*: essere in lutto; ***die Trauernden*** i dolenti; '**~spiel** *n* tragedia *f*, '**~zug** *m* corteo *m* funebre

Traum [traʊm] *m* (*-[e]s*; *⸚e*) sogno *m*

'**träum|en** ['trɔymən] (*h*) sognare; '**2er** *m* (*-s*; -) sognatore *m*; '**~erisch** trasognato

'**traurig** ['traʊriç] triste; ***~ machen*** rattristare; ***~ werden*** rattristarsi; '**2keit** *f* (-; *senza pl*) tristezza *f*

'**Trau|ring** ['-riŋ] *m* fede *f*, anello *m* matrimoniale; '**~schein** *m* certificato *m* di matrimonio; '**~ung** *f* (-; *-en*) sposalizio *m*; ***kirchliche ~*** matrimonio *m* religioso; ***standesamtliche ~*** matrimonio *m* civile; '**~zeuge** *m* testimone *m* di nozze

'**Travellerscheck** ['trɛvələrʃɛk] *m* travellers' cheque *m*, assegno *m* turistico

Trecking → ***Trekking***

treff|en ['trɛfən] (*traf, getroffen, h*) **1.** *v/i* cogliere nel segno; **2.** *v/t* colpire; (*begegnen*) incontrare; *Ball, Ziel*: cogliere; *Wahl*: fare; *vom Los*: toccare a; *gut, schlecht*: riuscire; **3.** *v/refl* ***sich ~*** incontrarsi; darsi appuntamento; ***es traf sich, dass*** si dette il caso che; ***sich getroffen fühlen*** *fig* sentirsi colpito; '**2en** *n* (*-s*; -) incontro *m* (*a Sport*); *mil* scontro *m*; '**~end** *fig* che coglie nel segno; azzeccato; ben trovato; giusto; '**2punkt** *m* luogo *m* d'incontro

'**treib|en** ['traɪbən] (*trieb, getrieben*) **1.** *v/t* (*h*) spingere; (*fort~*) cacciare; (*ein~*) piantare; *Vieh*: condurre; *Blüten*: mettere; *Handwerk*: esercitare; dedicarsi a; *Musik, Sprachen*: studiare; *Unsinn, Spott*: fare; *Wild*: scovare; ***was treibst du da?*** che fai?; **2.** *v/i* (*h u sn*) *mar* essere in balìa delle onde; andare alla deriva; *Pflanzen*: germogliare; (*gären*) fermentare; ***~de Kraft*** *f* forza *f* motrice; (*Person*) iniziatore *m*; **3.** '**2en** *n* (*-s*; *senza pl*) (*Tun*) attività *f*, (*Bewegung*) movimento *m*, animazione *f*

'**Treib|haus** ['traɪphaʊs] *n* serra *f*, **~effekt** *m* effetto *m* serra; '**~stoff** *m* carburante *m*

T

'Trekking ['trɛkiŋ] *n* (*-s*; *-s*) trekking *m*
Trend [trɛnt] *m* (*-s*; *-s*) tendenza *f*, trend *m*
'trenn|en ['trɛnən] (*h*) separare; dividere; (*absondern*) segregare; (*entzweien*) disunire; (*ab*~) recidere, staccare; *Ehe*: sciogliere; *Naht*: disfare; **'2ung** *f* (*-*; *-en*) separazione *f*, divisione *f*, segregazione *f*, (*Abreise*) distacco *m*; (*Spaltung*) scissione *f*
'Treppe ['trɛpə] *f* (*-*; *-n*) scala *f*, (*Stockwerk*) piano *m*
'Treppen|geländer ['trɛpəngəlɛndər] *n* ringhiera *f*, **'~haus** *n* (tromba *f* delle) scale *f/pl*
Tre'sor [tre'zoːr] *m* (*-s*; *-e*) (*Stahlkammer*) camera *f* blindata; (*Geldschrank*) cassaforte *f*, **~raum** *m* camera *f* blindata
'treten ['treːtən] (*trat*, *getreten*) **1.** *v/i* (*sn*) posare il piede; ***beiseite*** ~ tirarsi in disparte; ***näher*** ~ venire avanti; *zu j-m*: accostarsi *a qu*; raggiungere *qu*; *auf j-s Fuß*, *Kleid*: pestare (*acc*); *an die Stelle*: subentrare; *in Ausstand*, *an die Spitze*: mettersi; *in den Hintergrund*: passare; *in Kraft*: entrare; ***vor j-n*** ~ presentarsi a qu; ***zwischen et*** ~ frapporsi a qc; ***über die Ufer*** ~ straripare; ***j-m zu nahe*** ~ offendere qu; **2.** *v/t* (*h*) pestare; ***mit Füßen*** ~ calpestare
treu [trɔʏ] fedele (*a fig*); leale; **'2e** *f* (*-*; *senza pl*) fedeltà *f*, lealtà *f*, **'2hand** ['-hant] *f* (*-*; *senza pl*) amministrazione *f* fiduciaria; **'2handvertrag** *m* contratto *m* fiduciario; **'~los** infedele; sleale
Tri'büne [tri'byːnə] *f* (*-*; *-n*) tribuna *f*
'Trichter ['triçtər] *m* (*-s*; *-*) imbuto *m*; (*Vulkan2*, *Granat2*) cratere *m*
Trick [trik] *m* (*-s*; *-s*) trucco *m*
Trieb [triːp] *m* (*-[e]s*; *-e*) *äußerer*: spinta *f*, *innerer*: impulso *m*; (*Instinkt*) istinto *m*; (*Neigung*) inclinazione *f*, (*Verlangen*) desiderio *m*; mania *f*, *bot* germoglio *m*; **'~kraft** *f* forza *f* motrice; **'~wagen** *m* automotrice *f*, trattrice *f*, **~werk** *n* congegno *m* (*od* meccanismo *m*) motore; (*Getriebe*) ingranaggio *m*
'triftig ['triftiç] fondato, buono, valido, plausibile
Tri'kot [tri'koː] *m u n* (*-s*; *-s*) maglia *f*
'trink|bar ['triŋkbaːr] bevibile; *Wasser*: potabile; **'2becher** *m* coppa *f*, calice *m*; **'~en** (*trank*, *getrunken*, *h*) bere; *Kaffee*, *Tee*: prendere; **'2er** *m* (*-s*; *-*), **'2erin** *f* (*-*; *-nen*) bevitore *m*, -trice *f*, beone *m*, -a *f*, ubriacone *m*, -a *f*, **'2geld** *n* mancia *f*, **'2wasser** *n* acqua *f* potabile
Trio ['triːo] *n* (*-s*; *-s*) trio *m*
'Tripper *med* ['tripər] *m* (*-s*; *-*) gonorrea *f*
Tritt [trit] *m* (*-[e]s*; *-e*) passo *m*; (*Spur*) orma *f*, (*Fuß2*) calcio *m*; **'~brett** *n* pedana *f*, predellino *m*
Tri'umph [tri'umf] *m* (*-[e]s*; *-e*) trionfo *m*; **~bogen** *m* arco *m* di trionfo; **2'ieren** (*senza ge-*, *h*) trionfare
'trocken ['trɔkən] secco (*a fig*); asciutto; *Boden*: arido; ~ ***werden*** seccare; asciugare; **'2haube** *f* casco *m* asciugacapelli; **'2heit** *f* (*-*; *senza pl*) secchezza *f* (*a fig*); asciuttezza *f*, aridità *f*, *wegen Regenmangels*: siccità *f*, **'~legen** (*sep*, *-ge-*, *h*) *Gelände*: prosciugare; *Kind*: cambiare i panni a; **'2rasierapparat** *m* rasoio *m* elettrico
'trocknen ['-nən] (*h*) seccare; (*abwischen*) asciugare; ***sich die Haare*** ~ asciugarsi i capelli
'Trödel ['trøːdəl] *m* (*-s*; *senza pl*) ciarpame *m*; stracci *m/pl*; anticaglie *f/pl*; **'~markt** *m* mercato *m* delle pulci
Trog [troːk] *m* (*-[e]s*; *¨e*) trogolo *m*
'Trommel ['trɔməl] *f* (*-*; *-n*) tamburo *m*; **'~fell** *n* pelle *f* del tamburo; *anat* timpano *m*; **'2n** (*h*) suonare il tamburo, tambureggiare
Trom'pete [trɔm'peːtə] *f* (*-*; *-n*) tromba *f*, **2n** (*senza ge-*, *h*) suonare la tromba; **~r** *m* (*-s*; *-*) trombettiere *m*
'Tropen ['troːpən] *pl* tropici *m/pl*; **'~klima** *n* clima *m* tropicale
Tropf [trɔpf] *m* (*-[e]s*; *-e*) fleboclisi *f*
'tropfen ['trɔpfən] (*h*) gocciolare
'Tropfen *m* (*-s*; *-*) goccia *f*, **'~fänger** *m* (*-s*; *-*) fermagocce *m*; **'2weise** a gocce
'Tropfsteinhöhle ['trɔpfʃtaɪnhøːlə] *f* grotta *f* di stalattiti
'tropisch ['troːpiʃ] tropicale
Trost [troːst] *m* (*-[e]s*; *senza pl*) consolazione *f*, conforto *m*
'trösten ['trøːstən] (*h*) confortare, consolare
'trost|los ['troːstloːs] sconsolato; (*untröstlich*) inconsolabile; *Ding*: sconfortante; (*öde*) desolato; **'2preis** *m*

T

premio *m* di consolazione

trotz [trɔts] *prp* (*gen u dat*) nonostante, malgrado; ~ ***der …*** nonostante (*od* malgrado) la …; ~ ***alledem*** con tutto ciò

Trotz *m* (*-es*; *senza pl*) ostinazione *f*; ***j-m zum*** ~ a dispetto di qu; ***ihm zum*** ~ a suo dispetto

'trotz|dem **1.** *adv* ciononostante; **2.** *cj* sebbene; **'~en** (*h*) affrontare (*acc*); resistere a; intestardirsi; (*schmollen*) tenere il broncio a; **'~ig** caparbio; dispettoso

'trüb(e) ['try:b(e)] torbido; *Himmel*: coperto; *Stimmung*: cupo; *Tag*: nero; *Glas*: opaco, (*beschlagen*) appannato; *fig* mesto, triste; ~ ***werden*** intorbidirsi; offuscarsi; incupirsi

'Trubel ['tru:bəl] *m* (*-s*; *senza pl*) confusione *f*

'trüb|en ['try:bən] (*h*) intorbidire; *fig* turbare; *Licht*: offuscare; *Stimmung*: guastare; **'2sinn** *m* (*-[e]s*; *senza pl*) malinconia *f*, umore *m* tetro

'trüg|en ['try:gən] (*trog*, *getrogen*, *h*) ingannare; **'~erisch** ingannevole; fallace; illusorio

'Trugschluss ['tru:kʃlus] *m* conclusione *f* erronea; sofisma *m*

'Truhe ['tru:ə] *f* (*-*; *-n*) cassapanca *f*

'Trümmer ['trymər] *pl* (*stehende Reste*) rovine *f/pl*; (*Schutt*) macerie *f/pl*

Trumpf [trumpf] *m* (*-[e]s*; *¨e*) *Kartenspiel*: briscola *f*; punto *m* di vantaggio; *fig* argomento *m* valido

'Trunkenheit ['truŋkənhaɪt] *f* (*-*; *senza pl*) ub(b)riachezza *f*; *fig* ebbrezza *f*

Trupp [trup] *m* (*-s*; *-s*) gruppo *m*; *Arbeiter*: squadra *f*; *mil* drappello *m*; **'~e** *f* (*-*; *-n*) *mil* truppa *f*

Trust [trast] *m* (*-[e]s*; *-e u -s*) trust *m inv*, sindacato *m*

'Tschech|e ['tʃɛçə] *m* (*-n*; *-n*), **'~in** *f* (*-*; *-nen*), **'2isch** ceco *m*, -a *f*

Tschechoslo'wak|e [-çoslo'vɑ:kə] *m* (*-n*; *-n*), **~in** *f* (*-*; *-nen*), **2isch** *hist* cecoslovacco *m*, -a *f*

tschüs(s)! [tʃys *od* tʃy:s] ciao

'Tube ['tu:bə] *f* (*-*; *-n*) tubetto *m*

Tuberku'lose [tuberku'lo:zə] *f* (*-*; *-n*) tubercolosi *f*

Tuch [tu:x] *n* (*-[e]s*; *¨er*) panno *m*; (*Kopf-*, *Hals2*) fazzoletto *m*; (*Tisch2*) tovaglia *f*; (*Lappen*) cencio *m*; (*pl -e*) (*Stoff*) stoffa *f*; tessuto *m*

'tüchtig ['tyçtiç] bravo; capace; abile; (*vortrefflich*) buono; *adv* molto; F per bene

'Tugend ['tu:gənt] *f* (*-*; *-en*) virtù *f*

'Tulpe *bot* ['tulpə] *f* (*-*; *-n*) tulipano *m*

'tummel|n ['tuməln]: ***sich*** ~ (*h*) muoversi; (*sich beeilen*) spicciarsi; **'2platz** *m* (*Kinderspielplatz*) campo *m* giochi

tun [tu:n] (*tat*, *getan*, *h*) fare; *Blick*: dare; *Dienst*: prestare; *Eintrag*: recare; (*hinein~*) mettere; ***Leid*** ~ rincrescere; ***das hat damit nichts zu*** ~ questo non c'entra

Tunfisch → ***Thunfisch***

'Tunke ['tuŋkə] *f* (*-*; *-n*) salsa *f*

'Tunnel ['tunəl] *m* (*-s*; *-*) galleria *f*

'tupfen ['tupfən] (*h*) toccare leggermente, picchiettare

Tür [ty:r] *f* (*-*; *-en*) porta *f*, uscio *m*; (*Wagen2*) sportello *m*; ***hinter verschlossenen ~en*** a porte chiuse; ***vor der ~ stehen*** *fig* essere prossimo; stare per venire

'Turban ['turbɑ:n] *m* (*-s*; *-e*) turbante *m*

Tur'bine [-'bi:nə] *f* (*-*; *-n*) turbina *f*

'Türk|e ['tyrkə] *m* (*-n*; *-n*), **'~in** *f* (*-*; *-nen*), **'2isch** turco *m*, -a *f*

'Türklinke ['ty:rkliŋkə] *f* maniglia *f*

Turm [turm] *m* (*-[e]s*; *¨e*) torre *f*; (*Kirch2*, *Glocken2*) campanile *m*; **'~spitze** *f* guglia *f*; **'~springen** *n Sport*: tuffo *m* alto

'turn|en ['turnən] (*h*) fare ginnastica; **'2en** *n* (*-s*; *senza pl*) ginnastica *f*; **'2er** *m* (*-s*; *-*), **'2erin** *f* (*-*; *-nen*) ginnasta *m/f*; **'2gerät** *n* attrezzi *m/pl* da ginnastica; **'2halle** *f* palestra *f*; **'2hose** *f* mutandine *f/pl* (*od* calzoni *m/pl*) da ginnastica

Tur'nier [tur'ni:r] *n* (*-s*; *-e*) torneo *m*

'Turn|schuhe ['turnʃu:ə] *m/pl* scarpe *f/pl* da ginnastica; **'~verein** *m* società *f* ginnastica

'Tür|schild ['ty:rʃilt] *n* targhetta *f*; **'~schloss** *n* serratura *f*; **'~schlüssel** *m* chiave *f* della porta

'Tusche ['tuʃə] *f* (*-*; *-n*) inchiostro *m* di china

'Tüte ['ty:tə] *f* (*-*; *-n*) cartoccio *m*; sacchetto *m* di carta

TÜV [tyf] (***Technischer Überwachungs-Verein***) *m* (*-*; *senza pl*) ente *m* di supervisione tecnica; *etwa*: ispetto-

T

rato *m* della motorizzazione; controllo *m* tecnico periodico

Typ [ty:p] *m* (-*s*; -*en*), **Type** *f* (-; -*n*) tipo *m*; '**~enrad** *n* *tec* margherita *f* (per macchina da scrivere); '**~enradschreibmaschine** *f* macchina *f* da scrivere a margherita (*od* con ruota portacaratteri); '**~enreiniger** *m* (-*s*; -) pasta *f* per pulire i caratteri

Typhus ['ty:fus] *m* (-; *senza pl*) tifo *m*

typisch ['ty:piʃ] tipico (***für*** di)

Tyrann [ty'ran] *m* (-*en*; -*en*) tiranno *m*; **~ei** [-'naɪ] *f* (-; -*en*) tirannia *f*; **⁓i'sieren** [-ni'zi:rən] (*senza ge-*, *h*) tiranneggiare

U

'**U|-Bahn** ['u:bɑ:n] (*abbr zu* ***Untergrundbahn***) *f* (-; -*en*) metropolitana *f*; '**~-Bahnhof** *m* stazione *f* della metropolitana; '**~-Bahn-Netz** *n* rete *f* della metropolitana

'**übel** ['y:bəl] **1.** *adj* cattivo; **2.** *adv* male; ***nicht ~!*** non c'è male!; ***mir wird ~*** mi sento male; ***~ nehmen*** prendersela a male; ***nehmen Sie das nicht ~!*** non se l'abbia a male!; non se la prenda a male!; ***~ riechend*** maleodorante; '**⁓keit** *f* (-; *senza pl*) nausea *f*; '**⁓täter** *m* malfattore *m*

'**üben** ['y:bən] (*h*) **1.** *v/t* esercitare; **2.** *v/i* fare degli esercizi, esercitarsi

'**über** ['y:bər] **1.** *prp* (*dat u acc*) sopra; (*reisen*, *gehen ~*) per, via; (*sprechen*, *lachen*, *staunen ~*) di; ***~ Folgendes berichten*** riferire su quanto appresso; ***~ die Straße gehen*** attraversare la strada; (*vor Zahlen*) più di; **2.** *adv* ***den Tag ~*** tutto il giorno; ***~ und ~*** interamente; ***~ et hinweg sein*** aver superato qc; **3.** (*durch Vermittlung*) tramite, attraverso

über|'all [y:bər'ʔal] dappertutto, da tutte le parti; '**⁓angebot** *n* offerta *f* eccessiva; **~'anstrengen** (*senza -ge-*, *h*) affaticare troppo; **⁓'anstrengung** *f* (-; -*en*) fatica *f* eccessiva; esaurimento *m*; **~'arbeiten** (*senza -ge-*, *h*) ritoccare; rifare; ***sich ~*** lavorare troppo; '**~aus** oltremodo

'**über|belichten** (*senza -ge-*, *h*) *fot* sovresporre; '**~bewerten** (*sep*, *senza -ge-*, *h*) sopravvalutare; sovrestimare; **~'bieten** (*irr*, *senza -ge-*, *h*, → ***bieten***) offrire più di qu; *Spiel* rilanciare; *fig* sorpassare, battere; ***sich ~*** superare se stesso; '**⁓blick** *m* (-[*e*]*s*; -*e*) visione *f* generale; vista *f*; sintesi *f*; **~'blicken** (*senza -ge-*, *h*) abbracciare con lo sguardo; *fig* rendersi conto di; **~'brücken** [y:bər'brykən] *v/t* (*senza -ge-*, *h*) gettare un ponte sopra; *fig* superare, trovare un espediente a

über|'dauern (*senza -ge-*, *h*) durare di più; (*überleben*) sopravvivere a; '**~denken** (*irr*, *senza -ge-*, *h*, → ***denken***) riflettere su; (*überprüfen*) riesaminare; '**~drüssig** ['y:bərdrysiç] disgustato da; '**~durchschnittlich** superiore alla media

über|'eilen [y:bər'ʔaɪlən] (*senza -ge-*, *h*) precipitare; **~'eilt** precipitoso

überei'nander [y:bər'ʔaɪ'nandər] l'uno sull'altro

über'ein|kommen [y:bər'ʔaɪnkɔmən] (*irr*, *sep*, *-ge-*, *sn*, → ***kommen***) mettersi d'accordo; **⁓kunft** [y:bər'aɪnkunft] *f* (-; ⸚*e*) accordo *m*; ***in ~ mit*** conformemente a; **~stimmen** (*sep*, *-ge-*, *h*) essere d'accordo; *Dinge*: concordare, corrispondere; **⁓stimmung** *f* (-; -*en*) accordo *m*; concordanza *f*; ***in ~ mit*** d'accordo con

über|'fahren (*irr*, *senza -ge-*, *h*, → ***fahren***) investire; travolgere, mettere sotto; *Signal*: passare (senza farci attenzione); '**⁓fahrt** *f* (-; -*en*) traversata *f*; tragitto *m*; '**⁓fall** *m* (-[*e*]*s*; ⸚*e*) aggressione *f*; *mil* assalto *m*; attacco *m*; **~'fallen** *v/t* (*irr*, *senza -ge-*, *h*, → ***fallen***) assalire di sorpresa; sorprendere; '**~fällig** in ritardo; *econ* scaduto, in sofferenza; **~'fliegen** (*irr*, *senza -ge-*, *h*, → ***fliegen***) sorvolare, trasvolare; *fig* scorrere rapidamente; '**⁓fluss** *m*

(*-sses; senza pl*) abbondanza *f*; '**~flüssig** superfluo; inutile; di troppo; **~'fluten** (*senza -ge-, h*) inondare; **~'fordern** (*senza -ge-, h*) chiedere (*od* esigere) troppo; **~'führen** (*senza -ge-, h*) *jur* convincere; **♀'führung** *f* (*-; -en*) trasporto *m*; *fer* cavalcavia *m*; *jur* convincimento *m*; **~'füllt** [y:bər'fylt] pieno zeppo; gremito, affollato

'Über|gabe *f* (*-; -n*) consegna *f*; *mil* resa *f*; '**~gang** *m* (*-[e]s; ¨-e*) passaggio *m*; *pol* transizione *f*; '**~gangsphase** *f* periodo *m* transitorio; '**~gangsstelle** *f* passaggio *m*; **♀'geben** (*irr, senza -ge-, h, →* ***geben***) consegnare; ***sich ~*** vomitare; '**♀gehen 1.** *v/i* (*irr, sep, -ge-, sn, →* ***gehen***) passare a; ***in et*** (*acc*) **~** trasformarsi in qc; **2.** [y:bər'ge:ən] *v/t* (*irr, senza -ge-, h, →* ***gehen***) passare sopra a; (*auslassen*) omettere: '**♀geordnet** superiore; '**~gepäck** *n avia* eccesso *m* di bagaglio; '**~gewicht** *n* (*-[e]s; senza pl*) eccedenza *f* di peso; sovraccarico *m*; *fig* preponderanza *f*; '**♀greifen** (*irr, sep, -ge-, h, →* ***greifen***) estendersi a; *fig* invadere; usurpare; '**~griff** *m* (*-[e]s; -e*) soverchieria *f*; abuso *m*; '**~größe** *f* taglia *f* forte; **♀haben**: ***et ~*** averne abbastanza di qc

über'hand [y:bər'hant]: ***~ nehmen*** prendere il sopravvento; crescere; (*sich verbreiten*) propagarsi, diffondersi

über|'haupt in genere; del tutto; ***~ nicht*** proprio no; neanche un po', proprio per niente; **~'heblich** [y:bər'he:pliç] arrogante, presuntuoso; **~'holen** (*senza -ge-, h*) lasciarsi dietro; *Auto u fig*: sorpassare, superare; (*überprüfen*) ripassare, controllare; (*erneuern*) rimettere a nuovo; **♀'holspur** *f* corsia *f* di sorpasso; **~'holt** [y:bər'ho:lt] *fig* antiquato; **♀'holverbot** *n* divieto *m* di sorpasso; **~'hören** (*senza -ge-, h*) non udire; *absichtlich*: far finta di non sentire; '**~irdisch** soprannaturale

über|'lassen (*irr, senza -ge-, h, →* ***lassen***) lasciare; cedere; (*käuflich*) vendere; (*hingeben*) abbandonare; ***ich überlasse es Ihnen*** mi rimetto a Lei; ***~ Sie es mir*** lasci fare a me; **~'lasten** (*senza -ge-, h*) sovraccaricare; *fig* oberare; esigere troppo; **~'lastet** *adj* sovraccarico; *fig* oberato di lavoro; '**~laufen 1.** *v/i* (*irr, sep, -ge-, sn, →* ***laufen***) traboccare; *zum Feind*: passare al nemico, disertare; **2.** [y:bər'laufən] *adj* sovraffollato, troppo frequentato; **~'leben** (*senza -ge-, h*) sopravvivere a; **♀'lebende** *m* (*-n; -n*) superstite *m*; **~'legen 1.** (*senza -ge-, h*): ***et ~*** riflettere su qc; **2.** *adj* superiore; **♀'legung** *f* (*-; -en*) riflessione *f*; (*Vorsatz*) premeditazione *f*; '**~leiten** (*sep, -ge-, h*) passare; tramandare; **♀'lieferung** *f* (*-; -en*) tradizione *f*

'über|mäßig eccessivo, esagerato; '**~menschlich** sovrumano; **~'mitteln** (*senza -ge-, h*) trasmettere; **♀'mittlung** *f* (*-; senza pl*) trasmissione *f*; '**~morgen** dopodomani; **~'müdet** [y:bər'my:dət] spossato, sovraffaticato; '**~mütig** ['y:bərmy:tiç] petulante; baldanzoso

'über|nächst: ***am ~en Tag*** due giorni dopo; **~'nachten** [y:bər'naxtən] (*senza -ge-, h*) passare la notte, pernottare; **♀'nachtung** *f* (*-; -en*) pernottamento *m*; ***~ mit Frühstück*** pernottamento *m* con prima colazione; '**♀nahme** ['y:bərna:mə] *f* (*-; -n*) assunzione *f*; (*Annahme*) accettazione *f*; presa *f* in consegna; *mar* trasbordo *m*; *econ* rilevamento *m*; ***feindliche ~*** *econ* scalata *f* ostile; '**♀nahmeangebot** [-ʔangəbo:t] *n* offerta *f* d'acquisto; '**~national** sopranazionale; '**~natürlich** soprannaturale; **~'nehmen** (*irr, senza -ge-, h, →* ***nehmen***) assumere; (*von j-m et*) ricevere; (*in Besitz nehmen*) impossessarsi; *Auftrag*: incaricarsi di

'Über|produktion *f* sovrapproduzione *f*; **♀'prüfen** (*senza -ge-, h*) verificare, rivedere, riesaminare; **~'prüfung** *f* (*-; -en*) verifica *f*, revisione *f*; **♀queren** (*senza -ge-, h*) attraversare

über|'raschen [y:bər'raʃən] (*senza -ge-, h*) sorprendere; **♀'raschung** *f* (*-; -en*) sorpresa *f*; *Besuch*: improvvisata *f*; **~'reden** (*senza -ge-, h*) persuadere; convincere; '**~regional** sovraregionale; **~'reichen** (*senza -ge-, h*) presentare; consegnare; '**♀rest** *m* avanzo *m*; ***~e*** *pl* avanzi *m/pl*; **~'runden** (*senza -ge-, h*) *Sport*: oltrepassare (di un giro)

über|'sättigt [y:bər'zɛtiçt] satollo, sazio; **~'schätzen** (*senza -ge-, h*) sopravvalutare; *fig* dare troppa importanza a; '**♀schlag** *m* (*-[e]s; ¨-e*) (*Kosten♀*) preventivo *m*; **~'schlagen**

(*irr, senza -ge-, h,* → **schlagen**) (*berechnen*) calcolare approssimativamente; **sich** ~ rovesciarsi; ribaltarsi; *avia, Auto*: capovolgersi, capotare; ~'**schneiden**: **sich** ~ (*irr, senza -ge-, h,* → **schneiden**) incrociarsi; *fig* (*zeitlich*) coincidere; interferire; ~'**schreiben** (*irr, senza -ge-, h,* → **schreiben**) scrivere il titolo di, intitolare; *econ* **Aufträge** ~ trasmettere (*od* passare) ordini; '**2schrift** *f* (-; *-en*) titolo *m*; soprascritta *f*; '**2schuss** *m* (*-es*; *⸚e*) eccedenza *f*; '**2schussproduktion** *f* produzione *f* in eccedenza; '~**schüssig** eccedente; '~**schwänglich** ['-ʃvɛŋliç] esagerato; esuberante; ~'**schwemmen** (*senza -ge-, h*) inondare (**mit** di); 2'**schwemmung** *f* (-; *-en*) inondazione *f*

'**Übersee** ['y:bərze:] *f inv* oltremare *m*

über|'sehen (*irr, senza -ge-, h,* → **sehen**) abbracciare (*od* dominare) con lo sguardo; (*nicht sehen*) non osservare; **ich habe es** ~ mi è sfuggito; ~'**senden** (*senza -ge-, h*) mandare, spedire, inviare

'**übersetzen** **1.** ['y:bərzɛtsən] (*sep, -ge-, h*) portare (*od* passare) all'altra riva; *mit Fähre*: traghettare; **2.** [y:bər'zɛtsən] (*senza -ge-, h*) *Text*: tradurre

Über|'setzer *m* (*-s*; -) traduttore *m*; ~'**setzerin** *f* (-; *-nen*) traduttrice *f*; ~'**setzung** *f* (-; *-en*) traduzione *f*

Über'setzung's|büro *n* agenzia *f* di traduzioni; ~**dienst** *m* agenzia *f* di traduzioni; ~**pro'gramm** *n inform* programma *m* di traduzione; ~'**software** *f* software *m* di traduzione

'**Übersicht** *f* (-; *-en*) vista *f* generale (*od* d'insieme); (*Auszug*) sommario *m*; (*Zusammenstellung*) prospetto *m*; '**2lich** chiaro, perspicuo; *Gelände*: aperto; '**2skarte** *f* carta *f* generale

über'spannt *adj* esaltato; esagerato; ~'**spielen** (*senza -ge-, h*) *auf Band*: registrare; ~'**stehen** *v/t* (*irr, senza -ge-, h,* → **stehen**) sopportare; *Gefahr*: superare; **glücklich** ~ uscirne bene; ~'**stimmen** (*senza -ge-, h*) mettere in minoranza; '**2stunde** *f* (-; *-n*) ora *f* straordinaria; ~**n** *pl* straordinario *m*; '**2stundenzuschlag** *m* indennità *f* per lavoro straordinario; ~'**stürzen** (*senza -ge-, h*) precipitare

'**Über|trag** ['-tra:k] *m* (*-[e]s*; *⸚e*) *econ* riporto *m*; 2'**tragbar** cedibile; trasferibile; (*a Krankheit*) trasmissibile; 2'**tragen** (*irr, senza -ge-, h,* → **tragen**) trasmettere; (*abtreten*) cedere; (*beauftragen*) incaricare (**j-m et** qu di qc); ~'**tragung** *f* (-; *-en*) *rad, TV* trasmissione *f*; *jur* trasferimento *m*; *von Wechsel*: girata *f*; *econ* riporto *m*; *med* infezione *f*; 2'**treiben** (*irr, senza -ge-, h,* → **treiben**) esagerare; '**2treten** ['y:bərtre:tən] **1.** *v/i* (*irr, sep, -ge-, sn,* → **treten**) *Flüsse*: straripare; *rel* convertirsi; *fig* passare; **2.** [y:bər'tre:tən] *v/t* (*irr, senza -ge-, h,* → **treten**) contravvenire a; *Gesetz*: trasgredire; infrangere, violare; 2'**trieben** esagerato

Über|'völkerung [-'fœlkəruŋ] *f* (-; *senza pl*) sovrappopolazione *f*; 2'**vorteilen** [-'fɔrtaɪlən] (*senza -ge-, h*) ingannare, sfruttare; F bidonare

über|'wachen (*senza -ge-, h*) sorvegliare; 2'**wachung** *f* (-; *-en*) sorveglianza *f*; ~'**weisen** (*irr, senza -ge-, h,* → **weisen**) rimettere, trasferire; assegnare; **auf ein Konto** ~ trasferire su un conto; 2'**weisung** *f* (-; *-en*) bonifico *m*; rimessa *f*; *econ* trasferimento *m*; 2'**weisungsformular** *n* modulo *m* di versamento; ~'**wiegen** (*irr, senza -ge-, h,* → **wiegen**) prevalere; predominare; ~**d** preponderante; *adv* in preponderanza (*od* maggioranza); ~'**winden** *v/t* (*überwand, überwunden, h*) vincere; *Schwierigkeiten*: superare

über|'zeugen (*senza -ge-, h*) convincere; **sich** ~ accertarsi; ~'**zeugend** convincente; *adv* in modo convincente; 2'**zeugung** *f* convinzione *f*; ~'**ziehen** (*irr, senza -ge-, h,* → **ziehen**) (*mit*) rivestire, ricoprire; *Möbel*: tappezzare; **das Konto** ~ lasciare allo scoperto; 2'**ziehungskredit** *m* credito *m* su base scoperta

'**üblich** ['y:pliç] usuale; **wie** ~ come al solito, come di consueto; ~ **sein** essere uso, usare

'**U-Boot** ['u:bo:t] *n* sommergibile *m*

'**übrig** ['y:briç] *adj* restante, rimanente; **die** ~**en** gli altri; ~ **sein** essere rimasto; **für j-n et** ~ **haben** avere delle simpatie per qu; **dafür habe ich nichts** ~ questo non mi interessa; ~ **bleiben** avanzare; restare; **es bleibt nichts anderes** ~ **als** non resta altro che; '~**ens** ['-gəns] del resto; tra l'altro

'Übung ['y:buŋ] *f* (-; -*en*) esercizio *m*; pratica *f*

'Ufer ['u:fər] *n* (-*s*; -) riva *f*; '~**promenade** *f* passeggiata *f* lungomare; '~**straße** *f* litoranea *f*, lungomare *m*

Uhr [u:r] *f* (-; -*en*) orologio *m*; (*Stunde*) ora *f*; ***wie viel ~ ist es?*** che ora è?; ***um wie viel ~?*** a che ora?; ***es ist ein ~*** è l'una; ***es ist 6 ~*** sono le sei; ***der 5-Uhr-Zug*** il treno delle cinque; '~**macher** *m* (-*s*; -) orologiaio *m*; '~**zeiger** *m* lancetta *f*; '~**zeigersinn** *m* (-*[e]s*; *senza pl*) senso *m* orario; '~**zeit** *f* ora *f*

UK'W [u:ka:'ve:] *abbr zu* ***Ultrakurzwelle*** onda *f* ultracorta

Ultra|'kurzwelle [ultra:'kurtsvɛlə] (*abbr* ***UKW***) *f* onda *f* ultracorta; '~**schall** *m* ultrasuono *m*; '**≗violett** ultravioletto

um [um] **1.** *prp* intorno a; *Zeit*: a, per; ~ ***Ostern*** verso Pasqua; ***~ 4 Uhr*** alle quattro; *Grund*, *Preis*: per; *Maß*, *Vergleich*: di; **2.** *cj* ***~ zu …*** per … (*inf*); **3.** *adv* ***~ und ~*** tutt'intorno; ***~ sein*** F *Zeit*: essere passato; essere finito; ***~ so*** → ***umso***

um'armen [-'ʔarmən] (*senza -ge-, h*) abbracciare

'Umbau *m* (-*[e]s*; -*ten*) ricostruzione *f*; (*Reparaturen*) restauri *m/pl*; '**≗en** (*sep, -ge-, h*) ricostruire

'umbild|en (*sep, -ge-, h*) trasformare; *pol* rimpastare; '**≗ung** *f* (-; -*en*) trasformazione *f*, *pol* impasto *m*

'umbinden (*irr, sep, -ge-, h,* → ***binden***) legare (attorno); *Kleidung*: mettersi

'umblättern (*sep, -ge-, h*) voltare la pagina

'umbringen (*irr, sep, -ge-, h,* → ***bringen***) uccidere, ammazzare

'umbuch|en (*sep, -ge-, h*) *econ* trasferire da un conto all'altro; cambiare il biglietto *od* la prenotazione; '**≗ung** *f* (-; -*en*) *econ* riporto *m* da un conto all'altro; cambio *m* di prenotazione

'umdatieren (*sep, senza -ge-, h*) cambiare la data

'umdisponieren (*sep, senza -ge-, h*) modificare, disporre in un altro modo

'umdrehen (*sep, -ge-, h*) (ri)voltare; ***sich ~*** voltarsi

'umfallen (*irr, sep, -ge-, sn,* → ***fallen***) cadere (a terra); *Gegenstand*: ribaltarsi; F svenire

'Umfang *m* (-*[e]s*; ⸚*e*) estensione *f* (*a fig*); perimetro *m*; (*Körper*≗) volume *m*; *fig* proporzioni *f/pl*, entità *f*; '**≗reich** voluminoso; (*ausgedehnt*) esteso

um'fassen (*senza -ge-, h*) abbracciare; (*enthalten*) comprendere, contenere; (*umschließen*) cingere

umfassend ampio, vasto

'Umfrage *f* (-; -*n*) inchiesta *f* (***halten*** fare)

'Umgangs|sprache *f* lingua *f* parlata (*od* d'uso, comune), linguaggio *m* familiare; '**≗sprachlich** della lingua parlata

Um'gebung [-'ge:buŋ] *f* (-; -*en*) dintorni *m/pl*; (*Umwelt*) ambiente *m*

'umgeh|en **1.** *v/i* (*irr, sep, -ge-, sn,* → ***gehen***) girare; *Gerüchte*: circolare, correre; ***mit j-m ~*** frequentare qu; (*behandeln*) trattare; ***mit et sparsam ~*** far economia di qc; **2.** [um'ge:ən] *v/t* (*irr, senza -ge-, h,* → ***gehen***) girare; *Gesetz* eludere; *mil* aggirare; '~**end** immediato; *adv* subito, immediatamente; (*postwendend*) a volta di corriere; **≗ungsstraße** [-uŋsʃtra:sə] *f* circonvallazione *f*

'umgekehrt ['-gəke:rt] inverso; (*entgegengesetzt*) opposto; *adv* all'opposto; ***und ~*** e viceversa

'umgestalt|en (*sep, senza -ge-, h*) trasformare; '**≗ung** *f* (-; -*en*) trasformazione *f*

'Umhängetasche *f* borsa *f* a tracolla

um'her [um'he:r] attorno, intorno; (*rings*~) tutt'intorno

um'hin [-'hin]: ***nicht ~ können*** non poterne fare a meno

'umkehren *v/i* (*sep, -ge-, sn*) voltare, tornar indietro; → ***umgekehrt***

'umkleide|n: ***sich ~*** (*sep, -ge-, h*) cambiarsi; '**≗raum** *m*; camerino *m*, cabina *f*, *Sport*: spogliatoio *m*

'umkommen (*irr, sep, -ge-, sn,* → ***kommen***) perire; (*verderben*) andare a male; *fig* morire (***vor*** *dat* di)

'umladen (*irr, sep, -ge-, h,* → ***laden***) trasbordare; *anders laden*: ricaricare

'Umlauf *m* (-*[e]s*; ⸚*e*) giro *m*; *Geld*, *Akten*: circolazione *f*, *astr* rivoluzione *f*; (*Schreiben*) circolare *f*; ***in ~ bringen***

U

mettere in circolazione; ***in ~ sein*** circolare; **'2en** (*irr, sep, -ge-, sn,* → ***laufen***) girare; *Geld*: circolare
'umleit|en (*sep, -ge-, h*) deviare; **'2ung** *f* (-; *-en*) deviazione *f*; **'2ungsschild** *n* segnale *m* di deviazione
'umlernen (*sep, -ge-, h*) cambiare sistema; *Beruf*: riqualificarsi
'umliegend circostante; ***~e Gegend*** *f* dintorni *m/pl*
'umquartieren ['-kvartiːrən] (*sep, senza -ge-, h*) far cambiare alloggio a; sloggiare
'umrechn|en (*sep, -ge-, h*) cambiare; calcolare in altra moneta; **'2ung** *f* conversione *f*; **'2ungskurs** *m* cambio *m*; tasso *m* di cambio
um'reißen (*irr, senza -ge-, h,* → ***reißen***) tracciare i contorni di; delineare
'umrühren (*sep, -ge-, h*) mescolare
'Umsatz *m* (*-es*; *¨-e*) *econ* giro *m* d'affari; fatturato *m*; volume *m* (*od* cifra *f*) d'affari; (*Verkauf*) vendite *f/pl*; *Börse*: quantitativo *m* trattato; **'~provision** *f* provvigione *f* sul fatturato; **'~rückgang** *m* regressione *f* delle vendite; **'~steigerung** *f* aumento *m* del fatturato; **'~steuer** *f* imposta *f* sull'entrata
'um|schalten (*sep, -ge-, h*) *el* commutare; *rad, TV* cambiare canale; **~schauen**: ***sich ~*** (*sep, -ge-, h*) guardare intorno; voltarsi a guardare
'Umschlag *m* (*-[e]s*; *¨-e*) *Buch*: copertina *f*; (*Brief2*) busta *f*; (*Hülle*) involucro *m*; *med* compressa *f*; *econ* trasbordo *m*; **'~hafen** *m* porto *m* di transito; **'~platz** *m* emporio *m*
'umschuld|en (*sep, -ge-, h*) *econ* convertire (crediti); **'2ung** *f* (-; *-en*) *econ* conversione *f* del credito
'umschul|en (*sep, -ge-, h*) *beruflich*: riqualificare; **'2er** *m*, **'2erin** *f* persona *f* che si riqualifica; **'2ung** *f* (-; *-en*) *beruflich*: riavviamento *m* professionale, riqualificazione *f*; **2ungs'maßnahme** *f* misure *f/pl* di riqualificazione
'umseitig ['umzaɪtɪç] sul retro, a tergo
'umsichtig ['umzɪçtɪç] circospetto
umso: ***~ besser*** tanto meglio; ***~ mehr*** tanto più; ***~ weniger*** tanto meno
um'sonst (*kostenlos*) gratuitamente; (*vergeblich*) invano; ***~ sein*** essere inutile; ***nicht ~*** non per nulla
'Umstand *m* (*-[e]s*; *¨-e*) circostanza *f*; (*Tatsache*) fatto *m*; (*Fall*) caso *m*
'Umstände ['-ʃtɛndə] *m/pl* circostanze *f/pl*; condizioni *f/pl*; situazione *f*; ***die näheren ~*** i particolari *m/pl*; ***unter ~n*** in certi casi; ***in anderen ~n*** in stato interessante
'umständlich ['-ʃtɛntlɪç] circostanziato; (*weitschweifig*) prolisso; ***das ist zu ~*** è troppo noioso (*od* lungo *od* complicato)
'umsteigen (*irr, sep, -ge-, sn,* → ***steigen***) fer cambiar treno (*od* vettura)
'umstell|en *v/t* (*sep, -ge-, h*) disporre in modo diverso; mettere altrove; *tec* invertire; ***sich*** (*geistig*) ***~*** riorientarsi; ***sich ~ auf*** (*acc*) adattarsi a; **'2ung** *f* (-; *-en*) *fig* riorientazione *f*; (*Anpassung*) adattamento *m*; *Betrieb*: riorganizzazione *f*
um'stritten [-'ʃtrɪtən] discusso; contrastato
'umstrukturier|en (*sep, senza -ge-, h*) ristrutturare; **'2ung** *f* (-; *-en*) ristrutturazione *f*
'Umsturz *m* (*-[e]s*; *¨-e*) caduta *f*; *fig, pol* sovversione *f*; rivoluzione *f*
'Umtausch *m* (*-[e]s*; *-e*) cambio *m*, scambio *m*; **'2en** (*sep, -ge-, h*) cambiare; dare in cambio; **'~kurs** *m econ* corso *m* dei cambi; cambio *m*
'Umwälzung ['umvɛltsuŋ] *f* (-; *-en*) sovvertimento *m*; rivoluzione *f*
'umwandeln (*sep, -ge-, h*) trasformare; *econ* convertire
'Umweg ['umveːk] *m* (*-[e]s*; *-e*) giro *m*; ***e-n ~ machen*** far la via più lunga
'Umwelt *f* (-; *senza pl*) ambiente *m*, mondo *m* circostante; **'2bedingt** condizionato dall'ambiente; **'~belastung** *f* inquinamento *m* ambientale; **'~bewusstsein** *n* coscienza *f* ecologica; **'~einfluss** *m* influsso *m* dell'ambiente; **'2feindlich** inquinante; **'2freundlich** ecologico, non inquinante; **'~schäden** *m/pl* danni *m/pl* all'ambiente; **'2schädlich** nocivo all'ambiente, inquinante; **'~schutz** *m* protezione *f* dell'ambiente; **'~schützer** ['umvɛltʃʏtsər] *m* (*-s*; -) ecologista *m/f*; **'~verschmutzung** *f* inquinamento *m* dell'ambiente; **'2verträglich** *ecol* ecologico, a basso impatto ambientale
'umwerfen (*irr, sep, -ge-, h,* → ***werfen***) rovesciare

U

'umziehen (*irr, sep, -ge-,* → ***ziehen***) **1.** *v/i* (*sn*) cambiar casa, traslocare; **2.** *v/t* (*h*) cambiare; ***sich ~*** cambiarsi, mettersi un altro vestito

'Umzug *m* (*-[e]s; ⸗e*) *Wohnung*: trasloco *m*; cambio *m* della casa; (*Festzug*) sfilata *f*; *rel* processione *f*

'unab|hängig ['unˀaphɛŋiç] indipendente; **'2hängigkeit** *f* (*-; senza pl*) indipendenza *f*; **~'kömmlich** [unˀap'kœmliç] indispensabile; insostituibile; **'~sichtlich** ['unˀapziçtliç] involontario; *adv* senza volere

'unan|gebracht ['unˀangəbraxt] inopportuno, sconveniente; **'~gemeldet** non annunziato; inatteso; *pol* non notificato; **'~gemessen** inadeguato; (*unschicklich*) sconveniente; **'~genehm** spiacevole; ***et ist mir ~*** qc mi dà fastidio; **'2nehmlichkeit** *f* (*-; -en*) dispiacere *m*; fastidio *m*; inconveniente *m*; ***~en*** *pl* noie *f/pl*, seccature *f/pl*; **'~ständig** indecente; (*anstößig*) sconcio; **~'tastbar** [-'tastbaːr] intangibile

'unappetitlich ['unˀap-] poco appetitoso; (*widerlich*) ripugnante; (*ekelig*) stomachevole

unästhetisch ['unˀɛsteːtiʃ] inestetico; (*geschmacklos*) di cattivo gusto; (*hässlich*) brutto

'unauf|fällig ['unˀauf-] poco appariscente; discreto; **'~merksam** disattento; (*zerstreut*) distratto; **'~richtig** insincero, falso; **~'schiebbar** [-'ʃiːpbaːr] improrogabile

'unausgeglichen ['-ˀausgəgliçən] non equilibrato; *econ* non bilanciato

'unbe|absichtigt ['-bəˀapziçtiçt] involontario; **'~antwortet** senza risposta; **'~arbeitet** non lavorato; (*roh*) grezzo; **'~denklich** sicuro; (*unverdächtig*) non sospetto; (*ungefährlich*) non pericoloso; *adv* senza scrupoli; senza esitare; **'~deutend** insignificante, senza importanza; **'~dingt** incondizionato; *adv* assolutamente; **'~fangen** senza pregiudizi; sereno; (*unvoreingenommen*) imparziale; (*ungezwungen*) disinvolto; **'~friedigend** poco soddisfacente; insufficiente; **'~friedigt** scontento, insod(d)isfatto; **'~fristet** a tempo indeterminato; **'~fugt** non autorizzato; *jur* incompetente; *adv* (*~erweise*) senza permesso (*od* autorizzazione); **'~gabt** poco dotato; incapace; **~'greiflich** inconcepibile; incomprensibile; **'~grenzt** illimitato; **'~gründet** infondato; **'~hindert** indisturbato; libero; **~holfen** ['-hɔlfən] impacciato; **~kannt** sconosciuto; ***er ist mir ~*** non lo conosco; **~kleidet** nudo; **'~liebt** malvisto, poco simpatico; impopolare; **'~mannt** *avia* senza equipaggio; **'~merkt** inosservato; **'~mittelt** senza (*od* privo di) mezzi; indigente; **'~nutzt** non adoperato; inutilizzato; **'~obachtet** nosservato; **'~quem** scomodo; **'2quemlichkeit** *f* (*-; -en*) incomodo *m*; **~'rechenbar** incalcolabile; *Personen*: imprevedibile; **'~rechtigt** non autorizzato; ingiusto; **'~rührt** intatto; **'~schädigt** intatto; **'~schränkt** illimitato; **~'schreiblich** [-'ʃraɪpliç] indescrivibile; **'~sehen** senza averlo visto; **'~setzt** libero; *Amt*: vacante; **'~ständig** incostante; *Wetter*: variabile; **'~stechlich** incorruttibile; **'~stimmt** indefinito; (*unsicher*) indeciso, vago, incerto; **'~stritten** *adj* incontestato; *adv* senza contrasto; **'~teiligt** estraneo (***bei*** a); disinteressato (***an*** *dat* in); **'~wacht** incustodito; **'~waffnet** disarmato; inerme; **'~weglich** immobile; *fig* irremovibile; ***~e Güter*** *n/pl* beni *m/pl* immobili; **'~wohnt** inabitato; **'~wusst** inconscio; istintivo; *adv* senza rendersi conto; **~'zahlbar** impagabile; **'~zahlt** non pagato

'unbrauchbar inservibile, inutilizzabile; *Personen*: inabile

'unbrennbar incombustibile

und [unt] e; ***~?*** ebbene?; ***~ so weiter*** (*od* ***usw***) eccetera (*od* ecc), e così via

'undankbar ingrato

'undatiert ['-datiːrt] senza data

'undeutlich indistinto; (*verschwommen*) vago; (*Laut*) inarticolato

'undicht permeabile; *Gefäß*: non ermetico; ***~ sein*** perdere; *mar* ***~ werden*** far acqua

'undiszipliniert indisciplinato

undurch'dringlich [-durç'driŋliç] impenetrabile; *für Flüssigkeiten usw*: impermeabile

undurch'führbar ineseguibile, inattuabile

'undurchlässig impermeabile

'undurchsichtig opaco; *fig* imperscrutabile

U

'uneben ['un?ebən] disuguale; non piano *od* piatto; *Gelände*: accidentato
'unecht ['un?ɛxt] falso; finto; artificiale; *Haar*: posticcio
'unehelich ['un?eː-] illegittimo
'unehrlich ['un?eː-] disonesto
'uneigennützig ['un?aɪ-] disinteressato
'uneingeschränkt ['un?aɪ-] illimitato
'uneinig ['un?aɪ-] discorde; *~ sein* essere discorde, essere in discordia; essere in urto
'unempfindlich ['un?ɛmpf-] insensibile
un'endlich ['un?ɛnt-] infinito; immenso
unent|'behrlich [-?ɛnt'beːrlɪç] indispensabile; **'~geltlich** ['-gɛltlɪç] gratuito; **'~schieden** indeciso, incerto; **'~schlossen** irresoluto, indeciso; **~'schuldbar** [-'ʃultbaːr] inescusabile
'uner|fahren ['un?ɛr-] inesperto; **'~forscht** inesplorato; **'~freulich** spiacevole; **'~heblich** irrilevante; **~'hört** ['-'høːrt] *fig* incredibile, straordinario; *adv* da non dire; *~!* cose dell'altro mondo!; **'~kannt** ['-kant] sconosciuto; **~'klärlich** [-'klɛːrlɪç] inspiegabile; inesplicabile; **~'lässlich** [-'lɛslɪç] indispensabile; inderogabile; **'~laubt** illecito; **~'messlich** [-'mɛslɪç] immenso, smisurato; **~'müdlich** [-'myːtlɪç] instancabile; **'~schrocken** intrepido; **~'schütterlich** imperturbabile; (*unbeweglich*) incrollabile; **~'schwinglich** inaccessibile, esorbitante; **~'setzlich** insostituibile; *Verlust*: irreparabile; **~'träglich** insopportabile; **'~wartet 1.** *adj* inatteso; **2.** *adv* all'improvviso; **'~wünscht** indesiderato; **'~zogen** maleducato, ineducato
'unfähig incapace (*zu* di); **'2keit** *f* (-; *senza pl*) incapacità *f*
'unfair ['-fɛːr] sleale, poco corretto
'Unfall *m* (*-[e]s*; *⸗e*) infortunio *m*; (*Verkehrs2*) incidente *m*; (*Unglück*) disgrazia *f*; **'~flucht** *f* fuga *f* del conducente; **'~hergang** ['-heːrgaŋ] *m* (*-[e]s*; *senza pl*) svolgimento *m* dell'incidente; **'~station** *f* (posto *m* di) pronto soccorso *m*; guardia *f* medica; **'~versicherung** *f* assicurazione *f* contro gli infortuni; **'~wagen** *m* (*Rettungswagen*) autoambulanza *f*
un'fassbar *fig* incomprensibile
'unförmig ['-fœrmɪç] informe; (*missgestaltet*) deforme
'unfrankiert non affrancato
'unfrei non libero; (*versklavt*) schiavo; **'2heit** *f* (-; *senza pl*) mancanza *f* di libertà; (*Sklaverei*) schiavitù *f*; (*Befangenheit*) soggezione *f*
'unfreiwillig involontario; (*gezwungen*) forzato
'unfreundlich scortese; *Klima*: inclemente
'Unfriede *m* (*-ns*; *senza pl*) discordia *f*
'unfruchtbar sterile; (*unergiebig*) improduttivo
'Unfug ['-fuːk] *m* (*-[e]s*; *senza pl*) stupidaggini *f/pl*; *grober*: eccessi *m/pl*
'Ungar ['uŋgar] *m* (*-n*; *-n*), **'~in** *f* (-; *-nen*), **'2isch** ungherese *m/f*
'ungastlich inospitale
'unge|achtet ['ungə?axtət] **1.** *adj* poco stimato; **2.** *prp* (*gen*) malgrado, nonostante; **3.** *cj* sebbene; **'~ahnt** impensato; **'~bildet** ignorante, incolto; **'~bräuchlich** inusitato, poco usato; **'~braucht** nuovo; **'~deckt** ['-dɛkt] *econ* scoperto; **'~duldig** impaziente; **'~eignet** inadegnato; disadatto; **'~fähr** ['-fɛːr] circa, press'a poco; *von ~* per caso; **'~fährlich** inoffensivo, non pericoloso; (*unschädlich*) innocuo; **'~hemmt** libero; sfrenato; **'2heuer** ['-hɔyər] *n* (*-s*; -) mostro *m*; **'~heuer** *adj* enorme; immenso; **'~heuerlich** mostruoso; **'~hindert** libero; **'~hörig** importuno; (*unpassend*) sconveniente; **'~horsam** disubbidiente; **'~kündigt** non licenziato; **'~künstelt** naturale, non artificiale; **'~laden** non invitato; *Waffe*: scarico; **'~legen** inopportuno, importuno; *zu ~er Zeit* male a proposito, ad un'ora sconveniente; **'~lernt** *Arbeiter*: non qualificato, non specializzato; **'~mustert** senza disegno; *~er Stoff m* stoffa *f* a tinta unita; **'~mütlich** poco piacevole; incomodo; poco accogliente; **'~nau** inesatto; **'2nauigkeit** *f* (-; *-en*) inesattezza *f*; **'~niert** ['-ʒeniːrt] senza soggezione, disinvolto; *adv* senza (fare tanti) complimenti; **'~nießbar** pessimo; immangiabile; imbevibile; **'~nügend** insufficiente; **'~nutzt** inutilizzato; *adv* senza approfittarne; **'~ordnet** disordinato; **'~pflegt** trascurato; incolto; **'~rade** non diritto; *Linie*: curvo; *Zahl*: dispari; **'~recht** ingiusto; **'~rechtfertigt** ingiustificato;

'**≈rechtigkeit** *f* (-; -*en*) ingiustizia *f*; '**~regelt** non regolato; sregolato
'**ungern** malvolentieri, contro voglia, a malavoglia; ***ich sehe es ~, dass*** vedo con dispiacere che; non mi piace (*od* F va) che
'**unge|schickt** maldestro, inetto; '**~schminkt** non imbellettato; *fig* nudo e crudo; (*Wahrheit*) puro; '**~schoren** ['-ʃoːrən]: *fig* ***~ lassen*** lasciare in pace; '**~schützt** indifeso, non protetto; '**~sehen** inosservato; '**~sellig** insocievole; '**~setzlich** illegale; '**~spritzt** senza anticrittogamici; '**~stört** indisturbato; '**~straft** impunito; *adv* impunemente; '**~sund** malsano; *Personen*: di poca salute, malaticcio; *Ort*: insalubre; '**~trübt** imperturbato; (*heiter*) sereno; *fig* non offuscato; *Glück*: inalterabile; '**~übt** ['-ʔyːpt] senza pratica, poco pratico; '**~waschen** non lavato; '**~wiss** incerto; (*zweifelhaft*) dubbio; (*unentschlossen*) indeciso; '**≈wissheit** *f* (-; *senza pl*) incertezza *f*; '**~wöhnlich** insolito; straordinario; (*seltsam*) strano, singolare; '**~wohnt** insolito; non abituato; poco pratico; non avvezzo; '**≈ziefer** ['-tsiːfər] *n* (-*s*; *senza pl*) insetti *m/pl* parassiti; '**~zogen** ['-tsoːgən] maleducato; *Kinder*: cattivo; '**~zwungen** spontaneo; (*natürlich*) disinvolto
'**ungläubig** incredulo; irreligioso; (*heidnisch*) pagano; miscredente
un'glaublich incredibile
'**ungleich** **1.** *adj* disuguale; (*~mäßig*) ineguale; **2.** *adv* molto, assai; incomparabilmente; '**≈heit** *f* (-; *senza pl*) disuguaglianza *f*; '**~mäßig** ineguale; sproporzionato
'**Unglück** *n* (-*[e]s*; -*e*) sventura *f*; (*Unfall*) incidente *m*; (*Pech*) sfortuna *f*; ***ins ~ stürzen*** gettare nella disgrazia; mandare in rovina; '**≈lich** infelice; sfortunato; disgraziato; '**≈licher'weise** disgraziatamente
'**ungültig** non valido, nullo; ***für ~ erklären, ~ machen*** annullare; invalidare; '**≈keitserklärung** ['-ʔɛr-] *f* annullamento *m*
'**ungünstig** sfavorevole; svantaggioso; poco propizio (*od* promettente)
'**unhaltbar** *fig* insostenibile
'**unhandlich** poco maneggevole; scomodo
'**Unheil** *n* (-*s*; *senza pl*) malanno *m*; (*Unglück*) disgrazia *f*; '**≈bar** incurabile
'**unheimlich** poco rassicurante; inquietante; sinistro; *adv* F straordinariamente
'**unhöflich** scortese; '**≈keit** *f* (-; *senza pl*) scortesia *f*
'**unhygienisch** ['-hygjeːniʃ] antigienico
Uni'form [uni'fɔrm] *f* (-; -*en*) divisa *f*, uniforme *f*
'**uninteress|ant** per nulla interessante; '**~iert** indifferente, disinteressato
Un'ion [un'joːn] *f* (-; -*en*) unione *f*
univer|'sal [univɛr'zaːl] universale; **~'sell** [-'zɛl] universale
Universi'tät [univɛrzi'tɛːt] *f* (-; -*en*) università *f*; **~szeit** *f* anni *m/pl* d'università
'**unkenn|tlich** irriconoscibile; '**≈tnis** *f* (-; *senza pl*) ignoranza *f*
'**unkindlich** non da bambino; precoce
'**unklar** poco chiaro; ***im ≈en sein über*** (*acc*) essere all'oscuro di; '**≈heit** *f* (-; -*en*) poca chiarezza *f*
'**unklug** imprudente; poco intelligente
'**unkonventionell** inconvenzionale
'**unkorrekt** scorretto
'**Unkosten** *pl inv* spese *f/pl*
'**Unkraut** *n* (-*[e]s*; *¨er*) erbacce *f/pl*
'**unkultiviert** incolto
'**unkündbar** irredimibile; che non può essere disdetto (*od* licenziato); *Staatspapier*: consolidato; *Stellung*: permanente
'**unlauter** impuro; (*unedel*) ignobile; *econ* sleale
'**unleidlich** insopportabile
'**unleserlich** illeggibile
'**unlogisch** illogico
'**unlös|bar**, '**~lich** insolubile
'**unmännlich** effeminato
'**unmäßig** smoderato
'**Unmenge** *f* (-; -*en*) quantità *f* enorme; infinità *f*
'**unmenschlich** disumano; '**≈keit** *f* (-; *senza pl*) crudeltà *f*
'**unmerklich** impercettibile
'**unmissverständlich** ['-misfɛrʃtɛntliç] inequivocabile; categorico
'**unmittelbar** immediato; ***in ~er Nähe*** nell'immediata vicinanza
'**unmöbliert** non ammobiliato
'**unmodern** fuori moda; passato di moda, antiquato

'unmöglich *adj* impossibile; *adv* ***er kann ~ kommen*** è impossibile che venga
'unmoralisch immorale
'unmotiviert ['-motivi:rt] infondato, immotivato; *adv* senza alcuna ragione
'unmündig minorenne
'unnach'ahmlich ['-na:x'ʔa:mliç] inimitabile
'unnachgiebig inarrendevole; intransigente, inflessibile
'unnatürlich innaturale; (*geziert*) affettato; (*unmenschlich*) snaturato
'unnotiert *econ* non quotato
'unnötig non necessario; superfluo
'unnütz ['-nyts] inutile; cattivo
'unordentlich disordinato
'Unordnung *f* (-; *senza pl*) disordine *m*
'unparteiisch imparziale
'unpassend non conveniente; sconveniente; (*ungeeignet*) improprio; (*ungelegen*) inopportuno
unpass'ierbar impraticabile, intransitabile; *mar* innavigabile
'unpersönlich impersonale
'unpolitisch impolitico, apolitico
'unpopulär impopolare
'unpraktisch poco pratico; *Personen*: poco abile
'unproduktiv improduttivo
'unproportioniert sproporzionato
'unpünktlich non puntuale; **'≗keit** *f* (-; *senza pl*) mancanza *f* di puntualità
'unrasiert non rasato
'unrationell irrazionale
'unrecht 1. *adj* ingiusto; iniquo; **2.** *adv* male; a torto
'Unrecht *n* (*-[e]s*; *senza pl*) ingiustizia *f*; torto *m*; ***zu ~*** a torto; ingiustamente; ***im ~ sein*** essere dalla parte del torto
'unrechtmäßig illegittimo; ***sich et ~ aneignen*** usurpare, prendere illegittimamente
'unreell malfido; (*unredlich*) disonesto, sleale
'unregelmäßig irregolare; **'≗keit** *f* (-; *-en*) irregolarità *f*
'unreif immaturo
'unrentabel non redditizio
'Unruhe *f* (-; *senza pl*) irrequietezza *f*; *fig* (*Seelen≗*) inquietudine *f*; (*Bewegung*) agitazione *f*; **~n** *pl pol* disordini *m/pl*
'Unruhestifter ['-ru:əʃtiftər] *m* (*-s*; -) mettimale *m*; *öffentlicher*: mestatore *m*; (*Störer*) perturbatore *m*, sobillatore *m*
'unruhig irrequieto, inquieto; *Meer*: agitato; (*aufrührerisch*) turbolento
uns [uns] ci; (*betont*) *acc* noi, *dat* a noi; ***ein Freund von ~*** un nostro amico
'unsachlich non obiettivo
'unsauber sporco
'unschädlich innocuo, inoffensivo; ***~ machen*** mettere nell'impossibilità di nuocere; *Gift*: neutralizzare
'unscharf *fot* sfocato, poco nitido
'unschätzbar ['-ʃɛtsba:r] inestimabile
'unscheinbar poco appariscente; poco vistoso; (*schlicht*) modesto; (*unbedeutend*) insignificante
un'schlagbar [-'ʃla:kba:r] imbattibile
'unschlüssig irresoluto, indeciso
'Unschuld *f* (-; *senza pl*) innocenza *f*; **'≗ig** innocente; ***~ an et*** (*dat*) ***sein*** non aver colpa di qc
'unselbstständig dipendente; *fig* debole; che ha bisogno dell'aiuto altrui
unser ['unzər] **1.** *pron* di noi; **2.** *adj* nostro; **'~er'seits** ['-rər'zaɪts] dal canto nostro
'unsicher malsicuro; (*ungewiss*) incerto; **'≗heit** *f* (-; *senza pl*) insicurezza *f*, incertezza *f*
'unsichtbar invisibile
'Unsinn *m* (*-[e]s*; *senza pl*) nonsenso *m*; assurdo *m*; (*dummes Zeug*) sciocchezze *f/pl*; **'≗ig** insensato
'Unsitt|e *f* cattiva abitudine *f*; **'≗lich** immorale
'unsolide poco solido
'unsozial asociale
'unsportlich poco sportivo
un'sterblich immortale; *adv* F in modo da non dirsi; **≗keit** *f* (-; *senza pl*) immortalità *f*
'Unstimmigkeit ['-ʃtimiçkaɪt] *f* (-; *-en*) dissidio *m*; divergenza *f*
'unsympathisch antipatico
'untätig inattivo, inerte; **'≗keit** *f* (-; *senza pl*) inattività *f*, inerzia *f*
'untauglich inetto; *mil* inabile
'unten ['untən] giù; ***dort ~*** laggiù; ***hier ~*** quaggiù; ***weiter ~*** più giù; ***von oben bis ~*** dall'alto in basso; ***siehe ~*** vedi sotto; ***~ stehend*** sottoindicato; sottostante
'unter ['untər] *prp* (*dat u acc*) sotto; (*zwischen*) fra, tra; *fig* a; con; a meno

di; ~ ***anderem*** fra l'altro; ~ ***der Bedingung*** a condizione (*od* patto); ~ ***zehn Mark*** meno di dieci marchi; ~ ***der Hand*** sottomano; ~ ***vier Augen*** a quattr'occhi; ~ ***uns*** tra di noi; ***was verstehst du ~ diesem Wort?*** come interpreti questa parola?

'unter... *adj* inferiore; sottostante; → ***unterste***

'Untere *m* (*-s*; -) *Kartenspiel*: fante *m*

'unter|belichtet *fot* sottoesposto; **'2bewusstsein** *n* (*-s*; *senza pl*) subcosciente *m*; *psic* subconscio *m*; **~'bieten** (*irr*, *senza -ge-*, *h*, → ***bieten***) *econ* offrire di meno; *Rekord*: battere; **~'binden** (*irr*, *senza -ge-*, *h*, → ***binden***) *fig* interrompere; impedire, ostacolare, paralizzare; **~'brechen** (*irr*, *senza -ge-*, *h*, → ***brechen***) interrompere; (*zeitweilig*) sospendere; **2'brechung** *f* (-; *-en*) interruzione *f*, sospensione *f*; ***ohne ~*** di continuo; **'~bringen** (*irr*, *sep*, *-ge-*, *h*, → ***bringen***) collocare; *häuslich*: sistemare, ospitare, alloggiare; *Waren*: smerciare, collocare; **'2bringung** *f* (-; *senza pl*) collocamento *m*; alloggiamento *m*, sistemazione *f*, smercio *m*; **'2deck** *mar n* ponte *m* di coperta; **~'dessen** frattanto; intanto; **~'drücken** (*senza -ge-*, *h*) opprimere; (*beseitigen*) sopprimere; *Zorn*, *Empörung*: reprimere; **2'drückung** *f* (-; *-en*) oppressione *f*, soppressione *f*, repressione *f*; **~ei'nander** uno sotto l'altro; tra di loro (*od* noi, voi *usw*); reciprocamente

'unter|entwickelt sottosviluppato; **'~ernährt** ['-ʔɛrnɛːrt] denutrito; **'2ernährung** *f* (-; *senza pl*) alimentazione *f* insufficiente; denutrizione *f*; **2'führung** *f* (-; *-en*) sottopassaggio *m*; **'2gang** *m* (*-[e]s*; ⸚*e*) sfacelo *m*; *Sonne*: tramonto *m*; *Schiff*: naufragio *m*; *Welt*: fine *f*; (*Verfall*) decadenza *f*; **2'gebene** [-'geːbənə] *m/f* (*-n*; *-n*) dipendente *m/f*; *Beamte*: subalterno *m*, -a *f*; **'~gehen** (*irr*, *sep*, *-ge-*, *sn*, → ***gehen***) andare sotto; *Schiff*: andare a fondo, colare a picco, naufragare; *Welt*: finire; *Sonne u fig* tramontare; (*vernichtet werden*) andare in rovina; crollare; **'~geordnet** ['-gəʔɔrdnət] subordinato; sottoposto; **'2grund** *m* (*-[e]s*; ⸚*e*) sottosuolo *m* (*senza pl*) *pol* clandestinità *f*; **'2grundbahn** *f* ferrovia *f* sotterranea; metropolitana *f*; **'~halb** (*gen*) al di sotto di

'Unterhalt ['-halt] *m* (*-[e]s*; *senza pl*) sostentamento *m*, mantenimento *m*; manutenzione *f*; **2en** [-'haltən] (*irr*, *senza -ge-*, *h*, → ***halten***) mantenere; *belustigend*: divertire; ***sich ~*** conversare, discorrere; (*sich vergnügen*) divertirsi; **'~skosten** *pl* spese *f/pl* di manutenzione

Unter'haltung *f* (-; *-en*) divertimento *m*; conversazione *f*; (*senza pl*) *tec* manutenzione *f*

'Unter|händler *m* (*-s*; -) negoziatore; (*Vermittler*) mediatore *m*; **'~haus** *n* (*-es*; *senza pl*) *pol* Camera *f* dei Comuni; **'~hemd** *n* maglia *f*; **'~hose** *f* mutande *f/pl*; **'2irdisch** sotterraneo; **2'jochen** [-'jɔxən] (*senza -ge-*, *h*) soggiogare; **'~kiefer** *m anat* mascella *f* inferiore; **'2kommen** (*irr*, *sep*, *-ge-*, *sn*, → ***kommen***) trovare un posto; *Quartier*: trovare alloggio; *Stellung*: trovare impiego; **'~kunft** *f* (-; ⸚*e*) alloggio *m*; **'~lage** *f* base *f*; *tec* sostegno *m*; *beim Schreiben*: cartella *f*, scannello *m*; **~n** *pl* documentazione *f*; documenti *m/pl*; **2'lassen** (*irr*, *senza -ge-*, *h*, → ***lassen***) tralasciare; **'~leib** *m* basso ventre *m*, addome *m*; **2'liegen** (*irr*, *senza -ge-*, *sn*, → ***liegen***) soccombere; *mil* essere vinto (*od* sconfitto); *fig* essere soggetto a; ***keinem Zweifel ~*** essere indubitato; **'~lippe** *f* labbro *m* inferiore; **'~mieter(in** *f*) *m* subaffittuario *m*, -a *f*

unter'nehm|en (*irr*, *senza -ge-*, *h*, → ***nehmen***) intraprendere; **2en** *n* (*-s*; -) impresa *f*; **2ensberater** *m* consulente *m u f* aziendale; **2ensberatung** *f* consulenza *f* aziendale; **2er** *m* (*-s*; -), **2erin** *f* (-; *-nen*) imprenditore *m*, -trice *f*; **~ungslustig** intraprendente

'unter|ordnen (*sep*, *-ge-*, *h*) subordinare; ***von untergeordneter Bedeutung*** di importanza secondaria; **2'redung** *f* (-; *-en*) colloquio *m*

'Unterricht ['-rɪçt] *m* (*-[e]s*; *senza pl*) insegnamento *m*; (*~sstunde*) lezione *f*; **2en** [-'rɪçtən] (*senza -ge-*, *h*) istruire (***j-n in et*** *dat* qu in qc); dar lezioni; insegnare (***j-n in et*** *dat* qc a qu); informare (***j-n von et*** qu di qc)

'Unterrock *m* sottana *f*

unter|'sagen (*senza -ge-*, *h*) proibire;

U

interdire; **~'schätzen** (*senza -ge-, h*) sottovalutare; *herabsetzend*: deprezzare; **~'scheiden** (*irr, senza -ge-, h,* → ***scheiden***) distinguere
'Unterschenkel *m anat* gamba *f*
'Unterschied ['-ʃiːt] *m* (-[*e*]*s*; -*e*) differenza *f*; (*Unterscheidung*) distinzione *f*; **'⁀lich** diverso
unter|'schlagen [-'ʃlɑːgən] (*irr, senza -ge-, h,* → ***schlagen***) *Geld*: sottrarre; *öffentliche Gelder*: malversare; *Brief*: intercettare; **⁀'schlagung** *f* (-; -*en*) sottrazione *f*; appropriazione *f* indebita; malversazione *f*; **~'schreiben** (*irr, senza -ge-, h,* → ***schreiben***) sottoscrivere; *et*: firmare; **'⁀schrift** *f* (-; -*en*) firma *f*
'Unterseeboot ['-zeːboːt] *mar n* sommergibile *m*, sottomarino *m*
unter'setzt [-'zɛtst] tozzo, tarchiato
'unterst ['untərst] il più basso
'unterste ['untərstə] infimo
'unter|stellen (*sep, -ge-, h*) mettere sotto; ***sich*** **~** mettersi al riparo; **2.** [untər'stɛlən] (*senza -ge-, h*) subordinare; (*vorläufig annehmen*) supporre; (*beschuldigen*) attribuire; **⁀'stellung** *f* (-; -*en*) subordinazione *f*; insinuazione *f*; **~'streichen** (*irr, senza -ge-, h,* → ***streichen***) sottolineare
unter'stütz|en (*senza -ge-, h*) sostenere; (*befürworten*) appoggiare; (*helfen*) aiutare; spalleggiare; (*fördern*) favorire; **⁀ung** *f* (-; -*en*) appoggio *m*; aiuto *m*; sovvenzione *f*; (*Geld⁀*) sussidio *m*
unter'suchen (*senza -ge-, h*) esaminare; saggiare; verificare; (*nachforschen*) ricercare, indagare; *jur* inquisire; *med* visitare
Unter'suchung [-'zuːxuŋ] *f* (-; -*en*) esame *m*; ricerca *f*; investigazione *f*; *chim* analisi *f*; *med* visita *f*; *jur* indagine *f*; **~sausschuss** [-ˀaus-] *m* commissione *f* d'inchiesta; **~srichter** *m* giudice *m* istruttore
'Unter|tan ['-tɑːn] *m* (-*s*; -*en*) suddito *m*; **'~tasse** *f* piattino *m*; **'⁀tauchen** (*sep, -ge-, sn*) immergersi; *fig* sparire; rendersi latitante; **'~teil** *n* disotto *m*; parte *f* inferiore; **'~titel** *m* sottotitolo *m*; **'~wäsche** *f* (-; *senza pl*) biancheria *f* intima; **⁀'wegs** [-'veːks] per via; strada facendo; in giro; **⁀'weisen** (*irr, senza -ge-, h,* → ***weisen***) istruire; **⁀'werfen** (*irr, senza -ge-, h,* → ***werfen***) sottomettere; **'⁀würfig** ['-vyrfiç] sottomesso; (*knechtisch*) servile
unter'zeichn|en (*senza -ge-, h*) sottoscrivere; *et*: firmare; **⁀ung** *f* (-; -*en*) sottoscrizione *f*, firma *f*
unter'ziehen (*irr, senza -ge-, h,* → ***ziehen***) sottoporre; ***sich et*** (*dat*) **~** accollarsi qc; *e-r Prüfung, Operation*: sottoporsi a
un'tragbar *fig* intollerabile
'untrennbar inseparabile
'untreu infedele
'unüber|legt ['-ˀyːbərleːkt] sconsiderato, inconsiderato; **~'sehbar** [-'zeːbɑːr] sterminato, immenso; *adv* a perdita d'occhio; **'~sichtlich** poco chiaro; indistinto; **~'troffen** insuperato
unum|'gänglich [-ˀum'gɛŋliç] (*notwendig*) indispensabile; (*unvermeidlich*) inevitabile; **~'schränkt** [-'ʃrɛŋkt] illimitato; **'~wunden** ['-vundən] franco; *adv* francamente, chiaramente
'ununterbrochen 1. *adj* ininterrotto; **2.** *adv* senza interruzione
'unveränd|erlich ['-fɛrˀɛndərliç] invariabile; **'~ert** invariato
unver|'antwortlich [-'ˀantvɔrtliç] irresponsabile; imperdonabile, ingiustificabile, inescusabile; **~'besserlich** [-'bɛsərliç] incorreggibile; **'~bindlich** non vincolante; senz'impegno; (*unhöflich*) scortese; **'~bleit** senza piombo; **'~daulich** indigesto; **'~dient** immeritato; **~'einbar** incompatibile; **'~fänglich** innocuo; **'~froren** sfrontato; **'~gänglich** imperituro; **~'gesslich** indimenticabile; **~'gleichlich** [-'glaɪçliç] incomparabile; **'~heiratet** celibe; *Mädchen*: nubile; **'~hofft** ['-hɔft] insperato; **'~käuflich** invendibile; **~'kennbar** [-'kɛnbɑːr] evidente; inconfondibile; **'~letzt** illeso; **~'meidlich** inevitabile; *Schicksal*: ineluttabile; **'~mindert** non diminuito; uguale; **'~mittelt** immediatamente; **'⁀mögen** *n* (-*s*; *senza pl*) incapacità *f*, impotenza *f*; **'~mutet** impensato; (*unerwartet*) inatteso; **'~nünftig** irragionevole; assurdo, insensato; (*unklug*) imprudente
'unver|schämt impertinente; **'~sehrt** ['-zeːrt] sano e salvo, incolume; illeso; **'~sichert** non assicurato; **'~standen** ['-ʃtandən] incompreso; **'~ständlich**

incomprensibile; '**~steuert** non tassato; in franchigia; '**~sucht** intentato; ***nichts ~ lassen*** tentare tutto il possibile; '**~träglich** intrattabile; incompatibile; *Speise*: indigesto; '**~wandt** *Blick*: fisso; **~'wüstlich** [-'vy:stliç] indistruttibile; **~'zeihlich** imperdonabile; **~'züglich** [-'tsy:kliç] immediato

'**unvoll|endet** ['-fɔlˀɛndət] incompiuto; incompleto; '**~kommen** imperfetto; '**~ständig** incompleto

'**unvor|bereitet** ['-fo:rbəraɪtət] impreparato; '**~eingenommen** spregiudicato; obiettivo; '**~hergesehen** ['-he:rgəze:ən] imprevisto; '**~sichtig** imprudente; **~'stellbar** inconcepibile; '**~teilhaft** ['-fɔrtaɪlhaft] svantaggioso

'**unwahr** falso; '**2heit** *f* (-; *-en*) falsità *f*; (*Lüge*) menzogna *f*, bugia *f*

'**unwahrscheinlich** improbabile

'**unweigerlich** ['-vaɪgərliç] irrecusabile; *adv* innegabilmente

'**unwesentlich** irrilevante

'**Unwetter** *n* (-*s*; -) maltempo *m*; (*Gewitter*) temporale *m*, tempesta *f*

'**unwichtig** irrilevante; ***~ sein*** non avere importanza

unwider'ruflich [-vi:dər'ru:fliç] irrevocabile

'**unwill|ig** **1.** *adj* indignato; irritato; ***~ werden*** indignarsi; **2.** *adv* di malavoglia; **2'kürlich** [-'ky:rliç] involontario; istintivo; spontaneo

'**unwirk|lich** irreale; '**~sam** inefficace

'**unwirsch** ['-virʃ] arcigno, brusco

'**unwirtlich** ['-virtliç] inospitale

'**unwirtschaftlich** antieconomico

'**unwissen|d** ['-visənt] ignorante; '**2heit** *f* (-; *senza pl*) ignoranza *f*

'**unwohl** indisposto; ***mir ist ~*** mi sento male; '**2sein** *n* (-*s*; *senza pl*) indisposizione *f*

un'zählig [-'tsɛ:liç] innumerevole

unzer|'brechlich [-tsɛr'brɛçliç] infrangibile; **~'trennlich** [-'trɛnliç] inseparabile

'**Unzucht** *f* (-; *senza pl*) *jur* impudicizia *f*

'**unzüchtig** impudico; *Worte*: osceno

'**unzu|frieden** scontento; '**2friedenheit** *f* (-; *senza pl*) malcontento *m*; scontentezza *f*; '**~lässig** inammissibile; '**~reichend** insufficiente; '**~sammenhängend** sconnesso, incongruente; '**~verlässig** poco sicuro; non fidato

'**unzweckmäßig** inopportuno; inadeguato; (*schädlich*) controproducente

'**unzweifelhaft** indubbio

'**üppig** ['ypiç] rigoglioso; *Natur*: lussureggiante; *Figur*: formoso; (*prächtig*) sontuoso; (*sinnlich*) lussurioso

U'ran *chim* [u'ra:n] *n* (-*s*; *senza pl*) uranio *m*; **2haltig** uranifero

'**Ur|aufführung** ['u:rˀauffy:ruŋ] *f mus* prima esecuzione *f*, *tea* prima *f* (rappresentazione *f*); *Kino*: prima visione *f*; '**~bevölkerung** *f*, '**~einwohner** *m/pl* aborigeni *m/pl*; '**~enkel** *m*, '**~enkelin** *f* pronipote *m/f*; '**~form** *f* forma *f* originale; '**2ge'mütlich** molto accogliente; comodissimo; '**~großmutter** *f* bisnonna *f*; '**~großvater** *m* bisnonno *m*; '**~heber** *m* (-*s*; -) autore *m*; '**~heberrecht** *n* diritto *m* d'autore

U'rin [u'ri:n] *m* (-*s*; -*e*) urina *f*

'**Urkund|e** ['u:rkundə] *f* (-; -*n*) documento *m*; certificato *m*; '**~enfälschung** *f* falso *m* in atto pubblico; contraffazione *f* di documenti; '**2lich** ['-tliç] documentato

'**Urlaub** ['-laup] *m* (-*[e]s*; -*e*) vacanze *f/pl*; '**~er** ['-bər] *m* (-*s*; -) vacanziere *m*, villeggiante *m*; '**~erstrom** *m* flusso *m* dei vacanzieri

'**Urlaubs|anschrift** *f* recapito *m* durante le vacanze; '**~geld** *n* indennità *f* per ferie; '**~ort** *m* luogo *m* di villeggiatura; '**~reise** *f* viaggio *m* per le vacanze; '**~vertretung** *f* sostituzione *f* per il periodo delle ferie; '**~zeit** *f* periodo *m* delle ferie

'**Urne** ['urnə] *f* (-; -*n*) urna *f*

'**Ur|sache** *f* (-; -*n*) causa *f*, motivo *m*; cagione *f*; ***alle ~ haben zu*** avere tutte le ragioni per; ***keine ~!*** non c'è di che!; '**2sächlich** causale; '**~sprung** *m* (-*s*; ¨-*e*) origine *f*; '**2sprünglich** **1.** *adj* originario; **2.** *adv* in origine

'**Urteil** ['urtaɪl] *n* (-*s*; -*e*) giudizio *m*; (*Meinung*) parere *m*; *jur* sentenza *f*; (*Gutachten*) perizia *f*; '**2en** (*h*) giudicare

'**Ur|wald** *m* foresta *f* vergine; giungla *f*; '**2wüchsig** ['-vy:ksiç] naturale; *Stil*: vigoroso; '**~zeit** *f* (-; -*en*) preistoria *f*; '**~zustand** *m* stato *m* primitivo

Uten'silien [utɛn'zi:ljən] *pl inv* utensili *m/pl*

Uto'p|ie [uto'pi:] *f* (-; -*n*) utopia *f*; **2isch** [u'to:piʃ] utopistico

V

Vaga'bund [vaga'bunt] *m* (*-en*; *-en*) vagabondo *m*
'vage ['vɑːgə] vago; impreciso
'Vakuum ['vaːkuʔum] *n* (*-s*; *-kua*, *-kuen*) vuoto *m*
Va'luta [va'luːta] *f* (*-*; *-ten*) valuta *f*
Vam'pir [vam'piːr] *m* (*-s*; *-e*) vampiro *m*
Va'nille [va'nil(j)ə] *f* (*-*; *senza pl*) vaniglia *f*
Va'ri|ante [va'riantə] *f* (*-*; *-n*) variante *f*; **~e'tee** [-e'teː] *n* (*-s*; *-s*) teatro *m* di varietà; **2'ieren** (*senza ge-*, *h*) variare
'Vase ['vaːzə] *f* (*-*; *-n*) vaso *m*
'Vater ['faːtər] *m* (*-s*; *⸚*) padre *m*; F babbo *m*; **'~land** *n* (*-[e]s*; *⸚er*) patria *f*; **'~landsliebe** ['-lantsliːbə] *f* (*-*; *senza pl*) amor *m* patrio, patriottismo *m*
'väterlich ['fɛːtərliç] paterno
'Vater|schaft *f* (*-*; *senza pl*) paternità *f*; **2'unser** *n* (*-s*; *-*) padrenostro *m*
Vege't|arier [vege'tɑːrjər] *m* (*-s*; *-*), **~'arierin** *f* (*-*; *-nen*), **2'arisch** *adj* vegetariano *m* *u* *adj*, -a *f*; **~a'tion** [-tats'joːn] *f* (*-*; *-en*) vegetazione *f*; **2'ieren** (*senza ge-*, *h*) vegetare
'Veilchen ['failçən] *n* (*-s*; *-*) violetta *f*, viola *f*
'Vene ['veːnə] *f* (*-*; *-n*) vena *f*
Ven'til [vɛn'tiːl] *n* (*-s*; *-e*) valvola *f*; **~'ator** [-ti'lɑːtɔr] *m* (*-s*; *-en*) ventilatore *m*
ver'abred|en [fɛr'ʔapreːdən] (*senza -ge-*, *h*) combinare; concordare; ***sich ~*** darsi un appuntamento; **2ung** *f* (*-*; *-en*) accordo *m*; appuntamento *m*
ver'ab|scheuen [fɛr'ʔapʃɔyən] (*senza -ge-*, *h*) aborrire; **~schieden** [-ʃiːdən] (*senza -ge-*, *h*) congedare; *Gesetz*: approvare; ***sich ~*** accomiatarsi, salutare; **2schiedung** *f* (*-*; *-en*) commiato *m*; saluti *m/pl* d'addio; *Gesetz*: approvazione *f*, varo *m*
ver'achten (*senza -ge-*, *h*) (di)sprezzare
Ver'achtung *f* (*-*; *senza pl*) disprezzo *m*
verallge'meinern [-ʔalgə'mainərn] (*senza -ge-*, *h*) generalizzare
ver'altet [-'ʔaltət] antiquato
Ve'randa [ve'randa] *f* (*-*; *-den*) veranda *f*
ver'änder|lich [fɛr'ʔɛndərliç] variabile, mutabile; **~n** (*senza -ge-*, *h*) cambiare; **2ung** *f* (*-*; *-en*) cambiamento *m*
ver'an|lagen [-'ʔanlɑːgən] (*senza -ge-*, *h*) tassare; ***gut veranlagt*** dotato, predisposto; **2lagung** *f* (*-*; *-en*) tassazione *f*; disposizione *f* intellettuale; inclinazione *f*; talento *m*; **~lassen** (*senza -ge-*, *h*) cagionare; ***j-n zu et ~*** indurre qu a qc; **2lassung** *f* (*-*; *-en*) motivo *m*; ***auf ~ von*** per iniziativa di; **~schlagen** (*senza -ge-*, *h*) valutare; **~stalten** [-ʃtaltən] (*senza -ge-*, *h*) preparare; *Fest*: organizzare; **2staltung** *f* (*-*; *-en*) preparazione *f*; organizzazione *f*; *Sport*: manifestazione *f*; **2staltungskalender** *m* calendario *m* delle manifestazioni
ver'antwort|en *v/t* (*senza -ge-*, *h*) rispondere di; **~lich** responsabile (***für*** di); *jur* ***gegenseitig ~*** solidario; **2ung** *f* (*-*; *-en*) responsabilità *f*; ***j-n zur ~ ziehen*** chiedere conto a qu, rendere qu responsabile; ***auf eigene ~*** a proprio rischio; **~ungslos** irresponsabile, incosciente
ver'arbeiten (*senza -ge-*, *h*) lavorare; elaborare; trasformare (***zu*** in); (*verbrauchen*) consumare; *geistig*: assimilare
ver'ärgern (*senza -ge-*, *h*) irritare
verarmen [-'ʔarmən] (*senza -ge-*, *sn*) impoverire
Verb [vɛrp] *n* (*-s*; *-en*) verbo *m*
Ver'band *m* (*-[e]*; *⸚e*) legame *m*; (*Verein*) federazione *f*, lega *f*, associazione *f*; *med* fasciatura *f*; **~mull** *m* garza *f* idrofila; **~(s)kasten** *m* cassetta *f* del pronto soccorso
ver'bann|en [-'banən] (*senza -ge-*, *h*) esiliare; *fig* bandire; **2ung** *f* (*-*; *-en*) esilio *m*
ver'bergen (*verbarg*, *verborgen*, *h*) nascondere
ver'besser|n (*senza -ge-*, *h*) migliorare; *Fehler*: correggere; **2ung** *f* (*-*; *-en*) miglioramento *m*; correzione *f*
ver'beug|en [-'bɔygən] ***sich ~*** (*senza -ge-*, *h*) inchinarsi; **2ung** *f* (*-*; *-en*) inchino *m*

V

ver'biegen (*verbog, verbogen, h*) storcere
ver'bieten (*verbot, verboten, h*) proibire, vietare
ver'bind|en (*verband, verbunden, h*) legare; collegare; (*vereinigen*) unire; congiungere; associare; *med* fasciare; *tel* mettere in comunicazione; **~lich** [-'bintliç] *econ* obbligatorio
Ver'bindung *f* (-; *-en*) collegamento *m*; *mit j-m*: relazione *f*; contatti *m/pl*; *fer, tel* comunicazione *f*; ***in ~ stehen mit (j-m)*** essere in contatto con (qu)
ver'bitten: ***sich*** (*dat*) ***et ~*** (*verbat, verbeten, h*) pregare di non fare qc; non tollerare qc, non ammettere qc
ver'bitter|t [-'bitərt] amareggiato; **≈ung** *f* (-; *-en*) amarezza *f*, astio *m*
ver'blassen [-'blasən] (*senza -ge-, sn*) impallidire; *Stoff*: sbiadire
Ver'bleib [-'blaɪp] *m* (*-[e]s*; *senza pl*): ***nichts über den ~ einer Sache wissen*** non sapere dove sia rimasto (*od* andato a finire) qc; **≈en** (*verblieb, verblieben, sn*) rimanere; restare; permanere
ver'bleit [-'blaɪt] *adj* con piombo
ver'blüff|en [-'blyfən] (*senza -ge-, h*) sbalordire; **~t** perplesso
ver'blühen (*senza -ge-, sn*) sfiorire
ver'bluten (*senza -ge-, sn*) perdere il sangue; dissanguarsi
ver'bohrt [-'boːrt] testardo, ostinato
ver'borgen **1.** *v/t* (*senza -ge-, h*) imprestare; **2.** *adj* nascosto; (*geheim*) segreto
Ver'bot [-'boːt] *n* (*-[e]s*; *-e*) divieto *m*; proibizione *f*; **~sschild** *n* segnale *m* di divieto
Ver'brauch *m* (*-[e]s*; *senza pl*) consumo *m*; **≈en** (*senza -ge-, h*) consumare; **~er** *m* (*-s*; *-*) consumatore *m*; **~ermarkt** *m* ipermercato *m*; **~erschutz** *m* difesa *f* dei consumatori; **~erzentrale** *f* associazione *f* dei consumatori; **~sgüter** *n/pl* beni *m/pl* di consumo; **~ssteuer** *f* imposta *f* di consumo
Ver'brech|en [-'brɛçən] *n* (*-s*; *-*) delitto *m*; **~er** *m* (*-s*; *-*), **~erin** *f* (-; *-nen*) delinquente *m/f*; **≈erisch** delittuoso
ver'breit|en (*senza -ge-, h*) diffondere, divulgare; ***sich ~ über*** (*acc*) diffondersi su; **~ern** (*senza -ge-, h*) allargare
ver'brenn|en (*verbrannte, verbrannt*) *v/t* (*h*); *v/i* (*sn*) bruciare; *Tote*: cremare; **≈ung** *f* (-; *-en*) combustione *f*; (*Leichen≈*) cremazione *f*; **≈ungsmotor** *m* motore *m* a combustione
ver'bringen (*verbrachte, verbracht, h*) *Zeit*: passare, trascorrere
ver'brühen (*senza -ge-, h*) scottare
ver'buchen (*senza -ge-, h*) *econ* allibrare, registrare
Ver'|bund [-'bunt] *m* (*-[e]s*; *-e*) unione *f*; *tec* aderenza *f*; **≈'bünden** [-'byndən]: ***sich ~*** (*senza -ge-, h*) allearsi; **~'bündete** *m/f* (*-n*; *-n*) alleato *m*, -a *f*
Ver'bundsystem *n* sistema *m* compound
ver'bürgen garantire; ***sich ~ für*** rispondere di
Ver'dacht [-'daxt] *m* (*-[e]s*; *-e u* ¨*e*) sospetto *m*; ***~ schöpfen*** insospettirsi
ver'dächtig [-'dɛçtiç] sospetto; **~en** [-'gən] (*senza -ge-, h*) sospettare di; *jur* incolpare; **≈ung** *f* (-; *-en*) sospetto *m*
ver'damm|en [-'damən] (*senza -ge-, h*) condannare; **~t** maledetto; F ***~ nochmal!*** F maledizione!
ver'dampfen *v/i* (*senza -ge-, sn*) evaporare
ver'danken (*senza ge-, h*) (*a **zu ~ haben***) dovere; (*danken*) ringraziare
ver'dau|en [-'dauən] (*senza -ge-, h*) digerire; **~lich** digeribile; **≈ung** *f* (-; *senza pl*) digestione *f*
Ver'deck *n* (*-[e]s*; *-e*) *mar* coperta *f*, *Auto*: cappotta *f*; **≈en** (*senza -ge-, h*) coprire; (*verbergen*) nascondere; *fig a* occultare
ver'derb|en [-'dɛrbən] (*verdarb, verdorben*) **1.** *v/i* (*sn*) guastarsi; andare a male; **2.** *v/t* (*h*) guastare; rovinare; *sittlich*: corrompere; **≈en** *n* (*-s*; *senza pl*) deterioramento *m*; rovina *f*; ***j-n ins ~ stürzen*** mandar qu in rovina; **~lich** [-pliç] pernicioso; corruttibile; (*leicht verderbend*) deteriorabile
ver'deutlichen [-'dɔʏtliçən] (*senza -ge-, h*) chiarire
ver'dicken [-'dikən] (*senza -ge-, h*) (*verdichten*) condensare; (*verstärken*) ispessire; (*dick machen*) ingrossare
ver'dien|en (*h*) meritare; *Geld*: guadagnare; ***sein Brot ~*** guadagnarsi la vita; **≈er** *m* (*-s*; *-*) produttore *m* di reddito, chi guadagna

Ver'dienst[1] [-'di:nst] (*-[e]s*; *-e*) *n* merito *m*

Ver'dienst[2] *m* guadagno *m*; (*Nutzen*) profitto *m*; (*Lohn*) salario *m*

ver'doppeln [-'dɔpəln] (*senza -ge-*, *h*) raddoppiare

ver'dorben [-'dɔrbən] sciupato, guasto; *sittlich*: corrotto; *Luft*: viziato

ver'drängen (*senza -ge-*, *h*) scacciare

ver'drehen (*senza -ge-*, *h*) storcere; ***j-m den Kopf*** ~ far perdere la testa a qu

ver'drücken (*senza -ge-*, *h*) sgualcire; F *fig* ***sich*** ~ tagliare la corda

Ver'druss [-'drus] *m* (*-es*; *senza pl*) dispiacere *m*; (*Ärger*) dispetto *m*

ver'dunkel|n [-'duŋkəln] (*senza -ge-*, *h*) oscurare; *fig* offuscare; **²ung** *f* (*-*; *-en*) oscuramento *m* (antiaereo); *jur* occultamento *m*

ver'dünnen [-'dynən] (*senza -ge-*, *h*) assottigliare; *Luft*: rarefare; *Flüssigkeit*: diluire; *Wein*, *Kaffee*: allungare

ver'dunsten [-'dunstən] (*senza -ge-*, *sn*) evaporare

ver'dursten (*senza -ge-*, *sn*) morire di sete

ver'ehr|en (*senza -ge-*, *h*) venerare; (*anbeten*) adorare; ***j-m et*** ~ offrire qc a qu; **²ung** *f* (*-*; *senza pl*) venerazione *f*; ammirazione *f*

ver'eidigen [-'ʔaɪdigən] *v/t* (*senza -ge-*, *h*) far giurare

Ver'ein [-'ʔaɪn] *m* (*-[e]s*; *-e*) società *f*, associazione *f*, unione *f*; **²baren** [-'ʔaɪnbɑ:rən] (*senza -ge-*, *h*) mettersi d'accordo su; conciliare; (*übereinkommen*) combinare; **~barung** *f* (*-*; *-en*) accordo *m*

ver'ein|en (*senza -ge-*, *h*) unire; congiungere; ***mit vereinten Kräften*** unendo tutte le forze; ***die Vereinten Nationen*** le Nazioni Unite; **~fachen** [-faxən] (*senza -ge-*, *h*) semplificare; **~heitlichen** [-haɪtliçən] (*senza -ge-*, *h*) unificare; uniformare; standardizzare; **²heitlichung** *f* (*-*; *-en*) unificazione *f*, standardizzazione *f*; **~igen** (*senza -ge-*, *h*) unire; (*in Übereinstimmung bringen*) conciliare; **²igung** *f* (*-*; *-en*) unione *f*, (*Zusammentreffen*) riunione *f*

ver'einzelt [-'ʔaɪntsəlt] *adv* in casi isolati, sporadicamente

ver'eiteln [-'ʔaɪtəln] (*senza -ge-*, *h*) sventare; *Absicht*: deludere

ver'enden (*senza -ge-*, *sn*) *Tiere*: crepare

ver'erben (*senza -ge-*, *h*) lasciare (in eredità); *fig* trasmettere

ver'fahren (*verfuhr*, *verfahren*) **1.** *v/i* (*sn*) procedere; trattare (***mit j-m*** qu); **2.** *v/t* (*h*) *Geld*: spendere in viaggi; *Geschäft*: imbrogliare; ***sich*** ~ smarrirsi; imbrogliarsi

Ver'fahren *n* (*-s*; *-*) procedimento *m*; (*Handlungsweise*) condotta *f*, tecnica *f*; *jur* procedura *f*, *gegen j-n*: processo *m*

Ver'fall *m* decadenza *f*, rovina *f*; *der Sitten*: corruzione *f*, depravazione *f*; *econ* scadenza *f*; **²en** *v/i* (*verfiel*, *verfallen*, *sn*) decadere; *Wechsel*: scadere; *arch* rovinare, andare in rovina; *körperlich*: deperire; **~sdatum** *n* data *f* di scadenza

ver'fälschen (*senza -ge-*, *h*) falsificare

ver'fass|en (*senza -ge-*, *h*) scrivere; *Artikel*: redigere; comporre; **²er** *m* (*-s*; *-*) autore *m*; **²ung** *f* (*-*; *-en*) composizione *f*; (*Zustand*) stato *m*; condizione *f*; (*Gemüts²*) umore *m*; *pol*, *econ* costituzione *f*; **~ungsgemäß** costituzionale; **~ungswidrig** anticostituzionale

ver'faulen (*senza -ge-*, *sn*) imputridire

ver'fehlen (*senza -ge-*, *h*) *Weg*, *Beruf*: sbagliare; *j-n*: non trovare; *Ziel*: fallire

ver'feinden [-'faɪndən]: ***sich*** ~ (*senza -ge-*, *h*) inimicarsi

ver'feinern [-'faɪnərn] (*senza -ge-*, *h*) raffinare; ingentilire

ver'film|en (*senza -ge-*, *h*) filmare; **²ung** *f* (*-*; *-en*) versione *f* cinematografica

ver'flecht|en (*verflocht*, *verflochten*, *h*) intrecciare; **²ung** *f* (*-*; *-en*) intrecciamento *m*; (*Wirtschafts²*) interdipendenza *f*, fusione *f*

ver'fluchen *v/t* (*senza -ge-*, *h*) maledire

verflüchtigen [-'flyçtigən] (*senza -ge-*, *h*) volatilizzare

ver'folg|en [-'fɔlgən] (*senza -ge-*, *h*) seguire; *Flüchtige*: inseguire; incalzare; *Zweck*: perseguire; *ungerecht*: perseguitare; *geistig*: tener dietro a, osservare; ***j-n gerichtlich*** ~ procedere contro qu; **²ung** *f* (*-*; *-en*) inseguimento *m*; persecuzione *f*

ver'früht [-'fry:t] prematuro; anticipato

ver'füg|bar [-'fy:kba:r] disponibile; **~en** [-gən] (*senza -ge-, h*) **1.** *v/t* disporre, ordinare; **2.** *v/i* **~ über** (*acc*) disporre di; **&ung** *f* (-; *-en*) disposizione *f*
ver'führ|en (*h*) sedurre; *sittlich*: corrompere; *zu et*: istigare; **&er** *m* (*-s*; -), **&erin** *f* (-; *-nen*) seduttore *m*, -trice *f*; corruttore *m*, -trice *f*; **&ung** *f* (-; *-en*) seduzione *f*; corruzione *f*; istigazione *f*
Ver'gangenheit [fɛr'gaŋənhaɪt] *f* (-; *senza pl*) passato *m*
ver'gänglich [-'gɛŋliç] passeggero, effimero; (*hinfällig*) caduco
Ver'gaser [-'ga:zər] *auto m* (*-s*; -) carburatore *m*
ver'geb|en (*vergab, vergeben, h*) (*weggeben*) dare (via); *Auftrag*: aggiudicare, assegnare; (*verzeihen*) perdonare; ***sich et ~*** perderci qc; compromettersi; **~ens** *adv* invano; **~lich** [-pliç] **1.** *adj* inutile, vano; **2.** *adv* invano
ver'gehen (*verging, vergangen, sn*) passare
Ver'gehen *n* (*-s*; -) *jur* trasgressione *f*; *schwer*: delitto *m*
verge'sellschaften [-gə'zɛlʃaftən] (*senza -ge-, h*) socializzare
ver'gessen [-'gɛsən] (*vergaß, vergessen, h*) dimenticare
ver'gesslich [-'gɛsliç] smemorato
verge'waltig|en [-gə'valtigən] (*senza -ge-, h*) violentare; **&ung** *f* (-; *-en*) stupro *m*, violenza *f* sessuale
verge'wissern [-gə'visərn]: ***sich ~*** (*senza -ge-, h*) accertarsi
ver'gießen (*senza -ge-, h*; → ***gießen***) spandere, versare
ver'gift|en [-'giftən] (*senza -ge-, h*) avvelenare; intossicare; **&ung** *f* (-; *-en*) avvelenamento *m*; intossicazione *f*
Ver'gissmeinnicht *bot* [-'gismaɪniçt] *n* (*-[e]s*; *-[e]*) nontiscordardimé *m*
ver'glasen [-'gla:zən] (*senza -ge-, h*) vetrificare; *Fenster*: mettere i vetri a
Ver'gleich *m* (*-[e]s*; *-e*) confronto *m*; *jur* accomodamento *m*; (*Ausgleich*) concordato *m*, transazione *f*; **&bar** paragonabile; **&en** (*verglich, verglichen, h*) paragonare (***mit*** con, a); *Streitende*: metter d'accordo; **&sweise** in via di paragone
ver'gnügen [-'gny:gən] ***sich ~*** (*senza -ge-, h*) divertirsi; distrarsi
Ver'gnügen *n* (*-s*; -) piacere *m*; divertimento *m*; ***viel ~!*** buon divertimento!
Ver'gnügungspark *m* parco *m* di divertimenti
Ver'gnügungsviertel *n* quartiere *m* dei divertimenti
ver'golden (*senza -ge-, h*) (in)dorare
ver'graben (*vergrub, vergraben, h*) sotterrare
ver'griffen [-'grifən] esaurito
ver'größer|n [-'grø:sərn] (*senza -ge-, h*) ingrandire; **&ung** *f* (-; *-en*) ingrandimento *m*
Ver'günstigung [-'gynstiguŋ] *f* (-; *-en*) favore *m*; *econ* facilitazione *f*
ver'güt|en [-'gy:tən] (*senza -ge-, h*) *Schaden*: rifondere; *Geld*: rimborsare; ***j-m et ~*** indennizzare qu di qc; **&ung** *f* (-; *-en*) rifusione *f*, rimborso *m*; indennizzo *m*; (*Gehalt*) stipendio *m*
ver'haft|en (*senza -ge-, h*) arrestare; **&ung** *f* (-; *-en*) arresto *m*
ver'halten *v/t* (*verhielt, verhalten, h*) trattenere; (*unterdrücken*) reprimere; ***sich ~*** stare; (*sich benehmen*) comportarsi
Ver'halten *n* (*-s*; *senza pl*) contegno *m*, condotta *f*, comportamento *m*
Ver'hältnis [-'hɛltnis] *n* (*-ses*; *-se*) rapporto *m*; *persönliches*: rapporti *m/pl*; (*Liebes&*) relazione *f*; (*Lage*) situazione *f*; ***im ~ zu*** in rapporto a; **~se** *n/pl* condizioni *f/pl*; circostanze *f/pl*; **&mäßig** **1.** *adj* proporzionato; **2.** *adv* in proporzione; **~wahl** *f* elezione *f* secondo il sistema proporzionale; **~wahlrecht** *n* (*-[e]s*; *senza pl*) diritto *m* di voto proporzionale; **~wahlsystem** *n* sistema *m* elettorale proporzionale
ver'hand|eln (*senza -ge-, h*) **1.** *v/t* negoziare; *jur* trattare *una causa*; **2.** *v/i* discutere (***über*** *acc* di); ***gerichtlich ~*** procedere giudiziariamente; **&lung** *f* (-; *-en*) trattativa *f*; *diplomatisch*: negoziazione *f*, negoziato *m*; *jur* dibattimento *m*
ver'häng|en (*senza -ge-, h*) coprire; *Konkurs*: dichiarare; *Strafe*: infliggere (***über*** *acc* a); **~nisvoll** fatale
ver'harren (*senza -ge-, h*) perseverare, persistere (***bei*** in)
ver'härten (*senza -ge-, h*) indurire
ver'heilen (*senza -ge-, sn*) guarire; rimarginarsi

V

ver'heimlichen [-'haɪmlɪçən] (*senza -ge-, h*) celare
ver'heiraten (*senza -ge-, h*) sposare; ***sich ~*** sposarsi; ***verheiratet sein*** essere sposato
ver'herrlichen [-'hɛrlɪçən] (*senza -ge-, h*) glorificare; esaltare
ver'hindern (*senza -ge-, h*) impedire
ver'höhnen [-'hø:nən] (*senza -ge-, h*) schernire, dileggiare
Ver'hör [-'hø:r] *n* (*-[e]s; -e*) interrogatorio *m*; **2en** *v/t* (*senza -ge-, h*) interrogare; *Zeugen*: udire, esaminare; ***sich ~*** capire male
ver'hungern (*senza -ge-, sn*) morire di fame
ver'hüt|en (*senza -ge-, h*) evitare; prevenire, scongiurare; (*bewahren*) preservare; (*verhindern*) impedire; **2ung** *f* (*-; senza pl*) prevenzione *f*, profilassi *f*; **2ungsmittel** *n* anticoncezionale *m*, contraccettivo *m*
ver'irren [fɛr'ˀirən]: ***sich ~*** (*senza -ge-, h*) smarrirsi; *fig* traviarsi
ver'jähr|t [-'jɛ:rt] caduto in prescrizione; **2ung** *f* (*-; -en*) prescrizione *f*; **2ungsfrist** *f* termine *m* di prescrizione
ver'kabel|n (*senza -ge-, h*) cablare; **2ung** *f* (*-; -en*) cablaggio *m*
ver'kalk|t [-'kalkt] calcificato; *med* sclerotico; **2ung** *f* (*-; -en*) calcificazione *f*; *med* sclerosi *f*
verkalku'lieren: ***sich ~*** (*senza -ge-, h*) sbagliare il calcolo; *fig* far male i propri calcoli
Ver'kauf [-'kauf] *m* (*-[e]s; ¨e*) vendita *f*; **2en** (*senza -ge-, h*) vendere
Ver'käuf|er *m* (*-s; -*) venditore *m*; *Laden*: commesso *m*; **~erin** *f* (*-; -nen*) venditrice *f*, commessa *f*
Ver'kaufs|leiter *m* direttore *m* delle vendite; **2offen** *adj* aperto; ***~er Samstag*** *sabato in cui i negozi sono aperti anche il pomeriggio*; **~preis** *m* prezzo *m* di vendita; **~stand** *m* banco *m* di vendita
Ver'kehr [-'ke:r] *m* (*-s; senza pl*) movimento *m*, circolazione *f*, (*Straßen2*) traffico *m* (stradale); (*Beziehung*) relazione *f*, **2en** *v/i* (*senza -ge-, h*) *mit j-m*: essere in relazione; ***bei j-m ~*** frequentare qu; (*Verbindung unterhalten*) essere in relazione (con); (*sn*) *Züge*: andare, circolare
Ver'kehrs|ader *f* arteria *f*, **~ampel** *f* semaforo *m*; **~aufkommen** *n* densità *f* del traffico; **~büro** *n* ufficio *m* viaggi; **~chaos** *n* paralisi *f* del traffico; **~dichte** *f* intensità *f* del traffico; **~flugzeug** *n* aereo *m* passeggieri; **~meldung** *f* informazione *f* radiofonica sulle condizioni del traffico; **~minister** *m* ministro *m* dei Trasporti; **~mittel** *n* mezzo *m* di trasporto; **~polizei** *f* polizia *f* stradale; **~polizist** *m* vigile *m* urbano; agente *m* di polizia stradale; **~regeln** *f/pl* norme *f/pl* del traffico; **~regelung** *f* regolamento *m* stradale; **2reich** molto frequentato; **~schild** *n* cartello *m* stradale; **~stockung** *f* ingorgo *m*, congestione *f* del traffico; **~unfall** *m* incidente *m* stradale; **~verbindungen** *pl* collegamenti *m/pl* stradali; **~verbund** *m* associazione *f* di imprese di trasporti; **2widrig** [-'ke:rsvi:drɪç] antiregolamentare; **~zeichen** *n* cartello *m* indicatore; segnale *m* stradale
ver'kehrt [-'ke:rt] **1.** *adj* rovesciato; ***~e Seite*** *f* rovescio *m*; **2.** *adv* alla rovescia; *fig* in modo errato, sbagliatamente
ver'klagen (*senza -ge-, h*) querelare
ver'klapp|en *ecol* (*h*) scaricare a mare; **2ung** *f ecol* scarica *f* a mare
ver'kleiner|n [-'klaɪnərn] (*senza -ge-, h*) rimpiccolire; diminuire, ridurre; (*herabsetzen*) denigrare; ***verkleinerter Maßstab*** *m* scala *f* ridotta; **2ung** *f* (*-; -en*) rimpicciolimento *m*; riduzione *f*; detrazione *f*
ver'klingen (*verklang, verklungen, sn*) andar perdendosi
ver'knüpfen [-'knypfən] (*senza -ge-, h*) annodare; *fig* congiungere
ver'kommen **1.** *v/i* (*verkam, verkommen, sn*) deperire; *moralisch*: abbruttire; (*verderben*) deteriorarsi; **2.** *adj* decaduto; depravato
ver'körper|n [-'kœrpərn] (*senza -ge-, h*) personificare; *fig* rappresentare; incarnare; **2ung** *f* (*-; -en*) personificazione *f*, incarnazione *f*
ver'kraften F (*senza -ge-, h*) sopportare, superare; reggere a
ver'krampft [-'krampft] contratto; *fig* imbarazzato
ver'kriechen: ***sich ~*** (*verkroch, verkrochen, h*) rintanarsi, nascondersi
ver'krüppelt [-'krypəlt] storpiato

V

ver'kümmern *v/i* (*senza -ge-, sn*) intristire; rattrappire
ver'künd(ig)en (*senza -ge-, h*) annunciare; *feierlich*: proclamare; *Urteil*: pronunciare
ver'kürzen (*senza -ge-, h*) accorciare; (*vermindern*) ridurre; diminuire; *Zeit*: ingannare
ver'laden (*verlud, verladen, h*) caricare; *mar* imbarcare
Ver'lag [-'laːk] *m* (*-[e]s; -e*) casa *f* editrice
ver'lagern (*senza -ge-, h*) spostare
Ver'lags|katalog *m* catalogo *m* delle pubblicazioni; **~wesen** *n* (*-s; senza pl*) editoria *f*
ver'langen (*senza -ge-, h*) **1.** *v/t* domandare; richiedere; pretendere; **2.** *v/i* **nach et ~** desiderare qc; **nach j-m ~** domandare di qu
Ver'langen *n* (*-s; senza pl*) (vivo) desiderio *m*
ver'länger|n [-'lɛŋərn] (*senza -ge-, h*) allungare; *Frist*: prolungare; **2ung** *f* (*-; -en*) allungamento *m*; prolungamento *m*
ver'langsamen [-'laŋzaːmən] (*senza -ge-, h*) rallentare; ritardare
ver'lassen 1. *v/t* (*verließ, verlassen, h*) abbandonare; *j-n a*: piantare; **sich auf j-n ~** fare affidamento su qu, fidarsi di qu, confidare in qu; **2.** *adj* abbandonato
Ver'lauf *m* (*-[e]s; ¨e*) corso *m*; svolgimento *m*; **2en** *v/i* (*verlief, verlaufen, sn*) scorrere; **gut ~** andare bene; **sich ~** (*h*) smarrirsi; perdersi; *Menge*: sperdersi
ver'leben (*senza -ge-, h*) passare
ver'legen 1. *v/t* (*senza -ge-, h*) spostare; trasportare; *Geschäft*: trasferire; (*falsch legen*) smarrire; non rimettere al suo posto; *e-n Weg*: sbarrare; *Buch*: pubblicare; **2.** *adj* impacciato, confuso; timido
Ver'leger [-'leːgər] *m* (*-s; -*) editore *m*
Ver'legung *f* (*-; -en*) trasferimento *m*; *zeitlich*: spostamento *m*; *tec* posa *f*, installazione *f*
ver'leiden (*senza -ge-, h*): **j-m et ~** far perdere la voglia a qu di qc, rovinare il gusto a qu di qc; *Freude*: turbare
Ver'leih [fɛr'laɪ] *m* (*-[e]s; senza pl*) prestito *m*, noleggio *m*; *Film*: distribuzione *f*; **2en** (*verlieh, verliehen, h*) prestare; dare a noleggio; **verliehen** *Buch*: in lettura, a prestito
ver'leiten (*senza -ge-, h*) *zu et*: istigare, indurre
ver'lernen (*senza -ge-, h*) disimparare
ver'letz|en (*senza -ge-, h*) ferire; (*beleidigen*) offendere; *Gesetze*: violare; *Pflicht*: mancare a; *Ehre*: ledere; **2ung** *f* (*-; -en*) lesione *f*, (*Wunde*) ferita *f*, *jur* violazione *f*, infrazione *f*
ver'leugnen (*senza -ge-, h*) rinnegare; (*nicht anerkennen*) sconfessare; disconoscere; **sich ~ lassen** far dire che non si è in casa
ver'leumden [-'lɔʏmdən] (*senza -ge-, h*) calunniare
ver'lieb|en: **sich ~** (*senza -ge-, h*) innamorarsi (**in** *acc* di); **~t** [-pt] innamorato
ver'lieren [-'liːrən] (*verlor, verloren, h*) perdere
ver'loben (*senza -ge-, h*): **sich ~** fidanzarsi
ver'lobt [-'loːpt] fidanzato
Ver'lobung [-buŋ] *f* (*-; -en*) fidanzamento *m*
ver'loren [-'loːrən] perduto
ver'los|en (*senza -ge-, h*) sorteggiare, estrarre (a sorte); **2ung** *f* (*-; -en*) sorteggio *m*, estrazione *f* (a sorte)
ver'löten (*senza -ge-, h*) saldare
Ver'lust [-'lust] *m* (*-[e]s; -e*) perdita *f*; *econ* deficit *m inv*; disavanzo *m*
Ver'mächtnis [-'mɛçtnis] *n* (*-ses; -se*) lascito *m*; testamento *m*
Vermählung *f* (*-; -en*) sposalizio *m*
ver'mehr|en (*senza -ge-, h*) aumentare; **sich ~** moltiplicarsi, crescere; **2ung** *f* (*-; -en*) aumento *m*; moltiplicazione *f*
ver'meid|bar [-'maɪtbaːr] evitabile; **~en** [-dən] (*vermied, vermieden, h*) evitare; scansare
Ver'merk [-'mɛrk] *m* (*-[e]s; -e*) nota *f*, **2en** (*senza -ge-, h*) notare
ver'mess|en 1. *v/t* (*vermaß, vermessen, h*) misurare; **2.** *adj* temerario; **2ung** *f* (*-; -en*) misurazione *f*, (*Feldvermessung*) agrimensura *f*
ver'miet|en (*senza -ge-, h*) affittare; *Gegenstand*: dare a nolo; **2er** *m* (*-s; -*), **2erin** *f* (*-; -nen*) locatore *m*, -trice *f*, noleggiatore *m*, -trice *f*
ver'mindern (*senza -ge-, h*) diminuire; ridurre
ver'missen [-'misən] (*senza -ge-, h*) non

V

trovare; dare per disperso; *schmerzlich*: sentire la mancanza di

ver'mitt|eln [-'mitəln] (*senza -ge-*, *h*) servire da mediatore in; (*verschaffen*) procurare; *Kenntnisse*: comunicare; *tel* mettere in comunicazione; **≗ler** *m* (*-s*; -) intermediario *m*; mediatore *m*; **≗lung** *f* (-; *-en*) mediazione *f*, accomodamento *m*; negoziazione *f*, conciliazione *f*, intervento *m*; *tel* centralino *m*, (*das Vermitteln*) smistamento *m*

Ver'mögen [-'møːgən] *n* (*-s*; -) potere *m*; (*senza pl*) *geistig*: facoltà *f*, (*Besitz*) fortuna *f*, sostanza *f*, patrimonio *m*

Ver'mögens|beratung [-'møːgənsbəraːtuŋ] *f* consulenza *f* patrimoniale; **~steuer** *f* imposta *f* sul patrimonio; **~werte** *pl* fondi *m/pl* patrimoniali

ver'mummen [-'mumən] (*senza -ge-*, *h*) camuffare; (*maskieren*) mascherare

ver'mut|en [-'muːtən] (*senza -ge-*, *h*) supporre, presumere; **~lich** presumibile, presunto; (*wahrscheinlich*) probabile; **≗ung** *f* (-; *-en*) supposizione *f*, sospetto *m*

ver'nachlässigen [-'naːxlɛsigən] (*senza -ge-*, *h*) trascurare

ver'narben [-'narbən] (*senza -ge-*, *sn*) cicatrizzarsi

ver'nehm|en *v/t* (*vernahm*, *vernommen*, *h*) intendere; (*wahrnehmen*) percepire; *jur* interrogare; **≗ung** *f* (-; *-en*) interrogatorio *m*

ver'neigen [-'naɪgən]: ***sich ~*** (*senza -ge-*, *h*) inchinarsi

ver'nein|en [fɛr'naɪnən] (*senza -ge-*, *h*) negare; *Fragen*: rispondere negativamente a; **≗ung** *f* (-; *-en*) negazione *f*

ver'nicht|en [-'niçtən] (*senza -ge-*, *h*) annientare; (*zerstören*) distruggere; (*ausrotten*) sterminare; **≗ung** *f* (-; *-en*) annientamento *m*, distruzione *f*, sterminio *m*

Ver'nunft [-'nunft] *f* (-; *senza pl*) ragione *f*; ***~ annehmen*** mettere giudizio; ***zur ~ bringen*** far mettere giudizio

ver'nünftig [-'nynftiç] ragionevole; (*besonnen*) sensato; ***~ werden*** mettere giudizio

ver'öden [-'ʔøːdən] (*senza -ge-*, *sn*) diventare deserto; spopolarsi

ver'öffentlich|en [-'ʔœfəntliçən] (*senza -ge-*, *h*) pubblicare; *Gesetz*: promulgare; **≗ung** *f* (-; *-en*) pubblicazione *f*

ver'ord|nen (*senza -ge-*, *h*) ordinare; prescrivere; **≗nung** *f* (-; *-en*) ordinanza *f*, ordine *m*; *med* ordinazione *f*, prescrizione *f*, ricetta *f*

ver'pacht|en (*senza -ge-*, *h*) dare in affitto; appaltare; **≗ung** *f* (-; *-en*) appalto *m*

ver'pack|en (*senza -ge-*, *h*) impacchettare; imballare; **≗ung** *f* (-; *-en*) imballaggio *m*, confezione *f*, **≗ungsmaterial** *n* materiale *m* da imballaggio

ver'passen (*senza -ge-*, *h*) perdere; *j-n*: non incontrare; *et*: lasciarsi sfuggire, perdere

ver'pfänden (*senza -ge-*, *h*) impegnare; *Grundstück*: ipotecare

ver'pflanzen (*senza -ge-*, *h*) trapiantare

ver'pfleg|en (*senza -ge-*, *h*) alimentare, dare da mangiare; *mit Speisen*: mantenere; **≗ung** *f* (-; *senza pl*) alimentazione *f*, mantenimento *m*; (*Kost*) vitto *m*; vettovagliamento *m*

ver'pflicht|en [-'pfliçtən] (*senza -ge-*, *h*) impegnare; obbligare; ***sich ~ zu*** obbligarsi a; **≗ung** *f* (-; *-en*) obbligo *m*; impegno *m*

ver'prügeln (*senza -ge-*, *h*) bastonare, F riempire di botte

ver'putzen [-'putsən] (*senza -ge-*, *h*) *arch* intonacare

ver'quollen [-'kvɔlən] gonfio

Ver'rat [-'raːt] *m* (*-[e]s*; *senza pl*) tradimento *m*; **≗en** (*verriet*, *verraten*, *h*) tradire; *Geheimnis*: svelare, rivelare

Ver'räter [-'rɛːtər] *m* (*-s*; -), **~in** *f* (-; *-nen*), **≗isch** traditore *m*, -trice *f*

ver'rechn|en (*senza -ge-*, *h*) calcolare; mettere in conto; ***sich ~*** sbagliare i calcoli; contare male; *fig* sbagliarsi; **≗ung** *f* (-; *-en*) computo *m*; *econ* compensazione *f*, clearing *m*; ***nur zur ~*** da accreditare; **≗ungsscheck** *m* assegno *m* sbarrato (*od* da accreditare)

ver'reis|en *v/i* (*senza -ge-*, *sn*) partire, andare in viaggio; **~t** in viaggio, partito

ver'renk|en [-'rɛŋkən] (*senza -ge-*, *h*) slogare; **≗ung** *f* (-; *-en*) slogatura *f*, lussazione *f*

ver'riegeln [-'riːgəln] *v/t* (*senza -ge-*, *h*) chiudere col chiavistello; *fig* sbarrare

ver'ringern [-'riŋərn] (*senza -ge-*, *h*) diminuire, ridurre

ver'rosten (*senza -ge-*, *sn*) arrugginire, ossidarsi

ver'rücken (*senza -ge-, h*) spostare
ver'rückt [fɛ'rykt] pazzo
Vers [fɛrs] *m* (*-es; -e*) verso *m*; (*Strophe*) strofa *f*
ver'sagen [-'zaːgən] (*senza -ge-, h*) **1.** *v/t* mancare all'impegno; *j-m et*: rifiutare; **2.** *v/i* mancare, fallire; *tec* non funzionare; *Kräfte*: venire a mancare
Ver'sagen *n* (*-s; senza pl*) rifiuto *m*; fallimento *m*; *med* disfunzione *f*
ver'salzen (*senza -ge-, h*) salar troppo; *fig* guastare
ver'samm|eln (*senza -ge-, h*) radunare; riunire; **2lung** *f* (*-; -en*) adunanza *f*, riunione *f*; *pol* assemblea *f*
Ver'sand [-'zant] *m* spedizione *f*; invio *m*; (*Ausfuhr*) esportazione *f*; **~abteilung** *f* reparto *m* spedizione; **2fertig** condizionato; **~ machen** condizionare; **~haus** *n* ditta *f* di vendite per corrispondenza; **~hauskatalog** *m* catalogo *m* di vendita per corrispondenza
ver'säumen *v/t* (*senza -ge-, h*) trascurare; (*unterlassen*) tralasciare, omettere; *Zug, Zeit*: perdere; *Pflicht*: mancare a; ***nicht ~, zu*** (*inf*) non mancare di (*inf*)
ver'schaffen (*senza -ge-, h*) procurare, procacciare
ver'schämt [-'ʃɛːmt] vergognoso; (*verlegen*) confuso
ver'schärfen (*senza -ge-, h*) inasprire; aggravare, intensificare; **2ung** *f* (*-; -en*) inasprimento *m*; aggravamento *m*
ver'schätzen: ***sich ~*** (*senza -ge-, h*) valutare male, sbagliare i conti
ver'schenken (*senza -ge-, h*) dare in regalo; regalare
ver'schicken (*senza -ge-, h*) spedire; mandare, inviare
ver'schieben (*verschob, verschoben, h*) spostare; (*aufschieben*) differire, rimandare; *Züge*: manovrare; *Waren*: vendere di sottomano
ver'schieden [-'ʃiːdən] diverso, differente; **~e** *pl* (*mehrere*) diversi, vari
ver'schießen (*verschoss, verschossen*) **1.** *v/i* (*sn*) sbiadire; **2.** *v/t* (*h*) esaurire le munizioni
ver'schimmeln (*senza -ge-, sn*) ammuffire
ver'schlafen **1.** *v/t* (*verschlief, verschlafen, h*): ***die Zeit ~*** alzarsi troppo tardi; ***et ~*** perdere qc per avere dormito troppo; *fig* dimenticare qc; **2.** *adj* assonnato; mezzo addormentato
ver'schlechter|n [-'ʃlɛçtərn] (*senza -ge-, h*) peggiorare (*a **sich ~***); **2ung** *f* (*-; -en*) peggioramento *m*
ver'schleiern [-'ʃlaɪərn] (*senza -ge-, h*) velare; *fig* occultare
Ver'schleiß [-'ʃlaɪs] *m* (*-es; senza pl*) (*Abnutzung*) logoramento *m*; *körperlich*: logorio *m*; **2en** (*verschliss, verschlissen, h*) logorare
ver'schleppen (*senza -ge-, h*) *j-n*: portar via con la violenza; sequestrare, deportare; *Krankheit*: non curare; (*aufschieben*) tirare per le lunghe
ver'schließen [-'ʃliːsən] (*verschloss, verschlossen, h*) chiudere
ver'schlimmern [-'ʃlimərn] (*senza -ge-, h*): (***sich***) **~** peggiorare
ver'schlingen (*verschlang, verschlungen, h*) *ineinander*: intrecciare; (*hinunterschlucken*) inghiottire, trangugiare
ver'schlossen [-'ʃlɔsən] *adj* chiuso; *fig* riservato; ***hinter ~en Türen*** a porte chiuse
ver'schlucken (*senza -ge-, h*) inghiottire; ***ich habe mich verschluckt*** m'è andato qc per traverso
Ver'schluss *m* (*-es; ¨e*) chiusura *f*; *fot* otturatore *m*; ***unter ~*** sotto chiave
ver'schmähen [-'ʃmɛːən] (*senza -ge-, h*) disprezzare; sdegnare; *Arbeit*: rifiutare
ver'schmelzen (*verschmolz, verschmolzen*) **1.** *v/t* (*h*) fondere; **2.** *v/i* (*sn*) fondersi
ver'schmerzen *v/t* (*senza -ge-, h*) consolarsi di
ver'schmutz|en (*senza -ge-, h*) insudiciare; *ecol* inquinare; **2ung** *f* (*-; -en*) insudiciamento *m*; *ecol* inquinamento *m*
ver'schnaufen: ***sich ~*** (*senza -ge-, h*) riprender fiato
ver'schneit [-'ʃnaɪt] coperto di neve
ver'schnüren (*senza -ge-, h*) legare
ver'schollen [-'ʃɔlən] scomparso; *mil* disperso
ver'schönern [-'ʃøːnərn] (*senza -ge-, h*) abbellire
ver'schreib|en (*verschrieb, verschrieben, h*) *Arznei*: prescrivere; ***sich ~*** sbagliarsi (a scrivere); **~ungspflichtig**

V

adj soggetto a prescrizione medica
ver'schrotten [-'ʃrɔtən] (*senza -ge-, h*) ridurre in rottami
ver'schuld|en (*senza -ge-, h*) **1.** causare; avere la colpa di; ***et verschuldet haben*** aver fatto qc; ***er hat es verschuldet!*** la colpa è sua!; ***sich ~*** indebitarsi; **2. ⁀en** *n* (*-s; senza pl*) colpa *f*; **~et** *adj* indebitato; **⁀ung** *f* (*-; -en*) colpa *f*, indebitamento *m*; debiti *m/pl*
ver'schütten [-'ʃytən] (*senza -ge-, h*) versare; *Graben*: colmare; (*begraben*) seppellire
ver'schweigen (*verschwieg, verschwiegen, h*) tacere
ver'schwend|en [-'ʃvɛndən] (*senza -ge-, h*) scialare, dissipare; *Vermögen*: dilapidare; *Zeit*: perdere; sprecare; **~erisch 1.** *adj* prodigo; **2.** *adv* a profusione
ver'schwiegen [-'ʃviːgən] taciturno, riservato; segreto
ver'schwinden *v/i* (*verschwand, verschwunden, sn*) sparire, scomparire
ver'schwör|en: ***sich ~*** (*verschwor, verschworen, h*) congiurare; cospirare; **⁀ung** *f* (*-; -en*) congiura *f*, cospirazione *f*
ver'sehen [-'zeːən] *v/t* (*versah, versehen, h*) accudire a; ***mit et ~*** provvedere (*od* dotare) di qc; ***sich ~*** (*irren*) sbagliarsi
Ver'sehen *n* (*-s; -*) svista *f*, inavvertenza *f*; errore *m*, equivoco *m*
ver'sehrt [fɛr'zeːrt] invalido
ver'senden (*versandte, versandt, h*) spedire; mandare, inviare
ver'senken [-'zɛŋkən] (*senza -ge-, h*) sommergere, immergere (*a fig*); *mar* affondare; *Sarg*: calare
ver'setz|en (*senza -ge-, h*) spostare; rimuovere; *Beamte*: trasferire; *Schüler*: promuovere; *Bäume*: trapiantare; *in e-e Lage bringen*: mettere; ***in den Ruhestand ~*** mettere in riposo; ***sich in j-s Lage ~*** mettersi nei panni di qu; **⁀ung** *f* (*-; -en*) spostamento *m*; trasposizione *f*, trasferimento *m*; (*Schüler*) promozione *f*
ver'seuch|en [-'zɔʏçən] (*senza -ge-, h*) infestare, contaminare; **⁀ung** *f* (*-; -en*) contaminazione *f*, *der Luft*: inquinamento *m*
Ver'sicher|er [-'ziçərər] *m* (*-s; -*) assicuratore *m*; **⁀n** (*senza -ge-, h*) assicurare; (*behaupten*) affermare, asserire; **~te** *m/f* (*-n; -n*) assicurato *m*, -a *f*; **~ung** *f* (*-; -en*) assicurazione *f*; ***e-e ~ abschließen*** stipulare un'assicurazione
Ver'sicherungs|agent [-'ziçəruŋsʔagɛnt] *m* agente *m* d'assicurazione; **~anstalt** *f* istituto *m* d'assicurazione; **~gesellschaft** *f* compagnia *f* (*od* società *f*) d'assicurazione; **~karte** *f Auto*: carta *f* verde; **~marke** *f* marchetta *f* d'assicurazione; **~nehmer** *m* (*-s; -*) assicurato *m*; **~police** [-poliːsə] *f* (*-; -n*), **~schein** *m* polizza *f* d'assicurazione
ver'sickern [-'zikərn] (*senza -ge-, sn*) infiltrarsi; trapelare
ver'siegen (*senza -ge-, sn*) esaurirsi
ver'sinken (*versank, versunken, sn*) sprofondare
ver'söhn|en [-'zøːnən] (*senza -ge-, h*) riconciliare; **⁀ung** *f* (*-; -en*) riconciliazione *f*
ver'sorg|en (*senza -ge-, h*) provvedere (***mit*** di); (*Stelle verschaffen*) collocare; **⁀ung** *f* (*-; senza pl*) mantenimento *m*; cura *f*, rifornimento *m*; approvvigionamento *m*; (*Lebensmittel⁀*) vettovagliamento *m*; alimentazione *f*; **⁀ungsengpass** *m*, **⁀ungslücke** *f*, **⁀ungsschwierigkeit** *f* difficoltà *f/pl* di rifornimento
ver'spät|en [-'ʃpɛːtən]: ***sich ~*** (*senza -ge-, h*) ritardarsi; far tardi; *fer* essere in ritardo; **⁀ung** *f* (*-; -en*) ritardo *m*; ***~ haben*** essere in ritardo
ver'spielen *v/t* (*senza -ge-, h*) perdere al gioco
ver'spotten (*senza -ge-, h*) schernire, ridicolizzare; beffarsi *od* burlarsi di; F prendere in giro
ver'sprech|en (*versprach, versprochen, h*) promettere; **⁀en** *n* (*-s; -*), **⁀ung** *f* (*-; -en*) promessa *f*
ver'spritzen (*senza -ge-, h*) spruzzare; spargere; *Blut*: versare
ver'staatlich|en [-'ʃtaːtliçən] (*senza -ge-, h*) nazionalizzare; **⁀ung** *f* (*-; -en*) nazionalizzazione *f*
Ver'stand [-'ʃtant] *m* (*-[e]s; senza pl*) intelletto *m*; *praktischer*: intelligenza *f*, (*Vernunft*) ragione *f*, (*Sinn*) senso *m*; (*Urteilskraft*) giudizio *m*
ver'standesmäßig ragionevole
ver'ständ|ig [-'ʃtɛndiç] intelligente;

V

ragionevole; **~igen** [-gən] (*senza -ge-, h*) far intendere; informare (**von** di); **sich ~** intendersi; **Ƨigung** *f* (-; *senza pl*) *pol* intesa *f*, spiegazione *f*; **~lich** [-tliç] comprensibile; (*deutlich*) chiaro; ***schwer ~*** difficile da capire; ***allgemein ~*** alla portata di tutti
Vers'tändnis [-tnis] *n* (-*ses*; *senza pl*) intelligenza *f*; **Ƨlos** senza comprensione; **Ƨvoll** comprensivo; *adv* con comprensione
ver'stärk|en (*senza -ge-, h*) rinforzare, rafforzare; *fig a* intensificare; **Ƨer** *m* (-*s*; -) amplificatore *m*; **Ƨung** *f* (-; -*en*) rafforzamento *m*
ver'stauben (*senza -ge-, sn*) impolverarsi
ver'stauchen [-'ʃtauxən] (*senza -ge-, h*) storcere, slogare
Ver'steck [-'ʃtɛk] *n* (-*[e]s*; -*e*) nascondiglio *m*; **Ƨen** (*senza -ge-, h*) nascondere (***vor*** *dat* da)
ver'stehen (*verstand, verstanden, h*) capire, comprendere; intendere; (*können*) sapere; ***er versteht keinen Spaß*** con lui non si scherza; ***sich mit j-m ~*** intendersela con qu
ver'steifen (*senza -ge-, h*) *tec* rinforzare; ***sich ~*** irrigidirsi; ***sich ~ auf*** (*acc*) *fig* ostinarsi in, incaponirsi su; volere a tutti i costi
ver'steiger|n [-'ʃtaɪgərn] (*senza -ge-, h*) mettere all'asta; vendere all'incanto; **Ƨung** *f* (-; -*en*) asta *f*
ver'steinern (*senza -ge-, h*) pietrificare; *fig* impietrire
ver'stell|bar spostabile; **~en** (*senza -ge-, h*) spostare; ***sich ~*** fingere
ver'steuern *v/t* (*senza -ge-, h*) pagare l'imposta per; (*seitens des Staates*) mettere un'imposta su
ver'stopf|en (*senza -ge-, h*) *Loch*: tappare, turare; *Nase*: intasare; *Leib*: costipare; **~t** *med* stitico; **Ƨung** *f* (-; -*en*) ostruzione *f*, intasamento *m*; costipazione *f*, stitichezza *f*
ver'storben [-'ʃtɔrbən] defunto
ver'stört [-'ʃtøːrt] turbato; *Aussehen*: sconvolto
Ver'stoß [-'ʃtoːs] *m* (-*es*; ⸚*e*) mancanza *f* (***gegen*** *acc* verso); contravvenzione *f* (a); **Ƨen** (*verstieß, verstoßen, h*) **1.** *v/t* scacciare; *Kinder*: rinnegare; *Frau*: ripudiare; **2.** *v/i* mancare; ***gegen das Gesetz ~*** trasgredire la legge
ver'streichen (*verstrich, verstrichen*) **1.** *v/i* (*sn*) trascorrere; *Termin*: scadere; **2.** *v/t* (*h*) spalmare, stendere; *Ritzen*: otturare
ver'streuen (*senza -ge-, h*) spargere; sparpagliare
ver'stümmeln [-'ʃtyməln] (*senza -ge-, h*) mutilare (*a fig*)
ver'stummen [-'ʃtumən] (*senza -ge-, sn*) ammutolire
Ver'such [-'zuːx] *m* (-*[e]s*; -*e*) tentativo *m*; *wissenschaftlicher*: esperimento *m*; **Ƨen** *v/t* (*senza -ge-, h*) tentare (*a fig*); provare (*a kosten*), assaggiare; ***~ zu*** *inf* cercare di *inf*; **Ƨsweise** in via di esperimento; **~ung** *f* (-; -*en*) tentazione *f*; ***in ~ führen*** indurre in tentazione
ver'tag|en (*senza -ge-, h*) aggiornare; **Ƨung** *f* (-; -*en*) aggiornamento *m*, rinvio *m*
ver'tauschen (*senza -ge-, h*) cambiare
ver'teidig|en [-'taɪdigən] (*senza -ge-, h*) difendere; **Ƨer** *m* (-*s*; -) difensore *m*; **Ƨung** *f* (-; *senza pl*) difesa *f*
ver'teil|bar distribuibile; ripartibile; **~en** (*senza -ge-, h*) distribuire; ripartire; **Ƨung** *f* (-; -*en*) distribuzione *f*
ver'tief|en [-'tiːfən] (*senza -ge-, h*) approfondire; ***sich ~*** diventare profondo; *fig* immergersi; **Ƨung** *f* (-; -*en*) approfondimento *m*
verti'kal [vɛrti'kaːl] verticale
ver'tilgen [fɛr'tilgən] (*senza -ge-, h*) sterminare; (*ausrotten*) estirpare; (*auslöschen*) cancellare; F mangiarsi, papparsi
ver'tonen [-'toːnən] (*senza -ge-, h*) mettere in musica; musicare; *Film*: sonorizzare
Ver'trag [-'traːk] *m* (-*[e]s*; ⸚*e*) contratto *m*; *pol* trattato *m*
ver'tragen *v/t* (*vertrug, vertragen, h*) (*ertragen*) sopportare; *Speisen*: poter digerire; *Alkohol*: reggere a; ***sich ~*** andare d'accordo
ver'traglich [-'traːkliç] contrattuale
Ver'trags|händler *m* concessionario *m*; **~partner** *m* parte *f* contraente; **~werkstatt** *f* officina *f* convenzionata
ver'trauen *v/i* (*senza -ge-, h*): ***j-m ~*** fidarsi di qu; ***auf et*** (*acc*) ***~*** confidare in qc
Ver'trauen *n* (-*s*; *senza pl*) fiducia *f*, *bei*

Mitteilungen: confidenza *f*; ***im ~ sagen*** dire in confidenza; ***im ~ gesagt*** detto fra noi; ***~ haben zu*** avere fiducia in

Ver'trauens|frage [-'trauənsfrɑːgə] *f*: ***die ~ stellen*** porre la questione di fiducia; **~stellung** *f* posto *m* di fiducia; **2voll** fiducioso

ver'traulich confidenziale; (*intim*) intimo; familiare; **~!** riservato!

ver'traut [-'traʊt] familiare; *Freund*: intimo; ***mit et ~ sein*** avere dimestichezza con qc; ***sich ~ machen*** familiarizzarsi

ver'treiben (*vertrieb, vertrieben, h*) cacciare; *Langeweile*: far passare; *Zeit*: ingannare; *Waren*: spacciare

ver'tret|en (*vertrat, vertreten, h*) sostituire; rimpiazzare; ***j-n** ~ od **j-s Stelle** ~* rappresentare qu, fare le veci di qu; *Meinung, Interessen*: sostenere; difendere; **2er** *m* (*-s*; -) rappresentante *m*; *im Amt*: sostituto *m*; **2ung** *f* (-; *-en*) rappresentanza *f*; *im Amt*: supplenza *f*; **~ungsweise** in rappresentanza

Ver'trieb *m* (*-[e]s; senza pl*) (*Verkaufsstelle*) spaccio *m*; (*Verkauf*) vendita *f*; (*das Absetzen*) smercio *m*

Ver'triebs|abteilung *f* ufficio *m* vendite; **~leiter** *m*, **~leiterin** *f* direttore *m*, -trice *f* delle vendite

ver'trocknen (*senza -ge-, sn*) inaridirsi, seccare

ver'trösten (*senza -ge-, h*) consolare; ***j-n auf et*** (*acc*) ~ fare sperare qc a qu

ver'un|glücken (*senza -ge-, sn*) rimanere vittima di una disgrazia; (*sterben*) perire in una disgrazia; **2glückte** *m/f* (*-n; -n*) infortunato *m*, -a *f*, sinistrato *m*, -a *f*; **~reinigen** (*senza -ge-, h*) insudiciare, sporcare, lordare; *Luft, Wasser*: inquinare; *fig* contaminare; **~treuen** [-trɔʏən] (*senza -ge-, h*) malversare; sottrarre; rubare

ver'ur|sachen [-'ʔuːrzaxən] (*senza -ge-, h*) causare, provocare, cagionare; **~teilen** [-'ʔurtaɪlən] (*senza -ge-, h*) condannare; **2teilung** *f* (-; *-en*) condanna *f*

ver'vielfältig|en [-'fiːlfɛltigən] (*senza -ge-, h*) moltiplicare; *fot, tip* riprodurre; **2ung** *f* (-; *-en*) moltiplicazione *f*, riproduzione *f*

ver'vollkommnen [-'fɔlkɔmnən] (*senza -ge-, h*) perfezionare

ver'vollständigen [-'fɔlʃtɛndigən] (*senza -ge-, h*) completare

ver'wahr|en [-'vɑːrən] (*senza -ge-, h*) custodire; (*sichern*) assicurare; ***sich ~*** premunirsi (***gegen*** contro); **~lost** [-loːst] trascurato, malandato

ver'waist [-'vaɪst] orfano

ver'walt|en [-'valtən] (*senza -ge-, h*) amministrare; **2er** *m* (*-s*; -), **2erin** *f* (-; *-nen*) amministratore *m*, -trice *f*; **2ung** *f* (-; *-en*) amministrazione *f*; **2ungskosten** *pl* spese *f/pl* d'amministrazione

ver'wand|eln (*senza -ge-, h*) trasformare; *in Geld*: convertire; *in Staub*: ridurre; *e-e Strafe*: commutare; **2lung** *f* (-; *-en*) trasformazione *f*, cambio *m*; conversione *f*, riduzione *f*, commutazione *f*

ver'wandt [-'vant] affine (***mit*** a); (*familien~*) parente (***mit*** di), imparentato (***mit*** con); **2e** *m/f* (*-n; -n*) parente *m/f*; **2schaft** *f* (-; *senza pl*) parentela *f*, *fig* affinità *f*, analogia *f*

ver'wechs|eln (*senza -ge-, h*) scambiare, confondere; **2(e)lung** *f* (-; *-en*) equivoco *m*; scambio *m*, confusione *f*

ver'weichlichen [-'vaɪçliçən] (*senza -ge-, h*) effeminare; rammollire; *Kinder*: viziare

ver'weiger|n (*senza -ge-, h*) rifiutare; **2ung** *f* (-; *-en*) rifiuto *m*

Ver'weis [-'vaɪs] *m* (*-es; -e*) ammonizione *f*, (*Tadel*) rimprovero *m*; rabbuffo *m*; (*Hinweis*) rinvio *m* (***auf** acc* a); **2en** [-zən] (*verwies, verwiesen, h*) ammonire; rimproverare; (*hinweisen*) rimandare; **~ung** *f* (-; *-en*) rinvio *m*; espulsione *f*, relegazione *f*

ver'welken (*senza -ge-, sn*) appassire

ver'wend|bar [-'vɛntbɑːr] adoperabile; utilizzabile; buono a; **~en** [-dən] (*verwandte/verwendete, verwandt/verwendet, h*) impiegare; (*gebrauchen*) adoperare; **2ung** *f* (-; *-en*) impiego *m*; uso *m*; ***keine ~ haben für*** non saper che fare di

ver'werf|en (*verwarf, verworfen, h*) rigettare; (*tadeln*) riprovare; **~lich** riprovevole; *jur* ricusabile

ver'werten (*senza -ge-, h*) utilizzare

ver'wes|en [-'veːzən] *v/i* (*senza -ge-, sn*) putrefarsi; decomporsi; **2ung** *f* (-; *senza pl*) putrefazione *f*, decomposizione *f*

ver'wickeln [-'vikəln] (*senza -ge-, h*) intricare, ingarbugliare; *j-n in et*: implicare

ver'wilder|n [-'vildərn] (*senza -ge-, sn*) inselvatichire; **~t** *Feld*: abbandonato, incolto

ver'wirklich|en [-'virkliçən] (*senza -ge-, h*) effettuare, realizzare; **≗ung** *f* (-; *-en*) realizzazione *f*

ver'wirr|en [-'virən] (*senza -ge-, h*) aggrovigliare; (*Unordnung bringen*) mettere in disordine; *j-n*: confondere; **~t** imbrogliato, confuso; **≗ung** *f* (-; *-en*) groviglio *m*; disordine *m*; confusione *f*, sconcerto *m*, disorientamento *m*

ver'wischen (*senza -ge-, h*) cancellare

ver'wittern [-'vitərn] (*senza -ge-, sn*) essere roso dal tempo; guastarsi (per l'azione dell'aria); *chim* venire in efflorescenza

ver'witwet [-'vitvət] vedovo, vedova

ver'wöhnen [-'vøːnən] (*senza -ge-, h*) viziare

ver'worren [-'vɔrən] *adj* imbrogliato; *fig* confuso

ver'wundbar [-'vuntbaːr] vulnerabile

ver'wunden (*senza -ge-, h*) ferire

ver'wundern (*senza -ge-, h*) stupire; meravigliare; ***es ist nicht zu ~*** non c'è da meravigliarsi

Ver'wund|ete [-'vundətə] *m/f* (*-n*; *-n*) ferito *m*, -a *f*; **~ung** [-duŋ] *f* (-; *-en*) ferimento *m*; (*Wunde*) ferita *f*

ver'wunschen [-'vunʃən] incantato

ver'wünschen *v/t* (*senza -ge-, h*) maledire; stregare

ver'wurzelt [-'vurtsəlt] radicato

ver'wüsten [-'vyːstən] (*senza -ge-, h*) devastare

ver'zählen: ***sich ~*** (*senza -ge-, h*) sbagliare contando

ver'zaubern (*senza -ge-, h*) incantare; ***~ in*** (*acc*) trasformare in

ver'zehren [-'tseːrən] (*senza -ge-, h*) consumare; (*essen*) mangiare; ***sich ~*** *fig* struggersi, rodersi

ver'zeichn|en (*senza -ge-, h*) (*aufzeichnen*) annotare; (*eintragen*) registrare; **≗is** *n* (*-ses*; *-se*) lista *f*, elenco *m*

ver'zeih|en [fɛrtsaɪən] (*verzieh, verziehen, h*) perdonare; **≗ung** *f* (-; *senza pl*) perdono *m*; **~!** scusi tanto!; ***um ~ bitten*** chiedere perdono

ver'zerr|en [-'tsɛrən] (*senza -ge-, h*) contorcere; sfigurare; **≗ung** *f* (-; *-en*) contorcimento *m*; sfiguramento *m*

ver'zetteln [-'tsɛtəln] (*senza -ge-, h*) sparpagliare; ***sich ~*** *fig* perdersi

ver'zichten [-'tsiçtən] (*senza -ge-, h*) rinunciare (***auf*** *acc* a)

ver'ziehen [-'tsiːən] (*verzog, verzogen*) **1.** *v/t* (*h*) torcere; *Kinder*: viziare; **2.** ***sich ~*** (*h*) contrarsi; *Holz*: piegarsi; F andarsene; **3.** *v/i* (*sn*) cambiar casa

ver'zier|en (*senza -ge-, h*) ornare; **≗ung** *f* (-; *-en*) ornamento *m*

ver'zins|en [-'tsinzən] (*senza -ge-, h*): ***et mit 5% ~*** pagare per qc un interesse del 5%; ***sich mit 5% ~*** fruttare il 5%; **≗ung** *f* (-; *-en*) reddito *m*; interessi *m/pl*

ver'zöger|n (*senza -ge-, h*) ritardare; ***sich ~*** tardare, andare per le lunghe; **≗ung** *f* (-; *-en*) ritardo *m*, differimento *m*

ver'zollen [-tsɔlən] *v/t* (*senza -ge-, h*) sdoganare; ***haben Sie et zu ~?*** ha qc da dichiarare?

ver'zweifeln (*senza -ge-, sn*) disperare (***an*** *dat* di); disperarsi

ver'zweigen [-'tsvaɪgən]: ***sich ~*** (*senza -ge-, h*) ramificarsi

Vete'ran [vete'raːn] *m* (*-en*; *-en*) veterano *m*

Veteri'när [veteri'nɛːr] *m* (*-s*; *-e*) veterinario *m*

'Veto ['veːto] *n* (*-s*; *-s*): ***sein ~ einlegen*** porre il veto

'Vetter ['fɛtər] *m* (*-s*; *-n*) cugino *m*; **'~nwirtschaft** *f* (-; *senza pl*) nepotismo *m*

vi'brieren [vi'briːrən] (*senza ge-, h*) vibrare

'Video ['viːdeo] *n* (*-s*; *-s*) video *m*; **'~film** *m* videofilm *m*; **'~kamera** *f* videocamera *f*; **'~kassette** *f* videocassetta *f*; **'~rekorder** ['-rekɔrdər] *m* (*-s*; -) videoregistratore *m*; **~'thek** [-'teːk] *f* (-; *-en*) videoteca *f*

Vieh [fiː] *n* (*-[e]s*; *senza pl*) bestiame *m*; *fig* bruto *m*; (***Stück*** *n*) ~ capo *m* di bestiame; bestia *f*; **'~futter** *n* foraggio *m*; **'~händler** *m* commerciante *m* di bestiame; **'≗isch** ['fiːiʃ] bestiale; **'~zucht** *f* allevamento *m* di bestiame; **'~züchter** *m* allevatore *m* di bestiame

viel [fiːl] (***mehr***, ***meist***) molto; tanto; ***wie ~*** quanto; ***zu ~*** troppo; ***sehr ~***

V

moltissimo; *Vergnügen*, *Glück*: grande; ***et zu ~, ein bisschen ~*** un po' troppo; ***~sagend*** espressivo; ***~ versprechend*** molto promettente; **'~er'lei** ['-lər'laɪ] ogni specie di; **'~fach** ['-fax] **1.** *adj* molteplice; **2.** *adv* ripetutamente; **'~farbig** multicolore; **~'leicht** forse; ***~!*** può darsi!; **'~mals** ['-mɑːls] spesso; *danken*, *grüßen*: vivamente; **'~mehr** anzi, piuttosto, per contro; **'~seitig** ['-zaɪtɪç] multilaterale; *Geist*: versatile; *Bildung*: vasto; **'2völkerstaat** *m* stato *m* plurinazionale

vier [fiːr] *adj* quattro; ***auf allen ~en*** carponi

Vier *f* (-; *-en*) quattro *m*

'Vier|eck ['fiːrˀɛk] *n* (*-[e]s*; *-e*) quadrilatero *m*

'vier|eckig ['fiːrˀɛkɪç] quadrangolare; quadrato; **'~fach** ['-fax] quadruplo; **'~jährig** ['-jɛrɪç] di quattro anni; **'~mal** quattro volte; **'~motorig** quadrimotore; **'~sitzig** ['-zitsɪç] a quattro posti; **'~stöckig** [-ʃtœkɪç] di quattro piani; **'2taktmotor** *m* motore *m* a quattro tempi; **'~te** quarto; ***am ~n Juni*** il quattro giugno

'Viertel ['firtəl] *n* (*-s*; -) quarto *m*; (*Stadt2*) quartiere *m*; ***drei ~ fünf*** le quattro e tre quarti; ***~ nach zehn*** le dieci e un quarto; ***~ vor zehn*** le dieci meno un quarto; **~'jahr** *n* trimestre *m*; **'2jährig** [-jɛːrɪç] di tre mesi; **2'jährlich** **1.** *adj* trimestrale; **2.** *adv* ogni tre mesi; **~'stunde** *f* quarto *m* d'ora; **2'stündlich** ogni quarto d'ora

'viertens ['fiːrtəns] in quarto luogo

'vierzehn ['firtseːn] quattordici; ***~ Tage*** *m/pl* quindici giorni *m/pl*

'vierzig ['firtsɪç] quaranta; **'~jährig** quarantenne; **'~ste** quarantesimo

'Villa ['vila] *f* (-; *Villen*) villa *f*

vio'lett [vio'lɛt] violetto

Vio'lin|e [-'liːnə] *f* (-; *-n*) violino *m*; **~'ist** [-li'nist] *m* (*-en*; *-en*), **~'istin** *f* (-; *-nen*) violinista *m/f*

virtu'os [virtu'oːs] virtuoso; **2e** [-'oːzə] *m* (*-n*; *-n*), **2in** *f* (-, *-nen*) virtuoso *m*, -a *f*

'Virus ['viːrus] *n*, *m* (-; *Viren*) virus *m*

Vi'sier [vi'ziːr] *n* (*-s*; *-e*) visiera *f*; *am Gewehr*: mira *f*

Vi'sion [viz'joːn] *f* (-; *-en*) visione *f*

Vi'site [-'ziːtə] *f* (-; *-n*) visita *f*; **~nkarte** *f* biglietto *m* da visita

'Visum ['viːzum] *n* (*-s*; *Visa od Visen*) visto *m*

vi'tal [vi'tɑːl] vitale; **2i'tät** [-tali'tɛːt] *f* (-; *senza pl*) vitalità *f*

Vita'min [vita'miːn] *n* (*-s*; *-e*) vitamina *f*

Vi'trine [vi'triːnə] *f* (-; *-n*) vetrina *f*

'Vizekanzler ['fiːtsəkantslər] *m* vice-cancelliere *m*

'Vogel ['foːgəl] *m* (*-s*; ¨) uccello *m*; **'2frei** fuori legge; **'~futter** *n* becchime *m*; **'~haus** *n* uccelliera *f*; **'~nest** *n* nido *m* d'uccelli; **'~netz** *n* rete *f* per gli uccelli; **'~perspektive** *f*: ***aus der ~*** a volo d'uccello; **'~scheuche** *f* spauracchio *m*; **'~warte** *f* stazione *f* ornitologica

Vo'kabel [vo'kɑːbəl] *f* (-; *-n*) vocabolo *m*

Vo'kal [vo'kɑːl] *m* (*-s*; *-e*) vocale *f*

Volk [fɔlk] *n* (*-[e]s*; ¨*er*) popolo *m*; nazione *f*; (*senza pl*) (*Pöbel*) volgo *m*; plebe *f*

'Völker|kunde ['fœlkərkundə] *f* (-; *senza pl*) etnologia *f*; **'~recht** *n* (*-s*; *senza pl*) diritto *m* internazionale; **'2rechtlich** *adj* di diritto internazionale; **'~verständigung** *f* (-; *senza pl*) intesa *f* fra i popoli; **'~wanderung** *f* (-; *-en*) migrazione *f* dei popoli; *als hist Ereignis*: invasione *f* dei barbari

'Volks|abstimmung ['fɔlksˀapʃtimuŋ] *f* referendum *m*, plebiscito *m*; **'~charakter** *m* carattere *m* nazionale; **'~entscheid** *m* plebiscito *m*; **'~fest** *n* festa *f* popolare; **'~gunst** *f* popolarità *f*; **'~hochschule** *f* università *f* popolare; **'~kunst** *f* arte *f* popolare; **'~lied** *n* canzone *f* popolare; **'~schule** *f* scuola *f* elementare; **'~stamm** *m* tribù *f*; **'~tanz** *m* danza *f* popolare; **'~tracht** *f* costume *m* nazionale; **'2tümlich** ['-tyːmlɪç] popolare; **'~vertreter** *m* rappresentante *m* del popolo; **'~wirtschaft** *f* economia *f* politica; **'~wirtschaftler** *m*, **'~wirtschaftlerin** *f* economista *m/f*; **'2wirtschaftlich** economico; **'~zählung** *f* censimento *m*

voll [fɔl] pieno (*a fig*); (*ganz*) intero, totale, completo; ***in ~en Zügen*** a grandi sorsi; ***in ~em Ernst*** con tutta serietà; ***~ füllen*** colmare; ***~ machen*** colmare, completare; ***e-e Summe ~*** arrotondare una cifra; ***~ tanken*** fare il pieno

'voll|auf in abbondanza; **'&beschäftigung** *f* (-; *senza pl*) piena occupazione *f*; **~'bringen** (*irr, senza -ge-, h,* → **bringen**) compiere; *jur* perpetrare; **'&dampf** *m*: ***mit ~*** a tutto vapore; **~'enden** (*senza -ge-, h*) terminare; compiere; **~'endet** terminato; (*vollkommen*) perfetto; ***~e Tatsache*** *f* fatto *m* compiuto; **~ends** ['-lɛnts] interamente; specialmente; **&'endung** *f* (-; *senza pl*) compimento *m*; perfezionamento *m*; **~'führen** (*senza -ge-, h*) eseguire; **'&gas** *n*: ***~ geben*** *Auto*: spingere il motore a tutta velocità; ***mit ~*** a tutto gas

'völlig ['fœliç] interamente, completamente

'voll|jährig ['fɔljɛːriç] maggiorenne; **'&jährigkeit** *f* (-; *senza pl*) maggiore età *f*; **'&kaskoversicherung** *f* assicurazione *f* contro tutti i rischi, polizza *f* casco; **~'kommen** perfetto; **'&kornbrot** *n* pane *m* integrale; **'&macht** *f* (-; *-en*) pieni poteri *m/pl*; *jur, econ* procura *f*, delega *f*; **'&milch** *f* latte *m* intero; **'&mond** *m* luna *f* piena, plenilunio *m*; **'&pension** *f* (-; *senza pl*) pensione *f* completa; **'~schlank** corpacciuto; **'~ständig** completo; **~'strecken** (*senza -ge-, h*) eseguire, dar esecuzione a; **&'streckung** *f* (-; *-en*) esecuzione *f*; **'&text** *m inform* testo *m* completo; **'&textsuche** *f inform* ricerca *f* nel testo completo; **'&versammlung** *f* seduta *f* plenaria; **'~wertig** ['-veːrtiç] che ha pieno valore; **'~zählig** ['-tsɛːliç] completo; *Sitzung*: in numero; **~'ziehen** (*irr, senza -ge-, h,* → **ziehen**) eseguire; *Vertrag*: ratificare; **&'zug** *m* (*-[e]s*; *senza pl*) esecuzione *f*

Volon|'tär [volɔn'tɛːr] *m* (*-s*; *-e*) stagista *m*; praticante *m*; **~tari'at** [volɔntari'aːt] *n* (*-s*; *-e*) stage *m*; praticantato *m*

Volt [vɔlt] *n* (- *u -[e]s*; -) volta *m*

Vo'lumen [vo'luːmən] *n* (*-s*; - *u -mina*) volume *m*; capacità *f*

vom [fɔm] = ***von dem***

von [fɔn] *prp* **1.** di; ***Bürgermeister ~ Rom*** sindaco *m* di Roma; ***e-r ~ uns*** uno di noi; ***~ wem sprechen Sie?*** di chi parla?; ***der Größte ~ allen*** il più grande di tutti; **2.** da (*passiv, Trennung*); ***~ allen gelobt*** lodato da tutti; ***ich komme ~ zu Hause*** vengo da casa; ***~ wem haben Sie es erhalten?*** da chi lo ha ricevuto?; ***was wollen Sie ~ mir?*** che vuole da me?; ***~ außen*** dal di fuori; ***~ innen*** dal di dentro; ***~ den Alpen bis ...*** dalle Alpi sino a ...; **3.** (*mit adv od prp*) ***~ heute an*** da oggi in poi; ***~ wo*** di dove; ***~ dort*** di là; **4.** ***ein Freund ~ mir*** un mio amico; ***es war ein Fehler ~ Ihnen*** fu uno sbaglio da parte Sua; **~ei'nander** [-ʔaɪ'nandər] uno dell'altro (*od* dall'altro)

vor [foːr] (*mit dat od mit acc*) **1.** *räumlich*: ***~ dem*** (*od* ***das***) ***Haus*** davanti alla casa; ***~ allen*** davanti a tutti; ***~ allem*** soprattutto; **2.** *zeitlich*: ***~ drei Uhr*** prima delle tre; ***~ drei Stunden*** tre ore fa; ***zehn ~ vier*** le quattro meno dieci; ***~ kurzem*** poco tempo fa; **3.** *angesichts*: davanti a; al cospetto di; ***~ der ganzen Welt*** davanti a tutto il mondo; **4.** *Ursache*: di, da; ***~ Hunger sterben*** morire di fame; ***~ Freude*** di gioia; **5.** ***sich ~ et*** (*dat*) ***hüten*** guardarsi da qc; ***~ Gericht*** in tribunale; ***~ et*** (*dat*) ***schützen*** proteggere contro qc

'Vorabend ['foːrʔɑːbənt] *m* vigilia *f*; ***am ~ von*** alla vigilia di

vo'ran [foː'ran] avanti; **~gehen** (*irr, sep, -ge-, sn,* → **gehen**) andare avanti; avere la precedenza; ***mit gutem Beispiel ~*** dare il buon esempio; **~kommen** (*irr, sep, -ge-, sn,* → **kommen**) andare avanti, procedere

'Voranmeldung ['foːrʔanmɛldʊŋ] *f tel* preavviso *m*

'Voranzeige ['foːrʔantsaɪge] *f* preavviso *m*

'Vorarbeit ['-ʔarbaɪt] *f* lavoro *m* preparatorio; **'&en** (*sep, -ge-, h*) preparare un lavoro; *fig* preparare il campo

vo'raus [-'raʊs] avanti; ***im Voraus*** anticipatamente; in anticipo; *im Brief, formell*: ***vielen Dank im Voraus*** ringraziandoLa fin d'ora; **~datieren** (*sep, senza -ge-, h*) antidatare; **~gehen** (*irr, sep, -ge-, sn,* → **gehen**) andare avanti; *fig* precedere; **~gesetzt**: ***~, dass*** supposto che; alla condizione che; **~haben**: ***er hat mir viel voraus*** mi supera in molte cose; **&sage** *f* predizione *f*, *med* pronostico *m*; **~sagen** (*sep, -ge-, h*) predire; **~sehen** (*irr, sep, -ge-, h,* → **sehen**) prevedere; **&setzung** *f* (-; *-en*) presupposto *m*, premessa *f*;

V

(*Bedingung*) condizione *f*; **~sichtlich** probabile, presumibile; **2zahlung** *f* pagamento *m* anticipato
'**Vorbedingung** *f* condizione *f* preliminare; premessa *f*
'**Vorbehalt** ['-bəhalt] *m* (*-[e]s*; *-e*) riserva *f*; **2en** (*irr*, *sep*, *-ge-*, *h*, → ***behalten***) riservare; **2los** senza riserva
vor'bei [foːrbaɪ] *örtlich*: davanti (***an*** *dat* a); *zeitlich*: passato; ***es ist sechs Uhr ~*** sono le sei passate; ***~ sein*** esser finita (***mit j-m*** per qu); **~fahren** (*irr*, *sep*, *-ge-*, *sn*, → ***fahren***), **~gehen** (*irr*, *sep*, *-ge-*, *sn*, → ***gehen***), **~kommen** (*irr*, *sep*, *-ge-*, *sn*, → ***kommen***) passare (***an*** *dat* davanti a); **~lassen** (*irr*, *sep*, *-ge-*, *h*, → ***lassen***) lasciar passare
Vorbeimarsch *m* sfilata *f*
'**Vorbemerkung** ['foːrbəmɛrkuŋ] *f* avvertenza *f*
'**vorbereit|en** (*sep*, *senza -ge-*, *h*) preparare; '**2ung** *f* (*-*; *-en*) preparativo *m*
'**vorbestell|en** (*sep*, *senza -ge-*, *h*) prenotare; farsi riservare; **2ung** *f* prenotazione *f*
'**vorbestraft** pregiudicato
'**vorbeug|en** ['-bɔygən] (*sep*, *-ge-*, *h*) **1.** *v/i* (*dat*) prevenire; **2.** *v/t* piegare in avanti; '**2ung** *f* (*-*; *-en*) prevenzione *f*; *med* profilassi *f*; '**2ungsmaßnahmen** *f/pl* misure *f/pl* preventive
'**Vorbild** *n* (*-[e]s*; *-er*) modello *m*; esempio *m*; ideale *m*; (*Urbild*) prototipo *m*; '**2lich** esemplare; tipico
'**vor|bringen** (*irr*, *sep*, *-ge-*, *h*, → ***bringen***) produrre; *Meinungen*: manifestare; *Vorschläge*; avanzare; *Worte*: proferire; '**~datieren** (*sep*, *senza -ge-*, *h*) antidatare
'**vorder** ['fɔrdər] di davanti; anteriore; '**2achse** *f* asse *f* anteriore; '**2ansicht** *f* facciata *f*; **2grund** *m* (*-[e]s*; *senza pl*) primo piano *m*; ***in den ~ treten*** salire in primo piano; '**2rad** *n* ruota *f* anteriore; '**2seite** *f* parte *f* anteriore; *arch* facciata *f*; '**2st**: ***der Vorderste*** il più avanzato; il primo; il più avanti; '**2teil** *n* parte *f* anteriore
'**vor|drängen** ['foːrdrɛŋən] (*sep*, *-ge-*, *h*) spingere avanti; ***sich ~*** farsi avanti; *fig* mettersi in vista; '**~dringen** (*irr*, *sep*, *-ge-*, *sn*, → ***dringen***) avanzare, andare innanzi; '**2druck** *m* (*-[e]s*; *-e*) modulo *m*, formulario *m*
'**voreilig** precipitato; *Person*: precipitoso
'**vorenthalten**: ***j-m et ~*** (*irr*, *sep*, *senza -ge-*, *h*, → ***enthalten***) ritenere (ingiustamente) qc a qu; (*verheimlichen*) nascondere qc a qu
'**vorfahr|en** (*irr*, *sep*, *-ge-*, *sn*, → ***fahren***) precedere; ***bei j-m ~*** passare davanti alla casa di qu, fermarsi davanti a qu; '**2t** *f* precedenza *f*; ***die ~ beachten*** rispettare la precedenza; '**2tsrecht** *n* diritto *m* di precedenza; '**2tsstraße** *f* strada *f* con diritto di precedenza
'**Vorfall** *m* (*-[e]s*; *¨-e*) accaduto *m*; (*Ereignis*) avvenimento *m*; *med* prolasso *m*; '**2en** (*irr*, *sep*, *-ge-*, *sn*, → ***fallen***) accadere, succedere
'**vorführ|en** ['foːrfyrən] (*sep*, *-ge-*, *h*) condurre davanti a; (*zur Schau*) presentare; *Gründe*, *Beweise*: addurre, allegare; *Film*: proiettare; *tea* rappresentare; '**2ung** *f* (*-*; *-en*) esibizione *f*, presentazione *f*, dimostrazione *f*; *tea* rappresentazione *f*; *Film*: proiezione *f*
'**Vor|gang** *m* (*-[e]s*; *¨-e*) svolgimento *m*; caso *m*; *tec* procedimento *m*; (*Akten2*) pratica *f*; **~'gänger** [-'gɛŋər] *m* (*-s*; *-*), **~'gängerin** *f* (*-*; *-nen*) predecessore *m*, -a *f*; '**2geben** (*irr*, *sep*, *-ge-*, *h*, → ***geben***) sostenere, pretendere; *fälschlich*: dare ad intendere; '**2gehen** **1.** *v/i* (*irr*, *sep*, *-ge-*, *sn*, → ***gehen***) andare avanti; *fig* avere la precedenza; *mit et*: procedere; **2.** **~** *n* (*-s*; *senza pl*) modo *m* di procedere
'**Vorge|schichte** *f* (*-*; *senza pl*) antefatto *m*; preistoria *f*; '**~schmack** *m* (*-[e]s*; *senza pl*) assaggio *m*; idea *f*; '**~setzte** ['-zɛtstə] *m/f* (*-n*; *-n*) superiore *m/f*
'**vorgestern** l'altro ieri
'**vor|greifen** (*irr*, *sep*, *-ge-*, *h*, → ***greifen***) anticipare; *Fragen*, *Rechten*: pregiudicare; '**~haben** (*irr*, *sep*, *-ge-*, *h*, → ***haben***) avere davanti (a sé); (*planen*) progettare, intendere; ***was haben Sie heute vor?*** che progetti ha per oggi?; '**2haben** *n* (*-s*; *-*) intenzione *f*, progetto *m*
'**vorhalt|en** (*irr*, *sep*, *-ge-*, *h*, → ***halten***) **1.** *v/t* tenere davanti; (*vorwerfen*) rinfacciare; **2.** *v/i* bastare; (*dauern*) durare; '**2ung** *f* (*-*; *-en*) rimostranza *f*, rimprovero *m*
vor'handen [-'handən] esistente; ***~ sein*** esserci; esistere

'Vorhang *m* (-*[e]s*; ⸚) (*Fenster*♀) tenda *f*; *tea* sipario *m*
'Vorhängeschloss *n* lucchetto *m*
'vor'her ['-'heːr] prima; (*im Voraus*) in anticipo; **♀bestimmung** *f* (-; *senza pl*) predisposizione *f*, predestinazione *f*; **~gehen** (*irr*, *sep*, *-ge-*, *sn*, → ***gehen***) precedere; **~gehend** precedente, antecendente, anteriore
'Vorherrschaft *f* (-; *senza pl*) predominio *m*; supremazia *f*; egemonia *f*
Vor'her|sage *f* (-; *-n*) previsione *f*; **♀sagen** (*sep*, *-ge-*, *h*) predire; **♀sehen** (*irr*, *sep*, *-ge-*, *h*, → ***sehen***) prevedere
'vorhin ['-hin] or ora, poco fa
'Vorhinein ['foːrhinaɪn]: ***im*** **~** fin dal principio; in anticipo; già prima
'vor|ig precedente; *Jahr*: passato; scorso; ***~es Mal*** l'altra volta, la volta scorsa (*od* passata); **'♀jahr** *n* anno *m* precedente; ***im*** **~** l'anno scorso; **'♀kasse** *f* pagamento *m* anticipato; **'♀kehrung** ['-keːruŋ] *f* (-; *-en*) disposizione *f*, misura *f*; **'♀kenntnis** *f* cognizione *f* preliminare; ***♀se haben*** esser pratico
'vorkomm|en *v/i* (*irr*, *sep*, *-ge-*, *sn*, → ***kommen***) (*zum Vorschein kommen*) apparire; (*geschehen*) succedere; (*sich finden*) trovarsi
'Vorkommen *n* (*-s*; -) accaduto *m*; *econ*, *mil* presenza *f*
'Vorkommnis *n* (*-ses*; *-se*) fatto *m*, caso *m*
'Vorladung *f* (-; *-en*) citazione *f*, invito *m* a presentarsi; mandato *m* di comparizione
'Vor|lage *f* (-; *-n*) presentazione *f*; (*Gesetzes*♀) progetto *m* (di legge); **'♀lassen** (*irr*, *sep*, *-ge-*, *h*, → ***lassen***) far (*od* lasciar) passare; *in j-s Gegenwart*: ammettere; **'♀läufig** provvisorio; *adv* per ora; **'♀laut** indiscreto, invadente, intromettente
'vorlegen (*sep*, *-ge-*, *h*) presentare; (*unterbreiten*) sottoporre; *Schloss*: mettere
'vorles|en (*irr*, *sep*, *-ge-*, *h*, → ***lesen***) leggere (ad alta voce); **♀ung** *f* (-; *-en*) (*Vortrag*) conferenza *f*, (*Universitäts*♀) lezione *f*
'vor|letzt penultimo; **'♀liebe** *f* (-; *-n*) predilezione *f* (***für*** per); **~liegen** (*irr*, *sep*, *-ge-*, *h*, → ***liegen***) (*vorhanden sein*) esserci; esistere; **~liegend** presente; **'~machen** (*sep*, *-ge-*, *h*) (*zeigen*) mostrare, far vedere; **'♀machtstellung** *f* (-; *-en*) egemonia *f*, supremazia *f*, preponderanza *f*; **'♀marsch** *m* avanzata *f*, offensiva *f*; **'~merken** (*sep*, *-ge-*, *h*) prenotare; prendere nota, annotare
'Vormittag *m* mattina(ta) *f*; ***im Lauf des ~s*** in mattinata; **'♀s** di mattina
'Vormund *m* (-*[e]s*; *-e*, ⸚*er*) tutore *m*
vorn [fɔrn] davanti; *im Buch*: sul principio; ***nach*** **~** in avanti; ***nach ~ hinaus*** sul davanti; ***von*** **~** dal davanti; (*gesehen*) di faccia; ***von*** **~** (*angefangen*) daccapo; ***von ~ bis hinten*** da cima a fondo
'Vorname *m* nome *m* (di battesimo)
'vornehm ['foːrneːm] distinto; (*adlig*) nobile; **~en** (*irr*, *sep*, *-ge-*, *h*, → ***nehmen***) mettersi a fare; ***sich et*** **~** proporsi qc
'vornhe'rein ['fɔrnhɛ'raɪn]: ***von*** **~** fin da principio, dall'inizio
'Vorort ['foːrˀɔrt] *m* sobborgo *m*; **~(s)zug** *m* treno *m* suburbano
'Vor|rang *m* (-*[e]s*; *senza pl*) precedenza *f*; **'~rangstellung** *f* (-; *senza pl*) posizione *f* predominante; **'~rat** *m* (-*[e]s*; ⸚*e*) provviste *f/pl*; scorta *f*, riserva *f*; ***solange der ~ reicht*** fino a che durano le scorte; **'♀rechnen** (*sep*, *-ge-*, *h*) fare il conto; **'~recht** *n* (-*[e]s*; *-e*) privilegio *m*
'vorricht|en (*sep*, *-ge-*, *h*) approntare; **'♀ung** *f* (-; *-en*) preparativo *m*; *tec* dispositivo *m*; meccanismo *m*
'vorrücken *v/i* (*sep*, *-ge-*, *sn*) avanzare; farsi avanti
'Vor|ruhestand *m* pensionamento *m* anticipato; **'♀sagen** (*sep*, *-ge-*, *h*) dire; (*Schule*) suggerire; **'~saison** *f* bassa stagione *f*; **'~satz** *m* (*-es*; ⸚*e*) proponimento *m*; proposito *m*; intenzione *f*; *jur* dolo *m*; (*Entschluss*) decisione *f*; **'♀sätzlich** ['-zɛtsliç] intenzionale; *jur* premeditato; *adv* di proposito; **'~schau** *f*: **~ *auf*** (*acc*) previsione *f* di; *Film*: provini *m/pl*; **'~schein** *m*: ***zum ~ bringen*** portare alla luce, far apparire; scoprire; ***zum ~ kommen*** venir fuori, comparire; **'♀schieben** (*irr*, *sep*, *-ge-*, *h*, → ***schieben***) spingere avanti; *Riegel*: mettere: *fig* addurre come pretesto; **'♀schießen** (*irr*, *sep*, *-ge-*, *h*, → ***schießen***) *Geld*: anticipare

V

'Vorschlag *m* (*-[e]s*; *⸚e*) proposta *f*; **'2en** (*irr*, *sep*, *-ge-*, *h*, → ***schlagen***) proporre

'Vorschrift *f* (-; *-en*) (*Verordnung*) prescrizione *f*; regolamento *m*; *med* ordinazione *f*; **'2smäßig** regolamentare; *mil* d'ordinanza; *adv* secondo le prescrizioni

'Vor|schule *f* scuola *f* preparatoria; **'~schuss** *m* (*-es*; *⸚e*) anticipo *m*

'vorsehen (*irr*, *sep*, *-ge-*, *h*, → ***sehen***) prevedere; ***sich ~*** guardarsi (***vor*** *dat* da); prendere delle misure di precauzione

'Vorsicht *f* (-; *senza pl*) precauzione *f*, previdenza *f*; (*Umsicht*) cautela *f*, prudenza *f*; ***~!*** attenzione!; **'2ig** prudente, cauto

'Vor|silbe *f* prefisso *m*; **'2singen** (*irr*, *sep*, *-ge-*, *h*, → ***singen***): ***j-m et ~*** cantare qc a qu; **'~sitz** *m* (*-es*; *senza pl*) presidenza *f*; ***den ~ führen*** presiedere; **'~sitzende** *m/f* (*-n*; *-n*) presidente *m/f*

'vor|sorgen (*sep*, *-ge-*, *h*) provvedere; **'2speise** *f* antipasto *m*; **'~spiegeln** (*sep*, *-ge-*, *h*) fingere, simulare; millantare

'vor|spielen (*sep*, *-ge-*, *h*): ***j-m et ~*** recitare (*od* suonare) qc a qu; **'2sprung** *m* (*-[e]s*; *⸚e*) vantaggio *m*; *arch* aggetto *m*; **'2stadt** *f* sobborgo *m*; periferia *f*

'Vorstand *m* (*-[e]s*; *⸚e*) consiglio *m* direttivo (*od* d'amministrazione)

'Vorstandsetage ['-ˀeta:ʒə] *f* piano *m* della direzione

'Vorsteher *m* (*-s*; *-*) direttore *m*; **'~drüse** *med f* prostata *f*

'vorstell|en (*sep*, *-ge-*, *h*) mettere davanti; *Uhr*: mettere avanti; *j-n* presentare; ***sich*** (*dat*) ***et ~*** immaginarsi qc; **'2ung** *f* (-; *-en*) presentazione *f*; concetto *m*; *tea* rappresentazione *f*; **'2ungsgespräch** *n* colloquio *m* di presentazione

'Vor|stoß *m* (*-es*; *⸚e*) avanzata *f*; attacco *m*; offensiva *f*; **'~stufe** *f* primo grado *m*; *fig* elementi *m/pl*; **'~tag** *m* giorno *m* prima; **'~teil** ['fɔrtaɪl] *m* (*-s*; *-e*) vantaggio *m*; **'~trag** ['fo:rtra:k] *m* (*-[e]s*; *⸚e*) conferenza *f*; **'2tragen** ['-gən] (*irr*, *sep*, *-ge-*, *h*, → ***tragen***) (*berichten*) riferire; *Gedicht*: recitare; *mus* eseguire; *econ* riportare; **'~tritt** *m* precedenza *f*; ***j-m den ~ lassen*** dare la precedenza a qu

vo'rüber [fo:'ry:bər] passato; **~gehen** (*irr*, *sep*, *-ge-*, *sn*, → ***gehen***) passare; **~gehend** *adj* passeggero; (*~ gültig*) transitorio; *adv* di passaggio

'Vor|untersuchung *f* istruttoria *f*; **'~urteil** *n* (*-s*; *-e*) pregiudizio *m*; **'~verkauf** *m* (*-[e]s*; *senza pl*) prevendita *f*; **'~wahl** *f*, **'~wählnummer** *f* prefisso *m*

'vorwärts ['fo:rvɛrts] avanti; ***~ kommen*** *fig* progredire; *in der Welt*: farsi strada

'vor|weisen (*irr*, *sep*, *-ge-*, *h*, → ***weisen***) presentare, mostrare, esibire; **'~werfen** (*irr*, *sep*, *-ge-*, *h*, → ***werfen***) gettare, lanciare in avanti; rimproverare; *fig* rinfacciare; **'~wiegend** prevalente; dominante; *adv* in prevalenza; **'2wort** *n* (*-[e]s*; *-e*) prefazione *f*; **'2wurf** *m* (*-[e]s*; *⸚e*) rimprovero *m*; **'~zählen** (*sep*, *-ge-*, *h*) contare (davanti a qu); **'~zeigen** (*sep*, *-ge-*, *h*) presentare

'vor|ziehen (*irr*, *sep*, *-ge-*, *h*, → ***ziehen***) tirare in avanti; *fig* preferire; **'2zimmer** *n* anticamera *f*; **'2zug** *m* (*-[e]s*; *⸚e*) prerogativa *f*; (*Bevorzugung*) preferenza *f*; (*Eigenschaft*) pregio *m*; **'~züglich** [-'tsy:kliç] eccellente; ottimo; *Speise*: squisito; ***mit ~er Hochachtung*** con distinta stima; *adv* a meraviglia

'Vorzugs|preis ['-tsu:kspraɪs] *m* prezzo *m* di favore; **'2weise** di preferenza

vulgär [vul'gɛ:r] volgare

Vulkan [vul'ka:n] *m* (*-s*; *-e*) vulcano *m*; **2i'sieren** (*senza ge-*, *h*) vulcanizzare

W

Waage ['vaːgə] *f* (-; *-n*) bilancia *f* (*a astr*); '**≗recht** orizzontale
wach [vax] desto, sveglio; **~ *werden*** svegliarsi; '**≗e** *f* (-; *-n*) guardia *f*; (*Posten*) sentinella *f*; (*Wachbleiben*) veglia *f*; **~ *halten***, **~ *stehen*** essere di guardia
Wa'cholder *bot* [va'xɔldər] *m* (*-s*; -) ginepro *m*
Wachs [vaks] *n* (*-es*; *-e*) cera *f*
'**wachsam** ['vaxzaːm] vigile
'**wachs|en** ['vaksən] **1.** *v/i* (*wuchs, gewachsen, sn*) crescere; *fig* aumentare; (*steigen*) salire; ***gut gewachsen sein*** avere una buona figura; ***e-r Sache gewachsen sein*** essere all'altezza di qc **2.** *v/t* (*h*) *Ski*: dare la cera a; '**~end** crescente; '**≗figur** *f* figura *f* di cera; '**≗tuch** *n* incerata *f*; tela *f* incerata
'**Wachstum** ['vakstuːm] *n* (*-s*; *senza pl*) crescita *f*; (*Entwicklung*) sviluppo *m*; '**~srate** *f econ* tasso *m* di crescita
'**Wächter** ['vɛçtɛr] *m* (*-s*; -) guardiano *m*
'**wack|(e)lig** ['vak(ə)liç] malfermo; *Möbel*: zoppo; *fig* poco sicuro; '**≗elkontakt** *el m* contatto *m* lasco; '**~eln** (*h*) vacillare; (*locker*) tentennare
'**Wade** ['vaːdə] *f* (-; *-n*) polpaccio *m*
'**Waffe** ['vafə] *f* (-; *-n*) arma *f*; ***zu den ~n greifen*** prendere le armi
'**Waffel** ['vafəl] *f* (-; *-n*) cialda *f*
'**Waffen|gattung** ['vafəngatuŋ] *f* (-; *-en*) arma *f*; '**~gewalt** *f* (-; *senza pl*) forza *f* delle armi; ***mit ~*** a mano armata; '**~ruhe** *f* tregua *f*, armistizio *m*; '**~schein** *m* porto *m* d'armi
'**wagen** ['vaːgən] *v/t* (*h*) *zu tun*: osare di; *et*: arrischiare; ***sich ~*** arrischiarsi
'**Wagen** *m* (*-s*; -) carrozza *f*, vettura *f*, veicolo *m*; *Auto*: macchina *f*; *fer* vagone *m*; *astr* carro *m*; (*Schreibmaschinen≗*) carrello *m*
'**Wagen|fenster** *n* finestrino *m* della vettura; '**~führer** *m* vetturino *m*; *Straßenbahn*: manovratore *m*; conduttore *m*; '**~heber** *m* (*-s*; -) *auto* cricco *m*; '**~papiere** *pl* documenti *m/pl* dell'autoveicolo; '**~park** *m* parco *m* veicoli; *fer* materiale *m* rotabile; '**~tür** *f* sportello *m*
Wag'gon [va'gɔŋ] *m* (*-s*; *-s*) vagone *m*
Wahl [vaːl] *f* (-; *-en*) scelta *f*, *pol*, *in Vereinen*: elezione *f*; ***die ~ treffen*** fare la scelta; '**≗berechtigt** con diritto di voto; '**~beteiligung** *f* partecipazione *f* alle elezioni
'**wähl|en** ['vɛːlən] (*h*) **1.** *v/t* scegliere; *pol* eleggere; **2.** *v/i* votare, dare il voto; fare il numero; '**≗er** *m* (*-s*; -), '**≗erin** *f* (-; *-nen*) *pol* elettore *m*, -trice *f*
'**Wahlergebnis** ['vaːlˀɛrgeːpnis] *n* risultato *m* elettorale
'**wählerisch** ['vɛːləriʃ] schizzinoso
'**Wahl|heimat** *f* patria *f* adottiva; '**~kampf** *m* lotta *f* elettorale; '**~kreis** *m* collegio *m* elettorale; '**~lokal** *n* seggio *m* elettorale; '**≗los** *adv* senza distinzione; a caso; '**~propaganda** *f* propaganda *f* elettorale; '**~recht** *n* diritto *m* elettorale; ***allgemeines ~*** suffragio *m* universale; '**~rede** *f* discorso *m* elettorale
'**Wählscheibe** ['vɛːlʃaɪbə] *f tel* disco *m* combinatore
'**Wahl|sieg** ['vaːlziːk] *m* vittoria *f* elettorale; '**~versammlung** *f* adunanza *f* elettorale; '**~zettel** *m* scheda *f* elettorale
'**Wahnsinn** ['vaːnzin] *m* (*-[e]s*; *senza pl*) pazzia *m*; '**≗ig** pazzo
wahr [vaːr] vero; ***das ist ~*** è vero; ***nicht ~?*** non è vero?
'**während** ['vɛːrənt] **1.** *prp* durante; ***~ des Tages*** durante il giorno; **2.** *cj* mentre; ***~ ich schrieb*** mentre scrivevo
'**Wahrheit** ['vaːrhaɪt] *f* (-; *-en*) verità *f*; ***um die ~ zu sagen*** a dire il vero; '**≗sgemäß** conforme al vero; '**≗sgetreu** veritiero, veridico
'**wahr|nehmbar** ['-neːmbaːr] percettibile; '**~nehmen** (*irr, sep, -ge-, h* → ***nehmen***) percepire; (*sehen*) scorgere; *Gelegenheit*: cogliere; *Rechte*: salvaguardare, tutelare; '**~sagen** (*a sep, -ge-, h*) divinare; '**≗sager(in** *f*) *m* indovino *m*, -a *f*; **~'scheinlich** [-'ʃaɪnliç] verosimile, probabile; **≗'scheinlichkeit** [-'ʃaɪnliçkaɪt] *f* (-; *-en*) verosimiglianza

f; probabilità *f*; ***aller ~ nach*** secondo ogni probabilità
'Währung ['vɛːruŋ] *f* (-; *-en*) valuta *f*
'Währungs|fonds ['-fõ] *m econ* fondo *m* monetario; **'~kurs** *m* corso *m* valutario; **'~ordnung** *f econ* ordine *m* monetario; **'~politik** *f* politica *f* monetaria; **'~reform** *f* riforma *f* monetaria; **'~system** *n* sistema *m* monetario; **'~umstellung** *f econ* riforma *f* monetaria; **'~union** *f econ* unione *f* monetaria
'Wahrzeichen ['vaːrtsaɪçən] *n* segno *m*
'Waise ['vaɪzə] *f* (-; *-n*) orfano *m*, orfana *f*; **'~nhaus** *n* orfanotrofio *m*
Wal [vaːl] *m* (*-[e]s*; *-e*) *zo* balena *f*
Wald [valt] *m* (*-[e]s*; *¨er*) bosco *m*; *großer*: selva *f* (*a fig*), foresta *f*; **'~brand** *m* incendio *m* forestale; **'~gegend** *f* regione *f* boscosa; **'⁓ig** ['-diç] coperto di boschi, boscoso; **'~meister** *m bot* asperula *f* odorosa; **'~rand** *m* margini *m/pl* del bosco; **'⁓reich** boscoso; **'~sterben** *n* (*-s*; *senza pl*) moria *f* dei boschi; **'~weg** *m* sentiero *m* nel bosco; via *f* forestale
'Wallfahrt ['valfaːrt] *f* pellegrinaggio *m*
'Wallfahrts|kirche *f* chiesa *f* di pellegrinaggio; **'~ort** *m* luogo *m* di pellegrinaggio
'Walnuss ['valnus] *f* noce *f*
'Walze ['valtsə] *f* (-; *-n*) *tec* cilindro *m*; rullo *m*; (*Straßen⁓*) appianatoio *m*
'Walz|er ['valtsər] *m* (*-s*; -) *Tanz*: valzer *m*; **'~werk** *n* laminatolo *m*
Wand [vant] *f* (-; *¨e*) parete *f*; muro *m*; *Fels*: dirupo *m*; ***spanische ~*** paravento *m*; ***~ an ~*** muro a muro
'Wandel ['vandəl] *m* (*-s*; *senza pl*) (*Lebens⁓*) condotta *f*; (*Änderung*) cambiamento *m*; **'~halle** *f* atrio *m*; corridoio *m*
'Wander|er ['vandərər] (*-s*; -) viandante *m*; nomade *m*; **'~karte** *f* carta *f* stradale; **'⁓n** (*sn*) camminare; fare delle escursioni a piedi; viaggiare a piedi; (*umher~*) girovagare; (*Völker*, *Vögel*) migrare; **'~pokal** *m Sport*: coppa *f* challenge; **'~ung** *f* (-; *-en*) escursione *f*; **'~weg** *m* sentiero *m*
'Wand|gemälde ['vantgəmɛːldə] *n* dipinto *m* murale, *oft*: affresco *m*; **'~leuchter** *m* candelabro *m* a braccio; applique *f*; **'~lung** ['-dluŋ] *f* (-; *-en*) mutamento *m*; *rel* transustanziazione *f*, elevazione *f* dell'ostia; **'~schrank** *m* armadio *m* a muro; **'~teppich** *m* arazzo *m*
'Wange ['vaŋə] *f* (-; *-n*) guancia *f*
'wankelmütig ['vaŋkəlmyːtiç] incostante, instabile
wann [van] quando; ***dann und ~*** di quando in quando
'Wanne ['vanə] (-; *-n*) vasca *f* (da bagno); *tec* coppa *f*
'Wanze ['vantsə] *f* (-; *-n*) *zo* cimice *f*
'Wappen ['vapən] *n* (*-s*; -) stemma *m*, blasone *m*
'Ware ['vaːrə] *f* (-; *-n*) merce *f*, articoli *m/pl*
'Waren|angebot *n* offerta *f* di prodotti; **'~bestand** *m* merci *f/pl* in magazzino; **'~haus** *n* grandi magazzini *m/pl*; emporio *m*; **'~lager** *n* deposito *m*; **'~probe** *f* campione *m*; **'~rechnung** *f* fattura *f*; **'~sendung** *f* spedizione *f* di merce; **'~test** *m* test *m* dei prodotti; **'~zeichen** *n* marchio *m* di fabbrica
warm [varm] caldo; *fig* caloroso; ***es ist ~*** fa caldo; ***mir ist ~*** ho caldo; ***sich j-n ~ halten*** *fig* tenersi buono qu; ***~ laufen*** *tec* surriscaldarsi; ***~ stellen*** mettere a scaldare; ***~ machen*** riscaldare; ***~ werden*** riscaldarsi; ***sich ~ anziehen*** coprirsi bene
'Wärme ['vɛrmə] *f* (-; *senza pl*) calore *m*; **'~grad** *m* grado *m* di calore; **'~kraftwerk** *n* centrale *f* termica; **'⁓n** (*h*) scaldare
'Wärmflasche ['-flaʃə] *f* boule *f*, borsa *f* d'acqua calda
'Warm|front *f* fronte *m* caldo; **'⁓herzig** caloroso, cordiale; **'~luft** *f* aria *f* riscaldata
Warm'wasser|heizung [-'vasərhaɪtsuŋ] *f* riscaldamento *m* ad acqua calda; **~versorgung** *f* distribuzione *f* di acqua calda
'Warn|blinkanlage ['varnbliŋkˀanlaːgə] *f auto* lampeggiatore *m*; **'~dreieck** *n auto* triangolo *m* di segnalazione; **'⁓en** (*h*) avvertire; ***~ vor*** mettere in guardia contro; ***vor … wird gewarnt*** guardarsi da …; **'~schild** *n* segnale *m* di pericolo; **'~streik** *m* sciopero *m* d'avvertimento; **'~ung** *f* (-; *-en*) avvertimento *m*; *gegen j-n*: diffida *f*
'warten ['vartən] (*h*) **1.** *v/i* aspettare

(**auf j-n** qu, **auf et** qc); **2.** *v/t* assistere a; *tec* curare, mantenere
'Wärter ['vɛrtər] *m* (*-s*; *-*), **'~in** *f* (*-*; *-nen*) guardiano *m*, -a *f*, (*Kranken*≗) infermiere *m*, -a *f*
'Warte|saal *m*, **'~zimmer** *n* sala *f* d'aspetto (*od* d'attesa); anticamera *f*; **'~zeit** *f* tempo *m* d'attesa
'Wartung ['-tuŋ] *f* (*-*; *-en*) assistenza *f*; *tec* manutenzione *f*
wa'rum [vaː'rum] perché
'Warze ['vartsə] *f* (*-*; *-n*) verruca *f*; (*Brust*≗) capezzolo *m*
was [vas] *interr* che, che cosa; (*wie viel*) quanto; (*warum*) perché; *relativ*: ciò che, quello che; F (*etwas*) qualcosa; **~ für** che; (*wie groß, welcher Art*) quale; **~ für ein schöner Tag!** che bella giornata!; **~ für ein Buch hast du gelesen?** quale (*od* che) libro hai letto?; **~ immer** qualunque cosa; **~ ihn betrifft** quanto a lui; **alles ~** tutto quello che
'Wasch|anlage *f auto* impianto *m* di lavaggio; **'≗bar** lavabile; **'~becken** *n* lavabo *m*
'Wäsche ['vɛʃə] *f* (*-*; *senza pl*) **1.** *Kleidung*: biancheria *f*; **2.** (*pl -n*) *das Waschen*: bucato *m*; **in die ~ geben** dar a lavare
'waschecht ['vaʃˀɛçt] lavabile; *fig* schietto
'Wäsche|klammer *f* molletta *f*; **'~leine** *f* corda *f* per il bucato
'waschen ['vaʃən] (*wusch, gewaschen, h*) lavare; (*Wäsche haben*) fare il bucato; *fig* **j-m den Kopf ~** fare una lavata di capo a qu
Wäsche'|rei [vɛʃə'raɪ] *f* (*-*; *-en*) lavanderia *f*; **'~schleuder** *f* asciugatrice *f* centrifuga
'Wasch|lappen *m* strofinaccio *m*; cencio *m* per lavarsi; *fig* moscione *m*; **'~maschine** *f* lavatrice *f*; **'~mittel** *n* detersivo *m*; **'~raum** *m* lavatoio *m*; **'~salon** *m* lavanderia *f* a gettoni; **'~schüssel** *f* bacinella *f*, catino *m*
'Wasser ['vasər] *n* (*-s*; *¨*) acqua *f*; **Kölnisch ~** acqua *f* di Colonia; **ins ~ fallen** andare a monte; **sich über ~ halten** tenersi a galla; **mir läuft das ~ im Munde zs** mi vien l'acquolina in bocca; **es wird überall mit ~ gekocht** tutto il mondo è paese; **'≗arm** povero d'acqua; **'~ball** *m* pallanuoto *f*; **'~behälter** *m* serbatoio *m* d'acqua; **'~blase** *med f* bollicina *f* d'acqua; **'~dampf** *m* vapore *m* acqueo; **'≗dicht** impermeabile; **'~fall** *m* cascata *f*, cateratta *f*; **'~flugzeug** *n* idrovolante *m*; idroplano *m*; **'~graben** *m* fossato *m*; **'~hahn** *m* rubinetto *m* dell'acqua; **'~klosett** *n* (*abbr* **WC**) water closet *m*; **'~kraft** *f* forza *f* idraulica; **'~kühlung** *f* (*-*; *-en*) raffreddamento *m* ad acqua; **'~leitung** *f* acquedotto *m*; *im Hause*: condotto *m* dell'acqua; **'~mangel** *m* mancanza *f* d'acqua; **'~mann** *m* (*-[e]s*; *¨er*) *astr* Acquario *m*; **'~melone** *f* cocomero *m*, F popone *m*; **'~pflanze** *f* pianta *f* acquatica; **'~rohr** *n* tubo *m* dell'acqua; **'~schaden** *m* danno *m* causato dall'acqua; **'≗scheu** che ha paura dell'acqua; *med* idrofobo; **~ski** *n* (*-s*; *senza pl*) idroscì *m*; sci *m* nautico; **'~spiegel** *m* livello *m* dell'acqua; **'~sport** *m* sport *m* nautico (*od* acquatico); **'~spülung** *f* sciacquone *m*; **'~stand** *m* livello *m* dell'acqua; **'~stoff** *m* (*-[e]s*; *senza pl*) *chim* idrogeno *m*; **'~stoffbombe** *f* bomba *f* all'idrogeno, bomba *f* H; **'~tier** *n* animale *m* acquatico; **'~tropfen** *m* goccia *f* d'acqua; **'~uhr** *f* contatore *m* dell'acqua; **'~versorgung** *f* rifornimento *m* dell'acqua; **'~waage** *f* livella *f* ad acqua; **'~weg** *m*: **auf dem ~** per via d'acqua; **'~werfer** ['-vɛrfər] *m* (*-s*; *-*) idrante *m*; **'~zeichen** *n* filigrana *f*
Watt[1] [vat] *n geogr* (*-[e]s*; *-en*) bassofondo *m* lasciato dalla marea
Watt[2] *n el* (*-s*; *-s*) watt *m*
'Watte ['vatə] *f* (*-*; *-n*) ovatta *f*, cotone *m*
W'C [veːtseː] *abbr zu* **Wasserklosett** *n* (*-[s]*; *-[s]*) wc *m*
'Wechsel ['vɛksəl] *m* (*-s*; *-*) cambiamento *m*; (*Austausch*) scambio *m*; *econ* cambio *m*; **e-n ~ übertragen** girare una cambiale; **'~beziehung** *f* correlazione *f*; relazioni *f/pl* mutue (*od* reciproche); **'~fälle** ['-fɛlə] *m/pl* vicissitudini *f/pl*, peripezie *f/pl*; **'~geld** *n* (*-[e]s*; *senza pl*) moneta *f*, spiccioli *m/pl*; **'≗haft** variabile; **'~jahre** *n/pl biol* anni *m/pl* climaterici; **'~kurs** *m* cambio *m*, corso *m* dei cambi; **'~kursmechanismus** *m econ* meccanismo *m* dei cambi; **'~kursrisiko** *n econ* rischio *m* di cambio; **'~kursschwankungen** *pl econ* fluttuazione *f* del cambio

W

'wechseln ['vɛksəln] (*h*) *Geld*: cambiare; *Worte*: scambiare; (*ab~*) alternarsi; ***können Sie ~?*** può cambiare?; **'~d** variabile

'Wechsel|strom *el m* corrente *f* alternata; **'~stube** *f* agenzia *f* di cambio

'Weck|dienst ['vɛkdiːnst] *m* (*-[e]s*; *senza pl*) (servizio *m*) sveglia *f* automatica; **'≈en** (*h*) svegliare; *fig* destare, suscitare; **'~er** *m* (*-s*; -) (*Uhr*) sveglia *f*

'wedeln ['veːdəln] (*h*): ***mit dem Schwanz ~*** scodinzolare

'weder ['veːdər]: ***~ … noch*** né … né

Weg [veːk] *m* (*-[e]s*; *-e*) via *f* (*a fig*); strada *f*; *kleiner*: sentiero *m*; (*Strecke*) percorso *m*; (*Route*) itinerario *m*; (*Art u Weise*) modo *m*; ***im ~e sein*** essere tra i piedi, essere d'ostacolo; ***sich auf den ~ machen*** incamminarsi; ***auf halbem ~e*** a metà strada; ***auf gütlichem ~e*** in via amichevole; ***auf direktem ~e*** direttamente; ***in die ~e leiten*** dare l'avvio a, avviare, iniziare

weg [vɛk] via; (*abwesend*) assente; (*verschwunden*) scomparso; (*fortgegangen*) uscito

'wegbringen (*irr*, *sep*, *-ge-*, *h*, → ***bringen***) portar via

'wegen ['veːgən] (*gen*) a causa di; per via di; per

'weg|fahren ['vɛkfɑːrən] (*irr*, *sep*, *-ge-*, *sn*, → ***fahren***) partire (***nach*** per); **'~fallen** (*irr*, *sep*, *-ge-*, *sn*, → ***fallen***) essere soppresso; (*ausfallen*) non aver luogo; **'~geben** (*irr*, *sep*, *-ge-*, *h*, → ***geben***) dar via; **'~gehen** (*irr*, *sep*, *-ge-*, *sn*, → ***gehen***) andar via, andarsene; **'~kommen** (*irr*, *sep*, *-ge-*, *sn*, → ***kommen***) sparire, andare perduto; allontanarsi; ***gut bei et ~*** cavarsela bene in qc; **'~lassen** (*irr*, *sep*, *-ge-*, *h*, → ***lassen***) omettere; lasciar andar via; **'~laufen** (*irr*, *sep*, *-ge-*, *sn*, → ***laufen***) correre via; **'~legen** (*sep*, *-ge-*, *h*) metter da parte; **'~nehmen** (*irr*, *sep*, *-ge-*, *h*, → ***nehmen***) togliere, portar via; *Auto*: ***Gas ~*** togliere il gas; **'~räumen** (*sep*, *-ge-*, *h*) rimuovere; **'~schicken** (*sep*, *-ge-*, *h*) mandar via; **'~schütten** (*sep*, *-ge-*, *h*) versare via; **'~sehen** (*irr*, *sep*, *-ge-*, *h*, → ***sehen***) volgere gli occhi altrove; **'~tun** (*irr*, *sep*, *-ge-*, *h*, → ***tun***) toglier via; metter via

'weg|weisend ['veːkvaɪzənt] orientatore; **'≈weiser** *m* (*-s*; -) indicatore *m* stradale

'wegwerf|en ['vɛkwɛrfən] (*irr*, *sep*, *-ge-*, *h*, → ***werfen***) gettare via; **'≈flasche** *f* vuoto *m* a perdere; **'≈gesellschaft** *f* società *f* degli sprechi

weh [veː] *adv* male; **~tun** far male; ***sich*** (*dat*) ***~tun*** farsi male

'Wehe ['veːə] *f* (*-*; *-n*) (*Schnee≈*) cumulo *m* (di neve)

'wehen (*h*) spirare; soffiare; *Fahne*: sventolare

'Wehen *med pl* doglie *f/pl*

'wehleidig ['-laɪdɪç] piagnucoloso

Wehr[1] [veːr] *f* (*-*; *senza pl*) difesa *f*; ***sich zur ~ setzen*** difendersi; opporre resistenza

Wehr[2] *n* (*-[e]s*; *-e*) (*Damm*) diga *f*, argine *m*

'Wehr|dienst *m* (*-[e]s*; *senza pl*) servizio *m* militare; **'~dienstverweigerer** *m* (*-s*; -) obiettore *m* di coscienza; **'≈en**: ***sich ~*** (*h*) difendersi; **'≈los** inerme; indifeso; **'~pass** *m* passaporto *m* militare; **'~pflicht** *f* (*-*; *senza pl*) obbligo *m* del servizio militare; **'≈pflichtig** di leva; soggetto al servizio militare; sottoposto alla leva

Weib [vaɪp] *n* (*-[e]s*; *-er*) *mst spreg* donna *f*; **'~chen** *zo* ['-çən] *n* (*-s*; -) femmina *f*; **'≈lich** ['-plɪç] femminile

weich [vaɪç] molle; (*zart*) tenero; *Sofa*: soffice; *Haut*, *Haar*: morbido; ***~ gekocht*** *Eier*: à la coque; *fig* ***~ werden*** intenerirsi

'Weiche ['vaɪçə] *f* (*-*; *-n*) *fer* scambio *m*

'weichen ['vaɪçən] *v/i* (*wich*, *gewichen*, *sn*) cedere; (*~ von*) muoversi

'Weich|heit *f* (*-*; *senza pl*) mollezza *f*; tenerezza *f*; pastosità *f*; *fig* dolcezza *f*; morbidezza *f* (→ ***weich***); **'~teile** *pl anat* parti *f/pl* molli; (*Eingeweide*) viscere *f/pl*; **'~tier** *n* mollusco *m*

'Weide ['vaɪdə] *f* (*-*; *-n*) **1.** *bot* salice *m*; **2.** *agr* (*~fläche*) pascolo *m*; **'~land** *n* pascoli *m/pl*; **'≈n** *v/i* (*h*) pascolare

'weiger|n ['vaɪgərn]: ***sich ~*** (*h*) rifiutarsi; **'≈ung** *f* (*-*; *-en*) rifiuto *m*

'weihen ['vaɪən] (*h*) consacrare; *Priester*: ordinare; *Brot*, *Wasser*: benedire; (*widmen*) dedicare

'Weihnacht ['vaɪnaxt] *f* (*-*; *senza pl*), **Weihnachten** *n* (*-*; -) (*mst ohne art*) Natale *m*; ***Fröhliche ~!*** Buon Natale!

'weihnachtlich di Natale, natalizio
'Weihnachts|abend ['-ˀa:bənt] *m* vigilia *f* di Natale; **'~baum** *m* albero *m* di Natale; **'~ferien** *pl* vacanze *f/pl* di Natale; **'~fest** *n* festa *f* di Natale; **'~geld** *n* gratifica *f* natalizia, tredicesima *f*; **'~geschäft** *n* giro *m* d'affari natalizio; **'~geschenk** *n* strenna *f* natalizia, regalo *m* di Natale; **'~lied** *n* canzone *f* di Natale; **'~mann** *m* (*-[e]s*; *⸚er*) babbo *m* Natale; **'~stollen** *m* (*Gebäck*) panettone *m*; **'~zeit** *f* (-; *senza pl*) periodo *m* natalizio
'Weih|rauch ['vaɪraʊx] *m* (*-[e]s*; *senza pl*) incenso *m*; **'~wasser** *n* (*-s*; *senza pl*) acqua *f* santa
weil [vaɪl] perché
'Weile ['vaɪlə] *f* (-; *senza pl*) pezzo *m*; ***für e-e ganze ~*** per un bel pezzo (*od* po')
Wein [vaɪn] *m* (*-[e]s*; *-e*) vino *m*; (*~traube*) uva *f*; (*~stock*) vite *f*; ***reinen ~ einschenken*** *fig* dire la verità; **'~bau** *m* (*-[e]s*; *senza pl*) viticultura *f*; **'~beere** *f* chicco *m* d'uva; **'~berg** *m* vigna *f*; **'~brand** *m* (*-[e]s*; *⸚e*) brandy *m*; cognac *m*
'weinen ['vaɪnən] (*h*) piangere; ***um j-n ~*** piangere qu
'Wein|flasche *f* bottiglia *f* da (*od* di) vino; **'~gegend** *f* regione *f* viticola; **'~glas** *n* bicchiere *m* da (*od* di) vino; **'~gut** *n* vigneto *m*; **'~händler** *m* negoziante *m* di vini; vinaio *m*; **'~karte** *f* lista *f* dei vini; **'~kenner** *m* conoscitore *m* di vini; **'~lese** *f* vendemmia *f*; **'~lokal** *n* locale *m* di degustazione di vini; **'~probe** *f* degustazione *f* del vino; **'~stube** *f* bottiglieria *f*; fiaschetteria *f*; **'~traube** *f* (grappolo *m* d')uva *f*
'weise ['vaɪzə] *adj* saggio
'Weise *f* (-; *-n*) (*Art*) modo *m*, maniera *f*; *mus* aria *f*; ***auf welche ~?*** in che maniera?; ***auf diese ~*** in questo modo, così; ***in der ~, dass*** dimodoché
'weisen (*wies*, *gewiesen*, *h*) mostrare; *den Weg*: indicare; mandare (***an j-n*** da qu)
'Weis|heit ['vaɪshaɪt] *f* (-; *-en*) saggezza *f*; sapienza *f*; **'~heitszahn** *m* dente *m* del giudizio; **'2machen** (*sep*, *-ge-*, *h*): ***j-m et ~*** darla a bere a qu
weiß [vaɪs] *adj* bianco; **'2bier** *n* birra *f* bianca; **'2brot** *n* pane *m* bianco; **'2e** *m/f* (*-n*; *-n*) bianco *m*, -a *f*; **'~haarig** canuto; **'2kohl** *m*, **2kraut** *n* cavolo *m* bianco; **'2wein** *m* vino *m* bianco
'Weisung ['vaɪzʊŋ] *f* (-; *-en*) ordine *m*; istruzione *f*
weit [vaɪt] **1.** *adj* ampio; (*umfassend*) vasto; (*ausgedehnt*) esteso; (*breit*) largo; *Weg*, *Reise*: lungo; (*entfernt*) lontano; ***in ~en Kreisen*** a (*od* da) moltissima gente; ***~er machen*** allargare; ***im ~esten Sinn des Wortes*** nel senso più largo (*od* ampio) della parola; **2.** *adv* ampiamente, vastamente; largamente; (*entfernt*) lontano; ***wie ~ ist es nach …?*** quanto ci vuole fino a …?; ***wie ~ bist du?*** a che punto sei?; ***wenn es so ~ ist*** a suo tempo; ***zu ~ gehen*** andar troppo oltre; ***das würde zu ~ führen*** porterebbe troppo per le lunghe; ***das geht zu ~*** questo è troppo; ***~ und breit*** dappertutto; ***~ reichend*** esteso; ***~ verbreitet*** molto diffuso (*od* frequente); → ***Weite***, ***weiter***; **'2blick** *m* (*-[e]s*; *senza pl*) perspicacia *f*; **'2e** *f* (-; *-n*) ampiezza *f*; (*Breite*) larghezza *f*; (*Trag2*) portata *f*; (*Entfernung*) lontananza *f*
'weiter ['vaɪtər] **1.** *adj* altro; ulteriore; ***~e zwei Wochen*** altre due settimane; **2.** *adv* avanti; ***und so ~*** e così via, e via dicendo; ***~!*** avanti!; ***ohne ~es*** senz'altro; ***bis auf ~es*** sino a nuovo ordine; ***des 2en*** inoltre; **'~bilden** (*sep*, *-ge-*, *h*) aggiornare, perfezionare; ***sich ~*** specializzarsi; **'2bildung** *f* (-; *senza pl*) aggiornamento *m*; perfezionamento *m*; **~fahren** (*sep*, *-ge-*, *sn*) proseguire (***nach*** per); **'2fahrt** *f* (-; *senza pl*) proseguimento *m* del viaggio; **'2flug** *m* (*-[e]s*; *senza pl*) proseguimento *m* del volo; **'~führen** (*sep*, *-ge-*, *h*) continuare; proseguire in; **'~geben** (*irr*, *sep*, *-ge-*, *h*, → ***geben***) trasmettere; (far) passare (***an*** *acc* a); **'~gehen** (*irr*, *sep*, *-ge-*, *sn*, → ***gehen***) andare avanti; continuare; **'~'hin** inoltre; in avvenire; **'~kommen** (*irr*, *sep*, *-ge-*, *sn*, → ***kommen***) avanzare; andare avanti; progedire; **'~leiten** (*sep*, *-ge-*, *h*) trasmettere; far inoltrare; **'~machen** (*sep*, *-ge-*, *h*) continuare (a fare); **'2reise** *f* (-; *senza pl*) continuazione *f* del viaggio; **'~reisen** (*sep*, *-ge-*, *sn*) continuare il viaggio; **'2verkauf** *m* (*-[e]s*; *senza pl*) rivendita *f*
'weit|gehend ['vaɪtge:ənt] ampio; con-

W

siderevole; *adv* in larga misura, su vasta scala; **'~läufig** lontano; esteso, vasto; (*ausführlich*) dettagliato; **'~sichtig** ['-ziçtiç] presbite; *fig* preveggente; **'Ssprung** *m* (*-[e]s; senza pl*) *Sport*: salto *m* in lungo; **'Swinkelobjektiv** *n* obiettivo *m* grandangolare

'Weizen ['vaɪtsən] *m* (*-s; -*) grano *m*; **'~brot** *n* pane *m* di grano

'welche ['vɛlçə], **'welcher**, **'welches** *relativ*: che, il quale; *interr* quale?, che?; *unbestimmt*: ***ich habe welche gekauft*** ne ho comprati alcuni

welk [vɛlk] appassito; (*schlaff*) vizzo

'Well|blech ['vɛlblɛç] *n* lamiera *f* ondulata; **'~e** *f* (*-; -n*) (*a el*) onda *f*; *große*: ondata *f* (*a fig*); *tec* albero *m*; cilindro *m*

'Wellen|länge ['vɛlənlɛŋə] *f fis* lunghezza *f* d'onda; **'~linie** *f* linea *f* ondulata; **'~reiten** *n* (*-s; senza pl*) surf *m*; **'~sittich** *m zo* pappagallo *m* ondulato

Welt [vɛlt] *f* (*-; -en*) mondo *m*; (*senza pl*) (*Erde*) terra *f*; ***alle ~*** tutto il mondo; tutti (quanti); ***auf der ~*** nel mondo; F ***am Ende der ~*** a casa del diavolo; ***aus der ~ schaffen*** togliere di mezzo

Welt... ['vɛlt...]: *in Zssgn oft* mondiale, universale; del mondo; **'~all** *n* universo *m*; **'~anschauung** *f* ideologia *f*, concezione *f* del mondo (*od* della vita); **'~ausstellung** *f* esposizione *f* mondiale; **'~bank** *f* (*-; senza pl*) banca *f* mondiale; **'Sberühmt** di fama mondiale, celebre in tutto il mondo; **'~bild** *n* concezione *f* del mondo; **'~bürger** *m* cosmopolita *m*; **'~firma** *f* ditta *f* mondiale; **'Sfremd** ignaro del mondo; goffo; **'~frieden** *m* pace *f* mondiale; **'Sgewandt** di mondo; **'~handel** *m* commercio *m* mondiale; **'~herrschaft** *f* dominio *m* del mondo; **'~karte** *f* mappamondo *m*; **'~krieg** *m* guerra *f* mondiale; **'Slich** mondano; *Priester*: secolare; *Schule*: laico; ***~e Macht*** *f* potere *m* temporale; **'~literatur** *f* (*-; senza pl*) letteratura *f* universale; **'~macht** *f* potenza *f* mondiale; **'~markt** *m econ* mercato *m* mondiale; **'~meister(in** *f*) *m Sport*: campione *m*, -essa *f* mondiale; **'~meisterschaft** *f* campionato *m* mondiale; **'~raum** *m* (*-[e]s; senza pl*) spazio *m* interplanetario (*od* siderale), cosmo *m*; **'~raumforschung** *f* (*-; senza pl*) ricerche *f/pl* spaziali; **'~raumstation** *f* stazione *f* interplanetaria; **'~reise** *f* viaggio *m* attorno al mondo; giro *m* del mondo; **'~rekord** *m Sport*: primato *m* (*od* record *m*) mondiale; **'~ruf** *m* (*-[e]s; senza pl*) fama *f* mondiale; **'~sprache** *f* lingua *f* universale; **'~stadt** *f* metropoli *f*; **'~untergang** *m* fine *f* del mondo; **'~wirtschaft** *f* (*-; senza pl*) economia *f* mondiale; **'~wirtschaftskonferenz** *f* conferenza *f* sull'economia mondiale; **'~wunder** *n* meraviglia *f* del mondo

wem [veːm] (*dat von pron* ***wer***) a chi; ***von ~*** da chi

wen [veːn] (*acc von pron* ***wer***) chi

'Wende ['vɛndə] *f* (*-; -n*) giro *m*; (*Änderung*) cambiamento *m*; *des Jahrhunderts*: scorcio *m*

'wend|en ['vɛndən] (*h*) **1.** *v/t* voltare; *mar* virare; (*um~*) girare; **2. *sich an j-n ~*** (*wandte, gewandt*) rivolgersi a qu; **3.** *v/i* svoltare; virare; ***bitte ~*** vedasi a tergo; **'Sepunkt** *m* svolta *f*; momento *m* critico; *fig* crisi *f*; **'~ig** agile, snello; *Fahrzeuge*: maneggevole; **'Sung** *f* (*-; -en*) volta *f*; (*Änderung*) mutamento *m*; cambio *m*; *fig* piega *f*

'wenig ['veːniç] *adj u adv* poco; ***~ Brot*** poco pane; ***ein ~ Brot, Milch*** un poco (*od* un po') di pane, di latte; ***nur ~e Tage*** solo pochi giorni; **'~er** ['-gər] meno; ***umso ~*** tanto meno; ***~ werden*** diminuire; **'~st** ['-niçst] minimo; ***die ~en Menschen*** pochissime persone; ***am ~en*** meno di tutto; **~stens** al meno

wenn [vɛn] *Bedingung*: se; *Zeit*: quando; ***~ nur*** purché; ***außer ~*** salvo il caso che; ***selbst ~*** anche se; ***na, ~ schon!*** e se anche così fosse?; **~'gleich** [-'glaɪç] benché, sebbene, per quanto

wer [veːr] chi; quello che

'Werbe|abteilung ['vɛrbəˀaptaɪluŋ] *f* reparto *m* pubblicità; **'~agentur** *f* agenzia *f* pubblicitaria (*od* di pubblicità); **'~fachmann** *m* pubblicitario *m*; **'~geschenk** *n* omaggio *m* pubblicitario; ***als ~*** in omaggio; **'~material** *n* materiale *m* pubblicitario; **'Sn** (*warb, geworben, h*) fare pubblicità; fare propaganda; **'~slogan** *m* slogan *m* pubblicitario; **'~spot** ['-spɔt] *m* (*-s; -s*) spot *m* pubblicitario

'Werbung *f* (-; *senza pl*) pubblicità *f*; *bsd pol* propaganda *f*; **'~skosten** *pl* spese *f/pl* di pubblicità
'Werdegang ['ve:rdəgaŋ] *m* (-*[e]s*; *senza pl*) sviluppo *m*, evoluzione *f*; (*Laufbahn*) carriera *f*
'werden ['ve:rdən] **1.** *v/i* (*wurde, geworden, sn*) diventare; divenire; (*entstehen*) nascere, farsi; ***groß ~*** ingrandire; crescere; ***schlank ~*** dimagrire; ***rot ~*** arrossire; ***es wird Tag*** si fa giorno; ***du bist groß geworden*** ti sei fatto grande; ***was will er ~?*** che vuol fare?; ***es wird mir schwer*** mi riesce difficile; **2.** *Hilfsverb*: ***geliebt ~*** essere (*od* venire) amato
'werfen ['vɛrfən] (*warf, geworfen, h*) **1.** *v/t* gettare; buttare; (*schleudern*) lanciare; *Junge*: partorire; **2.** *v/i* ***mit et um sich ~*** gettar via qc a piene mani
Werft [vɛrft] *f* (-; -*en*) *mar* cantiere *m* navale
Werk [vɛrk] *n* (-*[e]s*; -*e*) opera *f*; (*Arbeit*) lavoro *m*; (*Fabrik*) stabilimento *m*; (*Betrieb*) azienda *f*; (*Getriebe*) meccanismo *m*; ***ans ~ gehen*** mettersi all'opera; **'~statt** *f* (-; -*en*) laboratorio *m*; officina *f*; **'~stoff** *m* materiale *m* di fabbricazione; **'~tag** *m* giorno *m* feriale; **'2tags** nei giorni feriali; **'2tätig** attivo; occupato; **'~zeug** *n* (-*[e]s*; -*e*) (*a fig*) strumento *m*; *tec* attrezzo *m*, utensile *m*
'Wermut ['ve:rmu:t] *m* (-*[e]s*; *senza pl*) (*Wein*) vermut *m*; *bot* assenzio *m*
wert [ve:rt] *adj* (*würdig*) degno; (*geschätzt*) pregiato; ***~ sein*** valere; ***es ist nichts ~*** non vale nulla; ***das ist nicht der Rede ~*** non vale la pena parlarne
Wert *m* (-*[e]s*; -*e*) valore *m*; *fig* pregio *m*; ***im ~ von*** per il valore di; ***~ legen*** dare importanza (***auf*** *acc* a); **'~angabe** *f* indicazione *f* del valore; **'2beständig** di valore costante; **'2en** (*h*) valutare; *Sport*: qualificare (***nach*** secondo); **'~gegenstand** *m* oggetto *m* di valore; **'2los** senza valore; **'~minderung** ['-mindəruŋ] *f* (-; -*en*) deprezzamento *m*; **'~papiere** *n/pl* valori *m/pl*, effetti *m/pl*, titoli *m/pl*; **'~papiermärkte** *pl econ* mercato *m* dei valori; **'~sachen** *f/pl* oggetti *m/pl* di valore; **'~ung** *f* (-; -*en*) valutazione *f*; *Sport*: classifica *f*; **'~urteil** *n* apprezzamento *m*; valutazione *f*; **'2voll** prezioso; di gran valore
'Wesen ['ve:zən] *n* (-*s*; -) essere *m*; (*senza pl*) (*Charakter*) naturale *m*, indole *f*, carattere *m*; (*Benehmen*) maniere *f/pl*, modi *m/pl*, fare *m*
'wesentlich ['ve:zəntliç] essenziale; ***im ~en*** in sostanza
wes'halb [-'halp] perché; *relativisch*: per la qual ragione; perciò
'Wespe ['vɛspə] *f* (-; -*n*) *zo* vespa *f*
'wessen ['vɛsən] (*gen von pron* **wer**) di chi; (*gen von pron* **was**) di che
'Weste ['vɛstə] *f* (-; -*n*) panciotto *m*, gilè *m*
'West|en ['vɛstən] *m* (-*s*; *senza pl*) ovest *m*, occidente *m*; **'2lich** occidentale, dell'ovest; **'~wind** *m* vento *m* di ponente
wes'wegen [vɛs've:gən] perché; *relativisch*: per cui
'Wettbewerb ['vɛtbəvɛrp] *m* (-*[e]s*; -*e*) concorso *m*; *econ* concorrenza *f*; *Sport*: competizione *f*; ***unlauterer ~*** concorrenza *f* sleale
'Wettbewerbs|fähigkeit *f econ* competitività *f*; **'~nachteil** *m econ* svantaggio *m* competitivo; **'~vorteil** *m econ* vantaggio *m* competitivo
'Wett|büro *n* ricevitoria *f* di scommesse; **'~e** *f* (-; -*n*) scommessa *f*; *Sport*: competizione *f*, gara *f*; **'2en** (*h*) scommettere (**um** per)
'Wetter ['vɛtər] *n* (-*s*; -) tempo *m*; ***schönes*** (***schlechtes***) **~** bel (cattivo) tempo; **'~aussichten** *f/pl* previsioni *f/pl* del tempo; **'~bericht** *m* bollettino *m* meteorologico; **'2fest** resistente alle intemperie; **'2fühlig** ['-fy:liç] sensibile ai cambiamenti del tempo; meteoropatico; **'~lage** *f* situazione *f* meteorologica; **'~umschwung** *m* cambiamento *m* del tempo; **'~vorhersage** *f* (-; -*n*) previsioni *f/pl* del tempo; **'2wendisch** ['-vɛndiʃ] incostante
'Wett|kampf ['vɛtkampf] *m* lotta *f*, gara *f*, competizione *f*, incontro *m*; competizione *f*; **'~kämpfer** *m* partecipante *m* ad una gara, concorrente *m*; **'~streit** *m* contesa *f*, gara *f*
'wichtig ['viçtiç] importante; **'2keit** *f* (-; *senza pl*) importanza *f*; ***von ~ sein*** essere importante
'wickeln ['vikəln] (*h*) avvolgere; *Kind*: fasciare; *Haare*: arricciare

W

'**Widder** ['vidər] *m* (*-s*; -) *zo*, *astr* ariete *m*

'**wider** ['vi:dər] (*acc*) contro; **~'fahren** (*irr*, *senza -ge-*, *sn*, → **fahren**) capitare; ***ihm ist viel Ehre ~*** è stato colmato di onori; ***j-m Gerechtigkeit ~ lassen*** rendere giustizia a qu; '**2hall** *m* (*-[e]s*; *-e*) eco *f*; *fig* ripercussioni *f/pl*; '**~hallen** (*sep*, *-ge-*, *h*) echeggiare; *fig* ripercuotersi; **~'legen** [-'le:gən] (*senza -ge-*, *h*) confutare; '**~lich** schifoso; '**~natürlich** contro natura; perverso; '**~rechtlich** illegale; arbitrario; **~'rufen** (*irr*, *senza -ge-*, *h*, → **rufen**) ritrattare; *Befehl*, *Gesetz*: revocare; *Nachricht*: smentire; **~'setzen**: ***sich ~*** (*senza -ge-*, *h*) opporsi; '**~spenstig** ['-ʃpɛnstiç] ricalcitrante; '**~spiegeln** (*sep*, *-ge-*, *h*) rispecchiare, riflettere; **~'sprechen** (*irr*, *senza -ge-*, *h*, → **sprechen**) contraddire; essere contrario; '**2spruch** *m* (*-[e]s*; *⸚e*) resistenza *f*, protesta *f*, contraddizione *f*; ***im ~ stehen zu*** *od* ***mit*** essere in contrasto con; '**2stand** *m* (*-[e]s*; *⸚e*) resistenza *f* (*a el*); '**~standsfähig** ['-ʃtantsfɛ:iç] resistente, forte; **~'streben** (*senza -ge-*, *h*) opporsi; (*zuwider sein*) ripugnare; '**~wärtig** ['-vɛrtiç] antipatico; (*widerlich*) ripugnante; '**2wille** *m* (*-n*; *senza pl*) avversione *f*; (*Ekel*) ripugnanza *f*; '**~willig** *adj* riluttante; *adv* di mala voglia

'**widm|en** ['vitmən] (*h*) dedicare; '**2ung** *f* (-; *-en*) dedica *f*

wie [vi:] come; *zeitlich*: quando; ***~ ich*** come me; ***~ hoch ist es?*** quant'è alto?; ***~ groß ist es?*** quant'è grande?; ***~ ich höre*** a quel che sento; ***~ gesagt*** come dicevo; ***~ lange***, ***~ viel?*** quanto?; ***und ~!*** eccome!, altro che!; ***~ kommt es?*** come mai?; ***~ teuer?*** quanto costa?; ***~ schön!*** che bello!; ***~ viel*** quanto; ***~ gehts?*** come va?

'**wieder** ['vi:dər] di nuovo, un'altra volta, ancora; ***nicht ~*** non … più; ***schon ~?*** di nuovo?

'**wieder...** ['vi:dər...] (*in Zssgn mst* ri…, *vor* i *jedoch*: re…, *z.B.* ***~ anstellen*** reintegrare; *wo* ri *nicht möglich ist*, *mst*: di nuovo, ancora, *z.B.* ***~ erzählen*** raccontare di nuovo) ***~aufnehmen*** riprendere; *j-n*: riassumere; ***~ beleben*** ravvivare, richiamare in vita; rianimare, riattivare; ***~ erkennen*** riconoscere; ***~ erzählen*** raccontare di nuovo; (*wiederholen*) ripetere; ***~ finden*** ritrovare; ***~ herstellen*** restaurare; ***~ sehen*** rivedere; **2'aufbau** *m* (*-[e]s*; *senza pl*) ricostruzione *f*; **2'aufbereitung** *f* (-; *-en*) ritrattamento *m*, rigenerazione *f*; **2'aufbereitungsanlage** *f* stazione *f* di ritrattamento, impianto *m* di rigenerazione; '**~bekommen** (*irr*, *sep*, *senza -ge-*, *h*, → ***bekommen***) riavere; '**~erlangen** (*sep*, *senza -ge-*, *h*) ricuperare; '**2eröffnung** *f* riapertura *f*; '**2gabe** *f* (-; *senza pl*) restituzione *f*; *let* riproduzione *f*; traduzione *f*; '**~geben** (*irr*, *sep*, *-ge-*, *h*, → **geben**) restituire; rendere; ridare; riprodurre; (*übersetzen*) tradurre; **2'gutmachung** *f* (-; *-en*) riparazione *f*; risarcimento *m*; **~'herstellen** (*sep*, *-ge-*, *h*) *Gesundheit*: ristabilire; **2'herstellung** *f* restaurazione *f*, guarigione *f*, *tec* riparazione *f*, restauro *m*; riattamento *m*; **~'holen** (*senza -ge-*, *h*) ripetere; **~'holt** [-'ho:lt] ripetuto, reiterato; *adv* ripetutamente; **2'holung** *f* (-; *-en*) ripetizione *f*, *tea*, *TV*: replica *f*; '**~kehren** (*sep*, *-ge-*, *sn*), '**~kommen** (*irr*, *sep*, *-ge-*, *sn*, → **kommen**) ritornare; ricorrere; '**2sehen** *n* (*-s*; -) incontro *m*; ***vielleicht gibt es ein ~*** può darsi che ci rivediamo; ***auf ~!*** arrivederci!, arrivederLa!; '**2vereinigung** *f* riunificazione *f*, '**2verwendung** *f* riutilizzazione *f*, '**2wahl** *f* rielezione *f*, **2'zulassung** *f* riammissione *f*

'**Wiege** ['vi:gə] *f* (-; *-n*) culla *f*; '**2n** *v/t*, *v/i* (*wog*, *gewogen*, *h*) pesare

'**wiehern** ['vi:ərn] (*h*) nitrire

'**Wiese** ['vi:zə] *f* (-; *-n*) prato *m*

wie'so? [vi:'so:] perché?; come mai?

wie'vielte [vi:'fi:ltə] che, quale; ***der Wievielte ist heute?*** quanti ne abbiamo oggi?

wild [vilt] *adj* selvaggio; *bot*, *zo* selvatico; *Kind*: vivace, turbolento; (*wütend*) furente; ***~es Tier*** *n* belva *f*, bestia *f* feroce

Wild *n* (*-[e]s*; *senza pl*) selvaggina *f*; '**~braten** *m* arrosto *m* di selvaggina; '**~bret** ['-brɛt] *n* (*-s*; *senza pl*) selvaggina *f*, cacciagione *f*

'**Wilde** ['-də] *m/f* (*-n*; *-n*) selvaggio *m*, -a *f*

'**Wild|leder** *n* camoscio *m*; '**~nis** *f* (-; *-se*) regione *f* solitaria (*od* deserta), con-

W

trada *f* selvaggia; '**~park** *m* parco *m* per la selvaggina; '**~schwein** *n* cinghiale *m*

'**Wille** ['vilə] *m* (*-ns; senza pl*) volontà *f*; ***freier ~*** libero arbitrio *m*; ***aus freiem ~n*** spontaneamente; ***wider ~n*** controvoglia; ***Letzter ~*** ultime volontà *f/pl*

'**willenlos** ['vilənloːs] senza volontà

'**Willens|erklärung** *f* atto *m* di volontà; '**~kraft** *f* (-; *senza pl*) forza *f* di volontà, energia *f*; '**≗schwach** *med* abulico; '**≗stark** energico

'**will|ig** **1.** *adj* volonteroso; (*fügsam*) docile; **2.** *adv* di buona voglia; **~'kommen** *adj* benvenuto; ***j-n ~ heißen*** dare il benvenuto a qu; '**≗kür** ['-kyːr] *f* (-; *senza pl*) arbitrio *m*; '**~kürlich** arbitrario

'**wimmeln** ['viməln] (*h*) brulicare, pullulare

'**Wimpel** ['vimpəl] *m* (*-s*; -) pennone *m*

'**Wimper** ['vimpər] *f* (-; *-n*) ciglio *m*; ***ohne mit der ~ zu zucken*** senza battere ciglio

Wind [vint] *m* (*-[e]s*; *-e*) vento *m*; ***bei ~ und Wetter*** con tutte le intemperie; ***in alle ~e*** ai quattro venti; '**~beutel** *m gastr* bignè *m*

'**Winde** ['vində] *f* (-; *-n*) argano *m*; *mar* verricello *m*

'**Windel** ['vindəl] *f* (-; *-n*) fascia *f*, pannolino *m* per neonati

'**wind|geschützt** ['-gəʃytst] riparato dal vento; '**~ig** ['-diç] ventoso; esposto al vento; *fig* sventato; ***~ sein*** tirar vento; '**≗jacke** *f* giacca *f* a vento; '**≗licht** *n* torcia *f* a vento; '**≗mühle** *f* mulino *m* a vento; '**≗pocken** *f/pl med* varicella *f*; '**≗richtung** *f* direzione *f* del vento; '**≗schatten** *m*: ***im ~*** protetto dal vento; '**≗schutzscheibe** ['-ʃutsʃaɪbə] *f auto* parabrezza *m*; '**≗stärke** *f* intensità *f* del vento; '**~still** calmo; '**≗stoß** *m* raffica *f*, folata *f* di vento

Wink [viŋk] *m* (*-[e]s*; *-e*) cenno *m*; *fig* avvertimento *m*; ***j-m e-n ~ geben*** *fig* avvisare qu

'**Winkel** ['viŋkəl] *m* (*-s*; -) angolo *m*; (*Versteck*) cantuccio *m*; '**≗ig** ['-kəliç] angoloso; tortuoso; stretto e storto; *Städtchen*: ricco di vicoli e di cantucci; '**~züge** ['-tsyːgə] *m/pl* raggiri *m/pl*

'**winken** ['-kən] (*h*) far cenno, far segno; ***mit et ~*** agitare qc

'**Winter** ['vintər] *m* (*-s*; -) inverno *m*; '**~anfang** *m* inizio *m* dell'inverno; '**~einbruch** *m* arrivo *m* improvviso dell'inverno; '**~fahrplan** *m* orario *m* invernale; '**~kurort** *m* stazione *f* invernale; '**~landschaft** *f* paesaggio *m* invernale; '**≗lich** invernale; da inverno; '**~mantel** *m* cappotto *m*; '**~reifen** *m auto* pneumatico *m* invernale; '**~schlussverkauf** *m* liquidazione *f* di fine stagione (invernale); '**~sport** *m* sport *m* invernale; '**~urlaub** *m* vacanze *f/pl* invernali

'**Winzer** ['vintsər] *m* (*-s*; -) vendemmiatore *m*

'**winzig** ['vintsiç] minuscolo

wir [viːr] noi; *im Gegensatz zu anderen*: noialtri

'**Wirbel** ['virbəl] *m* (*-s*; -) vortice *m*; (*Rücken≗*) vertebra *f*; F *fig* tumulto *m*; '**~säule** *f* colonna *f* vertebrale

'**wirk|en** ['virkən] *v/i* (*h*) agire; fare effetto; ***auf j-n ~*** influire su qu; ***lächerlich ~*** far ridere; '**~lich** **1.** *adj* reale; effettivo; **2.** *adv* veramente; davvero; ***ich weiß ~ nicht*** non so davvero; '**≗lichkeit** *f* (-; *senza pl*) realtà *f*; '**~sam** efficace; (*wirkend*) attivo; '**≗stoff** *m* sostanza *f* attiva; *med* ormone *m*; vitamina *f*

'**Wirkung** ['-kuŋ] *f* (-; *-en*) effetto *m*; (*hervorgerufene Tätigkeit*) reazione *f*; '**~sbereich** *m* raggio *m* d'azione; '**≗slos** inefficace; senza effetto; '**≗svoll** di grande effetto, efficace; *fig* impressionante

wirr [vir] confuso; (*verwickelt*) intricato; *Haar*: scompigliato; '**≗warr** *m* (*-s*; *senza pl*) guazzabuglio *m*; caos *m*, confusione *f*, F babele *f*

Wirt [virt] *m* (*-[e]s*; *-e*), '**~in** *f* (-; *-nen*) albergatore *m*, -trice *f*; oste *m*, ostessa *f*; affittacamere *m/f*

'**Wirtschaft** ['-ʃaft] *f* (-; *-en*) *econ* economia *f*; (*Haus≗*) economia *f* domestica; governo *m* della casa; (*Gast≗*) ristorante *m*; '**≗en** (*h*) amministrare; *im Haus*: tenere il governo della casa; '**~erin** *f* (-; *-nen*) (*Angestellte*) governante *f*; '**~ler** *m* (*-s*; -) economista *m*; '**≗lich** economico; finanziario; (*rentabel*) redditizio; '**~lichkeit** *f* (-; *senza pl*) redditività *f*, economia *f*, parsimonia *f*

'**Wirtschafts...** ['virtʃafts...]: *in Zssgn mst* economico; '**~abkommen** *n* ac-

W

cordo *m* economico; **'⁓aufschwung** *m* incremento *m* economico; espansione *f* economica; **'⁓beziehungen** *f/pl* relazioni *f/pl* economiche; **'⁓gemeinschaft** *f*: ***Europäische ⁓*** Comunità *f* Economica Europea; **'⁓hilfe** *f* aiuti *m/pl* economici; **'⁓krise** *f* crisi *f* economica; **'⁓lage** *f* situazione *f* economica; **'⁓minister** *m* Ministro *m* del bilancio; **'⁓politik** *f* politica *f* economica; **'2politisch** politico-economico; **'⁓prüfer** *m* (*-s*; *-*) perito revisore *m* contabile; **'⁓wachstum** *n* crescita *f* economica, sviluppo *m* economico; **'⁓wissenschaft** *f* scienze *f/pl* economiche; **'⁓wunder** *n* miracolo *m* economico

'Wirts|haus ['virtshaus] *n* ristorante *m*; birreria *f*, locanda *f*, (*Weinhaus*) osteria *f*; **'⁓leute** *pl* padroni *m/pl* (della locanda), osti *m/pl*

'wisch|en ['viʃən] (*h*) pulire; ***Staub ⁓*** spolverare; *Schweiß, Tränen*: asciugare; **'2tuch** *m* cencio *m*, strofinaccio *m*

'wissbegierig ['visbəgiːriç] bramoso di sapere; curioso

'wissen ['visən] (*wusste, gewusst, h*) sapere; ***nicht ⁓*** ignorare; ***soviel ich weiß*** per quanto ne so, che io sappia

'Wissen *n* (*-s*; *senza pl*) sapere *m*; (*Kenntnisse*) cognizioni *f/pl*; ***ohne mein ⁓*** a mia insaputa; ***wider besseres ⁓*** in mala fede; ***meines ⁓s*** ch'io sappia

'Wissenschaft *f* (*-*; *-en*) scienza *f*; **'⁓ler** *m* (*-s*; *-*), **'⁓lerin** *f* (*-*; *-nen*) scienziato *m*, -a *f*; **'2lich** scientifico

'wissenswert degno d'essere noto; interessante

'wissentlich ['-tliç] **1.** *adj* consapevole; intenzionale; **2.** *adv* consapevolmente, apposta

'wittern ['vitərn] (*h*) fiutare (*a fig*)

'Witterung *f* (*-*; *-en*) tempo *m*; (*Geruchssinn*) fiuto *m*

'Witwe ['vitvə] *f* (*-*; *-n*) vedova *f*; **'⁓r** *m* (*-s*; *-*) vedovo

Witz [vits] *m* (*-es*; *-e*) (*Scherz*) scherzo *m*; (*witziger Einfall*) spiritosaggine *f*, barzelletta *f*; **'2ig** spiritoso

wo [voː] dove; **⁓'anders** altrove

wo'bei [voː'baɪ] dove; *interrogativ*: presso che cosa, a che cosa, con che cosa; *relativisch*: presso il quale; in cui; *gleichzeitig*: mentre

'Woche ['vɔxə] *f* (*-*; *-n*) settimana *f*; **⁓n** *med pl* puerperio *m*

'Wochen... ['-xən]: *in Zssgn* settimanale; **'⁓arbeitszeit** *f* orario *m* di lavoro settimanale; **'⁓ende** *n* (*-s*; *-n*) fine *f* settimana; **'⁓endhaus** *n* casetta *f* per il fine settimana; **'⁓karte** *f* abbonamento *m* settimanale; **'2lang** per settimane intere; **'⁓tag** *m* giorno *m* feriale

'wöchentlich ['vœçəntliç] **1.** *adj* settimanale; **2.** *adv* ogni settimana

wo|'durch [voː'durç] *interrogativ*: in che modo; per quale luogo, attraverso che cosa; come; *relativ*: con cui, per cui, per la qual ragione; per il mezzo del quale; **⁓'für** *interrogativ*: per che cosa; di che cosa; *relativ*: per cui, per la qual (*od* che) cosa

'Woge ['voːgə] *f* (*-*; *-n*) onda *f*

wo|'her [voː'heːr] (*sep*) di dove; da dove; (*irgendwoher*) da qualunque luogo; *fig* come; ***⁓ wissen Sie ...?*** come sa ...?; ***⁓ kommt es, dass ...?*** come avviene (*od* è) che ...?; **⁓'hin** (*sep*) dove, in quale direzione; per dove; (*irgendwohin*) in qualunque luogo

wohl [voːl] *adv* bene; (*vielleicht*) forse; (*ungefähr*) all'incirca, più o meno, circa; (*zwar*) certamente; (*vermutlich*) probabilmente; *verstärkend*: ma (insomma); ***⁓ oder übel*** volente o nolente, per amore o per forza; ***mir ist nicht ⁓*** non mi sento bene; ***⁓ bekomm's!*** buon prò!; ***leb ⁓!*** addio!; ***leben Sie ⁓!*** stia bene!

Wohl *n* (*-[e]s*; *senza pl*) bene *m*; benessere *m*; prosperità *f*; ***auf Ihr ⁓!*** alla Sua salute!; **'2behalten** *adj* sano e salvo; **'⁓fahrtseinrichtung** *f* istituzione *f* assistenziale; **'⁓fahrtsstaat** *m* stato *m* assistenziale; **'2habend** benestante

'wohl|klingend melodioso, armonioso; **'⁓schmeckend** gustoso; saporito, squisito; **'2stand** *m* (*-[e]s*; *senza pl*) benessere *m*; **'2standsgesellschaft** *f* società *f* del benessere; **'2tat** *f* (*-*; *-en*) beneficio *m*; *fig* sollievo *m*; **'⁓tätig** benefico; **'⁓tuend** ['-tuːənt] benefico; *fig* gradevole; **'⁓verdient** ben meritato; benemerito (***um*** di); **'⁓weislich** prudentemente; **'⁓wollend** benevolo

'wohn|en ['voːnən] (*h*) abitare; *vorübergehend*: alloggiare; (*leben*) vivere;

'**⁓geld** *n* indennità *f* d'alloggio; '**⁓haft** domiciliato, residente; '**⁓haus** *n* casa *f* di abitazione; '**⁓lich** comodo; '**⁓mobil** ['-mobi:l] *n* (*-s*; *-e*) autocaravan *f*; '**⁓ort** *m* residenza *f*, domicilio *m*; '**⁓raum** *m* vano *m*; '**⁓sitz** *m* domicilio *m*; dimora *f*, residenza *f*

'**Wohnung** ['vo:nuŋ] *f* (-; *-en*) appartamento *m*; abitazione *f*, alloggio *m*; *amtlich*: domicilio *m*

'**Wohnungs|amt** *n* ufficio *m* alloggi; '**⁓bau** *m* (*-[e]s*; *senza pl*) edilizia *f* abitativa; '**⁓not** *f* (-; *senza pl*) crisi *f* degli alloggi; mancanza *f* d'abitazioni; '**⁓wechsel** *m* cambiamento *m* di domicilio

'**Wohn|wagen** *m auto* rimorchio *m* da campeggio; roulotte *f*; '**⁓zimmer** *n* salotto *m*; soggiorno *m*

Wolf [vɔlf] *m* (*-[e]s*; *¨e*) *zo* lupo *m*

'**Wolke** ['vɔlkə] *f* (-; *-n*) nuvola *f*; *Rauch, Staub a*: nuvolo *m*

'**Wolken|bruch** ['vɔlkənbrux] *m* nubifragio *m*; '**⁓kratzer** *m* grattacielo *m*; '**⁓los** sereno

'**wolkig** ['vɔlkiç] nuvoloso

'**Wolle** ['vɔlə] *f* (-; *-n*) lana *f*

'**wollen** ['vɔlən] (*wollte, gewollt/wollen, h*) volere; (*wünschen*) desiderare; (*fordern*) chiedere, esigere; ***lieber ⁓*** preferire; ***irgendwohin ⁓*** voler andare in qualche luogo; ***wo ⁓ Sie hin?*** dove vuole andare?; ***wir ⁓ sehen*** vedremo; ***das will ich hoffen!*** lo spero bene!

'**woll|ig** lanoso; '**⁓stoff** *m* tessuto *m* di lana

wo|'mit [vo:'mit] con che, con quale; *relativ*: con cui; ***⁓ kann ich Ihnen dienen?*** in che cosa posso servirla?; **⁓'möglich** possibilmente; **⁓'nach** dopo di che; secondo la qual cosa; ***⁓ fragt er?*** che cosa domanda?; ***⁓ schmeckt es?*** che gusto ha?

wo'r|an [vo:'ran] *interrogativ*: a che (cosa), su che cosa; da che cosa; *relativ*: a cui, al quale; su cui, sul quale; dove; (*woraufhin*) perciò; **⁓'auf** *interrogativ*: su che cosa; che cosa; *relativ*: su cui, sul quale; dove; **⁓'aus** *interrogativ*: da dove; da che cosa; di che cosa; *relativ*: dal quale, da cui; del quale, di cui; **⁓'in** *interrogativ*: in che cosa; dove; *relativ*: in cui, nel quale

Wort [vɔrt] *n* (*-[e]s*; *-e*; *einzeln*: *pl ¨er*) parola *f*; (*Ausdruck*) espressione *f*, termine *m*; *rel* Verbo *m*; ***ums ⁓ bitten*** chiedere la parola; ***mit anderen ⁓en*** in altri termini; ***in ⁓en*** in lettere; ***mit e-m ⁓*** in due parole; ***nicht zu ⁓e kommen*** non riuscire a parlare; ***das ⁓ ergreifen*** prendere la parola

'**Wörterbuch** ['vœrtərbu:x] *n* dizionario *m*

'**wortkarg** laconico, taciturno

'**wörtlich** ['vœrtliç] **1.** *adj* letterale; testuale; **2.** *adv* alla lettera

'**wort|los** ['vɔrtlo:s] *adv* senza dire parola; '**⁓wechsel** *m* diverbio *m*

wo'rüber [vo:'ry:bər] su che; *relativ*: su cui

wor'um di (*od* a, per) che; *relativ*: di (*od* a, per) cui

wo'von di che; *relativ*: di cui

wo'vor da che, davanti a che, di che; *relativ*: da cui, davanti a cui, di cui

wo'zu a che, perché; a che prò, a che fine; *relativ*: a cui, alla qual cosa

Wrack [vrak] *n* (*-[e]s*; *-e*) relitto *m*; *a fig* carcassa *f*

'**Wucher** ['vu:xər] *m* (*-s*; *senza pl*) usura *f*; '**⁓n** (*h*) esercitare l'usura; *Pflanzen*: lussureggiare; *med* proliferare; '**⁓preis** *m* prezzo *m* esorbitante; '**⁓ung** *f* (-; *-en*) *med* escrescenza *f*; '**⁓zins** *m* interesse *m* usurario

'**wühlen** ['vy:lən] (*h*) scavare; *Schwein*: grufolare; *fig* frugare

wund [vunt] ferito; ***⁓e Stelle*** *f* piaga *f*; *fig* punto *m* debole; '**⁓e** ['-də] *f* (-; *-n*) *a fig* ferita *f*

'**Wunder** ['vundər] *n* (*-s*; -) miracolo *m*; prodigio *m*; meraviglia *f*; ***die sieben ⁓ der Welt*** le sette meraviglie del mondo; ***kein ⁓*** non c'è da meravigliarsi; '**⁓bar** (*staunenerregend*) meraviglioso; '**⁓kind** *n* bambino *m* prodigio; '**⁓lich** stravagante, strano; '**⁓mittel** *n* toccasana *m*; '**⁓n**: ***sich ⁓*** (*h*) meravigliarsi (***über*** *acc* di); '**⁓'schön** bellissimo; '**⁓voll** meraviglioso

'**Wundstarrkrampf** ['vuntʃtarkrampf] *m med* tetano *m*

Wunsch [vunʃ] *m* (*-[e]s*; *¨e*) desiderio *m*; (*Glück⁓*) augurio *m*; ***auf ⁓*** a richiesta; ***nach ⁓*** a piacere, a discrezione

'**wünschen** ['vynʃən] (*h*) desiderare; *j-m et*: augurare; ***was ⁓ Sie?*** cosa desidera?; '**⁓swert** desiderabile

'wunsch|gemäß ['vʊnʃgəmɛːs] come desiderato; **'⁓konzert** *n* concerto *m* di musiche richieste; **'⁓los** senza desideri; contento; **'⁓zettel** *m* lista *f* dei desideri
'Würde ['vyrdə] *f* (-; *senza pl*) dignità *f*; **'⁓los** indegno
'würdig ['vyrdiç] degno; (*würdevoll*) dignitoso; ***sich e-r Sache ⁓ erweisen*** dimostrarsi degno di qc; **'⁓en** ['-gən] (*h*) apprezzare; **'⁓ung** *f* (-; *-en*) apprezzamento *m*; degnazione *f*
Wurf [vʊrf] *m* (*-[e]s*; *⸚e*) getto *m*; lancio *m*; *Kegel*: colpo *m*; *Würfel*: tiro *m*; *Brut*: figliata *f*
'Würfel ['vyrfəl] *m* (*-s*; -) dado *m*; *mat* cubo *m*; (*Eis⁓*) cubetto *m*; ***die ⁓ sind gefallen*** il dado è tratto; **'⁓becher** *m* bussolotto *m*
'würfeln *v/i* (*h*) giocare ai dadi; ***gewürfelt*** a quadri
'Wurfel|spiel *n* gioco *m* dei dadi; **'⁓zucker** *m* zucchero *m* in zollette
'Wurfscheibe *f* disco *m*
Wurm [vʊrm] *m* (*-[e]s*; *⸚er*) verme *m*; **'⁓mittel** *n* vermifugo *m*; **'⁓stichig** ['-ʃtiçiç] tarlato; *Obst*: bacato
Wurst [vʊrst] *f* (-; *⸚e*) salsiccia *f*, salame *m*; (*Wurstwaren*) salumi *m/pl*
'Würstchen ['vyrstçən] (*-s*; -) salsicciotto *m*, würstel *m*
'Wurstwaren *f/pl* insaccati *m/pl*; salumi *m/pl*
'Würze ['vyrtsə] *f* (-; *-n*) spezie *f/pl*; *gastr u fig* condimento *m*; *des Weines*: aroma *m*
'Wurzel ['vʊrtsəl] *f* (-; *-n*) radice *f*; (*Zahn⁓*) radice *f*; **'⁓n** (*h*) radicare; *fig* avere le radici; **'⁓werk** *n bot* barbe *f/pl*; **'⁓ziehen** *n* (*-s*; *senza pl*) *mat* estrazione *f* della radice
'würz|en ['vyrtsən] (*h*) condire (*a fig*); aromatizzare; **'⁓ig** aromatico; saporito
Wust [vuːst] *m* (*-[e]s*; *senza pl*) guazzabuglio *m*
wüst [vyːst] deserto; *Kopf*: confuso; *Leben*: dissoluto
Wüste ['vyːstə] *f* (-; *-n*) deserto *m*
Wut [vuːt] *f* (-; *senza pl*) rabbia *f*, furore *m*, furia *f*; **'⁓anfall** *m* accesso *m* di rabbia
'wüten ['vyːtən] (*h*) infuriare; *Sturm*: imperversare; *Seuche*: infierire
wütend ['vyːtənt] furente; furioso, arrabbiato; ***⁓ werden*** arrabbiarsi; ***⁓ sein auf j-n*** essere arrabbiato con qu; ***j-n ⁓ machen*** far arrabbiare qu

X

'X|-Beine ['iksbaɪnə] *n/pl* gambe *f/pl* storte; **'⁓-beliebig** uno qualsiasi, un tizio; **'⁓-mal** mille volte, chissà quante volte

Y

Yacht [jaxt] *f* jacht *m*; → ***Jacht***
'Yoga ['joːga] *m u n* (*-[s]*; *senza pl*) yoga *m*
'Youngster ['jʌŋstə] *m* (*-s*; *-s*) giovane giocatore *m*
'Yuppie ['jupi] *m* (*-s*; *-s*) yuppie *m*

Z

'Zacke ['tsakə] *f* (-; *-n*) (*Spitze*) punta *f*; *Kamm, Säge*: dente *m*; (*Geweih*) ramo *m*

'zaghaft ['tsa:ghaft] timido; pauroso; irresoluto

zäh [tsɛ:] tenace; *Fleisch*: tiglioso; duro; '**~flüssig** viscoso; **~*er Verkehr*** traffico congestionato

Zahl [tsa:l] *f* numero *m*; (*Zahlzeichen*) cifra *f*; (*Anzahl*) quantità *f*; '**2bar** pagabile

zahlen ['tsa:lən] (*h*) pagare; ***Kellner, ~!*** cameriere, il conto!; ***was habe ich zu ~?*** quanto Le devo?

'zählen ['tsɛ:lən] (*h*) contare; ***auf j-n ~*** fare assegnamento su qu

'Zahlen|angaben ['tsa:lənˀanga:bən] *f/pl* dati *m/pl* numerici; '**2mäßig** numerico; '**~material** *n* materiale *m* statistico

'Zähler ['tsɛ:lər] *m* (*-s*; -) (*a tec*) contatore *m*; *mat* numeratore *m*

'Zahl|grenze *f Verkehr*: limite *m* di tariffa; '**~karte** *f post* modulo *m* di versamento; '**2los** innumerevole; **2reich 1.** *adj* numeroso; **2.** *adv* in gran numero

'Zahlung ['tsa:luŋ] *f* (-; *-en*) pagamento *m*; ***eine ~ leisten*** fare (*od* effettuare) un pagamento; ***in ~ geben*** (***nehmen***) dare (prendere) in pagamento

'Zählung ['tsɛ:luŋ] *f* (-; *-en*) numerazione *f*; *der Stimmen*: spoglio *m*

'Zahlungs... ['tsa:luŋs...]: *in Zssgn* di pagamento; '**~anweisung** *f* mandato *m* di pagamento; '**~aufforderung** *f* intimazione *f* di pagamento; '**~aufschub** *m* proroga *f*, dilazione *f* di pagamento; '**~bedingungen** *f/pl* condizioni *f/pl* di pagamento; '**~befehl** *m* ordine *m* di pagamento; '**~bilanz** *f* bilancia *f* dei pagamenti; '**~bilanzdefizit** *n* disavanzo *m* della bilancia dei pagamenti; '**~bilanzüberschuss** *m* eccedenza *f* della bilancia dei pagamenti; '**~frist** *f* termine *m* di pagamento; '**~mittel** *n* mezzo *m* di pagamento; '**~schwierigkeit** *f* difficoltà *f* di pagamento; '**2unfähig** insolvibile; '**~verkehr** *m* *econ* pagamenti *m/pl*; *econ* ***elektronischer ~*** pagamento *m* elettronico

zahm [tsa:m] mansueto; (*gezähmt*) addomesticato

'zähmen ['tsɛ:mən] (*h*) addomesticare; *Tiere*: domare

Zahn [tsa:n] *m* (*-[e]s*; *¨e*) dente *m*; ***j-m e-n ~ ziehen*** estrarre (*od* cavare) un dente a qu; '**~arzt** *m*, '**~ärztin** *f* dentista *m/f*; '**~bürste** *f* spazzolino *m* da denti; '**~creme** *f* dentifricio *m*; '**~ersatz** *m* dentiera *f*; protesi *f* dentale; '**~fleisch** *n* gengiva *f*; '**~füllung** *f* impasto *m* per l'otturazione di un dente; '**~paste** *f* dentifricio; *m*; '**~pflege** *f* cura *f* dei denti; igiene *f* orale; '**~rad** *n tec* ruota *f* dentata; pignone *m*; '**~radbahn** *f* ferrovia *f* a cremagliera; '**~schmerz** *m* mal *m* di denti; '**~stein** *m med* tartaro *m*; '**~stocher** ['-ʃtɔxər] *m* (*-s*; -) stuzzicadenti *m*

'Zange ['tsaŋə] *f* (-; *-n*) *tec* tenaglie *f/pl*; (*Zucker2, Feuer2*) molle *f/pl*

'zanken ['tsaŋkən]: ***sich ~*** (*h*) litigare, bisticciarsi

'Zäpfchen ['tsɛpfçən] *n* (*-s*; -) *anat* ugola *f*; *med* supposta *f*

'zapf|en ['tsapfən] **1.** *v/t* (*h*) spillare; **2.** '**2en** *m* (*-s*; -) zaffo *m*, caviglia *f*; (*Fass2*) tappo *m*; *bot* strobilo *m*; (*Tannen2*) pigna *f*; (*Eis2*) ghiacciuolo *m*; (*Stift*) perno *m*; '**2säule** *f* distributore *m*

zart [tsa:rt] tenero; *Haut, Gesundheit*: delicato; ***~ fühlend*** delicato

'zärtlich ['tsɛ:rtliç] affettuoso; '**2keit** *f* (-; *-en*) tenerezza *f*, affettuosità *f*; (*Liebkosung*) carezza *f*

Zäsur [tsɛ'zu:r] *f* (-; *-en*) cesura *f*

'Zauber ['tsaʊbər] *m* (*-s*; *senza pl*) incanto *m*; *nur fig*: fascino *m*; ***fauler ~*** imbroglio *m*, inganno *m*; '**~er** *m* (*-s*; -) mago *m*; **2haft** magico; *fig* incantevole, affascinante; '**~in** *f* (-; *-nen*) maga *f*; '**~künstler** *m* prestigiatore *m*; **~kunststück** ['-kunstʃtyk] *n* gioco *m* di prestigio; '**2n** (*h*) esercitare la magia; fare giochi di prestigio; '**~stab** *m* bacchetta *f* magica

Zaun [tsaʊn] *m* (*-[e]s*; *¨e*) siepe *f*; *aus Holz*: steccato *m*; ***einen Streit vom ~ brechen*** provocare una lite (*od* un conflitto)

'Zebra ['tse:bra] *n* (*-s*; *-s*) *zo* zebra *f*; **'~streifen** *m Straße*: strisce *f/pl* pedonali

'Zeche ['tsɛçə] *f* (*-*; *-n*) scotto *m*; *min* miniera *f*; ***die ~ bezahlen*** pagare il conto

'Zecke ['tsɛkə] *f* (*-*; *-n*) *zo* zecca *f*

'Zeder *bot* ['tse:dər] *f* (*-*; *-n*) cedro *m*

Zeh [tse:] *m* (*-s*; *-en*), **'~e** ['tse:ə] *f* (*-*; *-n*) dito *m* del piede; ***große ~*** alluce *m*; **'~enspitze** *f*: ***auf ~n*** sulla punta dei piedi

zehn [tse:n] *adj* dieci; ***etwa ~*** una decina

Zehn *f* (*-*; *-en*) dieci *m*; **'~er** *m* (*-s*; *-*) → ***Zehnpfennigstück***; *mat* decina *f*; **'~erkarte** *f* biglietto *m* valido per dieci volte (a dieci tagliandi); **'≗fach**, **'≗jährig** decennale; **'≗mal** dieci volte; **~'pfennigstück** *n* moneta *f* da dieci pfennig; **'≗tägig** di dieci giorni; **'≗tausend** diecimila; **'≗te** *adj* decimo; **'~tel** *n* (*-s*; *-*) decimo *m*, decima parte *f*; **'≗tens** in decimo luogo

'Zeichen ['tsaɪçən] *n* (*-s*; *-*) segno *m*; (*An≗*) indizio *m*; (*Erkennungs≗*) marca *f*, contrassegno *m*; *fer* segnale *m*; *econ* marca *f*; *med* sintomo *m*; (*Stern≗*) costellazione *f*; (*Wink*) cenno *m*; **'~erklärung** *f* legenda *f/pl*; **'~papier** *n* carta *f* da disegno; **'~setzung** ['-zɛtsʊŋ] *f* (*-*; *senza pl*) interpunzione *f*; **'~sprache** *f* linguaggio *m* mimico; **'~stift** *m* lapis *m*; **~trickfilm** *m* cartone *m* animato

'zeichn|en ['tsaɪçnən] (*h*) segnare; *Malerei*: disegnare; (*unter~*) sottoscrivere; firmare; *Plan*: tracciare; *Wäsche*: marcare; **'≗er** *m* (*-s*; *-*), **'≗erin** *f* (*-*; *-nen*) disegnatore *m*, -trice *f*; sottoscrittore *m*, -trice *f*; **≗ung** *f* (*-*; *-en*) segnatura *f*; disegno *m*; sottoscrizione *f*; **'~ungsberechtigt** autorizzato a firmare

'Zeigefinger ['tsaɪgəfiŋər] *m* indice *m*

zeig|en ['tsaɪgən] (*h*) mostrare; far vedere; *nach*: indicare; ***das wird sich ~*** vedremo; ***es zeigt sich, dass*** si vede che; ***sich ~*** farsi vedere; **'≗er** *m* (*-s*; *-*) indicatore *m*; (*Uhr≗*) lancetta *f*

'Zeile ['tsaɪlə] *f* (*-*; *-n*) linea *f*; riga *f*; (*Reihe*) fila *f*; **'~nabstand** ['-ʔap-] *m* interlinea *f*

Zeit [tsaɪt] *f* (*-*; *senza pl*) tempo *m*; (*pl -en*) (*Jahres≗*) stagione *f*; (*Zeitraum*) periodo *m*; (*Zeitalter*) era *f*, epoca *f*; (*Uhr≗*) ora *f*; (*Termin*) termine *m*; (*Datum*) data *f*; (*Kulturepoche*) età *f*, secolo *m*; *econ* ***auf ~*** a termine; ***es hat ~*** c'è tempo; ***ich habe keine ~*** non ho tempo; ***vor kurzer ~*** poco fa; ***lange ~*** molto tempo; F parecchio tempo; ***in der ~ der ...*** ai tempi della ...; ***es ist die höchste ~*** non c'è tempo da perdere; ***zur rechten ~*** al momento buono; ***die guten alten ~en*** i bei vecchi tempi; ***von ~ zu ~*** ogni tanto; ***zeit seines Lebens*** durante tutta la sua vita; ***es ist an der ~, zu*** è ora di; ***eine ~ lang*** per un po' di tempo; → ***zurzeit***

'Zeit|alter *n* età *f*, era *f*; (*Jahrhundert*) secolo *m*; **~ansage** *f Radio*: segnale *m* orario; **'~arbeit** *f* lavoro *m* a tempo definito; **'~aufwand** *m* dispendio *m* di tempo; **'~ersparnis** *f* risparmio *m* di tempo; **'~frage** *f* questione *f* di tempo; problema *m* del giorno; **≗gemäß** moderno, attuale, conforme allo spirito dei tempi; **'~genosse** *m*, **'≗genössisch** ['-gənœsiʃ] *adj* contemporaneo *m u adj*; **'≗ig** presto, per tempo; (*frühmorgens*) di buon'ora; **'~karte** *f Verkehrsmittel*: abbonamento *m*; **≗lebens** [-'le:bəns] *adv* per tutta la vita; **'≗lich** temporale, cronologico; mondano; **'~lohn** *m* salario *m* a tempo; **'≗los** eterno; non soggetto a cambiamenti, indipendente dalla moda; **'~lupe** *f* rallentatore *m*; **'~mangel** *m* (*-s*; *senza pl*) mancanza *f* di tempo; **'~punkt** *m* momento *m*; **'≗raubend** che richiede molto tempo; **'~raum** *m* (spazio *m* di) tempo *m*; **'~rechnung** *f* cronologia *f*; *christliche*: era *f*; **'~schrift** *f* rivista *f*

Zeitung ['tsaɪtʊŋ] *f* (*-*; *-en*) giornale *m*

'Zeitungs|anzeige *f* annuncio *m*, inserzione *f*; **'~artikel** *m*, **'~bericht** *m* articolo *m* di giornale; **'~beilage** *f* supplemento *m* di giornale; **'~ente** *f* F canard *m*; invenzione *f* dei giornali; **'~kiosk** *m* edicola *f* (di giornali); **'~notiz** *f* trafiletto *m*, stelloncino *m*; **'~papier** *n* carta *f* da giornali; **'~verkäufer(in** *f*) *m* giornalaio *m*, -a *f*

'Zeit|unterschied ['tsaɪtʔuntərʃi:t] *m*

differenza *f* di orario; **'⁓verlust** *m* (*-[e]s; senza pl*) perdita *f* di tempo; **'⁓vertreib** ['-fɛrtraɪp] *m* (*-[e]s; -e*) passatempo *m*; **'2weilig** ['-vaɪlɪç] temporaneo; **'2weise** di quando in quando; temporaneamente; **'⁓zeichen** *n Radio*: segnale *m* orario; **'⁓zone** *f* fuso *m* orario

'Zell|e ['tsɛlə] *f* (*-; -n*) cella *f*; *biol*, *fig* cellula *f*; (*Bade2*, *Telefon2*) cabina *f*; **'⁓stoff** *m* (*-[e]s; senza pl*) cellulosa *f*

Zelt [tsɛlt] *n* (*-[e]s; -e*) tenda *f*; ***die ⁓e aufschlagen*** piantare le tende; **'2en** (*h*) attendarsi, campeggiare, accamparsi; **'⁓platz** *m* campeggio *m*

Ze'ment [tse'mɛnt] *m* (*-[e]s; -e*) cemento *m*; **2ieren** (*senza ge-, h*) cementare

zen's|ieren [tsɛn'ziːrən] (*senza ge-, h*) censurare; sottoporre alla censura; (*beurteilen*) giudicare; **'2ur** [-'zuːr] *f* (*-; senza pl*) censura *f*; (*pl -en*) *Schule*: voto *m*

Zenti'meter [-ti'meːtər] *m u n* centimetro *m*

'Zentner ['tsɛntnər] *m* (*-s; -*) mezzo quintale *m*

zen'tral [-'trɑːl], **Zentral...** *in Zssgn* centrale; **2bank** *f* banca *f* centrale; **2bankpräsi'dent** *m* presidente *m* della Banca centrale; **2e** *f* (*-; -n*) centrale *f*; **2heizung** *f* riscaldamento *m* centrale; **⁓i'sieren** [-trali'siːrən] (*senza ge-, h*) accentrare, centralizzare; **2'ismus** [-tra'lismus] *m* (*-; senza pl*) *pol* centralismo *m*

'Zentrum ['-trum] *n* (*-s; -tren*) centro *m*

zer'brech|en (*zerbrach, zerbrochen*) **1.** *v/t* (*h*) rompere; ***sich den Kopf ⁓*** rompersi la testa; **2.** *v/i* (*sn*) rompersi; **⁓lich** fragile

zer'drücken (*senza -ge-, h*) schiacciare; *Kleidung*: sgualcire

Zeremo'niell [tseremon'jɛl] *n* (*-s; -e*) cerimoniale *m*; *diplomatisches*: protocollo *m*

Zer'fall *m* (*-[e]s; senza pl*) rovina *f*, sfacelo *m*; *fig* decadenza *f*; (*Atom2*) disintegrazione *f*; **2en** *v/i* (*zerfiel, zerfallen, sn*) sfasciarsi; decomporsi; disintegrarsi; *fig* decadere

zer'fressen rodere; *chim* corrodere

zer'gehen (*zerging, zergangen, sn*) struggersi, sciogliersi; *in Flüssigkeit*: liquefarsi

zer'hacken (*senza -ge-, h*) spezzare; *in Stücke*: fare a pezzi

zer'kauen (*senza -ge-, h*) masticar bene

zer'kleinern [-'klaɪnərn] (*senza -ge-, h*) sminuzzare; (*zermalmen*) tritare

zer'klüftet [-'klyftət] frastagliato, dirupato

zer'knittern, zer'knüllen (*senza -ge-, h*) sgualcire

zer'legen (*senza -ge-, h*) scomporre; *tec* smontare

zer'lumpt [-'lumpt] cencioso

zer'quetschen (*senza -ge-, h*) schiacciare

zer'reiben (*zerrieb, zerrieben, h*) tritare; polverizzare

zer'reißen [-'raɪsən] (*zerriss, zerrissen*) **1.** *v/t* (*h*) strappare; lacerare; **2.** *v/i* (*sn*) lacerarsi; spezzarsi; squarciarsi

'zerr|en ['tsɛrən] (*h*) *med* storcere, tirare; **'2ung** *med f* (*-; -en*) stiramento *m*

Zer'rissenheit [-'risənhaɪt] *f* (*-; senza pl*) *fig* disunione *f*, *seelisch*: sconcerto *m*, profondo scontento *m*

zer'rütt|en [-'rytən] (*senza -ge-, h*) scompigliare; *Kraft*: logorare; *Verhältnisse*: dissestare; ***zerrüttete Verhältnisse*** *n/pl* dissesti *m/pl* finanziari; **2ung** *f* (*-; -en*) scompiglio *m*; rovina *f*, disorganizzazione *f*, dissesto *m*

zer'sägen [-'zɛːgən] (*senza -ge-, h*) segare

zer'schlagen 1. *v/t* (*zerschlug, zerschlagen, h*) fracassare; distruggere; rompere, spezzare; ***sich ⁓*** *fig* andare a monte; **2.** *adj* (*müde*) stanco morto

zer'schneiden (*zerschnitt, zerschnitten, h*) tagliare a pezzi; tagliuzzare; trinciare

zer'splitter|n (*senza -ge-*) **1.** *v/t* (*h*) scheggiare; *fig* disperdere; **2.** *v/i* (*sn*) andare in schegge; **2ung** *f* (*-; -en*) sparpagliamento *m*; *pol* frazionamento *m*, disgregamento *m*

zer'stör|en (*senza -ge-, h*) distruggere; demolire; rovinare; **2ung** *f* (*-; -en*) distruzione *f*

zer'streu|en (*senza -ge-, h*) disperdere; ***sich ⁓*** disperdersi; *fig* distrarsi; **⁓t** disperso; *fig* distratto; **2ung** *f* (*-; -en*) *fig* distrazione *f*

zer'teilen (*senza -ge-, h*) dividere; (*zerlegen*) scomporre

Zertifi'kat [tsɛrtifi'kaːt] *n* (*-[e]s*; *-e*) certificato *m*; diploma *m*
zer'treten (*zertrat*, *zertreten*, *h*) calpestare
zer'trümmer|n [-'trymərn] (*senza -ge-*, *h*) sconquassare; *fig nur*: distruggere; *Gebäude*: abbattere; *Atom*: disintegrare; **2ung** *f* (*-*; *-en*) rovina *f*, demolizione *f*, sconquasso *m*; *Atom*: disintegrazione *f*
Zerve'latwurst [-və'laːtvurst] *f* cervellata *f*
'Zettel ['tsɛtəl] *m* (*-s*; *-*) biglietto *m*; foglietto *m*; (*Wahl2*) scheda *f*; (*Anschlag2*) manifesto *m*
Zeug [tsɔʏk] *n* (*-[e]s*; *senza pl*) (*Sachen*) roba *f*; (*Fähigkeit*) capacità *f*; Fstoffa *f*; F ***dummes ~*** stupidaggini *f/pl*; ***er hat das ~ zum Minister*** ha la stoffa del ministro; ***sich ins ~ legen*** F darsi da fare
'Zeug|e ['tsɔʏgə] *m* (*-n*; *-n*) testimone *m*; *jur* teste *m*; **'2en** (*h*) **1.** *v/i* deporre, testimoniare; provare; ***von et ~*** essere la prova di qc; **2.** *v/t* generare
'Zeugen|aussage ['tsɔʏgənˀausza:gə] *f* deposizione *f*, testimonianza *f*; **'~vernehmung** *f* escussione *f* dei testi
'Zeug|in *f* (*-*; *-nen*) testimone *f*; **'~nis** *n* (*-ses*; *-se*) testimonianza *f*, (*Bescheinigung*) certificato *m*; (*Schul2*) pagella *f*
'Zeugung *f* (*-*; *-en*) *biol* riproduzione *f*, procreazione *f*
'zeugungsunfähig ['-ˀun-] impotente; sterile
'Zickzack ['tsiktsak] *m* (*-[e]s*; *-e*) zigzag *m*; **'~linie** *f* linea *f* a zigzag
'Ziege ['tsiːgə] *f* (*-*; *-n*) *zo* capra *f*
'Ziegel ['tsiːgəl] *m* (*-s*; *-*) mattone *m*; (*Dach2*) tegola *f*; **'~stein** *m* mattone *m*
'Ziegen|käse *m* (formaggio *m*) caprino *m*; **'~peter** ['-peːtər] *m* (*-s*; *senza pl*) *med* orecchioni *m/pl*
'zieh|en ['tsiːən] (*zog*, *gezogen*, *h*) **1.** *v/t* tirare; *Brettspiele*: muovere; *Bilanz*, *Vergleich*: fare; *Pflanzen*: coltivare; *Los*: estrarre; *Nutzen*: ricavare; *Zahn*: cavare; *Striche*: tracciare; *in Erwägung*: prendere; ***zurate ~*** consultare; *fig* ***den kürzeren ~*** aver la peggio; ***Folgen nach sich ~*** avere delle conseguenze; **2.** *v/i* (*a sn*) tirare; (*an~*) attirare; (*um~*) cambiar casa, traslocare; *Ortswechsel*: recarsi; *Vögel*, *Wolken*: passare; ***es zieht*** c'è corrente; ***den Tee ~ lassen*** mettere il tè in infusione; ***sich in die Länge ~*** andare per le lunghe; **'2harmonika** *f mus* fisarmonica *f*; **'2ung** *f* (*-*; *-en*) estrazione *f*
Ziel [tsiːl] *n* (*-[e]s*; *-e*) meta *f*, obiettivo *m*, scopo *m*; *mil* bersaglio *m*, mira *f*; (*Ende*) fine *m*; *Sport*: traguardo *m*, arrivo *m*; ***zum ~ gelangen*** arrivare allo scopo; **'2en** (*h*) mirare (***auf*** *acc* a); *fig a* aspirare a, anelare a; **'~gerade** *f Sport*: rettilineo *m* d'arrivo; **'~gruppe** *f* target-group *m*, gruppo-obiettivo *m*; **'~hafen** *m* porto *m* di destinazione; **'~linie** *f Sport*: linea *f* d'arrivo; **'2los** senza meta; *adv* alla ventura; **'~markt** *m* mercato target *m*; **'~scheibe** *f* bersaglio *m*; *fig* ***~ des Spottes*** zimbello *m*; **'~sprache** *f* lingua *f* d'arrivo; **'2strebig** che va diritto alla meta; *fig* energico, volitivo, sicuro del fatto suo
'ziemlich ['tsiːmliç] **1.** *adj* conveniente, opportuno; passabile; **2.** *adv* assai, abbastanza; ***so ~*** press'a poco; ***~ viel*** abbastanza
'zier|en ['tsiːrən] (*h*) ornare; decorare, abbellire; ***geziert*** affettato; **'~lich** grazioso, carino; **'2pflanze** *f* pianta *f* ornamentale
'Ziffer ['tsifər] *f* (*-*; *-n*) cifra *f*, numero *m*; **'~blatt** *n* quadrante *m*
Ziga'rette [tsiga'rɛtə] *f* (*-*; *-n*) sigaretta *f*
Zigarettenautomat [-ˀautomaːt] *m* distributore *m* automatico di sigarette
Ziga'rillo [-'rilo] *m u n* (*-s*; *-s*) sigaro *m*
Zi'garre [tsi'garə] *f* (*-*; *-n*) sigaro *m*
Zi'geuner [tsi'gɔʏnər] *m* (*-s*; *-*) *neg!*, **'~in** *f* (*-*; *-nen*) *neg! zingaro m*, *-a f*
'Zimmer ['tsimər] *n* (*-s*; *-*) stanza *f*, camera *f*; **'~einrichtung** *f* arredamento *m*; **'~kellner** *m* cameriere *m*; **'~mädchen** *n* cameriera *f*; **'~mann** *m* (*-[e]s*; *-leute*) carpentiere *m*; **'~nachweis** *m* informazioni *f/pl* posti letto; **'~nummer** *f* numero *m* di camera; **'~service** *m* servizio *m* in camera
'zimperlich ['tsimpərliç] smorfioso; delicato, suscettibile; effeminato
Zimt [tsimt] *m* (*-[e]s*; *-e*) cannella *f*
Zink [tsiŋk] *n* (*-[e]s*; *senza pl*) zinco *m*
'Zinke ['tsiŋkə] *f* (*-*; *-n*) punta *f*, (*Gabel2*) rebbio *m*
Zinn [tsin] *n* (*-[e]s*; *senza pl*) stagno *m*; **'~e** *f* (*-*; *-n*) *arch* pinnacolo *m*

Zins [tsins] *m* (*-es*; *-en*) (*Abgabe*) tributo *m*; (*Miet*≈) fitto *m*; (*Geld*≈) interesse *m*; '**~en** *pl* (*Kapital*≈) interessi *m/pl*; ***von den ~en leben*** vivere di rendita; ***3 % ~en*** un interesse del tre per cento

'**Zins|eszins** ['tsinzəstsins] *m* interesse *m* composto; '**~fuß** *m* tasso *m* di interesse; '**≈günstig** agevolato, a basso tasso d'interesse; '**≈los** senza interessi; '**≈pflichtig** ['-pfliçtiç] tributario; '**~rechnung** *f* calcolo *m* degli interessi; '**~satz** *m* tasso *m* d'interesse

'**Zipfel** ['tsipfəl] *m* (*-s*; *-*) estremità *f*, cocca *f*; *am Rock*: lembo *m*

'**zirka** ['tsirka] circa, all'incirca, approssimativamente

'**Zirkel** ['-kəl] *m* (*-s*; *-*) circolo *m*; *Werkzeug*: compasso *m*

zirku'lieren [-ku'li:rən] (*senza ge-*, *h*) circolare

'**Zirkus** ['-kus] *m* (*-*; *-se*) circo *m*

'**zischen** ['tsiʃən] (*h*) fischiare; sibilare

Zita'delle [tsita'dɛlə] *f* (*-*; *-n*) cittadella *f*

Zi'tat [-'ta:t] *n* (*-[e]s*; *-e*) citazione *f*

zi'tieren [-'ti:rən] (*senza ge-*, *h*) citare

Zi'trone [-'tro:nə] *f* (*-*; *-n*) limone *m*; **~nlimonade** *f* limonata *f*, **~nsaft** *m* succo *m* di limone

'**zittern** ['tsitərn] (*h*) tremare (***vor*** *dat* da); '**~d** tremante

zi'vil [tsi'vi:l] *adj* civile

Zi'vil *n* (*-s*; *senza pl*) *Kleidung*: abito *m* borghese; ***in ~*** in borghese; **~bevölkerung** *f* popolazione *f* civile; '**~dienst** *m* servizio *m* civile; **~gesetzbuch** *n* codice *m* civile; **~isa'tion** [-vilizats'jo:n] *f* (*-*; *-en*) civiltà *f*, **≈i'sieren** (*senza ge-*, *h*) civilizzare; **~'ist** [-vi'list] *m* (*-en*; *-en*) borghese *m*; **~recht** *n* diritto *m* civile

'**zögern** ['tsø:gərn] (*h*) esitare (***mit*** con); (*schwanken*) titubare, tentennare; '**~d** titubante

Zoll [tsɔl] *m* (*-[e]s*; *als Maß im pl inv*) (*Maß*) pollice *m*; (*pl* *¨e*) (*Grenz*≈) dogana *f*, dazio *m* doganale

'**Zoll|abfertigung** ['tsɔlˀapfɛrtiguŋ] *f* disbrigo *m* delle formalità doganali; '**~amt** *n* ufficio *m* di dogana (*od* doganale); dogana *f*, '**~beamte** *m* doganiere *m*; '**~erklärung** *f* dichiarazione *f* doganale; '**≈frei** esente da dazio (*od* da dogana); '**~kontrolle** *f* controllo *m* (*od* ispezione *f*) doganale; '**≈pflichtig** ['-pfliçtiç] soggetto a dazio (*od* a dogana); '**~schranke** *f* barriera *f* doganale; '**~stock** *m* *tec* metro *m* pieghevole; '**~union** *f* unione *f* doganale

'**Zone** ['tso:nə] *f* (*-*; *-n*) zona *f*, '**~ntarif** *m* *Verkehr*, *post* tariffa *f* a zona

Zoo [tso:] *m* (*-s*; *-s*) (*abbr für* ***Zoologischer Garten***) giardino *m* zoologico; zoo *m*

zoo'logisch [tsoˀo'lo:giʃ] zoologico

Zopf [tsɔpf] *m* (*-[e]s*; *¨e*) treccia *f*

Zorn [tsɔrn] *m* (*-[e]s*; *senza pl*) collera *f*, ira *f*, sdegno *m*; '**≈ig** adirato

zu [tsu:] **1.** *prp* a; *~ m-m Bedauern*: con; *~ Ehren*, *Gunsten*: in; *~m Glück*: per; *~ j-m gehen*, *kommen*: da; ***zum Minister ernennen*** nominare ministro; **2.** *vor inf mst* di; (*nach haben u nach sein*) da; (*einladen*, *anfangen*, *lernen*, *zwingen*, *schwer*, *leicht ~*) a; **3.** *adv*: ***~***, ***~ viel***, ***~ sehr*** troppo; ***~ wenig*** troppo poco; ***~ zweien*** a due a due: ***nur ~!*** faccia pure!; sempre avanti!; **4.** (*geschlossen*) ***es ist ~*** è chiuso; ***Tür ~!*** si chiuda la porta!

'**Zubehör** ['-bəhø:r] *n* (*-[e]s*; *-e*) *tec* accessori *m/pl*; (*Wohnungs*≈) annessi *m/pl*

'**zubereit|en** (*sep*, *senza -ge-*, *h*) preparare; *gastr a* cucinare; '**≈ung** *f* (*-*; *-en*) preparazione *f*, *gastr* maniera *f* di cucinare (*od* preparare)

'**zubinden** (*irr*, *sep*, *-ge-*, *h*, → ***binden***) legare; *Augen*: bendare

'**zubring|en** (*irr*, *sep*, *-ge-*, *h*, → ***bringen***) **1.** portare; **2.** *Zeit*: passare; '**≈er** *m* (*-s*; *-*) *Verkehr*: raccordo *m*; '**≈erbus** *m* autobus *m* navetta; '**≈erdienst** *m* servizio *m* di collegamento; '**≈erstraße** *f* raccordo *m*, svincolo *m*

Zucht [tsuxt] *f* (*-*; *-en*) *zo* allevamento *m*; *bot* coltivazione *f*, (*Rasse*) razza *f*

'**zücht|en** ['tsyçtən] (*h*) *zo* allevare; *Blumen*: coltivare; '**≈er** *m* (*-s*; *-*) allevatore *m*; coltivatore *m*

'**Zucht|haus** ['tsuxthaus] *n* *Gebäude*: penitenziario *m*; *Strafe*: reclusione *f*, '**~perle** *f* perla *f* coltivata

'**Züchtung** ['tsyçtuŋ] *f* (*-*; *-en*) *zo* allevamento *m*; *mus* coltivazione *f*

'**zucken** ['tsukən] (*h*) **1.** *v/t* scuotere; ***die Achseln ~*** alzare le spalle; **2.** *v/i* scuotersi; *Glieder*: palpitare; *Blitz*: guizzare

'Zucker ['tsukər] *m* (*-s*; -) zucchero *m*; **'~dose** *f* zuccheriera *f*; **'~fabrik** *f* zuccherificio *m*; **'~guss** *m* glassa *f*; **'&haltig** ['-haltiç] zuccheroso, saccarifero; **'&krank** diabetico; **'~krankheit** *f* diabete *m*; **'&n** (*h*) zuccherare; **'~rohr** *n* canna *f* da zucchero; **'~rübe** *f* barbabietola *f* da zucchero

'zudecken ['tsu:dɛkən] (*sep*, *-ge-*, *h*) coprire

zu'dem [tsu'de:m] inoltre

'zudrehen (*sep*, *-ge-*, *h*) (*schließen*) chiudere (girando)

'zudringlich indiscreto; importuno

zuei'nander a vicenda; l'uno per (*od* verso) l'altro

'zuerkennen (*irr*, *sep*, *senza -ge-*, *h*, → ***erkennen***) aggiudicare; *eine Strafe*: infliggere

zu'erst prima; (*als Erster*) per primo

'Zufahrt *f* (-; *-en*) accesso *m*; **'~straße** *f* strada *f* d'accesso

'Zufall *m* (*-[e]s*; *⸚e*) caso *m*

'zufällig *adj* fortuito; occasionale; accidentale; *adv* per caso, per combinazione

Zuflucht *f* (-; *-en*) rifugio *m*; ***zu j-m ~ nehmen*** rifugiarsi presso qu; *fig* ricorrere a qu

zu'folge [-'fɔlgə] secondo (*acc*), a seconda di

zu'frieden [-'fri:dən] contento, soddisfatto (***mit*** di); ***sich ~ geben mit*** accontentarsi di; ***~ lassen*** lasciare in pace; ***~ stellen*** accontentare, soddisfare; ***~ stellend*** soddisfacente; *Note*: sufficiente

'zufrieren (*irr*, *sep*, *-ge-*, *sn*, → ***frieren***) gelarsi

'zufügen (*sep*, *-ge-*, *h*) *Schaden*: causare; *fig* infliggere, inferire

'zuführen (*sep*, *-ge-*, *h*) portare; trasportare; addurre; apportare; rifornire di

Zug [tsu:k] *m* (*-[e]s*; *⸚e*) *fer* treno *m*; *Spiel*: mossa *f*; *von Vögeln*: passaggio *m*; (*Fest&*) corteo *m*; (*Berg&*) catena *f*; (*Luft&*) corrente *f* d'aria; (*Atem&*) fiato *m*; *beim Rauchen*: tirata *f*; *beim Trinken*: sorso *m*; (*Gesichts&*) lineamento *m*; ***auf e-n ~***, ***in e-m ~*** d'un fiato; ***zum ~e kommen*** entrare in azione

'Zugabe ['tsu:ga:bə] *f* (-; *-n*) aggiunta *f*

'Zugabteil ['-ʔap-] *n* scompartimento *m*

'Zugang ['tsu:gaŋ] *m* (*-[e]s*; *⸚e*) accesso *m*; corridoio *m*, sbocco *m*

'zugänglich ['-gɛŋliç] accessibile; *fig* aperto (***für*** a); ***leicht ~*** da raggiungere facilmente

'Zug|anschluss *m fer* coincidenza *f* (di treni *usw*); **'~brücke** *f* ponte *m* levatoio

'zugeben ['tsu:ge:bən] (*irr*, *sep*, *-ge-*, *h*, → ***geben***) aggiungere; *fig* ammettere; concedere; ***zugegeben!*** d'accordo!

'Zugehörigkeit ['-gəhø:riçkaɪt] *f* (-; *senza pl*) appartenenza *f*

'Zügel ['tsy:gəl] *m* (*-s*; -) redine *f*, *mst* redini *f/pl*; *fig* freno *m*; **'&los** senza briglia; *fig* sfrenato; **'&n** (*h*) imbrigliare; *fig* frenare

'Zugereiste ['tsu:gəraɪstə] *m/f* (*-n*; *-n*) immigrato *m*, -a *f*

'Zugeständnis *n* (*-ses*; *-se*) concessione *f*

'zugestehen (*irr*, *sep*, *-ge-*, *h*, → ***gestehen***) concedere

'Zugführer *m fer* capotreno *m*

'zugig ['-giç] esposto alla corrente d'aria; ***es ist ~*** c'è corrente

'zügig ['tsy:giç] di buona lena; rapidamente

'zugkräftig attraente; che fa colpo

zu'gleich [tsu'glaɪç] nello stesso tempo

'Zug|personal *n fer* personale *m* viaggiante; **'~pflaster** *n med* vescicante *m*

'zugreifen ['tsu:graɪfən] (*irr*, *sep*, *-ge-*, *h*, → ***greifen***) cogliere l'occasione; afferrare; *bei Tisch*: servirsi

zu'grunde [tsu'grundə]: ***~ gehen*** andare in rovina, perire; ***et ~ legen*** prendere qc per base; ***~ liegen*** essere il fondamento (*od* la causa)

'Zug|schaffner *m fer* controllore *m*; **'~telefon** *n* telefono *m* sul treno

zu'gunsten [tsu'gunstən] (*gen*) a favore di

zu'gute [-'gu:tə]: ***j-m et ~ halten*** dare conto a qu di qc; ***j-m ~ kommen*** tornare utile a qu; tornare a favore di qu

'Zug|verbindung *f* collegamento *m* ferroviario; (*Anschluss*) coincidenza *f*; **'~verkehr** *m* traffico *m* ferroviario; **'~verspätung** *f* ritardo *m* del treno

Zu'hause [tsu'haʊzə] *n* (*-s*; *senza pl*) casa *f*

'zuheilen ['tsu:haɪlən] (*sep*, *-ge-*, *sn*) rimarginarsi; cicatrizzarsi

'zuhör|en ['tsu:hørən] (*sep*, *-ge-*, *h*) (stare ad) ascoltare; **'2er** *m* (*-s*; *-*), **'2erin** *f* (*-*; *-nen*) ascoltatore *m*, -trice *f*
'zujubeln (*sep*, *-ge-*, *h*): ***j-m ~*** acclamare qu; salutare qu con giubilo
'zukleben (*sep*, *-ge-*, *h*) incollare
'zuklinken ['tsu:kliŋkən] (*sep*, *-ge-*, *h*) chiudere con la sola maniglia
'zuknöpfen ['-knœpfən] (*sep*, *-ge-*, *h*) abbottonare; ***zugeknöpft*** *fig* riservato
'Zukunft ['tsu:kunft] *f* (*-*; *senza pl*) avvenire *m*, futuro *m* (*a gram*)
'zukünftig ['-kynftiç] **1.** *adj* futuro; **2.** *adv* in futuro
'Zukunftsindustrie *f* industria *f* del futuro
'Zulage *f* (*-*; *-n*) aggiunta *f*; supplemento *m*; maggiorazione *f*
'zulassen (*irr*, *sep*, *-ge-*, *h*, → ***lassen***) **1.** ammettere; (*erlauben*) permettere; **2.** *Tür*: lasciar chiuso
'zulässig ['-lɛsiç] ammissibile
'Zulassung *f* (*-*; *-en*) ammissione *f*, autorizzazione *f*; *auto* immatricolazione *f*
zu'letzt [tsu'lɛtst] in ultimo; (*als Letzter*) all'ultimo
zu'liebe [-'li:bə]: ***j-m ~*** per amore di qu; ***mir ~*** per amor mio
'Zulieferindustrie *f* industria *f* indotta
'zumachen ['tsu:maxən] (*sep*, *-ge-*, *h*) F chiudere; *Kleid*: abbottonare
zu'mal [tsu'ma:l] specialmente; ***~ da*** tanto più che
zu'meist per lo più
zu'mindest almeno
'zumüllen ['tsumy:lən] (*h*) *mit E-Mails*: fare spam, fare spamming
'zumut|en ['tsu:mu:tən] (*sep*, *-ge-*, *h*): ***j-m et ~*** pretendere qc da qu; ***sich zu viel ~*** pretendere troppo dalle proprie forze; **2ung** *f* (*-*; *-en*) pretesa *f*
zu'nächst [tsu'nɛ:çst] in primo luogo, innanzi tutto, intanto, in un primo tempo; (*vorläufig*) per il momento
'zunähen (*sep*, *-ge-*, *h*) cucire
'Zunahme ['-na:mə] *f* (*-*; *-n*) aumento *m*; incremento *m*
'Zuname *m* cognome *m*
'zünd|en ['tsyndən] (*h*) **1.** *v/t* accendere; *fig* elettrizzare; **2.** *v/i* accendersi; **'2holz** *n* fiammifero *m*; **'2kerze** *f auto* candela *f* d'accensione; **'2schloss** *n auto* interruttore *m* dell'accensione; **'2schlüssel** *m auto* chiavetta *f* d'accensione; **'2schnur** *f* miccia *f*; **'2ung** *f* (*-*; *-en*) *auto* accensione *f*; ***die ~ einstellen*** regolare l'accensione
'zunehmen (*irr*, *sep*, *-ge-*, *h*, → ***nehmen***) aumentare (***an*** *dat* di); *Größe*: crescere; *Gewicht*: ingrassare
'Zuneigung *f* (*-*; *-en*) inclinazione *f*, affetto *m*; simpatia *f*
'Zunge ['tsuŋə] *f* (*-*; *-n*) lingua *f*; (*Klappe*) linguetta *f*; ***es liegt mir auf der ~*** ce l'ho sulla punta della lingua
zu'nichte [tsu'niçtə]: ***~ machen*** annientare; (*vereiteln*) frustrare
zu'nutze [tsu'nutsə]: ***sich*** (*dat*) ***et ~ machen*** trarre profitto da qc
'zupacken (*sep*, *-ge-*, *h*) afferrare; (*arbeiten*) darsi da fare, mettersi al lavoro
'zupfen ['tsupfən] (*h*) tirare
zu'rande [tsu'ra:ndə]: ***mit et ~ kommen*** venire a capo di qc
zu'rate ['tsu:ra:tə]: ***j-n ~ ziehen*** consultare qu
'zuraten ['tsu:ra:tən] (*irr*, *sep*, *-ge-*, *h*, → ***raten***) consigliare; ***auf sein Zuraten*** su suo consiglio
'zurechnungsfähig ['-reçnuŋsfɛ:iç] sano di mente
zu'recht|finden [tsu'rɛçtfindən]: ***sich ~*** (*irr*, *sep*, *-ge-*, *h*, → ***finden***) raccapezzarsi; **~legen** (*sep*, *-ge-*, *h*) mettere in ordine; (*vorbereiten*) preparare; ***sich*** (*dat*) ***et ~*** *fig* escogitare qc; **~weisen** (*irr*, *sep*, *-ge-*, *h*, → ***weisen***) riprendere; rimproverare
'zureden ['tsu:re:dən] (*sep*, *-ge-*, *h*) consigliare
zu'rück [tsu'ryk] indietro; (*~gekehrt*) di ritorno; ***~ sein*** essere tornato; **~bekommen** (*irr*, *sep*, *senza -ge-*, *h*, → ***bekommen***) riavere; *Wechselgeld*: ricevere di resto; **~bleiben** (*irr*, *sep*, *-ge-*, *sn*, → ***bleiben***) rimanere indietro; **~blicken** (*sep*, *-ge-*, *h*) guardare indietro; **~bringen** (*irr*, *sep*, *-ge-*, *h*, → ***bringen***) riportare; **~datieren** (*sep*, *senza -ge-*, *h*) antidatare; **~erstatten** (*sep*, *senza -ge-*, *h*) rimborsare; **2erstattung** *f* rimborso *m*; **~fahren** (*irr*, *sep*, *-ge-*, *sn* → ***fahren***) andare (*od* tornare) indietro; (*zurückstoßen*) fare marcia indietro; **~fordern** (*sep*, *-ge-*, *h*) richiedere, chiedere indietro; rivendicare; **~führen** (*sep*, *-ge-*, *h*) ricondurre;

fig ridurre; (*zuschreiben*) attribuire
zurück|geben (*irr, sep, -ge-, h,* → ***geben***) restituire, rendere; **~geblieben** [-gəbliːbən] rimasto indietro; *fig* arretrato; **~gehen** (*irr, sep, -ge-, sn,* → ***gehen***) andare indietro; (*~kehren*) ritornare; *auf die Quelle*: risalire a; **~gezogen** [-gətsoːgən] ritirato; **~halten** (*irr, sep, -ge-, h,* → ***halten***) trattenere; (*unterdrücken*) soffocare; ***sich ~*** trattenersi; **~haltend** riservato; **≈haltung** *f* (*-; senza pl*) riservatezza *f*; **~holen** (*sep, -ge-, h*) andare a riprendere; **~kehren** (*sep, -ge-, sn*), **~kommen** (*irr, sep, -ge-, sn,* → ***kommen***) ritornare; ***komme sofort zurück*** torno subito; ***auf et*** *acc* **~** ritornare su qc; **~lassen** (*irr, sep, -ge-, h,* → ***lassen***) lasciare indietro; **~legen** (*sep, -ge-, h*) mettere da parte; *Weg*: percorrere, coprire; **~nehmen** (*irr, sep, -ge-, h,* → ***nehmen***) riprendere; *fig Worte, Gesetze*: ritirare; **~rufen** (*irr, sep, -ge-, h,* → ***rufen***) richiamare (***ins Gedächtnis*** alla memoria); ***ins Leben ~*** richiamare in vita, risuscitare; **~schalten** (*sep, -ge-, h*) *auto* innestare una marcia più bassa; **~schicken** (*sep, -ge-, h*) rimandare; **~schieben** (*irr, sep, -ge-, h,* → ***schieben***) spingere indietro; respingere; **~schrecken** (*sep, -ge-, sn*): **~ *vor*** (*dat*) non osare, avere paura di; **~setzen** (*sep, -ge-, h*) mettere indietro (*od* da parte); *j-n*: trattare ingiustamente; umiliare; **~stehen** (*irr, sep, -ge-, h,* → ***stehen***) stare indietro; *fig* ***hinter j-m ~*** essere inferiore a qu; **~stellen** (*sep, -ge-, h*) (*Uhr*) mettere indietro; *fig* rimandare; trascurare; **~stoßen** (*irr, sep, -ge-, h,* → ***stoßen***) respingere; **~tragen** (*irr, sep, -ge-, h,* → ***tragen***) riportare; **~treten** (*irr, sep, -ge-, sn,* → ***treten***) farsi indietro; retrocedere; *fig* (*verzichten*) rinunciare; *vom Amt*: dimettersi, ritirarsi; **~weisen** (*irr, sep, -ge-, h,* → ***weisen***) respingere; ***auf et*** *acc* **~** rimandare a qc; **~zahlen** (*sep, -ge-, h*) rimborsare; **~ziehen** (*irr, sep, -ge-, h,* → ***ziehen***) ritirare; ***sich ~*** ritirarsi
'zurufen ['tsuːruːfən] (*irr, sep, -ge-, h,* → ***rufen***): ***j-m et ~*** gridare qc a qu; ***j-m ~*** (*Sport*) incitare qu con grida
'zurzeit attualmente

'Zusage ['tsuːzaːgə] *f* (*-; -n*) promessa *f* (di fare *od* di venire *usw*); assenso *m*; **'≈n** (*sep, -ge-, h*) **1.** *v/t* accettare; (*versprechen*) promettere; **2.** *v/i* (*gefallen*) piacere; *Einladung*: accettare un invito
zu'sammen [tsu'zamən] insieme, assieme (***mit*** a); (*im Ganzen*) in tutto; **≈arbeit** *f* (*-; senza pl*) collaborazione *f*, cooperazione *f*; **~arbeiten** (*sep, -ge-, h*) collaborare; cooperare; **~beißen** (*irr, sep, -ge-, h,* → ***beißen***): ***die Zähne ~*** stringere i denti; **~bleiben** (*irr, sep, -ge-, sn,* → ***bleiben***) restare insieme, rimanere uniti; **≈bruch** *m* (*-[e]s; ⸗e*) sfacelo *m*, crollo *m*; *econ* fallimento *m*; rovina *f*; bancarotta *f*; **~fallen** (*irr, sep, -ge-, sn,* → ***fallen***) crollare; *Personen*: deperire; *mat, Zeit*: coincidere; **~fassen** (*sep, -ge-, h*) comprendere; *fig* abbracciare; *Gedanken*: riassumere, raccogliere; *kurz*: compendiare, riepilogare; **≈fassung** *f* (*-; -en*) riassunto *m*, ricapitolazione *f*; **~fügen** (*sep, -ge-, h*) congiungere; **~gehören** (*sep, senza -ge-, h*) formare un insieme; stare bene insieme; esser fatto l'uno per l'altro; **≈halt** *m* (*-[e]s; senza pl*) coesione *f*, *fig* accordo *m*; **~halten** (*irr, sep, -ge-, h,* → ***halten***) **1.** *v/t* tenere congiunti; (*vergleichen*) paragonare; **2.** *v/i* stare uniti; *fig* andare d'accordo; **≈hang** *m* (*-[e]s; ⸗e*) connessione *f*, nesso *m*; *fig* coerenza *f*; contesto *m*; (*Beziehung*) relazione *f*; ***in ~ stehen*** stare in rapporto; ***ohne ~*** sconnesso, incoerente; **~hängen** (*irr, sep, -ge-, h,* → ***hängen***) essere in relazione; ***wie hängt das zusammen?*** come si spiega questo?; **~hängend** continuo; coerente; **~klappbar** [-klapbaːr] pieghevole; **~kommen** (*irr, sep, -ge-, sn,* → ***kommen***) riunirsi; ***mit j-m ~*** incontrarsi, trovarsi con qu; **≈kunft** [-kunft] *f* (*-; ⸗e*) incontro *m*; convegno *m*; **~leben** (*sep, -ge-, h*) convivere; **~legen** [-leːgən] (*sep, -ge-, h*) mettere insieme; unire, congiungere; *Aktien*: consolidare; (*falten*) piegare; **~nehmen** (*irr, sep, -ge-, h,* → ***nehmen***) riunire; (*sammeln*) raccogliere; *Kräfte*: concentrare; ***nimm dich zusammen!*** non lasciarti andare!, controllati!; **~passen** (*sep, -ge-, h*) **1.** *v/t* aggiustare; adattare; **2.** *v/i* star (*od* andare) bene

insieme; *tec* combaciare; **~rechnen** (*sep*, *-ge-*, *h*) sommare, addizionare

zusammen|reißen: ***sich ~*** (*irr*, *sep*, *-ge-*, *h*, → ***reißen***) farsi forza; **~rollen** (*sep*, *-ge-*, *h*) arrotolare; **~rotten** [-rɔtən]: ***sich ~*** (*sep*, *-ge-*, *h*) assembrarsi; **~rücken** (*sep*, *-ge-*) **1.** *v/t* (*h*) avvicinare; **2.** *v/i* (*sn*) stringersi; **~rufen** (*irr*, *sep*, *-ge-*, *h*, → ***rufen***) convocare; **~schlagen** (*irr*, *sep*, *-ge-*) **1.** *v/t* (*h*) (*zerschlagen*) rompere, fare a pezzi; battere; piegare; F pestare; **2.** *v/i* (*sn*) abbattersi; **~schließen** (*irr*, *sep*, *-ge-*, *h*, → ***schließen***) serrare; congiungere, unire; ***sich ~*** unirsi; associarsi; **Ձschluss** *m* (*-es*, *¨-e*) unione *f*, fusione *f*; **~schreiben** (*irr*, *sep*, *-ge-*, *h*, → ***schreiben***) *zwei Wörter*: scrivere in una parola; **~setzen** (*sep*, *-ge-*, *h*) mettere insieme; (*aus Teilen ein Ganzes ~*) comporre; ***sich ~*** *zu Besprechungen*: riunirsi; **Ձsetzung** *f* (*-*; *-en*) composto *m*; (*das Ձsetzen*) composizione *f*, montaggio *m*; **~stellen** (*sep*, *-ge-*, *h*) porre (*od* mettere) insieme; *fer* combinare; **Ձstoß** *m* (*-[e]s*; *¨-e*) urto *m*; scontro *m* (*a mil*); collisione *f*, *fig* conflitto *m*; **~stoßen** (*irr*, *sep*, *-ge-*, *sn*, → ***stoßen***) urtarsi; scontrarsi; collidere, entrare in collisione; (*angrenzen*) confinare; **~suchen** (*sep*, *-ge-*, *h*) andare a cercare; raccogliere da tutte le parti; **~tragen** (*irr*, *sep*, *-ge-*, *h*, → ***tragen***) portare insieme; **~treffen** (*irr*, *sep*, *-ge-*, *sn*, → ***treffen***) incontrarsi; *Dinge*: coincidere; **Ձtreffen** *n* (*-s*; *senza pl*) incontro *m*; coincidenza *f*, *zufälliges*: combinazione *f*, *von Umständen*: concorso *m*; **~treten** (*irr*, *sep*, *-ge-*, *sn*, → ***treten***) (*sich versammeln*) radunarsi; **~zählen** (*sep*, *-ge-*, *h*) sommare; **~ziehen** (*irr*, *sep*, *-ge-*, → ***ziehen***) **1.** *v/t* (*h*) contrarre; *Personen*: riunire; (*verkürzen*) restringere; **2.** *v/i* (*sn*) andare ad abitare insieme

'Zusatz ['tsu:zats] *m* (*-es*; *¨-e*) aggiunta *f*; **'~abkommen** *n* accordo *m* aggiunto (*od* addizionale)

'zusätzlich ['tsu:zɛtsliç] addizionale, supplementare; *adv* in più

'zuschau|en (*sep*, *-ge-*, *h*) stare a guardare; **'Ձer** *m* (*-s*; *-*), **'Ձerin** *f* (*-*; *-nen*) spettatore *m*, -trice *f*

'zuschicken (*sep*, *-ge-*, *h*) mandare, spedire, inviare

'Zuschlag ['-ʃla:k] *m* (*-[e]s*; *¨-e*) supplemento *m*; *Steuer, Zoll*, *fer* soprattassa *f*; **'Ձen** ['-gən] (*irr*, *sep*, *-ge-*, → ***schlagen***) **1.** *v/i* (*h*) picchiare, battere; *Tür*: (*sn*) chiudersi con fracasso; **2.** *v/t* (*h*) *Tür*: sbattere; **'~karte** *f* (biglietto *m* di) supplemento *m*; **'Ձpflichtig** soggetto a supplemento

'zuschließen (*irr*, *sep*, *-ge-*, *h*, → ***schließen***) chiudere (a chiave)

'zuschnappen (*sep*, *-ge-*, *sn*) chiudersi scattando; (*h*) (*zubeißen*) azzannare

'zuschneiden (*irr*, *sep*, *-ge-*, *h*, → ***schneiden***) tagliare; ***auf j-n zugeschnitten*** *fig* riferendosi a qu

'zuschrauben (*sep*, *-ge-*, *h*) avvitare

'Zuschrift *f* lettera *f*

'Zuschuss ['tsu:ʃus] *m* (*-es*; *¨-e*) aggiunta *f*, (*Hilfe*) sussidio *m*; sovvenzione *f*, **'~betrieb** *m* impresa *f* sovvenzionata

'zusehen (*irr*, *sep*, *-ge-*, *h*, → ***sehen***) stare a guardare; assistere

'zusicher|n (*sep*, *-ge-*, *h*) assicurare; **Ձung** *f* (*-*; *-en*) assicurazione *f*

'zuspielen (*sep*, *-ge-*, *h*) *Ball*: passare; ***j-m et ~*** far avere qc a qu

'zuspitzen (*sep*, *-ge-*, *h*) appuntare, aguzzare; ***sich ~*** *fig* farsi critico; inasprirsi

'zusprechen (*irr*, *sep*, *-ge-*, *h*, → ***sprechen***) **1.** *v/t* aggiudicare; ***Mut ~*** fare animo; **2.** *v/i* ***j-m ~*** fare animo a qu, infondere coraggio a qu

'Zustand *m* (*-[e]s*; *¨-e*) stato *m*; (*senza pl*) (*Beschaffenheit*) condizioni *f/pl*; (*Lage*) situazione *f*

zu'stande [tsu'ʃtandə]: ***~ bringen*** riuscire a fare; venire a capo di; ***~ kommen*** realizzarsi, effettuarsi; aver luogo

'zuständig ['tsu:ʃtɛndiç] spettante; *Behörde*: competente

'zu|stehen (*irr*, *sep*, *-ge-*, *h*, → ***stehen***) spettare; **'~steigen** (*irr*, *sep*, *-ge-*, *sn*, → ***steigen***) salire

'zustell|en (*sep*, *-ge-*, *h*): ***j-m et ~*** recapitare (*od* consegnare) qc a qu; **Ձung** *f* (*-*; *-en*) consegna *f*, recapito *m*

'zustimm|en (*sep*, *-ge-*, *h*) (*dat*) aderire; (*einwilligen*) acconsentire; **Ձung** *f* (*-*; *senza pl*) adesione *f*, consenso *m*

'zustoßen (*irr*, *sep*, *-ge-*, → ***stoßen***) **1.** *v/t* (*h*) chiudere (con uno spintone); **2.**

v/i (*sn*) capitare; ***ist dir et zugestoßen?*** ti è successo qc?
zu'tage [tsu'ta:gə]: **~ fördern** scavare; portare alla luce; *fig* produrre; **~ treten** venire alla luce; *fig* essere evidente
'Zutat ['tsu:ta:t] *f* (-; *-en*) ingrediente *m*
zuteil|en ['tsu:taɪlən] (*sep*, *-ge-*, *h*) distribuire; (*anweisen*) assegnare; **2ung** *f* (-; *-en*) ripartizione *f*, assegnazione *f*
'zutrauen (*sep*, *-ge-*, *h*) ***j-m et ~*** credere qu capace di qc; ***sich zuviel ~*** fidarsi troppo di sé
'Zutrauen *n* (*-s*; *senza pl*) fiducia *f*
'zutreffen (*irr*, *sep*, *-ge-*, *h*, → ***treffen***) avverarsi; risultare giusto; **~ *auf*** (*acc*) addirsi a
zutreffend giusto; che interessa
'zutrinken (*irr*, *sep*, *-ge-*, *h*, → ***trinken***): ***j-m ~*** bere alla salute di qu, brindare a qu
'Zutritt *m* (*-[e]s*; *senza pl*) accesso *m*; (*Eintritt*) entrata *f*
'zuverlässig ['tsu:fɛrlɛsɪç] sicuro, fidato; *Quelle*: attendibile, autentico; **'2keit** *f* (-; *senza pl*) fidatezza *f*, attendibilità *f*
'Zuversicht ['tsu:fɛrzɪçt] *f* (-; *senza pl*) sicurezza *f*, fiducia *f* (***auf j-n*** in qu)
zuviel → ***zu***
zu'vor [-'fo:r] prima; **~kommen** (*irr*, *sep*, *-ge-*, *sn*, → ***kommen***) prevenire
'Zuwachs ['tsu:vaks] *m* (*-es*; *senza pl*) aumento *m*, incremento *m*; **'2en** (*irr*, *sep*, *-ge-*, *sn*, → ***wachsen***) crescere; *Wunde* chiudersi; (*zufallen*) toccare; **'~rate** *f* ritmo *m* d'incremento
'zuweisen ['tsu:vaɪzən] *et*: assegnare; *j-n*: indirizzare; (*zusenden*) inviare
zuwenig → ***zu***
'zuwerfen ['tsu:vɛrfən] (*irr*, *sep*, *-ge-*, *h*, → ***werfen***) gettare; *Tür*: sbattere; *Loch*: colmare
'zuwider [tsu'vi:dər] contro; contrario a; **~ *sein*** dare fastidio; F (*anwidern*) ripugnare
'zuzahlen (*sep*, *-ge-*, *h*) pagare in più
'zuziehen ['tsu:tsi:ən] (*irr*, *sep*, *-ge-*, → ***ziehen***) **1.** *v/t* (*h*) tirare; chiudere tirando; *j-n*: chiamare; consultare; ***sich*** (*dat*) ***et ~*** tirarsi addosso; *Krankheiten*: buscarsi, pigliarsi; **2.** *v/i* (*sn*) stabilirsi, venire a stare
Zwang [tsvaŋ] *m* (*-[e]s*; *¨e*) obbligo *m*; (*Gewalt*) violenza *f*, forza *f*; *jur* coazione *f*, coercizione *f*; ***sich*** (*dat*) **~ *antun*** farsi forza; ***sich*** (*dat*) ***keinen ~ antun*** non fare complimenti
'zwängen ['tsvɛŋən] (*h*) comprimere; *Schuh*: premere; (*hinein~*) far entrare per forza
'zwanglos ['tsvaŋlo:s] libero; senza cerimonie; a scelta, a piacere; non ufficiale; alla buona; *Personen*: disinvolto
'Zwangs|arbeit ['tsvaŋsˀarbaɪt] *f* lavori *m/pl* forzati; **'~jacke** *f* camicia *f* di forza; **'2läufig** ['-lɔʏfɪç] obbligatorio; inevitabile; *adv* per forza; **'~maßnahme** *f* misura *f* coercitiva; **'~räumung** *f* sfratto *m*; sgombero *m* forzato; **'~verfahren** *n* procedura *f* coercitiva; **'~versicherung** *f* assicurazione *f* obbligatoria; **'~versteigerung** *f* asta *f* giudiziaria; **'~vollstreckung** *f* sequestro *m*; **'2weise** per forza
'zwanzig ['tsvantsɪç] venti; ***etwa ~*** una ventina
zwar [tsva:r] è vero che; certo; a dire il vero; ***und ~*** e precisamente
Zweck [tsvɛk] *m* (*-[e]s*; *-e*) fine *m*, scopo *m*; ***das hat keinen ~*** è inutile; **'2los** senza scopo, inutile; **'2mäßig** opportuno; **2s** (*gen*) allo scopo di
zwei [tsvaɪ] *adv* due
Zwei *f* (-; *-en*) due *m*; **'~bettzimmer** *n* camera *f* doppia (a due letti)
'zwei|deutig ['-dɔytɪç] equivoco, ambiguo; **~er'lei** [-ər'laɪ] di due specie; ***das ist ~*** F è un altro paio di maniche; **'~fach** ['-fax] doppio; **'~farbig** bicolore
'Zweifel ['tsvaɪfəl] *m* (*-s*; -) dubbio *m*; **'2haft** dubbio; dubbioso; (*ungewiss*) incerto; (*verdächtig*) sospetto; **'2los 1.** *adj* indubbio; **2.** *adv* senza dubbio; indubbiamente
'zweifeln ['tsvaɪfəln] (*h*) dubitare (***an*** *dat* di); **'~d** scettico
'Zweifelsfall ['tsvaɪfəlsfal] *m* caso *m* di dubbio
Zweig [tsvaɪk] *m* (*-[e]s*; *-e*) ramo *m*, ramoscello *m*; *fig a* branca *f*, settore *m*, specialità *f*
'zweigleisig ['tsvaɪglaɪzɪç] a due binari
'Zweigstelle ['tsvaɪkʃtɛlə] *f* filiale *f*, succursale *f*; **'~nleiter** *m*, **'~nleiterin** *f* direttore *m*, -trice *f* della filiale
'zwei|händig ['tsvaɪhɛndɪç] **1.** *adj* bimano; **2.** *adv* a due mani; **~'hundert**

duecento; '**~jährig** di due anni; '**~mal** due volte; '**~monatlich** bimestrale; '**~motorig** *avia* ['-moto:rıç] bimotore; '**~reihig** ['-raıç] a due file; *Sakko*: a doppio petto; '**~seitig** ['zaıtıç] bilaterale; '**~sprachig** ['-ʃpra:xıç] bilingue; '**~spurig** ['-ʃpu:rıç] a doppio binario; '**~stöckig** ['-ʃtœkıç] di (*od* a) due piani; '**~stündig** di due ore; '**~tägig** di due giorni; '**2taktmotor** *m* motore *m* a due tempi

'**zweite** ['tsvaıtə] secondo

'**zwei|teilig** ['tsvaıtaılıç] in due parti; bipartito; '**~tens** in secondo luogo

'**zweitklassig** ['-klasıç] di seconda classe

'**Zwerchfell** ['tsvɛrçfɛl] *n anat* diaframma *m*

Zwerg [tsvɛrk] *m* (*-[e]s*; *-e*) nano *m*

Zwetsch(g)e ['tsvɛtʃ(g)ə] *f* (*-*; *-n*) prugna *f*, susina *f*

'**zwicken** ['tsvikən] (*h*) pizzicare

'**Zwieback** ['tsvi:bak] *m* (*-[e]s*; *⸚e u -e*) fette *f/pl* biscottate *m*

'**Zwiebel** ['tsvi:bəl] *f* (*-*; *-n*) cipolla *f*; (*Blumen2*) bulbo *m*

'**Zwie|spalt** ['tsvi:ʃpalt] *m* (*-[e]s*; *senza pl*) dissidio *m*; '**~tracht** *f* (*-*; *senza pl*) discordia *f*

'**Zwilling** ['tsvilıŋ] *m* (*-s*; *-e*) gemello *m* (*a astr*)

'**Zwillings|bruder** ['-bru:dər] *m* fratello *m* gemello; '**~schwester** *f* sorella *f* gemella

'**zwing|en** ['tsviŋən] (*zwang*, *gezwungen*, *h*) costringere; forzare; ***sich ~*** costringersi (***zu*** a); fare uno sforzo; '**~end** coercitivo; ***~e Notwendigkeit*** *f* necessità *f* assoluta; '**2er** *m* (*-s*; *-*) torre *f* fortificata; serraglio *m*

'**zwinkern** ['tsviŋkərn] (*h*) ammiccare; ***mit e-m Auge ~*** fare l'occhiolino

Zwirn [tsvirn] *m* (*-[e]s*; *-e*) refe *m*, filo *m*

'**zwischen** ['tsviʃən] (*dat u acc*) fra, tra; in mezzo a; '**2aufenthalt** *m* sosta *f*; '**2deck** *mar n* interponte *m*; **~'durch** *zeitlich*: di quando in quando, nel frattempo, talvolta; '**2fall** *m* incidente *m*; '**2landung** *f* scalo *m*, atterraggio *m* intermedio; '**2lösung** *f* soluzione *f* provvisoria; '**2raum** *m* spazio *m*; *zeitlich*: intervallo *m*; *tip* spazieggiatura *f*; '**2ruf** *m* interruzione *f*; **2speicher** *m* cache *f*; '**2spiel** *n* intermezzo *m*; '**2station** *f* stazione *f* intermedia; '**2stufe** *f* grado *m* intermedio; '**2wand** *f* tramezzo *m*; '**2zeit** *f*: ***in der ~*** nel frattempo

Zwist [tsvist] *m* (*-[e]s*; *-e*) dissenso *m*; discordia *f*, controversia *f*

'**zwitschern** ['tsvitʃərn] (*h*) cinguettare

'**Zwitter** ['tsvitər] *m* (*-s*; *-*) ermafrodito *m*

zwölf [tsvœlf] *adj* dodici; ***um ~ Uhr*** alle dodici, a mezzogiorno (*od* mezzanotte); ***~ Stück*** una dozzina

Zwölf *f* (*-*; *-en*) dodici *m*

Zyan'kali *chim* [tsyan'kɑ:li] *n* (*-s*; *senza pl*) cianuro *m* di potassio

'**Zyklus** ['tsy:klus] *m* (*-*; *Zyklen*) ciclo *m*

Zy'linder [tsi'lindər] *m* (*-s*; *-*) cilindro *m*

zy'lindrisch [tsi'lindriʃ] cilindrico

'**Zyniker** ['tsy:nikər] *m* (*-s*; *-*), '**zynisch** ['tsy:niʃ] *adj* cinico *m u adj*

Zy'nismus [tsy'nismus] *m* (*-*; *-men*) cinismo *m*

Zy'presse *bot* [tsy'prɛsə] *f* (*-*; *-n*) cipresso *m*

'**Zyste** *med* ['tsystə] *f* (*-*; *-n*) cisti *f*

Anhang

Appendice

Italienische geographische Namen
Nomi geografici italiani

A

Abruzzi [a'bruttsi] *m/pl*, **Abruzzo** [-tso] *m* Abruzzen *pl*
Adige ['a:didʒe] *m* Etsch *f*
Adriatico [adri'a:tiko] *m* Adria *f*, Adriatisches Meer *n*
Afganistan [afganis'tan] *m* Afghanistan *n*
Africa ['a:frika] *f* Afrika *n*
Alasca [a'laska] *f* Alaska *n*
Albania [alba'ni:a] *f* Albanien *n*
Algeri [al'dʒɛ:ri] *f* Algier *n*
Algeria [aldʒe'ri:a] *f* Algerien *n*
Alpi ['alpi] *f/pl* Alpen *pl*
Alsazia [al'sa:tsia] *f* Elsass *n*
Alto Adige ['alto'a:didʒe] *m* Oberetschland *n*, Südtirol *n*
Amburgo [am'burgo] *f* Hamburg *n*
America [a'mɛ:rika] *f* Amerika *n*; **~ *del Nord*** Nordamerika *n*; **~ *del Sud*** Südamerika *n*; **~ *Centrale*** Mittelamerika *n*; **~ *Latina*** Lateinamerika *n*
Antartide [an'tartide] *f* Antarktis *f*
Antille [an'tille] *f/pl* Antillen *pl*
Anversa [an'vɛrsa] *f* Antwerpen *n*
Aosta [a'ɔsta] *f* Aosta *n*
Appennini [appen'ni:ni] *m/pl*, **Appennino** [-no] *m* Apennin *m*
Aquisgrana [akuiz'gra:na] *f* Aachen *n*
Arabia [a'ra:bia] *f* Arabien *n*; **~ *Saudita*** Saudi-Arabien *n*
Argentina [ardʒen'ti:na] *f* Argentinien *n*
Armenia [ar'mɛ:nia] *f* Armenien *n*
Artide ['artide] *f* Arktis *f*
Asia ['a:zia] *f* Asien *n*
Assia ['assia] *f* Hessen *n*
Atene [a'tɛ:ne] *f* Athen *n*
Atlantico [a'tlantiko] *m* Atlantik *m*
Augusta [au'gusta] *f* Augsburg *n*
Australia [aus'tra:lia] *f* Australien *n*
Austria ['austria] *f* Österreich *n*
Azzorre [ad'dzɔrre] *f/pl* Azoren *pl*

B

Balcani [bal'ka:ni] *m/pl* Balkan *m*
Baleari [bale'a:ri] *f/pl* Balearen *pl*
Baltico ['baltiko] *m* Ostsee *f*
Basilea [bazi'lɛ:a] *f* Basel *n*
Baviera [bavi'ɛ:ra] *f* Bayern *n*
Belgio ['bɛldʒo] *m* Belgien *n*
Belgrado [bel'gra:do] *f* Belgrad *n*
Berlino [ber'li:no] *f* Berlin *n*
Berna ['bɛrna] *f* Bern *n*
Biscaglia [bis'ka:ʎa] *f* Biskaya *f*
Boemia [bo'ɛ:mia] *f* Böhmen *n*
Bolivia [bo'li:via] *f* Bolivien *n*
Bolzano [bol'tsa:no] *f* Bozen *n*
Bosforo ['bɔsforo] *m* Bosporus *m*
Bosnia-Erzegovina ['bɔsnia erzego'vi:na] *f* Bosnien-Herzegowina *n*
Brandeburgo [brande'burgo] *m* Brandenburg *n*
Brasile [bra'zi:le] *m* Brasilien *n*
Brema ['brɛ:ma] *f* Bremen *n*
Brennero ['brɛnnero] *m* Brenner *m*
Bressanone [bressa'no:ne] *f* Brixen *n*
Bretagna [bre'ta:ɲa] *f* Bretagne *f*
Brunico [bru'ni:ko] *f* Bruneck *n*
Bruxelles [bry'sɛl] *f* Brüssel *n*
Bucarest ['bu:karest] *f* Bukarest *n*
Budapest ['bu:dapest] *f* Budapest *n*
Bulgaria [bulga'ri:a] *f* Bulgarien *n*

C

Cairo ['ka:iro] *m* Kairo *n*
Calabria [ka'la:bria] *f* Kalabrien *n*
California [kali'fɔrnia] *f* Kalifornien *n*
Cambogia [kam'bo:dʒa] *f* Kambodscha *n*
Camerún [kame'run] *m* Kamerun *n*
Campania [kam'pa:nia] *f* Kampanien *n*
Canada ['ka:nada] *m* Kanada *n*
Canale della Manica [ka'na:le della 'ma:nika] *m* Ärmelkanal *m*
Canarie [ka'na:rie] *f/pl* Kanarische Inseln *f/pl*
Capri ['ka:pri] *f* Capri *n*
Carinzia [ka'rintsia] *f* Kärnten *n*
Caucaso ['kaukaso] *m* Kaukasus *m*
Cervino [tʃer'vi:no] *m* Matterhorn *n*
Cile ['tʃi:le] *m* Chile *n*
Cina ['tʃi:na] *f* China *n*
Cipro ['tʃi:pro] *f* Zypern *n*
Città del Capo [tʃit'ta del 'ka:po] *f* Kapstadt *f*
Città del Vaticano [tʃit'ta del vati'ka:no] *f* Vatikanstadt *f*
Coblenza [ko'blɛntsa] *f* Koblenz *n*
Colombia [ko'lombia] *f* Kolumbien *n*
Colonia [ko'lɔ:nia] *f* Köln *n*

Colosseo [kolos'sɛːo] *m* Kolosseum *n*
Congo ['kɔŋgɔ] *m* Kongo *m*
Copenaghen [kope'naːgen] *f* Kopenhagen *n*
Corea [ko'rɛːa] *f* Korea *n*
Corsica ['kɔrsika] *f* Korsika *n*
Costanza [kos'tantsa] *f* Konstanz *n*
Cremlino [krem'liːno] *m* Kreml *m*
Creta ['krɛːta] *f* Kreta *n*
Croazia [kro'aːtsia] *f* Kroatien *n*
Cuba ['kuːba] *f* Kuba *n*

D

Dalmazia [dal'maːtsia] *f* Dalmatien *n*
Danimarca [dani'marka] *f* Dänemark *n*
Danubio [da'nuːbio] *m* Donau *f*
Danzica ['dantsika] *f* Danzig *n*
Dobbiaco [dobbi'aːko] *f* Toblach *n*
Dolomiti [dolo'miːti] *f/pl* Dolomiten *pl*
Dresda ['drɛzda] *f* Dresden *n*

E

Egeo [e'ʤɛːo] *m* Ägäis *f*
Egitto [e'ʤitto] *m* Ägypten *n*
Elba ['ɛlba] *f* Elba *n*
Eolie [e'ɔːlie] *f/pl* Liparische Inseln *f/pl*
Eritrea [eri'trɛːa] *f* Eritrea *n*
Estonia [es'tɔːnia] *f* Estland *n*
Etiopia [eti'ɔːpia] *f* Äthiopien *n*
Etna ['ɛtna] *m* Ätna *m*
Europa [eu'rɔːpa] *f* Europa *n*

F

Filippine [filip'piːne] *f/pl* Philippinen *pl*
Finlandia [fin'landia] *f* Finnland *n*
Firenze [fi'rɛntse] *f* Florenz *n*
Francia ['franʧa] *f* Frankreich *n*
Francoforte [fraŋko'fɔrte] *f* Frankfurt *n*
Friburgo [fri'burgo] *f* Freiburg *n*
Frisia ['friːzia] *f* Friesland *n*
Friuli [fri'uːli] *m* Friaul *n*

G

Gardena [gar'deːna] *f* Gröden *n*; ***Val*** *f* ~ Grödnertal *n*
Genova ['ʤɛːnova] *f* Genua *n*
Georgia [ʤe'ɔrʤa] *f* Georgien *n*
Germania [ʤer'maːnia] *f* Deutschland *n*
Gerusalemme [ʤeruza'lɛmme] *f* Jerusalem *n*
Giappone [ʤap'poːne] *m* Japan *n*
Gibilterra [ʤibil'tɛrra] *f* Gibraltar *n*
Ginevra [ʤi'neːvra] *f* Genf *n*
Giura ['ʤuːra] *m* Jura *m*
Gottinga [got'tiŋga] *f* Göttingen *n*
Gran Bretagna [gran bre'taːɲa] *f* Großbritannien *n*
Grecia ['grɛːʧa] *f* Griechenland *n*
Groenlandia [groen'landia] *f* Grönland *n*

I

India ['india] *f* Indien *n*
Indonesia [indo'nɛːzia] *f* Indonesien *n*
Inghilterra [iŋgil'tɛrra] *f* England *n*
Iran [i'ran] *m* Iran *m*
Iraq [i'rak] *m* Irak *m*
Irlanda [ir'landa] *f* Irland *n*
Islanda [iz'landa] *f* Island *n*
Italia [i'taːlia] *f* Italien *n*
Iugoslavia [iugoz'laːvia] *f* Jugoslawien *n*

L

Lago di Como [laːgo di 'kɔːmo] *m* Comer See *m*
Lago di Costanza [laːgo di kos'tantsa] *m* Bodensee *m*
Lago di Garda [laːgo di 'garda] *m* Gardasee *m*
Lago di Ginevra [laːgo di ʤi'neːvra] *m* Genfer See *m*
Lago di Lugano [laːgo di lu'gaːno] *m* Luganer See *m*
Lago Maggiore [laːgo mad'ʤoːre] *m* Lago Maggiore *m*
Lago dei Quattro Cantoni [laːgo dei ku'attro kan'toːni] *m* Vierwaldstätter See *m*
Lago Trasimeno [laːgo trasi'mɛːno] *m* Trasimenischer See *m*
L'Aia ['laːia] *f* Den Haag *n*
Lazio ['laːtsio] *m* Latium *n*
Lettonia [let'tɔːnia] *f* Lettland *n*
Libano ['liːbano] *m* Libanon *m*
Libia ['liːbia] *f* Libyen *n*
Liguria [li'guːria] *f* Ligurien *n*
Lipsia ['lipsia] *f* Leipzig *n*
Lisbona [liz'boːna] *f* Lissabon *n*
Lituania [litu'aːnia] *f* Litauen *n*
Lombardia [lombar'diːa] *f* Lombardei *f*
Londra ['londra] *f* London *n*
Losanna [lo'zanna] *f* Lausanne *n*
Lubecca [lu'bɛkka] *f* Lübeck *n*
Lucerna [lu'ʧɛrna] *f* Luzern *n*
Lussemburgo [lussem'burgo] *m* Luxemburg *n*

M

Macedonia [matʃe'dɔːnia] *f* Mazedonien *n*
Magdeburgo [magde'burgo] *f* Magdeburg *n*
Magonza [ma'gontsa] *f* Mainz *n*
Malorca [mai'ɔrka] *f* Mallorca *n*
Maldive [mal'diːve] *f/pl* Malediven *pl*
Mantova ['mantova] *f* Mantua *n*
Marche ['marke] *f/pl* Marken *f/pl*
Mare Adriatico [maːre adri'aːtiko] *m* Adriatisches Meer *n*, Adria *f*
Mar Baltico [mar 'baltiko] *m* Ostsee *f*
Mar Egeo [mar e'dʒɛːo] *m* Ägäisches Meer *n*
Mar Ionio [mar i'ɔːnio] *m* Ionisches Meer *n*
Mar Ligure [mar 'liːgure] *m* Ligurisches Meer *n*
Mare Mediterraneo [maːre mediter'raːneo] *m* Mittelmeer *n*
Mar Nero [mar 'neːro] *m* Schwarzes Meer *n*
Mare del Nord ['maːre del 'nɔrd] *m* Nordsee *f*
Mar Rosso [mar 'rosso] *m* Rotes Meer *n*
Mar Tirreno [mar tir'rɛːno] *m* Tyrrhenisches Meer *n*
Marocco [ma'rɔkko] *m* Marokko *n*
Marsiglia [mar'siːʎa] *f* Marseille *n*
Mecklemburgo [meklem'burgo] *m* Mecklenburg *n*
Meno ['mɛːno] *m* Main *m*
Merano [me'raːno] *f* Meran *n*
Messico ['mɛssiko] *m* Mexiko *n*
Milano [mi'laːno] *f* Mailand *n*
Monaco ['mɔːnako] *f* (*principato*) Monaco *n*; **~ *di Baviera*** München *n*
Monte Bianco ['monte bi'anko] *m* Montblanc *m*
Monte Cervino ['monte tʃer'viːno] *m* Matterhorn *n*
Montenegro [monte'neːgro] *m* Montenegro *n*
Mosa ['mɔːza] *f* Maas *f*
Mosca ['moska] *f* Moskau *n*
Mosella [mo'zɛlla] *f* Mosel *f*

N

Napoli ['naːpoli] *f* Neapel *n*
Norimberga [norim'bɛrga] *f* Nürnberg *n*
Normandia [norman'diːa] *f* Normandie *f*
Norvegia [nor'vɛːdʒa] *f* Norwegen *n*
Nuova Zelanda [nu'ɔːva dze'landa] *f* Neuseeland *n*

O

Oceania [otʃe'aːnia] *f* Ozeanien *n*
Olanda [o'landa] *f* Holland *n*

P

Pacifico [pa'tʃiːfiko] *m* Pazifik *m*
Padova ['paːdova] *f* Padua *n*
Paesi Bassi [pa'eːzi'bassi] *m/pl* Niederlande *n/pl*
Palatinato [palati'naːto] *m* Pfalz *f*
Panama ['paːnama] *m* Panama *n*
Parigi [pa'riːdʒi] *f* Paris *n*
Pechino [pe'kiːno] *f* Peking *n*
Persia ['pɛrsia] *f* Persien *n*
Perù [pe'ru] *m* Peru *n*
Piemonte [pie'monte] *m* Piemont *n*
Pirenei [pire'nɛːi] *m/pl* Pyrenäen *pl*
Polonia [po'lɔːnia] *f* Polen *n*
Portogallo [porto'gallo] *m* Portugal *n*
Praga ['praːga] *f* Prag *n*
Provenza [pro'ventsa] *f* Provence *f*
Prussia ['prussia] *f* Preußen *n*
Puglia ['puːʎa] *f* Apulien *n*

R

Ratisbona [ratiz'boːna] *f* Regensburg *n*
Renania [re'naːnia] *f* Rheinland *n*
Reno ['rɛːno] *m* Rhein *m*
Repubblica Ceca [re'pubblika 'tʃɛːka] *f* Tschechien *n*
Rodano ['rɔːdano] *m* Rhone *f*
Roma ['roːma] *f* Rom *n*
Romania [roma'niːa] *f* Rumänien *n*
Russia ['russia] *f* Russland *n*

S

Salisburgo [saliz'burgo] *f* Salzburg *n*
San Gottardo [saŋ got'tardo] *m* Sankt Gotthard *m*
Sardegna [sar'deːɲa] *f* Sardinien *n*
Sassonia [sas'sɔːnia] *f* Sachsen *n*
Scandinavia [skandi'naːvia] *f* Skandinavien *n*
Scozia ['skɔːtsia] *f* Schottland *n*
Selva Nera ['selva 'neːra] *f* Schwarzwald *m*
Senna ['sɛnna] *f* Seine *f*
Serbia ['sɛrbia] *f* Serbien *n*
Siberia [si'bɛːria] *f* Sibirien *n*
Sicilia [si'tʃiːlia] *f* Sizilien *n*

Siria ['si:ria] *f* Syrien *n*
Slesia ['zlɛ:zia] *f* Schlesien *n*
Slovacchia [slo'vakkia] *f* Slowakei *f*
Slovenia [slo'vɛ:nia] *f* Slowenien *n*
Somalia [so'ma:lia] *f* Somalia *n*
Spagna ['spa:ɲa] *f* Spanien *n*
Spalato ['spa:lato] *f* Split *n*
Spira ['spi:ra] *f* Speyer *n*
Stati Uniti d'America ['sta:ti u'ni:ti da'mɛ:rika] *m/pl* Vereinigte Staaten von Amerika *m/pl*
Stelvio ['stɛlvio]: ***Passo dello ~*** Stilfser Joch *n*
Stiria [sti:ria] *f* Steiermark *f*
Stoccarda [stok'karda] *f* Stuttgart *n*
Stoccolma [stok'kolma] *f* Stockholm *n*
Strasburgo [straz'burgo] *f* Straßburg *n*
Sudafrica [su'da:frika] *m* Südafrika *n*
Svevia [sv'ɛ:via] *f* Schwaben *n*
Svezia ['zvɛ:tsia] *f* Schweden *n*
Svizzera ['zvittsera] *f* Schweiz *f*

T

Tamigi [ta'mi:dʒi] *m* Themse *f*
Taranto ['ta:ranto] *m* Tarent *n*
Tarvisio [tar'vi:sio] *f* Tarvis *n*
Tevere ['te:vere] *m* Tiber *m*
Ticino [ti'tʃi:no] *m* Tessin *n*
Tirolo [ti'rɔ:lo] *m* Tirol *n*
Torino [to'ri:no] *f* Turin *n*
Toscana [tos'ka:na] *f* Toskana *f*
Trentino-Alto Adige [tren'ti:no 'alto 'a:didʒe] *m* Trentino-Tiroler Etschland *n*, Trentino-Südtirol *n*
Trento ['trɛnto] *f* Trient *n*
Treviri ['trɛ:viri] *f* Trier *n*
Trieste [tri'ɛste] *f* Triest *n*
Tubinga [tu'biŋga] *f* Tübingen *n*
Tunisi ['tu:nizi] *f* Tunis *n*
Tunisia [tuni'zi:a] *f* Tunesien *n*
Turchia [tur'ki:a] *f* Türkei *f*
Turingia [tu'rindʒa] *f* Thüringen *n*

U

Ucraina [ukra'i:na] *f* Ukraine *f*
Umbria ['umbria] *f* Umbrien *n*
Ungheria [uŋge'ri:a] *f* Ungarn *n*
Unione Sovietica *hist* [uni'o:ne sovi'ɛ:tika] *f* Sowjetunion *f*
Urali [u'ra:li] *m/pl* Ural *m*

V

Valle d'Aosta [valle da'ɔsta] *f* Aostatal *n*
Valsugana [valsu'ga:na] *f* Suganatal *n*
Valtellina [valtel'li:na] *f* Veltlin *n*
Varsavia [var'sa:via] *f* Warschau *n*
Vaticano [vati'ka:no] *m* Vatikan *m*
Veneto ['vɛ:neto] *m* Venetien *n*
Venezia [ve'nɛ:tsia] *f* Venedig *n*
Vesuvio [ve'su:vio] *m* Vesuv *n*
Vienna [vi'ɛnna] *f* Wien *n*
Villaco [vil'la:ko] *f* Villach *n*
Vipiteno [vipi'tɛ:no] *f* Sterzing *n*
Volga ['vɔlga] *m* Wolga *f*

Z

Zagabria [dza'ga:bria] *f* Zagreb *n*
Zurigo [dzu'ri:go] *f* Zürich *n*

Deutsche geographische Namen
Nomi geografici tedeschi

A

Aachen ['ɑːxən] *n* Aquisgrana *f*
Adria ['ɑːdria] *f* Adriatico *m*
Afghanistan [af'gaːnistaːn] *n* Afganistan *m*
Afrika ['ɑːfrika] *n* Africa *f*
Ägäisches Meer [ɛ'gɛːiʃəs meːr] *n* Mare *m* Egeo
Ägypten [ɛ'gyptən] *n* Egitto *m*
Albanien [al'baːnjən] *n* Albania *f*
Algerien [al'geːrjən] *n* Algeria *f*
Algier ['alʒiːr] *n* Algeri *f*
Alpen ['alpən] *pl* Alpi *f/pl*
Amerika [a'meːrika] *n* America *f*
Antarktis [ant'ˀarktis] *f* Antartide *f*
Antwerpen [ant'vɛrpən] *n* Anversa *f*
Apennin [apɛ'niːn] *m* Appennino *m*
Apulien [a'puːljən] *n* Puglia *f*
Arabien [a'raːbjən] *n* Arabia *f*
Argentinien [argɛn'tiːnjən] *n* Argentina *f*
Armenien [ar'meːnjən] *n* Armenia *f*
Ärmelkanal ['ɛrməlkanaːl] *m* (Canale *m* della) Manica *f*
Asien ['ɑːzjən] *n* Asia *f*
Athen [a'teːn] *n* Atene *f*
Äthiopien [ɛ'tjoːpjən] *n* Etiopia *f*
Atlantik [at'lantik] *m* (Oceano *m*) Atlantico *m*
Ätna ['ɛtna] *m* Etna *m*
Augsburg ['aʊksbʊrk] *n* Augusta *f*
Australien [aʊs'traːljən] *n* Australia *f*
Azoren [a'tsoːrən] *pl* Azzorre *f/pl*

B

Baden-Württemberg ['baːdən 'vyrtəmbɛrk] *n* Baden-Württemberg *m*
Balearen [bale'aːrən] *pl* Baleari *f/pl*
Balkan ['balkaːn] *m* Balcani *m/pl*
Basel ['baːzəl] *n* Basilea *f*
Bayern ['baɪərn] *n* Baviera *f*
Belgien ['bɛlgjən] *n* Belgio *m*
Belgrad ['bɛlgraːt] *n* Belgrado *f*
Beneluxstaaten [beːne'luksʃtaːtən] *m/pl* Stati *m/pl* Benelux
Berlin [bɛr'liːn] *n* Berlino *f*
Bern [bɛrn] *n* Berna *f*
Biskaya [bis'kaːja] *f* Biscaglia *f*; ***Golf** m* ***von ~*** Golfo *m* di Biscaglia
Bodensee ['boːdənzeː] *m* Lago *m* di Costanza
Böhmen ['bøːmən] *n* Boemia *f*
Bonn [bɔn] *n* Bonn *f*
Bosnien-Herzegowina ['bɔsniən hɛrtse'goːvina] *n* Bosnia-Erzegovina *f*
Bosporus ['bɔsporus] *m* Bosforo *m*
Bozen ['boːtsən] *n* Bolzano *f*
Brandenburg ['brandənburk] *n* Brande(n)burgo *m*
Brasilien [bra'ziːljən] *n* Brasile *m*
Bremen ['breːmən] *n* Brema *f*
Brüssel ['brysəl] *n* Bruxelles *f*
Bulgarien ['bul'gaːrjən] *n* Bulgaria *f*
Bundesrepublik Deutschland ['bundesrepu'bliːk 'dɔʏtʃlant] *f* Repubblica *f* Federale di Tedesca

C

Chile ['çiːle] *n* Cile *m*
China ['çiːna] *n* Cina *f*

D

Dalmatien [dal'maːtsjən] *n* Dalmazia *f*
Dänemark ['dɛːnəmark] *n* Danimarca *f*
Den Haag [den 'haːk] *m* L'Aia *f*
Deutsche Demokratische Republik *hist* ['dɔʏtʃə demo'kraːtiʃə repu'bliːk] *f* Repubblica *f* Democratica Tedesca
Deutschland ['dɔʏtʃlant] *n* Germania *f*
Dolomiten [dolo'miːtən] *pl* Dolomiti *f/pl*
Donau ['doːnaʊ] *f* Danubio *m*
Dresden ['dreːsdən] *n* Dresda *f*

E

Ecuador [ekʊa'doːr] *n* Ecuador *m*
Elbe ['ɛlbə] *f* Elba *f*
Elfenbeinküste ['ɛlfənbaɪn-] *f* Costa *f* d'Avorio
Elsass ['ɛlzas] *n* Alsazia *f*
England ['ɛŋlant] *n* Inghilterra *f*
Estland ['eːstlant] *n* Estonia *f*
Etsch [ɛtʃ] *f* Adige *m*
Europa [ɔʏ'roːpa] *n* Europa *f*

F

Finnland ['finlant] *n* Finlandia *f*
Florenz [flo'rɛnts] *n* Firenze *f*
Franken ['fraŋkən] *n* Franconia *f*
Frankfurt ['fraŋkfurt] *n* Francoforte *f*;

~ am Main ~ sul Meno; *~ an der Oder* ~ sull'Oder
Frankreich ['frankraıç] *n* Francia *f*
Freiburg ['fraiburk] *n* Friburgo *f*
Friesland ['friːslant] *n* Frisia *f*

G

Genf [gɛnf] *n* Ginevra *f*; *~er See* Lago *m* di Ginevra
Genua ['geːnʊa] *n* Genova *f*
Georgien [ge'ɔrgjən] *n* Georgia *f*
Gibraltar [gi'braltar] *n* Gibilterra *f*
Göttingen ['gœtiŋən] *n* Gottinga *f*
Griechenland ['griːçənlant] *n* Grecia *f*
Grönland ['grønlant] *n* Groenlandia *f*
Großbritannien [groːsbri'tanjən] *n* Gran Bretagna *f*
Guinea [gi'neːa] *n* Guinea *f*

H

Hamburg ['hamburk] *n* Amburgo *f*
Hannover [ha'noːfər] *n* Annover *f*
Helgoland ['hɛlgolant] *n* Isola *f* di Helgoland
Hessen ['hɛsən] *n* Assia *f*
Holland ['hɔlant] *n* Olanda *f*

I

Indien ['indjən] *n* India *f*
Indische(r) Ozean ['indiʃə(r)' oːtseɑːn] *m* Oceano *m* Indiano
Indonesien [indo'neːzjən] *n* Indonesia *f*
Ionische(s) Meer ['joːniʃe(s) 'meːr] *n* Mar Ionio *m*
Irak [i'rɑːk] *m* Iraq *m*
Iran [i'rɑːn] *m* Iran *m*
Irland ['irlant] *n* Irlanda *f*
Island ['iːslant] *n* Islanda *f*
Israel ['israeːl] *n* Israele *m*
Italien [i'tɑːljən] *n* Italia *f*

J

Japan ['jɑːpan] *n* Giappone *m*
Jemen ['jeːmən] *n od* (*mit art*) *m* Jemen *m*
Jerusalem [je'ruːzalɛm] *n* Gerusalemme *f*
Jordanien [jɔr'dɑːnjən] *n* Giordania *f*
Jugoslawien [jugo'slɑːvjən] *n* Iugoslavia *f*

K

Kairo ['kaıro] *n* Cairo *m*
Kalabrien [ka'lɑːbrjən] *n* Calabria *f*
Kalifornien [kali'fɔrnjən] *n* California *f*
Kambodscha [kam'bɔdʒa] *n* Cambogia *m*
Kamerun ['kaməruːn] *n* Camerun *m*
Kampanien [kam'pɑːnjən] *n* Campania *f*
Kanada ['kanada] *n* Canada *m*
Kanarische Inseln [ka'nɑːriʃə 'inzəln] *f/pl* Isole *f/pl* Canarie
Kapstadt ['kapʃtat] *n* Città *f* del Capo
Kärnten ['kɛrntən] *n* Carinzia *f*
Kaukasus ['kaʊkazus] *m* Caucaso *m*
Kenia ['keːnja] *n* Kenia *m*
Koblenz ['koːblɛnts] *n* Coblenza *f*
Köln ['kœln] *n* Colonia *f*
Kolumbien [ko'lumbjən] *n* Colombia *f*
Konstanz ['kɔnstants] *n* Costanza *f*
Kopenhagen [koːpən'hɑːgən] *n* Copenaghen *f*
Korea [ko'reːa] *n* Corea *f*
Korsika ['kɔrzika] *n* Corsica *f*
Kreml [kreːml] *m* Cremlino *m*
Kreta ['kreːta] *n* Creta *f*
Krim [krim] *f* Crimea *f*
Kroatien [kro'ɑːtsjən] *n* Croazia *f*
Kuba ['kuːba] *n* Cuba *f*
Kuwait [ku'vaıt] *n* Kuwait *m*

L

Lappland ['laplant] *n* Lapponia *f*
Lateinamerika [la'taın'a'meːrika] *n* America *f* Latina
Leipzig ['laıptsiç] *n* Lipsia *f*
Lettland ['lɛtlant] *n* Lettonia *f*
Libanon ['liːbanɔn] *m* Libano *m*
Libyen ['liːbyən] *n* Libia *f*
Liechtenstein ['liçtənʃtaın] *n* Liechtenstein *m*
Ligurische(s) Meer [li'guːrıʃə(s) 'meːr] *n* Mar Ligure *m*
Lissabon ['lisabɔn] *n* Lisbona *f*
Litauen ['litaʊen] *n* Lituania *f*
Lombardei [lɔmbar'daı] *f* Lombardia *f*
London ['lɔndɔn] *n* Londra *f*
Luxemburg ['luksəmburk] *n* Lussemburgo *m*
Luzern [lu'tsɛrn] *n* Lucerna *f*

M

Madrid [ma'drit] *n* Madrid *f*
Mailand ['maılant] *n* Milano *f*
Main [maın] *m* Meno *m*

Mainz [maɪnts] *n* Magonza *f*
Mallorca [ma'jɔrka] *n* Maiorca *f*
Malta ['malta] *n* Malta *f*
Marokko [ma'rɔko] *n* Marocco *m*
Mazedonien [matse'do:njən] *n* Macedonia *f*
Mecklenburg-Vorpommern ['me:klənburk 'fo:rpɔmərn] *n* Mecklenburgo-Pomerania Occidentale *m*
Menorca [me'nɔrka] *n* Minorca *f*
Mexiko ['mɛksiko] *n* Messico *m*
Mittelamerika ['mitəlʔa'me:rika] *n* America *f* Centrale
Mitteleuropa ['mitəlʔɔyro:pa] *n* Europa *f* Centrale
Mittelmeer ['mitəlme:r] *n* Mediterraneo *m*
Montblanc [mɔ̃'blɑ̃:] *m* Monte *m* Bianco
Montenegro [mɔntə'ne:gro] *n* Montenegro *m*
Mosel ['mo:zəl] *f* Mosella *f*
Moskau ['mɔskaʊ] *n* Mosca *f*
München ['mynçən] *n* Monaco *f*

N

Naher Osten ['nɑ:ər 'ɔstən] *m* Medio Oriente *m*
Neapel [ne'ɑ:pəl] *n* Napoli *f*
Neuseeland [nɔʏ'ze:lant] *n* Nuova Zelanda *f*
Niederlande ['ni:dərlandə] *n/pl* Paesi *m/pl* Bassi
Niedersachsen ['ni:dərzaksən] *n* Bassa Sassonia *f*
Nigeria [ni'ge:rja] *n* Nigeria *f*
Nizza ['nitsa] *n* Nizza *f*
Nordafrika ['nɔrtʔɑ:frika] *n* Africa *f* del Nord
Nordamerika ['nɔrtʔa'me:rika] *n* America *f* del Nord
Nordkorea ['nɔrtko're:a] *n* Corea *f* del Nord
Nordrhein-Westfalen ['nɔrtraɪn vɛst'fɑ:lən] *n* Renania-Vestfalia *f*
Nordsee ['nɔrtze:] *f* Mare *m* del Nord
Normandie [norman'di:] *f* Normandia *f*
Norwegen ['nɔrve:gən] *n* Norvegia *f*
Nürnberg ['nyrnbɛrk] *n* Norimberga *f*

O

Österreich ['ø:stəraɪç] *n* Austria *f*
Ostsee ['ɔstze:] *f* (Mare *m*) Baltico *m*
Ozeanien [otse'ɑ:njən] *n* Oceania *f*

P

Palästina [palɛ'sti:na] *n* Palestina *f*
Panama ['panama] *n* Panama *m*
Paris [pa'ri:s] *n* Parigi *f*
Pazifik [pa'tsi:fik] *m* Pacifico *m*
Peking ['pe:kiŋ] *n* Pechino *f*
Persien ['pɛrzjən] *n* Persia *f*
Persische(r) Golf ['pɛrziʃə(r) 'gɔlf] *m* Golfo Persico *m*
Peru [pe'ru:] *n* Perù *m*
Pfalz [pfalts] *f* Palatinato *m*
Philippinen [fili'pi:nən] *pl* Filippine *f/pl*
Piemont [pje'mɔnt] *n* Piemonte *m*
Polen ['po:lən] *n* Polonia *f*
Pommern ['pɔmərn] *n* Pomerania *f*
Portugal ['pɔrtugal] *n* Portogallo *m*
Prag [prɑ:k] *n* Praga *f*
Preußen ['prɔysn] *n* Prussia *f*
Pyrenäen [pyre'nɛ:ən] *pl* Pirenei *m/pl*

R

Rhein [raɪn] *m* Reno *m*
Rheinland-Pfalz ['raɪnlant 'pfalts] *n* Renania-Palatinato *f*
Rom [ro:m] *n* Roma *f*
Ruhrgebiet ['ru:rgəbi:t] *n* *la* Ruhr *f*
Rumänien [ru'mɛ:njən] *n* Romania *f*
Russland ['ruslant] *n* Russia *f*

S

Saarland ['zɑ:rlant] *n* Saar *f*
Sachsen ['zaksən] *n* Sassonia *f*
Sachsen-Anhalt ['zaksən'anhalt] *n* Alta Sassonia *f*
Sahara [za'hɑ:ra] *f* Sahara *m*
Salzburg ['zaltsburk] *n* Salisburgo *f*
Sankt Gotthard [zaŋkt 'gɔthart] *m* San Gottardo *m*
Sardinien [zar'di:njən] *n* Sardegna *f*
Saudi-Arabien ['zaʊdi ɑ'rɑ:bjən] *n* Arabia *f* Saudita
Schlesien ['ʃle:zjən] *n* Slesia *f*
Schleswig-Holstein ['ʃle:sviç 'holʃtaɪn] *n* Slesvig-Holstein *m*
Schottland ['ʃɔtlant] *n* Scozia *f*
Schwaben ['ʃvɑ:bən] *n* Svevia *f*
Schwarze(s) Meer ['ʃvartsə(s) 'me:r] *n* Mar *m* Nero
Schwarzwald ['ʃvartsvalt] *m* Selva *f* Nera
Schweden ['ʃve:dən] *n* Svezia *f*
Schweiz [ʃvaɪts] *f* Svizzera *f*
Serbien ['zɛrbjən] *n* Serbia *f*

Sibirien [zi'biːrjən] *n* Siberia *f*
Sizilien [zi'tsiːljən] *n* Sicilia *f*
Skandinavien [skandi'nɑːvjən] *n* Scandinavia *f*
Slowakei [slova'kaɪ] *f* Slovacchia *f*
Slowenien [slo'veːnjən] *n* Slovenia *f*
Sowjetunion *hist* [zɔ'vjətˀunjoːn] *f* Unione *f* Sovietica
Spanien ['ʃpɑːnjən] *n* Spagna *f*
Steiermark ['ʃtaɪərmark] *f* Stiria *f*
Stockholm ['ʃtɔkhɔlm] *n* Stoccolma *f*
Straßburg ['ʃtrasburk] *n* Strasburgo *f*
Südafrika ['zyːtˈˀɑːfrika] *n* Sudafrika *m*
Südamerika ['zyːtˀa'meːrika] *n* America *f* del Sud
Südkorea ['zyːtko'reːa] *n* Corea *f* del Sud
Syrien ['zyːrjən] *n* Siria *f*

T

Tessin [tɛ'siːn] *m (Fluss) u n (Kanton)* Ticino *m*
Thailand ['taɪlant] *n* Tailandia *f*
Themse ['tɛmzə] *f* Tamigi *m*
Thüringen ['tyːriŋən] *n* Turingia *f*
Tiber ['tiːbər] *m* Tevere *m*
Tirol [ti'roːl] *n* Tirolo *m*
Tokio ['toːkjo] *n* Tokio *f*
Toskana [tɔs'kɑːna] *f* Toscana *f*
Trient [tri'ɛnt] *n* Trento *f*
Trier [triːr] *n* Treviri *f*
Tschechien ['ʧɛçiən] *n* Repubblica *f* Ceca
Tübingen ['tyːbɪŋən] *n* Tubinga *f*
Tunesien [tu'neːzjən] *n* Tunisia *f*
Turin [tu'riːn] *n* Torino *f*
Türkei [tyr'kaɪ] *f* Turchia *f*
Tyrrhenische(s) Meer [ty'reːniʃə(s) 'meːr] *n* Mar Tirreno *m*

U

Ukraine [u'kraɪnə] *f* Ucraina *f*
Ungarn [uŋgarn] *n* Ungheria *f*

V

Vatikanstadt [vati'kɑːnʃtat] *f* Città *f* del Vaticano
Venedig [ve'neːdiç] *n* Venezia *f*
Vereinigte Staaten von Amerika [fɛr-'ˀaɪniçtə 'ʃtɑːtən fɔn a'meːrika] *m/pl* Stati Uniti d'America *m/pl*
Vietnam [vjɛt'nam] *n* Vietnam *m*
Volksrepublik China ['fɔlksrepubliːk 'çiːna] *f* Repubblica Popolare Cinese *f*

W

Warschau ['varʃaʊ] *n* Varsavia *f*
Wien [viːn] *n* Vienna *f*

Z

Zagreb ['zɑːgrɛp] *n* Zagabria *f*
Zürich ['tsyːriç] *n* Zurigo *f*
Zypern ['tsyːpərn] *n* Cipro *f*

Italienische Abkürzungen
Abbreviazioni italiane

Die Schreibung der italienischen Abkürzungen für Organisationen, Gesellschaften, Parteien u.Ä. weist im Gebrauch der Punkte starke Schwankungen auf.

A

a. ***anno*** Jahr (*abbr* J.); ***ara*** Ar (*abbr* a)

AAS ***Azienda Autonoma di Soggiorno*** *Verkehrsverein*

ab. ***abitanti*** Einwohner

a/b ***assegno bancario*** Bankscheck

a.c. ***anno corrente*** laufenden Jahres (*abbr* l.J.)

a.C. ***avanti Cristo*** vor Christus (*abbr* v. Chr.)

ACI ***Automobile Club d'Italia*** Italienischer Automobilklub

ACLI ***Associazione Cristiana dei Lavoratori Italiani*** Christlicher Verband italienischer Arbeiter

a.f. ***a favore*** zugunsten

a/F ***a mezzo ferrovia*** per Bahn

a.f.m. ***a fine mese*** zum Monatsende

AIDS, Aids (*Acquired Immune Deficiency Syndrome*) ***Sindrome da immunodeficienza acquisita*** Immunschwächekrankheit (*abbr* AIDS, Aids)

AIG ***Associazione Italiana Alberghi per la Gioventù*** italienischer Jugendherbergsverband

A.I.R.E. ***Anagrafe degli Italiani Residenti all'Estero*** Melderegister *der italienischen Staatsbürger mit Wohnsitz im Ausland*

ALITALIA ***Linee aeree italiane*** Italienische Luftverkehrslinien

all. ***allegato*** Anlage

a.m. ***antimeridiano*** vormittags (*abbr* vorm.)

ANAS ***Azienda Nationale Autonoma della Strada*** italienische Straßenaufsichtsbehörde

ANSA ***Agenzia Nationale Stampa Associata*** italienische Presseagentur

a.s. ***anno scorso*** vergangenen Jahres

A.T. ***antico testamento*** Altes Testament

a.v., av/ ***a vista*** auf Sicht

AVIS ***Associazione Volontari Italiani del Sangue*** Verein der freiwilligen italienischen Blutspender

B

b. ***beato*** selig

Bce ***Banca centrale europea*** Europäische Zentralbank (*abbr* EZB)

Bei ***Banca europea per gli investimenti*** Europäische Investitionsbank (*abbr* EIB)

B.I. ***Banca d'Italia*** Zentralnotenbank von Italien

BOT, bot ***Buono Ordinario del Tesoro*** einfache Schatzanweisung

b.p. ***buono per*** Gutschein für

B.U. ***Bollettino Ufficiale*** Amtliches Anzeigeblatt

C

ca. ***circa*** ungefähr (*abbr* ca.)

c.a. ***corrente alternata*** Wechselstrom

CAI ***Club Alpino Italiano*** Italienischer Alpenverein

C.A.P. ***Codice di Avviamento Postale*** Postleitzahl (*abbr* PLZ)

Cav. ***cavaliere*** Ritter (*italienischer Ehrentitel*)

cc ***centimetri cubici*** Kubikzentimeter (*abbr* ccm)

CC ***Carabinieri*** Karabinieri

c.c. ***corrente continua*** Gleichstrom

c/c ***conto corrente*** Kontokorrent

CD ***Corpo Diplomatico*** diplomatisches Korps (*abbr* CD)

C.E. ***Consiglio d'Europa*** Europarat

CEE, Cee ***Comunità (Economica) Europea*** Europäische Gemeinschaft (*abbr* EG)

CEEA ***Comunità Europea dell'Energia Atomica*** Europäische Atomgemeinschaft (*abbr* EURATOM)

cf., cfr. ***confronta*** vergleiche (*abbr* vgl.)

cg ***centigrammo*** Zentigramm (*abbr* cg)

CGIL ***Confederazione Generale Italiana del Lavoro*** Allgemeiner italienischer Gewerkschaftsbund

C.ia ***compagnia*** Kompanie (*abbr* Komp., Co.)

CISL ***Confederazione Italiana Sindacati Lavoratori*** Italienischer Arbeitergewerkschaftsbund
CISNAL ***Confederazione Italiana Sindacati Nazionali Lavoratori*** Verband der nationalen italienischen Arbeitergewerkschaften
CIT ***Compagnia Italiana del Turismo*** Italienische Reiseverkehrsgesellschaft
cm ***centimetro*** Zentimeter (*abbr* cm)
c.m. ***corrente mese*** laufenden Monats (*abbr* lfd. M.)
CNR ***Consiglio Nazionale delle Ricerche*** Nationaler Forschungsrat
C.O.D. ***pagamento alla consegna*** Nachnahme
Comm. ***commendatore*** Komtur (*italienischer Ehrentitel*)
CONI ***Comitato Olimpico Nazionale Italiano*** Nationales Italienisches Olympisches Komitee
C.P. ***Casella Postale*** Postfach; ***Codice Penale*** Strafgesetzbuch (*abbr* StGB)
CRI ***Croce Rossa Italiana*** Italienisches Rotes Kreuz
c.s. ***come sopra*** wie oben (*abbr* w.o.)
CSCE ***Conferenza sulla Sicurezza e la Cooperazione in Europa*** Konferenz über Sicherheit u. Zusammenarbeit in Europa (*abbr* KSZE)
CSI ***Comunità di Stati Indipendenti*** Gemeinschaft Unabhängiger Staaten (*abbr* GUS)
c.to ***conto*** Konto
CV ***Cavallo Vapore*** Pferdestärke (*abbr* PS)

D

d.c. ***da capo*** da capo
d.C. ***dopo Cristo*** nach Christus (*abbr* n.Chr.)
D.C., Dc ***Democrazia Cristiana*** Christlich-Demokratische Partei
D.O.C., doc ***Denominazione d'Origine Controllata*** Qualitätswein aus bestimmten Anbaugebieten (*abbr* QbA)
dott. ***dottore*** Doktor (*abbr* Dr.)
dott.ssa ***dottoressa*** Frau Doktor

E

E ***est*** Osten (*abbr* O)
ecc. ***eccetera*** und so weiter (*abbr* usw.)
Ecc. ***Eccellenza*** Exzellenz (*abbr* Exz.)
EDP (*Electronic Data Processing*) ***Elaborazione Elettronica dei Dati*** Elektronische Datenverarbeitung (*abbr* EDV)
EFTA ***Associazione Europea di Libero Scambio*** Europäische Freihandelszone (*abbr* EFTA)
egr. ***egregio*** sehr geehrt (*Briefstil*)
E.I. ***Esercito Italiano*** Italienisches Heer
ENEL ***Ente Nazionale per l'Energia Elettrica*** Nationale Elektrizitätsgesellschaft
ENI ***Ente Nationale Idrocarburi*** Nationale Brennstoffverwaltung
ENIT ***Ente Nazionale Italiano per il Turismo*** Staatliches Fremdenverkehrsamt
E.P.T. ***Ente Provinciale per il Turismo*** Fremdenverkehrsamt der Stadt und Provinz
es. ***esempio*** Beispiel
euro *Währung* Euro

F

fo ***firmato*** gezeichnet (*abbr* gez.)
fatt. ***fattura*** Rechnung
f.co ***franco*** frei
f.f. ***facente funzione*** in Vertretung (*abbr* i.V., I.V.)
FIAT ***Fabbrica Italiana Automobili Torino*** Italienische Automobilwerke Turin
F.lli ***fratelli*** Gebrüder (*abbr* Gebr.)
f.m. ***fine mese*** ultimo (*abbr* ult)
FMI ***Fondo Monetario Internazionale*** Internationaler Währungsfonds (*abbr* IWF)
Fr.b. ***franco belga*** belgischer Franc (*abbr* bfr)
Fr.f. ***franco francese*** französischer Franc (*abbr* F, FF)
Fr.s. ***franco svizzero*** Schweizer Franken (*abbr* sfr)
FS, FF.SS. ***Ferrovie dello Stato*** Staatseisenbahnen
f.to ***firmato*** gezeichnet (*abbr* gez.)

G

g ***grammo*** Gramm (*abbr* g)
g. ***giorno*** Tag
G.d.F. ***Guardia di Finanza*** Zollbehörde
gg. ***giorni*** Tage
gr ***grammo*** Gramm (*abbr* g)
G.U. ***Gazzetta Ufficiale*** Amtsblatt
G.V. ***grande velocità*** Eilgut

H

h ***ora*** Stunde (*abbr* h)
ha ***ettaro*** Hektar (*abbr* ha)
hg ***ettogrammo*** Hektogramm (*abbr* hg)
hl ***ettolitro*** Hektoliter (*abbr* hl)
hm ***ettometro*** Hektometer (*abbr* hm)

I

ib., ibid. ***nello stesso luogo*** am gleichen Ort
ICE ***Istituto Nazionale per il Commercio Estero*** Staatliches Institut für Außenhandel
I.G.E. ***Imposta generale sull'entrata*** Umsatzsteuer
ill.mo ***illustrissimo*** hochverehrt (*Briefstil*)
Ime ***Istituto monetario europeo*** Europäisches Währungsinstitut (*abbr* EWI)
INA ***Istituto Nazionale delle Assicurazioni*** Nationales Versicherungsinstitut
ing. ***ingegnere*** Ingenieur (*abbr* Ing.)
IRPEF ***Imposta sul Reddito delle Persone Fisiche*** ital. Einkommensteuer
ISTAT ***Istituto Centrale di Statistica*** Zentralinstitut für Statistik
IVA ***Imposta sul Valore Aggiunto*** Mehrwertsteuer (*abbr* MwSt, MWSt)

K

kg ***chilogrammo*** Kilogramm (*abbr* kg)
km ***chilometro*** Kilometer (*abbr* km)
km/h ***chilometri all'ora*** Kilometer je Stunde (*abbr* km/h)
k.o. ***fuori combattimento*** knock-out (*abbr* k.o.)
kV ***chilovolt*** Kilovolt (*abbr* kV)
kW ***chilowatt*** Kilowatt (*abbr* kW)
kWh ***chilowattora*** Kilowattstunde (*abbr* kWh)

L

l ***litro*** Liter (*abbr* l)
L ***lira*** Lire
L/C ***lettera di credito*** Kreditbrief
l.c.s. ***letto, confermato, sottoscritto*** gelesen, bestätigt, unterschrieben
Lit. ***lire italiane*** italienische Lire
L.st. ***lira sterlina*** Pfund Sterling (*abbr* £ Stg)
L/V ***lettera di vettura*** Frachtbrief

M

m ***metro*** Meter (*abbr* m)
m. ***mese*** Monat
mc ***metro cubo*** Kubikmeter (*abbr* cbm)
m.c. ***mese corrente*** laufenden Monats (*abbr* lfd.M.)
mg ***milligrammo*** Milligramm (*abbr* mg)
min. ***minuto*** Minute (*abbr* min)
mitt. ***mittente*** Absender (*abbr* Abs.)
ml ***millilitro*** Milliliter (*abbr* ml)
mm ***millimetro*** Millimeter (*abbr* mm)
M.M. ***Marina Militare*** Kriegsmarine
mq ***metro quadrato*** Quadratmeter (*abbr* qm)
MSI ***Movimento Sociale Italiano*** *hist rechtsgerichtete ital. Partei*

N

n. ***numero*** Nummer (*abbr* Nr.)
N ***nord*** Norden (*abbr* N)
n/ ***nostro*** unser (*Briefstil*)
NATO ***Organizzazione del Trattato nord-atlantico*** Nordatlantikpakt (*abbr* NATO)
N.B. ***nota bene*** notabene (*abbr* NB)
N.d.A. ***nota dell'autore*** Anmerkung des Verfassers (*abbr* Anm. d. Verf.)
N.d.E. ***nota dell'editore*** Anmerkung des Verlags (*abbr* Anm. d. Verl.)
N.d.R. ***nota della redazione*** Anmerkung der Redaktion (*abbr* Anm. d. Red.)
NE ***nord-est*** Nordosten (*abbr* NO)
N.N. ***nomen nescio*** Name unbekannt (*abbr* N.N.)
NO ***nord-ovest*** Nordwesten (*abbr* NW)
no, No, n° ***numero*** Nummer
ns. ***nostro*** unser (*Briefstil*)
N.T. ***nuovo testamento*** Neues Testament (*abbr* N.T.)
NU ***Nazioni Unite*** Vereinte Nationen (*abbr* UN); ***nettezza urbana*** Städtische Müllabfuhr

O

O ***ovest*** Westen (*abbr* W)
OCSE ***Organizzazione per la Cooperazione e lo Sviluppo Economico*** Organisation für wirtschaftliche Zusammenarbeit und Entwicklung (*abbr* OECD)

OLP ***Organizzazione per la Liberazione della Palestina*** Palästinensische Befreiungsorganisation (*abbr* PLO)
OMS ***Organizzazione Mondiale della Sanità*** Weltgesundheitsorganisation (*abbr* WHO)
on. ***onorevole*** Parlamentsabgeordneter
ONU ***Organizzazione delle Nazioni Unite*** Organisation der Vereinten Nationen (*abbr* UNO)
OPA ***Offerta Pubblica di Acquisto*** (***di azioni di società***) Angebot des Erwerbs von Aktien
op.cit. ***opera citata*** ebenda (*abbr* ebd.)

P

p. ***pagina*** Seite (*abbr* S.), ***per ordine*** im Auftrag (*abbr* i. A.)
par. ***paragrafo*** Paragraph
p.c. ***per conoscenza*** zur Kenntnisnahme; ***per condoglianze*** herzliches Beileid
p.c.c. ***per copia conforme*** für die Richtigkeit der Abschrift
P.C.I. *hist* ***Partito Comunista Italiano*** Kommunistische Partei Italiens
PDS, Pds ***Partitio Democratico della Sinistra*** Demokratische Partei der Linken
p.e., p.es. ***per esempio*** zum Beispiel (*abbr* z. B.)
P.IVA ***Partita IVA*** Mehrwertsteuernummer
PLI, Pli ***Partito Liberale Italiano*** Liberale Partei Italiens
p.m. ***pomeridiano*** nachmittags (*abbr* nachm.)
PNL ***Prodotto Nazionale Lordo*** Bruttosozialprodukt (*abbr* BSP)
p/o ***per ordine*** im Auftrag
p.p. ***per procura*** in Vollmacht (*abbr* i. V.); ***pacco postale*** Postpaket
pp. ***pagine*** Seiten
PP.TT. ***Poste e Telecomunicazioni*** Post- und Fernmeldewesen
p.r. ***per ringraziamento*** zum Ausdruck des Dankes
preg.mo ***pregiatissimo*** sehr geehrt (*Briefstil*)
PRI, Pri ***Partito Repubblicano Italiano*** Republikanische Partei Italiens
prof. ***professore*** Professor (*abbr* Prof.)
P.S. ***Pubblica Sicurezza*** Polizei; ***post scriptum*** Nachschrift (*abbr* PS)
P.S.D.I., Psdi ***Partito Socialista Democratico Italiano*** Sozialdemokratische Partei Italiens
P.S.I., Psi ***Partito Socialista Italiano*** Sozialistische Partei Italiens
P.T.P. ***Posto Telefonico Pubblico*** Öffentlicher Fernsprecher
p.v. ***prossimo venturo*** nächst

Q

q ***quintale*** Doppelzentner (*abbr* dz)
q. ***quadrato*** Quadrat (*abbr* q)

R

R., racc. ***raccomandata*** Einschreiben
R/A ***raccomandata con avviso di ritorno*** Einschreiben mit Rückschein
rag. ***ragioniere*** Buchhalter
RAI ***Radio Audizioni Italiane*** *Italienische Rundfunkanstalt*
RAI-TV ***Radio Televisione Italiana*** *Italienische Rundfunk- und Fernsehanstalt*
RDT *hist* ***Repubblica Democratica Tedesca*** Deutsche Demokratische Republik (*abbr* DDR)
RFT ***Repubblica Federale Tedesca*** Bundesrepublik Deutschland (*abbr* BRD)
R.I. ***Repubblica Italiana*** Italienische Republik
RSM ***Repubblica di San Marino*** Republik San Marino
R.U. ***Regno Unito*** Vereinigtes Königreich

S

s ***secondo*** Sekunde (*abbr* s)
S ***sud*** Süden (*abbr* S)
S. ***santo*** heilig (*abbr* hl., St.)
S.A. ***Società Anonima*** Aktiengesellschaft (*abbr* AG)
s.a.s. ***società in accomandita semplice*** Kommanditgesellschaft (*abbr* KG)
s.c. ***sopra citato*** oben erwähnt (*abbr* o. e.)
S.C.V. ***Stato della Città del Vaticano*** Vatikanstaat
s.d. ***senza data*** ohne Datum (*abbr* o. D.)
S.E. ***Sua Eccellenza*** Seine Exzellenz
S.E. e O. ***salvo errori e omissioni*** unter üblichem Vorbehalt (*abbr* u. ü. V.)

seg. ***seguente*** folgend (*abbr* f.)
sen. ***senatore*** Senator
SIAE ***Società Italiana Autori ed Editori*** Italienischer Autoren- und Verlegerverband
sig. ***signore*** Herr
sigg. ***signori*** Herren
sig.na ***signorina*** Fräulein
sig.ra ***signora*** Frau
s.l.m. ***sul livello del mare*** über dem Meeresspiegel (*abbr* ü. d. M.)
Sme ***Sistema monetario europeo*** Europäisches Währungssystem (*abbr* EWS)
s.n.c. ***società in nome collettivo*** Offene Handelsgesellschaft (*abbr* OHG)
SO ***sud-ovest*** Südwesten (*abbr* SW)
Soc. ***società*** Gesellschaft (*abbr* Ges.)
S.P. ***Strada Provinciale*** Provinzstraße
S.p.A. ***Società per Azioni*** Aktiengesellschaft (*abbr* AG)
spett. ***spettabile*** geschätzt (*Briefstil*)
S.P.M. ***sue proprie mani*** zu Händen (*abbr* z. H.)
S.P.Q.R. ***Senatus Populusque Romanus*** Senat und Volk von Rom
S.r.l. ***Società a responsabilità limitata*** Gesellschaft mit beschränkter Haftung (*abbr* GmbH)
SS. ***santi*** heilige
S.S. ***Sua Santità*** Seine Heiligkeit; ***Strada Statale*** Bundesstraße
SU ***Stati Uniti*** Vereinigte Staaten (*abbr* US)
S.V. ***Signoria Vostra*** Euer Wohlgeboren

T

t ***tonnellata*** Tonne (*abbr* t)
TAC ***Tomografia Assiale Computerizzata*** Computertomographie
tbc, TBC ***tubercolosi*** Tuberkulose (*abbr* Tbc, Tb)
TCI ***Touring Club Italiano*** Italienischer Touring Club
tel. ***telefono*** Telefon (*abbr* Tel.)
TG ***Telegiornale*** Fernsehnachrichten
TIR ***Trasporti Internazionali su Strada*** Internationale Lkw-Transporte
TMEC ***Tempo Medio dell'Europa Centrale*** Mitteleuropäische Zeit (*abbr* MEZ)
tr. ***tratta*** Tratte (*abbr* Tr., Te)
trim. ***trimestre*** Trimester
TV ***televisione*** Fernsehen (*abbr* TV)

U

Ue ***Unione europea*** Europäische Union (*abbr* EU)
Uem ***Unione economica e monetaria europea*** Europäische Wirtschafts- und Währungsunion (*abbr* EWU, EWWU)
UIL ***Unione Italiana del Lavoro*** Italienischer Gewerkschaftsbund
ult. ***ultimo*** letzt
Ume ***unione monetaria*** (***europea***) Europäische Währungseinheit
u.s. ***ultimo scorso*** vergangen
USA ***Stati uniti d'America*** Vereinigte Staaten von Amerika (*abbr* USA)
USL, Usl ***Unità Sanitaria Locale*** *staatliche lokale medizinische Dienstleistungseinrichtung*

V

V ***volt*** Volt (*abbr* V)
v. ***vedi*** siehe (*abbr* s.)
V. ***via*** Straße (*abbr* Str.)
val. ***valuta*** Valuta
Vat. ***Vaticano*** Vatikan
V.d.F. ***vigili del fuoco*** Feuerwehr
V.E. ***Vostra Eccellenza*** Eure Exzellenz
v.le ***viale*** Allee
vol. ***volume*** Band (*abbr* Bd.)
v.r. ***vedi retro*** siehe Rückseite
v.s. ***vedi sopra*** siehe oben (*abbr* s. o.)
Vs. ***vostro*** Ihr (*Briefstil*)
V.S. ***Vostra Signoria*** Euer Wohlgeboren
V.S.Ill.ma ***Vostra Signoria Illustrissima*** Euer Hochwohlgeboren
V.T. ***vecchio testamento*** Altes Testament (*abbr* A.T.)
V.U. ***Vigili Urbani*** Stadtpolizei

W

W ***watt*** Watt (*abbr* W); ***viva*** es lebe
WC ***gabinetto*** Wasserklosett (*abbr* WC)
W.L. ***vagone letto*** Schlafwagen

Italienische Provinzen

AG ***Agrigento*** Agrigent
AL ***Alessandria*** Alessandria
AN ***Ancona*** Ancona
AO ***Aosta*** Aosta
AP ***Ascoli Piceno*** Ascoli Piceno
AQ ***L'Aquila*** Aquila
AR ***Arezzo*** Arezzo
AT ***Asti*** Asti
AV ***Avellino*** Avellino
BA ***Bari*** Bari
BG ***Bergamo*** Bergamo
BI ***Biella*** Biella
BL ***Belluno*** Belluno
BN ***Benevento*** Benevent
BO ***Bologna*** Bologna
BR ***Brindisi*** Brindisi
BS ***Brescia*** Brescia
BZ ***Bolzano*** Bozen
CA ***Cagliari*** Cagliari
CB ***Campobasso*** Campobasso
CE ***Caserta*** Caserta
CH ***Chieti*** Chieti
CL ***Caltanissetta*** Caltanissetta
CN ***Cuneo*** Cuneo
CO ***Como*** Como
CR ***Cremona*** Cremona
CS ***Cosenza*** Cosenza
CT ***Catania*** Catania
CZ ***Catanzaro*** Catanzaro
EN ***Enna*** Enna
FE ***Ferrara*** Ferrara
FG ***Foggia*** Foggia
FI ***Firenze*** Florenz
FO ***Forlì*** Forlì
FR ***Frosinone*** Frosinone
GE ***Genova*** Genua
GO ***Gorizia*** Görz
GR ***Grosseto*** Grosseto
IM ***Imperia*** Imperia
IS ***Isernia*** Isernia
KR ***Crotone*** Crotone
LC ***Lecco*** Lecco
LE ***Lecce*** Lecce
LI ***Livorno*** Livorno
LO ***Lodi*** Lodi
LT ***Latina*** Latina
LU ***Lucca*** Lucca
MC ***Macerata*** Macerata
ME ***Messina*** Messina
MI ***Milano*** Mailand
MN ***Mantova*** Mantua
MO ***Modena*** Modena
MS ***Massa Carrara*** Massa Carrara
MT ***Matera*** Matera
NA ***Napoli*** Neapel
NO ***Novara*** Novara
NU ***Nuoro*** Nuoro
OR ***Oristano*** Oristano
PA ***Palermo*** Palermo
PC ***Piacenza*** Piacenza
PD ***Padova*** Padua
PE ***Pescara*** Pescara
PG ***Perugia*** Perugia
PI ***Pisa*** Pisa
PN ***Pordenone*** Pordenone
PO ***Prato*** Prato
PR ***Parma*** Parma
PS ***Pesaro*** Pesaro
PT ***Pistoia*** Pistoia
PV ***Pavia*** Pavia
PZ ***Potenza*** Potenza
RA ***Ravenna*** Ravenna
RC ***Reggio Calabria*** Reggio (di) Calabria
RE ***Reggio Emilia*** Reggio Emilia
RG ***Ragusa*** Ragusa
RI ***Rieti*** Rieti
RN ***Rimini*** Rimini
RM ***Roma*** Roma
RO ***Rovigo*** Rovigo
SA ***Salerno*** Salerno
SI ***Siena*** Siena
SO ***Sondrio*** Sondrio
SP ***La Spezia*** La Spezia
SR ***Siracusa*** Syrakus
SS ***Sassari*** Sassari
SV ***Savona*** Savona
TA ***Taranto*** Tarent
TE ***Teramo*** Teramo
TN ***Trento*** Trient
TO ***Torino*** Turin
TP ***Trapani*** Trapani
TR ***Terni*** Terni
TS ***Trieste*** Triest
TV ***Treviso*** Treviso
UD ***Udine*** Udine
VA ***Varese*** Varese
VB ***Verbania*** Verbania
VC ***Vercelli*** Vercelli
VE ***Venezia*** Venedig
VI ***Vicenza*** Vicenza
VR ***Verona*** Verona
VT ***Viterbo*** Viterbo
VV ***Vibo-Valentia*** Vibo-Valentia

Deutsche Abkürzungen
Abbreviazioni tedesche

A

A ***Austria*** (*Kfz-Nationalitätskennzeichen für Österreich*) Austria
AA ***Auswärtiges Amt*** Ministero degli Affari Esteri (*abbr* MAE)
Abb. ***Abbildung*** illustrazione
Abf. ***Abfahrt*** partenza
Abk. ***Abkürzung*** abbréviazione
Abs. ***Absatz*** paragrafo; ***Absender*** mittente
ABS ***Antiblockiersystem*** Sistema (frenante) Anti Bloccaggio
Abschn. ***Abschnitt*** paragrafo, capitolo
Abt. ***Abteilung*** sezione; reparto
abzgl. ***abzüglich*** meno
a. Chr. (**n.**) ***ante Christum*** (***natum***) avanti Cristo (*abbr* a. C.)
a. D. ***außer Dienst*** a riposo
ADAC ***Allgemeiner Deutscher Automobil-Club*** Automobile-Club Generale della Germania
Adr. ***Adresse*** indirizzo
AG ***Aktiengesellschaft*** Società per azioni (*abbr* S.p.A.)
AIDS, Aids (*Acquired Immune Deficiency*) ***Immunschwächekrankheit*** Sindrome da immunodeficienza acquisita
allg. ***allgemein*** generale; generalmente
Anh. ***Anhang*** appendice
Ank. ***Ankunft*** arrivo
Anl. ***Anlage*** allegato
AOK ***Allgemeine Ortskrankenkasse*** *Cassa malati provinciale*
ARD ***Arbeitsgemeinschaft der öffentlich-rechtlichen Rundfunkanstalten der Bundesrepublik Deutschland*** primo canale della televisione tedesca
a. Rh. ***am Rhein*** sul Reno
Art. ***Artikel*** articolo
AstA ***Allgemeiner Studentenausschuss*** Associazione generale degli studenti
Aufl. ***Auflage*** edizione; tiratura
Ausg. ***Ausgabe*** edizione
ausschl. ***ausschließlich*** esclusivo; esclusivamente

B

b. ***bei*** presso
B ***Bundesstraße*** strada statale (*abbr* S.S.)
Bd. ***Band*** volume
BDI ***Bundesverband der Deutschen Industrie*** Confederazione dell'Industria Tedesca
beil. ***beiliegend*** accluso
Benelux ***Belgien, Niederlande, Luxemburg*** Benelux
bes. ***besonders*** specialmente
Best.-Nr. ***Bestellnummer*** numero dell'ordine
betr. ***betreffend, betreffs*** riguardante, concernente
Betr. ***Betreff*** oggetto
bez. ***bezahlt*** pagato
Bez. ***Bezeichnung*** denominazione; ***Bezirk*** distretto
BGB ***Bürgerliches Gesetzbuch*** Codice civile
BH F ***Büstenhalter*** reggiseno
Bhf. ***Bahnhof*** stazione ferroviaria
Bl. ***Blatt*** foglio
BLZ ***Bankleitzahl*** codice di avviamento bancario
BRD ***Bundesrepublik Deutschland*** Repubblica Federale Tedesca (*abbr* RFT)
BRT ***Bruttoregistertonne*** tonnellata di stazza lorda
b.w. ***bitte wenden*** vedere a tergo
bzw. ***beziehungsweise*** rispettivamente

C

C ***Celsius*** Celsius
ca. ***circa, ungefähr, etwa*** circa, all'incirca
cand. ***Kandidat*** candidato
CDU ***Christlich-Demokratische Union*** Unione Democratica Cristiana
CH ***Confœderatio Helvetica*** (*Kfz.-Nationalitätskennzeichen für die Schweiz*) Confederazione Elvetica
cm ***Zentimeter*** centimetro
CSU ***Christlich-Soziale Union*** Unione Sociale Cristiana
CVJM ***Christlicher Verein Junger Männer*** Associazione cristiana uomini giovani

D

DAAD ***Deutscher Akademischer Austauschdienst*** Servizio Tedesco per gli Scambi Accademici
DAG ***Deutsche Angestellten-Gewerkschaft*** Sindacato Tedesco degli Impiegati
DB ***Deutsche Bundesbahn*** Ferrovie Federali Tedesche
DDR *hist* ***Deutsche Demokratische Republik*** Repubblica Democratica Tedesca
DER ***Deutsches Reisebüro*** Ufficio viaggi tedesco
DFB ***Deutscher Fußballbund*** Federazione Tedesca di Calcio
DGB ***Deutscher Gewerkschaftsbund*** Confederazione dei Sindacati Tedeschi
d. h. ***das heißt*** vale a dire; cioè
DIN ***Deutsche Industrie-Norm*** norma industriale tedesca; ***Deutsches Institut für Normung*** Istituto Tedesco per la Standardizzazione
Dipl. ***Diplom*** diploma
Dipl.-Ing. ***Diplomingenieur*** ingegnere diplomato
d. J. ***dieses Jahr*** dell'anno corrente
DJH ***Deutsches Jugendherbergswerk*** Associazione Tedesca Alberghi per la Gioventù
dl ***Deziliter*** decilitro
DM ***Deutsche Mark*** marco tedesco
d. M. ***dieses Monats*** del mese corrente
DNA ***Deutscher Normenausschuss*** Commissione Tedesca per la Standardizzazione
dpa ***Deutsche Presse-Agentur*** Agenzia Stampa Tedesca
Dr. ***Doktor*** dottore
Dr.-Ing. ***Doktor der Ingenieurwissenschaft*** dottore in ingegneria
Dr. jur. ***Doktor der Rechte*** dottore in legge
Dr. med. ***Doktor der Medizin*** dottore in medicina
Dr. med. dent. ***Doktor der Zahnheilkunde*** dottore in odontoiatria
Dr. med. vet. ***Doktor der Tierheilkunde*** dottore in veterinaria
Dr. phil. ***Doktor der Philosophie*** dottore in (lettere e) filosofia
Dr. rer. nat. ***Doktor der Naturwissenschaften*** dottore in scienze (fisiche, chimiche e naturali)
Dr. rer. pol. ***Doktor der Staatswissenschaften*** dottore in scienze politiche
Dr. theol. ***Doktor der Theologie*** dottore in teologia
DRK ***Deutsches Rotes Kreuz*** Croce Rossa Tedesca
dt(sch). ***deutsch*** tedesco
Dtzd. ***Dutzend*** dozzina
d.U. ***der Unterzeichnete*** il sottoscritto
dz ***Doppelzentner*** quintale
D-Zug ***Durchgangszug; Schnellzug*** (treno) direttissimo

E

E ***Eilzug*** treno diretto
EDV ***Elektronische Datenverarbeitung*** elaborazione elettronica dei dati (*abbr* EDP)
EFTA (*European Free Trade Association*) ***Europäische Freihandelszone*** Associazione Europea di Libero Scambio
ehem., ehm. ***ehemals*** anticamente
EIB ***Europäische Investitionsbank*** Banca europea per gli investimenti
eig., eigtl. ***eigentlich*** propriamente
einschl. ***einschließlich*** compreso; incluso
EKG ***Elektrokardiogramm*** elettrocardiogramma (*abbr* ECG)
entspr. ***entsprechend*** corrispondente; rispettivo
erl. ***erledigt*** sbrigato
EU ***Europäische Union*** Unione europea (*abbr* Ue)
EuGH ***Europäischer Gerichtshof*** Corte di Giustizia (europea)
EUR ***Euro*** euro
ev. ***evangelisch*** protestante
e.V. ***eingetragener Verein*** associazione registrata
evtl. ***eventuell*** eventualmente
EWI ***Europäisches Währungsinstitut*** Istituto monetario europeo (*abbr* Ime)
EWS ***Europäisches Währungssystem*** Sistema monetario europeo (*abbr* Sme)
EWU, EWWU ***Europäische Wirtschafts- und Währungsunion*** Unione (*o* Comunità) economica e monetaria europea (*abbr* Uem)

exkl. ***exklusive*** escluso
Expl. ***Exemplar*** esemplare; copia
EZB ***Europäische Zentralbank*** Banca centrale europea (*abbr* Bce)

F

f. ***folgende Seite*** pagina seguente
Fa. ***Firma*** ditta
FD(-Zug) ***Fernschnellzug*** treno rapido
F.D.P. ***Freie Demokratische Partei*** Partito Liberale Democratico
ff. ***folgende Seiten*** pagine seguenti
FH ***Fachhochschule*** *etwa*: istituto superiore tecnico
FKK ***Freikörperkultur*** nudismo
Forts. ***Fortsetzung*** continuazione
Fr. ***Frau*** signora (*abbr* sig.ra)
Frl. ***Fräulein*** signorina (*abbr* sig.na)
frz. ***französisch*** francese

G

g ***Gramm*** grammo
GATT (*General Agreement on Tariffs and Trade*) ***Allgemeines Zoll- und Handelsabkommen*** Accordo Generale sulle Tariffe Doganali ed il Commercio
Gbf. ***Güterbahnhof*** stazione merci
geb. ***geboren*** nato; ***gebunden*** rilegato
Gebr. ***Gebrüder*** fratelli (*abbr* F.lli)
gegr. ***gegründet*** fondato
GEMA ***Gesellschaft für musikalische Aufführungs- u. mechanische Vervielfältigungsrechte*** Società per i diritti di rappresentazione musicale e di riproduzione meccanica
Ges. ***Gesellschaft*** società; ***Gesetz*** legge
ges. gesch. ***gesetzlich geschützt*** tutelato dalla legge; registrato
gesch. ***geschieden*** divorziato
Geschw. ***Geschwister*** fratelli e sorelle; ***Geschwindigkeit*** velocità
gest. ***gestorben*** defunto
Gew. ***Gewicht*** peso
gez. ***gezeichnet*** firmato
GG ***Grundgesetz*** legge fondamentale
GmbH ***Gesellschaft mit beschränkter Haftung*** Società a responsabilità limitata (*abbr* S.r.l.)
GUS ***Gemeinschaft Unabhängiger Staaten*** Comunità di Stati Indipendenti (*abbr* CSI)

H

ha ***Hektar*** ettaro
Hbf. ***Hauptbahnhof*** stazione centrale
h.c. ***honoris causa*** honoris causa
hg. ***herausgegeben*** pubblicato
HGB ***Handelsgesetzbuch*** Codice di Commercio
HIV (*Human Immundeficiency Virus*) ***Aids-Erreger*** virus dell'Aids
Hr., Hrn ***Herrn*** (Al) Signor
hrsg. ***herausgegeben*** pubblicato
Hrsg. ***Herausgeber*** editore

I

i.A. ***im Auftrag*** per ordine
i. Allg. ***im Allgemeinen*** in genere
IATA (*International Air Transport Association*) ***Internationaler Luftverkehrsverband*** Associazione Internationale per i Trasporti Aerei
IC ***Intercity-Zug*** treno Intercity
IG ***Interessengemeinschaft*** comunità d'interessi; ***Industriegewerkschaft*** sindacato industriale
IHK ***Industrie- und Handelskammer*** Camera per l'Industria ed il Commercio
I.J. ***im Jahre*** nell'anno
Ing. ***Ingenieur*** ingegnere
Inh. ***Inhaber*** proprietario; ***Inhalt*** contenuto
inkl. ***inklusive*** compreso
insb. ***insbesondere*** in particolare; specialmente
INTERPOL ***Internationale Kriminalpolizeiliche Organisation*** Organizzazione Internazionale della Polizia Criminale
IOK ***Internationales Olympisches Komitee*** Comitato Olimpico Internazionale
i.R. ***im Ruhestand*** a riposo
i.V. ***in Vertretung*** in rappresentanza; per autorizzazione
IWF ***Internationaler Währungsfonds*** Fondo Monetario Internazionale (*abbr* FMI)

J

JH ***Jugendherberge*** ostello per la gioventù
Jh. ***Jahrhundert*** secolo
jr., jun. ***junior*** junior; figlio

K

Kap. ***Kapitel*** capitolo
kath. ***katholisch*** cattolico
Kfm. ***Kaufmann*** commerciante
kfm. ***kaufmännisch*** commerciale; mercantile
Kfz. ***Kraftfahrzeug*** veicolo a motore; automobile
kg ***Kilogramm*** chilogrammo
KG ***Kommanditgesellschaft*** Società in accomandita
Kl. ***Klasse*** classe
km ***Kilometer*** chilometro
Kr. ***Kreis*** distretto
KSZE ***Konferenz über Sicherheit und Zusammenarbeit in Europa*** Conferenza sulla Sicurezza e la Cooperazione in Europa (*abbr* CSCE)
Kto. ***Konto*** conto
kW ***Kilowatt*** chilowatt

L

l ***Liter*** litro
landw. ***landwirtschaftlich*** agricolo
led. ***ledig*** celibe
lfd. ***laufend*** corrente
lfd. J. ***laufenden Jahres*** dell'anno corrente
lfd. m ***laufender Meter*** metro lineare
lfd. M. ***laufenden Monats*** del mese corrente
lfd. Nr. ***laufende Nummer*** numero di serie
Lfg., Lfrg. ***Lieferung*** consegna
Lit. ***Literatur*** letteratura
Lkw ***Lastkraftwagen*** autocarro
LP ***Langspielplatte*** ellepì
lt. ***laut*** secondo

M

m ***Meter*** metro
mbH ***mit beschränkter Haftung*** a responsabilità limitata
Md ***Milliarde*** miliardo
M.d.B. ***Mitglied des Bundestages*** Membro del Bundestag; Deputato
MdL ***Mitglied des Landtags*** Membro della Dieta Provinciale
m. E. ***meines Erachtens*** a mio parere
MEZ ***Mitteleuropäische Zeit*** tempo medio dell'Europa centrale
mg ***Milligramm*** milligrammo
MHz ***Megahertz*** megaciclo
Mill. ***Million*** milione
Min. ***Minute*** minuto
mm ***Millimeter*** millimetro
möbl. ***möbliert*** ammobiliato
m/sec ***Meter pro Sekunde*** metro al secondo
mtl. ***monatlich*** mensile
MW ***Mittelwelle*** onde medie
MwSt, MWSt ***Mehrwertsteuer*** Imposta sul Valore Aggiunto (*abbr* IVA)

N

N ***Norden*** nord
Nachf. ***Nachfolger*** successore
nachm. ***nachmittags*** di pomeriggio
NASA (*National Aeronautics and Space Administration*) ***Nationales Amt für Luft- und Weltraumfahrt*** Amministrazione nazionale per la navigazione aerea ed interplanetaria (*abbr* NASA)
NATO (*North Atlantic Treaty Organization*) ***Nordatlantikpakt-Organisation*** Organizzazione del Patto Nordatlantico (*abbr* NATO)
n. Chr. ***nach Christus*** dopo Cristo (*abbr* d. C.)
NDR ***Norddeutscher Rundfunk*** Radio della Germania del Nord
n. J. ***nächstes Jahr*** l'anno prossimo
n. M. ***nächsten Monat*** il mese prossimo
N. N. ***nomen nescio*** (*lat.* = ***Name unbekannt***) N. N.; un signor X
NO ***Nordosten*** nordest
Nr. ***Nummer*** numero
NS ***Nachschrift*** poscritto
NW ***Nordwesten*** nordovest

O

O ***Osten*** est
o. ***oben*** sopra
o. B. ***ohne Befund*** senza reperto
ÖBB ***Österreichische Bundesbahnen*** Ferrovie Federali Austriache
od. ***oder*** o
OECD (*Organization for Economic Cooperation and Development*) ***Organisation für wirtschaftliche Zusammenarbeit und Entwicklung*** Organizzazione per la Collaborazione e lo Sviluppo Economico (*abbr* OCSE)
OHG ***Offene Handelsgesellschaft*** Società in nome collettivo
o. J. ***ohne Jahr*** senza data
Orig. ***Original*** originale
österr. ***österreichisch*** austriaco

ÖTV ***Öffentliche Dienste, Transport und Verkehr*** (*Gewerkschaft*) servizi pubblici e trasporti (*sindacato*)

P

p. A. ***per Adresse*** presso
PC ***Personalcomputer*** Personal Computer (*abbr* PC)
PDS ***Partei des Demokratischen Sozialismus*** partito del socialismo democratico
Pf. ***Pfennig*** pfennig
Pfd. ***Pfund*** libbra
Pkt. ***Punkt*** punto
Pkw ***Personenkraftwagen*** automobile
PL ***Platz*** piazza
PLO ***Palästinensische Befreiungsorganisation*** Organizzazione per la Liberazione della Palestina (*abbr* OLP)
PLZ ***Postleitzahl*** codice postale (*abbr* C.P.)
pp., p. pa., ppa. ***per procura*** per procura
Prof. ***Professor*** professore
Prov. ***Provinz*** provincia
PS ***Pferdestärke*** cavallo vapore; ***Postskriptum*** poscritto
PSchA ***Postscheckamt*** ufficio per vaglia postale

Q

q ***Quadrat*** quadrato
qkm ***Quadratkilometer*** chilometro quadrato
qm ***Quadratmeter*** metro quadrato

R

RA ***Rechtsanwalt*** avvocato
rd. ***rund*** (***gerechnet***) in cifre tonde
Reg.-Bez. ***Regierungsbezirk*** distretto amministrativo
Rep. ***Republik*** Repubblica

S

S ***Süden*** sud
S. ***Seite*** pagina
s. ***siehe*** vedi
s. a. ***siehe auch*** vedi anche
Sa ***Summa, Summe*** somma; totale
S-Bahn ***Schnellbahn*** ferrovia rapida
SBB ***Schweizerische Bundesbahnen*** Ferrovie Federali Svizzere
Sek., sek. ***Sekunde*** secondo
SED *hist* ***Sozialistische Einheitspartei Deutschlands*** (***DDR***) Partito Socialista Unificato della Germania (*RDT*)
sen. ***senior*** senior
SO ***Südosten*** sudest
s. o. ***siehe oben*** vedi sopra
sog. ***so genannt*** cosiddetto
SPD ***Sozialdemokratische Partei Deutschlands*** Partito Socialdemocratico della Germania
SS ***Sommersemester*** semestre estivo
St. ***Sankt*** San; Santa
St., Std. ***Stunde*** ora
stellv. ***stellvertretend*** vice, facente funzioni
StGB ***Strafgesetzbuch*** Codice penale
StPO ***Strafprozessordnung*** Codice di procedura penale
Str. ***Straße*** via
stud. ***Student*** studente
StVO ***Straßenverkehrsordnung*** Codice Stradale
s. u. ***siehe unten*** vedi sotto
SW ***Südwesten*** sudovest
s. Z. ***seinerzeit*** ai suoi tempi

T

t ***Tonne*** tonnellata
tägl. ***täglich*** giornalmente; ogni giorno
Tbc ***Tuberkulose*** tubercolosi
TEE ***Trans-Europ-Express*** Espresso Transeuropeo
Tel. ***Telefon*** telefono
TH ***Technische Hochschule*** Politecnico
TU ***Technische Universität*** Università Tecnica
TÜV ***Technischer Überwachungsverein*** ufficio di controllo tecnico

U

u. ***und*** e
u. a. ***unter anderem*** fra l'altro; ***und anderes*** ed altro
U-Bahn ***Untergrundbahn*** metropolitana
u. d. M. ***unter dem Meeresspiegel*** sotto il livello del mare
ü. d. M. ***über dem Meeresspiegel*** sopra il livello del mare
UdSSR *hist* ***Union der Sozialistischen Sowjetrepubliken*** Unione delle Repubbliche Socialiste Sovietiche (*abbr* URSS)
UKW ***Ultrakurzwelle*** onde ultracorte;

modulazione di frequenza
UNESCO (*United Nations Educational, Scientific and Cultural Organization*) ***Organisation der Vereinten Nationen für Erziehung, Wissenschaft und Kultur*** Organizzazione delle Nazioni Unite per l'Educazione, le Scienze e la Cultura
UNO ***Organisation der Vereinten Nationen*** Organizzazione delle Nazioni Unite (*abbr* ONU)
urspr. ***ursprünglich*** originariamente
USA (*United States of America*) ***Vereinigte Staaten von Nordmerika*** Stati Uniti d'America (*abbr* USA)
usf. ***und so fort*** e così via
usw. ***und so weiter*** eccetera

V

v. ***von*** di; da
V. ***Volt*** volt
v. Chr. ***vor Christus*** avanti Cristo (*abbr* a. C.)
verh. ***verheiratet*** sposato
verw. ***verwitwet*** vedovo
vgl. ***vergleiche*** paragona
v. g. u. ***vorgelesen, genehmigt, unterschrieben*** letto, approvato, firmato
v. H. ***vom Hundert*** per cento
VHS ***Volkshochschule*** Università Popolare
v. J. ***vorigen Jahres*** dell'anno passato
v. M. ***vorigen Monats*** del mese scorso
vorm. ***vormals*** già; ex; ***vormittags*** al mattino
Vors. ***Vorsitzender*** presidente
v.T. ***vom Tausend*** per mille
VW ***Volkswagen*** Volkswagen

W

W ***Westen*** ovest
WDR ***Westdeutscher Rundfunk*** Radio della Germania dell'Ovest
WEU ***Westeuropäische Union*** Unione dell'Europa Occidentale (*abbr* UEO)
WEZ ***Westeuropäische Zeit*** ora dell'Europa occidentale
WHO (*World Health Organization*) ***Weltgesundheitsorganisation*** Organizzazione Mondiale della Sanità (*abbr* OMS)
WS ***Wintersemester*** semestre invernale
Wwe. ***Witwe*** vedova
Wz ***Warenzeichen*** Marchio registrato

Z

Z. ***Ziffer*** cifra
z. B. ***zum Beispiel*** per esempio
z. d. A. ***zu den Akten*** agli atti; da archiviare
ZDF ***Zweites Deutsches Fernsehen*** *secondo canale della televisione tedesca*
Zi. ***Zimmer*** camera
z. Hd(n). ***zu Händen von*** sue proprie mani; all'attenzione di
z. T. ***zum Teil*** in parte
Ztg. ***Zeitung*** giornale
Ztr. ***Zentner*** mezzo quintale
Ztschr. ***Zeitschrift*** rivista
zus. ***zusammen*** insieme
z(u)zgl. ***zuzüglich*** più
zw. ***zwischen*** tra
zz., zzt ***zurzeit*** attualmente

Die Konjugation der italienischen Verben

Um die Konjugation eines italienischen Verbes festzustellen, sucht man den betreffenden Infinitiv heraus. Die dem Infinitiv beigefügte Nummer (1, 2, 3, 4) und der Buchstabe verweisen auf die folgenden Musterbeispiele.

In den Tabellen der Konjugationen (**1a**, **2a**, **3a**, **4a**) sind die Stämme mit gewöhnlicher und die Endung mit *kursiver* Schrift gedruckt.

Die unterstrichenen Buchstaben werden betont. Soweit kein Buchstabe unterstrichen ist oder einen Akzent hat, wird die vorletzte Silbe der Verbform betont.

Erste Konjugation

1 a **mandare.** Der Stamm bleibt in Schrift und Aussprache unverändert.

I. Einfache Zeiten

Indicativo				Condizionale
presente	*imperfetto*	*passato remoto*	*futuro*	
mand*o*	mand*avo*	mand*ai*	mander*ò*	mander*ei*
mand*i*	mand*avi*	mand*asti*	mander*ai*	mander*esti*
mand*a*	mand*ava*	mand*ò*	mander*à*	mander*ebbe*
mand*iamo*	mand*avamo*	mand*ammo*	mander*emo*	mander*emmo*
mand*ate*	mand*avate*	mand*aste*	mander*ete*	mander*este*
mand*ano*	mand*avano*	mand*arono*	mander*anno*	mander*ebbero*

Congiuntivo		Imperativo
presente	*imperfetto*	
mand*i*	mand*assi*	–
mand*i*	mand*assi*	mand*a*
mand*i*	mand*asse*	mand*i*
mand*iamo*	mand*assimo*	mand*iamo*
mand*iate*	mand*aste*	mand*ate*
mand*ino*	mand*assero*	mand*ino*

Participio presente: mand*ante* *Participio passato*: mand*ato*

Gerundio presente: mand*ando*

II. Zusammengesetzte Zeiten

1. Im Aktiv

(Durch Vorsetzen von *avere*)

Infinito

passato: *aver* mandato

trapassato remoto: *ebbi* mandato
futuro anteriore: *avrò* mandato

Gerundio

passato: *avendo* mandato

Condizionale

passato: *avrei* mandato

Indicativo

passato pross.: *ho* mandato
trapassato pross.: *avevo* mandato

Congiuntivo

passato: *abbia* mandato
trapassato: *avessi* mandato

2. Im Passiv

(Durch Vorsetzen von *essere*)

Infinito

presente: *essere* mand*ato, -a, -i, -e*
passato: *essere stato* (*stata, stati, state*) mand*ato, -a, -i, -e*

trap. rem.: *fui stato* (*stata*) mand*ato, -a*
fut. sempl.: *sarò* mand*ato, -a*
fut. ant.: *sarò stato* (*stata*) mand*ato, -a*

Condizionale

pres.: *sarei* mand*ato, -a*
pass.: *sarei stato* (*stata*) mand*ato, -a*

Gerundio

presente: *essendo* mand*ato, -a, i, -e*
passato: *essendo stato* (*stata, stati, state*) mand*ato, -a, -i, -e*

Congiuntivo

presente: *sia* mand*ato, -a*
imperf.: *fossi* mand*ato, -a*
passato: *sia stato* (*stata*) mand*ato, -a*
trapassato: *fossi stato* (*stata*) mand*ato, -a*

Indicativo

presente: *sono* mand*ato, -a*
imperf.: *ero* mand*ato, -a*
pass. rem.: *fui* mand*ato, -a*
pass. pross.: *sono stato* (*stata*) mand*ato, -a*
trap. pross.: *ero stato* (*stata*) mand*ato, -a*

Imperativo

sii mand*ato, -a*

Nach diesem Muster werden die zusammengesetzten Zeiten aller Verben gebildet.

pr. ind.	*p. r.*	*fut.*	*pr. cong.*	*imper.*

1 b **celare.** Betontes geschlossenes Stamm-*e* wird zu offenem *e*.

celo	celai	celerò	celi	–
celiamo	celammo	celeremo	celiamo	celiamo
celano	celarono	celeranno	celino	celino

participio passato: celato

1 c **lodare.** Betontes geschlossenes Stamm-*o* wird zu offenem *o*.

lodo	lodai	loderò	lodi	–
lodiamo	lodammo	loderemo	lodiamo	lodiamo
lodano	lodarono	loderanno	lodino	lodino

participio passato: lodato

1 d **cercare.** Der Stammauslaut *c* wird vor *i* und *e* zu *ch*.

cerco	cercai	cercherò	cerchi	–
cerchiamo	cercammo	cercheremo	cerchiamo	cerchiamo
cercano	cercarono	cercheranno	cerchino	cerchino

participio passato: cercato

pr. ind.	*p. r.*	*fut.*	*pr. cong.*	*imper.*

1 e **pagare.** Der Stammauslaut *g* wird vor *i* und *e* zu *gh*.

pago	pagai	pagherò	paghi	–
paghiamo	pagammo	pagheremo	paghiamo	paghiamo
pagano	pagarono	pagheranno	paghino	paghino

participio passato: pagato

1 f **baciare.** Abwerfen des *i*, wenn ein zweites *i* oder *e* unmittelbar darauf folgt.

bacio	baciai	bacerò	baci	–
baciamo	baciammo	baceremo	baciamo	baciamo
baciano	baciarono	baceranno	bacino	bacino

participio passato: baciato

1 g **pigliare.** Abwerfen des *i*, wenn ein zweites *i* folgt.

piglio	pigliai	piglierò	pigli	–
pigliamo	pigliammo	piglieremo	pigliamo	pigliamo
pigliano	pigliarono	piglieranno	piglino	piglino

participio passato: pigliato

1 h **inviare.** Die auf *i* betonten Formen behalten das *i* bei, auch wenn ein weiteres *i* folgt.

invio	inviai	invierò	invii	–
inviamo	inviammo	invieremo	inviamo	inviamo
inviano	inviarono	invieranno	inviino	inviino

participio passato: inviato

1 i **annoiare.** Bei Verben auf *-iare* mit unbetontem *i* und vorhergehendem Vokal fällt ein unmittelbar herantretendes *i* weg.

annoio	annoiai	annoierò	annoi	–
annoiamo	annoiammo	annoieremo	annoiamo	annoiamo
annoiano	annoiarono	annoieranno	annoino	annoino

participio passato: annoiato

1 k **studiare.** Bei Verben auf *-iare* mit unbetontem *i* und vorhergehendem Konsonant fällt meistens das unmittelbar herantretende *i* auch in den stammbetonten Formen weg; also: *tu studi.* Zeitwörter auf *-liare* haben immer *-lii*, z. B.: *esiliare, esilii.*

studio	studiai	studierò	studi	–
studiamo	studiammo	studieremo	studiamo	studiamo
studiano	studiarono	studieranno	studino	studino

participio passato: studiato

1 l **abitare.** In den stammbetonten Formen liegt die Betonung auf der ersten Silbe.

abito	abitai	abiterò	abiti	–
abitiamo	abitammo	abiteremo	abitiamo	abitiamo
abitano	abitarono	abiteranno	abitino	abitino

participio passato: abitato

pr. ind.	*p. r.*	*fut.*	*pr. cong.*	*imper.*

1 m **collaborare.** In den stammbetonten Formen liegt die Betonung auf der zweiten Stammsilbe.

collaboro	collaborai	collaborerò	collabori	–
collaboriamo	collaborammo	collaboreremo	collaboriamo	collaboriamo
collaborate	collaborarono	collaboreranno	collaborino	collaborino

participio passato: collaborato

1 n **aggomitolare.** In den stammbetonten Formen liegt die Betonung auf der dritten oder vierten Stammsilbe.

aggomitolo	aggomitolai	aggomitolerò	aggomitoli	–
aggomitoliamo	aggomitolammo	aggomitoleremo	aggomitoliamo	aggomitoliamo
aggomitolano	aggomitolarono	aggomitoleranno	aggomitolino	aggomitolino

participio passato: aggomitolato

1 o **giocare.** Betontes Stamm-*o* kann zu *-uo* erweitert werden.

gioco	giocai	giocherò	giochi	–
giochiamo	giocammo	giocheremo	giochiamo	giochiamo
giocano	giocano	giocheranno	giochino	giochino

participio passato: giocato

1 p **andare.** Wechsel der Stämme *and-* und *vad-*; im *futuro* und *condizionale* fällt das anlautende *e* der Endung aus.

vado	andai	andrò	vada	–
vai	andasti	andrai	vada	va, va', vai
va	andò	andrà	vada	vada
andiamo	andammo	andremo	andiamo	andiamo
andate	andaste	andrete	andiate	andate
vanno	andarono	andranno	vadano	vadano

participio passato: andato

1 q **stare.** Stamm *sta. Passato remoto* (*stetti* usw.); *imperfetto del congiuntivo* (*stessi* usw.) nach der 2. Konjugation; im *futuro* und *condizionale* Wechsel von *e* in *a*.

sto	stetti	starò	stia	–
stai	stesti	starai	stia	sta', stai
sta	stette	starà	stia	stia
stiamo	stemmo	staremo	stiamo	stiamo
state	steste	starete	stiate	state
stanno	stettero	staranno	stiano	stiano

participio passato: stato

1 r **dare.** Stamm *da. Imperfetto del congiuntivo dessi* usw.; im *passato remoto* die Nebenformen *detti, dette, dettero.*

do	diedi, detti	darò	dia	–
dai	desti	darai	dia	da', dai
dà	diede, dette	darà	dia	dia
diamo	demmo	daremo	diamo	diamo
date	deste	darete	diate	date
danno	diedero, dettero	daranno	diano	diano

participio passato: dato

Zweite Konjugation

2 a **temere.** Der Stamm bleibt in Schrift und Aussprache unverändert.

I. Einfache Zeiten

Indicativo				Condizionale
presente	*imperfetto*	*passato remoto*	*futuro*	
tem*o*	tem*evo*	tem*ei*, tem*etti*	tem*erò*	tem*erei*
tem*i*	tem*evi*	tem*esti*	tem*erai*	tem*eresti*
tem*e*	tem*eva*	tem*ette*	tem*erà*	tem*erebbe*
tem*iamo*	tem*evamo*	tem*emmo*	tem*eremo*	tem*eremmo*
tem*ete*	tem*evate*	tem*este*	tem*erete*	tem*ereste*
tem*ono*	tem*evano*	tem*ettero*, *-erono*	tem*eranno*	tem*erebbero*

Congiuntivo		Imperativo
presente	*imperfetto*	
tem*a*	tem*essi*	–
tem*a*	tem*essi*	tem*i*
tem*a*	tem*esse*	tem*a*
tem*iamo*	tem*essimo*	tem*iamo*
tem*iate*	tem*este*	tem*ete*
tem*ano*	tem*essero*	tem*ano*

Participio presente: tem*ente* *Participio passato*: tem*uto*
Gerundio presente: tem*endo*

II. Zusammengesetzte Zeiten

Hilfsverb *essere* oder *avere*, gefolgt vom *participio passato* (siehe 1a).

pr. ind.	*p. r.*	*fut.*	*pr. cong.*	*imper.*

2 b **avere.** Im *futuro* und *condizionale* Ausfall des anlautenden *e* der Endung.

ho	ebbi	avrò	abbia	–
hai	avesti	avrai	abbia	abbi
ha	ebbe	avrà	abbia	abbia
abbiamo	avemmo	avremo	abbiamo	abbiamo
avete	aveste	avrete	abbiate	abbiate
hanno	ebbero	avranno	abbiano	abbiano

participio passato: avuto

2 c **cadere.** Im *futuro* und *condizionale* Ausfall des anlautenden *e* der Endung.

cado	caddi	cadrò	cada	–
cadiamo	cademmo	cadremo	cadiamo	cadiamo
cadono	caddero	cadranno	cadano	cadano

participio passato: caduto

2 d **calere.** Fast nur in der 3. Person Singular gebraucht. Ungebräuchlich.

gli cale	gli calse	–	gli caglia	–

participio passato: caluto

pr. ind.	*p. r.*	*fut.*	*pr. cong.*	*imper.*

2 e **dolere.** Im *presente* tritt *g* zwischen Stamm und Endung *o* oder *a*. Im *futuro* und *condizionale* Wechsel von *l* in *r* und Ausfall des *e* der Endung.

dolgo	dolsi	dorrò	dolga	–
duole	dolse	dorrà	dolga	dolga
dogliamo	dolemmo	dorremo	dogliamo	dogliamo
dolgono	dolsero	dorranno	dolgano	dolgano

participio passato: doluto

2 f **dovere.** Wechsel von *o* zu *e* in den stammbetonten Formen. Im *futuro* und *condizionale* Ausfall des *e*.

devo	dovetti	dovrò	debba, deva	–
devi	dovesti	dovrai	debba, deva	devi
deve	dovette	dovrà	debba, deva	debba, deva
dobbiamo	dovemmo	dovremo	dobbiamo	dobbiamo
dovete	doveste	dovrete	dobbiate	dovete
devono	dovettero	dovranno	debbano, devano	debbano, devano

participio passato: dovuto

2 g **lucere.** Ungebräuchlich

2 h **parere.** Im *futuro* und *condizionale* Ausfall des *e* der Endung.

paio	parvi	parrò	paia	–
pa(r)iamo	paremmo	parremo	pa(r)iamo	–
paiono	parvero	parranno	paiano	–

participio passato: parso

2 i **persuadere.**

persuado	persuasi	persuaderò	persuada	–
persuadiamo	persuademmo	persuaderemo	persuadiamo	persuadiamo
persuadono	persuasero	persuaderanno	persuadano	persuadano

participio passato: persuaso

2 k **piacere.**

piaccio	piacqui	piacerò	piaccia	–
piacciamo	piacemmo	piaceremo	piacciamo	piacciamo
piacciono	piacquero	piaceranno	piacciano	piacciano

participio passato: piaciuto

2 l **potere.** Im *futuro* und *condizionale* Ausfall des *e* der Endung.

posso	potei	potrò	possa	–
puoi	potesti	potrai	possa	–
può	poté	potrà	possa	–
possiamo	potemmo	potremo	possiamo	–
potete	poteste	potrete	possiate	–
possono	poterono	potranno	possano	–

participio passato: potuto

2 m **rimanere.** Im *presente* tritt *g* zwischen Stamm und Endung *o* oder *a*; *passato remoto* auf *-si* und *participio passato* auf *-sto* mit Ausfall des Stamm-*n*; im *futuro* und *condizionale* Wandel von *n* zu *r*.

pr. ind.	*p. r.*	*fut.*	*pr. cong.*	*imper.*
rimango	rimasi	rimarrò	rimanga	–
rimaniamo	rimanemmo	rimarremo	rimaniamo	rimaniamo
rimangono	rimasero	rimarranno	rimangano	rimangano

participio passato: rimasto

2 n **sapere.** Im *futuro* und *condizionale* Wegfall des *e*; 2. Person Plural des *imperativo* aus dem *congiuntivo*.

pr. ind.	*p. r.*	*fut.*	*pr. cong.*	*imper.*
so	seppi	saprò	sappia	–
sai	sapesti	saprai	sappia	sappi
sa	seppe	saprà	sappia	sappia
sappiamo	sapemmo	sapremo	sappiamo	sappiamo
sapete	sapeste	saprete	sappiate	sappiate
sanno	seppero	sapranno	sappiano	sappiano

participio presente: sapiente *participio passato*: saputo

2 o **sedere.** Das *e* des Stammes wird *ie* in den stammbetonten Formen; im *presente* Nebenformen auf *segg-*

pr. ind.	*p. r.*	*fut.*	*pr. cong.*	*imper.*
siedo, seggo	sedei	sederò	sieda, segga	–
sediamo	sedemmo	sederemo	sediamo	sediamo
siedono, seggono	sederono	sederanno	siedano, seggano	siedano, seggano

participio passato: seduto

2 p **solere.** Ungebräuchlich.

pr. ind.	*p. r.*	*fut.*	*pr. cong.*	*imper.*
soglio	solei	–	soglia	–
sogliamo	–	–	sogliamo	–
sogliono	–	–	sogliano	–

gerundio: solendo *participio passato*: solito

2 q **tenere.** Einschiebung von *g* zwischen Stamm und Endung *o* oder *a*. Im *futuro* und *condizionale* Wandel von *n* zu *r*.

pr. ind.	*p. r.*	*fut.*	*pr. cong.*	*imper.*
tengo	tenni	terrò	tenga	–
tieni	tenesti	terrai	tenga	tieni
teniamo	tenemmo	terremo	teniamo	teniamo
tengono	tennero	terranno	tengano	tengano

participio passato: tenuto

2 r **valere.** Einschiebung von *g* zwischen Stamm und Endung *o* oder *a*. Im *futuro* und *condizionale* Wandel von *l* zu *r*.

pr. ind.	*p. r.*	*fut.*	*pr. cong.*	*imper.*
valgo	valsi	varrò	valga	–
valiamo	valemmo	varremo	valiamo	valiamo
valgono	valsero	varranno	valgano	valgano

participio passato: valso

pr. ind.	*p. r.*	*fut.*	*pr. cong.*	*imper.*

2 s **vedere.** Im *futuro* und *condizionale* Ausfall des anlautenden *e* der Endung.

vedo	vidi	vedrò	veda	–
vediamo	vedemmo	vedremo	vediamo	vediamo
vedono	videro	vedranno	vedano	vedano

participio passato: visto

2 t **volere.** Im *futuro* und *condizionale* Wandel von *l* zu *r* und Ausfall des anlautenden *e* der Endung; 2. Person Plural des *imperativo* aus dem *congiuntivo*.

voglio	volli	vorrò	voglia	–
vuoi	volesti	vorrai	voglia	vogli
vuole	volle	vorrà	voglia	voglia
vogliamo	volemmo	vorremo	vogliamo	vogliamo
volete	voleste	vorrete	vogliate	vogliate
vogliono	vollero	vorranno	vogliano	vogliano

participio passato: voluto

Dritte Konjugation

3 a **vendere.** Der Stamm bleibt in Schrift und Aussprache unverändert.

I. Einfache Zeiten

Indicativo				Condizionale
presente	*imperfetto*	*passato remoto*	*futuro*	
vend*o*	vend*evo*	vend*etti*, vend*ei*	vender*ò*	vender*ei*
vend*i*	vend*evi*	vend*esti*	vender*ai*	vender*esti*
vend*e*	vend*eva*	vend*ette*	vender*à*	vender*ebbe*
vend*iamo*	vend*evamo*	vend*emmo*	vender*emo*	vender*emmo*
vend*ete*	vend*evate*	vend*este*	vender*ete*	vender*este*
vend*ono*	vend*evano*	vend*ettero*, vend*erono*	vender*anno*	vender*ebbero*

Congiuntivo		Imperativo
presente	*imperfetto*	
vend*a*	vend*essi*	–
vend*a*	vend*essi*	vend*i*
vend*a*	vend*esse*	vend*a*
vend*iamo*	vend*essimo*	vend*iamo*
vend*iate*	vend*este*	vend*ete*
vend*ano*	vend*essero*	vend*ano*

Participio presente: vend*ente* *Participio passato*: vend*uto**

Gerundio presente: vend*endo*

*Von *spandere*: *spanto*.

II. Zusammengesetzte Zeiten

Hilfsverb *essere* oder *avere*, gefolgt vom *participio passato* (siehe 1a).

pr. ind.	*p. r.*	*fut.*	*pr. cong.*	*imper.*

3 b chiudere.

pr. ind.	*p. r.*	*fut.*	*pr. cong.*	*imper.*
chiudo	chiusi	chiuderò	chiuda	–
chiudiamo	chiudemmo	chiuderemo	chiudiamo	chiudiamo
chiudono	chiusero	chiuderanno	chiudano	chiudano

participio passato: chiuso

3 c prendere.

pr. ind.	*p. r.*	*fut.*	*pr. cong.*	*imper.*
prendo	presi	prenderò	prenda	–
prendiamo	prendemmo	prenderemo	prendiamo	prendiamo
prendono	presero	prenderanno	prendano	prendano

participio passato: preso

3 d fingere. Das *participio passato* von *stringere* ist *stretto.*

pr. ind.	*p. r.*	*fut.*	*pr. cong.*	*imper.*
fingo	finsi	fingerò	finga	–
fingiamo	fingemmo	fingeremo	fingiamo	fingiamo
fingono	finsero	fingeranno	fingano	fingano

participio passato: finto

3 e addurre. Zusammengezogen aus *adducere.*

pr. ind.	*p. r.*	*fut.*	*pr. cong.*	*imper.*
adduco	addussi	addurrò	adduca	–
adduci	adducesti	addurrai	adduca	adduci
adduce	addusse	addurrà	adduca	adduca
adduciamo	adducemmo	addurremo	adduciamo	adduciamo
adducete	adduceste	addurrete	adduciate	adduciate
adducono	addussero	addurranno	adducano	adducano

participio passato: addotto

3 f assistere. Im *passato remoto* Nebenformen auf *-etti.*

pr. ind.	*p. r.*	*fut.*	*pr. cong.*	*imper.*
assisto	assistei	assisterò	assista	–
assistiamo	assistemmo	assisteremo	assistiamo	assistiamo
assistono	assisterono	assisteranno	assistano	assistano

participio passato: assistito

3 g assolvere.

pr. ind.	*p. r.*	*fut.*	*pr. cong.*	*imper.*
assolvo	assolsi, ~vetti	assolverò	assolva	–
assolviamo	assolvemmo	assolveremo	assolviamo	assolviamo
assolvono	assolsero, assolvettero	assolveranno	assolvano	assolvano

participio passato: assolto

3 h assumere.

pr. ind.	*p. r.*	*fut.*	*pr. cong.*	*imper.*
assumo	assunsi	assumerò	assuma	–
assumiamo	assumemmo	assumeremo	assumiamo	assumiamo
assumono	assunsero	assumeranno	assumano	assumano

participio passato: assunto

pr. ind.	*p. r.*	*fut.*	*pr. cong.*	*imper.*

3 i **bere.** Wird konjugiert nach der Form *bevere.* Im *futuro* und *condizionale* Wandel von *v* zu *r* und Ausfall des *e* der Endung.

bevo	bevvi, bevetti	berrò	beva	–
bevi	bevesti	berrai	beva	bevi
beve	bevve, bevette	berrà	beva	beva
beviamo	bevemmo	berremo	beviamo	beviamo
bevete	bevveste	berrete	beviate	bevete
bevono	bevvero, bevettero	berranno	bevano	bevano

participio passato: bevuto

3 k **chiedere.**

chiedo	chiesi	chiederò	chieda	–
chiediamo	chiedemmo	chiederemo	chiediamo	chiediamo
chiedono	chiesero	chiederanno	chiedano	chiedano

participio passato: chiesto

3 l **concedere.**

concedo	concessi, concedetti	concederò	conceda	–
concediamo	concedemmo	concederemo	concediamo	concediamo
concedono	concessero, concedettero	concederanno	concedano	concedano

participio passato: concesso

3 m **connettere.**

connetto	connessi, connettei	connetterò	connetta	–
connettiamo	connettemmo	connetteremo	connettiamo	connettiamo
connettono	connessero, connetterono	connetteranno	connettano	connettano

participio passato: connesso

3 n **conoscere.**

conosco	conobbi	conoscerò	conosca	–
conosciamo	conoscemmo	conosceremo	conosciamo	conosciamo
conoscono	conobbero	conosceranno	conoscano	conoscano

participio passato: conosciuto

3 o **correre.**

corro	corsi	correrò	corra	–
corriamo	corremmo	correremo	corriamo	corriamo
corrono	corsero	correranno	corrano	corrano

participio passato: corso

pr. ind.	*p. r.*	*fut.*	*pr. cong.*	*imper.*

3 p **cuocere.** Wandel von *uo* zu *o* in unbetonten Silben. *Imperfetto cocevo* bzw. *cocessi*.

cuocio	cossi	cuocerò	cuocia	–
cociamo	cocemmo	cuoceremo	cociamo	cociamo
cuociono	cossero	cuoceranno	cuociano	cuociano

participio passato: cotto

3 q **decidere.**

decido	decisi	deciderò	decida	–
decidiamo	decidemmo	decideremo	decidiamo	decidiamo
decidono	decisero	decideranno	decidano	decidano

participio passato: deciso

3 r **deprimere.**

deprimo	depressi	deprimerò	deprima	–
deprimiamo	deprimemmo	deprimeremo	deprimiamo	deprimiamo
deprimono	depressero	deprimeranno	deprimano	deprimano

participio passato: depresso

3 s **devolvere.**

devolvo	devolvei, devolvetti	devolverò	devolva	–
devolviamo	devolvemmo	devolveremo	devolviamo	devolviamo
devolvono	devolverono, devolvettero	devolveranno	devolvano	devolvano

participio passato: devolto, devoluto

3 t **dire.** Zusammengezogen aus *dicere*. *Imperfetto* regelmäßig nach *dicere*: *dicevo* usw.

dico	dissi	dirò	dica	–
dici	dicesti	dirai	dica	–
dice	disse	dirà	dica	–
diciamo	dicemmo	diremo	diciamo	diciamo
dite	diceste	direte	diciate	dite
dicono	dissero	diranno	dicano	dicano

participio passato: detto

3 u **dirigere.**

dirigo	diressi	dirigerò	diriga	–
dirigiamo	dirigemmo	dirigeremo	dirigiamo	dirigiamo
dirigono	diressero	dirigeranno	dirigano	dirigano

participio passato: diretto

3 v **discutere.**

discuto	discussi	discuterò	discuta	–
discutiamo	discutemmo	discuteremo	discutiamo	discutiamo
discutono	discussero	discuteranno	discutano	discutano

participio passato: discusso

3 w **esigere.**

pr. ind.	p. r.	fut.	pr. cong.	imper.
esigo	esigei, esigetti	esigerò	esiga	–
esigiamo	esigemmo	esigeremo	esigiamo	esigiamo
esigono	esigerono, esigettero	esigeranno	esigano	esigano

participio passato: esatto

3 x **esimere.** Ungebräuchlich.

3 y **espellere.**

pr. ind.	p. r.	fut.	pr. cong.	imper.
espello	espulsi	espellerò	espella	–
espelliamo	espellemmo	espelleremo	espelliamo	espelliamo
espellono	espulsero	espelleranno	espellano	espellano

participio passato: espulso

3 z **essere.** Ganz unregelmäßig. *Imperfetto dell'indicativo*: ero, eri, era, eravamo, eravate, erano; *imperfetto del congiuntivo*: fossi, fossi, fosse, fossimo, foste, fossero.

pr. ind.	p. r.	fut.	pr. cong.	imper.
sono	fui	sarò	sia	–
sei	fosti	sarai	sia	sii
è	fu	sarà	sia	sia
siamo	fummo	saremo	siamo	siamo
siete	foste	sarete	siate	siate
sono	furono	saranno	siano	siano

participio passato: stato

3 aa **fare.** Zusammengezogen aus *facere. Imperfetto* regelmäßig nach der Form *facere*: *facevo* usw.

pr. ind.	p. r.	fut.	pr. cong.	imper.
faccio	feci	farò	faccia	–
fai	facesti	farai	faccia	fa', fai
fa	fece	farà	faccia	faccia
facciamo	facemmo	faremo	facciamo	facciamo
fate	faceste	farete	facciate	fate
fanno	fecero	faranno	facciano	facciano

participio passato: fatto

3 bb **fondere.**

pr. ind.	p. r.	fut.	pr. cong.	imper.
fondo	fusi	fonderò	fonda	–
fondiamo	fondemmo	fonderemo	fondiamo	fondiamo
fondono	fusero	fonderanno	fondano	fondano

participio passato: fuso

3 cc **leggere.**

pr. ind.	p. r.	fut.	pr. cong.	imper.
leggo	lessi	leggerò	legga	–
leggiamo	leggemmo	leggeremo	leggiamo	leggiamo
leggono	lessero	leggeranno	leggano	leggano

participio passato: letto

3 dd mescere.

pr. ind	*p. r.*	*fut.*	*pr. cong.*	*imper.*
mesco	mescei	mescerò	mesca	–
mesciamo	mescemmo	mesceremo	mesciamo	mesciamo
mescono	mescerono	mesceranno	mescano	mescano

participio passato: mesciuto

3 ee mettere.

pr. ind	*p. r.*	*fut.*	*pr. cong.*	*imper.*
metto	misi	metterò	metta	–
mettiamo	mettemmo	metteremo	mettiamo	mettiamo
mettono	misero	metteranno	mettano	mettano

participio passato: messo

3 ff muovere.

pr. ind	*p. r.*	*fut.*	*pr. cong.*	*imper.*
muovo	mossi	muoverò	muova	–
muoviamo	movemmo	muoveremo	muoviamo	muoviamo
muovono	mossero	muoveranno	muovano	muovano

participio passato: mosso

3 gg nascere.

pr. ind	*p. r.*	*fut.*	*pr. cong.*	*imper.*
nasco	nacqui	nascerò	nasca	–
nasciamo	nascemmo	nasceremo	nasciamo	nasciamo
nascono	nacquero	nasceranno	nascano	nascano

participio passato: nato

3 hh nascondere.

pr. ind	*p. r.*	*fut.*	*pr. cong.*	*imper.*
nascondo	nascosi	nasconderò	nasconda	–
nascondiamo	nascondemmo	nasconderemo	nascondiamo	nascondiamo
nascondono	nascosero	nasconderanno	nascondano	nascondano

participio passato: nascosto

3 ii nuocere. Wandel von *uo* zu *o* in unbetonten Silben.

pr. ind	*p. r.*	*fut.*	*pr. cong.*	*imper.*
nuoccio	nocqui	nuocerò	nuoccia	–
nociamo	nocemmo	nuoceremo	nociamo	nuociamo
nuocciono	nocquero	nuoceranno	nuocciano	nuocciano

participio passato: nociuto

3 kk piovere. Nur in der 3. Person Singular und Plural, in den zwei Partizipien und im *gerundio* gebräuchlich: *presente dell'indicativo* piove, piovono; *passato remoto* piovve, piovvero; *futuro* pioverà, pioveranno; *presente del congiuntivo* piova, piovano; *participio passato* piovuto.

3 ll porre. Im *futuro* und *condizionale* Wandel von *n* zu *r* unter dem Einfluss des folgenden *r*.

pr. ind	*p. r.*	*fut.*	*pr. cong.*	*imper.*
pongo	posi	porrò	ponga	–
poni	ponesti	porrai	ponga	poni
pone	pose	porrà	ponga	ponga
poniamo	ponemmo	porremo	poniamo	poniamo
ponete	poneste	porrete	poniate	ponete
pongono	posero	porranno	pongano	pongano

participio passato: posto

3 mm prefiggere.

prefiggo	prefissi	prefiggerò	prefigga	–
prefiggiamo	prefiggemmo	prefiggeremo	prefiggiamo	prefiggiamo
prefiggono	prefissero	prefiggeranno	prefiggano	prefiggano

participio passato: prefisso

3 nn recere. Ungebräuchlich.

recio	recetti	recerò	recia	–
reciamo	recemmo	receremo	reciamo	reciamo
reciono	recettero	receranno	reciano	reciano

participio passato: reciuto

3 oo redigere.

redigo	redassi	redigerò	rediga	–
redigiamo	redigemmo	redigeremo	redigiamo	redigiamo
redigono	redassero	redigeranno	redigano	redigano

participio passato: redatto

3 pp redimere.

redimo	redensi	redimerò	redima	–
redimiamo	redimemmo	redimeremo	redimiamo	redimiamo
redimono	redensero	redimeranno	redimano	redimano

participio passato: redento

3 qq riflettere. Im *passato remoto* und im *participio passato* in der Bedeutung von „überlegen" meist die Form auf *-ei* und *-uto*; in der Bedeutung von „zurückwerfen" meist *-ssi, -sso.*

rifletto	riflettei, riflessi	rifletterò	rifletta	–
riflettiamo	riflettemmo	rifletteremo	riflettiamo	riflettiamo
riflettono	rifletterono, riflessero	rifletteranno	riflettano	riflettano

participio passato: riflettuto, riflesso

3 rr rompere.

rompo	ruppi	romperò	rompa	–
rompiamo	rompemmo	romperemo	rompiamo	rompiamo
rompono	ruppero	romperanno	rompano	rompano

participio passato: rotto

pr. ind.	*p. r.*	*fut.*	*pr. cong.*	*imper.*

3 ss **scegliere.** Vor den Endungen *o* und *a* verwandelt sich der Stammauslaut *gli* in *lg*.

scelgo	scelsi	sceglierò	scelga	–
scegli	sceglìesti	sceglierai	scelga	scegli
sceglie	scelse	sceglierà	scelga	scelga
scegliamo	sceglìemmo	sceglieremo	scegliamo	scegliamo
scegliete	sceglieste	sceglierete	scegliate	scegliete
scelgono	scelsero	sceglieranno	scelgano	scelgano

participio passato: scelto

3 tt **scrivere.**

scrivo	scrissi	scriverò	scriva	–
scriviamo	scrivemmo	scriveremo	scriviamo	scriviamo
scrivono	scrissero	scriveranno	scrivano	scrivano

participio passato: scritto

3 uu **spargere.**

spargo	sparsi	spargerò	sparga	–
spargiamo	spargemmo	spargeremo	spargiamo	spargiamo
spargono	sparsero	spargeranno	spargano	spargano

participio passato: sparso

3 vv **spegnere.** Vor den Endungen *o* und *a* verwandelt sich der Stammlaut *gn* in *ng*.

spengo	spensi	spegnerò	spenga	–
spegni	spegnesti	spegnerai	spenga	spegni
spegne	spense	spegnerà	spenga	spenga
spegniamo	spegnemmo	speneremo	spegniamo	spegniamo
spegnete	spegneste	spegnerete	spegniate	spegnete
spengono	spensero	spegneranno	spengano	spengano

participio passato: spento

3 ww **svellere.**

svello	svelsi	svellerò	svella	–
svelliamo	svellemmo	svelleremo	svelliamo	svelliamo
svellono	svelsero	svelleranno	svellano	svellano

participio passato: svelto

3 xx **trarre.**

traggo	trassi	trarrò	tragga	–
trai	traesti	trarrai	tragga	trai
trae	trasse	trarrà	tragga	tragga
traiamo	traemmo	trarremo	traiamo	traiamo
traete	traeste	trarrete	traiate	traete
traggono	trassero	trarranno	traggano	traggano

participio passato: tratto

pr. ind.	p. r.	fut.	pr. cong.	imper.

3 yy **vigere.** Nur gebräuchlich 3. Person Singular und Plural des *indicativo presente, imperfetto* und *futuro, condizionale, congiuntivo imperfetto* sowie *participio presente.*
Indicativo presente: vige, vigono; *imperfetto*: vigeva, vigevano; *futuro*: vigerà, vigeranno. – *Congiuntivo imperfetto*: vigesse, vigessero. – *Condizionale*: vigerebbe, vigerebbero. – *Participio presente*: vigente.

3 zz **vivere.**

vivo	vissi	vivrò	viva	–
viviamo	vivemmo	vivremo	viviamo	viviamo
vivono	vissero	vivranno	vivano	vivano

participio passato: vissuto

Vierte Konjugation

4 a **partire.** Der Stamm bleibt in Schrift und Aussprache unverändert.

I. Einfache Zeiten

Indicativo				Condizionale
presente	*imperfetto*	*passato remoto*	*futuro*	
parto*	part*ivo*	part*ii*	part*irò*	part*irei*
part*i*	part*ivi*	part*isti*	part*irai*	part*iresti*
part*e*	part*iva*	part*ì*	part*irà*	part*irebbe*
part*iamo*	part*ivamo*	part*immo*	part*iremo*	part*iremmo*
part*ite*	part*ivate*	part*iste*	part*irete*	part*ireste*
part*ono**	part*ivano*	part*irono*	part*iranno*	part*irebbero*

Congiuntivo		Imperativo
presente	*imperfetto*	
part*a**	part*issi*	–
part*a**	part*issi*	part*i*
part*a**	part*isse*	part*a**
part*iamo*	part*issimo*	part*iamo*
part*iate*	part*iste*	part*ite*
part*ano**	part*issero*	part*ano**

Participio presente: part*ente* *Participio passato*: part*ito*
Gerundio presente: part*endo*

* Bei *cucire* und *sdrucire* wird vor *a* und *o* ein *i* eingeschoben: *cucio, sdruciono* usw.

II. Zusammengesetzte Zeiten

Hilfsverb *essere* oder *avere*, gefolgt vom *participio passato* (siehe 1a).

pr. ind.	p. r.	fut.	pr. cong.	imper.

4 b **sentire.** Betontes geschlossenes Stamm-*e* wird zu offenem *e*.

sento	sentii	sentirò	senta	–
sentiamo	sentimmo	sentiremo	sentiamo	sentiamo
sentono	sentirono	sentiranno	sentano	sentano

participio passato: sentito

4 c **dormire.** Betontes geschlossenes Stamm-*o* wird zu offenem *o*.

pr. ind.	*p. r.*	*fut.*	*pr. cong.*	*imper.*
dormo	dormii	dormirò	dorma	–
dormiamo	dormimmo	dormiremo	dormiamo	dormiamo
dormono	dormirono	dormiranno	dormano	dormano

participio passato: dormito

4 d **finire.** In der 1., 2. und 3. Person Singular und 3. Person Plural des *presente* (*indicativo* und *congiuntivo*) und des *imperativo* tritt *isc* zwischen Stamm und Endung.

pr. ind.	*p. r.*	*fut.*	*pr. cong.*	*imper.*
finisco	finii	finirò	finisca	–
finisci	finisti	finirai	finisca	finisci
finisce	finì	finirà	finisca	finisca
finiamo	finimmo	finiremo	finiamo	finiamo
finite	finiste	finirete	finiate	finite
finiscono	finirono	finiranno	finiscano	finiscano

participio passato: finito

4 e **apparire.** *Presente* nach 4d.

pr. ind.	*p. r.*	*fut.*	*pr. cong.*	*imper.*
appaio, apparisco	apparvi, apparsi, apparii	apparirò	appaia, apparisca	–
appariamo	apparimmo	appariremo	appariamo	appariamo
appaiono, appariscono	apparvero, apparsero, apparirono	appariranno	appaiano, appariscano	appaiano, appariscano

participio passato: apparso

4 f **aprire.**

pr. ind.	*p. r.*	*fut.*	*pr. cong.*	*imper.*
apro	apersi, aprii	aprirò	apra	–
apriamo	aprimmo	apriremo	apriamo	apriamo
aprono	apersero, aprirono	apriranno	aprano	aprano

participio passato: aperto

4 g **compiere.** Auch *compire.*

pr. ind.	*p. r.*	*fut.*	*pr. cong.*	*imper.*
compio	compii	compirò	compia	–
compiamo	compimmo	compiremo	compiamo	compiamo
compiono	compirono	compiranno	compiano	compiano

participio passato: compito, compiuto; *participio presente*: compiente; *gerundio*: compiendo

4 h **gire.** Ungebräuchlich.

pr. ind.	*p. r.*	*fut.*	*pr. cong.*	*imper.*
–	–	girò	–	–
–	gisti	girai	–	–
–	gì	girà	–	–
–	gimmo	giremo	–	–
gite	giste	girete	–	gite
–	girono	giranno	–	–

participio passato: gito

pr. ind.	*p. r.*	*fut.*	*pr. cong.*	*imper.*

4 i **ire.** Ungebräuchlich.

–	*2. P. sg.* isti	–	–	–
–	–	*1. P. pl.* iremo	–	–
2. P. pl. ite	–	*2. P. pl.* irete	–	*2. P. pl.* ite
–	*3. P. sg.* irono	*3. P. pl.* iranno	–	–

participio passato: ito

4 k **morire.**

muoio	morii	mor(i)rò	muoia	–
moriamo	morimmo	mor(i)remo	moriamo	moriamo
muoiono	morirono	mor(i)ranno	muoiano	muoiano

participio passato: morto

4 l **olire.** Ungebräuchlich.

4 m **salire.** *Presente* nach 4a mit Einschiebung von *g* vor *o* und *a.*

salgo	salii	salirò	salga	–
saliamo	salimmo	saliremo	saliamo	saliamo
salgono	salirono	saliranno	salgano	salgano

participio passato: salito

4 n **udire.** *Presente* nach 4a mit Wandel von *u* in *o* in den stammbetonten Formen.

odo	udii	ud(i)rò	oda	–
udiamo	udimmo	ud(i)remo	udiamo	udiamo
odono	udirono	ud(i)ranno	odano	odano

participio passato: udito

4 o **uscire.** Bildet die stammbetonten Formen des *presente* nach *escire* (4a).

esco	uscii	uscirò	esca	–
esci	uscisti	uscirai	esca	esci
esce	uscì	uscirà	esca	esca
usciamo	uscimmo	usciremo	usciamo	usciamo
uscite	usciste	uscirete	usciate	uscite
escono	uscirono	usciranno	escano	escano

participio passato: uscito

4 p **venire.**

vengo	venni	verrò	venga	–
vieni	venisti	verrai	venga	vieni
viene	venne	verrà	venga	venga
veniamo	venimmo	verremo	veniamo	veniamo
venite	veniste	verrete	veniate	venite
vengono	vennero	verranno	vengano	vengano

participio passato: venuto

Die Deklination im Italienischen

1. Das Genus

Italienische Substantive sind entweder feminin oder maskulin. Das deutsche Neutrum gibt es im Italienischen nicht: **das Wetter** *il tempo*. Die meisten Substantive auf **-o** sind männlich, die meisten Substantive auf **-a** weiblich. Substantive auf **-e** können je nach ihrer Herkunft feminin oder maskulin sein.

Feminin:	Maskulin:
la finestra *das Fenster*	**l'uomo** *der Mann*
la sorella *die Schwester*	**il lavoro** *die Arbeit*
la sedia *der Stuhl*	**il bambino** *das Kind*
la notte *die Nacht*	**il ponte** *die Brücke*

aber

il pilota *der Pilot*, **il problema** *das Problem*, **il pianeta** *der Planet*, **la mano** *die Hand*.

2. Die Bildung des Plurals

Substantive auf **-o** und **-e** sowie männliche Substantive auf **-a** enden in der Mehrzahl auf **-i**:

il lavoro, i lavori — *die Arbeit, die Arbeiten*
la notte, le notti — *die Nacht, die Nächte*
il turista, i turisti — *der Tourist, die Touristen*

Weibliche Substantive auf **-a** enden im Plural auf **-e**:

la finestra, le finestre — *das Fenster, die Fenster*

Besonderheiten

Substantive auf **-co**, **-ca**, **-go** und **-ga** erhalten die Aussprache durch Einschieben eines **-h-**:

il bosco, i boschi — *der Wald, die Wälder*
l'amica, le amiche — *die Freundin, die Freundinnen*
il lago, i laghi — *der See, die Seen*
la collega, le colleghe — *die Kollegin, die Kolleginnen*

aber

l'amico, gli amici — *der Freund, die Freunde*
il medico, i medici — *der Arzt, die Ärzte*

Substantive auf **-io** und **-ia** und mit betontem **-i-** folgen der Grundregel:

lo zio, gli zii — *der Onkel, die Onkel*
la farmacia, le farmacie — *die Apotheke, die Apotheken*

Bei Substantiven auf **-io** und **-ia** und mit unbetontem **-i-** entfällt ein **-i**:

l'occhio, gli occhi — *das Auge, die Augen*
il figlio, i figli — *der Sohn, die Söhne*; *das Kind, die Kinder*
l'arancia, le arance — *die Orange, die Orangen*
la valigia, le valige — *der Koffer, die Koffer*

aber

la camicia, le camicie — *das Hemd, die Hemden*

Ausnahmen

Im Singular und Plural lauten folgende Substantive gleich:

la città, le città — *die Stadt, die Städte*

il tassì, i tassì	*das Taxi, die Taxis*
la crisi, le crisi	*die Krise, die Krisen*
il film, i film	*der Film, die Filme*
la moto, le moto	*das Motorrad, die Motorräder*
la serie, le serie	*die Reihe, die Reihen*
il re, i re	*der König, die Könige*

Folgende Substantive haben wechselndes Genus:

il braccio, le braccia	*der Arm, die Arme*
il dito, le dita	*der Finger, die Finger*
il ginocchio, le ginocchia	*das Knie, die Knie*
l'uovo, le uova	*das Ei, die Eier*

Sonderfälle:

il dio, gli dei	*der Gott, die Götter*
l'uomo, gli uomini	*der Mann, die Männer; der Mensch, die Menschen*
il bue, i buoi	*der Ochse, die Ochsen*

3. Der Artikel

Die Artikelform richtet sich nach dem grammatischen Geschlecht und dem Anfangslaut des folgenden Wortes.

Der bestimmte Artikel

maskulin

Anfangslaut	**Singular**		**Plural**	
vor einfachem Konsonant	**il**	**il libro** *das Buch*	**i**	**i libri** *die Bücher*
vor s + Konsonant vor z	**lo**	**lo scolaro** *der Schüler* **lo zio** *der Onkel*	**gli**	**gli scolari** *die Schüler* **gli zii** *die Onkel*
vor Vokal	**l'**	**l'albero** der Baum	**gli**	**gli alberi** die Bäume

feminin

Anfangslaut	**Singular**		**Plural**	
vor Konsonant	**la**	**la pagina** *die Seite*	**le**	**le pagine** *die Seiten*
vor Vokal	**l'**	**l'ora** *die Stunde*	**le**	**le ore** *die Stunden*

Folgende **Präpositionen** verschmelzen mit dem bestimmten Artikel zu folgenden Formen:

	il	**lo**	**i**	**l'**	**gli**	**la**	**le**
a	al	allo	ai	all'	agli	alla	alle
di	del	dello	dei	dell'	degli	della	delle
da	dal	dallo	dai	dall'	dagli	dalla	dalle
in	nel	nello	nei	nell'	negli	nella	nelle
su	sul	sullo	sui	sull'	sugli	sulla	sulle

Der unbestimmte Artikel

maskulin

Anfangslaut	**Singular**	
vor einfachem Konsonant oder Vokal	**un**	**un libro** *ein Buch* **un amico** *ein Freund*
vor s + Konsonant vor z	**uno**	**uno scolaro** *ein Schüler* **uno zio** *ein Onkel*

feminin

Anfangslaut	**Singular**	
vor Konsonant	**una**	**una pagina** *eine Seite*
vor Vokal	**un'**	**un'ora** *eine Stunde*

Der Teilungsartikel

Der Teilungsartikel bezeichnet eine unbestimmte Menge als Teil einer größeren Menge: Er wird gebildet mit **di** und dem bestimmten Artikel. Im Deutschen fehlt der Artikel in diesem Fall ganz.

di + il	**del pane** *Brot*
di + lo	**dello speck** *Speck*
di + l' *f*	**dell'insalata** *Salat*
di + l' *m*	**dell'aceto** *Essig*
di + la	**della carne** *Fleisch*
di + i	**dei pomodori** *Tomaten*
di + gli	**degli spinaci** *Spinat*
di + le	**delle mele** *Äpfel*

Kein Teilungsartikel steht

- bei der Nennung von Dingen im Allgemeinen: **vorrei mangiare carne, non pesce** *ich möchte gerne Fleisch essen, nicht Fisch*
- in Aufzählungen: **in un cassetto ho trovato buste, carta e francobolli** *in einer Schublade habe ich Briefumschläge, Papier und Briefmarken gefunden*
- in fragenden und verneinenden Sätzen: **avete pane?** *habt ihr Brot?*; **non ho più pane** *ich habe kein Brot mehr*
- und nach Präpositionen: **senza denaro** *ohne Geld*

4. Das Adjektiv

Das Adjektiv richtet sich in Genus und Zahl immer nach seinem Bezugswort. Analog zu den Substantiven bilden Adjektive auf **-o** und auf **-e** den Plural auf **-i**, Adjektive auf **-a** bilden den Plural auf **-e**.

rosso → rossi
rossa → rosse
interessante → interessanti

Attributive Adjektive

Attributive Adjektive sind dem Substantiv direkt zugeordnet:

il tappeto rosso	*der rote Teppich*
i tappeti rossi	*die roten Teppiche*

la lampada rossa *die rote Lampe*
le lampade rosse *die roten Lampen*

un libro interessante *ein interessantes Buch*
dei libri interessanti *interessante Bücher*

una storia interessante *eine interessante Geschichte*
delle storie interessanti *interessante Geschichten*

Prädikative Adjektive

Prädikative Adjektive sind durch ein Verb – meist **essere** – dem Substantiv zugeordnet und werden dekliniert:
il tappeto è rosso *der Teppich ist rot*
i libri sono interessanti *die Bücher sind interessant*

Stellung

Das Adjektiv steht in der Regel hinter dem Substantiv. Einige kurze Adjektive wie **tutto**, **molto**, **poco** stehen davor: **molti/pochi soldi** *viel/wenig Geld.*
Manche Adjektive verändern je nach Stellung ihre Bedeutung:
un caro amico *ein lieber Freund* – **un vestito caro** *ein teueres Kleid*
una vera amica *eine wahre Freundin* – **oro vero** *echtes Gold*

Sonderformen

grande *groß* und **santo** *heilig* werden vor Substantiven, die nicht mit **s** + Konsonant, **gn**, **pn**, **ps**, **x** oder **z** beginnen, zu **gran** bzw. **grand'** (vor Vokal) und **san** bzw. **sant'** (vor Vokal) verkürzt: **una gran gioia** *eine große Freude*, **una grand'idea** *eine gute Idee*, **San Pietro** *Sankt Peter*, **Sant'Antonio** *Sankt Anton.*

bello *schön* und **quello** *jene, jener, jenes* verhalten sich wie der bestimmte Artikel:

un bel paese *ein schönes Land*	**quel paese** *jenes Land*
un bell'albergo *ein schönes Hotel*	**quell'albergo** *jenes Hotel*
un bello spagnolo *ein schöner Spanier*	**quello spagnolo** *jener Spanier*
una bella macchina *ein schönes Auto*	**quella macchina** *jenes Auto*
bei paesi *schöne Länder*	**quei paesi** *jene Länder*
begli alberghi *schöne Hotels*	**quegli alberghi** *jene Hotels*
delle belle donne *schöne Frauen*	**quelle donne** *jene Frauen*

Besonderheiten in der Pluralbildung

Die Abweichungen in der Pluralbildung erfolgen analog zu den Substantiven auf **-go**, **-co**, **-ga**, **-ca** sowie auf **-io**, **-ia**:
magnifico, magnifici
magnifica, magnifiche
necessario, necessarie
pio, pii
fradicio, fradici
fradicia, fradice

Die Steigerung der Adjektive

regelmäßig

Positiv	**Komparativ**	**relativer Superlativ**	**absoluter Superlativ**
bello	più bello	il più bello	bellissimo

unregelmäßig

Positiv	**Komparativ**	**relativer Superlativ**	**absoluter Superlativ**
buono	migliore	il migliore	ottimo
cattivo	peggiore	il peggiore	pessimo
grande	maggiore	il maggiore	massimo
piccolo	minore	il minore	minimo

In ihrer Grundbedeutung können alle Adjektive auch regelmäßig gesteigert werden, z. B.:
Guido è più buono (cattivo) di suo fratello
Guido ist besser (schlechter) als sein Bruder
Lucia è più piccola (grande) di sua sorella
Lucia ist kleiner (größer) als ihre Schwester

Nach dem Komparativ wird „als" meistens mit **di** übersetzt:
Torino è più grande di Siena *Turin ist größer als Siena*

Statt **di** wird **che** gebraucht, wenn zwei Substantive, zwei Verben, zwei Adjektive oder zwei Adverbien miteinander verglichen werden:
C'erano più signore che signori *Es waren mehr Damen als Herren da*

5. Das Adverb

Das Adverb ist unveränderlich und definiert Art und Weise, Ort, Zeit, Menge und Intensität. Einfache Adverbien mit eigener Form: **oggi** *heute*, **già** *schon*, **forse** *vielleicht*.

Regelmäßige Ableitung von Adjektiven

	Adjektiv	**Adverb**
Adjektive auf **-o** hängen an die weibliche Form **-mente** an	**sicuro** **vero**	**sicuramente** **veramente**
Adjektive auf **-e** hängen direkt an das Adjektiv **-mente** an	**dolce** **felice**	**dolcemente** **felicemente**
Adjektive auf **-le** und **-re** hängen **-mente** an und verlieren das **-e**	**facile** **particolare**	**facilmente** **particolarmente**

Unregelmäßige Adverbbildung

Adjektiv	Adverb
una <u>buona</u> ricetta *ein gutes Rezept*	**ho mangiato <u>bene</u>** *ich habe gut gegessen*
un gusto <u>cattivo</u> *ein schlechter Geschmack*	**mi sento <u>male</u>** *ich fühle mich schlecht*

6. Pronomen

Das Personalpronomen als Subjekt steht nur bei Hervorhebung der Person:
<u>io</u> ci vado *<u>Ich</u> gehe hin*
l'ha detto <u>lui</u> *<u>Er</u> hat das gesagt*

Wer oder was?

io *ich*
tu *du*
lui *er*
lei *sie*
Lei *Sie*

noi *wir*
voi *ihr*
Voi *Sie*
loro *sie*
Loro *Sie*

Das unbetonte Personalpronomen

Wen oder was?

mi *mich*: **mi chiamano** *sie rufen mich*
ti *dich*: **ti chiamano** *sie rufen dich*
lo *ihn*: **lo chiamano** *sie rufen ihn*
la *sie*: **la chiamano** *sie rufen sie (eine Frau)*
La *Sie*: **La chiamano** *sie rufen Sie (eine Person, die man siezt)*
ci *uns*: **ci chiamano** *sie rufen uns*
vi *euch*: **vi chiamano** *sie rufen euch*
Vi *Sie*: **Vi chiamano** *sie rufen Sie (mehrere Personen, die man siezt)*
li *sie*: **li chiamano** *sie rufen sie (mehrere Personen)*
le *sie*: **le chiamano** *sie rufen sie (mehrere Frauen)*

Wem?

mi *mir*: **mi compero una torta** *ich kaufe mir eine Torte*
ti *dir*: **ti compero una torta** *ich kaufe dir eine Torte*
gli *ihm*: **gli compero una torta** *ich kaufe ihm eine Torte*
gli *ihnen*: **gli compero una torta** *ich kaufe ihnen eine Torte*
le *ihr*: **le compero una torta** *ich kaufe ihr eine Torte*
Le *Ihnen*: **Le compero una torta** *ich kaufe Ihnen eine Torte*
ci *uns*: **ci compero una torta** *ich kaufe uns eine Torte*
vi *euch*: **vi compero una torta** *ich kaufe euch eine Torte*
Vi *Ihnen*: **Vi compero una torta** *ich kaufe Ihnen eine Torte*
loro *ihnen*: **compero loro una torta** *ich kaufe ihnen eine Torte*
Loro *Ihnen*: **compero Loro una torta** *ich kaufe Ihnen eine Torte*

Das betonte Personalpronomen

Wen?

me: **chiamano <u>me</u>** *sie rufen <u>mich</u>*
te: **chiamano <u>te</u>** *sie rufen <u>dich</u>*

lui: **chiamano <u>lui</u>** *sie rufen <u>ihn</u>*
lei: **chiamano <u>lei</u>** *sie rufen <u>sie</u> (eine Frau)*
Lei: **chiamano <u>Lei</u>** *sie rufen <u>Sie</u> (eine Person, die man siezt)*
noi: **chiamano <u>noi</u>** *sie rufen <u>uns</u>*
voi: **chiamano <u>voi</u>** *sie rufen <u>euch</u>*
Voi: **chiamano <u>Voi</u>** *sie rufen <u>Sie</u> (mehrere Personen, die man siezt)*
loro: **chiamano <u>loro</u>** *sie rufen <u>sie</u> (mehrere Personen)*
Loro: **chiamano <u>Loro</u>** *sie rufen <u>Sie</u> (mehrere Personen, die man siezt)*

Wem?
a me: **lo danno a me** *sie geben das mir*
a te: **lo danno a te** *sie geben das dir*
a lui: **lo danno a lui** *sie geben das ihm*
a lei: **lo danno a lei** *sie geben das ihr*
a Lei: **lo danno a Lei** *sie geben das Ihnen*
a noi: **lo danno a noi** *sie geben das uns*
a voi: **lo danno a voi** *sie geben das euch*
a Voi: **lo danno a Voi** *sie geben das Ihnen*
a loro: **lo danno a loro** *sie geben das ihnen*
a Loro: **lo danno a Loro** *sie geben das Ihnen*

Die betonten Objektformen werden mit Präpositionen verwendet:
questo appartiene a me *das gehört mir*
da te *bei dir*, **secondo lui** *seiner Meinung nach*, **per lei** *für sie*, **con voi** *mit euch*

Die Höflichkeitsform ist die großgeschriebene weibliche 3. Person Singular (**Lei**, **a Lei**, **La**, **Le**) bzw. die 2. Person Plural (**Vi**, **Voi**, **a Voi**). Selten wird auch die 3. Person Plural verwendet (**Li**, **Le**, **Loro**, **a Loro**):
Lei come si chiama? *wie heißen Sie*?
Voi come vi chiamate? *wie heißen Sie*?

Li und **le** werden nie apostrophiert: **le hai scritto?** *hast du ihr geschrieben*?
aber
(**ti**) **t'ha scritto?** *hat er/sie dir geschrieben*?
(**lo/la**) **non l'ho più visto** (*oder* **vista**) *ich habe ihn* (*oder sie*) *nicht mehr gesehen.*

Treffen zwei Personalpronomen zusammen, so steht der Dativ vor dem Akkusativ: **mi**, **ti**, **ci**, **vi** werden zu **me**, **te**, **ce**, **ve**: **ce lo dai?** *gibst du es uns*? **te la compro!** *ich kaufe sie dir*! **diglielo!** *sag es ihm/ihr*!

Das Pronomen steht vor dem konjugierten Verb:
ti telefono! *ich rufe dich an*!

oder es wird angehängt:
telefonami! *ruf mich an*!
non potevo telefonarti *ich konnte dich nicht anrufen*
fammi questo piacere! *tu mir den Gefallen*!

loro (*Plural*) steht immer hinter dem Verb:
ho invitato loro a cena *ich habe sie zum Essen eingeladen*
Üblicher ist aber:
li ho invitati a cena *ich habe sie zum Essen eingeladen*

Das Possessivpronomen

Singular Maskulin	Plural Maskulin
(il) mio *mein*	**i miei** *meine*
(il) tuo *dein*	**i tuoi** *deine*
(il) suo *sein* **(il) Suo** *Ihr*	**i suoi** *seine* **i Suoi** *Ihre*
(il) nostro *unser*	**i nostri** *unsere*
(il) vostro *euer*	**i vostri** *eure*
(il) loro *ihr* **(il) Loro** *Ihr*	**i loro** *ihre* **i Loro** *Ihre*

Singular Feminin	Plural Feminin
(la) mia *meine*	**le mie** *meine*
(la) tua *deine*	**le tue** *deine*
(la) sua *seine* **(la) Sua** *Ihre*	**le sue** *seine* **le Sue** *Ihre*
(la) nostra *unser*	**le nostre** *unsere*
(la) vostra *eure*	**le vostre** *eure*
(la) loro *ihre* **(la) Loro** *Ihre*	**le loro** *ihre* **le Loro** *Ihre*

Bei Familienbezeichnungen im Singular entfällt der bestimmte Artikel:
mia madre *meine Mutter*
tuo fratello *dein Bruder*

Er steht dagegen im Plural, bei erweiterten Bestimmungen und bei **loro**:
le mie sorelle *meine Schwestern*
la mia cara mamma *meine liebe Mama*
il loro padre *ihr Vater*

Die Höflichkeitsform ist die meist großgeschriebene 3. Person Singular (**il Suo ...**) bzw. die 2. Person Plural (**il Vostro ...**). Selten wird auch die 3. Person Plural verwendet (**il Loro**):
è la Sua valigia? *ist das Ihr Koffer*?

In der Regel stehen die Possessivpronomen vor dem Substantiv:
mi dai il tuo indirizzo? *gibst du mir deine Adresse*?

aber
è colpa tua *es ist deine Schuld*
a casa mia *bei mir zu Hause*

Lista alfabetica dei verbi irregolari tedeschi

(*cong.* = *cong.impf.*)

backen *pres.* backe, bäckst (backst), bäckt (backt); *impf.* backte (buk); *cong.* backte (büke); *imp.* back(e); *part.pt.* gebacken
befehlen *pres.* befehle, befiehlst, befiehlt; *impf.* befahl; *cong.* beföhle; *imp.* befiehl; *part.pt.* befohlen
beginnen *pres.* beginne, beginnst, beginnt; *impf.* begann; *cong.* begänne (begönne); *imp.* beginn(e); *part.pt.* begonnen
beißen *pres.* beiße, beißt, beißt; *impf.* biss, bissest; *cong.* bisse; *imp.* beiß(e); *part.pt.* gebissen
bergen *pres.* berge, birgst, birgt; *impf.* barg; *cong.* bärge; *imp.* birgt; *part.pt.* geborgen
bersten *pres.* berste, birst (berstest), birst (berstet); *impf.* barst, barstest; *imp.* birst; *part.pt.* geborsten
bewegen *pres.* bewegte, bewegst, bewegt; *impf.* bewegte (*fig.* bewog); *cong. fig.* bewöge; *imp.* beweg(e); *part.pt.* bewegt (*fig.* bewogen)
biegen *pres.* biege, biegst, biegt; *impf.* bog; *cong.* böge; *imp.* bieg(e); *part.pt.* gebogen
bieten *pres.* biete, biet(e)st, bietet; *impf.* bot, bot(e)st; *cong.* böte; *imp.* biet(e); *part.pt.* geboten
binden *pres.* binde, bindest, bindet; *impf.* band, band(e)st; *cong.* bände; *imp.* bind(e); *part.pt.* gebunden
bitten *pres.* bitte, bittest, bittet; *impf.* bat, bat(e)st; *cong.* bäte; *imp.* bitte; *part.pt.* gebeten
blasen *pres.* blase, bläst, bläst; *impf.* blies, bliesest; *cong.* bliese; *imp.* blas (blase); *part.pt.* geblasen
bleiben *pres.* bleibe, bleibst, bleibt; *impf.* blieb, bliebst; *cong.* bliebe; *imp.* bleib(e); *part.pt.* geblieben
braten *pres.* brate, brätst, brät; *impf.* briet, briet(e)st; *cong.* briete; *imp.* brat(e); *part.pt.* gebraten
brechen *pres.* breche, brichst, bricht; *impf.* brach; *cong.* bräche; *imp.* brich; *part.pt.* gebrochen
brennen *pres.* brenne, brennst, brennt; *impf.* brannte; *cong.* brennte; *imp.* brenn(e); *part.pt.* gebrannt
bringen *pres.* bringe, bringst, bringt; *impf.* brachte; *cong.* brächte; *imp.* bring(e); *part.pt.* gebracht
denken *pres.* denke, denkst, denkt; *impf.* dachte; *cong.* dächte; *imp.* denk(e); *part.pt.* gedacht
dreschen *pres.* dresche, drischst, drischt; *impf.* drosch, droschst; *cong.* drösche; *imp.* drisch; *part.pt.* gedroschen
dringen *pres.* dringe, dringst, dringt; *impf.* drang, drangst; *cong.* dränge; *imp.* dring(e); *part.pt.* gedrungen
dünken *pres.* mich dünkt (deucht); *impf.* dünkte (deuchte); *cong.* –; *imp.* –; *part.pt.* gedünkt (gedeucht)
dürfen *pres.* darf, darfst, darf; dürfen; *impf.* durfte; *cong.* dürfte; *imp.* –; *part.pt.* gedurft
empfangen *pres.* empfange, empfängst, empfängt; *impf.* empfing; *cong.* empfinge; *imp.* empfang(e); *part.pt.* empfangen
empfehlen *pres.* empfehle, empfiehlst, empfiehlt; *impf.* empfahl; *cong.* empföhle (empfähle); *imp.* empfiehlt; *part.pt.* empfohlen
empfinden *pres.* empfinde, empfindest, empfindet; *impf.* empfand, empfand(e)st; *cong.* empfände; *imp.* empfind(e); *part.pt.* empfunden
erlöschen *pres.* erlösche, erlischst, erlischt; *impf.* erlosch, erlosch(e)st; *cong.* erlösche; *imp.* erlisch; *part.pt.* erloschen
erschrecken *v/i pres.* erschrecke, erschrickst, erschrickt; *impf.* erschrak *cong.* erschräke; *imp.* erschrick; *part.pt.* erschrocken
erwägen *s.* wägen; *part.pt.* erwogen
essen *pres.* esse, isst (issest), isst; *impf.* aß, aßest; *cong.* äße; *imp.* iss; *part.pt.* gegessen
fahren *pres.* fahre, fährst, fährt; *impf.* fuhr, fuhrst; *cong.* führe; *imp.* fahr(e); *part.pt.* gefahren
fallen *pres.* falle, fällst, fällt; *impf.* fiel; *cong.* fiele; *imp.* fall(e); *part.pt.* gefallen
fangen *pres.* fange, fängst, fängt; *impf.*

fing; *cong.* finge; *imp.* fang(e); *part.pt.* gefangen

fechten *pres.* fechte, fichst, ficht; *impf.* focht, focht(e)st; *cong.* föchte; *imp.* ficht; *part.pt.* gefochten

finden *pres.* finde, findest, findet; *impf.* fand, fand(e)st; *cong.* fände; *imp.* find(e); *part.pt.* gefunden

flechten *pres.* flechte, flichtst, flicht; *impf.* flocht, flochtest; *cong.* flöchte; *imp.* flicht; *part.pt.* geflochten

fliegen *pres.* fliege, fliegst, fliegt; *impf.* flog, flogst; *cong.* flöge; *imp.* flieg(e); *part.pt.* geflogen

fliehen *pres.* fliehe, fliehst, flieht; *impf.* floh, flohst; *cong.* flöhe; *imp.* flieh(e); *part.pt.* geflohen

fließen *pres.* fließe, fließt, fließt; *impf.* floss, flossest; *cong.* flösse; *imp.* fließ(e); *part.pt.* geflossen

fressen *pres.* fresse, frisst, frisst; *impf.* fraß, fraßest; *cong.* fräße; *imp.* frisst; *part.pt.* gefressen

frieren *pres.* friere, frierst, friert; *impf.* fror; *cong.* fröre; *imp.* frier(e); *part.pt.* gefroren

gären *pres.* gäre, gärst, gärt; *impf.* gor (*bsd. fig. auch* gärte); *cong.* göre (gärte); *imp.* gär(e); *part.pt.* gegoren (gegärt)

gebären *pres.* gebäre, gebärst (gebierst), gebärt (gebiert); *impf.* gebar; *cong.* gebäre; *imp.* gebär(e) (gebier); *part.pt.* geboren

geben *pres.* gebe, gibst, gibt; *impf.* gab; *cong.* gäbe; *imp.* gib; *part.pt.* gegeben

gedeihen *pres.* gedeihe, gedeihst, gedeiht; *impf.* gedieh; *cong.* gediehe; *imp.* gedeih(e); *part.pt.* gediehen

geh(e)n *pres.* gehe, gehst, geht; *impf.* ging; *cong.* ginge; *imp.* geh(e); *part.pt.* gegangen

gelingen *pres.* es gelingt; *impf.* es gelang; *cong.* es gelänge; *imp.* geling(e); *part.pt.* gelungen

gelten *pres.* gelte, gilst, gilt; *impf.* galt, galt(e)st; *cong.* gölte (gälte); *imp.* gilt; *part.pt.* gegolten

genesen *pres.* genese, genest, genest; *impf.* genas, genasest; *cong.* genäse; *imp.* genese; *part.pt.* genesen

genießen *pres.* genieße, genießt, genießt; *impf.* genoss, genossest; *cong.* genösse; *imp.* genieß(e); *part.pt.* genossen

geschehen *pres.* es geschieht; *impf.* es geschah; *cong.* es geschähe; *imp.* –; *part.pt.* geschehen

gewinnen *pres.* gewinne, gewinnst, gewinnt; *impf.* gewann, gewannst; *cong.* gewönne (gewänne); *imp.* gewinn(e); *part.pt.* gewonnen

gießen *pres.* gieße, gießt, gießt; *impf.* goss, gossest; *cong.* gösse; *imp.* gieß(e); *part.pt.* gegossen

gleichen *pres.* gleiche, gleichst, gleicht; *impf.* glich, glichst; *cong.* gliche; *imp.* gleich(e); *part.pt.* geglichen

gleiten *pres.* gleite, gleitest, gleitet; *impf.* glitt, glitt(e)st; *cong.* glitte; *imp.* gleit(e); *part.pt.* geglitten

glimmen *pres.* glimme, glimmst, glimmt; *impf.* glomm (glimmte); *cong.* glömme (glimmte); *imp.* glimm(e); *part.pt.* geglommen (geglimmt)

graben *pres.* grabe, gräbst, gräbt; *impf.* grub, grubst; *cong.* grübe; *imp.* grab(e); *part.pt.* gegraben

greifen *pres.* greife, greifst, greift; *impf.* griff, griffst; *cong.* griffe; *imp.* greif(e); *part.pt.* gegriffen

haben *pres.* habe, hast, hat; *impf.* hatte; *cong.* hätte; *imp.* habe; *part.pt.* gehabt

halten *pres.* halte, hältst, hält; *impf.* hielt, hielt(e)st; *cong.* hielte; *imp.* halt(e); *part.pt.* gehalten

hängen *v/i pres.* hänge, hängst, hängt; *impf.* hing; *cong.* hinge; *imp.* häng(e); *part.pt.* gehangen

hauen *pres.* haue, haust, haut; *impf.* haute (hieb); *cong.* haute (hiebe); *imp.* hau(e); *part.pt.* gehauen

heben *pres.* hebe, hebst, hebt; *impf.* hob, hobst; *cong.* höbe; *imp.* heb(e); *part.pt.* gehoben

heißen *pres.* heiße, heißt, heißt; *impf.* hieß, hießest; *cong.* hieße; *imp.* heiß(e); *part.pt.* geheißen

helfen *pres.* helfe, hilfst, hilft; *impf.* half, halfst; *cong.* hülfe; *imp.* hilf; *part.pt.* geholfen

kennen *pres.* kenne, kennst, kennt; *impf.* kannte; *cong.* kennte; *imp.* kenne; *part.pt.* gekannt

klimmen *pres.* klimme, klimmst, klimmt; *impf.* klomm (klimmte); *cong.* klömme (klimmte); *imp.* klimm(e); *part.pt.* geklommen (geklimmt)

klingen *pres.* klinge, klingst, klingt;

impf. klang, klangst; *cong.* klänge; *imp.* kling(e); *part.pt.* geklungen
kneifen *pres.* kneife, kneifst, kneift; *impf.* kniff, kniffst; *cong.* kniffe; *imp.* kneif(e); *part.pt.* gekniffen
kommen *pres.* komme, kommst, kommt; *impf.* kam; *cong.* käme; *imp.* komm(e); *part.pt.* gekommen
können *pres.* kann, kannst, kann; können; *impf.* konnte; *cong.* könnte; *imp.* –; *part.pt.* gekonnt
kriechen *pres.* krieche, kriechst, kriecht; *impf.* kroch; *cong.* kröche; *imp.* kriech(e); *part.pt.* gekrochen
laden *pres.* lade, lädst, lädt; *impf.* lud, ludst; *cong.* lüde; *imp.* lad(e); *part.pt.* geladen
lassen *pres.* lasse, lässt, lässt; *impf.* ließ, ließest; *cong.* ließe; *imp.* lass; *part.pt.* gelassen
laufen *pres.* laufe, läufst, läuft; *impf.* lief, liefst; *cong.* liefe; *imp.* lauf(e); *part.pt.* gelaufen
leiden *pres.* leide, leidest, leidet; *impf.* litt, litt(e)st; *cong.* litte; *imp.* leid(e); *part.pt.* gelitten
leihen *pres.* leihe, leihst, leiht; *impf.* lieh, liehst; *cong.* liehe; *imp.* leih(e); *part.pt.* geliehen
lesen *pres.* lese, liest, liest; *impf.* las, lasest; *cong.* läse; *imp.* lies; *part.pt.* gelesen
liegen *pres.* liege, liegst, liegt; *impf.* lag; *cong.* läge; *imp.* lieg(e); *part.pt.* gelegen
lügen *pres.* lüge, lügst, lügt; *impf.* log, logst; *cong.* löge; *imp.* lüg(e); *part.pt.* gelogen
meiden *pres.* meide, meidest, meidet; *impf.* mied, mied(e)st; *cong.* miede; *imp.* meid(e); *part.pt.* gemieden
melken *pres.* melke, melkst, melkt; *impf.* melkte (molk); *cong.* mölke; *imp.* melk(e); *part.pt.* gemolken (gemelkt)
messen *pres.* messe, misst, misst; *impf.* maß, maßest; *cong.* mäße; *imp.* miss; *part.pt.* gemessen
misslingen *pres.* es misslingt; *impf.* es misslang; *cong.* es misslänge; *imp.* –; *part.pt.* misslungen
mögen *pres.* mag, magst, mag; mögen; *impf.* mochte; *cong.* möchte; *imp.* –; *part.pt.* gemocht
müssen *pres.* muss, musst, muss; müssen, müsst, müssen; *impf.* musste; *cong.* müsste; *imp.* -; *part.pt.* gemusst
nehmen *pres.* nehme, nimmst, nimmt; *impf.* nahm, nahmst; *cong.* nähme; *imp.* nimm; *part.pt.* genommen
nennen *pres.* nenne, nennst, nennt; *impf.* nannte; *cong.* nennte; *imp.* nenn(e); *part.pt.* genannt
pfeifen *pres.* pfeife, pfeifst, pfeift; *impf.* pfiff, pfiffst; *cong.* pfiffe; *imp.* pfeif(e); *part.pt.* gepfiffen
preisen *pres.* preise, preist, preist; *impf.* pries, priesest; *cong.* priese; *imp.* preise; *part.pt.* gepriesen
quellen (*v/i*) *pres.* quelle, quillst, quillt; *impf.* quoll; *cong.* quölle; *imp.* quill; *part.pt.* gequollen
raten *pres.* rate, rätst, rät; *impf.* riet riet(e)st; *cong.* riete; *imp.* rat(e); *part.pt.* geraten
reiben *pres.* reibe, reibst, reibt; *impf.* rieb, riebst; *cong.* riebe; *imp.* reib(e); *part.pt.* gerieben
reißen *pres.* reiße, reißt, reißt; *impf.* riss, rissest; *cong.* risse; *imp.* reiß(e); *part.pt.* gerissen
reiten *pres.* reite, reitest, reitet; *impf.* ritt, ritt(e)st; *cong.* ritte; *imp.* reit(e); *part.pt.* geritten
rennen *pres.* renne, rennst, rennt; *impf.* rannte; *cong.* rennte; *imp.* renn(e); *part.pt.* gerannt
riechen *pres.* rieche, riechst, riecht; *impf.* roch; *cong.* röche; *imp.* riech(e); *part.pt.* gerochen
ringen *pres.* ringe, ringst, ringt; *impf.* rang; *cong.* ränge; *imp.* ring(e); *part.pt.* gerungen
rinnen *pres.* rinne, rinnst, rinnt; *impf.* rann, rannst; *cong.* ränne; *imp.* rinn(e); *part.pt.* geronnen
rufen *pres.* rufe, rufst, ruft; *impf.* rief, riefst; *cong.* riefe; *imp.* ruf(e); *part.pt.* gerufen
saufen *pres.* saufe, säufst, säuft; *impf.* soff; *cong.* söffe; *imp.* sauf(e); *part.pt.* gesoffen
saugen *pres.* sauge, saugst, saugt; *impf.* sog (saugte); *cong.* söge; *imp.* saug(e); *part.pt.* gesogen (gesaugt)
schaffen (er~) *pres.* schaffe, schaffst, schafft; *impf.* schuf, schufst; *cong.* schüfe; *imp.* schaff(e); *part.pt.* geschaffen
scheiden *pres.* scheide, scheidest,

scheidet; *impf.* schied, schied(e)st; *cong.* schiede; *imp.* scheid(e); *part.pt.* geschieden

scheinen *pres.* scheine, scheinst, scheint; *impf.* schien, schienst; *cong.* schiene; *imp.* schein(e); *part.pt.* geschienen

schelten *pres.* schelte, schiltst, schilt; *impf.* schalt, schaltst; *cong.* schölte; *imp.* schilt; *part.pt.* gescholten

scheren *pres.* schere, scherst, schert; *impf.* schor, schorst; *cong.* schöre; *imp.* scher(e); *part.pt.* geschoren

schieben *pres.* schiebe, schiebst, schiebt; *impf.* schob, schobst; *cong.* schöbe; *imp.* schieb(e); *part.pt.* geschoben

schießen *pres.* schieße, schießt, schießt; *impf.* schoss, schossest; *cong.* schösse; *imp.* schieß(e); *part.pt.* geschossen

schlafen *pres.* schlafe, schläfst, schläft; *impf.* schlief, schliefst; *cong.* schliefe; *imp.* schlaf(e); *part.pt.* geschlafen

schlagen *pres.* schlage, schlägst, schlägt; *impf.* schlug, schlugst; *cong.* schlüge; *imp.* schlag(e); *part.pt.* geschlagen

schleichen *pres.* schleiche, schleichst, schleicht; *impf.* schlich, schlichst; *cong.* schliche; *imp.* schleich(e); *part.pt.* geschlichen

schleifen *pres.* schleife, schleifst, schleift; *impf.* schliff; *cong.* schliffe; *imp.* schleif(e); *part.pt.* geschliffen

schließen *pres.* schließe, schließt, schließt; *impf.* schloss, schlossest; *cong.* schlösse; *imp.* schließ(e); *part.pt.* geschlossen

schlingen *pres.* schlinge, schlingst, schlingt; *impf.* schlang, schlangst; *cong.* schlänge; *imp.* schling(e); *part.pt.* geschlungen

schmeißen *pres.* schmeiße, schmeißt, schmeißt; *impf.* schmiss, schmissest; *cong.* schmisse; *imp.* schmeiß(e); *part.pt.* geschmissen

schmelzen *pres.* schmelze, schmilzt, schmilzt; *impf.* schmolz, schmolzest; *cong.* schmölze; *imp.* schmilz; *part.pt.* geschmolzen

schneiden *pres.* schneide, schneidest, schneidet; *impf.* schnitt, schnitt(e)st; *cong.* schnitte; *imp.* schneid(e); *part.pt.* geschnitten

schrecken (*v/i* = er~) *pres.* schrecke, schrickst, schrickt; *impf.* schrak, schrakst; *cong.* schräke; *imp.* schrick; *part.pt.* erschrocken

schreiben *pres.* schreibe, schreibst, schreibt; *impf.* schrieb, schriebst; *cong.* schriebe; *imp.* schreib(e); *part.pt.* geschrieben

schreien *pres.* schreie, schreist, schreit; *impf.* schrie; *cong.* schriee; *imp.* schrei(e); *part.pt.* geschrie[e]n

schreiten *pres.* schreite, schreitest, schreitet; *impf.* schritt, schritt(e)st; *cong.* schritte; *imp.* schreit(e); *part.pt.* geschritten

schweigen *pres.* schweige, schweigst, schweigt; *impf.* schwieg, schwiegst; *cong.* schwiege; *imp.* schweig(e); *part.pt.* geschwiegen

schwellen *v/i pres.* schwelle, schwillst, schwillt; *impf.* schwoll, schwollst; *cong.* schwölle; *imp.* schwill; *part.pt.* geschwollen

schwimmen *pres.* schwimme, schwimmst, schwimmt; *impf.* schwamm, schwammst; *cong.* schwömme (schwämme); *imp.* schwimm(e); *part.pt.* geschwommen

schwinden *pres.* schwinde, schwindest, schwindet; *impf.* schwand, schwand(e)st; *cong.* schwände; *imp.* schwind(e); *part.pt.* geschwunden

schwingen *pres.* schwinge, schwingst, schwingt; *impf.* schwang; *cong.* schwänge; *imp.* schwing(e); *part.pt.* geschwungen

schwören *pres.* schwöre, schwörst, schwört; *impf.* schwor (schwur); *cong.* schwüre; *imp.* schwör(e); *part.pt.* geschworen

sehen *pres.* sehe, siehst, sieht; *impf.* sah; *cong.* sähe; *imp.* sieh; *part.pt.* gesehen

sein *pres.* bin, bist, ist; sind, seid, sind; *cong.* sei, sei(e)st, sei; seien, seiet, seien; *imp.* war, warst, war; waren; *cong.* wäre; *imp.* sei, seid; *part.pt.* gewesen

senden *pres.* sende, sendest, sendet; *impf.* sandte (sendete*); *cong.* sendete; *imp.* send(e); *part.pt.* gesandt (gesendet*)

---

*) Radio.

sieden *pres.* siede, siedest, siedet; *impf.* sott (siedete), sottest (siedetest); *cong.* sötte (siedete); *imp.* sied(e); *part.pt.* gesotten (gesiedet)
singen *pres.* singe, singst, singt; *impf.* sang, sangst; *cong.* sänge; *imp.* sing(e); *part.pt.* gesungen
sinken *pres.* sinke, sinkst, sinkt; *impf.* sank, sankst; *cong.* sänke; *imp.* sink(e); *part.pt.* gesunken
sinnen *pres.* sinne, sinnst, sinnt; *impf.* sann, sannst; *cong.* sänne (sönne); *imp.* sinn(e); *part.pt.* gesonnen
sitzen *pres.* sitze, sitzt, sitzt; *impf.* saß, saßest; *cong.* säße; *imp.* sitz(e); *part.pt.* gesessen
sollen *pres.* soll, sollst, soll; *impf.* sollte; *cong.* sollte; *imp.* –; *part.pt.* gesollt
speien *pres.* speie, speist, speit; *impf.* spie; *cong.* spiee; *imp.* spei(e); *part.pt.* gespie(e)n
spinnen *pres.* spinne, spinnst, spinnt; *impf.* spann, spannst; *imp.* spinn(e); *part.pt.* gesponnen
spleißen *pres.* spleiße, spleißt (spleißest), spleißt; *impf.* spliss, splissest; *cong.* splisse; *imp.* spleiß(e); *part.pt.* gesplissen
sprechen *pres.* spreche, sprichst, spricht; *impf.* sprach, sprachst; *cong.* spräche; *imp.* sprich; *part.pt.* gesprochen
sprießen *pres.* sprieße, sprießt (sprießest), sprießt; *impf.* spross, sprossest; *cong.* sprösse; *imp.* sprieß(e); *part.pt.* gesprossen
springen *pres.* springe, springst, springt; *impf.* sprang, sprangst; *cong.* spränge; *imp.* spring(e); *part.pt.* gesprungen
stechen *pres.* steche, stichst, sticht; *impf.* stach, stachst; *cong.* stäche; *imp.* stich; *part.pt.* gestochen
stecken *v/i pres.* stecke, steckst, steckt; *impf.* steckte (stak); *cong.* steckte (stäke); *imp.* steck(e); *part.pt.* gesteckt
stehen *pres.* stehe, stehst, steht; *impf.* stand, stand(e)st; *cong.* stände (stünde); *imp.* steh(e); *part.pt.* gestanden
stehlen *pres.* stehle, stiehlst, stiehlt; *impf.* stahl; *cong.* stähle; *imp.* stiehl; *part.pt.* gestohlen
steigen *pres.* steige, steigst, steigt; *impf.* stieg, stiegst; *cong.* stiege; *imp.* steig(e); *part.pt.* gestiegen
sterben *pres.* sterbe, stirbst, stirbt; *impf.* starb; *cong.* stürbe; *imp.* stirb; *part.pt.* gestorben
stinken *pres.* stinke, stinkst, stinkt; *impf.* stank, stankst; *cong.* stänke; *imp.* stink(e); *part.pt.* gestunken
stoßen *pres.* stoße, stößt, stößt; *impf.* stieß, stießest; *cong.* stieße; *imp.* stoß(e); *part.pt.* gestoßen
streichen *pres.* streiche, streichst, streicht; *impf.* strich, strichst; *cong.* striche; *imp.* streich(e); *part.pt.* gestrichen
streiten *pres.* streite, streitest, streitet; *impf.* stritt, stritt(e)st; *cong.* stritte; *imp.* streit(e); *part.pt.* gestritten
tragen *pres.* trage, trägst, trägt; *impf.* trug; *cong.* trüge; *imp.* trag(e); *part.pt.* getragen
treffen *pres.* treffe, triffst, trifft; *impf.* traf, trafst; *cong.* träfe; *imp.* triff; *part.pt.* getroffen
treiben *pres.* treibe, treibst, treibt; *impf.* trieb; *cong.* triebe; *imp.* treib(e); *part.pt.* getrieben
treten *pres.* trete, trittst, tritt; *impf.* trat, trat(e)st; *cong.* träte; *imp.* tritt; *part.pt.* getreten
trinken *pres.* trinke, trinkst, trinkt; *impf.* trank, trankst; *cong.* tränke; *imp.* trink(e); *part.pt.* getrunken
trügen *pres.* trüge, trügst, trügt; *impf.* trog, trogst; *cong.* tröge; *imp.* trüg(e); *part.pt.* getrogen
tun *pres.* tue, tust, tut; tun; *impf.* tat, tat(e)st; *cong.* täte; *imp.* tu(e); *part.pt.* getan
verderben *pres.* verderbe, verdirbst, verdirbt; *impf.* verdarb; *cong.* verdürbe; *imp.* verdirb; *part.pt.* verdorben
verdrießen *pres.* verdrieße, verdrießt, verdrießt; *impf.* verdross, verdrossest; *cong.* verdrösse; *imp.* verdrieß(e); *part.pt.* verdrossen
vergessen *pres.* vergesse, vergisst, vergisst; *impf.* vergaß, vergaßest; *cong.* vergäße; *imp.* vergiss; *part.pt.* vergessen
verlieren *pres.* verliere, verlierst, verliert; *impf.* verlor; *cong.* verlöre; *imp.* verlier(e); *part.pt.* verloren
verschleißen *pres.* verschleiße, verschleißt (verschleißest), verschleißt;

impf. verschliss, verschlissest; *cong.* verschlisse; *imp.* verschleiß(e); *part.pt.* verschlissen

wachsen *pres.* wachse, wächst, wächst; *impf.* wuchs, wuchsest; *cong.* wüchse; *imp.* wachs(e); *part.pt.* gewachsen

wägen *pres.* wäge, wägst, wägt; *impf.* wog (wägte); *cong.* wöge (wägte); *imp.* wäg(e); *part.pt.* gewogen (gewägt)

waschen *pres.* wasche, wäschst, wäscht; *impf.* wusch, wuschest; *cong.* wüsche; *imp.* wasch(e); *part.pt.* gewaschen

weichen *pres.* weiche, weichst, weicht; *impf.* wich, wichst; *cong.* wiche; *imp.* weich(e); *part.pt.* gewichen

weisen *pres.* weise, weist, weist; *impf.* wies, wiesest; *cong.* wiese; *imp.* weis (weise); *part.pt.* gewiesen

wenden *pres.* wende, wendest, wendet; *impf.* wandte (wendete); *cong.* wendete; *imp.* wende; *part.pt.* gewandt (gewendet)

werben *pres.* werbe, wirbst, wirbt; *impf.* warb; *cong.* würbe; *imp.* wirb; *part.pt.* geworben

werden *pres.* werde, wirst, wird; *impf.* wurde; *cong.* würde; *imp.* werde; *part.pt.* geworden (worden*)

werfen *pres.* werfe, wirfst, wirft; *impf.* warf, warfst; *cong.* würfe; *imp.* wirf; *part.pt.* geworfen

wiegen *pres.* wiege, wiegst, wiegt; *impf.* wog; *cong.* wöge; *imp.* wieg(e); *part.pt.* gewogen

winden *pres.* winde, windest, windet; *impf.* wand, wandest; *cong.* wände; *imp.* winde; *part.pt.* gewunden

wissen *pres.* weiß, weißt, weiß; wissen, wisst, wissen; *impf.* wusste; *cong.* wüsste; *imp.* wisse; *part.pt.* gewusst

wollen *pres.* will, willst, will; wollen; *impf.* wollte; *cong.* wollte; *imp.* wolle; *part.pt.* gewollt

wringen *pres.* wringe, wringst, wringt; *impf.* wrang; *cong.* wränge; *imp.* wring(e); *part.pt.* gewrungen

zeihen (ver~) *pres.* zeihe, zeihst, zeiht; *impf.* zieh, ziehst; *cong.* ziehe; *imp.* zeih(e); *part.pt.* geziehen

ziehen *pres.* ziehe, ziehst, zieht; *impf.* zog, zogst; *cong.* zöge; *imp.* zieh(e); *part.pt.* gezogen

zwingen *pres.* zwinge, zwingst, zwingt; *impf.* zwang, zwangst; *cong.* zwänge; *imp.* zwing(e); *part.pt.* gezwungen

---

*) Quando accompagnato dal *part.pt.* di altri verbi

La declinazione in tedesco

Il nominativo è il caso del soggetto: *der Mann hat Hunger* – l'uomo ha fame.
Il genitivo specifica l'appartenenza a qualcuno / qualcosa: *das ist die Tasche meiner Frau* – E' la borsa di mia moglie. Alcuni verbi e le seguenti preposizioni reggono il genitivo: *anstatt, außerhalb, diesseits, halber, infolge, inmitten, innerhalb, jenseits, kraft, längs, laut, mittels, oberhalb, seitens, trotz, um ... willen, ungeachtet, unterhalb, während, wegen, zugunsten.*
Il dativo specifica l'oggetto indiretto: *ich gebe es meiner Freundin* – lo do alla mia amica. Alcuni verbi e le seguenti preposizioni reggono il dativo: *aus, bei, entgegen, gegenüber, gemäß, mit, nach, seit, von, zu, zuliebe.*
L'accusativo specifica l'oggetto diretto: *er liebt seine Frau* – ama sua moglie, *sie liebt ihn* – lo ama. Le seguenti preposizioni reggono l'accusativo: *bis, durch, für, gegen, ohne, um, wider.*
Le preposizioni *an, auf, hinter, in, neben, über, unter, vor, zwischen* reggono il dativo se specificano uno stato in luogo, e reggono l'accusativo se specificano un moto a luogo: *ich stelle die Flasche auf den Tisch, die Flasche steht auf dem Tisch* – metto la bottiglia sul tavolo, la bottiglia è sul tavolo.
Le desinenze del plurale sono: **-** *die Mädchen*, **¨** *die Mütter*, **-e** *die Stifte*, **¨e** *die Bäume*, **-en** *die Frauen*, **-er** *die Bilder*, **¨er** *die Bücher*, **-n** *die Boten*, **-nen** *die Lehrerinnen*, **-s** *die Radios*, **-se** *die Busse.*
Sostantivi al dativo plurale che già terminano in **-n**, non aggiungono più la **-n** del dativo plurale (*der Garten, den Gärten*).
Sostantivi, che formano il plurale in **-s**, non prendono la **-n**. Sostantivi maschili e neutri monosillabici e se terminano in **-ld**, **-lg**, **-nd**, **-s** o **-z** formano il genitivo con **-es** (*das Haus, des Hauses*). Quando il sostantivo rimane invariato al genitivo singolare, si trova, nel vocabolario, il segno (-). Anche quando non esiste una desinenza per il plurale si trova il segno (-).

1. L'articolo determinato

	maschile	**femminile**	**neutro**	**plurale**
Nominativo	der Mann	die Frau	das Kind	die Leute
Genitivo	des Mannes	der Frau	des Kindes	der Leute
Dativo	dem Mann	der Frau	dem Kind	den Leuten
Accusativo	den Mann	die Frau	das Kind	die Leute

In modo analogo si declinano anche gli aggettivi dimostrativi, p. es. *dieser* questo:

	maschile	**femminile**	**neutro**	**plurale**
Nominativo	dieser Mann	diese Frau	dies(es) Kind	diese Leute
Genitivo	dieses Mannes	dieser Frau	dieses Kindes	dieser Leute
Dativo	diesem Mann	dieser Frau	diesem Kind	diesen Leuten
Accusativo	diesen Mann	diese Frau	dies(es) Kind	diese Leute

L'articolo determinativo può essere usato anche come pronome dimostrativo; in tal caso viene accentuato.

Le indicazioni (*-en*) o (*-n*) per i sostantivi maschili si riferiscono alla declinazione „n“, secondo la quale al sostantivo si applica sempre la desinenza **-(e)n**, eccetto al nominativo singolare:

	singolare	**plurale**
Nominativo	der Student	die Stundenten
Genitivo	des Studenten	der Stundenten
Dativo	dem Studenten	den Stundenten
Accusativo	den Studenten	die Stundenten

2. L'articolo indeterminato

	maschile	**femminile**	**neutro**
Nominativo	ein Mann	eine Frau	ein Kind
Genitivo	eines Mannes	einer Frau	eines Kindes
Dativo	einem Mann	einer Frau	einem Kind
Accusativo	einen Mann	eine Frau	ein Kind

Ugualmente si declinano anche i pronomi possessivi *mein*, *dein*, *sein*, *ihr*, *unser*, *euer* e la negazione *kein*: *mein Mann*, *keines Mannes* ecc.

3. L'aggettivo dopo l'articolo determinato

	maschile	**femminile**	**neutro**	**plurale**
Nominativo	der alte Mann	die große Frau	das kleine Kind	die alten Leute
Genitivo	des alten Mannes	der großen Frau	des kleinen Kindes	der alten Leute
Dativo	dem alten Mann	der großen Frau	dem kleinen Kind	den alten Leuten
Accusativo	den alten Mann	die große Frau	das kleine Kind	die alten Leute

Ugualmente anche dopo *dieser*, *jener*, *welcher*, *mancher*, *solcher* e, al plurale, dopo *alle*, *keine*; *meine*, *deine*, *seine*, *ihre*, *unsere*, *eure*, *ihre*; *irgedwelche*, *sämtliche*: *dieser alte Mann*, *alle alten Leute* ecc.

4. L'aggettivo dopo l'articolo indeterminato

	maschile	femminile	neutro
Nominativo	ein alter Mann	eine große Frau	ein kleines Kind
Genitivo	eines alten Mannes	einer großen Frau	eines kleinen Kindes
Dativo	einem alten Mann	einer großen Frau	einem kleinen Kind
Accusativo	einen alten Mann	eine große Frau	ein kleines Kind

Ugualmente dopo *kein, mein, dein, sein, ihr, unser, euer, ihr; folgend*: *mein alter Freund, keinen alten Mann* ecc.

5. L'aggettivo senza articolo

	maschile	femminile	neutro	plurale
Nominativo	alter Wein	lange Zeit	frisches Brot	alte Leute
Genitivo	alten Weines	langer Zeit	frischen Brotes	alter Leute
Dativo	altem Wein	langer Zeit	frischem Brot	alten Leuten
Accusativo	alten Wein	lange Zeit	frisches Brot	alte Leute

Ugualmente anche dopo *manch, solch, welch* e, nel plurale, dopo *andere, einige, etliche, mehrere, verschiedene, viele, wenige, folgende*: *manch guter Wein, viele liebe Leute.*

Aggettivi possono essere usati come sostantivi. Anche in tal caso si declinano come aggettivi:
Angestellte *m/f = der Angestellte, die Angestellte, ein Angestellter, dem Angestellten* ecc.
Gute *n = das Gute, ein Gutes* ecc.

6. I gradi di comparazione dell'aggettivo

positivo	comparativo	superlativo
schnell	schneller	schnellst-
		avverbiale: am schnellsten

Forme molto irregolari del comparativo e del superlativo vengono indicate nel vocabolario. Aggettivi monosillabici formano nella maggior parte dei casi il comparativo e il superlativo con l'Umlaut: *groß, größer, am größten.* Mentre il superlativo formato con *am ...sten* non si declina, gli aggettivi attributivi si declinano come sopra: *der größere Mann, dem jüngsten Kind, ein älterer Herr* ecc.
Aggettivi che terminano in **-el**, **-en** e **-er** perdono una **-e-** se declinati, p.es.: *dunkel, dunkler.*

7. Il pronome personale

Nominativo *in italiano*	Nominativo	Genitivo	Dativo	Accusativo
io	ich	meiner	mir	mich
tu	du	deiner	dir	dich
lui	er	seiner	ihm	ihn
lei	sie	ihrer	ihr	sie
–	es	seiner	ihm	es
noi	wir	unser	uns	uns
voi	ihr	euer	euch	euch
loro	sie	ihrer	ihnen	sie
Lei, Voi	Sie	Ihrer	Ihnen	Sie
interrogativo per persone	wer?	wessen?	wem?	wen?
interrogativo per cose	was?	wessen?	–	was?

8. Il pronome relativo

	maschile	femminile	neutro	plurale
Nominativo	der Mann, der ...	die Frau, die ...	das Kind, das ...	die Leute, die ...
Genitivo	der Mann, dessen ...	die Frau, deren ...	das Kind, dessen ...	die Leute, deren ...
Dativo	der Mann, dem ...	die Frau, der ...	das Kind, dem ...	die Leute, denen ...
Accusativo	der Mann, den ...	die Frau, die ...	das Kind, das ...	die Leute, die ...

9. Il pronome riflessivo

Accusativo	Dativo
ich freue mich	ich kaufe mir etwas
du freust dich	du kaufst dir etwas
Sie freuen sich	Sie kaufen sich etwas
er/sie/es freut sich	er/sie/es kauft sich etwas
wir freuen uns	wir kaufen uns etwas
ihr freut euch	ihr kauft euch etwas
Sie freuen sich	Sie kaufen sich etwas
sie freuen sich	sie kaufen sich etwas

Buchstabieralphabet
Alfabeto telefonico

Ancona	[a]	**A, a**	[aː]	Anton, (CH) Anna
Bologna	[bi]	**B, b**	[beː]	Berta
Como	[ʧi]	**C, c**	[tseː]	Cäsar
Domodossola	[di]	**D, d**	[deː]	Dora, (CH) Daniel
Empoli	[e]	**E, e**	[eː]	Emil
Firenze	['ɛffe]	**F, f**	[ɛf]	Friedrich
Genova	[ʤi]	**G, g**	[geː]	Gustav
hotel	['akka]	**H, h**	[haː]	Heinrich
Imola	[i]	**I, i**	[iː]	Ida
i lunga, jolly	[i l'unga]	**J, j**	[jɔt]	Julius, (CH) Jakob
Kuwait	['kappa]	**K, k**	[kaː]	Kaufmann, (CH) Kaiser
Livorno	['ɛlle]	**L, l**	[ɛl]	Ludwig, (CH) Leopold
Milano	['ɛmme]	**M, m**	[ɛm]	Martha, (CH) Marie
Napoli	['ɛnne]	**N, n**	[ɛn]	Nordpol, (CH) Niklaus, (A) Norbert
Otranto	[ɔ]	**O, o**	[oː]	Otto
Padova	[pi]	**P, p**	[peː]	Paula, (CH) Peter
quadro	[ku]	**Q, q**	[kuː]	Quelle
Roma	['ɛrre]	**R, r**	[ɛr]	Richard, (CH) Rosa
Savona	['ɛsse]	**S, s**	[ɛs]	Samuel, (CH) Sophie, (A) Siegfried
Torino	[ti]	**T, t**	[teː]	Theodor
Udine	[u]	**U, u**	[uː]	Ulrich
Venezia	[vu, vi]	**V, v**	[fau]	Viktor
Washington	[vu doppia]	**W, w**	[veː]	Wilhelm
xilofono	[iks]	**X, x**	[iks]	Xanthippe, (CH), Xaver
yacht	['ipsilon]	**Y, y**	['ʏpsilɔn]	Ypsilon, (CH) Yverdon
Zara	['dzɛːta]	**Z, z**	[tsɛt]	Zacharias, (CH) Zürich
Esempio: *A come Ancona*		**Ä, ä**	[ɛː]	Ärger
Beispiel: *O wie Otto*		**Ö, ö**	[øː]	Ökonom, (A) Österreich
		Ü, ü	[yː]	Übermut, (A) Übel
		ß	[ɛs'tsɛt]	–

Geschäftskorrespondenz
Corrispondenza commerciale

Die Briefbestandteile

1. Datum

Ortsangabe und Datum stehen in der Regel oben rechts und bilden einen einheitlichen Abschluss mit dem rechten äußeren Briefrand. Die Italiener schreiben den Monat meist aus, wie im Deutschen folgt ein Komma auf den Ortsnamen. Nach dem Tag muss kein Punkt folgen. Für das Datum sind mehrere Schreibweisen möglich:

Monaco, 15 giugno 2001 oder *Monaco, 15.06.01* oder *Monaco, 15/06/01*

2. Anschrift des Empfängers

Die Anschrift des Empfängers steht links im oberen Viertel des Briefbogens. Auf die in Italien gebräuchliche höfliche Bezeichnung des Empfängers (*Gent.*, *Egr.*, bei Firmen *Spett.* – d.h. *Gentile*, *Egregio* oder *Egregia*, *Spettabile*) folgen der Name der Person oder Firma und die Straße mit der Hausnummer, die durch ein Komma abgetrennt wird.
Die Postleitzahl (*Codice di Avviamento Postale, CAP*) ist fünfstellig; die letzten beiden Ziffern beziehen sich bei Provinzhauptstädten auf den Stadtteil und bei kleineren Städten auf den Zustellungsbereich. Um Irrtümer zu vermeiden, wird die entsprechende Provinz hinzugefügt, z. B. *Jesolo* (*VE*) (s. S. 566).

a) an Einzelpersonen:

Egregio Sig.	oder	*Gent.ssima Sig.ra*
Michele Rossi		*Marina Freni*
Via Buonarroti, 35		*Corso Vittorio Emanuele, 138*
I-20149 Milano (*MI*)		*20052 Monza* (*Milano*)

b) an Firmen:

Spett.le	oder	*Spett. Ditta*
LAMON S.p.A.		*M.C.M. Industria Tessile*
Via dei Clerici, 4/6		*Via XXV Aprile, 57*
I-00181 Roma (*RM*)		*I-35031 Abano Terme* (*PD*)

Ist der Brief an eine bestimmte Person gerichtet, steht unter der Anschrift:
Alla cortese attenzione del Sig. Bianchi oder *c.a. Sig. Bianchi*

Ist der Brief an verschiedene Personen gerichtet, schreibt man:

per conoscenza	*e p.c.*
Spett SAR Assicurazioni	*Dott. Mario Bianchi*
Piazza Mazzini, 96	*Via Matteotti, 5*
I-40124 Bologna (*BO*)	*I-20017 Rho* (*MI*)

oder man verbindet die verschiedenen Adressen auf gleicher Höhe mit diesem Vermerk.
Handelt es sich um einen vertraulichen oder persönlichen Brief, kennzeichnet man ihn mit
(lettera) confidenziale bzw. *(lettera) personale*

3. Bezugszeichen und Betreffzeile

In italienischen Geschäftsbriefen stehen die Bezugszeichen entweder zwischen Anschrift und Anrede oder unter dem Datum.
Prot. N° ... Vs. rif. ... ns. rif. ...
Da citare nella risposta ...

Die Betreffzeile steht vor der Anrede und fasst den Inhalt des Briefes zusammen. Beispiel:
oggetto: invio documenti relativi all'offerta

4. Anrede

Wie in der deutschen Geschäftskorrespondenz werden auch in Italien Briefe an Firmen häufig ohne die einleitende Anrede „*Gentili Signori*" oder „*Egregi Signori*" geschrieben; man trifft sie jedoch vielfach noch an. An Einzelpersonen richtet man die Anrede:

Gentile Signora	*Egregio Avvocato*
Egregio Signore	*Egregio Dottor Bianchi*

Kennt man sich gut, kann „*Caro Signore*", „*Caro dottore*" usw. den Brief einleiten. Ab und zu trifft man auch auf die Anrede „*Egregio Commendatore*" und „*Egregio Cavaliere*", wobei es sich um Ehrentitel handelt.

Die höfliche Anrede „Sie" im Brieftext wird ausgedrückt durch:
a) *Lei* + Verb in der 3. Person Singular, wenn es sich um eine einzelne Person handelt
b) *Voi* + Verb in der 2. Person Plural (oder selten *Loro* + Verb in der 3. Person Plural), wenn es sich um mehrere Personen handelt.

Die Personalpronomen *Lei*, *Voi* und *Loro* können groß- und kleingeschrieben werden. Jedoch trifft man im geschäftlichen Briefwechsel meist die Großschreibung an.

5. Brieftext

Der italienische Brief beginnt mit einem Großbuchstaben, obwohl nach der einleitenden Anrede ein Komma steht. Der Aufbau eines Briefes entspricht dem deutschen.
Beim Brief ist besonders auf die richtige Verteilung des verfügbaren Raumes und auf die Einteilung des Textes in einzelne Abschnitte für jedes neue Thema zu achten. Gleichmäßiger Rand, richtige Trennungen, sowie genügend Raum für Schlussformel und Unterschrift sind im Auge zu behalten. Man vermeide, dass der Text des Briefes die ganze Seite füllt und nur die Schlussformel auf die nächste Seite kommt.

6. Schlussformel

Die Höflichkeitsformel sind kürzer und nüchterner geworden; meist werden sie in den Schlusssatz mit einbezogen.

Üblicherweise schreibt man:

Con i nostri migliori saluti	*Distinti saluti*
Distintamente Vi salutiamo	*Distintamente*

In Briefen an Behörden, Bittschriften und Gesuchen schließt man mit:

Con osservanza	*Con ossequi*

7. Unterschrift

Die Unterschrift steht unter dem Firmennamen, der generell noch mit dem rechten Rand abschließt oder in die Mitte unter den Brieftext rückt. Die Vornamen sollten ausgeschrieben werden. Häufig erfolgt auch die Bezeichnung der ausgeübten Stelle: *il Direttore* oder *il Responsabile.*

Ein Prokurist zeichnet in Prokura: *p.pa* bzw. *p.p.* bzw. *ppa* (*per procura*).
Angestellte können im Auftrag zeichnen: *p.* oder *p.o.* (*per ordine*).

8. Anlagen

Fügt man dem Brief etwas bei, so vermerkt man dies am Ende kurz durch einfache Angabe oder durch eine nähere Beschreibung:
allegati N° 4 oder *all.: listino prezzi*

Eine Nachschrift sollte man möglichst vermeiden. Wenn man sie dennoch benötigt, leitet man sie mit P.S. (post scriptum) ein.

Le parti della lettera

1. Data

Luogo e data si scrivono normalmente con 8 cifre: 6 cifre per la data (due per giorno/mese/anno) divise da due punti:
14.07.01

Il mese si può scrivere anche per intero, dopo il giorno rimane sempre il punto:
14. Juli 2001

Il luogo si può collegare alla data con una virgola:
Köln, den 14. Juli 2001 oder *Köln, 14.07.01*

2. Indirizzo del destinatario

L'indirizzo può avere al massimo 9 righe, perché questo è lo spazio dato dalla finestrella delle buste.

a) Nelle prime due righe si può trovare il tipo di lettera che si manda, la forma di spedizione o il tipo di disposizione (per esempio: *Drucksache*, *Einschreiben*, *Nicht nachsenden*, *Warensendung*, *Eilzustellung*, *Luftpost* ecc.).

b) Il destinatario, se è una persona, deve essere accompagnato da un'introduzione (*Herrn*, *Frau*) e, eventualmente, dalla professione. L'introduzione *Fräulein* (signorina) non si usa più, al suo posto si trova sempre *Frau*. Gradi accademici si trovano prima del nome:

Herrn *Hans Meier*	*Frau Hanna Maier* *Präsidentin des Verbandes der ...*
Herrn Rechtsanwalt *Peter Schwarz*	*Frau* *Dr. Hanna Braun*

Negli indirizzi di ditte, industrie ecc. viene tralasciata la parola „*Firma*" quando questa è riconoscibile dal nome del destinatario stesso:
Fritz Bauer GmbH oppure *Firma*
Fritz Bauer

c) Seguono la casella postale, o la via e il numero:
Postfach 12 34 56 oppure *Neusser Straße 557*

d) Il codice postale (*Postleitzahl*) e la città di destinazione:
80779 München

e) Il paese di destinazione, se la destinazione è all'estero, si dà normalmente nella lingua del paese dove si manda la lettera: *Italia*, *Deutschland* ecc.
Il codice automobilistico si può unire al codice postale con un trattino:
GB-London SW14 1ZT oppure *D-80779 München*

Prima del nome della persona all'interno di una ditta a cui viene mandata una lettera, si aggiunge: *z. Hd.* (*zu Händen*):
z. Hd. Frau Maier

f) Se la lettera viene mandata per conoscenza a qualcuno, si aggiunge all'indirizzo: *z. K.* (*zur Kenntnis*): *z. K. Frau Maier*
Se la lettera è confidenziale, si aggiunge all'indirizzo *vertraulich* oppure *persönlich*.

3. Riferimento e oggetto

Il riferimento e l'oggetto vengono normalmente introdotti da alcune formule:
Ihr Zeichen: ... *Ihre Nachricht vom ...*
Unser Zeichen: ... *Unsere Nachricht vom ...*

La riga per l'oggetto contiene una brevissimo riassunto o titolo del contenuto della lettera:
Ihr Auftrag Nr. 123 vom 03.02.00

4. Introduzione

Tra l'oggetto e l'introduzione si lasciano due righe e tra l'introduzione ed il testo della lettera una riga. Se non si conosce il nome del destinatario si scrive:
Sehr geehrte Damen und Herren,

Se si conosce il nome invece:
Sehr geehrte Frau Maier, *Sehr geehrter Herr Maier,*

L'introduzione si conclude sempre con una virgola, la parola che segue comincia quindi con una minuscola.

5. Corpo della lettera

Il corpo della lettera è composto normalmente da introduzione, parte principale e conclusione.
Tra l'introduzione ed il testo della lettera e tra il testo della lettera e la conclusione si lascia una riga. Anche i paragrafi componenti il testo della lettera si separano con una riga.

6. Conclusione

Tipiche conclusioni sono:
Mit freundlichem Gruß *Freundliche Grüße*
Mit freundlichen Grüßen
La conclusione *Hochachtungsvoll* (con ossequi) si trova ancora solo in lettere molto ufficiali.

7. Firma

La firma si trova normalmente sotto la conclusione, il nome della ditta e, eventualmente, la carica del sottoscrivente.
Se si firma in procura, si scrive prima della firma:
ppa. (*per procura*).
Se si firma per ordine, si scrive prima della firma:
i. A. (*im Auftrag*).
Se si firma in sostituzione di qualcuno, si scrive prima della firma:
i. V. (*in Vertretung*).

8. Allegati

Un rimando a eventuali allegati si trova alla fine della lettera in basso a sinistra, per esempio:
Mit freundlichen Grüßen

ppa. ....
Petra Maier

Anlagen
1 Preisliste
1 Prospekt

Formulierungshilfen
Modelli di frasi

1. In riferimento a lettere o colloqui precedenti / 1. Bezug auf vorausgegangene Schreiben oder Gespräche

1. In riferimento a lettere o colloqui precedenti	1. Bezug auf vorausgegangene Schreiben oder Gespräche
Con riferimento alla Vostra circolare del 04/03/00	Unter Bezugnahme auf Ihr Rundschreiben vom 04.03.00
Mi riferisco alla pregiata Vostra del 04/03/00	Bezug nehmend auf Ihr geschätztes Schreiben vom 04.03.00
Riferendoci alla Vostra del 12 corr., Vi ringraziamo per la fiducia accordataci.	Wir nehmen Bezug auf Ihr Schreiben vom 12. d. M. und danken Ihnen für das uns erwiesene Vertrauen.
Riscontriamo la pregiata Vs. dell'8 c.m. con la quale	In Beantwortung Ihres geschätzten Briefes vom 8. d. M., mit dem Sie ...
Abbiamo ricevuto la Vostra cortese lettera ...	Wir haben Ihren freundlichen Brief erhalten ...
In risposta alla gradita Vostra del ...	Unter Beantwortung Ihres geschätzten Briefes vom ...
In conformità di quanto comunicatoVi con la ns. del ...	Gemäß unserem Schreiben vom ...
Facendo seguito al colloquio avuto con il Dott. Rossi ...	Wir beziehen uns auf unser Gespräch mit Herrn Dr. Rossi ...
In riferimento al fax del 15 c.m. ...	Wir beziehen uns auf das Fax vom 15. d. M. ...
A conferma della ns. comunicazione telefonica con il Sig. Rossi del 04/02/00	Wir bestätigen unser Telefongespräch mit Herrn Rossi vom 04.02.00
Facciamo seguito al Vs. e-mail del ...	Wir beziehen uns auf Ihre E-Mail vom ...
Confermiamo quanto Vi abbiamo comunicato telefonicamente ...	Wir bestätigen unser Telefongespräch ...
Ci pregiamo farLe presente che ...	Gern teilen wir Ihnen mit, dass ...

2. In riferimento alla spedizione di merci / 2. Betreffend Warenversand

2. In riferimento alla spedizione di merci	2. Betreffend Warenversand
Abbiamo appreso che avete ottenuto ...	Wir erfuhren, dass Sie ... erhalten haben
Vi informiamo che ci è pervenuta la merce ...	Wir teilen Ihnen mit, dass wir die Ware erhalten haben ...
Ci pregiamo spedirVi ...	Wir freuen uns, Ihnen ... schicken zu können
Vi saremmo grati se vorrete cortesemente fornirci ...	Wir wären Ihnen dankbar, wenn Sie uns ... liefern könnten
Riceviamo in data odierna l'ordine conferitoci ...	Wir erhalten zum heutigen Datum Ihre Bestellung ...
Attenendoci alle Vs. istruzioni, abbiamo ...	Gemäß Ihren Anweisungen haben wir ...
Favorite spedirci con cortese urgenza ...	Wir bitten Sie, uns schnellstmöglich ... zu schicken

Gradiremmo sapere se foste in grado di ...	Wir bitten um Bescheid, ob es Ihnen möglich ist ...
Purtroppo non possiamo spedirVi ... per la data da Voi desiderata.	Leider können wir Ihnen ... zum gewünschten Zeitpunkt nicht liefern.

3. Sollecitazione, rammarico, scusa, preghiera / 3. Mahnung, Bedauern, Entschuldigung, Bitten

Vi invitiamo a comunicarci se ...	Wir bitten Sie um Mitteilung, ob ...
Vi facciamo rilevare che ...	Wir möchten Sie darauf hinweisen, dass ...
Ci permettiamo ricordarVi che ...	Wir erlauben uns, Sie daran zu erinnern, dass ...
Siamo privi a tutt'oggi di una risposta alla ns. del 02/02/00	Auf unser Schreiben vom 02.02.00 haben wir bis heute keine Antwort erhalten
Non ci è ancora pervenuta una Vs. risposta alla ns. lettera del 12 c.m. ...	Wir haben noch keine Antwort auf unser Schreiben vom 12. d. M. ...
Da un esame della ns. contabilità risulta che ...	Aus einer Prüfung durch unsere Buchhaltung ergibt sich, dass ...
Con nostro vivo rincrescimento dobbiamo rilevare che ...	Zu unserem großen Bedauern müssen wir feststellen, dass ...
Vi comunichiamo che ...	Wir teilen Ihnen mit, dass ...
Dobbiamo notare con vivo disappunto che ...	Mit großem Bedauern müssen wir feststellen, dass ...
Vi preghiamo di scusarci per la spedizione ritardata, ma ...	Wir bitten den verspäteten Versand zu entschuldigen, aber ...
Ci rincresce informarVi che ...	Es tut uns Leid, Ihnen mitteilen zu müssen, dass ...
Nel ringraziarVi per la Vs. pazienza e scusandoci nuovamente per l'inconveniente, restiamo a Vs. intera disposizione.	Wir danken Ihnen für Ihre Geduld und bitten Sie nochmal, die Unannehmlichkeiten zu entschuldigen. Wir stehen jederzeit zu Ihrer Verfügung.
Vi saremmo grati di ricevere conferma dell'avvenuto pagamento.	Wir wären Ihnen dankbar, wenn Sie uns den Eingang der Bezahlung bestätigen würden.
Ci auguriamo ricevere cenno di riscontro.	Wir wären Ihnen dankbar, wenn Sie sich melden würden.
Vi invitiamo pertanto a volerci comunicare con cortese urgenza se ...	Wir bitten Sie deshalb höflich, uns schnellstmöglich mitzuteilen, ob ...

4. Pagamenti / 4. Zahlungen

L'importo d.f. è di Lit. ..., pagamento metà D/P, metà a mezzo assegno bancario a 3 mesi	Die zu zahlende Summe beträgt ... DM, 50% Dokumente gegen Kasse, 50% durch Scheck, nach drei Monaten
Evaderemo immediatamente l'ordine a pagamento avvenuto a mezzo versamento bancario (c.c. 1234/56 Banca Commerciale).	Wir werden den Auftrag erledigen nach Eingang der Zahlung durch Banküberweisung (Girokonto 1234/56 Banca Commerciale)

Le ns. condizioni di pagamento sono netto a 30 gg., sconto del 2% per pagamento entro 10 gg. d.f.	Unsere Zahlungsbedingungen sind netto in 30 Tagen und 2% Skonto auf Zahlung innerhalb von 10 Tagen ab Rechnungsdatum.
... si intende a carico del destinatario	... geht zu Lasten des Empfängers
... sarà franco, mentre ... sarà a carico Vostro	... ist frei, während ... zu Ihren Lasten geht
... è fatturato a costo	... ist berechnet zum Selbstkostenpreis
... è pagabile con due cambiali	... ist zahlbar durch zwei Bankwechsel
La ns. partita IVA è ...	Unsere MWSt.-Nummer ist ...

5. Allegati / 5. Anlagen

Allegato alla presente Vi rimettiamo ...	Beiliegend übersenden wir Ihnen *oppure* Als Anlage übersenden wir Ihnen
Alleghiamo alla presente la relativa fattura di Lit. ...	Wir fügen dem Schreiben eine Rechnung über ... DM bei
Invieremo con posta separata tutti gli altri documenti.	Wir schicken die weiteren Dokumente mit getrennter Post.

6. Conclusioni / 6. Schlussformeln

Distinti saluti	Mit freundlichen Grüßen
Cordiali saluti	Mit herzlichen Grüßen
Vi porgiamo i ns. migliori saluti	Wir grüßen Sie bestens
Cordialmente La salutiamo *oder* La salutiamo distintamente	Wir grüßen Sie herzlich
Nella fiducia di ..., Vi preghiamo di gradire i ns. migliori saluti	In der Hoffnung auf ... verbleiben wir mit freundlichen Grüßen
Con i nostri migliori saluti *oder* Vi preghiamo di gradire distinti saluti	Mit den besten Grüßen
... e cogliamo l'occasione per porgere i ns. migliori saluti	... und verbleiben mit besten Grüßen
Restiamo in attesa di Vs. notizie e distintamente Vi salutiamo.	Wir verbleiben in Erwartung Ihrer Nachricht und grüßen Sie bestens.
Nella fiducia di ricevere Vs. immediato riscontro, Vi preghiamo di gradire i ns. migliori saluti.	In Erwartung Ihrer baldigen Antwort verbleiben wir mit besten Grüßen.
Rimaniamo a Vs. completa disposizione per ogni chiarimento.	Für Fragen stehen wir gerne zu Ihrer Verfügung.

Vermerke auf Briefen und Briefumschlägen
Note su lettere e buste

Rifiutato dal destinatario	Annahme verweigert
Prego inoltrare oder *Far proseguire*	Bitte nachsenden
Stampati oder *Stampe*	Drucksache
Espresso	Eilboten
urgente	Eilt
Raccomandata	Einschreiben
Destinatario sconosciuto	Empfänger unbekannt
Destinatario trasferito	Empfänger verzogen
Documenti d'affari	Geschäftsdokumente
Per via aerea	Luftpost
Contrassegno	Nachnahme
Lettera personale	Persönlich
Fermo posta	Postlagernd
Campione senza valore	Warenmuster
Valore dichiarato	Wertangabe
Rispedire al mittente	Zurück an Absender
Lettera confidenziale	Vertraulich
Sollecito di pagamento	Mahnung

Zahlwörter – Numerali

Grundzahlen – Numeri cardinali

0 zero *null*
1 uno *eins*
2 due *zwei*
3 tre *drei*
4 quattro *vier*
5 cinque *fünf*
6 sei *sechs*
7 sette *sieben*
8 otto *acht*
9 nove *neun*
10 dieci *zehn*
11 undici *elf*
12 dodici *zwölf*
13 tredici *dreizehn*
14 quattordici *vierzehn*
15 quindici *fünfzehn*
16 sedici *sechzehn*
17 diciassette *siebzehn*
18 diciotto *achtzehn*
19 diciannove *neunzehn*
20 venti *zwanzig*
21 ventuno *einundzwanzig*
22 ventidue *zweiundzwanzig*
23 ventitre *dreiundzwanzig*
28 ventotto *achtundzwanzig*
29 ventinove *neunundzwanzig*
30 trenta *dreißig*
31 trentuno *einunddreißig*
32 trentadue *zweiunddreißig*
33 trentatre *dreiunddreißig*
38 trentotto *achtunddreißig*
39 trentanove *neununddreißig*
40 quaranta *vierzig*
41 quarantuno *einundvierzig*
42 quarantadue *zweiundvierzig*
50 cinquanta *fünfzig*
60 sessanta *sechzig*
70 settanta *siebzig*
80 ottanta *achtzig*
90 novanta *neunzig*
100 cento *hundert*
101 cent(o)uno *hunderteins*
102 centodue *hundertzwei*
108 centotto *hundertacht*
109 centonove *hundertneun*
110 centodieci *hundertzehn*
111 centoundici *hundertelf*
120 centoventi *hundertzwanzig*
130 centotrenta *hundertdreißig*
200 duecento *zweihundert*
201 duecento uno *zweihundert(und)eins*
300 trecento *dreihundert*
400 quattrocento *vierhundert*
500 cinquecento *fünfhundert*
600 seicento *sechshundert*
700 settecento *siebenhundert*
800 ottocento *achthundert*
900 novecento *neunhundert*
1000 mille *tausend*
1001 mille (e) uno *tausendeins*
2000 duemila *zweitausend*
3000 tremila *dreitausend*
4000 quattromila *viertausend*
5000 cinquemila *fünftausend*
10 000 diecimila *zehntausend*
100 000 centomila *hunderttausend*
1 000 000 un milione *eine Million*
2 000 000 due milioni *zwei Millionen*

Ordnungszahlen – Numeri ordinali

1° il primo *der/das Erste/erste*
1ª la prima *die Erste/erste*
2° il secondo *zweite*
3° il terzo *dritte*
4° il quarto *vierte*
5° il quinto *fünfte*
6° il sesto *sechste*
7° il settimo *siebente*
8° l'ottavo *achte*
9° il nono *neunte*
10° il decimo *zehnte*
11° l'undicesimo *elfte*
12° il dodicesimo *zwölfte*
13° tredicesimo *dreizehnte*
14° quattordicesimo *vierzehnte*
15° quindicesimo *fünfzehnte*
16° sedicesimo *sechzehnte*
17° diciassettesimo *siebzehnte*
18° diciottesimo *achtzehnte*
19° diciannovesimo *neunzehnte*
20° ventesimo *zwanzigste*
21° ventunesimo *einundzwanzigste*

22° ventiduesimo *zweiundzwanzigste*
23° ventitreesimo *dreiundzwanzigste*
24° ventiquattresimo *vierundzwanzigste*
25° venticinquesimo *fünfundzwanzigste*
26° ventiseiesimo *sechsundzwanzigste*
27° ventisettesimo *siebenundzwanzigste*
28° ventottesimo *achtundzwanzigste*
29° ventinovesimo *neunundzwanzigste*
30° trentesimo *dreißigste*
40° quarantesimo *vierzigste*
50° cinquantesimo *fünfzigste*
60° sessantesimo *sechzigste*
70° settantesimo *siebzigste*
80° ottantesimo *achtzigste*
90° novantesimo *neunzigste*
100° centesimo *hundertste*
101° centunesimo *hunderterste*
102° centoduesimo *hundertzweite*
103° centotreesimo *hundertdritte*
200° duecentesimo *zweihundertste*
1000° millesimo *tausendste*
1001° millesimo primo *tausenderste*
2000° duemillesimo *zweitausendste*
100 000° centomillesimo *hunderttausendste*
1 000 000° milionesimo *millionste*

Bruchzahlen – Frazioni

$^1/_2$ un mezzo *ein halb*; la metà *die Hälfte*
$^1/_3$ un terzo *ein Drittel*
$^2/_3$ due terzi *zwei Drittel*
$^1/_4$ un quarto *ein Viertel*
$^3/_4$ tre quarti *drei Viertel*
$^1/_5$ un quinto *ein Fünftel*
$^1/_{10}$ un decimo *ein Zehntel*
$1^1/_2$ uno e mezzo *anderthalb*
$2^3/_4$ due e tre quarti *zwei drei Viertel*

Vervielfältigungszahlwörter – Numerali moltiplicativi

doppio *zweifach/doppelt*
triplo *dreifach*
quadruplo *vierfach*
quintuplo *fünffach*
sestuplo *sechsfach*
settuplo *siebenfach*
ottuplo *achtfach*
nonuplo *neunfach*
dieci volte maggiore (*od* tanto) *zehnfach*
undici volte maggiore (*od* tanto) *elffach*
centuplo *hundertfach*

Maße und Gewichte
Misure e pesi correnti

Misure lineari
Längenmaße

1 mm *millimetro* Millimeter
1 cm *centimetro* Zentimeter
1 dm *decimetro* Dezimeter
1 m *metro* Meter
1 km *chilometro* Kilometer
1 mn *miglio navale* Seemeile = 1852 m

Misure di capacità
Hohlmaße

1 cl *centilitro* Zentiliter
1 dl *decilitro* Deziliter
1 l *litro* Liter
1 hl *ettolitro* Hektoliter

Misure di superficie
Flächenmaße

1 mm² *millimetro quadrato* Quadratmillimeter
1 cm² *centimetro quadrato* Quadratzentimeter
1 dm² *decimetro quadrato* Quadratdezimeter
1 m² *metro quadrato* Quadratmeter
1 km² *chilometro quadrato* Quadratkilometer
1 a *ara* Ar
1 ha *ettaro* Hektar

Misure di volume
Raummaße

1 mm³ *millimetro cubo* Kubikmillimeter
1 cm³ *centimetro cubo* Kubikzentimeter
1 dm³ *decimetro cubo* Kubikdezimeter
1 m³ *metro cubo* Kubikmeter
1 TSL *tonnellata di stazza lorda* Bruttoregistertonne

Pesi
Gewichte

1 mg *milligrammo* Milligramm
1 g *grammo* Gramm
1 dag *decagrammo* Dekagramm
1 kg *chilogrammo* Kilogramm
1 q *quintale* Doppelzentner
1 t *tonnellata* Tonne

Notizen – Appunti

Notizen – Appunti

Notizen – Appunti